Bertram Wöhrmann, Jan Große, Günter Baumgart,
Thomas Schönfeld, Dennis Zimmer, Urs Stephan Alder,
Frank Wegner, Jens Söldner

VMware vSphere 6.7

Das umfassende Handbuch

Liebe Leserin, lieber Leser,

auch wenn die *Hybrid Cloud* und das *Software-Defined Datacenter* die Begriffe der Stunde sind, wird Ihr Aufgabenbereich als VM-Administrator sicherlich nicht in der Wolke verschwinden. Ganz im Gegenteil: Nie waren die Ansprüche an eine funktionierende Infrastruktur so groß wie heute, und Fachkenntnisse im Bereich Virtualisierung sind wertvoller denn je.

Dieses umfassende Nachschlagewerk stellt Ihnen daher von den Grundlagen wie der Storage-Architektur, virtualisierten Netzwerken, dem Monitoring, der Datensicherung und Ausfallsicherheit bis hin zu modernen Anwendungsfeldern alle relevanten Themen vor. Ob es um die Verwaltung komplexe Container-Infrastrukturen geht oder Sie mit der VMware Cloud Foundation eine ganz neue Möglichkeit kennenlernen wollen, um vSphere einzusetzen: Hier finden Sie praxisorientierte Anleitungen und fundiertes Hintergrundwissen von anerkannten Fachleuten.

Die Autoren Bertram Wöhrmann, Jan Große, Günter Baumgart, Thomas Schönfeld, Dennis Zimmer, Urs Stephan Alder, Frank Wegner und Jens Söldner können auf langjährige Erfahrung in jedem Aspekt der Servervirtualisierung zurückgreifen und bieten Ihnen erprobtes Know-how zum Betrieb von virtuellen Maschinen und Netzwerken. Klar und gut verständlich werden so die Planung, Installation, Konfiguration und Wartung einer virtuellen Landschaft erklärt, damit Sie das Potenzial von VMware vSphere voll ausnutzen können.

Dieses bewährte Standardwerk ist zahlreichen Administratoren, IT-Architekten und Beratern ein zuverlässiger Begleiter gewesen. Auch in der fünften Auflage wird es Ihnen bei Ihrer Arbeit mit vSphere zur Seite stehen.

Und noch ein Wort in eigener Sache: Dieses Werk wurde mit großer Sorgfalt geschrieben, geprüft und produziert. Sollte dennoch einmal etwas nicht so funktionieren, wie Sie es erwarten, freue ich mich, wenn Sie sich mit mir in Verbindung setzen. Ihre Kritik und konstruktiven Anregungen sind jederzeit willkommen.

Ihr Christoph Meister
Lektorat Rheinwerk Computing

christoph.meister@rheinwerk-verlag.de
www.rheinwerk-verlag.de
Rheinwerk Verlag · Rheinwerkallee 4 · 53227 Bonn

Auf einen Blick

1	Einleitung	37
2	vSphere-Architektur	53
3	vMotion und Storage vMotion	97
4	Cluster	167
5	Installation von ESXi und vCenter	225
6	Verwaltungsmöglichkeiten	363
7	Das Netzwerk in VMware vSphere	391
8	Netzwerkvirtualisierung mit VMware NSX Data Center for vSphere (NSX-V)	477
9	Storage-Architektur	571
10	VMware vSAN	691
11	Konfiguration von ESXi und vCenter	727
12	Konfiguration von vCenter-Add-ons	827
13	Monitoring	887
14	Datensicherung von vSphere-Umgebungen	961
15	Ausfallsicherheit	1033
16	Automatisierung von vSphere	1071
17	Virtuelle Maschinen	1089
18	vSphere Integrated Containers	1191
19	VMware Cloud Foundation	1229

Impressum

Wir hoffen, dass Sie Freude an diesem Buch haben und sich Ihre Erwartungen erfüllen. Ihre Anregungen und Kommentare sind uns jederzeit willkommen. Bitte bewerten Sie doch das Buch auf unserer Website unter **www.rheinwerk-verlag.de/feedback**.

An diesem Buch haben viele mitgewirkt, insbesondere:

Lektorat Christoph Meister
Korrektorat Friederike Daenecke, Zülpich
Herstellung Melanie Zinsler
Typografie und Layout Vera Brauner
Einbandgestaltung Mai Loan Nguyen Duy
Coverbilder iStockPhoto: 610749276 © spainter_vfx, 521525770_ © Mlenny, 6931452 © Archives
Satz SatzPro, Krefeld
Druck C.H.Beck, Nördlingen

Dieses Buch wurde gesetzt aus der TheAntiquaB (9,35/13,7 pt) in FrameMaker.
Gedruckt wurde es auf chlorfrei gebleichtem Offsetpapier (80 g/m²).
Hergestellt in Deutschland.

Das vorliegende Werk ist in all seinen Teilen urheberrechtlich geschützt. Alle Rechte vorbehalten, insbesondere das Recht der Übersetzung, des Vortrags, der Reproduktion, der Vervielfältigung auf fotomechanischen oder anderen Wegen und der Speicherung in elektronischen Medien.

Ungeachtet der Sorgfalt, die auf die Erstellung von Text, Abbildungen und Programmen verwendet wurde, können weder Verlag noch Autor, Herausgeber oder Übersetzer für mögliche Fehler und deren Folgen eine juristische Verantwortung oder irgendeine Haftung übernehmen.

Die in diesem Werk wiedergegebenen Gebrauchsnamen, Handelsnamen, Warenbezeichnungen usw. können auch ohne besondere Kennzeichnung Marken sein und als solche den gesetzlichen Bestimmungen unterliegen.

Bibliografische Information der Deutschen Nationalbibliothek:
Die Deutsche Nationalbibliothek verzeichnet diese Publikation in der Deutschen Nationalbibliografie; detaillierte bibliografische Daten sind im Internet über *http://dnb.d-nb.de* abrufbar.

ISBN 978-3-8362-6336-8

1. Auflage 2018
© Rheinwerk Verlag, Bonn 2018

Informationen zu unserem Verlag und Kontaktmöglichkeiten finden Sie auf unserer Verlagswebsite **www.rheinwerk-verlag.de**. Dort können Sie sich auch umfassend über unser aktuelles Programm informieren und unsere Bücher und E-Books bestellen.

Inhalt

Geleitwort, Vorworte und Danksagungen 29

1 Einleitung — 37

1.1 Server-Virtualisierung — 37
- 1.1.1 Was ist Server-Virtualisierung? — 37
- 1.1.2 Was ist eine virtuelle Maschine? — 38
- 1.1.3 Warum virtualisiert man? — 38
- 1.1.4 Gibt es auch Nachteile? — 39
- 1.1.5 Welche Arten der Virtualisierung gibt es? — 40

1.2 Die VMware-Produktfamilie — 41
- 1.2.1 VMware Workstation — 41
- 1.2.2 VMware Workstation Player — 42
- 1.2.3 VMware Fusion und VMware Fusion Professional — 42
- 1.2.4 VMware vSphere Hypervisor (ESXi) — 42
- 1.2.5 VMware ESXi — 43
- 1.2.6 VMware vSphere — 43

1.3 Einführung in die VMware-Server-Virtualisierung — 43
- 1.3.1 VMware ESXi — 44
- 1.3.2 VMware vCenter Server — 44
- 1.3.3 VMware vSphere Web Client und VMware vSphere Client — 44
- 1.3.4 VMware Virtual Symmetric Multi Processing (SMP) — 45
- 1.3.5 VMware vSphere Virtual Machine File System (VMFS) — 45
- 1.3.6 VMware Virtual SAN (vSAN) — 45
- 1.3.7 VMware vSphere Virtual Volumes (VVOLs) — 45
- 1.3.8 VMware vSphere Storage Thin Provisioning — 46
- 1.3.9 VMware Fault Tolerance — 46
- 1.3.10 VMware vSphere vMotion und Storage vMotion — 46
- 1.3.11 VMware vSphere High Availability (HA) — 46
- 1.3.12 VMware vSphere Distributed Resource Scheduler (DRS) — 46
- 1.3.13 VMware vSphere Distributed Power Management (DPM) — 47
- 1.3.14 VMware vSphere Storage DRS — 47
- 1.3.15 VMware vSphere Storage API — 47

1.3.16	VMware vSphere Standard Switch (vSwitch), Distributed Switch (dvSwitch, vDS) und Port-Gruppen	47
1.3.17	VMware vSphere Storage I/O Control und VMware vSphere Network I/O Control	48
1.3.18	VMware vSphere Storage Policy-Based Management (SPBM)	48
1.3.19	VMware vSphere Flash Read Cache (vFRC)	48
1.3.20	VMware vSphere Host-Profiles	48
1.3.21	VMware vSphere vShield Endpoint	48
1.3.22	VMware Cloud on AWS	48
1.3.23	VMware vSphere Update Manager (VUM)	48
1.3.24	VMware vSphere Content Library	49
1.3.25	VMware vRealize Orchestrator	49
1.3.26	VMware vSphere Data Protection (VDP) (End of Availability)	49
1.3.27	VMware vSphere Replication	49
1.3.28	VMware vCenter High Availability	49
1.3.29	VMware Platform Services Controller (PSC)	49
1.3.30	VMware vCenter Server Linked Mode	49
1.3.31	VMware Hybrid Linked Mode	50
1.3.32	VMware vSphere Auto Deploy	50
1.3.33	VMware vSphere SDKs und Tools	50
1.3.34	VMware-vSphere-Editionen	51

2 vSphere-Architektur   53

2.1	**Infrastrukturbestandteile eines Software-Defined Datacenters (SDDC)**	53
2.2	**vSphere-Host**	54
	2.2.1 Hardware	54
	2.2.2 Hardware Compatibility List (HCL)	55
2.3	**Architektur eines vSphere-Hosts**	55
2.4	**Grundlagen der CPU-Virtualisierung**	57
	2.4.1 CPU-Affinität	59
	2.4.2 Hyperthreading	59
	2.4.3 Virtual SMP (vSMP)	60
	2.4.4 Best Practices	65
2.5	**Grundlagen der Memory-Virtualisierung**	66
	2.5.1 Virtual Machine Memory	67
	2.5.2 Memory-Overhead	67

	2.5.3	Memory-Overcommitment	68
	2.5.4	Memory-Compression	68
	2.5.5	Content-based Page-Sharing	68
	2.5.6	Memory-Ballooning	69
	2.5.7	Memory-Swapping	70
	2.5.8	Best Practices	70
2.6	**Grundlagen der Hardwarevirtualisierung**		71
2.7	**Management einer virtuellen vSphere-Infrastruktur**		72
	2.7.1	Platform Services Controller (PSC)	73
	2.7.2	Enhanced Linked Mode	74
	2.7.3	Embedded Linked Mode	78
	2.7.4	vCenter Server	78
2.8	**Maximale Ausstattung**		92

3   vMotion und Storage vMotion   97

3.1	**vMotion**		99
	3.1.1	Die grundsätzliche Funktionsweise von vMotion	101
	3.1.2	Voraussetzungen für ein erfolgreiches vMotion	106
	3.1.3	vMotion-Spezialfunktionen	114
	3.1.4	Bedienung	136
	3.1.5	Sicherheit	139
	3.1.6	Problemfälle	140
	3.1.7	vMotion Configuration Maximums und Support	147
	3.1.8	Lizenzierung	148
3.2	**Storage vMotion**		148
	3.2.1	Funktionsweise	149
	3.2.2	Voraussetzungen	154
	3.2.3	Storage-vMotion-Funktionen und Methoden	156
	3.2.4	Bedienung	157
	3.2.5	Problemfälle	162
	3.2.6	Troubleshooting	164
	3.2.7	Storage vMotion Configuration Maximums	165
	3.2.8	Lizenzierung	165

4 Cluster — 167

4.1 Cluster-Objekt — 167
- 4.1.1 Einen Cluster anlegen — 167
- 4.1.2 Der EVC-Mode (Enhanced vMotion Compatibility Mode) — 168

4.2 HA-Cluster — 171
- 4.2.1 Technologie-Übersicht — 172
- 4.2.2 Voraussetzungen für HA — 176
- 4.2.3 HA-Komponenten — 178
- 4.2.4 Lizenzierung von HA — 178
- 4.2.5 Einrichtung von HA — 178
- 4.2.6 Gemeinsamer Einsatz von unterschiedlichen ESXi-Versionen — 183
- 4.2.7 HA Advanced Options — 183
- 4.2.8 Virtual Machine Options — 187
- 4.2.9 Der HA-Agent (oder: Was passiert beim Hinzufügen eines ESXi-Hosts zum HA-Cluster?) — 190
- 4.2.10 Reconfigure for vSphere HA — 192
- 4.2.11 Das Verhalten eines HA-Clusters — 192
- 4.2.12 HA-Slot-Berechnung — 193
- 4.2.13 HA-Master- und -Slave-Agents — 195
- 4.2.14 HA-Host-Isolation — 196
- 4.2.15 HA und getrennte (disconnected) ESXi-Server — 197
- 4.2.16 HA und DNS — 198
- 4.2.17 HA im vSphere-Client (oder: Der Cluster treibt's bunt ...) — 198
- 4.2.18 HA-Limitierungen mit vSphere — 199
- 4.2.19 HA Virtual Machine Monitoring — 199
- 4.2.20 Host-Monitoring der Storage-Anbindungen — 203

4.3 DRS-Cluster — 206
- 4.3.1 Technologie-Übersicht — 206
- 4.3.2 Lizenzierung von DRS — 208
- 4.3.3 Einen DRS-Cluster anlegen — 208
- 4.3.4 Prioritäten-Ranking — 209
- 4.3.5 DRS Automation Level — 209
- 4.3.6 DRS Groups Manager — 213
- 4.3.7 DRS Affinity Rules — 215
- 4.3.8 DRS Virtual Machine Options — 219
- 4.3.9 DRS und Ressourcen-Pools — 220
- 4.3.10 DRS und der Maintenance-Modus — 220
- 4.3.11 DRS-Limitierungen mit vSphere — 221

		4.3.12	DPM (Distributed Power Management)	221
		4.3.13	HA und DRS in Kombination	223

5 Installation von ESXi und vCenter — 225

5.1 VMware vSphere 6.7 — 225
- 5.1.1 VMware-vSphere-Systemvoraussetzungen — 225
- 5.1.2 Download der Installationsmedien — 228
- 5.1.3 Vor der Installation — 230
- 5.1.4 Lokale Installation — 231
- 5.1.5 Der erste Start von vSphere 6.7 — 237
- 5.1.6 Installation über das Netzwerk — 239
- 5.1.7 Installation im FCoE bzw. SAN — 239
- 5.1.8 Installation in der virtuellen Maschine — 241

5.2 Upgrade auf vSphere 6.7 — 241
- 5.2.1 Upgrade von der Version ESX 6.0 bzw. 6.5 auf ESXi 6.7 — 242

5.3 Quick Boot ESXi — 249

5.4 Installation des Platform Services Controller — 250
- 5.4.1 Installation des PSC als Appliance — 250
- 5.4.2 Installation des PSC auf Windows — 266

5.5 Patchen des PSC — 270
- 5.5.1 Patchen der PSC-Appliance — 270
- 5.5.2 Patchen des PSC auf Windows — 272

5.6 Upgrade des PSC — 272
- 5.6.1 Upgrade der PSC-Architektur — 272
- 5.6.2 Upgrade des PSC als Appliance — 274
- 5.6.3 Upgrade des PSC auf Windows — 282

5.7 Installation des VMware vSphere vCenter — 285
- 5.7.1 Installation des vCenter als Appliance — 286
- 5.7.2 Installation von vCenter unter Windows — 302

5.8 Patchen des vCenter Servers — 310

5.9 Upgrade des vCenter Servers — 310
- 5.9.1 Upgrade der VCSA von 6.0 bzw. 6.5 — 311
- 5.9.2 vCenter Server Upgrade (Windows-basiert) — 321

5.10 Migration vom Windows-vCenter zur vCenter Server Appliance — 321

5.11	**All-in-One-Installation von vCenter Server**	328
	5.11.1 vCenter Server Appliance All in One	328
	5.11.2 vCenter Server Windows All in One	328
5.12	**Upgrade vCenter Server All in One**	328
5.13	**vCenter-Server-Komponenten**	329
	5.13.1 Installation des vCenter Update Managers	329
	5.13.2 Installation des Download-Managers ohne Update Manager	332
	5.13.3 VMware vSphere Replication	334
	5.13.4 VMware Image Builder	336
	5.13.5 VMware vSphere Authentication Proxy	338
	5.13.6 PowerCLI	338
	5.13.7 Zertifikate	342
5.14	**VMware vCenter Converter Standalone**	349
5.15	**Hochverfügbarkeit für vCenter Server und Komponenten**	350
	5.15.1 Der Platform Services Controller	351
	5.15.2 vCenter HA für die VCSA	352
	5.15.3 Hochverfügbarkeit mit einem Microsoft-Cluster für das vCenter	361
5.16	**Lizenzierung**	361
	5.16.1 Lizenzierung von vSphere	362

6 Verwaltungsmöglichkeiten   363

6.1	**Die lokale Host-Konsole**	363
6.2	**Zugriff auf die Host-Konsole per SSH**	364
6.3	**Die Weboberfläche des Hosts**	365
6.4	**Die lokale VCSA-Konsole**	366
6.5	**Zugriff auf die VCSA per SSH**	367
6.6	**Die Weboberfläche der VCSA**	368
6.7	**vSphere Client**	368
6.8	**Der ESXi Embedded Host Client – eine vSphere-Client-Alternative**	368
6.9	**vSphere Web Client**	369
	6.9.1 Administration des vCenters	372
6.10	**Administration über mobile Geräte**	376
6.11	**Der Platform Services Controller**	377

6.12	vCenter Server	377
	6.12.1 Zugriff auf den vCenter Server	377
	6.12.2 Verlinken von vCenter Servern	378
	6.12.3 Hinzufügen von ESXi-Hosts zum vCenter	379
	6.12.4 Verwaltung von vSphere-Hosts	380
	6.12.5 Weitere Funktionen des vCenter Servers	381
	6.12.6 Einbindung ins Active Directory	382
	6.12.7 Troubleshooting des vCenter Servers	385
6.13	Das Remote Command-Line Interface	387
6.14	VMware vSphere PowerCLI	387

7   Das Netzwerk in VMware vSphere   391

7.1	Grundsätzliche Planungsaspekte	391
	7.1.1 Gutes Netzwerkdesign	391
	7.1.2 1- und 10-Gigabit-LAN und die maximale Anzahl physischer NICs	392
	7.1.3 1- und 10-GBit-Technologie versus Load-Balancing und Verkehrsmusterkontrolle	393
	7.1.4 Wie viel Bandbreite benötige ich in der Praxis wirklich?	393
	7.1.5 VLANs oder keine VLANs?	394
	7.1.6 Physische Switches können die Load-Balancing-Policy beeinflussen	395
	7.1.7 Links zwischen den physischen Switches	396
7.2	Die physischen und virtuellen Netzwerkschichten	396
	7.2.1 Netzwerkkarten	396
	7.2.2 Switches	397
	7.2.3 Port	397
	7.2.4 Port Group	397
7.3	Die physischen Netzwerkkarten im Host	399
7.4	vSS und vDS – eine Gegenüberstellung	401
	7.4.1 Die Eigenschaften der vSwitch-Typen im Überblick	402
	7.4.2 Die beiden vSwitch-Typen	403
	7.4.3 Der Switch-Teil bei vSS und vDS	405
	7.4.4 Port Groups bei vSS und vDS	406
	7.4.5 Ports bei vSS und vDS	407
	7.4.6 Die Layer-2-Security-Policys	407
	7.4.7 Traffic Shaping	408
	7.4.8 Die VLAN-Einstellungen der vSwitch-Typen	410
	7.4.9 Die NIC-Teaming- und die Load-Balancing-Policys der vSwitch-Typen	413

	7.4.10	Die Arbeitsweise der Load-Balancing-Policys	414
	7.4.11	CDP – Cisco Discovery Protocol der vSwitch-Typen	420
	7.4.12	Configuration Maximums für vSS und vDS	421
7.5	**Arbeiten mit dem vNetwork Standard Switch (vSS)**		**422**
	7.5.1	Der vSS ist Host-bezogen	422
	7.5.2	Die Konfigurationsmöglichkeiten zum vSS	423
	7.5.3	Einstellungen auf dem Switch oder den Port Groups	424
7.6	**Arbeiten mit dem vNetwork Distributed Switch (vDS)**		**426**
	7.6.1	Der vDS existiert im vCenter und im Host	426
	7.6.2	Die Konfigurationsmöglichkeiten des vDS	427
	7.6.3	Einstellmöglichkeiten auf dem vDS-Switch-Teil	430
	7.6.4	Private VLANs	434
	7.6.5	Einstellmöglichkeiten auf der Distributed Port Group	436
	7.6.6	Network I/O Control	441
	7.6.7	NetFlow	445
	7.6.8	Port Mirroring	449
7.7	**Die Migration von vSS auf vDS**		**454**
7.8	**Management-Netzwerk – Reparaturfunktionen**		**463**
7.9	**Architektur-Beispiele**		**466**
	7.9.1	Empfehlungen und Best Practices	466
	7.9.2	Beispiel auf Basis verfügbarer Ports im Server	471
	7.9.3	Beispiel 1 – ESXi-Hosts mit zwei Netzwerk-Ports	471
	7.9.4	Beispiel 2 – ESXi-Hosts mit vier Netzwerk-Ports	472
	7.9.5	Beispiel 3 – ESXi-Hosts mit sechs Netzwerk-Ports	473

8 Netzwerkvirtualisierung mit VMware NSX Data Center for vSphere (NSX-V)   477

8.1	**VMware NSX-V im Überblick**		**478**
	8.1.1	Funktionalitäten von NSX-V im Überblick	479
	8.1.2	Lizenzierung	480
8.2	**Exkurs: Das VXLAN-Protokoll**		**480**
	8.2.1	Was ist VXLAN und warum wird es benötigt?	481
	8.2.2	Die Grundidee von VXLAN	481
8.3	**Die Architektur von NSX-V**		**484**

	8.3.1	Die Verwaltungsschicht in NSX-V	486
	8.3.2	Die Steuerschicht in NSX-V	488
	8.3.3	Die Datenschicht in NSX-V	489
	8.3.4	Die Rolle des physischen Netzwerks für NSX-V	490
	8.3.5	Cloud-Management-Plattformen als optionale Erweiterung von NSX-V	490
	8.3.6	Die NSX-V-Architektur im Gesamtzusammenhang	491
8.4	**Die Komponenten von NSX-V**		**492**
	8.4.1	Der NSX Manager	492
	8.4.2	Der NSX Controller Cluster	493
	8.4.3	Das VXLAN-Protokoll	493
	8.4.4	Die ESXi-Server und der Distributed Switch	493
	8.4.5	Der Distributed Logical Router (DLR)	493
	8.4.6	Die NSX Edge Service Gateways	494
	8.4.7	Die VXLAN-Transport-Zone	494
	8.4.8	Die Distributed Firewall (DFW)	494
8.5	**Die Einrichtung von NSX-V vorbereiten**		**495**
	8.5.1	Hardwareanforderungen von NSX-V	496
	8.5.2	Softwareanforderungen von NSX-V	497
	8.5.3	Weitere Anforderungen von NSX-V	497
8.6	**Die NSX-V-Installation**		**497**
	8.6.1	Einrichtung des NSX Managers	498
	8.6.2	Verbindung von NSX Manager und vCenter	502
	8.6.3	Bereitstellung der NSX-Controller	504
	8.6.4	Vorbereitung der ESXi-Server	512
	8.6.5	Abschließen der Grundkonfiguration: die VXLAN-Einrichtung	514
8.7	**Benutzung von NSX-V anhand einer beispielhaften Netzwerktopologie**		**524**
	8.7.1	Anlegen der logischen Switches	526
	8.7.2	Virtuelle Maschinen auf logische Switches umziehen	529
	8.7.3	Die VXLAN-Konfiguration auf Korrektheit prüfen	532
	8.7.4	Einen Distributed Logical Router für das East-West-Routing erstellen	534
	8.7.5	Ein Edge Services Gateways für das Routing des North-South-Netzwerkverkehrs erstellen	544
	8.7.6	Erweiterte Konfiguration von DLR	552
	8.7.7	Erweiterte Konfiguration von NSX Edge Services Gateways (NSX Edges)	557
	8.7.8	Die Distributed Firewall einrichten	564
8.8	**Zusammenfassung und Ausblick**		**569**

9 Storage-Architektur — 571

9.1 Lokale Medien — 571
9.1.1 SATA — 572
9.1.2 SCSI und SAS — 574
9.1.3 Fibre-Channel (FC) — 575
9.1.4 IDE — 575
9.1.5 SSD — 575
9.1.6 USB — 578
9.1.7 Cache — 579

9.2 Die Wahl: Block oder File? — 579

9.3 Storage Area Network – was ist eigentlich ein SAN? — 581

9.4 Infiniband — 583

9.5 Kommunikation — 584
9.5.1 Kommunikationsadapter — 584
9.5.2 Der Initiator — 584
9.5.3 Das Target — 588
9.5.4 Logical Unit Number (LUN) — 589
9.5.5 Pfadmanagement (Active/Active, Active/Passive) — 590

9.6 FC-Speichernetzwerk — 593
9.6.1 Vorteile und Nachteile — 594
9.6.2 Support-Matrix — 595
9.6.3 Switch vs. Loop — 595
9.6.4 Fabric — 596
9.6.5 Verkabelung — 596
9.6.6 Zoning — 597
9.6.7 Mapping — 598
9.6.8 NPIV (N-Port ID Virtualization) — 599

9.7 FCoE — 599

9.8 iSCSI-Speichernetzwerk — 601
9.8.1 Vorteile und Nachteile — 602
9.8.2 Kommunikation — 603
9.8.3 IP-SAN-Trennung — 604

9.9 Network File System (NFS) — 605

9.10 Flash-basierter Speicher — 609
9.10.1 VMFS-Datastore — 610
9.10.2 Host-Cache — 610
9.10.3 Western Digital SANDisk FUSIONio FLASHSOFT — 611

9.11	**VMware-Storage-Architektur**	614
	9.11.1 VMkernel-Storage-Stack	615
	9.11.2 Virtual Flash Resource Capacity	620
	9.11.3 Festplattendateien	625
	9.11.4 Auslagerungsdateien	634
	9.11.5 VMFS im Detail	636
	9.11.6 Virtuelle Maschinen	650
	9.11.7 VMware-Snapshots	654
	9.11.8 VM-Speicherprofile	658
9.12	**VAAI**	659
	9.12.1 VAAI-Einschränkungen	660
9.13	**Storage I/O Control**	661
	9.13.1 Voraussetzungen	661
	9.13.2 Konfiguration	662
9.14	**VASA**	665
9.15	**VMware vSphere Virtual Volumes**	666
	9.15.1 Software Defined Storage	666
	9.15.2 Architektur von Virtual Volumes	668
	9.15.3 VVols an einem praktischen Beispiel	671
	9.15.4 VVol-Best-Practices	679
9.16	**Best Practices zum Thema Storage**	682
	9.16.1 RAID-Leistungsfähigkeit	682
	9.16.2 RAID-Größe	684
	9.16.3 Geschwindigkeit vs. Kapazität	685
	9.16.4 LUN-Größe	686
	9.16.5 RAID-Rebuild	687
9.17	**RDMA – Remote Direct Memory Access**	687
9.18	**PMem – Persitant Memory NVDIMM-Unterstützung**	689

10   VMware vSAN   691

10.1	**Die wichtigsten Neuerungen in vSAN 6.7**	692
10.2	**Aufbau und Konzept**	693
	10.2.1 Voraussetzungen	694
10.3	**Funktionen und Eigenschaften**	696
	10.3.1 vSAN-Cache	699

10.3.2	vSAN-Geräte und Disk-Groups	700
10.3.3	Skalierbarkeit	700
10.3.4	Ressourcenbedarf	701
10.3.5	Datenschutzmechanismus und Fault Domains	701
10.3.6	Überwachung von vSAN	702

10.4 Topologien ... 703

10.4.1	Basis-Topologie	703
10.4.2	Remote und Branch-Office (ROBO)	703
10.4.3	Virtual SAN Stretched Cluster	704
10.4.4	Topologie mit drei Rechenzentren	705
10.4.5	Multi-Prozessor-FT	706
10.4.6	Applikationscluster	706

10.5 Sizing ... 707

10.5.1	Kapazitätsplanung	707
10.5.2	Netzwerkvoraussetzungen	707

10.6 Ein vSAN mit Basis-Topologie einrichten ... 708

10.6.1	Netzwerkkonfiguration	708
10.6.2	vSAN einrichten	715

10.7 VM Storage Policies für Virtual SAN ... 721

10.7.1	Testinstallation	724

10.8 vSAN Observer ... 724

11 Konfiguration von ESXi und vCenter ... 727

11.1 Host-Profile ... 727

11.1.1	Erstellen eines Host-Profils	729
11.1.2	Anpassen eines Host-Profils	730
11.1.3	Host bzw. Cluster mit einem Profil assoziieren	732
11.1.4	Anwenden eines Host-Profils	733
11.1.5	Profile-Compliance	734

11.2 NTP ... 734

11.2.1	NTP unter ESXi	735
11.2.2	NTP in der virtuellen Maschine mithilfe von VMware Tools einstellen	737
11.2.3	Probleme mit der Zeitsynchronisation	738

11.3 DNS ... 741

11.3.1	Routing/Gateway	741

11.4	**Einrichtung von Ressourcen-Pools**	742
11.4.1	Erstellung eines Ressourcen-Pools	742
11.4.2	Reservation	743
11.4.3	Limit	744
11.4.4	Expandable	744
11.4.5	Shares	745
11.5	**VMware vApp**	746
11.5.1	Erstellen einer vApp	746
11.5.2	Verknüpfung einer vApp mit virtuellen Servern	748
11.5.3	vApp-Einstellungen	750
11.5.4	Klonen einer vApp	753
11.5.5	Automatisches Starten und Stoppen der VMs mit dem Host	755
11.6	**vSphere-Security**	756
11.6.1	Öffnen und Schließen eines Ports mit dem vSphere Web Client	760
11.6.2	Hostabsicherung	761
11.7	**Lizenz-Server**	763
11.7.1	Konfiguration des vCenter-Lizenz-Servers	763
11.8	**Hardware**	766
11.9	**Erweiterte Softwarekonfiguration**	771
11.9.1	Virtual Machines	771
11.9.2	Systemeinstellungen	772
11.10	**Virtual Flash**	779
11.11	**vCenter-Berechtigungen**	782
11.11.1	Rollen	784
11.11.2	Benutzer einrichten	787
11.12	**vCenter-Konfigurationseinstellungen**	790
11.12.1	Statistics	791
11.12.2	Datenbankeinstellungen	792
11.12.3	Runtime Settings	793
11.12.4	User Directory	793
11.12.5	Mail	794
11.12.6	SNMP Receivers	794
11.12.7	Ports	795
11.12.8	Timeout Settings	796
11.12.9	Logging Settings	796
11.12.10	SSL Settings	797
11.12.11	Licensing	798
11.12.12	Message of the Day	798

	11.12.13	Advanced Settings	799
	11.12.14	Key Management Server	800
	11.12.15	Storage Providers	800

11.13 Das Menü im Home-Screen des vCenters 801

	11.13.1	Content Libraries	801
	11.13.2	Policies and Profiles	804
	11.13.3	vRealize Operations	809
	11.13.4	Update Manager	809
	11.13.5	Tags & Custom Attributes	809

11.14 Das Administrationsmenü 813

	11.14.1	Client Plug-Ins	814
	11.14.2	Customer Experience Improvment Program	815
	11.14.3	Single Sign On – Users and Groups	815
	11.14.4	Single Sign On – Configuration	816
	11.14.5	vCenter Server Extensions (Flash Client)	817
	11.14.6	System Configuration (Flash-Client)	818
	11.14.7	Support (Flash-Client)	818

11.15 Weitere Einstellungen auf der vCenter-Homepage (Flash-Client) 820

	11.15.1	Update Manager	820
	11.15.2	vRealize Operations Manager	820
	11.15.3	vRealize Orchestrator	822
	11.15.4	Hybrid Cloud Manager	822

11.16 Management des Platform Services Controller (PSC) 822

	11.16.1	Die DCUI (Direct Console User Interface) des PSC	822
	11.16.2	Die Weboberfläche des PSC	823

11.17 Management der VCSA 824

	11.17.1	Die DCUI der VCSA	824

11.18 Die Weboberfläche der VCSA 825

11.19 Einen Account zurücksetzen 826

12 Konfiguration von vCenter-Add-ons   827

12.1 Der vCenter Update Manager 827

	12.1.1	Installation	828
	12.1.2	Konfiguration	829
	12.1.3	Host-Baselines	836
	12.1.4	VM-Baselines	837

12.1.5	Patch Repository	837
12.1.6	ESXi Images	838
12.1.7	Download von Updates	839
12.1.8	Download von Updates auf Offline-Update-Manager	840
12.1.9	Baselines	844
12.1.10	Events	851
12.1.11	Notifications	851
12.1.12	Weitere Konfigurationsmöglichkeiten	851

12.2 VMware vCenter Linked Mode ... 852

12.3 VMware vSphere Image Builder ... 853

12.4 VMware Auto Deploy ... 857

12.5 VMware vSphere Replication Appliance ... 863

12.6 VMware vCenter Converter Standalone ... 871

12.6.1	»VMware vCenter Converter Standalone« verwenden	873
12.6.2	Nacharbeiten nach der Übernahme	884

13 Monitoring 887

13.1 Performance-Daten des Hosts im vCenter ... 887

13.1.1	Performance-Messwerte	894
13.1.2	CPU-Performance	894
13.1.3	Memory-Performance	894
13.1.4	Storage-Performance	895
13.1.5	Network-Performance	895

13.2 Weitere Monitor-Funktionen des vCenters ... 895

13.2.1	Issues	899
13.2.2	Triggered Alarms	900
13.2.3	Tasks	900
13.2.4	Events	901
13.2.5	Scheduled Tasks	902
13.2.6	System-Logs	905
13.2.7	Sessions	908
13.2.8	vCenter HA	909
13.2.9	Performance	909
13.2.10	Update Manager	909
13.2.11	vSphere HA	909
13.2.12	Profile Compliance	911
13.2.13	Resource Reservation	911

		13.2.14	vSphere DRS	912
		13.2.15	Policies	913
		13.2.16	Utilization	913
		13.2.17	Hardware Health	914
		13.2.18	Health	915
		13.2.19	Service Health	916
	13.3	**Einrichten von Alarmen**		917
	13.4	**SNMP**		921
		13.4.1	SNMP unter VMware	922
		13.4.2	SNMP unter ESXi	923
		13.4.3	SNMP in Gastbetriebssystemen	924
	13.5	**Log-Dateien-Management**		924
		13.5.1	VMware ESXi Dump Collector	925
		13.5.2	vSphere Syslog Collector	926
	13.6	**Virtual Machine Monitoring**		930
	13.7	**Der freie VMware-Logserver SexiLog**		933
		13.7.1	Konfiguration von »SexiLog«	934
	13.8	**Runecast**		936
		13.8.1	Installation	936
		13.8.2	Konfiguration	938
		13.8.3	Analyse und Fehlersuche mit Runecast	943
		13.8.4	Fazit	945
	13.9	**Opvizor Performance Analyzer**		945
		13.9.1	Installation	946
		13.9.2	Konfiguration	947
		13.9.3	Navigation	949
		13.9.4	Gesamtübersicht über VMware vSphere	951
		13.9.5	VMware-Performance im Detail	956
		13.9.6	Statistiken und Planung	958
		13.9.7	Fazit	960

14   Datensicherung von vSphere-Umgebungen   961

	14.1	**Einführung**		961
		14.1.1	Allgemeines zur Datensicherung	962
		14.1.2	Die zwei Typen der Datensicherung	963
		14.1.3	Stufenweises Datensicherungskonzept	964

14.2	**Grundlagen der Datensicherung**	965
14.2.1	Deduplikation	966
14.2.2	Medien zur physischen Datensicherung	967
14.2.3	Datenkonsistenz von VMs, Datenbanken und Applikationen	968
14.2.4	Sicherung von mehrschichtigen Applikationen oder vApps	969
14.3	**Die fünf Prinzipien einer konsequenten Datensicherung**	970
14.3.1	Medienbruch	970
14.3.2	Datenkopien	970
14.3.3	Indexierung	972
14.3.4	Validierung	972
14.3.5	Funktionstrennung	973
14.4	**VMware-Werkzeuge zur Datensicherung**	973
14.4.1	VMware Tools	974
14.4.2	VM-Snapshots	975
14.4.3	Changed Block Tracking	976
14.5	**Datensicherungstopologien**	977
14.5.1	Topologien zur lokalen Datensicherung	978
14.5.2	Konzepte für die Datensicherung über zwei und mehr Standorte und in der Cloud	979
14.5.3	Backup vs. Replikation	979
14.6	**Planung einer Datensicherungsumgebung**	981
14.6.1	Funktionsübersicht zu Veeam Backup & Replikation	981
14.6.2	Generelle Ressourcenplanung	982
14.6.3	Deployment-Methoden	990
14.6.4	Dimensionierung vom »Veeam Backup & Replication«-Komponenten	994
14.6.5	Der optimale Bereich für die Dimensionierung	997
14.6.6	Was man nicht machen sollte	999
14.7	**Veeam-Backup-Repository**	1000
14.7.1	Verschiedene Backup-Repository-Typen	1000
14.7.2	SMB-Backup-Repository	1001
14.7.3	Deduplication Appliances und VTL als Backup-Repository	1002
14.7.4	Pro-VM-Backup-Dateien	1003
14.7.5	Scale-out-Backup-Repositorys	1005
14.7.6	Backup-File-Placement im Scale-out-Backup-Repository	1006
14.7.7	Windows-Server-Deduplikation-Share als Backup-Repository	1007
14.8	**Veeam Backup & Replication installieren**	1008
14.9	**Erstellen von Backups**	1013
14.9.1	Den ersten Backup-Job erstellen	1013
14.9.2	Backup-Methoden	1019

14.9.3	Verschlüsselung	1021
14.9.4	Komprimierung und Deduplikation	1022
14.9.5	Backup-Jobs	1023
14.9.6	Backup-Copy-Jobs	1025
14.9.7	Speicherwartung bei Defragmentierung durch inkrementelle Backups	1026
14.9.8	Application-Aware Processing	1026

14.10 Erstellen von Replikaten 1028

14.11 Wiederherstellung aus Backups 1029

14.11.1	Virtual Lab	1032

15 Ausfallsicherheit 1033

15.1 Sicherung – Rücksicherung 1033

15.1.1	Sicherung des vSphere-Hosts	1033
15.1.2	Sicherung von vCenter Server	1034

15.2 Ausfallsicherheit für PSC bzw. vCenter 1046

15.2.1	Embedded VCSA / Single PSC mit single vCenter/Single PSC mit mehreren vCentern	1046
15.2.2	Redundante PSCs / single vCenter	1047
15.2.3	Redundante PSCs mit und ohne Loadbalancer / redundantes vCenter	1047
15.2.4	vCenter HA	1047

15.3 Fault Tolerance 1049

15.3.1	Wie funktioniert Fault Tolerance?	1050
15.3.2	Technische Voraussetzungen	1052
15.3.3	Technische Einschränkungen	1055
15.3.4	Fault Tolerance für eine virtuelle Maschine aktivieren	1055
15.3.5	Bedienung von Fault Tolerance für eine virtuelle Maschine	1059
15.3.6	Snapshots mit FT	1060
15.3.7	Was passiert im Fehlerfall?	1061
15.3.8	Lizenzierung von FT	1062
15.3.9	Fault Tolerance Legacy Version	1062

15.4 Microsoft Cluster Service für virtuelle Maschinen 1062

15.5 vSphere Replication 1062

15.5.1	Aktivierung des Replikats	1068

16 Automatisierung von vSphere — 1071

16.1 Use Cases zur Automatisierung im Überblick — 1071
- 16.1.1 Bereitstellung von Ressourcen — 1072
- 16.1.2 Konfigurationsmanagement — 1072
- 16.1.3 Automatisiertes Erzeugen von virtuellen Maschinen und Applikationsumgebungen — 1072
- 16.1.4 Continuous Integration und Continuous Delivery — 1072
- 16.1.5 Security — 1073
- 16.1.6 Governance — 1073
- 16.1.7 Self-Service-Portale — 1073

16.2 Technischer Überblick — 1073
- 16.2.1 vSphere Management SDK — 1074
- 16.2.2 vSphere SDK für Python — 1077
- 16.2.3 Die vSphere-REST-API — 1079
- 16.2.4 VMware-Modul für Ansible — 1084
- 16.2.5 VMware PowerCLI — 1086
- 16.2.6 VMware vRealize Orchestrator — 1086
- 16.2.7 Third-Party Tools — 1087

16.3 Fazit — 1087

17 Virtuelle Maschinen — 1089

17.1 Grundlagen — 1089
- 17.1.1 Virtuelle Hardware — 1089
- 17.1.2 Virtuelle Maschinendateien — 1098
- 17.1.3 VMware Tools — 1099

17.2 Konfiguration der virtuellen Hardware — 1100
- 17.2.1 Ändern der Hardware und HotPlug — 1100
- 17.2.2 CPU — 1100
- 17.2.3 Arbeitsspeicher – Memory-HotPlug — 1103
- 17.2.4 SCSI Controller – SCSI-Bus-Sharing — 1103
- 17.2.5 Festplatten — 1103
- 17.2.6 Netzwerk – MAC-Adresse — 1104
- 17.2.7 Video Card — 1104
- 17.2.8 DirectPath I/O PCI — 1105

17.3 Optionen für die virtuellen Maschinen — 1105

17.3.1	VM-Namen ändern	1105
17.3.2	Gastbetriebssystem anpassen	1106
17.3.3	Remotekonsole	1106
17.3.4	Encryption	1106
17.3.5	VMware Tools	1107
17.3.6	Zeitsynchronisation	1108
17.3.7	Energieverwaltung	1109
17.3.8	Startoptionen	1109
17.3.9	Erweiterte Konfiguration	1110
17.3.10	Fibre-Channel-NPIV	1112

17.4 Virtuelle Maschinen erstellen ... 1112

17.4.1	Erstellen einer neuen virtuellen Maschine	1112
17.4.2	Installieren des Gastbetriebssystems	1115

17.5 Aktualisieren der virtuellen Hardware ... 1116

17.6 Ressourcen-Management ... 1116

17.6.1	CPU	1117
17.6.2	Arbeitsspeicher	1119
17.6.3	Festplatte	1121
17.6.4	Netzwerk	1121

17.7 USB-Geräte ... 1122

17.7.1	USB-Komponenten	1122
17.7.2	Ein USB-Gerät hinzufügen und entfernen	1123

17.8 Wechselmedien ... 1131

17.8.1	Diskettenlaufwerk hinzufügen	1131
17.8.2	Eine Diskette mit einer virtuellen Maschine verbinden	1132
17.8.3	CD/DVD-Laufwerk zur virtuellen Maschine hinzufügen	1137
17.8.4	CD/DVD mit virtueller Maschine verbinden	1139

17.9 Betriebszustände einer virtuellen Maschine ... 1144

17.10 Speicherrichtlinien für virtuelle Maschinen ... 1144

17.10.1	Speicherrichtlinien zuweisen	1145
17.10.2	Compliance der Speicherrichtlinie prüfen	1146

17.11 Konfiguration und Anpassung von virtuellen Maschinen ... 1147

17.11.1	HotPlug	1148
17.11.2	HotPlug von virtuellen CPUs	1148
17.11.3	HotPlug von Arbeitsspeicher	1148
17.11.4	MAC-Adresse ändern	1149

17.12 VMware Tools ... 1151

17.12.1	Zeitsynchronisation	1152
17.12.2	Installation der VMware Tools unter Windows	1152
17.12.3	Installation der VMware Tools unter Linux	1154
17.12.4	Den Status der VMware Tools prüfen	1155
17.12.5	Aktualisierung der VMware Tools	1156

17.13 Migration von virtuellen Maschinen ... 1159
- 17.13.1 vMotion ... 1159
- 17.13.2 Storage vMotion ... 1159
- 17.13.3 Hybrid-Migration ... 1160

17.14 Klone ... 1160
- 17.14.1 Einen Klon erstellen ... 1161

17.15 Vorlagen ... 1163
- 17.15.1 Eine Vorlage aus einer virtuellen Maschine erstellen ... 1163
- 17.15.2 Eine Vorlage in die Bibliothek importieren ... 1165
- 17.15.3 VM-Vorlagen in Ordnern verwalten ... 1166
- 17.15.4 Eine virtuelle Maschine aus einer Vorlage erstellen ... 1166

17.16 Die virtuelle Maschine im VMware vSphere Client ... 1167
- 17.16.1 Übersicht ... 1167
- 17.16.2 Überwachen ... 1169
- 17.16.3 Konfigurieren ... 1174
- 17.16.4 Berechtigungen ... 1177
- 17.16.5 Datenspeicher ... 1177
- 17.16.6 Netzwerke ... 1178

17.17 Snapshots ... 1178
- 17.17.1 Snapshot erstellen ... 1180
- 17.17.2 Snapshots verwalten ... 1180
- 17.17.3 Snapshot-Konsolidierung ... 1182

17.18 vSphere Replication ... 1183

17.19 Erweitertes VM-Management ... 1184
- 17.19.1 Prozesse einer virtuellen Maschine beenden ... 1184
- 17.19.2 Die Leistung einer virtuellen Maschine überprüfen ... 1186
- 17.19.3 Optimieren von virtuellen Maschinen ... 1188

18 vSphere Integrated Containers ... 1191

18.1 Überblick ... 1191

18.2 Architektur ... 1193

	18.2.1	Hypervisor und vCenter Server	1194
	18.2.2	vSphere Integrated Containers Appliance (VICA)	1194
	18.2.3	vSphere Integrated Containers Engine (VIC-Engine)	1194
	18.2.4	vSphere Integrated Containers vCenter-Plug-in (VIC-UI-Plug-in)	1195
	18.2.5	Virtual Container Host (VCH)	1195
	18.2.6	Docker-Client (DC)	1195
	18.2.7	Container-VM (c-vm)	1196
	18.2.8	Das Netzwerk der vSphere Integrated Containers	1196
	18.2.9	Benutzergruppen der vSphere Integrated Containers (VIC)	1198
18.3	**Implementierung**		**1199**
	18.3.1	Konfiguration des Hypervisors (ESXi-Host) für eine VIC-Umgebung	1200
	18.3.2	Konfiguration eines vCenter-Servers für eine VIC-Umgebung	1200
	18.3.3	Installation und Einrichtung der vSphere Integrated Containers Appliance (VICA)	1201
	18.3.4	Installation und Einrichtung der VIC-Maschine	1204
	18.3.5	Installation des VIC-UI-Plug-ins in den vCenter-Server	1207
	18.3.6	Virtual Container Host (VCH)	1212
18.4	**Verwaltung**		**1222**
	18.4.1	Docker-Kommandos	1223
	18.4.2	Container in VIC verwalten	1224
	18.4.3	Virtual Container Host (VCH) in VIC verwalten	1226

19   VMware Cloud Foundation   1229

19.1	**Modernisieren Sie Ihr Rechenzentrum**		**1230**
19.2	**Die Vorbereitung**		**1232**
19.3	**Die Standardarchitektur**		**1233**
19.4	**Installation**		**1241**
	19.4.1	Aufbau und Verkabelung der Hardware	1241
	19.4.2	Imaging der Hardware	1242
	19.4.3	Architektur der Management-Workload-Domain	1245
19.5	**Bereitstellung von Ressourcen durch Workload-Domains**		**1247**
	19.5.1	Erstellung einer VI-Workload-Domain	1247
	19.5.2	Architektur einer VI-Workload-Domain	1249
	19.5.3	Anlegen einer virtuellen Maschine	1249

19.6	Systemaktualisierungen	1251
19.7	Mehrere Standorte	1253
19.8	**Verfügbarkeit und Ausfallsicherheit**	1254
	19.8.1 Absicherung gegen Datenverlust der Management-Komponenten	1254
	19.8.2 Ausfall des Gesamtsystems	1255
	19.8.3 Ausfall einzelner Software-Komponenten	1256
	19.8.4 Ausfall einzelner Server	1256
	19.8.5 Ausfall einzelner Racks	1256
19.9	**Ausblick**	1256

Index 1257

Geleitwort, Vorworte und Danksagungen

Dieses Buch ist eine Teamleistung, und eine gewaltige dazu. Dieses Buch zu schreiben und es regelmäßig zu überarbeiten, sodass Sie inzwischen die 5. Auflage in den Händen halten, nahm viel Zeit in Anspruch. Wir Autoren konnten uns dabei stets auf den Rückhalt und die Unterstützung durch viele weitere Akteure verlassen – von Firmen bis hin zu unseren Familien. Bei ihnen möchten wir uns im Folgenden individuell bedanken, und wir möchten auch kurz unsere Motivation schildern, warum wir dieses Buch für Sie geschrieben haben.

Geleitwort

Liebe Leserin, lieber Leser,

die Technik in Rechenzentren entwickelt sich rasant. Computer-Virtualisierung ist mittlerweile Standard und ein alter Hut. Jetzt stehen immer mehr IT-Verantwortliche und -Mitarbeiter vor der Herausforderung, sich mit Public Cloud-, Hybrid Cloud- und Cloud Native Applications sowie neuen Business-Anforderungen auseinanderzusetzen. Reichte es bisher oft aus, neue IT-Services innerhalb von Wochen oder gar Monaten bereitzustellen, wird dies nun in wenigen Minuten erwartet. Mit herkömmlichen Rechenzentrumsarchitekturen und -prozessen und Server-Virtualisierung allein ist das schwer realisierbar.

Immer mehr Unternehmen sehen sich *Software-Defined Data Center*-Technologien an, um diese Anforderungen zu erfüllen. Dabei kommen *Software-Defined Storage* und *Software-Defined Networking* zum Einsatz. Wesentliche Funktionen werden durch Software und nicht mehr durch Hardware übernommen. Dadurch wird die Automatisierung einfacher zu implementieren, das Auditing wird viel effizienter, und Sicherheit und Compliance können auf eine fundamental bessere Weise sichergestellt werden.

Dieses Buch hat mit seinen früheren Ausgaben diese Entwicklung schon einige Jahre begleitet. Angefangen hat es mit Server-Virtualisierung. VMware vSphere hat die Rechenzentren erobert und ist ein Quasistandard, weil die Mehrwerte dieser Technologie unübersehbar sind. Der Hypervisor übernimmt immer mehr Aufgaben. Mit Storage-Virtualisierung durch vSAN übernimmt der Hypervisor auch die Bereitstellung von Speicherplatz, was die Prozesse im Rechenzentrum weiter vereinfacht.

Mit *NSX* kommen nun auch Netzwerk- und Sicherheitsfunktionen in den Hypervisor, die eine weitere Umwälzung der Rechenzentrumsarchitektur bedeuten. Jetzt können Sicherheitsprofile mit Anwendungen verknüpft werden. Firewall-Regeln sind nun eine Eigenschaft von virtuellen Maschinen und nicht mehr eine Konfiguration von Hardware oder Software-Appliances. Das eröffnet völlig neue Arten, ein Rechenzentrum fundamental sicherer zu gestalten.

So werden mehr und mehr Hardware-basierte Funktionen durch Software definiert. Das ist das *Software-Defined Data Center*. Zum ersten Mal nehmen wir *VMware Cloud Foundation* in dieses Buch auf. Dabei handelt es sich um ein nativ-integriertes System, das es einfach macht, ein Software-defined Data Center mit VMware-Technologien aufzubauen und zu betreiben.

Durch Cloud-Management-Plattformen in einem Software-Defined Data Center werden klassische *Infrastructure as a Service*-(IaaS-)Dienste, Desktops oder moderne Anwendungen bereitgestellt, die auf Containern oder ähnlichen Technologien basieren.

VMware Cloud Foundation vereint alle diese Funktionen. Infrastruktur (Compute, Storage und Netzwerk), Monitoring und Optimierungswerkzeuge sowie Automatisierungsplattformen sind nicht länger einzelne Produkte, die das IT-Team planen, installieren und betreiben muss, sondern es ist ein nativ-integriertes System, das diese Bereiche automatisiert abdeckt. In Kapitel 19 erfahren Sie mehr über diese neue Lösung.

Frank Wegner
Senior Product Line Marketing Manager,
VMware

Danksagung an VWware und Copyright-Statement

Da wir in diesem Buch die sehr gute Diagramm- und Icon-Library von VMware zur Erstellung der Grafiken genutzt haben, sind wir verpflichtet, folgendes Statement abzudrucken:

> *This document was created using the official VMware icon and diagram library. Copyright 2010 VMware, Inc. All rights reserved. This product is protected by U.S. and international copyright and intellectual property laws. VMware products are covered by one or more patents listed at http://www.vmware.com/go/patents.*

> *VMware does not endorse or make any representations about third party information included in this document, nor does the inclusion of any VMware icon or diagram in this document imply such an endorsement.*

Vorwort und Danksagung von Bertram Wöhrmann

Ich habe an einigen Büchern mitgearbeitet, immer unterstützt von einem schlagkräftigen Autorenteam. Mittlerweile sind es sieben Bücher sowie Sonderhefte und viele Fachartikel geworden. Hinzu kommen noch drei Videotrainings zum Thema vSphere 5/5.5/6.0. Dieser Einsatz für VMware hat mir bis heute acht Ernennungen zum *vExpert* gebracht. Diese Auszeichnung vergibt VMware jedes Jahr an nur eine geringe Anzahl von Personen weltweit. Ich kann mich dafür bei Ihnen, liebe Leser, nur bedanken.

Zu meinem Werdegang: Nach meinem Informatikstudium begann ich als Programmierer und schrieb in Chile eine Teleskopsteuerungssoftware. Nachdem das Projekt abgeschlossen war, wechselte ich in den Bereich »Windows-Administration und Netzwerke«. Nach einem Arbeitgeberwechsel konzentrierte ich mich ganz auf die Administration von Windows-Servern. Im Jahr 2005 wurde ich dann auf das Thema VMware-Virtualisierung aufmerksam. Seitdem gilt ein großer Teil meiner Aufmerksamkeit diesem Bereich: Die Planung, der Aufbau und die Weiterentwicklung von virtuellen Landschaften sind meine Hauptaufgaben. Mein Wechsel ins Consulting gibt mir die Möglichkeit, viele Konfigurationen zu sehen, und Sie als Leser können dadurch von meinem Wissen profitieren.

Mit meinen Beiträgen zu diesem Buch möchte ich Ihnen das Thema *VMware vSphere* näherbringen und ich hoffe, dass Sie von dem Buch für Ihre Arbeit profitieren.

Zuallererst möchte ich mich beim Buch-Team für die tolle Zusammenarbeit bedanken. Es ist schon fantastisch, mit so vielen Spezialisten an einem Projekt zusammenzuarbeiten. Der daraus resultierende Tiefgang kommt letztendlich dem Buch und Ihnen als Leser zugute. Das war wohl auch der Grund für den Erfolg der ersten Auflagen. Mein Dank gilt auch Marcel: Es hat immer Spaß gemacht, mit dir zu arbeiten. Ich hoffe, dass du beim nächsten Buch wieder dabei bist.

Mein Dank gilt ebenfalls allen Mitarbeitern des Verlags, die uns tatkräftig unterstützt haben und uns die Veröffentlichung dieses Buches ermöglichen. Besonderer Dank gilt Christoph Meister, der aufseiten des Verlags die Fäden in der Hand gehalten hat. Auch unsere Korrektorin, Friederike Daenecke, möchte ich an dieser Stelle erwähnen. Sie hat es geschafft, die Wahl von Begriffen und Namensgebungen abzugleichen, sodass Sie ein einheitlich verständliches Werk in der Hand halten.

Viele Menschen haben mir mit Rat und Tat zur Seite gestanden und mich immer wieder motiviert. Den Kollegen, die uns Autoren dabei unterstützt haben, die Qualität des Buches zu sichern, gilt ebenfalls mein ausdrücklicher Dank.

Ich danke auch Urs Alder, der uns die Serverlandschaft zur Verfügung gestellt hat und uns somit das Schreiben des Buches erst ermöglicht hat.

Meiner Familie gilt mein größter Dank. Meine Frau Kornelia hat mich immer in meiner Arbeit bestärkt. Dieser Rückhalt und das Verständnis meiner Jungen Sven und Pit für das Schreiben haben mich erst in die Lage versetzt, meine Buchprojekte durchzuführen.

Widmen möchte ich das Buch meiner Familie: Sie gibt mir über alle Generationen hinweg den Halt und die Kraft, immer nach vorne zu schauen.

Vorwort und Danksagung von Frank Wegner

Gute Kommunikation und ein gemeinsames Verständnis von den Zielen einer IT-Infrastruktur sind wesentliche Voraussetzungen für gelingende IT-Projekte und erfolgreiche Business-Unterstützung durch IT. Meine Erfahrung ist, dass diese Aspekte übersehen werden können, wenn man sich zu sehr auf die Technik konzentriert. Darum gehe ich in Kapitel 19, »VMware Cloud Foundation«, auch darauf ein, warum und wann sich so ein nativ-integriertes System überhaupt lohnt. Nach über 20 Jahren in der IT-Beratung und nach 10 Jahren als *VMware Technical Account Manager* bin ich 2016 in das VMware-Produkt-Marketing gewechselt und helfe Kollegen, Partnern und Kunden in der Welt der Cloud-Technologien, »die Punkte zu verbinden«.

Mein Dank gilt Marcel Brunner, der mich eingeladen hat, an diesem Buch mitzuwirken. Ich danke auch den VMware-Kollegen in Palo Alto, CA, und überall in der Welt, mit denen die Zusammenarbeit so richtig gut ist. Und nicht zuletzt danke ich meiner Familie, meiner Frau Peggy und unseren Kindern Carla und Max, für den Rückhalt und die Unterstützung.

Vorwort und Danksagung von Günter Baumgart

Bis Anfang der 1990er-Jahre studierte ich Elektrotechnik an der Fachhochschule in Bochum und absolvierte ab 2003 ein weiterbildendes Studium »IT-Sicherheit – Administration und Sicherheit von IT-Systemen und -Netzwerken« an der Ruhruniversität Bochum. Seit 1990 bin ich im Bereich der Softwareentwicklung, des Engineerings und der Architektur von IT-Systemen tätig.

1999 setzte ich erstmalig ein Virtualisierungsprodukt aus dem Hause VMware ein und war augenblicklich begeistert. Seit diesem Tag bin ich ein Anhänger der Idee der Virtualisierung. Ich freue mich ganz besonders darüber, auch in dieser neuen Auflage des vSphere-Buches mit zwei Beiträgen dabei sein zu können. Kapitel 3, »vMotion und Storage vMotion«, und Kapitel 18, »vSphere Integrated Containers«, sind die Kapitel, die ich zu diesem Buch beigesteuert habe. Das Aufarbeiten und die Aktualisierung der Themen, sodass Sie als interessierter Leser auf Ihre Kosten kommen, war wie bei jedem der vielen Buchprojekte, an denen ich bisher beteiligt war, wie immer eine Herausforderung. Es hat natürlich auch wieder einiges an Freizeit gebraucht, um alle Kapitel fertigzustellen. Ich freue mich darüber, dass ich mir abermals der vollen Unterstützung meiner ganzen Familie sicher sein konnte.

Meine Frau Annette hat mich großartig unterstützt und stand mir jederzeit mit Rat und Tat zur Seite, um es mir zu ermöglichen, so zu schreiben, dass die Inhalte auch diesmal zum Weiterlesen bewegen. Sie hat mir den Rücken freigehalten, sodass ich die nötige Ruhe finden konnte, um gute Arbeit abliefern zu können. Alle, die Kinder haben, egal ob diese klein oder groß sind, werden wissen, wovon ich spreche. Natürlich gilt mein ganz besonderer Dank Maxi und Flori, die wieder einmal auf Papa verzichten mussten. Vielen Dank euch allen für euer Verständnis!

Vorwort und Danksagung von Jan Große

Bereits von klein auf hatte ich großes Interesse an der Welt der Computertechnik. Sobald der erste C64 bzw. der erste x86-Rechner greifbar war, wurde getüftelt, gebastelt und analysiert, was das Zeug hielt. Aufgrund dieses regen Interesses zog es mich bereits während meiner Schulzeit auf ein Berufskolleg, auf dem wir als erster Jahrgang die Möglichkeit hatten, einen höheren Schulabschluss mit dem Schwerpunkt Informatik zu erreichen.

Nach mehreren Jahren IT-Arbeit im SMB-Umfeld regte sich bei mir schon im Jahr 2006 ein starkes Interesse an der Virtualisierung. Ab 2009 konnte ich unter der Flagge von Siemens meine Fähigkeiten im Bereich »VMware und Microsoft Windows im Enterprise-Umfeld« bei der Planung, Umsetzung und Betreuung von diversen Infrastrukturen unter Beweis stellen. Im Jahr 2013 erweiterte sich mein Tätigkeitsfeld bei der opvizor GmbH. Dort habe ich als *Systems Engineer* nicht nur Kunden und die Produktentwicklung des opvizor-Analyse-Tools für VMware vSphere betreut, sondern bekam auch das erste Mal die Möglichkeit, mein Wissen in Form von Schulungen und Vorträgen sowie im firmeneigenen Blog mit dem Schwerpunkt VMware weiterzugeben. Seit 2015 bin ich im Bereich Consulting der Login Consultants Germany GmbH tätig und betreue Kunden im Bereich VMware und Cloud.

Mein besonderer Dank gilt Bertram Wöhrmann, der mich ermutigt und mir die Möglichkeit gegeben hat, an diesem Buch mitzuarbeiten. Ein weiterer Dank gilt Dennis Zimmer, der mich in vielen Dingen ermutigt hat und mir gezeigt hat, dass man mit seinen Herausforderungen wächst. Außerdem danke ich allen, die mich und das Team tatkräftig unterstützt haben.

Ich danke ebenso Urs Stephan Alder, der uns mit seiner Infrastruktur die perfekte Basis für das Schreiben dieses Buches verschafft hat.

Mein größter Dank gilt meiner Frau Romina, die mich in allen Lebenslagen ermutigt, unterstützt und mir zur Seite steht. Sie war bereits beim ersten Buchprojekt meine größte Unterstützung. Es macht mich unendlich stolz, sie bei diesem Projekt nun als Frau an meiner Seite zu haben und mit ihr die Welt entdecken zu können.

Vorwort und Danksagung von Thomas Schönfeld

Schon früh war absehbar, dass ich der Elektronik oder IT verfallen würde. Mit fünf Jahren habe ich mein erstes ferngesteuertes Auto erst gefahren, dann komplett zerlegt und wieder zusammengebaut. Mein erster Kontakt mit Computern – wenn wir mal die Atari-Konsole mit Pong außen vorlassen – war ein Atari ST 1024. Von da an wurden die Verflechtungen mit der IT immer stärker.

Nach einem kurzen Abstecher zur Luftwaffe folgte ich wieder meiner Passion, diesmal mit Apple-Computern als System-Admin und Techniker. Als der Apple-Server dann eingestampft wurde, mussten Lösungen mit performanten Storage-Systemen her, und so begann ich, mich mit den Bereichen »FC-Storages« und »Virtualisierung« zu befassen. Gemäß dem Sprichwort »Auf einem Bein kann man nicht stehen« erarbeitete ich mir erst mit Security (*Sophos UTM*) und dann mit *VMware Horizon View* ein breiteres Fundament. Mit jedem neuen Problem nutzte ich die Gelegenheit, auf diesem Fundament weiteres Wissen aufzubauen, z. B. mit den Details der Datensicherung und Veeam. Nun, bei VMware angekommen und damit an der Quelle, richtet sich mein Fokus auf das *End User Computing*.

Kontinuierliches Lernen, in einem guten Verhältnis zwischen Vertiefung und gänzlich neuen Dingen, ist der Schlüssel zum Erfolg.

Besonders bedanken möchte ich mich bei Bertram, dass ich Teil des Teams werden durfte. Herzlichen Dank auch an Christoph und Frau Daenecke, die mit dem Korrekturlesen meiner Kapitel sicher die eine oder andere Stunde verbracht haben. Ein weiterer Dank gilt Urs, der uns mit seiner Infrastruktur die perfekte Basis für das Schreiben dieses Buches verschafft hat. Last, but not least möchte ich meiner Frau danken, die mir die vielen kleinen Tücken des Lebens vom Hals hielt, damit ich mich in Ruhe diesem Buch widmen konnte.

Vorwort und Danksagung von Urs Stephan Alder

Bedanken möchte ich bei meiner Frau Yacquelin und meinem Sohn Max: Danke, dass ihr es mir nicht übel genommen habt, dass ich wieder »untergetaucht« bin, um mich voll auf das Buch zu konzentrieren!

Vorwort und Danksagung von Dr. Jens-Henrik Söldner

Wie bei mehreren meiner Autorenkollegen waren die Commodore-Heimrechner C64 und Amiga mein Einstieg in die faszinierende Welt der Computertechnik. Ein Studium der Informatik an der Universität Erlangen-Nürnberg war dann nur der nächste logische Schritt. Parallel zum Studium war ich von 1997 an als Trainer im IT-Bereich aktiv, zunächst im Umfeld von Novell NetWare und Microsoft NT 4 und Windows 2000. Die erste verfügbare Version von VMware Workstation half mir dann, in den Trainings Windows- und Novell-Welten auf einem portablen Shuttle Spacewalker demonstrieren zu können. Mit ESX 2.x kam dann die offizielle Autorisierung als *VMware Certified Instructor*, seitdem bin ich als Trainer und Consultant in virtuellen Welten zusammen mit meinen Brüdern Dr. Guido Söldner und

Dr. Constantin Söldner als Geschäftsführer der Söldner Consult GmbH aktiv. Als VMware im Jahr 2014 NSX-V auf den Markt brachte, hatte ich das Glück, als erster deutschprachiger Trainer zu einem Train-the-Trainer-Bootcamp in den VMware Hauptsitz in den USA eingeladen zu werden. Seitdem ist Netzwerkvirtualisierung und die Sicherheit im Netz ein fester Bestandteil meiner beruflichen Tätigkeit. Ab dem Wintersemester 2018 darf ich dieses Wissen auch als Professor für Wirtschaftsinformatik und IT-Sicherheit an der Hochschule Ansbach an StudentInnen weitergeben.

Ich freue mich darüber, als neuer Autor in dieser Auflage des vSphere-Buches dazuzustossen. Kapitel 8, »Netzwerkvirtualisierung mit VMware NSX Data Center for vSphere (NSX-V)« und Kapitel 16, »Automatisierung von vSphere«, sind die Kapitel, die ich zu diesem Buch beisteuern durfte.

Mein besonderer Dank gilt Thomas Schönfeld, der mich nach einem gemeinsamen Training zu NSX-V an Bertram empfohlen hat und mir ermöglicht hat, das Autorenteam zu ergänzen. Mein größter Dank gilt meiner Freundin Maria für die Unterstützung und den Rückhalt, den sie mir tagtäglich gibt und insbesondere dafür, dass sie über meine kleineren und größeren Schwächen hinwegschaut.

Für die Durchsicht und technische Korrektur des Kapitels zu NSX-V möchte ich mich bei Frank Escaros-Büchsel, NFV Consulting Architect bei VMware bedanken. Danke, Frank, für Deine Hilfsbereitschaft und den Einsatz, den Du für die VMware Community zeigst!

Vielen Dank an unsere Sponsoren

Kapitel 1
Einleitung

Virtualisierung ist heutzutage kaum noch aus der Welt der Server wegzudenken. Sie ist das Mittel der Wahl, wenn es darum geht, Ressourcen optimal zu nutzen, und bietet dabei noch ein großes Maß an Flexibilität.

Autor dieses Kapitels ist Jan Große, Login Consultants Germany GmbH
jgrosse@vpantheon.com

1.1 Server-Virtualisierung

Zu Beginn wollen wir die wichtigsten Fragen zum Thema Virtualisierung klären.

1.1.1 Was ist Server-Virtualisierung?

Mithilfe der Virtualisierung kann man die bestehende 1:1-Beziehung von einem Betriebssystem auf einem Server aufheben. Mithilfe des Hypervisors wird die Ebene des Betriebssystems von der Hardwareebene abstrahiert. Auf Basis dieser neuen Zwischenebene können dann mehrere Instanzen von Betriebssystemen auf einem einzigen Server installiert werden. Der Hypervisor ist in unserem Fall *VMware ESXi 6.7*.

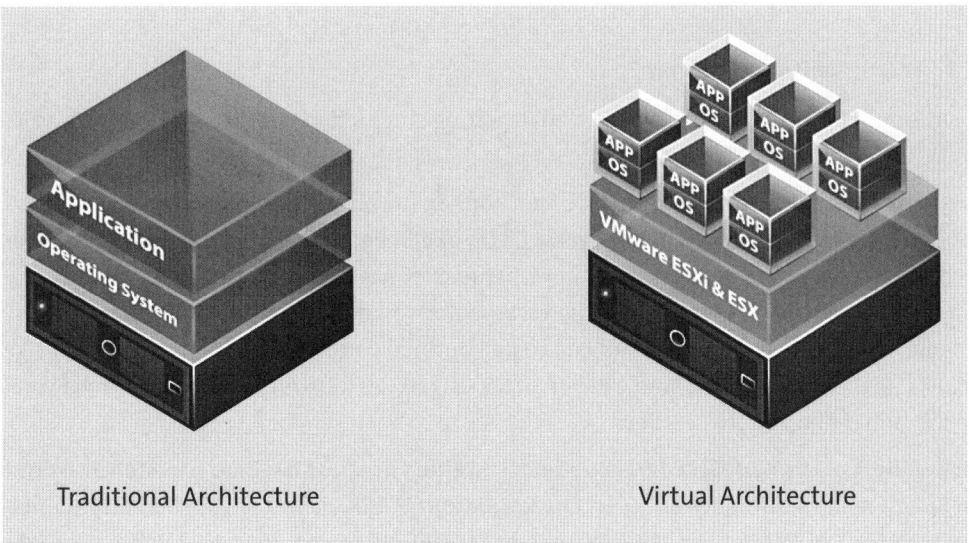

Abbildung 1.1 Die Virtualisierungsarchitektur in der Übersicht

1.1.2 Was ist eine virtuelle Maschine?

Eine virtuelle Maschine, kurz VM, kann man sich vereinfacht als ein Stück vom »Kuchen der physischen Ressourcen« vorstellen.

Die Konfiguration einer virtuellen Maschine wird bei ihrer Erstellung festgelegt. So kann etwa bestimmt werden, über wie viele virtuelle CPUs und Arbeitsspeicher sie verfügen soll und welche Komponenten (wie Netzwerkkarten, USB-Controller und CD-Laufwerke) sie erhalten soll. Sie verfügt, wie ein physisches System auch, über ein BIOS bzw. UEFI.

Die Daten wie auch die Konfiguration der virtuellen Maschine werden auf einem Datenspeicher abgelegt, der vom Hypervisor erreichbar ist. Eine virtuelle Festplatte der VM ist auf dem Datenspeicher des ESXi-Hosts also nur ein Satz von Dateien.

Innerhalb einer virtuellen Maschine kann – wie auf einem physischen Server auch – ein Gastbetriebssystem installiert werden. Das Gastbetriebssystem kann zum Beispiel Microsoft Windows, Linux, macOS, aber auch ein Hypervisor sein. So können nicht nur Standardgastsysteme installiert werden, sondern auch verschiedene Testszenarien über virtualisierte Virtualisierung sehr effektiv abgebildet werden. Auch wenn VMware die Funktionen der *Nested Virtualization* in den vergangenen Versionen immer wieder erweitert hat, beachten Sie bitte, dass das Betreiben solcher Installationen nicht von VMware unterstützt wird.

Nach Möglichkeit sollte jede installierte virtuelle Maschine mit den *VMware Tools* versehen werden. Die VMware Tools sind ein Paket aus verschiedenen Applikationen, Treibern und Skripten. Sie ermöglichen die Verwendung von VMware-eigener virtueller Hardware (beispielsweise der VMware-VMXNET-Netzwerkkarte) und bieten die Möglichkeit der Kommunikation zwischen Hypervisor und VM für Aufgaben wie z. B. Zeitsynchronisation, ein sauberes Herunterfahren des Gastsystems oder auch ein erweitertes Arbeitsspeicher-Management.

1.1.3 Warum virtualisiert man?

Die wesentlichen Argumente für die Virtualisierung sind sicherlich Konsolidierung und Flexibilität.

Durch die flexible Verteilung der Ressourcen können die physischen Server optimal genutzt werden. Systeme auf physischen Servern, die große Teile der Zeit untätig (*idle*) sind, aber auch solche Server, die permanent an der Leistungsgrenze arbeiten, werden auf einem großen Server in virtueller Form konsolidiert. Diese Konsolidierung bringt den großen Vorteil, dass die Ressourcen dadurch nun im Bedarfsfall optimal verteilt werden. Leistungshungrige virtuelle Maschinen können somit die überschüssigen Ressourcen nutzen, die durch Systeme mit hoher Idle-Zeit frei werden.

Ein weiterer großer Vorteil ist die Flexibilität. Um eine virtuelle Maschine zu erstellen, ist nur ein Bruchteil des Aufwandes erforderlich, den Sie zum Aufbau eines physischen Servers treiben müssen. Die Ressourcen einer virtuellen Maschine können auch im Nachhinein sehr schnell, teilweise sogar während der Laufzeit, geändert werden. Sollte die Anzahl virtueller

CPUs einer VM nicht mehr ausreichen, so können Sie auf aktuellen Systemen sogar via HotPlug im laufenden Betrieb CPUs per Mausklick oder Konsolenbefehl hinzufügen.

Die Flexibilität beschränkt sich dabei nicht nur auf die virtuellen Maschinen an sich. Eine Auszeit für die Hypervisoren muss nicht zwingend auch eine Auszeit für die virtuellen Maschinen bedeuten. Die virtuellen Maschinen können im laufenden Betrieb auf einen anderen physischen Server verschoben werden, ohne dass das Gastbetriebssystem etwas davon mitbekommt. Nach erfolgreicher Auszeit können die Maschinen dann wieder zurückverschoben werden.

Darüber hinaus können Ausfälle der Gastsysteme über verschiedene Mechanismen von vSphere abgesichert werden, indem Automatismen konfiguriert werden, die im Falle eines Ausfalls starten.

1.1.4 Gibt es auch Nachteile?

Natürlich bietet Virtualisierung nicht nur Vorteile. Sie erfordert Know-how, und es gibt gewisse »No-Gos«.

Know-how

Virtualisierung, gerade mit VMware, lässt sich gut mit dem Satz »Easy to learn – but hard to master« beschreiben. Einen Hypervisor zu installieren und mit einigen virtuellen Maschinen zu versehen ist recht schnell erledigt. Möchte man allerdings den vollen Nutzen und die volle Leistung aus der Installation ziehen, so muss man sich intensiv mit dem Thema auseinandersetzen. Dieser zusätzliche Aufwand sollte gerade in kleineren Umgebungen nicht unterschätzt werden.

No-Gos

Auch wenn es immer mehr Lösungen für die sogenannten Totschlagargumente gibt, so lässt sich nicht jedes System virtualisieren. Gründe, die gegen eine Virtualisierung sprechen können, sind beispielsweise die Lizenzierung bzw. der Support des Betriebssystems oder der Software. Lizenziert ein Softwarehersteller sein Produkt beispielsweise auf Basis der darunter liegenden physischen Hardware, so kann dies ein klares Argument gegen Virtualisierung sein. In diesem Fall können Sie sich schnell in der Lage wiederfinden, dass die Software, die Sie in einer sehr spärlich ausgestatteten VM betreiben wollen, auf einmal utopische Summen kostet, weil die VM auf einem sehr großzügig ausgestatteten Hypervisor läuft.

Unterstützt der Hersteller einer Software oder eines Betriebssystems keine Virtualisierung, so heißt dies zwar nicht zwingend, dass das Produkt nicht in einer virtuellen Maschine läuft. Im Fehlerfall jedoch hat man keinen Anspruch auf Unterstützung dem Hersteller gegenüber.

Ein weiteres großes No-Go kann eine Server-Erweiterung darstellen. Solche Erweiterungen können beispielsweise externe Maschinen sein, die über die seriellen oder parallelen Ports eines Servers gesteuert werden. Hier muss im Einzelfall geprüft werden, ob es eine entsprechende Lösung für das jeweilige Szenario im Bereich der Virtualisierung gibt und ob es praktikabel ist, diese umzusetzen.

1.1.5 Welche Arten der Virtualisierung gibt es?

Es gibt verschiedene Arten von Virtualisierung. Die Technik im Bereich von VMware fußt auf der Technologie der Hypervisor-basierten Virtualisierung. Bei dieser mittlerweile gängigsten Technik ist ein Hypervisor, auch *Virtual Machine Manager* (VMM) genannt, für die Verwaltung der Gastsysteme verantwortlich. Diese Technologie gibt es in zwei Varianten:

▶ **Hypervisor Typ 1:** Bei dieser Technologie werden die Hypervisoren unmittelbar als Betriebssystem auf die Hardware installiert. Diese Art von Hypervisor wird in der Regel zur Server- oder auch zur Desktop-Virtualisierung genutzt. Solche Hypervisoren sind sehr schlank und versuchen, den Overhead zu minimieren. Zu dieser Technologie zählen beispielsweise *VMware ESXi* und *Microsoft Hyper-V*. VMware nutzt mit ESXi einen anderen Ansatz als Microsoft. Das eigens von VMware erstellte ESXi ist ein eher minimalistischer Ansatz mit sehr restriktiven Vorgaben im Hinblick auf Kompatibilität und Support.

▶ **Hypervisor Typ 2:** Zum Typ 2 zählen solche Hypervisoren, die in ein bestehendes Betriebssystem installiert werden, beispielsweise *VMware Workstation*, *VMware Fusion*, *Microsoft Virtual PC* und *Oracle VirtualBox*. Diese Art der Virtualisierung wird häufig dazu genutzt, um Testsysteme innerhalb eines bestehenden PCs zu installieren.

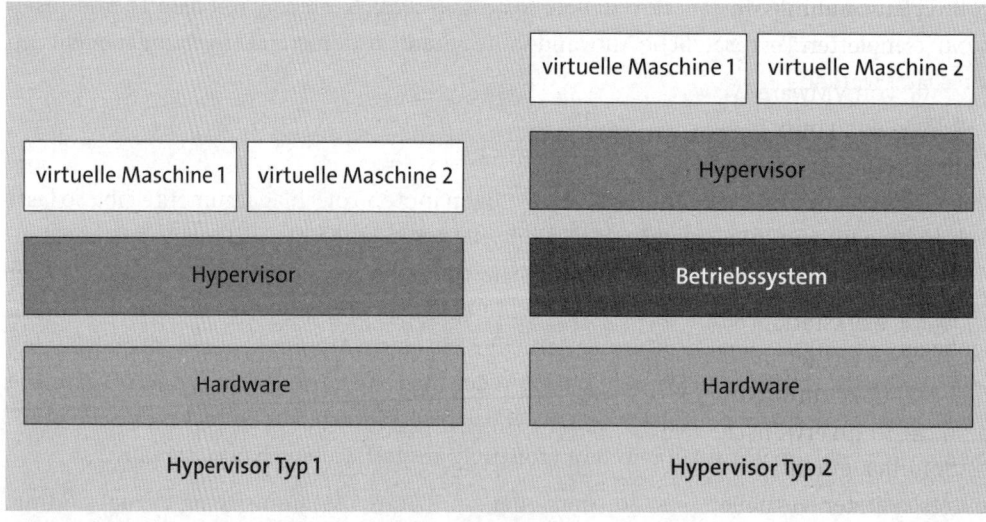

Abbildung 1.2 Hypervisor Typ 1 und Typ 2 im Vergleich

Neben der Hypervisor-basierten Virtualisierung gibt es noch die Hardwarevirtualisierung und die Betriebssystemvirtualisierung. Bei der *Hardwarevirtualisierung* wird die Verwaltung der Gastsysteme von der Hardware selbst übernommen. Ein Beispiel für Hardwarevirtualisierung ist die IBM-LPAR-(Logic Partition-)Technologie.

Die *Betriebssystemvirtualisierung* hebt sich stark von den anderen Varianten der Virtualisierung ab. Bei der Betriebssystemvirtualisierung wird ein einzelnes Betriebssystem partitioniert. Die dadurch entstehenden Instanzen laufen isoliert, aber anders als bei den anderen Virtualisierungsvarianten zwingend immer mit demselben Betriebssystem, da die Basis immer dieselbe ist. Beispiele für die Betriebssystemvirtualisierung sind *Linux vServer* und *BSD Jails*.

1.2 Die VMware-Produktfamilie

Die Produktfamilie aus dem Hause VMware wächst stetig. Allein sämtliche Produkte zu erklären würde den Rahmen dieses Buches schon fast sprengen. Im Folgenden stellen wir die Produkte aus dem Bereich der Hypervisoren kurz vor.

1.2.1 VMware Workstation

VMware Workstation ist das Produkt, mit dem VMware groß geworden ist. Das kostenpflichtige Produkt VMware Workstation ist ein Hypervisor vom Typ 2 und für die Plattformen Windows und Linux verfügbar. Mithilfe von VMware Workstation können virtuelle Maschinen nicht nur ausgeführt, sondern auch erstellt, verwaltet und verändert werden. Die häufigsten Anwendungsszenarien sind Test- oder Entwicklungssysteme oder auch der Ersatz einer kompletten Test- oder Entwicklungsumgebung auf Basis virtueller Maschinen.

Mithilfe von VMware Workstation kann eine Vielzahl von Gastbetriebssystemen betrieben werden – von Linux über Windows und macOS bis hin zu Hypervisoren wie ESXi. Die Gastsysteme können über verschiedene Methoden an das Netzwerk des Wirtssystems angebunden oder auch nur intern mit anderen Gastsystemen verbunden werden. Über die Netzwerkverbindung hinaus können auch diverse Komponenten (wie USB-Geräte, Verzeichnisse und CD/DVD-Laufwerke) mit dem Gastsystem verbunden werden.

VMware Workstation bietet mit der Snapshot-Funktion eine Möglichkeit, den derzeitigen Stand einer virtuellen Maschine festzuhalten, um zu einem späteren Zeitpunkt bei Bedarf zu diesem Punkt zurückkehren zu können. Dabei wird sowohl der Zustand der Datenspeicher als auch, wenn erwünscht, der Zustand des Arbeitsspeichers festgehalten. Man kann also auf Knopfdruck einen Sprung zu einem festgehaltenen Zustand aus der Vergangenheit einer eingeschalteten virtuellen Maschine machen.

Über diese Funktionen hinaus gibt es auch die Möglichkeit, die Grenzen des PCs zu überschreiten, auf dem VMware Workstation ausgeführt wird. Man kann eine Verbindung zu anderen VMware-Workstations, zu einem vCenter-Server, ESXi-Servern oder auch zu der vCloud Air herstellen und dort liegende Systeme nutzen.

Bestehende virtuelle Maschinen können als OVF-Paket exportiert und auf andere Systeme übertragen werden.

Ein weiteres Feature ist das Verbinden von VMDK-Dateien mit dem PC-System, auf dem VMware Workstation ausgeführt wird. So kann – die Unterstützung für das in der VMDK-Datei verwendete Dateisystem vorausgesetzt – auch auf die Daten zugegriffen werden, während die virtuelle Maschine ausgeschaltet ist.

1.2.2 VMware Workstation Player

Den *VMware Workstation Player*, der zuvor *VMware Player* bzw. *VMware Player Plus* hieß, gibt es für Windows und Linux. Er ist in zwei Varianten verfügbar: in einer nichtlizenzierten Variante, die für die nichtkommerzielle, persönliche Nutzung vorgesehen ist, und in einer kommerziellen, lizenzierten Variante, die einige erweiterte Funktionen bietet. Unabhängig von der Version ist der Workstation Player primär dafür vorgesehen, virtuelle Maschinen abzuspielen. Über das Abspielen hinaus können auch virtuelle Maschinen erstellt werden und kann die Konfiguration vorhandener virtueller Maschinen angepasst werden.

Die Vorzüge der lizenzierten Variante bestehen darin, dass Sie mit ihr die Option haben, den Support zu nutzen, den VMware anbietet, und dass sie die Möglichkeit zum Ausführen von sogenannten *Restricted VMs* bietet. Diese Restricted VMs können mit *VMware Workstation Pro* oder *VMware Fusion Pro* erstellt werden und mit verschiedenen Einschränkungen versehen werden. Einschränkungen können beispielsweise ein Ablaufdatum sein oder darin bestehen, dass das Einbinden von USB-Geräten innerhalb der virtuellen Maschine deaktiviert ist.

1.2.3 VMware Fusion und VMware Fusion Professional

VMware Fusion bildet das macOS-Äquivalent zu VMware Workstation Player, während *VMware Fusion Pro* das Äquivalent zu VMware Workstation Pro ist. Der Funktionsumfang ist zu großen Teilen identisch mit dem entsprechenden Pendant für Linux bzw. Windows – mit der Ausnahme, dass es keine nichtkommerzielle Version von VMware Fusion gibt.

1.2.4 VMware vSphere Hypervisor (ESXi)

Der *VMware vSphere Hypervisor* ist die freie Variante des ESXi-Hypervisors. Er bietet eine gute Basis für den Einstieg in die Virtualisierung. Voraussetzung für den Betrieb eines vSphere Hypervisor ist eine kompatible Hardware. Es gibt allerdings einige Einschränkungen im Vergleich zu den kostenpflichtigen Versionen. Die aktuellen Einschränkungen sind:

- maximal 8 vCPUs pro virtueller Maschine
- maximal 480 vCPUs insgesamt pro Host
- keine Möglichkeit zum zentralen Management über ein vCenter

Durch die fehlende zentrale Verwaltung sind Funktionen wie Hochverfügbarkeit, die integrierte Backup-Funktion und Live-Migration nicht verfügbar.

Da seit der Version vSphere 6.5 der installierbare *vSphere Client* nicht mehr länger funktioniert, ist der Zugriff auf den vSphere Hypervisor nur noch über den *Host Client* bzw. über die Konsole/SSH möglich. Den Host Client erreichen Sie unter der URL *https://<vSphere Hypervisor>/ui*.

Die freie Version des vSphere Hypervisor kann im laufenden Betrieb mit einer Lizenz zu einer vSphere-Edition angehoben werden.

1.2.5 VMware ESXi

VMware ESXi gehört zu den Typ-1-Hypervisoren und stellt die kostenpflichtige Basis von VMware für Server- und Desktop-Virtualisierung dar.

ESXi ist in drei verschiedenen Editionen verfügbar:

- vSphere Standard
- vSphere Enterprise Plus
- vSphere with Operations Management Enterprise Plus

Zusätzlich zu diesen Editionen gibt es noch verschiedene *Kits*, in denen vSphere angeboten wird und in denen ESXi enthalten ist.

Die Editionen bestimmen den Funktionsumfang an Features bzw. den Umfang von verschiedenen Features. So bietet eine Standard-Edition beispielsweise nur Fault Tolerance für Systeme mit bis zu zwei vCPUs, während eine Enterprise-Plus-Edition eine Fault Tolerance mit bis zu acht vCPUs unterstützt.

1.2.6 VMware vSphere

VMware vSphere ist die VMware-Produktlinie für die Virtualisierung. Zu ihr gehört eine Vielzahl von Produkten. vSphere kann darüber hinaus auch durch diverse Produkte von Drittherstellern erweitert werden. So kann beispielsweise ein vCenter eingesetzt werden, um die Systeme zentral zu verwalten; ein *VMware Update Manager* kann genutzt werden, um Updates zu erleichtern; und ein Backup-Tool eines Drittherstellers kann verwendet werden, um Backups von virtuellen Maschinen zu erstellen.

1.3 Einführung in die VMware-Server-Virtualisierung

In der Welt der VMware-Server-Virtualisierung werden Sie häufig mit verschiedenen Produkten und Funktionen einzelner Produkte in Berührung kommen. Die einzelnen Begriffe werden hier nur kurz erläutert, um Ihnen einen ersten Überblick zu verschaffen. Eine detaillierte Beschreibung der einzelnen Punkte finden Sie in den jeweiligen Kapiteln.

1.3.1 VMware ESXi

VMware ESXi ist der VMware-Hypervisor. Er wird als Betriebssystem auf einen Server installiert und verwaltet sowohl die physischen als auch die virtuellen Ressourcen.

1.3.2 VMware vCenter Server

Das *vCenter* stellt die Anlaufstelle der vSphere dar. Das vCenter wird entweder als eigenständige virtuelle Appliance (VCSA) oder als Software auf einem Windows-System installiert.

Nach der Installation können die ESXi-Server hinzugefügt werden. Mithilfe des vCenters können auf Basis der ESXi-Systeme dann weitere Funktionen (wie Cluster für Hochverfügbarkeit und eine dynamische Ressourcenverteilung) konfiguriert und genutzt werden. Das vCenter dient außerdem als zentrale Anlaufstelle für viele Zusatzprodukte.

1.3.3 VMware vSphere Web Client und VMware vSphere Client

Mit Erscheinen der Version 6.5 hat VMware ein neues Produkt eingeführt, das in Zukunft den vSphere Web Client ablösen wird und im Laufe der weiteren Entwicklung der einzige Client werden soll. Dieses Produkt heißt nun laut VMware genau wie der alte »Fat Client«, nämlich *VMware vSphere Client*. Das Produkt fußt auf HTML5 und wird, um Irritationen vorzubeugen, im Weiteren *HTML5-Client* genannt.

Der *VMware vSphere Web Client* ist ein auf *Flash* basierendes grafisches Interface für das vCenter. Der VMware Web Client wurde mit der Version *vSphere 5.1* eingeführt und sollte den *VMware vSphere Client (Fat Client)* ablösen. Bis zur Version 6.0 war es allerdings an vielen Stellen noch notwendig, die Grätsche zwischen dem *Web Client* und dem *vSphere Client* zu machen, da einige Features bzw. Funktionen exklusiv entweder im Web Client oder im vSphere Client existierten. Das wohl bekannteste Beispiel ist der *VMware Update Manager*, der bis zu vSphere 6.0 nur über den vSphere Client konfigurierbar war. Mit dem *vSphere 6.0 Update 1* hat sich die Situation geändert, und der Update Manager ist seitdem vollständig über den Web Client konfigurierbar.

Seit der Version 6.0 wurde der vSphere Web Client ständig weiter verbessert, was die Struktur und Performance angeht.

Mit dem Release von vSphere 6.5 wurde der vSphere Client von VMware offiziell abgeschafft. Eine Nutzung des vSphere Clients ist seitdem weder für das Administrieren von vCenter-Servern noch für das direkte Verwalten von Hosts möglich.

Dafür wurde zeitgleich der »neue« VMware vSphere Client veröffentlicht. Obwohl er denselben Namen wie der alte vSphere Client trägt, hat er wenig mit ihm gemein. Der neue vSphere Client wird, wie der vSphere Web Client, über den Browser bedient. Er basiert allerdings auf HTML5 statt Flash und bringt massive Performance- und Strukturverbesserungen mit sich.

Laut Aussagen von VMware ist der neue vSphere Client mit Erscheinen von vSphere 6.7 nun zu 95 % *feature complete* und soll als primärer Client dienen. Es finden sich aber immer wieder Features und Plug-ins, die zumindest noch eine Verwendung von vSphere Web Client voraussetzen. Das prominenteste Beispiel ist der VMware Update Manager, der derzeit leider nur über den vSphere Web Client erreichbar ist.

1.3.4 VMware Virtual Symmetric Multi Processing (SMP)

Mithilfe von SMP können die vCPUs einer virtuellen Maschine über mehrere physische Prozessoren verteilt werden.

1.3.5 VMware vSphere Virtual Machine File System (VMFS)

Das VMware-eigene Dateisystem VMFS ist optimiert für die Nutzung von Datenspeichern mit den Verzeichnissen und Dateien der virtuellen Maschinen. Es ermöglicht nicht nur eine hohe Performance, sondern auch spezielle Mechanismen für das Arbeiten mit Clustern.

1.3.6 VMware Virtual SAN (vSAN)

vSAN ist eine Technologie von VMware, die separat lizenziert werden muss. Mithilfe von VSAN können Festplatten aus verschiedenen Servern zu einem großen Storage-Verbund zusammengeschaltet werden. Virtuelle Maschinen, die auf dem darauf entstehenden Storage gespeichert werden, können über Policies mit Redundanzen versehen werden. VSAN fordert als Minimum das Zusammenschalten von drei Servern; jeder Server benötigt zusätzlich zum nutzbaren Speicher mindestens eine SSD.

1.3.7 VMware vSphere Virtual Volumes (VVOLs)

Die Virtual-Volumes-Technologie ist ein neuer Ansatz der Speicherverwaltung. Voraussetzung für die Nutzung von Virtual Volumes ist ein entsprechender Datenspeicher, der die Technologie über *VMware VASA* (siehe Abschnitt 1.3.15) unterstützt.

Der Speicher wird dabei nicht in LUNs konfiguriert, sondern in verschiedene Kategorien unterteilt. Virtuelle Maschinen werden den verschiedenen Kategorien zugewiesen und von der vSphere organisiert. Die Verwaltung des Datenspeichers rückt somit in die vSphere.

1.3.8 VMware vSphere Storage Thin Provisioning

Thin Provisioning bietet die Möglichkeit, Datenspeicher von virtuellen Maschinen zu konfigurieren, ohne ihn direkt vollständig in Anspruch zu nehmen. Es wird nur so viel Datenspeicher genutzt, wie auch in der virtuellen Maschine verwendet wird. Dies funktioniert beim Wachstum vollautomatisch; beim Schrumpfen sind einige Handgriffe notwendig, um die virtuellen Datenspeicher auch auf dem Datenspeicher wieder schrumpfen zu lassen.

1.3.9 VMware Fault Tolerance

Mit der *Fault Tolerance* kann eine laufende virtuelle Maschine in Echtzeit auf einen weiteren Host gespiegelt werden. Fällt der Host mit der aktiven Instanz der virtuellen Maschine aus, übernimmt dann die gespiegelte Instanz unterbrechungsfrei. Mit der Version 6.0 wurde hier die Einschränkung von maximal einer vCPU pro VM auf bis zu vier vCPUs angehoben.

1.3.10 VMware vSphere vMotion und Storage vMotion

vMotion ist eine Funktion, mit der eine laufende virtuelle Maschine von einem physischen Host während der Laufzeit auf einen anderen Host übertragen werden kann. Der Anwender bekommt dabei in der Regel nichts von dem Vorgang mit und kann die Maschine während der gesamten Zeit nutzen.

Mit *Storage vMotion* können die Dateien der virtuellen Maschinen von einem Datenspeicher zu einem anderen verschoben werden. Ähnlich wie bei vMotion ist auch dieser Vorgang während der Laufzeit der virtuellen Maschine möglich.

1.3.11 VMware vSphere High Availability (HA)

Mit *High Availability* ist es möglich, Ausfälle von Hosts und virtuellen Maschinen zu erkennen und automatisch darauf zu reagieren. Die Systeme können, beispielsweise wenn ein Host-System ausfällt, automatisch auf einem anderen Host im selben HA-Cluster erneut gestartet werden.

1.3.12 VMware vSphere Distributed Resource Scheduler (DRS)

Der *Distributed Resource Scheduler* überwacht die Ressourcenauslastung der Hosts innerhalb eines Clusters und kann dazu genutzt werden, Vorschläge für eine optimale Ressourcennutzung zu machen, oder diesen Vorschläge direkt vollautomatisch umzusetzen.

1.3.13 VMware vSphere Distributed Power Management (DPM)

Distributed Power Management stellt Ihnen die Möglichkeit zur Verfügung, virtuelle Maschinen bestmöglich auf einem Minimum an ESXi-Hosts zu bündeln. Die übrigen ESXi-Hosts werden dann abgeschaltet und erst bei Ressourcenengpässen wieder vollautomatisch gestartet.

1.3.14 VMware vSphere Storage DRS

Storage DRS liefert Vorschläge zur Verteilung oder verteilt die virtuellen Datenspeicher automatisch aufgrund von Auslastung und I/O-Last auf den Datenspeichern innerhalb eines DRS-Clusters.

1.3.15 VMware vSphere Storage API

Die *vSphere Storage API* bietet Schnittstellen für Drittanbieter zur Kommunikation zwischen vSphere und Datenspeichersystemen. Zu diesen Schnittstellen gehören unter anderem die *VMware vSphere API for Storage Awareness* (VASA). Diese Steuer-API wird beispielsweise für Virtual Volumes oder die Nutzung von vSAN eingesetzt. Eine andere Schnittstelle ist die *vSphere API for Array Integration* (VAAI), die es zum Beispiel ermöglicht, Funktionen wie das Klonen oder Verschieben einer virtuellen Maschine vom Hypervisor auf den Datenspeicher auszulagern.

1.3.16 VMware vSphere Standard Switch (vSwitch), Distributed Switch (dvSwitch, vDS) und Port-Gruppen

vSphere Standard Switches und *Distributed Switches* sind virtuelle Switches, die dazu dienen, virtuelle Maschinen mit dem Netzwerk zu verbinden. Sie können nicht nur dazu genutzt werden, die virtuellen Maschinen untereinander kommunizieren zu lassen, sondern ermöglichen auch die Kommunikation über physische Netzwerk-Ports. Die Konfiguration der Switches erfolgt in sogenannten Port-Gruppen. Diese stellen Untermengen eines entsprechenden virtuellen Switchs dar.

Während vSphere Standard Switches pro ESXi-Host konfiguriert werden und somit auf jedem ESXi-Host einzeln angelegt und verwaltet werden müssen, ist die Konfiguration von vSphere Distributed Switches zentral über das vCenter organisiert. Dadurch kann das gesamte Datacenter verwaltet werden.

1.3.17 VMware vSphere Storage I/O Control und VMware vSphere Network I/O Control

Mithilfe von *Storage I/O Control* und *Network I/O Control* können Prioritäten für die Datenspeicher und Netzwerkkarten der virtuellen Maschinen vergeben werden. Auf Grundlage dieser Prioritäten regelt vSphere dann den Zugriff auf die gemeinsam genutzten Ressourcen innerhalb eines Clusters.

1.3.18 VMware vSphere Storage Policy-Based Management (SPBM)

Storage Policy-Based Management ist die Grundlage für den SDS-(*Software-Defined Storage-*)Ansatz von VMware. Bei diesem Ansatz wandert die Verwaltung des Storage zu vSphere.

1.3.19 VMware vSphere Flash Read Cache (vFRC)

Die vFRC-Technologie ermöglicht es, Flash-Speicher in ESXi-Hosts als Lese-Cache für dediziert ausgewählte virtuelle Maschinen zur Verfügung zu stellen.

1.3.20 VMware vSphere Host-Profiles

In *Host-Profiles* kann ein Konfigurationsstand eines ESXi-Hosts festgehalten werden. Das Profil kann dann ESXi-Hosts zugewiesen werden, um zu prüfen, ob sie der darin gespeicherten Konfiguration entsprechen. Darüber hinaus kann die Konfiguration auch automatisch anhand der festgehaltenen Parameter geändert werden.

1.3.21 VMware vSphere vShield Endpoint

vShield Endpoint bietet die Möglichkeit, den Virenscan aus den virtuellen Maschinen auf eine zentrale Appliance eines Drittherstellers auszulagern.

1.3.22 VMware Cloud on AWS

VMware Cloud on AWS ist ein Joint Venture-Produkt von VMware und Amazon, das die Integration lokaler vSphere-Installationen in AWS ermöglichen soll.

1.3.23 VMware vSphere Update Manager (VUM)

Der *vSphere Update Manager* bietet Funktionen zum Vereinfachen und Automatisieren der Patch-Verwaltung von vSphere-Hosts sowie von Teilen der virtuellen Maschinen.

1.3.24 VMware vSphere Content Library

Mithilfe der *Content Library* können Daten wie Templates, ISO-Images, Skripte und vApps an zentraler Stelle verwaltet und über mehrere vCenter hinweg genutzt werden.

1.3.25 VMware vRealize Orchestrator

Das unter dem Namen *vCenter Orchestrator* bekannt gewordene Produkt zur Automatisierung wird von VMware nun als Bestandteil der vRealize-Produktlinie unter dem neuen Namen *vRealize Orchestrator* fortgefürt.

1.3.26 VMware vSphere Data Protection (VDP) (End of Availability)

vSphere Data Protection ist eine vollintegrierte Backup-Lösung für vSphere. Mit der Version vSphere 6.5 hat VMware das *End of Availability* für dieses Produkt angekündigt. Mit der Version vSphere 6.7 wird es nicht weiter unterstützt.

1.3.27 VMware vSphere Replication

Mithilfe der *vSphere Replication* können zeitversetzt Abbilder von virtuellen Maschinen erstellt und aktualisiert werden. Die Replikate können bei einem Ausfall genutzt werden, um die ausgefallenen Systeme zu ersetzen.

1.3.28 VMware vCenter High Availability

vCenter High Availability emöglicht es, ständig eine passive, aktuelle Kopie der vCenter Server Appliance vorzuhalten, die bei einem Ausfall des aktiven vCenters genutzt werden kann. Mit der vSphere 6.7 wurde der *Embedded Linked Mode* eingeführt. Er ermöglicht ein Verlinken der vCenter, die mit einem *Embedded PSC Server* installiert sind.

1.3.29 VMware Platform Services Controller (PSC)

Der *Platform Service Controller* wurde mit der Version vSphere 6.0 eingeführt. Er ist für die Verwaltung von Single Sign-on, Lizenzen, Zertifikaten und Services zuständig. Er kann entweder mit dem vCenter oder als separate Instanz installiert werden.

1.3.30 VMware vCenter Server Linked Mode

Mit dem *vCenter Server Linked Mode* können vCenter-Server miteinander verbunden werden. Diese Verbindung ermöglicht nicht nur die zentrale Verwaltung, sondern ermöglicht über den erweiterten Linked Mode auch ein vMotion einer virtuellen Maschine von einem vCenter in ein anderes vCenter.

1.3.31 VMware Hybrid Linked Mode

Mit dem *Hybrid Linked Mode* ist es möglich, ein vCenter aus dem Software-Defined Datacenter in der *VMC@AWS Cloud* mit einer SSO-Domäne in der onPremise-Installation zu verbinden.

1.3.32 VMware vSphere Auto Deploy

Über *vSphere Auto Deploy* können Server-Systeme direkt aus dem Netzwerk mit ESXi gebootet und automatisch in ein vCenter eingebunden werden.

1.3.33 VMware vSphere SDKs und Tools

VMware stellt eine Reihe von SDKs und Tools zur Verfügung, die das Arbeiten mit vSphere flexibel machen und vereinfachen:

- **PowerCLI:** Allen voran soll an dieser Stelle die PowerCLI genannt werden. Die PowerCLI ist ein PowerShell-Interface, über das eine Vielzahl der Funktionen in der vSphere gesteuert und auch automatisiert werden können.
- **vSphere Command Line Interface (vCLI):** Über die vCLI können Befehle an einen ESXi-Server oder ein vCenter über das Netzwerk gesendet werden.
- **SDK for Perl:** Das SDK for Perl bietet ein Perl-Scripting-Interface (clientseitig) für die *Web Services API*.
- **Virtual Infrastructure eXtension (VIX):** VIX ist eine API, mit deren Hilfe Programme und Skripte erstellt werden können, die Arbeiten innerhalb einer virtuellen Maschine ausführen.
- **vSockets:** vSockets ist eine Programmierschnittstelle für die Kommunikation zwischen virtueller Maschine und ESXi-Server.
- **Web Client SDK:** Mit dem Web Client SDK können Erweiterungen für den *VMware Web Client* erstellt werden.
- **HTML Console SDK:** Die HTML Console SDK ist eine neue JavaScript-Bibliothek, die Möglichkeiten für Konsolenzugriffe auf virtuelle Maschinen über einen Webbrowser bietet.
- **Virtual Disk Development Kit (VDDK):** Das VDDK ist eine Sammlung von C- und C++-Bibliotheken und -Utilitys, die darauf ausgerichtet sind, virtuelle Festplatten zu erstellen und zu verwalten.
- **Open Virtualization Format (OVF) Tool:** Das OVF Tool ist ein kommandozeilenbasierendes Programm, das speziell für den Import und Export von OVF-Paketen entwickelt wurde.
- **Site Recovery Manager (SRM) API:** Die SRM API bietet eine Programmierschnittstelle mit Funktionen zum Auslösen und Testen von Ausfallszenarien im *SRM*.

- **VMware Studio:** Das VMware Studio ist ein frei verfügbares Tool, das zum Erstellen und Verwalten von virtuellen Appliances und vApps genutzt werden kann, die für VMware-Plattformen optimiert sind.

1.3.34 VMware-vSphere-Editionen

VMware vSphere ist in drei verschiedenen Editionen verfügbar. Die Editionen werden jeweils auf Basis von CPUs lizenziert. Der entsprechende vCenter-Server muss separat lizenziert werden.

Die Lizenzen heißen *vSphere Standard Edition*, *vSphere Enterprise Plus Edition* und *vSphere with Operations Management Enterprise Plus* und haben folgende Features:

vSphere Standard Edition

- vMotion
- Storage vMotion
- High Availability
- Data Protection
- Fault Tolerance (für virtuelle Maschinen mit maximal 2 vCPUs)
- vShield Endpoint
- vSphere Replication
- Hot Add
- Virtual Volumes
- Storage Policy-Based Management
- Content Library
- Storage APIs for Array Integration & Multipathing
- Instant Clone

vSphere Enterprise Plus

- sämtliche Features der Standard-Edition
- Reliable Memory
- vSphere Persistent Memory
- Big Data Extensions
- vSphere Integrated Containers
- Virtual Serial Port Concentrator
- DRS & DPM
- Proactive High Availability
- Nvidia Grid vGPU
- VM-level Encryption
- Grafikbeschleunigung für virtuelle Maschinen
- vMotion über vCenter
- vMotion »long Distance«
- vMotion Cross CloudFault Tolerance (für virtuelle Maschinen mit bis zu 4 vCPUs)
- Storage DRS
- Storage I/O Control
- Network I/O Control
- Single Root I/O Virtualization (SR-IOV)
- Flash Read Cache (vFRC)
- Distributed Switch (VDS)
- Host Profiles
- Auto Deploy

vSphere with Operations Management Enterprise Plus

- sämtliche Features der Standard- und Enterprise-Plus-Edition
- Predictive DRS
- vRealize Log Insight Integration
- vSphere Security Hardening
- Workload Balancing
- Out of the Box Dashboards für Workload-Planung und -Verteilung
- Root-Cause Analyse
- Erweitertes Performance-Monitoring
- Capacity Management

Neben diesen drei Editionen gibt es noch zwei besondere Lizenzierungsmodelle.

Das erste Modell nennt sich *VMware vSphere Essentials Kit*. Dieses Kit bietet zwei Lizenzvarianten für kleine Unternehmen. Das Essentials Kit erlaubt die Nutzung von einem *vCenter Server Essentials* sowie von bis zu drei ESXi-Servern, die jeweils über maximal zwei CPUs verfügen dürfen.

Das Essentials Kit ist in zwei Editionen verfügbar, die sich im Funktionsumfang unterscheiden. Während das *Essentials Kit* lediglich vCenter und den Hypervisor mitbringt, können mit dem *Essentials Plus Kit* darüber hinaus auch vMotion, HA, Data Protection, vShield Endpoint und vSphere Replication genutzt werden.

Das zweite Modell nennt sich *vSphere Remote Office Branch Office* und ist ebenfalls in zwei verschiedenen Editionen verfügbar. Wie der Name schon vermuten lässt, ist es für Außenstandorte gedacht. Anders als beim Essentials Kit muss der vCenter Server Standard separat lizenziert werden. Die Lizenzen der Editionen *vSphere Remote Office Branch Office Standard* und *vSphere Remote Office Branch Office Advanced* erlauben jeweils die Nutzung von 25 virtuellen Maschinen. Die Editionen verfügen über folgenden Funktionsumfang:

vSphere Remote Office Branch Office Standard

- vMotion
- Storage vMotion
- High Availability (HA)
- Data Protection
- Fault Tolerance (für virtuelle Maschinen mit bis zu 2 vCPUs)
- vShield Endpoint
- vSphere Replication
- HotAdd
- Content Library

vSphere Remote Office Branch Office Advanced

- sämtliche Features von *vSphere Remote Office Branch Office Standard*
- Fault Tolerance (für virtuelle Maschinen mit bis zu 4 vCPUs)
- Hot Profiles
- Auto Deploy
- Distributed Switch (VDS)

Kapitel 2
vSphere-Architektur

Dieses Kapitel beschäftigt sich mit dem strukturellen Aufbau einer virtuellen Infrastruktur. Wir gehen den Fragen nach, welche Elemente dazugehören, wie sie ineinandergreifen und wie sie aufgebaut sind.

Autor dieses Kapitels ist Bertram Wöhrmann, Ligarion
buch@ligarion.de

Mit der Version vSphere 6.7 und deren Neuerungen geht VMware ganz konsequent den Weg weiter zum *Software-Defined Datacenter* (SDDC). Die Abstrahierung von Storage wird immer weiter ausgebaut. Im Bereich des Netzwerks hat NSX seinen Platz gefunden (hier werden Switches, Router und Firewalls virtualisiert), und mit der Aquisition von VeloCloud (Virtualisierung von WAN-Anbindungen) wird der Produkt-Stack noch erweitert.

Das ist aber nur ein Teil des Software-Stacks für das SDDC. Für einen effektiven Betrieb ist es möglich bzw. notwendig, weitere Software-Komponenten zu nutzen.

Viele Themen reißen wir in diesem Kapitel nur kurz an. Wir sind der Meinung, dass es sinnvoller ist, die ausführlichen Erklärungen direkt in demjenigen Abschnitt zu geben, in dem wir auch die passende Komponente beschreiben.

2.1 Infrastrukturbestandteile eines Software-Defined Datacenters (SDDC)

Die Infrastruktur eines Software-Defined Datacenters bietet nicht nur Komponenten zum Virtualisieren von Betriebssystemen (vSphere-Server). Hinzu kommen Komponenten für das Management der Infrastruktur, und da bildet der *vCenter Server* mit dem *Update Manager* nur den bekannten Anfang. Des Weiteren werden Komponenten für die weitergehende Virtualisierung des Netzwerks (NSX) benötigt, genauso wie Komponenten für die Virtualisierung des Storages (vSAN).

Zum gesamten VMware-Design eines SDDC gehören noch Komponenten zur Automatisierung, nämlich *vRealize Automation* und der *Orchestrator*. Bei der Fehleranalyse werden Sie von *vRealize Operations* und *vRealize Log Insight* unterstützt. Als letztes Glied in der Kette wird *vRealize Business for Cloud* zur Nutzungsmessung und Kostenanalyse genutzt.

2.2 vSphere-Host

Der physische Server, der seine Ressourcen – wie CPU, Hauptspeicher (RAM), Netzwerkkarten und Festplattenspeicher – über eine Virtualisierungsschicht (Hypervisor) den virtuellen Maschinen zur Verfügung stellt, ist der *vSphere-Host* (siehe Abbildung 2.1).

Abbildung 2.1 vSphere-Host-Struktur

2.2.1 Hardware

Als Prozessorbasis für den Einsatz von VMware vSphere kommen nur 64-Bit-x86-Prozessoren zum Einsatz. Auf anderen CPUs ist das System nicht lauffähig, da der VMkernel einen 64-Bit-Kernel besitzt. Für die Installation benötigen Sie mindestens eine CPU mit zwei Cores. Der minimale Arbeitsspeicherbedarf hat sich auf 4 GB erhöht, wobei VMware angibt, dass 8 GB Memory benötigt werden, um alle Funktionen nutzen zu können. Des Weiteren ist ein unterstützter Storage-Controller nötig. Möglich sind SCSI, SAS, SATA und Fibre-Channel. Abschließend wird noch mindestens eine Netzwerkkarte benötigt, damit Sie auf das System zugreifen können. Im Normalfall werden aber wohl mehrere Netzwerk-Ports zum Einsatz kommen.

Intel VT-x und AMD-V/RVI

Alle Prozessoren, für die VMware Support anbietet, müssen eine Erweiterung zur Unterstützung von Virtualisierungstechnologien aufweisen. Durch diese Technologien wird im Wesentlichen der *Virtual Machine Monitor* (VMM) in seiner Arbeit unterstützt. Dadurch reduziert sich der Overhead. Auch der Prozess der Migration einer aktiven virtuellen Maschine zwischen verschiedenen Prozessorgenerationen wird erleichtert.

Die unterstützten CPUs von Intel und AMD bringen eine solche Technologie mit. Die zum Einsatz kommenden CPUs müssen unterschiedliche Voraussetzungen erfüllen. Dazu gehört die Nutzung des NX/XD-Flags, und es werden nur LAHF- und SAHF-Befehlssätze unterstützt.

2.2.2 Hardware Compatibility List (HCL)

Wie andere Betriebssystemhersteller bzw. Hersteller von Hypervisoren pflegt auch die Firma VMware eine *Hardware Compatibility List* (HCL). Vergewissern Sie sich, dass die Komponenten, die Sie einsetzen wollen, in dieser Liste aufgeführt sind. Sie müssen zwar keine Bedenken haben, dass ein nicht gelistetes System nicht funktionieren wird, aber Sie haben nur Support für Ihre Virtualisierungslandschaft, wenn Sie sich aus der Liste der unterstützten Hardware bedienen.

Die HCL finden Sie unter *http://www.vmware.com/resources/compatibility/search.php*.

2.3 Architektur eines vSphere-Hosts

Die Architektur eines vSphere-Hosts definiert sich aus verschiedenen Kernkomponenten (siehe Abbildung 2.2). Auf diese wollen wir im Folgenden eingehen.

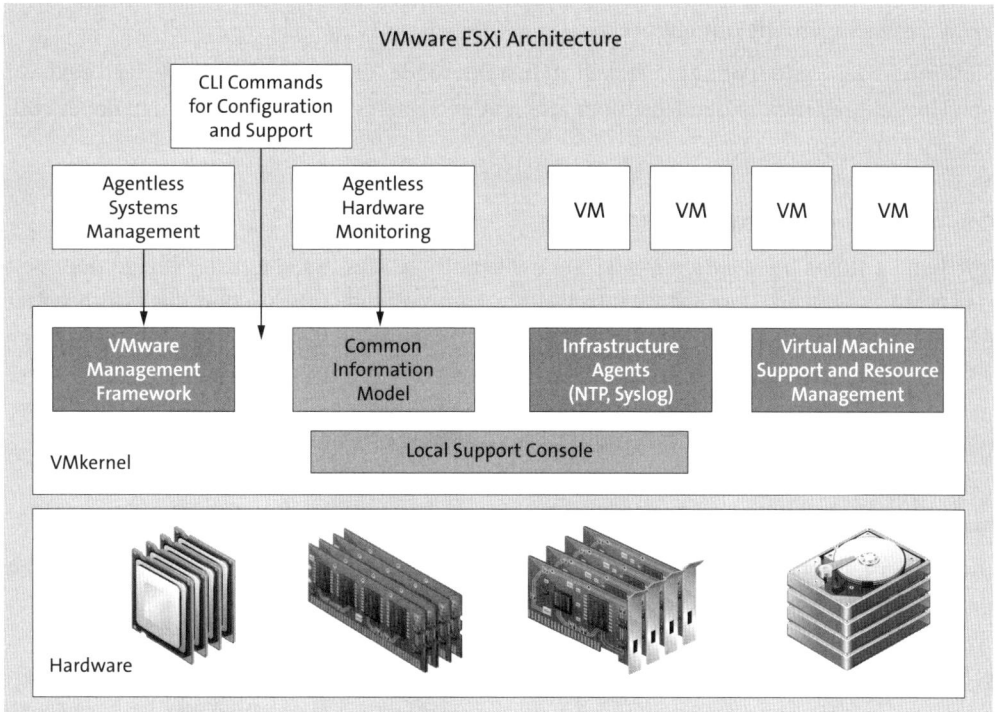

Abbildung 2.2 Struktur von VMware vSphere ESXi

VMkernel

Der VMkernel ist eine sehr schlanke Implementierung des Hypervisors. Er kontrolliert und verwaltet die meisten Ressourcen eines vSphere-ESXi-Servers. Die Regelung des Zugriffs auf die Ressourcen CPU, Memory und Disk wird mithilfe eines Schedulers erreicht. Der Kernel hat neben einem TCP/IP-Stack zur Netzwerkkommunikation auch einen Storage-Stack für die Kommunikation mit Speichermedien. Der VMkernel ist eine Eigenentwicklung von VMware und nicht, wie viele meinen, ein Linux-Derivat.

Reliable Memory

Reliable Memory dient zur Absicherung des Hypervisors zur Laufzeit. Um diese Funktion genau zu verstehen, ist es wichtig zu wissen, dass der Hypervisor von VMware nach dem Booten für seine Funktion keine Festplatte mehr benötigt, weil der gesamte Hypervisor in den Arbeitsspeicher geladen wird. Aus diesem Grund ist es wichtig, dass der Bereich im Arbeitsspeicher, in dem die Software abgelegt wird, keine »Probleme« bereitet. Mit der Funktion *Reliable Memory* hat VMware eine Engine implementiert, die den Arbeitsspeicher scannt, um mögliche problematische Bereiche zu erkennen. Stellt sie Probleme fest, wird der Hypervisor dort nicht abgelegt. Die »nicht mehr optimalen« Speicherzellen werden vom Hypervisor gemieden und er wird während der Laufzeit in anderen Bereichen abgelegt.

VMware Management Framework

Sie können das System ohne zusätzlich zu installierende Agents verwalten. Ob Sie direkt auf den Host zugreifen oder den Host über einen vCenter Server managen, ist Ihnen dabei vollkommen freigestellt.

Common Information Model (CIM)

Mit dem *Common Information Model* gibt es eine offene Schnittstelle zum Management von Hardwareressourcen. Damit Ihre zum Einsatz kommende Hardware komplett unterstützt wird, müssen die passenden Treiber in dem ESXi-Image enthalten sein. Das Standard-Image von VMware bietet lediglich eine allgemeine Unterstützung. Arbeitet Ihr Hardwareanbieter nicht mit dieser freien Implementierung, müssen Sie bei ihm nach einem herstellerspezifischen Image fragen.

Infrastructure Agents

Die implementierten Infrastruktur-Agenten sind für das Syslogging, das SNMP-Handling und die Zeitsynchronisation zuständig. Zusätzlich werden hier die lokalen User verwaltet.

Resource Management

Der *Resource Manager* partitioniert die Hardware, um den virtuellen Maschinen mithilfe eines Share-Mechanismus die Ressourcen zur Verfügung zu stellen. Dabei werden die Einstellungen zur Reservierung und zur Limitierung der Ressourcen CPU und Memory beachtet sowie die Shares aller *Core Four* (CPU, Memory, Network und Disk) berücksichtigt. Der Resource Manager wird als Teilprozess des VMkernels gestartet.

Virtual Machine Support

Der *Virtual Machine Support* ist für die Virtualisierung der CPU zuständig. Er gibt die CPU-Befehle der virtuellen Maschine an die physische Hardware weiter. Außerdem kümmert er sich um die Verwaltung der virtuellen Maschine nach deren Start.

Hardware Interface Layer

Der *Hardware Interface Layer* setzt die Hardwareanfragen der VM in die physische Adressierung um und ermöglicht so eine Adressierung der Ressourcen. Außerdem koordiniert er die Bereitstellung des VMFS (Virtual Machine Filesystem) und der spezifischen Gerätetreiber. Er dient als Bindeglied zwischen dem VMkernel und der eigentlichen Server-Hardware.

2.4 Grundlagen der CPU-Virtualisierung

Eine Emulation bildet Prozessoranfragen des Gasts über *Software* ab. Der Gast hat in diesem Fall keinen direkten Zugriff auf die CPU. Ein Virtualisierer leitet die Prozessoranfragen des Gasts direkt an die *Hardware* weiter.

VMware vSphere ist ein Virtualisierer. Unter vSphere wird die CPU einer virtuellen Maschine direkt vom Host-System abgeleitet und auch für bestimmte Arten von CPU-Instruktionen teilweise physisch verwendet. Aus diesem Grunde sieht eine VM dieselbe CPU, wie sie im Host vorhanden ist (siehe Abbildung 2.3).

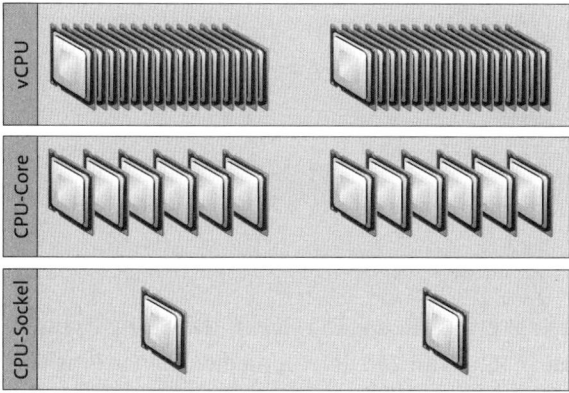

Abbildung 2.3 Zusammenhang zwischen physischen, logischen und virtuellen CPUs

Die virtuelle CPU einer VM kann CPU-Instruktionen in zwei verschiedenen Modi abarbeiten: im *Direct Execution Mode* und im *Virtualization Mode*. In den meisten Fällen werden die

CPU-Instruktionen im Direct Execution Mode ausgeführt, der nahe an der Geschwindigkeit der realen CPU liegt. Sollte der Befehl nicht in diesem Modus ausführbar sein, wird der Virtualization Mode verwendet. Eine virtualisierte CPU bedient sich so oft wie möglich der realen physischen CPU-Ressource, und die Virtualisierungsschicht greift nur bei der Ausführung von bestimmten CPU-Instruktionen ein.

Durch diese Umsetzung entsteht der oft erwähnte Virtualisierungs-Overhead. Den Virtualisierungs-Overhead beschreiben wir näher in Abschnitt 2.5.2, »Memory-Overhead«, in Zusammenhang mit dem Arbeitsspeicher.

Dazu sei als Hintergrund erwähnt, dass eine CPU grundsätzlich vier Privilegierungsstufen hat, sogenannte *Ringe* oder auch *Domains* (siehe Abbildung 2.4). Ring 0 hat die höchste Priorität. Hier liegt der sogenannte *Supervisor Mode*, der manipulativ auf Hauptspeicher und Interrupts zugreifen darf. Auf dieser Stufe läuft normalerweise der Kernel des Betriebssystems, im Falle von VMware vSphere also der Hypervisor-VMkernel. In den Ringen 1 bis 3 liegt der User-Mode, wobei normalerweise nur Ring 3 genutzt wird. Es gibt nur wenige Applikationen, die direkt auf Ring 1 oder Ring 2 zugreifen.

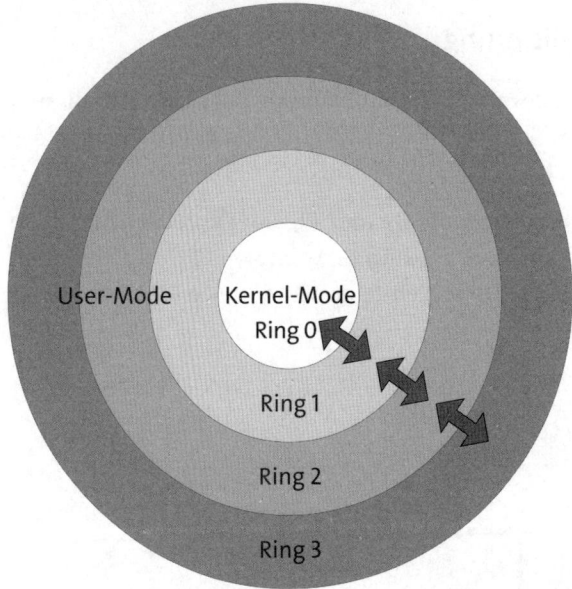

Abbildung 2.4 Ringstruktur der CPU

Bei einer virtuellen Maschine verhält sich das etwas anders: Die eigentlich an Ring 0 gestellten Anfragen des Betriebssystems werden an Ring 3 umgeleitet. Damit die Daten in Ring 1 bis 3 verarbeitet werden können, wird der physische Speicher in virtuelle Speicherseiten aufgeteilt. Der Memory-Controller (*Memory Management Unit*, MMU) übernimmt an dieser Stelle die Umsetzung von physischen Speicherinhalten in virtuelle. Damit der Programmcode auch richtig ausgeführt werden kann, enthält jede Speicherseite die Information, auf welchem Ring der Code ausgeführt werden muss. Um zu verhindern, dass ein solch komplexes System beeinflusst wird – z. B. durch Schadcode –, wurde das sogenannte *NX-Flag* kreiert (*No Execution Flag*). Diese Information hilft dem System, Daten von Programmcode zu unterscheiden. Dieser Mechanismus verhindert, dass Programmcode im Bereich der Daten ausgeführt werden kann.

Applikationen verwenden in der Regel den unprivilegierten Ring einer CPU, daher laufen diese Befehle im Direct Execution Mode. Wird hingegen eine Instruktion vom Betriebssystem ausgeführt, geschieht dies in der Regel modifizierend auf dem privilegierten Ring der CPU. Diese Anfragen werden von der Virtualisierungsschicht, dem VMM (*Virtual Machine Monitor*), abgefangen.

Dieser Managementaufwand wird als der *Virtualisierungs-Overhead* bezeichnet. Er hängt von der Arbeitslast der virtuellen CPU und von der Menge der Aufrufe an den privilegierten Ring ab. Die Auswirkungen zeigen sich in verlängerten Laufzeiten der einzelnen Befehle und in einer erhöhten CPU-Last.

Die reale CPU wird an das Betriebssystem der VM durchgereicht. Aus diesem Grund sind dem Betriebssystem auch die Besonderheiten der eingesetzten CPU bekannt. Verschiedene Betriebssysteme nutzen diese CPU-spezifischen Befehle. Es kann auch sein, dass der Gast während der Installation auf diese Besonderheiten hin optimiert wurde. Ein Verschieben einer solchen speziellen VM auf andere vSphere-Server mit unterschiedlichen CPUs – insbesondere beim Wechsel zwischen Intel- und AMD-Prozessoren – beeinträchtigt unter Umständen die Funktionalität des Betriebssystems beziehungsweise der Applikation.

2.4.1 CPU-Affinität

Die *CPU-Affinität* (engl. *CPU affinity*) bezeichnet eine Konfigurationsoption der virtuellen Maschine, und zwar die direkte Zuweisung einer physischen CPU bzw. eines Kerns. Diese Technik sollten Sie nur in Ausnahmefällen (z. B. zum Troubleshooting) verwenden, weil sie etliche Auswirkungen auf andere Bereiche der virtuellen Infrastruktur hat. Zum einen wird dadurch die CPU-Lastverteilung des ESXi-Servers außer Kraft gesetzt. Zum anderen kollidiert diese CPU-Zuordnung mit eventuell vorgenommenen Einstellungen von CPU-Shares und CPU-Reservierung. Durch das Umgehen der CPU-Lastverteilung kann der Hypervisor den Forderungen seitens der VM eventuell nicht mehr nachkommen. Die mögliche Virtualisierungsquote und die Flexibilität reduzieren sich. Die Nutzung von vMotion ist durch die CPU-Affinität eingeschränkt, und DRS verhindert diese sogar.

2.4.2 Hyperthreading

Der vSphere-Server unterstützt die Hyperthreading-Technologie von Intel. Diese bietet bei Nutzung von Ein-Sockel-Prozessoren ein auf Hardwareebene realisiertes Multithreading zur Verbesserung der CPU-Performance. Dabei kann ein physischer Core – im Intel-Wortgebrauch wird er als *Hyperthread* bezeichnet – gleichzeitig zwei Threads ausführen. Er verhält sich mit aktiviertem Hyperthreading ähnlich wie zwei logische Cores. Sofern ein Betriebssystem und die darauf laufenden Applikationen mehrere CPUs nutzen können, sind hierdurch Geschwindigkeitsvorteile möglich. Dabei reicht die Performance nicht an eine Verdoppelung heran, wie sie durch eine Dual-Core-VM erreicht würde. Ungeeignete Applikationen werden durch die Hyperthreading-Technologie unter Umständen auch verlangsamt, wenn sie zu viel der gemeinsam genutzten Ressourcen eines Cores verwenden.

Auf der Hardwareebene muss das Hyperthreading im BIOS aktiviert sein. Im Host ist Hyperthreading per Default aktiv; bei Bedarf deaktivieren Sie es über den Webclient im Tab MANAGE eines vSphere-Hosts unter SETTINGS • HARDWARE • PROCESSORS • EDIT (siehe Abbildung 2.5).

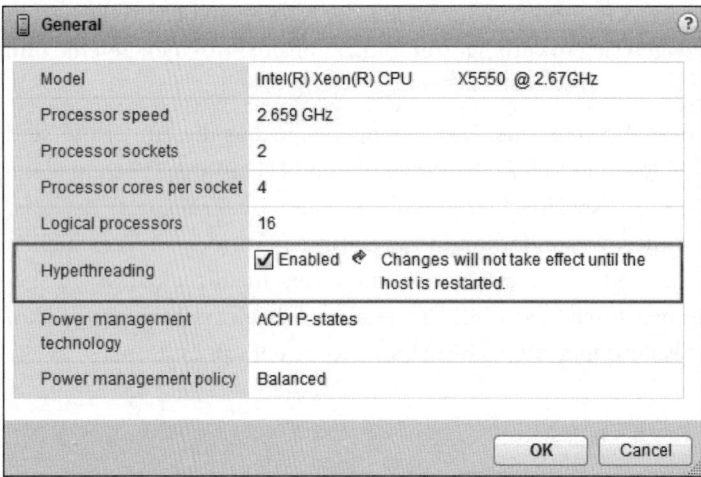

Abbildung 2.5 Aktivierung des Hyperthreadings auf dem vSphere-Host

Der vSphere-Server verteilt die Last zwischen den Cores, um eine ausgewogene Auslastung zu erreichen. Wenn für eine logische CPU keine Last gefordert wird, wird sie in einen speziellen *Halt State* geschaltet. Dabei kann eine andere VM auf dem Core von den zusätzlichen freien Ressourcen dieser CPU profitieren.

2.4.3 Virtual SMP (vSMP)

Auch in virtuellen Umgebungen ist es möglich, virtuelle Maschinen mit mehr als einer vCPU zu erstellen. Die aktuelle Version von VMware vSphere unterstützt bis zu 128 virtuelle CPUs pro VM. VMware nennt diese Funktion *Virtual SMP* (Symmetric Multi Processing) oder auch vSMP. Dabei ist einiges zu beachten: Grundsätzlich – und das unterscheidet eine virtuelle Maschine nicht von einem physischen Server – ist nicht jede Applikation multiprozessorfähig. Bevor Sie eine vSMP-Maschine erzeugen, sollten Sie dies abklären und dabei nicht nur das Betriebssystem (achten Sie auf die HAL bzw. den Kernel), sondern auch die Anwendung beachten.

Schauen wir noch einmal zurück auf den Beginn von Abschnitt 2.4, »Grundlagen der CPU-Virtualisierung«, wo wir den logischen Aufbau einer CPU erklärt haben. Da es allen CPUs einer VM möglich sein muss, auf identische Speicheradressen zuzugreifen – auch beim Cache –, wird sofort klar, dass eine virtuelle Maschine mit mehreren CPUs dann am leistungsfähigsten arbeiten kann, wenn alle virtuellen Prozessoren auf einer logischen oder physischen CPU liegen. Liegen die Prozessoren auf unterschiedlichen Sockeln, dann können die virtuellen CPUs nicht in optimaler Geschwindigkeit miteinander kommunizieren. Die Ursache dafür ist, dass der Informationsaustausch der CPUs untereinander über den Frontside-Bus erfolgen muss. Ein ähnliches Verhalten zeigt sich bei der Überschreitung der NUMA-Grenzen. Die Geschwindigkeitseinbußen sind dabei aber nicht so groß wie im vorhergehenden Fall.

Auch beim Betriebssystem müssen Sie auf einiges achten. Denken Sie bitte daran, dass Sie bei mehreren CPUs in einer VM einen Multiprozessor-Kernel installieren müssen. Einen Weg zurück – zumindest bei Windows-VMs – unterstützt Microsoft nicht. Manche Betriebssysteme haben Einschränkungen bei der Anzahl der CPUs, nicht aber bei der Anzahl der Cores!

Sehen wir uns nun an, wie VMware mit dem Thema vSMP und der Tatsache umgeht, dass freie Ressourcen anderen VMs zur Verfügung gestellt werden. Während eine CPU im physischen Umfeld exklusiv einem Betriebssystem zur Verfügung steht, teilen sich die virtuellen Maschinen die CPU-Zyklen. Zur optimalen Abarbeitung der Prozesse werden diese in einem SMP- bzw. vSMP-System parallelisiert. Steht eine Instanz, die gerade einen Teilprozess abarbeitet, nicht zur Verfügung, müssen alle anderen Teilprozesse so lange warten, bis auch dieser Prozess parallel zu den anderen abgearbeitet wurde. Diese Art der parallelen Abarbeitung wird auch *Co-Scheduling* genannt und dient grundsätzlich dazu, die Performance eines Systems zu erhöhen.

Es könnte vorkommen, dass ein Watchdog-Timer auf einen Schwesterprozess warten muss. Reagiert dieser Prozess aber nicht in einem passenden Zeitfenster, stirbt er. Zur Messung dieser Varianzen wird der sogenannte *Skew* herangezogen. Dieser Wert repräsentiert den zeitlichen Unterschied zwischen den Prozessteilen. Überschreitet der Skew einen definierten Schwellenwert, dann wird die CPU der VM mit angehalten (*co-stopped*). Sie wird erst wieder mitgenutzt (*co-started*), wenn genügend Ressourcen für die Abarbeitung auf der physischen CPU vorhanden sind. Der Co-Stop verhindert, dass der Skew-Wert sich erhöht; dieser kann nur sinken.

Mit dem *Relaxed Co-Scheduling* gibt es eine Funktion, die dafür sorgt, dass angehaltene vCPUs keine Skew-Wert-Erhöhung mehr erfahren. Somit wird ein zu häufiges Co-Scheduling verhindert (siehe Abbildung 2.6).

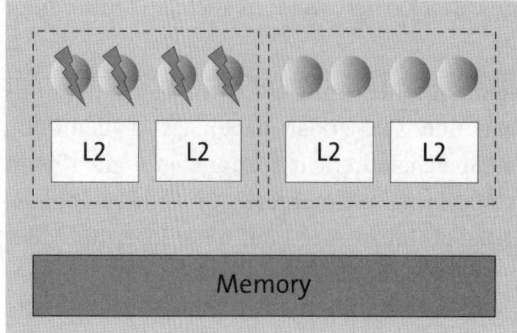

Abbildung 2.6 SMP-Handling alt

Der Skew-Wert hat aber noch eine weitere Funktion: Der VMkernel nutzt diesen Wert, um die Arbeitslast auf die physischen CPUs zu verteilen. Eine geskewte CPU hat Rechenzeit übrig, die andere VMs nutzen können.

Die deutliche Minderung des Co-Stoppings erlaubt nun auch die Nutzung aller Prozessorkerne (siehe Abbildung 2.7).

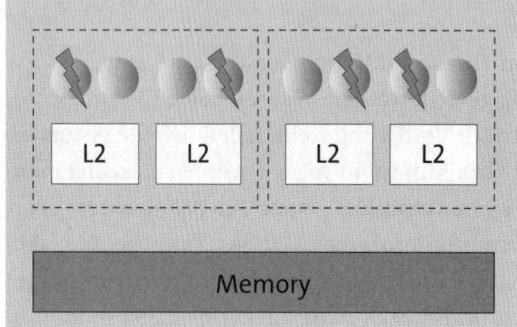

Abbildung 2.7 SMP-Handling aktuell

CPU-Anfragen der VMs müssen nicht unnötig warten, weil nicht genügend Kerne einer physischen CPU verfügbar sind. Somit hat der aktuelle CPU-Scheduler wesentlich mehr Möglichkeiten, CPU-Anfragen zu verteilen.

Seit vSphere 5.x hat sich eine weitere Änderung an dieser Stelle ergeben, die die Performance noch einmal erheblich steigert: VMware hat die *NUMA*-Architektur (*Non-Uniform Memory Access*) in die VM eingeführt (siehe Abbildung 2.8). Die Voraussetzung ist die virtuelle Hardware Version 8. Die Funktion wird bei VMs mit mehr als acht virtuellen CPUs automatisch aktiviert. Unterstützt wird diese Funktion sowohl von Intel- als auch von AMD-CPUs.

Lassen Sie uns zuerst darauf eingehen, was NUMA genau ist. NUMA ist interessant für Multiprozessorsysteme. Hier hat jede CPU ihren lokalen Arbeitsspeicher, den sie aber auch anderen CPUs zur Verfügung stellen kann. Auf physischer Ebene erkennen Sie das daran, dass jede CPU ihre eigenen Speicherbänke besitzt. Im Sinne einer guten Performance sollten diese Bänke auch symmetrisch mit Memory bestückt werden. Eine solche Kombination von CPU plus zugehörigem Speicher nennt man *NUMA-Knoten (Node)*. Es ist wichtig zu beachten, dass es mittlerweile CPUs gibt, die mehr als einen NUMA-Knoten pro CPU haben.

In Abbildung 2.8 sehen Sie eine CPU mit zwei NUMA-Knoten, die wie empfohlen symmetrisch mit Arbeitsspeicher ausgestattet sind (in diesem Fall 16 GB).

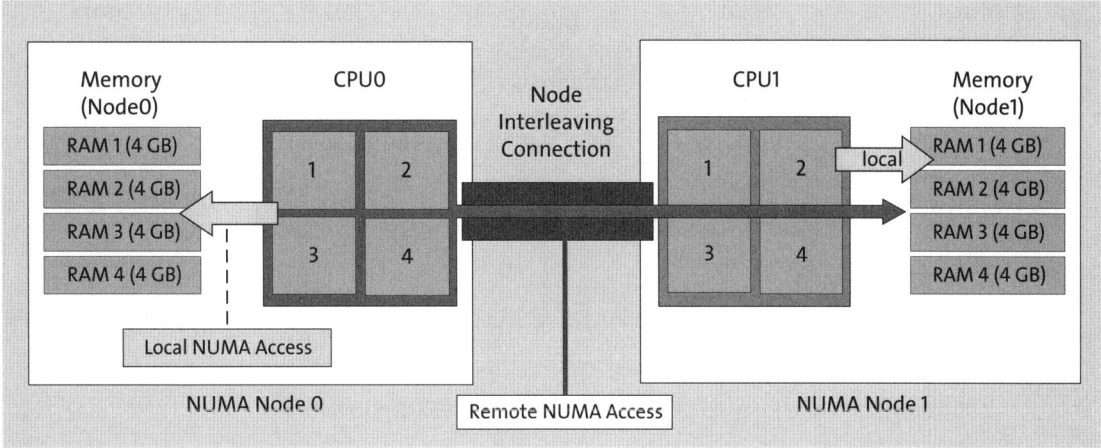

Abbildung 2.8 Die NUMA-Architektur

So wird gewährleistet, dass überwiegend auf schnellen lokalen Speicher zugegriffen werden kann. Das macht sich positiv bei der Gesamt-Performance bemerkbar, denn mehrere Prozessoren können nicht konkurrierend auf Speicherbereiche zugreifen. Mit der extremen Steigerung der Cores pro Prozessor ist das ein immer größer werdendes Problem. Gerade bei hochlastigen Anwendungen könnten sich die CPUs bzw. Cores untereinander ausbremsen.

Benötigt ein Kern nun mehr Arbeitsspeicher, als die eigene CPU direkt adressieren kann, so kann er diesen anfordern. Über einen Remote-NUMA-Zugriff kann der Speicher einer anderen CPU angefordert und für die eigenen Belange genutzt werden. Dass dieser Zugriff langsamer ist als das Nutzen des eigenen Speichers, müssen wir wohl nicht extra erwähnen.

Welche Vorteile oder Nachteile hat das für eine virtuelle Maschine? Lassen Sie uns tiefer einsteigen und die möglichen Szenarien betrachten. Eine NUMA-VM bekommt einen sogenannten *Home-Node*. Das bedeutet, sie bekommt damit einen Prozessor und Speicher zugewiesen. Braucht eine VM Speicher, so wird er optimalerweise vom Home-Node zugewiesen. Dadurch sind schnelle Zugriffszeiten garantiert. Ist der Workload in einem Home-Node zu hoch, kann bzw. wird die VM auf einen anderen Home-Node verschoben. Gewährleistet werden kann das aber nur, wenn die ESX-Optimierung aktiv ist. Ist sie nicht aktiv, tritt nicht selten ein Fall auf, wie er in Abbildung 2.9 dargestellt ist.

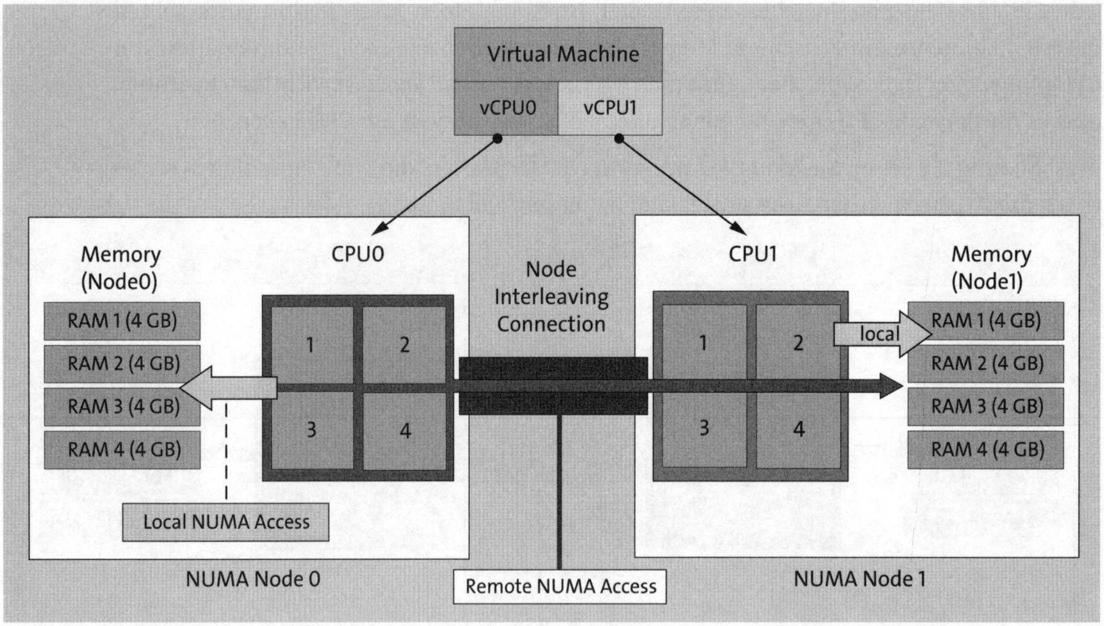

Abbildung 2.9 Verteilung der vCPUs bei deaktivierter ESX-Optimierung

Aufgrund der inaktiven Optimierung kann es bei Mehrprozessor-VMs passieren, dass die vCPUs sich auf mehrere Prozessoren verteilen, was zur Folge hat, dass die virtuelle Maschine nicht optimal arbeiten kann. In der Grundkonfiguration aktiviert sich NUMA automatisch in der virtuellen Maschine ab der virtuellen Hardware-Version 8. Nichtdestotrotz sollte immer mit der aktuellsten Version der virtuellen Hardware gearbeitet werden. Da stellt sich sofort die Frage, wie Sie die ESX-Optimierung aktivieren können (siehe Abbildung 2.10). Lassen Sie uns an dieser Stelle das Pferd von hinten aufzäumen, denn es ist einfacher, die Konfigurationen aufzulisten, die eine NUMA-Optimierung verhindern. In den folgenden Situationen können Sie NUMA also nicht nutzen:

- NUMA ist in der BIOS-Konfiguration des Servers deaktiviert.
- CPU-Affinitätsregeln binden die virtuelle Maschine an Cores, die auf unterschiedlichen NUMA-Knoten liegen.
- Die VM nutzt mehr Arbeitsspeicher, als ein NUMA-Knoten direkt adressieren kann.
- In der VM werden mehr CPU-Kerne genutzt, als ein NUMA-Knoten bereitstellen kann.
- Es sind weniger als 4 Cores insgesamt oder 2 Cores pro NUMA-Knoten nutzbar.

Bei den zuletzt genannten Werten handelt es sich um die Standardeinstellungen des ESXi-Hosts. Diese können Sie in den ADVANCED SETTINGS an Ihre Bedürfnisse anpassen. Die Werte NUMA.REBALANCECORESTOTAL und NUMA.REBALANCECORESNODE sind für diese Einstellungen verantwortlich.

Es handelt sich also um eine Funktion, die speziell auf die Performance-Optimierung von Mehrprozessor-VMs abzielt.

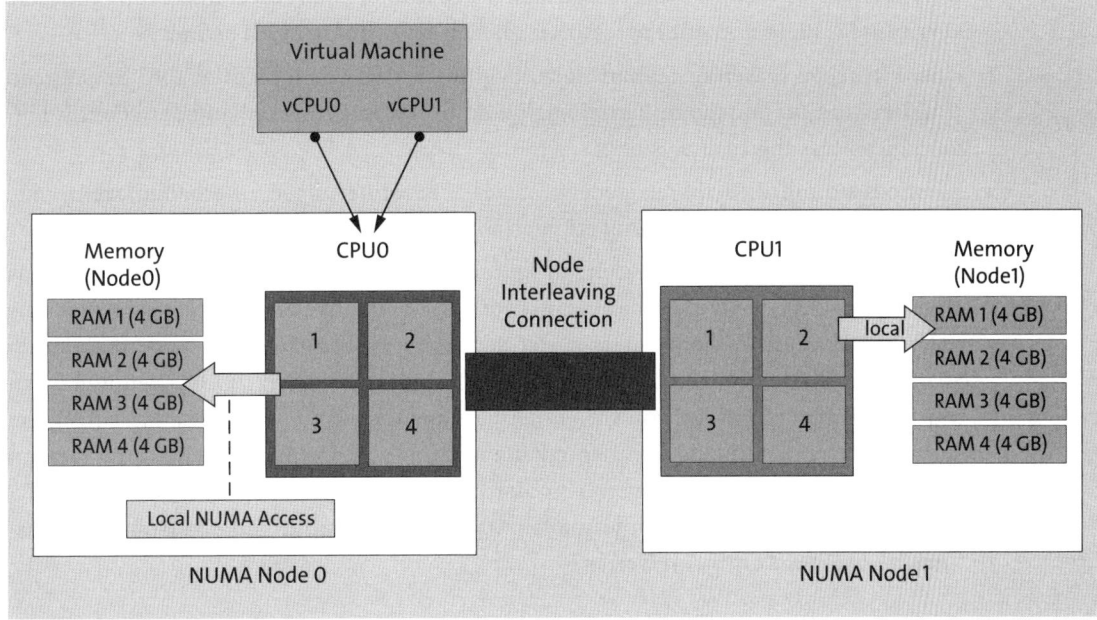

Abbildung 2.10 Aktivierte ESX-Optimierung: Die VM liegt auf einem NUMA-Knoten.

Zwar gilt auch weiterhin unter vSphere vSMP, dass weniger mehr ist, allerdings ist es wesentlich entspannter geworden, Mehrprozessor-VMs zu verwenden. Das Hauptkriterium sollten immer noch die Anforderungen der Anwendung und des Systems sein und nicht der Gedanke, dass mehr CPUs auch automatisch mehr Leistung bedeuten.

Bedenken Sie aber bitte auch hier, dass es zwar möglich ist, VMs anzulegen, deren Anzahl von vCPUs der Anzahl der gesamten Cores der unterliegenden Hardware entspricht, aber in diesem Fall ist es nicht unwahrscheinlich, dass viele Remote-NUMA-Zugriffe stattfinden. Das bedeutet, dass die Prozessoren untereinander auf ihre Speicherbereiche zugreifen.

Für eine optimale Performance sollte somit eine virtuelle Maschine maximal so viele vCPUs besitzen, wie physische Cores auf einer CPU vorhanden sind. Diese Performance-Einschränkung greift auch, wenn Sie einer VM mehr Arbeitsspeicher zuweisen, als ein NUMA-Knoten – sprich eine physische CPU – direkt adressieren kann, ohne remote auf den Bereich einer anderen CPU zugreifen zu müssen.

2.4.4 Best Practices

Nachfolgend finden Sie einige Empfehlungen zum Umgang mit CPU-Reservierung, -Limits und -Shares:

- Erfahrungsgemäß werden Prozessoren nicht zurückgerüstet, auch wenn sie eigentlich nicht benötigt werden. Bei Mehrprozessor-VMs fangen Sie einfach mit einer Zweiprozessor-Maschine an. Weitere Prozessoren lassen sich immer noch später hinzukonfigurieren. Vergeben Sie niemals mehr Prozessoren, als sich Cores auf der CPU befinden.
- Einer virtuellen Maschine sollten Sie zu Beginn grundsätzlich niedrige CPU-Ressourcen zuweisen, um im laufenden Betrieb die Ressourcenauslastung anhand der vCenter-Performance-Messung zu analysieren.
- Es ist besser, mit CPU-Shares anstelle von CPU-Reservierungen zu arbeiten, wenn eine Priorisierung von Rechenleistung erfolgen soll.
- Beim Einsatz von CPU-Reservierungen sollten Sie das aktuelle Minimum definieren, das eine VM benötigt, nicht aber die gewünschte absolute Menge an CPU in MHz. Wenn eine VM mehr Ressourcen benötigt, so weist der vSphere-Server diese, je nach definierten Shares, bis zu einem eventuell definierten CPU-Limit dynamisch zu. Des Weiteren ist zu beachten, dass der Einsatz von CPU-Reservierungen die auf einem Host zur Verfügung stehenden CPU-Ressourcen limitieren kann und dadurch weniger VMs gestartet werden können. Zu hohe Reservierungen behindern möglicherweise auch Funktionen wie DRS oder HA. Das Verschieben von virtuellen Maschinen kann durch die Ressourcenauslastung der vSphere verhindert werden.

2.5 Grundlagen der Memory-Virtualisierung

Der physische Speicher eines Hosts wird in zwei Segmente unterteilt: *System* und *Virtual Machines*. Der Speicherbereich für das System wird vom VMkernel und von den Gerätetreibern verwendet und ist nicht konfigurierbar. Er wird mit einer Größe von mindestens 50 MB beim Starten des vSphere-Hosts angelegt und variiert je nach Anzahl und Art der verwendeten PCI-Geräte und deren Treibern. Der Speicherbereich für virtuelle Maschinen ist der Rest des physischen Speichers und wird komplett für die VMs genutzt.

Zur Verdeutlichung erklären wir zunächst die generelle Nutzung von Speicher innerhalb eines Betriebssystems. Speicher wird in einem Betriebssystem über virtuelle Speicheradressen erreicht, die auf physische Adressen verweisen (siehe Abbildung 2.11). Es ist nicht erlaubt, dass eine virtuelle Maschine auf den physischen Speicher eines vSphere-Hosts direkt zugreift. Um den virtuellen Maschinen Speicher zur Verfügung zu stellen, bietet vSphere eine weitere, virtuelle Schicht. Diese gaukelt der VM die physischen Speicheradressen vor.

Im VMware-Jargon heißt der physische Speicher im Host *Machine Memory Pages*, und die der VM virtualisiert vorgegaukelten physischen Speicherseiten werden *Physical Memory Pages* genannt. Die Physical Memory Pages für eine VM sind – so wie es ein Betriebssystem erwartet – durchgängig mit Nullen gefüllt. Sie sind durch die Virtualisierungsschicht aus verschiedenen Bereichen, aber nicht zusammenhängend, zusammengefasst. Diese Bereiche sind z. B. normale, physische Speicherbereiche (*Machine Memory Pages*) von vSphere Shared

Pages oder auch Swapped Pages. Das virtuelle Speichermanagement erfolgt durch den Host über den VMkernel, unabhängig von dem Betriebssystem, das in der VM läuft. Der VMkernel greift von der VM alle Befehle ab, die auf den Speicherbereich schreibend zugreifen möchten, und leitet sie auf die der VM vorgegaukelten Physical Memory Pages um.

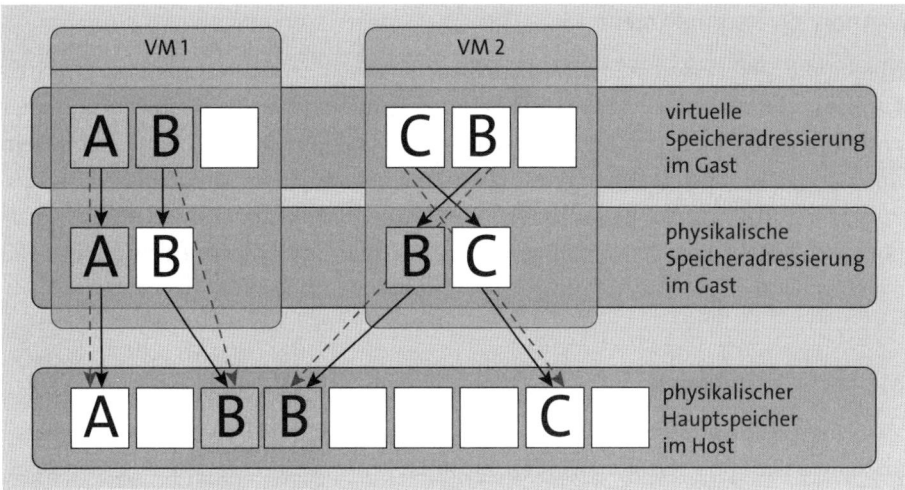

Abbildung 2.11 Speicheradressierung zwischen VM und Host

Der Speicher wird normalerweise in 4-KB-Blöcke eingeteilt. Es werden aber auch Memory-Blöcke von 2 MB unterstützt. Diese Funktion können Sie nur pro VM konfigurieren. Dazu aktivieren Sie in der Konfigurationsdatei die Funktion Mem.AllocGuestLargePage=1. Dies ist empfehlenswert, wenn die VM große Speicherseiten benötigt, wie z. B. ein Datenbank-Server.

2.5.1 Virtual Machine Memory

Der Speicherbereich, der für die VMs zur Verfügung steht, wird *Virtual Machine Memory* genannt und bietet allen VMs die Speicherressourcen des vSphere-Servers abzüglich eines Virtualisierungs-Overheads. Dem Betriebssystem wird vorgegaukelt, dass der Speicher, der in der Konfiguration festgelegt wurde, auch vorhanden ist. Der physisch zugewiesene Speicher kann aber variieren – bis zum konfigurierten Maximum. Auch hier setzen Sie über die Einstellung der Shares-Werte eine Priorität gegenüber den anderen VMs, die auf demselben Host arbeiten. Eine Reservierung weist den Speicher der virtuellen Maschine fest zu.

2.5.2 Memory-Overhead

Der Memory-Overhead hängt von der Anzahl der CPUs und natürlich von dem Speicher ab, der der VM zugewiesen ist. Dieser Memory-Overhead stellt einen Speicherbereich zur Verfügung, um VM-Frame-Buffer sowie verschiedene Virtualisierungsdatenstrukturen abzulegen.

Die Nutznießer dieses Speichers sind der vmx-Prozess (*Virtual Machine Executable*), der VMM (*Virtual Machine Monitor*), Speicher für die Verwaltung von Geräten und Speicher für das Management und die benötigten Agenten.

2.5.3 Memory-Overcommitment

vSphere bietet die Möglichkeit, mehr RAM an virtuelle Maschinen zu vergeben, als physisch im Host selbst vorhanden ist. Dieses Feature nennt sich *Memory-Overcommitment* und setzt sich aus mehreren verschiedenen Techniken zusammen: aus der *Memory-Compression*, dem *Page-Sharing*, dem *Memory-Ballooning* und dem *Memory-Swapping*. Mit all diesen Techniken versucht man, ungenutzte Speicherbereiche von einer VM auf andere Maschinen zu verteilen, die aktuell mehr Speicher benötigen. Die Priorisierung erfolgt auch in diesem Fall über die eingestellten Share-Werte.

2.5.4 Memory-Compression

Ist das Memory-Overcommitment aktiviert, wird auch automatisch die Memory-Compression eingeschaltet. Die Speicherseiten werden automatisch komprimiert und im Arbeitsspeicher vorgehalten. Die Performance ist dabei nur geringfügig eingeschränkt, denn der Zugriff auf den Arbeitsspeicher ist allemal schneller, als wenn das System auf geswappte Daten zugreifen muss. Zwei Einstellungen beeinflussen dabei das Verhalten der Funktion. In den ADVANCED SETTINGS lässt sich die Funktion ganz deaktivieren, indem Sie den Parameter MEM.MEMZIPENABLE auf 0 setzen. Der Parameter MEM.MEMZIPMAXPCT gibt prozentual an, wie viel Speicher der VM maximal als Kompressions-Cache genutzt werden soll. Der Standardwert dieses Parameters liegt bei 10 %.

2.5.5 Content-based Page-Sharing

Die Page-Sharing-Technik wird beim Betrieb von mehreren VMs auf einem Host verwendet. Es wird versucht, identische Memory-Pages der VMs zusammenzufassen. Die dabei beobachtete Speicherblockgröße ist so klein, dass es vollkommen unerheblich ist, ob auf den virtuellen Servern identische Software installiert ist oder nicht.

Trotzdem gelingt dies umso besser, je homogener die verschiedenen Gastbetriebssysteme sind, also wenn mehr identische Server-Applikationen auf ihnen laufen. Ein gutes Beispiel ist eine Server-Farm mit identischen Webservern, die aber alle unterschiedlichen Webcontent hosten. Es ist zu erwarten, dass diese Systeme eine große Anzahl von identischen Speicherblöcken haben, die von der VMM zusammengefasst werden können. So werden redundante Speicherinhalte eliminiert. Will nun eine der virtuellen Maschinen einen solchen Speicherbereich beschreiben, wird für diesen Server eine Kopie des Speicherblocks exklusiv angelegt, sodass er ihn frei nutzen kann. Bei dieser Technik sind bis zu 30 % Speicherersparnis erreichbar. Bei weniger homogenen Memory-Inhalten reduziert sich die Ersparnis auf ca. 5 %.

2.5.6 Memory-Ballooning

Das in Abschnitt 2.5.3 beschriebene Memory-Overcommitment kann nur dann einwandfrei funktionieren, wenn dem Host ein Mechanismus zur Verfügung steht, der das Management des Arbeitsspeichers im virtuellen System übernimmt, und das natürlich im laufenden Betrieb. Dafür ist das sogenannte *Memory-Ballooning* zuständig (siehe Abbildung 2.12).

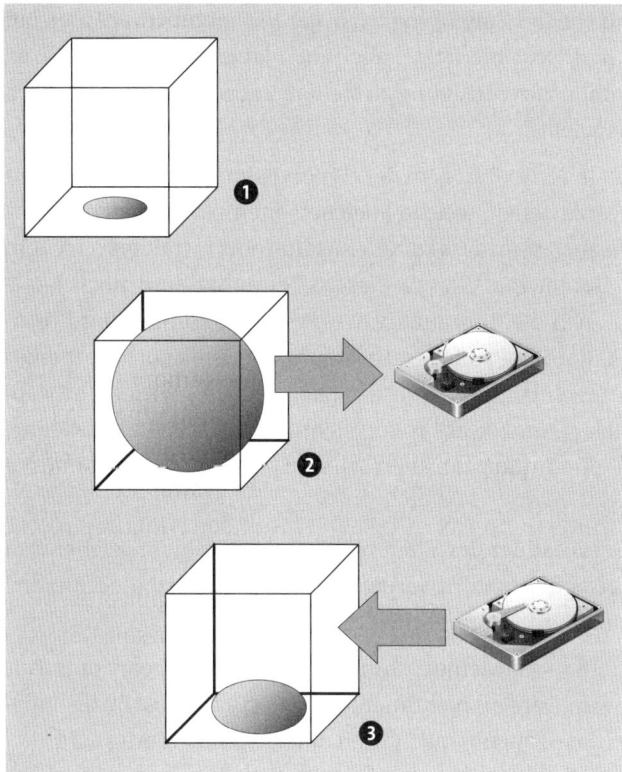

Abbildung 2.12 Darstellung des Memory-Balloonings

Der Memory-Balloon-Treiber (*vmmemctl*) kommt ins Spiel, wenn der Speicher eines Hosts zu knapp wird oder wenn eine VM an ihre Speichergrenzen stößt. Braucht der Host Speicher, dann hat das Ballooning immer Vorrang vor dem Swappen.

Wird Speicher benötigt, dann gibt der *Virtual Machine Monitor* (VMM) dem Ballooning-Treiber das Kommando zur Anforderung von Speicher vom Betriebssystem (siehe Abbildung 2.12, ❶). Ist genug Speicher vorhanden, gibt die VM demjenigen Treiber Speicher, der in der Free-List steht. Ist kein freier Speicher vorhanden, wird es dem Gastbetriebssystem überlassen, welcher Speicher freigegeben werden kann.

Der vSphere-Kernel gibt im Hintergrund die vom Ballooning-Treiber markierten Speicherseiten frei, bis genug Speicher für den Host akquiriert worden ist ❷. Anschließend beginnt der Ballooning-Treiber, den reservierten Speicher wieder freizugeben ❸.

Das Verhalten des Memory-Balloonings können Sie pro vSphere-Server durch den Parameter MEM.CTLMAXPERCENT festlegen. Dieser Wert bestimmt die maximale Speichermenge in Prozent, die durch diese Technik von einer virtuellen Maschine abgezogen werden kann.

2.5.7 Memory-Swapping

Das *Memory-Swapping* dient ebenso wie das Ballooning dazu, der VM mehr Arbeitsspeicher zuzuweisen. Diese Technik ist für den Host die letzte, aber auch langsamste Möglichkeit, Speicher für andere virtuelle Maschinen zur Verfügung zu stellen. Beim Start einer VM wird automatisch ein solches Swapfile angelegt.

Das Swapping tritt zu dem Zeitpunkt in Aktion, zu dem der Hypervisor nicht die Möglichkeit hat, über den Ballooning-Treiber festzustellen, welche Speicherseiten zurückgegeben werden können. Die Ursache dafür kann auch sein, dass keine VMware Tools installiert oder kein Ballooning-Treiber vorhanden ist. Bootet die VM (zu diesem Zeitpunkt sind noch keine VMware Tools aktiv), ist der Treiber auch nicht produktiv. Des Weiteren kommt diese Technik zum Zuge, wenn das Memory-Ballooning zu langsam ist, um den Speicherbedarf einer VM zu decken. Das Swapping ist generell langsamer als das Ballooning. Es wird eine Swap-Datei pro VM auf dem Volume abgelegt, und zwar im Verzeichnis der virtuellen Maschine. Das Swapping garantiert einer VM eine mindestens verfügbare Speichermenge, damit die VM starten kann.

Dieser Speicherbereich, die Swap-Datei, ist der der VM jetzt neu zugewiesene Speicher und wird beim Einschalten einer VM angelegt. Die Größe variiert je nach VM und ist die Differenz zwischen dem Reservierungswert und dem zugewiesenen Speicher einer VM.

Eine Besonderheit bei der Verwendung von Memory-Swapping sollten Sie beachten: Fällt der ESXi-Server aus, werden diese Swap-Dateien nicht mehr automatisch gelöscht. Sie müssen sie dann manuell löschen, wozu das Stoppen und Starten einer VM notwendig wird.

Ein gibt noch ein Feature von VMware vSphere: Es nennt sich *Swap to Host Cache*. Was soll damit erreicht werden? Voraussetzung für die Nutzung der Funktion ist das Vorhandensein einer lokalen SSD-Platte im vSphere-Host. Sie können diese Platte als lokale Swap-Disk für die virtuellen Maschinen einrichten. Der Vorteil liegt auf der Hand: Wenn schon geswappt werden muss, dann erfolgt das auf einer sehr schnellen lokalen Disk.

2.5.8 Best Practices

Im Folgenden finden Sie einige Empfehlungen zum Umgang mit Memory-Reservation, Memory-Limits und Memory-Shares:

- Grundsätzlich sollten Sie den Einsatz von Memory-Overcommitment vermeiden. Es bewirkt auf jeden Fall eine Verlangsamung. Sollte die Überbelegung des Speichers unvermeidbar sein, achten Sie darauf, dass nicht das Memory-Swapping genutzt wird, denn es reduziert die Performance einer VM deutlich.

- Sie sollten Memory-Shares gegenüber Memory-Reservierungen den Vorzug geben. Das gilt auch hier nur für die Priorisierung.
- Beim Einsatz von Memory-Reservierungen sollten Sie ein Minimum an RAM definieren, den eine VM benötigt. Falls eine VM mehr Ressourcen benötigt, so werden diese vom Host, je nach Shares, bis zum eventuell definierten Memory-Limit dynamisch zugewiesen. Beachten Sie außerdem, dass der Einsatz von Memory-Reservierungen die auf einem vSphere-Server zur Verfügung stehenden Speicherressourcen limitiert. Somit können weniger VMs gestartet werden – selbst dann, wenn andere VMs den reservierten Speicherbereich nicht nutzen. Auch kann das *Distributed Resource Scheduling* (DRS) in seiner Funktion behindert werden, da hier die Ressourcenauslastung des Hosts ein Verschieben von virtuellen Maschinen verhindert. Sie können diese Einschränkung aber umgehen, indem Sie die Slot-Size in der Cluster-Konfiguration von Hand ändern.
- Ein Delegieren des Ressourcen-Managements erreichen Sie idealerweise durch die Einführung von Ressourcen-Pools. Dabei geben Sie die Grenzen des Ressourcen-Pools an (also die Reservierung und das Limit), um die darin laufenden virtuellen Maschinen von den weiteren Ressourcen eines Hosts zu isolieren.

2.6 Grundlagen der Hardwarevirtualisierung

Wie wir bis jetzt gezeigt haben, wird bei der klassischen Virtualisierung dem Gast eine virtuelle Hardware zur Verfügung gestellt. Das sehen Sie sehr schön, wenn Sie eine virtuelle Maschine booten: Sofort ist der vom Computer bekannte BIOS-Schirm sichtbar. Gehen Sie in die Tiefen des BIOS, stellt sich die virtuelle Maschine wie ein ganz normaler Computer dar. Alle Elemente eines Computers werden in der VM emuliert, seien es der Festplatten-Controller, die Netzwerkkarte oder andere Hardwareelemente. Wie schon beschrieben, handelt es sich um einen »normalen« PC, nur eben virtuell. Der Vorteil besteht darin, dass Sie ein Betriebssystem – die passenden Treiber vorausgesetzt – einfach in die virtuelle Hülle bringen können. Anschließend installieren Sie die Applikation, und fertig ist der virtuelle Server.

Es gibt aber noch andere Varianten von virtuellen Maschinen: die sogenannten *paravirtualisierten VMs*.

Abbildung 2.13 stellt den Unterschied zwischen beiden Varianten dar. Sie veranschaulicht, dass bei der paravirtualisierten Maschine der Layer der virtuellen Hardware fehlt. Dafür existiert eine definierte Schnittstelle. Sie steuert die Ressourcen und den direkten gemeinsamen Zugriff auf die physische Hardware. Ein solcher Mechanismus kann aber nur funktionieren, wenn dem Betriebssystem der Hypervisor »bekannt« ist. Als Ergebnis erhöht sich die Performance der virtuellen Maschine, denn es fehlt die Schicht der virtuellen Hardware. Die direkte Kommunikation zwischen dem Gastsystem und dem Hypervisor wird als *Paravirtualisierung* bezeichnet.

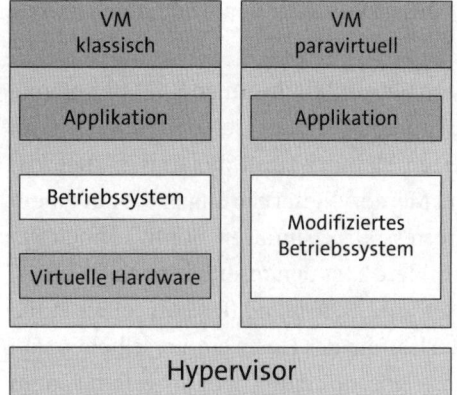

Abbildung 2.13 Unterschied zwischen klassischer und paravirtualisierter VM

Es gibt aber nur wenige Betriebssysteme, die die Paravirtualisierung unterstützen. Das rührt daher, dass starke Eingriffe in den Kernel erforderlich sind. Einzig einige freie Betriebssysteme unterstützen die Paravirtualisierung; nämlich verschiedene Linux-Derivate. Der Grund ist relativ einleuchtend, denn deren Kernel ist frei, und somit kann – das nötige Wissen vorausgesetzt – der Kernel für die Paravirtualisierung angepasst werden.

Im Gegensatz zu dem kompletten Ansatz, dass der Layer der virtuellen Hardware vollständig entfällt, gibt es Teilansätze, auf die wir kurz eingehen wollen. Lassen Sie uns zuvor etwas ausholen: Warum geht VMware diesen Weg, und welche Vorteile bringen diese Technologien?

Der Layer der Hardwarevirtualisierung ist eine Softwarekomponente, die die Hülle für die VM simuliert. Das bedeutet aber im Gegenzug, dass alle Aktionen, die über diese Schicht laufen, Last in diesem Layer erzeugen, bevor die Daten an die eigentliche Hardwarekomponente gelangen (wie z. B. die Netzwerkkarte). Das erzeugt Rechenzeit auf der CPU und bremst die Performance. Der Ansatz, dem nun gefolgt wird, besteht darin, Teilkomponenten zu paravirtualisieren. Der Vorteil dabei ist, dass nicht der gesamte Kernel angepasst werden muss, sondern dass es reicht, passende »Hardwaretreiber« für das Gastbetriebssystem zur Verfügung zu stellen.

Es gibt bereits entsprechende Ansätze bei dem paravirtualisierten SCSI-Adapter (PVSCSI). Auf die Funktionen des Adapters gehen wir an entsprechender Stelle in Kapitel 17, »Virtuelle Maschinen«, ein.

2.7 Management einer virtuellen vSphere-Infrastruktur

Für das Management von virtuellen Infrastrukturen wird ein passendes System benötigt. Viele erwarten an dieser Stelle den vCenter Server. Das ist selbstverständlich richtig, aber im Grunde genommen besteht das System aus zwei Komponenten: aus dem *Platform Services Controller* (PSC) und aus der eigentlichen Managementkomponente, dem *vCenter Server*.

Beide Systeme können entweder auf einem System gemeinsam bereitgestellt werden oder auf getrennten Systemen. Damit aber nicht genug: Aus Redundanzgründen können auch mehrere Systeme nebeneinander installiert werden. Mögliche und auch nicht unterstützte Topologien sollen im Folgenden näher betrachtet werden.

2.7.1 Platform Services Controller (PSC)

Der PSC vereint globale Funktionen, die übergreifend für unterschiedliche Infrastrukturen zur Verfügung gestellt werden können. Das Ergebnis ist eine Anlaufstelle zum Pflegen von User-Accounts in der VMware-SSO-Domäne.

Die Grunddienste sind der Authentifizierungsdienst, das Zertifikatsmanagement und der Lizenzierungsdienst. Grundsätzlich verbergen sich hinter den drei Diensten aber noch weitere Komponenten, und zwar:

- Appliance Management Service
- Component Manager
- License Service
- Service Control Agent
- vAPI Endpoint
- VMware Analytics Service
- VMware Appliance Monitoring Service
- VMware HTTP Reverse Proxy
- VMware PSC Health
- VMware Service Lifecycle Manager API

Im einfachsten Fall werden der PSC und das vCenter auf einem System bereitgestellt. Es ist aber auch möglich, die Systeme voneinander zu trennen. Dabei kann ein PSC auch mehrere vCenter versorgen. Bedenken Sie bitte, dass in einer hochverfügbaren Umgebung das schwächste Glied in der Kette die Leistungsfähigkeit Ihres gesamten Systems gefährden kann. Von daher müssen alle Komponenten entsprechend ausgelegt werden.

Auch beim PSC ist es möglich, Multisite- und High-Availability-Umgebungen zu designen, ohne zusätzliche weitere Komponenten zu benötigen, wobei ein Loadbalancer den Betrieb schon erleichtert. Dabei können Sie sowohl die Windows- als auch die Appliance-basierte Version nutzen. Die PSCs innerhalb einer Site replizieren ihre Datenbank untereinander, und dadurch kann auch beim Ausfall eines Systems trotzdem weitergearbeitet werden.

VMware gibt hier mehrere unterstützte Topologien vor.

> **Achtung**
> VMware schränkt die unterstützten Topologien ein. Es ist technisch möglich, auch andere Topologien zu installieren, aber für solche Umgebungen gibt es keinen Support!

Bevor wir Ihnen eine Liste der unterstützten Topologien zeigen, müssen Sie noch wissen, dass VMware eine wichtige Änderung bei der Verknüpfung von vCenter-Servern bzw. PSCs vorgenommen hat. Es gibt zwei Möglichkeiten der Verbindung, und zwar den *Embedded Linked Mode* und den *Enhanced Link Mode*. Ersteren hat es schon einmal gegeben, aber nur für *vCenter Server*, installiert auf einem Windows-Betriebssystem. Der neue Embedded Linked Mode hat aber nur denselben Namen; die technische Umsetzung ist anders als bei dem alten Linked Mode.

Welche Topologien werden nun unterstützt?

Im Vorfeld ist es noch wichtig, zwei Begriffe näher zu definieren. Eine *Platform Services Controller Domain* ist der Name, den der VMware-Directory-Dienst für die Anmeldung benutzt.

> **Achtung**
> Für den Domain-Namen sollten ausschließlich Namen genutzt werden, die im Netzwerk noch nicht verwendet werden!

Der zweite Begriff ist *Platform Services Controller Sites*. Dieser Terminus bezeichnet die Zusammenfassung von PSCs an einem Standort. Durch diese Gruppierung wird verhindert, dass ein vCenter Server sich mit einem PSC verbindet, der außerhalb seines Standorts steht.

Alle Systeme können auf physischen Maschinen oder in einer VM installiert werden.

vCenter Server mit integriertem PSC

- nur eine *Sign-On Domain*
- nur eine *Sign-On Site*
- nur ein *vCenter Server* möglich
- keine Unterstützung für *Enhanced Linked Mode*

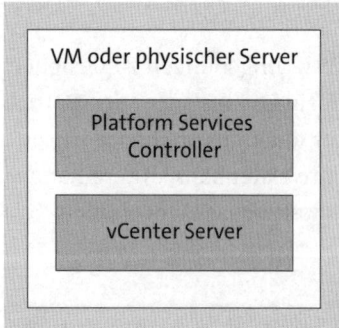

Abbildung 2.14 vCenter Server mit integriertem PSC

2.7.2 Enhanced Linked Mode

Bei diesem Modus werden externe PSCs miteinander verbunden (siehe Abbildung 2.15). Damit einhergehend erfolgt eine Replikation von Rollen, Rechten, Lizenzen, Policys und Tags. Eine Anmeldung an einem vCenter Server listet automatisch alle verbundenen Systeme mit auf.

vCenter Server mit externem PSC

- nur eine Sign-On Domain
- nur eine Sign-On Site
- ein oder mehrere vCenter Server möglich
- Es können vCenter Server auf Basis von Windows und auf Basis von Appliances kombiniert werden.

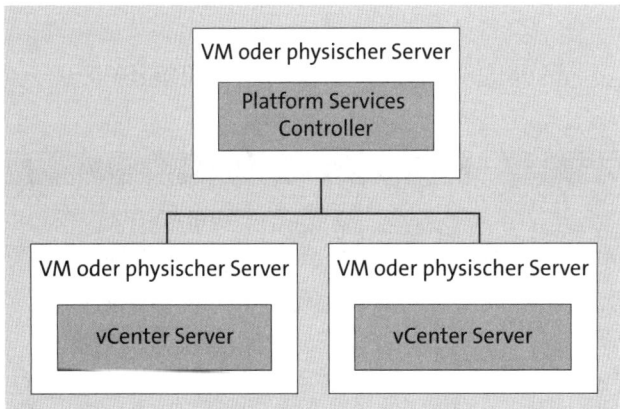

Abbildung 2.15 PSC mit zwei vCenter-Servern ohne Loadbalancer

vCenter Server mit zwei PSCs

- nur eine Sign-On Domain
- nur eine Sign-On Site
- ein oder mehrere vCenter Server möglich
- zwei externe PSCs (Ihr Betriebssystem muss identisch sein!)
- Es können vCenter Server auf Basis von Windows und auf Basis von Appliances kombiniert werden.

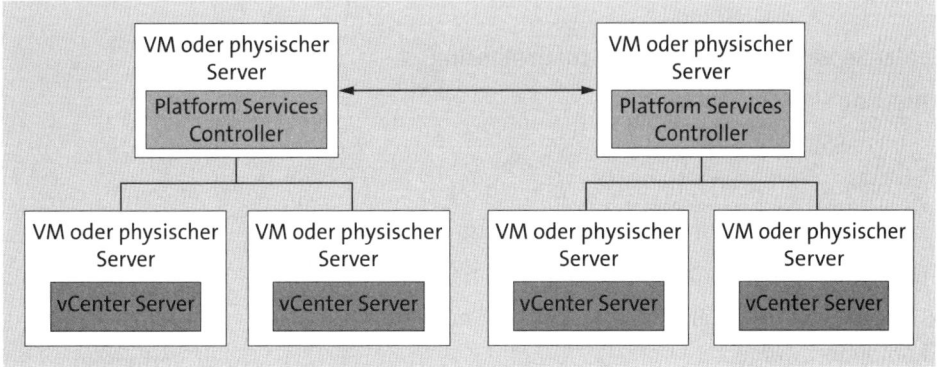

Abbildung 2.16 Zwei PSCs mit mehreren vCenter-Servern ohne Loadbalancer

- Fällt ein PSC aus, muss der Administrator den angebundenen vCenter Server mit einem anderen PSC neu verbinden.

vCenter Server in zwei Sites mit PSC

- nur eine Sign-On Domain (siehe Abbildung 2.17)
- zwei Sign-On Sites
- mindestens ein PSC pro Site (Das Betriebssystem muss identisch sein!)
- mindestens ein vCenter pro Site
- Es können vCenter Server auf Basis von Windows und auf Basis von Appliances kombiniert werden.

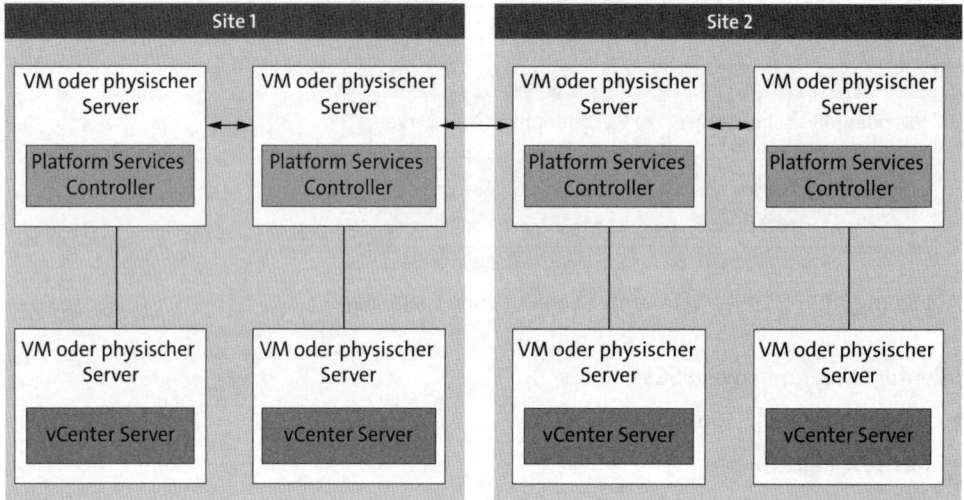

Abbildung 2.17 Zwei Sites, eine Single-Sign-On Domain

- Fällt ein PSC aus, muss der Administrator den angebundenen vCenter Server mit einem anderen PSC neu verbinden.

vCenter Server mit zwei PSCs und Loadbalancing

- nur eine Sign-On Domain
- nur eine Sign-On Site
- ein oder mehrere vCenter Server möglich
- zwei externe PSCs (Ihr Betriebssystem muss identisch sein!)
- Loadbalancer (siehe Abbildung 2.18)
- Es können vCenter Server auf Basis von Windows und auf Basis von Appliances kombiniert werden.

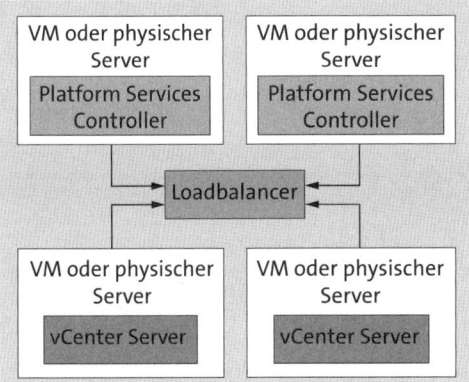

Abbildung 2.18 PSCs mit Loadbalancer

vCenter Server mit PSCs und Loadbalancing in zwei Sites

- nur eine Sign-On Domain
- zwei Sign-On Sites (siehe Abbildung 2.19)
- mindestens ein PSC pro Site (Das Betriebssystem muss identisch sein!)
- mindestens ein vCenter pro Site
- Loadbalancer
- Es können vCenter Server auf Basis von Windows und auf Basis von Appliances kombiniert werden.

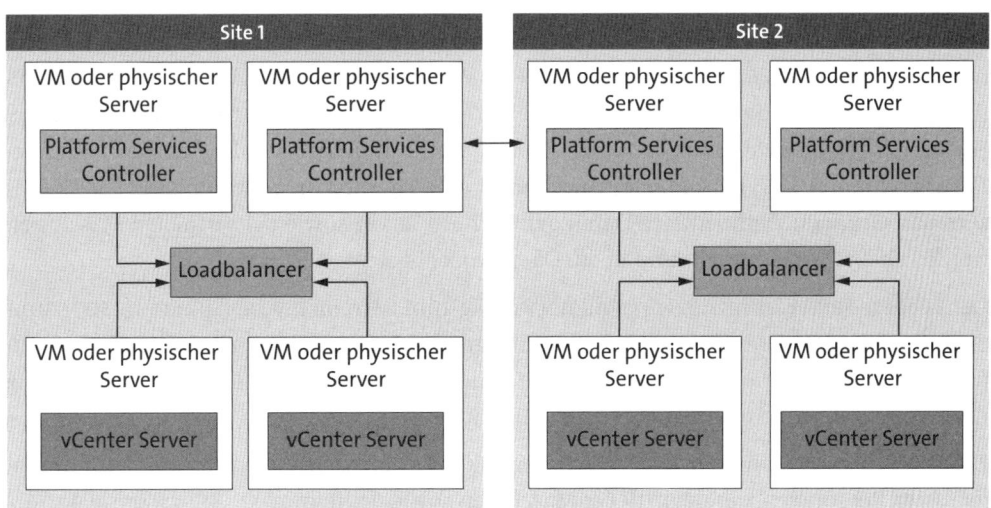

Abbildung 2.19 Zwei Sites mit Loadbalancer

2.7.3 Embedded Linked Mode

Der neue Embedded Linked Mode erlaubt die Verbindung zwischen verschiedenen Systemen, bei denen PSC und vCenter Server auf einer Maschine bereitgestellt worden sind (siehe Abbildung 2.20).

> **Achtung**
> Der Embedded Linked Mode ist auf die *vCenter Server*-Appliance beschränkt.

- nur eine Sign-On Domain
- Maximal 10 vCenter Server können in einer Embedded-Linked-Mode-Gruppe Mitglied werden.

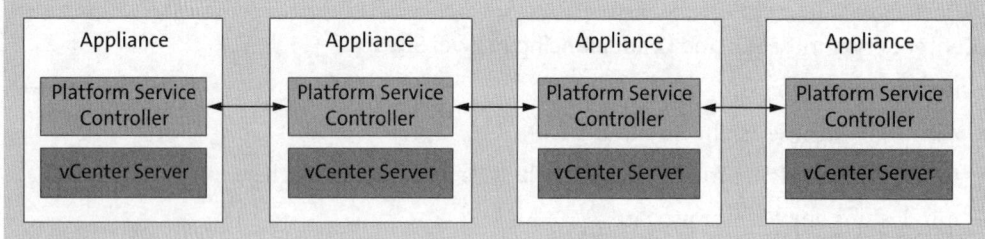

Abbildung 2.20 Linked Mode für embedded Appliances

2.7.4 vCenter Server

Der vCenter Server ist der Dreh- und Angelpunkt der VMware-Infrastruktur. Mit dem Managementsystem verwalten Sie das komplette VMware-Datacenter von der Konfiguration der ESXi-Server über das Erstellen von virtuellen Maschinen bis zum Einrichten der VMware-Features HA (*High Availability*) und DRS (*Distributed Ressource Scheduling*) sowie viele andere Funktionen. Des Weiteren bietet das vCenter eine Zugriffskontrolle auf Basis von Benutzern und Gruppen. Performance-Daten der vSphere-Server sowie der virtuellen Maschinen werden ebenfalls gesammelt und in der Datenbank abgelegt.

Der vCenter Server ist nicht zwingend notwendig zum Betreiben von vSphere-Hosts, damit diese die Dienste bereitstellen können, um virtuelle Maschinen zu erstellen. Sie können jeden Host einzeln und unabhängig voneinander verwalten. Einige Dienste aber, wie z. B. DRS, setzen zwingend einen vCenter Server voraus.

Die Software bietet eine zentralisierte Verwaltung aller im VMware-Datacenter zusammengefassten Ressourcen, deren virtueller Maschinen sowie der Benutzer.

Mit der Trennung von *Platform Services Controller* (PSC) und dem eigentlichen *vCenter Server* haben sich auch Änderungen in der Verteilung der Dienste ergeben. Es gibt auch leichte Unterschiede zwischen der VCSA (vCenter Server als eigenständige virtuelle Appliance) und dem Windows-basiertem vCenter Server.

Die zentralen Dienste des vCenters sind:

- Auto Deploy
- Content Library Service
- ImageBuilder Service
- VMware ESX Agent Manager
- VMware Message Bus Configuration Service
- VMware Performance Chart Service
- VMware Postgres
- VMware Postgres Archiver
- VMware vCenter High Availability
- VMware vCenter Server
- VMware vCenter Services
- VMware vSAN Dataprotection Service
- VMware vService Manager
- VMware Authentication Proxy
- VMware vSphere Client
- VMware vSphere ESXi Dump Collector
- VMware vSphere Profile-Driven Storage Service
- VMware vSphere Syslog Collector (nur Windows vCenter)
- VMware vSphere Update Manager
- VMware vSphere Web Client
- vSAN Health Service

Diese zentralen Dienste des vCenters können um bestimmte Features erweitert werden. Dabei dient das vCenter als zentrale Schnittstelle, in der Sie die zusätzlichen Dienste verwalten, die *Distributed Services* genannt werden. Die erweiterten Dienste sind:

- vMotion
- Storage vMotion
- High Availability
- Fault Tolerance
- vShield Endpoint
- Hot Add
- Virtual Volumes
- Storage Policy Based Management
- Reliable Memory
- Virtual Serial Port Concentrator
- Distributed Resource Scheduler (DRS)
- Distributed Power Management (DPM)
- Storage DRS
- Storage I/O Control
- Network I/O Control
- Single Root I/O Virtualisation Support (SR-IOV)
- Flash Read Cache
- NVIDIA GRID vGPU
- Content Library
- Storage APIs for Array Integration
- Multipathing
- Distributed Switch
- Host Profiles
- Auto Deploy

Des Weiteren bieten der Management-Server sowie der vSphere-Client eine Schnittstelle für Plug-ins zur Erweiterung der Funktionalität. Dazu zählen z. B.:

- vSphere Replication
- Update Manager (ist mittlerweile ins vCenter integriert)
- weitere Tools von VMware
- Tools von Drittanbietern oder auch Freeware-Tools

Integrierte Dienste

Über die Integration einer SSO-Lösung (*Single Sign-On*) wird dem Anwender geholfen, die Anzahl der Anmeldungen im System zu reduzieren. Alle VMware-eigenen Dienste wurden anmeldetechnisch unter dem Mantel des SSO-Dienstes zusammengefasst. Mit einer Anmeldung findet sich der Administrator im gesamten VMware-Framework wieder und kann so die komplette Umgebung administrieren. Dieser Dienst kann nicht umgangen werden und muss mitinstalliert werden. Durch eine Verknüpfung des VMware-eigenen SSO mit einem Windows Active Directory kann auch dieses System als Authentifizierungsquelle genutzt werden.

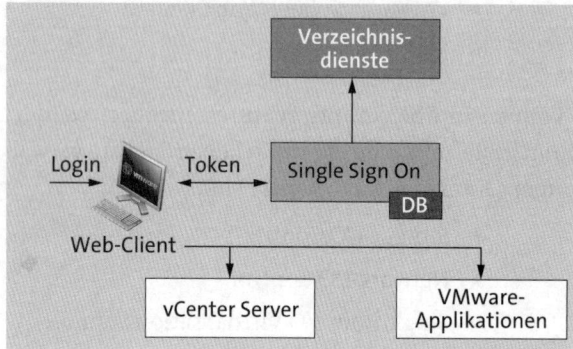

Abbildung 2.21 Aufbau einer SSO-Struktur

Der SSO-Dienst (siehe Abbildung 2.21) nutzt seine lokale Datenbank oder verifiziert die User über einen eingebundenen Verzeichnisdienst. Ist die Anmeldung erfolgreich, so kann der Anwender in seinem Webclient alle VMware-Komponenten sehen und nutzen, ohne sich erneut anmelden zu müssen. Voraussetzung dafür ist natürlich, dass er dafür freigeschaltet ist.

Mit dem SSO können sich zentral gepflegte Anwender an allen VMware-Komponenten anmelden. Dabei können unterschiedliche Verzeichnisdienste eingebunden werden:

- Windows Active Directory ab Version 2003
- Active Directory über LDAP
- Open LDAP ab Version 2.4
- die lokale SSO-Datenbank

Die Möglichkeiten der Installation sind dabei vielfältig. Je nach Ausprägung der Landschaften können Sie unterschiedliche Installationsszenarien auswählen.

Editionen

Es gibt zwei Versionen des vCenter Servers von VMware:

- *vCenter Server Foundation* (maximal 3 Hosts) (Essentials bzw. Essentials Plus Version)
- *vCenter Server Standard*

Wenn Sie ohne Einschränkungen arbeiten wollen, dann müssen Sie mit der *Standard*-Version des vCenter Servers arbeiten. Bei kleineren Umgebungen können Sie auf die *Foundation*-Version zurückgreifen. Ein späteres Upgrade von z. B. der Essentials- auf die Standard-Version ist nur eine Frage des Geldes.

Maximale Ausstattung

Auch das vCenter kann nicht unendlich viele Ressourcen verwalten; es gilt die eine oder andere Einschränkung. Die Angaben in den folgenden Tabellen beziehen sich auf die Standard-Version des vCenter Servers.

vCenter Server Scalability – 64-Bit-OS-Server	Anzahl (interne DB)	Anzahl (externe DB)
Hosts	20	2.000
Powered-on VMs	200	25.000
Registered VMs	–	35.000
Concurrent vSphere-Webclient-Verbindungen	–	180

Tabelle 2.1 Verwaltbare Infrastruktur für das vCenter mit 64-Bit-OS-Server

vCenter Server Appliance	Anzahl
Hosts (interne Datenbank)	2.000
VMs (interne Datenbank)	35.000

Tabelle 2.2 Mögliche verwaltbare Infrastruktur für die vCenter Server Appliance

vCenter Server Scalability – vCenter Linked Mode	Anzahl
Linked vCenter Server	15
Hosts im Linked Mode	5.000
Powered-on VMs	50.000
Registered VMs	70.000

Tabelle 2.3 Mögliche verwaltbare Infrastruktur für das vCenter im Linked Mode

Die Zahlen, die VMware hier ansetzt, sind an der einen oder anderen Stelle sicherlich sehr optimistisch gewählt. Sie sollen nur als Richtschnur dienen, damit Sie abschätzen können, wie viele Managementsysteme Sie benötigen.

Zugriff

Damit Sie die virtuelle Infrastruktur auch verwalten können, benötigen Sie ein Werkzeug, um auf die einzelnen Komponenten zuzugreifen. Hier haben Sie zwei Möglichkeiten: Der Zugriff auf die Infrastruktur erfolgt immer mit einem Webbrowser. Die einzige mögliche Variation ist die Wahl zwischen einem Flash-basiertem Zugriff und der Nutzung von HTML. Derzeit sind noch nicht alle Funktionen im *HTML5-Client* umgesetzt. So fehlen derzeit noch ca. 10 % der Funktionen des Flash-basierten Clients.

Wer ihn noch kennt, der alte *vSphere Client* hat ausgedient. Er kann für den Zugriff nicht mehr genutzt werden.

Lizenzierung

Für die Verwaltung der VMware-Lizenzen in einer vSphere-Infrastruktur wird der im vCenter Server integrierte Lizenz-Server eingesetzt. In dieser Verwaltungskonsole tragen Sie alle VMware-Lizenzen ein und weisen sie den zugehörigen Hardwarekomponenten zu.

VMware Infrastructure SDK

Es gibt die verschiedensten Möglichkeiten, in der virtuellen Infrastruktur Aufgaben zu automatisieren, auch außerhalb des vCenters und seiner Komponenten. Sie haben als Anwender verschiedene Optionen zur Verfügung, um eigene Anforderungen abzubilden. Dabei ist es egal, ob Sie mit der PowerShell skripten oder mit C programmieren möchten. Es gibt noch viele andere Möglichkeiten, das Management der Infrastruktur zu optimieren. Abbildung 2.22 zeigt nur eine Auswahl von Softwarepaketen, die VMware zur Verfügung stellt, damit Anwender das Management an ihre Bedürfnisse anpassen können.

Wenn Sie sich für alle Informationen interessieren, finden Sie auf der eigens dafür eingerichteten Webseite Näheres zu dem gewünschten Thema. Die Webseite erreichen Sie unter *http://www.vmware.com/support/pubs/sdk_pubs.html*. Von dort können Sie auch die Applikationen herunterladen.

Benötigte Netzwerk-Ports – Implementierung

Der Host hat Berührungspunkte zu unterschiedlichen Komponenten. Hier muss das Netzwerk für unterschiedliche Ports freigeschaltet werden. Sie finden die entsprechenden Ports in Tabelle 2.4.

2.7 Management einer virtuellen vSphere-Infrastruktur

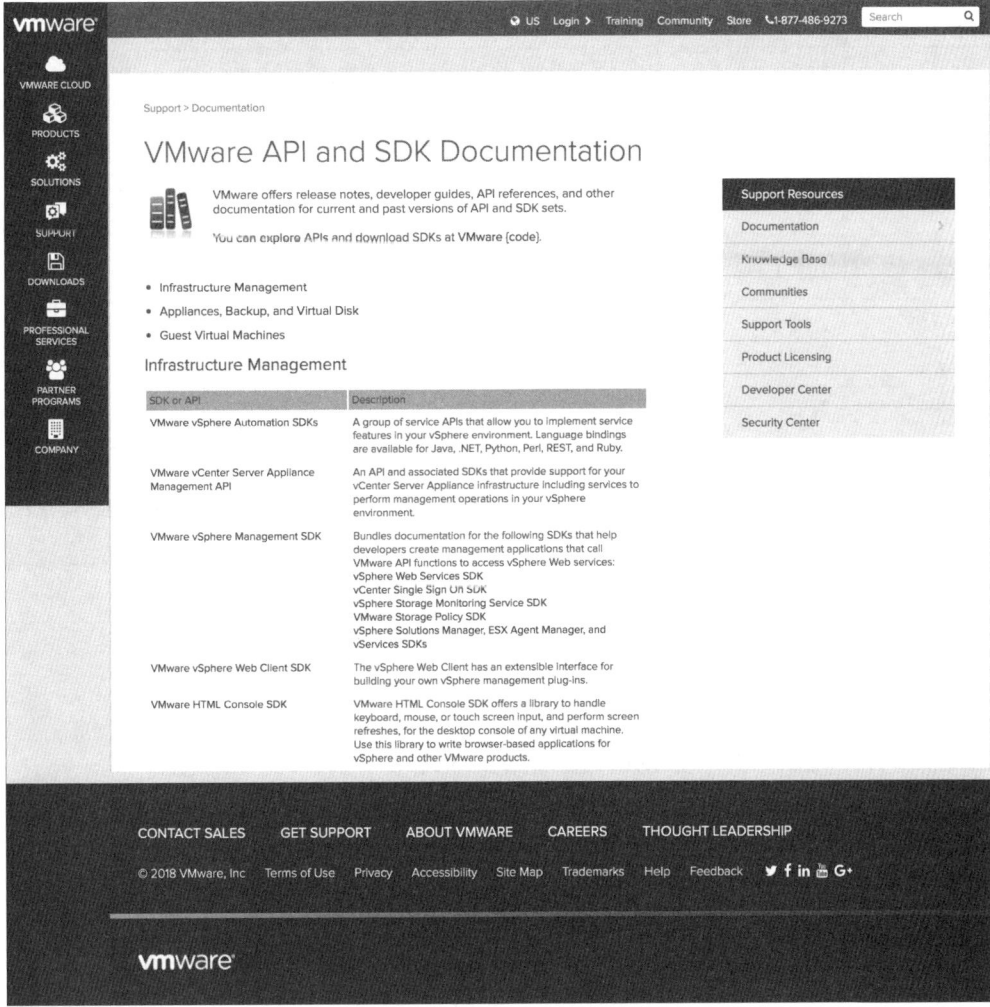

Abbildung 2.22 Webseite mit Informationen zu APIs und SDKs

Port	Protokoll	Kommunikation	Beschreibung
22	TCP	Client → vSphere-Host	SSH-Server
53	UDP	vSphere-Host → DNS-Server	DNS-Abfragen
68	UDP	vSphere-Host → DHCP-Server	DHCP-Abfragen
80	TCP	Client → vSphere-Host	Browser Redirect to HTTPS (443)
88	TCP	vSphere-Host → AD-Server	Kerberos-AD-Authentifizierung

Tabelle 2.4 Ports für die vSphere-Host-Kommunikation

Port	Protokoll	Kommunikation	Beschreibung
111	TCP/UDP	vSphere-Host → NFS-Server	NFS-Client
123	UDP	vSphere-Host → Time-Server	NTP-Client
162	UDP	vSphere-Host → SNMP-Collector	Senden von SNMP-Traps
389	TCP/UDP	vSphere-Host → LDAP-Server	Kerberos-AD-Authentifizierung
427	UDP	vSphere Client → vSphere-Host	CIM Service Location Protocol
443	TCP	vSphere Client → vSphere-Host	Management-Verbindung vom Client zum Host
443	TCP	vSphere-Host → vSphere-Host	Provisionierung und Migration von Host zu Host
445	UDP	vSphere-Host → MS Directory Service	AD-Authentifizierung
445	TCP	vSphere-Host → MS Directory Service	AD-Authentifizierung
445	TCP	vSphere-Host → SMB-Server	SMB-Verbindungen
514	UDP/TCP	vSphere-Host → Syslog-Server	Anbindung des Syslog-Servers
902	TCP/UDP	vSphere-Host → vCenter	vCenter-Server-Agent-Kommunikation
2049	TCP/UDP	vSphere-Host → NFS-Server	NFS-Datenport
3260	TCP	vSphere-Host → iSCSI-Storage	iSCSI-Datenport
5989	TCP	CIM Server → vSphere-Host	CIM-Transaktionen über HTTP
5989	TCP	vCenter → vSphere-Host	CIM-XML-Transaktionen über HTTPS
5989	TCP	vSphere-Host → vCenter	CIM-XML-Transaktionen über HTTPS
6500	UDP	vSphere-Host → vCenter	Kommunikation zum Syslog-Server

Tabelle 2.4 Ports für die vSphere-Host-Kommunikation (Forts.)

Port	Protokoll	Kommunikation	Beschreibung
8000	TCP	vSphere-Host (Ziel-VM) → vSphere-Host (Quell-VM)	vMotion-Kommunikation über den VMkernel-Port
8000	TCP	vSphere-Host (Quell-VM) → vSphere-Host (Ziel-VM)	vMotion-Kommunikation über den VMkernel-Port
8100	TCP/UDP	vSphere-Host → vSphere-Host	Datenverkehr zwischen den Hosts für Fault Tolerance
8182	TCP/UDP	vSphere-Host → vSphere-Host	Datenverkehr zwischen den Hosts für vSphere-HA
8200, 8300	TCP/UDP	vSphere-Host → vSphere-Host	Datenverkehr zwischen den Hosts für Fault Tolerance
8301	UDP	vSphere-Host → vSphere-Host	DVS-Portinformationen
8302	UDP	vSphere-Host → vSphere-Host	DVS-Portinformationen

Tabelle 2.4 Ports für die vSphere-Host-Kommunikation (Forts.)

Das vCenter kommuniziert über das Netzwerk mit den Komponenten, die es verwaltet. Die Verbindungen werden über einen Windows-Dienst hergestellt (*vpxd.exe*, gilt nur für die installierbare Version, nicht für die Appliance). In Tabelle 2.5 sehen Sie, welche Ports für die Kommunikation benötigt werden.

Port	Protokoll	Kommunikation	Beschreibung
22	TCP/UDP	SSH-Client → vCenter	Nur bei der vCenter Server Appliance relevant
25	TCP	vCenter → SMTP-Server	E-Mail-Benachrichtigungen
53	UDP	vCenter → DNS-Server	DNS-Abfragen
80	HTTP	Client-PC → vCenter	Dieser Port wird für den direkten Webzugriff benötigt. Es erfolgt aber nur eine Umleitung auf Port 443. Es können Konflikte mit einem installierten Microsoft IIS auftreten. (Vorsicht bei der Nutzung des Authentication Proxys!)

Tabelle 2.5 Ports für die vCenter-Server-Kommunikation

Port	Protokoll	Kommunikation	Beschreibung
88	TCP/UDP	vCenter → AD-Server	Authentifizierung am Active Directory
135	TCP	vCenter → vCenter	vCenter-Linked-Modus
161	UDP	SNMP-Server → vCenter	SNMP-Polling
162	UDP	vCenter → SNMP-Server	Senden von SNMP-Traps
389	TCP/UDP	vCenter → Linked vCenter Server	Dieser Port wird für die Kommunikation mit dem LDAP benötigt.
443	TCP	vSphere-Client → vCenter	Port für die initiale Anmeldung über den vSphere-Webclient
443	TCP	vCenter → vSphere-Hosts	vCenter-Agent, DPM-Kommunikation mit HP ILO
514	UDP	vCenter → Syslog Collector	Syslog-Collector-Port
623	UDP	vCenter → vSphere-Hosts	DPM-Kommunikation via IPMI
636	TCP	vCenter → Platform Services Controller	SSL-Verbindung zwischen den Komponenten beim Linked-Modus
902	TCP	vCenter → vSphere-Hosts	Kommunikation zwischen vCenter und vSphere-Hosts
902	UDP	vCenter → vSphere-Hosts	Heartbeat-Kommunikation zwischen Hosts und vCenter
902	TCP/UDP	vSphere-Client → vSphere-Hosts	Anzeige der Konsole von VMs
1433	TCP	vCenter → MS SQL	Verbindung zum Datenbank-Server MS SQL
1521	TCP	vCenter → Oracle	Verbindung zum Datenbank-Server Oracle
2012	TCP	vCenter (Tomcat-Einstellungen) → SSO	Kontroll-Interface für SSO
2014	TCP	vCenter (Tomcat-Einstellungen) → SSO	RPC-Port für VMware Certificate Authority

Tabelle 2.5 Ports für die vCenter-Server-Kommunikation (Forts.)

Port	Protokoll	Kommunikation	Beschreibung
2020	TCP/UDP	vCenter	Authentication Services Framework
5480	TCP	Client PC → vCenter	Zugriff auf die Webkonfigurationsseite der VCSA
5988	TCP	vSphere-Host → vCenter	CIM-Transaktionen über HTTP
6500	TCP/UDP	vCenter → vSphere-Host	Port für den ESXi Dump Collector
6501	TCP	vCenter → vSphere-Host	Port für den Auto-Deploy-Dienst
6502	TCP	vCenter → vSphere Client	Port für das Auto-Deploy-Management
7500	UDP	vCenter → vCenter	Java-Port für den vCenter Linked Mode
8000	TCP	vCenter → vSphere-Host	vMotion-Anfragen
8005	TCP	vCenter → vCenter	Port für die interne Kommunikation
8006	TCP	vCenter → vCenter	Port für die interne Kommunikation
8009	TCP	vCenter → vCenter	AJP-Port (Apache JServ Protocol); dient zur Weiterleitung von Webserveranfragen an einen Applikationsserver.
8080	HTTP	Client-PC → vCenter	Webservices über HTTP für die vCenter-Webseite
8083	TCP	vCenter → vCenter	Interne Dienstediagnose
8085	TCP	vCenter → vCenter	Interne Dienstediagnose / SDK
8086	TCP	vCenter → vCenter	Port für die interne Kommunikation
8087	TCP	vCenter → vCenter	Interne Dienstediagnose
8443	HTTPS	Client-PC → vCenter	Webservices über HTTPS für die vCenter-Management-Webseite

Tabelle 2.5 Ports für die vCenter-Server-Kommunikation (Forts.)

Port	Protokoll	Kommunikation	Beschreibung
8443	TCP	vCenter → vCenter	Port für den Linked Mode
9443	TCP	Client-PC → vCenter	Webclient-Zugriff
10109	TCP	vCenter → vCenter	Service-Management vom vCenter Inventory Service
10111	TCP	vCenter → vCenter	Linked-Mode-Kommunikation des vCenter Inventory Service
10443	TCP	vCenter → vCenter	vCenter Inventory Server Service über HTTPS

Tabelle 2.5 Ports für die vCenter-Server-Kommunikation (Forts.)

Auch das Single-Sign-On muss mit unterschiedlichen Elementen kommunizieren. Sie finden die Liste in Tabelle 2.6.

Port	Protokoll	Kommunikation	Bemerkungen
2012	TCP	vCenter (Tomcat) → SSO	RPC Control Interface
2014	TCP	vCenter (Tomcat) → SSO	PRC-Port für alle VMware-Certificate-Authority-APIs
7005	TCP	vCenter Server → SSO	–
7009	TCP	vCenter Server → SSO	AJP-Port
7080	TCP	vCenter Server → SSO	HTTP-Zugriff
7444	TCP	vCenter Server → SSO Webclient → SSO	HTTPS-Zugriff SSO-Lookup

Tabelle 2.6 Ports für die SSO-Kommunikation

In Tabelle 2.7 sehen Sie, welche Ports der Update Manager zur Kommunikation nutzt (* betrifft nur die Windows-basierte Version).

Ports	Protokoll	Kommunikation	Beschreibung
80	TCP	Update Manager → Internet	Download von Patches aus dem Internet

Tabelle 2.7 Ports für die Update-Manager-Kommunikation

Ports	Protokoll	Kommunikation	Beschreibung
80	TCP	vSphere-Host → Update Manager	Kommunikation vom Host zum Update Manager
80	TCP	Update Manager → vCenter*	Kommunikation zwischen Update Manager und vCenter Server
443	TCP	Update Manager → Internet	Download von Patches aus dem Internet
443	TCP	vSphere-Host → Update Manager	Kommunikation vom Host zum Update Manager, Rückweg über 9084
443	TCP	vCenter → Update Manager*	Kommunikation vom vCenter zum Update Manager, Rückweg über 8084
735	TCP	Update Manager → VMs	Update-Manager-Listener-Port für das Patchen von VMs
902	TCP	Update Manager → vSphere-Host	Übermittlung von Patches vom Update Manager zum vSphere-Host
1433	TCP	Update Manager → MS SQL*	Verbindung zum Datenbank-Server MS SQL
1521	TCP	Update Manager → Oracle*	Verbindung zum Datenbank-Server Oracle
8084	TCP	Update Manager → Client-Plug-in	SOAP-Server-Update-Manager
9084	TCP	vSphere-Host → Update Manager	Webserver-Update-Manager auf Updates wartend
9087	TCP	Update Manager → Client-Plug-in	Port für das Hochladen von Host-Update-Files
9000 → 9100	TCP	vSphere-Host → Update Manager	Ports für Hostscanning bzw. Bereich für Port-Alternativen, wenn 80 und 443 schon anderweitig genutzt werden

Tabelle 2.7 Ports für die Update-Manager-Kommunikation (Forts.)

Beim *vCenter Converter* werden unterschiedliche Ports genutzt. Diese hängen unter Umständen sogar davon ab, welches Betriebssystem importiert werden soll. In Tabelle 2.8 finden Sie die Ports, die für die Übernahme eines Servers benötigt werden.

Ports	Protokoll	Kommunikation	Bemerkungen
22	TCP	vCenter Converter → Source-Maschine	Für die Konvertierung von Linux-basierten Systemen
137	UDP	vCenter Converter → Source-Maschine	Für die Migration einer aktiven Maschine. Wird nicht benötigt, wenn die Quelle kein NetBIOS nutzt.
138	UDP	vCenter Converter → Source-Maschine	
139	TCP	vCenter Converter → Source-Maschine	Kommunikation zwischen zur übernehmenden Maschine zum vCenter Converter
443	TCP	vCenter Converter Client → vCenter Converter Server	Wird benötigt, wenn der *vCenter Converter*-Linux-Client nicht auf dem *vCenter Converter*-Server installiert ist.
443	TCP	vCenter Converter → vCenter	Dieser Port wird genutzt, wenn das Ziel ein vCenter ist.
443	TCP	vCenter Converter Client → vCenter	Wird benötigt, wenn der *vCenter Converter Client* nicht auf dem *vCenter Converter Server* installiert ist.
443, 902	TCP	Source-Maschine → vSphere-Host	Datentransport-Port für das Cloning zum vSphere-Host
445	TCP	vCenter Converter → Source-Maschine	Dient zur Systemübernahme. Falls die Quelle NetBIOS nutzt, wird dieser Port nicht benötigt.
9089	TCP	vCenter Converter → Source-Maschine	Verteilung des Remote Agents

Tabelle 2.8 Ports für die vCenter-Converter-Kommunikation

Der *vRealize Orchestrator* (vRO) nutzt sehr viele Ports (siehe Tabelle 2.9). Um seine einwandfreie Funktion zu gewährleisten, müssen Sie diese Ports freischalten.

Port	Protokoll	Kommunikation	Bemerkungen
25	TCP	vRO-Server → SMTP-Server	E-Mail-Benachrichtigungen
80	TCP	vRO-Server → vCenter	Informationsaustausch über die virtuelle Infrastruktur
389	TCP/UDP	vRO-Server → LDAP-Server	LDAP-Authentifizierung
443	TCP	vRO-Server → vCenter	Informationsaustausch über die virtuelle Infrastruktur
636	TCP	vRO-Server → LDAP-Server	SSL-LDAP-Kommunikation zur Abfrage von Gruppenmitgliedschaften
1433	TCP	vRO-Server → MS SQL	Kommunikation mit MS SQL
1521	TCP	vRO-Server → Oracle	Kommunikation mit Oracle-Datenbanken
3306	TCP	vRO-Server → MySQL	Kommunikation mit MySQL-Datenbanken
5432	TCP	vRO-Server → PostgreSQL	Kommunikation mit PostgreSQL-Datenbanken
8230	TCP	vRO-Client → vRO-Server	Lookup-Port – Kommunikation mit dem Konfigurationsserver
8240	TCP	vRO-Client → vRO-Server	Kommando-Port – Kommunikation für Remote-Aufrufe
8244	TCP	vRO-Client → vRO-Server	Daten-Port
8250	TCP	vRO-Client → vRO-Server	Messaging-Port – Weitergabe von Nachrichten im Java-Umfeld
8280	TCP	vRO-Server → vRO-Server	Kommunikation zwischen vRO-Server und Web-Frontend über HTTP
8281	TCP	vRO-Server → vRO-Server	Kommunikation zwischen vor-Server und Web-Frontend über HTTPS

Tabelle 2.9 Ports für die Orchestrator-Kommunikation

Port	Protokoll	Kommunikation	Bemerkungen
8281	TCP	vCenter → vRO-Server	Kommunikation zwischen vor-Server und vCenter-API
8282	TCP	vRO-Client-PC → vRO-Server	HTTP-Server-Port
8283	TCP	vRO-Client-PC → vRO-Server	HTTPS-Server-Port
8286	TCP	vRO-Client-PC → vRO-Server	Java-Nachrichten-Port
8287	TCP	vRO-Client-PC → vRO-Server	SSL-gesicherter Java-Nachrichten-Port

Tabelle 2.9 Ports für die Orchestrator-Kommunikation (Forts.)

Weitere Informationen zu den Ports, die von VMware-Komponenten genutzt werden, finden Sie in einem recht übersichtlichen Dokument, das auf der VMware-Webeite liegt. Schauen Sie dort auf jeden Fall mal rein, denn bei den Ports hat sich einiges geändert:

http://kb.vmware.com/selfservice/microsites/search.do?language=en_US&cmd=displayKC&externalId=2131180

2.8 Maximale Ausstattung

Auch wenn Sie sich an die *Hardware Compatibility List* (HCL) halten, so müssen Sie doch wissen, welche Ausstattung des Hosts mengenmäßig noch unterstützt wird. Diesen Punkt möchten wir in den folgenden Tabellen näher aufschlüsseln.

In Tabelle 2.10 finden Sie die maximalen Werte für die CPUs; Tabelle 2.11 enthält den maximalen Wert für den Arbeitsspeicher.

CPUs pro Host	Anzahl	Bemerkungen
Logische Prozessoren	768	Die Anzahl berechnet sich wie folgt: Sockel × Cores × Threads
Virtuelle CPUs (vCPUs)	4.096	–
NUMA-Knoten pro Host	16	–
Maximale Anzahl von virtuellen CPUs pro Core	32	Die Anzahl ist abhängig von der Last, die die VMs verursachen. (Gilt ebenfalls für *vSphere 4.0 Update 1*; bei *vSphere 4.0* sind es 20 vCPUs.)

Tabelle 2.10 Maximale CPU-Werte

2.8 Maximale Ausstattung

CPUs pro Host	Anzahl	Bemerkungen
Maximale Anzahl von VMs pro Host	1.024	Die Anzahl ist abhängig von der Last, die die VMs verursachen.

Tabelle 2.10 Maximale CPU-Werte (Forts.)

Memory pro Host	Menge
Arbeitsspeicher	16 TB

Tabelle 2.11 Maximaler Memory-Wert

Angesichts der Menge der Karten geben wir in der Tabelle für die Netzwerkkarten nur die Geschwindigkeit und die Anzahl der möglichen Karten an. In Tabelle 2.12 finden Sie die maximale Anzahl von physischen Netzwerkkarten.

Speed	Anzahl
1 GBit	32
10 GBit	16
20 GBit	16
25 GBit	4
40 GBit	4
50 GBit	4
100 GBit	4
40 GBit	4
10 GBit 1 GBit	16 4

Tabelle 2.12 Maximale Anzahl physischer Netzwerkkarten

Tabelle 2.13 listet dagegen die maximale Anzahl der *virtuellen* Karten bzw. Ports auf.

PCI VMDirectPath	Anzahl
PCI VMDirectPath Devices (pro Host)	8

Tabelle 2.13 Maximale Anzahl virtueller Karten bzw. Ports

PCI VMDirectPath	Anzahl
PCI VMDirectPath Devices (pro VM)	4
vNetzwerk-Standard-Switch	**Anzahl**
Virtuelle Switch-Ports pro vSwitch	4.096
Port-Gruppen pro vSwitch	512
Port-Gruppen pro Host	1.000
vNetzwerk-Distributed-Switch	**Anzahl**
Virtuelle Switch-Ports pro vCenter	60.000
Hosts pro Switch	1.000
VDS pro vCenter	128
vNetzwerk	**Anzahl**
Maximal aktive Ports pro Host	1.016
Virtuelle Switch-Ports gesamt	4.096

Tabelle 2.13 Maximale Anzahl virtueller Karten bzw. Ports (Forts.)

In Tabelle 2.14 finden Sie die maximale Anzahl von parallelen vMotion-Operationen.

Parallele vMotion-Operationen pro Host	Anzahl
1-GBit-Netzwerk	4
10-GBit-Netzwerk	8

Tabelle 2.14 Maximale Anzahl von parallelen vMotion-Operationen

Für den Storage gibt es ebenfalls Einschränkungen. Tabelle 2.15 trennt die verschiedenen Anbindungsmöglichkeiten voneinander und beschreibt außerdem das File-System VMFS.

VMFS allgemein	Maximalwert
Volume-Größe	64 TB
vDisks pro Host	2.048

Tabelle 2.15 Maximalwerte im Storage-Umfeld

Volumes per Hosts	1.024
Hosts pro Volume	64
VMFS-5/6	**Maximalwert**
Files pro Volume	ca. 130.690
File-Größe	62 TB
Blockgröße	1 MB; bei einer Migration von VMFS-3 wird die alte Blockgröße übernommen.
RDM-Größe (virtuelle Kompatibilität)	62 TB
RDM-Größe (physische Kompatibilität)	64 TB
Fibre-Channel	**Maximalwert**
LUNs pro Host	1.024
Anzahl Pfade pro LUN	32
Maximale Anzahl pro Host	1.024
HBAs pro Host	8
Maximale Anzahl von HBA-Ports	16
FCoE	**Maximalwert**
Maximale Anzahl von SW-Adaptern	4
NFS	**Maximalwert**
Maximale Anzahl von NFS-Datastores	256
Hardware-iSCSI-Initiator	**Maximalwert**
LUNs pro Host	1.024
Pfade pro Host	4.096
Pfade pro LUN	8
Software-iSCSI-Initiator	**Maximalwert**
Ziele pro Host	256

Tabelle 2.15 Maximalwerte im Storage-Umfeld (Forts.)

Kapitel 3
vMotion und Storage vMotion

Im Jahre 2003 führte VMware die Live-Migration von virtuellen Maschinen durch vMotion ein. Was damals eine echte Sensation war, gehört heute eher zum normalen IT-Alltag. Später, mit VMware Infrastructure 3.5, kam dann Storage vMotion hinzu. Diese beiden äußerst mächtigen Funktionen sind heute im Umfeld von Migrationen im Datacenter gar nicht mehr wegzudenken und stellen eine erhebliche Arbeitserleichterung für die Administration dar. Inzwischen nutzen Kunden rund um den Globus täglich diese Funktionen wie selbstverständlich, und man kann durchaus sagen, dass sie sich über Jahre hinweg als absolut zuverlässig bewährt haben.

Autor dieses Kapitels ist Günter Baumgart
guenter.baumgart@anmax.de

Wie Sie im Anleser bereits erfahren haben, gibt es die Funktionen vMotion und Storage vMotion (*SvMotion*) nun schon eine sehr lange Zeit. Im Laufe dieser Zeit wurden diese beiden Funktionalitäten immer weiter optimiert. Sie ermöglichen es dem Anwender, laufende also eingeschaltete virtuelle Maschinen von einem Hypervisor respektive von einem Storage zu einem anderen zu verlegen. In jeder Version gab es Verbesserungen in der Leistung und am Funktionsumfang von vMotion und SvMotion.

Bis zum heutigen Tag sind in vielen Umgebungen die unterschiedlichsten Versionen von vSphere im Einsatz. Gerade in großen Environments existiert auch noch einiges an älteren vSphere-Versionen. Sie werden sicherlich das Problem kennen, dass sich hier und da noch vSphere-Cluster befinden, die aus den unterschiedlichsten Gründen nicht einfach so zu migrieren sind. Aus diesem Grund werde ich an der einen oder anderen Stelle in diesem Kapitel den Funktionsumfang aufzuzeigen, den man in den einzelnen Releases mit VMotion und SvMotion erwarten kann. Sollten Sie in der glücklichen Lage sein, dass sich in Ihrem Environment keine älteren vSphere-Versionen mehr befinden, ignorieren Sie einfach diese Textpassagen.

Was bedeutet »ältere Version« in diesem Kontext? Ich behaupte, dass man durchaus sagen kann, dass alles unterhalb der vSphere Version 5 in der Regel nicht mehr anzutreffen ist. Konkret heißt dass: Ich betrachte *vSphere 5.5* als älteste Version. Bei dieser Version gibt es auch bereits ein *End of General Support*-(EOGS-)Datum für Ende diesen Jahres (19.09.2018). Nachlesen können Sie dies in der *VMware Knowledge Base* (KB51491) unter *https://*

kb.vmware.com/s/article/51491. Wenn Sie allerdings mit den Möglichkeiten bezüglich des Technical Guidance zurechtkommen, dann haben Sie noch Zeit bis zum 19.09.2020. Eine detailliertere Erläuterung, was Sie bzgl. des Support-Leistungsumfangs während der Technical Guidance Phase erwarten können, finden Sie unter *https://www.vmware.com/support/policies.html#lifecycle-table*

VMware Lifecycle Product Matrix
Supported Products, as of April 17, 2018
Dates highlighted in red indicate a product version is within 6 months of End of General Support or End of Technical Guidance.
Dates highlighted in purple indicate a product version has gone past its End of General Support.

PRODUCT RELEASE	GENERAL AVAILABILITY	END OF GENERAL SUPPORT	END OF TECHNICAL GUIDANCE	LIFECYCLE POLICY	END OF AVAILABILITY	NOTES
ESXi 5.0 and 5.1	2011/08/24	2016/08/24	2018/08/24	EIP		
ESXi 5.5	2013/09/19	2018/09/19	2020/09/19	EIP		A, B
ESXi 6.0	2015/03/12	2020/03/12	2022/03/12	EIP		
ESXi 6.5 and 6.7	2016/11/15	2021/11/15	2023/11/15	EIP		A, B

Abbildung 3.1 Zeitpunkte, zu denen die unterschiedlichen Support-Ereignisse eintreten.

Was bedeutet das aber für Sie? Sie bekommen keine Maintenance-Updates und auch keine Upgrades mehr von VMware. Nach dem EOGS-Datum wird es keinerlei neue Security Patches und auch keine neuen Bugfixes für diese Version mehr geben. Telefonischen Support bei VMware bekommen Sie auch nicht mehr, und Zertifizierungen für aktuelle Hardware gibt es ebenfalls nicht. Also kann man durchaus sagen, dass es quasi keinen Support mehr gibt, der für Produktionssysteme geeignet ist!

Wenn Sie hier genauer hinschauen wollen, empfehle ich Ihnen, einen Blick auf die Webseite *https://www.vmware.com/support/policies/lifecycle.html* zu werfen (siehe Abbildung 3.1). Für weitere Informationen zum Thema Lifecycle können Sie sich die jeweils aktuelle *VMware Lifecycle Product Matrix* unter *http://www.vmware.com/content/dam/digitalmarketing/vmware/en/pdf/support/product-lifecycle-matrix.pdf* herunterladen.

> **Upgrade-Pfade**
>
> Sollten Sie also noch etwas Älteres als die Version 6 einsetzen, kann ich Ihnen nur raten, sich schnellstmöglich mit dem Thema Migration zu beschäftigen. Bitte schauen Sie im Zuge Ihrer Migrationsplanung unbedingt in die Upgrade-Vorgaben bzw. in die *Update Sequence* von VMware (*https://kb.vmware.com/s/article/53710*).
>
> Da es keinen direkten *Upgrade Path* von vSphere 5.5 hin zu vSphere 6.7 gibt, müssen Sie einen entsprechenden Zwischenschritt über die Version 6.0 oder neuer einplanen. Schauen Sie in diesem Zusammenhang auch unbedingt die Dokumente *https://docs.vmware.com/de/VMware-vSphere/6.7/vsphere-esxi-67-upgrade-guide.pdf* und *https://docs.vmware.com/de/VMware-vSphere/6.7/vsphere-vcenter-server-67-upgrade-guide.pdf* an.

Sie werden aber selbstverständlich in der Hauptsache in diesem Kapitel das Neueste über vMotion und SvMotion erfahren. Kommen wir also zum Kernthema zurück. Dieses Kapitel unterteilt sich in zwei große Abschnitte. Im ersten Abschnitt werden Sie einiges über die Funktionsweise von vMotion in der jüngsten Vergangenheit erfahren. Die Einschränkung »jüngste Vergangenheit« bedeutet dabei, dass wir uns anfänglich, wie bereits erwähnt, mit der vSphere-Version 5 beschäftigen und uns im Anschluss daran der Version 6 zuwenden werden. Zur Erinnerung: Nach der vSphere-Version 5.5 brachte VMware die Versionen 6.0, 6.5 und 6.7 heraus.

Zwischen diesen Versionen gibt es sehr große Unterschiede in der Funktionsweise. Sie werden die Merkmale dieser einzelnen Evolutionsstufen von vMotion im Folgenden kennenlernen. Ich hoffe, dass Sie hierbei – sollten Sie noch Version 5 nutzen – auf jeden Fall Lust auf eine Migration hin zur aktuellen Version 6.7 bekommen. Das Gleiche gilt selbstverständlich analog für SvMotion.

Kommen wir nun zum eigentlichen Thema: vMotion und Storage vMotion haben zwar unterschiedliche Funktionen, sind aber, was die Technologie angeht, teilweise recht ähnlich. Dies ist auch der Grund dafür, dass sie gemeinsam in einem Kapitel behandelt werden. Beide Technologien sind *proaktiv*. Mit Hilfe von vMotion bzw. sVMotion kann eine neue Verteilungssituation herbeigeführt werden (*proaktive Funktion*). Es ist im Hinblick auf das Eintreten von unvorhergesehenen Ereignissen völlig ungeeignet. sVMotion und vMotion sind also keine HA-Mechanismen! Das bedeutet: vMotion wird zur Migration einer virtuellen Maschine zwischen ESXi-Hosts verwendet, und Storage vMotion wird zur Migration der Daten einer virtuellen Maschine zwischen unterschiedlichen Datastores verwendet. Beide Funktionen sind nicht verwendbar, sollte das Quell- oder Zielsystem nicht online bzw. ausgefallen sein.

vMotion und Storage vMotion sorgen im Wesentlichen für eine höhere Verfügbarkeit von Diensten in einer IT-Umgebung, da sie geplante Wartungsfenster sowohl an den beteiligten Hosts als auch an den Datastores ohne eine Downtime von virtuellen Maschinen (also den Unternehmensdiensten) ermöglichen.

Sicherlich haben Sie auch schon gehört, dass manchmal vMotion und SvMotion im Zusammenhang mit Hochverfügbarkeit genannt werden. Dies ist nicht korrekt! Bei vMotion und SvMotion handelt es sich nämlich nicht um Funktionen, die genutzt werden können, um für Hochverfügbarkeit innerhalb einer IT-Umgebung zu sorgen. Das heißt: Beide Funktionen können nicht zum Abfangen von unvorhersehbaren Ausfällen in einer IT-Umgebung genutzt werden.

3.1 vMotion

Von VMwares Live-Migrationsfunktion für virtuelle Maschinen, vMotion, haben Sie sicherlich schon gehört. Also erübrigt sich hier eine längere Erklärung. In einem Satz gesagt, ist vMotion (Abbildung 3.2) die Funktion, mit der Sie eingeschaltete virtuelle Maschinen von einem ESXi-Host auf einen anderen ESXi-Host verlegen können, und zwar ohne dass die virtuelle Maschine ausgeschaltet werden muss bzw. deren Dienstbereitstellung unterbrochen wird.

Vor vSphere 5.x war keine gleichzeitige Hot-Migration einer virtuellen Maschine im Hinblick auf den ESXi-Host (vMotion) und den Datastore (SvMotion) möglich. In der aktuellen vSphere-Version 6.7 sind der auf HTML 5 basierende *vSphere Client* (HTML5-Client) und der auf Flash basierende *vSphere Web Client* (Flash-Client) für die Administration vorgesehen. Laut VMware wird künftig der HTML5-Client das einzige Tool zur Administration von vSphere sein (*https://blogs.vmware.com/vsphere/2017/08/goodbye-vsphere-web-client.html*). Ich gehe davon aus, dass der Flash-Client in einer der nächsten vSphere-Versionen das Schicksal des ehemaligen C#-Clients teilen wird. Diesen gab es bis einschließlich zur Version vSphere 6.0. Aber bis es so weit ist, müssen erst einmal sämtliche Funktionen in den vSphere Client gebracht werden, denn aktuell müssen Sie immer noch beide Clients benutzen.

Es ist also ratsam, dass Sie sich unbedingt mit dem HTML5-Client, also dem *neuen vSphere Client*, auseinandersetzen. Falls Sie es nicht sowieso schon getan haben, bekommen Sie hier nun die Gelegenheit dazu.

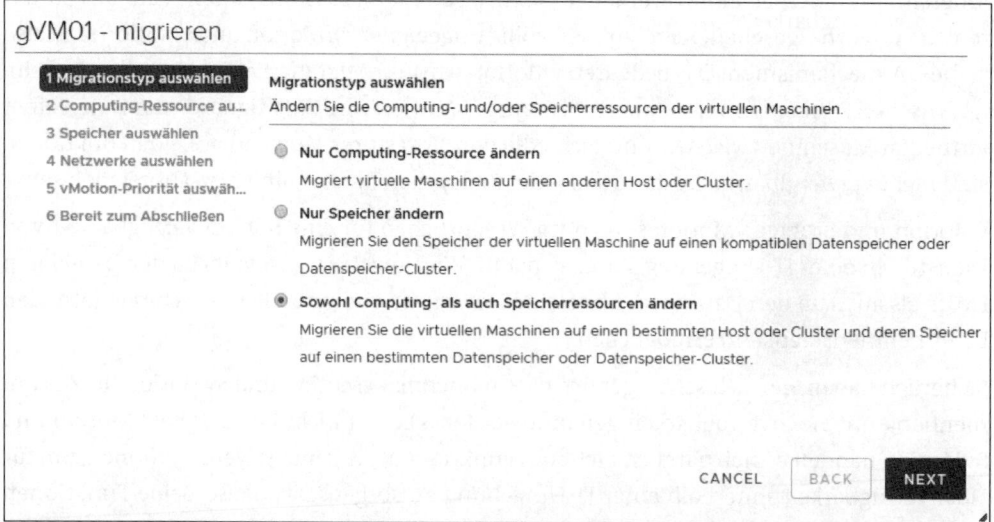

Abbildung 3.2 Es stehen drei Migrationsvarianten in einem Arbeitsgang zur Verfügung: vMotion, SvMotion und beide zusammen.

Übrigens: Mit *Cold-Migration* – also mit der Migrationsvariante, bei der die virtuelle Maschine abgeschaltet wird – war eine gleichzeitige Verlegung bezüglich Host und Datastore auch schon vor vSphere 5.x möglich.

vMotion wurde früher immer gern z. B. auf Messen den interessierten Anwendern vorgeführt. Hierbei wurden dann Tests durchgeführt, in denen gezeigt wurde, dass es auch bei Hunderttausenden von vMotion-Vorgängen niemals zum Verlust einer einzelnen VM oder eines damit verbundenen Dienstes kam.

Derartige Vorführungen gibt es heute selbstverständlich auch noch. Allerdings sind sie etwas modifiziert worden und zeigen die enorme Reichweite und Kompatibilität der heutigen Möglichkeiten dieser Technologie. Es wird z. B. sehr gern präsentiert, dass VMs im eingeschalteten Zustand von einer On-Premises-Cloud-Structure also einer Cloud im eigenen Data Center vor Ort bzw. lokal hin zu einer entfernten Cloud-Structure verlegt werden können. Dabei wird oftmals eine Off-Premises-Cloud-Structure bei einem Cloud-Provider gewählt. Um das Schauspiel dann noch spektakulärer zu gestalten, liegt zwischen diesen beiden Cloud-Structures auch noch eine sehr große Distanz.

3.1.1 Die grundsätzliche Funktionsweise von vMotion

Wenn man sich vMotion näher anschaut, stellt man schnell fest, wie simpel es eigentlich ist (siehe Abbildung 3.3). Es zeigt sich sofort auch ganz deutlich, was eine Isolation zwischen Hardware- und Betriebssystem-Layer bzw. der Applikation an Vorteilen im Hinblick auf die erhöhte Verfügbarkeit von Diensten mit sich bringt.

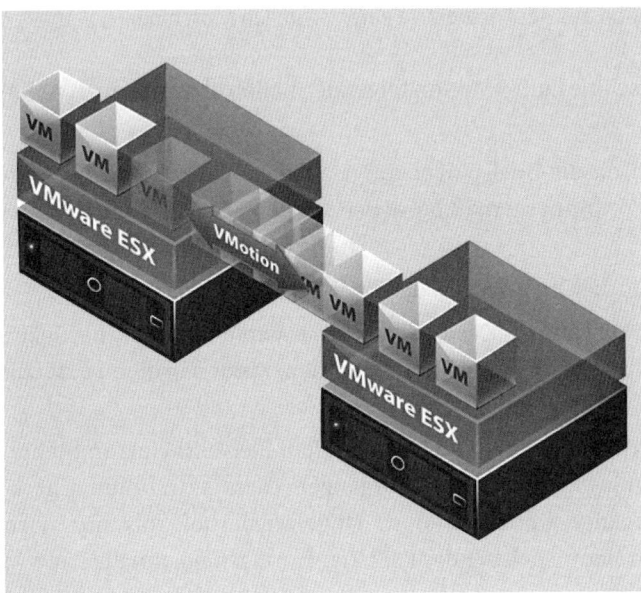

Abbildung 3.3 vMotion-Migration aktiver virtueller Maschinen zwischen zwei ESXi-Hosts

In Abbildung 3.4 können Sie in einer Art Sequenzdiagramm sehen, wie der vMotion-Vorgang aus der Sicht einer virtuellen Maschine abläuft.

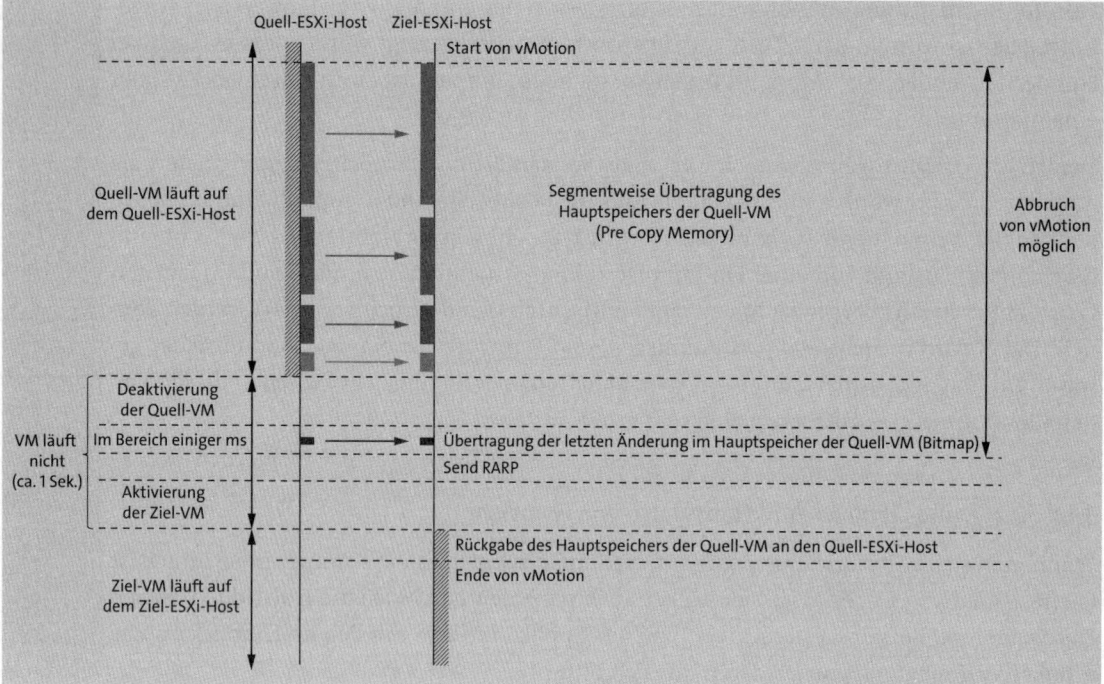

Abbildung 3.4 Der Ablauf von vMotion aus der Perspektive einer virtuellen Maschine

Aus der Sicht einer virtuellen Maschine läuft vMotion folgendermaßen ab (siehe auch Abbildung 3.4):

1. Überprüfen, ob die Ressourcen, die die Quell-VM benötigt, auf dem Ziel-ESXi-Host verfügbar sind und ob die Quell-VM ordnungsgemäß betrieben werden kann (*Kompatibilitäts-Check*).
2. Reservieren der Ressourcen, die die Quell-VM auf dem Ziel-ESXi-Host benötigen wird.
3. Anlegen von Hauptspeicher-Checkpoints. Das bedeutet: Alle Veränderungen bezüglich der Quell-VM, die im Zuge der Übertragung stattfinden werden, werden in einen zusätzlichen Speicherbereich (*Memory Bitmap*) geschrieben.
4. Übertragen des Hauptspeicherinhalts hin zur Ziel-VM auf dem Ziel-ESXi-Host in mehreren Iterationen (Checkpoint/Checkpoint-Restore-Vorgänge). Diese erwähnten Checkpoint/Checkpoint-Restore-Vorgänge werden nun so lange wiederholt, bis nur noch kleinste Änderungsmengen im Hauptspeicher des ESXi-Ziel-Hosts fehlen, um die Ziel-VM erfolgreich in Betrieb zu nehmen.
5. Stilllegen der CPU der Quell-VM (*Quiescing*). Ab jetzt kann es keine Veränderungen im Hauptspeicher der Quell-VM mehr geben.
6. Innerhalb von Millisekunden werden die relativ geringen Hauptspeicheränderungen, die noch kurz vor der Stilllegung der Quell-VM entstanden sind, an die Ziel-VM übertragen.

7. Initialisieren der VM, Übernahme des Festplattenzugriffs durch den Ziel-ESXi-Host und Starten des Ziel-VM-Prozesses sowie Beenden des vMotion-Prozesses.
8. Ein Reverse-ARP-Paket (RARP) wird an den physischen Switch gesendet (wichtig: NOTIFY SWITCHES muss in den Eigenschaften der virtuellen Switches aktiviert sein). Dadurch wird die MAC-Adresse der Ziel-VM nun am neuen Switch-Port bekannt gegeben.
9. Löschen des VM-Prozesses und Freigeben der Memory-Ressourcen der Quell-VM auf dem Quell-ESXi-Host.

Sehen wir uns noch einmal an, was die vMotion-Checkpoints alles beinhalten und wofür sie letztendlich stehen:

- Zustand und Status aller Geräte
- Zustand und Status der CPU-Register
- Inhalt des relevanten Hauptspeicherbereichs
- Serialisierung des Status zur Übertragung über das Netzwerk

Wie Sie sehen können, besteht vMotion im Wesentlichen darin, dass ein Teil des Hauptspeicherinhalts von einem Quell-ESXi-Host auf einen Ziel-ESXi-Host verlegt wird, sowie aus einer abschließenden Benachrichtigung des physischen Netzwerks über die Modifikation der Schnittstelle, über die die VM nun erreichbar ist. Von all dem bekommt das Gastsystem, also die virtuelle Maschine, selbstverständlich nichts mit.

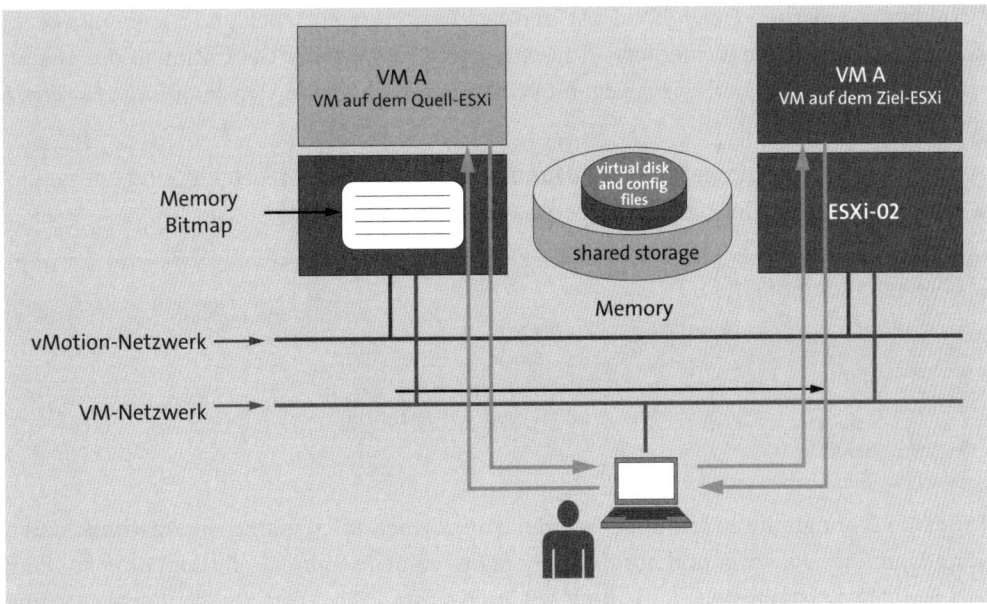

Abbildung 3.5 Schematische Darstellung des vMotion-Prozesses mit einem dedizierten vMotion-Netzwerk

In Tabelle 3.1 finden Sie ein Rechenbeispiel, wie eine Übertragung des Hauptspeichers einer VM mit 2 GB Memory-Belegung aussehen könnte. Real gemessene zeitliche Werte hängen natürlich im Wesentlichen davon ab, wie die Architektur, die zur Verfügung stehenden Bandbreiten und die vorhandene Latenz in der Umgebung aussehen, in der Sie den vMotion-Vorgang durchführen.

Pre-Copy-Iteration	Zu übertragender Hauptspeicher	Übertragungszeit	Änderungen im Hauptspeicher während der Übertragung
1	2.048 MB	16 Sekunden	512 MB
2	512 MB	4 Sekunden	128 MB
3	128 MB	1 Sekunde	32 MB
4	32 MB	0,25 Sekunden	8 MB
5	8 MB	Abschluss von vMotion, da eine Restübertragung des Hauptspeichers in ca. 0,06 Sekunden erfolgen kann.	

Tabelle 3.1 Iterative Übertragung des Hauptspeichers während eines vMotion-Vorgangs

Als Fazit kann man festhalten, dass für die Ermittlung derartiger Werte immer die direkte Verbindung zwischen Quell-ESXi-Host und Ziel-ESXi-Host entscheidend ist. In Tabelle 3.1 können Sie sehen, wie in mehreren Teilschritten sukzessive der Gesamtinhalt des Hauptspeichers so lange kopiert wird, bis ein CPU-Stopp möglich wird, der dann nicht zu einem Ausfall des Dienstes führt.

Schauen wir uns nun einmal an, welche Komponenten an vMotion beteiligt sind und was jeweils ihre Aufgabe in der Steuerung des gesamten Prozesses ist.

Beteiligte Komponenten
- vCenter
- vpxa
- hostd
- vMotion-Modul

Die ersten Konfigurationsprüfungen werden von *vCenter* durchgeführt. Im Anschluss daran wird dann über die *vpxa*- und *hostd*-Komponenten eine Pseudo-VM als Container auf dem Ziel-ESXi-Host erstellt (siehe Abbildung 3.6). Im nächsten Schritt startet das *vMotion*-Modul den eigentlichen vMotion-Prozess und kontrolliert fortwährend die Datenübertragung.

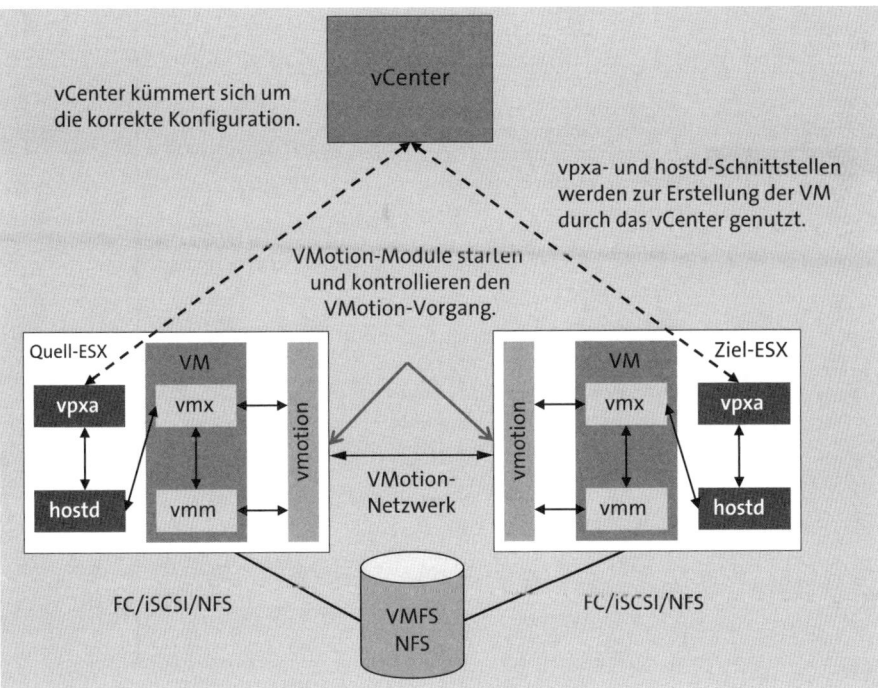

Abbildung 3.6 An vMotion beteiligte Komponenten

Da vCenter lediglich den Prozess validiert und im Anschluss daran startet, aber nicht an der eigentlichen Datenübertragung beteiligt ist, wird ein laufender vMotion-Prozess auch zu Ende geführt, wenn das vCenter zwischenzeitlich abstürzen sollte.

Sollte der soeben beschriebene Fall eintreten, dass das vCenter abstürzt, kann nach dem Wiederanfahren des vCenters unter Umständen immer noch die Quell-VM an der ursprünglichen Stelle in der Datenbank eingetragen sein. vCenter kennt dann ja noch nicht den neuen Ort, an dem sich die Quell-VM befindet. In so einem Fall hilft das Neustarten des Management Agents oder ein Disconnect mit anschließendem Connect des ESX-Hosts am vCenter.

Ein vMotion-Interface wird vom Administrator angelegt und setzt auf einem dedizierten VMkernel-Port auf. Hierbei wird der Datenverkehr für die Live-Migration virtueller Maschinen über einen eigenen TCP/IP-Stack geleitet.

Dadurch ist sichergestellt, dass der vMotion Datenverkehr von anderem Netzdatenverkehr isoliert wird. Dieses Verfahren dient der Optimierung des vMotion-Vorgangs (siehe Abbildung 3.5).

Unter den PORTEIGENSCHAFTEN legen Sie die Eigenschaften für den VMkernel fest. Hier müssen Sie wie in Abbildung 3.7 VMOTION einschalten.

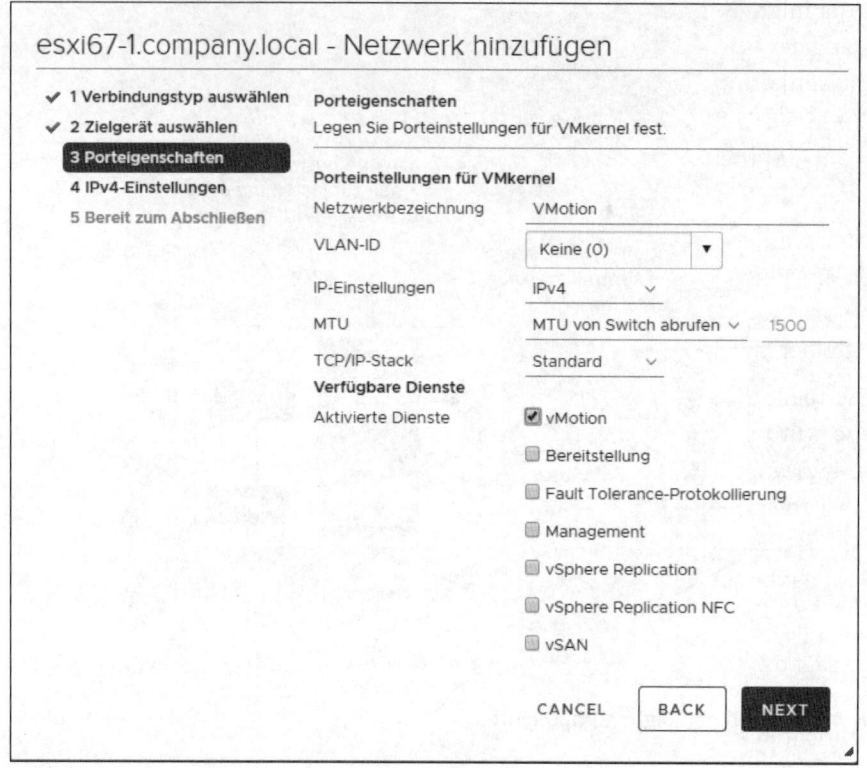

Abbildung 3.7 Unter den »Porteigenschaften« wird ein VMkernel-Adapter für »vMotion« aktiviert, damit vMotion genutzt werden kann.

3.1.2 Voraussetzungen für ein erfolgreiches vMotion

vMotion ist immer ein Eingriff in eine aktive virtuelle Maschine, die keine Kenntnis davon hat, dass sie ihren Aufenthaltsort gerade ändert. Das bedeutet, dass unterschiedlichste Voraussetzungen erfüllt sein müssen, damit dieser Vorgang ohne Probleme oder gar Ausfälle ablaufen kann. Hierzu gehören grundsätzlich:

- Kompatibilität der CPU
- vMotion-Interface (mindestens 1-GBit-Adapter)
- gleich benannte virtuelle Portgruppen
- ausreichende Ressourcen auf dem Ziel-Host
- mindestens eine vSphere-Essentials-Plus-Lizenz auf den ESXi-Hosts

Meist stellt lediglich die CPU-Kompatibilität ein Problem dar, da die Server-Infrastrukturen in vielen Unternehmen nach wie vor organisch gewachsen sind und nicht immer alle Server eine identische Hardware-Ausstattung besitzen. Ob Sie eine virtuelle Maschine zwischen zwei ESXi-Hosts migrieren können, werden Sie sehr schnell feststellen. Das vCenter überprüft am Anfang des vMotion-Prozesses die Migrationsfähigkeit. Sollte eine Inkompatibilität festgestellt werden, bricht der Vorgang sofort mit einer Fehlermeldung ab.

Kompatibilität der CPU

Das Problem der CPU-Kompatibilität ist ganz leicht zu erklären: Stellen Sie sich vor, eine virtuelle Maschine wird auf einem ESXi-Host mit AMD-CPU und SSE3-Funktion gestartet. Da VMware ESXi ein Virtualisierer ist, sieht das Gastbetriebssystem die CPU-Funktionen im Standard komplett, und das Betriebssystem kann sich den Gegebenheiten anpassen und durch Zusatztreiber die Multimediafunktion gut nutzen.

Würde diese virtuelle Maschine nun einfach auf einen Host übertragen, dessen CPU nur SSE2 unterstützt, so würde das Gastbetriebssystem trotzdem weiter die SSE3-Funktion nutzen wollen. Es käme zwangsläufig zu Problemen bis hin zum Absturz. Während diese Schwierigkeit durch das sogenannte CPU-Masking noch in den Griff zu bekommen ist, wäre es bei größeren CPU-Unterschieden ein unlösbares Problem, z. B. beim Wechsel von einer AMD- auf eine Intel-CPU oder beim Wechsel von einer 64-Bit- auf eine 32-Bit-CPU.

Da der ESXi-Server nicht vorhersehen kann, welche CPU-Instruktion die virtuelle Maschine – oder besser gesagt das Gastbetriebssystem – nutzt und noch nutzen wird, muss der Anwender sich darum kümmern, entweder gleiche CPUs zu verwenden oder ein entsprechendes Masking einzurichten.

Welche CPU-Serien miteinander bezüglich der *Enhanced vMotion Capability Mode*-Funktion (CPU-Masking und EVC) kompatibel sind und mit welchen vSphere-Versionen Sie sie einsetzen können, entnehmen Sie bitte dem *VMware Compatibility Guide*. Sie finden ihn unter *https://www.vmware.com/resources/compatibility/search.php?deviceCategory=cpu*. Ein Artikel aus der VMware Knowledge Base, den Sie in diesem Zusammenhang unbedingt lesen sollten, trägt die Überschrift *Enhanced vMotion Kompatibilität (EVC) Prozessorsupport*. Sie finden diesen Artikel in der VMware Knowledge Base (KB 1003212) unter *https://kb.vmware.com/s/article/1003212*.

Zwei etwas ältere Artikel aus dem Jahr 2016 geben ebenfalls Auskünfte darüber, welche CPUs miteinander kompatibel sind. Verwenden Sie noch Equipment aus dieser Zeit, dann informieren Sie sich in den VMware-Knowledge-Base-Artikeln 1991 (Intel) und 1992 (AMD):

- Intel: *http://kb.vmware.com/kb/1991*
- AMD: *http://kb.vmware.com/kb/1992*

Sollte es bei Ihnen einmal vorkommen, dass sich eine virtuelle Maschine nach einem Upgrade nicht mehr per vMotion migrieren lässt, dann lösen Sie dieses Problem einfach dadurch, dass Sie das CPU-Masking auf die Defaultwerte zurücksetzen. Gehen Sie hierzu in die

CPU-IDENTIFIKATIONSMASKE-Eigenschaften der virtuellen Maschine, und wählen Sie ALLE WERTE AUF STANDARDWERTE ZURÜCKSETZEN (siehe Abbildung 3.8) aus. Das Ärgerliche an diesem Verfahren ist allerdings, dass Sie die VM abschalten müssen, damit Sie diese Einstellung vornehmen können.

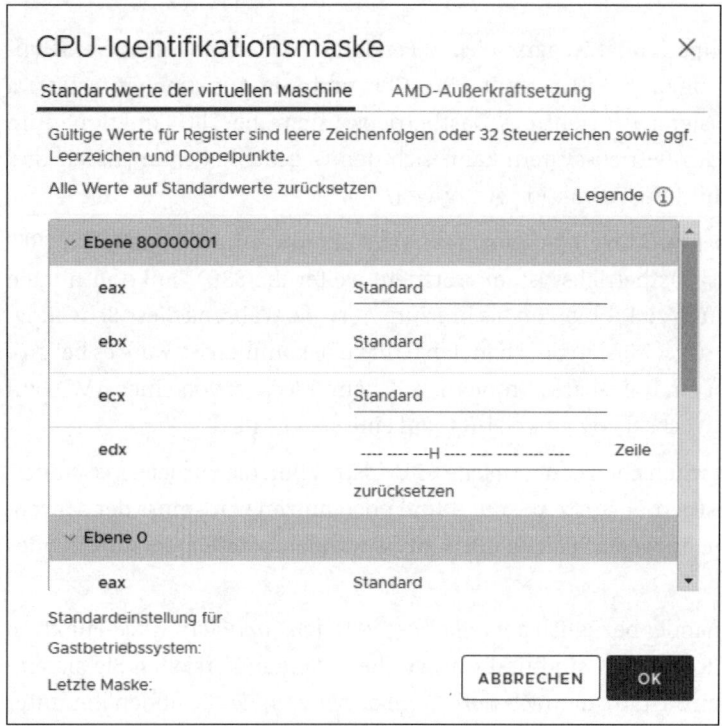

Abbildung 3.8 In den Eigenschaften der VM können Sie das CPU-Masking zurücksetzen.

CPU-Masking und EVC

In den Eigenschaften einer virtuellen Maschine können Sie die CPU-Identifikationsmaske nach Ihren Wünschen anpassen. Klicken Sie hierzu im vSphere Client mit der rechten Maustaste auf die VM und anschließend auf den Menüpunkt EINSTELLUNGEN und BEARBEITEN. Neben dem Punkt CPU-ID-MASKE finden Sie einen Hyperlink (Abbildung 3.9) mit der Bezeichnung ERWEITERT. klicken Sie auf diesen Hyperlink. Jetzt können Sie, wie in Abbildung 3.8 zu sehen ist, durch Anklicken jede einzelne Ebene öffnen. In den einzelnen Ebenen ist es nun möglich, eine *abgeschaltete* VM-CPU-Funktion auszublenden. Durch diese Ausblendung von CPU-Features erhöhen Sie die vMotion-Kompatibilität zwischen ESXi-Hosts mit unterschiedlichen CPU-Generationen (Abbildung 3.8, Abbildung 3.10).

Die Standardmöglichkeit ist das Verstecken des Non-Execution-Bits, das nur von neueren CPUs unterstützt wird (NX/XD-FLAG). Wird dieses Flag aktiviert (Abbildung 3.8, Abbildung 3.10), so kann eine virtuelle Maschine zwischen ESXi-Servern migriert werden, wobei es egal ist, ob die Prozessoren über die NX-Funktion verfügen oder nicht – es sei denn, es sind noch weitere CPU-Instruktionen auf den CPUs unterschiedlich, die nicht ausgeblendet werden (siehe Abbildung 3.10).

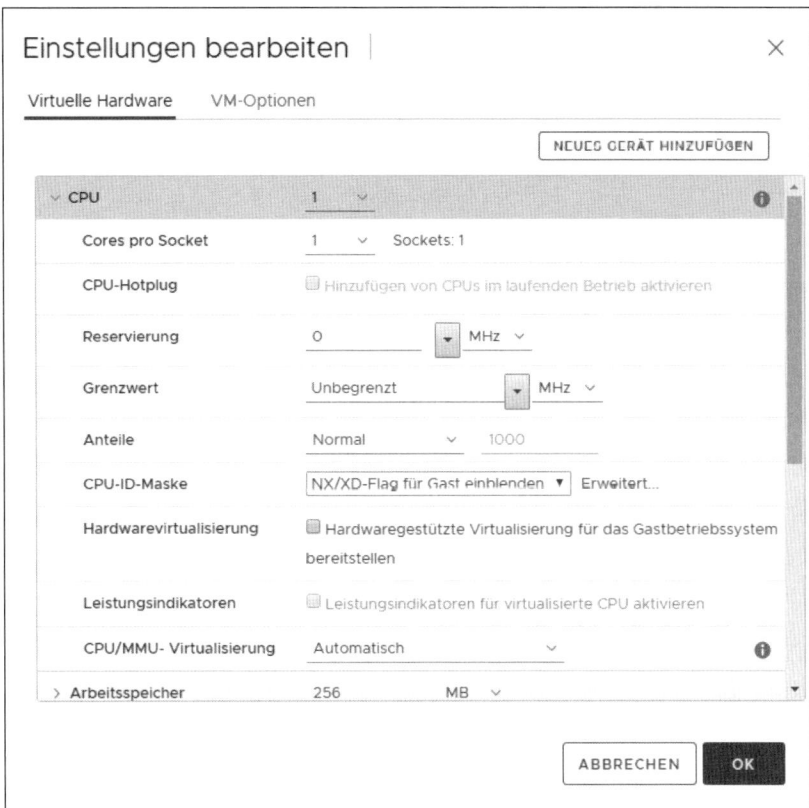

Abbildung 3.9 In den Eigenschaften der virtuellen Maschine beeinflussen Sie das CPU-Masking.

Reicht das Non-Execution-Bit nicht aus, so ist es möglich, CPU-Hersteller-spezifisch Anpassungen vorzunehmen, d. h. entweder allgemein, für AMD- oder für Intel-Prozessoren die Register anzupassen. Möchten Sie z. B. bei den genutzten AMD-Prozessoren die SSE3-Funktion verstecken (Abbildung 3.11), so sähe die Anpassung wie folgt aus:

Level 1 – Reihe **ecx** : ---- ---- ---- ---- ---- ---- ---0 -0-0

Abbildung 3.11 zeigt die geänderte Einstellung in der CPU-IDENTIFIKATIONSMASKE.

Einen sehr guten VMware-Knowledge-Base-Artikel, der die Zusammenhänge zu den verschiedenen Maskierungen mit den entsprechenden Prozessoren aufzeigt, finden Sie unter *https://kb.vmware.com/s/article/1003212*. Lesen Sie zu diesem Thema aber bitte auch den Abschnitt »Kompatibilität der CPU« weiter oben in diesem Abschnitt, und schauen Sie gegebenenfalls auch einmal in den VMware Compatibility Guide hinein. Sie finden ihn unter *https://www.vmware.com/resources/compatibility/search.php?deviceCategory=cpu*.

Abbildung 3.10 Bei Intel- und AMD-CPUs können Sie bestimmte Funktionen direkt ausblenden.

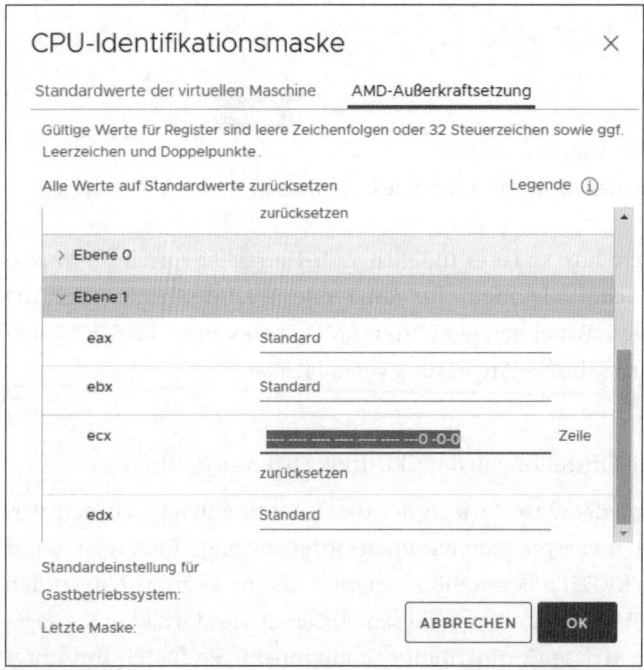

Abbildung 3.11 SSE3 wird durch diese Anpassung für die VM ausgeblendet.

Möchten Sie die Änderung rückgängig machen, so reicht es, entweder ZEILE AUF STANDARDWERT ZURÜCKSETZEN anzuklicken (Abbildung 3.10), wenn Sie gerade die angepasste Reihe ausgewählt haben – oder Sie setzen direkt alles zurück, indem Sie ALLE WERTE AUF STANDARDWERTE ZURÜCKSETZEN auswählen.

> **Komfort der Geschwindigkeit**
>
> Sie müssen bei der Anpassung der CPU-Maskierung immer bedenken, dass ein Verstecken bestimmter Funktionen das Gastbetriebssystem ausbremsen kann, falls es mit diesen Funktionen schneller betrieben werden könnte. Im Endeffekt entscheiden Sie sich zwischen Komfort und Geschwindigkeit, abhängig vom Gastbetriebssystem.

EVC (Enhanced vMotion Compatibility) auf Cluster-Ebene

Wollen Sie die CPU-Maskierung nicht für jede virtuelle Maschine definieren, bietet der EVC-Cluster (er wird in Abschnitt 4.1.2, »Der EVC-Mode (Enhanced vMotion Compatibility Mode)«, näher beschrieben) die Möglichkeit, CPU-Funktionen global auszublenden. Das heißt, in den Cluster-Eigenschaften wird definiert, welche CPU-Generation die virtuellen Maschinen innerhalb des Clusters sehen (siehe Abbildung 3.12).

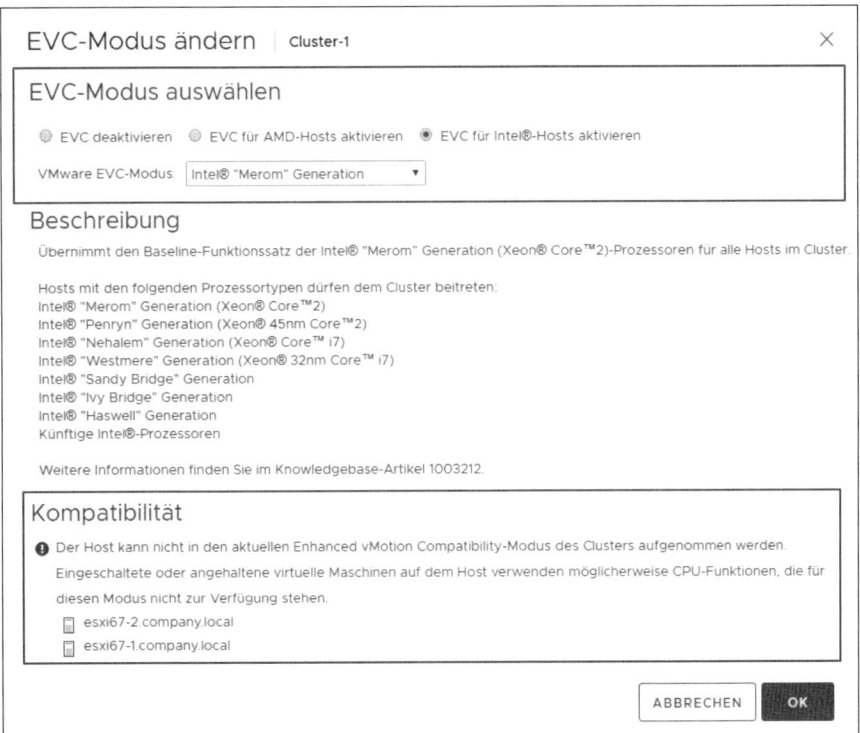

Abbildung 3.12 In den Cluster-Eigenschaften können Sie die CPU-Generation global für den gesamten Cluster einrichten.

Man kann hier von dem kleinsten gemeinsamen Nenner aller ESXi-Host-CPUs im Cluster sprechen.

EVC ermöglicht es seit vSphere 4 auch, die Prozessorgeneration während des Betriebs der virtuellen Maschinen zu erhöhen, z. B. von CPU-Generation 1 auf 2, allerdings nicht umgekehrt (https://kb.vmware.com/s/article/1005764). Wird die CPU-Generation erhöht, so erhalten aktive virtuelle Maschinen erst nach einer Abschaltung oder einem Reset die neue Einstellung (siehe Abbildung 3.13).

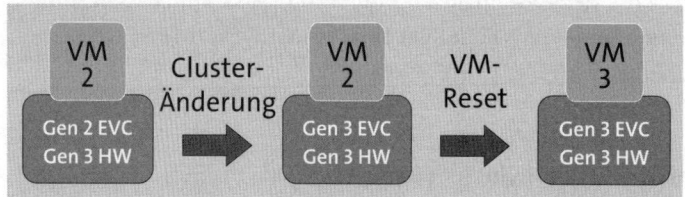

Abbildung 3.13 Änderung der EVC-Prozessorgeneration im Cluster während des laufenden Betriebs

Innerhalb des EVC-Clusters garantiert die EVC-Funktion, dass es zu keinen CPU-Inkompatibilitäten der CPU-Generationen bei den vMotion-Vorgängen kommt. Andere Gründe, die die Nutzung von vMotion verhindern, werden dadurch nicht ausgeschlossen, z. B. die Nutzung von lokalen Festplatten.

Per-VM-EVC (Per VM Enhanced vMotion Compatibility)

Ab der vSphere-Version 6.7 steht Ihnen der *Per-VM-EVC*-Modus zur Verfügung. Wie der Name schon verrät, können Sie nun in dieser Version erstmals einen EVC-Modus auf der Ebene einer virtuellen Maschine definieren und festlegen. Die Einstellungen, die Sie im Per-VM-EVC-Modus für eine virtuelle Maschine vornehmen, sind unabhängig von den Einstellungen, die Sie unter Umständen für den Cluster konfiguriert haben, in dem diese virtuelle Maschine ausgeführt wird. Weitere Informationen zu diesem Thema finden Sie in der VMware-Dokumentation unter *https://docs.vmware.com/en/VMware-Cloud-on-AWS/services/com.vmware.vsphere.vmc-aws-manage-vms.doc/GUID-77A0EE88-779E-4244-A017-2F527740AB 9E.html* bzw. unter *https://docs.vmware.com/en/VMware-Cloud-on-AWS/services/vmc-aws-manage-vms.pdf*.

Das Ein- und Ausschalten des Per-VM-EVC-Modus ist nur bei einer ausgeschalteten virtuellen Maschine möglich. Außerdem können Sie den Per-VM-EVC-Modus nur im *HTML5-Client* administrieren (Abbildung 3.14). Sie erreichen das Formular, in dem Sie die Einstellungen für den Per-VM-EVC-Modus vornehmen können, indem Sie die entsprechende virtuelle Maschine aus dem Repository des HTML5-Clients auswählen. Anschließend klicken Sie auf den Reiter KONFIGURIEREN auf der rechten Seite des Browserfensters. Als Nächstes klicken Sie auf den Menüpunkt VMWARE EVC. Klicken Sie dann auf die Schaltfläche BEARBEITEN. Nun öffnet sich das Formular EVC-Modus ändern (siehe Abbildung 3.14), in dem Sie nun die gewünschte CPU-Kompatibilität festlegen können.

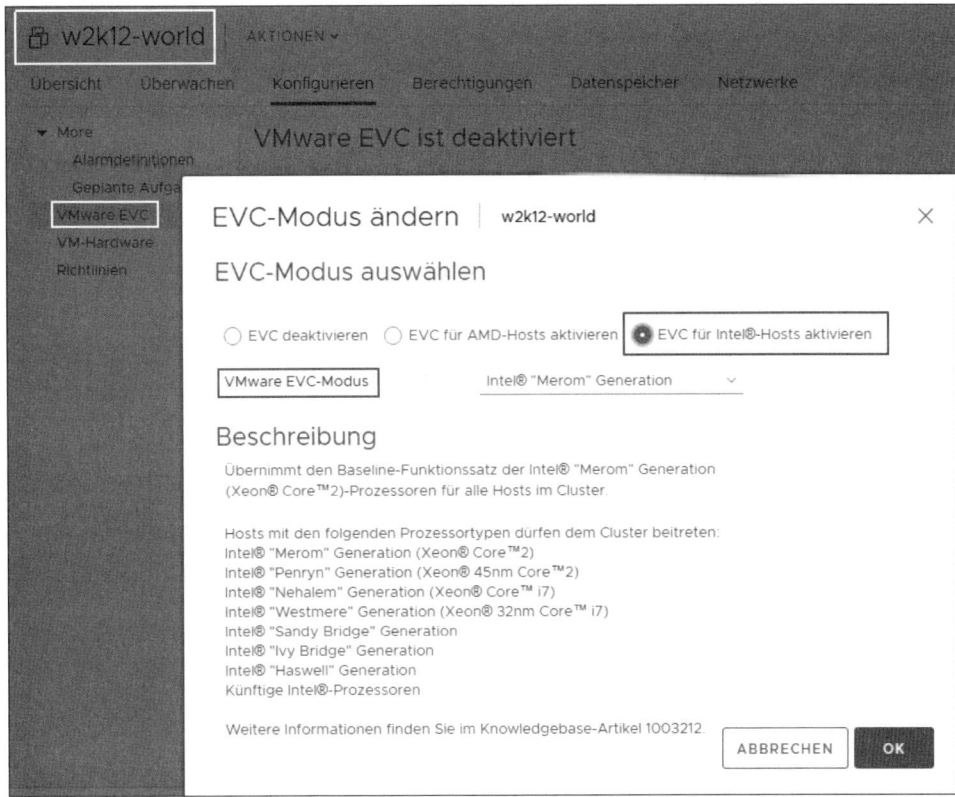

Abbildung 3.14 Das Ein- und Ausschalten des Per-VM-EVC-Modus für eine einzelne VM (hier z. B. für eine VM namens »w2k12-world«)

Im Flash Client, der auch *Flex Client* genannt wird, werden Sie nicht einmal den entsprechenden Menüpunkt zur Administration des Per-VM-EVC-Modus sehen. An dieser Stelle können Sie bereits ganz deutlich erkennen, dass der HTML5-Client in Zukunft das Tool für die vSphere-Administration sein wird.

Einen Überblick darüber, welche Ihrer VMs mithilfe des Per-VM-EVC-Modus in einem Cluster oder in einem Data Center konfiguriert und welche nicht konfiguriert sind, können Sie sich dadurch verschaffen, dass Sie im Repository des HTML5-Clients auf den Cluster oder das Data Center klicken. Anschließend klicken Sie dann auf den Reiter VMs. Sie sollten dann eine Spalte mit der Überschrift EVC-Modus sehen.

In dieser Spalte wird Ihnen angezeigt, welche VM welche diesbezüglichen Einstellungen besitzt. Sollte die Spalte nicht vorhanden sein, klicken Sie auf den Pfeil in einem beliebigen Spaltentitel, wählen dann Spalten anzeigen/ausblenden und aktivieren das Kontrollkästchen EVC-Modus (siehe Abbildung 3.15).

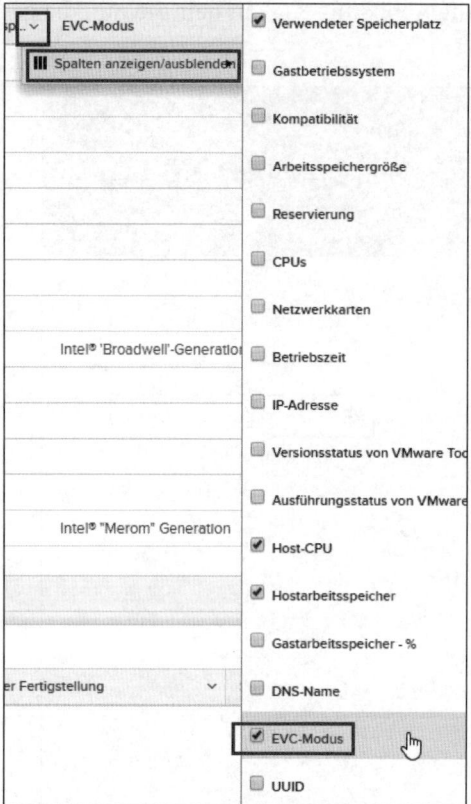

Abbildung 3.15 So blenden Sie die Spalte »EVC-Modus« in die Übersicht ein.

3.1.3 vMotion-Spezialfunktionen

Die Forderungen nach virtuellen Maschinen mit großem Hauptspeicher haben in den letzten Jahren ebenso stetig zugenommen wie der Wunsch, virtuelle Maschinen über große Distanzen und möglichst schmalbandige Leitungen transferieren zu können. Denken Sie hier z. B. an die sogenannten *Monster*- oder auch *Wide VMs* genannten VMs. In solchen VMs werden in der Regel z. B. In-Memory-Datenbanken (IMDB) oder Large Databases betrieben.

Damit auch Applikationen mit derartigen Anforderungen in den Monster-VMs betrieben werden können, hat VMware hier massiv nachgelegt. Aktuell liegt die maximal zulässige Hauptspeichergröße einer VM bei 6.128 GB (*https://configmax.vmware.com/guest*). Sie sehen schon: VMware musste reagieren und auch vMotion an diese neuen VM-Anforderungen anpassen.

In diesem Abschnitt werden Sie nun die unterschiedlichen Spezialfunktionen kennenlernen, die dafür genutzt werden, vMotion-Vorgänge erfolgreich durchzuführen. Diese Spezialfunktionen werden für vMotion in den verschiedenen Versionen ab vSphere 5.x in unterschiedlicher Art und Weise eingesetzt.

Vom Prinzip her kann man aber sagen, dass es grundsätzlich zwei unterschiedliche Ansätze zu vMotion gibt: Die Live-Migration findet entweder auf der Basis der *Post-Copy Memory Migration* oder auf der Basis der *Pre-Copy Memory Migration* statt. Sehen wir uns nun die Spezialfunktionen an.

Quick Resume

Quick Resume verändert den vMotion-Vorgang minimal, da nicht zuerst der komplette Hauptspeicherinhalt auf dem Ziel-Host benötigt wird, bevor es zu einer kompletten Umschaltung kommt. Bei *Quick Resume* wird die Ziel-VM bereits aktiv geschaltet, bevor alle Hauptspeicherdaten migriert wurden, und die Quell-VM wird dabei angehalten (*Stun Mode*), aber die Ressourcen werden nicht gelöscht. Im Hintergrund kopiert VMware die restlichen Hauptspeicherinhalte weiter und ermöglicht den Zugriff auf Pages vom Ziel-ESXi-Host auf dem Quell-ESXi-Host.

So schön dieses Verfahren auf den ersten Blick auch erscheint, es bringt jedoch die Gefahr mit sich, dass Probleme auftreten, sollte Hardware während des Quick Resumes ausfallen. Um dieser Gefahr vorzubeugen, nutzt VMware eine Datei auf dem zentralen Storage, die eine Art Datenpuffer bereitstellt, sodass bei einem Ausfall der Migrationsvorgang trotzdem abgeschlossen werden kann. Natürlich führt diese Form des Quick Resumes zu einem geringen Leistungsabgang; allerdings wäre ohne diese Funktion ein vMotion-Vorgang bei VMs mit viel vRAM nicht möglich.

Stun During Page Send (SDPS)

Stun During Page Send ermöglicht eine verlangsamte Ausführung einer virtuellen Maschine während der Übertragung mit vMotion. Diese Funktion wurde in vSphere 5.x eingeführt. Stellen Sie sich vor, dass die Hauptspeicheraktivität bzw. die Änderungsgeschwindigkeit im Hauptspeicher einer virtuellen Maschine quasi in Zeitlupe abläuft.

Mit vSphere 5.x wurde Quick Resume durch *Stun During Page Send* ersetzt, das auch oftmals als *Slow Down During Page Send* bezeichnet wird. Der vMotion-Prozess beobachtet bei diesem Verfahren die Rate der veränderten Speicherseiten (*dirty pages*) während des vMotion-Vorgangs und vergleicht diese mit der aktuell möglichen Übertragungsrate zum Ziel-ESXi-Host.

Basierend auf diesem Ergebnis wird die vCPU der Quell-VM etwas verlangsamt, indem Stopps (Sleep) im Millisekundenbereich künstlich eingebaut werden, um die Änderungsrate etwas zu verlangsamen. Damit wird dem vMotion-Vorgang die Chance gegeben, selbst sehr dynamische Systeme zu migrieren. Auch hier kommt es zu Leistungseinbußen, allerdings müssen Sie bedenken, dass die langsame Datenübertragung bzw. die hohe Datenänderungsrate in früheren vMotion-Versionen oftmals zu Fehlschlägen bei vMotion-Vorgängen geführt hat.

Multi-NIC-vMotion-Unterstützung

Die *Multi-NIC-vMotion*-Unterstützung, die seit vSphere 5.x verfügbar ist, bietet deutliche Vorteile, um die Bandbreite beim vMotion-Transfer zu erhöhen, da mehrere Netzwerkadapter gleichzeitig genutzt werden können. Allerdings müssen Sie für die Multi-NIC-Unterstützung auch das Design überdenken – also die Netzwerkinfrastruktur der vSphere-Umgebung.

Zum besseren Verständnis gebe ich Ihnen einen Überblick über einige der gebräuchlichsten Darstellungsformen bzw. Bezeichnungen im Netzwerkumfeld: Oft werden Angaben zum Durchsatz in *Gbit/s* oder *Gbps* gemacht. Das Ethernet oder auch *Gb-Ethernet* (Gigabit-Ethernet) wird hier und da auch oft mit *ETH* oder einfach nur mit *E* abgekürzt. Hierbei entstehen dann Konstrukte in unterschiedlichster Konstellation wie z. B. *Gbit/s-Ethernet* oder *GbpsE*. Doch kommen wir wieder zurück zum Design der Netzwerkinfrastruktur.

Es ist möglich, bis zu vier 1-Gbit/s-Ethernet- und acht 10-Gbit/s-Ethernet-Netzwerkkarten für die vMotion-Übertragung zu benutzen.

Daher sollten Sie bei der Planung darauf achten, welche virtuellen Maschinen genutzt werden (vRAM-Konfiguration) und wie die Serversysteme (PCI-Bus-Nutzung) ausgelegt sind bzw. ausgelegt werden müssen, um einem erhöhten Netzwerkverkehr (Peaks) gerecht zu werden.

Außerdem sollten Sie unbedingt auf die Nutzung der CPU-Ressourcen Ihrer ESXi-Hosts achten. Neben den CPU-Ressourcen, die der vMotion-Prozess selbst benötigt (ca. 30 % eines Prozessorkerns), müssen Sie für jedes 1-Gbps-Ethernet-Interface ca. 10 % eines Prozessorkerns reservieren. Bei z. B. drei 1-Gbps-Ethernet-Interfaces müssten Sie zusätzlich noch 30 % an Kapazität eines Kerns auf Ihren ESXi-Hosts für das Netzwerk reservieren.

Nutzen Sie hingegen 10-Gbps-ETH-Adapter, dann rechnen Sie wie folgt: Gehen Sie davon aus, dass jedes 10-GbpsE-Netzwerkinterface einen eigenen Prozessorkern zu 100 % nutzt. Bei allen acht 10-Gbps-ETH-Interfaces benötigen Sie dann ganze acht Prozessorkerne lediglich für die Netzwerk-Interfaces!

Konfiguration eines Standard-vSwitchs (vSS)

Die Einrichtung des Multi-NIC-Supports für vMotion ist nicht ganz so intuitiv wie erhofft, aber immer noch gut verständlich und planbar. Sie legen so viele VMkernel-Ports an, wie Sie benötigen, und stellen anschließend jeweils die zu nutzenden *vmnic*-Adapter auf AKTIV, während Sie alle übrigen Adapter auf UNUSED schalten.

Dazu müssen Sie an dem gewünschten virtuellen Switch einen neuen VMkernel-Adapter anlegen (siehe Abbildung 3.16).

Diesen Adapter müssen Sie natürlich für vMOTION aktivieren, und Sie sollten auch einen sprechenden Namen wie »vMotion1« oder »vMotion_1« oder »vMotion1_64« (bei VLAN-Nutzung) wählen, damit die Zuordnung später leichter fällt (siehe Abbildung 3.17).

Abbildung 3.16 So legen Sie den ersten VMkernel-Adapter für vMotion an.

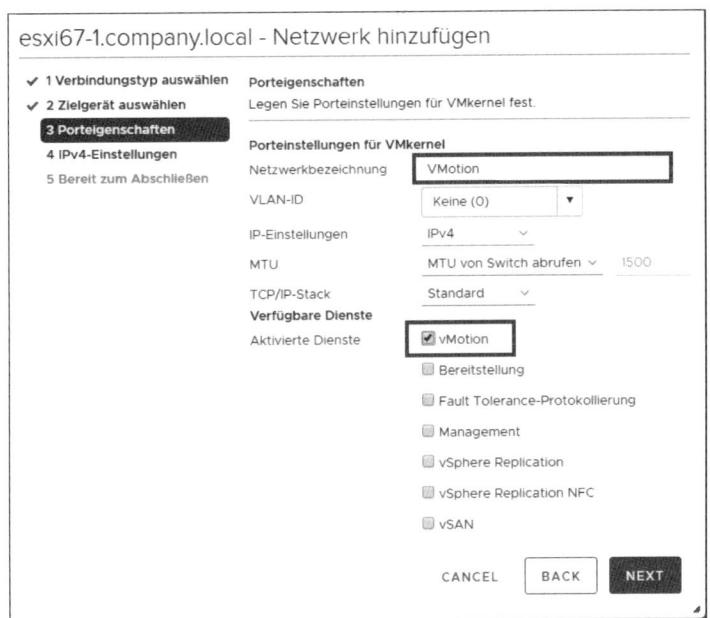

Abbildung 3.17 Aktivierung von vMotion

In diesem Beispiel erhält der erste VMkernel-Adapter seine IP-Adresse, wie Sie in Abbildung 3.18 sehen können. Wichtig ist hierbei nur, dass sich zumindest alle vMotion-Adapterpärchen der beteiligten ESXi-Hosts im gleichen Netzwerksegment befinden.

Abbildung 3.18 IP-Konfiguration des ersten vMotion-Adapters

Nach der Erstellung des VMkernel-Adapters ist es wichtig, die physischen Netzwerkkarten zu definieren, die Sie nutzen wollen. Genauer gesagt, darf immer nur ein *vmnic*-Adapter aktiv sein, alle anderen Adapter müssen auf NICHT VERWENDETE ADAPTER gesetzt werden (siehe Abbildung 3.19).

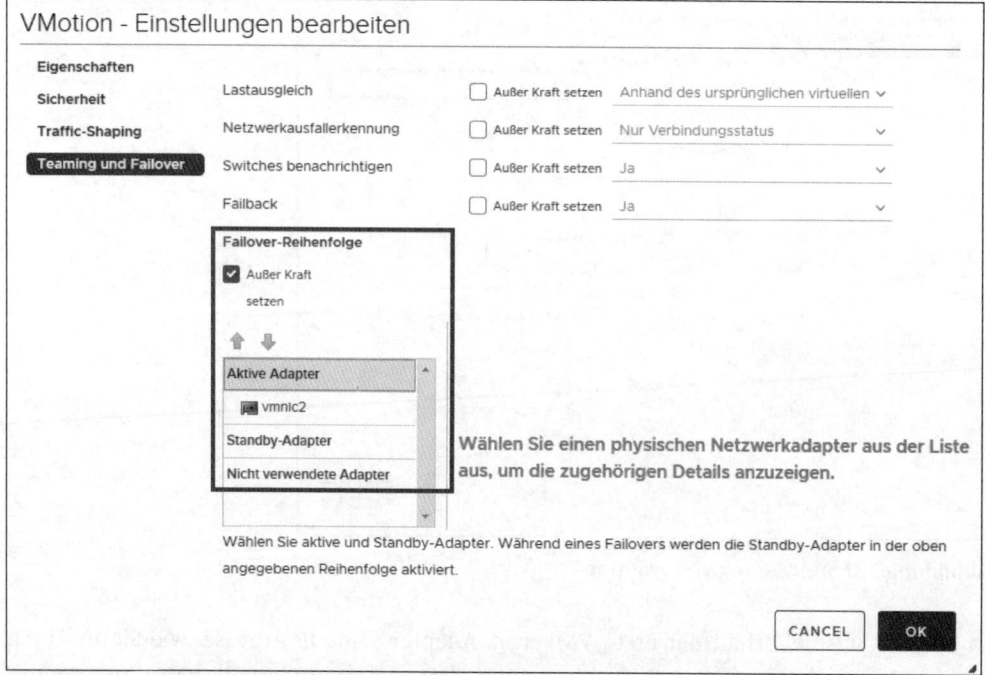

Abbildung 3.19 Beim ersten vMotion-Adapter wird nur der vmnic2-Adapter aktiv belassen, alle anderen Adapter werden als »Nicht verwendete Adapter« konfiguriert.

Danach werden weitere Adapter nach dem gleichen Schema angelegt:

1. Label und VLAN (siehe Abbildung 3.20)
2. IP-Konfiguration (siehe Abbildung 3.21)
3. Active/Standby-Konfiguration der Portgruppe bzw. des VMkernel-Adapters (siehe Abbildung 3.22)

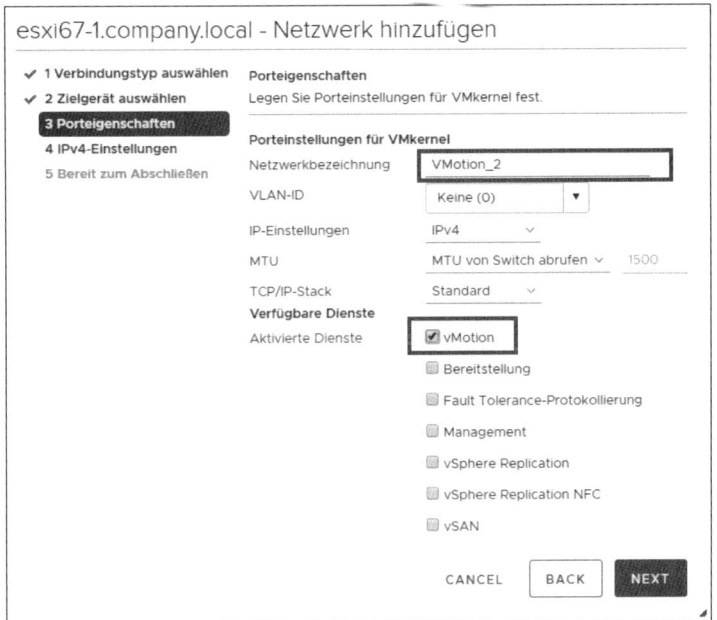

Abbildung 3.20 Anlegen des zweiten VMkernel-Adapters für vMotion

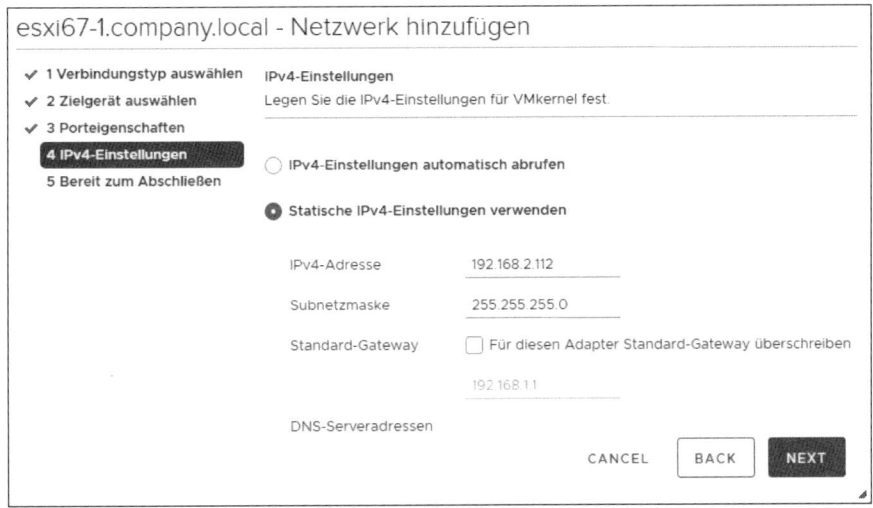

Abbildung 3.21 IP-Konfiguration des zweiten vMotion-Adapters

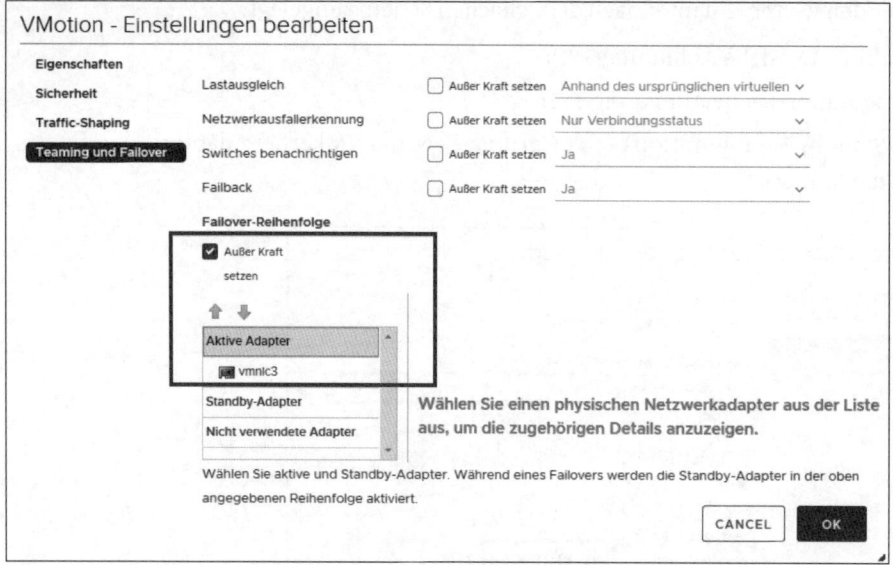

Abbildung 3.22 Beim zweiten vMotion-Adapter wird nur der vmnic3-Adapter aktiv belassen, alle anderen Adapter werden als »Nicht verwendete Adapter« konfiguriert.

Dieses Verfahren zur Erweiterung der Uplinks kann man annähernd beliebig fortführen, das heißt, bis die maximale Anzahl der möglichen Multi-NIC-Unterstützung erreicht ist.

Konfiguration mit Distributed vSwitch (vDS)

Endlich ist es möglich, dass auch in diesem Kapitel ausschließlich Abbildungen aus dem *vSphere Client* (HTML5-Client) und nicht mehr aus dem *vSphere Web Client* (Flash- oder Flex-Client) zu sehen sind. Nicht einmal im *vSphere 6.7 Release Candidate* bot sich Ihnen die Möglichkeit, die topologischen Abbildungen des vDS (*vSphere Distributed Switch*) zu sehen. Doch in der finalen Version des *vSphere 6.7.0 Build 8217866* gibt es endlich auch diese Ansicht.

Allerdings ist eine topologische Abbildung von vSS (*vSphere Standard Switch*) auch in dieser Version des HTML5-Clients immer noch nicht enthaltenen. Möchten Sie allerdings einen Blick in die Zukunft des HTML5-Clients werfen, gibt es in den VMware Labs (Flings) unter *https://labs.vmware.com/flings/vsphere-html5-web-client/* bereits erste Ergebnisse zu sehen, wie es mit dem HTML5-Client weitergehen soll.

Bis es aber so weit ist, dass die Topologieabbildungen des vSS im vSphere Client enthalten sind, behelfen wir uns in diesem speziellen Fall noch mit dem vSphere Web Client. Wenn Sie dennoch eine Topologieabbildung des vSS sehen möchten, können Sie sich direkt mit einem der ESXi-Hosts verbinden. Dort können Sie in der Navigationsleiste unter der Rubrik NETZWERK eine entsprechende Abbildung sehen.

Die Konfiguration mittels *Distributed vSwitch* sieht auf ESXi-Host-Seite identisch aus (VMkernel anlegen, IP-Adresse angeben). Allerdings muss man sich nicht um die »Active«/

»Unused«-Konfiguration jedes einzelnen vMotion-Adapters kümmern, sondern kann dies einmalig zentral einrichten (siehe Abbildung 3.23).

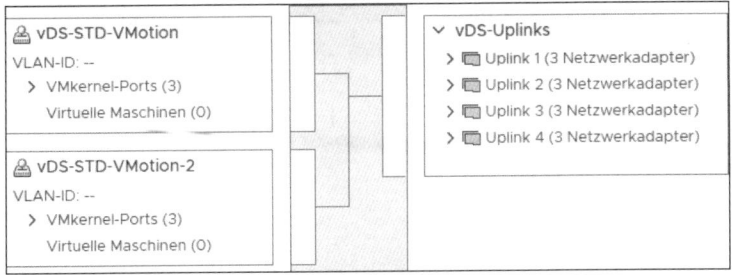

Abbildung 3.23 Anlegen von zwei oder mehr vMotion-Portgruppen am Distributed vSwitch (Ansicht: vSphere Web Client)

Die beiden (oder mehr) *Distributed*-Portgruppen werden entsprechend angepasst, damit immer nur ein physischer Netzwerkadapter genutzt werden kann. Näheres zu den Portgruppen finden Sie in Abschnitt 7.2, »Die physischen und virtuellen Netzwerk-Schichten« im Absatz »Port Group«. Die Konfiguration des ersten Adapters sehen Sie in Abbildung 3.24, die des zweiten Adapters in Abbildung 3.25.

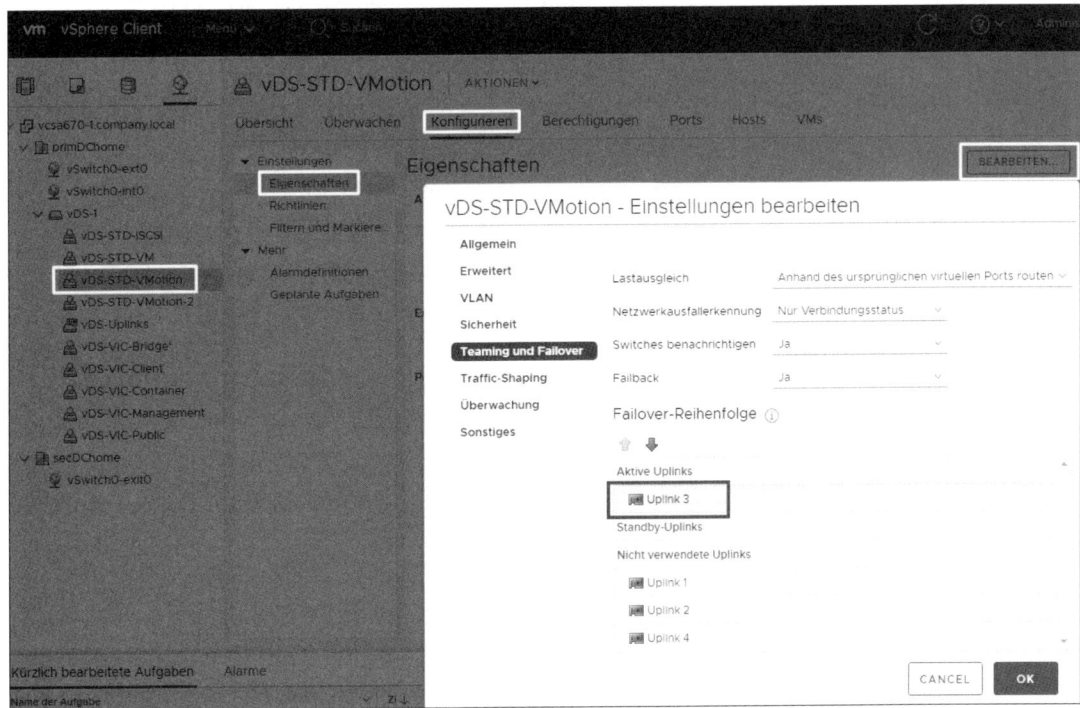

Abbildung 3.24 Die erste vMotion-Portgruppe wird so konfiguriert, dass hier nur der Uplink-3-Adapter (Uplink des Distributed vSwitch) aktiv ist. Alle anderen Adapter sind als »Nicht verwendete Uplinks« konfiguriert.

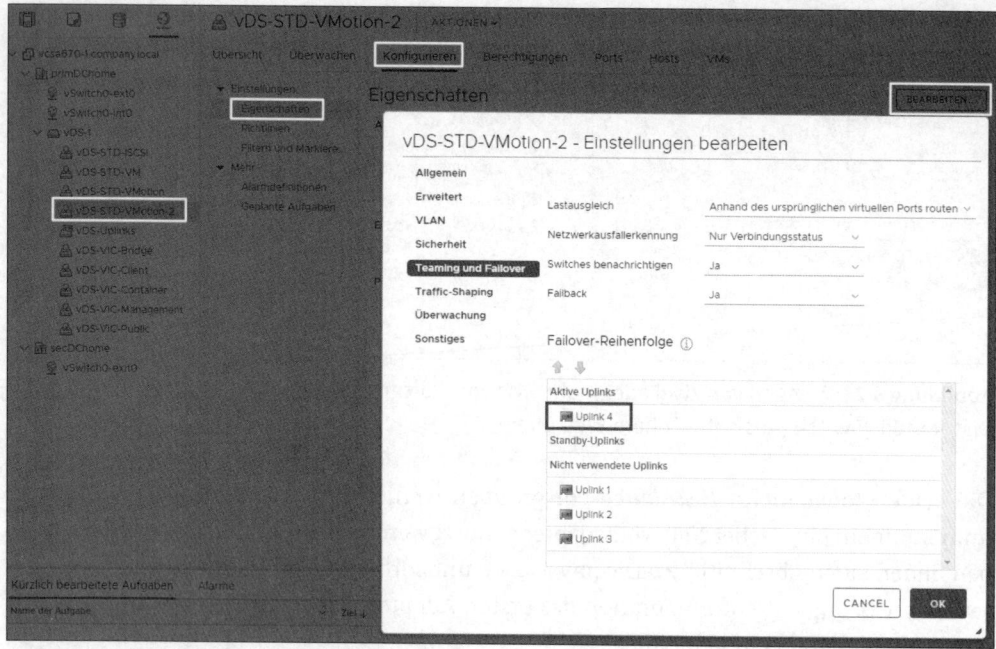

Abbildung 3.25 Die zweite vMotion-Portgruppe wird so konfiguriert, dass hier lediglich der Uplink-4-Adapter aktiv ist. Alle anderen Adapter sind als »Nicht verwendete Uplinks« konfiguriert.

Sind die Portgruppen angelegt, müssen Sie auf den ESXi-Hosts die VMkernel-Adapter anlegen und den Portgruppen zuweisen:

1. Verwaltung der virtuellen Adapter (siehe Abbildung 3.26)

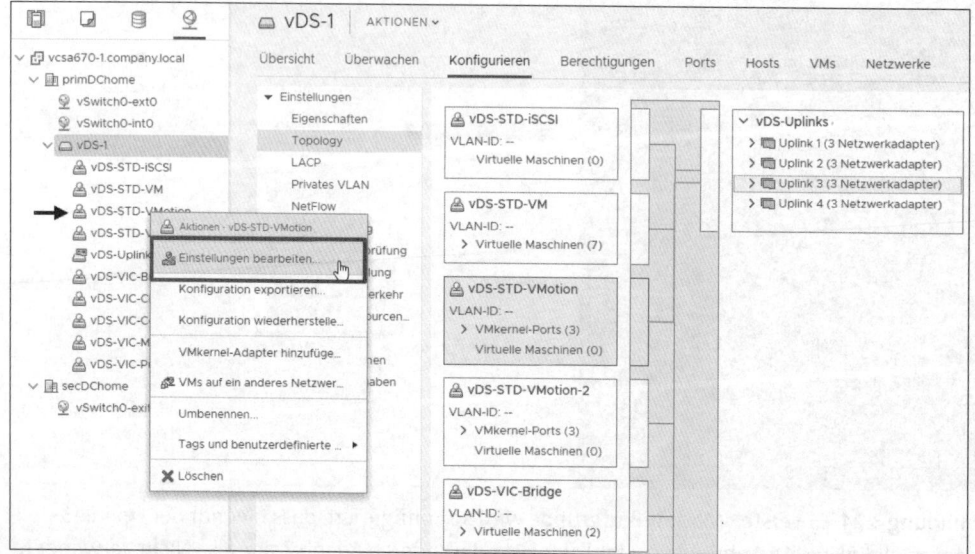

Abbildung 3.26 Verwaltung der VMkernel-Adapter auf Distributed vSwitches auf dem ESX-Host

2. Erstellung des VMkernel-Adapters (siehe Abbildung 3.27)
3. Zuordnung zu der gewünschten Portgruppe (siehe Abbildung 3.28)
4. Vergabe der IP-Konfiguration (siehe Abbildung 3.29)

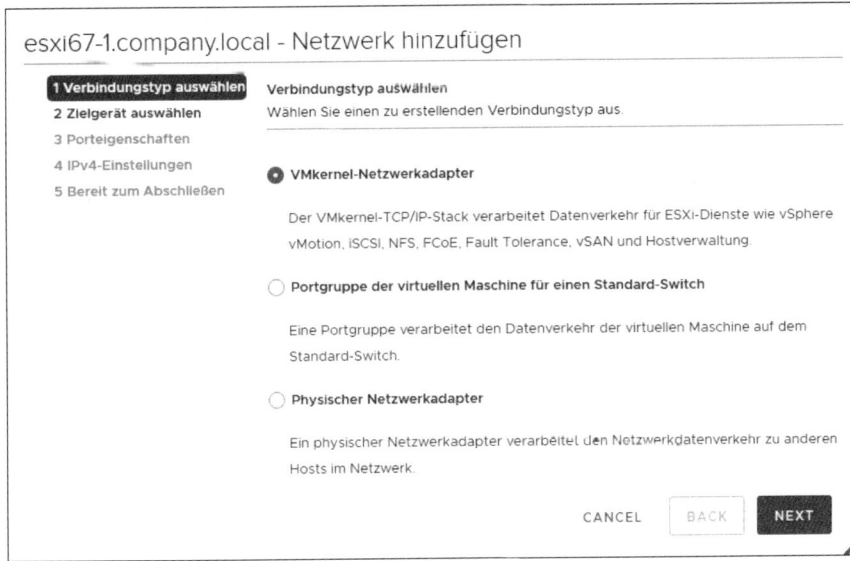

Abbildung 3.27 Einen neuen VMkernel-Adapter auf dem Distributed vSwitch erstellen

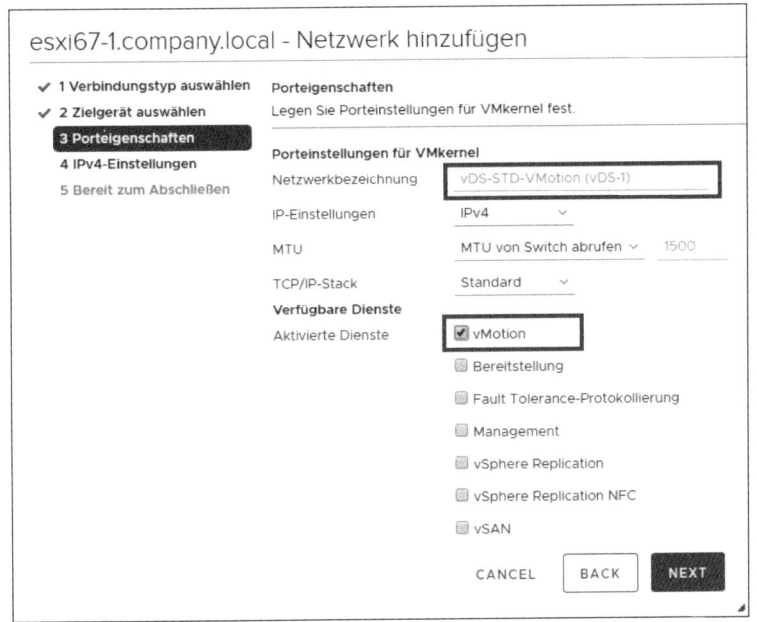

Abbildung 3.28 Eine Portgruppe für den virtual Distributed vSwitch auswählen und vMotion aktivieren.

3   vMotion und Storage vMotion

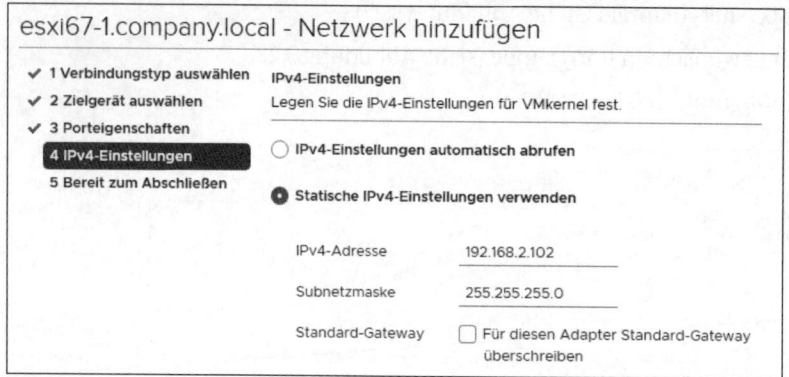

Abbildung 3.29 Die IP-Adresse für den vMotion-Adapter angeben

Nach Abschluss der Konfiguration sollten Sie zwei oder mehr Portgruppen mit VMkernel-Adapter vorfinden (siehe Abbildung 3.30).

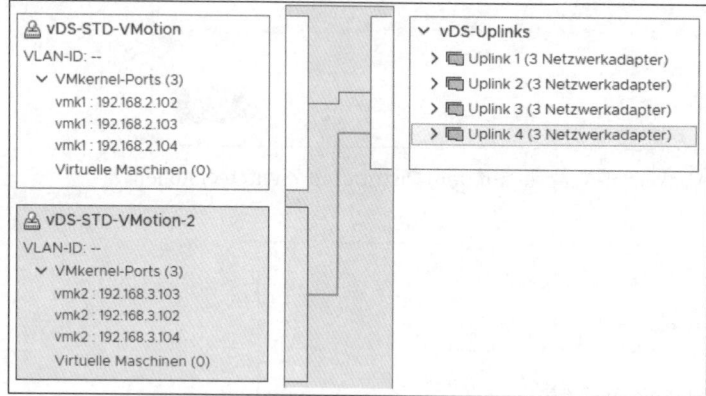

Abbildung 3.30 Am Ende der Konfiguration sollten zwei vMotion-Adapter an den unterschiedlichen vMotion-Portgruppen existieren.

Cross vSwitch vMotion

Mit der Möglichkeit, vMotion über unterschiedliche vSwitch-Typen hinweg durchzuführen, hat VMware eine weitere große Neuerung in vSphere 6.x einfließen lassen, die wiederum ganz neue Perspektiven im virtuellen Netzwerk eröffnet. Hier sind die Regeln im Detail:

> **Regeln zur Migration von VMs mit vMotion**
> - vSwitch (vSS) zu vSwitch (vSS): Supported
> - dvSwitch (vDS) zu dvSwitch (vDS): Supported
> - vSwitch (vSS) zu dvSwitch (vDS): Supported
> - dvSwitch (vDS) zu vSwitch (vSS): Unsupported

Dass »dvSwitch zu vSwitch« nicht funktioniert und somit nicht unterstützt wird, liegt daran, dass der vSwitch mit den Metadaten der VM des dvSwitchs nichts anfangen kann. Der vSwitch verfügt ja nicht über den logischen Funktionsumfang eines dvSwitchs.

Cross vCenter vMotion: das vMotion über vCenter-Grenzen hinweg

Seit vSphere 6 ist es endlich möglich, virtuelle Maschinen mit vMotion über Datacenter-Grenzen hinweg zu migrieren. Dies wird *Cross vCenter vMotion* bzw. *Cross vCenter Provisioning* genannt. In vSphere 5 war dies nur für virtuelle Maschinen in ausgeschaltetem Zustand (Cold Migration) möglich. Aber nach wie vor gilt natürlich, dass Datacenter meist räumlich voneinander getrennt sind und oftmals lediglich über schmalbandige Kommunikationsverbindungen verfügen, und auch die Anbindung des Shared Storage ist über sehr lange Strecken hier und da nicht immer so performant wie auf dem eigenen Campus.

Aus diesem Grund sollten Sie immer im Hinterkopf behalten, dass Migrationen mit vMotion zwischen den Rechenzentren schnell zu einer Überbuchung der Leitungskapazität beitragen können, was nach außen hin dann so aussieht wie eine Denial-of-Service-Attacke. Lassen Sie also Vorsicht walten, und prüfen Sie erst einmal die Leitungskapazität!

Bis zur Version 6.0 U2 war es noch so, dass ein vMotion nur zwischen identischen vSphere-Versionen respektive vCenter Servern unterstützt wurde (*https://kb.vmware.com/s/article/2106952*). Diese Einschränkung ist allerdings seit vSphere 6.0 U3 gefallen und Sie konnten seit dieser Version vMotion auch als Cross-vCenter-Version benutzen. Das heißt, Sie können ein vMotion z. B. von einem vCenter Server 6.0 U3 zu einem vCenter Server 6.7 durchführen.

Ein sehr interessantes und mit einem User Interface (UI) ausgestattetes Werkzeug für die Migration finden Sie in den VMware-Labs (Flings). Das *Cross vCenter Workload Migration Utility* können Sie unter *https://labs.vmware.com/flings/cross-vcenter-workload-migration-utility* herunterladen. Dieses Tool sollten Sie sich unbedingt einmal anschauen!

Cross Cloud Cold- und Hot-Migration: das vMotion zwischen den Clouds

Gerade dann, wenn Sie *VMware Cloud* (*https://cloud.vmware.com/de/vmc-aws*) auf *Amazon Web Services* (AWS) als Teil Ihrer Hybrid–Cloud-Infrastruktur nutzen, ist das Vorhandensein eines Features wie des Cross-vCenter- und Cross-Version-vMotion natürlich sehr wichtig. Die Art dieser Live-Migration wird als *Cross Cloud Hot Migration* bezeichnet.

An dieser Stelle sei darauf hingewiesen, dass Sie, wenn Sie Ihre lokale vSphere-Infrastruktur mit einer VMware Cloud auf der AWS-Infrastruktur ergänzen möchten, je nach vSphere-Version unterschiedliche Migrationsverfahren anwenden müssen. Setzen Sie z. B. On-Premise vSphere 6.0 ein, dann ist lediglich eine Cold-Migration des Workloads möglich, den Sie verlegen möchten. Setzen Sie hingegen vSphere 6.5 und höher ein, dann können Sie auch Hot Migrations durchführen, also Workloads im eingeschalteten Zustand verlegen. Das geht von der Cloud hin zum lokalen Data Center und natürlich auch wieder zurück.

Wenn Sie tiefer in das Thema vMotion zwischen einem lokalen Software-Defined Datacenter (Local SDDC) und einer VMware Cloud auf AWS (VMware Cloud on AWS) einsteigen möchten, empfehle ich Ihnen, unter *https://docs.vmware.com/en/VMware-Cloud-on-AWS/0/rn/vmc-on-aws-relnotes.html* in den Release Notes zu VMware Cloud on AWS sowie unter *https://cloud.vmware.com/de/vmc-aws* nachzuschlagen.

vMotion-Support für Microsoft-Windows-Cluster

Seit der Version 6.0 ist es nun auch möglich, die einzelnen Server-Nodes eines Microsoft-Windows-2012-R2-Failover-Clusters (MSCS), der physikalisches RDM nutzt und über mehr als zwei Nodes verfügt, mittels vMotion zu verlegen. Auch ist nun hierbei gewährleistet, dass der vMotion-Prozess keine Störungen in einer geclusterten Applikation (wie z. B. *Windows Server Failover Clustering* (WSFC)) verursacht.

> **Die Voraussetzungen hierfür sind:**
> - mindestens Version 11 der virtuellen Maschinen-Hardware
> - Der virtuelle SCSI-Controller muss im *Physical SCSI Bus Sharing Mode* konfiguriert sein.
> - Der Festplattentyp muss als physikalisches RDM konfiguriert werden.

Weitere Informationen hierzu finden Sie in den Guidelines for Microsoft Clustering on vSphere bzw. im entsprechenden Knowledge-Base-Artikel (KB) 1037959 unter *https://kb.vmware.com/s/article/1037959* und in KB 2147661 (*https://kb.vmware.com/s/article/2147661*). Die entsprechenden Setup-Dokumente finden Sie unter *https://kb.vmware.com/s/article/1004617*.

Erweiterung des vMotion-Netzwerks

Eine weitere Neuerung in *vSphere 6 vMotion* ist der Support für Layer-3-(L3-)Netzwerke (*Routed vMotion Network*). Das heißt, es ist nun nicht mehr wie in der Vergangenheit zwingend, das Netzwerk ausschließlich auf der Basis von Layer 2 (L2) aufzubauen. Auch die gleichzeitige Nutzung von mehreren TCP/IP-Stacks ist möglich. Hierdurch ist es möglich, den vMotion-Datenverkehr des ESXi-Hosts über einen exklusiven TCP/IP-Stack zu leiten.

> **Dieser exklusive TCP/IP-Stack verfügt über die üblichen Merkmale:**
> - Memory Heap
> - ARP-Tabelle
> - Routing-Tabelle
> - DNS-Konfiguration
> - Default-Gateway

Dies ermöglicht daher eine wesentlich genauere Kontrolle der Nutzung einzelner Netzwerkressourcen und erhöht die Sicherheit dadurch, dass noch eine zusätzliche Möglichkeit der Isolation geschaffen wurde. Operationen wie das Klonen von virtuellen Maschinen können nun ebenfalls über ein dediziertes Netzwerk durchgeführt werden. Dies verhindert ebenfalls eine Beeinflussung des vMotion-Datenverkehrs in erheblichem Umfang.

Es gibt folgende TCP/IP-Stacks auf VMkernel-Level:
- normaler TCP/IP-Stack des Kernels für den Management Traffic, System Traffic, vMotion Traffic, IP-Storage Traffic und Fault Tolerance Traffic
- dedizierter TCP/IP-Stack für vMotion Traffic bezüglich isolierter Live-Migration
- dedizierter TCP/IP-Stack für Provisioning Traffic bezüglich isolierter Cold-Migration, Cloning und Snapshot Creation
- dedizierter TCP/IP-Stack für den isolierten Netzwerkverkehr von Applikationen

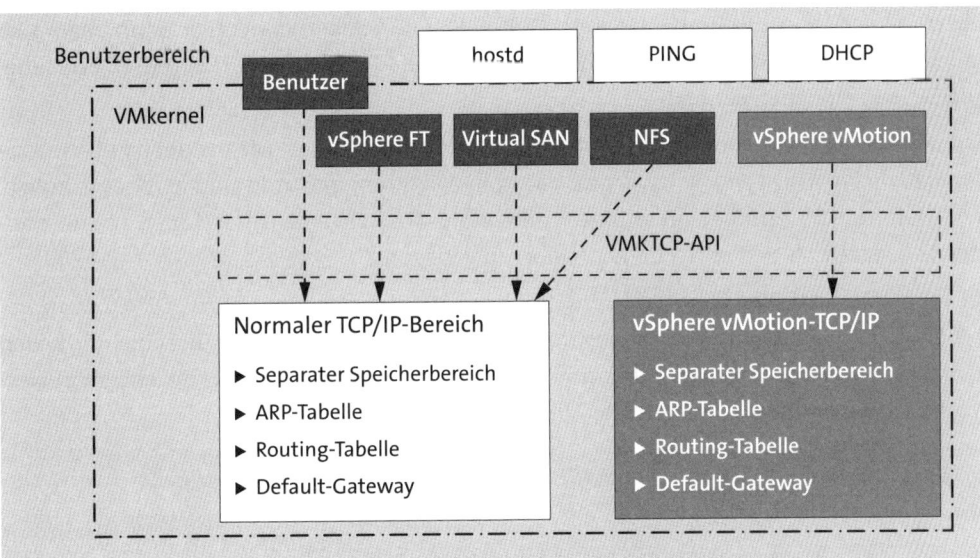

Abbildung 3.31 Der ESXi 6.0 gestattet die Nutzung eines dedizierten TCP/IP-Stacks für vMotion.

vSphere Replication NFC (Network File Copy)

Auch neu in vSphere 6.x ist, dass ein eigenes Netzwerk für vSphere Replication NFC (*Network File Copy*) eingerichtet werden kann. Das heißt, in diesem Netzwerk befindet sich ausschließlich vSphere-Replication-NFC-Datenverkehr, d. h. Cloning-Vorgänge und vMotion mit ausgeschalteten VMs, also ausschließlich Cold Data Migrations. Auch hier darf es sich sowohl um eine Layer-2- als auch eine Routed-Layer-3-Verbindung handeln.

Higher Latency Link Support

Vor vSphere 5.x durfte die Latenzzeit von 5 ms (Millisekunden) nicht überschritten werden, obwohl dies bei vMotion über große Distanzen (Long Distance vMotion) keine Seltenheit war. Manche Implementierungen von Clustern über Rechenzentrumsgrenzen hinweg konnten aufgrund dieser Anforderung nicht oder nur eingeschränkt betrieben werden.

Daher wurde die unterstützte Latenzzeit von 5 auf 10 ms verdoppelt, was allerdings eine Enterprise-Plus-Lizenz voraussetzte. Letztendlich repräsentieren derartige Latenzen aber ausschließlich den Metrodistanzbereich, und somit war ausschließlich ein Metro-VMotion möglich. Im Bereich von Geodistanzen sind 10 ms natürlich nicht gerade viel. Rein rechnerisch kommt man bei einer RTT (*Round Trip Time*) von 5 ms, was bei einer Strecke zwischen zwei Orten ca. 2,5 ms ergibt, mit der Ausbreitungsgeschwindigkeit des Lichts innerhalb von Glasfaser bzw. Lichtwellenleitern (LWL) theoretisch gerade einmal um die 500 km weit.

In der Praxis ist dieser Wert natürlich überhaupt nicht haltbar und die erreichbaren Distanzen sind viel geringer. Wenn man hier die ganzen verzögernden Streckenelemente (wie Switches, optische Reichweitenverstärker, Multiplexer usw.) berücksichtigt, kann man sich glücklich schätzen, wenn man innerhalb von 2,5 ms ein Viertel dieser theoretisch errechneten Distanz erreichen kann.

Diese engen Grenzen wurden mit vSphere 6 vMotion aufgehoben. Die maximal unterstützte *Round Trip Time* (RTT) im Netzwerk für vMotion-Migrationen wurde auf 150 ms angehoben. Eine derartige RTT ermöglicht es Ihnen, problemlos Ihre virtuellen Maschinen an einen anderen, geografisch weit entfernten Standort zu verlegen.

In den VMware-Blogs unter *https://blogs.vmware.com/performance/2015/02/vmware-pushes-envelope-vsphere-6-0-vmotion.html* wird eine erfolgreiche Verlegung einer virtuellen Maschine (Live-Workload) mit vMotion zwischen zwei physischen Rechenzentren in New York und London beschrieben (siehe Abbildung 3.32).

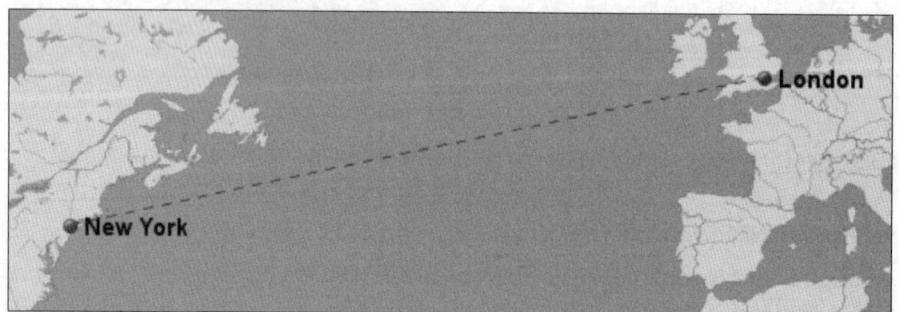

Abbildung 3.32 Die Stecke, auf der VMware erfolgreich die Verlegung einer Live-Workload mittels Long Distance vMotion vorgeführt hat

Hierbei handelt es sich immerhin um eine Distanz von ca. 5.600 km (Luftlinie). In diesem Blog finden Sie Untersuchungen im Hinblick auf Live Migration sowohl von normalen als auch von den sogenannten Monster-VMs. Eine VM wird oftmals Monster-VM genannt, wenn es sich um eine VM (i.d.R. eine Datenbank-VM) handelt, die über sehr viele vCPUs und vMemory verfügt. Die Obergrenze für derartige VMs beläuft sich in Version 6.7 auf 128 vCPUs (*Virtual CPUs*) und 6.128 GB Memory.

Long Distance vMotion

Der Trend hin zu Long Distance- oder auch Geo-vMotion zeichnete sich bereits in den vergangenen Jahren deutlich ab. Das heißt, Quell- und Ziel-ESXi-Hosts stehen unter Umständen Tausende von Kilometern voneinander entfernt.

Schon sehr früh kamen immer mehr Unternehmen auf den Markt, die an Systemen arbeiteten, die die Latenz und die Datenübertragung über große Distanzen so optimierten, dass auch zwischen den USA und Europa eine vMotion-Funktion realisiert werden konnte. VMware hat mit vSphere 5.x bereits damals reagiert und die Akzeptanz der Latenzzeit bei vMotion-Vorgängen deutlich erhöht. Die notwendigen Technologien für den als *Long Distance vMotion* bezeichneten Migrationsvorgang waren in der Vergangenheit im Laborbetrieb bereits zum großen Teil verfügbar und wurden auf Messen (beispielsweise auf der VMworld) auch früher schon eindrucksvoll vorgeführt. Aber mit vSphere 6.x verlässt *Long Distance vMotion* das Labor!

Long Distance vMotion ist immer eine Kombination aus vMotion und SvMotion. Nicht nur, dass nun für Long Distance vMotion eine RTT von 150 ms erlaubt ist, sondern der Long-Distance-vMotion-Datenverkehr kann auch mittels NFC (*Network File Copy*) durchgeführt werden. Hierbei können Sie dann selbstverständlich auch den Provisioning-TPC/IP-Stack nutzen. Dies ist ebenfalls eine Neuerung in vSphere 6. Man kann also sagen, dass NFC quasi einen FTP-Service (*File Transfer Protocol*) bietet, der es ermöglicht, Daten zwischen den einzelnen Data-Stores zu kopieren.

Welche Anforderungen an gleichzeitige vMotion-Migrationen gibt es? Sie müssen in jedem Fall sicherstellen, dass das vMotion-Netzwerk über eine dedizierte Bandbreite von mindestens 250 Mbps (Mbit/s) je gleichzeitiger vMotion-Sitzung verfügt.

Eine größere Bandbreite ermöglicht selbstverständlich eine höhere Performance, die natürlich zu einer schnelleren Fertigstellung der einzelnen Migrationen führt.

Durchsatzgewinne, wie sie etwa durch WAN-Optimierungstechniken möglich sind, werden nicht auf das 250-Mbps-Limit angerechnet.

Da ja mittlerweile eine ganze Menge an vSphere-Versionen (siehe Tabelle 3.2) gibt, die auch noch in vielen Environments gleichzeitig eingesetzt werden, ist eine Maximalwerttabelle an dieser Stelle sicherlich die sinnvollste Darstellungsform.

vSphere-Versionen	6.7	6.5	6.0	5.5	5.1	5.0
vMotion-Vorgänge pro Host (1-Gb/s-Netzwerk)	4	4	4	4	4	4
vMotion-Vorgänge pro Host (10-Gb/s-Netzwerk)	8	8	8	8	8	8
vMotion-Vorgänge pro Datenspeicher	128	128	128	128	128	128

Tabelle 3.2 Maximal gleichzeitige vMotion-Vorgänge

Ausführlichere Informationen finden Sie im Konfigurationsmaximum-Tool von VMware. Das Tool stellt online alle Konfigurationsobergrenzen für vSphere 6.x unter *https://configmax.vmware.com* zur Verfügung. Falls Sie allerdings Offline-Dokumente bevorzugen, finden Sie hier noch eine Linksammlung zum Thema:

- *https://www.vmware.com/pdf/vsphere6/r65/vsphere-65-configuration-maximums.pdf*
- *https://www.vmware.com/pdf/vsphere6/r60/vsphere-60-configuration-maximums.pdf*
- *http://www.vmware.com/pdf/vsphere5/r55/vsphere-55-configuration-maximums.pdf*
- *http://www.vmware.com/pdf/vsphere5/r51/vsphere-51-configuration-maximums.pdf*
- *http://www.vmware.com/pdf/vsphere5/r50/vsphere-50-configuration-maximums.pdf*

Fazit

Halten wir abschließend fest: Die wesentliche Erweiterung für Long Distance vMotion ist die Erhöhung der RTT (Paketumlaufzeit/Latenz) von maximal 10 ms auf maximal 150 ms.

Einige interessante Informationen bezüglich RTT finden Sie auch unter *https://de.wikipedia.org/wiki/Paketumlaufzeit*. Doch wenn Sie es wirklich genau wissen möchten, dann empfehle ich Ihnen, die Latenz der Stecke, um die es geht, durchzumessen. Nur hierdurch sind Sie in der Lage, qualitativ hochwertige Aussagen zur Güte Ihrer Leitung zu machen.

Ein Thema, das derzeit ebenfalls in aller Munde ist, sind VMwares *Virtual Volumes*, kurz VVOLs. Natürlich unterstützt Long Distance vMotion auch Virtual Volumes, wobei diese selbstverständlich *keine* Voraussetzung für eine erfolgreiche Long-Distance-Live-Migration mit Long Distance vMotion sind.

Verschlüsseltes VMotion

Ab vSphere 6.5 kann die Übertragung der Daten einer virtuellen Maschine während des VMotion-Prozesses verschlüsselt erfolgen. Die Verschlüsselung erfolgt mit einem vom ESXi-Host erzeugten Datenverschlüsselungsschlüssel nach XTS-AES-256 (*AES: Advanced Encryption Standard*). Somit können sichere Übertragungen von einem Data-Center in ein anderes

Data-Center erfolgen. Selbst wenn eine virtuelle Maschine während der Übertragung in fremde Hände gelangt sein sollte, können Sie sicher sein, dass die Daten für Dritte nicht lesbar sind. Das verschlüsselte vMotion sichert Ihnen Vertraulichkeit, Integrität und Authentizität der mit vMotion übertragenen Daten zu. Das bedeutet, dass die Übertragung einer virtuellen Maschine, vom Standpunkt der Security aus betrachtet, keine Schwachstellen mehr aufweist.

Sie können grundsätzlich allerdings erst einmal zwei Fälle unterscheiden. In einem der beiden Fälle ist es so, dass Sie eine bereits verschlüsselte virtuelle Maschine mit verschlüsseltem vMotion migrieren. Im anderen Fall migrieren Sie eine nicht verschlüsselte virtuelle Maschine mittels verschlüsseltem vMotion.

Verschlüsselung virtueller Maschinen
Verschlüsselte virtuelle Maschinen (*VM-Verschlüsselung*) werden mit vMotion immer verschlüsselt übertragen. Bei nicht verschlüsselten virtuellen Maschinen können Sie zwischen den drei Optionen für vMotion wählen: DEAKTIVIERT, OPPORTUNISTISCH oder ERFORDERLICH.

Wie Sie sehen, hängt das verschlüsselte vMotion an der einen oder anderen Stelle durchaus eng mit der Verschlüsselung von virtuellen Maschinen zusammen. Was genau das Verschlüsseln von virtuellen Maschinen bedeutet und wie es funktioniert, können Sie in Kapitel 16, »Automatisierung von vSphere«, nachlesen. Dennoch möchte ich Ihnen einige Punkte zu diesem Thema an dieser Stelle in Erinnerung rufen.

Das Verschlüsseln von virtuellen Maschinen bietet Ihnen ein hohes Maß an Sicherheit. Denken Sie an die virtuellen Maschinen in Ihrem Environment, die vertrauliche Daten beinhalten oder besonders brisante Applikationen bzw. Dienste bereitstellen. Hier ist das Verschlüsseln von virtuellen Maschinen sicherlich genau das, was Sie umsetzen möchten. Services wie High Availability (HA), der Distributed Resource Scheduler (DRS) und auch Fault Tolerance (FT) unterstützen die Nutzung von verschlüsselten virtuellen Maschinen ebenfalls.

Weiter ist das Verschlüsseln von virtuellen Maschinen quasi unabhängig von dem Betriebssystem, das in der virtuellen Gastmaschine installiert ist. Bei der Verschlüsselung von virtuellen Maschinen werden selbstverständlich auch die virtuellen Festplatten der virtuellen Maschine (die VMDKs) genauso verschlüsselt und wie die anderen Dateien (z. B. *vmx*, *nvram*, *vswp*, *vmsn*), die gemeinsam eine virtuelle Maschine bilden.

Bitte beachten Sie, dass eine verschlüsselte virtuelle Festplatte nicht von einer nichtverschlüsselten virtuellen Maschine gelesen werden kann. Die Verschlüsselung einer virtuellen Festplatte wird durch die Speicherrichtlinie *VM Encryption Policy* umgesetzt (siehe Abbildung 3.33). Möchten Sie ältere virtuelle Maschinen weiterhin in Ihrer neuen vSphere-6.5- oder -6.7-Umgebung betreiben und diese nun auch verschlüsseln, dann steht diesem Vorhaben nichts im Wege. Ein ESXi-Host in der Version 6.5 und 6.7 unterstützt selbstverständlich auch den gleichzeitigen Betrieb von verschlüsselten und unverschlüsselten virtuellen Gastmaschinen.

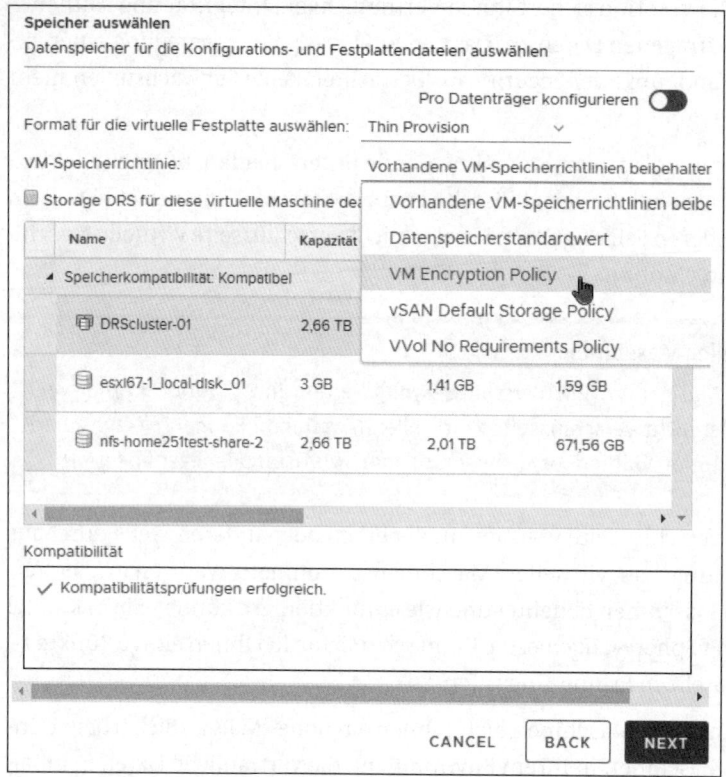

Abbildung 3.33 Speicherrichtlinie für die Erstellung von verschlüsselten virtuellen Festplatten

Die Ver- und Entschlüsselung der virtuellen Maschine wird direkt von dem ESXi-Host durchgeführt, auf dem sich die virtuelle Maschine momentan befindet. Damit ein ESXi-Host aber überhaupt verschlüsseln kann, muss zuerst der Hostverschlüsselungsmodus auf allen ESXi-Hosts aktiviert werden (siehe Abbildung 3.34), die verschlüsselte virtuelle Maschinen hosten sollen.

Für das Verschlüsseln von virtuellen Maschinen benötigen Sie auch einen externen *Key-Management-Server* (KMS). Ein solcher KMS bzw. Schlüsselmanagementserver muss das *Key Management Interoperability Protocol* (KMIP) in der Version 1.1 unterstützen, damit Sie ihn in vSphere einsetzen können (siehe Abbildung 3.35). Der KMIP-Client, der in vCenter enthalten ist, unterstützt aktuell lediglich die Version 1.1. Wenn Sie nicht sicher sind, ob Ihr KMS geeignet ist, schauen Sie im VMware Compatibility Guide unter *https://www.vmware.com/resources/compatibility/search.php* nach. Wie Sie den Schlüsselmanagementserver in vSphere einbinden und das Vertrauen zwischen dem vCenter Server und Ihrem Schlüsselmanagementserver herstellen können, können Sie in den VMware Docs unter *https://docs.vmware.com/de/VMware-vSphere/6.7/com.vmware.vsphere.security.doc/GUID-78DD547A-6FFC-49F1-A5F2-ECD7507EE835.html* online nachschlagen. Hier finden Sie unter anderem ein Video von VMware mit einer Schritt-für-Schritt-Anleitung zur Konfiguration.

Der Prozess verläuft wie folgt: Ihr KMS erzeugt und speichert die Schlüssel. Anschließend übergibt er die Schlüssel zwecks Verteilung an den vCenter-Server, der sie dann an die registrierten ESXi-Hosts weiterverteilt.

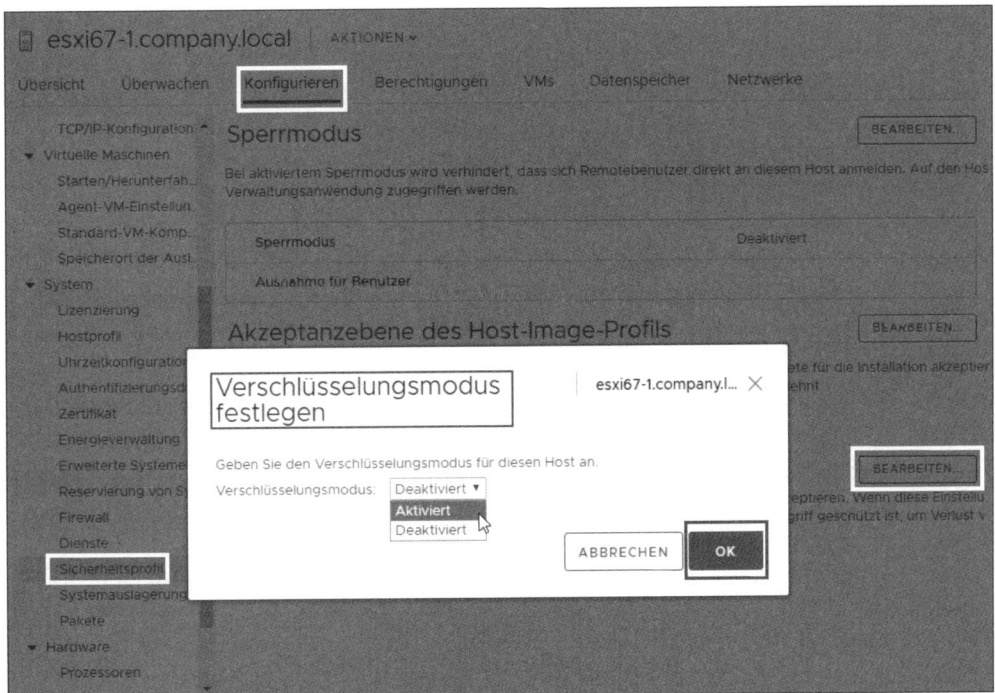

Abbildung 3.34 Aktivieren Sie den Hostverschlüsselungsmodus zum Verschlüsseln von virtuellen Maschinen.

Der detaillierte Prozessablauf bei der Verschlüsselung wird in den VMware Docs unter *https://docs.vmware.com/de/VMware-vSphere/6.5/com.vmware.vsphere.security.doc/GUID-4A8FA061-0F20-4338-914A-2B7A57051495.html* beschrieben.

Wie Sie in Abbildung 3.34 sehen, ist Ihr KMS ein wesentliches Element Ihres Environments. Ist der KMS nicht verfügbar, bekommt vCenter auch keine Schlüssel vom KMS geliefert. Das Gleiche gilt natürlich auch für den vCenter Server: Ist dieser nicht verfügbar, kann der Schlüssel für eine VM-Verschlüsselung auch nicht angefordert werden. Sie sehen schon: Wenn Sie Ihren vorhandenen KMS nicht hochverfügbar gestaltet haben, dann sollten Sie dies unbedingt in Erwägung ziehen.

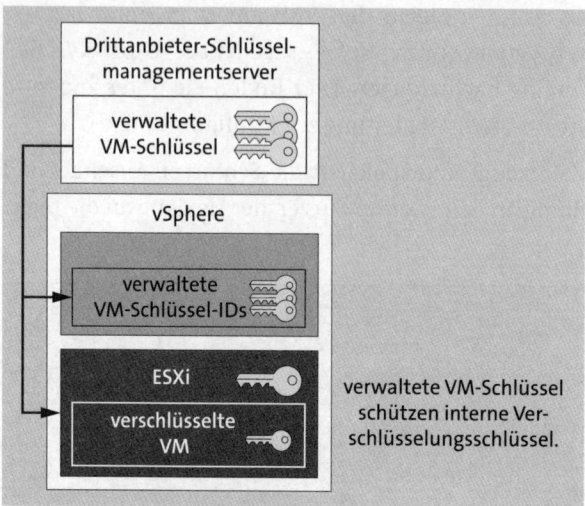

Abbildung 3.35 Die Architektur von vSphere Virtual Encryption

> **Neue Rolle**
>
> Noch eine letzte Anmerkung zum Thema »Verschlüsselung von virtuellen Maschinen«: VMware hat Berechtigungen für kryptografische Vorgänge eingeführt. Damit Sie verhindern können, dass jeder beliebige Administrator auf Daten zugreifen kann, die als vertraulich eingestuft wurden, hat VMware die Rolle *Kein Kryptografie-Administrator* eingeführt. Mit dieser Rolle sind Sie in der Lage, Benutzer zu erstellen, die zwar die volle administrative Berechtigung in vSphere besitzen, aber nicht berechtigt sind, kryptografische Tätigkeiten durchzuführen.

Beschäftigen wir uns nun zuerst mit dem ersten Fall, in dem Sie eine bereits verschlüsselte virtuelle Maschine mittels verschlüsseltem vMotion migrieren bzw. auf einen anderen ESXi-Host übertragen möchten. In diesem Fall haben Sie keine Möglichkeit, die Migration mittels vMotion unverschlüsselt durchzuführen. Das bedeutet für Sie aber auch, dass Sie keine verschlüsselte Übertragung einer verschlüsselten virtuellen Maschine über vCenter-Grenzen hinweg durchführen können. Diese Möglichkeit wird von VMware in der aktuellen Version noch nicht unterstützt.

Kommen wir nun zur verschlüsselten Übertragung von virtuellen Gastmaschinen, die nicht verschlüsselt sind. Für diese virtuellen Maschinen können Sie in den Eigenschaften derjenigen virtuellen Maschine, die Sie mittels verschlüsseltem vMotion migrieren möchten, die Übertragungsart mit vMotion einstellen. Rufen Sie dazu den Menüpunkt VM-OPTIONEN im Bereich VERSCHLÜSSELUNG auf. Hier stehen Ihnen die Optionen DEAKTIVIERT, OPPORTUNISTISCH oder ERFORDERLICH zur Verfügung (siehe Abbildung 3.36).

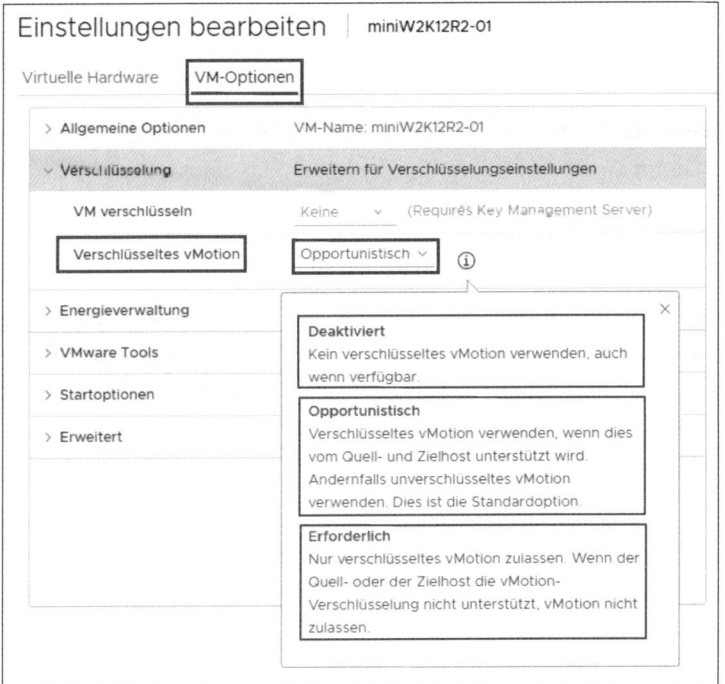

Abbildung 3.36 Ob die nicht verschlüsselte virtuelle Maschine verschlüsselt oder unverschlüsselt mit vMotion übertragen werden soll, legen Sie in den Einstellungen der einzelnen virtuellen Maschine fest.

Was nun die einzelnen Optionen beim verschlüsselten vMotion bedeuten, entnehmen Sie bitte der folgenden Auflistung:

- DEAKTIVIERT: Diese Option veranlasst vMotion, die Daten unverschlüsselt zu übertragen.
- OPPORTUNISTISCH: Diese Option veranlasst vMotion, verschlüsselt zu übertragen, wenn der Quell-ESXi-Host und der Ziel-ESXi-Host dies unterstützen. Unterstützt der Ziel-ESXi-Host kein verschlüsseltes vMotion, dann wird die virtuelle Maschine unverschlüsselt übertragen. Die Option OPPORTUNISTISCH ist die Standardeinstellung für die Übertragung einer virtuellen Maschine mit vMotion.
- ERFORDERLICH: Diese Option veranlasst vMotion, ausschließlich verschlüsselt zu übertragen. Wenn der Quell- oder der Ziel-ESXi-Host kein verschlüsseltes vMotion unterstützt, wird kein vMotion-Vorgang durchgeführt und eine Migration der virtuellen Maschine findet nicht statt.

Wenn Sie eine virtuelle Maschine verschlüsseln, wird ein entsprechender Eintrag in der Verschlüsselungseinstellung der virtuellen Maschine vorgenommen, sodass diese von vMotion nur verschlüsselt übertragen wird. Entschlüsseln Sie dann zu einem späteren Zeitpunkt die virtuelle Maschine wieder, dann wird in den Optionen für verschlüsseltes vMotion die Einstellung ERFORDERLICH eingetragen. Möchten Sie diese virtuelle Maschine wieder auf die Standardoption OPPORTUNISTISCH umstellen, müssen Sie dies manuell in den erweiterten Einstellungen der virtuellen Maschine durchführen.

Für eine nichtverschlüsselte virtuelle Maschine gilt keine Einschränkung bei der verschlüsselten Übertragung über vCenter-Grenzen hinweg. Das bedeutet, dass Sie unverschlüsselte virtuelle Maschinen mittels verschlüsseltem vMotion von einem vCenter Server, der sich z. B. in Ihrem Data-Center befindet, zu einem anderen vCenter Server migrieren können, der sich in einem anderen Data-Center befindet. Sie sehen: Mit diesem vMotion-Merkmal sind dann Szenarien möglich, in denen eine virtuelle Maschine mit einer verschlüsselten Übertragung von einer On-Premises-Cloud-Structure (also einer Cloud im eigenen lokalen Data-Center) in eine andere, z. B. eine Off-Premises-Cloud-Structure verlegt werden kann. Diese Off-Premises-Cloud-Structure könnte sich dann durchaus bei einem Cloud-Provider befinden – und das alles geschieht, ohne dass der Service, den die virtuelle Maschine anbietet, dabei unterbrochen wird.

3.1.4 Bedienung

Die Bedienung von vMotion ist sehr intuitiv und trivial, da eine aktive virtuelle Maschine einfach per Drag & Drop auf einen anderen ESXi-Host gezogen werden kann. Da die virtuelle Maschine angeschaltet ist, startet der vMotion-Prozess automatisch mit dem ersten Dialog.

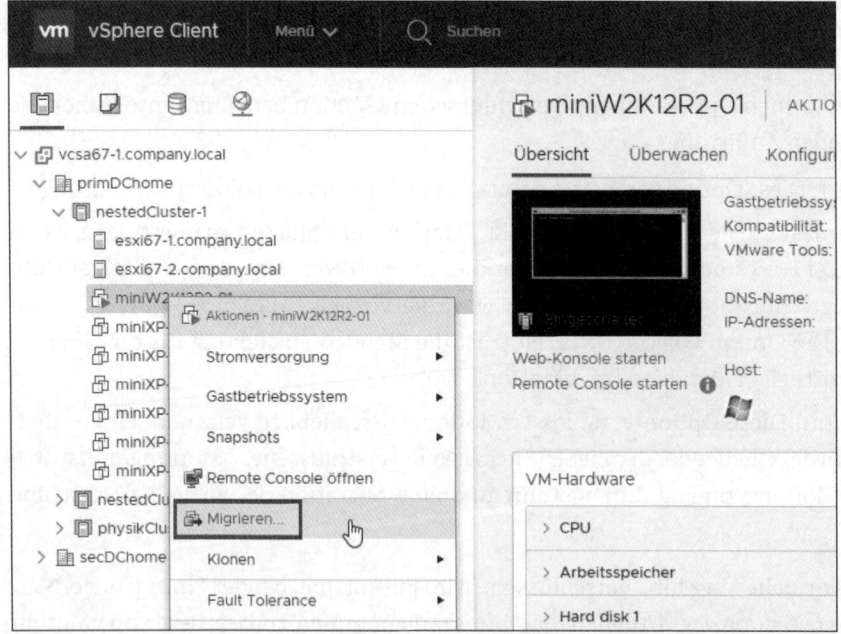

Abbildung 3.37 Eine Migration mithilfe von vMotion wird aus dem Kontextmenü der virtuellen Maschine heraus gestartet.

Eine andere Variante ist die Auswahl MIGRIEREN im Kontextmenü einer virtuellen Maschine (siehe Abbildung 3.37). Der Unterschied zwischen diesen beiden Möglichkeiten der Bedienung ist, dass Letztere auch für Storage vMotion genutzt werden kann und dass natürlich eine weitere Abfrage bezüglich des Zielsystems und des Ressourcen-Pools erscheint (siehe Abbildung 3.38).

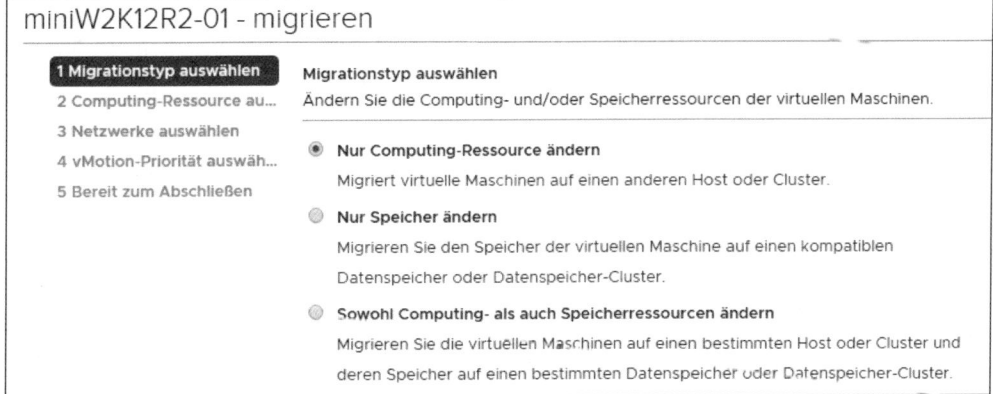

Abbildung 3.38 »Computing-Ressource« steht für vMotion, »Speicher« steht für Storage vMotion bei aktiven VMs.

Haben Sie sich für die Drag&Drop-Variante entschieden, fällt der Dialog deutlich kürzer aus, und Sie haben nur die Wahl der vMotion-Priorität (siehe Abbildung 3.39). Übrigens ist es auch möglich, mehrere virtuelle Maschinen gleichzeitig zu markieren und per Drag & Drop oder per Kontextmenü zu migrieren.

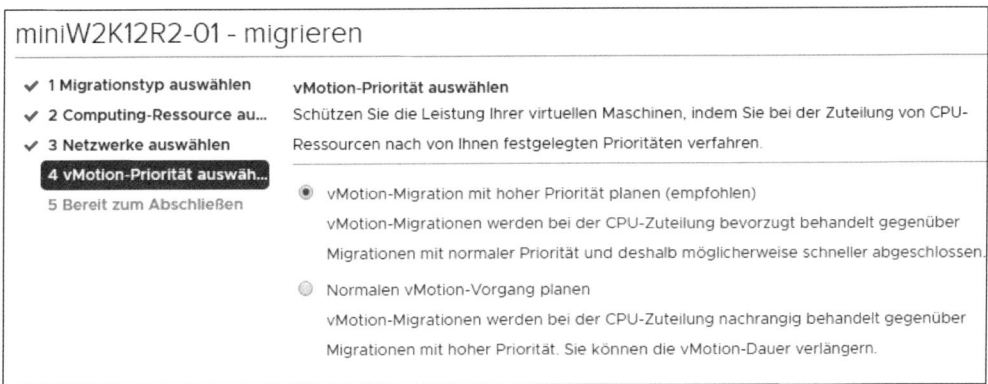

Abbildung 3.39 Auswahl der vMotion-Priorität

Bei der vMotion-Priorität sollten Sie möglichst immer VMOTION-MIGRATION MIT HOHER PRIORITÄT PLANEN auswählen, damit eine entsprechende Absicherung der Ressourcen auf dem Zielsystem gewährleistet ist und der vMotion-Prozess möglichst schnell ablaufen kann.

Außerdem wird der vMotion-Prozess direkt abgebrochen, falls die Ressourcen auf dem Zielsystem nicht zur Verfügung stehen.

Die Auswahl von NORMALEN VMOTION-VORGANG PLANEN (Abbildung 3.39) kann den vMotion-Vorgang zeitlich deutlich in die Länge ziehen, da auf die Ressourcen gewartet wird, anstatt sie direkt zu reservieren. Daher werden diese Migrationen auch immer ausgeführt, selbst bei Problemfällen mit zu hohem Hauptspeicherbedarf.

Sobald der vMotion-Prozess gestartet wurde, können Sie den gesamten Prozess in den Events der Host-Systeme und der virtuellen Maschine nachvollziehen (siehe Abbildung 3.40).

Damit können Sie auch die Dauer des gesamten Prozesses im Nachhinein prüfen. Während der Laufzeit lässt sich nicht nachvollziehen, wie lange der Prozess noch dauern wird.

In der Standardkonfiguration sind nur vier (1-Gbps-Netzwerk) bzw. acht (10-Gbps-Netzwerk) vMotion-Migrationen gleichzeitig pro Host und 128 vMotion-Migrationen pro VMFS-Datastore zugelassen.

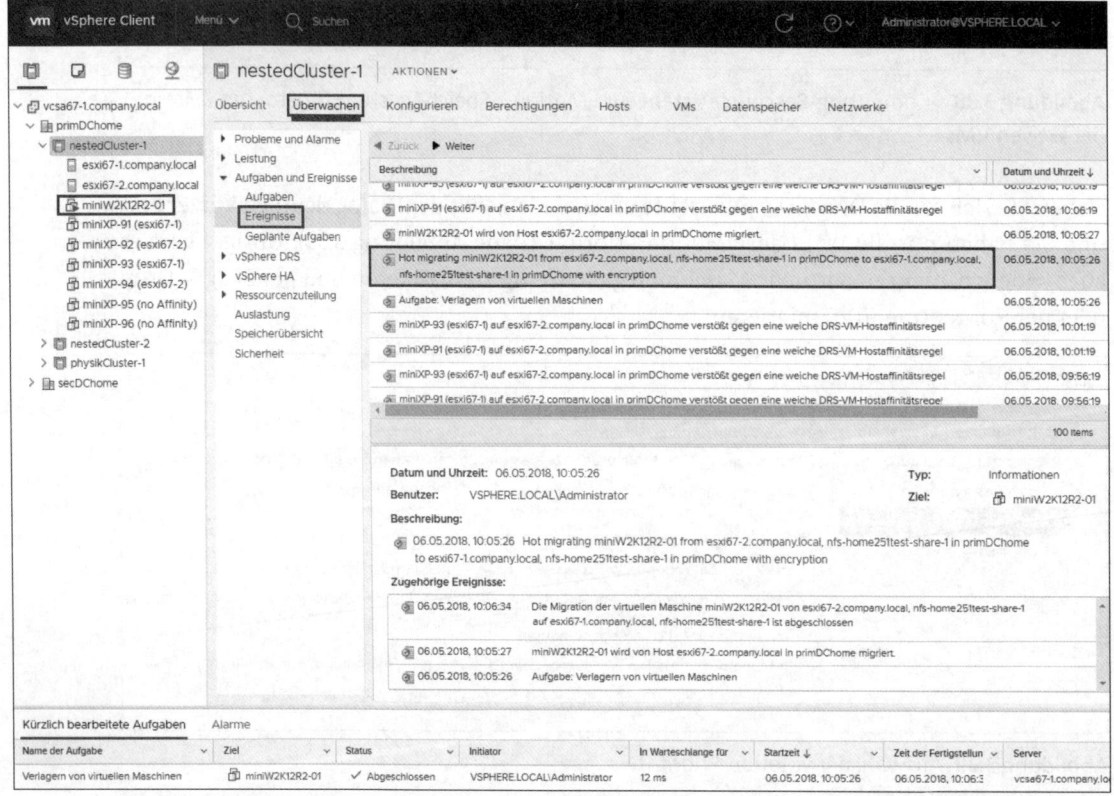

Abbildung 3.40 In der Anzeige »Ereignisse« können Sie den vMotion-Vorgang detailliert nachvollziehen.

3.1.5 Sicherheit

Verschlüsselung

In der Regel findet die vMotion-Datenübertragung im Klartext statt. Daher ist es nicht nur aus Performance-, sondern auch aus Sicherheitsgründen zu empfehlen, ein dediziertes Netzwerk für den vMotion-Verkehr zu betreiben. In keinem Fall sollte der vMotion-Verkehr mit dem Netzwerkverkehr der virtuellen Maschinen vermischt werden, sprich über die gleichen Netzwerkadapter betrieben werden, ohne zumindest eine Trennung durch VLAN vorzunehmen. Das galt jedenfalls so in der Vergangenheit.

Mit vSphere 6.5 kam dann das verschlüsselte vMotion. Es garantiert die Vertraulichkeit, die Integrität und die Authentizität von Daten, die mittels vMotion zwischen den ESXi-Hosts übertragen werden. Der Schutz vor Datenmissbrauch kann dadurch zwar erheblich gesteigert werden, aber Sie müssen natürlich dann garantieren, dass Sie in Ihrer Infrastruktur die Verschlüsselung auch flächendeckend einsetzen können.

Bedenken Sie, dass verschlüsseltes vMotion mit keiner vSphere-Version möglich ist, die vor vSphere 6.5 herauskam. Können Sie dies nicht garantieren, dann gilt natürlich nach wie vor all das, was Sie am Anfang dieses Absatzes gelesen haben – und was die Optimierung angeht, gilt das Gesagte sowieso weiterhin.

TPM (Trusted Platform Module) im Kontext zu vMotion

Die Integration von *Trusted Platform Module* (TPM) in den ESXi-Host existiert in der Version 1.2 bereits seit vielen Jahren. Die aktuelle Version von TPM ist die Version 2.0. Sie basiert auf einer Hardwareerweiterung eines Servers (oftmals eine Zusatzplatine, TPM-Modul genannt, die auf dem Mainboard steckt) für den UEFI Secure Boot. UEFI steht für *Unified Extensible Firmware Interface (http://www.uefi.org)*. Hierbei wird die Signatur des zu bootenden Codes überprüft.

Die Hardwareerweiterung nennt man *TPM-Modul* oder *TPM-Chip*. Dieser Chip speichert neben den Krypto-Berechnungen, die er durchführt, unter anderem auch verschlüsselte Daten, wie z. B. Schlüssel, Anmeldeinformationen, Hash-Werte etc. Eine detaillierte Beschreibung, was TPM ist und wie es genau funktioniert, können Sie in den Dokumenten der *Trusted Computing Group* unter *https://trustedcomputinggroup.org/resource/trusted-platform-module-2-0-a-brief-introduction/* nachlesen.

Seit der vSphere-Version 6.7 gibt es nun auch *Virtual TPM* (vTPM), das im Zusammenhang mit virtuellen Maschinen zum Einsatz kommt. VMware hat ein virtualisiertes TPM-2.0-Gerät – das TPM-Modul in Software – entwickelt, das im Windows einer VM als normales TPM-2.0-Gerät erkannt und angezeigt wird.

Dieses vTPM-Gerät (vTPM-Chip) kann wie ein physisches TPM im Server (physikalischer Chip) auch Krypto-Operationen ausführen und diesbezügliche Credentials speichern. Sämtliche dieser Informationen werden mittels *VM Encryption* gesichert und in der *nvram*-Datei der jeweiligen virtuellen Maschine gespeichert. Das heißt, dass die kryptografischen Daten des TPMs quasi zur virtuellen Maschine gehören, da sie sich innerhalb des VM-Ordners befinden.

Das zeigt auch die Notwendigkeit der Einführung eines vTPM-Gerätes auf, denn ohne eine derartige Architektur wäre ein VMotion bzw. eine Life-Migration im Hinblick auf die TPM-Technologie gar nicht möglich – mal ganz abgesehen davon, dass ein physikalisches TPM-2.0-Gerät sequenziell arbeitet. Das heißt, es würde eine VM nach der Anderen abgearbeitet werden. Sicherlich können Sie sich vorstellen, was das bei einer großen Anzahl von VMs auf dem Host bedeuten würde.

> **Voraussetzungen für vTPM**
>
> Noch ein Hinweis an dieser Stelle: Damit Sie vTPM nutzen können, benötigen Sie die Virtual-Machine-Verschlüsselung. Diese können Sie in den VM-Optionen der Einstellungen zur virtuellen Maschine unter VERSCHLÜSSELUNG vornehmen. Darüber hinaus benötigen Sie auch noch eine Schlüssel-Management-Infrastruktur (KMS) eines Drittherstellers (3rd Party).

Welche Möglichkeiten Sie diesbezüglich haben, entnehmen Sie bitte dem VMware Compatibility Guide. Diesen finden Sie unter *https://www.vmware.com/resources/compatibility/search.php?deviceCategory=kms*. Und einen sehr guten Blog-Eintrag über Konzept und Topologie finden Sie unter *https://blogs.vmware.com/vsphere/2017/10/key-manager-concepts-toplogy-basics-vm-vsan-encryption.html*.

Wenn Sie nachschauen möchten, welche Ihrer virtuellen Maschinen vTPM nutzt, können Sie auf den vCenter-Cluster und dann auf VMs klicken und sich in der Spalte mit der Überschrift TPM den aktuellen TPM-Status Ihrer einzelnen VMs anschauen. Auch dieses Merkmal ist nur im vSphere Client zu finden. Im vSphere Web Client werden Sie diesbezüglich nichts finden.

3.1.6 Problemfälle

Neben den vielen möglichen Inkompatibilitäten, die eine Migration verhindern, existieren auch Problemquellen, die nicht einfach zu erkennen oder zu beheben sind.

Lokale Geräte

Viele lokale Geräte verhindern unter Umständen vMotion, und der Prozess bricht bereits bei der ersten Überprüfung mit einer Fehlermeldung ab (siehe Abbildung 3.41).

Dies ist z. B. bei lokalen Festplatten der Fall. Bei für den VMkernel »weniger wichtigen« Geräten (wie beispielsweise lokal verbundenen Wechselmedien) erscheint eine Warnmeldung, dass das Gerät auf dem Zielsystem nicht verfügbar ist. Sind Sie damit einverstanden, wird der vMotion-Vorgang ohne den Anschluss der CD oder Diskette fortgesetzt. Dies gilt nicht bei bestehender Verbindung eines Client-Device, da dort eine direkte Verbindung vom Client zum ESXi-Server hergestellt ist. In diesem Fall ist vMotion verboten.

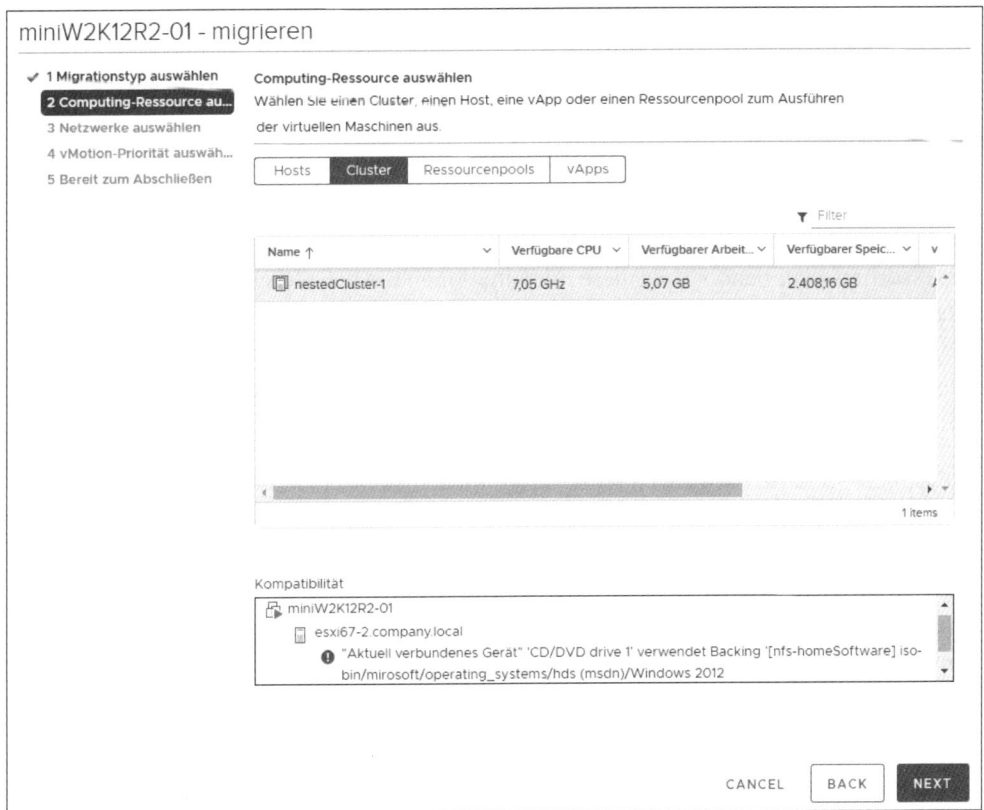

Abbildung 3.41 Problem beim Zugriff auf eine ISO-Datei durch den Ziel-ESXi-Host, da ein lokales Medium verwendet wurde

Gleiche Portgruppe = gleiches Netzwerk?

vMotion achtet bei der Prüfung der Netzwerke nur auf die Portgruppennamen, ohne die physische Verbindung prüfen zu können. Existieren zwei ESXi-Hosts mit der Portgruppe LAN (der die virtuelle Maschine auch angehört), die aber auf unterschiedliche physische Netzwerke konfiguriert sind, kann der vMotion-Prozess zwar erfolgreich abgeschlossen werden, der VM allerdings steht kein funktionierendes Netzwerk mehr zur Verfügung. Sie ist in dem Fall zwar noch aktiv, aber die Netzwerkverbindung zur Außenwelt ist gekappt – Sie hätten die VM sozusagen »totmigriert«. Daher müssen Sie auf die Gleichheit der Portgruppennamen auf den beteiligten ESXi-Hosts achten (Distributed vSwitches bieten durch die zentrale Verwaltung der Portgruppen eine deutliche Vereinfachung) und auch darauf, ob die physischen Gegebenheiten der Uplinks hinter den Portgruppen ebenfalls identisch sind.

Hauptspeicheränderungen

Eine sehr typische Ursache von Problemen sind virtuelle Maschinen, die enorm viele Änderungen im Hauptspeicher durchführen. Je größer die Hauptspeichermenge ist und je mehr Änderungen es gibt, desto schwieriger wird es, eine reibungslose vMotion-Migration durchzuführen. Kommt es stetig zu Abbrüchen bei einer VM, sollten Sie sich deren Hauptspeicheraktivitäten näher anschauen. Ein gutes Beispiel hierfür sind z. B. Webserver, die viele dynamische Webseiten hosten und deren Inhalte im Hauptspeicher vorhalten. Bei einer hohen Änderungsrate dieser Sites kommt es dann unter Umständen zu unangenehmen Abbrucheffekten.

Diese problematischen Vorgänge werden aber nach und nach auch durch Unterstützung der Prozessorhersteller behoben, da diese mit Funktionen wie beispielsweise AMDs *Nested Page Tables* und *Tagged TLBs* (die zusammen als *AMD Rapid Virtualization Index* bezeichnet werden) eine deutliche Beschleunigung bringen und den Hypervisor selbst entlasten. Nähere Informationen zu den AMD-Technologien finden Sie unter folgender URL:

http://www.amd.com/en-us/solutions/servers/virtualization

Mit vSphere 5.x hatte VMware zwar die Verfahren von vMotion beim Transfer der Iterationskopien weiter verbessert, die maximal zulässige Hauptspeichermenge einer VM aber auf 1 TB erhöht. Seit vSphere 6.5 ist dieser Wert nun auf maximal 6 TB gestiegen. Um Systeme mit mehr als 64 GB Hauptspeicher oder mit einer Änderungsrate von mehr als 120 MB pro Sekunde mit vMotion zu migrieren, empfiehlt VMware, 10-Gbps-Verbindungen zwischen den einzelnen ESXi-Hosts zu etablieren. Die Migrationsfähigkeit bei VMs mit vielen Hauptspeicheränderungen wird durch 10 Gbps natürlich ebenfalls massiv gesteigert. Demzufolge ist eine dedizierte 10-Gbps-Verbindung für vMotion optimal geeignet.

Aktuell gibt es zwar keine Verpflichtung vonseiten VMwares, dies umzusetzen, aber es ist mit steigender Datenmenge und der Menge an Migrationen sicherlich eine gute Strategie, dies umzusetzen. Eine weitere massive Optimierung dieses Sachverhalts ist mit der Freigabe von bis zu vier 40-Gbps-Ethernet-Ports für vMotion verbunden. Hier hat VMware bereits den Grundstein für die Ansprüche gelegt, die voraussichtlich in der nahen Zukunft an virtuelle Umgebungen bzw. von virtuellen Maschinen gestellt werden.

SCSI-Reservation-Conflicts

Ein weiterer möglicher Grund für Probleme sind zu hohe *SCSI-Reservation-Conflicts*. Das heißt, dass die virtuelle Maschine nicht migriert werden kann, da das Zielsystem keinen rechtzeitigen Zugriff auf die SAN-Festplatten erhält. Dieses Problem tritt nur bei IP/FC SAN auf und kommt aufgrund von Treiberfehlern oder – deutlich häufiger – wegen Überlastung zum Tragen.

Informationen über SCSI-Reservations finden Sie in den VMkernel-Protokollen der ESXi-Server. Die Problematik SCSI-Reservation-Conflicts wurde mit vSphere 5.x nochmals deutlich minimiert und kann bei Storage-Systemen mit VAAI-Unterstützung sogar eliminiert werden, da nicht mehr die komplette LUN, sondern nur die betroffenen Blöcke gesperrt werden. Dieser Sachverhalt gilt natürlich auch weiterhin für vSphere 6.x.

Auslagerungsdateien (Swapfiles)

Auf Host-Ebene existiert die Möglichkeit, die Auslagerungsdateien der virtuellen Maschinen auf lokale Festplatten des ESXi-Hosts zu legen, anstatt sie im zentralen Speicher vorzuhalten. Das spart einerseits zwar teuren SAN/NAS-Plattenplatz, führt aber andererseits dazu, dass neben dem Hauptspeicher der virtuellen Maschine auch der Swap-Speicher übertragen werden muss. Liegen alle Daten im Shared Storage, so muss der Swap-Speicher nicht bewegt werden; liegt er jedoch auf dem lokalen ESXi-Host, muss er zusätzlich übertragen werden, was einen vMotion-Vorgang deutlich verlängern kann.

In Abbildung 3.42 und Abbildung 3.43 sehen Sie, wie Sie den Umgang mit dem Swap-Speicher konfigurieren.

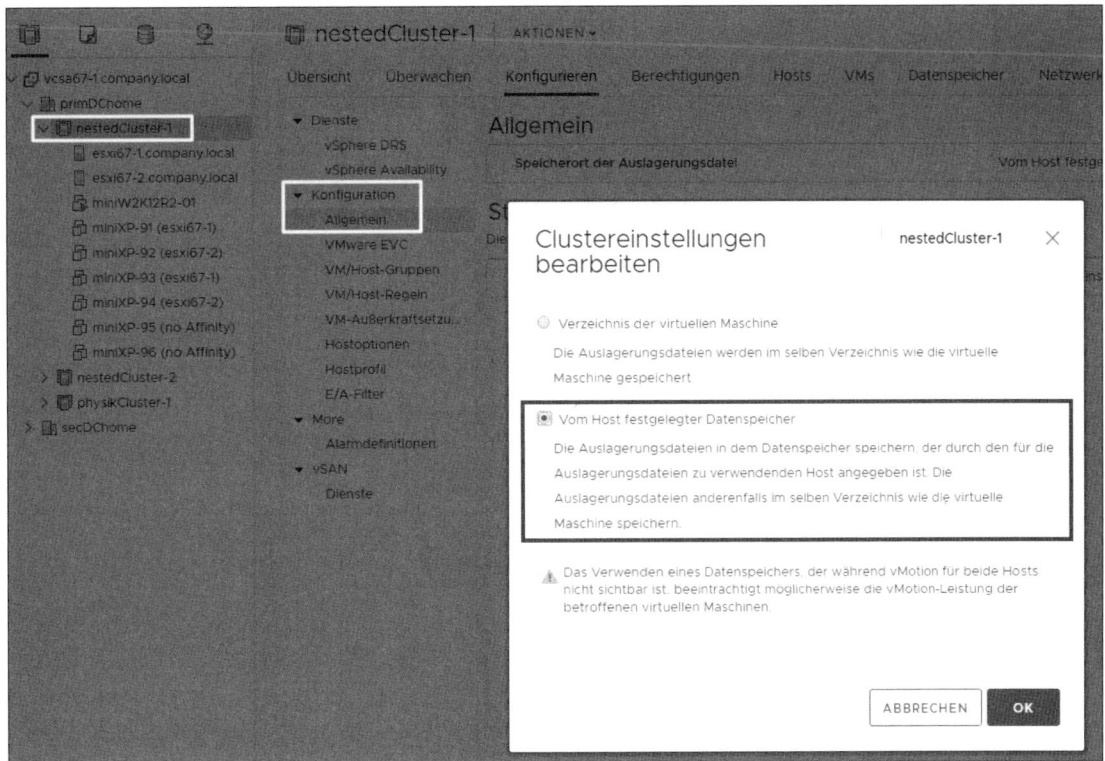

Abbildung 3.42 Anpassung des Speicherorts für die Auslagerungsdatei einer virtuellen Maschine in den Einstellungen des Clusters

3   vMotion und Storage vMotion

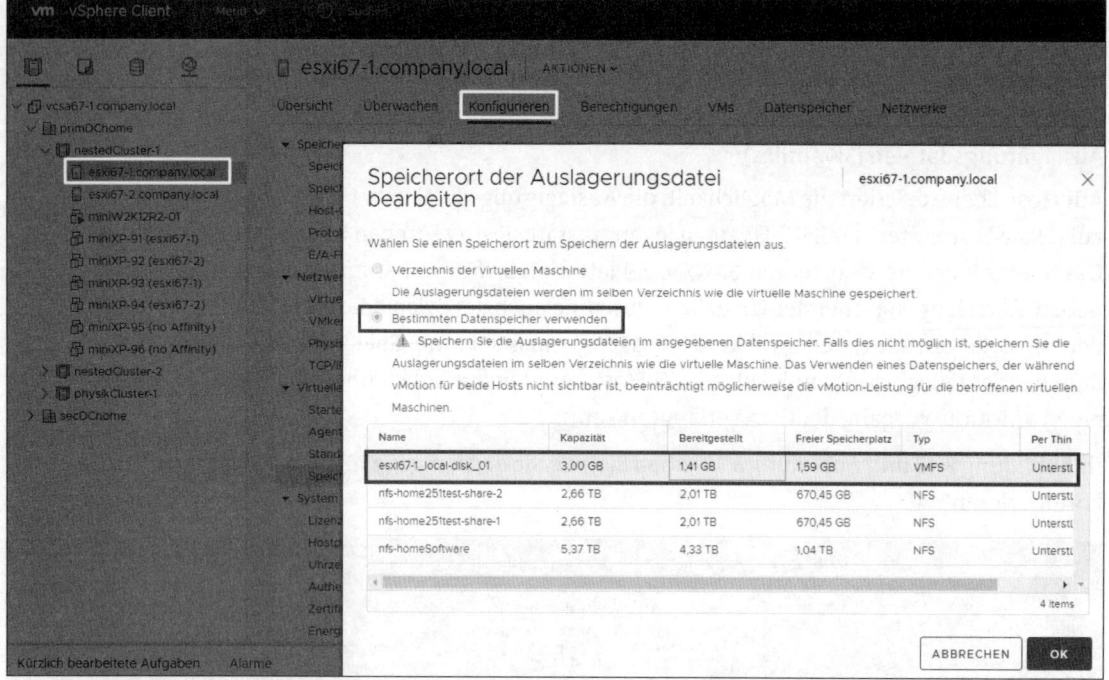

Abbildung 3.43 Anpassung des Speicherorts für die Auslagerungsdateien der virtuellen Maschinen in den Eigenschaften des ESXi-Hosts

Timeouts und langsame Übertragung

Schlägt vMotion bereits am Anfang fehl, so handelt es sich um ein Problem mit der Verbindung zum Ziel-Host. Sie sollten in diesem Fall die vCenter-Meldung genau analysieren und das VMkernel-Protokoll (*/var/log/vmkernel.log*) auf dem Quell-ESXi-Server anschauen.

Einen zwar schon etwas betagten, aber dennoch guten Blog-Eintrag zu diesem Thema finden Sie unter *http://www.vmwarewolf.com/vmotion-fails-at-10-percent*.

Dauert vMotion sehr lange oder bricht vMotion ab, kann dies an einem sehr langsamen Netzwerk liegen, in dem keine rechtzeitige Rückmeldung durch den Ziel-ESXi-Host gesendet wird. Es existieren Fälle, in denen das Gigabit-Netzwerk aufgrund einer Fehleinstellung auf den Ethernet-Switches auf 100-MBit-Halbduplex heruntergestuft wurde, was zu diesem Problem führte.

Hier sollten Sie sich auch die aktuelle Geschwindigkeit der Netzwerkkarten anschauen (`esxcfg-nics -l` oder `esxcli network nic list` auf der Management Console/vCLI) und das VMkernel-Protokoll des Ziel-Servers prüfen.

Ist das Netzwerk im Normalzustand sehr langsam, ist es möglich, die Switchover-Time zu erhöhen, beispielsweise in den ERWEITERTEN SYSTEMEINSTELLUNGEN (siehe Abbildung 3.44) des ESX-Hosts: `PreCopySwitchoverTimeGoal` (Standard 500). Sie erreichen den Wert in den

ERWEITERTEN SYSTEMEINSTELLUNGEN auch, indem Sie die Bezeichnung PreCopySwitchoverTimeGoal direkt in die Filterfunktion eingeben (siehe Abbildung 3.45).

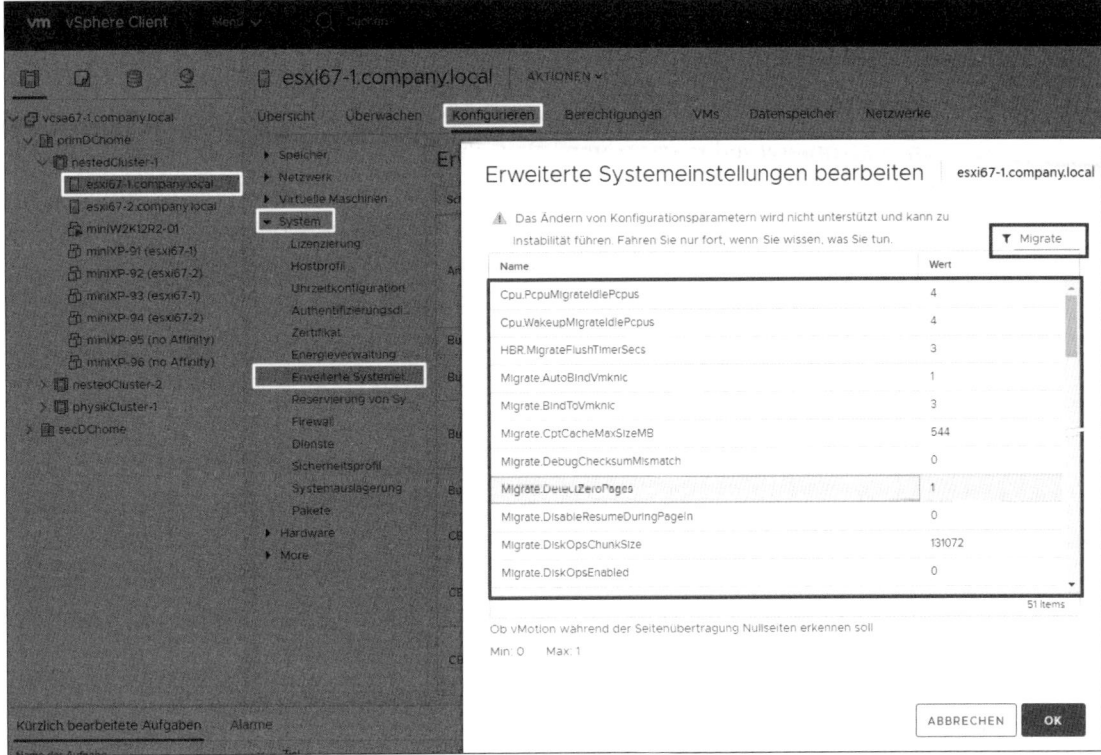

Abbildung 3.44 »Erweiterte Systemeinstellungen« für vMotion-Vorgänge in den Eigenschaften des ESXi-Hosts

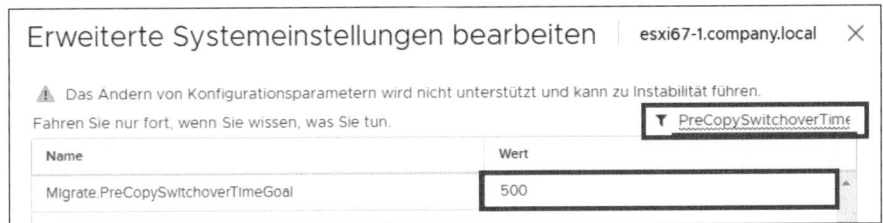

Abbildung 3.45 Schnelles Auffinden eines Parameters in den Erweiterten Systemeinstellungen

vMotion funktioniert nach einem VM-Hardware-Upgrade nicht mehr

Ein bekanntes Problem besteht bei virtuellen Maschinen, deren Hardware von Version 4 (ESX 3) auf Version 7 (vSphere) aktualisiert wurde und die entweder in einem EVC-Cluster waren oder deren CPU-Masking angepasst wurde. Bei diesen VMs bricht vMotion immer direkt mit einer Fehlermeldung ab, die auf eine nicht unterstützte VM-Konfiguration hinweist. Die Lösung in diesem Fall ist das Zurücksetzen des CPU-Maskings in den Eigenschaften der virtuellen Maschine.

NFS-Storage

In den VMware-Foren existieren Beiträge zu vMotion-Abbrüchen bei 78 %, wenn NFS-Datastores genutzt wurden. Das ist kein allgemeiner Fehler, sondern kommt nur bei vereinzelten Kunden vor. Hintergrund ist die unterschiedliche Einstellung bei der NFS-Freigabe für die verbundenen Host-Systeme. Dies stellen Sie sehr leicht fest, indem Sie die Datastore-UUIDs miteinander vergleichen. Sollten diese unterschiedlich sein, müssen Sie die Konfiguration auf dem Storage für die ESXi-Hosts vereinheitlichen und die Datastores neu verbinden.

Die UUIDs der Datastores können Sie auf der Kommandozeile mit df auslesen:

```
/vmfs/volumes/18341836-debecbc6
    50.0G 100k 50.0G 0 % /vmfs/volumes/nfs
```

Dieses Ergebnis muss auf allen ESX-Hosts gleich sein.

Ausfälle

Ausfälle in jeglicher Form können zu einem Fehlschlagen des vMotion-Vorgangs beitragen, z. B. Netzwerk-, Storage- oder Host-Ausfälle. vMotion ist allerdings so konzipiert, dass keiner dieser Ausfälle zum Totalverlust der virtuellen Maschine führen würde. Ein Ausfall auf dem Quellsystem, während die VM noch dort residiert, wirkt sich daher genau wie ein Ausfall ohne vMotion-Vorgang aus. Ein Ausfall des Zielsystems betrifft die virtuelle Maschine erst nach dem Senden des RARP-Pakets (Reverse ARP) und des vMotion-OK-Signals.

Protokolldateien

Sämtliche Informationen zu den vMotion-Vorgängen finden Sie in den Protokolldateien der virtuellen Maschinen und der beteiligten ESXi-Hosts. Dort können Sie nach den Begriffen »Migrate«, »migration id« oder »vMotion« suchen.

- Home-Verzeichnis der virtuellen Maschine:
  - *vmware.log* enthält die Informationen zu der Ziel-VM.
  - *vmware-<höchste Nummer>.log* speichert die Informationen der Quell-VM.
- Host-Protokolle befinden sich auf dem Quell- und dem Ziel-ESXi-Host:
  - */var/log/vmkernel.log*
  - */var/log/vmware/hostd*.log*

Zeitunterschiede

Beachten Sie mögliche Zeitunterschiede der ESXi-Hosts bei der Protokollanalyse.

Die VMkernel-Protokolle enthalten Netzwerk- und Storage-Fehler sowie vMotion-Timeouts. Außerdem ist es möglich, die Migrationsdatenmenge, die Änderungsrate und die vMotion-Dauer in den Logs einzusehen.

Hier sehen Sie ein kleines Beispiel mit einem Extrakt aus dem *vmkernel.log*:

1. Another pre-copy iteration needed with 38769 modified pages (last = -1)
2. Another pre-copy iteration needed with 9616 modified pages (last = 38769)
3. Stopping pre-copy: only 3872 pages were modified

Berechnung:

1. Iteration: 34,2 Sekunden, 38.769 Page-Änderungen (151,4 MB) = 4,43 MB/s
2. Iteration: 2,9 Sekunden, 9616 Page-Änderungen (37,76 MB) = 12,97 MB/s
3. Iteration: 0,87 Sekunden, 3872 Page-Änderungen (15,1 MB) = 17,36 MB/s

Die dritte und letzte Iteration liegt unter 1 Sekunde und wird zum vMotion-Abschluss genutzt.

3.1.7 vMotion Configuration Maximums und Support

In diesem Abschnitt finden Sie sämtliche *Configuration Maximums* für die Funktion vMotion in den vSphere-Versionen 5.x und 6.x:

- 4 gleichzeitige vMotion-Vorgänge bei Verwendung von 1-Gbps-ETH-Adaptern sind je Host maximal möglich.
- 8 gleichzeitige vMotion-Vorgänge bei Verwendung von 10-Gbps-ETH-Adaptern sind je Host maximal möglich.
- 128 gleichzeitige vMotion-Vorgänge sind pro Datenspeicher maximal möglich.
- 128 gleichzeitige vMotion-Vorgänge sind pro VMFS-Volume maximal möglich.

Ausführliche Informationen finden Sie unter: *https://configmax.vmware.com/*

Storage Protocol	VMotion Support
Fibre Channel	✓
FCoE	✓
iSCSI	✓
NFS	✓
DAS	✓

Tabelle 3.3 Die wichtigsten Storage-Protokolle werden von vMotion vollständig unterstützt.

Storage Protocol	VMotion Support
Virtual Volumes	✓
Virtual SAN	✓

Tabelle 3.3 Die wichtigsten Storage-Protokolle werden von vMotion vollständig unterstützt. (Forts.)

3.1.8 Lizenzierung

vMotion ist ab der Essentials-Plus-Edition und höher integriert und wird anhand der vSphere-Lizenzierung der Editionen pro CPU-Sockel lizenziert. Hierbei ist allerdings zu ergänzen, dass Funktionen, wie Cross-vSwitch-, Cross-vCenter-, Long-Distance- oder Cross-Cloud-VMotion nicht in allen Editionen gleichermaßen enthalten sind. Bitte schauen Sie sich in diesem Zusammenhang die nachfolgenden Dokumente mit den Vergleichstabellen an:

- *vSphere Standard, vSphere Enterprise Plus und vSphere with Operations Management Enterprise Plus Editions: https://www.vmware.com/content/dam/digitalmarketing/vmware/de/pdf/vsphere/vmw-flyr-comparevsphereeditions-uslet.pdf*
- *vSphere Essentials Kits: https://www.vmware.com/content/dam/digitalmarketing/vmware/de/pdf/vsphere/vmw-flyr-vspherecomparekits-uslet.pdf*
- *vSphere Scale-Out: https://www.vmware.com/content/dam/digitalmarketing/vmware/de/pdf/vsphere/vmw-flyr-vspherescaleout-uslet-web.pdf*
- *vSphere Remote Office Branch Office (ROBO) Editions: https://www.vmware.com/content/dam/digitalmarketing/vmware/de/pdf/vsphere/vmw-flyr-vsphererobo-uslet.pdf*

3.2 Storage vMotion

Das Verschieben einer virtuellen Maschine von einem Datastore auf einen anderen war bis zu VMware Infrastructure 3.5 (VI 3.5) nur im abgeschalteten Zustand erlaubt. Einen Ausblick auf die Storage-vMotion-Funktion bot erstmals die Online-Migration einer VM von ESX 2.5 (VMFS-2) auf ESX 3 (VMFS-3). Mit VI3.5 wurde erstmals Storage vMotion als Funktion etabliert. Es war allerdings nur über das VMware SDK und das Remote CLI als Befehl verfügbar; eine grafische Implementierung fehlte gänzlich. Andrew Kutz, ein VMware-Community-Mitglied, entwickelte daher das erste inoffizielle Storage-vMotion-Plug-in, das ein grafisches Frontend als vCenter 2.5-Plug-in bereitstellte. vSphere bringt nun von Haus aus die grafische Integration von Storage vMotion mit.

Storage vMotion hat sich wie vMotion als sehr zuverlässig und sehr schnell herausgestellt und wird daher von VMware-Kunden sehr gerne verwendet, um

- virtuelle Maschinen besser auf den Datastores zu verteilen,
- Storage-Planungsfehler der Vergangenheit zu beheben,
- die Systeme auf neue Datastores zu migrieren (z. B. Wechsel des zentralen Speichersystems, Tiered-Storage-Modell),
- die VMFS-Version zu aktualisieren und
- Storage-Wartungsfenster zu überbrücken.

Eine der wesentlichsten Storage-vMotion-Innovationen seit vSphere 5.x ist definitiv die Nutzung der VAAI-Storage-Kommunikation, um den Storage-vMotion-Vorgang komplett im Storage-Array abzubilden. Der große Vorteil daran ist, dass keine Datenübertragung der VMDK-Dateien zwischen ESXi-Host und Storage-Array stattfindet. Natürlich ist diese Methode nur möglich, wenn das Array auch VAAI-Unterstützung anbietet und die Migration nicht zwischen unterschiedlichen Storage-Arrays stattfindet.

3.2.1 Funktionsweise

Manchmal kommt es, wenn von »Storage vMotion« gesprochen wird, zu einem Missverständnis. Es wird sehr oft davon ausgegangen, dass durch Storage vMotion immer sowohl der ESXi-Host als auch der Datastore gleichzeitig gewechselt werden muss. Dies ist definitiv nicht der Fall!

Storage vMotion (SvMotion) ist ausschließlich dafür da, denjenigen Anteil einer virtuellen Maschine ohne Downtime zu migrieren, der sich im Storage befindet. In Abbildung 3.53 können Sie sehen, dass im dritten Unterpunkt zwar beides durchgeführt werden kann, dies ist aber lediglich ein Eindruck, den die GUI vermittelt. Beim Wechsel der Konfiguration der virtuellen Maschine wird ein sogenanntes Self-vMotion durchgeführt. Hierbei wird das Home Directory der virtuellen Maschine auf dem lokalen Host migriert, auf dem sie sich befindet. Dies ist allerdings lediglich SvMotion-prozessrelevant und hat nichts mit einem normalen vMotion zu tun. Storage vMotion kann aus dem vSphere-Client, dem Remote CLI, dem PowerCLI oder dem VMware SDK gestartet werden.

Storage vMotion hat folgende Eigenschaften:
- Die VM verbleibt auf dem gleichen ESXi-Host.
- VM-Festplatten sind individuell auf Datastores migrierbar.
- Es ist keine Abhängigkeit vom Massenspeicher (SAN/NAS) gegeben.
- Die Thick/Thin-Format-Unterstützung und -Konvertierung ist gegeben.
- Eine RDM-zu-VMDK-Konvertierung ist möglich.
- Eine Ausfallzeit (Downtime) ist nicht notwendig.
- Storage vMotion ist komplett transparent für das Gastbetriebssystem.
- Das System wird nur minimal belastet.

Damit Sie die Migration der virtuellen Maschine von einem Datastore auf einen anderen besser verstehen, müssen Sie zuerst darüber nachdenken, aus welchen Dateien die VM normalerweise besteht:

- Konfigurationsdatei (.vmx)
- Protokolldateien (.log)
- Auslagerungsdatei (.vswp)
- Snapshots (-delta)
- andere Dateien (.nvram etc.)
- Festplattendateien (.vmdk)

Bis auf die Festplattendateien liegen immer alle Dateien in der Standardkonfiguration im Home-Verzeichnis der virtuellen Maschine. Bei den Festplattendateien sind allerdings Ausnahmen möglich. Die Festplattendateien können entweder ebenfalls im Home-Verzeichnis liegen oder über mehrere Datastores verteilt werden.

vSphere 4.x

Schauen wir uns die einzelnen Schritte des Storage-vMotion-Prozesses einmal unter vSphere 4 aus Sicht der virtuellen Maschine im Detail an (siehe auch Abbildung 3.46):

1. Zunächst wird überprüft, ob die Quell-VM auf den bzw. die gewünschten Ziel-Datastore(s) verschoben werden kann.
2. Das Home-Verzeichnis wird auf den Ziel-Datastore kopiert (Ausnahme: Festplattendateien).
3. Ein Snapshot auf die Festplattendateien wird angelegt.

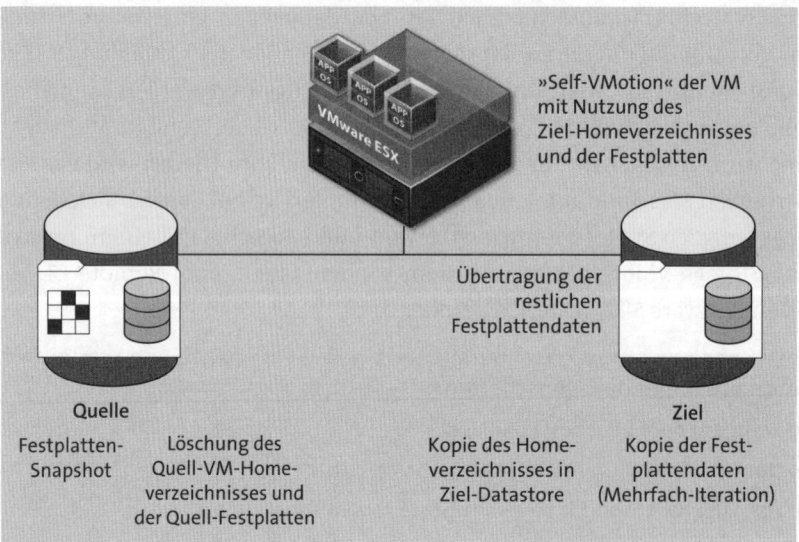

Abbildung 3.46 Schema des Storage-vMotion-Prozesses in vSphere 4

4. Die Festplattendateien werden zum Ziel-Datastore vor dem Snapshot übertragen.
5. Die Übertragung der restlichen aufgelaufenen Snapshot-Dateien erfolgt iterativ, bis nur noch wenige Restdaten vorhanden sind.

6. Alle restlichen Daten werden mit gleichzeitigem Self-vMotion (Fast Suspend/Resume) kopiert.
7. Das Quell-Home-Verzeichnis und die Quell-Festplatten werden gelöscht.

Für die unterschiedlichen Vorgänge sind zwei Komponenten zuständig: der *NFC Copier* und der *Data Mover*. Der NFC Copier ist für die »normalen« Dateien im Home-Verzeichnis verantwortlich, der Data Mover kümmert sich um die größeren Festplattendateien, die iterativ kopiert werden müssen.

Beide Komponenten arbeiten über dem Dateisystem. Das heißt, sie sind unabhängig vom Speichersystem und können mit VMFS und mit NFS arbeiten. Außerdem kann der Aufbau der Festplattendatei durch den Data Mover verändert werden (thick/thin).

Zwischenzeitlich wurde mit vSphere 4.1 die Funktion *Changed Block Tracking* für Storage vMotion genutzt.

vSphere 5.x

Durch die Verwendung von Snapshots hatte die vSphere-4-Version von Storage vMotion Probleme mit bestehenden Snapshots oder Linked Clones. Mit vSphere 5.x verändert sich der komplette Prozess, sodass diese Probleme der Vergangenheit angehören:

1. Es wird überprüft, ob die Quell-VM auf den bzw. die gewünschten Ziel-Datastore(s) verschoben werden kann.
2. Das VM-Home-Verzeichnis wird mittels *vpxa* auf den Ziel-Datastore kopiert.
3. Auf dem Ziel-Datastore wird eine »Shadow-VM« mit den bereits kopierten Dateien gestartet. Danach wartet die Shadow-VM auf die noch fehlenden Daten.
4. Storage vMotion startet den Storage-vMotion-Mirror-Treiber, mit dem alle Schreibvorgänge auf bereits kopierte Blöcke automatisch auf den Ziel-Datastore repliziert werden.
5. Ähnlich wie bei vMotion werden die Festplatten komplett auf den Ziel-Datastore übertragen, wenn nur noch wenige Restdaten zu kopieren sind.
6. Auf Basis der neuen Daten wird ein *Fast Suspend* und *Fast Resume* auf der VM durchgeführt, was mit dem vMotion dieser Version vergleichbar ist.
7. Nach dem erfolgreichen Fast Resume werden die Quelldaten gelöscht, und die VM ist auf dem Ziel-Datastore aktiv.

Die Shadow-VM wird übrigens nur gestartet, wenn das Home-Verzeichnis der VM migriert wurde. Werden nur einzelne Festplatten einer VM migriert, wird die VM nur kurz angehalten (*Stun*), was für das System und die Außenwelt nicht bemerkbar ist.

Das zwischenzeitlich von Storage vMotion verwendete *Changed Block Tracking* wurde durch die neuen Techniken ersetzt.

Zusätzlich zu der Änderung am *Mirror Mode* (Storage-vMotion-Mirror-Treiber) werden Snapshots und Linked Clones unterstützt, die Leistungsfähigkeit wurde verbessert, und die Fehlermeldungen in den Protokolldateien wurden weiter ausgebaut.

> **Nach wie vor wird für Storage vMotion ein Data Mover verwendet, der in drei Typen vorkommt:**
>
> - **fsdm:** Basistreiber; funktioniert immer, ist aber der langsamste aller Data Mover, da alle Daten den kompletten Stack vom Storage-Array bis zur VMkernel-Anwendungsebene durchlaufen müssen. Dieser Treiber wird eingesetzt, wenn der Quell- und der Ziel-Datastore unterschiedliche Blockgrößen haben.
> - **fs3dm:** Seit vSphere 4 steht der *fs3dm*-Modus zur Verfügung, der den Datenweg im Stack optimiert, d. h. auf ESXi-VMkernel-Hardware-Ebene und nicht mehr bis auf Anwendungsebene. Dieser Treiber wird eingesetzt, wenn der Quell- und der Ziel-Datastore gleiche VMFS-Blockgrößen haben.
> - **fs3dm Hardware Offload:** Mit vSphere 4.1 wurde auch ein Hardware-Modus auf Basis von VAAI eingeführt, der den Host deutlich entlastet und die Daten auf Storage-Array-Ebene kopiert. Dieser Treiber wird eingesetzt, wenn der Quell- und der Ziel-Datastore gleiche VMFS-Blockgrößen haben und VAAI-Unterstützung durch die Storage-Arrays zur Verfügung steht.

vSphere 6.x

In vSphere 6.x funktioniert der Storage-vMotion-Vorgang etwas anders als in den früheren Versionen (siehe Abbildung 3.47). Das SvMotion in vSphere 6.x benutzt eine I/O-Spiegelungsarchitektur, um die Datenblöcke von der Quelle zum Ziel zu kopieren. Damit dies erfolgen kann, sind einige Prozessschritte erforderlich. Nachdem Sie die Speichermigration mit SvMotion gestartet haben, geht es so wie im Kasten beschrieben weiter.

> **Der SvMotion-Vorgang in der Übersicht**
>
> - Überprüfung, ob die Quell-VM auf ein bzw. mehrere gewünschte Ziel-Volumes verschoben werden kann
> - Überprüfung, ob der VMkernel-Data-Mover oder VAAI für den Kopiervorgang verwendet werden kann
> - Erzeugung einer weiteren virtuellen Maschine (*Schatten-VM*)
> - Storage vMotion startet den Storage-vMotion-Mirror-Treiber und beginnt mit der Festplatten-Übertragung und der Änderungssynchonisation.
> - Wurden alle Daten auf die Ziel-Volumes übertragen, wird via vMotion der virtuellen Maschine der Zugriff auf die Ziel-Volumes gegeben (*Cut Over*).
> - Löschen der Daten in den Quell-Volumes

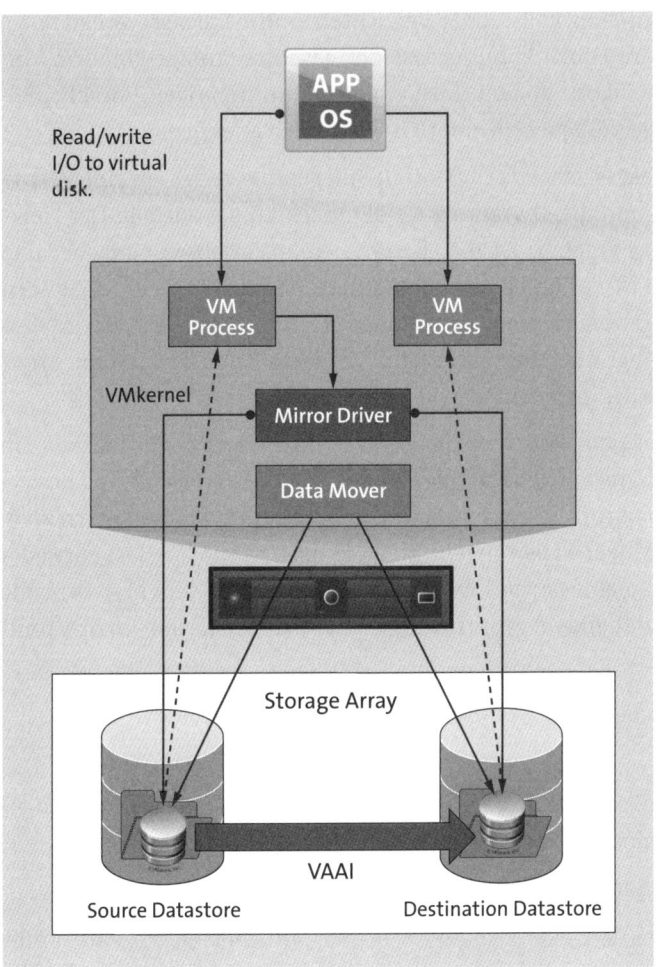

Abbildung 3.47 Schematische Darstellung von SvMotion in vSphere 6

In einem einzigen Durchgang überträgt der Storage-Migrationsprozess (SvMotion) sämtliche Datenblöcke (Blöcke) vom Quell-Volume in das Ziel-Volume. Eigentlich könnte man hier schon von Block-Streaming sprechen. Bei dieser Übertragung wird auch nicht berücksichtigt, dass während des Block-Übertragungsprozesses einige der Blöcke nach der Übertragung zum Ziel-Volume noch auf dem Quell-Volume verändert werden. Sie sehen schon: Dieser Übertragungsprozess ist lediglich dafür vorgesehen, ohne Unterbrechung die Daten von A nach B zu kopieren.

Damit die veränderten Blöcke nach der Übertragung zum Ziel-Volume aber dennoch eine Korrektur erfahren, werden sie nachträglich berichtigt. Diese Aufgabe übernimmt der sogenannte Spiegel-Treiber (*Mirror Driver*). Der Mirror Driver überträgt ständig die Blöcke vom Quell-Volume zum Ziel-Volume. Hierbei werden dann kontinuierlich die nicht aktuellen Blöcke auf dem Ziel-Volume aktualisiert. Dieses neu in vSphere 6.x eingeführte SvMotion-

Verfahren kann somit auf Rekursion vollständig verzichten und garantiert vollständige Transaktionsintegrität der Daten. Hinzu kommt, dass der gesamte Storage-vMotion-Vorgang in einer viel kürzeren Zeitspanne abläuft. Im Vergleich zum iterativen Vorabkopiermechanismus von Festplatten ist das Spiegeln von I/Os wesentlich effektiver.

Ein weiterer positiver Nebeneffekt ist, dass das SvMotion-Spiegelungsverfahren eine Verringerung von IOPS zur Folge hat und die Migrationszeit demnach kürzer ausfällt. Der ganze Migrationsprozess und auch das Ergebnis ist mit diesem neuen Verfahren einfacher und transparenter, und letztendlich ist das Ergebnis auch vorhersehbarer. Ein weiterer äußerst bemerkenswerter Aspekt dieses veränderten Migrationsverfahrens zeigt sich darin, dass auch das Vorhandensein von langsamen Festplatten im Ziel-Array oder in einem niedrigeren bzw. anderen Tier innerhalb des gleichen Arrays kein Problem darstellt.

Dadurch, dass der Mirror-Driver den VMkernel-Data-Mover zum Transfer der Blöcke vom Quell-Volume hin zum Ziel-Volume verwendet, schreibt der Mirror-Driver während des gesamten SvMotion-Prozesses synchron auf das Quell- und Ziel-Volume. Was die unterschiedlichen Ausprägungen der Data-Mover-Typen angeht, bleibt es nach wie vor so, dass entweder der Host oder bei Vorhandensein eines Arrays mit VAAI-Unterstützung der entsprechende Typ (*fsdm, fs3dm, fs3dm Hardware Offload*) genutzt wird (siehe dazu den Kasten im Abschnitt zu vSphere 5.x).

3.2.2 Voraussetzungen

Genau wie für vMotion müssen auch für Storage vMotion bestimmte Voraussetzungen erfüllt werden, damit ein problemloser Ablauf gewährleistet ist:

- VMs mit bestehenden Snapshots können erst seit ESX 5 migriert werden.
- Virtuelle Festplatten müssen im persistenten Modus sein, damit Snapshots möglich sind.
- Werden *Raw Device Mappings* (RDMs) im *Virtual Compatibility Mode* genutzt, sind eine Migration der reinen Mapping-Datei und die Konvertierung des RDMs in eine Thin- oder Thick-Festplattendatei (außer bei NFS) möglich. Bei RDMs im Physical Mode kann die Mapping-Datei nur migriert, nicht aber in eine VMDK-Datei konvertiert werden.
- Eine Migration während der Installation der VMware Tools wird nicht unterstützt.
- Der ESXi-Host, auf dem die virtuelle Maschine betrieben wird, muss über eine Storage-vMotion-fähige Lizenz verfügen. Das heißt, es ist mindestens eine Standard-Lizenz erforderlich.
- ESX/ESXi-3.5-Systeme müssen für vMotion lizenziert und konfiguriert sein.
- Seit ESX/ESXi 4.0 ist keine vMotion-Konfiguration mehr notwendig.
- Der ESXi-Host, auf dem die virtuelle Maschine betrieben wird, muss vollen Zugriff auf den Quell- und den Ziel-Datastore besitzen.

▶ Genau wie in vSphere 5.x sind in vSphere 6.x in der Standardkonfiguration nur 2 Storage-vMotion-Migrationen gleichzeitig pro Host und 8 Storage-vMotion-Migrationen pro VMFS-Datastore zugelassen.

> **Vorsicht!**
> Seien Sie sehr achtsam beim Backup, sollten Sie noch ein System mit vSphere 4 besitzen. Da beide Prozesse mit Snapshots arbeiten, kann es zu sehr kritischen Storage-vMotion-Problemen kommen, wenn ein zusätzliches Programm auf die Snapshots zugreift. Dieses Problem wurde mit vSphere 5.x behoben.

Wie Sie in Abbildung 3.48 sehen, kommt es zu einem deutlichen Anstieg der Ressourcenauslastung während des gesamten Storage-vMotion-Vorgangs. Allerdings ist Storage vMotion als Prozess so ausgelegt, dass es möglichst wenige von virtuellen Maschinen genutzte Ressourcen blockiert. Trotzdem ist eine gewisse Mehrbelastung des ESXi-Hosts nicht von der Hand zu weisen, und die Dauer der Storage-vMotion-Übertragung verlängert sich natürlich, je weniger Ressourcen zur Verfügung stehen.

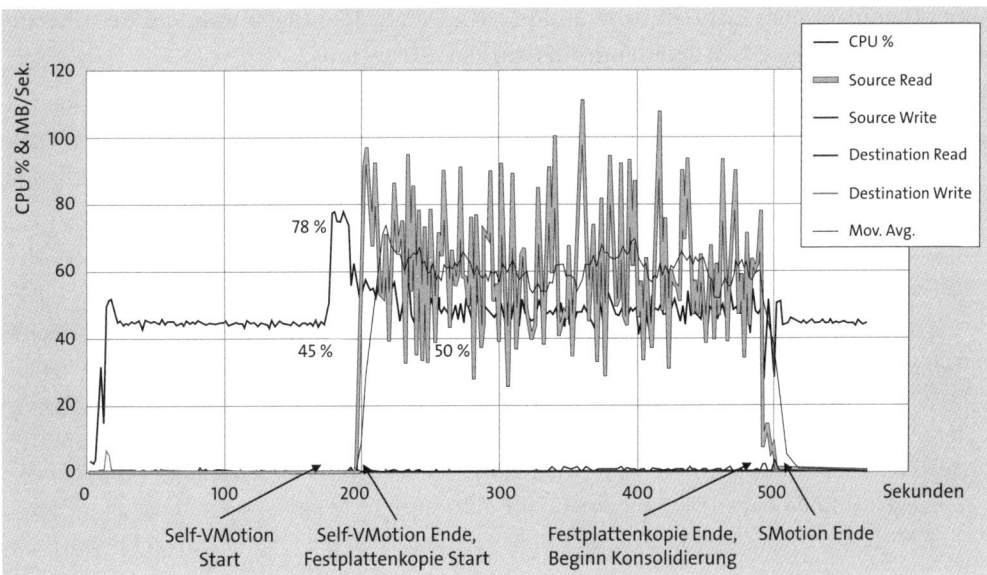

Abbildung 3.48 Belastung durch den Storage-vMotion-Vorgang

Auch den Speicherbedarf auf dem Quell- und dem Ziel-Datastore sollten Sie nicht vernachlässigen (siehe Abbildung 3.49). Sie müssen bedenken, dass auf dem Quell-Datastore in den vSphere-Vorgängerversionen durch die Snapshots zusätzlich REDO-Logs vorgehalten werden müssen, die die Änderungsdaten während des gesamten Storage-vMotion-Prozesses aufnehmen. Diese Logs wachsen kontinuierlich.

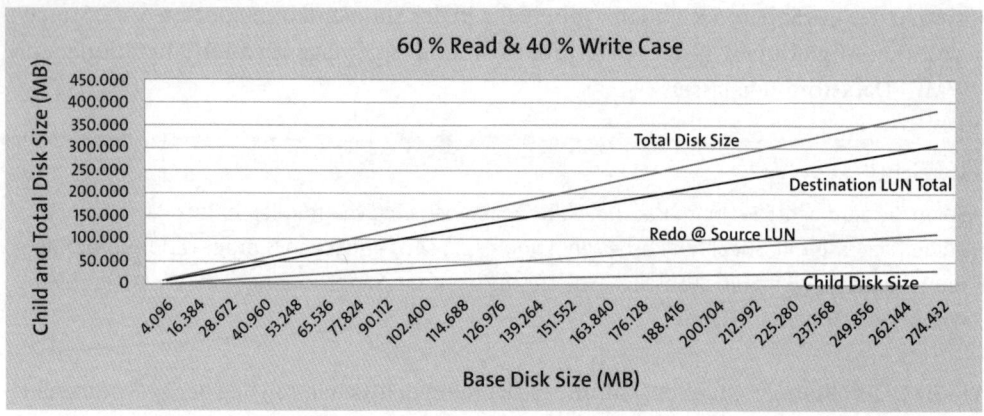

Abbildung 3.49 Speicherbedarf auf den Festplatten während des Storage-vMotion-Vorgangs

Auf dem Ziel-Datastore werden erst die Quellfestplatten mit den Daten vor dem Anlegen des Snapshots kopiert, und erst nach der vollständigen Übertragung werden die restlichen REDO-Logs kopiert. Daher benötigen Sie natürlich den gesamten Plattenplatz für die VM mit ihren Daten auf dem Ziel-Datastore und je nach Datenänderungen während der Übertragung noch einen gewissen Spielraum auf dem Quell-Datastore.

Je größer die Gesamtdatenmenge der virtuellen Maschine ist und je länger der Übertragungsprozess dauert, desto größer wird die benötigte Zusatzkapazität auf dem Quell-Datastore. Genaue Zahlen kann ich nicht liefern, aber Sie sollten bei der Berechnung großzügig mit 20 % Zusatzkapazität der zu migrierenden VM auf dem Quell-Datastore kalkulieren.

> **Leistungseinbußen**
>
> Durch die Datenmenge, die übertragen werden muss, kommt es natürlich zu einer enormen Schreib/Lese-Belastung des Storage-Systems. Außerdem müssen Sie bedenken, dass Storage vMotion sequenziell mit sehr großen Blöcken arbeitet, während der normale Betrieb virtueller Maschinen eher von kleinen Blöcken und Random-Zugriff geprägt ist. Daher treffen auch zwei verschiedene Zugriffsarten auf den Storage, wobei der sequenzielle Zugriff immer bevorzugt wird und daher der Random-Zugriff etwas benachteiligt ist. Gerade bei Einstiegs- und Mittelklasse-Storage-Modellen kann dies zu erheblichen Leistungseinbußen führen.
>
> Mittels VAAI kann diese Belastung deutlich reduziert werden, da das Storage-System die Kopiervorgänge intern realisieren kann.

3.2.3 Storage-vMotion-Funktionen und Methoden

vSphere Storage vMotion unterstützt NFS v3 und NFS v4.1, was ebenfalls für vMotion gilt.

Mit Storage vMotion in der Version 6.x können Sie nicht nur Ihre virtuellen Maschinen über Data-Store-Grenzen hinweg verlegen, sondern auch über vCenter-, Datacenter- und Netzwerk-Grenzen hinweg verschieben. Das heißt, die Workloads können von einer vSphere-Plattform zu einer anderen vollständig unabhängigen vSphere-Plattform verschoben werden, ohne dass es zu einer Service-Unterbrechung kommt. Das bedeutet, dass Sie die laufende VM von einer Cloud in eine andere verlegen können.

Mit Storage vMotion lässt sich auch sehr elegant eine Thin-Disk von ihren genullten Blöcken befreien. Wenn Sie Daten auf Ihrer Thin-Disk löschen, dann werden diese gelöschten Blöcke lediglich mit Nullen überschrieben. Hierbei werden die Null-Blöcke aber nicht so gelöscht, dass die VMDK-Datei schrumpft. Hierzu können Sie bei Windows-VMs sdelete verwenden und bei Linux-VMs dd (*Thin Provisioning Space Reclamation*). Alternativ können Sie aber auch mittels Storage vMotion diesen Prozess umsetzen.

3.2.4 Bedienung

Da der gleiche Wizard für vMotion und Storage vMotion Verwendung findet, ist auch der Weg zum Aufruf des Wizards der gleiche: Gehen Sie über das Kontextmenü der virtuellen Maschine (siehe Abbildung 3.50).

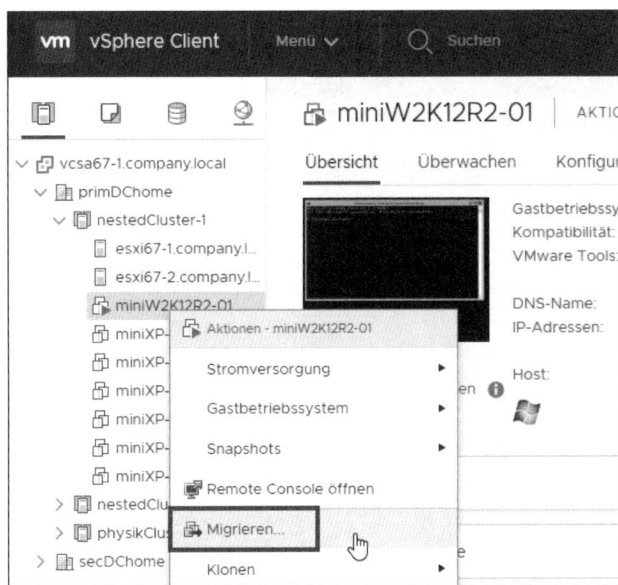

Abbildung 3.50 Wie bei vMotion öffnen Sie den Wizard über den Kontextmenüpunkt »Migrieren« auf einer oder mehreren VMs.

Alternativ ist auch ein Drag & Drop möglich, allerdings müssen Sie dazu in die Datastore-Ansicht des vSphere-Clients wechseln und die virtuelle Maschine per Drag & Drop von dem aktuellen Datastore auf den Ziel-Datastore verschieben (siehe Abbildung 3.52).

In diesem Fall startet der Wizard bereits mit allen Angaben durch, und Sie müssen nur noch die Ziele des Home-Verzeichnisses und der virtuellen Festplatten angeben.

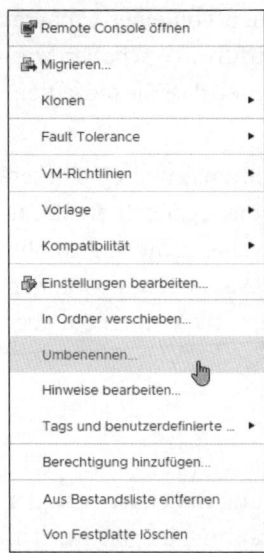

Abbildung 3.51 Umbenennen einer virtuellen Maschine

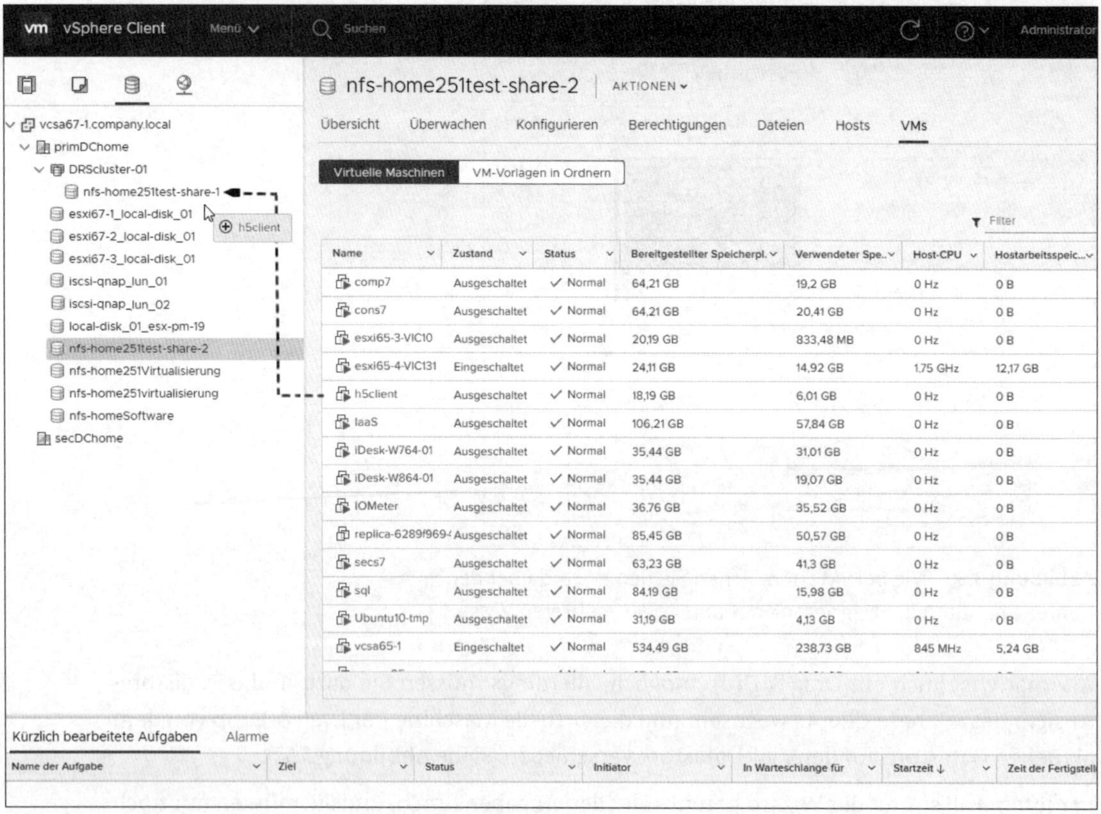

Abbildung 3.52 Storage vMotion per Drag & Drop im vSphere-Client

Der Wizard im vSphere-Client erlaubt:

- das Verschieben von Festplattendateien, ohne das VM-Home-Verzeichnis zu verschieben (siehe Abbildung 3.53)
- die Auswahl unterschiedlicher Datastores für die unterschiedlichen Komponenten (Home-Verzeichnis, einzelne Festplatten)
- die Konvertierung des Festplattenformats (*thin/thick*)
- das Kopieren von RDM-Festplatten (*Raw Device Mapping*) zu virtuellen Festplatten (VMDK) im Thin- oder Thick-Format
- die vollständige Umbenennung einer virtuellen Maschine einschließlich ihrer Systemdateien, virtuellen Festplattendateien und des Verzeichnisses auf dem Datenträger, in dem sie abgespeichert ist. Hierzu geben Sie einer virtuellen Maschine einfach einen neuen Namen über den Menüeintrag UMBENENNEN (Abbildung 3.51). Migrieren Sie anschließend die virtuelle Maschine, und wählen Sie im Menü (siehe Abbildung 3.2) SOWOHL COMPUTING- ALS AUCH SPEICHERRESSOURCEN ÄNDERN aus.

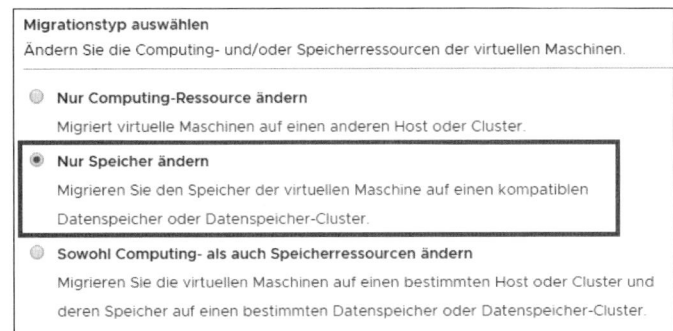

Abbildung 3.53 »Change Datastore« bzw. »Nur Speicher ändern« ist gleichbedeutend mit Storage vMotion.

Der einfachste Storage-vMotion-Vorgang besteht im Verschieben der kompletten virtuellen Maschine. In diesem Fall muss nur der Ziel-Datastore angegeben werden, und es wird direkt angezeigt, ob eine Migration möglich wäre (siehe Abbildung 3.54).

Schalten Sie PRO DATENTRÄGER KONFIGURIEREN ein. Sofort öffnet sich ein neues Formular, in dem Sie die unterschiedlichen Datastores für das Home-Verzeichnis und die virtuellen Festplatten auswählen (siehe Abbildung 3.55) können. Auch hier findet direkt eine Prüfung statt, ob die Ziel-Datastores kompatibel mit dem Storage-vMotion-Vorgang sind.

Unter FORMAT FÜR DIE VIRTUELLE FESTPLATTE AUSWÄHLEN (siehe Abbildung 3.54) können Sie den Typ der virtuellen Festplatte bestimmen. Hierfür haben Sie vier unterschiedliche Möglichkeiten zur Auswahl: FORMAT WIE QUELLE, THIN-PROVISION, THICK-PROVISION EAGER-ZEROED und THICK-PROVISION LAZY-ZEROED.

Abbildung 3.54 Auswahl des Ziel-Datastores bei Storage vMotion

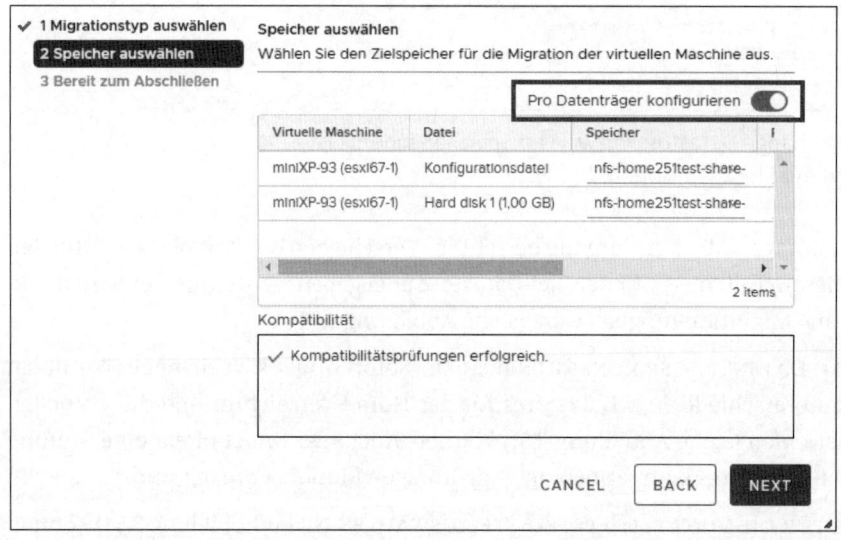

Abbildung 3.55 Erweiterte Auswahl der Ziel-Datastores mittels »Pro Datenträger konfigurieren«

- FORMAT WIE QUELLE ist einfach erklärt. Das bedeutet, dass Sie keine Änderung am Festplattentyp gegenüber dem derzeitigen Format der virtuellen Festplatten der zu migrierenden VM vornehmen wollen. Ist das Festplattenformat z. B. *thin*, dann bleibt es auch *thin*.

- THIN PROVISIONED FORMAT bedeutet, dass die Festplatte ins Thin-Format konvertiert wird, falls sie derzeit im Thick-Format vorliegt. Ansonsten würde keine Anpassung erfolgen. Das Thin-Format ist sehr plattenplatzeffizient, da nur wirklich geschriebene Daten Plattenplatz auf dem Datastore belegen. Existiert eine 20-GB-Festplatte mit 5 GB Belegung, dann schlagen auch nur 5 GB auf dem Datastore zu Buche.

- THICK-PROVISION EAGER-ZEROED bedeutet, dass die Festplatte ins Thick-Format mit der Eigenschaft EAGER-ZEROED konvertiert wird. Dieser Vorgang kann unter Umständen schon etwas länger dauern, da beim Anlegen der Festplatte sämtliche im Storage allozierten Blöcke mit Nullen beschrieben werden. Haben Sie allerdings ein Storage-Array, das VAAI unterstützt, ist dieser Vorgang eventuell schon eher zu verkraften. Virtuelle Festplatten, die das EAGER-ZEROED-Format enthalten, sind performanter als die mit Thin-Format formatierten virtuellen Festplatten. Allerdings wird hierbei auch die komplette angegebene Festplattengröße im Datastore belegt. Existiert z. B. eine 20-GB-Festplatte mit 5 GB Belegung, schlagen mit THICK-PROVISION EAGER-ZEROED trotzdem die vollen 20 GB zu Buche.

- THICK-PROVISION LAZY-ZEROED bedeutet, dass die Festplatte ins Thick-Format mit der Eigenschaft LAZY-ZEROED konvertiert wird. Normalerweise unterstützen moderne Speicher-Arrays für die dem ESXi-Host bereitgestellten Volumes bzw. LUNs Thin-Provisioning auf Storage-Ebene. Wenn Sie jetzt auf der Ebene des Hypervisors auch noch mit Thin-Provisioning arbeiten, haben Sie eigentlich keinerlei Vorteile dadurch, sondern unter Umständen sogar eine gewisse Verschwendung von Ressourcen durch erhöhtes Housekeeping in Ihrem Environment.

Idealerweise bietet sich an dieser Stelle die LAZY-ZEROED-Eigenschaft an. Sie kennen sicherlich die Windows-Schnellformatierung. LAZY-ZEROED ähnelt dieser in gewisser Weise. LAZY-ZEROED reserviert lediglich den ganzen Speicherplatz auf einem VMFS-Volume, ohne dabei die Blöcke zu nullen. Da die Speicherplatzreservierung vom Storage-System mittels Thin-Provisioning bereitgestellt wird, findet auf der Hypervisor-Ebene auch keine Überbuchung statt. Genutzt werden tatsächlich auch nur die Blöcke, die Sie wirklich benötigen. Sie bekommen quasi eine virtuelle Thick-Festplatte mit Thin-Eigenschaften.

Aber beachten Sie bitte, dass die Performance einer LAZY-ZEROED Festplatte nicht so hoch ist wie die einer EAGER-ZEROED-Festplatte. Stellt Ihre Applikation hohe Performance-Anforderungen, dann sollten Sie sich für EAGER-ZEROED THICK-PROVISION entscheiden.

Zum Abschluss folgt eine Zusammenfassung des Vorgangs, und nach der Bestätigung beginnt die Übertragung der Daten mittels Storage vMotion, was Sie in den TASKS & EVENTS des Host-Systems und der virtuellen Maschine sehen können (siehe Abbildung 3.56).

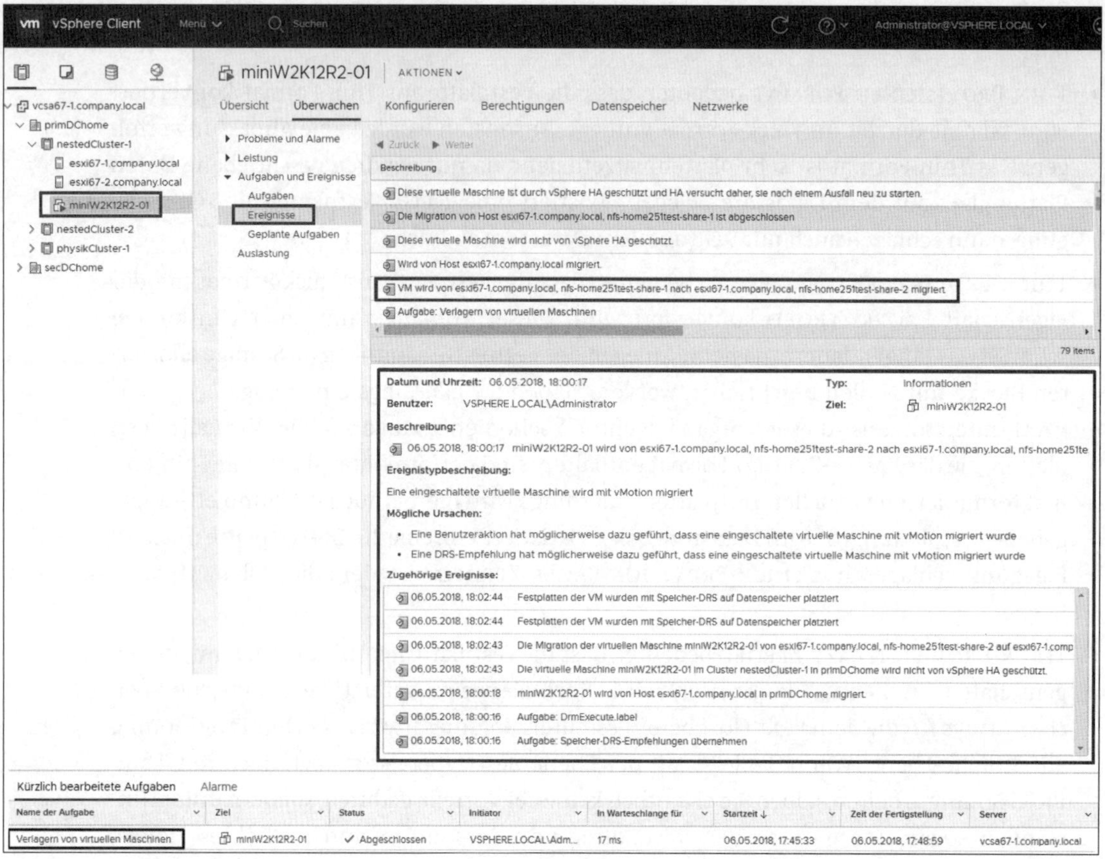

Abbildung 3.56 Storage-vMotion-Tasks in der »Überwachen • Ereignisse«-Ansicht der virtuellen Maschine

3.2.5 Problemfälle

Es sind derzeit wenige Problemfälle mit Storage vMotion bekannt, und die meisten rühren eher von der Infrastruktur als von der Software her. So werden natürlich leistungsfähige Storage-Systeme und -Anbindungen benötigt, damit Storage vMotion problemlos und schnell durchgeführt werden kann. Zu hohe Latenzzeiten oder Paketverluste bis hin zum Ausfall von Infrastrukturkomponenten bergen eine gewisse Gefahr für den SvMotion-Prozess, da dieser bei sehr großen virtuellen Maschinen mehrere Stunden andauern kann.

Generell sollten Sie bei Systemen mit mehr als 20 GB (1-Gbps-basierte Storage-Anbindung) bzw. 50 GB Daten (FC-basiert) die Storage-Migration eher nicht in der Hauptgeschäftszeit durchführen.

Große Raw Device Mappings

Ein sehr häufig übersehenes Problem ist die automatische Migration von RDMs in VMDK-Dateien. Wir müssen nicht lange nach einem Beispiel suchen – nehmen wir einfach einen Fileserver mit einer 1-TB-LUN, die über RDM angebunden ist. Wird diese per Storage vMotion auf einen Datastore verschoben, findet keine Prüfung statt, ob genügend Platz auf dem Ziel-Datastore verfügbar ist; irgendwann ist der Datastore voll, da die wenigsten Datastores 1 Terabyte Zusatzkapazität haben. Daher sollten Sie immer vorher kontrollieren, ob ein RDM angeschlossen ist und ob genügend Datastore-Kapazität zur Verfügung steht. Ansonsten besteht natürlich die Möglichkeit, nur die RDM-Mapping-Datei zu kopieren und nicht die Datastores selbst (FORMAT WIE QUELLE auswählen).

Snapshots

Sollten Sie irgendwo in Ihrem Environment noch eine vSphere-4-Plattform betreiben, die Sie einfach nicht loswerden, dann achten Sie darauf, dass niemals Snapshots während des Storage-vMotion-Prozesses für die betroffene virtuelle Maschine angelegt werden. Besonders Aktionen, die direkt auf dem ESXi-Server und nicht über das vCenter ausgeführt werden, sind gefährlich und führen im schlimmsten Fall zum Datenverlust. Achten Sie daher auf manuelle Snapshots und Snapshots im Umfeld von Backups, die z. B. durch Backup-Skripte oder -Programme erstellt werden. Informationen zu Problemen mit Snapshots und Storage vMotion finden Sie auch in der VMware Knowledge Base unter *http://kb.vmware.com/kb/1003114*. Seit vSphere 5.x besteht dieses Problem allerdings nicht mehr.

Storage-vMotion-Timeout

Bei virtuellen Maschinen mit mehreren Festplatten können beim Storage-vMotion-Vorgang Abbrüche vorkommen. Betrachten wir einmal ein Abbruchbeispiel. In den Protokolldateien des vCenter-Servers können Sie dann ähnliche Einträge wie den folgenden finden:

```
[2008-07-17 12:29:57.283 02828 error 'App'] [MIGRATE]
(1216409209437375) vMotion failed: vmodl.fault.SystemError
[2008-07-17 12:29:57.454 02828 verbose 'App'] [VpxVmomi]
Throw vmodl.fault.SystemError with:
(vmodl.fault.SystemError) {
 dynamicType = <unset>,
 reason = "Source detected that destination failed to resume.",
 msg = "A general system error occurred: Source detected that
destination failed to resume."}
```

Eine mögliche Lösung ist die Reduzierung gleichzeitiger Migrationsprozesse (Migration, Klonen, VM-Erstellung), eine weitere Lösung ist die Erhöhung der Übertragungs-Timeouts. Dies können Sie in den Eigenschaften (VM-OPTIONEN • KONFIGURATION BEARBEITEN, siehe Abbildung 3.57) der virtuellen Maschinen oder direkt in der Konfigurationsdatei anpassen.

Dazu müssen Sie den Eintrag vmotion.maxSwitcherSeconds als Timeout hinzufügen. Der Standardwert ist 100, daher sollten Sie den Wert entsprechend erhöhen.

Abbildung 3.57 Erweiterte Konfiguration in den Eigenschaften einer VM

Den Knowledge-Base-Eintrag finden Sie unter *https://kb.vmware.com/s/article/2141355*. Unter normalen Verhältnissen in Ihrem Environment sollte dies allerdings seit der Version vSphere 5.x kein Problem mehr darstellen.

Storage vMotion und vSphere HA

Solange Storage vMotion aktiv läuft, ist es für HA nicht möglich, die VM neu zu starten, bis Storage vMotion entweder beendet oder abgebrochen wird. Storage vMotion passt den Fehlerzustand der VM automatisch beim Start des Vorgangs an. Sollte vCenter allerdings ausfallen, verfällt diese Anpassung nach 15 Minuten, damit die VM spätestens dann neu gestartet werden kann.

3.2.6 Troubleshooting

Wenn Fehler auftreten, sollten Sie in folgende Log-Dateien hineinschauen:

- *VMKernel.log*
- *VMware.log*
- *host.d*
- *vpxd.log*

In *VMKernel.log* finden Sie Hinweise auf Storage- oder Netzwerkfehler im Zusammenhang mit Storage-vMotion-Timeouts. Die Interaktionen zwischen dem vCenter Server und dem ESXi-Host werden in der *host.d*-Log-Datei mitgeschrieben. Hinweise auf Probleme beim Starten des VM-Prozesses finden Sie in der Datei *VMware.log*.

Fehler, wie z. B. Timeouts, die auf dem Host selbst entstanden sind, können Sie mithilfe der Einträge in der *vpxd.log*-Datei aufspüren.

Eine sehr gute Unterstützung bei der Fehlersuche in vMotion und SvMotion erhalten Sie auch in den Opvizor-Blogs unter *VMware Health Analyzer*. Hier finden Sie unter *https://www.opvizor.com/blog/storage-vmotion-activities-report/* und unter *http://www.opvizor.com/blog/vmware-health-analyzer-vmotion-and-storage-vmotion-vsphere-report/* ausgezeichnete Unterstützung mit den vMotion- und Storage-vMotion-Reports. Dieses Reporting enthält z. B. detaillierte Angaben von der zu migrierenden virtuellen Maschine über das Quell- und Ziel-Volume bis hin zum eigentlichen SvMotion-Datentransfer.

3.2.7 Storage vMotion Configuration Maximums

Da es ja mittlerweile eine ganze Menge an vSphere-Versionen (siehe Tabelle 3.4) gibt, die auch noch in vielen Environments gleichzeitig eingesetzt werden, ist eine Maximalwerttabelle an dieser Stelle sicherlich eine durchaus sinnvolle Sache.

vSphere-Versionen	6.7	6.5	6.0	5.5	5.1	5.0
Storage-vMotion-Vorgänge pro Host	2	2	2	2	2	2
Storage-vMotion-Vorgänge pro Datenspeicher	8	8	8	8	8	8

Tabelle 3.4 Storage-vMotion-Maximalwerte

Ausführlichere Informationen finden Sie im Konfigurationsmaximum-Tool von VMware. Das Tool stellt online alle Konfigurationsobergrenzen für vSphere 6.x unter *https://configmax.vmware.com* zur Verfügung.

Ein vMotion ohne gemeinsam genutzten Speicher bedeutet, dass Sie ein vMotion durchführen, bei dem die virtuellen Festplatten der VM nicht auf einem Shared-Storage gespeichert sind, sondern sich lokal auf den physikalischen Festplatten des ESXi-Hosts befinden. Hierbei führen Sie automatisch ein gleichzeitiges vMotion und Storage vMotion durch. In diesem speziellen Fall gilt natürlich als maximal zulässiger vMotion-Vorgang je Host ebenfalls die 2.

3.2.8 Lizenzierung

Die Storage-vMotion-Lizenz ist ab vSphere 6 in der Standard-Edition enthalten. Bitte beachten Sie allerdings in diesem Zusammenhang, dass das automatische Loadbalancing (*Storage DRS*) erst ab einer vSphere-Enterprise-Plus-Lizenz enthalten ist.

Kapitel 4
Cluster

VMware bietet einen Cluster zur Ausfallsicherheit (HA) und zum Lastausgleich (DRS) an. Zusätzlich gibt es die Funktion Fault Tolerance (FT). Sie basiert ebenfalls auf HA. Später wurde dann zusätzlich noch Storage DRS integriert.

Autor dieses Kapitels ist Bertram Wöhrmann
buch@ligarion.de

VMware versteht unter einem *Cluster* in erster Linie eine Gruppe von zusammengehörenden Servern, die bei Funktionen wie Ausfallsicherheit oder Lastenausgleich füreinander einstehen. Die Funktionen sind rudimentär und nicht mit Applikations-Clustern oder Clustern im Mid-Range- oder High-End-Bereich vergleichbar. Sie sind aber trotzdem äußerst wirkungsvoll und dadurch bei Kunden sehr beliebt. Man kann das Cluster-Objekt grob in EVC-, HA- und DRS-Cluster aufteilen. *Fault Tolerance* (FT) verwendet zwar ebenfalls einen HA-Cluster als Basis, trotzdem finden Sie die Besprechung dieses Themas im Kapitel für virtuelle Maschinen.

4.1 Cluster-Objekt

Sie müssen nicht zwingend HA (*High Availability*) und DRS (*Distributed Resource Scheduler*) nutzen, sondern können ein Cluster-Objekt einfach als organisatorischen Container für ESXi-Hosts und virtuelle Maschinen verwenden, um beispielsweise Berechtigungen zu vergeben. Unabhängig von HA oder DRS kann ein ESXi-Host zwar aktiv in einen Cluster verschoben werden, er muss allerdings zum Entfernen aus dem Cluster in den Maintenance-Modus versetzt werden. Durch Verwendung von vMotion bzw. DRS können die VMs manuell oder automatisch von dem Host, den Sie entfernen wollen, auf die übrigen ESXi-Server verteilt werden. Damit ist es möglich, den ESXi-Host aus einem Cluster zu entfernen, ohne die VMs abzuschalten. Danach kann der ESXi-Host wieder problemlos für VMs genutzt werden.

4.1.1 Einen Cluster anlegen

Um einen Cluster zu erstellen, wählen Sie einfach im Kontextmenü des Datacenter-Objekts den Button NEW CLUSTER (siehe Abbildung 4.1). Alternativ gehen Sie auf das Datacenter-Objekt und wählen im rechten Fenster den Reiter HOSTS & CLUSTERS aus und darunter den Reiter CLUSTERS. Über das ACTION-Menü wählen Sie den Dialog zum Anlegen des Clusters.

4　Cluster

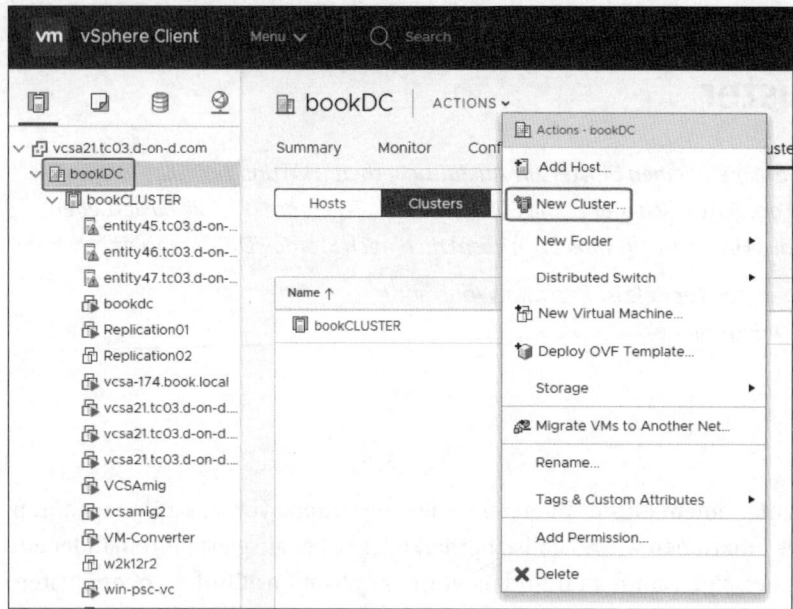

Abbildung 4.1 So legen Sie einen neuen Cluster an

Nun geben Sie einen Cluster-Namen und gegebenenfalls gewünschte Features an. Damit ist der Cluster erstellt (siehe Abbildung 4.2), und Sie können per Drag & Drop ESXi-Hosts in den Cluster ziehen. Wählen Sie keine Features aus, so ist die Integration in den Cluster nur aus vCenter-Sicht eine Änderung; es werden keine Komponenten auf dem ESXi-Host installiert.

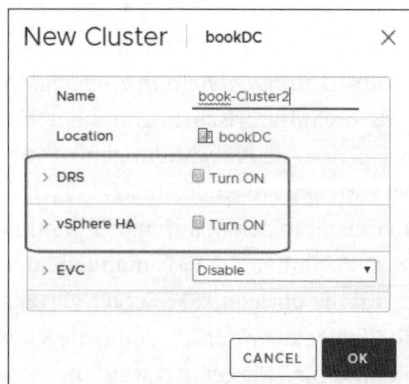

Abbildung 4.2 Name und Funktionsumfang des Clusters

4.1.2　Der EVC-Mode (Enhanced vMotion Compatibility Mode)

Eine Funktion, die nur im Cluster nutzbar ist, nennt sich EVC, was für *Enhanced vMotion Compatibility* steht. Die Bezeichnung deutet es bereits an: Es können ESXi-Server mit unterschiedlichen CPU-Generationen in diesen Cluster integriert werden, und ein vMotion eingeschalteter VMs ist trotzdem möglich. Dies ist vergleichbar mit der Advanced-CPU-Funktion jeder virtuellen Maschine, die es ermöglichen, CPU-Funktionen zu verstecken (siehe Abbildung 4.3).

Allerdings bietet EVC im Cluster den klaren Vorteil, dass diese Einstellung nicht pro VM getroffen werden muss, sondern Cluster-weit gilt, und dass jede VM automatisch konfiguriert wird. Trotzdem werden die Einstellungen einer VM durch den EVC-Cluster zugeordnet und erst beim Abschalten einer VM angepasst, selbst wenn diese den EVC-Cluster wechselt. Aus diesem Grund sollten Sie VMs bei Änderungen im EVC-Cluster nicht neu starten, sondern komplett abschalten und wieder anschalten, damit Ihre EVC-Konfiguration aktuell ist.

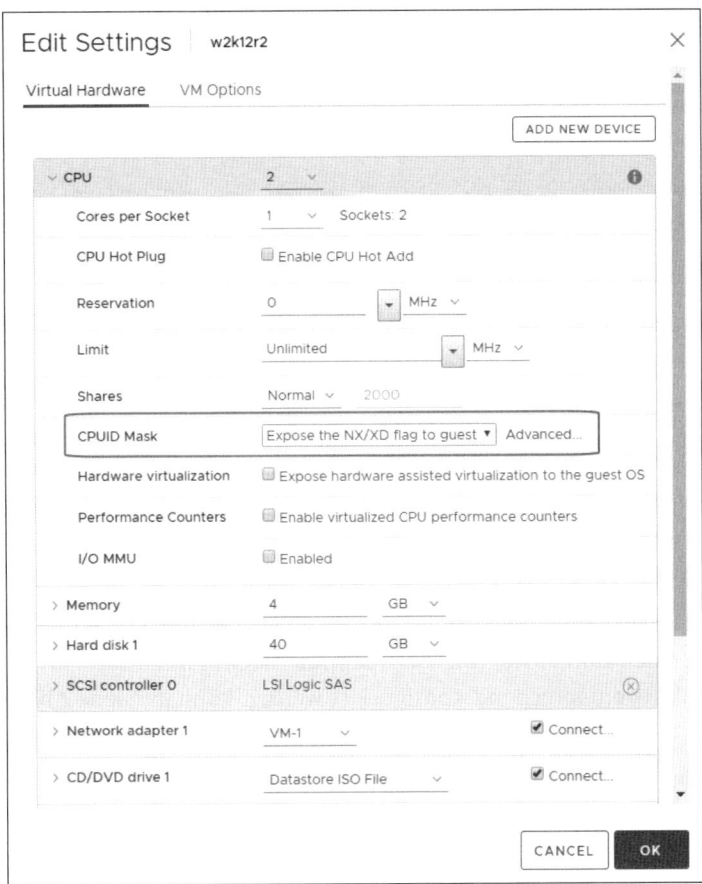

Abbildung 4.3 CPUID-Masking in den Eigenschaften einer VM

Dies bedeutet aber auch, dass VMs abgeschaltet sein müssen, bevor sie den ersten EVC-Cluster betreten dürfen. Nur so werden die EVC-Einstellungen sauber in die VM projiziert.

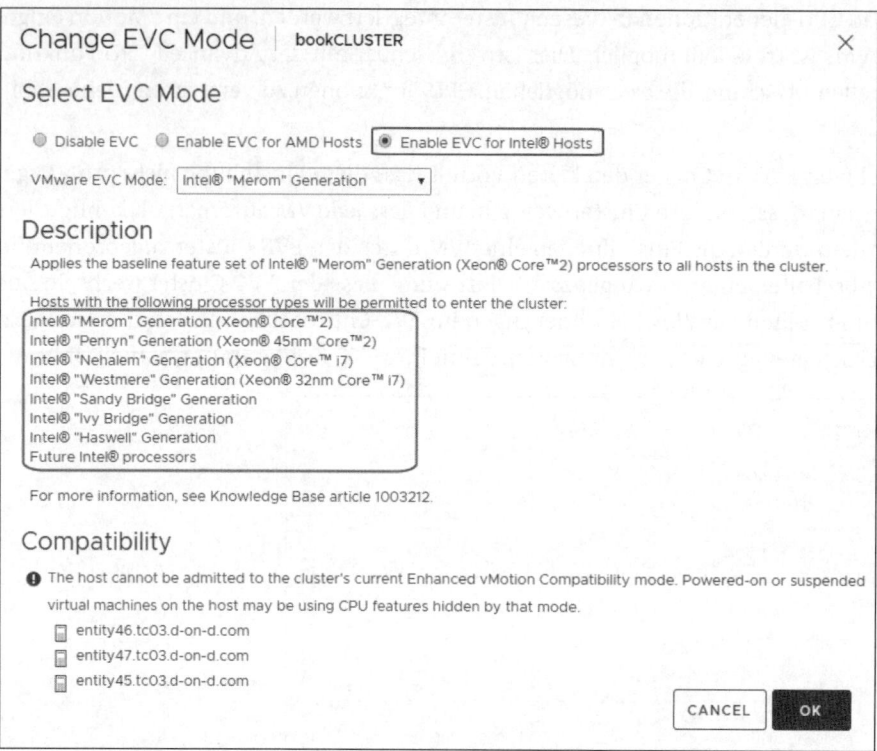

Abbildung 4.4 Ändern der EVC-Einstellungen eines bestehenden Clusters

Um die Funktion *VMware EVC* zu nutzen, können Sie dies entweder direkt beim Anlegen des Clusters angeben oder sie zu jedem Zeitpunkt nachträglich aktivieren (siehe Abbildung 4.4). Auch hier gilt: Die VMs müssen abgeschaltet sein, wenn eine Generationsänderung nach unten stattfindet (d. h., mehr CPU-Funktionen werden ausgeblendet).

Auch EVC kann keine Wunder bewirken, und es müssen zumindest gleiche CPU-Hersteller und ähnliche CPU-Familien in den ESXi-Hosts eingebaut sein, damit ein gemeinsamer Nenner gefunden wird und die VMs entsprechend konfiguriert werden können (siehe Abbildung 4.5).

Man ist geneigt zu fragen: Hat EVC nur Vorteile? Wie immer ist die klare Antwort: Nein. Werden in einem Cluster zwei Server der neuesten Intel-Generation mit zwei Servern der ältesten Intel-Generation in einem EVC-Cluster kombiniert, so werden alle VMs auf die ältere CPU-Generation zurückgestuft. Sind in der neueren Generation CPU-Funktionen für einzelne Applikationen ideal zum Performance-Gewinn, so sind diese Funktionen für die VM nicht mehr sichtbar.

Das Gleiche gilt für virtuelle Maschinen, die auf einer aktuellen CPU gestartet und installiert wurden. Wenn die Applikation entsprechende Programmoptimierungen aufgrund der CPU-

Funktionen mitinstalliert oder genau auf bestimmte CPU-Funktionen aufbaut, so kann ein Wechsel in einen EVC-Cluster mit einer älteren CPU-Generation Nachteile in Sachen Stabilität und Leistung bringen.

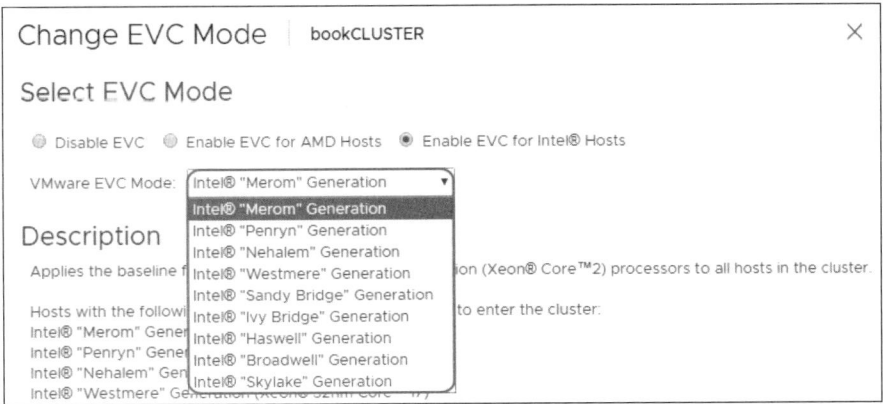

Abbildung 4.5 Aktivieren von EVC im Cluster

Obwohl ein solcher Wechsel selten vorkommt, sollten Sie hierbei bedenken, dass VMware in der Standardkonfiguration die CPU mit allen Funktionen komplett sichtbar an die virtuelle Maschine durchreicht. Es findet eine Virtualisierung und keine Emulation statt. Sobald EVC genutzt wird, sieht die virtuelle Maschine zwar immer noch die reale CPU, allerdings werden bestimmte Register ausgeblendet, die die Prozessorgenerationen ausmachen. Die VM kann also unter Umständen nicht auf den vollen Funktionsumfang der aktuell genutzten physischen CPU zugreifen.

Welche CPU-Funktionen genau zusätzlich eingeblendet werden, sehen Sie in der Beschreibung der Generationen.

Mittlerweile wird aber flexibler mit den CPU-Generationen umgegangen. So ist es möglich, eine VM bereits in einen EVC-Cluster mit Prozessoren der neuen Generation zu verschieben, ohne die VM auszuschalten. Sie behält einfach so lange die Einstellungen zum Betrieb unter der alten Generation bei, bis ein Power-Reset durchgeführt oder die VM ab- und wieder angeschaltet wird.

4.2 HA-Cluster

Ein vSphere-Cluster kann, wie bereits angekündigt, viel mehr, als nur virtuelle Maschinen zusammenzufassen und eine verbesserte vMotion-Kompatibilität herzustellen. Es ist durch den Einsatz der HA möglich, virtuelle Maschinen automatisch neu zu starten – sowohl bei einem Ausfall des ESXi-Servers als auch bei einem Ausfall des Gastbetriebssystems (siehe Abbildung 4.6).

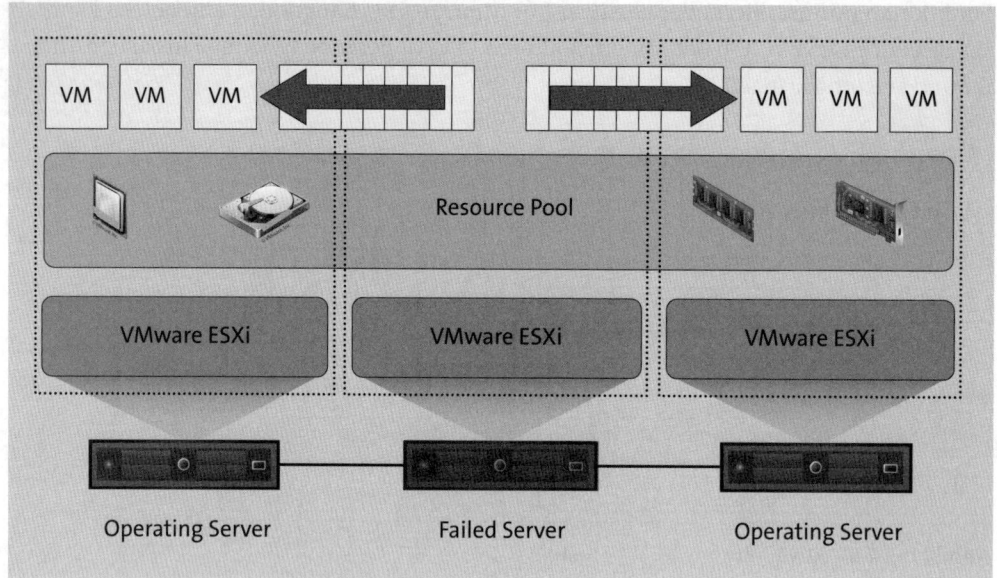

Abbildung 4.6 Übersicht der HA-Funktion von VMware

4.2.1 Technologie-Übersicht

Die Grundidee hinter *VMware High Availability* (HA) ist, den Ausfall eines ESXi-Servers zu überwachen und ihn zu kompensieren. Dabei unterscheidet sich der Clustering-Gedanke von VMware komplett von Microsofts Cluster-Lösung oder von HPs *MC/ServiceGuard* für HP Unix: Deren Cluster stellen eine virtuelle Einheit dar, die auf mindestens zwei physischen Servern basiert, und Anwendungen laufen auf der virtuellen Einheit, z. B. bei Microsoft auf einem SQL-Server oder einem DHCP-Server. Dabei ist immer ein physischer Server aktiv und verwaltet die virtuelle Einheit. Hier teilt sich der aktive Server mit den passiven Servern des Clusters mithilfe einer gemeinsam genutzten Festplatten-Ressource die Informationen über den aktuellen Zustand der virtuellen Einheit und der darauf laufenden Anwendungen.

Fällt bei solch einem Cluster-Verbund der aktive physische Server aus, so übernimmt ein passiver Server die Verwaltung der virtuellen Einheit und die auf dem ausgefallenen Server laufenden Anwendungen können ohne Unterbrechung fortgeführt werden. Die Anwendungen müssen *cluster-aware* sein, um diese Ausfallsicherheit mit der Cluster-Lösung zu nutzen.

VMware realisiert mit HA eine andere Art des Clusterings, die besser in »VMware Fast Server Recovery« umbenannt werden sollte. Diese Lösung überwacht alle im HA-Verbund befindlichen ESXi-Server, und bei einem Ausfall eines dieser Server wird versucht, die darauf aktiven virtuellen Maschinen auf einem anderen, freien ESXi-Server wieder neu zu starten. In diesem Fall ist der Neustart der virtuellen Maschinen unumgänglich. Ebenso ist die Grundlage hierfür die Verwendung von zentralem Storage für die Ablage der virtuellen Festplatten und der VM-Konfigurationsdateien sowie identische Virtual-Machine-Netzwerkverbindungen auf den ESXi-Servern.

HA kann auch Ausfälle innerhalb der virtuellen Maschinen überwachen. Diese Funktion wird allerdings nicht durch den HA-Agent auf den ESXi-Hosts, sondern durch das vCenter selbst realisiert. Mit vSphere existiert mittels HA auch die Möglichkeit, Anwendungen im Gastbetriebssystem zu überwachen (siehe Abbildung 4.7).

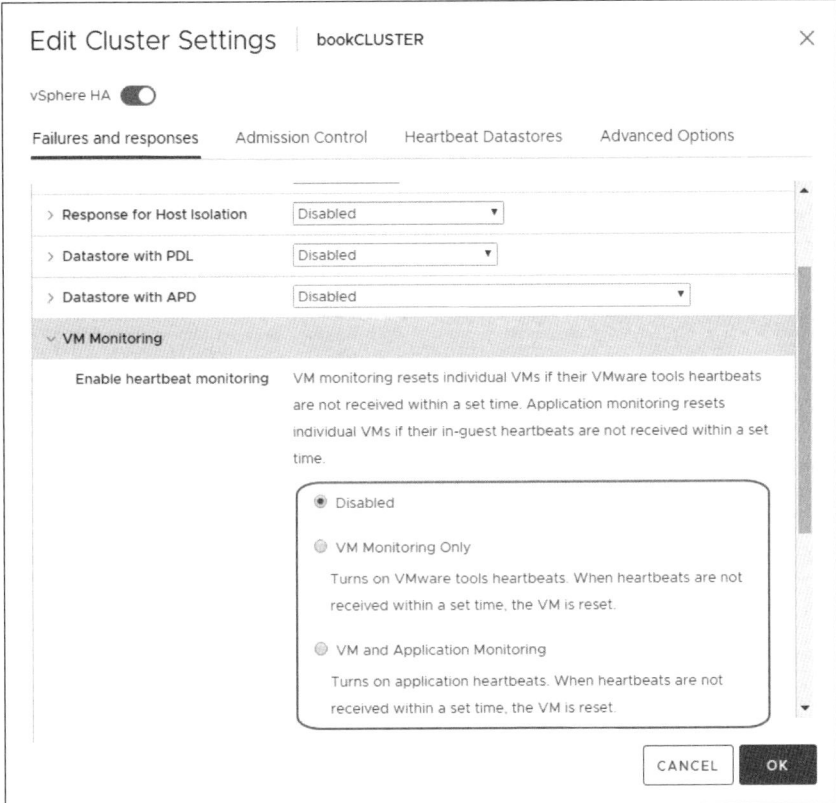

Abbildung 4.7 Applikationsüberwachung mittels HA

Ein Vorteil dieser Cluster-Lösung ist, dass keine redundante Hardware vorgehalten werden muss. Alle im HA-Verbund definierten ESXi-Server sind aktive Server, die eine Anzahl von VMs hosten.

Der größte Nachteil dieser Lösung ist jedoch der Ausfall und Neustart aller virtuellen Maschinen des ausgefallenen ESXi-Servers. Durch die *Strict Admission Control* besteht beim Failover die Gefahr, dass VMs mangels Ressourcen auf den restlichen ESXi-Servern nicht gestartet werden können. Durch eine Priorisierung in den HA-Eigenschaften einer VM können zumindest die wichtigen VMs zuerst gestartet werden und die weniger wichtigen VMs zuletzt, sodass eine eventuelle Ressourcenknappheit nur unwichtige VMs betrifft.

> **Empfehlung**
>
> In einem HA-Cluster sollten immer so viele Ressourcen vorgehalten werden, dass der Ausfall eines Hosts kompensiert werden kann.

Sie sollten bei der Admission Control auf jeden Fall die prozentuale Einstellung der Ressourcen in Betracht ziehen (siehe Abbildung 4.8), da in Umgebungen mit vielen ESXi-Hosts im Cluster eine Host-Einstellung zu unscharf ist. Bei Scale-up-Clustern (wenige, hochperformante Server mit sehr vielen VMs pro Host) sollte der Failover-Host eine gute Alternative darstellen.

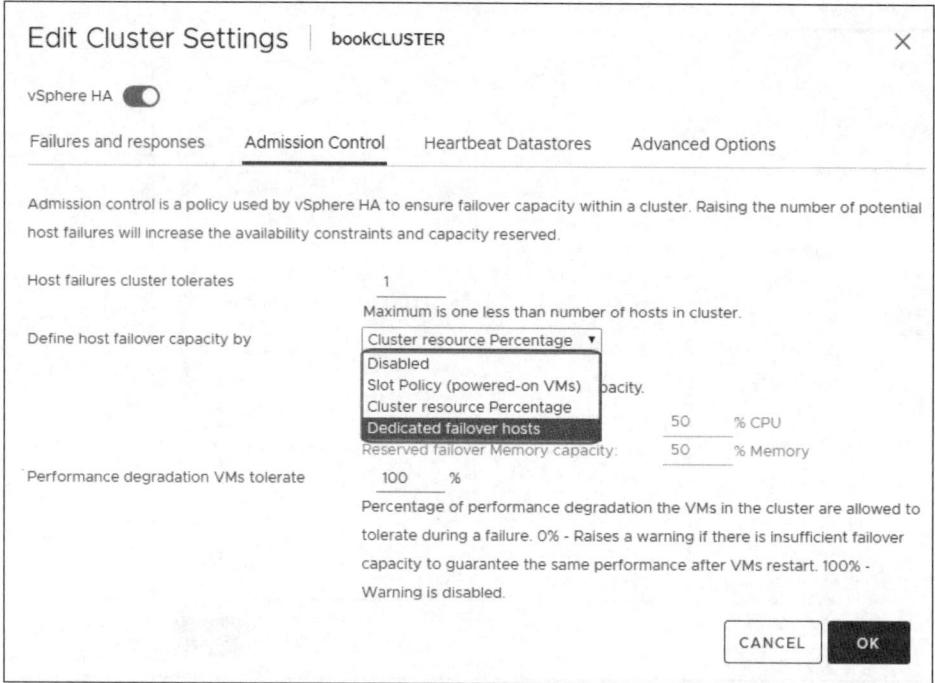

Abbildung 4.8 »Admission Control« mit Ressourceneinstellung

> **Auch ohne VC-Server**
>
> Ein HA-Cluster wird zwar über den vCenter-Server eingerichtet, bleibt aber auch ohne diesen lauffähig, da auf jedem ESXi-Server lokale HA-Komponenten installiert sind, die unter anderem die komplette HA-Konfiguration vorhalten.

Das Konzept folgt dabei dem Master/Slave-Prinzip: Es existiert ein Master im Cluster und alle anderen Hosts sind im Slave-Status. Für den Fall, dass der Master-Server ausfällt, wird ein neuer Master gewählt und die alte Hierarchie ist wiederhergestellt. Ist der ehemalige Master wieder aktiv, gliedert er sich als Slave wieder in den Cluster ein.

Des Weiteren kann ein HA-Cluster mit DRS kombiniert werden: Beim Starten von virtuellen Maschinen wie auch im laufenden Betrieb wird immer die Auslastung der HA-Knoten im Cluster berücksichtigt, und je nach DRS-Konfiguration werden bestimmte VMs entweder automatisch auf freie ESXi-Server verschoben oder dies wird nur als Empfehlung ausgesprochen, um eine ausgewogene Lastverteilung zwischen den ESXi-Servern zu erreichen.

Eine Erweiterung der HA-Funktionalität erfolgte mit dem *proaktiven HA* (siehe Abbildung 4.9). Hier werden aktuell die Status aller Hardwarekomponenten eines Hosts überprüft. Die Information, die das System zur Beurteilung des Hardwarestatus benötigt, werden über eine Schnittstelle zu Hardware ausgelesen.

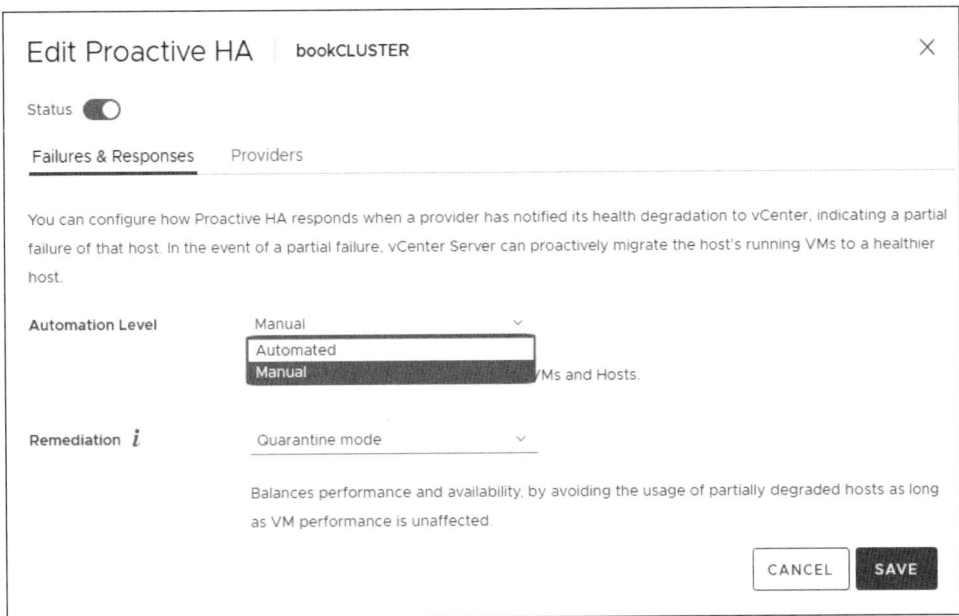

Abbildung 4.9 Festlegung der Art von »Proactive HA«

Werden sich anbahnende Anomalitäten gefunden, z. B. dass die Anzahl der Bitfehler im Arbeitsspeicher steigt, wird der Host proaktiv evakuiert, damit ein Ausfall der auf ihm gehosteten virtuellen Maschinen ausgeschlossen werden kann. Bei der Aktivierung des manuellen Modus bekommt der Administrator Empfehlungen zum Freiziehen eines Hosts.

Beim automatischen Modus führt das vCenter die Aufgabe ohne weiteren Eingriff des Administrators durch. Über den Punkt REMEDIATION (siehe Abbildung 4.10) wird festgelegt, wie sich der Host verhalten soll, falls ein Fehler auftritt. VMware sieht hier die drei Einstellmöglichkeiten aus Tabelle 4.1 vor.

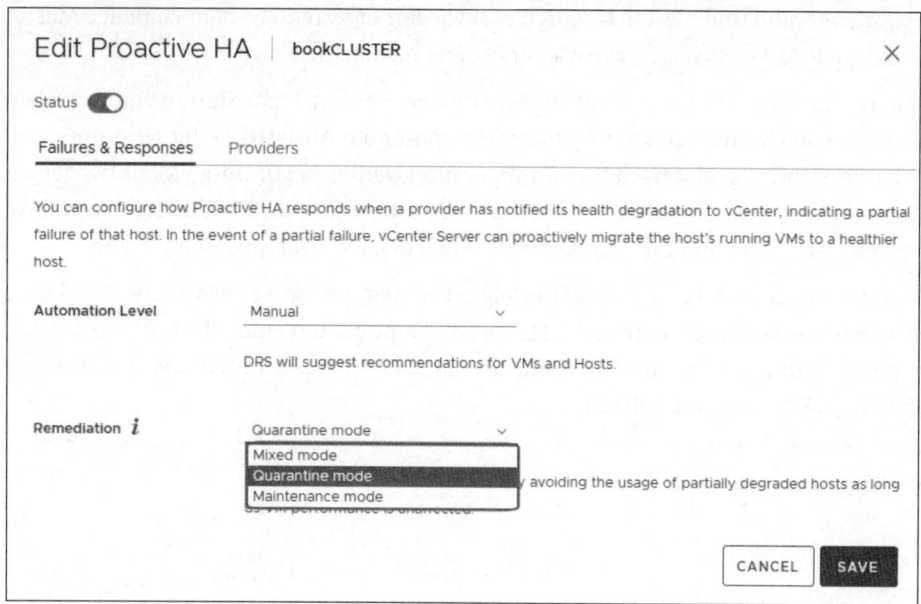

Abbildung 4.10 »Remediation«-Einstellmöglichkeiten

Option	Beschreibung
QUARANTINE MODE	VMs werden von dem betroffenen Host nur wegmigriert, wenn keine Ressourcenengpässe entstehen und wenn keine Affinitäts- bzw. Antiaffinitätsregeln gebrochen werden. Es werden keine neuen VMs auf dem Host bereitgestellt. Dieser Modus wird nur gewählt, wenn der gefundene Fehler nicht so schwerwiegend ist.
MAINTENANCE MODE	Treten Fehler auf, dann wird ohne Rücksicht auf eventuell vorhandene Ressourcenengpässe bzw. Affinitäts- bzw. Antiaffinitätsregeln der Host evakuiert und in den Maintenance Mode versetzt.
MIXED MODE	Bei leichten Fehlern verbleiben die VMs auf dem Host; eine Evakuierung erfolgt erst bei schwerwiegenden Fehlern.

Tabelle 4.1 »Remediation«-Modi

4.2.2 Voraussetzungen für HA

Die Anforderungen für HA entsprechen zum größten Teil denen von vMotion, allerdings existiert keine zwingende Voraussetzung, gleiche Prozessoren in den ESXi-Host-Systemen zu nutzen. Dies rührt daher, dass HA die virtuellen Maschinen nicht im aktiven Zustand migriert, sondern einschaltet, nachdem sie bereits durch den Ausfall gestoppt wurden. Daher gilt: HA setzt voraus, dass jede VM auf jedem ESXi-Host neu gestartet werden kann.

Die Empfehlungen zum Betrieb von vSphere HA lauten:

- vCenter-Integration
- zentraler Storage, auf den alle ESXi-Systeme zugreifen können
- Alternativ zum zentralen Speicher kann auch VSAN genutzt werden.
- installierte und funktionstüchtige HA-Komponenten auf den ESXi-Hosts
- Managementnetzwerk-Verbindung zwischen allen ESXi-Hosts im Cluster (siehe Abbildung 4.11)
- gleiche Netzwerkkonfiguration für die VMs auf allen ESXi-Hosts im Cluster
- keine Managementnetzwerk-Verbindung zwischen ESXi-Hosts über Router zulässig, die *Gratuitous ARP* verwerfen

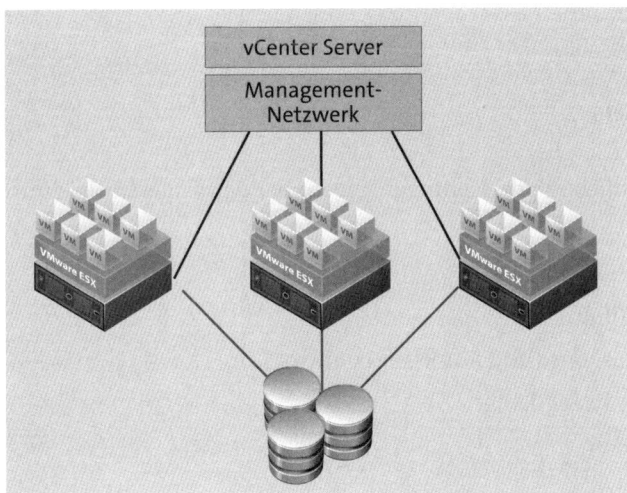

Abbildung 4.11 Grundstruktur der Anforderungen für vSphere HA

> **Tipp**
> Möchten Sie bei virtuellen Maschinen testen, ob sie die Anforderungen erfüllen, so können Sie dafür eine vMotion-Migration nutzen, da deren Voraussetzungen die von HA noch übertreffen. So ist es möglich, ohne Ausfall die HA-Fähigkeit einer VM zu überprüfen.

Aufgrund der Anforderungen an zentralen Shared Storage und direkte Netzwerkverbindungen zwischen den ESXi-Hosts ist es manchmal schwierig, einen HA-Cluster zwischen mehreren Rechenzentren aufzubauen. Hier nutzt auch eine Replikation der Daten zwischen SAN-Systemen in den Rechenzentren nichts, sondern nur ein Zugriff auf die gleichen Daten. Schlagwörter hierzu sind *Metro-Cluster* und *Stretched Cluster*.

4.2.3 HA-Komponenten

Beim Einsatz von vSphere HA kommen drei Komponenten ins Spiel: der vCenter Server, der ESXi-Host-Prozess (*hostd*) und der FDM (*Fault Domain Manager*; siehe Abbildung 4.12).

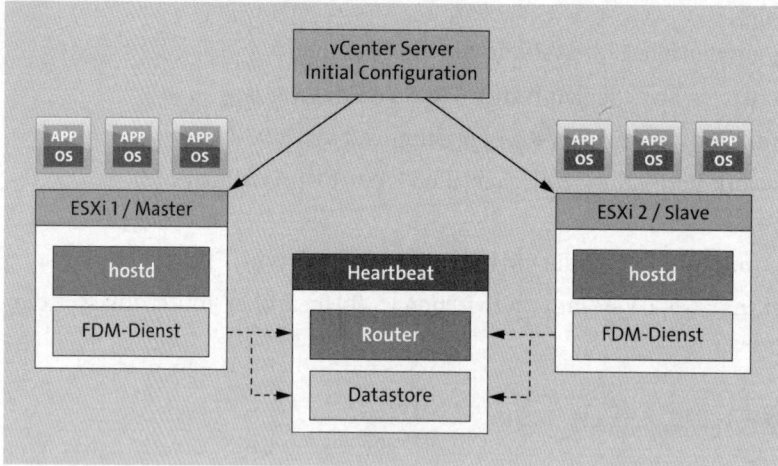

Abbildung 4.12 VMware-HA-Architektur

Die FDM-Komponente bringt deutliche Verbesserungen gegenüber der früheren HA-Funktionalität mit sich, darunter:

- ein Master, mehrere Slaves
- keine DNS-Abhängigkeit mehr (IP-basiert)
- Verbesserungen bei Isolation Response und Admission Control
- Die HA-Protokollierung ist jetzt Syslog-fähig.
- Netzwerk- und Storage Heartbeat

4.2.4 Lizenzierung von HA

vSphere HA ist Bestandteil der vSphere-Suite, die auf CPU-Sockel-Basis lizenziert wird und ab der Edition *Essentials Plus* integriert ist. Auch in den *Remote Office Branch Office*-(ROBO-)Versionen ist High Availability schon enthalten.

4.2.5 Einrichtung von HA

Sie richten HA dadurch ein, dass Sie das Feature HA (VSPHERE HA, siehe Abbildung 4.13) in den Eigenschaften eines Clusters oder bei der Neuerstellung einschalten (TURN ON). Auf diese Weise werden die HA-Komponenten auf den ESXi-Hosts aktiviert und kommunizieren miteinander. Danach können Sie HA an die Bedürfnisse der Infrastruktur anpassen (siehe Abbildung 4.14).

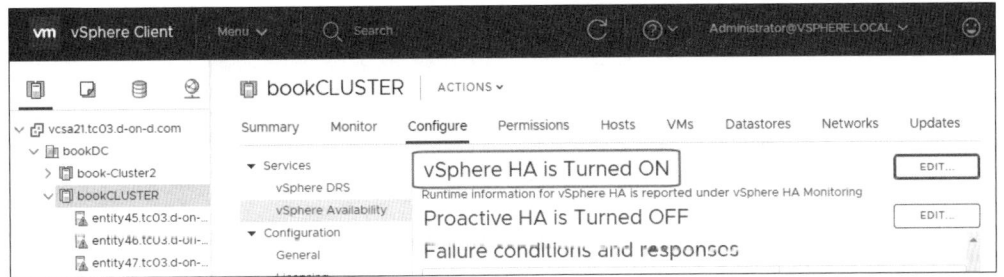

Abbildung 4.13 Aktivierung des VMware-HA-Features

Enable Host Monitoring

Die Option ENABLE HOST MONITORING (siehe Abbildung 4.14) ist sinnvoll, wenn Sie an ESXi-Hosts innerhalb eines Clusters Wartungsarbeiten ausführen, die zum Verlust der Heartbeat-Pakete führen würden. Ein typischer Fall wäre ein Austausch oder ein Firmware-Upgrade von Ethernet-Switches. Der Schalter sollte vor der eigentlichen Wartung deaktiviert und nach Abschluss der Wartungsarbeiten wieder aktiviert werden.

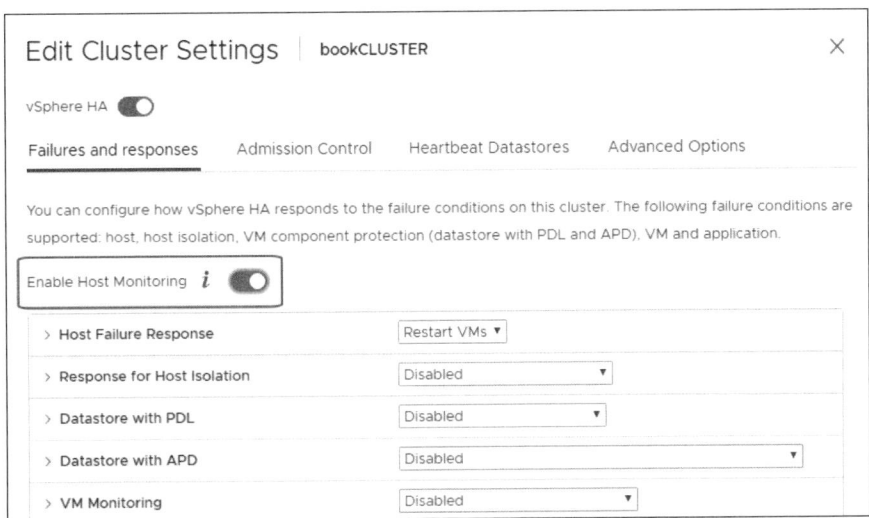

Abbildung 4.14 Aktivierung/Deaktivierung des »Host Monitoring«

HA-Failover-Capacity und Admission Control

Die HA-Failover-Capacity (siehe Abbildung 4.15) gibt die Anzahl von ausgefallenen ESXi-Servern an, die ein HA-Cluster verkraften soll. Der vCenter-Server errechnet eigenständig, wie viele Ressourcen insgesamt im Cluster verfügbar sein müssen, um den Ausfall der angegebenen Anzahl von ESXi-Servern abzufangen.

Allerdings ist es in vSphere möglich, die Berechnungsgrundlage der sogenannten *Slots* selbst vorzugeben (siehe Abbildung 4.16).

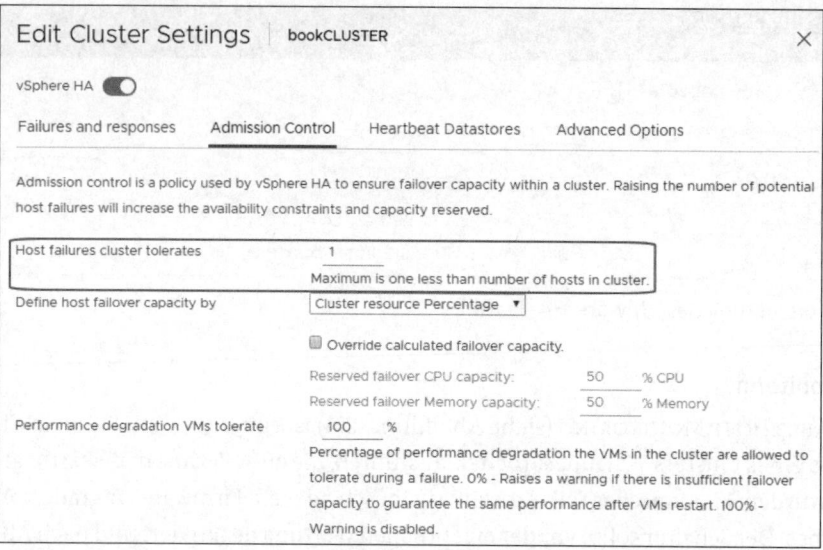

Abbildung 4.15 Festlegung der Anzahl der zu tolerierenden Host-Ausfälle

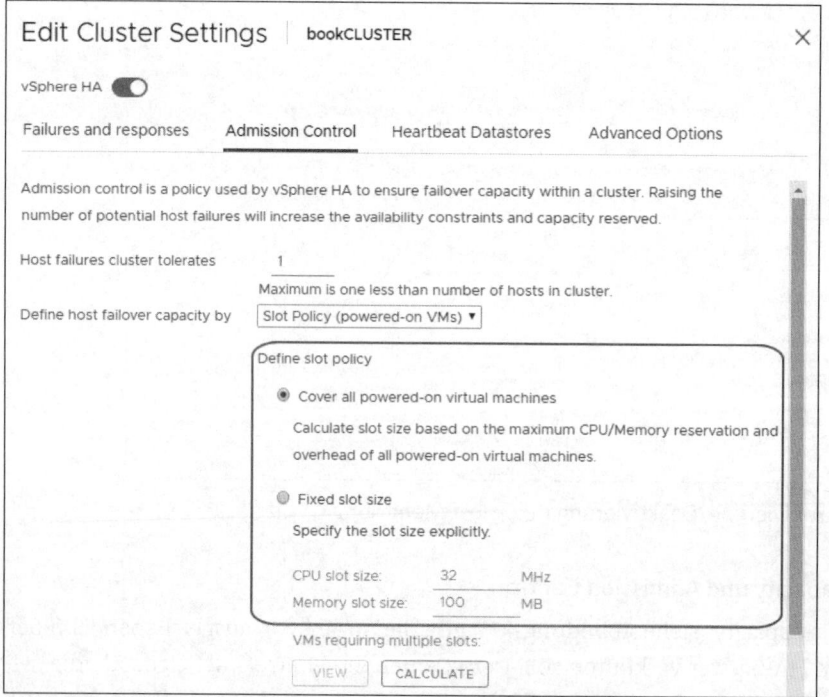

Abbildung 4.16 Slot-Größe für Ressourcenberechnung vorgeben

Als Grundlage hierfür dient der ESXi-Server mit der stärksten Auslastung, wobei dieser Umstand eine sehr konservative Berechnung ergibt. Optimal wäre hier die Kombination von HA mit DRS, sodass alle ESXi-Server im Cluster-Verbund mit einer ausgewogenen Lastverteilung aktiv sind. Der HA-Cluster überwacht dann die Gesamtmenge von startbaren virtuellen Maschinen, um die errechnete Kapazität nicht zu unterschreiten. Diese Funktion wird *Admission Control* (Richtlinie) genannt.

Die Admission Control überwacht die aktuelle Auslastung aller ESXi-Server im HA-Cluster und stellt sicher, dass nicht so viele Ressourcen verbraucht werden, dass die HA-Failover-Capacity gefährdet ist. Das Sicherstellen der verfügbaren Ressourcen erfolgt mit der möglichen Sperre folgender Operationen:

- Start von virtuellen Maschinen
- Migration einer aktiven virtuellen Maschine in einen HA-Cluster
- zu einem Snapshot einer ausgeschalteten virtuellen Maschine zurückrollen und diesen aktivieren
- Erhöhen von CPU- oder Memory-Resource-Settings einer virtuellen Maschine

Diese Überwachung verringert die Flexibilität der ESXi-Server im HA-Cluster und kann durch Deaktivierung der Admission Control ausgeschaltet werden. Dadurch können mehr virtuelle Maschinen gestartet werden, als die Admission Control erlauben würde. Dabei signalisiert der vCenter-Client einen HA-Cluster mit niedriger Failover-Kapazität nicht mit einem roten Symbol, und virtuelle Maschinen können nach Belieben gestartet werden.

Die Folge dieser Aufhebung ist eine reduzierte Kapazität, um die konfigurierte Anzahl von ESXi-Server-Ausfällen abzufangen. Werden jetzt bei einem Ausfall die virtuellen Maschinen auf den übrigen ESXi-Servern neu gestartet, entscheidet die *HA Restart Priority* einer VM, wann diese gestartet wird, um somit die letzten freien Ressourcen des HA-Clusters in Beschlag zu nehmen. VMs mit einer niedrigen Priorität laufen Gefahr, mangels Ressourcen nicht mehr gestartet werden zu können.

Dieses Standardverfahren der Admission Control können Sie jedoch in einem eingegrenzten Rahmen konfigurieren. So besteht auch die Möglichkeit, die Ressourcensperre der Admission Control komplett aufzuheben und auch bei erschöpften Ressourcen die VMs immer noch zu starten. Die Auswahl treffen Sie mit dem Schalter ENABLE ADMISSION CONTROL. In diesem Fall ist es auch nicht mehr möglich, die POLICY detaillierter zu konfigurieren, und der Bereich wird grau unterlegt.

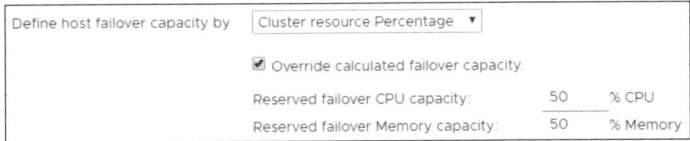

Abbildung 4.17 Die Richtlinie »Policy« dient zur detaillierten Einstellung der HA-Regeln.

Deaktivieren Sie die POLICY, so können Sie die Regeln, die angewendet werden sollen, weiter konfigurieren (siehe Tabelle 4.2).

Option	Beschreibung
HOST FAILURES CLUSTER TOLERATES	Die Anzahl der Hosts, die ausfallen dürfen, bevor der Cluster nicht mehr aktiviert wird. Die Admission Control nimmt diesen Wert als Berechnungsgrundlage, um das Starten weiterer Systeme zu prüfen.
DEFINE HOST FAILURE CAPACITY BY / SLOT POLICY (POWERED-ON VMs)	Eine Slot-Größe wird über alle eingeschalteten VMs für CPU- und Arbeitsspeicherressourcen berechnet. Die Größe berechnet sich über die vorgenommenen Reservierungen. Alternativ kann der Administrator eine Slot-Größe selbst definieren.
DEFINE HOST FAILURE CAPACITY BY / CLUSTER RECOURCE PERCENTAGE	Prozentualer Anteil der Ressourcen, die bei der Laufzeit aller Systeme noch ungenutzt bleiben müssen, um Ausfälle abfangen zu können.
DEFINE HOST FAILURE CAPACITY BY / DEDICATED FAILOVER HOSTS	Festlegung eines Hosts, der im Falle eines Fehlers alle betroffenen VMs übernehmen soll.

Tabelle 4.2 Optionen für die Richtlinien zur Zugangssteuerung

Zuletzt ist es auch möglich, die ERWEITERTEN OPTIONEN direkt zu beeinflussen.

Datastore-Heartbeat

Neben dem Netzwerk-Heartbeat existiert noch ein Datastore-Heartbeat, der bei einem Netzwerkausfall prüft, ob Sie noch auf die Dateien der virtuellen Maschinen zugreifen können (siehe Abbildung 4.18).

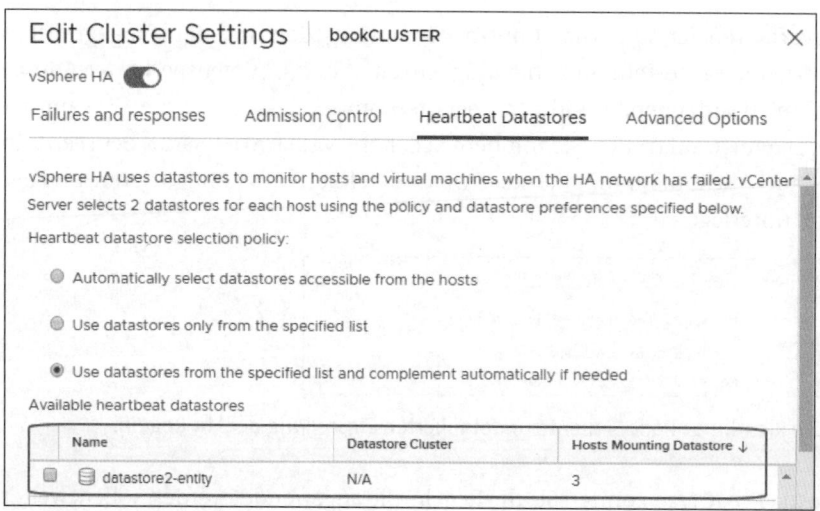

Abbildung 4.18 So richten Sie den Datastore-Heartbeat ein.

Somit existiert ein weiterer Test, der prüft, ob wirklich die VMs ausgefallen sind oder nur die Managementschnittstelle des ESXi-Hosts.

Bei Nutzung der Standardeinstellung werden (sofern verfügbar) zwei Datastores getestet, was Sie mit der Option `das.heartbeatDsPerHost` auf maximal fünf erhöhen können.

4.2.6 Gemeinsamer Einsatz von unterschiedlichen ESXi-Versionen

VMware hat den FDM-HA-Agent abwärtskompatibel entwickelt, d. h., bei älteren ESXi-Servern wird der gleiche FDM-Agent auf die Server installiert wie unter ESX 6. Somit können unterschiedliche ESXi-Versionen in einem HA-Cluster-Verbund gemeinsam existieren.

> **Empfehlung**
> Ein »Misch-Cluster« sollte nicht im Dauerbetrieb aktiv sein, sondern nur während einer Migrationsphase auf eine einheitliche Version.

4.2.7 HA Advanced Options

Es existiert eine Vielzahl von erweiterten Optionen für den Einsatz des HA-Clusters, um diesen für die vielfältigen Gegebenheiten der Kunden und der Infrastruktur passend einzustellen (siehe Abbildung 4.19).

Eine umfangreiche Liste aller Optionen finden Sie unter:

http://www.yellow-bricks.com/vmware-high-availability-deepdiv/#HA-advancedsettings

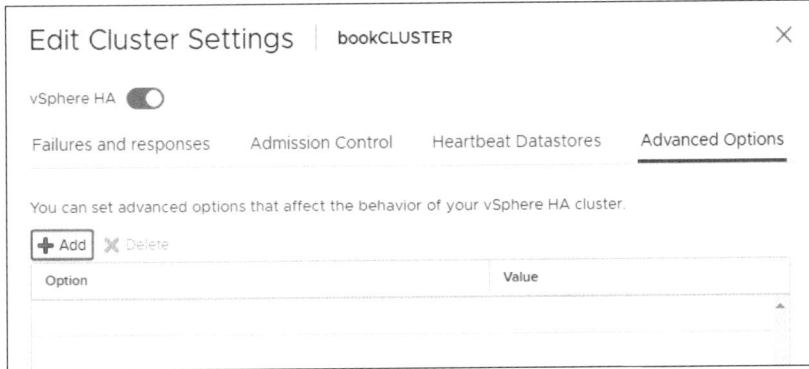

Abbildung 4.19 »Advanced Options« in den Cluster-Eigenschaften

Die ADVANCED OPTIONS (siehe Tabelle 4.3) legen Sie in den Eigenschaften des Cluster-Objekts fest.

Option	Beschreibung
das.isolationaddress[x]	IP-Adressen der Service Console des ESXi-Hosts, die für Heartbeat-Tests genutzt werden sollen; [x] = 1–10. Standardmäßig wird nur das Default-Gateway genutzt.
das.usedefaultisolationaddress	Dieser Wert kann true oder false annehmen und gibt an, ob das Default-Gateway als Heartbeat-Adresse genutzt werden soll.
das.isolationshutdowntimeout	Zeitintervall für das Herunterfahren einer VM, bevor sie ausgeschaltet wird. Default = 300
das.vmmemoryminmb	Standardwert für die Arbeitsspeicherreservierung, wenn keine Reservierung gesetzt ist. Default= 0 MB
das.slotmeminmb	Das System nutzt den Wert, der kleiner ist: entweder die aktuelle Memory-Reservierung oder das.slotmeminmb.
das.vmMemoryMinMB	Hauptspeichermenge für die Slot-Berechnung – Admission Control
das.slotcpuinmhz	Standardwert für die CPU-Reservierung, wenn keine Reservierung gesetzt ist. Default= 32 MHz
das.vmCpuMinMHz	CPU-MHz für die Slot-Berechnung – Admission Control
das.lostatsinterval	Anpassung des I/O-Stats-Intervalls für das VM-Monitoring. Der Wert muss größer 0 sein, aber ein Wert unter 50 wird nicht empfohlen. vSphere HA könnte sonst die VM unerwartet zurücksetzen. Default= 120 Sekunden
das.ignoreinsuffivienthbdatastore	Deaktivierung der Fehlermeldung, wenn nicht ausreichend Datastores für den Heartbeat zur Verfügung stehen. Default=False
das.heartbeatsperhosts	Festlegung der Anzahl der Datastores für den Heartbeat. Der Wert muss zwischen 2 und 5 liegen. Default=2

Tabelle 4.3 »Advanced Options« für vSphere HA

Option	Beschreibung
das.isolationpolicydelaysec	Zeitintervall, nach dem bei einer Host-Isolierung die Policy ausgeführt wird. Wird ein Wert unter 30 eingestellt, wird er automatisch auf 30 gesetzt.
das.respectvmvmantiaffinity-rules	Sollen VM-VM-Antiaffinityregeln auf jeden Fall eingehalten werden, muss der Wert auf True gesetzt werden. Bei False werden im Fehlerfall die Regeln nicht berücksichtigt.
das.reregisterrestart-disabledvms	Wird vSphere-HA für eine VM deaktiviert, sorgt diese Einstellung dafür, dass die VM auf einem anderen Host registriert wird, sodass sie später sofort eingeschaltet werden kann.
das.config.fdm.memreservationmb	Normalerweise benötigt der HA-Agent 250 MB Arbeitsspeicher. Kann vSphere aufgrund von Speicherengpässen den Speicher nicht zuweisen, so können Sie hier den zu nutzenden Speicher auf minimal 100 MB reduzieren. Für sehr große Umgebungen ist es ebenfalls möglich, den Speicher auf bis zu 325 MB zu erhöhen. **Hinweis:** Nachdem auf allen Hosts die Einstellung angepasst worden ist, erfolgt die Aktivierung über RECONFIGURE FOR HA an den betroffenen Hosts.
das.maxresets	Sollte ein Reset einer VM durch die Fehlersituation *All Paths down* (APD) oder *Permanent Drive Loss* (PDL) erfolglos ausgelöst werden, so kann durch diesen Parameter festgelegt werden, wie groß die Anzahl der Wiederholungsversuche sein soll. Gemanagt wird das Ganze durch die *VM Component Protection* (VMCP).
das.maxterminates	Maximale Anzahl von Versuchen, bevor die VM abgebrochen wird
das.terminateretryintervalsec	Sollte ein Abbruch fehlschlagen, legen Sie hier einen Zeitwert in Sekunden fest, nach dem ein erneuter Versuch gestartet wird.

Tabelle 4.3 »Advanced Options« für vSphere HA (Forts.)

Option	Beschreibung
das.config.fdm.reportfailover-failevent	Wenn Sie den Parameter auf 1 setzen, wird im Falle eines ausgelösten HA-Events eine detaillierte Meldung pro betroffener VM erzeugt. Der Standardwert ist 0.
vpxd.das.completemetadataup-dateintervalsec	Zeitfenster in Sekunden, in dem während eines HA-Ereignisses VMs neu gestartet werden. Der Standardwert ist 300. **Hinweis:** Gilt nur für Cluster, in denen DRS nicht aktiviert ist.

Tabelle 4.3 »Advanced Options« für vSphere HA (Forts.)

Weitere Informationen finden Sie unter:

https://docs.vmware.com/en/VMware-vSphere/6.7/com.vmware.vsphere.avail.doc/GUID-E0161CB5-BD3F-425F-A7E0-BF83B005FECA.html

das.isolationaddress

Ein Beispiel für die Nutzung der Option das.isolationaddress ist sehr einfach gefunden, da es aus Sicherheitsgründen oft sinnvoll ist, neben dem Default-Gateway weitere Systeme als Heartbeat-Ziel zu nutzen, um eine Isolation auszuschließen (siehe Abbildung 4.20).

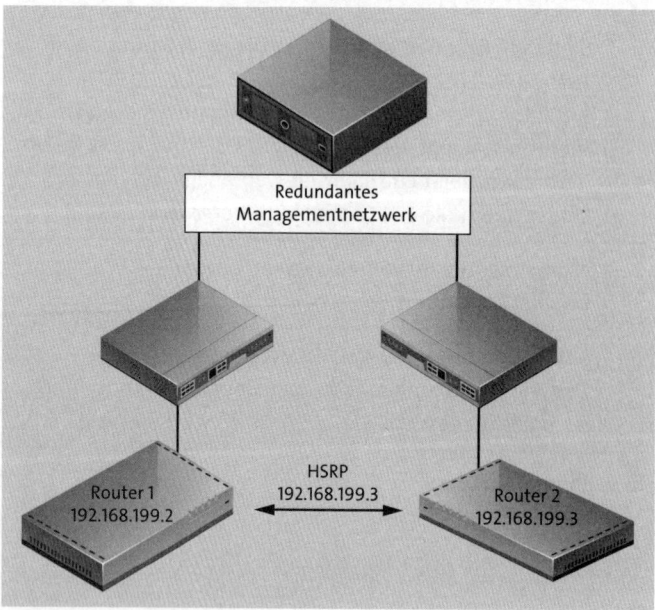

Abbildung 4.20 HSRP-ausfallsichere Konfiguration der beiden physischen Router

Soll außer auf das Default-Gateway, das z. B. ein HSRP-geschützter Router sein könnte (HSRP = Cisco *Hot Standby Router Protocol* – eine dynamische Adresse zeigt auf zwei Router), auch auf die beiden physischen Adressen der Router und des vCenter-Servers (192.168.199.22) gepingt werden, so sähen die ADVANCED OPTIONS wie folgt aus:

```
das.isolationaddress[1] = 192.168.199.2
das.isolationaddress[2] = 192.168.199.3
das.isolationaddress[3] = 192.168.199.22
```

4.2.8 Virtual Machine Options

Da vSphere HA in erster Linie die VMs schützen soll und nicht die Host-Systeme, können Sie Regeln für einzelne virtuelle Maschinen aufstellen und auch das allgemeine Verhalten beim Neustart der VMs sowie das Verhalten bei erkannter Isolation konfigurieren (siehe Abbildung 4.21).

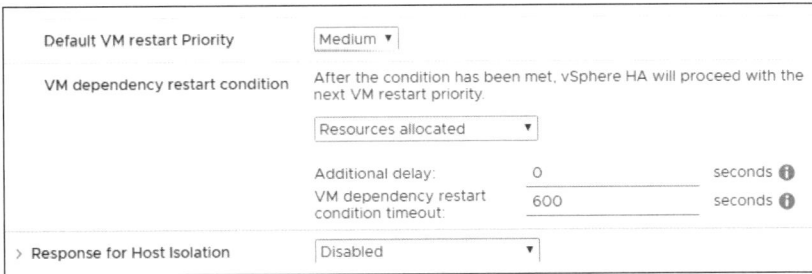

Abbildung 4.21 Mit den »Optionen für virtuelle Maschinen« können Sie unter anderem die Hostüberwachung konfigurieren.

Wenn Sie sich die CLUSTER VM STANDARDOPTIONEN anschauen, also die Standardeinstellungen für alle virtuellen Maschinen innerhalb des Clusters, so stellen Sie fest, dass Sie die Priorität des Neustarts global setzen können (siehe Abbildung 4.22). Eine Anpassung des Standards MEDIUM ist allerdings nur sinnvoll, wenn Sie einzelnen virtuellen Maschinen andere Werte zuweisen möchten, z. B. HIGH. Ansonsten spielt diese Einstellung keine Rolle, da ja jede VM die gleiche Priorität hat, unabhängig von HIGH, MEDIUM oder LOW.

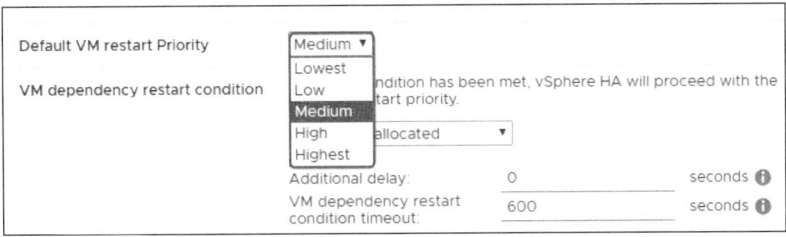

Abbildung 4.22 VM-Neustartpriorisierung

Die HOSTISOLIERUNGSREAKTION (HOST ISOLATION RESPONSE, siehe Abbildung 4.23) ist mit die wichtigste Einstellung des HA-Clusters, da sie die Reaktion des isolierten ESXi-Hosts bestimmt. Ist dieser wirklich ausgefallen, sind sowieso alle virtuellen Maschinen offline und die restlichen Cluster-Mitglieder können die VMs neu starten. Ein Problem tritt auf, wenn der Host samt virtuellen Maschinen noch läuft, aber das Heartbeat-Netzwerk der Service Console aussetzt.

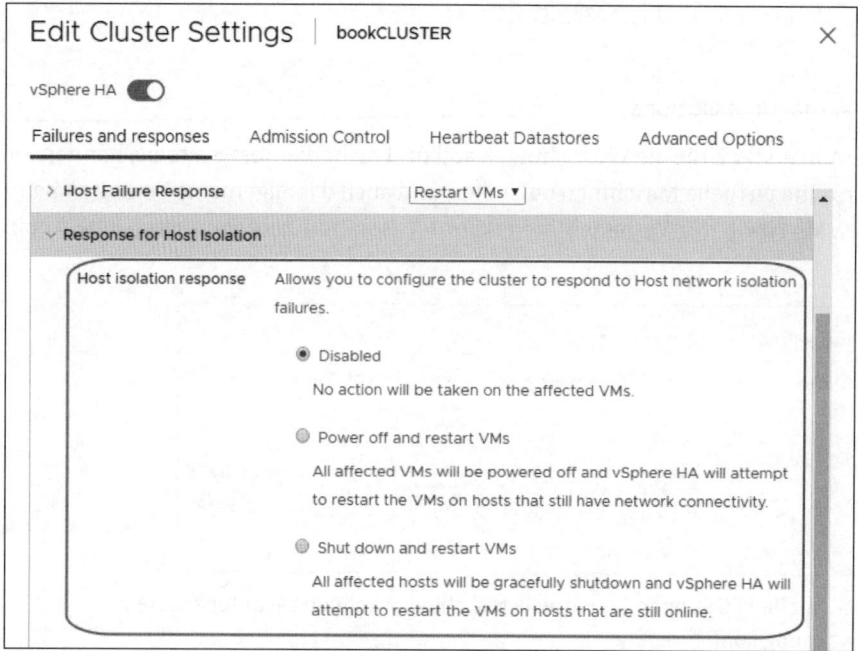

Abbildung 4.23 Hostisolierungsreaktion

Hier müssen Sie sich Gedanken darüber machen, ob die virtuellen Maschinen dann wirklich automatisch vom ESXi-Host gestoppt werden sollen (und wenn, in welcher Form) oder ob sie aktiv bleiben sollen. Entscheiden Sie sich für eine Abschaltung, bedeutet POWER OFF das harte Abschalten der VM, während SHUT DOWN die virtuelle Maschine über die VMware Tools aus dem Gast heraus herunterfährt.

Die Entscheidung fällt leicht, wenn die physischen Switches, auf denen das Management-Netz liegt, unabhängig von den physischen Switches der virtuellen Maschinen betrieben werden. In diesem Fall kann es zu einer Störung des Managementnetzwerks kommen, während die VMs aber normal weiterlaufen. Daher sollten Sie die RESPONSE FOR HOST ISOLATION auf ENABLED einstellen (siehe Abbildung 4.23). Dies gilt generell, wenn Probleme im Netzwerk einer Infrastruktur nicht selten sind.

Hinweis

Alle übrigen ESXi-Hosts, die den isolierten Host als ausgefallen erkennen, können ihrerseits die VMs nicht neu starten, da die Festplattendateien der virtuellen Maschinen während der Laufzeit gesperrt sind.

Die Einstellungen zur Restart-Priorität und zur Isolation Response können Sie auch für jede einzelne VM getrennt unter SETTINGS • VM OVERRIDES einrichten (siehe Abbildung 4.24), wenn diese Anforderung besteht. Hier ist es beispielsweise sinnvoll, die wichtigsten VMs mit einer hohen Priorität zu versehen, während alle anderen VMs standardmäßig auf NORMAL bleiben.

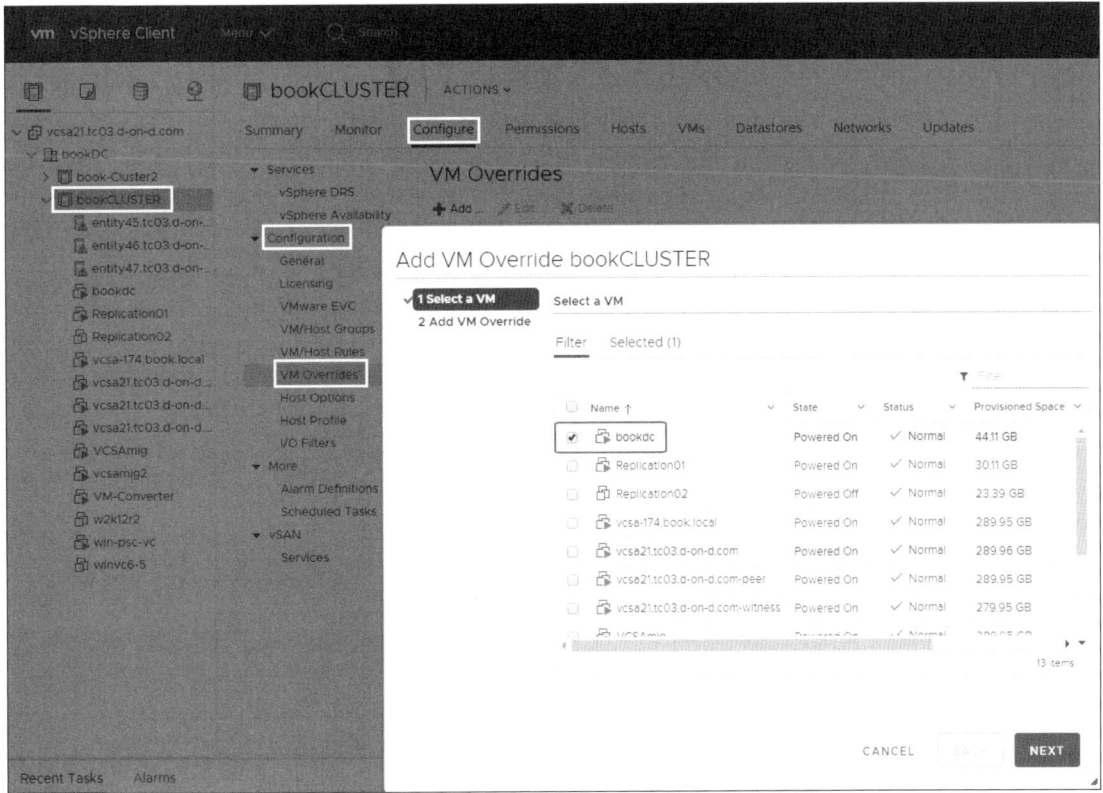

Abbildung 4.24 Auswahl der VM

Nach der Markierung der anzupassenden VMs kann die Parametrierung vorgenommen werden (siehe Abbildung 4.25).

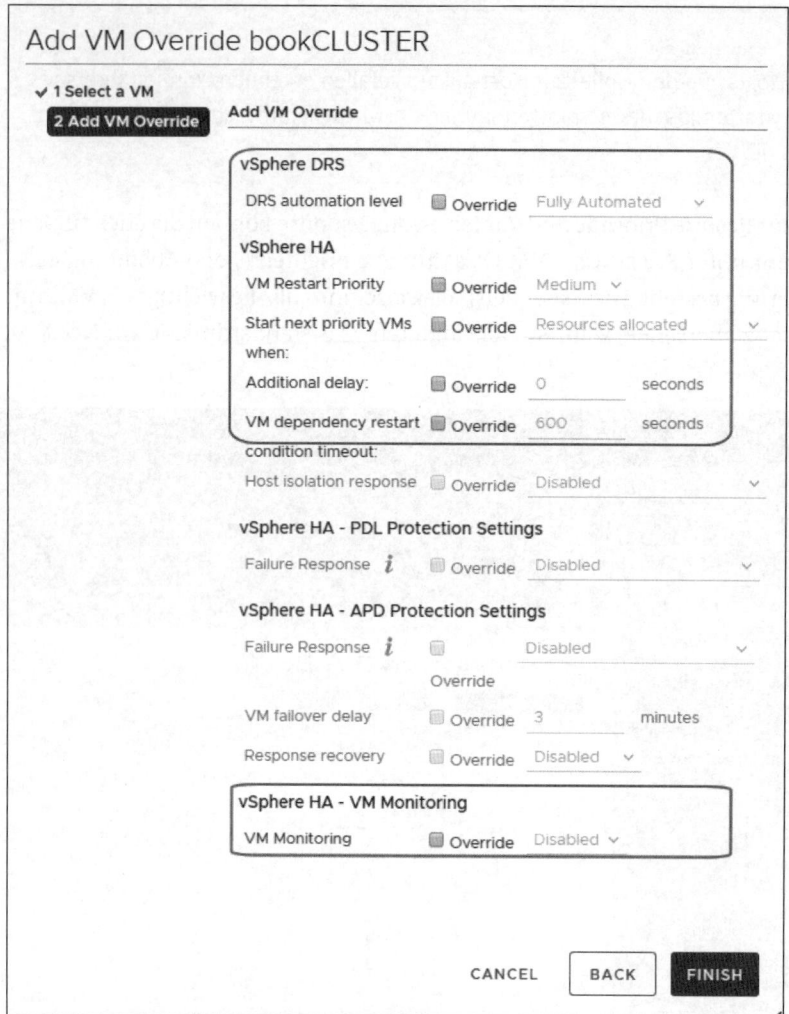

Abbildung 4.25 Anpassung der Parameter pro VM bzw. VM-Gruppe

4.2.9 Der HA-Agent (oder: Was passiert beim Hinzufügen eines ESXi-Hosts zum HA-Cluster?)

Wenn der erste ESXi-Server einem Cluster hinzugefügt wird, wird er automatisch Master, und jeder nachfolgende Server wird ein Slave.

Die einzelnen Cluster-Prozesse sind in Abbildung 4.26 dargestellt. Die HA-Agents überwachen sich im Verbund gegenseitig durch einen HA-Heartbeat über das Netzwerk-Interface des Managementnetzwerks. Die Datenbank mit den vCenter-Informationen hält der Agent im RAM vor.

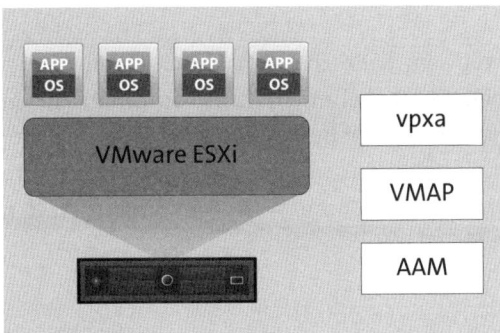

Abbildung 4.26 HA-Cluster-Prozesse pro ESXi-Server

Außerdem wird automatisch in der Firewall des ESXi-Hosts der *vSphere High Availability Agent* erlaubt (siehe Abbildung 4.27), der unter anderem für die Heartbeat-Kommunikation zuständig ist.

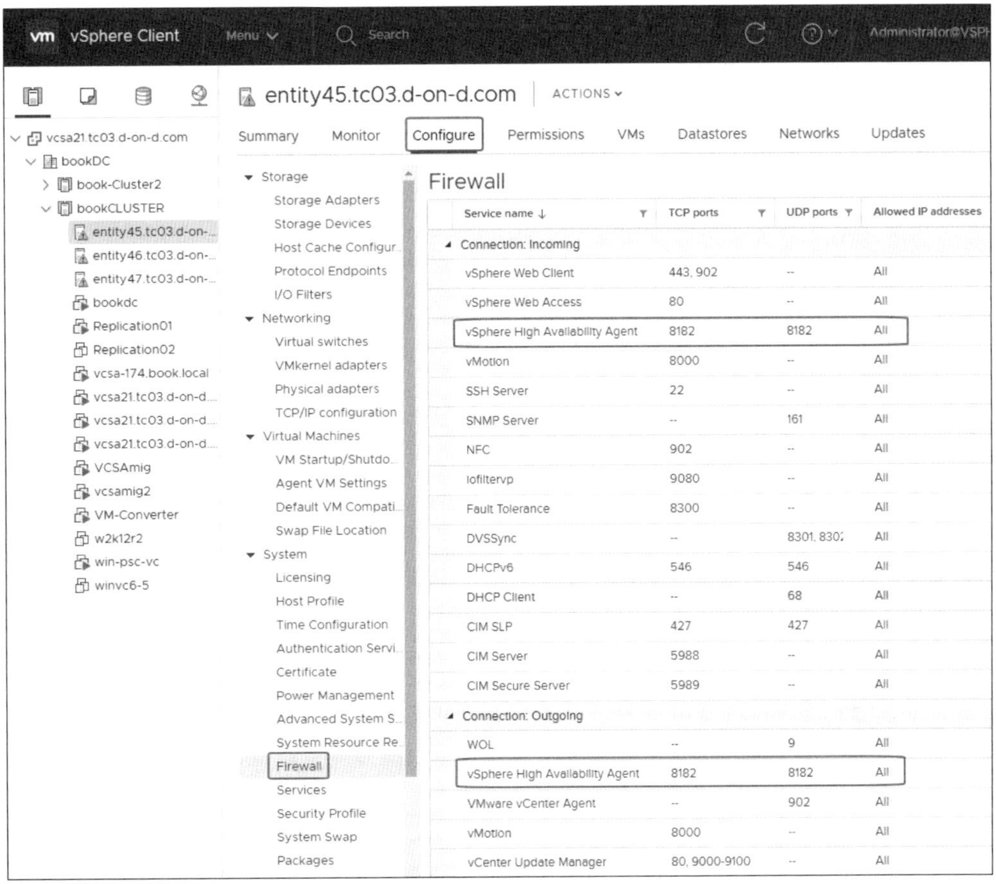

Abbildung 4.27 Firewalleinträge für den HA-Agenten

4.2.10 Reconfigure for vSphere HA

Der laufende FDM-Prozess von vSphere HA auf dem ESXi-Host wird durch einen zusätzlichen Monitoring-Prozess überwacht, der diesen Prozess bei einem Ausfall automatisch neu startet. Dies hilft bei versehentlichem Stoppen des FDM oder bei kleineren Problemen. Sollte ein Konfigurationsfehler vorliegen, schafft oft ein RECONFIGURE FOR VSPHERE HA im Kontextmenü des ESXi-Hosts Abhilfe (siehe Abbildung 4.28). Dieser Aufruf rekonfiguriert den HA-Agenten komplett und startet ihn neu.

Abbildung 4.28 »Reconfigure for vSphere HA« kann bei Konfigurationsproblemen des Clusters Wunder bewirken.

4.2.11 Das Verhalten eines HA-Clusters

Der Master-Agent in einem Cluster überwacht die Verfügbarkeit der ESXi-Server und startet die virtuellen Maschinen des ausgefallenen HA-Knotens auf den verbleibenden ESXi-Servern mit genügend freier Kapazität neu. Die Heartbeat-Pakete, die zur Funktionsüberprüfung der einzelnen Systeme genutzt werden, werden sekündlich über alle Management-Verbindungen verschickt. Außerdem werden – falls es so konfiguriert wurde – zusätzlich die Datastores bzw. deren Verfügbarkeit getestet.

Ist die aktuelle Failover-Kapazität des HA-Clusters unter dessen konfigurierte Failover-Kapazität gefallen, zeigt sich das Cluster-Symbol im vCenter-Client bei aktiver Zugangssteuerung rot. Das rote Symbol kann zum einen durch Ausfall zu vieler ESXi-Server bedingt sein oder zum anderen durch zu hohe Belegung der ESXi-Server mit virtuellen Maschinen. Haben Sie bei den virtuellen Maschinen keine HA-Restart-Priorisierung vergeben, werden die ausgefallenen virtuellen Maschinen nacheinander auf den verbleibenden ESXi-Servern gestartet, bis die Kapazität der ESXi-Server erschöpft ist. Dies kann zur Folge haben, dass wichtige VMs nicht mehr gestartet werden können. Das Vergeben einer HA-Priorität hilft, diese Problematik etwas zu entschärfen, indem ein ESXi-Administrator den wichtigeren VMs eine höhere Priorität verleiht, damit diese frühestmöglich gestartet werden, um die freien Ressourcen garantiert zu erhalten. Virtuelle Maschinen mit einer niedrigeren Priorität fallen dann gegebenenfalls der Ressourcenknappheit zum Opfer.

Einen Sonderfall stellt der Ausfall eines ESXi-Servers während einer vMotion-Operation dar: Fällt der ursprüngliche ESXi-Server aus, so versucht HA, die betreffende virtuelle Maschine auf dem vom Administrator vorgesehenen Ziel-Server der vMotion-Operation zu starten. Fällt hingegen der Ziel-Server aus, wird HA versuchen, diese VM auf dem ursprünglichen ESXi-Server wieder zu starten. Fallen im Extremfall beide an der vMotion-Operation beteiligten ESXi-Server aus, wird HA versuchen, einen dritten ESXi-Server mit ausreichend verfügbarer Kapazität zu finden, um die betroffene virtuelle Maschine darauf erneut zu starten.

Bei einem HA-Failover werden die virtuellen Maschinen mit der höchsten Priorität zuerst gestartet. Dabei wählt HA, je nach Version des vCenter-Servers, über zwei verschiedene Wege die ESXi-Server aus, auf denen die VMs neu gestartet werden: Die Version 2.0 des vCenter-Servers wählt die ESXi-Hosts anhand der alphabetischen Auflistung der ESXi-Knoten mit ausreichenden Ressourcen aus; ab der Version 2.1 wird der ESXi-Knoten mit den meisten nichtreservierten Ressourcen als Erster herangezogen.

4.2.12 HA-Slot-Berechnung

Ein HA-Slot wird anhand der aktiven virtuellen Maschinen berechnet. Er kann jedoch auch an individuelle Slot-Größen angepasst werden.

War man zu optimistisch oder verfügt man wirklich über zu wenige Ressourcen, so ist eine Fehlermeldung beim Starten einer virtuellen Maschine, die die HA-Einstellungen übersteigt, unvermeidlich (siehe Abbildung 4.29).

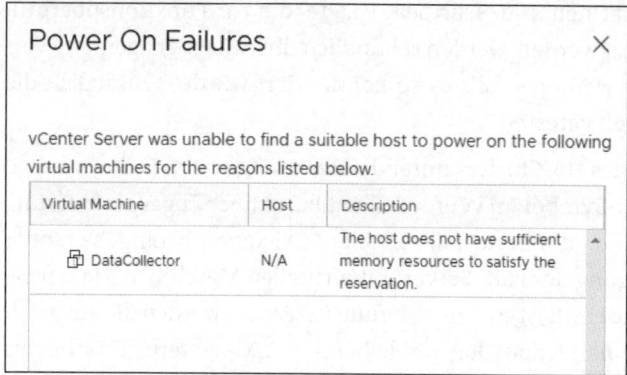

Abbildung 4.29 Ressourcenwarnung aufgrund einer Verletzung der HA-»Admission Control«

Die aktuellen Slot-Größen und die weiteren, noch verfügbaren Slots lassen sich unter der Auswahl vSPHERE HA • SUMMARY auf dem MONITOR-Reiter des Clusters einsehen (siehe Abbildung 4.30).

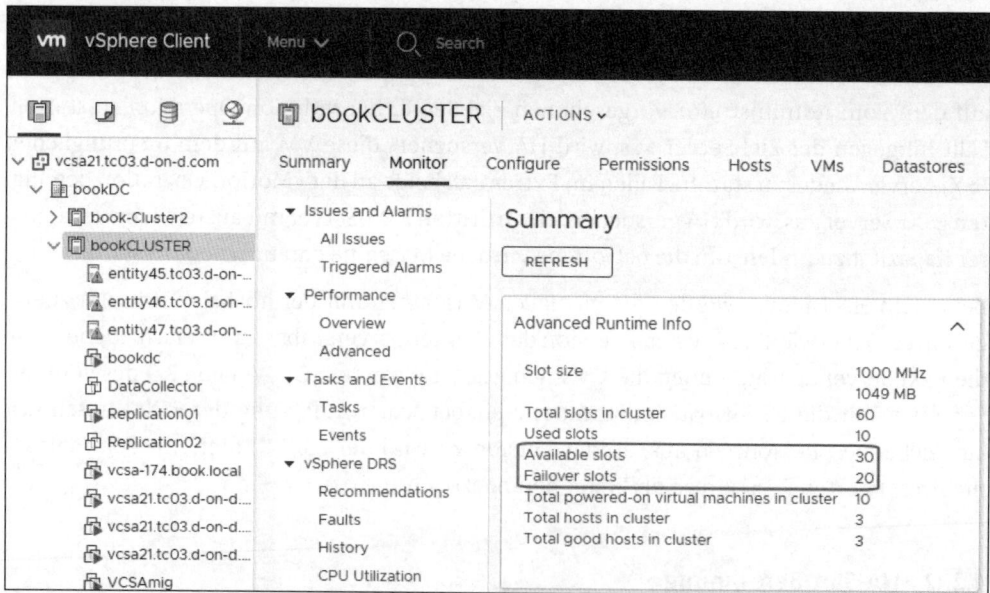

Abbildung 4.30 »Advanced Runtime Info« eines HA-Clusters

Dieses Problem können Sie auch umgehen, indem Sie die ADMISSION CONTROL auf einen Prozentteil des gesamten Clusters setzen (siehe Abbildung 4.31).

Damit ändern Sie die fixe Regel in eine relative Bewertung. Diese relative Bewertung ist auch bei Clustern mit vielen ESXi-Hosts (6 und mehr) interessant, um die Slot-Berechnung zu optimieren.

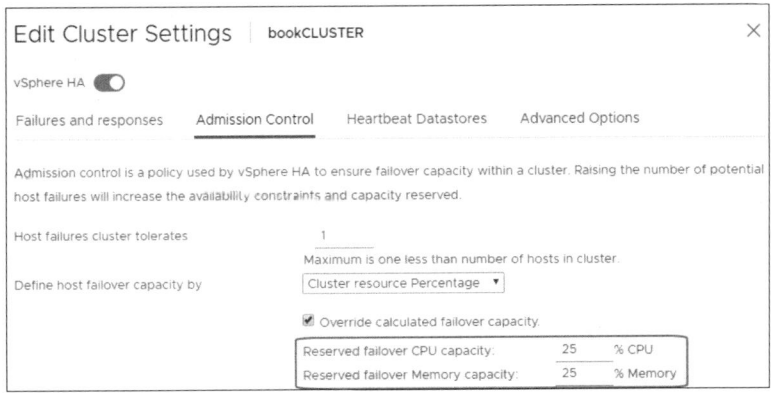

Abbildung 4.31 Cluster-Ressourcen nicht fix, sondern relativ angeben

4.2.13 HA-Master- und -Slave-Agents

Es gibt zwei Typen von Agents: *Master* und *Slave*. Im HA-Modell existiert jedoch immer nur ein Master. Er nimmt die folgenden Aufgaben wahr:

- Neustart ausgefallener VMs
- Kommunikation mit dem vCenter
- Überwachung der Slaves

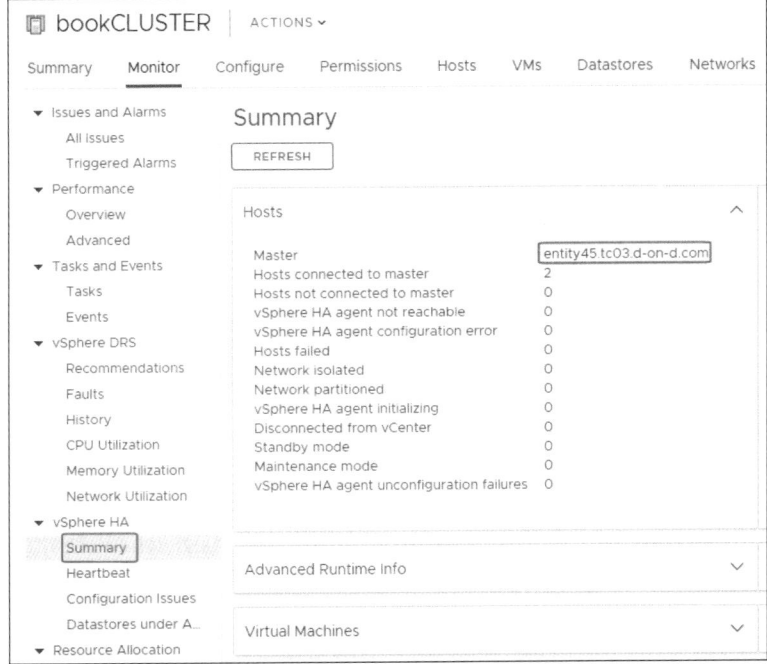

Abbildung 4.32 Master/Slave-Aufteilung im HA-Cluster

Welcher Host der Master ist, können Sie in der SUMMARY des HA-Clusters im MONITOR-Bereich herausfinden (siehe Abbildung 4.32).

4.2.14 HA-Host-Isolation

Wie bereits erwähnt, werden die Heartbeat-Pakete standardmäßig sekündlich verschickt und auch erwartet. Verliert das Managementnetzwerk eines aktiven ESXi-Knotens im HA-Cluster die Netzwerkverbindung, ohne aber komplett auszufallen, ist das noch kein Beinbruch, denn die virtuellen Netzwerke für die virtuellen Maschinen können ja unter Umständen noch aktiv sein. Hier kommt jetzt die zweite Stufe der Überwachung, die Datastore-Heartbeats, zum Einsatz (siehe Abbildung 4.33).

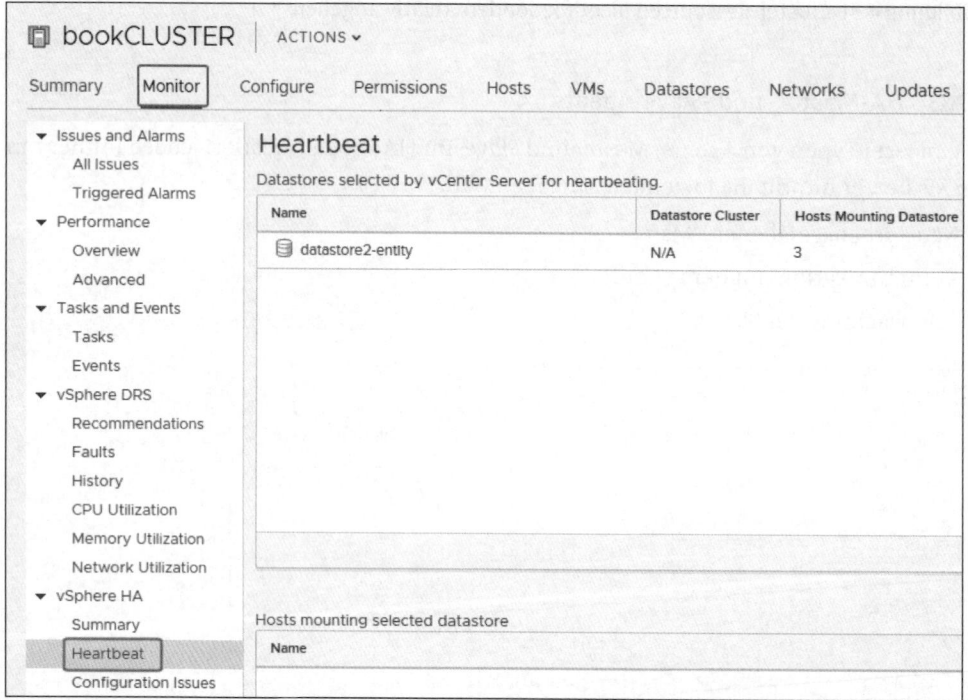

Abbildung 4.33 Datastore-Heartbeat

So erkennt der Master zusätzlich, ob die VMs noch im Zugriff sind, und verzichtet automatisch auf einen Neustart. Diese Vorgehensweise trägt deutlich zur Entspannung bei »halb ausgefallenen« Infrastrukturen bei. Erst dann, wenn nicht mehr auf die VMs zugegriffen werden kann und der Host isoliert ist, wird ein Neustart ausgeführt – also das gleiche Verhalten wie bei einem ausgefallenen Host.

Isolationsvorgang

Slave isoliert:

1. 0 Sekunden – Der Slave-Host wird isoliert.
2. 10 Sekunden – Der Slave wechselt in den *election state*.
3. 25 Sekunden – Der Slave ernennt sich selbst zum Master.
4. 25 Sekunden – Der Slave pingt die Isolationsadressen an.
5. 30 Sekunden – Der Slave erkennt sich selbst als isoliert und startet den Isolationsprozess.

Master isoliert:

1. 0 Sekunden – Der Master-Host wird isoliert.
2. 0 Sekunden – Der Master pingt die Isolationsadressen an.
3. 5 Sekunden – Der Master erkennt, dass er isoliert ist, und startet den Isolationsprozess.

Split-Brain oder Partitioned

Es existiert jedoch noch eine weitere Form der Host-Isolation namens *Partitioned*. Partitioned bedeutet, dass kein Ping mehr vom ESXi-Host beantwortet wird, dieser allerdings noch am Auswahlprozess der Hosts untereinander teilnimmt. Dieser Zustand kann eintreten, wenn beispielsweise bei einem verteilten Cluster die Netzwerkverbindung zwischen den Rechenzentren gekappt wird, was einer Split-Brain-Situation entsprechen würde. In diesem Fall können die Hosts innerhalb des jeweiligen Rechenzentrums noch miteinander kommunizieren, aber die Verbindung zum Master ist nur noch aus demjenigen Rechenzentrum heraus möglich, in dem der ursprüngliche Master aktiv ist.

vSphere löst das recht clever: Stellen Sie sich zwei Rechenzentren (RZ) mit jeweils 8 ESXi-Hosts in einem übergreifenden Cluster von insgesamt 16 Hosts vor. Nun fällt die Verbindung zwischen den beiden Rechenzentren aus. In RZ1 existiert noch der HA-Master, und die sich im RZ1 befindlichen 7 ESXi-Server (Slaves) können das Netzwerk und den HA-Master erreichen. In RZ2 existiert kein HA-Master mehr, und 8 Slaves können keinen Master erreichen. Allerdings erkennen die 8 ESXi-Hosts sich untereinander. In diesem Fall wird ein Auswahlverfahren gestartet und einer der 8 Hosts wird zum Master. In jedem der beiden RZ existiert nun ein Master, und HA läuft nach wie vor korrekt. Sobald die Netzwerkverbindungen wiederhergestellt werden, wird erneut ein Auswahlprozess angestoßen, um einen der beiden HA-Master zum Slave herabzustufen.

4.2.15 HA und getrennte (disconnected) ESXi-Server

Ist ein ESXi-Server eines HA-Clusters im vCenter als `disconnected` markiert, schließt die HA-Logik diesen Server aus ihren Failover-Berechnungen und Failover-Aktivitäten aus. War dieser Server ein Master-Knoten, so übernimmt einer der übrigen Slave-ESXi-Hosts als neuer

Master den HA-Cluster. Ist ein vSphere-Host getrennt oder im Maintenance Mode, dann ist er nicht mehr Teil der HA-Funktionalität (siehe Abbildung 4.34).

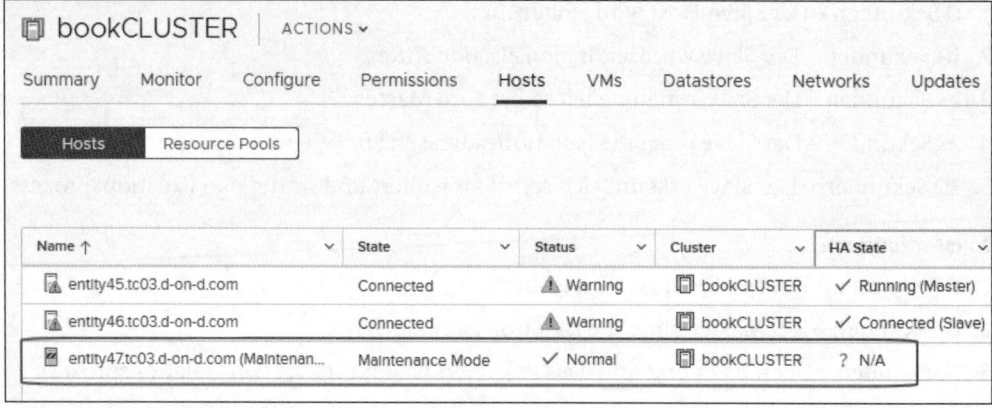

Abbildung 4.34 Von HA ausgeschlossen durch Maintenance

4.2.16 HA und DNS

DNS ist keine Voraussetzung mehr für einen funktionierenden HA-Cluster, da alle Komponenten über IP kommunizieren. Früher war eine ausfallsichere und stabile DNS-Konfiguration notwendig, um HA korrekt betreiben zu können.

Weiterhin gilt aber, dass ein funktionierender DNS Grundvoraussetzung für eine funktionierende Rechenzentrumsinfrastruktur ist.

4.2.17 HA im vSphere-Client (oder: Der Cluster treibt's bunt ...)

Der HA-Cluster zeigt sich im vCenter genauso wie ein DRS-Cluster, da beide VMware-Funktionen gleichzeitig in einem Cluster aktiviert werden können. Das Symbol kann bei der Kombination von HA und DRS insgesamt drei verschiedene Status anzeigen – und zwei verschiedene Status, wenn HA allein betrieben wird:

- Ein normales Symbol informiert darüber, dass der HA-Cluster ohne Einschränkungen lauffähig ist.
- Ein gelbes Symbol bei einem mit DRS kombinierten Cluster signalisiert, dass DRS überbucht (*overcommitted*) ist. (Das heißt, es stehen nicht genügend Ressourcen zur Verfügung.)
- Ein rotes Symbol signalisiert einen ungültigen HA- oder DRS-Cluster (zum Beispiel wenn im HA-Bereich die Ressourcen zum Erreichen der Failover-Kapazität nicht ausreichen).

Yellow Cluster – overcommitted

- Ein DRS-Cluster ist *overcommitted*, wenn ein ESXi-Host ausfällt und somit nicht ausreichend Ressourcen mehr zur Verfügung stehen.
- Ein DRS-Cluster hat für einen Child-Ressourcen-Pool oder dessen VMs nicht ausreichend Ressourcen, um dessen bzw. deren Anforderungen zu erfüllen.

Red Cluster – invalid

- Ein HA-Cluster hat keine ausreichenden Kapazitäten (aktuelle Failover-Kapazität), um die konfigurierte Failover-Capacity abzudecken.

4.2.18 HA-Limitierungen mit vSphere

In Tabelle 4.4 sehen Sie, welche Beschränkungen bei vSphere 6.x in Bezug auf vSphere HA bekannt sind.

Beschreibung	Limitierung
ESXi-Hosts pro HA-Cluster	64
Aktive VMs per Cluster	8.000
Aktive VMs pro ESXi-Host	1.024

Tabelle 4.4 HA-Cluster-Limitierung

4.2.19 HA Virtual Machine Monitoring

HA Virtual Machine Monitoring, oft nur VMHA genannt, ist eine Funktion, um virtuelle Maschinen auf Aktivität zu überwachen. Diese Aktivität wird in Form des Heartbeats gemessen, der über die *VMware Tools* erzeugt wird. Sobald während eines gewissen Zeitraums kein Heartbeat mehr empfangen wird, führt vCenter einen harten Reset durch. Dieses Vorgehen soll z. B. Kernel-Panics unter Linux und Bluescreens unter Windows erkennen. Allerdings wurde diese Funktion erweitert, sodass mit den VMware Tools auf Ausfälle von Anwendungen in den virtuellen Maschinen reagiert werden kann.

Bei der Aktivierung des VM-Monitorings kann daher zwischen reiner VM- oder VM-und-Anwendungsüberwachung unterschieden werden (siehe Abbildung 4.35).

Die Ansprechzeiten können Sie in den Einstellungen den eigenen Bedürfnissen anpassen, oder Sie arbeiten mit den drei möglichen Standardeinstellungen.

Die Defaultwerte der Standardeinstellungen Low, Medium und High sehen Sie in Tabelle 4.5.

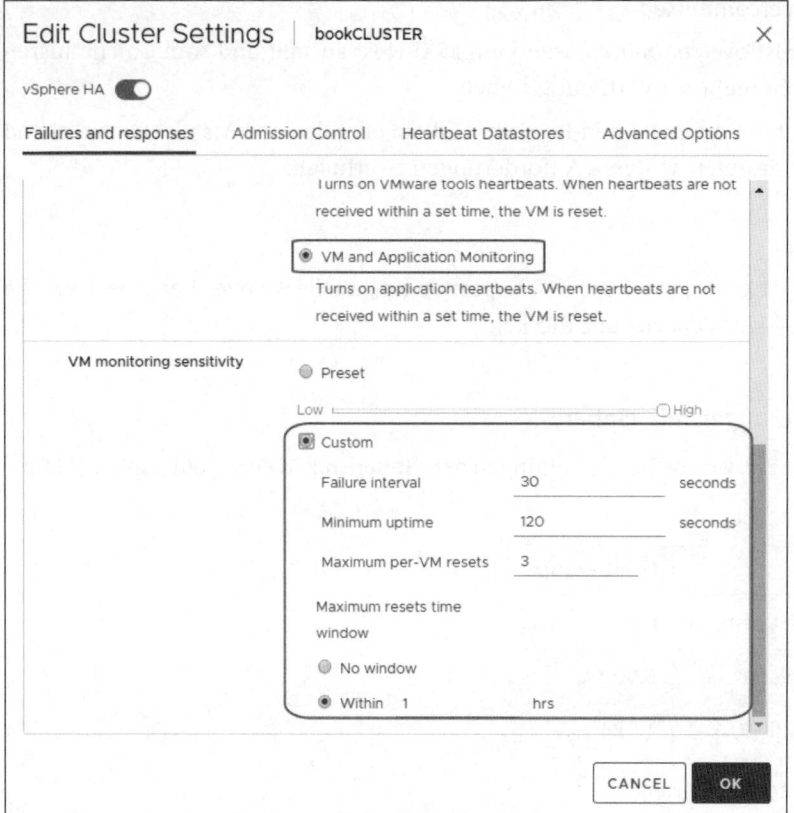

Abbildung 4.35 Die VM-Monitoring-Funktion von vSphere HA

Level	Failure interval	Minimum uptime	Maximum per-VM resets	Maximum resets time window
Low	120 Sekunden	480 Sekunden	3	168 Stunden
Medium	60 Sekunden	240 Sekunden	3	24 Stunden
High	30 Sekunden	120 Sekunden	3	1 Stunde

Tabelle 4.5 Standard-Monitoring-Empfindlichkeit

Vier Werte sind für die Empfindlichkeit interessant:

- Failure interval: Dieser Wert steht für das Prüfintervall auf Ausfall einer VM, d. h. dafür, wie lange kein Heartbeat erkannt wurde.
- Minimum uptime: Bestimmt die Mindestlaufzeit zwischen einem Fehler mit Neustart und einer erneuten Heartbeat-Überwachung.

- MAXIMUM PER-VM RESETS: Bestimmt die maximale Anzahl an Neustarts aufgrund von erkannten VMHA-Fehlern. Danach findet kein weiterer Neustart statt, und die VMHA-Erkennung wird für die VM vorübergehend abgeschaltet.
- MAXIMUM RESETS TIME WINDOW: Zeitfenster, in dem die maximale Anzahl der VM-Resets gezählt wird. Ist das Zeitfenster seit dem ersten Ausfall überschritten, so startet das Reset-Time-Window von vorn.

Diese Einstellungen können nicht nur allgemein, sondern auch pro virtueller Maschine vorgenommen werden (siehe Abbildung 4.36). Hier ist es möglich, beim Standard (USE CLUSTER SETTINGS) zu bleiben oder ebenfalls zwischen HIGH, MEDIUM und LOW zu wählen. Das Application Monitoring kann zu- oder abgeschaltet (VM-MONITORING) werden. Reicht dies nicht aus, ist auch pro virtueller Maschine eine CUSTOM-Einstellung möglich.

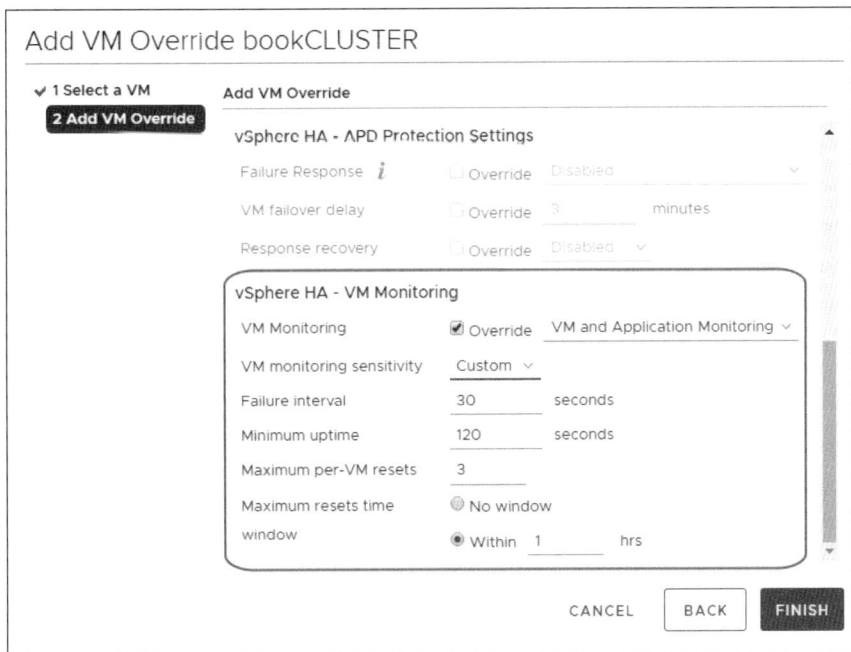

Abbildung 4.36 Pro-VM-Einstellungen für das VM-Monitoring

Je nach der Konfiguration im Cluster ist es an dieser Stelle möglich, unterschiedliche Parametrierungen vorzunehmen.

vSphere-HA-geschützt

vSphere bietet übrigens eine einfache Möglichkeit, den aktuellen HA-Schutz einer virtuellen Maschine einzusehen, indem Sie in der Übersicht der VM auf den VSPHERE HA SCHUTZ achten (siehe Abbildung 4.37).

Abbildung 4.37 VM ist durch vSphere HA geschützt.

vSphere HA VM Application Monitoring

Die VM-Application-Monitoring-Funktion wird über das Guest SDK durchgeführt. Es ist öffentlich zugänglich, d. h., jeder Entwicklungspartner kann diese Funktionalität nutzen, wie es beispielsweise Symantec tut.

Virtual Machine Monitoring: Erweiterte Optionen

Neben den ERWEITERTEN OPTIONEN (ADVANCED OPTIONS) für die vSphere-HA-Funktion existieren auch Optionen für die Überwachung der virtuellen Maschinen (siehe Tabelle 4.6). Allerdings sind diese identisch mit den Einstellungen, die über die grafische Oberfläche verfügbar sind.

Option	Beschreibung
`das.failureInterval`	Prüfintervall auf Ausfall der VM. Der Standardwert ist 30.
`das.maxFailureWindows`	Mindestlaufzeit zwischen den Fehlern und den Neustarts. Der Standardwert sind 3600 Sekunden. Fällt die Maschine innerhalb von 3.600 Sekunden zweimal aus, wird sie nur beim ersten Mal neu gestartet.
`das.maxFailures`	Maximalanzahl an Fehlern (Neustarts). Sobald der angegebene Wert erreicht ist, wird die VM nicht mehr automatisch neu gestartet. Der Standardwert ist 3.
`das.minUptime`	Angabe der Mindestlaufzeit der virtuellen Maschine, bevor VMHA wieder die Prüfung beginnt. Der Standardwert sind 120 Sekunden. Hiermit wird verhindert, dass VMs ständig neu gestartet werden, ohne jemals aktiv zu werden.

Tabelle 4.6 Erweiterte Optionen für das vSphere HA Virtual Machine Monitoring

4.2.20 Host-Monitoring der Storage-Anbindungen

In den älteren Versionen hatte VMware ein Host Hardware Monitoring etabliert. Eigentlich war der Name irreführend, denn unter diesem Punkt wurde nur die Überwachung von den Datastore-Anbindungen zusammengefasst. So heißen die Punkte jetzt folgerichtig DATASTORE WITH PDL (*Permanent Drive Loss*) und DATASTORE WITH APD (*All Path Down*; siehe Abbildung 4.38).

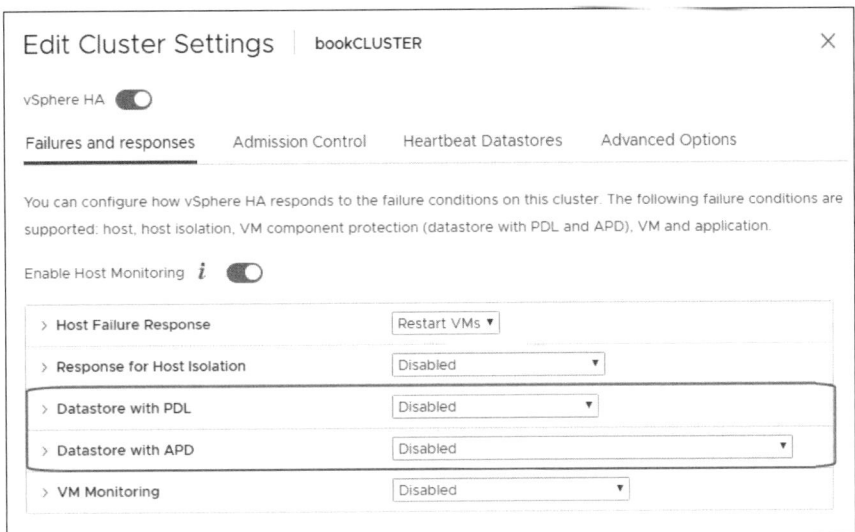

Abbildung 4.38 Überwachung der Datastore-Anbindungen

Durch die Überwachung sollen Situationen abfangen werden, in denen VMs scheinbar nicht korrekt arbeiten. Hinter diesen zwei Fehlerbildern verbergen sich unterschiedliche Ausfallsituationen. Der Ausfall einer LUN bzw. eines Datenbereichs wird durch PDL beschrieben. In dieser Situation findet noch eine Kommunikation zwischen dem Storage und dem Host statt. Der Storage schickt entsprechende SCSI-Fehlercodes an den Host, um den Fehler zu beschreiben. Zur Vermeidung von Folgefehlern wird der Pfad als *down* gekennzeichnet. Einstellmöglichkeiten gibt es derer drei (siehe Abbildung 4.39).

Mit DISABLE kann die Überwachung komplett deaktiviert werden. Das kann dazu führen, dass die VMs unter Umständen nicht auf einem anderen Host wieder gestartet werden. Mit ISSUE EVENTS wird eine reine Benachrichtigungsfunktion aktiviert. Notwendige Aktionen muss der Administrator in diesem Fall selbst entscheiden und durchführen.

Der dritte Punkt ist POWER OFF AND RESTART VMs. Erkennt das System ein PDL-Event für einen Datastore auf einem Host, so werden alle betroffenen VMs ausgeschaltet und auf einem Host wieder gestartet, der noch Zugriff auf den Datastore hat.

Das Fehlerbild APD beschreibt die Kommunikationsunterbrechung zum Storage ohne die Option, noch Fehlercodes an den Host senden zu können; PDL ist also ausgeschlossen.

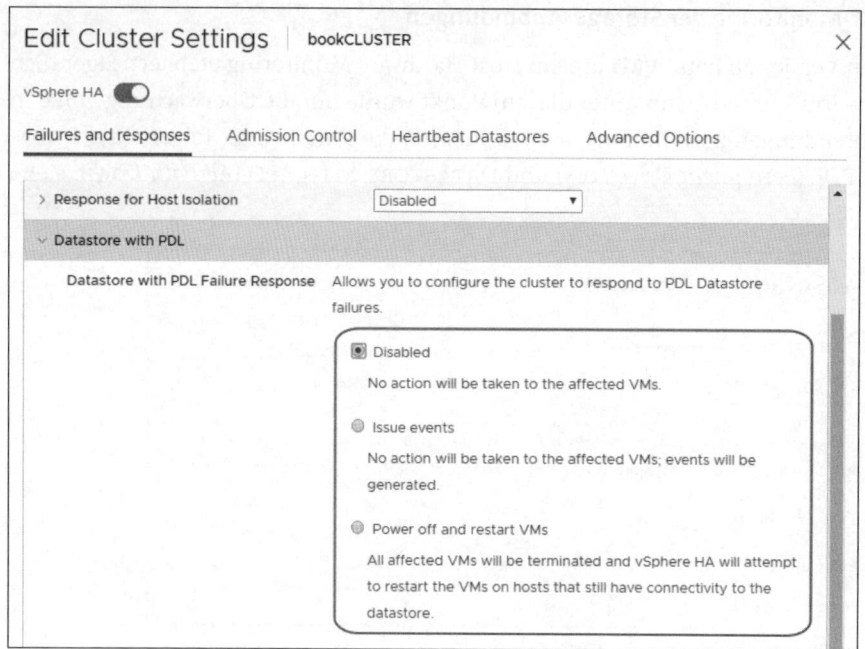

Abbildung 4.39 PDL-Einstellungen

Befehle werden noch so lange an den Storage geschickt, bis der Timeout erreicht wird. Antwortet der Storage innerhalb des Timeouts, wird die Verbindung wiederhergestellt, andernfalls bleibt die Verbindung unterbrochen. Einstellmöglichkeiten gibt es grundsätzlich vier (siehe Abbildung 4.40). Bei zwei Einstellungen kann noch eine zusätzliche Konfiguration vorgenommen werden.

Die Überwachung kann auch hier deaktiviert werden (DISABLE), und wie beim PDL-Event kann eine reine Benachrichtigungsoption über ISSUE EVENTS genutzt werden. Bleiben noch zwei auswählbare Optionen. Beide behandeln betroffene VMs in der gleichen Art und Weise. Es wird ein POWER OFF AND RESTART VMS aktiviert, aber mit unterschiedlicher Wertigkeit. Sie haben die Wahl zwischen einer CONSERVATIVE RESTART POLICY oder einer AGRESSIVE RESTART POLICY.

Im Fall einer *Conservative restart policy* wird eine VM nur ausgeschaltet, wenn das System weiß, dass die VM auf einen anderen Host wieder gestartet wird. Bei einer *Agressive restart policy* wird die Möglichkeit, die VM auf anderen Hosts wieder hochzufahren, außer Acht gelassen. Tritt APD ein, werden die betroffenen VMs ausgeschaltet, ohne zu wissen, ob sie auf einem anderen Host wieder starten können.

Grundsätzlich ist es so, dass nach dem vermeintlichen Eintreten von APD das System 140 Sekunden wartet, bevor es den Zustand offiziell macht. Erst zu diesem Zeitpunkt fängt der HA-Counter an zu zählen. Standardmäßig vergehen dann weitere 3 Minuten, bis Aktionen an den VMs durchgeführt werden.

4.2 HA-Cluster

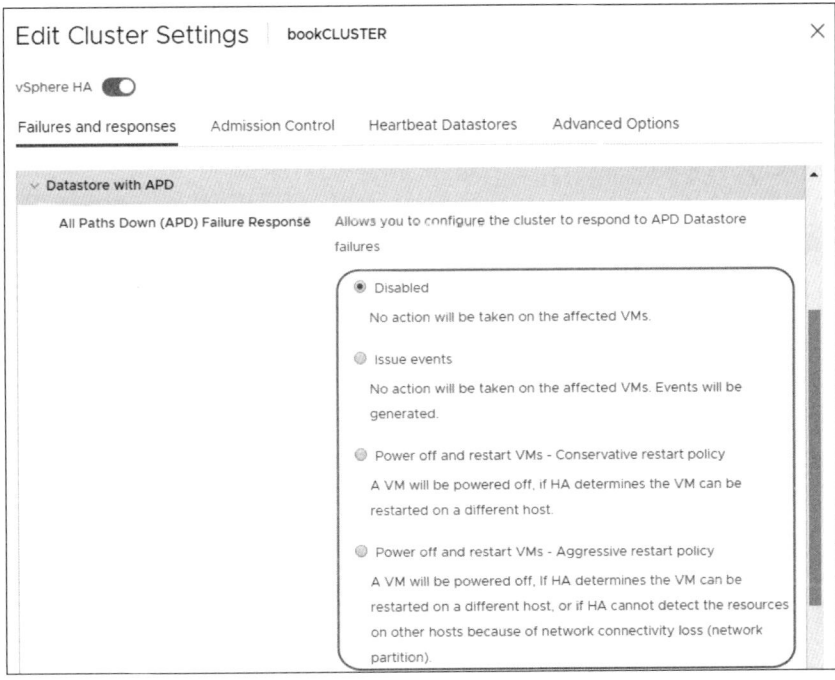

Abbildung 4.40 APD-Einstellungen

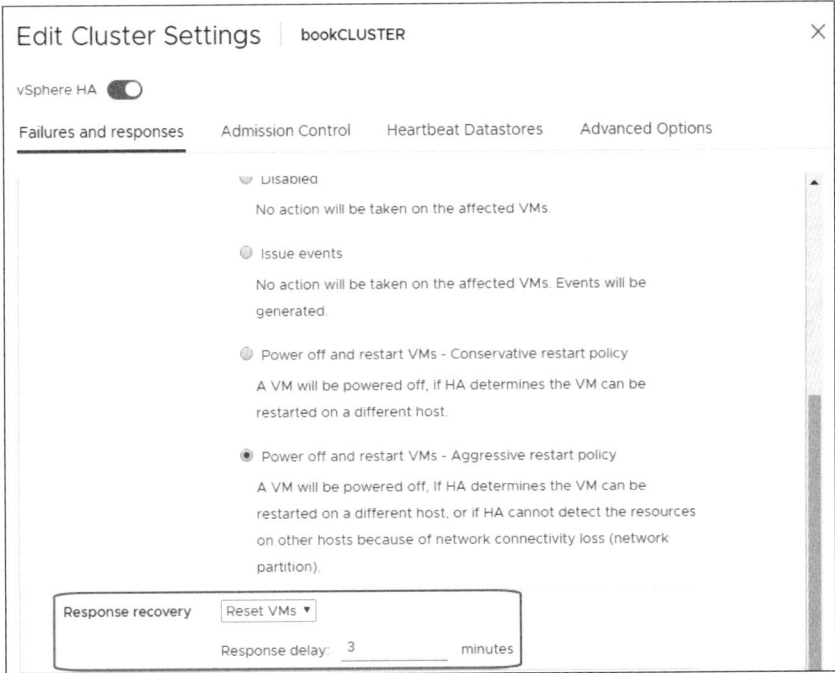

Abbildung 4.41 Anpassung der Reaktionszeit von HA

Dieser Wert lässt sich über Response Recovery anpassen (siehe Abbildung 4.41). Als Standardeinstellung sind hier die oben genannten drei Minuten hinterlegt, aber den Wert können Sie an Ihre Erfordernisse anpassen. Gesteuert wird das Ganze über VM *Component Protection* (VMCP).

4.3 DRS-Cluster

In den meisten Fällen unterstützen Cluster-Produkte sowohl die Ausfallsicherheit als auch die Lastverteilung. Dies ist bei VMware vSphere nicht anders, daher ist eine Lastverteilungsfunktion bei den Cluster-Objekten mit an Bord.

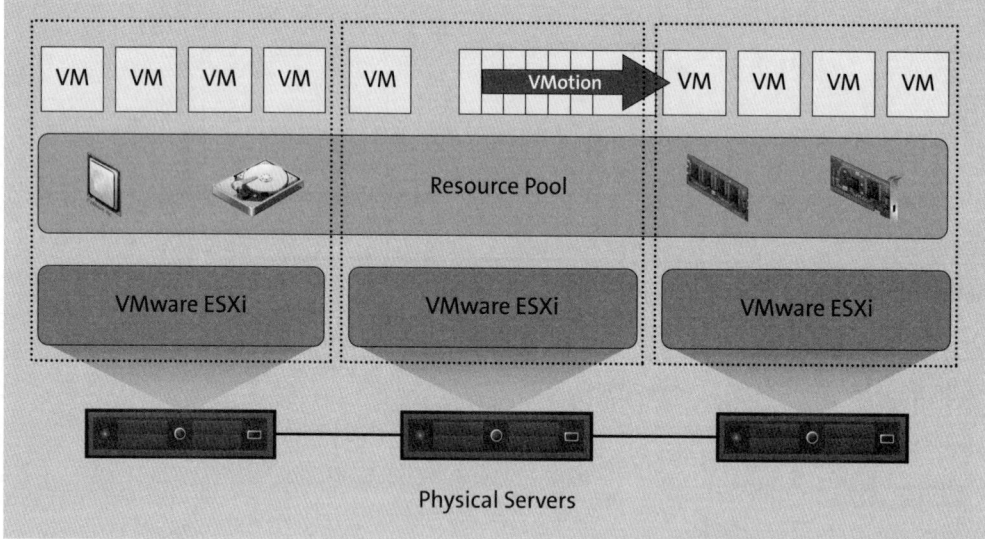

Abbildung 4.42 Funktionsübersicht zu DRS (Distributed Resource Scheduling)

4.3.1 Technologie-Übersicht

Um in einer VMware-Umgebung eine Lastverteilung zwischen den verschiedenen ESXi-Hosts zu erreichen, fasst man bestimmte ESXi-Hosts zu einem DRS-Cluster zusammen (siehe Abbildung 4.42). DRS ist die Abkürzung für *Distributed Resource Scheduling* und kann als ein Ressourcen-Loadbalancing-Tool für virtuelle Maschinen betrachtet werden.

Zwischen den ESXi-Hosts innerhalb des Clusters werden die virtuellen Maschinen verschoben, um unter Berücksichtigung der CPU- und Speicherauslastung der ESXi-Hosts eine ausgeglichene Verteilung der Last zu erhalten. Dabei wird die Netzwerk- und Festplattenauslastung der ESXi-Hosts nicht beachtet. Das Verschieben der VMs erfolgt mithilfe von vMotion, daher ist die Ablage der VM-Dateien auf einem zentralen Speichermedium die Grundvoraussetzung für DRS. Darum müssen Sie darauf achten, dass die verschiedenen ESXi-Hosts eines DRS-Clusters auch CPU-kompatibel für vMotion-Aktivitäten sind.

> **Hinweis**
> Viele Nutzer erwarten, dass bei der Nutzung von DRS alle Hosts eine nahezu identische Auslastung haben. Dem ist aber nicht so. DRS greift erst ein, wenn eine VM Ressourcenengpässe hat. Erst dann wird entschieden, welche VM auf welchen Host verschoben wird.

Das Ziel von DRS kann man also in einen Satz fassen: Durch das Verschieben virtueller Maschinen von stark ausgelasteten Servern hin zu weniger ausgelasteten Servern wird versucht, eine ausgewogene Verteilung von virtuellen Maschinen in der vSphere-Umgebung zu erreichen (siehe Abbildung 4.42).

DRS kann in verschiedenen Automatisierungsstufen betrieben werden. Diese reichen von reinen Empfehlungen, welche virtuellen Maschinen zu verschieben sind, bis hin zum voll automatisierten DRS-Betrieb, in dem jegliche Empfehlung sofort umgesetzt wird.

Des Weiteren können Regeln aufgestellt werden, wie virtuelle Maschinen im gesamten DRS-Regelwerk zu behandeln sind. Diese Regeln bestimmen, dass z. B. virtuelle Maschinen immer gemeinsam auf einem ESXi-Host betrieben werden sollen oder – was das Gegenstück dazu ist – dass virtuelle Maschinen niemals gemeinsam auf einem einzigen ESXi-Host platziert werden dürften. Natürlich können bestimmte virtuelle Maschinen aus dem DRS-Cluster ausgeschlossen werden; diese werden bei allen DRS-Aktivitäten nicht berücksichtigt, wohl aber bei der Berechnung der Ressourcenauslastung.

Die Architektur von DRS basiert auf dem vCenter-Server und benötigt auf den ESXi-Hosts im Gegensatz zu vSphere HA keine lokalen Agents. Das vCenter-Server ist für DRS der Dreh- und Angelpunkt, um die DRS-Konfiguration vorzunehmen und die DRS-Empfehlungen auszuführen. Ein DRS-Cluster kann maximal 64 Knoten umfassen.

Das vCenter überprüft in Abständen von fünf Minuten (Standardeinstellung) die CPU- und Speicherauslastung der ESXi-Hosts, die sich im DRS-Cluster befinden. Allerdings können Sie in den Eigenschaften des DRS-Clusters jederzeit auch einen manuellen Scan auslösen (siehe Abbildung 4.43).

Bei der Berechnung der Ressourcenauslastung bezieht der vCenter-Server alle virtuellen Maschinen der ESXi-Hosts im DRS-Cluster ein, auch die aus der DRS-Funktion ausgegliederten virtuellen Maschinen. Dieser Berechnungsprozess wird auch durch das Hinzufügen oder das Entfernen eines ESXi-Hosts aus dem DRS-Cluster gestartet, um schnellstmöglich eine optimale Auslastung von CPU und Speicher der ESXi-Hosts zu erlangen.

Abbildung 4.43 Manueller Start der DRS-Überprüfung

4.3.2 Lizenzierung von DRS

VMware DRS ist Bestandteil der *vSphere Enterprise Plus Edition* und höher. Die Lizenzierung erfolgt auf CPU-Sockel-Basis.

4.3.3 Einen DRS-Cluster anlegen

Prinzipiell wird der DRS-Cluster genau so wie ein HA-Cluster angelegt, da DRS auch nur eine Funktion des Cluster-Objekts ist. Daher können Sie DRS direkt beim Anlegen eines Clusters aktivieren (siehe Abbildung 4.44) oder auch nachträglich.

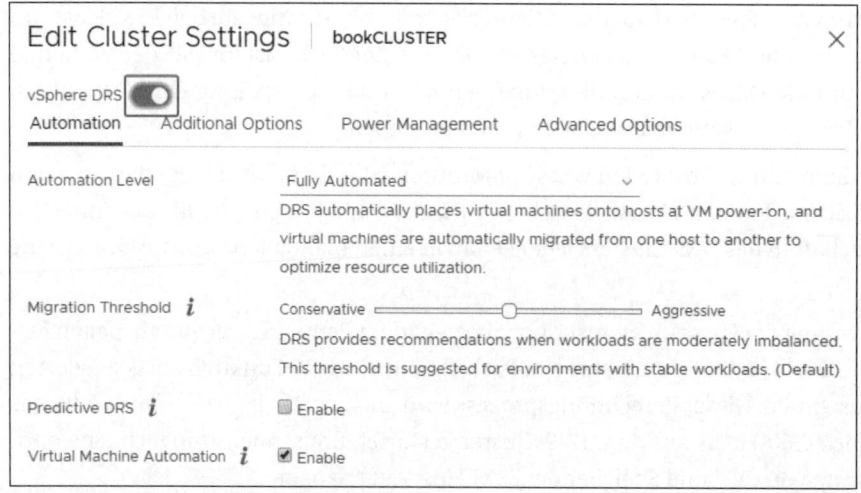

Abbildung 4.44 Aktivierung von DRS

> **Deaktivierung**
> Ebenso ist es jederzeit möglich, die DRS-Funktion zu deaktivieren, was allerdings direkte Auswirkungen auf die Systeme hat, da alle Ressourcen-Pools entfernt werden!

Sobald ein DRS-Cluster existiert, können Sie ESXi-Hosts inklusive Ressourcen-Pools per Drag & Drop integrieren. Sie müssen lediglich entscheiden, wie die Ressourcen-Pools übernommen werden sollen. Möglich ist eine Übernahme der Ressourcen-Pools mit gleichem Namen in den Root-Ressourcen-Pool des Clusters (der Cluster selbst ist der Root-Ressourcen-Pool), oder Sie legen neue Ressourcen-Pools für alle VMs dieses Hosts mit dem zu wählenden Namenspräfix an (Vorgabe: GRAFTED FROM ESX HOST).

Ist DRS nicht aktiviert, wird automatisch eine Warnmeldung ausgegeben, da alle Ressourcen-Pools verloren gehen.

Selbstverständlich kann DRS auch aktiviert werden, wenn schon Host-Systeme Mitglied im Cluster sind.

4.3.4 Prioritäten-Ranking

Die DRS-Prioritäten werden in Werten von ein bis fünf Sternen angegeben. Diese Werte haben Auswirkungen auf die Migration einer virtuellen Maschine von einem Host auf einen anderen sowie auf den Ziel-Host beim Neustart einer VM. Eine Empfehlung mit Priorität 5 hat die größte Auswirkung auf die Performance-Auslastung eines ESXi-Hosts. Im Gegensatz dazu hat eine Empfehlung mit einem Stern die geringste Auswirkung. Die Empfehlungen mit Priorität 5 umfassen außerdem die Migrationen, die von den *DRS Affinity Rules* herrühren oder vom Einschalten des Maintenance-Modus auf einem ESXi-Host, was eine automatische Evakuierung der Gastsysteme durch DRS auslöst. Des Weiteren versprechen Operationen mit Priorität 5 eine Auflösung von sehr großen Ungleichgewichten bei der Auslastung. Die Empfehlungen mit weniger Priorität haben absteigend auch immer einen kleiner werdenden Einfluss auf den Ausgleich von Ungleichgewichten im DRS-Cluster.

4.3.5 DRS Automation Level

Der Automatisierungsgrad (AUTOMATION LEVEL) eines DRS-Clusters ist eine für alle ESXi-Hosts des DRS-Clusters übergreifende Einstellung und umfasst die drei Ebenen MANUAL, PARTIALLY AUTOMATED und FULLY AUTOMATED (siehe Abbildung 4.45).

Die Automatisierungsebene MANUAL gibt lediglich über den vCenter-Client dem VMware-Administrator Empfehlungen, welche virtuelle Maschine auf welchem ESXi-Host zu starten ist, um eine ausgewogene Lastverteilung zu erreichen. Die aktuellen Empfehlungen werden im vCenter-Client nach Auswahl des DRS-Clusters aufgelistet (siehe Abbildung 4.46).

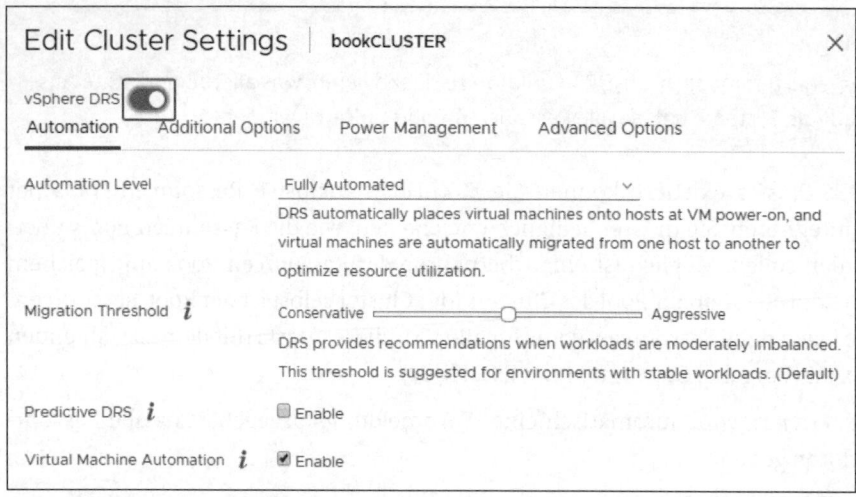

Abbildung 4.45 Eigenschaften des DRS-Clusters

Abbildung 4.46 Die Prioritätenanzeige beim Start einer VM, wenn die Automatisierungsebene »Manual« eingestellt ist

Dieses *Prioritäten-Ranking* wird vom Automatisierungsgrad (AUTOMATION LEVEL) auf der DRS-Automatisierungsebene FULLY AUTOMATED immer verwendet, bei PARTIALLY AUTOMATED nur beim Einschalten einer VM. Die Empfehlungen enthalten unter anderem den Namen der virtuellen Maschine und das jeweilige Prioritäten-Ranking. Als Administrator können Sie diese Empfehlungen zu einem beliebigen Zeitpunkt durch einen Klick umsetzen lassen. Hierbei müssen Sie die Empfehlung für die betroffene virtuelle Maschine auswählen und ihr zustimmen bzw. sie ablehnen. Natürlich werden auch hier nur jene ESXi-Hosts als Ziel betrachtet, die alle Bedingungen für einen Start der VM erfüllen.

Die Automatisierungsebene FULLY AUTOMATED ist das Gegenteil der manuellen Methode. Sämtliche Empfehlungen werden vom vCenter automatisch durchgeführt – beim Starten von virtuellen Maschinen (*Initial Placement*) und im laufenden Betrieb (*Virtual Machine Migration*). Auf dieser Ebene kann die Migration von virtuellen Maschinen nochmals in fünf Level unterteilt werden. Dabei ist Level 1 das konservativste und Level 5 das aggressivste:

- Level 1, KONSERVATIV, bedeutet, dass nur Empfehlungen mit Priorität 5 automatisiert durchgeführt werden. Alle anderen Empfehlungen, also mit Priorität 1–4, werden Ihnen als Empfehlung angeboten.
- Level 2 führt alle Empfehlungen mit Priorität 4 und 5 durch.
- Level 3 führt alle Empfehlungen mit Priorität 3 oder mehr durch.
- Level 4 führt alle Empfehlungen mit Priorität 2 oder mehr durch.
- Die am höchsten automatisierte Form des DRS erreichen Sie mit Level 5, AGGRESSIV. Hierbei werden grundsätzlich alle Empfehlungen – egal welche Priorität sie besitzen – vom System automatisch durchgeführt.

Im SUMMARY-Tab des DRS-Clusters (siehe Abbildung 4.47) können Sie alle Empfehlungen und eine Kurzübersicht sehen.

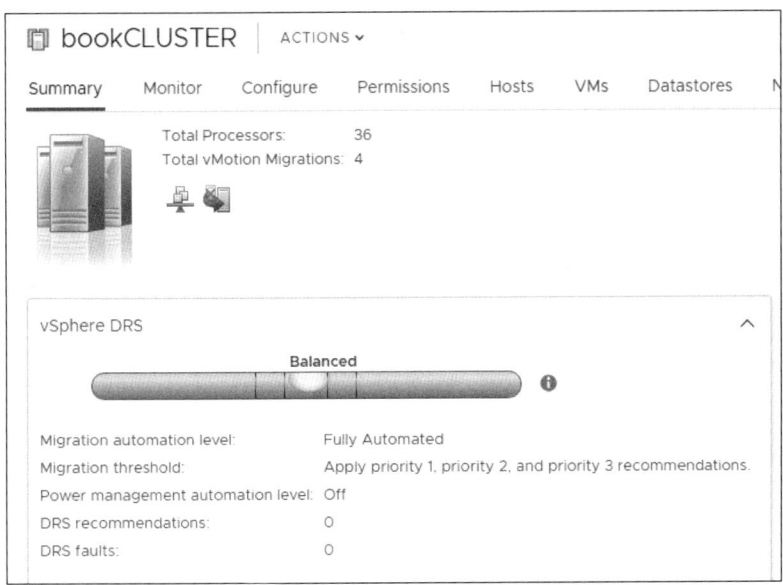

Abbildung 4.47 VMware-DRS-Kurzübersicht im »Summary«-Tab des DRS-Clusters

Die Automatisierungsebene PARTIALLY AUTOMATED ist eine Mischung aus den beiden Stufen MANUELL und FULLY AUTOMATED. Beim Starten von virtuellen Maschinen erfolgt deren Initial Placement komplett automatisiert. Je nach Ressourcenauslastung der ESXi-Hosts wird die zu startende virtuelle Maschine auf einen freien ESXi-Host verschoben und dann gestartet. Dies ist die einzige vollautomatisierte Aktion auf dieser Stufe. Die regelmäßige Überprüfung der ESXi-Auslastung resultiert dann, wie unter der Stufe MANUAL, lediglich in Empfehlungen zur Migration von VMs. Diese können Sie dann bei Bedarf durchführen.

Außerdem lassen sich die vergangenen DRS-Migrationen und etwaige Fehler in den entsprechenden Ansichten gut nachvollziehen (siehe Abbildung 4.48 und Abbildung 4.49).

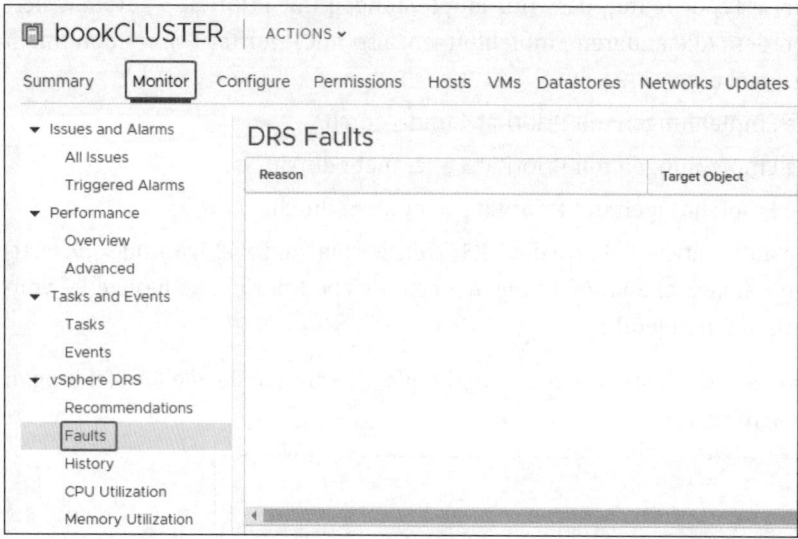

Abbildung 4.48 DRS-Fehleransicht

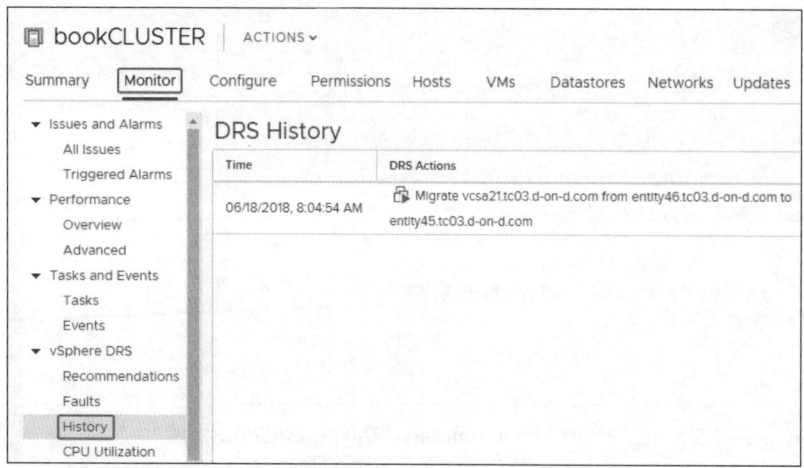

Abbildung 4.49 DRS-Historie

Möchten Sie sich die derzeitige Auslastung genauer anschauen, so bieten sich die *Resource Distribution Charts* im Tab MONITOR des DRS-Clusters an, die die Auslastung der einzelnen Hosts und eventuelle Ungleichgewichte anzeigen (siehe Abbildung 4.50).

Vorsicht

Lassen Sie immer Vorsicht walten und stellen Sie FULLY AUTOMATED nicht zu aggressiv ein, da es sonst zu enorm vielen vMotion-Aktivitäten kommen kann, die den Cluster massiv negativ beeinflussen.

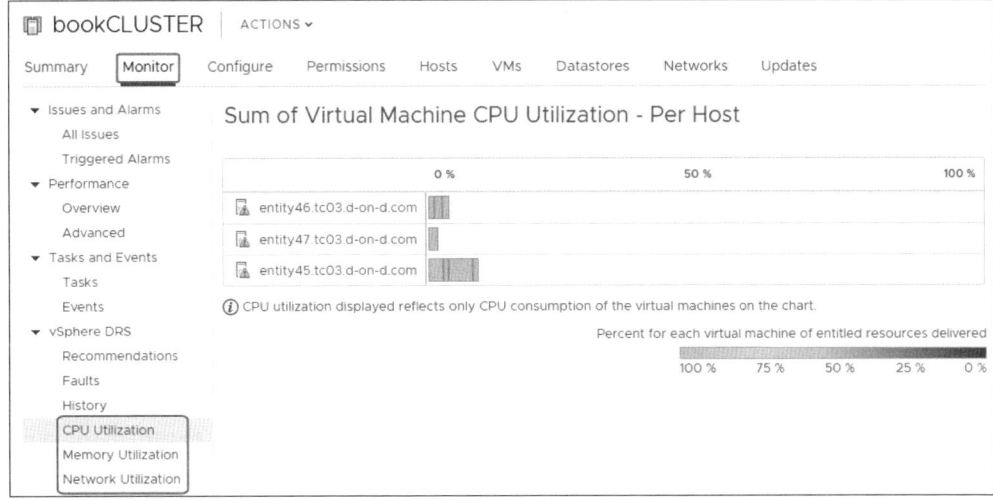

Abbildung 4.50 DRS-Distribution-Charts

In den Charts werden die Werte für CPU-, Arbeitsspeicher- und Netzwerknutzung angezeigt. Jedes Segment des Balkens reflektiert dabei eine virtuelle Maschine. Wenn Sie auf ein Balkensegment klicken, werden die Leistungsdaten der ausgewählten VM angezeigt.

4.3.6 DRS Groups Manager

Da vSphere-Umgebungen immer komplexer werden und man nicht immer mit einem Rechenzentrum, sondern mit übergreifenden Clustern (*Stretched Cluster*) ausfallsichere Szenarien realisiert, will man diese im DRS ebenso abbilden. Selbstverständlich können auch andere Szenarien der Grund für eine Gruppierung sein.

An einem kleinen Beispiel wollen wir ein solches Szenario erklären:

1. Entity45 ist ein ESXi-Server in RZ1.
2. Entity46 ist ein ESXi-Server in RZ2.
3. VM1vCPU greift auf Ressourcen in RZ1 zu. Über Entity45 kann die VM optimal zugreifen. Die VM sollte nur in Notfällen auf Entity46 laufen.
4. VM2vCPU greift auf Ressourcen in RZ2 zu. Der optimale Zugriff ist möglich, wenn der Server auf Entity46 liegt. Die VM sollte nur in Notfällen auf Entity45 laufen.

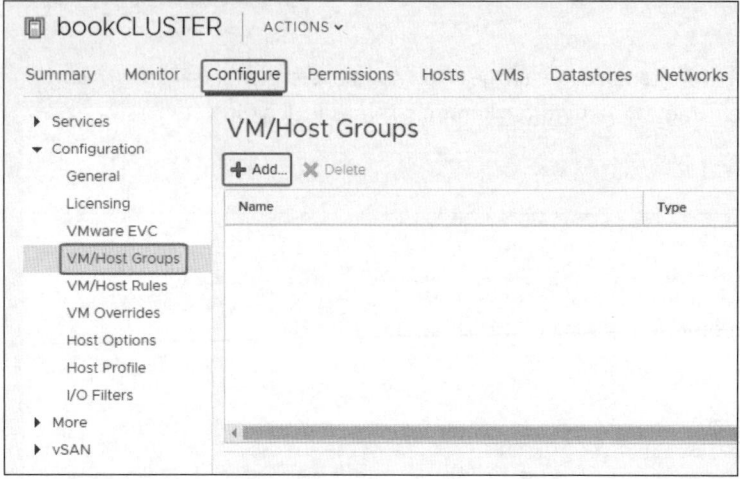

Abbildung 4.51 Einrichtung von DRS-Gruppen

Die DRS-Gruppen sollen daher die beiden Standorte mit ESXi-Hosts und VMs abbilden. Dazu verwenden Sie den *DRS Groups Manager*. Erstellen Sie eine VM-Gruppe (siehe Abbildung 4.51), in der jeweils nur eine VM enthalten ist. Dieses Szenario können Sie natürlich um eine beliebige Anzahl Hosts und VMs erweitern.

Dazu werden zwei DRS-VM-Gruppen angelegt, die jeweils den Namen des Rechenzentrums tragen und die jeweiligen virtuellen Maschinen enthalten. Nach Abschluss der Konfiguration erhalten Sie die Übersicht über alle DRS-VM-Gruppen (siehe Abbildung 4.52).

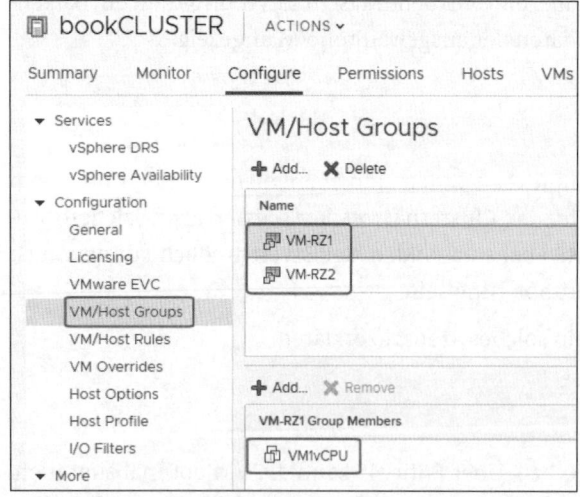

Abbildung 4.52 Die DRS-VM-Gruppen beider Rechenzentren

Danach erstellen Sie die DRS-Host-Gruppen nach dem gleichen Verfahren.

Nach Abschluss der Konfiguration haben Sie alle notwendigen Gruppen angelegt (siehe Abbildung 4.53) und können diese über DRS Affinity Rules steuern. Das Beispiel führen wir im nächsten Abschnitt weiter.

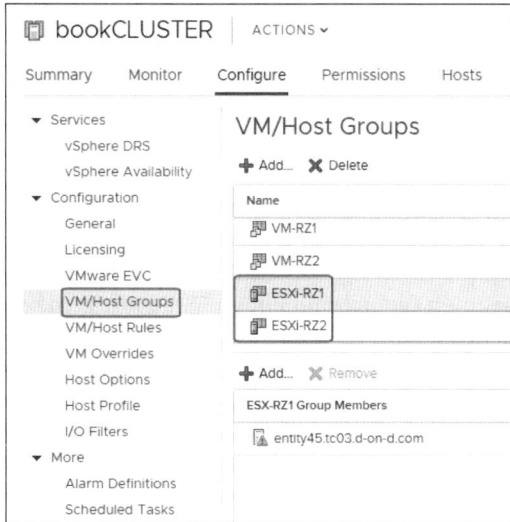

Abbildung 4.53 Die DRS-Host- und -VM-Gruppen beider Rechenzentren

4.3.7 DRS Affinity Rules

Mit den *DRS Affinity Rules* legen Sie fest, ob und welche virtuellen Maschinen bei DRS-Migrationen immer gemeinsam oder niemals gemeinsam verschoben werden dürfen. Folgende zwei Regeln stehen zur Verfügung:

- KEEP VIRTUAL MACHINES TOGETHER
- SEPARATE VIRTUAL MACHINES (siehe Abbildung 4.54)

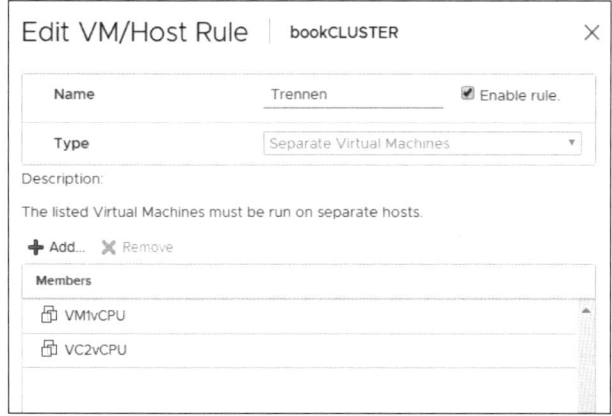

Abbildung 4.54 Die Affinity Rules sind das Regelwerk für DRS.

Die Regel KEEP VIRTUAL MACHINES TOGETHER stellt sicher, dass bei von DRS empfohlenen oder auch durchgeführten Migrationsvorgängen immer die in dieser Regel definierten virtuellen Maschinen zusammen verschoben werden. Das heißt, diese VMs befinden sich immer zusammen auf einem ESXi-Host. Um dies sicherzustellen, werden diese Regeln auch in die Berechnungen eingeschlossen, sodass die Empfehlung immer den Gesamtzustand berücksichtigt, die aktuelle Auslastung der ESXi-Hosts sowie die Möglichkeiten, die sich ergäben, wenn alle VMs dieser Regel verschoben würden. Ein typischer Fall hierfür wären voneinander abhängige Systeme, wie beispielsweise ein Datenbanksystem und das dazugehörige Applikationssystem. Können beide nicht unabhängig voneinander betrieben werden, ist es sinnvoll, sie immer auf dem gleichen ESXi-Host zu betreiben.

Das Gegenteil dazu stellt die Regel SEPARATE VIRTUAL MACHINES dar. Sie sorgt dafür, dass die in dieser Regel definierten virtuellen Maschinen niemals auf einem ESXi-Host gemeinsam laufen. Dies ist zum Beispiel für Cluster-Lösungen innerhalb der virtuellen Welt sinnvoll: Ein Ausfall eines ESXi-Hosts mit beiden Knoten eines Microsoft-Clusters oder eines NLB-Verbundes umginge die auf der virtuellen Ebene getroffenen Vorsichtsmaßnahmen wieder, und das komplette Cluster-System stünde still. Auch diese Regeln werden bei den Berechnungen der Performance-Auslastung immer berücksichtigt.

Nach der Erstellung von neuen Regeln werden diese sofort mit der aktuellen Verteilung der VMs abgeglichen, und bei den Modi MANUAL und PARTIALLY AUTOMATED werden neue Migrationen empfohlen. Diese müssen nicht zwingend durchgeführt werden, aber sie bleiben als Empfehlung bestehen, bis keine Regel mehr verletzt wird.

Wird eine Regel z. B. beim Start einer virtuellen Maschine verletzt, so erscheint eine Fehlermeldung und der Startvorgang wird gestoppt.

Kombination mit den DRS-Gruppen

In Abschnitt 4.3.6, »DRS Groups Manager«, sind wir bereits auf die Erstellung der DRS-Gruppen eingegangen. Allerdings haben diese Gruppen keinerlei Relevanz, wenn sie nicht mit Affinity Rules kombiniert werden.

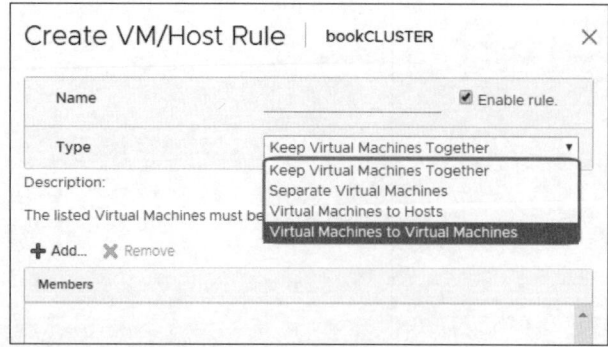

Abbildung 4.55 Regeln für DRS-Gruppen

Die Kombination wird automatisch möglich, sobald Sie bei den DRS-Regeln VIRTUAL MACHINES TO HOST auswählen (siehe Abbildung 4.55). Danach werden Sie nach den zur Auswahl stehenden VM- und Host-Gruppen gefragt und danach, wie sich diese zueinander verhalten sollen. In Abbildung 4.56 sehen Sie eine der Optionen, die zur Auswahl stehen:

- MUST RUN ON HOSTS IN GROUP: Die VMs der VM-Gruppe müssen zwingend auf den ESXi-Hosts der gewählten Host-Gruppe betrieben werden.
- SHOULD RUN ON HOSTS IN GROUP: Die VMs der VM-Gruppe sollen, falls möglich, auf den ESXi-Hosts der gewählten Host-Gruppe betrieben werden.
- MUST NOT RUN ON HOSTS IN GROUP: Die VMs der VM-Gruppe dürfen nicht auf den ESXi-Hosts der gewählten Host-Gruppe betrieben werden.
- SHOULD NOT RUN ON HOSTS IN GROUP: Die VMs der VM-Gruppe sollen, falls möglich, nicht auf den ESXi-Hosts der gewählten Host-Gruppe betrieben werden.

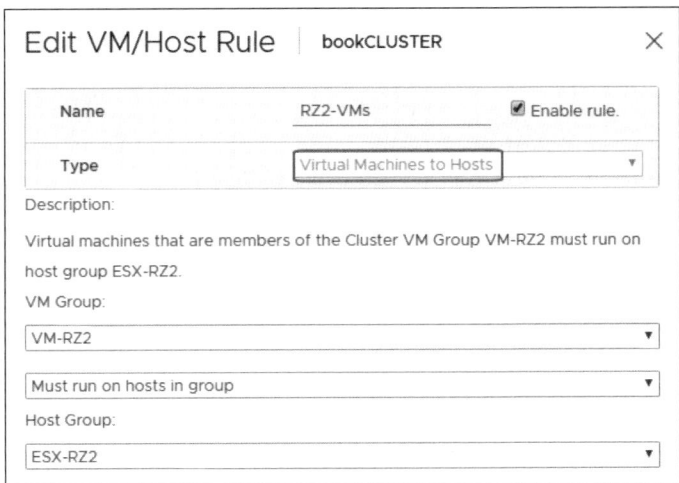

Abbildung 4.56 Wie stehen die VM- und Host-Gruppen zueinander?

Wenn wir den begonnenen Mini-Workshop um Affinity Rules ergänzen, um eine wirkliche Trennung der beiden Rechenzentren zu erreichen, müssen wir noch weitere Schritte durchführen.

Wir erinnern uns:

1. Entity45 ist ein ESXi-Server in RZ1.
2. Entity46 ist ein ESXi-Server in RZ2.
3. VM1vCPU greift auf Ressourcen in RZ1 zu. Über Entity45 kann die VM optimal zugreifen. Die VM sollte nur in Notfällen auf Entity46 laufen.
4. VM2vCPU greift auf Ressourcen in RZ2 zu. Der optimale Zugriff ist möglich, wenn der Server auf Entity46 liegt. Die VM sollte nur in Notfällen auf Entity45 laufen.

Ganz wesentlich in unserem Beispiel ist, dass es die Möglichkeit gibt, die VMs in RZ1 auch in RZ2 zu betreiben, es ist nur langsamer. Daher müssen wir für unsere Regeln nicht MUST RUN ON HOSTS IN GROUP, sondern SHOULD RUN ON HOSTS IN GROUP auswählen, damit im Fehlerfall – oder besser gesagt im Problemfall – eine Zuordnung nichtoptimaler Ressourcen noch durchgeführt wird (siehe Abbildung 4.57 und Abbildung 4.58).

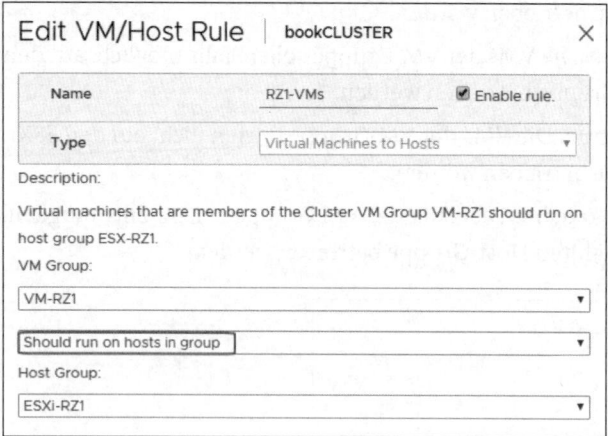

Abbildung 4.57 VMs in RZ1 sollen nur auf ESXi-Hosts in RZ1 betrieben werden.

Somit ist die Zuordnung abgeschlossen, und DRS verschiebt die virtuellen Maschinen nach Möglichkeit nur innerhalb der Standorte. Im Problemfall oder bei einem Ressourcenengpass werden jedoch die Regeln aufgeweicht.

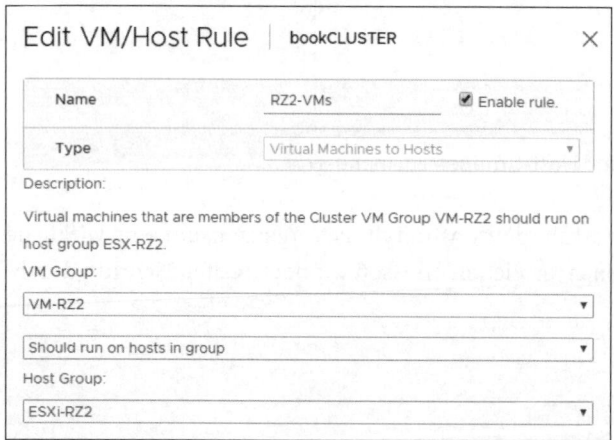

Abbildung 4.58 VMs in RZ2 sollen nur auf ESXi-Hosts in RZ2 betrieben werden.

Diese Regeln können Sie natürlich auch für andere Aspekte verwenden, wie bei Lizenzproblemen oder in dem Fall, dass nur bestimmte ESXi-Hosts mit sehr vielen Ressourcen ausgestattet sind und ressourcenfressende VMs auch nur dort betrieben werden sollen.

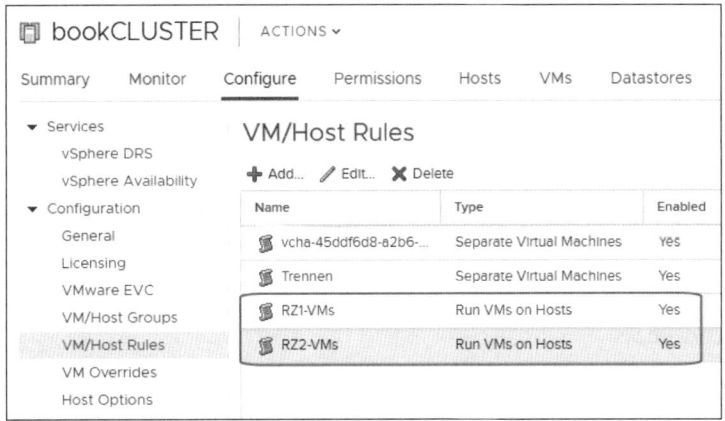

Abbildung 4.59 Das komplette Regelwerk für die Trennung der Rechenzentren

Natürlich war dieses Beispiel mit nur jeweils einem ESXi-Host pro Rechenzentrum ein Minimalbeispiel; allerdings können Sie die Anzahl der ESXi-Hosts und der VMs einfach erhöhen: Das Prinzip bleibt das gleiche.

4.3.8 DRS Virtual Machine Options

Die DRS-Regeln betreffen standardmäßig immer alle virtuellen Maschinen aller zum DRS-Cluster hinzugefügten ESXi-Hosts. Zeitweise ist es aber möglicherweise notwendig, verschiedene virtuelle Maschinen innerhalb eines DRS-Clusters gesondert zu behandeln. Zum Beispiel sollten bestimmte VMs niemals via vMotion verschoben und somit von der DRS-Automatisierung ausgeschlossen werden. Andere wiederum sollten trotz Teil- oder Vollautomatisierung der DRS-Migration nur nach Zustimmung des Administrators verschoben werden – also entgegen der Cluster-Konfiguration auf MANUAL konfiguriert werden.

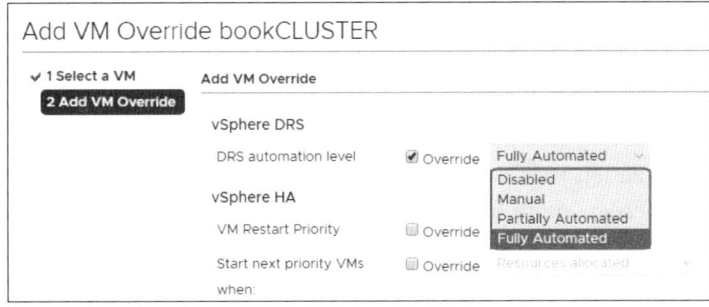

Abbildung 4.60 Die DRS-Automation kann auch pro VM gesondert definiert werden.

Diese Einstellungen definieren Sie in den DRS-Eigenschaften im Menü unter DRS AUTOMATION LEVEL (siehe Abbildung 4.60). Hier existieren die Einstellungen DISABLED, MANUAL, PARTIALLY AUTOMATED UND FULLY AUTOMATED. Letzteres gibt die globale DRS-Cluster-Einstellung wieder und ist auch der Standardwert jeder VM. Durch die Einstellung DEAKTIVIERT (DISABLED) wird zwar die virtuelle Maschine von DRS-Migrationen ausgenommen und es werden dafür auch keine Empfehlungen ausgesprochen, aber die Performance-Auslastung durch diese VM wird bei den DRS-Berechnungen dennoch berücksichtigt.

Abschließend sei zu diesen Möglichkeiten erwähnt, dass zu viele Ausnahmeregelungen die Möglichkeiten und auch den Sinn von DRS unterwandern. Diese DRS-Optionen sollten Sie nur in Maßen einsetzen!

4.3.9 DRS und Ressourcen-Pools

Die Ressourcen eines jeden ESXi-Hosts im DRS-Cluster werden logisch zu einem Ressourcen-Pool zusammengefasst. Wie auch bei Ressourcen-Pools für alleinstehende ESXi-Hosts können Ressourcen-Pools einen DRS-Cluster weiter in logische Ressourcengruppen unterteilen. Dabei sind die Grenzen der Pools nicht mehr an einen ESXi-Host gebunden, sondern umfassen die gesamten Ressourcen eines DRS-Clusters.

Beim Hinzufügen eines neuen ESXi-Hosts stehen zwei Möglichkeiten zur Verfügung, wie die neu hinzukommenden Ressourcen eines ESXi-Hosts logisch verwaltet werden sollen: Die Option PUT THIS HOST'S VIRTUAL MACHINES IN THE CLUSTER'S ROOT RESOURCE POOL fügt den ESXi-Host mitsamt seinen virtuellen Maschinen zum Ressourcen-Pool des DRS-Clusters hinzu. Sollten auf dem ESXi-Host bereits Ressourcen-Pools existieren, so werden diese ignoriert.

Die Option CREATE A NEW RESOURCE POOL FOR THIS HOST'S VIRTUAL MACHINES AND RESOURCE POOLS fügt den neuen ESXi-Host in einem neu erstellten Ressourcen-Pool dem DRS-Cluster hinzu. Der neu erstellte Ressourcen-Pool existiert in der Hierarchie auf der obersten Ebene, und alle VMs des ESXi-Hosts werden diesem neuen Pool zugeordnet. Dieser neue Pool erhält standardmäßig den Namen GRAFTED FROM SERVERNAME, den Sie aber ändern können.

4.3.10 DRS und der Maintenance-Modus

Zum Patchen, Ausschalten oder für andere Administrationsaufgaben auf einem ESXi-Host ist es notwendig, alle darauf laufenden VMs zu stoppen. In größeren Umgebungen mit DRS kann dies sehr problematisch werden, denn bei mehreren Administratoren führen Migrationen oder andere Aktivitäten auf dem gewünschten ESXi-Host, das Herunterfahren oder das Patchen schnell zu größeren Problemen. Um diese Schwierigkeiten zu umgehen, entwarf VMware den Maintenance-Modus.

Vor den genannten Administrationstätigkeiten wird der Maintenance-Modus für einen ESXi-Host entweder per vCenter-Client oder über die Kommandozeile aktiviert. In der Zeit, bis ein ESXi-Host den Maintenance-Status erreicht hat (zuerst müssen alle darauf laufenden VMs verschoben oder gestoppt werden), und während des Maintenance-Modus werden auf diesem ESXi-Server keine Aktionen mit den darauf abgelegten virtuellen Maschinen zugelassen. Dies betrifft auch das Verschieben von VMs mittels vMotion auf diesen Host.

Wird der Maintenance-Modus auf einem ESXi-Host im DRS-Cluster gestartet, werden im vollautomatischen Betrieb alle VMs auf freie Ressourcen innerhalb des Clusters verschoben. Erst danach ist der Maintenance-Modus aktiv.

> **Manuell eingreifen**
>
> Bedenken Sie, dass der Maintenance-Modus erst aktiviert wird, wenn die VMs entweder auf andere Hosts migriert, abgeschaltet oder suspendiert wurden. Sind die vMotion-Kriterien nicht erfüllt, kann der Maintenance-Modus nicht automatisch aktiviert werden, und Sie müssen manuell eingreifen.

4.3.11 DRS-Limitierungen mit vSphere

Tabelle 4.7 listet die Limitierungen auf, die in vSphere 6.7 in Bezug auf VMware DRS bekannt sind.

Beschreibung	Limitierung
ESXi-Hosts pro DRS-Cluster	64
Aktive VMs in einem DRS-Cluster	8.000
Aktive VMs pro ESXi-Host in einem DRS-Cluster	1.024

Tabelle 4.7 DRS-Cluster-Limitierung

4.3.12 DPM (Distributed Power Management)

DPM alias *Distributed Power Management* war lange Zeit nur experimentell verfügbar, hat aber nun die volle VMware-Unterstützung. Es ist eine der Funktionen, die äußerst kontrovers diskutiert werden, da DRS aufgrund der Auslastung versucht, viele VMs auf möglichst wenige ESXi-Hosts zu verteilen, um die frei werdenden Hosts energiesparend in den Stand-by-Modus zu versetzen (siehe Abbildung 4.61).

Die Kritiker möchten nicht, dass Ressourcen künstlich konsolidiert und vorhandene Systeme abgeschaltet werden. Außerdem bestehen Bedenken, dass die abgeschalteten Systeme vielleicht nicht oder zu langsam bei steigenden Anforderungen wieder aktiv werden.

Allerdings gibt es genügend Gründe, dieses Risiko einzugehen, wenn es um Energieeffizienz und Kosteneinsparungen geht. Vor allem Provider und große IT-Unternehmen, die ihre Hardware nicht im Detail planen können, sondern um die Spitzen abzufangen, zwangsweise mehr Hardware vorhalten müssen, als wirklich nötig ist, ziehen großen Nutzen aus DPM.

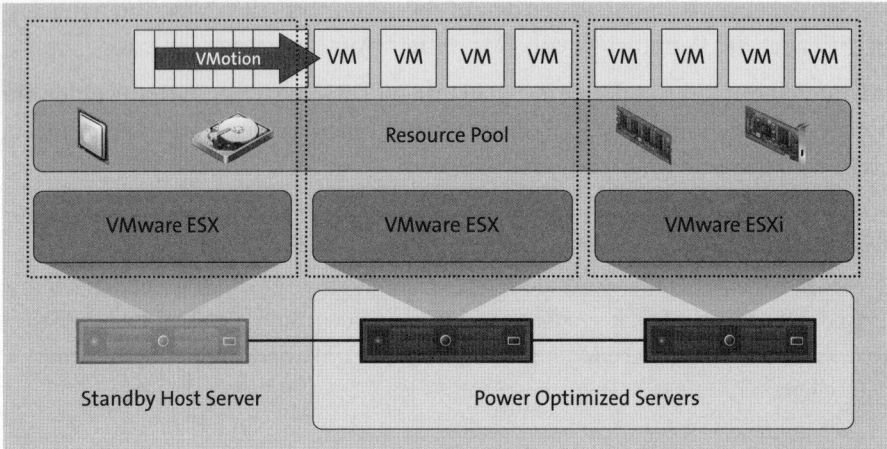

Abbildung 4.61 DPM schaltet nicht benötigte Hosts in einen Standby-Modus, um Energie einzusparen.

DPM erfordert allerdings, dass die ESXi-Server-Hardware den Standby-Modus unterstützt und auch wieder »aufgeweckt« werden kann. An Möglichkeiten stehen *HP iLO*, sämtliche *IPMI*-Schnittstellen und *Wake on LAN* auf der ESXi-Management-Schnittstelle als Optionen bereit. Diese Konfiguration müssen Sie manuell in den HOST OPTIONS des ESXi-Hosts unter POWER MANAGEMENT durchführen (siehe Abbildung 4.62).

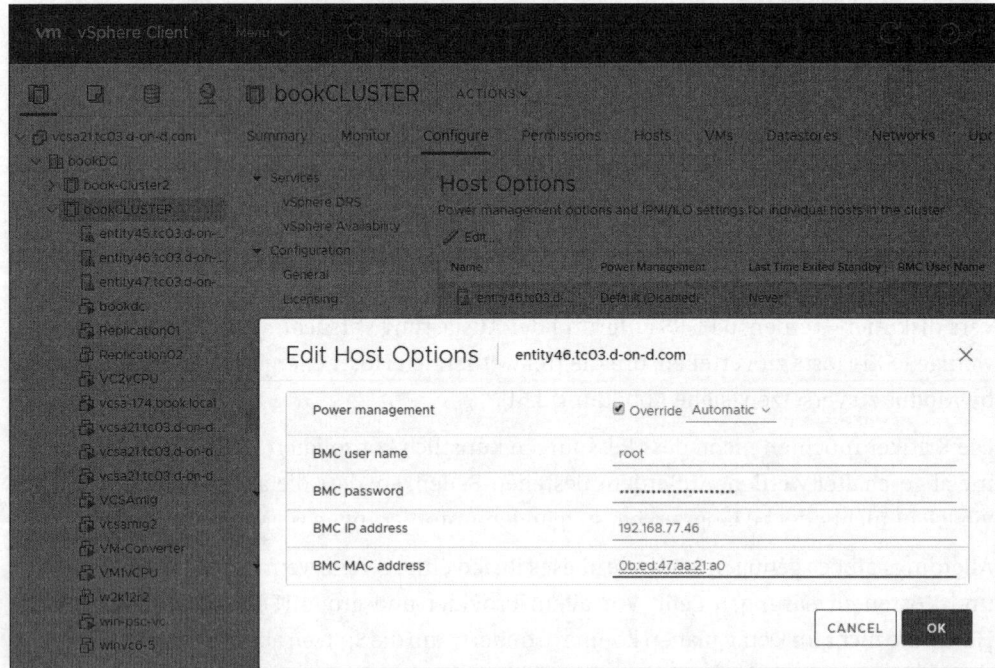

Abbildung 4.62 BMC-Einstellung für DRS

Nachdem Sie sichergestellt haben, dass die Power-Management-Funktion des ESXi-Servers korrekt eingetragen ist, können Sie DPM unter dem Punkt HOST OPTIONS in den Eigenschaften des DRS-Clusters einrichten (siehe Abbildung 4.63). Schalten Sie DPM ein, so können Sie entweder den ESXi-Host manuell evakuieren, und DRS stellt entsprechende Empfehlungen bereit, oder Sie lassen DPM ähnlich der VOLLAUTOMATISIERT-Einstellung selbstständig agieren und bestimmen nur, anhand welcher Priorität die VMs migriert und die freien Systeme abgeschaltet werden.

Abbildung 4.63 DPM-Konfiguration innerhalb des DRS-Clusters

Selbstverständlich ist es möglich, einzelne Hosts mit anderen Einstellungen zu versehen und komplett aus DPM zu entfernen. Außerdem können Sie unter HOST OPTIONS den Zeitpunkt des letzten erfolgreichen Standby-Vorgangs einsehen. Eine Zeitsteuerung ist derzeit leider nur über eigene Erweiterungen durch Skripte möglich. Es wäre für viele Unternehmen interessant, zu einer gewissen Abendstunde DPM zu aktivieren, es morgens vor den Stoßzeiten wieder zu deaktivieren und alle ESXi-Hosts verfügbar zu halten. An dieser Stelle können wir daher nur auf die PowerShell oder auf Perl verweisen.

4.3.13 HA und DRS in Kombination

HA und DRS werden sehr häufig gleichzeitig in einem Cluster aktiviert, um sämtliche Funktionen nutzen zu können. Die beiden Produkte ergänzen sich auch sehr gut; so kann DRS beispielsweise die virtuellen Maschinen anhand ihrer Last optimal verteilen, nachdem ein ESXi-Host ausgefallen ist und die VMs »wahllos« auf den übrigen ESXi-Servern neu gestartet wurden.

Außerdem bietet DRS einen großen Vorteil bezüglich des Wartungsmodus (Maintenance-Modus), da die virtuellen Maschinen automatisch von dem zu wartenden System evakuiert werden – vorausgesetzt, die virtuellen Maschinen sind korrekt konfiguriert (keine verbundenen Wechselmedien, gleiche Netzwerke, keine lokalen Festplatten). Allerdings sollten Sie beachten, dass eine HA-DRS-Kombination realistisch erst ab drei ESXi-Hosts im Cluster sinnvoll genutzt werden kann.

Kapitel 5
Installation von ESXi und vCenter

In diesem Kapitel beschäftigen wir uns mit der Installation der verschiedenen Softwarekomponenten von VMware vSphere 6.7. Nicht nur die Standardinstallation wird hier beschrieben, sondern auch Installationen in DAS- und SAN-Umgebungen.

Autor dieses Kapitels ist Bertram Wöhrmann
buch@ligarion.de

Auch wenn die Installation der einzelnen VMware-Komponenten an sich nicht kompliziert und aufwendig ist, sollen doch die einzelnen Schritte gezeigt werden, damit Ihnen klar wird, worauf Sie besonders achten müssen. Wir beginnen mit dem ESXi-Host, und zwar zunächst auf DAS-Systemen, und betrachten im Anschluss daran die Installationen im SAN näher. Abschließend liegt der Fokus auf der Vorgehensweise bei der Installation des *vCenter Server* und seiner Komponenten. Auch das Upgrade von ESXi und vCenter wird näher beleuchtet.

> **Achtung beim Upgrade**
>
> Es gibt derzeit keinen unterstützen Upgradepfad von *vSphere 6.5 Update 2* nach *vSphere 6.7*. (Stand: Mai 2018)
>
> Weitere Informationen zu dem Thema finden sich in der Knowledge Base von VMware unter *https://kb.vmware.com/s/article/53704*

5.1 VMware vSphere 6.7

Die Version VMware vSphere 6.7 ist ihren Vorgängerversionen immer noch sehr ähnlich. Auch wenn sich unter der Haube und an der Architektur Änderungen ergeben haben, so ist der Grundstock der Software seit der Einführung von ESXi gleich.

5.1.1 VMware-vSphere-Systemvoraussetzungen

Die Systemvoraussetzungen für die Installation finden Sie im *VMware Compatibility Guide* auf der VMware-Website (siehe Abbildung 5.1). Die Kompatibilitätslisten, d. h. die Auflistungen der von VMware unterstützten Hardware und Software, sind in mehrere Gruppen untergliedert. Hier sind alle Komponenten aufgelistet:

- Platform & Compute
- CIM Providers (HW Monitoring)
- CPU Series
- Guest OS
- Host OS
- Host Profiles
- I/O-Komponenten
- Key Management Servers (KMS)
- System / Servers
- Storage & Availability
- Site Recovery Manager (SRM)
- Storage / SAN
- vSAN
- vSAN Partner Solutions
- VMware Flash Read Cache
- vSphere APIs for Storage Awareness (VASA), non VVols
- vSphere APIs for Virtual Volumes (VVols)
- vSphere APIs for IO Filtering (VAIO)
- Solutions & Architectures
- VMware Validated Design Certified Partner Architecture
- Networking & Security
- Networking and Security services
- Hardware VXLAN Gateway
- Cloud Infrastructure Platform
- VMware Cloud Foundation
- Management & Orchestration
- vRealize Operations
- vRealize Orchestrator
- vSphere Web Client
- End User Computing
- View (Thin Clients)
- View Turnkey Appliances (Rapid Desktop Appliances)
- End User Computing Storage
- View Proven Storage for VDI Capacity
- View Composer Array Intagration (VCAI) – Horizon
- Virtual Volumes (VVols) – Horizon
- Graphics
- Shared Pass-Through Graphics
- Virtual Dedicated Graphics Acceleration (vDGA)
- Virtual Shared Graphics Acceleration (vSGA)

Wenn Sie die Seite *http://www.vmware.com/resources/compatibility/search.php* aufrufen, können Sie die Kompatibilität überprüfen. Sie können dort direkt eine Auswahl treffen. Es ist ebenfalls möglich, als Einstiegspunkt die VMware-Seite *http://www.vmware.com/resources/guides.html* zu nehmen.

Sollte noch genug Papier im Drucker vorhanden sein, können Sie auch die PDF-Variante des *Systems Compatibility Guide* ausdrucken. Diese umfasst mittlerweile 760 Seiten und ist unter der URL *http://www.vmware.com/resources/compatibility/pdf/vi_systems_guide.pdf* zu finden. Alternativ speichern Sie die Datei ab, damit Sie jederzeit auf sie als Referenz zugreifen können.

Mit dem *VMware Compatibility Guide* hat VMware eine separate Website aufgebaut, um die Überprüfung der Kompatibilität von Komponenten zu ermöglichen. Hier können Sie nach einzelnen Systemen oder Systemkomponenten suchen. Zudem sind dort nicht nur die Hardware-, sondern auch die Softwarekompatibilitäten abgebildet.

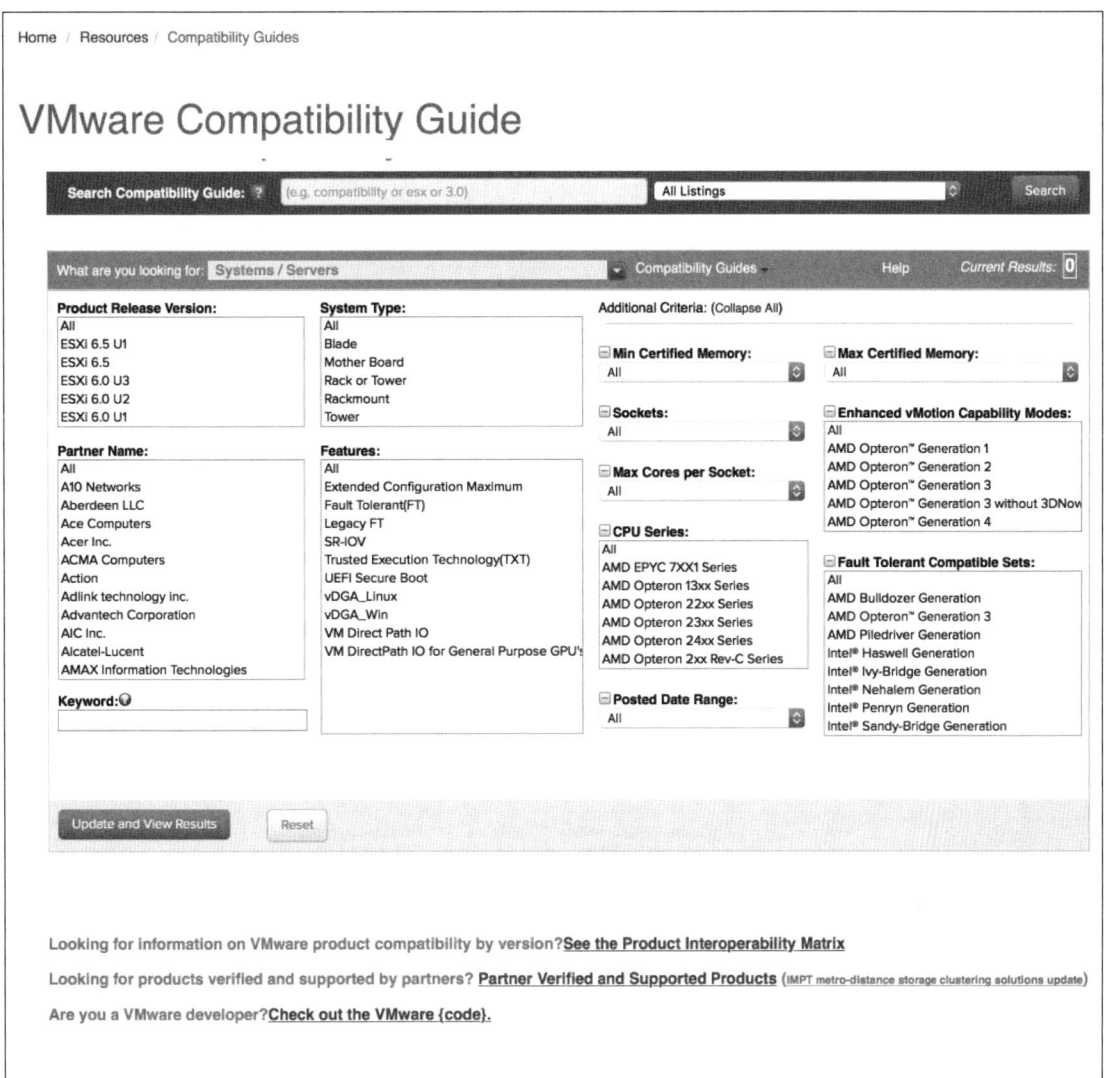

Abbildung 5.1 Der VMware Compatibility Guide

Neben der offiziellen VMware-Kompatibilitätsliste gibt es auch eine Liste von Partner-Tools (siehe Abbildung 5.2). Diese finden Sie unter der URL *http://www.vmware.com/resources/compatibility/vcl/esxi.php.*

Home / Resources / Compatibility Guides / ESXi Tools Readiness

VMware Compatibility Guide

ESXi Tools Readiness

Welcome to the partner-managed ESXi convergence tools list. This list is provided as a convenience by VMware to highlight partner-managed tools which are now available on ESXi with 5.0.

Note: This list is not meant to be a comprehensive list of management tools. Please contact your preferred VMware partner for more information on ESXi management tools readiness.

VMware® ESXi is the next-generation hypervisor, providing a new foundation for virtual infrastructure. This innovative architecture operates independently from any general-purpose operating system, offering improved security, increased reliability, and simplified management. This compact architecture is designed for integration directly into virtualization-optimized and certified server hardware, enabling rapid installation, configuration, and deployment. To learn more about ESXi, and how it differs from ESX, go to http://www.vmware.com/products/vsphere/esxi-and-esx/overview.html.

Partner Tools	Brocade				
	Tool	Version	Description	Compatible ESXi	Footnote
	bcu	Version 3.0.0	CLI management tool for Brocade's storage adapters	ESX 4.x, ESXi 5.0	On ESXi 5.0 systems, BCU runs as an ESXCLI plug-in in the ESXi userworld environment.
KB article	http://kb.vmware.com/selfservice/microsites/search.do?language=en_US&cmd=displayKC&externalId=2001842				

Partner Tools	Hitachi				
	Tool	Version	Description	Compatible ESXi	Footnote
	hfcmcup	--	Update or restore FLASH-ROM	ESX 4.x	Replaced by Hitachi CIM provider on ESXi 5.0.
	hfcmcup	--	Transfer FLASH-ROM data into hardware without OS reboot	ESX 4.x	Replaced by Hitachi CIM provider on ESXi 5.0.
	Hitachi CIM Provider	--	CIM provider with support for many standard CIM profiles	ESXi 5.0	See See Downloading CIM provider for Hitachi FC-HBA (KB 2001547).
KB article	http://kb.vmware.com/selfservice/microsites/search.do?language=en_US&cmd=displayKC&externalId=2004169				

Abbildung 5.2 Liste der Partner-Tools

5.1.2 Download der Installationsmedien

Die Installationsdateien von VMware vSphere 6.7 finden Sie auf der VMware-Website *www.vmware.com* unter dem Link DOWNLOADS. In dieser Sektion befinden sich die unterschiedlichen VMware-Produkte inklusive ihrer Versionsstände. Im oberen Bereich müssen Sie die Nummer der Version auswählen, die heruntergeladen werden soll.

Klicken Sie neben dem gewünschten Produkt auf Download, um die Dateien herunterzuladen. Sollten Sie eine ältere Version suchen, finden Sie den passenden Link auf der Einstiegsseite ganz oben.

Über die Auswahl Go to Downloads steigen Sie in den eigentlichen Download-Bereich ein. Der Ladeprozess kann nun über die browsereigene Download-Funktion oder über den Download-Manager von VMware erfolgen. Letzterer bietet ein recht komfortables Interface, das auch das Wiederaufsetzen von Downloads und die einfache Steuerung zulässt. Für den endgültigen Download ist allerdings eine Anmeldung erforderlich.

Nach erfolgreicher Anmeldung befinden Sie sich auf der eigentlichen Download-Seite mit den Einzelkomponenten inklusive Download-Link (siehe Abbildung 5.3).

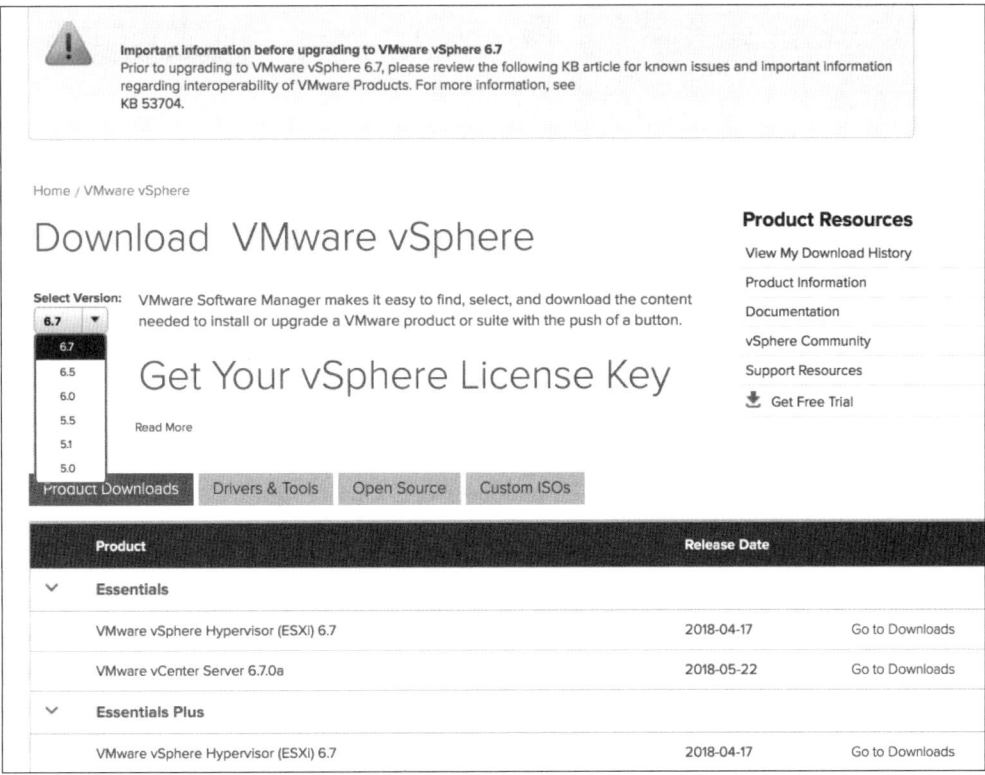

Abbildung 5.3 Download-Sektion mit den Komponenten von VMware vSphere

Auf der Webseite wählen Sie nun die Version aus, die Sie herunterladen wollen. Klicken Sie einfach auf den passenden Download-Link. Nach einer Anmeldung im Download-Portal können Sie die Versionen herunterladen.

ESXi Version 6.7 ist in zwei verschiedenen Varianten erhältlich: zum einen als *ISO-Image* zur direkten Installation eines Servers oder alternativ als *ZIP-Datei*. Diese ZIP-Datei können Sie mit dem *Update Manager* nutzen, um vorhandene Hosts zu aktualisieren. Die *Depot-Version* benötigen Sie, wenn Sie Auto-Deploy-Umgebungen für vSphere aufbauen wollen.

Generell sollten Sie jede heruntergeladene Datei auf ihre MD5-Checksumme hin prüfen (siehe Abbildung 5.4), da es immer wieder zu Übertragungsfehlern kommt, die zu sehr unschönen Effekten wie einer fehlerhaften Installation führen. Unter jedem Download-Link finden Sie die Checksummen zum Überprüfen der Datei. Hier finden sich eine MD5-, eine SHA1- und auch eine SHA256-Checksumme.

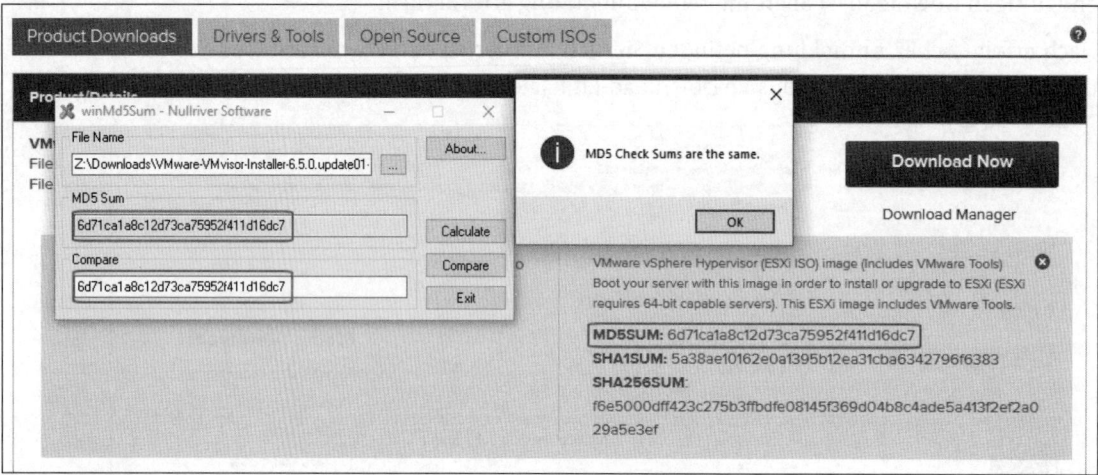

Abbildung 5.4 MD5-Checksummen-Vergleich mit »winMD5Sum«

Kostenfreie Programme zum MD5- oder SHA1/256-Checksummen-Test finden Sie mit Google wie Sand am Meer. Zwei recht empfehlenswerte MD5-Programme, die gerne genutzt werden, sind:

▶ Windows MD5 Checksum Tool
http://getmd5checker.com/downloads/Md5Checker/3.3.0.12/Md5Checker.zip

▶ winMD5Sum
http://www.nullriver.com/downloads/Install-winMd5Sum.exe

Nachdem Sie das Installationsmedium auf Integrität getestet haben, nutzen Sie das ISO-DVD-Image – entweder auf eine DVD gebrannt oder über Softwareverteilungstools. DVD-Emulationsprogramme auf Server-Seite (z. B. HP iLO) können zur Anwendung kommen, um die Medien direkt zu nutzen. Alternativ besitzen Sie bereits eine Original-DVD von VMware, die auf dem aktuellsten Stand ist.

5.1.3 Vor der Installation

Vor der Installation sollten Sie unbedingt folgende Hinweise beachten.

Einrichten der Hardware

Bevor Sie beginnen, die Server aufzusetzen, müssen Sie die Hardware konfigurieren. Die Hardwarehersteller machen bestimmte Vorgaben, damit der vSphere-Server seine volle Leistungsfähigkeit ausspielen kann. Dazu müssen Sie im BIOS einige Einstellungen vornehmen. Auf jeden Fall ist die Prozessorvirtualisierung zu aktivieren. Deaktivieren Sie eventuell vorhandene Power-Saving-Funktionen. Die Hardware eines vSphere-Hosts sollte immer auf maximale Leistung gestellt sein. Etwaige Stromsparmechanismen sollten über vSphere selbst konfiguriert werden.

Keine SAN-Verbindung

Außer bei Boot-from-SAN sollte der vSphere-Server während der Installation keine Verbindung zum SAN und zum zentralen Speicher haben. Dies ist empfohlene Praxis und dient zu Ihrer eigenen Sicherheit, damit nicht ungewollt Formatierungen erfolgen. Die Auswahl einer falschen LUN passiert leider viel zu leicht.

Während der Installationsroutine werden bei der Partitionierung ausgewählte LUNs formatiert, unabhängig von den Daten – es sei denn, Sie wählen die Option, alle von der Installation betroffenen Datenbereiche nicht zu berücksichtigen. Sie müssen allerdings nicht zwingend die FC- oder Ethernet-Kabel ziehen – ein Abschalten der Ports oder das Aufheben der Zuordnung am Speichersystem genügt in den meisten Fällen.

5.1.4 Lokale Installation

Zur lokalen Installation müssen Sie entweder die VMware-vSphere-6.7-Installations-DVD in das Server-System einlegen oder sie mittels Emulation (Virtual Media – HP iLO, Dell iDRAC ...) dem Server bekannt machen. Sehr wichtig ist hier die passende Kombination aus Firmware-, Java- und ActiveX-Version. Die entsprechenden Informationen können Sie Tabelle 5.1 entnehmen.

Remote-Controller	Firmware	Java-Version
iDRAC 7	1.30.30 (Build 43)	1.7.0_60-b19
iDRAC 6	1.54 (Build 15) 1.70 (Build 21)	1.6.0_24
DRAC 5	1.0 1.45 1.51	1.6.0_20, 1.6.0_203
DRAC 4	1.75	1.6.0_23

Tabelle 5.1 Remote-Controller-Firmware-Versionen

Remote-Controller	Firmware	Java-Version
ILO	1.81 1.92	1.6.0_22, 1.6.0_23
ILO2	1.8 1.81	1.6.0_20, 1.6.0_23
ILO3	1.28	1.7.0_60-b19
ILO4	1.13	1.7.0_60-b19
IBM RSA 2	1.03 1.2	1.6.0_22

Tabelle 5.1 Remote-Controller-Firmware-Versionen (Forts.)

Alternativ ist es auch möglich, den Host über ein USB-Medium bereitzustellen.

Während der Installation erfolgen fast keine Angaben; die eigentliche Konfiguration erfolgt nach dem Abschluss der Installation in der Managementkonsole des ESXi. An dieser Stelle haben Sie dann auch die Möglichkeit, den Netzwerkadapter anzupassen, den Sie nutzen wollen.

Außerdem empfiehlt VMware, die Uhr im BIOS auf UTC-Zeit zu stellen. Die Anpassung an die entsprechende Zeitzone erfolgt nach der Installationsprozedur mit dem *vSphere Web Client*.

> **PCI-ID-Plan**
>
> Sollte der Server über sehr viele Netzwerkkarten verfügen, ist ein PCI-ID-Plan des Server-Systems sehr hilfreich. (Die PCI-ID ist die PCI-Nummer von Geräten in PCI-Slots.) Es wird nach einer Netzwerkkarte als Uplink für den virtuellen Switch gefragt, den die Management-Portgruppe nutzt.

Vorbereitung des USB-Mediums

Soll die Installation über ein USB-Medium (z. B. einen USB-Stick) erfolgen, dann sind einige vorbereitende Arbeiten notwendig. Als Erstes benötigen Sie ein Tool, mit dem Sie einen USB-Stick bootfähig machen können. Sie können für diesen Zweck das Tool *UNetbootin* (*http://unetbootin.github.io*) nutzen. Diese Software gibt es für alle gängigen Plattformen. Somit sind Sie vom Betriebssystem selbst unabhängig. Jetzt müssen Sie entweder in der oberen Auswahl eine DISTRIBUTION wählen, um den passenden USB-Stick zu erstellen, oder Sie wählen den unteren Auswahlpunkt aus und binden direkt das ISO-Abbild ein (siehe Abbildung 5.5).

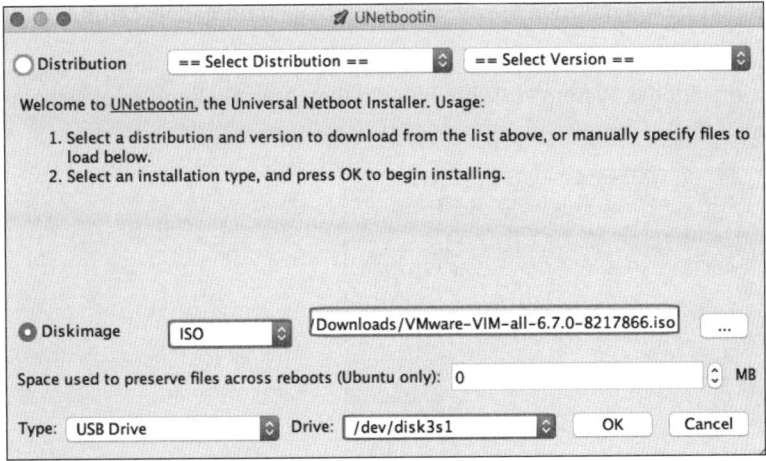

Abbildung 5.5 Erstellen eines bootfähigen USB-Mediums

Nun folgt die Auswahl des USB-Mediums, auf das die vSphere-CD kopiert werden soll. Ist der Prozess abgeschlossen, dann können Sie mit Ihrem USB-Stick einen Server booten und dann installieren.

Installation

Die Installation von vSphere 6.7 ist absolut simpel und erfordert keinerlei Linux-Kenntnisse. Sie benötigen lediglich zertifizierte und von VMware freigegebene Hardware. Für Testumgebungen können Sie sich auch in der Community umschauen, auf welchen Systemen die Software noch erfolgreich installiert werden konnte. Selbst auf den Produkten *VMware Workstation* oder *VMware Fusion* lässt sich die Software zu Testzwecken installieren.

Abbildung 5.6 Der vSphere-Installer

Nach dem Starten des ISO-Images oder der DVD wird direkt das Bootmenü mit dem Installer angezeigt, das Sie in Abbildung 5.6 sehen. Mit der ⇆-Taste könnten Sie die Bootparameter ändern; zur Drucklegung des Buches war uns jedoch noch keine sinnvolle Nutzungsmöglichkeit bekannt.

Wie der zweite Menüpunkt besagt, können Sie die Installation auch umgehen. Dann bootet das System von der Festplatte.

Zu Beginn der Installation lädt das System verschiedene Treiber. Anschließend zeigt sich der Screen wie in Abbildung 5.7.

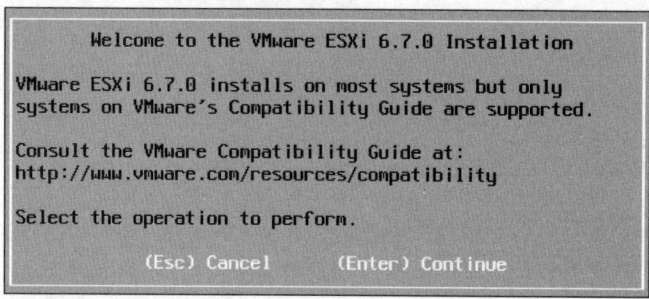

Abbildung 5.7 Hinweis auf den Compatibility Guide von VMware

Nachdem Sie mit CONTINUE die Installationsroutine fortsetzt haben, erscheint das EULA (*End User License Agreement*). Dieses müssen Sie bestätigen, und dann folgt die Auswahl der Installationspartition.

Die Installationsroutine des vSphere-Servers stellt keine Partitionierungsmöglichkeiten zur Verfügung. Stattdessen wird die angegebene Festplatte komplett genutzt (siehe Abbildung 5.8). Wenn Sie (F1) drücken, können Sie sich aber noch die Eigenschaften der markierten Festplatte anzeigen lassen.

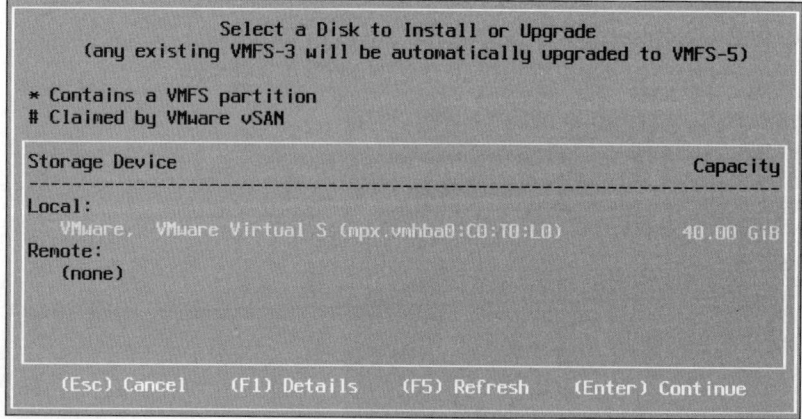

Abbildung 5.8 Auswahl der Zielfestplatte

An dieser Stelle finden Sie alle Angaben, die Sie für die Beurteilung der Festplatte benötigen (siehe Abbildung 5.9). Zusätzlich erhalten Sie die Information, ob die Installationsroutine eine vorhandene ESXi-Installation gefunden hat.

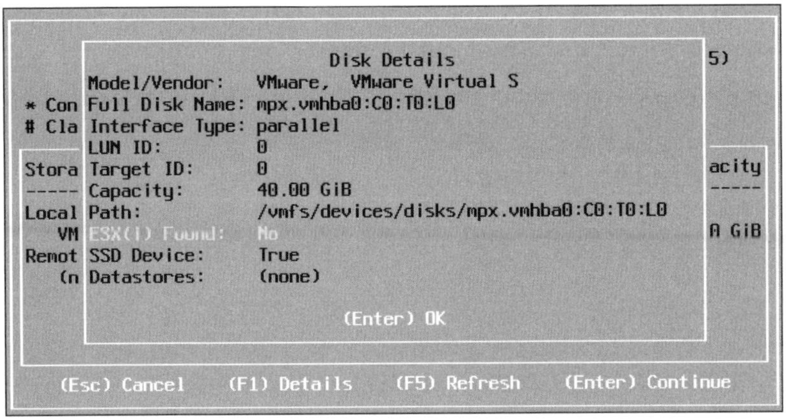

5.1 VMware vSphere 6.7

Abbildung 5.9 Eigenschaften der ausgewählten Festplatte

> **Tipp**
>
> Möchten Sie eine universale Installation auf einem USB-Stick erzeugen, dann können Sie ein USB-Medium einstecken. Wenn Sie anschließend [F5] drücken, wird der Stick angezeigt, und Sie können eine Installation direkt auf dem USB-Gerät vornehmen. Mit diesem Stick können Sie dann jeden unterstützten Host starten.

Nach der Auswahl und der Bestätigung der Festplatte wird Ihnen, falls bereits ein VMware-System auf der Festplatte installiert war, die Abfrage aus Abbildung 5.10 gezeigt.

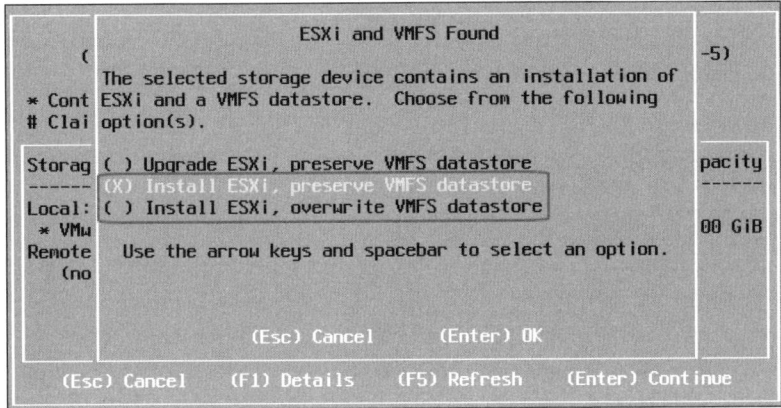

Abbildung 5.10 Upgrade-Optionsauswahl bei gefundener Installation

Wählen Sie einfach die gewünschte Aktion, und Sie können die Arbeiten entsprechend fortsetzen. Hier wird auch auf diejenigen Rücksicht genommen, die Single-Host-Umgebungen betreiben. Sie können die VMFS-Datastores behalten, ohne dass die darauf liegenden VMFS-

Partitionen beeinträchtigt werden. Dies stellt einen möglichen Upgradepfad dar, oder aber Sie lassen eine Formatierung vor den Installation durchführen.

Wählen Sie nun Ihr bevorzugtes Tastaturlayout aus (siehe Abbildung 5.11), und fahren Sie mit der Installation fort.

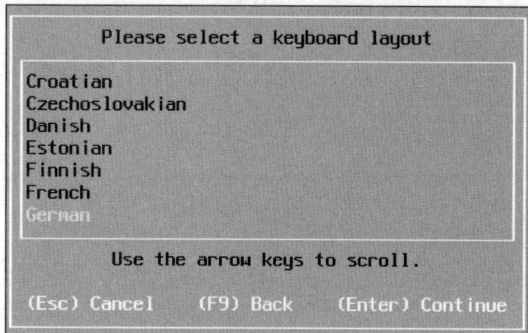

Abbildung 5.11 Auswahl des Tastaturlayouts

Eine kurze Zusammenfassung bestätigt, dass eine Installation erfolgt, und zeigt an, auf welcher Festplatte sie durchgeführt wird. Nun haben Sie Zeit für ein Heißgetränk, während der Balken den Fortschritt der Installation anzeigt. Nach ca. 5 Minuten sind alle Arbeiten abgeschlossen. Ist die Installation erfolgreich durchgelaufen, dann weist die Installationsroutine Sie darauf hin (siehe Abbildung 5.12).

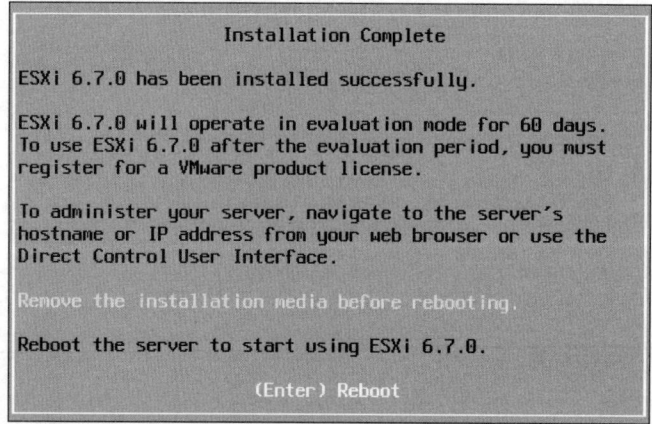

Abbildung 5.12 Installationsabschluss

Entnehmen Sie das Installationsmedium, und starten Sie das System neu. Der neu bereitgestellte Server heißt Sie willkommen und Sie können mit den weitergehenden Konfigurationsarbeiten beginnen.

Sie können selbstverständlich die Installation auch auf einem USB-Stick oder einer SD-Karte vornehmen. Es gibt Server, die passende Steckplätze im Gerät zur Verfügung stellen. Denken

Sie aber daran, dass Sie dann einen Single Point of Failure haben. Über USB-Sticks und SD-Karten lässt sich kein RAID spannen, und daher sollten Sie genau überlegen, ob Sie mit dieser Technologie arbeiten wollen oder doch besser bei der klassischen Festplattenvariante im RAID-Verbund bleiben. Für die Zugriffsgeschwindigkeit ist das kein Problem, denn beim Booten wird das gesamte vSphere-System in den Arbeitsspeicher geladen und dort auch ausgeführt. Theoretisch kann das Bootmedium nach dem erfolgreichen Start des Hosts entfernt werden, ohne dass es Probleme zur Laufzeit gibt.

5.1.5 Der erste Start von vSphere 6.7

Sobald der vSphere-6.7-Server komplett gestartet ist, zeigt sich ein rudimentäres Startmenü, das Sie über die Tastatur bedienen können (siehe Abbildung 5.13). Da der vSphere-6.x-Server laut Standardeinstellungen eine IP-Adresse per DHCP bezieht, können Sie – wenn ein DHCP-Server im Netzwerk vorhanden ist – auch direkt über den *vSphere Web Client* auf den neu installierten Host zugreifen.

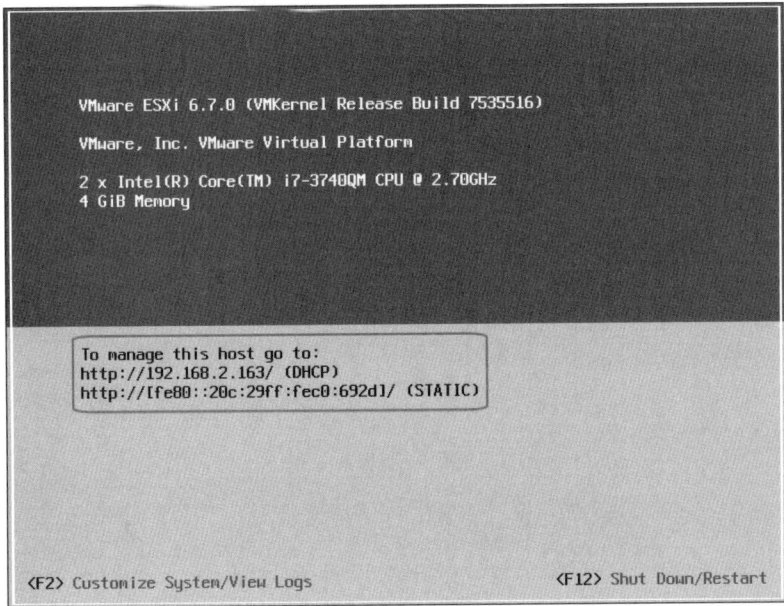

Abbildung 5.13 Erststart des vSphere-6.7-Systems

Soll eine Anpassung der Konfiguration erfolgen, bietet sich die Taste [F2] an, mit der Sie das Netzwerk konfigurieren können. Zuvor müssen Sie sich aber am System authentifizieren. Dabei ist die Anzeige im Anmeldedialog hilfreich, die das eingestellte Tastaturlayout angibt (siehe Abbildung 5.14). So vermeiden Sie Anmeldefehlversuche, weil das Layout nicht bekannt ist.

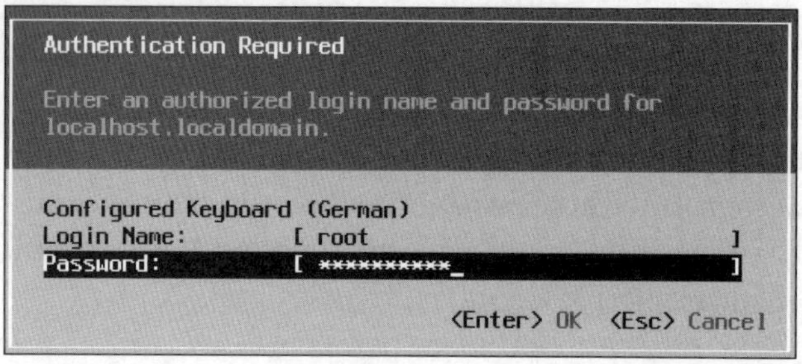

![Abbildung 5.14]

Abbildung 5.14 Server-Anmeldung mit der Anzeige des Tastaturlayouts

Nach der Anmeldung gelangen Sie in ein rudimentäres Konfigurationsmenü (siehe Abbildung 5.15). Hier können Sie die Basiseinstellungen des ESXi-Hosts vorgeben. Auf nähere Details zu seiner Konfiguration gehen wir in Kapitel 11, »Konfiguration von ESXi und vCenter«, ein.

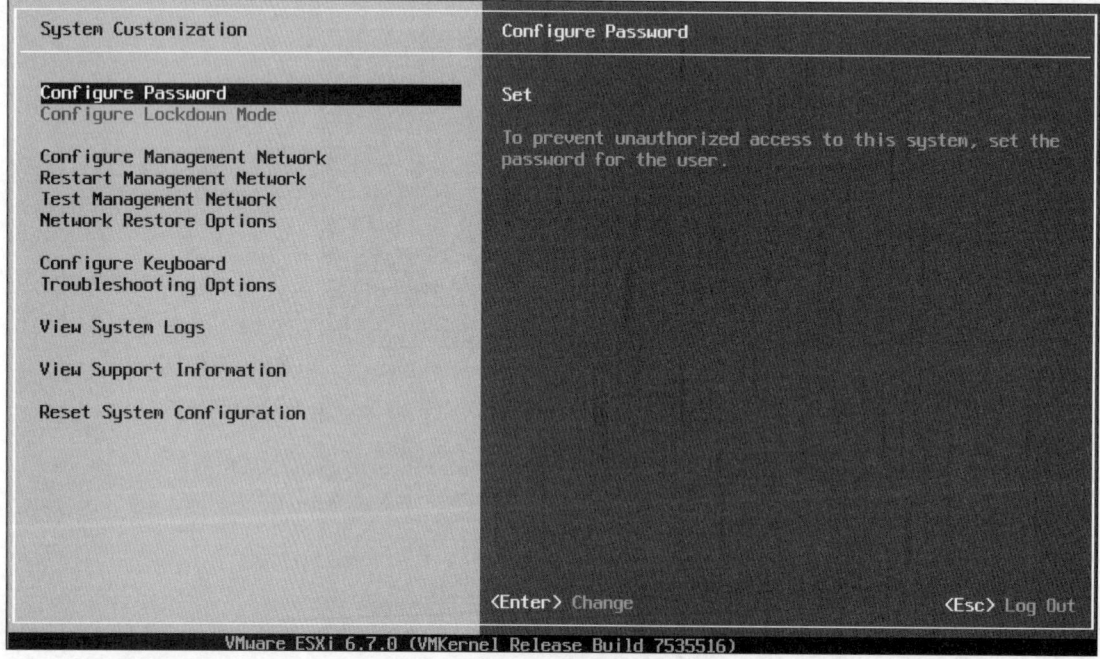

Abbildung 5.15 Konfigurationsseite des vSphere-6.7-Systems

Auf einigen Systemen gibt es ein Problem bei der Installation bzw. beim Booten des Servers. Bei ihnen sieht es auf der Konsole so aus, als ob der Server beim Umschalten vom Text- in den Grafikmodus hängen bliebe. (Das kann auch bei Systemen passieren, die im Compatibility Guide stehen.)

Die Ursache dafür ist die sogenannte *Headless*-Funktion im BIOS. Ist sie aktiviert, kann das Problem auftreten. Schauen Sie dazu in den AHCI-Einstellungen im BIOS nach. Kann die

Funktion nicht deaktiviert werden, so müssen Sie beim Starten vom Bootmedium einen Bootparameter angeben.

Durch Drücken der Tasten ⇧ + O gelangen Sie in den Eingabemodus. Setzen Sie dort den Parameter ignoreHeadless auf TRUE. Damit das Ganze auch nachhaltig ist, geben Sie nach erfolgter Installation im System einen persistenten Parameter an. Durch die Einstellung

```
esxcli system settings kernel set --setting=ignoreHeadless --value=TRUE
```

wird der Befehl jedes Mal beim Booten ausgeführt und verhindert so, dass der Bildschirm einfriert.

Die Aktualisierung eines Hosts kann aber auch mit dem Update Manager erfolgen und die Parametrierung über einen SSH-Zugriff.

5.1.6 Installation über das Netzwerk

Sie können den vSphere-Server auch über das Netzwerk installieren. Um diese Möglichkeit zu nutzen, benötigen Sie ein *Preboot Execution Environment* (PXE). Diese Umgebung besteht aus einem DHCP-Server (*Dynamic Host Configuration Protocol*-Server), einem TFTP-Server (*Trivial File Transfer Protocol*-Server) und einem Boot-Environment.

Bootet ein Server via PXE, wird ihm eine gültige IP-Adresse zugewiesen; über TFTP wird das Bootmenü auf den Host transferiert. Ist der Transfervorgang abgeschlossen, wird der Kernel geladen und eine RAM-Disk angelegt. Wählen Sie das Installationsskript, und sprechen Sie das Installationsmedium über das Netzwerk an. Seit der Einführung der Version 5 des VMware ESXi-Servers können Sie auch den vSphere-Server geskriptet installieren. Die Installation kann, wie beschrieben, automatisch mit einem Skript laufen, oder Sie führen sie manuell durch. Die Vorgehensweise ist weitestgehend so, wie wir es bereits im vorhergehenden Abschnitt beschrieben haben.

Es gibt auch verschiedene Installationstools, die es Ihnen ermöglichen, eine Konfiguration individuell einzurichten und automatisiert zu starten, so z. B. die *HP Insight Rapid Deployment*-Software von HP, die *Ultimate Deployment Appliance* (UDA) oder – Sie haben es ja unter Umständen mitgekauft – das *VMware Auto Deploy*.

5.1.7 Installation im FCoE bzw. SAN

Bevor Sie Server-Systeme in einem SAN (*Storage Area Network*) nutzen, müssen Sie unbedingt den HBA-Controller daraufhin überprüfen, ob die Firmware und gegebenenfalls das BIOS auf einem aktuellen Stand sind.

Bei vSphere 6.7 ist das nicht so einfach möglich. Für ein Firmware-Update des Adapters müssen Sie mit einem bootfähigen Medium den Server starten und über diesen Weg die Firmware aktualisieren.

Einschränkungen

Leider bietet eine Systeminstallation im Speichernetzwerk nicht nur Vorteile, sondern auch Einschränkungen. Allerdings werden die Einschränkungen mit jeder VMware-ESXi-Version immer geringer.

Soll aus dem SAN gebootet werden, müssen Sie weiterhin darauf achten, dass der vSphere-Server während der Installationsphase nur die ersten 128 LUNs erkennen kann. Nach der Installation sind es insgesamt 1024 LUNs.

Aus Hardwaresicht bestehen derzeit noch Probleme bei manchen Systemen mit internen IDE-Festplatten (z. B. IBM-Blades), die im BIOS deaktiviert werden müssen. Aus Performance-Gründen bietet es sich außerdem an, den HBA, von dem gebootet wird, möglichst hoch am PCI-Bus (PCI-ID) anzusiedeln.

Boot-on-SAN

Die Möglichkeit, den vSphere-Server im bzw. aus dem SAN zu installieren und zu starten, wurde hauptsächlich durch die Verbreitung von Blade-Servern forciert, da diese oft über keine lokalen Festplatten verfügen. Neben der Nutzung plattenloser Systeme bietet die Boot-on-SAN-Alternative einen weiteren Vorteil in Bezug auf Ausfallsicherheit: Blade-Server sind in vielen Fällen modellgleich, das heißt, es ist die gleiche Hardwaregrundlage vorhanden. Fällt ein Blade aus, können Sie durch einfaches Umsetzen der Boot-LUN im SAN ein anderes Blade mit identischer Konfiguration neu starten. Dadurch sparen Sie sich die Neuinstallation und Konfiguration bei Hardwareausfällen. Auch Replikationen oder die Spiegelung und Sicherung der Systempartition sind somit sehr einfach, da alles im SAN passieren kann.

Eine Installation bzw. der Start des vSphere-Servers von zentralem (oder nichtlokalem) Speicherplatz setzt einen bootfähigen und zertifizierten Fibre-Channel- oder iSCSI-HBA (Host-Bus-Adapter) voraus.

Allerdings sollten Sie im Idealfall die LUN-ID 0 für die Zuordnung der Bootfestplatte nutzen. Wählen Sie eine andere Boot-LUN-ID, sollten Sie sich diesen Bereich gut merken, um später keine versehentlichen Formatierungen durchzuführen.

> **Zugriff beim Mapping der LUN**
>
> Beim Mapping der LUN (also bei der Zuordnung HOST WWN/ISCSI NAME ↔ STORAGE LUN in der Speicherverwaltung) sollten Sie nur dem einen Host den Zugriff gestatten, der auch von der LUN bootet!

Nachdem Sie eine entsprechende LUN angelegt und ein Mapping durchgeführt haben, können Sie den vSphere-Server mit der VMware-vSphere-Installations-DVD starten. Bei der Auswahl des Bootloaders und der Festplatte, die Sie partitionieren wollen, müssen Sie die entsprechende LUN auswählen (im Idealfall LUN 0).

Fibre-Channel-HBAs und Boot-on-SAN

Die Installation kann bereits vor der Anpassung der Fibre-Channel-HBAs (Firmware-Update, Bootkonfiguration) stattfinden. Allerdings ist dies Geschmackssache. Der große Unterschied zwischen dem lokalen Boot und dem SAN-Boot besteht aus Sicht der Installationsroutine nur in der zugeordneten System- und Installationspartition. Daher muss der HBA die LUNs bereits vor dem Boot der vSphere-DVD sehen. Bei der Plattenauswahl wird die LUN dann angewählt.

Nach erfolgter Installation müssen Sie den Server allerdings vom lokalen Boot auf den Boot mittels HBA umkonfigurieren. Bevor Sie über die Einrichtung von Boot-on-SAN nachdenken, sollten Sie auf jeden Fall kontrollieren, ob die aktuelle Firmware auf dem Host-Bus-Adapter eingespielt ist. Falls nicht, sollten Sie dies zuerst nachholen. Außerdem bieten die Hersteller Anleitungen dazu an, wie der HBA als Bootmedium eingerichtet wird.

5.1.8 Installation in der virtuellen Maschine

Seit der Version 7 von *VMware Workstation* bzw. *VMware Fusion* und seit es einen VT-fähigen Prozessor (VT: *Virtualization Technology*) gibt, wird kein manueller Eingriff in der Konfigurationsdatei mehr benötigt, um einen VMware-vSphere-Server in der virtuellen Maschine zu betreiben.

Dies ist nicht besonders schnell, bietet jedoch viele Vorteile in Test- und Entwicklungsszenarien. Außerdem half diese Möglichkeit sehr, dieses Buch zu erstellen, da viele Tests und Versuche ansonsten viel zu aufwendig geworden wären.

Mittlerweile gibt es als Betriebssystemkonfiguration der *VMware Workstation* bzw. *VMware Fusion* den Punkt ESXI SERVER 4/5/6/6.X. So können Sie einen vSphere-Host ohne Probleme innerhalb dieser Produkte installieren.

5.2 Upgrade auf vSphere 6.7

Möchten Sie eine bereits bestehende Landschaft auf die neue VMware-Version updaten, müssen Sie grundsätzlich zuerst einen vorhandenen vCenter-Server auf die aktuelle Version aktualisieren. Alle Vorgängerversionen von *vCenter Server 6.7* können die neuen vSphere-Hosts nicht managen.

Ist die Management-Umgebung in der passenden Version vorhanden und betriebsbereit, haben Sie mehrere Möglichkeiten, das Update der Hosts durchzuführen. Bei den kurzen Bereitstellungszeiten sollten Sie sich aber überlegen, ob es nicht grundsätzlich sinnvoller ist, direkt eine Neuinstallation vorzunehmen. Über diesen Weg werden Sie auch die gesamten Altlasten los und haben ein frisches neues System.

> **Achtung**
>
> Ein Upgrade von älteren Versionen als vSphere 6.0 wird nicht unterstützt!
>
> Kommen ältere Versionen zum Einsatz, müssen Sie den Weg über ein Zwischen-Upgrade zur Version 6.0 bzw. 6.5 gehen, die anschließend auf die Version 6.7 aktualisiert wird. In diesem Fall empfehlen wir Ihnen jedoch, eine vollständige Neuinstallation durchzuführen.

5.2.1 Upgrade von der Version ESX 6.0 bzw. 6.5 auf ESXi 6.7

Ein Upgrade von der Version 6.0 oder 6.5 auf die aktuelle Version ist recht simpel und wird auch durch den VMware-Support unterstützt. Legen Sie die CD mit der aktuellen Version ein, und gehen Sie den Installationsweg durch. Nach der Auswahl der Festplatte stellt das System fest, dass bereits eine VMware-Installation auf der Festplatte ist, und Ihnen wird angeboten, das System zu aktualisieren (siehe Abbildung 5.16).

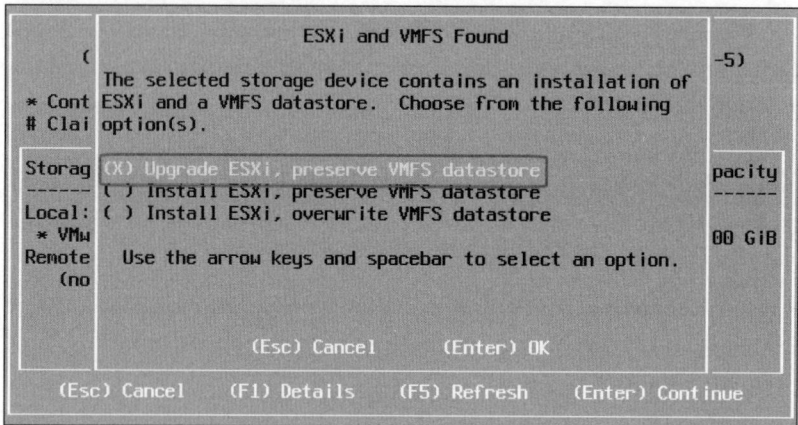

Abbildung 5.16 Upgrade von der ESXi-Version auf 6.7

> **Wichtig**
>
> Alle virtuellen Maschinen müssen auf dem zu aktualisierenden System gestoppt oder mit vMotion auf andere ESX(i)-Server verschoben werden.

Die mögliche Auswahl ist dabei selbsterklärend. Für das Upgrade gibt es genau eine Auswahlmöglichkeit. Die beiden anderen Auswahlpunkte betreffen nur eine mögliche Neuinstallation.

Insgesamt gibt es zwei Möglichkeiten, einen aktualisierten vSphere-Host zu erhalten: durch die Installation von einem Datenträger oder durch ein Update über den Update Manager.

Neuinstallation

Aufgrund der schnellen Installation von VMware vSphere ist es möglich, alle Hosts neu zu installieren. Dazu versetzen Sie einen Host eines eventuell bestehenden Clusters in den Maintenance-Modus. Dadurch werden alle virtuellen Maschinen vom Server evakuiert. Trennen Sie die Verbindung des Hosts im vCenter, entfernen Sie ihn aus dem Inventar, und installieren Sie ihn neu. Nach erfolgreicher Installation, Konfiguration und Aufnahme in den Cluster geben Sie den Host wieder für VMs frei. So können Sie einige der VMs wieder auf den neuen Host migrieren.

Wiederholen Sie die Vorgehensweise für alle betroffenen Server, bis alle Systeme aktualisiert worden sind. Der Vorteil dieser Vorgehensweise ist, dass Sie die Möglichkeit haben, die Systemkonfiguration anzupassen. Dieser Weg sollte die erste Wahl sein, wenn die Hostsysteme schon vorher von älteren ESX/ESXi-Versionen aktualisiert wurden. Alternativ können Sie auch die Installation weglassen und die Systeme direkt vom Netzwerk starten. Dazu lesen Sie später mehr in Abschnitt xxx »Auto-Deploy«.

Über den vCenter-Server

Damit der vCenter-Server die Option für das Updaten von ESXi-Hosts anbietet, muss der *vSphere Update Manager* installiert sein.

> **Hinweis**
> Bei der *vCenter Server Appliance* steht der Dienst nach der Bereitstellung der Appliance automatisch zur Verfügung. Es muss nichts nachinstalliert werden!

Dies kann sowohl auf dem vCenter (nur bei der Windows-Version) selbst als auch auf einem anderen Windows-System erfolgen, das im Netzwerk steht. Der benötigte Client integriert sich automatisch in den *vSphere Web Client*.

Detaillierte und weitergehende Informationen zur Konfiguration des Update Managers finden Sie in Abschnitt 5.13.1. In diesem Abschnitt gehen wir nur darauf ein, wie Sie vorhandene Hosts aktualisieren.

Wenn Sie den Update Manager zuerst nur für das Update von ESXi-Servern einsetzen, müssen Sie zu Beginn kein Patch-Repository hinterlegen.

Über das Kontextmenü des Hosts (siehe Abbildung 5.17) kann ein einzelner Host mit einer neueren vSphere-Version bereitgestellt werden.

Zuerst importieren Sie ein ESXi-Image über den Reiter ESXI IMAGES im Bereich des Update Managers (siehe Abbildung 5.18). Klicken Sie dann auf IMPORT, und lesen Sie das ISO-Image mithilfe eines Filesystem-Browsers ins System ein.

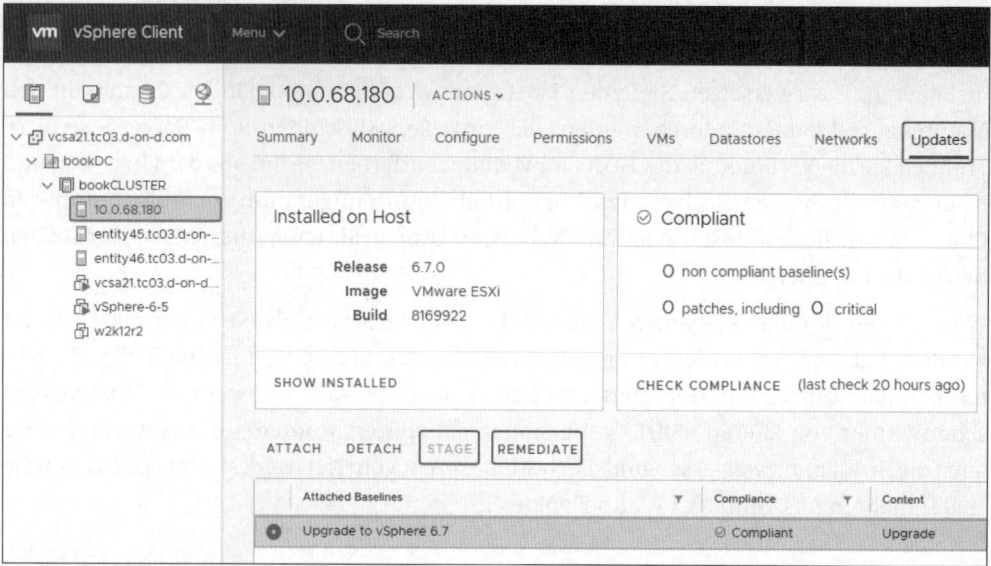

Abbildung 5.17 Aktualisierung eines vSphere-Hosts

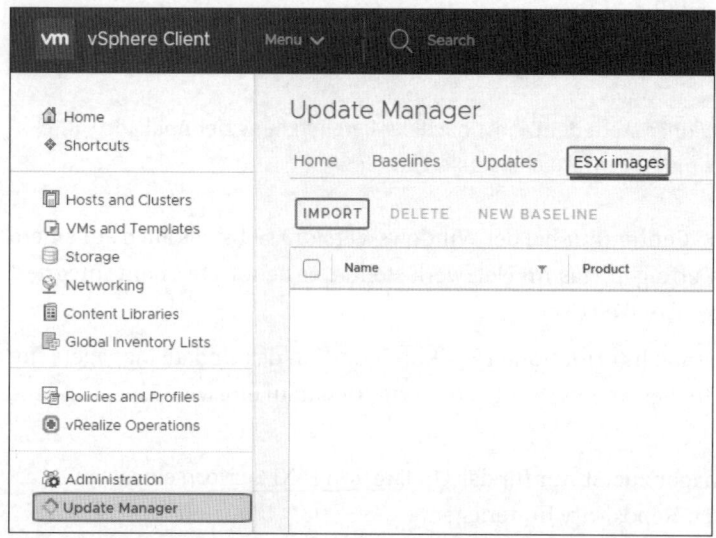

Abbildung 5.18 ISO-Import im Update Manager

Das ISO-File wird geladen, geprüft und anschließend über den Import-Button ins System eingebunden, wie Sie in Abbildung 5.19 sehen.

Nach dem Abschluss des Imports müssen Sie eine Baseline erstellen. Dieser Schritt erfolgt in der Hauptoberfläche über den Reiter Baselines und den Menüpunkt New • New Baseline.

Auf diese Weise wird das Anlegen einer Upgrade-Baseline eingeleitet. Nach dem Start des Wizards, der die passenden Abfragen stellt, um eine zugehörige Baseline zu erstellen.

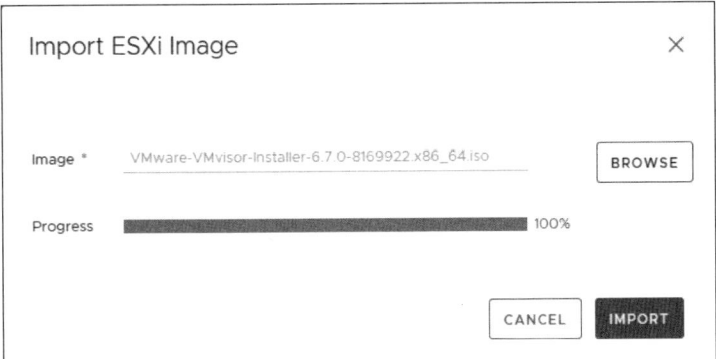

Abbildung 5.19 Einbinden des ISO-Images

Das erste Fenster des Assistenten ist an sich selbsterklärend. Wir wollen eine Baseline anlegen, mit der sich existierende Hosts upgraden lassen (siehe Abbildung 5.20).

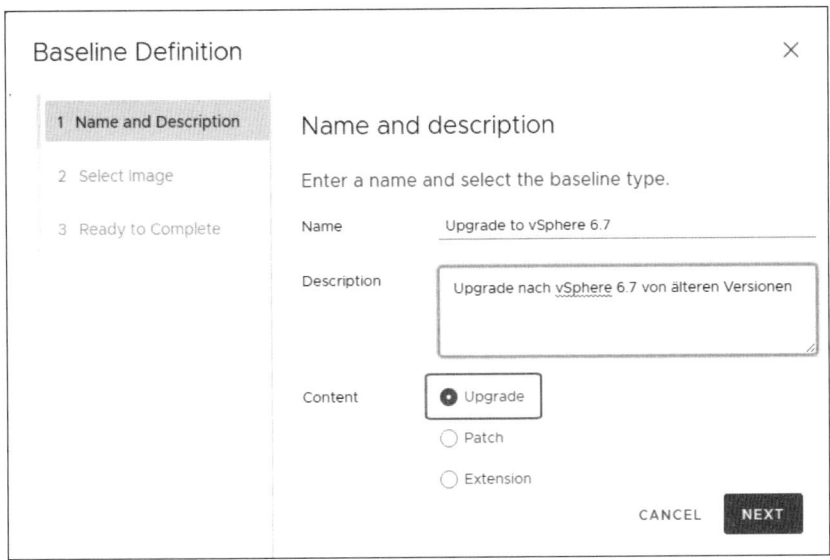

Abbildung 5.20 Erstellen einer Upgrade-Baseline

Im folgenden Schritt müssen Sie der Baseline ein ISO-Image zuweisen. In dem Dialog aus Abbildung 5.21 werden alle importierten ISO-Files angezeigt; wählen Sie die passende aus.

Die Baseline ist damit erstellt und nutzbar. Jetzt müssen Sie die Baseline mit einem Objekt verknüpfen. Grundsätzlich ist das mit den Objekten *vCenter Server*, *DataCenter*, *Cluster* und *Host* möglich (siehe Abbildung 5.22).

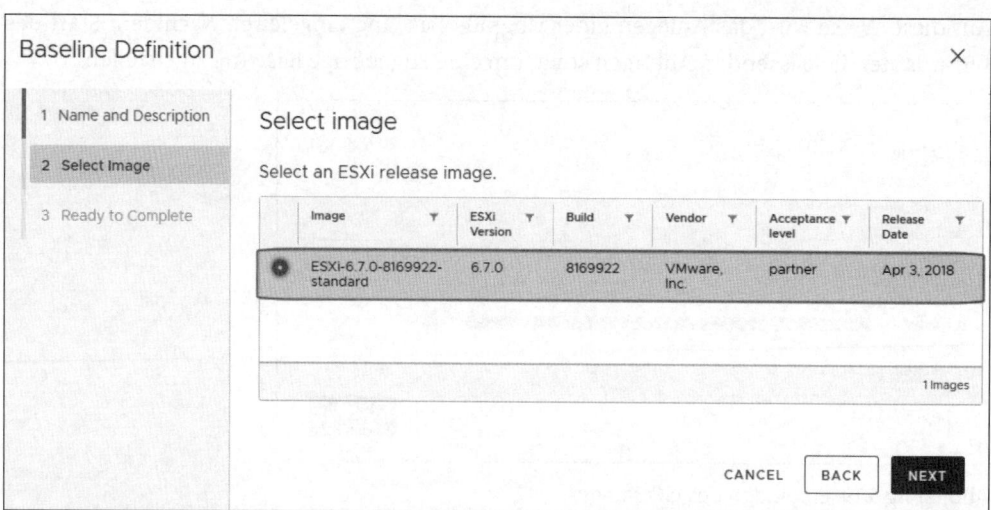

Abbildung 5.21 Verknüpfung der Upgrade-Baseline mit dem ISO-Image

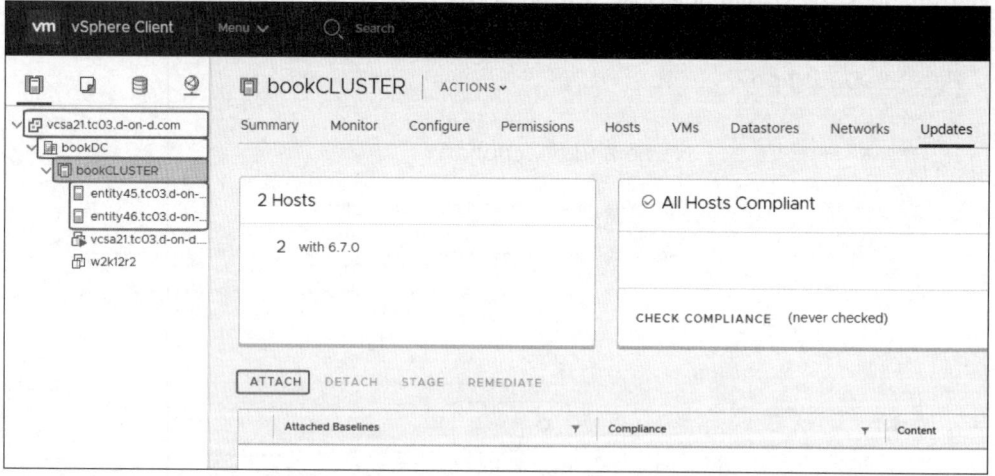

Abbildung 5.22 Eine Baseline mit einem vCenter-Objekt verbinden

Über ATTACH erfolgt die Auswahl der Baseline, die mit dem gewählten Objekt verknüpft werden soll (siehe Abbildung 5.23).

Prüfen Sie den Host, den Sie ausgewählt haben, auf Kompatibilität! Dieses geschieht *nicht* automatisch! Klicken Sie auf den entsprechenden Link, um den Compliance-Check zu starten (siehe Abbildung 5.24).

Wird ein System mit einer vSphere-Version angezeigt, die vom Profil abweicht, können Sie mit einem Upgrade die Compliance wiederherstellen.

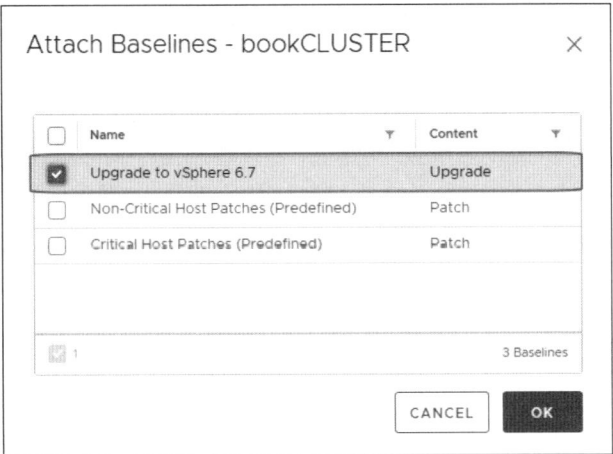

Abbildung 5.23 So hängen Sie eine Upgrade-Baseline an ein vCenter-Objekt an.

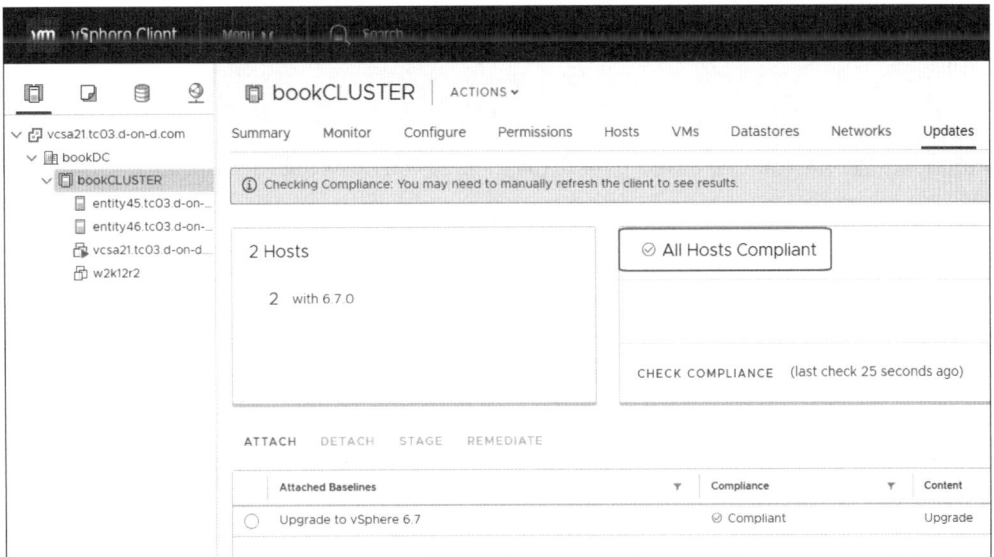

Abbildung 5.24 Compliance-Check der vSphere-Hosts

Nach der Auswahl der Baseline werden im unteren Bereich des Fensters alle Systeme angezeigt, die mit der Baseline verbunden sind. Außerdem sehen Sie dort die installierte Version und die Build-Nummer angezeigt (siehe Abbildung 5.25).

Wenn Sie auf REMEDIATE klicken, startet ein Dialog, mit dem Sie die Konfiguration des Upgrades eines oder mehrerer Hosts durchführen (siehe Abbildung 5.26). Anschließend werden die Lizenzvereinbarung und eine Zusammenfassung der eingestellten Konfiguration angezeigt.

5 Installation von ESXi und vCenter

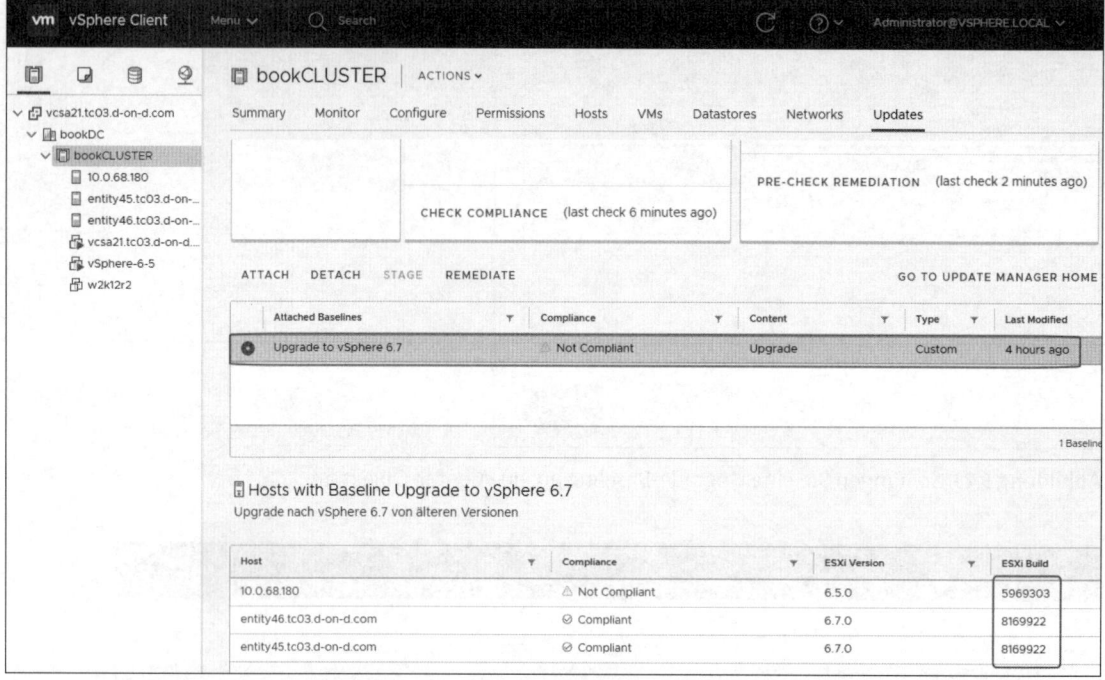

Abbildung 5.25 Auswahl der Baseline zur Aktualisierung von Hosts über den Update Manager

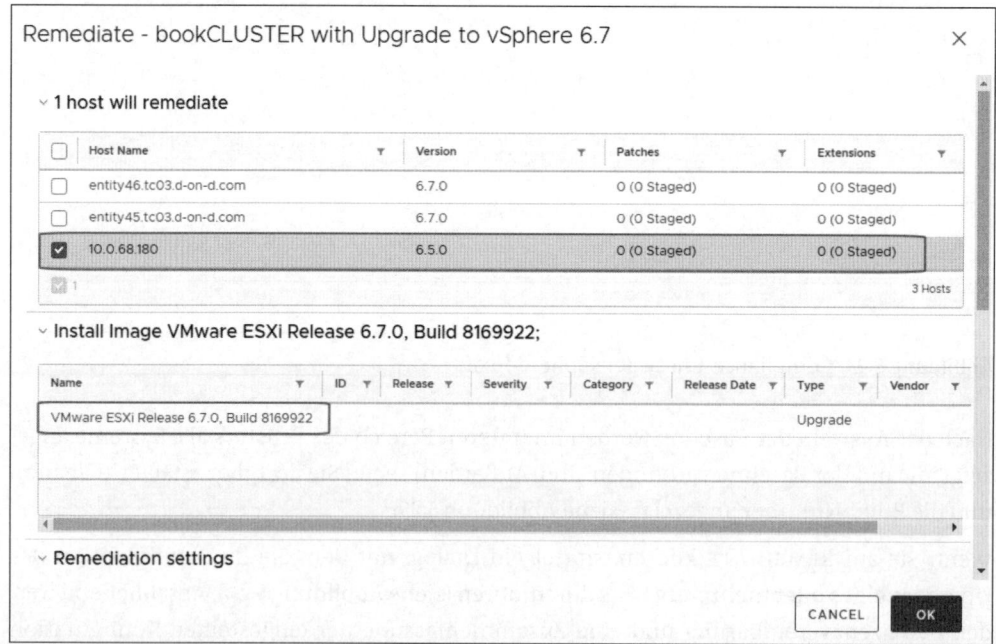

Abbildung 5.26 Konfiguration für die Upgrade-Vorbereitung

Klicken Sie nun auf REMEDIATION SETTINGS, um die Einstellungen für die Parameter des Upgrades festzulegen, und dann auf OK (siehe Abbildung 5.27).

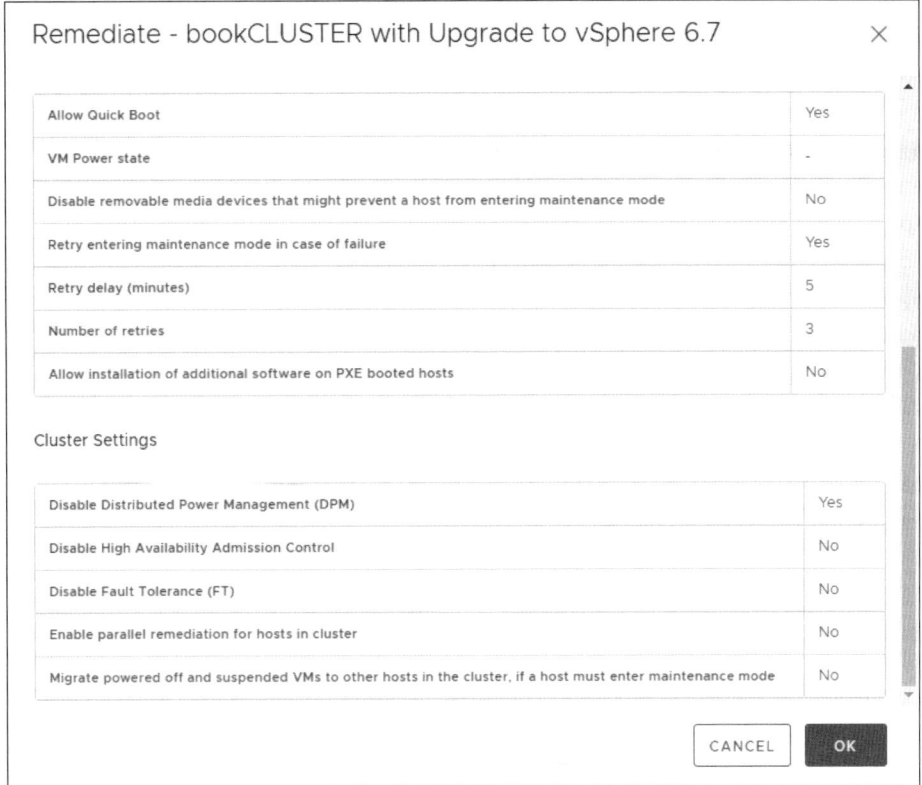

Abbildung 5.27 Parametrierung des Upgrades

Der Update-Vorgang läuft jetzt vollkommen automatisch ab; es sind keine manuellen Eingriffe nötig. Das betroffene System bzw. die betroffenen Systeme werden in den *Maintenance Mode* versetzt, anschließend führt der Patch-Manager die Update-Arbeiten durch. Nach dem Abschluss der Arbeiten wird der Host automatisch neu gestartet. Das System ist wieder unter der alten Netzwerkkonfiguration erreichbar und wird nun wieder automatisch aus dem Maintenance-Modus genommen.

5.3 Quick Boot ESXi

Mit vSphere 6.7 gibt es die Möglichkeit, Hosts beschränkt auf Patch-Prozesse schnell neu zu starten. Diese Beschleunigung beim Boot-Prozess wird dadurch erreicht, dass der gesamte Initialisierungsprozess der Hardware umgangen wird. Sie müssen allerdings eine Reihe von Voraussetzungen beachten, damit diese Funktion genutzt werden kann.

> **Randbedigungen für den Quick Boot**
> - Die Server-Hardware muss laut der HCL diese Funktion ermöglichen.
> - Es dürfen nur native Treiber genutzt werden, keine VMKLinux-Treiber.
> - Secure Boot darf nicht aktiv sein.

Bei vorhandenen Systemen können Sie über die Kommandozeile prüfen, ob die Hardware diese Funktion unterstützt. Der Befehl `/usr/lib/vmware/loadesx/bin/loadESXCheckCompat.py` zeigt Ihnen, ob das System die Quick-Boot-Funktion unterstützt.

> **Hinweis**
> Wenn Sie die Funktion aktivieren, obwohl das System sie nicht unterstützt, dann wird ein normaler Reboot durchgeführt. Unter Umständen kann aber auch ein PSOD (*Purple Screen of Death*) das Resultat sein.

Die Funktion muss im Update Manager aktiviert werden. Dazu lesen Sie mehr in Abschnitt 12.1, »Der vCenter Update Manager«.

5.4 Installation des Platform Services Controller

Der *Platform Services Controller* (PSC) kann entweder als Appliance oder als Windows-basiertes System bereitgestellt werden. Der Funktionsumfang ist dabei identisch.

Der PSC kann zusammen mit dem *vCenter Server* auf einem System installiert werden oder alternativ als einzelnes System, mit dem zu einem späteren Zeitpunkt ein vCenter Server verbunden wird.

Ist die Installation abgeschlossen, können Sie mit einem zweiten PSC die Umgebung redundant aufbauen, oder Sie verbinden einen vCenter Server mit dem PSC.

5.4.1 Installation des PSC als Appliance

Bei der *Platform Services Controller Appliance* handelt es sich um ein System, das in eine Linux-Appliance integriert wurde. Mittlerweile läuft das System unter *VMware Photon OS*. Sie sparen sich so zusätzliche Betriebssystemlizenzen für den PSC und haben ein Paket, das funktioniert. Wechselseitige Schuldzuweisungen zwischen Betriebssystem- und Applikationshersteller sind im Fehlerfall nicht mehr möglich.

GUI-Installation

Kommen wir nun zur Installation der Appliance. Wenn Sie Informationen zum Upgrade suchen, sehen Sie sich Abschnitt 5.9.1 an.

Bei der Installation hat sich schon mit Version 6.0 einiges geändert. Der Import erfolgt nämlich nicht wie früher über den *vSphere Client* (der *vSphere Web Client* funktioniert ja erst, wenn das vCenter bereits installiert ist), sondern über eine Software. Die zuständige Applikation ist für Windows, Linux und macOS auf der DVD enthalten. Das gilt sowohl für den GUI-Installer als auch für den CLI-Installer.

Wir beginnen mit der Installation über eine GUI. Dazu rufen Sie im Unterverzeichnis *vcsa-ui-installer/<OS-Ordner>* der DVD den Installer auf.

Zuerst sollten Sie jedoch wissen, dass sich die Installation in zwei Schritte gliedert: Zuerst wird die Appliance bereitgestellt und gestartet. Danach melden Sie sich an der Appliance an und führen die Konfiguration durch.

Alle vorzunehmenden Angaben sind in Summe die gleichen.

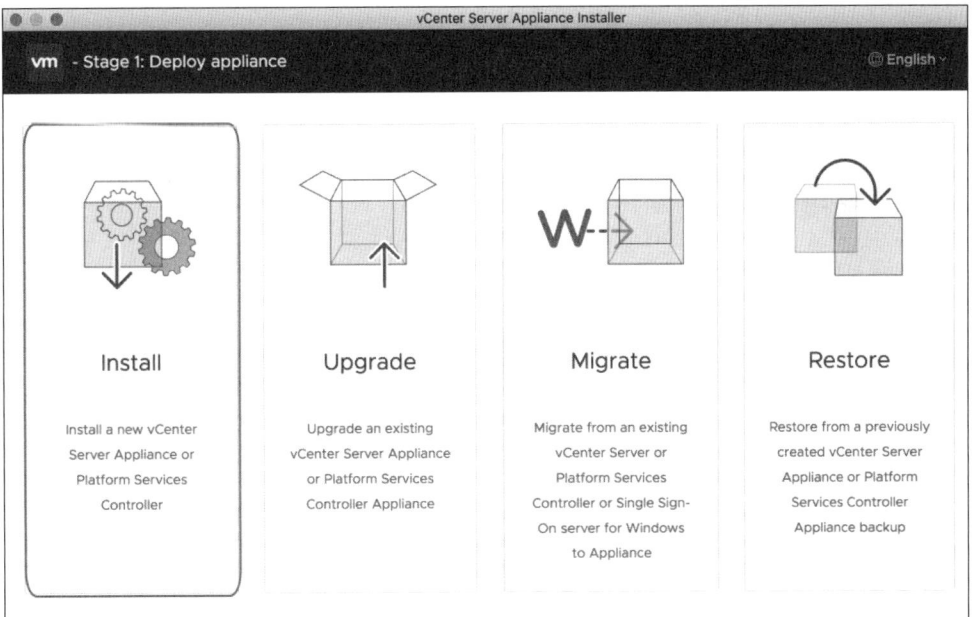

Abbildung 5.28 Startbildschirm der Installationsroutine

Nach dem Aufruf der Installationsapplikation sehen Sie einen Auswahlbereich mit unterschiedlichen Optionen (siehe Abbildung 5.28):

- Installation einer neuen Appliance
- Aktualisierung einer vorhandenen Appliance
- Migration eines Windows-basierten vCenter Servers auf eine VCSA
- Wiederherstellung einer VCSA aus einem Backup

Nachdem Sie sich für die Installation entschieden haben, sehen Sie als Erstes die *Stage 1* für die Bereitstellung der Appliance (siehe Abbildung 5.29).

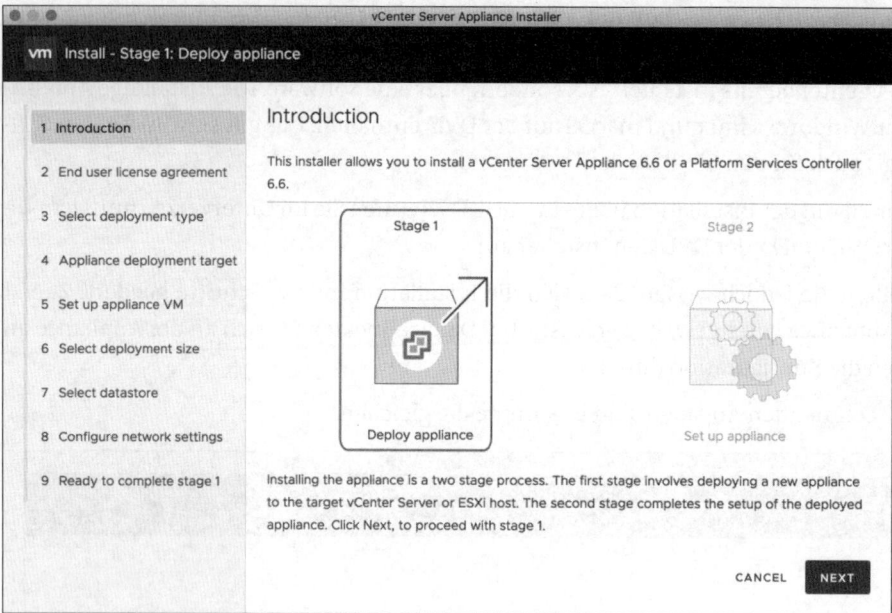

Abbildung 5.29 Erste Installationsphase – Bereitstellung

Es folgt das EULA, die Sie bestätigen müssen (siehe Abbildung 5.30).

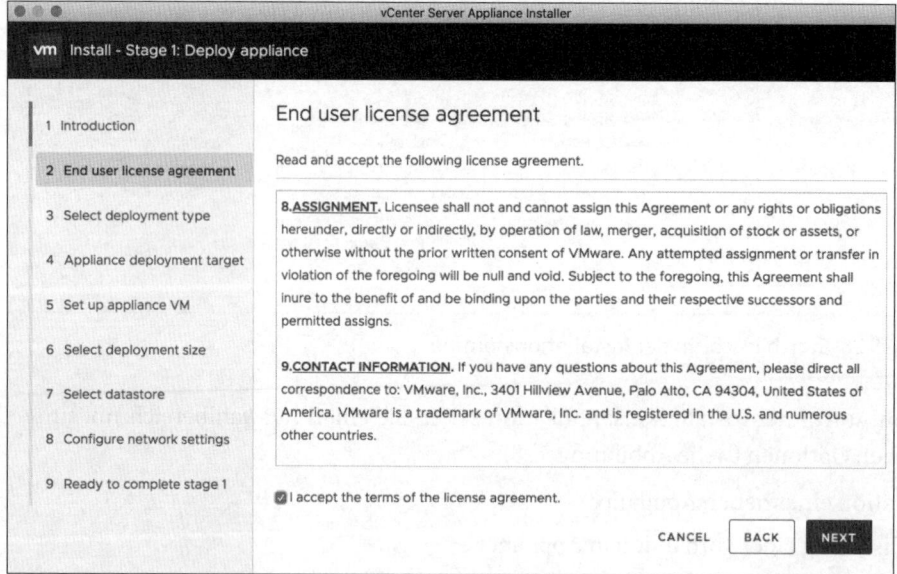

Abbildung 5.30 Bestätigung des EULA

Im Dialog aus Abbildung 5.31 müssen Sie entscheiden, welche Art der Installation erfolgen soll. Hier geht es um die Installation eines *PSC only*-Systems.

5.4 Installation des Platform Services Controller

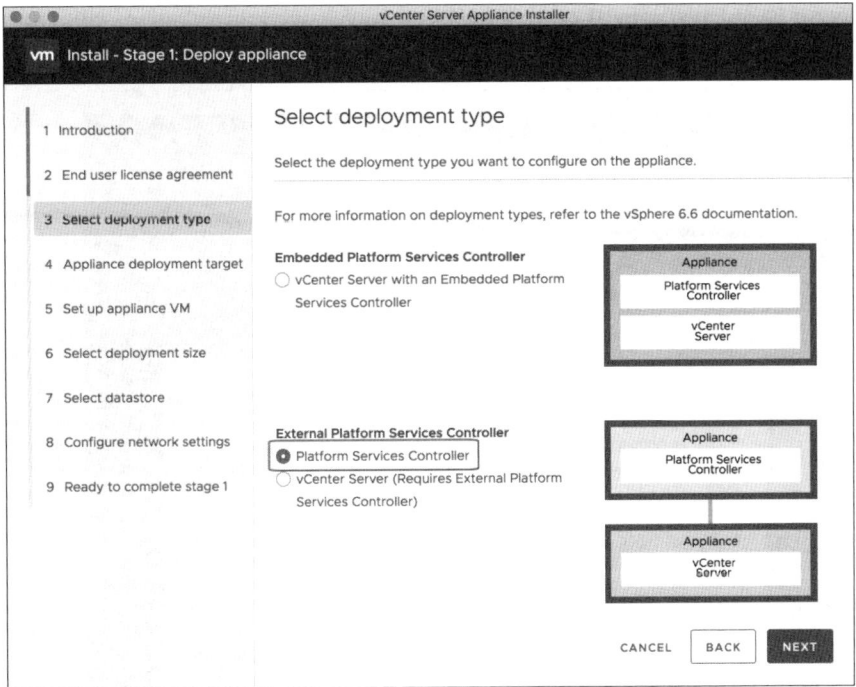

Abbildung 5.31 Auswahl der Art der Installation

Das System will nun wissen, auf welchem Host die Appliance bereitgestellt werden soll. Dazu geben Sie den Hostnamen und einen gültigen User-Account nebst Passwort an (siehe Abbildung 5.32).

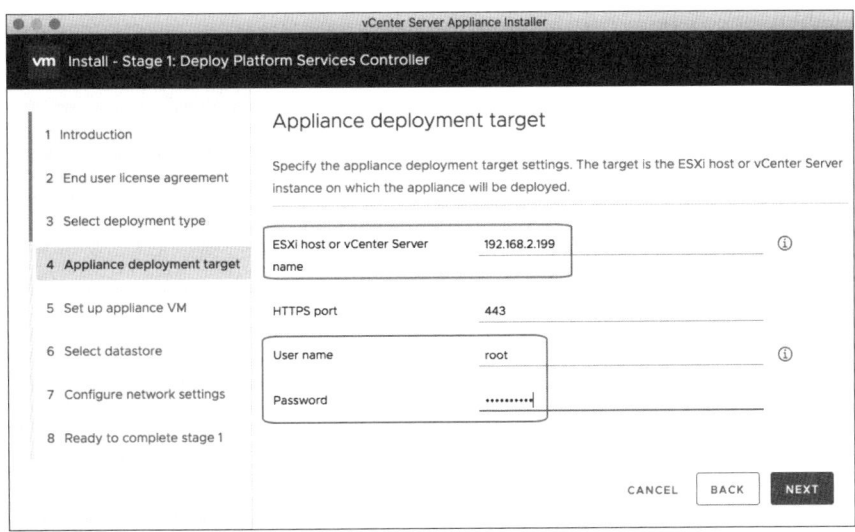

Abbildung 5.32 So legen Sie den Host fest, der die Appliance aufnehmen soll.

Überprüfen Sie diese Angaben. Dann zeigt das System Ihnen den gültigen SHA1-Fingerabdruck des Hosts (siehe Abbildung 5.33).

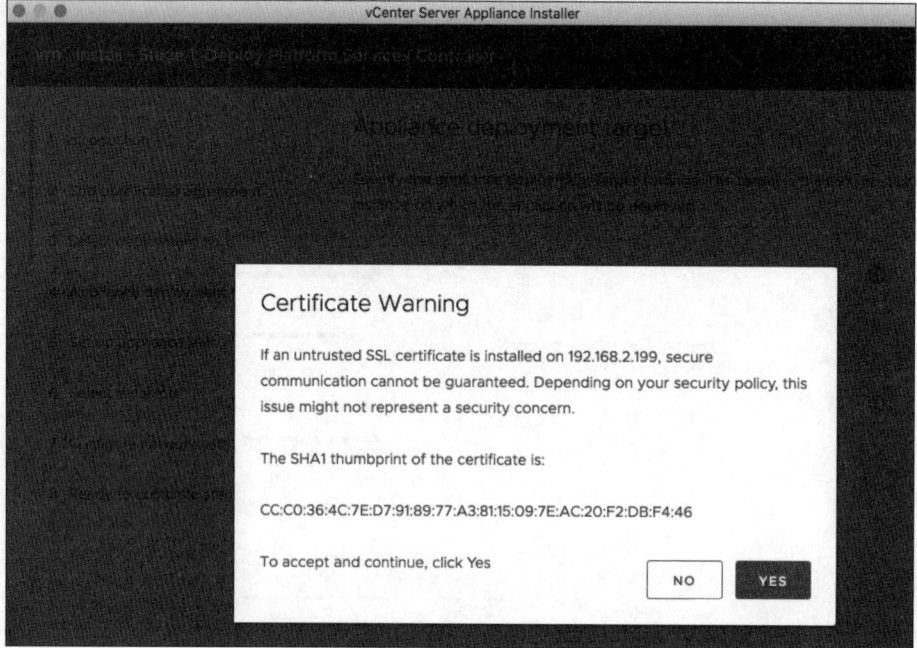

Abbildung 5.33 Fingerabdruck des Hosts

Nach der Bestätigung des Fingerabdrucks erwartet die Installationsroutine die Basisdaten für die Appliance. Damit sind der Parameter VM NAME und das Passwort für den root-User gemeint (siehe Abbildung 5.34).

Beachten Sie, dass das Passwort bestimmten Regeln genügen muss. Es muss folgende Bedingungen erfüllen:

- mindestens 8 Zeichen lang
- weniger als 21 Zeichen lang
- mindestens 1 Großbuchstabe vorhanden
- mindestens 1 Kleinbuchstabe vorhanden
- mindestens 1 Ziffer vorhanden
- mindestens 1 Sonderzeichen vorhanden
- kein Leerzeichen erlaubt
- Es sind nur sichtbare Zeichen aus dem unteren Bereich der ASCII-Zeichentabelle von 0–127 erlaubt.

Die Appliance benötigt ein Heim auf dem Storage, und das legen Sie im nächsten Schritt fest (siehe Abbildung 5.35).

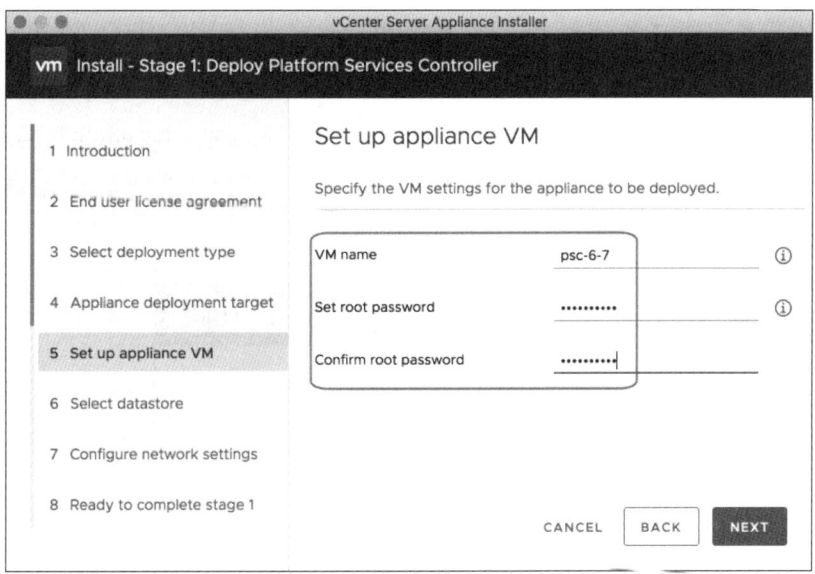

Abbildung 5.34 Festlegung der Basisparameter

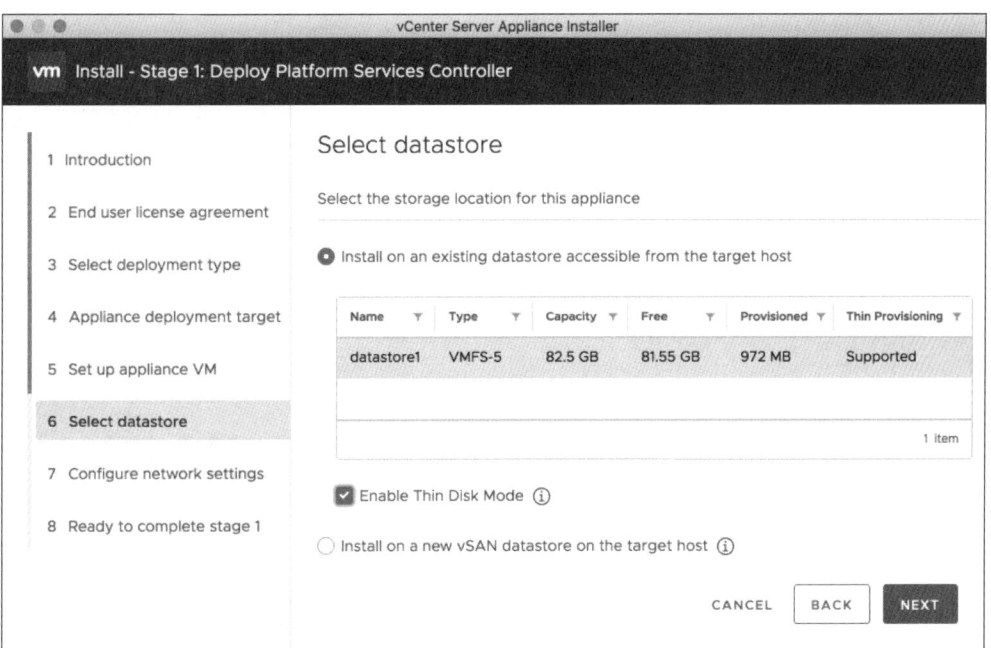

Abbildung 5.35 Auswahl des Storage

Den Thin-Disk-Modus können wir für produktive Umgebungen nicht empfehlen. Sollten Sie diesen Modus nutzen wollen, greifen Sie auf Storage-basiertes Thin Provisioning zurück.

5   Installation von ESXi und vCenter

Wenn Sie die Option INSTALL ON A NEW VSAN DATASTORE ON THE TARGET HOST wählen, wird nach dem Erstellen des vSAN-Clusters automatisch die neue Appliance auf diesem Datastore installiert.

Die Netzwerkparameter des PSC und dessen Namen sind ein essenzieller Bestandteil der Bereitstellung ebenso wie die Festlegung der Portgruppe, über die die Anbindung der VCSA erfolgen soll (siehe Abbildung 5.36).

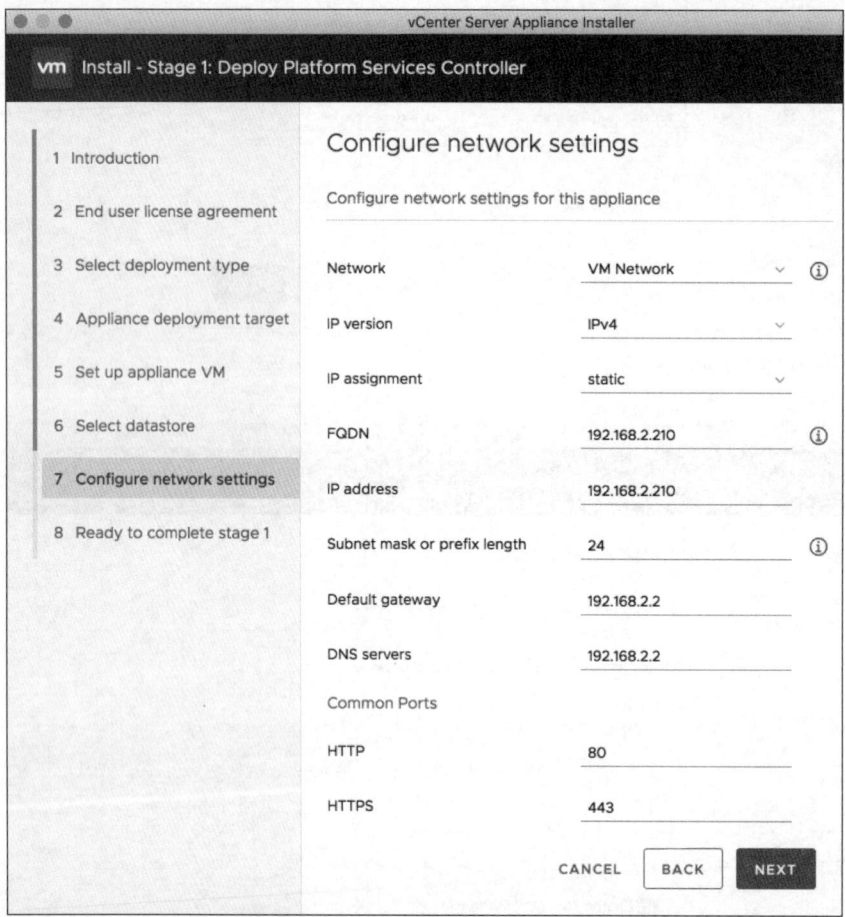

Abbildung 5.36   Netzwerkparameter der VCSA

> **Hinweis: DNS**
>
> Findet sich kein DNS im Netzwerk, das während der Installation bereitsteht, so müssen Sie statt des FQDN die IP-Adresse als Namen angeben. Andernfalls funktioniert die Installation nicht, denn es wird eine DNS-Abfrage vorgenommen, um den Namen mit der IP-Adresse abzugleichen.

5.4 Installation des Platform Services Controller

Die Zusammenfassung zeigt Ihnen noch einmal alle Einstellungen, die Sie vorgenommen haben. Nach eingehender Kontrolle kann die Bereitstellung der Appliance erfolgen, die *Stage 1* abschließt (siehe Abbildung 5.37).

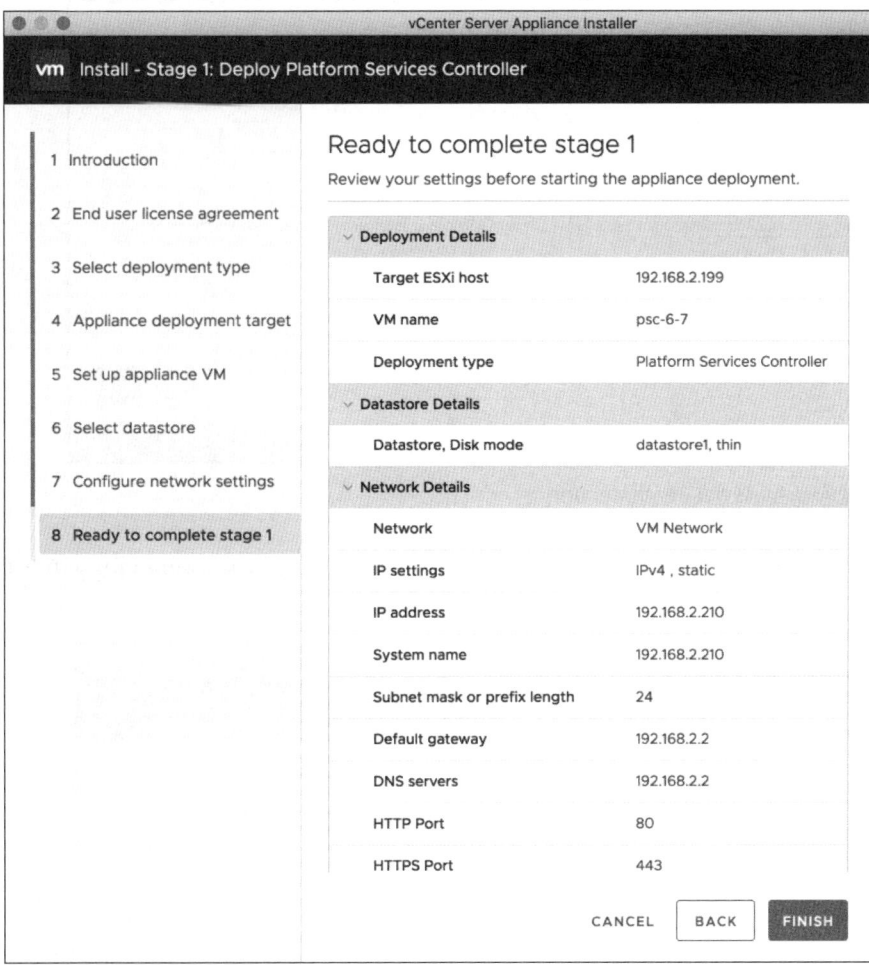

Abbildung 5.37 Installationszusammenfassung

Je nachdem, wie schnell das unterliegende System ist, wird der blaue Balken kürzer oder länger zu sehen sein.

Nach erfolgreicher Installation können Sie den Installationsprozess abschließen oder direkt zur Konfiguration der Appliance verzweigen (siehe Abbildung 5.38).

Wird der Installationsprozess hier abgebrochen, ist es trotzdem weiterhin möglich, später in die Konfiguration einzusteigen. Sie können dann die Konfiguration in einem Browser mit der URL *http://FQDN oder IP-Adresse der VCSA>:5480* starten.

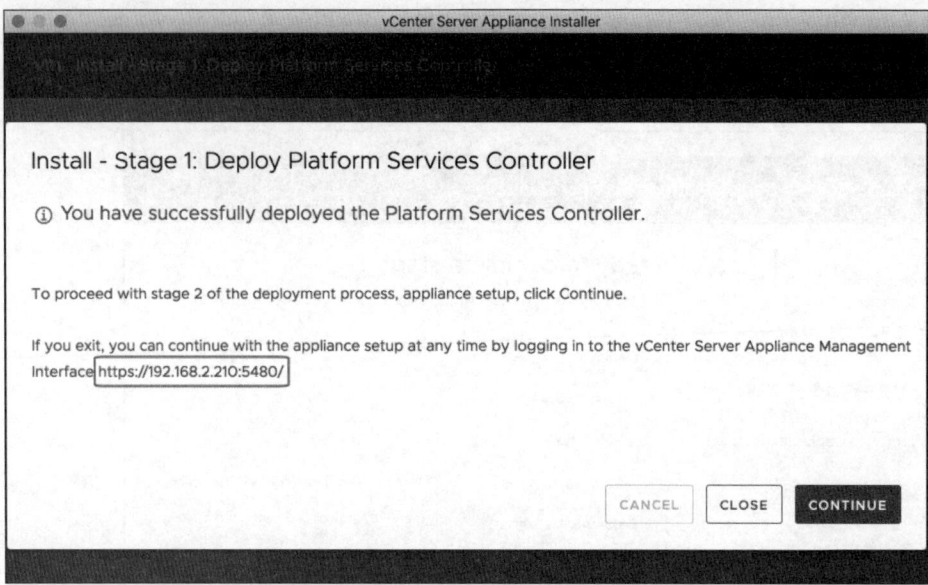

Abbildung 5.38 Abschluss der Bereitstellung

Erfolgt kein Abbruch, wird die Konfiguration über die Installationsroutine weiter fortgeführt (siehe Abbildung 5.39).

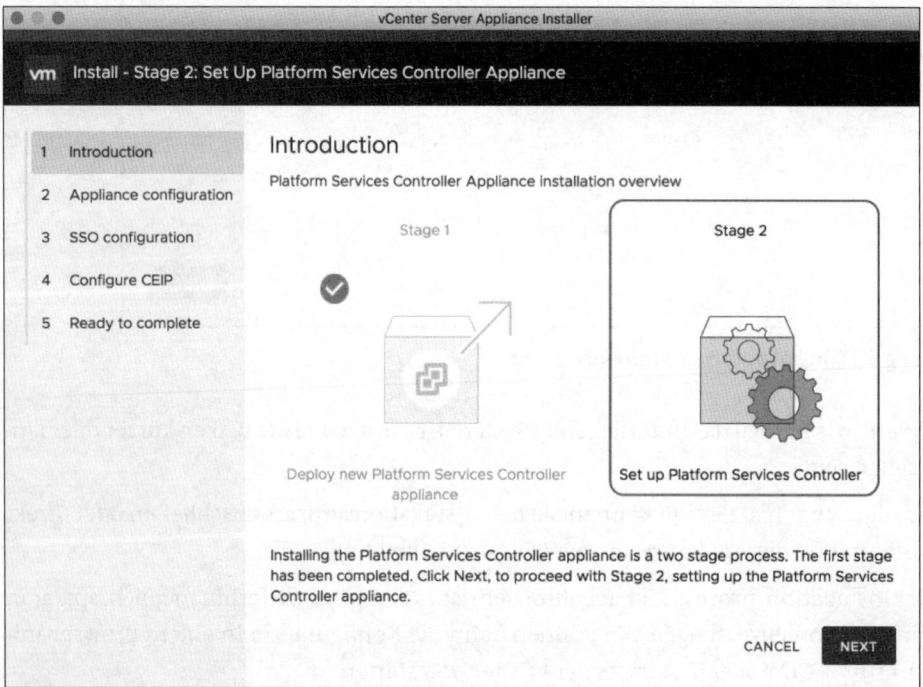

Abbildung 5.39 Start der Stage 2 – Konfiguration der VCSA

> **Timeout während des Installationsprozess**
>
> Sollte es einmal zu lange bis zur nächsten Eingabe dauern, wird der Anwender vom Installationsprozess abgemeldet. Feststellen lässt sich das erst, wenn eine Eingabe abgeschlossen werden soll. In diesem Fall wird der Anwender zur erneuten Eingabe des Benutzernamens und des Passworts aufgefordert. Es müssen aber nicht alle Eingaben erneut vorgenommen werden. Die Eingaben bleiben erhalten.

In *Stage 2* legen Sie die Art der Zeitsynchronisation und des SSH-Zugriffs fest (siehe Abbildung 5.40).

> **Achtung: SSH-Zugriff**
>
> Soll die Appliance über *vCenter Server High Availability* abgesichert werden, dann müssen Sie auf jeden Fall den SSH-Zugriff aktivieren.

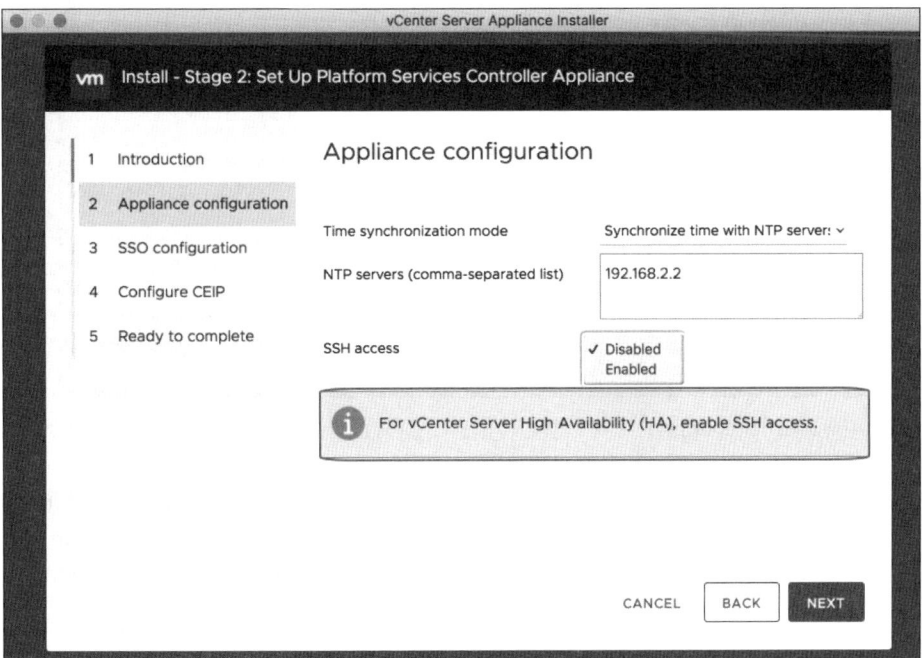

Abbildung 5.40 Zeitsynchronisation und SSH-Zugriff

Im nächsten Dialog folgen die Parameter zur Erstellung der *Single Sign-On Domain* (SSO Domain) mit dem zugehörigen Account und Passwort für den SSO-Administrator (siehe Abbildung 5.41).

> **Achtung**
> Der SINGLE SIGN-ON DOMAIN NAME darf nicht mit dem Namen übereinstimmen, der durch einen Verzeichnisdienst wie LDAP oder Active Directory vergeben wurde.

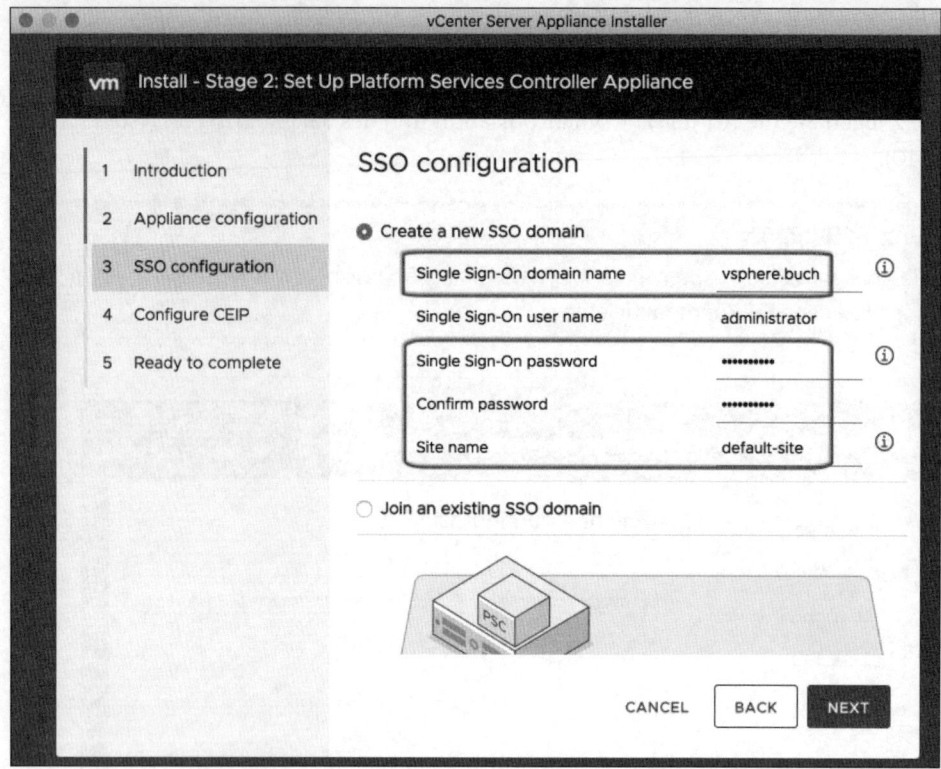

Abbildung 5.41 SSO-Einstellungen

Die Passwortrichtlinien entsprechen denen des root-Users der Appliance. Der SSO-Domänenname darf nur alphanumerische Zeichen und das Minus-Zeichen enthalten sowie mindestens einen Punkt, wie z. B. VSPHERE.LOCAL. Die maximale Länge des Labels darf 63 Zeichen nicht überschreiten. Die Gesamtlänge des Namens ist auf 253 Zeichen beschränkt.

Beim Site-Namen sind die Randbedingungen ähnlich: Es sind ebenfalls nur alphanumerische Zeichen und das Minus erlaubt. Auch hier gilt eine Längenbeschränkung von 63 Zeichen.

VMware sucht immer Teilnehmer, die dem Hersteller Informationen zur Verfügung stellen, damit die Software verbessert werden kann (siehe Abbildung 5.42).

Auch bei diesem Prozess wird dem Anwender eine Zusammenfassung aller Einstellungen angezeigt, bevor der Konfigurationsprozess startet (siehe Abbildung 5.43).

5.4 Installation des Platform Services Controller

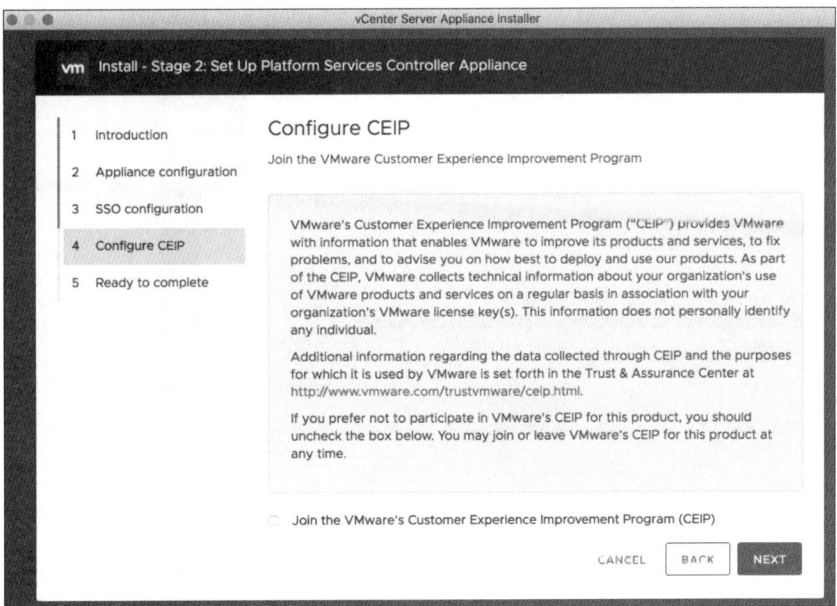

Abbildung 5.42 In Schritt 4 werden Sie um Unterstützung bei der Produktverbesserung gebeten.

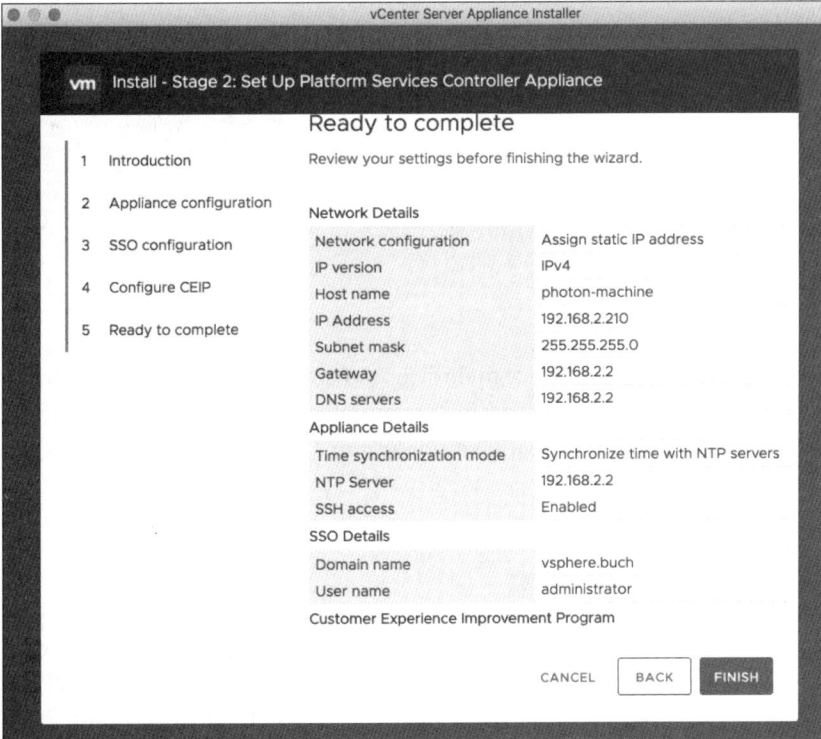

Abbildung 5.43 Konfigurationszusammenfassung bei einer VCSA

Nach einem Hinweis, dass der Prozess nicht unterbrochen werden kann und dass im Falle einer Unterbrechung die Appliance neu bereitgestellt werden muss, startet die Vorbereitung der Appliance. Das nimmt einiges an Zeit in Anspruch (siehe Abbildung 5.44).

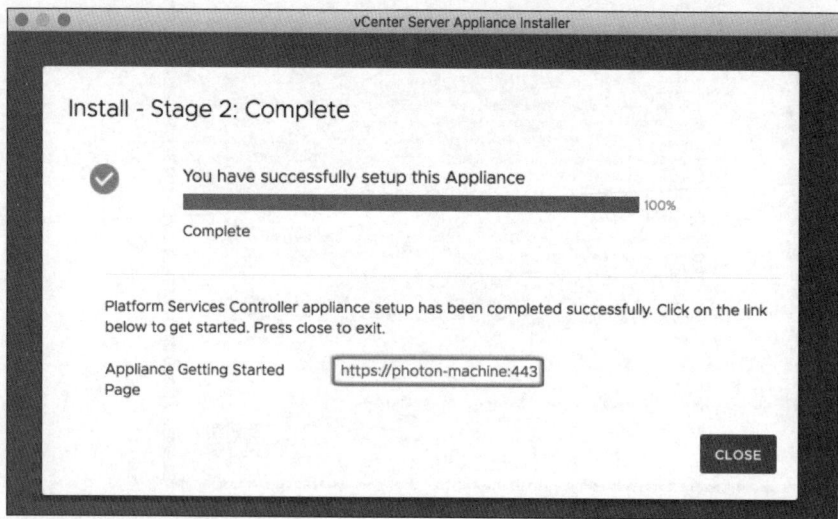

Abbildung 5.44 Abschluss der Konfiguration

Nach der Konfiguration und dem Start aller Dienste kann eine Anmeldung über den Webbrowser erfolgen, entweder mit dem Flash-basierten Client oder dem HTML5-Client.

> **Hinweis**
> Wird wie bei dieser Installation statt eines FQDN eine IP-Adresse als Name angegeben, dann erhält das System den Namen PHOTON-MACHINE.

Kommandozeilenbasierte Installation

Besteht die Notwendigkeit, die *PSC Appliance* mehrfach zu installieren, oder soll einfach nur der Prozess der Eingabe der Konfigurationsparameter vereinfacht werden, so können Sie die Installation auch über die Kommandozeile (CLI) durchführen. Dazu benötigen Sie die VCSA-DVD und einen Editor.

Die Installationsbefehle für die unterschiedlichen Betriebssysteme finden Sie in den Ordnern *win32*, *mac* und *lin64* (siehe Abbildung 5.45).

Damit eine Installation aber überhaupt durchgeführt werden kann, benötigen Sie eine passende Template-Datei. Vorlagen dafür finden Sie im Unterordner *templates/install* für Neuinstallationen.

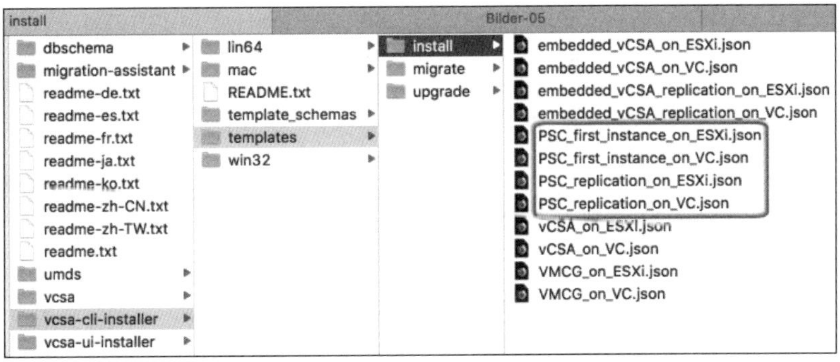

5.4 Installation des Platform Services Controller

Abbildung 5.45 Befehle und Templates für die CLI-Installation

Die Templates haben unterschiedliche Aufgaben. Sie müssen das passende auf einen Datenträger kopieren, auf dem die Datei editiert werden kann, um die persönlichen Konfigurationsparameter einstellen zu können. Tabelle 5.8 erläutert die Aufgaben der Templates.

Template-Datei	Option	Bemerkung
PSC_first_instance_on_ESXi	Neuinstallation	Erster PSC → ESXi-Host
PSC_first_instance_on_VC	Neuinstallation	Erster PSC → vCenter
PSC_replication_on_ESXi	Neuinstallation	Zusätzlicher PSC → ESXi-Host
PSC_replication_on_VC	Neuinstallation	Zusätzlicher PSC → vCenter

Tabelle 5.2 Die Funktionen der unterschiedlichen Template-Dateien für die CLI-basierte Installation des PSC

Als Beispiel zeigen wir Ihnen im Folgenden das Template *PSC_first_instance_on_ESXi.json*. Hier können Sie die einzelnen Einträge sehen, die angepasst werden können:

```
{
    "__version": "2.13.0",
    "__comments": "Sample template to deploy a Platform Services Controller
                appliance as the first instance in a new vCenter Single
                Sign-On domain on an ESXi host.",
    "new_vcsa": {
        "esxi": {
            "hostname": "<FQDN or IP address of the ESXi host on which to deploy
                    the new appliance>",
            "username": "root",
            "password": "<Password of the ESXi host root user. If left blank,
                    or omitted, you will be prompted to enter it at the command
                    console during template verification.>",
```

```json
            "deployment_network": "VM Network",
            "datastore": "<A specific ESXi host datastore>"
        },
        "appliance": {
            "__comments": [
                "You must provide the 'deployment_option' key with a value, which
                    will affect the VCSA's configuration parameters, such as the VCSA's
                    number of vCPUs, the memory size, the storage size, and the maximum
                    numbers of ESXi hosts and VMs which can be managed"
            ],
            "thin_disk_mode": true,
            "deployment_option": "infrastructure",
            "name": "Platform-Services-Controller"
        },
        "network": {
            "ip_family": "ipv4",
            "mode": "static",
            "ip": "<Static IP address. Remove this if using dhcp.>",
            "dns_servers": [
                "<DNS Server IP Address. Remove this if using dhcp.>"
            ],
            "prefix": "<Network prefix length. Use only when the mode is 'static'.
                    Remove if the mode is 'dhcp'. This is the number of bits set
                    in the subnet  mask>",
            "gateway": "<Gateway IP address. Remove this if using dhcp.>",
            "system_name": "<FQDN or IP address for the appliance. Remove this if
                        using dhcp.>"
        },
        "os": {
            "password": "<Appliance root password; If left blank, or omitted, you
                    will be  prompted to enter it at the command console during
                    template verification.>",
            "ntp_servers": "time.nist.gov",
            "ssh_enable": false
        },
        "sso": {
            "password": "<vCenter Single Sign-On administrator password; If left
                    blank, or omitted, you will be prompted to enter it at the
                    command console during template verification.>",
            "domain_name": "vsphere.local",
            "site_name": "<vCenter Single Sign-On site name>"
        }
    },
```

```
    "ceip": {
        "description": {
            "__comments": [
                "++++VMware Customer Experience Improvement Program (CEIP)++++",
                "VMware's Customer Experience Improvement Program (CEIP) ",
                "provides VMware with information that enables VMware to ",
                "improve its products and services, to fix problems, ",
                "and to advise you on how best to deploy and use our ",
                "products. As part of CEIP, VMware collects technical ",
                "information about your organization's use of VMware ",
                "products and services on a regular basis in association ",
                "with your organization's VMware license key(s). This ",
                "information does not personally identify any individual. ",
                "",
                "Additional information regarding the data collected ",
                "through CEIP and the purposes for which it is used by ",
                "VMware is set forth in the Trust & Assurance Center at ",
                "http://www.vmware.com/trustvmware/ceip.html . If you ",
                "prefer not to participate in VMware's CEIP for this ",
                "product, you should disable CEIP by setting ",
                "'ceip_enabled': false. You may join or leave VMware's ",
                "CEIP for this product at any time. Please confirm your ",
                "acknowledgement by passing in the parameter ",
                "--acknowledge-ceip in the command line.",
                "++++++++++++++++++++++++++++++++++++++++++++++++++++++++++++"
            ]
        },
        "settings": {
            "ceip_enabled": true
        }
    }
}
```

Listing 5.1 Skript zur automatischen Installation der PSC-Appliance

> **Achtung**
> Die Syntax der Skripte hat sich zwischen den Versionen vSphere 6.0, 6.5 und 6.7 jedes Mal geändert. Bestehende Skripte von älteren vSphere-Versionen müssen Sie also jeweils anpassen.

Für die korrekte Installation müssen Sie bei dem Parameter `deployment_option` die richtige Angabe machen. Mögliche Werte entnehmen Sie Tabelle 5.3.

Wert	vCPU	Speicher (GB)	Storage (GB)	Bemerkungen
infrastructure	2	4	60	Installation nur eines PSC

Tabelle 5.3 Werte für den Parameter »deployment_option« beim PSC

Nach der Anpassung der einzelnen Parameter kann die Installation gestartet werden. Zuvor aber sollten Sie testen, ob die Syntax des Installationsskripts in Ordnung ist. Der Befehl vcsa-deploy install –verify-template-only <Pfad zum Template-Ordner>/<Template-Name>.json erledigt diese Arbeit. Werden keine Fehler angezeigt, können Sie die Installation starten. Das erfolgt mit dem Befehl:

vcsa-deploy install –accept-eula <Pfad zum Template-Ordner>/<Template-Name>.json

Für jedes der drei unterschiedlichen Betriebssysteme finden Sie einen Installationsbefehl im zugehörigen Ordner.

Nach dem Absetzen des Befehls erfolgt die Bereitstellung der Appliance vollautomatisch ohne weiteren Eingriff.

5.4.2 Installation des PSC auf Windows

Selbstverständlich lässt sich der PSC auch auf einem Windows-Server installieren. Dazu legen Sie einfach die ISO ein. Wenn sich das Startfenster der DVD (siehe Abbildung 5.46) nicht automatisch öffnet, müssen Sie die *autorun.exe*-Datei starten.

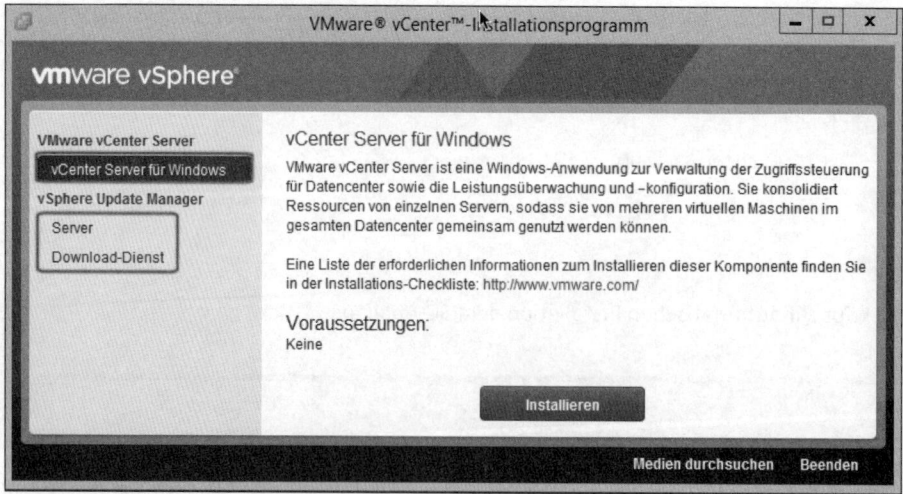

Abbildung 5.46 Autostart-Fenster der Installations-DVD

Nachdem Sie das Willkommensfenster und das EULA durchlaufen haben, müssen Sie die Art der Installation festlegen (siehe Abbildung 5.47).

5.4 Installation des Platform Services Controller

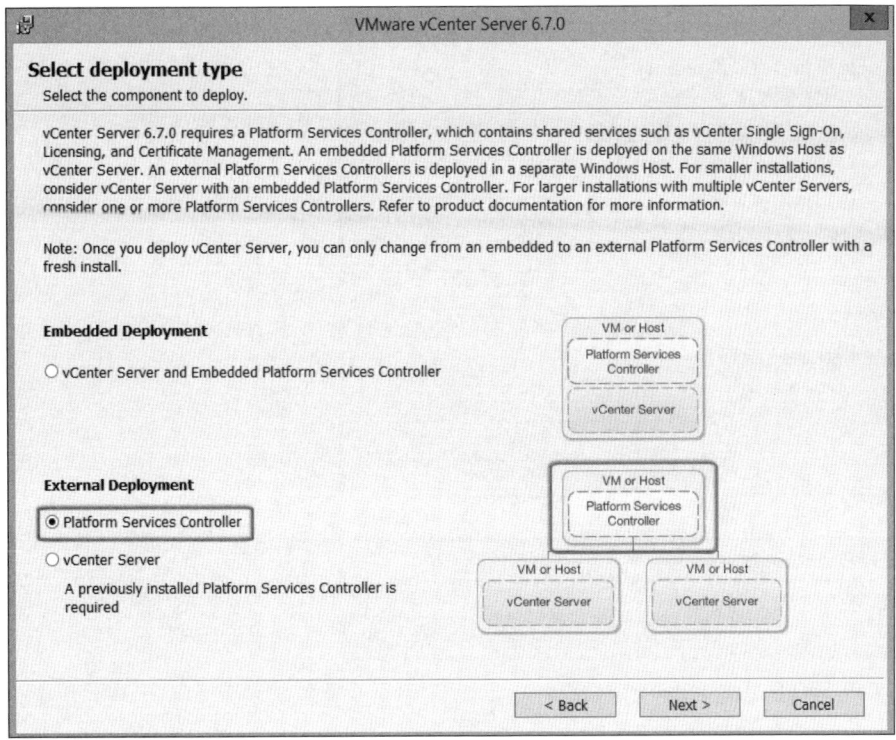

Abbildung 5.47 Auswahl des PSC zur Installation

Im nächsten Konfigurationsschritt legen Sie den Systemnamen fest (siehe Abbildung 5.48).

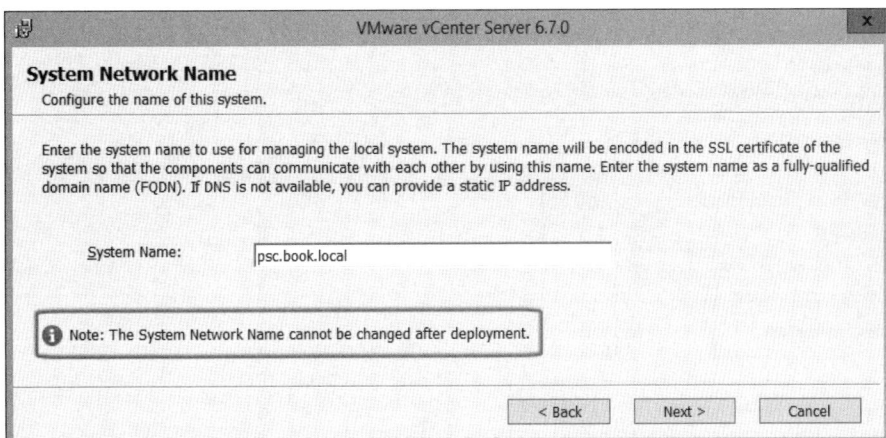

Abbildung 5.48 Festlegen des Systemnamens

Dann fehlen noch die Parameter für die Installation der Single-Sign-On-Komponente, die Sie im nächsten Fenster eintragen (siehe Abbildung 5.49).

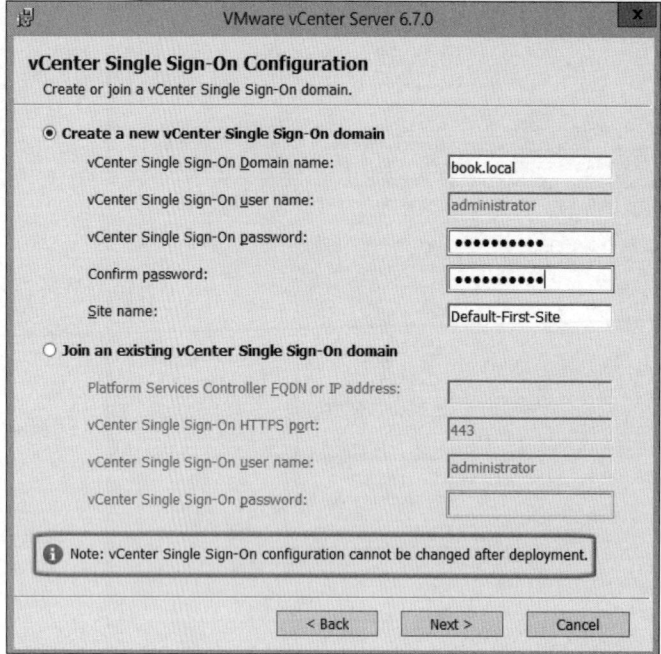

Abbildung 5.49 SSO-Festlegungen

Im nächsten Schritt legen Sie genutzten Ports fest. Dabei können allerdings nicht alle Ports geändert werden, da einige IP-Ports fest eingestellt sind (siehe Abbildung 5.50). Die Pfadangaben für den PSC und für die Daten des PSC werden ebenfalls abgefragt.

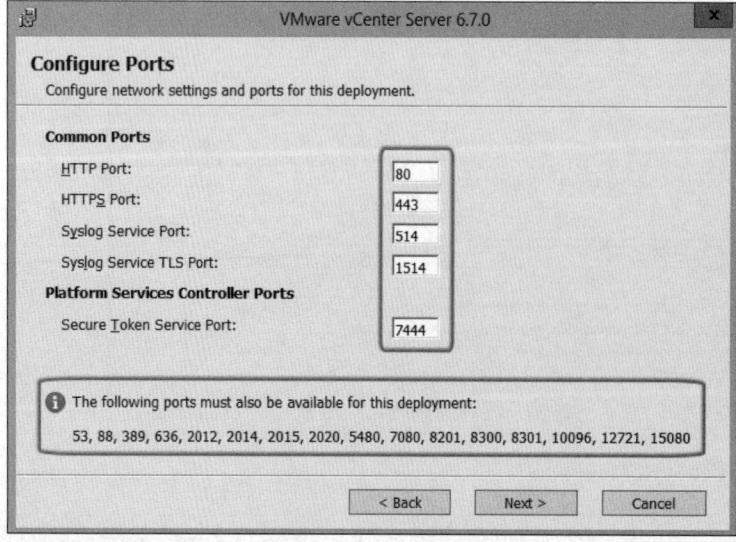

Abbildung 5.50 Porteinstellungen für den PSC

Vor der abschließenden Zusammenfassung, die wie in Abbildung 5.51 aussieht, können Sie noch die Teilnahme am CEIP (*Customer Experience Improvement Program*) aktivieren.

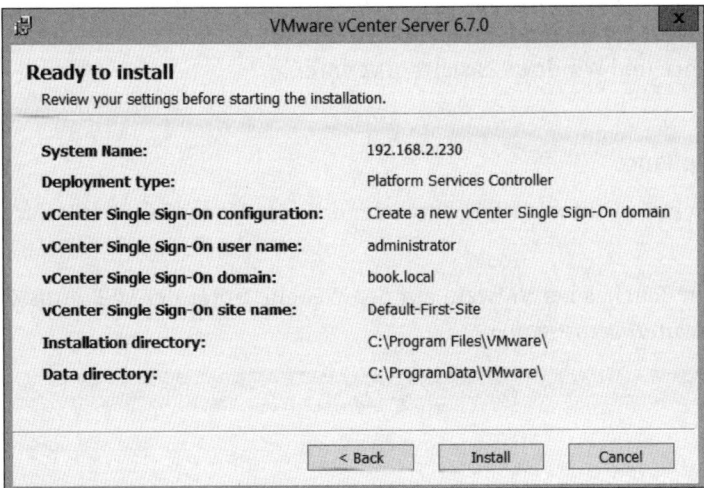

Abbildung 5.51 Installationszusammenfassung

Die Installation nimmt einige Zeit in Anspruch. Weitere Arbeiten sind aber nicht notwendig. Der PSC meldet sich mit einer Fertig-Meldung wie in Abbildung 5.52, und damit ist die Installation abgeschlossen.

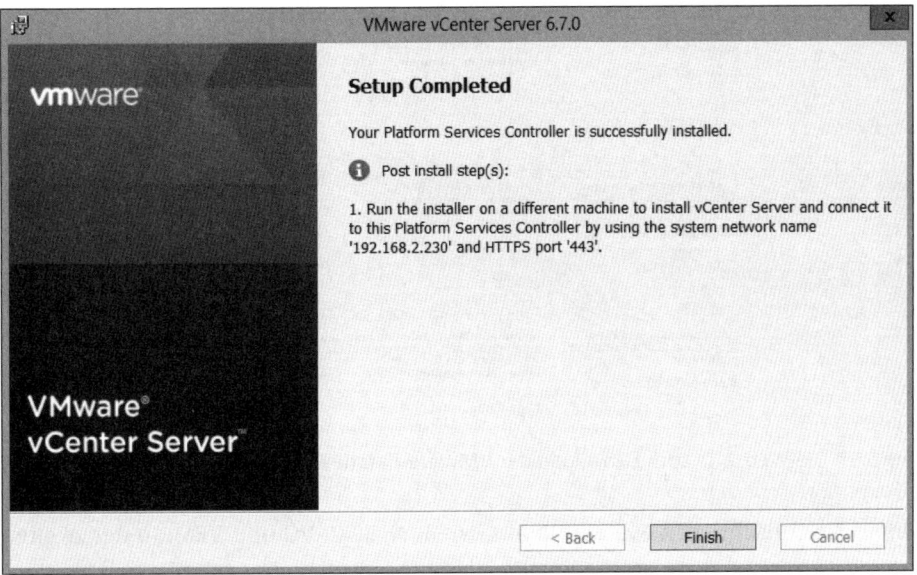

Abbildung 5.52 Fertigstellung der Installation

5.5 Patchen des PSC

Auch dieser Schritt gehört zu den bestehenden Betriebsprozessen beim Betrieb einer virtuellen Infrastruktur. Wie auch bei den anderen Arbeitsschritten unterscheidet sich die Vorgehensweise zwischen Appliance und Windows-basiertem vCenter.

5.5.1 Patchen der PSC-Appliance

Es gibt zwei Optionen, einen PSC zu aktualisieren: entweder über das Management-Interface oder über die Shell.

Grundsätzlich finden Sie die Patches bei VMware auf der Webeite unter der URL *https://my.vmware.com/group/vmware/patch#search*.

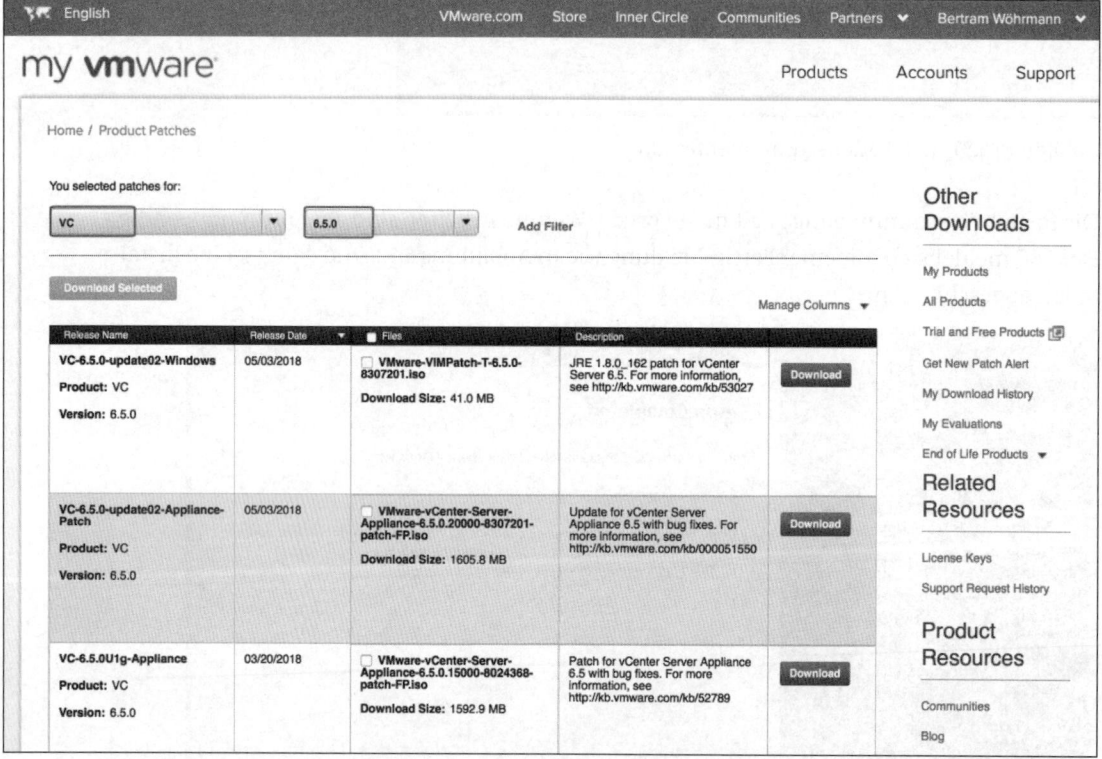

Abbildung 5.53 Die Webseite zum Download der VMware-Patches

Hier wählen Sie zunächst den Systemtyp aus, wie ESX, ESXi, VC und VEM. In der zweiten Dropdown-Liste geben Sie an, welche Version Sie nutzen wollen. Danach filtert das System die vorhandenen Patches aus.

Patchen über das Management-Interface

Der ganz bequeme Weg führt über das Management Interface. Sie rufen es über die URL *https://<IP bzw. FQDN>:5480* auf (siehe Abbildung 5.54).

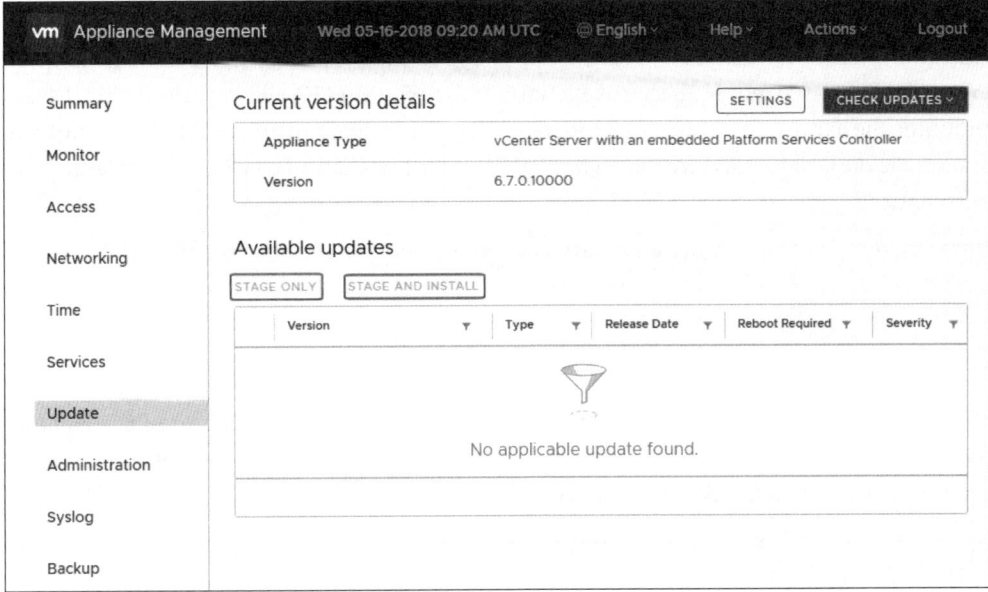

Abbildung 5.54 Patchen der Appliance

Mit der Schaltfläche UPDATE suchen Sie online nach Patches. Sind welche vorhanden, können Sie mit den Optionen STAGE ONLY und STAGE AND INSTALL entweder das nur Laden des Patches auf die VCSA initiieren oder den Patch herunterladen und gleich installieren.

Verhindert die Systemkonfiguration, dass Patches online abgerufen werden, können Sie sie auf einem anderen System herunterladen. Im Einstellungsdialog definieren Sie anschließend, von wo das System den Patch beziehen kann.

Patchen über die Shell

Ein Patch kann selbstverständlich auch über die Kommadozeile erfolgen. Das setzt aber voraus, dass Sie die Patches zuvor aus dem Internet heruntergeladen haben und dass sie auf einem System liegen, auf das die Appliance zugreifen kann. Die Download-URL entspricht der im Abschnitt zuvor: *https://my.vmware.com/group/vmware/patch#search*.

Das Patch-ISO-File muss an die Appliance angebunden werden. Über eine SSH-Verbindung (SSH muss auf der Appliance aktiviert sein) melden Sie sich an der Appliance an. In der Shell laden Sie mit dem Befehl `Software-Packages stage -iso` die Patches auf das System. Die heruntergeladenen Patches kontrollieren Sie mit dem Aufruf `Software-Packages list -staged`. Zeigt sich alles wie erwartet, erfolgt die eigentliche Installation. Dafür nutzen Sie den Befehl

Software-Packages install –staged. Nach der Installation muss ein Reboot erfolgen, und damit wäre der Patch-Vorgang abgeschlossen.

5.5.2 Patchen des PSC auf Windows

Auch die Patches für beide PSC- bzw. vCenter-Typen finden Sie auf der bereits genannten Webseite. Für das Windows-basierte System müssen Sie ein ISO-File herunterladen. Dieses mounten Sie dann auf dem zu patchenden System. Durch den Aufruf der Datei autostart.exe starten Sie die GUI für das Einspielen des Patches. Die Installation des Patches verläuft dann automatisch.

Bitte denken Sie daran, vorher eine Datensicherung des Systems durchzuführen!

5.6 Upgrade des PSC

Die Aktualisierung des PSC ist ein recht einfacher Prozess. Gehören mehrere PSCs zu einer SSO-Domäne, müssen erst alle PSCs *nacheinander* aktualisiert werden, bevor mit dem Upgrade der vCenter-Server begonnen werden kann.

> **Wichtig**
> Ein Upgrade kann nur zwischen PSCs mit identischem Betriebssystem vorgenommen werden. Soll ein Wechsel des Betriebssystems erfolgen, ist dies nur von Windows nach Photon OS möglich. Dabei handelt es sich allerdings um einen Migrationspfad!

5.6.1 Upgrade der PSC-Architektur

Aufgrund von betrieblichen Änderungen kann es notwendig sein, eine aufgebaute PSC/vCenter-Infrastruktur zu ändern – sei es, dass aus einem eingebetteten System ein getrenntes aufgebaut werden soll, sei es, dass Sie eine komplexere Infrastruktur auftrennen wollen.

VMware stellt ein Kommandozeilen-Tool bereit, mit dem eine solche Auftrennung möglich ist.

Nachdem Sie sich per SSH mit der Appliance verbunden haben, rufen Sie den Befehl /bin/cmsso-util auf. Mit diesem Befehl können Sie die Trennung vornehmen. Dazu ist es allerdings notwendig, in die Bash zu wechseln (siehe Abbildung 5.55).

Der Befehl zum Entfernen eines PSC lautet:

```
cmsso-util unregister --node-pnid <PSC_Name> --username <SSO-Admin>
  --passwd <SSO Passwort>
```

Sie müssen diesen Befehl auf einem der Replikationspartner des PSC ausführen, den Sie entfernen wollen.

Für das Entfernen eines vCenter Servers ist die folgende Syntax notwendig:

cmsso-util unregister --node-pnid <vCenter Server_Name> --username <SSO-Admin> --passwd <SSO Passwort>

Diesen Befehl müssen Sie auf dem PSC absetzen, an dem der vCenter Server registriert worden ist. Dabei ist die Syntax für die VCSA und den vCenter Server identisch.

Weitere Informationen finden Sie unter *https://kb.vmware.com/s/article/2106736*.

> **Achtung**
> Ein einmal entferntes System kann der gleichen Domäne nicht wieder hinzugefügt werden. Dazu ist eine Neuinstallation notwendig!

```
root@photon-machine [ /bin ]# cmsso-util -h
usage: cmsso-util [-h] {unregister,reconfigure,repoint} ...

Tool for orchestrating unregister of a node from LS, reconfiguring a vCenter
Server with embedded PSC and repointing a vCenter Server to an external PSC in
same as well as different domain.

positional arguments:
  {unregister,reconfigure,repoint}
    unregister          Unregister node. Passing --node-pnid will unregister
                        solution users, computer account and service
                        endpoints. Passing --hostId will unregister only
                        service endpoints and solution users.
    reconfigure         Reconfigure a vCenter with an embedded Platform
                        Services Controller(PSC) to a vCenter Server. Then it
                        repoints to the provided external PSC node.
    repoint             Repoints a vCenter with an external Platform Services
                        Controller(PSC) to the provided external PSC node.

optional arguments:
  -h, --help            show this help message and exit
root@photon-machine [ /bin ]#
```

Abbildung 5.55 So ändern Sie die Verbindung des PSC zum vCenter Server.

Der Befehl bietet neben dem Aufruf der Hilfe mit [-h] drei weitere Optionen. Diese sind für das Handling verantwortlich:

- Eine Deregistrierung eines Knotens erfolgt mit der Option unregister.
- Mit reconfigure können Sie aus einem vCenter mit einem integrierten PSC ein reines vCenter machen.
- Mit repoint verbinden Sie das vCenter mit einem externen PSC.

Ein Repointing eines vCenter Servers auf einen anderen PSC innerhalb einer Site ist seit *vSphere 6.0 Update 1* mit folgendem Befehl möglich:

```
cmsso-util repoint --repoint-psc <Name des PSC> --dc-port <Port-Nummber; nur zu nutzen,
wenn die HTTPS Ports auf den beiden PSC unterschiedlich sind>
```

Auch hierzu finden sich nähere Informationen in der Knowledge Base von VMware unter *https://kb.vmware.com/s/article/2113917*.

Bleibt als letzte Option noch, das vCenter von einem internen PSC auf einen externen PSC zu verbinden. Auch das geht nur innerhalb der gleichen Site.

Der Prozess ist dabei ganz einfach. Zuerst stellen Sie einen neuen externen PSC auf der gleichen Site bereit. Dieser muss sich mit dem internen PSC replizieren. Im Anschluss verknüpfen Sie den vCenter Server mit dem neuen PSC.

VMware hat mit diesem Tool eine große Unzulänglichkeit behoben. Jetzt muss man bei der Planung nicht mehr berücksichtigen, was zukünftig mit dem Verbund aus PSC und vCenter geschehen soll. Aufteilungen und der Aufbau von Redundanzen sind so ohne Probleme auch nachträglich durchführbar.

5.6.2 Upgrade des PSC als Appliance

Wir beschreiben hier zwei unterschiedliche Wege. Grundsätzlich ist aber die minimale aktualisierbare Version einer Appliance die Version 6.0. Bei älteren Systemen müssen Sie den Weg über ein Upgrade nach 6.0 beschreiten. Einzige Alternative ist eine vollständige Neuinstallation.

GUI-Upgrade

Für das Upgrade über die GUI starten Sie die Upgrade-Routine und klicken auf UPGRADE. Auch dieser Prozess gliedert sich in zwei Abschnitte: Zuerst wird eine neue Appliance mit temporärer Netzwerkkonfiguration bereitgestellt, dann werden die Daten aus der alten PSC-Appliance übernommen. Wir zeigen Ihnen hier im Einzelnen nur die Schritte, die sich von der Installation unterscheiden.

Die Unterschiede beginnen mit der Eingabe des Namens bzw. der IP-Adresse der Quell-PSC-Appliance (siehe Abbildung 5.56).

Über CONNECT TO SOURCE stellen Sie eine Verbindung zum bestehenden System her. Wird die Verbindung erfolgreich getestet, dann müssen Sie weitere Eingaben vornehmen (siehe Abbildung 5.57).

Die Aktualisierungroutine muss wissen, wo die Quell-Appliance läuft. Das kann ein Host oder ein vCenter Server sein.

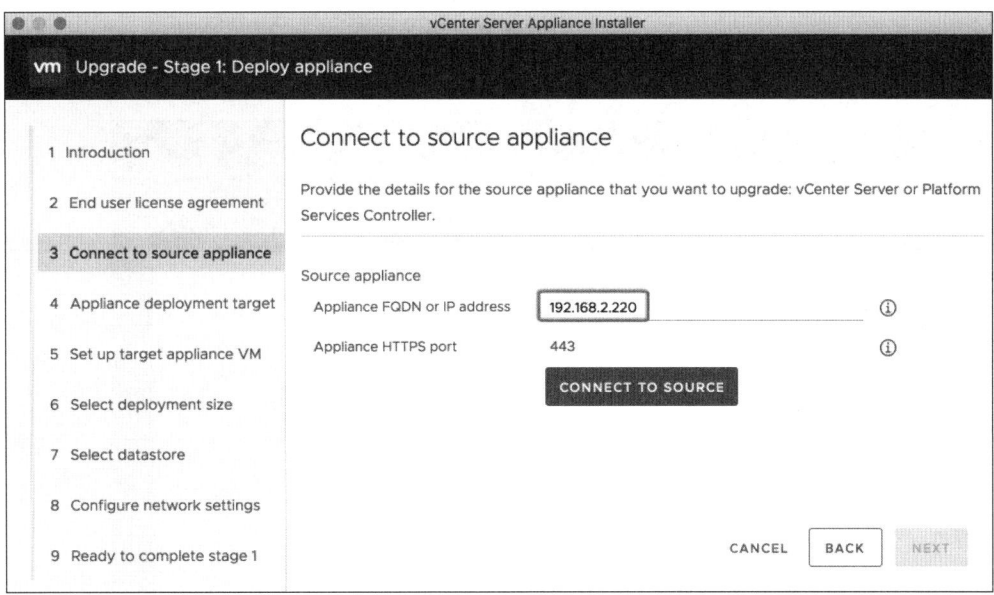

Abbildung 5.56 Angabe des Quell-PSC

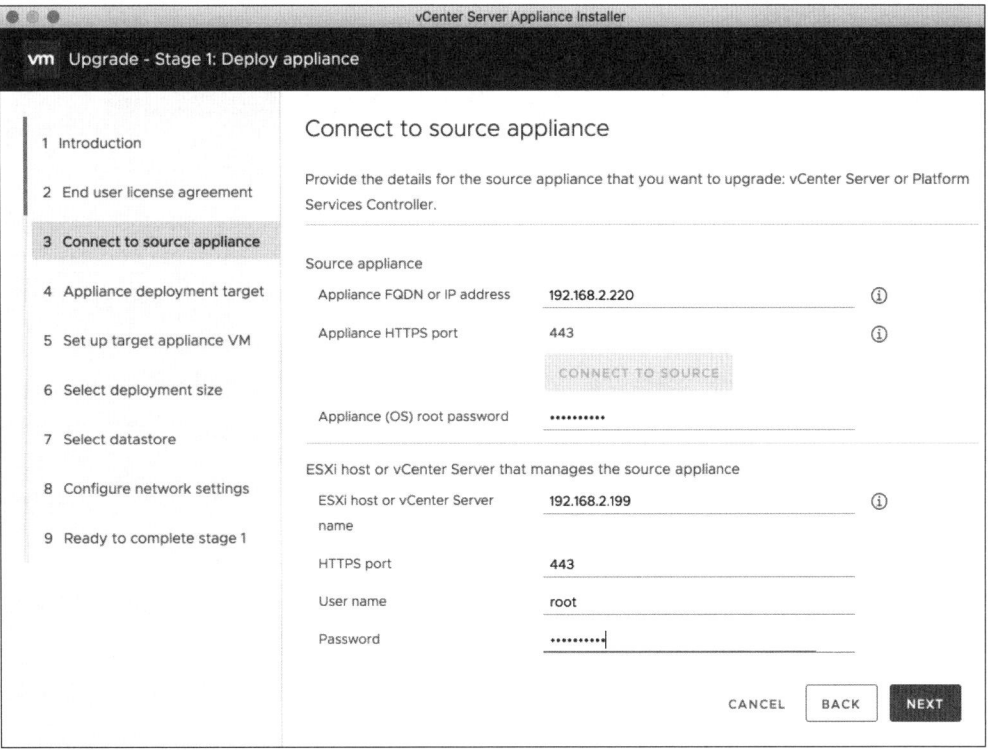

Abbildung 5.57 Angaben zum Quell-PSC

Es folgt die Anzeige der SHA1-Codes für den beteiligten Host bzw. das beteiligte vCenter und für die Quell-Appliance (siehe Abbildung 5.58).

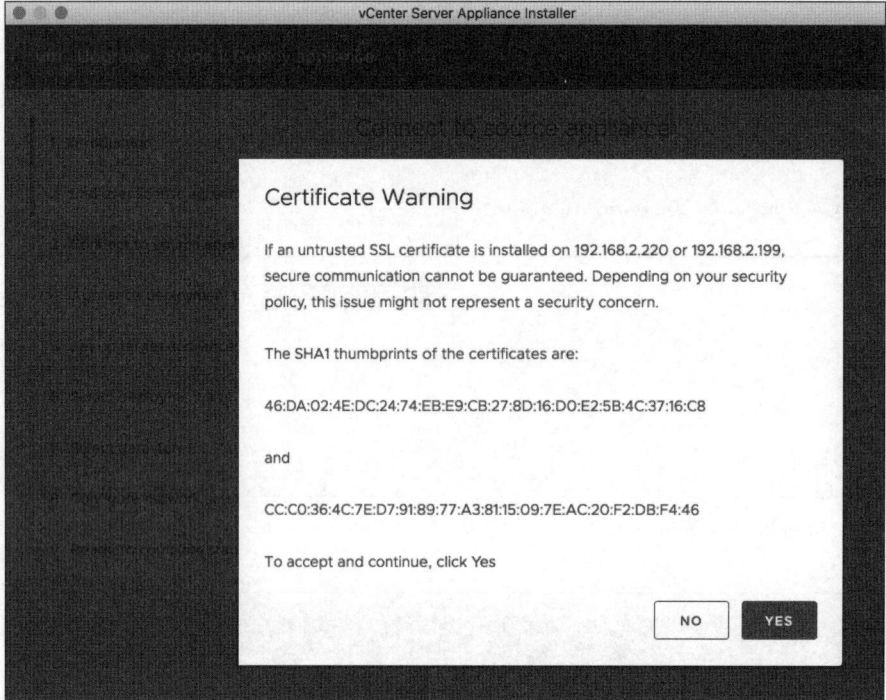

Abbildung 5.58 SHA1-Zertifikate

Nach der Validierung geben Sie das Zielsystem ein, auf dem die neue Appliance ausgerollt werden soll. Auch hier wird zur Kontrolle der SHA1-Wert angezeigt. Der Name und das Passwort der Appliance werden ebenso benötigt wie im nächsten Schritt die Festlegung des Datastores für die Bereitstellung.

Als Letztes müssen Sie die Netzwerkparameter festlegen (siehe Abbildung 5.59).

> **Achtung**
> Es handelt sich hier um temporäre Netzwerkeinstellungen, die später im Upgrade-Prozess mit den Quelleinstellungen überschrieben werden!

Nach der Anzeige aller Konfigurationsparameter und ihrer Bestätigung wird die neue PSC-Appliance bereitgestellt.

Im Rahmen der Phase 2 benötigen Sie ein Passwort, um sich mit dem Quellsystem verbinden zu können (siehe Abbildung 5.60).

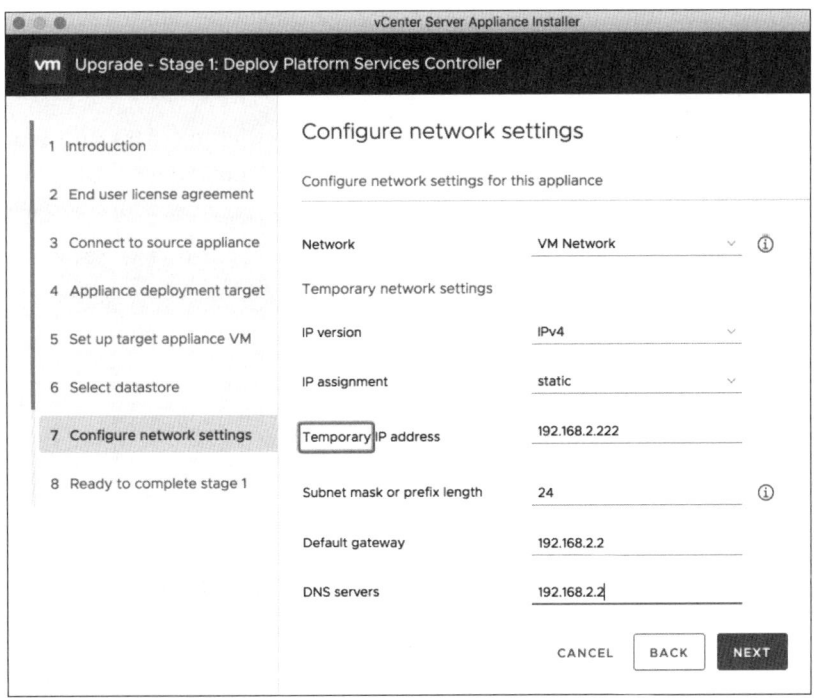

Abbildung 5.59 Temporäre IP-Konfiguration des Ziel-PSC

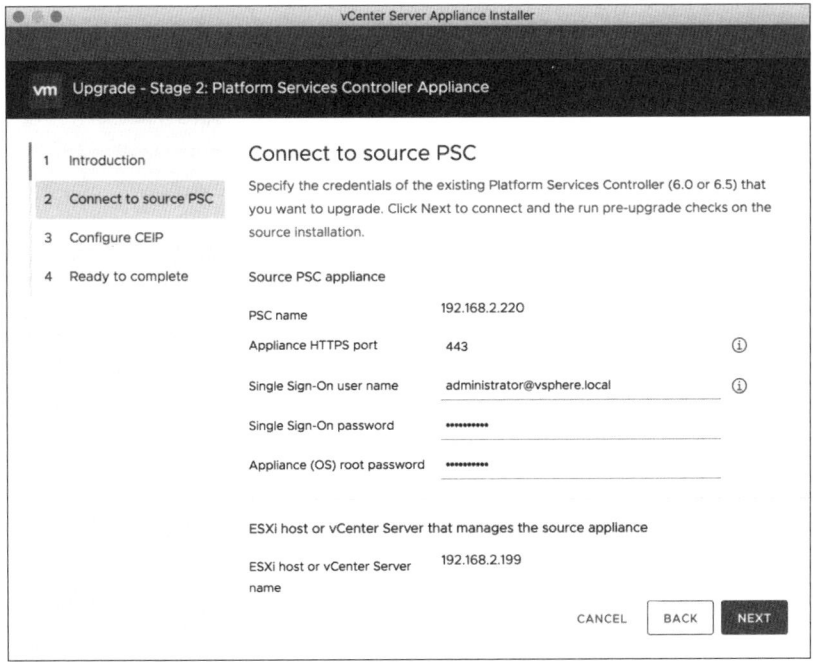

Abbildung 5.60 Passworteingabe, um eine Verbindung mit dem Quellsystem herzustellen

Nun folgen diverse Abgleiche und Upgrade-Checks, bevor die Quelldaten ausgelesen werden. Unter Umständen gibt es noch Hinweise, die zu beachten sind, oder auch Kriterien, die ein Upgrade verhindern.

Wichtig ist – und darauf wird auch in der Zusammenfassung hingewiesen –, dass Sie zuvor eine Datensicherung der PSC-Datenbank vornehmen sollten (siehe Abbildung 5.61). Die Datensicherung kann z. B. über die Konsole des PSC erfolgen.

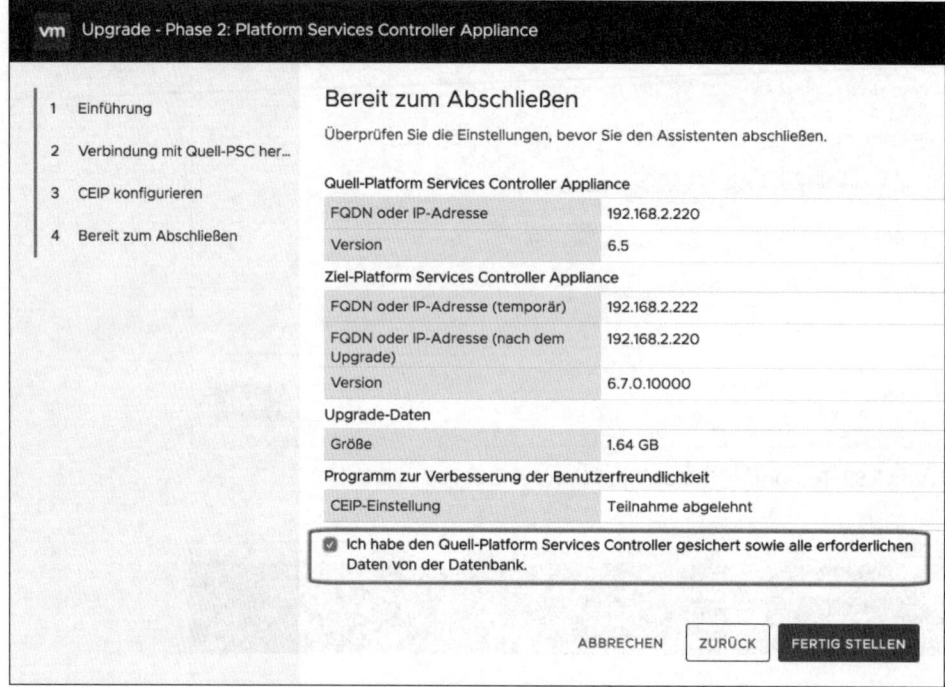

Abbildung 5.61 Zusammenfassung aller Einstellungen für das Upgrade

Nach dem Abschluss der Arbeiten wird die Quell-Appliance heruntergefahren und die neue Appliance übernimmt die Identität des alten Systems.

> **Achtung**
> Sie dürfen keinesfalls beide Appliances, also den alten PSC und den aktualisierten PSC, gleichzeitig hochfahren!

Damit ist das Upgrade der PSC-Appliance abgeschlossen. Auch hier wird abschließend ein Hinweis angezeigt (siehe Abbildung 5.62).

Im Wesentlichen geht es hier um die Abschaltung von TLS 1.0 und TLS 1.1 und darum, wie Sie die Deaktivierung rückgängig machen können.

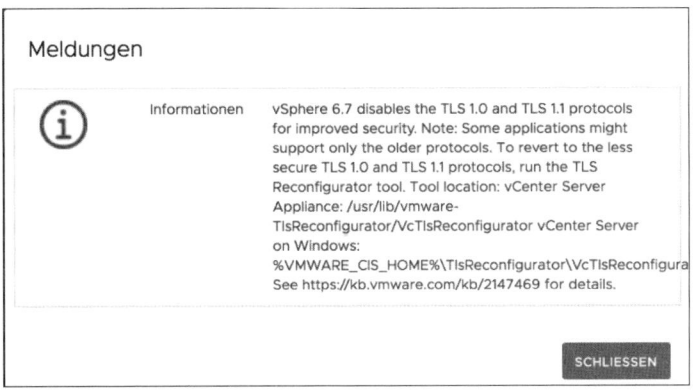

Abbildung 5.62 Information über Änderungen bei der Sicherheit

CLI-Upgrade

Der Upgrade-Prozess über die Kommandozeile gestaltet sich ähnlich wie bei der Installation. Das entsprechende *.json*-File finden Sie auf dem Installationsmedium. Der Name des Ordners lautet *vcsa-cli-installer/templates/upgrade/vcsa6.0* bzw. *vcsa6.5* für Aktualisierungen der jeweiligen Version.

Die Templates haben unterschiedliche Aufgaben. Sie müssen das passende Template auf einen Datenträger kopieren, auf dem die Datei editiert werden kann, um die persönlichen Konfigurationsparameter einstellen zu können. Tabelle 5.4 erläutert die Aufgaben der Templates.

Template-Datei	Option	Bemerkung
PSC_on_ESXi	Upgrade	Upgrade von 6.0 bzw. 6.5 PSC → ESXi
PSC_on_VC	Upgrade	Upgrade von 6.0 bzw. 6.5 PSC → vCenter

Tabelle 5.4 Funktion der unterschiedlichen Template-Dateien für das CLI-basierte Upgrade des PSC

Als Beispiel zeigen wir Ihnen im Folgenden das Template *PSC_on_ESXi.json*. Hier können Sie die einzelnen Einträge sehen, die Sie anpassen müssen:

```
{
    "__version": "2.13.0",
    "__comments": "Sample template to upgrade a Platform Services Controller 6.0
                   appliance to a Platform Services Controller 6.7 appliance.",
    "new_vcsa": {
        "esxi": {
            "hostname": "<FQDN or IP address of the ESXi host on which to deploy the
                         new appliance>",
            "username": "root",
```

```
            "password": "<Password of the ESXi host root user. If left blank, or
                         omitted, you will be prompted to enter it at the command
                         console during template verification.>",
            "deployment_network": "VM Network",
            "datastore": "<A specific ESXi host datastore>"
        },
        "appliance": {
            "__comments": [
                "You must provide the 'deployment_option' key with a value, which
                will affect the VCSA's configuration parameters, such as the VCSA's
                number of vCPUs, the memory size, the storage size, and the maximum
                numbers of ESXi hosts and VMs which can be managed."
            ],
            "thin_disk_mode": true,
            "deployment_option": "infrastructure",
            "name": "Platform-Services-Controller"
        },
        "os": {
            "ssh_enable": false
        },
        "temporary_network": {
            "ip_family": "<ipv4 or ipv6>",
            "mode": "static",
            "ip": "<Static IP address. Remove this if using dhcp.>",
            "dns_servers": [
                "<DNS Server IP Address. Remove this if using dhcp.>"
            ],
            "prefix": "<Network prefix length. Use only when the mode is 'static'.
                      Remove if the mode is 'dhcp'. This is the number of bits set
                      in the subnet mask>",
            "gateway": "<Gateway IP address. Remove this if using dhcp.>"
        }
    },
    "source_vc": {
        "description": {
            "__comments": [
                "This section describes the source appliance which you want to",
                "upgrade and the ESXi host on which the appliance is running. "
            ]
        },
        "managing_esxi_or_vc": {
            "hostname": "<FQDN or IP address of the ESXi or vCenter on which the
                        source vCenter Single Sign-On server resides>",
```

5.6 Upgrade des PSC

```
            "username": "<Username of a user with administrative privilege on the
                         ESXi host or vCenter Server. For example 'root' for ESXi
                         and 'administrator@<SSO domain name>' for vCenter >",
            "password": "<Password of the administrative user on the ESXi host or
                         vCenter Server. If left blank, or omitted, you will be
                         prompted to enter it at the command console during template
                         verification.>"
        },
        "vc_vcsa": {
            "hostname": "<FQDN or IP address of the source Platform Services
                         Controller>",
            "username": "administrator@<SSO domain name>",
            "password": "<vCenter Single Sign-On administrator password. If left
                         blank, or omitted, you will be prompted to enter it at the
                         command console during template verification.>",
            "root_password": "<Appliance root password. If left blank, or omitted,
                              you will be prompted to enter it at the command
                              console during template verification.>"
        }
    },
    "ceip": {
        "description": {
            "__comments": [
                "++++VMware Customer Experience Improvement Program (CEIP)++++",
                "VMware's Customer Experience Improvement Program (CEIP) ",
                "provides VMware with information that enables VMware to ",
                "improve its products and services, to fix problems, ",
                "and to advise you on how best to deploy and use our ",
                "products. As part of CEIP, VMware collects technical ",
                "information about your organization's use of VMware ",
                "products and services on a regular basis in association ",
                "with your organization's VMware license key(s). This ",
                "information does not personally identify any individual. ",
                "",
                "Additional information regarding the data collected ",
                "through CEIP and the purposes for which it is used by ",
                "VMware is set forth in the Trust & Assurance Center at ",
                "http://www.vmware.com/trustvmware/ceip.html . If you ",
                "prefer not to participate in VMware's CEIP for this ",
                "product, you should disable CEIP by setting ",
                "'ceip_enabled': false. You may join or leave VMware's ",
                "CEIP for this product at any time. Please confirm your ",
                "acknowledgement by passing in the parameter ",
```

```
                    "--acknowledge-ceip in the command line.",
                    "++++++++++++++++++++++++++++++++++++++++++++++++++++++++++++++"
                ]
        },
        "settings": {
            "ceip_enabled": true
        }
    }
}
```

Listing 5.2 Skript zur automatischen Installation der PSC-Appliance

> **Achtung**
> Die Syntax der Skripte hat sich von der Version vSphere 6.0 über 6.5 nach 6.7 jedes Mal geändert. Bestehende Skripte von älteren vSphere-Versionen müssen angepasst werden.

Für das korrekte Upgrade müssen Sie bei dem Parameter `deployment_option` die richtige Angabe machen. Mögliche Werte können Sie Tabelle 5.5 entnehmen.

Wert	vCPU	Speicher (GB)	Storage (GB)	Bemerkungen
infrastructure	2	4	60	Installation nur eines PSC

Tabelle 5.5 Werte für den Parameter »deployment_option« beim PSC

Nachdem Sie die einzelnen Parameter angepasst haben, wird das Upgrade gestartet. Zuvor sollten Sie aber testen, ob die Syntax des Upgrade-Skripts in Ordnung ist. Das Kommando `vcsa-deploy upgrade –verify-template-only <Pfad zum Template-Ordner>/<Template-Name>.json` erledigt diese Arbeit. Werden keine Fehler angezeigt, kann das Upgrade gestartet werden. Das erfolgt mit dem Befehl:

`vcsa-deploy upgrade –accept-eula <Pfad zum Template-Ordner>/<Template-Name>.json`

Für jedes der drei unterschiedlichen Betriebssysteme finden Sie einen Upgrade-Befehl im zugehörigen Ordner. Nach dem Absetzen des Befehls erfolgt die Aktualisierung der Appliance vollautomatisch ohne weiteren Eingriff.

5.6.3 Upgrade des PSC auf Windows

Was für die Appliance gilt, gilt auch für die Windows-basierte Version des PSC. Ein Upgrade ist nur ab der Version 6.0 möglich. Bei älteren vCenter Servern muss der Upgrade-Umweg über die Version 6.0 bzw. 6.5 erfolgen.

Nach dem Aufruf der Installationsroutine erkennt die Software, dass bereits ein PSC installiert ist. Die Versionsnummern des alten PSC und des PSC, der auf der DVD liegt, werden so wie in Abbildung 5.63 angezeigt.

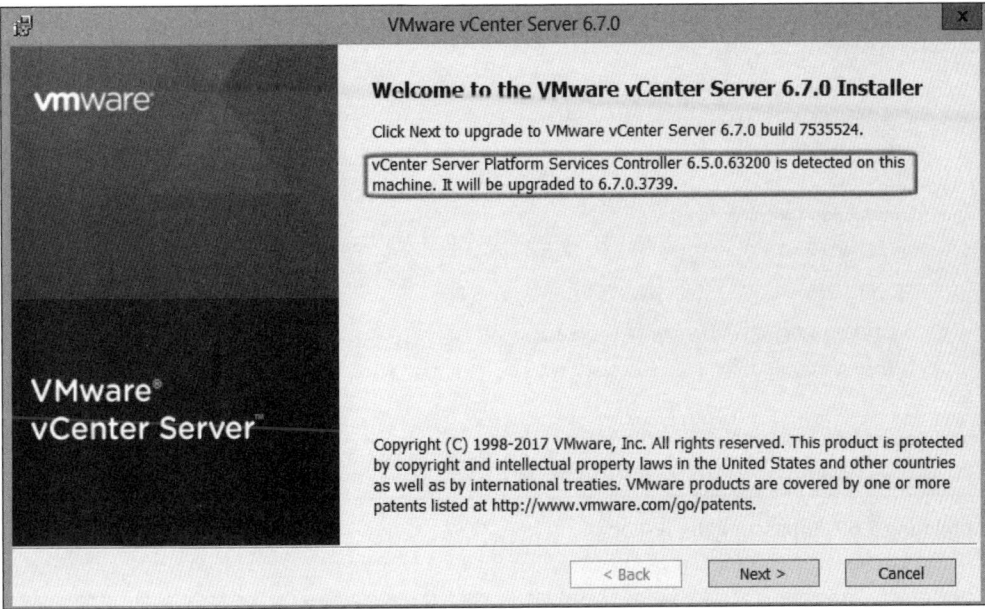

Abbildung 5.63 Versionsvergleich alt/neu

Selbstverständlich ist es notwendig, sich am alten PSC anzumelden (siehe Abbildung 5.64).

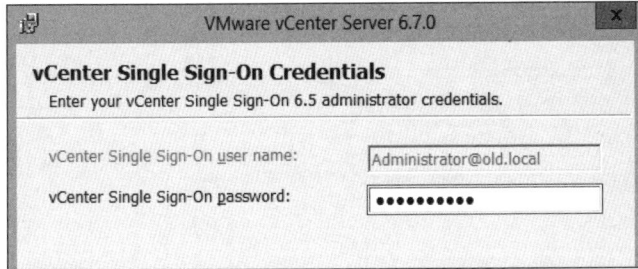

Abbildung 5.64 Passworteingabe für das Upgrade

Während des Upgrades können Sie einige Ports ändern (siehe Abbildung 5.65).

Im nächsten Schritt müssen Sie noch die Pfade festlegen, unter denen der PSC abgelegt werden soll, nebst seinen Daten und der Exports. Auch hier folgt wieder die Aktivierung/Deaktivierung des CEIP. Abschließend erscheint eine Zusammenfassung der Installationsparameter wie in Abbildung 5.66.

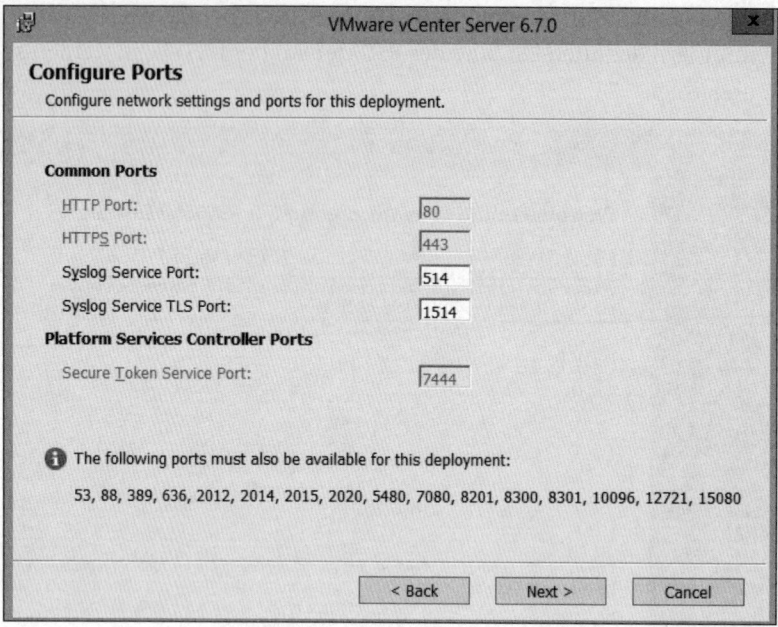

Abbildung 5.65 Anpassung der IP-Ports

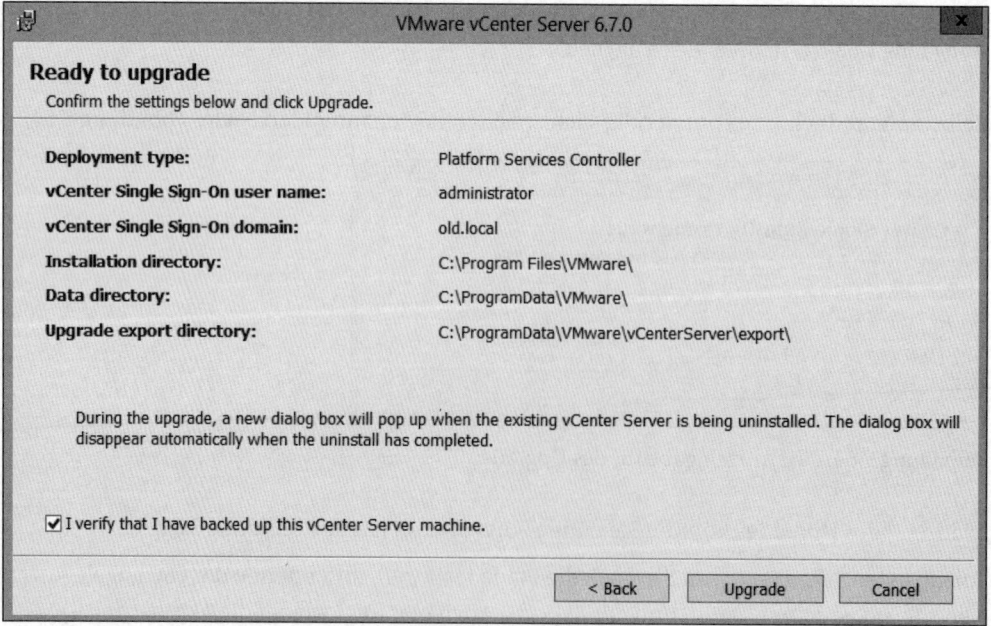

Abbildung 5.66 Installationszusammenfassung

Die alten Dienste werden jetzt deinstalliert. Danach werden die neuen Dienste bereitgestellt – und zwar mit allen Konfigurationseinstellungen des alten PSC.

Damit ist die Aktualisierung des Platform Services Controller abgeschlossen. Auch erhalten Sie noch einen Hinweis auf die geänderten TLS-Einstellungen.

5.7 Installation des VMware vSphere vCenter

Bei der *VMware vCenter Server Appliance* (VCSA) handelt es sich um einen *vCenter Server*, der in eine Linux-Appliance integriert wurde. Mittlerweile läuft unter dem System das Betriebssystem *VMware Photon OS*. Sie sparen sich so zusätzliche Betriebssystemlizenzen für das vCenter und haben ein Paket, das funktioniert.

Mit der Version 6.7 stellt VMware die letzte vCenter-Server-Version für Windows bereit. Sowohl mit der VCSA als auch mit der Windows-basierten Version können identische Infrastrukturgrößen gemanagt werden. Bei der VCSA geschieht das mit der internen Datenbank, bei der anderen Version müssen Sie bei schon recht kleinen Umgebungen mit einer externen Datenbank arbeiten. Tabelle 5.6 zeigt, welche Anzahlen von Hosts und VMs unterstützt werden.

Protokoll	VCSA – Interne DB	vCenter Windows – Interne DB	vCenter Windows – Externe DB
Hosts	2.000	20	2.000
Virtuelle Maschinen	35.000	200	35.000

Tabelle 5.6 Anzahl unterstützter Hosts und VMs

Bevor wir auf die Installation der Appliance eingehen, möchten wir uns mit den Funktionen und den Einschränkungen der derzeitigen Version beschäftigen.

Auch bei dieser vCenter-Appliance ist eine Datenbank enthalten. Dabei setzt VMware seit der Version 6.0 weiter auf eine vPostgres-Datenbank; ihre Leistungsfähigkeit wurde aber um ein Vielfaches verbessert. Die in Tabelle 5.6 genannten Werte dürften für viele Umgebungen absolut ausreichen.

Es gibt jetzt zwei unterschiedliche *Linked Modes*: den *Enhanced Linked Mode* und den *Embedded Linked Mode*. Die Unterschiede manifestieren sich mittlerweile aufseiten der Windows-basierten vCenter-Server-Variante. Während bei der VCSA der Update Manager integriert ist, müssen Sie ihn unter Windows nachinstallieren. Die Hochverfügbarkeit des vCenter Servers ist nur auf der Appliance mit VMware-Bordmitteln möglich. Soll ein vCenter, das auf Windows installiert wurde, hochverfügbar gemacht werden, muss das mit Microsoft-Cluster-Mitteln erfolgen. Nähere Informationen finden Sie unter *https://docs.vmware.com/de/VMware-vSphere/6.7/vsphere-esxi-vcenter-server-67-setup-mscs.pdf*

5.7.1 Installation des vCenter als Appliance

Die Appliance ist recht einfach zu installieren. Das Betriebssystem und die Applikation werden zusammen in einem Schritt bereitgestellt. Wie beim PSC kann die Installation über einen GUI-Installer oder über die Kommandozeile erfolgen.

GUI-Installation

Kommen wir nun zur Installation der vCenter-Appliance (zum Upgrade siehe Abschnitt 5.9.1, »Upgrade der VCSA von 6.0 bzw. 6.5«). Hier hatte sich schon mit Version 6.0 einiges geändert. Der Import erfolgt nämlich nicht wie früher über den *vSphere Client* (der *vSphere Web Client* funktioniert ja erst, wenn das vCenter bereits installiert ist), sondern über einen Installer. Die zuständige Applikation ist für Windows, Linux und macOS auf der DVD enthalten. Das gilt sowohl für den GUI-Installer als auch für den CLI-Installer.

In diesem Abschnitt geht es um die Installation über eine GUI. Dazu rufen Sie im Unterverzeichnis *vcsa-ui-installer/<OS-Ordner>* der DVD den Installer auf.

Zuvor sollten Sie noch wissen, dass sich die Installation in zwei Schritte gliedert. Zu Beginn erfolgen die Bereitstellung der Appliance und deren Start. Danach wird zur Konfiguration der Applikation verzweigt.

Wir zeigen Ihnen hier, wie eine vCenter VCSA *ohne* eingebetteten PSC erfolgt (siehe Abbildung 5.67). Die Auswahl der Installation erfolgt aber erst in einem späteren Konfigurationsschritt.

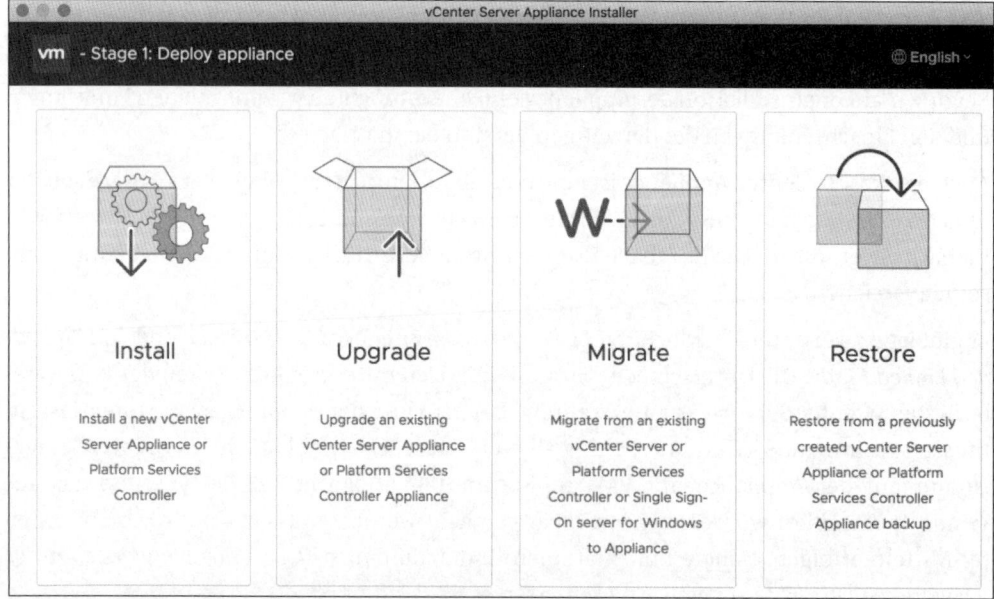

Abbildung 5.67 Startbildschirm der VCSA-Installationsroutine

Nach dem Aufruf der Installationsapplikation sehen Sie einen Auswahlbereich mit unterschiedlichen Optionen:

- Installation einer neuen Appliance
- Aktualisierung (Upgrade) einer vorhandenen Appliance
- Migration eines Windows-basierten vCenter Servers auf eine VCSA
- Wiederherstellung (Restore) einer VCSA aus einem Backup

Nachdem Sie sich für die Installation entschieden haben, sehen Sie als Erstes die *Stage 1* für die Bereitstellung der Appliance (siehe Abbildung 5.68).

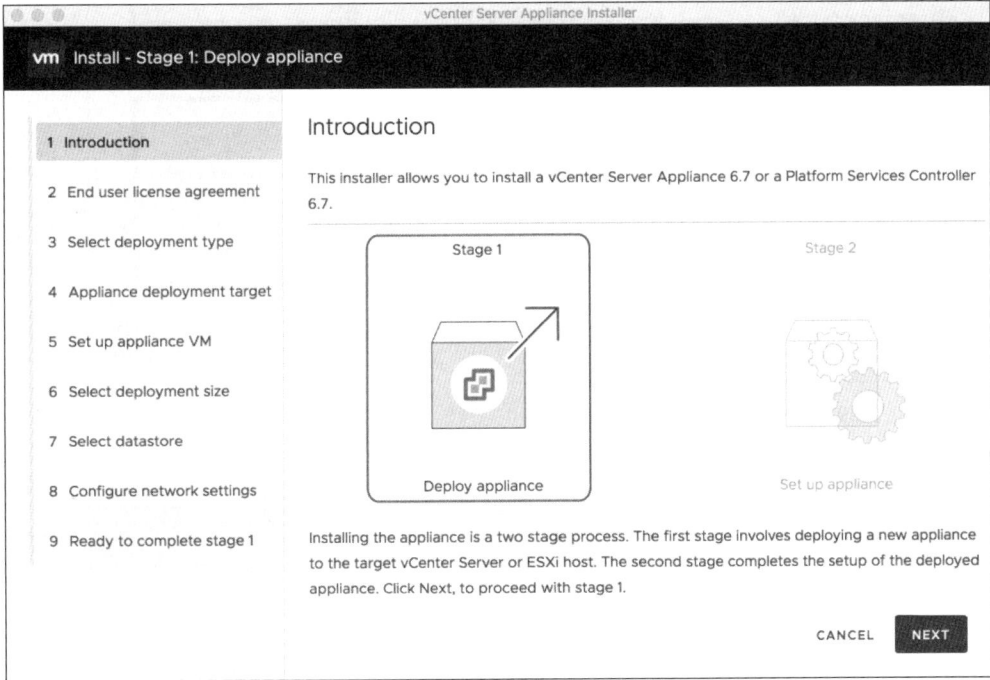

Abbildung 5.68 Erste Installationsphase – Bereitstellung

Es folgt das EULA, das Sie bestätigen müssen.

Nun müssen Sie die Entscheidung zu treffen, welche Art der Installation erfolgen soll. Zur Auswahl steht ein Embedded System mit PSC und vCenter Server auf einer Appliance. Alternativ kann entweder nur ein PSC oder nur ein vCenter Server installiert werden (siehe Abbildung 5.69). In dieser Anleitung geht es um das reine vCenter.

Das System will nun wissen, auf welchem Host die Appliance bereitgestellt werden soll. Dazu geben Sie den Hostnamen und einen gültigen User-Account nebst Passwort an (siehe Abbildung 5.70).

5 Installation von ESXi und vCenter

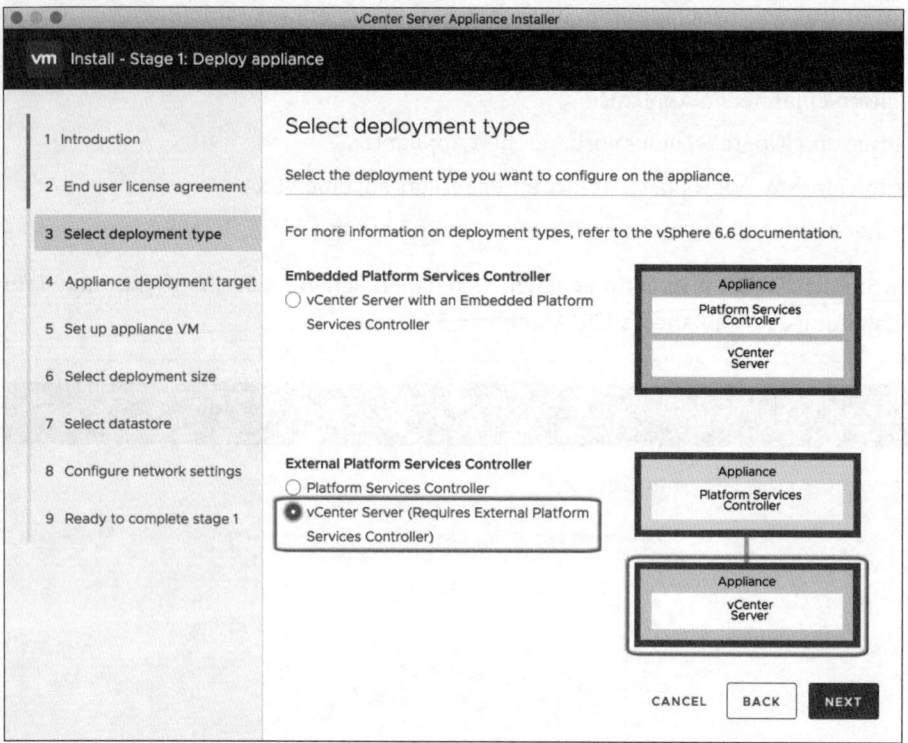

Abbildung 5.69 Auswahl der Art der Installation

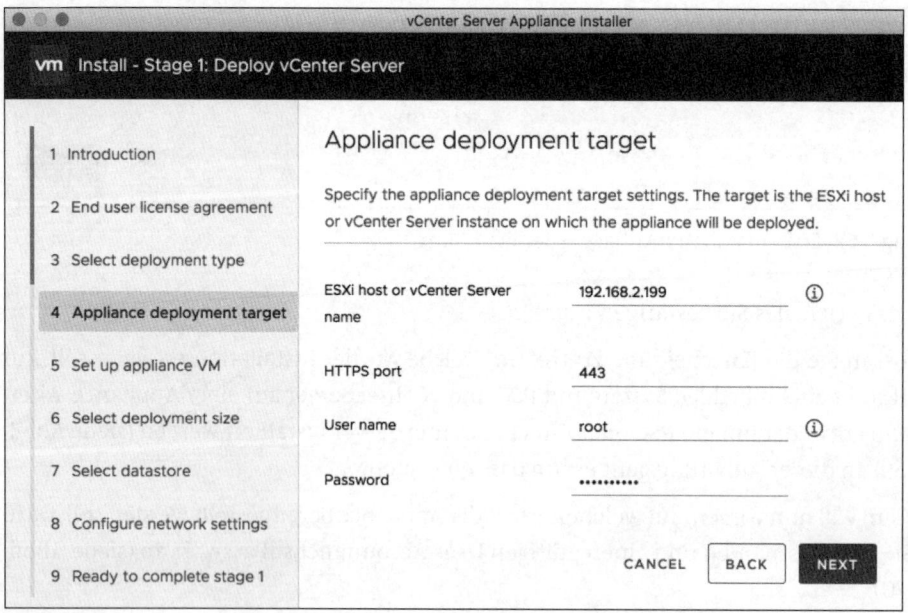

Abbildung 5.70 So legen Sie den Host fest, der die Appliance aufnehmen soll.

Überprüfen Sie diese Angaben. Dann zeigt das System Ihnen den gültigen SHA1-Fingerabdruck des Hosts (siehe Abbildung 5.71).

Abbildung 5.71 Fingerabdruck des Hosts

Nach der Bestätigung des Fingerabdrucks erwartet die Installationsroutine die Basisdaten für die VCSA. Damit sind der Parameter APPLIANCE NAME und das Passwort für den root-User gemeint (siehe Abbildung 5.72).

Beachten Sie, dass das Passwort bestimmten Regeln genügen muss. Es muss folgende Bedingungen erfüllen:

- mindestens 8 Zeichen lang
- weniger als 21 Zeichen lang
- mindestens 1 Großbuchstabe vorhanden
- mindestens 1 Kleinbuchstabe vorhanden
- mindestens 1 Ziffer vorhanden
- mindestens 1 Sonderzeichen vorhanden
- kein Leerzeichen erlaubt
- Es sind nur sichtbare ASCII-Zeichen aus dem unteren Bereich von 0–127 erlaubt.

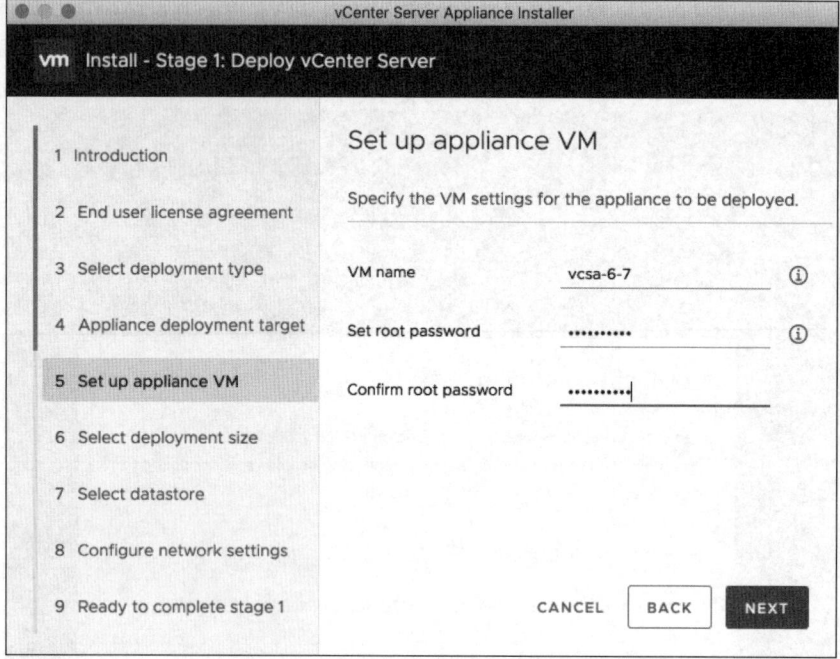

Abbildung 5.72 Festlegung der Basisparameter

Die Festlegung der Installationsart findet im nächsten Dialogschritt statt (siehe Abbildung 5.73). Die Auswahl erfolgt in Abhängigkeit von der Größe der Infrastruktur, die betrieben werden soll. Zur Auswahl stehen fünf Größen (siehe Tabelle 5.7).

Installations-größe	vCPUs	Speicher (GB)	Storage (GB)	Hosts (bis)	VMs (bis)
Tiny	2	10	300	10	100
Small	4	16	340	100	1.000
Medium	8	24	525	400	4.000
Large	16	32	740	1.000	10.000
X-Large	24	48	1.180	2.000	35.000

Tabelle 5.7 Installationsgröße der VCSA

Ist es notwendig, mehr Plattenplatz zu reservieren, nehmen Sie im nächsten Schritt zusätzliche Einstellungen vor. Die Partition für Statistiken, Tasks, Ereignisse und Alarme wird dann erweitert. Nutzen Sie dazu das Feld STORAGE SIZE (siehe Abbildung 5.73 und Abbildung 5.74).

5.7 Installation des VMware vSphere vCenter

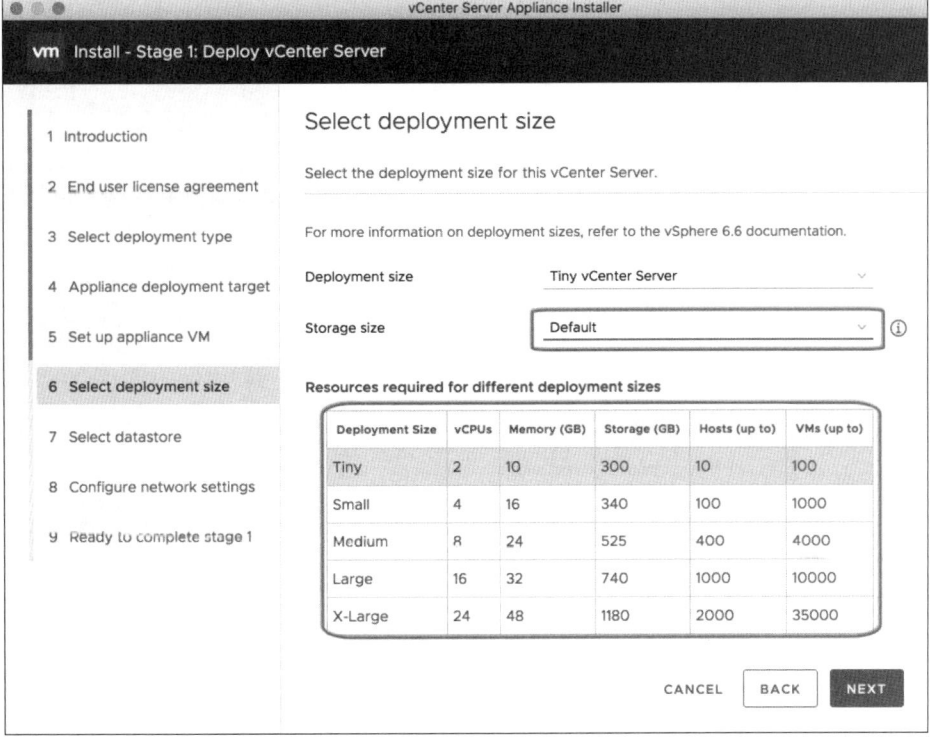

Abbildung 5.73 Größe der zu betreibenden Infrastruktur

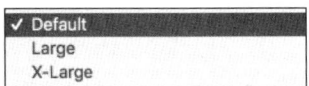

Abbildung 5.74 Zusätzlicher Plattenplatz für Ereignisse, Alarme, Tasks und Statistiken

In unserem Fall fällt die Wahl auf die TINY-Konfiguration (siehe Abbildung 5.73).

Die Appliance benötigt ein Heim auf dem Storage, und das legen Sie im nächsten Schritt fest (siehe Abbildung 5.75).

> **Achtung**
> Die Option ENABLE THIN DISK MODE können wir für produktive Umgebungen nicht empfehlen. Sollten Sie diesen Modus nutzen wollen, greifen Sie bitte auf Storage-basiertes Thin Provisioning zurück.

Ganz neu ist die Option, einen vSAN-Cluster während der Installation der VCSA erstellen zu lassen. Wenn Sie diese Option aktivieren, wird nach dem Erstellen des vSAN-Clusters automatisch die neue VCSA auf diesem Datastore installiert.

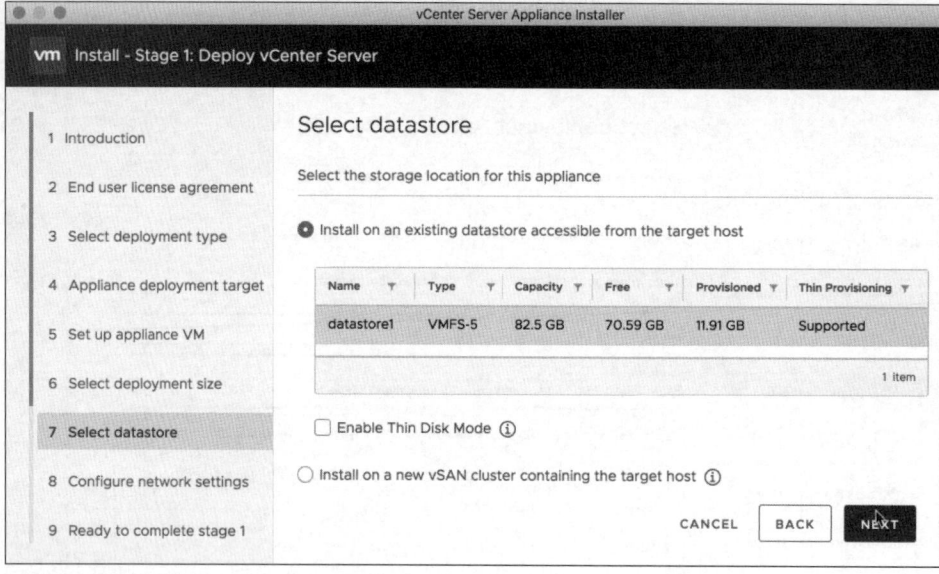

Abbildung 5.75 Auswahl des Storage

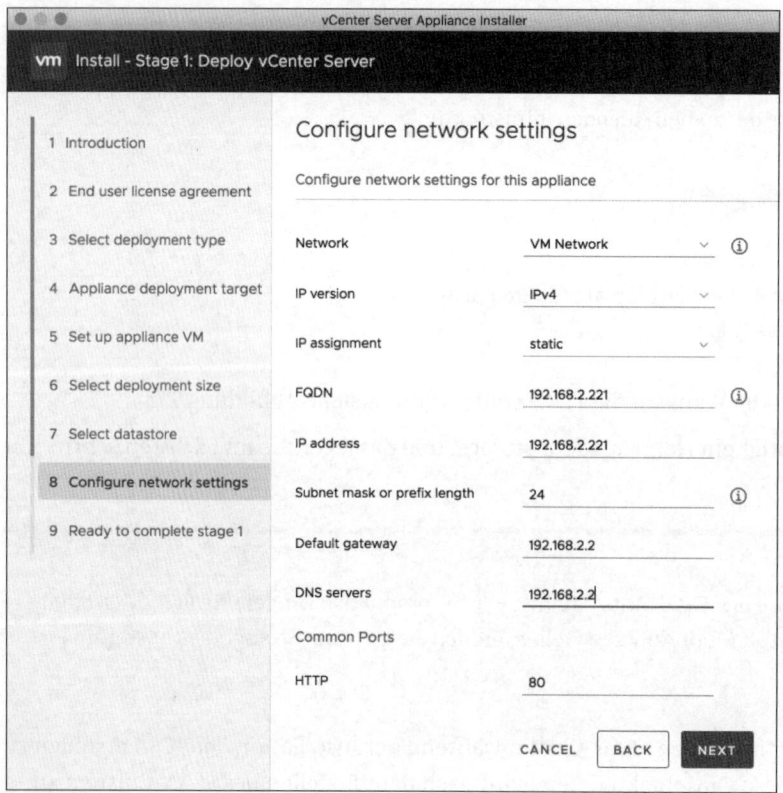

Abbildung 5.76 Netzwerkparameter der VCSA

Die Netzwerkparameter der VCSA und deren Namen (siehe Abbildung 5.76) sind ein essenzieller Bestandteil der Bereitstellung, genauso wie natürlich auch die Festlegung der Portgruppe, über die die Anbindung der VCSA erfolgen soll.

> **Hinweis**
> Findet sich kein DNS im Netzwerk, der während der Installation bereitsteht, so müssen Sie statt des FQDN die IP-Adresse als Namen angeben. Andernfalls funktioniert die Installation nicht, denn es wird eine DNS-Abfrage vorgenommen, um den Namen mit der IP-Adresse abzugleichen.

Die Zusammenfassung stellt alle vorgenommenen Einstellungen noch einmal zusammen. Nach eingehender Kontrolle kann die Bereitstellung der Appliance erfolgen, die Stage 1 abschließt (siehe Abbildung 5.77).

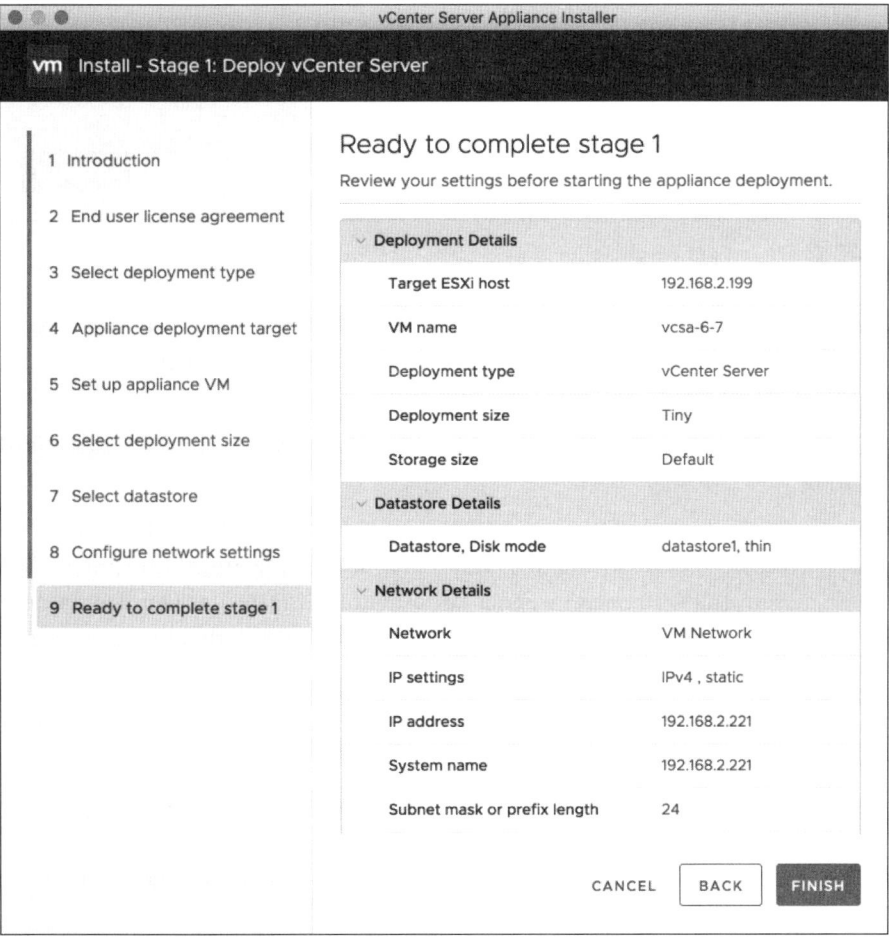

Abbildung 5.77 Installationszusammenfassung

Je nachdem, wie schnell das unterliegende System ist, wird der blaue Balken kürzere oder längere Zeit zu sehen sein.

Nach erfolgreicher Installation kann der Installationsprozess abgeschlossen werden, oder Sie entscheiden sich dafür, direkt zur Konfiguration der Appliance überzugehen (siehe Abbildung 5.78).

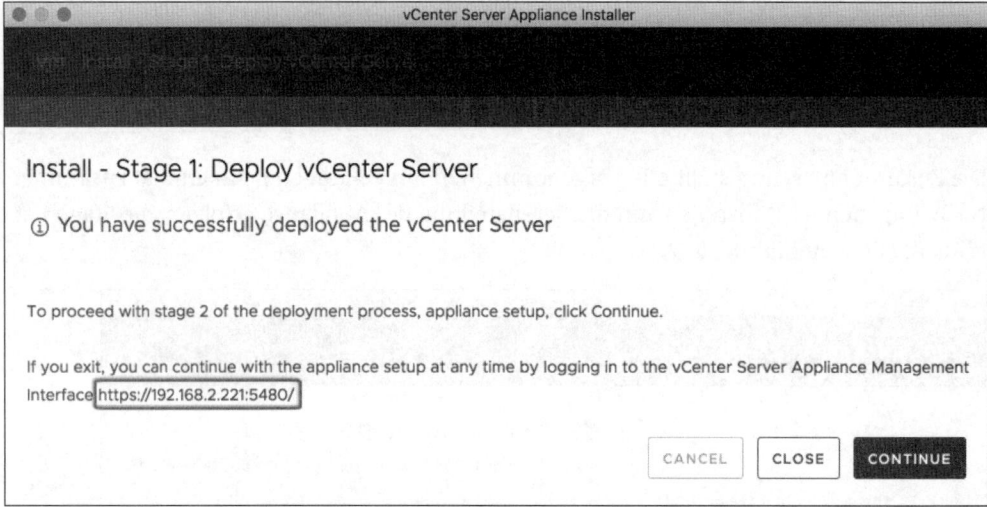

Abbildung 5.78 Abschluss der Bereitstellung

Wird der Installationsprozess hier abgebrochen, ist es trotzdem weiterhin möglich, später in die Konfiguration einzusteigen. Starten lässt sich die Konfiguration mit einem Browser über die URL *https://<FQDN oder IP-Adresse der VCSA>:5480*.

Erfolgt kein Abbruch, wird die Konfiguration über die Installationsroutine weiter fortgeführt (siehe Abbildung 5.79).

Sollte es einmal zu lange bis zur nächsten Eingabe dauern, wird der Anwender vom Installationsprozess abgemeldet. Feststellen lässt sich das erst, wenn eine Eingabe abgeschlossen werden soll. In diesem Fall wird der Anwender zur erneuten Eingabe des Benutzernamens und des Passworts aufgefordert. Es müssen aber nicht alle Eingaben erneut vorgenommen werden, denn sie bleiben erhalten.

Nach dem Eintritt in *Stage 2* folgen die Festlegung der Art der Zeitsynchronisation und die Festlegung des SSH-Zugriffs (siehe Abbildung 5.80).

> **Achtung**
> Soll die *vCenter Server Appliance* über *vCenter Server High Availability* abgesichert werden, dann müssen Sie auf jeden Fall den SSH-Zugriff aktivieren.

5.7 Installation des VMware vSphere vCenter

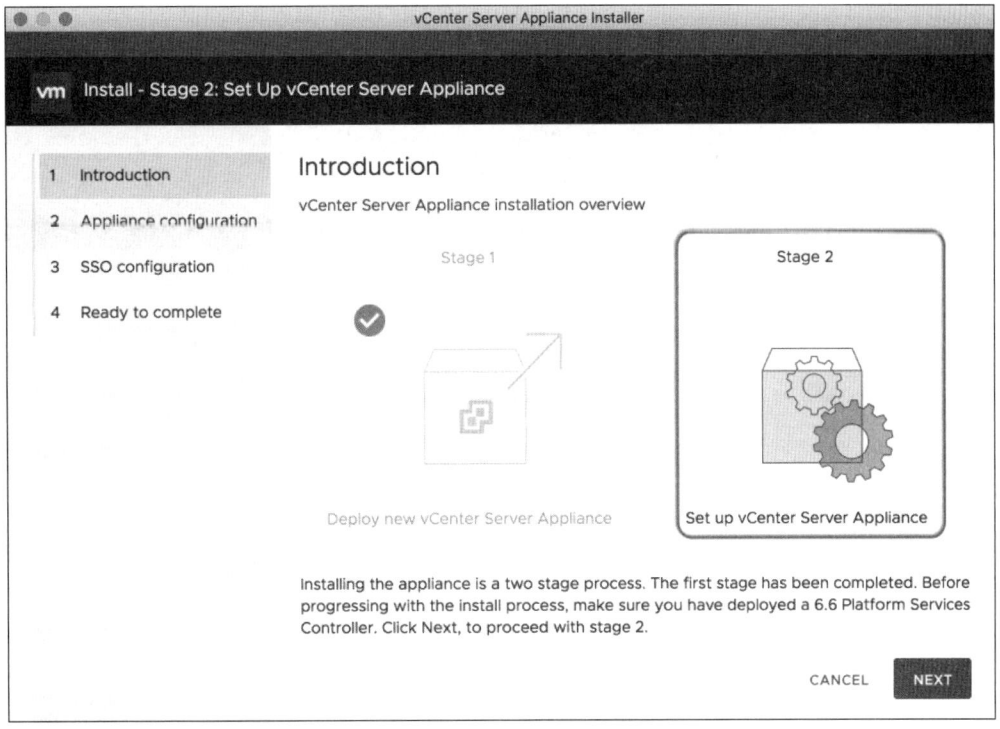

Abbildung 5.79 Start der Stage 2 – Konfiguration der VCSA

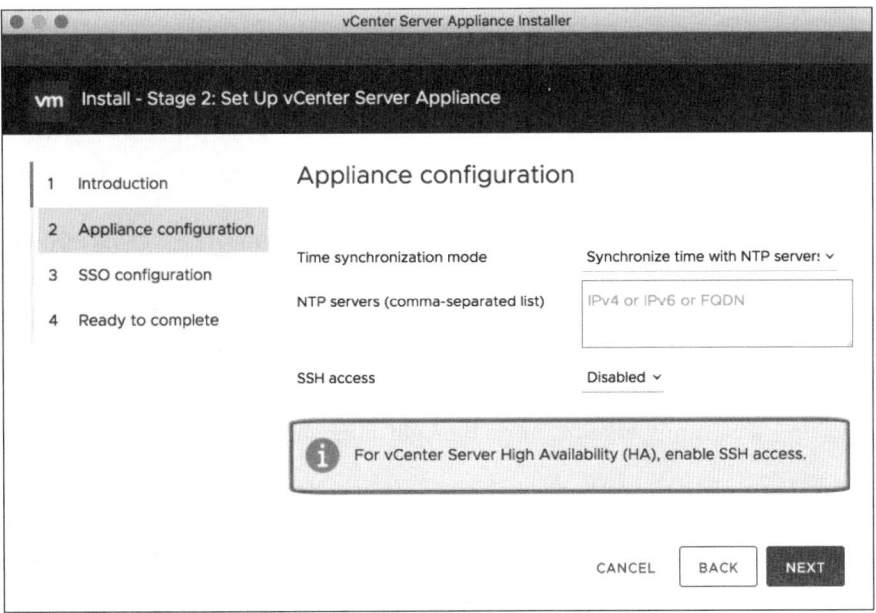

Abbildung 5.80 Zeitsynchronisation und SSH-Zugriff

Anschließend legen Sie im Dialog aus Abbildung 5.81 die Parameter fest, mit denen eine Verbindung der Single-Sign-On Domain zum vorhandenen PSC aufgebaut wird. Dazu geben Sie den Account und das Passwort für den SSO-Administrator an.

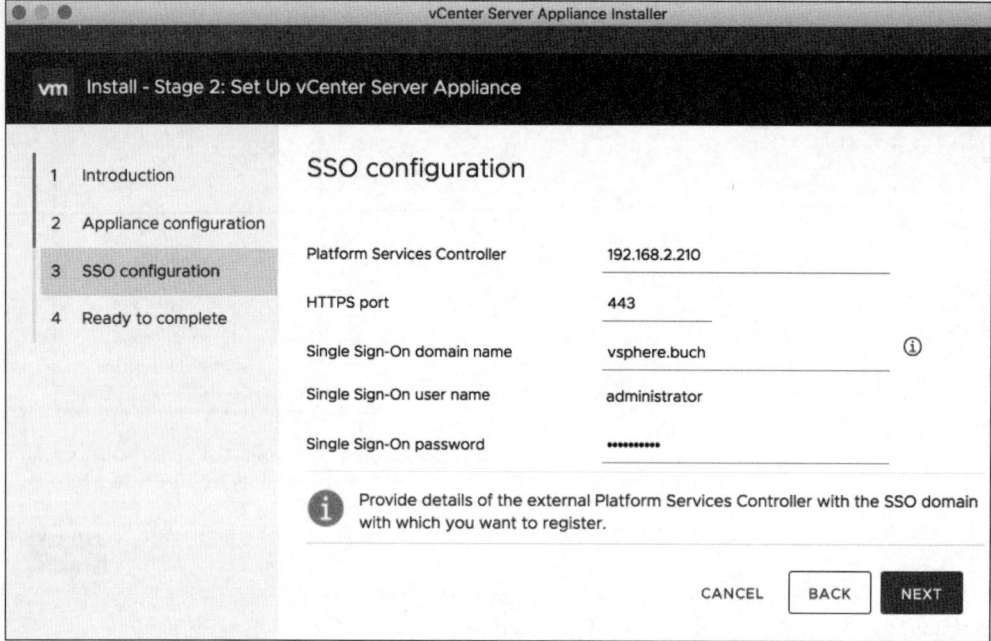

Abbildung 5.81 SSO-Einstellungen für die Verbindung zum PSC

> **Achtung**
> Der SSO-Domain-Name darf nicht identisch mit einem Namensdienst (wie LDAP, Active Directory o. Ä.) sein, der im Netzwerk schon besteht!

Die Passwortrichtlinien entsprechen denen für den root-User der Appliance. Der SSO-Domänenname darf nur alphanumerische Zeichen und das Minus-Zeichen enthalten sowie mindestens einen Punkt, wie z. B. VSPHERE.LOCAL. Die maximale Länge des Labels darf 63 Zeichen nicht überschreiten. Die Gesamtlänge des Namens ist auf 253 Zeichen beschränkt.

Beim Site-Namen sind die Randbedingungen ähnlich: Es sind ebenfalls nur alphanumerische Zeichen und das Minus erlaubt. Auch hier gilt eine Längenbeschränkung von 63 Zeichen.

Es wird nun versucht, eine Verbindung zum PSC herzustellen. Ist dieser Prozess erfolgreich, wird eine Installationszusammenfassung angezeigt und der Konfigurationsprozess lässt sich starten.

Nach einem Hinweis, dass der Prozess nicht unterbrochen werden kann und dass im Falle einer Unterbrechung die Appliance neu bereitgestellt werden muss, startet die Vorbereitung der VCSA. Das nimmt einiges an Zeit in Anspruch (siehe Abbildung 5.82).

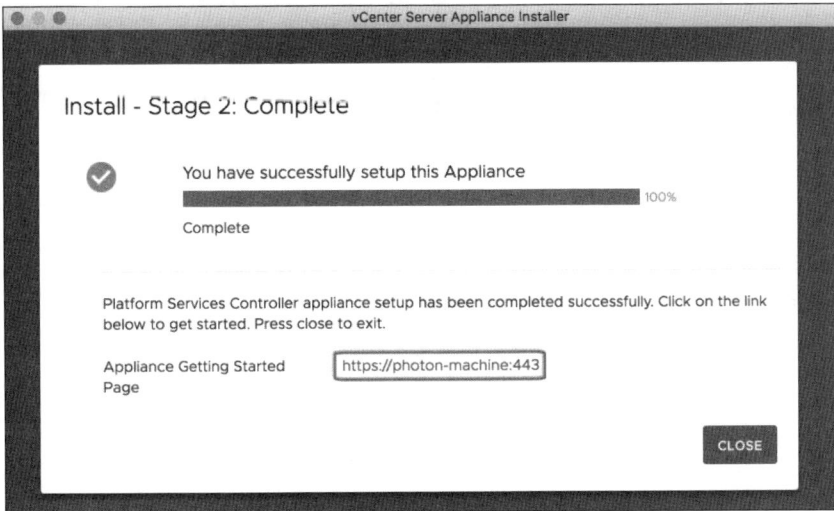

Abbildung 5.82 Abschluss der Konfiguration

Nach der Konfiguration und dem Start aller Dienste kann eine Anmeldung über den Webbrowser erfolgen, entweder mit dem Flash-basierten Client oder dem HTML5-Client.

Wird wie bei dieser Installation statt eines FQDN eine IP-Adresse als Name angegeben, dann hat das System den Namen PHOTON-MACHINE.

CLI-Installation

Besteht die Notwendigkeit, die *VMware vCenter Server Appliance* (VCSA) mehrfach zu installieren, oder wollen Sie einfach nur den Prozess zur Eingabe der Konfigurationsparameter vereinfachen, so kann die Installation auch über die Kommandozeile erfolgen. Dazu benötigen Sie die VCSA-DVD und einen Editor.

Die Installationsbefehle für die unterschiedlichen Betriebssysteme finden Sie in den Ordnern *win32*, *mac* und *lin64* (siehe Abbildung 5.83). Damit eine Installation aber überhaupt durchgeführt werden kann, benötigen Sie eine passende Template-Datei. Vorlagen dafür finden Sie im Unterordner *template/update* für Aktualisierungen, in *template/install* für Neuinstallationen und in *template/migrate* für Migrationen.

Die Templates haben unterschiedliche Aufgaben. Sie müssen das passende Template auf einen Datenträger kopieren, auf dem die Datei editiert werden kann, um Ihre persönlichen Konfigurationsparameter einstellen zu können. Tabelle 5.8 erläutert die Aufgaben der Templates.

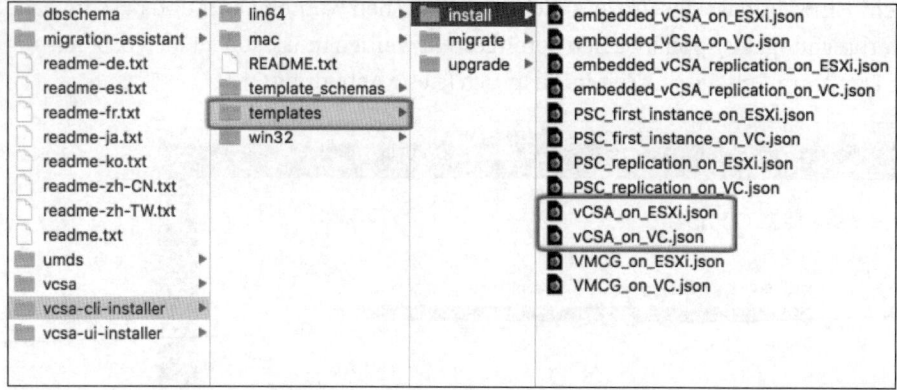

Abbildung 5.83 Templates für die CLI-Installation

Template-Datei	Option	Bemerkung
vCSA_on_ESXi	Neuinstallation	Neue vCSA, externer PSC → ESXi
vCSA_on_VC	Neuinstallation	Neue vCSA, externer PSC → vCenter

Tabelle 5.8 Funktion der unterschiedlichen Template-Dateien für die CLI-basierte Installation, Migration oder Upgrade der VCSA

Als Beispiel zeigen wir im Folgenden das Template *vCSA_on_ESXi.json*. Hier können Sie die einzelnen Einträge sehen, die angepasst werden können:

```
{
    "__version": "2.13.0",
    "__comments": "Sample template to deploy a vCenter Server Appliance with an
                   external Platform Services Controller on an ESXi host.",
    "new_vcsa": {
        "esxi": {
            "hostname": "<FQDN or IP address of the ESXi host on which to deploy
                         the new appliance>",
            "username": "root",
            "password": "<Password of the ESXi host root user. If left blank, or
                         omitted, you will be prompted to enter it at the command
                         console during template verification.>",
            "deployment_network": "VM Network",
            "datastore": "<A specific ESXi host datastore, or a specific datastore
                         in a datastore cluster.>"
        },
        "appliance": {
            "__comments": [
```

```
            "You must provide the 'deployment_option' key with a value, which
            will affect the VCSA's configuration parameters, such as the VCSA's
            number of vCPUs, the memory size, the storage size, and the maximum
            numbers of ESXi hosts and VMs which can be managed. For a list of
            acceptable values, run the supported deployment sizes help, i.e.
            vcsa-deploy -- supported-deployment-sizes"
        ],
        "thin_disk_mode": true,
        "deployment_option": "management-small",
        "name": "vCenter-Server-Appliance"
    },
    "network": {
        "ip_family": "ipv4",
        "mode": "static",
        "ip": "<Static IP address. Remove this if using dhcp.>",
        "dns_servers": [
            "<DNS Server IP Address. Remove this if using dhcp.>"
        ],
        "prefix": "<Network prefix length. Use only when the mode is 'static'.
                   Remove if the mode is 'dhcp'. This is the number of bits
                   set in the subnet mask; for instance, if the subnet mask is
                   255.255.255.0, there are 24 bits in the  binary version of
                   the subnet mask, so the prefix length is 24. If used, the
                   values must be in the inclusive range of 0 to 32 for IPv4
                   and 0 to 128 for IPv6.>",
        "gateway": "<Gateway IP address. Remove this if using dhcp.>",
        "system_name": "<FQDN or IP address for the appliance. Remove this
                        if using dhcp.>"
    },
    "os": {
        "password": "<Appliance root password; refer to --template-help for
                     password policy. If left blank, or omitted, you will be
                     prompted to enter it at the command console during template
                     verification.>",
        "ntp_servers": "time.nist.gov",
        "ssh_enable": false
    },
    "sso": {
        "password": "<vCenter Single Sign-On administrator password; refer to --
                     template-help for password policy. If left blank, or
                     omitted, you will be prompted to enter it at the command
                     console during template verification.>",
        "domain_name": "vsphere.local",
```

```
            "platform_services_controller": "<System name of the Platform Services
                                              Controller>",
            "sso_port": 443
        }
    }
}
```

Listing 5.3 Skript zur automatischen Installation der VCSA

> **Achtung**
> Die Syntax der Skripte hat sich zwischen den Versionen vSphere 6.0, 6.5 und 6.7 jedes Mal geändert. Bestehende Skripte von älteren vSphere-Versionen müssen angepasst werden!

Für die korrekte Installation müssen Sie die richtige Angabe bei dem Parameter deployment_option machen. Mögliche Werte können Sie Tabelle 5.9 entnehmen.

Wert	vCPU	Speicher (GB)	Storage (GB)	Bemerkungen
tiny	2	10	300	Interner PSC
tiny-lstorage	2	10	825	Interner PSC
tiny-xlstorage	2	10	1.700	Interner PSC
small	4	16	340	Interner PSC
small-lstorage	4	16	870	Interner PSC
small-xlstorage	4	16	1.750	Interner PSC
medium	8	24	525	Interner PSC
medium-lstorage	8	24	1.025	Interner PSC
medium-xlstorage	8	24	1.905	Interner PSC
large	16	32	740	Interner PSC
large-lstorage	16	32	1.090	Interner PSC
large-xlstorage	16	32	1.970	Interner PSC
xlarge	24	48	1.180	Interner PSC
xlarge-lstorage	24	48	1.230	Interner PSC
xlarge-xlstorage	24	48	2.110	Interner PSC

Tabelle 5.9 Werte für den Parameter »deployment_option«

Wert	vCPU	Speicher (GB)	Storage (GB)	Bemerkungen
management-tiny	2	10	300	Externer PSC
management-tiny-lstorage	2	10	825	Externer PSC
management-tiny-xlstorage	2	10	1.700	Externer PSC
management-small	4	16	340	Externer PSC
management-small-lstorage	4	16	870	Externer PSC
management-small-xlstorage	4	16	1.750	Externer PSC
management-medium	8	24	525	Externer PSC
management-medium-lstorage	8	24	1.025	Externer PSC
management-medium-xlstorage	8	24	1.905	Externer PSC
management-large	16	32	740	Externer PSC
management-large-lstorage	16	32	1.090	Externer PSC
management-large-xlstorage	16	32	1.970	Externer PSC
management-xlarge	24	48	1.180	Externer PSC
management-xlarge-lstorage	24	48	1.230	Externer PSC
management-xlarge-xlstorage	24	48	2.110	Externer PSC
infrastructure	2	4	60	Installation nur eines PSC

Tabelle 5.9 Werte für den Parameter »deployment_option« (Forts.)

Nach der Anpassung der einzelnen Parameter kann die Installation gestartet werden. Zuvor aber sollten Sie testen, ob die Syntax des Installationsskripts in Ordnung ist. Der Befehl vcsa-deploy install –verify-template-only <Pfad zum Template-Ordner>/<Template-Name>.json erledigt die Arbeit. Werden keine Fehler angezeigt, können Sie die Installation mit folgendem Befehl starten:

vcsa-deploy install –accept-eula <Pfad zum Template-Ordner>/<Template-Name>.json

Für jedes der drei unterschiedlichen Betriebssysteme finden Sie einen Installationsbefehl im zugehörigen Ordner.

Nach dem Absetzen des Befehls erfolgt die Bereitstellung der Appliance vollautomatisch, ohne dass ein weiterer Eingriff nötig wäre.

5.7.2 Installation von vCenter unter Windows

Das zentrale Management der virtuellen Infrastruktur kann nicht nur mit der VCSA erfolgen. Es gibt auch Binarys für eine Installation des Managementsystems auf Windows.

> **Achtung**
>
> Mit der Version vSphere 6.7 wird der Abgesang des vCenter Servers eingeläutet, das auf Windows basiert. Es ist die letzte Version des vCenter Server auf Windows.
>
> Jeder muss sich selbst überlegen, ob es noch sinnvoll ist, auf diese Version zu setzen. Da sie noch von VMware unterstützt wird, ist es vollkommen valide, diese Version zu nutzen. Spätestens beim nächsten Upgrade ist jedoch ein Wechsel auf die Appliance zwingend notwendig!

Handelt es sich um eine recht kleine Installation von 20 oder weniger vSphere-Servern mit 200 oder weniger virtuellen Maschinen, dann kann der Datenbank-Server auch auf der gleichen Maschine wie das vCenter laufen. Ansonsten sollten Sie den Datenbank-Server auf einer getrennten Maschine betreiben, weil die Last und das Datenaufkommen entsprechend der Infrastrukturgröße steigen.

> **Fazit**
>
> Um vCenter und den vCenter Update Manager zu nutzen, benötigen Sie zwei unabhängige Datenbanken.

vCenter-Systemvoraussetzungen

Für die Windows-Version des *vCenter Servers* wird als Basisbetriebssystem logischerweise nur ein Microsoft-Betriebssystem unterstützt. In der Kompatibilitätsliste sind die Einträge nicht mehr zu finden. VMware hat diese Informationen in die Knowledge Base verschoden. Die relevanten Informationen finden Sie im Artikel KB2091273 (*http://kb.vmware.com/selfservice/search.do?cmd=displayKC&docType=kc&docTypeID=DT_KB_1_1&externalId=2091273*).

Auch wenn in dem KB-Artikel nur das vCenter als abgefragte Einheit steht, so unterstützt der Update Manager genau dieselben Betriebssystemversionen wie das vCenter. Im Juli 2018 war hier das vCenter 6.7 noch nicht gelistet, aber Sie sollten immer ein aktuelles Betriebssystem installieren – alles ab Windows Server 2012 (siehe Tabelle 5.10).

5.7 Installation des VMware vSphere vCenter

Windows Operating System	6.7	6.5 U2	6.5 U1	6.5	6.0 U3	6.0 U2	6.0 U1	6.0	5.5 U3	5.5 U2	5.5 U1	5.5	5.1 U3
Microsoft Windows Server 2016 64-bit	✓	✓	✓	✓									
Microsoft Windows Server 2012 R2 64-bit	✓	✓	✓	✓	✓	✓	✓	✓	✓	✓	✓		
Microsoft Windows Server 2012 64-bit	✓	✓	✓	✓	✓	✓	✓	✓	✓	✓	✓	✓	✓
Microsoft Windows Server 2008 Service Pack 2 64-bit	✓						✓	✓	✓	✓	✓	✓	✓
Microsoft Windows Server 2008 Service Pack 1 R2 64-bit													✓
Microsoft Windows Server 2008 RS 2 Service Pack 2 64-bit		✓	✓	✓	✓	✓	✓	✓	✓	✓	✓	✓	✓
Microsoft Windows Server 2008 RS 2 64-bit	✓	✓	✓	✓	✓	✓	✓	✓	✓	✓	✓	✓	✓

Tabelle 5.10 Die unterstützten Betriebssysteme für die vCenter-Server-Installation. Die Core-Editionen des Windows Servers werden nicht unterstützt.

Als Datenbank können verschiedene Programmversionen des Microsoft SQL Servers oder des Oracle-Datenbank-Servers dienen. Für kleinere Umgebungen kann die mitgelieferte *vPostgres*-Datenbank genutzt werden.

Tabelle 5.11 zeigt die derzeitige Kompatibilität zwischen der vCenter-Applikation und den Datenbanken von Microsoft und Oracle.

Datenbank	Bemerkung	vCenter	Update Manager
MS SQL 2014 Enterprise	32-Bit- und 64-Bit-Version	✓	✓
MS SQL 2014 Standard	32-Bit- und 64-Bit-Version	✓	✓
MS SQL 2012 Enterprise	32-Bit- und 64-Bit-Version; nur mit SP1	✓	✓

Tabelle 5.11 Datenbankkompatibilität von vCenter und Update Manager

Datenbank	Bemerkung	vCenter	Update Manager
MS SQL 2012 Standard	32-Bit- und 64-Bit-Version; nur mit SP1	✓	✓
MS SQL 2012 Express	32-Bit- und 64-Bit-Version; nur mit SP1	✓	✓
MS SQL 2008 R2 Datacenter	32-Bit- und 64-Bit-Version; nur mit SP1 oder SP2	✓	✓
MS SQL 2008 R2 Enterprise	32-Bit- und 64-Bit-Version; nur mit SP1 oder SP2	✓	✓
MS SQL 2008 R2 Standard	32-Bit- und 64-Bit-Version; nur mit SP1 oder SP2	✓	✓
MS SQL 2008 R2 Express	32-Bit- und 64-Bit-Version; nur mit SP1 oder SP2	✓	✓
Oracle 12c Standard ONE Edition, Release 1	32-Bit- und 64-Bit-Version	✓	✓
Oracle 12c Enterprise Edition, Release 1	32-Bit- und 64-Bit-Version	✓	✓
Oracle 12c Standard Edition, Release 1	32-Bit- und 64-Bit-Version	✓	✓
Oracle 11g Standard ONE Edition, Release 2	32-Bit- und 64-Bit-Version	✓	✓
Oracle 11g Enterprise Edition, Release 2	32-Bit- und 64-Bit-Version	✓	✓
Oracle 11g Standard Edition, Release 2	32-Bit- und 64-Bit-Version	✓	✓

Tabelle 5.11 Datenbankkompatibilität von vCenter und Update Manager (Forts.)

Die Installation hat sich stark vereinfacht: Es gibt nur drei Applikationen, die installiert werden können, nämlich den *vCenter Server*, den *Update Manager* und den *Update Manager Download Service* (siehe Abbildung 5.84).

Es ist kein Problem, das vCenter und den Update Manager auf einer VM zu installieren. Ein Update Manager hat sowieso eine 1:1-Zuordnung zu einem vCenter.

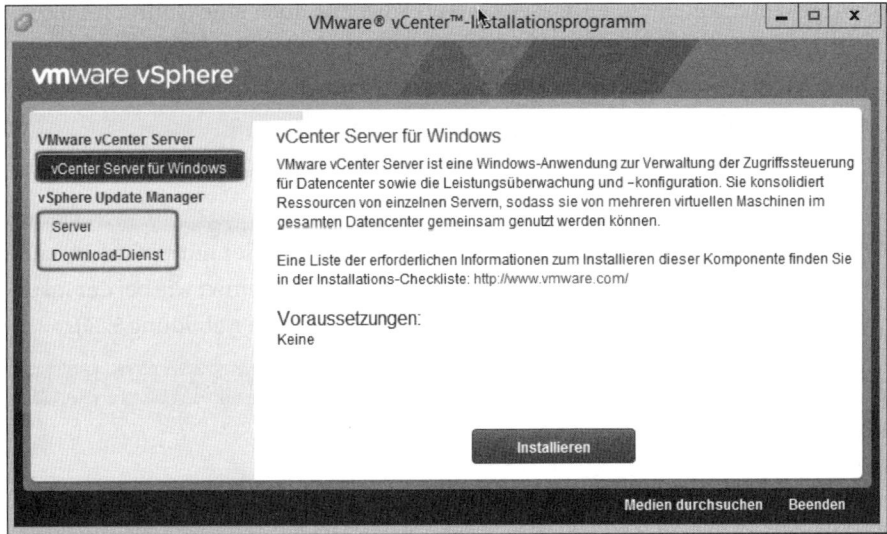

Abbildung 5.84 Installationsauswahl

Nachdem nun alle Vorbereitungen hinsichtlich der Datenbank getroffen sind, beginnen Sie mit der eigentlichen vCenter-Installation. Eine ausführliche Anleitung dazu finden Sie in einem Zusatzkapitel, dass bei den Materialien zum Buch unter *https://www.rheinwerk-verlag.de/4657* auf Sie wartet. Vor der Installation sollten Sie auf jeden Fall alle wesentlichen Windows-Patches einspielen. Prinzipiell ist die Installation absolut einfach und intuitiv gehalten – vorausgesetzt, alle Vorgaben sind erfüllt.

Auch in dieser Version hat VMware ein Autostartmenü auf die Installations-DVD gepackt und bietet in ihm die Auswahl der zu installierenden Komponenten an. Der Vorteil liegt auf der Hand: Möchten Sie nicht alle Komponenten auf einem Server installieren, so können Sie an dieser Stelle die passende Auswahl treffen. Wie schon gesagt, hat sich die Anzahl der getrennt installierbaren Komponenten stark reduziert. Es gibt nur noch das vCenter und den Update Manager nebst Download Manager.

Wenn Sie die *autorun.exe* (manuell oder automatisch) starten, erscheint das Begrüßungsfenster aus Abbildung 5.84 mit den verschiedenen Installationsoptionen.

Wirklich gut gemacht ist, dass zu jedem Installationspaket auf der rechten Seite des Fensters die Voraussetzungen angezeigt werden. Sollten diese auf Ihrem System nicht erfüllt sein, können Sie über einen passenden Link die Installation der noch benötigten Applikation starten.

Installation des vCenter Server

Mit den folgenden Schritten werden zuerst alle Komponenten auf einem System installiert, um »alle Fliegen mit einer Klappe zu schlagen«.

Über die Autostart-Funktion der vCenter-Server-DVD wird nur noch eine Option für die Installation angeboten. Eine Auswahl, welche Art der Installation durchgeführt werden soll – ob komplett, nur ein Plattform Service Controller oder nur ein vCenter Server –, erfolgt erst nach dem Beginn der Installation.

Die architektonischen Änderungen am vCenter beschreiben wir in Kapitel 2, »vSphere-Architektur«.

Der PSC unter Windows ist ja schon installiert worden, ergo geht es hier nur um die Installation des vCenter Servers. Entsprechend fällt die Auswahl aus. Sie beginnen wie bei der Installation des PSC und passen die Auswahl später entsprechend an (siehe Abbildung 5.85).

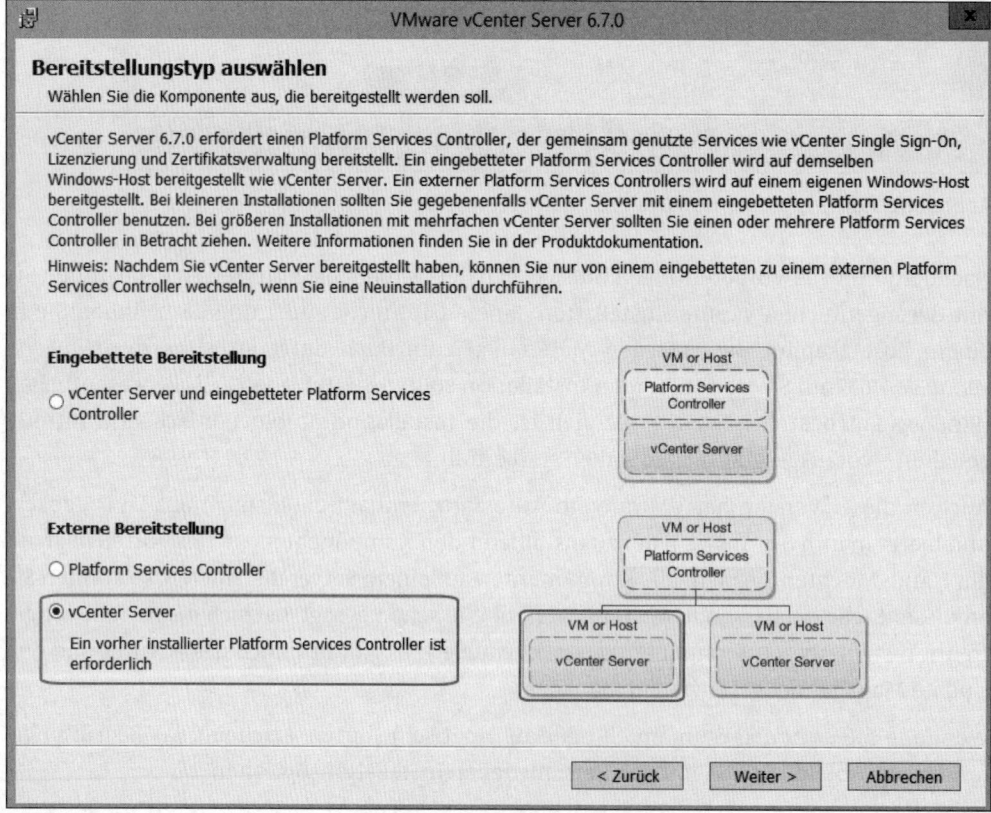

Abbildung 5.85 Auswahl der »Nur-vCenter-Installation«

Anschließend geben Sie den Namen des Systems ein, auf dem das vCenter installiert werden soll (siehe Abbildung 5.86).

Diese Angabe wird benötigt, um ein Zertifikat für die sichere Kommunikation zu stellen. Im nächsten Dialog tragen Sie die Parameter des PSC ein, mit dem sich der neue vCenter Server verbinden soll (siehe Abbildung 5.87).

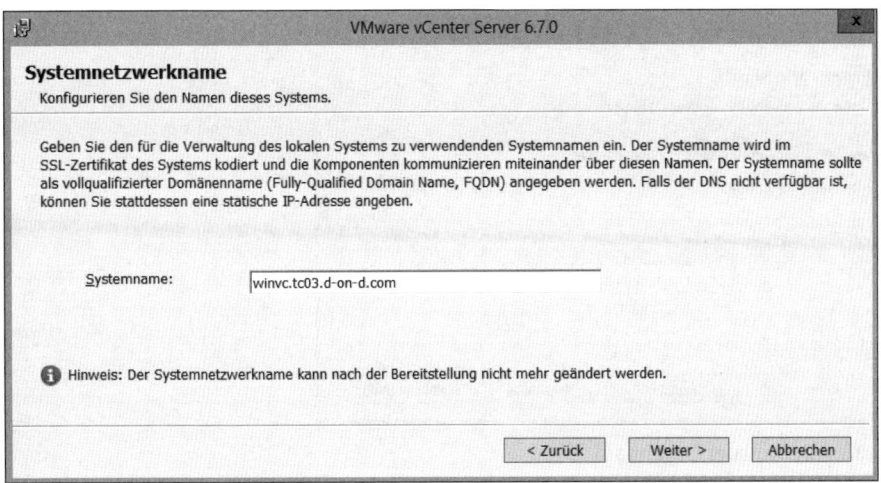

Abbildung 5.86 Angabe des lokalen Systemnamens

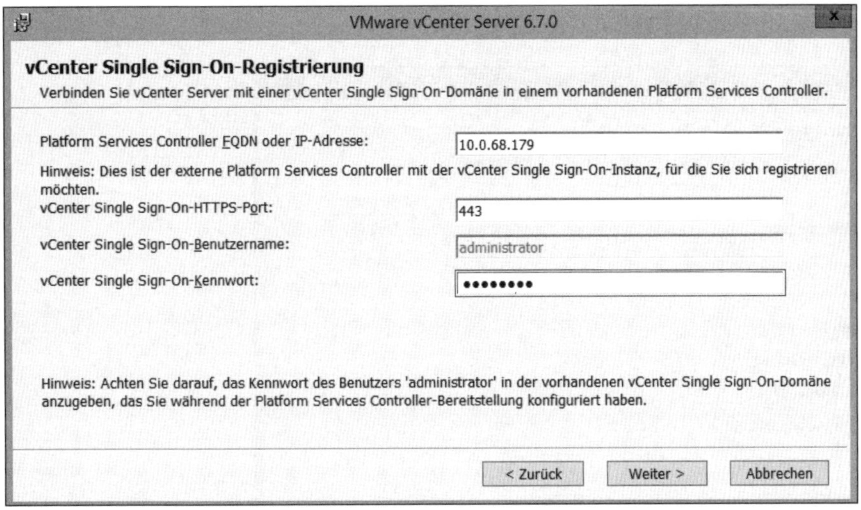

Abbildung 5.87 Verbindungdaten zum PSC

Nach der Bestätigung der PSC-Daten wird automatisch das erstellte Zertifikat angezeigt, damit es validiert werden kann. Im nächsten Fenster lässt sich festlegen, in welchem Kontext der vCenter-Dienst gestartet wird. Im folgenden Schritt stellen Sie ein, mit welcher Datenbank gearbeitet werden soll: mit einer externen Datenbank von Microsoft oder Oracle oder alternativ mit einer internen vPostgres-Datenbank (siehe Abbildung 5.88).

Wenn Sie eine externe Datenbank nutzen wollen, müssen Sie, bevor Sie hier die Option auswählen, eine ODBC-Quelle anlegen, damit der vCenter Server mit der Datenbank kommunizieren kann.

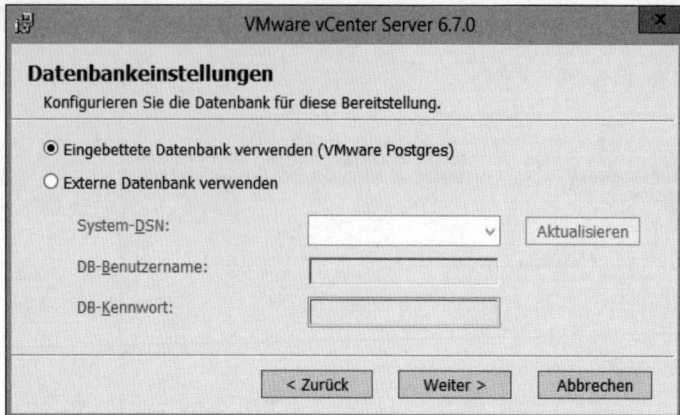

Abbildung 5.88 Auswahl der Datenbank

Die Ports für die Kommunikation mit weiteren Subkomponenten müssen ebenfalls konfiguriert werden. Wir empfehlen Ihnen auf jeden Fall, die vorgegebenen Einstellungen nicht anzupassen (siehe Abbildung 5.89).

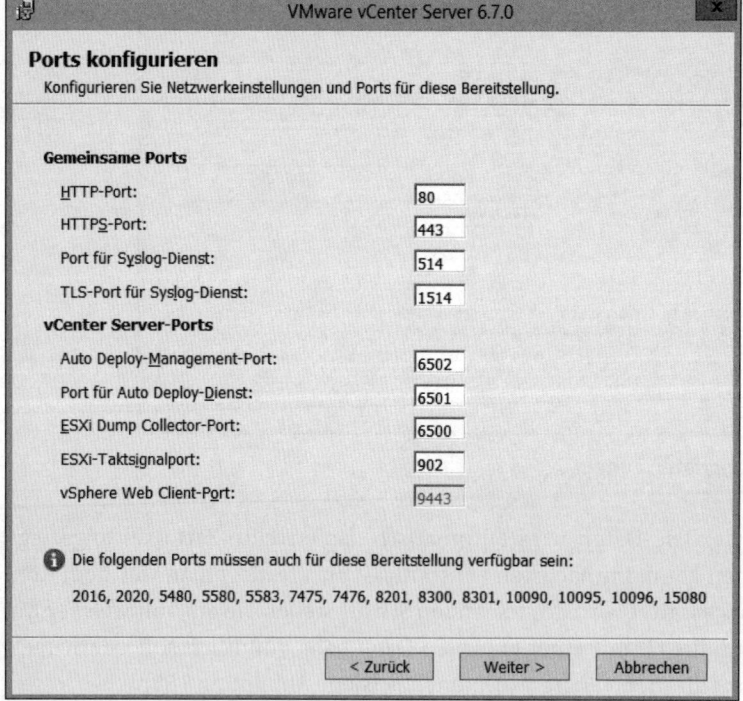

Abbildung 5.89 Konfiguration der Kommunikationsports

Als letzten Schritt müssen Sie das Ziel im Filesystem hinterlegen. Der benötigte Plattenplatz für die initiale Bereitstellung wird angezeigt. Bitte lassen Sie sich nicht davon irritieren, dass auch der benötigte Platz für den PSC angezeigt wird, obwohl nur ein vCenter installiert wird. Zum Abschluss wird noch eine Zusammenfassung angezeigt. Die Installation mit allen Diensten folgt auf dem Fuss.

Installation in einer virtuellen Maschine

Die Sinnhaftigkeit eines virtuellen vCenter Servers stellt bei VMware niemand infrage. Schließlich liegt die Präferenz von VMware auf der Appliance und nicht auf der Windows-basierten Version des vCenters. Auch für die Windows-basierte Version liegen die Die Vorteile eines vCenters in einer virtuellen Maschine wirklich auf der Hand. Das System in der virtuellen Maschine genießt alle Vorteile der Virtualität. Das sind die unabhängige Hardware, die schnelle Wiederherstellbarkeit und die einfache Erweiterbarkeit. Zusätzlich fördert die VMware-HA-Funktion die Ausfallsicherheit.

Allerdings gibt es auch folgende zwei Punkte, die Sie im Vorfeld Ihrer Entscheidung, ob Sie die virtuelle oder die physische Variante wählen, berücksichtigen sollten:

1. **Verwaltungssicherheit**
   Unabhängig von HA besteht bei einem Ausfall der virtuellen Infrastruktur die Gefahr, dass das betreuende Betriebsteam sich ohne den vCenter-Zugriff nicht zu helfen weiß und so der Wiederanlauf erschwert wird. Daher sollten Sie auf jeden Fall immer wissen, auf welchem Server die vCenter-VM läuft, und den Betriebsmitarbeitern den direkten vSphere-Client-Zugriff auf diesen vSphere-Server erklären. Alternativ bieten sich kleine Programme an, die automatisch die vCenter-VM (und gegebenenfalls den Datenbank-Server) gezielt neu starten. Bei der Nutzung von DRS kann der Ablagerort der vCenter VM einfach bestimmt werden.

2. **Performance**
   Die Leistungsfähigkeit einer VM wird vor allem durch die Konsolidierung mehrerer Systeme auf einer Hardware eventuell eingeschränkt. Wird die virtuelle Infrastruktur zu groß und umfasst sie mehrere Hundert virtuelle Maschinen, ist womöglich die komplette Leistungsfähigkeit eines physischen Systems nötig, um schnelle Antwortzeiten zu gewährleisten.

Was ist nun zu beachten, wenn Sie den vCenter Server auf einer virtuellen Maschine installieren, und wie viele Ressourcen werden für die VM benötigt? VMware fordert mindestens zwei CPUs für einen vCenter-Server. An die vorgegebenen Sizings sollten Sie sich halten. Dabei besteht im Nachhinein die Möglichkeit, hier eine Anpassung vorzunehmen, wenn die Infrastruktur gewachsen ist.

In Tabelle 5.12 haben wir eine Auflistung zusammengestellt, wann wie viele Ressourcen für den vCenter-Server nötig werden. Wir gehen dabei davon aus, dass die Datenbank nicht mit auf dem System läuft. Falls Sie den PSC mit auf dem vCenter-Server installieren, müssen Sie den Ressourcenbedarf beider Komponenten aufaddieren.

Bezeichnung	Anzahl ESXi-Hosts	Anzahl VMs	CPUs (64 Bit)	Memory
Platform Services Controller (PSC)	Nicht relevant	Nicht relevant	2	4 GB
Tiny	≤ 10	≤ 100	2	10 GB
Small	≤ 400	≤ 1.000	4	16 GB
Medium	≤ 400	≤ 4.000	8	24 GB
Large	≤ 1.000	≤ 10.000	16	32 GB
X-Large	≤ 2.000	≤ 35.000	24	48 GB

Tabelle 5.12 Ressourcenbedarf des vCenter-Servers

Damit Sie den vCenter-Server in der virtuellen Umgebung auch wiederfinden, sollten Sie die entsprechende VM fest auf einem Host »verankern«. Dazu bietet sich entweder der erste oder der letzte Host in einer Farm an. Schränken Sie das DRS (*Distributed Resource Scheduling*) für die virtuelle Maschine, auf der der vCenter-Server aktiv ist, auf zwei definierte Hosts ein. Bei den HA-Einstellungen für den virtuellen Server ist das Startup-Level auf HIGH zu setzen. Vernachlässigen Sie dabei nicht die virtuellen Server, die weitere wichtige Dienste für den vCenter-Server zur Verfügung stellen, wie z. B. ADS, DNS und den zugehörigen Datenbank-Server. Der virtuelle vCenter-Server startet nur einwandfrei, wenn die oben beschriebenen Dienste zur Verfügung stehen. Aus diesem Grund sollten Sie bei den Systemen, die ebenfalls virtuell sind, die Startpriorität heraufsetzen.

Zu guter Letzt sollten Sie die Shares der vCenter-VM auf HIGH setzen, damit immer genug Ressourcen für das Management der virtuellen Infrastruktur zur Verfügung stehen.

5.8 Patchen des vCenter Servers

Genau wie beim PSC muss auch das vCenter gepatcht werden. Die Prozesse sind identisch mit denen beim Patchen des Platform Services Controller. Schauen Sie für nähere Informationen bitte in Abschnitt 5.5.1 bzw. Abschnitt 5.5.2.

5.9 Upgrade des vCenter Servers

Die Aktualisierung der Managementkomponenten erfolgt auf unterschiedlichen Wegen, die wir Ihnen in den folgenden Abschnitten kurz vorstellen werden.

5.9.1 Upgrade der VCSA von 6.0 bzw. 6.5

Es gibt unterschiedliche Wege, um eine bestehende vCenter Server Appliance (VCSA) zu aktualisieren.

Berücksichtigen Sie bitte, dass das Upgrade nur funktioniert, wenn Sie eine Appliance der folgenden beiden Versionen einsetzen:

- vCenter Server Appliance 6.0
- vCenter Server Appliance 6.5

Falls Sie eine andere Version verwenden, so müssen Sie im Vorfeld eine Aktualisierung der Appliance über die bekannten Wege vornehmen. Es kann deshalb unter Umständen sinnvoll sein, direkt eine Neuinstallation der Appliance vorzunehmen. Das macht aber nur Sinn, wenn die Umgebung nicht zu viele Einstellungen im Bereich der Rechtevergabe hat. Bei der Nutzung von Distributed Switches ist eine Neuinstallation ebenfalls nicht sinnvoll.

GUI-Upgrade auf Version 6.7

Das Vorgehen beim Upgrade der *VMware vCenter Server Appliance* (VCSA) hat sich mit der Version 6.0 signifikant geändert. Aufgrund der großen Änderungen in der neuen Appliance gibt es zwar einen Upgrade-Pfad, aber er beinhaltet eine komplette Neubereitstellung einer Appliance der Version 6.7 bei Übernahme der Konfiguration aus der alten Appliance. Aus diesem Grund werden auch temporäre Netzwerkparameter benötigt, damit beide Systeme parallel betrieben werden können.

Der Upgrade wird genauso gestartet wie die Neuinstallation der vSphere-Appliance der Version 6.7. Legen Sie dazu die DVD mit dem ISO-Image ein, und starten Sie den Installer (siehe Abbildung 5.90).

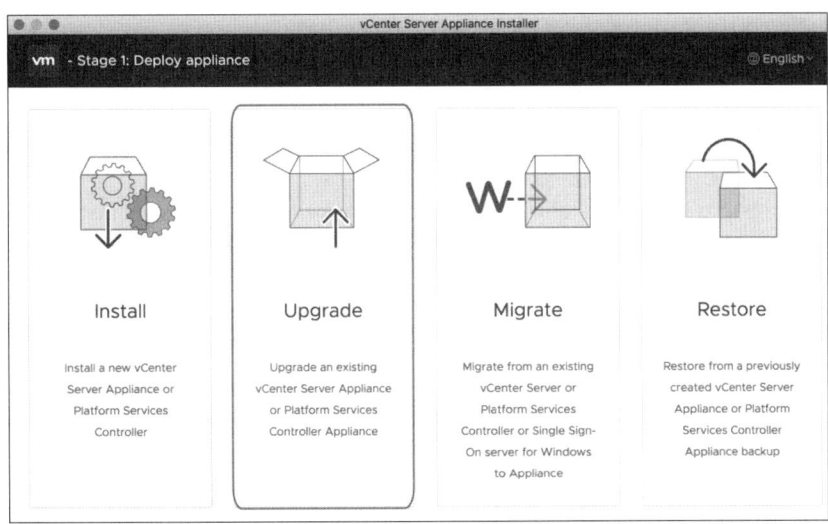

Abbildung 5.90 Starten des Upgrades

Nun folgt eine ganze Reihe von Konfigurationsschritten, die alle den parallelen Aufbau und die Übernahme der Daten betreffen. Auch bei dem Upgrade-Prozess gibt es zwei Abschnitte im Rahmen der Aktualisierung.

Alles beginnt mit der Zustimmung zum EULA. Im folgenden Schritt müssen Sie die Quell-VCSA angeben, damit die Aktualisierungroutine sich mit dem System verbinden kann (siehe Abbildung 5.91).

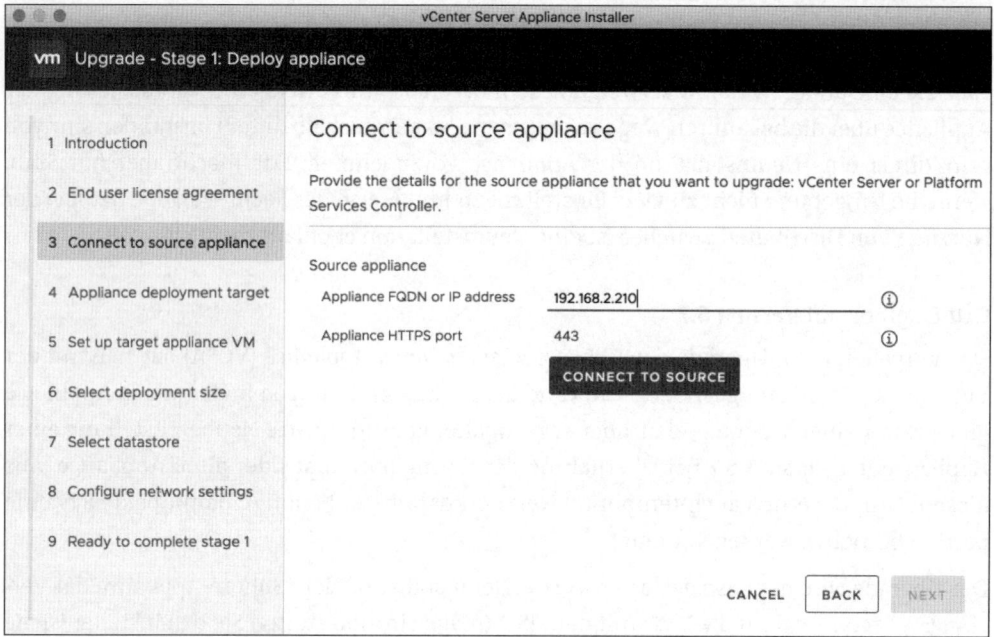

Abbildung 5.91 Verbindungsparameter zur Quell-VCSA eintragen

Nach der Eingabe der Daten wird eine Verbindung zur Quell-VCSA hergestellt. Kann diese über das Netzwerk erreicht werden, verlangt das System weitere Eingaben. Das sind im Einzelnen Passwörter für die administrativen Accounts der Appliance selbst und der Name und das Passwort des SSO.

Zusätzlich muss das System wissen, welche Instanz die VCSA managt. Sie müssen also angeben, welcher ESXi-Host die Quell-VCSA beheimatet bzw. welches vCenter das System verwaltet (siehe Abbildung 5.92).

Zur Validierung wird der SSH-Key angezeigt, bevor Daten für das Deployment der neuen VCSA angegeben werden müssen.

Als Nächstes müssen Sie den Host bzw. den vCenter Server angeben, auf dem die neue Appliance bereitgestellt werden soll (siehe Abbildung 5.93).

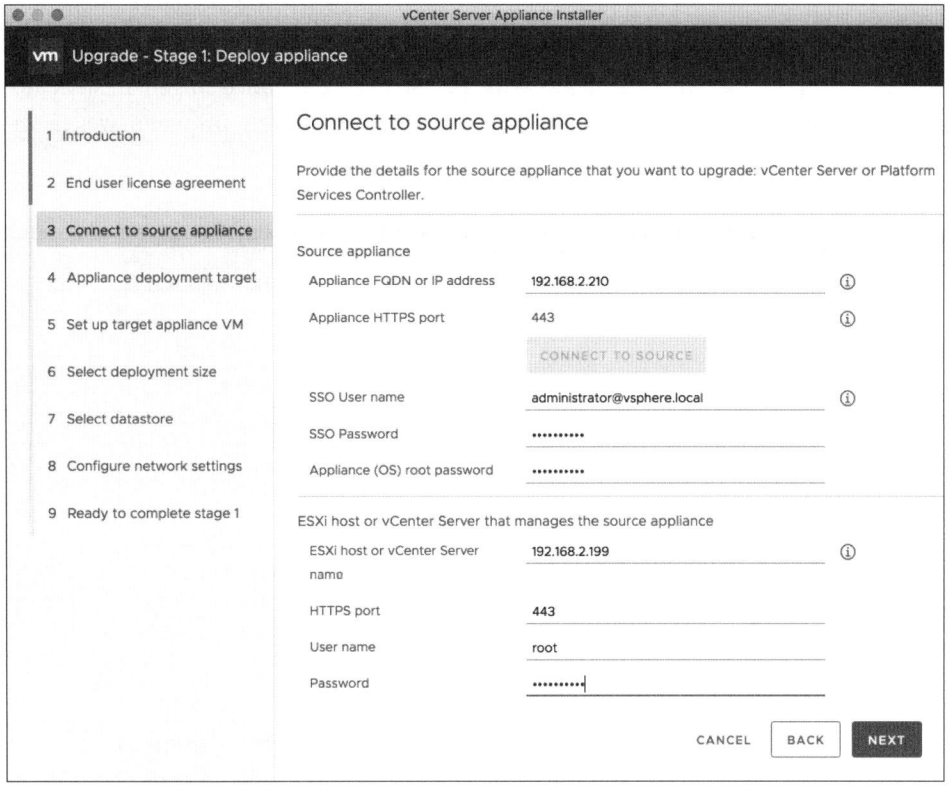

Abbildung 5.92 Angabe von Passwörtern und der Virtualisierungs-Quelle der VCSA

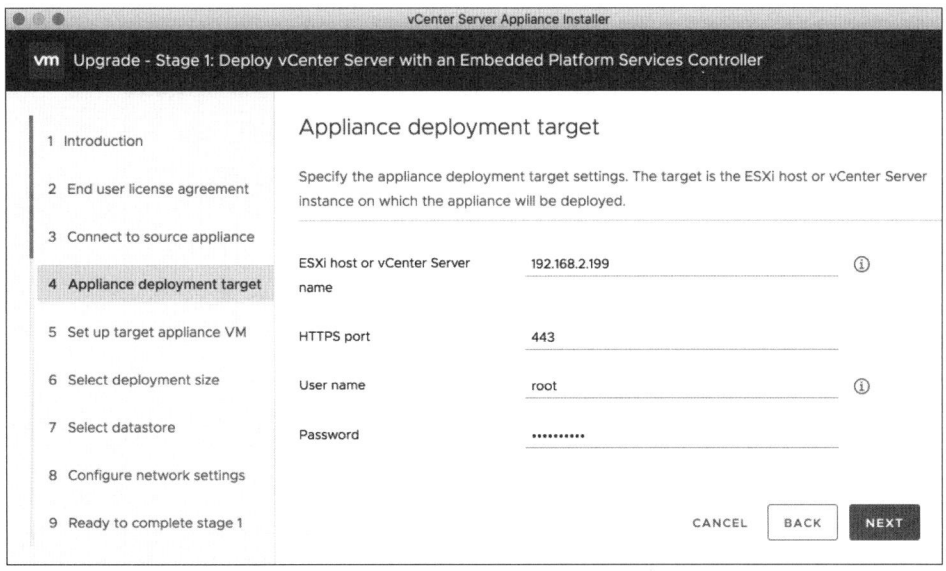

Abbildung 5.93 Ziel-Infrastruktur für die neue VCSA

Wurde die bestehende Umgebung mit einem nicht vertrauenswürdigen Zertifikat bereitgestellt, kommt es zu einer Zertifikatswarnung. Wenn Sie dieses Zertifikat akzeptieren, müssen Sie als Nächstes einen Namen und ein Passwort für die neue Appliance eingeben (siehe Abbildung 5.94). Wie schon bei der Installation müssen Sie dem System mitteilen, welche Installationsgröße es haben soll (siehe Abbildung 5.95).

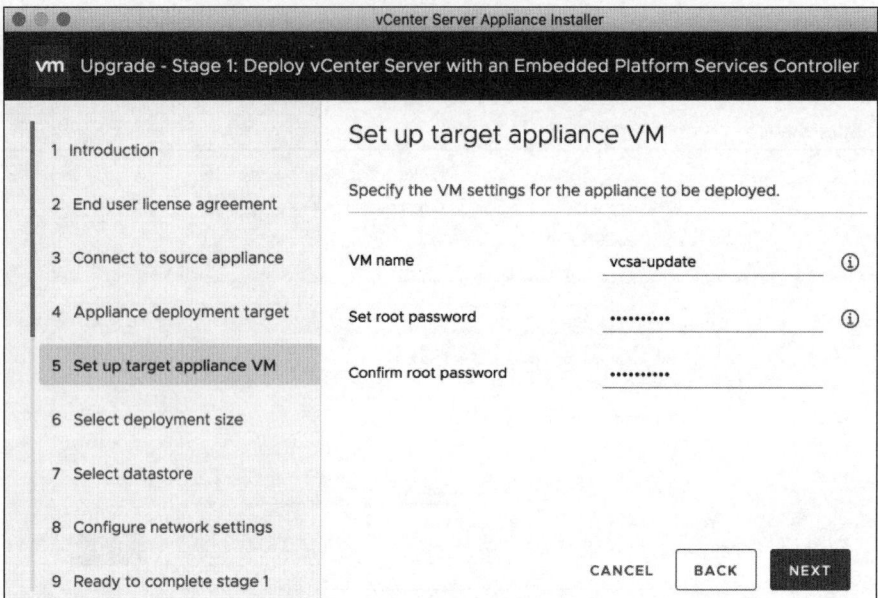

Abbildung 5.94 Name und Passwort der neuen Appliance

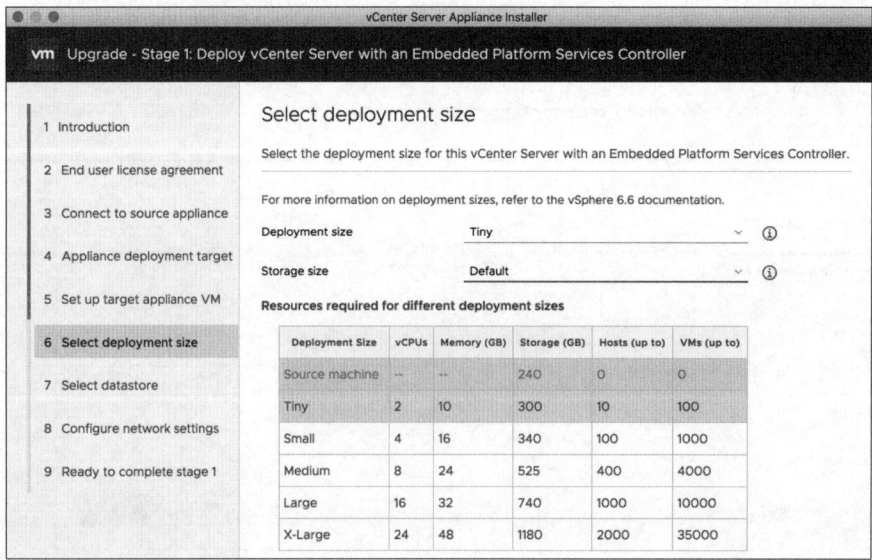

Abbildung 5.95 Auswahl der Appliance-Größe

Der dazu passende Datastore muss im nun folgenden Schritt angegeben werden (siehe Abbildung 5.96).

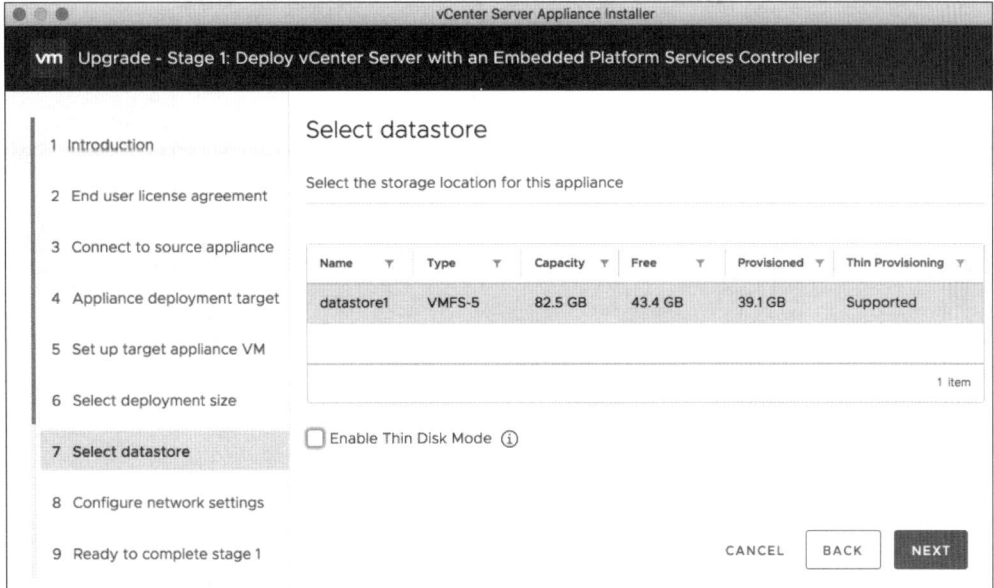

Abbildung 5.96 Ablageort der neuen VCSA

Die Besonderheit bei einem Upgrade der Appliance auf diesem Weg ist, dass sowohl die alte als auch die neue Appliance parallel im Netzwerk stehen müssen, damit eine Datenübernahme erfolgen kann. Aus diesem Grund wird eine temporäre Netzwerkkonfiguration benötigt (siehe Abbildung 5.97).

Der Prozess ist dann wie folgt: Die neue Appliance wird mit der temporären Netzwerkkonfiguration bereitgestellt und eingeschaltet. Die Altdaten werden von der Quell-VCSA heruntergeladen, die Quellmaschine wird heruntergefahren, und anschließend übernimmt die neue Maschine die Identität des alten Systems.

> **Achtung**
>
> Die alte Quell-VCSA darf nach der Migration nicht mehr hochgefahren werden. Es würde einen IP-Adressen-Konflikt geben!

Nun wird wieder eine Zusammenfassung der Einstellungen angezeigt, und danach wird der Bereitstellungprozess gestartet. Ist dieser Prozess abgeschlossen, gibt das System eine Meldung wie in Abbildung 5.98 aus.

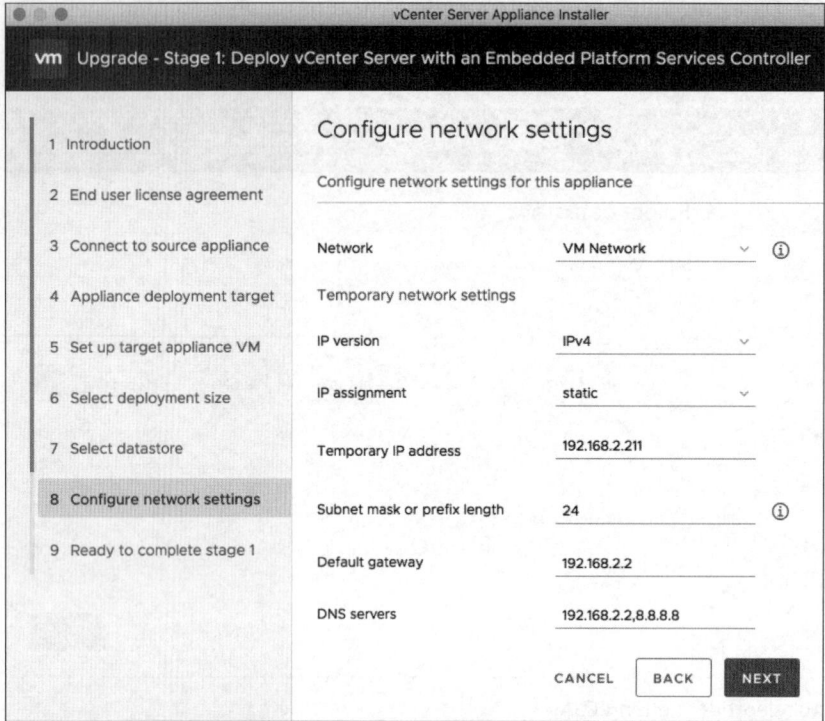

Abbildung 5.97 Temporäre Netzwerkeinstellungen der neuen VCSA

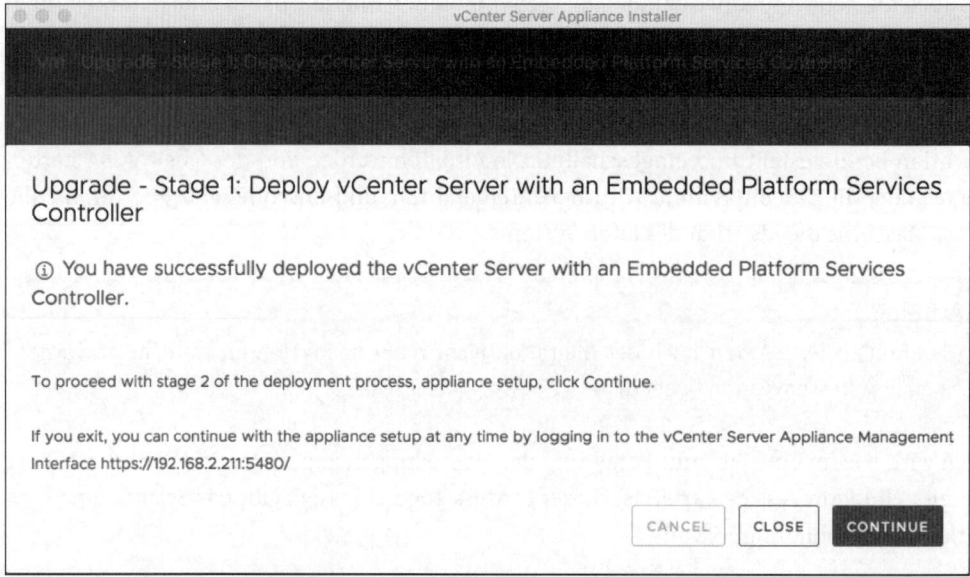

Abbildung 5.98 Die Bereitstellung ist abgeschlossen.

Der Prozess der Konfiguration kann nun fortgeführt werden. Wird der Prozess an dieser Stelle unterbrochen, setzen Sie ihn mit dem Aufruf der URL *https://<Appliance Name>:5480* fort.

Der Konfigurationsprozess beginnt mit der *Stage 2* (siehe Abbildung 5.99).

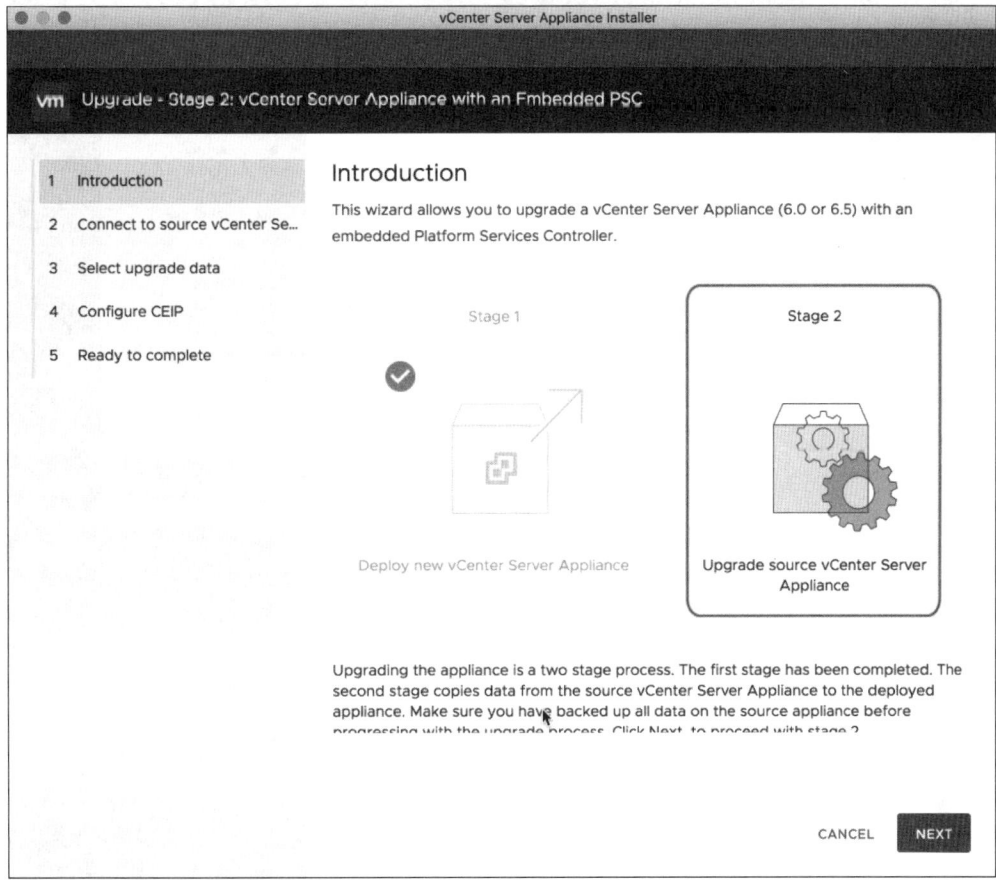

Abbildung 5.99 Start der Konfigurationsphase

Mit einem *Pre-upgrade Check* kontrolliert das System, ob alle Voraussetzungen für den Upgrade erfüllt sind. Unter Umständen zeigt das System Meldungen an, die auf Probleme hinweisen können (siehe Abbildung 5.100).

Der Administrator kann nun entscheiden, welche Daten vom Altsystem übernommen werden sollen. Zur Auswahl stehen:

- Konfigurationsdaten
- Konfigurationsdaten plus Tasks und Events
- Konfigurationsdaten, Tasks und Events sowie Performance-Metriken

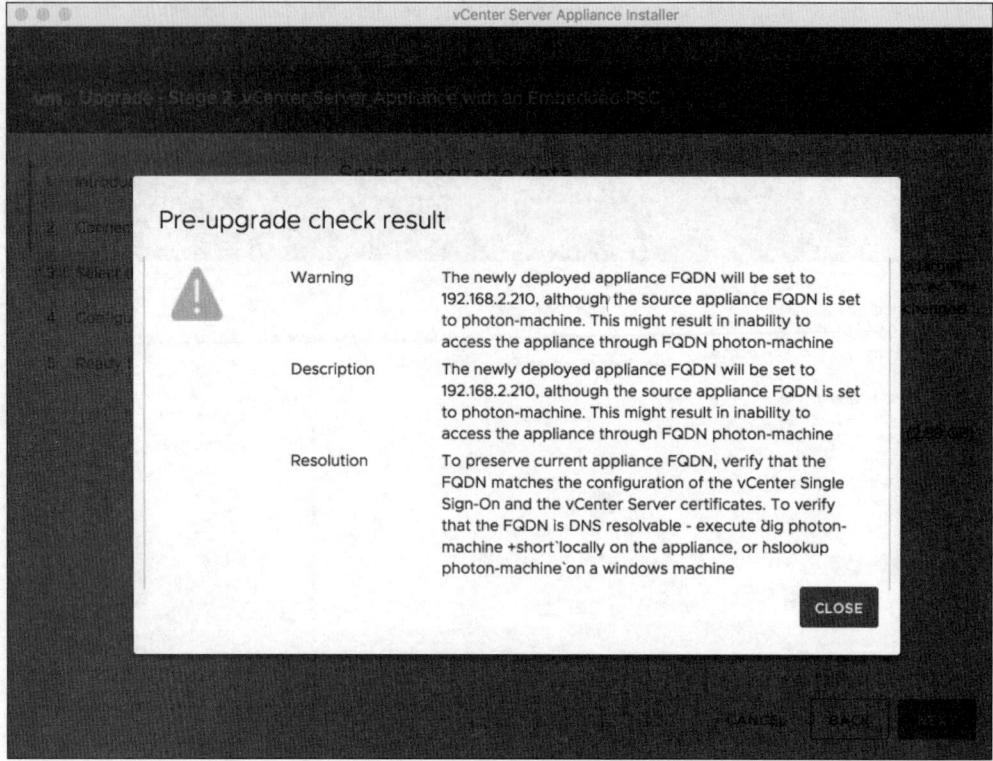

Abbildung 5.100 Hinweis des Pre-upgrade Checks

Je nach Auswahl variiert die zu übertragende Datenmenge (siehe Abbildung 5.101).

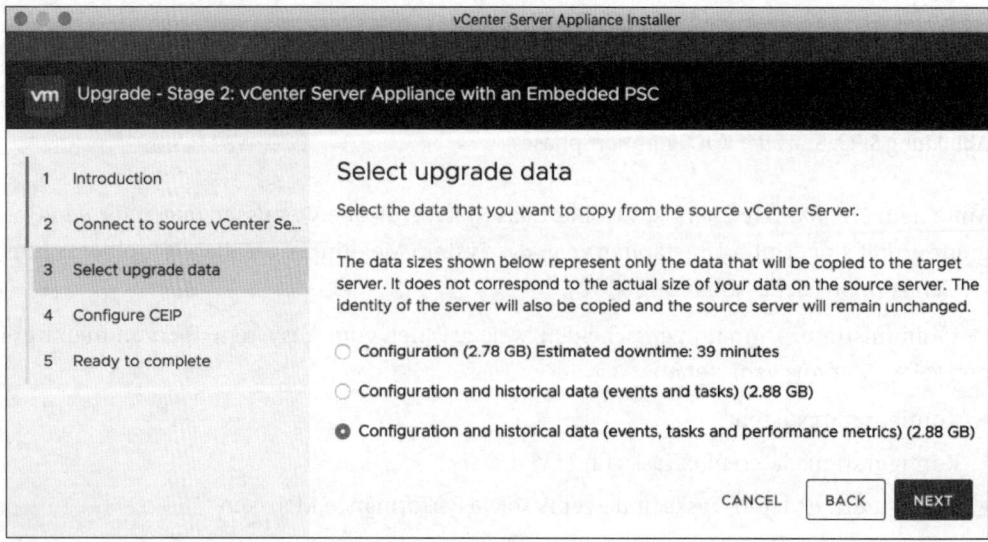

Abbildung 5.101 Auswahl für die Datenübernahme

Auch hier werden Ihnen wieder alle Einstellungen zusammenfasst dargestellt. Zusätzlich müssen Sie noch bestätigen, dass eine Sicherung des alten vCenter Servers vorliegt, um im Falle eines Fehlers das System zurückrollen zu können (siehe Abbildung 5.102).

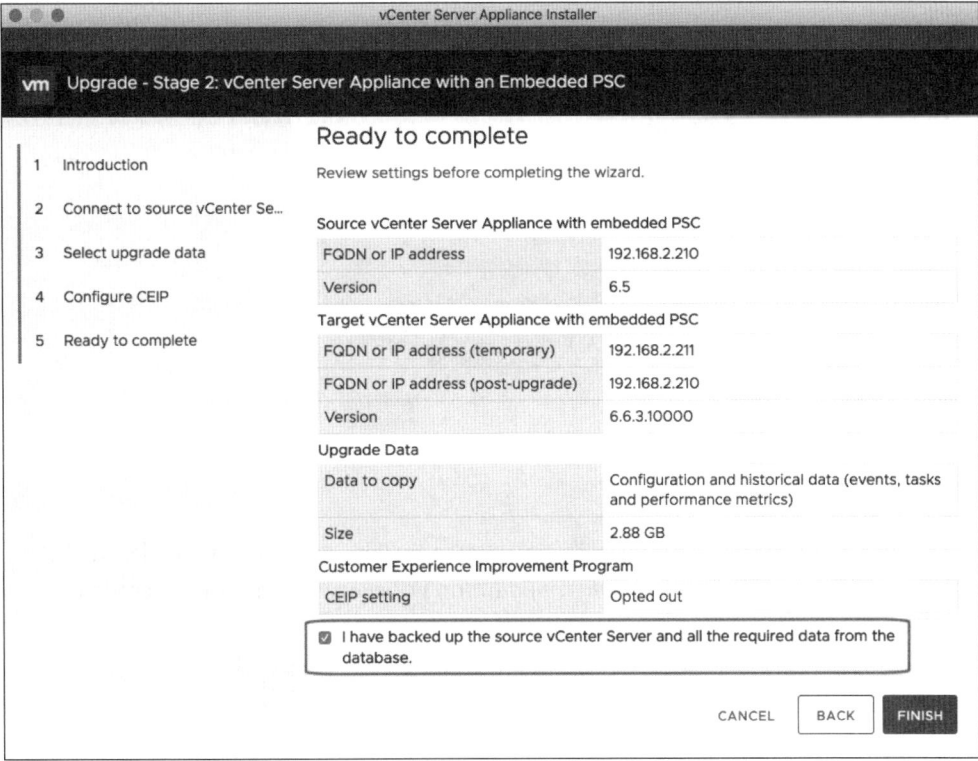

Abbildung 5.102 Zusammenfassung der Einstellungen

Als Letztes, bevor die eigentlichen Umstellungen erfolgen, gibt die Installationsroutine einen Hinweis, dass die alte VCSA heruntergefahren wird, wenn die neue VCSA die Netzwerkidentität der alten übernommen hat (siehe Abbildung 5.103).

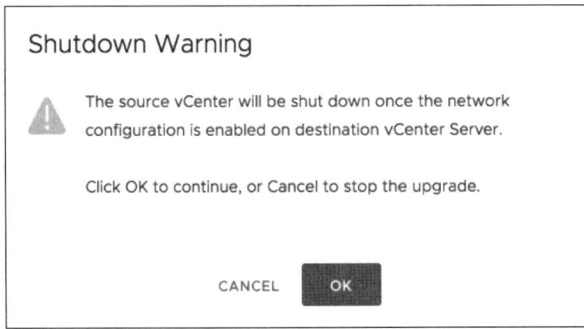

Abbildung 5.103 Abschaltungshinweis

Mit dem Abschluss der Installation wird noch ein Hinweis wie der aus Abbildung 5.104 gezeigt. Der wichtigere Teil ist hier die Information, dass TLS 1.0/1.1 unter der neuen vSphere-Version deaktiviert ist.

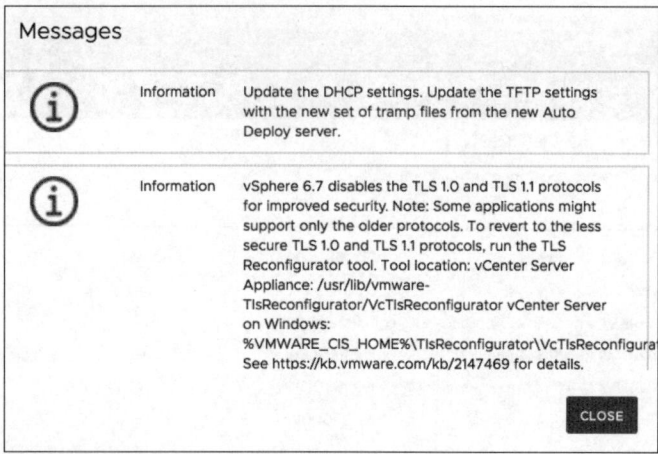

Abbildung 5.104 Abschlusshinweis

Wenn Sie diese Deaktivierung rückgängig machen wollen, dann finden Sie das Tool dazu unter dem Pfad */usr/lib/vmware-TlsReconfigurator/VcTlsReconfigurator vCenter Server*.

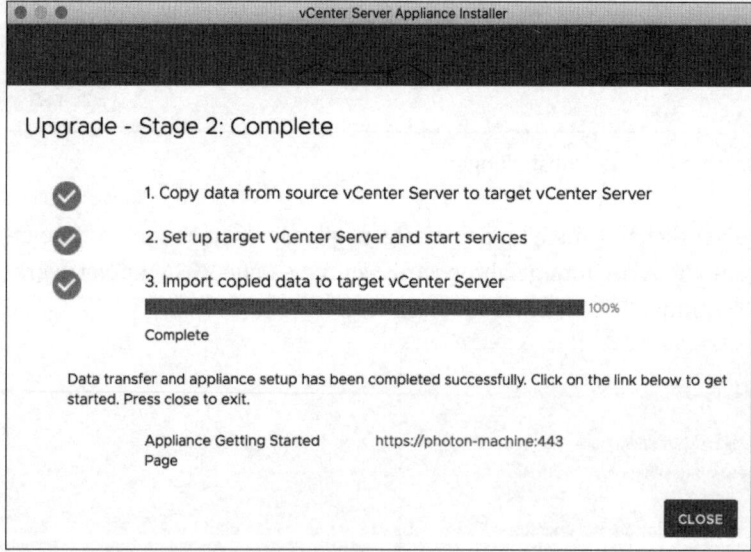

Abbildung 5.105 Abschluss des Upgrades

Über den Link, den Sie in Abbildung 5.105 sehen, können Sie direkt auf die neue Appliance zugreifen. Damit ist das Upgrade abgeschlossen. Funktioniert die neue Appliance einwandfrei, können Sie die Quell-VCSA aus dem Inventar löschen.

CLI-Upgrade auf Version 6.7

Selbstverständlich kann die Appliance auch über die Kommandozeile aktualisiert werden. Dabei gehen Sie genauso vor wie bei der geskripteten Neubereitstellung. Im Template-Ordner müssen Sie dazu das passende Template heraussuchen und anpassen. Für die Syntax schauen Sie bitte in Abschnitt 5.7.1 nach.

Die Syntax des Skripts überprüfen Sie mit `vcsa-deploy upgrade --verify-template-only <Pfad zum Template-Ordner>/<Template-Name>.json`. Werden keine Fehler angezeigt, können Sie das Upgrade starten. Das erfolgt mit dem Befehl:

`vcsa-deploy upgrade --accept-eula <Pfad zum Template-Ordner>/<Template-Name>.json`

Die Prozessreihenfolge gleicht der des Upgrades über das GUI.

5.9.2 vCenter Server Upgrade (Windows-basiert)

Das Upgrade des vCenter Servers ist unproblematisch. Die Installationsroutine erkennt die bestehende Installation und aktualisiert den Server. Vergessen Sie nicht, im Vorfeld eine Sicherung des vCenters und der zugehörigen Datenbank durchzuführen.

Kommt eine Express-Datenbank zum Einsatz, dann wird sie durch die vPostgres-Datenbank ersetzt.

5.10 Migration vom Windows-vCenter zur vCenter Server Appliance

VMware selbst bietet mittlerweile eine Option für eine Migration von einem Windows-basierten vCenter auf ein Appliance-basiertes vCenter an. Das Tool besteht aus zwei Komponenten: aus der eigentlichen Migrationsroutine und aus dem Migrationsassistenten, der auf der Quell-VM laufen muss.

> **Limitierungen**
> - Lokale Benutzer und Gruppen des Windows-Systems werden nicht zur VCSA migriert. Sind für diese beiden Objekte im vCenter Rechte zugewiesen, muss vor der Migration des vCenter Servers eine Zuweisung von Rechten für SSO- oder Accounts aus anderen Anmeldequellen erfolgen.
> - Nach der Migration kann auf nichtmigrierte Erweiterungen nicht mehr zugegriffen werden, denn die Quelle muss ausgeschaltet bleiben. Andernfalls gäbe es Konflikte im Netzwerk.
> - Eine Migration von Diensten, die nicht mit den von VMware vorgegebenen Ports arbeiten, wird nicht unterstützt. Das betrifft aber nicht die Dienste *Auto Deploy*, *Update Manager*, *vSphere ESXi Dump Collector* und *HTTP Reverse Proxy*.
> - Es wird nur eine Netzwerkkarte auf das neue System migriert.

> **Hinweis**
> - Die Migration ist nur möglich von der Quellversion 6.0 oder 6.5!
> - Alle Systeme müssen zeitsynchron laufen!
> - Externe Datenbanken werden exportiert und in die interne vPostgres-Datenbank migriert.

Im ersten Schritt müssen Sie den Migrationsassistenten auf der Quell-VM starten. Das Tool findet sich auf dem VCSA-ISO und wird über *DVD:\Migration-Assistant\VMware-Migration-Assistant.exe* gestartet. Nun werden einige Vorkontrollen durchgeführt, und das Tool gibt eine Information, wann die Migration gestartet werden kann (siehe Abbildung 5.106). Das Fenster auf dem Quell-vCenter darf nicht geschlossen werden!

Auch dieser Prozess läuft in mehreren Schritten ab. Zuerst wird die Appliance mit temporärer Netzwerkkonfiguration bereitgestellt. Dann werden die Daten aus dem alten vCenter in die neue Appliance übertragen, und zum Schluss übernimmt die neue VCSA die Identität des alten vCenters. Die Quelle wird dann heruntergefahren.

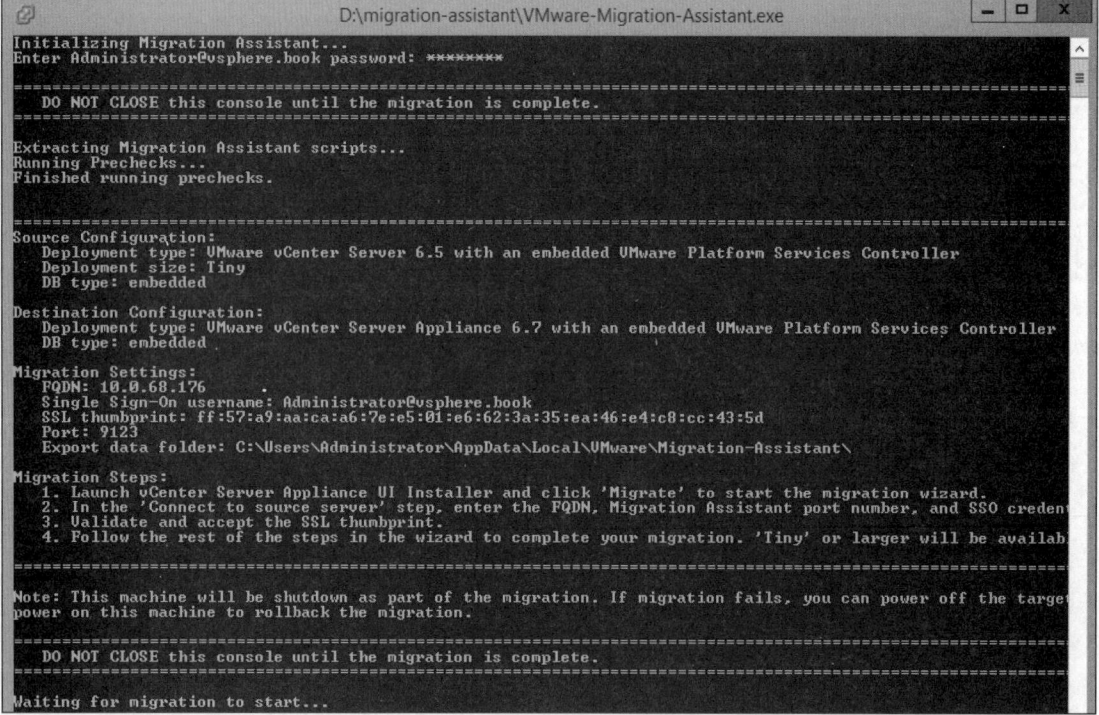

Abbildung 5.106 Der Migrationsassistent

Starten Sie nun die Installationsroutine auf einem anderen System im Netzwerk, und wählen Sie den Punkt MIGRATION aus (siehe Abbildung 5.107).

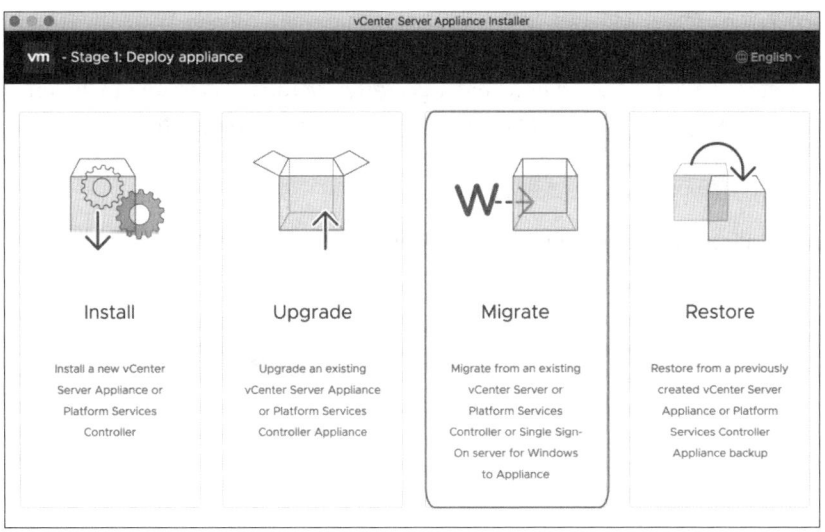

Abbildung 5.107 Migration vom Windows-vCenter zur VCSA

> **Wichtig**
> Eine Microsoft-Express-Datenbank wird zu einer neuen integrierten vPostgres-Datenbank migriert. Wenn Sie eine Microsoft-Express-Datenbank einsetzen, sollten Sie diese Migration bedenken.

Vor der Bereitstellung der neuen VM müssen Sie Parameter für die Kommunikation mit dem Quell-vCenter angeben (siehe Abbildung 5.108).

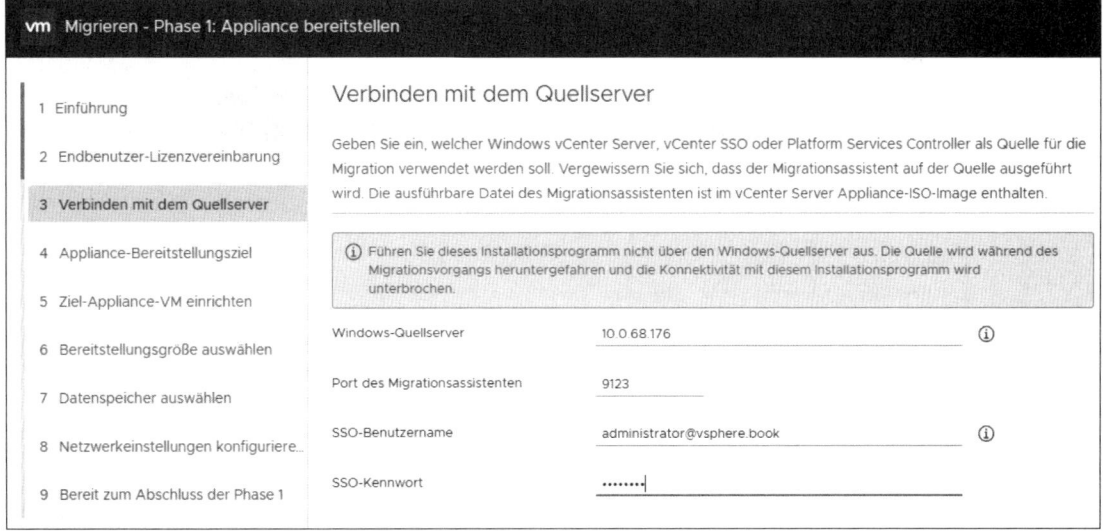

Abbildung 5.108 Verbindungseinstellungen zum Quell-vCenter

Achtung

Der Migrationsassistent darf nicht auf dem vCenter gestartet werden, das migriert werden soll. Zu einem späteren Zeitpunkt der Migration wird das System heruntergefahren.

Außerdem darf der Port 9123 nicht durch Firewalls geblockt werden!

Wie schon bei der Installation legen Sie fest, auf welchem Host bzw. vCenter die neue Appliance bereitgestellt werden soll, und geben die Zugangsdaten an (siehe Abbildung 5.109).

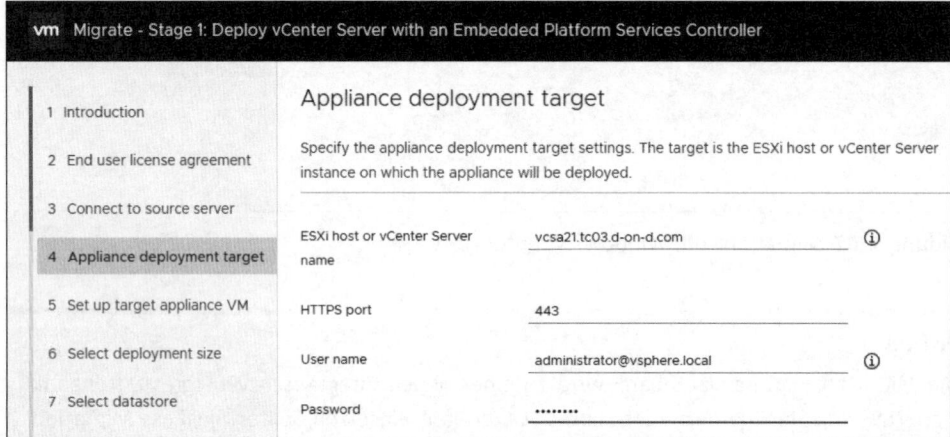

Abbildung 5.109 Installationsziel der VCSA

Jetzt kommen einige Schritte, die Ihnen auch vom Anlegen einer VM her bekannt sind. Das sind die Auswahl des Ablageordners der VM im vCenter und die Auswahl des Hosts, der die neue VCSA beherbergen soll. Der Name und das root-Passwort sind die nächsten Parameter, die Sie festlegen müssen (siehe Abbildung 5.110).

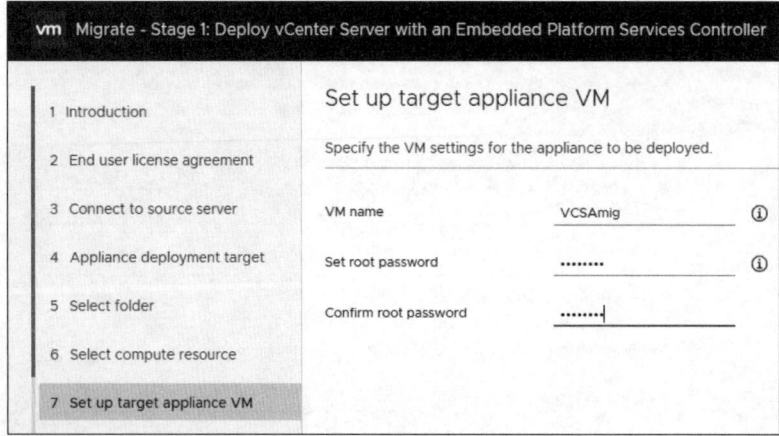

Abbildung 5.110 Eingabe des Systemnamens und des Passworts

5.10 Migration vom Windows-vCenter zur vCenter Server Appliance

Die Größe der zu erstellenden Appliance legen Sie im folgenden Konfigurationsschritt fest, wobei unter Umständen die Größe der Bereitstellungsfestplatten variiert werden kann (siehe Abbildung 5.111).

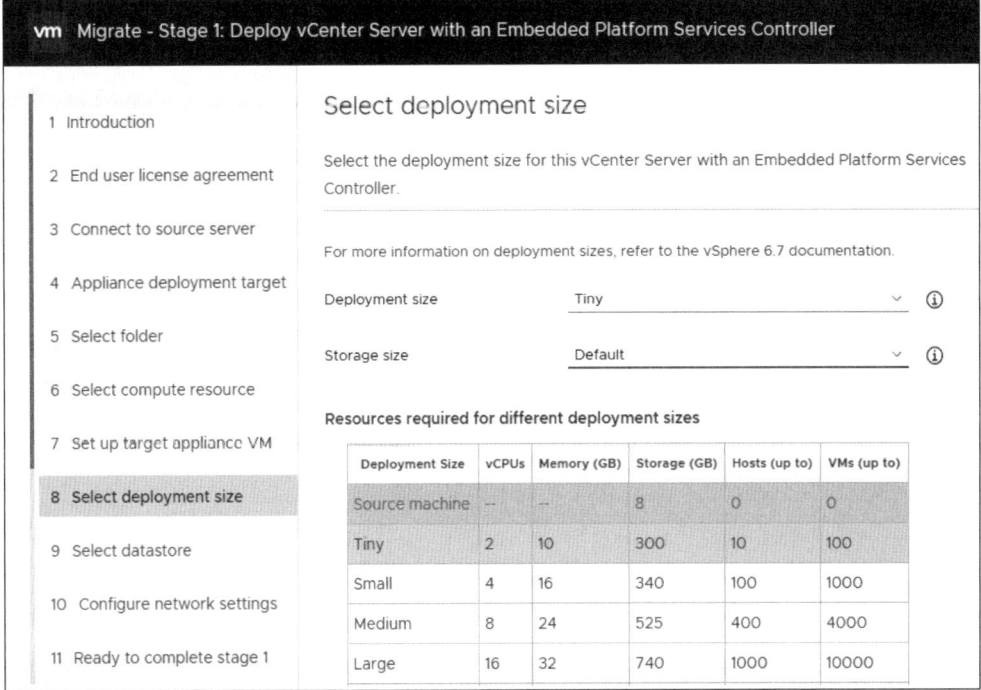

Abbildung 5.111 Installationsgröße

Der Ablageort der Appliance auf dem Datastore wird ebenfalls benötigt, genauso wie die Netzwerkkonfiguration (siehe Abbildung 5.112). Letztere ist temporär, damit Quell- und Ziel-vCenter miteinander kommunizieren können.

Nach der Zusammenfassung aller Parameter erfolgt die Bereitstellung der VCSA. Nach dem Abschluss der Bereitstellung müssen Sie über Continue den zweiten Schritt der Migration starten. Während des zweiten Migrationsschritts sind nur wenige Eingaben notwendig. War das Quellsystem Mitglied einer Domäne, müssen Sie entsprechende Daten hinterlegen (siehe Abbildung 5.113).

Ein ganz wichtiger Punkt ist die Entscheidung, welche Daten migriert werden sollen:

▶ nur die Konfiguration
▶ die Konfiguration mit den historischen Daten für Events und Tasks
▶ die Konfiguration mit den historischen Daten für Events, Tasks und den Performancedaten

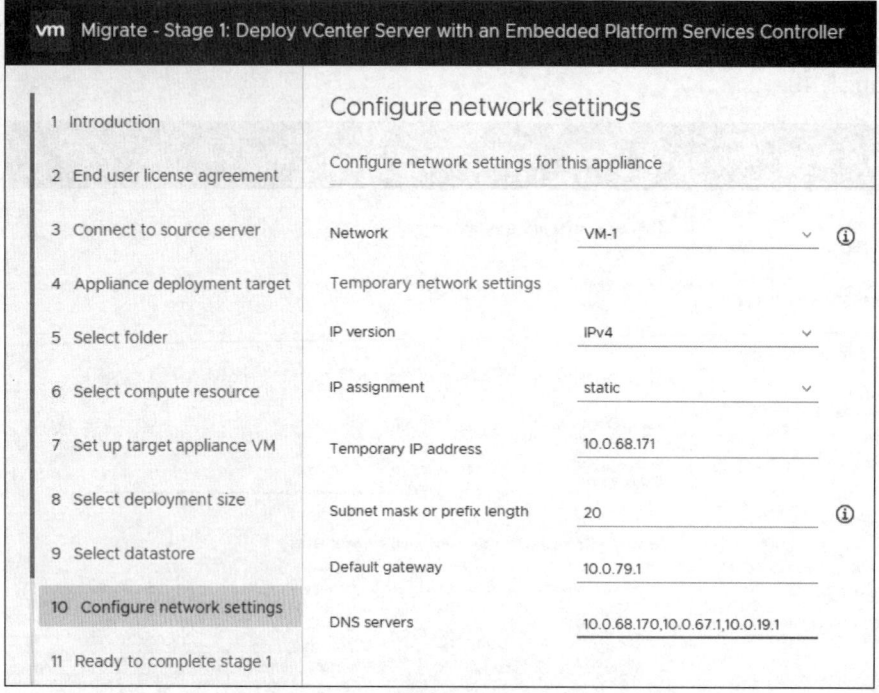

Abbildung 5.112 Temporäre Netzwerkkonfiguration

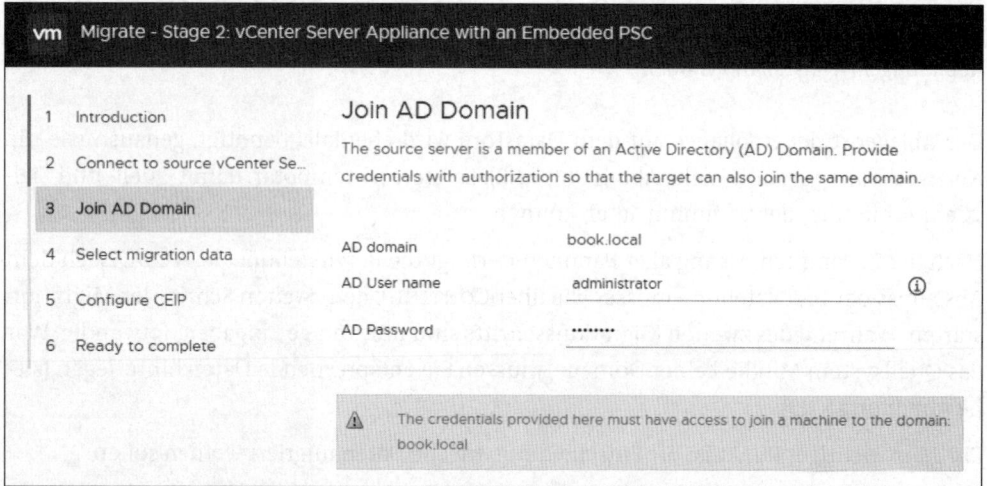

Abbildung 5.113 Anmeldedaten für den Zugriff auf die Windows-Domäne

Die Routine zeigt die Größe der Daten an, die migriert werden müssen (siehe Abbildung 5.114). Je nach Datenmenge dauert die Migration länger oder kürzer. Bedenken Sie bitte, dass während der Migration keine Performancedaten aufgezeichnet werden. Das heißt, in den

Anzeigegraphen Ihres Monitorings wird sich in dieser Zeit eine Lücke in der Darstellung finden.

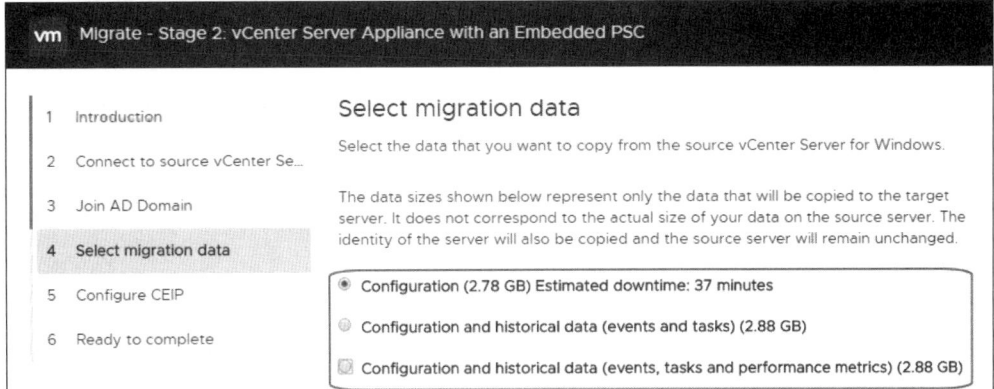

Abbildung 5.114 Festlegung der zu übernehmenden Daten

Sollen Informationen über das System an VMware geliefert werden, können Sie diese Option aktivieren.

Mehr Eingaben sind nicht notwendig. Der zweite Teil der Bereitstellung, die Datenübernahme, erfolgt, wenn Sie anschließend die Quell-VM abschalten (siehe Abbildung 5.115).

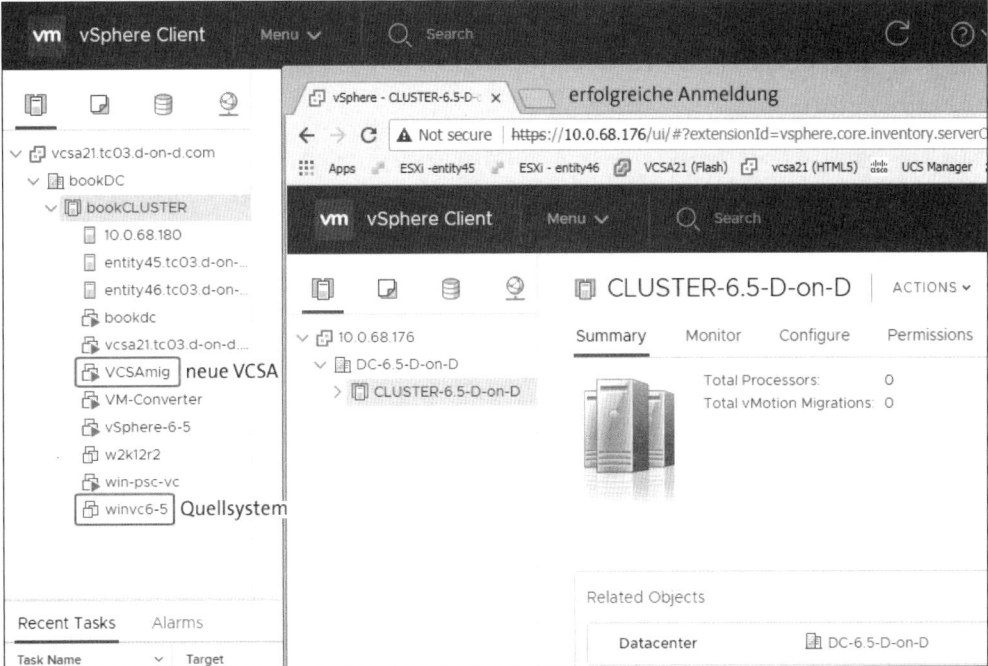

Abbildung 5.115 Migration erfolgreich abgeschlossen

> **Hinweis**
>
> Der Anzeigename im vCenter der neuen VCSA entspricht nicht dem eigentlichen Namen der neuen VCSA, weil der Name der Quell-VM übernommen wird!

Damit ist die Migration abgeschlossen. Im Falle eines Problems kann das Quell-vCenter wieder gestartet und genutzt werden – aber nur, wenn zuvor das neue vCenter heruntergefahren wurde. Es dürfen nicht beide Maschinen gleichzeitig eingeschaltet sein.

5.11 All-in-One-Installation von vCenter Server

Die Installation des vCenters einschließlich der *Platform Services Controller*-Komponenten ist letztendlich eine Kombination der PSC-Installation und der vCenter-Server-Installation.

5.11.1 vCenter Server Appliance All in One

Zur All-in-One-Installation der vCenter Server Appliance mit PSC und vCenter schlagen Sie bitte in Abschnitt 5.4.1, »Installation des PSC als Appliance«, für den *Platform Services Controller* nach und in Abschnitt 5.7.1, »Installation des vCenter als Appliance«, für den *vSphere vCenter Server*. Gleiches gilt für die Aktualisierung einer bestehenden Instanz.

5.11.2 vCenter Server Windows All in One

Zur All-in-One-Installation des vCenter Servers auf Windows mit PSC und vCenter lesen Sie bitte Abschnitt 5.4.2, »Installation des PSC auf Windows«, für den *Platform Services Controller* und Abschnitt 5.7.2, »Installation von vCenter unter Windows«, für den *vSphere vCenter Server* sowie Abschnitt 5.13.1, »Installation des vCenter Update Managers«, für den *Update Manager*. Gleiches gilt für die Aktualisierung einer bestehenden Instanz.

5.12 Upgrade vCenter Server All in One

Die Installation des vCenters einschließlich der *Platform Services Controller*-Komponenten ist letztendlich eine Kombination der PSC-Installation und der vCenter-Server-Installation.

Das Upgrade funktioniert wie bereits bei den Einzelkomponenten beschrieben. Schauen Sie dazu in Abschnitt 5.6.2, »Upgrade des PSC als Appliance«, bzw. Abschnitt 5.6.3, »Upgrade des PSC auf Windows«.

5.13 vCenter-Server-Komponenten

Viele Komponenten sind mittlerweile Bestandteil des vCenters geworden, aber es gibt immer noch einige Erweiterungen, die separat installiert werden müssen. Diese Komponenten und ihre Installation beschreiben wir in den folgenden Unterabschnitten.

5.13.1 Installation des vCenter Update Managers

Für die Aktualisierung des VMware-Hypervisors stellt VMware den Update Manager bereit. Die Verbindung zwischen Update Manager und vCenter ist immer eine 1:1-Verbindung

Der Update Manager unter der VCSA

Hier hat der Administrator nicht viel Arbeit. Der Update Manager ist integraler Bestandteil der VCSA und es sind keine weiteren Installationsschritte notwendig.

Der Update Manager für das Windows-basierte vCenter

Die Installation des *vCenter Update Managers* gestaltet sich ebenfalls recht unspektakulär.

Zu Beginn wollen wir die Komplettinstallation durchführen. Wählen Sie dazu VSPHERE UPDATE MANAGER • SERVER. Schon bei der Grundauswahl müssen Sie nun festlegen, mit welchem Datenbankserver Sie arbeiten wollen (siehe Abbildung 5.116).

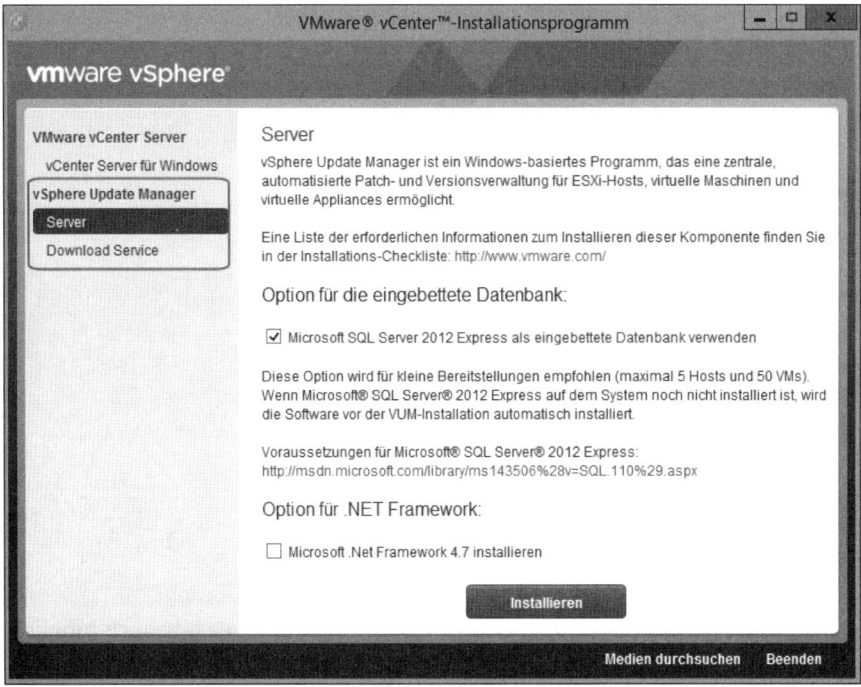

Abbildung 5.116 Installationsauswahl

Nach den üblichen Abfragen zu Beginn der Routine können Sie auswählen, ob die Installationsroutine sofort alle Patches herunterladen soll (siehe Abbildung 5.117). Keine Angst: Wenn Sie die Option deaktivieren, können Sie den Download selbstverständlich später nachholen.

Abbildung 5.117 Automatischer Download des Patch-Repositorys

Im nächsten Dialog folgen die Parameter für die Integration des VMware Update Managers in den vCenter Server. Dazu sind der Server-Name bzw. die Server-IP-Adresse einzugeben. Der genutzte IP-Port liegt standardmäßig auf 80. Sie können ihn an Ihre Bedürfnisse bzw. Firmen-Policys anpassen. Abschließend wird noch ein gültiger Account benötigt, der dem Update Manager die Zugriffsrechte auf das vCenter gewährt (siehe Abbildung 5.118).

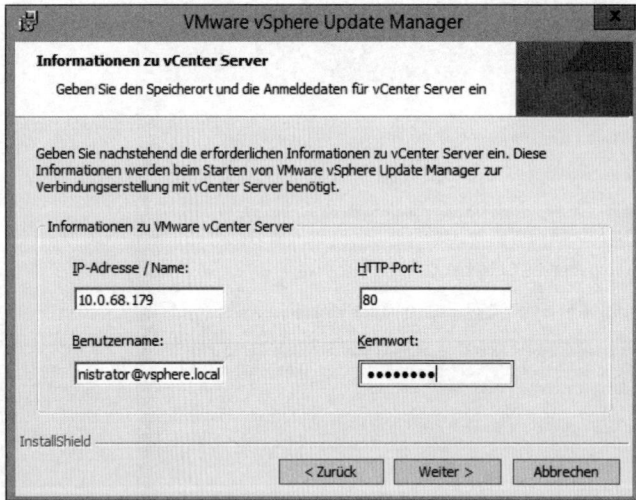

Abbildung 5.118 Verknüpfung von Update Manager und vCenter Server

Nun folgt die Angabe der benutzten Zieldatenbank. An dieser Stelle ist es nur noch möglich, sich mit einer externen SQL-Datenbank zu verbinden. Die Auswahl, dass eine SQL-Express-2012-Datenbank genutzt werden soll, erfolgte schon weiter vorn in der Installation.

Geben Sie hier eine gültige DSN-Verbindung zu einer bestehenden Datenbank an.

Im nächsten Schritt geben Sie die passende Benutzerkennung nebst Passwort für die DSN-Verbindung ein. Auch bei dieser Installation wird unter Umständen auf das konfigurierte Recovery-Modell der Datenbank hingewiesen.

Wird eine bereits mit Daten gefüllte Datenbank gefunden, werden Sie gewarnt und gefragt, ob die Daten überschrieben werden sollen. Wünschen Sie, dass mit einer leeren Datenbank angefangen wird, wählen Sie JA aus. Falls Sie ein Update auf einem vorhandenen Update Manager durchführen und die Daten in der vorhandenen Update-Datenbank erhalten bleiben sollen, wählen Sie NEIN.

Anschließend finden die Identifizierung des vCenter Update Managers und die Konfiguration der IP-Ports statt (siehe Abbildung 5.119). Auch wenn Sie die Applikation auf einem bereits vorhandenen vCenter-Server installieren, müssen Sie die IP-Ports nicht ändern. Wenn Sie die Defaultwerte verwenden, es keine Kollision mit anderen VMware-Diensten. An dieser Stelle können Sie die Eingabe von Proxy-Daten aktivieren – für den Fall, dass ein Zugriff auf das Internet über einen Proxy erfolgen soll.

Abbildung 5.119 Portkonfiguration für den Update Manager

Auch bei dieser Applikation kann der Installationspfad angegeben und geändert werden, getrennt nach Applikation und Depotpfad. Damit ist die Parametrierung des Update Managers abgeschlossen, und die Installation kann beginnen.

Wenn Sie jetzt den *vSphere Web Client* starten, können Sie die Funktionen des Update Managers nutzen. Die Funktion kann an unterschiedlichen Objekten genutzt werden (siehe Abbildung 5.120).

Abbildung 5.120 Nutzung des Update Managers am Host

5.13.2 Installation des Download-Managers ohne Update Manager

Es ist nicht immer möglich, sich von einer Maschine aus, die im Firmennetzwerk steht, ins Internet zu verbinden. Aus diesem Grund können Sie die Updates für den Update Manager mit dem Standalone-Download-Manager-Server herunterladen und per DVD oder portabler Festplatte auf den Update-Manager-Server übertragen.

Diese Möglichkeit empfiehlt sich auch, wenn Sie häufig Installationen durchführen. Die Inbetriebnahme gestaltet sich dadurch einfacher, weil der initiale Download durch den Import von der DVD ersetzt wird. Dadurch müssen Sie nicht immer das Herunterladen der vielen Patches abwarten.

Bevor Sie mit der Installation beginnen, ist es wichtig zu wissen, dass auch diese Komponente eine Datenbank benötigt. Die Auswahl ist Ihnen bereits bekannt: Entweder nutzen Sie die mitgelieferte MS-SQL-Express-Version, oder Sie verbinden sich via ODBC mit einer existierenden Datenbank. Wie auch bei der Komplettinstallation wählen Sie die Datenbank direkt im Hauptfenster des Installationsmediums aus (siehe Abbildung 5.121).

Nachdem Sie die Installationsroutine gestartet und die entsprechende Sprachversion ausgewählt haben, müssen Sie das EULA bestätigen. Es folgt die Eingabe der System-DSN für die Verbindung zur Datenbank bzw. die Installation der Microsoft-Express-Datenbank.

Sollte der Zugriff auf das Internet nur über einen Proxy-Server möglich sein, müssen Sie in dem Dialog aus Abbildung 5.122 die entsprechenden Einstellungen vornehmen. Jetzt benötigt die Routine die Angabe des Installationspfads. Auch das Zielverzeichnis für das Patch-Repository ist anzugeben.

Abbildung 5.121 Auswahl der Installationsoptionen

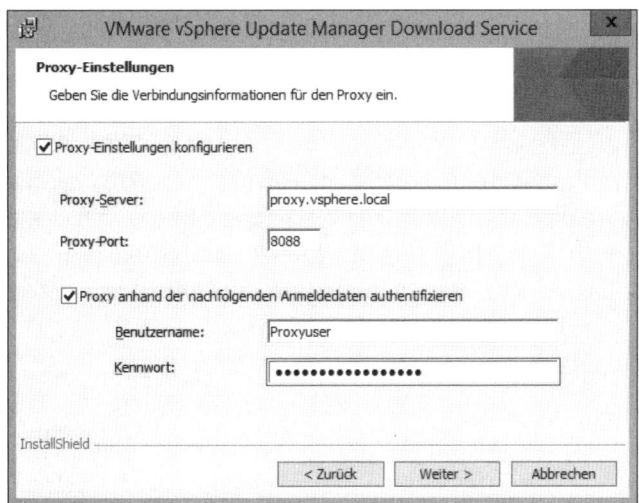

Abbildung 5.122 Proxy-Einstellungen für den Download-Manager

Nach dem Abschluss der Installationsroutine ist ein Reboot erforderlich. Nach der Installation finden Sie das Tool im Installationsverzeichnis. Sie kommen bei der Nutzung des Tools nicht an der Kommandozeile vorbei; ein GUI gibt es für diese Softwarekomponente nicht.

5.13.3 VMware vSphere Replication

vSphere Replication soll letztendlich eine Lücke zwischen *VMware Fault Tolerance* (FT) und der klassischen Datensicherung schließen.

Diese Funktion ist für all diejenigen gedacht, die es verschmerzen können, im Fehlerfall eine mehr oder minder große Menge an Daten zu verlieren – im Gegensatz zu FT, wo ein Spiegel einer Maschine erstellt wird. Nur bedeutet ein Spiegel, dass auch Fehler innerhalb der VM auf das Duplikat übertragen werden.

> **Hinweis**
> *vSphere Replication* kann auch Bestandteil einer *Site Recovery Manager*-Installation sein. Es handelt sich um die gleiche Komponente.

vSphere Replication erstellt ebenfalls ein Duplikat eines virtuellen Systems, aber das Duplikat hat nicht den gleichen Stand wie das Original. Was bedeutet das? Der Duplizierungsprozess läuft nicht zeitgleich, sondern um einen Zeitfaktor *x* verzögert. So kann im Falle eines Fehlers zwar schnell auf ein Duplikat zurückgegriffen werden, aber es fehlen die Daten der letzten *y* Minuten. Durch den »Abstand« zwischen der originalen und der Replikat-VM ist die Wahrscheinlichkeit hoch, dass der Fehler nicht in die Replika übertragen wurde.

> **Achtung**
> Im Gegensatz zu *vSphere Fault Tolerance* funktioniert *vSphere Replication* auch vCenter-übergreifend. Es werden also ein oder zwei vCenter-Server für die Konfiguration der Replikation benötigt.

Was verbirgt sich letztendlich hinter dieser Komponente? Ist eine Replikation aktiv, werden alle Änderungen, die in einer VM auflaufen, in ein Redo-Log geschrieben. Ist das festgelegte Delta-Intervall abgelaufen, so werden die Daten in die VM integriert, es wird ein Snapshot erstellt und ein weiteres Redo-Log wird angelegt. In der Konfiguration kann hinterlegt werden, wie viele Redo-Logs und wie viele Snapshots behalten werden sollen.

> **Achtung**
> Die Bereitstellung einer OVF-Datei (OVF: *Open Virtualization Format*) mit vService-Abhängigkeiten ist derzeit noch nicht mit dem HTML5-Client möglich. (Die Screenshots haben wir aber mit dem HTML5-Client gemacht.) Sie müssen also mit dem Flash-Client arbeiten (siehe auch *https://kb.vmware.com/s/article/55027*).

Auch bei dieser Applikation handelt es sich um eine virtuelle Appliance. Der Import erfolgt über den Web Client in die virtuelle Umgebung. Die Appliance kann in unterschiedlichen Ausstattungen bereitgestellt werden. Es gibt zwei unterschiedliche Appliances im ISO-File:

- Das OVF-File ohne Zusatz installiert die Appliance mit den benötigten Managementkomponenten.
- Das OVF-File mit dem Zusatz ADDON sorgt für die Bereitstellung einer weiteren Replikations-Appliance.

Eine Appliance kann immer nur mit einem vCenter verbunden sein. Das wird auch bei der Installation überprüft. Des Weiteren kann eine solche Maschine maximal 2000 Replikationen managen.

Eine Appliance kommt nie allein. Zu einer Installation gehören immer zwei Appliances: eine im Quell-vCenter und eine im Ziel-vCenter. Es sind immer zwei Replikationsmaschinen in zwei unterschiedlichen vCentern notwendig. Der erste Server in einer Replikationsumgebung wird über das File *vSphere_Replication_OVF10.ovf* importiert. Reicht die Leistungsfähigkeit nicht aus, kann eine Erweiterung zur Master-Replikations-Appliance importiert werden. Hier wiederum ist das File *vSphere_Replication_AddOn_OVF10.ovf* die richtige Wahl.

Auch bei dieser Komponente müssen Sie wieder einige Parameter eingeben (siehe Abbildung 5.123 und Abbildung 5.124).

Abbildung 5.123 Festlegung der CPU-Ressourcen

Nur die CPU-Ressourcen können beim Import festgelegt werden. Sie können 2 oder 4 virtuelle CPUs definieren. VMware empfiehlt 2 vCPUs. Der Arbeitsspeicher belegt eine Größe von 8 GB. Beim Plattenplatz werden 21 GB benötigt.

Die Beschreibung der weitergehenden Konfiguration findet sich in Abschnitt 12.5, »VMware vSphere Replication Appliance«.

> **Hinweis**
> Sollte die Installation fehlschlagen, dann sollten Sie kontrollieren, ob bei den Runtime-Settings des vCenter Servers die vCenter Server Management Address eingetragen ist.

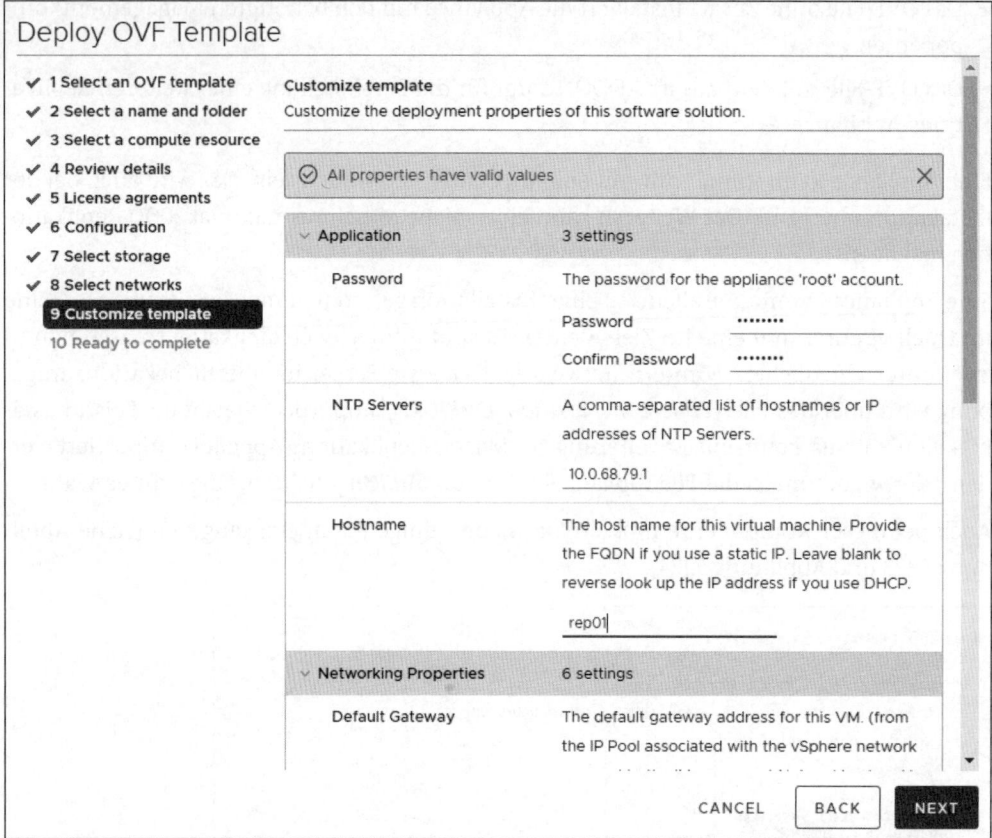

Abbildung 5.124 Festlegung der Appliance-Parameter

Wie schon zuvor beschrieben, müssen Sie bei Engpässen bei der Replikation eine Add-On-Appliance importieren. Auch hierzu wird der Web Client genutzt. Die benötigten Eingaben entsprechen denen bei der Installation der ersten Replikations-Appliance.

An Ressourcen braucht das Add-On-System nur 2 vCPUs, 716 MB, und beim Plattenplatz verhält es sich wie bei der Master-Appliance mit 21 GB identisch.

Zu guter Letzt möchten wir Ihnen nicht vorenthalten, dass ein Replikationsmodell Bandbreite benötigt. Berücksichtigen Sie das bei der Planung der Netzwerkverbindungen!

5.13.4 VMware Image Builder

Der *Image Builder* ist eine Erweiterung der PowerCLI. Mit diesem Werkzeug gibt VMware Ihnen das Mittel an die Hand, um eigene Installations-Images herzustellen. Sie können dabei ein Image für die ESXi-Installation nehmen und nachträglich erschienene Patches integrieren. Eine Aufnahme von Treibern in das Image ist ebenfalls eine Option.

Selbstverständlich können Sie anschließend ein neues ISO-File erstellen und damit wiederum einen neuen Host installieren. Mit dieser Funktion können Sie sich die Patch-Orgien sparen und müssen auch nicht immer auf die hardwareherstellerspezifischen Images warten. Sie können sich einfach ein angepasstes Installations-Image selbst konfigurieren und es nutzen, sobald die Patches bzw. Treiber verfügbar sind.

Eine eigene Installationsroutine gibt es für den VMware Image Builder nicht. Die Komponente ist Teil der PowerCLI und wird mit dieser zusammen installiert.

Lassen Sie uns einen kurzen Blick auf den Image Builder und seine Funktion werfen. Dazu möchten wir zuallererst ein paar neue Begriffe klären. VMware nutzt im Rahmen des Auto Deploys und des Image Builders die Bezeichnungen *VIB*, *Depot* und *Profil*. In Tabelle 5.13 sehen Sie, was damit gemeint ist.

Begriff	Erklärung
VIB	Ein VIB (*VMware Infrastructure Bundle*) ist ein Softwarepaket, das VMware oder andere Hersteller zur Verfügung stellen. Diese Pakete können Treiber, Erweiterungen, CIM-Provider oder andere VMware-Komponenten und -Erweiterungen enthalten.
Depot	Ein Depot ist eine Ablage, wo der Image Builder die Installationskomponenten finden kann. Das dafür benötigte Offline-Bundle können Sie in der Basisversion bei VMware herunterladen. Es handelt sich dabei um die ZIP-Datei der ESXi-Version. Das Depot muss nicht zwingend auf dem lokalen Server liegen, es kann auch nur über eine URL erreichbar sein. Es ist möglich, mehrere Depots zu haben.
Profil	Das Profil fasst verschiedene Komponenten zusammen und bildet die Basis für die Installation eines Hosts.

Tabelle 5.13 Image-Builder-Begriffe

Ein Bild sagt mehr als tausend Worte, und deshalb wollen wir anhand von Abbildung 5.125 kurz auf die Struktur des Image Builders eingehen.

Mit den Befehlserweiterungen der PowerCLI für den Image Builder werden Ihnen die Befehle zur Verfügung gestellt, die Sie benötigen, um die Depots zu verwalten und die Profile zu erstellen. Letztendlich können Sie mit den Softwarekomponenten im Depot und den Profilen ein neues ISO-Image für die Installation mit dem klassischen Medium erstellen, oder Sie erzeugen eine ZIP-Datei, die später wiederum als Basis für ein Depot dienen kann. Sie können das erstellte ISO-Image auch nutzen, um per Auto Deploy einen Server neu zu betanken.

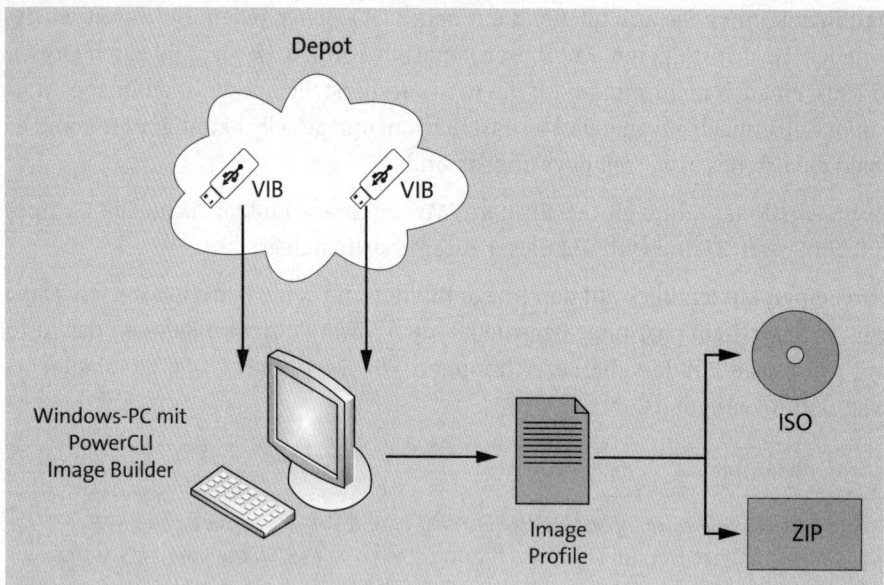

Abbildung 5.125 Image-Builder-Architektur

5.13.5 VMware vSphere Authentication Proxy

Der *VMware vSphere Authentication Proxy* ist ein Service, der die Sicherheit in VMware-Umgebungen erhöhen soll. Er ermöglicht es Ihnen, ESXi-Hosts in ein Active Directory aufzunehmen, ohne direkt mit einem Domänen-Account arbeiten zu müssen.

Der Vorteil dieser Vorgehensweise wird klar, wenn Sie sich die Funktionen des Auto-Deploy-Dienstes ansehen: Damit ein automatisches Deployment funktionieren kann, müssten Sie in der Konfiguration eine Kennung und ein Passwort hinterlegen.

Mit der gewählten Vorgehensweise erhöht sich die Sicherheit in PXE-Umgebungen. Die Aufnahme des Servers erfolgt in diesem Fall durch die Angabe der Active-Directory-Domain und der IP-Adresse des Authentication-Proxys.

> **Achtung**
> Der Authentication-Proxy ist keine Extra-Installation mehr, sondern ein Dienst, der automatisch mit dem vCenter Server installiert wird.

5.13.6 PowerCLI

Die *vSphere PowerCLI* (Command-Line Interface) hat einen enormen Umfang und wird mit jedem neuen Release immer weiter ausgebaut. Sie ist ein Administrationstool, das auf der Windows PowerShell basiert. Sie ist das administrative Tool.

Diese Softwarekomponente müssen Sie auf dem System installieren, von dem aus sie genutzt werden soll.

> **Hinweis**
> Es gibt kein MSI-Paket mehr von der aktuellen PowerCLI. Die Installation erfolgt direkt über die PowerShell.

Voraussetzungen

Tabelle 5.14 zeigt die Voraussetzungen, die erfüllt sein müssen, damit die Nutzung der PowerCLI möglich ist.

Betriebssystem	.NET-Version	PowerShell-Version
Windows Server 2016	4.5	3.0
Windows Server 2012 R2	4.5.x	4.0
Windows Server 2008 RS SP 1	4.6	5.0
Windows 10	4.6.x	5.1
Windows 8.1	4.7.x	
Windows 7 SP 1		
Ubuntu 18.04	.NET Core 2.0	PowerShell Core 6.0.2
macOS 10.12	.NET Core 2.0	PowerShell Core 6.0.2

Tabelle 5.14 Voraussetzungen für PowerCLI

Zusätzlich wird der *NuGet Provider* mit den minimalen Version 2.8.5.201 benötigt. Sollte er fehlen, kann auch hier die Installation über die PowerShell erfolgen.

Nähere Informationen zum Download bzw. zur Installation finden Sie unter folgender URL:

https://code.vmware.com/web/dp/tool/vmware-powercli/10.1.0

Dort finden Sie neben dem Download auch Beispiele und natürlich die notwendige Dokumentation zur PowerCLI.

Die Installation kann online oder offline erfolgen. Zuvor aber müssen Sie eine bereits vorhandene ältere MSI-installierte Version vom System deinstallieren.

Sie müssen auch berücksichtigen, in welchem Kontext die PowerCLI installiert wird: Bei einer Installation in Userkontext erfolgt die Bereitstellung nur für den angemeldeten User. Wird die Installation in Administratorkontext durchgeführt, können alle Anwender auf dem System die PowerCLI nutzen.

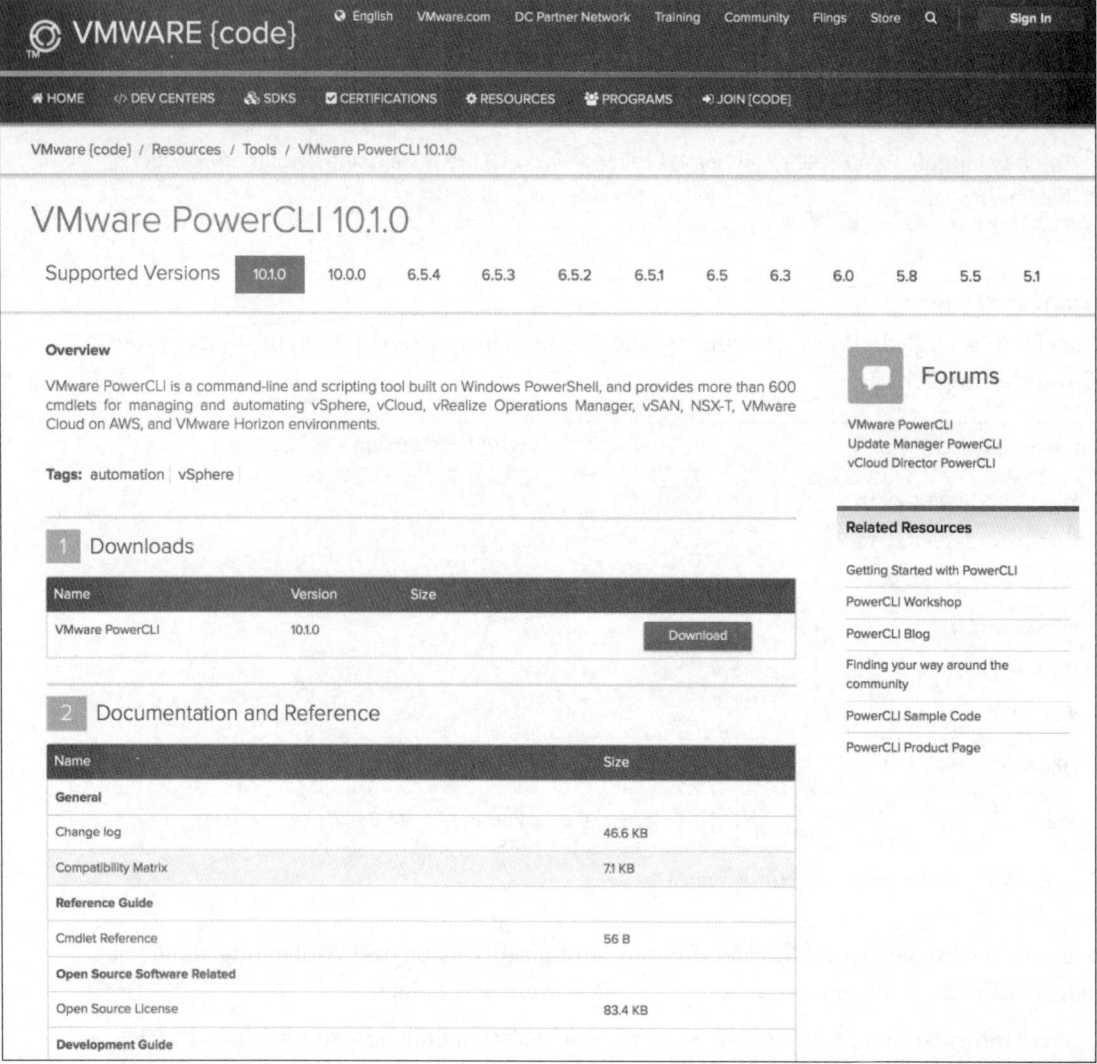

Abbildung 5.126 Download der PowerCLI

Bei der Online-Installation sollte zuerst geprüft werden, ob ein Zugriff auf die *PowerShell Gallery* möglich ist. Diese Abfrage erfolgt mit:

Find-Module -Name VMware.PowerCLI

Ist der Zugriff auf den Befehl nicht möglich, muss eine aktuellere Version der PowerShell installiert werden. Unter Umständen ist der benötigte *NuGet Provider* nicht vorhanden (siehe Abbildung 5.127).

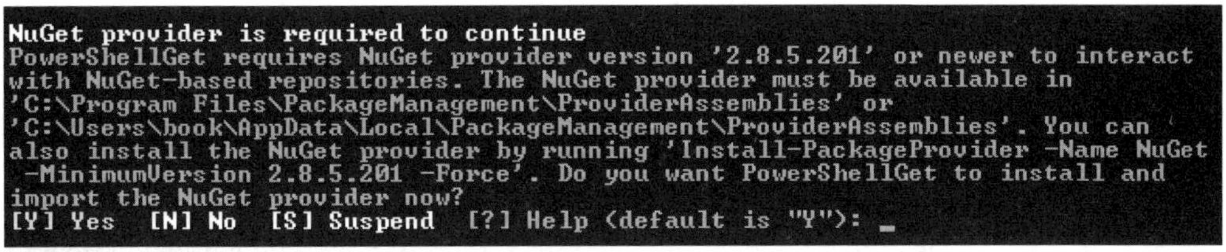

```
NuGet provider is required to continue
PowerShellGet requires NuGet provider version '2.8.5.201' or newer to interact
with NuGet-based repositories. The NuGet provider must be available in
'C:\Program Files\PackageManagement\ProviderAssemblies' or
'C:\Users\book\AppData\Local\PackageManagement\ProviderAssemblies'. You can
also install the NuGet provider by running 'Install-PackageProvider -Name NuGet
-MinimumVersion 2.8.5.201 -Force'. Do you want PowerShellGet to install and
import the NuGet provider now?
[Y] Yes  [N] No  [S] Suspend  [?] Help (default is "Y"):
```

Abbildung 5.127 Fehlender »NuGet Provider«

Die Lösung für das Problem findet sich in der Fehlermeldung, und die Behebung wird automatisch angeboten. Einfach nachinstallieren, und schon können die benötigten Befehle abgesetzt werden.

Die eigentliche Installation erfolgt über `Install-Module -Name VMware.PowerCLI -Scope CurrentUser`. Es erscheint zwar eine Fehlermeldung, die besagt, dass es sich um ein *untrusted Repository* handelt, aber die Installation lässt sich trotzdem durchführen.

Ist eine Online-Installation nicht möglich, müssen Sie auf einem System, das Zugang zum Internet hat, den Download des Pakets mit `Save-Module -Name VMware.PowerCLI -Path <Pfad zum Ablageordner>` durchführen. Die Offline-Installation erfolgt dann mit dem Befehl `Import-Module VMware.PowerCLI`.

Damit Sie Skripte remote ausführen können, ist es erforderlich, eine Umgebungsvariable in der Shell zu setzen. Der Befehl `Set-ExecutionPolicy RemoteSigned` (siehe Abbildung 5.128) bringt den gewünschten Erfolg. Die Standardeinstellung hat Microsoft aus Sicherheitsgründen auf `Restricted` gesetzt.

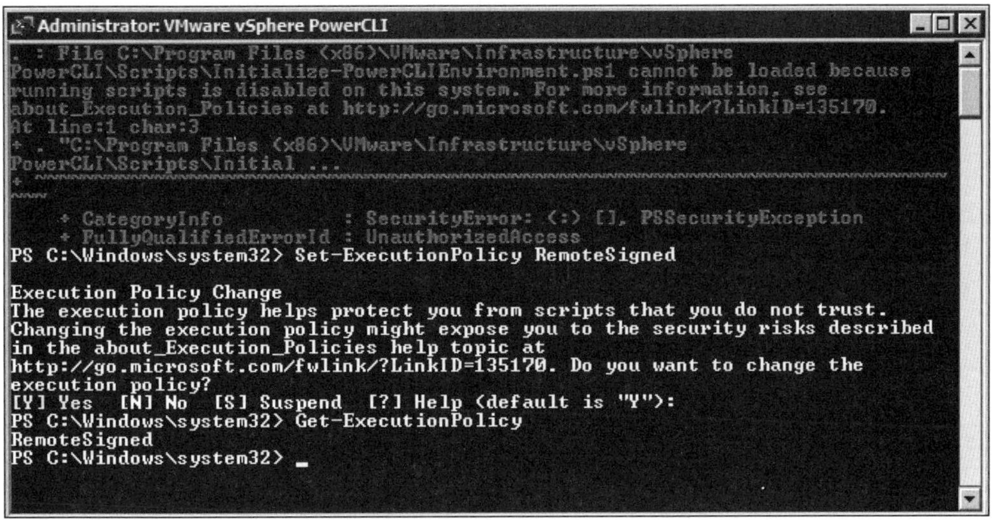

```
Administrator: VMware vSphere PowerCLI
. : File C:\Program Files (x86)\VMware\Infrastructure\vSphere
PowerCLI\Scripts\Initialize-PowerCLIEnvironment.ps1 cannot be loaded because
running scripts is disabled on this system. For more information, see
about_Execution_Policies at http://go.microsoft.com/fwlink/?LinkID=135170.
At line:1 char:3
+ . "C:\Program Files (x86)\VMware\Infrastructure\vSphere
PowerCLI\Scripts\Initial ...
+
    + CategoryInfo          : SecurityError: (:) [], PSSecurityException
    + FullyQualifiedErrorId : UnauthorizedAccess
PS C:\Windows\system32> Set-ExecutionPolicy RemoteSigned

Execution Policy Change
The execution policy helps protect you from scripts that you do not trust.
Changing the execution policy might expose you to the security risks described
in the about_Execution_Policies help topic at
http://go.microsoft.com/fwlink/?LinkID=135170. Do you want to change the
execution policy?
[Y] Yes  [N] No  [S] Suspend  [?] Help (default is "Y"):
PS C:\Windows\system32> Get-ExecutionPolicy
RemoteSigned
PS C:\Windows\system32>
```

Abbildung 5.128 So setzen Sie die Ausführungsrichtlinie.

Nun können Sie in die Weiten der PowerCLI eintauchen und Ihre Infrastruktur mit ihr administrieren.

> **Hinweis:**
> Die Basis für die PowerCLI ist die Windows PowerShell. Es gibt aber auf der VMware-Fling-Webseite ein Tool, das PowerCLI-Befehle auf anderen Betriebssystemen zur Verfügung stellt. Dieses Tool ist mittlerweile ins Release eingeflossen, d. h., mit der Version 10.0 ist die Unterstützung offiziell.

5.13.7 Zertifikate

Bei den Zertifikaten haben sich mit vSphere 6.x wesentliche Verbesserungen ergeben. Das Konzept ist dabei mehrstufig. Es gibt grundsätzlich mehrere unterschiedliche Arten von Zertifikaten (siehe Tabelle 5.15).

Zertifikat	Beschreibung
ESXi-Zertifikat	ESXi-Zertifikate werden erstellt, wenn eine Verbindung zwischen Host und vCenter aufgenommen wird. Sie werden im Filesystem des Hosts im Ordner /etc/vmware/ssl abgelegt.
Maschinen-Zertifikat	Die Maschinen-Zertifikate bilden die Basis für die sichere Kommunikation zwischen Client und Host per SSL. Dabei hält jeder Knoten ein eigenes Zertifikat. So gilt z. B. ein Zertifikat für alle Dienste, die ein PSC bereitstellt.
Solution-Zertifikat	Solution-Zertifikate werden benutzt, um Lösungen am VMware SSO-Server anzumelden.
vCenter-SSO-Zertifikat	Der Identitätsanbieterdienst des SSO-Servers stellt Token aus. Ein solches Token dient als Basis für die Authentifizierung in der kompletten vSphere-Umgebung. Dabei werden die Gruppen- bzw. User-Informationen in dem Token abgespeichert. Bei der Erstellung des Tokens erfolgt eine Signierung mit einem Serverzertifikat. So ist gewährleistet, dass das Token aus einer vertrauenswürdigen Quelle stammt. Im normalen Betrieb ist es nicht notwendig, beim SSO-Server Serverzertifikate auszutauschen.

Tabelle 5.15 Zertifikatstypen in vSphere-Umgebungen

Die Bereitstellung erfolgt über einen Reverse-HTTP-Proxy. Dieser Proxy verwaltet die Zertifikate für den vCenter Server, den Inventory Service, das Single Sign-On, den Web Client und den Log-Browser. Durch die Einführung des Proxys müssen nicht mehr alle Zertifikate getauscht werden, wenn ein Tausch gewünscht ist, sondern nur eines. Das ist für den Fall relevant, wenn Sie die Zertifikate tauschen wollen.

Durch die architektonischen Änderungen am vCenter Server ergibt sich damit ein Zertifikat-Endpoint für eine All-in-One-Installation, d. h., dass der *Platform Services Controller* (PSC) und *vCenter Server* auf einer Maschine bereitgestellt werden. Im Falle einer getrennten Bereitstellung von PSC und vCenter Server ergeben sich zwei Zertifikat-Endpoints.

In vCenter Server findet sich als weitere Komponente die *VMware Certificate Authority* (VMCA). Sie ist für das Ausstellen der Zertifikate verantwortlich. Es gibt dabei zwei Möglichkeiten der Konfiguration der VMCA: Sie kann als Hauptzertifizierungsstelle fungieren oder in einer bestehenden CA als Zwischenzertifizierungsstelle agieren.

Zertifikat-Tools

Zur Unterstützung des Zertifikatmanagements gibt es einige Tools. Die Tools unterscheiden sich je nach durchzuführender Aufgabe und danach, in welchem Bereich die Zertifikate getauscht werden sollen.

Zur *VMware Certificate Authority* (VMCA) liefert VMware eine Komponente für das Zertifikatsmanagement. Sie finden das Tool im Filesystem der jeweiligen vCenter-Maschine. Unter Windows liegt das Tool unter *<Installations Directory>\Program Files\VMware\vCenter Server\vmcad\certificate-manager.bat*. Auf der VCSA findet sich das Tool unter */usr/lib/vmware-vmca/bin/certool*.

Der *VMware Endpoint Certificate Store* (VECS) ist für die Verwaltung der Zertifikat-Trusts verantwortlich. Es gibt drei Stores: einen für die VMware-Root-CA, einen für Maschinenzertifikate und einen für Solution-User.

Für das Management der Trusts gibt es ebenfalls ein eigenes Tool namens *vecs-cli.exe*. Auch hier gibt es zwei unterschiedliche Ablageorte. Unter Windows liegt das Tool unter *<Installations Directory>\Program Files\VMware\vCenter Server\vmafd\vecs-cli.exe*. Wenn Sie help eingeben, zeigen sich die möglichen Optionen des Tools (siehe Abbildung 5.129).

Auf der VCSA findet sich das Tool unter */usr/lib/vmware-vmafd/vecs-cli*. Wenn Sie den Parameter help eingeben, zeigt sich auf der Linux-Appliance die Ausgabe aus Abbildung 5.130.

Positiv fällt auf, dass das Tool in beiden Fällen gleich »funktioniert«: Hier gibt es nicht zwei Tools für dieselbe Aufgabe mit unterschiedlicher Syntax.

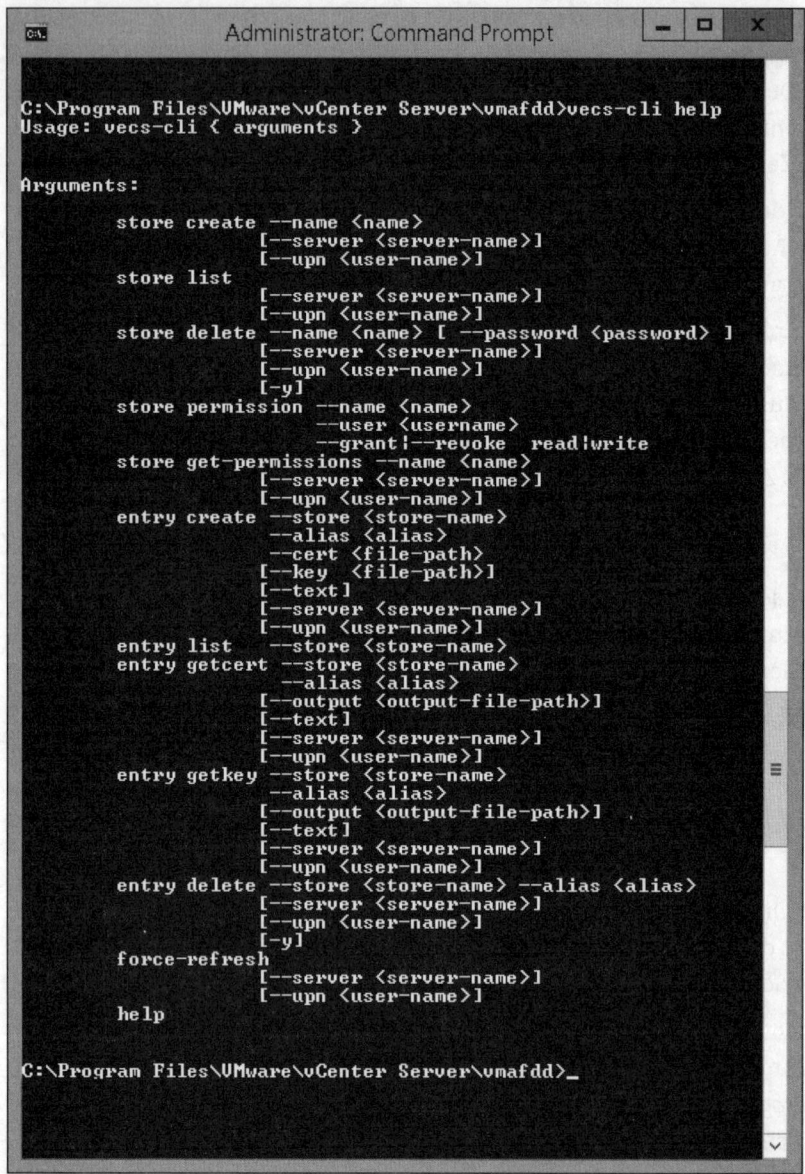

Abbildung 5.129 Optionen des Tools »vecs-cli.exe« unter dem Windows-vCenter

Gleiches gilt für die weiteren Tools. Das Management der Solution-Zertifikate erfolgt mit dem Programm *dir-cli*. Sie finden die ausführbare Datei im gleichen Verzeichnis wie *vecs-cli*.

Sie können auch alle Austauscharbeiten mit dem *Certificate Manager* durchführen.

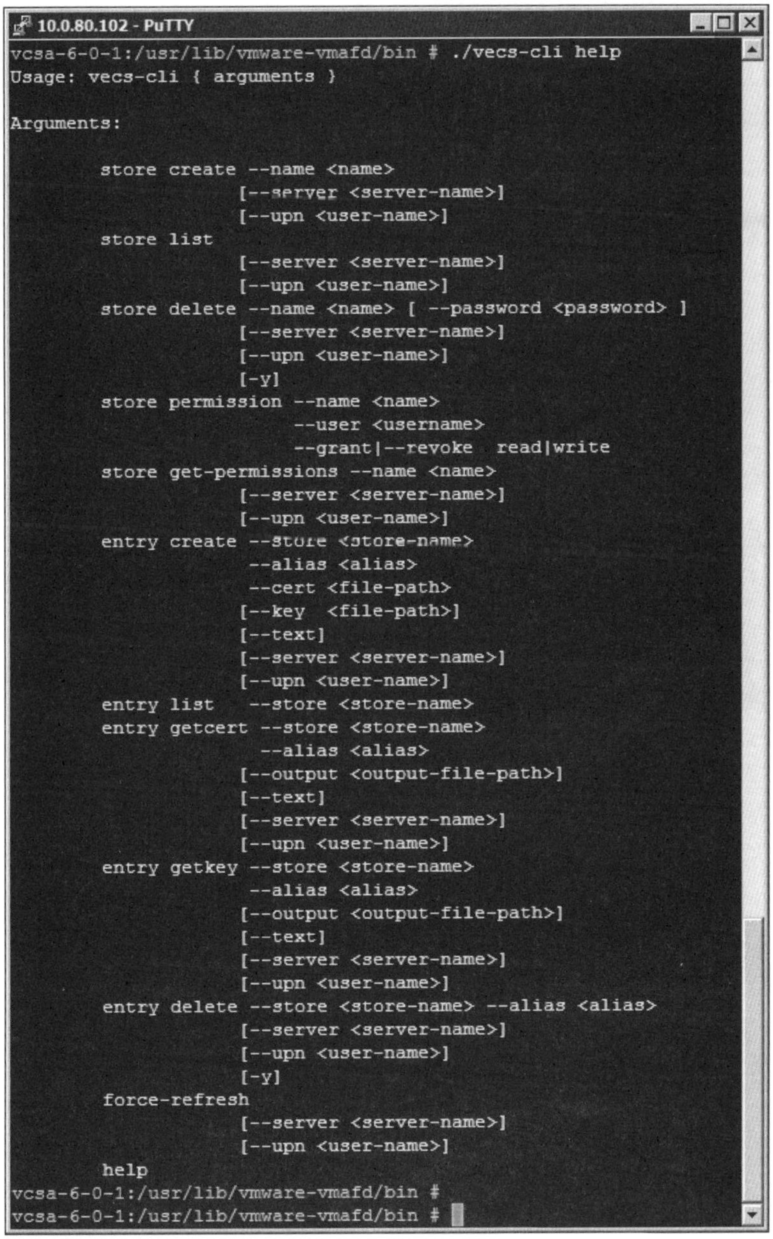

```
10.0.80.102 - PuTTY                                                    _ □ ×
vcsa-6-0-1:/usr/lib/vmware-vmafd/bin # ./vecs-cli help
Usage: vecs-cli { arguments }

Arguments:

        store create --name <name>
                     [--server <server-name>]
                     [--upn <user-name>]
        store list
                     [--server <server-name>]
                     [--upn <user-name>]
        store delete --name <name> [ --password <password> ]
                     [--server <server-name>]
                     [--upn <user-name>]
                     [-y]
        store permission --name <name>
                         --user <username>
                         --grant|--revoke read|write
        store get-permissions --name <name>
                     [--server <server-name>]
                     [--upn <user-name>]
        entry create --store <store-name>
                     --alias <alias>
                     --cert <file-path>
                     [--key <file-path>]
                     [--text]
                     [--server <server-name>]
                     [--upn <user-name>]
        entry list   --store <store-name>
        entry getcert --store <store-name>
                      --alias <alias>
                     [--output <output-file-path>]
                     [--text]
                     [--server <server-name>]
                     [--upn <user-name>]
        entry getkey --store <store-name>
                     --alias <alias>
                     [--output <output-file-path>]
                     [--text]
                     [--server <server-name>]
                     [--upn <user-name>]
        entry delete --store <store-name> --alias <alias>
                     [--server <server-name>]
                     [--upn <user-name>]
                     [-y]
        force-refresh
                     [--server <server-name>]
                     [--upn <user-name>]
        help
vcsa-6-0-1:/usr/lib/vmware-vmafd/bin #
vcsa-6-0-1:/usr/lib/vmware-vmafd/bin #
```

Abbildung 5.130 Optionen des Tools »vecs-cli.exe« unter der VCSA

Austausch von Zertifikaten

Sollte die Notwendigkeit bestehen, die Standardzertifikate von VMware zu ersetzen, so gibt es einiges zu tun. Grundsätzlich sind dafür unterschiedliche Aktionen mit mehreren Arbeitsschritten notwendig. Für diese Aufgabe verwenden Sie am besten den *Certificate Manager*.

Nach dem Start der Batchdatei sehen Sie eine Reihe von Menüauswahlpunkten wie in Abbildung 5.131.

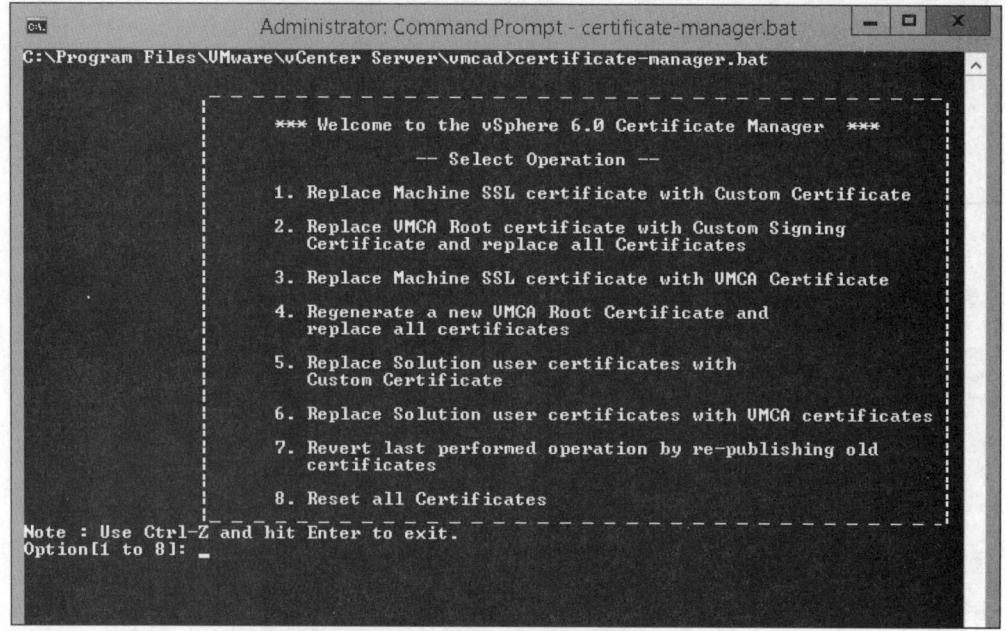

Abbildung 5.131 Auswahlmöglichkeiten im Certificate Manager

In Tabelle 5.16 schlüsseln wir auf, welche Aktionen sich hinter den einzelnen Menüpunkten verbergen.

Auswahlpunkt	Menüpunkt	Beschreibung
1	Replace Machine SSL certificate with Custom Certificate	Nutzen Sie diesen Menüpunkt, um das Maschinen-SSL-Zertifikat durch ein benutzerdefiniertes Zertifikat zu ersetzen.
2	Replace VMCA Root certificate with Custom Signing Certificate and replace all Certificates	Falls die VCMA als Zwischenzertifizierungsstelle fungiert, können Sie hier das Zertifikat der CA einbinden.
3	Replace Machine SSL certificate with VMCA Certificate	Hiermit können Sie das Maschinen-SSL-Zertifikat durch ein VMCA-Zertifikat ersetzen.

Tabelle 5.16 Auswahlmenüpunkte des Certificate Managers

Auswahlpunkt	Menüpunkt	Beschreibung
4	Regenerate a new VMCA Root Certificate and replace all certificates	Alle Maschinen-SSL-Zertifikate und lokalen Solution-Benutzerzertifikate werden hier ausgetauscht, nachdem zuvor ein neues VCMA-Root-Zertifikat erstellt worden ist. In Umgebungen mit mehreren PSC-Systemen muss der Befehl zuerst auf dem PSC und anschließend auf allen vCenter-Servern durchgeführt werden.
5	Replace Solution user certificates with Custom Certificate	Hiermit können Sie Solution-Benutzerzertifikate durch benutzerdefinierte Zertifikate ersetzen.
6	Replace Solution user certificates with VMCA certificates	Hiermit können Sie Solution-Benutzerzertifikate durch VCMA-Zertifikate ersetzen.
7	Revert last performed operation by re-publishing old certificates	Jede Aktion im Certificate Manager führt dazu, dass die letzten Zertifikate im BACKUP_STORE abgespeichert werden. Diese Auswahl führt ein Rollback durch und spielt die Zertifikate im letzten Stand wieder ein.
8	Reset all Certificates	Alle vorhandenen vCenter-Zertifikate werden durch VCMA-Zertifikate ersetzt.

Tabelle 5.16 Auswahlmenüpunkte des Certificate Managers (Forts.)

Nach dem Aufruf einzelner Menüpunkte können unter Umständen weitere Auswahlpunkte angezeigt werden. Wir möchten Ihnen hier an einem Beispiel erklären, wie Sie das vorhandene Zertifikat gegen ein eigenes Zertifikat austauschen.

Zu Beginn müssen Sie die Beispieldatei für ein Zertifikat editieren. Es empfiehlt sich, die Beispieldatei zu kopieren und die Kopie zu nutzen. Sie finden die Datei im Pfad */usr/lib/vmware-vmca/share/config/certool.cfg* bei VCSA (und unter *<Installations Directory>\Program Files\VMware\vCenter Server\vmcad\certool.cfg* beim Windows-vCenter). Es handelt sich um eine einfache Textdatei.

```
# Template file for a CSR request
#
```

```
# Country is needed and has to be 2 characters
Country = US
Name = Acme
Organization = AcmeOrg
OrgUnit = AcmeOrg Engineering
State = California
Locality = Palo Alto
IPAddress = 127.0.0.1
Email = email@acme.com
Hostname = server.acme.com
```

Listing 5.4 Mitgeliefertes »certool.cfg«-Template

> **Hinweis**
>
> Nutzen Sie bitte den IPAddress-Eintrag nicht! Der Support von VMware für diesen Eintrag fällt weg, weil sich IP-Adressen ändern können und dann ein Zertifikatswechsel notwendig wäre.

Nachdem Sie die Beispieldatei angepasst haben, müssen Sie den Certificate Manager starten und den ersten Menüpunkt auswählen. Um eine Verbindung zum System herzustellen, müssen Sie das gültige SSO-Passwort kennen. Es erfolgt eine Auswahl mit zwei Menüpunkten (siehe Abbildung 5.132).

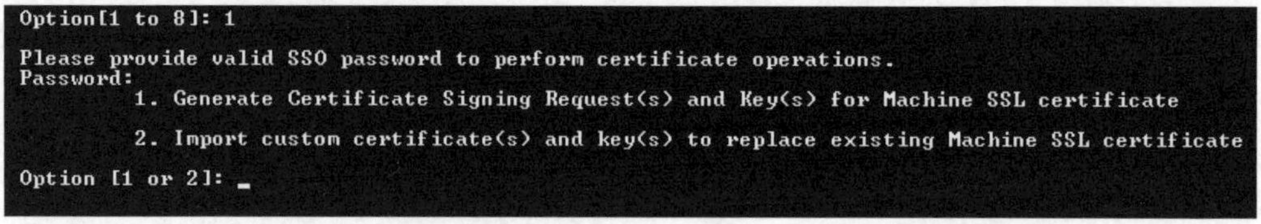

```
Option[1 to 8]: 1
Please provide valid SSO password to perform certificate operations.
Password:
        1. Generate Certificate Signing Request(s) and Key(s) for Machine SSL certificate
        2. Import custom certificate(s) and key(s) to replace existing Machine SSL certificate
Option [1 or 2]: _
```

Abbildung 5.132 Auswahl zur Generierung oder zum Import eines Zertifikats

Im folgenden Schritt legen Sie fest, wo das Zertifikat im Filesystem abgespeichert werden soll. Abgespeichert wird das Zertifikat unter dem Namen *machine_SSL.csr*.

Jetzt muss das erstellte Zertifikat an der Root-Zertifizierungsstelle registriert werden. Welche Schritte folgen, hängt davon ab, welche CA Sie einsetzen. Als Ergebnis erhalten Sie ein Root-Zertifikat. Abschließend muss das Zertifikat importiert werden. Dazu nutzen Sie den Menüpunkt 1. unten in Abbildung 5.133. Damit sind die Arbeitsschritte abgeschlossen.

Falls Sie sich schon bei den Vorversionen mit Zertifikaten beschäftigt haben, sehen Sie sofort, dass VMware hier stark nachgebessert hat.

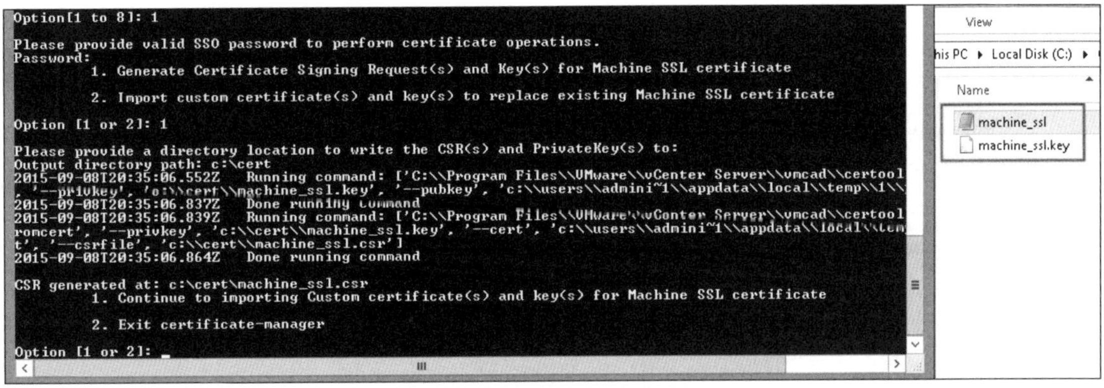

Abbildung 5.133 Erzeugung von Zertifikat und Private Key

5.14 VMware vCenter Converter Standalone

Der *VMware vCenter Converter* ist nur noch in einer Version erhältlich, die ohne vCenter Server lauffähig ist: in der *Standalone*-Version. Es handelt sich um eine reine Client-Server-Anwendung. In diesem Abschnitt gehen wir kurz auf die Installation des Produkts ein.

Bevor die Installation gestartet werden kann, müssen Sie das Tool von der VMware-Website herunterladen (siehe Abbildung 5.134). Außer einem gültigen Account wird nichts weiter benötigt, weil das Tool selbst frei ist.

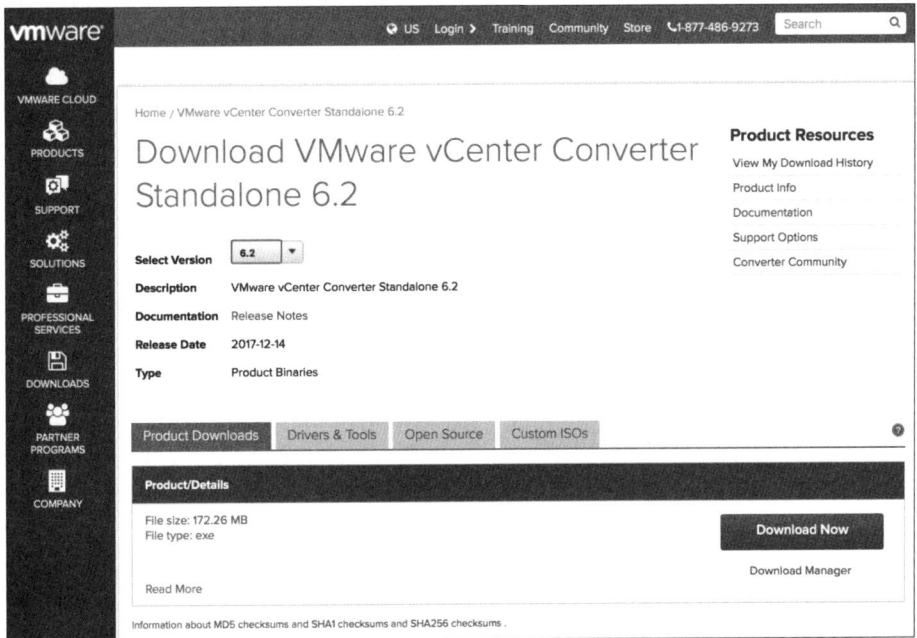

Abbildung 5.134 Download des vCenter Converter

Wenn Sie auf die URL *https://my.vmware.com/web/vmware/details?downloadGroup=CON V62&productId=701&rPId=20180* gehen, finden Sie alle Converter-Versionen ab dem Release 6.0. Schade ist, dass der letzte Offline-Converter hier nicht mehr zu finden ist.

Nach dem Start des Installationsprogramms und der Bestätigung des *Patent Agreements* und des EULA erscheint das Fenster für die Angabe des Installationspfades. Danach folgt die Auswahl des Installationstyps wie in Abbildung 5.135.

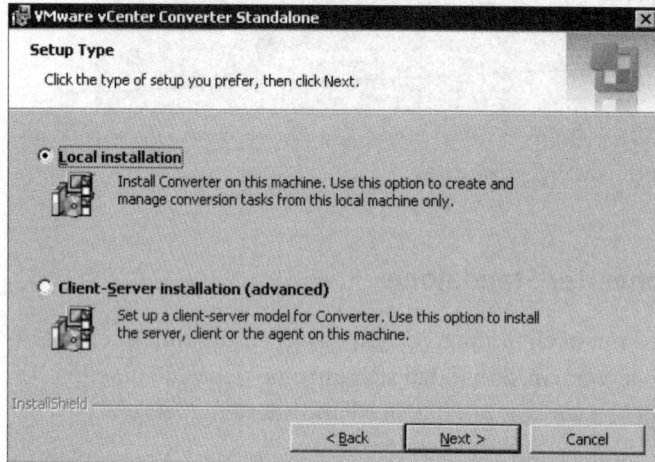

Abbildung 5.135 Auswahl der Installationsmethode

Der obere Punkt, LOCAL INSTALLATION, führt einfach eine Installation durch. Konvertierungen können von hier aus verwaltet werden. Keine weiteren Einstellmöglichkeiten trennen Sie von der endgültigen Installation. Beim zweiten Punkt, CLIENT-SERVER INSTALLATION (ADVANCED), besteht die Möglichkeit, Teile der Client-Server-Applikation *vCenter Server Standalone* zu installieren. Diese Software besteht aus drei Komponenten: dem *Converter Server*, dem Agenten und dem Client. Beim Server handelt es sich um den Server-Teil der Applikation. Der Client wird benötigt, um auf den Server-Teil zuzugreifen. Der Agent wird auf den Systemen installiert, die virtualisiert werden sollen.

Bei der Standardinstallation werden alle Komponenten zusammen installiert. Im folgenden Dialog können Sie die Auswahl der Komponenten aber noch anpassen.

Sobald Sie die Eingabe bestätigen, beginnt die eigentliche Installation der Softwarekomponenten. Sie können die Installation mit dem automatischen Start des Clients abschließen. Jetzt steht das Tool für den Import von Computern in die virtuelle Infrastruktur bereit.

5.15 Hochverfügbarkeit für vCenter Server und Komponenten

Der *vCenter Server* von VMware ist extrem wichtig für das Management von virtuellen Infrastrukturen. Grundlegende Funktionen stehen nicht mehr zur Verfügung, wenn der Management-Server ausfällt. Diesen Aspekt sollten Sie bei der Planung von virtuellen Infrastrukturen berücksichtigen. In die Planung fließen die folgenden Faktoren ein:

- Welche Funktionen des vCenter Servers werden genutzt?
- Ist die Datenbank auf dem vCenter-Server installiert?
- Wie lange kann ein Ausfall verkraftet werden?

Zur Absicherung des vCenters kann auch die Funktion *Fault Tolerance* genutzt werden, solange das vCenter nicht mehr als 4 vCPUs besitzt.

> **Hinweis**
>
> Bedenken Sie, dass jedes Konstrukt nur so verfügbar ist wie das schwächste Glied in der Kette. Soll das vCenter hochverfügbar sein, so müssen auch die Datenbank und der Platform Services Controller (PSC) einer entsprechenden Verfügbarkeit genügen. Das bedeutet am Ende, dass der Datenbank-Server ebenfalls ein Cluster sein muss und dass es mindestens zwei PSCs geben muss.

Mit vSphere 6.0 ergab sich hier eine Änderung, auf die Sie achten müssen: Die Zweiteilung des Systems seit dieser Version ist auch beim Thema Hochverfügbarkeit zu berücksichtigen.

5.15.1 Der Platform Services Controller

Eine All-in-One-Installation können Sie mit den hier und in den folgenden Abschnitten vorgestellten Möglichkeiten ohne Probleme durchführen. Ist aber eine Trennung von PSC und vCenter erfolgt, dann gibt es weitere Punkte, die Sie beachten müssen. Ein PSC kann singulär oder in Redundanz aufgebaut werden. Die Systeme gleichen sich automatisch ab. Beim Redundanzbetrieb müssen Sie aber einen Loadbalancer hinter dem PSC-Verbund und mindestens ein singuläres oder ein geclustertes vCenter einrichten (siehe Abbildung 5.136).

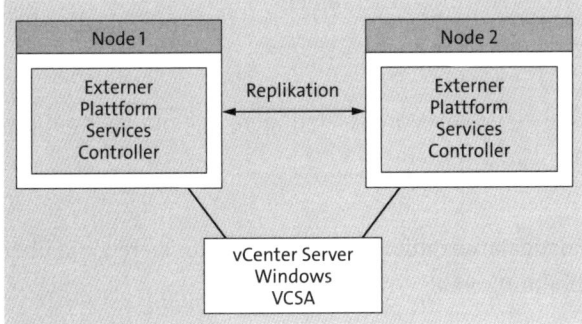

Abbildung 5.136 Aufbau mit redundantem PSC

Wie Sie sehen, es ist gar nicht so kompliziert, die Ausfallsicherheit der PSC-Komponente zu realisieren.

Mit einer entsprechenden höheren Verfügbarkeit des vCenter Servers sähe das Ganze dann so aus wie in Abbildung 5.137. Das gilt aber nur für das Windows-basierte vCenter, denn bei der VCSA wird eine externe Datenbank nicht unterstützt.

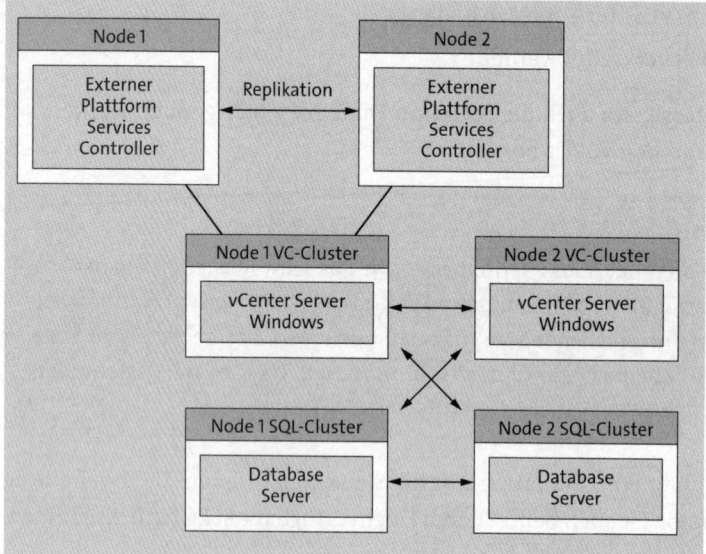

Abbildung 5.137 Redundanter PSC mit redundantem vCenter

5.15.2 vCenter HA für die VCSA

VMware hat eine Möglichkeit geschaffen, die Verfügbarkeit der *vCenter Server Appliance* (VCSA) mit vCenter HA zu erhöhen. Diese Funktion erzeugt einen Cluster aus insgesamt drei VCSAs.

Bevor wir näher auf die Bereitstellung einer vCenter-HA-Umgebung eingehen, wollen wir zunächst die Architektur und die Funktion des Features beschreiben.

Architektur

Für die Nutzung der Funktion gibt es eine Reihe von Voraussetzungen. Es gibt zwei Konfigurationen, die für diese Technologie unterstützt werden:

- eine VCSA mit integriertem PSC
- zwei externe PSCs, die über einen Loadbalancer mit der VCSA kommunizieren, die über vCenter HA abgesichert ist (siehe Abbildung 5.138).

> **Hinweis**
>
> Sollen mehrere vCenter Server mit dem PSC verbunden werden, müssen Sie auf jeden Fall mit externen PSCs und Loadbalancern arbeiten.

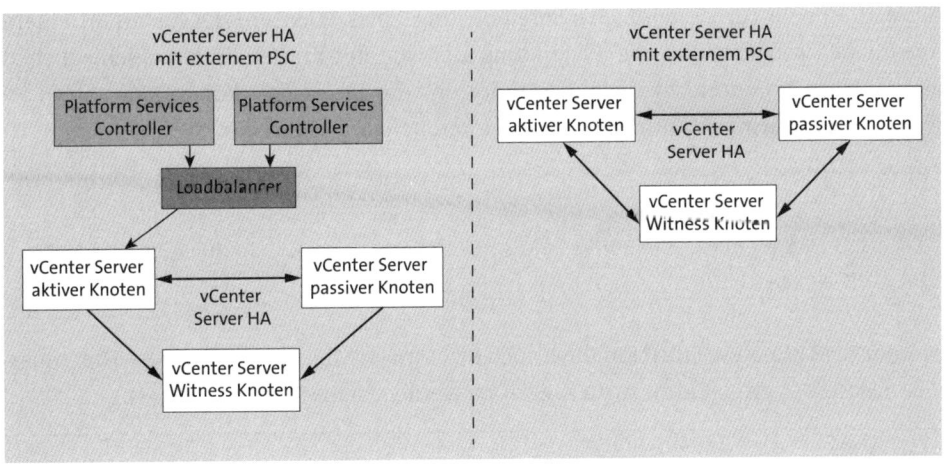

Abbildung 5.138 vCenter HA mit internem bzw. externem PSC

Letztendlich wird mit Bordmitteln des unterliegenden Betriebssystems aus der VCSA ein Drei-Knoten-Cluster in der Konstellation *aktiv/passiv/Quorum* erstellt. Hinter dem Quorum verbirgt sich die sogenannte *Witness-Appliance*. Basis für die beiden zusätzlichen Appliances ist immer die produktive VCSA. Als Kopie dieser VM werden der passive Knoten und die Witness-VCSA erstellt. In der virtuellen Infrastruktur wird für die Kommunikation der drei VMs untereinander ein zusätzliches virtuelles Netzwerk benötigt. Über das Managementnetzwerk ist immer nur die aktive VCSA erreichbar.

Welchen Vorteil bietet Ihnen diese Funktion? Man könnte eine VCSA ja auch mit *vSphere HA* absichern. Letzteres ist zwar möglich, aber es kann nicht definiert werden, wie lange die Ausfallzeit der VCSA wirklich dauert. Je nach Anzahl der ausgefallenen VMs kann das Starten der VCSA auch länger dauern, denn unter Umständen findet auch noch ein Check des Filesystems statt.

Beim Einsatz von vCenter HA ist ein *Recovery Time Objective* (RTO) von fünf Minuten hinterlegt. Es gehen also maximal die Daten der letzten fünf Minuten verloren. Damit hat der Administrator einen definierten Verlust, mit dem er umgehen kann. Die Datenbankinformationen werden synchron gespiegelt, eine Filesynchronisation erfolgt asynchron. Damit die genannten Zeiten auch wirklich eingehalten werden können, ist es sinnvoll, vCenter HA nur in Umgebungen zu nutzen, die aus mindestens drei vSphere-Hosts bestehen. In diesem Fall kann jede VCSA auf einem Host abgelegt werden. In Umgebungen mit nur einem Host könnten im ungünstigsten Fall zwei VCSA auf einmal wegbrechen, falls es zu einem Hostausfall kommt.

Bereitstellung

Die Erstellung eines solchen Clusters kann auf zwei Weisen erfolgen: automatisch (*Basic*-Modus) oder auf eine Weise, bei der der Administrator eingreifen muss (*Advanced*-Modus).

Der Basic-Modus ist für die einfache Bereitstellung eines vCenter-HA-Clusters in einem vSphere-Cluster gedacht. Soll die Platzierung der vCenter-Knoten in unterschiedlichen vSphere-Clustern, an unterschiedlichen Standorten oder in verschiedenen Datacentern erfolgen, dann muss zwingend mit der Advanced-Bereitstellung gearbeitet werden.

> **Achtung**
> Ist im Cluster DRS aktiviert, funktioniert die Bereitstellung nur, wenn mindestens drei Hosts Mitglied des Clusters sind!

Im Sommer 2018 war diese Funktionalität noch nicht im HTML5-Client integriert. Hier musste auf den Flash-basierten Client zurückgegriffen werden (siehe Abbildung 5.139).

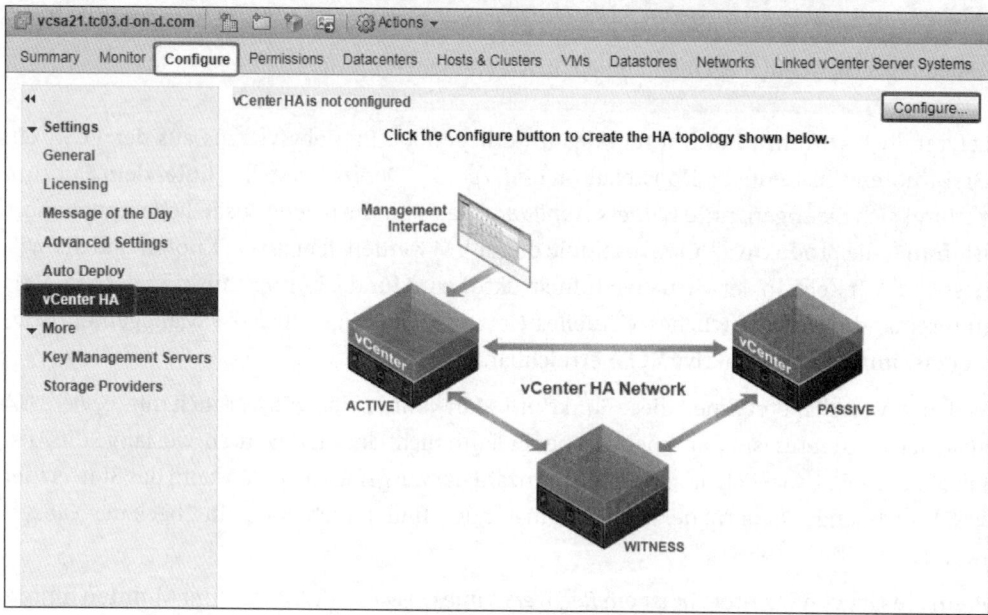

Abbildung 5.139 Einrichten von »vCenter HA«

Bei der Bereitstellung müssen Sie einige Dinge beachten. Egal welche Installationsart Sie gewählt haben, muss auf jeden Fall zuerst ein Netzwerk erstellt werden, über das die drei VCSAs miteinander kommunizieren können.

Nach dem Erstellen einer Portgruppe für vCenter HA beginnen wir mit dem BASIC-Modus (siehe Abbildung 5.140) zur Bereitstellung.

Im Dialog aus Abbildung 5.141 folgt die Angabe des Netzwerks für den vCenter-HA-Datenverkehr. Das ist an dieser Stelle die IP-Adresse des aktiven Knotens der VCSA. Zusätzlich benötigt die Routine die passende Portgruppe.

5.15 Hochverfügbarkeit für vCenter Server und Komponenten

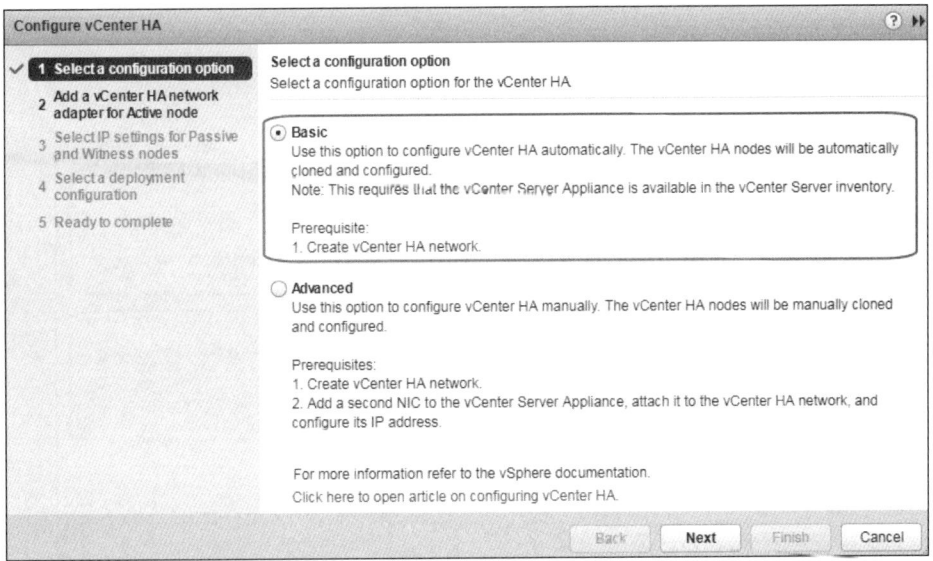

Abbildung 5.140 Basic-Modus zur Bereitstellung von »vCenter HA«

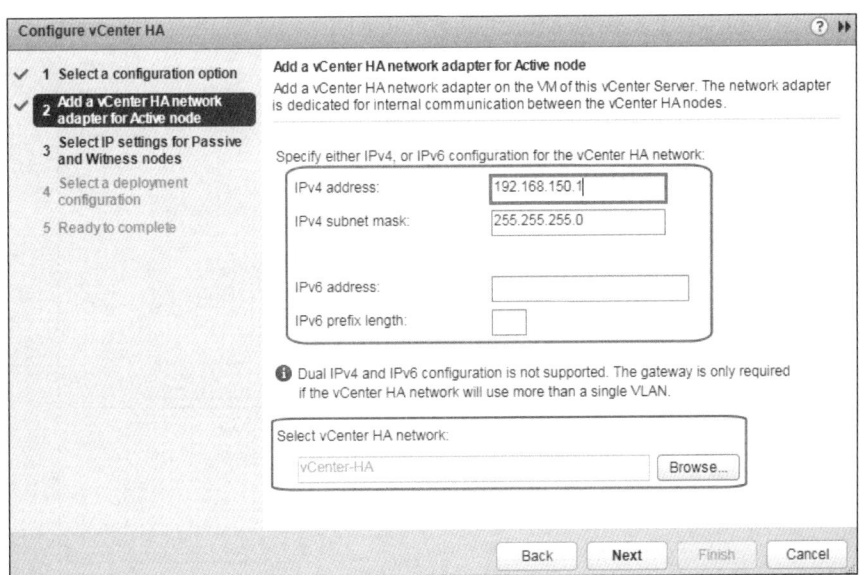

Abbildung 5.141 IP-Einstellungen für »vCenter HA«

Im nächsten Schritt wird die IP-Konfiguration für das *Heartbeat-Netzwerk* des Clusters angezeigt (siehe Abbildung 5.142). Die Felder sind mit dem Beispielnetzwerk gefüllt. Hier müssen noch passende IP-Adressen eingetragen werden!

Über die beiden ADVANCED-Schaltflächen können Sie die Einstellung der Netzwerke manuell ändern, wenn dies gewünscht ist.

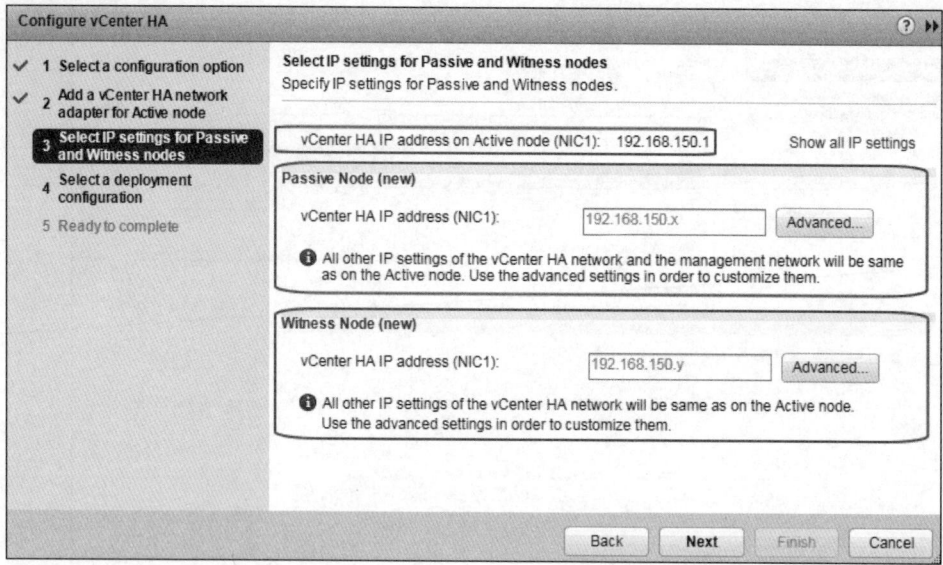

Abbildung 5.142 IP-Einstellungen des Heartbeat-Netzwerks

In der Zusammenfassung werden unter Umständen einige Hinweise angezeigt (siehe Abbildung 5.143).

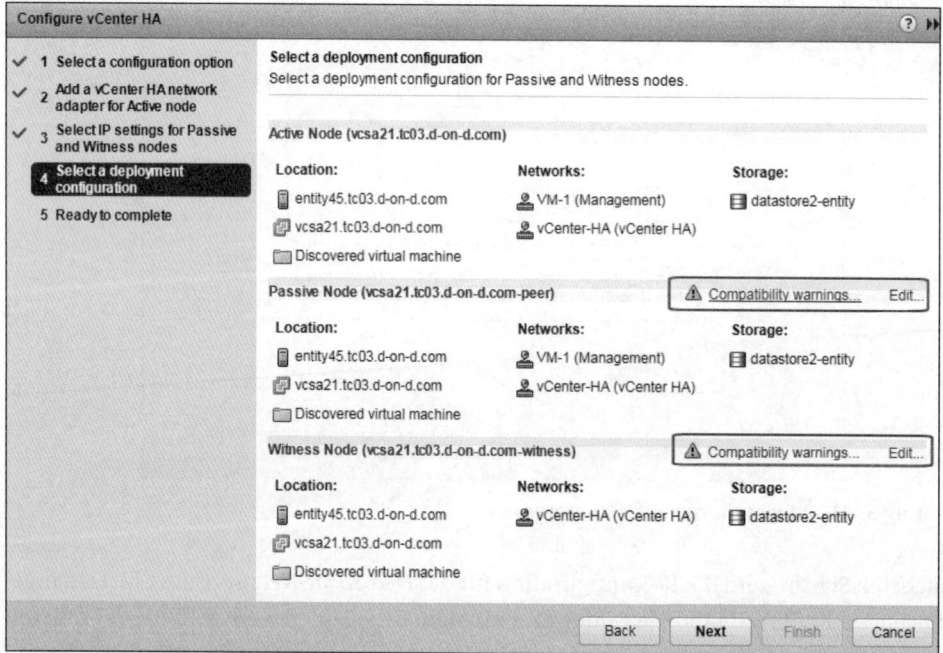

Abbildung 5.143 Konfiguration der VMs für »vCenter HA«

Die beiden markierten Hinweise beziehen sich darauf, dass die VCSA-Systeme auf dem gleichen Datastore abgelegt werden, was dem Clusterkonstrukt eigentlich widerspricht. Aber für die Testumgebung hier ist das so weit in Ordnung.

Nach der Anzeige der Zusammenfassung – auch dort gibt es noch einmal die Möglichkeit, die Konfiguration anzupassen – laufen die Bereitstellungsschritte ab. Es werden zwei Duplikate der bestehenden VCSA erstellt, und zu allen drei Systemen wird jeweils eine weitere Netzwerkkarte eingebunden und für das vCenter-HA-Netzwerk, den Hearbeat, konfiguriert.

Die Bereitstellung an sich geht sehr schnell und dauert circa fünf Minuten.

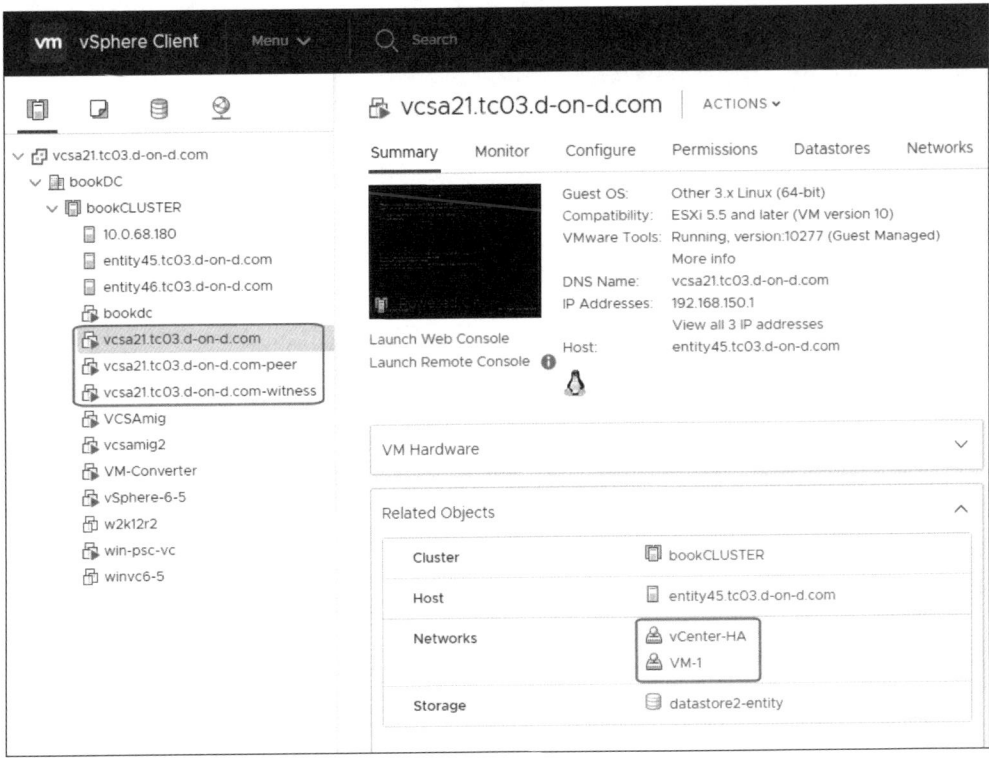

Abbildung 5.144 »vCenter HA« ist bereitgestellt.

Im Client zeigt sich nun, was sich durch die Bereitstellung alles geändert hat (siehe Abbildung 5.145). Es gibt nun drei VCSA-Systeme. Der aktive Knoten trägt den ursprünglichen Namen, der passive Knoten hat den ursprünglichen Namen plus der Endung *-peer* und der dritte Knoten trägt die Namensendung *-witness*.

Die Bereitstellung im ADVANCED-Modus ist ähnlich einfach, erfordert aber zusätzliche Eingriffe. Sie beginnen hier mit dem Anlegen einer Portgruppe und mit dem Festlegen der IP-Konfiguration (siehe Abbildung 5.146).

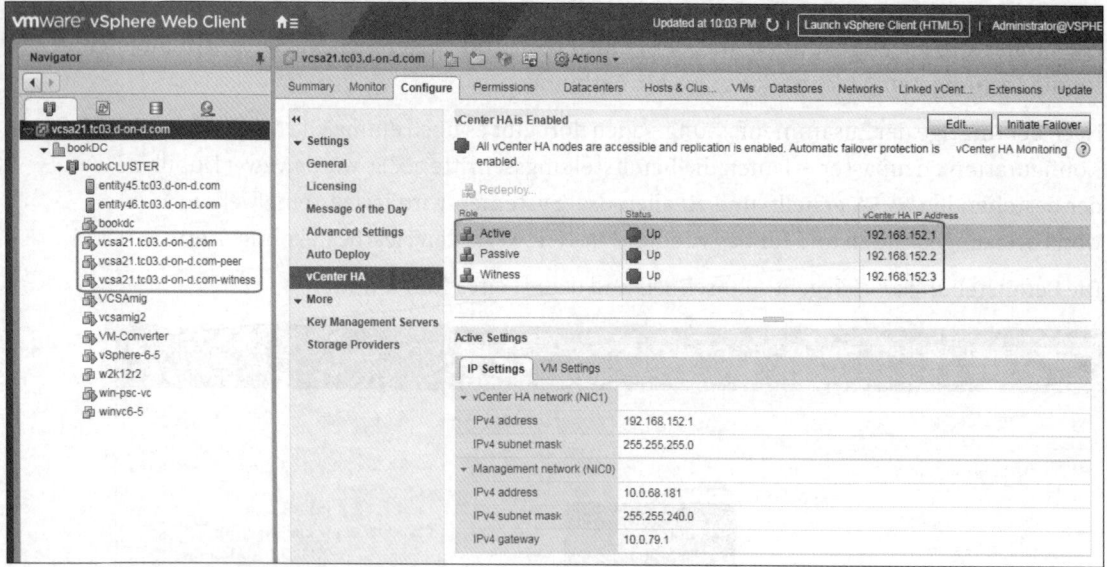

Abbildung 5.145 Bereitgestellter »vCenter HA«-Cluster

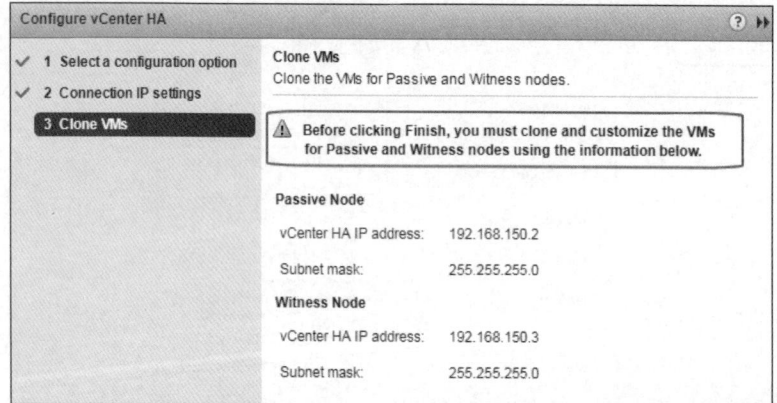

Abbildung 5.146 Advanced-Modus: Anzeige der Netzwerkkonfiguration

Wie oben beschrieben, muss jetzt durch den Administrator das Kloning der vCenter-Server erfolgen, und zwar für den passiven und für den Witness-Knoten. Mehr verbirgt sich nicht hinter der Advanced-Bereitstellung, aber nur dieser Weg ist geeignet, um den vCenter-Cluster über vSphere-Cluster- bzw. vCenter-Grenzen hinweg bereitzustellen.

Wichtig für die Ausfallsicherheit ist natürlich, dass jedes der drei VCSA-Systeme auf einem eigenen Host laufen sollte. Liegen zwei VCSAs auf einem Host und fällt dieser aus, ist das der Verfügbarkeit nicht zuträglich. Damit ein solches Szenario nicht eintritt, wird bei der Installation automatisch eine Regel eingerichtet, die vorschreibt, dass die Systeme nicht zusammen auf einem Host laufen dürfen (siehe Abbildung 5.147).

5.15 Hochverfügbarkeit für vCenter Server und Komponenten

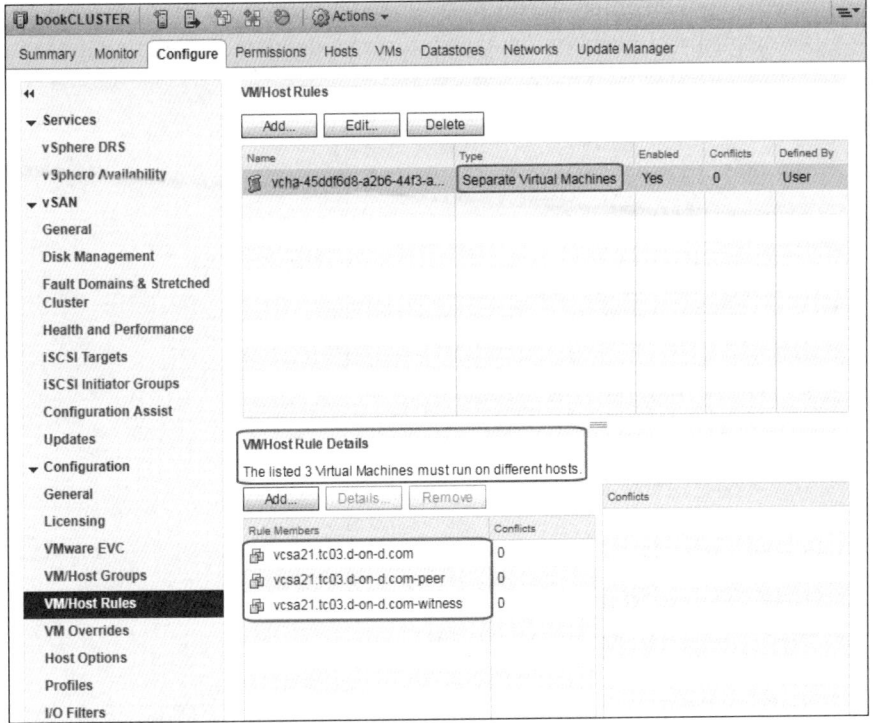

Abbildung 5.147 Separierung der VCSA-Systeme über verschiedene Hosts

Die Regeln werden natürlich nur angelegt, wenn die Hosts und die VCSA-Server Mitglied in einem DRS-Cluster sind.

Betrieb

Der Betrieb des Clusters gestaltet sich recht einfach. Im Client finden sich zwei zugehörige Menüpunkte für den Betrieb: EDIT und INITIATE FAILOVER (siehe Abbildung 5.148).

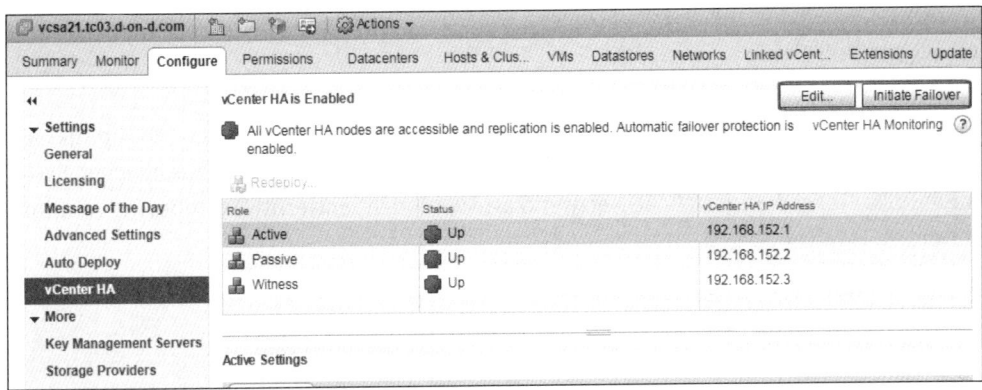

Abbildung 5.148 »vSphere HA«-Betrieb

Über die Auswahl EDIT können unterschiedliche Aktionen durchgeführt werden (siehe Abbildung 5.149). Die mögliche Auswahl und die dahinterliegenden Funktionen finden Sie in Tabelle 5.17.

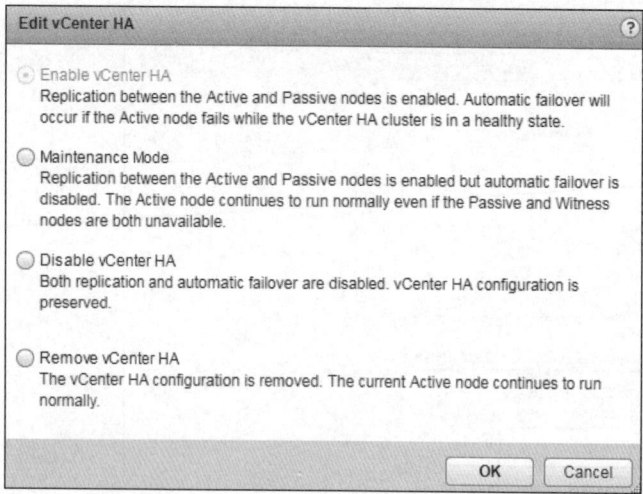

Abbildung 5.149 Betriebliche Aufgaben in »vSphere HA«

Auswahlpunkt	Beschreibung
ENABLE VCENTER HA	Reaktivierung von vCenter HA nach der Auswahl von MAINENTANCE MODE oder DISABLE VCENTER HA
MAINTENANCE MODE	Einstellung für Wartungsarbeiten. Es wird weiter repliziert, aber ein Failover findet nicht statt.
DISABLE VCENTER HA	Replikation und Failover werden hier deaktiviert.
REMOVE VCENTER HA	vCenter HA wird deaktiviert und der aktive Knoten wird zum »normalen« vCenter Server.

Tabelle 5.17 Betrieb von »vSphere HA«

Der Rückbau des Clusters gestaltet sich ganz einfach. Sie müssen nur den Menüpunkt REMOVE VCENTER wählen, dann baut die Deinstallationsroutine die beiden zusätzlichen Systeme zurück. Einzig die zusätzliche Netzwerkkarte wird nicht entfernt! Das muss der Administrator von Hand erledigen.

Als Letztes testen Sie einen Failover über die Schaltfläche INITIATE FAILOVER. Eine zusätzliche Option ermöglicht einen sofortigen Failover (siehe Abbildung 5.150).

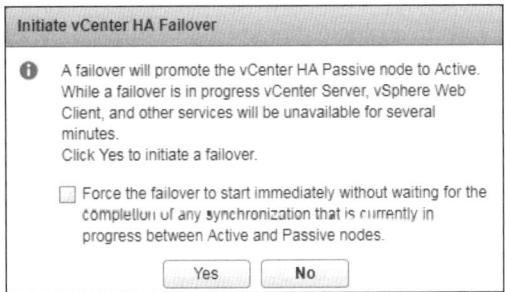

Abbildung 5.150 Failover-Test

Bei der Durchführung eines Failovers wird erst die Synchronisation abgeschlossen, um die noch fehlenden Daten zu übernehmen. Dann wird die passive VCSA aktiv geschaltet und die aktive wird passiv. Bitte bedenken Sie, dass die Dienste des vCenters erst gestartet werden müssen. Von daher ist es einfach zu verstehen, dass die Sitzungen mit dem Client auf das vCenter verloren gehen. Nach einer Wartezeit muss eine neue Verbindung hergestellt werden.

5.15.3 Hochverfügbarkeit mit einem Microsoft-Cluster für das vCenter

Für die Versionen 6.0 und 6.5 gibt es Support für ein vCenter auf einem Microsoft-Cluster (MSCS). Das gilt aber nicht nur für das vCenter, sondern auch für die zugehörige Datenbank. Erst mit diesen Version unterstützt VMware die Nutzung einer geclusterten Datenbank.

Dazu wird einfach ein Microsoft-Cluster erstellt, und in diesen Verbund werden die vCenter-Dienste aufgenommen. Für die Umsetzung gibt es ein Whitepaper, in dem genau erklärt wird, welche Arbeitsschritte durchzuführen sind. Wir möchten hier nicht näher darauf eingehen, weil das vCenter auf Windows ein Auslaufmodell ist.

> **Hinweis**
>
> Für die Version 6.7 gibt es noch keine Aussage, ob es Support für ein vCenter auf einem Microsoft-Cluster gibt.
>
> Achten Sie auf Aktualisierungen des Artikels unter *https://kb.vmware.com/s/article/1024051*

5.16 Lizenzierung

In diesem Abschnitt gehen wir kurz auf den im vCenter integrierten Lizenz-Server ein. In einer reinen vSphere-Umgebung benötigen Sie nur den integrierten Lizenz-Server.

5.16.1 Lizenzierung von vSphere

Den vSphere-Lizenz-Server finden Sie unter MENU • ADMINISTRATION • LICENSING • LICENSES. Hier pflegen Sie die Lizenzen der Umgebung ein (siehe Abbildung 5.151).

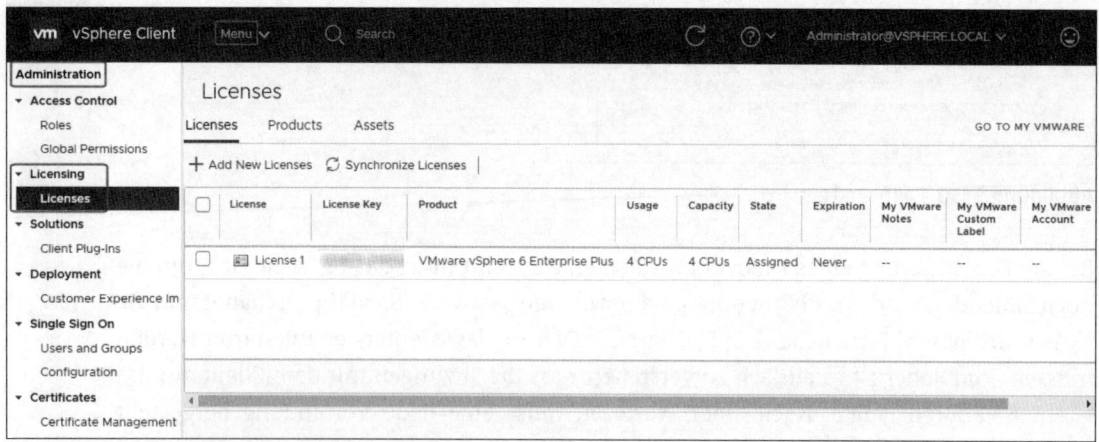

Abbildung 5.151 Pflegen von Lizenzen

Die neue VMware-vSphere-Version läuft ohne Angabe einer Lizenz 60 Tage als Evaluation – mit vollem Funktionsumfang. Gleiches gilt für vCenter Server.

Besitzen Sie bereits Lizenzen oder haben Sie Lizenzen bestellt, sind diese im VMware-Lizenzportal jederzeit abrufbar.

Kapitel 6
Verwaltungsmöglichkeiten

In diesem Kapitel erfahren Sie, wie Sie Ihre VMware Virtual Infrastructure verwalten. Wir werden auf alle Möglichkeiten der Verwaltung eingehen, die Sie in der VMware Virtual Infrastructure nutzen können.

Autor dieses Kapitels ist Bertram Wöhrmann
buch@ligarion.de

Nachdem Sie dieses Kapitel gelesen haben, werden Sie alle Möglichkeiten kennen, die Ihnen die Firma VMware zur Verfügung stellt, um Ihre virtuelle Infrastruktur zu administrieren. Dabei werden wir näher beleuchten, wann Sie welches Tool verwenden sollten. Durch den richtigen Einsatz des richtigen Tools ist es möglich, die Landschaft effektiv zu administrieren.

Bei den grafischen Benutzeroberflächen hat sich einiges an der Wertigkeit geändert. Es gibt zwar immer noch den *vSphere Web Client*, der auf Flash basiert, und daneben den *vSphere Client* auf HTML5-Basis, aber das führende Tool wird der vShpere Client werden, den wir im Folgenden auch als *HTML5-Client* bezeichnen.

> **Achtung**
> In den derzeitigen HTML5-Client (Stand: Juni 2018) sind noch nicht alle Funktionen integriert! VMware hat angekündigt, die fehlenden Funktionen bis zum Herbst 2018 nachzuliefern.

Wer den HTML5-Client noch nicht kennt, der wird sehen, dass sich seine Oberfläche doch stark von der des Flash-Web-Clients unterscheidet. Bevor wir aber auf diese Art der Administration eingehen, wollen wir uns der Host-Konsole widmen.

6.1 Die lokale Host-Konsole

Der ESXi-Host besitzt direkt auf der Serverkonsole eine Oberfläche, die einige rudimentäre Konfigurationsmöglichkeiten bietet. Sie gelangen über die Taste [F2] zu der Managementoberfläche (siehe Abbildung 6.1). In ihr können Sie das Passwort, die Netzwerkeinstellungen und die Tastatur konfigurieren. Des Weiteren können Sie die Log-Dateien einsehen. Viel mehr als diese rudimentären Funktionen steht in der Konsole des ESXi-Servers nicht zur Verfügung.

Eine weitere mögliche Einstellung auf dieser Oberfläche ist der LOCKDOWN MODE. Wird dieser aktiviert, ist es nicht mehr möglich, sich remote auf der Maschine mit typischen Administrator-Accounts (z. B. »root« oder »admin«) anzumelden. Eine Konfiguration müssen Sie dann mit dem vCenter oder lokal an der Konsole durchführen.

Der Befehl RESTART MANAGEMENT AGENTS findet sich unter dem Punkt TROUBLESHOOTING OPTIONS. Dort können Sie auch die SSH-Freischaltung vornehmen und deren Parameter konfigurieren.

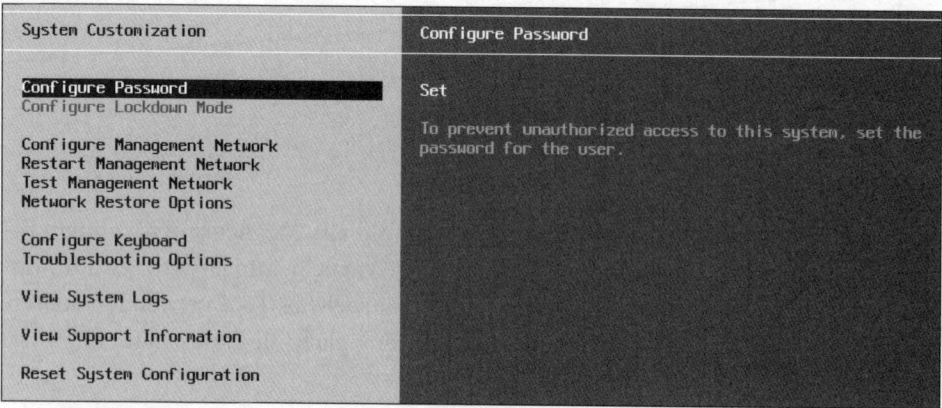

Abbildung 6.1 Die Managementoberfläche bei VMware ESXi

6.2 Zugriff auf die Host-Konsole per SSH

Der direkte Zugriff auf den Host ist natürlich über die lokale Konsole möglich. Sie können – die Freischaltung der Ports vorausgesetzt – per SSH auf Ihren Host zugreifen (*SSH-Service*, Abbildung 6.2).

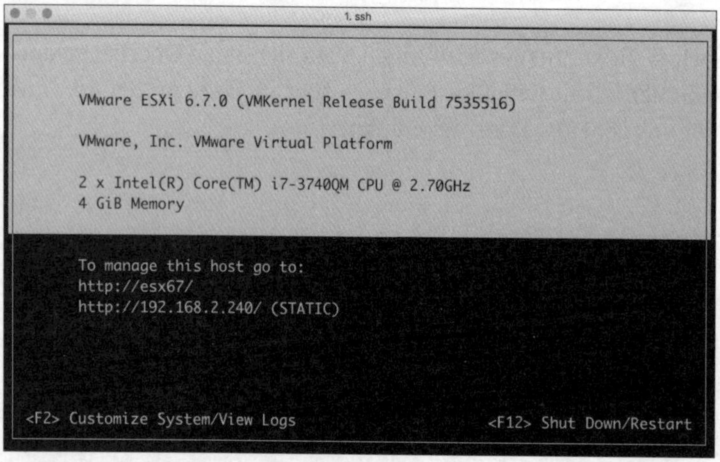

Abbildung 6.2 Zugriff auf die Hardwarekonsole über SSH

An der einen oder anderen Stelle kann es aber auch schwierig sein, direkt auf die Host-Konsole zuzugreifen. Hier hat VMware Abhilfe geschaffen: Starten Sie den Dienst DIRECT CONSOLE UI im vSphere Web Client sowie den SSH-Dienst. Nachdem Sie eine SSH-Sitzung zum ESXi-Host geöffnet haben, geben Sie einfach den Befehl dcui ein, und Sie erhalten ein Fenster, das Ihnen nicht ganz unbekannt sein sollte.

Mit [Strg] + [C] kommen Sie wieder zurück in die Kommandozeile.

6.3 Die Weboberfläche des Hosts

Eine einfache Möglichkeit, sich direkt mit dem vSphere-Server zu verbinden, ist der Weg über die integrierte Weboberfläche. Die Weboberfläche ist direkt nach der Installation des vSphere-Hosts erreichbar. Wenn Sie in Ihrem Browser *https://<Server-IP bzw. FQDN>* eingeben, werden Sie direkt zur Anmeldung weitergeleitet (siehe Abbildung 6.3).

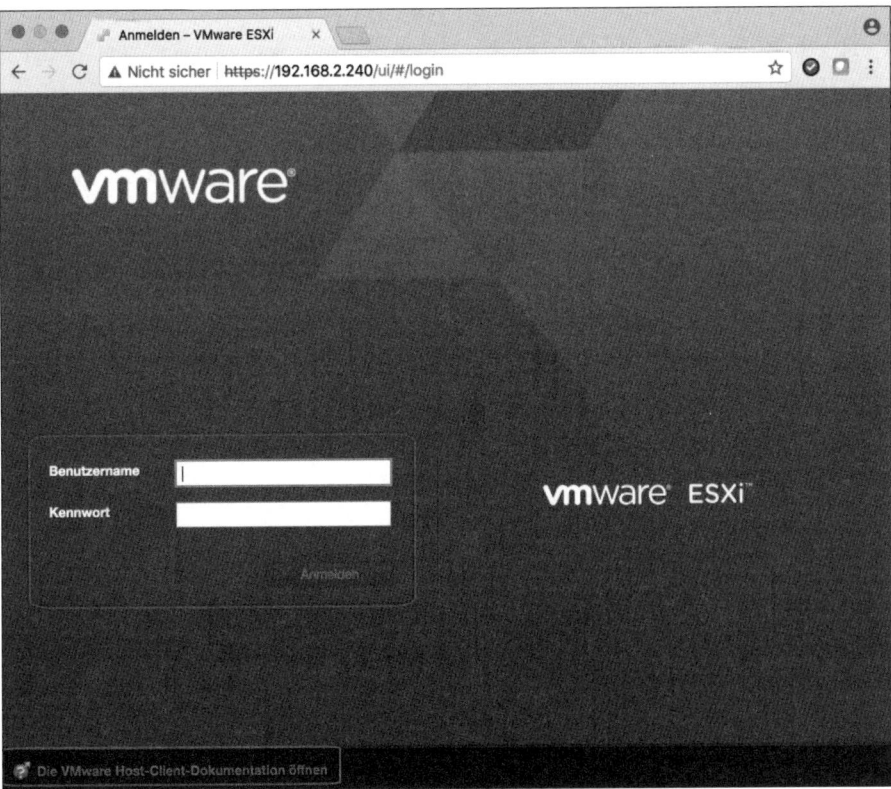

Abbildung 6.3 Weboberfläche – direkter Hostzugriff

Der Zugriff auf die Weboberfläche ermöglicht Ihnen die volle Administration des Hosts. Vor der Anmeldung können Sie sich die vSphere-Dokumentation ansehen. Dazu gibt es unten links einen Link, der sich hinter der Benennung DIE VMWARE HOST-CLIENT-DOKUMENTATION verbirgt.

Mit diesem Link wird die URL *https://www.vmware.com/de/support/pubs/* aufgerufen. Die Konsole selbst ist eine HTML5-basierte Webseite (siehe Abbildung 6.4).

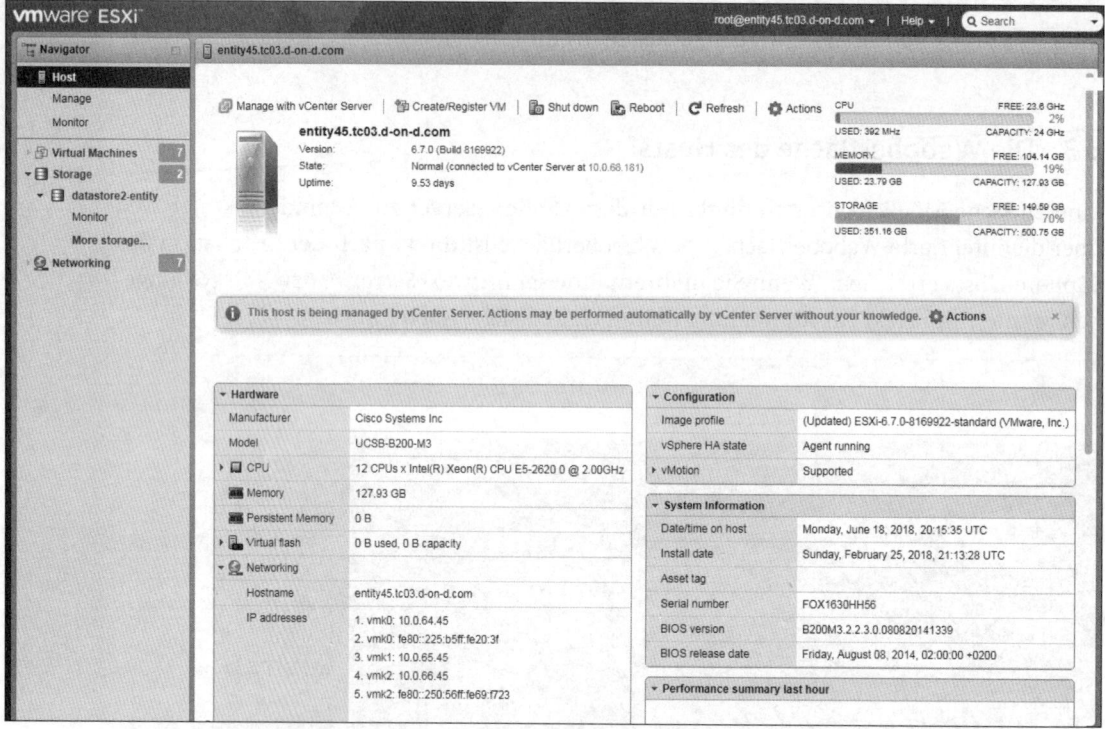

Abbildung 6.4 Webadministration des Hosts

Auf die einzelnen Punkte gehen wir in Kapitel xxx näher ein.

6.4 Die lokale VCSA-Konsole

Die lokale Konsole der *vCenter Server Appliance* (VCSA) sieht prinzipiell so aus wie die Konsole des Hosts, nur ist die Farbe der Konsole eine andere, damit Sie leichter zwischen VCSA und Host unterscheiden können. Viele Einstellungsmöglichkeiten gibt es hier nicht.

Für die meisten Einstellungen ist der Zugriff über den Webbrowser notwendig (siehe Abbildung 6.5).

Die Einstellmöglichkeiten sind genauso rudimentär wie beim vSphere-Host.

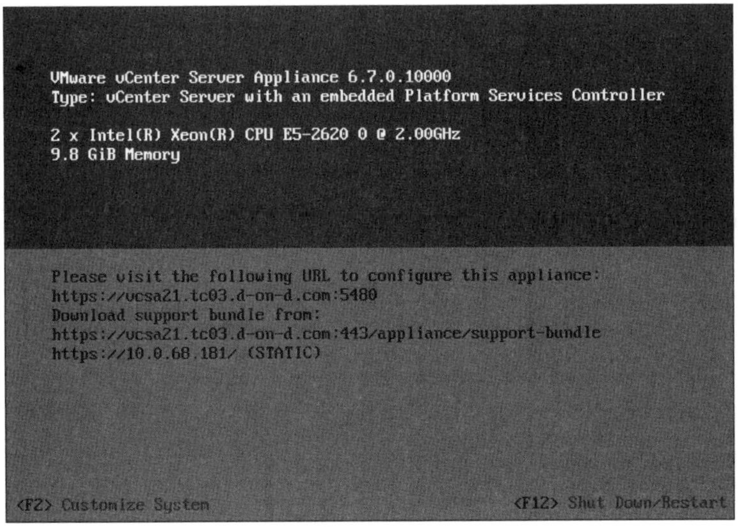

Abbildung 6.5 Die VCSA-Konsole

6.5 Zugriff auf die VCSA per SSH

Wenn Sie diese Funktion in der Oberfläche der VCSA aktiviert haben, so können Sie sich auch per SSH an der VCSA anmelden. Nutzen Sie dazu ein Tool wie PuTTY (siehe Abbildung 6.6) oder ein anderes Terminal.

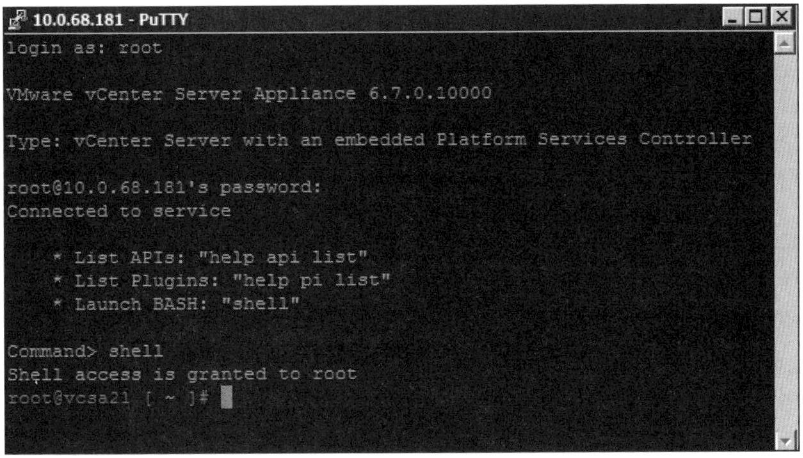

Abbildung 6.6 SSH-Zugriff auf die VCSA

Es gibt in der VCSA eine neue Shell. Die Bash muss über den Befehl shell aktiviert werden. Nach der »Aktivierung« der Bash können Sie – wie auch von der alten VCSA her bekannt – die VCSA administrieren.

6.6 Die Weboberfläche der VCSA

Bei der VCSA gibt es ein Webinterface für das Management der Appliance. Der Zugriff erfolgt über *https://<VCSA-IP-Adresse oder FQDN>:5480*.

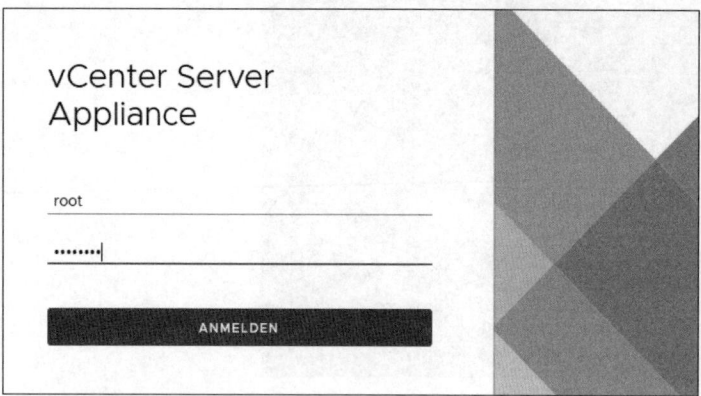

Abbildung 6.7 Anmeldung an der Managementoberfläche der VCSA

Die genauen Konfigurationsmöglichkeiten sind in Abschnitt 11.17 beschrieben.

6.7 vSphere Client

Der vSphere Client ist tot, mit ihm kann nicht mehr auf virtuelle Infrastrukturen oder ESX-Hosts zugegriffen werden.

Ein Zugriff kann nur noch über den Web Client erfolgen.

6.8 Der ESXi Embedded Host Client – eine vSphere-Client-Alternative

Ich möchte hier das Tool *ESXi Embedded Host Client* vorstellen, das von VMware-Mitarbeitern programmiert worden ist. Es erlaubt Ihnen den Zugriff auf einen vSphere-Host mit einem HTML5-fähiger Browser.

Das Tool finden Sie auf der Fling-Webseite von VMware. Es kann unter der folgenden URL heruntergeladen werden:

https://labs.vmware.com/flings/esxi-embedded-host-client

Der Client ist vom Entwicklungsstatus immer noch etwas weiter als der im Host integrierte. Viele Kunden nutzen diesen Client schon länger, weil er schneller ist und kein Flash mehr benötigt wird.

Der Client bietet noch nicht alle Funktionen, aber ein Großteil der Möglichkeiten des vSphere Clients sind schon integriert.

6.9 vSphere Web Client

Der *vSphere Web Client* ist das führende Management-Interface zur Administration von virtuellen Infrastrukuren von VMware.

> **Hinweis**
> Alle hier gezeigten Bilder zeigen die Darstellung im HTML5-basierten vSphere Web Client! Sollte die Funktion in dem Client noch nicht vorhanden sein, weise ich entsprechend darauf hin. In einem solchen Fall sind entsprechende Bilder aus dem Flash-basierten Client eingefügt.

Die Oberfläche (siehe Abbildung 6.8) gliedert sich in mehrere Bereiche.

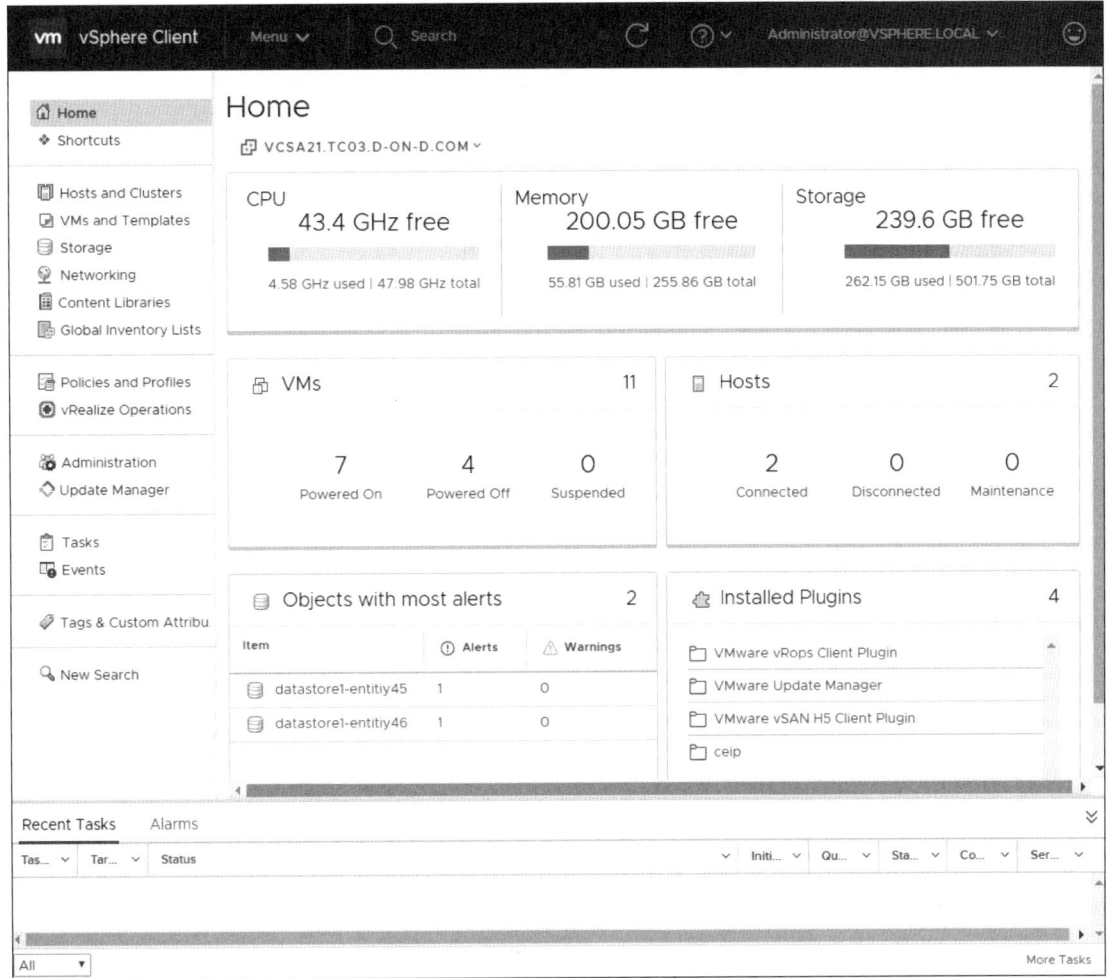

Abbildung 6.8 Die Oberfläche des »vSphere Web Client«

Die neue Oberfläche ist sehr strukturiert; VMware hat hier stark ausgemistet. Im linken Fensterbereich findet sich die Navigationsleiste. Hier rufen Sie unterschiedliche administrative Bereiche auf. Beim Aufruf des MENU-Links zeigt sich der gleiche Inhalt (siehe Abbildung 6.9). Welchen Weg Sie wählen, bleibt damit Ihnen überlassen.

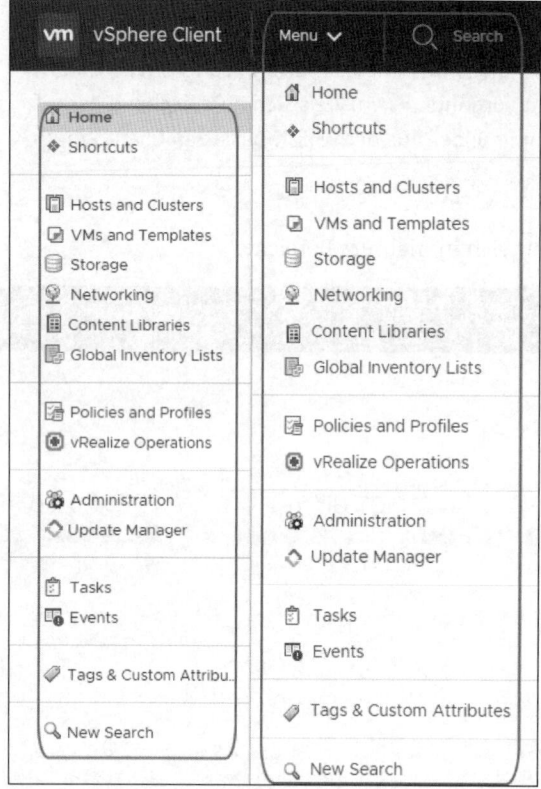

Abbildung 6.9 Der Navigationsbereich bzw. das Menü des »vSphere Web Client«

Im HOME-Fenster findet sich der Punkt zum Zugriff auf ein bestimmtes VCENTER. Hier werden die Daten des vCenters angezeigt, wie Ressourcenverbrauch, Anzahl von Hosts bzw. VMs, die Objekte, die die meisten Fehler verursacht haben, und welche Plug-ins aktiv sind.

Dieser Bereich ist von der Anzeige her der variable. Bei der Auswahl eines Menüpunkts oder Icons werden hier die Daten angezeigt.

Der untere Bereich ist für die Anzeige von RECENT TASKS und ALARMS reserviert. Dabei variiert die Anzeige je nachdem, welcher Punkt ausgewählt wird. Standardmäßig werden alle Tasks angezeigt, es kann aber zwischen allen, aktuell aktiven und fehlgeschlagenen Tasks unterschieden werden (siehe Abbildung 6.10).

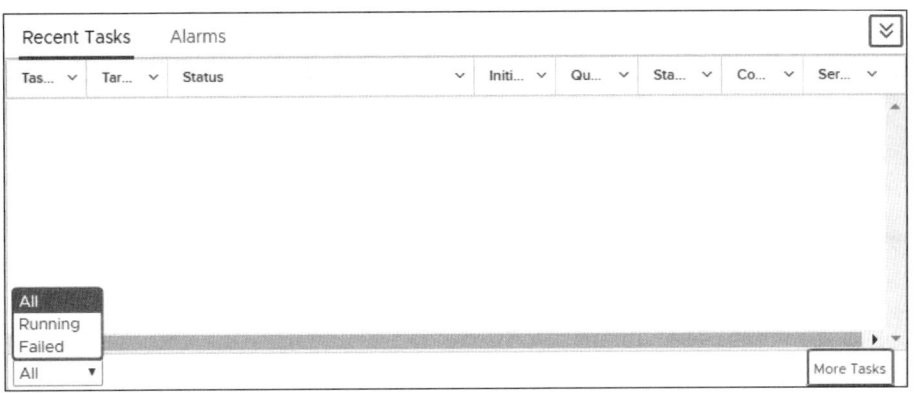

Abbildung 6.10 Unterer Anzeigebereich den Web Clients

Der nach unten zeigende Doppelpfeil, oben rechts im Fenster, reduziert das Fenster auf ein Minimum. Wird diese Auswahl getroffen, zeigt sich unten links im Fenster ein Doppelpfeil nach oben, mit dem Sie den Bereich wieder vergrößern können. Wenn Sie in der Anzeige auf die Ansicht ALARMS wechseln, werden alle Alarme angezeigt. Die einzige zusätzlich mögliche Option ist hier das Minimieren des Bereichs.

Im oberen Bereich des Browsers sehen Sie einen Navigationsbereich, der zum Organisieren des Clients dient (siehe Abbildung 6.11).

Abbildung 6.11 Der Organisationsbereich im vSphere Client

Die Möglichkeiten reduzieren sich auf sieben Auswahlpunkte. Ein Klick auf das Logo VM VSPHERE CLIENT verzweigt direkt in den Dialog mit den Shortcuts aus Abbildung 6.12. Die Auswahl MENU listet die Punkte des Navigationsbereichs auf (siehe Abbildung 6.9).

Der Name des nächsten Punkts ist wohl selbsterklärend: Hier starten Sie eine Suche über alle Objekte der virtuellen Infrastruktur. Das kreisförmige Pfeil-Symbol aktualisiert die Anzeige, daneben finden Sie die HILFE.

Bleiben noch zwei Links übrig: Über den aktuellen ANMELDENAMEN können Sie das Passwort und das Zeitformat einstellen, und das Smiley eröffnet Ihnen die Möglichkeit, den Entwicklern Feedback zu geben.

Der Menüpunkt MENU bzw. HOME bringt Sie immer wieder in dieses Fenster, quasi zum Startscreen. Wer den alten Übersichtsschirm des vSphere Clients vermisst, der kann über die Auswahl SHORTCUTS das Fenster aufrufen (siehe Abbildung 6.12).

6 Verwaltungsmöglichkeiten

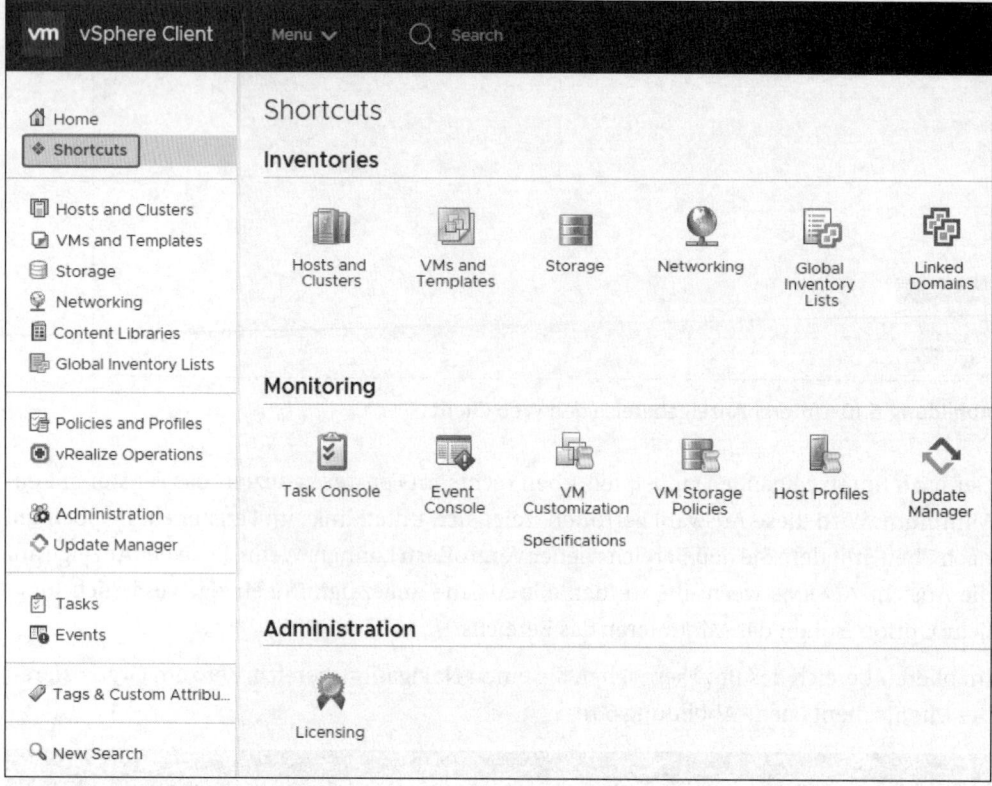

Abbildung 6.12 Ansicht mit Icons

Kommen wir nun zum *Navigationsmenü* links im Fenster. Hier hat VMware eine sechsfache Gruppierung vorgenommen; sie deckt sich aber nicht ganz mit der Anzeige im Shortcut-Fenster.

Im ersten Abschnitt werden alle Inventar-Objekte zusammengefasst. Diesem Abschnitt folgt der Bereich für die Auswahl von POLICIES AND PROFILES mit den VREALIZE OPERATIONS. Alle Einstellungen, die mit dem vCenter Server und dem Update Manager zusammenhängen, finden Sie im nächsten Block. TASKS und EVENTS sind ebenfalls zusammengefasst worden.

Für die Bearbeitung von Tags und Custom-Attributen wählen Sie den Link in der vorletzten Gruppe, und die Suche bildet das Schlusslicht.

6.9.1 Administration des vCenters

Lassen Sie uns nun einen kurzen Blick auf die Administration des vCenters werfen (siehe Abbildung 6.13).

Im Bereich ACCESS CONTROL können Sie bestehende Rollen auf dem vCenter anpassen bzw. neue erstellen. Wer sich mit Lizenzen und den zugehörigen Reports beschäftigt, ist hier ebenfalls richtig (LICENSING). Im Bereich SOLUTIONS finden Sie noch den Aktivierungsbereich der Plug-ins und die Extensions des vCenter Servers. Die Unterstützung über das Customer Experience Program kann unter DEPLOYMENT aktiviert werden. Die Administration der SSO-eigenen Anwender erfolgt unter SINGLE SIGN ON. Last, but not least können Sie mit in den Bereich des Zertifikatsmanagements wechseln.

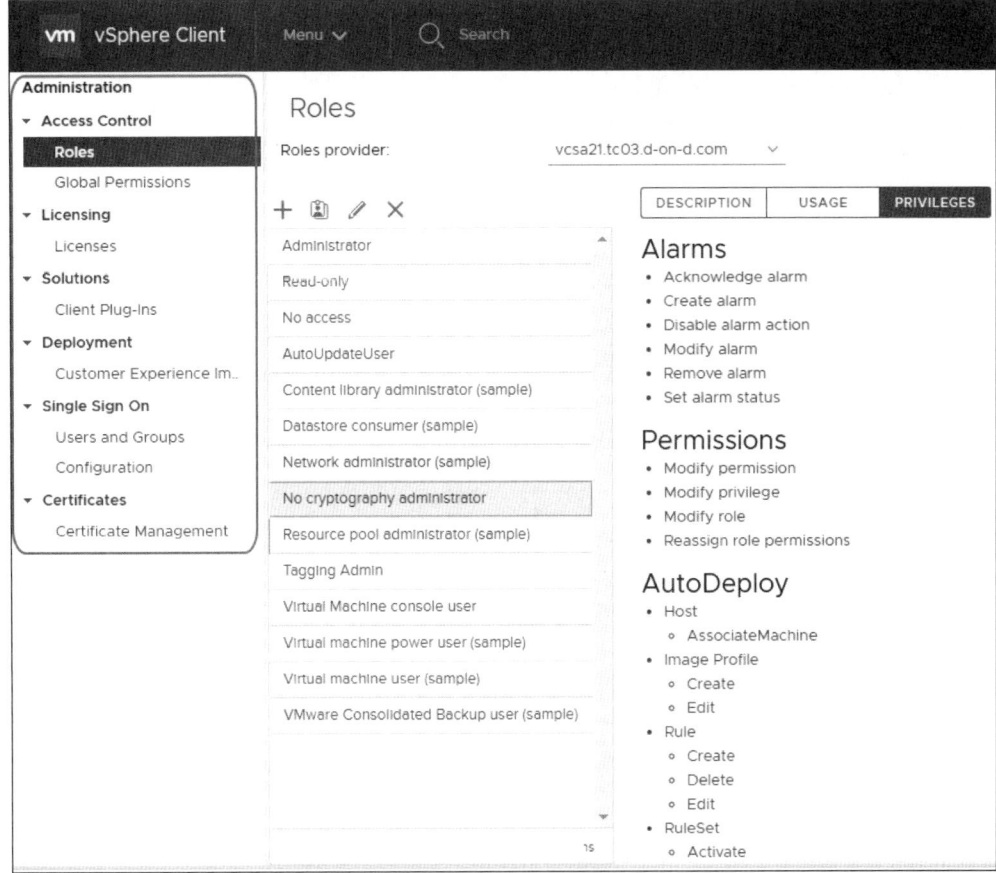

Abbildung 6.13 Die Administration im »vSphere Web Client«

Damit sind schon fast alle administrativen Möglichkeiten besprochen. Einzig bei der Auswahl von Objekten aus dem Inventar gibt es noch das ACTIONS-Menü aus Abbildung 6.14. Sein Inhalt entspricht 1:1 dem Kontextmenü des Objekts.

6 Verwaltungsmöglichkeiten

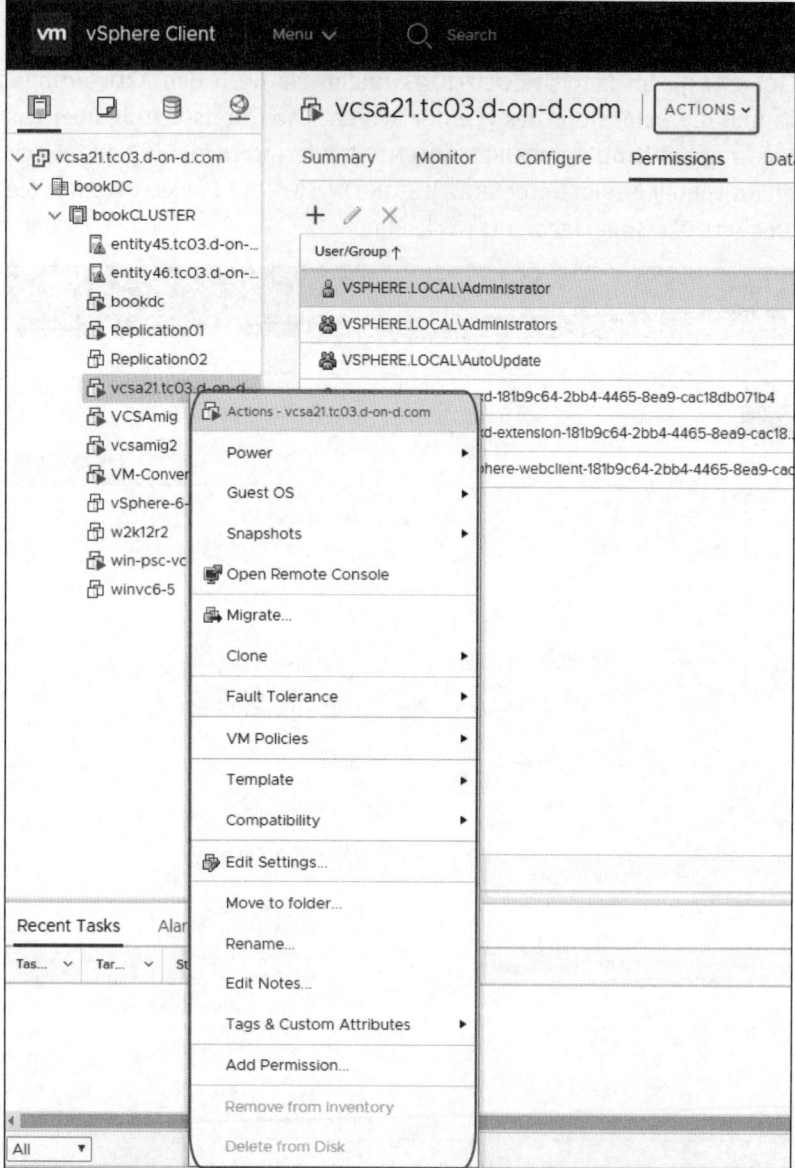

Abbildung 6.14 »Actions«-Menü bzw. Kontextmenü eines Objekts

Zur besseren Übersicht hat VMware einen Filter in den Web Client eingebaut. Das hilft Ihnen besonders in großen Umgebungen, schnell die virtuellen Maschinen zu finden, die Sie suchen. Hier hat sich eine signifikante Verbesserung ergeben. Auch können die Listendarstellungen angepasst werden (siehe Abbildung 6.15). Über den kleinen Pfeil am Ende der Spalte öffnen Sie die Auswahl SHOW/HIDE COLUMNS und wählen in ihr aus, welche Informationen eingeblendet werden sollen und welche nicht.

6.9 vSphere Web Client

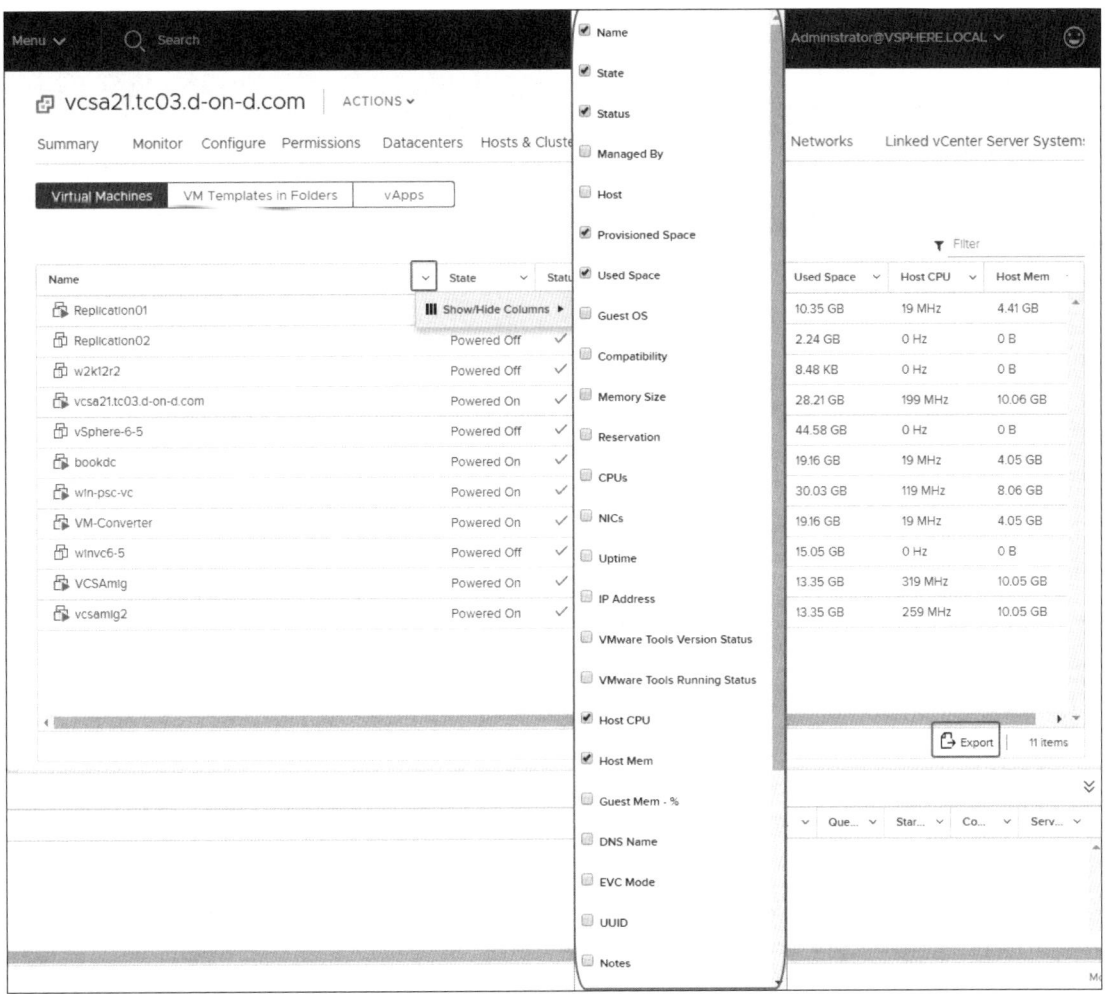

Abbildung 6.15 Anpassung der Ansicht

Auch ein Export der Daten ist möglich, hier ist ebenfalls nachgebessert worden. Wird der Button EXPORT ausgewählt, kann der Administrator entscheiden, welche Informationen im Export enthalten sein sollen (siehe Abbildung 6.16).

Zusätzlich wird hier definiert, ob nur die aktuelle Auswahl exportiert werden soll oder ob alle Elemente exportiert werden sollen. Damit hat sich eine wesentliche Verbesserung ergeben. Der Export selbst erfolgt immer in eine CSV-Datei.

Auch mit dieser Version ist der vSphere Web Client schneller geworden. Ein Zugriff kann über unterschiedliche Browser erfolgen. Im Moment besteht noch die Notwendigkeit einer Flash-Installation, und zwar für all diejenigen Funktionen, die der HTML5-Client noch nicht unterstützt.

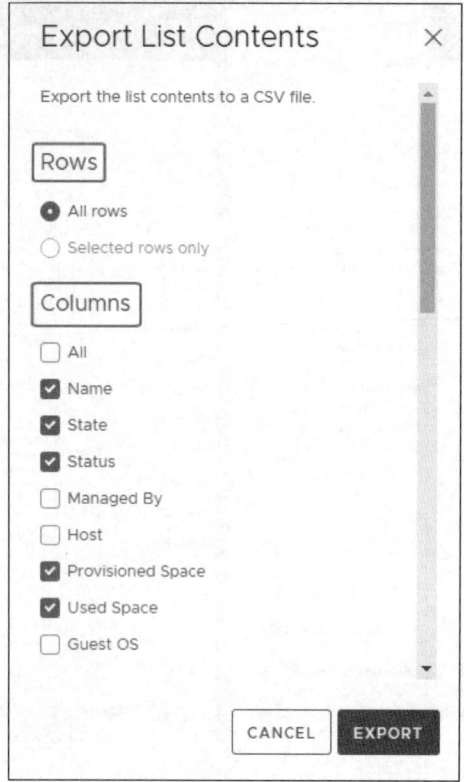

Abbildung 6.16 Auswahl für den Export

> **Sprachenmix auf dem vSphere Web Client verhindern**
>
> Sollten Sie beim vSphere Web Client die Sprache fest einstellen wollen, dann müssen Sie in Ihrem Browser eine Einstellungsänderung vornehmen. In den Internetoptionen können Sie die Sprachen festlegen. Fügen Sie dort die gewünschte Sprache hinzu, und verschieben Sie sie in die oberste Zeile der Wertigkeit.

6.10 Administration über mobile Geräte

Es gibt die eine oder andere App, mit der man virtuelle Infrastrukturen managen kann, aber die meisten sind schon länger nicht aktualisiert worden. Grundsätzlich wird auch keine dedizierte App benötigt. Mit der Einführung des HTML5-basierten Web Clients können Sie den »normalen« Weg der Administration auch auf mobilen Endgeräten nutzen. Dabei ist die Übersichtlichkeit auf Tablets größer als auf Mobiltelefonen.

6.11 Der Platform Services Controller

Der *Platform Services Controller* (PSC) hat zwei Einstiegspunkte für die Administration: zum einen den Web Client bei der Anmeldung am vCenter Server, zum anderen ein Webinterface.

Gab es in der letzten Version der VCSA bzw. des PSC noch unterschiedliche Wege, auf das Management-Interface zuzugreifen, so hat sich mit Version 6.7 wieder eine Änderung ergeben: Egal ob Sie auf eine VCSA mit integriertem PSC oder nur auf einen PSC zugreifen wollen, der Weg führt immer über die URL *https://<IP-Adresse bzw. FQDN des PSC>:5480*. Somit sehen Sie entweder die gemeinsame Konsole von PSC und VCSA bei einem Embedded System oder die Konsole des PSC bzw. der VCSA.

Die beiden Konsolen hat VMware zusammengelegt. Die Anmeldemaske ist für beide Zugriffe identisch (siehe Abbildung 6.7).

6.12 vCenter Server

Das vCenter ist – im Gegensatz zu den bisher vorgestellten Möglichkeiten der Administration – ein komplett eigenes Produkt. Das vCenter fasst die Administration von Hosts und virtuellen Maschinen in diesem Tool zusammen. Des Weiteren stellt das Tool zusätzliche Funktionen zur Verfügung, die die Funktionalität der virtuellen Infrastruktur ausbauen, sodass Sie z. B. die Verfügbarkeit weiter erhöhen können. Für die Anmeldung am vCenter Server wird der schon bekannte Web Client eingesetzt.

6.12.1 Zugriff auf den vCenter Server

Nach der Installation des vCenters und einem Neustart des Systems können Sie auf das vCenter zugreifen. Zur Verbindung mit dem vCenter-Server benötigen Sie den Web Client, den wir bereits in Abschnitt 6.9, »vSphere Web Client«, beschrieben haben.

Nachdem Sie diesen Client auf dem Administrations-PC oder einem beliebigen anderen PC installiert haben, der das vCenter erreichen soll, kann er gestartet werden. Bei einer Installation auf derselben Maschine, auf der der vCenter Server läuft, können Sie unter HOST »localhost« eingeben. Als Benutzername ist ein Benutzer aus der integrierten SSO-Datenbank einzugeben. Für den Administrator wäre das z. B. der Anwender *administrator@vsphere.local*. Es kann auch mit den lokalen Anmeldeinformationen gearbeitet werden. Dazu müssen Sie nur das untere Auswahlfenster aktivieren (siehe Abbildung 6.17).

Um einem »normalen« Benutzer Zugriff zu gewähren, müssen Sie für diesen zuerst in den vCenter-Berechtigungen ein Zugriffsrecht hinterlegen.

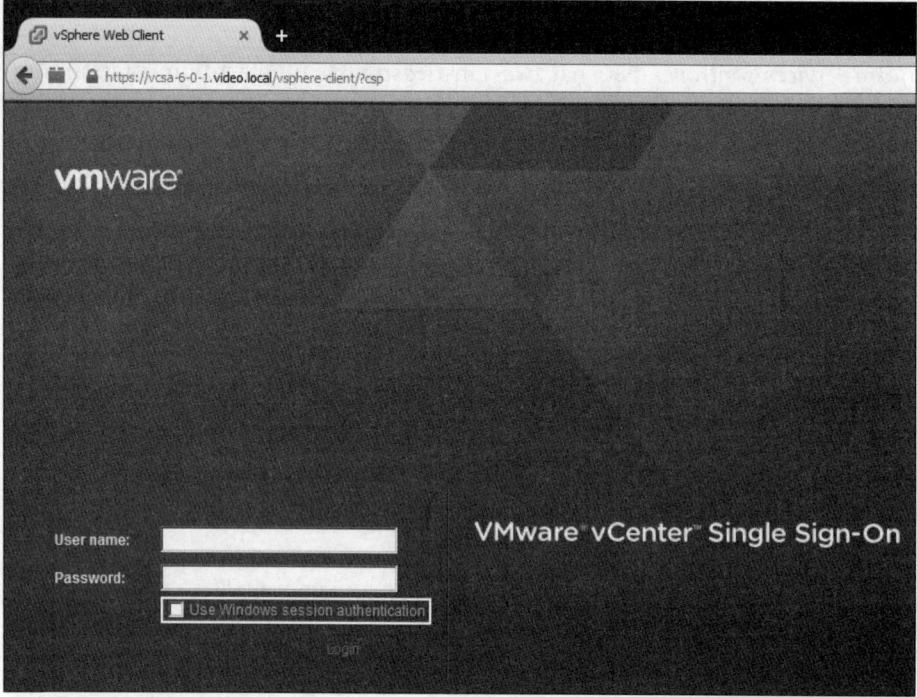

Abbildung 6.17 Anmeldung am vSphere Web Client

6.12.2 Verlinken von vCenter Servern

Bis hier ist alles relativ simpel für Infrastrukturen, die aus einem vCenter Server mit einer Anzahl von vSphere-Hosts bestehen. Kommen aber mehr Standorte zusammen oder mehrere Brandabschnitte, die jeweils mit einem eigenen vCenter-Server implementiert worden sind, so wird die Administration etwas »hakelig«. Zur Administration der Umgebung muss man sich jedes Mal an dem zugehörigen vCenter anmelden, und das kann auf die Dauer nerven. Auch wenn alle vCenter ins Active Directory eingebunden sind und die Anmeldedaten durchgereicht werden können, macht die gleichzeitige Anmeldung an mehreren vCentern das Arbeiten auf dem Administrations-PC unübersichtlich.

Der *Linked Mode* schafft hier Abhilfe. Ursprünglich war dieser Modus den Windows-basierten vCentern vorbehalten, jetzt aber können auch VCSAs miteinander verlinkt werden. Das erfolgt einfach über eine gemeinsame SSO-Domäne. Der PSC hält die SSO-Domäne, und zur Erhöhung der Verfügbarkeit können Sie mehrere PSCs aufbauen, die sich dann untereinander replizieren. Weder Brandabschnitte noch getrennte Standorte bilden hier eine Grenze. Werden nun mehrere vCenter mit der SSO-Domäne verbunden, so muss man sich nur einmal anmelden und kann dann über den Web Client alle verbundenen vCenter administrieren, ohne sich erneut neu anmelden zu müssen. Nähere Randbedingungen finden Sie in Kapitel 2, »vSphere-Architektur«.

6.12.3 Hinzufügen von ESXi-Hosts zum vCenter

Wenn Sie den nicht konfigurierten vCenter Server zum ersten Mal aufrufen, sehen Sie nur eine leere Oberfläche. Sie müssen nun einige Konfigurationsschritte vornehmen, um das vCenter mit Leben zu füllen. Sie haben eine Reihe von Möglichkeiten, um Server zu gruppieren. Es empfiehlt sich, zuerst ein Datacenter anzulegen. Unter dieser Struktur können Sie dann Hosts in Clustern zusammenfassen.

Um ein neues Datacenter anzulegen, klicken Sie mit der rechten Maustaste auf den vCenter-Server. Über das Kontextmenü NEW DATACENTER wird das Anlegen eines Datacenters gestartet. Nach dem Anlegen geben Sie dem Objekt einen passenden Namen, und damit ist die Arbeit abgeschlossen. Jetzt haben Sie zwei Optionen: Entweder hängen Sie die Hosts direkt unter dem Datacenter ein oder Sie fassen sie in sogenannten *Clustern* zusammen. Darauf gehen wir in Kapitel 11, »Konfiguration von ESXi und vCenter«, ein.

Einen Host können Sie ebenfalls über das Kontextmenü einfügen, wenn Sie es auf dem Datacenter öffnen. Der Dialog aus Abbildung 6.18 erscheint und fordert Sie dazu auf, hostspezifische Daten einzugeben.

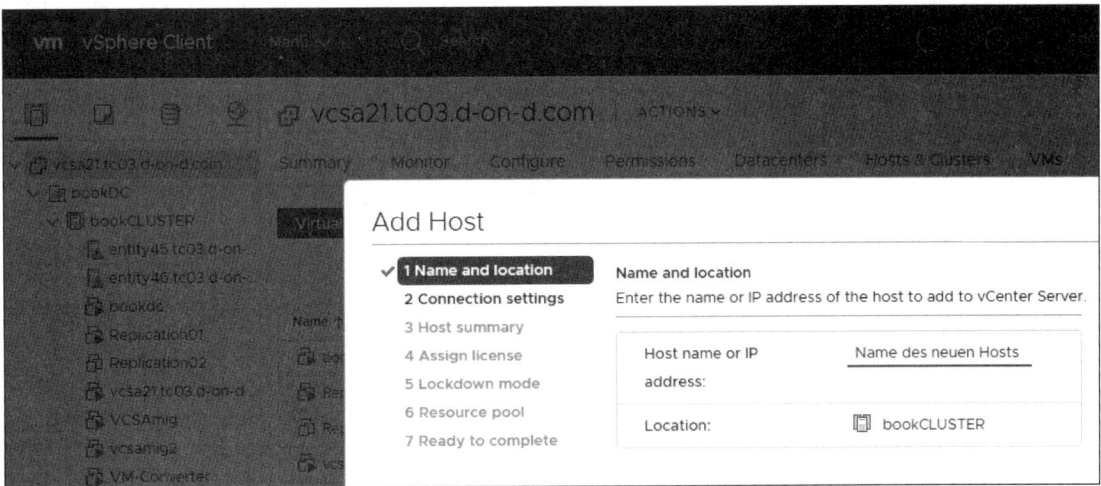

Abbildung 6.18 Einbinden eines Hosts ins vCenter

Nach der Eingabe und der Prüfung von Benutzername und Passwort wird eine Zusammenfassung des Hosts angezeigt, in der Sie unter anderem den Namen des Hosts, den Server-Hersteller, die installierte vSphere-Version und bereits registrierte virtuelle Maschinen finden. Allerdings sollten Sie sich genau überlegen, ob Sie den Host mittels DNS-Name oder IP-Adresse hinzufügen. Gerade für spätere HA-Cluster und natürlich für die bessere Übersicht ist es sinnvoller, mit DNS-Namen zu arbeiten. Selbstverständlich können Sie auch im Nachhinein die Zuordnung des Hosts zur Organisationsgruppe ändern. Falls Sie das vCenter zum ersten Mal einsetzen, müssen Sie erst ein Datacenter anlegen, bevor Sie einen Host ins Management aufnehmen können.

Jetzt wird der Host dem vCenter hinzugefügt. Nach ein paar Sekunden im Status DISCONNECTED und dem Abschluss des Tasks ADD STANDALONE HOST können Sie den vSphere-Host über den vCenter Server verwalten.

6.12.4 Verwaltung von vSphere-Hosts

Nachdem die vSphere-Hosts hinzugefügt worden sind, ist es möglich, sie fast so zu verwalten, als würden Sie sich per Web Client direkt mit dem Host verbinden. Wählen Sie im linken Fenster einen Host aus, werden im rechten Fenster verschiedene Informationen und Reiter angezeigt. Über diese Reiter verwalten Sie den Host und legen zum Beispiel ein virtuelles Netzwerk an. Die Reiter unterscheiden sich etwas von denen, die Sie sehen, wenn Sie sich direkt mit einem Host verbinden. In Tabelle 6.1 sehen Sie die Optionen, die Ihnen zur Verfügung stehen.

Reiter	Beschreibung
SUMMARY	Auf der Registerkarte SUMMARY finden Sie eine Zusammenfassung mit Informationen über das gerade ausgewählte Objekt. Wenn Sie zum Beispiel einen vSphere-Host auswählen, sehen Sie allgemeine Informationen zum Host, z. B. zu Hersteller, CPUs oder RAM. Außerdem werden Informationen über die Ressourcen des Hosts angezeigt, z. B. die verwendeten Datastores, die angelegten virtuellen Netzwerke und die Auslastung von RAM und CPU.
MONITOR	Hinter dem Reiter MONITOR verbergen sich Unterfunktionen zu Events und Tasks, die Performance-Daten, Alarme und Informationen zum Status der Hardware. Hier sind Sie an der richtigen Stelle, um den Betrieb der Hosts zu verwalten.
CONFIGURE	Alle Konfigurationsoptionen des Hosts lassen sich hier einstellen. Dazu gehört auch die Festlegung der Startreihenfolge von virtuellen Maschinen. Die zum Objekt gehörigen Scheduled Tasks finden sich hier ebenfalls.
PERMISSIONS	Eine Übersicht über die Zugriffsrechte auf dem Host finden Sie in diesem Bereich.
VMs	Alle virtuellen Maschinen, die auf dem Host liegen, werden hier angezeigt. Weitergehende Aktionen an den VM-Objekten können Sie über das Kontextmenü durchführen.
DATASTORES	Alle mit dem Host verbundenen Datastores sind hier aufgelistet. Auch hier findet sich ein Kontextmenü am Objekt zur Durchführung von Arbeiten.
NETWORKS	Alle Netzwerkelemente, die mit dem Host verbunden sind, werden hier gesammelt dargestellt.

Tabelle 6.1 Die Reiter des Hosts im Web Client

Reiter	Beschreibung
Updates	Hier stellen Sie eine Verbindung zum Update Manager her. Ein Patchen des Hosts kann hier initiiert werden.

Tabelle 6.1 Die Reiter des Hosts im Web Client (Forts.)

Die angezeigte Struktur ist für die meisten Objekte im Web Client identisch. Es unterscheiden sich nur diejenigen Objekte, die unterhalb des Reiters angezeigt werden.

6.12.5 Weitere Funktionen des vCenter Servers

Durch den Einsatz des vCenter Servers ist es nicht nur möglich, mehrere vSphere-Hosts gleichzeitig zu verwalten. Es kommen viele Funktionen hinzu, die erst durch $n + 1$ Hosts und vCenter möglich werden. Einen Teil dieser Funktionen und Möglichkeiten werden wir in diesem Abschnitt kurz erläutern.

HA-Cluster

Durch einen Cluster erhalten Sie die Möglichkeit, einige neue Features zu verwenden, die ohne vCenter und ohne den Cluster so nicht möglich wären. So können Sie zum Beispiel *vSphere HA* (High Availability) verwenden. Dies bietet die Möglichkeit, eine virtuelle Maschine hochverfügbar zu machen. Hosts, die in einem Cluster zusammengefasst sind, prüfen untereinander gegenseitig die Verfügbarkeit der restlichen Hosts im Cluster. Beim Ausfall eines physischen Hosts werden die virtuellen Maschinen, die auf diesem System betrieben wurden, automatisch auf den verbleibenden Hosts neu gestartet.

Virtual Machine Monitoring kommuniziert ständig mit den VMware Tools der virtuellen Maschine. Sollten diese in einem frei konfigurierbaren Zeitfenster nicht antworten, wird die virtuelle Maschine automatisch neu gestartet.

DRS-Cluster

VMware DRS (Distributed Resource Scheduling) bietet eine automatische Lastverteilung der virtuellen Maschinen über alle Hosts in einem Cluster. Erreicht wird diese Funktion durch die Unterstützung von vMotion. *vMotion* verschiebt virtuelle Maschinen ohne spürbare Unterbrechung von einem Host auf einen anderen. Eine Unterfunktion des DRS ist das Power-Management. Diese Option gibt dem Administrator ein Mittel an die Hand, zu lastarmen Zeiten vSphere-Hosts auszuschalten oder automatisiert ausschalten zu lassen. Steigt der Ressourcenbedarf wieder an, werden die vSphere-Hosts automatisch wieder gestartet.

EVC-Cluster

VMware EVC (Enhanced vMotion Compatibility) bietet einen Kompatibilitätsmodus, der vMotion zwischen Hosts ermöglicht, in denen unterschiedliche CPU-Typen verbaut sind. Der CPU-Herstellertyp muss schon identisch sein. Damit können Sie Cluster mit neueren Servern erweitern und die VMs in aktivem Zustand auf die neuen vSphere-Server migrieren, ohne eine Unterbrechung zu haben. Nach abgeschlossener Migration können die alten Hosts dann abgebaut werden.

All diese Funktionen sind nur durch die Verwendung von *VMware vCenter Server* möglich. Sie sehen also, dass das VMware vCenter nicht nur eine leichtere und komfortablere Administration mehrerer vSphere-Hosts ermöglicht, sondern dass auch viele weitere Funktionen hinzukommen.

6.12.6 Einbindung ins Active Directory

Auch wenn die Möglichkeit besteht, sich am vCenter-Server mit lokalen Accounts anzumelden, ist das sicherlich nicht immer das Mittel der Wahl. Besonders dann nicht, wenn eine VCSA zum Einsatz kommt. Mit der Einführung des Single Sign-On (SSO) besteht zumindest die Möglichkeit, eine zentrale User-Basis für die meisten VMware-Produkte zu nutzen.

Viele Unternehmen haben bereits ein *Active Directory* (AD), in dem User gepflegt werden, und da ist es nicht sehr sinnvoll, zusätzlich lokale User für einen vCenter-Server zu pflegen oder dort neue Benutzer einzurichten. Das hat auch VMware erkannt und deshalb die Möglichkeit geschaffen, den vCenter-Server in ein vorhandenes Active Directory oder einen anderen Verzeichnisdienst einzubinden (siehe Abbildung 6.19). Dort haben Sie die Option, Gruppen für den Zugriff auf das vCenter anzulegen und diese dann im vCenter zu berechtigen. Als Ergebnis werden die User nur noch an einer Stelle gepflegt, was den administrativen Aufwand stark reduziert.

Zur Nutzung von AD-Accounts muss der vCenter-Server Mitglied einer Domäne sein. Die Mitgliedschaft kann über den Web Client initiiert werden. Der Weg geht über ADMINISTRATION • DEPLOYMENT • SYSTEM CONFIGURATION, die Auswahl des vCenters und MANAGE • SETTINGS • ADVANCED • ACTIVE DIRECTORY (siehe Abbildung 6.19).

Sollte es Probleme bei der Aufnahme des Systems in die Domäne geben, kann der Prozess auch über die Kommandozeile erfolgen. Dazu müssen Sie die Verbindung zur VCSA per SSH herstellen. Der Befehl für die Aufnahme in die Domäne lautet /opt/likewise/bin/domain-join-cli Join <Name der Domäne> <AD-User zur Aufnahme in die Domäne> <Passwort>.

Nach erfolgtem Reboot kann das Active Directory dem SSO als Berechtigungs-Source hinzugefügt werden (siehe Abbildung 6.20).

6.12 vCenter Server

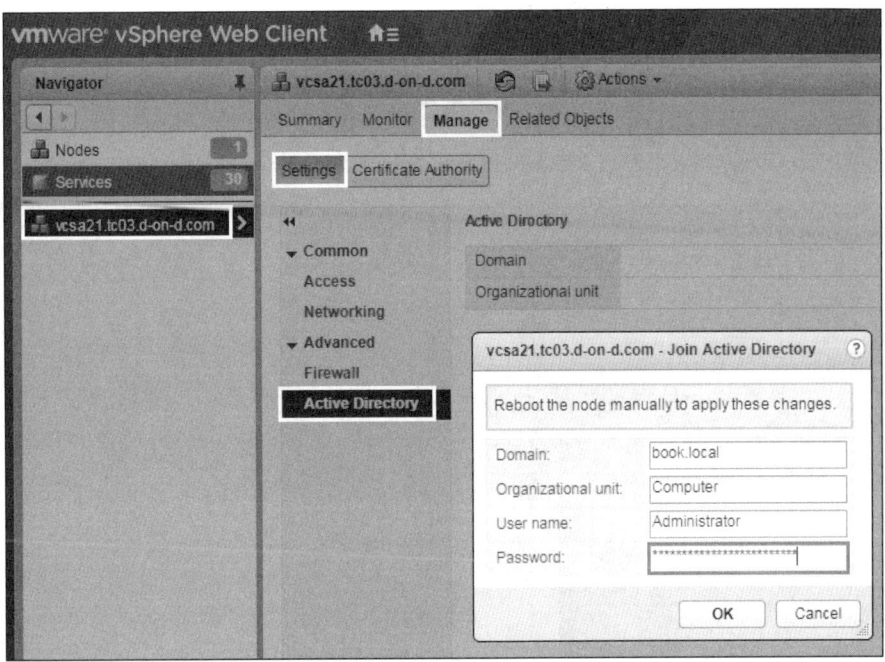

Abbildung 6.19 AD-Integration des vCenters

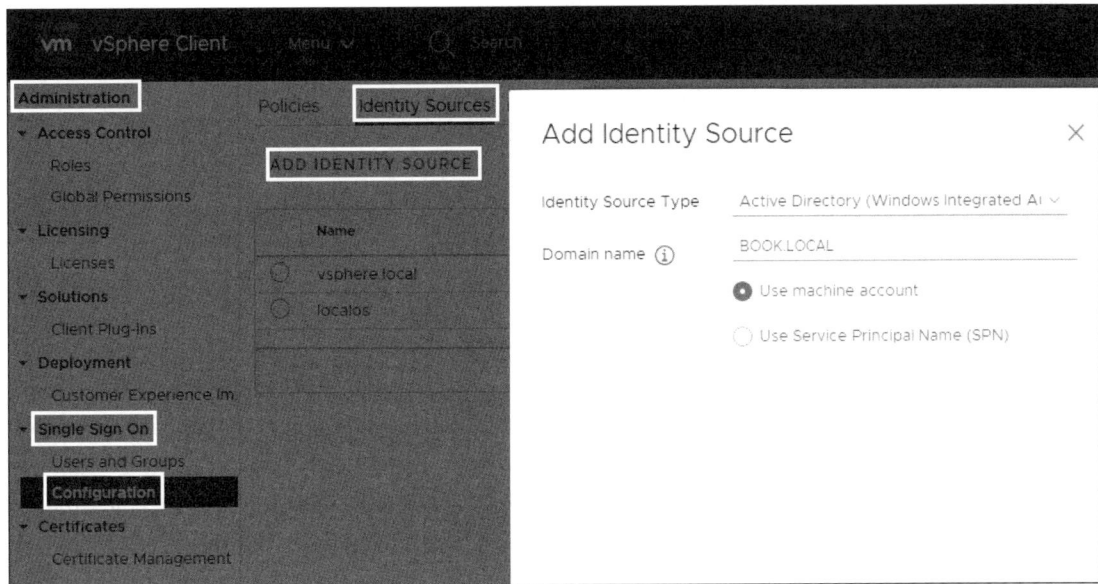

Abbildung 6.20 Einbinden des Active Directory ins SSO

Nach der Berechtigungserteilung an die User bzw. Gruppen im vCenter ist der Zugriff mit Domänen-Accounts möglich (siehe Abbildung 6.21).

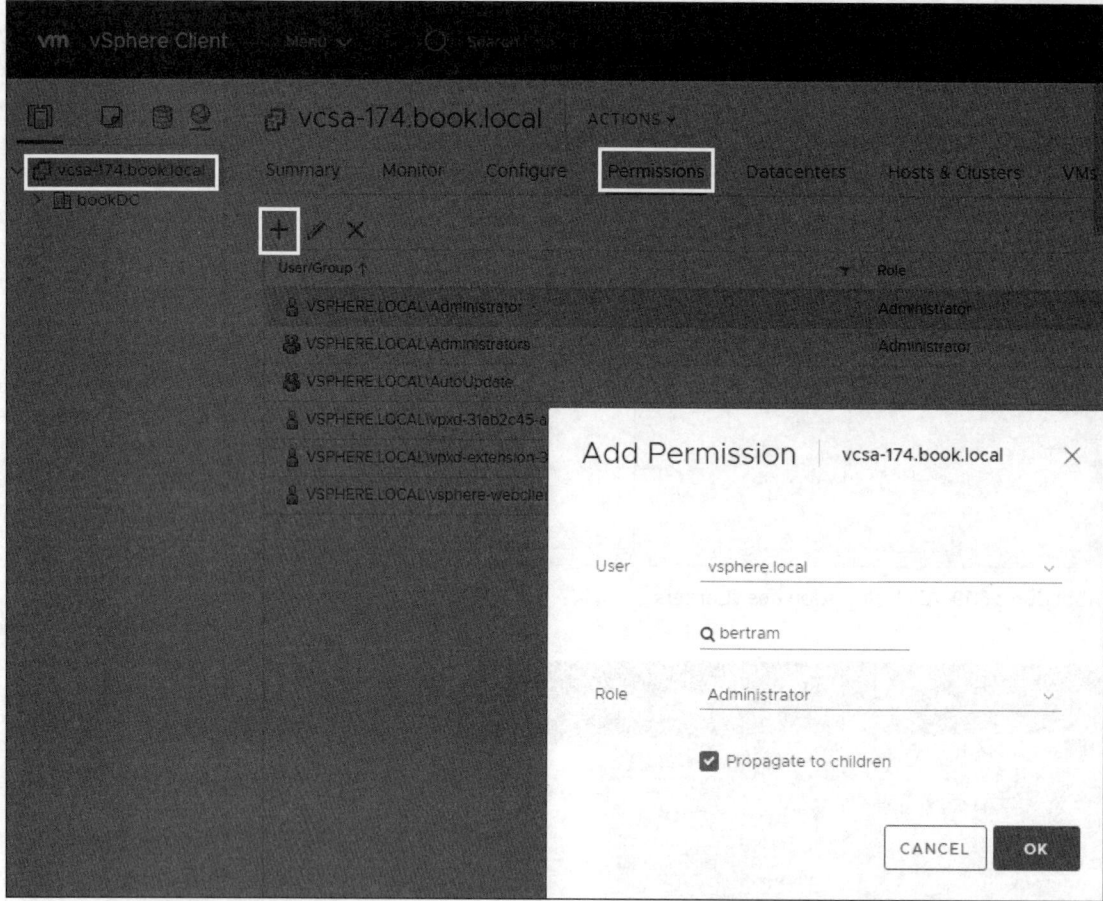

Abbildung 6.21 Dialog zum Hinzufügen von Benutzern

Über ADD fügen Sie einen Benutzer hinzu, indem Sie im Folgedialog die Domäne als Basis der Benutzerauswahl angeben. Mit ASSIGN ROLE weisen Sie dem entsprechenden Benutzer passende Rechte zu. Neue Rollen lassen sich über HOME • ADMINISTRATION • ROLES anlegen (siehe Abbildung 6.22).

Es empfiehlt sich, an dieser Stelle vorhandene Rollen so zu belassen, wie sie sind, und sie nicht zu manipulieren. Möchten Sie ähnliche Rollen erstellen, dann besteht die Möglichkeit, eine vorhandene Rolle zu kopieren und entsprechend anzupassen. Näheres dazu finden Sie in Kapitel 11, »Konfiguration von ESXi und vCenter«.

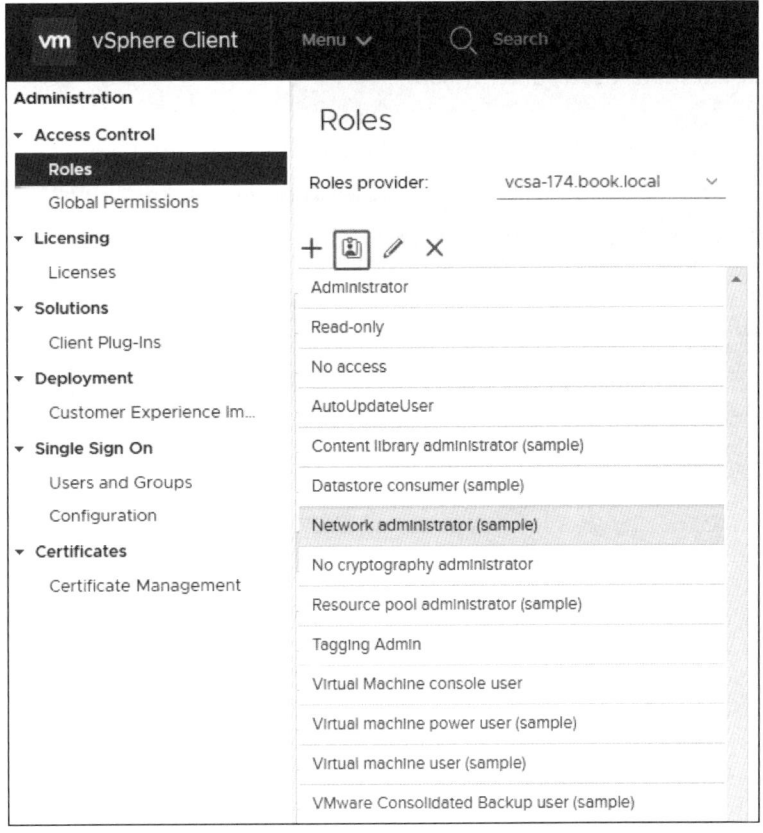

Abbildung 6.22 Duplizieren einer Rolle

6.12.7 Troubleshooting des vCenter Servers

Sollte der Dienst des vCenters nicht starten, können Sie den Vorgang auch über die Kommandozeile initiieren. In diesem Fall ist besser sichtbar, welche Probleme den Start des Dienstes verhindern. Auf diese Art sehen Sie genau, bei welcher Aktion das Starten des vCenters abgebrochen wurde.

Dazu führen Sie einfach folgenden Befehl aus:

```
C:\Program Files\VMware\VirtualCenter Server\vpxd.exe -s
```

Nachdem Sie das vCenter mit dem Parameter `-s` aufgerufen haben, erscheint ein DOS-Fenster, das die verschiedenen Arbeitsschritte beim Starten des vCenters anzeigt. Bleibt beim Start die Ausgabe bei einem Fehler hängen, können Sie diesen schnell und einfach analysieren.

6 Verwaltungsmöglichkeiten

> **Achtung**
>
> Diese Option haben Sie nur beim vCenter unter Windows!

Des Weiteren lassen sich die vCenter-Log-Dateien für die Fehleranalyse exportieren. Auch die Tiefe des Log-Levels lässt sich genau einstellen (siehe Abbildung 6.23).

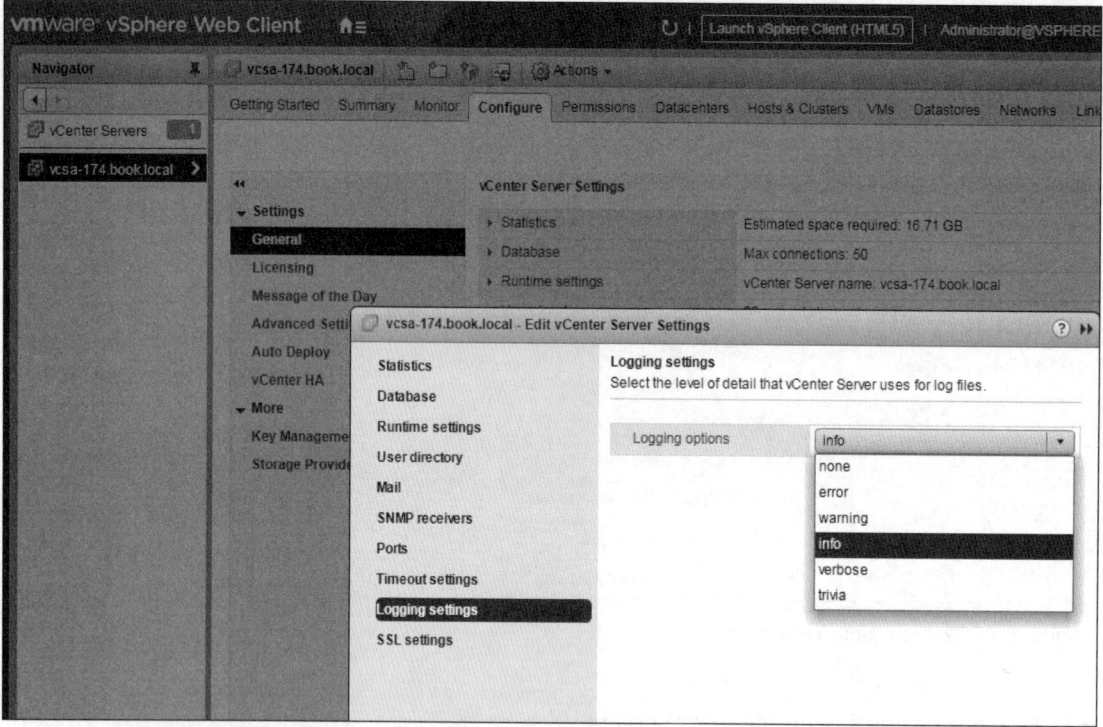

Abbildung 6.23 Einstellen des Log-Levels im Web Client

Ändern Sie das Log-Level nur, wenn Sie Probleme haben und die Ursachen erforschen wollen. Sind die entsprechenden Arbeiten abgeschlossen, sollten Sie das Level im eigenen Interesse wieder auf die Standardeinstellung (INFORMATION) zurücksetzen.

Möchten Sie ein Log der gesamten Infrastruktur oder von Teilen der Infrastruktur haben, dann lässt sich das über das Menü bewerkstelligen (siehe Abbildung 6.24).

Erschrecken Sie nicht – das kann durchaus einige Zeit in Anspruch nehmen. Die Granularität des Exports lässt sich durch Parameter einstellen.

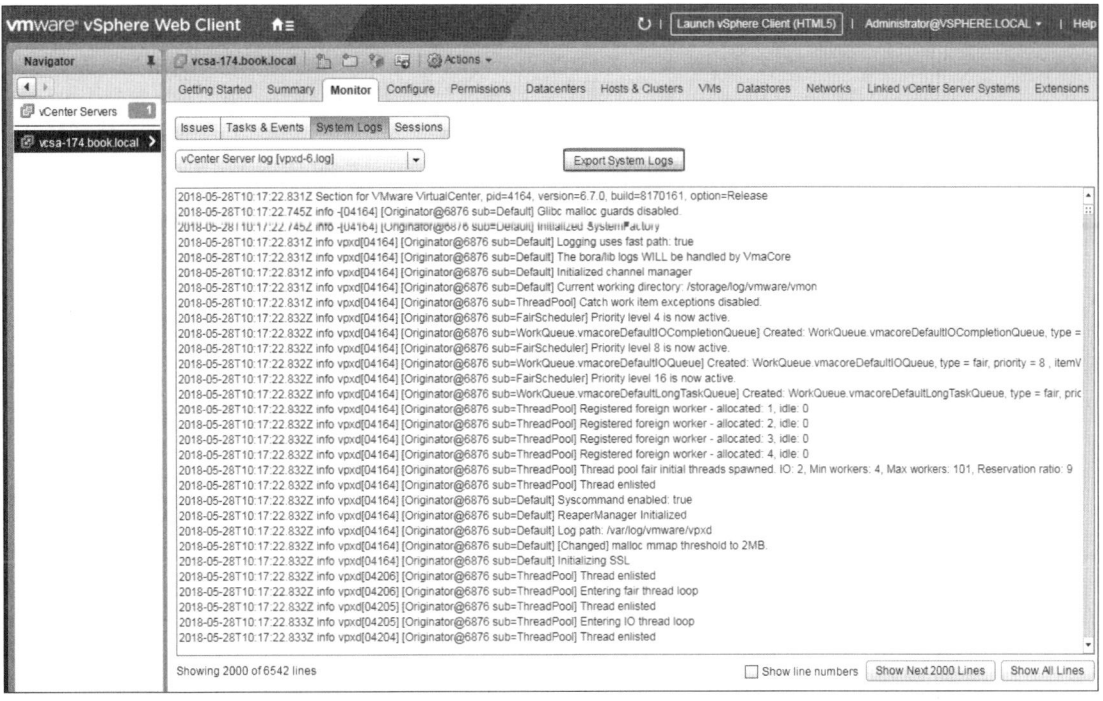

Abbildung 6.24 Export von Log-Dateien

6.13 Das Remote Command-Line Interface

Das *Remote Command-Line Interface* (im Folgenden auch die *Remote CLI* genannt) verliert stark an Bedeutung. Es wird genutzt, um remote Befehle auf ESXi-Hosts abzusetzen. Die Remote CLI wird verwendet, um Skripte und Anwendungen ausführen und Konfigurationen vorzunehmen zu können, ohne den *vSphere Web Client* nutzen zu müssen.

Die meisten Administratoren nutzen mittlerweile eher die PowerCLI als die *Remote CLI*.

6.14 VMware vSphere PowerCLI

VMware vSphere PowerCLI (im Folgenden auch die *PowerCLI* genannt) setzt auf die *Microsoft Windows PowerShell* auf und ermöglicht eine sehr schnelle, einfache und unkomplizierte Administration der *VMware Virtual Infrastructure*.

Die Basis bildet wie erwähnt die PowerShell von Microsoft. Microsoft hat mit diesem Kommandozeilen-Tool, das Schnittstellen in viele bekannte Systeme bietet (z. B. in das .NET Framework), eine übergreifende Shell programmiert, die sich an bereits bekannten Systemen orientiert. Die PowerCLI gliedert sich in diese Shell ein und stellt Ihnen eine große Anzahl von Befehlen zur Administration von vSphere-Umgebungen zur Verfügung.

Sie können das Tool im vSphere-Download-Bereich unter DRIVERS AND TOOLS/AUTOMATION TOOLS & SDK(s) herunterladen (siehe Abbildung 6.25), aber dort findet sich nicht immer die aktuelle Version. Vergleichen Sie das Angebot bitte mit dem Download über die VMware-Code-Seite *https://code.vmware.com/web/dp/tool/vmware-powercli/* (siehe Abbildung 6.26).

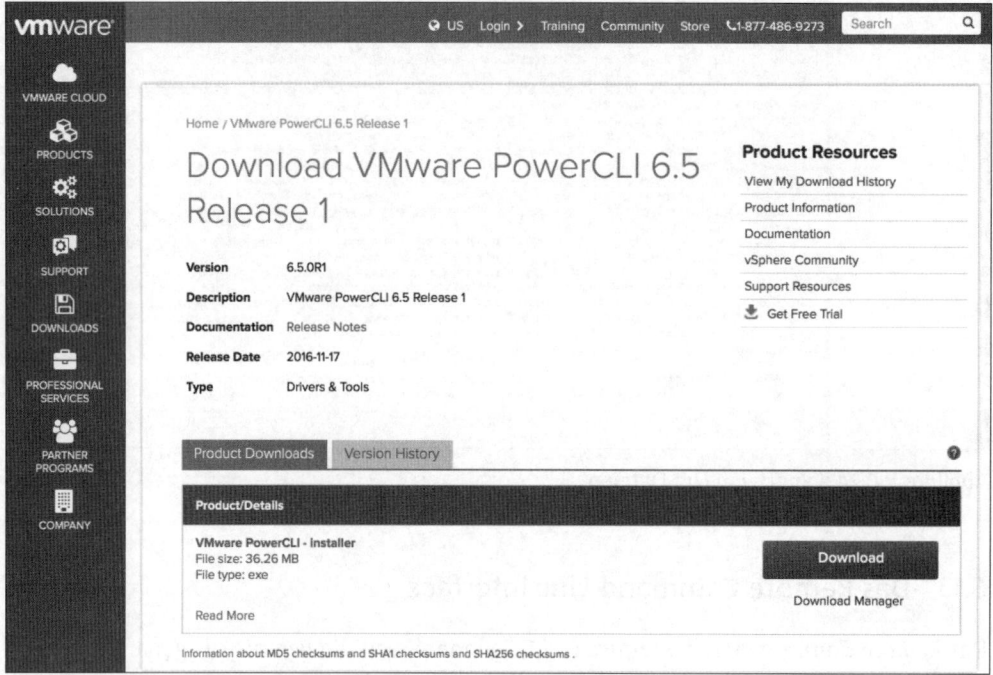

Abbildung 6.25 Download der PowerCLI über den vSphere-Link

Die Installation ist ganz simpel. Ist sie abgeschlossen, sehen Sie zwei Icons auf dem Desktop. Über das eine starten Sie die 32-Bit-Version und über das andere die 64-Bit-Version der PowerCLI.

So reichen zum Teil nur wenige Zeichen Code, um Aufgaben in der virtuellen Infrastruktur abzuarbeiten.

Die erstellten Skripte können Sie an einzelnen oder mehreren Objekten gleichzeitig ausführen. Damit Sie ein Gefühl für die geringe Komplexität der Skripte bekommen, zeigen wir hier ein Beispielskript, das einen Rescan aller Host-Bus-Adapter der angewählten Hosts durchführt:

```
$_ | Get-VMHostStorage -RescanAllHBA
$_ | Get-VMHostStorage -Refresh
```

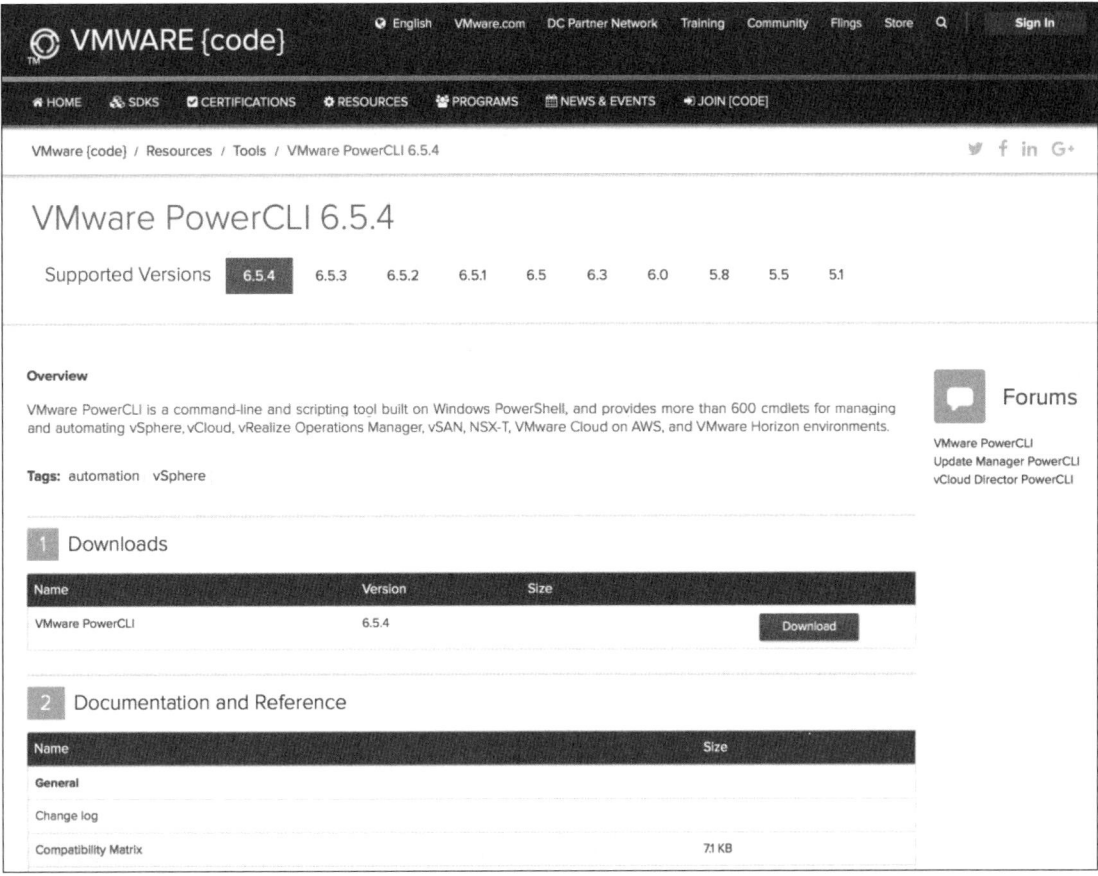

Abbildung 6.26 Download über die VMware-Code-Seite

Mit etwas Einarbeitung ist es schnell möglich, komplexe Skripte zu erstellen, mit denen Sie als Administrator die Aufgaben erfüllen können, die Ihnen im Tagesgeschäft begegnen. Die Möglichkeiten, die sich Ihnen hier eröffnen, werden Ihnen sofort bewusst werden, wenn Sie sich Ihre täglichen administrativen Aufgaben anschauen. Allerdings ist es nicht jedermanns Sache, auf der Kommandozeile herumzuzaubern.

Wie wichtig die PowerCLI ist, zeigt sich auch an der Aktualisierungsrate, denn mit jeder neuen Version von VMware vSphere und dessen Unterprodukten werden immer mehr Befehle in die PowerCLI integriert. Diese Funktionen betten sich tief in die PowerCLI ein und erweitern die Möglichkeiten dieser Managementschnittstelle um ein Vielfaches. So gibt es mittlerweile einige Funktionen, die nur über die PowerCLI abgebildet werden können.

Kapitel 7
Das Netzwerk in VMware vSphere

Aus welchen Elementen besteht die Netzwerkanbindung von vSphere? In welcher Situation verwende ich welche Netzwerkdesigns? Wie integriere ich vSphere in bestehende Netzwerkumgebungen? Diese Fragen rund um das Netzwerk werden in diesem Kapitel behandelt.

Autor dieses Kapitels ist Urs Stephan Alder,
KYBERNETIKA AG /d-on-d
usa@kybernetika.ch

Das Netzwerk spielt in jeder Server- oder Client-Virtualisierungslösung eine zentrale Rolle, findet doch die Kommunikation zwischen den beteiligten Elementen im Netzwerk statt:

- vom *vSphere Client* und *vCenter* zu den Virtualisierungs-Hosts
- Netzwerkverkehr zwischen den Virtualisierungs-Hosts untereinander
- Kommunikation zu und von den virtuellen Maschinen
- Zugriff vom Virtualisierungs-Host auf die IP-basierten Speichersysteme

Die Netzwerkanbindung kann von sehr einfach bis hochkomplex ausfallen – je nach der gewünschten Leistung und Integration in bestehende Netzwerkumgebungen.

7.1 Grundsätzliche Planungsaspekte

Es gibt sehr viele Aspekte, die bei der Planung für eine zukünftige Netzwerkimplementation berücksichtigt werden müssen. Der Planungsablauf stellt ein Wechselspiel zwischen vorhandener und zu beschaffender Technologie im Kontrast zu den Konfigurationsmöglichkeiten im Netzwerk-Stack von vSphere dar.

7.1.1 Gutes Netzwerkdesign

Das Netzwerkdesign unter vSphere sollte mehr beinhalten als »Ich kann den Host pingen – alles ist gut«. Designfehler können üble Folgen haben – bis hin zum gleichzeitigen Totalausfall aller VMs in einem Cluster, weil das Netzwerkdesign den Anforderungen von HA (*High Availability*) nicht genügte.

Was macht also ein gutes Design aus? Folgende Punkte sollten erfüllt sein:

- **Das Netzwerk ist robust gegenüber Ausfällen.**

    Hier ist insbesondere wichtig, dass das Design nicht an den Netzwerkschnittstellen des ESXi-Hosts aufhört. Die physische Netzwerkinfrastruktur muss mit einbezogen werden, und die Verteilung der physischen Netzwerkkarten auf die physischen Switches muss korrekt sein. Die physische Verteilung der Netzwerkkomponenten muss dann entsprechend auf den virtuellen Switches umgesetzt werden. Dies bedeutet, dass für die Uplinks an den virtuellen Switch auch die Netzwerkkarten verwendet werden, die jeweils mit einem anderen physischen Switch verbunden sind.

- **Das Netzwerk erfüllt die Leistungsanforderungen.**

    Alle I/O-Muster können auch zu Spitzenzeiten abgedeckt werden.

- **Die vorhandenen Ressourcen werden gut genutzt.**

    Dies bedeutet, dass die idealen Load-Balancing-Policys verwendet werden, sodass die I/O-Last auf den Netzwerkkarten gleichmäßig verteilt wird.

- **Die verschiedenen Verkehrsmuster – wie I/O der VMs, vSAN, vMotion, FT, iSCSI, NFS, HA-Heartbeat, Management-Verkehr – sind voneinander getrennt.**

    Wenn das nicht geht, weil nicht genügend Netzwerkkarten zur Verfügung stehen, sollten die Verkehrsmuster entweder vernünftig kombiniert oder mittels Active-Standby-Adaptern bzw. Network I/O-Control modelliert werden.

- **Sicherheitsaspekte werden berücksichtigt.**

    Verschiedene Netze müssen voneinander getrennt bleiben. Es ist zum Beispiel eine sehr schlechte Idee, das Benutzer-Netz mit dem iSCSI-Storage-Netz zu kombinieren. Falls ein Benutzer nämlich einmal der Netzwerkkarte seines Notebooks eine statische IP-Adresse zuweist, die mit derjenigen des iSCSI-Targets identisch ist, dann ist viel »Spaß« in der Infrastruktur garantiert.

7.1.2   1- und 10-Gigabit-LAN und die maximale Anzahl physischer NICs

In vSphere 6.7 werden folgende NICs (Netzwerkkarten) unterstützt: 1 GBit, 10 Gbit, 20 Gbit, 25 Gbit, 50 Gbit und 100 GBit. Für welche Technologie Sie sich entscheiden, hat Einfluss auf das physische Server-Design, denn die Anzahl der maximal zugelassenen physischen Ports hängt von der Technologie ab. Bei 1 GBit liegt das Maximum – abhängig vom verwendeten Netzwerkkarten-Produkt – bei bis zu 32 Ports, bei 10 GBit sind es, je nach eingesetzter Netzwerkkarte, von 8 bis 16 physische Ports. Eine Kombination von beiden Adaptern ergibt 4 × 1 GBit und bis zu 16 × 10 GBit.

Diese Informationen können Sie auf einer speziellen VMware Webseite beziehen:

https://configmax.vmware.com/home

Da sich diese Angaben bei neuen Versionen von vSphere ändern können, sollten Sie die aktuellen Informationen zu Ihrer jeweiligen vSphere-Version prüfen.

Beachten Sie auch, dass neben den von VMware angegebenen Maxima auch solche vom Hersteller des Servers existieren können. Eine zu hohe Dichte von 10-GBit-NICs in bestimmten Server-Modellen kann problematisch sein, weil der I/O-Stack eines solchen Servers gar nicht fähig ist, diese große Datenmenge zu bewältigen. Es wird zu vielen Interrupts kommen, und der Server bricht in der Leistung ein.

7.1.3 1- und 10-GBit-Technologie versus Load-Balancing und Verkehrsmusterkontrolle

Außer auf die maximale Anzahl physischer Ports, die im Host verbaut werden können, hat die Verwendung von 1- oder 10-GBit-Technologie auch Einfluss auf die Nutzung der Load-Balancing-Policy.

Bei 1 GBit geht es eigentlich immer darum, den »Kanal« zu vergrößern und über ein entsprechendes Team-Konstrukt ein möglichst ideales Load-Balancing zu erreichen.

Wird 10-GBit-Technologie (oder höher) verwendet, so steht weniger der Load-Balancing-Mechanismus im Vordergrund, sondern verschiedene Verkehrsmuster müssen in dem »breiten Kanal« ideal getrimmt werden. Verkehrsmuster auf einem Kanal zu trimmen bedeutet zwingend die Verwendung eines *vNetwork Distributed vSwitch* (vDS), da der *vNetwork Standard vSwitch* (vSS) keine Möglichkeit für *Network I/O Control* bietet.

7.1.4 Wie viel Bandbreite benötige ich in der Praxis wirklich?

Bandbreiten- und designtechnisch gesehen ist die 10-GBit-Technologie sicher die erste Wahl, weil sie einfach die flexibelsten Möglichkeiten bietet. Informatiklösungen werden meist durch das Budget begrenzt, und nicht allen IT-Betreibern stehen die Mittel für 10-GBit-Backbones zur Verfügung.

Für die Praxis kann sicher gesagt werden: Mit 1 GBit – zusammen mit einem intelligenten Design – kommt man sehr weit. Für heutige Server mit 2 CPUs genügt mehrfaches 1 GBit im Aggregat vollkommen. 4-CPU-Server geraten mit 1-GBit-Aggregaten an eine Leistungsgrenze. Bei Blade-Systemen mit vollen Chassis und Blades, die prall gefüllt mit RAM sind, ist 10 GBit oder mehr ein Muss, um die I/O-Leistung der vielen Server im Blade-Chassis optimal nutzen zu können. In Bezug auf die Storage-Anbindung ist mehrfaches 1 GBit im Entry-Level-Bereich unproblematisch und reicht vollauf. Sobald eine Stufe höher geschaltet wird, ist 10 GBit zu bevorzugen oder sogar ein Muss.

100 GBit wäre dann die höchste Bandbreite, die zurzeit unterstützt wird.

7.1.5 VLANs oder keine VLANs?

ESXi kann mit oder ohne VLANs betrieben werden. Selbstverständlich ist auch ein Mischbetrieb möglich. Keine VLANs zu verwenden führt bei mehreren Netzwerksegmenten dazu, dass diese Segmente physisch ab dem ESXi-Host erschlossen werden müssen. Eine hohe Anzahl an physischen Ports im ESXi-Host ist die Folge (siehe Abbildung 7.1).

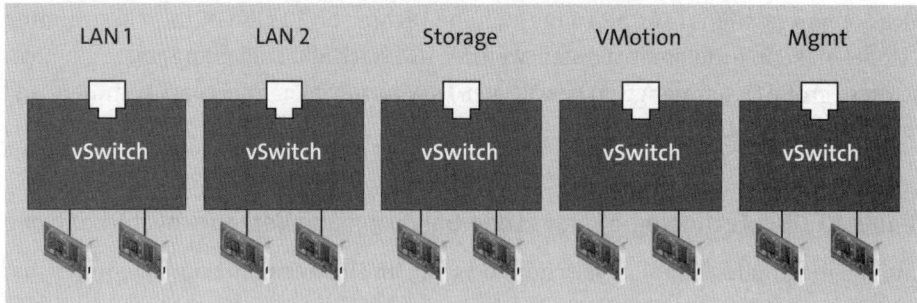

Abbildung 7.1 Fünf Segmente, ohne VLAN, redundant

Ein Beispiel

Anforderung: Es sollen fünf Segmente gebildet werden. VLANs werden nicht eingesetzt. Es ist ferner erforderlich, dass Redundanz vorhanden ist.

Das bedeutet, dass mit physischen Netzwerkkabeln eine Verbindung zu jedem einzelnen Segment hergestellt werden muss. Für jedes Segment muss ein virtueller Switch gebildet werden. Damit die Redundanz gewährleistet ist, müssen zwei physische Netzwerkkarten an einem virtuellen Switch vorhanden sein. Da eine Netzwerkkarte nur einem virtuellen Switch zugeordnet werden kann, führt dies zu einer Anzahl von 10 physischen Netzwerkkarten.

Werden VLANs verwendet und wird alles auf einen vSwitch konsolidiert, so können massiv physische Netzwerkkarten, Kabelverbindungen und Switch-Ports und letztendlich auch Kosten eingespart werden. Das Beispiel aus Abbildung 7.2 zeigt, dass es möglich ist, 60 % der Netzwerkkarten einzusparen und trotzdem praktisch dieselbe Qualität der Netzwerkanbindung zu erreichen.

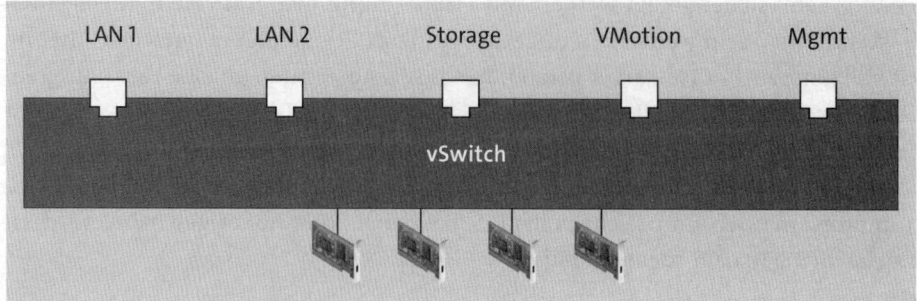

Abbildung 7.2 Fünf Segmente, mit VLAN, mehrfach redundant

7.1.6 Physische Switches können die Load-Balancing-Policy beeinflussen

Um ein voll redundantes Design zu erhalten, müssen die Netzwerkkarten in einem Host auf mindestens zwei physische Switches verteilt werden. Die verwendeten Switch-Komponenten im LAN haben einen Einfluss darauf, welche Load-Balancing-Policy in vSphere verwendet wird. Die Load-Balancing-Policy *IP-Hash* bedingt, dass die physischen Switch-Komponenten einen *Etherchannel*, statisches LACP (und dynamisches LACP bei vDS) oder eine Link-Aggregation nach IEEE 802.3ad bilden. Damit ergibt sich die zentrale Frage: Kann ich mit den eingesetzten Switches einen Channel über die Switch-Ports von mehreren Switches erzeugen (siehe Abbildung 7.3)?

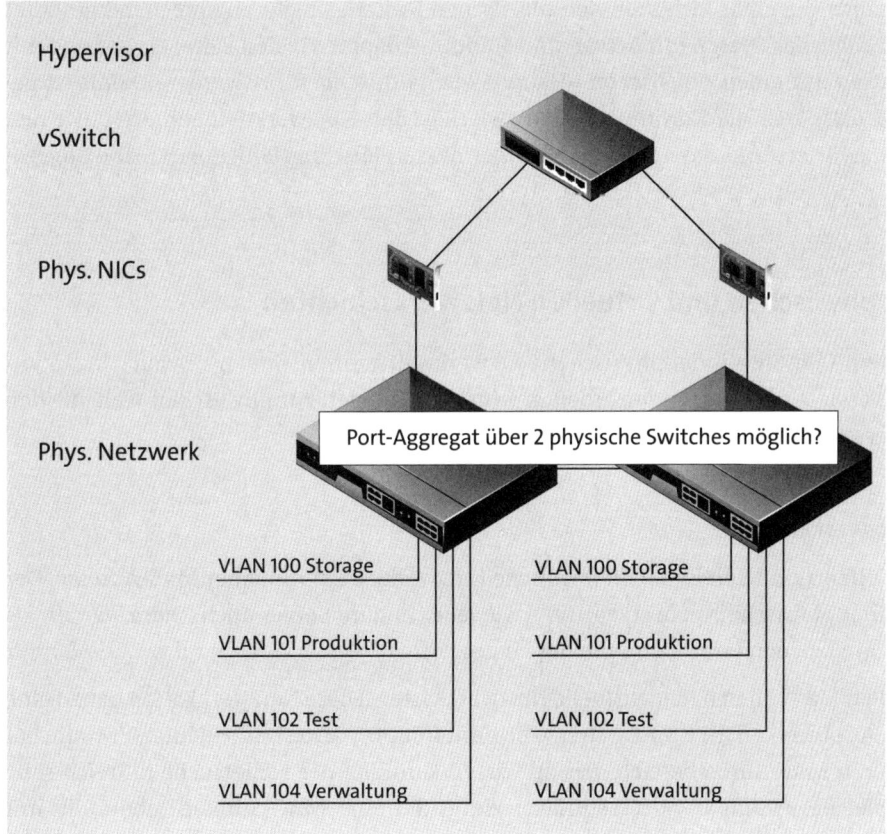

Abbildung 7.3 Ist ein Channel über mehrere Switches möglich?

Nur wenn Sie diese Frage mit Ja beantworten können, kann die Load-Balancing-Policy *IP-Hash* verwendet werden. Selbstverständlich können in diesem Fall auch alle anderen Policys auf diesen Switches verwendet werden, ohne dass ein Aggregat auf diesem physischen Switch konfiguriert wird.

Lautet die Antwort Nein, so können alle Policys außer *IP-Hash* verwendet werden.

7.1.7 Links zwischen den physischen Switches

Ein Aspekt, dem unbedingt Rechnung getragen werden sollte, sind die Verbindungen von physischen Switches untereinander. Es nützt nichts, wenn Sie Ihr ESXi-Netzwerkdesign nach Best Practice durchgeführt haben, aber die Kommunikation von einem ESXi-Server zu einem anderen ESXi-Server, die jeweils mit verschiedenen physischen Switches verbunden sind, über einen 1-GBit-Link zwischen den physischen Switches stattfindet.

Verbindungen zwischen physischen Switches sind so auszulegen, dass der Verkehr zwischen physischen Switches nicht als Begrenzer wirkt! Im extremsten Fall muss solch ein Link mehrfaches vMotion, Storage-Zugriff, Fault Tolerance, VM- und vSAN-Netzwerkverkehr verdauen. Können die Links zwischen den physischen Switches nicht entsprechend gestaltet werden, so sollte das Design mit Active- und Standby-Adaptern in den ESXi-Servern und mit Konzentration auf einen physischen »Haupt-Switch« durchgeführt werden. Damit ist gewährleistet, dass sich die Kommunikation zwischen den Netzwerkteilnehmern auf einen Switch konzentriert und dass der Verkehr über dessen leistungsfähige Backplane abgewickelt wird.

7.2 Die physischen und virtuellen Netzwerkschichten

Viele Elemente, die Sie aus der physischen Netzwerkwelt kennen, finden sich auch in der virtuellen Welt wieder. Im Folgenden arbeiten wir mit Analogien zur physischen Welt, die den meisten Lesern bestens vertraut sein dürften.

7.2.1 Netzwerkkarten

Physische Clients und Server haben physische Netzwerkkarten mit einer MAC-Adresse. Der ESXi-Host hat physische Netzwerkkarten – wie jeder andere Server auch. Diese werden als Uplink-Adapter zu den virtuellen Switches eingesetzt.

Die virtuellen Maschinen haben virtuelle Netzwerkkarten. Diese Netzwerkkarten haben eine virtuelle MAC-Adresse. Diese MAC-Adresse beginnt mit 00:50:56:. Das bedeutet, VMware hat einen eigenen MAC-Adressbereich. Das zu wissen kann bei der Fehlersuche hilfreich sein, zum Beispiel bei einem IP-Adresskonflikt: Wenn Sie eine MAC-Adresse sehen, die mit 00:50:56: beginnt, dann wissen Sie jetzt, dass es sich um einen VMware-Netzwerkadapter von einer VM handelt.

Die MAC-Adresse für eine virtuelle Netzwerkkarte kann automatisch oder statisch konfiguriert werden. Die MAC-Adressen zu den einzelnen virtuellen Netzwerkadaptern werden in der Konfigurationsdatei (*.vmx*) der virtuellen Maschine gespeichert.

7.2.2 Switches

In der physischen Welt gibt es den physischen Switch, und demzufolge existiert in der virtuellen Welt der virtuelle Switch. In der Tat sind die virtuellen Switches physischen Layer-2-Switches nachgebildet. Die virtuellen Switches haben aber nicht alle Eigenschaften von physischen Switches. Zum Beispiel sind virtuelle Switches nicht STP-fähig (STP: *Spanning Tree Protocol*).

7.2.3 Port

Ein physischer Switch hat physische Anschlüsse, die auch *Ports* genannt werden. Je nach Switch-Modell existiert eine bestimmte Menge an physischen Anschlüssen. Wenn Ihr Switch zum Beispiel 48 physische RJ45-Ports hat, so können Sie 48 Netzwerkkarten von Servern oder Clients über Netzwerkkabel mit ihnen verbinden.

Ein virtueller Switch hat ebenfalls eine bestimmte Menge an Ports, analog zu einem physischen Switch. Je nach Typ und Einstellungen des virtuellen Switchs kann die Menge an Ports beim *vNetwork Standard Switch* bis zu 4.096 betragen und beim *vNetwork Distributed Switch* bis zu 60.000.

7.2.4 Port Group

In den physischen Switches gibt es je nach Modell unterschiedliche Module bzw. Steckverbinder für verschiedene Anwendungsgebiete. Zum Beispiel gibt es 10-GBit-CX4-Module für das Stacking von Switches oder Private-Ports, die mit GBICs (Gigabit-Interface-Konvertern) bestückt werden können, um längere Distanzen mittels LWL (Lichtwellenleitern) überbrücken zu können. Kurz gesagt: Für verschiedene Anwendungszwecke gibt es verschiedene Module.

In der virtuellen Welt gibt es zwei unterschiedliche »Module«, sogenannte *Port Groups* (Portgruppen). Diese dienen zum Anschluss von virtuellen Maschinen und/oder dazu, um dem Hypervisor den Netzwerkzugang über TCP/IP zu ermöglichen.

Die Aufteilung der Schichten ist in Abbildung 7.4 dargestellt.

Wenn Sie in Abbildung 7.4 die Verbindungen von den VMs zu den virtuellen Switches und von diesen zu den physischen Netzwerkkarten etwas genauer betrachten, so fällt auf, dass die Ausprägung sehr unterschiedlich sein kann. Da gibt es:

- VMs an virtuellen Switches mit einer Netzwerkkarte
- VMs an virtuellen Switches mit zwei Netzwerkkarten
- VMs an virtuellen Switches ohne Netzwerkkarten

Im Folgenden sehen wir uns diese Möglichkeiten etwas genauer an.

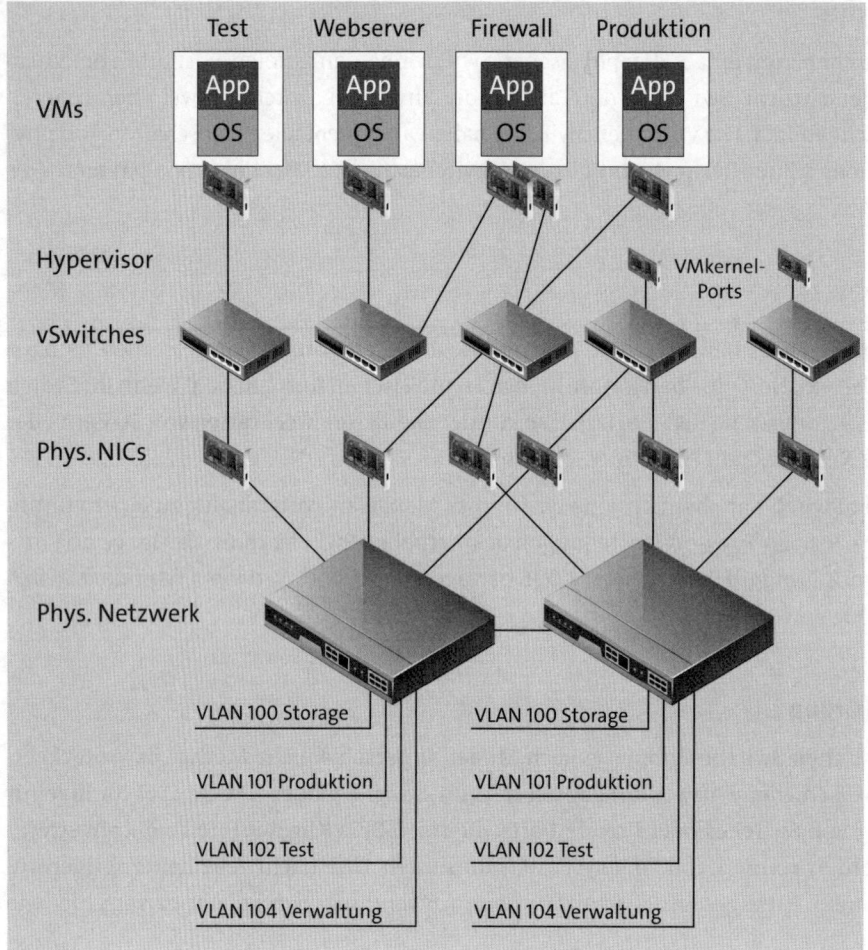

Abbildung 7.4 Die Schichten im virtuellen und physischen Netzwerk

VMs an virtuellen Switches mit einer Netzwerkkarte

Diese VMs können in das physische Netzwerk kommunizieren, besitzen aber keine Redundanz. Sind VMs an demselben virtuellen Switch angeschlossen, so kommunizieren sie direkt über diesen Switch miteinander, ohne das physische Netzwerk zu benutzen.

VMs an virtuellen Switches mit zwei Netzwerkkarten

Diese VMs können in das physische Netzwerk kommunizieren, besitzen aber Redundanz und automatische Lastverteilung (*Load-Balancing*). Sind VMs an demselben virtuellen Switch angeschlossen, so kommunizieren sie direkt über diesen Switch miteinander, ohne das physische Netzwerk zu benutzen.

VMs an virtuellen Switches ohne Netzwerkkarten

Diese VMs können nicht direkt in das physische Netzwerk kommunizieren. Sind VMs an demselben virtuellen Switch angeschlossen, so kommunizieren sie direkt über diesen Switch miteinander.

In Abbildung 7.4 sehen Sie, dass die Webserver-VM an solch einen virtuellen Switch angeschlossen ist. Sie kann nicht direkt in das physische Netzwerk kommunizieren. Eine Kommunikation in das physische Netzwerk ist nur über die Firewall-VM möglich.

Ist eine VM an solch einen Switch mit einer aktiven Verbindung angeschlossen, so kann sie mittels vMotion nicht auf einen anderen ESXi-Host bewegt werden.

7.3 Die physischen Netzwerkkarten im Host

Innerhalb des ESXi-Servers gibt es zwei Typen von virtuellen Switches:

1. den *vNetwork Standard Switch* (vSS, vSwitch)
2. den *vNetwork Distributed Switch* (vDS, dvSwitch)

Beide Arten der vSwitch-Typen benötigen als Uplinks physische Netzwerkkarten im Server. Diese Netzwerkkarten werden als *vmnic#* angezeigt. Die Nummerierung fängt bei 0 an. Somit ist die erste Netzwerkkarte die *vmnic0*, die nächste *vmnic1* etc. Die vergebene *vmnic*-Nummer hängt von der PCI-Nummer der physischen Netzwerkkarte ab. Das bedeutet für Standard-Server, dass On-Board-Netzwerkkarten zuerst kommen.

Danach folgen die in einen PCI-Bus gesteckten Netzwerkkarten. Je niedriger die PCI-Nummer in der Reihenfolge bei mehreren Netzwerkkarten ist, desto niedriger ist die *vmnic*-Nummer. Bei der Nummerierung ist es egal, ob es sich um 1-GBit- oder 10-GBit-Adapter handelt. Bei Blade-Systemen, die synthetische Netzwerkadapter verwenden, kann die Nummerierung eingestellt werden.

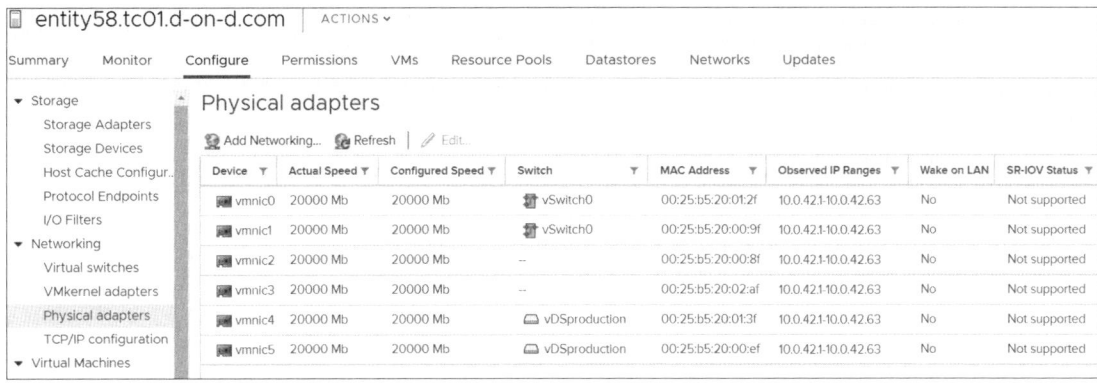

Abbildung 7.5 Die physischen NICs im Server

Wie Sie in Abbildung 7.5 sehen können, sind nebst dieser *vmnic*-Nummerierung, die Sie in der Spalte DEVICE finden, diverse andere Informationen vorhanden:

- In der Spalte ACTUAL SPEED sind der Verbindungsstatus und die Geschwindigkeit der Karte sichtbar.
- Die Spalte CONFIGURED SPEED zeigt, ob die Netzwerkkarte die Verbindungsgeschwindigkeit aushandelt oder ob diese fix eingestellt ist.
- Die Spalte SWITCH zeigt an, ob die Netzwerkkarte an einem – sowie an welchem – vSwitch-Typ verwendet wird.
- Die Spalte MAC ADDRESS zeigt die MAC-Adresse des physischen Netzwerkadapters an.
- In der Spalte OBSERVED IP RANGES sehen Sie das Netzwerksegment, das die Karte wahrnimmt. Dieses wahrgenommene Netzwerk wird durch sogenanntes *Snooping* erkannt. Dabei werden die IP-Adressen im Segment ausgewertet und die IP-Range ermittelt.

  Diese Angaben können als Hilfsmittel verwendet werden, um die korrekte Netzwerkkarte als Uplink einem vSS (*vNetwork Standard Switch*) oder vDS (*vNetwork Distributed Switch*) zuzuordnen.

- Die Spalte WAKE ON LAN SUPPORTED zeigt, ob die betreffende Netzwerkkarte *Wake on LAN Support* (WOL) besitzt oder nicht. Diese Information ist für DPM (*Distributed Power Management*) wichtig, falls die Server aus dem Standby-Modus mittels WOL eingeschaltet werden sollen.
- Die Spalte SR-IOV STATUS zeigt an, ob SR-IOV (*Single-root I/O Virtualization*) unterstützt wird oder nicht.
- Die Spalte SR-IOV VFs gibt Informationen über individuelle virtuelle Funktionen, die mit SRO-IV freigeschaltet wurden.

Wenn Sie eine *vmnic* anklicken und damit markieren, können Sie für die betreffende Netzwerkkarte noch weitere Informationen bzw. Funktionen einsehen (siehe Abbildung 7.6):

- Unter ALL wird Ihnen eine Zusammenfassung der drei Reiter PROPERTIES, CDP und LLDP präsentiert.
- Der Reiter PROPERTIES enthält Informationen wie Hersteller und Name der Netzwerkkarte, verwendeter Treiber, PCI-Bus-Nummer etc.
- Die Reiter CDP und LLDP zeigen Informationen über die Protokolle CDP (*Cisco Discovery Protocol*) oder LLDP (*Link Layer Display Protocol*) an.

Über den Menüpunkt EDIT können Sie die Netzwerkkarte konfigurieren. Eine Netzwerkkarte kann hinsichtlich der Geschwindigkeit bei der Datenübertragung in folgende Modi versetzt werden:

- AUTO NEGOTIATE
- 10 MB, HALF DUPLEX

- 10 Mb, Full Duplex
- 100 Mb, Half Duplex
- 100 Mb, Full Duplex
- 1000 Mb, Full Duplex

Bei NICs, in z. B. Blade-Systemen, existiert vielfach nur ein fixer Modus, wie z. B. 20000 Mb, Full Duplex, der nicht verändert werden kann.

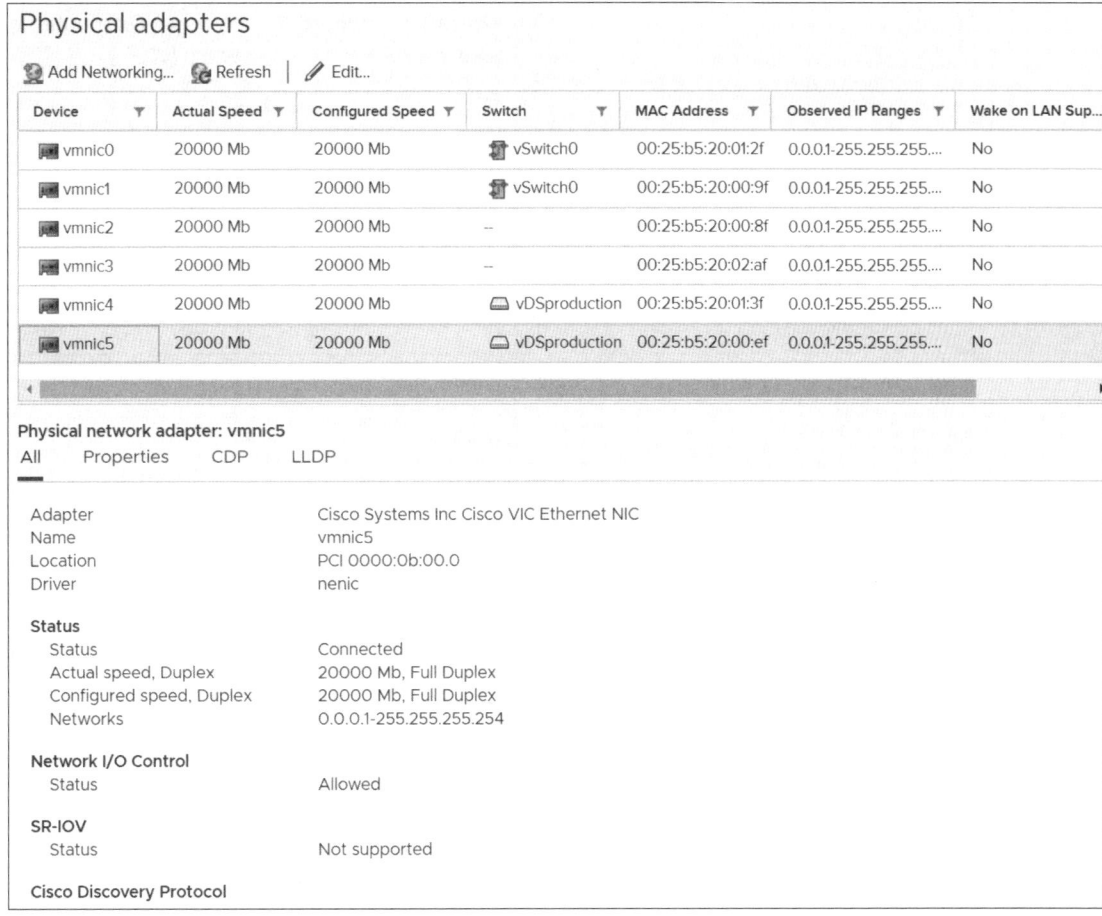

Abbildung 7.6 Weitere Details einer Netzwerkkarte

7.4 vSS und vDS – eine Gegenüberstellung

Wie schon erwähnt wurde, gibt es bei den beiden vSwitch-Typen vSS und vDS Gemeinsamkeiten, aber auch starke Differenzen im Konzept. Dieser Abschnitt stellt zuerst die Eigenschaften der zwei vSwitch-Konzepte einander gegenüber.

Danach folgt ein Vergleich der gemeinsamen Eigenschaften. Auf die spezifischen Eigenschaften gehen wir in Abschnitt 7.5, »Arbeiten mit dem vNetwork Standard Switch (vSS)«, und Abschnitt 7.6, »Arbeiten mit dem vNetwork Distributed Switch (vDS)«, ein.

7.4.1 Die Eigenschaften der vSwitch-Typen im Überblick

Tabelle 7.1 veranschaulicht die Fähigkeiten der beiden vSwitch-Typen.

Eigenschaft	vNetwork Standard Switch (vSS)	vNetwork Distributed Switch (vDS)
Layer-2-Switch	Ja	Ja
VLAN 802.1q	Ja	Ja
NIC-Teaming	Ja	Ja
CDP (*Cisco Discovery Protocol*)	Ja	Ja
Traffic Shaping ausgehend	Ja	Ja
Traffic Shaping eingehend	Nein	Ja
Net Flow	Nein	Ja
LLDP (*Link Layer Discovery Protocol*)	Nein	Ja
Port Mirroring	Nein	Ja
Enterprise Level Management	Nein	Ja
PVLAN	Nein	Ja
Blocken von individuellen Ports	Nein	Ja
vSwitch-Support für Dritthersteller	Nein	Ja
Network I/O Control	Nein	Ja
Port Mirroring	Nein	Ja
Verwaltung durch vCenter	Nein	Ja
Traffic-Filter	Nein	Ja
SR-IOV	Nein	Ja
LACP/LAG	Nein	Ja

Tabelle 7.1 Eigenschaften des Standard vSwitch und des Distributed vSwitch

Wie man unschwer erkennen kann, bietet der *vNetwork Distributed Switch* einiges mehr an Möglichkeiten als der *vNetwork Standard Switch*.

> **Hinweis**
>
> Auch wenn in Tabelle 7.1 bei den beiden verschiedenen vSwitch-Typen in den Eigenschaften ein »Ja« eingetragen ist, so kann es immer noch leicht unterschiedliche Möglichkeiten innerhalb dieser Einstellungen geben. Als Beispiel seien hier die Einstellungsmöglichkeiten bei VLANs und Ports genannt.

7.4.2 Die beiden vSwitch-Typen

Innerhalb des ESXi-Servers gibt es – wie in Abschnitt 7.3 schon erwähnt – zwei Typen von virtuellen Switches:

- den *vNetwork Standard Switch* (vSS, vSwitch)
- den *vNetwork Distributed Switch* (vDS, dvSwitch)

Wir werden ab jetzt primär folgende Begriffe verwenden, damit eine einheitliche Begrifflichkeit existiert:

- vNetwork Standard Switch: *vSS*
- vNetwork Distributed Switch: *vDS*
- Sind der vNetwork Standard Switch und der vNetwork Distributed Switch zusammen gemeint, sprechen wir von *vSwitch-Typ(en)*.

Die vSwitch-Typen bilden einen Layer-2-Ethernet-Switch ab (OSI-Modell: Layer 2), ohne jedoch alle Eigenschaften eines physischen Layer-2-Switchs zu besitzen. Als Beispiel sei hier STP (*Spanning Tree Protocol*) aufgeführt: Physische Layer-2-Switches beherrschen STP, in den vSwitch-Typen ist STP jedoch nicht implementiert.

Beide vSwitch-Typen stellen ein Verbindungselement dar, das auf der einen Seite sogenannte *Port Groups* (Portgruppen) und auf der anderen Seite physische Netzwerkadapter innerhalb des Hosts verwendet. Diese physischen Netzwerkadapter werden als *vmnic#* bezeichnet.

Es gibt zwei Typen von Port Groups:

- **Virtual Machine Port Group:** Diese Portgruppe wird verwendet, um virtuelle Maschinen mit einem der vSwitch-Typen zu verbinden, damit die VM über sie eine Netzwerkverbindung erhält.
- **VMkernel Port Group:** Diese Portgruppe ermöglicht es dem ESXi-Kernel/Hypervisor, über TCP/IP im Netzwerk zu kommunizieren.

7 Das Netzwerk in VMware vSphere

Die TCP/IP-Kommunikation des Kernels/Hypervisors ist für folgende Kommunikationsbeziehungen des Hosts nötig:

- vom *vSphere Client* zum Host
- vom *vCenter Server* zum Host
- vom Host zu IP-basierten Speichersystemen
- zwischen den Hosts für vMotion-Traffic, Provisioning-Traffic, Fault-Tolerance-Logging, Management-Traffic, vSphere-Replication-Traffic, vSphere-Replication-NFC-Traffic und Virtual-SAN-Traffic.

Die beiden Switch-Typen weisen auf den ersten Blick viele gemeinsame Merkmale auf. Bei näherer Betrachtung ergeben sich dann aber doch signifikante Unterschiede. Während der vSS schon seit der VMware-ESX-Version 3.0 existiert, wurde der vDS mit der VMware-ESX-Version 4.0 eingeführt. Der vDS erfuhr jeweils Erweiterungen mit den vSphere-Versionen 4.1, 5.0, 5.1, 5.5, 6.0, 6.5 und 6.7. Der vDS ist definitiv das modernere Konzept und bietet mehr Flexibilität. VMware implementiert neue Netzwerk-Features primär in den vDS. Damit der vDS verwendet werden kann, wird die größte vSphere-Edition, *Enterprise Plus*, benötigt.

Die folgenden Screenshots (Abbildung 7.7 und Abbildung 7.8) zeigen die Elemente für vNetwork Standard Switches (vSS) und vNetwork Distributed Switches (vDS).

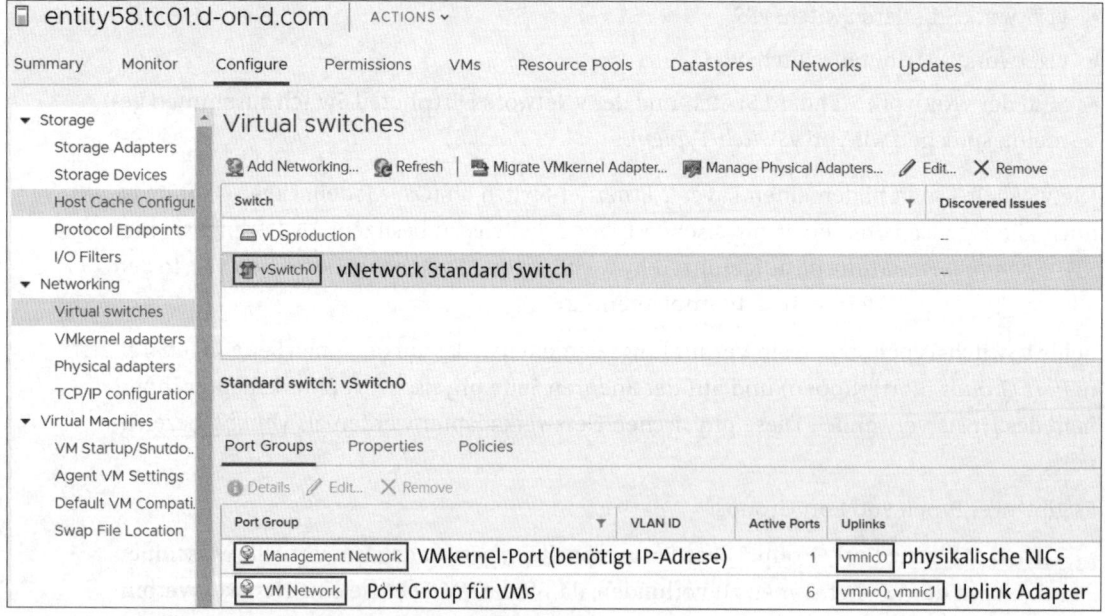

Abbildung 7.7 vSS – vNetwork Standard Switch

7.4 vSS und vDS – eine Gegenüberstellung

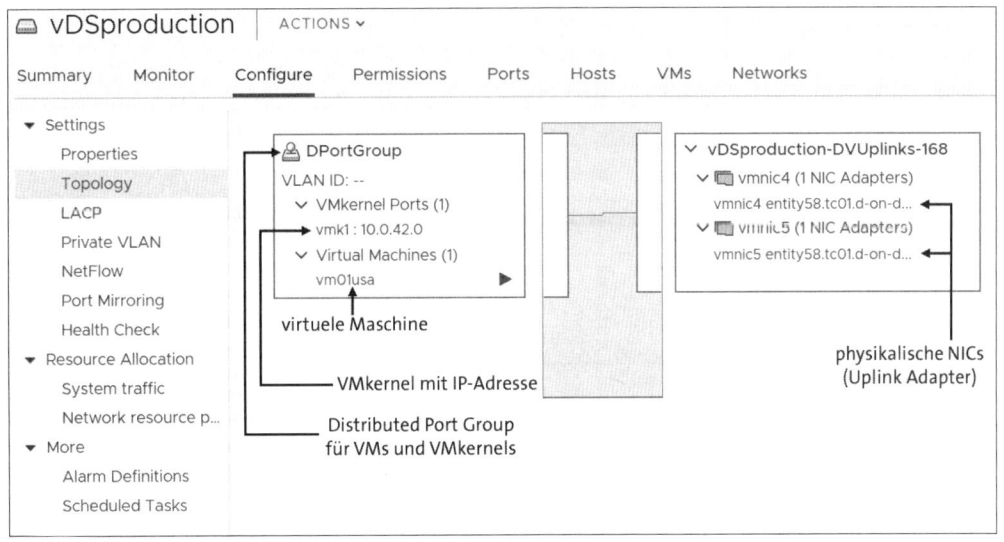

Abbildung 7.8 vDS – vNetwork Distributed Switch

7.4.3 Der Switch-Teil bei vSS und vDS

In Abbildung 7.7 und Abbildung 7.8 ist der Switch-Teil als grauer Kasten in der Mitte dargestellt. Links von ihm stehen die Port Groups, rechts sind die Uplink-Adapter zu sehen. Dieses Konzept ist bei beiden vSwitch-Typen aus Sicht des Hosts dasselbe.

Die Einstellungsmöglichkeiten und Eigenschaften der beiden vSwitch-Typen sind – bezogen auf den reinen Switch-Teil – recht unterschiedlich. Tabelle 7.2 listet die Möglichkeiten auf. Festzuhalten ist, dass Sie für den vDS die wenigsten Einstellungen direkt auf dem ESXi-Host vornehmen können. Die meisten Konfigurationen müssen über das *vCenter* vorgenommen werden.

Einstellungen vornehmen	vSS auf dem Host	vDS auf dem Host	vDS im vCenter
Anzahl der Ports einstellen	Ja	Ja	Nein
MTU-Größe	Ja	Nein	Ja
CDP bearbeiten	Ja (CLI)	Nein	Ja
LLDP bearbeiten	Nein	Nein	Ja
Layer-2-Security-Policys	Ja	Nein	Nein
Traffic Shaping Outbound	Ja	Nein	Nein

Tabelle 7.2 vSS- und vDS-Einstellungsmöglichkeiten auf Switch-Ebene

Einstellungen vornehmen	vSS auf dem Host	vDS auf dem Host	vDS im vCenter
NIC-Teaming	Ja	Nein	Nein
Uplink-Adapter bearbeiten	Ja (alles)	Ja (alles)	Ja (Link)
VMKernel bearbeiten	Ja	Ja	Ja
Port Group bearbeiten	Ja	Nein	Ja
NetFlow bearbeiten	Nein	Nein	Ja
Port Mirroring bearbeiten	Nein	Nein	Ja

Tabelle 7.2 vSS- und vDS-Einstellungsmöglichkeiten auf Switch-Ebene (Forts.)

7.4.4 Port Groups bei vSS und vDS

Bei den Port-Group-Einstellungen sind die Einstellungen für vSS und vDS möglich, die Sie in Tabelle 7.3 sehen. Auch hier ist deutlich zu erkennen, dass die meisten Einstellungen für den vDS ausschließlich über das vCenter erfolgen müssen.

Einstellungen vornehmen	vSS auf dem Host	vDS auf dem Host	vDS im vCenter
Anzahl der Ports einstellen	Ja	Nein	Ja
Layer-2-Security-Policys	Ja	Nein	Ja
Traffic Shaping Inbound	Nein	Nein	Ja
Traffic Shaping Outbound	Ja	Nein	Nein
VLAN	Ja	Nein	Ja
NIC-Teaming	Ja	Nein	Ja
Ressource Allocation	Nein	Nein	Ja
Monitoring	Nein	Nein	Ja
VMKernel bearbeiten	Ja	Ja	Ja
Port Group bearbeiten	Ja	Nein	Ja
Alle Ports blocken	Nicht verfügbar	Nein	Ja

Tabelle 7.3 vSS- und vDS-Einstellmöglichkeiten auf Port-Group-Ebene

Ebenfalls fällt auf, dass diverse Einstellungen, die beim vSS auf Switch-Ebene erfolgen, bei dem vDS in die Port-Group-Ebene verschoben wurden. Beispiele sind die Layer-2-Security-Policys, das NIC-Teaming und das Traffic Shaping.

7.4.5 Ports bei vSS und vDS

Die Einstellung für die Anzahl der Ports ist beim vSS sehr begrenzt und könnte nur über den vSphere Client vorgenommen werden. Dies ist jedoch nicht wirklich nötig, da die Voreinstellung auf *Elastic* eingestellt ist, was eine automatische Erhöhung der Ports, wenn benötigt, zur Folge hat.

Bei vNetwork Distributed Switches ist die Einstellung auf den Port Groups vorzunehmen, und hier gibt es drei Auswahlmöglichkeiten.

Weil diese beiden Ansätze völlig voneinander abweichen, sind die Details dazu in den entsprechenden Abschnitten der vSwitch-Typen hinterlegt. Dies sind für den:

- vSS → Abschnitt 7.5
- vDS → Abschnitt 7.6

7.4.6 Die Layer-2-Security-Policys

Die Security-Policys auf Layer 2 sind bei beiden Switch-Typen identisch. Es gibt drei Einstellungen (siehe Abbildung 7.9):

1. PROMSICUOUS MODE
2. MAC ADDRESS CHANGES
3. FORGED TRANSMITS

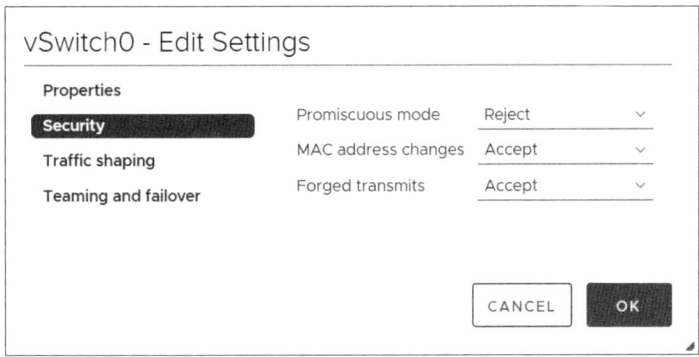

Abbildung 7.9 vSS-Konfiguration – »Security« (Switch und Port Groups sind identisch.)

Die SECURITY-Einstellungsmöglichkeiten sind auf dem vSS und vDS absolut identisch. Einzig in den Voreinstellungen sind sie unterschiedlich. Auf dem vSS steht eine Einstellung auf

Reject und die beiden andern auf Accept. Beim vDS sind alle auf Reject eingestellt. Die Policys beziehen sich auf den Ethernet-Stack (Layer 2). Sie können auf Reject oder Accept eingestellt werden. Wir sehen sie uns im Folgenden etwas genauer an.

Promiscuous Mode

Dieser Modus ist standardmäßig auf Reject eingestellt. Im *Promiscuous Mode* ist es möglich, den gesamten Netzwerkverkehr auf dem betreffenden vSS oder vDS an eine entsprechend eingestellte Port Group zu leiten. Diese Funktion wird für das *Sniffing* mit Paket-Analyse-Software innerhalb einer VM benötigt. Eine andere Anwendung ist die Verwendung eines IDS (*Intrusion Detection System*) innerhalb einer VM.

MAC Address Changes

Dieser Modus ist beim vSS standardmäßig auf Accept und beim vDS auf Reject eingestellt. Wenn innerhalb des Betriebssystems in der VM die MAC-Adresse verändert wurde, so wird dies je nach Konfiguration akzeptiert oder verworfen. Mit Accept kann die VM normal in das Netzwerk kommunizieren. Wird diese Einstellung auf Reject gestellt, so wird der eingehende Verkehr der nicht originalen MAC-Adresse verworfen.

Die MAC-Adresse einer virtuellen Netzwerkkarte ist in der Konfigurationsdatei *.vmx* hinterlegt. Somit weiß der ESXi-Host, welches die originale und somit gültige MAC-Adresse ist.

Forged Transmits

Dieser Modus ist beim vSS standardmäßig auf Accept und beim vDS auf Reject eingestellt. Wenn innerhalb des Betriebssystems in der VM die MAC-Adresse verändert wurde, so wird dies mit der Einstellung Accept akzeptiert und die VM kann normal in das Netzwerk kommunizieren. Wird diese Einstellung auf Reject gestellt, so wird der ausgehende Verkehr der nicht originalen MAC-Adresse verworfen.

7.4.7 Traffic Shaping

Die Traffic-Shaping-Eigenschaften sind bei beiden vSwitch-Typen im Bereich *Outbound* oder *Egress* (ausgehend vom ESXi-Host ins physische Netzwerk) praktisch identisch. Der einzige Unterschied besteht darin, dass beim vSS diese Einstellung nebst einer Port Group auch auf dem virtuellen Switch selbst eingestellt werden kann. Beim vDS kann Traffic Shaping nur auf einer Port Group eingestellt werden.

Ingress oder *Inbound* (vom physischen Netzwerk in den ESXi-Host) beherrscht nur der vDS. Aus diesem Grund schauen wir uns an dieser Stelle nur das gemeinsame Outbound an (siehe Abbildung 7.10).

7.4 vSS und vDS – eine Gegenüberstellung

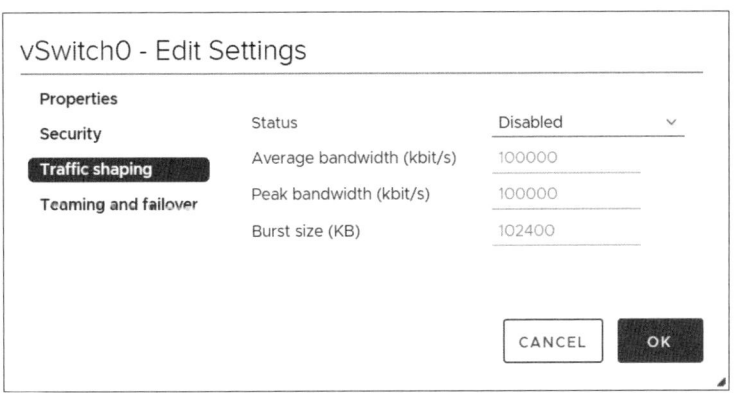

Abbildung 7.10 vSS-Konfiguration – »Traffic shaping« (Switch und Port Groups sind identisch.)

Das TRAFFIC SHAPING ist standardmäßig auf DISABLED gesetzt, also nicht aktiv. Das bedeutet, dass die volle zur Verfügung stehende Netzwerkbandbreite genutzt werden kann. Mit Traffic Shaping besteht die Möglichkeit, die Gesamtbandbreite zu beschränken. Es gibt drei Einstellungen zum Traffic Shaping (siehe Abbildung 7.11):

- Average Bandwidth
- Peak Bandwidth
- Burst Size

Average Bandwidth

Mit AVERAGE BANDWIDTH kann die zulässige Bandbreite in Kbits/sec eingestellt werden. Wird Traffic Shaping aktiviert, so ist der Standardwert 100.000 Kbit/sec, was 100 Mbit/sec entspricht. Das bedeutet, dass bei einem 1-GBit-Anschluss nur ein Zehntel der Bandbreite verwendet wird.

Peak Bandwidth

Mit PEAK BANDWIDTH kann die Average Bandwidth nach oben ausgedehnt werden. Eine Bedingung ist, dass genügend Bandbreite vorhanden ist. Der Wert, den Sie bei PEAK BANDWIDTH angeben, ist das effektive Maximum, das überhaupt verwendet werden kann. Die Peak Bandwidth kann nicht kleiner sein als die Average Bandwidth.

Burst Size

Mit BURST SIZE kann auf der Peak Bandwidth eine Volumen-Grenze durchgesetzt werden. Es ist die maximale Datenmenge, die in einem Burst versendet werden kann.

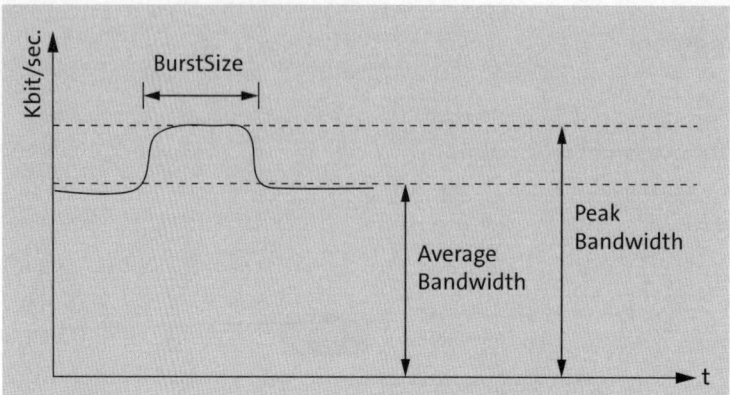

Abbildung 7.11 Traffic-Shaping-Einstellungen als Diagramm

7.4.8 Die VLAN-Einstellungen der vSwitch-Typen

Bevor wir auf die Unterschiede der VLAN-Einstellungen bei den vSwitches eingehen, schauen wir uns die VLANs aus Sicht von VMware an.

VLANs sind eine Layer-2-Eigenschaft, »da, wo das Ethernet-Protokoll stattfindet«. VMware unterstützt den IEEE-Standard 802.1q. Für die VLAN-Tags sind 12 Bits vorgesehen. 12 Bits entsprechen einem Adressraum von 2^{12}, also 4096 unterschiedlichen Werten. Da die Nummerierung mit 0 beginnt, ist die höchste VLAN-ID 4095, und somit betragen die gültigen Werte 0 bis 4095. 0 heißt »kein Tag« und ist die Standardeinstellung einer Port Group. Das bedeutet, sie selbst nimmt kein Tagging vor, sondern leitet den Verkehr 1:1 an die VM weiter. 4095 steht für *Trunk-Port*, das heißt, alle Pakete werden eine Schicht höher weitergegeben, und die Auswertung des eigentlichen Tags findet in der VM statt.

In der Praxis kommt am häufigsten das VST (*Virtual Switch Tagging*) zur Anwendung. Dieses wird von beiden vSwitch-Typen gleichwertig unterstützt.

Bei VST wird eine VLAN-ID auf einer Port Group eingegeben (gültige Werte: 1 bis 4094). Die Uplink-Adapter, die der vSwitch verwendet, werden an einen Trunk-Port des physischen Switchs angeschlossen.

Werden nun Netzwerkpakete von einer VM ins physische Netz gesandt, so baut die Port Group das konfigurierte Tag ein, das wäre in Abbildung 7.12 das Tag 50 oder das Tag 51. Das mit dem Tag bestückte Netzwerkpaket wird über die Netzwerkkarte an den Trunk-Port des physischen Switchs geliefert. Der physische Switch wertet das Tag aus und behandelt es entsprechend. »Entsprechend behandeln« bedeutet: Wenn das Endziel ein Access-Port ist, so wird das Tag aus dem Netzwerkpaket entfernt und dann von diesem an den Client, Server oder an das, was auch immer sich an diesem Anschluss befindet, als normales Netzwerkpaket abgeliefert, wie in Abbildung 7.12 dargestellt.

7.4 vSS und vDS – eine Gegenüberstellung

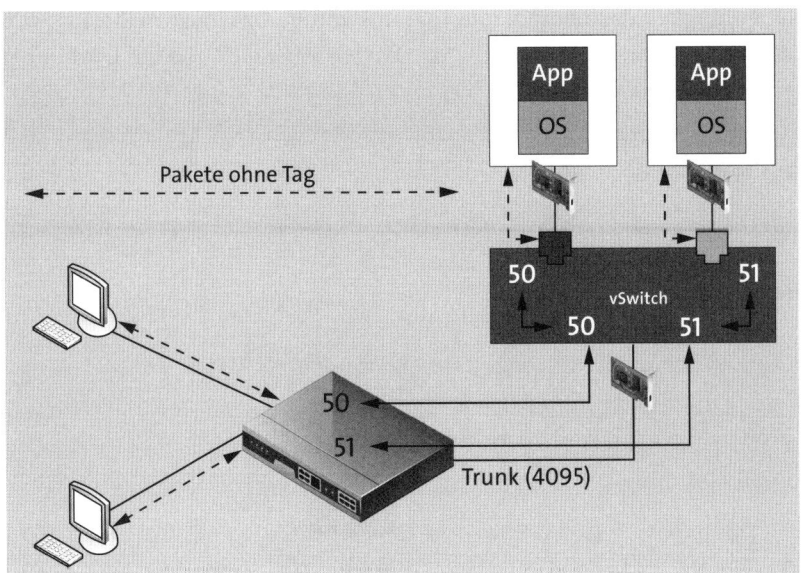

Abbildung 7.12 VST (Virtual Switch Tagging)

Sind weitere Trunk-Ports an dem physischen Switch vorhanden, so werden alle Netzwerkpakete so belassen, wie sie sind, und an diese Ports ausgegeben. Hat ein Trunk-Port am physischen Switch Begrenzungen (Filter), so werden nur diejenigen Netzwerkpakete durchgelassen, die auch der Filter unterstützt.

Die Screenshots aus Abbildung 7.13 und Abbildung 7.14 zeigen die Einstellungen bei den verschiedenen vSwitch-Typen bezüglich VST.

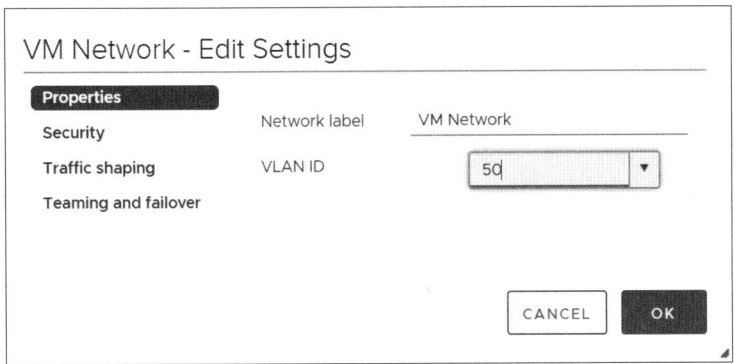

Abbildung 7.13 Standard vSwitch im VST-Modus, VLAN-ID 50 auf Port Group

Außer dem Tagging auf vSwitch-Ebene wird auch das Tagging in der VM unterstützt. In diesem Fall ist die VLAN-ID der Port-Group 4095. Das führt dazu, dass alle Pakete unabhängig von den enthaltenen Tags der VM weitergegeben werden. Das Betriebssystem innerhalb der

VM kann, wenn es die Fähigkeit dazu besitzt, die Tags auswerten. Das eingestellte Tag wird verwendet, die anderen Tags werden ignoriert. VMT (*Virtual Machine Tagging*) wird in der Praxis relativ selten verwendet.

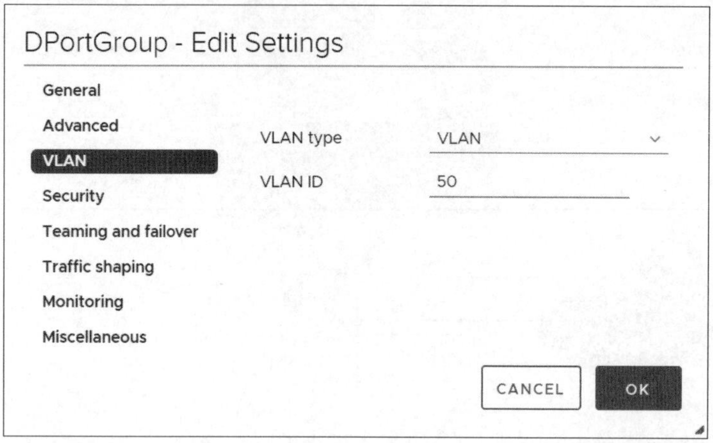

Abbildung 7.14 Distributed vSwitch im VST-Modus, VLAN-ID 50 auf Port Group

Abbildung 7.15 veranschaulicht den Vorgang.

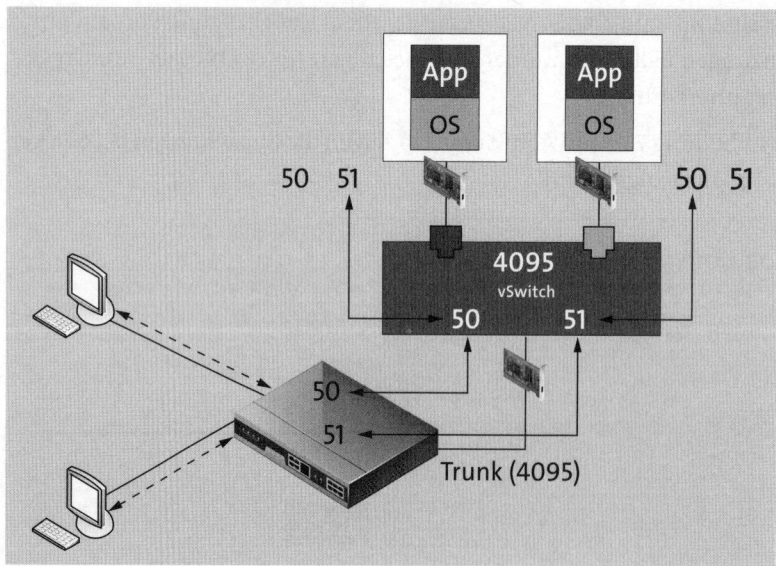

Abbildung 7.15 VMT (Virtual Machine Tagging)

Wie man unschwer erkennen kann, bietet der vDS (siehe Abbildung 7.17) noch mehr Einstellmöglichkeiten für einen Trunk-Port. Im Feld VLAN TRUNK RANGE können Filter gesetzt werden. Möchten Sie nur bestimmte VLAN-IDs durchlassen, so geben Sie im freien Feld diese

Blöcke an. Eine Eingabe von 5,19,55-57 würde bedeuten, dass nur Netzwerkpakete mit den Tags 5, 19, 55, 56 und 57 durchgelassen würden.

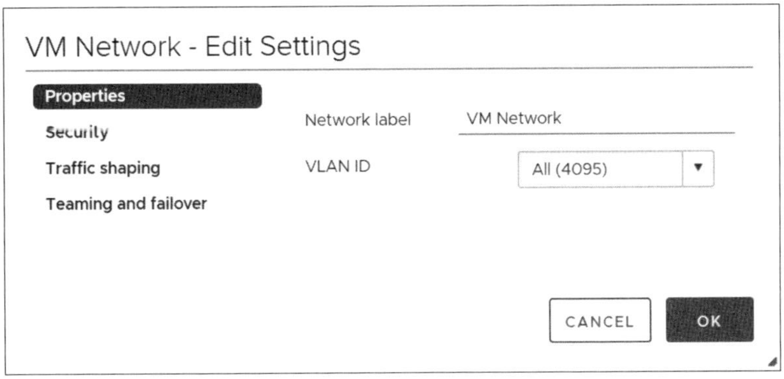

Abbildung 7.16 Standard vSwitch im VMT-Modus, VLAN-ID 4095

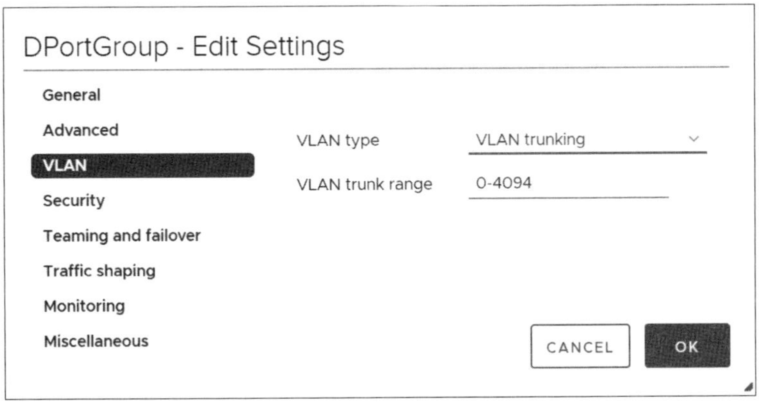

Abbildung 7.17 Distributed vSwitch im VST-Modus, VLAN-ID 0-4094

Eine weitere Einstellung, die nur vDS besitzen, sind PVLAN, also *Private VLANs*. Auf diese gehen wir später in Abschnitt 7.6.4 ein, da private VLANs ein Alleinstellungsmerkmal des vDS sind.

7.4.9 Die NIC-Teaming- und die Load-Balancing-Policys der vSwitch-Typen

Die Wirkungsweise der Load-Balancing-Policys ist bei beiden vSwitch-Typen identisch. Ein Unterschied besteht jedoch: Bei den Distributed vSwitches gibt es eine (sehr interessante) Policy mehr. Dies ist die *Route based on physical NIC load*. Tabelle 7.4 listet die vorhandenen Policys abhängig von den vSwitch-Typen auf (siehe auch Abbildung 7.18).

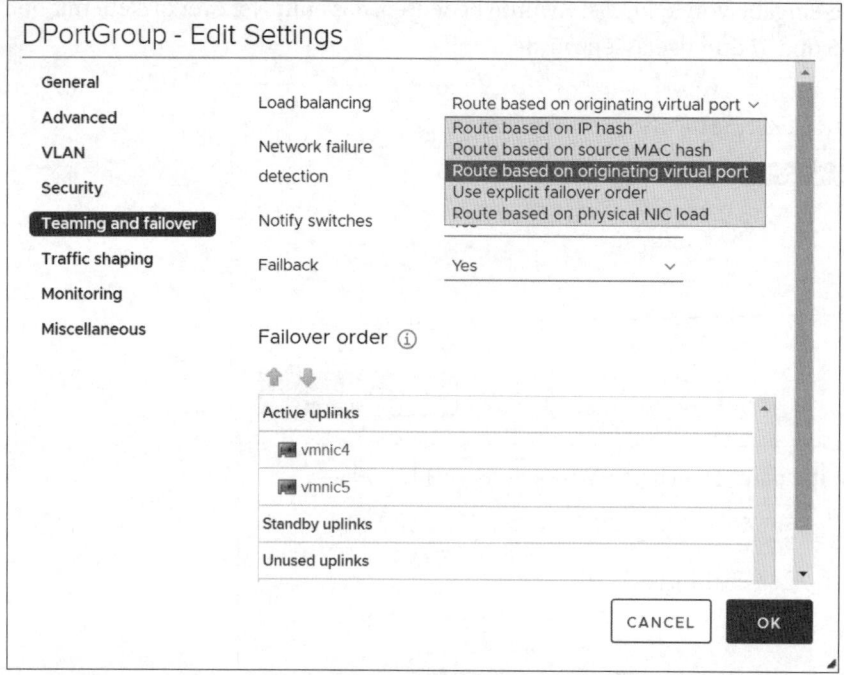

Abbildung 7.18 »Teaming and failover«-Einstellungen für den vDS

Einstellung	vSS	vDS	Konfiguration phys. Switch
Route based on originating virtual port	Ja	Ja	Nein
Route based on IP hash	Ja	Ja	Ja
Route based on source MAC hash	Ja	Ja	Nein
Route based on physical NIC load	Nein	Ja	Nein
Use explicit failover order	Ja	Ja	Nein

Tabelle 7.4 Load-Balancing-Policys

7.4.10 Die Arbeitsweise der Load-Balancing-Policys

In diesem Abschnitt wird die Arbeitsweise der vorhandenen Einstellungen zum Load-Balancing dargestellt.

Für alle Policys gilt, dass sie von innen nach außen wirken. Dies bedeutet: vom ESXi-Host ins Netz. Für die Richtung »aus dem Netz zum ESXi« sind die physischen Switches zuständig.

Weil die TEAMING AND FAILOVER-Einstellungen beim vSS (außer einer einzigen Policy) dieselben sind, wird hier auf die Abbildung der vSS-Einstellungen verzichtet.

In den folgenden Abschnitten sehen wir uns die Einstellungen, die in dem Dialog aus Abbildung 7.18 möglich sind, im Detail an.

Teaming and failover – Route based on originating virtual port

Dies ist die Standardeinstellung bei jeder neu erstellten Port Group auf einem vDS oder jedem vSS. Diese Policy kommt ohne Konfigurationsschritte aufseiten der physischen Switch-Hardware aus.

Diese Policy wendet eine Round-Robin-Verteilung an. Bei einem Team mit zwei Netzwerkkarten bedeutet das: Die erste VM wird an die erste physische Netzwerkkarte »gepinnt«, die zweite VM an die zweite physische Netzwerkkarte, die dritte an die erste etc. Eine andere Darstellungsweise wäre: VM1–NIC1, VM2–NIC2, VM3–NIC1, VM4–NIC2, VM5–NIC1 etc. Die grafische Darstellung dieser Verteilung sehen Sie in Abbildung 7.19.

Der Nachteil dieser Policy kann sein, dass die zwei VMs mit der höchsten benötigten Netzwerkleistung genau an dieselbe NIC gepinnt werden. Das führt dazu, dass jede VM nur noch die Hälfte der Netzwerkbandbreite zur Verfügung hat. Eine Umverteilung von VMs kann erst stattfinden, wenn diese ausgeschaltet und wieder eingeschaltet werden oder wenn ein Failover-Event vorliegt.

Diese Policy bedingt keine Konfiguration am physischen Switch.

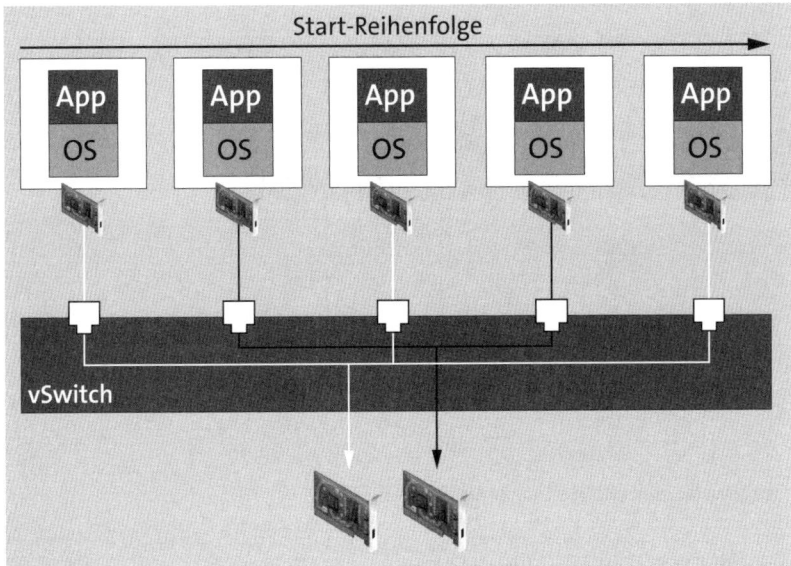

Abbildung 7.19 Load-Balancing mit »Route based on originating virtual port«

Teaming and failover – Route based on IP hash

Wird die Policy ROUTE BASED ON IP HASH gewählt, so muss darauf geachtet werden, dass die physische Switch-Seite ebenfalls konfiguriert wird. Dies geschieht durch Aktivieren von statischem LACP, Etherchannel oder 801.3ad etc.

Die Arbeitsweise ist wie folgt: Die Quell- und Ziel-IP-Adresse – oder anders ausgedrückt: die Client-zu-Server-IP-Adresse in einer Kommunikationsbeziehung – wird genommen und zu einem Hashwert verrechnet. Wenn viele Kommunikationsbeziehungen zwischen vielen Clients und einem Server existieren, gibt es entsprechend viele unterschiedliche Hash-Werte. Diese verschiedenen Hashes werden auf die vorhandenen physischen Netzwerkkarten verteilt (siehe Abbildung 7.20).

Diese Policy skaliert ideal, wenn es 1:n-Verbindungen gibt. Bei 1:1-Verbindungen findet keine Verteilung über mehrere Netzwerkkarten statt, da ja nur ein Hash-Wert existiert. Dies ist vielfach ein Problem bei der VMkernel-Konfiguration in Verbindung mit IP-basiertem Storage. Wird nur ein VMkernel-Port auf eine Storage-IP-Adresse verwendet, so werden die weiteren Netzwerkadapter im Netzwerk-Team nicht für den Datentransport verwendet. Diese stehen dann nur für einen eventuell auftretenden Failover zur Verfügung.

Diese Policy bedingt eine Konfiguration am physischen Switch.

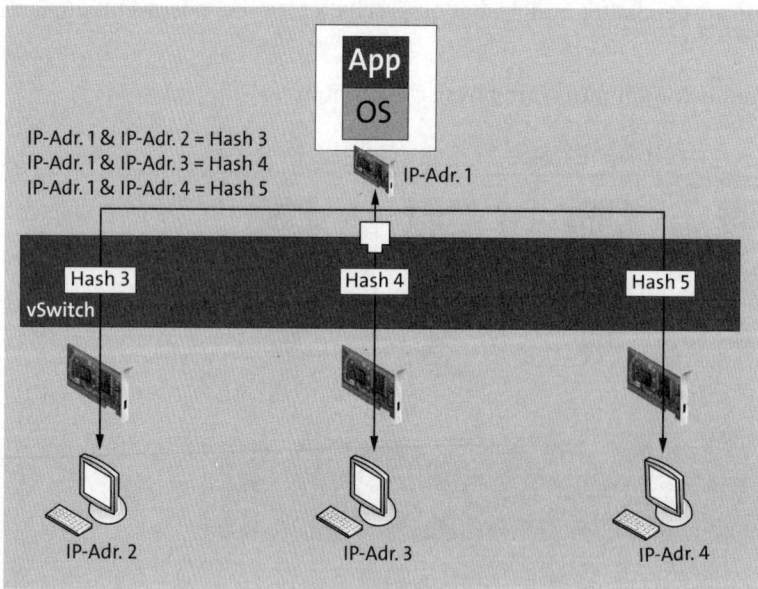

Abbildung 7.20 Wirkungsweise der »Route based on IP hash«-Policy

Teaming and failover – Route based on source MAC hash

Bei der Load-Balancing-Policy ROUTE BASED ON SOURCE MAC HASH wird die MAC-Adresse einer virtuellen Netzwerkkarte als Grundlage der Verteilung genommen. Diese Policy besitzt ansonsten dieselbe Arbeitsweise wie die Load-Balancing-Policy ROUTE BASED ON ORIGINATING VIRTUAL PORT.

Diese Policy bedingt keine Konfiguration am physischen Switch.

Teaming and failover – Route based on physical NIC load

Die Load-Balancing-Policy ROUTE BASED ON PHYSICAL NIC LOAD kann nur bei einer Port Group an einem dvSwitch verwendet werden.

Diese Policy skaliert sehr gut, da der Netzwerkverkehr auf einem Netzwerk-Interface im ESXi-Server beobachtet wird. Beträgt die Saturierung des Netzwerkinterfaces 75 % während 30 Sekunden, so werden die Verkehrsströme der verschiedenen Teilnehmer umverteilt.

Diese Policy bedingt keine Konfiguration am physischen Switch.

Teaming and failover – Use explicit failover order

Die Policy USE EXPLICIT FAILOVER ORDER verwendet immer den ersten Adapter unter den ACTIVE UPLINKS. Ein Load-Balancing im eigentlichen Sinne findet damit nicht statt.

Diese Policy kann zum Beispiel dann verwendet werden, wenn zwei physische Switches untereinander mit relativ wenig Bandbreite verbunden sind. Dann sollte der Verkehr auf einen physischen Switch konzentriert werden, da die interne Backplane des Switches wesentlich mehr I/O bewältigen kann als ein schwacher Link zwischen den physischen Switches.

Werden alle ESXi-Hosts auf einen primären physischen Switch konzentriert, wird dessen Backplane benutzt und der Verkehr bleibt auf diesem physischen Switch. Das kann erreicht werden, wenn bei allen ESXi-Hosts der erste Adapter in der Liste der ACTIVE UPLINKS an den primären physischen Switch und der zweite Netzwerkadapter in der Liste der ACTIVE UPLINKS an den zweiten physischen Switch angeschlossen wird.

Fällt der primäre physische Switch aus oder wird zum Beispiel ein Firmware-Upgrade mit REBOOT am physischen Switch durchgeführt, wird die Kommunikation aller ESXi-Hosts über den zweiten Adapter auf dem zweiten physischen Switch fortgesetzt. Fällt bei einem ESXi-Host der erste Adapter in der Liste der ACTIVE UPLINKS aus, so wird der zweite Adapter über den zweiten physischen Switch kommunizieren. In diesem Fall muss die Kommunikation dieses ESXi-Hosts mit den anderen ESXi-Hosts über den schwachen Link zwischen den physischen Switches erfolgen.

Teaming and failover – Network failure detection

Bei der NETWORK FAILURE DETECTION, dem zweiten Feld aus Abbildung 7.18, geht es darum, wie der ESXi-Host einen Fehler oder Ausfall im Netzwerk wahrnimmt. Die Standardkonfiguration ist LINK STATUS ONLY. Bei dieser Konfiguration liegt ein Fehler vor, wenn das Netzwerkkabel keine Verbindung mehr an einen physischen Switch-Port hat, der physische

Switch-Port abgeschaltet wurde oder ein ganzer physischer Switch ausfällt. Logische Fehler, wie ein physischer Port im falschen VLAN, kann LINK STATUS ONLY nicht auflösen.

Mit der Einstellung BEACON PROBING können auch logische Fehler kompensiert werden. In dieser Einstellung werden kleine UDP-Netzwerkpakete über die Uplinks versandt. Kommen alle Pakete zwischen allen Uplinks an, so ist alles in Ordnung. Gibt es einen Uplink, der nichts empfängt und von dem nichts empfangen werden kann, dann liegt ein Fehler vor. Dieser Uplink wird durch die Failover-Policy behandelt und in dem Fall nicht mehr verwendet. Damit die Einstellung zuverlässig funktioniert, müssen drei oder mehr Uplinks vorhanden sein.

Die Einstellung BEACON PROBING darf nicht mit der Load-Balancing-Policy ROUTE BASED ON IP HASH verwendet werden.

Teaming and failover – Notify switches

Die Standardeinstellung von NOTIFY SWITCHES, dem dritten Feld aus Abbildung 7.18, steht auf YES und ist somit aktiv. Die andere Möglichkeit wäre die Einstellung NO und damit die Deaktivierung dieser Einstellung.

Bei einem Ausfall einer Netzwerkverbindung, die über eine physische Netzwerkkarte hergestellt wurde, werden alle virtuellen Netzwerkkarten über einen anderen Uplink (Netzwerkverbindung) geleitet. Somit sind die auf einem physischen Switch-Port registrierten MAC-Adressen nicht mehr aktuell. Dasselbe geschieht auch bei vMotion oder wenn eine neue virtuelle Netzwerkkarte mit einer Port Group verbunden wird.

Beispiel *vMotion*: Damit bewegen Sie eine VM von einem ESXi-Host auf einen anderen ESXi-Host. Die MAC-Adresse der virtuellen Netzwerkkarte liegt dann auf einmal an einem anderen physischen Switch-Port. Damit die Konvergenz im Netzwerk möglichst schnell wiederhergestellt wird, setzt der ESXi-Host ein ARP-Paket ab, damit sich die Lookup-Tables der physischen Switches aktualisieren.

In den meisten Fällen ist eine Einstellung auf YES sinnvoll. Es gibt jedoch Ausnahmen. Insbesondere sei hier Microsoft NLB (*Network Load Balancing*) im Unicast-Mode genannt. Wenn Sie NLB verwenden, dann muss die Einstellung NO sein.

Teaming and failover – Failback

Wurde ein Failover durchgeführt, weil ein Uplink die Netzwerkverbindung verloren hat, werden alle Netzwerkteilnehmer dieses Uplinks auf andere Uplinks verteilt. Wurde der Defekt des ausgefallenen Uplinks behoben, so werden die verschobenen Verbindungen wieder auf den alten Uplink zurückgeführt.

Dies ist besonders bei nicht dynamischen Load-Balancing-Policys (ROUTE BASED ON ORIGINATING VIRTUAL PORT, ROUTE BASED ON SOURCE MAC HASH oder USE EXPLICIT FAILOVER ORDER) wichtig, damit der Netzwerkverkehr wieder optimiert wird.

Bei Ausfällen und um für die Wiederverfügbarkeit von physischen Switches zu sorgen (wie zum Beispiel bei Firmware-Updates), müssen Sie Folgendes beachten: ESXi hat mitunter von einem bootenden Switch relativ früh wieder eine scheinbar intakte Verbindung am Uplink. Mitunter nimmt der Switch aber an den Ports noch keine Daten entgegen. Dies kann zu Störungen führen. Um dies möglichst zu verhindern, lautet die Empfehlung, an den physischen Switches die Ports auf PORTFAST zu konfigurieren.

Failover Order

Mit der FAILOVER ORDER (siehe Abbildung 7.18) können Netzwerkadapter in einem von drei Zustandsbereichen zugeordnet werden:

1. ACTIVE UPLINKS
2. STANDBY UPLINKS
3. UNUSED UPLINKS

In dieser Einstellung kann der Verkehr für alle Load-Balancing-Policys (außer für die Policy ROUTE BASED ON IP HASH) modelliert werden. Modellierung bedeutet in diesem Fall, dass zum Beispiel ein vSwitch-Typ mit sechs Uplink-Adaptern erzeugt wird und danach die Uplink-Adapter spezifisch auf einzelne Port Groups sortiert werden. Ein Beispiel sehen Sie in Tabelle 7.5.

NIC	Mgmt	vMotion	Storage	VMs Prod	VMs Test
vmnic0	Active	Standby	Standby	Standby	Active
vmnic1	Active	Unused	Standby	Active	Unused
vmnic2	Standby	Unused	Standby	Active	Unused
vmnic3	Standby	Unused	Active	Standby	Unused
vmnic4	Standby	Unused	Active	Standby	Unused
vmnic5	Standby	Active	Standby	Standby	Unused

Tabelle 7.5 Modellierung von Verkehrsmustern im Netzwerk

Damit wird erreicht, dass der Verkehr bei größeren Aggregaten über spezifische Netzwerkadapter abgewickelt wird. Bei einem Ausfall eines aktiven Uplinks würde ein Standby-Uplink hinzugenommen. Bei den Standby-Uplinks wäre noch die Sortierreihenfolge zu beachten, um eine absolut perfekte Konstellation zu erzeugen. Beim Ausfall eines aktiven Uplinks wird der erste Standby-Adapter ins Team eingebunden.

7.4.11 CDP – Cisco Discovery Protocol der vSwitch-Typen

CDP (*Cisco Discovery Protocol*) ist ein proprietäres Protokoll der Firma Cisco. Das Gegenstück dazu wäre das herstellerunabhängige LLDP (*Link Layer Display Protocol*), das nur vom vDS unterstützt wird. CDP wird von beiden vSwitch-Typen unterstützt.

CDP stellt Informationen (siehe Abbildung 7.21) über die Geräte im Netzwerk bereit. Damit lässt sich feststellen, an welchem physischen Switch-Port ein NIC-Port (*vmnic#*) des Hosts angeschlossen ist und in welchem VLAN er sich befindet, wie der physische Switch heißt, welches Betriebssystem verwendet wird, welche IP-Adresse er besitzt oder wie die SNMP-Location des Geräts ist.

CDP wird primär im Backbone-Bereich der Server und Switches verwendet. Unter den Netzwerk-Professionals herrschen unterschiedliche Meinungen darüber, ob es verwendet werden soll oder nicht. Die zwei Hauptargumente der Gegner von CDP sind:

- CDP erhöht das Grundrauschen im Netzwerk.
- CDP verbreitet Informationen, die abträglich für die IT-Sicherheit sein könnten.

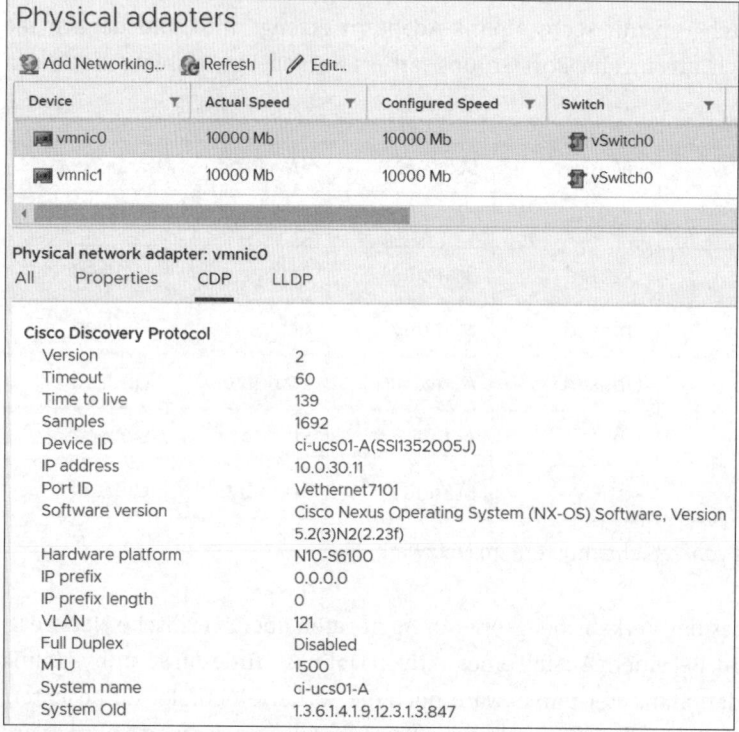

Abbildung 7.21 CDP-Informationen

Bei statischen Infrastrukturen mag die Betrachtungsweise stimmig sein, bei dynamischen Infrastrukturen, in denen sich dauernd die Konfigurationen ändern, weniger. Bei vielen Änderungen können sich schnell einmal Fehler in eine Konfiguration einschleichen. Wer schon mal eine Fehlersuche in einem komplexen Netzwerk durchgeführt hat, kann ein Lied davon singen, wie »einfach« die Nachverfolgung von Konfigurationen mit wenig Informationen ist. In so einem Fall ist CDP extrem hilfreich.

Die vSwitch-Typen des ESXi-Hosts sind in der Standardeinstellung im CDP-Listen-Modus aktiv. Das bedeutet, dass der ESXi-Host CDP-Informationen empfängt, wenn der Switch Advertising betreibt. Der physische Switch hingegen bekommt keine Informationen vom ESXi-Host. Dies kann selbstverständlich geändert werden. Tabelle 7.6 zeigt die Einstellungsmöglichkeiten.

Einstellung	Auswirkung
Disabled	Kein CDP
Listen (Standard)	CDP wird empfangen.
Advertise	CDP wird gesendet.
Both	CDP wird empfangen und gesendet.

Tabelle 7.6 CDP-Modi

Beim vSS müssen die Modi über die Befehlszeile festgelegt werden. Beim vDS können die Modi über das GUI festgelegt werden. Die Konfiguration erfolgt immer pro einzelnem vSS oder vDS.

7.4.12 Configuration Maximums für vSS und vDS

Für vSS und vDS gibt es eine maximale Anzahl an Elementen, die erzeugt werden können (siehe Tabelle 7.7).

Gegenstand	Maximum
Totale Anzahl virtueller Netzwerk-Switch-Ports pro Host (vDS- und vSS-Ports)	4.096
Maximum aktiver Ports pro Host (vDS und vSS)	1.016
Maximale Anzahl an Ports pro vSS	4.088
Maximale Anzahl an Port Groups pro vSS	512
Maximale Anzahl an vDS-Switch-Ports pro vCenter	60.000
Maximale Anzahl an statischen/dynamischen Port Groups pro vDS	10.000

Tabelle 7.7 Configuration Maximums für vSS und vDS

Gegenstand	Maximum
Maximale Anzahl an *ephemeral Port Groups* pro vDS	1.016
Maximale Anzahl an Hosts pro vDS	2.000
Maximale Anzahl an vDS pro vCenter	128

Tabelle 7.7 Configuration Maximums für vSS und vDS (Forts.)

7.5 Arbeiten mit dem vNetwork Standard Switch (vSS)

Der *vNetwork Standard Switch* (vSS) wird in der Praxis nach wie vor häufig verwendet. Die Gründe hierfür sind sehr einfach:

- **Rückwärtskompatibilität:** Der vSS existiert seit der ESX-Version 3.0 und ist im Umgang bis heute weitestgehend identisch geblieben. Bestehende Umgebungen müssen nicht verändert werden.
- **Lizenzkosten:** Anders als für den vSS brauchen Sie für den vDS die höchste Lizenzstufe von vSphere. Sind die Enterprise-Plus-Lizenzen nicht vorhanden, so muss mit dem vSS gearbeitet werden.
- **Eigenschaften:** Die vorhandenen Eigenschaften des vSS reichen aus.
- **Unabhängigkeit:** Es ist absolute Unabhängigkeit vom *vCenter* gewünscht. Alles, was mit dem vSS zu tun hat, findet auf dem Host statt.
- **Kleine Umgebung:** Die Umgebungsgröße bedingt keinen vDS.

7.5.1 Der vSS ist Host-bezogen

Der vSS existiert immer pro VMware-ESXi-Host. Das bedeutet, dass Änderungen an einem vSS auf einem ESXi-Host nur auf diesem einen ESXi-Host stattfinden. Diese Änderungen übertragen sich nicht automatisch auf andere ESXi-Hosts. Bei vielen Hosts bedeutet dies eine Menge Handarbeit. Bei einer größeren Anzahl von Hosts und vSS können Sie sich die Arbeit erleichtern, indem Sie ein Skript erstellen oder Host-Profile verwenden.

Eine kurze Anmerkung zur Verwendung von Host-Profilen im Zusammenhang mit Netzwerkkonfigurationen: Wird ein Host-Profil an einem ESXi-Host angewendet, so muss dieser Host in den Maintenance-Mode versetzt werden. Damit ist er aus Sicht der Produktion offline. Somit sind Host-Profile kein Ersatz für die Eigenschaft ENTERPRISE LEVEL MANAGEMENT eines vDS. »Enterprise Level« bedeutet indirekt auch, dass Equipment nicht vollständig außer Betrieb genommen werden muss.

7.5.2 Die Konfigurationsmöglichkeiten zum vSS

Alle Verwaltungsarbeiten zum vSS finden über das *vCenter* mit dem *vSphere Client* statt. Bei einem Standalone-Host nutzen Sie den *Host Client* und dort die Konfigurationseinstellungen in der Ansicht NETWORKING • VIRTUAL SWITCHES.

Wird ein Host markiert und die Ansicht CONFIGURE gewählt, so können Sie unter NETWORKING • VIRTUAL SWITCHES auf alle Informationen und Konfigurationsmöglichkeiten des vSS zugreifen.

Der Screenshot aus Abbildung 7.22 zeigt diese Ansicht mit nummerierten Elementen. Die Legende dazu:

❶ CONFIGURE lässt Sie auf die Konfiguration des Hosts zugreifen.

❷ Im dem Abschnitt NETWORKING haben Sie Zugriff auf verschiedene netzwerkbezogene Informationen und Einstellungen des Hosts:

VIRTUAL SWITCHES zeigt alle Informationen über die vorhandenen virtuellen Switches des Hosts und lässt deren Konfiguration zu.

VMKERNEL ADAPTERS zeigt alle vorhandenen VMkernel des Hosts. Hier lassen sich alle VMkernel des Hosts verwalten.

PHYSICAL ADAPTERS ist die Sicht auf die physischen Adapter des Hosts.

TCP/IP CONFIGURATION ermöglicht den Zugriff auf die TCP/IP-Stacks des Hosts.

❸ An dieser Stelle kann der zu konfigurierende virtuelle Switch ausgewählt werden. In diesem Beispiel wurde der vSWITCH0 ausgewählt.

❹ Die Verwaltung des virtuellen Switchs erfolgt über die sechs vorhandenen Elemente:

ADD NETWORKING – hier können Sie VMkernel Network Adapter, Virtual Machine Port Groups und neue vSS erzeugen sowie physische Netzwerkkarten an einen virtuellen Switch hinzufügen.

REFRESH – aktualisiert die Ansicht der Netzwerkinformationen.

MIGRATE VMKERNEL ADAPTER – Bestehende VMkernel können von einem vSS oder vDS an den ausgewählten vSwitch migriert werden.

MANAGE PHYSICAL ADAPTERS – Physische Netzwerkadapter können damit einem virtuellen Switch (vSS oder vDS) hinzugefügt und von ihm entfernt werden.

EDIT – Darüber können Sie Einstellungen wie MTU, SECURITY, TRAFFIC SHAPING und TEAMING AND FAILOVER konfigurieren.

REMOVE – entfernt das ausgewählte Objekt, sofern die Plausibilitätskontrolle dies zulässt.

❺ In diesem Abschnitt können Sie auf drei verschiedene Ebenen des vSwitch0 zugreifen:

PORT GROUPS – Darüber lassen sich die Port Groups am virtuellen Switch verwalten.

PROPERTIES – Hier können Sie Informationen beziehen, wie den Namen des vSS und die MTU.

POLICIES – Hier können Sie Informationen über SECURITY, TRAFFIC SHAPING und TEAMING AND FAILOVER beziehen.

❻ Hier können Sie die zu bearbeitende PORT GROUP auswählen.

❼ Mit den drei hier zur Verfügung stehenden Buttons können Sie die ausgewählte Port Group bearbeiten oder weitere Informationen beziehen:

DETAILS – Hier können Sie Informationen über PROPERTIES, SECURITY, TRAFFIC SHAPING und TEAMING AND FAILOVER beziehen.

EDIT – Hier können Sie die PROPERTIES, SECURITY, TRAFFIC SHAPING und TEAMING AND FAILOVER konfigurieren.

REMOVE – Mit diesem Button können Sie die ausgewählte Port Group löschen.

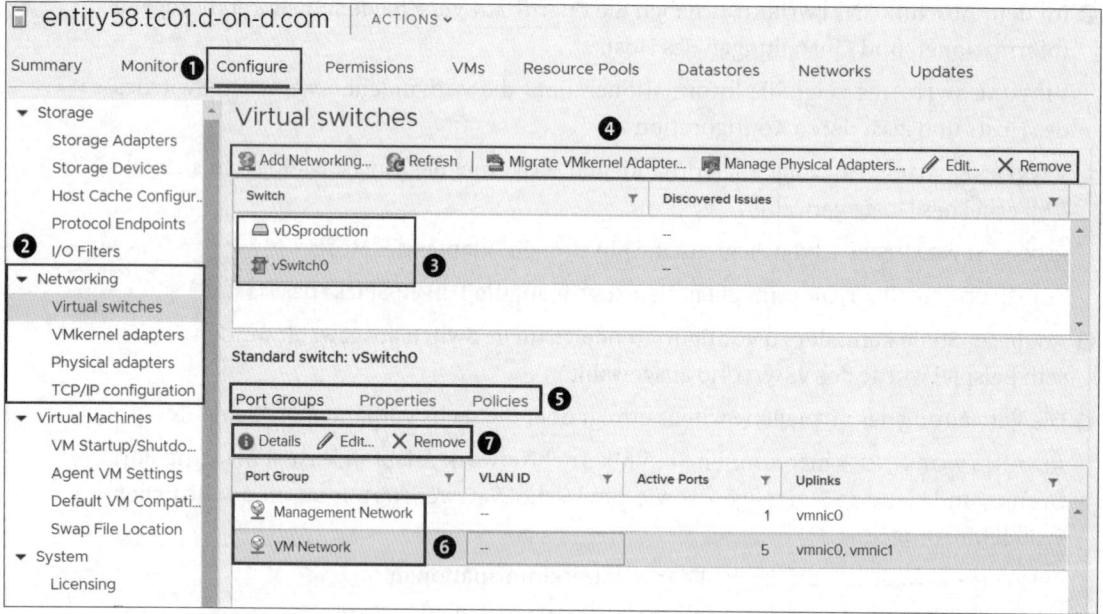

Abbildung 7.22 Die Konfigurations- und Informationselemente des vSS

7.5.3 Einstellungen auf dem Switch oder den Port Groups

Über NETWORKING • PHYSICAL ADAPTERS (siehe Abbildung 7.22) können Sie Geschwindigkeit der physischen Netzwerkkarte einstellen.

In der Ansicht aus Abbildung 7.23 können Netzwerkkarten hinzugefügt und entfernt werden. Hier finden Sie die Informationen zu einer Netzwerkkarte, wie PCI-Slot-Position, NIC-Treiber etc.

Beim entsprechenden vSS können Sie den Switch, die Port Group oder die Netzwerkadapter konfigurieren.

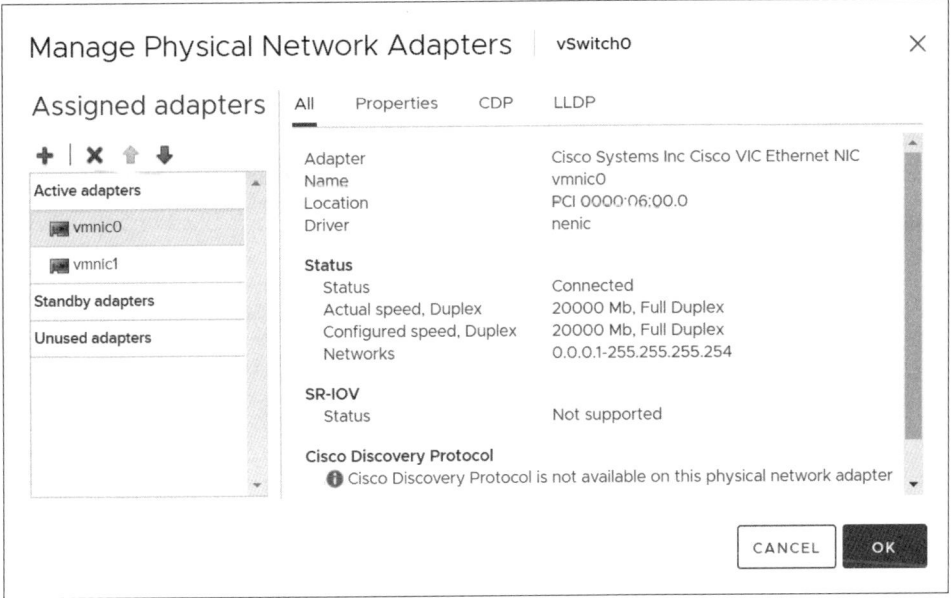

Abbildung 7.23 vSS-NIC-Konfiguration

Die Einstellungsmöglichkeiten für den Switch und die Port Groups sind weitestgehend identisch. Der einzige Unterschied ist, dass beim Switch die Anzahl der Ports und die MTU-Size sowie die physischen NICs eingestellt werden können.

In der Ansicht aus Abbildung 7.24 kann die MTU-Size vom Standard 1500 auf z. B. 9000 für Jumbo Frames angehoben werden. Werden Jumbo Frames konfiguriert, so muss die gesamte Infrastrukturkette bis zum Ziel Jumbo Frames unterstützen.

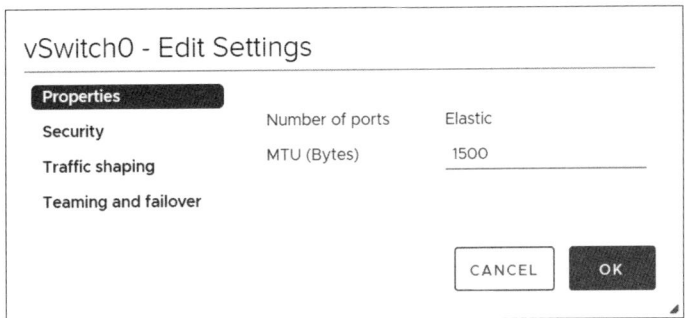

Abbildung 7.24 vSS-Konfiguration – Anzahl der Ports, MTU-Size (nur Switch)

Mit vSphere 6.0 wurde das Konzept der Ports geändert. Die Einstellung ist nun fix auf Elastic eingestellt. Das heißt, die Anzahl der Ports passt sich dynamisch an. Für jeden Uplink-Adapter oder jede angeschlossene virtuelle Netzwerkkarte wird automatisch ein Port bereitgestellt.

Die Themen, die Sie in Tabelle 7.8 finden, wurden für vSS und vDS zusammen behandelt. Darum werden sie hier nicht nochmals aufgeführt. Dies gilt auch für den gleich folgenden Abschnitt 7.6, »Arbeiten mit dem vNetwork Distributed Switch (vDS)«.

Thema	Abschnitt	Titel
Layer-2-Security-Policy	7.4.6	Die Layer-2-Security-Policys
Traffic Shaping	7.4.7	Traffic Shaping
VLAN	7.4.8	Die VLAN-Einstellungen der vSwitch-Typen
Teaming and Failover	7.4.9	Die NIC-Teaming- und die Load-Balancing-Policys der vSwitch-Typen
CDP	7.4.11	CDP – Cisco Discovery Protocol der vSwitch-Typen

Tabelle 7.8 An früherer Stelle behandelte Themen

7.6 Arbeiten mit dem vNetwork Distributed Switch (vDS)

Der *vNetwork Distributed Switch* (vDS) unterstützt alle Features des vNetwork Standard Switch (vSS) und noch sehr viele mehr (siehe Tabelle 7.1).

Der vDS hat sehr wichtige spezifische Eigenschaften, die ihn vom vSS stark unterscheiden. Zu seinen wichtigen Merkmalen zählen:

- **Massenkonfiguration:** Der vDS ist für die Konfiguration von großen Infrastrukturen konzipiert. Eine Änderung überträgt sich auf alle Mitglieder. Dies ergibt weniger Arbeitsschritte und ist weniger fehleranfällig.
- **Network vMotion:** Der Status einer Netzwerkverbindung wird übertragen und bleibt intakt. Auch werden die Zähler, die registrieren, welche Daten übertragen wurden, nicht auf null zurückgesetzt, sondern laufen kumulativ weiter.
- **Erweiterung durch Drittersteller:** Es ist möglich, den vDS in seinen Funktionen zu erweitern.

7.6.1 Der vDS existiert im vCenter und im Host

Ein wesentliches Element des *vNetwork Distributed Switch* (vDS) ist, dass sich Änderungen, die Sie an ihm vornehmen, sofort auf die in ihm registrierten Hosts übertragen. Sind zum Beispiel 50 ESXi-Hosts in einem vDS registriert und wird an diesem eine Port Group neu erstellt, so wird diese Änderung an die 50 ESXi-Hosts übertragen. Diese Übertragung ist möglich, weil sich der Bauplan zum vDS in der *vCenter*-Datenbank befindet. Jede vorgenommene

Änderung wird vom vCenter lokal in die einzelnen Hosts geschrieben. Dass die Informationen lokal auf die Hosts abgelegt werden, ist essenziell. Ansonsten würde der Ausfall des vCenters dazu führen, dass Netzwerkverbindungen verloren gehen. Der Ausfall des VMware vCenters führt jedoch dazu, dass ein vDS nicht mehr konfiguriert werden kann.

Eine Strategie, um das Management-Netzwerk vor dieser Situation zu schützen, besteht darin, dass das Management-Netzwerk nach wie vor als vSS ausgeprägt ist. Zum einen ist die vSS-Konfiguration über die Befehlszeile vollständig gegeben, während sie beim vDS nur in Teilen möglich ist, und der vSS ist vom vCenter völlig unabhängig.

Abbildung 7.25 zeigt die Architektur des vDS auf.

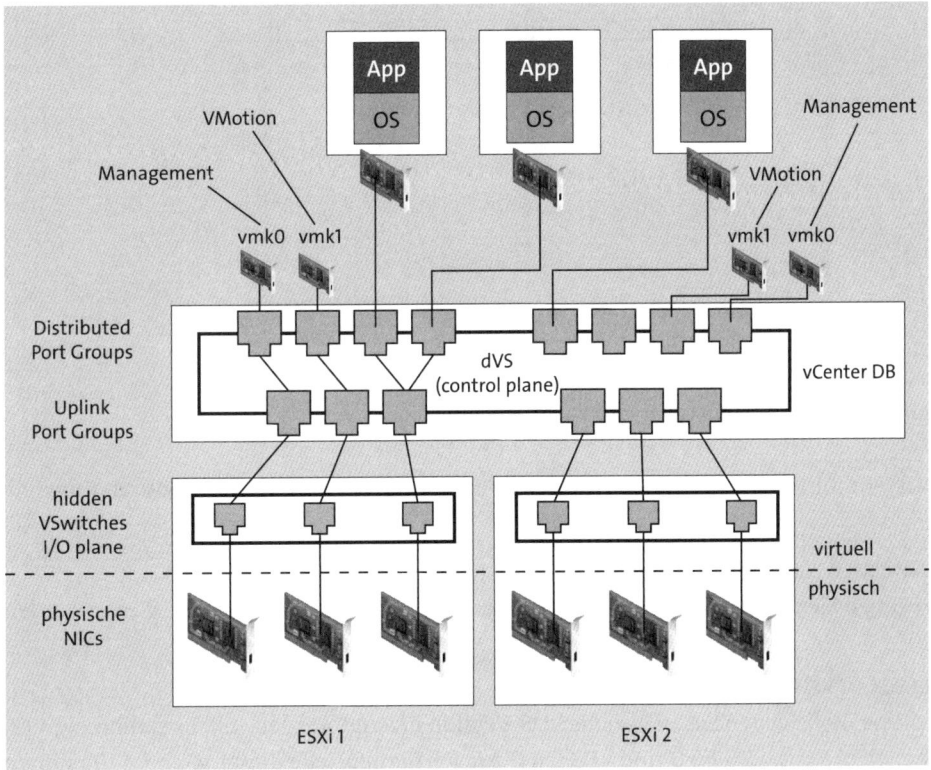

Abbildung 7.25 Architektur des vDS

7.6.2 Die Konfigurationsmöglichkeiten des vDS

Um einen vDS zu erzeugen, müssen Sie in die vCenter-Ansicht NETWORKING wechseln. Danach markieren Sie das Datacenter, zu dem der vDS gehört. Ein vDS kann nur einem Datacenter zugeordnet werden. Das bedeutet, er ist nicht Datacenter-übergreifend. Abbildung 7.26 veranschaulicht die Schritte.

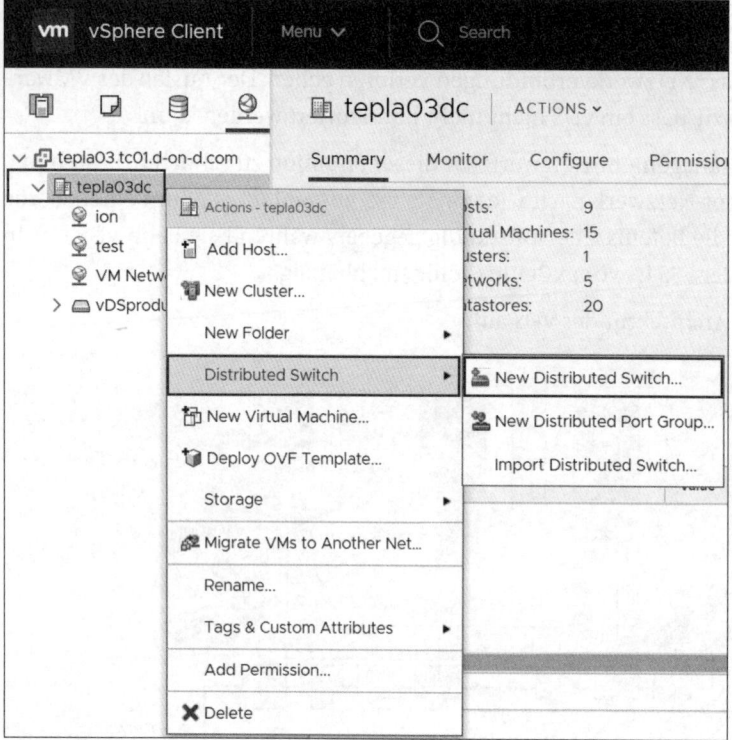

Abbildung 7.26 So erzeugen Sie einen vDS im vSphere Client.

Ein Assistent führt Sie mit Dialogen durch die Erstellung des vDS, und zwar durch folgende Punkte:

▶ 1 NAME AND LOCATION
Hier geben Sie den Namen des vDS ein und zu welchem Datacenter er zugewiesen werden soll.

▶ 2 SELECT VERSION
An dieser Stelle geben Sie an, welche vDS-Version erzeugt werden soll: Es stehen die Versionen vDS 6.0.0, vDS 6.5.0 und vDS 6.6.0 zur Verfügung. Jede dieser vSphere-Versionen brachte neue Eigenschaften im vDS. Die wesentliche Frage ist, welche ESX- beziehungsweise ESXi-Host-Version die älteste ist, die in den vDS aufgenommen wird. Damit ist Rückwärtskompatibilität gewährleistet, allerdings auf Kosten der Features. Ein Aktualisieren auf eine höhere vDS-Version, sobald keine älteren Hosts mehr vorhanden sind, ist jederzeit möglich.

▶ 3 CONFIGURE SETTINGS
In diesem Abschnitt konfigurieren Sie die Anzahl der Uplinks (Standard 4), Network I/O Control (Standard ENABLED), die Default-Portgruppe (Standard CREATE A DEFAULT PORT GROUP) und den PORT GROUP NAME (Standard DPORTGROUP).

Die Konfiguration der Anzahl an Uplinks ist auf 4 eingestellt. Maximal sind 32 Uplinks möglich, analog den Configuration Maximums mit 32×1-GBit-Adaptern. Diese Werte können später, falls nötig, verändert werden.

▶ 4 READY TO COMPLETE
Am Ende wird eine Zusammenfassung der Einstellungen präsentiert, die Sie mit einem Klick auf FINISH bestätigen können.

In der nächsten Ansicht (siehe Abbildung 7.27) können die Hosts hinzugefügt und verwaltet werden.

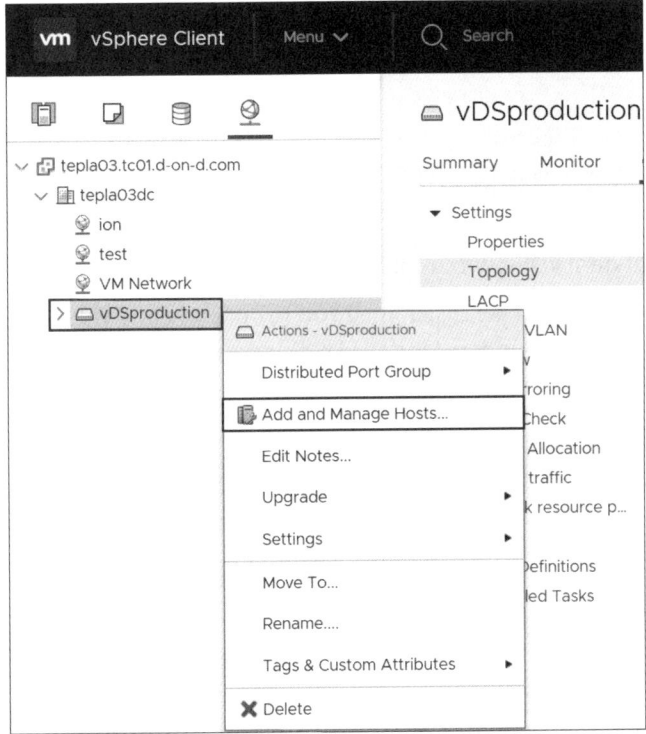

Abbildung 7.27 vDS – Ansicht zum Hinzufügen und Verwalten von Hosts

Zum Hinzufügen von Hosts müssen sechs Schritte vollzogen werden. Diese sind links in Abbildung 7.28 zu sehen.

Beim Hinzufügen von Hosts können Sie die *vmnic#*, die Sie verwenden wollen, als Uplink-Adapter bestimmen. Wenn Sie viele Hosts gleichzeitig registrieren, können Sie die Zuordnung eines Uplinks von einem Host auf alle anderen Hosts kopieren.

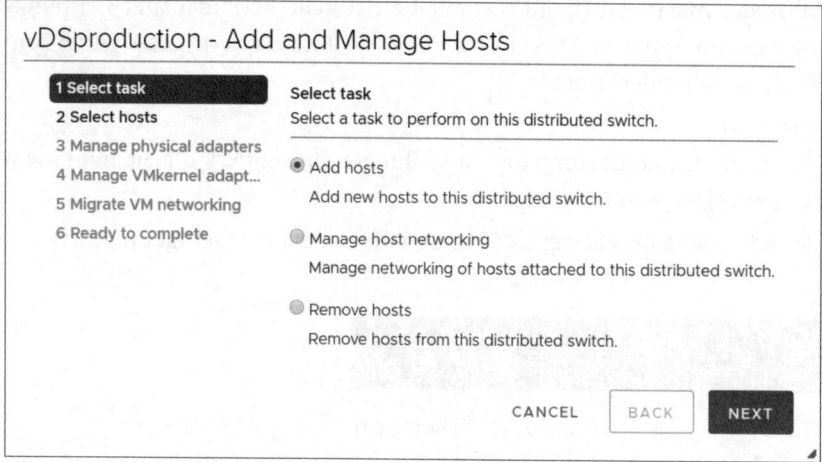

Abbildung 7.28 Dialogfeld für die Host-Verwaltung am vDS

7.6.3 Einstellmöglichkeiten auf dem vDS-Switch-Teil

Falls ein vDS existiert, so können Sie ihn oder die Distributed Port Groups an ihm konfigurieren. Sie erreichen den Konfigurationsdialog, indem Sie den vDS markieren und mit der rechten Maustaste das Auswahl-Menü öffnen (siehe Abbildung 7.29).

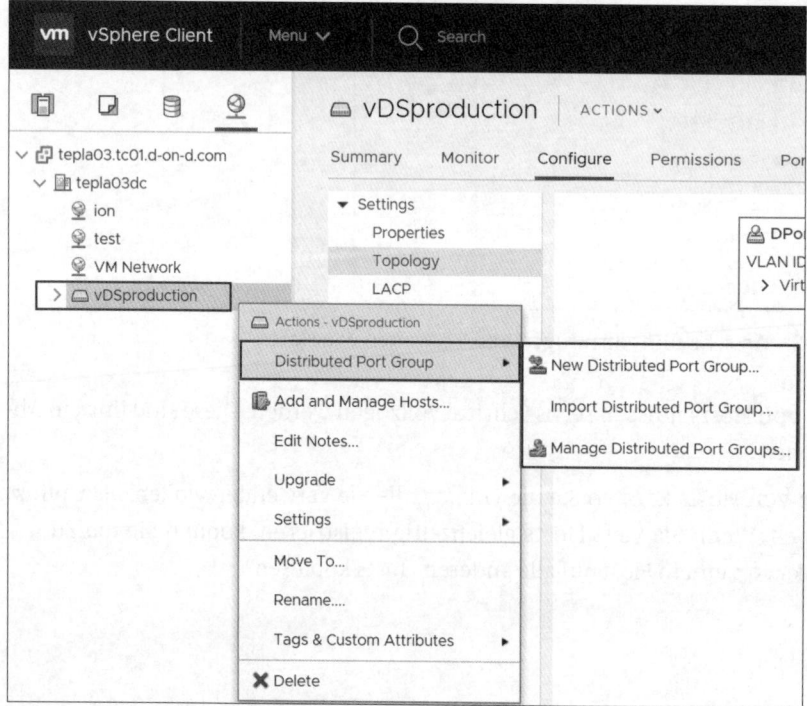

Abbildung 7.29 Konfigurationsmöglichkeiten für Port Groups auf dem vDS

7.6 Arbeiten mit dem vNetwork Distributed Switch (vDS)

New Distributed Port Group

Mit NEW DISTRIBUTED PORT GROUP können neue Port Groups erstellt werden. Im Konfigurationsdialog zum Erstellen einer neuen Port Group (siehe Abbildung 7.30) können Sie einen Namen vergeben sowie ein oder kein VLAN und die Art des VLANs und die Anzahl der Ports konfigurieren.

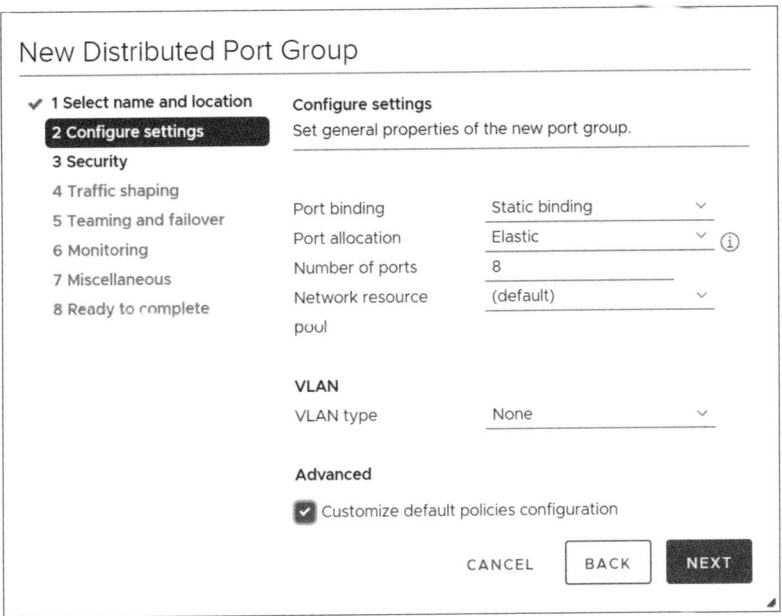

Abbildung 7.30 Konfigurationsdialog beim Erstellen einer Port Group

Import Distributed Port Group

Über IMPORT DISTRIBUTED PORT GROUP können Distributed Port Groups von einer Sicherung importiert werden.

Manage Distributed Port Groups

Über MANAGE DISTRIBUTED PORT GROUPS können Sie Veränderungen an einem vDS vornehmen, die gleichzeitig an alle Port Groups verteilt werden. Die Änderungen betreffen Einstellungen wie die Security Policys, das Traffic Shaping, VLAN etc. (siehe Abbildung 7.31).

Add and Manage Hosts

Der Menüpunkt ADD AND MANAGE HOSTS ermöglicht es, neue Hosts aufzunehmen, deren Netzwerkkarten für die Uplink-Verwendung zuzuordnen, die virtuellen Adapter (VMkernel-Ports) der ESXi-Hosts zum Beispiel von einem vSS auf den vDS zu migrieren und VMs im Netzwerk zu migrieren. Die Migrationsfunktionen werden in Abschnitt 7.7, »Die Migration von vSS auf vDS«, ausführlich behandelt.

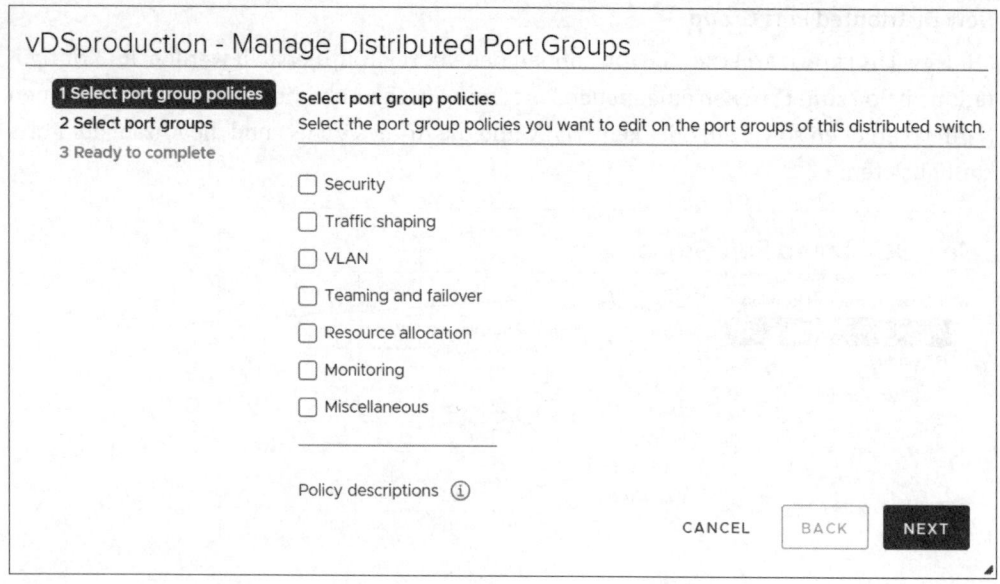

Abbildung 7.31 Konfigurationsdialog zum Editieren der Port Group

Settings

Unter SETTINGS gibt es mehrere Konfigurationsmöglichkeiten (siehe Abbildung 7.32).

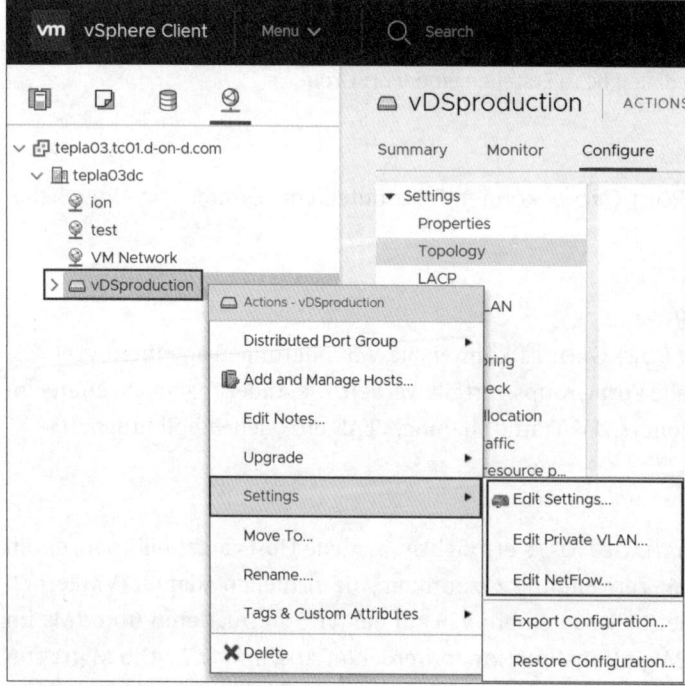

Abbildung 7.32 Einstellungen vDS

Die Option EDIT SETTINGS ermöglicht es Ihnen, den vDS-Switch-Teil zu konfigurieren (siehe Abbildung 7.33).

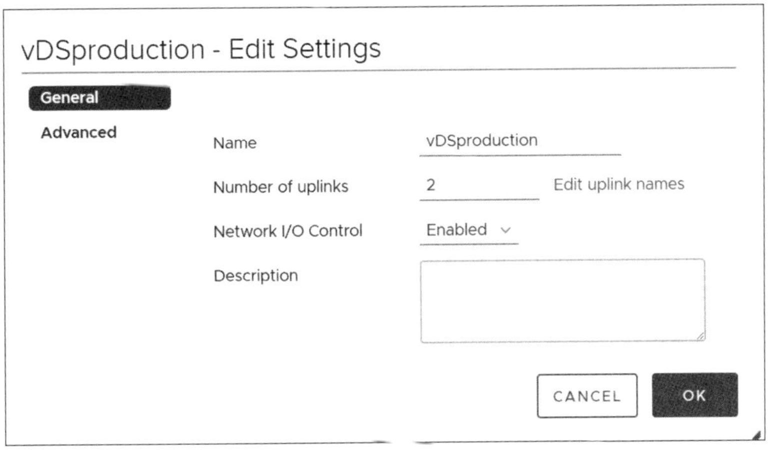

Abbildung 7.33 Eigenschaften des vDS

In den Eigenschaften des vDS gibt es die Konfigurationspunkte GENERAL und ADVANCED.

Unter GENERAL (siehe Abbildung 7.33) können Sie den NAME des vDS ändern, die Anzahl der Uplinks (NUMBER OF UPLINKS) anpassen und auch die Namen der Uplinks vergeben. Standardmäßig wird als Name *dvUplink#* vergeben. Grundsätzlich können irgendwelche Namen genutzt werden. Ideal ist, wenn die Hosts, die gemeinsam einem vDS zugeordnet sind, *hart standardisiert* werden. Das bedeutet: gleiche Anzahl *vmnics*, und die entsprechenden vmnic-Nummern über die ESXi-Server haben jeweils dieselbe Funktion. Dann können vmnic# und Uplinks vereint werden: *vmnic1* zu Uplink-Name VMNIC1, *vmnic2* zu Uplink-Name VMNIC2 etc.

Unter ADVANCED können Sie die MTU-Size 1500, den MULTICASTING FILTERING MODE und auch CDP oder LLDP in allen bekannten Modi konfigurieren.

Weitere Konfigurationsmöglichkeiten für den vDS unter dem Menüpunkt SETTINGS (siehe Abbildung 7.32) sind:

- EDIT PRIVATE VLAN – dient zur Konfiguration von privaten VLANs. Auf dieses Thema gehen wir in Abschnitt 7.6.4, »Private VLANs« ein.
- EDIT NETFLOW – dient zur Konfiguration von NetFlow. Auf dieses Thema gehen wir in Abschnitt 7.6.7, »NetFlow«, ein.
- EXPORT CONFIGURATION – Hier kann der gesamte vDS inklusive seiner Port Groups und Einstellungen exportiert werden. Dies kann für Backups oder Migrationen in ein neues vCenter verwendet werden.
- RESTORE CONFIGURATION – Über diese Option können Sie den vDS beziehungsweise die Port Groups wiederherstellen.

Migrate Virtual Machine Networking

MIGRATE VM TO ANOTHER NETWORK ermöglicht die Migration von VMs von einer zugewiesenen auf eine neue Port Group. Diese Funktion wird im folgenden Abschnitt ausführlich erklärt.

7.6.4 Private VLANs

Private VLANs (PVLANs) ermöglichen eine bessere Ausnutzung der Netzwerkressourcen. In Abschnitt 7.4.8, »Die VLAN-Einstellungen der vSwitch-Typen«, wurden die VLAN-Möglichkeiten beschrieben. Normale VLANs sind auf 4094 verwendbare Möglichkeiten begrenzt. Private VLANs bieten die Möglichkeit einer erweiterten Konfiguration.

Den ersten Konfigurationsschritt, um ein PVLAN benutzen zu können, müssen Sie auf dem Switch-Teil des vDS durchführen (siehe Abbildung 7.32 und Abbildung 7.34).

Zuerst geben Sie eine VLAN-ID für das primäre private VLAN ein (linke Seite in der Eingabemaske). Markieren Sie anschließend diese VLAN-ID, und geben Sie in einem zweiten Schritt die sekundäre private VLAN-ID (rechte Seite in der Eingabemaske) und deren Typ ein.

Es gibt drei Typen sekundärer privater VLANs, die erzeugt und später den Port Groups zugewiesen werden können:

1. PROMISCUOUS
2. ISOLATED
3. COMMUNITY

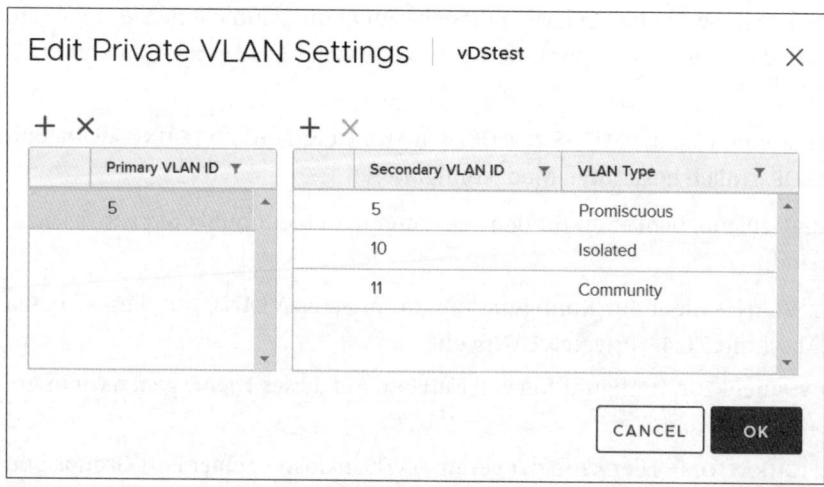

Abbildung 7.34 PVLAN-Einstellungen auf dem Switch-Teil des vDS

In Abbildung 7.35 ist die Zuweisung eines sekundären VLANs zu einer Port Group zu sehen.

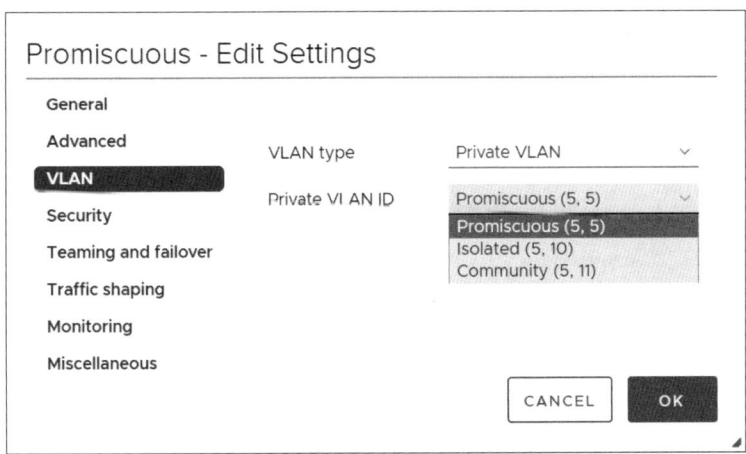

Abbildung 7.35 PVLAN-Einstellungen auf der Port Group

Die verschiedenen Typen, die an eine sekundäre private VLAN-ID vergeben werden können, haben verschiedene Reichweiten, was die Netzwerkkommunikationsmöglichkeiten betrifft. In der Zusammenfassung in Tabelle 7.9 ist dies ersichtlich.

	Promiscuous (5, 5)	Community (5, 11)	Isolated (5, 10)
Promiscuous (5, 5)	erreichbar	erreichbar	erreichbar
Community (5, 11)	erreichbar	erreichbar	nicht erreichbar
Isolated (5, 10)	erreichbar	nicht erreichbar	nicht erreichbar

Tabelle 7.9 Kommunikationsreichweite der PVLAN-Typen

Im Folgenden sehen wir uns diese Typen genauer an (geordnet nach Reichweite):

- PROMISCUOUS: Dieser Typ hat die größte Reichweite. Ein Client in solch einem PVLAN kann mit PVLANs vom Typ ISOLATED und COMMUNITY und mit PVLANs des eigenen Typs kommunizieren.

  Anwendungsgebiet: Hier befindet sich das Standard-Gateway, damit Clients aus dem Typ Isolated- und Community-VLAN nach außen in das physische Netzwerk kommunizieren können.

- COMMUNITY: Dieser Typ hat eine mittlere Reichweite. Ein Client in diesem PVLAN kann mit den Promiscuous-PVLANs innerhalb derselben Community, aber nicht mit den Isolated-PVLANs kommunizieren.

  Anwendungsgebiet: Hier werden Clients und Server einer Firma zusammengefasst, sodass die Firmenressourcen untereinander kommunizieren können, vor anderen Typen aber geschützt bleiben.

▶ ISOLATED: Dieser Typ hat die kürzeste Reichweite. Ein Client in diesem PVLAN kann mit PVLANs vom Typ PROMISCUOUS, aber nicht mit den Community- und nicht mit den Isolated-PVLANs kommunizieren.

Anwendungsgebiet: Einzelne private Clients, die sich nicht sehen sollen, obwohl sie sich im selben IP-Adressbereich und in derselben sekundären VLAN-ID befinden.

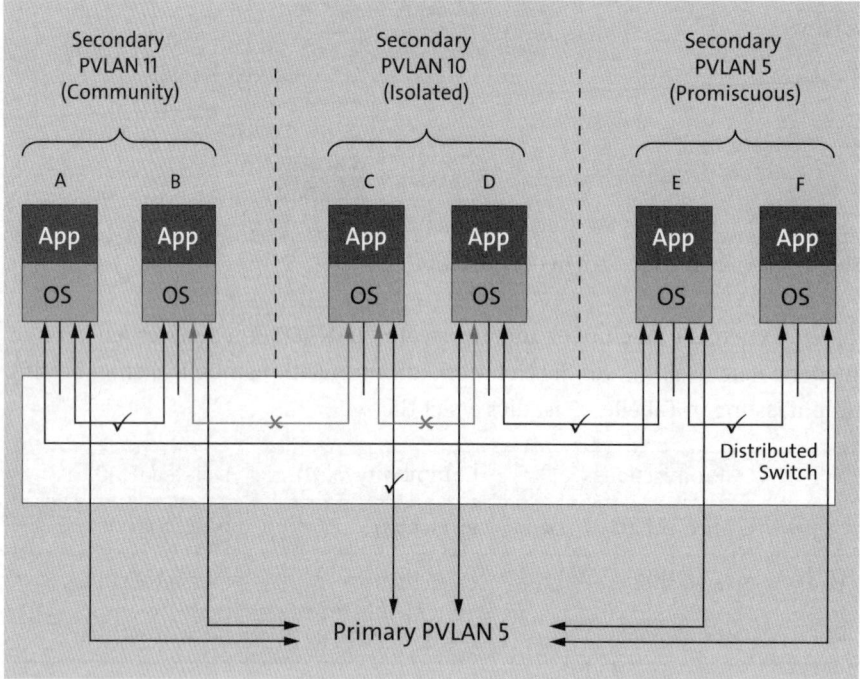

Abbildung 7.36 Kommunikationsbeziehungen der PVLAN-Typen als Grafik

7.6.5 Einstellmöglichkeiten auf der Distributed Port Group

Bei der Erzeugung einer Port Group auf einem vDS können nicht alle möglichen Einstellungen vorgenommen werden. Einige Einstellungen sind später vorzunehmen.

Dazu markieren Sie die Port Group und öffnen mittels EDIT SETTINGS die Konfigurationsmasken. Es gibt zwei Typen von Port Groups im vDS. In Abbildung 7.37 werden diese sichtbar.

Die eine Port Group ist für die Verbindung von VMs und VMkernel gedacht. Die andere beinhaltet ausschließlich die Uplink-Adapter.

In der ersten Einstellung – GENERAL – kann der NAME angepasst, die Anzahl der Ports und die Art des PORT BINDING konfiguriert werden (siehe Abbildung 7.38).

7.6 Arbeiten mit dem vNetwork Distributed Switch (vDS)

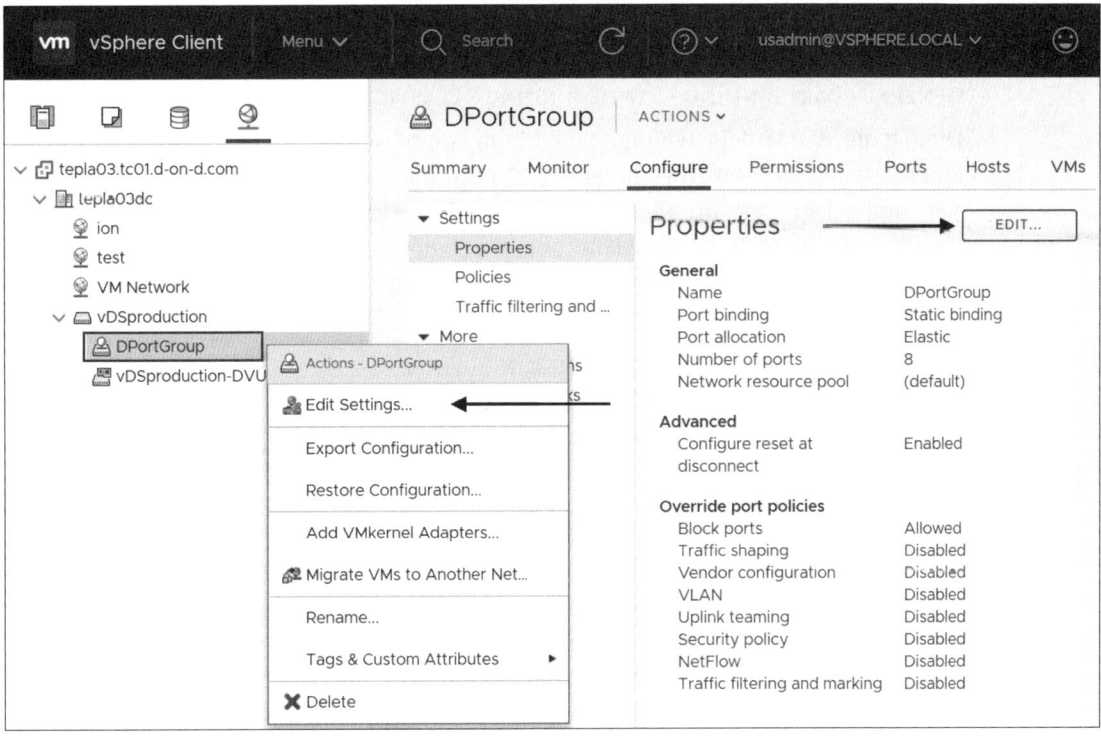

Abbildung 7.37 Übersicht der Eigenschaften einer Port Group

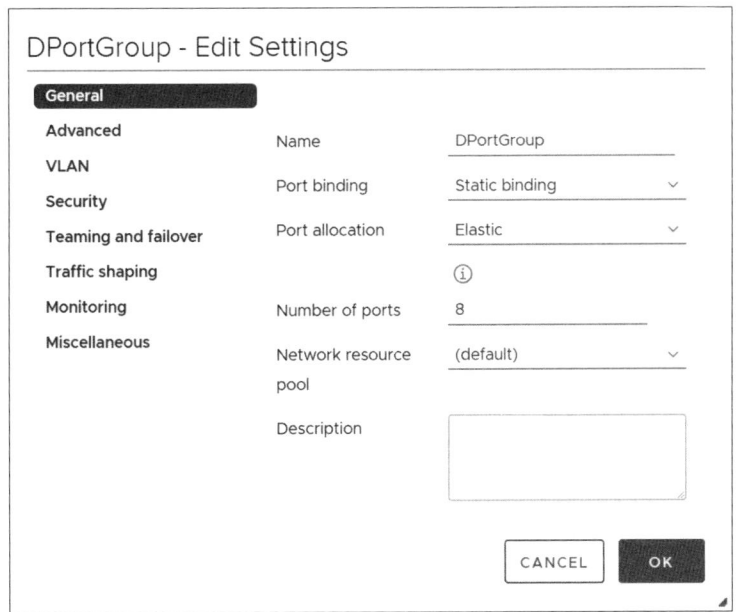

Abbildung 7.38 Geöffnete Konfigurationsmaske einer Port Group

Die einzelnen Einstellmöglichkeiten zu PORT BINDING und zu PORT ALLOCATION sehen wir uns im Folgenden genauer an:

- GENERAL • PORT BINDING • STATIC BINDING • ELASTIC

  Dies ist die Standardeinstellung. Die Wirkungsweise ist folgende: Wird eine virtuelle NIC einer VM oder ein VMkernel dieser Port Group zugeordnet, so wird ein neuer Port generiert und belegt. Der Port gilt als belegt, sobald ein Device an ihn angeschlossen wurde. Eine VM, die zum Beispiel nicht läuft, belegt trotzdem einen Port. In der Einstellung NUMBER OF PORTS ist der Wert 8 ist als Startwert festgelegt. Sind diese Ports aufgebraucht, so werden automatisch weitere Ports generiert.

- GENERAL • PORT BINDING • STATIC BINDING • FIXED

  Diese Einstellung entspricht der früheren Standardeinstellung vor ESXi 5.5. Hier kann eine fixe Anzahl Ports eingegeben werden. Diese ändert sich nicht, außer sie wird manuell erhöht.

- GENERAL • PORT BINDING • DYNAMIC BINDING

  Bei DYNAMIC BINDING gilt ein Port dann als belegt, wenn ein Teilnehmer aktiv ist. Eine VM, die läuft, gilt als aktiv und belegt einen Port. Haben Sie zum Beispiel 100 Ports und 150 Teilnehmer, so ist dies kein Problem, wenn nie mehr als 100 VMs parallel laufen. Diese Bindungsart ist als »deprecated« gekennzeichnet, d. h., aus Gründen der Rückwärtskompatibilität ist sie noch vorhanden, sie sollte aber nicht mehr verwendet werden.

- GENERAL • PORT BINDING • EPHEMERAL • NO BINDING

  Bei EPHEMERAL • NO BINDING gibt es keine fixe Port-Anzahl. Für jeden angeschlossenen Teilnehmer wird die Portanzahl um einen Port erhöht.

Die meisten weiteren Einstellungen, die folgen, wurden schon an anderer Stelle beschrieben oder folgen etwas später. Tabelle 7.10 zeigt, wo Sie die verschiedenen schon behandelten Themen finden.

Thema	Abschnitt	Titel
Layer-2-Security-Policy	7.4.6	Die Layer-2-Security-Policys
Traffic Shaping	7.4.7	Traffic Shaping
VLAN	7.4.8	Die VLAN-Einstellungen der vSwitch-Typen
Teaming and Failover	7.4.9	Die NIC-Teaming- und die Load-Balancing-Policys der vSwitch-Typen

Tabelle 7.10 Port-Group-Themen, die andernorts behandelt werden

Thema	Abschnitt	Titel
Resource Allocation	7.6.6	Network I/O Control
Monitoring	7.6.7	NetFlow

Tabelle 7.10 Port-Group-Themen, die andernorts behandelt werden (Forts.)

Auf der Port Group gibt es noch weitere Einstellmöglichkeiten für Policys unter MISCELLANEOUS und ADVANCED.

Unter MISCELLANEOUS (siehe Abbildung 7.39) können alle Ports für die ausgewählte Port Group auf einen Schlag blockiert werden. »Auf einen Schlag« meint alle daran angeschlossenen VMs auf allen in den vDS aufgenommenen Hosts (bis 2000). Das bedeutet, Tausende von VMs können innerhalb von Sekunden vom Netz genommen werden. Wenn Sie dasselbe mit vSS-Port-Groups machen möchten, müssen Sie bei 2000 Hosts sehr viel Zeit aufwenden, weil Sie auf jeden einzelnen Host zugreifen müssten.

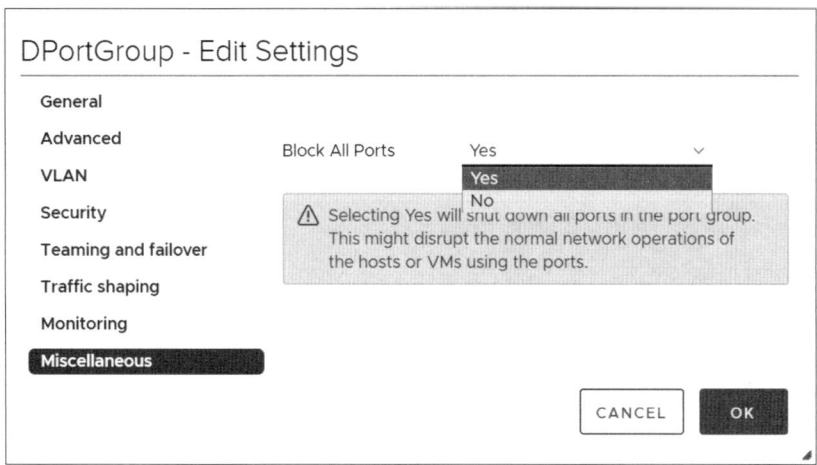

Abbildung 7.39 Die Port-Group-Einstellung »Miscellaneous«

In welchen Situationen macht so etwas Sinn? Wenn zum Beispiel ein neuer, bis dato unbekannter und hoch aggressiver Virus/Wurm durch das Netz ginge, so wäre es möglich, sehr schnell zu intervenieren – auch dann, wenn die Infrastruktur Tausende von VMs hätte. Einzelne Abschnitte könnten sofort stillgelegt werden.

Die Einstellung ADVANCED (siehe Abbildung 7.40) ermöglicht es, die Policy-Einstellungen auf eine Port Group zu fixieren. Fixierte Teile (OVERRIDE PORT POLICIES: DISABLED) können dann nicht mehr auf einem Port direkt verändert werden. Ist die Port-Group-Policy nicht fixiert (OVERRIDE PORT POLICIES: ALLOWED), so ist es möglich, die Einstellung auf dem Port zu verändern (siehe Abbildung 7.41).

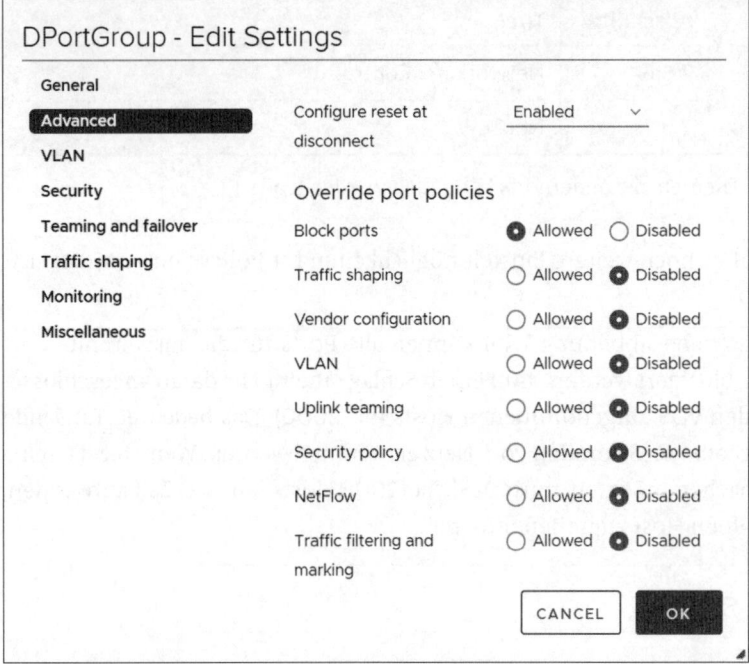

Abbildung 7.40 Die Port-Group-Einstellung »Advanced«

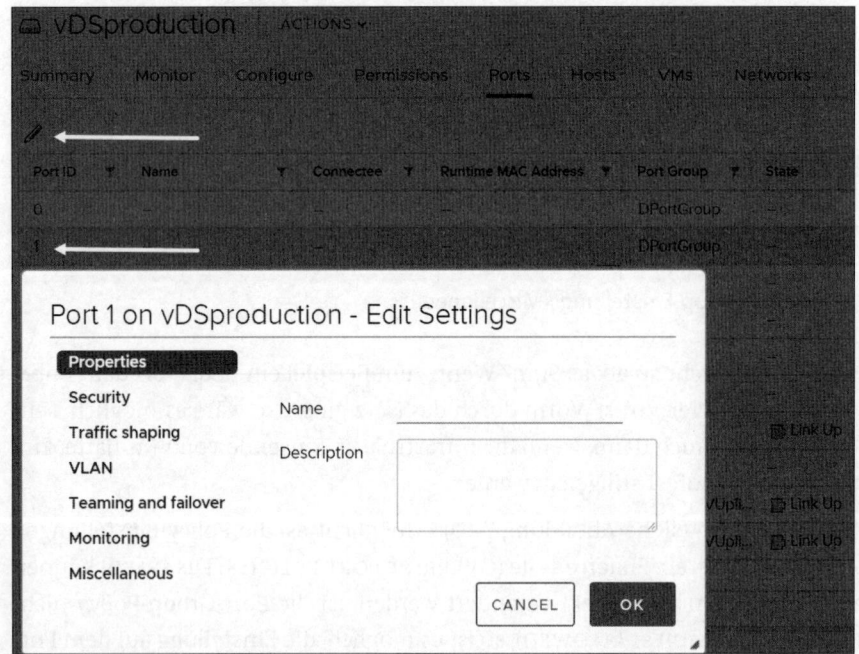

Abbildung 7.41 Die Einstellungen zur »Port Policy«

7.6.6 Network I/O Control

Mittels *Network I/O Control* (NIOC) kann der Netzwerkverkehr bei den vDS sehr fein modelliert werden. Beim Erstellen eines vDS ist die NETWORK I/O CONTROL eingeschaltet. Mit vSphere 6.0 wurde die Version 3 von Network I/O Control eingeführt. Die vorherige Version 2 ist dazu nicht kompatibel und verfolgt ein anderes Konzept.

Bei Version 2 konnte ein *CoS (Class of Service) priority tag* verwendet werden, das auch als *Quality of Service tagging (802.1p)* bezeichnet wird. Bei der Version 3 gibt es dieses nicht mehr, dafür können aber Bandbreitenreservierungen vergeben werden. Sind aus früheren Konfigurationen vDS der Version 5.x vorhanden und sind CoS-Einstellungen verwendet worden, so können Sie bei der Aktualisierung auf einen vDS der Version 6.6 die NIOC-Version 2 behalten und später auf Version 3 aktualisieren.

Unter RESSOURCE ALLOCATION sind die Konfigurationen für die NIOC sichtbar, und es besteht die Möglichkeit, diese hier zu konfigurieren.

Der Abschnitt SYSTEM TRAFFIC in Abbildung 7.42 zeigt die Anzahl der Netzwerkadapter und die vorhandene Bandbreite sowie eventuell eingestellte Reservierungen der Netzwerkbandbreite.

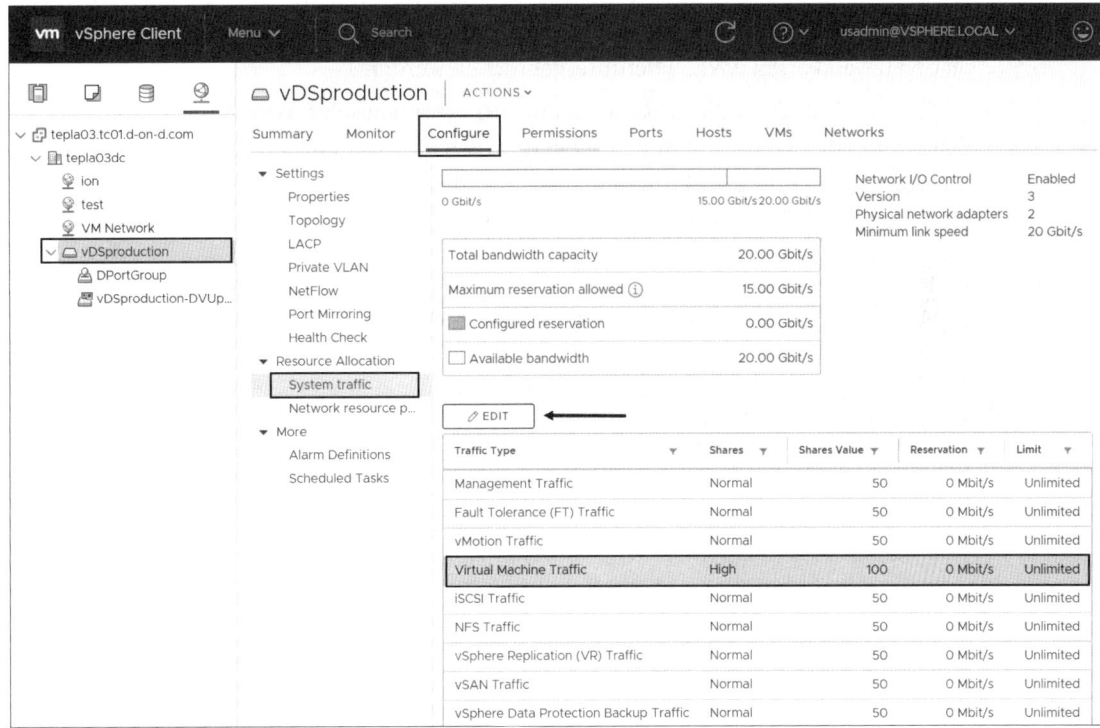

Abbildung 7.42 Der Reiter »Ressource Allocation« mit den Einstellungen für »System traffic« im »NIOC«

Hier können die Einstellungen (SHARES, RESERVATION, LIMIT) der neun vSphere-6.0-Verkehrstypen (wie VIRTUAL MACHINE TRAFFIC, MANAGEMENT TRAFFIC, vMOTION TRAFFIC etc.) vorgenommen werden. Diese können in den Einstellungen verändert, aber nicht gelöscht werden.

Wenn Sie eines der acht Netzwerkverkehrsmuster markieren und auf das Editieren-Symbol klicken, öffnet sich ein Fenster, in dem Sie alle Einstellungen vornehmen können (siehe Abbildung 7.43).

Sie können die folgenden Einstellungen vornehmen:

- SHARES: Das Konzept der *Shares* ist schon lange bei CPU und Memory bekannt. Dies ist hier praktisch dasselbe. Es gibt vordefinierte Werte: LOW (25), NORMAL (50), HIGH (100) und CUSTOM (zu definieren). Shares kommen nur dann zum Einsatz, wenn »der Hunger größer ist als der Kuchen«, das heißt, wenn mehr Bandbreite verwendet werden sollte, als vorhanden ist. Mehr Shares ergeben ein größeres Stück vom Kuchen. Wenn ein Verkehrsmuster also 25 Shares hat, das andere aber 50 Shares besitzt, so bekommt das Muster mit 50 Shares doppelt so viel Bandbreite wie das mit 25 Shares.

- RESERVATION: Der Standard ist auf 0 gesetzt, also inaktiv. Hier kann eine Reservierung für das betreffende Verkehrsmuster eingegeben werden. Diese Reservation kann später z. B. auf benutzerdefinierte Netzwerk-Ressourcen-Pools und von diesen bis auf einzelne virtuelle Netzwerkkarten (vNICs) heruntergebrochen werden.

- LIMIT: Per Default ist die Einstellung auf UNLIMITED gesetzt. Wird ein Wert eingegeben, kann hier ein Shaping auf dem Netzwerkverkehrsmuster betrieben werden. Diese Obergrenze an Bandbreite wirkt (im Gegensatz zu den Shares) immer, also auch dann, wenn noch viel Bandbreite zur Verfügung stünde. Die Werte sind in Mbit/s definiert.

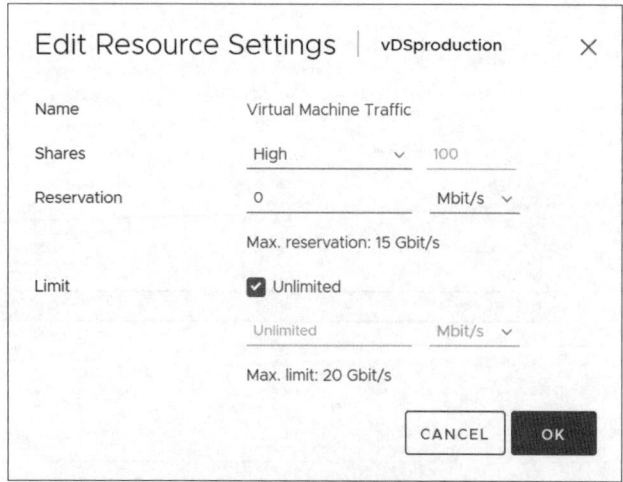

Abbildung 7.43 Einstellmöglichkeiten im Verkehrsmuster »Virtual Machine Traffic«

Der Abschnitt NETWORK RESOURCE POOLS (siehe Abbildung 7.44) gibt Ihnen die Möglichkeit, benutzerdefinierte Ressourcen-Pools zu erstellen. Hier gibt es als Einstellmöglichkeit nur die RESERVATION QUOTA.

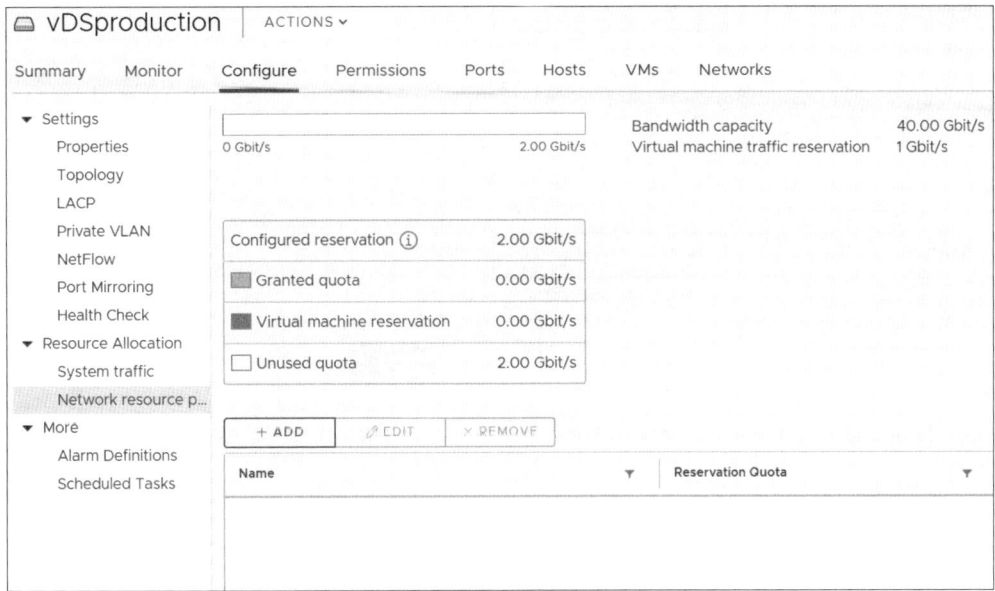

Abbildung 7.44 Der Reiter »Ressource Allocation« mit den Einstellungen für »Network resource pools« im »NIOC«

Benutzerdefinierte Netzwerk-Ressourcen-Pools

Ein benutzerdefinierter Netzwerk-Ressourcen-Pool kann über das grüne Plus-Symbol erstellt werden. Sehen wir uns dazu ein Beispiel an. Wir möchten zwei Netzwerk-Ressourcen-Pools für VIRTUAL MACHINE TRAFFIC erstellen – den einen mit einer Reservation von 100 Mbit/s, den anderen mit einer Reservation von 10 MBit/s. Dazu sind vier Schritte notwendig:

Schritt 1

Wir verändern im SYSTEM TRAFFIC die Reservation für VIRTUAL MACHINE TRAFFIC (siehe Abbildung 7.43).

Schritt 2

Wir erstellen zwei neue Netzwerk-Ressourcen-Pools: *High-Level-Apps* und *Low-Level-Apps*. Abbildung 7.45 zeigt die Erstellung des Ressourcen-Pools *High-Level-Apps*.

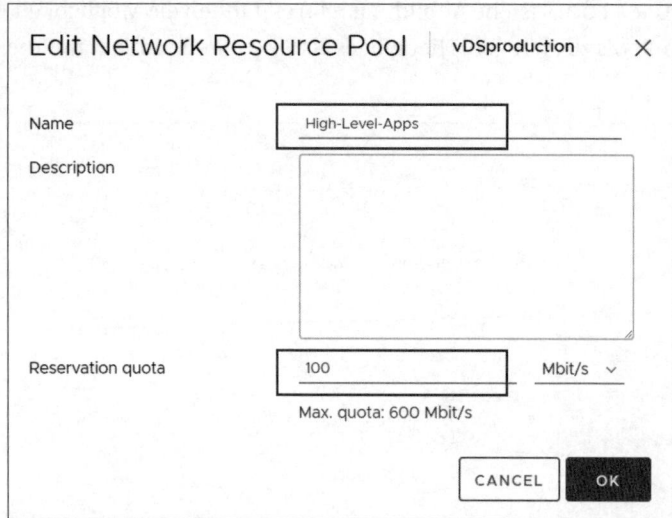

Abbildung 7.45 Erstellung des Netzwerk-Ressourcen-Pools »High-Level-Apps«

In Abbildung 7.46 sind beide erzeugten Ressourcen-Pools zu sehen.

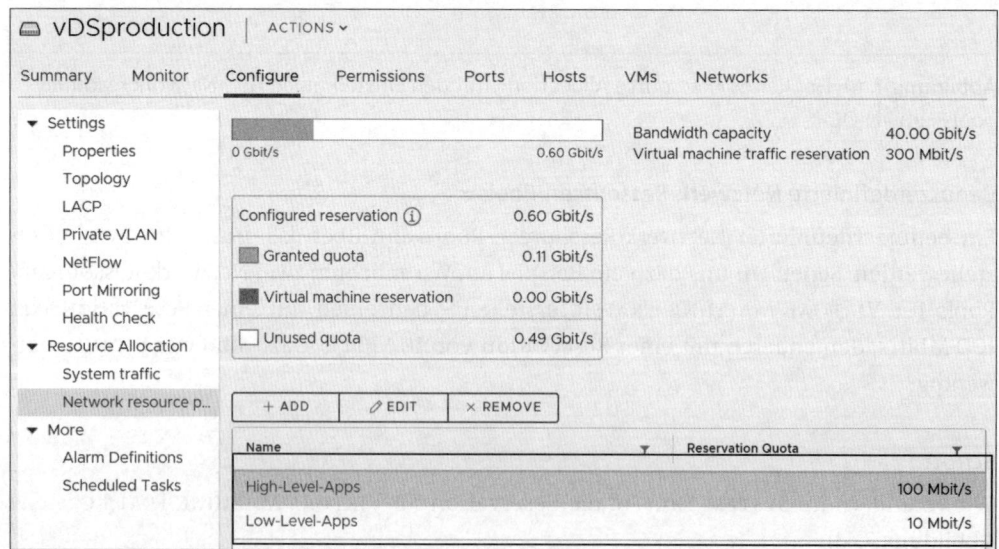

Abbildung 7.46 Zwei erstellte benutzerdefinierte Netzwerk-Ressourcen-Pools

Schritt 3

Nun muss die Zuordnung der Port Groups zu den entsprechenden Netzwerk-Ressourcen-Pools erfolgen. Dies sehen Sie in Abbildung 7.47.

7.6 Arbeiten mit dem vNetwork Distributed Switch (vDS)

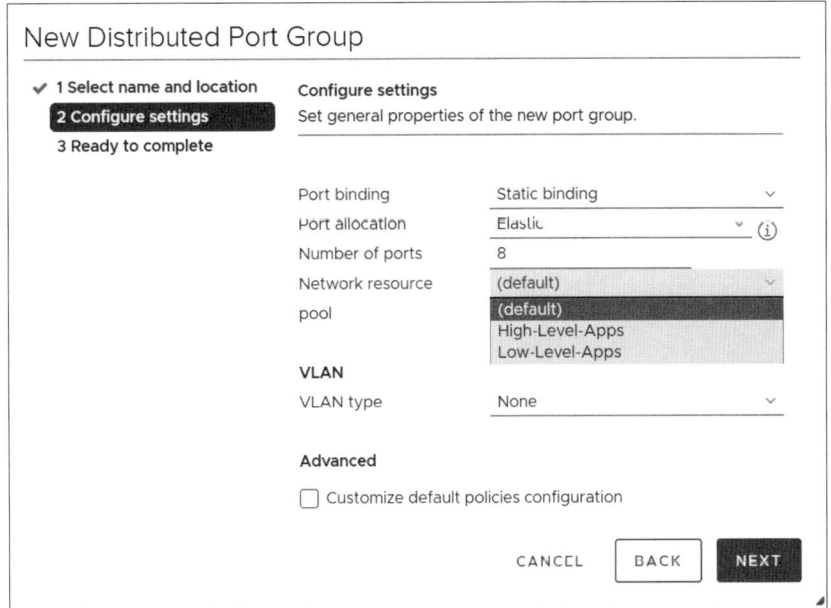

Abbildung 7.47 Zuordnung der Port Groups zu den Netzwerk-Ressourcen-Pools

Schritt 4

Abschließend müssen die entsprechenden VMs den jeweiligen Port Groups zugeordnet werden – und fertig ist die Konfiguration.

7.6.7 NetFlow

NetFlow ist eine Funktion, die mit vSphere 5.0 eingeführt wurde. NetFlow wurde ursprünglich von Cisco entwickelt und wird mittlerweile von vielen Herstellern unterstützt. Mittels NetFlow – der Name sagt es eigentlich schon – können Daten über den Netzwerkverkehr gesammelt werden.

Damit NetFlow benutzt werden kann, benötigt man noch zusätzliche Software. Die eine Komponente ist diejenige, die Daten sammelt, auch *Kollektor* genannt. Eine weitere Komponente dient zur Auswertung der gesammelten Daten. Dies ist der *Analyzer*. Es gibt diverse kostenlose Produkte, vor allem im Linux-Umfeld. Für Windows existieren deutlich weniger. Wir haben für den folgenden Implementierungsteil das kostenlose Tool *SolarWinds Realtime NetFlow Analyzer* der Firma *SolarWinds* verwendet.

Die folgenden Schritte zeigen die Einrichtung von NetFlow mit dem vDS auf.

Schritt 1

Der erste Schritt ist die Aktivierung von NetFlow auf dem vDS (siehe Abbildung 7.48).

445

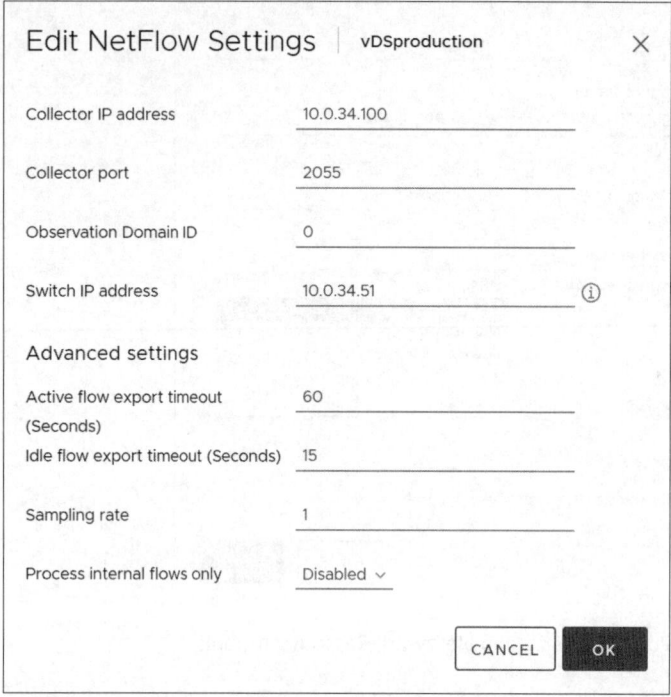

Abbildung 7.48 NetFlow-Einrichtung auf dem vDS

Für die Konfiguration von NetFlow auf dem vDS müssen Sie unter EDIT NETFLOW SETTINGS die IP-Adresse des NetFlow-Collectors angeben. Ebenfalls ist die Port-Nummer einzustellen. Beim vDS ist der Standard-Port 1; bei *SolarWinds* verwenden Sie Port 2055. Sie passen entweder den vDS oder den Collector-Port an. In unserem Beispiel haben wir den Port auf dem vDS angepasst.

Unter SWITCH IP ADDRESS wird dem vDS eine IP-Adresse angegeben, damit der Collector die Daten abgreifen kann.

Unter ADVANCED SETTINGS können Sie Timeout-Werte für den Datenfluss und die Sampling-Rate eintragen. Wir haben bei SAMPLING RATE den Wert 1 angegeben; dies bedeutet, dass jedes Netzwerkpaket aufgezeichnet wird. In der Praxis wird diese Sampling-Rate meist höher gesetzt, damit die Systemlast nicht zu hoch wird. Ein Wert von 10 würde bedeuten, dass jedes zehnte Netzwerkpaket bewertet wird.

Schritt 2

Nachdem der vDS für NetFlow vorbereitet wurde, müssen auch die Port Groups auf dem vDS für NetFlow aktiviert werden (siehe Abbildung 7.49). Hier wird NetFlow auf der Port Group PRODUCTION aktiviert.

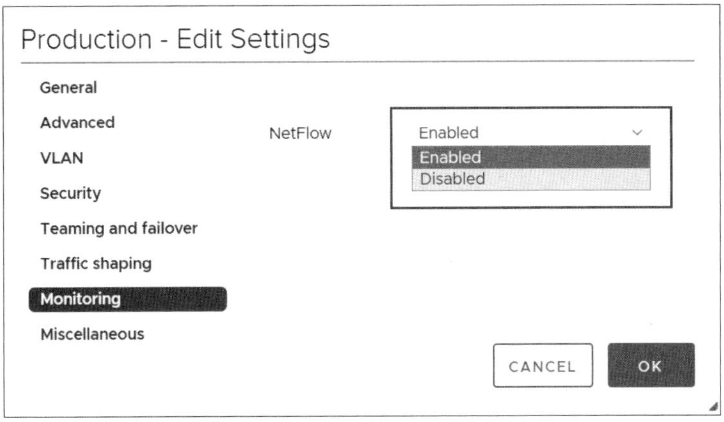

7.6 Arbeiten mit dem vNetwork Distributed Switch (vDS)

Abbildung 7.49 NetFlow auf der Port Group aktivieren

Schritt 3

Nachdem der vDS und die Port Group(s) aktiviert wurden, kann die NetFlow-Software konfiguriert werden. Der erste Schritt beim NetFlow-Collector besteht darin, die IP-Adresse des vDS anzugeben, damit die Software weiß, von wo Daten gesammelt werden sollen. In unserem Beispiel ist das die IP-Adresse 10.0.34.51 (siehe Abbildung 7.48).

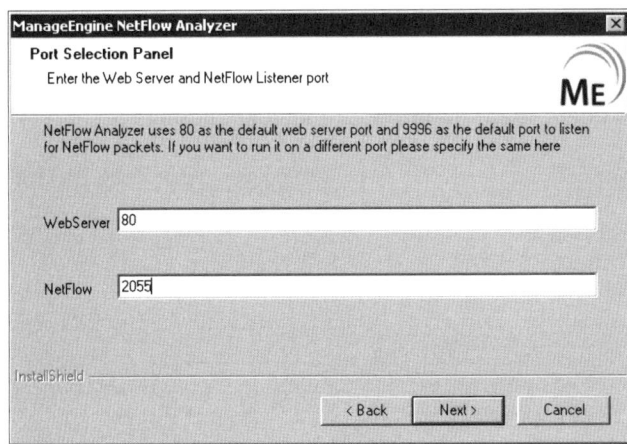

Abbildung 7.50 Eingabe des »Listener-Ports« für den Netflow Collector

In welcher Beziehung steht der Port aus Abbildung 7.50 zum Gesamtkonstrukt?

Es ist eine Port-ID, die im vDS verwendet wird. Wenn wir uns die Abbildung 7.51 anschauen und sie mit der Abbildung 7.52 vergleichen, so sehen wir, dass die aufgelisteten Dinge einen 1:1-Bezug zueinander besitzen. Die VMs sind auf den Port-IDs 36, 100, 101 und 138. Bei allen läuft das NetFlow-Protokoll, außer auf 172. Die VM *usa01vm* am Port 172 ist der Kollektor. Diese VM wurde an die Port Group *NetFlow* angeschlossen, die nicht für NetFlow aktiviert ist.

Die Uplinks, die angezeigt werden, werden von den Netzwerkkarten des ESXi-Hosts belegt, über die der NetFlow-Verkehr abgewickelt wird. In der Kollektor-Software können diese Port-IDs nun hinzugefügt und konfiguriert werden.

Abbildung 7.51 Port-Informationen auf dem vDS

Schritt 4

Im letzten Schritt visualisieren und überprüfen wir die Daten (siehe Abbildung 7.52).

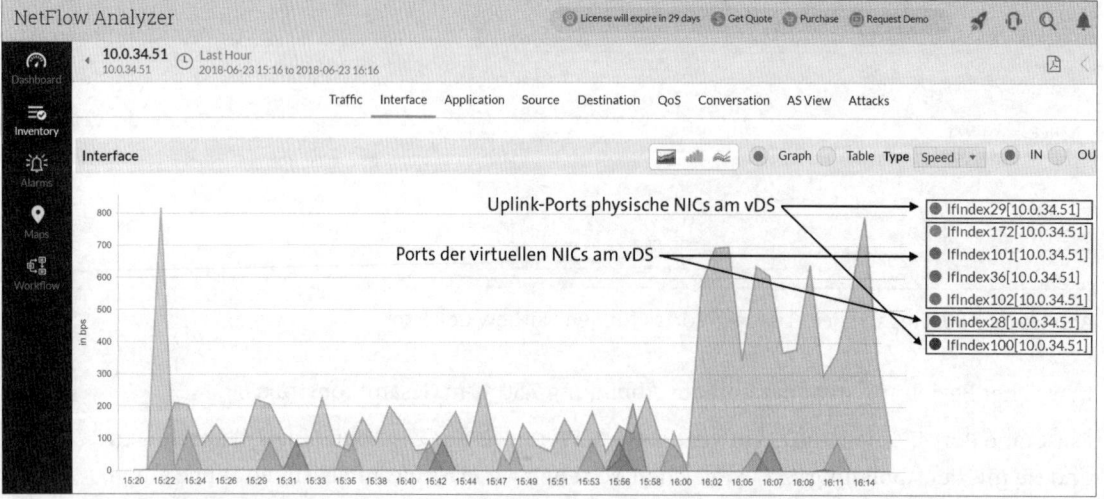

Abbildung 7.52 NetFlow-Informationen – grafisch dargestellt in »ManageEngine NetFlow Analyzer«

Nach kurzer Zeit sind die Daten im Kollektor sichtbar. Dort ist die Datenmenge sichtbar, die die einzelnen Ports zu einem bestimmten Zeitpunkt übermitteln.

7.6.8 Port Mirroring

Vor vSphere 5.0 konnte Netzwerkverkehr von anderen Teilnehmern nur über den Promiscuous Mode aufgezeichnet werden. Das Problem daran ist, dass dann gleich alle Teilnehmer an dem betreffenden vSwitch-Typ wahrgenommen wurden. Selbstverständlich konnte man Filter in der Sniffer-Software setzen, um Einschränkungen vorzunehmen. Wenn nur der Verkehr eines Teilnehmers verfügbar sein soll, ist es auf jeden Fall praktischer, dass der Port gespiegelt wird (siehe auch Abbildung 7.53).

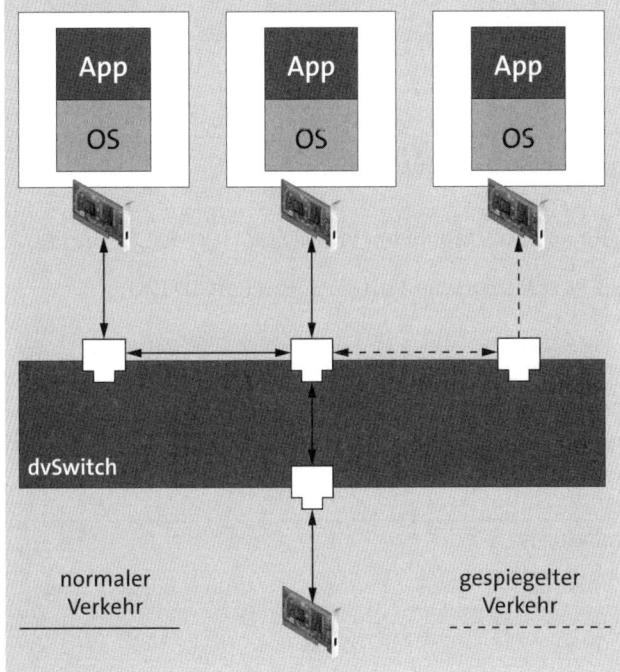

Abbildung 7.53 Schema des Mirroring

Es ist auch möglich, n:1-Beziehungen zu erstellen. Das heißt, mehrere Ports werden auf einen einzigen gespiegelt.

Port Mirroring muss auf dem vDS eingerichtet werden. Im Folgenden wird die Konfiguration eines Mirrorings beschrieben.

Schritt 1

Die Identifikation der Port-Nummer ist der erste Schritt. Dazu selektieren Sie den vDS und wählen anschließend die Registerkarte PORTS aus (siehe Abbildung 7.54).

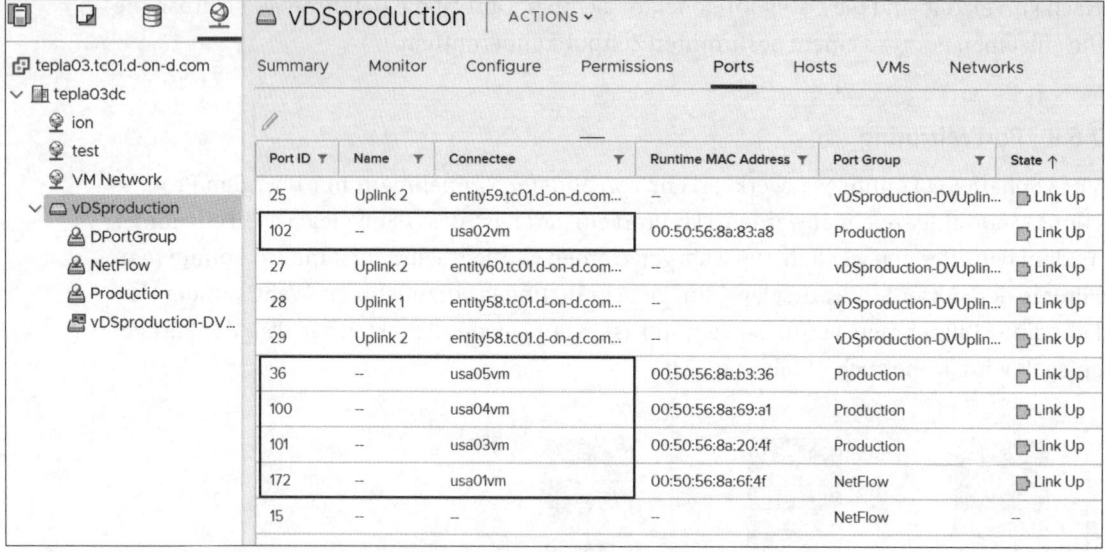

Abbildung 7.54 Die wichtigen Informationen für das Port Mirroring

Wie in der Abbildung zu sehen ist, gibt es fünf VMs an den Port-IDs 36, 100, 101, 102 und 172. Wir zeigen nun die Einrichtung eines Port Mirrors der Port-ID 101 zu Port-ID 100.

Schritt 2

Im zweiten Schritt öffnen Sie auf dem vDS über CONFIGURE • SETTINGS den Konfigurationsdialog. Danach wählen Sie PORT MIRRORING (siehe Abbildung 7.55). Mit NEW starten Sie den Assistenten zur Einrichtung.

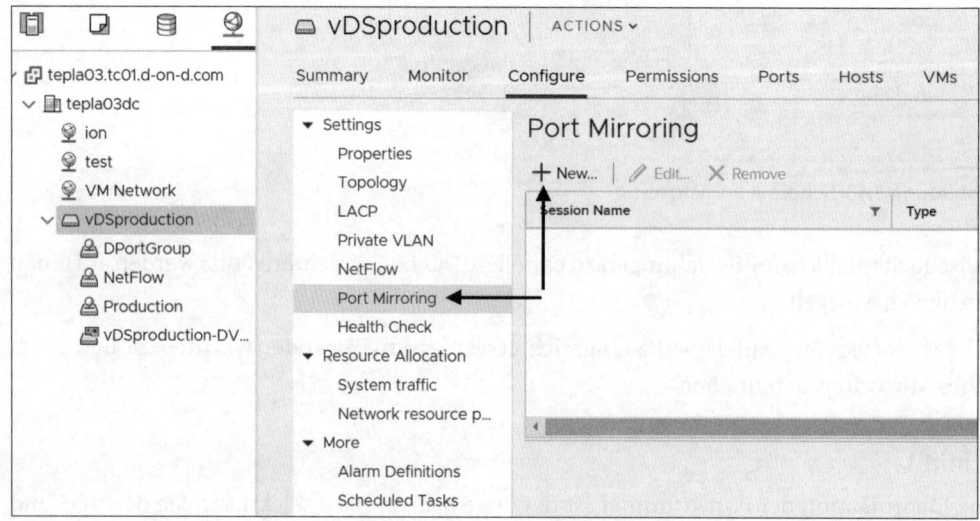

Abbildung 7.55 Die wichtigen Informationen für das Port Mirroring

Schritt 3

In diesem Schritt sind die Grundkonfigurationen zu erstellen. Mit Punkt 1 aus Abbildung 7.56 kann die Art der Session eingestellt werden.

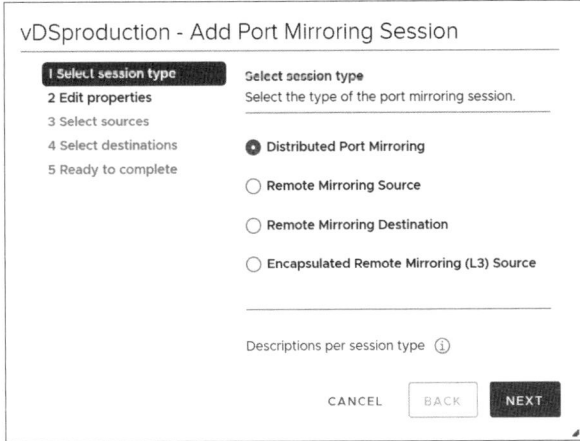

Abbildung 7.56 Die Art des Mirrorings

Schritt 4

Im Dialog aus Abbildung 7.57 geben Sie einen Namen für die Session ein und nehmen einige Einstellungen vor. Es können weitere Details eingegeben werden, wie Paketgrößen, Sampling-Rate, Beschreibung etc.

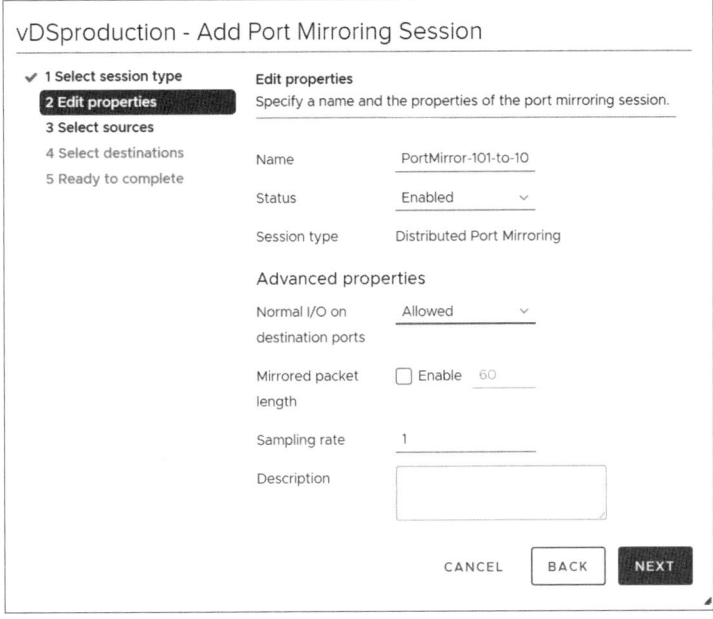

Abbildung 7.57 »Edit Properties«

Schritt 5

In diesem Schritt geben Sie die Quelle an, von der Daten bezogen werden (siehe Abbildung 7.58). Dazu muss bei der betreffenden Port-ID ein Häkchen gesetzt werden.

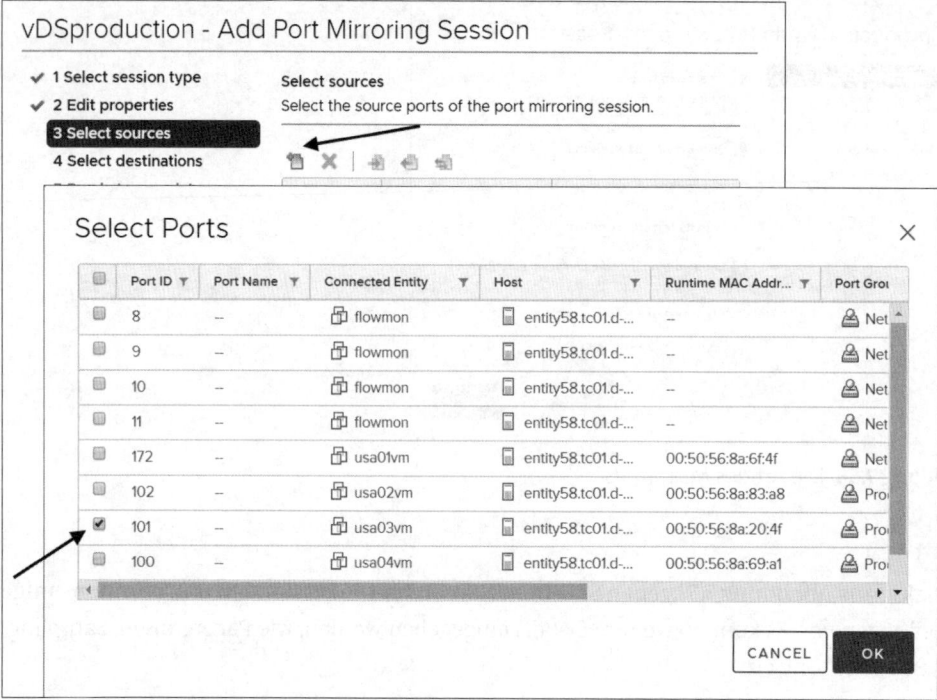

Abbildung 7.58 Auswählen der Quelle – Port 101

Mithilfe eines Selektors können Sie die Richtung des Netzwerkverkehrs einstellen (siehe Abbildung 7.59).

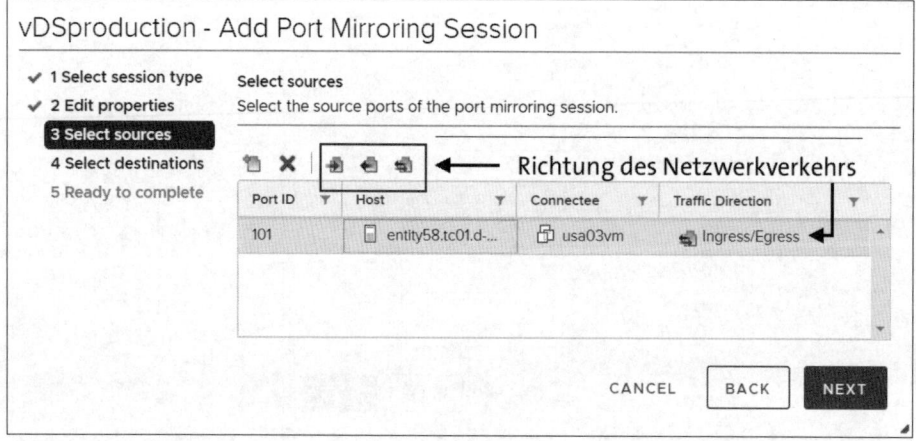

Abbildung 7.59 Eingabe der Richtung und die aktuell gewählte Richtung

7.6 Arbeiten mit dem vNetwork Distributed Switch (vDS)

Drei Möglichkeiten sind vorhanden:

1. Ingress/Egress (Eingehend/Ausgehend)
2. Ingress (Eingehend)
3. Egress (Ausgehend)

Schritt 6

Im nächsten Schritt geben Sie das Ziel an (siehe Abbildung 7.60).

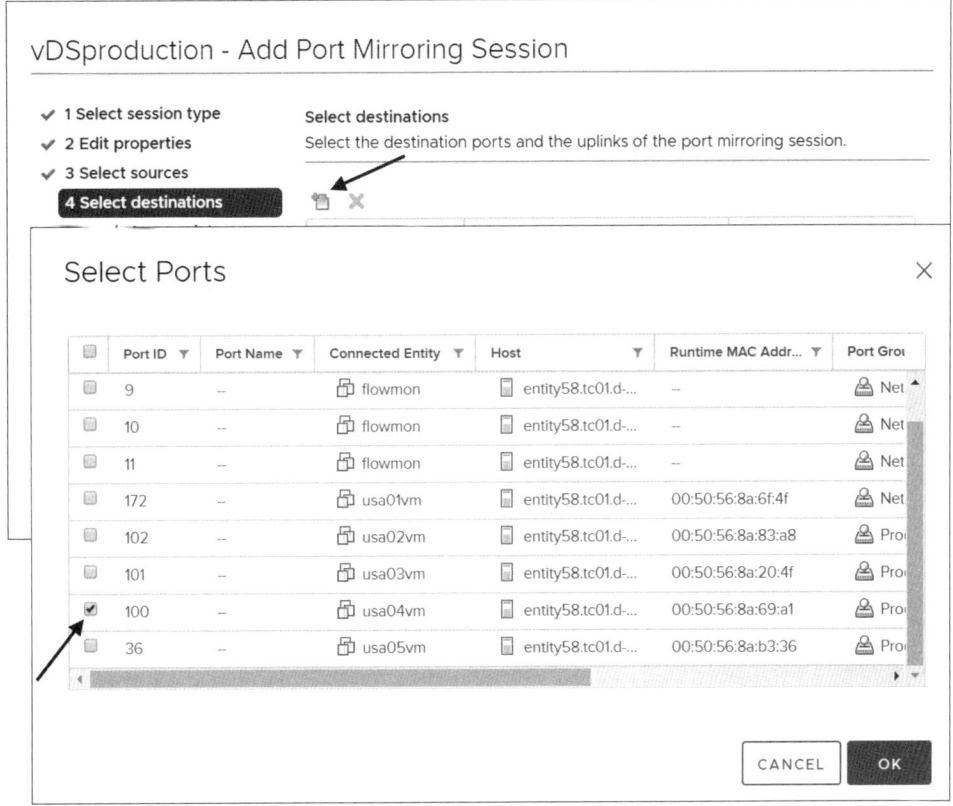

Abbildung 7.60 Das Ziel für das Port Mirroring angeben

Schritt 7

Im Dialog aus Abbildung 7.61 erfolgt eine Zusammenfassung der Einstellungen. Sobald Sie auf FINISH klicken, wird die Konfiguration durchgeführt.

Nun können Sie an den Port 100 eine VM anschließen, auf der ein Netzwerkanalysator installiert ist. Dieser empfängt alle Daten von Port 101.

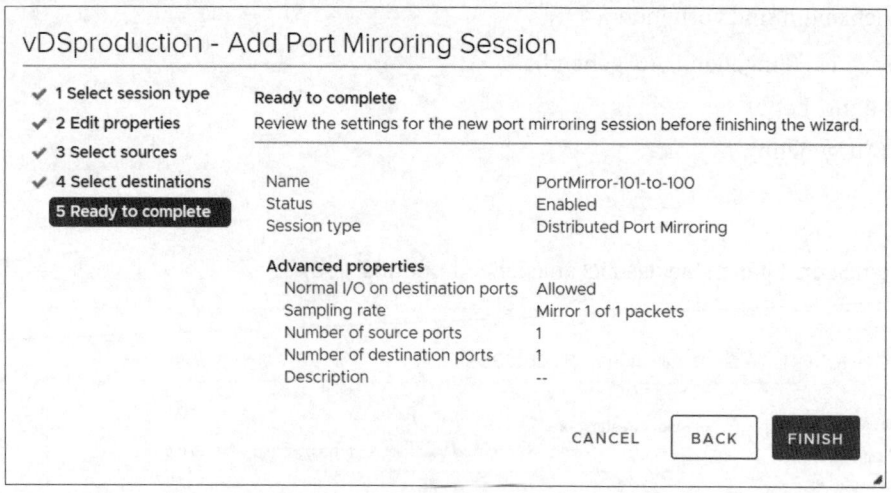

Abbildung 7.61 Zusammenfassung der Konfiguration für die Port-Mirror-Session

7.7 Die Migration von vSS auf vDS

Bei bestehenden Infrastrukturen ist es mitunter erwünscht, dass von den bestehenden Standard-vSwitches zu den dvSwitches migriert werden kann. Dieser Vorgang kann – wenn er gut geplant ist und bestimmte Voraussetzungen eingehalten wurden – ohne Unterbrechung und in einem Schritt durchgeführt werden.

Das folgende Szenario zeigt, wie Schritt für Schritt eine Migration durchgeführt werden kann. Folgende Ziele sollen erreicht werden:

▸ Es darf zu keinerlei Unterbrechungen in der Netzwerkkommunikation kommen.

▸ Das Management-Netzwerk soll als Standard-vSwitch erhalten bleiben.

▸ Die virtuellen Maschinen sollen von der Port Group *VM Network* auf eine neue Port Group namens *Prod* migriert werden.

Wie im Screenshot aus Abbildung 7.62 zu sehen ist, existieren drei vSS (vNetwork Standard Switches), die jeweils Redundanz besitzen. Am vSwitch 0 sind 4 VMs und 2 NICs vorhanden. In der Liste sind noch vSwitch 1 (vMotion) und vSwitch 2 (IP-Storage) aufgeführt. Diese besitzen jeweils einen VMkernel- und zwei Netzwerkadapter.

Im ersten Schritt wird der vDS erstellt. Dieser besitzt 4 Uplinks und 3 Port Groups mit den Namen *IPStorage* für den VMkernel *vmk2*, *Prod* für die 4 VMs und *VMotion* für den *vmk1* (siehe Abbildung 7.63).

7.7 Die Migration von vSS auf vDS

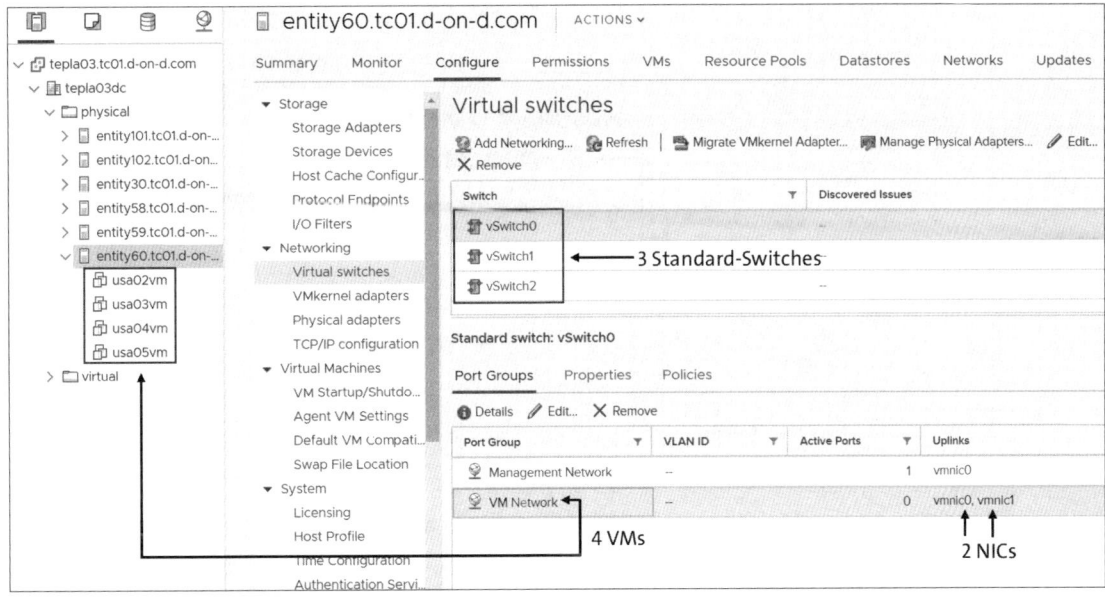

Abbildung 7.62 Ausgangslage für die Migration

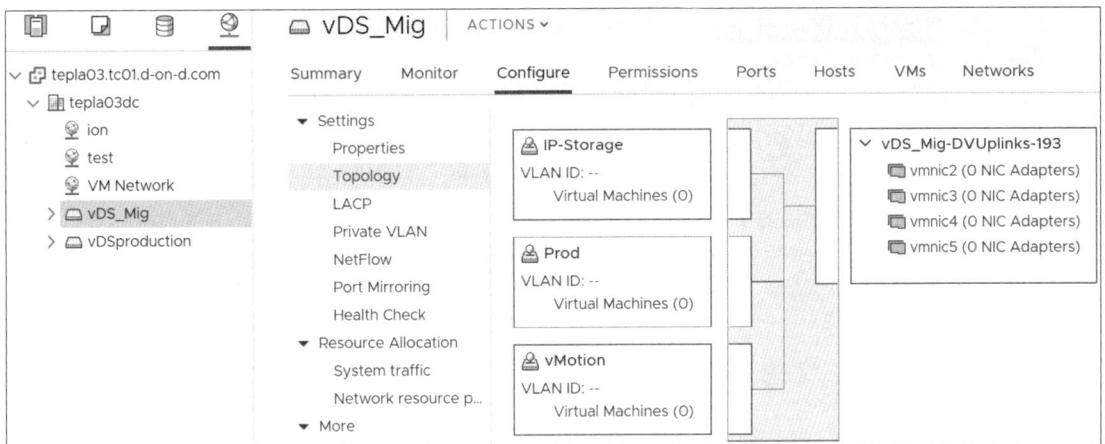

Abbildung 7.63 Vorbereiteter vDS mit 4 Uplinks und 3 Port Groups

Ist der vDS erstellt, kann im zweiten Schritt mit ADD AND MANAGE HOSTS der Migrationsprozess eingeleitet werden (siehe Abbildung 7.64).

Mit NEW HOSTS wird ein Fenster geöffnet, das die Auswahl der gewünschten Hosts ermöglicht (siehe Abbildung 7.65).

7 Das Netzwerk in VMware vSphere

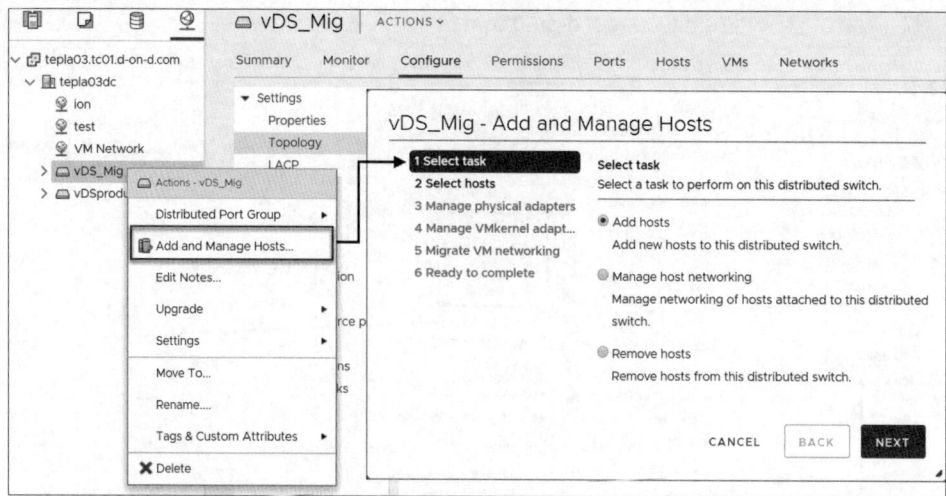

Abbildung 7.64 »Add and Manage Hosts« mit der Sicht auf den vDS »vDS_Mig«

Abbildung 7.65 Host hinzufügen

Im dritten Schritt können nun die Netzwerkadapter an die Uplink-Ports zugewiesen werden (siehe Abbildung 7.66).

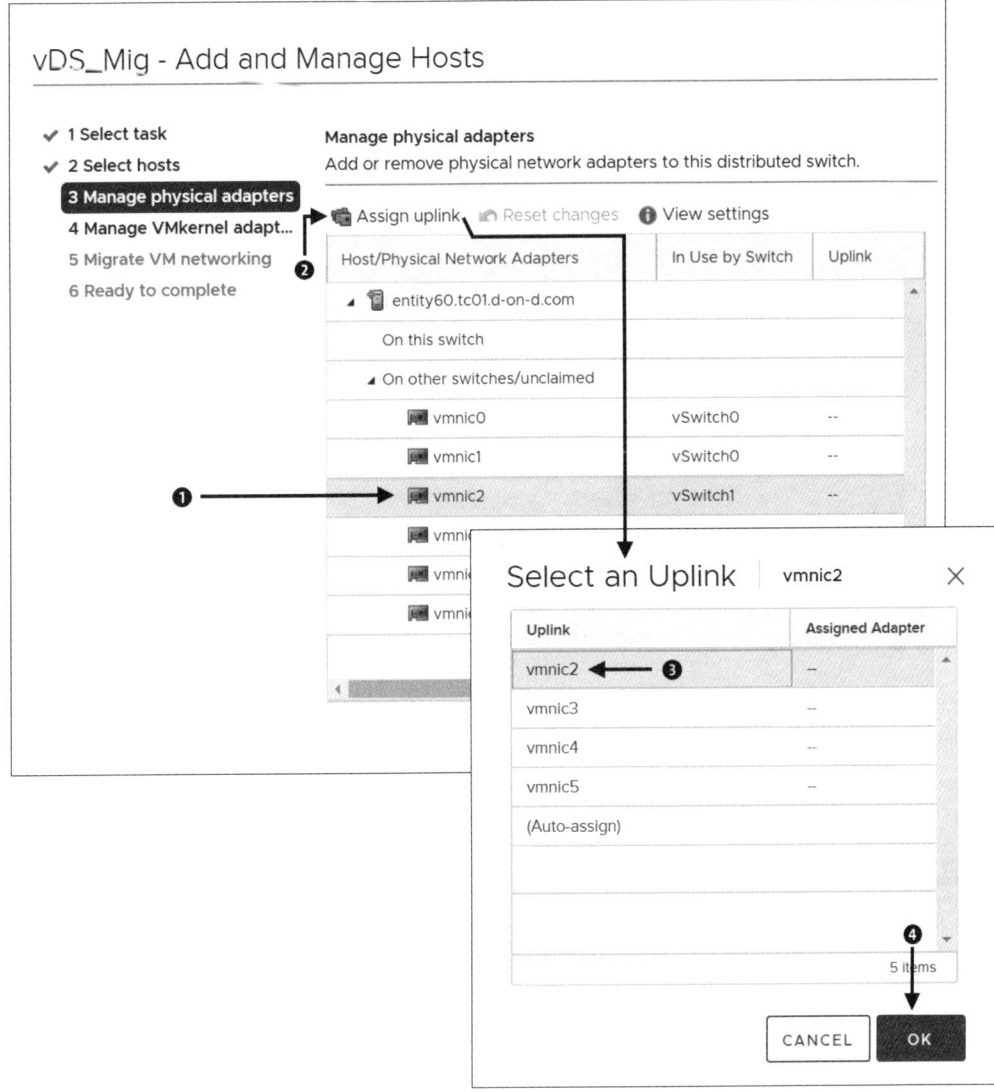

Abbildung 7.66 Netzwerkadapter migrieren – Zuweisung durchführen

Ist die Zuweisung erstellt (siehe Abbildung 7.67), so kann zu Schritt 4 gewechselt werden.

In Schritt 4 werden die VMkernel ihrer Port Group zugewiesen (siehe Abbildung 7.68).

7   Das Netzwerk in VMware vSphere

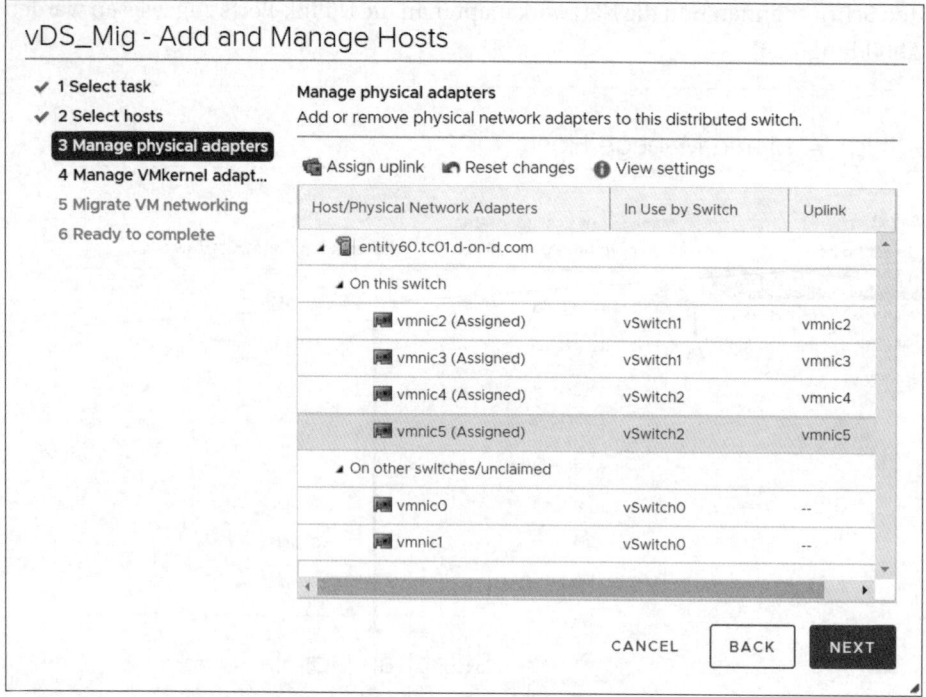

Abbildung 7.67 Netzwerkadapter migrieren – Zuweisung erstellt

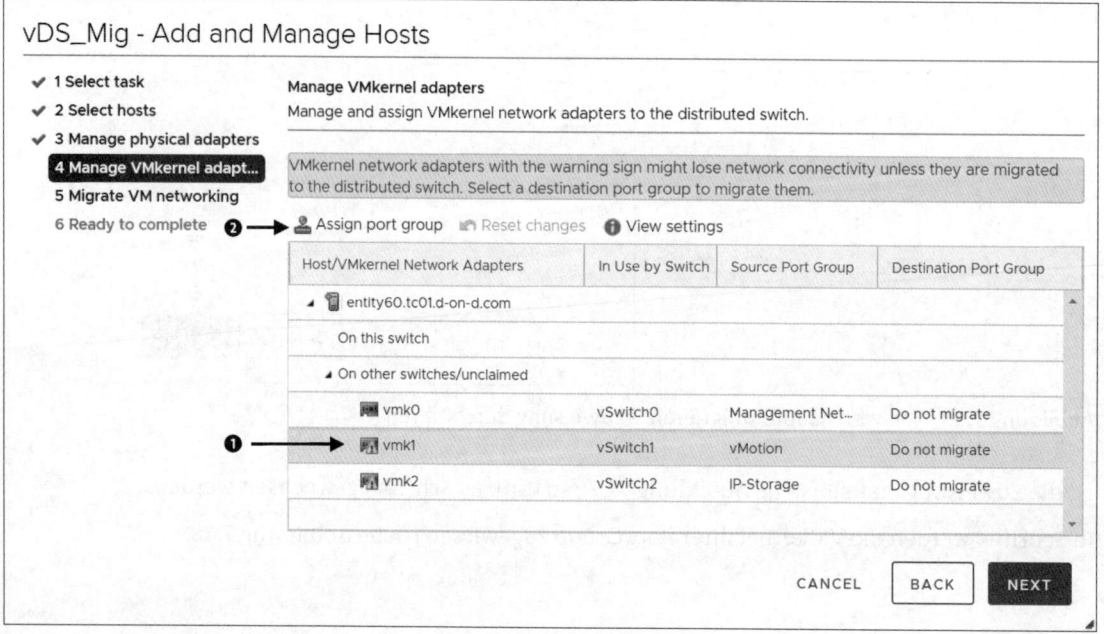

Abbildung 7.68 Zuweisen der VMkernel zur Port Group

Dazu markieren Sie den betreffenden VMkernel ❶ und rufen mit ASSIGN PORT GROUP ❷ ein Fenster auf, das die Zuweisung ermöglicht (siehe Abbildung 7.69).

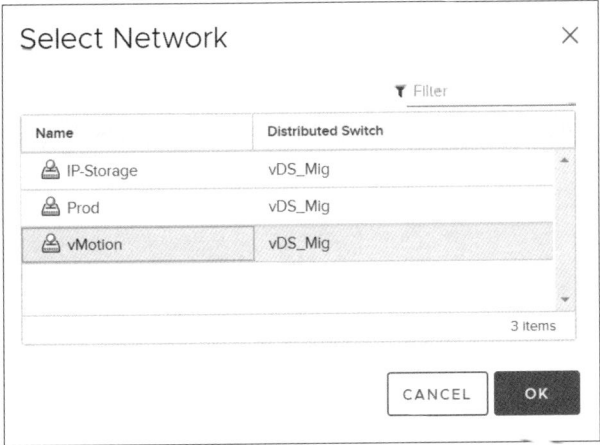

Abbildung 7.69 Zuweisen des vMotion-VMkernels zur Port Group »vMotion«

Sind alle VMkernel den betreffenden Port Groups zugewiesen worden, so können Sie mit NEXT (siehe Abbildung 7.70) zu Schritt 5 wechseln.

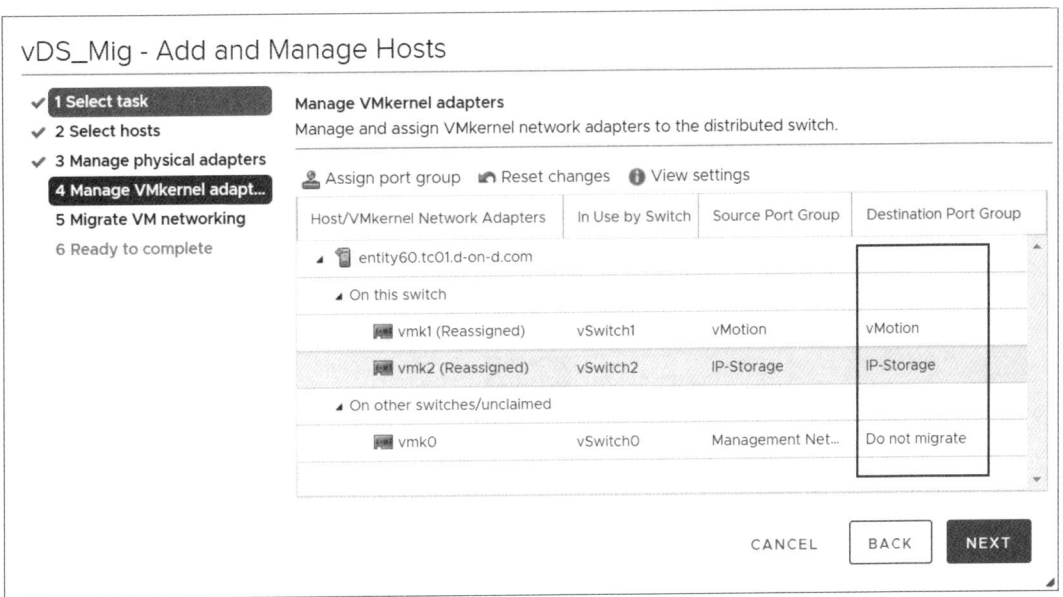

Abbildung 7.70 Alle VMkernel sind zugewiesen.

In Schritt 5 (siehe Abbildung 7.71) können Sie die virtuellen Maschinen der neuen Port Group zuweisen. Dazu markieren Sie die betreffende VM ❶. Durch einen Klick auf ASSIGN PORT GROUP ❷ öffnen Sie ein Fenster, um diese Zuweisung durchzuführen (siehe Abbildung 7.72).

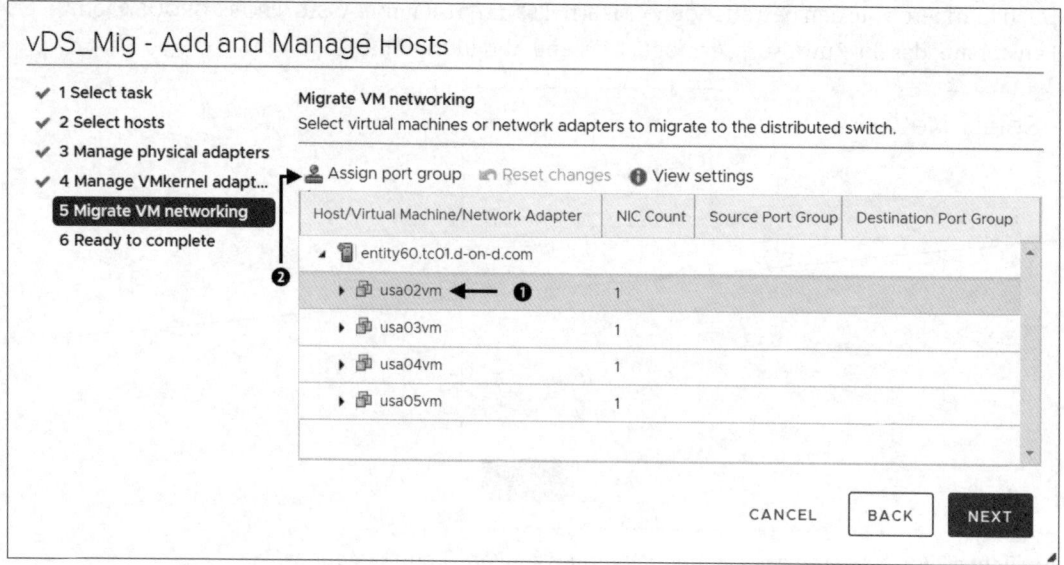

Abbildung 7.71 Migration von virtuellen Maschinen

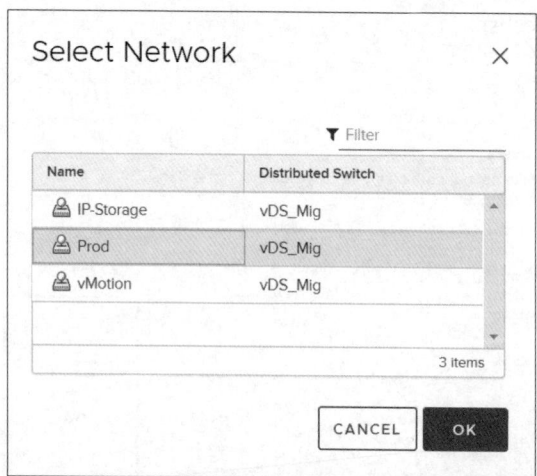

Abbildung 7.72 Zuweisen der VMs zur Port Group »Prod«

Wenn Sie alle VMs den betreffenden Port Groups zugewiesen haben (siehe Abbildung 7.73), wechseln Sie mit NEXT zu Schritt 6.

Zum Abschluss wird Ihnen eine Zusammenfassung der Migrationseinstellungen präsentiert (siehe Abbildung 7.74). Klicken Sie auf FINISH, um die Einstellungen durchzuführen.

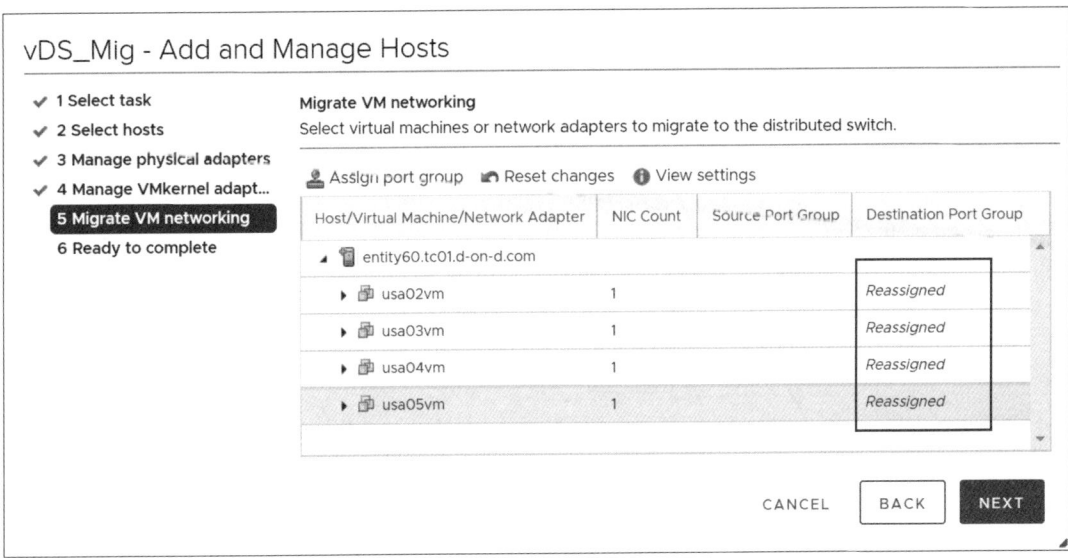

Abbildung 7.73 Alle VMs sind zugewiesen.

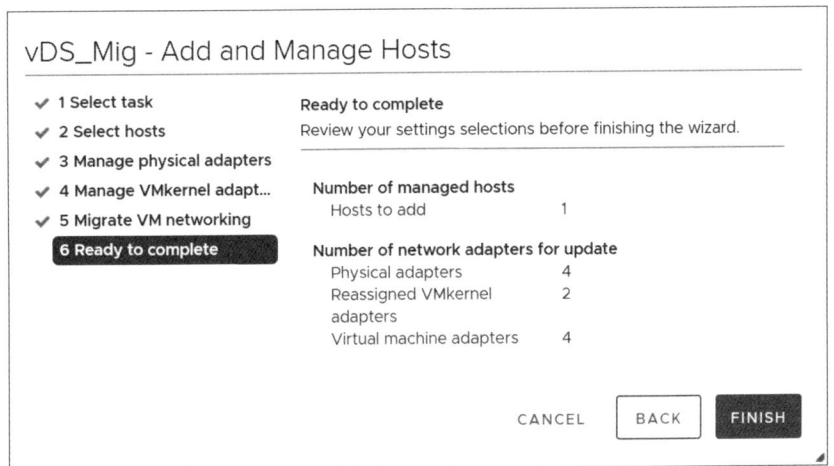

Abbildung 7.74 Zusammenfassung der Migrationseinstellungen

Die Migration wird so durchgeführt, dass es zu keinen Unterbrechungen kommt. Es kann durchaus ein »Ping« verloren gehen, weil die Konvergenz der physischen Netzwerkinfrastruktur kurzzeitig nicht gegeben ist. Ein Ping-Ausfall führt in der Regel nicht zu einem Kommunikationsverlust. Um definitiv sicherzugehen, dass keine Störungen im Produktivbetrieb entstehen, können Sie die Migration vorsichtshalber auf eine Randzeit legen.

Ist die Migration abgeschlossen, sind alle migrierten Elemente am vDS sichtbar (siehe Abbildung 7.75). In unserem Fall wurden zwei VMkernel, vier VMs und vier Netzwerkkarten migriert.

7   Das Netzwerk in VMware vSphere

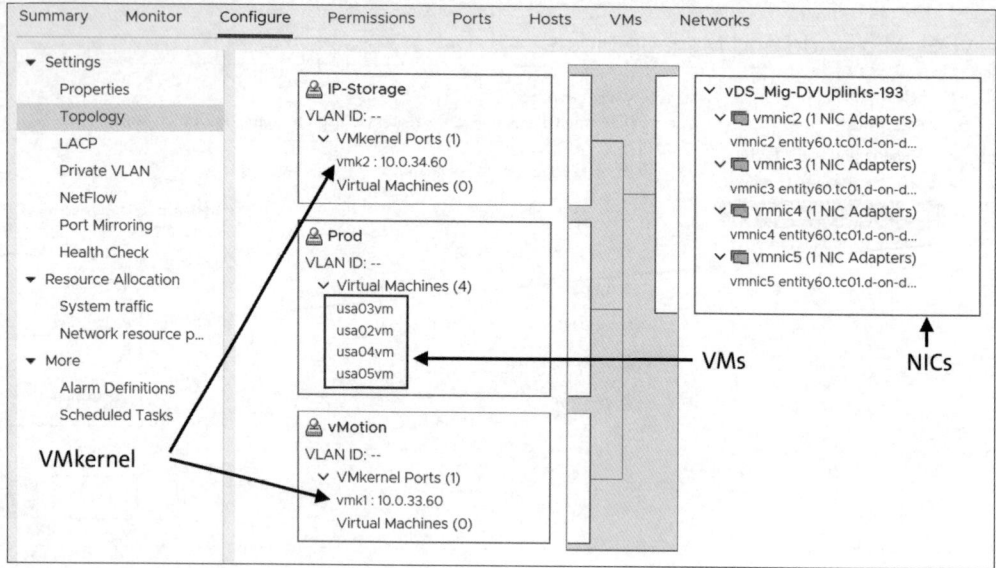

Abbildung 7.75 Endergebnis der Migration

Zum Abschluss der Migration können Sie noch die vSS entfernen, die nicht mehr gebraucht werden (siehe Abbildung 7.76). Dazu werden diese markiert ❶ und danach mit der Löschfunktion ❷ entfernt.

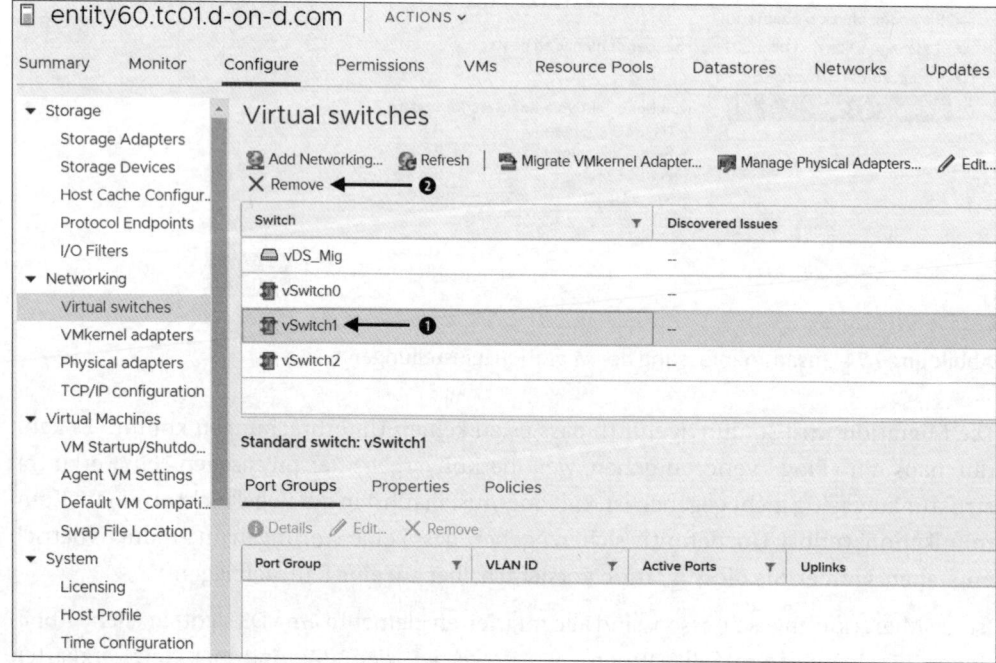

Abbildung 7.76 Entfernen der obsoleten vSS

Und hier noch zwei Überlegungen aus dem Bereich Troubleshooting:

1. **Was wäre, wenn etwas falsch migriert wurde?**
   Dies ist in den meisten Fällen kein gravierendes Problem, denn die Migrationstools arbeiten in beide Richtungen. Etwas mühsam wird es natürlich, wenn viele virtuelle Maschinen von einer Port Group auf eine falsche Port Group migriert wurden, an der schon viele korrekt verbundene virtuelle Maschinen existieren. In diesem Fall bleibt Ihnen nichts anderes übrig, als die falsch migrierten VMs zu identifizieren und zurückzuverschieben.

2. **Was wäre, wenn das Management-Netzwerk verloren ginge?**
   Es kann bei Fehlüberlegungen passieren, dass ein Management-Netzwerk ins Leere migriert wird. In diesem Fall können Sie den Anweisungen aus Abschnitt 7.8, »Management-Netzwerk – Reparaturfunktionen«, folgen.

7.8 Management-Netzwerk – Reparaturfunktionen

Das Management-Netzwerk ist für zwei Dinge sehr wichtig: erstens für die Verwaltung des Hosts und zweitens für den HA-Heartbeat. Ein Verlust des Management-Netzwerks würde dementsprechend in diesen Bereichen zu einem Problem führen.

Es gibt grundsätzlich zwei Möglichkeiten, das Management-Netzwerk zu betreiben: auf einem vSS oder auf einem vDS.

Ein Management-Netzwerk, das mit einem vSS implementiert wurde, bietet Unabhängigkeit gegenüber einem vCenter-Server. Ein vSS kann vollkommen über die Kommandozeile verwaltet werden. Über das DCUI (*Direct Console User Interface*) stehen Ihnen zudem Reparaturfunktionen zur Verfügung.

Wird ein Uplink entfernt, so kann mit der Funktion CONFIGURE MANAGMENT NETWORK • NETWORK ADAPTERS wieder ein Netzwerkadapter an den vSS *vSwitch0* angeschlossen werden (siehe Abbildung 7.77).

Alternativ können Sie auch die ESXi-Shell mit dem Kommando

`esxcfg-vswitch vSwitch0 -L vmnic0`

nutzen. Damit würde die *vmnic0* an den *vSwitch0* gebunden (`-L` steht für `link=pnic`, `-U` für `unlink=pnic`).

Die ESXi-Shell kann mit dem DCUI über TROUBLESHOOTING OPTIONS • ENABLE ESXI SHELL aktiviert werden. Mit [Alt] + [F1] schalten Sie in den Shell-Modus um, mit [Alt] + [F2] können Sie ihn beenden.

Wurde das komplette Netzwerk zerstört, so gibt es im DCUI ebenfalls Möglichkeiten, um dagegen anzugehen.

7 Das Netzwerk in VMware vSphere

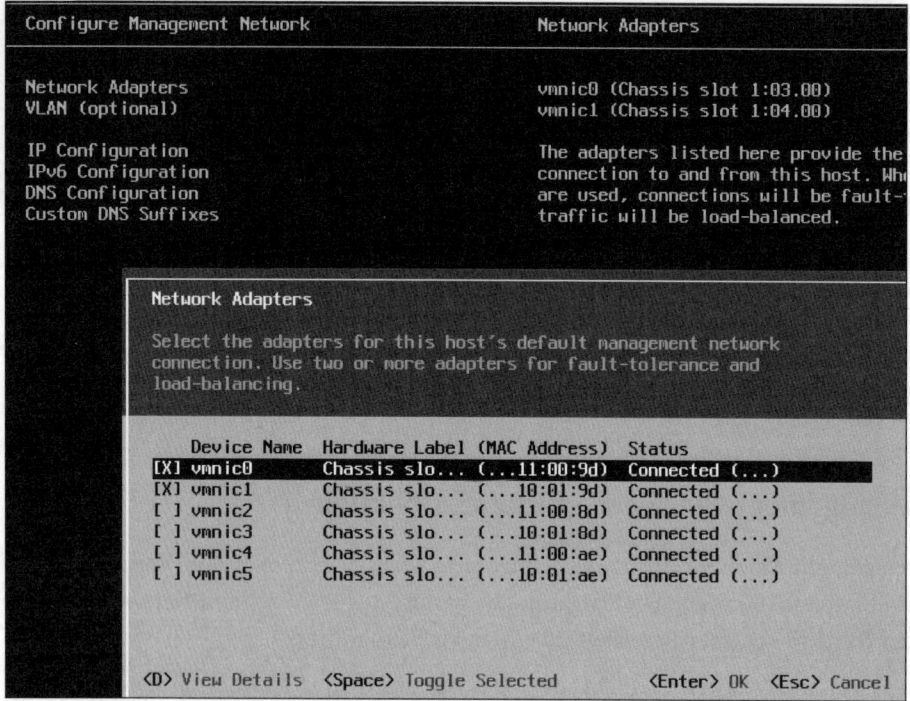

Abbildung 7.77 NICs an den »vSwitch0« binden

Im DCUI-Hauptmenü gibt es den Punkt NETWORK RESTORE OPTIONS (siehe Abbildung 7.78). Dieser umfasst drei Punkte:

1. RESTORE NETWORK SETTINGS
2. RESTORE STANDARD SWITCH
3. RESTORE VDS

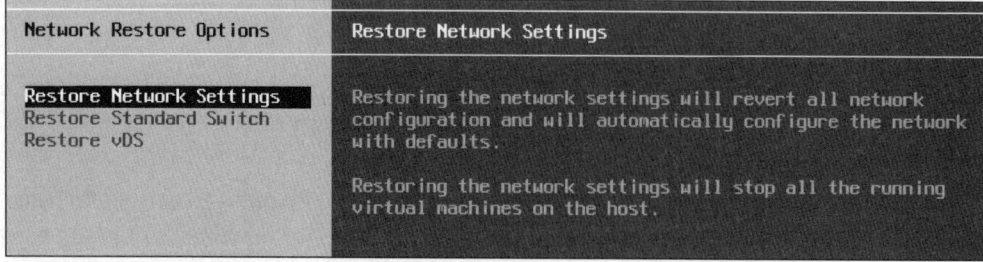

Abbildung 7.78 Netzwerkreparaturfunktionen

Je nach Situation kann einer dieser Punkte verwendet werden.

Da es für den vDS eingeschränktere Möglichkeiten mit der Kommandozeile gibt, wird gern ein Netzwerkdesign verwendet, das davon unabhängig macht. Dies kann realisiert werden, wenn das Management-Netzwerk nur mit einem vSS und alle anderen Funktionen mit dem vDS umgesetzt werden. Dies bedingt aber mindestens vier Netzwerkadapter.

Um vDS-Designs im Bereich Management-Netzwerk robuster zu machen, wurde mit vSphere 5.1 eine automatische Reparaturfunktion (*Network Rollback*) eingeführt. Diese ist standardmäßig eingeschaltet. Sie greift zum Beispiel, wenn die Migration des Management-VMkernels auf einen vDS ohne Netzwerkadapter erfolgt. In diesem Fall ist die Verbindung zum Host kurz unterbrochen, erscheint aber nach kurzer Zeit wieder (siehe Abbildung 7.79).

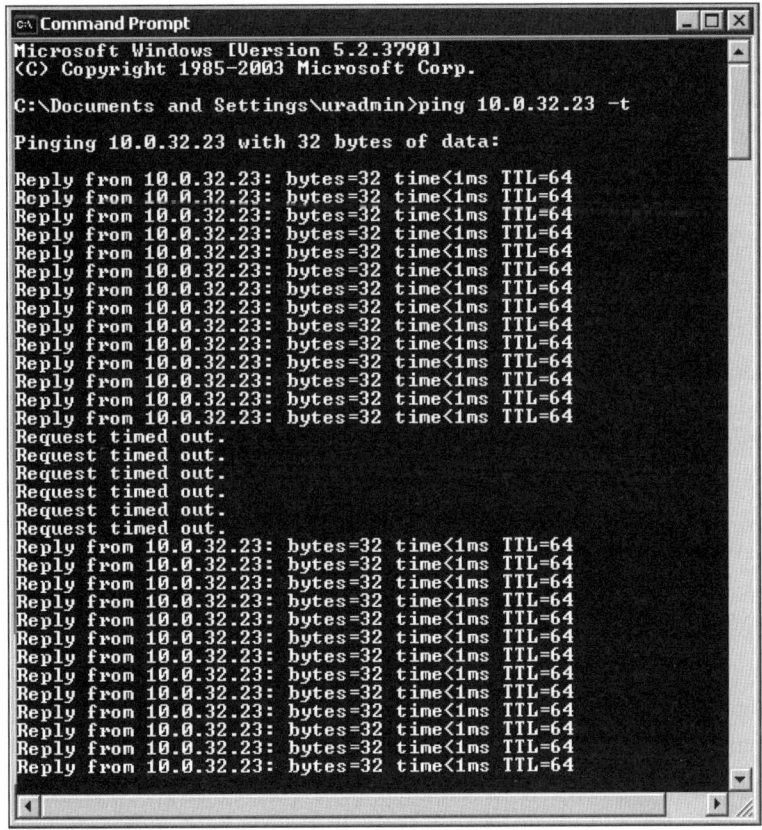

Abbildung 7.79 »Network Rollback« repariert den Host.

Diese Rollback-Funktion kann im vCenter-Server auch ausgeschaltet werden. In diesem Fall muss der ursprüngliche Wert true auf false gesetzt werden (siehe Abbildung 7.80).

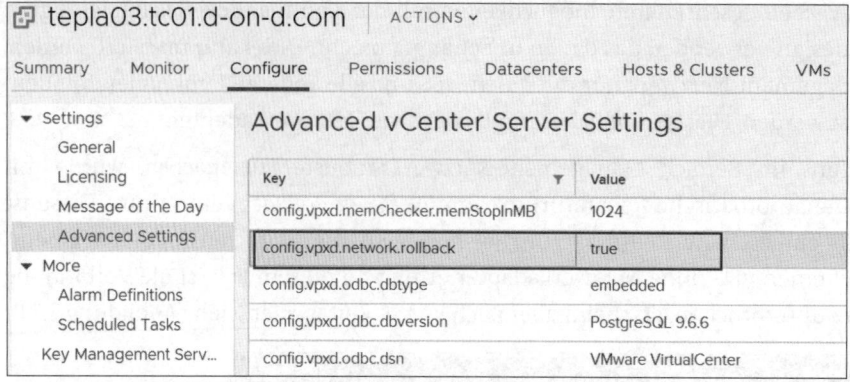

Abbildung 7.80 vCenter-Network-Rollback

7.9 Architektur-Beispiele

Die folgenden Abschnitte wurden von Sebastian Wischer und Dennis Zimmer erstellt.

7.9.1 Empfehlungen und Best Practices

Für die Umsetzung von Netzwerkkonzepten in der Praxis gibt es einige Empfehlungen und Anmerkungen. Diese sollen helfen, eine hohe Verfügbarkeit sowie ausreichende Performance und Sicherheit zu gewährleisten. Da die Anforderungen und Gegebenheiten aber sehr unterschiedlich sein können, ist es sehr schwer, einen Satz goldener Regeln zu entwerfen. Sie müssen die folgenden Empfehlungen und Anmerkungen also immer für Ihre eigene Umgebung einschätzen und eventuell auch anpassen.

Verwaltungsnetz – Service Console

Für die Verbindung der *Service Console* sind vor allem Verfügbarkeit und Sicherheit entscheidend. Die Performance im Verhältnis zu Netzen für die Storage- oder VM-Anbindung spielt eher eine geringere Rolle. Im Schnitt hat die Service Console eine Auslastung von ca. 100 Mbit/s. Dabei ist zu bedenken, dass dieser Durchschnitt sich aus sehr hohen Lastspitzen, aber auch aus längeren Zeitfenstern mit geringer Last errechnet. Eine Kombination mit anderen Netzen, zum Beispiel VMkernel, ist zu überlegen, aber generell nicht abzulehnen.

Aus Sicherheitsgründen sollte die Service Console in ein separates Verwaltungsnetzwerk eingebunden sein. Das kann bedeuten: physische Trennung oder Segmentierung mithilfe von VLANs. Letztere Lösung bietet dabei eine viel höhere Flexibilität im Design. Es sollte sichergestellt sein, dass die Service Console vom vCenter und den anderen ESXi-Hosts im Cluster erreichbar ist. Der Zugriff sollte aber nur für Administratoren möglich sein oder von Systemen aus, die den direkten Zugriff auch wirklich benötigen.

Die Verfügbarkeit der Service Console ist vor allem beim Einsatz eines VMware-HA-Clusters wichtig. Sofern die Service Console eines ESXi-Hosts nicht von den anderen Hosts erreicht werden kann, wird von einer Isolation oder gar einem Ausfall ausgegangen.

Daher sollten Sie beim Design überlegen, ob beim Ausfall eines Netzwerk-Ports im Server oder beim Ausfall eines Switchs die Verfügbarkeit gegeben ist. Sofern das *vCenter* die Service Console eines ESXi-Hosts nicht mehr erreicht, wird der Server als *disconnected* angezeigt. Die Verfügbarkeit der virtuellen Maschinen muss damit aber nicht direkt in Bezug stehen.

Die Service Console sollten Sie also immer in einem möglichst kleinen, abgeschlossenen Verwaltungsnetzwerk einbinden. Eine Verfügbarkeit muss auch beim Ausfall eines Netzwerkadapters oder Switchs gegeben sein. Eine Gigabit-Verbindung ist aus Sicht der Performance definitiv ausreichend.

NFS-Netz – VMkernel

Für die Anbindung eines NFS-Datastores ist sicher die Performance das größte Thema, gefolgt von der Verfügbarkeit und Sicherheit. Sofern die Verbindung zum NFS-Datastore nicht den Durchsatz ermöglicht, den die virtuellen Maschinen zum Lesen und Schreiben auf ihren virtuellen Disks benötigen, sind direkt mehrere Systeme betroffen.

In vielen Umgebungen reicht daher eine einfache Gigabit-Verbindung nicht aus. Es müssen mehrere Netzwerk-Ports im ESXi-Host aktiv verwendet werden. Das bedeutet: Abhängig von den externen Switches müssen Sie ein Teaming mit entsprechender Paketverteilung einrichten. Dabei ist es sinnvoll, auch eine Skalierbarkeit nach oben einzuplanen. Dies gewährleisten Sie durch frei bleibende Netzwerk-Ports im Server oder Switch.

Im Server lässt sich natürlich auch nachträglich ein freier Slot mit einem zusätzlichen Netzwerkadapter bestücken. vMotion ermöglicht dies zudem, ohne die Verfügbarkeit der virtuellen Maschinen zu beeinflussen.

Durch das Zusammenfassen von Ports erreichen Sie auch gleich eine ausreichende Verfügbarkeit der Netzwerk-Ports. Achten Sie jedoch darauf, Ports auf unterschiedlichen Adaptern zu kombinieren, sonst würde der Ausfall einer einzelnen Karte eine Trennung der Netze bedeuten. Sofern die externen Switches keinen Etherchannel über mehrere getrennte Systeme unterstützen, müssen Sie zusätzlich mit mindestens einem Standby-Port arbeiten.

Für ausreichend Sicherheit können Sie den NFS-Export nur für bestimmte Server freigeben. Zudem sorgt der Einsatz von VLANs wieder für eine gute Trennung des NFS-Netzes von zum Beispiel dem Verwaltungsnetzwerk. Natürlich können Sie auch auf physischer Ebene trennen. Der Einsatz separater Switches und Leitungen ist aber immer mit Kosten verbunden – nicht nur wegen des erhöhten Hardwarebedarfs, sondern auch aufgrund des Verwaltungsaufwands.

Für ein NFS-Netz sollten Sie demnach von Beginn an für eine gute Bandbreite mit Erweiterungsmöglichkeit sorgen. Die Verfügbarkeit gewährleisten Sie dadurch direkt mit; Sie müssen sie aber unbedingt überprüfen. Da ein Storage-Netz meist separiert ist – egal ob physisch oder per VLAN –, können Sie dadurch eine grundlegende Sicherheit schaffen. Optional erweitern Sie dies noch auf dem Storage-System durch gezielte Freigaben.

iSCSI-Netz – VMkernel

Für ein iSCSI-Netz gilt ziemlich das Gleiche in Bezug auf Performance, Verfügbarkeit und Sicherheit. Ein wesentlicher Unterschied: Sie können nicht nur Ports durch ein Teaming zusammenfassen, sondern auch *Multipathing* einsetzen. Erstellen Sie zum Beispiel zwei VMkernel-Ports für die iSCSI-Anbindung in unterschiedlichen Netzen auf dem ESXi und dem Storage-System, können Sie die Last mithilfe von Multipathing wie bei einer Fibre-Channel-Anbindung verteilen.

Die iSCSI-LUN wird einmal über das erste VMkernel-Netz in Netz A erkannt, ein weiteres Mal über den zweiten VMkernel-Port in Netz B. So können Sie zum Beispiel auf Etherchannels komplett verzichten. Selbst bei zwei getrennten physischen Switches, die keine systemübergreifenden Etherchannels unterstützen, erreichen Sie so aktiv über beide Switches mithilfe des Round-Robin-Verfahrens eine Lastverteilung.

Seit vSphere ist es übrigens nicht mehr notwendig, für eine iSCSI-Verbindung zu einem Datastore sowohl ein VMkernel- als auch ein Service-Console-Interface im Storage-Netzwerk zu haben.

Für die Anbindung von iSCSI- und NFS-Datastores auf einem NetApp-System empfiehlt sich ein Blick in den Technical Report 3749. Dieser enthält eine Menge Tipps und Tricks für die Optimierung des Storage-Netzwerks: *http://media.netapp.com/documents/tr-3749.pdf*

Für iSCSI-Netze muss eine gute Performance und Verfügbarkeit gewährleistet werden! Eine Erhöhung der Sicherheit erreichen Sie durch Separieren des Netzes und gezielte Zugriffssteuerung auf dem Storage-System. Der wesentliche Unterschied zum NFS-Netz ist, dass Sie mehr Möglichkeiten beim Zusammenfassen von Ports durch Multipathing-Technologie haben.

vMotion-Netzwerk – VMkernel

Bei vMotion-Netzwerken gilt als Erstes immer noch die Empfehlung, ein dediziertes Gigabit-Netzwerk zu verwenden. Fällt ein vMotion-Netz einmal aus, bedeutet das nicht einen direkten Ausfall der virtuellen Maschinen. Es nimmt Ihnen aber die Flexibilität, virtuelle Maschinen zu verschieben, um zum Beispiel eine defekte Netzwerkkarte auszutauschen.

Die Last auf einem vMotion-Netz ist vor allem hoch, wenn Sie viele virtuelle Maschinen verschieben müssen, zum Beispiel während eines Patch-Vorgangs mithilfe des Update Managers. Wie bei der Service Console gibt es also Spitzenzeiten mit hohen Anforderungen und Phasen, in denen kaum Last erzeugt wird.

Eine gute Konfiguration für ein vMotion-Netzwerk wären dedizierte Ports pro ESXi-Server, die vielleicht auf einen dedizierten unmanaged Switch zusammengeführt werden. Dieses wäre eine Möglichkeit, nicht zu kostenintensiv ein dediziertes physisches Netz aufzubauen. Natürlich erreichen Sie eine Trennung auch über VLANs, um nicht in einen zusätzlichen Switch investieren zu müssen.

Ein Ausbau auf mehrere Ports pro ESXi-Host oder gar 10-Gigabit-Ethernet beschleunigt den vMotion-Prozess erheblich! Die Verfügbarkeit wird durch einen weiteren Port erhöht, dieser ist aber kein Muss. Sofern es sich um ein dediziertes Netz zwischen den ESXi-Hosts oder ein definitiv abgeschottetes Netzwerk handelt, ist für ausreichend Sicherheit gesorgt.

Bei vMotion-Netzen müssen Sie in erster Linie immer gewährleisten, dass das Netz exklusiv für vMotion und nur für die notwendigen ESXi-Hosts zugänglich ist. Dadurch ist eine ausreichende Sicherheit gleich mit gegeben, und die Verfügbarkeit lässt sich durch mehr Ports und Switches erhöhen. Letzteres bietet damit auch gleich mehr Performance, ausgenommen bei Active/Standby-Konfigurationen.

Fault Tolerance – VMkernel

Für *Fault Tolerance* ist die Mindestanforderung ein 1-Gigabit-Netzwerk. VMware empfiehlt sogar ein 10-Gigabit-Netzwerk. Letzteres gilt sicher nur dann, wenn auch viele virtuelle Maschinen über Fault Tolerance abgesichert werden sollen. Die Belastung dieses Netzwerktyps hängt stark von der Auslastung der virtuellen Maschinen und – wie zuvor erwähnt – von der Anzahl abgesicherter Systeme ab. Im Gegensatz zu vMotion-Netzen sind enorme Lastspitzen und lange Phasen mit wenig Last eher die Ausnahme.

Für den Performance-Aspekt bietet es sich an, auch hier zukunftsorientiert zu denken. Fault Tolerance ist eine sehr neue Funktion mit aktuell noch vielen Einschränkungen, die sich aber hoffentlich in Zukunft verringern. Damit steigt voraussichtlich auch die Anzahl der virtuellen Maschinen, die über diese Funktion abgesichert werden. Freie Ports und Steckplätze für eine optionale Erweiterung und damit für eine Erhöhung des Durchsatzes sind auch hier sicher interessant.

Im Gegensatz zu vMotion ist die Verfügbarkeit dieses Netzwerktyps kritischer. Fällt ein Fault-Tolerance-Netzwerk aus, ist kein Schutz für die virtuellen Maschinen mehr gegeben.

Eine Trennung des Netzwerks von den anderen Netzen ist auch hier wieder sehr sinnvoll. Sie erhöht zudem die Sicherheit und reduziert die Systeme in diesem Netzwerk auf die Anzahl der ESXi-Hosts.

Ein Fault-Tolerance-Netzwerk stellt sehr hohe Anforderungen an die Performance, die unbedingt erfüllt werden sollten – in manchen Fällen sogar bis zu 10 Gbit. Eine Skalierung sollte möglich sein! Die Verfügbarkeit sollten Sie dabei nicht außer Acht lassen, und auch im Fehlerfall muss ausreichend Performance gegeben sein. Ansonsten gewährleistet Fault Tolerance keinen Schutz für die virtuellen Maschinen. Sicherheitstechnisch reduziert sich das Netz auch hier auf die ESXi-Hosts selbst, und es sollte in der Regel ein getrenntes Netz sein.

Virtual-Machine-Netzwerke

Netzwerke virtueller Maschinen sind sehr variabel. Hier müssen Sie also wirklich genau auf die eigene Umgebung und auf damit verbundene Anforderungen schauen. Handelt es sich um ein Produktivnetz mit hohen Durchsätzen und großen Anforderungen an Verfügbarkeit und Sicherheit? Oder ist es ein Testnetzwerk, das vielleicht auch einmal ausfallen darf und nicht die durchgehend hohen Durchsätze benötigt? Genauso kann es ein Netzwerk sein, über das Anwender sich auf virtuelle Desktops verbinden.

Grundsätzlich sollten Sie wie zuvor darauf schauen, welche Anforderungen es in Richtung Performance, Verfügbarkeit und Sicherheit gibt. In den meisten Fällen wird mit mindestens zwei Ports gearbeitet, um Ausfälle abzufangen.

Zur Sicherheit sollten Sie darauf achten, dass unterschiedliche Netze voneinander mithilfe von VLANs abgeschottet sind. Es gelten hier schon fast die gleichen Regeln wie bei der Anbindung physischer Server.

Eine häufige Frage während des Designs ist die Kombination unterschiedlicher Netze auf einem vSwitch. Dies lässt sich nach den Anforderungen von Performance und Verfügbarkeit gut einstufen. Die Sicherheit kann auf Basis von VLANs in den meisten Fällen außer Acht gelassen werden.

Wenn Sie Lösungen für Netze von virtuellen Maschinen konzeptionieren, sollten Sie immer möglichst viele Informationen zum Verhalten der Netze sammeln.

Bei mehreren Netzen sollten Sie die Kombination lastintensiver mit weniger lastintensiven Netzen in Erwägung ziehen. Weiterhin sollten Sie daran denken, einen vSwitch mit mehreren aktiven Ports zu erstellen. Die aktiven Ports können dann auf der Portgruppenebene für jede Portgruppe individuell in den Modus »aktiv«, »Standby« oder »nicht zu verwenden« umgeschaltet werden. So kann eine erste Portgruppe Uplink 1 und 2 aktiv sowie Uplink 3 als Standby verwenden. Die zweite Portgruppe könnte Uplink 3 und 4 aktiv, Uplink2 jedoch als Standby verwenden. Dadurch lässt sich noch genauer die Verteilung der Netzlast der einzelnen Portgruppen auf einem gemeinsamen vSwitch konfigurieren.

Server-Management-Karten

Die Vernetzung von Server-Management-Controllern (iLOM, iRMC …) kann auch – gerade beim Einsatz von DPM – für das Netzwerkdesign des ESXi-Hosts interessant werden.

Für die Anbindung der Server-Verwaltungsschnittstellen ist keine enorm performante Verbindung notwendig. Daher können Sie diesen Aspekt getrost vernachlässigen. Verfügbarkeit ist gerade im Fehlerfall sehr wichtig. Fällt zum Beispiel die Verbindung zur Service Console aus, kann dies die letzte Möglichkeit sein, irgendwie den Server zum Beispiel per Remote-KVM zu verwalten – oder einfach, um einen Server-Status zu bekommen: eingeschaltet oder ausgeschaltet?

Da aber über diese Verbindung unter anderem auch Server ein- und ausgeschaltet werden können, sollte die Sicherheit eine große Rolle spielen.

Kurzum: Es gilt das Gleiche wie für die Service Console. Es handelt sich um eine Verwaltungsschnittstelle, die leider häufig in Konzepten vergessen wird!

7.9.2 Beispiel auf Basis verfügbarer Ports im Server

Es ist nicht einfach, eine optimale Konfiguration seines Netzwerks zu finden. Die folgenden drei Beispiele sollen Ihnen helfen, eine Vorstellung davon zu bekommen, wie eine mögliche Konfiguration aussehen könnte. Für die eigene Umgebung sollten Sie aber zwingend zunächst die Bedingungen und den Bedarf ermitteln, bevor Sie eines dieser Beispiele übernehmen. Vor allem sind in den meisten Fällen Anpassungen nötig, und gegebenenfalls brauchen Sie sogar eine bessere Konfiguration.

Für die Beispiele sind wir davon ausgegangen, dass VLANs eingesetzt werden. Geben wir in den folgenden Beispielen für eine Port Group keinen Uplink mit A für »aktiv« oder S für »Standby« an, wird dieser nicht für die Portgruppe verwendet und muss also auch als nicht zu verwenden in der Port Group konfiguriert werden.

Grundlegend gilt natürlich: Je mehr Ports zur Verfügung stehen, umso mehr Konfigurationen sind möglich, und Sie können wesentlich besser optimieren.

Wir haben auch immer nur einen Standby-Adapter konfiguriert, da beim Ausfall eines Ports immer nur ein Standby-Adapter aktiviert wird. Es gibt keine Möglichkeit, Uplink-Portgruppen zu definieren. Haben Sie also zwei aktive Uplinks auf *Switch0* und zwei Standby-Adapter auf *Switch1* verbunden, kann es beim Ausfall nur eines aktiven Adapters dazu kommen, dass die Performance sinkt, da ein Etherchannel/LACP auf *Switch1* und einer auf *Switch0* konfiguriert wurde. Der ESXi-Server wird daher nicht auch noch den zweiten Uplink umschalten. Fällt auch der zweite Link aus oder der komplette Switch, würden beide Standby-Uplinks aktiviert und komplett auf den anderen Switch umgeschaltet.

7.9.3 Beispiel 1 – ESXi-Hosts mit zwei Netzwerk-Ports

Die wohl kleinste sinnvolle Konfiguration sind zwei Ports in einem ESXi-Server (siehe Abbildung 7.81). Theoretisch könnten Sie auch mit nur einem Port arbeiten. Dabei dürfen Sie aber keine Verfügbarkeit oder hohe Performance erwarten.

Bei der Aufteilung der Ports an die unterschiedlichen Portgruppen wurde versucht, eine möglichst gleiche Auslastung der Ports bei ausreichender Verfügbarkeit zu erhalten.

Im normalen Zustand werden über *vmnic1* die Service Console, *VMkernel_iSCSI1* und ein Teil des Virtual-Machine-Netzwerks kommunizieren, über *vmnic2* der *VMkernel_iSCSI2*, vMotion und der andere Teil des Virtual-Machine-Netzwerks.

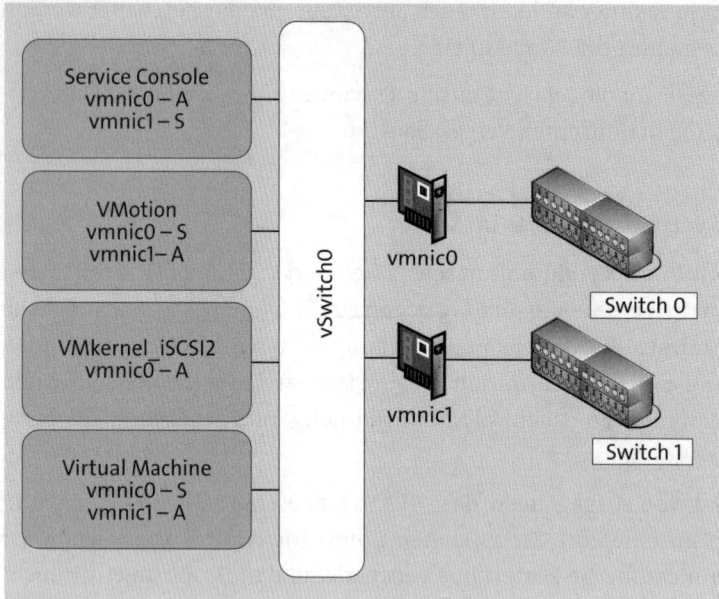

Abbildung 7.81 Beispielkonfiguration mit zwei Uplink-Ports

Die Aufteilung des Virtual-Machine-Netzwerks auf beide Uplinks ist nur möglich, sofern ein Switch-übergreifender Etherchannel unterstützt wird oder mit einer Paketverteilung auf Basis der Source-MAC-Adresse oder des vSwitch-Ports eingerichtet ist.

Für die Anbindung eines iSCSI-Datastores wurden zwei VMkernel-Netze zum Storage gewählt. Eine Verteilung der Last erfolgt durch das Multipathing des ESXi-Servers. Dabei wurde für jeden VMkernel ein anderer Uplink festgelegt. Warum verwenden wir iSCSI als Beispiel? Bei einer Zwei-Port-Konfiguration handelt es sich meist um eine günstige Lösung, und sie ist daher meist in Verbindung mit iSCSI-Storage zu finden.

Die Service Console und vMotion sind auf unterschiedlichen Uplinks, der zweite Uplink ist aber jeweils als Standby-Adapter für den Fehlerfall konfiguriert.

7.9.4 Beispiel 2 – ESXi-Hosts mit vier Netzwerk-Ports

Im Vergleich zu dem Beispiel mit zwei Ports arbeiten wir in diesem Beispiel mit NFS (siehe Abbildung 7.82). Um NFS nutzen zu können, müssen Sie immer im Netzwerk für Performance und Verfügbarkeit sorgen. Sie können kein Host-Multipathing verwenden.

Aus Sicht der Uplinks sind *vmnic0* und *vmnic1* mit *Switch0* verbunden. Über diese Ports wird der VMkernel verbunden. Um einen Switch-Ausfall abzufangen, konfigurieren wir noch *vmnic2* als Standby.

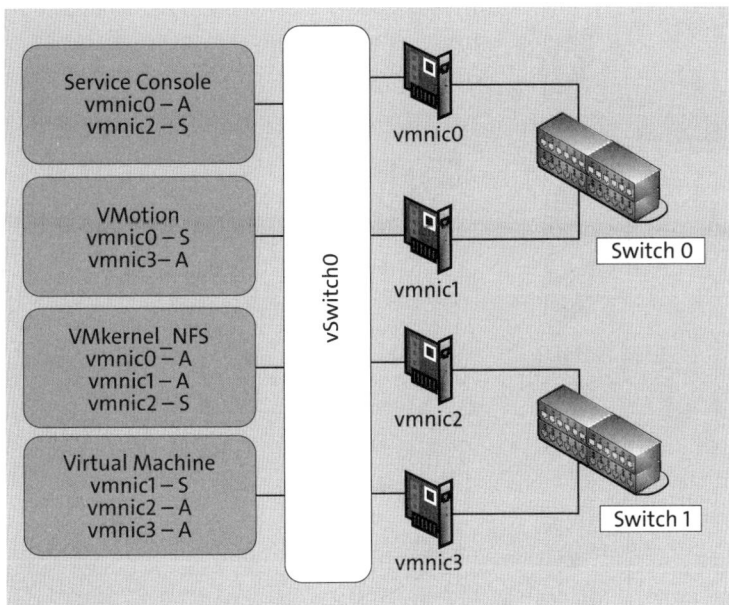

Abbildung 7.82 Beispielkonfiguration mit vier Uplink-Ports

Die Service Console ist mit *vmnic0* verbunden und für den Ausfall des Ports oder Switches zusätzlich über *vmnic2* als Standby-Adapter abgesichert.

Über *Switch1* kommunizieren *vmnic2* und *vmnic3*. Das Virtual-Machine-Netzwerk verwendet diese beiden Ports aktiv und ist über *vmnic1* gegen den Ausfall von *Switch1* abgesichert.

Das vMotion-Netzwerk ist im Normalzustand über *vmnic2* verbunden und beim Ausfall des Ports oder Switchs mit *vmnic0* als Standby-Adapter konfiguriert.

Für Netzwerke mit mehr als einem aktiven Port muss eine Paketverteilung eingerichtet werden, die wie bei der Zwei-Port-Konfiguration von den externen Switches abhängig ist. Bei einem Switch-übergreifenden Etherchannel muss IP-Hash oder LACP eingestellt werden, ansonsten muss entweder die MAC-Source-Adresse oder die *Originating Port-ID* als Verfahren zur Paketverteilung ausgewählt werden.

7.9.5 Beispiel 3 – ESXi-Hosts mit sechs Netzwerk-Ports

Für die Sechs-Port-Konfiguration haben wir das vorherige Beispiel um wesentliche Best-Practice-Empfehlungen erweitert. So stehen pro Netzwerk im Normalfall dedizierte Ports zur Verfügung (siehe Abbildung 7.83). Beim Ausfall eines Ports oder Switchs kann es aber auch wieder dazu kommen, dass zwei Netzwerke über einen Port verbunden sind. Bei der Einstellung der Paketverteilung gilt das Gleiche wie in den beiden Beispielen zuvor.

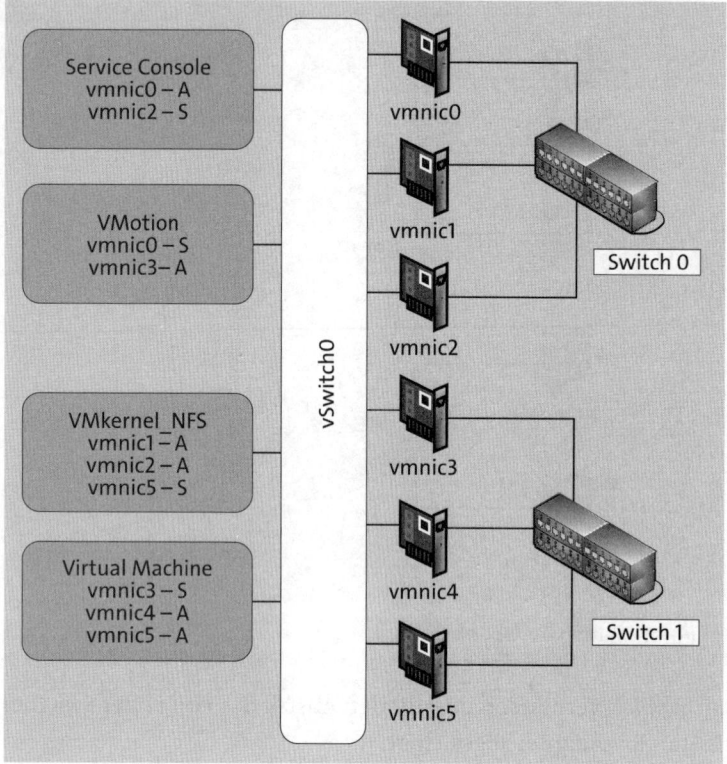

Abbildung 7.83 Beispielkonfiguration mit sechs Uplink-Ports

Natürlich ist es auch möglich, eine Konfiguration mit mehr als einem vSwitch zu erstellen. Die bisherigen Empfehlungen gelten dabei genauso. Eine Konfiguration mit mehr als einem vSwitch kann helfen, eine klare Funktionsabgrenzung zu haben und Konfigurationen nicht zu komplex werden zu lassen. In diesem Beispiel wurden so das VMkernel- und das Virtual-Machine-Netzwerk getrennt. Der Netzwerkverkehr für NFS-Datastores wird über *vmnic1* und *vmnic2* verteilt, die beide mit *Switch0* verbunden sind.

Die virtuellen Maschinen sind im Normalfall über *vmnic4* und *vmnic5* angebunden. Sollte ein Link oder Switch ausfallen, können beide Portgruppen auf einen Standby-Adapter zurückgreifen, der mit dem jeweils anderen physischen Switch verbunden ist. Damit diese Konfiguration bei Ausfall nur eines Ports ordnungsgemäß funktioniert, müssen Sie entweder mit der Paketverteilung auf Basis der Source-MAC-Adresse oder der Originating Port-ID arbeiten. Alternativ – sofern die physischen Switches einen übergreifenden Channel unterstützen – nutzen Sie IP-Hash.

Für die Service Console wurde wieder *vmnic0* im Normalfall exklusiv reserviert. vMotion auf dem zweiten vSwitch arbeitet über *vmnic3*. Beiden Portgruppen haben wir wieder einen Standby-Port zugewiesen. Der Ausfall eines Ports oder Switchs ist damit berücksichtigt.

Für eventuelle Tests haben wir einen internen vSwitch für virtuelle Maschinen eingerichtet (siehe Abbildung 7.84). In manchen Umgebungen wird ein solcher vSwitch ohne externen Uplink auch für den Aufbau einer DMZ-Umgebung genutzt. Wichtig ist aber, die Einschränkungen der angebundenen virtuellen Maschinen für vMotion zu berücksichtigen.

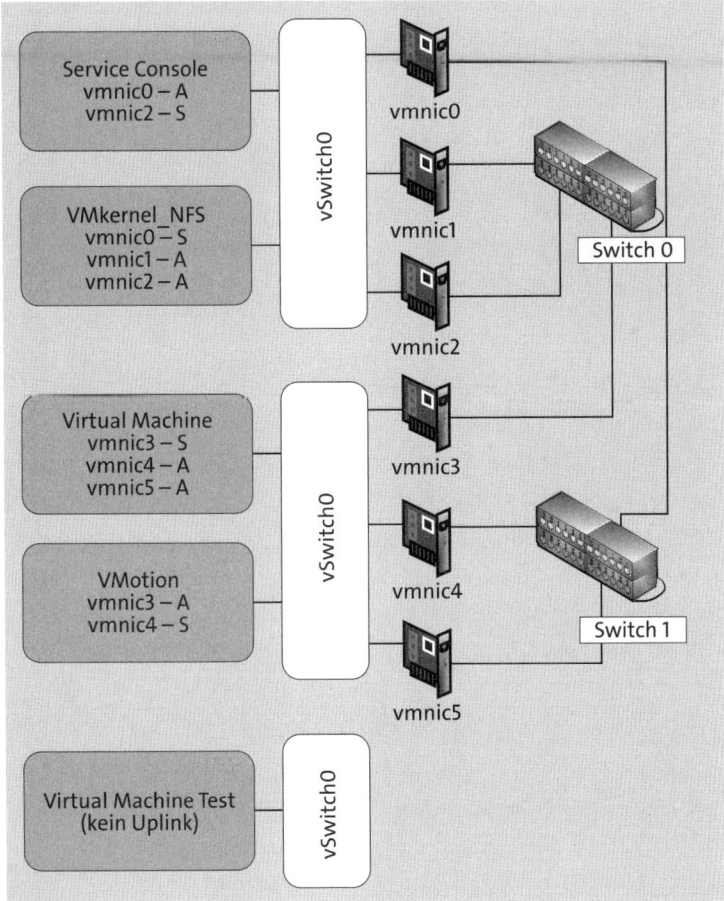

Abbildung 7.84 Eine weitere Beispielkonfiguration mit sechs Uplink-Ports

Kapitel 8
Netzwerkvirtualisierung mit VMware NSX Data Center for vSphere (NSX-V)

VMwares Software-Defined-Networking-Plattform und Netzwerkhypervisor »VMware NSX Data Center for vSphere«, kurz NSX-V, erweitert vSphere um mächtige Funktionen für logisches Switching, Routing und Netzwerksicherheit auf den OSI-Schichten 2 bis 7. Dieses Kapitel erläutert die Grundlagen und die Architektur von NSX-V und führt Sie durch dessen Installation und die erste Inbetriebnahme.

Autor dieses Kapitels ist Dr. Jens-Henrik Söldner, Professor für Wirtschaftsinformatik und IT-Sicherheit an der Hochschule Ansbach sowie Geschäftsführer der Söldner Consult GmbH
jens.soeldner@soeldner-consult.de

Schon seit den ersten Generationen der VMware-Produkte ist der einfache Zugriff auf logische Teilnetze (VLANs) innerhalb von Switches und physischen Netzwerken möglich. Seit der Einführung des Distributed Switchs in vSphere 4.0 ist auch die zentrale Verwaltung von virtuellen Switches über das vCenter möglich. Nachfolgende vSphere-Versionen haben dann die Funktionalität der Distributed Switches Zug um Zug erweitert. Allerdings bleiben die Netzwerkfunktionen von vSphere unabhängig vom verwendeten vSwitch – Standard oder Distributed – auf OSI-Layer-2-Funktionen beschränkt. Für das Routing zwischen VLANs und Netzwerken wird herkömmlicherweise auf physische Layer-3-Switches zurückgegriffen, für Load-Balancing, VPN und Firewall-Funktionen zumeist auf physische Appliances, die meist recht kostenintensiv in Anschaffung und Betrieb sind.

Diese Situation ändert sich grundlegend, wenn *VMware NSX Data Center for vSphere* (NSX-V) zum Einsatz kommt. NSX-V kann als Hypervisor für das Netzwerk betrachtet werden, da es – ähnlich wie vSphere von der zugrunde liegenden Hardware abstrahiert: Welche Netzwerkhersteller für die Bereitstellung des physischen Netzwerks zum Einsatz kommen, ist für den Einsatz von NSX-V letztlich egal. Die verbreitetere Bezeichnung für diese Technik ist *Software-Defined Networking* (SDN), eine aktuelle Herangehensweise zum Entkoppeln der *Control Plane* und der *Data Plane* von Netzwerkgeräten. Genau nach diesem Ansatz der Trennung und Abstraktion von Netzwerkfunktionalitäten und ihrer Bereitstellung in Software arbeitet NSX-V. Für die Bereitstellung eines echten Software-Defined Datacenters (SDDC) ist NSX-V eine ganz wesentliche Komponente.

8 Netzwerkvirtualisierung mit VMware NSX Data Center for vSphere (NSX-V)

8.1 VMware NSX-V im Überblick

Durch VMwares Netzwerkhypervisor NSX-V erhält vSphere mächtige Zusatzfunktionen auf der OSI-Schicht 2: NSX-V ermöglicht logische Netzwerke durch das Overlay-Protokoll VXLAN, kann dank Layer-3-Routingfunktionen im ESXi-Kernel und in virtuellen Appliances (*Edge Service Gateway*, kurz *ESG* oder *NSX-Edge* genannt) zwischen VXLAN-Netzwerken routen und zusätzlich Firewall-, VPN- und Load-Balancing-Funktionen bereitstellen. Für all diese Aufgaben wären herkömmlicherweise physische Netzwerkgeräte wie Layer-3-Switches, Router oder spezialisierte Appliances notwendig gewesen.

NSX-V ermöglicht es nun, all diese Funktionen innerhalb der vSphere-Umgebung in Software bereitzustellen – entweder direkt durch Kernel-Funktionen oder durch die *Edge Service Gateway*-Appliances, also in virtuellen Maschinen. Seine Funktionsweise ähnelt der eines herkömmlichen Hypervisors wie VMwares vSphere, der von der physischen Hardware abstrahiert und eine logische Umgebung bereitstellt, die es erlaubt, virtuelle Maschinen zu erzeugen, zu ändern, deren Zustand mit Snapshots festzuhalten, zu löschen und wiederherzustellen. So kann NSX-V als Netzwerkhypervisor in Software erzeugte virtuelle Netzwerke, Router und weitere Netzwerkfunktionen *programmatisch*, also skriptgesteuert, erzeugen, verändern, löschen und wiederherstellen (siehe Abbildung 8.1).

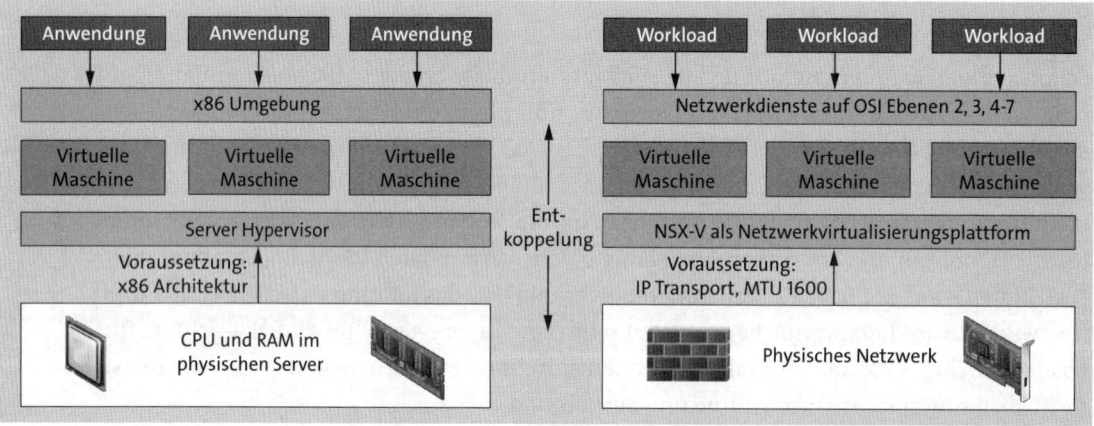

Abbildung 8.1 NSX-V (rechts) agiert als Netzwerkhypervisor und abstrahiert vom physischen Netzwerk, ähnlich wie vSphere als Hypervisor von der physischen Serverhardware abstrahiert.

Der große Vorteil dieser neuen Herangehensweise ist es, dass die am häufigsten benötigten Netzwerkfunktionen ohne langwierige Interaktion mit dem Netzwerkteam nun programmatisch (über eine moderne REST-API) bei Bedarf erzeugt, verwendet und auch wieder verworfen werden können. Dies erfolgt je nach Netzwerkdienst innerhalb von Sekunden bis maximal wenigen Minuten – eine unabdingbare Funktion für jede automatisierte *Private Cloud*, die mit Produkten wie *VMware Integrated OpenStack* (*VIO*), *VMware vCloud Director* (*vCD*), *VMware vRealize Automation* (*vRA*) oder im Eigenbau mit dem *VMware vRealize*

Orchestrator (vRO) oder Produkten anderer Hersteller wie *MorpheusData* realisiert werden kann.

Der Netzwerkhypervisor abstrahiert dabei die Netzwerke von einem zugrunde liegenden physischen Netzwerk (siehe Abbildung 8.1). NSX-V stellt dabei an das physische Netzwerk keine speziellen Anforderungen. Prinzipiell ist jedes IP-basierte Netzwerk geeignet, wenn es die notwendige Qualität, Dienstegüte und die benötigte Bandbreite liefern kann. Aus technischen Gründen muss lediglich im physischen Netzwerk die *Maximum Transfer Unit* (MTU) auf 1600 Byte hochgesetzt werden, was eine harmlose und unkomplizierte Änderung darstellt. Dies ist auch nur dann notwendig, wenn das Overlay-Protokoll VXLAN zum Einsatz kommen soll. Wenn lediglich die Distributed Firewall oder die *NSX-V Edge Service Gateways* verwendet werden, ist eine Anpassung der MTU nicht nötig.

Dank der Netzwerkvirtualisierung kann NSX-V als Netzwerkhypervisor sämtliche Netzwerkfunktionen von OSI-Schicht 2 bis 7 in Software nachbilden – das umfasst Switching, Routing, Zugriffskontrolle, Load-Balancing, Firewalling bis hin zu *Quality of Service* (QoS).

Die Konfiguration von NSX-V erfolgt dabei entweder manuell über den vSphere Web Client, den neuen HTML5-Client oder über den direkten Aufruf der REST-API. Die REST-API kann dabei entweder direkt angesprochen werden oder indirekt über Werkzeuge wie *VMware vRealize Orchestrator* oder durch Cloud-Management-Plattformen wie *VMware Integrated OpenStack* (VIO) konsumiert werden.

> **Was ist eine REST-API?**
> REST (*Representational State Transfer*) steht für einen modernen Architekturstil bzw. ein modernes Programmierparadigma, um APIs über Webservices einfach zugänglich zu machen. REST stellt eine deutlich einfachere Alternative zu älteren Verfahren wie SOAP (*Simple Object Access Protocol*) dar, das für den Zugriff auf die klassische vSphere-API verwendet wird.
>
> Alle NSX-Funktionen sind über die REST-API zugänglich. Der *NSX Manager* stellt die hierzu notwendigen Schnittstellen bereit. Die genauen Details der REST-API von NSX-V sind im »NSX API Guide« beschrieben, der von VMware als Teil NSX-V-Dokumentation bereitgestellt wird. Sie finden das PDF unter:
>
> *https://pubs.vmware.com/NSX-6/topic/com.vmware.ICbase/PDF/nsx_604_api.pdf*

Für Troubleshooting-Zwecke steht zusätzlich noch ein Kommandozeileninterface (CLI) bereit, das aber – anders als bei vielen Netzwerkgeräten – nicht für die Konfiguration von NSX-V zum Einsatz kommt.

8.1.1 Funktionalitäten von NSX-V im Überblick

NSX-V bietet folgende Funktionen:

- Logisches Switching (mittels des Overlay-Protokolls *VXLAN*)
- Logisches Routing in zwei Varianten: *Distributed Logical Router* für das High-Perfomance-Routing von logischen VXLAN-Netzwerken, realisiert durch Kernelfunktionen innerhalb der VMware-NSX-V-Umgebung (*East-West-Traffic*), sowie Routing mittels *Edge Service Gateways*, realisiert durch virtuelle Maschinen für das Routing in die Außenwelt (*North-South-Traffic*)
- Bridging von VXLAN- und VLAN-Netzwerken durch den *Distributed Logical Router* oder spezielle, mit NSX kompatible Hardware-Switches mit Hardware-VTEP-Funktionalität
- Firewalling in zwei Varianten: Die Distributed-Firewall realisiert den High-Performance-Firewall-Schutz von virtuellen Maschinen durch ein Einfügen der Firewall in die Kommunikation zwischen der virtuellen Netzwerkkarte und dem virtuellen Switch (unabhängig von der Art des virtuellen Switches). Dies geschieht mithilfe eines Kernel-Moduls sowie mit einer Firewall innerhalb der *Edge Service Gateways*, die als virtuelle Maschinen bereitgestellt werden. Zusätzlich können virtualisierte Next-Generation-Firewalls von Herstellern wie Palo Alto Networks, Check Point oder Fortinet mit NSX-V integriert werden.
- Load-Balancing, bereitgestellt als Funktion der Edge Service Gateways
- DHCP-Server in den Edge Service Gateways
- *Network Address Translation* (NAT) durch die Edge Service Gateways
- VPN in drei Varianten (*Layer 3 IPSec VPN*, *Layer 2 VPN*, *SSLVPN*) in den Edge Service Gateways
- GUI als Plug-in im vSphere Web Client (FLEX) und dem neuen HTML5-Client
- Die komplette Konfiguration kann über eine REST-API programmiert werden.
- Kommandozeile (CLI) für die Fehlersuche und Überprüfung der Konfiguration

8.1.2 Lizenzierung

Sie müssen neben vSphere eine separate NSX-V-Lizenz erwerben. Seit NSX 6.4.1 vertreibt VMware die Lizenzen von NSX-V als *NSX Data Center Standard*, *Professional*, *Advanced*, *Enterprise Plus* und *Remote Office Branch Office*. Das VMware-Knowledge-Base-Dokument 2145269 gibt nähere Auskunft über die unterschiedlichen Lizenzvarianten und die darin beinhalteten Funktionen (*https://kb.vmware.com/s/article/2145269*).

8.2 Exkurs: Das VXLAN-Protokoll

Da die Switching-Funktionalität von NSX-V auf dem Overlay-Protokoll VXLAN (*Virtual Extensible LAN*) beruht, ist ein kurzer Exkurs über das VXLAN-Protokoll zum weiteren Verständnis notwendig.

NSX-V beinhaltet neben der Switching- und Routing-Funktion auch weitgehende Mechanismen zur Absicherung von virtuellen Maschinen in vSphere-Umgebungen, allen voran die *Distributed Firewall* (DFW), die in ihrer Funktion völlig unabhängig von der Verwendung von VXLAN ist.

Die Switching- und Routing-Funktionen von NSX-V ergeben aber vor allem im Zusammenhang mit logischen (d. h. mit dem VXLAN-Overlay-Protokoll implementierten) Netzwerken Sinn, wie sie typischerweise in Automatisierungs- und DevOps-Projekten benötigt werden.

8.2.1 Was ist VXLAN und warum wird es benötigt?

Bei VXLAN handelt es sich um eine Technik zur Virtualisierung von Netzwerken. Mit VXLAN können Sie bestehende Limitierungen überwinden, die bei der (automatisierten) Bereitstellung von vielen Netzwerken in großen Umgebungen auftreten, z. B. im Service-Provider-Umfeld oder beim Cloud-Computing. Zu diesen Limitierungen gehören:

- die eingeschränkte Automatisierbarkeit von Netzwerkgeräten wie Switches, wie sie insbesondere zu dem Zeitpunkt bestand, als VXLAN erfunden wurde
- Probleme in sehr großen Umgebungen mit dem *Spanning Tree Protocol* (*STP*) und der maximalen Anzahl von 4094 nutzbaren VLANs
- Herausforderungen in der Verwaltung von Netzwerken in mandantenfähigen (Multi Tenancy)-Umgebungen
- Schwierigkeiten bei der Bereitstellung von *Stretched-Layer-2*-Umgebungen
- unzureichende MAC-Adresstabellen in Top-of-Rack-Switches in großen Umgebungen

Nähere Informationen zu den Herausforderungen, die das VXLAN-Protokoll überwindet, finden Sie in der aktuellen einschlägigen Literatur zur Netzwerktechnologie und im RFC-Dokument zu VXLAN, online abrufbar unter *https://tools.ietf.org/html/rfc7348*.

8.2.2 Die Grundidee von VXLAN

Bei VXLAN handelt es sich um ein sogenanntes *Overlay-Protokoll*, bei dem softwareseitig nahezu beliebig viele separate Netzwerke (oder Broadcast-Domains) in ein einziges, physisch vorhandenes Transportnetzwerk gekapselt werden. Das Transportnetzwerk ist meist als VLAN realisiert.

Dazu werden die Ethernet-Frames, wie sie z. B. von virtuellen Maschinen auf der OSI-Schicht 2 erzeugt werden, in ihrer Gesamtheit in ein neues Paket gekapselt, das wiederum mit Headern der OSI-Schichten 2 bis 4 versehen wird. Direkt vor den ursprünglichen Ethernet-Frame wird ein VXLAN-Protokollvorspann (Header) hinzugefügt, der unter anderem ein Feld mit einer Größe von 24 Bit für die VXLAN-Netzwerk-ID vorsieht. Mit diesen 24 Bit sind theoretisch 16.277.216 unterschiedliche VXLAN-Netzwerke abbildbar.

Als Transportprotokoll (auf OSI-Schicht 4) wird UDP verwendet, um das Verhalten von physischen Switches weitestgehend nachzubilden. UDP ist verbindungslos und unzuverlässig – die gleichen Eigenschaften, die ein Switch auch aufweist. Zudem wäre eine verschachtelte Kapselung von TCP-Daten (im inneren Ethernet-Frame) in einen äußeren Ethernet-Frame aufgrund der Eigenschaften des TCP-Protokolls alles andere als ratsam.

In der Netzwerk-Schicht (OSI-Schicht 3) wird die in UDP-gekapselte VXLAN-Nachricht mit äußeren IP-Adressen versehen. Diese IP-Adressen stehen für den sendenden und den empfangenden ESXi-Host, und zwar für einen bestimmten VMkernel-Adapter, den sogenannten VTEP (*VXLAN Tunnel Endpoint*).

Schließlich wird das Paket in einen äußeren Ethernet-Frame gekapselt. Die dort verwendeten MAC-Adressen entsprechen den MAC-Adressen der sendenden und empfangenden ESXi-Hosts bzw. den MAC-Adressen von Routern, da VXLAN-Pakete dank der Verwendung von IP als Netzwerkprotokoll routbar sind.

Da bei der Kapselung von Ethernet-Frames in VXLAN einiges an äußeren Headern hinzugefügt wird, muss natürlich die maximale Übertragungsgröße (*Maximum Transmission Unit*, MTU) in den physischen Switches, die zur Übertragung verwendet werden, erhöht werden. Die Größe eines normalen Ethernet-Frames liegt bei rund 1500 Bytes, VMware empfiehlt eine angepasste MTU von 1600 Bytes, um die zusätzlichen Protokoll-Header ohne Probleme und mit Sicherheitsabstand unterbringen zu können.

In Abbildung 8.2 ist anschaulich dargestellt, wie die Layer-2-Netzwerke von virtuellen Maschinen (d. h. der *Inner Ethernet Frame*) mittels VXLAN in UDP und IP gekapselt werden.

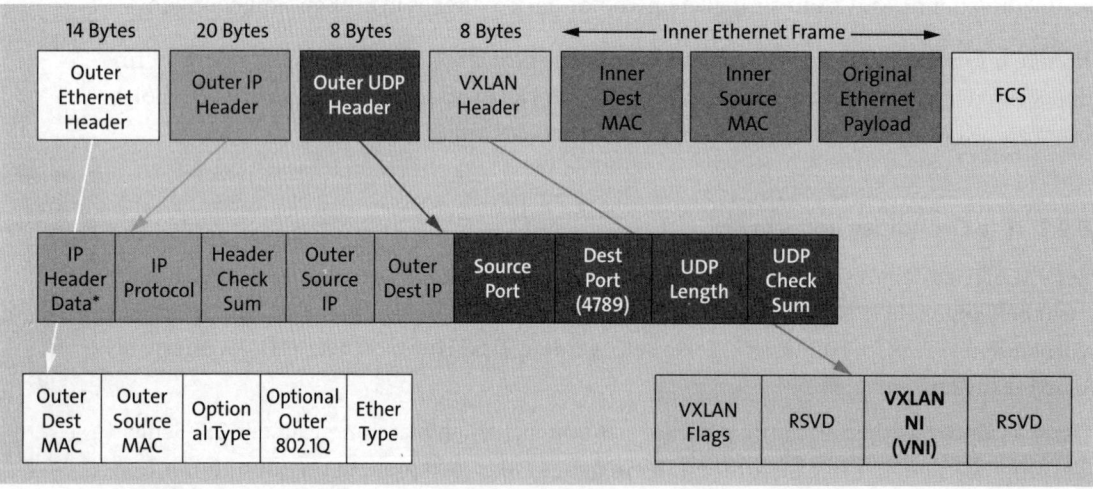

Abbildung 8.2 Die Header, die notwendig sind, um einen Ethernet-Frame einer virtuellen Maschine zu kapseln (VXLAN, äußerer UDP-Header, äußerer IP-Header und äußerer Ethernet-Header), fügen rund 50 Bytes zum gekapselten Ethernet-Frame hinzu.

Die Verwendung von VXLAN bringt viele Vorteile mit sich:

- Die Konfiguration und Komplexität des physischen Netzwerks kann stark vereinfacht werden. Da VXLAN-Netzwerke »in Software« erzeugt werden (in den ESXi-Hosts) und nicht als konfigurierbares Objekt auf einem physischen Switch, sinkt die Anzahl der benötigten und zu verwaltenden VLANs stark. Dies ist unter anderem auch für die Performance des *Spanning Tree Protocol* (STP) sehr vorteilhaft: Nun müssen viel weniger VLANs verwaltet werden, da der physische Switch weniger CPU-Zeit für das Spanning Tree Protocol aufwenden muss.
- Alle logischen VXLAN-Netzwerke können in einem einzigen VLAN übertragen werden, das bei Bedarf gegebenenfalls noch geroutet werden kann, da VXLAN-Netzwerke dank der Kapselung in UDP und IP routbar sind.
- VXLAN-Netzwerke können automatisiert über eine API erzeugt werden und stehen dann innerhalb aller beteiligten ESXi-Hosts zur Verfügung. Das physische Netzwerk muss hierüber nicht weiter informiert werden.
- Dank des Felds mit einer Größe von 24 Bit für die VXLAN-Netzwerk-ID stehen praktisch unbegrenzt viele gekapselte Layer-2-Netzwerke zur Verfügung, die in Software vollkommen voneinander getrennt sind.
- Die MAC-Adressen von virtuellen Maschinen sind im inneren Ethernet-Frame enthalten, der als Teil der »Payload« von physischen Switches nicht weiter beachtet wird. Die physischen Switches speichern nur die MAC-Adressen in der äußeren Schicht in ihrer MAC-Adresstabelle. Diese MAC-Adressen entsprechen VMkernel-Ports auf einigen wenigen ESXi-Hosts, sodass der Speicherbedarf für die MAC-Adresstabellen deutlich geringer ausfällt und der Endkunde gegebenenfalls günstigere Layer-2/Layer-3-Switches mit kleinerer MAC-Adresstabelle einsetzen kann.
- Da VXLAN durch die Verwendung von UDP und IP routbar ist, können innere Layer-2-Netzwerke ohne Probleme in gerouteten Umgebungen verwendet werden. Somit ist ein einfaches »Stretching« eines Layer-2-Netzwerks über Routergrenzen hinweg möglich.
- Das physische Netzwerk kann dank der Routingfähigkeit von VXLAN als Layer 2/Layer 3 in einer sogenannten Spine-Leaf-Topologie ausgelegt werden. Was sich zunächst kompliziert anhört, zieht viele weitere Vorteile nach sich, vor allem in größeren Umgebungen.

NSX-V und VXLAN

Eine Besonderheit von NSX-V ist, dass es das VXLAN-Protokoll deutlich intelligenter handhabt, als dies im RFC-Standard vorgesehen ist. Normalerweise werden bei VXLAN laut RFC alle Pakete, die an mehrere Stationen zugestellt werden müssen – man spricht dabei von *BUM-Paketen* (*Broadcast*, *Unknown Unicast* und *Multicast*) – per Multicast an alle relevanten Hosts geschickt. Dies geht mit Performance-Nachteilen und weiteren Anforderungen hinsichtlich der Netzwerkinfrastruktur einher. Bei NSX-V kommen hier deswegen die NSX-Controller zum Zuge, die für alle VXLAN-Netzwerke einen Verzeichnisdienst aufbauen. Durch

> Zuhilfenahme der Controller kann die Abhängigkeit vom Multicast-Protokoll ganz oder teilweise gelöst und der Netzwerkverkehr weitgehend optimiert werden, vor allem was die Behandlung von ARP-Broadcasts betrifft.

8.3 Die Architektur von NSX-V

Damit Sie die Architektur von NSX-V verstehen, müssen wir einen kurzen Exkurs zur logischen Architektur von physischen Netzwerkkomponenten wie Switches machen. Ein Netzwerkgerät wie ein aktueller Layer-3-Switch kann logisch in drei Funktionsebenen oder -schichten unterteilt werden (siehe Abbildung 8.3):

- die Datenschicht (*Data Plane*)
- die Kontrollschicht oder Steuerschicht (*Control Plane*)
- die Managementschicht oder Verwaltungsschicht (*Management Plane*)

Auf der Datenschicht findet die eigentliche Datenübertragung der Nutzerdaten im Netzwerk statt; die Kontrollschicht und die Managementschicht dienen dazu, die korrekte Funktionsweise der Datenschicht zu ermöglichen.

> **Exkurs: Die Komponenten einer Netzwerkkommunikationsarchitektur im Überblick**
>
> - Auf der *Managementschicht* (manchmal auch *Verwaltungsschicht* genannt) steht zur Konfiguration des Switches normalerweise ein Kommandozeileninterface (CLI) zur Verfügung, über das der Administrator den Switch einrichtet und die Konfiguration anpasst. Allgemein werden auf der Managementschicht die Richtlinien für die Konfiguration und den Datenaustausch der beiden anderen Schichten festgelegt.
> - Auf der *Kontrollschicht* (manchmal auch *Steuerschicht* genannt) tauschen sich Switches über spezielle Protokolle miteinander aus. Zum Beispiel informieren sie sich gegenseitig über Routen mithilfe dynamischer Routingprotokolle wie OSPF oder BGP. Die Aufgabe der Kontrollebene ist es, festzulegen, wohin der Benutzerverkehr geschickt werden soll. Über die Kontrollschicht werden die Router und Switches für die korrekte Weiterleitung der Datenpakete konfiguriert.
> - Auf der *Datenschicht* werden die Benutzerdaten übertragen. Die Datenschicht hat die Aufgabe, den Netzwerkverkehr an die Ziele zu senden, die von der Kontollschicht festgelegt wurden.
>
> In herkömmlichen Netzwerken sind alle drei Schichten in den physischen Netzwerkgeräten wie Switches und Routern zu finden, und zwar in deren Firmware. Beim Ansatz des Software-Defined Networking (SDN), zu dem auch NSX-V zählt, werden diese Schichten voneinander entkoppelt und in Software verteilt realisiert. Das ermöglicht eine neue Flexibilität und

bietet weitgehende Automatisierungsmöglichkeiten bei der Verwaltung des Netzwerks, das nun größtenteils durch Softwarefunktionen abgebildet wird. Das physische Netzwerk wird immer noch benötigt, allerdings ist es auf die Bereitstellung einer zuverlässigen und schnellen Übertragungsfunktion reduziert (*Underlay*) – zumindest, was logische Netzwerke über VXLAN betrifft.

Ist die Netzwerkvirtualisierung für alle Netzwerke sinnvoll?

Bei der Verwendung von NSX-V wird das VXLAN-Protokoll gezielt eingesetzt, um Netzwerke automatisch erzeugen, verändern und löschen zu können. Diese Funktionen sind besonders für Automatisierungs- und DevOps-Ansätze sehr wichtig.

Nicht alle Netzwerke, die im Unternehmen genutzt werden, müssen oder sollen zwangsläufig mit virtualisierten VXLAN-Netzen abgebildet werden. Für stabile Umgebungen, in denen kritische Kundensysteme wie Domänencontroller, Mailserver oder die vSphere-Management-Umgebung (*vCenter* und vieles mehr) betrieben werden, benötigen Sie natürlich noch weiterhin klassische Netzwerke, die als VLANs bereitgestellt werden.

Ab NSX 6.3.2 hat sich auch das geändert – mit dem in dieser Version eingeführten CDO-Modus (*Controller Disconnected Operation Mode*) können inzwischen alle Workloads, ob kritisch oder nicht, in logischen VXLAN-Switches betrieben werden, sofern der Applikationshersteller ein Overlay-Netzwerk unterstützt. VMware betreibt für Kunden aus der Telekommunikationsindustrie sogar kritische Infrastrukturen im 4G-Mobilfunkbereich über NSX-V.

Die gleichen Funktionsschichten, die den logischen Aufbau von physischen Netzwerkgeräten beschreiben, finden sich auch bei NSX wieder, sind hier aber auf verschiedene Komponenten wie virtuelle Appliances, Kernelmodule oder Agenten in den ESXi-Servern verteilt. Zusätzlich benötigt NSX-V ein bestehendes und stabiles physisches Netzwerk, um die Hypervisoren untereinander und mit der Außenwelt zu verbinden. Optional kann noch eine *Cloud-Management-Plattform* (CMP) hinzukommen, um den Benutzern ein Selbstbedienungsportal bereitzustellen.

Die Verwaltungsschicht hat bei NSX-V die Aufgabe, die Konfiguration der NSX-V-Infrastruktur über eine REST-API zu ermöglichen. Zwar existiert auch ein Kommandozeileninterface in NSX-V, es wird allerdings nur zur Fehlersuche und zur Überwachung genutzt, nicht zur Konfiguration. Die Steuerschicht von NSX-V kümmert sich um die Abbildung des gewünschten logischen Zustands (Bereitstellung von logischen Switches, Routern, Kommunikation von Routing-Updates etc.) auf die aktuelle Konfiguration der ESXi-Server, die diese logischen Switches und Router dann darstellen. Die Datenschicht stellt dann schließlich eine über die ESXi-Server im Scale-Out-Verfahren verteilte *Forwarding-Engine* dar – die ESXi-Server leisten daher die eigentliche Arbeit und leiten die Pakete ins physische Netzwerk weiter (siehe Abbildung 8.3).

8 Netzwerkvirtualisierung mit VMware NSX Data Center for vSphere (NSX-V)

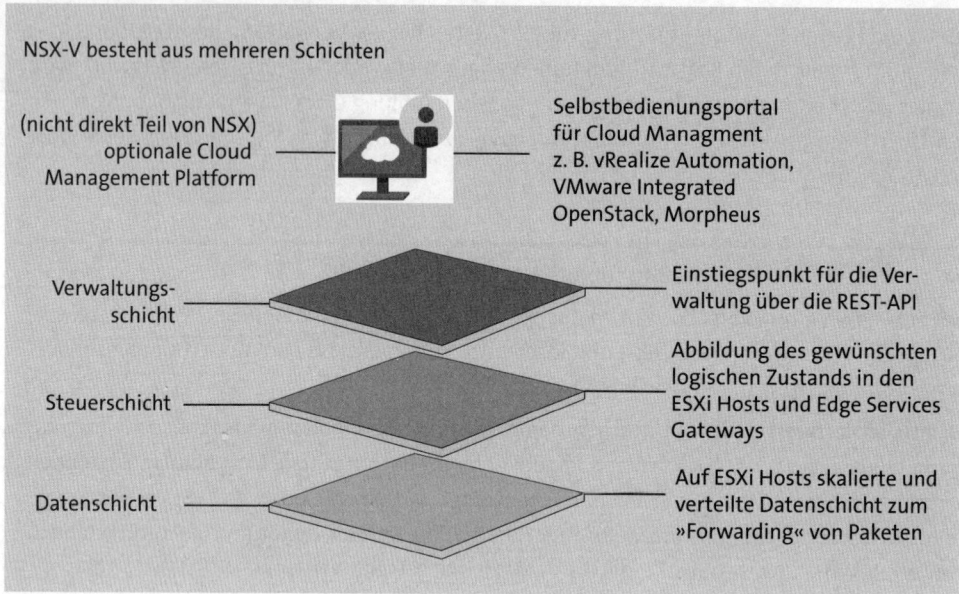

Abbildung 8.3 NSX-V ist ein verteiltes System, das aus mehreren Schichten besteht.

Weiterhin speichert die Verwaltungsschicht den gewünschten logischen Zustand dauerhaft, um keine Abhängigkeit zur Steuerungsschicht zu verursachen. Somit kann auch bei einem Totalausfall der Steuerungsschicht diese sehr einfach aus dem dauerhaft gespeicherten (persistierten) Status der Verwaltungsschicht wiederhergestellt werden.

In den folgenden Abschnitten gehen wir auf die drei Ebenen und ihre technische Realisierung in NSX-V näher ein.

8.3.1 Die Verwaltungsschicht in NSX-V

Die Verwaltungsschicht (oder Managementschicht) von NSX-V wird primär durch den *NSX Manager* realisiert, eine von VMware bereitgestellte virtuelle Appliance. Der NSX Manager stellt die zentrale Anlaufstelle für die Administration einer NSX-V-Umgebung dar. Er ist somit ein *Single Point of Configuration* und stellt die REST-API-Endpunkte zur Verfügung, über die die Kommunikation von weiteren administrativen Systemen (wie z. B. dem vCenter oder Cloud-Management-Plattformen und Automatisierungssoftware) mit dem NSX Manager erfolgt. Sämtliche Verwaltungsaufgaben – wie die Erstellung, Konfiguration und Überwachung von NSX-Komponenten wie logischen Switches, Routern und Edge Service Gateways – laufen über den NSX Manager. Zudem stellt der NSX Manager einen Gesamtüberblick über die NSX-V-Umgebung zur Fehlersuche bereit (abrufbar über die API und die *Central CLI* des NSX Managers).

Um seine Aufgaben erfüllen zu können, muss der NSX Manager mit VMware vCenter Server zusammenarbeiten. Bei der Installation von NSX-V werden der NSX Manager und das vCenter miteinander verbunden. Im Anschluss steht in beiden vCenter-Clients (Web Client und HTML5-Client) eine GUI für NSX-V zur Verfügung, die den NSX-Manager über dessen REST-API anspricht. In einer NSX-Umgebung kommt dem vCenter die Aufgabe zu, die ESXi-Server mit den NSX-Kernelmodulen und -Agenten zu versorgen, Portgruppen für logische Switches zu erzeugen oder weitere von NSX-V genutzte Appliances auf die ESXi-Hosts auszurollen und zu starten.

In den ESXi-Hosts wird bei der ersten Konfiguration für NSX-V zudem ein Agent gestartet, der sogenannte *Message Bus Client Agent*, der auch *vShield Firewall Daemon* (vsfwd) genannt wird. Er übernimmt die Kommunikation mit dem NSX-Manager je ESXi-Host. Abbildung 8.4 fasst die Komponenten der Verwaltungsebene zusammen.

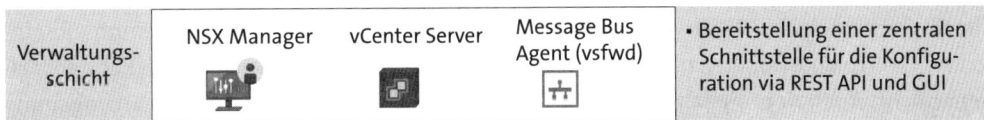

Abbildung 8.4 Der »NSX Manager« und der vCenter Server stellen die Verwaltungsschicht von NSX-V bereit.

Die Verwaltungsschicht in NSX-V

- Die Verwaltungsschicht von NSX-V wird vom NSX Manager gebildet, der die zentrale Verwaltung einer NSX-V-Umgebung ermöglicht. Der NSX Manager stellt einen Single Point of Configuration dar und stellt die Endpunkte der REST-API bereit, über die die Verwaltung von NSX-V programmatisch (und damit einfach automatisierbar) erfolgen kann.

- Der NSX-Manager ist eine virtuelle Appliance, die auf einem ESXi-Server in der vSphere-Umgebung läuft. Die Installation erfolgt dabei assistentengestützt aus einer *.ova*-Datei heraus.

- Der NSX Manager und das vCenter haben eine 1:1-Beziehung. Das heißt, zu jedem NSX Manager gibt es genau ein vCenter. Auch in größeren Umgebungen mit mehreren NSX Managern und mehreren vCentern (*cross-vCenter NSX*) gilt nach wie vor die 1:1-Beziehung zwischen dem NSX Manager und seinem zugehörigen vCenter.

- Falls der NSX Manager für einen kurzen Moment (z. B. beim Update oder einem Reboot) nicht zur Verfügung steht, können in diesem Augenblick keine neuen Objekte wie Switches, Router oder Firewall-Regeln angelegt oder verändert werden. Alle bestehenden Objekte und Regeln funktionieren aber nach wie vor weiter dank der Entkoppelung der Steuerschicht und der Datenschicht.

- Der NSX Manager speichert die Konfiguration der Umgebung dauerhaft in einer Datenbank. Fällt beispielsweise die Steuerschicht von NSX-V komplett aus, kann diese einfach aus dem in der Datenbank persistierten Zustand wiederhergestellt werden.

8.3.2 Die Steuerschicht in NSX-V

Die Steuerschicht (oder Kontrollschicht) von NSX-V ist für die Koordinierung aller logischen Switches und der logischen Router zuständig. Die Steuerschicht ist durch ein komplexes verteiltes System realisiert. Es läuft in drei virtuellen Maschinen, den NSX-Controllern, die als Software-Cluster organisiert sind. Dies ist der sogenannte *NSX Controller Cluster*.

Der NSX Controller Cluster ist die zentrale Steuerung für alle logischen Switches und Router in einer NSX-V-Umgebung. Er hält die hierfür benötigten Informationen über die beteiligten ESXi-Server, logischen Switches (implementiert über das VXLAN-Protokoll) und die logischen Router (engl. *Distributed Logical Routers*, DLR) bereit.

Der NSX Controller Cluster überträgt keine Benutzerdaten oder Pakete der Datenschicht, sondern hat lediglich koordinative Aufgaben. Die einzelnen virtuellen Maschinen (»Knoten«), die den NSX Controller Cluster ausmachen, werden als drei einzelne VMs erzeugt, um die Skalierbarkeit und Hochverfügbarkeit der Steuerschicht sicherzustellen. Wenn ein einzelner Controller ausfällt, hat dies keinerlei Auswirkungen auf den Netzwerkverkehr der Datenschicht. Auch den Ausfall von mehr als einem Controller kann eine NSX-V-Umgebung kurzfristig tolerieren.

Die NSX-Controller erfüllen ihre Aufgabe, indem sie Steuerinformationen bezüglich der logischen Switches und Router an die ESXi-Server weitergeben. (Diese Steuerinformationen sind z. B. Routen, die über die dynamischen Routingprotokolle OSPF und BGP gelernt wurden.) Auf den ESXi-Servern, die bei der NSX-V-Installation für NSX konfiguriert werden, wird ein Agent gestartet (netcpa), der mit den Controllern die Verbindung hält und die Daten der Steuerschicht austauscht (siehe Abbildung 8.5).

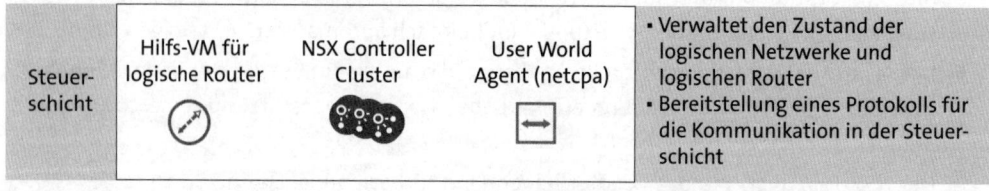

Abbildung 8.5 Der NSX Controller Cluster übernimmt die Aufgaben der Steuerschicht von NSX-V.

Die NSX-Controller werden während der NSX-V-Installation durch den NSX Manager auf die ESXi-Server ausgerollt und laufen im Normalfall in einem dedizierten Management-Cluster oder in einem gemischten Management- und Edge-Cluster.

Innerhalb des NSX Controller Clusters werden mehrere Rollen betrieben:

▶ Der *API Provider* stellt eine interne, nichtöffentliche REST-API bereit, über die NSX Manager und die Knoten des NSX Controller Clusters kommunizieren.

▶ Der *Persistence Server* speichert Informationen zum Netzwerkzustand dauerhaft, also *persistent*.

- Der *Switch Manager* verwaltet die Hypervisoren und sendet die benötigte Netzwerkkonfiguration an die ESXi-Server.
- Der *Logical Manager* berechnet und verwaltet Netzwerkrichtlinien und die Netzwerktopologie.
- Der *Directory Server* verwaltet VXLAN-Overlay-Netzwerke und Informationen für das verteilte logische Routing.

Jede dieser fünf Rollen wird im NSX Controller Cluster über einen Master-Slave-Algorithmus auf einen Master-Knoten abgebildet. Fällt der aktuelle Master-Knoten für eine bestimmte Rolle aus, wählen die verbleibenden zwei Cluster-Knoten einen neuen Master für diese Rolle. Der neu gewählte Master-Knoten verteilt die Koordinationsaufgaben neu auf die verbliebenen NSX-Controller-Knoten.

Die Bedeutung der Controller für NSX-V

Die NSX-Controller sind eine wesentliche Innovation in NSX-V im Vergleich zu den Vorgängerprodukten *VMware vShield* und *VMware vCloud Networking and Security* (vCNS). Auch vCNS hat bereits die Bereitstellung von logischen Netzwerken über VXLAN ermöglicht, aber erst in NSX-V ist VXLAN durch die Koordination der NSX-Controller eine Enterprise-fähige Technik zur Netzwerkautomatisierung geworden. Dadurch, dass die NSX-Controller einen Verzeichnisdienst für alle VXLAN-Netzwerke aufbauen, ist die Leistung und Skalierbarkeit von VXLAN-Netzwerken in NSX-V deutlich besser als bei den Vorgängerprodukten.

8.3.3 Die Datenschicht in NSX-V

NSX-V stellt logische Netzwerke über das VXLAN-Overlay-Protokoll zur Verfügung. Diese VXLAN-Netzwerke werden über den NSX-vSwitch bereitgestellt, der auf dem Distributed Switch von vSphere basiert und diesen über zusätzliche Kernelmodule erweitert. Durch die Installation von zusätzlichen Komponenten auf den ESXi-Hosts (NSX-Kernelmodule, Agenten im Userspace, Konfigurationsdateien und Installationsskripte) werden die ESXi-Hosts mit Funktionen angereichert, um Switching, Routing und Firewall-Dienste erbringen zu können. Diese Dienste laufen im Kernel der ESXi-Hosts und ermöglichen daher einen sehr hohen Datendurchsatz, der im Wesentlichen der Leitungsgeschwindigkeit mit maximaler Datenrate (engl. *Line Rate*) entspricht.

Im Zusammenspiel von Distributed Switch und den Kernelmodulen für Switching, Routing und Firewalling abstrahiert der dadurch entstehende NSX-vSwitch vom zugrunde liegenden Netzwerk und bietet eigenständige Switching-Funktionen direkt im Hypervisor. Diese Funktion ist äußerst wichtig für die Netzwerkvirtualisierung, da mit ihr logische Netzwerke erzeugt werden können, die unabhängig von Konstrukten auf physischen Switches (wie z. B. VLANs) sind. Für das Routing zwischen den logischen VXLAN-Netzwerken steht ebenfalls eine Kernelfunktion bereit, die die Erzeugung von logischen Routern (*Distributed Logical*

Routers) ermöglicht. Weitere Dienste, für die der Kernel von ESXi-Hosts nicht das optimale Implementierungsziel darstellt, werden von spezialisierten virtuellen Appliances bereitgestellt, den *NSX Edge Services Gateways*. Zu diesen Diensten gehören beispielsweise Load-Balancing, Network Address Translation, VPN-Dienste oder das Routing zwischen logischen VXLAN-Netzwerken und VLANs, die auf physischen Switches definiert sind.

8.3.4 Die Rolle des physischen Netzwerks für NSX-V

Für die Übertragung von Netzwerkpaketen, die ihr Ziel auf einem anderen ESXi-Host oder außerhalb des Rechenzentrums haben, greifen die ESXi-Hosts auf das physische Netzwerk zu. Bei der Verwendung von VXLAN-Netzwerken kann die Konfiguration des physischen Netzwerks vereinfacht werden (beispielsweise werden deutlich weniger VLAN-Netzwerke benötigt). Zudem ist es für NSX-V unerheblich, welcher Hersteller das physische Netzwerk bereitstellt, da die Anforderungen von NSX-V an das Netzwerk selbst äußerst generisch sind (Bereitstellung von IP-Transport und angepasste Maximum Transfer Unit (MTU) für VXLAN-Netzwerke).

> **Wichtig: Das physische Netzwerk muss performant und zuverlässig arbeiten!**
> Allerdings ist ein stabiles und performantes physisches Netzwerk (das *Underlay*) eine Grundvoraussetzung für NSX-V. Kein Software-Defined Network, auch nicht NSX-V, kann ein nicht-performantes Underlay-Netzwerk korrigieren!

Abbildung 8.6 fasst die Datenschicht und die Rolle des physischen Netzwerks zusammen.

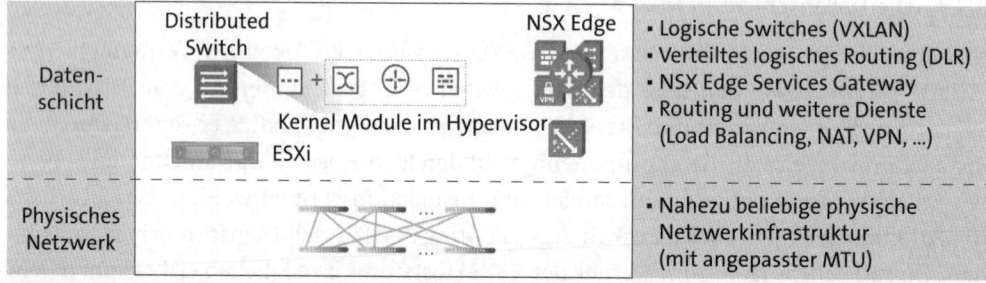

Abbildung 8.6 Die Datenschicht von NSX-V wird durch das Zusammenwirken vom Distributed Switch, spezialisierten Kernelmodulen für logisches Switching, Routing und Firewalling und den NSX Edge Services Gateways erbracht. Das physische Netzwerk muss lediglich die Übertragungskapazität bereitstellen.

8.3.5 Cloud-Management-Plattformen als optionale Erweiterung von NSX-V

NSX-V ermöglicht eine weitgehende Automatisierung aller Netzwerkfunktionen inklusive Switching via VXLAN, Routing, Firewalling und die Bereitstellung von fortgeschrittenen

Diensten in NSX-Edge-Appliances (Load-Balancing, NAT, VPN etc.). Prinzipiell können alle Funktionen von NSX-V direkt über die grafische Oberfläche in den von VMware bereitgestellten Webclients erzeugt und konsumiert werden.

Typischerweise findet in den Unternehmen jedoch eine Integration von NSX-V mit einer Cloud-Management-Plattform statt, um komplexe Applikationen inklusive Netzwerkfunktionen automatisiert bereitzustellen. Dank der REST-API-Schnittstelle kann NSX-V in praktisch alle Cloud-Management-Plattformen integriert werden. Dazu gehören unter anderem

- *VMware vRealize Automation* (vRA),
- *VMware Integrated OpenStack* (VIO),
- *VMware vCloud Director* (vCD),
- *Morpheus* von Morpheus Data sowie
- vom Kunden erstellte Cloud-Management-Plattformen, die oft über VMwares Workflow- und Automatisierungsplattform *vRealize Orchestrator* mit NSX-V verbunden werden.

8.3.6 Die NSX-V-Architektur im Gesamtzusammenhang

In Abbildung 8.7 ist die NSX-V-Architektur im Gesamtzusammenhang dargestellt. Betrachtet man die Architektur aus der Sicht des Benutzers, der eine Cloud-Management-Plattform verwendet, so stellt sich der Kommunikationsablauf wie folgt dar:

1. Der Benutzer erzeugt durch die Cloud-Management-Plattform automatisiert eine neue Umgebung inkl. Netzwerkfunktionen wie logische Switches, Router oder Load-Balancer.
2. Die Cloud-Management-Plattform kommuniziert hinsichtlich der Netzwerkfunktionen mit dem *NSX Manager* über dessen REST-API und hinsichtlich der vSphere Funktionen direkt mit dem *vCenter*.
3. Müssen neue logische Switches oder Router (DLRs) erzeugt oder konfiguriert werden, kommunizieren NSX Manager und das vCenter über eine interne REST-API mit den NSX-Controllern, um die Switching- und Routing-Funktionen zu koordinieren. Benötigte Firewall-Regeln werden vom NSX Manager über den Message-Bus-Agenten (*vsfwd*) direkt an die ESXi-Hosts gesendet.
4. Die ESXi-Hosts erhalten durch die NSX-Controller die Befehle, logische Switches und Router anzulegen und zu konfigurieren. Dies geschieht durch die Kommunikation der NSX-Controller mit dem User-World-Agenten (*netcpa*), der auf jedem NSX-fähigen ESXi-Server betrieben wird. Die ESXi-Hosts erzeugen im Kernel die gewünschten Netzwerkfunktionen für Switching, Routing und Firewalling.
5. Andere Dienste, die nicht im Kernel von ESXi-Hosts bereitgestellt werden, wie das Routing zwischen VXLANs und VLANs oder die Bereitstellung von Load-Balancing-Funktionen, erzeugt der NSX Manager im Zusammenspiel mit dem vCenter in virtuellen Appliances (den NSX Edge Services Gateways) und konfiguriert diese ebenfalls über eine API.

6. Das physische Netzwerk wird zur Übertragung von Daten zwischen virtuellen Maschinen auf ESXi-Hosts untereinander und zur Kommunikation mit der Außenwelt außerhalb des Rechenzentrums verwendet.

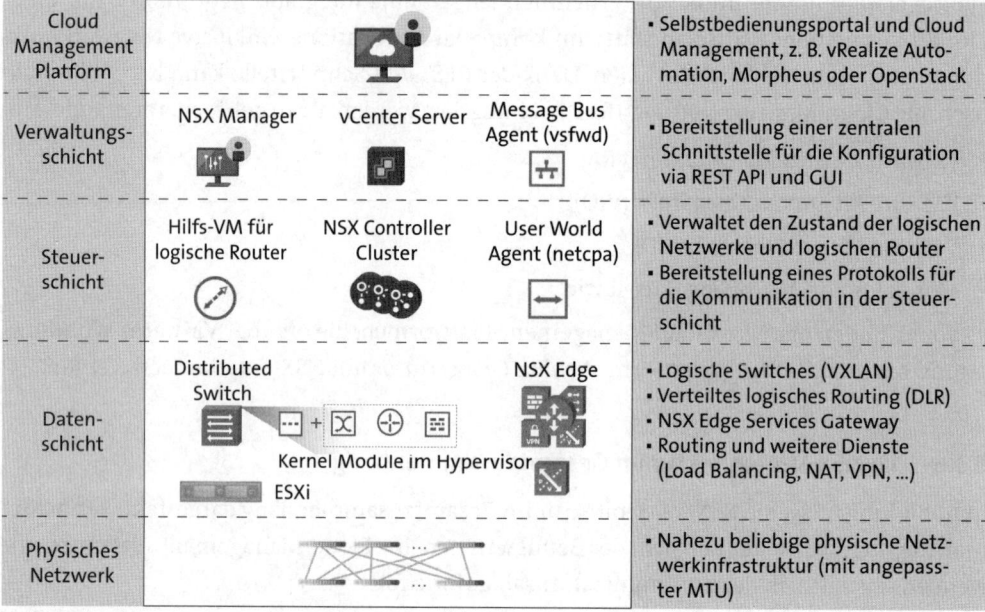

Abbildung 8.7 Die NSX-V-Architektur im Gesamtüberblick inklusive optionaler Cloud-Management-Plattform und dem physischen Netzwerk

8.4 Die Komponenten von NSX-V

Da es sich bei NSX-V um ein komplexes verteiltes System handelt, fassen wir in diesem Abschnitt das System aus der Sichtweise der Einzelkomponenten erneut kurz zusammen, um das Gesamtsystem verständlicher darzustellen.

8.4.1 Der NSX Manager

Beim *NSX Manager* handelt es sich um eine virtuelle Appliance, die mit dem Management-Netzwerk verbunden wird. Sie stellt die Verwaltungsschicht bereit, die über eine REST-API erreichbar ist. Zu Zwecken der Fehlersuche ist auch eine Verbindung auf der CLI mit dem NSX Manager möglich, allerdings kann hier keine Konfiguration vorgenommen werden. Seit Version 6.2 bietet der NSX Manager eine sogenannte *Central CLI* an, über die Sie den Zustand (wie z. B. Routing-Tabellen oder Firewall-Regeln) von Komponenten wie einzelnen ESXi-Hosts oder verteilten logischen Routern zentral abfragen können.

8.4.2 Der NSX Controller Cluster

Die NSX-Controller koordinieren für eine NSX-V-Umgebung das logische Switching und Routing. Es handelt sich dabei um drei virtuelle Appliances, die mit dem Management-Netzwerk verbunden sind und softwareseitig einen Cluster für Hochverfügbarkeit und Aufgabenverteilung aufbauen.

Die NSX-Controller kommunizieren mit Agenten in den einzelnen ESXi-Hosts, um den Zustand logischer Switches und Router zu steuern und Updates wie Routenänderungen an die Hosts zu kommunzieren. Zudem optimieren sie das Verhalten des VXLAN-Protokolls in einer NSX-Umgebung, indem sie einen zentralen Verzeichnisdienst für alle logischen Netzwerke auf Basis von VXLAN-Overlays aufbauen.

8.4.3 Das VXLAN-Protokoll

Das VXLAN-Overlay-Protokoll ist ein Industriestandard, der im Jahr 2011 von mehreren Herstellern (unter anderem VMware, Arista Networks und Cisco) gemeinsam entwickelt wurde. VXLAN ist im Request for Comments RFC7348 offiziell dokumentiert.

VXLAN hilft, bestehende Limitierungen der VLAN-Technik zu überwinden und logische Netzwerke unabhängig und entkoppelt von den physischen Switches in Software bereitzustellen. Physische Switches stellen die Übertragungstechnik zur Verfügung, VXLAN-Netzwerke werden dann in einem VXLAN-Transport-VLAN übertragen. Durch die Verwendung von VXLAN ist es möglich, die Automatisierung auch auf die Erzeugung und Verwaltung von Netzwerken zu erweitern.

8.4.4 Die ESXi-Server und der Distributed Switch

Die ESXi-Hosts übernehmen die Aufgabe der eigentlichen Datenübertragung. Für die Verwendung von VXLAN ist ein bestehender Distributed Switch notwendig, der mit weiteren Kernelmodulen um Funktionen für das Switching und Routing angereichert wird. Die notwendigen Befehle zur Koordination erhalten die ESXi-Server vom NSX Manager und den NSX-Controllern über das Management-Netzwerk mithilfe von Agenten, die im User-Space der ESXi-Server betrieben werden. Diese Agenten setzen die Konfigurationsbefehle in den jeweiligen Kernelmodulen für Switching, Routing und Firewalling um.

8.4.5 Der Distributed Logical Router (DLR)

Für das Routing von VXLAN-Netzwerken sind besondere Maßnahmen zu treffen, da diese in Software existieren und für die physischen Switches und Router somit nicht sichtbar sind.

Daher übernimmt ein Kernelmodul das Routing von VXLAN-Netzwerken. In einer NSX-Umgebung können logische Router erzeugt werden, die im Kernel jedes ESXi-Hosts einer NSX-V-Umgebung laufen und mit hoher Geschwindigkeit zwischen den VXLAN-Netzwerken routen können. Für das Routing zwischen VXLAN- und VLAN-Netzwerken ist der logische Router aus technischen Gründen eher ungeeignet. Hierfür stellt VMware NSX die *Edge Service Gateways* bereit.

8.4.6 Die NSX Edge Service Gateways

Bei den *NSX Edge Service Gateways* handelt es sich um virtuelle Appliances, die für unterschiedliche Zwecke erzeugt werden können. Die NSX Edge Service Gateways werden benötigt, da nicht alle Netzwerkfunktionen gleichermaßen gut für die Bereitstellung durch den Kernel eines Hypervisors geeignet sind. Dazu gehören insbesondere das Routing zwischen in Software definierten VXLAN-Netzwerken, die auf physischen Switches nicht direkt bekannt sind, und VLANs, die auf Switches definiert sind. Daneben stellen die NSX Edge Service Gateways weitere wichtige Netzwerkfunktionen wie Load-Balancing, Network Address Translation (NAT) oder VPN-Dienste bereit.

8.4.7 Die VXLAN-Transport-Zone

Zur weiteren Abgrenzung von VXLAN-Netzwerken stellt NSX-V das Konzept einer VXLAN-Transport-Zone bereit. Bei einer VXLAN-Transport-Zone handelt es sich um eine logische Separierung von VXLAN-Netzwerken, die dafür sorgt, dass in unterschiedlichen Transport-Zonen angelegte VXLAN-Netzwerke nicht miteinander verbunden werden können.

8.4.8 Die Distributed Firewall (DFW)

Die *Distributed Firewall* ist eine Firewall, die auf der Kommunikationsstrecke zwischen den virtuellen Netzwerkkarten (vNIC) von virtuellen Maschinen und dem VMware vSwitch eingreift. Innerhalb der VM ist außer den ohnehin benötigten *VMware Tools* kein weiterer Firewall-Dienst oder -Agent notwendig. Die Prüfung des Netzwerkverkehrs erfolgt mit hoher Geschwindigkeit direkt im Kernel der ESXi-Hosts. Der maximale Netzwerkdurchsatz der ESXi-Hosts und der virtuellen Maschinen wird dadurch nicht weiter belastet, da die Distributed Firewall sehr effizient implementiert ist. Im Unterschied zu einer Firewall, die im Netzwerk als dedizierte Appliance betrieben wird, können auch virtuelle Maschinen mit Firewall-Funktionen versorgt werden, die sich im gleichen Layer-2-Netzwerk befinden – vergleichbar mit der Funktion von *Private VLANs*, nur eleganter zu konfigurieren. Die Funktionalität der Distributed Firewall ist vom Typ des vSwitches unabhängig und kann auch mit herkömmlichen VLAN-Netzwerken im vollen Funktionsumfang betrieben werden. Abbildung 8.8 veranschaulicht die Funktionsweise der Distributed Firewall.

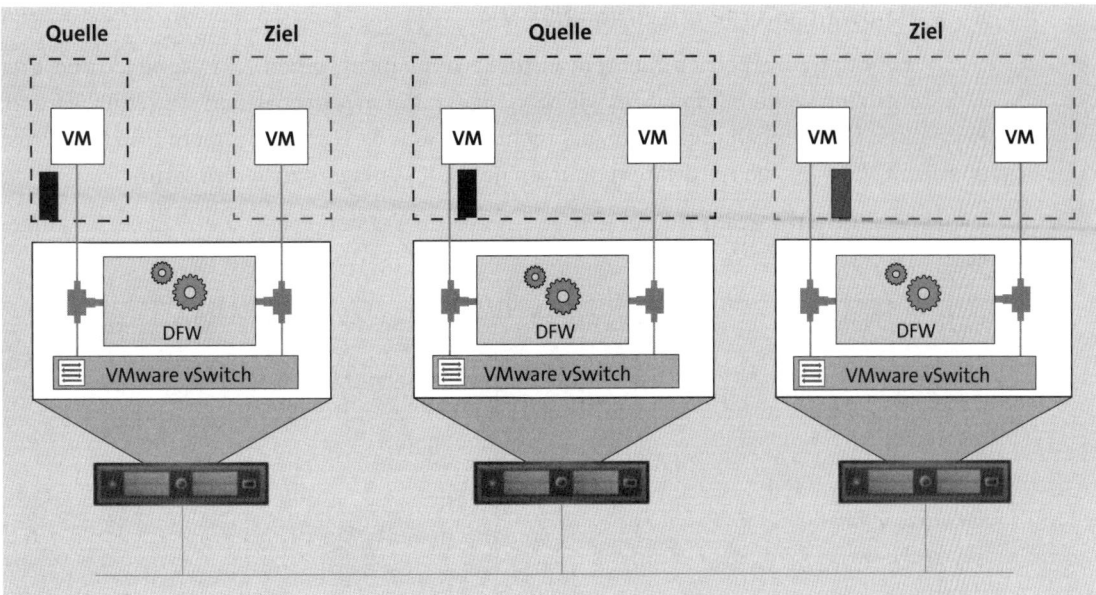

Abbildung 8.8 Die Distributed Firewall läuft im Kernel der ESXi-Hosts und prüft Pakete auf der Strecke zwischen der vNIC und dem vSwitch.

8.5 Die Einrichtung von NSX-V vorbereiten

Um die Funktionen von NSX-V verwenden zu können, müssen Sie NSX-V zu einer bestehenden vSphere-Umgebung hinzufügen. Vor der Einrichtung müssen Sie die bestehende Netzwerkkonfiguration und die zur Verfügung stehen Resourcen überprüfen. Pro vSphere-Umgebung, d. h. für alle ESXi-Hosts, die von einem vCenter verwaltet werden, kann genau ein NSX Manager hinzugefügt werden. Zusätzlich werden drei NSX-Controller benötigt. Alle weiteren NSX-Objekte – wie logische (VXLAN-basierte) Switches sowie verteilte logische Router (DLR), *NSX Edge Service Gateway*-VMs und Firewall-Regeln – können bis zu den von VMware unterstützten Maximalwerten angelegt werden.

> **Maximalwerte in VMware-Umgebungen**
> VMware publiziert für viele Produkte Maximalwerte, sogenannte *Configuration Maximums*, die auf jeden Fall unterstützt werden. Bei vielen dieser Maximalwerte handelt es sich um Soft-Limits, die unter Umständen auch überschritten werden können, wobei es auf die Gesamtumgebung ankommt.

Im Folgenden werden die Hardware- und Softwareanforderungen von NSX-V sowie weitere Anforderungen erläutert.

8.5.1 Hardwareanforderungen von NSX-V

NSX-V benötigt zum Betrieb mehrere virtuelle Appliances: einen *NSX Manager* und drei NSX-Controller. Weitere Appliances wie NSX-Edges können je nach Bedarf ausgerollt werden. Bei großen NSX-Umgebungen (d. h. bei mehr als 256 ESXi-Hosts oder mehr als 2000 VMs) empfiehlt VMware, die Hardwareressourcen des NSX Managers zu vergrößern.

Die genauen Hardwareanforderungen von NSX-V in Version 6.4 sind in Tabelle 8.1 aufgelistet.

NSX-Appliance	Anzahl vCPUs	Hauptspeicher	Plattenplatz
NSX Manager (einmal pro vSphere-Umgebung)	4 (8 bei großen NSX-Umgebungen)	16 GB (24 GB bei großen NSX-Umgebungen)	60 GB
NSX-Controller (dreimal pro vSphere-Umgebung)	4	4 GB	28 GB
NSX Edge (Anzahl nach Bedarf)	Abhängig von der Deployment-Größe der jeweiligen Edge: ▶ Compact: 1 ▶ Large: 2 ▶ Quad Large: 4 ▶ X-Large: 6	Abhängig von der Deployment-Größe der jeweiligen Edge: ▶ Compact: 512 MB ▶ Large: 1 GB ▶ Quad Large: 2 GB ▶ X-Large: 8 GB	Abhängig von der Deployment-Größe der jeweiligen Edge: ▶ Compact, Large und Quad Large: Platte #1 584 MB, Platte #2 512 MB ▶ X-Large: Platte #1 584 MB, Platte #2 2 GB, Platte #3 256 MB

Tabelle 8.1 Hardwareanforderungen der NSX-V-Appliances

Zudem dürfen die Netzwerklatenzen aller NSX Komponenten untereinander eine *Round Trip Time* von 150 ms nicht überschreiten. Das gilt für die Verbindungen von:

- NSX Manager und den NSX-Controllern
- NSX Manager und den ESXi-Hosts
- NSX Manager und dem vCenter sowie
- NSX Manager zu anderen NSX Managern in einer *Cross-vCenter-NSX*-Umgebung

8.5.2 Softwareanforderungen von NSX-V

Bei allen VMware-Produkten müssen Sie unbedingt die Kompatibilität der einzusetzenden Versionen untereinander in der *VMware Product Interoperability Matrix* überprüfen, da nicht alle Produktversionen miteinander kompatibel sind. Die Product Interoperability Matrix finden Sie unter *http://partnerweb.vmware.com/comp_guide/sim/interop_matrix.php*.

Zudem empfiehlt es sich, vor der Installation von NSX-V die aktuellen Release Notes genau zu prüfen, um bekannte Probleme und Inkompatibilitäten im Vorfeld zu prüfen. VMware stellt die Release Notes als Teil der NSX-V-Dokumentation bereit, und zwar unter *https://docs.vmware.com/en/VMware-NSX-for-vSphere/index.html*.

8.5.3 Weitere Anforderungen von NSX-V

Wie bei vielen anderen VMware-Produkten und -Diensten müssen Sie einige weitere Anforderungen beachten. Die wichtigsten sind:

- **DNS-Namensauflösung** als Forward- und Reverse-Lookup – Besonders der zweite Punkt, Reverse-Lookup, führt immer wieder zu unangenehmen Überraschungen, wenn die DNS-Einträge für den Reverse-Lookup nicht gesetzt sind.
- **Zeitsynchronisation** über NTP für alle beteiligten Komponenten, insbesondere vCenter, NSX Manager, Domänencontroller etc.
- **Distributed Switches** – VMware empfiehlt den Einsatz von Distributed Switches. Für die Bereitstellung von logischen Netzwerken über das VXLAN-Overlay-Protokoll sind vSphere Distributed Switches eine notwendige Voraussetzung. Der Distributed Switch ist normalerweise Teil der *vSphere Enterprise Plus*-Lizenzedition, wird aber auch bei NSX-V von VMware in bestimmten NSX-Lizenzen mitgeliefert.
- **Die Kommunikation zwischen den NSX-Komponenten über die von NSX-V verwendeten Netzwerkports muss erlaubt sein.** Eine Auflistung der benötigten Ports findet sich im VMware-Knowledge-Base-Dokument 2079386 unter *https://kb.vmware.com/s/article/2079386*.
- Der administrative Benutzer muss innerhalb von vSphere die erforderlichen **Berechtigungen** haben, um die Installation und Einrichtung durchführen zu können.

8.6 Die NSX-V-Installation

Sind alle Voraussetzungen erfüllt und ist idealerweise ein Architekturdesign für die Implementierung und den Einsatz von NSX-V vorhanden, kann es an die Installation gehen. Dazu sind vier Schritte notwendig, um im fünften Schritt die NSX-V-Funktionen nutzen zu können:

❶ Zunächst müssen Sie den *NSX Manager*, der von VMware als virtuelle Appliance geliefert wird, installieren und konfigurieren.

8   Netzwerkvirtualisierung mit VMware NSX Data Center for vSphere (NSX-V)

❷ Im nächsten Schritt verbinden Sie den NSX Manager mit dem vCenter. Hier besteht, wie bereits eingangs erwähnt, immer eine 1:1-Verbindung von einem NSX Manager zu einem vCenter. In größeren und komplexeren Umgebungen ist es möglich, mehrere NSX Manager zu einer *Cross-vCenter-NSX-Umgebung* zusammenzuschalten, was wir in diesem Buch aber nicht behandeln werden.

❸ Danach müssen Sie die NSX-Controller in der Umgebung bereitstellen.

❹ Im vierten Schritt versorgen Sie die ESXi-Server mit den Kerneltreibern und Agenten, damit sie die NSX-Funktionalitäten erhalten.

❺ Im finalen fünften Schritt sind noch weitere Konfigurationsanpassungen notwendig, um dann die Funktionalität von NSX-V verwenden zu können.

Die fünf Schritte sind im Überblick in Abbildung 8.9 dargestellt und werden im Folgenden näher beschrieben.

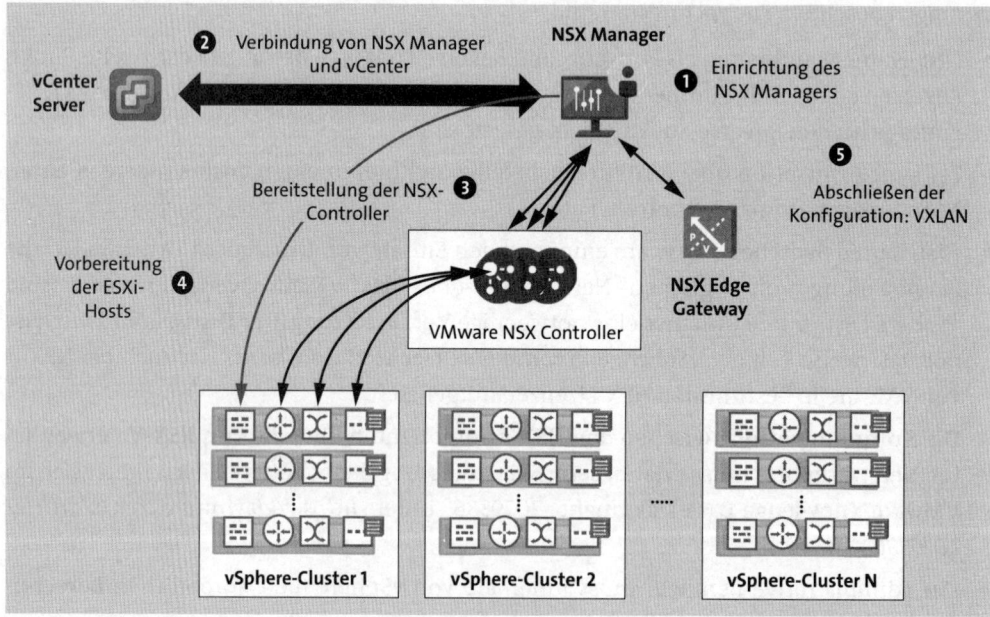

Abbildung 8.9 Die Schritte zur Installation und Konfiguration von NSX-V im Überblick

8.6.1   Einrichtung des NSX Managers

Der erste Schritt ist die Installation des *NSX Managers*. VMware stellt ihn als virtuelle Appliance im *.ova*-Format zum Download bereit, wenn Sie ein registrierter Kunde sind. In Abbildung 8.10 ist der Assistent zum Bereitstellen des NSX Managers zu sehen. An dieser Stelle ist es wichtig, den NSX Manager mit demjenigen Netzwerk zu verbinden, in dem auch die anderen Verwaltungskomponenten von vSphere zu finden sind (gemeinhin als *Management-Netzwerk* oder *VMware Management VLAN* bezeichnet).

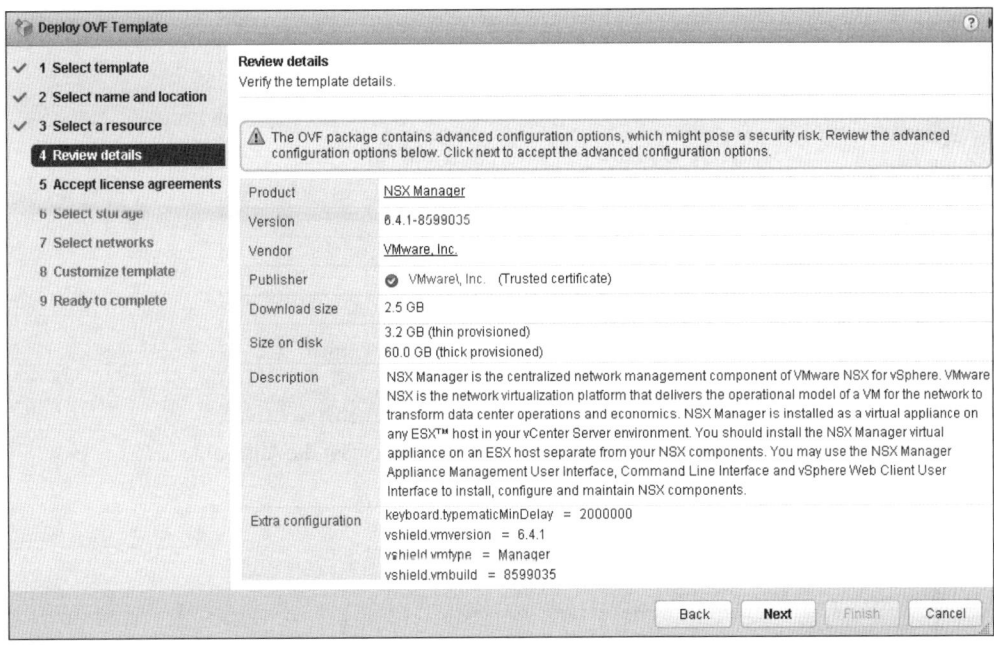

Abbildung 8.10 Die Installation von NSX-V beginnt mit dem Deployment des »NSX Manager«.

Im Schritt 7 des Assistenten wählen Sie die zugehörige vSphere-Portgruppe aus (siehe Abbildung 8.11). Da es sich beim NSX Manager um eine Appliance handelt, die selbst keine NSX-Funktionen wie VXLAN-Switching oder Routing nutzt, handelt es sich beim Zielnetzwerk für die vNIC des NSX-Managers um eine herkömmliche Portgruppe auf einem *vSphere Standard Switch* oder *vSphere Distributed Switch*, über die die anderen Management-Komponenten im gleichen Layer-2-Netzwerk zu erreichen sind.

Im finalen Schritt 8 des Deployment-Assistenten nehmen Sie die eigentliche Konfiguration des NSX Managers vor (siehe Abbildung 8.12). Hier müssen Sie die folgenden zu Ihrem Design passenden Daten hinterlegen:

- IP-Konfiguration (IPv4-Adresse, Subnetzmaske, Standard-Gateway, DNS-Server)
- NTP-Server
- SSH-Nutzung
- Passwort für den Admin-Benutzer (für das User-Interface und die über die *VMware Remote Console* und gegebenenfalls auch über SSH erreichbare CLI)
- ein weiteres Passwort für den *Privilege Mode* auf der CLI (mit dem Befehl `enable` auf der CLI erreichbar)

Die Einstellungen können Sie im Anschluss nach der Installation über das Web-GUI des NSX Managers anpassen. Eine Änderung der IP-Konfiguration nach der Installation ist allerdings nicht empfehlenswert!

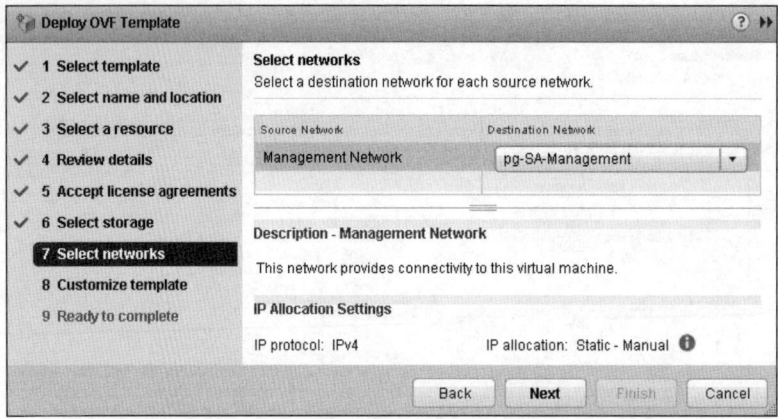

Abbildung 8.11 Wichtig bei der Bereitstellung des NSX Managers ist die Auswahl des richtigen Netzwerks, also des Managementnetzes.

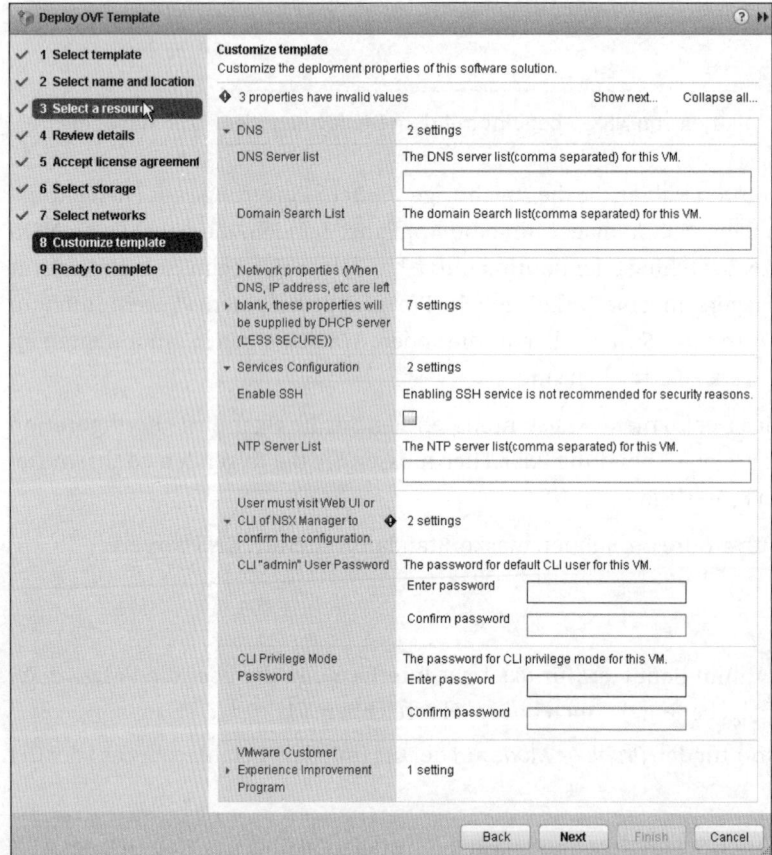

Abbildung 8.12 In Schritt 8 erhält der NSX Manager über VMwares VAMI-Schnittstelle die Konfiguration.

Nach Abschluss der Konfiguration rollt der Assistent die *NSX Manager*-Appliance in der vSphere-Umgebung aus und fährt sie hoch. Nach dem Hochfahren der Appliance stellt sie danach zur weiteren Konfiguration eine einfache Web-GUI bereit, die unter *https://DNS-Name-der-Appliance* erreichbar ist (siehe Abbildung 8.13). Dort schließen Sie die Grundinstallation des NSX Managers ab. Innerhalb der Web-GUI können Sie bei Bedarf die folgenden Aufgaben durchführen:

- Anpassen der Netzwerkkonfiguration (im Allgemeinen nicht empfehlenswert)
- Tauschen der SSL-Zertifikate
- Konfiguration von NTP- und Syslog-Servern
- Erstellen von Backups des NSX Managers (auf einen FTP-Server)
- Upgrades auf neuere Versionen des NSX Managers über das Hochladen eines Upgrade-Bundles (nach vorheriger Planung)
- Starten und Beenden von Diensten (wie SSH oder dem *NSX Management Service*)
- Reboot der Appliance

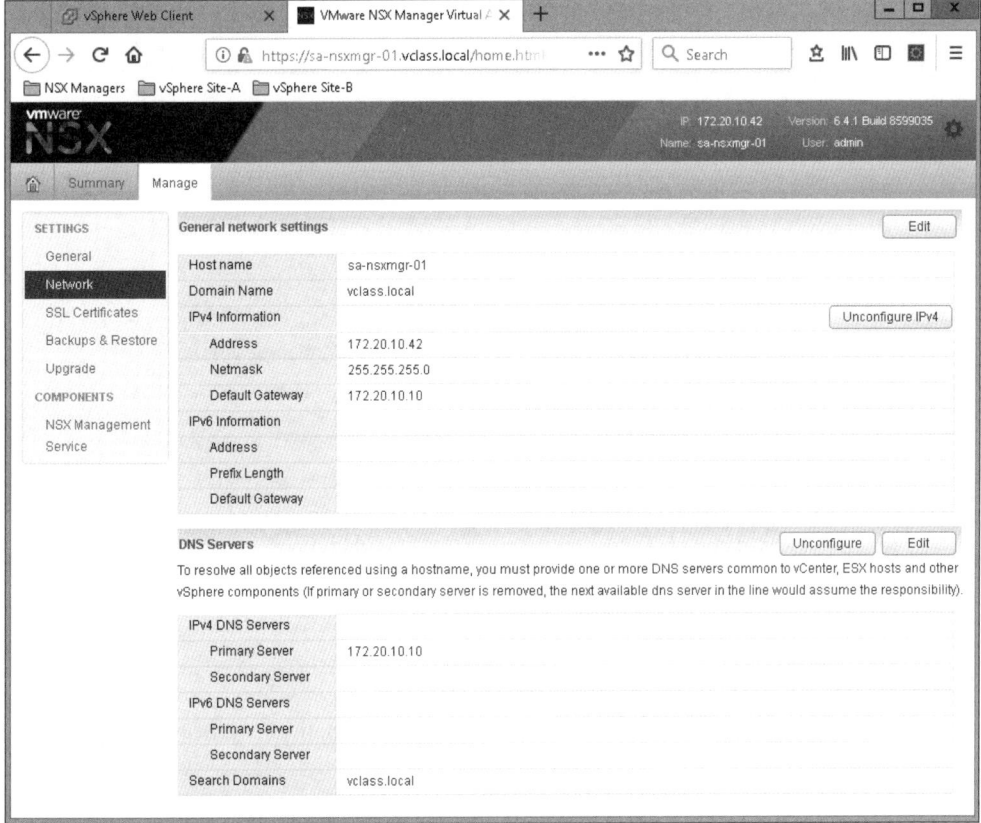

Abbildung 8.13 Über die Web-GUI des NSX Managers können Sie die Konfiguration anpassen und administrative Tätigkeiten durchführen.

8   Netzwerkvirtualisierung mit VMware NSX Data Center for vSphere (NSX-V)

8.6.2   Verbindung von NSX Manager und vCenter

Ist die *NSX Manager*-Appliance korrekt bereitgestellt, dann müssen Sie den NSX Manager und das vCenter miteinander koppeln. Den zugehörigen Menüpunkt finden Sie im Web-GUI des NSX Managers unter dem Punkt NSX MANAGEMENT SERVICE auf dem Karteireiter MANAGE (siehe Abbildung 8.14). Hier müssen Sie den vCenter Server hinterlegen (typischerweise mit dem Credential des Single-Sign-On-Benutzers `administrator@vsphere.local`). Optional können Sie den NSX Manager für VMwares Lookup-Service konfigurieren. Das empfiehlt sich für komplexe Umgebungen, in denen weitere VMware-Produkte wie der *vRealize Orchestrator* zum Einsatz kommen. Bitte beachten Sie, dass der Lookup-Service auf dem *Platform Service Controller* betrieben wird, falls dieser separat installiert wurde, wie es in Abbildung 8.14 der Fall ist.

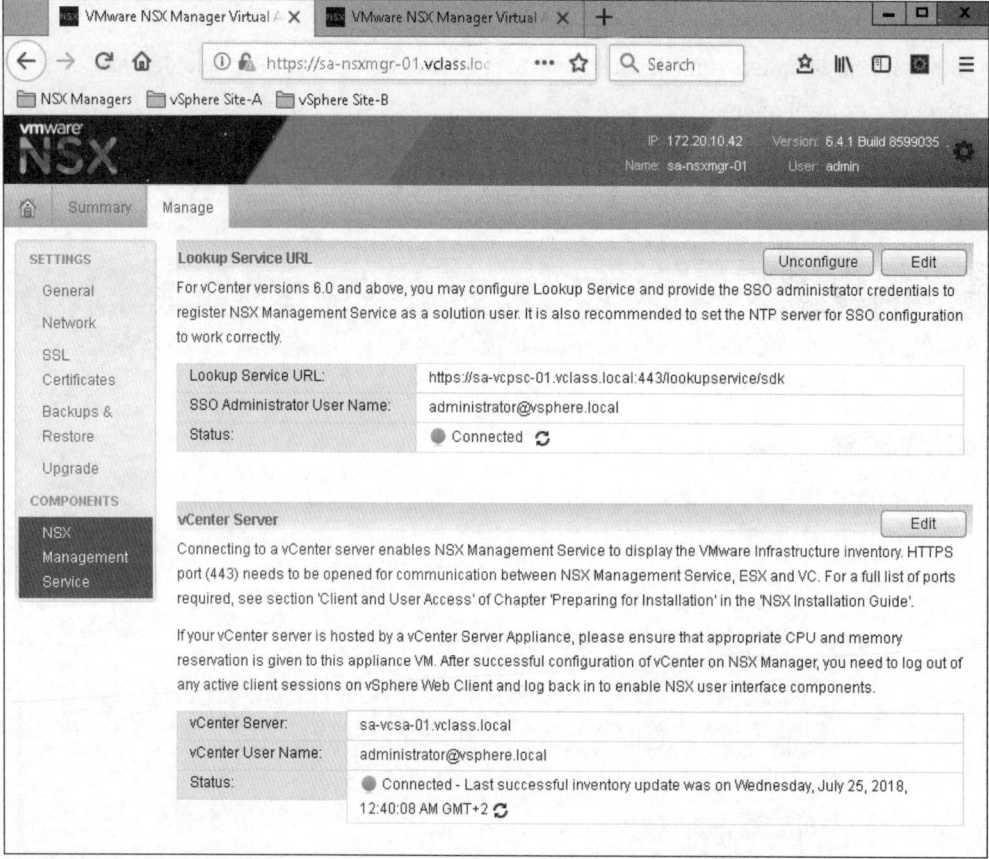

Abbildung 8.14 Der NSX Manager geht eine 1:1-Verbindung mit einem vCenter ein.

Ist die Koppelung vollzogen, registriert der NSX Manager die notwendigen Erweiterungen mit dem vCenter. Beim nächsten Aufrufen des vCenter-Clients (HTML5- oder Web-Client) sollte dann das NSX-Plug-in für die Administration von NSX-V eingeblendet werden (siehe Abbildung 8.15). Eventuell müssen Sie hierzu den Browser beenden und neu starten.

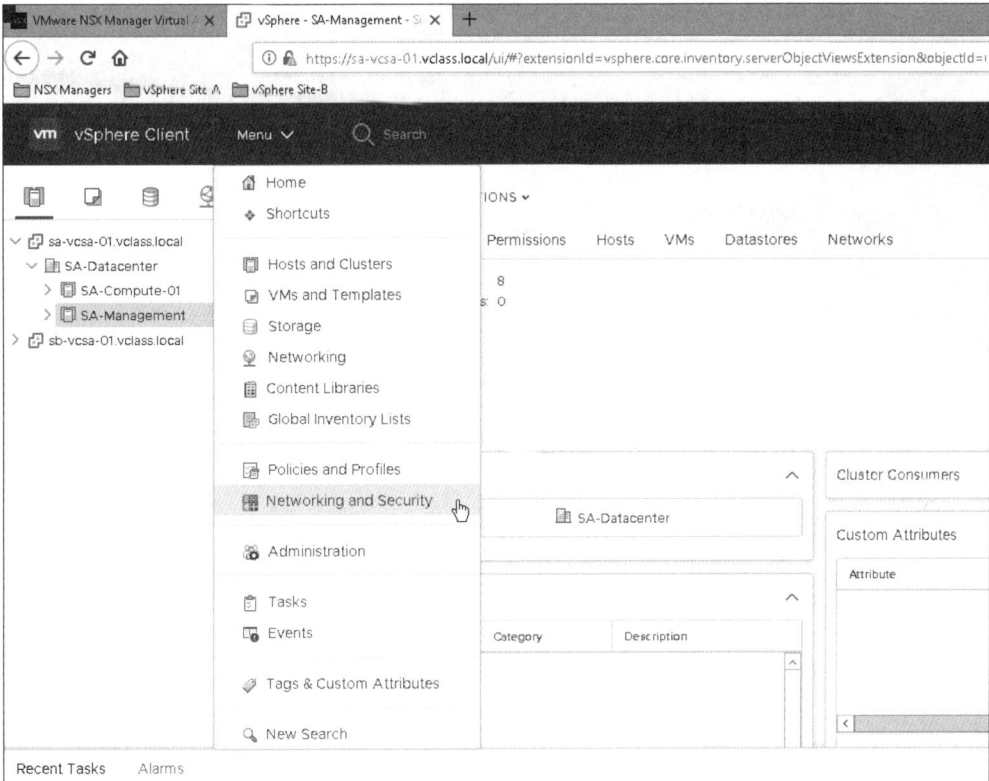

Abbildung 8.15 Über den Menüpunkt »Networking and Security« erreichen Sie das NSX-Plug-in (hier im HTML5-Client).

Da zum Zeitpunkt der Bucherstellung noch nicht alle Funktionalitäten des NSX-Plug-ins im HTML5-Client verfügbar waren, wird im Folgenden noch der vSphere Web Client für die weitere Konfiguration von NSX-V verwendet – kleinere optische Änderungen innerhalb des Plug-ins sind in Kürze zu erwarten.

In Abbildung 8.16 ist das NSX-Plug-in im vSphere Web Client zu sehen – es steht unter dem Menüpunkt Networking & Security zur Verfügung.

> **Zwischenschritt: Lizenzierung von NSX-V**
>
> Bevor Sie im nächsten Schritt die NSX-Controller bereitstellen, müssen Sie noch die NSX-V-Lizenz einspielen. Dies geschieht über den herkömmlichen Lizenzierungsmechanismus, über den auch das vCenter und die ESXi-Hosts mit Lizenzen versorgt werden. Ohne gültige NSX-V-Lizenz können Sie die im Folgenden beschriebenen Funktionen nicht nutzen!

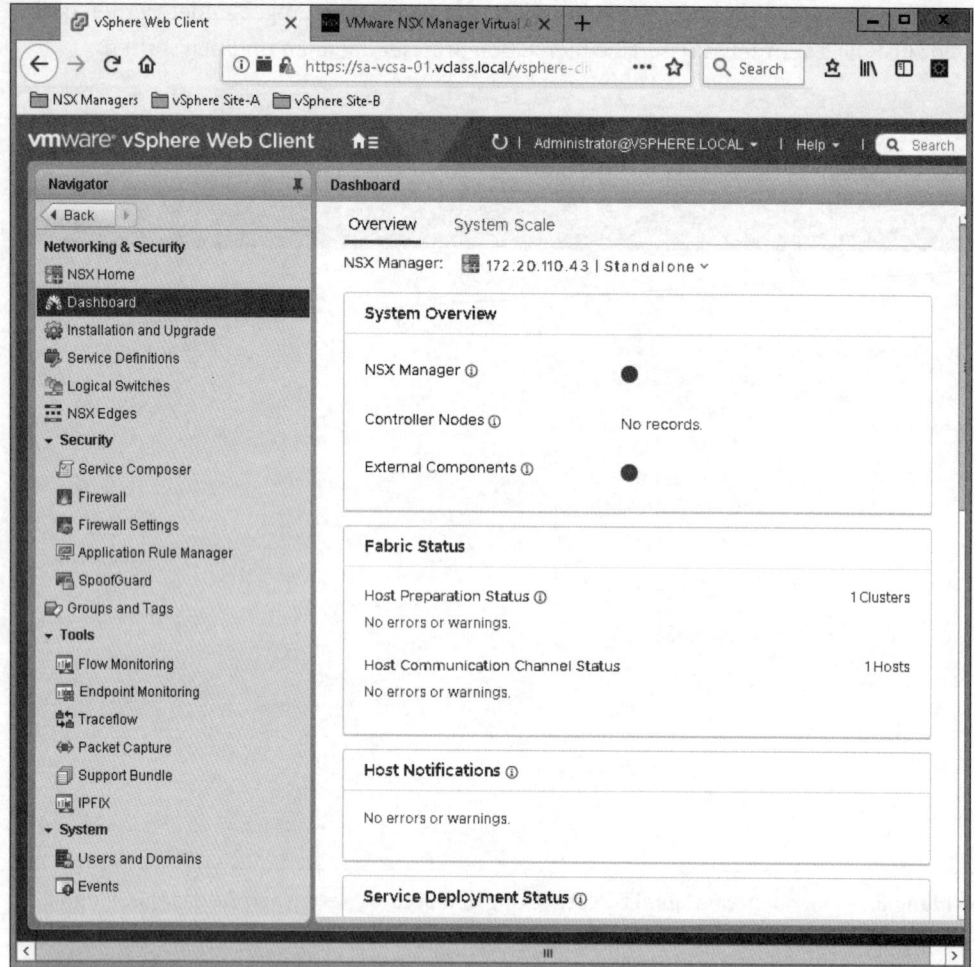

Abbildung 8.16 Über das NSX-Plug-in wird die NSX-V-Funktionalität von den vSphere-Web-Clients aus konfiguriert.

8.6.3 Bereitstellung der NSX-Controller

Der nächste Schritt innerhalb der Bereitstellung von NSX-V ist die Erzeugung der NSX-Controller. Dabei handelt es sich um drei virtuelle Appliances, die ein verteiltes System, den *NSX Controller Cluster*, darstellen. Die NSX-Controller spielen, wie bereits in der Architekturdiskussion in Abschnitt 8.3 besprochen, eine zentrale Rolle für eine NSX-V-Umgebung, da sie die Rolle der Kontrollschicht (*Control Plane*) für NSX-V übernehmen. Aus Gründen der Lastverteilung und der Hochverfügbarkeit empfiehlt VMware die Bereitstellung von drei NSX-Controllern, idealerweise in einem für Management-VMs dedizierten *Management-Cluster*.

Um die NSX-Controller zu installieren, rufen Sie im NSX-Plug-in im vSphere-Client Ihrer Wahl den Menüpunkt INSTALLATION AND UPGRADE auf. Hier finden Sie unter dem Kartei-

8.6 Die NSX-V-Installation

reiter MANAGEMENT und dann unterhalb von NSX CONTROLLER NODES bei der Schaltfläche ADD den Assistenten, der die NSX-Controller ausrollt.

Im Assistenten müssen Sie zunächst den NSX Manager (falls Sie über eine *Cross-vCenter-NSX*-Umgebung verfügen, könnte hier mehr als ein NSX Manager auftauchen) und ein Passwort für den ersten Controller eingeben (siehe Abbildung 8.17). NSX-V prüft bei den meisten Passwörtern nach, ob diese länger als 12 Zeichen sind. Der zweite und der dritte Controller erhalten danach automatisch dasselbe Passwort, das Sie beim ersten Controller eingegeben haben – Sie werden also nicht mehr nach einem Passwort befragt, sobald Sie den ersten NSX-Controller erzeugt haben.

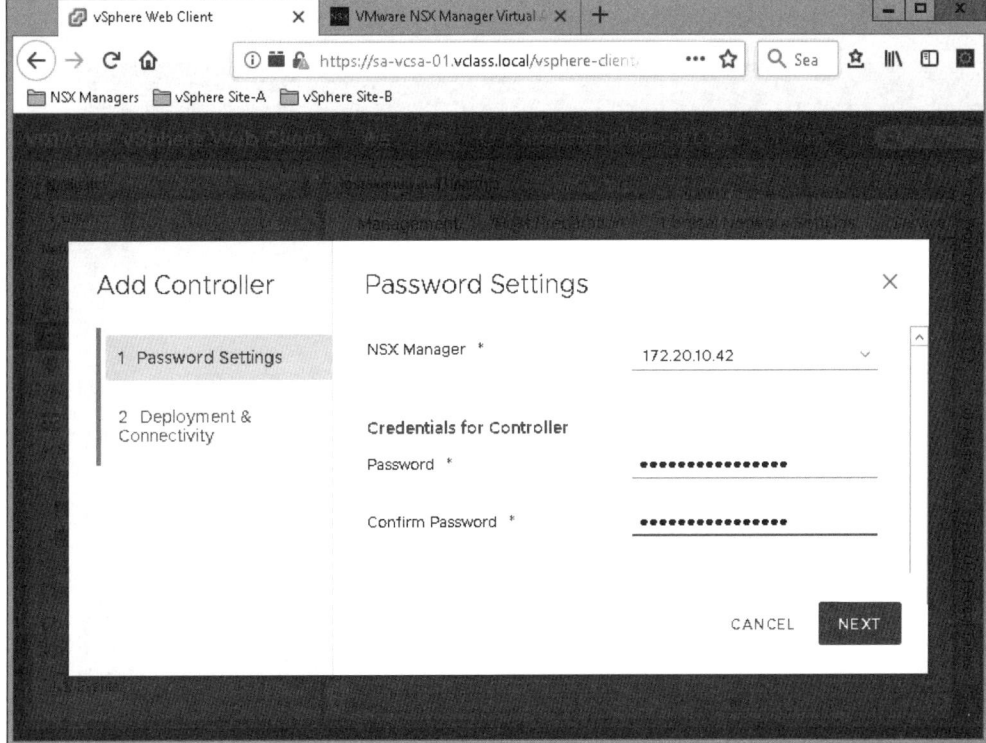

Abbildung 8.17 Beim Erzeugen des ersten NSX-Controllers muss ein komplexes Passwort spezifiziert werden. In Cross-vCenter-NSX-Umgebungen ist zudem der richtige NSX Manager auszuwählen.

Im nächsten Schritt des Assistenten müssen Sie dann die Eigenschaften des NSX-Controllers konfigurieren. Dies beinhaltet den Ort der Bereitstellung innerhalb Ihrer vSphere-Umgebung. Geben Sie dazu Folgendes an:

▶ das vSphere-Datacenter-Objekt, innerhalb dessen der NSX-Controller erzeugt werden soll
▶ den Cluster oder Resource Pool (Empfehlenswert ist eine Bereitstellung unterhalb eines idealerweise dedizierten Management-Clusters.)

- den vSphere-Datastore als Speicherort für die virtuelle Appliance
- (optional) einen konkreten ESXi-Host
- (optional) einen Ordner für virtuelle Maschinen
- die richtige Portgruppe
- die IP-Adressdaten für den Controller über einen NSX-IP-Pool

In Abbildung 8.18 sehen Sie eine sinnvolle Auswahl von Objekten im zweiten Schritt der Konfiguration.

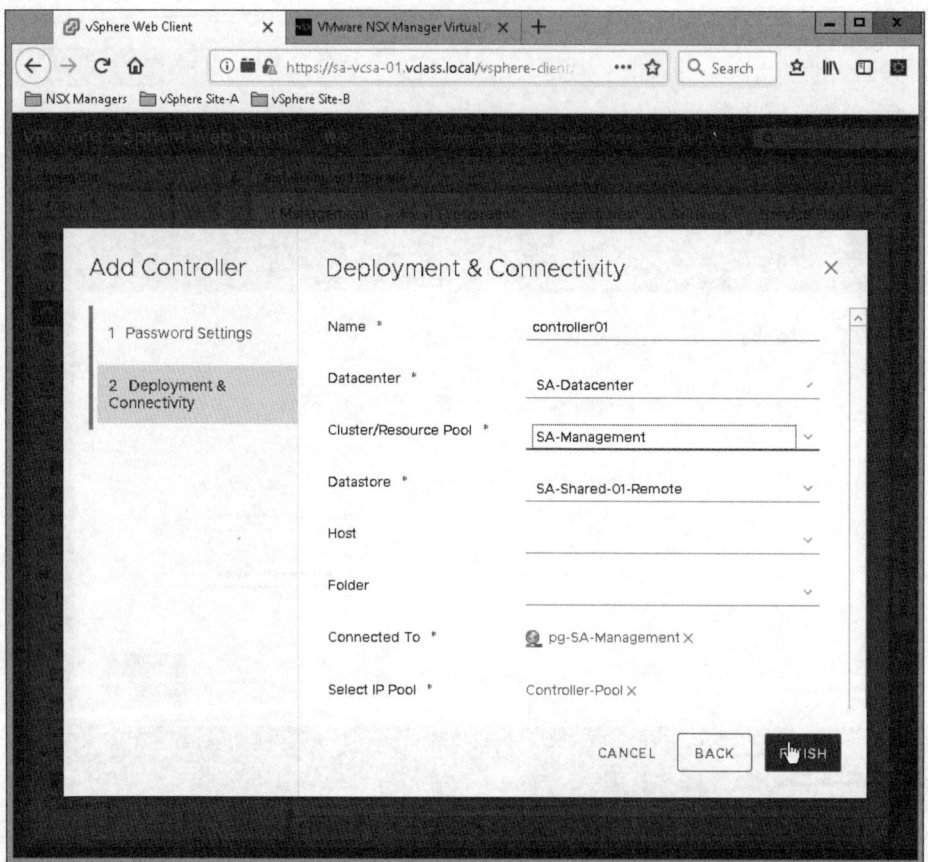

Abbildung 8.18 Im zweiten Schritt des Assistenten ist die Auswahl der passenden Portgruppe (Managementnetz) besonders wichtig.

Häufige Fehler bei der Bereitstellung der NSX-Controller

Bei der Erzeugung der NSX-Controller ist es insbesondere wichtig, dass diese in das Management-Netzwerk verbunden werden und sich im gleichen Layer-2-Netzwerk wie der NSX Manager und das vCenter befinden – zumindest hat der Autor diese Erfahrung in bestimmten

> Versionen von NSX-V gemacht. Somit sollten auch die IP-Adressen der NSX-Controller aus dem gleichen IP-Adressbereich stammen, in dem sich der NSX Manager und das vCenter befinden. Diese beiden Aspekte müssen Sie bei der Auswahl der Portgruppe (diese kann sich auf einem vSphere Standard Switch oder einem Distributed Switch befinden) und bei der Zuweisung der IP-Adressen berücksichtigen.

Wenn Sie den ersten NSX-Controller erzeugen, benötigen Sie für die Zuweisung der IP-Konfiguration noch einen passenden IP-Pool. Bei einem IP-Pool handelt es sich im Kontext von NSX um ein Objekt, das im NSX Manager gespeichert wird und die Netzwerkkonfiguration für bestimmte NSX-Objekte (wie z. B. die NSX-Controller) zusammenfasst. In Abbildung 8.19 ist die Erzeugung eines IP-Pools zur Zuweisung der Netzwerkkonfiguration an die NSX-Controller zu sehen.

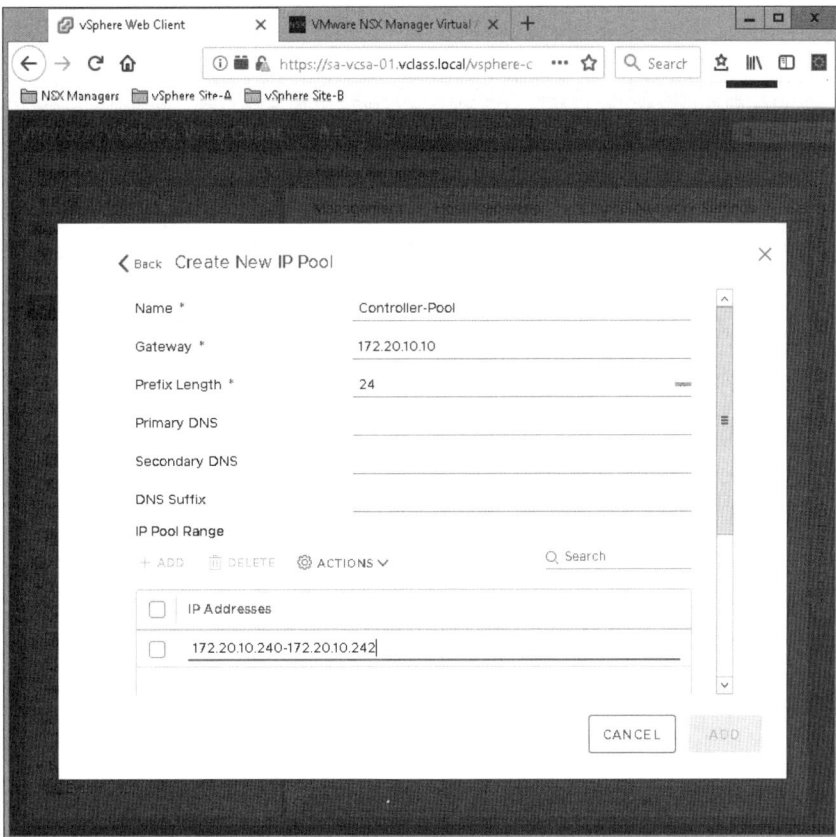

Abbildung 8.19 Die NSX-Controller erhalten ihre Netzwerkkonfiguration aus einem IP-Pool-Objekt, das im NSX Manager verwaltet wird.

Da Sie im Normalfall drei NSX-Controller anlegen werden, wird der Adressraum so angelegt (hier:172.20.10.240–172.20.10.242), dass für drei Controller IP-Adressen zur Verfügung stehen.

8 Netzwerkvirtualisierung mit VMware NSX Data Center for vSphere (NSX-V)

> **Praxistipp: Extra IP-Adressen für alle Fälle einplanen**
>
> Wenn Sie auf Nummer sicher gehen möchten, können Sie den IP-Pool für die Controller auch etwas größer dimensionieren. Auf diese Weise können Sie im Bedarfsfall beim Umbau der Umgebung oder bei der Fehlersuche einen parallelen NSX Controller Cluster aufbauen, um den ursprünglichen zu ersetzen oder einfach ein bis zwei IP-Adressen für alle Fälle extra zur Verfügung zu haben.

Nachdem Sie den IP-Pool erzeugt haben, können Sie das Objekt im Schritt 2 des Assistenten (siehe Abbildung 8.18) angeben.

> **IP-Pool-Objekte in NSX-V**
>
> Erfahrene VMware-Administratoren werden sich vielleicht noch an das *IP-Pool*-Objekt innerhalb von vCenter erinnern, das in älteren vSphere-Versionen beim Deployment von manchen Appliances (z. B. dem damaligen *vCenter Operations*) ab und an aufgekommen ist.
>
> Die IP-Pool-Objekte, die NSX-V verwendet, sind jedoch etwas anderes: Diese werden innerhalb der NSX-V-Datenbank im NSX Manager gespeichert. Wenn Sie diese IP-Pool-Objekte einsehen und ändern möchten, müssen Sie innerhalb des NSX-Plug-ins in das Menü GROUPS AND TAGS wechseln (siehe Abbildung 8.20).

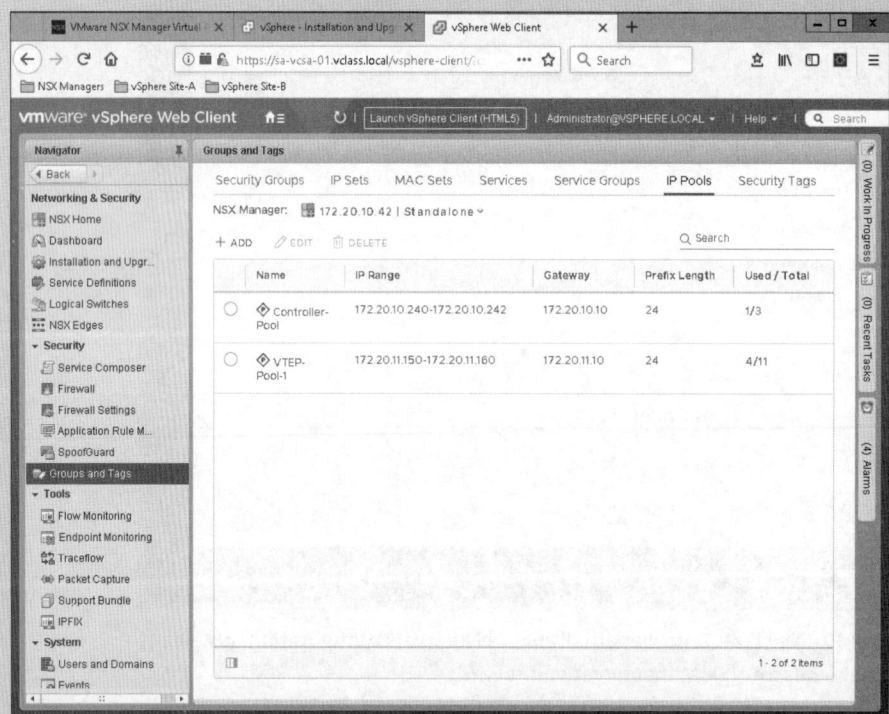

Abbildung 8.20 Die von NSX verwendeten IP-Pool-Objekte finden Sie unter dem Menüpunkt »Groups and Tags« im NSX-Plug-in.

8.6 Die NSX-V-Installation

Wichtig: Nur einen Controller zeitgleich erstellen

Bitte warten Sie beim Erzeugen der NSX-Controller ab, bis die Installation des vorherigen NSX-Controllers komplett abgeschlossen ist, und erzeugen Sie keine Controller parallel. Nicht alle Versionen des NSX-Plug-ins sind in der Lage, dieses Verhalten abzufangen. Da die NSX-Controller softwareseitig eine Clusterbeziehung miteinander eingehen, ist es sehr wichtig, dass die Installation der vorherigen Controller komplett abgeschlossen ist. Den Abschluss der Installation können Sie an der Eigenschaft STATUS erkennen. Wenn diese auf CONNECTED mit einem grünen Haken steht, war die Installation erfolgreich (siehe Abbildung 8.21).

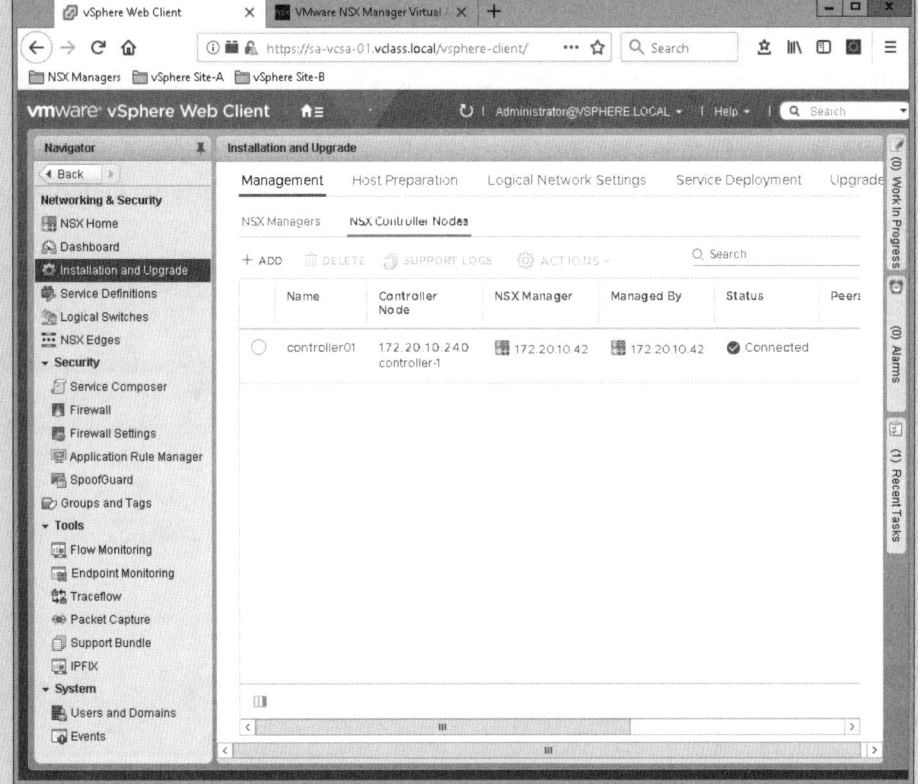

Abbildung 8.21 Über die Eigenschaft »Status« können Sie nachvollziehen, ob die Installation eines NSX-Controllers erfolgreich war.

Nachdem Sie den ersten NSX-Controller erfolgreich erzeugt haben (STATUS ist grün und CONNECTED), können Sie mit der Erstellung des zweiten NSX-Controllers fortfahren. Diesen erstellen Sie analog zum ersten im gleichen Netzwerk. Das Passwort müssen Sie nicht mehr erneut eingeben, da es über die interne API von NSX-V zwischen den Controllern synchronisiert wird. Anschließend können Sie nach der erfolgreichen Bereitstellung des zweiten NSX-Controllers den finalen dritten hinzufügen – damit ist die Erzeugung der NSX-Controller abgeschlossen.

8 Netzwerkvirtualisierung mit VMware NSX Data Center for vSphere (NSX-V)

> **Wichtig: DRS-Regeln für NSX-Controller manuell erstellen**
>
> Nach der im Folgenden beschriebenen Bereitstellung über den Assistenten müssen Sie zusätzlich noch DRS-Regeln anlegen, um dafür zu sorgen, dass die NSX-Controller über ESXi-Hosts im Cluster verteilt werden und dass bei einem Host-Ausfall maximal ein Controller betroffen ist. Konkret müssen Sie hier mehrere Anti-Affinity-Regeln im DRS-Cluster eintragen, um die NSX-Komponenten auf unterschiedlichen ESXi-Hosts zu halten. In der VMware-Dokumentation finden Sie entsprechende Empfehlungen dazu:
>
> *https://docs.vmware.com/en/VMware-Validated-Design/4.3/com.vmware.vvd.sddc-design.doc/GUID-17FBE746-ADC5-4448-A570-70278A88DD02.html*

Nach dem Erzeugen der NSX-Controller erscheinen diese ganz regulär als virtuelle Maschine in Ihrem vSphere-Inventar. Abbildung 8.22 zeigt einen einzigen NSX-Controller: Controller 2 und 3 wurden zu diesem Zeitpunkt noch nicht erstellt. Bei den NSX-Controllern handelt es sich um geschützte virtuelle Maschinen; der vSphere Client lässt keine direkten Änderungen an der Konfiguration der Controller zu.

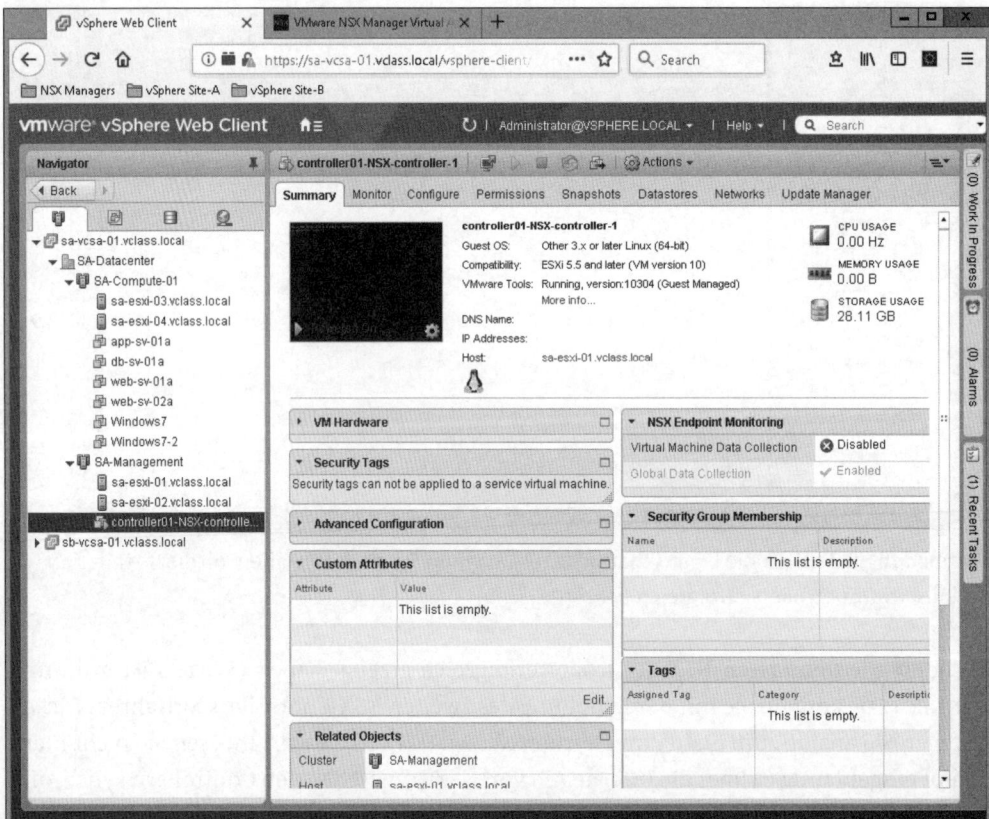

Abbildung 8.22 Die NSX-Controller erscheinen ganz regulär innerhalb Ihrer VMware-Umgebung als virtuelle Maschine, sind aber im vSphere-Client vor Änderungen geschützt.

Wenn Sie nun noch auf der Kommandozeile prüfen möchten, dass Ihre NSX-Controller einwandfrei erzeugt wurden und funktionieren, so können Sie sich über SSH auf Ihren NSX-Controllern anmelden wie in Abbildung 8.23 (oder den bequemeren Weg über die *Central CLI* des NSX Managers nutzen). Genauso funktioniert natürlich auch die *VMware Remote Console* innerhalb des vSphere-Clients, da es sich ja beim NSX-Controller um eine virtuelle Maschine handelt.

```
                    172.20.10.240 - PuTTY
login as: admin
Using keyboard-interactive authentication.
Password:
Last login: Tue Jul 24 13:20:09 2018 from 172.20.10.80
VMware NSX Controller 6.4.1 Build (8409915)
nsx-controller # show control-cluster status
Type                Status                              Since
--------------------------------------------------------------------
Join status:        Join complete                       07/24 13:20:40
Majority status:    Connected to cluster majority       07/24 13:20:15
Restart status:     This controller can be safely restarted  07/24 13:20:32
Cluster ID:         8e0fb133-4184-4b92-80a0-f60a110285e9
Node UUID:          8e0fb133-4184-4b92-80a0-f60a110285e9

Role                Configured status    Active status
--------------------------------------------------------------------
api_provider        enabled              activated
persistence_server  enabled              activated
switch_manager      enabled              activated
logical_manager     enabled              activated
directory_server    enabled              activated
```

Abbildung 8.23 Über SSH erlaubt ein NSX-Controller den Zugriff zur Kontrolle und Fehlersuche, Teil 1

```
--------------------------
Cluster status from vnet-controller:

--------------------------
Active cluster members
isMaster: true
uuid=8e0fb133-4184-4b92-80a0-f60a110285e9, ip=172.20.10.240
Configured cluster members
uuid=8e0fb133-4184-4b92-80a0-f60a110285e9, ip=172.20.10.240

--------------------------
controllerd.info
0000000: 8e0f b133 4184 4b92 80a0 f60a 1102 85e9   ...3A.K........
0000010: 0100 0000 0000 0000 0300 0000 0000 0000   ................
0000020: 7a6b 636c 6973 3000 0031 3732 2e32 302e   zkclis0..172.20.
0000030: 3130 2e32 3430 3a37 3737 3700 0000 0000   10.240:7777.....
0000040: 0000 0000 0000 0000 0000 0000 0000 0000   ................
0000050: 0000 0000 0000 0000 0000 0000 0000 0000   ................
0000060: 0000 0000 0000 0000 0000 7a6b 636c 6964   ..........zkclid
0000070: 0000 0038 6530 6662 3133 332d 3431 3834   ...8e0fb133-4184
0000080: 2d34 6239 322d 3830 6130 2d66 3630 6131   -4b92-80a0-f60a1
0000090: 3130 3238 3565 3900 0000 0000 0000 0000   10285e9.........
00000a0: 0000 0000 0000 0000 0000 0000 0000 0000   ................
00000b0: 0000 0000 7a6b 7376 3000 0000 0031 3732   ....zksv0....172
00000c0: 2e32 302e 3130 2e32 3430 3a37 3737 3700   .20.10.240:7777.
00000d0: 0000 0000 0000 0000 0000 0000 0000 0000   ................
00000e0: 0000 0000 0000 0000 0000 0000 0000 0000   ................
00000f0: 0000 0000 0000 0000 0000 0000 0000        ..............

--------------------------
/var/log is writable: True
/var/cloudnet/data is writable: True
/var/cloudnet/cluster is writable: True
nsx-controller #
```

Abbildung 8.24 Über SSH erlaubt ein NSX-Controller den Zugriff zur Kontrolle und Fehlersuche, Teil 2

In Abbildung 8.23 sehen Sie die Ausgabe des Befehls

```
show control-cluster status
```

und die zugehörige Ausgabe, die Aufschluss über den Zustand des *NSX Controller Clusters* erlaubt.

8.6.4 Vorbereitung der ESXi-Server

Sind die drei NSX-Controller erzeugt, ist der nächste Schritt die Installation der NSX-V-Kernelmodule und -Agenten auf den ESXi-Servern. Die Installation erfolgt automatisiert über das NSX-Plug-in auf vSphere-Clustern, d. h., Sie können entweder einen kompletten Cluster ganz oder gar nicht mit den NSX-V-Funktionalitäten versorgen. Die Auswahl einzelner ESXi-Server für den Betrieb mit NSX-V ist nicht vorgesehen und auch nicht möglich, die Installation erfolgt immer im Cluster. In Abbildung 8.25 sehen Sie die vSphere-Cluster vor der Installation der NSX-Kernelmodule und -Agenten.

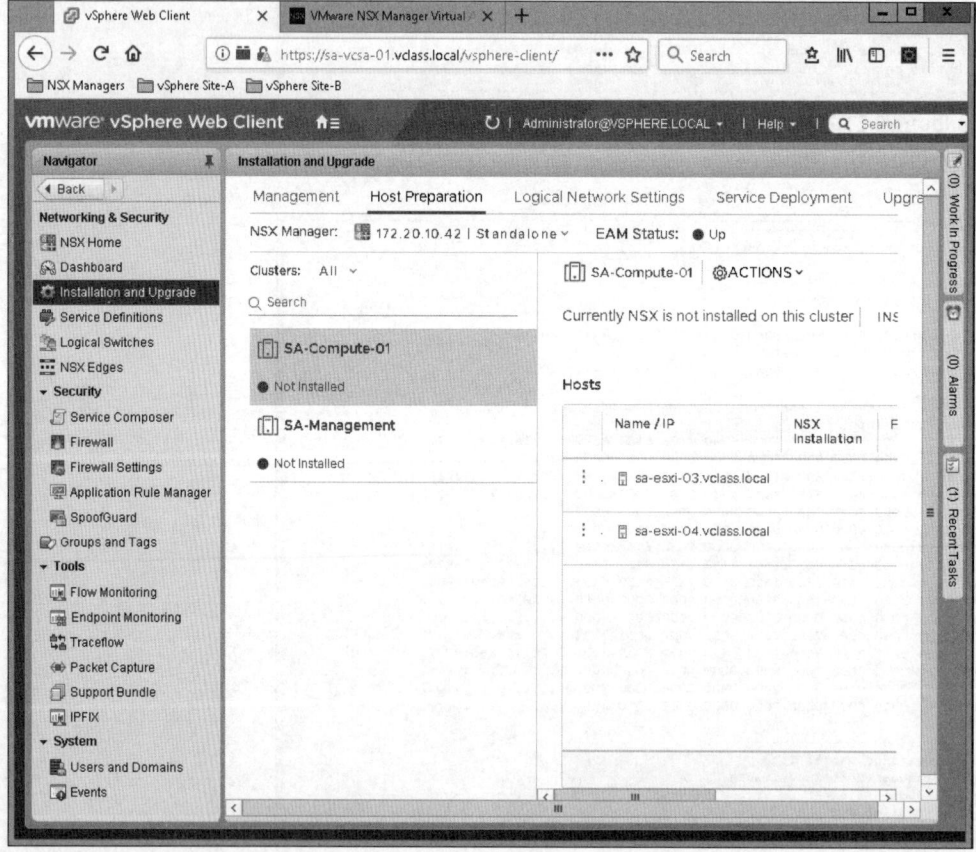

Abbildung 8.25 Die vSphere-Cluster »SA-Compute-01« und »SA-Management« vor der Installation der NSX-Kernelmodule und -Agenten

8.6 Die NSX-V-Installation

Auswahl der vSphere-Cluster für die NSX-V-Installation

Nicht alle Cluster in Ihrer vSphere-Umgebung müssen zwangsläufig mit NSX-V-Funktionen ausgestattet werden. Dies hat auch mit Lizenzaspekten zu tun: Die Cluster, die Sie mit NSX-V versorgen, zählen dann bei NSX-V-Lizenzierung mit, andere Cluster ohne NSX-V-Funktionen eben nicht. In Umgebungen mit einem dedizierten und reinen Management-Cluster, in dem nur Management-VMs und Appliances wie das *vCenter*, der *NSX Manager* oder die NSX-Controller betrieben werden, ist eine Installation der NSX-V-Module nicht vonnöten. Unsere Beispielumgebung weist auch einen Management-Cluster auf. Dieser wird allerdings ebenfalls für die Bereitstellung der *Edge Service Gateway*- und Router-Appliances verwendet, daher werden wir ihn mit den NSX-Kernelmodulen versorgen.

Im nächsten Schritt wählen Sie daher einen Cluster aus, auf dem Sie die NSX-V-Funktionen bereitstellen möchten, und klicken dort auf die Schaltfläche INSTALL NSX. Im Hintergrund erhalten die ESXi-Server über den NSX Manager im Zusammenspiel mit dem vSphere *ESX Agent Manager* (EAM), der im vCenter als Dienst läuft, die Kernelmodule. Die Installation dauert nur wenige Minuten und erfordert keinen Reboot des ESXi-Servers. Nach kurzer Wartezeit und einem Refresh des vSphere-Clients können Sie im gleichen Menüpunkt sehen, dass die Installation erfolgreich verlaufen ist (siehe Abbildung 8.26).

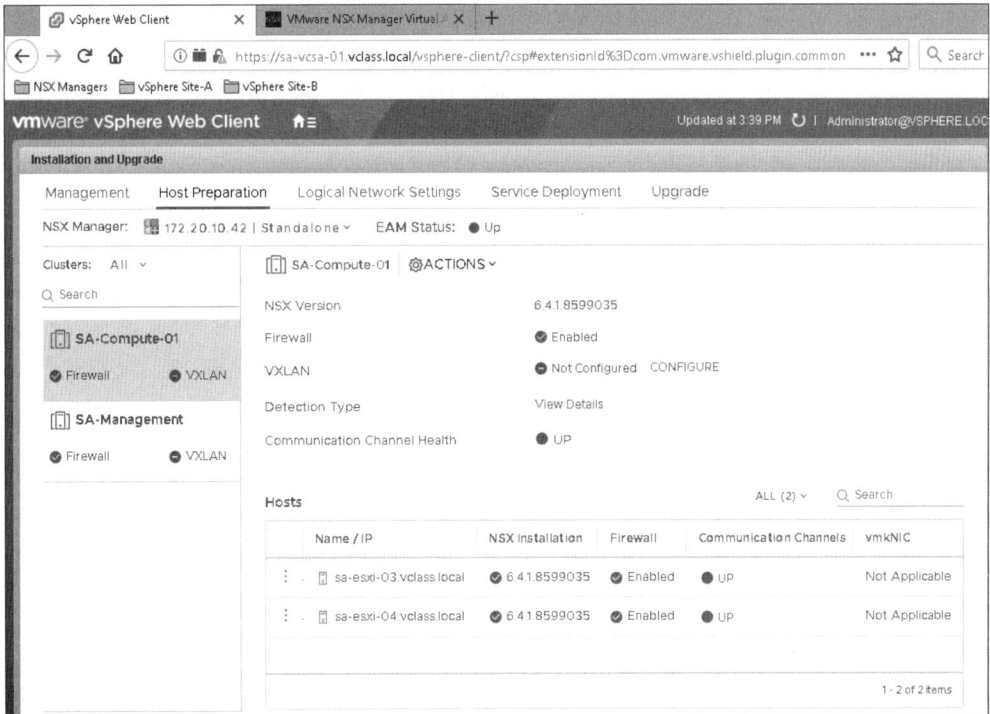

Abbildung 8.26 Die Installation der NSX-Kernelmodule und -Agenten wurde auf beiden Clustern vorgenommen.

Wenn Sie sich via SSH mit einem der ESXi-Server verbinden, die mit den NSX-V-Funktionen versorgt wurden, können Sie ebenfalls sehen, dass die NSX-Installation prinzipiell erfolgreich war (siehe Abbildung 8.27 und Abbildung 8.28).

```
[root@sa-esxi-01:~] ls -lhtr /etc/init.d | grep May
-r-xr-xr-x    1 root     root        9.7K May 22 00:22 vShield-Stateful-Firewall
-r-xr-xr-x    1 root     root        5.2K May 22 00:22 vShield-Protocol-Introspection
-r-xr-xr-x    1 root     root        4.7K May 22 00:22 pktcap-agentd
-r-xr-xr-x    1 root     root       33.0K May 22 00:22 nsxv-vib
-r-xr-xr-x    1 root     root        5.9K May 22 00:22 netcpad
```

Abbildung 8.27 Im Verzeichnis »/etc/init.d« sind mehrere Befehle nach der Installation von NSX-V hinzugefügt worden.

```
[root@sa-esxi-01:~] esxcli software vib list | grep 2018-07
esx-nsxv              6.5.0-0.0.8590012           VMware    VMwareCertified    2018-07-24
```

Abbildung 8.28 Nach der NSX-V-Bereitstellung ist ein neues VIB namens »esx-nsxv« hinzugefügt worden.

Was tun bei Fehlern im Rahmen der NSX-V-Installation?

Natürlich kann es auch beim Ausrollen der NSX-V-Kernelmodule und -Agenten zu Fehlern kommen. Im Allgemeinen ist es anzuraten, bei der Einrichtung von NSX-V einen erfahrenen Dienstleister oder Beratungspartner an seiner Seite zu haben. VMware stellt inzwischen einen NSX-*Troubleshooting Guide* als Teil der NSX-Dokumentation zur Verfügung. Zum Zeitpunkt der Erstellung dieses Kapitels war das Dokument unter *https://docs.vmware.com/en/ VMware-NSX-for-vSphere/6.4/nsx_64_troubleshooting.pdf* zu finden. Es listet Möglichkeiten auf, Fehlersituationen zu untersuchen. Dazu ist in den allermeisten Fällen ein Arbeiten auf der Kommandozeile der ESXi-Hosts sowie dem NSX Manager oder den NSX-Controllern notwendig. Hier sollten Sie nur dann selbst tätig werden, wenn Sie entsprechende NSX-Erfahrung besitzen.

8.6.5 Abschließen der Grundkonfiguration: die VXLAN-Einrichtung

In den Schritten aus dem vorherigen Abschnitt haben Sie die NSX-Module auf die für den NSX-Einsatz ausgewählten Cluster ausgerollt. Jetzt müssen Sie nur noch die Umgebung für die korrekte Verwendung von VXLAN-Overlay-Netzwerken vorbereiten. Dies umfasst mehrere Schritte:

1. die Einrichtung von spezialisierten VMkernel-Netzwerkkarten zum Aufbau von VXLAN-Tunneln zwischen ESXi-Servern: den sogenannten *VTEPs* (*VXLAN Tunnel Endpoints*)

2. das Bereitstellen von einem Bereich von VXLAN-Segment-IDs (analog zu VLAN-IDs) für die Unterscheidung der VXLAN-Netzwerke
3. das Einrichten einer VXLAN-Transport-Zone

> **Was ist ein VTEP?**
>
> Der *VXLAN Tunnel Endpoint* (VTEP) sorgt dafür, dass die Übertragung des Netzwerkverkehrs von virtuellen Maschinen, die in logischen Layer-2-Netzwerken liegen, zwischen den beteiligten ESXi-Servern zustande kommt.
>
> Beim VTEP handelt es sich um einen VMkernel-Port, den der ESXi-Server bei der Konfiguration von VXLAN anlegt. Für VXLAN hat VMware einen eigenen TCP/IP-Stack bereitgestellt, um die Verwendung des Overlay-Protokolls so flexibel wie möglich zu gestalten und auch komplexe, geroutete Netzwerkinfrastrukturen zu unterstützen.
>
> Dieser VMkernel-Port wird bei seiner Erstellung mit dem dedizierten VXLAN-Transport-VLAN verbunden. Sämtlicher VXLAN-Verkehr findet dann – zumindest bezogen auf ein bestimmtes Rack im Rechenzentrum – innerhalb dieses einen VLANs statt. In größeren Umgebungen ist es ohne Weiteres möglich, pro Rack ein eigenes VLAN zu verwenden, wenn dieses zwischen den Racks geroutet wird. Das ist beispielsweise bei einer Netzwerkarchitektur nach dem Spine-Leaf-System üblich. Für eine eingehende Diskussion der damit verbundenen Netzwerkarchitekturen müssen wir auf Spezialliteratur verweisen, wie auf den von VMware bereitgestellten »NSX Design Guide«.
>
> Wichtig in dem Zusammenhang ist noch, dass der VMkernel-Port, der die VTEP-Aufgabe übernimmt, eine höhere MTU (*Maximum Transmission Unit*) seitens des physischen Netzwerks erfordert. (Der Grund ist die Kapselung von Layer-2-Paketen durch das VXLAN-Protokoll.) VMware empfiehlt, die MTU auf 1600 Bytes einzustellen.
>
> Eine Änderung der MTU auf einem Distributed Switch gilt für alle Portgruppen des Distributed Switchs. Wenn Ihre ESXi-Hosts mit vielen physischen Netzwerkkarten (mehr als 4) bestückt sind, können Sie auch über einen dedizierten Distributed Switch für VXLAN nachdenken.

Steht ein Konzept für das NSX-Design und die Architektur, ist die Konfiguration von VXLAN denkbar einfach. Hierzu wählen Sie pro Cluster die Schaltfläche CONFIGURE direkt neben dem Menüpunkt VXLAN (siehe Abbildung 8.29).

Daraufhin müssen Sie im nächsten Dialogfeld (siehe Abbildung 8.30) die Detailkonfiguration der VTEPs für den ausgewählten Cluster durchführen. In unserem Beispiel (siehe Abbildung 8.30) sehen Sie die folgenden Werte.

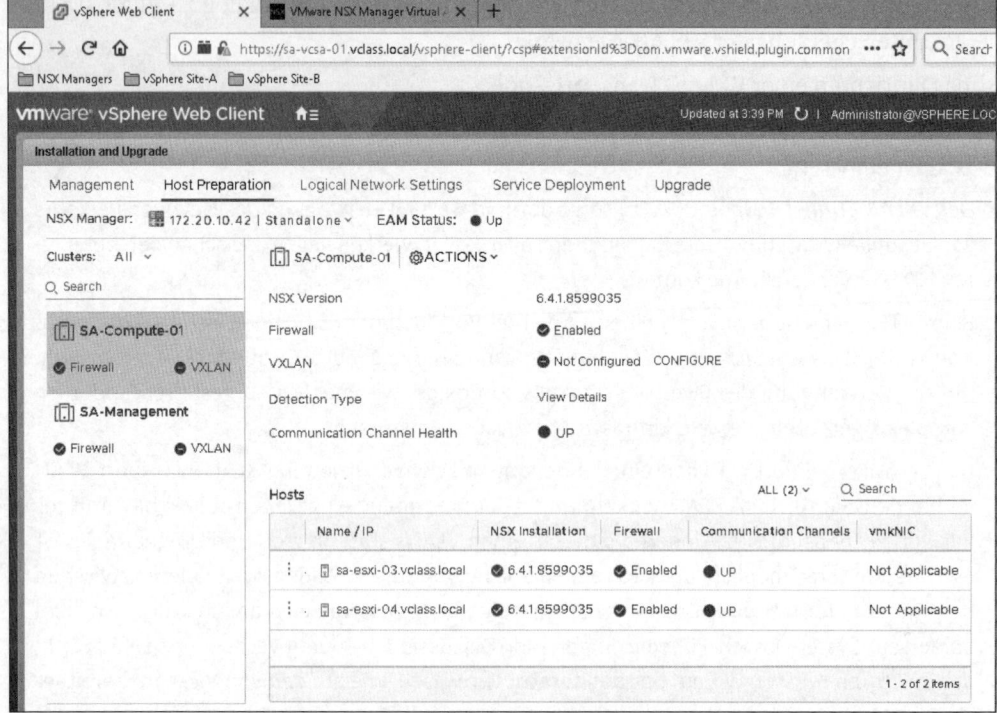

Abbildung 8.29 Über den Menüpunkt »CONFIGURE« neben »VXLAN« gelangen Sie zur Konfiguration der VTEPs für den jeweils ausgewählten vSphere-Cluster.

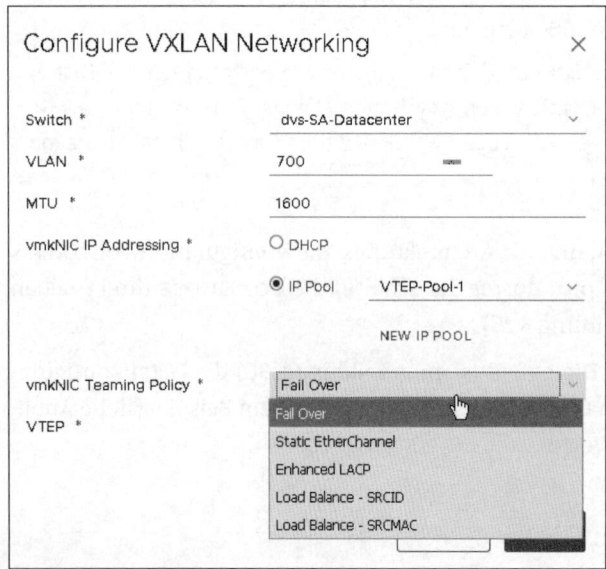

Abbildung 8.30 Die Konfiguration der VTEPs erfolgt pro vSphere-Cluster und erfordert einige Entscheidungen.

- Switch – Bei Switch wählen Sie den Distributed Switch, auf dem der VTEP erzeugt wird. Auch wenn ESXi-Hosts innerhalb eines vSphere-Clusters prinzipiell für die Verwendung mehrerer Distributed Switches gleichzeitig konfiguriert sein können, müssen Sie sich hier für genau einen Distributed Switch entscheiden.

- VLAN – Hier wählen Sie die VLAN-ID des VLANs aus, in dem der physische Transport der VXLAN-Pakete stattfinden soll (das *VXLAN-Transport-VLAN*).

- MTU – VMware empfiehlt eine MTU von 1600 Bytes, wenn die virtuellen Maschinen für die Verwendung von 1500 Bytes (Industriestandard) konfiguriert sind. Im Allgemeinen müssen Sie hier ca. 100 Bytes zu der Paketgröße hinzuaddieren, die Sie innerhalb der VXLAN-Pakete transportieren möchten.

- VMKNIC IP ADDRESSING – Hier legen Sie fest, über welchen Mechanismus der VMkernel-Port für VXLAN (VTEP) die IP-Adresskonfiguration bezieht. In einfachen Umgebungen ist die IP-Adresskonfiguration über ein IP-Pool-Objekt sinnvoll. Wenn sich Ihre ESXi-Server im Cluster über mehrere Racks verteilen, die zudem untereinander über eine Layer-3-(*Spine-Leaf-*)Infrastruktur miteinander verbunden sind, ist DHCP unter Umständen geeigneter.

- VMKNIC TEAMING POLICY – Hier legen Sie die vSwitch-Teaming-Policy fest, die auf den VMkernel-Port angewendet wird. Nicht alle Teaming-Policys, die ein Distributed Switch unterstützt, dürfen bei NSX verwendet werden: Die *Load Based Teaming*-(LBT-)Methode ist nicht vorgesehen und auch nicht auswählbar. Je nach gewählter Policy kann es sein, dass ein VTEP oder mehrere VTEPs pro ESXi-Server erzeugt werden. Jeder einzelne VTEP benötigt eine IP-Adresse, die nach dem Verfahren zugewiesen wird, das Sie bei VMKNIC IP ADDRESSING ausgewählt haben.

- VTEP – Hier können Sie die Anzahl der zu erzeugenden VTEPs pro ESXi-Host kontrollieren (abhängig von Ihrer Netzwerkkonfiguration auf dem Distributed Switch und der Teaming Policy, die Sie unter VMKNIC TEAMING POLICY ausgewählt haben). Alle Netzwerkkarten des Distributed Switchs werden für die VTEP-Konfiguration verwendet.

> **Weiterführende Informationen zur VTEP-Konfiguration**
>
> Insbesondere in Umgebungen, in denen das *Link Aggregation Control Protocol* (*LACP*) verwendet wird, sind einige Design- und Konfigurationsentscheidungen zu treffen. Weiterführende Informationen finden Sie in den folgenden ausführlichen Blogbeiträgen:
>
> - http://www.routetocloud.com/2014/05/nsx-and-teaming-policy/
> - http://www.iwan.wiki/DVS_NIC_teaming_load_balancing_options_and_NSX_interoperability#vSphere_Networking_and_NSX_-_Static_EtherChannel_and_LACP_-_1_x_VTEP

- In Abbildung 8.31 sehen Sie den Assistenten, der mit Beispielwerten ausgefüllt wurde.

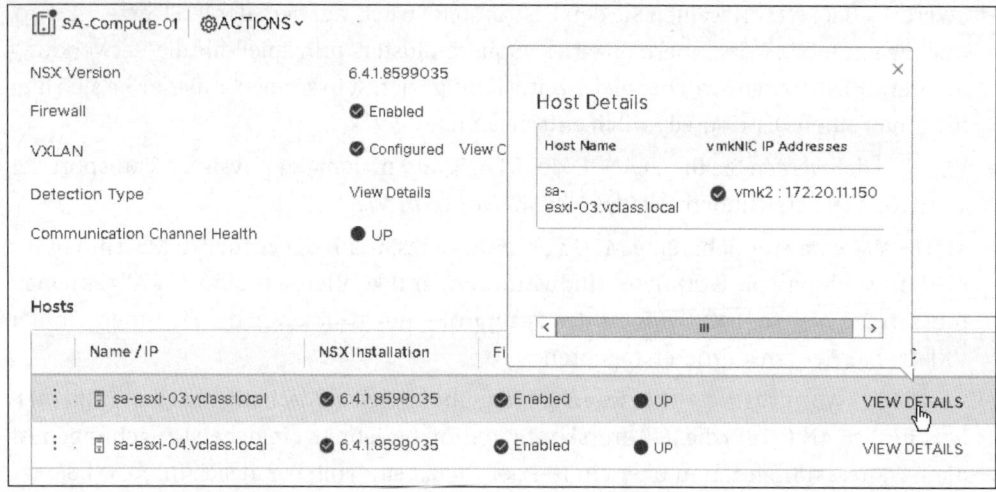

Abbildung 8.31 Im NSX-Plug-in können Sie direkt nach der VTEP-Konfiguration das Ergebnis sehen.

Die Erzeugung der VMkernel-Ports für die VTEPs dauert in aller Regel nur wenige Sekunden, wenn Sie alles richtig gewählt haben. Danach können Sie sich über die GUI vergewissern, dass die Konfiguration funktioniert hat. Die tatsächliche Funktion ist natürlich nicht nur davon abhängig, dass Ihre vSphere- und NSX-Umgebung korrekt konfiguriert ist, sondern auch vom richtig und passend eingerichteten physischen Netzwerk. Fehlerquellen, die hier störend einwirken können, gibt es aufgrund der Komplexität des Netzwerks zuhauf.

Direkt nach dem Start des Konfigurationsassistenten können Sie das Ergebnis im NSX-Plug-in sehen.

Natürlich können Sie auch die herkömmlichen vSphere-Konfigurationsansichten verwenden, um die Erstellung der VTEPs zu überprüfen (siehe Abbildung 8.32).

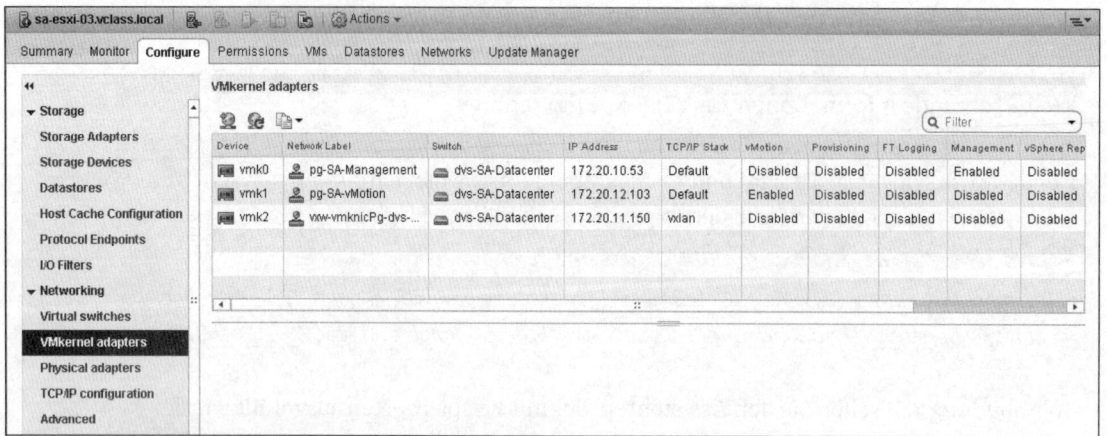

Abbildung 8.32 Der VTEP (im Bild als »vmk2«) erscheint nach erfolgreicher Konfiguration in der Liste der VMkernel-Adapter auf dem ESXi-Host.

8.6 Die NSX-V-Installation

Nachdem Sie die VTEPs erzeugt haben, wechseln Sie im NSX-Plug-in einen Karteireiter weiter von HOST PREPARATION auf LOGICAL NETWORK SETTINGS (siehe Abbildung 8.33). Hier müssen Sie die Grundeinstellungen für die Verwendung des VXLAN-Protokolls in Ihrer NSX-V-Umgebung festlegen.

Den UDP-Port für das VXLAN-Protokoll sollten Sie bei 4789 belassen. In älteren Versionen von NSX V hat VMware einen anderen UDP-Port verwendet (8472). Auch dieser ist in Ordnung, solange er innerhalb der Umgebung konsistent vergeben ist und keine Firewall diesen Port filtert. Bei Bedarf können Sie den Port auch im Nachhinein ohne Downtime ändern.

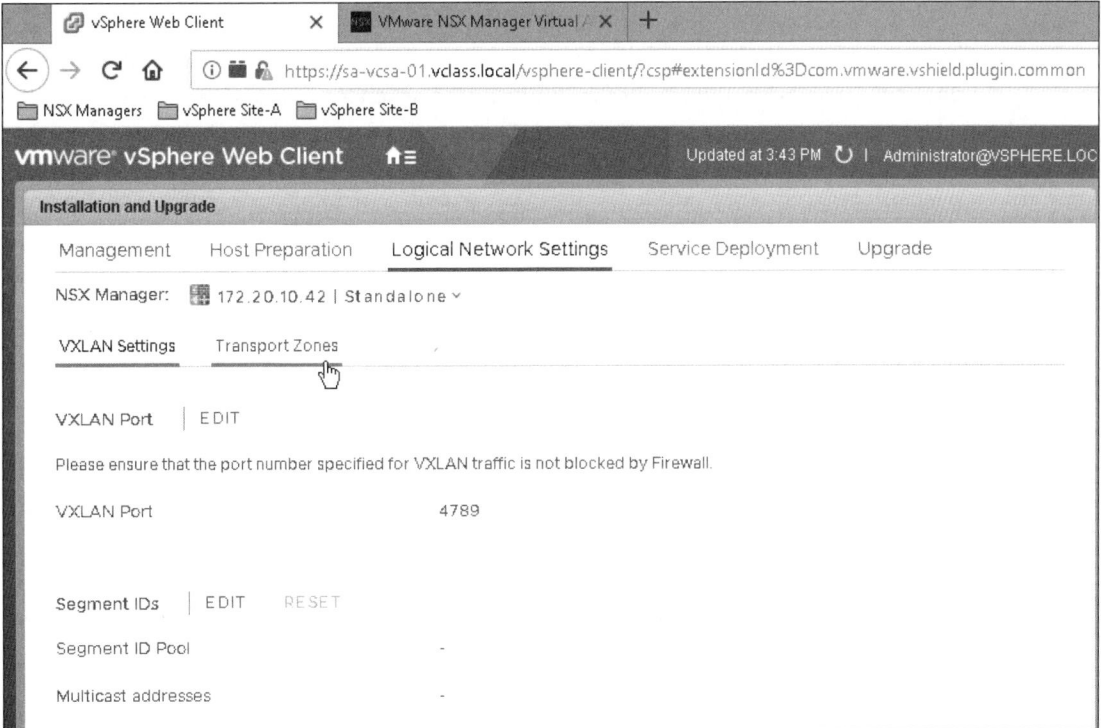

Abbildung 8.33 Im Bereich »Logical Network Settings« legen Sie allgemeine Eigenschaften des VXLAN-Protokolls für Ihre Umgebung fest.

Was ist eine VXLAN-Segment-ID?

Ganz analog zu VLANs müssen auch VXLAN-Netzwerke voneinander unterschieden werden. Dies geschieht über ein Feld im VXLAN-Header, das 24 Bit groß ist und somit rein rechnerisch 16.277.216 verschiedene VXLAN-Netzwerke erlaubt. Dies sind weit mehr VXLAN-Netzwerk-IDs, als unter vSphere nutzbar sind: In vSphere wird jedes verwendete logische VXLAN-Netzwerk als mindestens eine Portgruppe auf mindestens einem Distributed Switch angelegt – in größeren und komplexeren Umgebungen kann ein VXLAN-Netzwerk auch mehrere Port-

519

gruppen umfassen. Portgruppen sind in vSphere in ihrer Anzahl beschränkt, und zwar auf 10.000 Portgruppen in vSphere 6.7.

Mit 24 Bit für die VXLAN-IDs haben die VXLAN-Erfinder also großzügig vorgesorgt und viel Spielraum nach oben gelassen.

Um Verwechslungen mit VLAN-IDs, die einen Adressumfang von 0 bis 4095 haben, im Vorfeld auszuschließen, erlaubt NSX-V nur die Verwendung von VXLAN-IDs oberhalb von 5000.

Der Begriff *VXLAN-ID* wird leider uneinheitlich verwendet. Manchmal liest man auch *Segment ID*, manchmal *VNI (VXLAN Network Identifier)* – gemeint ist immer dasselbe.

Im nächsten Schritt legen Sie einen Bereich von VXLAN-Nummern fest, der in Ihrer Umgebung für die Erzeugung und Unterscheidung von logischen Netzwerken verwendet wird (siehe Abbildung 8.34). Der kleinste Wert, den Sie als untere Grenze für den Bereich auswählen können, liegt bei 5000, um Verwechslungen mit VLAN-IDs (0 bis 4095) von vornherein auszuschließen. Den Schalter MULTICAST ADDRESSING lassen Sie dabei auf OFF stehen, es sei denn, Sie verwenden alternative VXLAN-Modi wie den *Multicast*- oder den *Hybrid*-Mode. In unserem Beispiel werden wir den *Unicast*-Modus verwenden, für den keine Multicast-IP-Adressen benötigt werden.

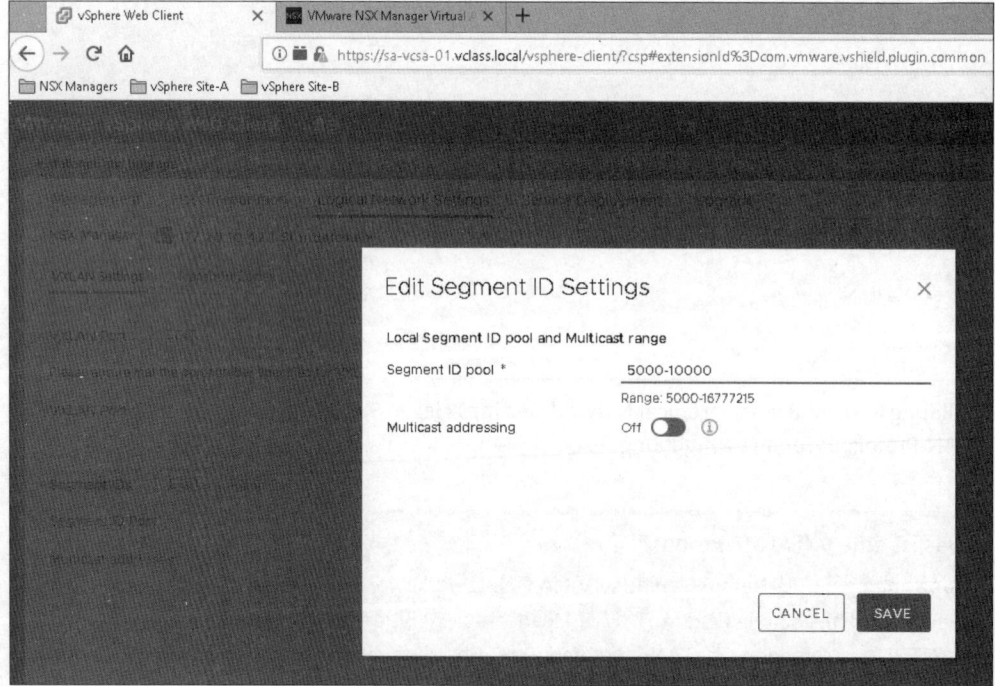

Abbildung 8.34 Unter »Edit Segment ID Settings« legen Sie den Bereich von VXLAN-IDs für Ihre Umgebung fest.

Danach wechseln Sie zum Karteireiter TRANSPORT ZONES unterhalb von LOGICAL NETWORK SETTINGS im Bereich INSTALLATION AND UPGRADE. Hier müssen Sie mit der Schaltfläche ADD eine Transport-Zone für das VXLAN-Protokoll festlegen (siehe Abbildung 8.35).

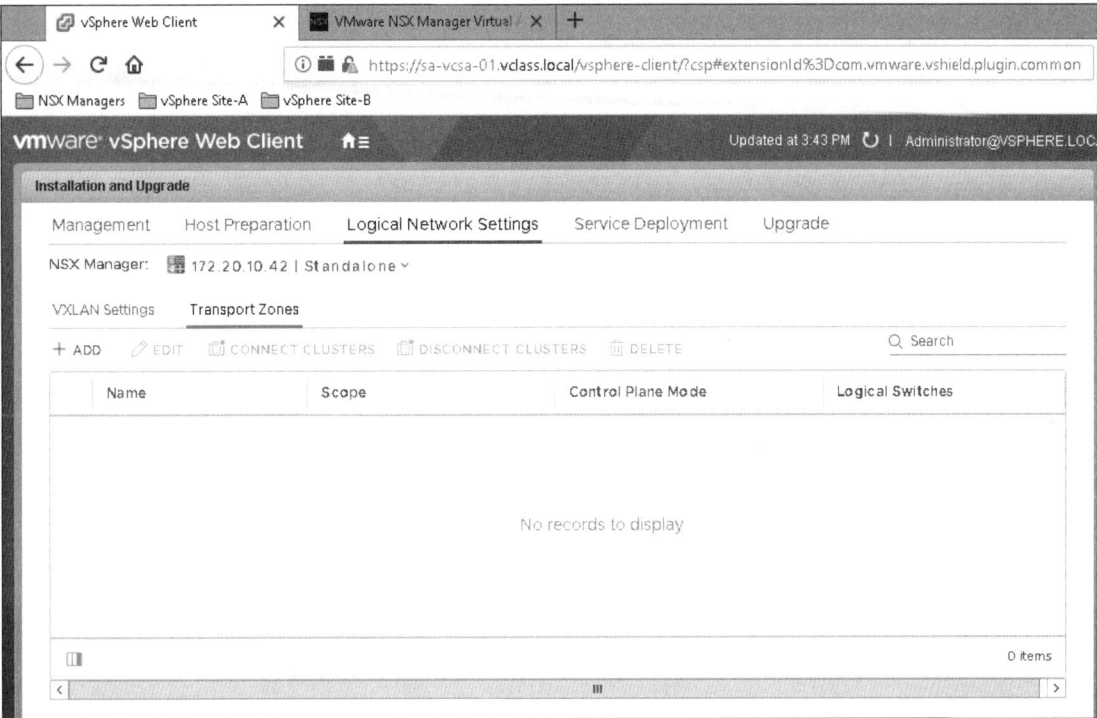

Abbildung 8.35 Der finale Schritt zur Konfiguration von VXLAN führt über die VXLAN-Transport-Zone.

> **Was ist eine VXLAN-Transport-Zone?**
>
> NSX-V erlaubt es, die VXLAN-Umgebung in unterschiedliche, voneinander logisch getrennte Bereiche zu unterteilen. Das notwendige Konzept hierfür ist die *VXLAN-Transport-Zone*. Jeder logische Switch, den Sie in Ihrer NSX-V-Umgebung als VXLAN-Netzwerk anlegen können, gehört zu genau einer VXLAN-Transport-Zone.
>
> Im Regelfall genügt für eine Umgebung eine einzige VXLAN-Transport-Zone, es kann aber Fälle geben, in denen eine weitergehende Separierung gewünscht ist. Um eine VXLAN-Transport-Zone zu definieren, müssen Sie die vSphere-Cluster angeben, die zur Transport-Zone gehören sollen. Hier ist es sehr wichtig, dass Sie auch alle Cluster, die sich des gleichen Distributed Switches bedienen, zur Transport-Zone hinzufügen, sobald Sie einen Cluster hinzufügen, der den Distributed Switch verwendet (siehe Abbildung 8.36 und Abbildung 8.37).

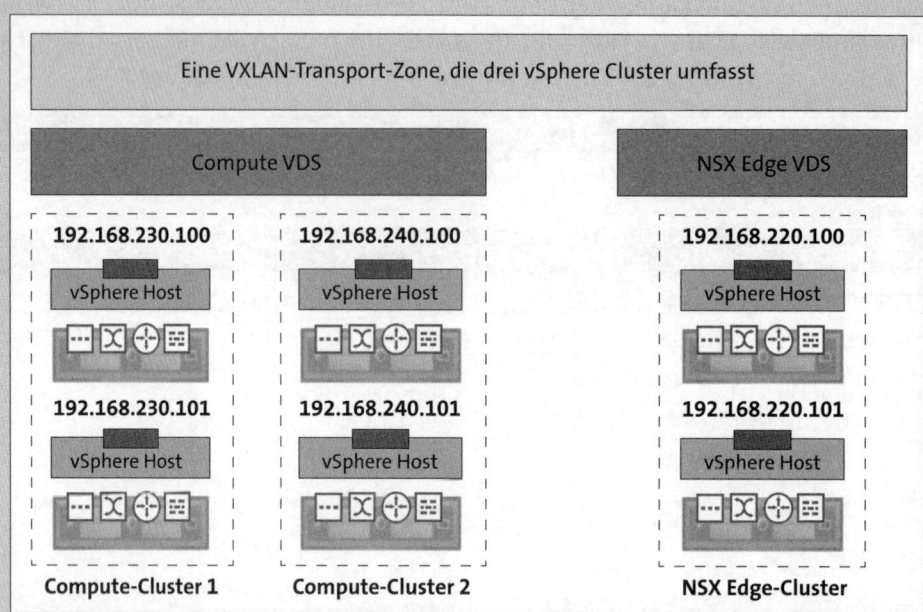

Abbildung 8.36 Richtig: Die Transport-Zone umfasst alle Distributed Switches, die von den vSphere-Clustern verwendet werden.

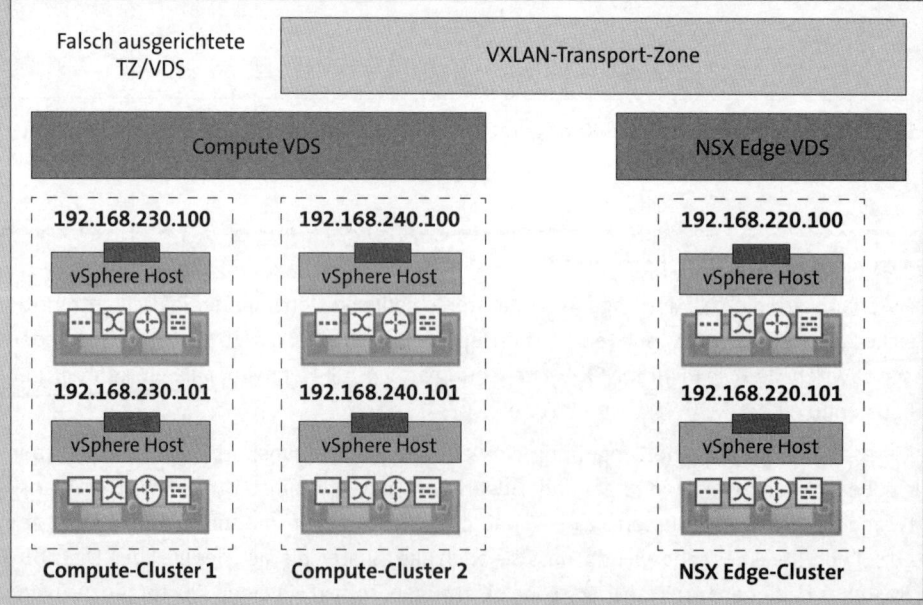

Abbildung 8.37 Falsch: Der vSphere-Cluster »Compute Cluster 1« wurde nicht zur Transport-Zone hinzugefügt, obwohl der Cluster »Compute Cluster 2« den gleichen Distributed Switch »Compute VDS« verwendet.

Im Assistenten zum Anlegen der VXLAN-Transport-Zone (siehe Abbildung 8.38) müssen Sie die folgenden Daten eintragen:

- NAME – den Namen der Transport-Zone
- DESCRIPTION – (optional) eine Beschreibung
- REPLICATION MODE – Der Replikationsmodus legt das Verhalten der VTEPs beim Umgang mit Netzwerkpaketen fest, die an mehrere Adressaten zugestellt werden müssen. Dabei handelt es sich um sogenannte BUM-Pakete (*Broadcast*, *Unknown Unicast* und *Multicast*). Diese müssen gegebenenfalls an viele andere Adressaten zugestellt werden (man spricht hier auch von »fluten«):
- MULTICAST – Das ist der Modus, der in der ursprünglichen Definition des VXLAN-Protokolls spezifiziert wurde. Alle BUM-Pakete werden hier ohne weitere Prüfung über Multicast in das Netzwerk der VTEPs »geflutet«. Die NSX-Controller werden in diesem Fall nicht für die Koordination von VXLAN verwendet, da keine Koordination stattfindet.
- UNICAST – Die NSX-Controller werden zur Koordination des VXLAN-Verkehrs verwendet. Weil die NSX-Controller die VXLAN-Netzwerke kennen (d. h., sie kennen die mit dem VXLAN-Netzwerk verbundenen MAC- und IP-Adressen), können sie eventuell ARP-Anfragen seitens der virtuellen Maschinen direkt beantworten. Dazu kommunizieren die NSX-Controller mit den ESXi-Hosts. Auf diese Weise kann ein Fluten von ARP-Paketen vermieden werden (*ARP Suppression*). Andere BUM-Pakete müssen geflutet werden. Dies geschieht dann mit Unicast-Kommunikation zwischen den VTEPs, was in größeren NSX-Umgebungen zu Skalierungsproblemen führen kann.
- HYBRID – Im Hybrid-Modus werden wie beim Unicast-Modus die NSX-Controller zur Koordination des VXLAN-Verkehrs und zur *ARP Suppression* verwendet. Aber anders als beim reinen Unicast-Modus wird auch Multicast herangezogen, um im lokalen Segment der VTEPs (falls diese in mehreren IP-Subnetzen mit gerouteten VLANs organisiert sind) eine bessere Skalierung des Netzwerkverkehrs beim Fluten von BUM-Paketen zu erzielen.
- VSPHERE CLUSTERS – Hier müssen Sie die vSphere-Cluster auswählen, die zur NSX-Transport-Zone gehören sollen. Voraussetzung ist, dass Sie diese in den vorherigen Schritten korrekt für VXLAN konfiguriert haben. Wichtig ist hier, dass die vSphere-Cluster, die Sie hinzufügen, mit dem Distributed Switch »ausgerichtet« sind (in Abbildung 8.38 wird der Distributed Switch als NSX VSWITCH bezeichnet). Sobald Sie einen Cluster hinzufügen, der einen bestimmten Distributed Switch für VXLAN verwendet (hier: `dvs-SA-Datacenter`), sollten Sie auch alle weiteren Cluster, die den gleichen Distributed Switch verwenden, ebenfalls hinzufügen. Andernfalls kann es zu Inkonsistenzen beim Switching und Routing von VXLAN kommen.

Nachdem Sie die Transport-Zone eingerichtet haben, ist die grundlegende Konfiguration von NSX-V abgeschlossen. Ab jetzt ist das System benutzbar und Sie können alle NSX-V-Objekte wie logische Switches oder logische Router einrichten.

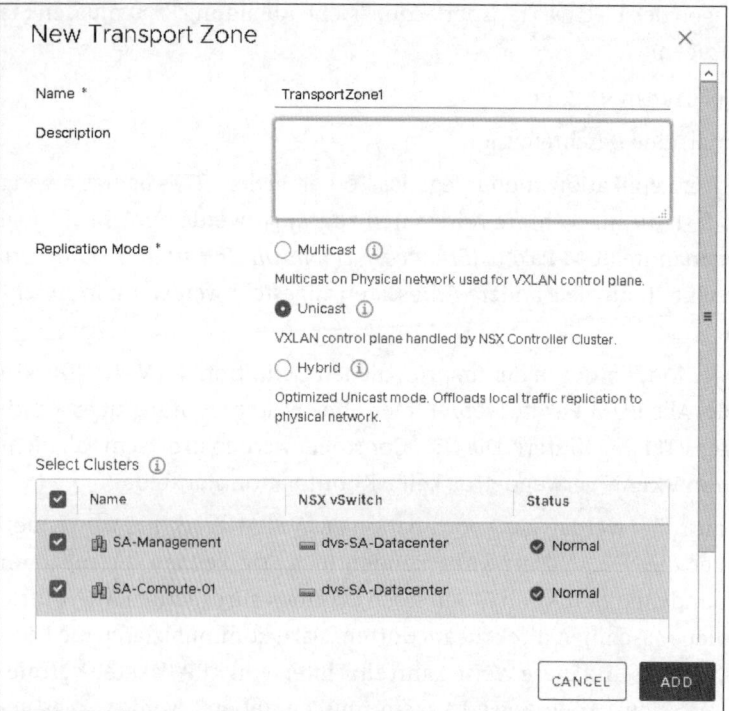

Abbildung 8.38 Bei der Konfiguration der Transport-Zone legen Sie einen Replikationsmodus und die zugehörigen vSphere-Cluster fest.

NSX-V-Umgebungen ohne VXLAN

Da es sich bei NSX-V um eine umfangreiche Netzwerkvirtualisierungs- und Sicherheitsplattform handelt, die verschiedene Techniken unter einem Dach vereint, sind nicht alle Konfigurationsschritte für jede Umgebung zwingend durchzuführen. So ist zwar VXLAN in jeder NSX-V-Lizenz mit enthalten; in manchen Umgebungen steht die Netzwerkvirtualisierung aber gar nicht im Vordergrund, sondern der erweiterte Schutz von virtuellen Maschinen durch die *Distributed Firewall* (DFW). Die DFW ist unabhängig von der Verwendung von VXLAN und kann auch mit herkömmlichen Netzwerken und Portgruppen betrieben werden. Wenn Sie nur am Einsatz der DFW interessiert sind, ist die Einrichtung der NSX-Controller und der Komponenten für VXLAN (VTEPs, Transport-Zone) optional.

8.7 Benutzung von NSX-V anhand einer beispielhaften Netzwerktopologie

Nach dem Abschluss der Installation und initialien Konfiguration von NSX-V können Sie nun die Funktionen von NSX-V in Ihrer Umgebung nutzen. Zur Demonstration der ersten

Schritte verwenden wir eine einfache Netzwerktopologie, die Sie einfach in einer Laborumgebung nachbauen können. Sehen Sie sich dazu Abbildung 8.39 an.

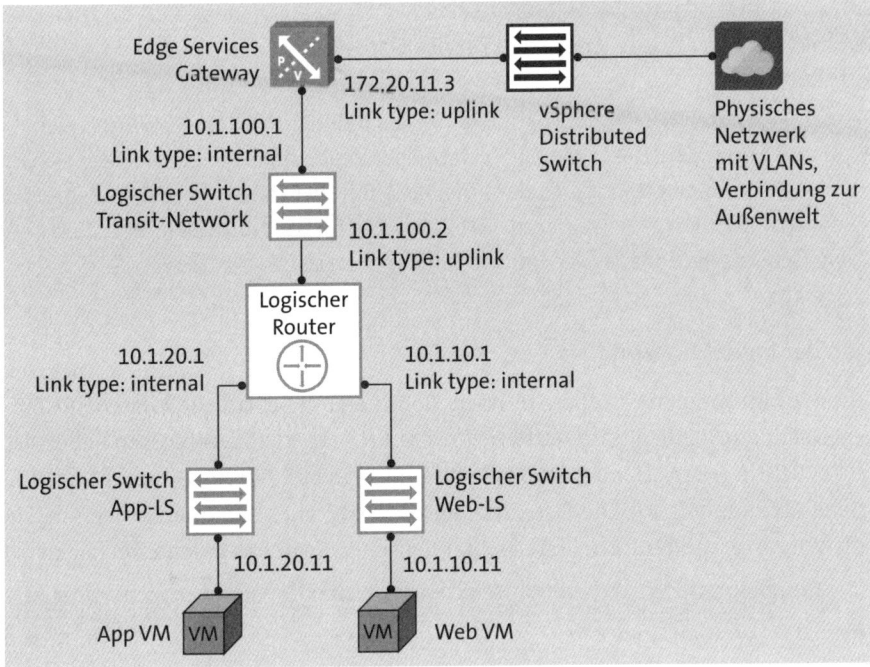

Abbildung 8.39 In den nächsten Abschnitten erstellen Sie diese beispielhafte Netzwerkumgebung Schritt für Schritt in NSX-V.

Diese Umgebung besteht aus:

- **einer klassischen 3-Tier-Applikationsumgebung** – also aus zwei Webservern, einem Applikationsserver und einem Datenbankserver
- **drei logischen Switches für die Separierung der drei Tier der Applikationsumgebung** – *Web-LS*, *App-LS* und *DB-LS*
- **einem logischen Switch für die Verbindung zur Außenwelt** – *Transit-Network*
- **einem Distributed Logical Router** – *DLR-01*, der das Routing innerhalb der 3-Tier-Applikationsumgebung übernimmt und über den logischen Switch *Transit-Network* auch die Verbindung zur Außenwelt hält
- **einem Edge Service Gateway (NSX Edge)** – Das ist ein Perimeter-Gateway, das als virtuelle Maschine die Koppelung der logischen Switches zum physischen Netzwerk übernimmt. Das Perimeter-Gateway erhält ein Interface in Richtung der Außenwelt (*Uplink-Interface*) und wird mithilfe einer herkömmlichen VLAN-Portgruppe (*pg-SA-Production*) als Uplink mit den physischen Netzwerken verbunden. Die Verbindung in Richtung der logischen VXLAN-Netzwerke übernimmt ein interner Uplink zum logischen Switch *Transit-Network*.

8 Netzwerkvirtualisierung mit VMware NSX Data Center for vSphere (NSX-V)

▶ **Regeln für die Distributed Firewall (DFW)** – Diese brauchen wir, um die Kommunikation zwischen den VMs innerhalb der Applikationsumgebung abzusichern.

> **Warum benötigt man ein zusätzliches Edge Service Gateway für das North-South-Routing?**
>
> Prinzipiell könnte man den Distributed Logical Router auch direkt mit dem VLAN-Netzwerk und der Außenwelt verbinden. Dies zieht aber verschiedene technische Nachteile nach sich. Aus diesem Grund ist es die Best Practice, die kernelbasierten Distributed Logical Router nur und ausschließlich mit VXLAN-Netzwerken zu verbinden und für das North-South-Routing in Richtung der Außenwelt die Edge Service Gateways heranzuziehen.

8.7.1 Anlegen der logischen Switches

Um diese Beispielumgebung zu erstellen, müssen Sie im ersten Schritt die logischen Netzwerke anlegen. Nachdem Sie die Konfiguration von VXLAN korrekt abgeschlossen haben, ist das ein einfacher Schritt. Hierzu wechseln Sie im NSX-Plug-in auf den Menüpunkt LOGICAL SWITCHES (siehe Abbildung 8.40). Die Liste der logischen Switches ist zunächst leer, da Sie bislang nur die Voraussetzungen zum Erstellen der logischen Switches geschaffen haben.

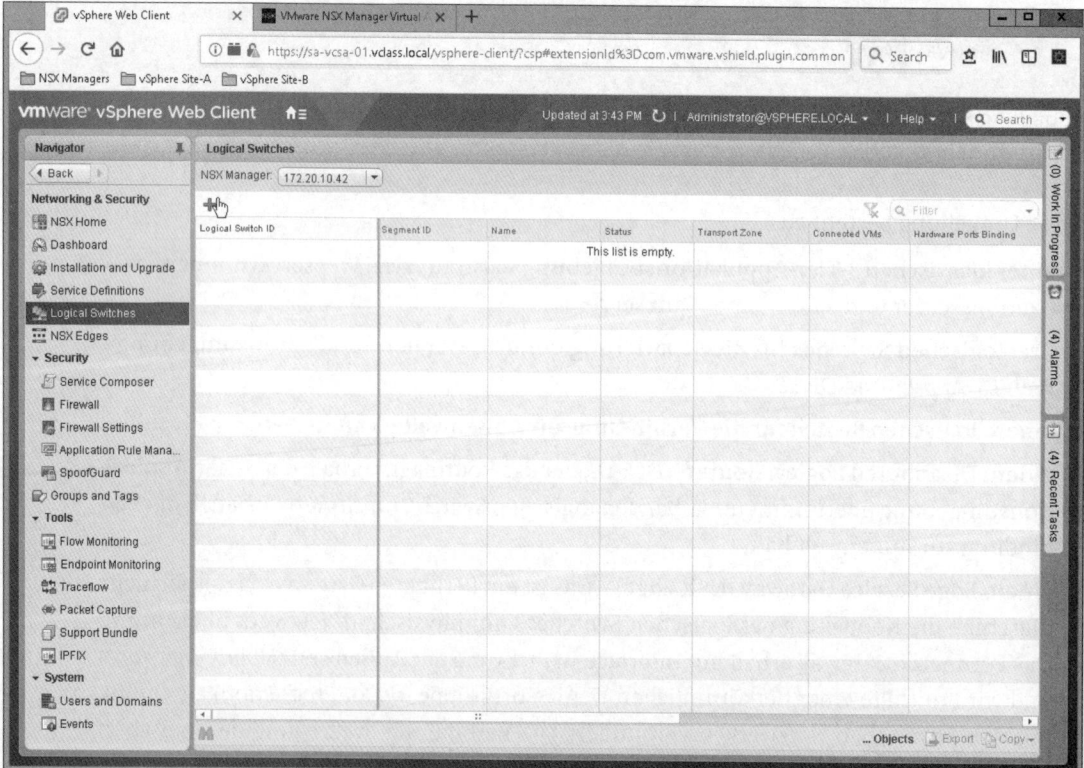

Abbildung 8.40 Die Liste der logischen Switches ist anfangs noch leer.

8.7 Benutzung von NSX-V anhand einer beispielhaften Netzwerktopologie

Sollten Sie in Ihrer Umgebung mehrere NSX Manager (*Cross-vCenter NSX*) verwenden, so wählen Sie zunächst aus dem Dropdown-Menü NSX MANAGER den gewünschten NSX Manager aus.

Ein Klick auf das grüne PLUS-Symbol führt Sie zum Assistenten für das Anlegen eines logischen Switches. Das Feld für die Transport-Zone sollte schon vorausgefüllt sein. Hier haben Sie die Möglichkeit, eine andere Transportzone für den logischen Switch anzugeben, falls Ihre Umgebung mehrere Transportzonen aufweist (siehe Abbildung 8.41). Mit der Transportzone geht ebenfalls ein Replikationsmodus einher, der das genaue Verhalten von VXLAN beim Umgang mit BUM-Paketen (Broadcast, Unicast, Multicast) festlegt. Im Normalfall behalten Sie hier den bei der Transportzone hinterlegten VXLAN-Replikationsmodus bei. Sie haben aber grundsätzlich hier die Möglichkeit, diesen für den jeweiligen logischen Switch zu überschreiben und einen anderen zu wählen.

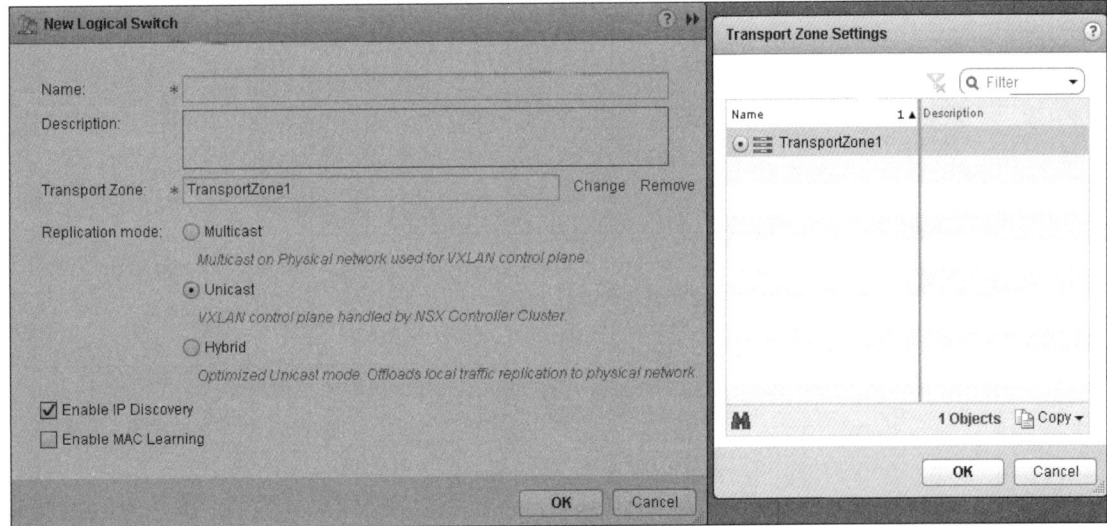

Abbildung 8.41 Beim Erstellen eines logischen Switchs kann bei Bedarf die Transport-Zone gewechselt werden.

Um die Erstellung eines logischen Switchs abzuschließen, benötigt der neue Switch noch einen eindeutigen und sinnvollen Namen. Das Feld DESCRIPTION (siehe Abbildung 8.42) ist optional, aber in größeren Umgebungen hilfreich. Die Option ENABLE IP DISCOVERY sollte im Normalfall eingeschaltet bleiben, ENABLE MAC LEARNING hingegen ausgeschaltet.

Für den Aufbau der Beispielumgebung benötigen Sie insgesamt vier logische Switches. Rufen Sie daher den Assistenen für das Erstellen von logischen Switches erneut auf, und erzeugen Sie die VXLAN-Netzwerke für unsere 3-Tier-Umgebung inklusive des zusätzlichen Transit-Netzwerks (es wird für das Routing benötigt). Die Reihenfolge, in der Sie die logischen Switches erzeugen, ist unwichtig. Jeder Switch erhält eine VXLAN-Nummer aus dem im Voraus festgelegten Adressbereich. In der weiteren administrativen Tätigkeit werden Sie die logischen Switches anhand ihres Namens verwenden. Von daher ist die konkrete VXLAN-ID ohne Belang. Nach dem Erzeugen der vier logischen Switches sehen Sie sie in der Tabelle aus Abbildung 8.43 mit ihrer zugehörigen VXLAN-Segment-ID, dem Namen, der Transport-Zone und weiteren Eigenschaften.

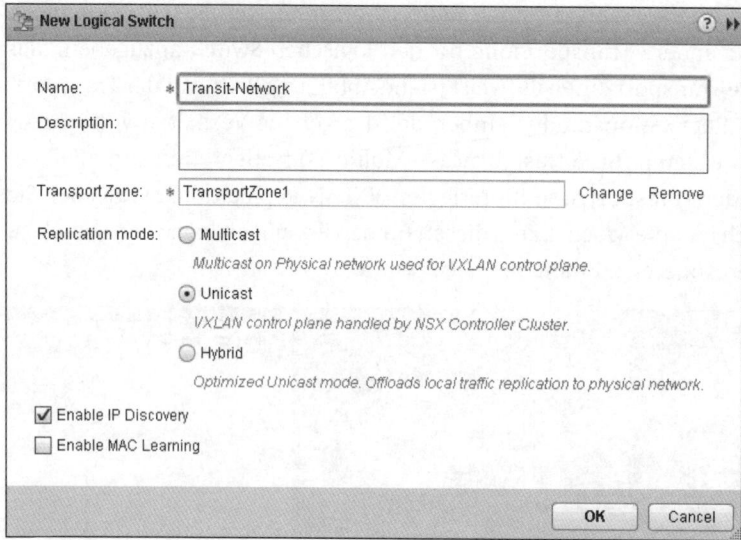

Abbildung 8.42 Nach der Eingabe eines eindeutigen und sinnvollen Namens für den logischen Switch kann die Erstellung erfolgen.

Logical Switch ID	Segment ID	Name	Status	Transport Zone	Connected VMs	Hardware Ports Binding
virtualwire-3	5002	App-LS	Normal	TransportZone1	0	0
virtualwire-4	5003	DB-LS	Normal	TransportZone1	0	0
virtualwire-1	5000	Transit-Network	Normal	TransportZone1	0	0
virtualwire-2	5001	Web-LS	Normal	TransportZone1	0	0

Abbildung 8.43 Nach dem Erstellen der vier logischen Switches erscheinen diese in der GUI mit ihren Eigenschaften.

Zusätzlich können Sie auch innerhalb Ihrer vSphere-Umgebung sehen, dass NSX die logischen Switches als Portgruppen auf dem oder den Distributed Switch(es) erzeugt hat, der bzw. die zur VXLAN-Transport-Zone gehört bzw. gehören. Hierzu wechseln Sie innerhalb des vSphere-Clients in die Netzwerk-Ansicht (siehe Abbildung 8.44).

In unserer Umgebung wird nur ein Distributed Switch verwendet, daher wird für jeden logischen Switch genau eine Portgruppe erzeugt. Wenn Sie über eine größere Umgebung verfügen, wird für jeden logischen Switch eine Portgruppe in jedem Distributed Switch angelegt, der zur VXLAN-Transport-Zone gehört.

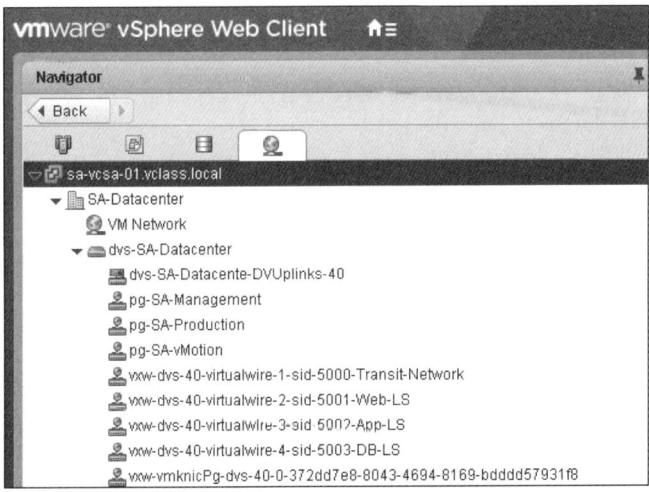

Abbildung 8.44 Auf dem Distributed Switch »dvs-SA-Datacenter« entsprechen unseren logischen Switches diejenigen Portgruppen, deren Namen mit »vxw-...« beginnen.

Warum heißen die logischen Switches in NSX-V und vSphere jeweils anders?
In der Netzwerk-Ansicht von vSphere sehen Sie, dass die Portgruppen, die den logischen Switches entsprechen, etwas komplexere Namen aufweisen. Dies hat den Hintergrund, dass ein logischer Switch auf verschiedenen Distributed Switches instanziiert werden kann und somit ein geeignetes Namensschema verwendet werden muss. Wenn Sie das Netzwerk von virtuellen Maschinen einem logischen Switch zuweisen, können Sie selbstverständlich den kurzen Namen verwenden und müssen nicht mit dem komplexen technischen Namen der Portgruppe hantieren, den vSphere vergibt.

8.7.2 Virtuelle Maschinen auf logische Switches umziehen

Nachdem Sie die logischen Switches angelegt haben, können Sie diese nun für die Netzwerkkonnektivität von virtuellen Maschinen verwenden. Das einfachste Verfahren, mit dem Sie auch viele virtuelle Maschinen gleichzeitig umziehen können, führt über das NSX-Plug-in. Hier wählen Sie unter LOGICAL SWITCHES einen Switch aus, dem Sie bestehende virtuelle Maschinen zuweisen möchten. Über die Schaltfläche ADD VIRTUAL MACHINE gelangen Sie in einen Assistenten, der Ihnen bei der Zuweisung des Netzwerks auch an viele VMs hilft (siehe Abbildung 8.45).

8   Netzwerkvirtualisierung mit VMware NSX Data Center for vSphere (NSX-V)

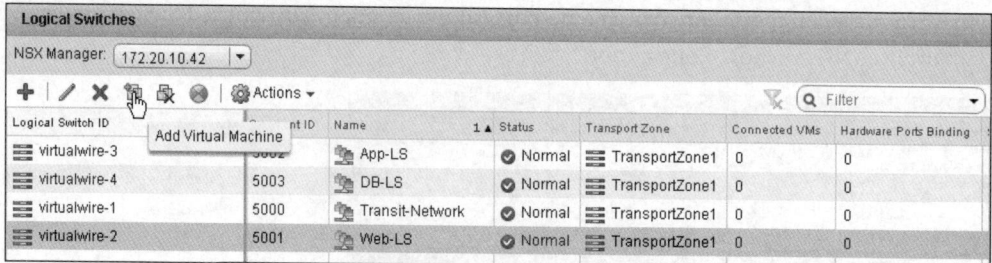

Abbildung 8.45 Über die Funktion »Add Virtual Machine« gelangen Sie in einen Assistenten, der den Umzug von VMs auf logische Switches erleichtert.

Im Schritt 1 dieses Assistenten wählen Sie die virtuellen Maschinen aus, die Sie auf den logischen Switch netzwerkseitig umziehen möchten. Zur Sicherheit ist der logische Switch, der das Ziel für die Netzwerkmigration darstellt, in der Titelzeile des Assistenten genannt (siehe Abbildung 8.46). Nachdem Sie die Maschinen im linken Teil ausgewählt haben, klicken Sie auf den Pfeil nach rechts.

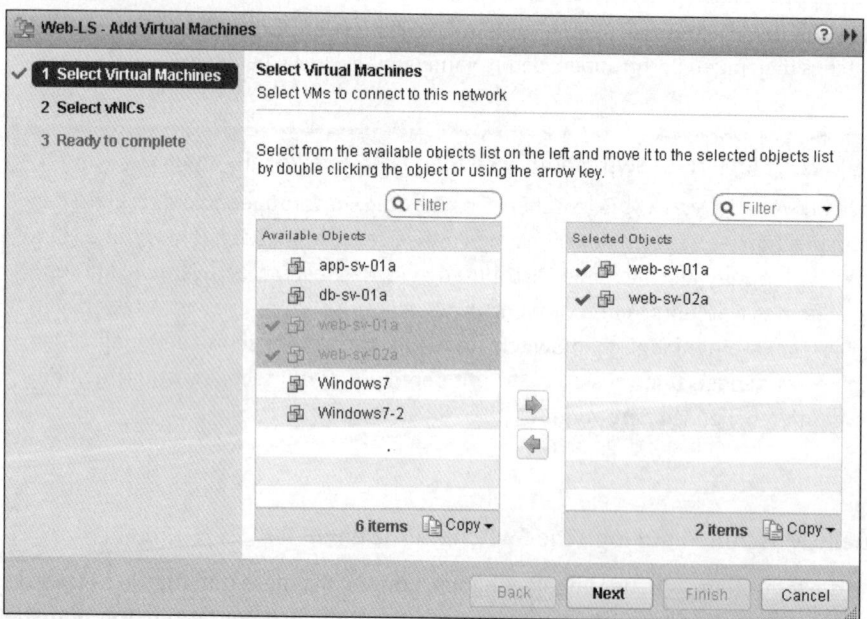

Abbildung 8.46 Zwei virtuelle Maschinen, »web-sv-01a« und »web-sv-02a« sollen auf den logischen Swich »Web-LS« migriert werden.

Für den Fall, dass Ihre virtuelle Maschinen über mehrere vNICs verfügen, können Sie im Schritt 2 noch die vNICs einzeln auswählen, die auf den logischen Switch umgehängt werden sollen (siehe Abbildung 8.47). Das ursprünglich verwendete Netzwerk sehen Sie in Klammern hinter der jeweiligen Netzwerkkarte. (In unserem Beispiel heißt es »VM Network«.)

8.7 Benutzung von NSX-V anhand einer beispielhaften Netzwerktopologie

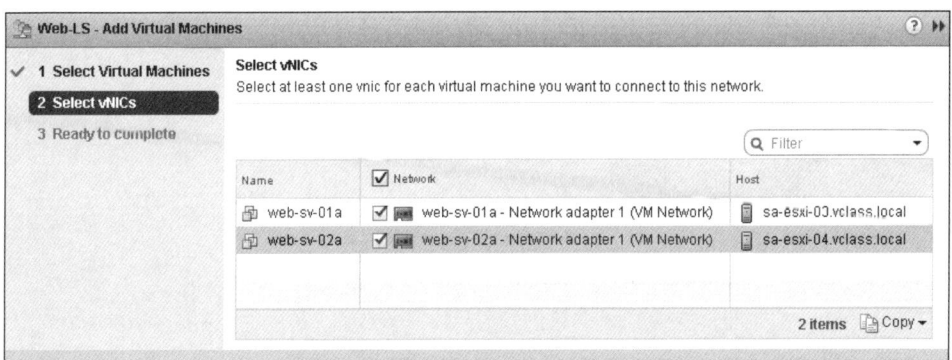

Abbildung 8.47 Im zweiten Schritt des Assistenen können Sie die Netzwerkkarten für die Migration auf den logischen Switch auswählen.

Im finalen Schritt 3 erscheinen die Entscheidungen, die Sie getroffen haben, in der Zusammenfassung (siehe Abbildung 8.48). Eine Bestätigung über die Schaltfläche FINISH löst die Umkonfiguration der Netzwerkkarten für die ausgewählten virtuellen Maschinen aus, was im Normalfall nur Sekunden dauert.

Abbildung 8.48 Mit der Bestätigung über die Schaltfläche »Finish« verbinden Sie die ausgewählten Netzwerkkarten der virtuellen Maschinen mit dem logischen Netzwerk »Web-LS«.

Selbstverständlich können Sie nach wie vor auch in den Eigenschaften jeder virtuellen Maschine das Netzwerk auch wie gewohnt auf einen logischen Switch ändern.

Insgesamt hängen wir für unsere Beispielumgebung zwei Webserver in den logischen Switch *Web-LS*, einen Applikationsserver in den *App-LS* und einen Datenbankserver in den *DB-LS*. In Abbildung 8.49 wird die aktuelle Architektur am Beispiel des *Web-LS* und des *App-LS* veranschaulicht.

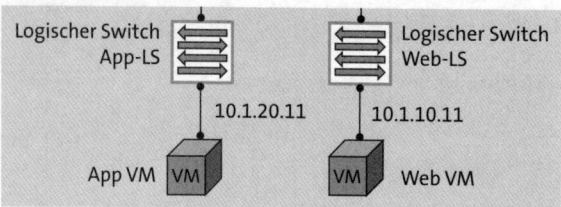

Abbildung 8.49 Zwei logische Switches auf VXLAN-Basis stehen für die Webserver und Applikationsserver bereit.

8.7.3 Die VXLAN-Konfiguration auf Korrektheit prüfen

Ein Feature im Zusammenhang mit logischen Switches soll nicht unerwähnt bleiben: Damit VXLAN korrekt funktioniert, müssen einige Vorbedingungen erfüllt sein, wie die korrekte Konfiguration des physischen Netzwerks inklusive der an die Bedürfnisse von VXLAN angepassten MTU. Dies kann von NSX-V nur eingeschränkt getestet werden und erfordert die Mitwirkung Ihrer Netzwerkadministratoren. Allerdings ist im NSX-Plug-in innerhalb der GUI ein ein einfacher Ping-Test eingebaut, um die VXLAN-Konnektivität zwischen zwei ESXi-Servern einem »Schnelltest« zu unterziehen.

Hierzu wählen Sie einen logischen Switch mit Doppelklick aus und wählen im dann erscheinenden Detailmenü die Schaltfläche MONITOR aus. Dort können Sie dann einen Quellhost und einen Zielhost sowie die Größe Ihres Ping-Pakets (VXLAN STANDARD) auswählen, wie Sie in Abbildung 8.50 sehen.

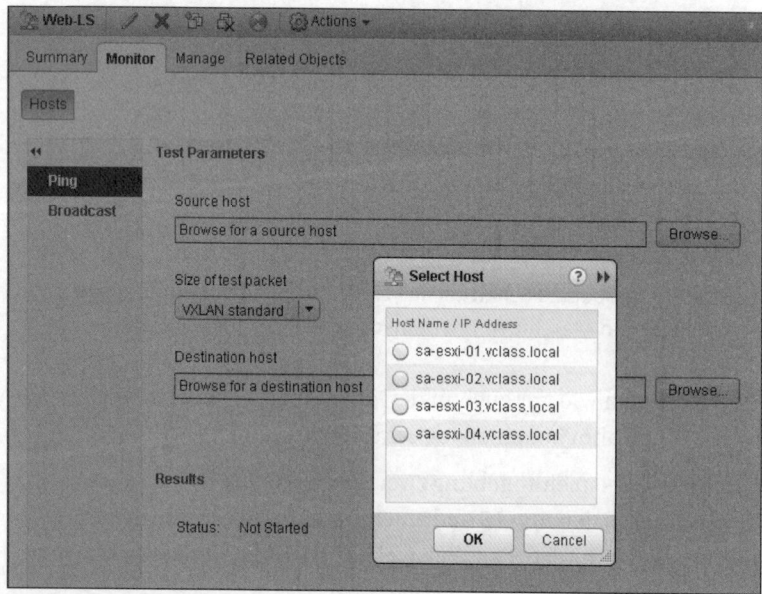

Abbildung 8.50 In der GUI des NSX-Plug-ins findet sich bei den logischen Switches ein »Schnelltest« zur Diagnose der korrekten VXLAN-Konfiguration.

Für einen ersten Test kann dies bereits wertvolle Hinweise geben. Sollten Sie den Verdacht haben, dass eine Fehlkonfiguration vorliegt, führt der Weg aber auf die Kommandozeile Ihrer ESXi-Hosts, und Sie benötigen möglicherweise die Unterstützung Ihrer Netzwerkadministratoren, um einen Fehler auf Seiten des physischen Netzwerks auszuschließen.

Nachdem Sie Quell- und Zielhost festgelegt haben, können Sie mit der Startfläche START TEST einen Ping-Test über die VTEPs der ESXi-Server auslösen (siehe Abbildung 8.51).

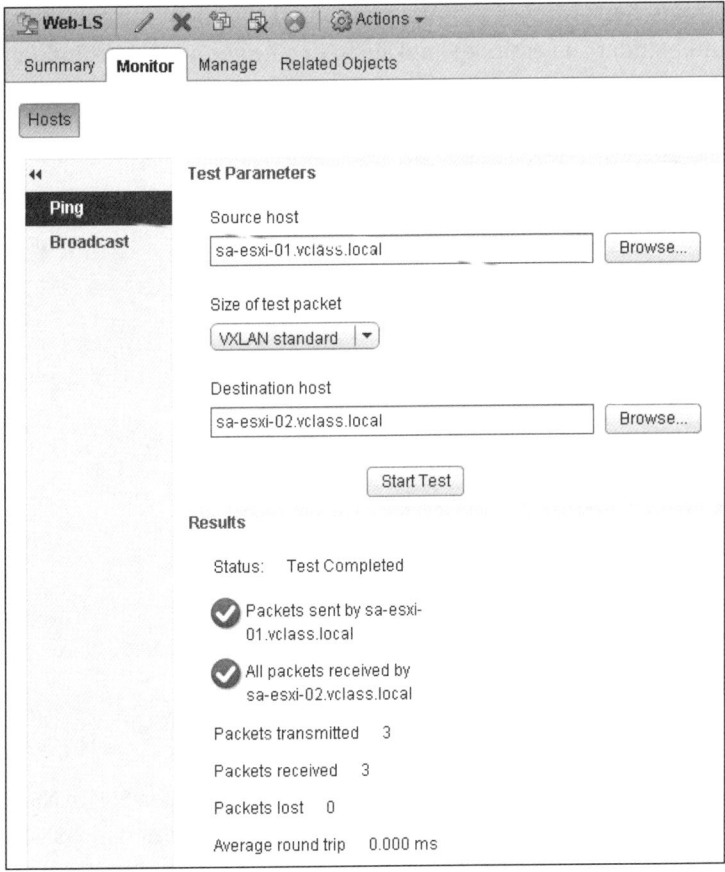

Abbildung 8.51 Der »Schnelltest« für VXLAN hat keine Fehler ausgewiesen.

Wichtig ist hier noch mal zu betonen, dass es sich dabei nur um einen ersten Indikator handelt. In komplexen Umgebungen kann es durchaus vorkommen, dass der Schnelltest manchmal erfolgreich durchläuft und manchmal auf Fehler trifft. Dies kann z. B. an der Konfiguration des physischen Netzwerks und an unterschiedlichen Pfaden für die VXLAN-Kommunikation im Netzwerk liegen, wie sie z. B. bei einer Spine-Leaf-Netzwerkarchitektur auftreten können. Stimmen Sie sich hier im Bedarfsfall mit den Netzwerkspezialisten innerhalb des Unternehmens ab.

8.7.4 Einen Distributed Logical Router für das East-West-Routing erstellen

Nachdem Sie die logischen Switches erzeugt haben und auch virtuelle Maschinen zum Testen an die logischen Switches angehängt haben, ist der nächste Schritt die Einrichtung des Routings. Hierfür bietet sich insbesondere der *Distributed Logical Router* (DLR) an, da dieser aufgrund seiner Architektur für ein performantes Routing von VXLAN-Netzwerken ideal geeignet ist.

Das Ziel ist es nun, die drei logischen Switches (*Web-LS*, *App-LS* und *DB-LS*) für unsere 3-Tier-Applikationsumgebung miteinander zu verbinden und auch für eine geroutete Verbindung in bestehende Netzwerke im Unternehmen zu sorgen (siehe Abbildung 8.52).

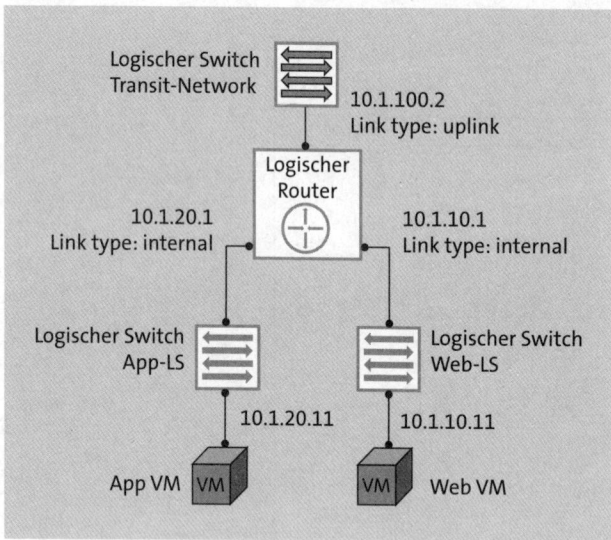

Abbildung 8.52 Der DLR verbindet als kernelbasierter logischer Router die VXLAN-Netzwerke miteinander.

Sämtliche Konfigurationsmöglichkeiten für die Einrichtung von Routern finden Sie im NSX-Plug-in zusammengefasst unterhalb des Menüpunkts NSX EDGES. In einer neuen NSX-V-Umgebung ist die Liste der NSX-Edges zunächst leer; mit einem Klick auf das Plus-Zeichen gelangen Sie in den Assistenten zum Anlegen eines Routers (siehe Abbildung 8.53).

Wichtig: Wählen Sie hier im ersten Schritt unter INSTALL TYPE zunächst den Typ LOGICAL ROUTER aus.

Um die gewünschte Architektur in NSX-V umzusetzen, benötigen Sie einen Distributed Logical Router mit vier Interfaces – drei für die logischen Switches für die 3-Tier-Umgebung und einen für das Routing zu bestehenden Unternehmensnetzwerken. Mithilfe des Assistenten konfigurieren Sie diesen Distributed Logical Router nun Schritt für Schritt.

8.7 Benutzung von NSX-V anhand einer beispielhaften Netzwerktopologie

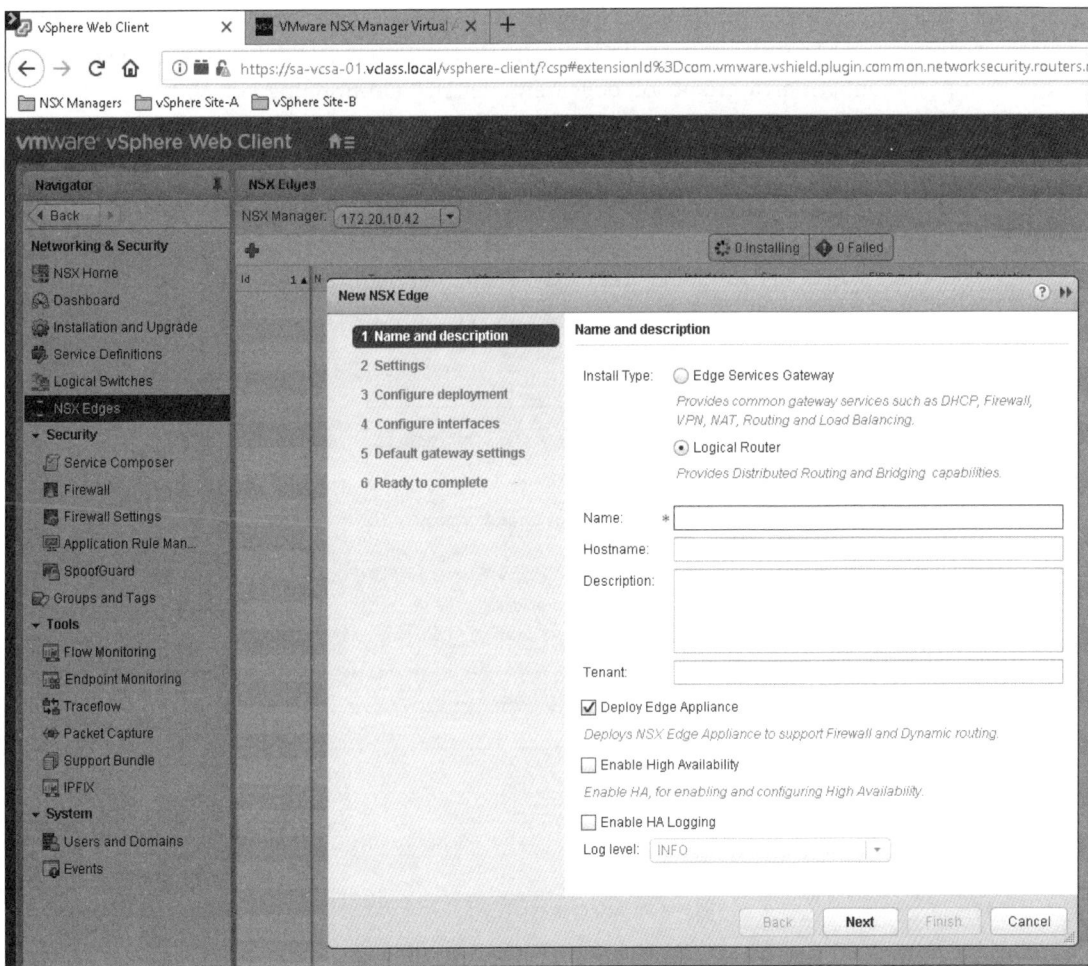

Abbildung 8.53 Die Schritte zur Erstellung von neuen Routern (DLR oder Edge Service Gateway) sind im Assistenten »New NSX Edge« zusammengefasst.

Im Schritt 1 des Assistenten (siehe Abbildung 8.54) wählen Sie daher folgende Optionen:

- INSTALL TYPE – Die Option LOGICAL ROUTER erzeugt einen Distributed Logical Router (DLR), der für das Routing zwischen VXLAN-Netzwerken optimiert ist.
- NAME – Hier legen Sie den Namen des DLRs fest.
- HOSTNAME – Hier können Sie den Hostnamen der zugehörigen Hilfs-VM festlegen. Das Feld bleibt im Regelfall leer.
- DESCRIPTION – Beschreibung für den DLR
- TENANT – optionale Beschreibung eines Mandanten. Auch dieses Feld bleibt im Regelfall leer.

- DEPLOY EDGE APPLIANCE – Hier legen Sie fest, ob für den DLR eine Hilfs-VM mit angelegt werden soll. Diese ist notwendig, wenn der DLR für dynamisches Routing (über OSPF oder BGP) konfiguriert werden soll oder wenn der DLR ein Bridging von VXLAN nach VLAN übernehmen soll.
- ENABLE HIGH AVAILABILITY – Falls Sie bei DEPLOY EDGE APPLIANCE eine Hilfs-VM für den DLR erzeugen, können Sie diese hier hochverfügbar machen. Dazu wird für die Hilfs-VM eine Standby-VM erzeugt, die beim Ausfall der Hilfs-VM nach kurzer Verzögerung einspringen und die Funktionen der Hilfs-VM übernehmen kann.
- ENABLE HA LOGGING – Hier kann der Log-Level für die Hochverfügbarkeit konfiguriert werden.

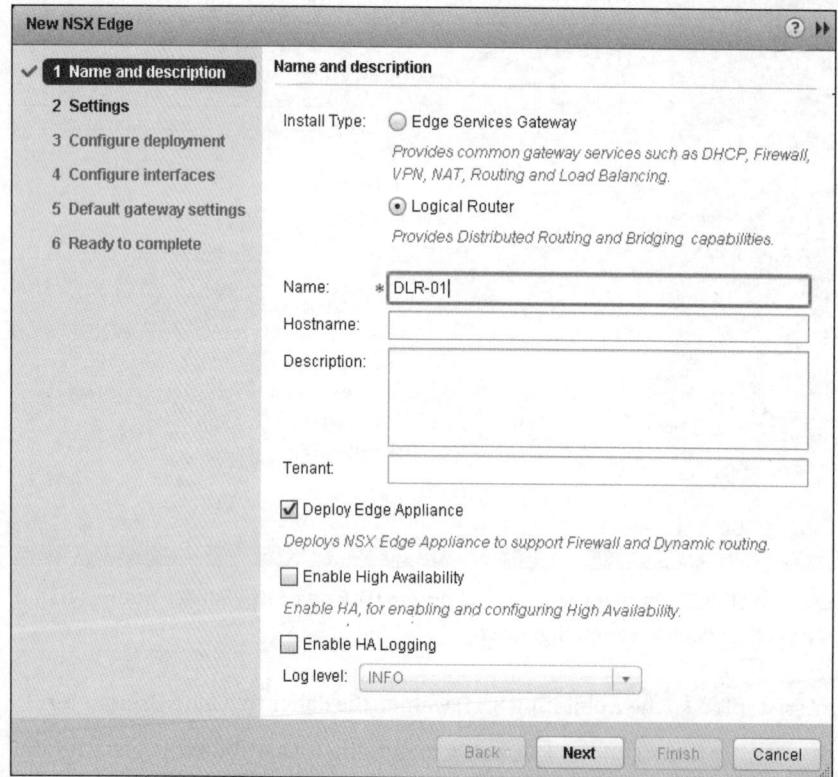

Abbildung 8.54 Für die Erzeugung des ersten Distributed Logical Routers sind einige Konfigurationsentscheidungen zu treffen.

Im nächsten Schritt legen Sie die Einstellungen für die Kommandozeile des Distributed Logical Routers fest (siehe Abbildung 8.55). Die Kommandozeile können Sie über die optionale Hilfs-VM zu erreichen, falls Sie die Menüoption DEPLOY EDGE APPLIANCE im vorherigen Schritt ausgewählt haben. Der Benutzername für die Kommandozeile ist im Regelfall admin, das Passwort muss mindestens 12 Zeichen lang sein.

8.7 Benutzung von NSX-V anhand einer beispielhaften Netzwerktopologie

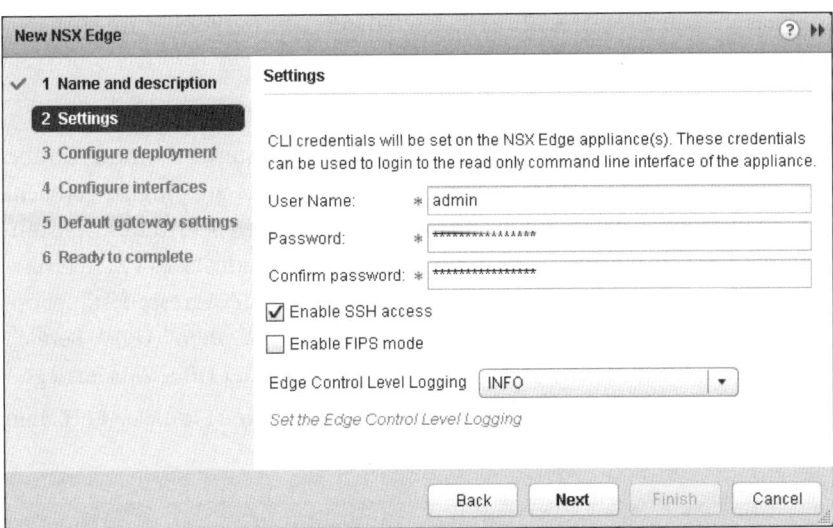

Abbildung 8.55 In Schritt 2 des Assistenten legen Sie die Sicherheitseinstellungen für die Kommandozeile auf der Hilfs-VM fest.

Im dritten Schritt legen Sie die Platzierung der Hilfs-VM fest, falls Sie unter Schritt 1 DEPLOY EDGE APPLIANCE ausgewählt haben. Pflichtfelder sind hierfür ein geeigneter Cluster oder Ressourcen-Pool und ein vSphere-Datastore, um die Hilfs-VM erzeugen zu können (siehe Abbildung 8.56).

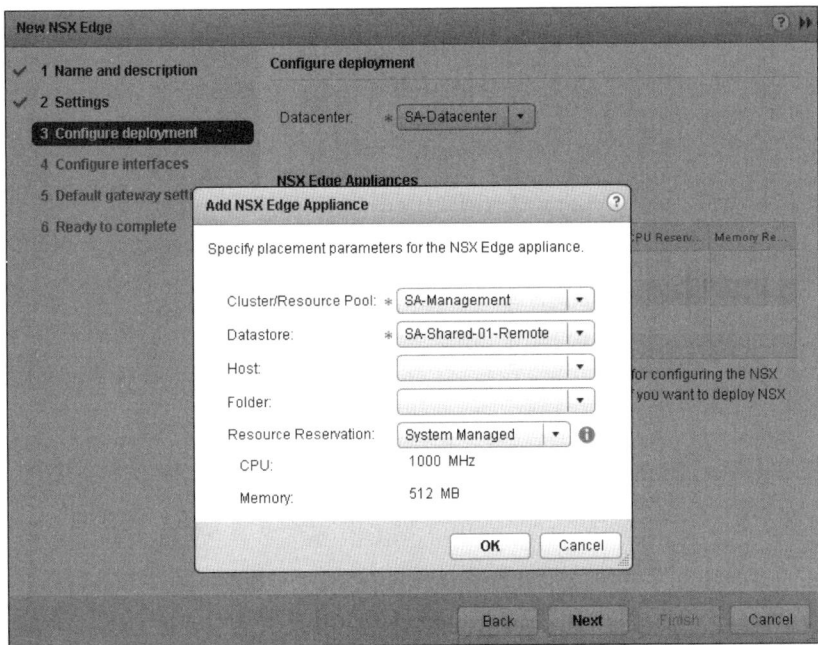

Abbildung 8.56 In Schritt 3 legen Sie die Platzierung der Hilfs-VM innerhalb von vSphere fest.

Mit dem Festlegen dieser Parameter ist Schritt 3 abgeschlossen, und Sie können im nächsten Schritt die Netzwerk-Interfaces des DLRs festlegen.

Dabei müssen Sie zwei Arten von Interfaces festlegen (siehe Abbildung 8.57, links):

▶ HA INTERFACE CONFIGURATION – Das HA-Interface wird für die interne Kommunikation der Hilfs-VMs verwendet, wenn Sie diese mit einer Standby-VM hochverfügbar gemacht haben (mit der Schaltfläche ENABLE HIGH AVAILABILITY im ersten Schritt des Assistenten, siehe Abbildung 8.54). Im Normalfall verwenden Sie hier ein dediziertes VXLAN-Netzwerk mit einem eigenen logischen Switch. Eine Konfiguration von IP-Adressen ist hier optional, da NSX-V normalerweise automatisch IP-Adressen aus dem APIPA-Bereich (169.254.0.0/16) für die aktive (Primary-) und die Standby-Instanz der Hilfs-VMs festlegt.

▶ CONFIGURE INTERFACES OF THIS NSX EDGE – In diesem Bereich legen Sie die eigentlichen Interfaces fest, auf denen der DLR das Routing durchführen soll.

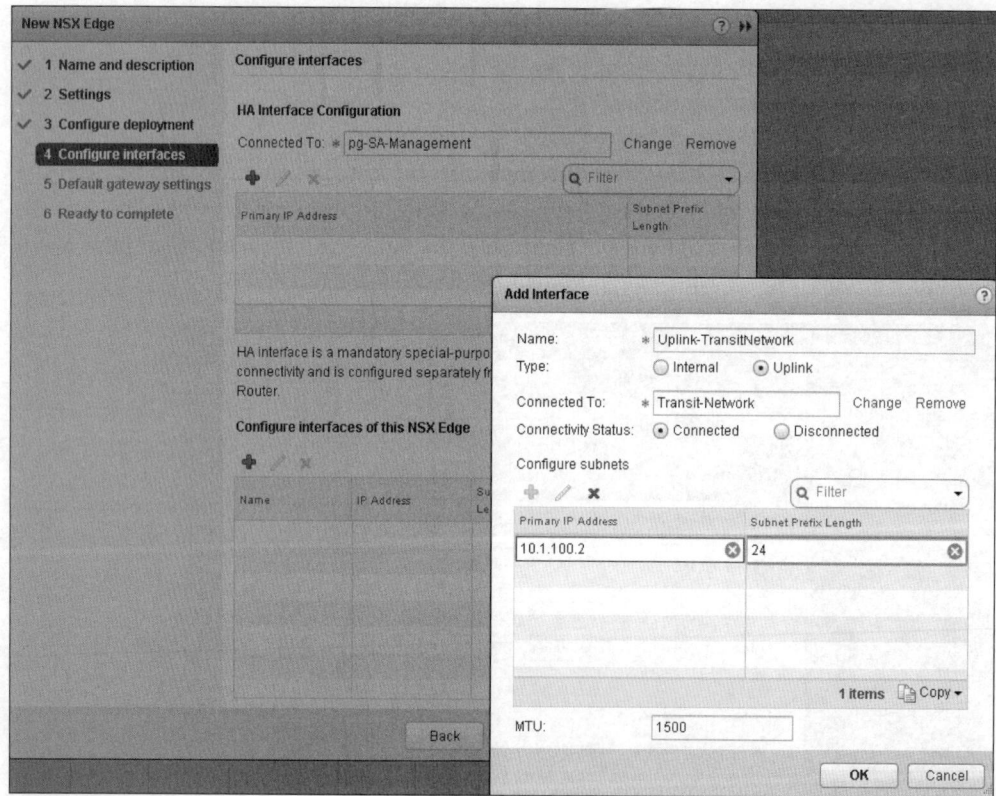

Abbildung 8.57 Unter »Configure Interfaces of this NSX Edge« konfigurieren Sie die Netzwerk-Interfaces des DLRs.

Zur Konfiguration eines Interfaces für das Routing sind mehrere Entscheidungen notwendig (siehe Abbildung 8.57, rechts):

- NAME – Hier legen Sie einen beschreibenden Namen für das jeweilige Interface fest, der beispielsweise aus der Rolle (*Uplink*) und dem Zielnetzwerk (hier: *TransitNetwork*) zusammengesetzt ist.

- TYPE – legt die Rolle des Interfaces für das Routing-Verhalten des DLRs fest. Im Normalfall hat ein DLR maximal ein Interface vom Typ UPLINK. Über das Uplink-Interface sind das bestehende Unternehmensnetzwerk und die Außenwelt über weitere Upstream-Router erreichbar. Auf diesem Interface kommen gegebenenfalls OSPF- und BGP-Routingprotokoll-Updates an. Wenn Sie ein Uplink-Interface auswählen, wird dieses auf der Hilfs-VM (falls ausgewählt/vorhanden) ebenfalls konfiguriert, da der DLR mit seinen Kernelinstanzen selbst keine Routing-Updates empfangen kann und hierfür auf die Hilfs-VM angewiesen ist. Wenn Sie INTERNAL wählen, handelt es sich um ein internes Netzwerk, über das dann ein logischer Switch mit seinen zugeordneten VMs angebunden wird. Ein Netzwerk vom Typ INTERNAL wird nicht an die Hilfs-VM angebunden, da hier keine Kommunikation mit weiteren Routern über OSPF oder BGP mehr vorgesehen ist (siehe den Kasten »Routing-Topologien bei NSX-V« am Ende dieses Abschnitts).

- CONNECTED TO – Hier legen Sie das Netzwerk fest, mit dem das Interface des DLRs verbunden wird. Idealerweise sollte es sich hier um ein VXLAN-Netzwerk (logischer Switch) handeln. Sie können prinzipiell auch eine herkömmliche Portgruppe auf einem Distributed Switch auswählen, dies kann aber zu Skalierbarkeits- und Performance-Problemen führen.

- CONNECTIVITY STATUS – Hier können Sie das Interface des DLRs bei Bedarf zunächst deaktivieren (DISCONNECTED).

- CONFIGURE SUBNETS – Hier tragen Sie die IP-Adresse und das Subnetz-Präfix für das Interface ein. In Abbildung 8.57 ist eine Subnetz-Präfixlänge von 24 gewählt, was einer Subnetzmaske von 255.255.255.0 entspricht.

- MTU – Hier handelt es sich um die MTU für dieses Routing-Interface. Sie sollte im Normalfall bei 1500 verbleiben. Wichtig: Der DLR ist nicht für die Tunnelung und Termininierung des VXLAN-Protokolls zuständig! Daher spiegelt sich eine MTU, die wegen der Verwedung des VXLAN-Overlay-Protokolls im VXLAN-Transportnetzwerk erhöht wurde, hier nicht wider.

Nachdem Sie das erste Interface konfiguriert haben, wiederholen Sie den Assistenten für alle weiteren Router-Interfaces. Die tatsächliche Konfiguration ist von der Netzwerktopologie abhängig, die Sie erzeugen möchten. In unserer Beispielumgebung fügen wir neben dem einen Interface mit dem Typ UPLINK noch drei weitere Interfaces vom Typ INTERNAL für die drei Tiers (*Web*, *App*, *DB*) unserer Umgebung hinzu (siehe Abbildung 8.58).

Nachdem Sie alle Interfaces dem DLR zugewiesen haben, kontrollieren Sie diese sicherheitshalber erneut in der Liste. Leider erscheint der Typ des Interfaces (*Uplink* oder *Internal*) nicht standardmäßig in der tabellarischen Aufstellung (siehe Abbildung 8.59). Zur Unterscheidung empfiehlt es sich daher, den Interface-Typ als Teil des Names mit aufzunehmen.

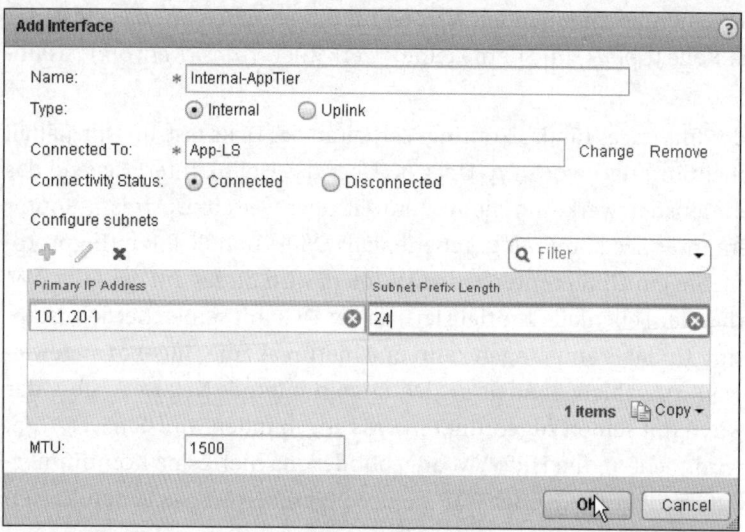

Abbildung 8.58 Die drei Tiers (Web, App, DB) der Beispielumgebung werden mit jeweils einem Interface an den DLR angebunden.

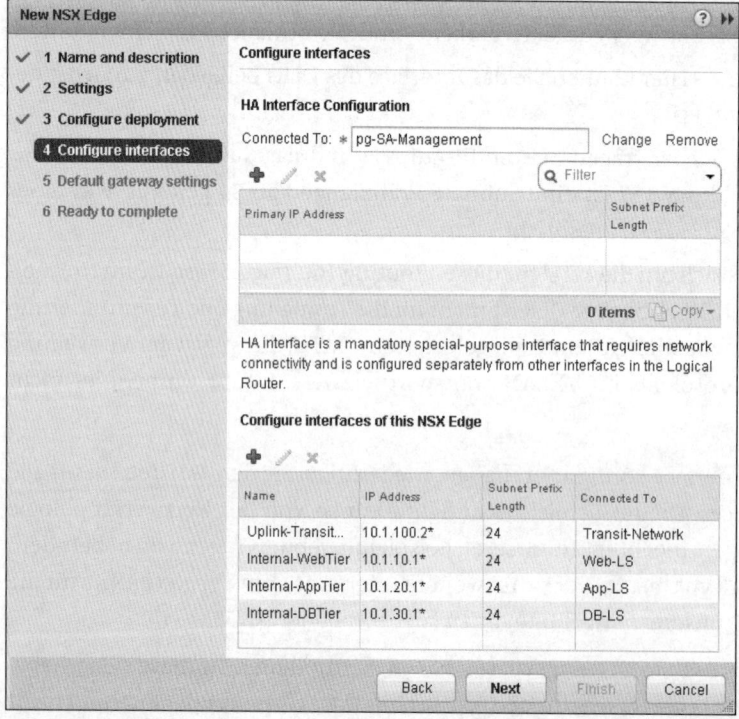

Abbildung 8.59 Zum Abschluss kontrollieren Sie die Konfiguration der Interfaces des DLRs. Der Typ des Interfaces (Uplink/Internal) wird standardmäßig nicht aufgeführt, ist aber hier zu erkennen, weil wir ihn im Interface-Namen angegeben haben.

Nachdem Sie die Interface-Konfiguration kontrolliert und damit abgeschlossen haben, klicken Sie auf die Schaltfläche Next. Im nächsten Schritt (siehe Abbildung 8.60) können Sie dem DLR ein Default-Gateway mitgeben, was in unserer Beispielumgebung aufgrund der geplanten Routing-Topologie jedoch nicht notwendig ist.

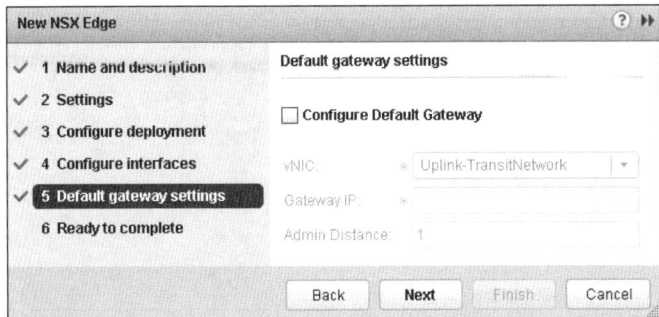

Abbildung 8.60 In Schritt 5 haben Sie die Möglichkeit, für den DLR ein Default-Gateway zu konfigurieren.

Im finalen Schritt sehen Sie eine Zusammenfassung Ihrer Konfigurationsentscheidungen (siehe Abbildung 8.61). Klicken Sie auf Finish, um die Erzeugung des DLRs abzuschließen.

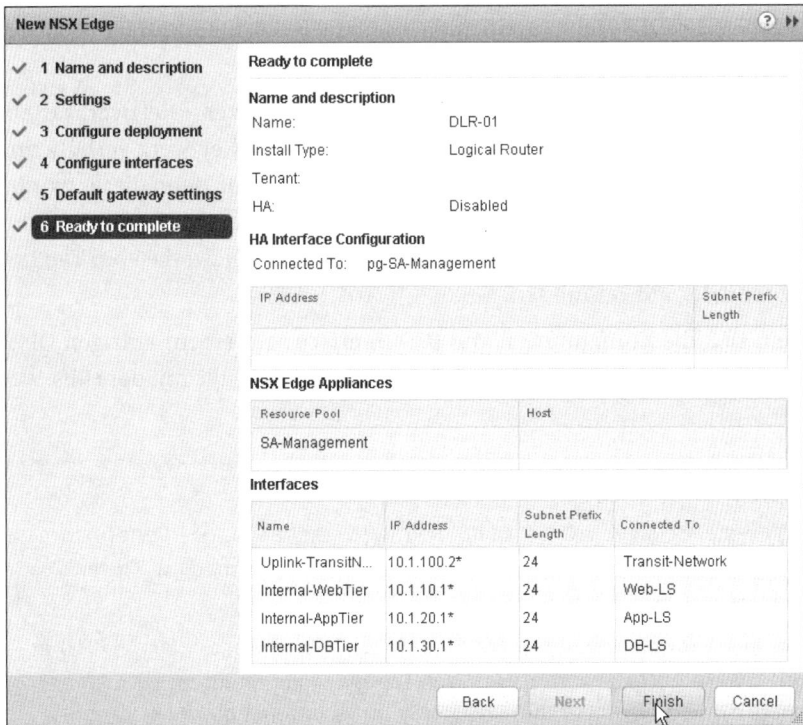

Abbildung 8.61 Vor der Erzeugung des DLRs kontrollieren Sie noch Ihre Konfigurationsentscheidungen.

Falls es keine Fehler in der Konfiguration gibt (wie z. B. fehlerhaftes Default-Gateway), wird der DLR sofort nach dem Abschluss des Assistenten erzeugt. Anschließend erscheint der DLR in der Liste der NSX-Edges mit dem Typ *Logical Router* (siehe Abbildung 8.62).

Id	Name	Type	Version	Status	Tenant	Interfaces	Size	FIPS mode	Description
edge-1	DLR-01	Logical Router	6.4.1	Busy	Default	4	Compact	Disabled	

Abbildung 8.62 Nach Abschluss der Konfiguration erscheint der DLR innerhalb der Kategorie »NSX Edges«. Der Typ »Logical Router« weist ihn als DLR aus.

Für den Fall, dass Sie die Erstellung der Hilfs-VM während der Konfiguration des DLRs mit ausgewählt haben, erscheint die Hilfs-VM im vSphere-Inventar. Bei der VM handelt es sich in der Basis um eine NSX-Edge mit minimaler Konfiguration (1 vCPU, 512 MB RAM). Zum Verständnis der Arbeitsweise des DLRs hilft es, einen Blick auf die Netzwerk-Interfaces der VM zu werfen.

Wie Sie in Abbildung 8.63 sehen können, sind nur zwei von maximal zehn Netzwerkkarten der VM mit Netzwerken verbunden: Netzwerkkarte 1 ist mit dem HA-Netzwerk verbunden, Netzwerkkarte 3 mit dem VXLAN-Netzwerk namens TRANSIT-NETWORK, denn dieses wurde während der Konfiguration als Uplink markiert. Nur hier werden dynamische Routing-Nachrichten über OSPF oder BGP erwartet; die anderen internen VXLAN-Netzwerke vom Typ INTERNAL werden nicht mit der VM verbunden.

Insgesamt erlaubt ein DLR die Konfiguration von 999 Interfaces auf einem einzigen DLR. Davon dürfen maximal acht Interfaces vom Typ UPLINK sein, die dann alle mit der Hilfs-VM verbunden werden.

Warum gibt es in NSX-V zwei unterschiedliche Typen von Routern?

Vielleicht der komplexeste Aspekt von NSX-V ist das Routing-Verhalten. Um die Performance-Vorteile des Routings im Kernel (durch den DLR) komplett nutzen zu können, ist eine zweite Art von Router notwendig: das *NSX Edge Gateway*.

Der DLR ist so konzipiert, dass er nicht direkt mit physischen Netzwerken (als VLANs) in »Berührung kommt«. Diese Aufgabe kommt den NSX Edges zu, die mit ihrem Uplink-Interface die Verbindung zu VLANs herstellen können und mit ihrem Internal-Interface die Kopplung an einen DLR über einen logischen Switch (Transit-Rolle) übernehmen.

8.7 Benutzung von NSX-V anhand einer beispielhaften Netzwerktopologie

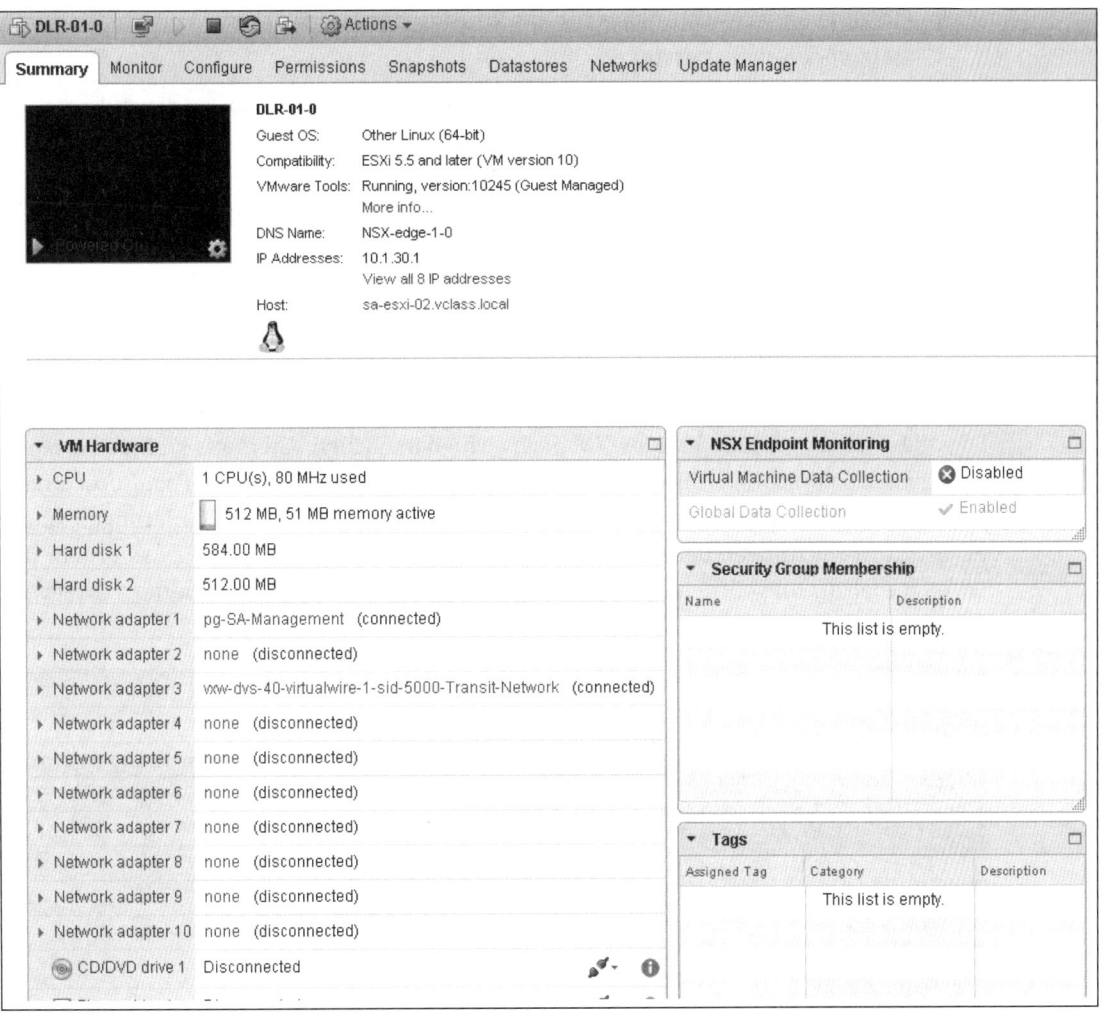

Abbildung 8.63 Die Hilfs-VM des DLRs erscheint im vSphere-Inventar. Interessant sind hier vor allem die Netzwerk-Interfaces – von den vier konfigurierten VXLAN-Netzwerken ist nur das Uplink-Netzwerk zum Transit-VXLAN mit der VM verbunden.

> **Routing-Topologien bei NSX-V**
>
> Ein mehrstufiges Hintereinanderschalten von DLRs für den Aufbau einer komplexen Routing-Infrastruktur ist nicht vorgesehen und technisch auch nicht möglich. Im Normalfall findet man folgende Topologie vor:
>
> VMs • logische Switches • DLR • Transit-Netz • NSX Edge Gateway • gegebenenfalls weitere NSX Edges • physischer Router

8.7.5 Ein Edge Services Gateways für das Routing des North-South-Netzwerkverkehrs erstellen

Nachdem Sie im vorigen Abschnitt den Distributed Logical Router (DLR) erstellt haben, ist nun die Erzeugung eines *Edge Services Gateways* (kurz: *NSX-Edge*) der nächste Schritt, um die logischen Netzwerke mit dem bestehenden Unternehmensnetz zu verbinden, das typischerweise in Form von VLANs existiert. Auch wenn es prinzipiell möglich ist, einen DLR direkt mit VLANs zu verbinden, ist dies im Allgemeinen nicht ratsam: Es zieht Skalierbarkeits- und Performance-Probleme nach sich.

Die Lösung ist daher, das Routing in Richtung des bestehenden Unternehmensnetzwerks mit NSX-Edges durchzuführen. Bei NSX-Edges handelt es sich um virtuelle Maschinen, die in vier verschiedenen Appliance-Größen erzeugt werden können. Zudem können Sie NSX-Edges über eine optionale Standby-VM hochverfügbar machen. Alternativ können Sie einen DLR über bis zu acht NSX-Edges und mit der Routing-Strategie ECMP (*Equal Cost Multipathing*) mit der Außenwelt verbinden, um auch höheren Durchsatzanforderungen zu genügen. Zum Hinzufügen der NSX-Edge wählen Sie im Menüpunkt NSX EDGES erneut das Plus-Symbol aus und klicken dann bei INSTALL TYPE auf das Feld EDGE SERVICES GATEWAY (siehe Abbildung 8.64).

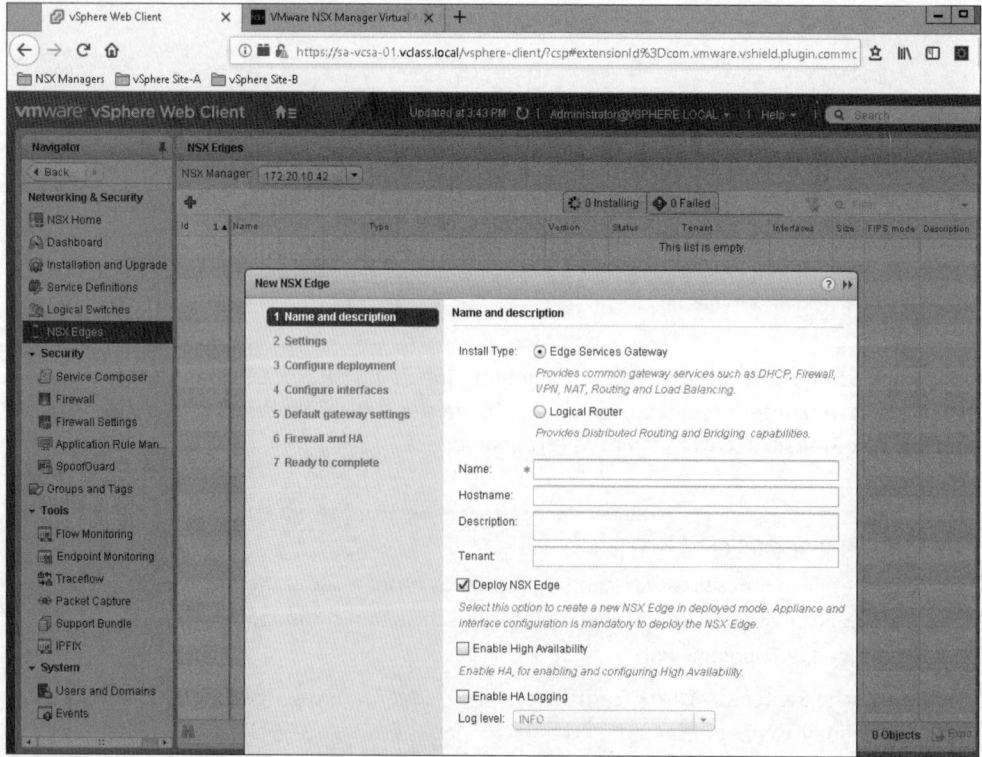

Abbildung 8.64 Nach dem Klick auf das Plus-Symbol öffnet sich der Assistent zur Erzeugung eines virtuellen Routers. Hier wählen Sie nun bei »Install Type« das »Edge Services Gateway«.

Im nun folgenden Assistenten ähneln viele Schritte denen, die Sie schon von der Erzeugung eines DLRs kennen (siehe Abbildung 8.65):

- INSTALL TYPE – Die Option EDGE SERVICES GATEWAY erzeugt eine NSX-Edge, die für das Routing zwischen der VXLAN-Umgebung und VLANs optimiert ist. (Die VLANs existieren hier als Portgruppen auf Distributed Switches.) Eine NSX-Edge bietet zudem weitere Funktionen wie Load-Balancing, Network Address Translation (NAT), DHCP-Server- und VPN- und Firewall-Funktionen
- NAME – Hier legen Sie den Namen der NSX-Edge fest.
- HOSTNAME – Hier können Sie den Hostnamen der NSX-Edge festlegen. Das Feld bleibt im Regelfall leer.
- DESCRIPTION – Beschreibung für die NSX-Edge
- TENANT – optionale Beschreibung eines Mandanten. Bleibt im Regelfall leer.
- DEPLOY EDGE APPLIANCE – Hier kann die Erstellung der tatsächlichen Appliance verzögert werden. Wird dieser Menüpunkt abgewählt, kann die Konfiguration der NSX-Edge zwar komplett erfolgen, aber die virtuelle Appliance wird noch nicht erzeugt. Dies kann dann zu einem späteren Zeitpunkt geschehen. Im Normalfall wird die Appliance mit ihrer Konfiguration auch gleich erzeugt, d. h., der Menüpunkt bleibt im Regelfall ausgewählt.

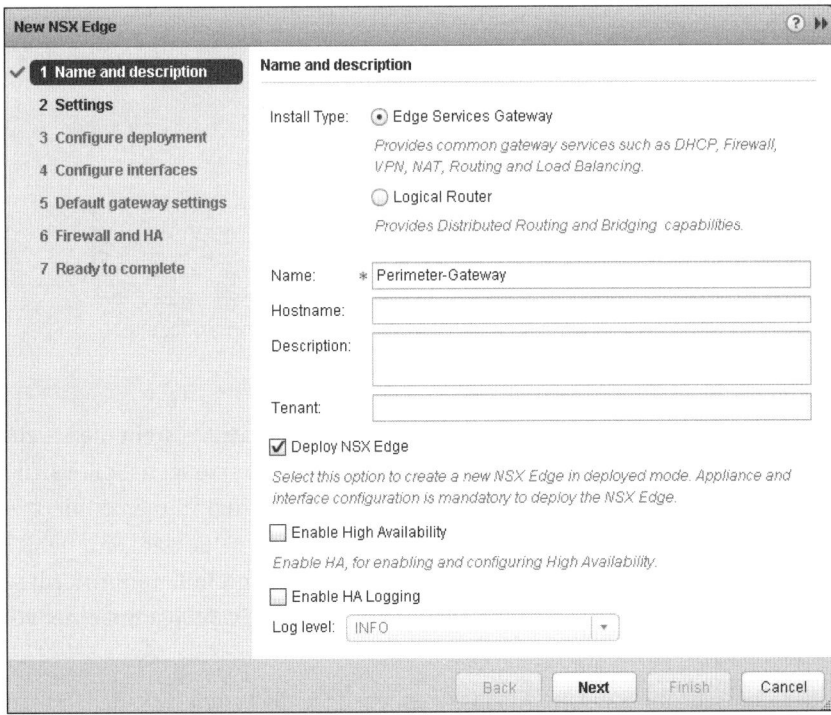

Abbildung 8.65 Zum Erzeugen einer NSX-Edge legen Sie die wichtigsten Eckdaten im ersten Schritt fest.

- ENABLE HIGH AVAILABILITY – Hier können Sie die NSX-Edge hochverfügbar machen. Dazu wird für die NSX-Edge zusätzlich eine Standby-VM erzeugt, die beim Ausfall der NSX-Edge nach kurzer Verzögerung einspringen und die Funktionen der NSX-Edge übernehmen kann.
- ENABLE HA LOGGING – Hier kann der Log-Level für die Hochverfügbarkeit (*High Availability*, HA) konfiguriert werden.

Im nächsten Schritt (siehe Abbildung 8.66) legen Sie die Einstellungen für die Kommandozeile der NSX-Edge fest. Der Benutzername für die Kommandozeile ist im Regelfall admin, das Passwort muss mindestens 12 Zeichen lang sein.

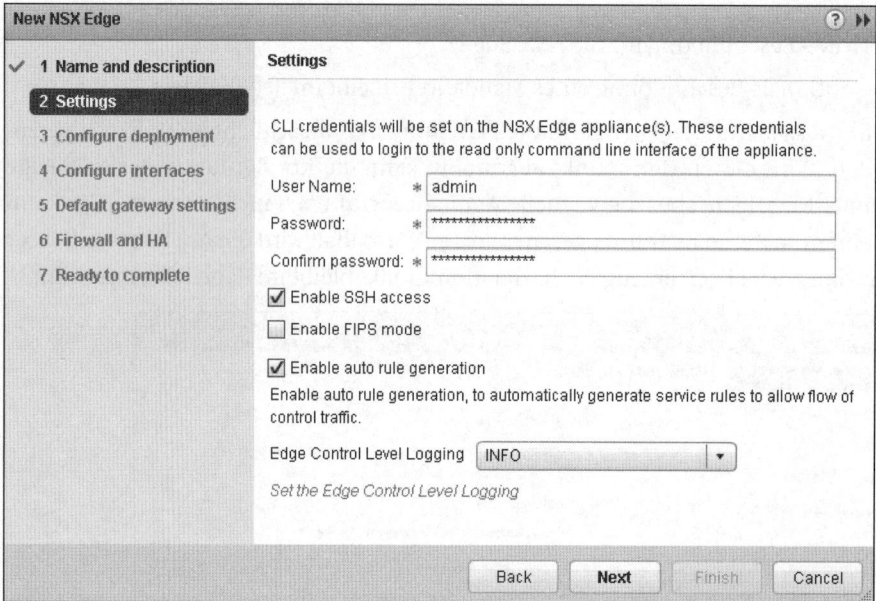

Abbildung 8.66 Unter »Settings« legen Sie die Zugriffsdaten für die Kommandozeile der NSX-Edge fest.

Im Schritt CONFIGURE DEPLOYMENT (siehe Abbildung 8.67) bietet der Assistent die Möglichkeit an, die NSX-Edge in vier verschiedenen Appliance-Größen zu erzeugen. Sollte sich im Nachhinein herausstellen, dass die Appliance zu klein oder zu großzügig dimensioniert wurde, können Sie ihre Größe auch nach dem Deployment noch ändern. VMware empfiehlt die oberen Appliance-Größen für Load-Balancer oder VPN-Gateways mit höheren Anforderungen. Zum Experimentieren genügt zunächst eine Appliance-Größe COMPACT mit einer vCPU und 512 MB vRAM.

Im Menü mit der Überschrift NSX EDGE APPLIANCES legen Sie die Platzierung der NSX-Edge fest.

8.7 Benutzung von NSX-V anhand einer beispielhaften Netzwerktopologie

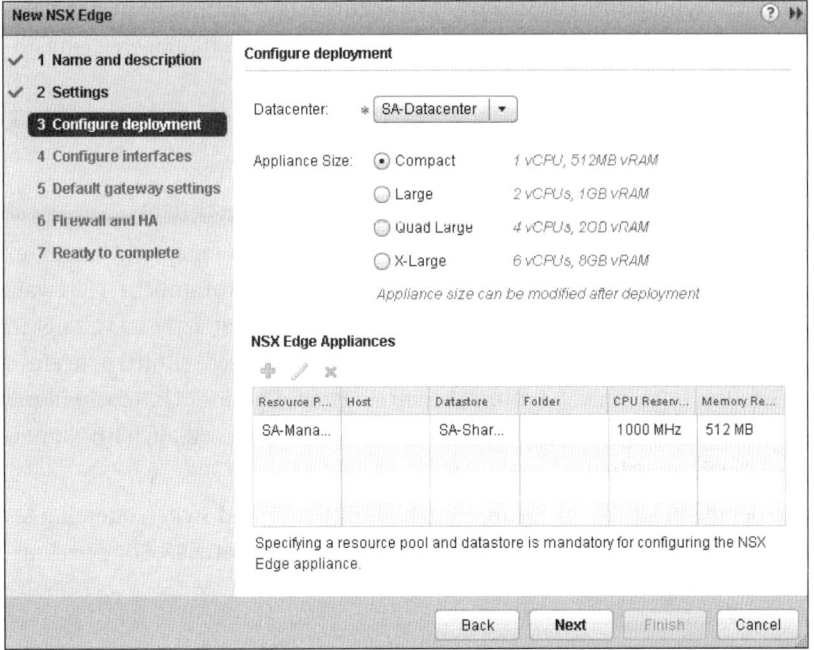

Abbildung 8.67 Unter »Configure Deployment« passen Sie die Appliance-Größe und die Platzierung der NSX-Edge-VM an.

Im Schritt CONFIGURE INTERFACES (siehe Abbildung 8.66) können Sie nun die Netzwerkschnittstellen der NSX-Edge konfigurieren. Da es sich bei der NSX-Edge um eine virtuelle Maschine handelt, sind maximal zehn Interfaces (vNICs) möglich. Durch einen Klick auf das Plus-Symbol gelangen Sie in einen weiteren Menüpunkt, der die Detailkonfiguration des jeweiligen Interfaces erlaubt.

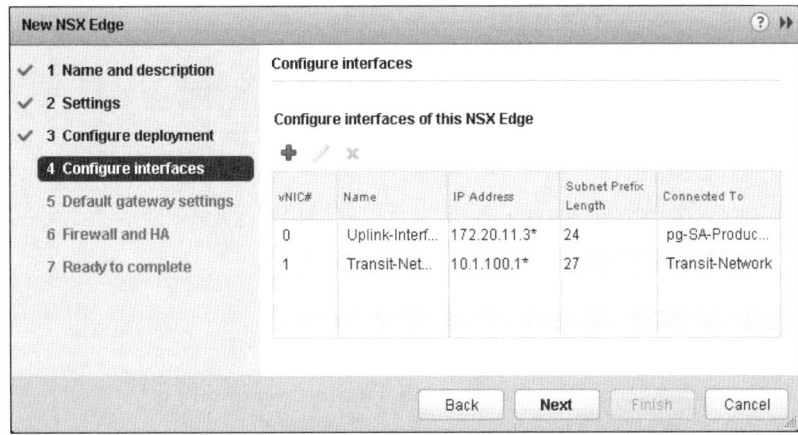

Abbildung 8.68 Im Menüpunkt »Configure Interfaces« können Sie maximal zehn Netzwerkschnittstellen zur NSX-Edge hinzufügen.

Nach Auswählen des Plus-Symbols öffnet sich das Menü zur Detailkonfiguration der Netzwerkschnittstelle. Hier können Sie die folgenden Parameter sehen bzw. einpflegen (siehe Abbildung 8.69):

- vNIC# – Das ist der Index der Netzwerkschnittstelle. Maximal zehn Netzwerkschnittstellen sind möglich (0..9).
- Name – Hier wählen Sie einen Namen, der die Rolle des Interfaces beschreibt.
- Type – Uplink zeigt in Richtung Ihres Unternehmensnetzwerks und entspricht ungefähr der WAN-Schnittstelle eines herkömmlichen Routers oder einer herkömmlichen Firewall. Auf den Uplink-Netzen werden beispielsweise NAT-Regeln umgesetzt. Internal zeigt in Richtung Ihrer logischen VXLAN-Netzwerke und entspricht einer LAN-Schnittstelle eines herkömmlichen Routers oder einer herkömmlichen Firewall. Da diese Unterscheidung sehr wichtig ist, ist in Abbildung 8.69 zu sehen, dass wir die Rolle Uplink auch im Namen des Interfaces berücksichtigt haben.
- Connected To – Hier legen Sie die Portgruppe auf einem Distributed Switch oder den logischen VXLAN-Switch fest, mit dem diese Netzwerkschnittstelle der NSX-Edge verbunden wird.

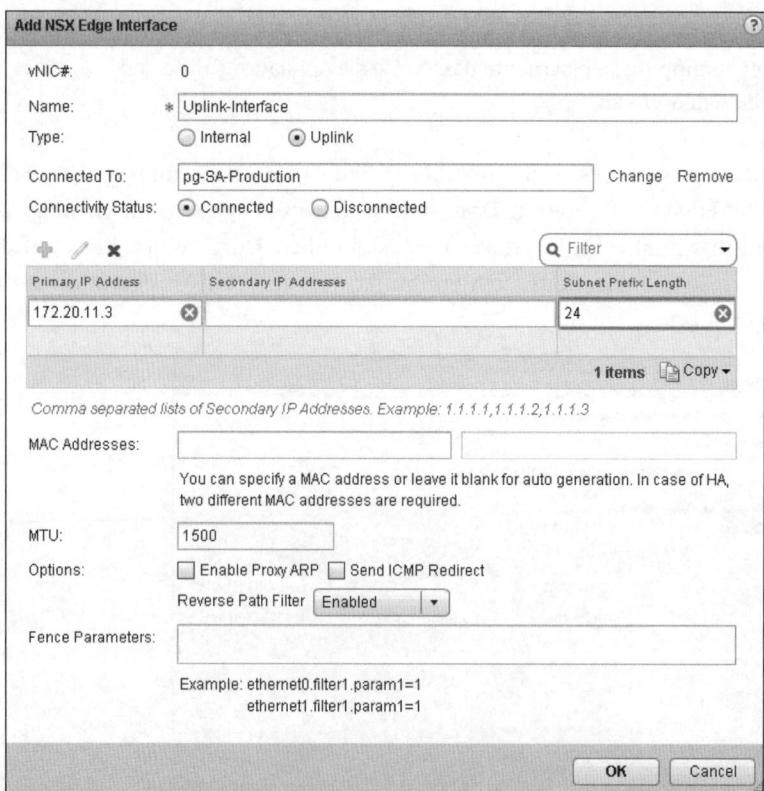

Abbildung 8.69 Im Assistenten »Add NSX Edge Interface« legen Sie die Detailkonfiguration des ersten Netzwerk-Interfaces der NSX-Edge fest.

8.7 Benutzung von NSX-V anhand einer beispielhaften Netzwerktopologie

- CONNECTIVITY STATUS – Hier können Sie das Interface deaktivieren, falls benötigt.
- *Tabelle für IP-Adressen* – Hier können Sie eine oder mehrere IP-Adressen für das Interface konfigurieren. Zunächst legen Sie auf jeden Fall eine PRIMARY IP ADDRESS fest. Optional können Sie später unter SECONDARY IP ADDRESSES weitere IP-Adressen aus dem gleichen Subnetz an dieses Interface binden, falls Sie dies für bestimmte Funktionen (Load-Balancing, NAT etc.) benötigen. Unter SUBNET PREFIX LENGTH legen Sie die Subnetzmaske in der kurzen CIDR-Notation fest. (24 entspricht einer Subnetzmaske von 255.255.255.0.)

Die weiteren Optionen sind für Spezialfälle vorgesehen und müssen im Normalfall nicht konfiguriert werden. In unserem Beispiel konfigurieren wir zwei Interfaces für die NSX-Edge:

- Das Interface *vNIC0* ist vom Typ UPLINK und wird mit einem VLAN-Netzwerk (Portgruppe *pg-SA-Production*) auf einem Distributed Switch verbunden (siehe Abbildung 8.69).
- Das Interface *vNIC1* ist vom Typ INTERNAL und wird mit dem VXLAN-Netzwerk (logisches Netzwerk *Transit-Network*) verbunden (siehe Abbildung 8.70).

Aus Routing-technischen Gründen wurde hier ein Subnetz mit einem Subnetzpräfix von /27 gewählt. (Das entspricht einer Subnetzmaske von 255.255.255.224.)

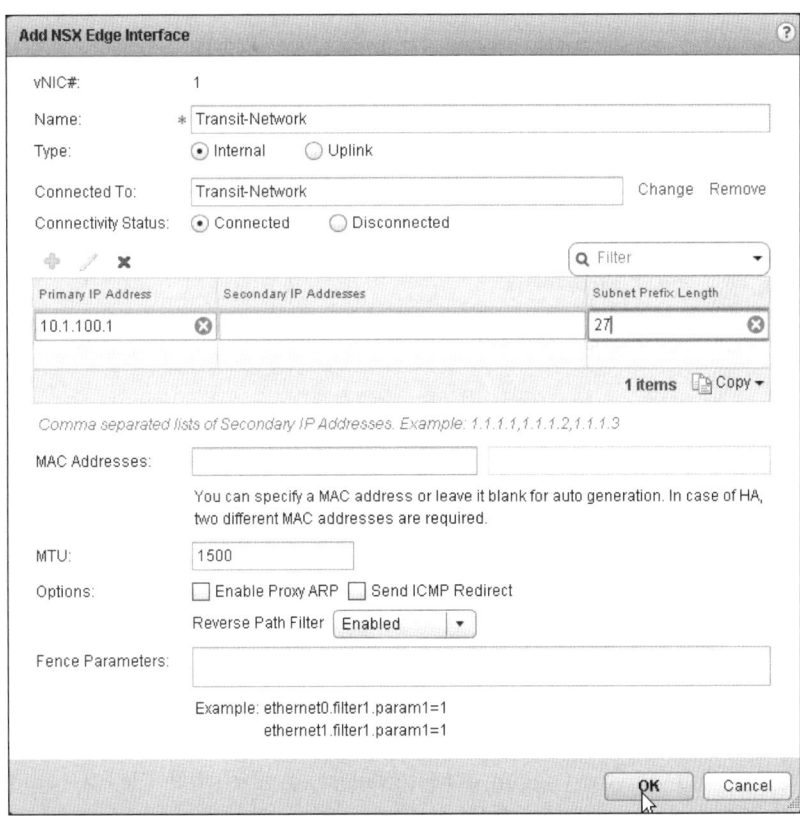

Abbildung 8.70 Das zweite Interface der NSX-Edge verbinden Sie mit dem logischen VXLAN-Netzwerk »Transit-Network« und wählen als Typ »Internal«.

Die Detailkonfiguration beider Interfaces finden Sie in Abbildung 8.69 und Abbildung 8.70. Danach ist die Konfiguration der Interfaces der NSX-Edge in unserer Beispielumgebung abgeschlossen. In der Tabelle aus Abbildung 8.71 finden Sie noch zusammengefasst die Konfiguration. Der Typ des Interfaces (*Uplink* oder *Internal*) wird in der Tabelle standardmäßig nicht angezeigt.

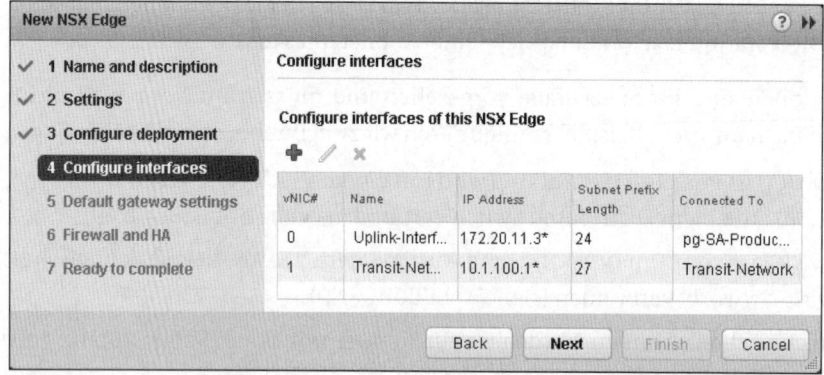

Abbildung 8.71 Nach der Konfiguration der Interfaces kontrollieren Sie die Einstellungen.

In Schritt 5, DEFAULT GATEWAY SETTINGS, können Sie bei Bedarf ein Default-Gateway für die NSX-Edge konfigurieren. Aufgrund der Routing-Topologie unserer Beispielumgebung sehen Sie in Abbildung 8.72, dass ein Default-Gateway mit der IP-Adresse 172.20.11.10 auf der Netzwerkschnittstelle mit dem Namen UPLINK-INTERFACE konfiguriert ist.

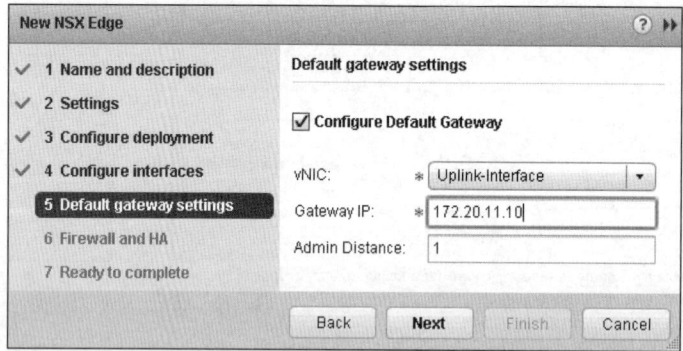

Abbildung 8.72 Unter »Default Gateway Settings« können Sie bei Bedarf ein Default-Gateway für die NSX-Edge konfigurieren.

Im nächsten Schritt (siehe Abbildung 8.73) können Sie die Firewall der NSX-Edge einstellen. Im Bild wurde unter CONFIGURE FIREWALL DEFAULT POLICY bei DEFAULT TRAFFIC POLICY die Option ACCEPT gewählt, und das Logging der Firewall ist ausgeschaltet. Die HA-Parameter sind nicht anwählbar, da im ersten Schritt des Assistenten auf die Konfiguration von Hochverfügbarkeit für diese NSX-Edge verzichtet wurde.

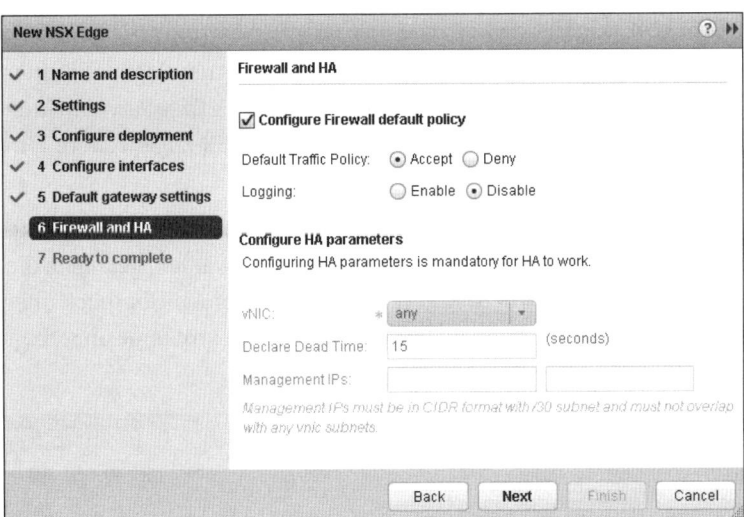

Abbildung 8.73 Im Menüpunkt »Firewall and HA« können Sie das Verhalten der NSX-Edge in Sachen Firewall und Hochverfügbarkeit (falls gewählt) festlegen.

Im letzten Schritt, READY TO COMPLETE (siehe Abbildung 8.74), sehen Sie die wichtigsten gewählten Einstellungen im Überblick. Wenn Sie mit den Einstellungen zufrieden sind, klicken Sie auf FINISH, um die Erzeugung der NSX-Edge zu starten.

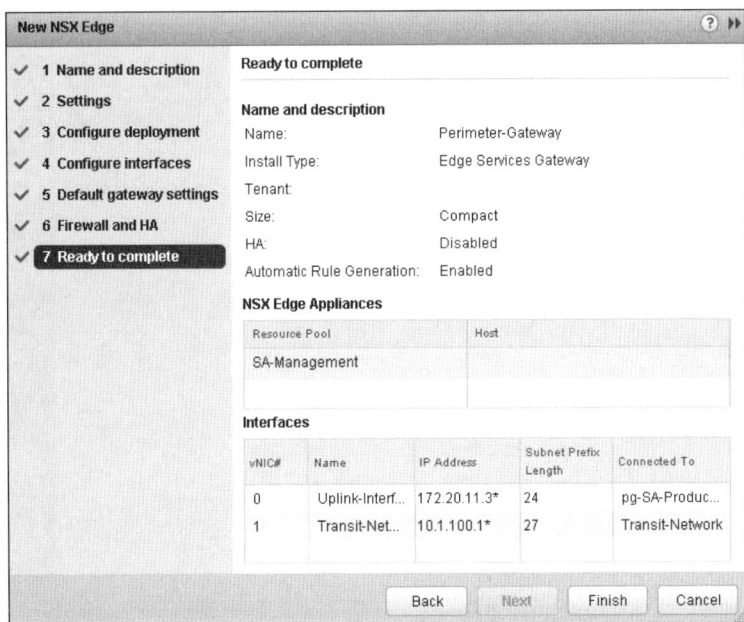

Abbildung 8.74 Im finalen Schritt »Ready to complete« können Sie vor der Erzeugung der NSX-Edge die Einstellungen noch kontrollieren.

8.7.6 Erweiterte Konfiguration von DLR

Nachdem Sie in den vorigen beiden Abschnitten eine einfache Routingtopologie mit einer Kombination aus einem *Distributed Logical Router* (DLR) und einem *NSX Edge Services Gateway* (NSX-Edge) aufgebaut haben, können Sie auf dem DLR und der NSX-Edge weitere Einstellungen vornehmen, die hier im Überblick kurz dargestellt werden.

Zunächst steht der DLR im Zentrum der Betrachtung. Wenn Sie den DLR in der Liste der Router unterhalb des Menüpunkts NSX EDGES mit einem Doppelklick auswählen, gelangen Sie zur Detailkonfiguration. Auf der Registerkarte SUMMARY erhalten Sie einen Überblick über den aktuellen Zustand des DLRs und bekommen eventuell vorhandene Probleme angezeigt (siehe Abbildung 8.75).

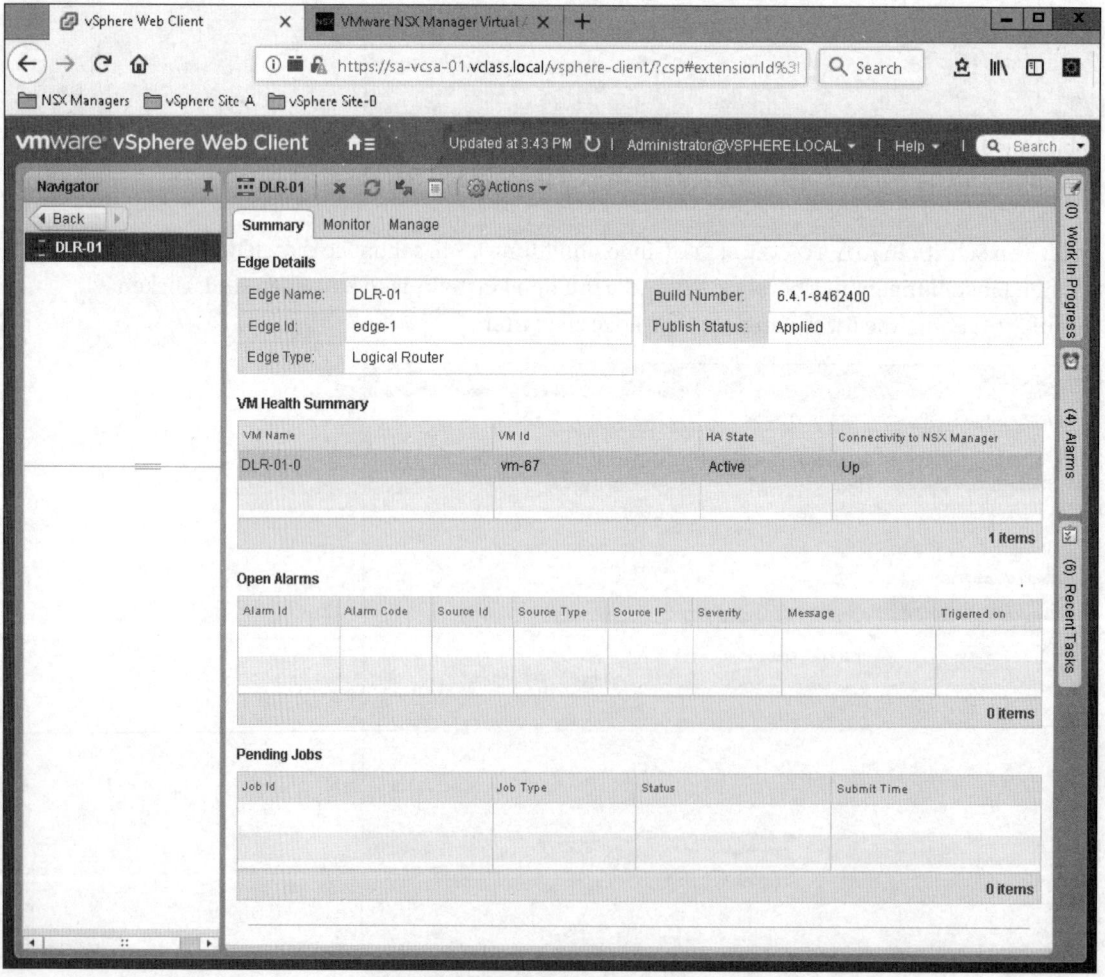

Abbildung 8.75 Unter »Summary« sehen Sie den Zustand des DLRs im Überblick. Das Feld »Edge Type« mit dem Inhalt »Logical Router« zeigt, dass es sich um einen DLR handelt.

Auf der Registerkarte MANAGE innerhalb der DLR-Detailkonfiguration haben Sie nun die Möglichkeit, den DLR weiter anzupassen und seine Funktionalitäten zu konfigurieren, die hier überblicksartig dargestellt werden (siehe Abbildung 8.76).

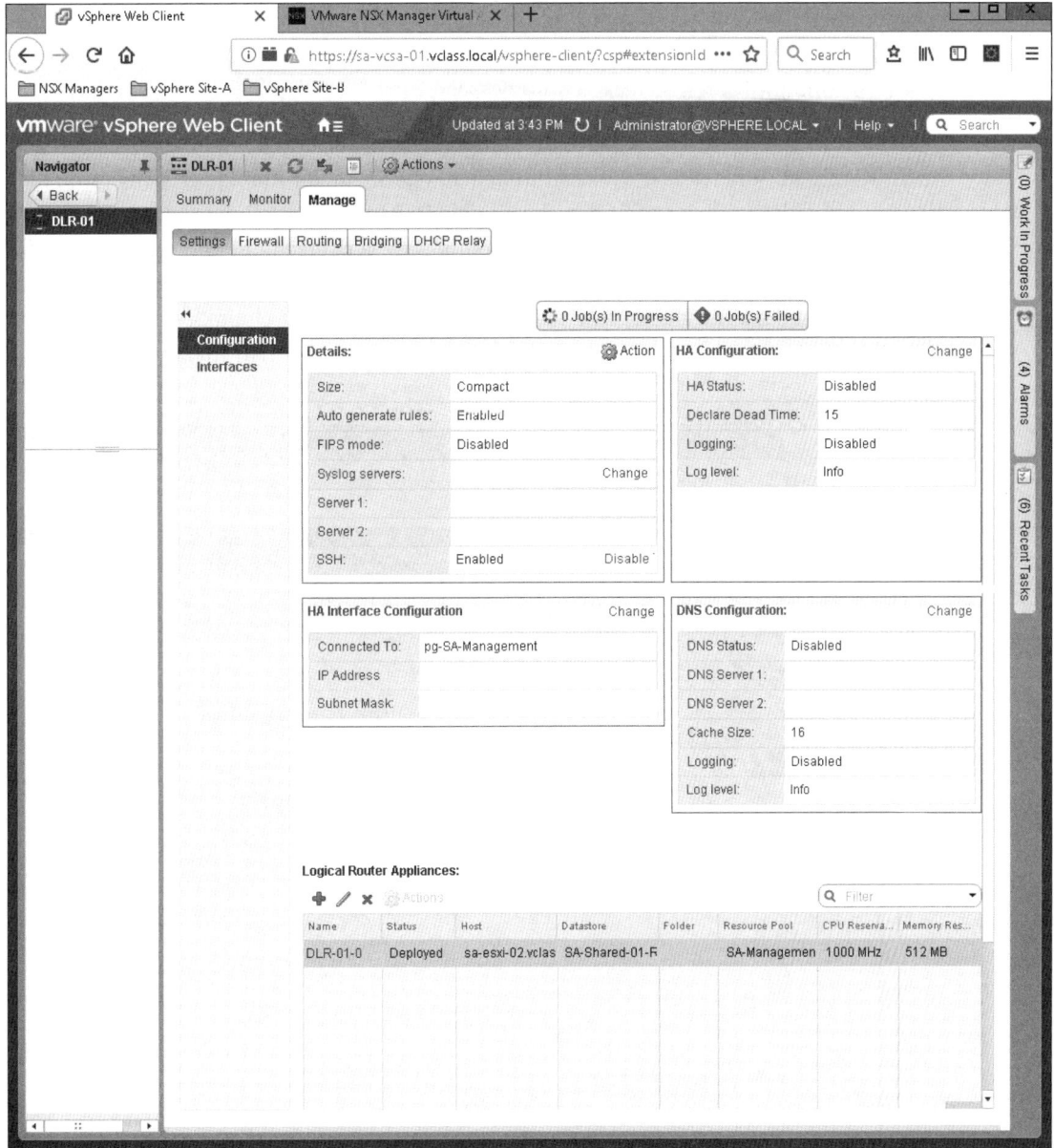

Abbildung 8.76 Unter den »Settings« können Sie die allgemeine Konfiguration des DLRs anpassen.

Zunächst können Sie unter SETTINGS die allgemeine Konfiguration und die Netzwerkschnittstellen des DLRs weiter anpassen. Dazu gehört unter anderem:

- das Einrichten von Syslog-Servern
- das Anpassen der HA-Konfiguration
- die Konfiguration von DNS
- das Steuern des Deployments der Hilfs-VM (unter LOGICAL ROUTER APPLIANCES), die benötigt wird, um mit anderen Routern über die dynamischen Routingprotokolle OSPF und BGP zu kommunizieren

Wenn Sie nun den Punkt INTERFACES im Menü auswählen (siehe Abbildung 8.77), gelangen Sie zur Konfiguration der Netzwerkschnittstellen. Wie Sie in der Abbildung sehen, sind hier die vier Netzwerk-Interfaces zu finden, die Sie dem DLR bei der Erstellung zugewiesen haben. Eine Besonderheit fällt in der Liste auf: Das Uplink-Netzwerk erscheint unter der *vNIC#2*, die internen Netzwerke unter den vNIC-Nummern *10*, *11* und *12*. Das rührt daher, dass der DLR bis zu 999 Netzwerk-Interfaces unterstützt, aber nur bis zu acht Uplinks – da diese an die Hilfs-VM angebunden werden müssen. Virtuelle Maschinen können maximal zehn vNICs aufweisen.

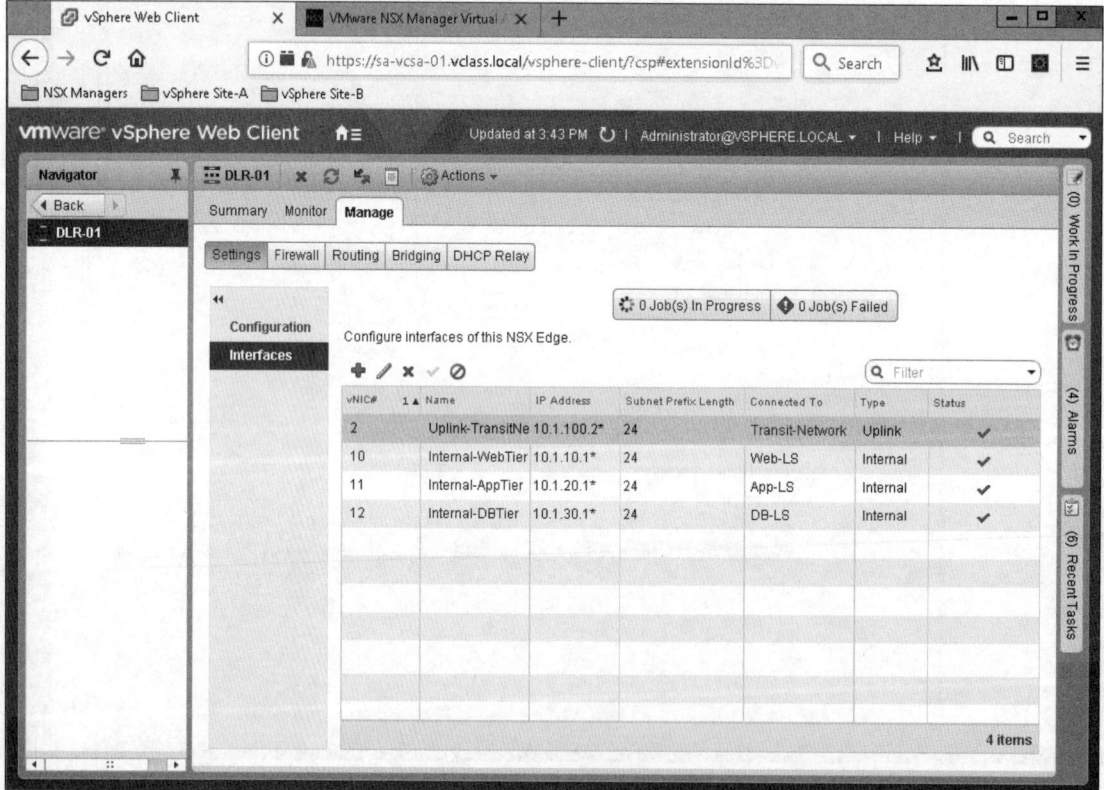

Abbildung 8.77 Unter »Interfaces« können Sie die Netzwerkschnittstellen des DLRs nach der Erstellung weiter anpassen. Der DLR unterstützt dabei bis zu 999 Netzwerk-Interfaces.

Der nächste Menüpunkt, FIREWALL (siehe Abbildung 8.78), ist auf dem DLR leider etwas irreführend: Der DLR selbst hat keine Firewall, diese Rolle übernimmt die Distributed Firewall in NSX-V, die auf der Ebene der virtuellen Netzwerkkarten (vNICs) von virtuellen Maschinen arbeitet. Im FIREWALL-Menü können Sie lediglich lokale Firewall-Regeln für die Hilfs-VM des DLRs hinterlegen, falls Sie diese verwenden.

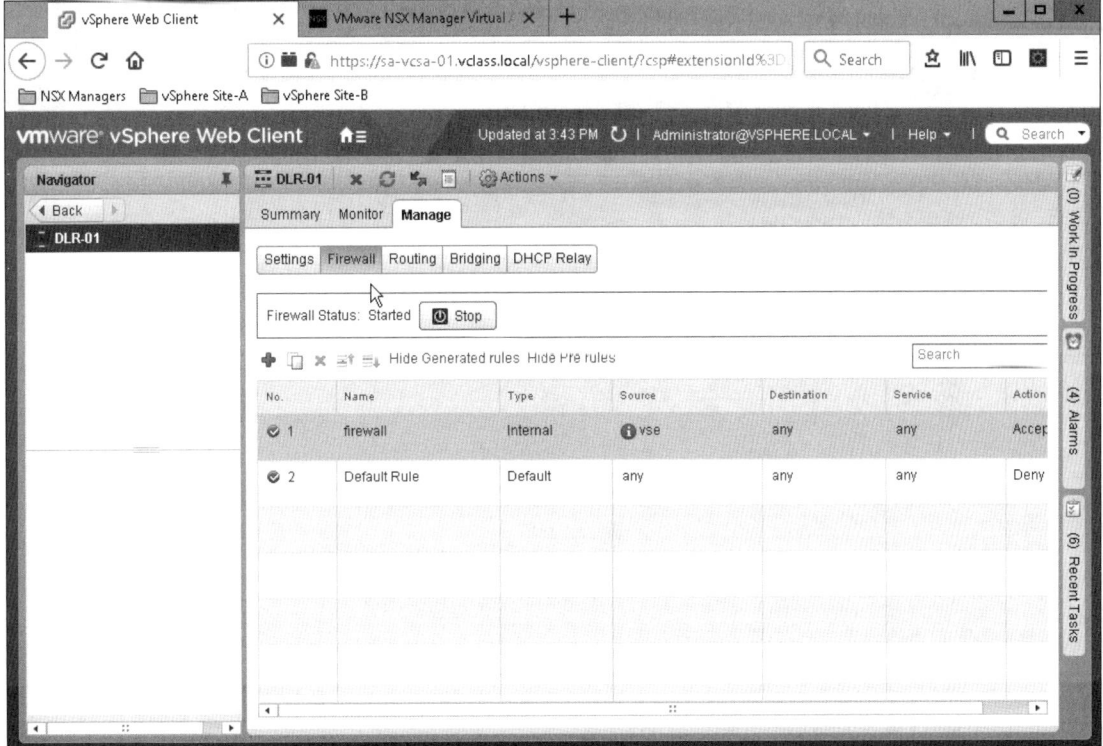

Abbildung 8.78 Das »Firewall«-Menü des DLRs führt leider etwas in die Irre: Hier können Sie lokale Firewall-Regeln für den Schutz der Hilfs-VM hinterlegen.

Wichtig ist vor allem der nächste Menüpunkt: ROUTING (siehe Abbildung 8.79). Hier haben Sie die Möglichkeit, das Routing-Verhalten des DLRs zu konfigurieren. Dabei können Sie folgende Einstellungen im Hauptmenü und in den Untermenüs vornehmen:

▶ Einschalten von Equal Cost Multipathing (ECMP)
▶ Konfiguration eines Default-Gateways
▶ Einschalten von dynamischem Routing (entweder über OSPF oder BGP)
▶ Konfiguration von statischen Routen
▶ Detailkonfiguration von OSPF, BGP und der *Route Redistribution*

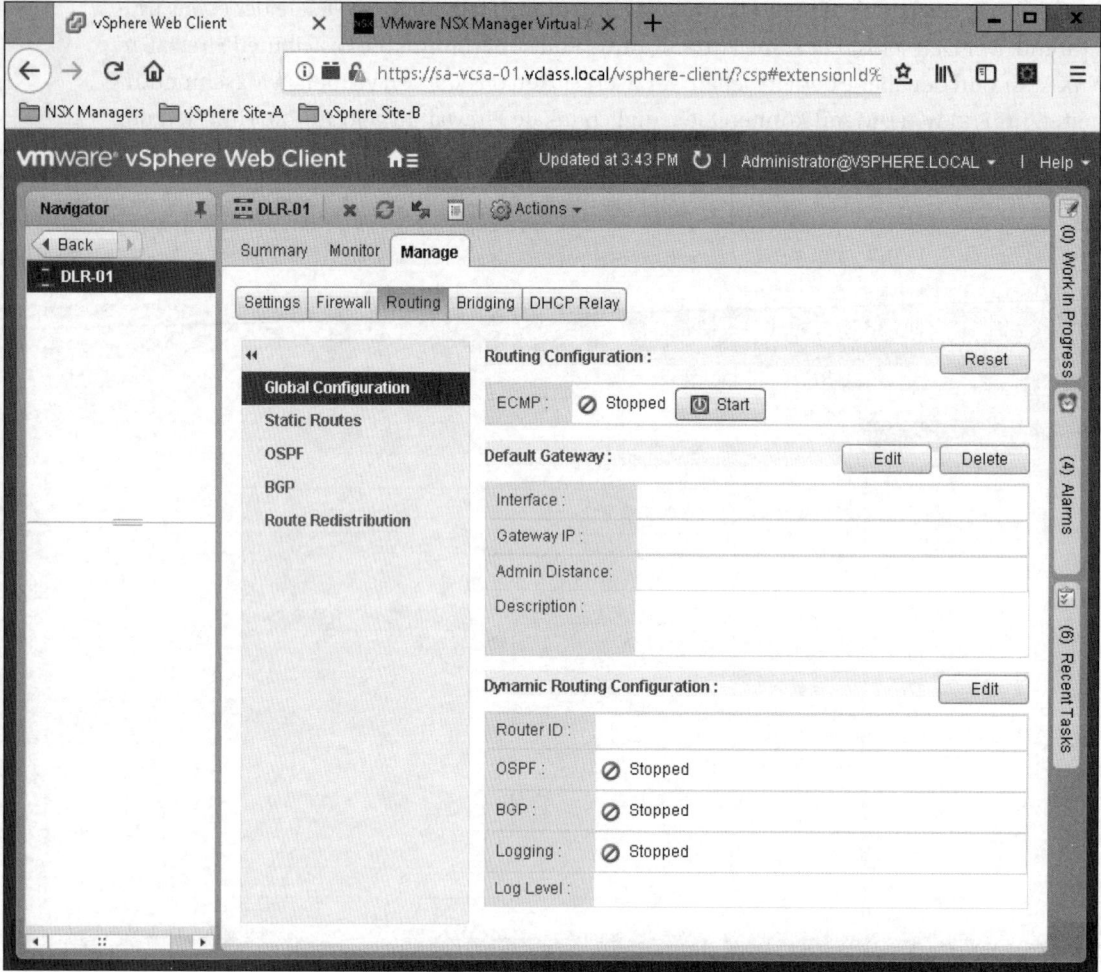

Abbildung 8.79 Unter dem Menüpunkt »Routing« legen Sie die Detailkonfiguration des DLRs in Sachen Routing fest.

Für Spezialfälle kann der DLR zusätzlich noch ein Bridging zwischen VXLAN- und VLAN-Netzwerken vornehmen (siehe Abbildung 8.80).

Dieses Bridging kann mit unterstützter Switching-Hardware auch durch physische Switches übernommen werden, was im Allgemeinen die stabilere und schnellere Variante darstellt. Außerdem kann der DLR als DHCP-Relay-Server fungieren und DHCP-Anfragen in andere Netzwerke weiterleiten.

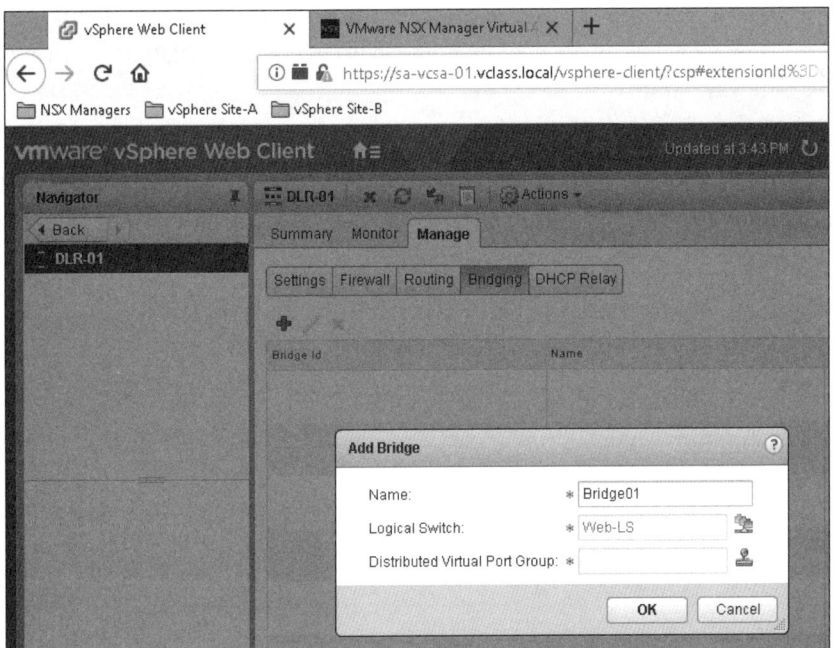

Abbildung 8.80 Die Bridging-Funktionalität des DLRs wird eher selten verwendet.

> **Troubleshooting von DLR und NSX Edge Services Gateway**
>
> Über die hier vorgestellte grafische Oberfläche können Sie die Konfiguration von DLR und NSX-Edges vornehmen. Allerdings werden Ihnen hier keine Detailinformationen angezeigt, die Sie für die Fehlersuche benötigen. Für Informationen wie die tatsächlichen Routing-Tabellen, die Sie für die Fehlersuche brauchen, müssen Sie die Kommandozeile verwenden. Diese finden Sie entweder in der Hilfs-VM des DLRs oder der NSX-Edge über die *VMware Remote Console* oder, falls konfiguriert, auch über SSH. Zusätzlich bietet VMware NSX-V seit Version 6.2 eine *Central CLI*, mit der Sie den Zustand sämtlicher NSX-V-Komponenten inklusive DLR und NSX-Edges über die CLI des NSX Managers abfragen können.

8.7.7 Erweiterte Konfiguration von NSX Edge Services Gateways (NSX Edges)

Die Konfiguration eines *NSX Edge Services Gateways* (NSX-Edge) verläuft weitgehend analog zur Konfiguration eines DLRs. Allerdings eignet sich die NSX-Edge für andere Anwendungsfälle (*North-South-Routing*) und bringt einige Funktionen mit sich, die schwierig im Kernel zu implementieren sind und daher in der Form einer virtuellen Maschine angeboten werden, um die es sich ja bei NSX-Edges handelt.

Wenn Sie eine NSX-Edge im Menüpunkt NSX EDGES des NSX-Plug-ins mit einem Doppelklick öffnen, gelangen Sie auch hier in die Detaileigenschaften. Die Zusammenfassung unter

SUMMARY unterscheidet sich kaum von der eines DLRs (siehe Abbildung 8.81). Wichtig ist das Feld EDGE TYPE: Hier sehen Sie, ob es sich um einen logischen Router (DLR) oder um ein NSX Edge Services Gateway handelt.

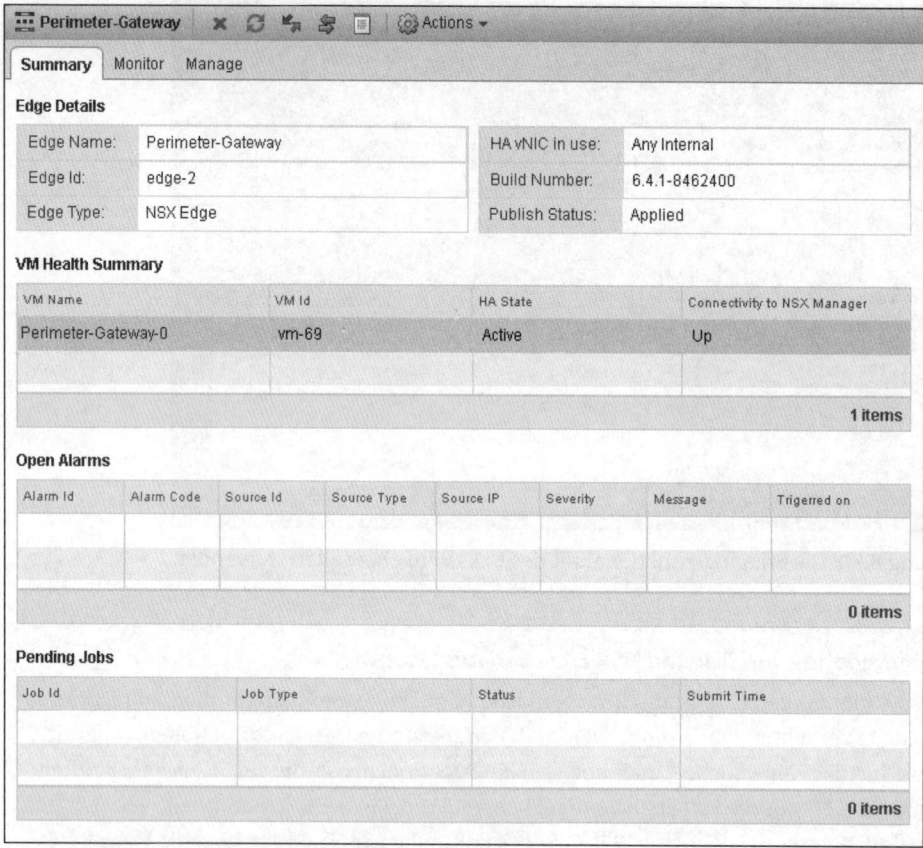

Abbildung 8.81 Unter »Summary« erhalten Sie einen Überblick über den Zustand der NSX-Edge. Das Feld »Edge Type« mit dem Inhalt »NSX Edge« zeigt, dass es sich um eine NSX-Edge handelt.

Unter dem Menüpunkt MANAGE sehen Sie dann eine Vielzahl von Funktionen, die mithilfe von Buttons organisiert sind (siehe Abbildung 8.82):

- SETTINGS – Hier können Sie die Konfiguration der NSX-Edge-Appliance ändern, Netzwerkschnittstellen konfigurieren und SSL-Zertifikate verwalten.
- FIREWALL – Die NSX-Edge verfügt über eine eingebaute Firewall, die Sie hier konfigurieren können.
- DHCP – Hier können Sie einen DHCP-Server auf der NSX-Edge einrichten.
- NAT – Die NSX-Edge kann für Source- und Destination-NAT-Regeln konfiguriert werden.
- ROUTING – Die wichtigste Aufgabe der NSX-Edge ist zumeist das Routing (für North-South-Verkehr), das hier konfiguriert wird.

- LOAD BALANCER – Die NSX-Edge verfügt über zwei verschiedene Load-Balancing-Engines, die Sie hier konfigurieren können. Die Funktionalität im Load-Balancing-Bereich ist umfangreich und genügt den meisten Anforderungen. Für spezielle Anforderungen ist es möglich, dedizierte Load-Balancer (z. B. von F5, Citrix oder Kemp) in NSX-V zu integrieren.
- VPN – Hier können Sie Site-2-Site-VPNs auf Basis von IPSec (Layer 3) und ein Layer-2-VPN einrichten
- SSL VPN-PLUS – Für die Einwahl von Benutzern können Sie hier ein SSL-basiertes VPN konfigurieren und den Client für die Benutzer bereitstellen.
- GROUPING OBJECTS – Hier finden Sie Objekte, die Sammlungen von IP-Adressen (IP SETS), Dienste und Dienstegruppen für die einfachere Verwaltung der Firewall darstellen.
- ADVANCED SERVICES – Die Advanced Services sind standardmäßig ausgeschaltet und stellen Funktionen im Zusammenspiel mit *VMware vCloud Director* bereit.

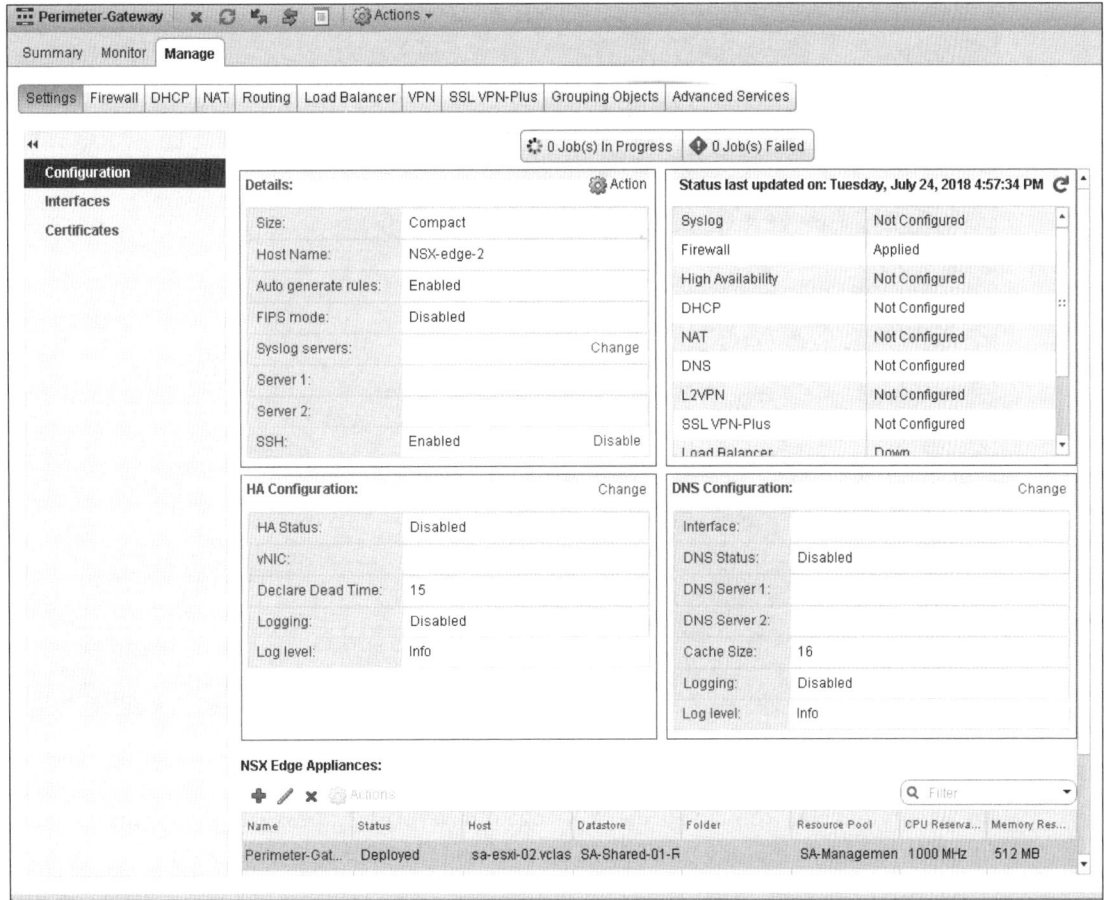

Abbildung 8.82 Unter dem Menüpunkt »Manage« finden Sie zahlreiche Einstellungsmöglichkeiten für die NSX-Edge.

Im Folgend betrachten wir nur diejenigen Funktionen, die nur die NSX-Edge erbringen kann und die sie vom DLR unterscheiden.

Unter dem Menüpunkt DHCP können Sie einen DHCP-Server auf der NSX-Edge einrichten (siehe Abbildung 8.83) Dabei stehen auf der Navigationsleiste links die folgenden Optionen zur Verfügung:

- POOLS – An dieser Stelle konfigurieren Sie die Adressbereiche und DHCP-Optionen des DHCP-Servers.
- BINDINGS – Hier können Sie DHCP-Reservierungen einrichten.
- RELAY – Die NSX-Edge kann auch als DHCP-Relay-Server fungieren; hier können Sie die zugehörigen Einstellungen festlegen.

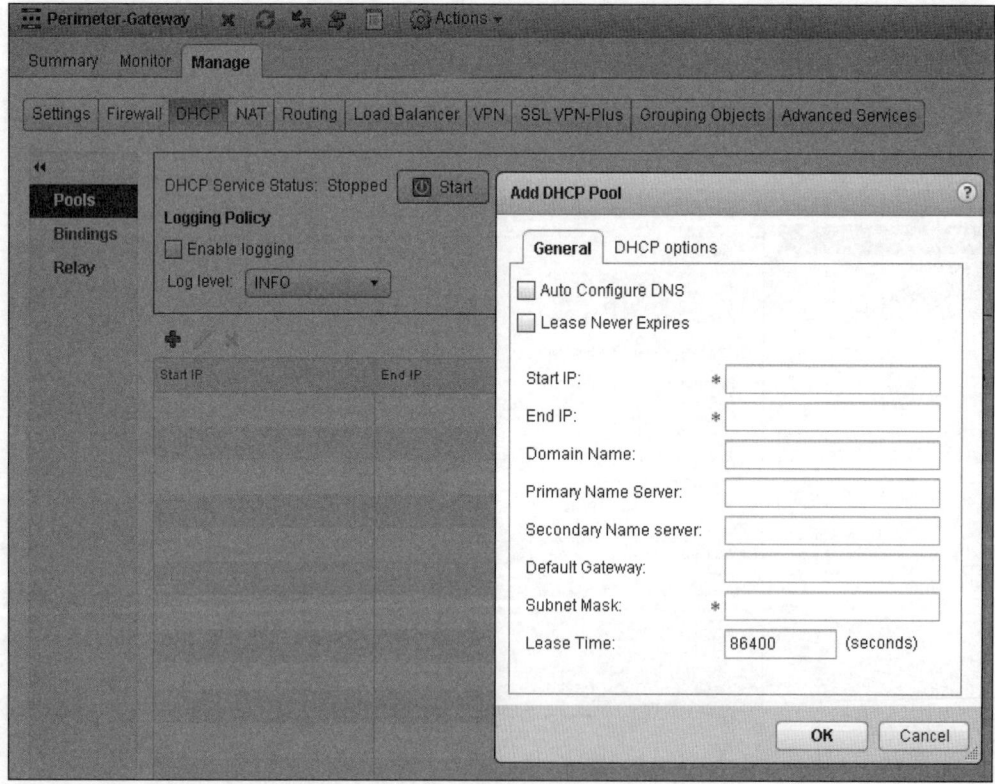

Abbildung 8.83 Auf der NSX-Edge können Sie einen DHCP-Server betreiben.

Im Menüpunkt NAT können Sie die NSX-Edge mit *Network Address Translation*-Regeln konfigurieren (siehe Abbildung 8.84). Dabei stehen zwei Funktionen zur Auswahl:

- DESTINATION NAT – Hier können Sie die Zieladresse von Paketen ändern, die durch die NSX-Edge laufen. Außerdem können Sie eine Port-Translation in den TCP/UDP-Headern einstellen. *Destination NAT* wird verwendet, um eingehende Pakete mit einer externen IP-Adresse auf eine IP-Adresse und gegebenenfalls einen TCP/UDP-Port innerhalb des Netzwerks abzubilden.

▶ SOURCE NAT – Der übliche Anwendungsfall für *Source NAT* ist es, private IP-Adressen in öffentlich routbare IP-Adressen umzuwandeln. Source NAT ändert die Quell-IP-Adresse von Paketen, die durch den Router (NSX-Edge) laufen.

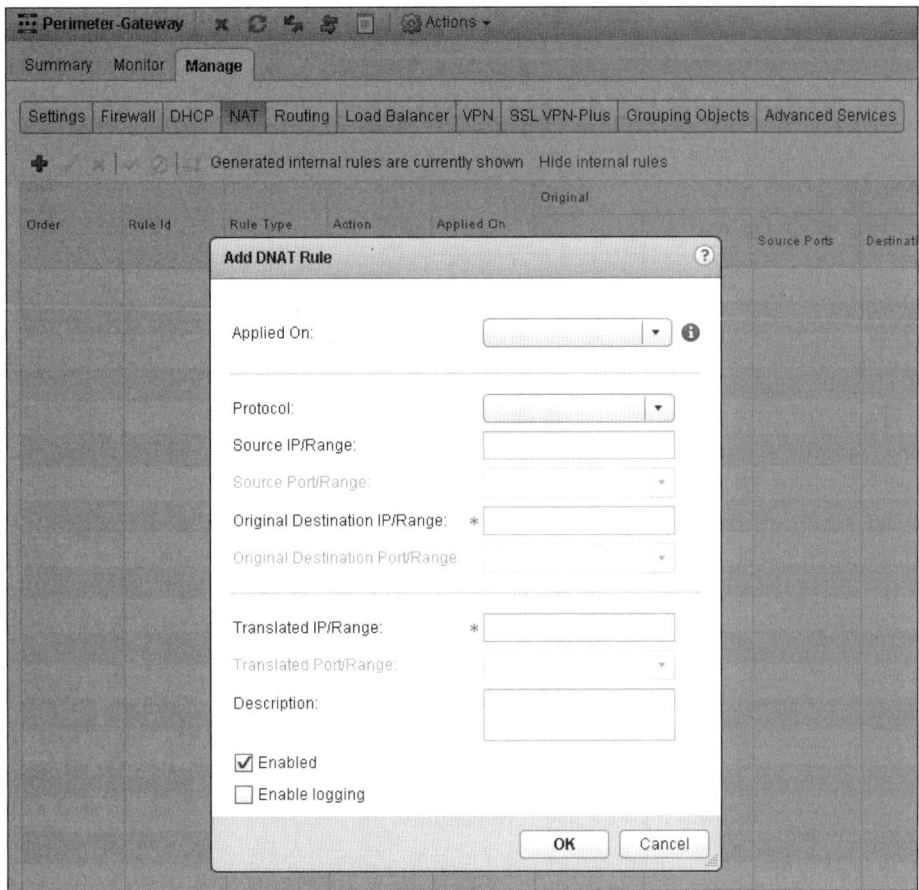

Abbildung 8.84 Unter dem Menüpunkt »NAT« können Sie Regeln für »Destination NAT« und »Source NAT« erstellen.

Unter dem Menüpunkt ROUTING können Sie ganz analog zum DLR das Routing-Verhalten der NSX-Edge konfigurieren (siehe Abbildung 8.85). Der wesentliche Unterschied ist, dass die NSX-Edge OSPF und BGP gleichzeitig verwenden kann; der DLR kann nur entweder OSPF oder BGP nutzen, aber nicht beide gleichzeitig.

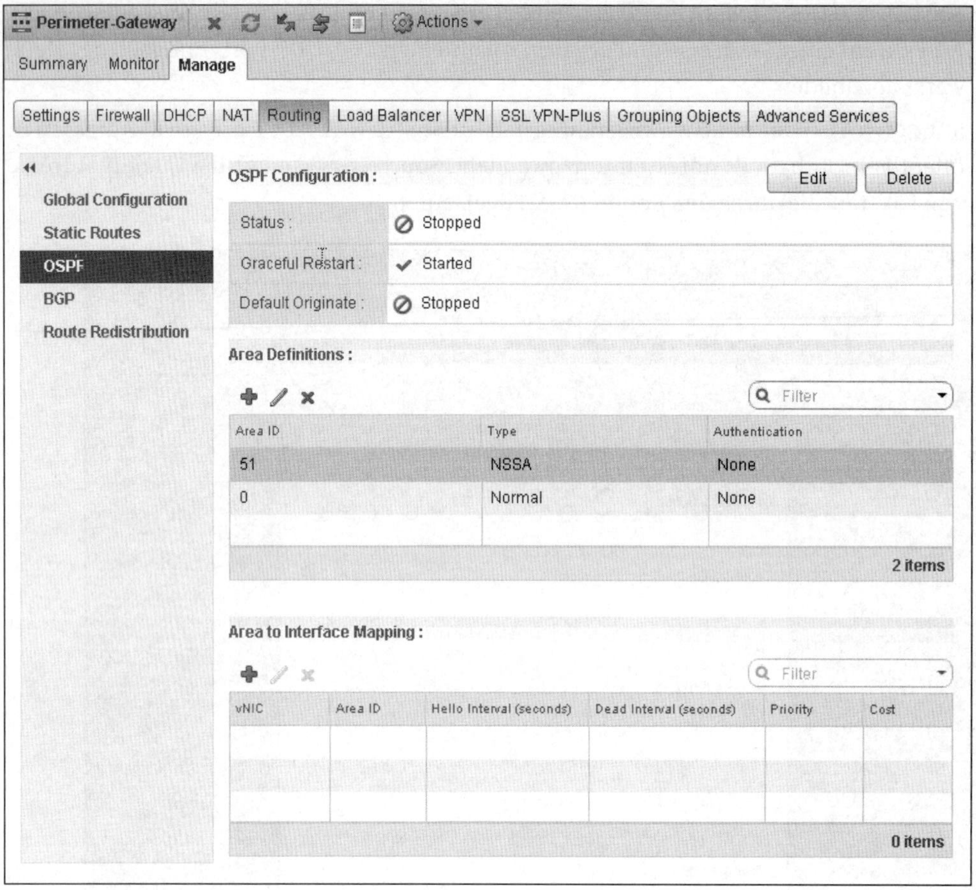

Abbildung 8.85 Unter »Routing« können Sie die Routing-Funktionen der NSX-Edge konfigurieren.

Die NSX-Edge bringt umfangreiche Fähigkeiten in Sachen Load-Balancing mit, die hier aber nur kurz angerissen werden können (siehe Abbildung 8.86). Der NSX-Edge-Load-Balancer kann in zwei Deployment-Modi konfiguriert werden:

- ONE-ARM LOAD BALANCER (scherzhaft *Load Balancer on a Stick* genannt) – Hier ist der Load-Balancer mit einer Netzwerkkarte bereits in dem Zielnetz verbunden, in dem sich diejenigen Systeme (typischerweise Webserver) befinden, die über den Load-Balancer erreichbar gemacht werden. Diese Konfiguration bietet sich insbesondere dann an, wenn die Load-Balancing-Funktionalität nachträglich zu einer bestehenden Infrastruktur hinzugefügt wird, da Sie die Infrastruktur und Topologie nicht verändern müssen.

- INLINE LOAD BALANCER – Hier bietet der Load-Balancer auf einem anderen Netz die virtuelle IP-Adresse (VIP) an, über die die Zielsysteme dann erreicht werden können. Die Zielsysteme befinden sich in einem internen Netz, für das die NSX-Edge dann üblicherweise auch das Default-Gateway darstellt.

8.7 Benutzung von NSX-V anhand einer beispielhaften Netzwerktopologie

Zusätzlich verfügt die NSX-Edge über zwei Load-Balancing-Engines: eine Load-Balancing-Engine auf Layer 4, die schneller ist, und eine Load-Balancing-Engine auf Layer 7, die fortgeschrittene Funktionen zum Load-Balancing von HTTP und HTTPS bietet.

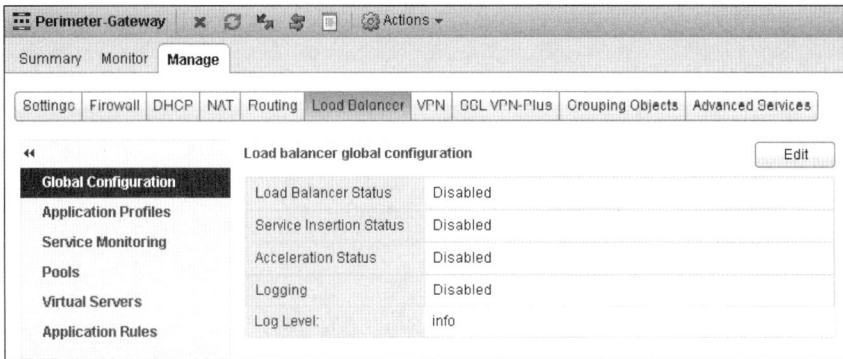

Abbildung 8.86 Die NSX-Edge bietet weitgehende Funktionalitäten als Load-Balancer an.

Des Weiteren kann die NSX-Edge auch als VPN-Server konfiguriert werden. Unterhalb des Menüpunktes VPN finden Sie die Einstellungen, um die NSX-Edge als Site-to-Site-VPN einzurichten (siehe Abbildung 8.87).

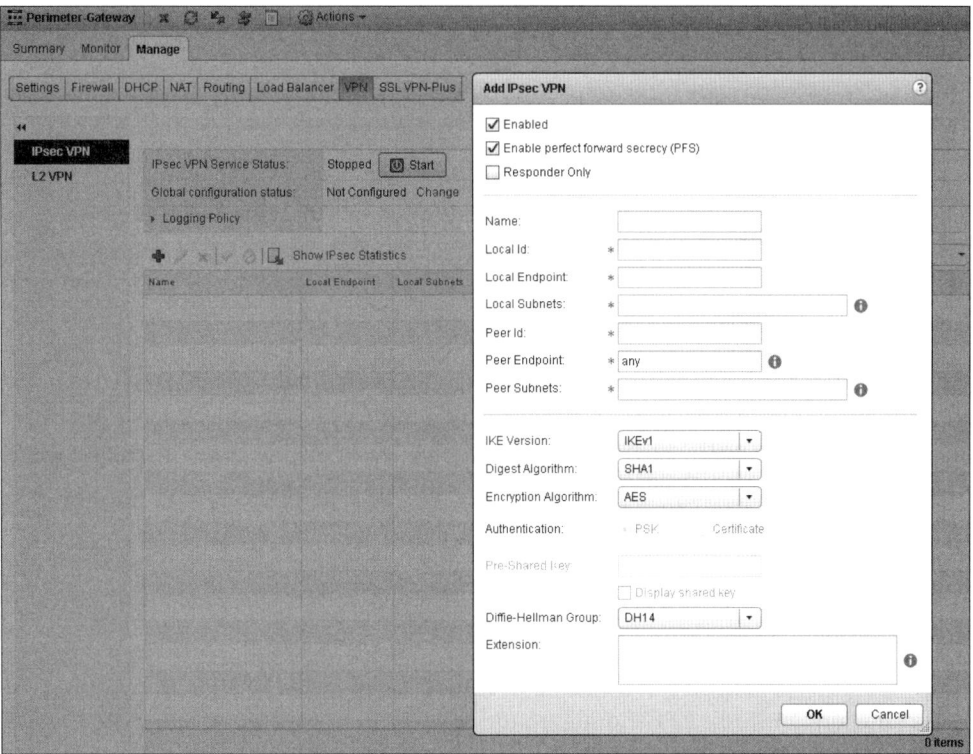

Abbildung 8.87 Unter »VPN« können Sie die NSX-Edge für ein Site-to-Site-VPN konfigurieren.

Auch für die Einrichtung eines Remote-Access-VPNs stellt die NSX-Edge geeignete Funktionen zur Verfügung. Diese finden Sie unterhalb des Menüpunktes SSL VPN-Plus (siehe Abbildung 8.88).

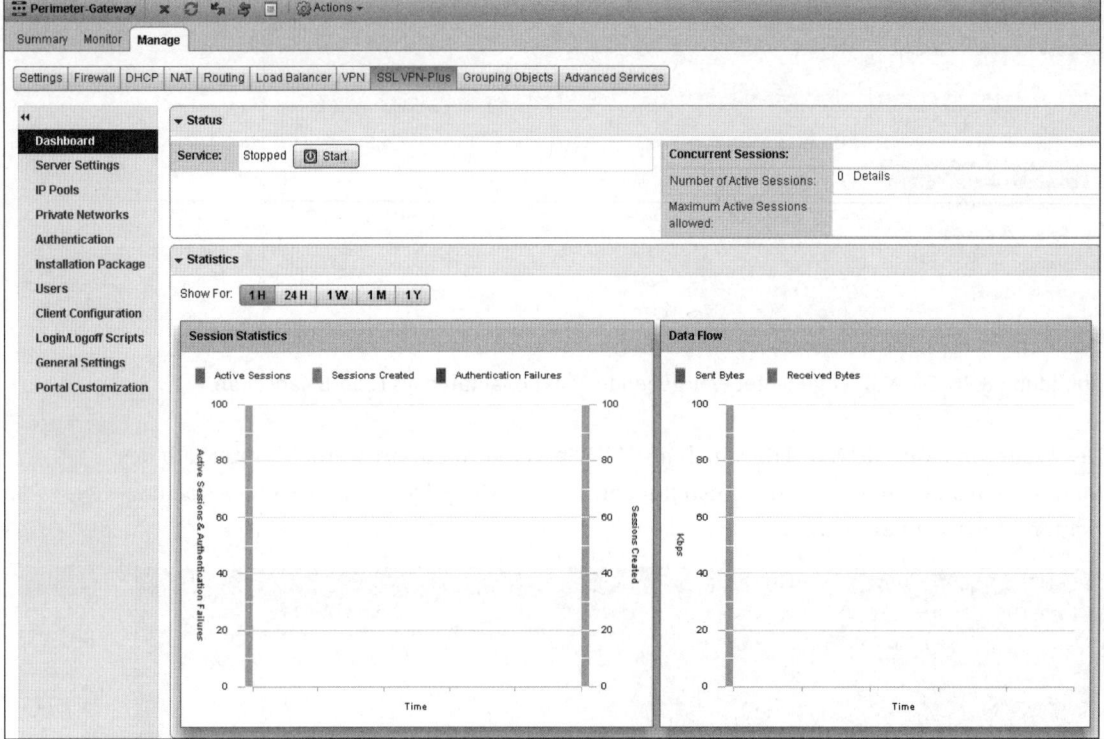

Abbildung 8.88 Ein Remote-Access-VPN können Sie auf der NSX-Edge unter dem Menüpunkt »SSL VPN-Plus« einrichten.

8.7.8 Die Distributed Firewall einrichten

Eines der interessantesten Features von NSX-V ist die *Distributed Firewall* (DFW). Sie ist in ihrer Funktion völlig unabhängig von der verwendeten Netzwerktopologie, da sie am Übergang der virtuellen Netzwerkkarte (vNIC) einer virtuellen Maschine zum virtuellen Switch ansetzt. Die Distributed Firewall läuft im Kernel jedes für NSX konfigurierten ESXi-Servers und ermöglicht eine sehr hohe Durchsatzleistung, die VMware mit ca. 20 Gbps pro Host spezifiziert. Zudem ist es bei Bedarf möglich, für die erweiterte Überprüfung des Netzwerkverkehrs virtuelle Firewalls von Partnern wie *Palo Alto Networks* oder *Check Point Software* hinzuzuschalten.

Die Konfiguration der Distributed Firewall ist einfach. Unter dem Menüpunkt FIREWALL im NSX-Plug-in können Sie die DFW-Konfiguration durchführen (siehe Abbildung 8.89).

8.7 Benutzung von NSX-V anhand einer beispielhaften Netzwerktopologie

Innerhalb des Menüs finden Sie drei Abschnitte als Karteireiter:

- GENERAL – Hier können Sie Firewall-Regeln auf Layer 3 und Layer 4 einrichten.
- ETHERNET – Es ist auch möglich, Regeln auf Layer 2 einzurichten (z. B. auf Basis von MAC-Adressen oder des ARP-Protokolls). Diese Funktion wird eher selten genutzt.
- PARTNER SERVICES – Wenn Sie zusätzliche Dienste in NSX-V integriert haben (z. B. von Palo Alto Networks oder Check Point Software), erscheinen diese unterhalb von PARTNER SERVICES.

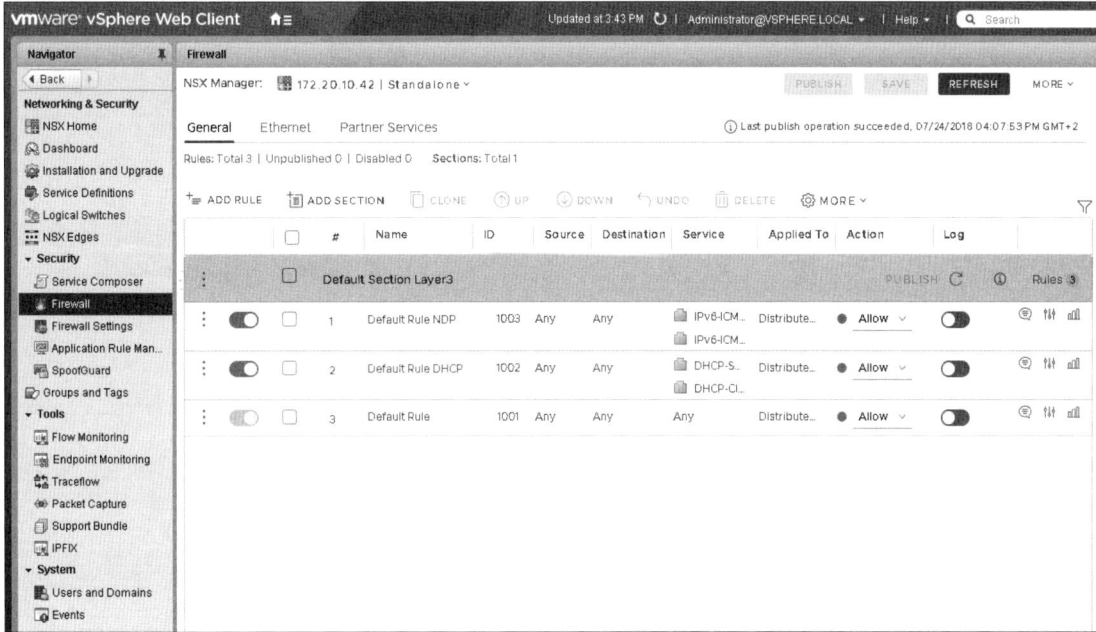

Abbildung 8.89 Die Distributed Firewall wird zentral im NSX-Plug-in unter »Firewall« eingerichtet.

Um das Firewall-Regelwerk übersichtlich zu halten, erlaubt VMware die Erstellung von Abschnitten (SECTIONS), um zusammengehörige Regeln zu bündeln. Ein Klick auf ADD SECTION führt zu einem Assistenten, der die Erstellung eines neuen Abschnitts erlaubt (siehe Abbildung 8.90).

Nachdem Sie eine neue Section erzeugt haben – die zusätzlichen Einstellungen unter SECTION PROPERTIES bleiben abgewählt –, können Sie im Anschluss innerhalb des neuen Abschnitts Firewall-Regeln anlegen (siehe Abbildung 8.91). Zum Anlegen einer neuen Firewall-Regel selektieren Sie den Abschnitt und wählen dann die Schaltfläche ADD RULE aus. Im Anschluss geben Sie der neuen Firewall-Regel einen Namen; in unserem Beispiel haben wir ALLOW_WEBSERVER als Name gewählt.

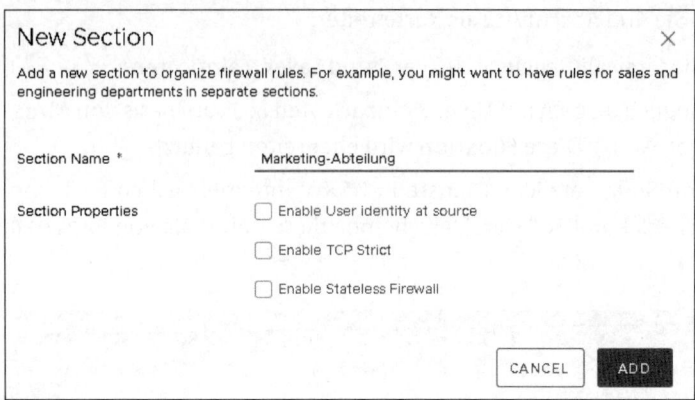

Abbildung 8.90 Die NSX-Firewall erlaubt mit »Sections« die einfache Bündelung zusammengehöriger Firewall-Regeln.

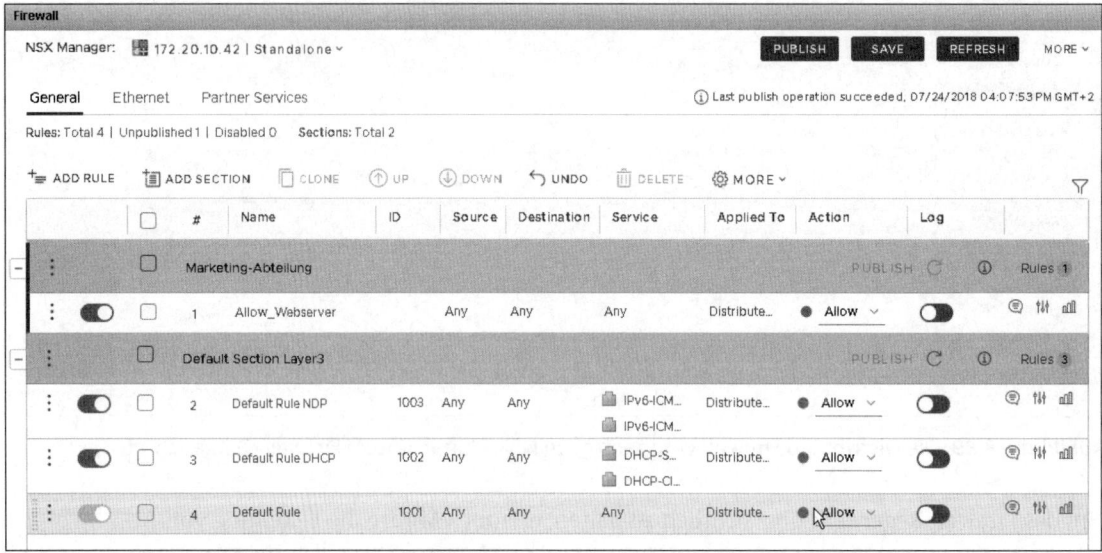

Abbildung 8.91 Eine neue Firewall-Regeln mit dem Namen »Allow_Webserver« wurde in der Section »Marketing-Abteilung« angelegt.

Der nächste Schritt führt Sie zur Detailkonfiguration der Firewall-Regel. Hier müssen Sie die Quelle, das Ziel, die Dienste und das Verhalten der Regel festlegen.

Zunächst wählen Sie die Quelle (SOURCE) für die Regel aus. In dem Assistenten, der sich nun öffnet, können Sie die Regeln anhand von VMware-Objekten wie virtuellen Maschinen, Ressourcen-Pools, virtuellen Switches oder ganzen Clustern oder Datacenter-Objekten anlegen (siehe Abbildung 8.92). Natürlich können Sie auch mit IP-Adressen oder IP-Adressbereichen in der Firewall-Regel als Quelle arbeiten. Hierzu wählen Sie im Assistenten die Schaltfläche IP ADDRESSES.

8.7 Benutzung von NSX-V anhand einer beispielhaften Netzwerktopologie

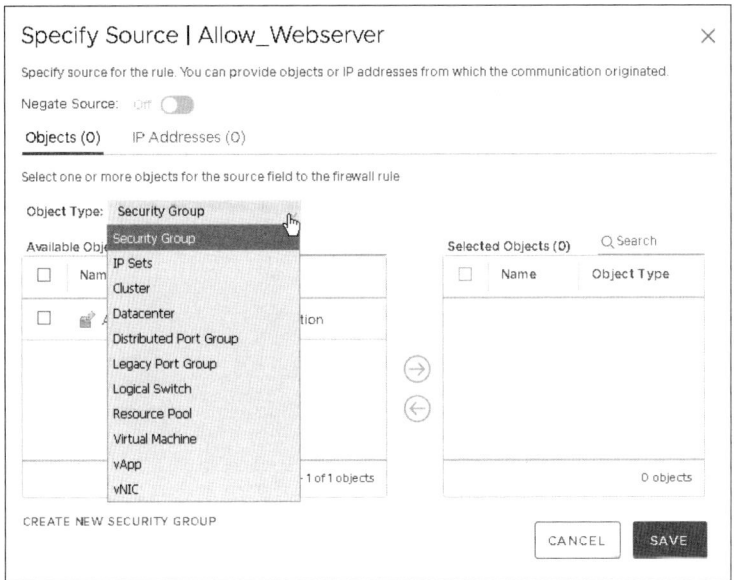

Abbildung 8.92 Unter »Specify Source« können Sie als Quelle für die Firewall-Regel sowohl VMware-Objekte als auch IP-Adressen verwenden.

Das Festlegen des Ziels in der Firewall-Regel funktioniert ganz analog. In Abbildung 8.93 sehen Sie, dass zwei virtuelle Maschinen (*web-sv-01a* und *web-sv-02a*) als Ziel ausgewählt wurden.

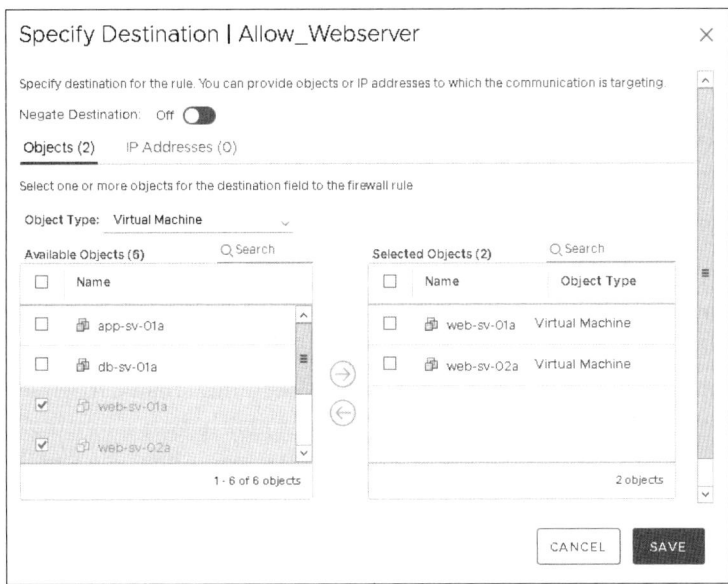

Abbildung 8.93 Zwei virtuelle Maschinen wurden als Ziel innerhalb der Firewall-Regel spezifiziert.

Danach müssen Sie noch den oder die Dienste spezifizieren, auf die sich Ihre Regeln beziehen sollen. Wenn Sie alle Dienste blocken oder zulassen möchten, können Sie auch das voreingestellte ANY belassen. Durch Auswählen der Dienste gelangen Sie in einen weiteren Assistenten, über den Sie aus einer Liste bereits erstellter Dienste oder Dienstgruppen die für Ihre Firewall-Regel relevanten auswählen können (siehe Abbildung 8.94). Zudem können Sie via CREATE NEW SERVICE auch neue Dienste definieren.

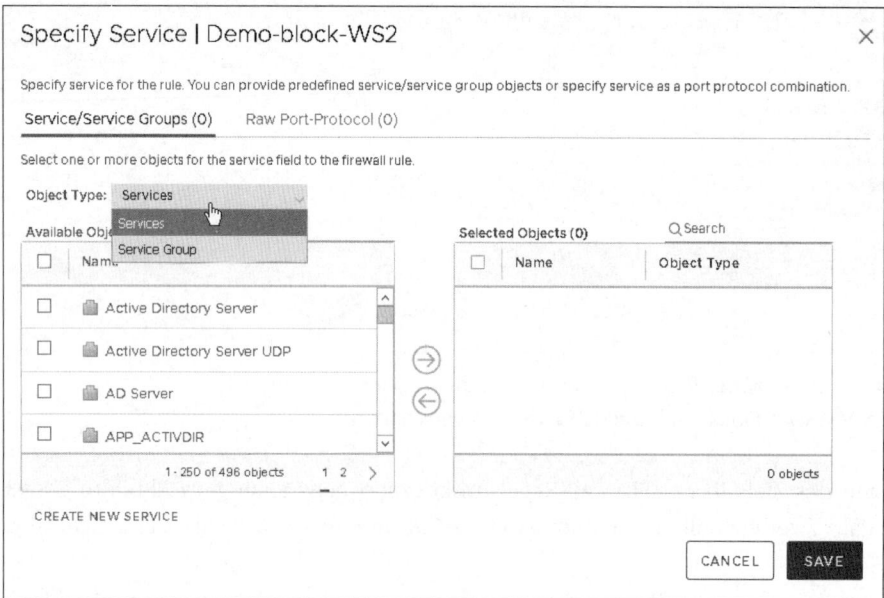

Abbildung 8.94 Über »Specify Service« können Sie die Dienste genau festlegen, die von Ihrer Firewall-Regel berücksichtigt werden sollen.

Wichtig ist nun noch die Aktion der Firewall-Regel, die sie unter ACTION (siehe Abbildung 8.95) einstellen können. Hier bietet die Distributed Firewall die üblichen drei Funktionen an:

- ALLOW (oft auch als *Accept* bezeichnet) – lässt das Paket durch die Firewall durch, als wenn diese nicht vorhanden wäre.
- BLOCK (oft auch als *Deny* oder *Blackhole* bezeichnet) – unterbindet die Weiterleitung des Pakets. Der Sender erhält keine Antwort.
- REJECT – unterbindet ebenfalls die Weiterleitung des Pakets. Allerdings erhält der Sender hier eine Nachricht über das ICMP-Protokoll. Diese Aktion wird üblicherweise innerhalb des Unternehmensnetzwerks eingesetzt. Eine interessante Diskussion über die Unterschiede von BLOCK versus REJECT und Einsatzempfehlungen für beide Firewall-Verhaltensweisen finden Sie unter *http://www.chiark.greenend.org.uk/~peterb/network/drop-vs-reject*.

Wichtig ist, dass die NSX-Firewall-Regeln erst nach einem Bestätigen der Schaltfläche Publish wirksam werden.

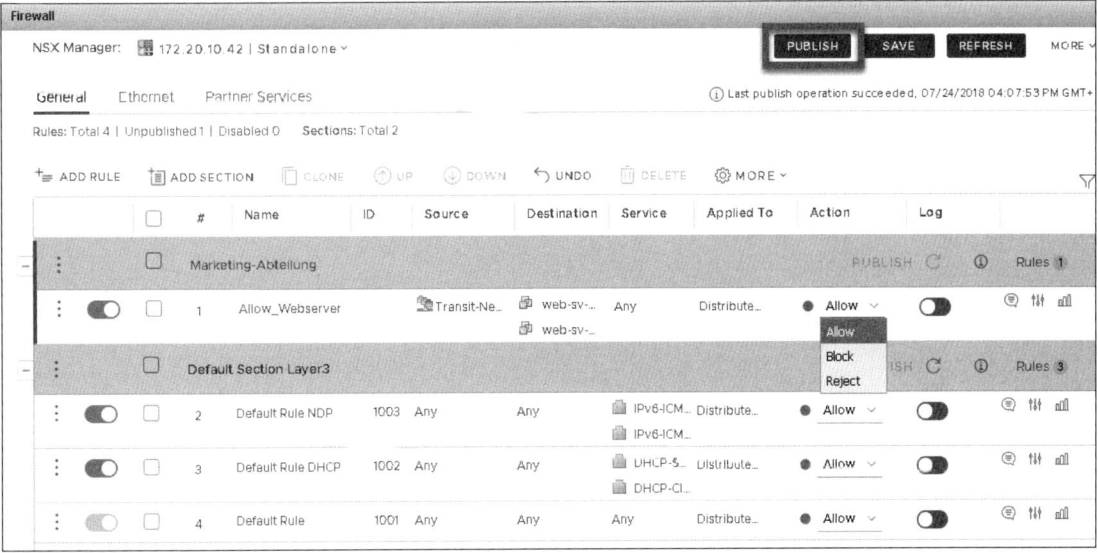

Abbildung 8.95 NSX-Firewall-Regeln werden erst wirksam, wenn Sie sie über die Schaltfläche »Publish« veröffentlichen.

8.8 Zusammenfassung und Ausblick

In diesem Kapitel haben Sie einen Überblick über die Architektur und die wesentlichen Funktionen von VMwares Netzwerkvirtualisierungsplattform NSX-V erhalten. Zudem haben Sie gesehen, wie NSX-V in einer bestehenden vSphere-Umgebung implementiert wird und wie Sie die wichtigsten Funktionen anhand einer Beispielumgebung nutzen können.

Wenn Sie NSX-V nun selbst testen möchten, empfiehlt es sich zunächst, die von VMware kostenfrei unter *https://labs.hol.vmware.com* bereitgestellten Hands-on-Labs zu nutzen.

Der volle Funktionsumfang von NSX-V hinsichtlich der Netzwerkautomatisierung erschließt sich insbesondere dann, wenn Sie das Produkt mit einer Cloud-Management-Plattform kombinieren. Auch hierfür stehen in VMwares Hands-on-Labs-Umgebung geeignete Laborszenarien zur Verfügung, in denen Sie NSX in Kombination mit *vRealize Automation* oder *VMware Integrated OpenStack* austesten können.

Ein weiterer, von der Netzwerkautomatisierung unabhängiger Use Case ist die Erhöhung der Sicherheit im Netzwerk. Über die Distributed Firewall können Sie einfach eine Mikrosegmentierung Ihres Netzwerks erreichen, indem Sie die virtuellen Maschinen über die Distributed Firewall absichern können. Mithilfe weiterer Features wie Security Groups, Security Policies und durch die Integration von Sicherheitsprodukten weiterer Hersteller wie *Palo*

Alto Networks, *Check Point Software*, *Fortinet*, *Trend Micro* oder *Rapid 7* können Sie NSX-V als Sicherheitsplattform nutzen, um für Ihre virtuellen Workloads einen weitgehenden Schutz zu gewährleisten.

Für die Überwachung einer NSX-V-Umgebung stehen außerdem weitere Produkte von VMware zur Verfügung, z. B. *vRealize Log Insight*, *vRealize Operations* oder *vRealize Network Insight*. Daneben stellen weitere Hersteller wie *Runecast* nützliche Werkzeuge zur proaktiven Wartung und Fehlersuche in einer VMware-NSX-Infrastruktur bereit.

Kapitel 9
Storage-Architektur

VMware vSphere 6.7 bringt weitere Verbesserungen und Neuerungen mit. Mit Persistent Memory (PMem) und Remote Direct Memory Access (RDMA) kann die Performance virtuelle Maschinen deutlich gesteigert warden.

Die Autoren dieses Kapitels sind Marcel Brunner, Vmware Global Solution Consultant, marcelb@vmware.com, und Thomas Schönfeld, Senior Consultant, tschoenfeld@vmware.com.

Die korrekte Planung der Storage-Architektur ist einer der wichtigsten Faktoren für eine erfolgreiche Virtualisierungslösung. Laut VMware sind fast 90 % der Support-Anfragen auf Storage-Probleme zurückzuführen. Dabei sind mit Storage-Problemen weniger physische Störungen, sondern vielmehr Planungsfehler gemeint, die z. B. zu Zugriffs- oder Leistungsproblemen führen.

Es ist allerdings zu leicht, einfach alles auf die anfängliche Planung zu schieben, da viele der Schwierigkeiten erst auftreten, nachdem die virtuelle Infrastruktur über eine längere Zeit betrieben wurde und über gewisse Grenzwerte hinaus gewachsen ist. Versuche, die Probleme ohne neue Hardware und ohne strukturelle Änderungen z. B. durch geschickte Umverteilung oder andere Maßnahmen in den Griff zu bekommen, erreichen bestenfalls eine temporäre Erleichterung.

Dieses Kapitel soll Ihnen bei der Planung helfen – sowohl für den Ist-Zustand als auch für das kommende Wachstum. Außerdem zeigen wir Hilfestellungen auf, wie Sie mit bestehenden und zu erwartenden Engpässen umgehen können.

9.1 Lokale Medien

VMware vSphere unterstützt die Installation und den Start des Systems auf bestimmten Typen lokaler Festplatten. Dabei bieten die unterschiedlichen Festplattentypen auch unterschiedliche Eigenschaften. Beispielsweise ist der Betrieb virtueller Maschinen nicht von jedem Medium aus möglich oder empfehlenswert. Allerdings ist es möglich, beispielsweise über externe Medien wie Tapes oder USB-Festplatten Sicherungen durchzuführen.

9.1.1 SATA

Die offizielle Unterstützung von SATA-Festplatten kam relativ spät – mit Erscheinen der VMware-Version 3.5. Vorher war der SATA-Einsatz nur im SAN, im NAS durch zertifizierte Storage-Anbieter oder an »zufällig« unterstützten SATA-Controllern möglich. »Zufällig« bedeutet in diesem Fall, dass der gleiche Treiber für SCSI- und SATA-Controller verwendet werden konnte, wodurch verschiedene Intel- und LSI-Controller »versehentlich« verbunden wurden. Allerdings gab es nie einen offiziellen Hersteller-Support.

Seit VI3.5 und damit auch mit vSphere kann nun problemlos auf SATA-Festplatten zugegriffen werden, vorausgesetzt, der SATA-Controller besitzt offiziellen Support (siehe *VMware Compatibility Guide* unter *http://www.vmware.com/resources/compatibility/search.php*). Eine Installation auf SATA-Festplatten ist uneingeschränkt möglich, allerdings sollten Sie immer eine ausfallsichere RAID-Variante wählen, z. B. RAID 1 oder RAID 5. Der Betrieb virtueller Maschinen auf lokalen SATA-Festplatten ist allerdings nicht zu empfehlen, wenn die VMs produktiv eingesetzt werden und entsprechend Leistung benötigt wird. Hinzu kommt, dass VMware keine offizielle Unterstützung für lokale IDE- und SATA-RAID-Controller anbietet.

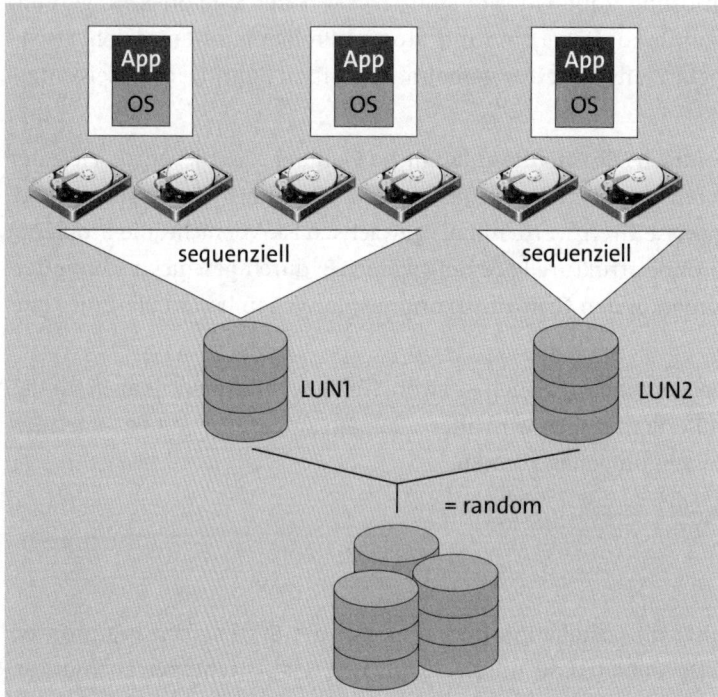

Abbildung 9.1 Aus sequenziellem Zugriff wird dank mehrerer virtueller Festplatten und LUNs ein reiner Random-Zugriff.

Die Leistungsfähigkeit beim Random-Zugriff von SATA-Festplatten gegenüber Fibre-Channel-(FC-) oder SAS-Festplatten kann mit weniger als 50 % angegeben werden. Da beim Betrieb mehrerer VMs auf dem gleichen VMFS (*VMware vSphere Virtual Machine File System*) nahezu ausschließlich Random-Zugriff herrscht, entsteht mit SATA leicht ein Performance-Engpass. Dessen Hintergrund ist unter anderem die Datendichte, also reine Physik. Vergleichen Sie 4 TB SATA mit 1600 GB SAS, so sind auf ungefähr der gleichen Fläche nahezu zweieinhalbmal mehr Daten abgelegt.

Dies ist beim sequenziellen Lesen und Schreiben von Vorteil, allerdings nicht bei Random-Zugriff, wo sich der Schreib-/Lesekopf stetig bewegen muss, um die Daten auszulesen.

> **Random-Zugriffe auf einer LUN**
>
> Sie müssen immer bedenken, dass die Random- oder sequenziellen Zugriffe nicht pro LUN, sondern pro RAID-Gruppe stattfinden. Daher ist es nahezu unmöglich, dass sequenzielle Zugriffe vorkommen, wenn mehrere VMs über mehrere LUNs verteilt auf einer RAID-Gruppe liegen. Daher ist ein sequenzieller Zugriff nur zu gewährleisten, wenn eine VM oder ein *RAW Device Mapping* (RDM) auf einer LUN liegt, die wiederum allein auf einer RAID-Gruppe liegt.

SATA-Festplatten sind zumeist mit 5400 oder 7200 Umdrehungen (RPM) erhältlich und sind wesentlich billiger als die FC-Typen. Mittlerweile verfügen die SATA-Platten über bis zu 64 MB Cache, was deutliche Leistungsvorteile bringt. Allerdings kann die einzelne SATA-Festplatte nicht mit einer FC/SAS-Platte mithalten. Es ist davon auszugehen, dass eine SATA-Platte je nach Umdrehungen zwischen 70 und 90 IOPS erreicht.

Dagegen hilft nur, mehrere SATA-Festplatten zu einem großen RAID-Verbund zusammenzufassen. Allerdings führen Sie dies besser im SAN (*Storage Area Network*) oder NAS (*Network Attached Storage*) als im DAS (*Direct Attached Storage*) durch.

Unter vSphere 4 mussten Sie noch einen wesentlichen Punkt bedenken, und zwar die Limitierung von VMware auf 2-TB-LUNs. Je nach Storage-System und der Umrechnung von 2 TB in Byte sollten Sie nur mit 1,99 TB formatieren, um VMFS-Probleme zu vermeiden. Dieses Limit von 2 TB pro LUN wurde mit vSphere 5 und befindet sich seitdem bei 62 TB angehoben.

Würden Sie fünf 1-TB-SATA-Festplatten in einem RAID 5 bündeln, so kämen Sie auf eine Nutzkapazität von etwa 4 TB. Existieren keine Möglichkeiten des lokalen RAID-Controllers oder des Storage-Systems, diese RAID-Gruppe nochmals logisch zu unterteilen (z. B. in 2 × 2 TB), dann kann diese RAID-Gruppe nicht mit VMware genutzt werden. Mit ein wenig Glück erkannte VMware vSphere 4 dieses RAID als 1,6-TB-Platte; allerdings ist es nicht empfehlenswert, in einem solchen Zustand produktiv zu arbeiten. Ab vSphere 5.x ist die LUN-Größe kein Problem mehr, und die 4 TB wären komplett nutzbar. Allerdings sollten Sie sich zweimal überlegen, ob die Leistungsfähigkeit von vier Festplatten im RAID 5 ausreicht, um virtuelle Maschinen zu betreiben.

Außerdem müssen Sie daran denken, dass SATA-Festplatten ursprünglich aus dem Desktop-Bereich kommen und dort MTBF (*Mean Time Between Failure*) nicht wirklich ein wichtiges Kriterium ist. Momentan ist zwar der Trend zu beobachten, SATA im professionellen Umfeld einzusetzen und die Festplatten als »RAID-ready« oder »Enterprise-ready« zu kennzeichnen, allerdings sind die Ausfallraten derzeit noch höher als im SCSI-, SAS- oder Fibre-Channel-Umfeld.

Kommt es nicht auf die Festplattenleistung an und ist nur die Festplattenkapazität von Bedeutung, ist SATA eine erstklassige Wahl. Übrigens können Sie SATA-Festplatten aufgrund ihrer sehr guten sequenziellen Leistung sehr gut im Backup/Restore-Umfeld einsetzen.

9.1.2 SCSI und SAS

SAS (*Serial Attached SCSI*) hat das parallele SCSI (finaler Standard Ultra-320) in rasanter Geschwindigkeit abgelöst. Die parallele SCSI-Anbindung hatte die physischen Belastungsgrenzen erreicht, da die Signallaufzeit der einzelnen Bits auf dem Bus zu sehr abwich. SAS überträgt das traditionelle SCSI seriell und ermöglicht damit höhere Übertragungsraten, nämlich bis zu 3 GBit/s, 6 GBit/s und bald 12 GBit/s. Außerdem nutzt SAS Punkt-zu-Punkt-Verbindungen, wodurch ein SCSI-Terminator überflüssig wird. SAS bietet aber mit Expandern und Dual Porting noch zwei weitere Vorteile.

Expander

SAS unterstützt die Erweiterung durch Expander, um Domänen von SAS-Geräten aufzubauen, was mit Netzwerk-Switches vergleichbar ist. Damit ist es möglich, bis zu 128 Endgeräte über ein SAS-Kabel zu betreiben. Real existieren derzeit 36er-Anschlüsse.

Dual Porting

SAS bietet die Möglichkeit, Festplatten mit einem oder mit zwei Ports zu nutzen, entweder gebündelt (zwecks Performance) oder um für Ausfallsicherheit zu sorgen. Eine Dual-Port-SAS-Platte kann somit an zwei unterschiedliche SAS-Controller angeschlossen werden, wodurch Ausfallsicherheit sehr einfach realisierbar ist.

Kein Hersteller verbaut noch SCSI-Festplatten in den Servern; SAS- und SSD-Festplatten nehmen mittlerweile ihren Platz ein. Auch im Storage-Bereich ist immer öfter SAS zu finden, z. B. bei Dell-EqualLogic- oder HDS-Systemen. Da SAS eine Weiterentwicklung von SCSI darstellt, besitzt SAS die gleichen positiven Eigenschaften: sehr gute Zugriffs- und Übertragungswerte. Hier können Sie von 120 IOPS (10.000 Umdrehungen) und 180 IOPS (15.000 Umdrehungen) ausgehen.

SCSI- und SAS-Platten sind ideale Kandidaten zur Verwendung als lokaler Speicher mit VMware ESXi. Auch bei SCSI und SAS gilt, dass Sie lokal ein ausfallsicheres RAID 1 oder RAID 5 aufbauen müssen, bevor Sie den ESXi-Server installieren.

Beide Plattentypen eignen sich zudem bei entsprechender Festplattenanzahl und entsprechendem RAID-Level (1, 10 oder 5, 50) zum Betrieb virtueller Maschinen auf lokalem Speicher. SAS-Festplatten werden inzwischen auch sehr oft im kleinen 2,5"-Format ausgeliefert und sind damit echte Allrounder.

9.1.3 Fibre-Channel (FC)

Fibre-Channel-Festplatten gehören (abgesehen von Solid-State-Festplatten) zu den schnellsten Festplattentypen im Storage-Bereich. Aufgrund des teuren FC-Anschlusses sind diese Festplatten im Server-Bereich sehr selten zu finden, dafür im Storage-Bereich umso öfter. Wegen der guten Zugriffsgeschwindigkeit und der hohen Datenübertragungsraten wird FC meist in Bereichen eingesetzt, in denen Geschwindigkeit und Zuverlässigkeit gefragt sind.

Die Spindeln der FC-Platten drehen sich 10.000- oder 15.000-mal pro Minute (RPM), und man kann von minimal höheren IOPS-Raten als bei SAS-Festplatten ausgehen. FC ist, obwohl SAS aufholt, nach wie vor die schnellste Festplattenvariante.

9.1.4 IDE

Aus der Not heraus integrierte VMware auch eine IDE-Unterstützung, nicht nur für Wechselmedien (CD/DVD), sondern auch für die Installation auf lokalen Festplatten. Die besagte Not wurde durch die ersten Blade-Server ausgelöst, die mit 2,5"-IDE-Festplatten ausgestattet waren. Allerdings wird nur die Installation des ESXi-Servers auf diesem Medium unterstützt, VMFS-Unterstützung besteht nicht! Dies hat auch einen guten Grund, denn IDE-Festplatten bieten weder die Verfügbarkeit noch die Leistungsfähigkeit, die man sich für den Betrieb virtueller Infrastrukturen wünscht.

Bei IDE-Nutzung gilt genau wie bei anderen Festplattentypen, dass Sie zumindest ein RAID 1 über zwei Festplatten erstellen sollten, um den Defekt einer Festplatte ohne Datenverlust und Ausfall zu überstehen.

9.1.5 SSD

SSD steht für *Solid State Disk*. Das sind Festplatten, die aus Speicherchips und nicht aus den in der traditionellen Festplattenwelt bekannten Magnetscheiben bestehen. Als Speicherchips dienen entweder Flash- oder SDRAM-Speicher. Die beiden Speichertypen unterscheiden sich hauptsächlich in der Geschwindigkeit und Flüchtigkeit, wie Tabelle 9.1 zeigt.

Merkmal	SSD-Flash	SSD-SDRAM	Festplatte
Geschwindigkeit	mittel bis hoch	sehr hoch	hoch
Zugriffszeit	gut	sehr gut	mittel bis schlecht

Tabelle 9.1 Vergleich der SSD-Typen mit herkömmlichen Festplatten

Merkmal	SSD-Flash	SSD-SDRAM	Festplatte
Datenflüchtigkeit	nicht flüchtig	flüchtig	nicht flüchtig
Robustheit	hoch	hoch	niedrig
Leistungsaufnahme	niedrig	niedrig	hoch
Lautstärke	lautlos	lautlos	mittel bis hoch
Preis	mittel bis hoch	sehr hoch	günstig bis hoch

Tabelle 9.1 Vergleich der SSD-Typen mit herkömmlichen Festplatten (Forts.)

SSD-Festplatten dienen z. B. auch als Installationsbasis für die Embedded-Version des VMware ESXi, die bei der Server-Auslieferung bereits vorinstalliert ist. Dort werden entweder SSD-Festplatten oder USB-Memory-Sticks genutzt.

Der Test der verschiedenen SSDs und die Gegenüberstellung mit den beiden Magnetfestplatten von Western Digital und Seagate zeigen sehr deutlich, dass die Solid-State-Laufwerke bei Random-Write und Random-Read im Vorteil sind (siehe Abbildung 9.2 und Abbildung 9.3). Dieser Test und auch die Grafiken sind bei *AnandTech* (*http://www.anandtech.com/storage/showdoc.aspx?i=3667&p=6*) zu finden.

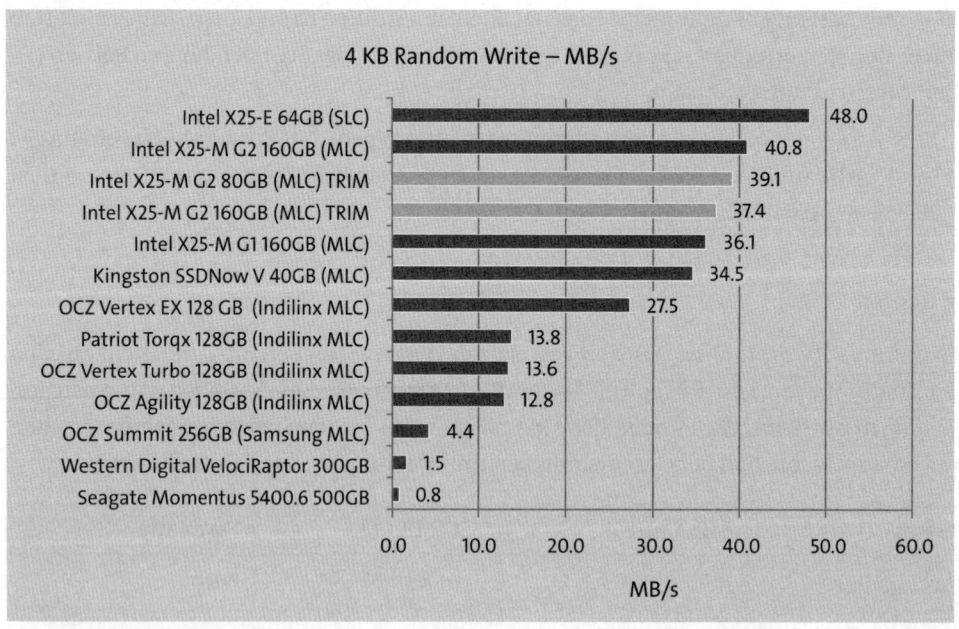

Abbildung 9.2 Deutliche Vorteile beim Random Write durch die Verwendung von SSD gegenüber den letzten beiden Magnetplatten

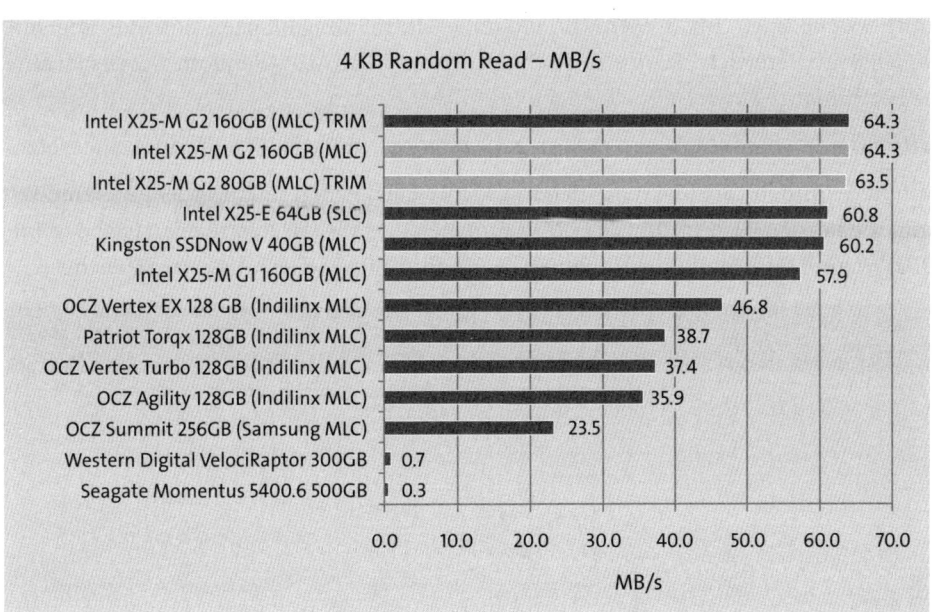

Abbildung 9.3 Noch deutlichere Vorteile ergeben sich bei Random Read durch die Verwendung von SSD gegenüber den letzten beiden Magnetplatten.

Derzeit sind die Preise von SSD-Platten noch höher als die von Standard-SATA- oder SAS-Festplatten. Allerdings ist es sicher, dass SSD-Festplatten die Zukunft sind und in den nächsten Jahren die herkömmlichen Festplatten zum großen Teil als leistungsfähigerer Datenspeicher ersetzen werden. Herkömmliche Festplatten werden dann nur noch als Massenspeicher und nicht mehr als Performance-Lieferant genutzt. Diese Aussage soll für den Desktop-, Notebook- und Server-Markt gelten. Außerdem haben die SSD-Festplatten aufgrund der enormen Leistungsmöglichkeiten im Random-Zugriff sehr schnell im Storage-Markt Einzug erhalten. (*HDS*, *EMC* und *NetApp* haben bereits Module im Programm, und *Texas Memory* hat mit den RAMSAN-Modellen seit Längerem enorm schnelle Speichersysteme im Portfolio.)

Eine SSD-Festplatte kann im unteren Segment (MLC) ca. 1000 bis 2000 IOPS aufweisen, teure EFD (*Enterprise Flash Drive*) mit SLC-Technologie erreichen 6000 bis 30.000 IOPS.

Aber auch wenn man mit den hohen Preisen kalkuliert, so sind diese nur auf die Kapazität bezogen hoch – auf die I/O und damit die Leistungsfähigkeit gerechnet, sind die SSD-Laufwerke deutlich günstiger als die SAS- oder SATA-Festplatten, da Sie von diesen die 30- bis 50-fache Menge benötigen würden. Gerade im VMware-, aber auch im Datenbank- und Exchange-Umfeld sind die Kapazitäten der Festplatten zumeist wesentlich uninteressanter als die Leitungsfähigkeit. Daher ist der Erfolg der SSD-Laufwerke nur eine Frage der Zeit.

Eine sehr interessante Flash-PCIe-Karte, die enorme Geschwindigkeiten bietet, wurde von dem Unternehmen *FUSIONio* entwickelt (*www.fusionio.com*). In die gleiche Richtung entwickelt mittlerweile auch Texas Memory, das eine Flash-Storage-Karten anbietet, die mit 120.000 IOPS (im Vergleich EFD: bis zu 30.000 IOPS) und 700 MB/s Random-Durchsatz eine enorme Performance aufweist.

SSD-Karten werden besonders gern in Storage-Systemen zur Cache-Erweiterung eingesetzt.

Seit vSphere 5 können SSD-Massenspeicher als Host-Cache eingesetzt werden, um eine Beschleunigung bei der Auslagerung des VM-Hauptspeichers (Swap) zu erreichen (siehe Abbildung 9.4). Weitere Informationen finden Sie in Abschnitt 9.10, »Flash-basierter Speicher«.

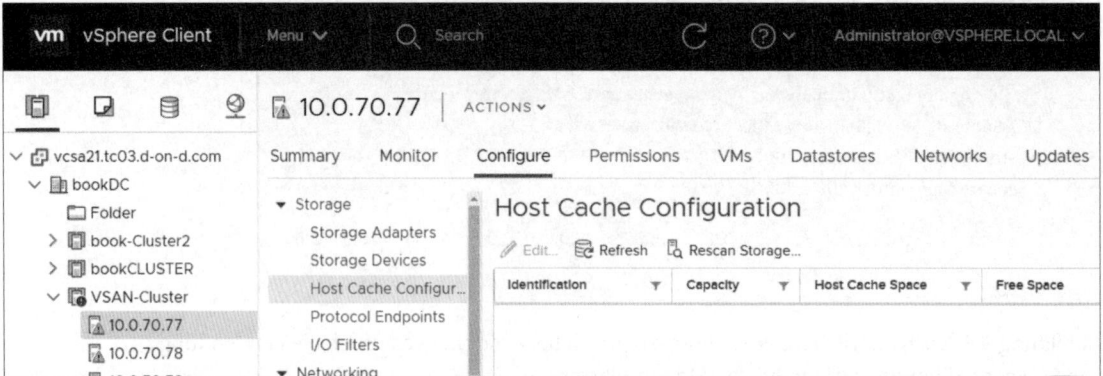

Abbildung 9.4 SSD-Datastores als Host-Cache unter vSphere

Unter vSphere 5.5 wurde die Funktion deutlich erweitert. Sie wird jetzt als vFRC (*Virtual Flash Resource Capacity*) bezeichnet (siehe Abschnitt 9.11.2).

9.1.6 USB

USB-Festplatten bieten aufgrund der guten Geschwindigkeit und des guten Preises eine hervorragende Möglichkeit, um virtuelle Maschinen zu sichern und wiederherzustellen.

Nachweislich kommt es allerdings bei einer Vielzahl von Server-Systemen zu Leistungseinbußen, wenn der USB-Anschluss aktiviert ist. Daher sollten Sie dies bei den Server-Systemen vorher prüfen! Falls es zu Leistungsproblemen kommt (im schlimmsten Fall zum Absturz des Systems), empfiehlt es sich, den On-Board-USB-Controller abzuschalten. Wenn Sie dennoch USB einsetzen möchten, ist eine USB-Zusatzsteckkarte die bessere Wahl.

Eine oft genutzte Variante sind interne, redundante USB-»Sticks«, auf denen der Hypervisor *VMware ESXi* installiert wird. Dabei handelt es sich oftmal um SD-Karten, die auf einem Steckplatz direkt auf dem Motherboard installiert sind. Damit lässt sich entweder gänzlich auf interne Festplatten im Server verzichten (z. B. bei der Nutzung von Netzwerk- oder FC-Speichersystemen), oder die internen Festplatten lassen sich exklusiv z. B. für VMware VSAN verwenden.

> **Tipp**
> Trotz der Möglichkeit, virtuelle USB-Controller in den virtuellen Maschinen zu konfigurieren und diese an VMs durchzureichen, raten wir von einer Verwendung als Speichermedium ab. Auf der einen Seite würden vMotion und DRS und sogar HA möglicherweise verhindert oder die Verbindung zum USB-Medium geht verloren. Auf der anderen Seite ist die Performance meist sehr eingeschränkt, sodass z. B. selbst Sicherungen mit verschiedenen Backup-Programmen oftmals instabil laufen oder sogar die Sicherung abbrechen.

9.1.7 Cache

Der Cache ist der transparente Beschleuniger in der Mitte der Kommunikation zwischen Abnehmer (Server) und Storage-System. Je nach Architektur sitzt der Cache auf dem Storage-Adapter (z. B. auf dem lokalen SCSI-Controller) oder im Storage-Controller und kann in Größe und Geschwindigkeit beliebig abweichen, je nachdem, wie viel Geld man in die Hardware investieren möchte.

Mit Cache versucht man, den Zugriff auf die langsamen Festplatten zu vermeiden oder besser gesagt zu reduzieren. Kann ein Block aus dem Cache gelesen werden, wurde der I/O auf den Festplatten gespart. Kann man diesen Vorgang maximieren, kann man im Hintergrund sogar Festplatten einsparen.

Cache ist zwar kein Wundermittel, ist aber bei vielen Lastprofilen nutzbringend, wie beispielsweise *NetApp PAM* (ein Read-Cache im Storage-System) oder Western Digital SANDisk FUSIONio-Memory-Karten (Flash-Karten im Serversystem). Das gilt vor allem bei VMware-View-Umgebungen, wo Sie sehr oft mit den gleichen Blockabfragen konfrontiert werden, da die View-VMs aus einen großen Anteil gleicher Daten bestehen (Template – Clone).

Eine Unart vieler Storage-Hersteller ist leider, dass sie die Messdaten ihrer Storage-Systeme mit Cache optimieren. Somit sind die typischen Performance-Vergleiche der Konkurrenten immer mit Vorsicht zu genießen, und die Tests entsprechen nicht den realen Lastdaten einer typischen Produktionsumgebung.

9.2 Die Wahl: Block oder File?

Grundlegend sei vorweg gesagt, dass bei vSphere alle Dateien, aus denen virtuelle Maschinen bestehen, zusammen in einem Unterverzeichnis oder in mehreren Unterverzeichnissen liegen (je nach der Verteilung der virtuellen Festplatten). Dieses Verzeichnis liegt wiederum in einem sogenannten *Datastore* – einem Ablageort für virtuelle Maschinen. Dabei ist es aus Sicht der VM unerheblich, auf welcher Art von Datastore sie liegt. Das heißt, eine VM kann nicht unterscheiden, ob sie auf einem VMFS-5-formatierten – somit blockbasierten – Datastore gespeichert ist oder ob sie auf einem NFS-Datastore liegt.

Beide Arten von Datastores haben ihre Vor- und Nachteile. Die Entscheidung ist hier sicherlich nicht trivial und auch nicht durch ein »gut« oder »schlecht« zu bewerten. Um eine Entscheidung zu treffen, müssen Sie immer die eigenen Anforderungen und Voraussetzungen berücksichtigen. Klassisch wurden von ESX in Version 2 ausschließlich Fibre-Channel-Datastores unterstützt. Daher war zu diesem Zeitpunkt die Wahl sehr einfach. Doch VMware begann mit Version 3.0 auch, iSCSI- und NFS-Datastores zu erlauben.

Es bleibt Ihnen daher selbst überlassen, die für Sie richtige Wahl zu treffen. Als Entscheidungshilfe können Sie Tabelle 9.2 heranziehen.

Eigenschaften	FCP	iSCSI	NFS
Durchsatz	hoch (100 %)	niedriger (92 %); eventuell besser bei 10-GBit-Ethernet (GBE)	mittel (95 %); eventuell besser bei 10 GBE
Latenz	sehr niedrig	mittel	mittel
Kosten	hoch; neue HBAs und eventuell Switches nötig	sehr niedrig; alles in zumeist kostenloser Software	niedrig bis hoch; Infrastruktur und Wissen meist vorhanden; HW-Kosten bei großen Systemen mit FC vergleichbar
Redundanz	sehr gut und einfach	gut, abhängig von LAN-Switches, mittelschwer	gegeben, aber relativ komplex zu konfigurieren
Komplexität	hoch; oft neues Know-how nötig	mittel; iSCSI-Know-how schnell erlernbar	niedrig; NFS-Know-how meist vorhanden
Skalierbarkeit	gut (Beschränkungen von VMFS bis Version 3)	mittel (Beschränkungen von VMFS bis Version 3)	sehr gut, keine VMFS-Limits
Management	komplex	mittelschwer	einfach bis komplex
Platzverbrauch	normal, nur mit Thin Provisioning niedrig	normal, nur mit Thin Provisioning niedrig	niedrig, Thin Provisioning per Default; Komplexität steigt rapide mit der Systemgröße

Tabelle 9.2 Vergleich der Datastore-Protokolle

Neben diesen Kriterien spielen bei der Wahl auch oft die bereits im Einsatz befindlichen Technologien eine ausschlaggebende Rolle:

- Sind bereits eine FCP-Infrastruktur und Know-how vorhanden?
- Ist eine 10-GBit-Ethernet-Infrastruktur vorhanden?
- Womit hat der betreffende Administrator am meisten Erfahrung, insbesondere beim Troubleshooting und Design der Infrastruktur?
- Welche Protokolle sind auf dem Storage-System lizenziert?

Es gilt eine Gesamtbetrachtung für den Einzelfall anzustellen. Muss man z. B. eine 10-Gbit-Ethernet-Infrastruktur zunächst aufbauen, bleiben die Kosten für eine Architektur mit NFS zu FC vergleichbar. Darüber hinaus steigen die Kosten für NFS-Systeme mit zunehmender Größe und Performance schnell. Nimmt man beispielsweise ein kleines *Synology Storage* für eine sehr keine VMware-ESXi-Infrastruktur, sind die Kosten überschaubar. Muss man hingegen für eine große Infrastruktur ein entsprechend größeres oder sogar mehrere geclusterte NFS-Systeme verwenden, z. B. *NetApp*, so steigen Kosten, Komplexität und Management rapide an.

Um weitere Vorteile und Nachteile der entsprechenden Anbindungsarten kennenzulernen, haben wir die Storage-Themen auf verschiedene Abschnitte verteilt, um Ihnen die bestmöglichen Angaben zu bieten.

VMware hat zu diesem Thema ein sehr gutes Whitepaper veröffentlicht:

http://www.vmware.com/files/pdf/techpaper/Storage_Protocol_Comparison.pdf

In Bezug auf die Performance hat FC nach wie vor die Nase vorn, da es sich um ein für den Einsatzzweck optimiertes Protokoll handelt. Dies wird aus dem oben genannten Whitepaper ebenfalls deutlich. Außerdem sei an dieser Stelle erwähnt, dass es mit *VMware VSAN* eine weitere Möglichkeit gibt, hochperformanten Speicher mit vergleichsweise geringen Kosten bereitzustellen (siehe Abschnitt 9.15, »VMware vSphere Virtual Volumes«).

9.3 Storage Area Network – was ist eigentlich ein SAN?

Auf diese kurze Frage könnte man mit einem oder mehreren Büchern antworten, allerdings fassen wir uns kurz und gehen nur auf das ein, was im VMware-Umfeld wesentlich ist.

Ein *Storage Area Network* (SAN) ist ein eigenes Netzwerk, in dem Massenspeichersysteme mit Server-Systemen verbunden sind. Man unterscheidet mittlerweile FC-SAN (Fibre-Channel) und IP-SAN (iSCSI), allerdings stammen die Basiskonzepte aus der Fibre-Channel-Welt.

Traditionell wird ein SAN mit Fibre-Channel verbunden und in einer *Switched Fabric* betrieben. Die Switched Fabric ist eine Sternvernetzung, die durch Fibre-Channel-Switches realisiert wird (siehe Abbildung 9.5). Um die Ausfallsicherheit zu gewährleisten und auch Wartungen zu vereinfachen, werden meist mehrere Switched Fabrics aufgebaut, die komplett voneinander unabhängig sind, aber trotzdem die gleichen Endgeräte an anderen Ports miteinander verbinden. Anders gesagt, ein FC-SAN-Storage verbindet sich mit mindestens einem seiner zwei FC-Ports an einen FC-Switch und mit dem anderen FC-Port an einen anderen FC-Switch. Natürlich lässt sich dieses Konstrukt noch weiter redundant auslegen. Zum Beispiel könnte ein FC-Storage 2 FC-Karten mit je 2 Ports besitzen, die dann über Kreuz an zwei unterschiedliche FC-Switches angebunden sind.

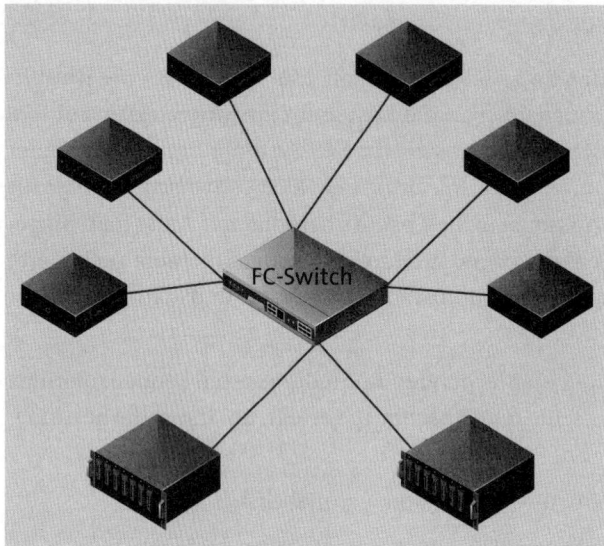

Abbildung 9.5 Switched Fabric

Neben der Switched Fabric existiert der *Arbitrated Loop* (siehe Abbildung 9.6), der für Speichernetze allerdings veraltet ist und von VMware auch nicht unterstützt wird.

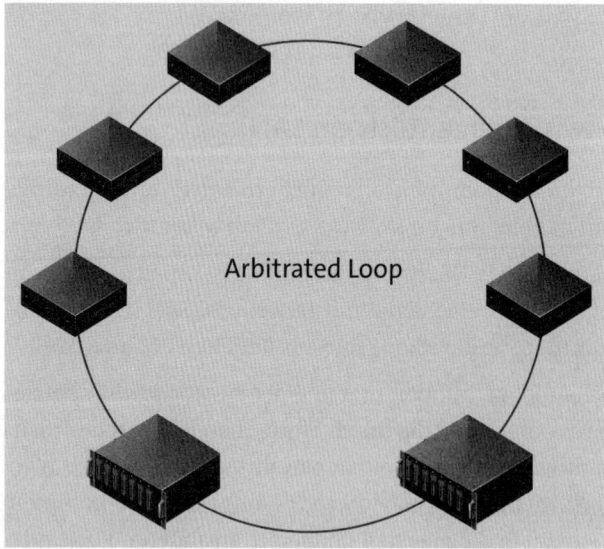

Abbildung 9.6 Arbitrated Loop im SAN

Er ist wie ein Ring aufgebaut und kann durch die Nutzung von FC-Hubs vereinfacht verkabelt werden. Eine enorme Einschränkung bei der Verwendung des Arbitrated Loops ist, dass die Gesamtbandbreite zwischen allen Teilnehmern aufgeteilt wird, da immer nur zwei Teilnehmer gleichzeitig miteinander kommunizieren können. Stehen 2 GBit in einem Ring mit 8 Knoten zur Verfügung, kann im Durchschnitt nur mit 256 MBit pro Knoten kalkuliert werden. Arbitrated Loop wird jedoch nach wie vor oft intern in Storage-Systemen verwendet, was allerdings für die VMware-Infrastruktur nicht sichtbar ist.

Mit der Einführung von iSCSI wurde auch Ethernet als Basis für Speichernetze populär. Man spricht hier von IP-SAN, das mit FCoE (*Fibre Channel over Ethernet*) assoziiert wird.

Ein wesentliches Unterscheidungsmerkmal zwischen SAN und LAN ist aber in jedem Fall, dass nur Speichergeräte und Server miteinander verbunden sein sollten und dass nur mit Speicherprotokollen kommuniziert wird (iSCSI, FCP). Diese Trennung ist unabhängig von der physischen Basis sinnvoll und sehr zu empfehlen.

Im aktuellen Fibre-Channel-Umfeld fällt die Trennung zum LAN leicht, da Fibre-Channel nicht zur »normalen« Netzwerkkommunikation genutzt wird. So ist es unwahrscheinlich, jemanden, der sein Notebook mit einem FC-Adapter bestückt hat, im Rechenzentrum beim Datenschnüffeln zu erwischen. Bei iSCSI können jedoch Standard-Ethernet-Switches und Netzwerkkarten verwendet werden. In diesem Fall können wir Ihnen nur dringend raten, entweder das IP-SAN mit separaten Switches komplett vom LAN zu trennen oder zumindest mit einer Trennung mittels VLAN zu arbeiten. Darüber hinaus ist darauf zu achten, dass eingesetzte Ethernet-Switches auf den Ports auch die volle Bandbreite darstellen können. Qualitativ hochwertige Switches bieten ausreichend Performance, sodass alle Ports gleichzeitig mit voller Last angesteuert werden können. Dabei kann ein solcher Qualitätsunterschied auch bei Switches eines Herstellers in unterschiedlichen Modell- und Preisklassen zu finden sein. Achten Sie darauf, dass eingesetzte Ethernet-Switches auch bei der Nutzung aller Ports diese in voller Bandbreite ansteuern können und Ihre Performance nicht durch billigere, schwächere Chip-Sätze begrenzt wird.

9.4 Infiniband

Eine mittlerweile kaum noch eingesetzte Technologie ist *Infiniband*. Infiniband ist ein Hochgeschwindigkeitsnetz mit sehr geringen Latenzzeiten, das auch im VMware-Umfeld durch viele Vorteile glänzt. Ursprünglich wurde Infiniband für High-Performance-Computing-Umgebungen entwickelt. Allerdings stellte sich Infiniband nach und nach als sehr gute Lösung für konsolidierte Umgebungen heraus, da neben der hohen Leistungsfähigkeit eine Konsolidierung der I/O-Adapter stattfinden kann.

Ein Infiniband-HCA (*Host Channel Adapter*) kann derzeit 20 GBit Durchsatz erzielen. Damit konnte er früher etliche GBit-Ethernet- und FC-Adapter ersetzen, was sich mit dem Aufkommen von 10/40-Gbit-Ethernet und 16/32-Gbit-FC immer weiter relativiert hat. Gerade Heartbeat-Netze und vMotion/FT-Netzwerke profitieren sehr von Infiniband.

Infiniband hat sich als Technologie hauptsächlich in den USA verbreitet und findet zumindest in Deutschland kaum Verwendung. Darüber hinaus hat sich FC als Standard deutlich mehr verbreitet.

9.5 Kommunikation

9.5.1 Kommunikationsadapter

Egal ob es sich um iSCSI-, SCSI- oder Fibre-Channel-Netzwerke handelt, es wird immer vom *Initiator* und vom *Target* gesprochen. Diese Ausdrücke haben ihren Ursprung im SCSI-Protokoll und bezeichnen den Endpunkt einer SCSI-Verbindung auf der Client-Seite bzw. auf der Host/Storage-Seite.

9.5.2 Der Initiator

Der Initiator stellt die Datenverbindung zum Speicherendpunkt (*Target*) her. Es gibt zwei Arten von Adaptern, die im VMware-Umfeld als Initiatoren genutzt werden können: der HBA (als Hardware-Initiator) und der Software-Initiator.

Host-Bus-Adapter (FC, iSCSI)

Sowohl Fibre-Channel- als auch iSCSI-Verbindungen zum Speichersystem können über einen physischen Host-Bus-Adapter (HBA) hergestellt werden. Host-Bus-Adapter müssen über einen schnellen Bus zum Server-System verfügen. Daher sind sie zumeist als PCI-X- oder PCI-Express-Karten erhältlich.

Ein großer Vorteil von HBAs ist die eingebaute CPU, die die FC- oder iSCSI-Pakete empfängt, bearbeitet oder verschickt. Dadurch werden die Prozessoren des Host-Systems nicht belastet. In Abbildung 9.7 ist klar zu sehen, dass der HBA die FC-Frames verwaltet und der VMkernel nur den Treiber zur Nutzung stellen muss.

Im iSCSI-Fall dient die HBA-CPU zum Entpacken und Verpacken der SCSI-Kommandos in das TCP/IP-Protokoll (siehe Abbildung 9.8).

Die meisten HBAs verfügen außerdem über ein BIOS, das auch den Systemstart über den HBA ermöglicht. Durch diese Funktion ist die Nutzung von festplattenlosen Systemen möglich, deren Systempartitionen im SAN liegen. Auch diese Funktion entstand wie die IDE-Unterstützung aufgrund von Anforderungen aus den Blade-Systemen. Bei der Verwendung von HBAs in der gleichen Broadcast-Domäne sollten Sie immer die Firmware-Versionen identisch halten, um Inkompatibilitäten zu vermeiden.

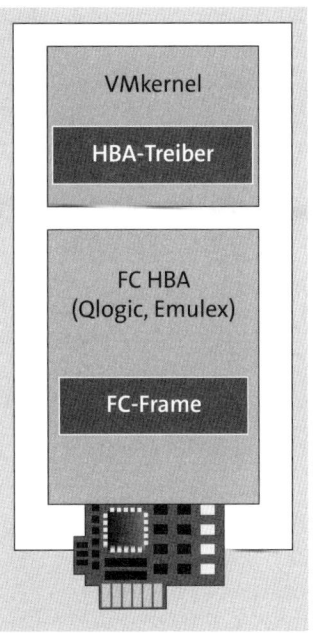

Abbildung 9.7 Fibre-Channel-HBA mit VMware-Treiber

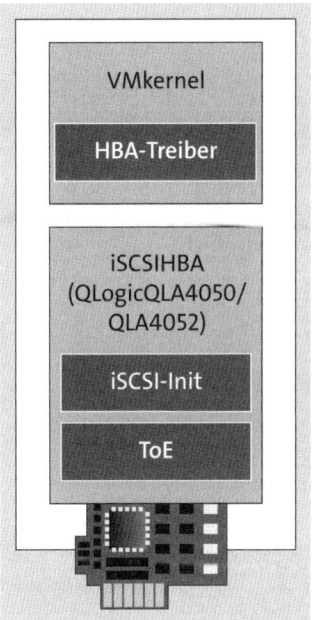

Abbildung 9.8 iSCSI-HBA mit VMware-Treiber

VMware-HBA und Software-Initiator

VMware unterscheidet bei der Unterstützung von Storage-Systemen zwischen der Zertifizierung für HBAs und Software-Initiatoren, worauf Sie in jedem Fall achten sollten.

Software-Initiator

Software-Initiatoren bzw. emulierte Controller, die als Initiator dienen, kommen unter VMware ESXi nur im iSCSI-Umfeld vor (siehe Abbildung 9.9). Der große Vorteil der Software-Initiatoren ist, dass herkömmliche Netzwerkkarten zur iSCSI-Kommunikation verwendet werden können, was einen erheblichen Kostenvorteil bringt.

Unter VMware ESXi besteht nur der Nachteil, dass die Host-CPU belastet wird. Die Host-CPU-Belastung wird mit neueren VMware-ESXi-Versionen nach und nach durch TOE-fähige Netzwerkkarten (TOE: *TCP/IP Offload Engine*) und die Verteilung der VMkernel-Last auf unterschiedliche CPU-Kerne minimiert oder sogar komplett wegfallen.

Bei Verwendung moderner Server-Systeme ist der Geschwindigkeitsunterschied zwischen Software- und Hardware-Initiatoren kaum spürbar. Allerdings ist es mit Software-Initiatoren nicht möglich, das System über SAN zu booten. Das heißt, Sie benötigen zwingend lokale Systemfestplatten.

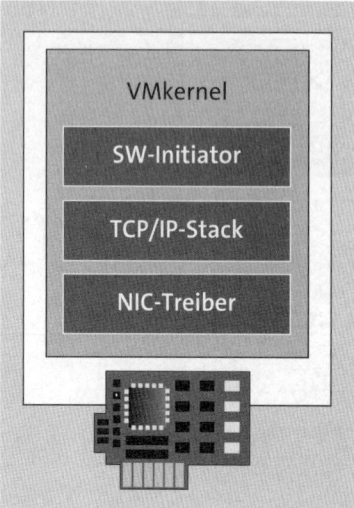

Abbildung 9.9 Der Software-iSCSI-Initiator wird komplett vom Kernel gestellt, basierend auf dem Netzwerkkartentreiber.

iSCSI und Gateways

Obwohl es möglich ist, die iSCSI-Anbindung über Router und Gateways zu betreiben, sollten Sie dies unter allen Umständen vermeiden.

Sollte man dennoch gezwungen sein, diese Variante in Erwägung zu ziehen, dann achten Sie besonders auf eine performante Verbindung zwischen dem VMkernel-Port und dem Storage-Target. Die Management-Verbindung, die für die Metadaten zuständig ist, ist nicht minder wichtig, aber etwas anspruchsloser als der Datenkanal.

Software-Initiator im Gastbetriebssystem

Neben der Möglichkeit, Software-iSCSI-HBAs im VMkernel zu nutzen, bringen sowohl Linux als auch Windows eigene iSCSI-Initiator-Treiber mit, die über das Netzwerk der virtuellen Maschine die Verbindung mit dem Target aufnehmen. Diese Variante ist die schnellstmögliche iSCSI-Nutzung, da die Software-iSCSI-Initiatoren der Gastbetriebssysteme MPIO (*Multipathing I/O*) unterstützen, wodurch gleichzeitig mehrere Verbindungen (Netzwerkkarten) zum Storage-System hergestellt und genutzt werden können.

Ansonsten ist dieses Verfahren mit dem *Raw Device Mapping* vergleichbar, da die LUN nur der einzelnen VM – also dem einzelnen Software-iSCSI-Initiator – zur Verfügung steht. In diesem Fall benötigt der ESXi-Host keinerlei Zugriff auf den iSCSI-Storage.

Da kein Booten von iSCSI mittels Gastbetriebssystem möglich ist, müssen Sie diese Technik allerdings mit lokalen VMFS-Partitionen, NFS oder iSCSI über VMkernel kombinieren, z. B. indem Sie die Boot-Platte über VMkernel und die Datenplatte über Software-iSCSI im Gast betreiben (siehe Abbildung 9.10). Der größte Nachteil besteht in der recht hohen CPU-Belastung für das Gastsystem und damit den VMware-ESXi-Host, da die komplette iSCSI-Berechnung im Gastsystem stattfindet. Abhilfe schaffen hier aber VMXNET-3-Adapter oder sogar VMDirectpath-I/O-Adapter.

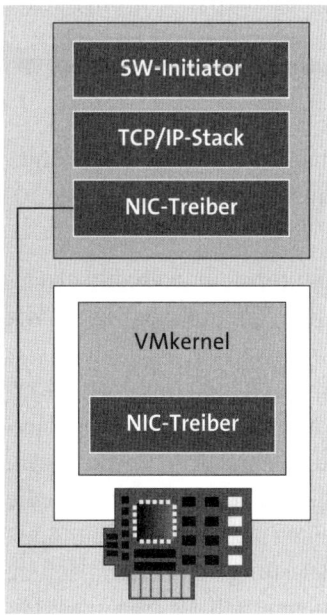

Abbildung 9.10 Der Software-iSCSI-Adapter im Gast (oberer Bereich) wird komplett vom Gastbetriebssystem betrieben; die Netzwerkverbindung basiert auf dem Netzwerkkartentreiber des VMkernels (vSwitch und Uplink).

Host-Channel-Adapter (Infiniband)

Im Infiniband-Umfeld spricht man nicht von *Host-Bus-Adaptern*, sondern von *Host-Channel-Adaptern*. Diese sind die Initiatoren und dienen zum Zugriff auf die Storage-Systeme. Infiniband hat wesentliche Vorteile bei Latenzzeiten, Konsolidierung und Gesamtgeschwindigkeiten. Seit Version 3.5 des ESX-Servers werden HCAs der Firma *Mellanox* als Community-Support unterstützt. Das heißt, der Hersteller übernimmt den Support für die VMware-Komponenten. Die Infiniband-Technik ist im hochpreisigen Segment angesiedelt und ist mit FC vergleichbar.

AoE-(ATA over Ethernet-)Adapter

ATA over Ethernet (AoE) ist definitiv der Außenseiter unter den Möglichkeiten einer Storage-Anbindung und wird nur vom Unternehmen *Coraid* angeboten. ATA over Ethernet ist ein Storage-Protokoll auf Layer 2 (Ethernet-Frames) und wurde ursprünglich von dem Unternehmen *Brantley Coile* entwickelt. Da keine Protokolle höherer Layer wie IP, UDP oder TCP verwendet werden, ist AoE schlanker als iSCSI.

Um AoE unter VMware ESXi zu nutzen, müssen Sie spezielle Ethernet-Adapter der Firma Coraid einsetzen und entsprechende Treiber im VMkernel einbinden. AoE ist im Niedrigpreissegment anzusiedeln und sogar günstiger als iSCSI und vom technischen Aufbau schneller. Außerdem dürfen Sie einen unfreiwilligen Sicherheitsaspekt nicht vergessen: Da AoE auf Ethernet-Frames basiert, sind die Pakete nicht routingfähig, wodurch sie ein physisches Ethernet-Segment nicht verlassen können.

FCoE-(Fibre-Channel over Ethernet-)Adapter

Fibre-Channel over Ethernet (FCoE) ist ein Protokoll, das Fibre-Channel-Frames über den Standard-Ethernet-Bus transportiert. So können Sie trotz Nutzung von Fibre-Channel die 10-GBit-Ethernet-Technologie einsetzen.

Somit ist es dank FCoE auch möglich, existierende FC-Architekturen zu nutzen und gleichzeitig Teile von FC über die Ethernet-Komponenten zu betreiben. Dazu müssen Sie z. B. die Fibre-Channel-N-Port-IDs und die Ethernet-MAC-Adressen miteinander verbinden, was FCoE als Funktion liefert. Unter gewissen Vorraussetzungen können sich weitere Vorteile ergeben. Oft werden als Vorteile die Reduzierung von Anschlusskarten, Kabeln, Switches, Energiebedarf und Kühlkosten genannt. Dies ist aber oftmals eine Milchmädchenrechnung, in der davon ausgegangen wird, dass man die bereits bestehende Ethernet-Infrastruktur für die Speicherinfrastruktur nutzen kann. Diese Rechnung geht oftmals nicht auf: Eine für Speicher zu nutzende Ethernet-Infrastruktur müsste die höhere Belastung bewältigen können. Abgesehen von der Verkabelung ist dies gerade bei Switch problematisch. Deswegen wird in aller Regel eine dedizierte bzw. abgetrennte Netzwerk-Infrastruktur für die Speichersysteme aufgebaut, was die Argumente der Reduzierung wieder stark schrumpfen lässt.

FCoE wurde schon sehr früh von *NetApp* und *Cisco* in Angriff genommen, daher sind deren Integrationen derzeit technologisch führend.

9.5.3 Das Target

Initiatoren nützen nichts, wenn kein Target zur Verfügung steht, um an der Kommunikation teilzunehmen. Als Target wird allgemein das Storage-System bezeichnet, allerdings ist technisch jeder Storage-Prozessor, eigentlich sogar jeder Storage-Prozessor-Port, für den Initiator ein gültiges Target. Schauen wir uns den Aufbau eines Storage genauer an.

Systemaufbau (Storage-Prozessor)

Als *Storage-Prozessor* wird allgemein die Intelligenz des Storage-Systems bezeichnet. Andere Begriffe hierfür sind *Head* (Kopf), *Controller* oder sonstige herstellerspezifische Namen. Jeder Storage-Prozessor, kurz SP, kann über einzelne oder viele Ports verfügen, die entweder als Target zum Frontend (z. B. ESXi-Server) oder selbst als Initiator ins Backend (weitere Storage-Systeme – typischerweise bei Verwendung von Storage-Virtualisierung) dienen.

Außerdem besitzen die SPs individuelle Technologien zur Leistungssteigerung, die auch speziell auf die Eigenschaften des Herstellers abgestimmt sind (z. B. Steigerung der Double-Parity-Geschwindigkeit). Dazu gehören auch leichter verständliche Konfigurationen, wie die Menge des verfügbaren Lese- und Schreib-Cache.

Abhängig von Hersteller, Modell und Typ verfügen die SPs über eine unterschiedliche Anzahl unterschiedlicher Technologien (FC, Ethernet, iSCSI, AoE, NFS ...), die die Leistungsfähigkeit und die Ausfallsicherheit für die angeschlossenen Server-Systeme bestimmen. Im Normalfall sind alle Anschlüsse eines SPs immer im *Active/Active-Zustand*, das heißt, jegliche Speicheranbindung ist gleichwertig und gleich performant. Sind mehrere SPs miteinander verbunden (interne Cluster), so ist die Architektur des Herstellers dafür ausschlaggebend, ob weiterhin alle Pfade aktiv sind oder manche passiv oder langsamer.

Anschlüsse (FC, iSCSI, Infiniband etc.)

Natürlich verfügt auch das Target über entsprechende Host-Bus-Adapter, die die einzelnen Speicherprotokolle unterstützen müssen. Daher kommt es auch auf das jeweilige Speichersystem an, ob Fibre-Channel, iSCSI, Infiniband, FCoE oder AoE unterstützt wird. Die Anzahl der HBA-Ports bestimmt die Designmöglichkeiten und die Punkte Ausfallsicherheit und Lastverteilung. Die Storage-Anschlüsse oder -Ports sind der sichtbare Storage-Teil aus VMware-ESXi-Sicht. Das heißt, die Pfade werden über Intitiator-Target-Portverbindungen dargestellt.

9.5.4 Logical Unit Number (LUN)

Die *Logical Unit Number* (LUN) ist das eigentliche Medium, das vom Initiator erkannt und genutzt wird. Statt einer physischen Festplatte kann die LUN auch eine logische Festplatte oder ein Bandlaufwerk sein.

Vereinfacht ausgedrückt, spiegelt die LUN für den vSphere-Host die Festplatte im SCSI-Bus wider, die entweder mit VMFS formatiert oder als *Raw Device Mapping* (RDM) genutzt werden kann. Allerdings geht die LUN keine zwingende 1:1-Beziehung mit den physischen Festplatten ein, sondern kann auch eine logische Aufteilung darstellen. Legen Sie beispielsweise ein RAID-Set mit fünf Platten im RAID 5 an, können Sie dieses RAID je nach Speichersystem problemlos als mehrere LUNs (auch mit unterschiedlicher Größe) herausgeben. Für das Initiator-System stellt sich diese LUN immer wie ein einzelnes nutzbares Medium dar, auf das zugegriffen werden kann.

Durch die Nutzung von LUN-IDs statt fester SCSI-IDs ist es möglich, weit mehr Geräte nach außen zu geben bzw. aus Initiatorsicht zu unterscheiden.

LUNs werden durch eine ID von 0 bis 255 gekennzeichnet und bilden in Verbindung mit dem HBA und dem Target den Pfad im SCSI-Umfeld.

Die LUN-ID spielte unter ESX 3 eine wesentliche Rolle, da sie bei der Erstellung der VMFS-Metadaten einbezogen wurde, um Snapshots von Original-Volumes zu unterscheiden. Mit *ESX 3.5 Update 4* wurde die LUN-ID-Abhängigkeit bereits aufgebrochen, und seit vSphere wird der NAA-(*Network Address Authority*-)Namespace oder der T10-Namespace genutzt. Letzterer kommt zum Einsatz, wenn das Storage-System nicht die LUN-WWN (*World Wide Number*) liefert.

9.5.5 Pfadmanagement (Active/Active, Active/Passive)

Die Verwaltung und die Nutzungsmöglichkeiten der verschiedenen Pfade zur Kommunikation und Datenübertragung zwischen Server-System und Storage-System sind ein wesentliches Leistungsmerkmal in der Virtualisierung. Pfade sind alle Wege, die zwischen Initiator und Target möglich sind. Erfolgt keine Aufteilung (Zoning), so wären bei einem ESX(i)-Host mit zwei Anschlüssen, der mit einem Storage-System mit zwei Anschlüssen über eine Fabric kommuniziert, vier Pfade sichtbar.

Bei den Nutzungsmöglichkeiten wird vereinfacht zwischen *Active/Active-*, *Pseudo-Active/Active-* und *Active/Passive-* bzw. *Active/Standby-Systemen* unterschieden.

Active/Active

Ein *Active/Active-System* (siehe Abbildung 9.11) bietet die Möglichkeit, auf allen Anschluss-Ports des Storage Area Networks (SAN) mit gleicher Geschwindigkeit und zur gleichen Zeit auf die vom Storage-System bereitgestellten Ressourcen zuzugreifen.

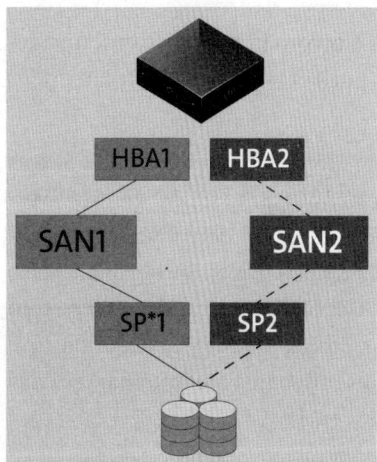

Abbildung 9.11 Active/Active-Speichersystem

Dies ermöglicht zum einen die Ausfallsicherheit über die Controller, zum anderen aber auch die gleichzeitige Nutzung mehrerer Pfade zu den LUNs, was eine höhere Leistung und Lastverteilung bedeutet.

Beim Pfadmanagement beginnen viele Hersteller, die Tatsachen etwas zu beschönigen, da Mischvarianten existieren, die zwar das beste Preis-Leistungs-Verhältnis bieten, allerdings nicht dem entsprechen, was man erwarten würde (siehe Abbildung 9.12). Wer sich mit den verschiedenen Speichersystemen und Controller-Architekturen bereits auskennt, der weiß mit Sicherheit, wovon wir sprechen: *Asymmetric Active/Active* oder *Pseudo-Active/Active* (siehe weiter unten).

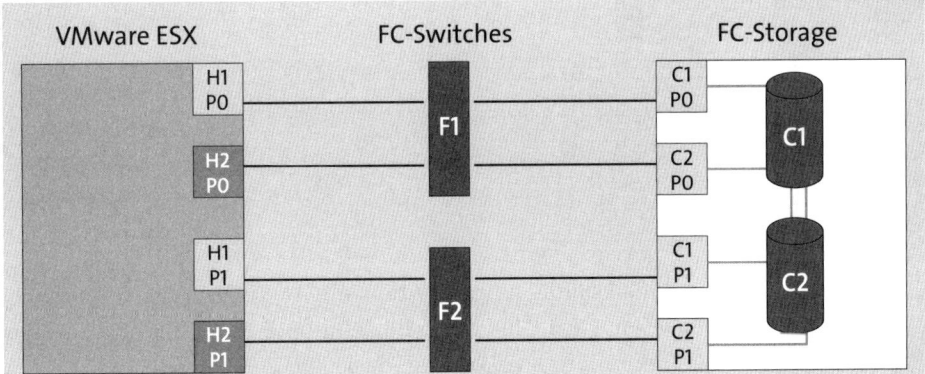

Abbildung 9.12 Active/Active-Anbindung in der Praxis

Die meisten vollwertigen *Active/Active-Systeme* sind im High-End- und damit auch im Höchstpreissegment zu finden, beispielsweise *HDS USP*, *EMC DMX*, *3PAR* oder *IBM DS8000*. Eine Ausnahme existiert mit der *Hitachi-AMS2000*-Reihe (Hitachi Adaptable Modular Storage 2000 Family), die im Mid-Range-Bereich ebenfalls ein vollwertiges *Active/Active-System* bietet.

Active/Passive

Im Gegensatz zu *Active/Active-Systemen* können die Storage-Prozessoren der *Active/Passive-Systeme* nicht gleichzeitig auf eine RAID-Gruppe und deren LUNs zugreifen und diese im SAN bereitstellen (siehe Abbildung 9.13). Der aktive Storage-Prozessor ist der Eigner (Owner) der LUN und steuert alle Zugriffe. Allerdings übernimmt der passive Storage-Prozessor bei einem Ausfall des aktiven Storage-Prozessors dessen Funktion (*Trespassing*) und dessen RAID/LUN-Zugriff. Dieser Trespassing-Vorgang kann mehrere Sekunden dauern.

Das wird noch deutlicher durch Abbildung 9.14, in der die interne Verknüpfung im Storage näher betrachtet wrid. Daher ist nur ein manuelles Load-Balancing möglich, aber die Ausfallsicherheit ist gewährleistet. Normalerweise existieren Path-Management-Anwendungen wie *EMC PowerPath/VE*, um die Pfadnutzung zu optimieren und ein sogenanntes Path-Trashing zu verhindern.

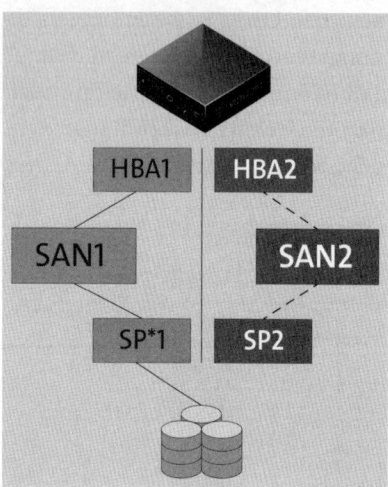

Abbildung 9.13 Active/Passive-Speichersystem

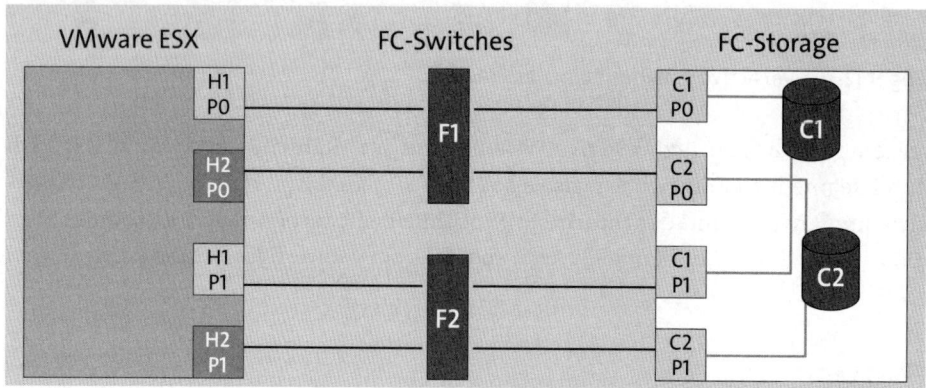

Abbildung 9.14 Active/Passive-Anbindung in der Praxis – beachten Sie die Anbindung innerhalb des Storage!

Path-Trashing bedeutet, dass auf eine LUN über den Pfad des passiven Storage-Prozessors zugegriffen wird. Dieser Zugriff kann allerdings nicht direkt auf die LUN erfolgen, sondern er nimmt entweder einen internen Umweg über den LUN-Eigner oder ist schlichtweg nicht möglich.

Um dieses Path-Trashing zu verhindern, schalten viele Storage-Systeme den Eigner auf den zugreifenden Storage-Prozessor um, damit der Host bedient werden kann. Diese Schutzfunktion steht bei ESX(i)-Hosts jedoch unter keinem guten Stern, da der gleichzeitige Zugriff vieler Hosts über verschiedene Pfade auf eine LUN möglich und realistisch ist.

Dadurch schwenkt das Storage-System stetig den Eigner in Richtung Pfadnutzung, was die Leistung des Storage-Systems enorm senkt. Daher ist es sehr wichtig, die vorgeschriebenen

Multipathing-Einstellungen und das Zoning im SAN zu beachten, um das Path-Trashing zu verhindern.

Zumeist wird empfohlen, bei *Active/Passive-Systemen* MRU (*Most Recently Used*) zu nutzen.

Pseudo-Active/Active

Pseudo-Active/Active oder *Asymmetric Active/Active* ist eine Zwitterform zwischen *Active/Active* und *Active/Passive*. Zwar bieten alle Frontend-Anschlüsse (in Richtung ESX(i)-Host) die Möglichkeit, gleichzeitig auf die vom Storage-System bereitgestellten Ressourcen zuzugreifen, allerdings ist die Geschwindigkeit der einzelnen Anschlüsse unterschiedlich.

Dies kommt daher, dass wie beim *Active/Passive-System* Ressourceneigner (LUN-Owner) existieren, womit nur einer von zwei Storage-Prozessoren die volle Geschwindigkeit erreichen kann, während der zweite immer über den Eigner auf die LUNs zugreifen muss, was zu teilweise sehr deutlichen Leistungsengpässen führt.

ESX 3.x hatte keinerlei Möglichkeiten, die vom Storage kommenden Pfade zu klassifizieren und der Geschwindigkeit nach einzuordnen. vSphere geht dieses Problem mit 3rd-Party-Multipathing und ALUA (*Asymmetric LUN Unit Access*) an.

Pseudo-Active/Active-Systeme sind sowohl im Entry- als auch im Mid-Range-Level zu finden. Die folgende Liste ist nur ein kleiner Auszug; es gibt wesentlich mehr:

- EMC CLARiiON (nur bei entsprechender Konfiguration, ansonsten *Active/Passive*)
- HP EVA
- NetApp
- LSI und IBM DS (mit Ausnahme der 8000er-Serie)

Bei all diesen Systemen sollten Sie beim Einsatz von VMware ESXi möglichst die Nutzung des langsameren (nichtoptimalen) Pfads vermeiden, entweder durch entsprechendes SAN-Design und Hilfsprogramme oder durch die Integration von Drittanbieter-Multipathing-Modulen (EMC PowerPath/VE). Außerdem bringt VMware vSphere das *ALUA Path Management* mit, das unter anderem von NetApp-Systemen unterstützt wird.

ALUA ermöglicht die Kommunikation zwischen Storage und ESX-Server, indem der Status der Pfade (*active-optimized*, *active-unoptimized*, *unavailable*, *standby*) übermittelt wird. Damit kann der ESX-Server die optimierten Pfade bevorzugt behandeln.

9.6 FC-Speichernetzwerk

Schauen wir uns den Aufbau des Fibre-Channel-Netzwerks einmal »aus 10.000 Meter Höhe« an. Das heißt, wir kratzen nur an der Oberfläche der Technologie und des Designs (siehe Abbildung 9.15). Ein sehr gutes vertiefendes Buch zum Thema Storage heißt »Speichernetze« und ist beim dpunkt.verlag erschienen (ISBN: 978-3-89864-393-1).

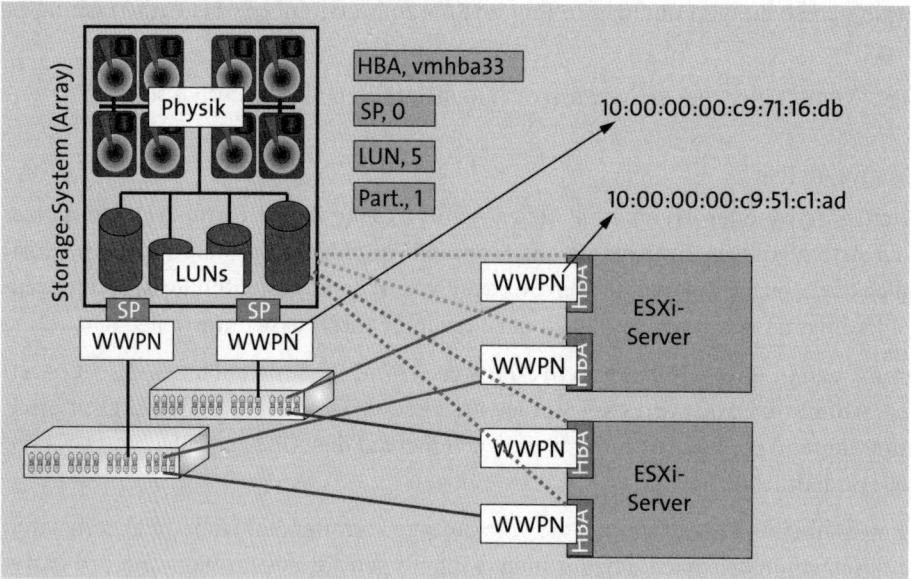

Abbildung 9.15 Beispiel eines Fibre-Channel-Netzes mit den einzelnen Komponenten

9.6.1 Vorteile und Nachteile

Wie alles in der IT und im Leben haben auch Fibre-Channel-Netzwerke ihre Vor-, aber auch ihre Nachteile:

- **Vorteile von Fibre-Channel**
  - hohe Geschwindigkeiten möglich
  - niedrige Latenzen
  - niedrige CPU-Belastung am Host
  - Load-Balancing und Failover einfach realisierbar
  - Raw Device Mappings möglich
- **Nachteile von Fibre-Channel**
  - relativ hohe Kosten durch Infrastruktur (da FC im Premium-Segment und nicht bei »billigen« Storages zu finden ist)
  - eventuell fehlendes Know-how
  - Thin Provisioning nicht per Default
  - VMFS-Datastores nicht verkleinerbar
- **Nachteile von Fibre-Channel in Kombination mit älteren ESXi-Versionen oder älteren Storage-Systemen**
  - Skalierbarkeitsprobleme mit LUN-SCSI-Locking bei VMFS (viele VMs pro Datastore)
  - Umgang mit LUN-Clones teilweise komplizierter als NFS (Resignatur)

9.6.2 Support-Matrix

Gerade im Zusammenhang mit Fibre-Channel sei ausdrücklich darauf hingewiesen, dass Sie sich unbedingt an die Support-Matrix aller beteiligten Hersteller halten sollten. Besonders zu berücksichtigen sind dabei folgende Hersteller:

- Server-Hersteller
- HBA-Hersteller
- Switch-Hersteller
- Storage-System Hersteller

Alle Komponenten sollten füreinander zertifiziert und freigegeben sein, und Sie müssen auch auf die eingesetzten Software- und Firmware-Stände achten. Obwohl Fibre-Channel seit vielen Jahren auf dem Markt etabliert ist, hat der Standard in puncto Interoperabilität noch nicht ganz das Niveau von LAN-Komponenten erreicht. Beim LAN geht man meist davon aus, dass jede LAN-Karte mit jedem Switch funktioniert, doch diese Selbstverständlichkeit ist im SAN in diesem Maße nicht gegeben. Selbst zertifizierte HBA-Karten können – je nach Firmware-Version – im einen Fall funktionieren, im anderen jedoch nicht.

> **Wichtige Datenbank zu Herstellerfreigaben**
>
> Sie müssen zwingend auf die Freigaben der Hersteller achten. VMware hat für vSphere eine eigene Datenbank für die Freigabe von Speichersystemen und I/O-Karten (SAN und LAN) im Internet bereitgestellt. Sie finden diese Freigabe-Matrix im *VMware Compatibility Guide* unter folgender URL:
>
> *http://www.vmware.com/resources/compatibility/search.php*

Zusätzlich zur Freigabe der Hersteller sollten Sie darauf achten, dass die Anbindung des Storage-Systems zwingend redundant erfolgt (z. B. durch Multipath-I/O) und dass das Speichersystem selbst auch redundant ausgelegt ist (z. B. durch Clustering). Der Redundanzaspekt ist bei virtueller Infrastruktur genauso hoch oder noch höher als bei normaler Speicherzentralisierung – die Verfügbarkeit aller VMs hängt direkt von der Verfügbarkeit des Speichersystems ab.

9.6.3 Switch vs. Loop

VMware ESXi unterstützt bis auf wenige Ausnahmen nur Switched-Fabric-Umgebungen im FC-Umfeld. Manche Systeme (wie z. B. HP MSA) können auch direkt an die FC-Adapter des ESX-Servers angeschlossen werden. Ein Arbitrated Loop, also die »Hub«-Version von Fibre-Channel, wird von VMware nicht unterstützt, da der Arbitrated Loop im FC-Umfeld als veraltet gilt. Für kleine Umgebungen, z. B. zwei ESXi-Server mit je einer HBA-Karte und zwei FC-Ports, ist es natürlich auch möglich, direkt mit einem redundanten FC-Storage verbunden zu sein. In diesem Fall hätte das FC-Storage zwei Controller mit jeweils zwei FC-Ports. Entsprechend würde man die FC-Leitungen über Kreuz stecken.

9.6.4 Fabric

Fabric wird ein abgegrenztes Netzwerk genannt, das Initiatoren (Hosts, Workstations) mit Targets (Storage-Systemen, Tape-Librarys) verbindet. Eine Fabric kann über mehrere FC-Switches verbunden sein.

Zumeist werden zwei oder mehr Fabrics im FC-Umfeld eingerichtet, um die FC-*Broadcasts* im kleinsten Rahmen zu halten (ähnlich wie bei Ethernet) und um außerdem eine klare Trennung für Wartungsfenster herzustellen.

Ein besonderer Vorteil der FC-Fabric ist, dass alle Geräte mit voller Bandbreite senden und empfangen können. Die HBAs der ESX-Server sind in diesem Fall über einen oder mehrere Pfade mit *Fabric 1* und *Fabric 2* verbunden, sodass im Wartungsfall einer Fabric die Verbindung zum Storage-System immer noch über die verbleibende Fabric zur Verfügung steht.

9.6.5 Verkabelung

Prinzipiell versucht man immer, über Kreuz zu verkabeln, was besonders bei *Active/Passive*- und *Asymmetric Active/Active-Systemen* sehr sinnvoll ist, um die Zuordnung von aktiven Ports über die Fabrics zu verteilen. In Abbildung 9.16 sehen Sie dies bei der Verbindung zur EMC CX. Wenn Sie ein vollwertiges *Active/Active-System* (wie im Beispiel die *HDS AMS2000*) einsetzen, so ist die Verkabelung eher Geschmackssache als wirklich notwendig.

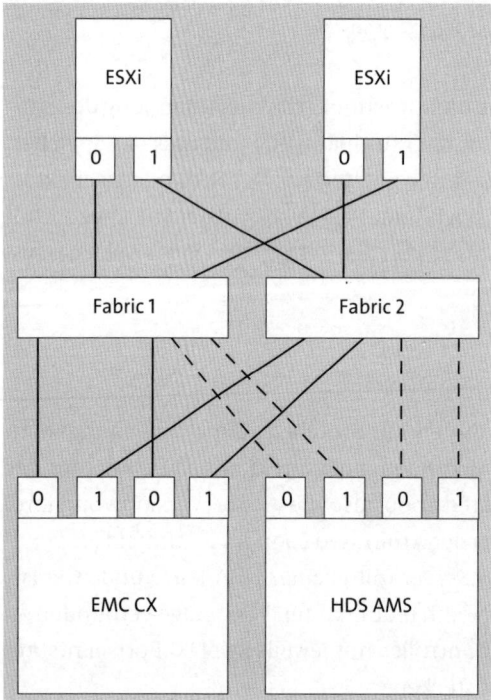

Abbildung 9.16 Verkabelungsmöglichkeiten

9.6.6 Zoning

Zoning nennt sich die Aufteilung der FC-Ports eines FC-Switchs, ähnlich der VLANs im Ethernet-Segment. Mittels Zoning erstellen Sie Gruppen, die eine Kommunikation zwischen den enthaltenen Ports oder WWNs ermöglichen. Das Erstellen von Zonen, die auf Ports basieren, nennt sich *Port-Zoning*, das heißt, man fasst FC-Ports zur Kommunikation zusammen. Damit können Sie auch einen Systemwechsel oder Hardwaretausch ohne erneute Änderung an den SAN-Zonen durchführen.

Dies steht im Gegensatz zum *WWN-Zoning*, wo die WWNs (*World Wide Numbers*), also die eindeutigen Identifikationsnummern des Ports oder des Systems, in Gruppen zusammengefasst werden. Dies hat den Vorteil, dass der HBA mit einer erlaubten WWN auf einem beliebigen Port auf dem FC-Switch angeschlossen werden kann. Kommt es jedoch zu einem Hardwareaustausch, müssen Sie auch das Zoning anpassen.

Zumeist ist das Port-Zoning wegen der vereinfachten Verwaltung bei einem Hardwareaustausch beliebter. VMware empfiehlt übrigens mindestens vier Pfade zu einem Storage-System.

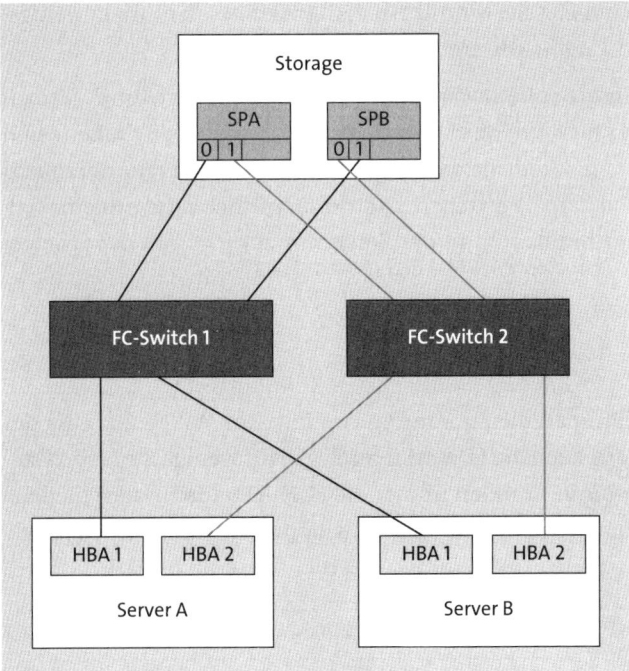

Abbildung 9.17 Zoning-Beispiel

Abbildung 9.17 zeigt, dass jeweils zwei Zonen auf jedem FC-Switch angelegt werden müssen. Dies wäre bei einem Single-Initiator-Zoning so wie in Tabelle 9.3 zu konfigurieren.

FC-Switch	Zonenbeschreibung
FC-Switch 1	Server A, HBA 1 ↔ Storage SPA Port 0 Server A, HBA 1 ↔ Storage SPB Port 1
FC-Switch 1	Server B, HBA 1 ↔ Storage SPA Port 0 Server B, HBA 1 ↔ Storage SPB Port 1
FC-Switch 2	Server A, HBA 2 ↔ Storage SPA Port 1 Server A, HBA 2 ↔ Storage SPB Port 0
FC-Switch 2	Server B, HBA 2 ↔ Storage SPA Port 1 Server B, HBA 2 ↔ Storage SPB Port 0

Tabelle 9.3 Single-Initiator-Zoning

Single-Initiator-Zoning

Beim *Single-Initiator-Zoning* wird pro Zone immer nur ein Initiator mit einem oder mehreren Targets verbunden. Das heißt, ein ESX-Server mit zwei FC-Anschlüssen muss in wenigstens zwei Zonen mit dem oder den Targets verbunden werden.

Diese Form des Zonings ist beim Einsatz von VMware äußerst empfehlenswert, um FC-Broadcasts zu limitieren. Außerdem ist es nie sinnvoll, dass sich mehrere Initiatoren »sehen« und miteinander kommunizieren können. Wenn Sie das Single-Initiator-Zoning ignorieren und eine Zone mit vielen Initiatoren und Targets erstellen, so stört möglicherweise nur eine fehlerhafte Komponente jegliche Kommunikation in der Zone, was zum Ausfall der Storage-Verbindung führen kann.

9.6.7 Mapping

Unter dem Begriff *Mapping* versteht man die Zuordnung von Initiator-WWNs zu LUNs des Targets. Beim Mapping wird übrigens auch die LUN-ID festgelegt. Nur wenige Storage-Systeme wie beispielsweise *Dell EqualLogic* verwenden immer die LUN-ID 0 (dafür verschiedene Targets). Das Mapping wird im Storage-System durchgeführt und sieht zum Beispiel so wie in Tabelle 9.4 aus.

Initiator	Target	LUN	LUN-ID	Zugriff
WWN ESX1	WWN-Target	400-GB-LUN	10	R/W
WWN ESX2	WWN-Target	400-GB-LUN	10	R/W

Tabelle 9.4 Mapping im Storage

Da viele Funktionen der virtuellen Infrastruktur nur bei gemeinsamem Zugriff mehrerer ESX-Server auf die gleichen LUNs möglich sind, ist es sinnvoll, die entsprechenden ESX-Server einer Gruppe zuzuordnen und diese beim Mapping zu verwenden. Damit ist gewährleistet, dass keine unterschiedlichen LUN-IDs für die gleiche LUN verwendet werden, was schnell zu Chaos führt.

9.6.8 NPIV (N-Port ID Virtualization)

In der Historie des Fibre-Channel-Protokolls existierten immer Punkt-zu-Punkt-Verbindungen zwischen HBA und Switch (Netzwerk). Ein FC-Port hatte eine eindeutige WWPN (*World Wide Port Number*) und ein FC-Host eine eindeutige WWN (*World Wide Number*), über die die Kommunikation adressiert wurde. Das Konzept war bis zur Einführung der Virtualisierung auch für die meisten Installationen absolut ausreichend.

Durch die Virtualisierung und die Mehrfachbelegung der FC-Ports durch virtuelle Maschinen wurde eine entsprechende Technologie gesucht und mit NPIV (*N-Port ID Virtualization*) entwickelt. Somit war es auch problemlos möglich, einer virtuellen Maschine die Festplatten einer anderen virtuellen Maschine zuzuordnen. Aus Sicherheitsaspekten ist NPIV daher sinnvoll, da einer virtuellen Maschine eine LUN direkt zugeordnet werden kann. Nur der ESXi-Host muss noch Read-only-Berechtigung besitzen. Dies verhindert eine Fehlkonfiguration oder nicht autorisierte Zugriffe auf die LUNs. Als Nachteil muss ganz klar aufgezeigt werden, dass die virtuelle Maschine »direkten« Zugriff auf den Storage bekommt und daher theoretisch durch Schadsoftware Schäden anrichten könnte, indem massiv viele Speicherzugriffe in kurzer Zeit durchgeführt werden, was wiederum zum sogenannten *Noisy Neigbour* führen kann.

NPIV bedeutet: Wenn der HBA und der Switch diese Technik unterstützen, können mehrere WWPNs auf einem HBA-Switch-Port genutzt werden. VMware ESXi unterstützt seit Version 3.5 die NPIV-Funktion, mit der Sie virtuellen Maschinen bis zu vier virtuelle WWNs zuweisen können. Allerdings ist diese Funktion noch nicht vollständig implementiert. Das heißt, die virtuellen WWNs werden nach wie vor vom VMkernel verwaltet, da noch keine virtuellen Fibre-Channel-Karten im Gast möglich sind. Bis dahin hat die NPIV-Nutzung hauptsächlich Sicherheitsvorteile; Path-Management-Tools im Gast können nach wie vor nicht verwendet werden.

9.7 FCoE

Fibre-Channel over Ethernet (FCoE) wurde entwickelt, um die Kompatibilität mit Fibre-Channel zwar zu behalten, jedoch auf die flexible Ethernet-Basis umstellen zu können. Da Ethernet und Fibre-Channel über komplett getrennte Infrastrukturen verfügen mussten, kann der

Schritt zu FCoE eine Vereinfachung für Architekten und Administratoren darstellen, um beide Technologien zusammenzuführen.

Oftmals wird von der Vereinfachung und Reduzierung der Verkabelung gesprochen als auch von einer weiteren Konsolidierung im Rechenzentrum. Dies gilt ab nur unter bestimmten Voraussetzungen. In aller Regel müssen die Datenströme »Storage« und »andere« dennoch getrennt bleiben, um negative Effekte wie zum Beispiel *Noisy Neigbour* auszuschließen. Zudem muss man darauf achten, dass Switches über alle Ports mit voller Last betrieben werden können. Oftmals werden einfache Switches mit schwächerer Hardware ausgeliefert, sodass man beispielsweise 48 Ports anbinden kann, jedoch bei voller Last nur 50 % der Ports betreiben kann bzw. der maximale Durchsatz des Switches nicht nominal 48 ×1 Gbit, also 48 Gbit, sondern z. B. nur 30 Gbit beträgt.

Weiterhin werden Speicher- und Server-Systeme heutzutage mit mindestens 10 Gbit angeschlossen. Hier sind entsprechende Switches erforderlich. Die beispielsweise vier 10-Gbit-Schnittstellen eines 48+4-Port-Switches für Speichersysteme zu nutzen, ist in aller Regel nicht sinnvoll. Meist benötigt man 2 dieser Ports zur Vernetzung der Switches untereinander. Die übrigen 2 Ports für eine Speicheranbindung zu nutzen, führt zu einem sehr weit verzweigten Netz über mehrere Switches. Doch gelten auch für FCoE die gleichen generellen Regeln zur Netzverzweigung wie bei FC: Verwenden Sie möglichst einfache, »niedrige« Netze mit kurzen Strecken, um die Performance nicht negativ zu beeinflussen. Vom administrativen Aufwand ganz zu schweigen.

Darüber hinaus ist zu beachten, dass die FC-Pakete nicht routingfähig sind und auch nicht in IP-Pakete gepackt werden können, um diese routingfähig zu machen, wie dies bei iSCSI der Fall ist. Durch den Verzicht auf die Nutzung von Transportschichten wie TCP/IP und des damit verbundenen Overheads profitieren Sie von einer verbesserten Performance. Dennoch gilt weiterhin, dass FC in Bezug auf Performance im Vergleich zu FCoE die Nase vorne hat. Entsprechende Tests – im Speziellen für VMware vSphere, die Sie in der VMware-Dokumentation in Whitepapers finden können – belegen dies.

Oftmals fällt die Entscheidung für FCoE, weil man sich zuvor für ein bestimmtes Speicher-System entschieden hat. Während klassische FC-SAN-Speichersysteme meist recht »dumm« sind, verfügen komplexere Systeme oft über *Head Units* (beispielsweise NetApp, EMC etc.), die verschiedene Features mitbringen, um »direkt« angeschlossenen Servern Dienste wie z. B. Fileservices anzubieten. Entscheidet man sich für so ein »intelligenteres« System, ist man oftmals an FCoE gebunden. Davon hängt dann auch ab, welches Protokoll im Speichernetzwerk genutzt werden kann.

VMware unterstützte bereits mit vSphere 4.1 die FCoE-Hardwareschnittstellen (CNA) und hat diese Unterstützung mit vSphere 5 um einen Software-FCoE-Initiator erweitert (siehe Abbildung 9.18).

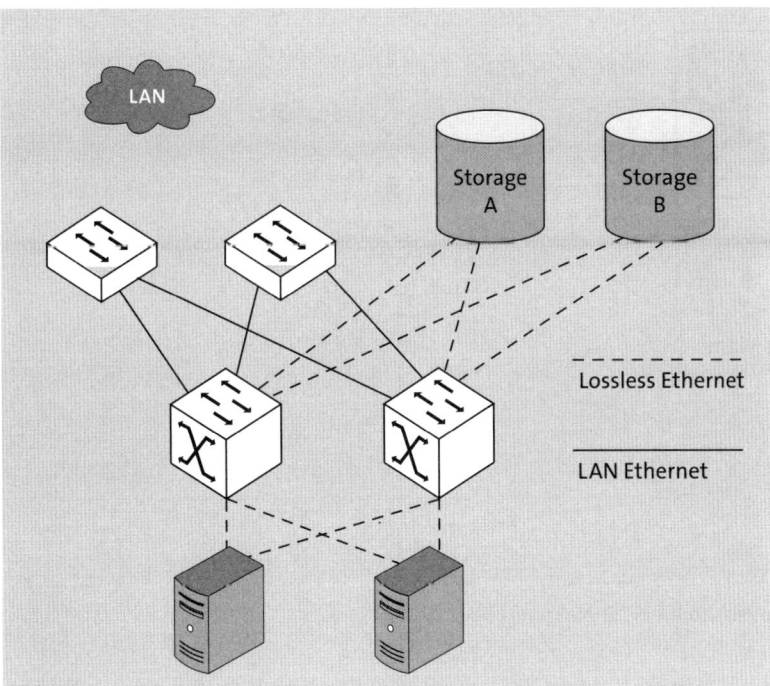

Abbildung 9.18 FCoE-Übersicht (Quelle: Autor Abisys, http://de.wikipedia.org/w/index.php?title=Datei:Storage_FCoE.tif)

9.8 iSCSI-Speichernetzwerk

Das *iSCSI-Speichernetzwerk*, das auch *IP-SAN* genannt wird, ist neben dem FC-SAN die beliebteste Methode, um zentralen Speicher an die ESX-Server zu koppeln. Statt WWN/WWPN-Adressen zur eindeutigen Identifizierung im Fibre-Channel-Umfeld werden MAC-Adressen, IP-Adressen und iNames genutzt. Während MAC-Adressen eher auf dem Ethernet-Level Verwendung finden, sind eine IP-Adresse und ein iName zum Mapping des Storage notwendig (siehe Abbildung 9.19). Zur Absicherung der Netzwerke können Sie mit eigenen physischen Switches oder VLANs arbeiten.

Zur Authentifizierung wurde CHAP (*Challenge Handshake Authentication Protocol*) als Protokoll integriert, was eine erste Sicherheitshürde bietet, da nur Systeme mit dem gleichen Schlüssel miteinander kommunizieren können. Die Integration einer Gesamtverschlüsselung mit IPsec (*Internet Protocol Security*) ist jedoch nicht möglich.

Das sehr oft genannte Argument, die Ethernet-Technologie sei im Gegensatz zu Fibre-Channel bereits bekannt und damit sei auch die iSCSI-Einführung kostengünstiger, kann nicht in jedem Fall bestätigt werden.

9 Storage-Architektur

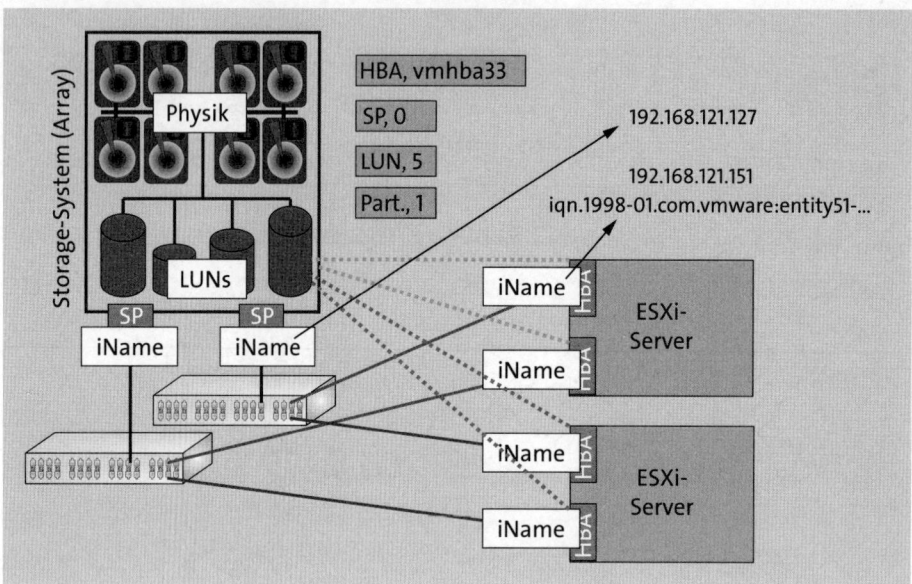

Abbildung 9.19 Komponenten im iSCSI-Netzwerk

Zuallererst ist es wichtig, sich mit der iSCSI-Technologie auseinanderzusetzen – mit ihren Anforderungen, Stärken und Schwächen. Die Verwaltbarkeit des Ethernet-Switchs oder der IP-Adressen ist zweitrangig. Im direkten Vergleich halten sich die Neuerungen von Standard-Ethernet nach IP-SAN oder FC-SAN eigentlich die Waage, da in beiden Technologien viele neue Themen beachtet werden müssen. Setzen Sie bereits FC-SAN ein, entfällt das Argument komplett.

Die Aussage »kostengünstiger« hängt sehr stark von den Anforderungen des Unternehmens an Leistungsfähigkeit und Ausfallsicherheit ab. Dazu sollten Sie sich Abschnitt 9.8.3, »IP-SAN-Trennung«, näher anschauen.

9.8.1 Vorteile und Nachteile

Ein iSCSI-Speichernetzwerk weist folgende Vor- und Nachteile auf:

- **Vorteile von iSCSI**
    - mittlere bis hohe Geschwindigkeiten möglich, je nach Anzahl der 1-GBit/s- bzw. 10-GBit/s-Anschlüsse
    - mittlere Latenzen
    - Load-Balancing und Failover einfach realisierbar
    - Raw Device Mappings möglich
    - sehr niedrige Einstiegskosten
    - relativ wenig Know-how erforderlich

▶ Nachteile von iSCSI
- höchste CPU-Belastung am Host
- Die Skalierbarkeitsprobleme mit LUN-Locking bei VMFS (viele VMs pro Datastore) werden mit vSphere 5.5 und VAAI größtenteils gelöst.
- Umgang mit LUN-Clones teilweise komplizierter als bei NFS (Resignatur)
- VMFS-Datastores nicht verkleinerbar
- Thin Provisioning nicht per Default

9.8.2 Kommunikation

Die Kommunikation läuft aufgrund der SCSI-Verwandtschaft auch über Initiator und Target ab. Der Initiator kann entweder ein iSCSI-HBA, der Software-iSCSI-Initiator des VMkernels oder der Software-iSCSI-Initiator im Gastbetriebssystem sein.

In jedem Fall empfiehlt es sich, über den Einsatz von *Jumbo Frames* (MTU bis 9000 statt Standard MTU von 1500) nachzudenken, da diese Änderung eine Beschleunigung des Datenverkehrs aufgrund der größeren Netzwerkpakete und der sich damit verringernden Header-Informationen zur Folge hat. Generell wurde die iSCSI-Implementierung in vSphere mit ESX 4 wesentlich beschleunigt, was in Abbildung 9.20 sehr gut zu erkennen ist.

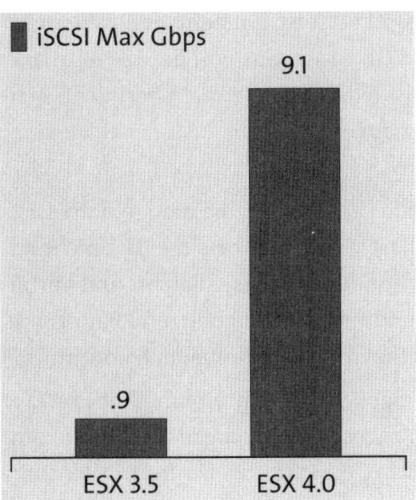

Abbildung 9.20 Verbesserungen mit ESX 4.0 im iSCSI-Netzwerk

Da unter ESX 5 keine Service Console mehr existiert, wird in jedem Fall ausschließlich der VMkernel-Adapter für die iSCSI-Verbindung genutzt. In Kapitel 7, »Das Netzwerk in VMware vSphere«, finden Sie weitere Informationen dazu, wie die entsprechende Netzwerkkonfiguration aussehen kann.

9.8.3 IP-SAN-Trennung

Selbst kleine Umgebungen von 20 VMs bekommen bei entsprechendem Leistungsbedarf schnell große Probleme bei der Performance, wenn das iSCSI-Netzwerk nicht physisch vom produktiven IP-Netzwerk (LAN) getrennt ist.

In den meisten Fällen nützt auch keine Auftrennung mittels VLANs. Damit wäre zwar die Sicherheit der Pakete gewährleistet, aber nicht die Leistungsfähigkeit pro Port. Je nachdem, welche Ethernet-Switches im LAN eingesetzt werden, müssen Sie zusätzlich ein eigenes physisches Netzwerk mit eigenen Switches nur als Storage-Netzwerk aufbauen.

Sie sollten unbedingt auf eine entsprechend leistungsfähige Switch-Architektur achten, damit die Backplanes der Switches nicht an ihre Grenzen stoßen und es nicht zu Leistungsengpässen beim Betrieb der Netzwerkinfrastruktur kommt. Dieses Thema sollten Sie sehr ernst nehmen, da es auch mit höherwertigen Switches im Preissegment von mehreren Tausend Euro zu erheblichen Problemen kommen kann.

Zwei solcher Fälle sind bekannt:

- **Überbuchung**
  Der sehr einfach zu erklärende Fall ist das Überbuchen (*Overbooking*) von Switch-Ports. Das heißt, die Backplane des Switchs verfügt nicht über ausreichend Leistung, um alle Front-Ports mit voller Bandbreite gleichzeitig zu bedienen. Bei einem 24-Port-Switch beispielsweise, der nur mit einer 12-GBit-Backplane ausgestattet ist, entsteht ein Problem bei Volllast. 24 Ports Full Duplex bedeuten maximal 48 GBit Last, was von der 12-GBit-Backplane nur zu einem Viertel abgedeckt wird. Daher ist jeder Port dreimal überbucht. Achten Sie daher immer auf *non-blocking* beim Switch-Kauf.

- **Lastverteilung**
  Ein sehr unschönes und nur schwierig festzustellendes Problem ist die mangelhafte Lastverteilung mancher Ethernet-Switches, die bei Volllast mehrerer Ports die Last nicht anteilig verteilen, sondern diese beliebig über die verbundenen Ports zulassen und verteilen. Dies führt im schlimmsten Fall dazu, dass Anwendungen nicht genügend Bandbreite zur Verfügung haben und es zu Applikationsabbrüchen im Sekundenbereich kommt.

  Auch hier ein kleines Beispiel: Es ist ein iSCSI-Storage-System mit einem GBit-Port auf einem Switch mit vier iSCSI-Initiatoren (ESX-Server) angeschlossen, die miteinander kommunizieren. Der Port des Storage-Systems erhält 90 % Last (*Utilization*). Allerdings schwankt die Kommunikation der vier Initiatoren-Ports aufgrund der Lastverteilungsprobleme des Switchs zwischen 20 und 80 %. Im Ergebnis kommt es zu Applikationsproblemen auf den virtuellen Maschinen des ESX-Servers mit der geringsten zugeordneten Priorität, da Pakete zu langsam verteilt oder sogar verworfen werden.

  Die Backplanes kostengünstigerer Switches sind einfach nicht auf die Volllast aller Ports, sondern nur für einen Bruchteil der Port-Volllast ausgelegt. Somit würden das LAN und das IP-SAN sich gegenseitig stören, da die Switch-Backplane diese Leistung nicht erbringen kann.

Selbst bei der Trennung der physischen Netzwerke mit eigenen Switches weichen die Leistungsanforderung und die Switch-Leistung stark voneinander ab. Nicht selten müssen daher Backbone-Switches angeschafft werden, um das iSCSI-Netzwerk, das zumeist höhere Anforderungen als die LAN-Kommunikation hat, vernünftig zu betreiben.

Solche Leistungsprobleme sind nicht immer leicht erkennbar, stellen sich aber oft durch »Hänger« in virtuellen Maschinen dar. Diese Stopps der Applikation in einer VM reichen von der Verlangsamung der Anwendung für den Benutzer bis hin zum sporadischen Absturz der VM, da die iSCSI-Informationen nicht schnell genug umgesetzt werden können.

Daher ist es sehr wichtig, die Leistungsanforderungen genau zu bestimmen und ein entsprechendes Design der Ethernet-Infrastruktur aufzubauen. Sehr oft stellt sich heraus, dass sich Planungsschwächen viel schlimmer auswirken als bei der Nutzung von FC-SAN. Durch die Einführung von 10-GBit-Ethernet wird sich das Performance-Problem allerdings relativieren, wenn die Backplane der Ethernet-Switches entsprechende Leistung vorhält.

Übrigens findet sich eine sehr gute Abhandlung über die Möglichkeiten des iSCSI-Netzwerks und deren Implementierung auf dem Blog von Chad Sakac (Virtual Geek):

http://virtualgeek.typepad.com/virtual_geek/2009/09/a-multivendor-post-on-using-iscsi-with-vmware-vsphere.html

9.9 Network File System (NFS)

Was den Aufbau des Netzwerks betrifft, unterscheidet sich NFS nur unwesentlich von iSCSI. Das heißt, auch hier sollte ein Speichernetzwerk dediziert genutzt werden, und der VMkernel stellt die Verbindung zum NFS-Storage her.

Allerdings arbeitet NFS nicht blockorientiert, sondern dateiorientiert, NFS nutzt also kein VMFS im Backend. Die Erklärung liegt schon im Namen *Network File System* (NFS). Im Endeffekt ist es dem Storage-System überlassen, welches Dateisystem im Hintergrund die Dateien verarbeitet und organisiert, für den ESX-Server ist nur interessant, dass über NFS-Version 3 mit ihm kommuniziert wird.

NFS arbeitet im Gegensatz zu den blockorientierten VMFS-Datastores immer im Thin-Provisioning-Modus (Ausnahme: VAAI-Nutzung von *NFS Reserve Space*). Das heißt, nur die real abgespeicherten Daten verbrauchen im NFS wirklich Festplattenplatz, unabhängig von der angegebenen VMDK-Festplattendatei der virtuellen Maschine. Darüber hinaus ist es bei der Nutzung des standardisierten NFS-Protokolls möglich, von jedem anderen NFS-Client auf die NFS-Freigaben zuzugreifen, was Sicherungen sehr flexibel und einfach macht. Da auch das NAS-Storage-System selbst in der Lage ist, die Daten einzusehen, existieren auch dort sehr mächtige Sicherungsmöglichkeiten (z. B. *NetApp Filer*).

Ein weiterer Vorteil von NFS besteht darin, dass keine SCSI-Reservations auf dem kompletten Datastore (LUN) ausgeführt, sondern nur sogenannte File-Locks angewendet werden. Dadurch werden nur die im Zugriff befindlichen Dateien gesperrt und nicht die komplette LUN, was NFS eine sehr gute Flexibilität und Skalierbarkeit einbringt. Diese Vorteile werden besonders in großen VDI-(*Virtual Desktop Infrastructure-*)Umgebungen geschätzt, weswegen sich NFS in diesem Anwendungsbereich auch durchsetzt.

Kommunikation

Bei der Kommunikation von NFS handelt es sich um ein Client-Server-Protokoll. Das heißt, der NFS-Client verbindet (authentifiziert) sich mit dem NFS-Server und beginnt eine Standardkommunikation, die für NFS Version 3 vordefiniert ist. Ein sehr wichtiger Aspekt ist dabei die Nutzung von IP-Adressen oder DNS-Namen, wobei IP-Adressen meist bevorzugt werden, um die Abhängigkeit vom DNS-Server zu minimieren. Da es bei NFS kein Multipathing gibt, sind Sie auf die Möglichkeiten des Storage-Systems angewiesen, intern Cluster abzubilden. Dies ist meist über Round-Robin-Mechanismen, MAC-Adressen-basiert oder IP-basiert möglich. Das Gleiche gilt für die Load-Balancing-Möglichkeiten.

Ein großes Problem ist hierbei, Ausfallsicherheit und Lastverteilung abzuwägen, wie es bei den blockbasierten Protokollen durch Multipathing möglich ist. Hier entscheiden die Anzahl der Netzwerk-Ports und die Möglichkeiten der Ethernet-Switches darüber, wie weit Sie gehen können. In diesem Bereich brilliert unter anderem die Firma *Arista Networks* mit ihren kostengünstigen 10-GBit-Switches, die eine Port-Aggregation über Switch-Grenzen erlauben. Dies ist bei anderen Herstellern nur mit vielfach teureren Switches möglich. Zum besseren Verständnis zeigt Abbildung 9.21 die Komponenten, die bei dieser Anbindungsart zum Einsatz kommen. Den Aufbau des VMkernel-NFS-Moduls zeigt Abbildung 9.22.

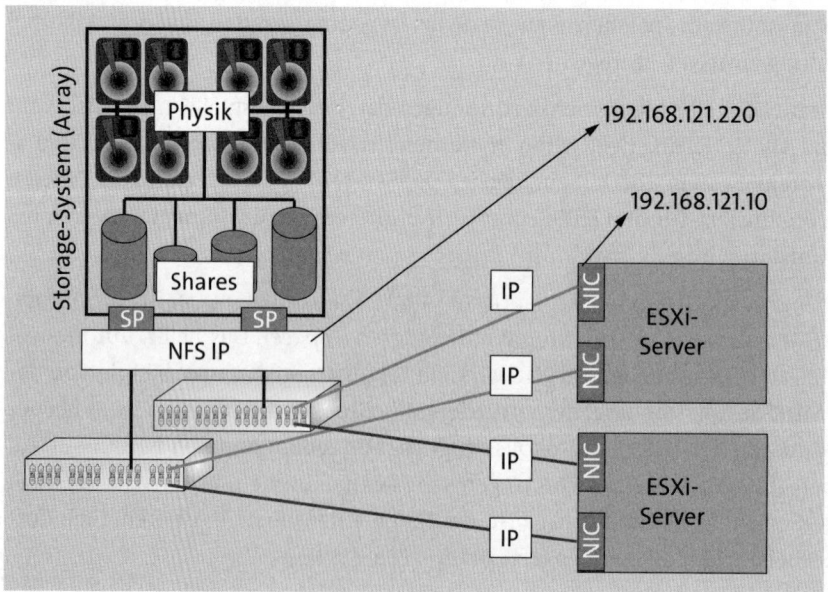

Abbildung 9.21 Komponenten bei der NFS-Nutzung

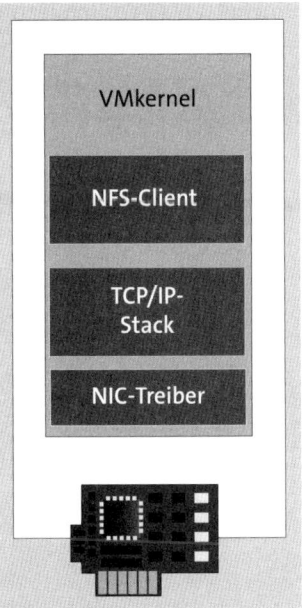

Abbildung 9.22 NFS-Modul im VMkernel

In jedem Fall empfiehlt es sich, über den Einsatz von Jumbo Frames (MTU bis 9000 statt Standard-MTU von 1500) nachzudenken, da Jumbo Frames aufgrund der größeren Netzwerkpakete und der sich damit verringernden Header-Informationen den Datenverkehr beschleunigen. Die Kommunikation findet über den VMkernel statt, der über das IP-Hash-basierte Load-Balancing-Verfahren die Last verteilen kann.

> **Lastverteilung unter NFS**
> Eine Lastverteilung mit NFS ist auch bei IP-Hash-basiertem Load-Balancing nur möglich, wenn dem ESXi-Server mehrere IP-Adressen auf der Seite des NFS-Servers angeboten werden. Ansonsten würde der VMkernel-Port immer nur einen Adapter nutzen, da immer die gleiche Netzwerkkarte pro IP-Verbindung verwendet würde.

Durch die Nutzung von 10-GBit-Netzwerkkarten sind mit NFS enorme Geschwindigkeiten bei Datendurchsatz und Latenzzeiten möglich. Dies bringt weitere Marktdurchdringung für NFS und Entspannung, was die Verwendung von Load-Balancing auf der ESXi-Seite angeht.

Selbstverständlich ist es auch möglich, NFS-Systeme aus dem Gastbetriebssystem anzubinden und nur für eine dedizierte virtuelle Maschine zu nutzen (siehe Abbildung 9.23). Der Netzwerkverkehr läuft in diesem Fall über die Portgruppe der virtuellen Netzwerkkarte ab.

Um mehr Performance im Gast zu erreichen, müssten Sie mit mehreren virtuellen Netzwerkkarten und mehreren NFS-Servern arbeiten.

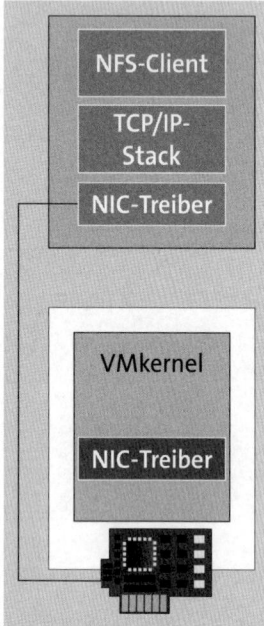

Abbildung 9.23 NFS im Gastbetriebssystem

Vorteile und Nachteile

Das *Network File System* (NFS) bietet folgende Vor- und Nachteile:

- **Vorteile von NFS**
    - mittlere bis hohe Geschwindigkeiten möglich, je nach Anzahl der 1-GBit/s- bzw. 10-GBit/s-Anschlüsse
    - mittlere Latenzzeiten
    - sehr niedrige Einstiegskosten
    - relativ wenig Know-how erforderlich
    - VMFS-Datastores sehr einfach verkleinerbar
    - Thin Provisioning per Default
    - sehr einfaches Management
    - Zugriff auf die VMs mit jedem NFS-Client möglich (Backup)
    - keine VMFS-Skalierungsprobleme

▶ **Nachteile von NFS**
- Raw Device Mappings sind nicht auf NFS möglich.
- Load-Balancing und Failover sind je nach eingesetzter LAN-Infrastruktur schwieriger realisierbar.
  wenige Sicherheitsfunktionen im Protokoll
- bei Nutzung von 1-GBit-Ethernet deutlich geringere Geschwindigkeit

9.10 Flash-basierter Speicher

Flash-basierte PCI-Express-Karten werden auch im VMware-Umfeld immer beliebter und sind seit Version 4.0 auch im *VMware Compatibility Guide* (*http://www.vmware.com/resources/compatibility/search.php*) fester Bestandteil. Der bekannteste Hersteller in diesem Umfeld ist *FUSIONio*, der auch bei IBM, HP oder Fujitsu als OEM-Partner hinter den Flash-basierten Beschleunigerkarten steckt.

Die FUSIONio-Karte ist schnell installiert, da Sie sie nur in einen Server einbauen und einen ESXi-5-Treiber installieren müssen. Danach muss der ESX-Host neu gestartet werden. Die Flash-Karte präsentiert sich anschließend als Block-Device, also als SSD-Festplatte (siehe Abbildung 9.24).

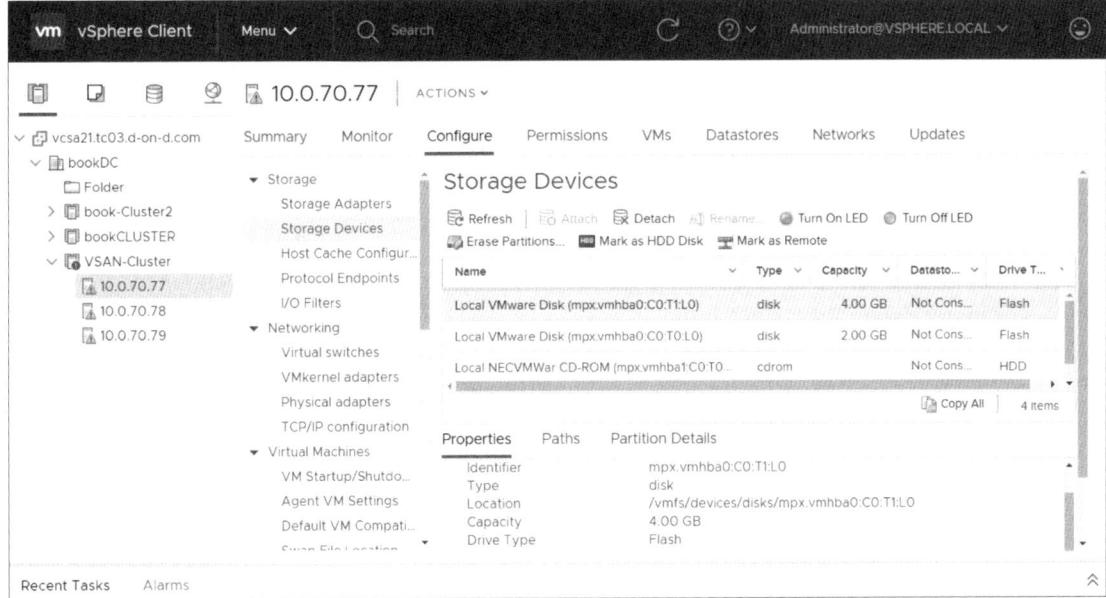

Abbildung 9.24 Eine FUSIONio-Flash-Karte unter VMware VSAN

Im nächsten Schritt können Sie sich zwischen vier Varianten der Nutzung entscheiden bzw. diese auch miteinander kombinieren:

- als Datastore nutzen (Formatierung mit VMFS), um VMs und VMDK-Dateien abzulegen
- VMDirectPath
- als Host-Cache nutzen
- im VSAN

Die Formatierung einer SSD oder Flash-Karte mit VMFS geschieht genau so wie bei einer normalen LUN- oder SAS-Festplatte.

Variante 1 (VMFS) und 3 (Host-Cache) können Sie miteinander kombinieren, und per Schieberegler stellen Sie die Nutzkapazität der SSD-Festplatte für die Auslagerungsdateien (*.vswp*) der VMs ein.

9.10.1 VMFS-Datastore

Variante 1 – also die Nutzung als Datastore – bietet natürlich den großen Vorteil, dass die darauf abgelegten virtuellen Maschinen einen deutlichen Leistungsschub bezüglich I/O-Durchsatz und Latenzzeiten erhalten.

Variante 2 (VMDirectPath) geht sogar einen Schritt weiter und lässt nur eine VM per RDM für den Zugriff zu. Das heißt, dies wäre für leistungsfressende Datenbank-Server oder auch für Webserver mit hoher I/O-Last interessant.

Wenn Sie sich über die Ausfallsicherheit Gedanken machen, so ist es korrekt, dass eine Flash-basierte PCIe-Karte kein Hardware-RAID-Level unterstützt, sodass Sie entweder auf Software-RAID in den Gastbetriebssystemen zurückgreifen oder Storage-Virtualisierer wie Data-Core einsetzen müssen, um Flash-Karten zu bündeln.

Oft ist es aber überhaupt nicht notwendig, die Datastores ausfallsicher aufzusetzen, da die Anforderungen der Anwendung dies nicht verlangen. Ein Beispiel wären *Linked Clones* in einer VMware-View-Umgebung.

Die *Golden Images* (oder auch die Master-VM, von der sämtliche Kopien, Linked Clones genannt, erzeugt werden) und die Linked Clones liegen auf dem SSD-Datastore, und wenn dieser ausfallen sollte, müssen sich die Anwender einfach neu anmelden und werden durch den Desktop-Pool mit einem neuen Server verbunden.

9.10.2 Host-Cache

Variante 3 (Host-Cache) ist sehr interessant, da man die Flash-Karte anstatt der NFS-, iSCSI- oder FC-LUN des Storage-Systems nutzt, um im Falle eines Engpasses von physischem RAM die VM mittels Auslagerungsdatei (.vswp) über den VMkernel zu versorgen. Dieses seit Jahren genutzte Verfahren des Memory-Overcommitment – d. h., es wurde deutlich mehr Hauptspeicher an die virtuellen Maschinen vergeben, als physisch vorhanden ist – kann mittels Host-Cache beschleunigt werden. Dies erleichtert die Ressourcenplanung und die Ausfallplanung.

Der VMkernel optimiert die Hauptspeichernutzung außerdem durch *Memory-Ballooning*, *Memory-Compression* sowie durch das *Transparent Page-Sharing* (Content-based Memory-Sharing). Hat der VMkernel alle Möglichkeiten zur Optimierung ausgeschöpft und ist kein physischer RAM mehr verfügbar, so greift die letzte Instanz in Form der virtuellen Swap-Datei im Verzeichnis der VM. Da diese Swap-Datei auf dem im Vergleich zum RAM äußerst langsamen Datastore liegt, kann es zu massiven Geschwindigkeitseinbußen kommen.

Setzen Sie den Host-Cache ein, so wird statt der Swap-Datei im VM-Datastore die Swap-Datei der SSD-Karte genutzt, die zwar immer noch langsamer als der RAM ist, aber dennoch deutlich schneller (20- bis 100-mal schneller) als traditionelle Festplatten. Damit ist es möglich, den Geschwindigkeitsnachteil deutlich abzufedern und SSD-basierten Speicher als gangbare Alternative für Spitzen oder Ausfälle einzuplanen.

9.10.3 Western Digital SANDisk FUSIONio FLASHSOFT

FUSIONio hat mit der Software *FLASHSOFT* eine vierte Alternative entwickelt, um die superschnelle Cache-Karte in virtuelle Infrastrukturen zu integrieren und aus jeder Server-Hardware deutlich mehr Leistung herauszuholen, um die Konsolidierungsrate VM : Server noch weiter zu erhöhen.

FLASHSOFT wird als VM betrieben (es wird als virtuelle Appliance ausgeliefert) und integriert sich in den Hypervisor (VMkernel) und in die Gastbetriebssysteme der virtuellen Maschinen (siehe Abbildung 9.25). Voraussetzung ist natürlich, dass in jedem ESX-Host, der von FLASHSOFT verwaltet wird, eine FUSIONioDrive-Cache-Karte eingebaut ist.

FLASHSOFT optimiert den I/O der virtuellen Maschinen und priorisiert die Zugriffe der VMs. Durch die Sichtung der Dateisystemzugriffe im Gast und durch die Weiterleitung der I/O-Pattern auf die Cache-Karte entsteht ein sehr wirksamer Lese-Cache für jede überwachte virtuelle Maschine auf dem ESX-Host.

Da FLASHSOFT transparent für den ESX-Host funktioniert, wird vMotion nicht gestört, weil der ESX-Host keine Nutzung lokaler Ressourcen zuordnet (siehe Abbildung 9.26). Mit FLASHSOFT lassen sich daher Kosten im Storage-Backend einsparen, da viele Zugriffe nicht bis zum Storage-System durchgereicht werden müssen, was die Anzahl der Festplatten reduziert, die benötigt werden, um Durchsatz zu erzeugen.

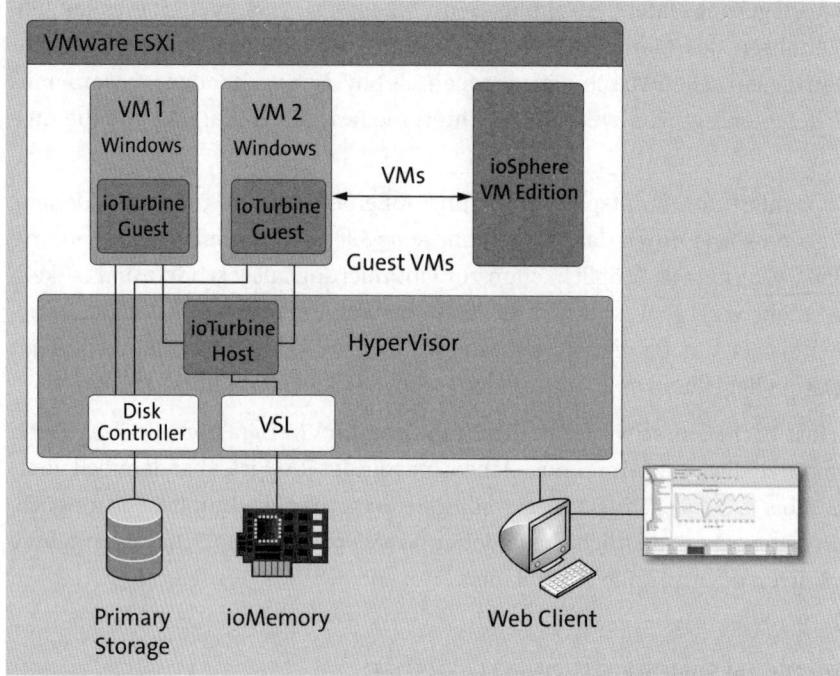

Abbildung 9.25 Integration von FLASHSOFT in VMware ESXi und VMs

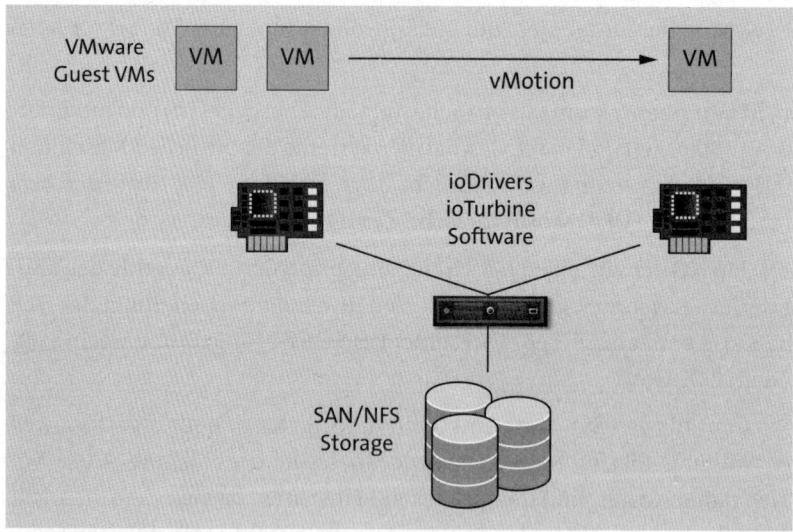

Abbildung 9.26 FLASHSOFT ist transparent zum ESX-Host, daher wird vMotion nicht gestört.

Eine sehr interessante Ansicht im vSphere-Client-Plug-in von FLASHSOFT (siehe Abbildung 9.27) sind die *Live Charts*, die Ihnen einen sehr guten Einblick in die aktuelle I/O-Situation des Hosts geben (siehe Abbildung 9.28).

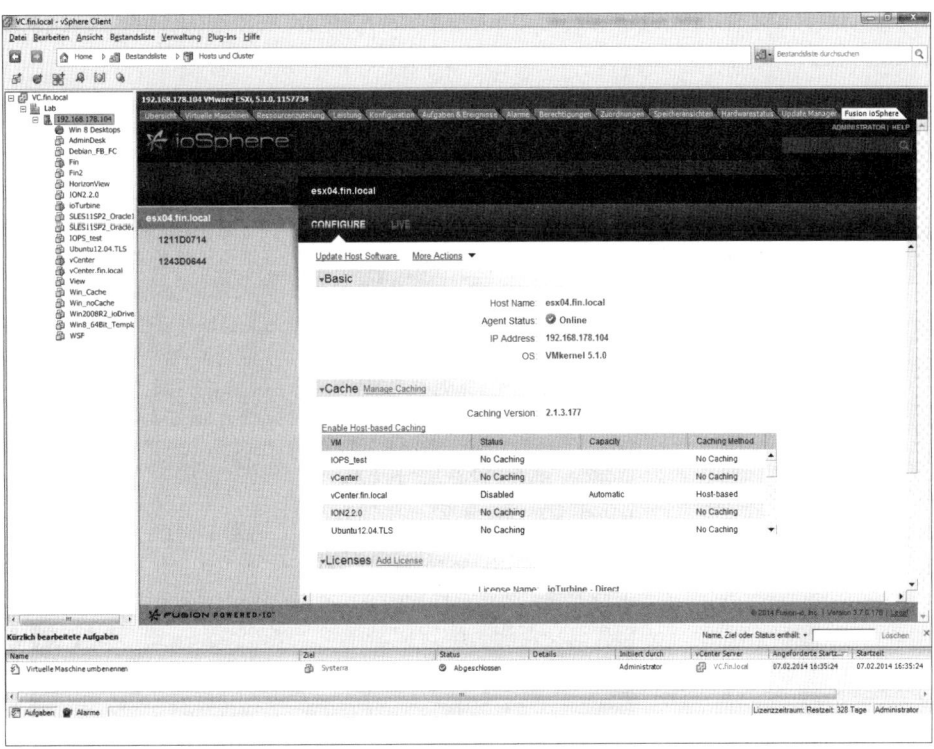

Abbildung 9.27 »FLASHSOFT«-Integration in den »vSphere Client«

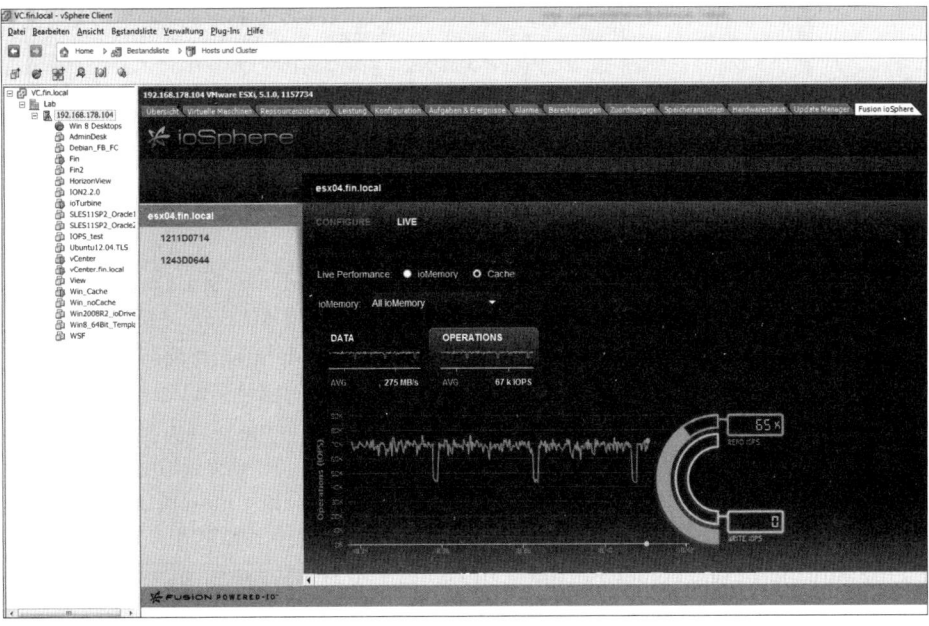

Abbildung 9.28 »FLASHSOFT Live Charts«

Der *Profiler* von FLASHSOFT hilft bei der Optimierung der IOPS des ESXi-Hosts und lässt auch Simulationen zu, um vorausschauend zu planen (siehe Abbildung 9.29).

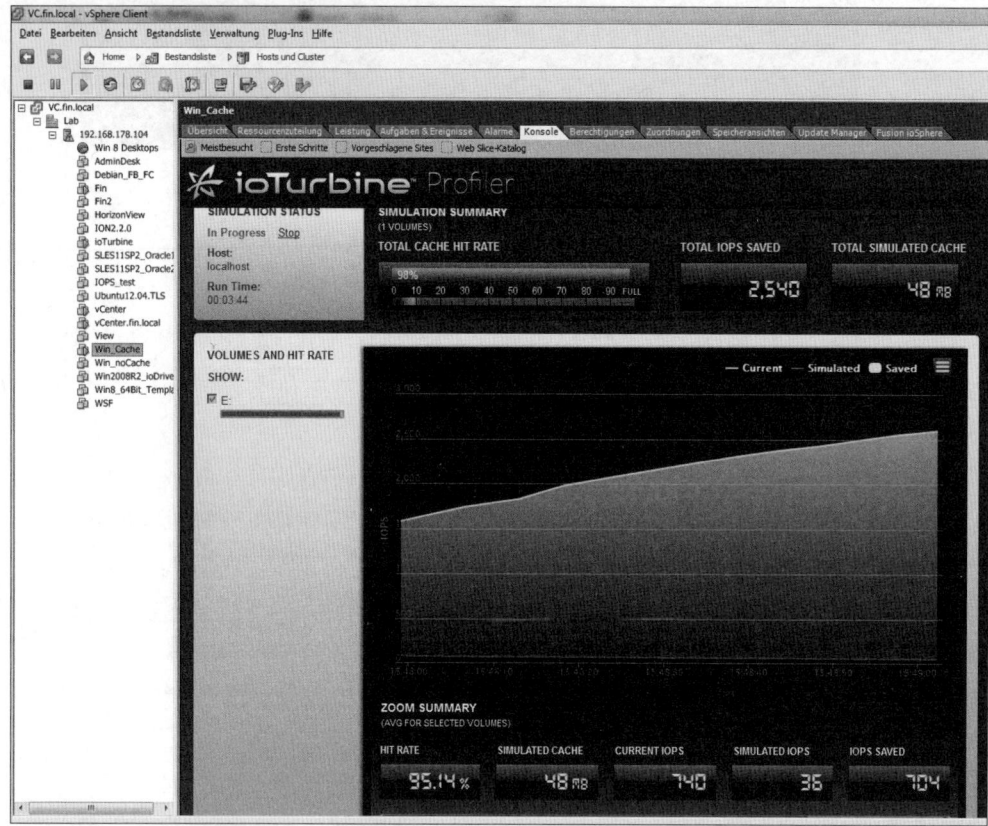

Abbildung 9.29 »FLASHSOFT Profiler«

9.11 VMware-Storage-Architektur

VMware besitzt seit der ersten Version des ESX-Servers eine eigene Storage-Architektur und -Implementierung. Diese besteht aus den verschiedenen Storage- und Netzwerk-Stacks sowie aus eigenen Multipathing-Möglichkeiten. Außerdem wird das Dateisystem VMFS stetig weiterentwickelt und ist seit dem ersten vSphere-Release 5 in Version 5 verfügbar. Seit Version 6 und der Einführung von VMFS 6 konnten keine neuen VMFS-3-Datastores mehr eingerichtet werden, sie wurden aber bis vSphere 6.5 weiterhin unterstützt. Nun, mit vSphere 6.7, ist VMFS-3 *End-of-Life* und wird nicht mehr unterstützt. Installiert man vSphere 6.7, wird automatisch der Versuch unternommen, VMFS-3 in VMFS-5 upzugraden. Sollte hierbei ein Fehler auftreten, muss der VMFS-3-Datastore manuell entfernt werden.

Wenn Sie sich für eine Performance-Studie zu vSphere interessieren, sollten Sie sich dieses Whitepaper einmal näher anschauen:

https://www.vmware.com/content/dam/digitalmarketing/vmware/en/pdf/techpaper/ storage_protocol_comparison-white-paper.pdf

9.11.1 VMkernel-Storage-Stack

Der VMware-Storage-Stack ist für die Anbindung der verschiedenen Datenträger, die Verwendung von SCSI-Protokollen und NFS sowie für das Multipathing zuständig.

Der Speicherstack des VMkernel

VMware ESXi besitzt einen eigenen SCSI-Stack, der die Nutzung von lokalem und entferntem Storage (iSCSI, FC) möglich macht. Dieser Stack verfügt auch über eigene Queuing-Mechanismen und eigene Multipathing-Funktionen. Seit vSphere ist es allerdings auch Drittherstellern möglich, eigene Multipathing Funktionen in den VMkernel zu integrieren. Dazu wird die PSA (*Pluggable Storage Architecture*) genutzt.

Folgende Verbesserungen wurden mit vSphere 5.5 eingeführt:

- **32-GBit-FC-End-to-End-Unterstützung**
  Seit ESXi 5.5 werden 32-GBit-FibreChannel-Adapter in voller Geschwindigkeit vom ESXi-Host zum Storage-System unterstützt. Zuvor waren nur 8 oder 16 GBit auf dem FC-Switch zum Storage-System möglich.

- **PDL AutoRemove**
  Der automatische Umgang mit der Situation, dass alle Pfade zu einem Datastore ausfallen, wurde deutlich verbessert. Diese Situation trat beim Ausfall der Storage-Systeme oder bei plötzlichem Entfernen der LUNs (meist durch Fehlkonfiguration) auf. Probleme mit *All Paths Down* (APD) oder *Permanent Device Lost* (PDL) mussten in früheren Versionen oft durch einen Rescan des SAN oder teils sogar durch Neustarts behoben werden. Seit vSphere 5.5 erkennt der VMkernel diese Situation automatisch und sendet keine E/A-Kommunikation mehr an die Geräte (*http://kb.vmware.com/kb/2059622*).

- **VAAI UNMAP**
  Vor vSphere Version 5.5 musste ein Storage-Reclaim – also die Wiedergewinnung von eigentlich nicht mehr genutztem Speicherplatz (in Verbindung mit Thin Provisioning) – durchgeführt werden. Bisher wurde dazu der Befehl `vmkfstools -y` genutzt. Seit Version 5.5 existiert der Befehl `esxcli storage vmfs unmap`, der auch direkt den wiedergewinnbaren Speicherplatz in Blockgröße anzeigt, was besser zu berechnen ist. Außerdem kann der neue Befehl mit wesentlich größeren Bereichen zur Speicherplatzwiedergewinnung umgehen. Mit vSphere Version 6.5 wurde ein automatischer Mechanismus implementiert, der auf VMFS-6 Datastores mit 25 MBps im Hintergrund kontinuierlich läuft.

Mit vSphere Version 6.7 wurde dieses Feature nun nochmals erweitert. Die unmap-Methode lässt sich nun auf priority oder fixed einstellen. Bei der Priorität lässt sich »keine« oder »niedrig« einstellen, wobei »niedrig« als Standard verwendet wird und mit 25 MBps läuft. Mit der statischen Einstellung lassen sich im 100-MB-Schritten 100 MBps bis 2000 MBps einstellen. Eingestellt werden kann dieses Feature sowohl über die UI als auch über die CLI. In der UI können Sie über das Datastore-Menü CONFIGURE • GENERAL • SPACE RECLAMATION die Einstellungen vornehmen.

- **VMFS-Heap-Verbesserungen**
  In den Versionen 5.0 und 5.1U1 musste man bei großen LUNs (über 30 TB) ggf. die VMFS-Heap-Speicher-Größe manuell heraufsetzen. Das änderte sich mit Version 5.5 komplett und ist auch unter Version 6.7 noch aktuell. Durch die Bereitstellung von maximal 256 MB Heap kann ein ESXi-System nun die kompletten 64 TB eines VMFS-Datastores erfassen.

TCP/IP-Protokoll im VMkernel (vMotion, iSCSI)

Der VMkernel enthält neben dem Storage-Stack auch einen Netzwerk-Stack, der das TCP/IP-Protokoll unterstützt. Auf diesem VMkernel-Stack kommunizieren unter ESXi das Management, vMotion, Fault Tolerance, NFS, die Software-iSCSI-Funktion und die Software-FCoE-Funktion. Da es sich bei TCP/IP um ein Standardprotokoll handelt, funktionieren leider auch Teile der Denial-of-Service-Attacken gegen dieses Protokoll. Daher sollten Sie diese Ports immer vom Netzwerk der virtuellen Maschinen und des produktiven LANs trennen. Dies ist z. B. mit VLANs für vMotion, iSCSI und Fault Tolerance möglich, ohne an Flexibilität bei den physischen Adaptern zu verlieren.

Multipathing

VMware setzte bis vSphere 4.x komplett auf die eigenen Multipathing-Möglichkeiten. Das heißt, wenn mehrere Pfade zum Storage erkannt wurden, entschied VMware durch eigene Komponenten, wie damit umzugehen war.

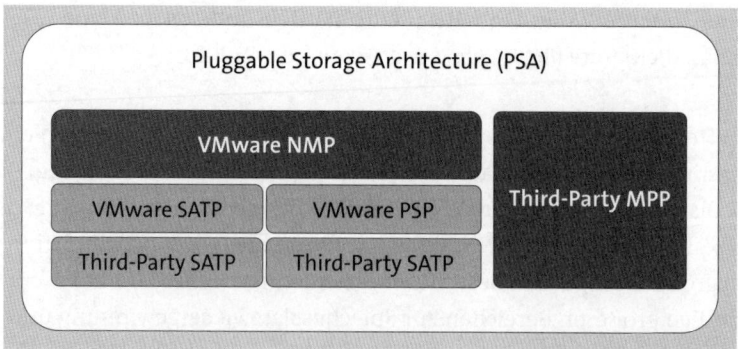

Abbildung 9.30 Multipathing unter vSphere ab Version 5.0

Zu den Multipathing-Komponenten gehören:

- MPP (*Multi-Path-Plug-in*, VMware-eigene und Third-Party-Plug-in-Kontrolle),
- NMP (Native-Multipathing-Plug-in, VMware-eigene Pfadkontrolle),
- SATP (Storage-Array-Type-Plug-in, Failover-Kontrolle und Überwachung) und
- PSP (*Path-Selection-Plug-in*, Lastverteilung, Pfadauswahl anhand der Policys *Fixed*, *MRU* oder *Round-Robin*).

Die Pluggable-Storage-Architektur (PSA) von vSphere ist in Abbildung 9.30 dargestellt.

Der Multipathing-Vorgang (Weg der I/Os)

- Das NMP-Modul ruft das entsprechende PSP-Modul auf (Fixed, MRU oder RR).
- PSP wählt den optimalen physischen Pfad aus, um die I/O zu versenden.
- Wenn die I/O-Operation erfolgreich ist, gibt NMP dies zurück.
- Wenn die I/O-Operation fehlschlug, wird ein SATP ausgewählt.
- Wenn SATP den I/O-Fehler erkennt, wird bei Bedarf ein inaktiver Pfad aktiviert.
- PSP sendet die I/O über den neuen Pfad.

Multipathing-Module

Führen Sie auf der Konsole (oder in der vCLI) des ESX-Hosts den Befehl `esxcli nmp satp list` aus, so erhalten Sie eine Übersicht über die verschiedenen integrierten Module und deren Funktion (siehe Tabelle 9.5).

Modulname	Standard-PSP	Beschreibung
VMW_SATP_ALUA_CX	VMW_PSP_FIXED	Supports EMC CX that use the ALUA protocol
VMW_SATP_SVC	VMW_PSP_FIXED	Supports IBM SVC
VMW_SATP_MSA	VMW_PSP_MRU	Supports HP MSA
VMW_SATP_EQL	VMW_PSP_FIXED	Supports EqualLogic arrays
VMW_SATP_INV	VMW_PSP_FIXED	Supports EMC Invista
VMW_SATP_SYMM	VMW_PSP_FIXED	Supports EMC Symmetrix
VMW_SATP_LSI	VMW_PSP_MRU	Supports LSI and other arrays compatible with the SIS 6.10 in non-AVT mode
VMW_SATP_EVA	VMW_PSP_FIXED	Supports HP EVA

Tabelle 9.5 VMware-Multipathing-Module

Modulname	Standard-PSP	Beschreibung
VMW_SATP_DEFAULT_AP	VMW_PSP_MRU	Supports non-specific active/passive arrays
VMW_SATP_CX	VMW_PSP_MRU	Supports EMC CX that do not use the ALUA protocol
VMW_SATP_ALUA	VMW_PSP_MRU	Supports non-specific arrays that use the ALUA protocol
VMW_SATP_DEFAULT_AA	VMW_PSP_FIXED	Supports non-specific active/active arrays
VMW_SATP_LOCAL	VMW_PSP_FIXED	Supports direct attached devices

Tabelle 9.5 VMware-Multipathing-Module (Forts.)

Die Multipathing-Policys *Fixed* und *Most Recently Used* (MRU) existierten schon seit vielen Versionen, während Round-Robin mit VMware ESX 3.5 experimentell hinzukam. Seit vSphere 4.x wird Round-Robin offiziell unterstützt.

Abhängig vom Storage-Hersteller ist die entsprechende Policy auszuwählen. Allerdings hat VMware auch eigene Tabellen hinterlegt, sodass bei vielen Storage-Systemen automatisch das korrekte Multipathing genutzt wird (siehe Abbildung 9.31). Falls Sie Sich mit dem neuen HTML5-Client noch nicht so gut auskennen: Diese Einstellung finden Sie nun unter den Host-Einstellungen: MANAGE • STORAGE DEVICES (SELECT DEVICE) • PROPERTIES • EDIT MULTIPATHING.

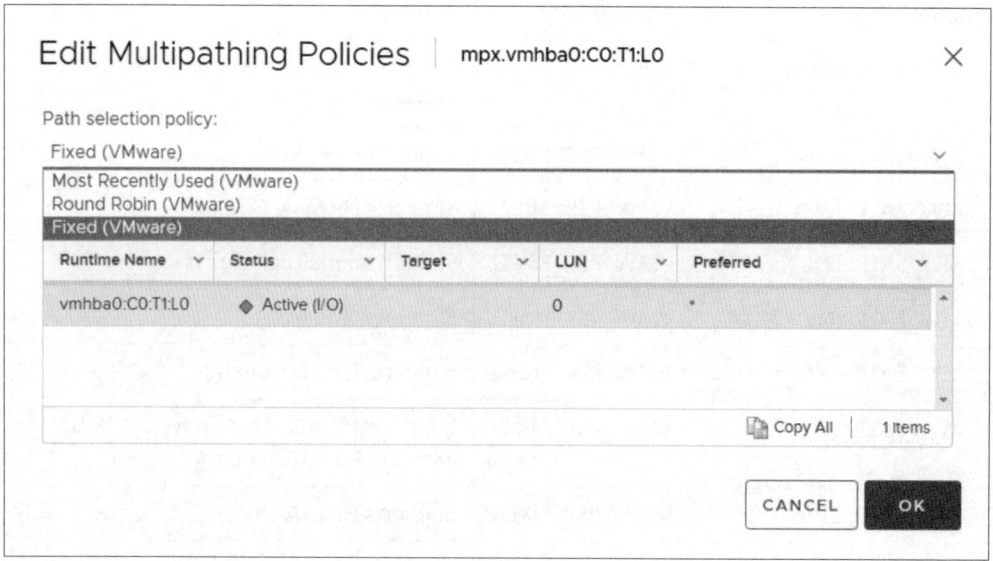

Abbildung 9.31 Multipathing-Auswahl unter vSphere 6.7

Fixed

Der angegebene bevorzugte Pfad wird immer genutzt, bis er ausfällt. Dann wird auf einen noch verfügbaren Pfad gewechselt. Ist der bevorzugte Pfad allerdings wieder online, so wird er direkt wieder genutzt. Die Policy FIXED empfiehlt sich für eine manuelle Lastverteilung zwischen den Pfaden, birgt aber die Gefahr des »Pingpongs«, wenn der bevorzugte Pfad immer einmal wieder ausfällt, z. B. aufgrund eines Port-Problems. *Fixed Multipathing* ignoriert ALUA (*Asymmetric Logical Unit Access*).

MRU

Die Policy MOST RECENTLY USED (MRU) empfiehlt sich bei den meisten *Active/Passive-Storage-Systemen*. Der große Nachteil von MRU ist, dass immer nur ein Pfad genutzt wird und Sie somit kein manuelles Load-Balancing einstellen können. MRU hat jedoch den Vorteil, dass immer nur beim Ausfall eines Pfades auf einen noch aktiven Pfad gewechselt und dort geblieben wird. Dadurch sind fehlerhafte Ports nicht so dramatisch wie bei FIXED. MRU ist ALUA-fähig und ist einem *Fixed Multipathing* bei *Asymmetric Active/Active-Systemen* vorzuziehen.

Round-Robin

Die neueste Form der Pfadverwaltung ist ROUND-ROBIN, das auf den Möglichkeiten eines *Active/Active-Arrays* aufsetzt. Der Pfad wird anhand der Anzahl von durchgeführten I/O-Operationen oder aufgrund des Datendurchsatzes stetig gewechselt, wodurch eine sehr effektive Lastverteilung entsteht. Round-Robin ist bei *Active/Passive* nicht sinnvoll einsetzbar und wird daher nicht empfohlen. Handelt es sich um einen *Asymmetric Active/Active-Storage*, so erkennt Round-Robin die optimalen Pfade mittels ALUA und benutzt die nicht optimalen nur im Notfall.

3rd-Party-Multipathing

vSphere ab Version 5 bringt eine komplett neue Storage-Architektur mit, die es Drittherstellern erlaubt, eigene Multipathing-Plug-ins zu integrieren. Dies ist auch von großem Vorteil, da der Storage-Hersteller seine eigenen Produkte am besten kennt. So können Sie mittels Hersteller-Multipathing-Plug-ins ein Storage-System wesentlich performanter und optimaler anbinden.

Zur Drucklegung des Buches war *PowerPath/VE* des Herstellers EMC verfügbar. Außerdem hat VMware den Standard ALUA, auf den beispielsweise *NetApp* setzt, als Multipathing-Möglichkeit implementiert.

SCSI-Timeout

Aufgrund des möglichen Zeitverzugs beim Ausfall des aktiven Pfades und des damit verbundenen Wechsels auf einen neuen Pfad wird empfohlen, die SCSI-Timeout-Zeiten in Windows-Gastbetriebssystemen zu kontrollieren und gegebenenfalls neu zu setzen. Dies ist im VMware-Knowledge-Base-Artikel 1014 beschrieben (*http://kb.vmware.com/kb/1014*).

Der folgende Registry-Wert wird bei der Installation der *VMware Tools* automatisch auf 60 gesetzt und steht standardmäßig auf 30:

```
HKLM/System/CurrentControlSet/Services/Disk/TimeOutValue (REG_DWORD /180 decimal)
```

Unter Linux müssen Sie nach der Installation der *VMware Tools* eine UDEV-Datei manuell umkonfigurieren. VMware ESX 4 setzt den Wert direkt auf 180, was im Normalfall ausreicht. Möchten Sie den Wert ändern, passen Sie die Datei */etc/udev/rules.d/99-vmware-scsi-udev.rules* an, indem Sie den echo-Wert in den RUN-Zeilen manipulieren:

```
RUN+="/bin/sh -c 'echo 180 >/sys$DEVPATH/device/timeout'"
```

Alternativ finden Sie die Timeouts bei Red-Hat-basierten Systemen unter:

```
/sys/block/<disk>/device/timeout
```

9.11.2 Virtual Flash Resource Capacity

Seit vSphere 5.5 gibt es eine neue Funktion namens *Virtual Flash Resource Capacity* (vFRC). Sie ist mit der *Enterprise Plus*-Edition von vSphere verfügbar.

vFRC ist in den VMkernel integriert und nutzt lokal eingebaute Flash/SSD-Komponenten, um einen hochperformanten Lese-Cache für den ESXi-Host und die virtuellen Maschinen bereitzustellen.

Der ESXi-Host kann vFRC nutzen, um die Auslagerungsdaten auf dem schnellen Speicher zu nutzen. Die virtuellen Maschinen können auf den Flash-Speicher als VMDK zugreifen. vFRC schreibt Daten direkt in den Cache und auf den Massenspeicher, wodurch nachfolgende Leseoperationen der gleichen Daten wesentlich beschleunigt werden.

Um den Flash-Cache nutzen zu können, muss dieser auf dem ESXi-Host als Ressource unter den Einstellungen VIRTUAL FLASH RESOURCE MANAGEMENT hinzugefügt werden (siehe Abbildung 9.32).

Beim Hinzufügen von Kapazität werden nur die Komponenten angezeigt, die als Cache genutzt werden können, d. h. Flash oder SSD (siehe Abbildung 9.33).

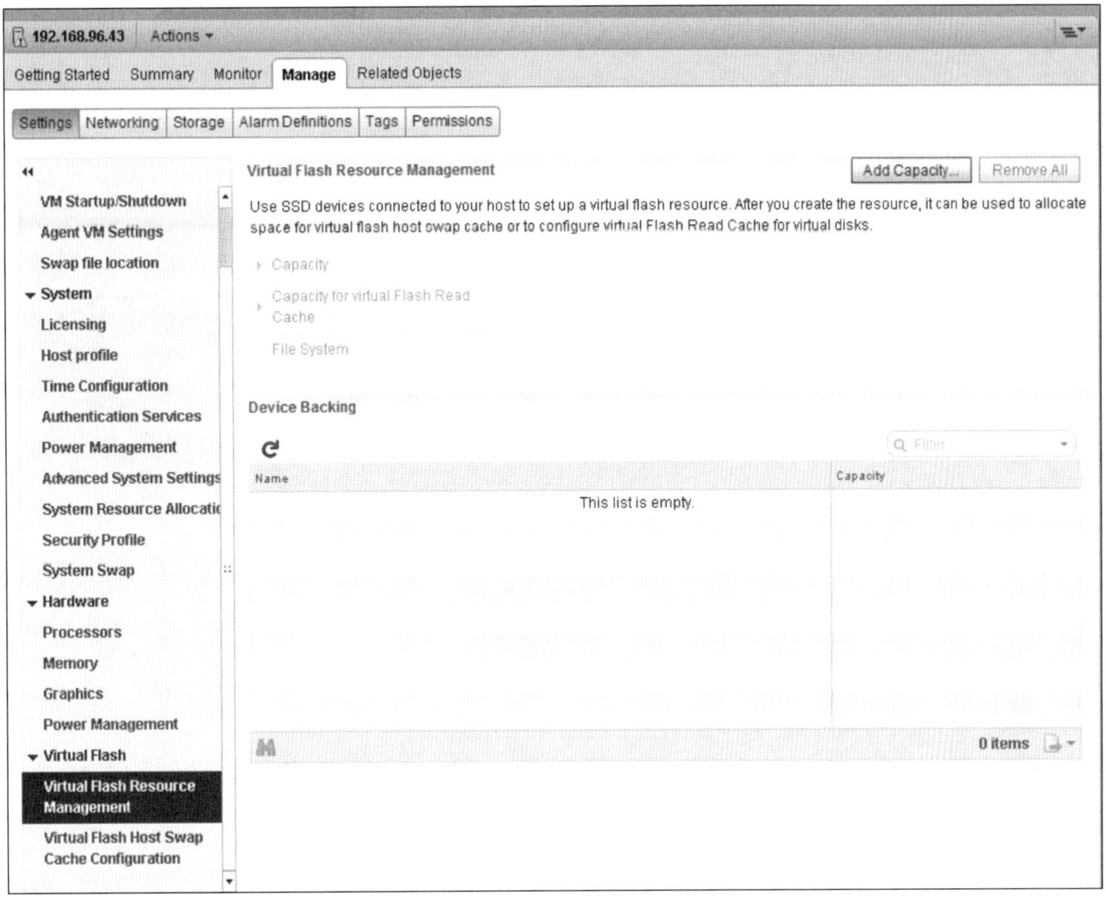

9.11 VMware-Storage-Architektur

Abbildung 9.32 Flash-Cache auf dem ESXi-Host einrichten

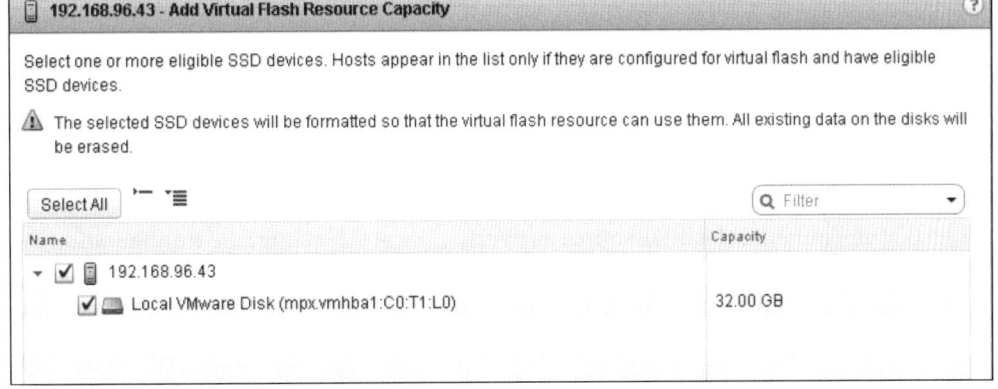

Abbildung 9.33 Hinzufügen einer SSD-Komponente

Sobald der Cache konfiguriert ist (siehe Abbildung 9.34), kann er direkt vom ESXi-Host und von VMs genutzt werden.

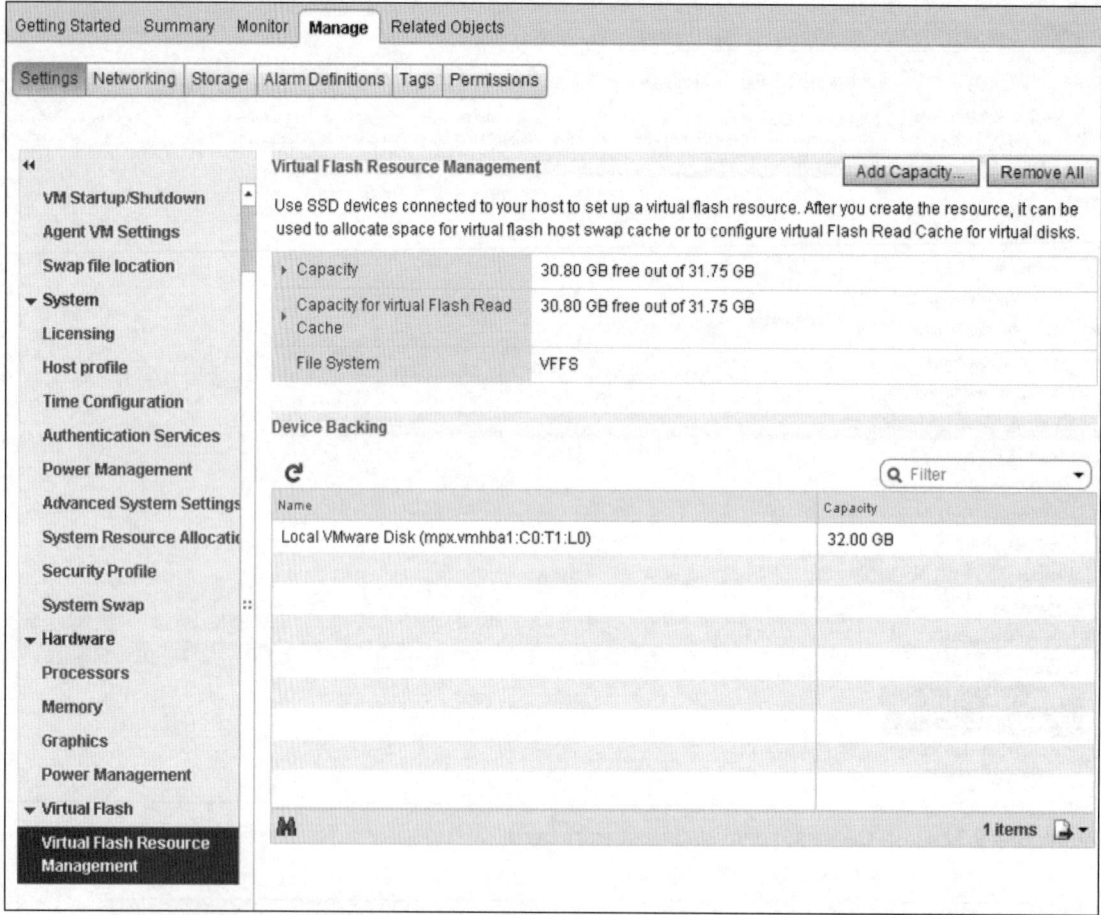

Abbildung 9.34 Eingerichteter Flash-Cache

vFRC-Nutzung im ESXi-Host

Um den ESXi-Host zur Nutzung der vFRC-Ressourcen zu bewegen, müssen Sie den Host-Swap-Cache umkonfigurieren und die Flash-Komponente hinzufügen (siehe Abbildung 9.35).

Da im Beispiel nur eine Flash-Ressource zur Verfügung steht, genügt die Konfiguration der Cache-Größe. In unserem Fall sind es 16 GB (siehe Abbildung 9.36), die ab dem Klick auf OK genutzt werden (siehe Abbildung 9.37).

Idealerweise sollten Sie alle Systeme in einem Cluster identisch konfigurieren (siehe Abbildung 9.38).

Abbildung 9.35 So richten Sie auf dem ESXi-Host die vFRC-Nutzung für Auslagerungsdaten ein.

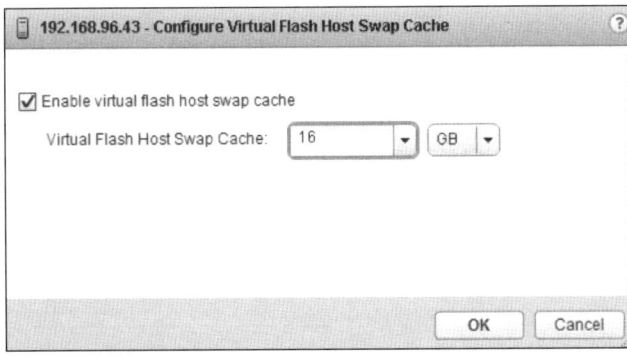

Abbildung 9.36 Konfiguration der Cache-Größe

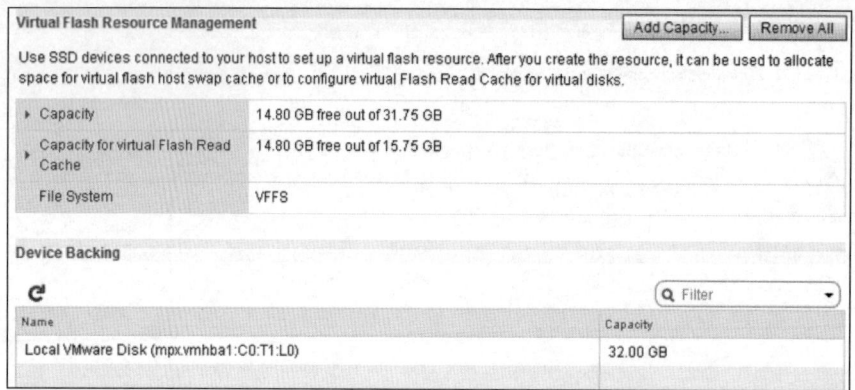

Abbildung 9.37 Aktive vFRC-Ressource zur Nutzung als Auslagerungsspeicher

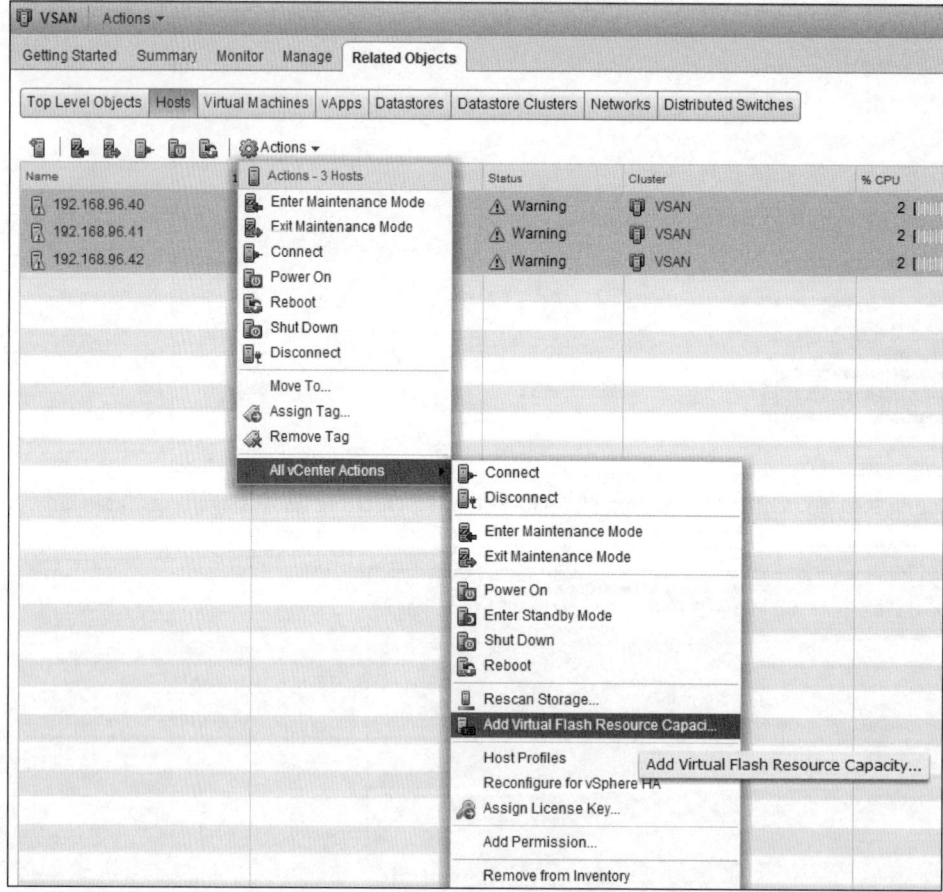

Abbildung 9.38 Einrichtung von vFRC im gesamten Cluster

Eine sehr gute Zusammenfassung der häufigsten Fragen zum vFRC ist hier zu finden:

http://www.vmware.com/files/pdf/techpaper/VMware-vSphere-Flash-Read-Cache-FAQ.pdf

vFRC-Nutzung in VMs

Die Konfiguration der virtuellen Maschinen sieht etwas anders aus und wird nach der Einrichtung der vFRC-Ressource im ESXi Host in den Eigenschaften der virtuellen Maschine vorgenommen. Wenn vFRC in der virtuellen Maschine genutzt wird, nennt es sich *Virtual Flash Read Cache*. Es beschleunigt wiederkehrende Lesezugriffe in der virtuellen Maschine deutlich. Die Einrichtung findet pro virtueller Festplatte in den Eigenschaften statt (siehe Abbildung 9.39).

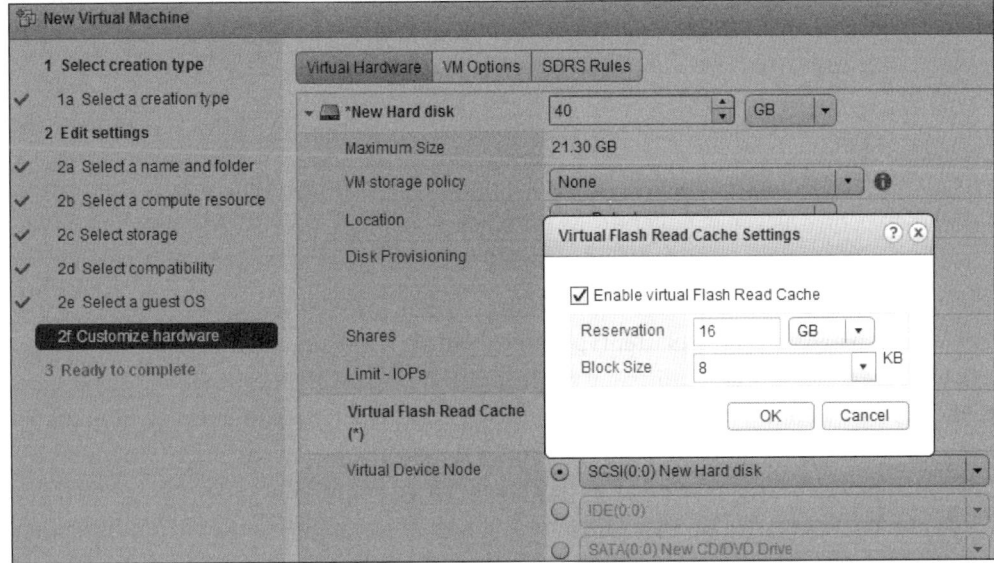

Abbildung 9.39 vFRC als »Read Cache« für virtuelle Maschinen konfigurieren

vMotion-Vorgänge enthalten mit eingerichtetem vFRC eine zusätzliche Abfrage, ob der Cache-Inhalt übertragen werden soll.

9.11.3 Festplattendateien

Virtuelle Maschinen ohne Daten sind selten, daher sind die genutzten Festplattendateien natürlich äußerst wichtig, und Sie müssen wissen, wie diese angebunden werden und funktionieren. Die Standardfestplatten unter vSphere sind im VMFS-Umfeld vom Typ *Thick* und im NFS-Umfeld vom Typ *Thin*. Allerdings werden die Thin-Festplatten seit vSphere 4.x auch auf VMFS-Partitionen unterstützt, und genießen in vielen Anwendungsfällen eine hohe Beliebtheit.

2gbsparse

2gbsparse-Festplattendateien sind aus den VMware-Versionen *Workstation* und *Server* bekannt. Die Festplatte ist in maximal 2 GB große Stücke eingeteilt und wächst mit ansteigendem Datenvolumen in der Festplattendatei mit. Das heißt, eine virtuelle 40-GB-Festplatte benötigt als *2gbsparse* nicht zwingend reale 40 GB auf dem Datenspeicher, sondern nur die wirklich verbrauchten Daten.

monolithic sparse

Eine *monolithic-sparse*-Festplatte wächst wie *2gbsparse* dynamisch, ist allerdings nicht in 2-GB-Dateien aufgeteilt, sondern existiert als einzelne Datendatei. Dieses Format hat Nachteile in Sachen Mobilität, da bei *2gbsparse* beispielsweise eine DVD als Backup-Medium genutzt werden könnte. Eine *monolithic-sparse*-Platte hingegen kann sehr groß werden und müsste demnach umkonvertiert werden. Unter VMware ESXi nennen sich diese Festplatten *thin*.

monolithic flat

monolithic-flat-Festplattendateien sind leistungsfähiger als *monolithic-sparse*-Festplatten. Sie werden beim Anlegen in voller Größe erstellt. Das heißt, eine 40-GB-Festplattendatei verbraucht 40 GB auf dem Datenspeicher. Außerdem ist die Datei nicht aufgeteilt, sondern als eine Datei vorhanden.

Des Weiteren existieren Festplattentypen, die nicht als Datei auf einem VMFS oder NFS angelegt werden, sondern als Verlinkung zu einer LUN über den direkten SCSI-Weg dienen. Das heißt, die LUN steht roh (*Raw Device Mapping*) der virtuellen Maschine zur Verfügung und kann nach Belieben genutzt werden (z. B. mit NTFS-Formatierung bei einer Windows-VM). Bei diesen Festplattentypen wird zwischen einem *Physical* und einem *Virtual Compatibility Mode* unterschieden. Der Physical Mode wird nur gebraucht, wenn Cluster benötigt werden, in denen sowohl virtuelle als auch physische Systeme liegen.

Zu jeder Festplattendatei existiert seit Version 3.x des VMware-ESX-Servers eine Beschreibungsdatei, die folgende Informationen enthält (Auszug):

```
# Disk DescriptorFile
version=1
CID=6a5e7aa0
parentCID=ffffffff
createType="vmfs"
# Extent description
RW 8388608 FLAT "test4mig2-flat.vmdk" 0
# The Disk Data Base
#DDB
```

```
ddb.adapterType = "lsilogic"
ddb.geometry.sectors = "63"
ddb.geometry.heads = "255"
ddb.geometry.cylinders = "522"
ddb.virtualHWVersion = "3"
```

Die Einträge haben folgende Bedeutung:

- **version**

    `version` gibt die Version der Beschreibungsdatei an. Derzeit verwendet VMware immer die Version 1.

- **CID**

    `CID` ist ein einmalig berechneter Zufallswert, den VMware als ID zur internen Zuordnung nutzt.

- **parentCID**

    Anhand dieser Identifikation wird bei Snapshots die Eltern-Festplatte erkannt. Existiert kein Snapshot oder ist es die Eltern-Festplatte, enthält `parentCID` immer den Wert `ffffffff`.

- **createType**

    Dieser Parameter beschreibt den Dateityp. Es existiert knapp ein Dutzend verschiedener Werte, wenn man alle VMware-Produkte betrachtet. Im VMware-ESXi-Umfeld ist dieser Wert meist `vmfs`.

    Versuchen Sie bitte nicht, den `createType` manuell zu ändern, da dies die Festplatte unbenutzbar machen kann.

Datentypen

VMware ESXi unterscheidet beim Anlegen zwischen vier Typen:

- *thick*
- *zeroedthick*
- *eagerzeroedthick*

Diese drei Dateitypen sind nicht durch die Konfigurationsdatei voneinander zu unterscheiden. Alle drei Typen sind *monolithic flat*, das heißt, auf der Festplatte wird die volle Dateigröße verbraucht.

- *thin*

Dieser Dateityp ist ein *monolithic-sparse*-Typ und wächst daher beim Beschreiben dynamisch.

Thin-Festplatten-Dateien erkennen Sie an zwei Eigenschaften:

> - Der Wert `ddb.thinProvisioned = "1"` steht in der Konfigurationsdatei.
> - Die Dateigröße, die mit `ls -sh "disk-flat.vmdk"` oder `stat "disk-flat.vmdk"` angezeigt wird, ist kleiner als die angelegte Größe. Ein `ls -lah` bringt die angelegte Maximalgröße und nicht die reale Größe auf der Festplatte zum Vorschein.

- **Extent description**

  Der verwendete Festplattentyp hat direkte Auswirkungen auf die Extent description-Passage:

  - Die Zeilen sind nach dem folgenden Schema aufgebaut: Zugriffsmodus, Festplattengröße in Sektoren, Typ des Extents, Ort der Festplattendatei.
  - Die Festplattengröße in Sektoren wird bei der Verwendung der Festplattendateien durch das VMware-Server-Produkt benötigt. Diese Information ist vor allem dann wichtig, wenn der VMware-Server ESX-2-Festplattendateien mit nutzen soll oder wenn die Beschreibungsdatei verloren ging. Dieser Wert wird folgendermaßen berechnet:

  Größe in Sektoren = (VMDK-Größe in Bytes) ÷ Bytes pro Sektor (immer 512)

  Bei einer 2,7-GB-Festplatte wäre das beispielsweise:

  (2902327296 + 512) ÷ 512 = 5668607

  Im Folgenden zeigen wir Beispiele für zwei Arten von Festplatten:

  - *monolithicFlat*

  ```
  RW 8388608 FLAT "test4mig2-flat.vmdk" 0
  ```

  - *2gbMaxExtendSparse*

  ```
  RW 4192256 SPARSE "sol10-hdd1-s001.vmdk"
  RW 4192256 SPARSE "sol10-hdd1-s002.vmdk"
  RW 4192256 SPARSE "sol10-hdd1-s003.vmdk"
  RW 4192256 SPARSE "sol10-hdd1-s004.vmdk"
  RW 8192     SPARSE "sol10-hdd1-s005.vmdk"
  ```

- **Disk Data Base**

  Der Disk Data Base-Abschnitt beschreibt die Festplattengeometrie, die Hardwareversion und den Festplattenadaptertyp:

  - `ddb.adapterType`: Festplattenadapter; kann buslogic, lsilogic etc. sein.
  - Die weiteren Geometriedaten können Sie sehr leicht anhand von Tabelle 9.6 und der folgenden Formel berechnen (*Bytes pro Sektor* ist immer gleich 512):

  Zylinder = (VMDK-Größe in Bytes) ÷ (Heads × Sektoren × Bytes pro Sektor)

  - Der Parameter `ddb.virtualHWVersion` beschreibt die Version der VMware-Plattform, unter der die Festplatte genutzt wird.

Format	Vorteile	Nachteile
thin	▸ effektive Speicherplatznutzung ▸ schnelle Erstellung der Festplattendateien	▸ Speicherplatz im Datastore muss überwacht werden, da dieser leicht überläuft. ▸ Belastung des Host-Systems ▸ häufige SCSI-Reservierungen bei Datenwachstum im Gast
thick	▸ keine Überprovisionierung des Datastores möglich ▸ keine SCSI-Reservierungen bei Datenwachstum im Gast ▸ schnelle Erstellung der Festplattendateien	▸ Teurer Speicherplatz geht verloren, da bei geringem Füllgrad der Gast-Festplatten alle Bytes trotzdem verbraucht werden.
zeroedthick	▸ gleiche Vorteile wie *thick* ▸ Überschreiben eventuell vorhandener Altdaten beim ersten Blockzugriff ▸ Standardformat für *thick*	▸ Es bestehen die gleichen Nachteile wie bei *thick*. ▸ Theoretisch ist ein Data-Leaking möglich, das heißt, Altdaten könnten gelesen werden. Derzeit sind allerdings keine Fälle bekannt.
eagerzeroedthick	▸ gleiche Vorteile wie *thick*, bis auf die Geschwindigkeit der Plattenerstellung ▸ Überschreiben der kompletten Festplatte mit Nullen ▸ kein Data-Leaking möglich	▸ Die Nachteile sind die gleichen wie bei *thick*. ▸ Erstellung der Festplattendatei dauert sehr lange. ▸ Thin-Provisioning-Effizienz im Storage kann deutlich gestört werden.

Tabelle 9.6 Festplattenformate im Vergleich

Thin Provisioning ist nicht gleich Thin Provisioning

Genau wie bei den Snapshots müssen Sie ganz klar zwischen Thin Provisioning im VMware-Umfeld und Thin Provisioning im Storage-Umfeld unterscheiden. Aus Performance-Gründen sind zweifellos die Thin-Provisioning-Möglichkeiten des Storage-Systems (falls vorhanden) vorzuziehen.

Thin Provisioning (siehe Abbildung 9.40) ist allerdings unabhängig von der ausführenden Komponente (VMkernel, Storage) schnell erklärt: Wenn Sie eine Festplatte von 40 GB anlegen und nur 20 GB Daten im Gast generiert werden, so sorgt Thin Provisioning dafür, dass die 40-GB-Festplatte physisch nur 20 GB belegt.

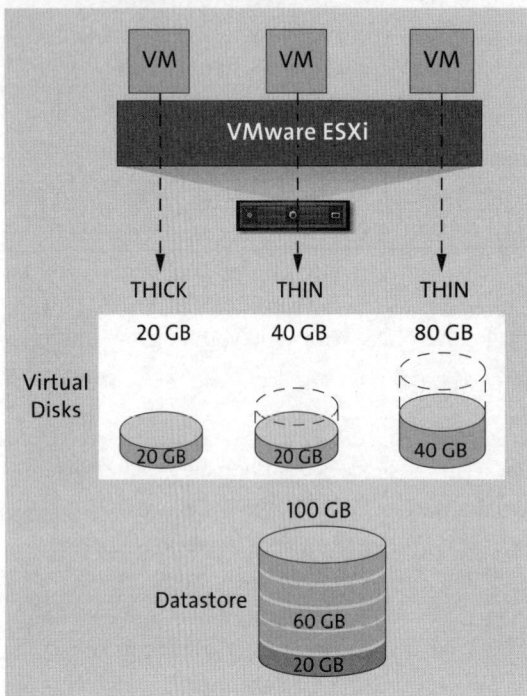

Abbildung 9.40 Thin Provisioning unter VMware

Damit können Sie die Storage-Effizienz deutlich steigern, da eine einfachere Vergabe von Storage möglich ist und sogar eine Überbelegung. Das heißt, es wird mehr Storage verwendet, als physisch vorhanden ist. Letzteres birgt natürlich auch die Gefahr, dass der Datastore (VMware) oder die physischen Kapazitäten (Storage-System) überlaufen und es zu massiven Problemen kommt. Dies kann bis zu Datenverlust und Systemausfällen führen, weswegen es äußerst wichtig ist, die Plattenkapazitäten dort zu überwachen, wo Thin Provisioning aktiviert ist.

In diesem Moment sollte auch klar werden, warum es sehr problematisch wäre, Thin Provisioning auf zwei Ebenen (VMware und Storage) gleichzeitig zu nutzen. Es gibt allerdings mehr zu beachten als nur die Verwaltung. Thin Provisioning belastet zwangsweise das ESXi-Host-System mehr als Thick-Festplatten, da diese Festplattendateien mit den Daten wachsen. Das heißt, das ESXi-System muss sich außer um das Schreiben der Daten auch um das Wachstum kümmern. Dieses Wachstum führt auch zu SCSI-Reservations, was vor allem bei der Verwendung älterer VMFS-Versionen sehr problematisch wird, wenn diese zu oft vorkommen. Ein Dokument von VMware zeigt jedoch, dass die SCSI-Reservations mit VMFS-Version 3.31 nur zu einer minimalen Beeinträchtigung nahe 0 % führen.

Die neue VMFS-Version 5 in Verbindung mit VAAI verzichtet komplett auf SCSI-Reservations auf LUN-Ebene und beschränkt sich darauf, nur die veränderten Blöcke zu schreiben. Dies gilt natürlich nur, wenn das genutzte Storage-System VAAI unterstützt. Außerdem kommt es bei der Nutzung von Thin Provisioning zur Fragmentierung im VMFS. VMware hat jedoch in einem internen Test festgestellt, dass die Fragmentierung nur in seltenen Fällen zu einem Leistungsverlust führt.

Folgende Gründe kommen für den Leistungsverlust infrage:

- Eine Fragmentierung führt nur zu Performance-Nachteilen, wenn die I/O-Anfragen auf Blöcke gehen, die nicht nachfolgend sind, also weit verstreut auf dem Storage liegen. Die VMFS-Blockgröße ist jedoch so groß (VMFS-5: 1 MB, VMFS-3: 1 MB und mehr), dass die meisten Storage-Anfragen davon nicht betroffen sind. Sogar dann, wenn die Blöcke nicht direkt aufeinanderfolgen, sind sie doch in sehr begrenzten Regionen zu finden.

- Virtuelle Festplatten sind sehr große Dateien, sodass die »Datenlücken« und damit die I/O-Blockanfragen ebenfalls sehr groß sind. Die größte Leistungsverzögerung entsteht dann, wenn die Schreib-/Leseköpfe der Festplatten viele Blöcke suchen müssen, um eine komplette Datei bereitzustellen. Im Falle von einzelnen oder wenigen »Datenlücken« innerhalb größerer Datensektionen ist die Suchzeitverzögerung vernachlässigbar. Dies gilt insbesondere für Festplatten mit Thick Provisioning.

- Da Massenspeicher zumeist sehr große Caches (Datenpuffer) vorhalten, werden die meisten Schreibzugriffe bereits dort absorbiert. Daher führt die Fragmentierung der Daten sehr selten zu nennenswerten Performance-Nachteilen bei der Nutzung von SAN-Storage. Lokaler Datenspeicher (DAS) ist davon eher betroffen, da die Caches kleiner sind.

- Selbst sequenzielle Datenzugriffe auf einem Storage-System werden *random*, da die I/O-Anfragen mehrerer VMs über unterschiedliche ESX-Hosts gleichzeitig erfolgen. Daher kann man nicht von einem einzelnen Datenstrom einer einzelnen VM sprechen, sondern viele Systeme greifen gleichzeitig auf den Massenspeicher zu. Höhere Performance schaffen Sie daher besser durch die Eingrenzung der Zugriffe (Hot Blocks) auf einen Datastore (RAID-Set), als nur häufig und selten genutzte Blöcke (Cold Blocks) zu mischen. VMware spricht hier von *Hot Blocks*, also Datenblöcken, die sehr häufig genutzt werden, und *Cold Blocks*, die nur selten oder gar nicht verwendet werden (z. B. Betriebssystemdateien nach der Installation).

- Dies betrifft auch VMs mit Thin Provisioning. Das heißt, die meisten Anpassungen an der *Thin-provisioned* Disk passieren während der Installation des Betriebssystems oder einer Anwendung. Danach nehmen das stetige Wachstum und die Änderungen an der virtuellen Festplatte zumeist ab. Trägt man nun beide Fakten zusammen, bedeutet es, dass die Hot Blocks vieler VMs auf einem Datastore sehr nah aneinander geschrieben werden, was zu Leistungssteigerungen im Storage-System führt. Abbildung 9.41 stellt abstrakt dar, dass die Blöcke der Anfangsinstallationen (Hot Blocks, HB) recht nah beieinander sind.

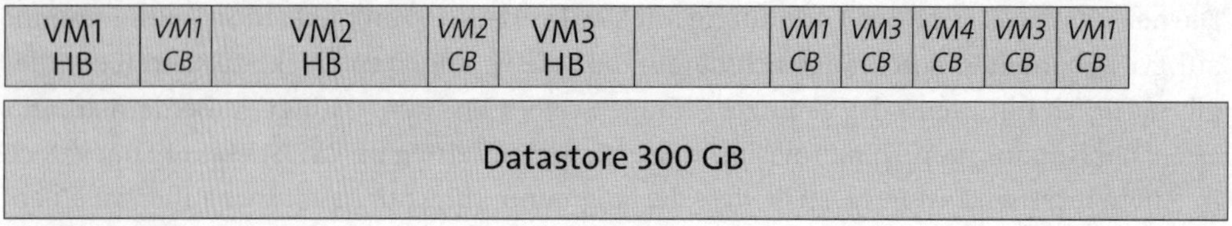

| VM1 HB | VM1 CB | VM2 HB | VM2 CB | VM3 HB | | VM1 CB | VM3 CB | VM4 CB | VM3 CB | VM1 CB |

Datastore 300 GB

Abbildung 9.41 VM1 bis VM4 sind »thin-provisioned« mit einer Aufteilung in »Hot Blocks« (HB) und »Cold Block«s (CB) zur vereinfachten Darstellung.

Damit geht VMware nicht davon aus, der Fragmentierung entgegenwirken zu müssen, was in KB-Artikel 1006810 (*http://kb.vmware.com/kb/1006810*) nachzulesen ist.

Formatierung mit Nullen

Ein Problem, das jede Thin-Provisioning-Implementierung betrifft, sind Formatierungsvorgänge, bei denen Nullen geschrieben werden. Das heißt, obwohl keine Nutzdaten geschrieben werden, entstehen trotzdem Daten. Bei VMware-Thin-Provisioning-Festplatten führt dies direkt zu einer enormen Ineffizienz, da die Festplatte nach einiger Zeit in voller Größe auf dem Datastore liegt, weil ja alle Daten mit Nullen geschrieben wurden. Durch Thin Provisioning wird das Problem noch schlimmer, da die Festplatte langsam wächst (MB-Bereich) und bei jedem Wachstum eine SCSI-Reservation ausführt. Dies führt zur Verlangsamung des Formatiervorgangs und zur Belastung aufgrund der vielen SCSI-Reservations. Dies ist mit dem Wachstum von Snapshot-Dateien zu vergleichen.

Viele Storage-Systeme beginnen damit, genau diese Nullen zu erkennen, und begegnen dem Problem auch, indem sie die unnötig verbrauchten Kapazitäten nachträglich wieder freigeben (z. B. HP 3PAR, HDS) oder schon direkt beim Schreiben erkennen und ignorieren (z. B. HP 3PAR, IBM SVC, DataCore).

Datenwachstum

Findet ein Datenwachstum durch Generierung neuer Daten im Gast statt, so wächst die Thin-Festplatten-Datei mit an. Werden Daten gelöscht, so schrumpft sie allerdings nicht automatisch. Das gleiche Problem findet sich auch bei der Verwendung von Backup-Produkten über die vStorage-APIs oder bei den Kopiervorgängen mit *Storage vMotion*. Geschriebene Daten müssen kopiert werden. Da viele Dateisysteme die Daten nicht wirklich löschen, sondern nur als gelöscht markieren, befindet sich die Festplattendatei immer nur im Wachstum. Das Gleiche gilt übrigens auch für die Formatierung.

Nur wenn eine VM innerhalb des Betriebssystems die Daten wirklich gelöscht und den Speicher als frei markiert hat, kann zum Beispiel durch ein Storage vMotion der Speicherplatz in einer Thin-Festplatte wieder zurückgewonnen werden.

VMware hat von außerhalb des Gastes keine Möglichkeit zu erkennen, welche Daten gelöscht wurden. Dies ist nur im Gast über die *VMware Tools* möglich (siehe Abbildung 9.42).

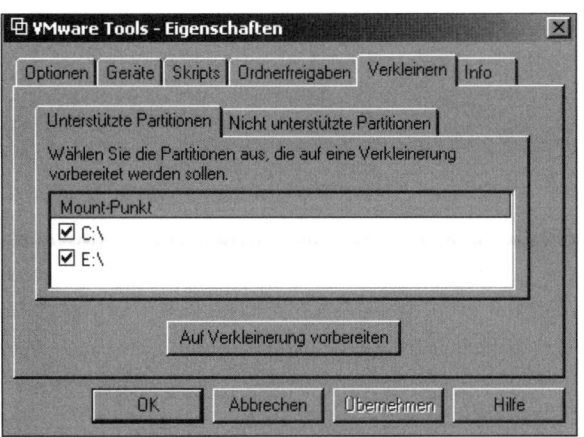

Abbildung 9.42 Shrink/Verkleinerung mithilfe der »VMware Tools« im Gast

In den Eigenschaften der VMware Tools befindet sich ein Reiter namens VERKLEINERN oder SHRINK, der es ermöglicht, die nicht genutzten Datenbereiche so zu bearbeiten, dass die VMDK-Datei mittels Storage vMotion oder auch VCB wieder kleiner wird, da die vormals als gelöscht markierten Daten nun wirklich gelöscht sind. In diesem Zusammenhang ist auch eine Defragmentierung im Gast sehr interessant.

VMware-Tools-Shrink-Funktion und Thin-Festplatten

Die VMware-Tools-Shrink-Funktion kann leider nicht auf Thin-Festplatten ausgeführt werden. Möchten Sie diese Funktion nutzen, um ungenutzten Plattenplatz nochmals freizugeben, müssen Sie auf der Festplatte erst ein *Inflate* über den Datastore-Browser durchführen oder sie per Storage vMotion auf *thick* migrieren.

Danach funktioniert die Shrink-Funktion, und Sie können den Plattenplatz optimieren. Ab jetzt sind VCB-Sicherungen wieder optimiert. Stellen Sie wieder auf *thin* um, so wird die Festplatte nur mit den realen Daten und ohne Altlasten (Dateilöschungen, *SDelete* etc.) angelegt. Dies ist zwar umständlich und Sie benötigen Plattenplatz, aber es ist derzeit die einzig mitgelieferte Möglichkeit.

SDelete

Anders verhält es sich bei Tools wie *SDelete* von Microsoft, die die gelöschten Daten nochmals mit Nullen überschreiben, um diese nicht wiederherstellbar zu machen. Je nach Parameternutzung wird keine Basis für die Festplattenoptimierung wie bei dem VMware-Tools-Shrink-Verfahren ermöglicht. Ganz im Gegenteil: Die Parameter -z (*Zero Free Space*) und -c (*Clear Free Space*) beispielsweise führen zu einem Wachstum der Thin-Festplatten-Datei bis zur Maximalgröße oder natürlich auch eines Snapshots bis zur Maximalgröße der Ursprungsdatei.

Dies kann äußerst ärgerlich sein, wenn Plattenplatz stark überbucht wurde und jemand einen SDelete- oder einen SDelete-ähnlichen Befehl auf einer großen Festplatte ausführt, z. B. auf einem 500-GB-Fileserver, um auf Nummer sicher zu gehen.

9.11.4 Auslagerungsdateien

Wenn Sie sich das Gesamtkonstrukt VMware ESXi inklusive der virtuellen Maschinen anschauen, stellen Sie drei Orte fest, an denen Auslagerungsdateien genutzt werden: zunächst im VMkernel und im Gastbetriebssystem der virtuellen Maschine. Die Auslagerungsdatei der Service Console entfällt mit ESX 5. Jede dieser Auslagerungsdateien hat bzw. hatte ihre Daseinsberechtigung.

Allerdings müssen Sie immer bedenken, dass die Auslagerungsdatei virtuellen Hauptspeicher auf den lokalen oder entfernten Datenträgern abbildet. Da die Zugriffs- und Durchsatzzeiten von Datenträgern wesentlich langsamer sind als die von physischem Hauptspeicher, bedeutet ausgiebiges Auslagern immer auch verlangsamten Systemzugriff.

Eine Verwendung von SSD oder Flash-Speichern ist mit vSphere 5 als Cache-Erweiterung möglich und führt dazu, dass eine Überprovisionierung nicht zwingend zu starken Leistungseinbrüchen führt (siehe Abschnitt 9.10, »Flash-basierter Speicher«).

Service Console (nur ESX vor vSphere 5)

Da die Service Console ein getuntes Red-Hat-Linux ist, gelten auch alle Regeln für Red-Hat-Linux. Diese besagen unter anderem, dass man die doppelte Hauptspeichergröße für die Swap-Partition (Auslagerungsdatei) verwenden sollte. Dies sollten Sie bei der Installation des ESX-Servers bedenken, da spätere Partitionsänderungen so mühsam sind, dass meist eine Neuinstallation schneller wäre.

Die Swap-Partition dient dem Red-Hat-Betriebssystem als Puffer für kurzzeitige Spitzen bei der Hauptspeicherverwendung.

Möchten Sie die derzeitige Hauptspeichernutzung inklusive Swap-Nutzung auslesen, sollten Sie auf den Befehl `free` zurückgreifen.

VMkernel

Warum benötigt der VMkernel Swap-Space? Der VMkernel benutzt den Swap-Space zum sogenannten Memory-Overcommitment, also zur Überprovisionierung von Hauptspeicher. Bei einer Standardkonfiguration würde dies bedeuten, dass auf 14 GB verfügbaren Hauptspeicher für virtuelle Maschinen 14 GB weiterer Hauptspeicher als Swap-Space hinzukäme; es wären also maximal 28 GB RAM für virtuelle Maschinen nutzbar. Auch hier gilt: Swapping macht die Systeme nicht schneller, sondern langsamer. Allerdings ist die Nutzung der Auslagerungsdatei ideal, um mit kurzen Spitzen zurechtzukommen.

Außerdem verbrauchen die Gastbetriebssysteme in den seltensten Fällen den konfigurierten Hauptspeicher. Gäbe es kein Overcommitment, könnten nur so viele virtuelle Maschinen betrieben werden, wie physisch Hauptspeicher verfügbar ist, selbst wenn dieser nicht durch die VMs genutzt würde – den Hypervisor interessiert nur der konfigurierte Speicher der aktiven VMs.

Die Auslagerungsdatei selbst wird bei der Standardkonfiguration pro virtueller Maschine im gleichen Heimatverzeichnis der VM angelegt, wenn die VM startet. Die Größe der Swap-Datei entspricht der Größe des VM-Hauptspeichers. Daher müssen Sie bei der Planung der richtigen LUN-Größe die Swap-Datei jeder virtuellen Maschine mit einrechnen (siehe Abbildung 9.43).

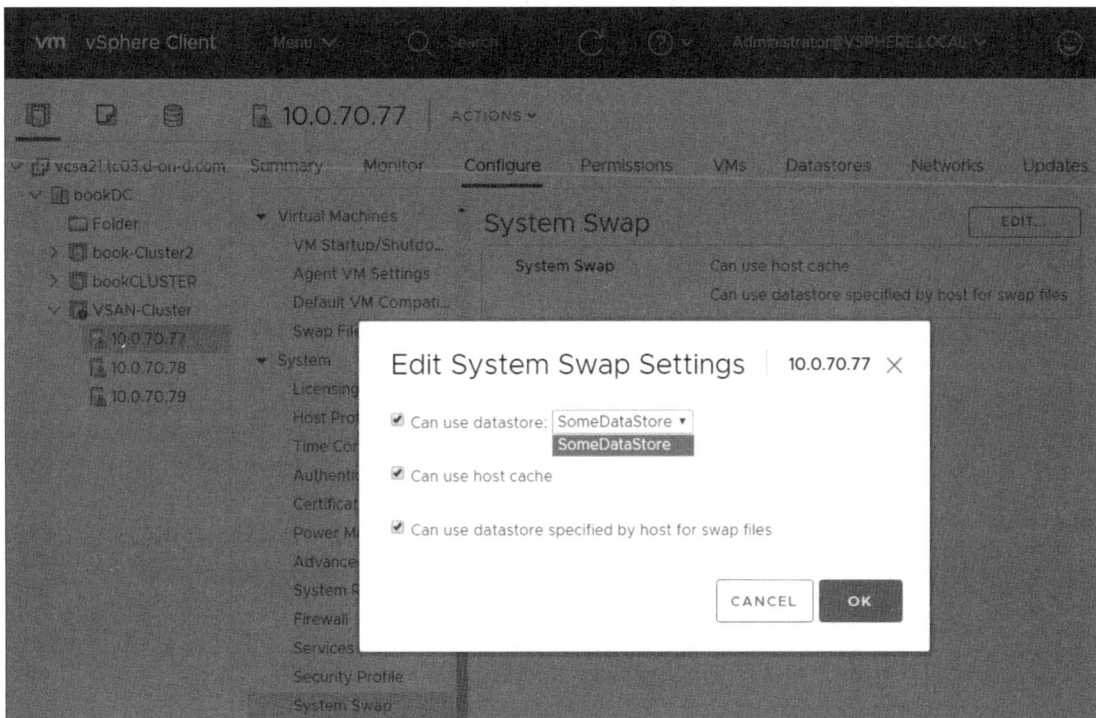

Abbildung 9.43 Anpassung des Speicherorts der Swap-Datei

Zwar ist es möglich, die Auslagerungsdateien auf den lokalen Storage der ESXi-Server zu legen. Dies bringt aber Nachteile mit sich, da bei vMotion und damit auch bei DRS zusätzlich die Swap-Datei auf das Zielsystem übertragen werden muss.

Des Weiteren besteht die Möglichkeit, alle Auslagerungsdateien auf einer einzigen LUN zu betreiben, die im Zugriff aller von vMotion betroffenen Server ist. Damit schaffen Sie sich allerdings bei schlechter Planung ein potenzielles Nadelöhr bei der Leistung.

Eine Alternative außerhalb der GUI ist die Einstellung der Swap-Datei in der VMX-Datei der virtuellen Maschine (sched.swap.dir= "/vmfs/volumes/<volume_name>/<dir_name>"). Damit verteilen Sie die Swap-Dateien auf wenige LUNs, womit Sie eine gute Performance erreichen können. So könnten Sie beispielsweise die Swap-Dateien auf günstigerem Speicher als die VMs ablegen.

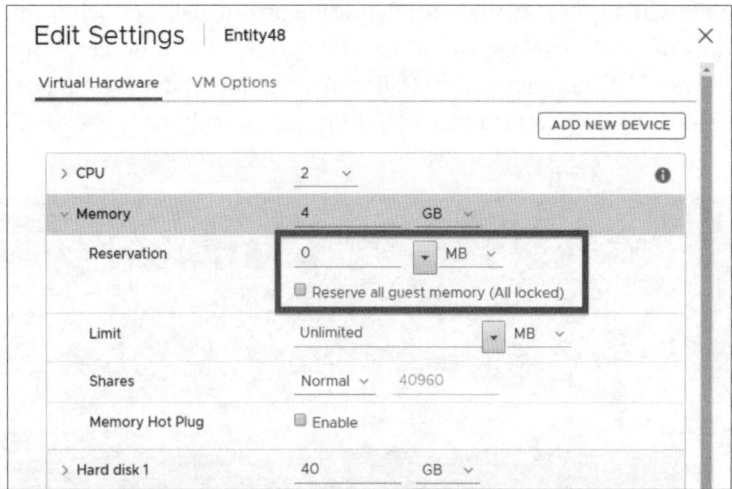

Abbildung 9.44 Die Memory-Reservierung beeinflusst die Erstellung der Swap-Datei.

Diese Größe können Sie durch Anpassung der Hauptspeicherreservierung in den Eigenschaften der virtuellen Maschine heruntersetzen (siehe Abbildung 9.44). Wählen Sie eine Reservierung von 100 %, entsteht beim Start der virtuellen Maschine keine Auslagerungsdatei.

Gastbetriebssystem

In den Foren liest man viel zum Thema Auslagerungsdateien. Fragen wie »Warum noch eine Auslagerungsdatei im Gast-OS, der VMkernel swappt doch bereits?« oder »Wie groß soll die Auslagerungsdatei im Gast-OS geplant werden?« sind dort zu finden.

Generell gilt, dass eine Auslagerungsdatei dort den meisten Nutzen bringt, wo die Daten entstehen, die ausgelagert werden können. Da der ESXi-Server keinen Einblick in die Aktivitäten der jeweiligen Betriebssysteme hat, ist der VM-Swap nur als »Notnagel« bei Engpässen im physischen Hauptspeicher und natürlich für Peaks gedacht. Einen Ersatz für die Auslagerungsdatei im Gast stellt dies nicht dar. Daher sollten Sie alle Empfehlungen der Gastbetriebssysteme betreffend der Auslagerungsdateien weiterhin annehmen.

9.11.5 VMFS im Detail

VMFS, das VMware-proprietäre *Virtual Machine File System*, ist ein auf den Betrieb virtueller Infrastrukturen ausgelegtes und optimiertes Dateisystem. »Optimiert« bedeutet genauer:

- **Cluster-fähig:** Mehrere ESXi-Server können zeitgleich auf die VMFS-Partitionen zugreifen, ohne Daten zu beschädigen.
- **Dateioptimiert:** Sehr große und sehr kleine Dateien werden unterstützt, womit schnell und zuverlässig auf kleine Konfigurationsdateien sowie auf große CD/DVD-Images und sehr große Festplattendateien zugegriffen werden kann. Offiziell wird nur eine Verzeichnisebene unterstützt.

Außerdem ist VMFS ein *journalisiertes Dateisystem*, was die Fehlersuche und die Fehlerbehandlung wesentlich erleichtert, und VMFS arbeitet mit einem LVM (*Logical Volume Manager*), der für Funktionen wie Extents oder VMFS-Vergrößerung zuständig ist.

Die Version 5 von VMFS brachte deutliche Veränderungen:

- **GTP:** VMFS-5 nutzt GPT statt MBR als Partitionstabelle, wodurch die maximale Partitionsgröße steigt und die Partition-Offset-Probleme umgangen werden (*Partition Alignment*).
- **64 TB:** Es werden bis zu 64 TB große VMFS-Partitionen und Raw Device Mappings unterstützt. Die Limitierung der VMDK-Dateien auf knapp 2 TB (2 TB – 512 Byte) wurde mit vSphere 5.5 aufgehoben und beträgt nun ebenfalls 64 TB (genauer gesagt 62,9 TB, da Speicherplatz für Metadaten und Snapshots verloren geht.)
- **1 MB Blocksize:** Statt der Auswahl zwischen 1, 2, 4 oder 8 MB Blockgröße – abhängig von der maximal möglichen VMDK-Datei-Größe – wird mit VMFS-5 auf eine einheitliche Blockgröße von 1 MB unabhängig von der VMDK-Datei-Größe gesetzt. Dies gilt allerdings nur für neue und nicht für bestehende VMFS-Partitionen, die aktualisiert werden. Das heißt, eine 8-MB-Blocksize bleibt bestehen und wird nicht reduziert.
- **Kleinere Sub-Blocks:** Die Sub-Block-Größe wurde von 64 KB auf 8 KB reduziert. Das heißt, dass die Performance bei Anfragen kleiner Blöcke im VMFS deutlich steigt.
- **Sehr kleine Dateien** (1 KB) werden unterstützt.
- **Unterbrechungsfreies Upgrade von VMFS-3 auf VMFS-5:** Bisher mussten Aktualisierungen vom VMFS immer durch eine Formatierung erfolgen, was zu Datenverlust führte. Mit vSphere 5 ist ein Upgrade von VMFS-3 auf Version 5 ohne Unterbrechung und Datenverlust möglich.
- **ATS Locking** (*Atomic Test & Set* – VAAI-Funktion): Vor VMFS-5 und ATS wurden SCSI-Reservations ausgeführt, wenn neue Dateien angelegt oder vergrößert wurden. ATS führt dazu, dass solche Aktivitäten nicht mehr zu SCSI-Reservierungen führen.
- **Die Microsoft-Cluster-Unterstützung wurde mit vSphere 5.5 verbessert:** Es gibt jetzt Unterstützung für FC, FCoE und iSCSI. Hinzu kommen Round-Robin-Multipathing-Unterstützung und die Unterstützung für Microsoft Windows Server 2012 (vergleiche dazu *http://kb.vmware.com/kb/2052238*).

Die Version 6 von VMFS bringt folgende Features mit sich:

- *Automatic Space Reclamation* (vergleiche unmap)

- Unterstützt *4k native*-Festplatten im 512e-Modus (softwareemulierter Modus)
- Per Default wird nun immer *SE Sparse* für Snapshots genutzt.
- Ein Upgrade von VMFS 5 auf VMFS 6 ist nicht möglich. Einen entsprechenden KB-Artikel zur Migration finden Sie unter *https://kb.vmware.com/kb/2147824*.

VMFS-Aufbau

VMFS erlebte bereits mit Version 3 viele Änderungen, die sichtbar vor allem den Strukturaufbau der VMFS-Partitionsinformationen betrafen. Die mit VMFS 5 eingeführten LVM-Offsets enthalten folgende Informationen:

- Volume-ID (Signatur)
- Anzahl der Extents (Spanning mehrerer VMFS-Volumes)
- Anzahl der Geräte
- Volume-Größe

Außerdem dienen die LVM-Offset-Informationen zum Erkennen eines Snapshot-Volumes.

In den Volume-Metadaten sind folgende Informationen zu finden:

- Eigenschaften aller Dateien inklusive
  - Name
  - Größe
  - letzte Zugriffszeit
  - Änderungszeit
  - Berechtigungen
  - Eigner
  - Gruppennamen

VMFS-UUID

Die VMware-Foren wimmeln von Einträgen über verloren geglaubte Datastores, und kaum ein Administrator oder Berater von VMware-ESXi-Umgebungen war noch nicht mit »falsch« erkannten Snapshot-LUNs konfrontiert. Dieser Aspekt ist den neu eingeführten LVM-Offset- und Volume-Metadaten zu verdanken.

In den folgenden Abschnitten schauen wir uns die Details an.

Snapshots

Neben Snapshots virtueller Maschinen auf VMware-Host-Ebene existieren Snapshots auf Storage-Ebene. Abhängig vom Storage-Hersteller handelt es sich entweder um einen Snapshot (das heißt, Änderungen werden in einen weiteren Speicherbereich geschrieben – ähnlich wie bei einem ESXi-Snapshot) oder um einen Snapshot-Clone oder Clone (d. h. um eine 1:1-Kopie einer LUN, also doppelte Plattenbelegung). Dabei ist zu bedenken, dass LUN-Serials (LUN-Seriennummern) vom Storage beim Anlegen einer LUN automatisch vergeben werden und nicht mehr nachträglich zu ändern sind.

Beim Formatieren einer LUN mit dem VMFS wird automatisch der LVM-Header eingerichtet, in dem eine SCSI-Disk-ID anhand der LUN-Seriennummer (Serial) eingetragen wird (siehe Abbildung 9.45). Sobald es zu Änderungen an der Konfiguration kommt, die die Seriennummer betreffen, wird die LUN automatisch als Snapshot erkannt.

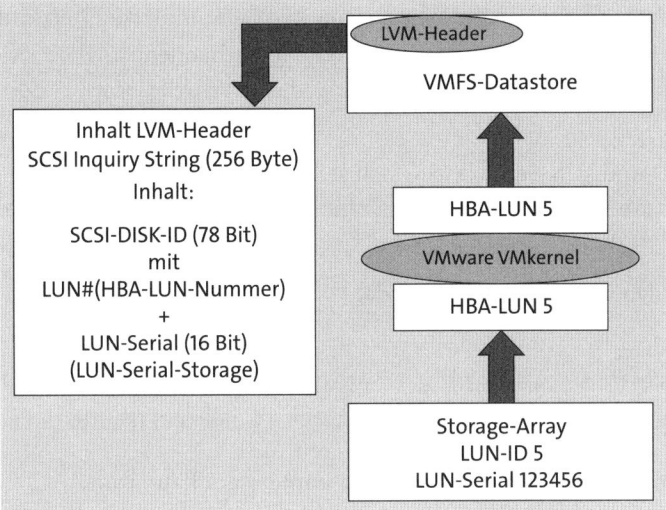

Abbildung 9.45 LVM-Header-Informationen zum Volume

Dieses Vorgehen schützt die LUNs vor Dateninkonsistenz oder Datenverlust, falls durch Konfigurationsfehler im SAN oder bei der Nutzung von Snapshots oder bei einem Umschalten einer Spiegelung (Sicherung) eine LUN doppelt vergeben wird oder eine falsche LUN in der virtuellen Infrastruktur sichtbar wird.

Sie sollten bedenken, dass zumeist nicht nur ein ESX-Server, sondern viele ESXi-Server auf die gleichen LUNs zugreifen. Mit dem LVM-Header werden LUNs für alle Server der Infrastruktur eindeutig gekennzeichnet.

Sobald eine neue LUN mit VMFS-Partition auf einem ESXi-Server erkannt wird, findet ein Vergleich der SCSI-Inquiry-Daten (unter anderem LUN-Serial) mit den geschriebenen Daten des LVM-Headers statt. Damit sind auch neu in die Infrastruktur integrierte ESXi-Server direkt in der Lage, zwischen korrekten Konfigurationen und möglichen Fehlkonfigurationen oder Snapshots zu unterscheiden.

Beispiel: Erkennung eines Snapshots

```
LUN Anlage
LUN ID: 5
LUN Serial: 3030304230383030303030303031383830
VMFS UUID: 47f77067-244ed1d5-bde0-0015173f9345
ESX-Server: esx1
LUN-Kopie auf ESX-Server ESX2
LUN ID: 5
LUN Serial: 3030304230383030303030303031383850
```

Durch die Erkennung der Snapshot-LUN anhand der veränderten Seriennummer herrscht auf dem System kein direkter Zugriff mehr auf die trotzdem noch vorhandene VMFS-Partition. Die LUN ist jedoch nach wie vor physisch zu sehen (entweder mit `esxcfg-mpath -l` oder über den vSphere Client).

Die Informationen zur LUN-ID und LUN-Serial lassen sich sehr gut mit dem Befehl `esxcfg-mpath -l -v` auslesen. Mit `esxcfg-volume` können Sie die Volumes auch wieder anzeigen und integrieren.

Einen erkannten Snapshot machen Sie sehr leicht in der */var/log/vmkwarning*-Protokolldatei ausfindig:

```
ALERT: LVM: 4475: vml.010006000030303042303830303030303138383304178696f6d20:1
may be snapshot: disabling access. See resignaturing section in SAN config guide.
```

Folgende Fälle, die zum Erkennen eines Snapshots führen, kommen sehr häufig vor:

▶ Ein LUN-Snapshot im Storage wird auf einen ESXi-Server gemappt (LUN-Serial).
▶ Ein LUN-Spiegel wird auf einen ESXi-Server gemappt (LUN-Serial).

`esxcfg-volume -l` als Befehl sollten Sie daher immer auf der Konsole oder vCLI bereithalten.

VMFS-Partition-Alignment

Als hätte man mit dem Thema »Storage unter VMware« nicht schon genug Sorgen, so muss man sich auch noch um die Partitionen und deren Zuordnung kümmern ...

Ganz so schlimm ist es nicht, allerdings kann es bei einer inkonsistenten Zuordnung zu merklichen Leistungsverlusten beim Zugriff auf den Storage kommen. Aber eines vorweg: Wenn Sie LUNs mittels vSphere-Client (über die API) formatieren, wird bei Sektor 128 gestartet, was zu einer optimalen Leistung führt (minimale Latency, hohe Leistung).

Es ist zumeist nicht interessant, welches Alignment genau eingetragen wird (d. h. 64, 128 ...), sondern eher, dass auf der Basis 64 überhaupt ein durchgehendes Alignment sowohl im VMFS als auch im Gastbetriebssystem erfolgt. Durch eine ungleiche Zuordnung kommt es zu Umrechnungen auf dem Storage, was zu Verzögerung sowie zu Leistungsverlust führt.

Gastsystem

Allerdings ist dies noch nicht alles, da in der virtuellen Maschine ebenfalls mit Zuordnungen im Dateisystem gearbeitet wird. Wie Sie im Beispiel in Abbildung 9.46 sehen, kann eine falsche Zuordnung den Storage dazu veranlassen, drei Chunks einzulesen, obwohl nur eine Cluster-Abfrage im Gast stattfand.

Daher ist anzuraten, auch die Partitionen des Gastbetriebssystems anzupassen, um die bestmögliche Leistung zu erreichen. Windows-Versionen seit Windows 7 und Server 2008 passen das Alignment bereits automatisch an, wenn sie nicht auf eine bereits bestehende Partition installiert werden.

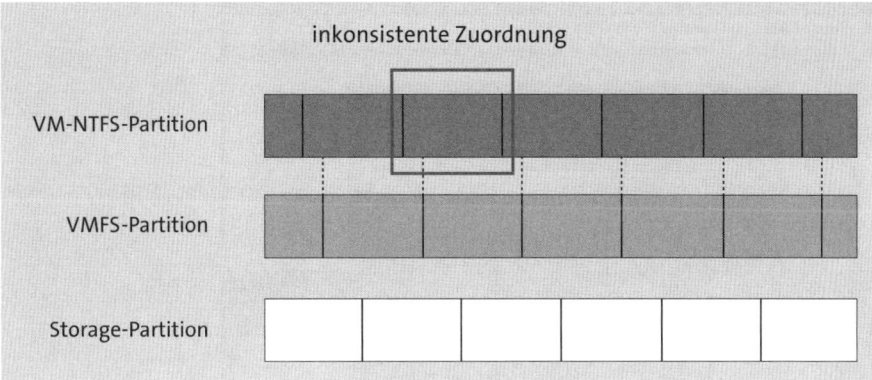

Abbildung 9.46 Partition-Alignment/Storage, VMFS, Gast

Achtung: Datenverlust!
Anpassungen an der Zuordnung können immer nur beim Anlegen einer Partition erfolgen und nicht nachträglich. Sollten Sie die folgenden Befehle auf produktive LUNs anwenden, ist ein Datenverlust sehr sicher.

Unter Linux geschieht dies exakt wie bei der vorher beschriebenen Partitionierung des VMFS, außer dass Sie statt des Partitiontyps `fb` einen anderen Typ, z. B. 83 (Linux), auswählen müssen.

Unter Windows müssen Sie das Programm `diskpart` bemühen, das seit der Version 2003 zur Standardausrüstung von aktuellen Windows-Betriebssystemen gehört. Unter Windows XP und Windows 2000 müssen Sie es mit den *Support Tools* installieren. Da Sie eine nicht formatierte Festplatte verwenden müssen, um das Alignment anzupassen, müssen Sie die Systempartition entweder so belassen, wie sie ist, oder sie zuvor mit einem anderen System partitionieren (oder durch Nutzung von WinPE) und formatieren. Schließen Sie sie dann nachträglich an das neu zu installierende System an:

9 Storage-Architektur

- `diskpart.exe`
- `list disk` (Anzeigen der verfügbaren Festplatten)
- `select disk 1` (Auswahl der Festplatte – im Beispiel *Disk 1*)
- `create partition primary align=64` (Partition mit 64-KB-Offset anlegen)
- `exit`

Danach können Sie die Festplatte mit dem *Disk Manager* formatieren – allerdings sollten Sie als ALLOCATION UNIT SIZE 32K auswählen (siehe Abbildung 9.47).

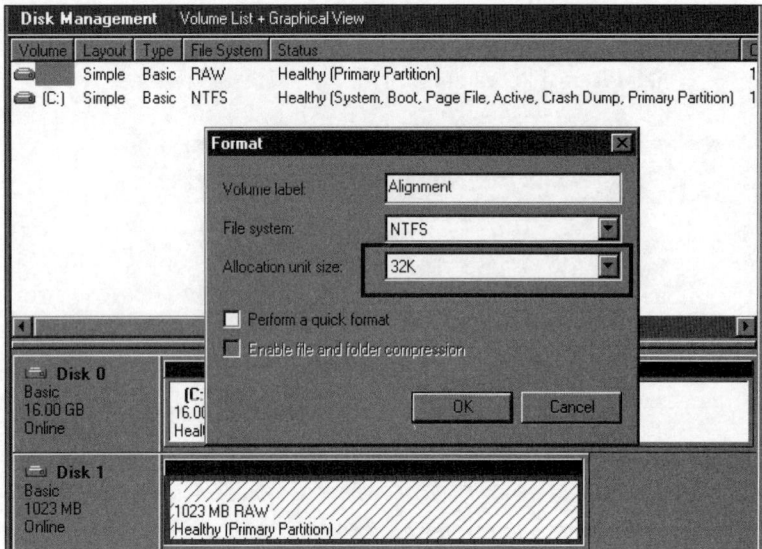

Abbildung 9.47 NTFS-Formatierung mit 32K

Nach dem korrekten Alignment sieht die Zuordnung so aus wie in Abbildung 9.48.

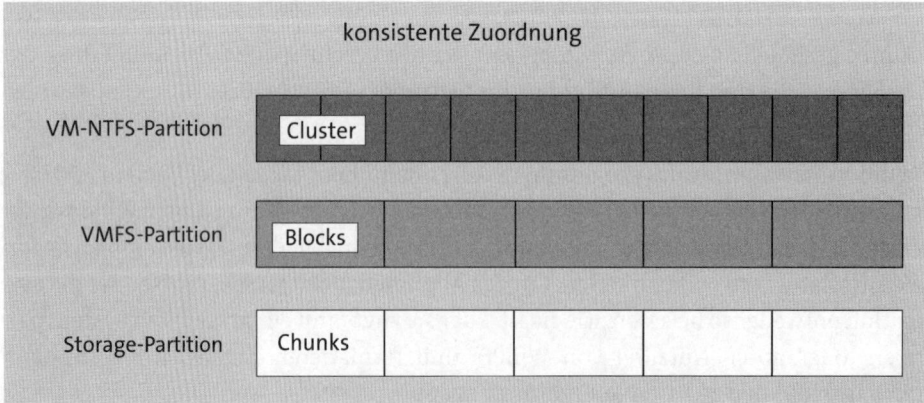

Abbildung 9.48 Konsistente Zuordnung vom Storage bis zum Gast

Es existieren kommerzielle Produkte, um das Partition-Alignment zu korrigieren, wie *Paragon PAT* und *Dell vOptimizer*, aber auch freie Werkzeuge von Storage-Herstellern (z. B. *NetApp mbralign*).

Migration zu VMFS-Version 5

Mit VMware ESXi 5.0 wurde die VMFS-Version 5 veröffentlicht, die neben einer erneuten Minimierung der SCSI-Reservierungen weitere Leistungsverbesserungen mit sich brachte. Mit vSphere 5 war es im Gegensatz zu vorherigen VMFS-Versionen möglich, ein Upgrade von Version 3.31 und höher auf Version 5 durchzuführen, ohne dass es zu einer Neuformatierung und damit zu einem Ausfall der VMs kam (bzw. ohne dass diese zuvor wegmigriert werden mussten).

Ein Upgrade konnten Sie in den Eigenschaften des VMFS-3-Datastores durchführen (siehe Abbildung 9.49).

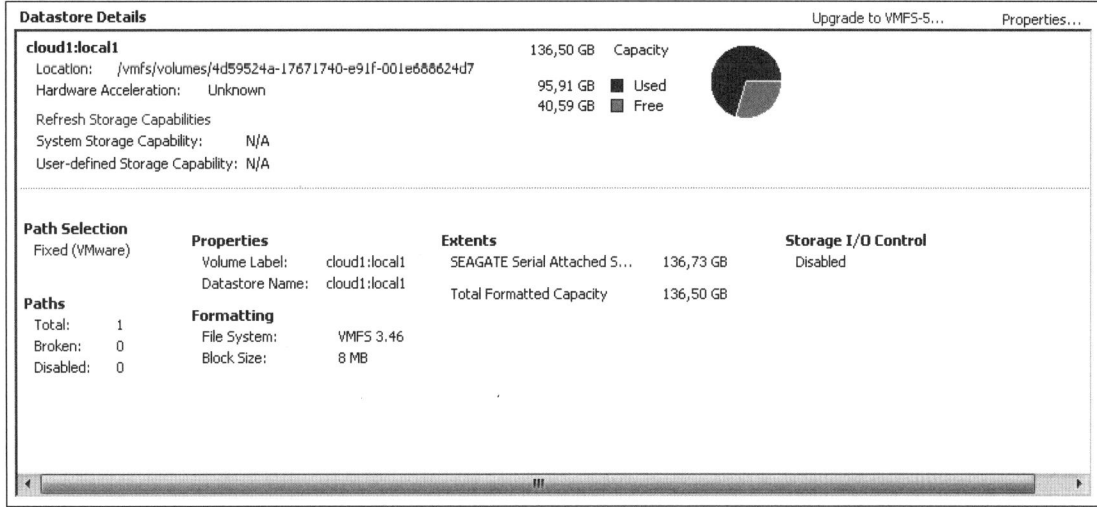

Abbildung 9.49 VMFS-5-Upgrade in den Eigenschaften eines Datastores

Mit dem vSphere Web Client funktioniert das Upgrade ähnlich:

- Wählen Sie den Datenspeicher aus, der dem Upgrade unterzogen werden soll.
- Rufen Sie die Registerkarte VERWALTEN auf, und klicken Sie anschließend auf EINSTELLUNGEN.
- Wählen Sie UPGRADE AUF VMFS5 aus.
- Führen Sie auf allen Hosts, die dem Datenspeicher zugewiesen sind, eine erneute VMFS-Prüfung durch.

Migration zu VMFS-Version 6

In vSphere 6.7 sieht die Sache nun etwas anders aus. VMFS-3 Datastores erhalten automatisch ein Upgrade. Sollte dies fehlschlagen, müssen die VMFS-3-Datestores manuell entfernt werden.

Mit VMFS-5-Datastores gibt es gar keine Möglichkeiten, diese direkt (*in-place*) upzugraden. Stattdessen müssen VMFS-5-Datastores gelöscht und neu im VMFS-6 erstellt werden. Dies bedeutet natürlich, dass Sie zunächst alle Daten evakuieren müssen – zum Beispiel mit einem Storage vMotion auf einen zuvor angelegten neuen VMFS-6-Datastore.

SCSI-Reservation

SCSI-Reservierungen sind SCSI-2-Sperrmechanismen, um einen Datenverlust durch den gleichzeitigen Zugriff mehrerer Systeme auf die gleichen Daten zu verhindern. VMware ESXi nutzt SCSI-Reservierungen, um die Metadaten einer LUN zu ändern. Wichtig: Der ESXi-Server sperrt die komplette LUN, um exklusiven Schreibzugriff auf die Metadaten zu erhalten. Sämtlicher I/O der VMs des reservierenden Hosts ist nach wie vor auf die LUN zugelassen, abgesehen von weiteren Metadaten-Updates. Dazu muss ein erneuter SCSI-Lock stattfinden. Lesezugriffe der anderen ESX-Hosts sind während der Reservierung weiterhin erlaubt, allerdings keine schreibenden I/Os (weder durch den Host noch durch die VM).

SCSI-Reservierungen kommen nur bei blockorientiertem Zugriff über das SCSI-Protokoll vor. Somit sind Fibre-Channel, iSCSI, FCoE und AoE betroffen.

Durch Aktivitäten wie Snapshots oder Thin Provisioning verschiedener virtueller Maschinen auf der gleichen LUN treten Metadatenänderungen relativ häufig und zu beliebigen Zeiten auf. Finden die Änderungen gleichzeitig statt, kommt es zu einem *SCSI Reservation Conflict*.

Reservierungen dauern zwischen 1 und 12 Millisekunden an, bei einer Standarddauer von ca. 7 Millisekunden. Sehr kleine Änderungen, z. B. an Berechtigungen, Zugriffszeiten oder Eignern, dauern in der Regel nur 1 bis 2 Millisekunden. Allerdings liegt das zeitliche Problem nicht an den SCSI-Reservation-Requests selbst, sondern an der Statusmeldung des Targets über das Fibre-Channel-Netz. Obwohl die SAN-Storage-Systeme SCSI-Reservations direkt bearbeiten, kann es bis zu 200 ms dauern, bis der ESXi-Server eine Antwort erhält.

Folgende Aktionen führen zu SCSI-Reservations:

- Erstellung einer Datei (auch bei Erstellung eines Snapshots)
- Löschung einer Datei (auch bei Löschung eines Snapshots)
- Wechsel der VMDK-Datei in den REDO-Modus (Update alle 15 MB)
- Vergrößerung von 2-GB-Sparse- oder -Thin-Festplatten (Update alle 15 MB). Bei der Verwendung von NFS werden NFS-Locks statt SCSI-Reservations genutzt.
- Migration von VMDK-Dateien (je eine Reservierung bei Quelle und Ziel). vMotion kann bei Konflikten fehlschlagen.

- Suspend der virtuellen Maschine (eine Suspend-Datei wird erstellt.)
- VMDK-Festplatte mit aktivem *Persistent Mode* (aufgrund des Erstellens und Löschens des REDO-Logs – und alle 16 MB beim Datenwachstum)
- VM-Erstellung mittels Template (Wenn das Template auch auf einem VMFS liegt, werden Reservations auf Quelle und Ziel gesetzt.)
- Template-Erstellung aus VM (Wenn Quelle und Ziel im VMFS liegen, wird neben der Standardreservierung auch alle 16 MB eine SCSI-Reservierung im Target durchgeführt.)
- Export einer VMDK-Datei
- Dateisystemanpassung via `fdisk` etc.
- Ausführung von `vm-support`
- Änderung von Berechtigungen, Eigner, Zugriffs-/Änderungszeiten
- Größenänderung einer Festplattendatei
- das erste Hinzufügen einer LUN an einen ESXi-Server

Wird eine SCSI-Reservierung fehlerhaft aufrechterhalten, ist dieser Befehl nützlich, um sie wieder aufzuheben:

```
vmkfstools -L lunreset /vmfs/devices/disks/vmhba#\:#\:#\:0
```

VMFS-Extents

Eine häufig gestellte Frage lautet, ob VMFS-Partitionen problemlos erweitert werden können, wie es bei vielen modernen Dateisystemen der Fall ist. Dies wünschen sich z. B. Administratoren, wenn sie eine stark gefüllte LUN auf dem Storage-System vergrößert haben. Bei vSphere lautet die Antwort: »Ja!« Es ist möglich, die VMFS-Partition online zu vergrößern, ohne Extents zu nutzen. Daher werden Extents nur noch über die Kommandozeile oder bei einer Verbindung von zwei oder mehr LUNs miteinander verbunden. Befinden sich die zu verknüpfenden Partitionen auf der gleichen LUN, wird die VMFS-Partition einfach vergrößert.

Ein großes Problem bei Extents besteht darin, dass sie per Konkatenation an bestehende Partitionen geknüpft werden und nicht per Stripe. Hat dies Nachteile? Auch hier ist die Antwort definitiv: »Ja!« Da beim Konkatenieren einfach mehrere Partitionen logisch verbunden werden, werden die Daten nicht gleichmäßig über alle Partitionen verteilt wie beim Striping. Der ESXi-Server legt die Daten schlicht so, wie sie entstehen, nacheinander über die Partitionen ab, als wäre es eine einzige Partition. Das heißt, zuerst wird das erste Extent mit Daten gefüllt, dann das zweite etc. bis zum letzten Extent. Sind die Daten größer als ein Extent (haben Sie z. B. eine 60-GB-VMDK-Datei bei 5 × 50-GB-Extents), wird zwangsweise über zwei LUNs geschrieben. Fällt eine der beiden genutzten LUNs aus, wird die VMDK-Datei entweder verschwinden, da der Header fehlt, oder sie wird beschädigt, da Datenteile fehlen.

Allerdings versucht der ESXi-Server, falls es vom Plattenplatz her möglich ist, VMDK-Dateien komplett auf ein Extent zu legen, um zumindest einen Teil der Ausfallsicherheit zu wahren. Sobald nicht mehr genügend Plattenplatz für eine VMDK-Datei auf einem der Extents ist, beginnt der ESXi-Server, die Lücken zu füllen, was entfernt mit einer Fragmentierung vergleichbar ist. Ist nicht mehr genügend Platz auf einem der Extents für eine Festplatte frei, so kann die Festplattendatei oder VM nicht mehr angelegt werden! Das Gemeine hierbei ist, dass Sie nicht sehen, wie stark die Extents belegt sind, sondern nur, wie stark der Datastore belegt ist. Besteht ein Datastore aus vier Extents à 74 GB und sind noch insgesamt 100 GB auf dem Datastore frei, können Sie trotzdem niemals eine Festplattendatei größer als 74 GB anlegen.

> **Thin Provisioning und Extents**
>
> Dieses Problem verschlimmert sich durch Thin Provisioning, da die Festplattendatei dann zwar angelegt werden kann, allerdings wird die Festplatte spätestens bei 74 GB nicht mehr weiter beschrieben werden können.
>
> Das Gleiche gilt bei Snapshots, die zwar immer angelegt werden können, aber unter Umständen irgendwann aufgrund der Größenbeschränkung eines Extents nicht mehr wachsen können.

Entgegen der Meinung, bei Extents würden die VMDK-Dateien sinnvoll verteilt, wird sogar bei gleichzeitigem Anlegen mehrerer VMs auf dem gleichen Extent-Datastore die gleiche LUN genutzt, falls genügend freier Platz vorhanden ist. Daher ist eine Erhöhung der Leistung durch Zugriff auf mehrere Partitionen nicht steuerbar, sondern rein zufällig, und zwar abhängig vom Füllgrad. Wie bereits erwähnt wurde, ist es ganz fatal, Extents in Verbindung mit Linked Clones (*Lab Manager*) oder Thin-VMDK-Dateien zu nutzen, da im schlimmsten Fall alle VMs auf der ersten Festplatte des Extents angelegt würden und dieses irgendwann vollaufen würde, ohne dass es am Füllgrad des Datastores erkennbar wäre. Der Vorteil an der Konkatenation ist, dass bei einem Ausfall eines Extents im besten Falle nur die VMs nicht mehr im Zugriff sind, die auf genau dieser LUN lagen.

Abbildung 9.50 zeigt einen Kopierprozess auf einem Datastore, der aus vier Extents besteht. Nur Volume 3 wird genutzt. (Der Storage wurde in einer VM auf lokalen Festplatten mit *DataCore SANSymphony* virtualisiert, was zu den schlechten Performance-Werten führt.)

Beim *Striping* (das allerdings von VMware nicht verwendet wird) werden alle Partitionen logisch miteinander verknüpft, und die Daten werden beim Schreiben nahezu gleichmäßig über alle Partitionen oder Festplatten verteilt. Das führt wirklich zu mehr Performance (siehe Abbildung 9.51), da eine bessere Verteilung herrscht. Striping hätte allerdings bei einem Ausfall eines der Extents den Ausfall des kompletten Datastores zur Folge.

Bevor Sie Extents verwenden, sollten Sie erst alle Möglichkeiten durch Erstellen einer größeren LUN mit VMFS-Formatierung ausschöpfen. Die VMs verschieben Sie dann mit Storage vMotion. Extents wären nur im äußersten Notfall sinnvoll.

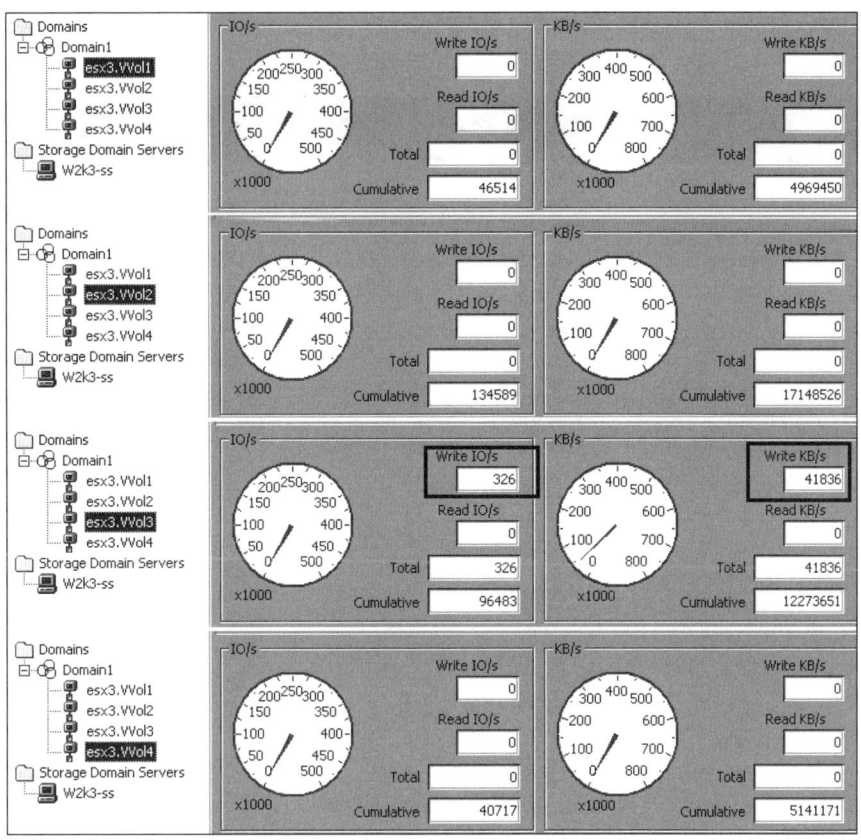

Abbildung 9.50 Kopierprozess auf einem Datastore, der aus vier Extents besteht

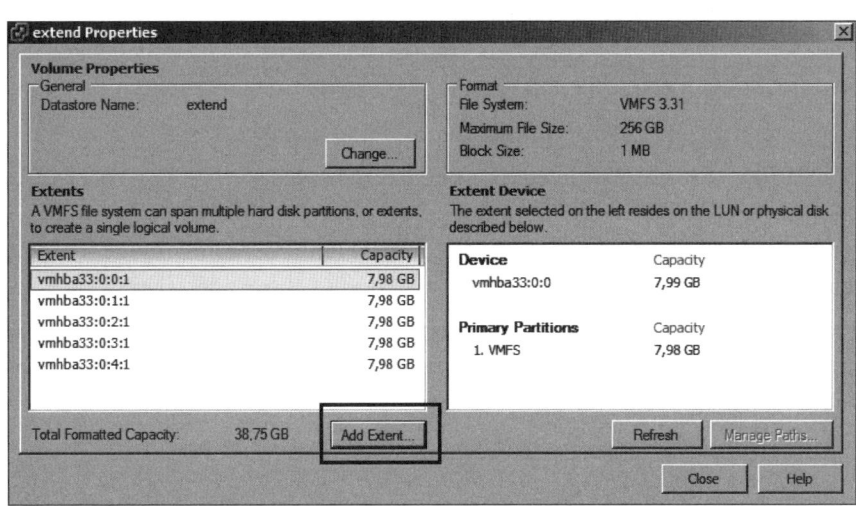

Abbildung 9.51 Ansicht eines Datastores mit vier Extents (Die Grafik wurde noch mit VMware ESX 3.5 erstellt – unter vSphere sieht es jedoch ähnlich aus.)

9 Storage-Architektur

Im vSphere Client lässt sich die Kapazität des Datastore durch Rechtsklick auf den Datastore oder im Konfigurationsmenü erweitern (siehe Abbildung 9.52).

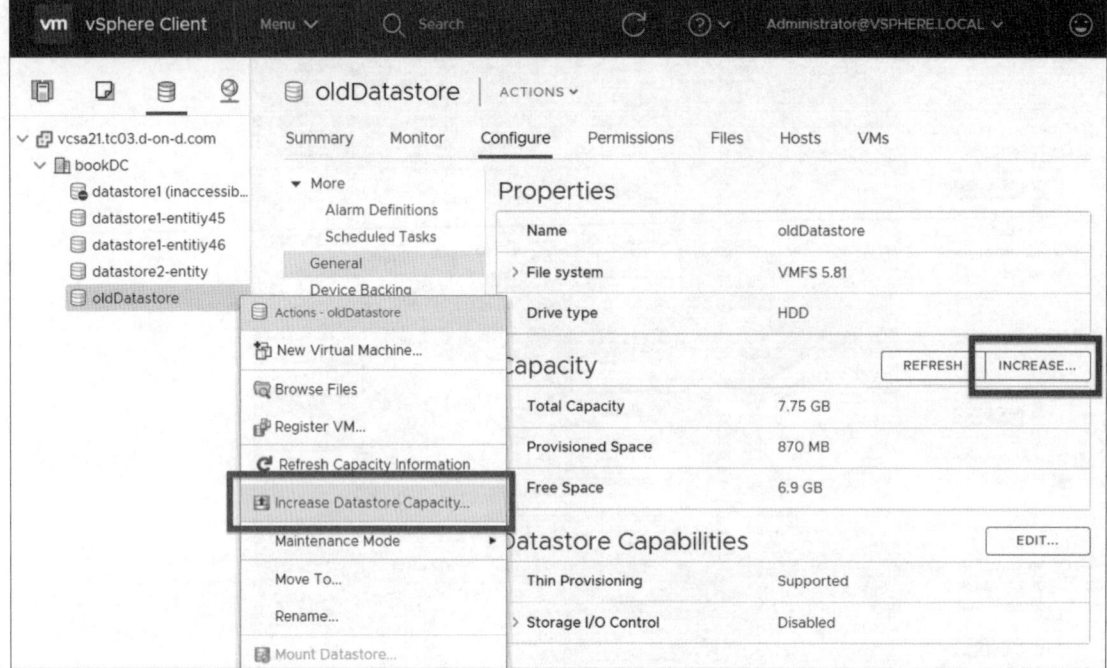

Abbildung 9.52 Erweitern des Datastores im vSphere Client (HTML5-Client)

Nutzung von Extents

Neben der Vergrößerung von bestehenden Datastores durch das Anlegen weiterer Partitionen durch Konkatenieren auf der gleichen LUN können Sie Extents auch auf beliebige Raw LUNs anwenden, sogar auf solche, die von unterschiedlichen Storage-Systemen kommen. Dabei sollten Sie aber mehrere Aspekte bedenken:

1. die Datensicherheit, da bei Ausfall einer der LUNs beliebige Zugriffe auf den Datastore versagen
2. ein weiteres Mal die Datensicherheit: Wenn Sie Extents über mehrere Storage-Systeme verteilen, entstehen mehrere potenzielle Ausfallpunkte, die schwer adressierbar sind.
3. QoS (*Quality of Service*): Bei einer Verteilung auf mehrere LUNs müssen Sie sehr darauf achten, dass diese immer gleicher Natur sind, also keine unterschiedlichen Performance-, RAID- oder QoS-Einstellungen besitzen. Dies würde zu unvorhersehbaren Problemen führen.

VMFS-Blockgröße

Die Spekulationen um die richtige VMFS-Blockgröße haben sich mit VMFS-5 erledigt, da VMFS-5 nur noch eine einzige Blockgröße zulässt, nämlich 1 MB. Nur bereits mit VMFS-3 angelegte Datastores, die auf VMFS-5 aktualisiert werden, behalten ihre bestehende Blockgröße von bis zu 8 MB. VMFS-5 unterstützt Dateigrößen (z. B. VMDK) bis 2 TB und seit Version 5.5 bis 64 TB. Die Blockgröße spielt hierbei keine Rolle mehr.

Aber auch hier ist nicht alles Gold, was glänzt: Wenn Sie Datastores, die von VMFS-3 auf VMFS-5 migriert wurden, zusammen mit VMFS-5-formatierten Datastores verwenden, kann es bei Storage vMotion zu unschönen Überraschungen bei der Datenübertragung kommen. Das liegt daran, dass Storage vMotion nur dann die VAAI-Funktionen zum Offload der Datenübertragung vom ESX-Host auf den Storage nutzt, wenn die Blockgrößen gleich sind. Daher sollten Sie bei der Verwendung von Datastores mit VMFS-3-Blockgrößen größer 1 MB über die Neuformatierung mit VMFS-5 nachdenken, um die optimale Storage-vMotion-Leistungsfähigkeit zu erreichen.

Allerdings ist es wichtig, zu verstehen, dass eine Abfrage aus der Applikation im Gast nichts mit der Blockgröße des VMFS und auch nichts mit der Blockgröße im Storage zu tun hat. Erstens ist es so, dass sowohl NTFS unter Windows als auch VMFS unter VMware Dateisysteme sind und die Block- bzw. Cluster-Größe hier für die Zuordnungen in der Dateiallokationstabelle eine Rolle spielt. Zweitens hat beides nichts mit der blockorientierten Welt des Storage-Systems zu tun.

1 MB Blockgröße im VMFS bedeutet, dass jede Datei mindestens 1 MB belegt, unabhängig davon, ob sie kleiner ist. VMDK-Dateien betrifft dies nie, sondern nur VMX-, LOG- und andere Dateien. Kleinstdateien wie zum Beispiel VMX- oder LOG-Dateien existieren aber nicht millionenfach auf dem Datastore, sondern es sind eher ein paar Dutzend oder wenige Hundert; daher ist die Verschwendung uninteressant.

Werden aus dem Windows-Gast 4 KB angefordert, so weiß das Dateisystem aus der *File Allocation Table* (FAT), wo diese 4 KB auf der Festplatte stehen, und gibt die Anfrage an den SCSI-Treiber weiter. Dies betrifft den VMkernel, der die Zuordnung zwischen dem angefragten Datenblock und der Ablage auf dem Storage kennt. Daher werden auch bei einer Blockgröße des VMFS von 8 MB bei einer 4-KB-Abfrage die 64 KB des Storage zählen (bzw. das, was im Storage eingestellt ist) und nicht die 8 MB des VMFS. VMware hat allerdings bis VMFS-3 selbst 64-KB-Sub-Blöcke verwendet und diese mit VMFS-5 auf 8-KB-Sub-Blöcke reduziert. Das heißt, falls die Abfrage aus dem Gast 4 KB beträgt, fragt VMware in jedem Fall 8 KB ab.

Fazit: Alignment ist wichtig, aber die Blockgröße und der Alignment-Wert sind für die Leistungsfähigkeit zweitrangig.

VMFS-SCSI-Errorcodes

Alle Fehler, die beim Betrieb von VMFS-Partitionen auftreten, sind in der Protokolldatei */var/log/vmkwarning* zu finden. Sie unterscheiden sich jedoch zwischen den VMware-ESXi-Versionen. Ein sehr hilfreiches Knowledge-Base-Dokument (289902) finden Sie hier:

http://kb.vmware.com/kb/289902

Eine SCSI-Fehlermeldung ist wie folgt aufgebaut:

H:0x8 D:0x0 P:0x0 Possible sense data: 0x0 0x0 0x0

Tabelle 9.7 stellt die generelle Syntax für ESX 5.0 und neuere Versionen dar.

Code	Eigenschaft
A	Host-Status (Initiator)
B	Gerätestatus (Target)
C	Plug-in (VMware-spezifisch)
D	Fehlercode
E	erweiterter Fehlercode
F	Kennzeichner des erweiterten Fehlercodes

Tabelle 9.7 SCSI-Fehlercode-Aufbau

9.11.6 Virtuelle Maschinen

Die virtuellen Maschinen haben zwar technisch nicht allzu viel mit Storage zu tun, allerdings sind sie der erste Ansatzpunkt, an dem die Leistungsengpässe als Erstes bemerkt und gespürt werden. vSphere bringt für die virtuellen Maschinen mittlerweile fünf verschiedene Adapter mit und unterstützt *Raw Device Mappings* (RDM) und NPIV. Nach wie vor können die VMware-Snapshots die Speicherleistung deutlich verschlechtern.

IDE-Adapter

Für ältere Gastbetriebssysteme hat VMware nun auch den IDE-Adapter, der bei den VMware-Workstation-Produkten schon seit jeher verfügbar ist, mit vSphere ins Enterprise-Segment gebracht. Während Sie eine virtuelle Festplatte anlegen, müssen Sie statt SCSI den IDE-Controller wählen (siehe Abbildung 9.53).

Diesen Adapter sollten Sie wirklich nur im Notfall verwenden, da er keinerlei Leistungsvorteile bringt, sondern nur Kompatibilitätsvorteile.

9.11 VMware-Storage-Architektur

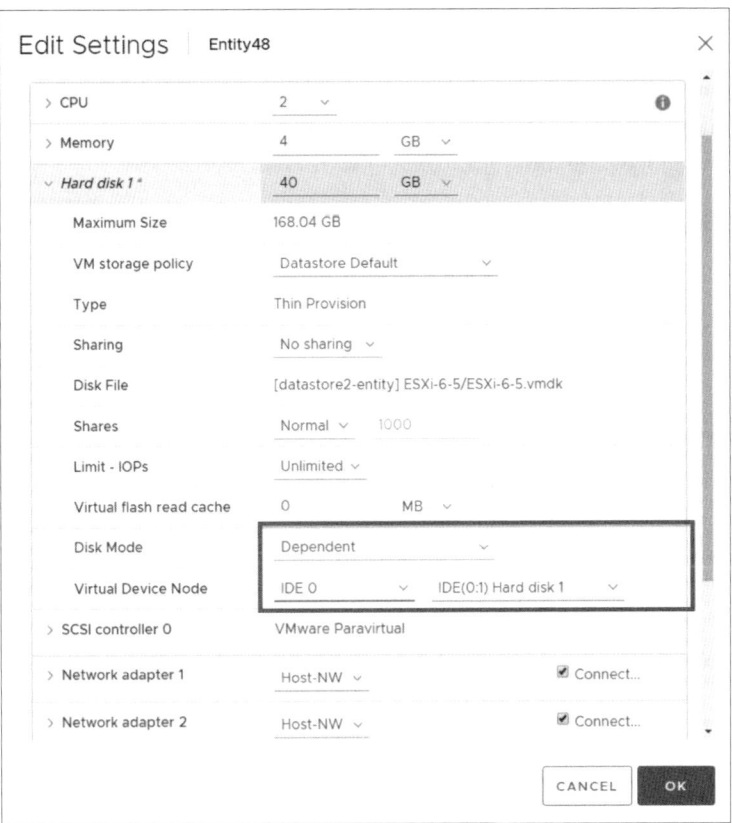

Abbildung 9.53 Der IDE-Festplattencontroller in den Eigenschaften der VM

Standard-SCSI-Adapter

Als Standard-SCSI-Adapter werden die bereits bekannten BusLogic-Parallel- und LSI-Logic-Parallel-Emulationen mitgeliefert. *BusLogic* sollten Sie nur bei älteren Systemen auswählen und ansonsten immer *LSI Logic* vorziehen. Reichen Sie notfalls während der Installation den LSI-Treiber per Diskette nach ([F6] unter Windows). *LSI Logic Parallel* ist für SAN-Umgebungen optimiert, da diese eine bessere Busbandbreite und bessere Cache- und Queue-Möglichkeiten bieten.

Um den neuen LSI-Logic-SAS-Controller zu verwenden, muss die virtuelle Maschine über die neue Hardware-Version 7 verfügen, und er ist als Adapter für geclusterte Windows-2008-Gastsysteme gedacht.

Paravirtualized SCSI

Mit vSphere 3.5 kam ein neuer SCSI-Adapter für die virtuellen Maschinen hinzu, der paravirtualisiert läuft (siehe Abbildung 9.54). Dies bedeutet, dass der Treiber dieses Gerätes ähnlich wie die VMXNET-Netzwerkkarte über seine Virtualisierung »Bescheid weiß«. Dies ermöglicht eine optimierte Kommunikation zwischen Gastkomponente und VMkernel und bietet daher erhebliche Leistungsvorteile. Außerdem existieren Limitierungen bei den Hot-Add- und Hot-Remove-Funktionen, und Sie sollten bedenken, dass paravirtualisierte SCSI-Platten mit Snapshots keine Leistungsvorteile mehr besitzen. Weitere Informationen erhalten Sie in der VMware Knowledge Base unter *http://kb.vmware.com/kb/1010398*.

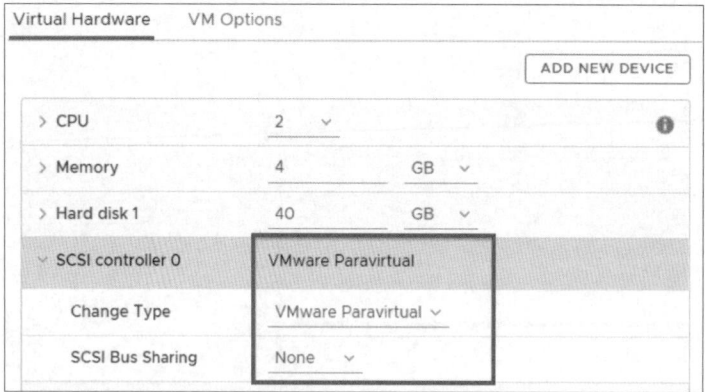

Abbildung 9.54 Paravirtualisierter SCSI-Adapter unter VMware vSphere in den Eigenschaften einer VM

RDM

Bei *Raw Device Mappings* (RDM) handelt es sich um 1:1-Zuordnungen zwischen virtueller Festplatte und physischer LUN (siehe Abbildung 9.55). Daher funktionieren RDMs auch nur mit blockorientierten Systemen und nicht mit NFS. VMware nutzt zur Zuordnung ein Mapping-File, das als Proxy für die SCSI-Befehle dient. Man unterscheidet zwischen *Physical* und *Virtual Mode*, wobei der Physical Mode für Cluster zwischen virtuellen und physischen Systemen eingesetzt wird und der Virtual Mode Funktionen wie Snapshots unterstützt.

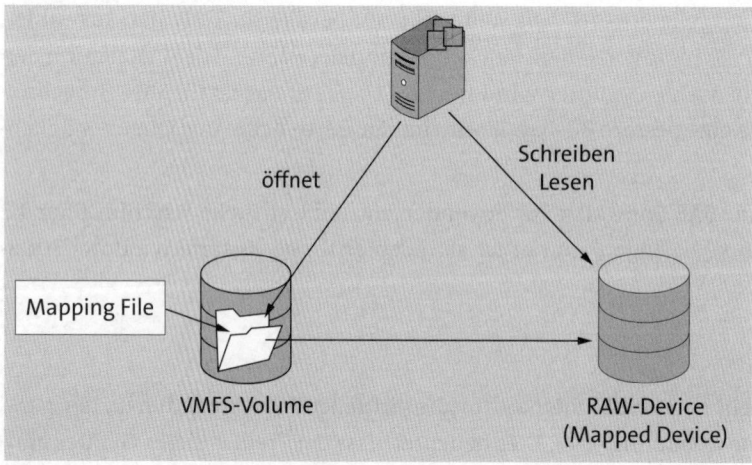

Abbildung 9.55 Raw-Device-Mapping-Zuordnung

Sie sollten bei der Verwendung von RDMs sehr vorsichtig agieren, da das Betriebssystem im Gast die Festplatten mit eigenen Daten und Dateisystemen beschreibt. Während VMware NTFS und EXT3 als Daten erkennt, was beim Überschreiben von RDM-LUNs mit VMFS zumindest eine Hürde darstellt, sind z. B. Oracle-Raw-Daten nicht erkennbar. Daher sollten Sie die LUN-IDs für RDMs in einem bestimmten Bereich (z. B. größer 100) halten, um Missverständnisse und Datenverlust zu vermeiden.

Vorteile von RDMs sind die bessere Unterstützung von Storage-Snaphots, die Lesbarkeit der Daten von anderen Systemen (z. B. NTFS statt VMFS) und die effektive Einzelnutzung durch die VM oder den VM-Cluster. Nachteile liegen in der Verwaltung, da Sie für jede virtuelle Festplattendatei ein RDM und eine LUN anlegen und verwalten müssen.

Die LUNs müssen bei der RDM-Verwendung mit dem ESX-Server verbunden werden. Dies unterscheidet sich nicht von VMFS-Datastores. vMotion, HA und DRS funktionieren in diesem Fall dann auch wie normal.

Setzen Sie Storage vMotion ein, sollten Sie unbedingt beachten, dass aus der RDM-LUN eine VMDK-Datei erzeugt wird, wenn Sie dies nicht dediziert ausschließen. Dies hat zur Folge, dass eine 1-TB-RDM-LUN als 1-TB-VMDK-Datei auf dem Ziel-Datastore erstellt wird.

NPIV (*N-Port ID Virtualization*) ist nur bei der Verwendung von RDMs möglich und erlaubt eine direkte Zuordnung der virtuellen Festplatte der virtuellen Maschine zu einer LUN, da auf den virtuellen Maschinen zusätzliche virtuelle WWPNs (*World Wide Port Names*) konfiguriert werden. Diesen virtuellen WWPNs, die der ESX-Server an die FC-Ports weitergibt (daher müssen Sie die Funktion auf den FC-Switches freischalten), können Sie schreibenden Zugriff auf die LUNs erlauben, während der ESX-Host nur lesenden Zugriff erhält. Damit sorgen Sie dafür, dass die entsprechende LUN nicht aus Versehen oder absichtlich einer anderen, nicht autorisierten VM zugeordnet wird.

VMDirectPath-I/O

Der I/O-Zugriff von *VMDirectPath* belastet die CPU beim Verarbeiten von Storage-Last weniger, wenn dauerhaft und regelmäßig auf die Speichersysteme zugegriffen wird, weil er es der VM ermöglicht, direkt auf die physische Hardware zuzugreifen.

Dies führt allerdings dazu, dass andere Virtualisierungsfunktionen, wie z. B. vMotion, nicht mehr zur Verfügung stehen, da die Virtualisierungsschicht ausgeklammert wird. Mit Verwendung von VMDirectPath-I/O sind die folgenden Funktionen nicht mehr möglich:

- vMotion
- Hot Add bzw. Hot Remove von virtuellen Festplatten
- Suspend und Resume
- Fault Tolerance
- vSphere HA
- Memory-Overcommitment und Transparent Page-Sharing

Um VMDirectPath-I/O für Netzwerkkarten zu nutzen, benötigen Sie 10-Gigabit-Ethernet-Controller des Typs *Intel 82598* oder *Broadcom 57710* oder *57711* im ESXi-Server. Experimentelle Unterstützung wird bei HBAs von *QLogic* (QLogic QLA25xx 8GB Fibre-Channel), *Emulex* (LPe12000 8GB Fibre-Channel) sowie *LSI-3GB-SAS*-Adaptern (3442e-R und 3801e – basierend auf dem 1068-Chip) angeboten.

9.11.7 VMware-Snapshots

Wenn Sie einen Snapshot auf einer virtuellen Maschine erstellen, so wird ein bestimmter Zeitpunkt festgehalten. Das heißt, ab dem Zeitpunkt des Snapshots bleiben die Ursprungsdateien der VM unangetastet, und alle Änderungen werden in neue Dateien geschrieben. Dies kann im laufenden Betrieb der virtuellen Maschinen geschehen. Ebenfalls ist es möglich, die aktuellen Daten mit den Daten des Snapshots zusammenzuführen, was auch keine Ausfallzeiten mit sich bringt. Nur wenn Sie die Daten seit dem Snapshot verwerfen möchten, wird die virtuelle Maschine gestoppt, auf den alten Stand gebracht und nochmals aktiviert.

Theoretisch können Sie beliebig viele Snapshots anlegen, allerdings ist dies natürlich aufgrund der fehlenden Transparenz bei der Snapshot-Verwaltung und dem aufwendigen Management wenig sinnvoll.

Sobald ein Snapshot angelegt wurde, wachsen die neu erstellten Deltadateien dynamisch mit der Aktivität im Gast. Jede Änderung auf den Festplatten führt also zum Wachstum der Delta-Festplattendatei. Damit ist jede Änderung gemeint – vom Kopieren einer Datei über sicheres Formatieren der Festplatte mit Nullen bis zum Löschen von Dateien. Es findet niemals eine Reduzierung des Plattenbedarfs statt. Allerdings kann eine Deltadatei niemals größer werden als die Originaldatei, von der sie abstammt, da alle Speicherblöcke 1:1 abgebildet wurden. Wird der gleiche Block hundertmal überschrieben, ändert dies nichts an der Größe der Deltadatei. Sobald ein neuer Block geschrieben wird, wächst die Deltadatei mindestens in 15-MB-Schritten mit.

Daher ist es wichtig, zu verstehen, dass zwar nach dem Anlegen des Snapshots der zusätzliche Speicherbedarf maximal verdoppelt werden kann; dies gilt aber für jeden Snapshot. Das heißt, wenn die Deltadatei nach dem ersten Snapshot 5 GB groß ist und ein zweiter Snapshot angelegt wird, so summieren sich die Deltadateien insgesamt auf dem Datastore. Somit müssen Sie sowohl die Anzahl der Snapshots als auch deren Größe im Auge behalten.

Snapshots werden übrigens fast immer von Backup-Produkten genutzt, um virtuelle Maschinen im aktiven Zustand von außen zu sichern (nicht mittels Agent im Gast, sondern durch das vStorage API). Dies hat den Hintergrund, dass die Festplattendateien einer VM im exklusiven Lese-/Schreibzugriff durch den VMkernel sind, bis ein Snapshot angelegt wird. Ab diesem Zeitpunkt können die Ursprungsfestplattendateien gelesen werden, und die letzte Deltadatei ist im exklusiven Schreib-/Lesezugriff durch den VMkernel.

Tabelle 9.8 zeigt den technischen Ablauf eines Snapshots.

Aktion/Dateien der VM	VMDK-Größe	NTFS-Größe	freie Kapazität NTFS
Anlegen der VM mit Thick-Platte			
Vm1.vmdk (c:\)	10,2 GB	10 GB	5 GB
Kapazitätsnutzung im VMFS durch VM	**10,2 GB**		
Kopieren einer DVD im Gast (1 GB)			
Vm1.vmdk (c:\)	10,2 GB	10 GB	4 GB
Anlegen von Snapshot 1			
Vm1.vmdk (c:\)	10,2 GB	10 GB	4 GB
Vm1-000001.vmdk	> 1 MB	10 GB	4G B
Kopieren einer Datei im Gast (500 MB)			
Vm1.vmdk (c:\)	10,2 GB	10 GB	4 GB
Vm1-000001.vmdk	~500 MB	10 GB	3,5 GB
Anlegen von Snapshot 2			
Vm1.vmdk (c:\)	10,2 GB	10 GB	4 GB
Vm1-000001.vmdk	~500 MB	10 GB	3,5 GB
Vm1-000002.vmdk	> 1 MB	10 GB	3,5 GB
Kopieren einer DVD im Gast (2 GB)			
Vm1.vmdk (c:\)	10,2 GB	10 GB	4 GB
Vm1-000001.vmdk	~500 MB	10 GB	3,5 GB
Vm1-000002.vmdk	~2 GB	10 GB	1,5 GB
Kapazitätsnutzung im VMFS durch VM	**12,5 GB**		
Entfernen der beiden Snapshots			
Vm1.vmdk (c:\)	10,2 GB	10 GB	1,5 GB
Kapazitätsnutzung im VMFS durch VM	**10,2 GB**		

Tabelle 9.8 Ein Snapshot und seine Entwicklung in der Übersicht

Wie Sie in Tabelle 9.8 sehen, sind Deltadateien leicht an der Nummerierung ######.vmdk zu erkennen und wachsen mit den Daten im Gast mit. Die Plattenbelegung im Gastdateisystem wird mit dem Anlegen des Snapshots konserviert und auf den Deltadateien mitgepflegt. Sobald die Snapshots entfernt werden, werden alle Änderungen in die Originalfestplattendateien geschrieben. Die Deltadateien werden gelöscht und belegen keinen zusätzlichen Plattenplatz mehr. Jedes Wachstum der Deltadateien und das Anlegen und Entfernen der Snapshots führt übrigens im FC-Umfeld zu SCSI-Reservations, wodurch ein exzessiver Gebrauch von Snapshots auch schnell zu Leistungsengpässen führt.

> **Snapshots sind keine Backups**
>
> Snapshots werden zwar zur Sicherung von außen durch Software oder Skripte genutzt, dienen aber selbst nicht als Ersatz für Backup-Lösungen. Snapshots sind, wenn überhaupt, kurzzeitig bei Anpassungen im Gast einzusetzen (z. B. zur Aktualisierung des Gastbetriebssystems oder der Applikation) oder eben durch die Backup-Software, die die Snapshots direkt wieder löscht, sobald die Sicherung abgeschlossen wurde.

Wie bereits erklärt wurde, bauen die Snapshots per Copy-on-Write-Verfahren aufeinander auf. Daher dürfen Sie niemals die Snapshot-Kette unterbrechen, indem Sie beispielsweise Snapshot-Dateien manuell entfernen. Dies führt im schlimmsten Fall zu massivem Datenverlust.

Snapshots entfernen

Das Entfernen von Snapshots entspricht technisch dem Zurückschreiben aller Änderungen seit dem Anlegen der Snapshots auf die Original-VMDK-Dateien respektive auf einem Raw Device Mapping. Das Verfahren wurde bereits mit *vSphere 4 Update 2* entscheidend angepasst.

Die Änderung betrifft die Auswahl DELETE ALL im *Snapshot Manager*, um sämtliche Snapshots zu entfernen und alle Änderungen auf die Originalplatte zurückzuschreiben.

Bei allen Versionen bis vSphere 4 Update 2 gehen Sie so vor:

1. Originalfestplatte *vm1.vmdk* – 20 GB
2. Snapshot 1 *Vm1-000001* – 1 GB = kann bis auf 8 GB anwachsen
3. Snapshot 2 *Vm1-000002* – 1 GB = kann bis auf 7 GB anwachsen
4. Snapshot 3 *Vm1-000003* – 1 GB = kann bis auf 6 GB anwachsen
5. Snapshot 4 – 5 GB

Durch die Auswahl von DELETE ALL im Snapshot Manager wird zuerst Snapshot 4 in Snapshot 3 zurückgeschrieben, danach Snapshot 3 in Snapshot 2, Snapshot 2 in Snapshot 1 und Snapshot 1 schließlich auf die Originalfestplatte, um danach alle Snapshots zu löschen. Während der Zeit des Zurückschreibens wird zusätzlicher Festplattenplatz benötigt. Kurz vor dem finalen Zurückschreiben könnte VM1 mit all ihren Festplatten bis zu 36 GB verbrauchen (5 + 6 + 7 + 8 + 10 GB).

Ab Version vSphere 4 Update 2 sieht der Vorgang so aus:

1. Originalfestplatte *vm1.vmdk* – 20 GB
2. Snapshot 1 *Vm1-000001* – 1 GB
3. Snapshot 2 *Vm1-000002* – 1 GB
4. Snapshot 3 *Vm1-000003* – 1 GB
5. Snapshot 4 – 5 GB

Durch die Auswahl von DELETE ALL im Snapshot Manager wird zuerst Snapshot 1 auf die Originalfestplatte zurückgeschrieben, danach Snapshot 2, Snapshot 3 und schließlich Snapshot 4, und alle Snapshots werden gelöscht. Es wird kein zusätzlicher Festplattenplatz verbraucht. Das heißt, es bleibt bei 28 GB. Diese Neuerung hat einen entscheidenden Vorteil, da die Festplattennutzung mit Löschung jedes Snapshots nicht zunimmt. Besonders wenn der Datastore schon voll ist, weil die Snapshots wachsen, ist diese Änderung von unschätzbarem Vorteil.

Snapshot Consolidator

VMware hat auf die beschriebene Problematik reagiert und ermöglicht mit dem integrierten *Snapshot Consolidator* auch das Erkennen und Löschen von Snapshots, die im Snapshot Manager nicht mehr sichtbar sind (siehe Abbildung 9.56). Diese unsichtbaren Snapshots haben in der Vergangenheit manchen Administrator zur Verzweiflung getrieben, da die Datastores vollliefen, ohne dass man erkennen konnte, weshalb. Tools wie der *opvizor* konnten diese Snapshots bereits früher aufspüren, indem sie auf die genutzte Festplatte der VM achteten und nicht auf den Snapshot Manager.

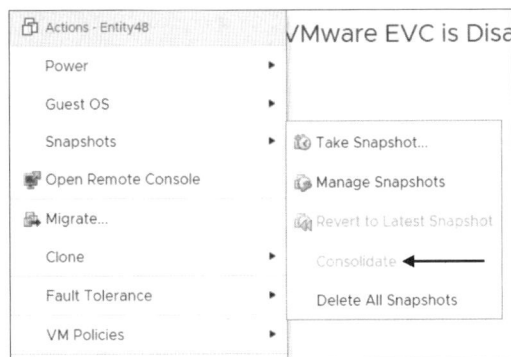

Abbildung 9.56 Snapshot-Consolidate einer VM, die nur bei Bedarf verfügbar ist

Snapshots können aus den verschiedensten Gründen aus dem Snapshot Manager verschwinden, wenn die Beschreibungsdatei der VM-Snapshots korrupt ist.

Diese Suche nach unsichtbaren Snapshots funktioniert übrigens auch mit der PowerCLI. So stellen Sie fest, welche VMs ein Consolidate gebrauchen können:

```
Get-VM | Where-Object {$_.Extensiondata.Runtime.ConsolidationNeeded}
```

Um ein Consolidate auf eine einzelne VM auszuführen, schreiben Sie:

```
(Get-VM -Name "TestVM").ExtensionData.ConsolidateVMDisks()
```

9.11.8 VM-Speicherprofile

VM-Speicherprofile (*VM Storage Policies*) sind auf den ersten Blick nur bestimmte Attribute, die Sie zentral im vCenter anlegen (ähnlich wie *Custom Attributes*) und dem Storage-System zuweisen. Über HOME • VM STORAGE POLICIES erhalten Sie eine Übersicht sämtlicher VM-Speicherprofile (siehe Abbildung 9.57).

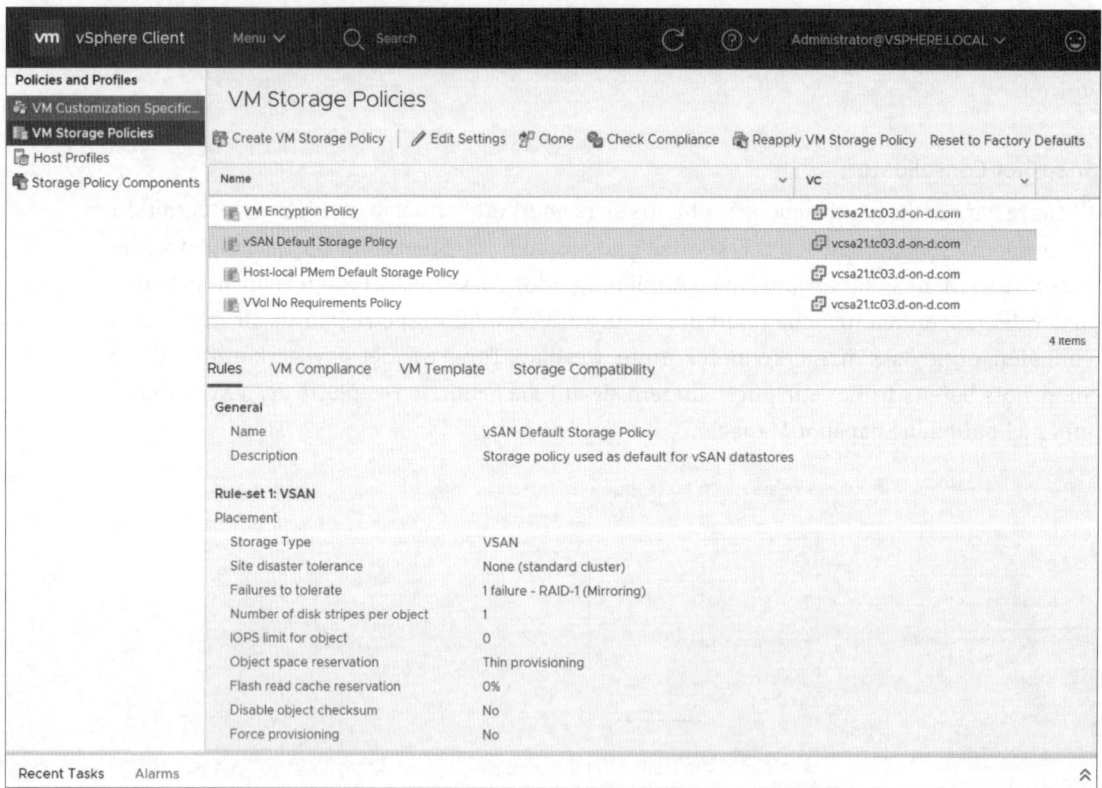

Abbildung 9.57 VM-Speicherprofile

Genauer wird das Vorgehen noch am Beispiel von vSAN in Kapitel 10, »VMware vSAN«, beschrieben.

9.12 VAAI

VAAI, die *VMware vStorage APIs for Array Integration*, ist ein Paket von Programmierschnittstellen, das VMware vSphere die Kommunikation mit den angeschlossenen Storage-Systemen ermöglicht. VAAI wurde bereits mit vSphere 4.1 eingeführt und mit vSphere 5 deutlich erweitert. Die Storage-Hersteller sind auf den Zug aufgesprungen, wodurch sich der mögliche Funktionsumfang deutlich verbessert hat.

VAAI bringt vor allem in der Performance enorme Vorteile, da Storage vMotion vom ESXi-Host komplett auf das Storage-System verlagert werden kann. Das Storage-System erhält lediglich Informationen von vSphere, welche Blöcke kopiert werden sollen und wohin. Statt Datenübertragungen finden nur Pointer-Übertragungen statt, was die Last auf dem Storage-Netzwerk wesentlich verringert.

Weitere Funktionen sind:

- **Atomic Test & Set** (ATS) ermöglicht es, Dateien anzulegen und zu ändern, ohne SCSI-Reservations auf der kompletten LUN zu setzen.
- **Clone Blocks/Full Copy/XCOPY** wird von Storage vMotion genutzt.
- **Zero Blocks/Write Same** wird genutzt, um Blöcke zu löschen bzw. mit Nullen zu beschreiben.
- **Thin Provisioning Block Space Reclamation ESXi 5.x** ermöglicht es dem ESXi-Host, Informationen ans Storage-System zu senden, welche Blöcke nicht mehr durch virtuelle Maschinen mit Daten belegt sind (z. B. weil eine VM gelöscht oder auf einen anderen Datastore migriert wurde – »reclaim«).

vSphere 5 brachte außerdem neue Funktionen für die Nutzung im NAS-Umfeld mit:

- **Full File Clone** erlaubt es, ungenutzte VMDK-Dateien (VM abgeschaltet) auf dem NAS-System zu kopieren (sehr nützlich für Massenprovisionierung).
- **Reserve Space** ermöglicht die Erstellung von Thick-provisioned VMDK-Dateien – vormals war nur Thin-Provisioning auf NAS-Storage-Systemen möglich.
- Dank **Native Snapshot Support** können Snapshots direkt durch den Storage erzeugt werden (dies sind keine VMware-Snapshots). Diese Funktion kann für VDI-(Desktop-)Umgebungen als performanter Ersatz für Linked Clones dienen.
- **Extended Statistics** verbessern die Auswertung des real genutzten und provisionierten Plattenspeichers des Datastores (sehr nützlich bei Verwendung von Thin- und Thick-VMDK-Dateien und Snapshots).

Mit vSphere 6.7 wurden die Fähigkeiten von XCOPY weiter ausgebaut. So ist es nun möglich, XCOPY mit spezifischen Parametern zu konfigurieren und so die XCOPY-Operationen des Storage-Arrays zu optimieren. Dies geschieht entweder mit dem Standard-SCSI-T10-Plug-in (*VMW_VAAIP_T10*) oder über die Unterstützung spezifischer Dritthersteller-Plug-ins (*vmkAPI*).

Voraussetzung für die Nutzung der VAAI-Funktionen ist ein unterstütztes Storage-System. Meist wird ein Firmware-Upgrade auf dem Storage-System benötigt.

Den VAAI-Status können Sie mit der vCLI auslesen:

```
esxcli -s vcenter -h esx1 storage core device vaai status get
```

Eine Übersicht über die verfügbaren VAAI-Funktionen erhalten Sie mit folgendem Befehl:

```
esxcli -s vcenter -h esx1 storage core claimrules list -c all
```

Folgende *Advanced Settings* sind VAAI-relevant:

- /DataMover/HardwareAcceleratedMove
- /DataMover/HardwareAcceleratedInit
- /VMFS3/HardwareAcceleratedLocking

9.12.1 VAAI-Einschränkungen

vSphere 5 bot bei der Umstellung auf VMFS-5 die Möglichkeit einer unterbrechungsfreien Aktualisierung. Wie so oft steckt aber der Teufel im Detail – in diesem Fall in der VAAI-Unterstützung.

Die VAAI-Funktionalität *Atomic Test & Set* (ATS), die die bekannten SCSI-Reservation-Probleme aufhebt, funktioniert nur teilweise, wenn Sie einen von VMFS-3 auf VMFS-5 aktualisierten Datastore benutzen. Das heißt, während VMFS-5 immer auf ATS setzt, kann es bei einem VMFS-3-zu-VMFS-5-Datastore zu einem Rückfall auf die SCSI-Reservations kommen, wenn ein Problem auftritt.

Außerdem müssen Sie beachten, dass VMFS-5 immer eine Blockgröße von 1 MB benutzt, VMFS-3 allerdings zwischen 1 und 8 MB verwendete. Ein VMFS-5-Upgrade verändert die Blockgröße nicht. Das heißt, ein VMFS-3-Datastore, der mit einer Blockgröße von 8 MB formatiert wurde, bleibt bei 8 MB, auch nachdem er auf VMFS-5 aktualisiert wurde.

Die VAAI-Storage-vMotion-Verlagerung zum Storage (XCOPY) funktioniert nur, wenn die Blockgrößen gleich sind. Haben Quell- und Ziel-Datastore eine Blockgröße von 1 MB, wird die schnelle VAAI-Variante gewählt; sind Quell- und Ziel-Datastore unterschiedlich, wird nicht mit VAAI, sondern wie früher über das Storage-Netzwerk übertragen, was sehr langsam sein kann.

Weitere Limitierungen sind:

- Die Quelle ist ein RDM, das Ziel ist ein Datastore (VMDK).
- Der Quell-VMDK-Typ ist *eagerzeroedthick*, und der Ziel-VMDK-Typ ist *thin*.
- Die Quell- oder die Ziel-VMDK-Datei sind Sparse- oder Hosted-Typen (VMware Server, VMware Workstation).

- das Klonen einer VM mit existierenden Snapshots
- Der VMFS-Datastore ist nicht *aligned* (Partition Alignment), was nur bei manuell angelegten VMFS-Datastores passieren kann; der *vSphere Client*, *-Web-Client* und Applikationen oder Plug-ins, die die *vCenter-API* nutzen, legen die VMFS-Partition immer korrekt an.
- Die VM liegt auf einem VMFS-Datastore, der aus mehreren Erweiterungen (*Extents*) auf unterschiedlichen Storage-Systemen besteht.

9.13 Storage I/O Control

Storage I/O Control (SIOC) erweitert seit vSphere 4.1 die Ressourcenkontrolle um die Einschränkung oder Priorisierung der Kommunikation zwischen ESXi-Host und Datastore bzw. LUN.

Der Unterschied zwischen der Storage-Priorisierung und den Ressourcenkontrollmöglichkeiten von CPU und Hauptspeicher ist allerdings recht groß, da es komplexer ist, die Storage-Kommunikation zu messen und zu kontrollieren. Zum einen existiert die reine Datenübertragungsmenge (Datendurchsatz in IOPS), zum anderen gibt es die Latenzzeiten (*Latency* in Millisekunden).

Der ein oder andere VMware-Erfahrene wird jetzt kontern, dass es doch schon länger pro virtueller Festplatte möglich war, die Storage-Kommunikation zu kontrollieren. Das ist zwar richtig, allerdings müssen Sie sich im Klaren darüber sein, dass ein großer Unterschied zwischen der Priorisierung auf *vmdk*-Festplatten-Ebene und der Priorisierung auf dem Storage-Level besteht. Wurden 20 virtuelle Maschinen mit Festplatten hoher Priorisierung auf einem Host angelegt, so wurde die Ressourcenkontrolle nutzlos. Es war dem ESXi-Host schlichtweg egal, wie viele VMs miteinander konkurrierten und ob Systeme per vMotion auf andere ESXi-Hosts migriert wurden, auf denen komplett andere Bedingungen herrschten.

Mit Storage I/O Control erfolgt ein Austausch zwischen ESXi-Hosts und dem Storage-System, sodass eine Priorisierung mit Berücksichtigung der realen Leistungssituation im SAN oder NAS stattfinden kann. Außerdem ist Storage I/O Control in der Lage, die Anteile (*Shares*) der VMs übergreifend aus vCenter-Sicht zu überwachen.

9.13.1 Voraussetzungen

Um die angestrebte Zentralisierung zu erreichen, werden allerdings auch bestimmte Konfigurationen vorausgesetzt:

- Alle Systeme (ESX-Hosts, Datastores), auf denen SIOC aktiviert ist, müssen durch den gleichen vCenter-Server verwaltet werden.
- Die Unterstützung für VMFS-Datastores auf Basis von FC, FCoE und iSCSI muss vorhanden sein.

- Die Unterstützung für NFS-Datastores muss vorhanden sein.
- Es darf keine Unterstützung für Raw Device Mappings (RDM) vorhanden sein.
- Es darf keine Unterstützung für VMFS-Datastores mit mehreren Extents vorhanden sein; es ist nur ein Extent erlaubt.
- Das Storage-Array muss im *VMware Compatibility Guide* (VCG) als SIOC-fähig aufgeführt sein.

9.13.2 Konfiguration

Storage I/O Control (SIOC) wird in zwei Schritten konfiguriert: durch die Aktivierung von SIOC auf dem Datastore und durch die Konfiguration von Anteilen (Shares) auf den entsprechenden VMS.

Die SIOC eines Datastores aktivieren Sie in der DATASTORES UND DATASTORE CLUSTERS-Ansicht (siehe Abbildung 9.58).

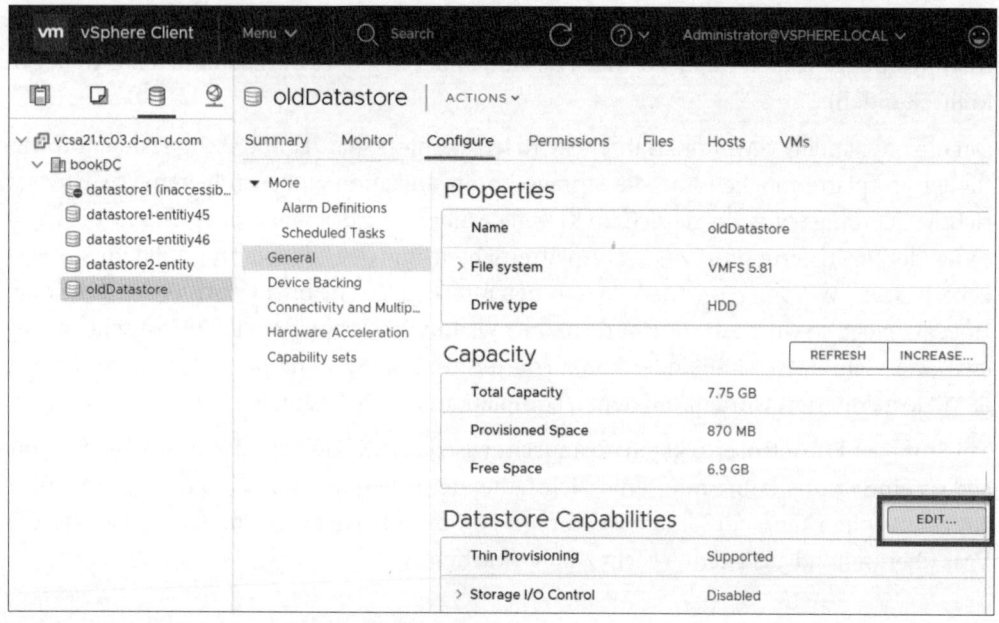

Abbildung 9.58 Auswahl von »Storage I/O Control«

Dort wählen Sie den gewünschten Datastore aus und schalten dann in den Eigenschaften (PROPERTIES) in der Datastore-Konfiguration (CONFIGURE-Tab) SIOC aktiv (siehe Abbildung 9.59).

Alternativ lässt sich die Einstellung über einen Rechtsklick auf den Datastore konfigurieren (siehe Abbildung 9.60).

9.13 Storage I/O Control

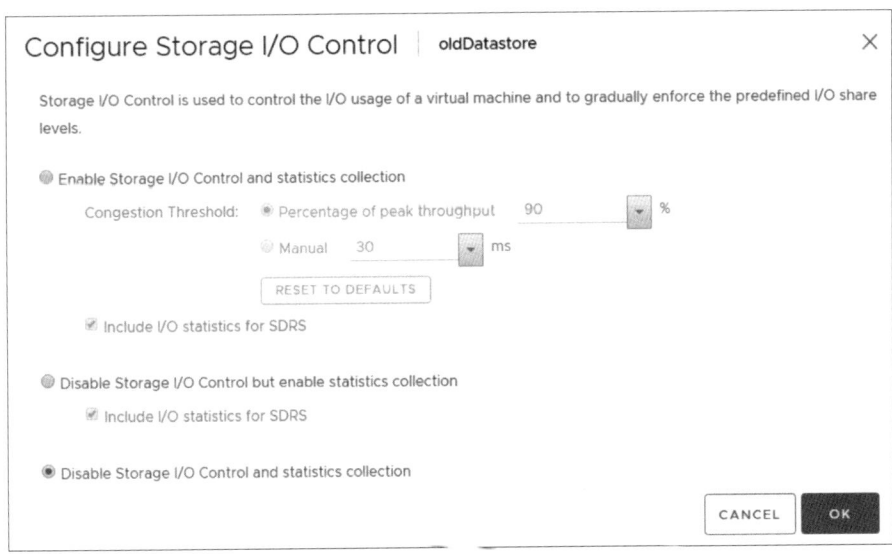

Abbildung 9.59 Aktivierung von SIOC

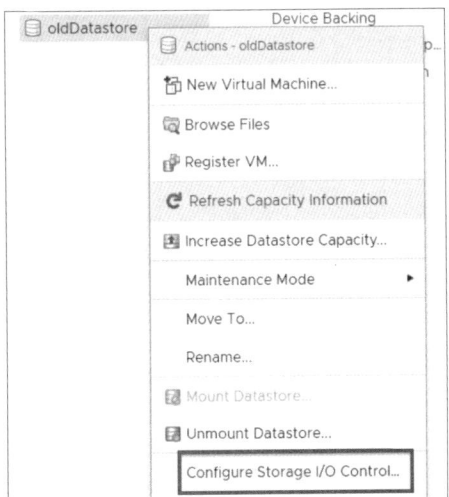

Abbildung 9.60 Aktivierung von SIOC durch einen Rechtsklick auf einen Datastore

Die Einstellung CONGESTION THRESHOLD ist die Latenzzeit in Millisekunden, die auf dem Datastore gemessen wird und ab der Storage I/O Control aktiv wird und anhand der VM-Shares die Priorisierung beginnt.

Den Empfehlungen von Herstellern und Experten im Storage-Umfeld zufolge sollte die CONGESTION THRESHOLD nur selten angepasst werden. Eine Anpassung ist vor allem dann sinnvoll, wenn die Storage-Systeme über wesentlich schnellere Zugriffe verfügen (z. B. bei Verwendung von SSD-Festplatten – senken Sie dann den Wert auf 10 ms) oder über langsamere (z. B. 7.200-RPM-SATA – erhöhen Sie den Wert auf 50 ms).

Übrigens ist SIOC automatisch auf Datastore-Clustern aktiv, die für Storage DRS (Details dazu finden Sie in Abschnitt 4.3, »DRS-Cluster«) genutzt werden; einzelne Datastores außerhalb von Datastore-Clustern müssen Sie manuell konfigurieren.

Im nächsten Schritt nehmen Sie die Priorisierung auf VM-Ebene vor, genauer gesagt in den Eigenschaften der virtuellen Maschine (siehe Abbildung 9.61). Diese Einstellung erfolgt wie in früheren VMware-Versionen mit SHARES (HIGH, NORMAL, LOW, CUSTOM), nun aber auf eine zentralisierte Art und Weise in Verbindung mit vCenter und Datastore.

Abbildung 9.61 Konfiguration der »Shares«-Einstellung in den virtuellen Maschinen

Außerdem ist es möglich, die I/O-Operationen der virtuellen Festplatte pro Sekunde zu limitieren (LIMIT IOPs).

Beachten Sie, dass diese Einstellungen nur greifen, falls Ressourcenengpässe herrschen, sodass es zwischen virtuellen Maschinen zu »Konkurrenzkämpfen« kommt und die Latenzen des Storage höher als der CONGESTION THRESHOLD sind.

Genau wie bei CPU- oder Memory-Ressourcen ist es seit vSphere 5 möglich, die Storage-Ressourcen zentral z. B. auf Cluster-Ebene einzusehen und gegebenenfalls auch zu verändern (siehe Abbildung 9.62).

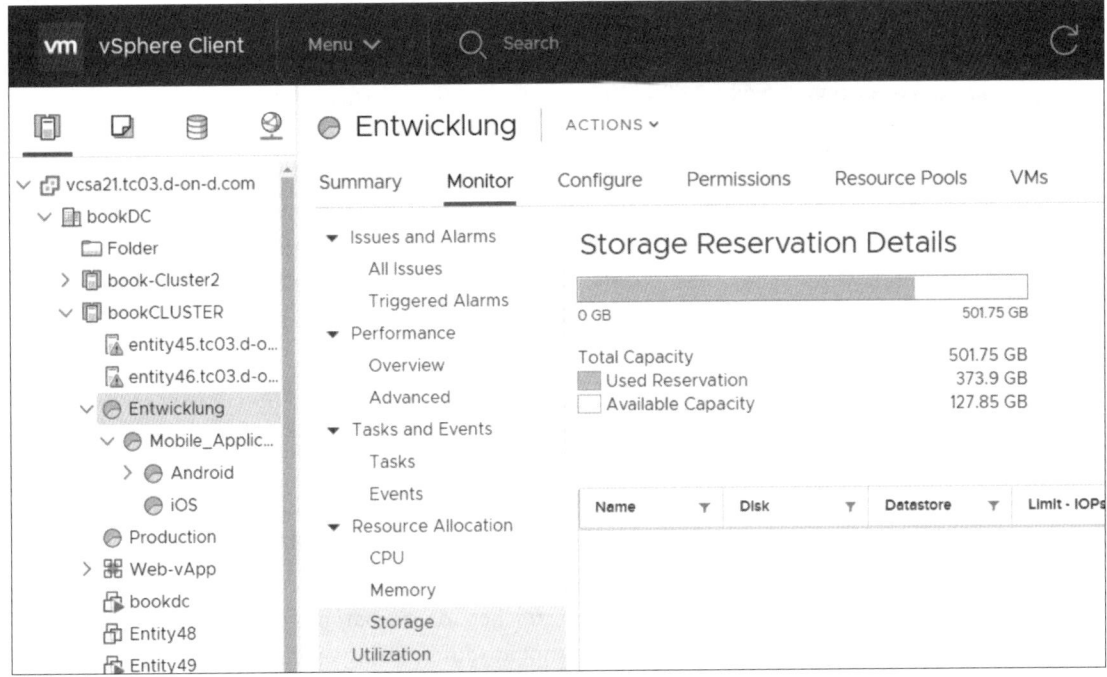

Abbildung 9.62 Zentrale Ressourcenüberwachung

9.14 VASA

Die Schnittstelle VASA (*VMware vStorage APIs for Array Awareness*) dient, wie der Name schon sagt, dazu, an die vSphere-Systeme Informationen vom Storage-System zu übertragen, die dessen Status wiedergeben. Zu diesen Informationen gehören Pfadfehler, ausgefallene RAID-Sets, der Status der Replikation, die Snapshot-Fähigkeit oder der Festplattentyp.

Der sogenannte *VASA-Provider* übergibt die Storage-Informationen an den vCenter-Server, der diese weiterverarbeiten kann, z. B. in Form der VM-Speicherprofile.

Der VASA-Provider wird durch den Storage-Hersteller geliefert und muss auf dem vCenter-Server installiert werden. Viele Storage-Hersteller (wie EMC, IBM, Fujitsu usw.) stellen bereits VASA-Provider zum Download bereit.

Informationen zu den VASA-Providern finden Sie unter:

http://www.vmware.com/resources/compatibility/search.php?deviceCategory=vasa

9.15 VMware vSphere Virtual Volumes

VMware vSphere Virtual Volumes (kurz *VVols*) wurden erstmalig auf der *VMworld 2012* vorgestellt. Sie sind das Resultat einer mehrjährigen Neuentwicklung, um die Herausforderungen im Bereich der Speicherverwaltung virtueller Infrastrukturen zu meistern. *VVols* sind nebst *VASA* und *VSAN* ein Bestandteil der *Software Defined Storage*-Strategie von VMware. *VVols* wurden mit *vSphere 6.0* eingeführt. Mit vSphere 6.7 unterstützen VVols nun IPv6 *end-to-end*. Dies versetzt Unternehmen und Organisationen, die bereits IPv6 einsetzen, nun in die Lage, auch von VVols Gebrauch zu machen. Darüber hinaus ist es mit vSphere 6.7 nun möglich, SCSI-3-persistente Reservierungen zu nutzen. Damit lassen sich geteilte Disks und Volumen von unterschiedlichen, virtuellen Maschinen verwenden, die auf unterschiedliche Hosts und Knoten verteilt sind. Dieses Verfahren kann somit in Microsoft-WSFC-Clustern zum Einsatz kommen, ohne RDMs (*Raw Device Mappings*) nutzen zu müssen.

Darüber hinaus wird ab vSphere 6.7 nun TLS 1.2 als Standard-Security-Richtlinie verwendet.

9.15.1 Software Defined Storage

Software Defined Storage verfolgt die Strategie, die Verwaltung von Speicherressourcen von der ihnen zugrunde liegenden Hardware-Technologie zu abstrahieren. Grundlegend dafür ist die Trennung von Kontroll- und Datenpfad (siehe Abbildung 9.63). Damit ist es möglich, eine hohe Skalierbarkeit der Lösung zu erreichen, da im Datenpfad keinerlei Kontrollinformationen gesendet werden und die Datenpfade auf Leistung optimiert werden können.

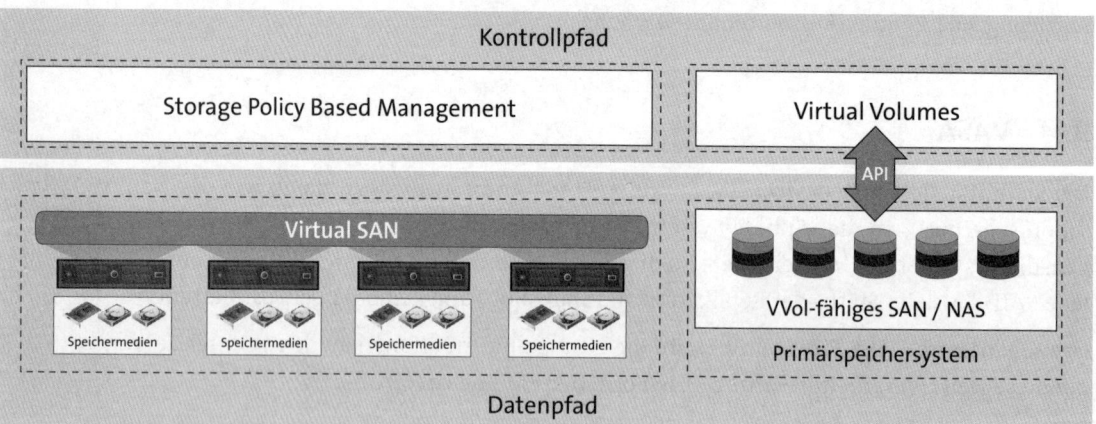

Abbildung 9.63 VMware Software Defined Storage

Wichtige Technologien für den Kontrollpfad sind:

- Storage Policy Based Management (SPBM)
- vSphere API for Storage Awareness (VASA)

SPBM wird in *vCenter* über das Definieren von *VM Storage Policies* zur Verwaltung unterschiedlichster Speicherressourcen realisiert. Sie können für ein Speichersystem auch mehrere VM Storage Policies definieren, um dessen Eigenschaften abzubilden (beispielsweise mehrere *Storage-Pools* mit unterschiedlichen *Speicher-Tiers* oder Funktionen wie Deduplikation).

Außer den Eigenschaften eines Speichersystems, die das Speichersystem über *VASA* in *vCenter* einspeist, können Sie den VM Storage Policies auch *Tags* mitgeben. Eine VM Storage Policy wird explizit pro virtueller Festplatte einer VM hinterlegt.

Die Übersicht der virtuellen Maschinen in vCenter gibt Auskunft über die Übereinstimmung der hinterlegten VM Storage Policies mit den konsumierten Speicherressourcen Ihrer virtuellen Festplatten. Sie finden die Information im *vSphere Web Client* unter VMs AND TEMPLATES • <VM> • SUMMARY im Fenster VM STORAGE POLICIES (siehe Abbildung 9.64)

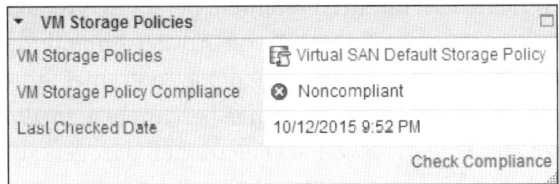

Abbildung 9.64 Information zur Übereinstimmung einer VM mit den »VM Storage Policies«

> **Einhaltung der VM-Speicherrichtlinien**
> Sollte eine VM melden, dass ihre virtuellen Festplatten nicht den hinterlegten VM Storage Policies entsprechen (siehe Abbildung 9.64), so können diese mit *Storage vMotion* in den Zieldatenspeicher verschoben werden. Ein Klick auf das Feld CHECK COMPLIANCE im Fenster VM STORAGE POLICIES prüft erneut, ob die Speicherrichtlinien, die für die virtuellen Festplatten hinterlegt sind, eingehalten werden.

Die Hersteller von Speichersystemen steuern einen VASA-Treiber bei, der die Eigenschaften der speichersysteminternen Konfiguration an vCenter übermittelt. Zur Verwaltung von VVols muss ein Speichersystem zwingend über VASA in vCenter eingebunden werden.

Im Datenpfad werden folgende Technologien benötigt:

- VVols oder VSAN
- Anschluss über ein Block-Protokoll (FC, iSCSI, FCoE) oder ein File-(NFS-)Protokoll.
- Die Funktionalität muss aufseiten des Speichersystems implementiert sein, damit es mit VVols umgehen kann. VVols sind Objekte in einem Storage-Container.
- *vSphere APIs for IO Filtering (VAIO)*: Über VAIO werden die nativen *Data Services* eines Speichersystems vermittelt (beispielsweise die Deduplikation).

9.15.2 Architektur von Virtual Volumes

Um eine klare Trennung von Kontroll- und Datenpfad herzustellen, ist eine neue Architektur zur Anbindung externer Speicherressourcen erforderlich (siehe Abbildung 9.65).

Kontrollpfad

Zum Kontrollpfad zählen folgende Elemente:

- Storage Policy-Based Management
- *VASA Provider* zur Kommunikation zwischen dem ESXi-Host und dem Speichersystem

SPBM besteht aus den zwei Komponenten *VM Storage Policies* und *VASA Provider*. Letzerer muss vom Hersteller des Speichersystems geliefert werden. Oftmals ist er integraler Bestandteil des Speichersystems. Erkundigen Sie sich bei Ihrem Lieferanten. Der VASA Provider liefert vCenter Informationen vom Speichersystem zur Kapazität, zur Art der Anbindung und zu definierten Funktionen (beispielsweise Snapshot, *Multi-Tier Storage Pool*) eines Storage-Containers. Diese Informationen wiederum werden wie eingangs beschrieben, in *VM Storage Policies* abgebildet. Der VASA Provider steuert folgende Operationen bezogen auf virtuelle Maschinen und gibt diese an das Speichersystem zur Verarbeitung:

- Provisionieren
- Löschen
- Snapshots
- Full Clones
- Linked Clones
- Storage vMotion (bei ausgeschalteter virtueller Maschine)

Datenpfad

Zum Datenpfad zählen folgende Elemente:

- Anbindung des Speichersystems an einen ESXi-Host via *Protocol Endpoint* (PE)
- Partitionierung des Speichersystems in einen oder mehrere Storage-Pools, die als *Storage-Container* bezeichnet werden
- Speicherung von VVols (Virtual-Machine-Objekte) in den Storage-Containern
- VVol Data Stores
- *vSphere APIs for IO Filtering* (VAIO)

Die Kommunikation zwischen dem ESXi-Host und dem Speichersystem erfolgt über die bekannten Protokolle für Block- oder File-Storage. Im Speichersystem muss ein *Protocol Endpoint* (*PE*) konfiguriert werden, um I/O senden zu können. In einem PE sind die Informationen zu der Anbindungsart (Protokoll) hinterlegt und Informationen dazu, welche ESXi-Hosts Zugriff auf die Storage-Container erhalten.

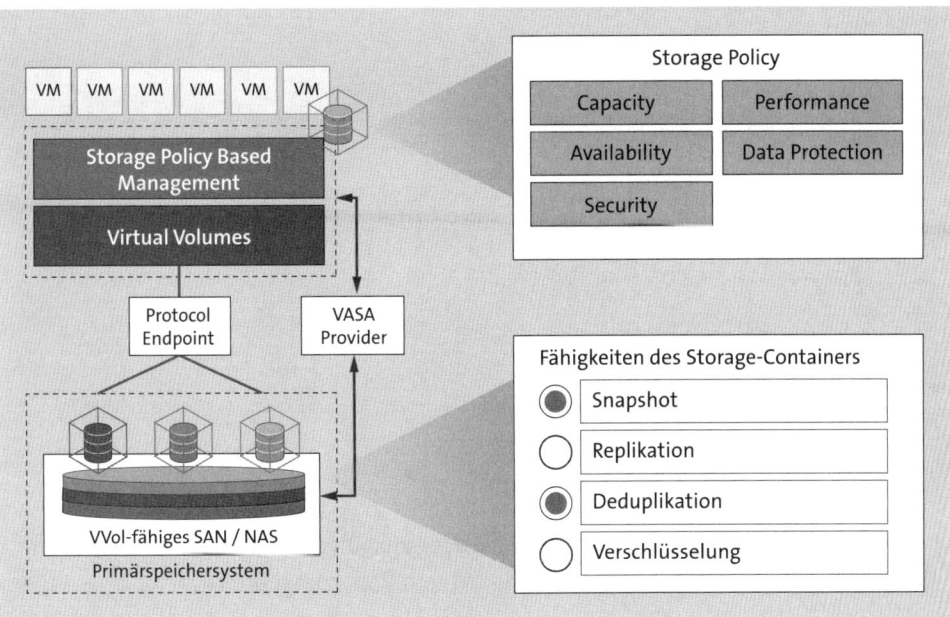

Abbildung 9.65 Architekturübersicht zu Virtual Volumes

Multi-Pathing- oder Load-Balancing-Richtlinien und -Topologien werden vom PE unterstützt. Um diese Topologien zu nutzen, müssen auf dem Speichersystem so viele PEs erstellt werden, wie es Pfade gibt. Der PE hat den Vorteil, dass die Anzahl benötigter Verbindungen zu einem ESXi-Host (1024 LUNs und NFS-Mounts pro ESXi-Host) drastisch reduziert wird. Storage-Container sind typischerweise größer als LUNs, und es können mehrere Storage-Container einem einzelnen PE zugewiesen werden. VVols werden fix einem PE zugewiesen.

Ein Storage-Container ist ein logisches Konstrukt eines Speichersystems und kommt einem Storage-Pool vom Prinzip her sehr nahe. Er arbeitet objektorientiert und beruht nicht auf einem übergeordneten Dateisystem oder einer LUN. Das heißt, dass die virtuellen Festplatten von VMs direkt als Objekte im Storage-Container vorliegen. Im Container werden weitere Eigenschaften und Data Services in Form von *Capability Sets* hinterlegt (siehe Abbildung 9.65). Beispiele dafür sind Snapshots, Deduplikation oder die Abbildung eines Service-Levels sowie vom Benutzer erstellte Tags.

Mit Virtual Volumes werden die Objekte bezeichnet, die in einem Storage-Container gespeichert sind. Es gibt fünf Typen von VVols:

- CONFIG – vmx, logs, nvram, log files etc.
- DATA – VMDKs
- MEM – Snapshots
- SWAP – Swap-Dateien
- OTHER – lösungsspezifischer Typ von vSphere

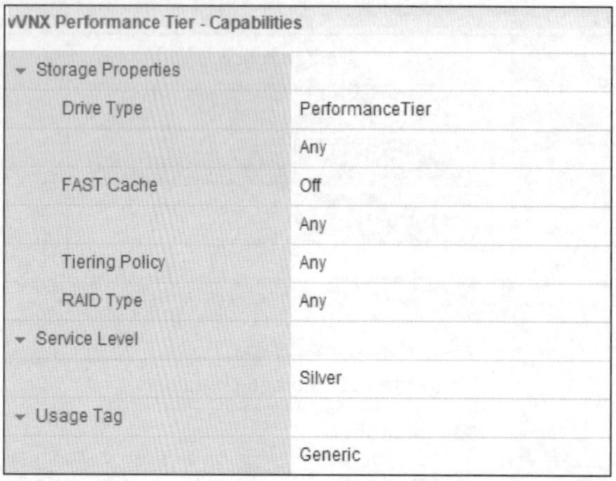

vVNX Performance Tier - Capabilities	
Storage Properties	
Drive Type	PerformanceTier
	Any
FAST Cache	Off
	Any
Tiering Policy	Any
RAID Type	Any
Service Level	
	Silver
Usage Tag	
	Generic

Abbildung 9.66 Capability-Profil eines Storage-Containers

In vCenter wird ein Storage-Container inklusive des Capability Sets als VVol-Datastore repräsentiert. Das Capability Set dient als Grundlage für ein VM-Storage-Profil.

VAIO (*vSphere APIs for IO Filtering*) wird benötigt, um Data Services des Speichersystems zu nutzen. Ein Snapshot einer VM wird im Gegensatz zu VMFS- oder NFS-Datastores direkt auf dem Speichersystem durchgeführt. Dasselbe gilt beispielsweise für eine *Space Reclamation* im Gastbetriebssystem.

VAIO ist ein Framework, das einem VMware-Partner und Hersteller von Speicherlösungen die Entwicklung von Filtern erlaubt, um eine I/O-Anfrage zwischen einem Gastbetriebssystem und der mit ihr verbundenen Virtual Disk abzufangen. Dieser I/O wird nicht verarbeitet, ohne den durch den Dritthersteller bereitgestellten I/O-Filter zu durchlaufen. Diese Filter arbeiten auf der Ebene von vSphere ESXi und nicht auf der Ebene virtueller Maschinen.

In der ersten Version (ESXi 6.0 Update 1) unterstützen I/O-Filter nur Caching und Replikation:

- Caching führt zu einer signifikanten Steigerung von IOPS, reduziert die Latenzzeit und erhöht die Auslastung physikalischer Hardware.
- Replikation erlaubt die Konfiguration von Replikationsrichtlinien auf Granularität einer VM (beispielsweise. zum Einsatz bei lokalen Kopien und Fernkopien).

Vorteile von Virtual Volumes

- feinere, auf Granularität einer VM beruhende Kontrolle über externe Speicherressourcen
- gestraffter und automatisierter Betrieb von Speicherressourcen
- geringerer Verwaltungsaufwand für Speichersystem- und VMware-Administratoren
- Aufgaben, die den Speicherbereich betreffen, werden direkt im Speichersystem durchgeführt (beispielsweise VM-Snapshots).

9.15.3 VVols an einem praktischen Beispiel

Für das folgende Beispiel wurde das in einer *Tech Preview* verfügbare virtuelle Speichersystem *vVNX* verwendet. Sie können das hier vorgestellte Beispiel selbst nachvollziehen und *vVNX* von *http://switzerland.emc.com/products-solutions/trial-software-download/vvnx.htm* beziehen.

> **Grundsätzliches zu Softwareversionen**
>
> Die in diesem Abschnitt vorgestellten Eigenschaften der verwendeten Produkte beziehen sich auf folgende Release-Stände:
>
> - vVNX 100 3.1.4 – Tech Preview
> - vSphere ESXi 6.0 Update 1

Rollen Sie die OVA-Datei aus. Um das Beispiel durchzuspielen, das wir in diesem Abschnitt vorstellen, brauchen Sie zwei IP-Adressen und einen DNS-Eintrag sowie einen Lizenzschlüssel. Letzteren beziehen Sie von EMC.

vVNX benötigt 12 GB Arbeitsspeicher. Dieser wird reserviert. Sollten Sie nicht so viel zur Verfügung haben, ändern Sie die Reservierung des Arbeitsspeichers der virtuellen Maschine. Nach dem Starten der virtuellen Maschine können Sie sich mit den Einwahldaten admin und Password123# im Web-GUI auf Basis der IP-Adresse von vVNX anmelden.

Sie werden mit dem *Initial Configuration Wizard* begrüßt. Spielen Sie die Lizenz ein, und tragen Sie die DNS- sowie die NTP-Server ein. Verlassen Sie anschließend den Wizard, ohne Storage-Pools, iSCSI-Schnittstellen und NAS-Server zu konfigurieren.

> **Installationshilfen**
>
> EMC veröffentlichte im Rahmen der Tech Preview von vVNX folgende Hilfestellungen:
>
> - Installationshandbuch: *https://community.emc.com/docs/DOC-42029*
> - Begleitende Videos: *https://community.emc.com/videos/31347* und *https://community.emc.com/videos/31348*
> - Lizenzbezug: *http://www.emc.com/auth/elmeval.htm* und *https://community.emc.com/docs/DOC-43352*

Fügen Sie der virtuellen Maschine vVNX über vCenter mit VMS AND TEMPLATES • ‹VIRTUAL VNX VM› • EDIT SETTINGS weitere drei abhängige, thin-provisionierte virtuelle Festplatten hinzu. Gehen Sie zurück auf das Web-GUI Ihrer vVNX. Registrieren Sie Ihr vCenter in *Unisphere* über ACCESS • ‹VMWARE› • VCENTER • ADD (siehe Abbildung 9.67).

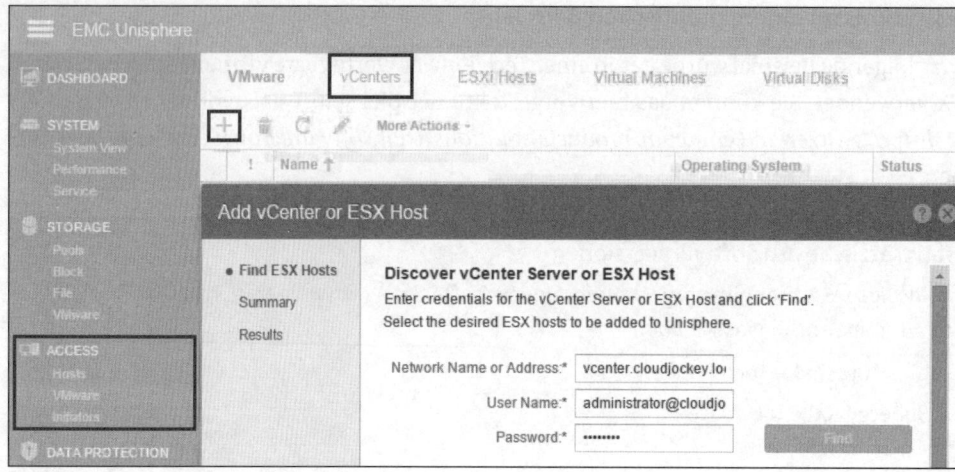

Abbildung 9.67 Registrierung von vCenter in Unisphere

Im nächsten Schritt konfigurieren Sie einen Storage-Pool. Gehen Sie auf Ihr vCenter in Unisphere über STORAGE • POOLS • ADD. Benennen Sie den Storage-Pool, und weisen Sie unter TIER ASSIGNMENT den PERFORMANCE TIER zu (siehe Abbildung 9.68). Die Storage Tiers sind dazu da, um die Performance-Eigenschaften der physikalischen Festplatten des Datastores zu beschreiben, auf denen Sie diese virtuellen Festplatten erstellt haben. Dabei unterscheidet vVNX die drei Typen *Extreme Performance Tier* (Flash-Speicher), *Performance Tier* (SAS) und *Capacity Tier* (SATA).

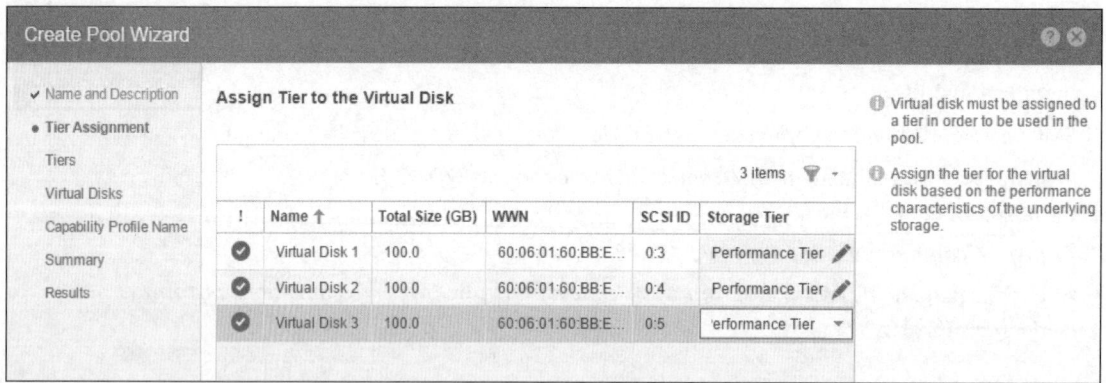

Abbildung 9.68 vVNX-Tier-Assignment

Wählen Sie im nächsten Schritt den soeben erstellten Tier aus, und fügen Sie sämtliche VIRTUAL DISKS dem Storage-Pool hinzu. Unter CAPABILITY PROFILE NAME markieren Sie die Checkbox CREATE VMWARE CAPABILITY PROFILE FOR THE STORAGE POOL, um ein Capability Set zu erstellen.

Definieren Sie in CONSTRAINTS eine oder mehrere Eigenschaften als USAGE TAGS. Sinnvoll sind beispielsweise Angaben zur geplanten Verwendung oder zum Workload. Die übrigen Parameter ergeben sich durch bereits vorhandene Eigenschaften des Storage-Pools (siehe Abbildung 9.69).

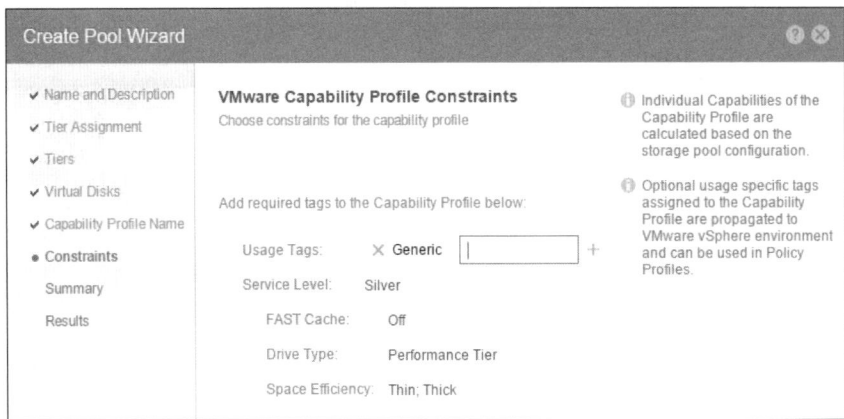

Abbildung 9.69 vSphere Capability Set

Da im Beispiel eine Anbindung der vVNX über NFS gezeigt wird, muss erst ein NAS-Server erstellt werden, da dieser eine Anbindung über eine ihm zugewiesene virtuelle Netzwerkkarte besitzt. Um einen PE zu erstellen, gehen Sie zuerst auf STORAGE • FILE • NAS SERVER • ADD (siehe Abbildung 9.70). Benennen Sie den NAS-Server ❶. Weisen Sie den zuvor erstellten Storage-Pool zu ❷. Belassen Sie die Einstellung bei STORAGE PROCESSOR.

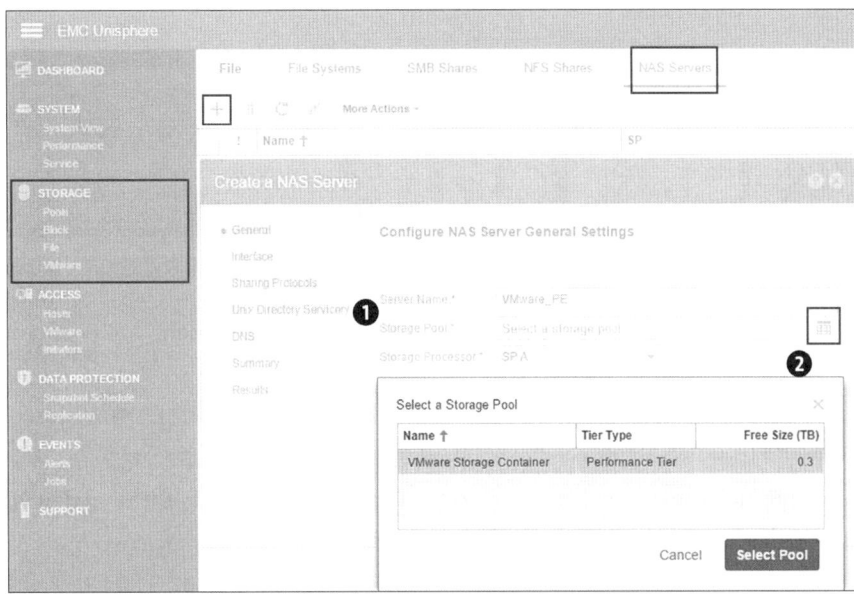

Abbildung 9.70 Vorbereitende Arbeiten zur Erstellung eines PE

Im nächsten Fenster behalten Sie die Grundeinstellung zum ETHERNET PORT und zur VLAN ID. Geben Sie unter INTERFACE eine IP-Adresse, deren Netzmaske und das Gateway an (siehe Abbildung 9.71).

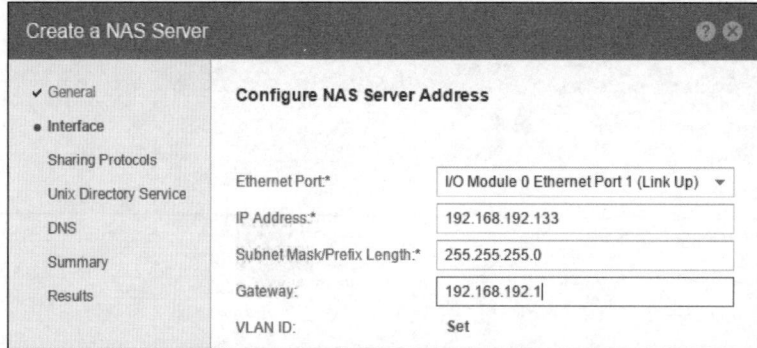

Abbildung 9.71 Konfigurieren der Netzwerkinformationen

Setzen Sie unter SHARING PROTOCOLS einen Haken bei LINUX/UNIX SHARES (NFS) (siehe Abbildung 9.72).

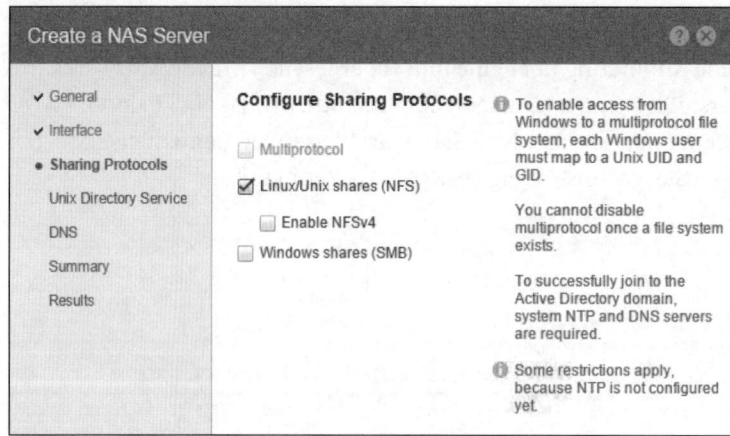

Abbildung 9.72 Auswählen des NFS-Protokolls

Nehmen Sie bei den verbleibenden Menüpunkten keinerlei Änderungen mehr vor. Beenden Sie den Wizard zur Erstellung des NAS-Servers.

Um einen PE zu erstellen, navigieren Sie zu STORAGE • VMWARE • PROTOCOL ENDPOINTS • ADD. Weisen Sie dem PE den NAS-Server zu (siehe Abbildung 9.73).

Benennen Sie den PE, und selektieren Sie unter HOST ACCESS die ESXi-Hosts, die über den PE Zugriff auf Storage-Container erhalten sollen. Beenden Sie den Wizard.

9.15 VMware vSphere Virtual Volumes

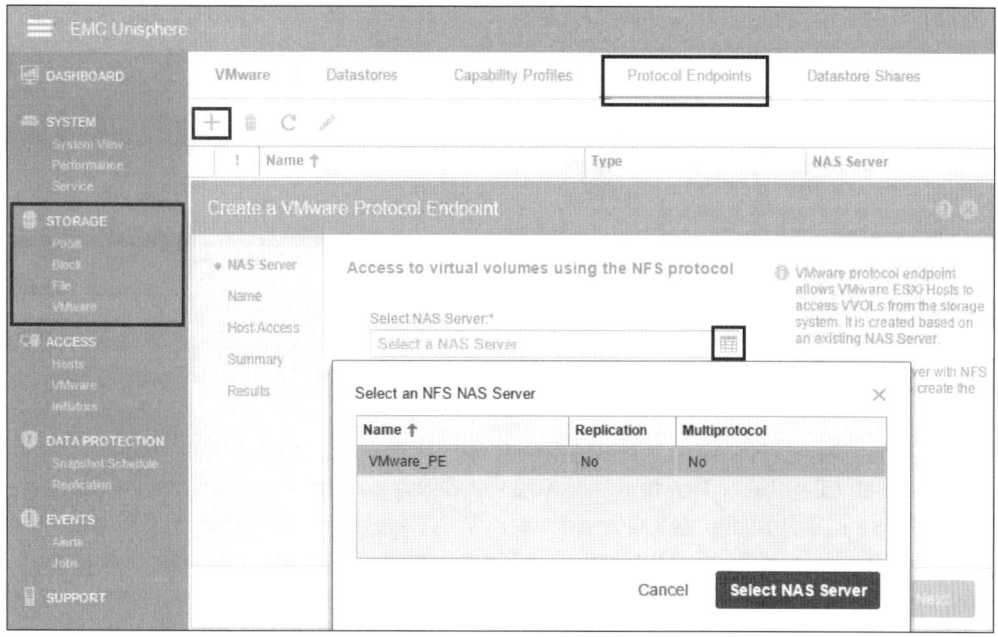

Abbildung 9.73 Konfiguration eines PE

Nun wechseln Sie auf den Reiter STORAGE • VMWARE • DATASTORES • ADD. Als VMWARE DATASTORE TYPE wählen Sie VVOL (FILE) (siehe Abbildung 9.74).

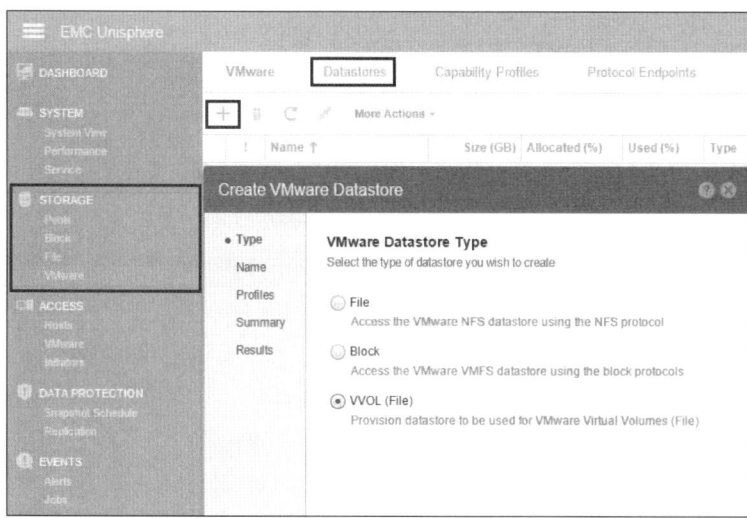

Abbildung 9.74 Konfiguration eines Datastore

Geben Sie dem Storage-Container einen Namen. (Hier sind beispielsweise Namen von Abteilungen aufschlussreich.)

675

Weisen Sie dem Storage-Container das zuvor definierte Capability Set zu (in Abbildung 9.75 wird es als CAPBILITY PROFILE bezeichnet). Beenden Sie den Wizard.

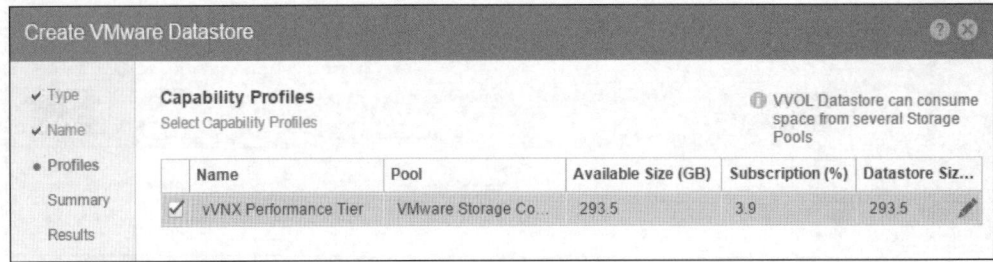

Abbildung 9.75 vVNX-Capability-Set

Nun müssen Sie als Nächstes Ihren PE in vCenter anmelden. Wechseln Sie daher auf den vSphere Web Client über HOME • STORAGE • <VCENTER-EBENE> • CONFIGURE • STORAGE PROVIDERS • ADD, um den VASA Provider der vVNX zu registrieren. Benennen Sie den Storage Provider. Tragen Sie die URL *https://<IP-Adresse des vVNX-Managements>:8443/vasa/version.xml* ein. Geben Sie die Anmeldeinformationen des vVNX-Administrators an, und akzeptieren Sie das Sicherheitszertifikat (siehe Abbildung 9.76).

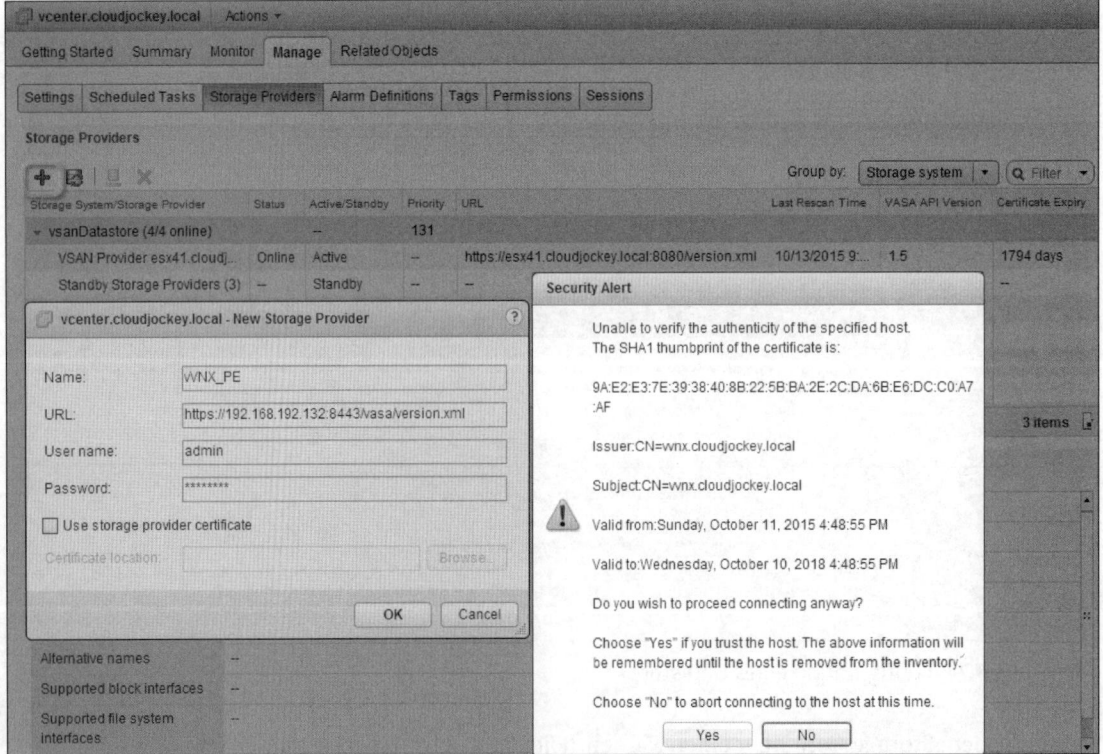

Abbildung 9.76 Anmelden des VASA Providers

Kurze Zeit später ist der Storage Provider erfolgreich in vCenter angemeldet.

Fügen Sie danach den VVol-Datastore über HOSTS AND CLUSTERS • <ZIEL-CLUSTER> • ACTIONS • STORAGE • NEW DATASTORE hinzu. Wählen Sie als Typ VVOL (siehe Abbildung 9.77).

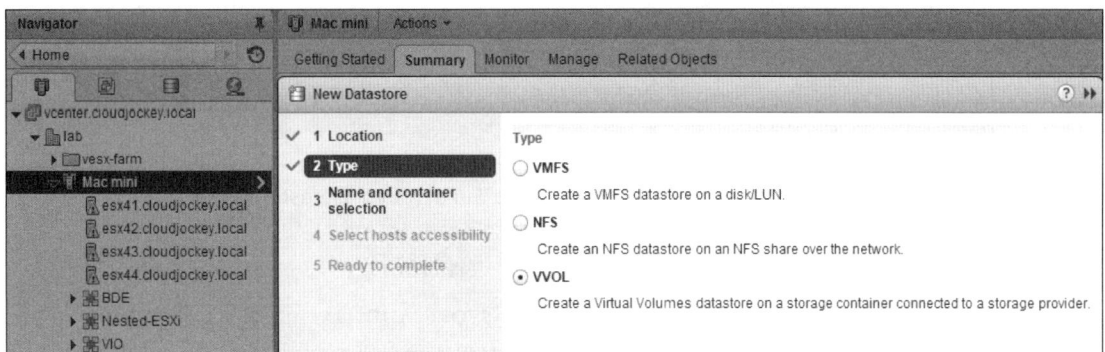

Abbildung 9.77 Hinzufügen eines VVol-Datastores

Entscheiden Sie sich dann für den zuletzt erstellten Storage-Container (siehe Abbildung 9.78).

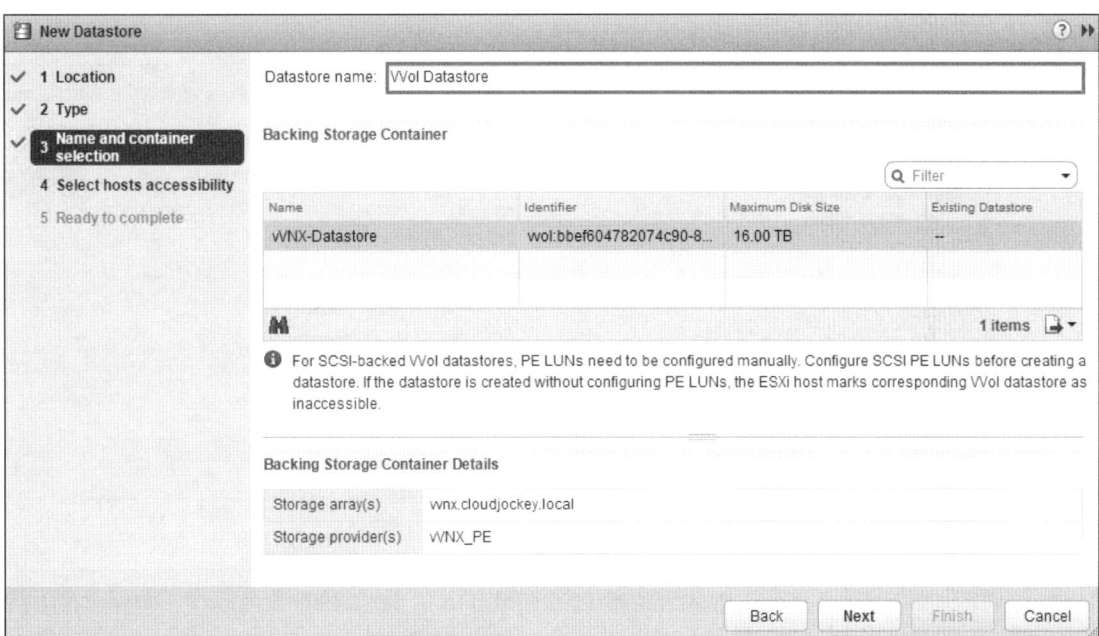

Abbildung 9.78 Zuweisung des Storage-Containers

Gewähren Sie denselben ESXi-Hosts Zugriff auf den VVol-Datastore, die Sie unter Unisphere bereits definiert haben (siehe Abbildung 9.79).

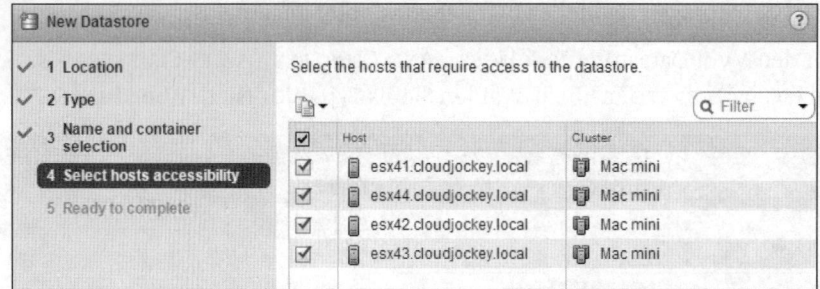

Abbildung 9.79 So erhalten die ESXi-Hosts Zugriff auf den VVol-Datastore.

Kurze Zeit später steht der VVol-Datastore zur Verfügung.

Dessen Eigenschaften können Sie mit DATASTORE AND DATASTORE CLUSTERS • <ZIEL-DATASTORE> • MANAGE • SETTINGS unter CAPABILITY SETS einsehen.

Nun erstellen Sie passend zum Capability Set eine neue VM Storage Policy. Klicken Sie dazu auf HOME • STORAGE PROFILES • OBJECTS • ADD, und benennen Sie sie. Wählen Sie aus dem RULES SET 1 • EMC.VNX.VVOL. Entscheiden Sie sich für den SERVICE LEVEL • SILVER (siehe Abbildung 9.80).

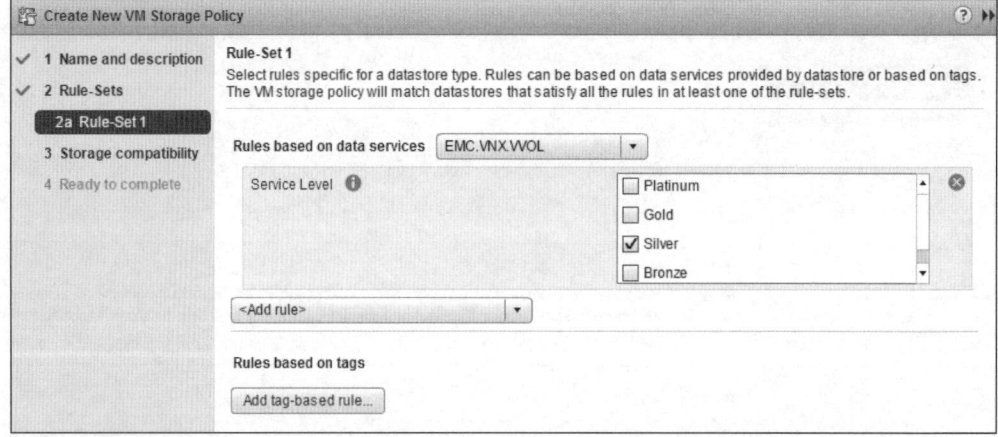

Abbildung 9.80 Rule-Set für Ihr VM-Storage-Profil

Der Datastore, der dem Profil entspricht, wird nun in der Tabelle STORAGE COMPATIBILITY aufgeführt (siehe Abbildung 9.81). Beenden Sie den Wizard.

Wenn Sie nun eine neue virtuelle Maschine erstellen, steht die neue VM STORAGE POLICY unter SELECT STORAGE zur Auswahl und weist auf die kompatiblen Datastores hin (siehe Abbildung 9.82).

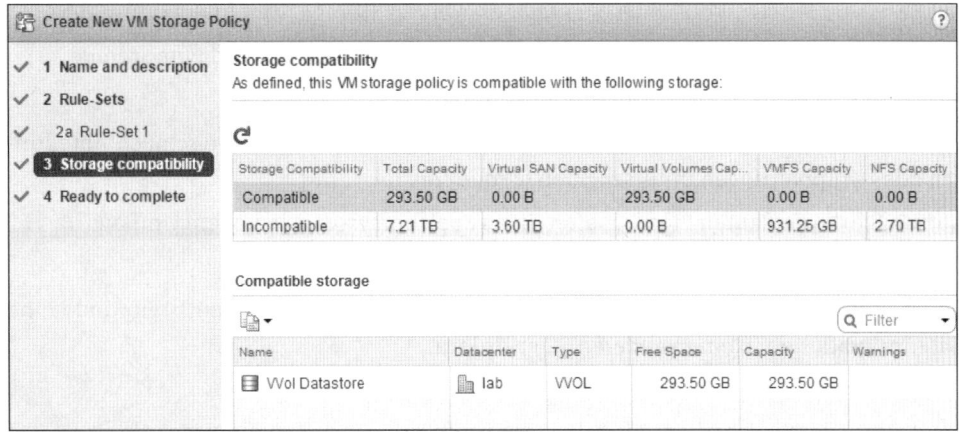

Abbildung 9.81 Kompatibilität der Speicherressourcen

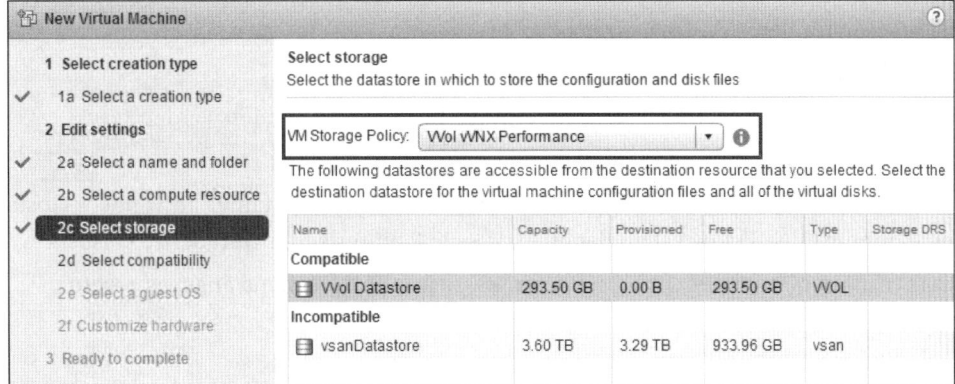

Abbildung 9.82 »VM Storage Profile«-Wahl bei der Erstellung einer neuen VM

Sie können jederzeit das VM-Storage-Profil für virtuelle Festplatten anpassen oder dessen Übereinstimmung mit dem Speicherort der virtuellen Festplatten prüfen (siehe Abschnitt 9.15.1, »Software Defined Storage«).

9.15.4 VVol-Best-Practices

VVol ist eine bahnbrechende neue Technologie. Mit den Best Practices wollen wir Ihnen zeigen, wie Sie eine möglichst gute Erfahrung mit VVol machen können. Einige Best Practices des letzten Abschnitts sind im Folgenden zusammengefasst.

Best Practices zu Storage-Containern

▶ Studieren Sie die Best Practices zur Erstellung von Storage-Pools oder Storage-Aggregaten beim Hersteller Ihres Speichersystems.

- Auf Basis von Storage-Pools oder -Aggregaten werden Storage-Container konfiguriert.
- In diesem Buch finden Sie Best Practices zu *NetApp FAS*, *EMC VNX* und *Pure Storage*.
- Definieren Sie logische Limits für Storage-Container (SC).
- Begrenzen Sie den Zugriff, indem Sie Grenzen setzen und beispielsweise nach Abteilungen oder Gruppierungen unterscheiden (*Usage Tags*).
- Nutzen Sie die geplanten Eigenschaften Ihres Speichersystems in vollem Umfang.
- SCs sind individuelle Datastores.
- Deren *Storage Capability Sets* sollten eine Aufgabe des Speichersystems sein und keine Datenmigrationen in einen anderen SC erfordern.
- Überprovisionieren Sie Ihre SCs keinesfalls.
- Das Ändern der Speicherkapazität eines SCs sollte keine Repartitionierung erfordern.
- Das Provisionieren des *Protocol Endpoints* (PE) sollte über die Verwaltung des Speichersystems erfolgen.
- PEs müssen für den ESXi-Host erreichbar sein.
- PEs sollten nicht von Hand konfiguriert werden.
- PEs müssen unter Umständen an einen Storage-Prozessor gebunden werden.
- PEs müssen unter Umständen mit ESXi-Hosts assoziiert werden.
- Stellen Sie sicher, dass der PE zur Verbindung der Storage-Container an vSphere-Hosts keine höhere LUN-ID zuweist als den in `Disk.MaxLUN` hinterlegten Wert der ESXi-Hosts.
- Sonst muss der Parameter `Disk.MaxLUN` pro ESXi-Host entsprechend angepasst werden.

Virtual Volumes

- Machen Sie Gebrauch von den *VM Storage Policies*.
- Die spezifischen Anforderungen von VVols werden über die Profile abgebildet.
- Die Policies ermöglichen es, die Anforderungen einer VM zu überprüfen (*Compliance*).
- *VM Storage Policies* ermöglichen eine Abstrahierung unterschiedlicher Eigenschaften eines Speichersystems (beispielsweise ein SC mit Deduplikation oder basierend auf Flash-Speicher) wie auch die Abbildung von Service-Leveln.
- VM-Snapshots haben keinerlei Performance-Engpässe zur Folge.
- VVol-Snapshots werden im Speichersystem durchgeführt.
- Das Backup eines Snapshots bringt keine Nachteile für die Leistungsfähigkeit eines VVol mit sich.
- *Cross-Host* oder *Cross-VM Metadata Lock Contention* haben keinerlei Performance-Einbußen bei VVols zur Folge.

- Jede VM besitzt ihr eigenes CONFIG-VVol, um *Cross-Host* und *Cross-VM Content Locks* zu vermeiden (wie bei herkömmlichen, auf LUNs basierenden VMFS-Datastores ohne VAAI).
- *vSphere APIs for Data Protection* werden unterstützt.
- Vom Hot-Add-Mode sollte bei einer Appliance kein Gebrauch gemacht werden.
- Der Hot-Add-Mode bringt die beste Performance, setzt aber voraus, dass die Backup-Software in einer VM läuft.
- Der SAN-Mode mit einem Standalone-Backup-Host wird nicht unterstützt, da es keine VVol-Driver für Windows- und Linux-Gastbetriebssysteme gibt.
- VADP wird ansonsten in vollem Umfang unterstützt, inklusive der Stilllegung von Snapshots mit den *Microsoft Volume Shadow Copy Services*.

Performance
- Individuelle VVols einer VM können unterschiedlichen Storage-Profilen zugeordnet sein.
- Klassisch: Datenbank-Logs und Datenbank-Daten verfügen über ein Storage-Profil, das ihren Charakteristika entspricht. Sie liegen somit in getrennten Storage-Containern – entsprechend dem zugewiesenen Storage-Profil.
- In den Einstellungen einer VM ist immer ein VM-Storage-Profil hinterlegt. Es kann für die individuellen virtuellen Festplatten angepasst werden.
- Es gibt aber keine individuelle Kontrolle über VM-Storage-Profile für Swap-VVols, Memory-VVols oder Snapshot-VVols.
- Einige Speichersysteme bieten neue Quality-of-Service-Optionen (QoS) für Storage-Container (*Capability Sets*).
- Pro-VVol-VM-Storage-Profile ermöglichen speichersystemseitig das Abbilden und Einhalten von QoS in der Granularität einer VVol.
- Richten Sie Ihre Aufmerksamkeit auf die I/O-Last individueller PEs.
- Sämtlicher VVol-I/O passiert den PE.
- Das Speichersystem wählt den PE, der den jeweiligen ESXi-Hosts zugewiesen ist.
- Das bringt den Vorteil von Load-Balancing und Multi-Pathing.
- Das Speichersystem kann den Pfad optimieren.
- *Queue Depth* ist eine Limitierung, der Sie bei Block-Storage Beachtung schenken sollten.
- VVols erlauben das Vierfache der gebräuchlichen I/O-Scheduling-Queue-Elemente für PE-Geräte.

Gotchas
- Denken Sie an die Limitierungen Ihres Speichersystems!
- Eine einzelne VM besitzt mehrere VVols.

- Individuelle Objekte bedeuten individuelle VVols (im Minimum vier während des Betriebs).
- Snapshots sind speichersystemabhängig. Je nach Speichersystem zählen Snapshots als individuelle VVols.
- Sizing: Die maximal unterstützte Anzahl an VVols pro Speichersystem ist ein gewichtiger Faktor. Beispiel: Eine VM mit zwei VMDK-VVols mit zwei Snapshots belegt bereits 10 VVol-Plätze.
- In Abhängigkeit vom Speichersystem bieten einige Hersteller eine VASA-Provider-VM (beispielsweise NetApp). Andere wiederum bieten eine native VASA-Unterstützung (beispielsweise EMC VNX).
- SCs brauchen Zugriff auf die VASA-Provider-VM.
- Es bedarf zwingend eines VASA-Providers (VP), um VVol-Speicher zu verwalten.
- Sichern Sie die VP-VM.
- Nutzen Sie vSphere HA oder SMP, um die VP-VM zu schützen.
- Konsultieren Sie die Best Practices Ihres Herstellers.

9.16 Best Practices zum Thema Storage

Neben den Best Practices der Hersteller existieren natürlich ein paar mehr oder weniger allgemeingültige Ansätze. Die folgenden Informationen sind nur ein Auszug und keine vollständige Liste. Die bereits in diesem Kapitel erwähnten Themen *Single-Initiator-Zoning*, *Partition Alignment* und *SCSI-Reservations* sollten Sie in jedem Fall beachten.

9.16.1 RAID-Leistungsfähigkeit

Auf den RAID-Typ gehen wir hier nicht detailliert ein, dafür ist die Wikipedia eine sehr gute Anlaufstelle: *http://de.wikipedia.org/wiki/RAID*

Allerdings möchten wir an dieser Stelle gern die oft gestellten Fragen zur RAID-Leistung für die bekanntesten RAID-Level beantworten (siehe Tabelle 9.9).

RAID-Level	1 Frontend-Schreib-I/O = Anzahl der Backend-I/Os
RAID 0	1
RAID 1	2
RAID 5	4
RAID 6	6

Tabelle 9.9 Frontend-I/O vs. Backend-I/O im RAID-Vergleich

In Tabelle 9.9 erkennen Sie, dass ein I/O, das auf die RAID-Gruppe geschrieben wird, im Backend wesentlich mehr I/O-Operationen auslöst. Bei RAID 5 wären dies vier I/Os (Block lesen, Parity lesen, Block schreiben, Parity schreiben). Lesend sind die meisten RAID-Typen zumindest ähnlich, das heißt, bei RAID 0 kann beispielsweise gleichzeitig von beiden Platten gelesen werden, da diese die gleichen Daten enthalten. RAID 0, RAID 10 und RAID 50 erreichen lesend noch höhere Raten als RAID 1 oder RAID 5 bzw. RAID 6.

Dies muss man ins Verhältnis mit den I/Os der Festplatten stellen:

- SATA: ~70–90 I/Os
- SCSI: ~120–150 I/Os
- SAS/FC: ~150–180 I/Os

Die Umdrehungsgeschwindigkeit hat natürlich ebenfalls Auswirkungen auf die I/O-Raten. Möchten Sie daher eine mögliche I/O-Geschwindigkeit in einem RAID 5 mit drei FC-Festplatten errechnen, so könnte dies so aussehen:

150 × 3 = 450 I/Os maximal lesen pro Sekunde
450 ÷ 4 = 112,5 I/Os maximal schreiben pro Sekunde

Ginge man von 4-KB-Blöcken wie bei Exchange aus, so wäre der Durchsatz:

450 × 4 = 1800 KB Durchsatz pro Sekunde
112,5 × 4 = 450 KB Durchsatz pro Sekunde

Dies hört sich alles nicht so berauschend an, allerdings sind wir nun auf der reinen Physik, ohne Tuning. Dies wäre beispielsweise bei einem *Direct Attached Storage* (DAS, also lokaler Speicher) der Fall, da dort kaum Caching ins Spiel kommt.

Kehrt man zum SAN zurück, dann kann man nicht mehr einfach sagen, was die zu erwartende Performance der Platten ist, da neue Faktoren hinzukommen. Einer der besten Beschleuniger ist zweifelsfrei der Cache – und natürlich auch die Anzahl der Festplatten im RAID. Außerdem verfügen die Hersteller über die verschiedensten Ansätze, um Zugriffsprofile der Anwendungen zu erkennen und diese zu optimieren. Daher ist es unmöglich, ohne Messungen und weitreichende Kenntnisse der verwendeten Applikationen eine Aussage zu treffen.

Im VMware-Umfeld wird dies noch schwieriger, da über die einzelnen Datastores die unterschiedlichsten I/O-Abfragen eingehen, weil viele virtuelle Systeme mit unterschiedlichen Anwendungen gleichzeitig auf dem gleichen gemeinsamen RAID arbeiten. Dadurch entsteht auch ein hoher Anteil an Random-I/O, weswegen die Treffer im Cache abnehmen. Dies bedeutet, dass kleine Caches unter Umständen nutzlos werden.

Als Fazit lässt sich sagen: RAID 1, 10 und 50 sind sehr gut, um hohe Performance zu erreichen. RAID 5 und 6 liefern schlechtere Performance bei höheren Kapazitäten. Daher sollten Sie sich die durch die virtuellen Maschinen zu erwartenden Speicherprofile gut anschauen und nach benötigter Leistung oder Kapazität entscheiden. Außerdem ist das Storage-System mit seiner Architektur gegebenenfalls ideal für die angestrebte Anwendung.

9.16.2 RAID-Größe

Neben der natürlich am häufigsten gestellten Frage nach der richtigen LUN-Größe ist auch immer wieder die Anzahl der Festplatten im einem RAID-Verbund ein spannendes Thema, nach dem gern gefragt wird. Generell gilt natürlich: Je mehr Leistung in den Systemen benötigt wird, desto mehr Festplatten sind sinnvoll. Allerdings muss man bei dieser Behauptung immer beachten, dass die Ausfallsicherheit nicht vernachlässigt werden darf. Würden Sie eine RAID-5-Gruppe mit 100 Festplatten erstellen (vorausgesetzt, es ist technisch möglich), so nähme die Berechnung der Parität wesentlich mehr Zeit in Anspruch als bei einer kleineren RAID-Gruppe.

Des Weiteren skaliert eine RAID-Gruppe nicht unendlich, sodass ein RAID 5 mit 4 Platten bei einer Vergrößerung auf 6 Platten noch linear skaliert, bei einer Erhöhung auf 12 Platten und mehr mit sehr großer Wahrscheinlichkeit aber nicht mehr. Wie weit technisch skaliert werden kann, hängt auch vom Design der RAID-Lösung des Storage-Anbieters ab.

Außerdem ist es vom Leistungsaspekt her egal, ob auf einem RAID 5 mit 4 Platten 10 VMs gut arbeiten oder auf einem RAID 5 mit 16 Platten 40 VMs. Ganz im Gegenteil: Die kleinere RAID-Gruppe könnte sogar eine wesentlich bessere Leistung bringen, da weniger SCSI-Reservations und natürlich Random-I/O passiert. Daher ist es hier sinnvoll, nach einer optimalen RAID-Konfiguration zu schauen, bei der sich Leistung und Ausfallsicherheit die Waage halten. Idealerweise testen Sie daher verschiedene RAID-Konfigurationen und achten darauf, ob ein Engpass bei Kapazität oder Leistung besteht, und passen dementsprechend die RAID-Sets an. Oft hilft hier auch die Arraybelegung der Storage-Hersteller, da bei einem Array mit 14 Festplatten z. B. oft entweder zwei RAID-5-Gruppen à 6 Platten (Benennung 5 + 1 = 5 × Datenkapazität + 1 × Parity-Kapazität) mit zwei Hot-Spare-Platten oder 13 Platten (12 + 1) mit einer Hot-Spare-Platte empfohlen werden.

Diese Zuordnung unterscheidet sich natürlich bei der Nutzung von RAID 1, RAID 6, RAID 10 oder RAID 50 und sollte mit dem Storage-Hersteller hinsichtlich der benötigten Leistung und Ausfallsicherheit abgesprochen werden. Abhängig vom Typ und von der Leistungsfähigkeit der Festplatte können Sie unterschiedlich viele LUNs auf diesem RAID-Set anlegen und mit virtuellen Maschinen befüllen. Generell müssen Sie immer beachten, dass jede LUN und jede virtuelle Maschine auf einer RAID-Gruppe zur Mehrbelastung des Systems durch Random-Zugriffe führt. Daher sind in diesem Fall SCSI-, FC- oder SAS-Platten gegenüber SATA-Festplatten im Vorteil.

Manche Systeme unterstützen die Möglichkeit, RAID-Gruppen miteinander zu vermischen, z. B. über mehrere RAID-5-Gruppen eine RAID-0-Gruppe zu legen. Damit erhöhen Sie die Anzahl der Festplatten eines RAID-Sets und damit die möglichen Datendurchsatzraten.

9.16.3 Geschwindigkeit vs. Kapazität

Das Thema »Geschwindigkeit vs. Kapazität« wird seit der Einführung von SATA-Festplatten und den damit verbundenen enormen Festplattenkapazitäten leider immer mehr vernachlässigt, und es kommt stetig zu Leistungsproblemen im SAN oder zu Diskussionen über den Preis der Storage-Systeme.

Aber warum muss dieses Thema so genau angeschaut werden? Dazu müssen Sie sich wieder ins Gedächtnis rufen, was vor der Virtualisierung war: Man hatte zumeist zwei SCSI- oder FC-Festplatten im RAID 1 in jedem Server. In diesem RAID-Set wurden die Systemdateien, die Auslagerungsdatei und Applikationen abgelegt.

Wenn dieses physische System virtualisiert wird, sinkt der Plattenbedarf nicht. Das heißt, wenn früher 25 % der Festplattenleistung ausgeschöpft wurden, so besteht diese Notwendigkeit auch nach der Virtualisierung.

Schauen Sie sich die virtuelle Infrastruktur genauer an, so sind viele virtuelle Maschinen auf einer oder mehreren LUNs gebündelt, die wiederum auf einer oder mehreren RAID-Gruppen abgelegt sind. Hinzu kommt, dass beim Betrieb mehrerer VMs auf dem gleichen VMFS nahezu ausschließlich Random-Zugriff herrscht (siehe Abbildung 9.83), was bei größerer Datendichte automatisch zu mehr Bewegung des Schreib-/Lesekopfes führt.

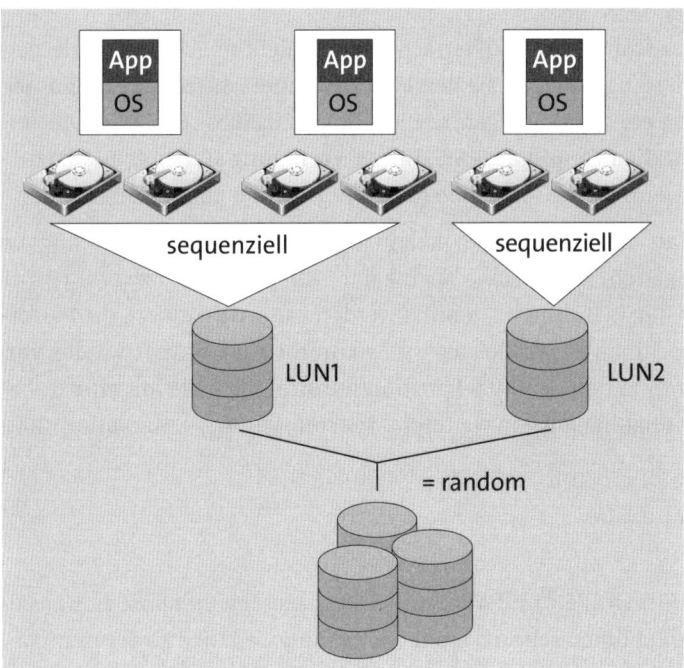

Abbildung 9.83 Sequenzielle Zugriffe durch virtuelle Maschinen auf das gleiche RAID-Set führen zu Random-Zugriffen.

Würden Sie nun fünf 1-TB-SATA-Festplatten in einem RAID 5 bündeln, so kämen Sie auf eine Nutzkapazität von etwa 4 TB, die Sie in vier LUNs à 1 TB aufteilen würden. Damit stehen 4 TB Nutzkapazität – aufgeteilt auf vier LUNs, die mit VMFS formatiert werden – zur Verfügung. Gingen wir im einfachsten Fall von virtuellen Maschinen mit einer Plattennutzung von 40 GB aus, so fänden knapp 25 VMs auf einer LUN Platz. Ziehen wir noch ein wenig Puffer für Snapshots und Swap-Dateien ab, wären es noch 24 VMs. Auf allen LUNs wären es 96 virtuelle Maschinen.

Vergleichen wir dies mit der physischen Hardware von früher:

Vorher:
96 Systeme à 2 Festplatten = 192 SCSI-Festplatten
(pro Platte 72 GB, d. h. eine theoretische Nutzkapazität von 6,75 TB)

Nachher:
96 Systeme = 5 SATA-Festplatten

Aber haben diese Festplatten jetzt auch die Leistungsfähigkeit der 192 SCSI-Festplatten? Selbst wenn wir davon ausgehen, dass die heutigen SATA-Platten mit den früheren SCSI-Festplatten vergleichbar wären (was bei der Performance nicht der Fall ist), dann wäre der Leistungsnachteil der SATA-Lösung immer noch enorm. Gehen wir von 70 IOPS aus, so wäre die SCSI-Lösung gebündelt 38,4-mal schneller, was 13.090 IOPS mehr entspricht.

Diese Rechnung ist natürlich nicht genau und betrachtet auch nicht die Unterschiede zwischen den RAID-Gruppen. Allerdings spiegelt sie den Leistungsunterschied ziemlich gut wider. Somit können Sie sich sehr einfach überlegen, wie leistungsfähig diese RAID-Gruppe mit den fünf SATA-Festplatten wirklich ist und dass Sie die zur Verfügung stehenden Kapazitäten nur ausnutzen könnten, wenn Sie die virtuellen Maschinen immer abgeschaltet ließen.

Bedenken Sie daher immer, dass die Leistungsfähigkeit in IOPS eine viel wichtigere Maßgabe ist als die Kapazitätsmöglichkeiten. Somit ist es auch keine Seltenheit, dass zwar 4 TB zur Verfügung stehen, allerdings nur 1 TB sinnvoll genutzt werden kann, da dadurch die Performance für die virtuellen Maschinen gewährleistet ist. Es kommt auch immer wieder vor, dass aufgrund der Performance auf einer VMFS-Partition nur fünf virtuelle Maschinen betrieben werden können, ganz unabhängig von weiteren Aspekten wie SCSI-Reservation-Conflicts.

9.16.4 LUN-Größe

Wenn Sie Abschnitt 9.16.2, »RAID-Größe«, und Abschnitt 9.16.3, »Geschwindigkeit vs. Kapazität«, bereits gelesen haben, sollte Ihnen schon der ein oder andere Gedanke zu der richtigen LUN-Größe gekommen sein. Idealerweise versuchen Sie, die LUN-Größe auf einen gemeinsamen Nenner zu bringen, um möglichst gleiche LUNs zu erstellen. Das erleichtert die Verwaltung und die Verteilung.

Geht man von VMs mit 40 GB Festplattenkapazität aus, so landet man meist bei acht bis zehn VMs, basierend auf den dahinterliegenden IOPS-Möglichkeiten und dem davon abhängigen Lastbedarf der virtuellen Maschinen. In einem solchen Fall wären 400-GB-LUNs bei einer Planung optimal.

Haben Sie weniger leistungsfressende VMs, so können Sie natürlich mehr Systeme auf einer LUN unterbringen. Arbeiten Sie mit Thin Provisioning auf dem VMFS oder mit Snapshots, so sollte die Anzahl der VMs auf einer LUN aufgrund der SCSI-Reservations kleiner ausfallen. Dort können Sie auf eine LUN-Größe von maximal 1,99 TB gehen. Die Limitierungen beim ESXi-Host-Zugriff können Sie durch die sehr hohen Grenzwerte von vSphere mittlerweile vernachlässigen.

Umgekehrt gilt bei sehr leistungsintensiven Systemen (wie Datenbanken oder Exchange/SAP-Systemen), dass weniger VMs pro LUN oder besser pro RAID-Gruppe betrieben werden. Existieren Ausreißer, z. B. ein System mit 1,5 TB statt der üblichen 40 GB, so sollten Sie die VM entweder mit Raw Device Mappings oder einer großen LUN versorgen, auf der Sie die VM allein betreiben.

9.16.5 RAID-Rebuild

Immer wieder haben Kunden während des laufenden Betriebs das Problem, dass die I/O-Leistung der virtuellen Maschinen sich für einen gewissen Zeitraum deutlich verringert und plötzlich wieder normal ist. Daran ist nicht selten eine Überlastung des Storage-Prozessors in den Storage-Systemen schuld, die z. B. durch RAID-Rebuild, Deduplizierung, Datenmigrationen oder Levelling ausgelöst wird.

Fällt beispielsweise eine Festplatte in einer RAID-5-Gruppe aus, so muss diese Festplatte ersetzt werden, und die verlorenen Daten werden anhand der Parity berechnet und wiederhergestellt. Es kommt hierbei zu keinem Datenverlust, allerdings wird das RAID-System dadurch belastet, was Geschwindigkeitsnachteile für alle an diesem RAID-Controller angeschlossenen Platten bedeutet. Intelligente Storage-Systeme (EMC, HDS ...) erkennen bereits im Vorfeld, wenn sich bei Festplatten erste Abnutzungserscheinungen zeigen, und füllen die Hot-Spare-Platte schon mit den Daten der entsprechenden Festplatte, bevor diese wirklich ausfällt. In diesem Fall wird der RAID-Rebuild-Prozess minimiert. Ist dies nicht der Fall, so kann ein RAID-Rebuild auch weit über 24 Stunden dauern. In dieser Zeit ist ein RAID-5-Set natürlich stark durch Ausfall der nächsten Festplatte gefährdet, und es kommt zur Leistungsverringerung.

9.17 RDMA – Remote Direct Memory Access

Neu in vSphere 6.7 ist der *Remote Direct Memory Access* (RDMA). Er erlaubt die Übertragung von Memory von einem Computer zum anderen. Dabei handelt es sich um einen Direkttransfer mit minimaler CPU- bzw. Kernel-Belastung. Durch dieses Umgehen des Kernels werden extrem hohe I/O-Bandbreiten mit geringen Latenzen erreicht. Um RDMA nutzen zu können, müssen beide Teilnehmer über einen *Host Channel Adapter* (*HCA*) verfügen. RDMA unterstützt dabei die Netzwerktechnologien iWRAP, Infiniband und RoCE (*RDMA over Converged Ethernet*).

RDMA kann dabei in zwei Formen genutzt werden:

- **zwischen zwei ESXi-Hosts**: Dabei können verschiedene Services beschleunigt werden, zum Beispiel SMP-FT, NFS oder iSCSI.
- **zwischen virtuellen Maschinen (in dieser Form auch vRDMA genannt)**: Hiermit können Sie eine Vielzahl von Applikationen für hohen Durchsatz bei niedrigen Latenzen nutzen. Beispiele sind unter anderem das High Performance Computing, Datenbanken oder auch Big-Data-Applikationen wie *Hadoop*.

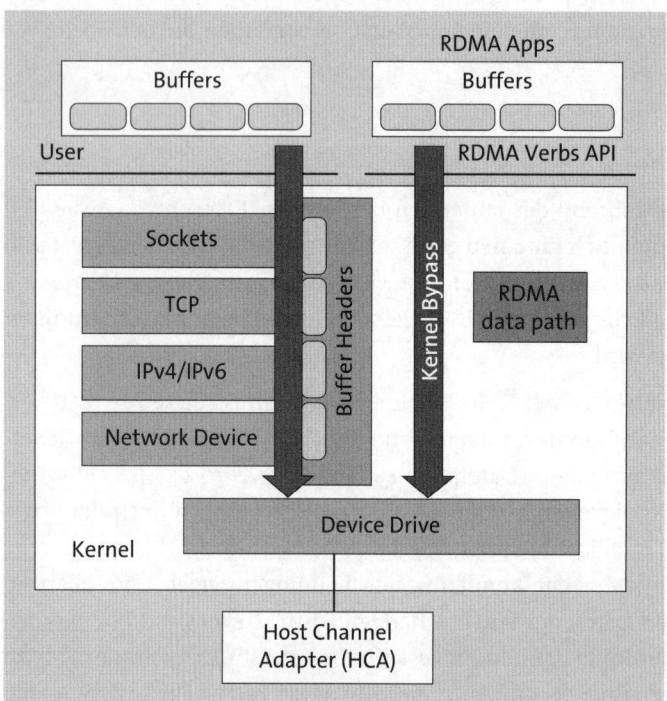

Abbildung 9.84 Funktionsweise von RDMA schematisch dargestellt

Bei vRDMA gibt es drei Transportmodi, die automatisch gewählt werden:

- **Memcpy** – RDMA zwischen VMs auf demselben Host
- **TCP** – RDMA zwischen zwei Hosts ohne Host-Channel-Adapter (HCA)
- **RDMA** – Fast Path RMDA zwischen zwei Hosts mit HCAs

9.18 PMem – Persitant Memory NVDIMM-Unterstützung

Ebenfalls neu in vSphere 6.7 ist die Unterstützung für *PMem – Persistant Memory in nicht-flüchtigen Speicherriegeln*, NVDIMM oder *non-volatile DRAM*. Diese speziellen RAM-Riegel haben die Geschwindigkeit von DRAM, doch bleibt der Speicherinhalt auch nach einem Power-Zyklus erhalten, der deutlich schneller vollzogen werden kann, da Daten nicht erneut geladen werden müssen. Darüber hinaus ist NVDIMM byte-adressierbar und kann somit als regulärer bzw. alternativer Festplattenspeicher genutzt werden.

Mit dieser enormen Geschwindigkeit, die fast 100-mal so schnell ist wie SSDs, können die Daten näher an der Applikation verarbeitet werden, da die CPUs mit nahezu DRAM-Latenzen auf sie Zugriff haben.

Dabei gibt es für VMs zwei unterschiedliche Möglichkeiten, PMem zu nutzen. VMs, die entsprechende Fähigkeiten zur Nutzung von PMem mitbringen bzw. zu diesem Zweck modifiziert wurden, bekommen neben dem normalen RAM zusätzlich den persistenten RAM in der virtuellen Hardware präsentiert. UM dies nutzen zu können, muss die virtuelle Hardware Version 14 verwendet werden. Darüber hinaus muss das Gast-Betriebssystem PMem unterstützen. Obgleich DRS und damit eine Vielzahl von Virtualisierungs-Features verfügbar sind, werden für VMs, die PMem nutzen, HA und Snapshots nicht unterstützt. Zusätzlich können die Daten in NVDIMMs nicht auf normalen Storage migriert werden.

Nicht modifizierte VMs hingegen können den persistenten RAM als Datastore nutzen. Dies ist in allen Versionen der virtuellen Hardware möglich. Außerdem können die Daten sowohl von einem Datastore auf einen anderen Datastore als auch zwischen Hosts und deren Datastores verschoben werden.

Möchten Sie einen ESXi-Host mit NVDIMMs in den Wartungsmodus versetzen, sind weitere Schritte erforderlich:

▶ Alle VMs, auch abgeschaltete, müssen vom Host entfernt werden.
▶ Sie müssen sicherstellen, dass der PMem-Datastore leer ist, und anschließend alle Namespaces entfernen.

Nun kann der Host heruntergefahren werden, um beispielsweise NVDIMMs hinzuzufügen oder zu entfernen. Wird der Host wieder gestartet, so erstellt er den PMem-Datastore neu.

Kapitel 10
VMware vSAN

Virtual SAN 6.7 wurde um viele Funktionen erweitert und fürs Rechenzentrum fit gemacht. Das folgende Kapitel erläutert die Grundlagen und zeigt Ihnen, worauf Sie achten müssen, um für Performance und Ausfallsicherheit zu sorgen.

Die Autoren dieses Kapitels sind Marcel Brunner, Vmware Global Solution Consultant, marcelb@vmware.com, und Thomas Schönfeld, Senior Consultant PSO, tschoenfeld@vmware.com.

VMware bietet für den Bereich Storage ein Produkt mit dem Namen *Virtual SAN* (vSAN) an, mit dem Sie die verbauten Festplatten – ganz gleich, ob es sich dabei um HDDs und SSDs handelt – zu *Shared Storage Volumes* zusammenfassen können.

> **Grundsätzliches zu den Softwareversionen**
>
> Die in diesem Abschnitt vorgestellten Eigenschaften der verwendeten Produkte, die Sie näher kennenlernen, beziehen sich auf folgende Release-Stände:
>
> Virtual SAN 6.7 – Bestandteil von *vSphere ESXi 6.7*

Wie die Storage-Appliance verfolgt vSAN kein vollkommen neues Konzept (da etliche Zusatzprodukte von Drittherstellern existieren), sondern integriert die Möglichkeit, den lokalen Festplattenspeicher der ESXi-Hosts als zentralen Massenspeicher zur Verfügung zu stellen. Es ist von seiner Architektur her ein verteiltes, hochskalierendes Speichersystem (siehe Abbildung 10.1 und *http://virtualgeek.typepad.com/virtual_geek/2014/01/understanding-storage-architectures.html*).

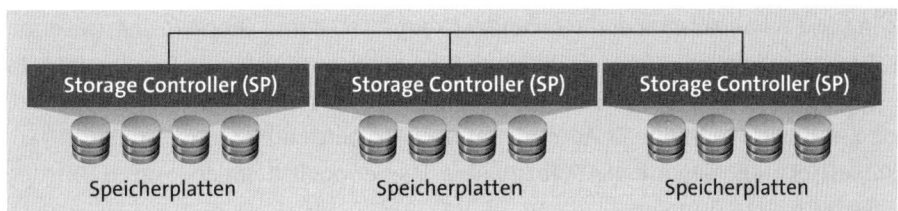

Abbildung 10.1 vSAN-Storage-Architekturtyp: Lose gekoppelt, horizontal skaliert (scale-out)

Durch die Nutzung von lokalen Flash-Karten oder SSD-Festplatten, die bei vSAN vorausgesetzt werden, kann eine sehr hohe Leistung erreicht werden, die deutlich über der Leistung von konkurrierenden Produkten und über der Leistung von physikalischen Storages liegt.

vSAN zusammen mit NSX zeigt, dass die Entwicklung in Richtung softwaredefiniertes Rechenzentrum geht. Mit der neusten Version ist die Software weiter gereift und steht in Skalierung wie in Leistungsfähigkeit traditionellen Speichersystemen in nichts nach bzw. übertrifft diese sogar. vSAN als Datenspeicher findet sich heute als Referenzarchitektur unter der Bezeichnung *Virtual SAN Ready Nodes*.

10.1 Die wichtigsten Neuerungen in vSAN 6.7

Vorab möchten wir auf die *VMware Technical Overview* zu vSAN 6.7 verweisen, die einen kurzen und prägnanten Einstieg in das Thema ermöglicht. Sie finden die Übersicht unter *https://storagehub.vmware.com/t/vmware-vSAN/vmware-vSAN-6-7-technical-overview*. Die Neuerungen in vSAN 6.7 sind:

- **Intuitive Benutzererfahrung durch das HTML5-Interface:** Im vSphere Webclient ist nun auch vSAN mit allen Menüs vertreten. Dabei ist das neue Interface durch die Nutzung des *Clarity Framework* nicht nur eine einfache Portierung, sondern eine Optimierung der Prozesse, mit der Sie mit weniger Klicks ans Ziel kommen sollen. Darüber hinaus ist anzumerken, dass der alte Flash-basierte *vSphere Web Client* noch verfügbar ist, aber alle zukünftigen neuen Features nur noch im *HTML5-Client* (siehe Abschnitt 1.3.3) implementiert werden.

- **vRealize Operations (vROps) im vCenter für vSAN:** Bisher musste man für vSAN das vRealize-Interface separat aufrufen. Nun ist es möglich, die wichtigsten Informationen im vSphere Client direkt anzuschauen. Dies geschieht über ein einfach auszurollendes Plug-in. Damit können Sie vROps-Analyse-Daten dann über das Dashboard für vCenter und vSAN einsehen. Wenn Sie detaillierte Informationen benötigen, kommen Sie nun mit nur zwei Klicks vom vSphere Client zum vROps-Dashboard.

- **Support für Windows Server Failover Cluster (WSFC) (dt.: Microsoft Cluster Service (MSCS)) mittels vSAN iSCSI Service:** Der Support für *Mircosoft SQL Always-on Availability Groups* (AAG), *Exchange Database Availability Groups* (DAG) und *Oracle Real Application Cluster* (RAC) wird nun auf *Microsoft Windows Server Failover Cluster* (WSFC) erweitert. Es werden geteilte Ziel-Speichersysteme unterstützt, wenn der vSAN-iSCSI-Dienst verwendet wird. Damit wird es Ihnen als Administrator im Rechenzentrum nun ermöglicht, Legacy-Cluster-Technologien mit vSAN abzubilden. Dies ermöglicht einen sanften Umstieg auf moderne Cluster-Lösungen.

- **Adaptive Resync / Adaptiv Data Placement:** Gänzlich neu in vSAN 6.7 ist der Adaptive Resync. Er gewährleistet eine fairere Verteilung von Ressourcen für VM-I/O und Resync-I/O. Ein verbesserter Storage-Scheduler sichert bei hoher I/O-Last, die die Fähigkeiten der vSAN-Disk-Group ausreizen, eine gewisse Bandbreite zu. Dabei ist Adaptive Resync clever genug, volle Bandbreiten zu erlauben, wenn VM-I/O und Resync-I/O nicht um Ressourcen kämpfen.

- **Schnelleres Destagging:** Um die Performance und Konsistenz von vSAN weiter zu verbessern, wurden Verbesserungen im Speicherpfad implementiert. Dieser optimierte Destagging-Prozess ermöglicht es den Schreibpuffern, ihre Daten schneller auf die Daten-Festplatten wegzuschreiben. Dies wiederum reduziert oder verhindert gänzlich die Verstopfung der Puffer und hat somit nicht nur auf VM-I/O positiven Einfluss, sondern auch auf allen anderen Resync-Traffic.

- **Einheitliche, nutzerfreundliche Bedienung (engl. Holistic support experience):** vSAN 6.7 wird mit noch mehr Gesundheitschecks wieder etwas intelligenter. *vSAN Support Insight* berichtet dabei direkt in den vSphere Client. Zu den neuen Gesundheitschecks gehören:
  - Bestätigung des Wartungsmodus
  - Der Firmware-Check ist nun unabhängig vom Treiber-Check.
  - Konsistenz-Überprüfung der erweiterten Einstellungen
  - verbesserter vSAN-Installations-Check
  - verbesserter vSAN- und vMotion-Netzwerkverbindungs-Check, indem die Anzahl der zu überprüfenden Netzwerkparameter erhöht wurde
  - verbesserter Check der physischen Festplatten, der mehrere Checks (Software, physikalisch, Metadaten) zu einer einzigen Nachricht kombiniert

10.2 Aufbau und Konzept

Mit jeder Version wird vSAN um neue Funktionen erweitert. Diese stehen in direktem Zusammenhang mit der jeweiligen Version von vSphere ESXi, da vSAN ein integraler Bestandteil des Kernels ist (siehe Tabelle 10.1).

vSphere-Version	vSAN-Version
vSphere ESXi 6.7	vSAN 6.7
vSphere ESXi 6.5 Update 1	vSAN 6.6.1
vSphere ESXi 6.0 Update 2	vSAN 6.2

Tabelle 10.1 Korrelation der vSphere-ESXi-Version und der vSAN-Version

Eine vollständige Aufschlüsselung der vSAN- und ESXi-Versionen finden Sie unter *https://kb.vmware.com/s/article/2150753*.

vSAN virtualisiert die lokalen physikalischen Speicherressourcen von ESXi-Hosts und wandelt diese in einen riesigen Speicherpool um. Um die Quality-of-Service für die unterschiedlichen Bedürfnisse von Applikationen und virtuellen Maschinen zu gewährleisten, bedient sich vSAN des *Storage Policy-Based Managements*. Mit diesen Richtlinien werden Voraussetzungen sichergestellt. So könnte beispielsweise vSAN verschiedene Volumen mit unterschiedlichen Leistungsklassen anbieten: Eine Richtlinie würde definieren, dass VMs mit hohen Anforderungen entsprechend immer auf den Volumes der höheren Leistungsklasse landen. Ein anderes Beispiel wäre die Location: Mehrere Volumes können in einem weiter verteilten Cluster angeboten werden und so vielleicht mehrere Kilometer auseinander liegen. Dennoch möchte man zwecks Latenzoptimierung VMs nur »auf einer Seite« dieses verteilten Clusters vorhalten. Auch entsprechende Speicher-Richtlinien können dies gewährleisten.

vSAN kann als Hybrid- oder All-Flash-Speichersystem konfiguriert werden. Flash-Speicher in Form von SSD-Medien oder Flash-Karten sind immer erforderlich und bilden den Cache des Speichersystems. In einem Hybridsystem wird Flash-Speicher als Cache eingesetzt und magnetische Festplatten als Speicherkapazität. In einem All-Flash-System kommen ausschließlich SSD-Medien oder Flash-Karten als Cache und Speicherkapazität zum Einsatz.

vSAN kann jederzeit um Kapazität erweitert werden, sei es durch Hinzufügen neuer ESXi-Hosts in den Clusterverbund oder durch den Ausbau weiterer Speicherkapazität von ESXi-Hosts, die bereits im vSAN-Clusterverbund vorhanden sind. Diese Erweiterung kann abhängig davon, wie vSAN konfiguriert ist, vollständig automatisiert erfolgen.

Es können auch ESXi-Hosts ohne eigene Speicherkapazität vom vSAN-Datastore profitieren. Voraussetzung dafür ist, dass sie Mitglied des vSAN-Clusters sind.

> **Konfiguration von vSphere-ESXi-Hosts zum Einsatz in vSAN**
> VMware empfiehlt, sämtliche Server, die Sie für vSAN einsetzen wollen, identisch oder sehr ähnlich zu konfigurieren, was die Anzahl und Kapazität von Flash-Speicher, magnetischen Festplatten und Netzwerkkonnektivität betrifft. So kann ein ausbalancierter vSAN-Cluster gebaut werden.

10.2.1 Voraussetzungen

Damit Sie ein vSAN konfigurieren können, müssen folgende minimale Voraussetzungen erfüllt sein:

- zwei ESXi-Hosts
- ein Flash-basierter Speicher, eine magnetische Festplatte
- 1-Gbit-Ethernet-Netzwerk (Es werden aber ausdrücklich 10 GBit empfohlen.)
- vSphere-Lizenz

- vCenter-Lizenz
- Lizenzierung einer der sechs Editionen, die in Tabelle 10.2 genannt sind. Dabei kann es sich und »normale« oder ROBO-Editionen handeln (ROBO: *Remote Office / Branch Office*). Achtung: vSAN-Lizenzen haben nichts mit der Lizenzierung von VMware vSphere zu tun! Sie müssen sie zusätzlich kaufen. Zu allem Überfluss werden die Lizenzen auch noch unterschiedlich zwischen vSphere und vSAN benannt.

	Standard	Advanced	Enterprise	Standard for ROBO	Advanced for ROBO	Enterprise for ROBO
Storage Policy Based Mgmt.	✓	✓	✓	✓	✓	✓
Virtual Distributed Switch	✓	✓	✓	✓	✓	✓
Rack Awareness	✓	✓	✓	✓	✓	✓
Software Checksum	✓	✓	✓	✓	✓	✓
All-Flash Hardware	✓	✓	✓	✓	✓	✓
iSCSI Target Service	✓	✓	✓	✓	✓	✓
QoS - IOPS Limit	✓	✓	✓	✓	✓	✓
Deduplication & Compression		✓	✓		✓	✓
RAID-5/6 Erasure Coding		✓	✓		✓	✓
vRealize Operations within vCenter		✓	✓		✓	✓
Data-at-Rest Encryption			✓			✓
Stretched Cluster with Local Failure Protection			✓			✓

Tabelle 10.2 Korrelation zwischen den Funktionen der vSphere-ESXi-Version und den entsprechenden vSAN-Versionen

Darüber hinaus erhalten Sie (inklusive) in der *Horizon 7 Advanced* oder *Enterprise Edition* das *VMware vSAN Advanced für Desktops mit All-Flash*.

> **Möglichkeiten, vSAN zu evaluieren**
>
> VMware bietet Ihnen grundsätzlich zwei Möglichkeiten, um vSAN zu testen (*https://my.vmware.com/de/web/vmware/evalcenter?p=vsan-18-hol*):
>
> 1. Hands-On-Lab (*http://hol.vmware.com*)
> 2. Testversion für 60 Tage (*https://my.vmware.com/web/vmware/evalcenter?p=vSAN6*)

10.3 Funktionen und Eigenschaften

Die Funktionen und Eigenschaften von vSAN sind in Tabelle 10.3 aufgelistet.

Eigenschaft	Kurzbeschreibung
Virtual SAN Health Service	Der Dienst verfügt über vorkonfigurierte Gesundheits-Checks zur Überwachung, zum Troubleshooting und zur Diagnose im Falle von Problemen mit dem vSphere-Cluster oder seinen Komponenten und zur Identifikation potenzieller Risiken.
Shared Storage Support	vSAN unterstützt VMware-Funktionen wie HA, vMotion und DRS.
Just a Bunch of Disks (JBODs)	vSAN unterstützt JBODs. Sie können die Kapazität des vSAN-Datastore erweitern, wenn JBOD-Speicher an Blade-Server angebunden sind.
On-disk-Format	Ab vSAN 6.0 kommt ein neues *On-disk Virtual File Format (2.0)* zum Einsatz. Es ist ein Dateisystem mit Logging, das über ein hochskalierbares Snapshot- und Clone-Management verfügt. vSAN 6.7 – On-disk Format 6 vSAN 6.6 – On-disk Format 5 vSAN 6.2 – On-disk Format 3
All-Flash und Hybrid	vSAN kann als All-Flash- oder Hybrid-Cluster konfiguriert werden.
Fault Domains	vSAN unterstützt die Aufteilung in Fault Domains, um virtuelle Maschinen vor Ausfällen von Racks oder Chassis zu schützen, sollte vSAN über mehrere Racks oder Chassis konfiguriert sein.
Stretched Cluster	vSAN unterstützt Stretched Cluster über zwei geografisch getrennte Locations (5 ms Netzwerk-Latenz, was weniger als 2,5 ms in einer Richtung bedeutet, für Mitglieder im Cluster und 200 ms Netzwerk-Latenz für Witness-Hosts).

Tabelle 10.3 Funktionen und Eigenschaften von vSAN 6.7 – Storage Policy-Based Management

Eigenschaft	Kurzbeschreibung
Integration von vSphere-Storage-Funktionen	vSAN integriert Funktionen, wie Sie sie von VMFS- und NFS-Datastores kennen, beispielsweise Snapshots, Linked Clones, vSphere Replication und VADP (*VMware vStorage API for Data Protection*).
VM Storage Policies	vSAN arbeitet mit VM Storage Policies. Sie können jeder VM eine passende VM Storage Policy zuordnen. VMs, denen Sie keine Storage Policy zuweisen, werden automatisch die Virtual SAN Default Storage Policy erhalten.
Schnelles Provisionieren	vSAN ermöglicht das schnelle Provisionieren von Speicher im vCenter Server während der Bereitstellung von VMs.

Tabelle 10.3 Funktionen und Eigenschaften von vSAN 6.7 – Storage Policy-Based Management (Forts.)

vSAN ist eng mit den VM Storage Policies verknüpft. Es ist daher wichtig, die Fähigkeiten (*Capabilities*) zu verstehen, da sie Auswirkungen auf die Anzahl der speicherbietenden Mitglieder im vSAN-Cluster, die benötigte Speicherallokation, die Konfiguration der ESXi-Hosts und die Leistungsfähigkeit haben (siehe Tabelle 10.4).

Regel (Policy)	Grundeinstellung	Maximum	Kurzbeschreibung
Number of failures to tolerate	1	3	Beschreibt die Anzahl tolerierbarer Ausfälle von Hosts oder Komponenten eines VM-Objekts. Für n tolerierte Ausfälle werden $n+1$ Kopien eines VM-Objekts erstellt, und es werden $2 \times n+1$ Hosts benötigt. Im Fall von Konfigurationen mit zwei Hosts wird ein Witness in Form einer VM benötigt. Der minimale Wert ist 0 und hat zur Folge, dass das VM-Objekt ungeschützt ist.
Number of disk stripes per object	1	12	Die Anzahl der Geräte, über die jedes Replikat eines VM-Objekts gestripet wird. Ein höherer Wert kann die Leistungsfähigkeit steigern, braucht aber mehr Systemressourcen.

Tabelle 10.4 VM-Storage-Policy-Regeln

Regel (Policy)	Grundeinstellung	Maximum	Kurzbeschreibung
Number of disk stripes per object (Forts.)			Stellen Sie sicher, dass genügend Geräte in den Hosts vorhanden sind, um eine Erhöhung des Wertes zu unterstützen. VMware empfiehlt die Grundeinstellung.
Force provisioning	No	Yes	Bei der Einstellung YES wird das Objekt provisioniert – ungeachtet der potenziellen Verletzung der übrigen Regeln, die in der VM Storage Policy definiert sind. Machen Sie nur in Notfällen davon Gebrauch, beispielsweise während eines Ausfalls. No erlaubt eine Provisionierung nur, wenn sämtliche Regeln der VM Storage Policy eingehalten werden können.
Object space reservation	0 %	100 %	Beschreibt die Reservierung der Kapazität vom vSAN-Datastore in Prozent auf Basis der logischen Größe eines VMDK-Objekts. Der Wert 100 % bedeutet, dass die VMDK *thick* bereitgestellt wird.
Flash read cache	0 %	100 %	Eine Änderung des Werts bedeutet die Reservierung von Kapazität des Caching-Flash-Speichers in Prozent als Lesecache des VM-Objekts. Dessen Kapazitätsbedarf wird durch die logische Größe eines VMDK-Objekts errechnet. Die reservierte Kapazität kann nicht von anderen Objekten genutzt werden. Reservierungen werden nicht benötigt, um VMs mit Cache zu versorgen. Vorsicht ist geboten, wenn Sie VMs verschieben wollen, da die Reservierungen in den Einstellungen der VM gespeichert sind.

Tabelle 10.4 VM-Storage-Policy-Regeln (Forts.)

Regel (Policy)	Grundeinstellung	Maximum	Kurzbeschreibung
Flash read cache (Forts.)			Diese Regel ist nur in Hybrid-vSAN-Konfigurationen anwendbar. Typischerweise muss der Wert nicht angepasst werden. Er kann sich negativ auf die Leistungsfähigkeit auswirken, da der Cache für Lese- und Schreibzugriffe verwendet und dynamisch nach Bedarf angewendet wird.

Tabelle 10.4 VM-Storage-Policy-Regeln (Forts.)

> **Änderungen an VM Storage Policies**
> Sollten Sie Änderungen an bestehenden VM Storage Policies vornehmen, so kann das zu einer Resynchronisation des vSAN-Clusters führen.

Darüber hinaus hat sich mit vSphere 6.7 im HTML5-Client die Ansicht etwas geändert. Nun lassen sich die gleichen Einstellungen mit weniger Klicks erreichen. Die Auswahl des Schutzes ist nun in Verfügbarkeitsgruppen kategorisiert. Dabei sind unter den erweiterten Speicherregeln (ADVANCED POLICY RULES, siehe Abbildung 10.2) die eher untypischen Regeln untergebracht, z. B. Objektspeicherplatz, Reservierungen und IOPS-Limits.

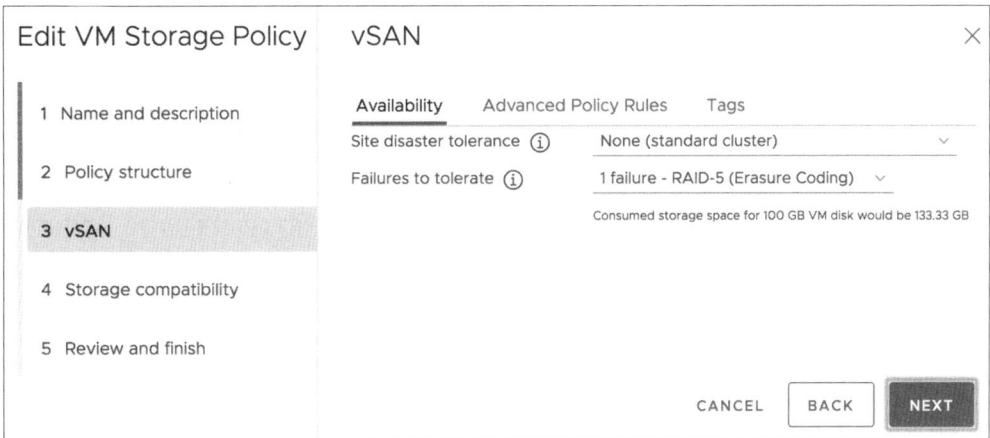

Abbildung 10.2 VM-Speicher-Richtlinien in der neuen HTML5-Ansicht unter vSphere 6.7

10.3.1 vSAN-Cache

vSAN benötigt Flash-Speicher als Lese- und Schreibcache für VMs. Dieser Speicher wird nicht zur Kapazität der vSAN-Datastores hinzugezählt.

vSAN schreibt die Daten erst in den Cache, um sie später in den Datenbereich (SSD, SATA, SAS) zu schreiben. Werden die Daten regelmäßig aufgerufen, d. h. sehr häufig genutzt, behält vSAN sie im Cache.

10.3.2 vSAN-Geräte und Disk-Groups

Unter vSAN-Geräten (Devices) versteht man gemeinhin einen Flash-Speicher oder eine magnetische Festplatte.

> **Auslastung einzelner Geräte**
>
> Wenn ein einzelnes Gerät zu 80 % und mehr ausgelastet ist, aktiviert sich die automatische Rebalancierung des vSAN-Clusters. Sie können auch eine manuelle Rebalancierung initiieren, sollte dies erforderlich sein.
>
> Halten Sie daher immer ca. 30 % freie Kapazität verfügbar, um die automatische Rebalancierung zu verhindern und genügend Platz für die Wartung und zur Wiederherstellung der Daten zu haben, die bei einem potenziellen Komponentenausfall ungeschützt sind.

Ein ESXi-Host unterstützt die Anbindung von maximal 42 Geräten, wobei sich diese wie folgt zusammensetzen:

- 7 Flash-Speichergeräte für den Cache
- maximal 35 Datenspeichergeräte (Flash-Speicher oder magnetische Festplatten), unterteilt in maximal fünf Gruppen von 1 + 7 Geräten, wovon ein Gerät immer ein Flash-Speichergerät ist.

Sie können mehrere Geräte zu einer Disk-Group zusammenfassen. Bei der manuellen Zuweisung von Geräten ist es möglich, auch mehr als einen Flash-Speicher dem vSAN-Cache zuzuweisen. Allerdings führt dies Messungen zufolge nicht zu einer Steigerung der Leistungsfähigkeit. Die Konfiguration von zwei Disk Groups mit einem Flash-Speicher und vier Datenspeichergeräten pro Mitglied im vSAN-Cluster weist bereits eine optimale Leistungsfähigkeit auf. Größere Verbünde mit mehr Geräten dienen hauptsächlich der Kapazitätserweiterung.

10.3.3 Skalierbarkeit

vSAN kann grundsätzlich nur als Funktion eines vSphere-Clusters eingeschaltet werden. Ein vSAN-Cluster unterstützt bis zu 64 Knoten. Innerhalb eines vSphere-Hosts können die einzelnen Datenträger in eine oder mehrere Disk-Groups eingeteilt werden. Unterstützt werden maximal 42 Datenträger pro Host. Tests in Labors von VMware ergaben folgende maximale Skalierbarkeit:

- 64 Knoten
- 6.400 VMs

- 7 Millionen IOPS
- 8,8 Petabytes Datenspeicherkapazität

10.3.4 Ressourcenbedarf

Da es recht komplex sein kann, die genaue Dimensionierung der benötigten Ressourcen für einen vSAN-Cluster zu bestimmen, ist VMware so freundlich und stellt mit seinem *vSAN Sizing Calculator* (*https://vSANsizer.vmware.com*) ein Tool zur Verfügung, mit dem man einfach und schnell genau diese Frage beantworten kann.

10.3.5 Datenschutzmechanismus und Fault Domains

VMware nutzt dabei kein traditionelles RAID-System, sondern RAIN (*Reliable Array of Independant Nodes*) und stellt die Ausfallsicherheit durch Kombination von VASA und Storage Service Policies zur Verteilung der VMs auf mehr als eine Festplatte bzw. einen ESXi-Host her (siehe Abbildung 10.3).

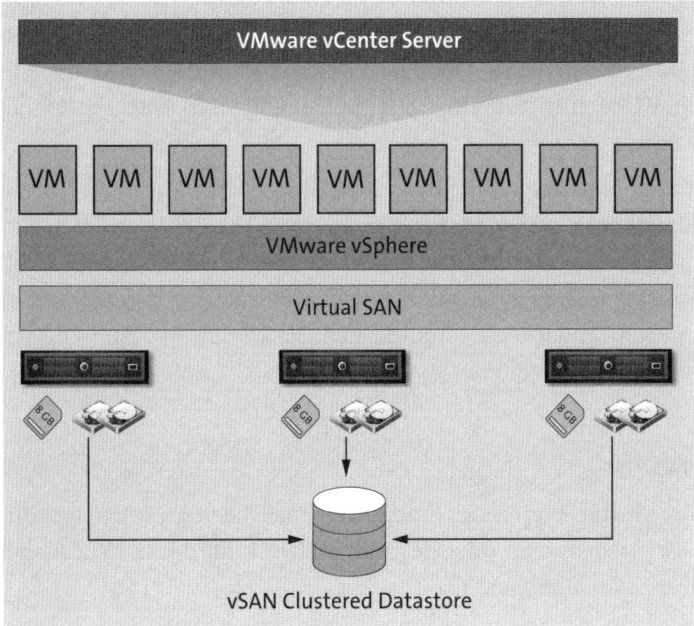

Abbildung 10.3 VMware-vSAN-Aufbau

Im Prinzip kann man sich RAIN wie ein Speicher-Array vorstellen, nur dass das Array nicht aus einzelnen Festplatten besteht, sondern aus ganzen Servern, in die wiederum die Festplatten verbaut sind, sodass die Festplatten zu einem Storage-Array zusammengefasst werden. Dieses Storage-Array kann unterschiedliche Formen haben. So gesehen ist ein RAIN ein Array aus Speichern, die wiederum ein RAID besitzen.

Entsprechend findet man in RAIN alte Bekannte wie RAID 0/1/5/6, mit denen die Aufteilung der Knoten anstelle der Festplatten gilt. So würde beispielsweise in einem RAIN mit RAID 5 ein Knoten als Redundanz genutzt werden, sodass der Ausfall von einem Knoten noch keine Einschränkung auf den Betrieb des Clusters hat.

Ein vSAN-Datastore ist ein objektbasierter Speicher. Seine VMDK-Objekte werden gemäß der ihnen hinterlegten VM Storage Policy geschützt und sind in der Regel »Number of failures to tolerate« definiert. Diese Regel akzeptiert Werte von 0 bis 3, die sich auf die maximal tolerierbare Anzahl ausfallender Hosts und Komponenten beziehen. Gemäß diesem Wert legt vSAN fest, wie viele Kopien eines VM-Objekts erstellt werden dürfen. Diese Kopien sind Clones (1:1-Abbildungen des Objekts). Es existieren zu keinem Zeitpunkt zwei identische Kopien auf demselben Host.

Vor allem in größeren Umgebungen kann die Regel »Number of disk stripes per object« zur Anwendung kommen. Diese definiert die Unterteilung eines VM-Objekts in eine Anzahl gleich großer Anteile. Diese Anteile werden auf unterschiedliche vSAN-Geräte verteilt.

Die Einteilung der vSAN-Geräte eines Clusters in verschiedene *Fault Domains* dient der Redundanz und gewährleistet die Verfügbarkeit mindestens einer Kopie eines VM-Objekts, wenn ein Chassis (bei Blade-Servern) bzw. ein Server-Rack ausfällt. Eine solche Fault Domain ist die Zusammenfassung von Servern, die in einem Rack verbaut sind, zu einer Gruppe in vSAN. Damit erreicht man eine Übereinstimmung der logischen und physischen Verteilung der Server.

Diese Redundanz erfordert eine präzise Planung des vSAN-Clusters. Das Minimum ist die Definition von drei Fault Domains mit einem oder mehreren Hosts. Empfohlen werden vier Fault Domains, da diese sämtliche Evakuierungsszenarien abdecken und auch im Fehlerfall noch einen Schutz der Daten bieten. Die vierte Domain dient als Ersatz, um den Schutz der Daten auf den drei anderen Fault Domains zu gewährleisten. Sie kommt nur zum Einsatz, wenn eine der aktiven Fault Domains ausfällt.

10.3.6 Überwachung von vSAN

Zur Überwachung eines vSAN-Clusters bieten sich Ihnen zwei Möglichkeiten: Entweder können Sie das *vSAN Health Check Plugin* nutzen, oder Sie profitieren mithilfe des *vSAN Management Packs* vom *vRealize Operations Manager*.

> **Health Check Plugin**
>
> Das *Health Check Plugin* kann über die Verwaltung vom vSAN-Cluster auf die einzelnen Hosts ausgerollt werden. Es ist ein VIB-Paket, das über vCenter Server vollständig automatisiert per Mausklick ausgerollt wird. Dabei wird ein Rolling-Upgrade im laufenden Betrieb des vSAN-Clusters durchgeführt.

10.4 Topologien

Ein vSAN erlaubt die Unterstützung einer Vielzahl von Topologien, die Sie im Folgenden näher kennenlernen.

10.4.1 Basis-Topologie

Die sicherlich am häufigsten anzutreffende Topologie ist die eines vSAN-Clusters in einem Rechenzentrum (siehe Abbildung 10.4). Sie besteht aus 3 bis maximal 64 Knoten in einem vSphere-Cluster. Damit verknüpft man die Speicherkomponenten direkt mit der logischen Einheit eines Clusters, was für die Arbeit mit vSphere üblich ist. Ein weiterer Vorteil ist die Abgrenzung. Zum Beispiel beeinflusst ein Ausfall eines Hosts so nur diesen einen Cluster. Darüber hinaus ist diese Vorgehensweise auch organisatorisch sinnvoll, da mit der zyklischen Erneuerung von Servern gleichzeitig »das Storage« mit ausgetauscht wird. Dies sind im Vergleich zu mächtigen Storage-Systemen wesentlich kleinere Einheiten, die nicht ganz so sehr aufs Portemonnaie drücken.

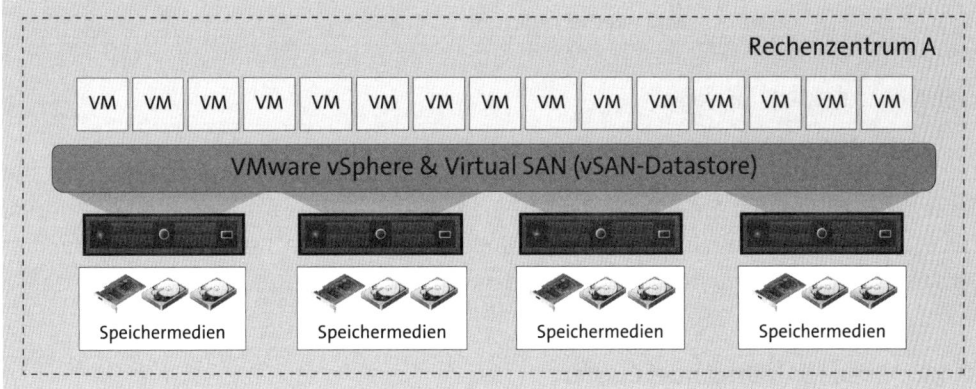

Abbildung 10.4 Einfaches vSAN in einem Rechenzentrum

10.4.2 Remote und Branch-Office (ROBO)

Die Topologie für ROBOs ist der Basis-Topologie ähnlich, besteht jedoch nur aus zwei Mitgliedern, die einen vSphere-Cluster bilden (siehe Abbildung 10.5). Prinzipiell geht es hier um eine Lizenzfrage. Aus technischer Sicht handelt es sich schlichtweg um den kleinsten anzunehmenden Cluster. So steht ein solcher Cluster mit zwei Hosts bei kleinen Unternehmen, die nur einen Standort haben. Hier wird »normal« lizenziert. Nur bei größeren Unternehmen, die neben der Zentrale auch das eine oder andere Remote-Office haben – das aber wiederum so groß ist, dass sich ein kleiner Cluster vor Ort lohnt –, ist die Lizenzierung mittels ROBO-Lizenzen möglich.

10 VMware vSAN

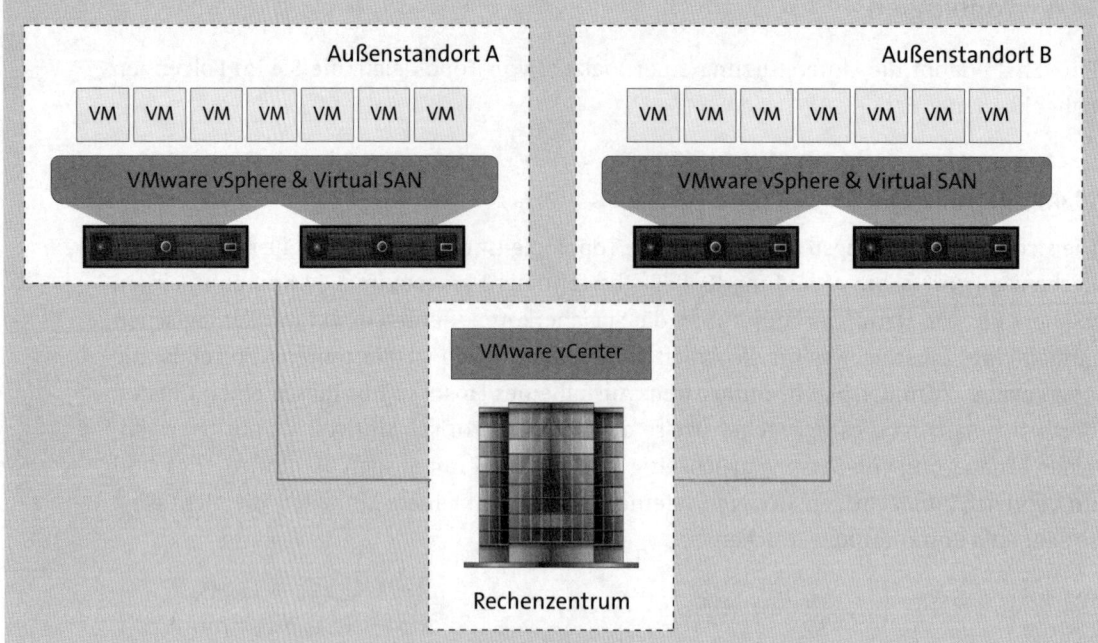

Abbildung 10.5 ROBO-Topologie

Eine Witness-VM wird idealerweise an einem anderen Standort installiert, also nicht mit dem Cluster zusammen. Sie entscheidet bei einem Ausfall, welches Cluster-Mitglied Priorität erhält. So werden Split-Brain-Szenarien verhindert. Der vSphere-Cluster am ROBO-Standort wird zentral vom vCenter im Rechenzentrum verwaltet.

10.4.3 Virtual SAN Stretched Cluster

Sie können einen einzelnen vSphere-Cluster über zwei Rechenzentren verteilen, sofern Sie eine maximale Netzwerk-Latenzzeit von fünf Millisekunden nicht überschreiten (siehe Abbildung 10.6), d. h. 2,5 ms in eine Richtung.

Diese Topologie ermöglicht eine Ausfallsicherheit, wie sie bisher kostenintensiven IT-Infrastrukturen vorbehalten war. Die Systemressourcen werden optimal ausgenutzt, da beide Rechenzentren aktive produktive Applikationen und VMs beheimaten. Die Stärke dieser Topologie besteht in ihrer Fähigkeit, selbst im drohenden Katastrophenfall einen unterbrechungsfreien Betrieb zu gewährleisten (Desastervorsorge, beispielsweise ein Dammbruch, durch den die Überflutung Ihres Rechenzentrums droht). Der einzige Nachteil ist natürlich, dass man im Zweifelsfall alle Ressourcen doppelt vorhalten muss, wenn man im Katastrophenfall nur minimale Beeinträchtigungen erdulden möchte. Alles in allem ist ein *Virtual SAN Stretched Cluster* aufgrund des verbesserten Kosten-Leistungs-Verhältnisses im Vergleich zu traditionellen Methoden und Speichersystemen immer noch deutlich günstiger.

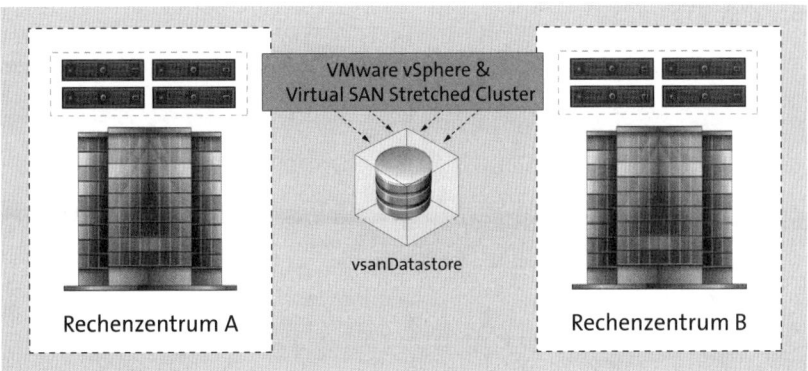

Abbildung 10.6 Virtual SAN Stretched Cluster

10.4.4 Topologie mit drei Rechenzentren

vSAN unterstützt außer dem vSAN Stretched Cluster auch eine Topologie über drei Rechenzentren oder die Möglichkeit, einen vSAN Stretched Cluster an ein weiteres Rechenzentrum anzubinden (siehe Abbildung 10.7). Diese Topologie erfüllt die höchsten Ansprüche an Verfügbarkeit. Je nach Industrie verpflichten sogar Gesetze Unternehmen zur Umsetzung solcher Topologien.

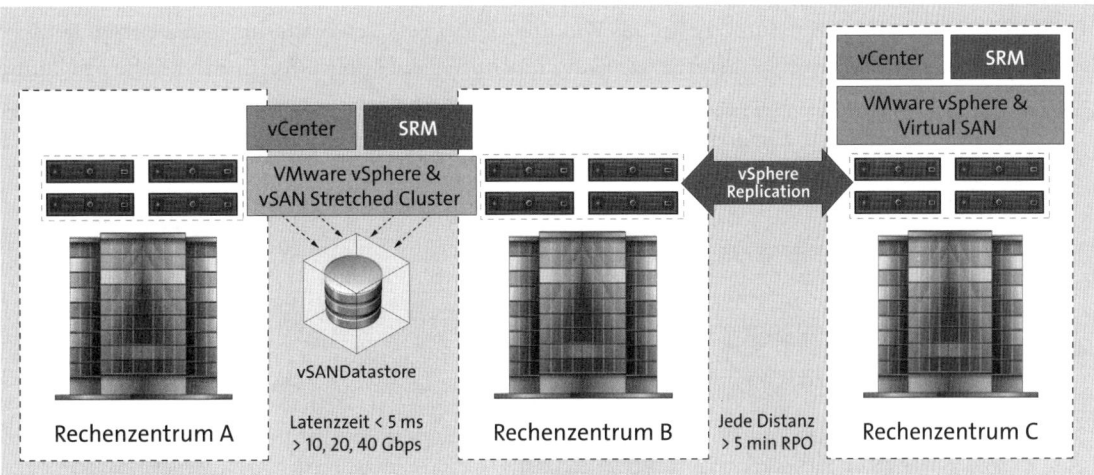

Abbildung 10.7 Topologie mit drei Rechenzentren

Um diese Topologie zu realisieren, müssen Sie sowohl *vSphere Replication* zum Zweck der Datenreplikation an einen Drittstandort als auch das Katastrophenfall-Werkzeug *Site Recovery Manager* implementieren. Die Lösung erfordert den Einsatz zweier Instanzen von vCenter: Eine Instanz betreibt den Stretched Cluster, die zweite den dritten Standort.

10.4.5 Multi-Prozessor-FT

vSAN kann auch mit VMs umgehen, die Fault Tolerance (FT) mit bis zu 8 vCPUs einsetzen (siehe Abbildung 10.8).

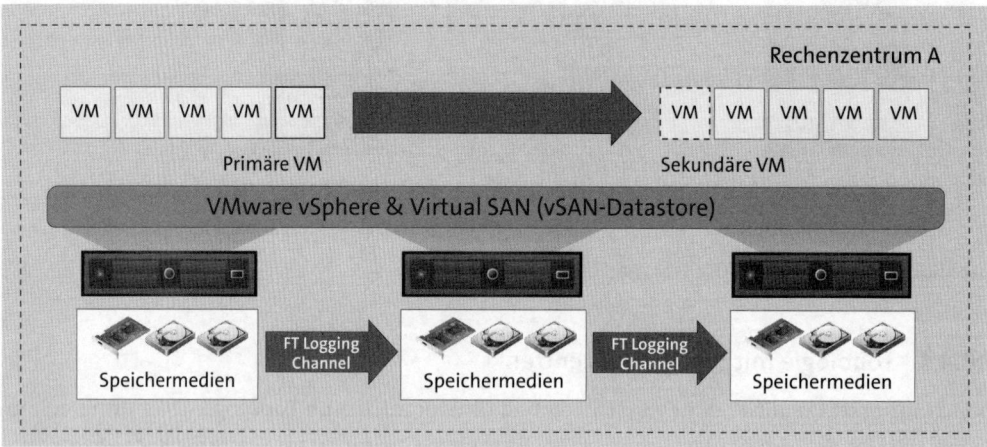

Abbildung 10.8 Multi-Prozessor-Fault-Tolerance

10.4.6 Applikationscluster

vSAN bietet Unterstützung für das *Windows Server Failover Clustering* (auf Deutsch heißt es *MSCS* bzw. *Microsoft Cluster Service*) und für *Oracle Real Application Cluster* (siehe Abbildung 10.9). Natürlich könnte man fragen, wie sinnvoll es ist, dass einige dieser Technologien veralteten Speicherstrategien folgen, wohingegen vSAN eine sehr moderne Technologie darstellt.

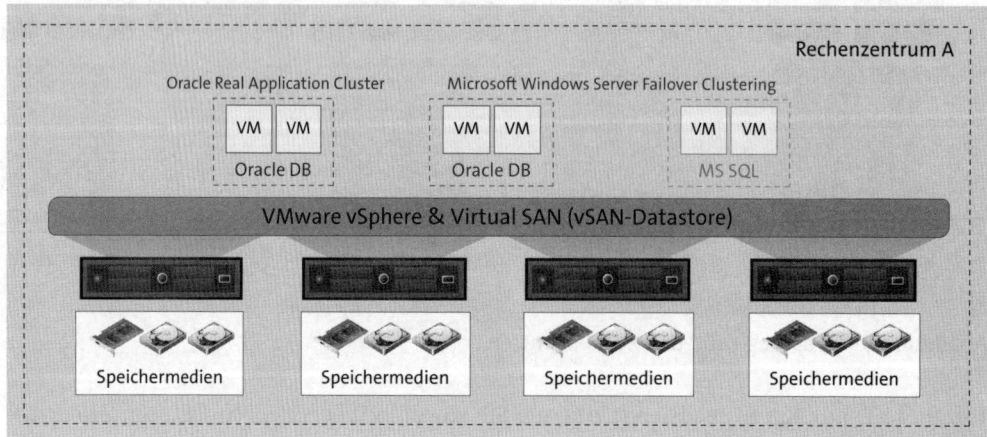

Abbildung 10.9 Applikationscluster

Der Betrieb von Applikationsclustern war bislang ausschließlich nur mit *Physical Raw Device Mapping* realisierbar.

10.5 Sizing

Ein vSAN aufzubauen, gestaltet sich auf den ersten Blick sehr einfach. Im Detail müssen Sie jedoch präzise planen und die Eigenschaften von vSAN verstehen.

10.5.1 Kapazitätsplanung

An dieser Stelle verweisen wir erneut auf den *Sizing Calculator* von VMware, den Sie unter *https://vSANsizer.vmware.com* finden. Mit diesem können Sie je Cluster Ihre Bedürfnisse eingeben und die resultierende Serverkonfiguration zu ermitteln.

Zwei Dinge werden jedoch aus dem Sizing Calculator nicht eindeutig klar: Zum einem benötigen Sie in einem Streched Cluster die doppelte Anzahl an Ressourcen, wenn Sie in dem Fall, dass eine Site von einer Katastrophe heimgesucht wird, keine bzw. minimale Betriebseinschränkungen wünschen. Zum anderen lassen sich die Speicherrichtlinien sehr komplex gestalten. Deswegen empfiehlt es sich, diese einfach zu halten. Dies hat nicht nur den Vorteil, dass sich die Verwaltung der Richtlinien auf das Nötigste beschränkt. Der Sizing Calculator geht von einer einfachen Verteilung der VMs aus. Dies stimmt mit der vordefinierten Speicherrichtlinie für vSAN-Volumes überein. Kurzum, man kann es sich einfach machen und eine möglichst gleichmäßige, ausgewogene Infrastruktur aufbauen, die den Angaben aus dem Sizing Calculator entspricht. Oder man kann sich selbst Steine in den Weg legen.

Sollten Sie dennoch besondere Anforderungen haben – beispielsweise durch VMs mit sehr hohen Anforderungen an IOPS oder auf der anderen Seite VMs mit sehr hohen Kapazitätsanforderungen, so bietet es sich an, eigene Cluster in der entsprechenden Größe zu bauen.

> **Sizing des vSAN-Caches**
>
> Das Design der korrekten Größe des Flash-Speichers zur Nutzung als Cache stellt immer eine Herausforderung dar. Die passende Größe ist sehr wichtig, um eine optimale Leistungsfähigkeit des vSAN zu gewährleisten. Die Faustregel besagt, dass der Cache 10 % der nutzbaren Gesamtkapazität betragen soll. Das entspricht nicht der Gesamtkapazität sämtlicher vSAN-Geräte im Cluster, sondern wird unter Abzug der Datensicherheit und der Metadaten berechnet.
>
> VMware bietet Ihnen mit dem *Virtual SAN Sizing Calculator* unter *https://vSANsizer.vmware.com* eine Hilfestellung, um die optimale Serverkonfiguration zu finden.

10.5.2 Netzwerkvoraussetzungen

VMware empfiehlt für vSAN ein 10-Gbit-Ethernet-Netzwerk. Für All-Flash-Cluster ist das sogar die Voraussetzung. Hybrid-Cluster können auch in einem 1-Gbit-Netzwerk betrieben werden. Weiter sollte vSAN in einer eigenen Netzwerk-Domain betrieben werden. Nutzen Sie dafür entweder eine logische Trennung mit VLANs oder ein dediziertes physikalisches Netzwerk.

Für den Einsatz von vSAN empfiehlt es sich auch, eine *Distributed Virtual Port Group* anzulegen, um mit *Network I/O Control* (NIOC) den Datenverkehr zu kontrollieren. Das hilft Ihnen, den vSAN-Datenfluss zu priorisieren, falls es zu einer Überlastung des Netzwerks kommt.

Beachten Sie, dass Sie beim Einsatz eines 1-Gbit-Netzwerks eine Netzwerkkarte des Hosts exklusiv für vSAN nutzen.

Netzwerk-Design

Um ein redundates Netzwerk für vSAN zu haben, empfiehlt VMware, mit der Funktion *NIC Teaming* zu arbeiten. Redundante VMkernel-Adapter im gleichen Subnetz werden nicht unterstützt.

Weitere Informationen finden Sie in dem folgenden White Paper:

https://storagehub.vmware.com/export_to_pdf/vmware-r-vsan-tm-network-design

---

10.6 Ein vSAN mit Basis-Topologie einrichten

Damit vSAN funktioniert, müssen natürlich die bereits genannten Voraussetzungen in Bezug auf die lokalen Flash/SSD- und/oder magnetischen Festplatten in den ESXi-Hosts erfüllt sein.

Andere Topologien (beispielsweise ein Stretched Cluster mit zwei oder gar drei Standorten) werden vom Prinzip her ebenso konfiguriert – mit dem Unterschied, dass die zuvor eingestellten Ressourcen auf die jeweiligen Sites verteilt sein müssen und die im Folgenden vorgenommenen Einstellungen äquivalent sein müssen. Dies betrifft vor allem die Netzwerkkonfiguration. Im späteren Verlauf (bei der Konfiguration der Fault Domain) müssen dann die entsprechenden Hosts bzw. Cluster der Sites verteilt werden.

10.6.1 Netzwerkkonfiguration

Schaffen Sie zuerst die netzwerktechnischen Voraussetzungen. Sie können für Testumgebungen auch einen bestehenden VMkernel-Adapter um die Funktion *Virtual SAN Traffic* erweitern. VMware empfiehlt, eine für vSAN dedizierte Port Group im Distributed Virtual Switch zu konfigurieren.

Vorbereitend erstellen Sie einen neuen VMkernel-Adapter unter HOSTS AND CLUSTERS • <ZIEL-HOST> • CONFIGURE • VMKERNEL ADAPTER • ADD. Wählen Sie im Wizard unter SELECT CONNECTION TYPE den VMKERNEL NETWORK ADAPTER sowie in Schritt 2 (SELECT TARGET DEVICE) den NEW STANDARD SWITCH. In Schritt 3 weisen Sie dem neuen Switch einen freien Netzwerk-Adapter zu (siehe Abbildung 10.10 bis Abbildung 10.14).

10.6 Ein vSAN mit Basis-Topologie einrichten

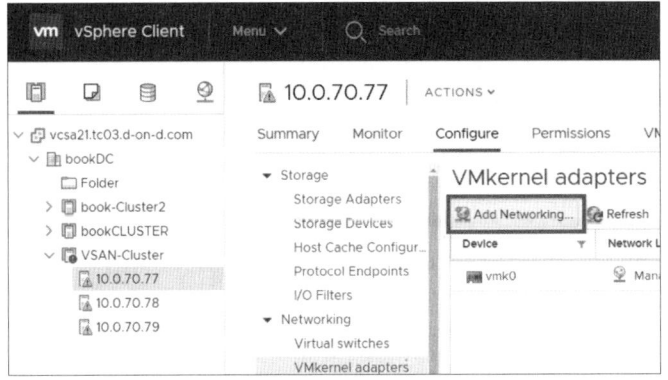

Abbildung 10.10 Zuweisen eines physikalischen Netzwerk-Adapters

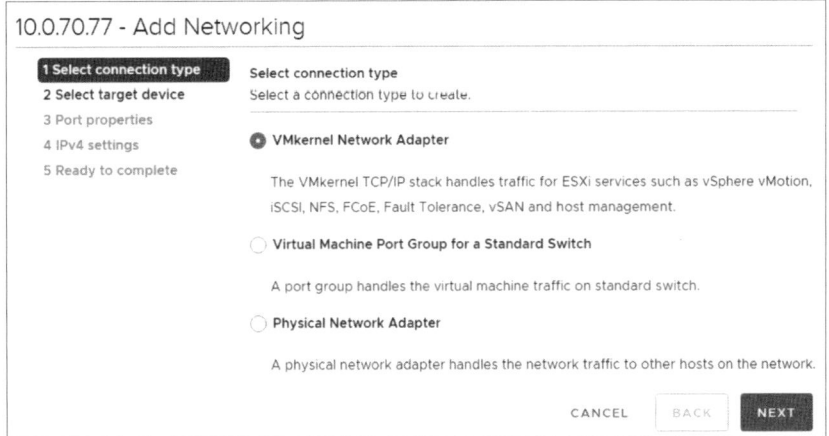

Abbildung 10.11 Wählen Sie »VMKernel Network Adapter« aus.

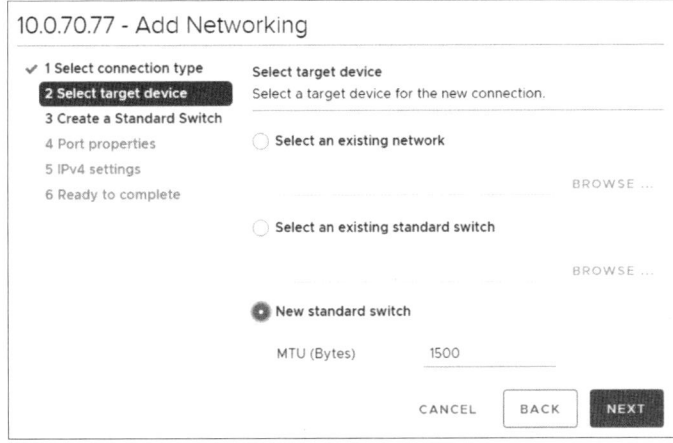

Abbildung 10.12 Wählen Sie einen neuen Standard-Switch aus.

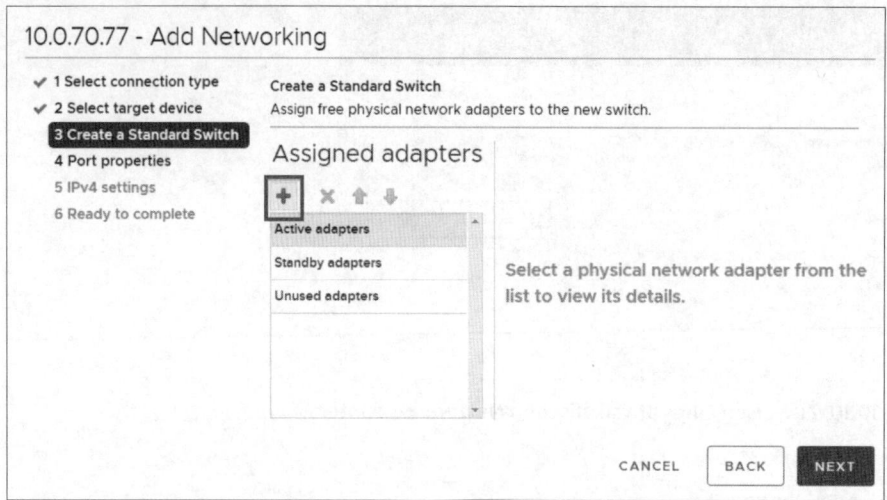

Abbildung 10.13 Fügen Sie über das Plus-Symbol eine neue VMNIC hinzu.

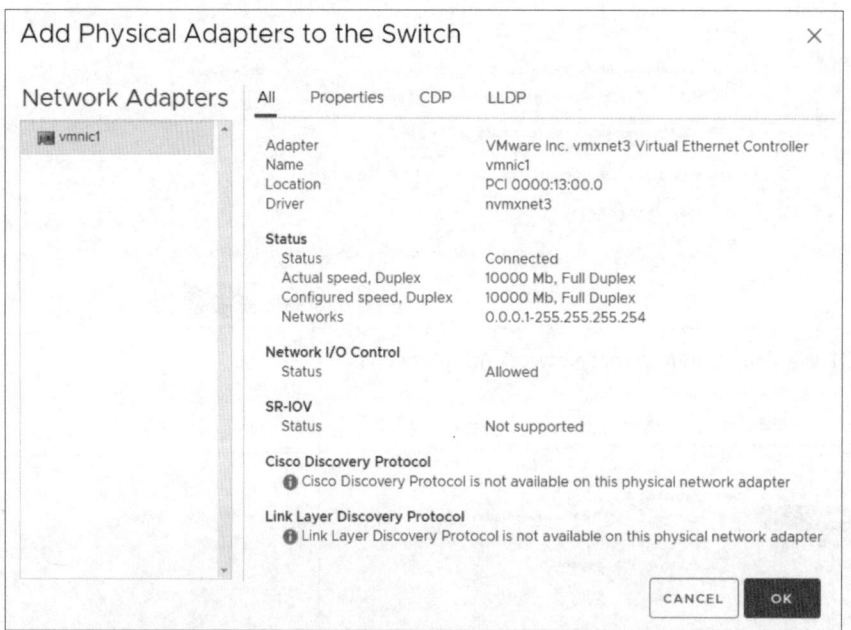

Abbildung 10.14 Wählen Sie eine verfügbare VMNIC aus.

An dieser Stelle sei angemerkt, dass sich in Ihrer Situation die Anzahl und Verfügbarkeit von VMNICs natürlich aus unterschiedlichen Gründen anders darstellen kann als in unserer Beispielkonfiguration.

Unter CONNECTION SETTINGS • PORT PROPERTIES definieren Sie das NETWORK LABEL und wenn nötig die VLAN ID und setzen einen Haken bei vSAN (siehe Abbildung 10.15).

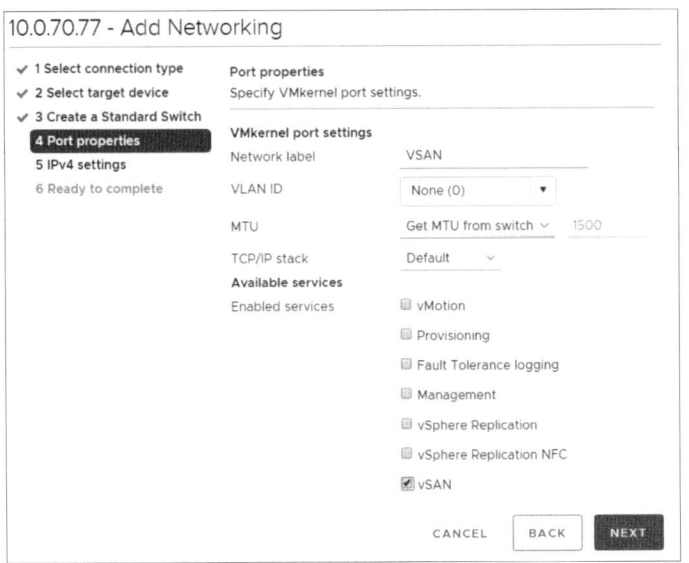

Abbildung 10.15 So definieren Sie die Eigenschaften des VMkernel-Adapters.

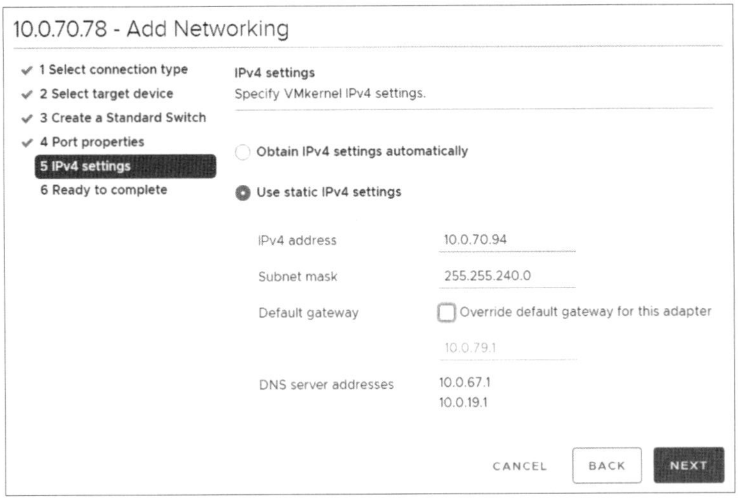

Abbildung 10.16 Einstellen der IP-Eigenschaften

Tragen Sie in CONNECTION SETTINGS • IPV4 SETTINGS die definierten Netzwerkinformationen in der Maske ein (siehe Abbildung 10.16). Beenden Sie den Wizard, nachdem Sie Ihre Eingaben überprüft haben. Wiederholen Sie diese Schritte für jeden ESXi-Host, der Mitglied im vSAN-Cluster wird.

Per Rechtsklick auf das Datacenter und durch Auswahl von DISTRIBUTED SWITCH • NEW DISTRIBUTED SWITCH erzeugen Sie einen neuen Distributed Switch. Benennen Sie im Wizard den *Distributed Virtual Switch* (DVS), und wählen Sie die Version DISTRIBUTED

SWITCH: 6.6.0. Unter CONFIGURE SETTINGS wählen Sie die Anzahl der Uplinks gemäß der Anzahl der VMkernel-Adapter, die Sie zuvor erstellt haben (siehe Abbildung 10.17).

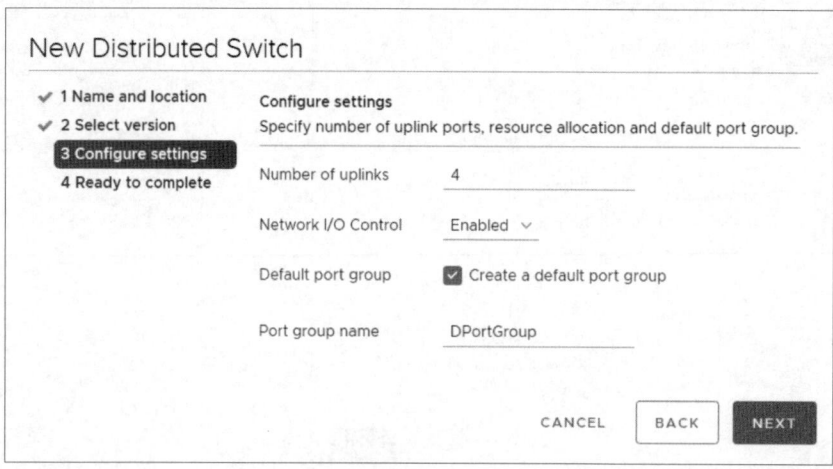

Abbildung 10.17 Konfiguration eines DVS

Nun fügen Sie eine neue Port Group über ‹ZIEL-DVS› • ACTIONS • DISTRIBUTED PORT GROUP • NEW DISTRIBUTED PORT GROUP hinzu. Geben Sie der Port Group einen Namen. In CONFIGURE SETTINGS geben Sie so viele Ports an, wie Sie VMkernel-Adapter für vSAN angelegt haben. Wählen Sie bei VLAN TYPE die Option VLAN, und passen Sie die VLAN ID entsprechend an (siehe Abbildung 10.18).

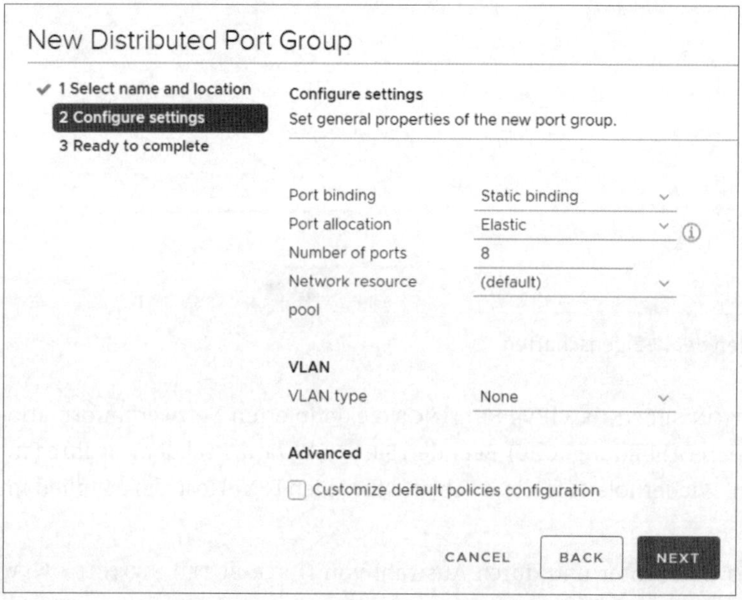

Abbildung 10.18 Erstellen einer Distributed Port Group

Beachten Sie, dass der physikalische Switch auch die VLAN ID kennen muss und dass Sie ihn entsprechend konfigurieren müssen.

Im nächsten Schritt fügen Sie die ESXi-Hosts dem Distributed Virtual Switch (DVS) hinzu und migrieren die erstellten VMkernel-Adapter in die vSAN-Port-Group. Gehen Sie dazu auf <ZIEL-DVS> • ACTIONS • ADD AND MANAGE HOSTS. Entscheiden Sie sich im Wizard für ADD HOSTS.

In Schritt 2 (SELECT HOSTS) klicken Sie auf NEW HOSTS und selektieren die ESXi-Hosts für den vSAN-Cluster. Um die weiteren Konfigurationsschritte zu beschleunigen, setzen Sie einen Haken bei CONFIGURE IDENTICAL NETWORK SETTINGS ON MULTIPLE HOSTS (TEMPLATE MODE). Entscheiden Sie sich für einen Host, der als Vorlage zur Konfiguration der übrigen dienen soll. Voraussetzung für den *Template Mode* ist, dass die vSphere-Hosts netzwerktechnisch identisch ausgestattet sind.

In Schritt 3 unter MANAGE PHYSICAL ADAPTERS klicken Sie auf ASSIGN UPLINK und nehmen den <UPLINK 1> (siehe Abbildung 10.19). Dabei ist »Uplink 1« nur ein Standardname, den Sie vorher oder nachher ändern können. Hierbei gilt, dass einprägsame Namen Ihnen das Leben leichter machen. Nehmen Sie die Einstellungen bei allen Hosts vor – entweder einzeln oder als Gruppe.

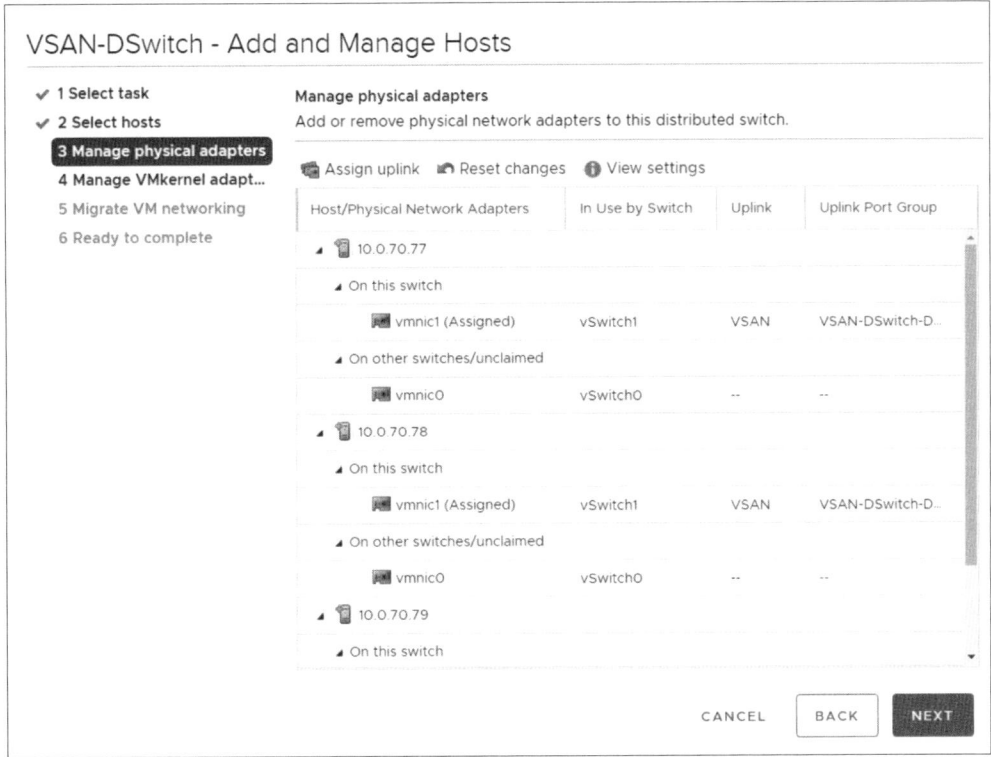

Abbildung 10.19 Zuweisen der Uplinks

In Schritt 4 (MANAGE VMKERNEL NETWORK ADAPTERS (TEMPLATE MODE)) klicken Sie auf ASSIGN PORT GROUP und nehmen die vSAN-PORT-GROUP (siehe Abbildung 10.20 und Abbildung 10.21).

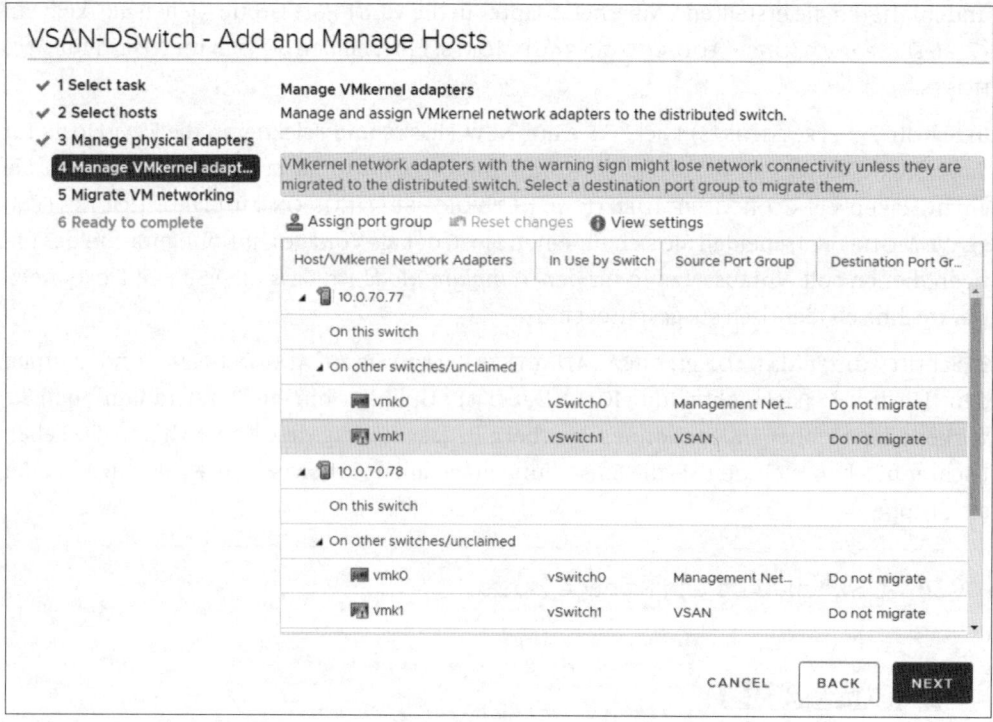

Abbildung 10.20 Hinzufügen der VMkernel-Adapter in die vSAN-Port-Group

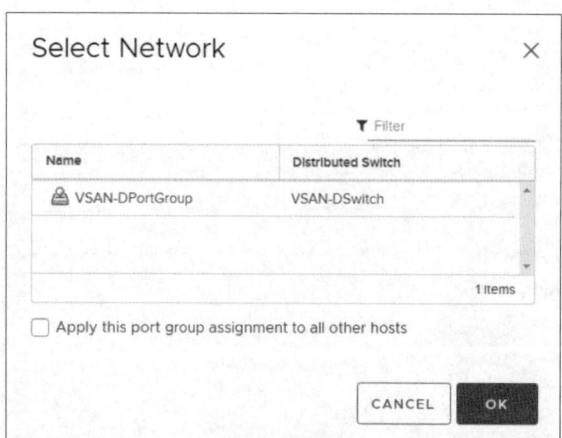

Abbildung 10.21 Auswahl der Port-Group. Mit dem Haken bei »Apply this port group...« können Sie mehrere Hosts gleichzeitig konfigurieren.

10.6 Ein vSAN mit Basis-Topologie einrichten

Die VMkernel-Adapter werden anschließend rekonfiguriert. Im Template Mode bzw. wenn Sie mehrere Hosts gleichzeitig bearbeitet haben, müssen Sie die bereits gesetzten IP-Adressen der VMkernel-Adapter in der Pop-up-Maske abermals eintragen. Nutzen Sie dazu folgendes Schema: <ZIEL-IP-ADRESSE DES 2. HOSTS>#<ANZAHL DER ÜBRIGEN HOSTS> (siehe Abbildung 10.22). Ihre Konfiguration wird auf sämtliche Hosts übertragen.

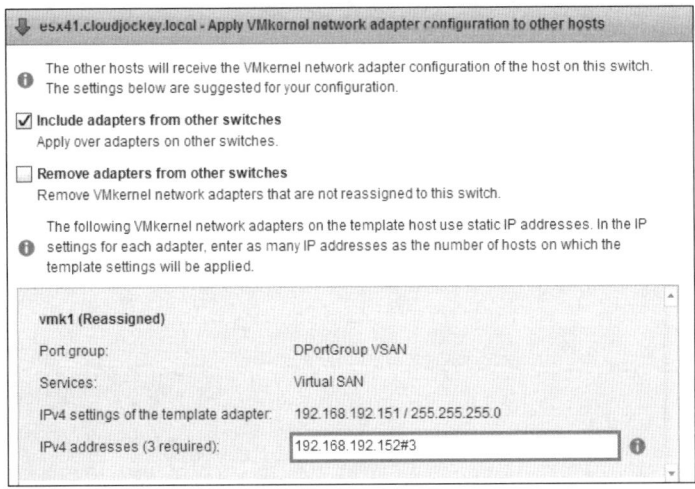

Abbildung 10.22 Angabe der IP-Adressen im Template Mode

Überprüfen Sie Ihre Eingaben, und beenden Sie den Wizard. Optional können Sie über NIOC den Datenverkehr für vSAN priorisieren. Das machen Sie unter <ZIEL-DVS> • CONFIGURE • RESOURCE ALLOCATION • SYSTEM TRAFFIC mit EDIT • VIRTUAL SAN TRAFFIC. Damit ist die Netzwerkkonfiguration für Ihr vSAN abgeschlossen.

10.6.2 vSAN einrichten

Sollten die ESXi-Hosts noch nicht Mitglieder des für vSAN bestimmten vSphere-Clusters sein, erstellen Sie diesen über HOSTS AND CLUSTERS • <VCENTER> • RELATED OBJECTS • TOP LEVEL OBJECTS • CREATE A NEW CLUSTER. Sollte in Ihrem vSAN-Cluster *vSphere HA* eingeschaltet sein, deaktivieren Sie diese Funktion. Sie kann nach der Einrichtung von vSAN natürlich direkt wieder aktiviert werden (siehe Abbildung 10.23).

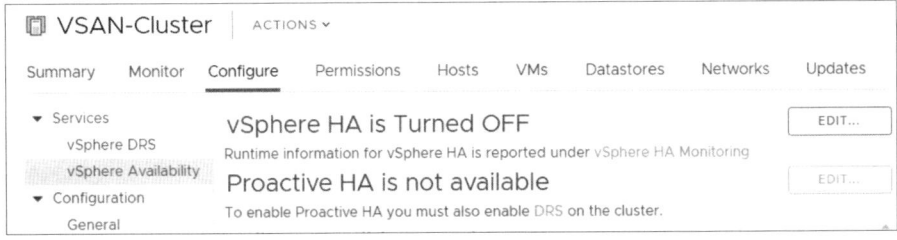

Abbildung 10.23 Deaktivierung bzw. Aktivierung der vSphere-HA-Funktionalität im Cluster

In der Übersicht der Hosts und Cluster wählen Sie nun den Cluster aus, in dem sich Ihre Hosts befinden und auf dem Sie vSAN aktivieren möchten. Dies geschieht über das Menü CONFIGURE • VSAN (SERVICES) mit dem entsprechenden Button auf der rechten Seite (siehe Abbildung 10.24).

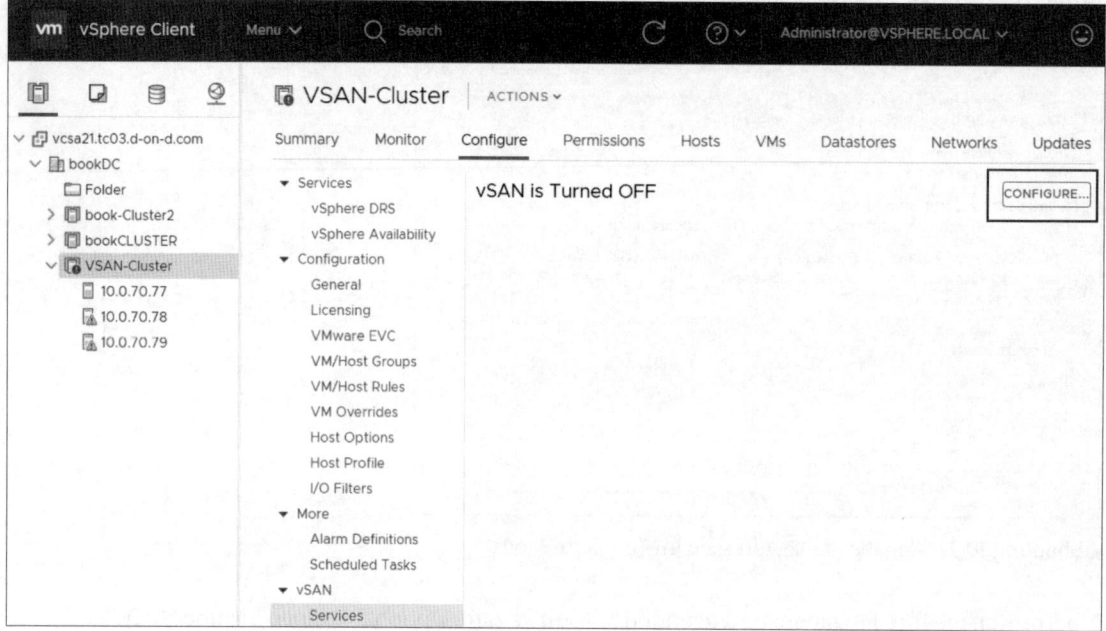

Abbildung 10.24 Erste Einrichtung von vSAN

Je nach geplanter Architektur wählen Sie unter Punkt 1 CONFIGURATION TYPE die Art des neuen vSAN-Clusters aus. In den meisten, einfachen Fällen dürfte SINGLE SITE CLUSTER den Ansprüchen genügen (siehe Abbildung 10.25).

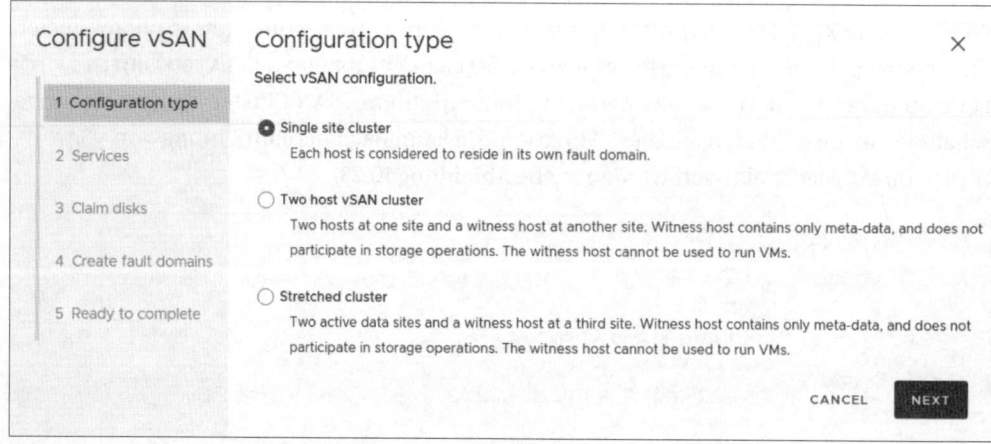

Abbildung 10.25 Typen-Auswahl des neuen vSAN-Clusters

10.6 Ein vSAN mit Basis-Topologie einrichten

Unter Punkt 2 SERVICES lassen sich Deduplikation und Kompression sowie auch Verschlüsselung einstellen. Für unser einfaches Beispiel nutzen wir beide Services nicht. Oftmals sind für bestimmte Sonderfälle einer oder gar beide dieser Dienst notwendig. Allerdings sind sie mit verschiedenen Einschränkungen verbunden. So lassen sich zum Beispiel vMotion-Prozesse nur auf andere, gleich konfigurierte vSAN-Bereiche migrieren (siehe Abbildung 10.26).

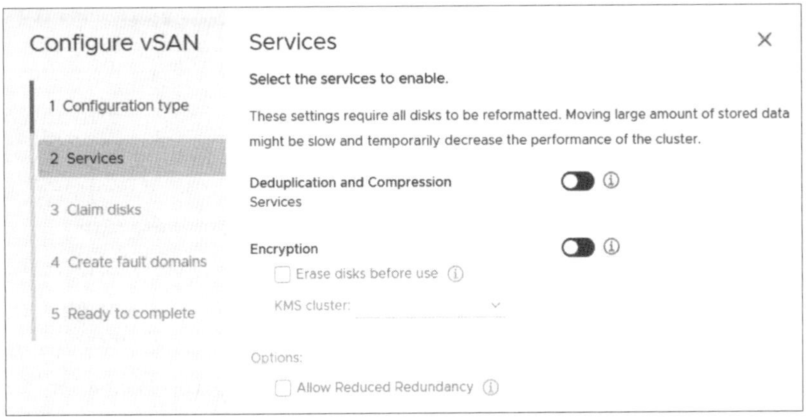

Abbildung 10.26 Auswahl der Dienste im vSAN Cluster

Sollten Sie bei der bisherigen Konfiguration gefolgt sein und sollten Sie darüber hinaus unserer Empfehlung gefolgt sein und identische Server nutzen, wird vSphere automatisch die Festplatten erkennen und sinnvoll zuweisen. Falls Sie Server mit gleichen SSDs einsetzen, müssen Sie die Zuweisung der CAPACITY TIER und CACHE TIER manuell vornehmen, da vSphere nicht eigenständig entscheiden kann, welche Platten Sie wie einsetzen wollen. Das Gleiche gilt, wenn vSphere einen Unterschied zwischen den Festplatten/SSDs festgestellt hat bzw. die Server nicht identisch sind (siehe Abbildung 10.27 und Abbildung 10.28).

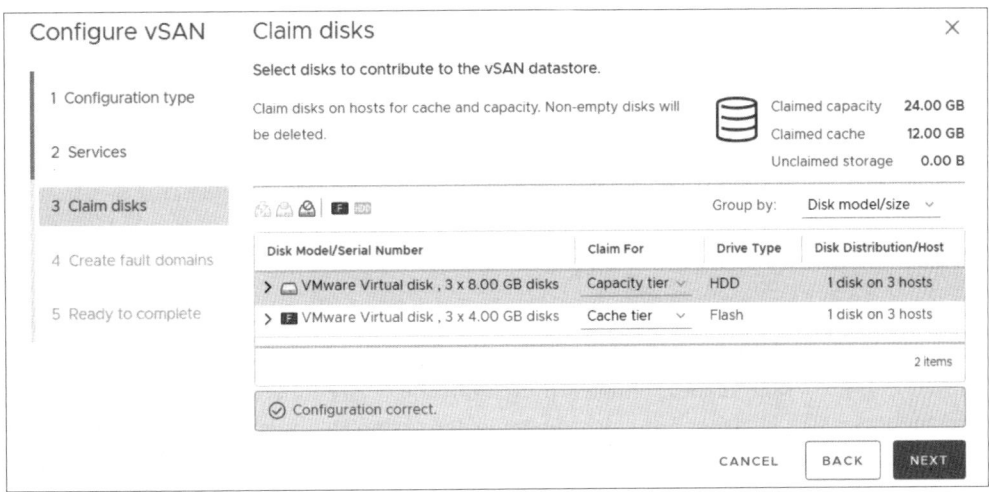

Abbildung 10.27 Die Festplattenzuweisung erfolgt im Idealfall automatisch.

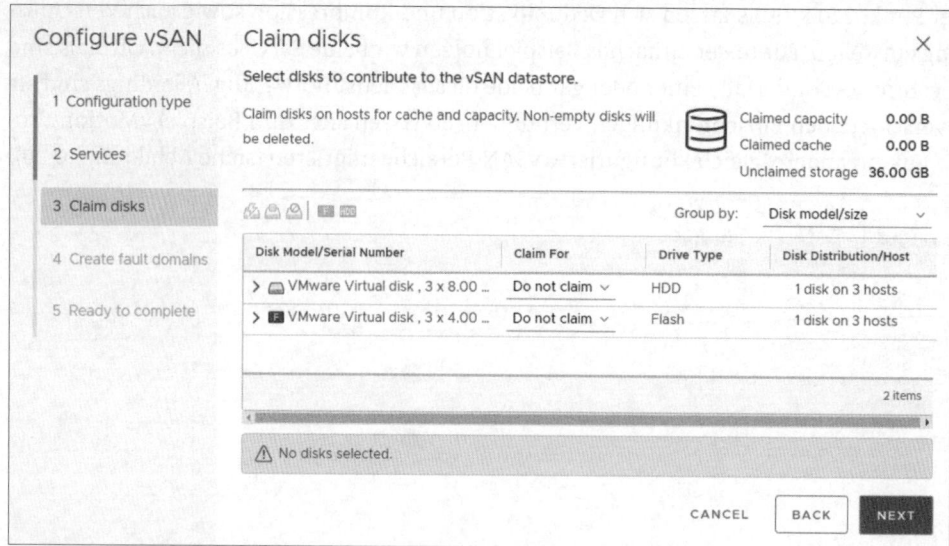

Abbildung 10.28 Falls vSphere Unterschiede bei den Festplatten feststellt, muss die Zuweisung manuell erfolgen.

Unter Punkt 4 CREATE FAULT DOMAINS werden die ausgewählten Hosts und die tolerierbaren Hostausfälle für diesen Cluster noch einmal angezeigt (siehe Abbildung 10.29).

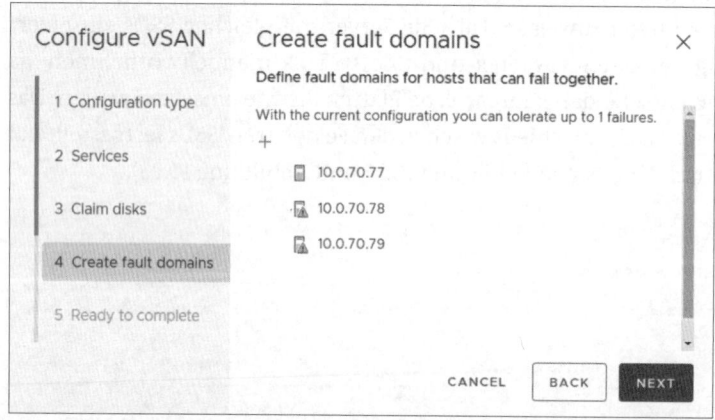

Abbildung 10.29 Die ausgewählten Hosts und die Anzahl der tolerierbaren Ausfälle

Auf der letzten Seite dieses Konfigurations-Wizards, READY TO COMPLETE, werden die vorgenommenen Einstellungen erneut aufgeführt. Mit dem FINISH-Button unten rechts vollenden Sie den Prozess. Es dauert einige Minuten, bis die verwendbaren Platten erkannt wurden. Wundern Sie sich daher bitte nicht, wenn in den ersten Sekunden keine Hosts und keine Platten angezeigt werden.

In der Zwischenzeit können Sie von der Evaluationslizenz zu einer vollen vSAN-Lizenz wechseln, wenn Sie über einen Lizenzschlüssel verfügen. Die vSAN-Lizenz wird wie sämtliche vSphere-Lizenzen über den Web Client unter HOSTS AND CLUSTERS • <ZIEL-CLUSTER> • CONFIGURE • CONFIGURATION • LICENSING • ASSIGN LICENSE hinzugefügt (siehe Abbildung 10.30).

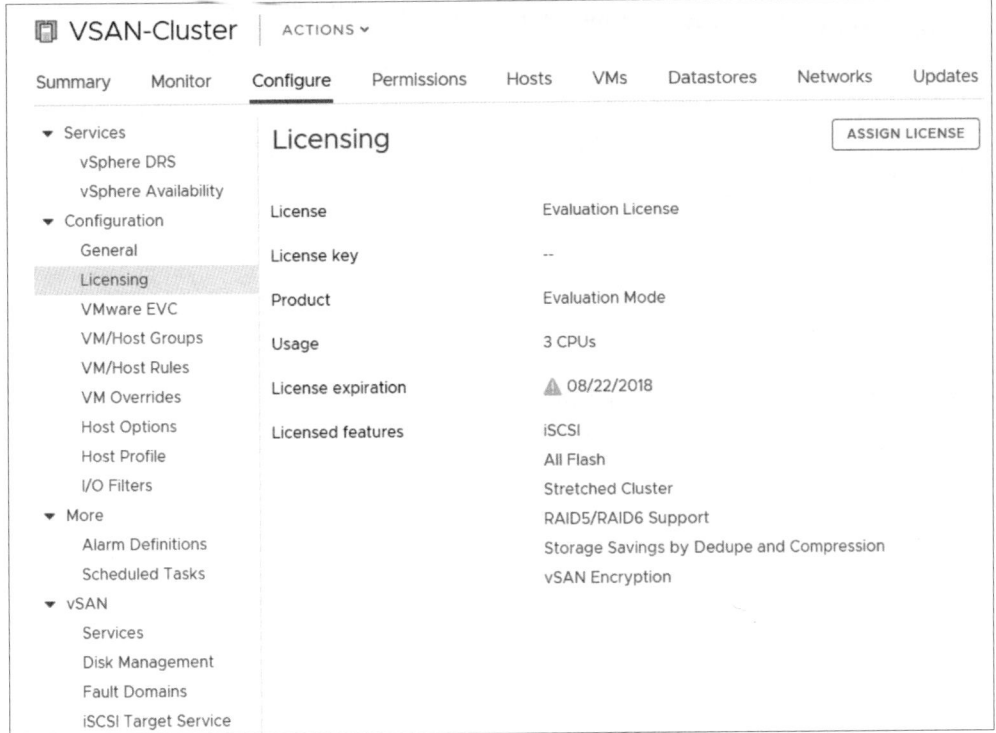

Abbildung 10.30 Einspielen der vSAN-Lizenzen

Wenn Sie nach ein paar Minuten sich erneut den vSAN-Status anschauen, stellen Sie fest, dass sämtliche ESXi-Hosts mit den vorgesehenen Festplatten automatisch erkannt und zugeordnet wurden.

Aus dem automatisch zugeordneten Storage ist automatisch ein Datastore erstellt worden, auf den VMs gelegt werden können (siehe Abbildung 10.31).

Bei der manuellen Festplattenauswahl hätte die Zuordnung der Platten selbstständig stattfinden müssen, allerdings kann man selbst bei der Option AUTOMATISCH Einblick in die Konfiguration der Platten nehmen und sie minimal anpassen (siehe Abbildung 10.32).

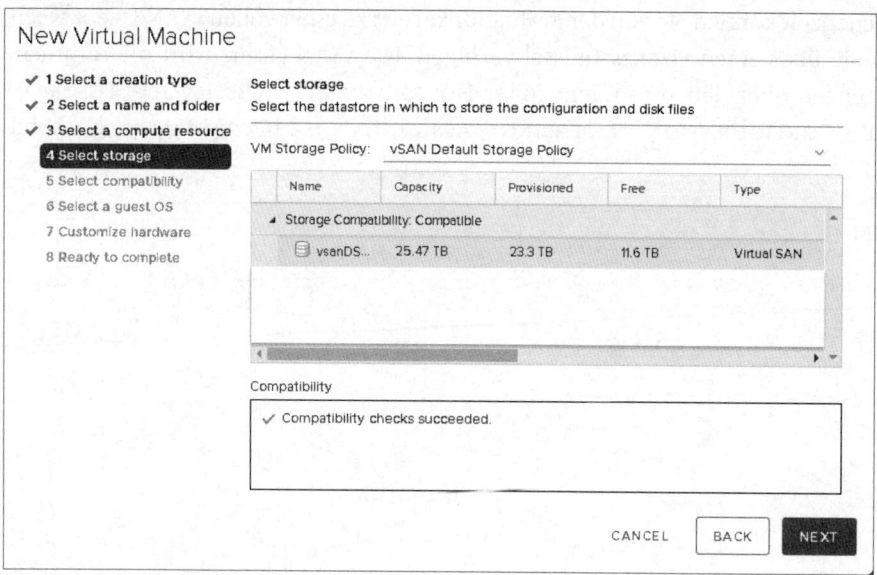

Abbildung 10.31 Anlegen einer VM auf dem vSAN-Datastore

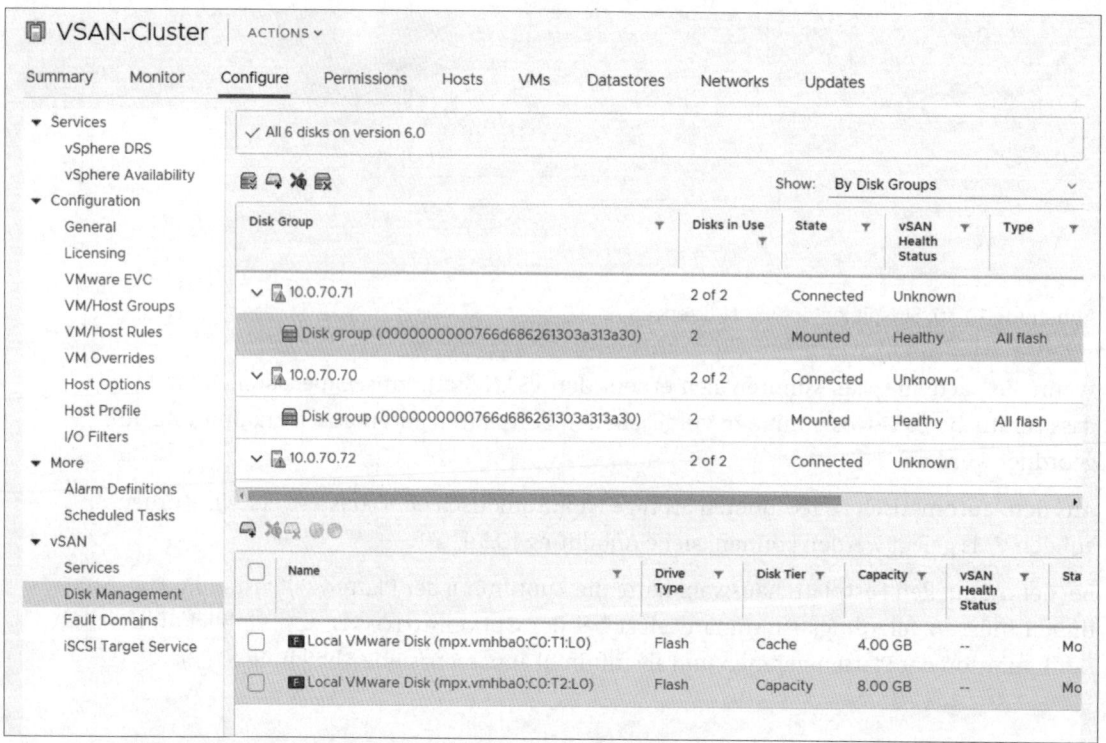

Abbildung 10.32 Festplattenverwaltung innerhalb von vSAN

10.7 VM Storage Policies für Virtual SAN

Eine wichtige Ergänzung zu vSAN sind die verwendbaren *Storage Policies*, die es Ihnen ermöglichen, das vSAN-Storage-System intelligenter zu verwalten.

Um in die VM Storage Policies zu gelangen und diese anzulegen, wählen Sie im Startbildschirm von *vSphere Client* unter MONITORING die Option VM STORAGE POLICIES aus (siehe Abbildung 10.33).

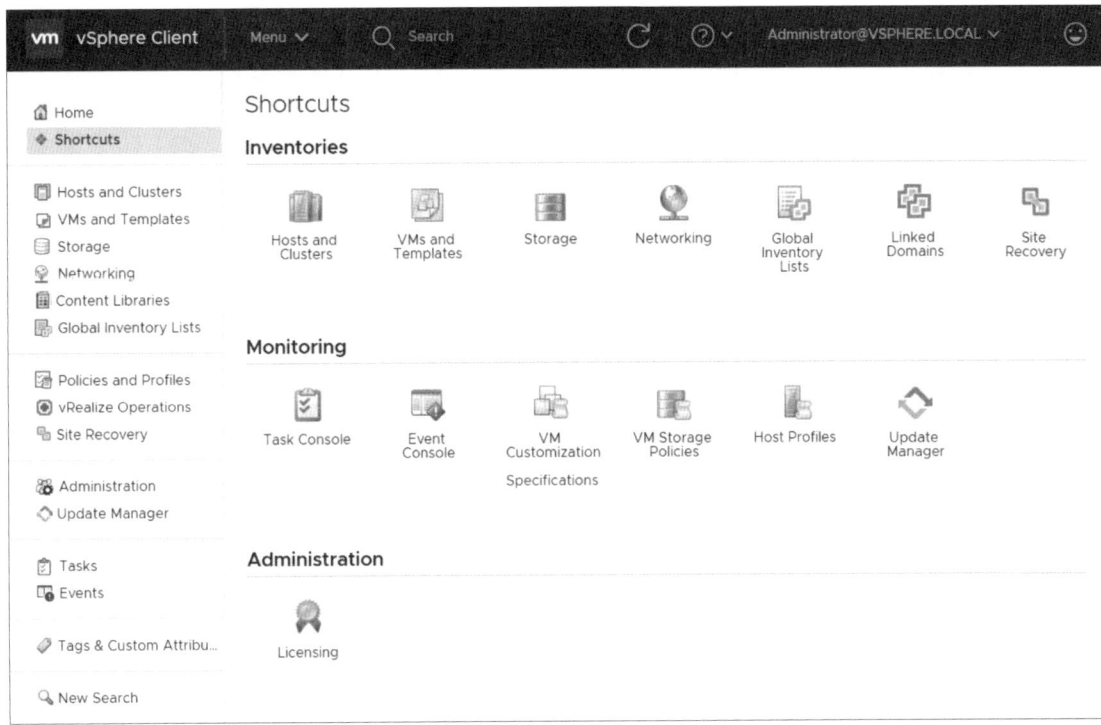

Abbildung 10.33 Konfiguration der »VM Storage Policies«

So schön der Name »VM Storage Policies« auch klingt – die Verwendung von Policies erfordert ein hohes Maß an Vorbereitung, da es möglich ist, sehr komplexe und damit auch verwirrende oder sogar problembehaftete Regeln zu erstellen.

Diese Regeln können übrigens auch aus einem ganzen Satz von Regeln bestehen, d. h., über ADD ANOTHER RULE SET wäre es möglich, die einzelne Regel zu erweitern.

In den Regeln selbst kann man an erster Stelle aussuchen, welchen Hersteller der Storage-Regeln man als Basis nutzen möchte, in unserem Fall ist das ENABLE RULES FOR "VSAN" STORAGE (siehe Abbildung 10.34).

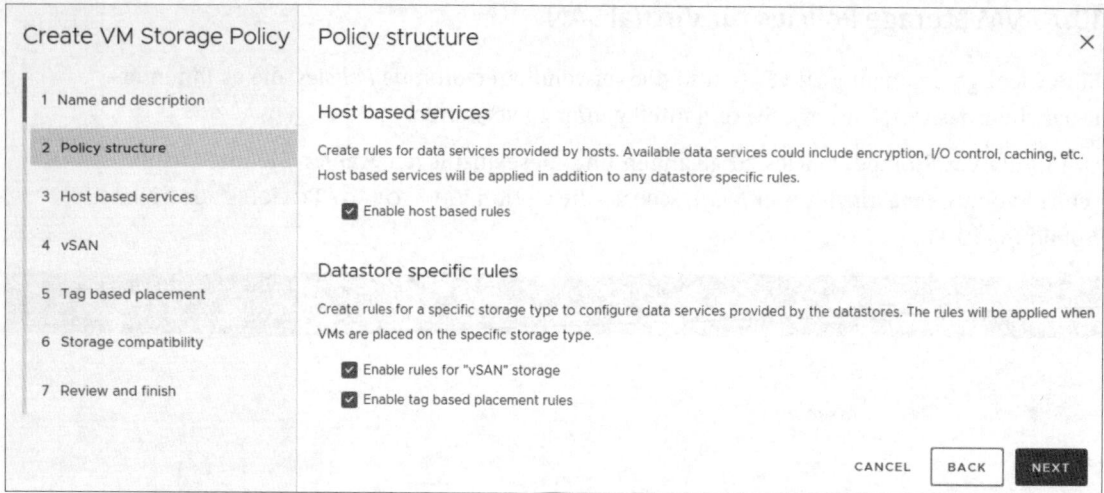

Abbildung 10.34 VM Storage Policy – Regel anlegen

Unter Menü-Punkt 4. vSAN können Sie dann zum einem die vSAN-Verfügbarkeit (AVAILABILITY, siehe Abbildung 10.35) und die erweiterten Regeln (ADVANCED POLICY RULES, siehe Abbildung 10.36) festlegen.

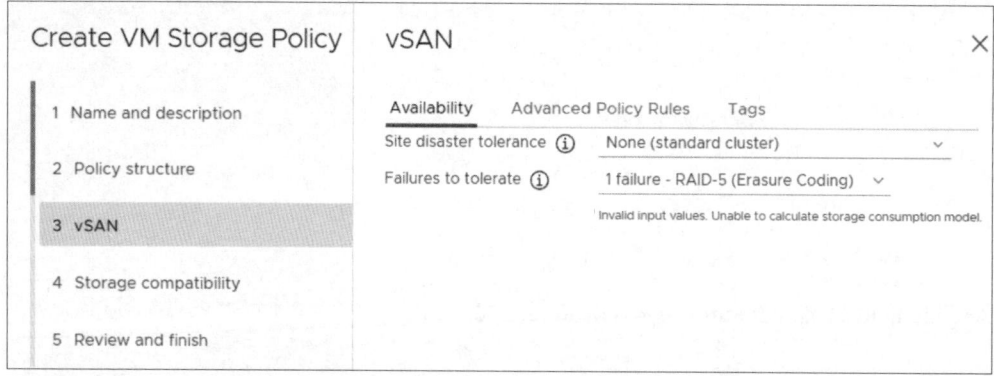

Abbildung 10.35 vSAN-Verfügbarkeit festlegen

Zu den erweiterten Regeln gehören Angaben zur Anzahl der Disk Stripes (NUMBER OF DISK STRIPES PER OBJECT), das IOPS-Limit je Objekt, der Speicherreservierungstyp (OBJECT SPACE RESERVATION), die Flash-Lese-Cache-Reservierung sowie die Optionen, die Checksummen zu aktivieren (DISABLE OBJECT CHECKSUM) und die Provisionierung zu erzwingen (FORCE PROVISIONING).

Diese Optionen sollten selbsterklärend sein. Hilfetexte und weiterführende Erläuterungen finden Sie bei Bedarf hinter dem Informationssymbol (**i**) neben jeder Einstellung.

Die einzige erklärungsbedürftige Option ist das Erzwingen der Provisionierung. Die Aktivierung dieser Regel erlaubt es vSAN, beim ersten Provisionieren einer VM in dieses vSAN-Volume einige der vorangegangenen Regeln zu missachten – nämlich die Anzahl der tolerierbaren Fehler, die Anzahl der Disk Stripes je Objekt und die Flash-Lese-Cache-Reservierung. Hierfür gibt es unterschiedliche Uses Cases, beispielsweise das sogenannte *Bootstrapping* einer VM oder die Bereitstellung einer VM, obwohl die geforderten vSAN-Ressourcen noch nicht verfügbar sind, wobei sie aber in naher Zukunft bereitgestellt werden. Nachdem die entsprechenden Ressourcen hinzugefügt wurden, verteilt vSAN die betroffenen VMs neu und stellt so die Compliance her, ohne dass ein manueller Eingriff nötig wird.

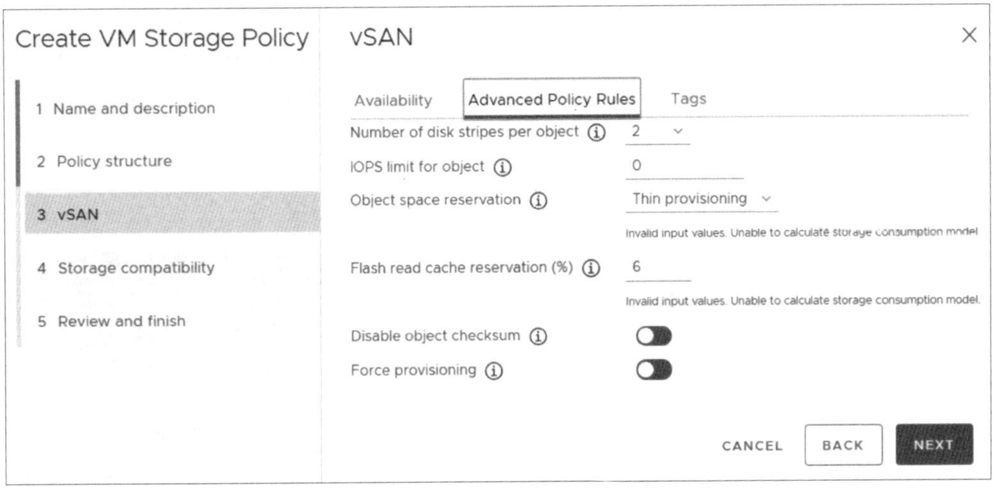

Abbildung 10.36 Erweiterte Regeln festlegen

Zum Abschluss überprüfen Sie, ob die korrekten Datastores von den Regeln betroffen sind, und ordnen die Regeln einer virtuellen Maschine zu (siehe Abbildung 10.37).

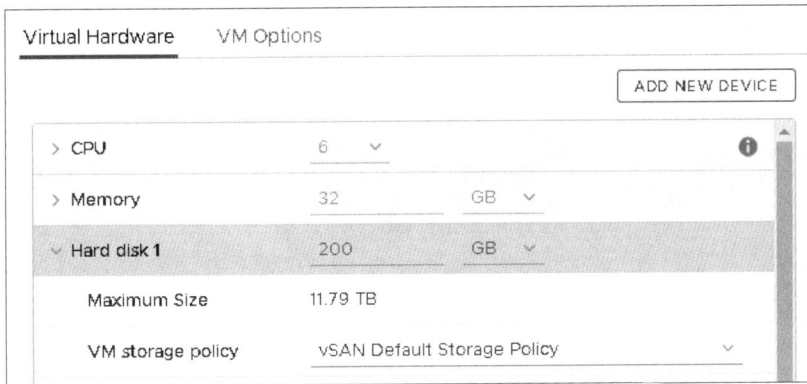

Abbildung 10.37 Zuordnung eines Profils pro VMDK

10.7.1 Testinstallation

Falls Sie übrigens vSAN im Testlabor nachbauen wollen, aber keine physikalischen ESXi-Hosts und auch keine SSD- oder Flash-Komponenten besitzen, empfehlen wir Ihnen, folgende URL zu konsultieren:

http://www.virtuallyghetto.com/2015/02/how-to-configure-an-all-flash-vSAN-6-0-configuration-using-nested-esxi.html

10.8 vSAN Observer

vSAN Observer ist ein experimentelles Dashboard zum Überwachen der vSAN-Umgebung. Sie beobachten damit insbesondere die aktuellen Nutzungs- und Lastverhältnisse von vSAN. *vSAN Observer* basiert auf der *Ruby Console* (*https://kb.vmware.com/s/article/2064240*) von vSphere.

In dem Fall, den Sie in Abbildung 10.38 sehen, werden FUSIONio-Karten für vSAN verwendet.

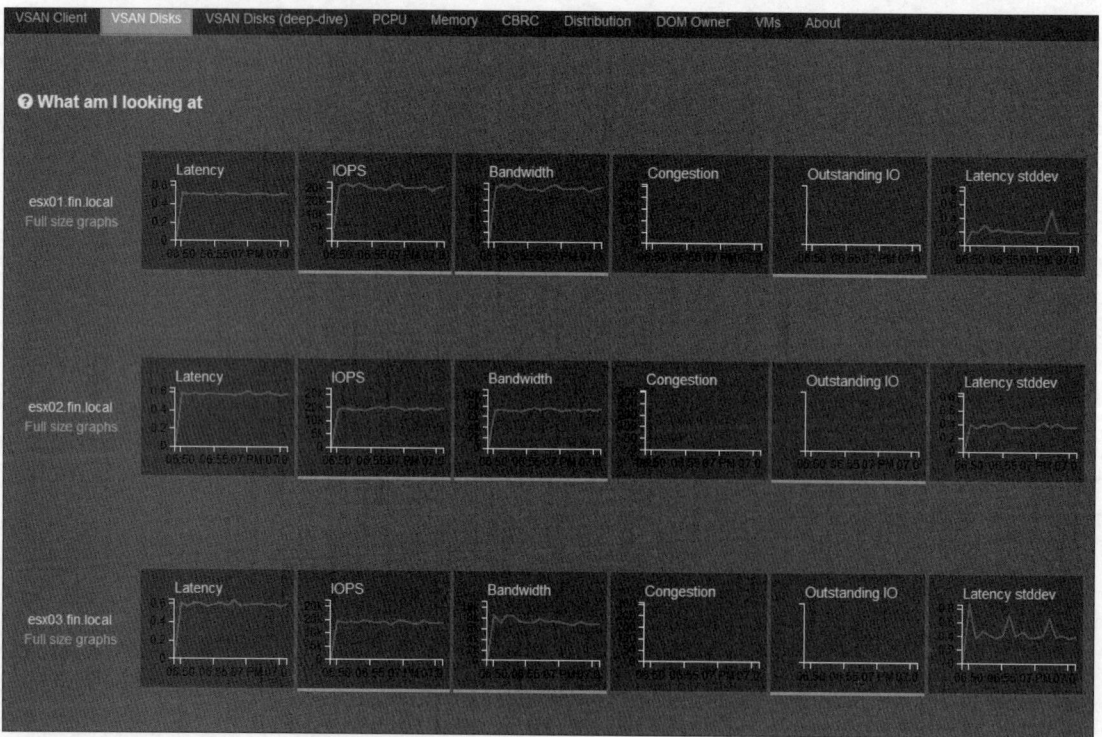

Abbildung 10.38 vSAN-Informationen im Dashboard für »Western Digital SANDisk FUSIONio«-Karten

10.8 vSAN Observer

Über die Deep-Dive-Funktion von *vSAN Observer* kann man sehr genau die I/O-Optimierung anschauen und im Detail prüfen (siehe Abbildung 10.39).

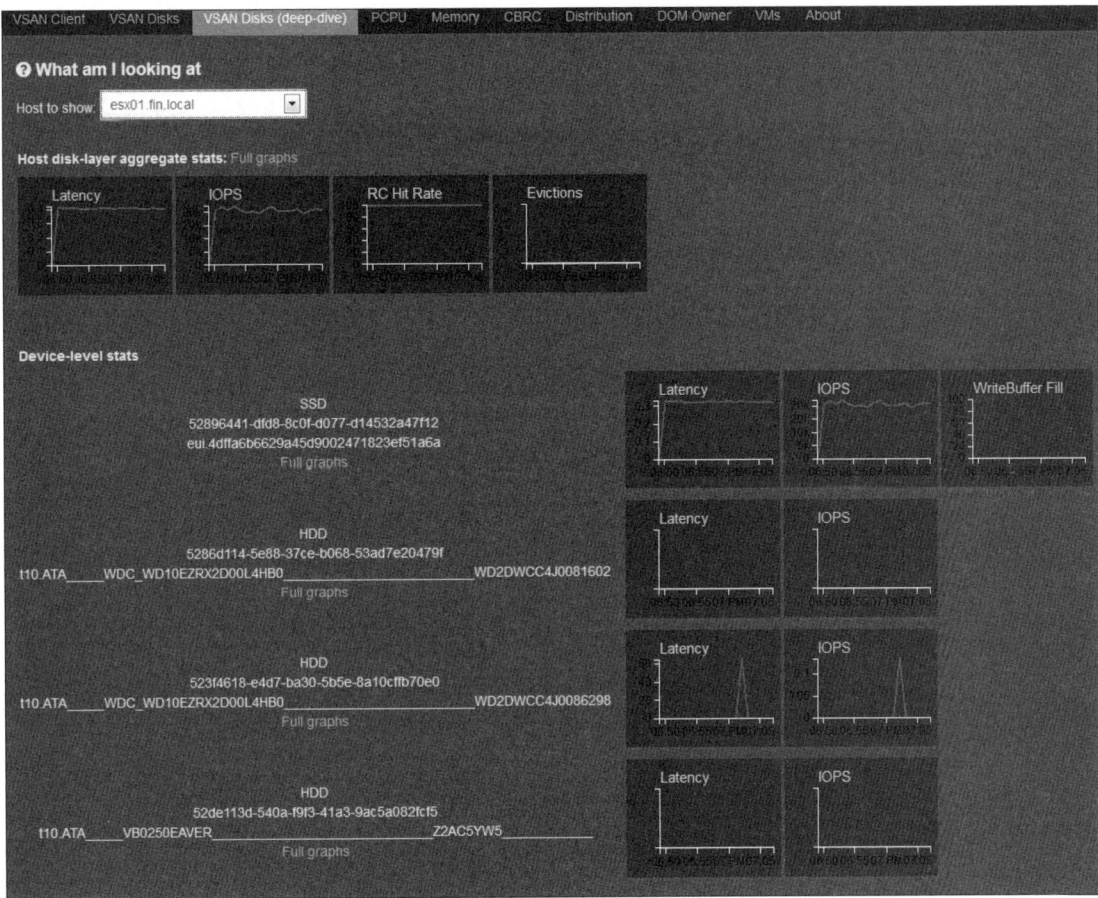

Abbildung 10.39 »vSAN Disks (deep dive)« mit vSAN Observer

Kapitel 11
Konfiguration von ESXi und vCenter

Die Konfiguration der virtuellen Infrastruktur kann sehr umfassend und komplex sein. Es gibt viele Punkte, die Sie konfigurieren können oder müssen, um einen reibungslosen Betrieb zu gewährleisten. Auf diese Punkte gehen wir in diesem Kapitel ein.

Autor dieses Kapitels ist Bertram Wöhrmann, buch@ligarion.de

Die gesamte Infrastruktur umfasst nicht nur den vSphere-Host, den PSC (*Platform Services Controller*) und den vCenter-Server, sondern auch zusätzliche Komponenten, auf die Sie bei der Konfiguration achten müssen. Auf den folgenden Seiten gehen wir näher auf die verschiedenen Komponenten sowie auf die Konfiguration der virtuellen Infrastruktur ein.

Für die eigentlichen Konfigurationsarbeiten kommt der *vSphere Web Client* zum Einsatz.

Wir werden in diesem Kapitel nicht alle Konfigurationsmöglichkeiten abarbeiten, sondern das Ganze themenorientiert behandeln.

Die beiden Themen *Netzwerk* und *Storage* beschreiben wir in eigenen Kapiteln (Kapitel 7 und Kapitel 9).

11.1 Host-Profile

Host-Profile erleichtern die Konfiguration einer Farm von vSphere-Servern. Dadurch ist es möglich, die Konfiguration eines Hosts auf verschiedene andere Hosts zu übertragen, und zwar mit den hostspezifischen Anpassungen, und somit identische Systeme zu erhalten.

Es ist nicht mehr nötig, die Konfiguration auf jedem Host einzeln und manuell vorzunehmen. Das spart Zeit, und die Fehleranfälligkeit sinkt; die Enterprise-Plus-Lizenz ist dafür jedoch Voraussetzung. In den anderen Versionen von vSphere muss bei der Konfiguration von mehreren Hosts jeder einzelne Host angefasst werden. Dabei kann es schnell einmal zu Fehlern kommen, wenn z. B. »mal eben« ein neues virtuelles Netzwerk eingerichtet werden muss. Solche Fehler stören nicht nur den Betrieb erheblich, sondern können auch dazu führen, dass nicht alle Funktionen in der virtuellen Infrastruktur zur Verfügung stehen.

Durch das einmalige Erstellen eines Host-Profils und das Verteilen auf die einzelnen Server ist eine schnelle und sichere Konfiguration einer vSphere-Farm möglich. Das Erstellen und Verteilen dieser Host-Profile beschreiben wir im Folgenden näher.

Als Erstes legen Sie ein Host-Profil von einem fertig konfigurierten Host im System an oder importieren ein bestehendes. Dazu rufen Sie auf der SHORTCUTS-Seite des vSphere Clients über HOST PROFILES oder über das Menü den Punkt POLICIES AND PROFILES auf (siehe Abbildung 11.1). Im Fenster der Host-Profile können Sie Profile erstellen, duplizieren, löschen und editieren. Außerdem ist es möglich, vorhandene Cluster und ESXi-Hosts mit einem Profil zu verknüpfen.

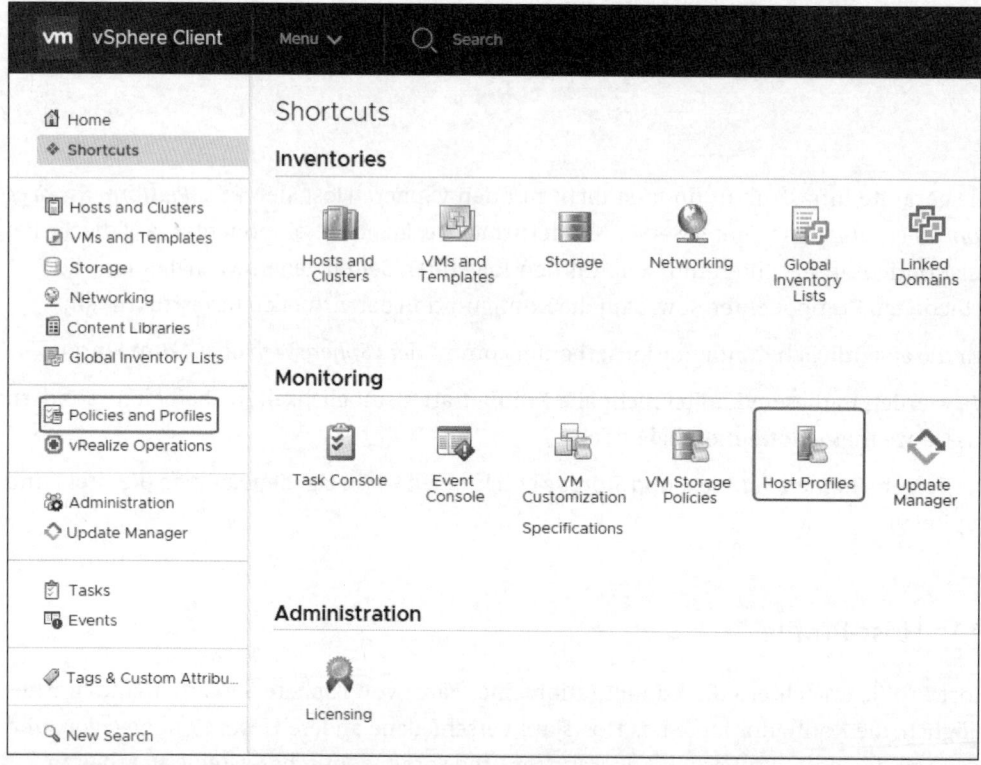

Abbildung 11.1 Aufruf der Host-Profile

Das Verknüpfen der Cluster oder vSphere-Hosts mit einem Host-Profil ähnelt dem Verbinden mit Policies für den *VMware Update Manager*. Sind Hosts mit einem Profil verbunden, können Sie die Hosts auf Konformität prüfen und die Profile auf die Hosts übertragen. Auch wenn Host-Profile die Konfiguration eines Hosts sehr erleichtern, kommen Sie um die eigentliche Konfiguration eines Hosts nicht herum. Auf den nächsten Seiten zeigen wir Ihnen diese Konfiguration.

> **Wichtig**
> Die administrativen Passwörter der Hosts und die UUID sind nicht Bestandteil des Host Profils.

11.1.1 Erstellen eines Host-Profils

Das Erstellen eines Host-Profils ist denkbar einfach, Sie müssen dazu keine Einstellungen oder Ähnliches in einer Konfigurationsdatei editieren. Zuerst konfigurieren Sie einen vSphere-Host komplett so durch, wie er produktiv zum Einsatz kommen soll. So parametrieren Sie zum Beispiel die Einstellungen für das Netzwerk. Als Beispiel werden wir drei virtuelle Switches erstellen und mit physischen Netzwerkkarten verbinden, anschließend konfigurieren wir das Management-Netzwerk, *Fault Tolerance* und *vMotion*. Damit diese Einstellungen auch auf die anderen Hosts übertragen werden, muss lediglich ein Profil von diesem Host erstellt werden.

Ebenso ist es möglich, ein Profil zu importieren. Dateien mit der Endung *.vpf* sind die beschriebenen Profildateien für VMware-Hosts. Die Profile werden automatisch in der Datenbank gespeichert. Über den Weg des Exports erhalten Sie eine Datei. So ist es zum Beispiel möglich, eine Datei zu erstellen, um diese dann beim Kunden zu nutzen oder dem Kunden zu schicken. Das Einzige, was Sie nach dem Einspielen noch anpassen müssen, ist die IP-Adresse. Während der Inhalt der Datei in der Oberfläche des vCenters noch recht lesbar aussieht (siehe Abbildung 11.2), ist der Inhalt der abgespeicherten XML-Datei aufgrund fehlender Umbrüche sehr schwer zu lesen.

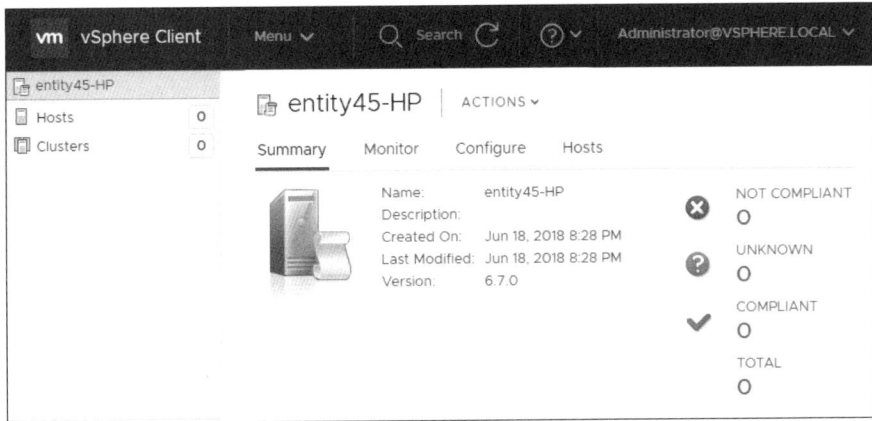

Abbildung 11.2 Profildatei eines vSphere-Hosts

Die Informationen zu der Profildatei finden Sie in der SUMMARY. Über den Reiter CONFIGURE lässt sich das Profil editieren. Zum Exportieren müssen Sie über den Link ACTIONS gehen. Hier können Sie auch ein Duplikat des Profils erstellen.

11.1.2 Anpassen eines Host-Profils

Haben Sie ein Profil einmal mit einem primären Host erstellt, ist es auch nachträglich möglich, das Profil an Ihre Bedürfnisse anzupassen. Dazu starten Sie den Editiermodus über den Reiter CONFIGURE und die Auswahl EDIT HOST PROFILE des entsprechenden Profils. Dann öffnet sich ein Fenster, das wesentlich mehr offenbart als das SUMMARY-Fenster (siehe Abbildung 11.3).

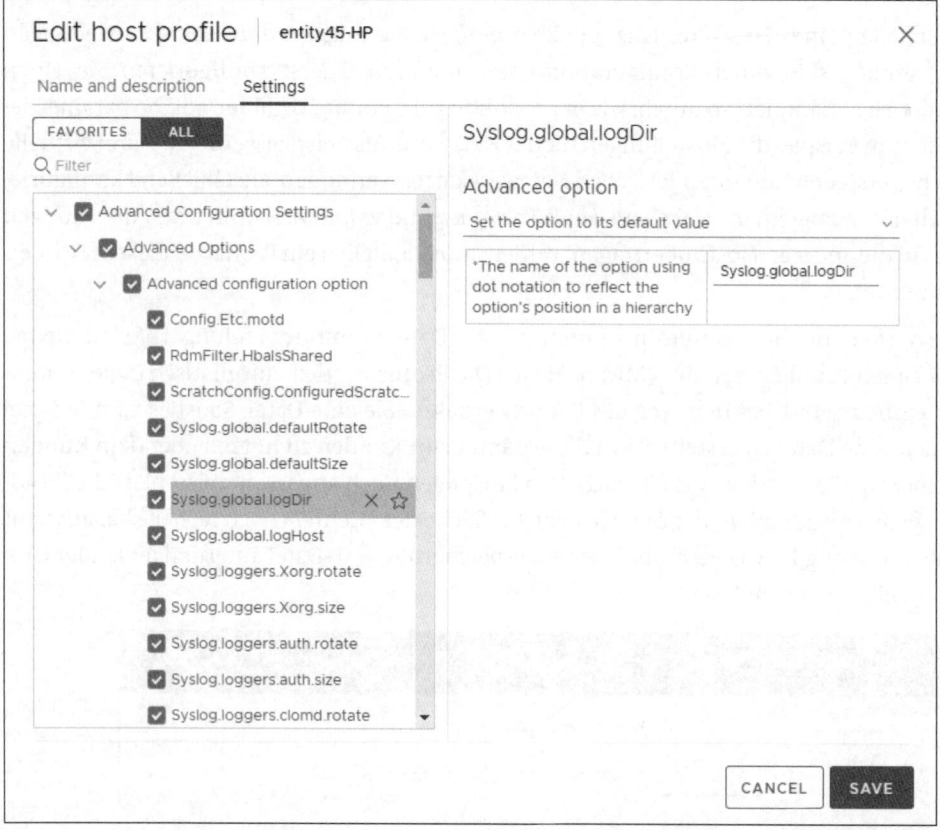

Abbildung 11.3 Editor für Host-Profile

Hier können Sie auch angeben, welche Einstellungen hostindividuell sind und damit beim Verteilen des Profils auf einen neuen Host nicht via Aufforderung angepasst werden müssen (siehe Abbildung 11.4).

> **Hinweis**
> Denken Sie daran, dass Sie Host-Spezifika aus dem gezogenen Profil entfernen, wie z. B. Konfigurationen zum Bootdevice bzw. zu lokalen Platten.

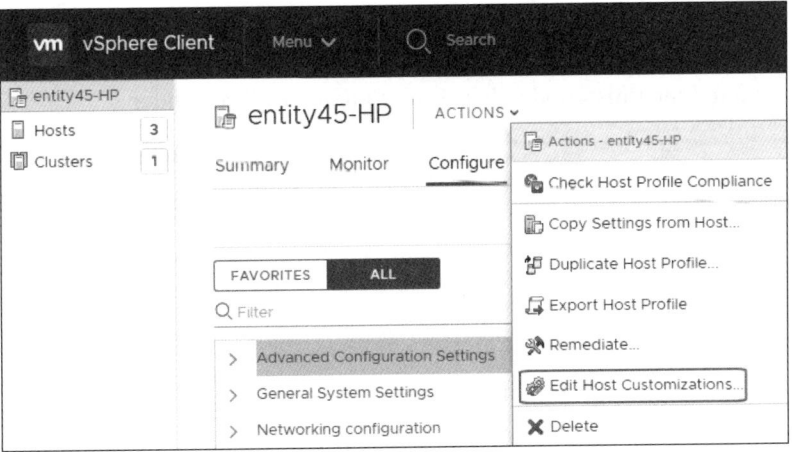

Abbildung 11.4 Individuelle Host-Anpassungen

Der Schritt ist hier stark vereinfacht worden. Bei der Auswahl eines Hosts werden im folgenden Schritt alle hostindividuellen Daten direkt ausgelesen (siehe Abbildung 11.5).

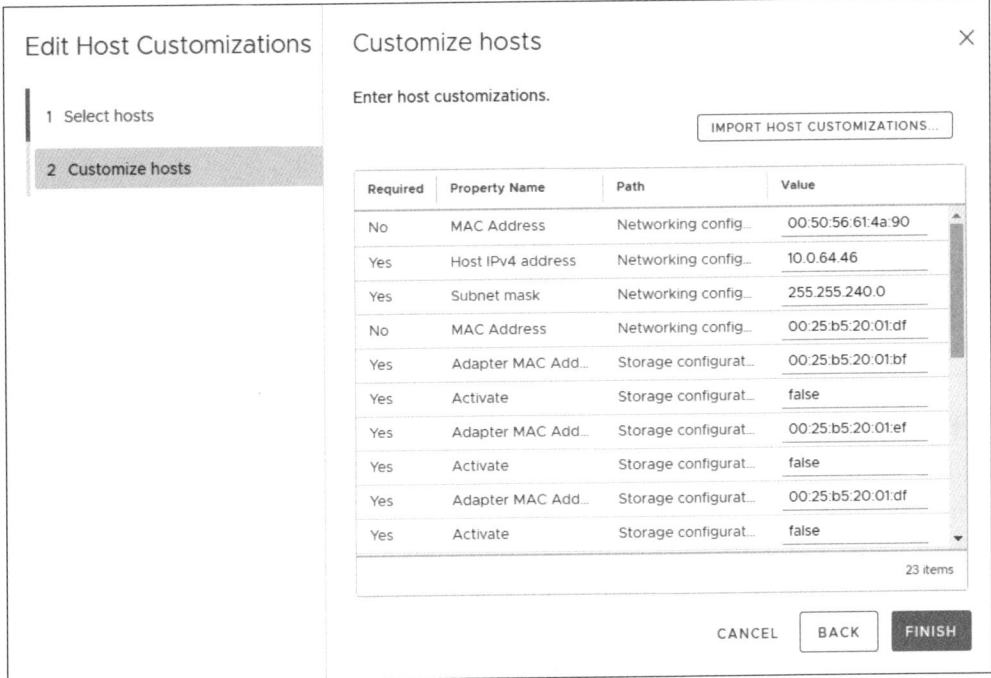

Abbildung 11.5 Host-Parameter zur Anpassung

Sind die Anpassungsarbeiten beendet, schließen Sie das Fenster mit FINISH und können mit dem Profil arbeiten.

11.1.3 Host bzw. Cluster mit einem Profil assoziieren

Nachdem Sie ein Host-Profil erstellt haben, müssen Sie es noch mit einem Objekt verbinden. Dafür müssen Sie als Erstes den Cluster oder den Host mit dem Profil verbinden.

> **Achtung**
>
> Hier gibt es Unterschiede zwischen den beiden Clients. Falls Sie den Flash-Client nutzen, ist es in diesem Bereich noch möglich, das Profil an einen Host bzw. Cluster anzuhängen. Im HTML5-Client (dem neuen *vSphere Web Client*, vgl. Abschnitt 1.3.3) geht das nur über das Kontextmenü des Hosts bzw. Clusters!

Wählen Sie den Host bzw. Cluster aus, um über die Kontextmenübefehle HOST PROFILES • ATTACH HOSTS PROFILE Maschinen mit dem Profil zu assoziieren (siehe Abbildung 11.6).

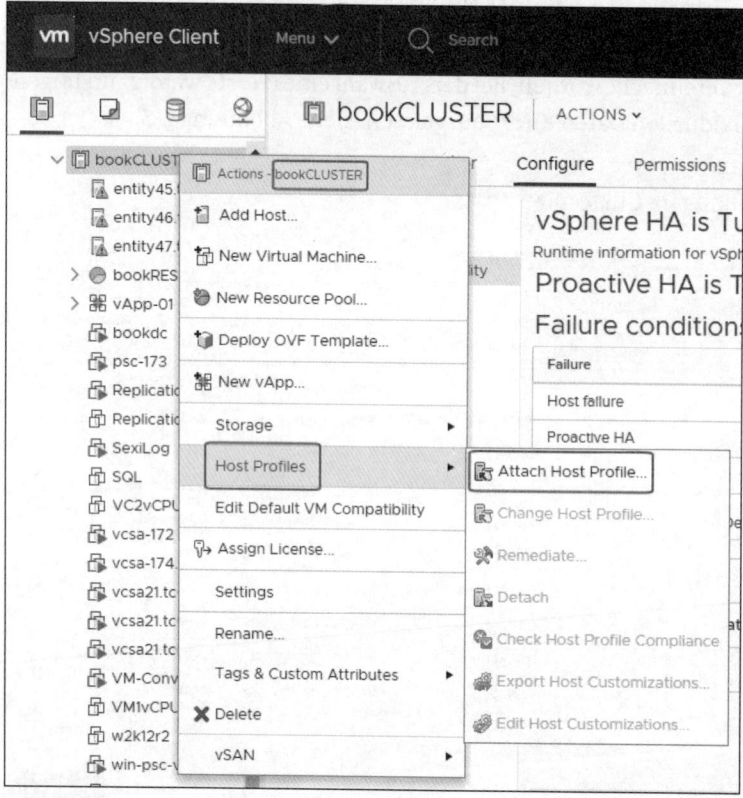

Abbildung 11.6 Assoziieren eines Host-Profils

Wenn Sie alle Maschinen hinzugefügt haben, erscheinen sie direkt im MONITOR-Reiter des HOST PROFILE. Hier ist es möglich, die Host-Profile auf die Maschinen zu übertragen und die nötigen Einstellungen vorzunehmen zu lassen.

Im MONITOR-Reiter des Host-Profils kann überprüft werden, welche Host-Konfiguration dem ausgewählten Profil entspricht und welche nicht.

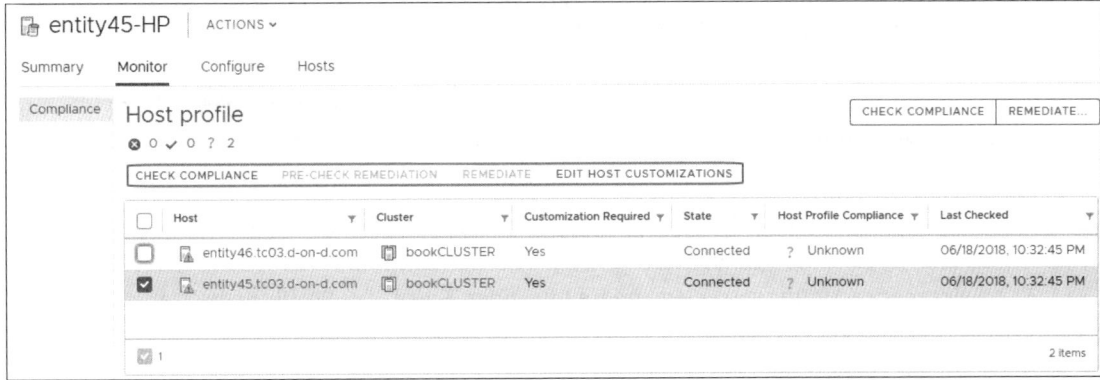

Abbildung 11.7 Ansicht Hosts zu Host-Profilen

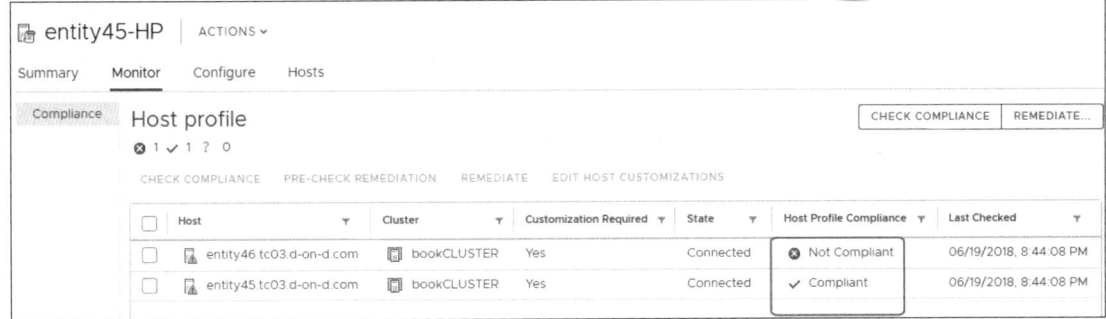

Abbildung 11.8 Anzeige der Compliance der verknüpften Hosts

Im gezeigten Fall hat schon ein Test der Host-Konfiguration stattgefunden: Ein Host ist *compliant*, zwei sind noch nicht überprüft. Der Test erfolgt erst durch die Aktivierung von CHECK COMPLIANCE.

Sollte ein Host nicht NOT COMPLIANT sein wie in Abbildung 11.8, versetzen Sie ihn in den Maintenance-Modus und wenden das Profil an.

11.1.4 Anwenden eines Host-Profils

Das Anwenden eines Host-Profils auf einen Host ist nur dann möglich, wenn dieser im Maintenance-Modus ist.

Ist ein geprüfter Host nicht *compliant*, können Sie ein Profil anwenden. Dafür müssen Sie, wie bereits erwähnt, den Host in den Maintenance-Modus versetzen.

> **Achtung**
> Sollte ein Host nach dem Anwenden des Profils als NOT COMPLIANT angezeigt werden, kontrollieren Sie bitte, ob lokale Host-Einstellungen die Compliance verhindern.

Wenn ein Host nicht richtig konfiguriert ist, wird er markiert und als *nicht compliant* angezeigt. Das darunterliegende Fenster zeigt an, welche Fehlkonfiguration vorliegt. So sehen Sie, welche Änderungen Sie an der Host-Konfiguration noch vornehmen müssen.

Jetzt weisen Sie das Profil dem zweiten Host zu. Ist dieser nicht im Maintenance-Modus, erscheint direkt eine Fehlermeldung. Über das Kontextmenü können Sie den Host in den Maintenance-Modus versetzen, um im folgenden Schritt das Profil zuzuweisen.

Nach der Zuweisung

Sobald Sie alle Einstellungen vorgenommen haben, wird die Konfiguration aktualisiert. In den RECENT TASKS des vCenters erkennen Sie nun den jeweiligen Task dazu. Durch das Verwenden von Host-Profilen wird das Durchführen und Prüfen von Konfigurationsänderungen in großen Umgebungen nicht nur sehr viel einfacher, sondern auch wesentlich weniger fehleranfällig.

Wenn Sie nicht ein gesamtes Profil auf einen Host anwenden möchten, so können Sie einfach ein Duplikat des Profils anfertigen und es entsprechend anpassen. Über die passende Auswahl wird das Profil dann individualisiert.

Nach dem Start der Profilanpassung kommt keine Option zur Profilanpassung mehr!

11.1.5 Profile-Compliance

Mit der Einführung der Host-Profile hat VMware einen großen Schritt hin zur schnellen Vereinheitlichung von Hosts bzw. Clustern gemacht. Für den Betrieb von plattenlosen Systemen ist diese Funktion unabdingbar.

11.2 NTP

Das *Network Time Protocol* (NTP) ist ein Standard zur Synchronisierung der Uhrzeit über das Netzwerk. Diese simpel klingende, aber sehr kritische Funktion sollten Sie unter allen Umständen konfigurieren. Eine Uhrzeit, die über alle Systeme im Netzwerk identisch ist, ist für den korrekten und reibungslosen Betrieb einer virtuellen Umgebung absolut notwendig! Man handelt sich schnell Probleme ein, wenn man das Prinzip der Bereitstellung der Zeitfunktion nicht kennt. Das System hat eine hierarchische Struktur.

Die einzelnen Hierarchieebenen tragen die Bezeichnung *Stratum* mit einer laufenden Nummer. Je kleiner die Nummer ist, desto genauer ist die Uhrzeit bzw. desto geringer ist die Abweichung. Dabei ist *Stratum 0* die eigentliche Zeitquelle. Diese Zeitquelle wird direkt – nicht über das Netzwerk, sondern per Schnittstelle – mit einem Computer verbunden. Dieser Computer ist Mitglied der *Stratum-1*-Ebene. Systeme, die sich die Zeit von der *Stratum-1*-Ebene holen, bilden die *Stratum-2*-Ebene und so fort. Je tiefer die Ebene ist, auf der die Zeit abgefragt wird, desto größer kann die Zeitabweichung von der Ursprungsquelle sein. Beachten Sie die Besonderheit, dass ab der Ebene 1 jedes Gerät nicht nur Server, sondern auch Client ist (siehe Abbildung 11.9).

Versuchen Sie, die Zeit mit einer möglichst hohen Ebene abzugleichen. Dann sollten Sie in Ihrer virtuellen Landschaft keine Probleme mit der Zeit bekommen.

Sie haben verschiedene Möglichkeiten, NTP auf einem vSphere-Server zu konfigurieren. Um die Zeit der virtuellen Maschinen mit dem vSphere-Host zu synchronisieren, können Sie die *VMware Tools* des Gastes verwenden. Dieses Thema behandeln wir in Abschnitt 11.2.2.

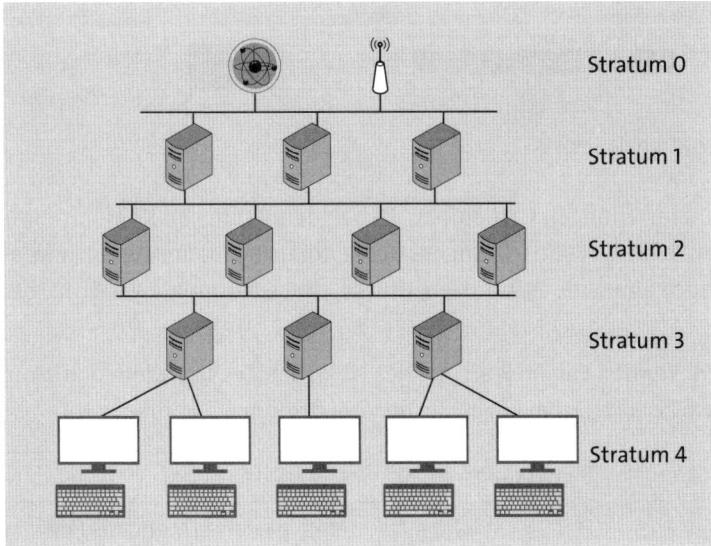

Abbildung 11.9 NTP-Hierarchie

11.2.1 NTP unter ESXi

Über den Web Client gibt es die Option, die NTP-Server zu konfigurieren. Sie müssen sich dabei mit dem vCenter-Server verbinden. Um die NTP-Einstellungen direkt auf dem Host anders zu konfigurieren, müssen Sie sich mit ihm direkt verbinden.

Über den Reiter Configure • System • Time Configuration rufen Sie das Konfigurationsfenster aus Abbildung 11.10 auf.

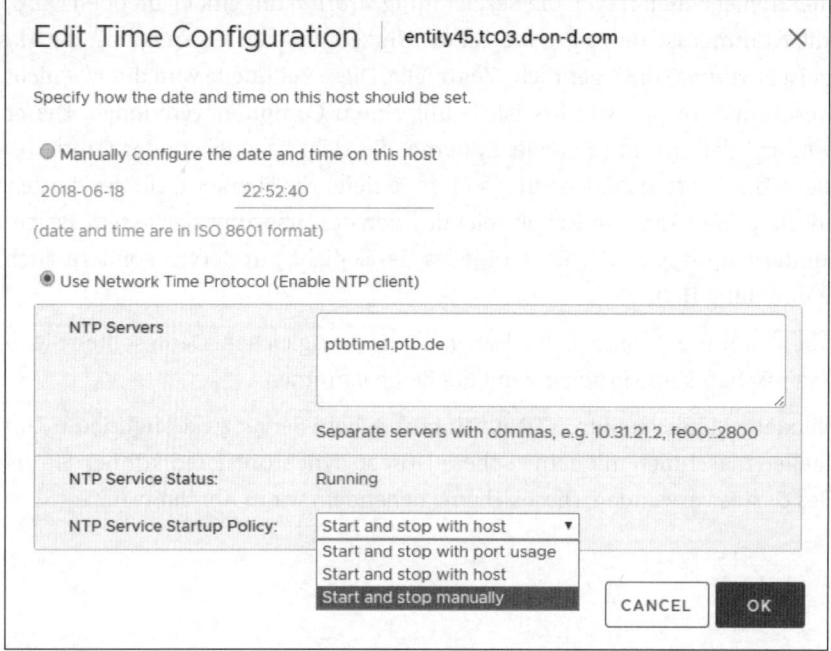

Abbildung 11.10 NTP-Konfiguration des Hosts

In ihm können Sie alle NTP-Einstellungen vornehmen. Neben der manuellen Konfiguration setzen Sie an dieser Stelle auch die NTP-Einstellungen. Der Zeitdienst wird über drei Parameter konfiguriert. Das sind zum einen die Zeitquellen, die Sie, durch Kommata getrennt, bei NTP SERVERS eintragen.

Sind die Server eingetragen, können Sie die Start-Art des NTP-Dienstes festlegen, und zwar unter NTP SERVICE STARTUP POLICY. Dabei haben Sie die drei Optionen aus Tabelle 11.1.

Startparameter	Bemerkung
START AND STOP WITH PORT USAGE	Der Dienst wird automatisch gestartet, wenn die Ports in der Firewall freigeschaltet sind. Im Gegenzug dazu wird der Dienst gestoppt, wenn die Ports geschlossen sind.
START AND STOP WITH HOST	Der Dienst wird mit dem Host gestartet und gestoppt.
START AND STOP MANUALLY	Der Dienst muss vom Administrator gestoppt und gestartet werden.

Tabelle 11.1 NTP-Startparameter

Der Punkt NTP SERVICE STATUS zeigt an, ob der Dienst derzeit läuft. Der Dienst lässt sich an dieser Stelle auch starten und anhalten. Wenn Sie den NTP-Server auf diese Art anlegen, müssen Sie auch nicht mehr die Firewall anpassen – dies geschieht automatisch.

Vergessen Sie aber nicht, dass natürlich auch die Firewalls im Netzwerk Ihre NTP-Anfrage durchlassen müssen. Sollte es Probleme geben, liegt es also nicht zwangsläufig am ESXi-Server.

Wird die Verbindung mit dem vSphere-Client direkt auf einen beliebigen Host hergestellt, so stellt sich die Konfiguration anders dar.

11.2.2 NTP in der virtuellen Maschine mithilfe von VMware Tools einstellen

Es ist möglich, die Zeit des virtuellen Gastes mit der Zeit des VMware-vSphere-Hosts zu synchronisieren (siehe Abbildung 11.11). Dabei spielen die *VMware Tools* im virtuellen Gastsystem eine entscheidende Rolle; sie müssen also installiert sein.

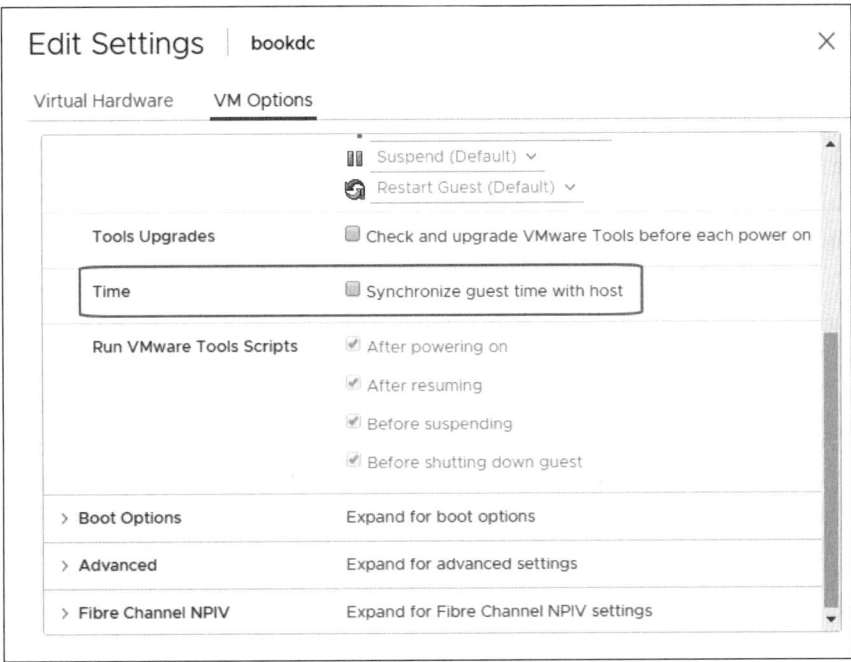

Abbildung 11.11 Aktivierung der Zeitsynchronisation für den Gast

Gehen Sie in die Einstellungen einer virtuellen Maschine, indem Sie im Kontextmenü der VM den Punkt EDIT SETTINGS aufrufen. Setzen Sie auf der Registerkarte VM OPTIONS einen Haken an der Option TIME • SYNCHRONIZE GUEST TIME WITH HOST. Nachdem Sie die Checkbox aktiviert haben, gleichen die VMware Tools die Zeit mit dem vSphere-Host ab und passen somit die Zeit des Gastes an.

> **Wichtig**
> Die Gastzeitsynchronisation der VMware Tools ist nur dafür ausgelegt, eine zu langsam laufende Uhr zur Zeitanpassung schneller laufen zu lassen. Die Tools können die Zeit nicht langsamer laufen lassen!

Verwenden Sie nicht mehrere Möglichkeiten der Zeitsynchronisation parallel. Gibt es bereits eine globale Unternehmenslösung zur Synchronisierung der Zeit, sollten Sie die virtuellen Maschinen ebenfalls entsprechend konfigurieren; in diesem Fall ist die Checkbox zu deaktivieren. Achten Sie auch darauf, dass Mitglieder einer Domäne ihre Zeit automatisch mit dem *AD-Controller (Active Directory Server)* synchronisieren. Auch in diesem Fall ist von einer Aktivierung der Checkbox SYNCHRONIZE GUEST TIME WITH HOST abzusehen.

Gerade in großen Umgebungen ist darauf zu achten, dass es einen definierten Prozess gibt, der beschreibt, wie mit dem Thema verfahren wird. Oft wird die Konfiguration der Gäste und der Hosts von unterschiedlichen Teams vorgenommen, was Fehlern Tür und Tor öffnet, wenn kein einheitliches Verfahren für die Zeitsynchronisation existiert.

11.2.3 Probleme mit der Zeitsynchronisation

So schön diese Funktionen sind und so simpel sich das Thema Zeitsynchronisation auch anhört, es gibt einige Tücken und Fallen, auf die Sie achten müssen. Die Zeit ist ein sehr wichtiges Thema in allen Netzwerken, aber vor allem bei der Verwendung von Verzeichnisdiensten.

Warum soll die Zeit überhaupt synchronisiert werden, und wieso kann sie überhaupt aus dem Ruder laufen? Die Mechanismen, die VMware nutzt, um Ressourcen in der virtuellen Umgebung zu sparen, wirken sich auf die Timer im Gast aus. Benötigt der virtuelle Server keine Rechenzeit, erhält er auch keine. Damit bekommt auch der Zeitgeber keine Rechenzeit, und so läuft die Uhr im Gast unregelmäßig. Aber nicht nur bei hohen Idle-Zyklen gibt es Probleme, auch wenn ein Host am oberen Limit läuft, kann es problematisch werden, jeder VM genug CPU-Rechenzeit zu geben, damit der Timer richtig läuft. Der Timer kann sowohl zu schnell als auch zu langsam laufen. Ganz kritisch ist das Zurückstellen der Uhrzeit besonders dann, wenn Sie auf dem System Datenbanken betreiben. Die einzelnen Transaktionen verlieren ihre Reihenfolge, wenn die Zeit zurückgestellt wird. Das ist dann der Beginn aller Probleme.

Allgemeines

Die Firma VMware hat die Probleme erkannt, die im Rahmen der Zeitsynchronisierung auftreten können. In der Knowledge Base finden sich zahlreiche Artikel zu dem Thema, die auch immer wieder aktualisiert werden.

Zwei Knowledge-Base-Artikel und ein Aufsatz mit dem Zeitthema für die Betriebssysteme Linux und Windows möchten wir an dieser Stelle hervorheben (siehe Tabelle 11.2). Bei einer Suche in der Knowledge Base werden Sie aber noch mehr Artikel zu dem Thema finden.

URLs der KB-Artikel bzw. des Papers	Bemerkungen
http://kb.vmware.com/kb/1006427	Timekeeping für Linux-Systeme
http://kb.vmware.com/kb/1318	Timekeeping für Windows-Systeme
http://www.vmware.com/files/pdf/Timekeeping-In-VirtualMachines.pdf	Technisches Papier zu dem Thema

Tabelle 11.2 Knowledge-Base-Artikel zum Thema Zeitsynchronisation

Je nach eingesetztem Linux-Derivat und verwendetem Kernel haben Sie verschiedene Optionen, das Problem anzugehen. Der Linux-Artikel beschreibt, wie Sie bei welchem System mit welchem Kernel verfahren müssen, damit die Zeitsynchronisation einwandfrei funktioniert. Wir verzichten an dieser Stelle darauf, die Informationen direkt anzugeben; bei der Drucklegung des Buches wären Teile davon schon wieder überholt.

Zeitsynchronisation im Active Directory

Der Verzeichnisdienst *Active Directory* (AD) ist, was die Uhrzeit angeht, hoch kritisch. Die AD-Implementierung von Microsoft erlaubt standardmäßig eine maximale Zeitdifferenz von 5 Minuten für das Kerberos-Protokoll. Fast alle Dienste und Policies arbeiten mit sogenannten *Timestamps*. Bei der Migration von physischen Maschinen zu virtuellen Maschinen werden auch oft die Active-Directory-Server (DCs = Domänen-Controller) migriert. Da diese Server das Herz eines Microsoft-Active-Directory-Netzwerks sind, ist für diese Maschinen meist ein NTP-Server konfiguriert. Sollte dies der Fall sein, müssen Sie darauf achten, dass entweder die Active-Directory-Server die Zeitsynchronisation bestimmen oder dass die vSphere-Hosts die aktuelle Zeit holen und per VMware Tools an die Gäste geben. Sie dürfen auf keinen Fall beide Möglichkeiten verwenden!

Das Thema »Zeit bei AD-Controllern« können Sie aber mit einigen einfachen Kniffen entschärfen.

Zuerst sollten Sie den Time-Service auf dem AD-Controller anpassen. Rufen Sie dazu den *Registry Editor* auf. Rufen Sie dazu den Befehl regedit auf. Ändern Sie nun im Registry Editor den Wert HKLM\System\CurrentControlSet\W32Time\Parameters\Type von NT5DS auf NTP. Als Timeserver geben Sie einen anderen Stratum-1-NTP-Server an.

Den Wert des Keys HKLM\System\CurrentControlSet\W32Time\Config\AnnounceFlags passen Sie von 10 auf 5 an. Hiermit weisen Sie dem Domänen-Controller fest die Funktion eines Zeit-Servers zu. Mit net stop w32time und net start w32time starten Sie den Zeitdienst nach der

Neukonfiguration neu. Abschließend stoßen Sie in der Kommandozeile manuell eine Synchronisation mit dem neuen Stratum-1-Server durch den Befehl `w32tm /resync /rediscover` an.

Nach dieser Konfiguration liegt für die gesamte Domäne eine stabile Zeitquelle vor. Entscheidend ist aber, dass Sie auf allen Servern der Domäne die Zeitsynchronisation über die VMware Tools deaktivieren (siehe Abbildung 11.13)! In den neueren Versionen *vSphere Fusion* und *vSphere Workstation* ist das VMware-Tools-Menü verschwunden. Die zugehörigen Einstellungen können zwar immer noch vorgenommen werden, allerdings geht das nur noch über die Kommandozeile. Das Tool trägt den Namen:

C:\Programm Files\VMware\VMware Tools\VMwareToolboxCmd.exe

Der Aufruf mit dem Parameter `help` zeigt alle möglichen Befehle an (siehe Abbildung 11.12).

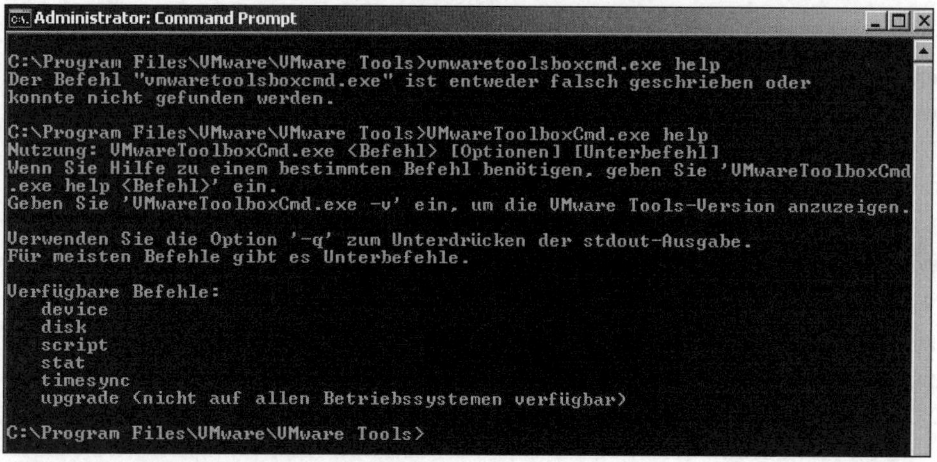

Abbildung 11.12 Befehlsoptionen von »VMwareToolboxCmd.exe«

Die Syntax ähnelt der des Befehls `esxcli`. Die Deaktivierung der Zeitsynchronisation über die VMware Tools gestaltet sich dann auch ganz einfach (siehe Abbildung 11.13).

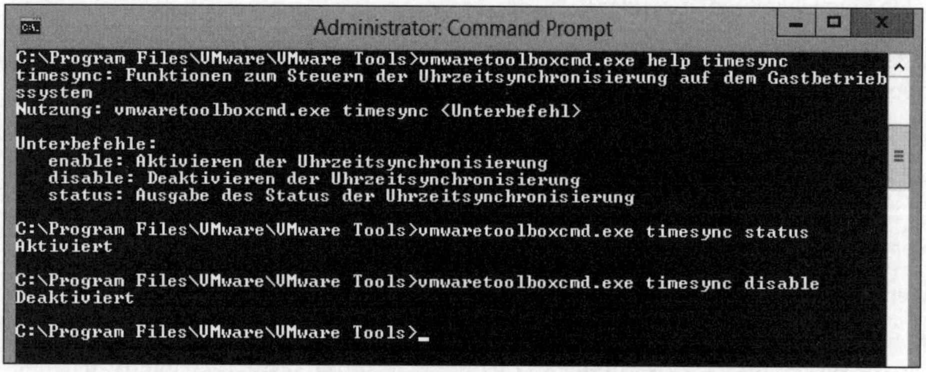

Abbildung 11.13 Deaktivierung der Zeitsynchronisation über die Kommandozeile

11.3 DNS

Eine sauber funktionierende Namensauflösung ist die Grundvoraussetzung für eine einwandfrei arbeitende virtuelle Infrastruktur. Aus diesem Grund sollten Sie in der gesamten Umgebung DNS (*Domain Name System*) einsetzen. Ein falsch konfiguriertes DNS kann viele Schwierigkeiten verursachen, die oftmals nicht direkt dem eigentlichen Problem zuzuordnen sind.

Die DNS-Konfiguration eines vSphere-Hosts können Sie über den Web Client vornehmen. Dafür müssen Sie sich direkt am Host oder am vCenter-Server anmelden. Über den Tab CONFIGURE • NETWORKING • TCP/IP CONFIGURATION gelangen Sie zur Anzeige der IP-Einstellungen. Über das Stiftsymbol kommen Sie zu dem Konfigurationspunkt DNS CONFIGURATION und erreichen dort die Eingabemaske. In dieser Maske nehmen Sie alle nötigen Eingaben vor, um den Namensdienst zu konfigurieren (siehe Abbildung 11.14).

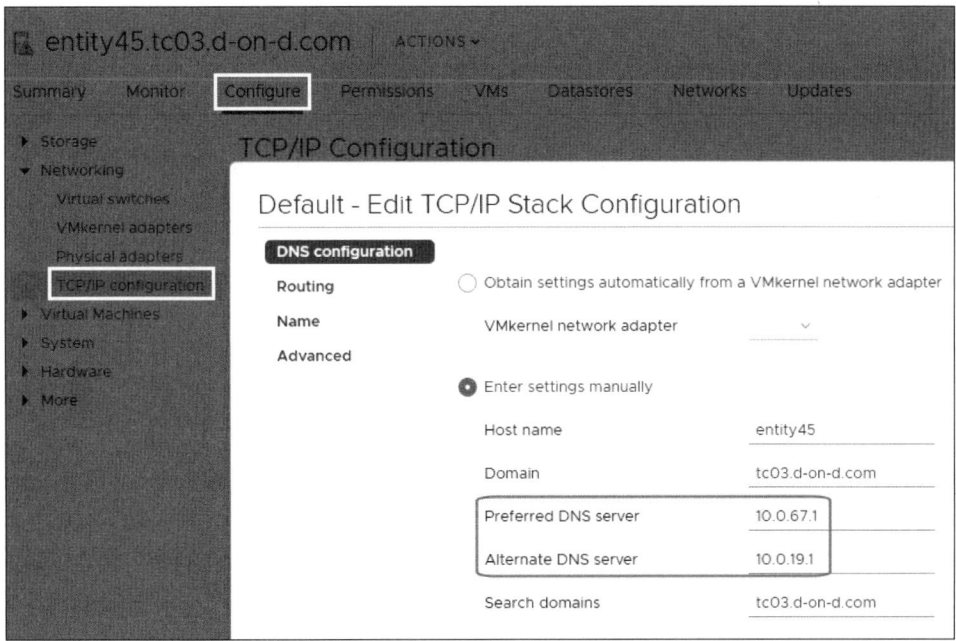

Abbildung 11.14 DNS-Konfiguration der vSphere-Hosts

11.3.1 Routing/Gateway

Eine Änderung am Gateway ist über den Web Client ebenfalls sehr einfach möglich. Der Weg ist identisch mit der Anpassung der DNS-Einstellungen. Rufen Sie einfach die Auswahl ROUTING auf. Hier verbirgt sich die Möglichkeit, Gateways für das Management-Netzwerk sowie den VMkernel einzugeben. Beachten Sie – aber das ist keine vSphere-Eigenart –, dass das Gateway in Ihrem Netzwerksegment liegen muss.

11.4 Einrichtung von Ressourcen-Pools

Nicht nur in großen Umgebungen kann es sinnvoll sein, mit Ressourcen-Pools zu arbeiten, sondern auch in kleineren Landschaften. Dabei lassen sich die Ressourcen-Pools für andere Funktionen zweckentfremden; dazu folgt später mehr in Abschnitt 11.11, »vCenter-Berechtigungen«.

Lassen Sie uns vorn beginnen und kurz in die Thematik einsteigen. Was sind *Ressourcen-Pools* überhaupt? In Ressourcen-Pools werden Teile von CPU- und Memory-Ressourcen eines Hosts zusammengefasst. Dabei ist es möglich, die Parameter des Pools variabel zu gestalten. Aber Pools fassen nicht nur Ressourcen zusammen, sie bieten auch die Möglichkeit, Rechte zu bündeln. Somit kann es ein Mittel der Wahl sein, Anwendern in »ihren« Ressourcen-Pools mehr Rechte zu geben als auf den anderen Objekten der virtuellen Infrastruktur.

Die Ressourcen-Pools werden in der HOSTS AND CLUSTERS-Ansicht mit einem eigenen Symbol dargestellt – mit einer Ausnahme: Es gibt einen Ressourcen-Pool, der in keiner Ansicht des vCenter Servers angezeigt wird. Dabei handelt es sich um den Root-Ressourcen-Pool. In diesem Pool werden alle Ressourcen eines Hosts bzw. DRS-Clusters zusammengefasst. Hier sehen Sie auch, warum der Pool nicht angezeigt wird: Die Ressourcen von Host bzw. Cluster sind identisch. Alle in einem Pool liegenden virtuellen Maschinen gruppieren sich unter dem Ressourcen-Pool, dem sie angehören.

In Ressourcen-Pools ist es Ihnen möglich, Ressourcen aufzuteilen, bereitzustellen und zu reservieren. Sie können aber auch Ressourcen-Pools ineinander verschachteln.

11.4.1 Erstellung eines Ressourcen-Pools

Das Kontextmenü des Hosts oder Clusters führt zu dem Punkt NEW RESOURCE POOL, mit dem Sie weitere Ressourcen-Pools anlegen können (siehe Abbildung 11.15).

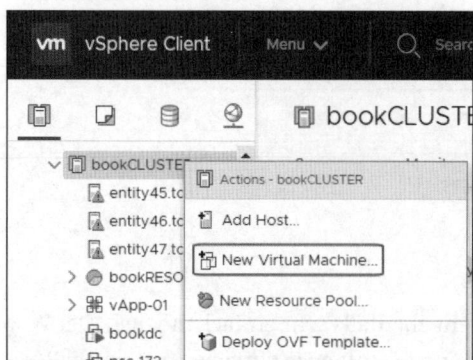

Abbildung 11.15 Neuen Ressourcen-Pool erstellen

Anschließend erscheint ein Fenster, in dem Sie verschiedene Einstellungen vornehmen können, um den Ressourcen-Pool anzulegen (siehe Abbildung 11.16).

11.4 Einrichtung von Ressourcen-Pools

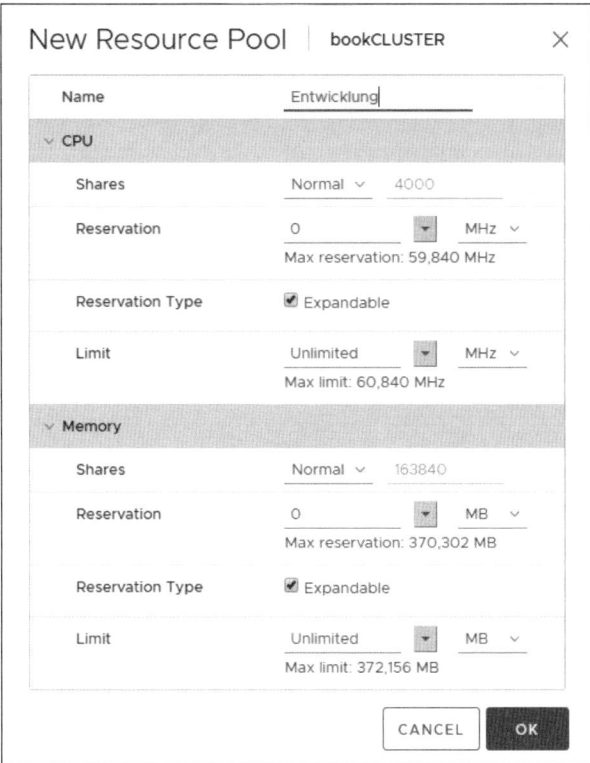

Abbildung 11.16 Konfiguration von Ressourcen-Pools

Im Feld NAME geben Sie einen Namen für diesen neuen Ressourcen-Pool ein. Hier legen wir einen Pool für die Entwicklungsabteilung an. In den anderen Feldern konfigurieren Sie die CPU- und RAM-Ressourcen, die verwendet werden sollen.

Beachten Sie bitte, dass beim Anlegen von Ressourcen-Pools das System eine Plausibilitätsprüfung durchführt, ob die vorhandenen und jetzt zugewiesenen Ressourcen auch zur Verfügung stehen. Optimal wäre es, vor dem Anlegen des Pools zu kontrollieren, ob die noch zur Verfügung stehenden Ressourcen für den Pool ausreichen. Es gibt im vCenter aber leider keine Übersicht, die die zugewiesene Menge an Ressourcen anzeigt. Sie können nur die Gesamtressourcen des Clusters bzw. Hosts einsehen.

Eine Hilfe gibt Ihnen aber VMware im Web Client doch mit: In Abbildung 11.16 sehen Sie die maximal nutzbaren Werte angezeigt. Dabei werden Funktionen wie z. B. HA bei der Berechnung berücksichtigt.

11.4.2 Reservation

Im Feld RESERVATION nehmen Sie auf Wunsch eine Reservierung für den Pool vor. Bei einer Reservierung werden die hier angegebenen Ressourcen dem Pool immer garantiert zugewiesen, wenn sie benötigt werden. In unserem Beispiel aus Abbildung 11.16 werden keine CPU-Ressourcen zugewiesen. Bei den Memory-Ressourcen geben Sie durch den Wert 0 alle Speicherressourcen frei, wenn sie nicht benötigt werden.

11.4.3 Limit

Die Einstellung für LIMIT wirkt ähnlich wie eine Reservierung. Wenn Sie ein LIMIT einstellen, kann dieser Pool maximal diese Ressourcen anfordern und verwenden. Damit ist garantiert, dass virtuelle Maschinen, die in einem Ressourcen-Pool liegen, nicht den Ressourcenbedarf von anderen VMs außerhalb des Pools beeinflussen.

11.4.4 Expandable

Haben Sie im Dialog aus Abbildung 11.16 bei RESERVATION TYPE • EXPANDABLE einen Haken gesetzt, können sich Kinder (virtuelle Maschinen und Pools) eines Eltern-Objekts an dessen Ressourcen bedienen. Wenn Sie den Haken nicht gesetzt haben, können Kinder (virtuelle Maschinen und Pools) nur von diesem Pool Ressourcen beziehen, auch wenn der darüber stehende Eltern-Pool freie Ressourcen zur Verfügung hat.

Lassen Sie uns das an einem Beispiel verdeutlichen. In Abbildung 11.17 sehen Sie verschachtelte Pools.

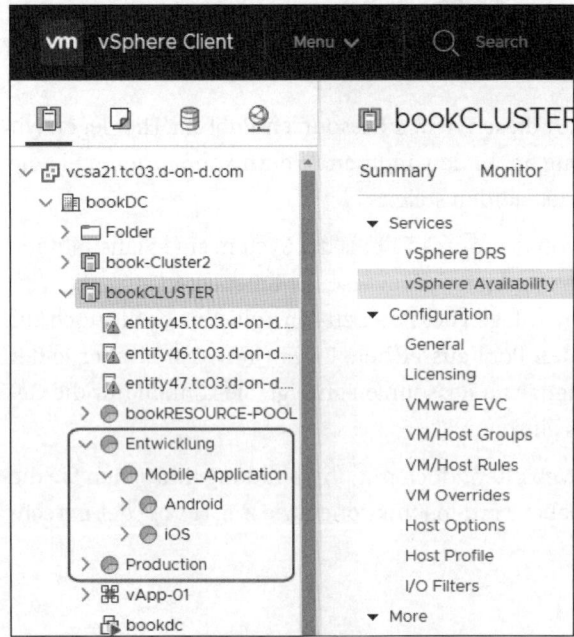

Abbildung 11.17 Verschachtelte Ressourcen-Pools

Sie sehen in dieser Konfiguration mehrere Ressourcen-Pools direkt im Wurzelverzeichnis des vCenters: zum Beispiel einen Pool namens PRODUCTION und einen Pool namens ENTWICKLUNG. PRODUCTION ist ein einfacher Ressourcen-Pool, der Ressourcen gemäß seiner Konfiguration bereitstellt und sie für die enthaltenen VMs bereitstellt. Der Pool ENTWICKLUNG enthält noch mehrere untergliederte Ressourcen-Pools, wobei der Pool MOBILE_APPLICATION ebenfalls in zwei weitere Pools verzweigt. Als Beispiel haben Sie nun dem Pool MOBILE_APPLICATION 10.000 MB Memory-Ressourcen und den Pools ANDROID und IOS jeweils 2000 MB Memory-Ressourcen zugewiesen. Ist nun bei den Pools IOS und ANDROID die Option EXPANDABLE RESERVATION aktiviert, dann können die virtuellen Maschinen aus den beiden Pools ANDROID und IOS bei Bedarf jeweils unabhängig voneinander Memory-Ressourcen beim Eltern-Pool anfragen und auch bekommen. Benötigen die Maschinen in dem darüber liegenden Pool wieder mehr Ressourcen, werden diese den Kind-Pools wieder entzogen.

Sie sehen also, dass das Anlegen eines solchen Pools sehr einfach und schnell erledigt ist. Bei großen und komplexen Umgebungen sollten Sie allerdings auf jeden Fall ein grundlegendes Konzept erstellen. Oft entstehen Ressourcen- oder Performance-Probleme aufgrund einer falschen Konfiguration von Ressourcen-Pools in Zusammenhang mit einer großen Infrastruktur.

11.4.5 Shares

Die sogenannten *Shares* greifen immer dann, wenn keine freien Ressourcen mehr zur Verfügung stehen und die virtuellen Maschinen weitere Ressourcen anfordern. In diesem Fall priorisieren die Shares die Ressourcen der virtuellen Maschine anhand eines Share-basierten Modells. Wie viel Zeit das Objekt auf der eingestellten Ressource erhält, hängt immer von den eigenen Shares im Vergleich zu den vorhandenen Gesamt-Shares ab. Hat zum Beispiel eine virtuelle Maschine (VM1) 2000 CPU-Shares und eine zweite virtuelle Maschine (VM2) 4000 CPU-Shares, dann bekommt VM1 33,3 % und VM2 66,6 % der zur Verfügung stehenden CPU-Ressourcen. Die Aufteilungsgrundlage der CPU-Ressourcen bildet die Gesamtsumme aller Shares. Das sind in diesem Fall 6000 Shares (2000 [VM1] + 4000 [VM2]). VMware nutzt drei Standardwerte, die zum Einsatz kommen können. Natürlich ist es auch möglich, eigene Werte zu vergeben. In Tabelle 11.3 sind die Share-Werte aufgelistet.

Shares	CPU-Wert	Memory-Wert
LOW	2000	81.920
NORMAL	4000	163.840
HIGH	8000	326.780
CUSTOM	variabel	variabel

Tabelle 11.3 Standardwerte der Shares

Beachten Sie bitte, dass die Shares für die CPU immer pro CPU vergeben werden. Lassen Sie uns das anhand eines Beispiels erklären. Eine VM mit vier CPUs und dem SHARES-Wert NORMAL erhält vom System 16.000 Shares. Das errechnet sich aus dem SHARES-Wert selbst, multipliziert mit der Anzahl der CPUs.

Shares sind zwar ein Mittel der Priorisierung von Ressourcen, aber weniger ist hier definitiv mehr. Bedenken Sie: Je komplexer die Struktur ist, desto schwieriger ist es im Falle von Problemen, die Fehlerursache zu finden. Arbeiten Sie aus diesem Grund nie ohne Konzept, wenn Sie diese Mechanismen nutzen. Wichtig ist ebenfalls eine genaue Dokumentation solcher Konfigurationen, damit bei Problemen alle nötigen Informationen für die Fehlerbehebung vorliegen.

11.5 VMware vApp

Bieten Ressourcen-Pools die Möglichkeit, unterschiedliche virtuelle Maschinen zu gruppieren, so haben Sie die Option, in einer VMware-vApp Server zusammenzufassen, die funktionell zusammengehören. Nicht nur das – es ist sogar möglich, die Abhängigkeiten der Systeme untereinander zu hinterlegen. Soll heißen: Der vCenter-Server weiß genau, in welcher Reihenfolge die Systeme gebootet werden müssen.

Lassen Sie uns das Ganze an einem Beispiel verdeutlichen. Wir nehmen dazu einen Webserver, der als Backend einen Datenbank-Server benötigt. Aus diesen beiden Systemen erzeugen wir nun eine vApp. Doch bevor die Arbeiten beginnen können, benötigen Sie einen DRS-Cluster oder einen VMware-Host.

11.5.1 Erstellen einer vApp

Zum Erstellen einer neuen vApp rufen Sie den entsprechenden Menüpunkt aus dem Kontextmenü auf. Aber nicht auf allen übergeordneten Objekten kann eine vApp angelegt werden. Es gibt nur drei Elemente, die das zulassen: der Cluster, der Ressourcen-Pool und ein Standalone-Host (siehe Abbildung 11.18).

Machen Sie sich Ihre eigenen Gedanken, was für Sie am sinnvollsten ist. Auch hier sollten Sie darauf achten, dass eine Einheitlichkeit vorhanden ist und dass Sie alles so übersichtlich wie möglich halten.

Nun startet – wie sollte es auch anders sein – ein Wizard, der Sie durch das Anlegen der vApp führt. Zuallererst gibt es aber noch eine Auswahlmöglichkeit, welche Aktion denn nun durchgeführt werden soll (siehe Abbildung 11.19): Sie können eine neue vApp anlegen oder ein Duplikat einer vApp erstellen. Wir beginnen mit dem ersten Punkt.

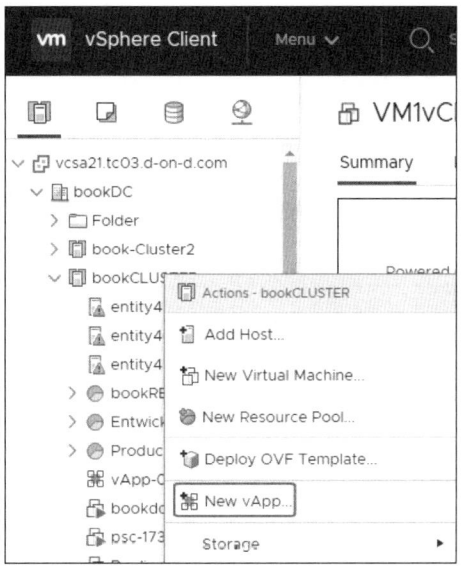

Abbildung 11.18 Erstellen einer vApp über das Kontextmenü

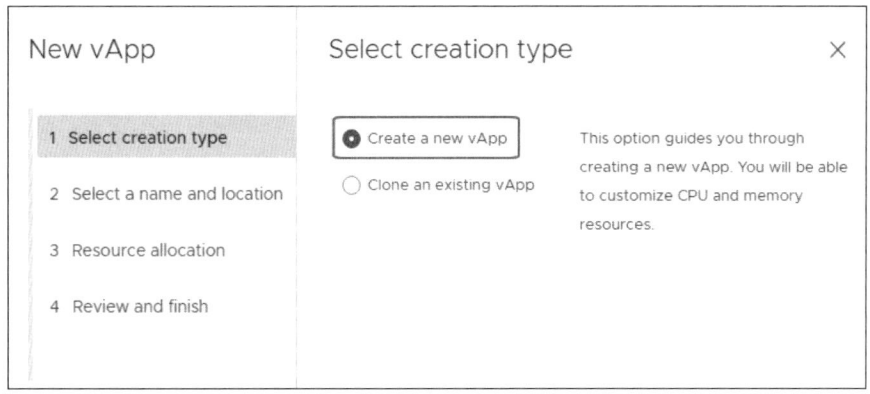

Abbildung 11.19 Erstellen einer vApp

Geben Sie der Applikation einen Namen (siehe Abbildung 11.20). Der Name muss eindeutig sein und darf nicht mit anderen Namen in der virtuellen Infrastruktur kollidieren. Beachten Sie, dass die Länge auf 80 Zeichen beschränkt ist. Es folgt die Angabe des Ablageorts in der Infrastruktur. Ein Ordner oder ein Datacenter kann hierbei das Ziel sein.

Wie schon beim Anlegen eines Ressourcen-Pools können Sie der vApp nun auf Wunsch Ressourcen zuweisen (siehe Abbildung 11.21).

Damit sind die Arbeiten für das Anlegen der vApp schon erledigt. Nach der Zusammenfassung schließen Sie einfach den Dialog.

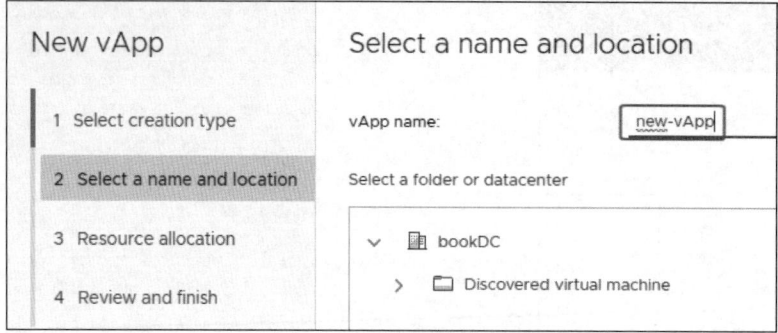

Abbildung 11.20 Anlegen einer vApp und Namensvergabe

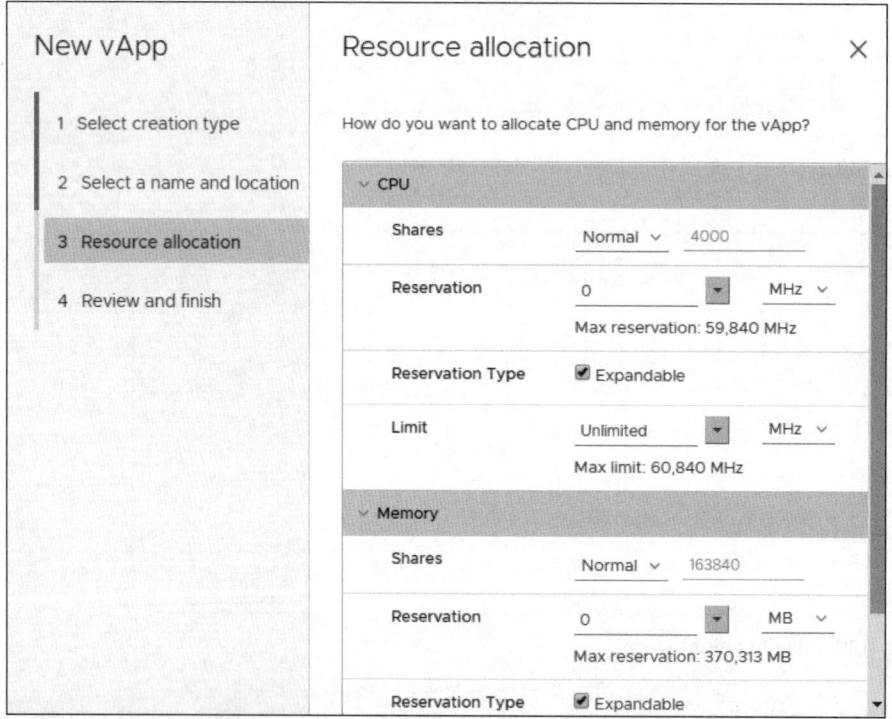

Abbildung 11.21 Ressourcenzuweisung für die vApp

11.5.2 Verknüpfung einer vApp mit virtuellen Servern

Ist die Hülle für eine vApp komplett angelegt, folgt im nächsten Schritt die Verknüpfung mit anderen vApps oder mit vorhandenen VMs. Die Verknüpfung von bereits vorhandenen VMs mit der vApp erfolgt durch einfaches Drag & Drop (siehe Abbildung 11.22). Der Zustand der virtuellen Maschinen ist für den Aufnahmevorgang unerheblich. Die Aufnahme funktioniert sowohl im ausgeschalteten als auch im eingeschalteten Zustand.

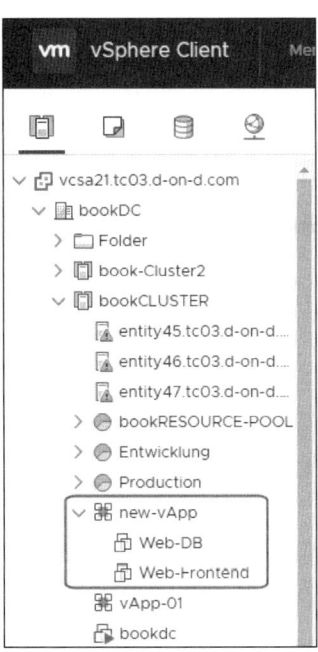

Abbildung 11.22 Sie erstellte vApp mit ihren zukünftigen VMs

Neue virtuelle Maschinen können Sie aber auch direkt in der vApp anlegen. Die Vorgehensweise entspricht der Ihnen bereits bekannten für die Erstellung einer VM.

Wenn Sie die beiden virtuellen Maschinen WEB-DB und WEB-FRONTEND der vApp NEW-VAPP hinzugefügt haben, dann stellt sich das so dar wie in Abbildung 11.23.

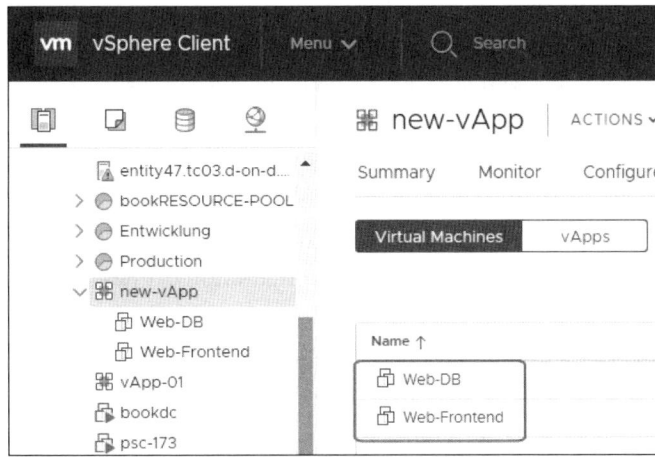

Abbildung 11.23 Fertig erstellte vApp »new-vApp«

Ist die vApp eingeschaltet, befindet sich, wie bei den VMs auch, ein grüner Pfeil in dem Anzeige-Icon. Jetzt haben Sie die vApp NEW_VAPP erstellt. In dieser vApp liegen ein Datenbank-Server und der dazugehörige Webserver.

Wie Sie in Abbildung 11.24 sehen, ist die vApp kein starres Gebilde. Sie können vApps in vApps erstellen oder dort sogar Ressourcen-Pools anlegen. In der Ressourcenübersicht der vApp sehen Sie dann genau, welche Elemente Bestandteil der vApp sind und wie viele dieser Elemente Teil des Konglomerats sind.

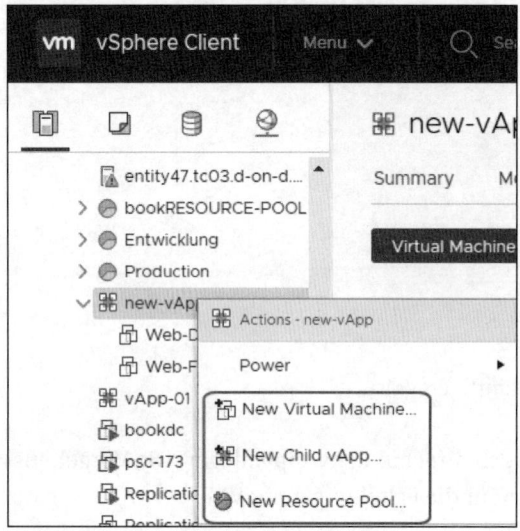

Abbildung 11.24 vApp-Verschachtelungen

11.5.3 vApp-Einstellungen

Über das Kontextmenü EDIT SETTINGS können Sie die Einstellungen der vApp weiter bearbeiten. Sie können alle Einstellungen der vApp in dem Fenster vornehmen, das sich nun öffnet. Dabei gibt es vier Bereiche, in denen Veränderungen vorgenommen werden können: RESOURCES, START ORDER, IP ALLOCATION und DETAILS (siehe Abbildung 11.25).

Im ersten Bereich erfolgt die Verwaltung der Ressourcen der vApp. Dabei sehen die Einstellungen der CPU- und Speicher-Ressourcen so aus wie bei der Konfiguration des Ressourcen-Pools.

Wichtig ist hier die START ORDER (siehe Abbildung 11.26). Hier werden die Abhängigkeiten der virtuellen Maschinen innerhalb der vApp abgebildet. Um bei unserem Beispiel zu bleiben: Es muss erst der Datenbank-Server gestartet werden, bevor der Webserver seinen Dienst aufnehmen kann. Durch weitere Parameter werden die Start- bzw. Stoppaktionen der vApp flankiert.

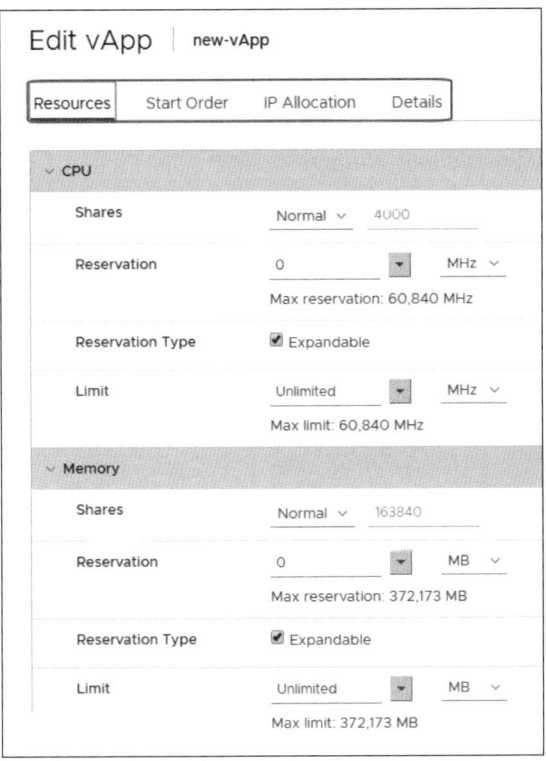

Abbildung 11.25 Anpassung der Ressourcen

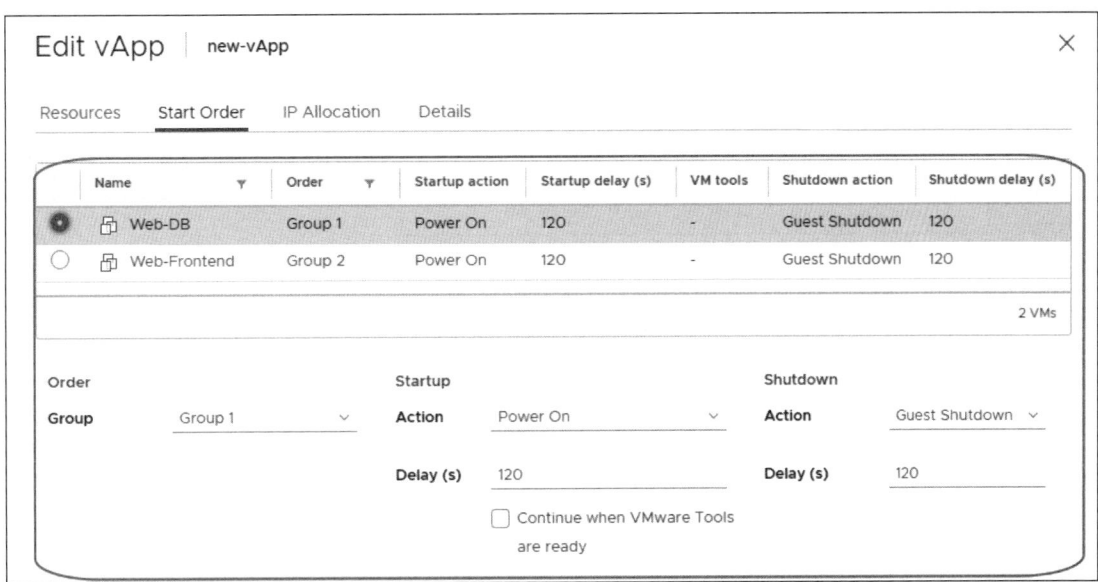

Abbildung 11.26 So legen Sie die Startreihenfolge der VMs innerhalb der vApp fest.

Dabei werden die Einschalt- und die Ausschaltaktion getrennt voneinander konfiguriert. Damit die abhängigen Server auch garantiert gestartet werden, kann entweder ein Zeitfenster definiert werden, oder der Start der VMware Tools wird als Indiz dafür herangezogen, dass ein Server bereit ist, seine Arbeit zu verrichten. In Abbildung 11.26 ist die Startreihenfolge noch falsch eingestellt. Wenn Sie eine VM markieren, können Sie sie mit den Pfeilen in der Startreihenfolge verschieben.

Selbstverständlich erfolgt die Abarbeitung des Ausschaltvorgangs in umgekehrter Reihenfolge, wobei es an dieser Stelle drei unterschiedliche Varianten für den Shutdown-Vorgang gibt:

- Ausschalten
- Gast herunterfahren
- Suspend

Die Sektion IP ALLOCATION zeigt die Art der Versorgung der vApp mit den IP-Parametern.

Kommen wir nun zum DETAILS-Bereich. In ihm können Sie die vApp personalisieren (siehe Abbildung 11.27). Dabei sprechen die Eingabefelder für sich.

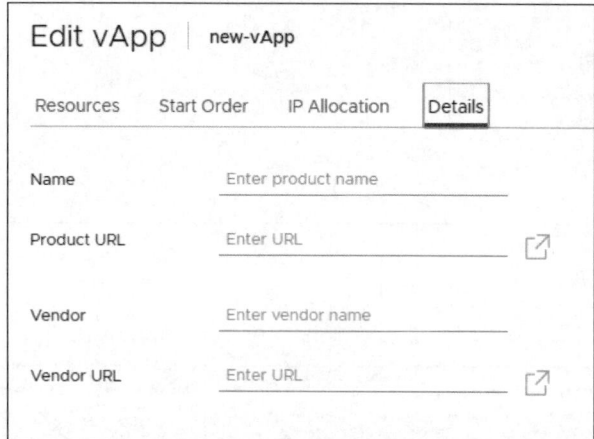

Abbildung 11.27 Personalisierung der vApp

> **Wichtig**
>
> Wenn Sie mit vApps arbeiten, dann denken Sie bitte daran, die Ein- und Ausschaltbefehle nur über das Kontextmenü der vApp zu nutzen. Anderenfalls wird die Startreihenfolge unter Umständen nicht eingehalten. Wurde über die vApp eine Aktion gestartet, sind die Befehle im Kontextmenü der VM ausgeblendet.

Wenn Sie tiefer in das Thema einsteigen und komplexere vApps und auch eigene OVF-Dateien (*Open Virtualization Format*) erstellen wollen, sollten Sie sich mit dem *VMware Studio* beschäftigen. Dieses Entwickler-Tool von VMware ermöglicht es Ihnen, komplett eigene VMs zu kreieren. Nähere Informationen zu dem Thema finden Sie auf der Webseite von VMware unter *http://www.vmware.com/products/studio*.

11.5.4 Klonen einer vApp

Nicht nur virtuelle Umgebungen können dupliziert werden, auch bei vApps wird diese Funktion unterstützt. Einstiegspunkt ist das Kontextmenü einer bestehenden vApp.

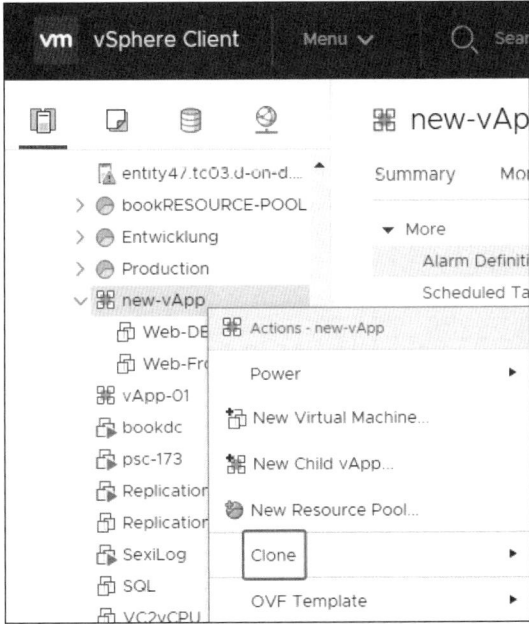

Abbildung 11.28 Klonen einer vApp

Gestartet werden kann die Aktion über das Menü CLONE (siehe Abbildung 11.28). Hier hat sich eine Änderung ergeben: In der Vorversion musste man andere Wege gehen. Im folgenden Dialogfenster erfolgt dann die Auswahl für die Erstellung eines Klons.

Bevor der Ablageort der vApp abgefragt wird, ist es notwendig, das Ziel zu definieren, wo die vApp später laufen soll, also die COMPUTE RESSOURCE. Die DISK RESSOURCE folgt im nächsten Auswahldialog.

In Schritt 5 des Wizards muss ein Mapping erfolgen (siehe Abbildung 11.29). Das heißt, es wird konfiguriert, welches Netzwerk der originalen vApp durch welches Netzwerk der virtuellen Infrastruktur ersetzt werden soll. Die vApp wird dann in das neu ausgewählte Netzwerk importiert. In Schritt 6 werden dann die Ressourcen der vApp konfiguriert.

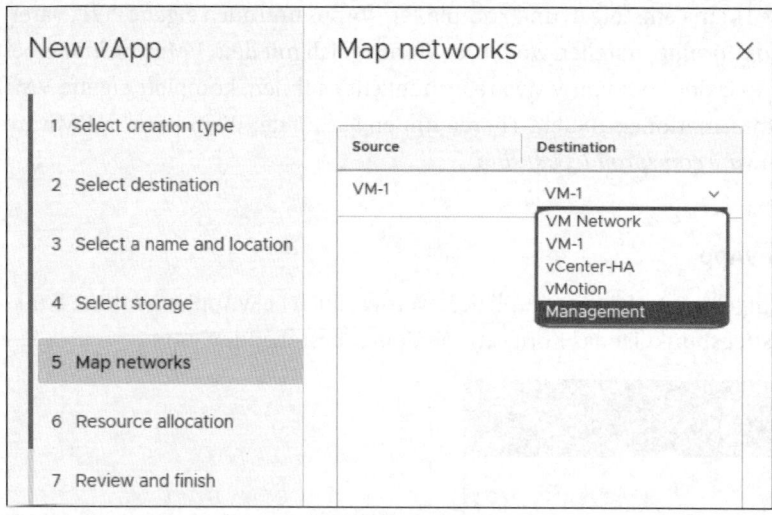

Abbildung 11.29 Mappen der Netzwerkanbindungen

Als Ergebnis sehen Sie die neue vApp im Management-Tool (siehe Abbildung 11.30).

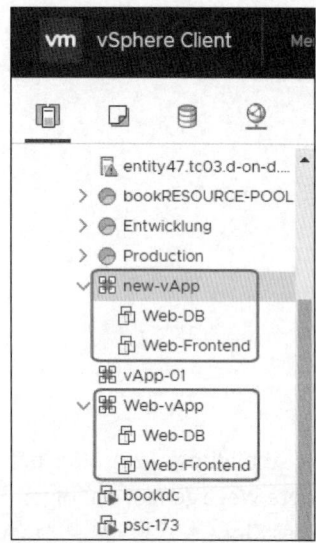

Abbildung 11.30 Die geklonte vApp im vSphere Client

Achtung

In einer virtuellen Umgebung können VMs mit identischem Namen vorkommen. Das kann passieren, wenn man vApps klont. Zusätzlich ist es dann noch möglich, eine »normale« VM mit identischem Namen anzulegen – und das auch mehrfach, solange die VM in einem anderen Folder angelegt wird.

11.5.5 Automatisches Starten und Stoppen der VMs mit dem Host

Es besteht die Möglichkeit, beim Start des vSphere-Hosts virtuelle Maschinen automatisch starten zu lassen. Speziell dafür bietet der Reiter MANAGE • SYSTEM • AUTOSTART auf einem vSphere-Host eine entsprechende Option (siehe Abbildung 11.31).

> **Achtung**
> Das geht nur direkt über den Webzugriff auf den Host – es sei denn, der Host ist nur zentral gemanagt und nicht Teil eines DRS-Clusters.
> Im vCenter wird die Konfiguration nur angezeigt.

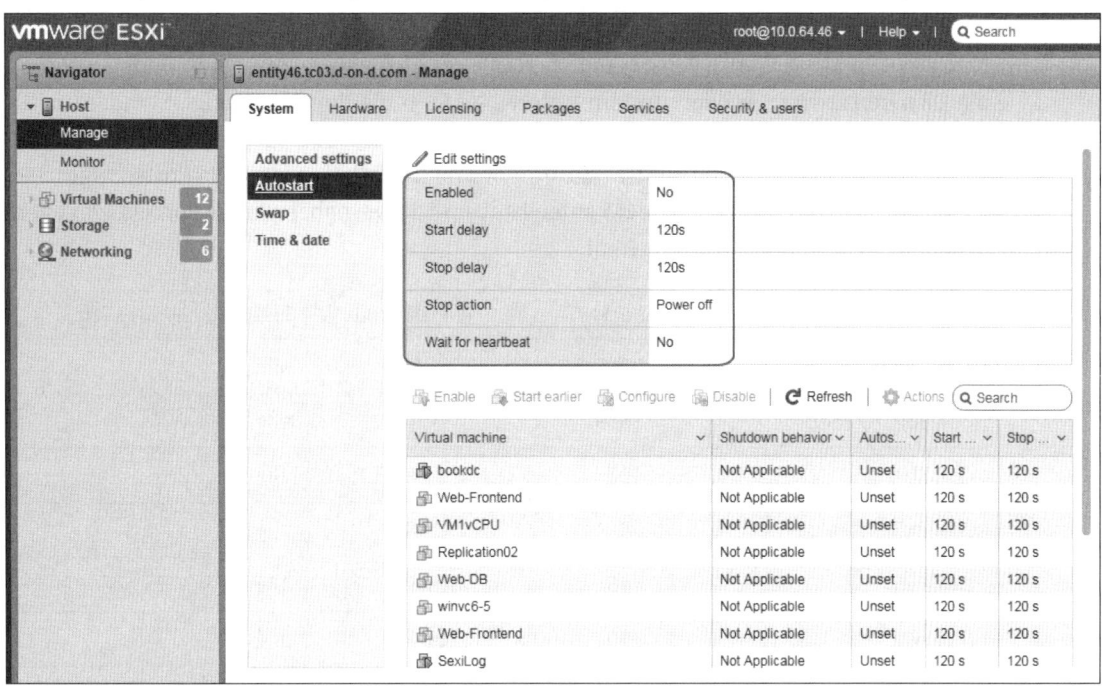

Abbildung 11.31 Konfiguration der automatischen Startup-Funktion

Im oberen Teil des Fensters werden die Standardparameter hinterlegt, sprich: Was passiert bei welcher Aktion? Empfehlenswert ist, immer zu versuchen, die VM herunterzufahren, wenn noch die Option besteht. Aus diesem Grund würde ich die STOP ACTION auf SHUT DOWN ändern.

Es besteht die Möglichkeit, die virtuellen Maschinen automatisch zu stoppen oder zu starten. Rufen Sie mit dem Link EDIT SETTINGS im oberen Teil des Fensters das in Abbildung 11.31 gezeigte Menü auf, in dem Sie das automatische Starten und Stoppen der virtuellen Maschinen konfigurieren.

Im Beispiel aus Abbildung 11.31 sehen Sie eine unserer Testumgebungen. Nach dem Start des Hosts wird automatisch der Active-Directory-Server gestartet, dann der vCenter Server und anschließend der Log Server. Über die Schaltfläche START EARLIER bzw. START LATER kann das Start-Ranking jederzeit geändert werden.

Wird ein neues System in die Startreihenfolge aufgenommen, dann erfolgt die Anlage mit den Standardwerten, die aber je VM noch individualisiert werden können.

11.6 vSphere-Security

Der VMware-vSphere-Host ist mit einer Firewall ausgestattet, die ihn schützt. Die Firewall ist nach der Installation eingeschaltet und konfiguriert. Auch hier hat sich eine Änderung ergeben: Das vSphere-Security-Fenster teilt sich in zwei Abschnitte; im oberen finden sich nun die Dienste (*Services*) wieder, und im unteren werden die Ports angezeigt. Standardmäßig werden alle Ports erst einmal geschlossen, abgesehen von denjenigen, die für die Standardkommunikation notwendig sind. In unserer Beispielinstallation sind alle Ports freigeschaltet, die in Tabelle 11.4 und Tabelle 11.5 aufgelistet sind. Dabei haben wir die Ports in eingehende und in ausgehende Ports aufgeteilt.

Dienste	Port	Protokoll	Erlaubte IP-Adressen
CIM Server	5988	TCP	alle
CIM Secure Server	5989	TCP	alle
CIM SLP	427	UDP/TCP	alle
DHCP Client	68	UDP	alle
DHCPv6	546	UDP/TCP	alle
DVSSync	8301 / 8302	UDP	alle
Fault Tolerance	8300	UDP	alle
iofiltervp	9080	TCP	alle
NFC	902	TCP	alle
SNMP Server	161	UDP	alle
SSH Server	22	TCP	alle
vMotion	8000	TCP	alle
High Availability Agent	8182	UDP/TCP	alle

Tabelle 11.4 vSphere-Firewall – eingehende Verbindungen

Dienste	Port	Protokoll	Erlaubte IP-Adressen
vSphere Web Access	80	TCP	alle
vSphere Web Client	902 / 443	TCP	alle

Tabelle 11.4 vSphere-Firewall – eingehende Verbindungen (Forts.)

Dienst	Port	Protokoll	Erlaubte IP-Adressen
CIM SLP	427	TCP/UDP	alle
DHCP Client	68	UDP	alle
DHCPv6	547	TCP/UDP	alle
DNS Client	53	TCP/UDP	alle
DVSSync	8301 / 8302	UDP	alle
esxupdate	443	TCP	alle
Fault Tolerance	80 / 8300	TCP	alle
HBR	44046 / 31031	TCP	alle
NFC	902	TCP	alle
NTP Client	123	UDP	alle
rabbitmqproxy	5671	TCP	alle
vCenter Update Manager	80 / 9000-9100	TCP	alle
vMotion	8000	TCP	alle
VMware vCenter Agent	902	UDP	alle
vSphere High Availability Agent	8192	TCP/UDP	alle
WOL	9	UDP	alle

Tabelle 11.5 vSphere-Firewall – ausgehende Verbindungen

Zusätzlich sind noch die Dienste des Hosts wichtig (siehe Abbildung 11.32).

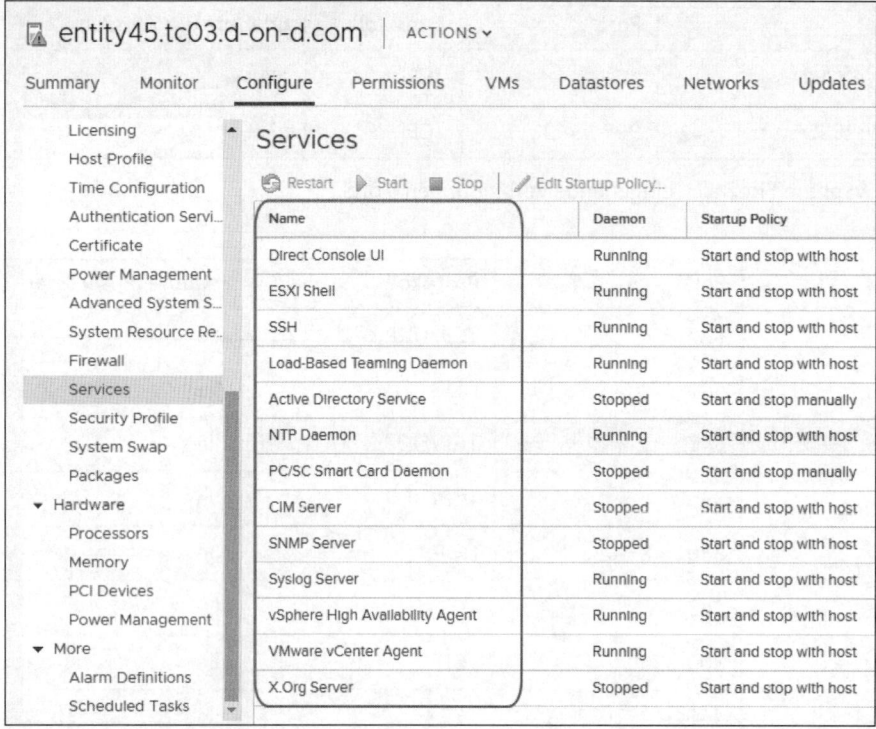

Abbildung 11.32 Dienste des ESXi-Hosts

In Tabelle 11.6 zeigen wir Ihnen, welche Dienste beim vSphere-Host standardmäßig installiert sind und welche Start-Art sie haben.

Dienste	Start-Art
Direct Console UI	automatisch
ESXi Shell	automatisch
SSH	automatisch
Load-Based Teaming Daemon	automatisch
Active Directory Service	manuell
NTP Daemon	automatisch
PC/SC Smart Card Daemon	manuell
CIM Server	automatisch

Tabelle 11.6 Dienste, die auf einem ESXi-Host laufen

Dienste	Start-Art
SNMP Server	automatisch
Syslog Server	automatisch
vSphere High Availability Agent	automatisch
VMware vCenter Agent	automatisch
X Org Server	automatisch

Tabelle 11.6 Dienste, die auf einem ESXi-Host laufen (Forts.)

Einige Einstellungsanpassungen an den Diensten können Sie sofort sehen, wenn Sie sich auf der lokalen Konsole anmelden, so z. B. die ESXi-Shell.

Wird die Start-Art eines Dienstes geändert, werden im Hintergrund automatisch die Ports in der Firewall aktiviert. Damit ist gewährleistet, dass auch alle Ports geöffnet werden, die der Service benötigt.

Das Startverhalten der eingerichteten Freischaltung oder Sperrung von Ports lässt sich individuell konfigurieren. Sie haben drei Optionen für das Startverhalten der Portfreischaltung (siehe Abbildung 11.33).

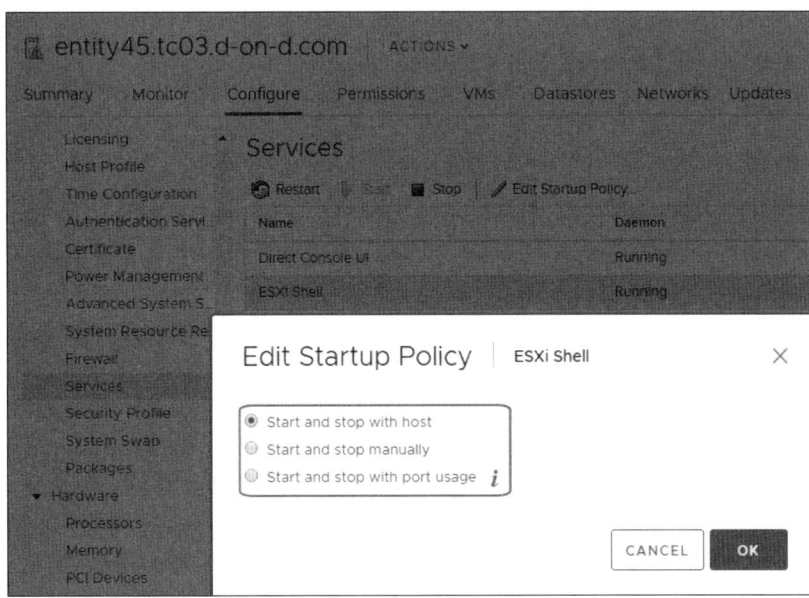

Abbildung 11.33 Start-Arten für Portfreischaltungen

START AND STOP WITH HOST ist die Standardoption für alle Ports. Mit dieser Option werden die Dienste direkt mit dem Host gestartet oder beendet. Bei Aktivierung von START AND

STOP MANUALLY startet keine Freischaltung automatisch; der Dienst muss manuell gestartet werden. Wird der Dienst mit dieser Option manuell gestartet und später der Host neu gebootet, ist der Dienst nach dem Neustart nicht mehr verfügbar.

Die dritte Option, START AND STOP WITH PORT USAGE, startet den Dienst, sobald die zugehörigen Ports freigeschaltet worden sind.

Die Start-Art können Sie einfach über die Eigenschaften des Dienstes ändern und für Ihre Zwecke anpassen.

11.6.1 Öffnen und Schließen eines Ports mit dem vSphere Web Client

Um einen Port zu öffnen oder zu schließen, müssen Sie sich direkt mit einem vCenter verbinden. Dann ist der VMware-Host auszuwählen, auf dem die Port-Einstellungen geändert werden sollen. Der Weg führt über CONFIGURE SETTINGS • FIREWALL. Durch Anklicken des EDIT-Buttons im Bereich der Firewall schalten Sie die Ports frei. Dabei können Sie keine eigenen Ports freischalten, sondern nur Ports für Funktionen, die VMware zur Verfügung stellt.

Nun wird eine komplette Übersicht dazu angezeigt, welche Ports mit welchen Parametern freigeschaltet sind (siehe Abbildung 11.34). Diese können Sie nicht ändern. Es werden nur die gängigen vorkonfigurierten Ports angezeigt, die freigeschaltet werden können.

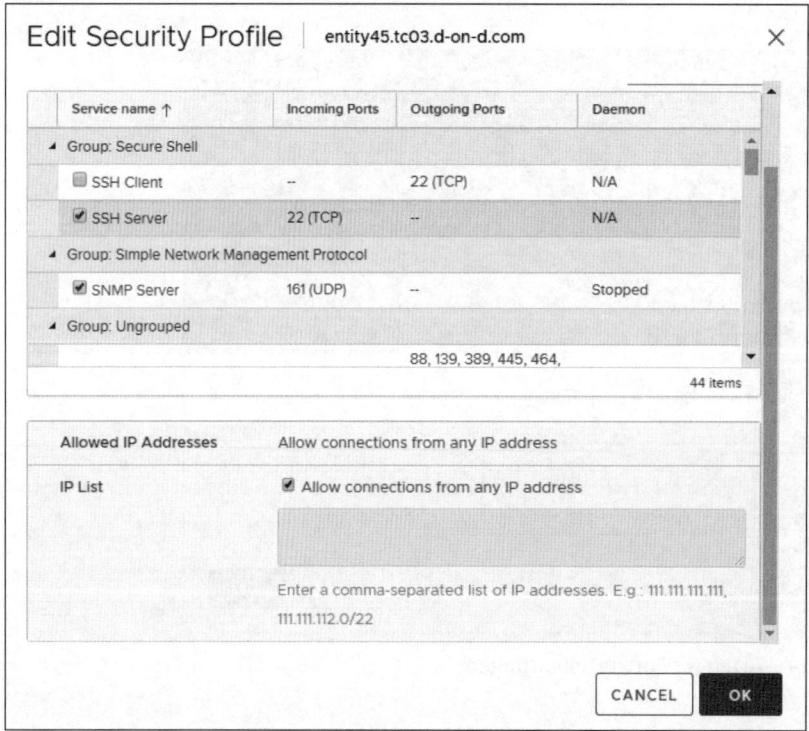

Abbildung 11.34 Portfreischaltungen der vSphere-Firewall

Im unteren Bereich des Konfigurationsfensters können Sie die IP-Zugriffseinschränkungen konfigurieren.

> **Vorsicht**
>
> Wird ein Port auf der Firewall, der bisher geöffnet war, geschlossen, werden bereits aktive Verbindungen nicht beendet. Die laufende Kommunikation über einen bestimmten nachträglich geschlossenen Port funktioniert so lange weiter, bis die Verbindung getrennt wird.

Wenn Sie Ports freischalten wollen, die in dieser Liste nicht auftauchen, bleibt Ihnen nur der Weg über die Kommandozeilen-Tools, um die Freischaltungen hinzuzufügen.

11.6.2 Hostabsicherung

Um strengen Sicherheitsanforderungen zu genügen, kann ein Host weitergehend abgesichert werden (siehe Abbildung 11.35).

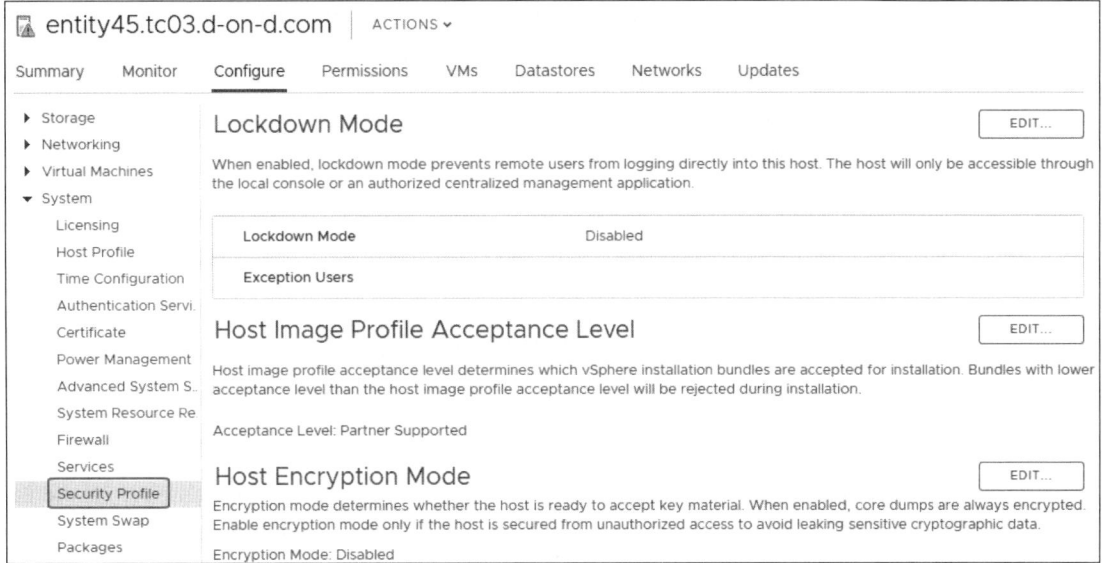

Abbildung 11.35 Host-Security-Profile

Dazu stehen Ihnen die drei folgenden Optionen zu Verfügung: der LOCKDOWN MODE, der HOST IMAGE PROFILE ACCEPTANCE LEVEL und der HOST ENCRYPTION MODE. Mit dem LOCKDOWN MODE kann der Remote-Zugriff gesperrt werden. Der Zugriff kann auch auf das vCenter beschränkt werden. Ausnahmen können über eine Account-Liste generiert werden (siehe Abbildung 11.36).

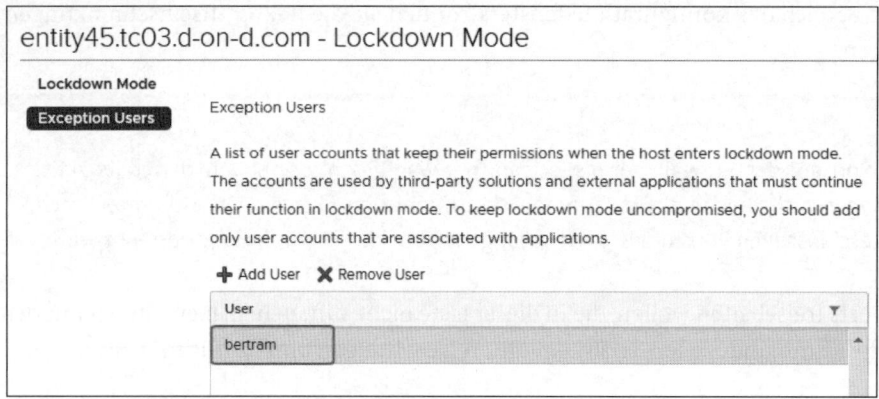

Abbildung 11.36 Ausnahmeliste für User-Accounts

VMware empfiehlt, hier nur Accounts einzutragen, die direkt mit der Funktion von Applikationen zu tun haben.

Wer schon mit der PowerCLI gearbeitet hat, kennt den *Acceptance Level*. Er legt fest, welche Pakete auf dem Host installiert werden dürfen (siehe Abbildung 11.37).

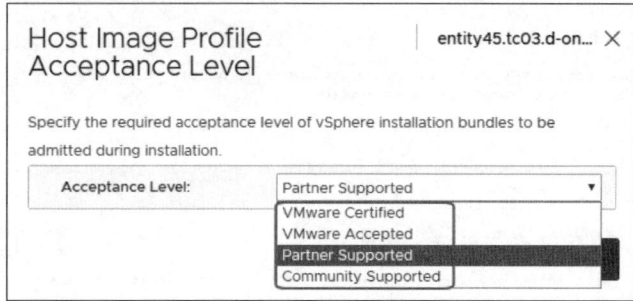

Abbildung 11.37 Anpassung der Acceptance Levels

Hier gibt es vier mögliche Werte, die in Tabelle 11.7 beschrieben werden. Je weiter Sie die Tabelle nach unten gehen, desto vermeintlich unsicherer können die installierten Pakete sein.

Acceptance Level	Beschreibung
VMWARE CERTIFIED	Nur von VMware zertifizierte Pakete sind erlaubt.
VMWARE ACCEPTED	Pakete, die VMware akzeptiert, können installiert werden.
PARTNER SUPPORTED	Es dürfen auch Pakete installiert werden, die nur Support von einem VMware-Partner erhalten.
COMMUNITY SUPPORTED	Community-unterstützte Pakete dürfen installiert werden.

Tabelle 11.7 Acceptance Level

Mit dem letzten Punkt, HOST ENCRYPTION MODE, aktivieren Sie die Verschlüsselung des Hosts.

11.7 Lizenz-Server

Der Lizenz-Server ist ein integraler Bestandteil des vCenter-Servers (er wird im PSC-Teil abgelegt) und wird automatisch mit installiert. Er verwaltet alle Lizenzen und stellt sie dem vCenter selbst und den vSphere-Hosts zur Verfügung.

11.7.1 Konfiguration des vCenter-Lizenz-Servers

Der Aufruf erfolgt einfach über die MENU • SHORTCUTS-Homepage des vCenters (siehe Abbildung 11.38) oder alternativ über das Kontextmenü des vCenters bzw. des vSphere-Hosts.

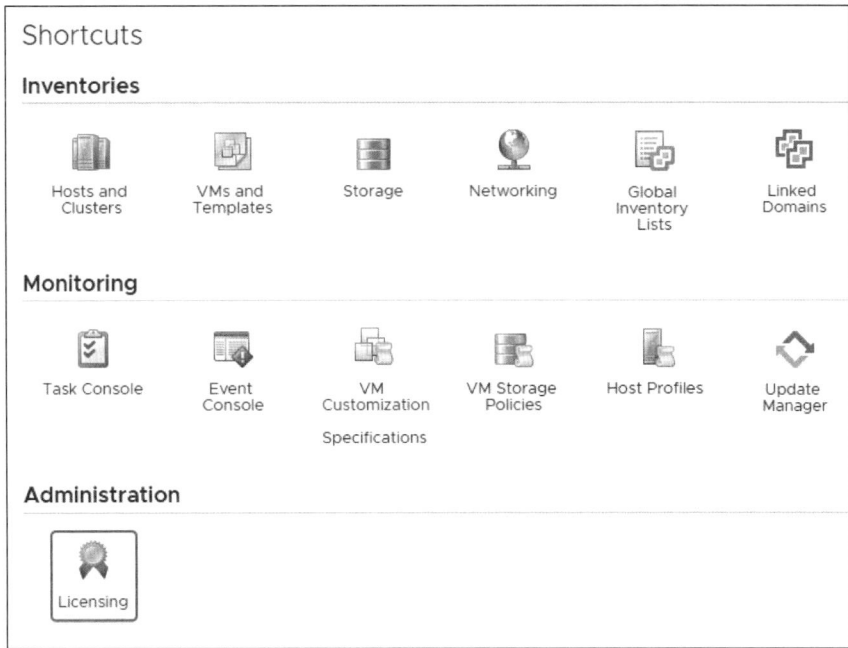

Abbildung 11.38 Aufruf des integrierten Lizenz-Servers

> **Hinweis**
> Die angezeigte Liste lässt sich auch exportieren; dabei steht nur das Dateiformat CSV zur Verfügung. Der Export erfolgt über die Zwischenablage.
> Das funktioniert aber nur im Flash-Web-Client!

Haben Sie den Lizenz-Server aufgerufen, dann erscheint ein Übersichtsfenster mit den bereits installierten Lizenzen (siehe Abbildung 11.39). Die Ansicht können Sie ändern, indem Sie nach Produkten, Lizenz-Keys und Asset-Daten sortieren.

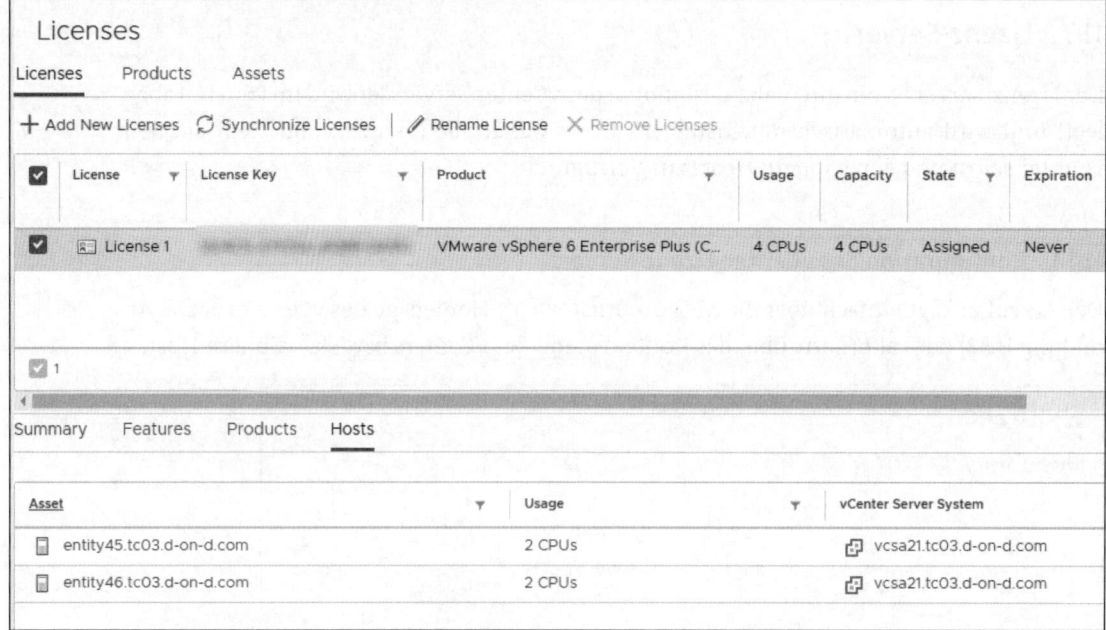

Abbildung 11.39 Übersicht des Lizenz-Servers

Mit einem Klick auf das Pluszeichen starten Sie den eigentlichen Prozess zum Einpflegen von Lizenzen (siehe Abbildung 11.40).

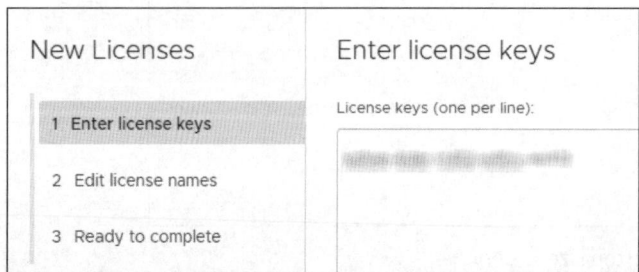

Abbildung 11.40 Hinzufügen von Lizenzen

Das Einpflegen von Lizenzen gliedert sich in mehrere Schritte. Als Erstes tragen Sie den Schlüssel ein. Optional fügen Sie zusätzlich eine Bezeichnung der Lizenz hinzu.

Im zweiten Schritt weisen Sie den Key einem Asset-Satz zu (siehe Abbildung 11.41). Das erfolgt über die Auswahl des Asset-Satzes über die zugehörigen Reiter.

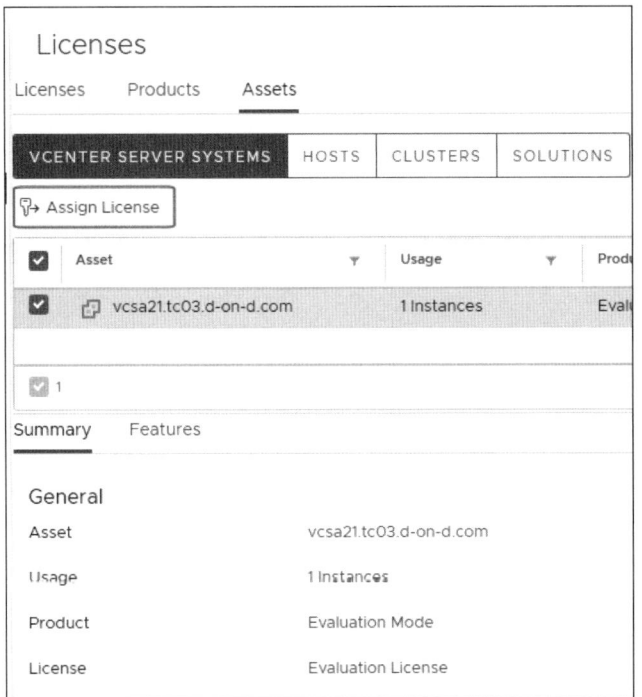

Abbildung 11.41 Zuweisen der Lizenzen zum Asset

Haben Sie keine Angst, wenn Sie größere Umgebungen haben: Sie müssen nicht für jeden Server ein eigenes Lizenzpaket schnüren. Machen Sie es sich einfach, indem Sie einen großen Pool mit Lizenzen bilden und diesem Pool mehrere Server zuweisen. Auch an dieser Stelle können Sie Ihre Arbeit optimieren und vereinfachen.

Verschiedene Sortieroptionen ermöglichen eine Auflistung nach lizenzierten, unlizenzierten oder allen Assets.

Wechseln Sie in der Ansicht auf den Host selbst bzw. schauen Sie sich die FEATURES des Lizenzschlüssels an, werden dort ausführlichere Informationen über die Lizenz angezeigt (siehe Abbildung 11.42).

Das Informationsfenster listet hier alle inkludierten lizenzpflichtigen Optionen auf. So ist direkt sichtbar, welche Erweiterungen nutzbar sind und welche nicht.

Es können aber auch Übersichten für die gesamte Landschaft erstellt werden. Diese Reports finden Sie im vCenter Server über HOME • ADMINISTRATION • LICENSING • REPORTS.

> **Hinweis**
> Das ist im HTML5-Client noch nicht möglich!

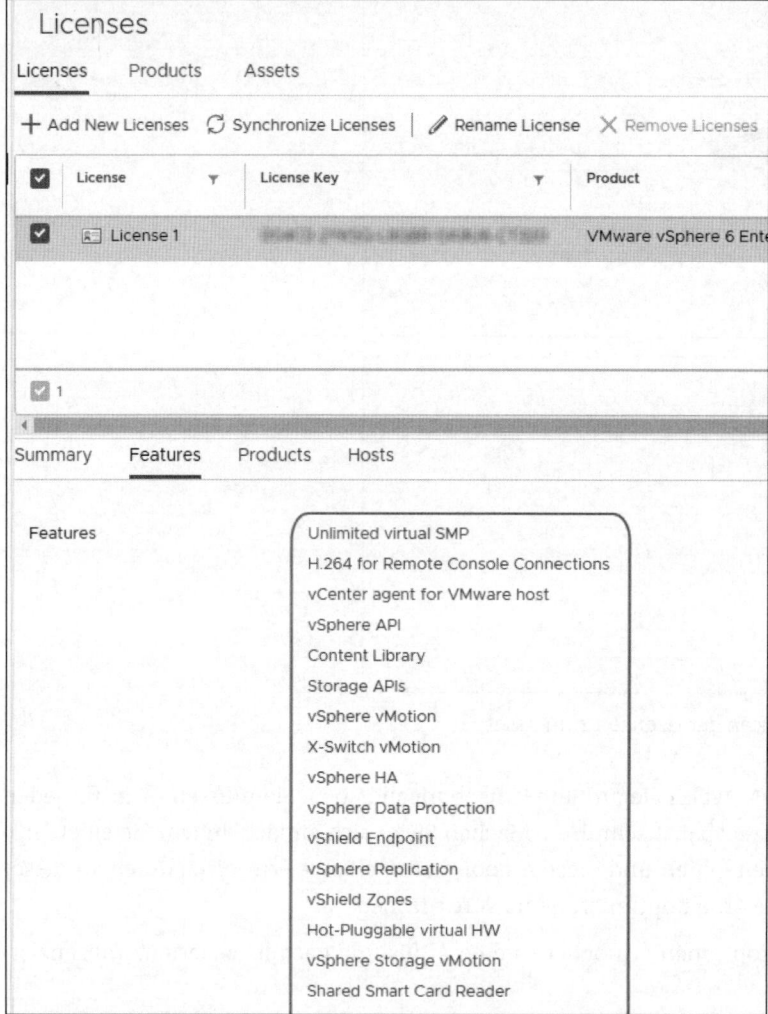

Abbildung 11.42 Umfang der mit dem Host verbundenen Lizenz

11.8 Hardware

In diesem Abschnitt möchten wir Ihnen die Einträge in Menü HARDWARE unter CONFIGURE näherbringen. Sie finden hier unterschiedliche Einstellungen, die direkt im Zusammenhang mit der Server-Hardware stehen. Dabei können Sie überwiegend Informationen abrufen. Die Auswahl PROCESSORS (siehe Abbildung 11.43) zeigt Informationen über die im Host verbaute CPU an. Des Weiteren werden an dieser Stelle auch Informationen zur Server-Hardware angezeigt.

Oben rechts finden Sie aber auch einen EDIT-Button. Befand sich früher an dieser Stelle nur eine Anzeige, so können Sie hier jetzt das Hyperthreading aktivieren bzw. deaktivieren.

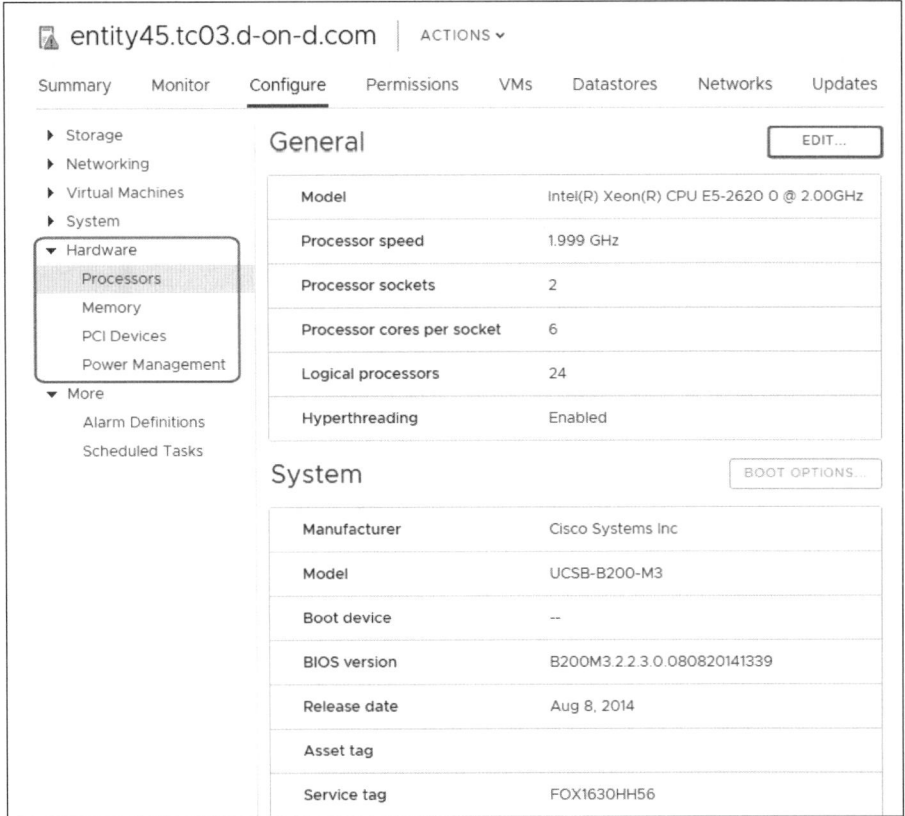

Abbildung 11.43 So rufen Sie die Hardware-Einstellungen auf.

Der Punkt MEMORY ist eine reine Anzeige: Dort können Sie keine Einstellungen anpassen. Sie sehen den Gesamtspeicher des Systems und wie viel Speicher dem Host selbst bzw. den virtuellen Maschinen zur Verfügung steht. Wenn Sie die Anzeige in dieser vSphere-Version mit der älterer Versionen vergleichen, werden Sie bemerken, dass die früheren Punkte GRAPHICS und PCI DEVICES zusammengefasst worden sind. Alle diesbezüglichen Einstellungen finden sich jetzt unter PCI DEVICES.

In der Auswahl PCI DEVICES (siehe Abbildung 11.44) finden Sie Informationen zu den im Server verbauten PCI-Geräten. Genügen die Geräte den Voraussetzungen, können Sie hier dafür sorgen, dass sie in eine virtuelle Maschine gemappt werden. Setzen Sie dazu ein Häkchen vor den Namen des Geräts.

Abbildung 11.44 Aktivierung von Hardware zur direkten Nutzung in einer VM

Nach einem Neustart sehen Sie die freigeschalteten Geräte im Client (siehe Abbildung 11.45).

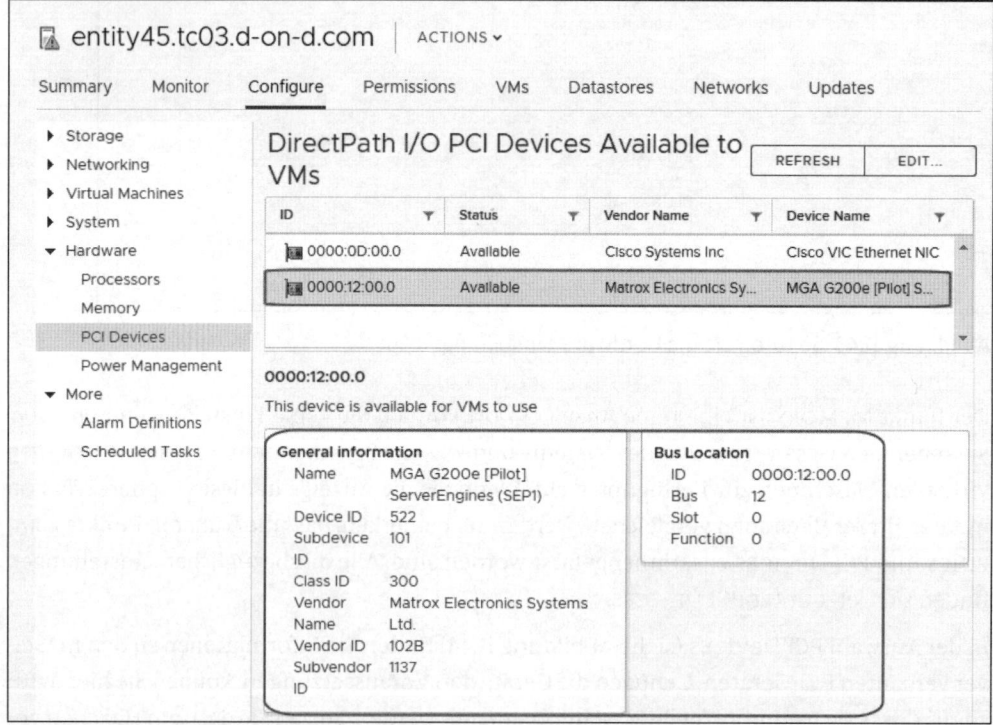

Abbildung 11.45 Freigeschaltete PCI-Devices zur Nutzung in der VM

Um ein Gerät in die VM einzubinden, müssen Sie die VM editieren und ein PCI-Device hinzufügen (siehe Abbildung 11.46).

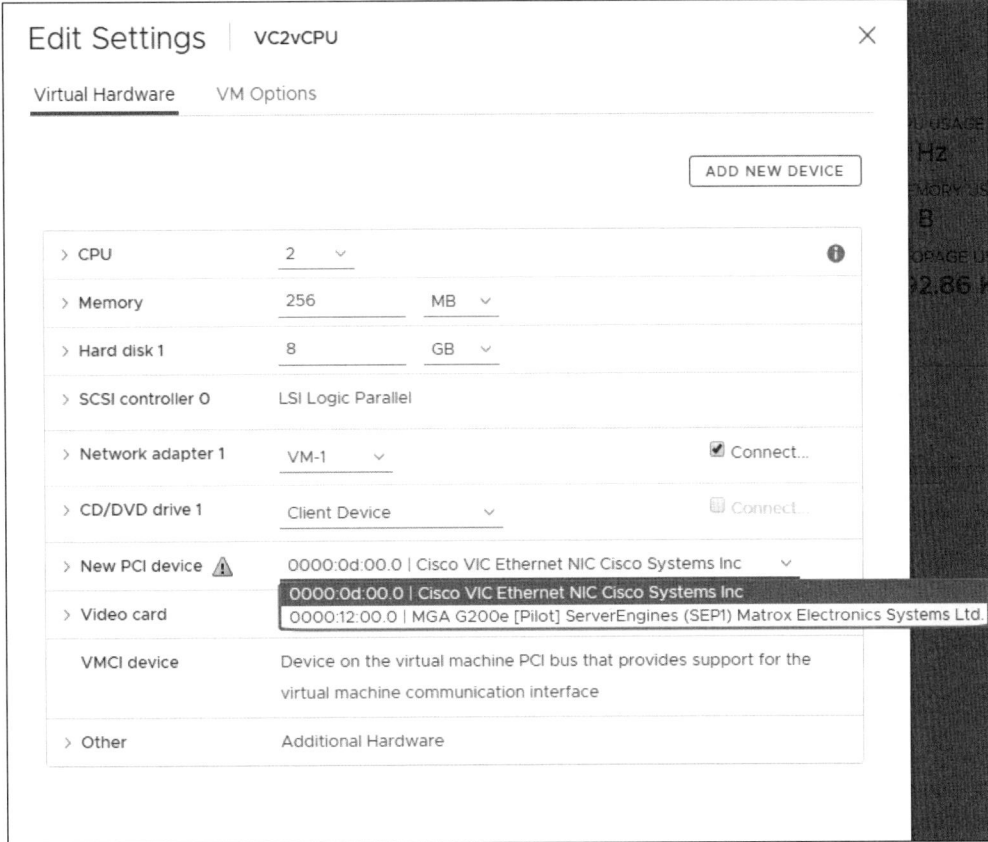

Abbildung 11.46 Einbinden eines PCI-Devices in die VM

Der letzte Menüpunkt in der Sektion Hardware ist Power Management (siehe Abbildung 11.43). An dieser Stelle können Sie für den einzelnen Host hinterlegen, wie stromsparend er agieren soll.

Vier Einstellungen unterschiedlicher Abstufungen finden sich hier. Sie können zwischen drei fest vordefinierten Rollen auswählen und einer Rolle, die frei konfigurierbar ist (siehe Abbildung 11.47).

Die konfigurierbaren Parameter für die frei einstellbare Power-Management-Rolle finden Sie unter Configure • System • Advanced System Settings (siehe Abbildung 11.48). Hier können Sie dann die Anpassungen an Ihrer Landschaft vornehmen.

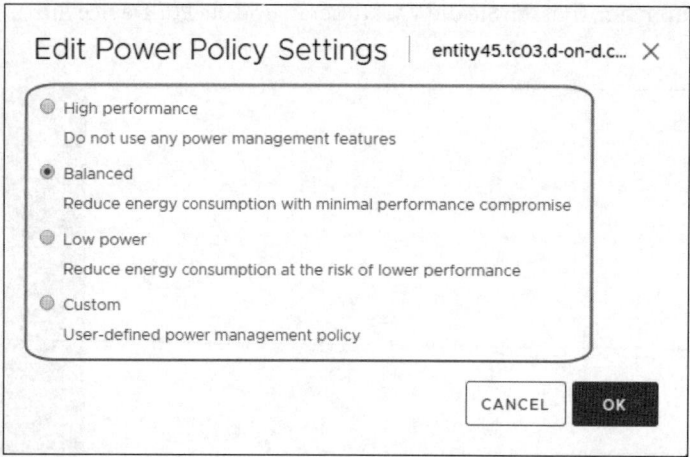

Abbildung 11.47 Parametrierung der Power-Management-Einstellungen für den Host

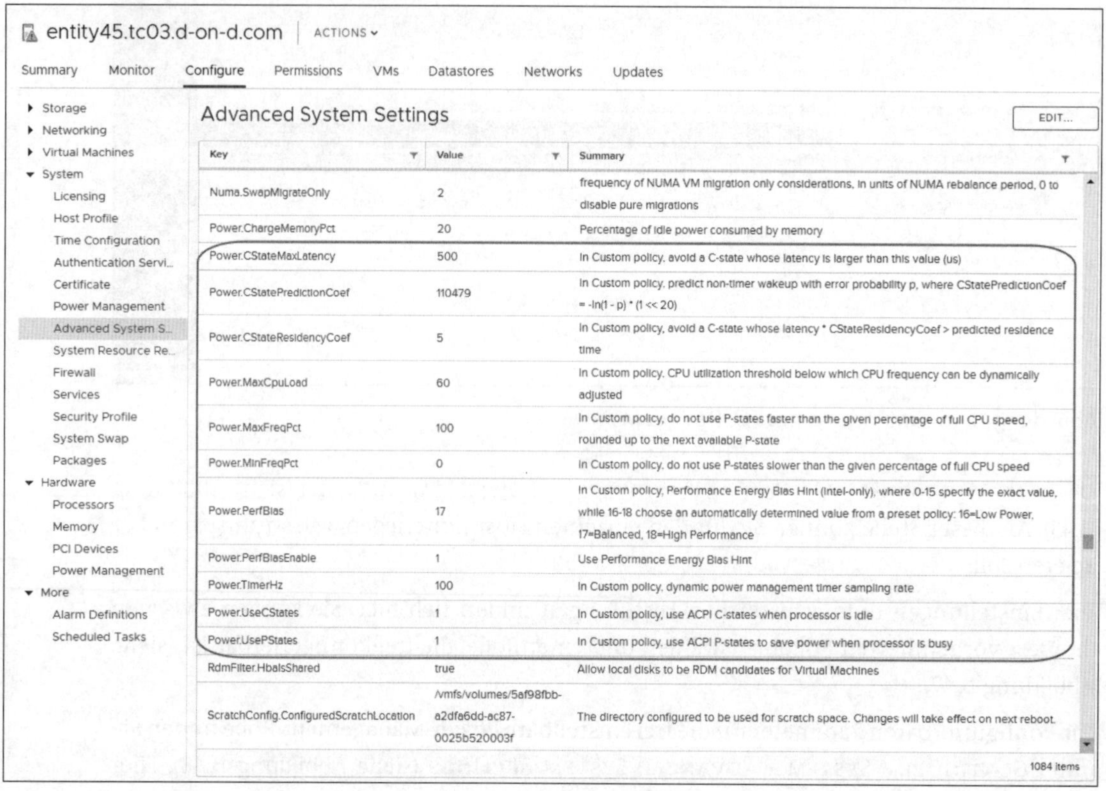

Abbildung 11.48 Anpassung der Power-Management-Parameter

11.9 Erweiterte Softwarekonfiguration

Lassen Sie uns nun auf die Einstellungen eingehen, die Sie am Host noch vornehmen können, die wir aber bis jetzt noch nicht angesprochen haben. Es handelt sich um zwei Punkte (siehe Abbildung 11.49):

- VIRTUAL MACHINES
- SYSTEM

11.9.1 Virtual Machines

Im Bereich VIRTUAL MACHINES können Sie globale Einstellungen für virtuelle Maschinen vornehmen.

VM Startup/Shutdown

Die Einstellung der Startreihenfolge von virtuellen Maschinen ist nur dann möglich, wenn der Host nicht Mitglied in einem Cluster ist. Falls der Host Teil eines Clusters ist, müssen Sie die Startreihenfolge am Cluster konfigurieren.

Bei der Konfigurationseinstellung VM STARTUP/SHUTDOWN wird das Verhalten von virtuellen Maschinen festgelegt, wenn ein Host gestartet wird. Dahinter verbergen sich zwei Parameter, und zwar wird hier festgelegt, welche virtuelle Maschine beim Starten des Hosts gestartet werden soll und in welcher Reihenfolge das geschieht.

Per Voreinstellung wird keine VM automatisch gestartet. Die Einstellungen gleichen denen bei der Konfiguration einer vApp (siehe Abschnitt 11.5.5, »Automatisches Starten und Stoppen der VMs mit dem Host«).

Agent VM Settings

Es gibt die Möglichkeit, über eine virtuelle Maschine bzw. Appliance Funktionen in der virtuellen Infrastruktur bereitzustellen. Hinter der Funktion AGENT VM SETTINGS befindet sich letztendlich eine Autostartfunktion für Infrastruktur-Dienste mit der Priorität 0. Nach einem Restart des Hosts werden diese Dienste gestartet, bevor andere VMs eingeschaltet werden.

Default VM Compatibility

An dieser Stelle hinterlegen Sie, mit welcher Version der virtuellen Hardware auf dem Host bzw. auf dem Cluster neue virtuelle Maschinen standardmäßig angelegt werden sollen (siehe Abbildung 11.49).

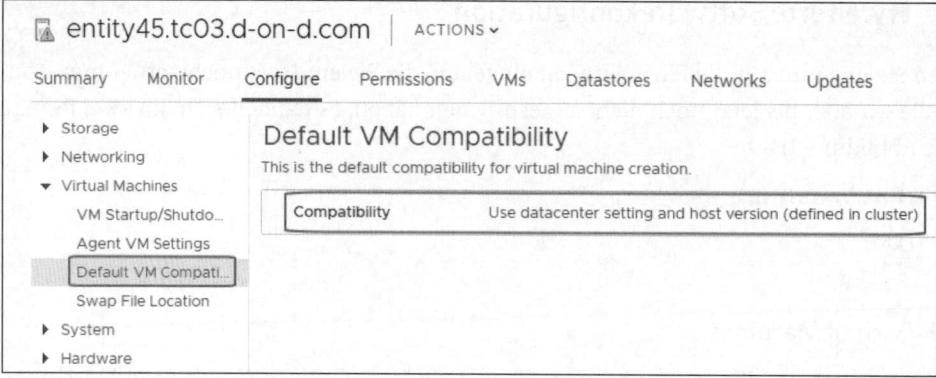

Abbildung 11.49 Festlegung des Standards für die virtuelle Hardware

Editiert wird die Einstellung über den EDIT-Button. Das Editieren ist hier nur möglich, wenn der Host nicht in einem Cluster ist. Damit soll gewährleistet werden, dass auf verschiedenen Hosts VMs mit unterschiedlicher Hardwareversion ausgerollt werden.

Zur Auswahl stehen hier alle Versionen der virtuellen Hardware ab der Version 3.5. Alternativ können Sie eine Referenzierung auf die Datacenter-Einstellungen vornehmen.

Ablage der VM-Swapfiles

VMware setzt bei seiner virtuellen Infrastruktur Mechanismen ein, die es ermöglichen, den virtuellen Maschinen mehr Arbeitsspeicher zuzuweisen, als tatsächlich in dem Host-System vorhanden ist. Das sogenannte *Memory-Overcommitment* bedingt aber, dass der Host nicht aktiv genutzten Arbeitsspeicher der einzelnen virtuellen Maschine auslagert. Diese Auslagerung findet, wie bei anderen Systemen auch, ins Filesystem statt. Mit der Option SWAP FILE LOCATION gibt es nun die Möglichkeit, festzulegen, an welchen Speicherort der Arbeitsspeicher ausgelagert werden soll. Dabei bietet das System zwei Möglichkeiten: Entweder erfolgt die Ablage in den Ordner, in dem auch die Files der virtuellen Maschine liegen, oder Sie wählen einen dedizierten Datastore aus.

11.9.2 Systemeinstellungen

Einige der Punkte in der Sektion SYSTEM haben wir ja schon beschrieben. Lassen Sie uns nun die noch offenen Punkte näher betrachten.

Authentication Services

In diesem Bereich lassen sich unterschiedliche Einstellungen vornehmen (siehe Abbildung 11.50). Die Einstellungen sind zum Teil voneinander abhängig.

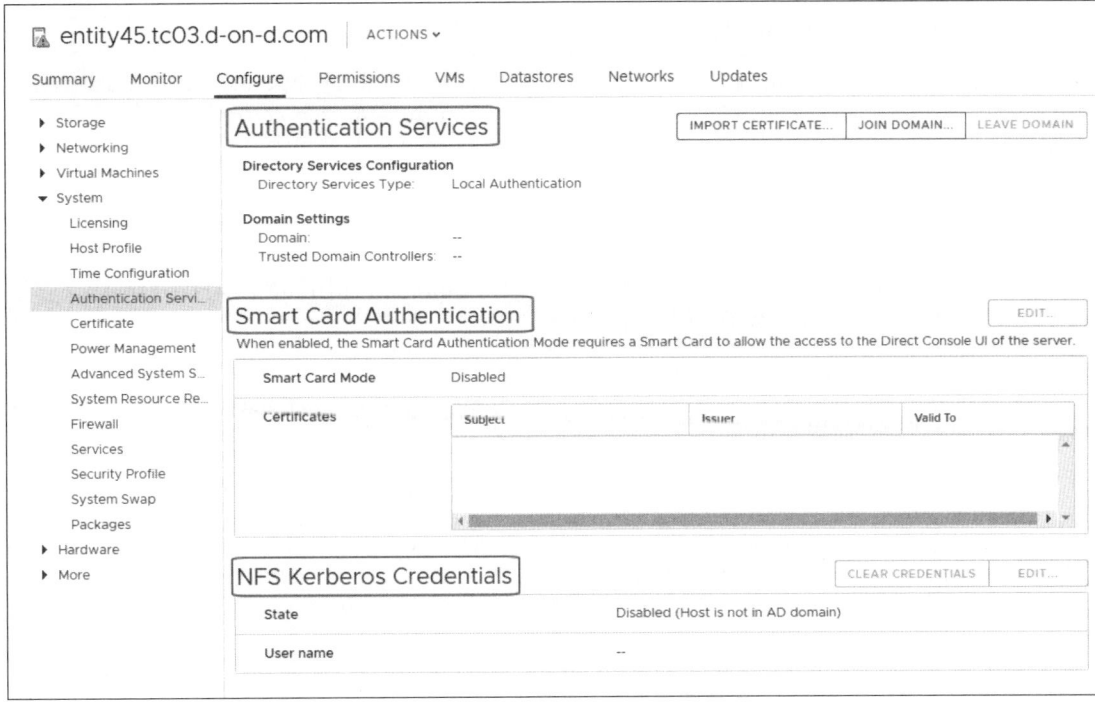

Abbildung 11.50 Authentifizierungseinstellungen

Als Erstes kann ein Host einem Active Directory hinzugefügt werden. Alternativ zum Anlegen eines Computerkontos von Hand kann auch mit einem Proxy gearbeitet werden, und zwar mit dem *Authentication Proxy*. Er wurde entwickelt, damit ein per Auto Deploy bereitgestellter Host automatisch Mitglied einer Domäne werden kann, ohne dass der Administrator tätig werden muss. Der zugehörige Dienst wird bei beiden vCenter-Versionen automatisch mitinstalliert, ist aber im Standard deaktiviert.

> **Achtung**
> Auch wenn im Security Guide 6.7 eine Möglichkeit genannt wird, den Proxy über den Web Client zu konfigurieren, so ist es uns nicht gelungen. Wir empfehlen die Kommandozeilenvariante.

Um einen Host per Kommandozeile zur Domäne hinzuzufügen, nutzen Sie den Befehl camconfig. Dieser findet sich unter Windows im Pfad *C:\Programm Files\VMware\CIS\vmcamd* und auf der VCSA unter */usr/lib/vmware-vmcam/bin/*.

Die Befehlssyntax entnehmen Sie bitte Tabelle 11.8.

Befehl	Schalter	Bemerkungen
add-domain	-d, --domain <Domänenname>	Der Name der Domäne, zu der das System hinzugefügt werden soll
	-u, --user <Username>	Benötigter User-Account zum Hinzufügen zur Domäne
	-w, --password <Passwort>	Zum User-Account gehöriges Passwort zur Authentifizierung an der Domäne
	-x, --pfile <Passwortdatei>	Passwortdatei
remove-domain	-d, --domain <Domänenname>	Der Name der Domäne, von der das System entfernt werden soll
ssl-cliAuth	-e, --enable	Erlaubt die Manipulation der Netzwerkeinstellungen von VMs und Hosts.
	-n, --disable	Hier sind alle Rechte hinterlegt, die für das Handling der Content Library notwendig sind.

Tabelle 11.8 Beschreibung der Befehle und ihrer Schalter

Der Host wird automatisch hinzugefügt, solange er in der Zugriffsliste steht. Um die Zugriffssicherheit zu erhöhen, können Sie auch die Client-Authentifizierung aktivieren. Das erfolgt mit dem Befehl ssl-cliAuth. Bei Aktivierung wird auch das Hostzertifikat überprüft.

In Infrastrukturen, die extrem hohen Sicherheitsanforderungen genügen müssen, können Sie für die Anmeldung am Host eine Smartcard-Authentifizierung aktivieren (SMART CARD AUTHENTICATION). Auch das ist in diesem Konfigurationsfenster möglich (siehe Abbildung 11.50).

Außerdem ist es optional möglich, NFS-Verbindungen mit Kerberos-Tickets herzustellen (NFS KERBEROS CREDENTIALS); aber das ist nur möglich, wenn der Host Mitglied eines Active Directory ist.

Certificate

Der nächste Punkt unter SYSTEM ist die CERTIFICATE-Auswahl. Hier können Sie sich das aktuell gültige Zertifikat anzeigen lassen oder es gegebenenfalls auch erneuern (siehe Abbildung 11.51).

11.9 Erweiterte Softwarekonfiguration

Abbildung 11.51 Anzeige des Host-Zertifikats

Power Management

In der Sektion POWER MANAGEMENT (siehe Abbildung 11.52) können Sie Informationen hinterlegen, mit denen der Host heruntergefahren und auch wieder automatisch gestartet werden kann.

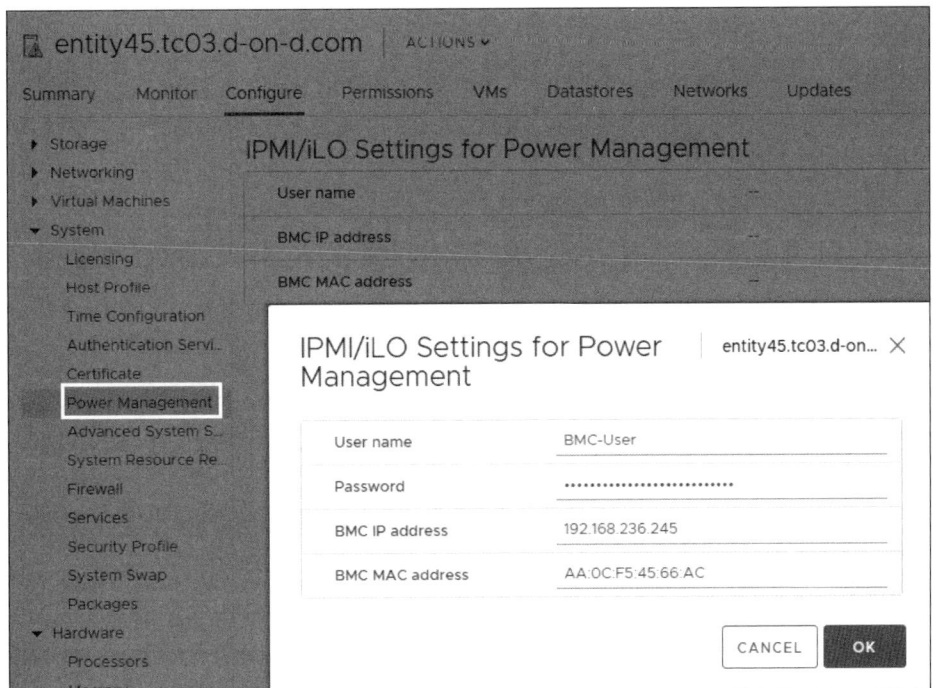

Abbildung 11.52 Einstellungen zum Stromsparen

Die hier hinterlegten Einstellungen werden auch von dem *Dynamic Power Management* genutzt, das im Rahmen der Cluster-Konfiguration aktiviert werden kann.

Es ist etwas unglücklich, dass es zweimal eine Einstellung mit identischem Namen IPMI/ILO SETTINGS FOR POWER MANAGEMENT gibt, einmal unter der Überschrift SYSTEM und einmal unter der Überschrift HARDWARE.

Achten Sie darauf, dass Sie sich im richtigen Menü befinden.

Advanced System Settings

Die ADVANCED SYSTEM SETTINGS sind eigentlich der Dreh- und Angelpunkt für alle Einstellungen. Sämtliche Konfigurationen können hier direkt vorgenommen werden, wenn die zugehörigen Parameter bekannt sind. Letztendlich beruht jede Konfigurationsänderung, die im vCenter vorgenommen wird, auf der Anpassung eines speziellen Parameters. Diese Anpassung kann hier direkt vorgenommen werden. Manche Parameter können gar nicht über die Konsole angepasst werden; dann muss hier die Konfiguration erfolgen.

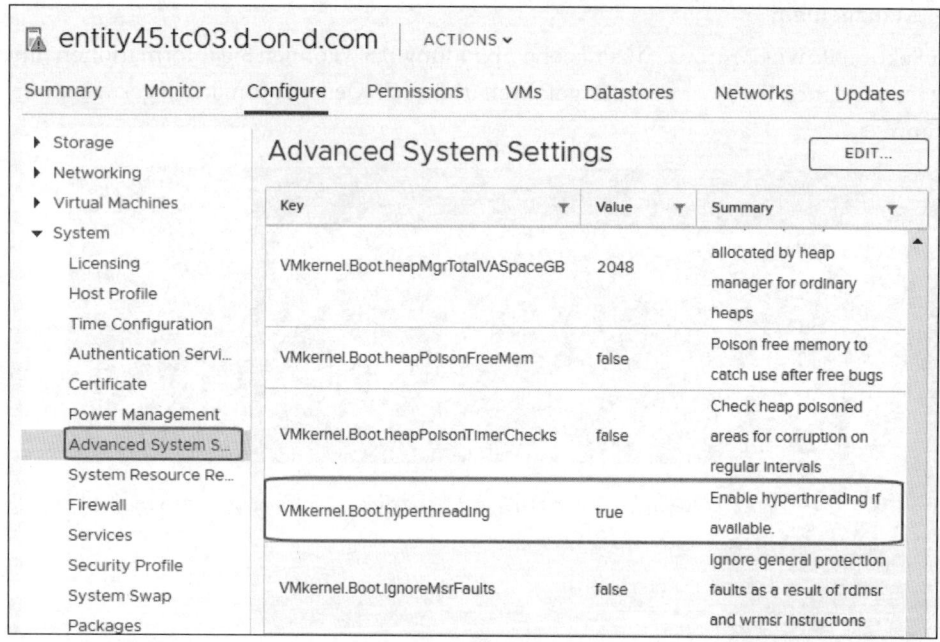

Abbildung 11.53 Änderungen der »Advanced«-Parameter

Als Beispiel sehen Sie in Abbildung 11.53 die Aktivierung bzw. Deaktivierung des Hyperthreadings. Der dafür verantwortliche Parameter heißt VMKERNEL.BOOT.HYPERTHREADING. Über den Wert TRUE oder FALSE, den Sie hier setzen, wird das Hyperthreading aktiviert oder deaktiviert.

Viele Parameter des vSphere-Hosts können hier angepasst werden. Hier ändern Sie Einstellungen, wenn z. B. der Hardwarehersteller des Storages Sie dazu auffordert. Auch der VMware-Support verlangt von Ihnen möglicherweise, hier Einstellungen anzupassen, wenn es Probleme gibt. Viel mehr können wir Ihnen zu diesem Fenster aber nicht berichten, denn für die Funktion der einzelnen Parameter gibt es nur eine Kurzbeschreibung in der rechten Fensterhälfte. Mehr ist nirgends dokumentiert. Nur einige wenige Werte sind in unterschiedlichen Internetforen beschrieben. Ändern Sie nur Werte, wenn der Hardware- oder Software-Support Sie dazu auffordert. Weniger ist auch hier mehr.

System Resource Reservation

Unter dem Punkt SYSTEM RESOURCE RESERVATION lassen sich keine Einstellungen vornehmen. Es handelt sich um eine reine Anzeige (siehe Abbildung 11.54).

Abbildung 11.54 Anzeige der Hypervisor-Ressourcen

Firewall

Im Bereich der FIREWALL konfiguren Sie die Ports. Diese Einstellungen haben wir bereits in Abschnitt 11.6 besprochen.

Services

Im Bereich des SERVICES wird die Konfiguration der Host-Dienste festgelegt. Diese Einstellungen haben wir ebenfalls bereits in Abschnitt 11.6 besprochen.

Security Profile

Im Bereich des SECURITY PROFILE werden unterschiedliche Sicherheitsfeatures festgelegt. Auch diese Einstellungen haben wir bereits in Abschnitt 11.6 besprochen.

System Swap

Die vorletzte noch nicht besprochene Einstellung in der Sektion SYSTEM ist der SYSTEM SWAP (siehe Abbildung 11.55).

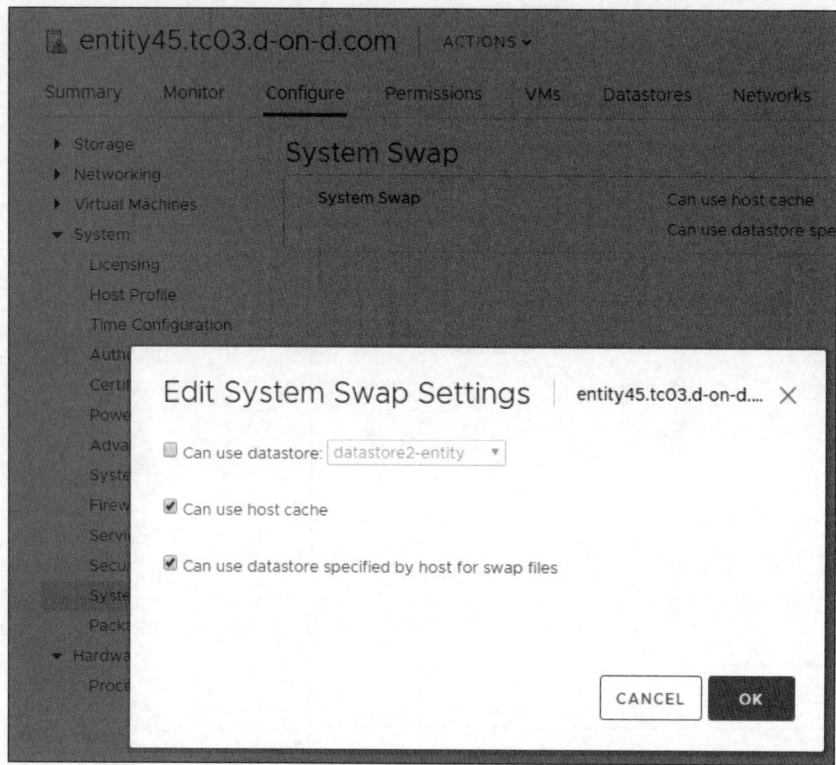

Abbildung 11.55 Einstellung der Art und Weise, ob und wie ein Host swappen soll

Hier legen Sie fest, ob der vSphere-Host Speicher auslagern soll und wenn ja, wohin. Die Einstellungen an sich sollten selbsterklärend sein. Es besteht auch die Möglichkeit, einen festen Datastore für diese Funktion auszuwählen.

Packages

Auch im Web Client ist es nun möglich, zu kontrollieren, welche Softwarepakete auf dem ESXi-Host installiert sind. Dazu rufen Sie den Punkt PACKAGES auf (siehe Abbildung 11.56).

Aber nicht nur die Paketversion ist hier einsehbar, sondern auch der Hersteller und der *Acceptance Level*. Mit diesem Wert kann festgelegt werden, welche Pakete auf einem Host installiert werden dürfen.

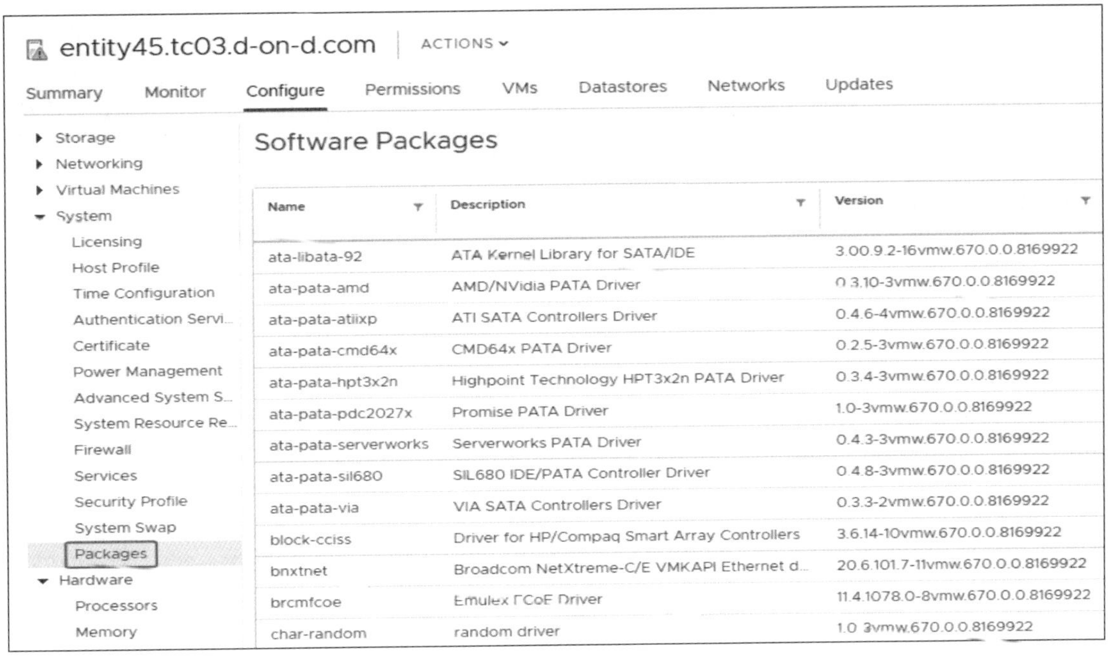

Abbildung 11.56 Installierte Softwarepakete

11.10 Virtual Flash

Zur Beschleunigung der virtuellen Infrastruktur können Flash-Speichermedien im Host oder zentral genutzt werden. Sie dienen als Lese-Cache für virtuelle Festplatten oder als Ablage für das Swap-File des Hosts.

> **Hinweis**
> Diese Funktion ist im HTML5-Client noch nicht implementiert!

Virtual Flash Resource Management

Damit der Host Flash-Speicher nutzen kann, muss der Speicher zuerst dem System bekannt gegeben werden. Dabei können nicht nur lokale, sondern auch entfernte Flash-Geräte genutzt werden (siehe Abbildung 11.57).

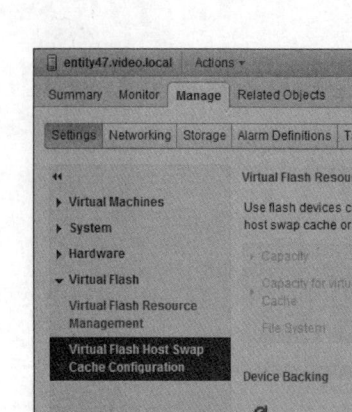

Abbildung 11.57 Bereitstellen von Flash-Speicher

Nach der Einrichtung werden die nutzbaren Größen angezeigt (siehe Abbildung 11.58). Bitte achten Sie auf das FILE SYSTEM. Für die Nutzung als Flash-Cache wird ein anderes Filesystem genutzt, das VFFS (*Virtual Flash File System*).

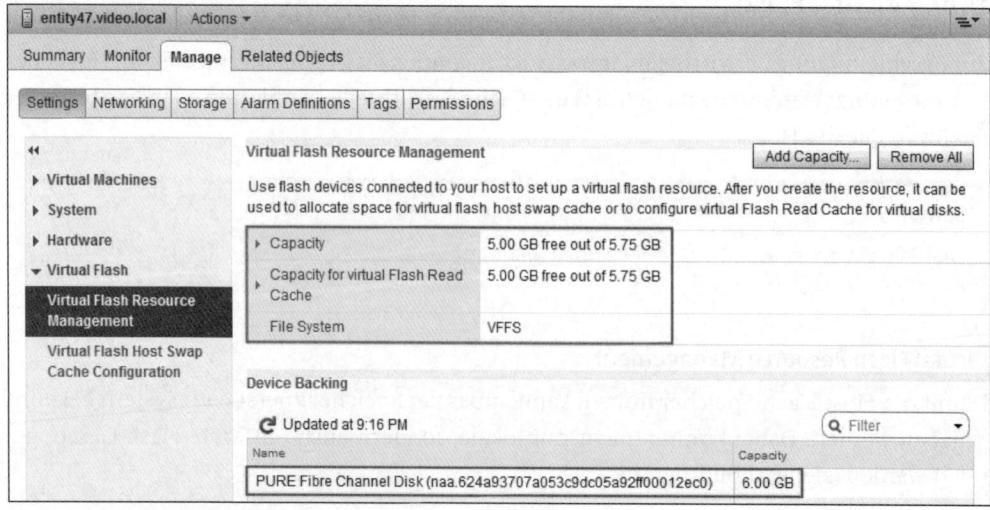

Abbildung 11.58 Nutzgrößen des Flash-Caches

Der angelegte Speicher kann dabei unterteilt werden: zur Nutzung als Swap für den Host und für die Nutzung als Flash-Lese-Cache für virtuelle Festplatten.

Virtual Flash Host Swap Cache Configuration

Ist dem Host Flash-Speicher bekannt gegeben worden, so kann der Speicher unterschiedlich konfiguriert werden. Die Einrichtung als Swap-Speicher findet sich direkt unter dem Menüpunkt VIRTUAL FLASH HOST SWAP CACHE CONFIGURATION.

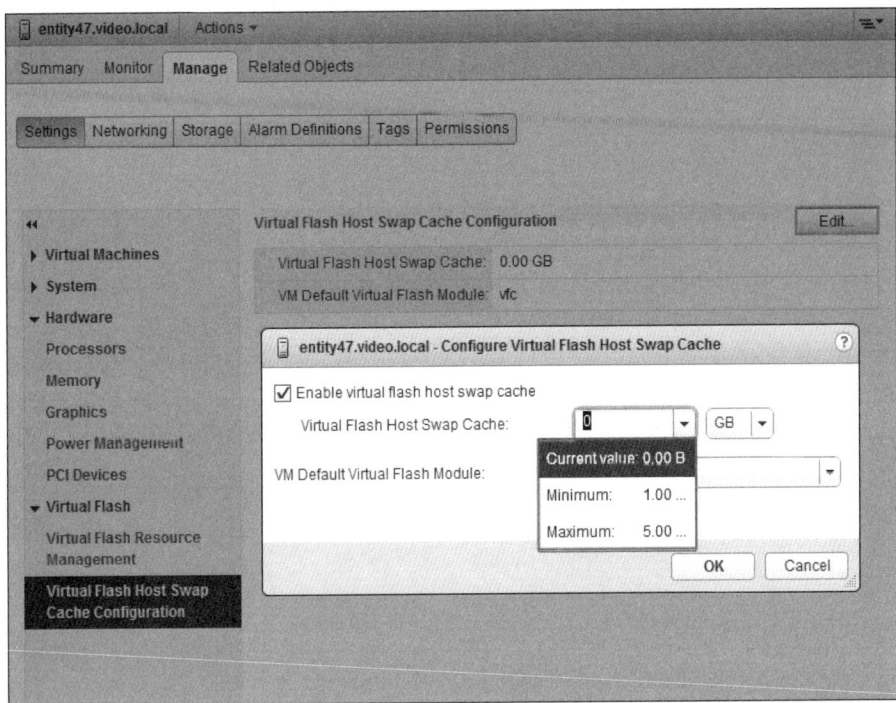

Abbildung 11.59 Festlegen der Swap-Cache-Größe des Hosts

Wie Sie sehen können, ist eine Mindestgröße von 1 GB festgelegt. Jeden nicht genutzten Speicher können Sie für eine VM nutzen. Die Einstellung erfolgt an der virtuellen Festplatte der VM selbst (siehe Abbildung 11.60).

Mit dem ADVANCED-Link können Sie neben der Lese-Cache-Größe auch die Blockgröße einstellen.

> **Achtung**
> Der ADVANCED-Link findet sich nur im Flash-Client!

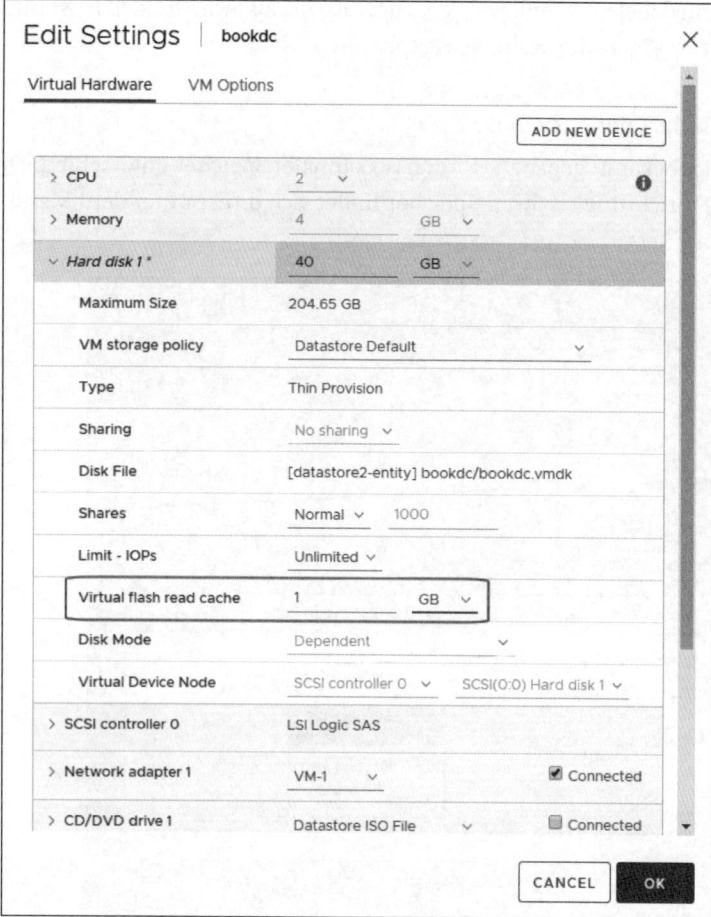

Abbildung 11.60 Aktivierung des Lese-Caches für eine virtuelle Festplatte

11.11 vCenter-Berechtigungen

Wir haben uns bis jetzt wie selbstverständlich im vCenter bewegt. Aber wie ist das möglich? Woher kennt der vCenter-Server den Benutzer-Account aus dem Betriebssystem? Diese Fragen möchten wir in diesem Abschnitt klären.

VMware integriert den vCenter-Server nahtlos in das Benutzer-Gruppen-System des Windows-Betriebssystems. Ist der Server Mitglied eines *Active Directorys* (AD), dann können auch Benutzer und Gruppen des ADs im vCenter berechtigt werden. Diese nahtlose Integration kann auch Probleme aufwerfen. Lesen Sie jetzt, wie VMware mit den Berechtigungen im vCenter umgeht.

Berechtigungssysteme führen immer zwei Komponenten zusammen: zum einen die *Anwender*, zum anderen die *Rechte*. »Anwender« können sowohl Benutzer als auch Gruppen sein (wir werden der Einfachheit halber nur noch von den »Benutzern« sprechen). Beide, also Anwender und Rechte, werden in der Managementoberfläche zusammengeführt und bilden so ein Netzwerk für die Administration der gesamten Infrastruktur mit unterschiedlichen Rechteebenen.

Keine Angst, Sie müssen bei der Installation keine Benutzer anlegen. Das vCenter sucht sich automatisch die Gruppe *Administrators* und verbindet sie mit der Administratorengruppe des vCenters. Dieser Mechanismus funktioniert übrigens auch, wenn die Administratorengruppe umbenannt wurde. Die Gruppe der lokalen Administratoren ist damit auch automatisch die Hauptadministratorengruppe im vCenter-Server.

Rechte können an alle Objekte des vCenters gebunden werden. Wenn die Möglichkeit besteht, aktiv Rechte zu vergeben, dann ist auf der rechten Seite im vCenter ein Reiter PERMISSIONS zu sehen. Alternativ nutzen Sie das Kontextmenü eines vCenter-Objekts. Hier führen Sie dann die entsprechenden Arbeiten durch (siehe Abbildung 11.61).

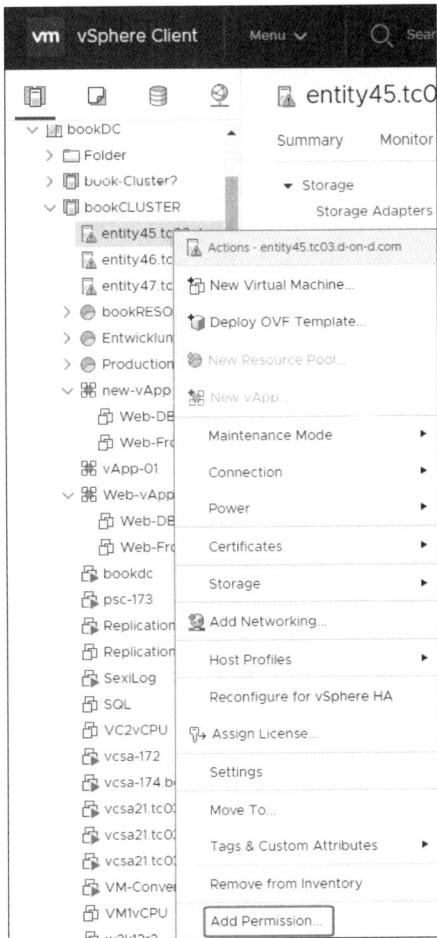

Abbildung 11.61 Rechtevergabe im vCenter

Unsere Empfehlung ist, dass Sie *Rollen* – so nennt VMware die Berechtigungen – für alle benötigten Zwecke erstellen und passend benennen. Lassen Sie in der Domäne ebenfalls passende Gruppen erstellen. Diese beiden Elemente fügen Sie dann im vCenter zusammen. Alle Anwender, die Berechtigungen benötigen, müssen dann nur in die passende ADS-Gruppe geschoben werden, und schon stehen die Berechtigungen. Mit dieser Strategie lassen sich die Benutzer und Rechte sehr einfach einpflegen.

Wie so oft kann man auch hier sagen: Weniger ist mehr. Vergeben Sie nur Rechte für Anwender, die Berechtigungen benötigen, und berechtigen Sie Mitarbeiter nicht schon in vorauseilendem Gehorsam.

11.11.1 Rollen

Nach der Neuinstallation stellt das System eine Reihe von Rollen zur Verfügung. Auf der Management-Homepage finden Sie die Rollen. Über das Icon gelangen Sie in die Verwaltung der Benutzerrechte (siehe Abbildung 11.62).

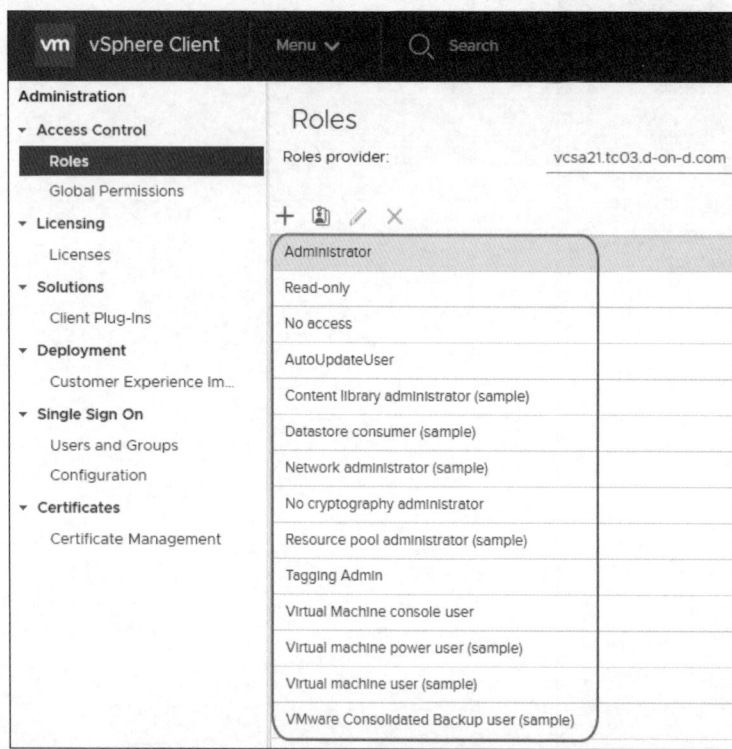

Abbildung 11.62 Management der Benutzerrechte

Wie Sie sehen, stellt das System schon einige Benutzerrollen zur Verfügung. Tabelle 11.9 listet diese auf und beschreibt ihre Funktion.

11.11 vCenter-Berechtigungen

Rolle	Rollentyp	Bemerkungen
Administrator	System	Diese Rolle stellt den Benutzern alle Rechte zur Verfügung. Es gibt keinerlei Einschränkungen.
Read-only	System	Alle Objekte und Reiter sind sichtbar – mit Ausnahme der Konsole.
No access	System	Das Objekt ist nicht sichtbar, und es können keine Änderungen vorgenommen werden.
AutoUpdateUser	System	Diese Rolle wird nur für das Event Logging benötigt.
Content library administrator	Beispiel	Hier sind alle Rechte hinterlegt, die für das Handling der Content Library notwendig sind.
Datastore consumer	Beispiel	Erlaubt das Erstellen von virtuellen Festplatten oder Snapshots.
Network administrator	Beispiel	Erlaubt die Manipulation der Netzwerkeinstellungen von VMs und Hosts.
No cryptography administrator	System	Dieses ist eine vollwertige Administratorrolle mit der Ausnahme, dass keine Kryptografie-Tasks durchgeführt werden können.
Resource pool administrator	Beispiel	Gibt das Recht, untergeordnete Ressourcen-Pools anzulegen und zu manipulieren.
Tagging Admin	System	Erlaubt das Management von Tags.
Virtual machine console user	System	Diese Rolle entspricht der Rolle Virtual Machine User mit der Ausnahme, dass kein Task-Handling möglich ist.
Virtual machine power user	Beispiel	Diese Rolle verleiht administrative Rechte für die Arbeit mit virtuellen Maschinen. Das schließt Hardware-Änderungen und das Erstellen von Snapshots ein.
Virtual machine user	Beispiel	Entspricht den Rechten des Virtual machine power user ohne die Rechte, Änderungen an der Hardware vorzunehmen und Snapshots zu erstellen.
VMware Consolidated Backup user	Beispiel	Rechte für die Verwendung der in VMware integrierten Backup-Lösung

Tabelle 11.9 Beschreibung der Rollentypen

In Abbildung 11.62 sehen Sie, dass einige Rollen mit (SAMPLE, dt. »Beispiel«) gekennzeichnet sind. Nutzen Sie diese Rollen als Basis für Ihre eigenen Definitionen. Die System-Rollen lassen sich nicht ändern, Sie können aber eine Rolle kopieren und anschließend für Ihre Zwecke anpassen. Die Beispiel-Rollen sind manipulierbar. Trotzdem sollten Sie auch diese Rollen nicht ändern.

Über das Kontextmenü erstellen Sie einfach einen Klon der Musterrolle, passen ihn mit dem EDIT-Befehl an Ihre Bedürfnisse an und geben ihm einen sprechenden Namen (siehe Abbildung 11.63).

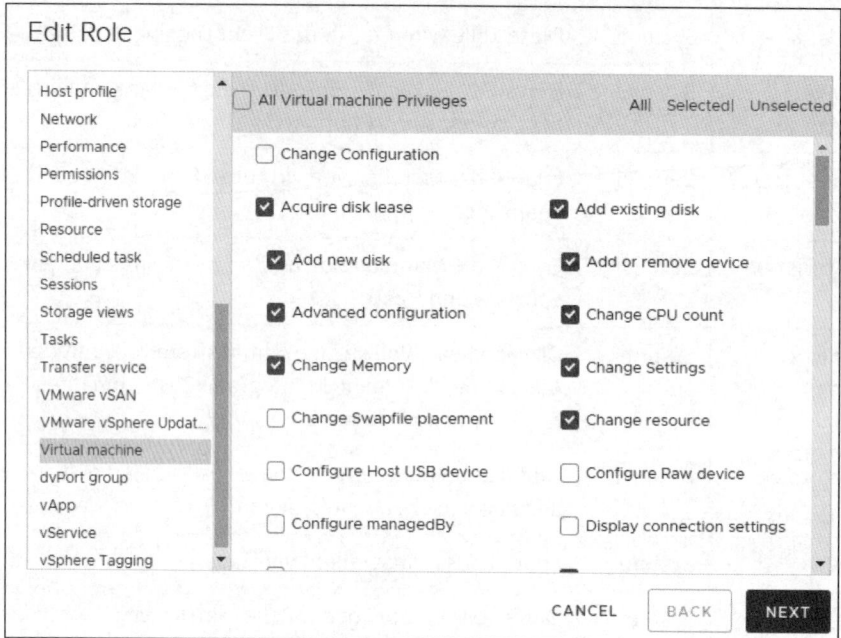

Abbildung 11.63 Anpassen einer Rolle

Selbstverständlich können Sie Rollen auch komplett neu erstellen. Über ADD ROLE legen Sie eine neue Rolle ohne jegliche Rechte an. Diese müssen Sie nur für Ihre Zwecke anpassen. Die Rechte werden immer hierarchisch vererbt. Abbildung 11.64 zeigt die Vererbungsreihenfolge.

Wie Sie sehen, übernehmen die meisten Objekte ihre Rechte von einem Vorgänger; einzig die virtuelle Maschine wird von mehreren übergeordneten Objekten beeinflusst. Das müssen Sie berücksichtigen, wenn Sie auf virtuellen Maschinen Rechte vergeben wollen. Außerdem ist es wichtig zu wissen, dass für die Freischaltung von detaillierten Funktionen (wie z. B. das Anhängen einer ISO-Datei) auch auf dem Host und dem Datastore Rechte vorhanden sein müssen.

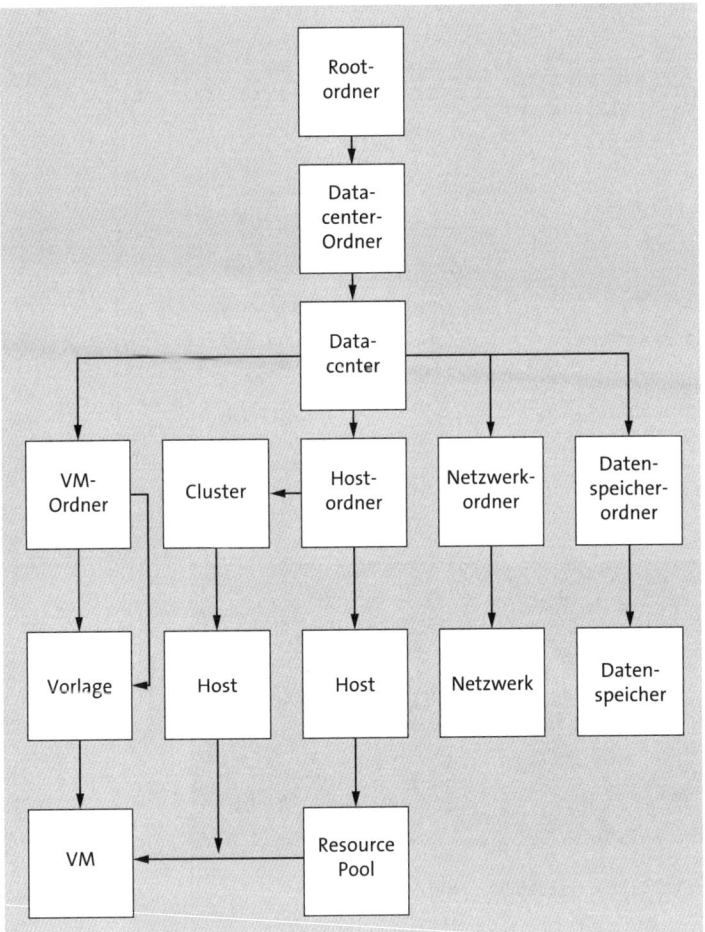

Abbildung 11.64 Form der Rechtevererbung

11.11.2 Benutzer einrichten

Wie oben bereits gesagt, werden im vCenter keine Benutzer erstellt. Der vCenter-Server greift auf die Benutzerdatenbank des Betriebssystems, das Active Directory oder auf den vSphere SSO zu. Bevor Sie Benutzern Rollen zuweisen, sollten Sie diese Rollen einrichten. Die Verbindung zwischen dem User und den Rollen stellen Sie im vCenter unter dem Reiter PERMISSIONS eines Objekts her (siehe Abbildung 11.65).

Nach Aufruf des Dialogs öffnet sich ein Fenster, in dem Sie zuerst die Account-Quelle und dann den Account angeben bzw. suchen. Im unteren Bereich wählen Sie dann die Rolle aus und können definieren, ob die Rechte auf alle unterliegenden Elemente vererbt werden sollen (PROPAGATE TO CHILDREN, siehe Abbildung 11.66).

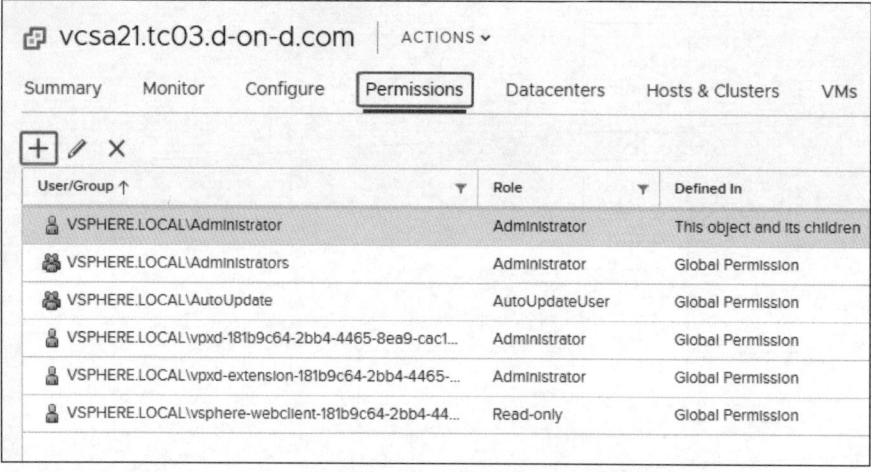

Abbildung 11.65 Neue Rechte verlinken

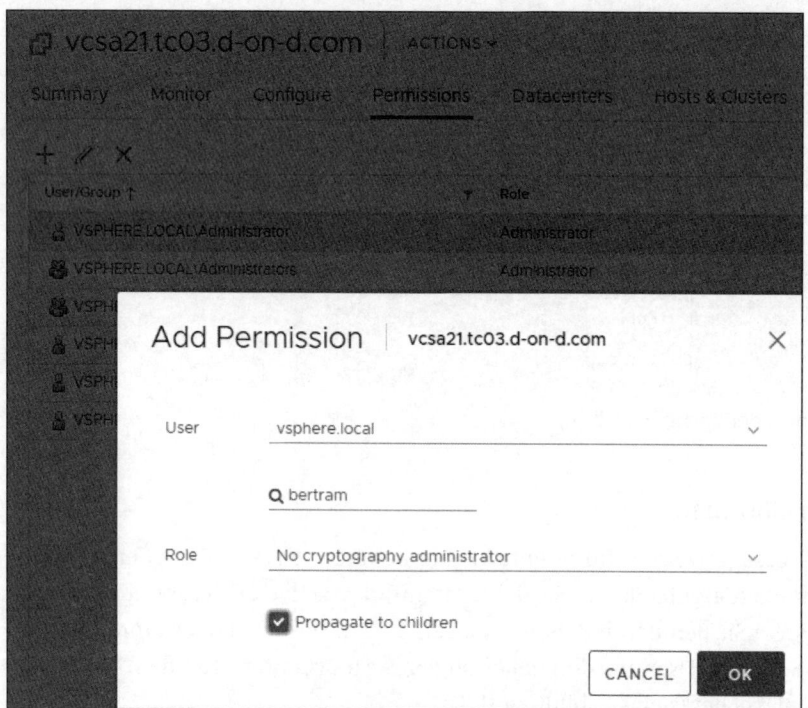

Abbildung 11.66 Verknüpfen von Usern mit Rechten

Über den OK-Button ordnen Sie dem ausgewählten Recht nun die Nutzer oder besser die Gruppen zu. Das neu angelegte Recht ist nun in der Oberfläche sichtbar (siehe Abbildung 11.67). Eine große Hilfe ist, dass in Spalte DEFINED IN angezeigt wird, an welcher Stelle der Ursprung des Rechts liegt.

11.11 vCenter-Berechtigungen

> **Rechtekonkurrenz**
>
> Die Rechte eines einzelnen Users überschreiben die Rechte einer Gruppe. Ebenso haben die Rechte, die weiter unten in der Struktur vergeben werden, eine höhere Priorität als diejenigen, die darüber liegen.
>
> Ein User ist Mitglied in zwei Gruppen: ADMIN im Datacenter und USER (Read-only-Rechte) in einem Ordner *Entwicklung* unterhalb des DCs. Geht der User in den Ordner *Entwicklung*, werden die Admin-Rechte ausgeblendet, und er hat nur Read-only-Rechte.

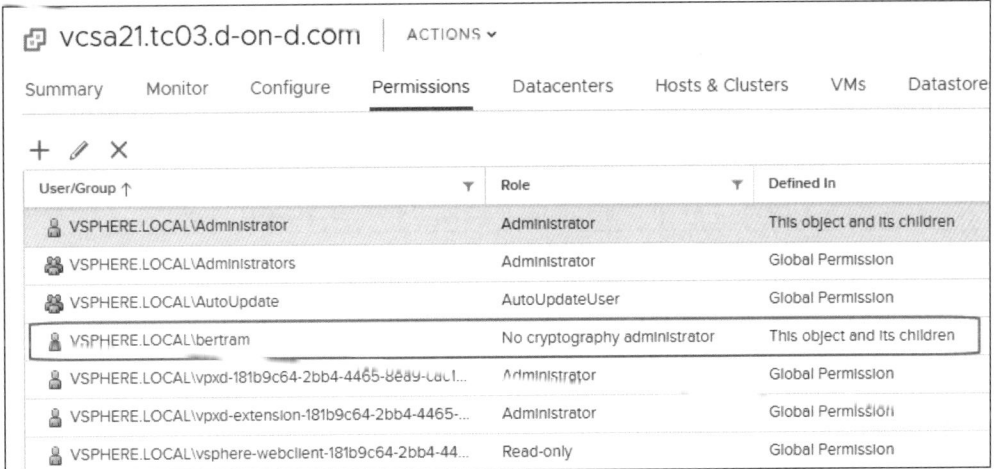

Abbildung 11.67 Neu eingerichtete Rechte für den User »Bertram«

Benutzerrechte werden regelmäßig vom System validiert. Im vCenter können Sie das Zeitintervall für die Verifikation zwischen vCenter und Active Directory einstellen. In den Standardeinstellungen werden die Accounts einmal am Tag (siehe Abbildung 11.68) und bei einem Neustart des Management-Servers überprüft.

Lassen Sie uns näher darauf eingehen, wie die Überprüfung der Accounts funktioniert. Wird ein vorhandener User »Meier« in »Meier-Schmitz« umbenannt, dann werden bei der nächsten Validierung die Rechte von »Meier« gelöscht, weil es den User nicht mehr gibt.

Verlässt eben dieser Herr »Meier« das Unternehmen und wird sein Account gelöscht, dann werden nach der nächsten Synchronisierung mit der Domäne alle Rechte von Herrn Meier gelöscht. Wird aber vor der nächsten Überprüfung ein Benutzer mit demselben Namen, also wieder »Meier«, neu angelegt, dann erhält der neue User die Rechte im vCenter, die der alte Benutzer schon hatte. Die Ursache für diesen Umstand ist, dass das vCenter nicht die SID (*Security Identifier*) des ADs auswertet. Aus diesem Grund sollten Sie das Refresh-Intervall zum AD verkürzen. Ein Zeitfenster von zwei Stunden ist empfehlenswert.

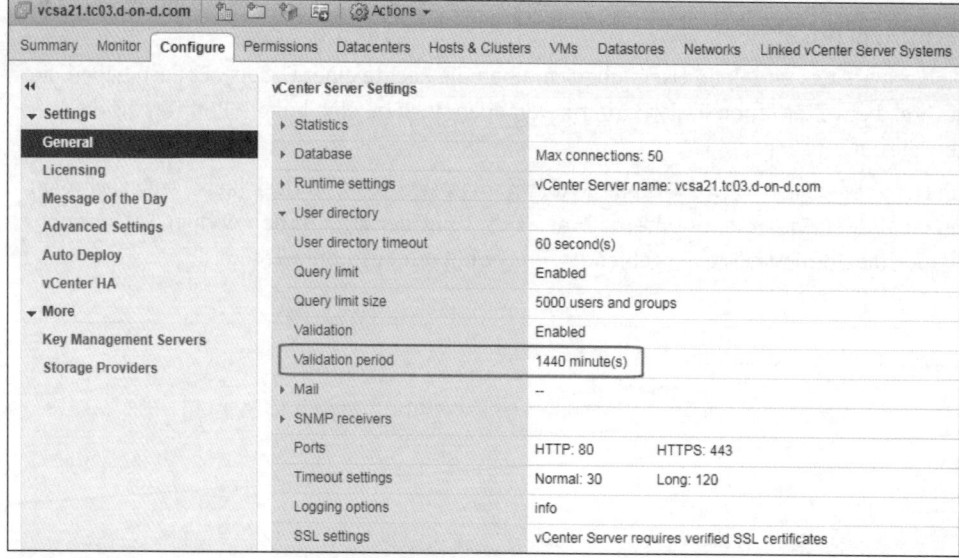

Abbildung 11.68 Berechtigungsvalidierungsintervall

11.12 vCenter-Konfigurationseinstellungen

Jetzt möchten wir noch auf die eigentlichen Konfigurationseinstellungen von *vCenter Server* eingehen. Dazu gehen wir das Konfigurationsmenü von oben nach unten durch. Der Einstiegspunkt ist mittlerweile ganz leicht zu finden.

> **Hinweis**
>
> Auch diese Einstellungen können nicht im HTML5-Client vorgenommen werden!

1. Der Aufruf erfolgt über den VCENTER SERVER-Link im Hauptfenster.
2. Das Ziel erreichen Sie dann über die Auswahl von CONFIGURE • SETTINGS • GENERAL und den EDIT-Button.

Lassen Sie uns die Einstellungen der Reihe nach durchsprechen.

> **Reboot**
>
> Achten Sie bitte auf die Anzeigen im Konfigurationsfenster. Ist nach einer Anpassung von Konfigurationsparametern ein Reboot nötig, dann wird dies im Fenster angezeigt (siehe Abbildung 11.69).
>
>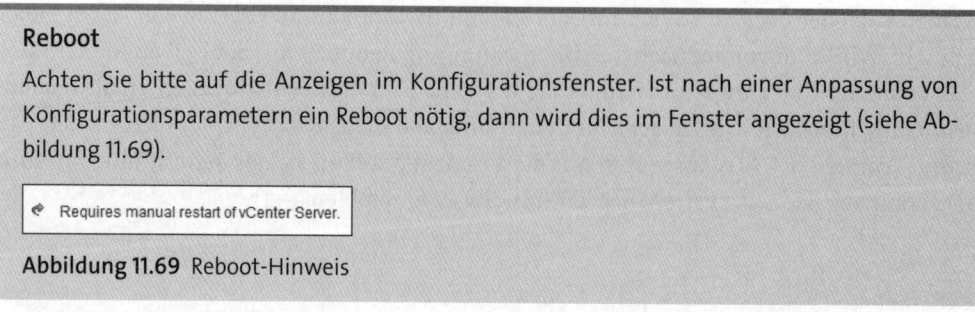
>
> **Abbildung 11.69** Reboot-Hinweis

11.12.1 Statistics

Die Einstellungen unter STATISTICS betreffen das Sammeln der Performance-Daten. Die Standardeinstellungen sind in Abbildung 11.70 zu sehen. Es gibt an dieser Stelle vier unterschiedliche Regeln, um die Daten zu sammeln und vorzuhalten. Durch das Anklicken der eingestellten Werte erhalten Sie ein Dropdown-Menü, über das Sie die Werte anpassen können. Denken Sie daran, dass ein Ändern der Werte die Größe der vCenter-Datenbank direkt beeinflusst. Dabei ist es sehr hilfreich, dass in dem Fenster sofort angezeigt wird, wie sich die Größe der Datenbank ändert, wenn Sie Parameter anpassen.

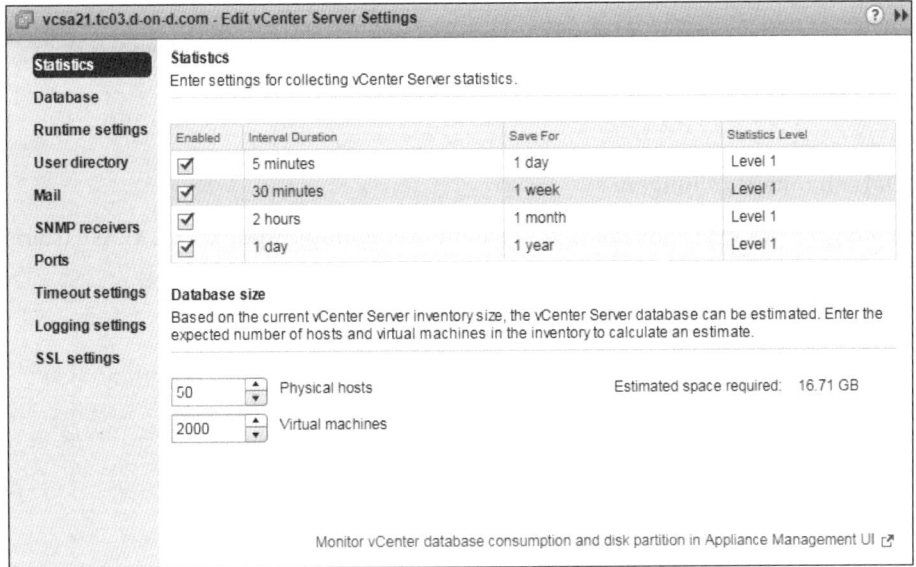

Abbildung 11.70 So stellen Sie die Intervalle für das Sammeln der Auswertungsdaten ein.

Sie können nicht nur das Intervall und die Aufbewahrungszeit einstellen, sondern auch die Sammeltiefe der Daten. In Tabelle 11.10 zeigen wir, welche Informationen wann gesammelt werden.

Statistics-Level	Informationen
1	Die Grundmetriken werden auf diesem Level gesammelt. Das sind die durchschnittliche Nutzung von CPU, Arbeitsspeicher, Festplatte und Netzwerk. Zusätzlich werden die Systemlaufzeit, der Systemtakt und DRS-Metriken protokolliert. Geräte werden auf diesem Level nicht geloggt.

Tabelle 11.10 Liste der Statistics-Level

Statistics-Level	Informationen
2	Level 2 enthält Level 1, wobei zu den Metriken CPU, Arbeitsspeicher, Festplatte und Netzwerk alle Informationen gesammelt werden, einschließlich des letzten Rollup-Typs. Einzige Ausnahme sind die Min- und Max-Werte des Rollup-Typs.
3	Hier ist ebenfalls Level 2 komplett inkludiert, einschließlich der Geräte. Auch hier bilden die Min- und Max-Werte der Rollup-Typen die Ausnahme.
4	Dieser Level sammelt alle Metriken, die das vCenter zur Verfügung stellt.

Tabelle 11.10 Liste der Statistics-Level (Forts.)

11.12.2 Datenbankeinstellungen

Die Einstellungen für die Datenbank finden Sie im Konfigurationspunkt DATABASE (siehe Abbildung 11.71).

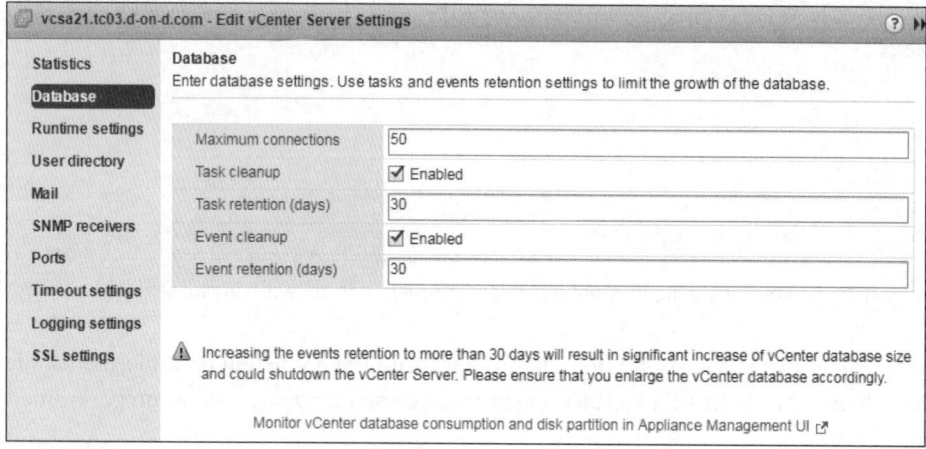

Abbildung 11.71 Einstellungen der Datenbank

Hier können Sie einstellen, wie lange Tasks und Events in der Datenbank aufbewahrt werden sollen und ob ein automatischer Cleanup stattfinden soll. Änderungen an den Werten können dazu führen, dass sich die Größe der Datenbank signifikant ändert.

Erhöhen Sie den Wert, wenn viele zeitkritische Aktionen laufen, was die Kommunikation zwischen vCenter und Datenbank verbessert. Natürlich ist es auch möglich, die Anzahl der Verbindungen zu reduzieren, etwa wenn diese Verbindungen hausintern verrechnet werden. Wünschen Sie, dass die Datenbankgröße nicht zu stark anwächst, begrenzen Sie über die TASK RETENTION das Wachstum der Datenbank. Hier können Sie das Speichern der Events und Tasks einschränken.

Berücksichtigen Sie, dass nach der Aktivierung der *Retention Policy* nicht mehr alle Aktionen in der virtuellen Landschaft nachvollzogen werden können. Es ist also abzuwägen, was wichtiger ist – eine Nachvollziehbarkeit aller Aktionen oder das Einsparen von Festplattenplatz.

Beachten Sie den Hinweis im Konfigurationsfenster.

11.12.3 Runtime Settings

Es folgt die Konfiguration der Runtime settings (siehe Abbildung 11.72). Hier ist die ID des vCenters hinterlegt; den Namen und die IP-Adresse können Sie eintragen.

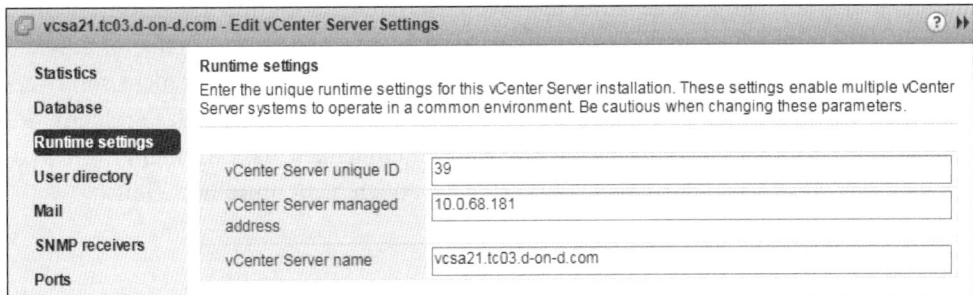

Abbildung 11.72 Einstellungen für die »Runtime settings«

Die unique ID muss einen Wert zwischen 0 und 63 haben. Dieser Wert wird bei der Installation zufällig vergeben. Die beiden anderen Einträge sprechen für sich.

11.12.4 User Directory

Unter User directory gibt es im vCenter Einstellungen, die die Zusammenarbeit zwischen dem Active Directory und dem vCenter Server betreffen (siehe Abbildung 11.73).

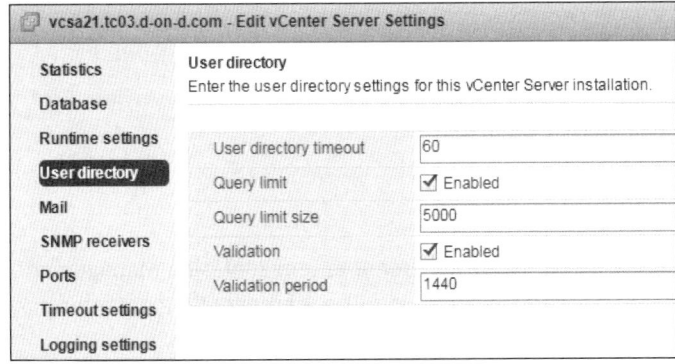

Abbildung 11.73 An dieser Stelle legen Sie das Verhalten zwischen Active Directory und vCenter Server fest.

Die ersten vier Werte bedürfen sicherlich keiner näheren Beschreibung. Die VALIDATION PE-RIOD ist aber genauer zu betrachten: Sie müssen verstehen, was sie bewirkt, damit Sie eine richtige Konfiguration vornehmen können. Zuerst einmal wird der Wert in Minuten angegeben; der Standardwert 1.440 Minuten entspricht also einem ganzen Tag. Es handelt sich hier um das Zeitintervall, in dem ein Abgleich zwischen dem Active Directory (AD) und dem vCenter stattfindet.

Wird ein User-Account im AD gelöscht und mit dem gleichen Namen wieder angelegt, so arbeitet der neu angelegte User im vCenter mit den gleichen Rechten wie der alte Anwender, solange die Synchronisierung zwischen beiden Komponenten noch nicht stattgefunden hat. Die Empfehlung an dieser Stelle lautet, den Wert zu modifizieren und das Zeitintervall zu verringern. Die Intervallgröße muss sich an den betriebsinternen Prozessen für das Löschen bzw. die Neueinrichtung von Anwendern orientieren. Werden Anwender nicht sofort gelöscht, sondern erst für eine Übergangszeit deaktiviert, so entschärft sich das Problem. Andernfalls ist ein Wert von 480 gut gewählt. Die Wahrscheinlichkeit, dass an einem Tag das Löschen und das Neuanlegen desselben Users erfolgt, ist doch recht unwahrscheinlich.

11.12.5 Mail

Vergessen Sie nicht, die MAIL-Einträge im vCenter-Server vorzunehmen. Neben dem Mailserver tragen Sie eine E-Mail-Adresse, besser noch eine Verteilerliste ein (siehe Abbildung 11.74). An diesen Empfänger werden die Benachrichtigungen gesendet, die das System verschickt.

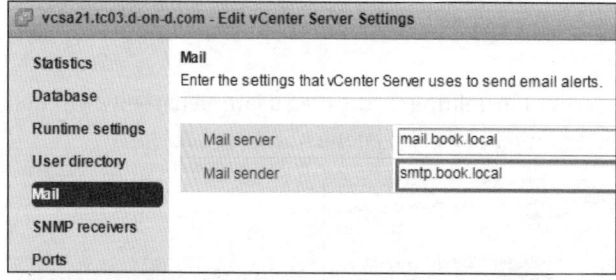

Abbildung 11.74 Einstellung der Mail-Benachrichtigung

11.12.6 SNMP Receivers

Sollen die vom vCenter generierten SNMP-Nachrichten auf einem zentralen Managementsystem ausgewertet werden, dann müssen Sie unter SNMP RECEIVERS die Parameter passend auswählen (siehe Abbildung 11.75).

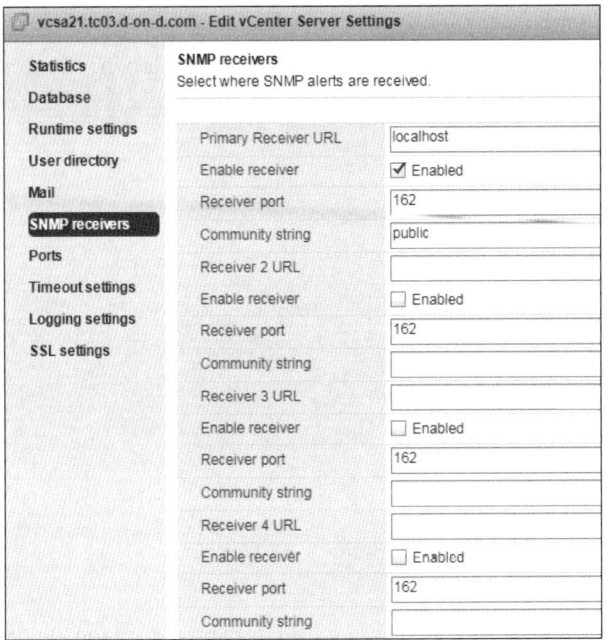

Abbildung 11.75 Konfiguration der SNMP-Empfänger

Es ist dabei nicht nur möglich, ein Ziel zu konfigurieren. Das vCenter unterstützt bis zu vier unterschiedliche Ziele für SNMP-Traps.

11.12.7 Ports

Die Zugriffs-Ports für den vCenter-Server lassen sich ebenfalls anpassen. Als Standard ist für HTTP der Port 80 und für HTTPS der Port 443 festgelegt (siehe Abbildung 11.76).

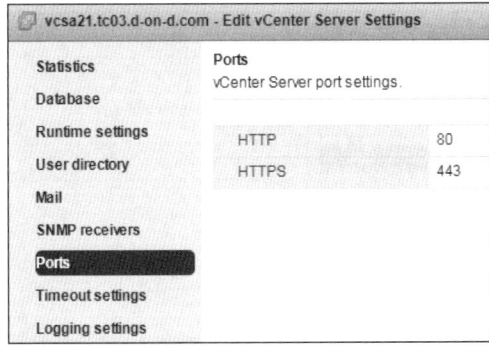

Abbildung 11.76 Kommunikations-Ports des vCenters

Denken Sie daran, eine Änderung in der Zugriffsmetrik zu dokumentieren, damit auch die Kollegen wissen, was zu tun ist, wenn Sie bei Anpassungen nicht anwesend sind.

11.12.8 Timeout Settings

Für die Kommunikation mit den Objekten in der virtuellen Infrastruktur werden im vCenter Timeout-Werte gesetzt (siehe Abbildung 11.77).

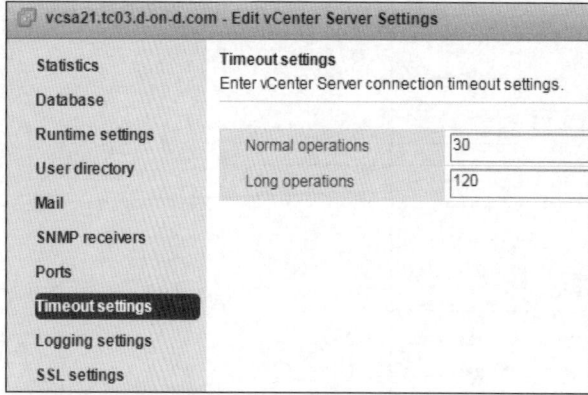

Abbildung 11.77 Zeitüberschreitungseinstellungen

Es werden zwei Vorgänge parametriert: der normale Vorgang und der lange Vorgang. Beide Werte sollten logischerweise nicht auf null gesetzt werden.

11.12.9 Logging Settings

Wichtig ist die Einstellung im Dialog für den Log-Level. An dieser Stelle bietet das vCenter sechs Optionen (siehe Abbildung 11.78).

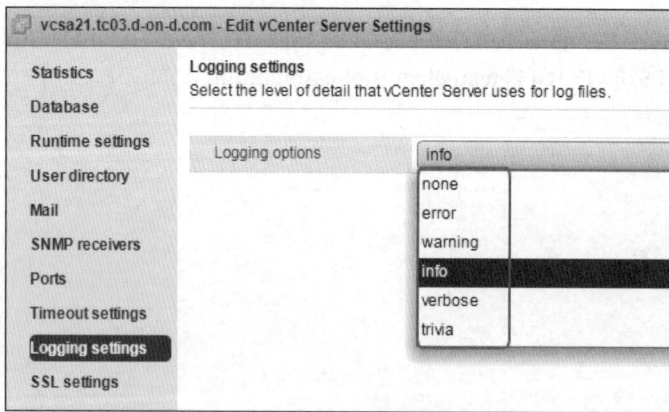

Abbildung 11.78 Logging-Einstellungen

Je nach ausgewähltem Level werden mehr oder weniger Daten gesammelt. Tabelle 11.11 listet die unterschiedlichen Level auf.

11.12 vCenter-Konfigurationseinstellungen

Log-Level	Informationen
NONE	Mit dieser Auswahl schalten Sie das Logging komplett ab.
ERROR	Diese Option loggt nur Fehlereinträge.
WARNING	Wählen Sie diesen Punkt, wenn Sie nur Warnungen und Fehler sehen wollen.
INFO	Es werden Informationen, Warnungen und Fehler angezeigt. Das ist der Standard-Log-Level.
VERBOSE	Dieser Level entspricht dem Level INFO, aber mit ausführlicherem Inhalt.
TRIVIA	In diesem Level wird der Informationsinhalt gegenüber dem VERBOSE-Level noch weiter erhöht.

Tabelle 11.11 Auflistung der möglichen Log-Level

Passen Sie den Level nur an, wenn es notwendig ist; die Datenmengen nehmen sonst einen enormen Umfang an.

11.12.10 SSL Settings

Unter SSL SETTINGS können Sie einstellen, wie das vCenter mit den vSphere-Hosts kommuniziert. Vorkonfiguriert ist eine Verbindung mit der Nutzung von SSL-Zertifikaten. Es ist nicht empfehlenswert, diese Einstellung zu ändern (siehe Abbildung 11.79).

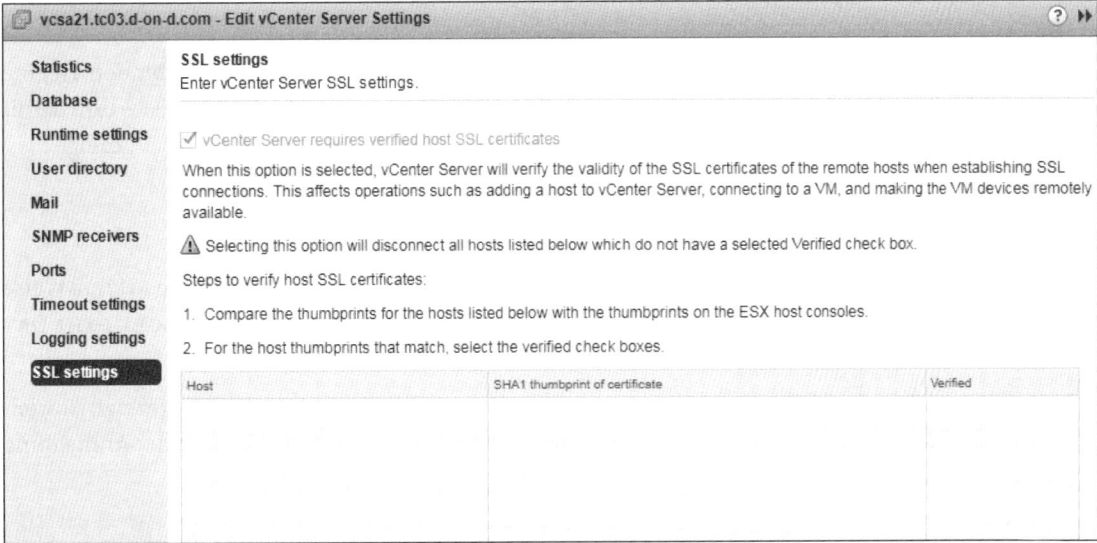

Abbildung 11.79 Aktivierung von SSL-Zertifikaten

11.12.11 Licensing

Wenn Sie herausfinden wollen, mit welcher Lizenz Ihr vCenter Server versorgt worden ist, so finden Sie diese Information unter CONFIGURE • SETTINGS • LICENSING (siehe Abbildung 11.80).

Abbildung 11.80 Abfrage der Lizenzeinstellungen des vCenters

Sie können an dieser Stelle aber auch eine Lizenz mit dem vCenter Server verbinden. Ist eine Lizenz eingetragen, so zeigt das System Ihnen, welche Lizenz eingebunden ist – und damit auch, welche Funktionen enthalten sind. Es wird immer nur der Lizenzname angezeigt.

11.12.12 Message of the Day

Das vCenter bietet auch eine Funktion, mit deren Hilfe die Nutzer auf einfache Art und Weise über Wartungsarbeiten informiert werden können. Über die Funktion MESSAGE OF THE DAY (siehe Abbildung 11.81) können solche Nachrichten übermittelt werden.

Nach dem Eingeben der Nachricht wird diese sofort allen aktiven Nutzern angezeigt. Anwender, die sich neu am System anmelden, bekommen den Hinweis direkt nach der Anmeldung gezeigt.

11.12 vCenter-Konfigurationseinstellungen

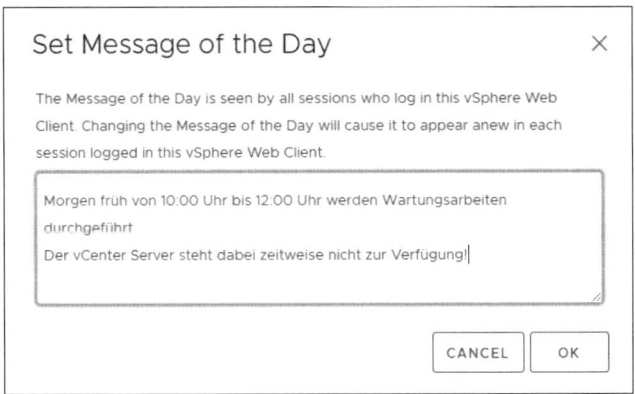

Abbildung 11.81 Übermittlung von Nachrichten an die Nutzer des vCenter Servers

11.12.13 Advanced Settings

Zu guter Letzt bietet VMware mit den ADVANCED SETTINGS eine Option, zusätzlich Parameter einzufügen, die Sie nicht direkt über eine GUI einpflegen können (siehe Abbildung 11.82).

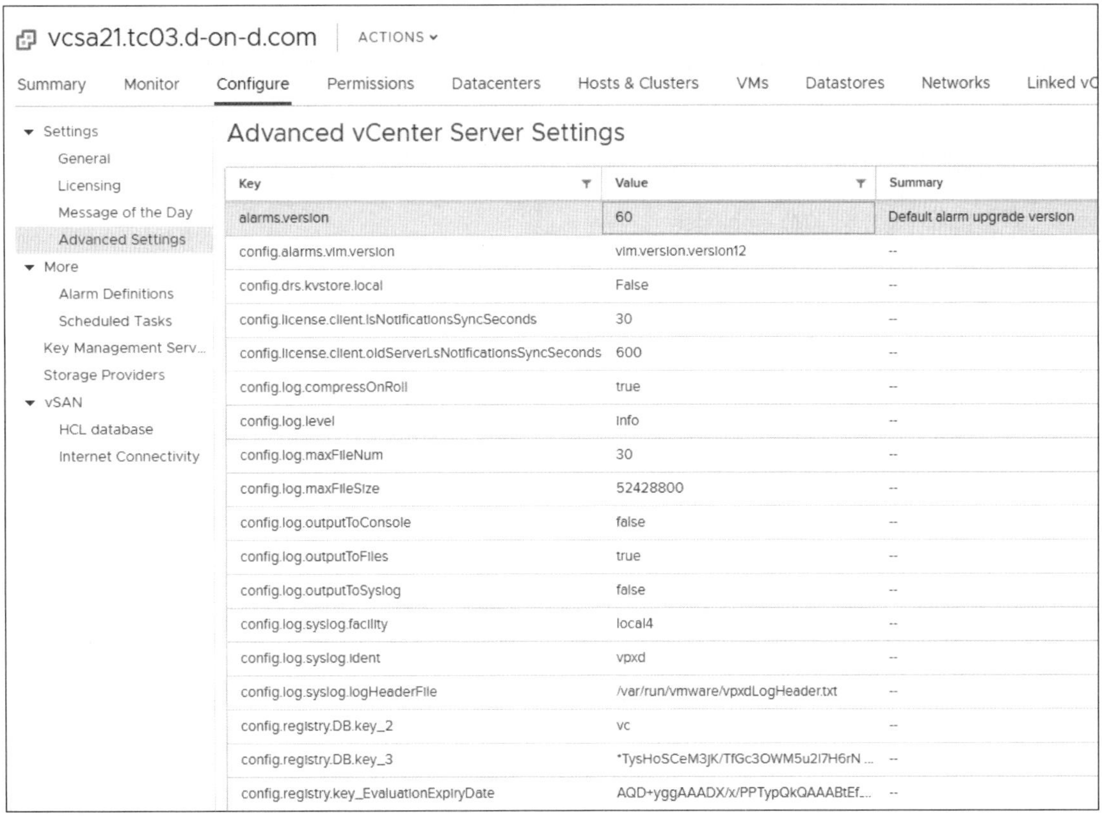

Abbildung 11.82 Die »Advanced Settings« des vCenters

Trotzdem werden hier auch die Parameter angezeigt, die Sie über die GUI ändern können und die wir bis zu dieser Stelle besprochen haben. Alle Werte können Sie in den ADVANCED SETTINGS einsehen und auch manipulieren. Zusätzlich besteht die Option, neue Werte einzutragen und über ADD hinzuzufügen.

Der letzte Bereich auf dem CONFIGURE-Reiter trägt den Namen MORE, und hier finden sich noch zwei weitere Punkte: KEY MANAGEMENT SERVER und STORAGE PROVIDERS.

11.12.14 Key Management Server

Mittlerweile ist es möglich, Festplatten oder VMs zu verschlüsseln. Damit diese Funktion genutzt werden kann, muss im vCenter der *Key Management Server* (KMS) angegeben werden (siehe Abbildung 11.83).

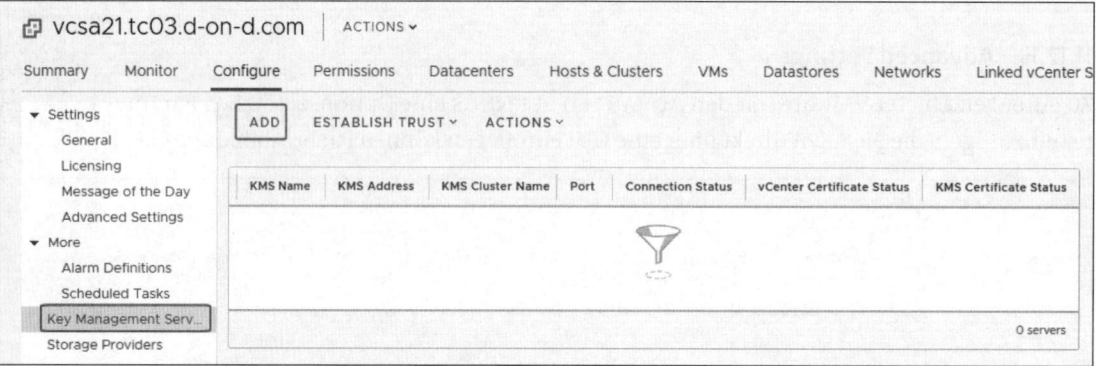

Abbildung 11.83 KMS einbinden

Damit das Einbinden auch funktioniert, muss ein KMS-System installiert sein, das von VMware unterstützt wird. Bitte werfen Sie dazu einen Blick in die HCL. Auf jeden Fall muss KMIP 1.1 unterstützt werden.

> **Achtung**
> Es geht hier nicht um den KMS von Microsoft zum Managen von Lizenzschlüsseln!

11.12.15 Storage Providers

VMware hat eine Schnittstelle implementiert, über die Storage-Hersteller APIs einbinden können, um Operationen zwischen den VMware-Komponenten und dem Storage zu optimieren. Nehmen wir als Beispiel das *Storage vMotion*: Beim Wechseln des Datastores einer aktiven virtuellen Maschine stößt das Management die Operation an und kontrolliert sie, bis sie abgeschlossen ist. Binden Sie eine API Ihres Storage-Herstellers ein, legt das Management die Aufgabe in deren Hände, spart sich somit Arbeit und hat Ressourcen für andere Aufgaben frei. Der Storage meldet dann nach Abschluss der Arbeiten den Vollzug der gestellten Aufgabe ans vCenter zurück.

Wie Sie in Abbildung 11.84 sehen können, werden hier unterschiedliche Informationen bereitgestellt. Das sind zum einen die Informationen zum Hersteller und zum anderen Infos zum Plug-in-Typ.

Bei der Vendor-ID zeigt das System nur, welche Systeme unterstützt werden, und das Zertifikat kann man sich auch anzeigen lassen.

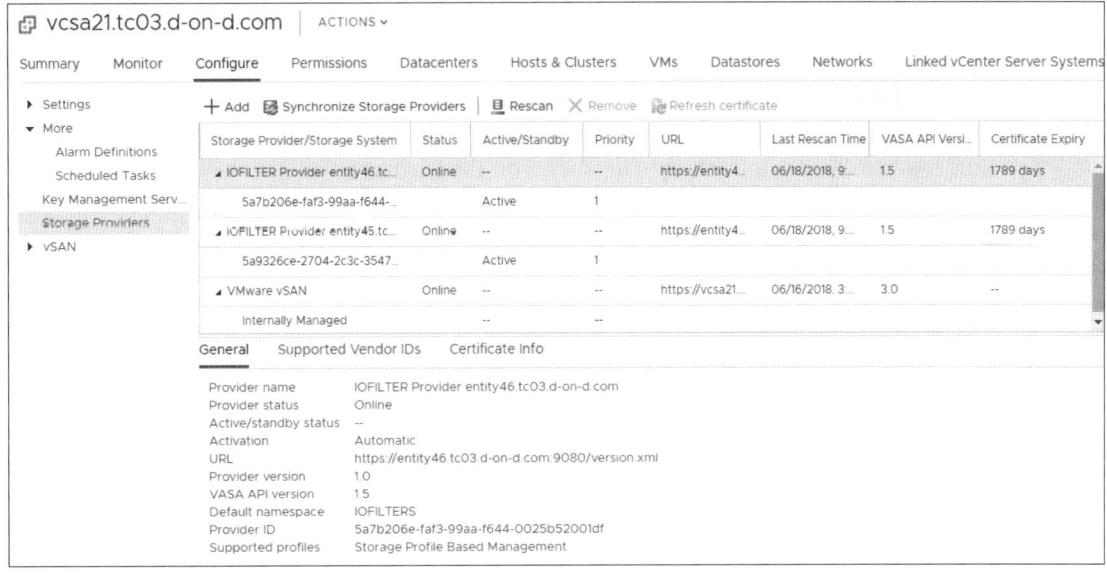

Abbildung 11.84 Informationen zum Provider

11.13 Das Menü im Home-Screen des vCenters

Im Bereich des Menübaums im Home-Screen des vCenter Servers gibt es noch eine Reihe von Menüpunkten. Alle Punkte, die wir noch nicht näher beschrieben haben, stellen in diesem Abschnitt vor. Auch in diesem Fall halten wir uns an die Reihenfolge im HTML5-Client.

11.13.1 Content Libraries

Die Content Library ist eine Funktion, die mit vSphere 6.0 neu eingeführt wurde. Sie bietet die Möglichkeit, alle Templates zentral abzulegen und auch anderen vSphere-Umgebungen zur Verfügung zu stellen. Damit soll gewährleistet werden, dass alle Installationen mit identischen Templates aufgesetzt werden. Die Daten können dabei auf einem Netzwerk-Share oder einem Datastore bereitgestellt werden.

Nach dem Aufruf gelangen Sie direkt in das Übersichtsfenster zur Erstellung einer neuen Library. Mit dem Plus-Button können Sie eine neue Library anlegen (siehe Abbildung 11.85).

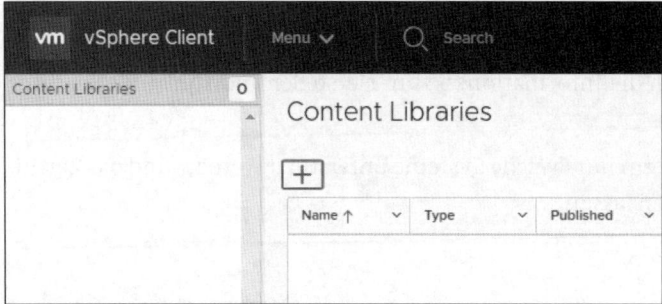

Abbildung 11.85 Anlegen einer Content Library

Nun erwartet das System einige Eingaben von Ihnen. Im ersten Dialog sind das der Name und die Auswahl, welches vCenter die Library beheimaten soll (siehe Abbildung 11.86).

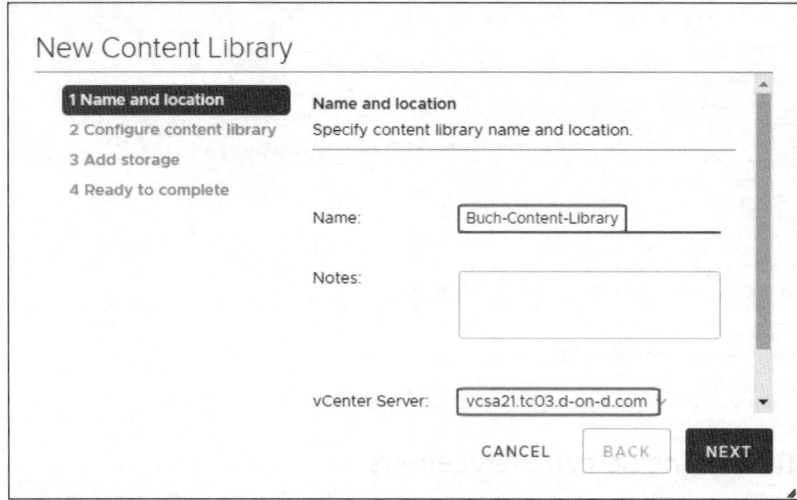

Abbildung 11.86 Erstellen einer Content Library

Im folgenden Dialog haben Sie zwei Optionen zur Auswahl. Sie können sich mit einer vorhandenen Library verbinden, Sie können eine lokale Library anlegen, die auch nur lokal zur Verfügung steht, oder Sie können die lokal angelegte Library freigeben. Die letzten beiden Auswahlpunkte benötigen noch die Festlegung, wie mit dem Content umgegangen wird. Entweder wird der gesamte Content sofort heruntergeladen (IMMEDIATELY) oder der Download erfolgt auf Anforderung (WHEN NEEDED) vor der Bereitstellung der VM (siehe Abbildung 11.87).

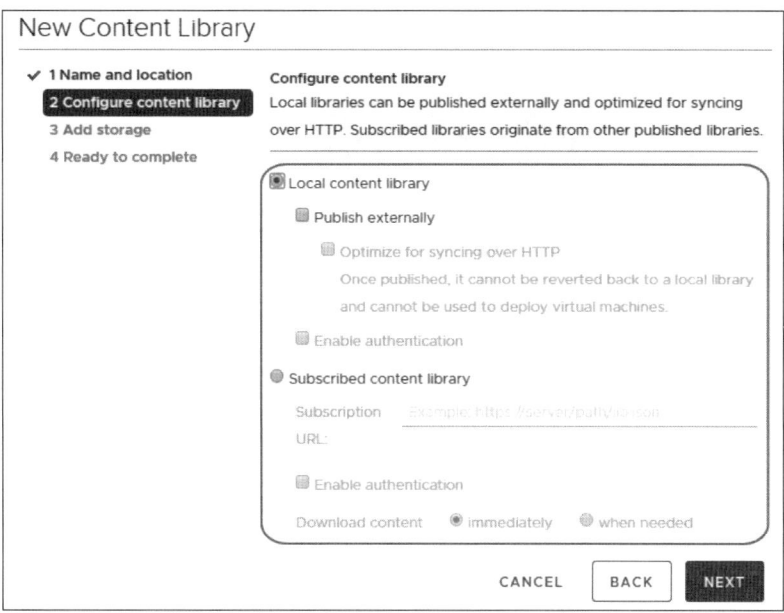

Abbildung 11.87 Festlegung der Parameter

Beim Anlegen der lokalen Library ist es möglich, eine Authentifizierung zu aktivieren. Die einzige weitere Einstellmöglichkeit ist die Auswahl des Ablageziels (siehe Abbildung 11.88): entweder im Netzwerk oder auf einem Datastore.

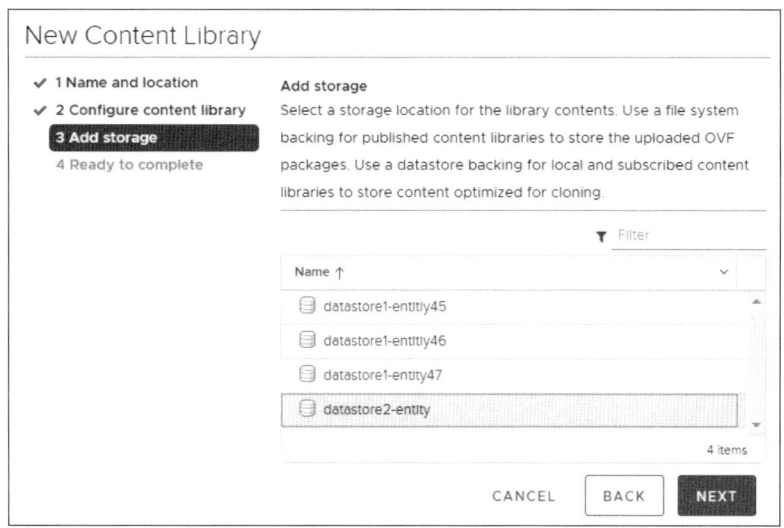

Abbildung 11.88 Festlegung des Library-Speicherorts

Jetzt können Sie vorhandene Maschinen in die Library klonen, um diese dann als Basis für die Bereitstellung zu nutzen (siehe Abbildung 11.89).

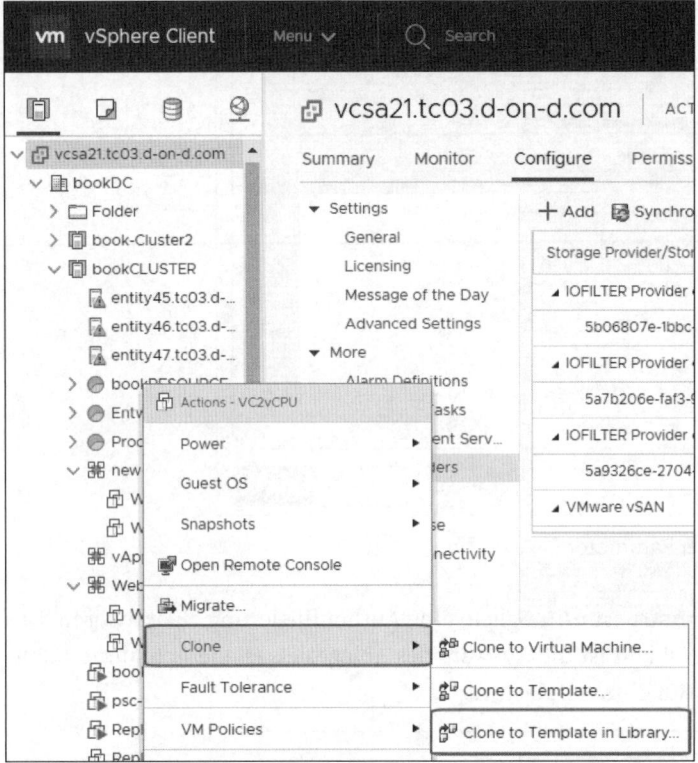

Abbildung 11.89 Durch Klonen füllen Sie die Content Library.

Die so erstellten Templates können von allen Nutzern genutzt werden, die Zugriff auf die Library haben.

11.13.2 Policies and Profiles

Hinter dem Bereich POLICIES AND PROFILES (siehe Abbildung 11.1) verbergen sich unterschiedliche Profile und Regeln, auf die wir jetzt im Einzelnen eingehen werden.

Customization Specification Manager

Beim Anpassen einer virtuellen Maschine oder dann, wenn Sie eine VM klonen, können Sie ein Profil erstellen, das Sie auch später beim erneuten Klonen wieder benutzen können. Das Profil dient zum Anonymisieren der neuen VM, sodass es keine Kollisionen mit vorhandenen Sicherheits-IDs gibt. Alle diese Profile werden an einer zentralen Stelle verwaltet: Wählen Sie den entsprechenden Menüpunkt unter POLICIES AND PROFILES aus.

Nun können Sie Anpassungen für Windows- und Linux-Betriebssysteme vornehmen. Letztendlich geht es darum, bereits installierte Maschinen, die als Template dienen, zu generalisieren, damit sie ohne Probleme in eine Umgebung eingebunden werden können.

Beim Anlegen müssen Sie zuerst definieren, für welches Betriebssystem die Anpassung genutzt werden soll (Name and target OS). Hier wird auch festgelegt, ob bei der Anpassung der VM die SID des Systems geändert werden soll. Deswegen machen wir das Ganze ja: Stimmen Sie also zu. Ändern Sie die SID nicht, kann es zu zum Teil abstrusen Fehlern kommen. Im nächsten Schritt machen Sie die erforderlichen Angaben zur Registrierung und legen die Organisation fest. In Schritt 3 aus Abbildung 11.89 legen Sie fest, welcher Name verwendet wird.

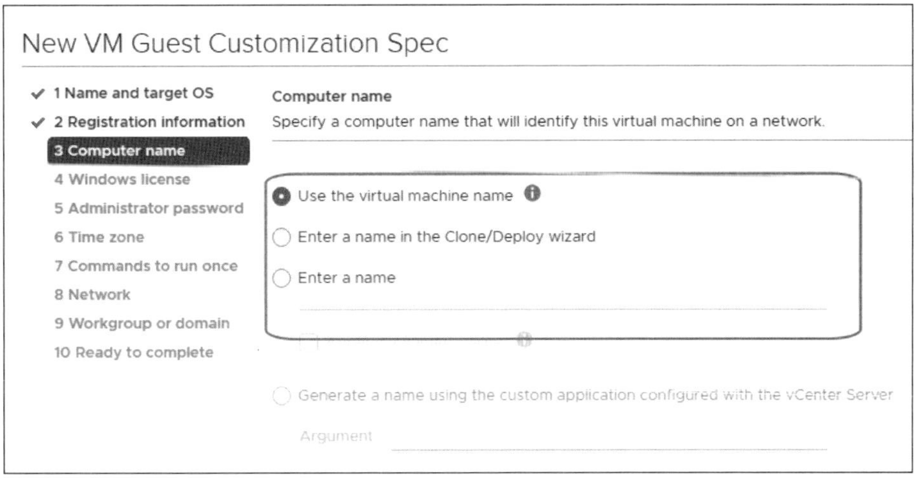

Abbildung 11.90 Namensvergabe

Aus unserer Sicht ist es optimal, der neuen VM den gleichen Namen zu geben wie im vCenter (Use the virtual machine name). Das macht den Betrieb am einfachsten. Eine feste Namensvergabe (Enter a name) widerspricht eigentlich einem generischen Profil. Einzig die Eingabe des Namens bei der Erstellung halten wir noch für sinnvoll (Enter a name in the Clone/Deploy wizard).

Die Lizenzierungsinformationen sind im nächsten Dialog einzugeben, direkt gefolgt vom Passwort für den Administrator-Account und der Festlegung, wie häufig der Administrator automatisch nach dem Neustart angemeldet werden soll. Die Zeitzone gehört ebenso zu den Eingaben wie die Run-Once-Sektion für den einmaligen Start von Skripts oder Installationen.

Die Netzwerkparameter aus Abbildung 11.91 sind ebenfalls eine wichtige Konfiguration. DHCP oder die manuelle Einstellung sind hier möglich.

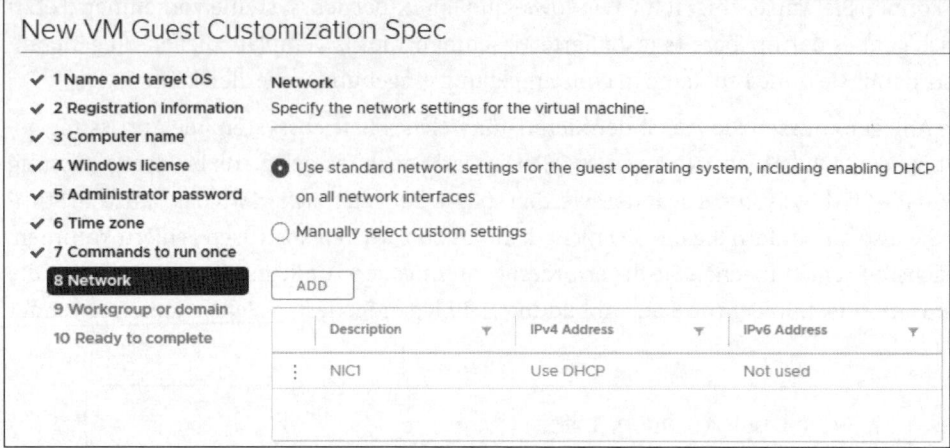

Abbildung 11.91 Festlegung der Netzwerkkonfiguration

Das Hinzufügen zu einer Windows-Domäne ist ebenfalls Bestandteil der Abfragen (siehe Abbildung 11.92), wobei Sie das System aber nur zu einer Workgroup hinzufügen können.

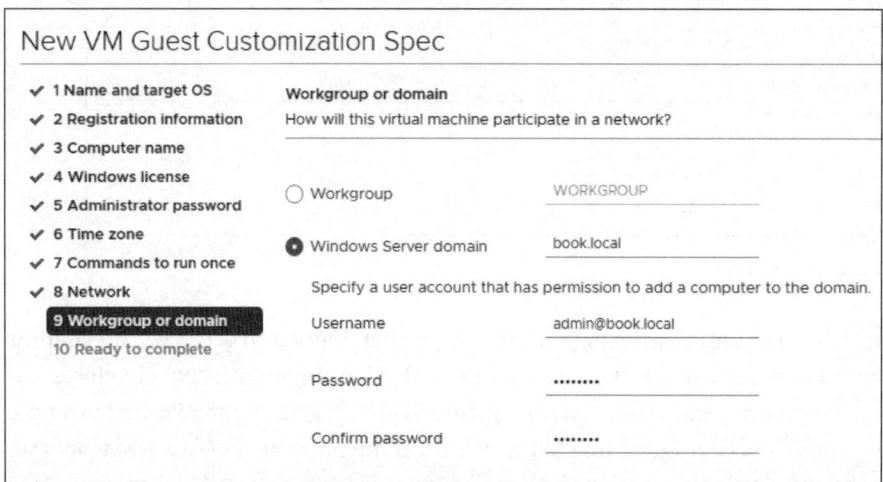

Abbildung 11.92 Einstellungen für die Domänenmitgliedschaft

Sie haben nun ein Anpassungsprofil erstellt, mit dem Sie Windows-Systeme generalisieren können.

Arbeiten Sie auch mit Linux-Systemen, so können Sie auch hier eine passende Anpassung vornehmen. Die Schritte, die Sie dazu durchlaufen müssen, sind aber nicht so zahlreich wie bei der Windows-Anpassung (siehe Abbildung 11.93). Die Eingabe der Zeitzone erfolgt hier anders als zuvor (siehe Abbildung 11.94), die Netzwerkparametereinstellung ist wiederum identisch.

11.13 Das Menü im Home-Screen des vCenters

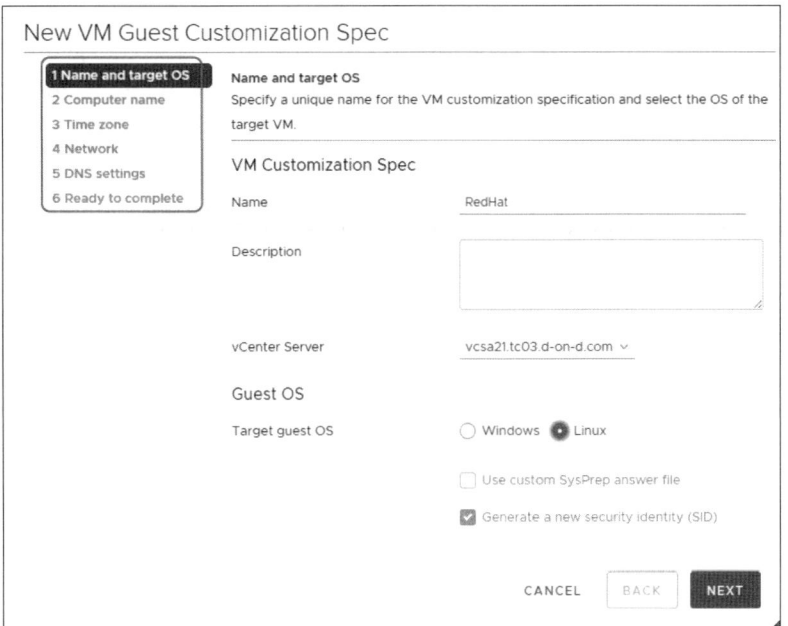

Abbildung 11.93 Erstellen einer Anpassung für Linux

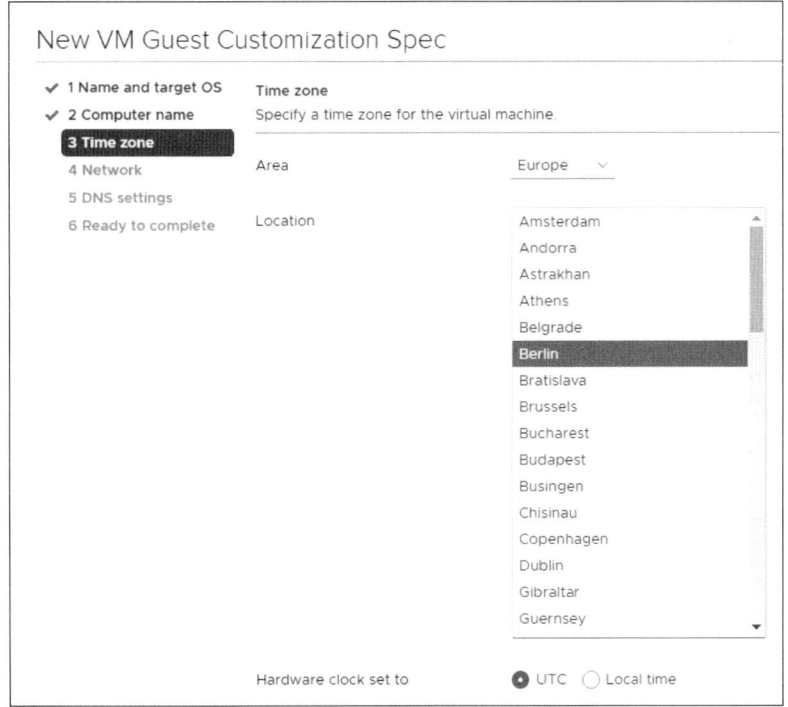

Abbildung 11.94 Zeitzonenfestlegung für die neue VM

Abschließend erwartet Linux die Angabe der DNS-Server, die genutzt werden sollen. Jetzt sind wir auch an dieser Stelle fertig (siehe Abbildung 11.95) und können nun Vorlagen für virtuelle Maschinen mit Windows- und Linux-Betriebssystemen automatisch individualisieren.

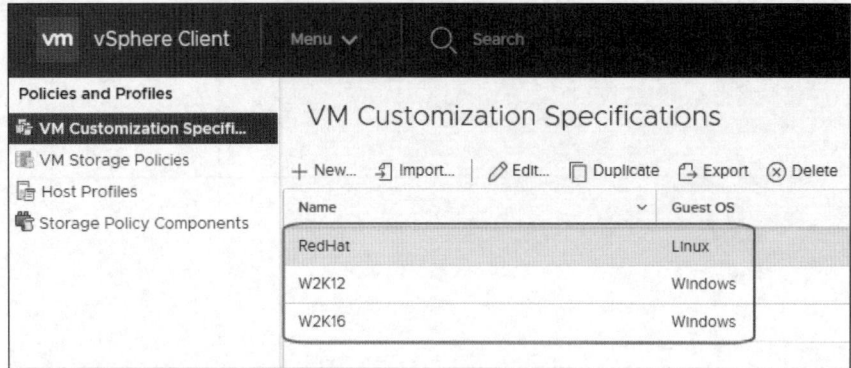

Abbildung 11.95 Anzeige der angelegten Profile

VM-Speicherregeln

Welche Philosophie steht hinter den Speicherprofilen (*VM Storage Policies*), und was möchte VMware mit dieser Funktion bezwecken? Schauen wir uns einmal den Prozess der Bereitstellung einer virtuellen Maschine an. Sind die Grunddaten – wie CPU, RAM, Netzwerk und Plattenanzahl sowie deren Größe – festgelegt, müssen Sie entscheiden, welche Leistungsdaten der Storage erfüllen muss. Hinter jeder Speicherregel verbirgt sich eine Storage-Wertigkeit bzw. eine Storage Funktion. Eine VM wird nicht mehr direkt auf einem Datastore bereitgestellt, sondern auf einem Speicherprofil, das dann wiederum mit einem Storage verknüpft wird.

Nähere Informationen dazu finden Sie in Kapitel 15, »Ausfallsicherheit«.

Storage Policy Components

Die *Storage Policy Components* sind ein Bestandteil, der an eine VM-Speicherregel angehängt werden kann. Es handelt sich dabei nicht um eine 1:1-Beziehung. Direkt kann die Policy nicht an eine VM angehängt werden. Sie muss mit einer VM-Speicherregel verbunden werden und diese wiederum kann dann mit einer VM verknüpft werden. Vier Regeln werden quasi mit ausgeliefert (siehe Abbildung 11.96):

- Default encryption properties
- Low IO shares allocation
- High IO shares allocation
- Normal IO shares allocation

Die erste Regel dient zur Verschlüsselung, und die drei folgenden Regeln geben mögliche IO-Last-Maximums an. Dafür verantwortlich ist das *Storage I/O Control*.

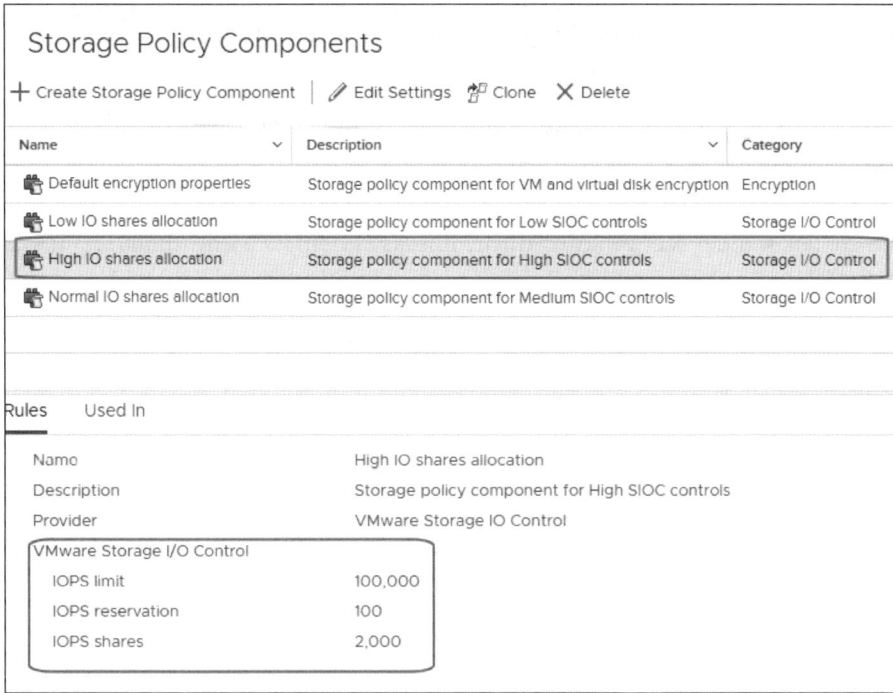

Abbildung 11.96 Die »High IO shares allocation«-Storage-Regel

11.13.3 vRealize Operations

vRealize Operations (siehe Abbildung 11.1) ist ein Zusatzprodukt von VMware, mit dem Sie virtuelle Infrastrukturen überwachen können. Wir werden nicht näher auf diesen Zusatzdienst eingehen.

11.13.4 Update Manager

Die Informationen zum *Update Manager* finden Sie in Abschnitt 12.1, »Der vCenter Update Manager«.

11.13.5 Tags & Custom Attributes

Ursprünglich sollten die *Tags* die *Custom Attributes* ablösen, jetzt sehen wir aber eine Koexistenz von beidem.

Worin besteht nun der Unterschied und wann nutzt man was? Letztendlich gibt es, je nach Objekt, drei unterschiedliche Arten, wie man Informationen an z. B. VMs absetzen kann: Es gibt die *Notes*, die *Tags* und die *Custom Attributes*. Meistens werden die Notes zu allen möglichen und unmöglichen Dingen missbraucht. Manchmal stehen halbe Romane an Informationen in den Notes, die aber nur sehr schwer auszuwerten sind.

Custom Attributes sind Informationen, die einmal einen Namen bekommen und dann an allen Objekten vorhanden sind.

Machen wir das an einem einfachen Beispiel fest. Zur Erleichterung der Administration soll an jeder VM stehen, wer der Fachverantwortliche für das System ist (siehe Abbildung 11.97). Dabei ist es egal, ob dort ein Anwender oder eine Gruppe bzw. Abteilung drin steht.

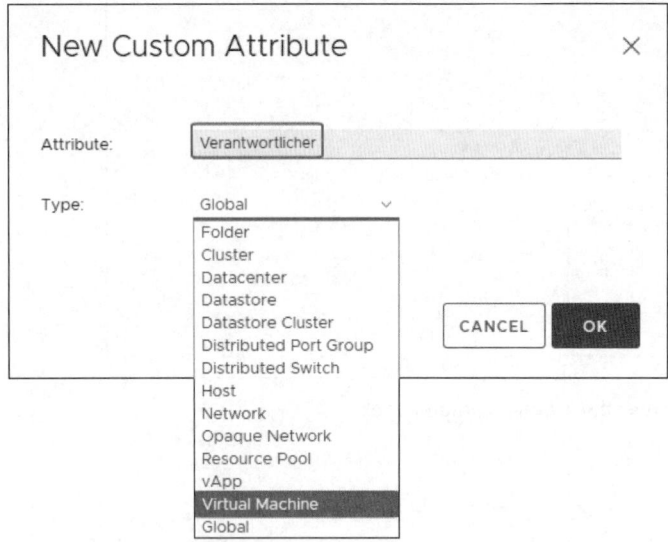

Abbildung 11.97 Anlegen eines »Custom Attribute«

An jeder VM bzw. vApp ist nun dieses Custom Attribute angehängt, logischerweise ohne Wert, aber Sie können jetzt an jeder VM dem Custom Attribute *Verantwortlicher* einen Namen zuweisen, z. B. *Günter*. Die Zuweisung erfolgt über das Kontextmenü des Objekts. Das Ergebnis sehen Sie in Abbildung 11.98.

Durch den Aufruf von TAGS gelangen Sie in das eigentliche Konfigurationsfenster für die Tags (siehe Abbildung 11.99).

Dabei können dort die Tags, aber auch zusammenfassende Kategorien (CATEGORIES) definiert werden. Kategorien sind das übergeordnete Objekt, in dem wiederum die Tags zusammengefasst werden können.

11.13 Das Menü im Home-Screen des vCenters

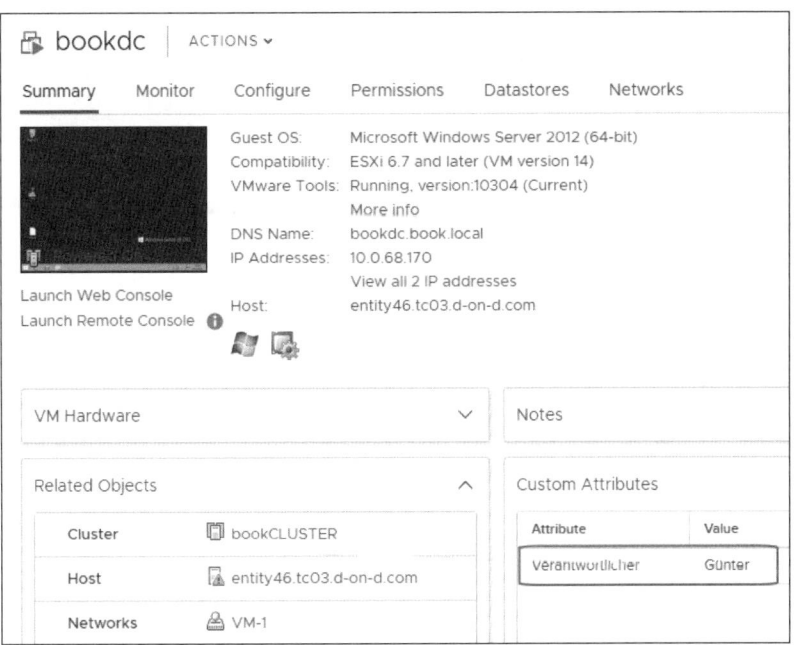

Abbildung 11.98 Dem Attribut »Verantwortlicher« wurde der Wert »Günter« zugewiesen.

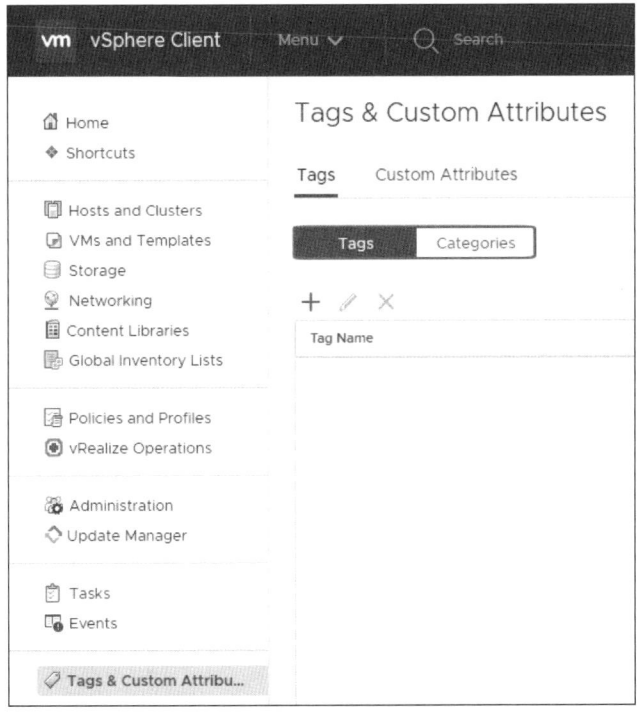

Abbildung 11.99 Tags und Kategorien

Als Erstes erstellen wir eine Kategorie. Dazu wechseln wir in die passende Ansicht und klicken auf das Plus-Symbol oberhalb des Anzeigebereichs. Die Kategorie kann auch direkt bei der Einrichtung des Tags erstellt werden.

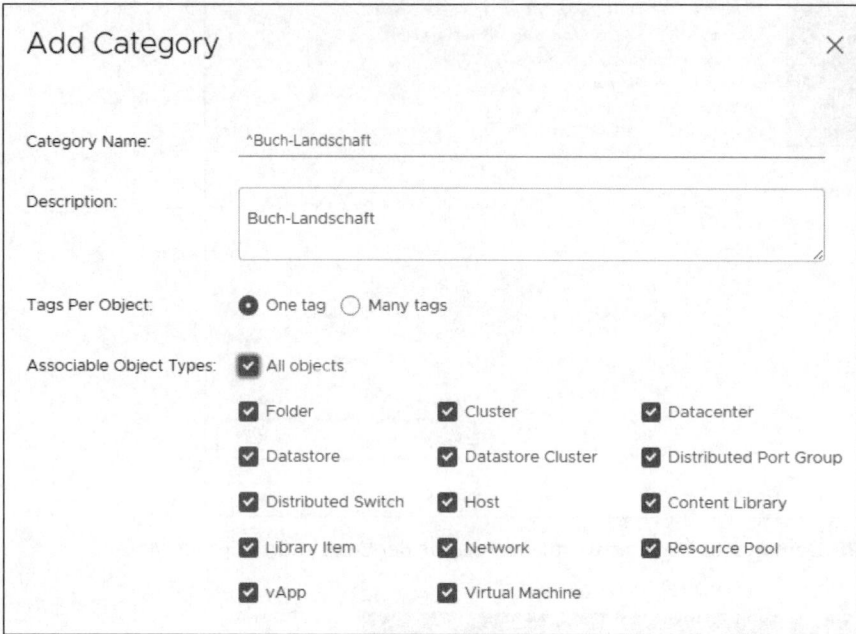

Abbildung 11.100 Erstellen einer Kategorie

Im Dialog aus Abbildung 11.100 geben Sie der Kategorie einen eindeutigen Namen und legen fest, wie viele Tags ein Objekt haben kann und welchen Objekten dieses Tag bzw. diese Kategorie zugeordnet werden kann. Beim Erzeugen des Tags kann direkt eine Zuordnung zwischen Tag und Kategorie erfolgen (siehe Abbildung 11.101).

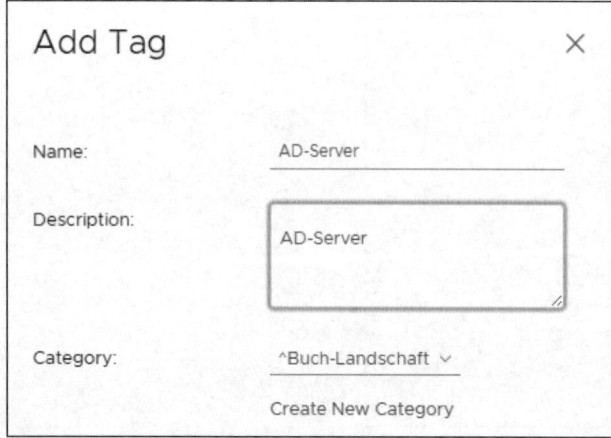

Abbildung 11.101 So weisen Sie ein Tag einer Kategorie zu.

Die Zuweisung zu der virtuellen Maschine, die das Active Directory für die Beispielumgebung zu diesem Buch trägt, erfolgt dann wieder an der virtuellen Maschine – wobei hier auch direkt das Tag erzeugt werden könnte (siehe Abbildung 11.102).

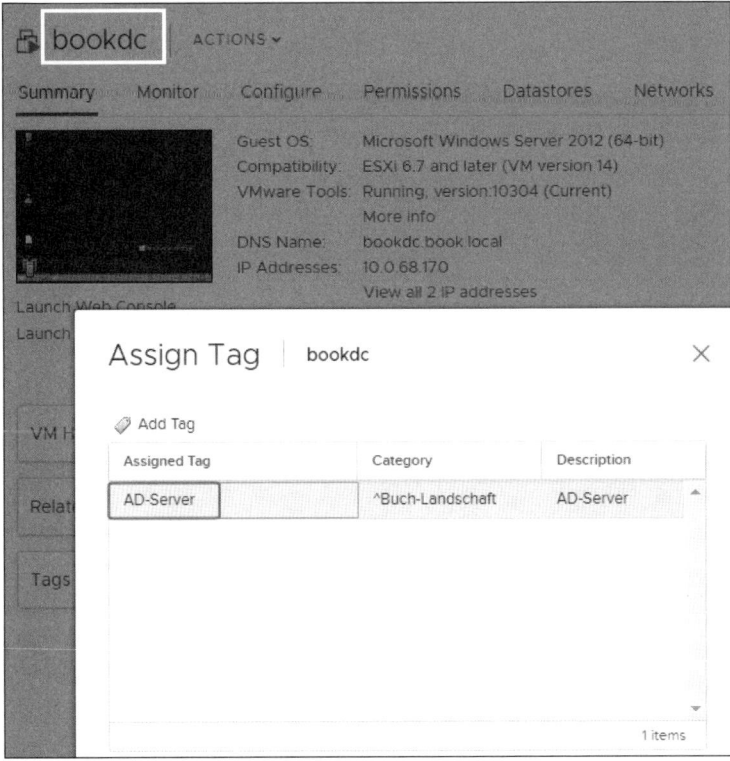

Abbildung 11.102 Zuweisung des Tags zum Objekt

Mit diesem System kann dann eine eigene organisatorische Struktur für die virtuelle Umgebung aufgebaut werden. Derartige Strukturen sind auch hervorragend für Suchen geeignet.

11.14 Das Administrationsmenü

In diesem Abschnitt besprechen wir diejenigen Menüpunkte aus dem ADMINISTRATION-Bereich der Favoritenleiste, die bisher noch nicht erwähnt worden sind.

> **Hinweis**
> Auch hier gibt es noch Unterschiede zwischen dem Flash- und HTML5-Client. Sind Menüpunkte nur im Flash-Client zu finden wird, das entsprechend ausgewiesen.

11 Konfiguration von ESXi und vCenter

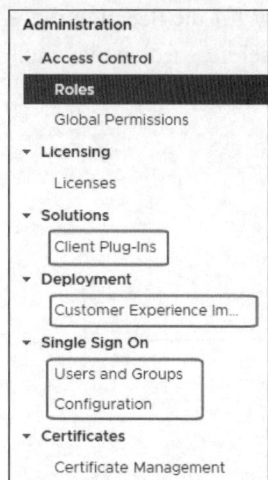

Abbildung 11.103 Noch zu besprechende administrative Menüpunkte, die im HTML5-Client erscheinen

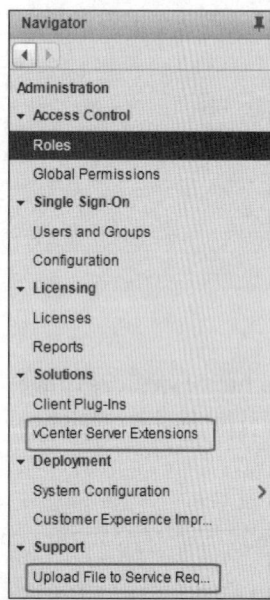

Abbildung 11.104 Noch zu besprechende administrative Menüpunkte, die im Flash Client erscheinen

11.14.1 Client Plug-Ins

Das vCenter ist modular aufgebaut und kann durch Plug-Ins erweitert werden. Alle in das vCenter integrierten Plug-Ins können Sie hier finden.

11.14 Das Administrationsmenü

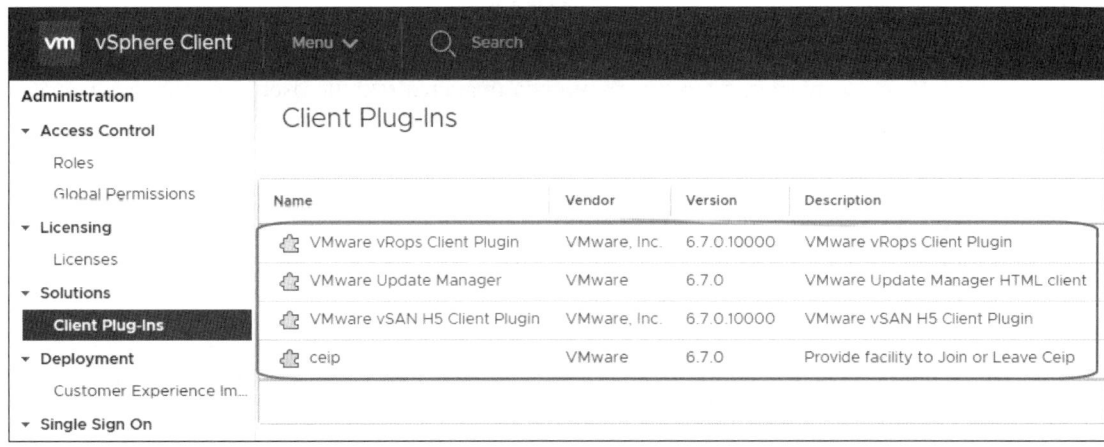

Abbildung 11.105 Plug-In-Übersicht im vCenter

Über das Kontextmenü können Sie Dienste aktivieren oder deaktivieren (nur beim Flash-Client).

11.14.2 Customer Experience Improvment Program

Die Teilnahme am Kundenzufriedenheitsprogramm können Sie über die Auswahl Customer Experience Improvement aktivieren. Damit werden VMware Daten zur Nutzerzufriedenheit mit dem HTML5-Client übermittelt.

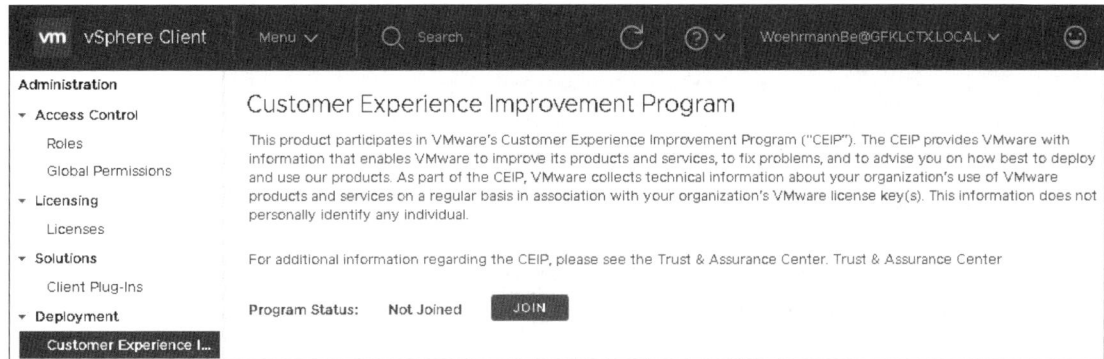

Abbildung 11.106 Mit »Join« beteiligen Sie sich am »Customer Experience Improvement Program«

11.14.3 Single Sign On – Users and Groups

Selbstverständlich können für das Single-Sign-On-Verfahren (SSO) Benutzer und Benutzergruppen angelegt werden. Die Vorgehensweise ist wie bei anderen System auch. Leider ist VMware hier keinen einheitlichen Weg gegangen: Wenn Sie einen User anlegen, müssen Sie schon vor dem Anlegen auswählen, wo der User erstellt werden soll (im lokalen Betriebssystem oder in der SSO-Domäne). Beim Anlegen der Gruppe müssen Sie erst im Anlegen-Dialog selbst die Auswahl treffen. Dort kann man dann auch direkt die User hinzufügen. Ein späteres Hinzufügen von Mitgliedern erfolgt schließlich über einen Doppelklick auf die Gruppe.

11.14.4 Single Sign On – Configuration

Alle Konfigurationsdaten für das Single Sign On (SSO) werden in der Sektion vorgenommen, die Sie in Abbildung 11.107 sehen.

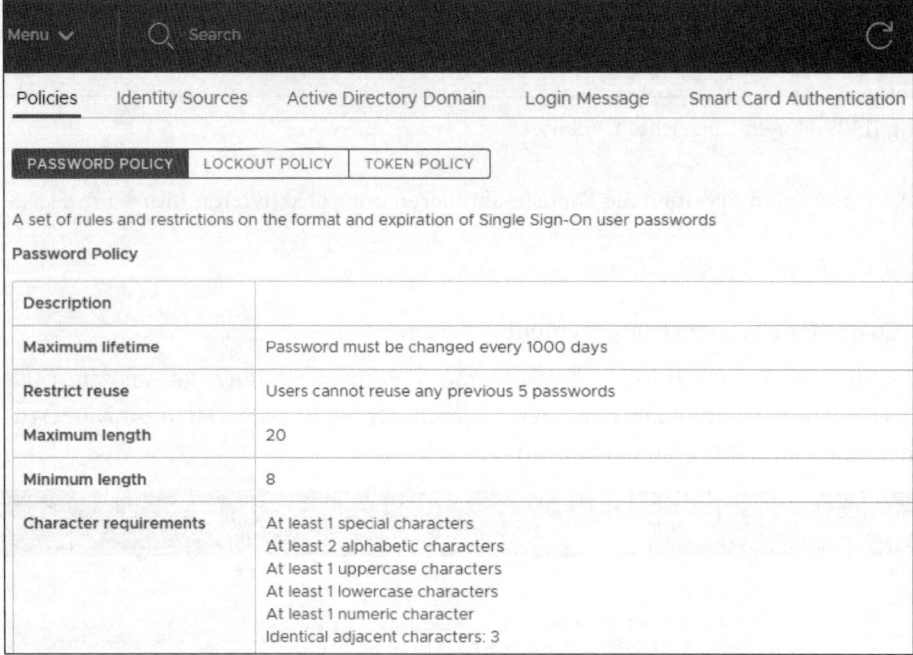

Abbildung 11.107 SSO-Konfiguration

Im Bereich POLICIES wird festgelegt, welche Voraussetzungen ein gültiges Passwort erfüllen muss, wie lange es gültig ist, wie mit Falschanmeldungen umgegangen wird (LOCKOUT POLICY) und wie der Umgang mit dem Anmelde Token ist (TOKEN POLICY).

Sollen zusätzliche Identitätsquellen genutzt werden, dann können Sie diese im Bereich IDENTITY SOURCES (siehe Abbildung 11.108) hinzufügen. Eine Active-Directory-Identitätsquelle kann nur hinzugefügt werden, wenn das vCenter Mitglied der Domäne ist. Kontrollieren können Sie das beim Punkt ACTIVE DIRECTORY DOMAIN. Im Bereich LOGIN MESSAGE können Sie eine Anmeldenachricht hinterlegen, und zu guter Letzt besteht die Option, die Anmeldung per Smartcard zu aktivieren.

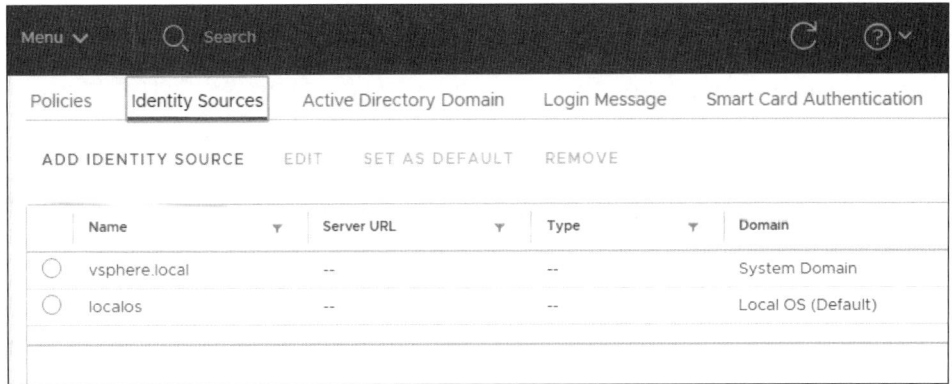

Abbildung 11.108 Der Bereich »Identity Sources«

11.14.5 vCenter Server Extensions (Flash Client)

Es ist ja weithin bekannt, dass es die Option gibt, das vCenter um Funktionen zu erweitern. Die Erweiterung, über die wir jetzt sprechen, ist ein zusätzlicher Dienst, wie z. B. der *Replication Manager*. Der installierte Dienst bindet sich direkt in das vCenter ein und stellt weitere Funktionen zur Verfügung. Im *vCenter Server Extensions Manager* wird diese Verbindung von Applikationen mit dem vCenter nun sichtbar.

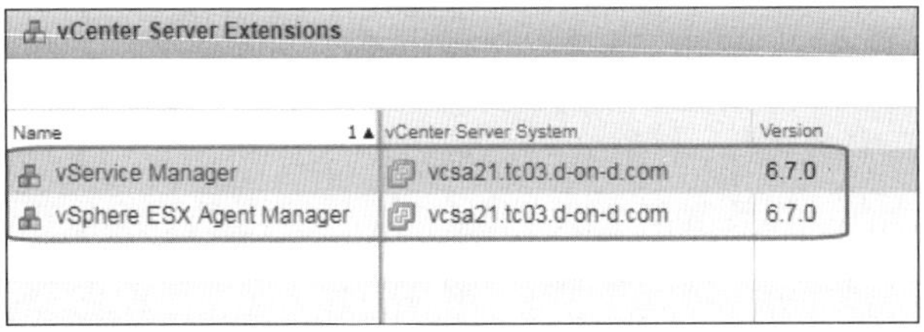

Abbildung 11.109 Standarderweiterung des vCenters

In Abbildung 11.109 sehen Sie die zwei Standarderweiterungen, die in jedem vCenter zu finden sind: Das sind der *vSphere ESX Agent Manager*, der sich um das Handling der Host-Agents kümmert, und der *vService Manager*, der für das Management der Verbindungen zwischen einer VM und einer vCenter-Erweiterung zuständig ist. Die VMs, die solche Dienste zur Verfügung stellen, finden Sie, indem Sie auf die Erweiterung doppelklicken.

Sollten Sie Interesse daran haben, Software zu entwickeln, die sich über den *Solutions Manager* einbinden lässt, so empfehlen wir Ihnen die Dokumentation von VMware. Sie finden sie im Allgemeinen unter *https://code.vmware.com/web/sdk/67/vsphere-management* und für die Extension-Themen unter *https://code.vmware.com/docs/6518/developing-and-deploying-vsphere-solutions--vservices--and-esx-agents*.

11.14.6 System Configuration (Flash-Client)

In der SYSTEM CONFIGURATION finden Sie alle gemanagten vCenter-Dienste der virtuellen Infrastruktur (siehe Abbildung 11.110).

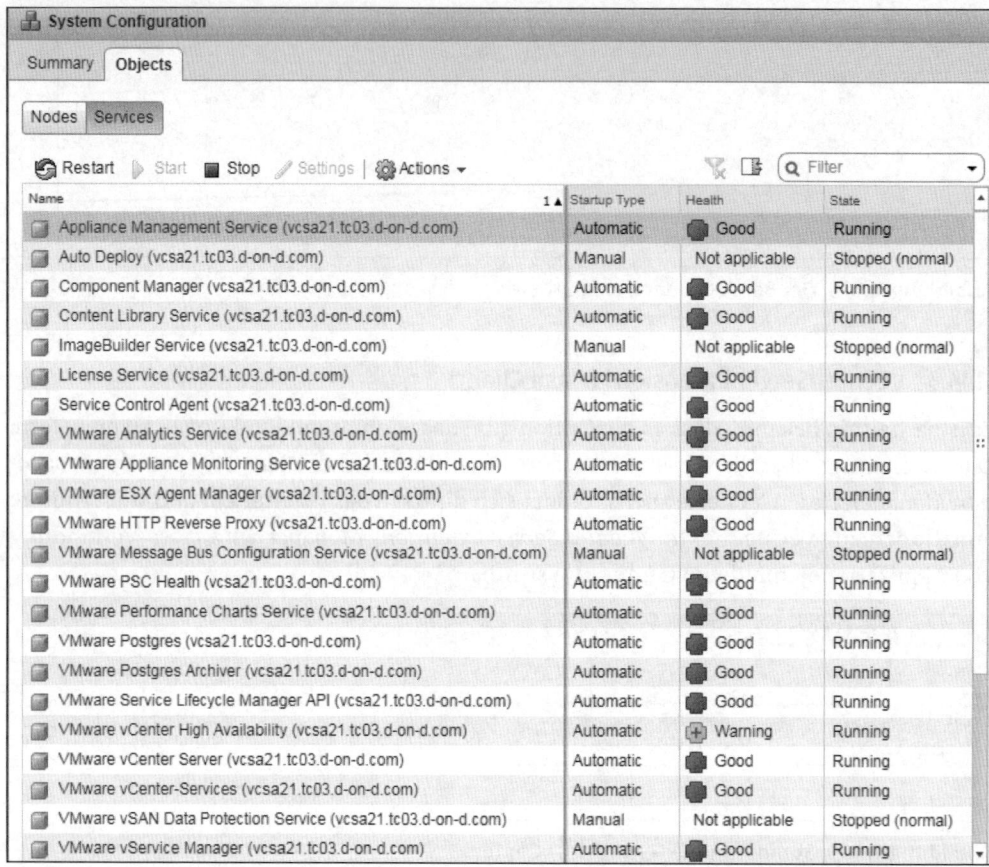

Abbildung 11.110 Diensteübersicht des vCenter Servers

Die Ansicht ähnelt der im Windows-Betriebssystem. Sie sehen die Dienste und können sie starten und stoppen. Weiterhin besteht die Option, die Startart zu ändern und die Dienste in gewissen Grenzen zu editieren.

11.14.7 Support (Flash-Client)

Gibt es in der Infrastruktur ein Problem und muss ein Call bei VMware geöffnet werden, müssen Sie zuerst die Logs über den MONITORING-Reiter des VCENTERS und die Auswahl von SYSTEM LOGS öffnen (siehe Abbildung 11.111).

11.14 Das Administrationsmenü

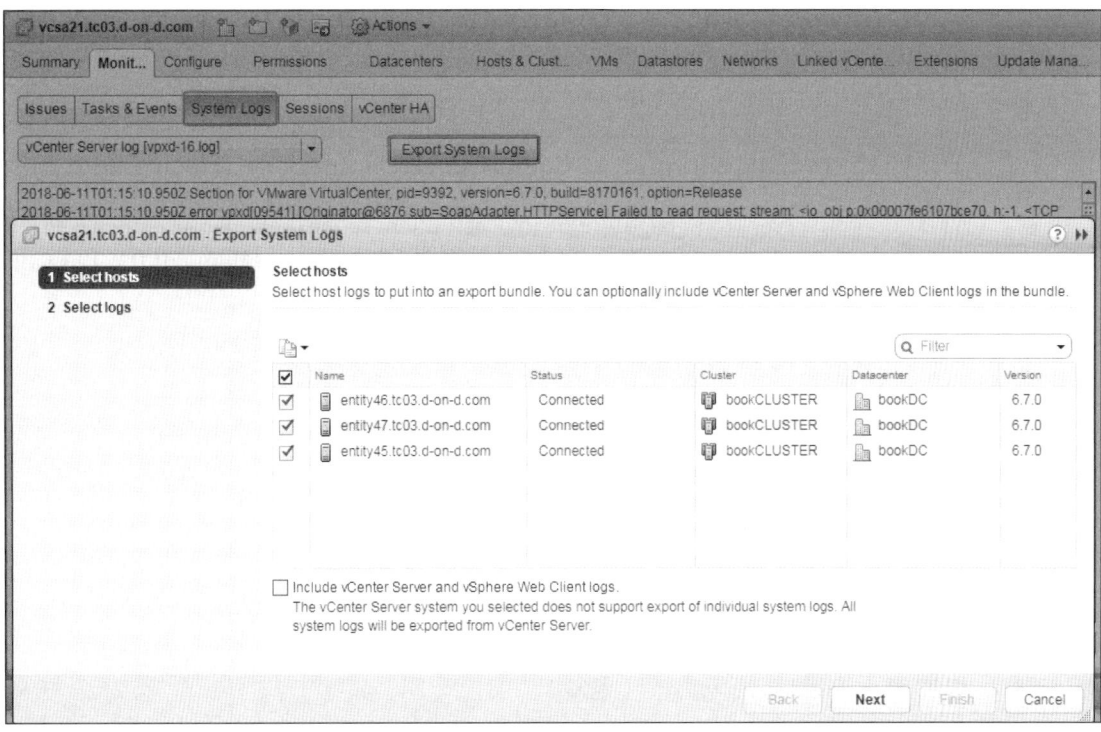

Abbildung 11.111 System-Logs im vCenter generieren

Hier finden Sie selektive Möglichkeiten zur Generierung von Logs – von einzelnen Hosts mit inkludierten Logdateien des vCenter Servers oder ohne die Logdateien des vCenter Servers. Nachdem Sie das Log erzeugt haben, können Sie es über das vCenter hochladen – vorausgesetzt, das vCenter darf sich mit dem Internet verbinden (siehe Abbildung 11.112).

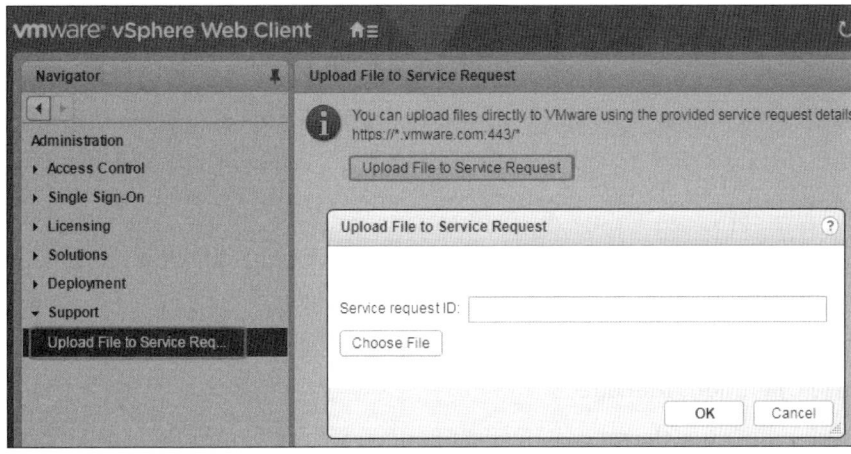

Abbildung 11.112 Upload des Log-Files

Nach der Eingabe der SERVICE REQUEST ID kann das Logfile angehängt werden. Es wird dann über eine sichere Verbindung an VMware übermittelt.

11.15 Weitere Einstellungen auf der vCenter-Homepage (Flash-Client)

Auf der vCenter-Server-Homepage (die Sie im Flash-Client sehen) befinden sich noch weitere Funktionen, die wir bisher nicht näher beschrieben haben (siehe Abbildung 11.113). Das wollen wir in diesem Abschnitt nachholen.

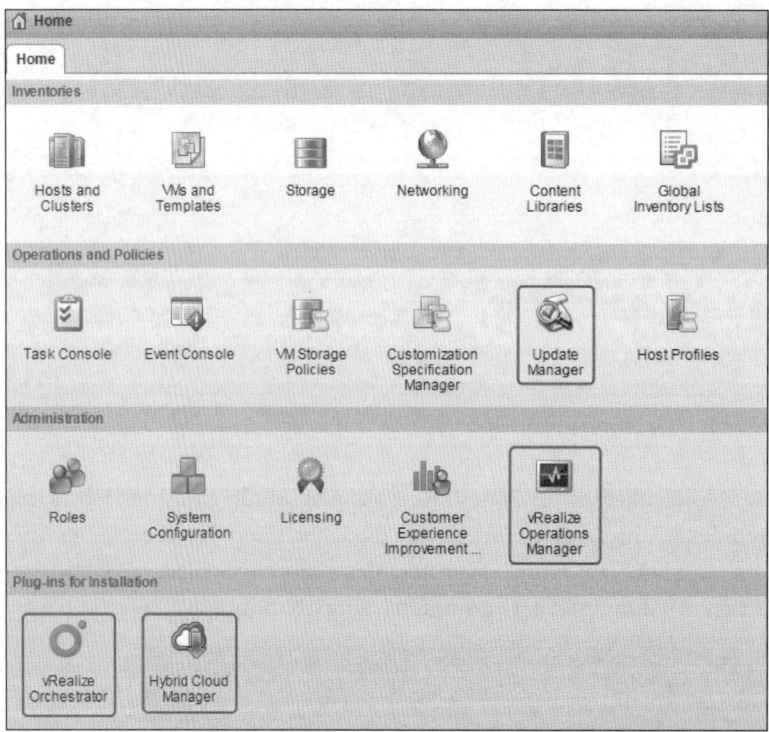

Abbildung 11.113 Diese Funktionen der Management-Homepage wollen wir noch besprechen

11.15.1 Update Manager

Dem *Update Manager* widmen wir später einen eigenen Abschnitt: Abschnitt 12.1, »Der vCenter Update Manager«.

11.15.2 vRealize Operations Manager

Das Monitoring-Tool *vCenter Operations Manager* können Sie seit einiger Zeit auch direkt verbundelt mit den vSphere-Lizenzen kaufen. Über die Management-Homepage können Sie das Tool installieren (siehe Abbildung 11.114).

11.15 Weitere Einstellungen auf der vCenter-Homepage (Flash-Client)

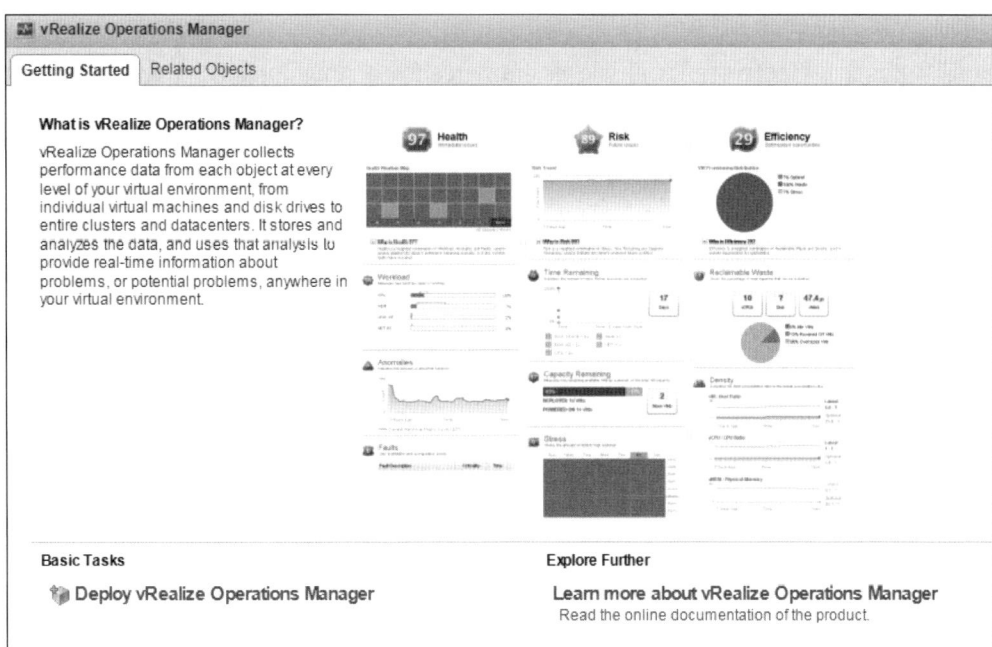

Abbildung 11.114 Import des »vCenter Operations Manager«

Sobald Sie den Import anstoßen, verbindet sich die Komponente über das Internet mit dem Download-Portal bei VMware (siehe Abbildung 11.115).

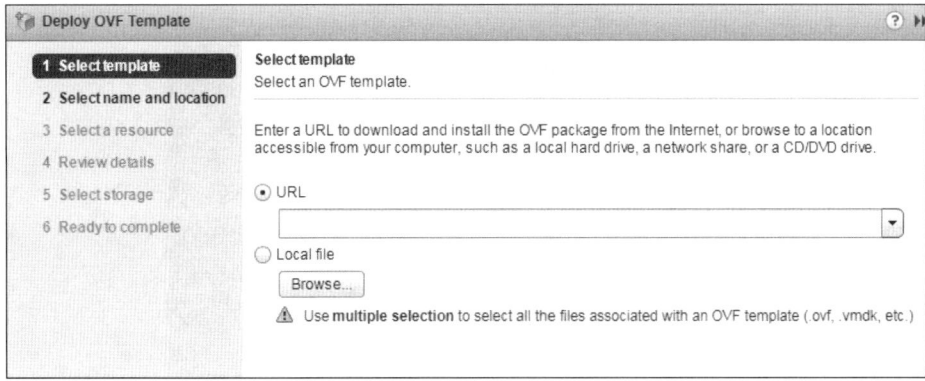

Abbildung 11.115 Download des »vRealize Operations Manager«

Hier müssen Sie nur die Nutzerdaten eingeben, und schon wird die Appliance heruntergeladen. Voraussetzung dafür ist ein funktionierender Internetzugang; es sei denn, Sie haben schon vorher die Files heruntergeladen. Dann können Sie sie hier mit LOCAL FILE und BROWSE direkt einspielen.

11.15.3 vRealize Orchestrator

Unter VREALIZE ORCHESTRATOR, wie es im Screen aus Abbildung 11.113 erscheint, hat VMware nur ein Hinweisfenster integriert: Der Administrator soll die Appliance herunterladen und in der virtuellen Infrastruktur bereitstellen. Mit dem Tool können Prozesse zusammengefasst und vereinfacht werden. Das ist aber nur ein Einstieg. Sollen komplexe Vorgänge abgebildet werden, kommen Sie an *vRealize Automation* nicht vorbei.

11.15.4 Hybrid Cloud Manager

Beim Aufruf des *Hybrid Cloud Managers* muss Ihr System mit dem Internet verbunden sein. Sie haben dann die Wahl, sich mit einer Internet-Cloud-Lösung zu verbinden (z. B. mit dem Rechenzentrum von VMware), um die entfernte Infrastruktur mit dem vCenter zu verwalten. VMware verfolgt hier den sogenannten *Single Pane of Glass*-Ansatz.

11.16 Management des Platform Services Controller (PSC)

In den folgenden Abschnitten kümmern wir uns um das Management des PSC.

11.16.1 Die DCUI (Direct Console User Interface) des PSC

Sie können sich direkt mit der Konsole des PSC verbinden (siehe Abbildung 11.116). In dieser Oberfläche haben Sie aber noch weniger Einstellmöglichkeiten.

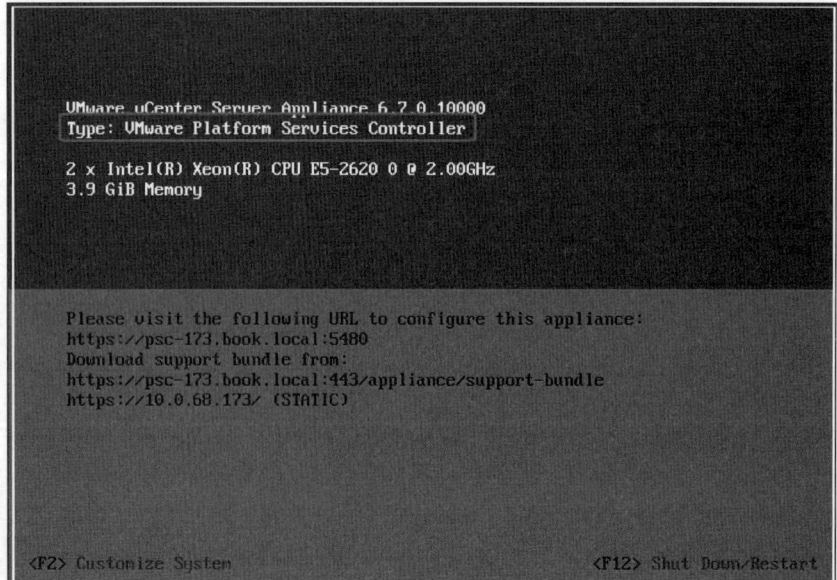

Abbildung 11.116 Die Konsole des PSC

Die einzigen Konfigurationsmöglichkeit bestehen hier in der Parametrierung der Netzwerkkonfiguration und dem Setzen des Root-Passworts (siehe Abbildung 11.117). Zusätzlich können Sie hier in die Kommandozeile des Systems wechseln, um weitergehendes Troubleshooting durchführen zu können.

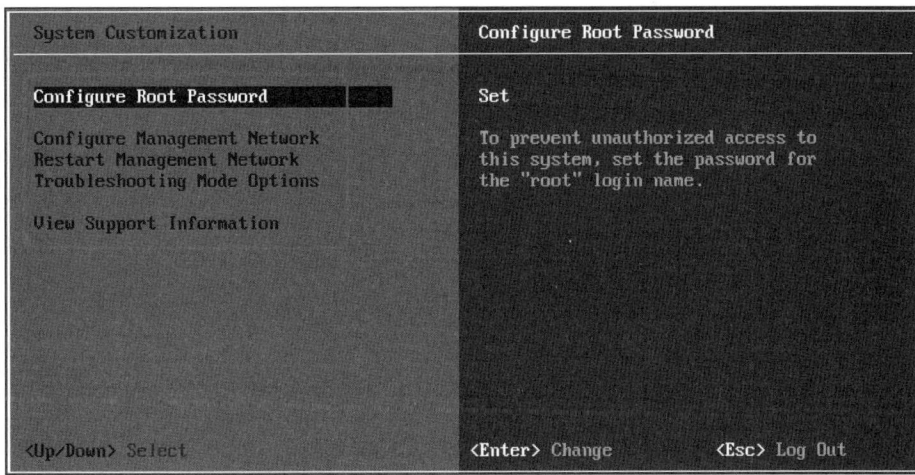

Abbildung 11.117 Einstellmöglichkeiten in der DCUI

11.16.2 Die Weboberfläche des PSC

Der *Platform Services Controller* (PSC) hat auch eine eigene Oberfläche für die Administration. Dafür müssen Sie sich nur mit einem gültigen Account an der Weboberfläche anmelden.

> **Achtung**
> Mit der Version 6.7 ist VMware einen neuen Weg gegangen. Eine eigene Weboberfläche hat der PSC nur, wenn er nicht *embedded* installiert worden ist, also als singuläre Maschine. Ist eine *All-in-One*-vCenter-Installation erfolgt, dann gibt es nur eine gemeinsame Oberfläche von PSC und vCenter!

Wenn Sie sich mit einem Account angemeldet haben, zeigt sich Ihnen die Weboberfläche aus Abbildung 11.118. Oben können Sie sehen, dass es sich um einen Standalone-PSC handelt.

Hier bieten sich nur wenige Konfigurationsmöglichkeiten, die wir mit Ihnen der Reihe nach abarbeiten möchten.

Zuerst kann die Zugriffsmöglichkeit auf den PSC festgelegt werden (siehe Abbildung 11.119). Die vier Optionen sind dabei selbsterklärend.

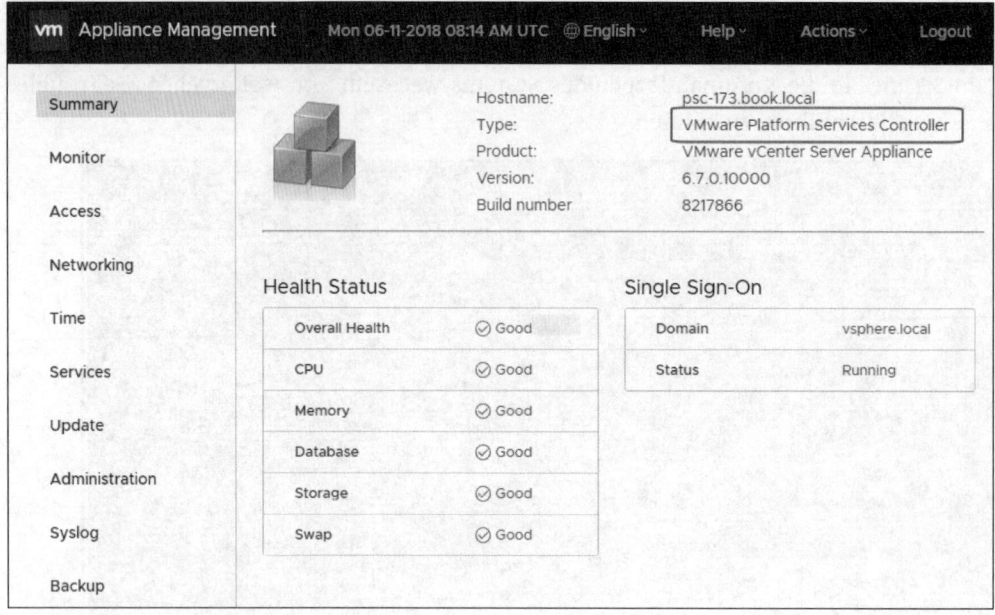

Abbildung 11.118 Die Administrationsoberfläche des PSC

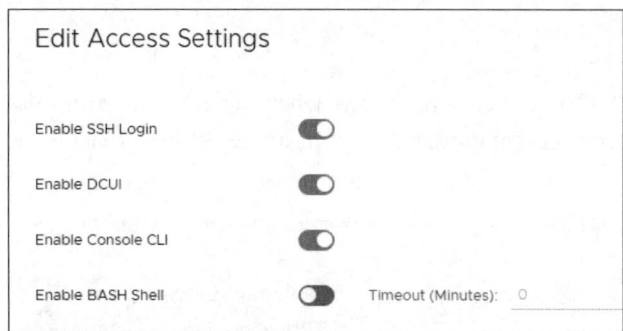

Abbildung 11.119 Festlegen der Zugriffsoptionen

Es folgen die Netzwerkparameter und die Einstellungen für die Zeitzone. Als Letztes kann der PSC mit einem Syslog-Server verbunden werden. Damit sind alle Konfigurationsmöglichkeiten besprochen. Alle anderen Auswahlmöglichkeiten betreffen betriebliche Aufgaben.

11.17 Management der VCSA

11.17.1 Die DCUI der VCSA

Ist die *VMware vCenter Server Appliance* (VCSA) importiert, können Sie sie einfach einschalten. Die Konsole stellt sich dann so dar wie in Abbildung 11.120. Sie könnten an dieser Stelle auch Teile der Konfiguration vornehmen. Über den Webbrowser können Sie auf diesen Bereich nicht zugreifen.

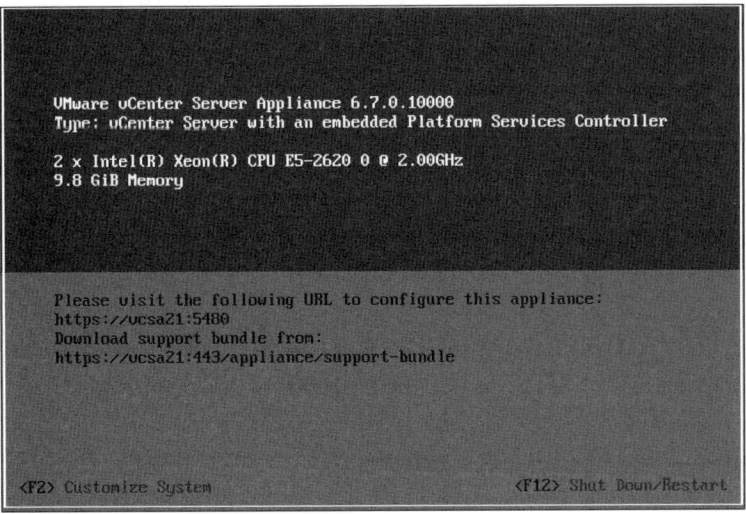

Abbildung 11.120 Konsolenoberfläche der VCSA

Die Konfigurationsmöglichkeiten entsprechen denen des PSC an dieser Stelle.

11.18 Die Weboberfläche der VCSA

Ist die Anmeldung erfolgt (siehe Abbildung 11.121), sehen Sie eine aufgeräumte Oberfläche für das Management der Appliance. Die Oberfläche gliedert sich in zwei Bereiche: Auf der linken Seite steht der Navigator und auf der rechten Seite die Anzeige.

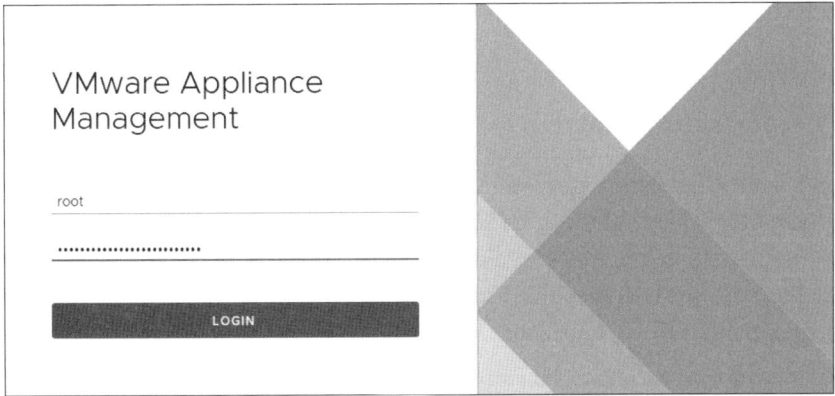

Abbildung 11.121 Anmeldung an der Managementoberfläche der VCSA

Die Übersicht aus Abbildung 11.122 zeigt Ihnen den allgemeinen Status der Appliance an.

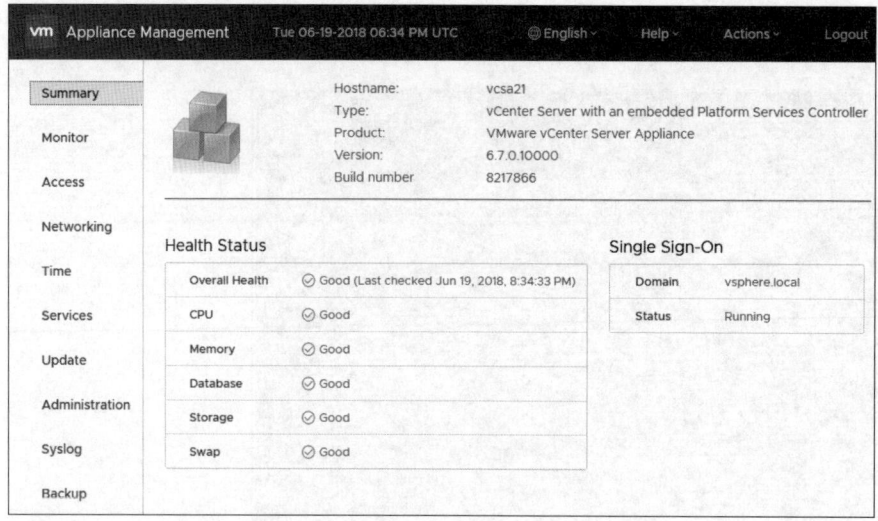

Abbildung 11.122 Statusanzeige der »vCenter Server Appliance«

Alle Einstellmöglichkeiten entsprechen denen beim Standalone-PSC. Diese haben wir bereits in Abschnitt 11.16.2 besprochen. Aus diesem Grund möchten wir nicht mehr näher auf sie eingehen.

Die Zusammenführung des Webmanagements von PSC und vCenter gefällt uns sehr gut, und sie ist auch gut realisiert. Da hier HTML5 zum Einsatz kommt, wird kein Flash benötigt.

> **Hinweis**
>
> Wir sind hier nur auf das Web-Interface der *Embedded*-Installation der VCSA eingegangen. Das gleiche Interface gibt es aber auch bei einer VCSA, die nur als vCenter bereitgestellt worden ist. Das Interface ist dann zu 100 % identisch!

11.19 Einen Account zurücksetzen

Eigentlich sollte das nicht passieren, aber wenn das Passwort der Appliance nicht mehr bekannt ist, gibt es die Möglichkeit, es zurückzusetzen. Dazu müssen Sie direkten Zugriff auf die Konsole der Appliance haben und diese neu starten. Direkt nach dem Start drücken Sie die Taste [e]. Die Zeile, die mit linux beginnt, erweitern Sie um den Zusatz rw init=/bin/bash. Das Booten erfolgt dann über [F10] und bringt Sie auf die Konsole.

Über den Konsolenbefehl passwd ändern Sie nun das Passwort. Mit umount / bereiten Sie den Neustart vor und führen ihn mit reboot -f abschließend durch.

Weitergehende Informationen dazu finden Sie in der Knowledge Base von VMware unter *https://kb.vmware.com/s/article/2147144*.

Kapitel 12
Konfiguration von vCenter-Add-ons

In Kapitel 11 haben wir uns mit der Konfiguration des vCenters und des Hosts beschäftigt. In diesem Kapitel gehen wir näher auf die Konfiguration der vCenter-Add-ons ein.

Autor dieses Kapitels ist Bertram Wöhrmann, Ligarion
buch@ligarion.de

In Kapitel 11 lag der Schwerpunkt auf den Basisfunktionen des vCenter Servers. Jetzt kommen wir zu zusätzlichen Optionen, die Ihnen das Leben als Administrator sehr erleichtern.

12.1 Der vCenter Update Manager

Der *VMware vCenter Update Manager* ist ein integriertes Produkt zur Aktualisierung der VMware-Infrastruktur. Das Patchen von virtuellen Maschinen beinhaltet nur die Aktualisierung der virtuellen Hardware und der *VMware Tools*. Um beispielsweise Client-Betriebssysteme zu patchen, müssen Sie andere Tools einsetzen.

Appliances können mit dem *Update Manager* nicht mehr gepatcht werden.

> **Achtung**
> Auch hier gibt es Unterschiede zwischen dem HTML5- und dem Flash-Client. Die Baselines zum Patchen von VMs werden nur im Flash-Client angezeigt!

Der Update Manager wird nicht während der Installation von *VMware vCenter Server* installiert. Wie wir bereits in Kapitel 5, »Installation von ESXi und vCenter«, beschrieben haben, installiert sich der Update Manager separat. Selbstverständlich kann der Update Manager auch mit der *vCenter Server Appliance* (VCSA) genutzt werden. Die Installation erfolgt automatisch. Es sind keine weiteren Eingriffe notwendig.

In diesem Abschnitt werden wir näher auf den VMware Update Manager eingehen und alle dabei wichtigen Punkte und Themen behandeln.

Exemplarisch zeigen wir Ihnen die vorbereitenden Arbeiten, die Sie durchführen müssen, um die Software effektiv nutzen zu können.

12.1.1 Installation

Die Installation des Update Managers haben wir ausführlich in Abschnitt 5.13.1 beschrieben. Nach der Installation müssen Sie den Update Manager noch konfigurieren. Der Einstieg in die Konfiguration erfolgt über die Favoritenleiste bzw. die Homepage.

> **Achtung**
> Die Einstellungen (SETTINGS) des Update Managers können Sie derzeit nur über den Flash-Client setzen!

Nach dem Aufruf müssen Sie im folgenden Fenster das zuständige vCenter auswählen.

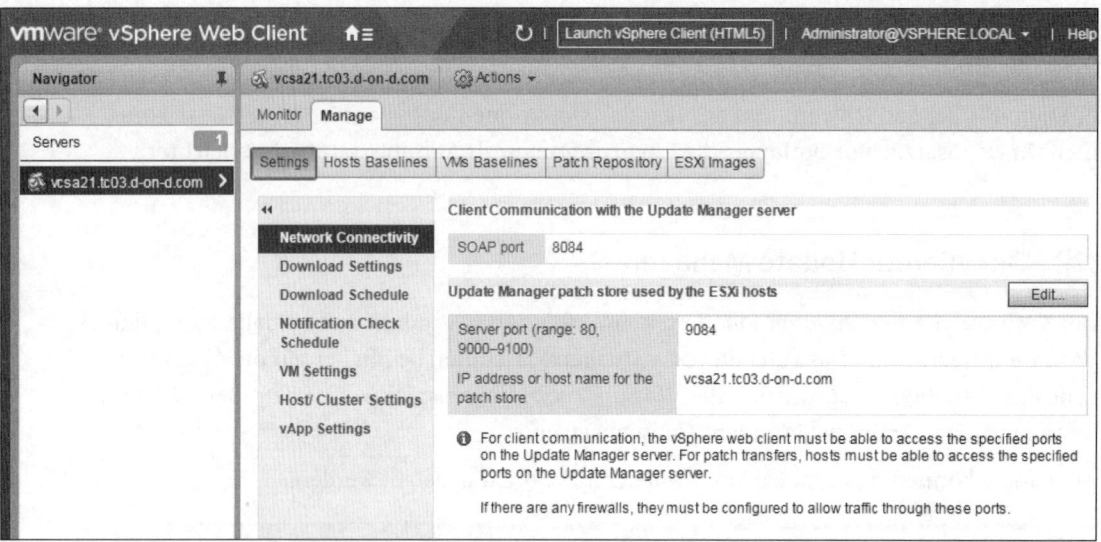

Abbildung 12.1 Konfiguration des Update Managers

Dort wählen Sie zunächst den Update-Manager-Server aus, den Sie administrieren möchten, und klicken dann den MANAGE-Reiter und die Auswahl SETTINGS an (siehe Abbildung 12.1), um die administrativen Arbeiten durchführen zu können. Hier gibt es sieben Auswahlpunkte, die wir mit Ihnen später durchgehen möchten. Die Liste beginnt mit der NETWORK CONNECTIVITY.

Elemente des Update Managers finden sich in der Übersicht einiger Objekte im Client. Dazu gehören:

- vCenter
- Datacenter
- Cluster
- Host
- Ordner
- VM (nur Flash Client)

Es gibt aber auch die Option, das Patchhandling über das Kontextmenü der entsprechenden Objekte durchzuführen. Auch auf diesem Weg kann der Update Manager gestartet werden. (siehe Abbildung 12.2; das gilt nur für den Flash-Client).

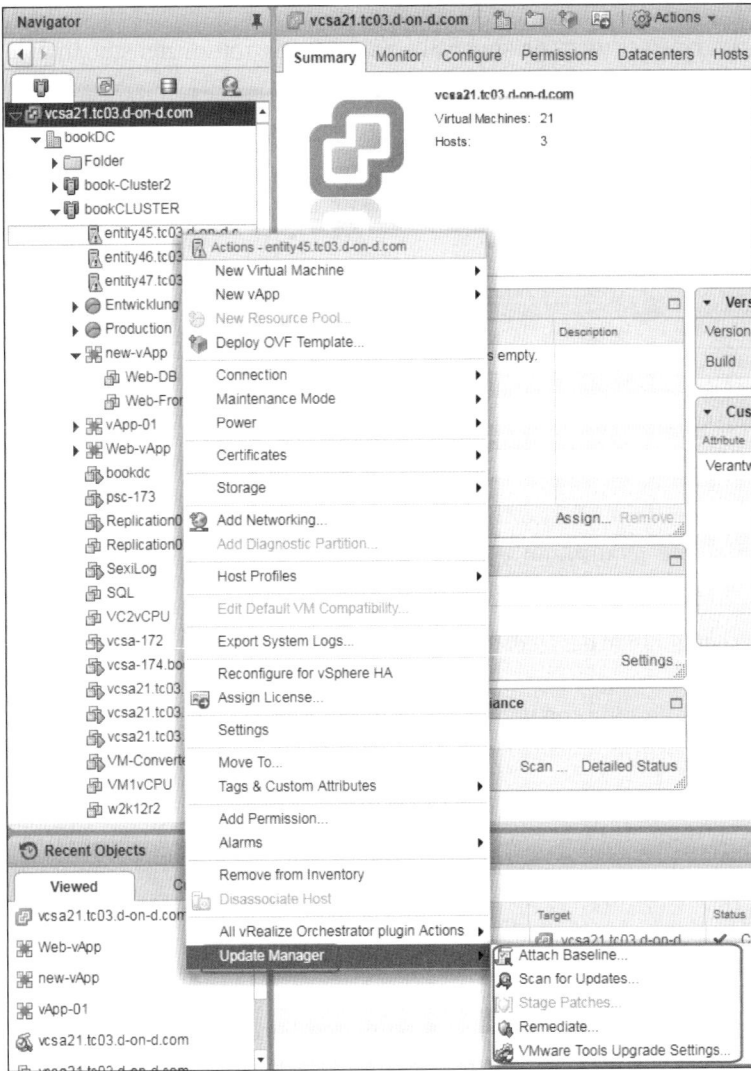

Abbildung 12.2 Kontextmenü fürs Patchen

12.1.2 Konfiguration

Als Erstes müssen Sie den Update Manager konfigurieren. Das Managementfenster hat sechs Reiter: Settings, Host baselines, VMs Baselines Patch Repository und ESXi Images (siehe Abbildung 12.3).

Wir beginnen mit den Einstellungen (Reiter SETTINGS) für den Update Manager, die Sie auf der linken Seite der Abbildung sehen.

Netzwerkkonfiguration

Über den Link NETWORK CONNECTIVITY gelangen Sie in das Konfigurationsfenster, in dem Sie die Kommunikations-Ports der Applikation einstellen.

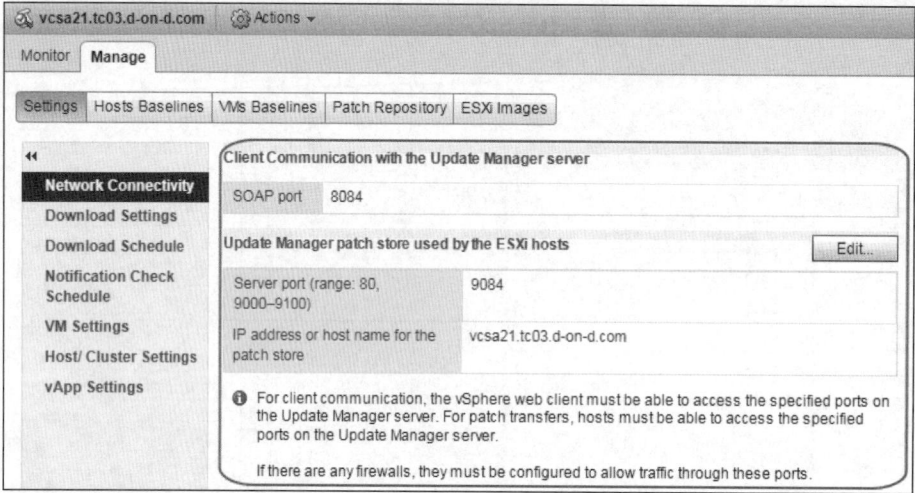

Abbildung 12.3 Netzwerkkonfiguration des Update Manangers

Dabei handelt es sich um die Verbindung von Client und Applikation und um den Port für den Zugriff auf das Patch-Repository sowie um die Ziel-IP-Adresse oder den DNS-Namen des Repositorys.

Wir empfehlen, immer die Standard-Ports beizubehalten, sofern das geht. Die Ports lassen sich hier zwar leicht ändern, aber die benötigten weiteren Kommunikationspartner müssen Sie ja auch noch anpassen.

Download-Einstellungen

Im Konfigurationsabschnitt DOWNLOAD SETTINGS konfigurieren Sie das Netzwerk der Server-Komponente. Bereiten Sie den Server dafür vor, die gewünschten Patches in das Repository zu laden (siehe Abbildung 12.4). An dieser Stelle ist es wichtig, dass genügend Speicherplatz auf der Festplatte vorhanden ist, auf der das Repository liegt (auch Kapitel 5, »Installation von ESXi und vCenter«).

Die erste Einstellung betrifft die Festlegung, von wo aus die Patches in das Repository gelangen. Das kann entweder direkt aus dem Internet passieren oder über einen Share, auf dem vorhandene Patches abgelegt worden sind. Das ist in der Regel der Fall, wenn der Download Manager und der Update Manager auf zwei getrennten Maschinen installiert worden sind.

So kann der Download Manager die Patches aus dem Internet laden. Anschließend können Sie die Patches im Update Manager importieren.

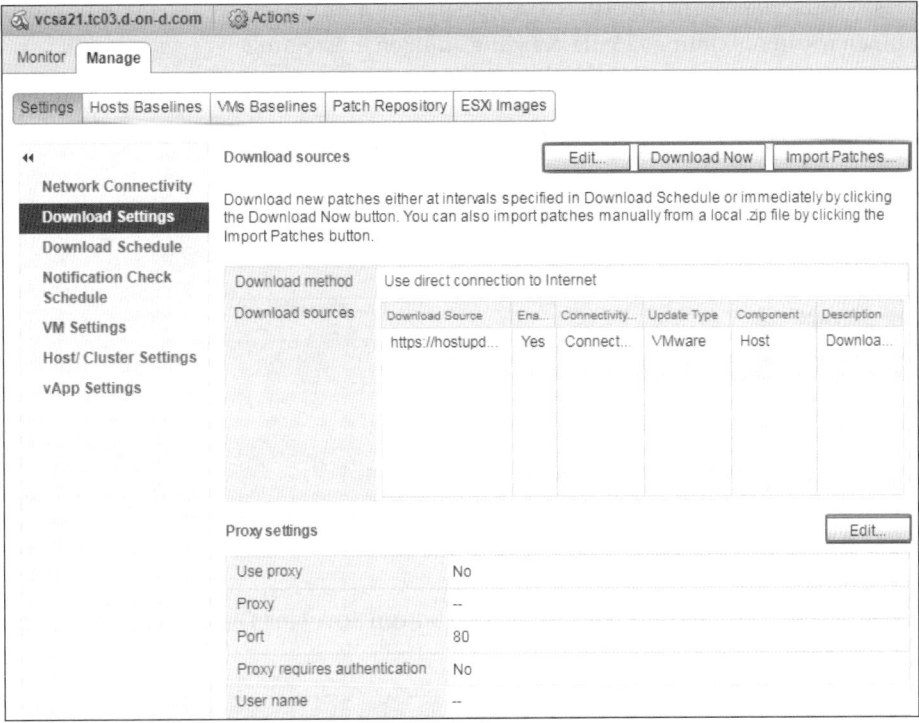

Abbildung 12.4 Download-Einstellungen des Update Managers

Selbstverständlich können Sie die Quellen, aus denen Patches geladen werden, weiter durch eigene Quellen ergänzen.

In dem Dialog aus Abbildung 12.4 sind noch drei Bereiche zu besprechen:

- Mit dem Button DOWNLOAD NOW kann das Herunterladen augenblicklich gestartet werden.
- Möchten Sie z. B. Treiber oder zusätzliche Software von dem Hersteller Ihrer Serverhardware einbinden, ist der Button IMPORT PATCHES der passende Auswahlpunkt. Hier müssen Sie dann ein ZIP-File angeben, das die passenden VIB-Files enthält. So können Sie dann den Update Manager nutzen, um herstellerspezifische Softwarekomponenten in VMware zu integrieren.
- Der untere Bereich im mittleren Anzeigefenster betrifft den Zugang zum Internet für den Download. Falls Sie Proxy-Einstellungen nutzen müssen, können Sie diese hier eintragen.

Für beide Einstellungsbereiche gelangen Sie über den jeweiligen EDIT-Button in die passenden Eingabemasken.

Download-Zeitplaner

Der Update Manager enthält einen Zeitplaner für das Herunterladen von Patches. Dieser Prozess lässt sich in dem Fenster DOWNLOAD SCHEDULE automatisieren. Nach dem Aufruf werden Ihnen wie in Abbildung 12.5 die derzeitig gültigen Einstellungen gezeigt.

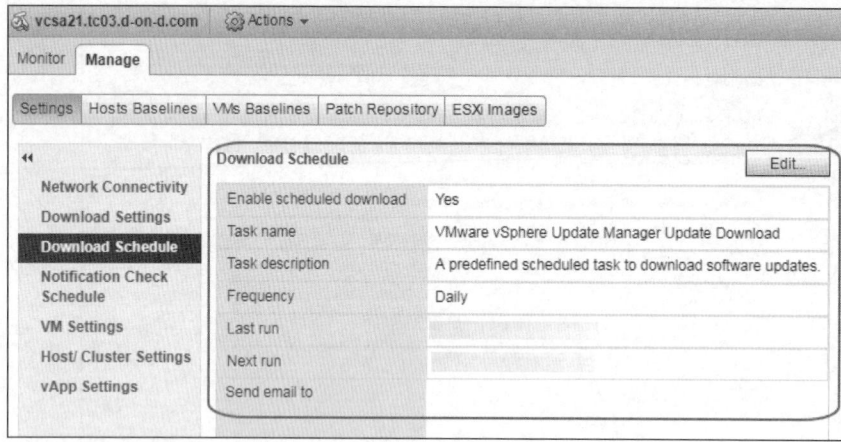

Abbildung 12.5 Der Download-Zeitplaner des Update Managers

Möchten Sie den Job anpassen, öffnen Sie über den Button EDIT eine Dialogbox zum Einstellen der Parameter (siehe Abbildung 12.6).

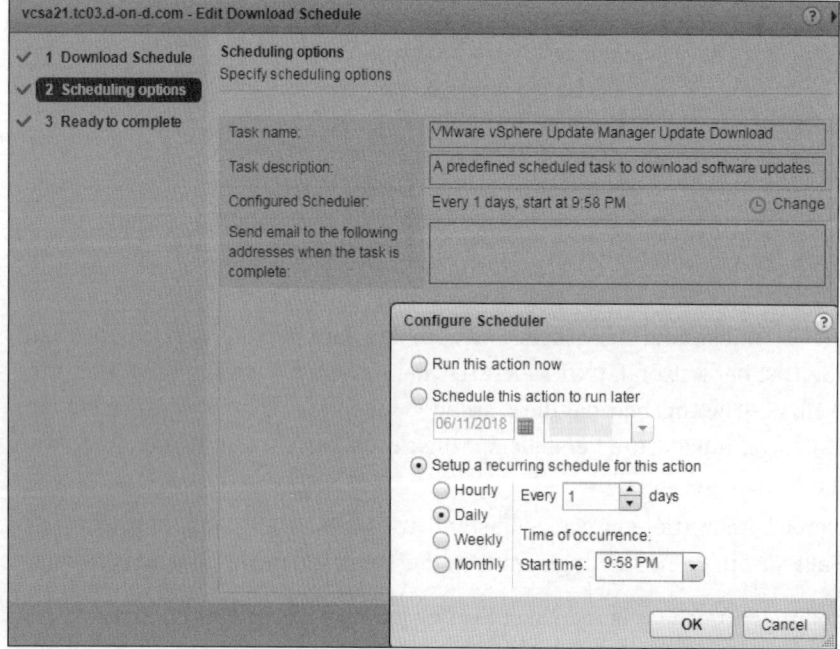

Abbildung 12.6 Parametrierung des Download-Tasks

An sich ist das Fenster selbsterklärend. Je nach ausgewählter Download-Frequenz ergeben sich unterschiedliche Konfigurationsoptionen. Zur Verfügung stehen die Download-Frequenzen NOW, HOURLY, DAILY, WEEKLY und MONTHLY. Die Frequenz des Downloads sollten Sie davon abhängig machen, welche Systeme gepatcht werden sollen. Wir sind der Meinung, dass der Wochenrhythmus empfehlenswert ist. Ein stündlicher oder täglicher Rhythmus scheint nicht sonderlich sinnvoll zu sein. Aber auch hier spielen die Sicherheitsrichtlinien im Unternehmen eine große Rolle.

Ist der Job eingerichtet, besteht noch die Möglichkeit, eine E-Mail-Adresse anzugeben, die den Administrator benachrichtigt, wenn neue Patches heruntergeladen wurden.

Benachrichtigungsintervall

Unter NOTIFICATION CHECK SCHEDULE konfigurieren Sie das Benachrichtigungsintervall (siehe Abbildung 12.7). Wie oft soll das System nach Benachrichtigungen Ausschau halten, damit Sie immer rechtzeitig über neue Patches informiert sind?

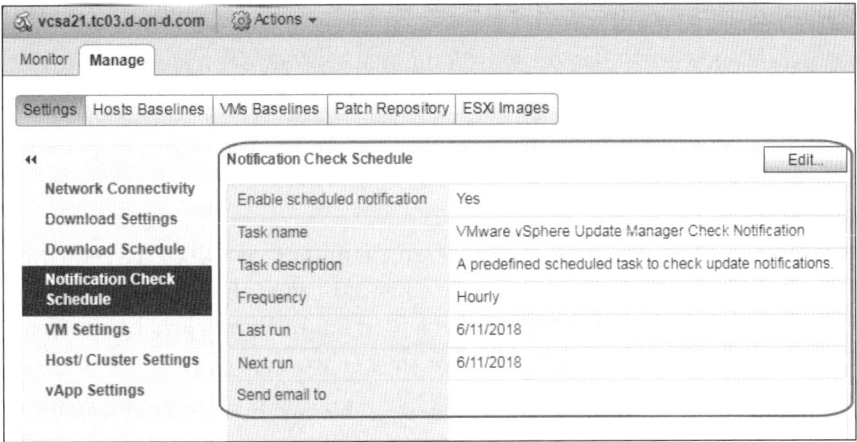

Abbildung 12.7 Die Voreinstellungen für Benachrichtigungen

Hier ist das Zeitintervall kürzer als beim Download-Intervall.

Gast-Einstellungen

Eine sehr interessante Option geben Ihnen die VM SETTINGS an die Hand: Sie können die Patch-Arbeiten mit Unterstützung der Snapshot-Funktionalität durchführen (siehe Abbildung 12.8). Wie funktioniert das Ganze? Bevor der Patch-Vorgang im Gast angestoßen wird, initiiert der Update Manager einen Snapshot. Ist der Snapshot erstellt, werden die Patch-Arbeiten durchgeführt.

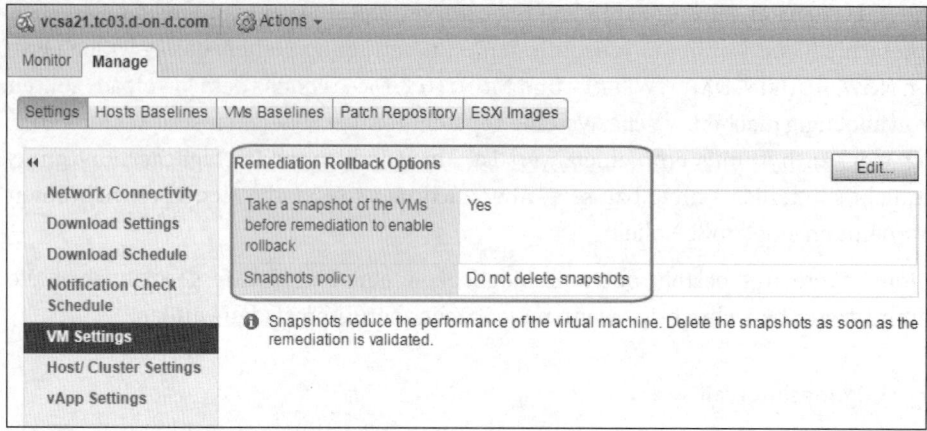

Abbildung 12.8 Einstellungen für den Gast

Im Konfigurationsfenster können Sie nun einstellen, was mit dem Snapshot passieren soll: Entweder wird er angelegt und bleibt weiter aktiv, oder Sie geben ein Zeitfenster vor, nach dem er zurückgeschrieben wird. Ist das Zeitfenster optimal gewählt, dann bleibt genug Zeit, um den Gast und seine Applikation zu testen und zu entscheiden, ob das Patchen erfolgreich war oder ob der Ursprungszustand wiederhergestellt werden muss.

Host/Cluster-Einstellungen

Das Verhalten des Hosts beim Patchen parametrieren Sie unter HOST/CLUSTER SETTINGS (siehe Abbildung 12.9). Startet der Patch-Vorgang für einen Host, wird als Erstes versucht, den vSphere-Host in den Maintenance-Modus zu versetzen. Ist das nicht möglich, kommen die Einstellungen zum Tragen, die in diesem Fenster vorgegeben wurden.

Als Erstes sehen Sie hier eine Funktion, die mit vSphere 6.7 hinzukam: ENABLE QUICK BOOT sorgt dafür, dass beim Reboot nach dem Patchen die Hardware nicht die zeitintensiven Tests durchläuft, sodass der Host in sehr kurzer Zeit wieder seinen Dienst verrichten kann. Das funktioniert natürlich nur, wenn die Hardware diese Funktion auch unterstützt!

> **Achtung**
> Auch wenn die Hardware in der Liste der Systeme steht, für die Sie Quick Boot nutzen können, kann ein nicht kompatibler Treiber dazu führen, dass die Option nicht funktioniert!

Im Folgenden legen Sie unter VM POWER STATE fest, was mit laufenden virtuellen Maschinen passieren soll: Sie können die virtuellen Maschinen unverändert lassen (DO NOT CHANGE VM POWER STATE), sie in den SUSPEND-Modus versetzen (SUSPEND VIRTUAL MACHINES) oder sie herunterfahren (POWER OFF VIRTUAL MACHINES). In den beiden letzten Fällen wird danach erneut versucht, den Host zu patchen.

Eine wichtige Funktion ist, entfernbare Geräte, die ein vMotion verhindern, temporär zu deaktivieren, damit die Arbeiten durchgeführt werden können (DISABLE REMOVABLE MEDIA ...).

Für den Fall, dass der Host nicht in den Maintenance-Modus versetzt werden kann, konfigurieren Sie das Wiederholintervall in Stunden oder Minuten und die Anzahl der Wiederholungen (RETRY ENTERING MAINTENACNE MODE IN CASE OF FAILURE).

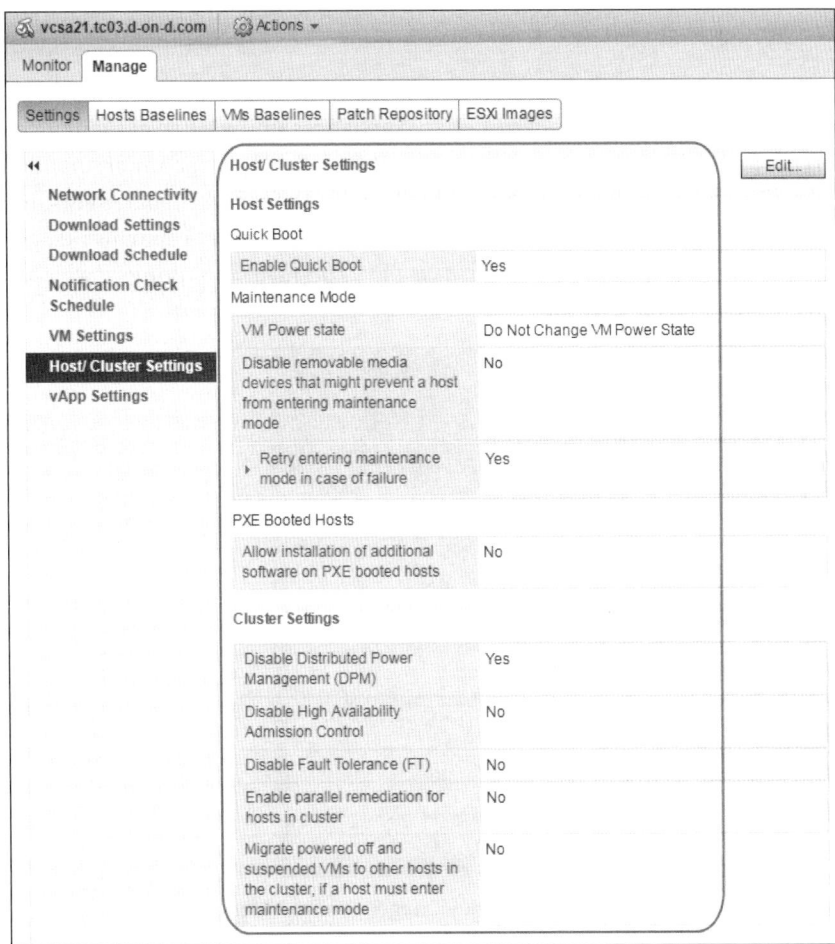

Abbildung 12.9 Konfiguration des Hosts im Update Manager

Kommen *stateless* Hosts zum Einsatz, kann mit der Option ALLOW INSTALLATION OF ADDITIONAL SOFTWARE ON PXE BOOTED HOSTS dafür gesorgt werden, dass auf dem stateless Host zusätzliche Software nach dem Reboot installiert werden kann, solange sie nach der Installation keinen Reboot benötigt.

Es folgen die Einstellungen für Cluster, mit denen Sie vorgeben, welche Funktionen für den Patch-Zeitraum im Cluster deaktiviert werden. Dazu zählen *Distributed Power Management*,

High Availability Admission Control und *Fault Tolerance*. Das Verhalten von ausgeschalteten virtuellen Maschinen im Suspend-Modus können Sie genauso bestimmen wie das parallele Einspielen von Patches.

vApp-Konfiguration

Im Konfigurationsabschnitt VAPP SETTINGS bestimmen Sie, wie sich eine vApp nach dem Patchen verhält (siehe Abbildung 12.10).

Ist die Option SMART REBOOT AFTER REMEDIATION aktiviert (ENABLED), sorgt der Update Manager dafür, dass alle von einer vApp betroffenen Appliances und VMs selektiv neu gestartet werden. Damit erreichen Sie, dass die Abhängigkeiten der Systeme untereinander eingehalten werden. Deaktivieren Sie diese Option, bleiben die Abhängigkeiten der VMs untereinander unberücksichtigt, und die VMs werden in der Reihenfolge des Patchens neu gestartet. Das kann abschließend aber dazu führen, dass die vApp nicht funktioniert, weil die Boot-Reihenfolge nicht eingehalten wurde.

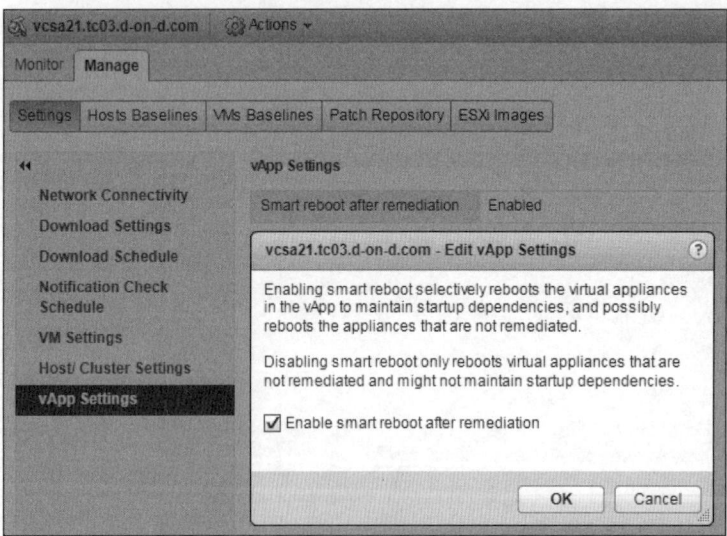

Abbildung 12.10 Das Verhalten einer vApp im Update Manager konfigurieren

12.1.3 Host-Baselines

In diesem und den folgenden Abschnitten besprechen wir die übrigen Reiter auf der Seite des Update Managers. Wir beginnen mit HOSTS BASELINES.

Host-Baselines sind die Elemente, die Sie neben Baseline-Gruppen mit Objekten verbinden können. Die Host-Baselines enthalten Patches oder Gruppen von Patches. Wie das Ganze erstellt wird, lesen Sie in Abschnitt 12.1.9. In Baseline-Gruppen können Host-Baselines zusammengefasst werden. Eine Übersicht über beide Elemente finden Sie in Abbildung 12.11.

12.1 Der vCenter Update Manager

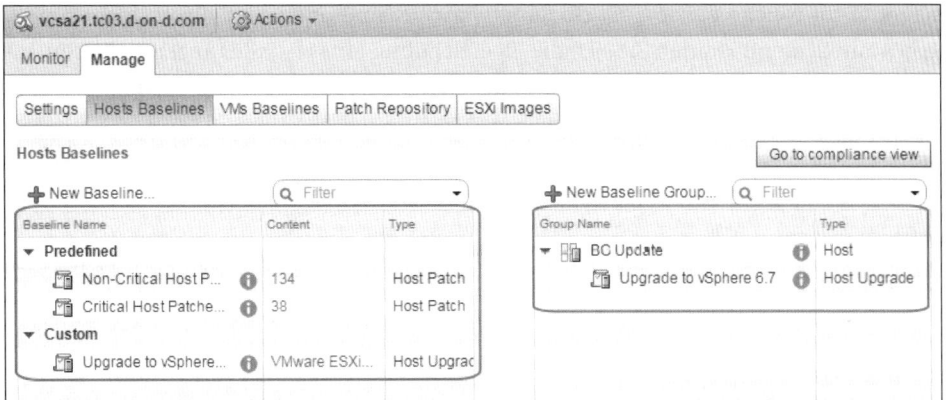

Abbildung 12.11 Ansicht der hostbasierten Baselines

In der Übersicht gibt es rechts einen zusätzlichen Link, über den man direkt zur Compliance-Ansicht wechseln kann.

12.1.4 VM-Baselines

Für VM-Baselines gilt grundsätzlich das Gleiche wie für Host-Baselines – mit dem Unterschied, dass sich keine eigenen Baselines für VMs anlegen lassen. Alle Baselines, die genutzt werden können, hat VMware schon angelegt. Dabei handelt es sich um eine Baseline zur Aktualisierung der VMware Tools und eine zur Aktualisierung der virtuellen Hardware (siehe Abbildung 12.12). Einzig eine Gruppierung über eine Baseline-Gruppe wäre möglich.

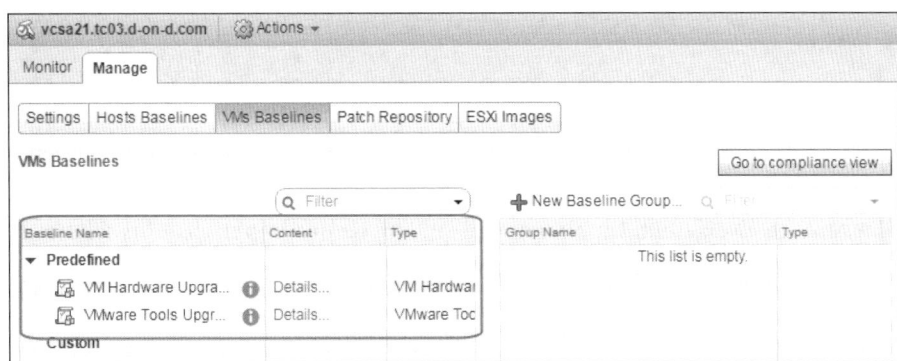

Abbildung 12.12 Vordefinierte Baselines

12.1.5 Patch Repository

Alle Patches sehen Sie in der Anzeige PATCH REPOSITORY, und das mit verschiedenen zusätzlichen Informationen (siehe Abbildung 12.13). So wird hier z. B. die Wichtigkeit (SEVERITY) angegeben oder für welche Version die einzelnen Patches sind und wann sie erschienen sind. Über das Kontextmenü können Sie sich die Eigenschaften eines Patches anzeigen lassen. Interessant ist auch die Information, welche weitergehenden Aktionen beim Einspielen dieser Patches notwendig sind.

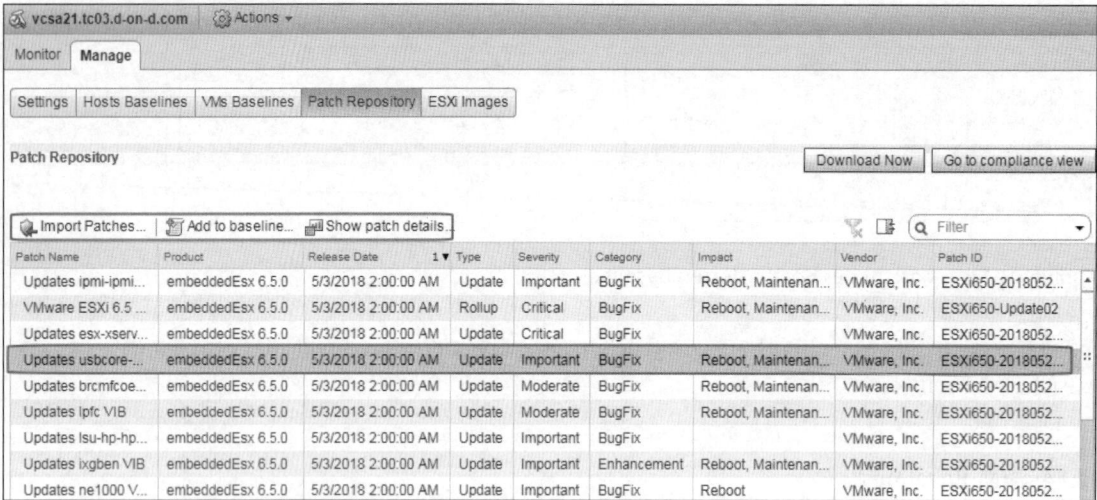

Abbildung 12.13 Das »Patch Repository« des Update Managers

Die Möglichkeiten reichen von keiner zusätzlichen Aktion über einen Reboot und den Wechsel in den Maintenance-Modus bis zum Restart des *hostd*-Dienstes. Sie können hier jeden Patch direkt zu einer Baseline hinzufügen. Diese wiederum kann dann zum Patchen genutzt werden.

12.1.6 ESXi Images

Während Sie im vorhergehenden Reiter die Patches gesehen haben, werden im Reiter ESXI IMAGES alle ESXi-Images angezeigt, die im System zu finden sind (siehe Abbildung 12.14). Dabei ist die Anzeige zweigeteilt. Im oberen Teil finden Sie das importierte Installations-Image und im unteren Teil die enthaltenen Softwarepakete und Treiber.

Die Informationen ähneln denen, die Sie als Ausgabe bekommen, wenn Sie sich in der PowerCLI mit dem Befehl Get-EsxSoftwarePackages die Softwarepakete eines Images anzeigen lassen. Sie finden hier die Version, den Hersteller, das Acceptance-Level, das Release-Datum und die Größe des Softwarepakets.

Weitere Manipulationen können Sie hier nicht vornehmen. Einzig beim Import müssen Sie das Image direkt einer Baseline zuweisen.

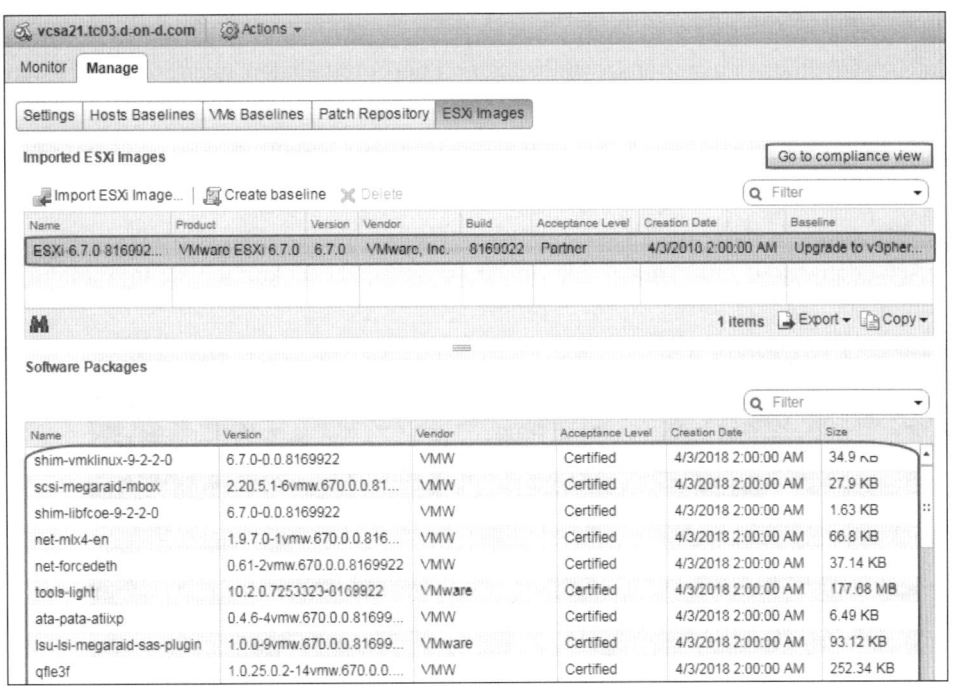

Abbildung 12.14 Anzeige der ESXi-Images

12.1.7 Download von Updates

Nachdem Sie alle nötigen Einstellungen vorgenommen haben, können Sie die Updates herunterladen. Dies geschieht am einfachsten über den dafür angelegten Link. Zu finden ist dieser unter SETTINGS • DOWNLOAD SETTINGS • DOWNLOAD NOW oder alternativ unter PATCH REPOSITORY • DOWNLOAD NOW. Anschließend werden die Updates direkt heruntergeladen.

Jetzt wird ein Task im Fenster der RECENT TASKS gestartet. Hier erkennen Sie, dass der Update Manager Patches herunterlädt (siehe Abbildung 12.15).

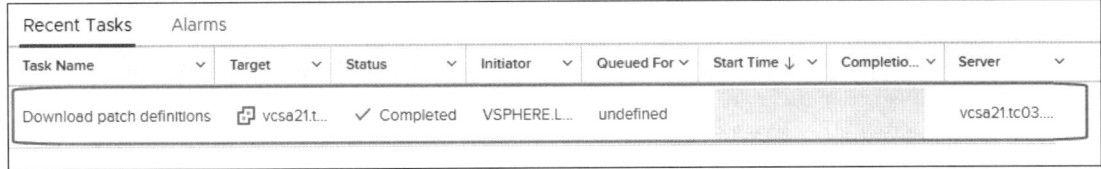

Abbildung 12.15 VMware Update Manager – Task: Download der Patches

Wird der Task zum ersten Mal angestoßen, kann der Vorgang ziemlich lange dauern, je nachdem, welche Patches heruntergeladen werden müssen.

12.1.8 Download von Updates auf Offline-Update-Manager

Um Patches auf einen dedizierten Download-Server herunterzuladen, müssen Sie auf jeden Fall die Kommandozeile bemühen.

Der Download-Manager muss auf einem dedizierten Server installiert werden, und es darf kein *VMware Update Manager* auf der Maschine installiert sein. Beide Systeme schließen einander aus!

Die verschiedenen Aufrufparameter der *vmware-umds.exe*-Datei können Sie in Abbildung 12.16 sehen.

```
Basic Commands:
  -h [ --help ]                    Show this message
  -D [ --download ]                Download updates based on the current
                                   configuration
  -E [ --export ]                  Export all updates that have been
                                   downloaded. Optionally use start-time and
                                   end-time to restrict 3.x host update
                                   export to a time range
  -R [ --re-download ]             Re-download existing updates that may be
                                   corrupted and download new updates. Use
                                   this command only if you suspect UMDS
                                   patch store is corrupted. Optionally use
                                   with start-time and end-time to specify
                                   time range for re-download of existing
                                   updates. DEPRECATED
  -S [ --set-config ]              Setup UMDS configuration
  -G [ --get-config ]              Print current UMDS configuration
  -v [ --version ]                 Print UMDS version
  -i [ --info-level ] arg          The level of information shown on the
                                   console: <verbose|info>. Use this along
                                   with download, export or re-download
                                   operation only
  -L [ --list-host-platforms ]     List all suppported ESX platforms for
                                   download

Optional argument for export:
  -x [ --export-store ] arg        Destination directory for export
                                   operation (Overrides setting from
                                   configuration)
```

Abbildung 12.16 Befehlsparameter von »vmware-umds.exe«

```
Optional arguments for export and re-download:
  -s [ --start-time ] arg          Format is ISO-8601 YYYY-MM-DDThh:mm:ss[Z]
                                   . Use 'Z' at the end to indicate UTC.
                                   For export, start-time restricts
                                   selection to include updates released
                                   after this time (inclusive) and applies
                                   only to ESX/ESXi 3.x updates. It is
                                   ignored for other ESX/ESXi versions and
                                   VM updates.
                                   For re-download, all types of updates
                                   downloaded after this time will be
                                   re-downloaded together with the new
                                   updates.
  -t [ --end-time ] arg            Format is ISO-8601 YYYY-MM-DDThh:mm:ss[Z]
                                   . Use 'Z' at the end to indicate UTC.
                                   For export, end-time restricts selection
                                   to include updates released until this
                                   time (inclusive) and applies only to
                                   ESX/ESXi 3.x updates. It is ignored for
                                   other ESX/ESXi versions and VM updates.
                                   For re-download, all types of updates
                                   downloaded until this time will be
                                   re-downloaded together with the new
                                   updates.
```

Abbildung 12.17 Optionale Argumente für Export und Redownload

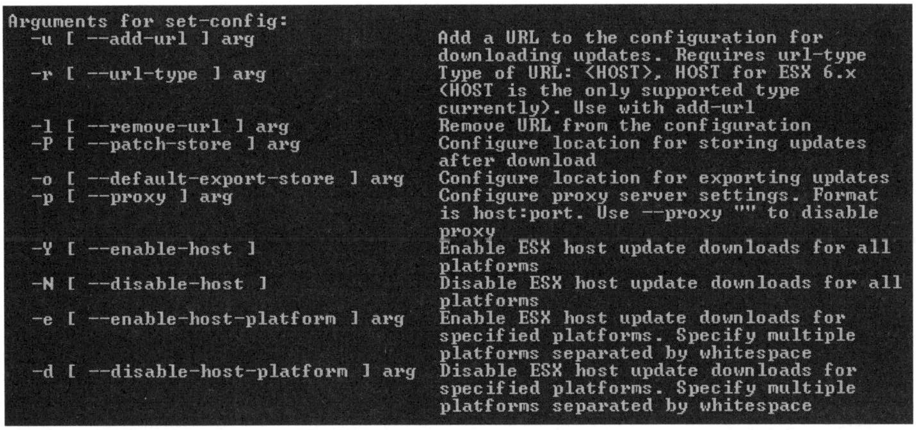

```
Arguments for set-config:
  -u [ --add-url ] arg              Add a URL to the configuration for
                                    downloading updates. Requires url-type
  -r [ --url-type ] arg             Type of URL: <HOST>, HOST for ESX 6.x
                                    (HOST is the only supported type
                                    currently). Use with add-url
  -l [ --remove-url ] arg           Remove URL from the configuration
  -P [ --patch-store ] arg          Configure location for storing updates
                                    after download
  -o [ --default-export-store ] arg Configure location for exporting updates
  -p [ --proxy ] arg                Configure proxy server settings. Format
                                    is host:port. Use --proxy "" to disable
                                    proxy
  -Y [ --enable-host ]              Enable ESX host update downloads for all
                                    platforms
  -N [ --disable-host ]             Disable ESX host update downloads for all
                                    platforms
  -e [ --enable-host-platform ] arg Enable ESX host update downloads for
                                    specified platforms. Specify multiple
                                    platforms separated by whitespace
  -d [ --disable-host-platform ] arg Disable ESX host update downloads for
                                    specified platforms. Specify multiple
                                    platforms separated by whitespace
```

Abbildung 12.18 Argumente für »set-config«

Es gibt zwei Wege, um zu bestimmen, welche Patches heruntergeladen werden sollen:

- Parametrierung der Downloads über die Kommandozeile
- Einschränkung der Downloads durch Anpassen der Konfigurationsdatei

Im Handbuch wird nur die Nutzung der Kommandozeile beschrieben. Die Befehle für das Deaktivieren des Downloads von ESXi-6.x-Patches sehen wie folgt aus:

```
vmware-umds.exe -S -enable-hosts
vmware-umds.exe -S -d embeddedEsx-6.0.0
```

Mit der Kommandozeile können Sie die Konfiguration weiter anpassen. Der einfachere Weg ist aber das Anpassen der Konfigurationsdatei; hier können Sie die Einschränkungen ebenfalls konfigurieren.

In der Konfigurationsdatei (*downloadConfig.xml*) lassen sich die Anpassungen auch manuell vornehmen. Sollen z. B. keine ESXi-6.0-Patches heruntergeladen werden, weil Sie eine reine vSphere-Umgebung der Version 6.5 haben, entfernen Sie einfach die Zeile <ESX3xUpdateUrl>... Schon werden beim Download nur noch Patches für vSphere ab Version 4 berücksichtigt.

```
<Config>
   <patchStore>C:\ProgramData\VMware\VMware Update Manager\Data\
   </patchStore>
   <exportStore></exportStore>
   <proxySettings>
      <useProxyServer></useProxyServer>
      <!-- true -->
      <proxyServer></proxyServer>
      <!-- proxy.vmware.com -->
```

```xml
        <proxyPort></proxyPort>
        <!-- 3128 -->
    </proxySettings>
    <contentSettings>
        <hostInclude id="0001">embeddedEsx-6.0.0-INTL</hostInclude>
        <hostInclude id="0002">embeddedEsx-6.5.0-INTL </hostInclude>
        <hostInclude id="0003">embeddedEsx-6.6.1-INTL </hostInclude>
        <hostInclude id="0004">embeddedEsx-6.6.2-INTL </hostInclude>
        <hostInclude id="0005">embeddedEsx-6.6.3-INTL </hostInclude>
        <hostInclude id="0006">embeddedEsx-6.7.0-INTL </hostInclude>
        <hostUpdateEnabled>true</hostUpdateEnabled>
    </contentSettings>
    <langs>ENU</langs>
    <HostConfig>
<ESX4xUpdateUrl>https://hostupdate.vmware.com/software/VUM/PRODUCTION/main/
    vmw-depot-index.xml</ESX4xUpdateUrl>
        <!-- ESXThirdPartyUpdateUrl id="url3">http://foo.com/index.xml
        </ESXThirdPartyUpdateUrl -->
    </HostConfig>
    <database>
        <initialConnections>8</initialConnections>
        <maxConnections>8</maxConnections>
    </database>
    <log>
        <name>vmware-downloadService</name>
        <level>verbose</level>
        <memoryLevel>error</memoryLevel>
        <outputToConsole>false</outputToConsole>
        <components>
          <lib.vdb.vdbStatement>
            <level>info</level>
          </lib.vdb.vdbStatement>
          <lib.vdb.vdb>
            <level>info</level>
          </lib.vdb.vdb>
        </components>
    </log>
</Config>
```

In Abbildung 12.19 finden Sie noch ein paar weitere Beispiele für den Download-Manager.

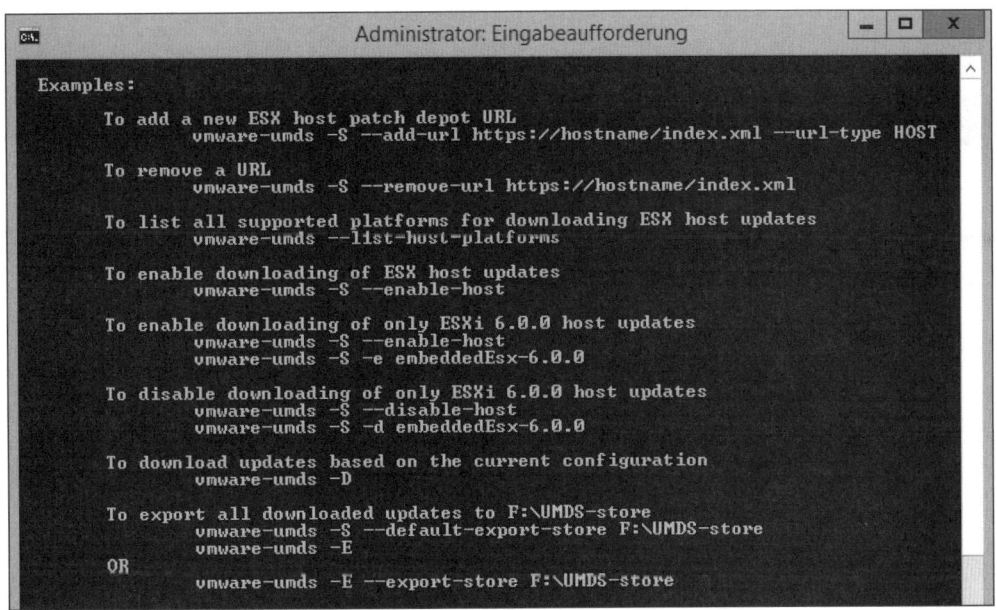

Abbildung 12.19 Beispiele für »vmware-udms.exe«

Als Nächstes können Sie die Updates herunterladen. Dies stoßen Sie mit dem Befehl vmware-udms -download an. Ist der Job abgeschlossen, befinden sich die gewünschten Patches im zugehörigen Verzeichnis, das Sie während der Installation als Patch-Repository angegeben haben. Exportieren Sie das Patch-Repository mit folgendem Befehl:

vmware-cmd --export -export-store <Pfad>

Wesentlich mehr Funktionen stellt das Tool nicht zur Verfügung, außer den Optionen, einen erneuten Download von Patches anzustoßen oder nur die Patches erneut herunterzuladen, die korrupt sind. Diese Option sollten Sie nur nutzen, wenn das Datenverzeichnis des Update Managers Schaden genommen hat.

Abschließend müssen Sie die Patches noch auf den vCenter-Server importieren (siehe Abbildung 12.20). Das erfolgt über das vCenter selbst.

Der Import beginnt automatisch, sobald Sie die Datei ausgewählt haben, die Sie importieren wollen. Bitte beachten Sie, dass Sie das Importverzeichnis nicht löschen dürfen: Beim Import der Patches werden nur die Metadaten in das Patch-Verzeichnis kopiert, die Patches selbst verbleiben im Verzeichnis der Importquelle. Ist der Import abgeschlossen, sind die importierten Patches im Repository sichtbar und können genutzt werden.

Unter dem Punkt RECENT TASKS (siehe Abbildung 12.15) ist der erfolgreiche Importjob noch sichtbar. Nachdem die Patches nun im System hinterlegt sind, können Sie mit den weiterführenden Arbeiten beginnen.

12 Konfiguration von vCenter-Add-ons

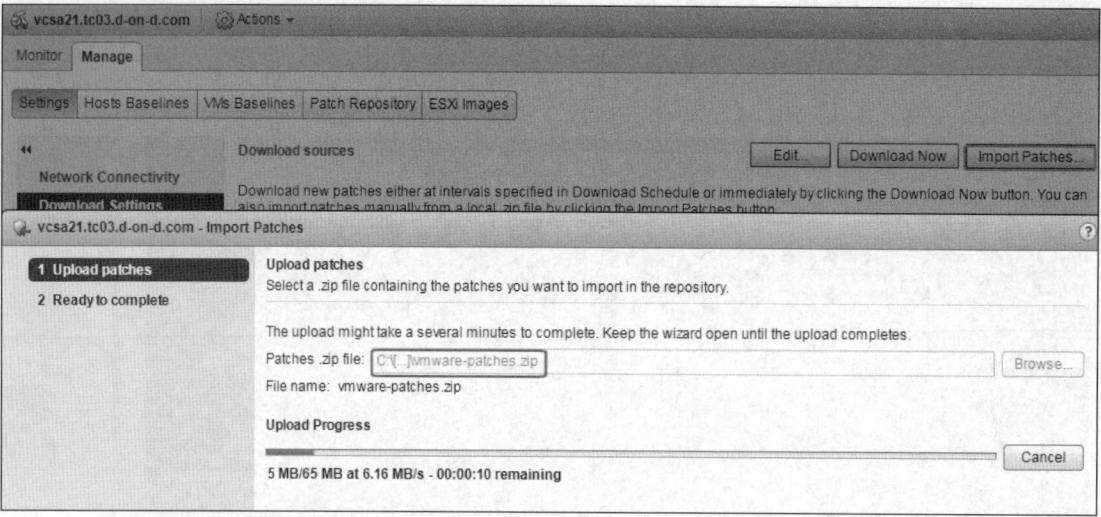

Abbildung 12.20 Import von Patches aus einer externen Quelle

12.1.9 Baselines

Eine Baseline erstellen

Damit die Updates angewandt werden können, müssen Sie eine sogenannte *Baseline* erstellen. Diese Baseline legen Sie im Menü des Update Managers an und weisen sie später einem bestimmten Objekt im Inventory des vCenters zu. So ist es möglich, eine Baseline für die vSphere-Hosts zu erstellen und sie dann entweder einem Datacenter, einem Ordner oder einem einzelnen Host zuzuordnen.

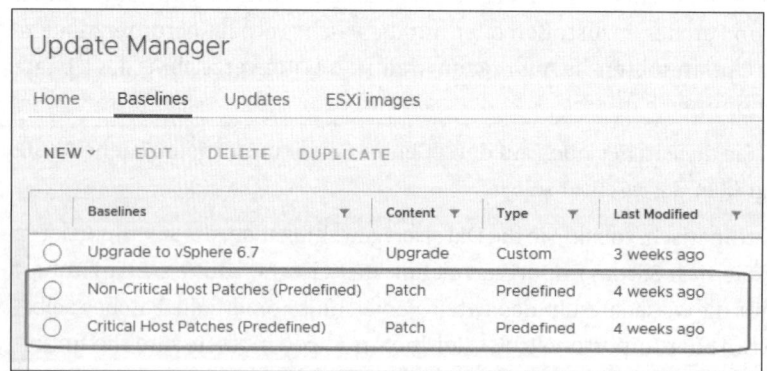

Abbildung 12.21 vCenter-Update-Manager-Baselines

Nach der Installation des vCenter Update Managers stehen bereits zwei Baselines zur Verfügung (in der Auswahl Hosts): eine für kritische und eine für unkritische Patches (siehe Abbildung 12.21). In der Ansicht VMs BASELINES (die nur im Flash-Client erscheint) sehen Sie zwei Baselines: eine für die Aktualisierung der *VMware Tools* und eine für die Aktualisierung der virtuellen Hardware.

Interessant ist die Möglichkeit, eine Baseline zu erstellen, die nicht alle verfügbaren Patches enthält, sondern die Funktions-Updates ausschließt. Somit spielen Sie beim Patchen der Hosts nur die Korrekturen ein. Im umgekehrten Fall besteht die Option, nur Funktionserweiterungen zu installieren. So trennen Sie Patches und Updates und können sie unabhängig voneinander anwenden.

> **Achtung**
>
> Bitte nutzen Sie den Flash-Client für diese Arbeiten mit dem Update Manager! Im HTML5-Client sind erst Teile integriert. So werden z. B. nur die Patches für die vSphere-Version 6.0.0 angezeigt, obwohl auch Patches anderer Versionen im Repository sind.

Um eine neue Baseline zu erstellen, klicken Sie auf den Plus-Button im Fenster UPDATE MANAGER. Daraufhin startet ein Wizard, der Sie durch das Erstellen einer neuen Baseline führt (siehe Abbildung 12.22).

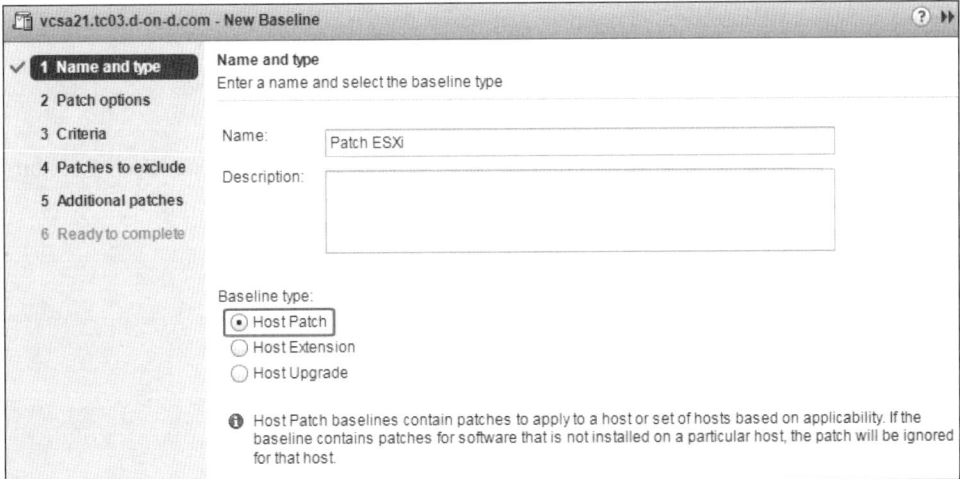

Abbildung 12.22 Erstellen einer neuen Baseline

Der Dialog stellt drei verschiedene Optionen für das Anlegen einer Baseline zur Auswahl: HOST PATCH, HOST EXTENSION und HOST UPGRADE. Die Baseline für den HOST PATCH kann einen FIXED-Status bekommen. In diesem Fall werden die Patches aus dem Repository fest zugeordnet. Am Status der Regel wird sich zukünftig nichts ändern. Im Gegensatz dazu steht der Status DYNAMIC: Bei der Erstellung werden die Regeln dynamisch erstellt. Das bedeutet, dass alle neu heruntergeladenen Patches, die der Auswahl entsprechen, automatisch zur Baseline hinzugefügt werden. Dabei ist es unerheblich, ob Patches schon vorhanden sind oder zukünftig heruntergeladen werden.

In unserem Beispiel erstellen wir zwei Baselines, die nur Patches für die Version ESXi 6.0 enthalten, getrennt nach Updates und Patches. Nach der Auswahl des FIXED-Modus zeigt der Wizard das Fenster, in dem Sie die Patches der Baseline hinzufügen können (siehe Abbildung 12.23). Das Hinzufügen von Patches erfolgt über die Auswahlkästchen vor jedem Patch.

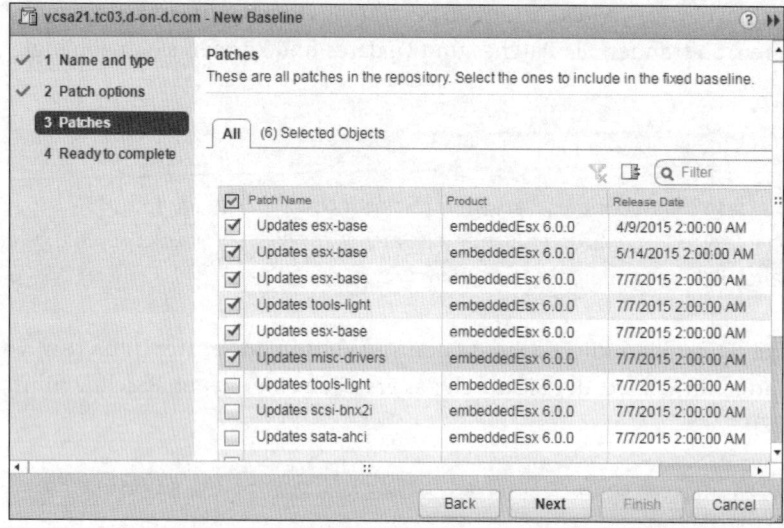

Abbildung 12.23 Aufnahme der Patches in die Baseline

Wären wir den Weg über die dynamische Baseline gegangen, würde sich der Dialog so darstellen wie in Abbildung 12.24.

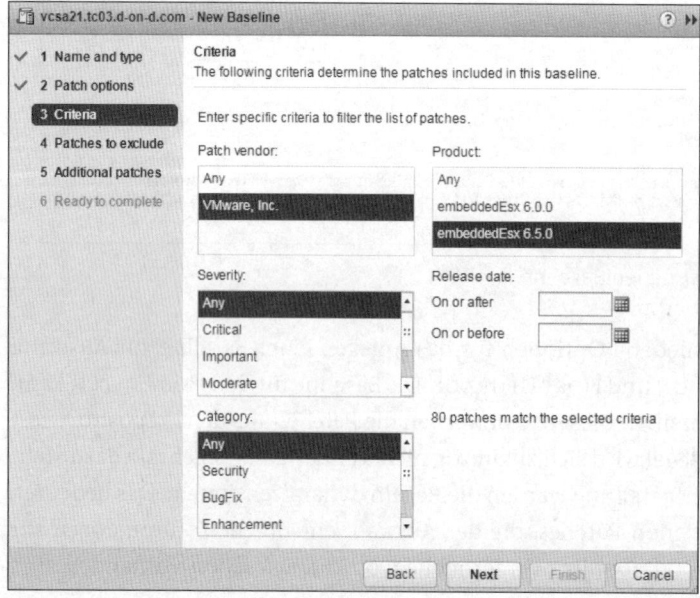

Abbildung 12.24 Erstellung einer dynamischen Baseline

Die Reduzierung der Auswahl erfolgt im nächsten Fenster durch die Auswahl der Patches, die ignoriert werden sollen. Das Gegenteil erfolgt im nächsten Schritt: Hier können Patches explizit hinzugefügt werden, auch wenn sie nicht den Kriterien entsprechen. Damit ist auch schon das Erstellen der dynamischen Baseline abgeschlossen.

Hier sehen Sie sehr schön den Unterschied: Die Baseline ordnet die Patches automatisch zu. Es werden nur Dateien hinzugewählt, die für ESXi 6.5.x bestimmt sind. Den Filter mit den Inkludierungsoptionen erreichen Sie über den EDIT-Link. Sie werden jetzt sehen, dass sich die Anzahl der enthaltenen Patches in der dynamischen Baseline ändert, wenn VMware neue Patches für die Version 6.5.x bereitstellt, in der statischen Baseline aber nicht (siehe Abbildung 12.25).

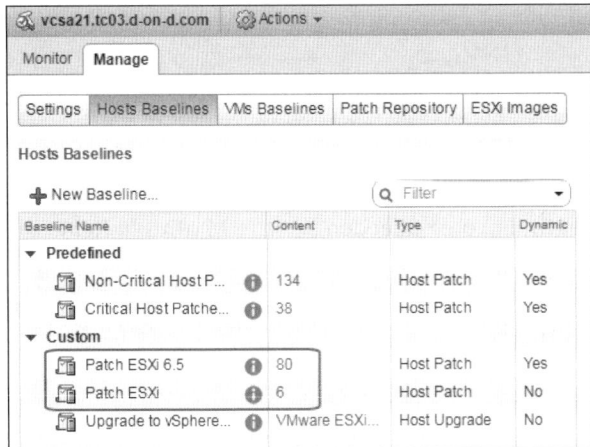

Abbildung 12.25 Anzeige der erstellten Baselines

Eine Baseline-Gruppe erstellen

Auch wenn es möglich ist, die erstellten Baselines direkt an einen oder mehrere Hosts zu binden, bietet der Update Manager eine weitere Möglichkeit der Gruppierung: In *Baseline-Gruppen* können Sie wiederum Patch- und/oder Upgrade-Baselines zusammenfassen.

Tun Sie sich selbst und Ihren Kollegen einen Gefallen, und entscheiden Sie sich für eine durchgehende Strategie: Entweder binden Sie Patch- und/oder Upgrade-Baselines an zu patchende Objekte, oder Sie nutzen Gruppen, aber vermischen Sie nicht beides – das wird definitiv unübersichtlich.

Abschließend legen Sie eine Baseline-Gruppe an, in der Sie alle Patches für die ESXi-Systeme sammeln. Über den PLUS-Link erreichen Sie den Dialog zur Erstellung der Gruppe. Im ersten Fenster wird nur der Name abgefragt. Das Zuordnen der Updates, der Patches und/oder der Erweiterungen zur Gruppe erfolgt in den nächsten drei Schritten (siehe Abbildung 12.26), bevor Sie den Dialog schließen.

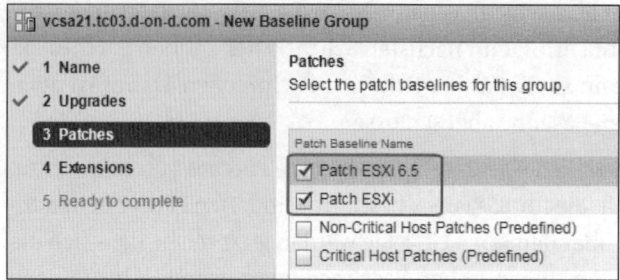

Abbildung 12.26 Zuordnung von Patches zur Gruppe

Hiermit sind die Einstellungen abgeschlossen, und es ist nun möglich, mit den Baselines zu arbeiten.

Mit Baselines arbeiten

Nach den vorbereitenden Arbeiten können Sie die Host-Baseline bzw. Baseline-Gruppe mit einem Host verbinden (siehe Abbildung 12.27). Die Verbindung können Sie dabei nur am Objekt herstellen: entweder über das Kontextmenü oder über den UPDATE MANAGER-Reiter im mittleren Bereich des Fensters.

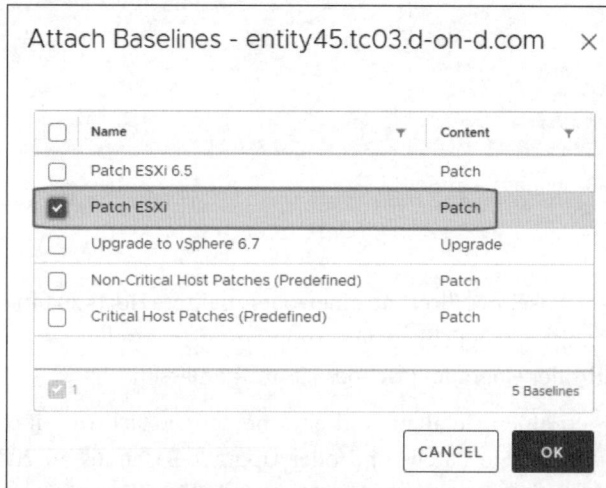

Abbildung 12.27 Verknüpfung von Host und Baseline

An erster Stelle steht die Auswahl eines Hosts oder Clusters. Auf dem Reiter des UPDATE MANAGER erzeugen Sie dann über den Button ATTACH eine Verknüpfung zwischen Host und Baseline. Klicken Sie dann noch auf CHECK COMPLIANCE. Anschließend wird sofort gezeigt, ob der Host *compliant* ist oder nicht (siehe Abbildung 12.28).

Es ist nicht schwer zu erkennen, dass der Host keine Patches benötigt, damit er auf dem aktuellen Stand ist.

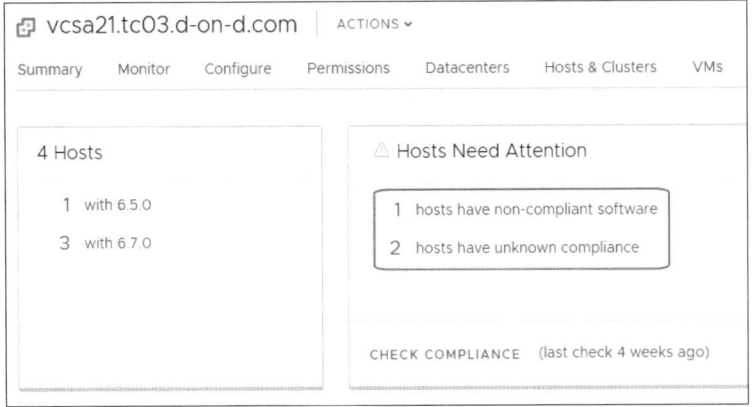

Abbildung 12.28 Compliance-Status

Doch bevor benötigte Patches eingespielt würden – was übrigens über den REMEDIATE-Button geschieht –, möchten wir kurz auf den STAGE-Button eingehen. Dieser sorgt dafür, dass die Patches *nur* auf die zu patchende Maschine geladen werden. Der eigentliche Patch-Vorgang läuft dann wesentlich schneller ab.

Wenn Sie den Patch-Vorgang jetzt starten, wird angezeigt, welche Baselines mit dem Host verknüpft sind. Es folgt eine Zusammenfassung aller zur Anwendung kommenden Patches mit der Möglichkeit, einzelne Patches zu entfernen (siehe Abbildung 12.29).

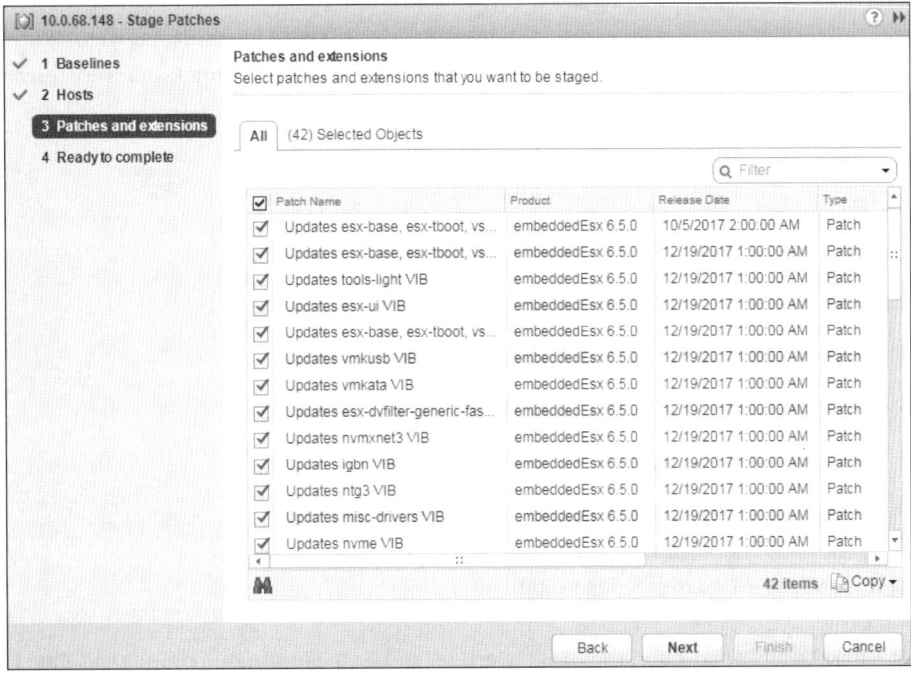

Abbildung 12.29 Abwahl von Patches vor dem Start des Patch-Vorgangs

Legen Sie nun fest, ob der Task sofort starten soll oder ob er zu einem bestimmten Zeitpunkt automatisch die Patch-Arbeiten durchführt.

Beim Einspielen von Patches bzw. Upgrades ist schön zu sehen, dass der Host zuerst automatisch in den Maintenance-Modus gefahren wird, bevor die Patch-Arbeiten beginnen. Nach dem Abschluss der Arbeiten erfolgt ein automatischer Reboot. Ist das System wieder erreichbar, wird erneut ein Compliance-Check angestoßen. Waren die Patch-Arbeiten erfolgreich, zeigt sich das an dem großen grünen Button auf der Update-Manager-Seite.

Haben Sie keine Angst vor dem Patchen von kompletten Clustern. Es werden natürlich nicht alle Systeme auf einmal gepatcht, sondern nach und nach. Zur Unterstützung wird die Funktion *vMotion* eingesetzt. Das Patchen beginnt so z. B. mit dem ersten Host. Durch die Aktivierung des Maintenance-Modus werden die laufenden VMs evakuiert und auf die restlichen betriebsbereiten vSphere-Hosts verschoben. Nach dem Abschluss der Patch-Arbeiten wird der Maintenance-Modus automatisch wieder deaktiviert, und der Host kann wieder virtuelle Maschinen aufnehmen. Erst jetzt wird mit dem nächsten Host begonnen. Es bleiben immer so viele Ressourcen frei, wie nötig sind, damit die Leistung der VMs nicht beeinflusst wird. Sie können das aber auch anders einstellen. Das sollten Sie jedoch nur dann tun, wenn Sie virtuelle Maschinen haben, die durch die Fault-Tolerance-Option ausfallsicher gestaltet werden.

Status einer Baseline und ihrer Objekte

Jede Baseline, die zugewiesen wurde, hat einen bestimmten Status. Dieser hängt davon ab, welchen Status die verknüpften Systeme haben. Es wird der Zustand von einzelnen Hosts angezeigt, es gibt aber auch eine Zusammenfassung, die über den Gesamtstatus informiert (siehe Abbildung 12.30).

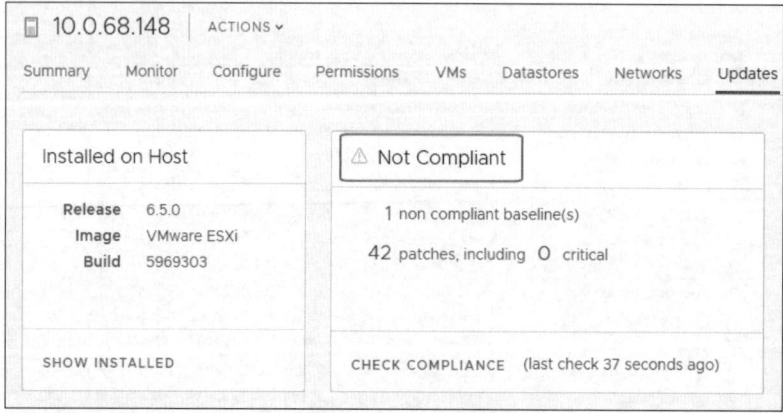

Abbildung 12.30 vCenter-Update-Manager-Status

Sollten Maschinen als *Unknown* angezeigt werden, müssen Sie einen Compliance-Check durchführen, um zu überprüfen, welche Patches installiert wurden. Dazu starten Sie den entsprechenden Task über den zugehörigen Link oder über das Kontextmenü des Hosts oder des Clusters.

Update der VMware Tools

Auch mit der Version 6.7 des Update Managers können Sie die VMware Tools und die virtuelle Hardware der virtuellen Maschinen aktualisieren (siehe Abbildung 12.31).

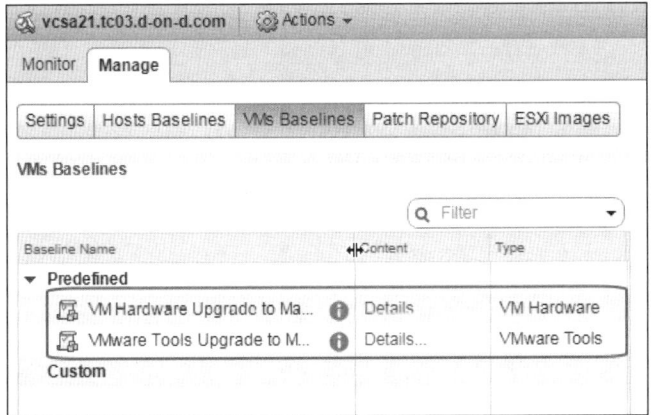

Abbildung 12.31 Vordefinierte Baselines zur Aktualisierung der VMware Tools und virtueller Hardware

Diese Funktion werden vor allem diejenigen zu schätzen wissen, denen ein größeres Upgrade bevorsteht. Da der Update Manager auch das Upgrade des Hosts unterstützt, können Sie den kompletten Upgrade-Pfad über den Update Manager beschreiten und haben eine zentrale Konsole, die den aktuellen Status dokumentiert.

12.1.10 Events

In einer großen Übersicht werden unter MONITOR • EVENTS alle Ereignisse aufgelistet, die mit dem Update Manager zu tun haben.

12.1.11 Notifications

Eine Liste der erzeugten Benachrichtigungen finden Sie in der Ansicht MONITOR • NOTIFICATIONS. Hier können Sie auch nachträglich noch einmal nachschauen, was gemeldet wurde.

12.1.12 Weitere Konfigurationsmöglichkeiten

Manchmal findet man noch so das ein oder andere, wenn man sich direkt im Filesystem bewegt. Bei der Suche nach dem Kommandozeilentool für den Download-Manager ist uns eine

Datei aufgefallen, deren Funktion wir Ihnen nicht vorenthalten möchten: Nach dem Aufruf der Datei *C:\Program Files\VMware\Infrastructure\Update Manager\VMwareUpdateManagerUtility.exe* öffnet sich ein Fenster, das die Konfiguration des *Download* bzw. des *Update Managers* erlaubt. Hier können Sie die Konfiguration des VMware Update Managers anpassen (siehe Abbildung 12.32).

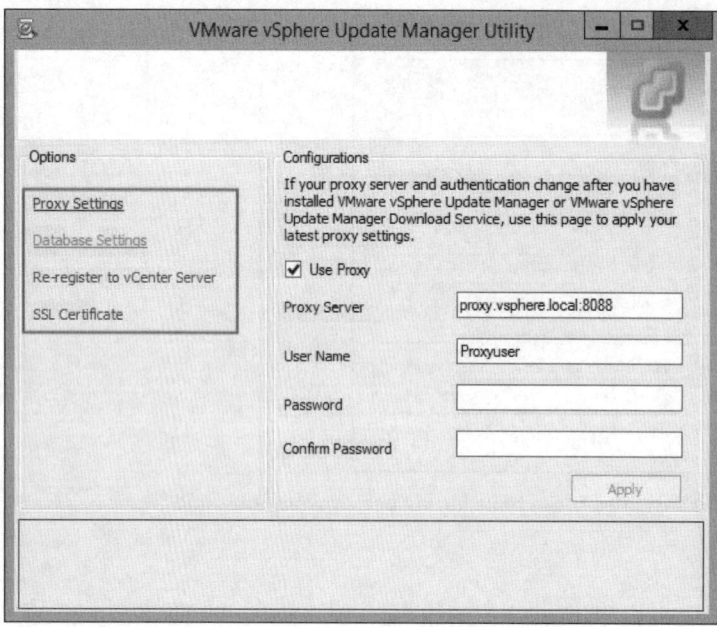

Abbildung 12.32 Nachträgliche Konfiguration des »VMware Update Managers«

Sie können hier Dinge konfigurieren, die direkt über das vCenter nicht einstellbar sind. Einzig die Proxy-Einstellungen können Sie auch direkt über das vCenter umkonfigurieren. Alle anderen Einstellungen sind nur hier parametrierbar. Das betrifft die Verbindung zur Datenbank, das SSL-Zertifikat und die Registrierung des Update Managers am vCenter-Server.

12.2 VMware vCenter Linked Mode

Durch die Einführung des *Linked Mode* beim vCenter-Server ist es möglich, mehrere vCenter-Server miteinander zu verbinden, sodass Sie einen *Single Point of Contact* für die Anmeldung haben. Das heißt, dass Sie sich an einem vCenter-Server anmelden und damit auch die verlinkten Hosts und virtuellen Maschinen administrieren können, ohne sich an jeder Infrastruktur extra anmelden zu müssen.

Die Verlinkung erfolgt über gemeinsame *Platform Services Controller* (PSC). Alle vCenter-Server, die mit einem PSC verbunden sind, werden automatisch miteinander verlinkt.

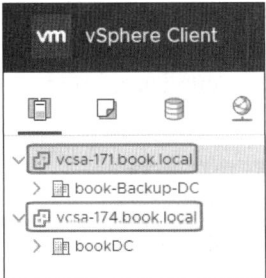

Abbildung 12.33 Linked Mode zweier vCenter-Server-Appliances mit einem PSC

> **Hinweis**
> Das gilt nicht nur für die Windows-Version, die *vCenter Server Appliance* kann hier genauso zum Einsatz kommen.

12.3 VMware vSphere Image Builder

In Abschnitt 5.13.4 haben wir kürzestmöglich die Installation des *Image Builders* beschrieben (Sie müssen nichts weiter tun, außer die PowerCLI zu installieren). Hier möchten wir exemplarisch zeigen, wie Sie ein Image erstellen. Eine Konfiguration des Image Builders ist nicht notwendig. Die passenden Cmdlets sind Teil des PowerCLI.

Der erste Schritt besteht darin, das Depot mit dem folgenden Befehl bekannt zu machen (siehe Abbildung 12.34):

```
Add-EsxSoftwareDepot -DepotUrl C:\Depot\VMware-ESXi-6.7.0-8169922-depot.zip
```

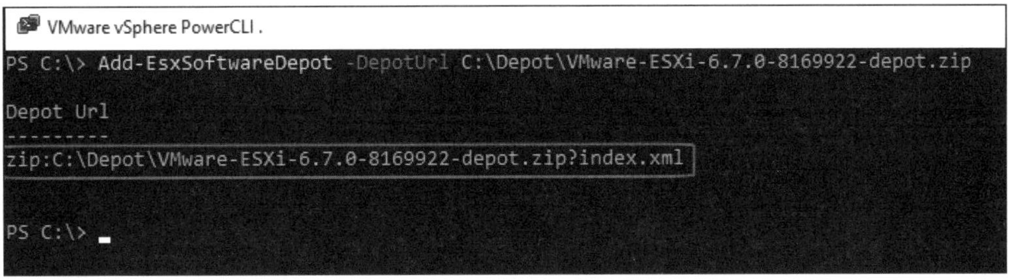

Abbildung 12.34 Erstellen eines Depots

Ein Depot-File kann bereits unterschiedliche Profile enthalten. Diese können Sie sich anzeigen lassen:

```
Get-EsxImageProfile
```

Das Original-Depot-File von VMware selbst enthält bereits zwei Profile: das Standardprofil und das No-Tools-Profil (siehe Abbildung 12.35). Diese Profile können Sie nicht ändern; sie sind schreibgeschützt. Das hindert Sie aber nicht daran, diese Profile zu duplizieren und anschließend an Ihre Bedürfnisse anzupassen.

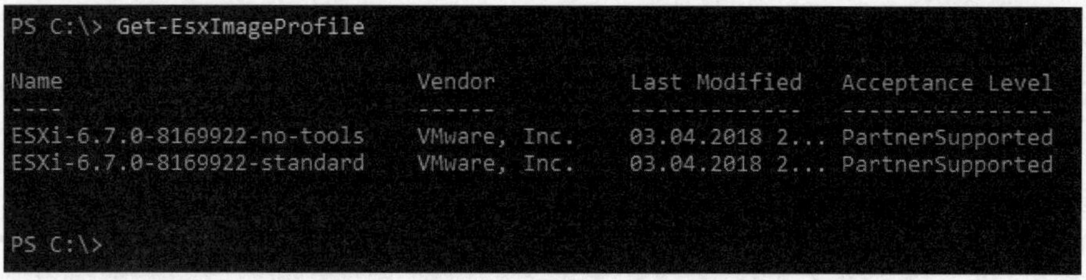

```
PS C:\> Get-EsxImageProfile

Name                             Vendor         Last Modified      Acceptance Level
----                             ------         -------------      ----------------
ESXi-6.7.0-8169922-no-tools      VMware, Inc.   03.04.2018 2...    PartnerSupported
ESXi-6.7.0-8169922-standard      VMware, Inc.   03.04.2018 2...    PartnerSupported


PS C:\>
```

Abbildung 12.35 Profile im Standard-Depot-File

Wir erstellen nun eine Kopie des Standardprofils, um diese später für unsere Arbeiten zu nutzen:

```
New-EsxImageProfile -CloneProfile ESXi-6.7.0-8169922-standard
 -Name "Eigene_vSphere6-7_Installation" -Vendor ME
```

Ein sehr wichtiger Punkt ist das *Acceptance Level*. Es gibt an, welche VIBs (*vSphere Installation Bundles*) in das Profil eingebunden werden dürfen. Folgende Werte sind möglich:

- VMwareCertified
- VMwareAccepted
- PartnerSupported
- CommunitySupported

Es kann also erforderlich sein, das Level an Ihre Bedürfnisse anzupassen. Der Befehl sieht dann wie folgt aus:

```
New-EsxImageProfile -CloneProfile ESXi-6.7.0-8169922-standard
 -Name "Eigene_vSphere6-7_Installation" -AcceptanceLevel CommunitySupported
```

Alternativ können Sie einzelne Anpassungen auch nachträglich mit dem Befehl `Set-EsxImageProfile` vornehmen. Lassen Sie uns nun kontrollieren, welche Installationspakete das Profil enthält (siehe Abbildung 12.36). Den farblich markierten Treiber benötigen wir später noch einmal. Auch hierfür gibt es ein passendes Kommando:

```
Get-ESXSoftwarePackage
```

Logischerweise sind alle Softwarepakete VIBs, und alle werden geladen, soweit benötigt. Zu Beginn steht nun die Analyse, was zu tun ist. Welche Arbeiten könnten zu erledigen sein? Möglichkeiten wären das Hinzufügen und Entfernen von VMware Infrastructure Bundles (VIBs).

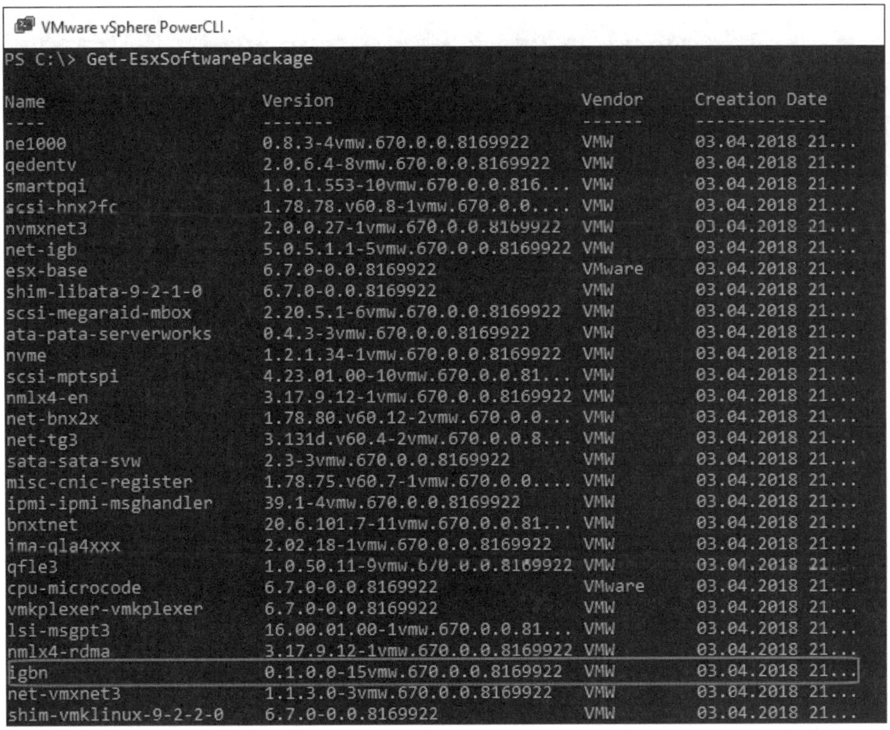

12.3 VMware vSphere Image Builder

```
VMware vSphere PowerCLI.
PS C:\> Get-EsxSoftwarePackage

Name                       Version                              Vendor      Creation Date
----                       -------                              ------      -------------
ne1000                     0.8.3-4vmw.670.0.0.8169922           VMW         03.04.2018 21...
qedentv                    2.0.6.4-8vmw.670.0.0.8169922         VMW         03.04.2018 21...
smartpqi                   1.0.1.553-10vmw.670.0.0.816...       VMW         03.04.2018 21...
scsi-bnx2fc                1.78.78.v60.8-1vmw.670.0.0....       VMW         03.04.2018 21...
nvmxnet3                   2.0.0.27-1vmw.670.0.0.8169922        VMW         03.04.2018 21...
net-igb                    5.0.5.1.1-5vmw.670.0.0.8169922       VMW         03.04.2018 21...
esx-base                   6.7.0-0.0.8169922                    VMware      03.04.2018 21...
shim-libata-9-2-1-0        6.7.0-0.0.8169922                    VMW         03.04.2018 21...
scsi-megaraid-mbox         2.20.5.1-6vmw.670.0.0.8169922        VMW         03.04.2018 21...
ata-pata-serverworks       0.4.3-3vmw.670.0.0.8169922           VMW         03.04.2018 21...
nvme                       1.2.1.34-1vmw.670.0.0.8169922        VMW         03.04.2018 21...
scsi-mptspi                4.23.01.00-10vmw.670.0.0.81...       VMW         03.04.2018 21...
nmlx4-en                   3.17.9.12-1vmw.670.0.0.8169922       VMW         03.04.2018 21...
net-bnx2x                  1.78.80.v60.12-2vmw.670.0.0...       VMW         03.04.2018 21...
net-tg3                    3.131d.v60.4-2vmw.670.0.0.8...       VMW         03.04.2018 21...
sata-sata-svw              2.3-3vmw.670.0.0.8169922             VMW         03.04.2018 21...
misc-cnic-register         1.78.75.v60.7-1vmw.670.0.0....       VMW         03.04.2018 21...
ipmi-ipmi-msghandler       39.1-4vmw.670.0.0.8169922            VMW         03.04.2018 21...
bnxtnet                    20.6.101.7-11vmw.670.0.0.81...       VMW         03.04.2018 21...
ima-qla4xxx                2.02.18-1vmw.670.0.0.8169922         VMW         03.04.2018 21...
qfle3                      1.0.50.11-9vmw.6/0.0.0.8169922       VMW         03.04.2018 21...
cpu-microcode              6.7.0-0.0.8169922                    VMware      03.04.2018 21...
vmkplexer-vmkplexer        6.7.0-0.0.8169922                    VMW         03.04.2018 21...
lsi-msgpt3                 16.00.01.00-1vmw.670.0.0.81...       VMW         03.04.2018 21...
nmlx4-rdma                 3.17.9.12-1vmw.670.0.0.8169922       VMW         03.04.2018 21...
igbn                       0.1.0.0-15vmw.670.0.0.8169922        VMW         03.04.2018 21...
net-vmxnet3                1.1.3.0-3vmw.670.0.0.8169922         VMW         03.04.2018 21...
shim-vmklinux-9-2-2-0      6.7.0-0.0.8169922                    VMW         03.04.2018 21...
```

Abbildung 12.36 Installationspakete im Profil

Als Beispiel ersetzen wir den vorhandenen *igbn*-Treiber für Netzwerkkarten der Firma *Intel* durch den aktuelleren.

Beide Aktionen möchten wir Ihnen jetzt zeigen. Beginnen wir mit dem Entfernen eines Pakets, was beispielsweise auf jeden Fall relevant ist, wenn ein Treiber aktualisiert werden muss. Sie müssen dann zuerst den alten Treiber entfernen und anschließend den neuen Treiber einspielen.

```
Remove-EsxSoftwarePackage -ImageProfile Eigene_vSphere6-7_Installation
-SoftwarePackage igbn
```

Nachdem Sie den aktuellen Treiber bei VMware heruntergeladen haben, können Sie ihn zum Profil hinzufügen.

Kopieren Sie den heruntergeladenen Treiber in das Depotverzeichnis, und extrahieren Sie das Offline-Bundle aus der ZIP-Datei.

Bevor Sie den neuen Treiber in das Profil laden können, müssen Sie ihn zuerst dem Depot hinzufügen (siehe Abbildung 12.37):

```
Add-EsxSoftwareDepot -DepotUrl C:\Depot\VMW-ESX-6.7.0-igbn-1.4.4-offline_bundle-
8428763.zip
```

```
PS C:\depot> Add-EsxSoftwareDepot -DepotUrl C:\depot\VMW-ESX-6.7.0-igbn-1.4.4-offline_bundle-8428763.zip

Depot Url
---------
zip:C:\depot\VMW-ESX-6.7.0-igbn-1.4.4-offline_bundle-8428763.zip?index.xml


PS C:\depot>
```

Abbildung 12.37 Einbinden eines Treibers in das Depot

Jetzt ist der richtige Zeitpunkt gekommen, um den neuen Treiber in das Profil zu importieren (siehe Abbildung 12.38):

```
Add-EsxSoftwarePackage -ImageProfile Eigene_vSpher6-7_Installation
-SoftwarePackage igbn
```

```
PS C:\depot> Add-EsxSoftwarePackage -ImageProfile Eigene_vSphere6-7_Installation -SoftwarePackage igbn

Name                           Vendor    Last Modified       Acceptance Level
----                           ------    -------------       ----------------
Eigene_vSphere6-7_Installation ME        13.06.2018 2...     PartnerSupported
```

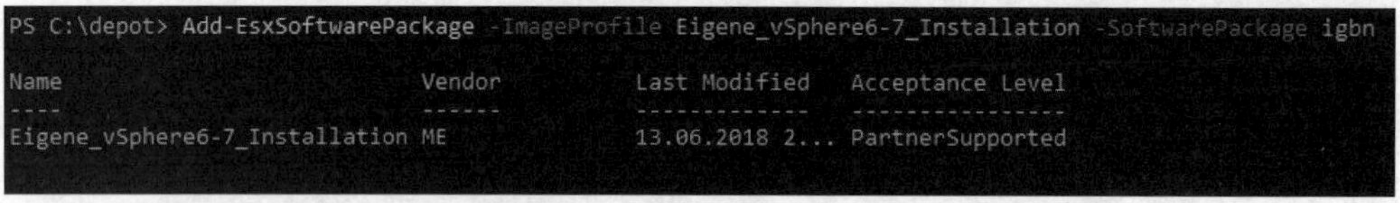

Abbildung 12.38 Entfernen und Hinzufügen von VIBs

Wollen Sie kontrollieren, welche Änderungen Sie im Profil vorgenommen haben, verwenden Sie folgenden Befehl:

```
(Get-EsxImageProfile -Name "Eigene_vSphere6-7_Installation").VibList
```

Wenn Sie sich jetzt die Pakete im Profil anschauen, so können Sie den ersetzten Treiber lokalisieren (siehe Abbildung 12.39).

Abschließend bleibt Ihnen nur noch das Erstellen des ISO-Files, wenn Sie direkt mit einem Datenträger arbeiten wollen:

```
Export-EsxImageProfile -ImageProfile Eigene_vSpher6-7_Installation
 -FilePath D:\depot\Eigene_vSpher6-7_Installation.iso -ExportToIso
```

Alternativ erzeugen Sie ein Offline-Bundle für die Verwendung im Auto-Deploy-Server:

```
Export-EsxImageProfile -ImageProfile Eigene_vSpher6-7_Installation
 -FilePath D:\depot\Eigene_vSpher6-7_Installation.zip -ExportToBundle
```

Sie können nicht beide Exporte in einem Schritt erzeugen, sondern müssen beide Zeilen nacheinander aufrufen (siehe Abbildung 12.40).

Wir hoffen, Sie haben einen kleinen Überblick bekommen, wie Sie mit dem Image Builder arbeiten können, um Ihre Bedürfnisse in diesem Umfeld abzudecken.

```
PS C:\depot> (Get-EsxImageProfile -Name "Eigene_vSphere6-7_Installation").VibList

Name                      Version                        Vendor   Creation Date
----                      -------                        ------   -------------
ne1000                    0.8.3-4vmw.670.0.0.8169922     VMW      03.04.2018 21...
qedentv                   2.0.6.4-8vmw.670.0.0.8169922   VMW      03.04.2018 21...
smartpqi                  1.0.1.553-10vmw.670.0.0.816... VMW      03.04.2018 21...
scsi-bnx2fc               1.78.78.v60.8-1vmw.670.0.0.... VMW      03.04.2018 21...
nvmxnet3                  2.0.0.27-1vmw.670.0.0.8169922  VMW      03.04.2018 21...
net-igb                   5.0.5.1.1-5vmw.670.0.0.8169922 VMW      03.04.2018 21...
esx-base                  6.7.0-0.0.8169922              VMware   03.04.2018 21...
shim-libata-9-2-1-0       6.7.0-0.0.8169922              VMW      03.04.2018 21...
scsi-megaraid-mbox        2.20.5.1-6vmw.670.0.0.8169922  VMW      03.04.2018 21...
ata-pata-serverworks      0.4.3-3vmw.670.0.0.8169922     VMW      03.04.2018 21...
nvme                      1.2.1.34-1vmw.670.0.0.8169922  VMW      03.04.2018 21...
scsi-mptspi               4.23.01.00-10vmw.670.0.0.81... VMW      03.04.2018 21...
nmlx4-en                  3.17.9.12-1vmw.670.0.0.8169922 VMW      03.04.2018 21...
igbn                      1.4.4-1OEM.670.0.0.7535516     INT      12.04.2018 16...
net-tg3                   3.131d.v60.4-2vmw.670.0.0.8... VMW      03.04.2018 21...
net-bnx2x                 1.78.80.v60.12-2vmw.670.0.0... VMW      03.04.2018 21...
sata-sata-svw             2.3-3vmw.670.0.0.8169922       VMW      03.04.2018 21...
misc-cnic-register        1.78.75.v60.7-1vmw.670.0.0.... VMW      03.04.2018 21...
ipmi-ipmi-msghandler      39.1-4vmw.670.0.0.8169922      VMW      03.04.2018 21...
bnxtnet                   20.6.101.7-11vmw.670.0.0.81... VMW      03.04.2018 21...
ima-qla4xxx               2.02.18-1vmw.670.0.0.8169922   VMW      03.04.2018 21...
qfle3                     1.0.50.11-9vmw.670.0.0.8169922 VMW      03.04.2018 21...
cpu-microcode             6.7.0-0.0.8169922              VMware   03.04.2018 21...
vmkplexer-vmkplexer       6.7.0-0.0.8169922              VMW      03.04.2018 21...
lsi-msgpt3                16.00.01.00-1vmw.670.0.0.81... VMW      03.04.2018 21...
nmlx4-rdma                3.17.9.12-1vmw.670.0.0.8169922 VMW      03.04.2018 21...
```

Abbildung 12.39 Anzeige des integrierten Netzwerktreibers

```
VMware vSphere PowerCLI .
PS C:\depot> Export-EsxImageProfile -ImageProfile Eigene_vSphere6-7_Installation -FilePath C:\depot\Eig
PS C:\depot> Export-EsxImageProfile -ImageProfile Eigene_vSphere6-7_Installation -FilePath C:\depot\Eig
PS C:\depot> ls


    Directory: C:\depot


Mode                LastWriteTime         Length Name
----                -------------         ------ ----
-a----       13.06.2018     20:22      346408960 Eigene_vSphere6-7_Installation.iso
-a----       13.06.2018     20:23      335841800 Eigene_vSphere6-7_Installation.zip
-a----       13.06.2018     19:35         236144 VMW-ESX-6.7.0-igbn-1.4.4-8428763.zip
-a----       13.06.2018     20:10         116324 VMW-ESX-6.7.0-igbn-1.4.4-offline_bundle-8428763.zip
-a----       13.06.2018     19:34      340753628 VMware-ESXi-6.7.0-8169922-depot.zip
```

Abbildung 12.40 ISO- und Offline-Bundle mit eigenen Treibern

12.4 VMware Auto Deploy

Kommen wir jetzt zum *Auto Deploy Server*. Die Konfiguration des Dienstes erfolgt auf dem Reiter CONFIGURE im Bereich SERVICES des vCenters. Dort lassen sich wenige rudimentäre Einstellungen vornehmen (siehe Abbildung 12.41).

Nach dem Anpassen der Einstellungen sollten Sie den Dienst neu starten.

Sollten Sie Abschnitt 12.3 über den Image Builder noch nicht gelesen haben, so sei Ihnen das an dieser Stelle empfohlen, denn Sie benötigen ein Image, das Sie für die Installation nutzen können.

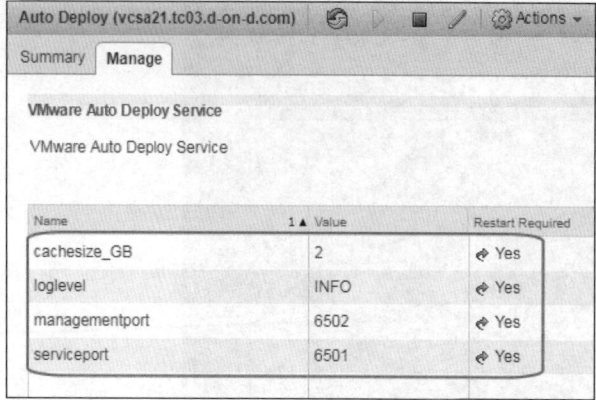

Abbildung 12.41 Einstellungen des Auto-Deploy-Dienstes

> **Hinweis**
>
> Bevor Sie den *Auto Deploy Server* nutzen können, möchten wir Sie noch einmal auf die zusätzlichen Komponenten hinweisen, die im Netzwerk erreichbar sein müssen, damit Sie dieses Add-on verwenden können:
>
> ▶ TFTP-Server
> ▶ DHCP-Server

Es gibt verschiedene freie oder kostenpflichtige TFTP-Server, die Sie für diese Belange nutzen können. In einigen davon ist DHCP integriert. Lassen Sie uns exemplarisch zwei Softwarepakete aufführen, um Ihnen einen Anhaltspunkt zu geben:

▶ TFTP-Server **ohne** DHCP:
http://www.solarwinds.com/products/freetools/free_tftp_server.aspx

▶ TFTP-Server **mit** DHCP:
https://github.com/peacepenguin/tftpd64

> **Achtung**
>
> Achten Sie darauf, dass die Ports, die im Netz für die Funktionen benötigt werden, auch freigeschaltet sind – auch auf dem Server.

Ein Vorteil der *Virtual vCenter Server Appliance* (VCSA) ist, dass Sie keinen dedizierten DHCP- und auch keinen separaten TFTP-Server benötigen. Die Appliance bringt von Haus aus alles mit, was Sie brauchen. Sie müssen das Ganze nur aktivieren und die Konfiguration entsprechend anpassen. Die passenden Stellen werden Sie nicht in der Weboberfläche finden, dazu müssen Sie sich schon auf die Kommandozeile bemühen.

12.4 VMware Auto Deploy

> **Achtung**
> Im Normalfall gibt es in jedem Firmennetzwerk einen DHCP-Server. Achten Sie darauf, dass Sie keinen zweiten konkurrierenden aufbauen!

Für die Einstellungen des DHCP-Dienstes auf der VCSA müssen Sie die Datei */etc/dhcpd.conf* konfigurieren. Die Einstellungen für unsere Landschaft sehen wie folgt aus:

```
ddns-update-style interim;
ignore client-updates;

subnet 10.0.80.0 netmask 255.255.240.0 {
pool {
option routers         10.0.95.250;
option subnet-mask     255.255.240.0;
option domain-name-servers  10.0.80.4;
option domain-name     "book.local";
option time-offset     +3600; # MEZ
default-lease-time     21600;
max-lease-time         43200;
range         10.0.81.30 10.0.81.50;
filename   "undionly.kpxe.vmw-hardwired";
allow unknown-clients;
}
```

Was das Thema DHCP betrifft, sind wir jetzt aber erst die Hälfte des Weges gegangen. Das System muss jetzt noch wissen, über welches Interface der Dienst bereitgestellt werden soll. Dazu editieren Sie die Datei */etc/sysconfig/dhcpd*. Ergänzen Sie hier folgenden Eintrag:

```
DHCPD_INTERFACE="eth<x>"
```

Dabei steht <x> für die Nummer der Netzwerkkarte. Jetzt können Sie den DHCP-Dienst starten. Dazu passen Sie im ersten Schritt die Run-Level-Informationen des Systems an. Das heißt, dass Sie die Systeminformation so anpassen, dass der DHCP-Service automatisch gestartet wird, wenn Sie die Appliance einschalten:

```
chkconfig dhcpd on
```

Es folgt der Start des Dienstes mit:

```
service dhcpd start
```

> **DHCP unter Windows**
>
> Nutzen Sie einen DHCP-Server unter Windows, müssen unter Umständen DHCP-Optionen als Nummer konfiguriert werden. Die Zuordnung lautet wie folgt:
>
> - Option 066 – Boot Server Host Name
> - Option 067 – Bootfile Name

Jetzt nehmen wir sofort den letzten Teil des Weges in Angriff, den TFTP-Dienst. Auch hier sind einige wenige Konfigurationsschritte durchzuführen. Werfen wir zuerst einen Blick in das Dateisystem der VCSA. Dort finden Sie unter dem Pfad */tftpboot* einige Dateien (siehe Abbildung 12.42).

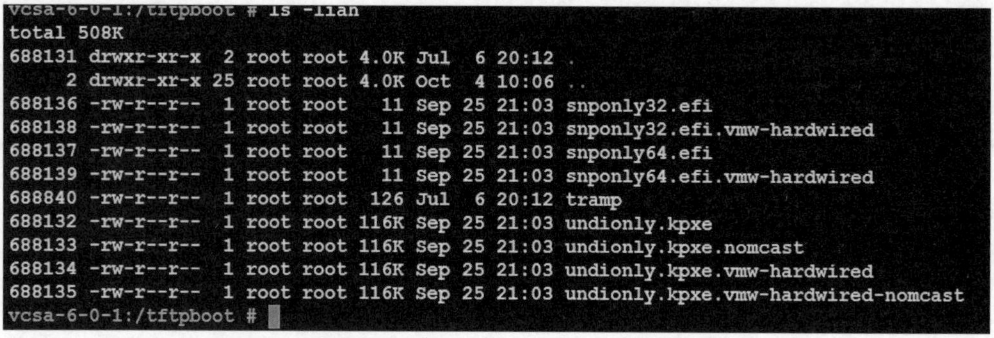

```
vcsa-6-0-1:/tftpboot # ls -lan
total 508K
688131 drwxr-xr-x  2 root root 4.0K Jul  6 20:12 .
     2 drwxr-xr-x 25 root root 4.0K Oct  4 10:06 ..
688136 -rw-r--r--  1 root root   11 Sep 25 21:03 snponly32.efi
688138 -rw-r--r--  1 root root   11 Sep 25 21:03 snponly32.efi.vmw-hardwired
688137 -rw-r--r--  1 root root   11 Sep 25 21:03 snponly64.efi
688139 -rw-r--r--  1 root root   11 Sep 25 21:03 snponly64.efi.vmw-hardwired
688840 -rw-r--r--  1 root root  126 Jul  6 20:12 tramp
688132 -rw-r--r--  1 root root 116K Sep 25 21:03 undionly.kpxe
688133 -rw-r--r--  1 root root 116K Sep 25 21:03 undionly.kpxe.nomcast
688134 -rw-r--r--  1 root root 116K Sep 25 21:03 undionly.kpxe.vmw-hardwired
688135 -rw-r--r--  1 root root 116K Sep 25 21:03 undionly.kpxe.vmw-hardwired-nomcast
vcsa-6-0-1:/tftpboot #
```

Abbildung 12.42 Inhalt des »tftpboot«-Ordners

Sie sehen, es sind genau die Dateien, die Sie für den TFTP-Dienst benötigen. Jetzt muss nur noch der Dienst aktiviert werden; das kennen Sie ja schon vom DHCP-Dienst:

`chkconfig atftpd on`

Es folgt der Start des Dienstes mit:

`service atftpd start`

Sie bemerken an dieser Stelle den entscheidenden Vorteil der Appliance: Sie müssen nicht nach anderen Softwarepaketen suchen; die Appliance bringt alles mit, was Sie für den Auto Deploy benötigen.

Jetzt müssen Sie über die Homepage des vSphere Web Clients die Konfigurationsseite des VMware Auto Deploys aufrufen. Das erfolgt in vCenter Server über CONFIGURE • SETTINGS • AUTO DEPLOY. Über den Link DOWNLOAD TFTP BOOT ZIP laden Sie die Bootdatei für den TFTP-Server herunter (siehe Abbildung 12.43).

Falls Sie mit dem *Internet Explorer* arbeiten, sollten Sie dazu die *Enhanced Internet Security* deaktivieren. Entpacken Sie die heruntergeladene Datei in das Verzeichnis des TFTP-Servers. Auf der VCSA wäre das */tftpboot*.

12.4 VMware Auto Deploy

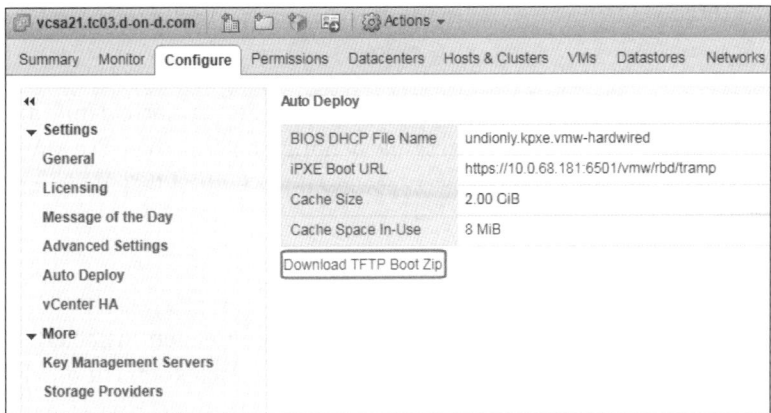

Abbildung 12.43 Download des TFTP-Bootfiles

Als ersten Test können Sie jetzt einen Host booten. Sie werden sehr schnell sehen, ob alles richtig konfiguriert ist.

Die weiteren Arbeiten erfolgen nun in der *PowerCLI*. Wie Sie diese einrichten, damit Sie Ihre Arbeiten durchführen können, haben wir bereits in Abschnitt 5.13.6 beschrieben.

Verbinden Sie sich zuallererst mit dem vCenter-Server:

```
Connect-VIServer vcsa21.tc03.d-on-d.com
```

Sie müssen als Erstes ein Softwaredepot anlegen und bekannt geben. Anschließend ist das Installations-Image mit dem Auto-Deploy-Dienst des vCenter Servers verbunden:

```
Add-EsxSoftwareDepot C:\depot\VMware-ESXi-6.7.0-8169922-depot.zip
```

In jedem Image sind unterschiedliche Profile enthalten, die Sie mit

```
Get-EsxImageProfile
```

auflisten. Wählen Sie Ihr gewünschtes Profil aus, um es für die Installation zu nutzen. Der Befehl zeigt Ihnen eine Ausgabe wie in Abbildung 12.44.

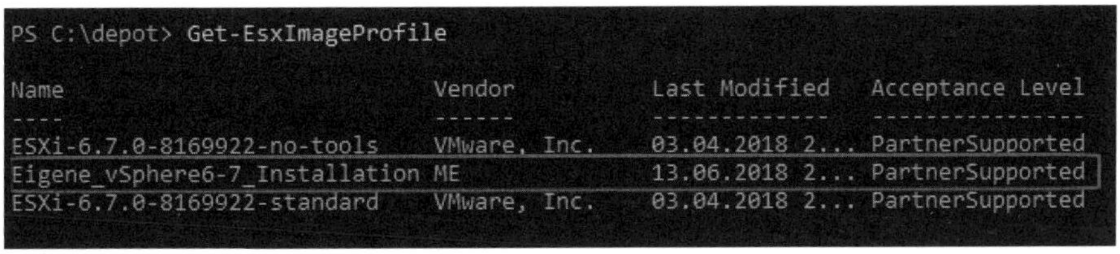

```
PS C:\depot> Get-EsxImageProfile

Name                                 Vendor        Last Modified       Acceptance Level
----                                 ------        -------------       ----------------
ESXi-6.7.0-8169922-no-tools          VMware, Inc.  03.04.2018 2...     PartnerSupported
Eigene_vSphere6-7_Installation       ME            13.06.2018 2...     PartnerSupported
ESXi-6.7.0-8169922-standard          VMware, Inc.  03.04.2018 2...     PartnerSupported
```

Abbildung 12.44 Anzeige der im Depot enthaltenen Profile

Würden Sie das erste Profil nutzen, könnten Sie vom vCenter-Server aus keine *VMware Tools* installieren. Das wollen wir aber nicht, deshalb verwenden wir das zweite Profil:

```
New-DeployRule -Name "Virtual-ESX" -Item " Eigene_vSphere6-7_Installation"
 -Pattern "mac=00:50:56:94:5f:19"
```

Das System lädt nun die benötigten Dateien auf den Auto-Deploy-Server hoch, damit die Installation angestoßen werden kann und der Prozess alle benötigten Files erhält. Die MAC-Adresse sorgt dafür, dass das Profil fest einem Host zugewiesen wird. Abschließend ist die folgende Regel zu aktivieren:

```
Add-DeployRule -DeployRule Virtual-ESX
```

Die Installation läuft nun einwandfrei durch, und Sie erhalten einen neuen installierten ESXi-Host. Aber der Host, den Sie dann im vCenter vorfinden, muss noch komplett durchkonfiguriert werden. Auch hier möchten wir kurz darauf eingehen, warum es so wichtig ist, auch diese weitergehenden Schritte automatisch durchführen zu können. Der Zeitaufwand für die Konfiguration eines Hosts ist wesentlich höher als für die Installation. Hier herrscht also Optimierungsbedarf, damit die installierten vSphere-Hosts schnell bereitgestellt werden können. Zu guter Letzt sei wieder die ESXi-»Installation« im Arbeitsspeicher genannt. Kann der Host nicht bis zum letzten Schritt automatisch konfiguriert werden, ergibt diese Art der Installation keinen Sinn. Für diese Herausforderung hat VMware auch das passende Werkzeug im Koffer. Lassen Sie uns darauf nun eingehen.

Am besten nehmen Sie den gerade installierten Host und konfigurieren ihn komplett durch. Beziehen Sie auch den Storage, das NTP, das Netzwerk und alle anderen Einstellungen ein, die Sie in Ihrer Landschaft bzw. im Cluster brauchen werden. Anschließend erstellen Sie ein Hostprofil. In unserem Beispiel nehmen wir den Namen AUTOINST-PROFIL. Achten Sie darauf, dass Sie möglichst alle Einstellungen in dem Hostprofil hinterlegen, sodass Sie bei der Verteilung des Profils keine Einstellungen mehr von Hand vornehmen müssen. Mit den jetzt vorgenommenen Einstellungen könnten wir ein neues Profil erstellen, und dann könnte die Installation erfolgen. Lassen Sie uns aber zuvor noch einen weiteren Parameter mit aufnehmen. Wir gehen davon aus, dass die meisten von Ihnen Ihre Hosts zumindest teilweise in Clustern organisiert haben.

Wie schon einmal im Image-Builder-Abschnitt beschrieben, erstellen wir nun eine Kopie des Standardprofils und fügen den HA-Agent hinzu. Wir geben hier nur noch einmal die Befehlsliste an, die Erklärungen dazu finden Sie in Abschnitt 12.3, »VMware vSphere Image Builder«.

```
New-EsxImageProfile -CloneProfile ESXi-6.7.0-8169922-standard
 -Name "Eigene_vSpher6-7_Installation-mit-HA" -AcceptanceLevel CommunitySupported

Add-EsxSoftwarePackage -ImageProfile "Eigene_vSpher6-7_Installation-mit-HA"
 -SoftwarePackage vmware-fdm
```

Es kann notwendig sein, eine aktive Deploy-Rule vorher zu entfernen. Dazu verwenden Sie folgenden Befehl:

`Remove-DeployRule -DeployRule <Rule-Name>`.

Jetzt erstellen Sie eine neue Rolle und geben zusätzlich an, in welchem Cluster das System eingebunden werden soll. In diesem Fall trägt er den Namen `HA-DRS-Cluster-1`:

```
New-DeployRule -Name "ProdHARule" -Item "Eigene_vSpher6-7_Installation-mit-HA",
 Autoinst-Profil, HA-DRS-Cluster-1 -Pattern "mac=00:50:56:94:5f:19"
Add-DeployRule -DeployRule "ProdHARule"
```

Wenn Sie jetzt die Installation erneut starten, werden Sie sehen, dass der Host so konfiguriert wird, wie Sie es wünschen, und dass er mit dem passenden Hostprofil versehen und auch in den Cluster aufgenommen wird.

> **Hinweis**
>
> Wie schon gesagt, können Sie das Profil nur mit einem Host nutzen. Andere Hosts haben möglicherweise zum Teil andere Einstellungen, die Sie aber über das Profil individuell anpassen können, so z. B. die IP-Adresse des vMotion-Netzwerks.

12.5 VMware vSphere Replication Appliance

Die Konfiguration der *vSphere Replication Appliance* gestaltet sich recht einfach. Auch hier gibt es nach dem Import und dem anschließenden Start der Appliance die Option, über den Webbrowser das System weiter zu konfigurieren (siehe Abbildung 12.45).

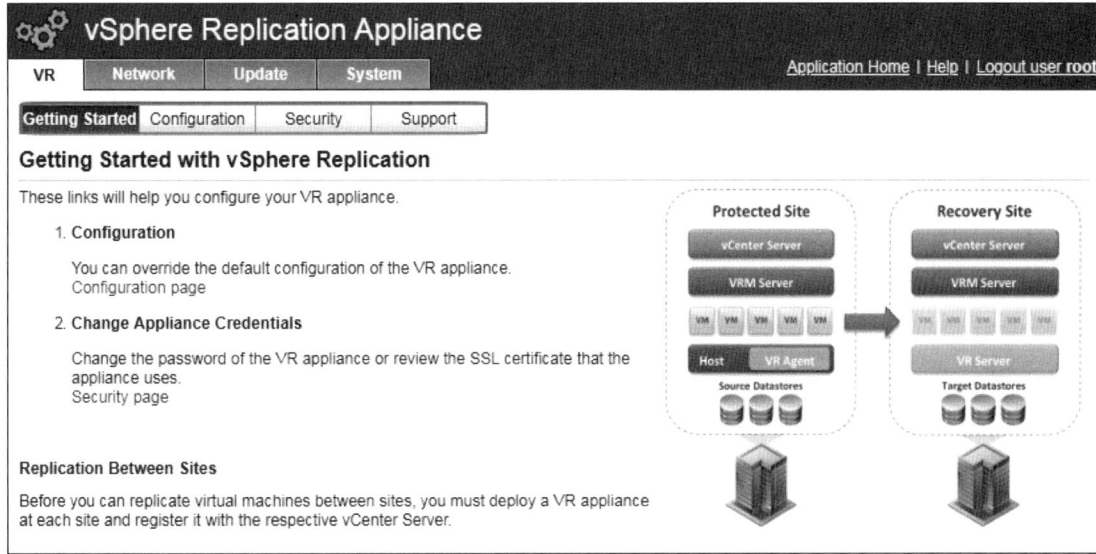

Abbildung 12.45 Startseite der »vSphere Replication«-Konfiguration

Dazu stellen Sie die Verbindung über die URL *https://<FQDN oder IP-Adresse der vSphere Replication Appliance>:5480* her. Die Anmeldung erfolgt mit dem root-Account und dem beim Import vergebenen Passwort.

Über zwei Links ist eine direkte Verzweigung zu unterschiedlichen Konfigurationspunkten möglich. Wir wollen aber die einzelnen Punkte direkt durchgehen.

Der CONFIGURATION-Button verzweigt direkt in die Grundkonfiguration der Appliance, die Sie in Abbildung 12.46 sehen. Hier legen Sie fest, welche Datenbank genutzt werden soll, und stellen auch die Verknüpfung mit dem zugehörigen vCenter Server her.

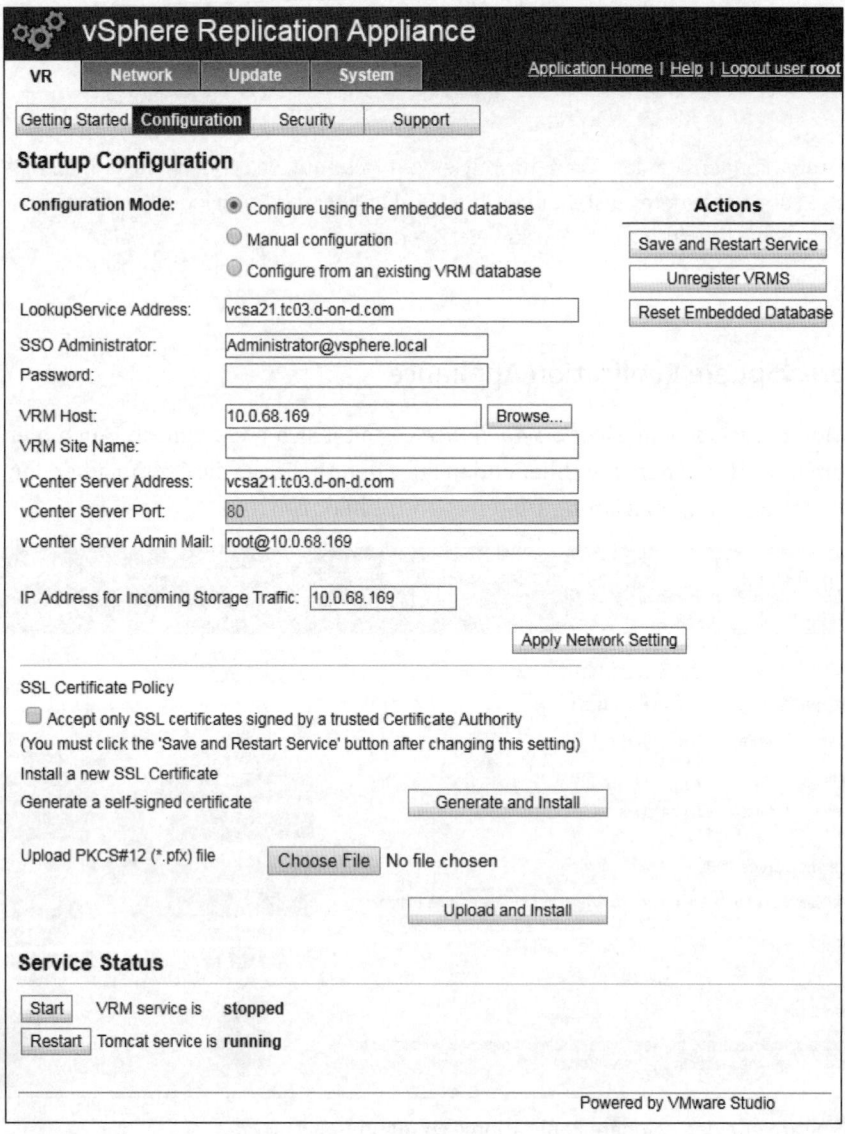

Abbildung 12.46 Grundkonfiguration der »Replication Appliance«

Last, but not least ist es möglich, hier eine weitergehende Konfiguration des Zertifikatshandlings vorzunehmen. Dabei kann ein Zertifikat generiert werden oder es wird einfach ein vorhandenes importiert.

Hinter dem SECURITY-Button verbirgt sich ein Dialog, in dem Sie das administrative Passwort setzen und die Daten des genutzten SSL-Zertifikats einsehen können. Wie z. B. auch beim vCenter Server kann das System im Falle eines Problems und eines daraus resultierenden Support-Calls eine Anzahl von Log-Dateien zur weiteren Analyse exportieren. Der SUPPORT-Button bringt Sie an die passende Stelle.

Über den NETWORK-Reiter rufen Sie außer dem aktuellen Status auch alle relevanten Netzwerkeinstellungen auf (siehe Abbildung 12.47).

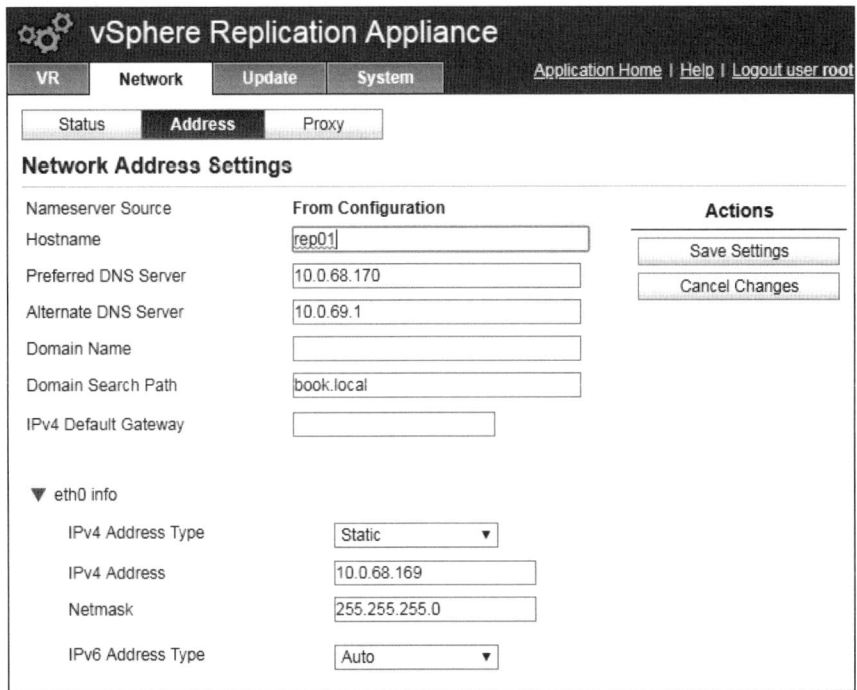

Abbildung 12.47 Parametrierung der Netzwerkkonfiguration

Die Einstellungen unterteilen sich in zwei Bereiche: in die eigentlichen IP-Einstellungen und in die Proxy-Einstellungen, damit das System das Internet erreichen kann und so eine direkte Aktualisierung des Systems möglich ist. Diese kann dann über den UPDATE-Reiter erfolgen (siehe Abbildung 12.48).

Auch hier gibt es eine Statusanzeige und einen Bereich, in dem die Konfiguration erfolgen kann. Dabei können Sie festlegen, ob automatisch nach Updates gesucht werden soll und ob diese dann ebenfalls automatisch eingespielt werden sollen. Damit das Ganze auch funktioniert, müssen Sie dem System beibringen, wo es nach den Updates suchen soll. Außer auf einem lokalen Repository kann die Suche auf einer CD oder direkt im Internet erfolgen.

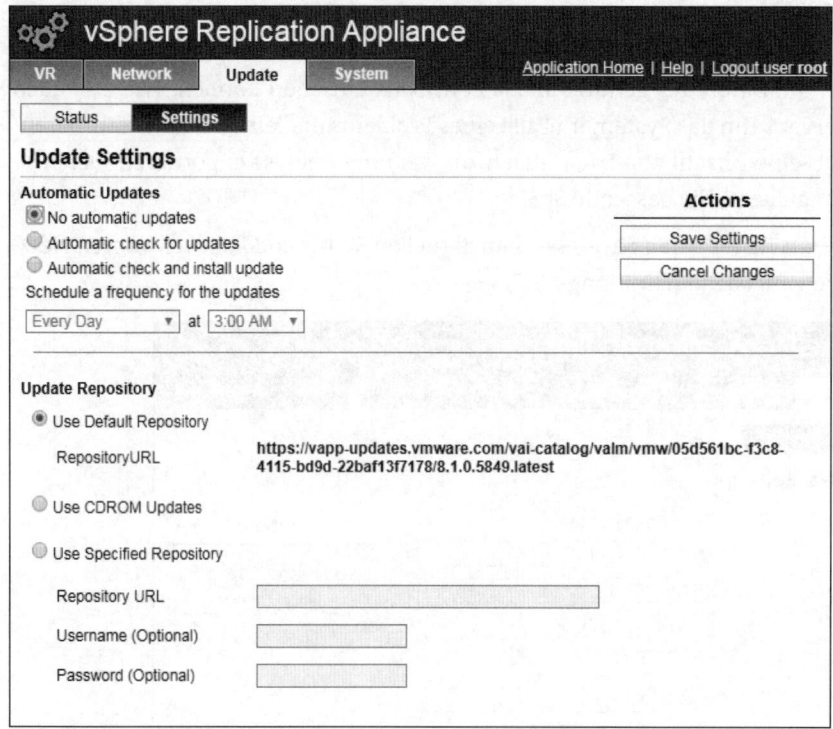

Abbildung 12.48 Update der »vSphere Replication Appliance«

Der letzte Reiter SYSTEM gibt Informationen über die Appliance selbst preis – wenn gewünscht, auch über das OVF – und erlaubt es dem Administrator, das System herunterzufahren oder neu zu starten. Hier findet sich auch die Einstellung der Zeitzone.

Wird aus Lastgründen eine weitere Appliance importiert, so müssen Sie mit dem *vSphere Replication Add-on* arbeiten. Auch dieses System hat eine Weboberfläche zur Administration. An dieser Stelle lassen wir die identischen Konfigurationspunkte weg und gehen nur auf die Unterschiede ein – besser gesagt auf den Unterschied, denn es gibt nur einen unter dem Punkt VRS • CONFIGURATION (siehe Abbildung 12.49). Hier ist es nur möglich, ein bestehendes Zertifikat zu importieren oder ein neues Zertifikat erzeugen zu lassen.

Alle anderen Konfigurationspunkte sind mit der Haupt-Appliance identisch.

Damit sind aber die Konfigurationsmöglichkeiten nicht erschöpft. Wird der Web Client gestartet, eröffnen sich dem Administrator weitere Optionen der Konfiguration (siehe Abbildung 12.50).

12.5 VMware vSphere Replication Appliance

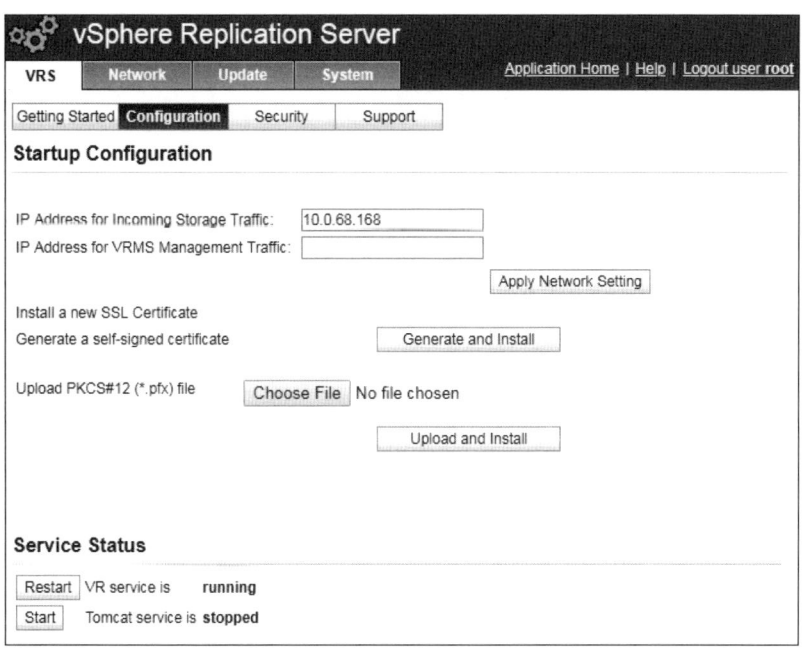

Abbildung 12.49 Konfiguration des »vSphere Replication Appliance Add-ons«

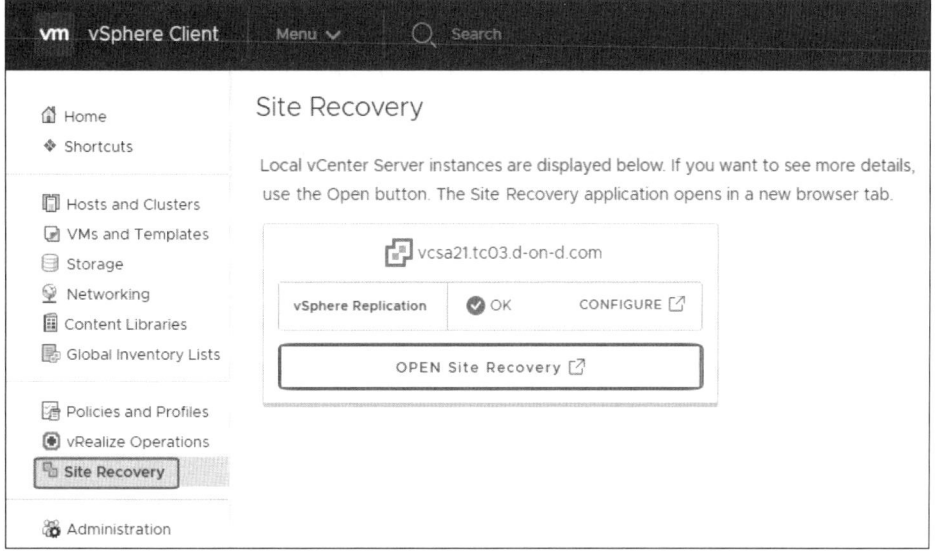

Abbildung 12.50 Verzweigungsmöglichkeiten zur Replikationsfunktion im Web Client

Egal welcher Weg genutzt wird, es erfolgt eine Verzweigung ans selbe Ziel und damit zur Anzeige der vCenter Server im Zusammenhang mit dem Replikationsservice (siehe Abbildung 12.51). Sie sehen diese Anzeige im mittleren Bereich des Bildschirms.

12　Konfiguration von vCenter-Add-ons

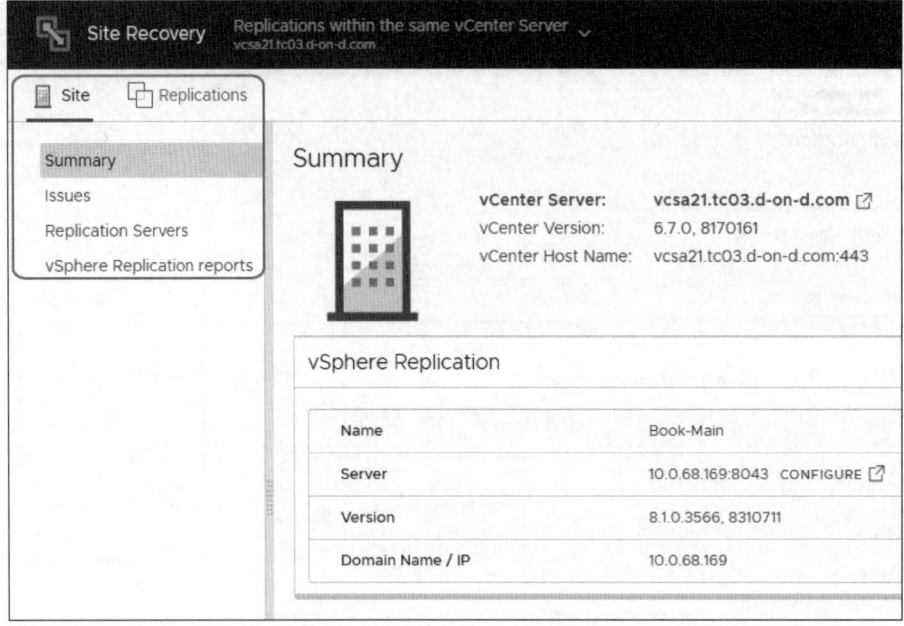

Abbildung 12.51　Administration des »vSphere Replication Appliance Add-ons«

Entweder erfolgt nun die Verzweigung zum Monitoring über VSPHERE REPLICATION REPORTS oder direkt zur Administration. Bei der Administration wird über den Link CONFIGURE direkt zur Adminwebseite der Appliance verzweigt. Beim Monitoring folgt die Anzeige des Replikationsdatenverkehrs (siehe Abbildung 12.52).

Abbildung 12.52　Datenverkehrsanzeige der Replikation

Die Anzeige ist sehr übersichtlich gehalten. Die Darstellung erfolgt nun in Form von Graphen. Dabei wird nach ausgehendem und eingehendem Datenverkehr unterschieden. Die Daten zum *Recovery Point Objective* (RPO) werden ebenfalls dargestellt. RPO steht für die Wiederanlaufzeit nach einem Ausfall.

Soll zur Unterstützung ein weiterer Replikationsserver eingebunden werden, nutzen Sie den Link REPLICATION SERVERS • REGISTER (siehe Abbildung 12.53).

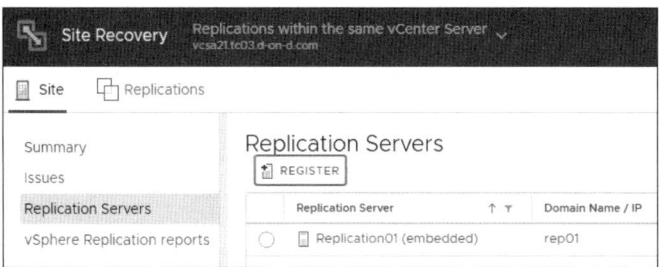

Abbildung 12.53 Registrierung eines weiteren Replikationsservers

Es folgt ein Auswahlfenster, in dem Sie die zusätzliche Appliance markieren (siehe Abbildung 12.54).

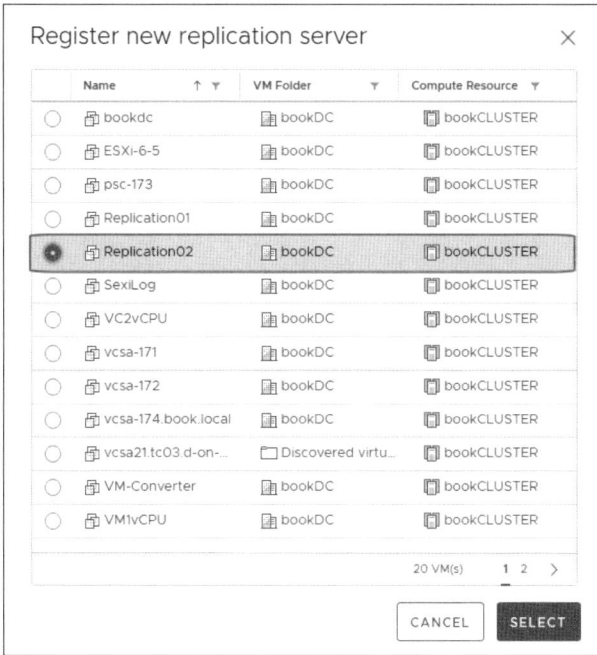

Abbildung 12.54 Auswahl der zusätzlichen Replikations-Appliance

Das Einbinden geht recht schnell, und sobald es gelungen ist, findet sich ein weiterer Replikationsserver im Übersichtsfenster (siehe Abbildung 12.55).

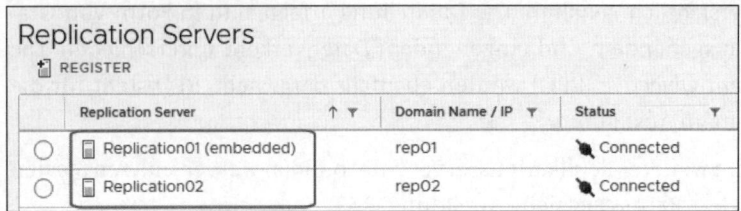

Abbildung 12.55 Neu eingebundener Replikationsserver

Der Haupt-Replikationsserver ist das System mit dem Zusatz *embedded*. Zusätzlich möchten wir an dieser Stelle noch erwähnen, wie Sie den Einsprungpunkt zur Replikationskonfiguration einer VM finden. Auch hier führt der Weg über das Kontextmenü, aber diesmal über das Kontextmenü der zu replizierenden virtuellen Maschine (siehe Abbildung 12.56).

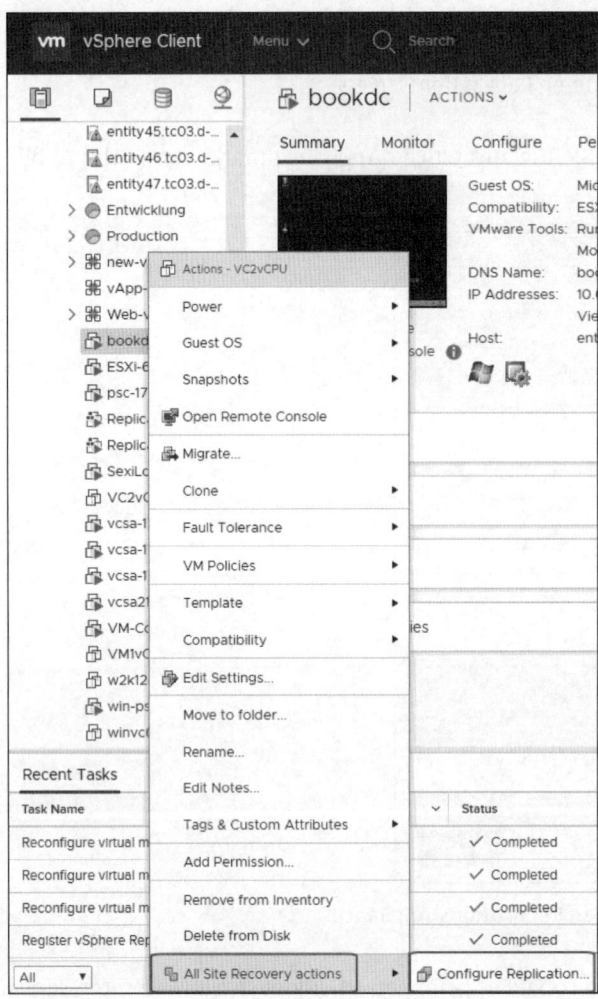

Abbildung 12.56 Konfiguration einer VM-Replikation

12.6 VMware vCenter Converter Standalone

Der *vCenter Converter* – viele werden ihn noch als »P2V« oder »VMware Converter« kennen – ermöglicht es, Computer in eine virtuelle Maschine zu konvertieren. Dabei ist nicht entscheidend, welche Hardware die Maschine hat, die Sie übernehmen wollen. Viel wichtiger ist, dass der Converter in der Lage ist, die systemkritischen Treiber nicht nur zu entfernen, sondern auch durch VMware-konforme zu ersetzen.

Es gibt zwei Möglichkeiten, den Converter zu nutzen: als sogenannten Coldclone oder als Hotclone. Bei einem *Coldclone* wird das zu übernehmende System mit einer Converter-CD gestartet und der Server wird direkt auf einem Host oder vCenter-Server importiert, ohne dass das zu übernehmende System aktiv ist. Das erzeugte Image kann auch auf einem Datenträger gespeichert und anschließend importiert werden.

> **Hinweis**
>
> Leider hat VMware die Coldclone-Funktionalität nicht weiter verfolgt, aber gerade für einige Systeme hat es sich als wichtig erwiesen, diese Vorgehensweise zu nutzen. Wenn Sie den Bedarf haben, sie zu nutzen, dann suchen Sie im Netz die Version 3.0.3 des Converters: Sie ist die letzte Version mit der Unterstützung dafür. Leider können Sie das Tool in dieser Version auch nicht mehr bei VMware herunterladen. Sie werden allerdings noch auf anderen Seiten fündig, z. B. hier:
>
> *http://www.vladan.fr/free-tools-vmware/*

Im Falle des *Hotclones* wird ein aktiver Server im laufenden Betrieb übernommen. Bevor die Arbeiten beginnen können, müssen Sie einen Agent auf dem System installieren. Je nach Gastbetriebssystem ist ein Neustart des Servers notwendig.

Für die Abbildung der Funktion wird ein Snapshot auf dem zu übernehmenden System erzeugt. Alle Änderungsdaten werden in diesen Snapshot geschrieben. So übernehmen Sie zuerst die statischen Daten. Ist dieser Schritt abgeschlossen, erstellen Sie erneut einen Snapshot und so fort. Dies geschieht so lange, bis die Maschine übernommen ist. Problematisch wird es, wenn die Applikation nicht angehalten wird. Ist die Übernahme abgeschlossen, können sich die Daten der Source-Maschine weiterhin ändern, und damit sind das Quell- und das Zielsystem nicht identisch. Sorgen Sie deshalb dafür, dass keine Client-Applikation auf das System zugreifen kann. Die Übernahme wird dann auch schneller vonstattengehen.

> **Hinweis zur Konvertierung**
>
> Soll das *Hotclone*-Verfahren genutzt werden, ist es zumindest bei Datenbank-Applikationen empfehlenswert, die Datenbank zu stoppen, bevor Sie die Übernahme starten. Ebenso sollten Sie bei anderen Applikationen verfahren, die hohe Änderungsraten im Content haben.

Die Übernahme von Computern mit dem *vCenter Converter* funktioniert nicht für alle Betriebssysteme. In der folgenden Übersicht sehen Sie die Systeme, die unterstützt werden.

OS-Support
- Windows Vista SP2 (32 Bit und 64 Bit)
- Windows 7 (32 Bit und 64 Bit)
- Windows 8 (32 Bit und 64 Bit)
- Windows 8.1 (32 Bit und 64 Bit)
- Windows 10 (32 Bit und 64 Bit)
- Windows Server 2008 SP2 (32 Bit und 64 Bit)
- Windows Server 2008 R2 (64 Bit)
- Windows Server 2008 (64 Bit)
- Windows Server 2012 (64 Bit)
- Windows Server 2012 R2 (64 Bit)
- Windows Server 2016
- CentOS 6.x (32 Bit und 64 Bit)
- CentOS 7.0 (64 Bit)
- Red Hat Enterprise Linux 4.x bis 6.x (32 Bit und 64 Bit)
- Red Hat Enterprise Linux 7.0 (64 Bit)
- SUSE Linux Enterprise Server 10.x bis 11.x (32 Bit und 64 Bit)
- Ubuntu 12.04 (32 Bit und 64 Bit)
- Ubuntu 14.04 bis 16.04 (32 Bit und 64 Bit)

Hinweis
Sollte der Bedarf bestehen, ältere Systeme zu konvertieren, dann laden Sie sich bei VMware einen Converter in einer älteren Version herunter.

Es ist unerheblich, auf welcher Plattform die zu übernehmende Maschine läuft. Solange Sie ein unterstütztes Betriebssystem nutzen, kann die Maschine übernommen werden. Es werden an dieser Stelle nur die Mechanismen des Betriebssystems genutzt.

Achtung
Bei der Konvertierung von Linux-Systemen gelten folgende Bedingungen für das Filesystem: Übernommen werden *ext2*, *ext3*, *ext4*, *reiserfs*, *vfat* und *xfs*. Alle anderen Filesysteme werden nach *ext3* oder *ext4* konvertiert!

Die Microsoft-Sysprep-Tools müssen auf dem VMware-vCenter-Converter-Server vorhanden sein, auf dem der *vCenter Converter* ausgeführt wird. Anderenfalls kann die Maschine, die übernommen werden soll, beim Import mit dem Converter nicht angepasst werden. Früher mussten dazu die passenden Files auf die Maschine kopiert werden. Bei aktuellen Windows-Betriebssystemen ist *sysprep* Teil des Betriebssystems.

> **Hinweis**
> Der Import von Images, die mit Dritthersteller-Tools erstellt wurden, wird nicht mehr unterstützt!

12.6.1 »VMware vCenter Converter Standalone« verwenden

Nach dem Aufruf des Clients und dem Start erscheint eine ganz eigene Oberfläche (siehe Abbildung 12.57).

Abbildung 12.57 Die Willkommensseite zu »vCenter Converter Standalone«

Über den Link CONVERT MACHINE starten Sie den Wizard für den Import eines Computers. Geben Sie direkt auf der ersten Seite die Daten der Quellmaschine ein (siehe Abbildung 12.58).

Unter SELECT SOURCE TYPE stehen Ihnen drei Möglichkeiten zur Auswahl:

- REMOTE WINDOWS MACHINE
- REMOTE LINUX MACHINE
- THIS LOCAL MACHINE

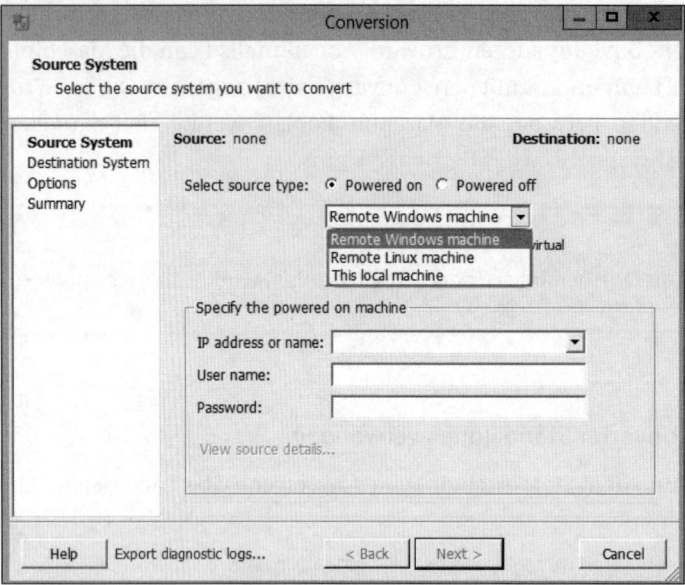

Abbildung 12.58 Die Daten der Quellmaschine

Es ist unerheblich, welche Basis die zu übernehmende Maschine hat, ob es ein virtueller oder ein physischer Server ist, ob sie unter Hyper-V, VMware oder wie auch immer läuft. Das Ziel ist immer die zu übernehmende Maschine. Die Quelle muss angegeben werden und natürlich ein administrativer Account auf dem System (siehe Abbildung 12.59).

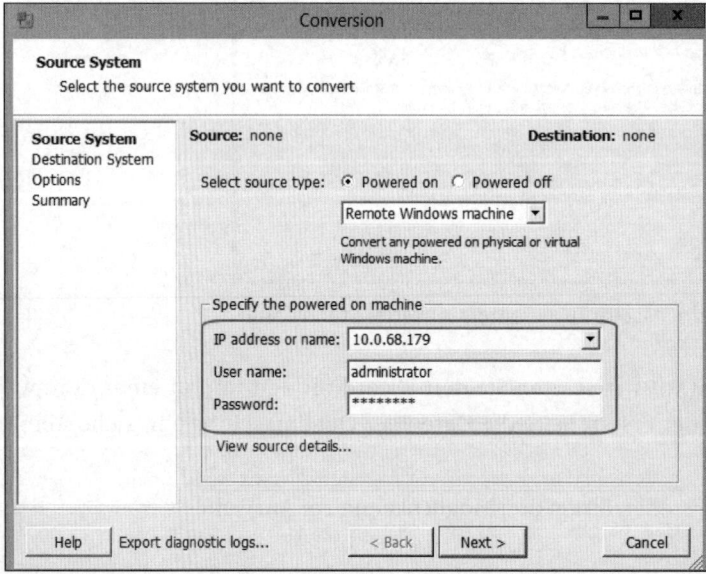

Abbildung 12.59 Zugangsdaten zur Quellmaschine

Für die Übernahme muss ein Agent installiert werden. Was mit dem Agenten nach der Übernahme passieren soll, legen Sie im Dialog aus Abbildung 12.60 fest. Entweder führen Sie die automatische Deinstallation des Agentens nach der Übernahme druch, oder Sie löschen ihn per Hand.

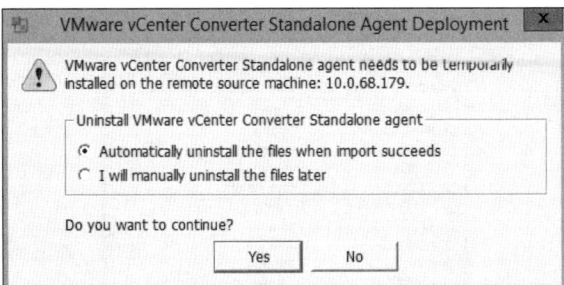

Abbildung 12.60 Verhalten für die Agenteninstallation

Nachdem der Client installiert worden ist, müssen Sie festlegen, auf welches Ziel die Migration erfolgen soll. Dazu benötigen Sie die Anmeldedaten für die passende virtuelle Infrastruktur (siehe Abbildung 12.61).

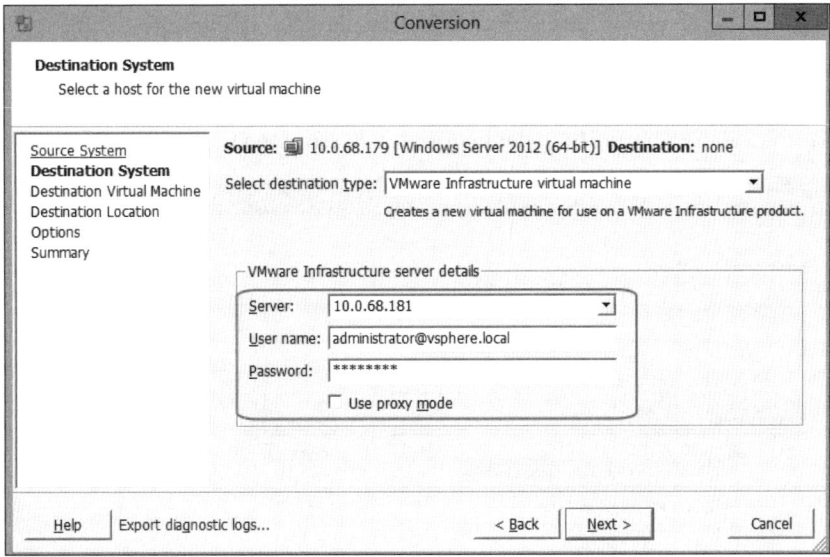

Abbildung 12.61 Anmeldung an der virtuellen Infrastruktur zur Übernahme eines Systems

Nach einem Klick auf NEXT versucht die Applikation, sich mit der zu übernehmenden Maschine zu verbinden, und fragt anschließend nach dem Ziel.

Es geht nun an die Eingabe der Parameter für den Host, der die neue virtuelle Maschine aufnehmen soll (siehe Abbildung 12.62). Sagen Sie nun dem System, wo die neue VM abgelegt wird und wie ihr Name lauten soll.

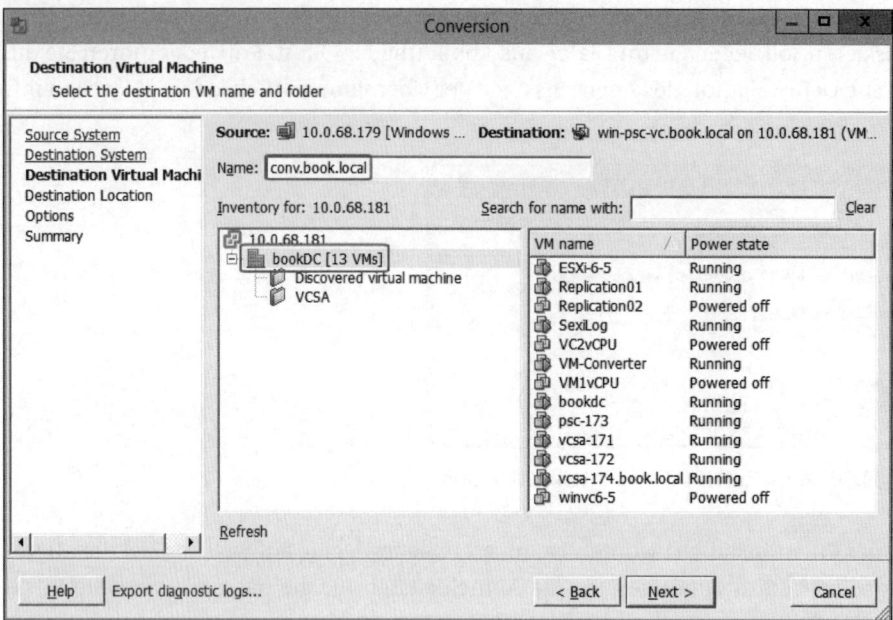

Abbildung 12.62 Ablageziel und Name der konvertierten VM

Im folgenden Dialog (siehe Abbildung 12.63) müssen Sie dem System sagen, auf welchem Host die VM angelegt werden soll. Wählen Sie außerdem den DATASTORE und die Version der virtuellen Maschine. Eine Überprüfung der benötigten Ressourcen findet hier nicht statt.

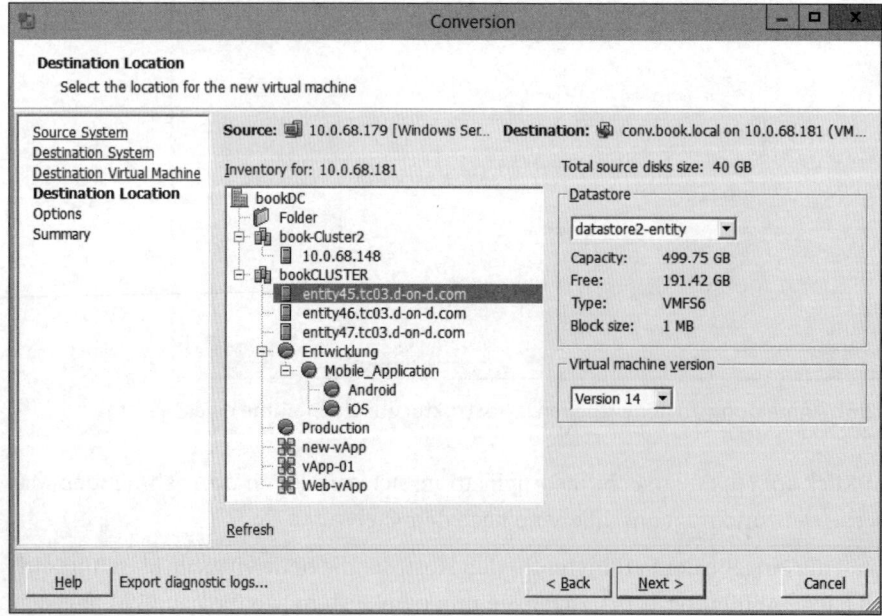

Abbildung 12.63 Ablageziel, Datastore, Host und VM-Version

Im nächsten Dialog (siehe Abbildung 12.64) können Sie alle Einstellungen für die zu konvertierende VM anpassen.

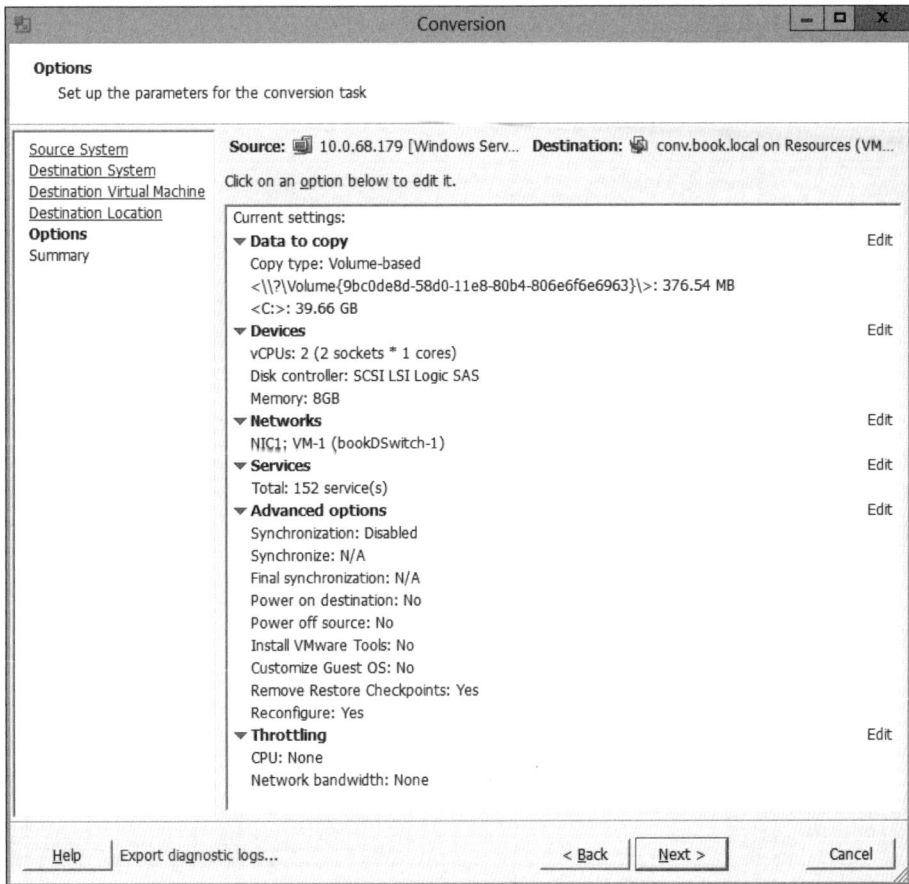

Abbildung 12.64 Anpassung der Festplatteneinstellungen

Options – Data to copy

DATA TO COPY ermöglicht die Anpassung der zu übernehmenden Festplatte. Wollen Sie weitergehende Änderungen am Layout vornehmen, wechseln Sie über den Link EDIT in die ADVANCED-Ansicht. Es empfiehlt sich, die beiden Auswahlfelder im unteren Bereich aktiviert zu lassen. Das optimiert zum einen die neue Zielmaschine und zum anderen die Performance der VM.

Die folgende Ansicht stellt nur die Auswahl zur Verfügung, welche Festplatten übernommen werden sollen. Weitere Einstellungen sind hier nicht möglich.

Richtig interessant ist der Reiter DESTINATION LAYOUT (siehe Abbildung 12.65), den Sie über den ADVANCED-Link erreichen. Er bietet weitergehende Konfigurationsoptionen. Auch hier können Sie selbstverständlich die Ziel-LUN noch einmal anpassen. Ein wichtiger Punkt in diesem Dialog ist die Änderung des Plattentyps von THICK auf THIN oder umgekehrt. Bei der Auswahl FLAT wird der gesamte Festplattenspeicher, den die virtuelle Festplatte benötigt, sofort alloziert. Bei THIN wird nur der Plattenplatz belegt, der aktuell auch beschrieben ist.

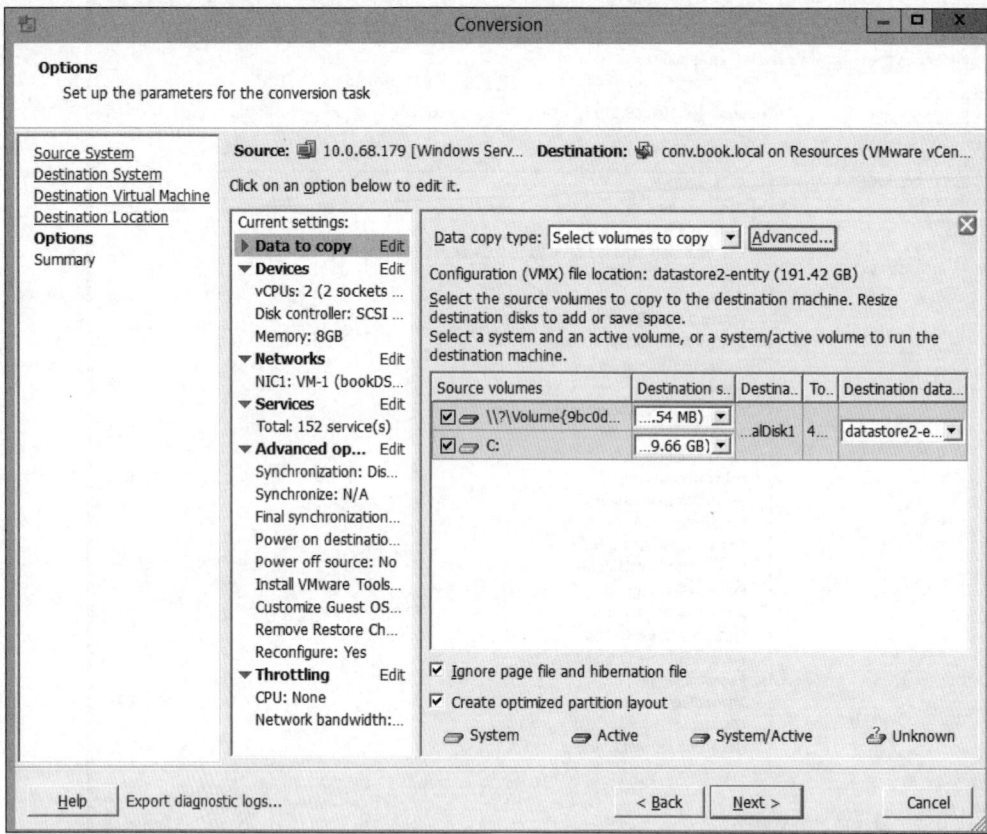

Abbildung 12.65 Festplattenkonfiguration

Die angegebene Festplattengröße markiert die obere Grenze. Achten Sie bei der Nutzung dieser Option darauf, dass genügend freier Platz auf der LUN vorhanden ist. Selbst wenn zu Beginn nur ein Bruchteil der virtuellen Platte genutzt wird, kann der verwendete Plattenplatz ganz schnell steigen und dann Probleme verursachen.

Von Haus aus werden die Platten und Partitionen so abgebildet, wie die Aufteilung auf dem Quellsystem war. Möchten Sie diese Aufteilung ändern, fügen Sie über ADD DISK eine neue Festplatte hinzu. Markieren Sie die Partition, die auf eine eigene Festplatte verschoben werden soll, und bringen Sie sie über die Buttons MOVE UP oder MOVE DOWN an die gewünschte Position. Diese Vorgehensweise bietet den Vorteil, dass Sie im Nachhinein leicht die Größe einer Partition ändern können, ohne zuvor eine dahinter liegende Partition mit einer passenden Software verschieben zu müssen.

Options – Devices

Der folgende Dialog ist extrem komplex. Einen Großteil der Parameter des Zielcomputers können Sie an dieser Stelle anpassen (siehe Abbildung 12.66). Auf die verschiedenen Optionen gehen wir jetzt einzeln ein. VMware gibt Ihnen durch eine Bewertung der einzelnen Punkte ein Hilfsmittel an die Hand: Ist vor den einzelnen Devices ein rotes oder gelbes Zeichen, sollten Sie sich die entsprechende Konfiguration genau anschauen; es ist nicht ausgeschlossen, dass es dort Probleme gibt.

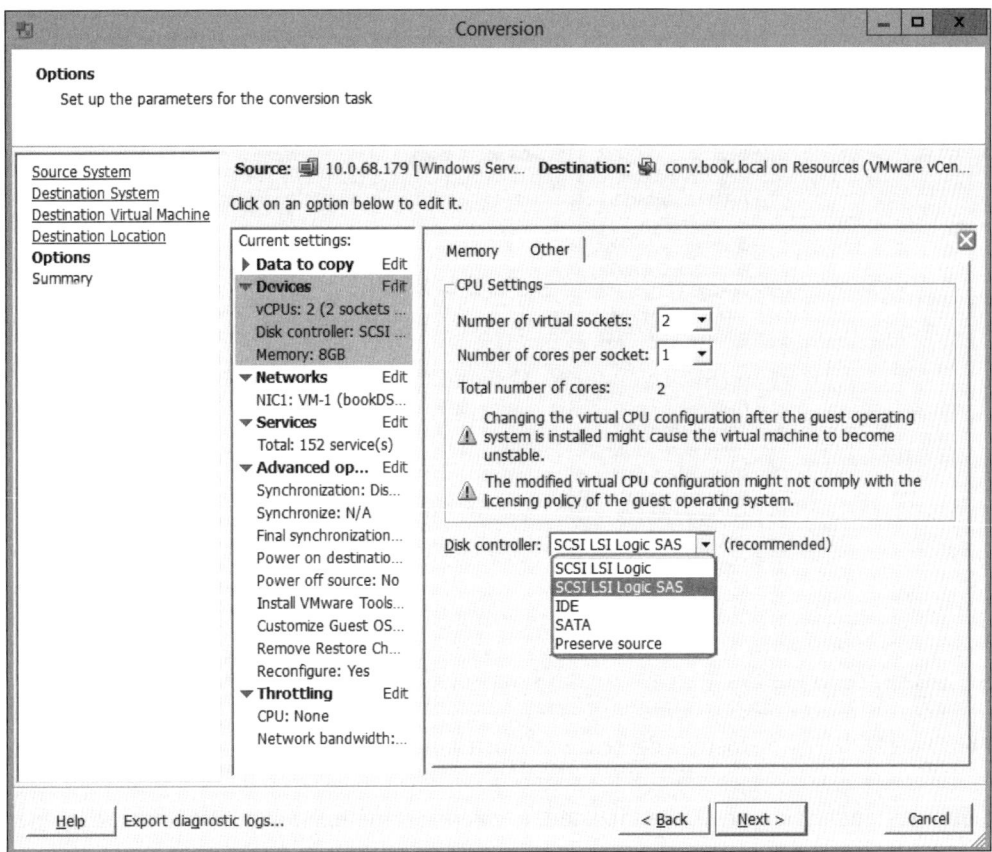

Abbildung 12.66 So passen Sie die Parameter der Zielmaschine an.

Bei DEVICES können Sie mehrere Optionen anpassen: die Anzahl der CPUs bzw. Cores und die Größe des Arbeitsspeichers. Der wichtigste Punkt ist hier aber die Einstellung des Festplatten-Controllers. Es werden nur Controller angezeigt, die in dem System auch genutzt werden können. Wenn Sie den Controller-Typ z. B. von IDE auf SCSI ändern, ist es wichtig, dass Sie die *VMware Tools* automatisch mitinstallieren lassen, damit Ihr System später auch booten kann.

Options – Networks

Unter NETWORKS stellen Sie das virtuelle Netzwerk ein, an das die Zielmaschine angeschlossen werden soll. Den Verbindungsstatus beim Start des Computers bestimmen Sie in der rechten Spalte CONNECT AT POWER-ON (siehe Abbildung 12.67).

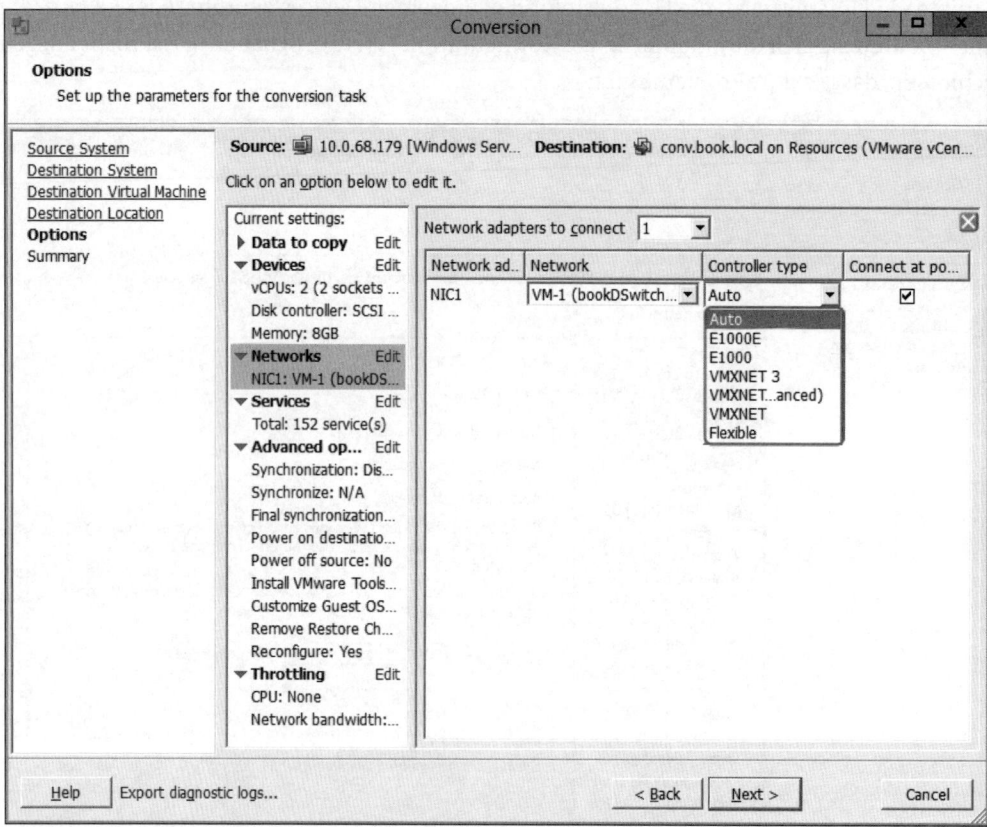

Abbildung 12.67 Parametrierung der Netzwerkeinstellungen

Selbstverständlich können Sie zusätzliche Netzwerkkarten hinzufügen. Die Grenze liegt hier bei 10 Adaptern.

Options – Services

SERVICES bietet eine Anpassung der Dienste sowohl auf dem Quell- als auch auf dem Zielsystem (siehe Abbildung 12.68). Gibt es Dienste, die beim Import besser nicht aktiv sein sollten, so müssen Sie sie hier deaktivieren. Sehen Sie sich dazu den Reiter SOURCE SERVICES an. Wir denken da z. B. an einen SQL-Server oder ähnliche Dienste, hinter denen sich ein starkes Änderungspotenzial auf der Festplatte verbergen kann. Nicht alle Dienste sind manipulierbar, aber ein Großteil der installierten Dienste ist es. Die Start-Art (STARTUP MODE) aller Dienste des Zielsystems können Sie hingegen anpassen. Beachten Sie, dass der Computer einige Services auf jeden Fall benötigt, damit er starten kann.

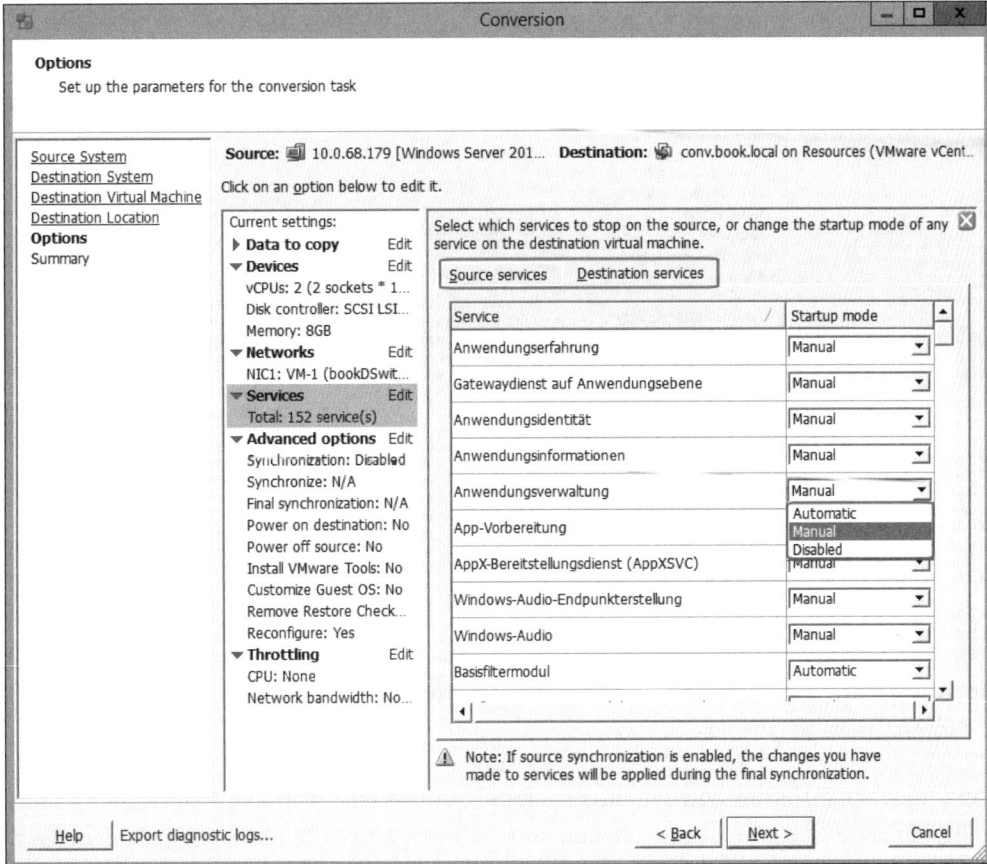

Abbildung 12.68 Dienste-Einstellungen

An dieser Stelle können Sie bereits eingreifen und Dienste auf dem Zielsystem deaktivieren, die über die System-Tools des Server-Hardware-Herstellers installiert wurden. Wechseln Sie dazu auf den Reiter DESTINATION SERVICES. Grundsätzlich sollten Sie aber bei einer Eins-zu-eins-Übernahme an dieser Stelle sehr vorsichtig mit den Änderungen sein.

Options – Advanced options

Unter ADVANCED OPTIONS geben Sie an, welche Aktionen im Rahmen der Übernahme zusätzlich durchgeführt werden sollen (siehe Abbildung 12.69). Dabei wird zwischen Aktionen vor dem Abschluss der Übernahme und Aktionen nach der Übernahme unterschieden.

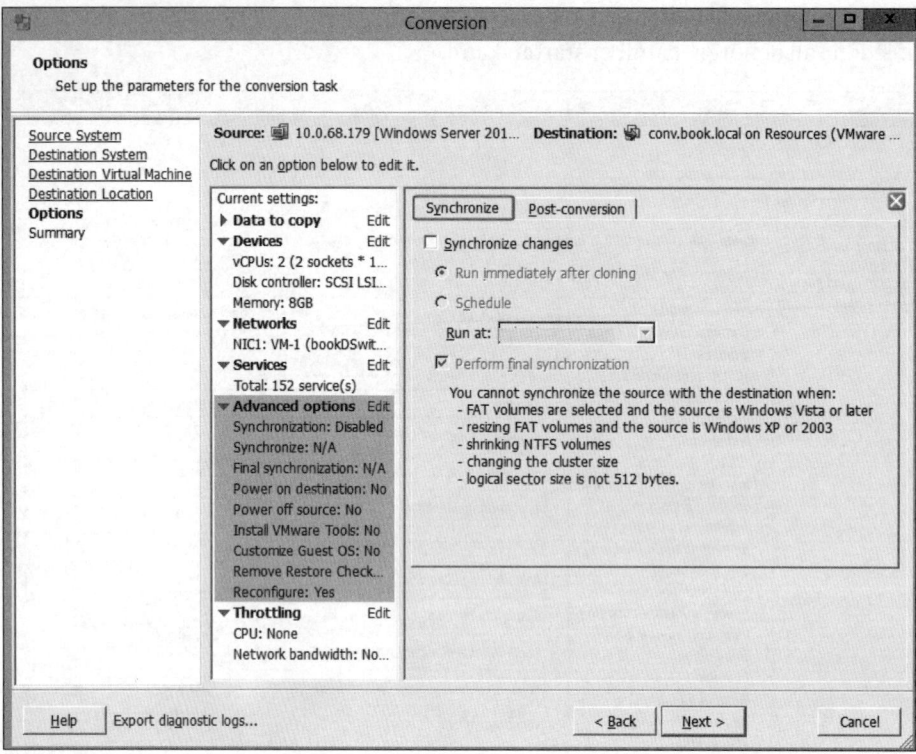

Abbildung 12.69 »Advanced Options« beim »vCenter Converter Standalone« vor Abschluss der Übernahme

SYNCHRONIZE CHANGES bewirkt, dass nach der kompletten Übernahme des Quellsystems alle nicht benötigten Dienste angehalten und die bis zu diesem Zeitpunkt aufgelaufenen Änderungen im Content auf das Zielsystem synchronisiert werden. Diesen Job können Sie zeitgesteuert oder sofort nach dem Abschluss der Übernahme starten.

> **Hinweis**
> Es gibt Randbedingungen, die die Synchronisierung verhindern. Dazu gehören das Ändern von FAT-Partitionen, das Verkleinern von NTFS-Partitionen oder das Anpassen der Cluster-Größe der Festplatte.

Die nächsten Punkte steuern das Verhalten von Quell- und Zielsystem nach der Übernahme (siehe Abbildung 12.70). Sie können die Quellmaschine nach dem Vorgang automatisch starten (POWER ON DESTINATION MACHINE), oder Sie lassen das Ziel ausgeschaltet (POWER OFF SOURCE MACHINE). Achten Sie darauf, dass nicht beide Maschinen gleichzeitig aktiv sind, denn dann wären zwei identische Server im Netz, was zu Problemen führen kann. INSTALL VMWARE TOOLS ON THE DESTINATION VIRTUAL MACHINE ist an sich selbsterklärend. Wir empfehlen, diese Option zu aktivieren.

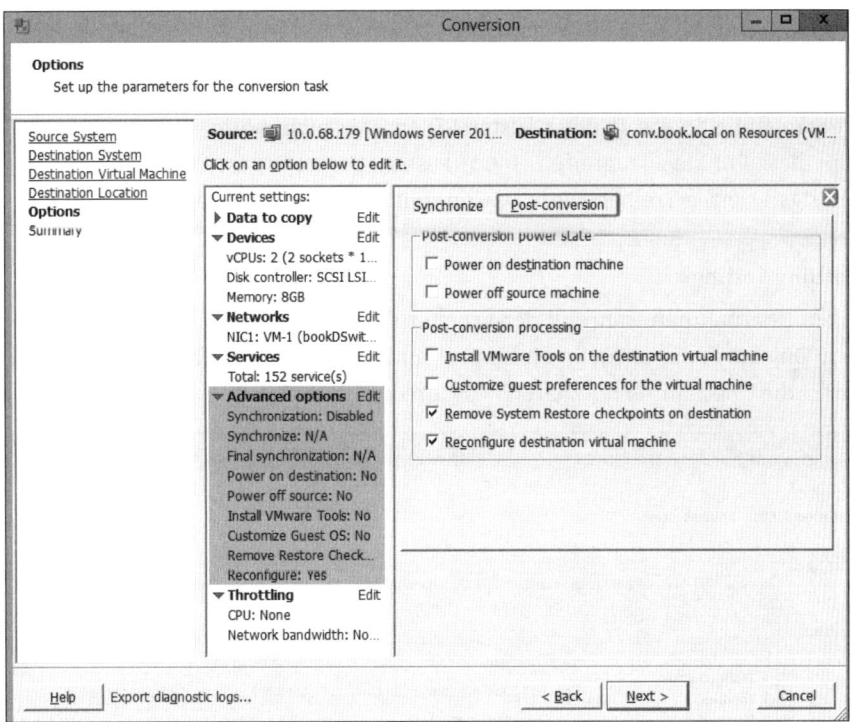

Abbildung 12.70 Verhalten nach der Übernahme

Der folgende Punkt, CUSTOMIZE GUEST PREFERENCES FOR THE VIRTUAL MACHINE, ermöglicht es Ihnen, die Systemkonfiguration eines Windows-Servers anzupassen. Es werden Eingaben für die in Tabelle 12.1 genannten Punkte erwartet.

Optionen	Parameter
Computer-Informationen	▶ Computername ▶ Benutzername ▶ Organisationsname ▶ Erstellung einer neuen SID
Windows-Lizenz	Einstellung der Lizenzierungsart: pro Server oder pro Arbeitsplatz
Zeitzone	Einstellen der Zeitzone
Netzwerk	Hier stellen Sie die Netzwerkparameter ein.
Arbeitsgruppe/Domain	Steht das Zielsystem in einer Arbeitsgruppe, oder soll es Mitglied einer Domäne sein?

Tabelle 12.1 Parameterübersicht für die Anpassung von Windows-Systemen

REMOVE SYSTEM RESTORE CHECKPOINTS ON DESTINATION entfernt alle Punkte, die in der Systemwiederherstellung unter Windows gesetzt sind. Die Systemwiederherstellung ermöglicht es, das System in den Zustand zurückzuversetzen, den es zu einem definierten Zeitpunkt in der Vergangenheit hatte. In den meisten Fällen ist es nicht nötig, im späteren virtuellen System auf diese Punkte zuzugreifen. RECONFIGURE DESTINATION VIRTUAL MACHINE installiert die nötigen Device-Treiber. Diese Option sollten Sie auf jeden Fall aktivieren.

Options – Throttling Settings

Es kann sein, dass Übernahmen während der Arbeitszeiten erfolgen sollen. Um zu vermeiden, dass andere Objekte in der virtuellen Infrastruktur in Mitleidenschaft gezogen werden, können Sie die für die Übernahme nutzbaren Ressourcen einschränken.

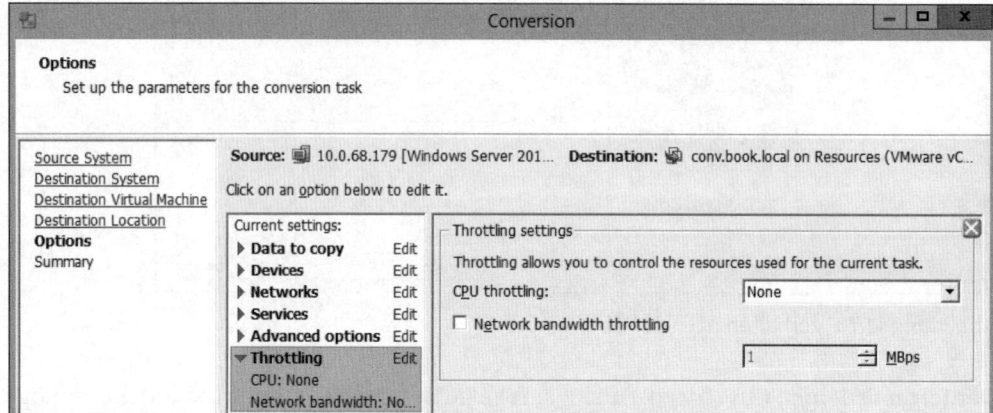

Abbildung 12.71 Ressourceneinschränkung für die Übernahme

Sie können hier nicht nur die maximale Netzwerkbandbreite festlegen, sondern auch die CPU-Ressourcen beschränken (siehe Abbildung 12.71). Das erfolgt aber nicht numerisch, sondern über die Einstellungen LIGHT, MEDIUM und NONE. Selbstverständlich hat das Einfluss auf das Zeitfenster, das für die Übernahme benötigt wird.

Wenn Sie nun auf den Button NEXT klicken, erscheint eine Zusammenfassung aller Einstellungen. Sollten noch Defizite – also Unstimmigkeiten bei der Konfiguration – vorhanden sein, werden Sie oben im Fenster darauf hingewiesen. Mit FINISH starten Sie den Import der Maschine. Der Vorgang nimmt je nach Größe der Quellmaschine eventuell längere Zeit in Anspruch. Im Hauptfenster wird jetzt der Job angezeigt, und Sie können dort den aktuellen Status des Jobs während der Konvertierung kontrollieren.

12.6.2 Nacharbeiten nach der Übernahme

Bevor Sie die importierte Maschine starten, sollten Sie sich die Konfiguration der virtuellen Maschine anschauen. Löschen Sie die Hardwarekomponenten, die Sie nicht benötigen, so

z. B. die serielle Schnittstelle, die parallele Schnittstelle und Audio. Achten Sie auch darauf, dass bei Wechselmedien das Client-Device eingestellt ist. Verbinden sollten Sie Floppy und CD-ROM nur, wenn Sie sie benötigen. Unter Umständen ist es später sehr zeitaufwendig, ein verbundenes CD-ROM-Laufwerk zu suchen. Dies kann zu Problemen in der virtuellen Infrastruktur führen und auch Funktionen aushebeln.

Ist der Server dann gestartet, sollten Sie die gesamte installierte Software auf den Prüfstand stellen. Deinstallieren Sie alle vom Hardwarehersteller gelieferten Tools, wie Treiber für die Remote-Konsole, RAID-Treiber, Netzwerktreiber und Konfigurations-Tools für die Computerhardware. Nach der systemspezifischen Software geht es den überflüssigen Treibern des Windows-Systems an den Kragen. Legen Sie dazu eine neue System-Environment-Variable an. Sie lautet devmgr_show_nonpresent_devices und bekommt den Wert 1. Anschließend rufen Sie den Gerätemanager und den Menüpunkt VIEW • SHOW HIDDEN DEVICES auf. Jetzt können Sie die nicht benötigten Gerätetreiber deinstallieren. Eine relativ einfache Richtschnur ist, sich alle Treiber anzuschauen, die mit einem ausgegrauten Symbol markiert sind. Haben Sie die Arbeiten abgeschlossen, sollten Sie den Computer neu starten. Jetzt kann die Maschine nach einem ausführlichen Applikationstest den Job des alten Servers übernehmen.

Sie können sich die Arbeit auch erleichtern: Es gibt im Netz eine ISO-Datei, die die Arbeit für Sie übernehmen kann. Sie finden den Artikel und den Download-Link unter:

http://communities.vmware.com/docs/DOC-15187/version/4

Die Vorgehensweise ist dabei ganz einfach: Setzen Sie zuerst, wie bereits beschrieben, die Environment-Variable. Mounten Sie anschließend das heruntergeladene ISO-Image in die VM, und öffnen Sie eine Eingabeaufforderung. Wechseln Sie anschließend auf das ISO-Image, und wählen Sie das für Ihr System richtige Unterverzeichnis (siehe Tabelle 12.2).

Windows-Version	Unterverzeichnis
Windows 32 Bit	i386
Windows 64 Bit	x64
Windows für Itanium-Systeme	ia64

Tabelle 12.2 Zuordnung der Unterverzeichnisse zu Windows-Versionen

In dem Unterverzeichnis befindet sich eine Datei mit dem Namen *removedevices.js*. Starten Sie sie, und die nicht benötigten Gerätetreiber werden automatisch entfernt.

Kapitel 13
Monitoring

In diesem Kapitel erfahren Sie, wie Sie Ihre VMware Virtual Infrastructure verwalten. Wir werden auf alle Möglichkeiten der Verwaltung eingehen, die Sie in der VMware Virtual Infrastructure nutzen können.

Autor der meisten Abschnitte dieses Kapitels ist Bertram Wöhrmann, Ligarion, buch@ligarion.de

Autor von Abschnitt 13.8 ist Dr. Jens-Henrik Söldner, jens.soeldner@soeldner-consult.de

Autor von Abschnitt 13.9 ist Dennis Zimmer, opvizor, dzimmer@opvizor.com

Nachdem Sie dieses Kapitel gelesen haben, werden Sie alle Möglichkeiten kennen, die Ihnen die Firma VMware zur Verfügung stellt, um Ihre virtuelle Infrastruktur zu administrieren. Dabei werden wir näher beleuchten, wann Sie welches Tool verwenden sollten. Durch den richtigen Einsatz des passenden Tools ist es möglich, die Landschaft effektiv zu administrieren.

Bevor wir aber auf die Administration über den Web Client eingehen, wollen wir uns der Host-Konsole widmen.

13.1 Performance-Daten des Hosts im vCenter

In der virtuellen Umgebung ist es wichtig, die Leistungsdaten der Landschaft im Auge zu behalten. Zur Überwachung der Leistungsdaten gibt es im Web Client den Reiter MONITOR • PERFORMANCE (siehe Abbildung 13.1).

Folgende Werte können Sie sich an dieser Stelle genauer ansehen:

- CPU (%)
- Memory (KB)
- Disk (ms)
- Disk Rate (KBps)
- Network Rate (KBps)

Abbildung 13.1 Performance-Daten für den Host

Sie können sich Leistungsdaten anzeigen lassen für das Datacenter, den Cluster, den Host, den Ressourcen-Pool, die vApp und die virtuelle Maschine. In Tabelle 13.2 zeigen wir Ihnen, welche Diagrammoptionen wo angezeigt werden können.

Sie können sich nicht nur die Daten eines Objekts anzeigen lassen, sondern auch die Daten einiger zugrunde liegender Objekte. Diese alternativen Objekte wählen Sie über ein Dropdown-Menü aus. Es gibt hier zwei Ansichten, die Sie betrachten können: die Übersicht (OVERVIEW) und die ADVANCED-Ansicht. Wir denken, dass an dieser Stelle Tabelle 13.2 die übersichtlichste Form der Darstellung ist.

Ausgewähltes Objekt	Mögliche Anzeigen
Datacenter	keine
Cluster	CPU usage in MHz
	Memory (KB)
	Virtual Machine Operations

Tabelle 13.1 Performance-Ansichten bei Auswahl von »Overview«

Ausgewähltes Objekt	Mögliche Anzeigen
Hosts	CPU usage in %
	Memory (KB)
	Disk ms
	Disk KBps
	Network KBps
Resource Pools	CPU usage in MHz
	Memory
Virtuelle Maschinen	CPU usage in %
	Memory (KB)
	Disk ms
	Disk KBps
	Network KBps
vApp	CPU usage in MHz
	Memory
Storage	Verbrauch in GB

Tabelle 13.1 Performance-Ansichten bei Auswahl von »Overview« (Forts.)

Sie müssen an dieser Stelle unterscheiden, ob Sie eine Echtzeitdarstellung sehen möchten oder ob Sie stattdessen ein längerfristiges Intervall betrachten wollen. Echtzeitdarstellungen sind nur beim Host und bei der VM möglich.

Bevor wir uns der ADVANCED-Ansicht zuwenden, möchten wir Ihnen noch zeigen, wie Sie die OVERVIEW-Ansicht noch beeinflussen können. Im Dropdown-Menü von TIME können Sie den zu betrachtenden Zeitraum auswählen. Neben den vorbesetzten Werten REAL-TIME, LAST DAY, LAST WEEK, LAST MONTH und LAST YEAR können Sie eine CUSTOM INTERVAL-Ansicht wählen, bei der das Intervall frei einstellbar ist (siehe Abbildung 13.2).

Wechseln wir nun zu der ADVANCED-Ansicht (siehe Abbildung 13.3). An dieser Stelle können Sie sich weitere Metriken anzeigen lassen, um die globalen Werte besser beurteilen zu können (siehe Tabelle 13.2).

13 Monitoring

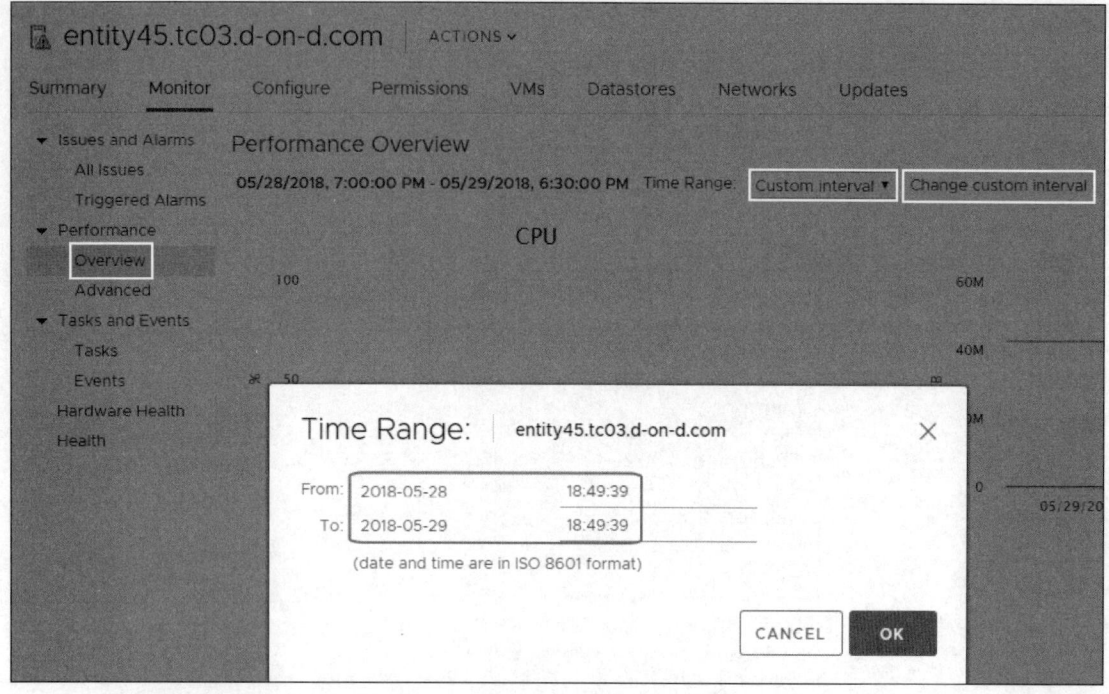

Abbildung 13.2 Festlegung des Betrachtungszeitraums

Ausgewähltes Objekt	Mögliche Anzeigen
Datacenter	Virtual Machine Operations
Cluster	CPU usage in %
	Cluster Services
	Memory
	Virtual Machine Operations
Hosts	CPU usage in %
	Datastore
	Memory
	Disk
	Network
	Power

Tabelle 13.2 Performance-Ansichten bei Auswahl von »Advanced«

Ausgewähltes Objekt	Mögliche Anzeigen
Hosts (Forts.)	Storage adapters
	Storage path
	System
	vSphere replication
Resource Pools	CPU usage in MHz
	Memory
Virtuelle Maschinen	CPU usage in %
	CPU usage in MHz
	CPU ready
	Datastore
	Disk
	Memory
	Network
	Power
	Virtual disk
vApp	CPU usage in MHz
	Memory

Tabelle 13.2 Performance-Ansichten bei Auswahl von »Advanced« (Forts.)

Für jede aufgelistete Diagrammoption gibt es weitere Unterpunkte. So können Sie die zu beobachtenden Objekte auswählen und die passenden Leistungsindikatoren aktivieren. Es wäre müßig, alle Permutationen für alle Punkte aufzuzählen. Sollten Sie diese Informationen benötigen, möchten wir Sie an dieser Stelle auf die VMware-Dokumentation verweisen.

Die ADVANCED-Ansicht gliedert sich in zwei große Abschnitte (siehe Abbildung 13.3). Im oberen Abschnitt sehen Sie die grafische Darstellung der ausgewerteten Performance-Daten. Im unteren Drittel wird Ihnen angezeigt, welche Daten zur Darstellung kommen. Jedem Parameter ist ein farbiges Kästchen vorangestellt, das die Farbe des zugehörigen Diagrammelements zeigt. Wandern Sie mit der Maus über das Diagramm: Es wird ein kleines Übersichtsfenster eingeblendet, das Ihnen nähere Informationen über den ausgewählten Zeitpunkt gibt. Außer Datum und Uhrzeit sehen Sie die Werte des Zeitpunkts. Dabei werden der Farbcode des Parameters, die Beschreibung und der absolute Wert angezeigt.

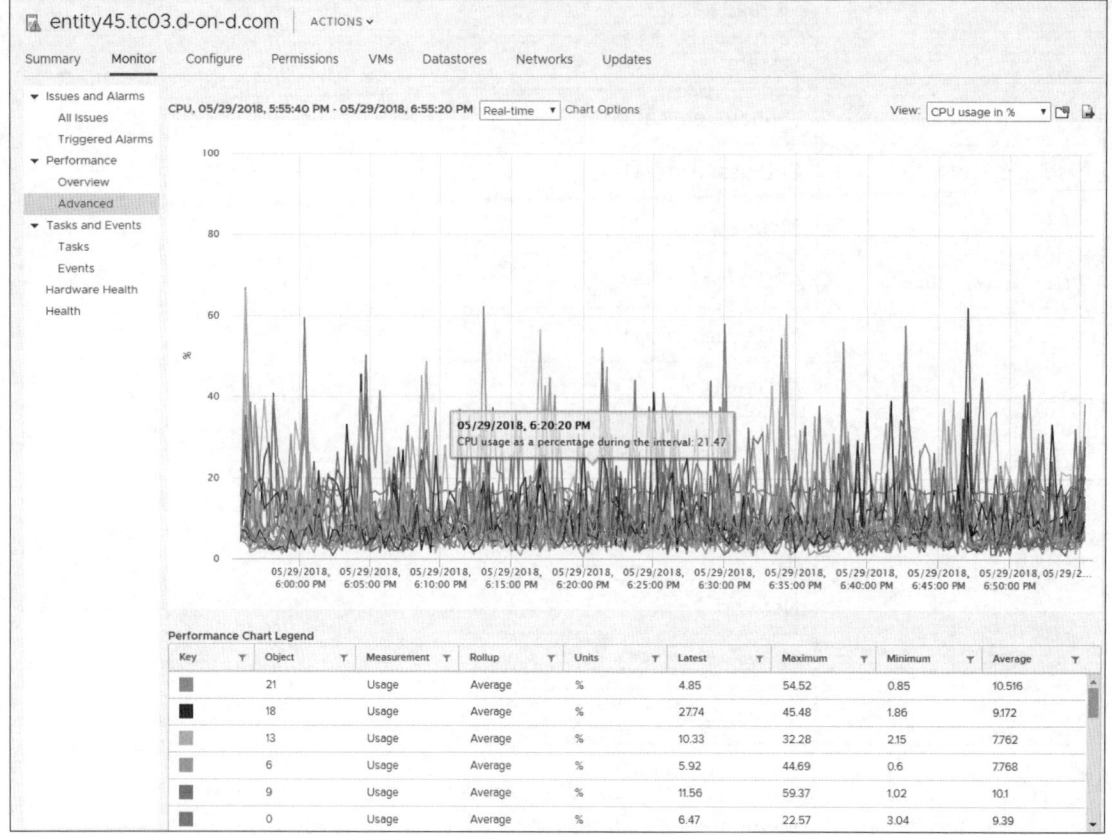

Abbildung 13.3 Übersicht des »Performance«-Views

Die beiden folgenden Symbole dienen zum Öffnen der Ansicht in einem separatem Fenster und zum Export. Dabei stehen vier Dateiformate zur Auswahl: *PNG*, *JPG*, *SVG* und *CSV* (siehe Abbildung 13.4).

Bis hier haben wir die Auswertungen genutzt, die VMware in der Standardeinstellung zur Verfügung stellt. Sind für Sie auch andere Kombinationen von Messwerten interessant, gelangen Sie über den Link CHART OPTIONS in ein Fenster zur Anpassung der Anzeige (siehe Abbildung 13.5).

13.1 Performance-Daten des Hosts im vCenter

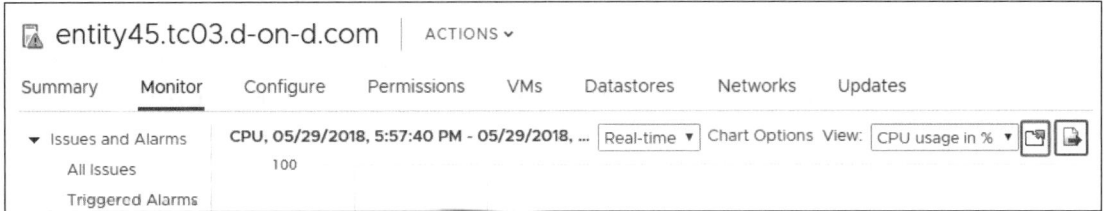

Abbildung 13.4 Weitere Funktionen der Verarbeitung

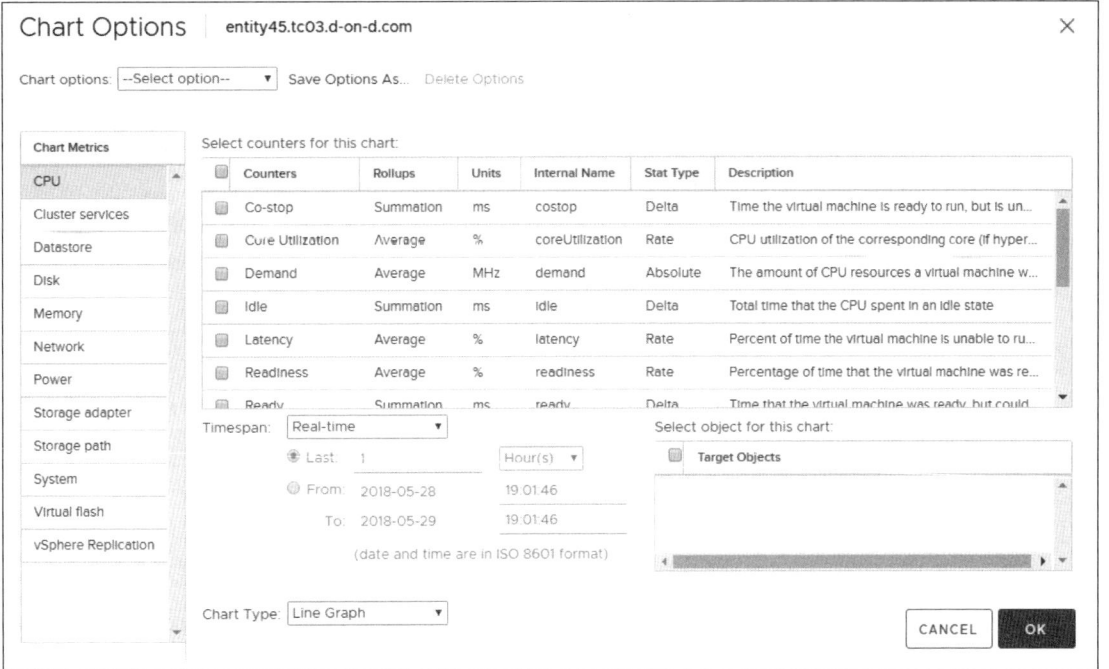

Abbildung 13.5 Anpassung der Diagrammanzeige

Auf der linken Seite des Fensters wählen Sie die Metrik aus, die Sie betrachten wollen. Das gewünschte Zeitintervall stellen Sie im unteren mittleren Bereich des Fensters ein.

Im oberen Bereich können Sie die gewünschten Counter hinzu- oder abwählen. Rechts unten müssen Sie dann noch die zu beobachtenden Objekte auswählen. Der Graph kann in zwei unterschiedlichen Darstellungsweisen gezeichnet werden: Neben der klassischen Linie können Sie auch eine gestapelte Graphenansicht auswählen.

Ihre selbst erstellten Ansichten können Sie über den SAVE OPTIONS AS-Link oben abspeichern und anschließend über CHART OPTIONS anzeigen lassen oder löschen. Alle gespeicherten Einstellungen können Sie später unter ihrem Namen auch direkt im PERFORMANCE-Fenster aufrufen.

13.1.1 Performance-Messwerte

Wie Sie sich die verschiedenen Messwerte anzeigen lassen, haben wir erläutert. Nun stellt sich die Frage, wie Sie mit den angezeigten Messwerten umgehen. In diesem Abschnitt wollen wir nur auf einige Werte eingehen, die den Host betreffen. In Kapitel 17, »Virtuelle Maschinen«, werden wir die Auswertung der VM-Performance-Daten gesondert erläutern.

13.1.2 CPU-Performance

Als Erstes betrachten wir die Messwerte für die durchschnittliche CPU-Last des Hosts. Liegt diese im Durchschnitt nicht über 75 % und treten nicht häufig Spitzen von über 90 % auf, dann müssen Sie sich keine Gedanken machen. Falls die Schwellenwerte überschritten werden, müssen Sie kontrollieren, ob die Host-CPU in die Sättigung geht. Dazu überprüfen Sie die CPU READY-Werte aller virtuellen Maschinen, die auf dem betroffenen Host liegen. Überschreitet ein Wert 20.000 ms, dann läuft die CPU zeitweise in der Sättigung. Dadurch werden durchaus auch andere VMs beeinflusst. Können Sie das Problem durch die Performance-Auswertung mit einer VM assoziieren, dann sollten Sie sich näher mit dieser VM beschäftigen Unterschiedliche Optionen können jetzt Abhilfe schaffen. Entweder Sie erhöhen die Anzahl der Host-CPUs oder Sie verringern die Anzahl der virtuellen Maschinen. Alternativ machen Sie den Host zum Mitglied eines DRS-Clusters; so kann die VM bei höherem Ressourcenbedarf verschoben werden. Der bessere Weg ist aber, sich mit den VMs zu beschäftigen, die die Probleme verursachen.

13.1.3 Memory-Performance

Welche Punkte müssen Sie beim Arbeitsspeicher berücksichtigen? Wie schon in Kapitel 2, »vSphere-Architektur«, beschrieben, erlaubt VMware, mehr Arbeitsspeicher an virtuelle Maschinen zu vergeben, als physisch verbaut ist. Mit dem *Ballooning* wird dieser Speicher zurückgefordert. Kann nicht genügend Speicher akquiriert werden, muss geswappt werden. Das sind die Werte, die auch bei den Performance-Auswertungen wichtig sind. Hinzu kommt der Wert SHARED bzw. SHARED COMMON. Der letztere Wert zeigt die Größe des Bereichs an, in dem alle virtuellen Maschinen ihre gemeinsamen Speicherseiten ablegen. In SHARED findet sich die Summe an Speicher wieder, die durch das Page-Sharing eingespart wurde.

Der Wert SWAP CONSUMED deklariert die Speichermenge, die ins File-System des Hosts geswappt wird. Je stärker das System Speicher auf die Festplatte auslagert, desto stärker leidet die Performance. BALLOONED MEMORY zeigt an, wie viel Speicher aktuell von dem Treiber vmmemctl-Treiber aus den VMware Tools genutzt wird. Hier sehen Sie nur dann Daten, wenn Sie mit Memory-Overcommitment arbeiten.

13.1.4 Storage-Performance

Was Sie berücksichtigen müssen, damit die Anbindung an den Storage performant ist, und was Sie tun müssen, damit das auch so bleibt, lesen Sie in Kapitel 9, »Storage-Architektur«.

Die Performance-Werte des Storages können Sie am besten über die Auswertungs-Tools des Storages anzeigen und messen. Diese Werte zeigen aber die Gesamt-Performance aller angeschlossenen Server an, nicht nur die Performance der VMware Systeme.

Über das Performance-Chart und die Werte READ LATENCY und WRITE LATENCY wird sichtbar, wie lange die Abarbeitung der Lese- bzw. Schreibzyklen dauert. Der USAGE-Wert ist bei Systemen mit mehreren unterschiedlichen Storage-Anbindungen nicht ganz so aussagekräftig. Die Anzeige erfolgt nur für den gesamten Host und nicht für die einzelne LUN oder den einzelnen Storage.

13.1.5 Network-Performance

Hier sehen Sie, wie der Durchsatz auf den Netzwerkschnittstellen ist. Über USAGE wird angezeigt, welche Datenmengen über die einzelnen Adapter fließen. Dieser Wert hilft zu erkennen, ob die Anbindung der Komponenten ausreichend ist oder ob die Bandbreite erhöht werden muss. Sollte der Durchsatz an die Grenze gehen – das ist gut daran zu erkennen, dass sich im oberen Bereich eine gerade Linie zeigt –, dann müssen Sie kontrollieren, ob und wann dieses Phänomen auftritt. Erst nach einer solchen Analyse sind Gegenmaßnahmen möglich, z. B. eine Erhöhung der Bandbreite. Solche Werte können aber auch entstehen, weil gerade besondere einmalige Aktionen im Netzwerk durchgeführt werden.

Bei der Auswertung der Datenbandbreite müssen Sie berücksichtigen, dass der praktische maximale Durchsatz nie die theoretische Grenze erreicht. Über die Parameter RECEIVED PACKETS DROPPED und TRANSMIT PACKETS DROPPED lassen sich die verlorenen Pakete darstellen. Diese Werte sind bei öfter auftretenden Übertragungsfehlern hilfreich.

13.2 Weitere Monitor-Funktionen des vCenters

In diesem Abschnitt möchten wir die vCenter-Funktionen erläutern, auf die wir bis jetzt noch nicht eingegangen sind.

Lassen Sie uns Ihnen noch einen kleinen Hinweis geben: Die Suchfunktion ADVANCED SEARCH, die immer oben rechts im vCenter-Fenster zu sehen ist, ist sehr umfangreich und komplex, bringt Sie aber sehr schnell ans Ziel (siehe Abbildung 13.6).

Alternativ können Sie auch eine Suche über die Navigationsleiste anstoßen. Dazu wählen Sie den Punkt NEW SEARCH aus oder alternativ SAVED SEARCHES für zuvor abgespeicherte Suchvorgänge.

Hinweis

Das Speichern und Wiederaufrufen von Suchen ist im HTML5-Client bisher noch nicht implementiert!

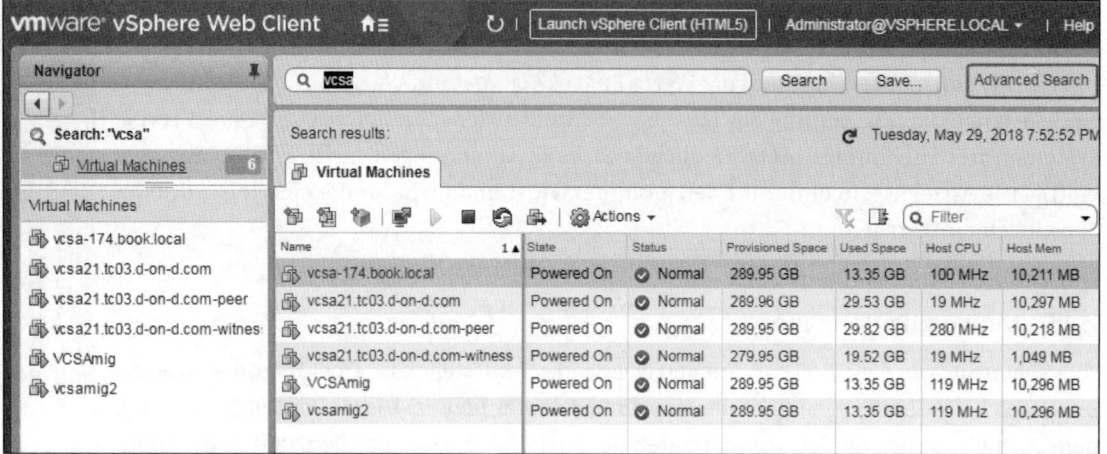

Abbildung 13.6 Suche in vCenter-Server

Die Suche lässt sich sehr granular durchführen, wenn Sie die ADVANCED SEARCH-Auswahl nutzen (siehe Abbildung 13.7).

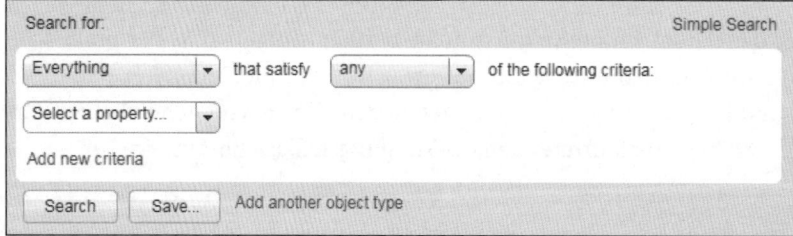

Abbildung 13.7 Detaillierte Suche im vCenter

Sie können verschiedenste Verschachtelungen bei der Suche durchführen, um das gewünschte Ergebnis zu erhalten. Diese Funktion wird aus unserer Sicht aber erst bei größeren Umgebungen oder verlinkten vCenter-Servern interessant.

Jedes Objekt bietet zum Teil identische oder unterschiedliche Auswahlmöglichkeiten im MONITOR-Reiter (siehe Abbildung 13.8). Zur Verdeutlichung, was wo sichtbar ist, schauen Sie bitte in die drei folgenden Tabellen. Wie haben eine Trennung zwischen der Verwaltungsebene (siehe Tabelle 13.3), den Hauptobjekten (siehe Tabelle 13.4) und der Hardware (siehe Tabelle 13.5) vorgenommen.

Monitoring	vCenter Server	Datacenter	Cluster	Folder	Resource Pools
All Issues	✓	✓	✓	✓	✓
Triggerd Alarms	✓	✓	✓	✓	✓
Tasks	✓	✓	✓	✓	✓
Events	✓	✓	✓	✓	✓
Scheduled Tasks	✓	✓	✓	✓	✓
System Logs	✓				
Sessions	✓				
vCenter HA	✓			✓	
Performance		✓	✓		✓
Profile Compliance			✓		
Resource Reservation			✓		✓
vSphere DRS			✓		
vSphere HA			✓		
vSphere DRS			✓		
Policies					
Utilization			✓		✓
Hardware Health					
Health					

Tabelle 13.3 Übersicht zum Monitoring: Verwaltungsebene

Monitoring	Host	Virtual Machine	vApp
All Issues	✓	✓	✓
Triggerd Alarms	✓	✓	✓
Tasks	✓	✓	✓
Events	✓	✓	✓

Tabelle 13.4 Übersicht zum Monitoring: Hauptobjekte

Monitoring	Host	Virtual Machine	vApp
Scheduled Tasks	✓	✓	✓
System Logs			
Sessions			
vCenter HA			
Performance	✓	✓	✓
Profile Compliance			
Resource Reservation			✓
vSphere HA			
vSphere DRS			
Policies			
Utilization		✓	✓
Hardware Health	✓		
Health			

Tabelle 13.4 Übersicht zum Monitoring: Hauptobjekte (Forts.)

Monitoring	Datastore	Virtual Switch	Virtual Distributed Switch	vDS Portgroup	vDS Uplink
All Issues	✓		✓	✓	✓
Triggerd Alarms	✓		✓	✓	✓
Tasks	✓	✓	✓	✓	✓
Events	✓	✓	✓	✓	✓
Scheduled Tasks	✓		✓		
System Logs					
Sessions					
vCenter HA					

Tabelle 13.5 Übersicht zum Monitoring: Hardware

Monitoring	Datastore	Virtual Switch	Virtual Distributed Switch	vDS Portgroup	vDS Uplink
Performance	✓				
Profile Compliance					
Resource Reservation					
vSphere HA					
vSphere DRS					
Policies					
Utilization					
Hardware Health					
Health			✓		

Tabelle 13.5 Übersicht zum Monitoring: Hardware (Forts.)

13.2.1 Issues

Alle gesammelten Probleme (engl. *Issues*) der virtuellen Umgebung finden Sie zentral an einem Punkt im vCenter-Server. Der Einstiegspunkt an dieser Stelle ist der MONITOR-Reiter des *Management Servers* (siehe Abbildung 13.8).

Abbildung 13.8 Anzeige aller gefundenen Issues in der virtuellen Infrastruktur

In der übersichtlichen Anzeige wird angegeben, an welchem Objekt der Fehler hängt, wann er aufgetreten ist und wie die Klassifizierung ist. Das gefundene Objekt ist dabei ein Link, der beim Anklicken direkt auf das Element verzweigt und so eine Fehlerbehebung ermöglicht.

Die zentrale Anzeige an einer Stelle ist dabei sehr gut gelöst. So ist es nicht notwendig, an vielen Stellen nach Fehlermeldungen zu suchen.

13.2.2 Triggered Alarms

Den Einsprungpunkt zu den TRIGGERED ALARMS finden Sie direkt unter dem für die ISSUES (siehe Abbildung 13.8).

Hier gilt das Gleiche wie bei den Issues: Alle Alarme der virtuellen Infrastruktur finden sich an dieser Stelle. Das Objekt wird deklariert, und alle alarmrelevanten Informationen können eingesehen werden.

13.2.3 Tasks

In der TASKS-Anzeige gibt es eine globale Anzeige am Objekt des *vCenter Servers*. Bei allen anderen Objekten werden alle die Tasks angezeigt, die zu dem Objekt und den abhängigen Objekten gehören (siehe Abbildung 13.9).

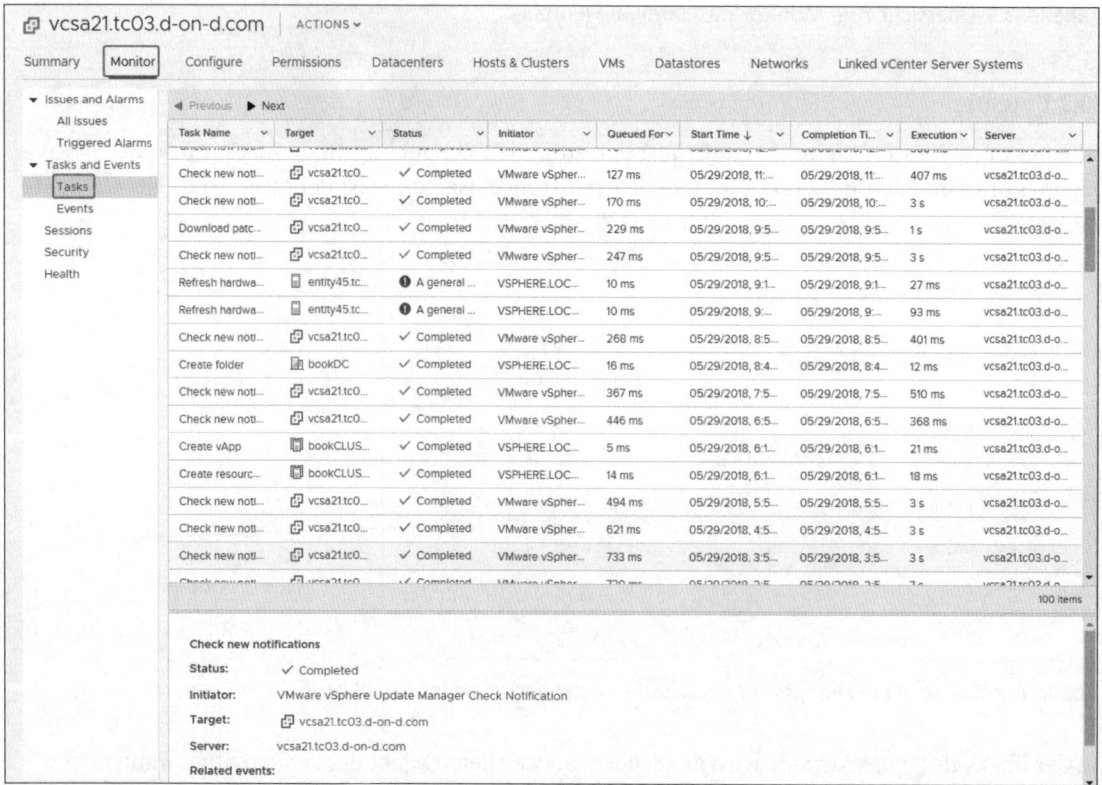

Abbildung 13.9 Tasks des vCenters

Weiterhin werden der Status des Tasks, das zugehörige Objekt, der ausführende User und der Ausführungszeitstempel angezeigt. Diese Angaben machen eine nachträgliche Analyse von durchgeführten Arbeiten recht einfach.

13.2.4 Events

Besteht die Notwendigkeit, einmal zu einem späteren Zeitpunkt nachzuvollziehen, wann welches Ereignis gelaufen ist und wie es abgeschlossen wurde, dann finden Sie die Information unter dem Menüpunkt MONITOR • EVENTS (siehe Abbildung 13.10).

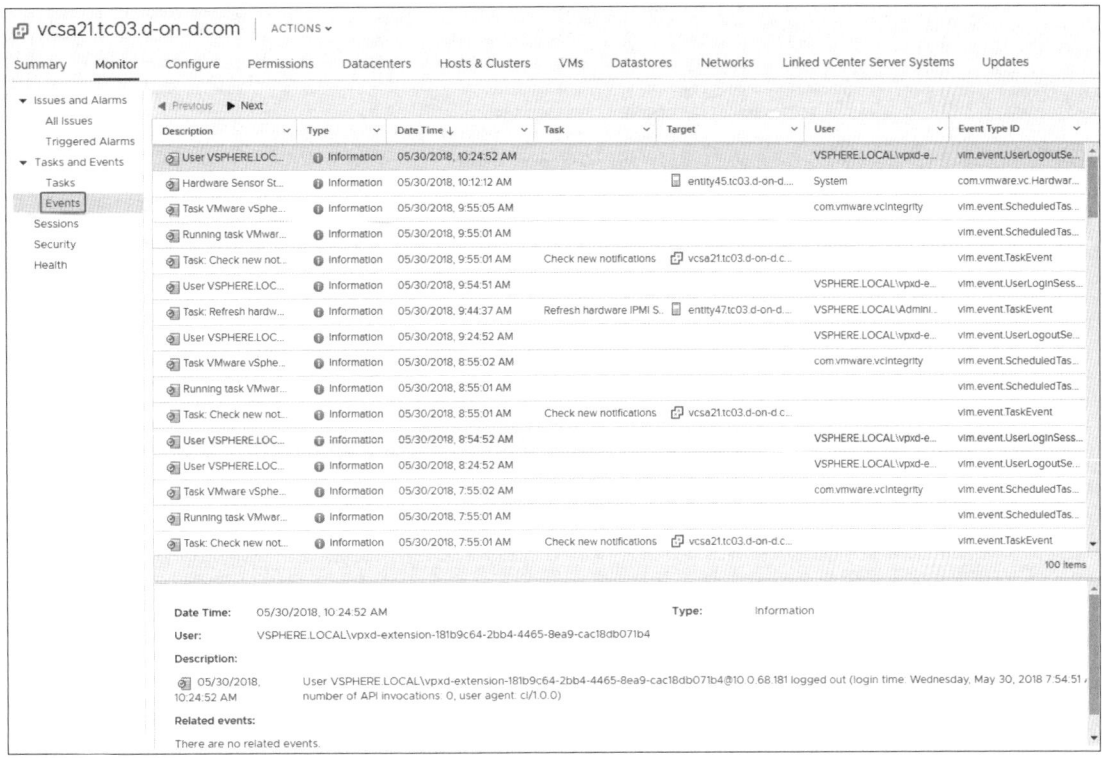

Abbildung 13.10 Übersicht der Events in »vCenter Server«

Im Hauptfenster des Clients werden zwar alle Ereignisse angezeigt, doch die Anzeige wird nach relativ kurzer Zeit wieder gelöscht. Damit sind die Informationen aber nicht verloren – im Event-Fenster können Sie sich alles noch einmal anschauen. Damit bei der Menge der Ereignisse die Nachforschungen zeitlich nicht ausufern, ist oben eine Suchfunktion implementiert, über die Sie detailliert das Log durchsuchen können.

Bei Bedarf exportieren Sie über das Symbol unten rechts eine definierte Menge von Ereignissen in die Zwischenablage (siehe Abbildung 13.11). Entweder exportieren Sie alle markierten Objekte oder alle Objekte der derzeitigen Ansicht.

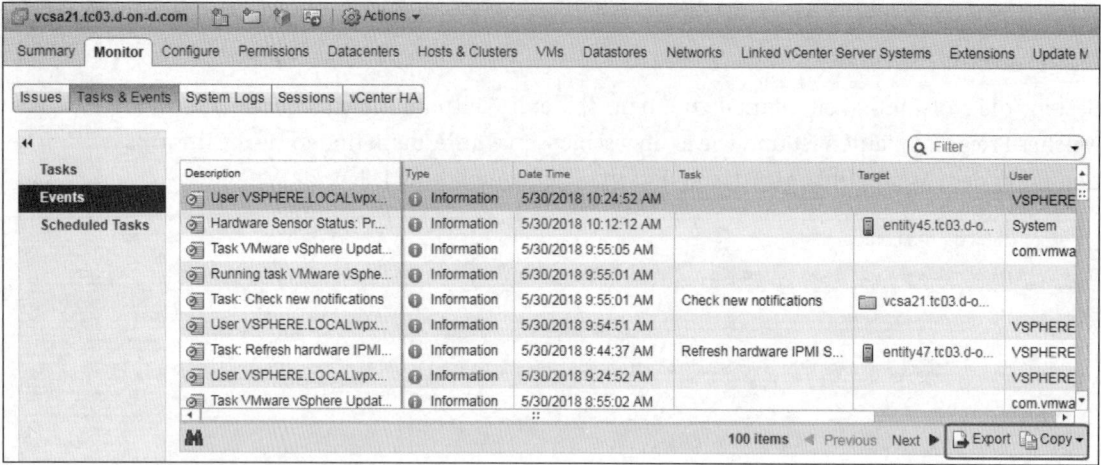

Abbildung 13.11 Export von Ereignissen

> **Hinweis**
>
> Diese Funktion ist im HTML5-Client noch nicht implementiert.

13.2.5 Scheduled Tasks

Die Durchführung regelmäßiger Tasks ist ebenfalls möglich. Sie erstellen die Tasks in dem Bereich, in dem das relevante Objekt beheimatet ist (siehe Abbildung 13.12). Dabei wird auch der Status der letzten Läufe angezeigt.

Welche Tasks Sie automatisieren können, hängt ebenfalls vom Objekt ab. So können an einer VM andere Aktionen geplant werden als an einem Host. Derzeit können keine eigenen Tasks eingebunden werden. Hier gibt es nur die Vorgaben von VMware.

> **Hinweis**
>
> Diese Funktion ist im HTML5-Client noch nicht implementiert.

Mit den Symbolen für START, EDIT und REMOVE manipulieren Sie bestehende Tasks in dem Fenster aus Abbildung 13.12. Die Bezeichnungen der einzelnen Schaltflächen lassen keine Fragen offen. Wird ein Task markiert, wird im unteren Bereich des Fensters angezeigt, zu welchen Zeitpunkten der Task gelaufen ist.

13.2 Weitere Monitor-Funktionen des vCenters

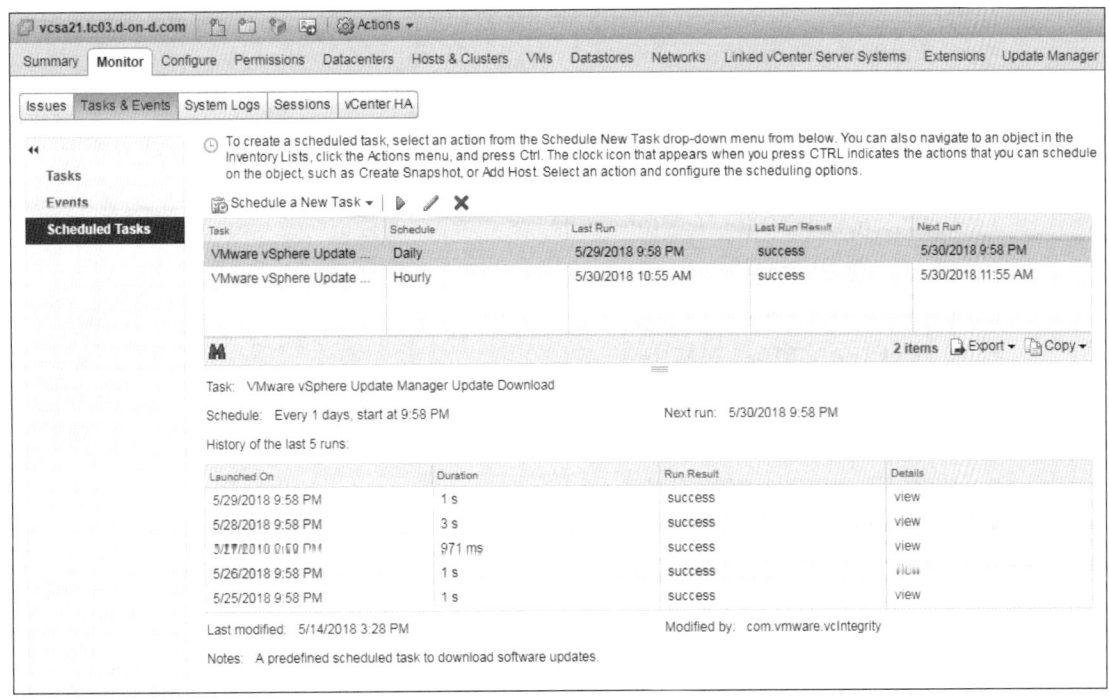

Abbildung 13.12 Übersicht über die »Scheduled Tasks«

Abbildung 13.13 Anlegen eines neuen »Scheduled Tasks«

Es gibt zwei Wege, einen neuen Task anzulegen: Entweder wählen Sie den Punkt SCHEDULE A NEW TASK aus (siehe Abbildung 13.13) oder Sie nutzen die Möglichkeiten in der INVENTORY-Ansicht.

In der INVENTORY-Ansicht markieren Sie das gewünschte Objekt und rufen das ACTIONS-Menü auf. Wenn Sie die [Strg]-Taste drücken, wird rechts neben allen Menüpunkten ein Uhrensymbol angezeigt, falls es möglich ist, einen *Scheduled Task* zu erstellen.

VMware gibt eine Reihe von Möglichkeiten für die Neuerstellung von Tasks vor. Hier ist die Liste der möglichen Tasks:

- POWER ON A VIRTUAL MACHINE
- SHUTDOWN GUEST OS
- RESTART GUEST OS
- POWER OFF A VIRTUAL MACHINE
- SUSPEND A VIRTUAL MACHINE
- RESET A VIRTUAL MACHINE
- MIGRATE A VIRTUAL MACHINE
- CLONE A VIRTUAL MACHINE
- EDIT RESSOURCE SETTINGS
- CREATE A VIRTUAL MACHINE
- TAKE SNAPSHOT OF A VIRTUAL MACHINE
- ADD A HOST
- SCAN FOR UPDATES
- NEWVIRTUAL MACHINE
- CONFIGURE STORAGE I/O CONTROL

Je nach Auswahl des Tasks öffnet sich ein entsprechendes Fenster, das die benötigten Informationen zur späteren Ausführung sammelt. Als Beispiel erstellen wir einen *Scheduled Task* für die Erzeugung eines Snapshots (siehe Abbildung 13.14).

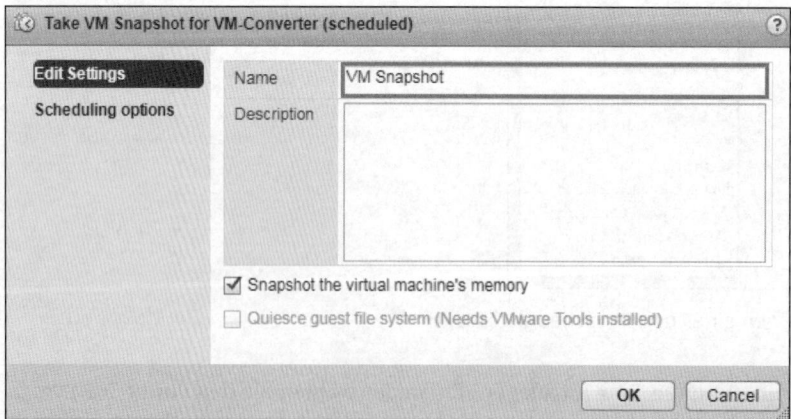

Abbildung 13.14 So erstellen Sie einen »Scheduled Task« über das Kontextmenü der VM.

13.2 Weitere Monitor-Funktionen des vCenters

Ist der Task eingerichtet, müssen Sie dem System noch mitteilen, wann und wie oft die Aktion ausgeführt werden soll (siehe Abbildung 13.15).

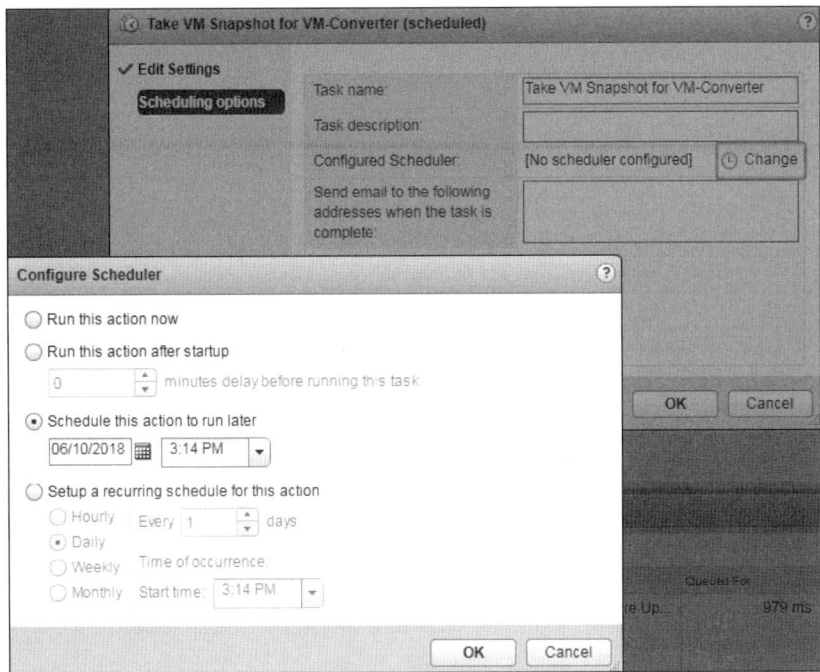

Abbildung 13.15 Zeitliche Steuerung der Aktion

Neben unterschiedlichen einmaligen Aktionen kann ein Task auch als wiederkehrend definiert werden. Ist die Erstellung erfolgt, wird die Aktion auch im Fenster MANAGE • SCHEDULED TASK angezeigt.

13.2.6 System-Logs

Ein weiterer sehr wichtiger Punkt ist die Auswertung von Log-Dateien auf dem vCenter-Server. Auf diese Funktion sind Sie angewiesen, wenn es Unregelmäßigkeiten gibt. Dabei ist es unerheblich, ob Sie selbst nähere Informationen suchen oder ob ein Supporter Informationen aus der virtuellen Landschaft benötigt. Der Weg führt über den Link SYSTEM LOGS. Abbildung 13.16 zeigt Ihnen die Ansicht.

Hier können Sie das Log auswählen, das Sie betrachten wollen. Die Schaltflächen in der unteren Reihe sprechen für sich. Eine Suchfunktion, die früher sehr hilfreich war, gibt es nicht mehr. Für die Analyse größerer Log-Files ist es einfacher, die Daten zu exportieren und dann eine Analyse vorzunehmen. Ist es notwendig, für eine Fehlerauswertung ein aktuelles definiertes Log zu ziehen, dann stoßen Sie den Vorgang über den EXPORT SYSTEM LOGS-Button oben in der Mitte an (siehe Abbildung 13.16).

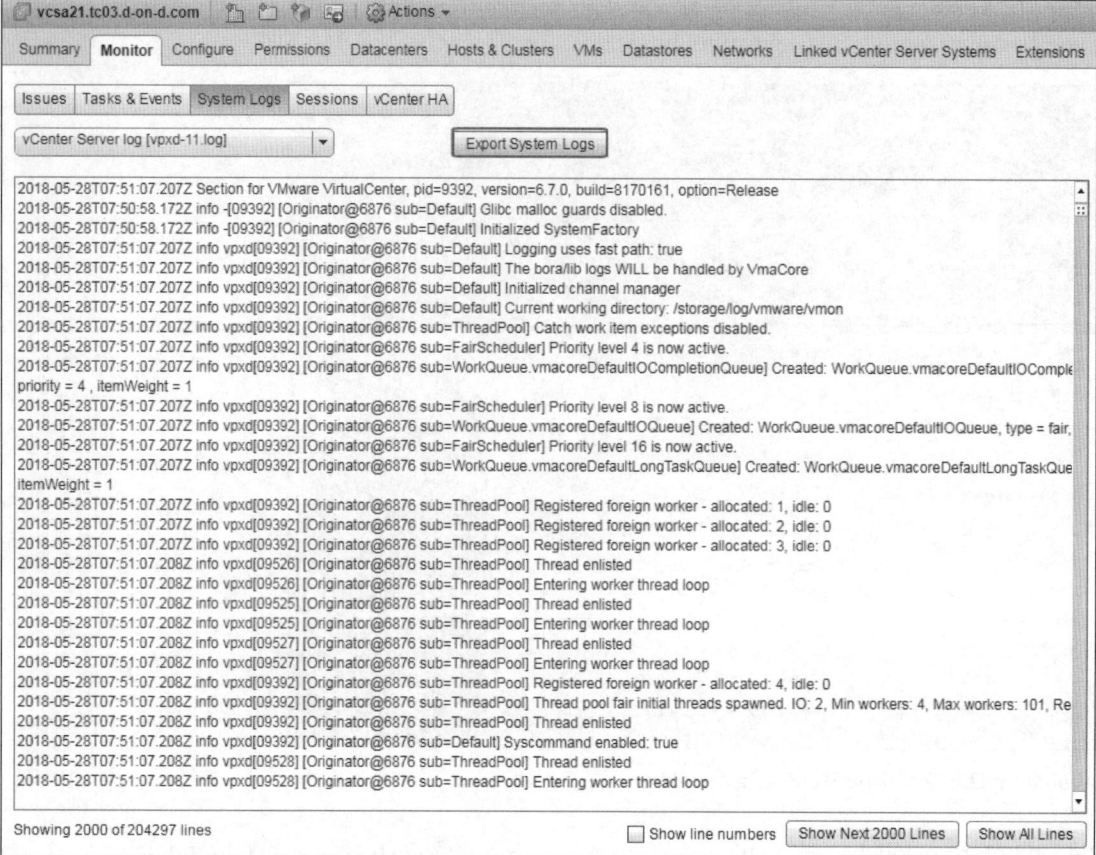

Abbildung 13.16 Anzeige der Log-Dateien

Haben Sie im ersten Schritt aus Abbildung 13.17 das Datacenter, den Cluster und/oder die passenden Hosts ausgewählt, so können Sie sich im zweiten Schritt entscheiden, ob die Log-Files des vCenter Server ebenfalls in den Export eingeschlossen werden sollen. Aktivieren Sie die Option INCLUDE VCENTER SERVER AND VSPHERE Web CLIENT LOGS, wenn das vCenter und der Client mit einbezogen werden sollen.

Im Auswahlfenster aus Abbildung 13.18 können Sie die gewünschten Daten noch näher spezifizieren.

Auch die Performance-Daten können Sie einbeziehen. Zuerst werden die Logs generiert. Ist dieser Schritt abgeschlossen, so wählen Sie den Speicherort für das exportierte Log und laden es herunter.

Der Export kann mit einem Passwort versehen werden. Dabei werden verschlüsselte Dumps entschlüsselt und mit dem Passwort neu verschlüsselt. Die Dateien können dann bei Bedarf über den Client direkt zu VMware hochgeladen werden. Sie können diese Daten natürlich aber auch selbst auswerten.

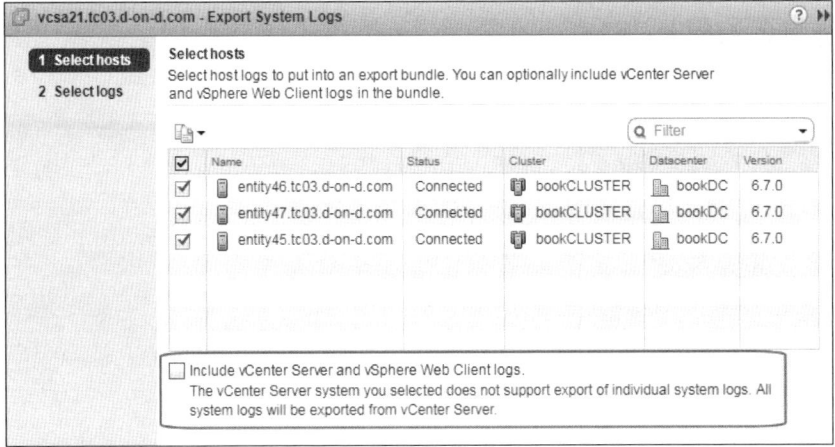

Abbildung 13.17 Export von Log-Dateien

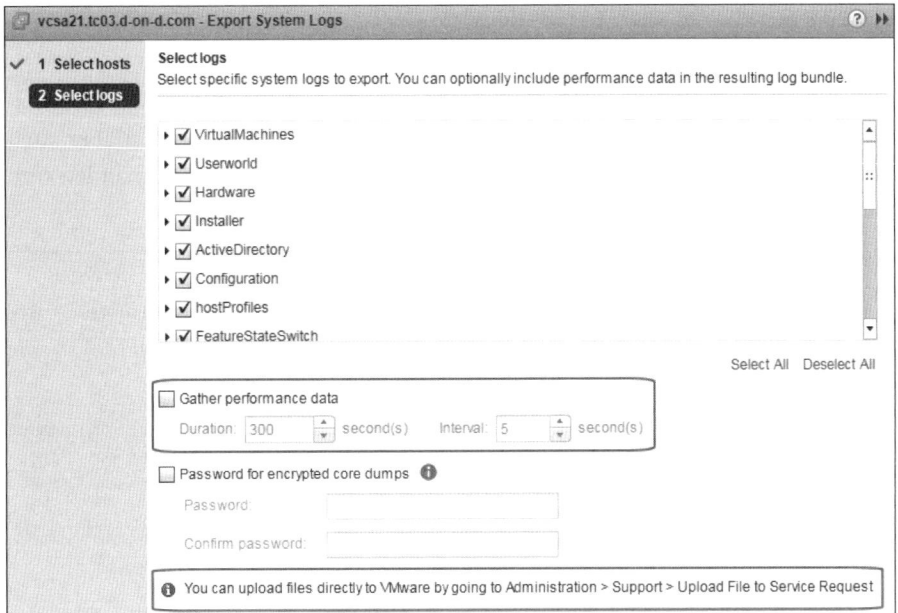

Abbildung 13.18 Auswahl der zu sammelnden Log-Informationen

Hinweis

Diese Funktion ist im HTML5-Client noch nicht implementiert.

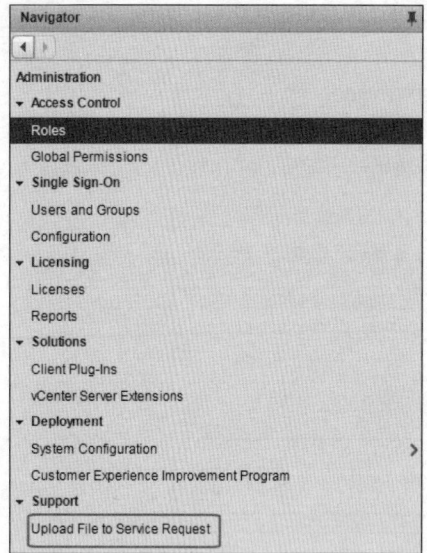

Abbildung 13.19 Upload-Supportfile

13.2.7 Sessions

»Welcher Administrator ist denn nun mit dem vCenter verbunden?« Auch diese Information kann im Bereich des Monitorings abgefragt werden. Dabei sehen Sie dort aber auch die Verbindungen, die zwischen unterschiedlichen vCenter-Komponenten vorhanden sind (siehe Abbildung 13.20).

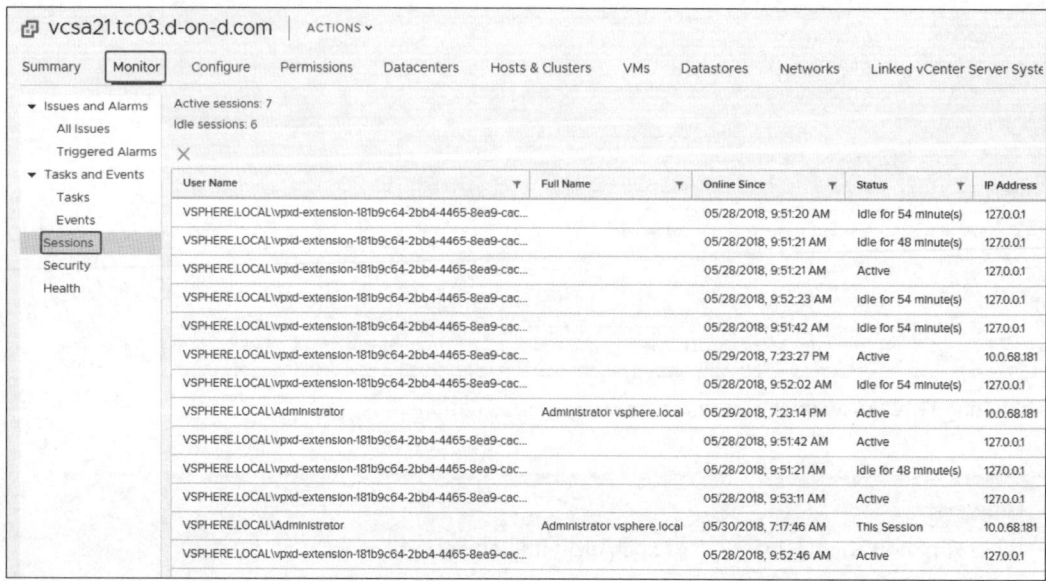

Abbildung 13.20 Mit dem vCenter verbundene User

13.2.8 vCenter HA

> **Hinweis**
> Diese Funktion ist im HTML5-Client noch nicht implementiert.

An dieser Stelle lässt sich der Status des *vCenter HA*-Clusters abrufen (siehe Abbildung 13.21). Zusätzlich kann zur Konfiguration verzweigt werden, wo sich Failover-Tests durchführen lassen.

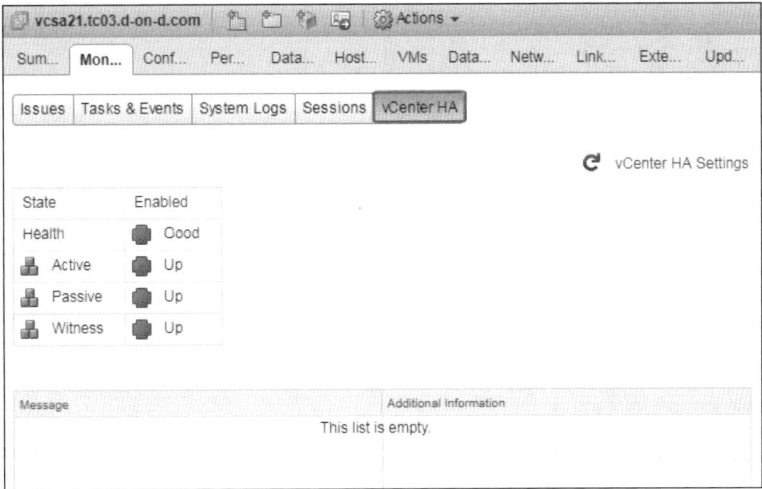

Abbildung 13.21 Status des »vCenter HA«

13.2.9 Performance

Informationen zu diesem Thema finden Sie in Abschnitt 13.1, »Performance-Daten des Hosts im vCenter«.

13.2.10 Update Manager

Die Installation und die Konfiguration des Update Managers werden in Abschnitt 12.1, »Der vCenter Update Manager«, beschrieben.

13.2.11 vSphere HA

Der vSphere-HA-Cluster folgt bestimmten Gesetzmäßigkeiten. Informationen zur Laufzeit finden Sie in der Anzeige aus Abbildung 13.22. Auch können Sie sehen, welcher Host HA-Master ist und ob die Slave-Hosts eine Verbindung zum Master haben.

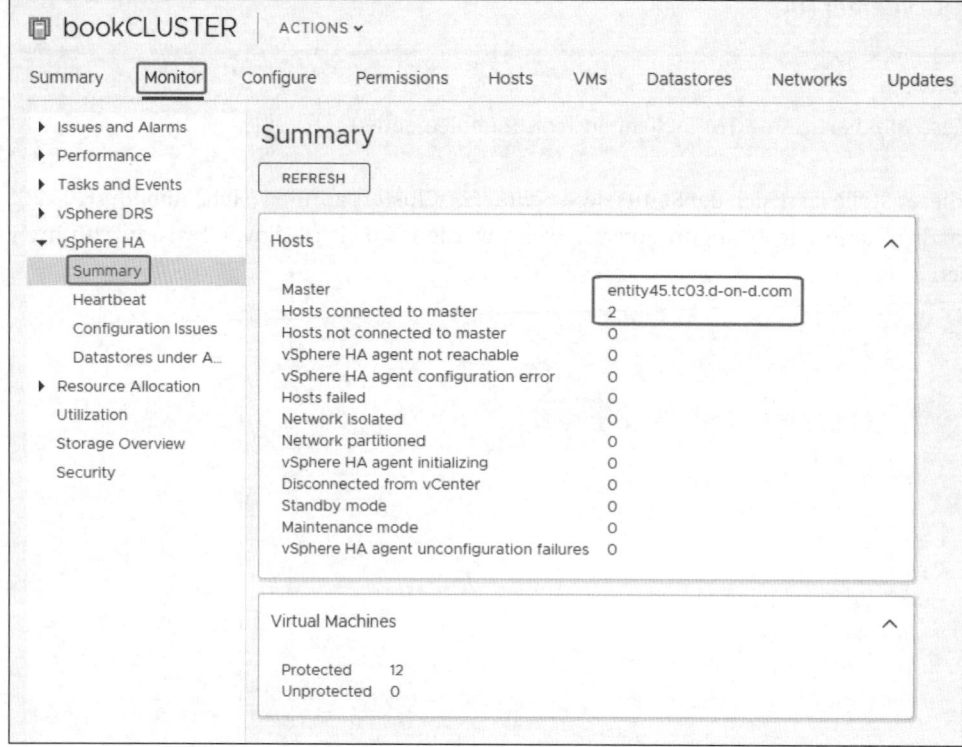

Abbildung 13.22 Übersicht über »vSphere HA«

Unter dem Punkt HEARTBEAT werden die Datenbereiche angezeigt, die für den Heartbeat genutzt werden.

Konfigurationsfehler werden unter CONFIGURATION ISSUES angezeigt. In der Beispielumgebung zu diesem Buch finden sich dort die Hosts, die nicht *compliant* sind. Im Screenshot aus Abbildung 13.23 fehlt der zweite Datastore für den Heartbeat.

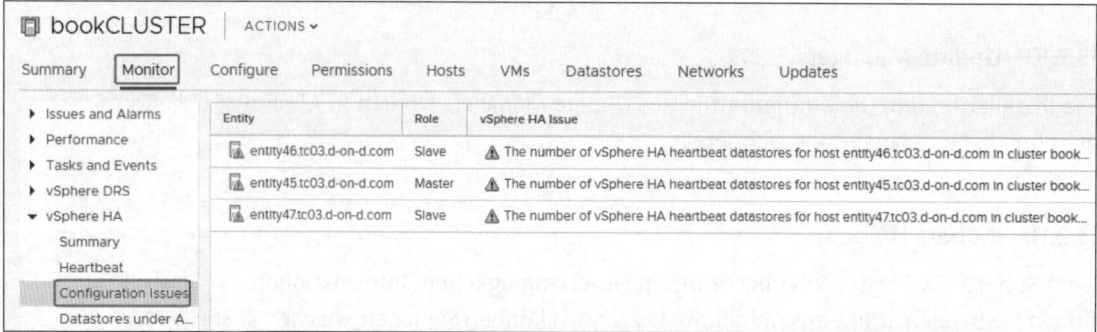

Abbildung 13.23 »vSphere HA • Configuration Issues«

Der letzte Auswahlpunkt zeigt Datenbereiche an, die nicht mehr verbunden sind (PDL: PERMANENT DEVICE LOSS), bzw. zeigt, dass die Pfade zu einem Datenbereich nicht mehr vorhanden sind (APD: ALL PATHS DOWN).

13.2.12 Profile Compliance

> **Hinweis**
> Diese Funktion ist im HTML5-Client noch nicht implementiert.

Eine Übersicht über den Compliance-Status des Clusters bzw. der Hosts finden Sie unter PROFILE COMPLIANCE (siehe Abbildung 13.24). Hier können Sie auf einen Blick sehen, welche Hosts mit dem Host-Profil verbunden sind und ob sie *compliant* sind oder nicht.

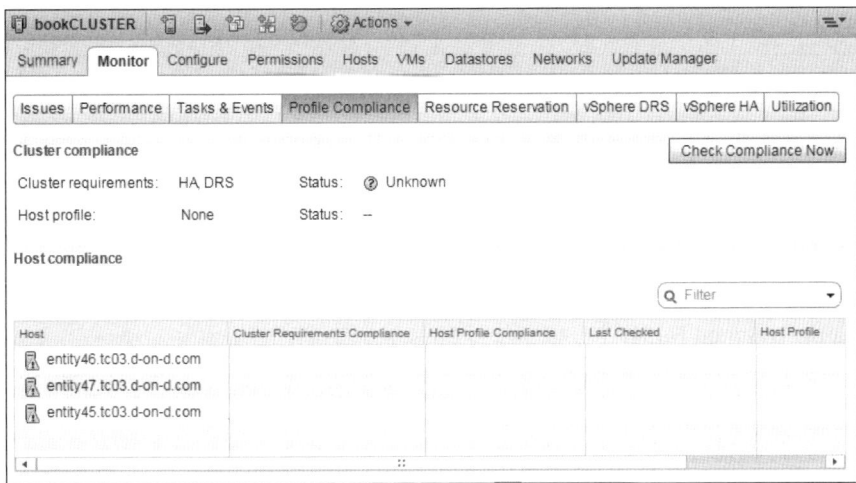

Abbildung 13.24 Compliance-Status der Hosts innerhalb eines Clusters

13.2.13 Resource Reservation

Bei der RESOURCE RESERVATION handelt es sich über eine Übersicht, in der angezeigt wird, wie die Reservierungen von CPU, Arbeitsspeicher und Storage festgelegt worden sind (siehe Abbildung 13.25).

> **Achtung**
> Im HTML5-Client heißt der Punkt RESOURCE ALLOCATION!

Auf der linken Seite können Sie auswählen, welche der Reservierungen Sie einsehen möchten. Im mittleren Bereich findet sich oben eine Gesamtzusammenfassung der Daten, und darunter werden die Daten auf die einzelnen VMs heruntergebrochen.

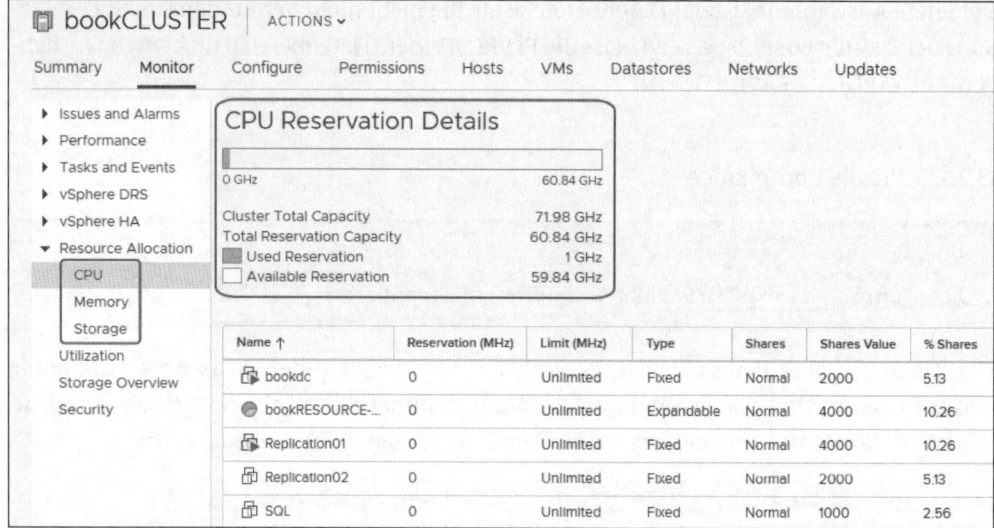

Abbildung 13.25 Reservierungsfestlegungen für CPU, Arbeitsspeicher und Storage

13.2.14 vSphere DRS

Der DRS-Cluster ist ein komplexes Gebilde. Für die Lastverteilung werden Arbeitsspeicher und CPU-Last herangezogen. Entsprechende Anzeigen finden sich im passenden Auswahlpunkt (siehe Abbildung 13.26). Die drei anderen Auswahlpunkte zeigen die DRS-Historie genauso wie die aufgetretenen Fehler.

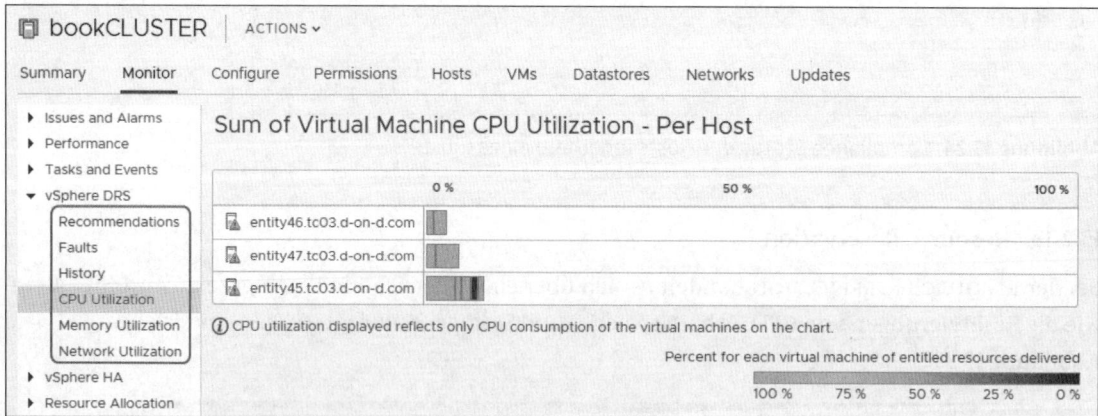

Abbildung 13.26 Ressourcenaufteilung der VMs im DRS-Cluster

Ist der DRS-Cluster nicht als automatisch konfiguriert, so werden unter den RECOMMENDATIONS die Empfehlungen für eine Optimierung des Clusters angezeigt. Über den Button RUN DRS NOW können die Empfehlungen umgesetzt werden (siehe Abbildung 13.27).

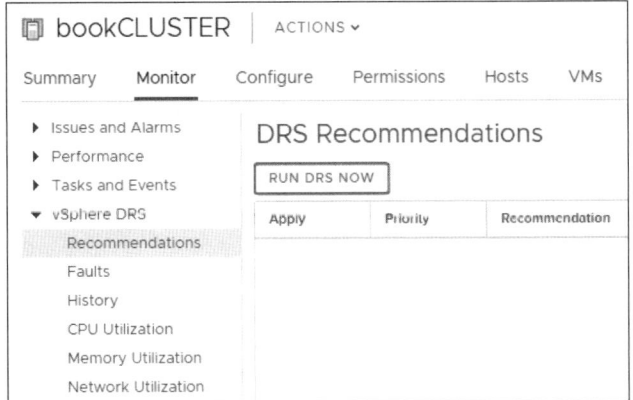

Abbildung 13.27 Zustimmung zu den DRS-Empfehlungen

13.2.15 Policies

Virtuelle Maschinen lassen sich mit Policies verbinden, um so z. B. dafür zu sorgen, dass Festplattendateien im »richtigen« Datenbereich abgelegt werden (siehe Abbildung 13.28). Eine Anwendungskontrolle kann hier ebenfalls erfolgen.

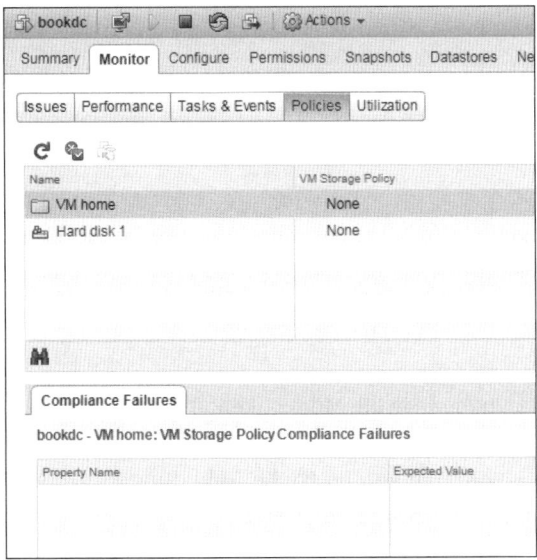

Abbildung 13.28 Policies der virtuellen Maschine

13.2.16 Utilization

Die Auslastung des gewählten Objekts anzuzeigen ist die Aufgabe der Monitoring-Auswahl UTILIZATION. Dabei werden die Daten von CPU und Arbeitsspeicher angezeigt. Beim Speicher wird die Anzeige sogar in die unterschiedlichen Memory-Nutzarten aufgeteilt, wie z. B. SWAPPED, BALLOONED, PRIVATE etc. (siehe Abbildung 13.29). Auch lässt sich hier erkennen, wie groß der Virtualisierungs-Overhead ist.

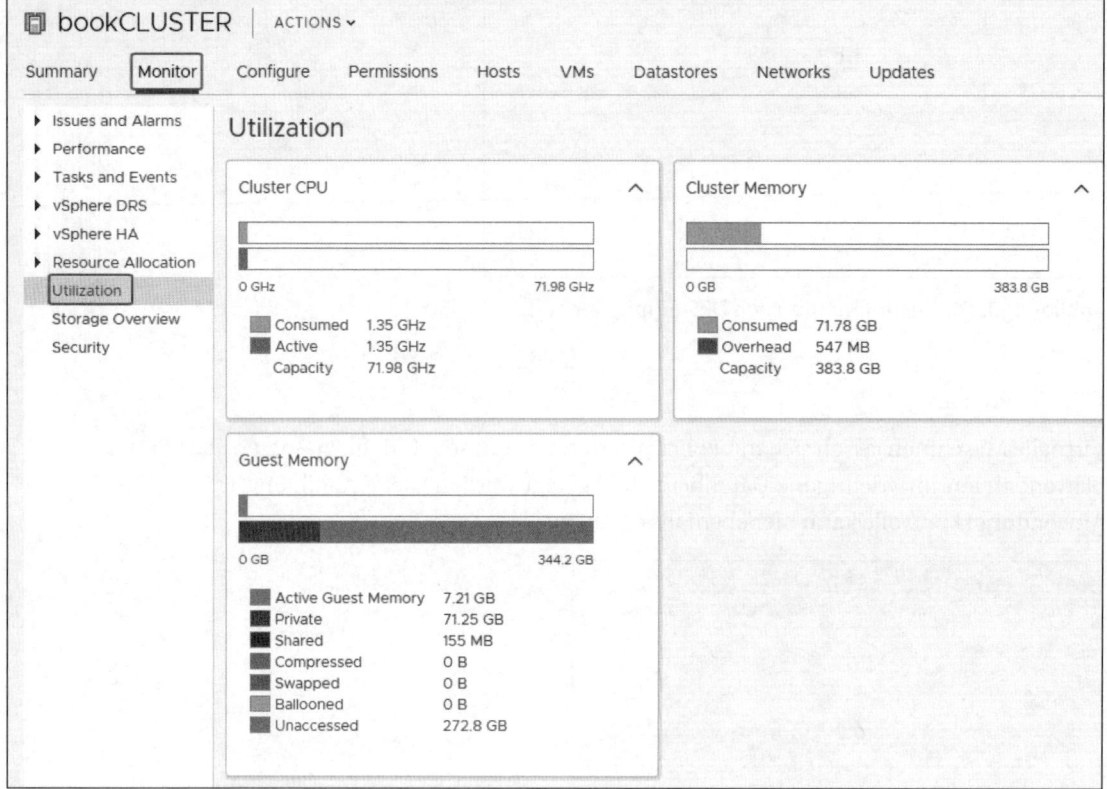

Abbildung 13.29 Ressourcenauslastung eines Clusters

13.2.17 Hardware Health

Wenn Ihre Server-Hardware IPMI unterstützt, haben Sie die Möglichkeit, über dieses *Intelligent Platform Management Interface* den Status der Hardware abzufragen. Die zugehörigen Daten werden in dem Fenster HARDWARE HEALTH angezeigt (siehe Abbildung 13.30). Alle Sensordaten werden hier mit einem entsprechenden Status angezeigt.

> **Namensänderung**
>
> In älteren vSphere-Versionen hieß der Punkt HARDWARE STATUS!

Zusätzlich können Sie in die Log-Dateien der Hardware blicken und sich die Warnungen und Fehlermeldungen anzeigen lassen.

13.2 Weitere Monitor-Funktionen des vCenters

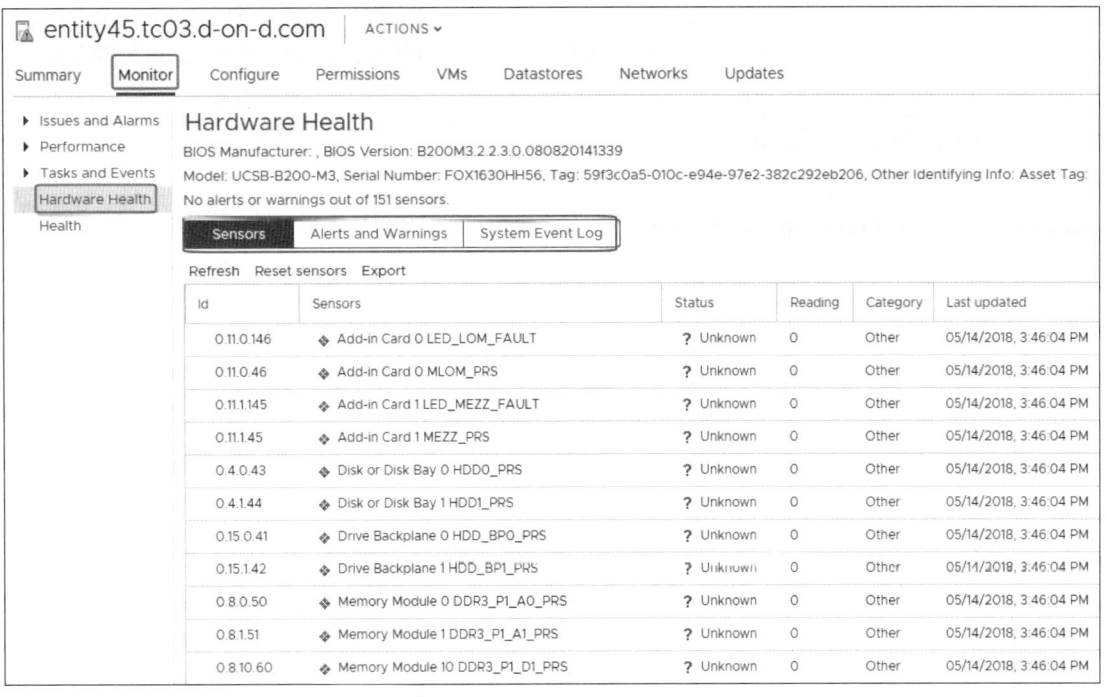

Abbildung 13.30 Hardwarestatus der Host-Hardware

13.2.18 Health

Die HEALTH-Auswahl gibt es nur bei Virtual Distributed Switches (vDS). Hier wird angezeigt, welche Hosts mit den vDS verbunden sind und ob ihr Status nicht zu beanstanden ist (siehe Abbildung 13.31).

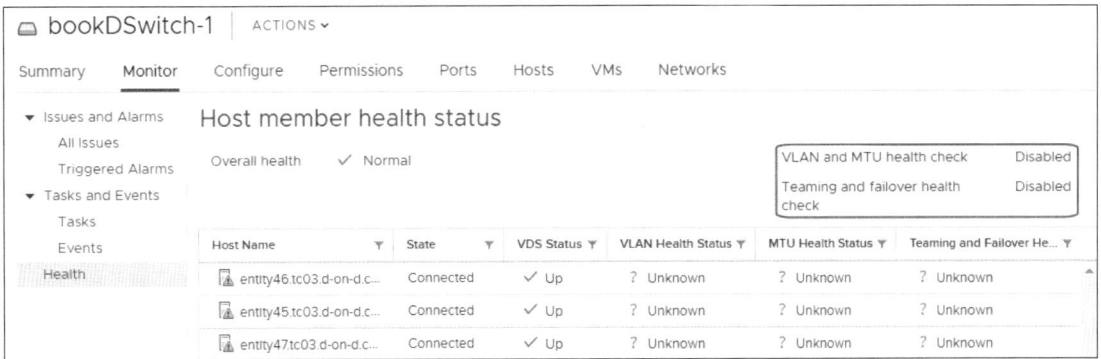

Abbildung 13.31 Health-Status der angeschlossenen Hosts beim vDS

Als zusätzliche Information wird im rechten Bereich dargestellt, welche der beiden Health-Check-Optionen aktiviert ist und welche nicht.

Zusätzlich gibt es noch eine Health-Option am vCenter und an vSphere Hosts. Dort gibt es allerdings nur die Verzweigung zum *Customer Experience Improvement Program* (CEIP).

13.2.19 Service Health

In der MONITOR-Ansicht werden eigentlich keine Informationen zu den Diensten angezeigt. Die Auswahl scheint nur der Vollständigkeit halber hier integriert worden zu sein. Das Einzige, was sich dort findet, ist ein Verweis auf die Systemkonfiguration. Der direkte Weg geht über die Favoritenleiste und dann weiter über ADMINISTRATION • DEPLOYMENT • SYSTEM CONFIGURATION. Im mittleren Fenster gehen Sie dann über den Reiter OBJECTS zu den SERVICES. Alle Dienste, die auf dem vCenter-Server gestartet worden sind, können Sie in einer Ansicht direkt einsehen. So können Sie schnell feststellen, wie es um den Status der Dienste bestellt ist.

Der unterschiedliche Status der Meldungen wird mit verschiedenen Farben und unterschiedlichen Symbolen markiert (siehe Abbildung 13.32).

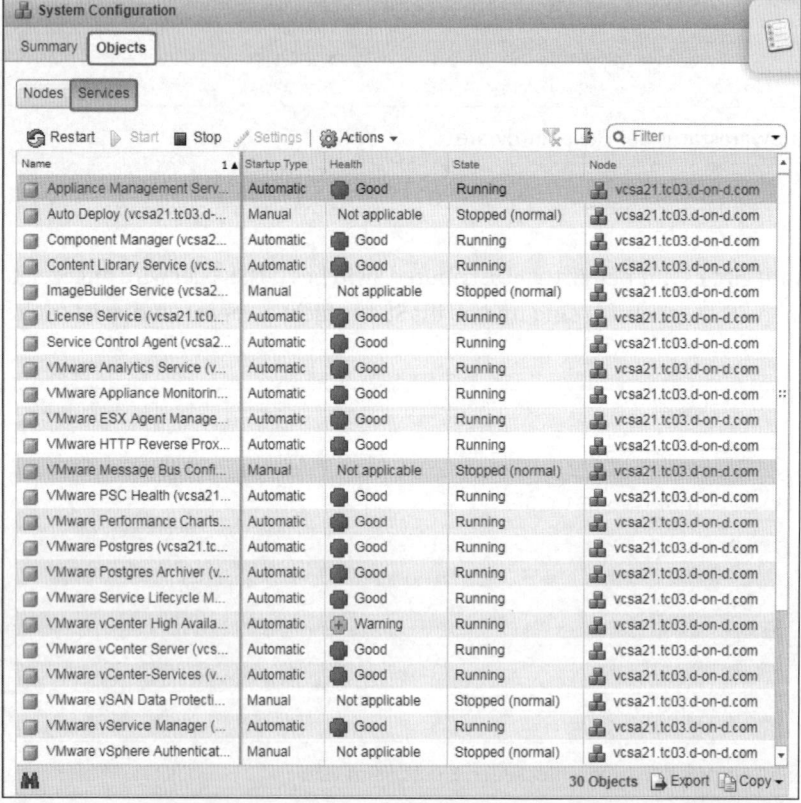

Abbildung 13.32 Status der vCenter-Dienste

Wie Sie sehen, hat unsere Testumgebung derzeit keine Wehwehchen.

13.3 Einrichten von Alarmen

Abschließend möchten wir in diesem Abschnitt auf die Alarmierungsfunktionen im *vCenter Server* eingehen. vCenter Server bietet viele vordefinierte Alarme, aber Sie haben auch die Möglichkeit, eigene Alarme zu kreieren und so die Alarmierung an Ihre eigenen Bedürfnisse anzupassen.

Alarme können Sie mit fast jedem Objekt in der Infrastruktur verbinden, z. B. mit:

- vCenter Server
- Datacenter
- Cluster
- Host
- Datastore-Cluster
- Datastore
- Distributed Virtual Switch
- Distributed Virtual Switch Portgroup
- Ressource Pools
- vApp
- Virtual Machine
- Folder

> **Änderung**
>
> Der Einsprungpunkt für die Alarmdefinitionen hat sich geändert. Lagen die Daten früher unter dem Reiter MONITORING, sind sie jetzt folgerichtig in die CONFIGURATION verlegt worden.

Ihnen steht eine Vielzahl von vordefinierten Alarmen zur Verfügung. Die Anzahl variiert je nach installiertem Zusatzprodukt. Es hängt nur vom Objekt ab, welche Alarme Sie nutzen können. Unterschieden wird dabei zwischen den ALARM DEFINITIONS und den TRIGGERED ALARMS. Die TRIGGERED ALARMS finden Sie im MONITOR-Bereich (siehe Abbildung 13.33).

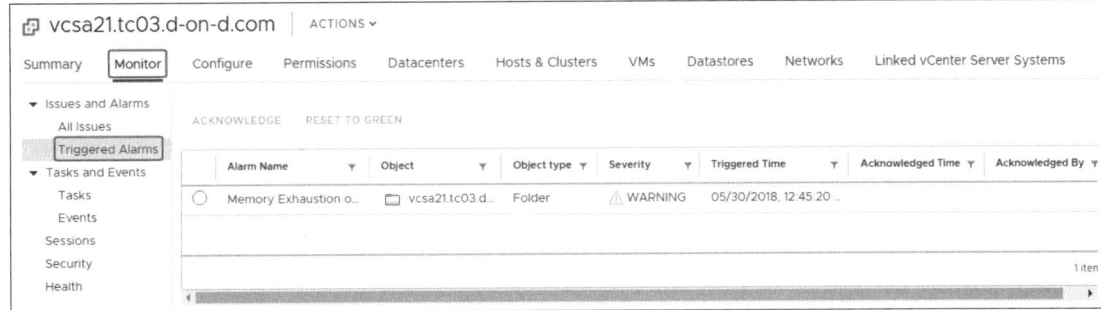

Abbildung 13.33 »Triggered Alarms«

Die ALARM DEFINITIONS finden sich jetzt bei der Konfiguration (siehe Abbildung 13.34).

Der Punkt OBJECT TYPE zeigt an, welche Alarme an dem betreffenden Objekt auch aktiv sind.

Bevor wir darauf eingehen, wie Sie Alarme erstellen, sollten wir uns anschauen, wie VMware die Struktur der Alarme angelegt hat. Auch wenn Alarme nur an bestimmte Objekte gebunden werden können, so wurden sie doch alle auf der Wurzelebene des vCenters definiert. Das ist auch schön in Abbildung 13.34 zu erkennen: In der Spalte DEFINED IN ist direkt zu sehen, wo ein Alarm definiert wurde. Nur an diesem Definitionsort kann ein einmal definierter Alarm manipuliert werden. Dies gilt auch für die vordefinierten Alarme. Unsere Empfehlung ist, bei vordefinierten Alarmen nur die Schwellenwerte anzupassen. Bei weitergehenden Änderungen sollten Sie immer neue Alarme anlegen.

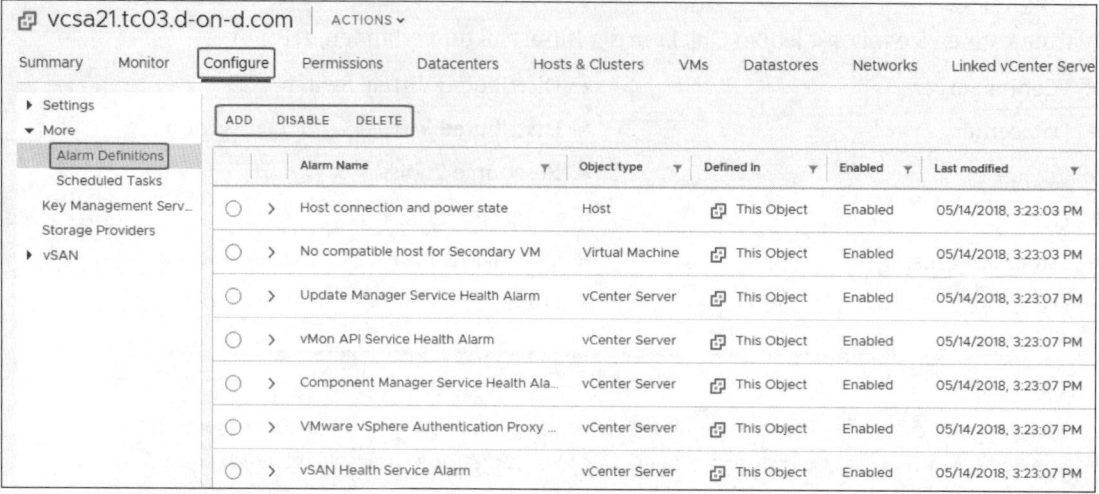

Abbildung 13.34 Alarmdefinitionen im vCenter

Am einfachsten ist es, die Definitionen immer in der vCenter-Wurzel anzulegen und dann passend weiter unten mit den Objekten zu verbinden. Alarme werden erst in der Ansicht TRIGGERED ALARMS sichtbar, wenn sie aktiviert wurden. Neu erstellt werden Alarme über ADD oberhalb der ALARM DEFINITIONS-Ansicht. Es öffnet sich ein Dialog, in dem Sie die weiteren Parameter eingeben (siehe Abbildung 13.35). Wenn Sie einen neuen Alarm anlegen, sind diverse Grundeinstellungen vorzunehmen.

> **Achtung**
> Der Erstellungsdialog für die Alarmdefinition unterscheidet sich stark zwischen den beiden Web-Clients. Umfangreicher ist der Dialog noch im Flash-Client! Das bedeutet, im HTML5-Client sind noch nicht alle Funktionen integriert.

Neben einem eindeutigen Namen müssen Sie festlegen, für welches Objekt Sie den Alarm generieren. Was soll überwacht werden: ein Ereignis oder bestimmte Zustände? In diesem ersten Fenster können Sie den Alarm auch direkt aktivieren. Jetzt definieren Sie die Zustände, die überwacht werden sollen. Es steht eine lange Liste von Optionen zur Verfügung. Wählen Sie die passende Option aus, und markieren Sie den STATUS, der für den Trigger wichtig ist. Abschließend hinterlegen Sie in diesem Fenster die Konditionen für den Alarm (siehe Abbildung 13.35).

13.3 Einrichten von Alarmen

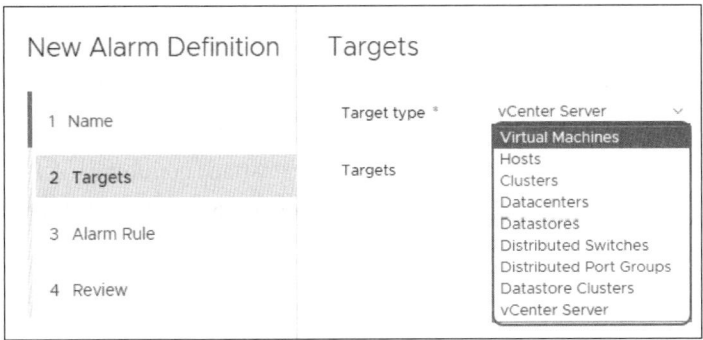

Abbildung 13.35 Grundparameter eines Alarms

Beim Schritt ALARM RULE hat sich eine Änderung ergeben: War es früher möglich, für einen Alarm die Schwellenwerte für WARNING und CRITICAL zu hinterlegen, so müssen Sie jetzt zwei eigene Definitionen erstellen (siehe Abbildung 13.36).

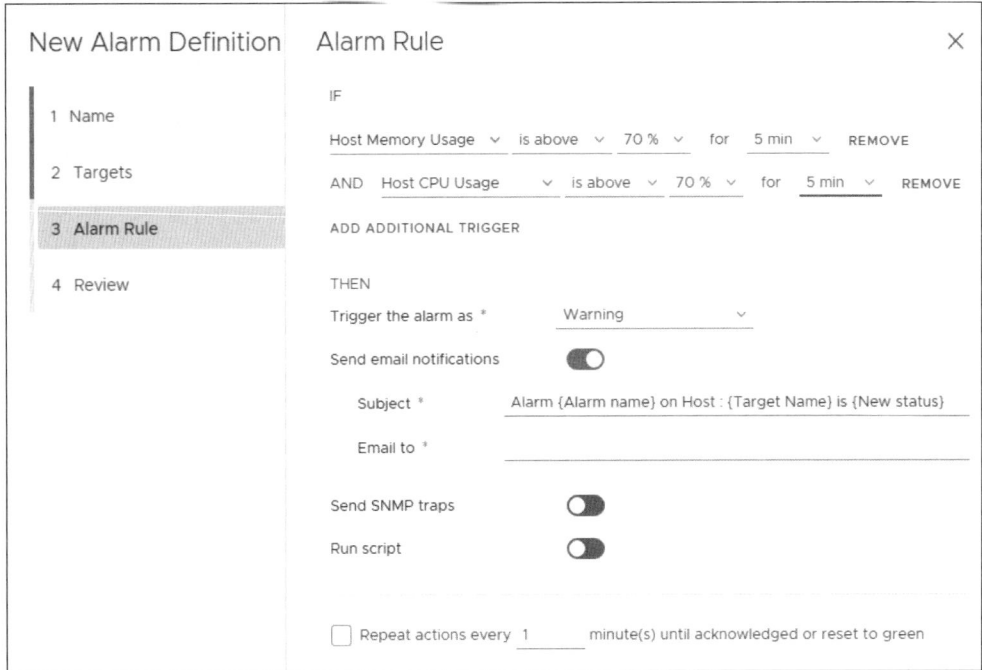

Abbildung 13.36 Trigger des Alarms

Sie können im Alarm auch mehrere Events hinterlegen. Die Aktion, die bei einem Alarm ausgeführt werden soll, kann hier ebenfalls direkt hinterlegt werden.

Je nach Auswahl können Sie unter CONFIGURATION auch noch einen Eintrag vornehmen. In den rechten vier Spalten definieren Sie, bei welchem Statuswechsel die Aktion durchgeführt werden soll. Die Symbole repräsentieren dabei den Übergang zwischen den einzelnen Schwellenwerten. Die Aktion kann entweder einmal oder jedes Mal beim Erreichen der Grenze ausgeführt werden. Zusätzlich können Sie auch ein Wiederholungsintervall einstellen.

Die Alarmfunktion bietet eine Fülle von Möglichkeiten (siehe Tabelle 13.6). Nutzen Sie sie, aber achten Sie darauf, nicht so viele Alarme zu erstellen, dass Ihr Postfach geflutet wird. Die Anzahl der Benachrichtigungen sollten Sie so wählen, dass Sie die Menge noch bewältigen können.

Objekt	Mögliche Alarmaktionen
Virtuelle Maschine	Migrate VM
	Power off VM
	Power on VM
	Reboot guest on VM
	Reset VM
	Run a command
	Send a notification email
	Send a notification trap
	Shutdown guest VM
	Suspend VM
Hosts	Enter Maintenance Mode
	Exit Maintenance Mode
	Enter Standby
	Exit Standby
	Reboot Host
	Shutdown Host
	Run Command
	Send a notification Email
	Send a notification Trap

Tabelle 13.6 Alarmaktionen

Objekt	Mögliche Alarmaktionen
Clusters	Run Command
	Send a notification Email
	Send a notification Trap
Daracenters	Run Command
	Send a notification Email
	Send a notification Trap
Datastores	Run Command
	Send a notification Email
	Send a notification Trap
Datastore Clusters	Run Command
	Send a notification Email
	Send a notification Trap
Distributed Switches	Run Command
	Send a notification Email
	Send a notification Trap
Distributed Port Groups	Run Command
	Send a notification Email
	Send a notification Trap
vCenter Servers	Run Command
	Send a notification Email
	Send a notification Trap

Tabelle 13.6 Alarmaktionen (Forts.)

13.4 SNMP

Das *Simple Network Management Protocol* (SNMP) ist ein Standard-Netzwerkprotokoll, das Sie zur Überwachung von Hardware verwenden können. Die Informationen aus der Überwachung werden auf einem zentralen System gesammelt. Die Kommunikation mit dem zentralen Managementsystem erfolgt über zwei Wege: Entweder fordert das Managementsystem Informationen bei einem zu überwachenden System an oder das zu überwachende System stellt die Überwachungsinformationen selbstständig dem Managementsystem zur Verfügung.

Damit mit SNMP gearbeitet werden kann, müssen Sie den Port 161/UDP in der Host-Firewall freischalten und den entsprechenden Dienst starten (siehe Abbildung 13.37).

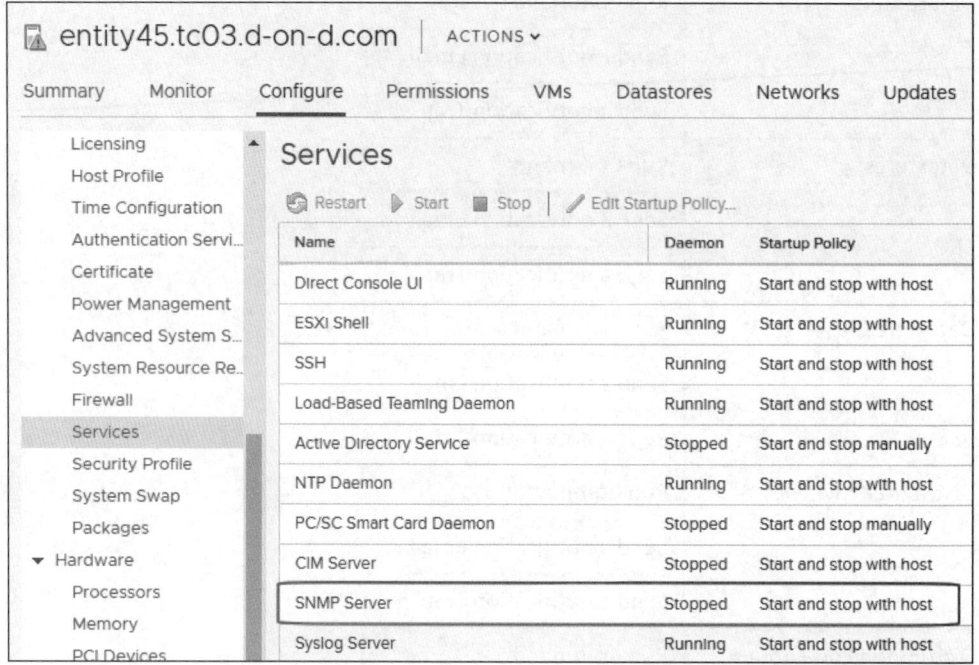

Abbildung 13.37 Status des SNMP-Diensts

13.4.1 SNMP unter VMware

Das SNMP-Protokoll wird auch von VMware unterstützt. Unter Zuhilfenahme des Netzwerkprotokolls können Sie den vSphere-Server überwachen. Auch hier holt entweder das Managementsystem die Informationen ab oder der vSphere-Host sendet bei einem speziellen Event Informationen an das zentrale Management. Alle Enterprise-Produkte von VMware (*vCenter*, *vSphere* und *ESXi*) unterstützen das SNMP-Protokoll.

Der SNMP-Agent, der vom VMware-vSphere-Host verwendet wird, ist von Haus aus direkt im System installiert. Der Agent lässt sich mit jeglicher Software nutzen, die mit der *Management Information Base* (MIB) umgehen kann.

Die MIBs sind eine Art Adresse für die zu überwachenden Objekte. Mithilfe dieser Adresse können die Zustandsinformationen des zugehörigen Objekts abgefragt werden. Der Vollständigkeit halber sei noch erwähnt, dass MIBs Zahlenketten sind, die durch Punkte getrennt werden, z. B. 1.3.6.1.4.1. VMware unterstützt dabei nur *Traps*. Traps sind die Informationen, die unaufgefordert an das Management geschickt werden. SNMP-GETs werden ausgelöst, wenn das zentrale Managementsystem gezielte Nachrichten von einem SNMP sprechenden Gerät benötigt. SNMP-GETs werden von ESXi aber nicht unterstützt.

13.4.2 SNMP unter ESXi

Um den SNMP-Agent zu verwenden, müssen Sie den SNMP-Service aktivieren und eine Community sowie ein Ziel konfigurieren. Diese Arbeit erledigen Sie im Falle von ESXi mit einem Kommando über eine SSH-Verbindung. Der Befehl dazu lautet `esxcli system snmp`. Tabelle 13.7 listet alle Optionen des Befehls auf.

Optionen	Beschreibung
`-a	authentication`	Hier wird das Default-Authentifizierungsprotokoll festgelegt. Mögliche Parameter sind none, MD5 und SHA1.
`-c	--communities`	Setzt die SNMP-Communitys; mehrere werden durch Kommas getrennt. Bis zu zehn Communitys können angegeben werden.
`-E	--enable`	Startet oder stoppt den SNMP-Service. Mögliche Werte sind yes/no, true/false oder 0/1.
`-y	--hwsrc`	Mit den Parametern sensors bzw. indicators legen Sie fest, ob die IPMI-Sensoren oder die CIM-Indikatoren als Quelle für die Hardwaremeldungen dienen.
`-s	--largestorage`	Festlegung, wie hrStorageAllocationUnits, hrStorageSize und hrStorageUsed in der hrStorageTable angezeigt werden. Das Zahlenformat ist Integer32. Bei größeren Werten kann ein falsches Reporting erfolgen, wenn dieser Wert nicht gesetzt wird!
`-l	--loglevel`	Festlegen des Log-Levels. Mögliche Werte sind debug, info, warning und error.
`-n	--notraps`	Mit einer kommagetrennten Liste geben Sie die Traps an, die nicht gesendet werden sollen. Die Werte werden mit der Option -reset wieder zurückgesetzt.
`-p	--port`	Setzt den Port des SNMP-Agents. Standard ist udp/161.

Tabelle 13.7 Optionen des Befehls »esxcli system snmp«

Optionen	Beschreibung
-x|--privacy	Default-Privacy-Protokoll. Mögliche Werte sind none und AES128.
-R|--remote-users	Bis zu fünf User zur Informationsversendung können hier angegeben werden.
-r|--reset	Löscht alle Communitys.
-C|--syscontact	System-Kontakt-String mit maximal 256 Zeichen
-L|--syslocation	System-Location-String mit maximal 256 Zeichen
-t|--targets	Setzt bis zu drei Hosts für die Benachrichtigungen (SNMPv1): hostname[@port][/community][,...]
-u|--users	Setzt bis zu fünf lokale User.
-i|--v3targets	Setzt bis zu drei Hosts für die Benachrichtigungen (SNMPv3): hostname[@port][/remote-user/security-level/trap][,...]

Tabelle 13.7 Optionen des Befehls »esxcli system snmp« (Forts.)

Mit dem Befehl esxcli system snmp test wird der ESXi einen Test-Trap schicken. So überprüfen Sie die Konfiguration und die Einstellungen.

13.4.3 SNMP in Gastbetriebssystemen

Natürlich können Sie das SNMP-Protokoll auch in den verschiedenen Gastbetriebssystemen verwenden. Aufseiten der Virtual Infrastructure ist dafür kein weiteres Eingreifen und keine weitere Konfiguration nötig. Je nach Gastbetriebssystem und Applikation lassen sich SNMP-Einstellungen vornehmen. Über die nötigen Konfigurationsschritte können Sie sich bei dem Hersteller des entsprechenden Betriebssystems informieren.

13.5 Log-Dateien-Management

VMware stellt unterschiedliche Mechanismen bereit, um Log-Dateien zentral vorzuhalten. Dabei ist die primäre zentrale Instanz das vCenter. Von hier aus können die Logs aber auch an ein zentrales System weitergeleitet werden. In größeren Umgebungen ist Letzteres die Empfehlung von VMware.

13.5 Log-Dateien-Management

VMware bevorzugt mittlerweile das eigene Tool *vRealize Log Insight* als zentrales Tool zur Aufnahme von Logs.

13.5.1 VMware ESXi Dump Collector

Der *Dump Collector* dient als zentrales Sammelbecken für Core-Dumps von ESXi-Hosts. Dieser Dienst ist notwendig geworden, weil vSphere die Funktion bietet, ESXi im Arbeitsspeicher laufen zu lassen, ohne dass eine Installation auf einer Festplatte erfolgen muss.

Der Dump Collector wird in der Dienste-Ansicht konfiguriert, die Sie unter NAVIGATOR • ADMINISTRATION • SYSTEM CONFIGURATION • SERVICES • VMWARE VSPHERE ESXI DUMP COLLECTOR finden.

> **Hinweis**
> Auch hier müssen Sie auf den Flash-basierten Web-Client zurückgreifen!

Über das Kontextmenü kann der Dienst gestartet, gestoppt und angehalten werden. Weiterhin können Sie hier die Startart ändern. Wenn Sie an dieser Stelle das EDIT-Menü aufrufen, können Sie die Einstellungen des Dienstes ändern.

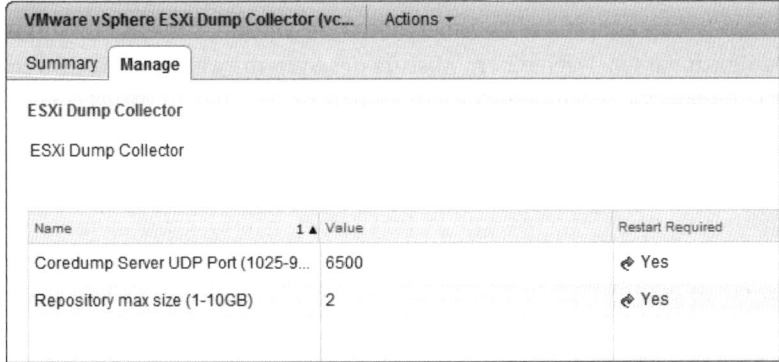

Abbildung 13.38 Konfigurationseinstellungen des Dump Collectors

Die Konfiguration selbst erfolgt auf dem ESXi-Host. Diesem muss der Collector bekannt gegeben werden. Sie können hier zwei Wege beschreiten: Die Hostprofile nehmen die Einstellung mit, oder Sie nutzen die Kommandozeile mit dem passenden ESXCLI-Befehl. Den Hosts muss »beigebogen« werden, wie der Dump-Server heißt und über welchen Port mit ihm kommuniziert wird. Das Kommando zum Hinzufügen eines Hosts lautet:

```
esxcli system coredump network set --interface-name vmk0
  --server-ipv4 xx.xx.xx.xx --server-port 6500
```

Sie können den Dump aber auch auf einen Datastore oder in ein File schreiben, ohne den Dump Collector selbst zu nutzen. Auch hier kommt der Befehl `esxcli system coredump` zum Einsatz, wahlweise mit der Erweiterung `partition` oder `file`. Der Dump muss über einen *vmkernel-nic* laufen. Angesprochen wird das System über die IP-Adresse. Dabei ist der Standard-Port der IP-Port 6500 (siehe Abbildung 13.38).

Nach der Konfiguration müssen Sie die Funktion des dezentralen Dumpens für den Host noch mit dem folgenden Befehl aktivieren:

```
esxcli system coredump network set --enable true
```

Alternativ binden Sie die Arbeiten an ein Hostprofil. Dazu wechseln Sie auf die Homepage des vCenters, wählen die HOST PROFILE-Option und wählen im folgenden Fenster ein Profil aus, das Sie für die Nutzung des Dump Collectors konfigurieren wollen. Oder Sie legen ein neues Profil an. In dem Profil, das Sie nun editieren müssen, suchen Sie die Option für den Dump Collector und parametrieren die Einstellungen gemäß dem aufgebauten Dump-Collector-Server.

13.5.2 vSphere Syslog Collector

Der Grund für die Entwicklung eines eigenen Syslog-Servers deckt sich mit den Gründen für die Entwicklung des ESXi Dump Collectors: Sie haben damit die Option, den ESXi-Host nur im Arbeitsspeicher laufen zu lassen. Nach einem Absturz des Systems wären alle Logs weg, und so könnte im Nachhinein keine Fehleranalyse durchgeführt werden. Natürlich macht das zentrale Sammeln der Log-Dateien auch für installierte Hosts Sinn.

> **Achtung**
> Nutzer der *vCenter Server Appliance* (VCSA) finden den Dienst nicht mehr. Er wird nur noch für die Windows-basierte vCenter-Version unterstützt.

> **Hinweis**
> VMware gibt eine maximale Anzahl von 30 Hosts an, die mit einem zentralen Syslog-Server gemanagt werden können.

Kommen wir zurück zur Konfiguration des Syslog-Ziels. Die Einstellungen können über den Web-Client vorgenommen werden. Im Client gibt es im Gegensatz zu den anderen Funktionen keinen eigenen Menüpunkt. Die Einstellungen nehmen Sie im CONFIGURATION-Reiter des Hosts vor. Unter SOFTWARE • ADVANCED SETTINGS • SYSLOG GLOBAL finden Sie die für den Syslog-Server relevanten Einstellungen (siehe Abbildung 13.39).

13.5 Log-Dateien-Management

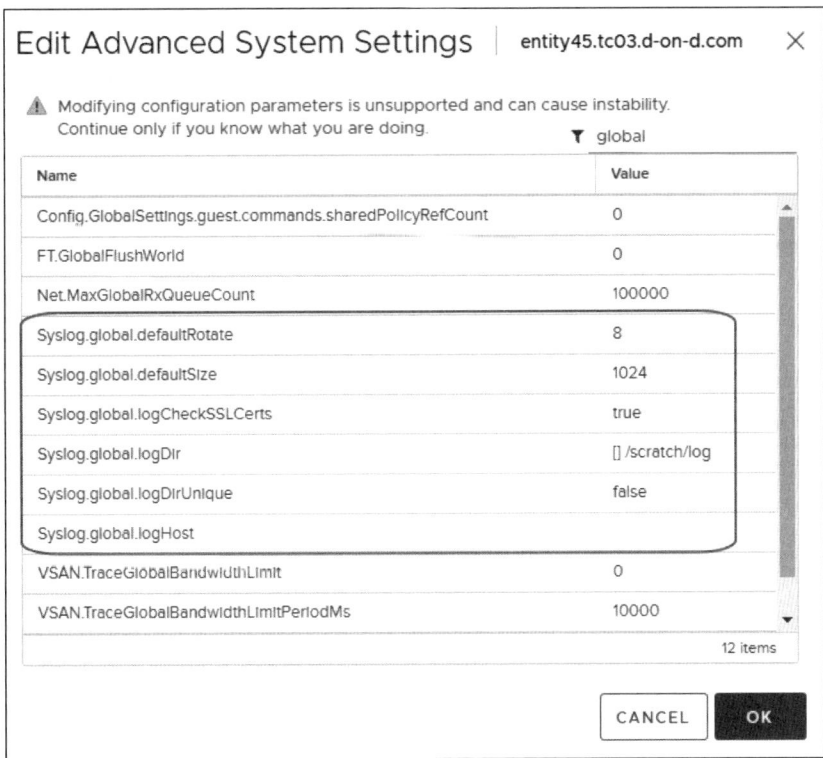

Abbildung 13.39 Syslog-Server-Einstellungen

In Tabelle 13.8 beschreiben wir kurz die fünf Parameter.

Parameter	Beschreibung	Defaultwert
Syslog.global.defaultRotate	Anzahl der Logs, die behalten werden sollen. Für remote abgelegte Logs spielt dieser Wert keine Rolle.	8
Syslog.global.defaultSize	Standardgröße des Protokolls in KB, nachdem eine Log-Rotation durchgeführt wird. Dieser Wert hat keinen Einfluss auf Remote-Log-Server.	1024
Syslog.global.logCheckSSLCerts	Die Überprüfung der SSL-Zertifikarte für das Logging wird hier aktiviert.	TRUE

Tabelle 13.8 Parameter zur Einstellung des Log-Servers

Parameter	Beschreibung	Defaultwert
Syslog.global.logDir	Diesen Parameter haben wir der Vollständigkeit halber mit aufgeführt. Bei unseren Recherchen haben wir aber keine Dokumentation zu diesem Eintrag gefunden.	[] /SCRATCH/LOG
Syslog.global.logDirUnique	Logfiles werden im Verzeichnis *[Datastorename] Verzeichnisname/Filename* abgelegt. Ist das Verzeichnis nicht vorhanden, wird es automatisch angelegt. Dies trifft auch für remote angelegte Datastores zu.	TRUE
Syslog.global.logHost	Hier wird die Adresse eines zentralen Syslog-Servers angegeben. Dabei werden die Protokolle UDP, TCP und SSL unterstützt. Der Eintrag erfolgt in der Form: *<Protokoll>://<Hostname>:514*. Sollten Sie bei der Installation des Syslog-Servers einen anderen Port angegeben haben, so ist das bei der Konfiguration der Adresse entsprechend zu berücksichtigen.	–

Tabelle 13.8 Parameter zur Einstellung des Log-Servers (Forts.)

Kommen wir nun zur Konfiguration über die Kommandozeile. Zu Beginn sollten Sie sich die Werte der Konfigurationsparameter anzeigen lassen. Das erfolgt mit diesem Befehl:

```
esxcli system syslog config get
```

Im Fenster werden nun alle relevanten Log-Parameter mit ihren Werten angezeigt. Möchten Sie einen oder mehrere der Werte anpassen, so können Sie die Manipulation wie folgt vornehmen:

```
esxcli system syslog config set --logdir=/path/to/directory/
 --loghost=RemoteHostname --logdir-unique=<true|false> --default-rotate=NNN
 --default-size=NNN
```

Parameter, die Sie nicht ändern wollen, lassen Sie einfach weg. Sie sehen, es ist recht simpel, die Anpassung für den Syslog-Server vorzunehmen. Damit die Änderungen, die Sie in der Kommandozeile vorgenommen haben, auch wirksam werden, laden Sie mit dem folgenden Kommando die geänderte Konfiguration und schalten sie aktiv:

```
esxcli system syslog reload
```

vCenter Server Appliance (VCSA)

Der vCenter Server kann seinerseits die Log-Dateien an ein zentrales System weiterleiten. Dazu müssen Sie in die SYSLOG-Ansicht des VCSA-Management-Interface gehen. Hier gibt es drei Einstellmöglichkeiten (siehe Tabelle 13.9).

Parameter	Beschreibung
REMOTE SYSLOG HOST	Ziel des zentralen Host für das Logging
PROTOCOL	Unterstützt werden UDP, TCP, RELP und TLS.
PORT	Port für den Syslog-Server.

Tabelle 13.9 Parameter zur Einstellung des Log-Servers

Klicken Sie auf CONFIGURE, um ein Log-Ziel hinzuzufügen (siehe Abbildung 13.40). Hier werden dann die drei Parameter abgefragt.

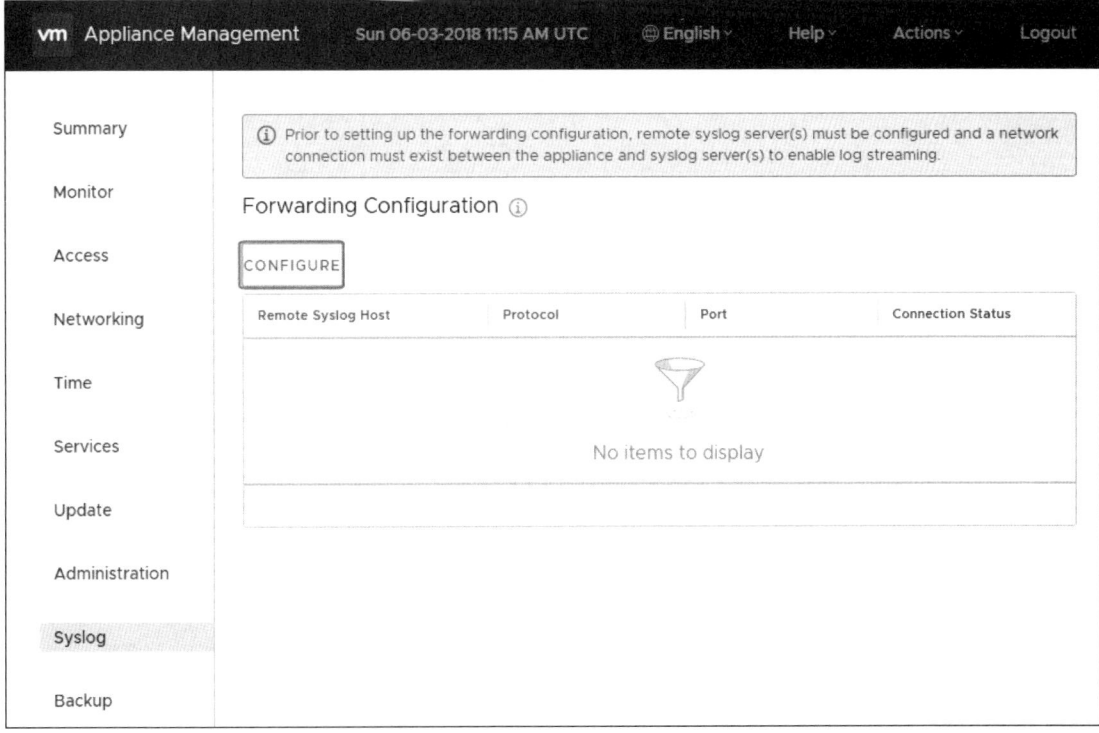

Abbildung 13.40 Dienste-Parametrierung für die Weiterleitung der Syslogs

Mittlerweile können an dieser Stelle auch mehrere Log-Ziele angegeben werden.

13.6 Virtual Machine Monitoring

Mit dem *Virtual Machine Monitoring* (VMM) können Sie prüfen, ob die virtuellen Maschinen noch reagieren. Wann kann die Funktion genutzt werden? Was genau leistet sie?

Das Virtual Machine Monitoring ist eine Unterfunktion des *vSphere HA*. Das bedeutet, dass Sie die Funktion nur in einem aktiven HA-Cluster nutzen können. Erst wenn die HA-Funktionalität in einem Cluster aktiviert ist, steht VMM zur Verfügung (siehe Abbildung 13.41).

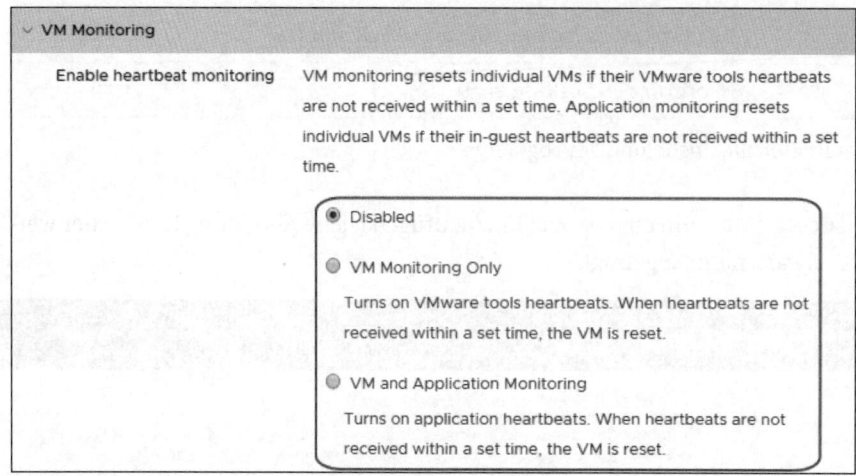

Abbildung 13.41 Virtual Machine Monitoring (VMM)

Die Funktion ist eine Ergänzung zu dem schon bekannten *Heartbeat* zur virtuellen Maschine. Der Heartbeat kommuniziert mit den *VMware Tools* einer virtuellen Maschine, um zu kontrollieren, dass sie noch einwandfrei arbeitet. Antworten die VMware Tools ordnungsgemäß, ist für den Host alles in Ordnung. Weitere Tests werden nicht durchgeführt. An dieser Stelle greift das *Virtual Machine Monitoring* ein. Diese Funktion überwacht zusätzlich die Aktivitäten der Festplatte und der Netzwerkkarte. Zeigen sich bei der Auswertung der beiden Funktionen Unregelmäßigkeiten, wird die virtuelle Maschine neu gestartet. Sie können die Überwachungsfunktion der VM erweitern. Über die Auswahl von VM AND APPLICATION MONITORING (siehe Abbildung 13.41) lassen sich über das VM-Monitoring auch Applikationen überwachen. Nutzen können Sie diese Funktion aber nur, wenn Ihre Applikation eine passende Schnittstelle zu den VMware Tools hat.

Die Art und Weise, wie die Maschine neu startet, können Sie selbst definieren (siehe Abbildung 13.42). Zuallererst aktivieren Sie das VM MONITORING oben im Fenster. Zwei Optionen bieten sich Ihnen zur Auswahl: Entweder stellen Sie alle Kontrollwerte manuell ein, oder Sie greifen auf die Parameter zurück, die Sie über den Schieberegler regulieren können.

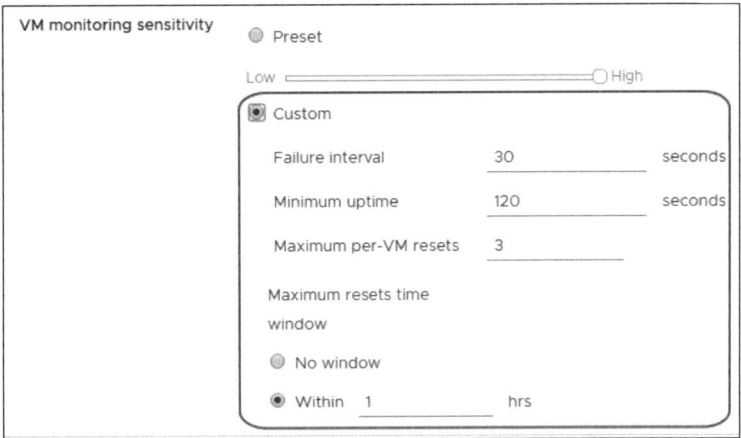

Abbildung 13.42 Konfiguration des VMM

Mit dem Regler lassen sich drei mögliche Parametrierungen einstellen (siehe Tabelle 13.10).

Monitoring Sensitivity	Failure Interval	Minimum Uptime	Maximum per-VM Resets	Maximum Resets Time Window
LOW	120 Sekunden	8 Minuten	3	7 Tage
MIDDLE	60 Sekunden	4 Minuten	3	1 Tag
HIGH	30 Sekunden	2 Minuten	3	1 Stunde

Tabelle 13.10 Überwachungsparameter des VMM

Das FAILURE INTERVAL gibt an, wie lange die Bedingung erfüllt sein muss, bevor ein Fehler angezeigt wird. Die MINIMUM UPTIME bezeichnet ein Zeitintervall, das nach dem Start der VM abläuft, bis das Überwachungstaktsignal erzwungen wird. Erst ab diesem Zeitpunkt wird die VM wieder überwacht. Über MAXIMUM PER-VM RESETS legen Sie fest, wie oft eine virtuelle Maschine maximal neu gestartet werden darf. Das gültige Zeitintervall für die Messung der Anzahl der Reboots ist die Einstellung, die sich hinter dem Wert MAXIMUM RESETS TIME WINDOW verbirgt.

Der Neustart des virtuellen Servers im Falle eines Fehlers erfolgt automatisch, wenn die Option in der Konfiguration des VMM aktiviert wurde. Die Optionen des Virtual Machine Monitorings sind jetzt definiert. Bei den genannten Regeln handelt es sich um die Cluster-weite Standardeinstellung für den gesamten HA-Cluster. Diese Einstellung gilt standardmäßig für *alle* virtuellen Maschinen des Clusters. Sollen einige der virtuellen Server anders eingestellt sein, konfigurieren Sie das einzeln für jede VM im unteren Drittel des Einstellungsfensters. Wählen Sie einfach einen virtuellen Server aus, und passen Sie seine Parameter an. Hier treffen Sie wieder auf die bereits bekannten Parameter LOW, MEDIUM, HIGH und CUSTOM. Über den Wert NONE deaktivieren Sie die Überwachungsfunktion für eine VM.

Wir raten Ihnen: Versuchen Sie, mit so wenigen granularen Einstellungen auszukommen wie möglich. Es geht sonst einfach die Übersichtlichkeit verloren. Definieren Sie eine CUSTOM-Einstellung, und versuchen Sie dann, mit den vier Kategorien (LOW, MEDIUM, HIGH und CUSTOM) zurechtzukommen, die Sie danach zur Verfügung haben.

Der Vollständigkeit halber möchten wir noch erwähnen, dass Sie die Werte für den Cluster auch anders manipulieren können, indem Sie im Einstellungsfenster unter VSPHERE HA • ADVANCED OPTIONS die Werte für die Einstellungen manuell eintragen. Lassen Sie uns die Werte in Tabelle 13.11 kurz erläutern:

Option/Wert	Beschreibung	Standard
CLUSTERSETTINGS	Sollen die Cluster-Einstellungen oder die Einstellungen der VM genutzt werden?	Cluster
ENABLED	Ist der Service aktiviert?	Nein
FAILUREINTERVAL	Definiert, wie lange eine VM maximal nicht antworten darf, bevor sie auf »fehlerhaft« gesetzt wird.	30 Sek.
MAXFAILURES	Anzahl der Fehler, die im MAXFAILUREWINDOW auftreten dürfen, bevor die Überwachung eingestellt wird	3
MAXFAILUREWINDOW	Anzahl von Sekunden, in denen MAXFAILURE auftreten darf, bevor die Überwachung eingestellt wird	1 Sek.
MINUPTIME	Zeit in Sekunden, die der Server benötigt, um neu zu starten. Für dieses Zeitintervall wird die Überwachung ausgesetzt.	120 Sek.

Tabelle 13.11 Virtual Machine Monitoring – »Advanced Options«

Mit dem VMM können Fehlfunktionen in einem virtuellen Server abgefangen werden. Als Beispiel sei hier der allseits bekannte Bluescreen genannt. Ein solcher Missstand ließe sich mit dem VMM beheben. Es besteht durchaus die Option, mit dieser Funktion die Verfügbarkeit von virtuellen Maschinen zu erhöhen. Kommt eine Fehlfunktion in einer VM öfter vor, sodass VMM einen Systemneustart durchführt, sollten Sie genau analysieren, warum das so ist. Sie können davon ausgehen, dass in diesem Fall ein Fehler in der VM vorliegt, der selbstverständlich behoben werden muss. Die Zuverlässigkeit der Funktion lässt sich im Grunde genommen sehr einfach testen: Halten Sie einfach die *VMware Tools* im laufenden Betrieb an. Die Verbindung des Taktsignals reißt ab, und die Maschine wird nach dem festgesetzten Intervall neu gestartet.

13.7 Der freie VMware-Logserver SexiLog

Log-Dateien sind eine wahre Fundgrube für Informationen. Nur gut, wenn man sie zentral sammelt. Wir möchten Ihnen hier das Tool *SexiLog* vorstellen und Ihnen zeigen, wie es bereitgestellt wird.

Das Tool ist eine virtuelle Appliance und muss entsprechend importiert werden. Die Arbeitsschritte sollten Ihnen bekannt sein. Sie können es nach der Anleitung auf der Webseite auch selbst installieren, ohne mit der Appliance zu arbeiten. Sie finden die Informationen unter *http://www.sexilog.fr*.

Außer der Auswahl des Datastores sind keine weiteren Eingaben notwendig. Die IP-Einstellungen kommen per Default aus DHCP, können aber über die Konsole bzw. per SSH angepasst werden.

In der uns vorliegenden Version ließ sich der Import weder mit dem Flash- noch mit dem HTML5-Client durchführen. Erst eine Konvertierung des Dateiformats von OVA nach OVF mithilfe der *VMware OVF Tools* brachte den Erfolg.

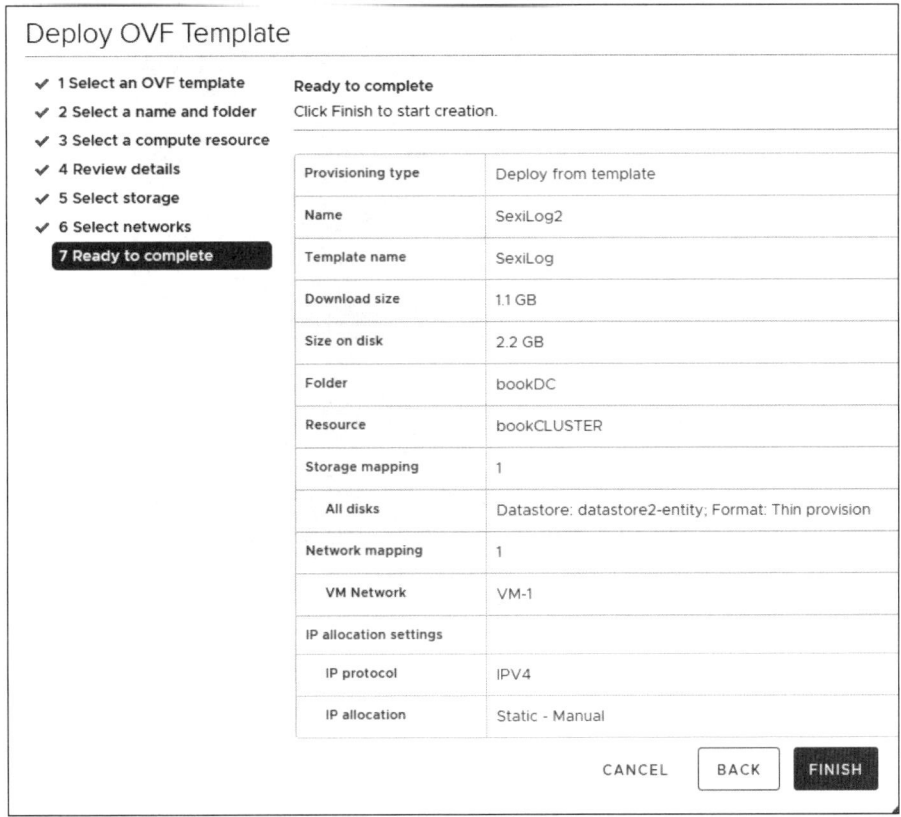

Abbildung 13.43 Bereitstellung der SexiLog-Appliance

13.7.1 Konfiguration von »SexiLog«

Das Tool *SexiLog* ist frei und baut auf Standardkomponenten auf. Sie können es nach der Anleitung auf der Webseite auch selbst installieren, ohne mit der Appliance zu arbeiten. Sie finden die Informationen unter *http://www.sexilog.fr*.

Nach der Bereitstellung (siehe Abbildung 13.43) ist es notwendig, sich an der Maschine anzumelden. Dazu müssen Sie die voreingestellten Werte für die Anmeldung kennen:

Kennung: root

Passwort: Sex!Log

Nach der Anmeldung werden Sie direkt in ein Konfigurationsmenü geleitet (siehe Abbildung 13.44), über das Sie die Einstellungen der Appliance anpassen.

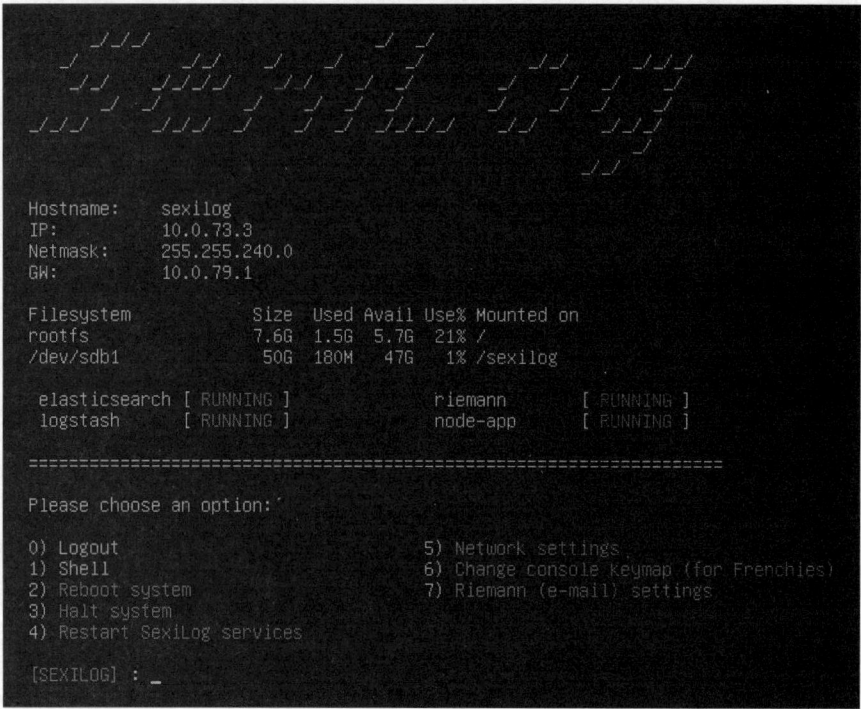

Abbildung 13.44 Konfiguration der SexiLog-Appliance

> **Hinweis**
>
> Das voreingestellte Tastaturlayout ist das Englische! Die einzige Alternative über das Konfigurationsmenü ist das französische Tastaturlayout.

Durch Auswahl des Menüpunkts 5 können Sie die Netzwerkeinstellungen anpassen (siehe Abbildung 13.45).

13.7 Der freie VMware-Logserver SexiLog

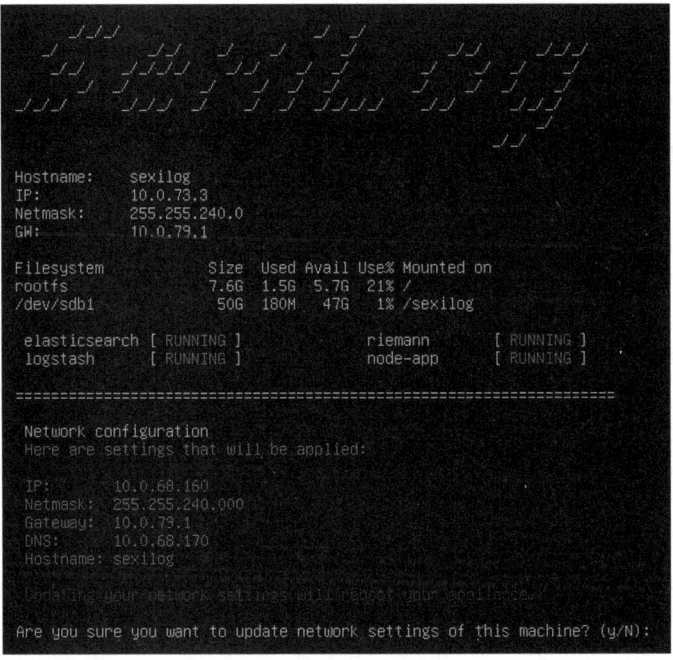

Abbildung 13.45 Anpassung der Netzwerkeinstellungen

Nach der Einstellung der Netzwerkparameter und deren Bestätigung erfolgt ein Reboot der Maschine. Jetzt ist es noch notwendig, die VMware-Komponenten mit dem System zu verbinden, so wie Sie das in Abschnitt 13.5.2, »vSphere Syslog Collector«, gesehen haben. In Abbildung 13.46 sehen Sie die Oberfläche von SexiLog mit einigen geloggten Events.

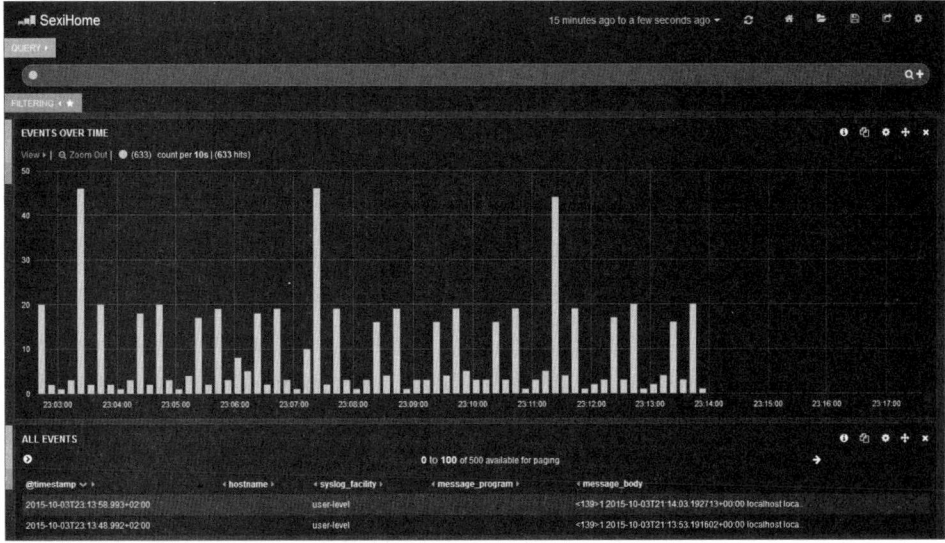

Abbildung 13.46 Die Oberfläche von SexiLog

13.8 Runecast

Autor dieses Abschnitts ist Dr. Jens-Henrik Söldner, Professor für Wirtschaftsinformatik und IT-Sicherheit an der Hochschule Ansbach sowie Geschäftsführer der Söldner Consult GmbH. *jens.soeldner@soeldner-consult.de*

Im Unterschied zu anderen Monitoringwerkzeugen, die Störungen erst dann anzeigen, wenn diese bereits aufgetreten sind, verwendet Runecast Expertenwissen wie die VMware Knowledge Base und Best-Practice-Empfehlungen seiner Gründer, um Ihre VMware-Umgebung proaktiv vor Fehlern zu schützen.

Viele Probleme, die zu Störungen und Ausfällen einer IT-Infrastruktur führen können, kündigen sich bereits frühzeitig in den Log-Dateien an. Auch in einer VMware vSphere Infrastruktur fallen viele Log-Daten auf den ESXi-Hosts, dem vCenter oder dem *NSX Manager* an. Mit *VMware vRealize Log Insight* bietet VMware auch selbst eine Logging-Plattform an, die alle anfallenden Log-Daten zentral aufnehmen kann. Allerdings müssen Sie schon sehr genau wissen, nach welchen Informationen Sie in den Log-Daten suchen, denn die Arbeit der Analyse und Auswertung nimmt Ihnen auch ein Tool wie vRealize Log Insight leider nicht ab.

Hier kommt *Runecast* ins Spiel: Der Runecast-Gründer Stanimir Markov hat zusammen mit weiteren VMware-Architekten und -Supportspezialisten bei IBM große VMware-Umgebungen entworfen, implementiert und dort Fehler beseitigt. Durch die intensive Beschäftigung mit großen VMware-Umgebungen und häufige repetitive Tätigkeiten entstand die Idee, eine eigene Software zu entwickeln, die diese Aufgaben weitestgehend automatisieren kann. So erfolgte im Jahr 2014 die Gründung von Runecast mit dem Ziel, den optimalen Betrieb von vSphere-Systemen sicherzustellen und die IT-Abteilung von der manuellen Prüfung von Log-Daten zu entlasten. In diesem Abschnitt werden Sie Runecast von der Installation bis hin zum Betrieb näher kennenlernen.

13.8.1 Installation

Die Installation von Runecast ist sehr einfach gestaltet und orientiert sich an der Installationsroutine vieler Appliances, die VMware selbst bereitstellt. Nachdem Sie sich unter *https://www.runecast.biz* registriert haben, können Sie eine zeitlich befristete und in der Funktionalität minimal eingeschränkte Demonstrationsversion herunterladen, die Sie jederzeit durch das Einspielen eines Lizenzschlüssels zur Vollversion aktualisieren können.

Runecast lässt sich in der Vollversion auch sehr leicht nutzen, um *Health Checks* einer vSphere-Umgebung durchzuführen – ein Service, den viele Systemhäuser als mehrtägige Dienstleistung anbieten. Daher ist es durchaus verständlich, dass Runecast die volle Funktionalität erst für lizenzierte Kunden bereitstellt.

Nachdem Sie Runecast als *.ova*-Template heruntergeladen haben, führen Sie lediglich den vSphere-Assistenten zur Bereitstellung von OVF/OVA-Templates aus und stellen die Runecast-Appliance in Ihrem Management-Netzwerk bereit (siehe Abbildung 13.47).

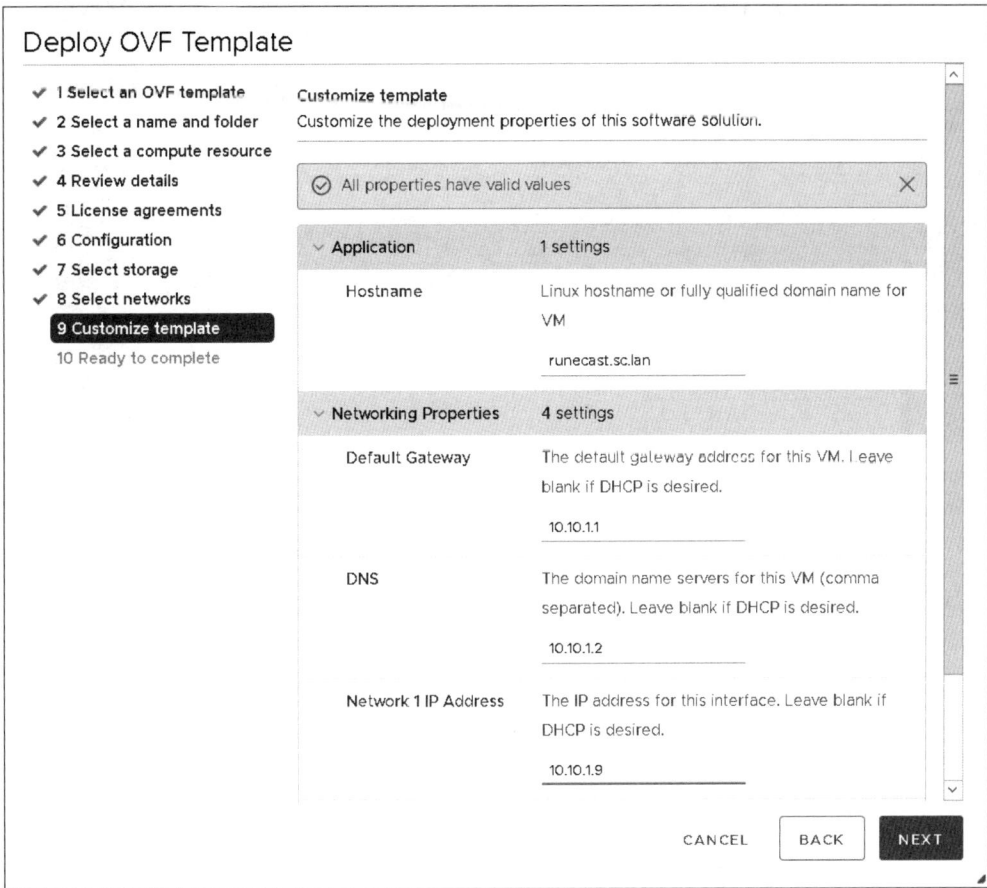

Abbildung 13.47 Die Bereitstellung von Runecast erfolgt über VMwares OVF-Deployment-Assistenten.

Nachdem Sie die Appliance in Ihrer VMware-Umgebung bereitgestellt haben, schalten Sie die neu hinzugekommene virtuelle Maschine ein. Die VMware-Konsole begrüßt Sie dann nach kurzer Zeit mit dem Hinweis auf die Management-URLs (siehe Abbildung 13.48). Die Netzwerkkonfiguration von Runecast können Sie dann bei Bedarf über *https://<Runecast-IP-Adresse>:5480* anpassen, zur eigentlichen Applikation gelangen Sie über *https://<Runecast-IP-Adresse>* oder über den jeweiligen DNS-Eintrag.

Über den Browser und die von Ihnen beim Deployment konfigurierte IP-Adresse oder den DNS-Eintrag gelangen Sie dann zur Konfiguration.

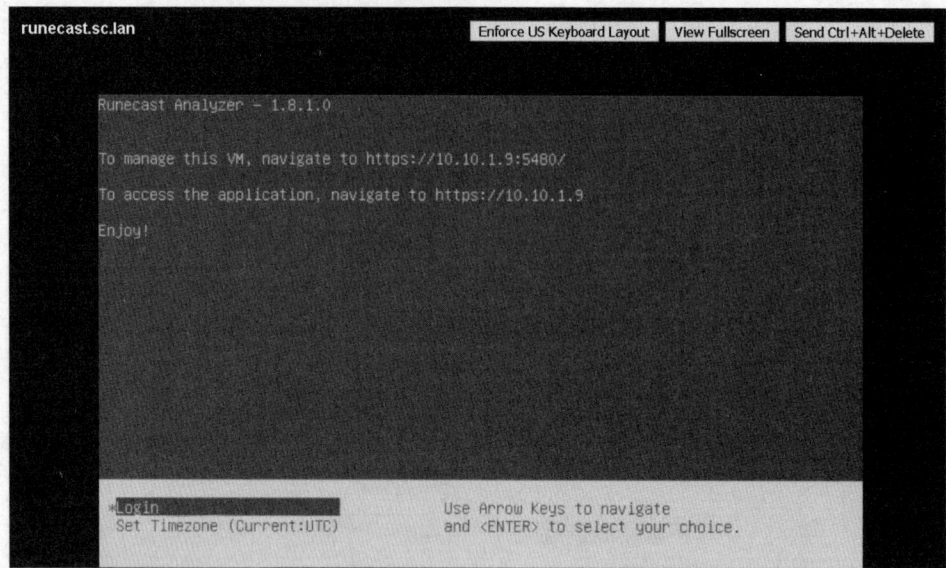

Abbildung 13.48 Nach erfolgreichem Deployment der Runecast-Appliance sehen Sie die Management-URLs in der »VMware Remote Console«.

13.8.2 Konfiguration

Zur weiteren Konfiguration von Runecast öffnen Sie Ihren Browser und navigieren zum DNS-Eintrag oder zu der IP-Adresse, den Sie beim Deployment angegeben haben. Zur Anmeldung verwenden Sie den lokalen Benutzer rcsuser mit dem Kennwort Runecast! (siehe Abbildung 13.49).

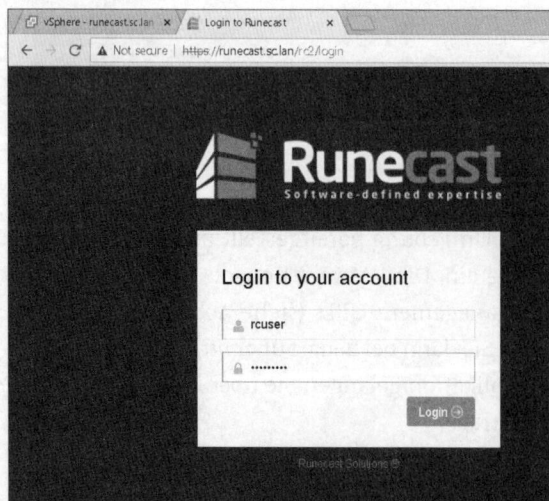

Abbildung 13.49 Mit dem lokalen Benutzer »rcuser« und dem Kennwort »Runecast!« gelangen Sie zur Konfiguration.

Nach erfolgter Anmeldung begrüßt Runecast Sie mit einem Dialogfeld, in dem Sie ein vCenter-System hinzufügen können (siehe Abbildung 13.50). Wenn Sie mehrere vCenter-Umgebungen in einer größeren Umgebung betreiben, können Sie weitere Systeme im Nachgang hinzufügen. Für das Hinzufügen des vCenters benötigen Sie ein Benutzerkonto, das dort zumindest über Leserechte verfügt.

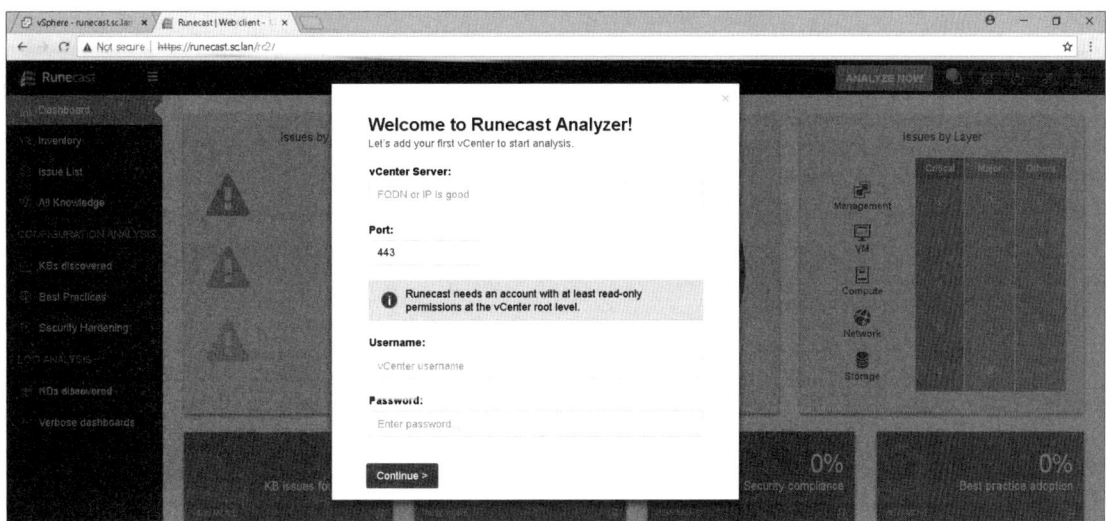

Abbildung 13.50 Runecast möchte bei der Konfiguration zunächst die Zugangsdaten für ein erstes vCenter-System haben.

In unserer Demonstrationsumgebung fügen wir das vCenter mit dem SSO-Adminbenutzer *administrator@vsphere.local* hinzu (siehe Abbildung 13.51).

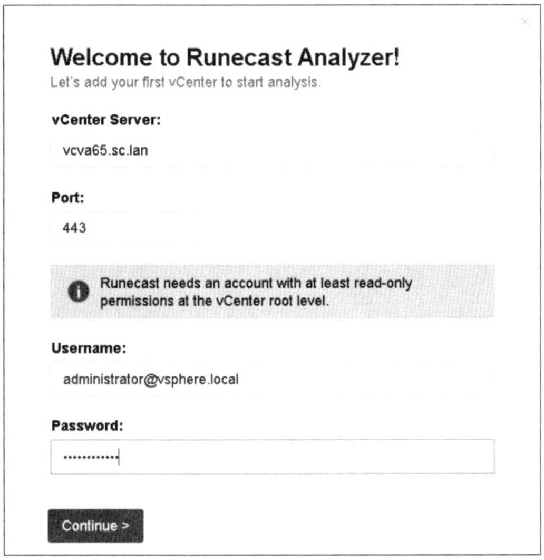

Abbildung 13.51 Zunächst fügen Sie ein vCenter-Server-System zur Analyse durch Runecast hinzu.

Nachdem Runecast eine Verbindung mit dem vCenter erfolgreich herstellen konnte, können Sie regelmäßige automatische Überprüfungen Ihrer vSphere-Umgebung planen. Wie Sie Abbildung 13.52 entnehmen können, wird unsere Umgebung am Samstag um Mitternacht automatisch geprüft. Hierzu stellt Runecast eine Verbindung mit der vSphere-API über das vCenter her und erfasst die wesentlichen Konfigurationseinstellungen.

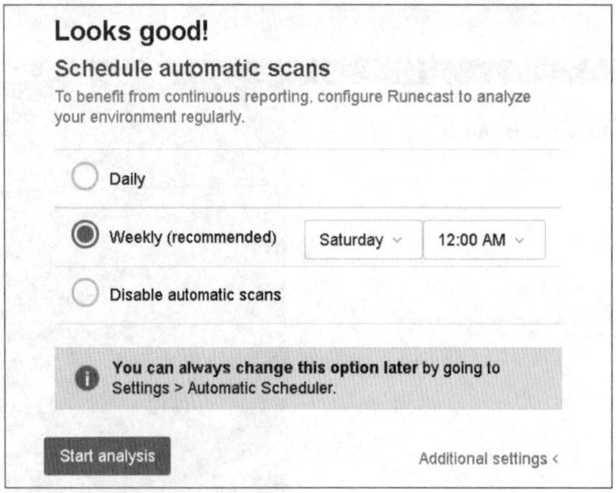

Abbildung 13.52 Runecast erlaubt eine regelmäßige automatische Analyse Ihrer vSphere-Umgebung.

Klicken Sie nun auf die Schaltfläche START ANALYSIS, um mit der Analyse Ihrer vSphere-Umgebung zu beginnen. Die Runecast-Appliance stellt jetzt eine Verbindung mit der API des vCenters her. Im Anschluss sehen Sie sofort die Ergebnisse der Überprüfung Ihrer vSphere-Umgebung im Dashboard (siehe Abbildung 13.53).

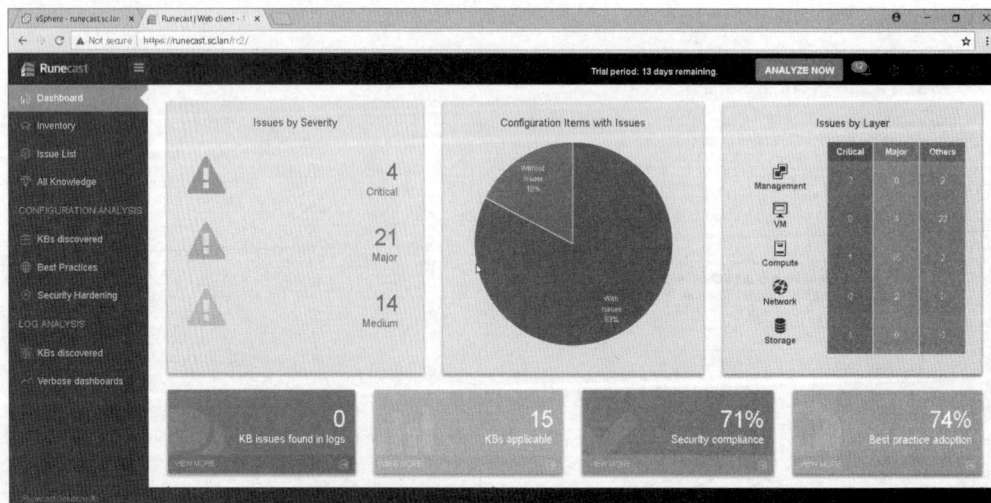

Abbildung 13.53 Runecast stellt die Ergebnisse der Konfigurationsanalyse übersichtlich in einem Dashboard dar.

Bevor Sie die Ergebnisse eingehend in den verschiedenen Ansichten innerhalb von Runecast untersuchen, sollten Sie noch die Konfiguration abschließen, denn momentan hat Runecast nur Zugriff auf die Konfigurationsdaten, die über die API vom vCenter ausgelesen wurden.

Von großem Interesse ist aber auch die Kontrolle der Log-Daten von ESXi-Hosts und virtuellen Maschinen. Hierzu müssen Sie zunächst in die Einstellungen des Systems wechseln, die Sie über das Einstellungssymbol erreichen. Hier können Sie folgende Konfigurationsentscheidungen vornehmen (siehe Abbildung 13.54):

- vCenter Connection – Hier tragen Sie gegebenenfalls weitere vCenter-Serversysteme ein, können Runecast mit dem NSX Manager (falls vorhanden) verbinden und ein Plug-in für den vSphere Web Client installieren.

- Automatic Scheduler – Hiermit können Sie einen Zeitplan für die automatische Prüfung Ihrer vSphere-Umgebung hinterlegen.

- Alerting – erlaubt das Eintragen eines Mailservers für die Zustellung von Alarmen und Benachrichtigungen per E-Mail.

- Log Analysis – Hier können Sie die ESXi-Hosts und virtuellen Maschinen Ihrer vCenter so konfigurieren, dass die Log-Daten per Syslog an Runecast übermittelt werden. Ihre ESXi-Hosts können dabei die Logs an mehrere Syslog-Server gleichzeitig senden.

- Security Compliance – Hier hinterlegen Sie die Profile für die Analyse der Sicherheit Ihrer vSphere-Umgebung. Sie haben die Wahl zwischen den VMware-Richtlinien (die auf dem *VMware Security Hardening Guide for vSphere* basieren) und den *Security Technical Implementation Guides* (STIGs) des US-amerikanischen *Department of Defense*.

- User Profile – Hiermit können Sie das Passwort des lokalen Benutzers (standardmäßig: »rcuser«) ändern, weitere Benutzer anlegen und Runecast mit Active Directory (AD) verbinden, um im AD definierten Benutzern und Gruppen Zugriff auf Runecast zu gewähren.

- Filter – Wenn gewünscht, kann Runecast bestimmte Fehlermeldungen und Ereignisse ignorieren, die Sie hier definieren können.

- Licenses – dient zur Lizenzierung von Runecast mithilfe von Lizenzdateien. Die Runecast-Lizenz ist analog zur vSphere-Lizenzierung durch die Anzahl der CPU-Sockel definiert. Die Lizenz kann dabei einzelnen ESXi-Hosts zugeordnet werden.

- Update – Hier können Sie die Runecast-Installation und die Wissensdefinition aktualisieren.

- API Access tokens – Falls Sie die REST-API von Runecast direkt ansprechen möchten, benötigen Sie für die Authentifizierung bei der API ein Access Token, das Sie hier generieren können.

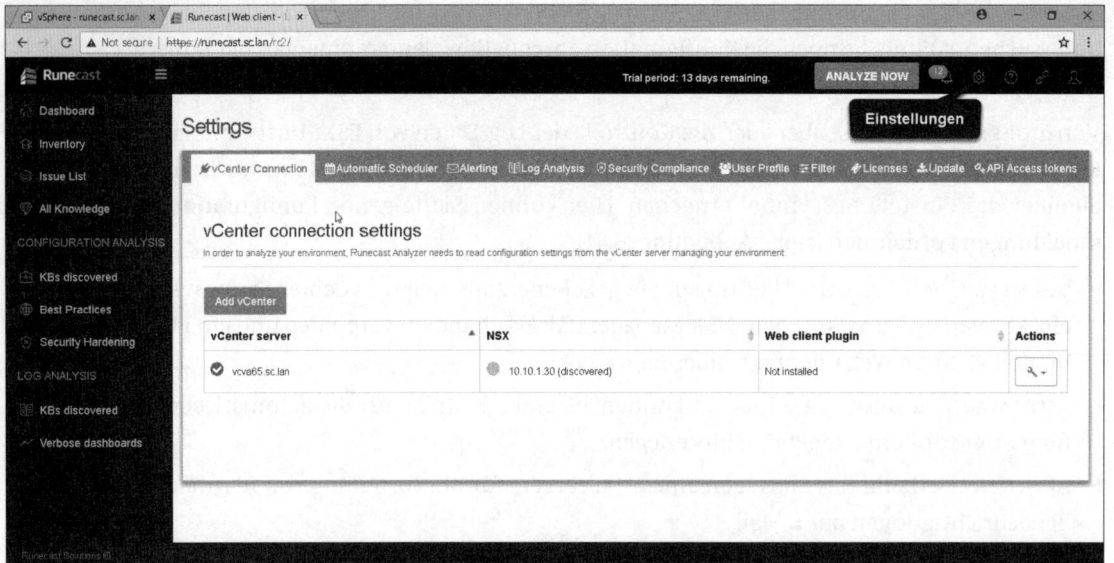

Abbildung 13.54 In den Einstellungen können Sie die Analyse Ihrer vSphere-Umgebung weitergehend konfigurieren.

Von besonderer Bedeutung ist es, dass Sie für die Log-Analyse Runecast als Syslog-Server auf Ihren ESXi-Hosts eintragen. Diesen Schritt kann Runecast für Sie automatisieren. Hierzu wechseln Sie in den Einstellungen auf den Menüpunkt LOG ANALYSIS, erweitern unterhalb des vCenter-Servers die Liste der ESXi-Hosts und können dann über das Einstellungsmenü Runecast als Syslog-Server von der vSphere-API automatisch eintragen lassen (siehe Abbildung 13.55).

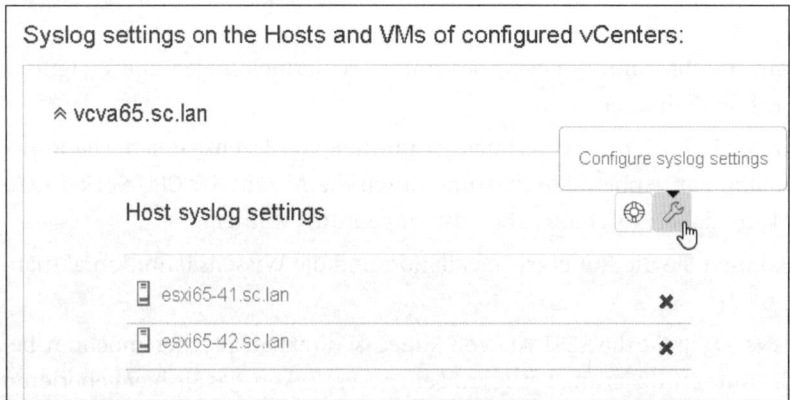

Abbildung 13.55 Runecast erlaubt Ihnen die automatische Anpassung der Syslog-Einstellungen Ihrer ESXi-Hosts, damit diese die Log-Daten an Runecast senden.

Nachdem Sie in dem Dialogfeld Runecast als (gegebenenfalls zusätzlichen) Syslog-Server an die ESXi-Hosts übermittelt haben, können Sie sicherheitshalber die Syslog-Einstellung im vSphere Client überprüfen. Hierzu selektieren Sie im HTML5-Client einen ESXi-Server, wechseln auf die CONFIGURE-Ansicht und können dann unterhalb des Menüs SYSTEM die ADVANCED SYSTEM SETTINGS öffnen. Wenn Sie dann die Schaltfläche EDIT auswählen, können Sie in dem Menü, das sich nun öffnet, nach dem Stichwort »syslog« filtern. Wie Sie Abbildung 13.56 entnehmen können, ist Runecast als weiterer Syslog-Server im Eintrag Syslog.global.logHost erfolgreich hinterlegt worden.

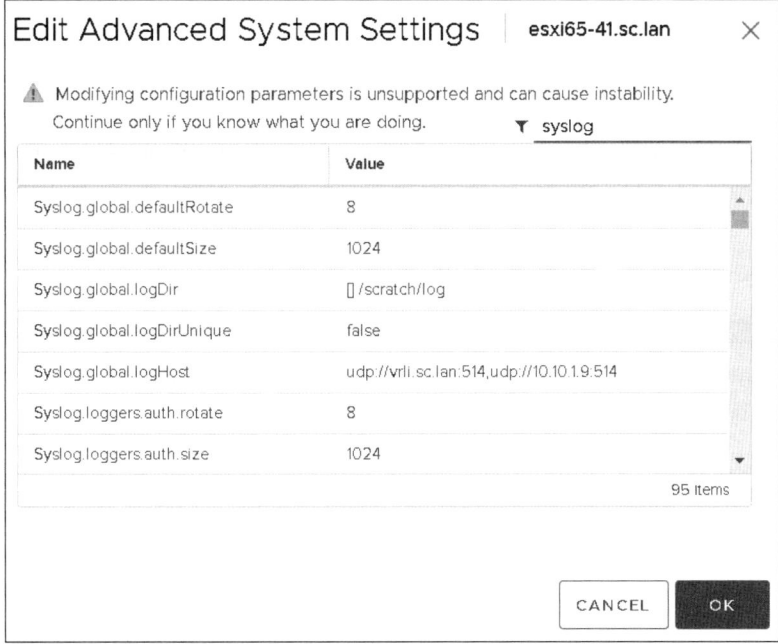

Abbildung 13.56 Runecast ist mit der IP-Adresse 10.10.1.9 als weiterer Syslog-Server unter »Syslog.global.logHost« eingetragen.

Damit ist die Grundkonfiguration von Runecast abgeschlossen und Sie können das System für die Überprüfung und automatisierte Fehlersuche Ihrer vSphere-Umgebung verwenden.

13.8.3 Analyse und Fehlersuche mit Runecast

Die Verwendung von Runecast ist denkbar einfach, da die Idee und der Anspruch des Systems darin besteht, die Fehlersuche »wegzuautomatisieren«. In mehreren klar strukturierten Dashboards erhalten Sie einen Überblick über Konfigurations- und Sicherheitsprobleme sowie darauf basierenden Empfehlungen. Ein Beispiel hierfür ist die ISSUE LIST, die Ihnen die gefundenen Konfigurations- und Sicherheitsschwächen in einer priorisierten Liste aufbereitet (siehe Abbildung 13.57).

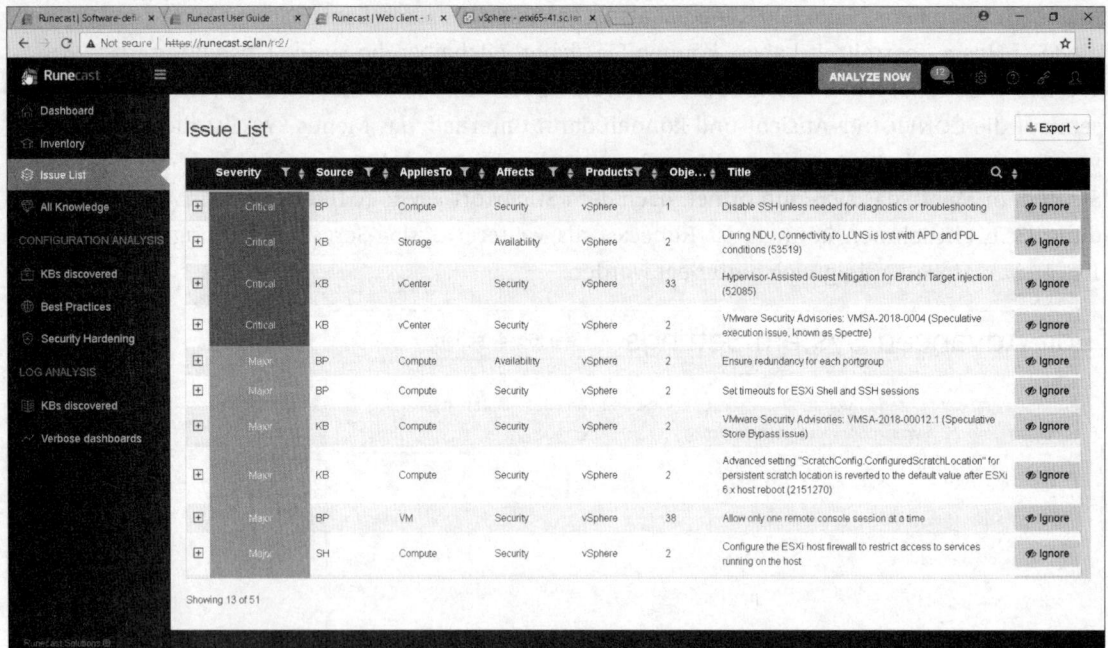

Abbildung 13.57 Die »Issue List« von Runecast zeigt die in der Umgebung identifizierten Sicherheits- und Konfigurationsschwächen in einer priorisierten Liste auf.

Über die Schaltfläche EXPORT oben rechts in Abbildung 13.57 bzw. Abbildung 13.58 können Sie die Liste inklusive der betroffenen vSphere-Objekte als PDF- oder CSV-Datei direkt exportieren – eine praktische Funktionalität, insbesondere wenn es um die Anfertigung von Dokumentationen und Berichten geht.

Abbildung 13.58 Runecast erlaubt den Export der Daten für Berichte und Dokumentationen.

Zudem können Sie – wenn Sie vorher die Syslog-Einstellungen der ESXi-Hosts angepasst haben – die Log-Einträge durchsuchen. Wenn Runecast in Ihrer Umgebung auf Basis der Log-Daten bekannte Fehlerszenarien identifiziert hat, werden Ihnen diese ebenso präsentiert und es werden Empfehlungen aufgelistet (siehe Abbildung 13.59).

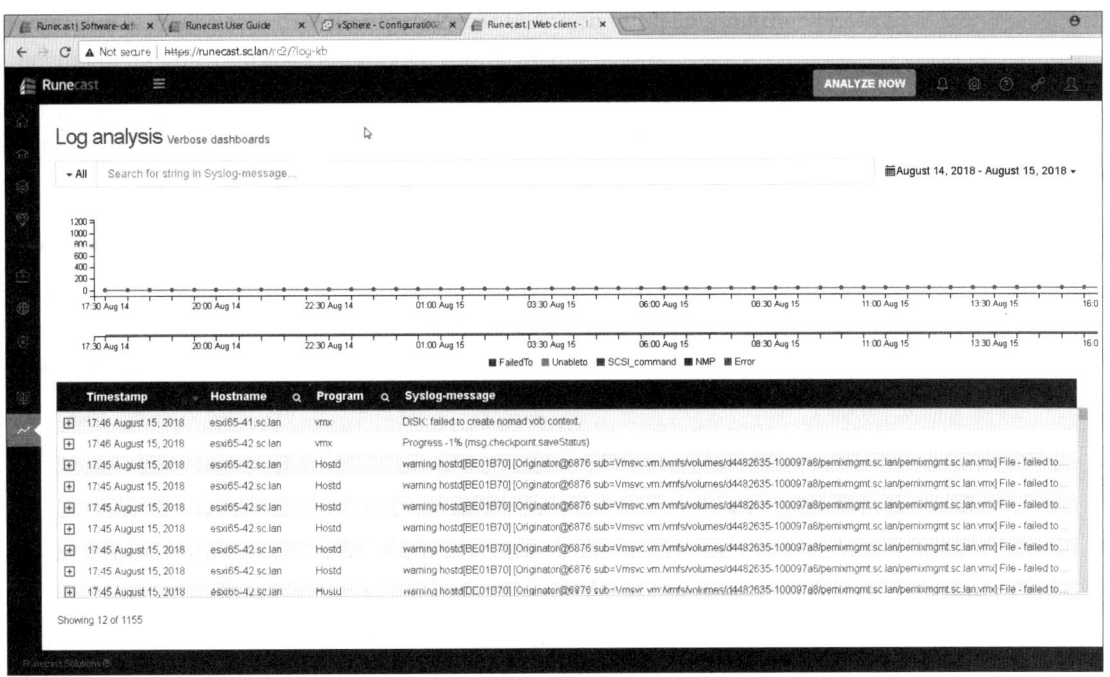

Abbildung 13.59 Runecast erlaubt das Durchsuchen der Log-Daten und kann – wenn bekannte Probleme in den Log-Daten identifiziert wurden – auf diese direkt hinweisen.

13.8.4 Fazit

Wenn Sie mit nur wenig IT-Personal für den Betrieb einer größeren vSphere-Umgebung zuständig sind, könnte ein Blick auf Runecast zur automatisierten und proaktiven Fehlersuche nützlich sein. Runecast besticht durch seine Bedienerfreundlichkeit und äußerst einfache Konfiguration. Zusätzlich fließen keine Daten aus Ihrer Umgebung ab. Runecast analysiert Ihre Umgebung rein mit lokalen Informationen, ohne irgendwelche Daten oder Details in die Cloud hochzuladen. Die Wissensbasis Ihrer Runecast-Installation kann jederzeit aktualisiert werden. Seit einigen Versionen unterstützt Runecast auch die Analyse der Konfiguration und Log-Daten von *VMware vSAN* und *NSX-V*.

13.9 Opvizor Performance Analyzer

Autor von Abschnitt 13.9 ist Dennis Zimmer, opvizor, dzimmer@opvizor.com

Opvizor wurde 2012 von Dennis Zimmer gegründet. Seitdem entwickelt das Unternehmen Produkte zur Optimierung und Verbesserung der VMware-vSphere-Performance und erleichtert Ihnen die Konfiguration Ihrer Infrastruktur. Der *Performance Analyzer* liegt aktuell in der Version 4.9 vor.

Der *Performance Analyzer* konzentriert sich auf die schnelle und detaillierte Analyse von Performance-Problemen und Engpässen in VMware-vSphere-Umgebungen und deren Peripherie (*NetApp*, *Cisco*, *Brocade*, *Microsoft*, *Linux* und vielen mehr) und hilft Ihnen bei der fortführenden Planung. So optimieren Sie die Nutzung der Ressourcen und minimieren Leistungsprobleme.

Dabei wird immer ein Schwerpunkt darauf gelegt, die Darstellung und Verständlichkeit der gezeigten Informationen so einfach wie möglich zu halten. Das beginnt bereits bei den verschiedenen Dashboards, die je nach Anforderung Informationen für die schnelle Gesamtübersicht oder Details für die gezielte Fehlersuche liefern, und erstreckt sich bis zu den weiterführenden Informationen in den einzelnen Charts. Daher finden Einsteiger wie auch Profis die für sie relevanten Informationen auf einfachste Art und Weise.

Außer bei der Auswertung der Standardmetriken wie *CPU-Last* oder *Memory-Nutzung* und den VMware-spezifischen Metriken wie *CPU Ready*, *Co-Stopping* oder *Memory Ballooning* hilft Performance Analyzer Ihnen auch beim Finden von NUMA-Fehlkonfigurationen, die zu Performance-Verlusten von bis zu 75 % führen können, sowie bei sämtlichen relevanten Netzwerk- und Storage-Leistungsproblemen.

Performance Analyzer bietet außerdem die Möglichkeit, PDF-Reports pro Dashboard zu erzeugen oder regelmäßig per E-Mail zu verschicken. So erzeugen Sie schnell und ohne großen Aufwand eine Dokumentation zu Ihrer Infrastruktur.

13.9.1 Installation

Die Installation des Performance Analyzer ist sehr einfach gehalten: Sie können nach der Registrierung unter *https://www.opvizor.com* eine virtuelle Appliance für VMware vSphere herunterladen.

Ab einer Infrastrukturgröße von 100 ESXi-Hosts oder 1000 VMs ist es sinnvoll, die CPU- und Hauptspeicherkonfiguration zu verdoppeln. Außerdem sollte dann auch die zweite virtuelle Festplatte um 20 GB vergrößert werden.

Nach dem Start der virtuellen Appliance wird eine automatische Netzwerkkonfiguration über DHCP eingerichtet. Falls die virtuelle Festplatte vergrößert wurde, wird auch die Datenpartition angepasst.

Falls Sie die Netzwerkkonfiguration manuell festlegen wollen, können Sie sich mit dem Benutzernamen `admin` und dem Passwort `VMware123` an der vSphere-Konsole anmelden und dort das Netzwerk konfigurieren.

Anschließend startet die Appliance automatisch neu, um die Konfiguration zu übernehmen.

13.9.2 Konfiguration

Die Webseite zur Konfiguration steht unter *http://appliance-ip/admin* zur Verfügung. Die Zugangsdaten lauten dort `admin` mit dem Passwort `VMware123`.

Performance Analyzer läuft nach der Installation für 15 Tage ohne Lizenz im Evaluationsmodus. Sie können diesen Zeitraum verlängern, indem Sie einfach eine weitere 30-Tage-Lizenz unter OVERVIEW in der Administrationsoberfläche anfordern (siehe Abbildung 13.60).

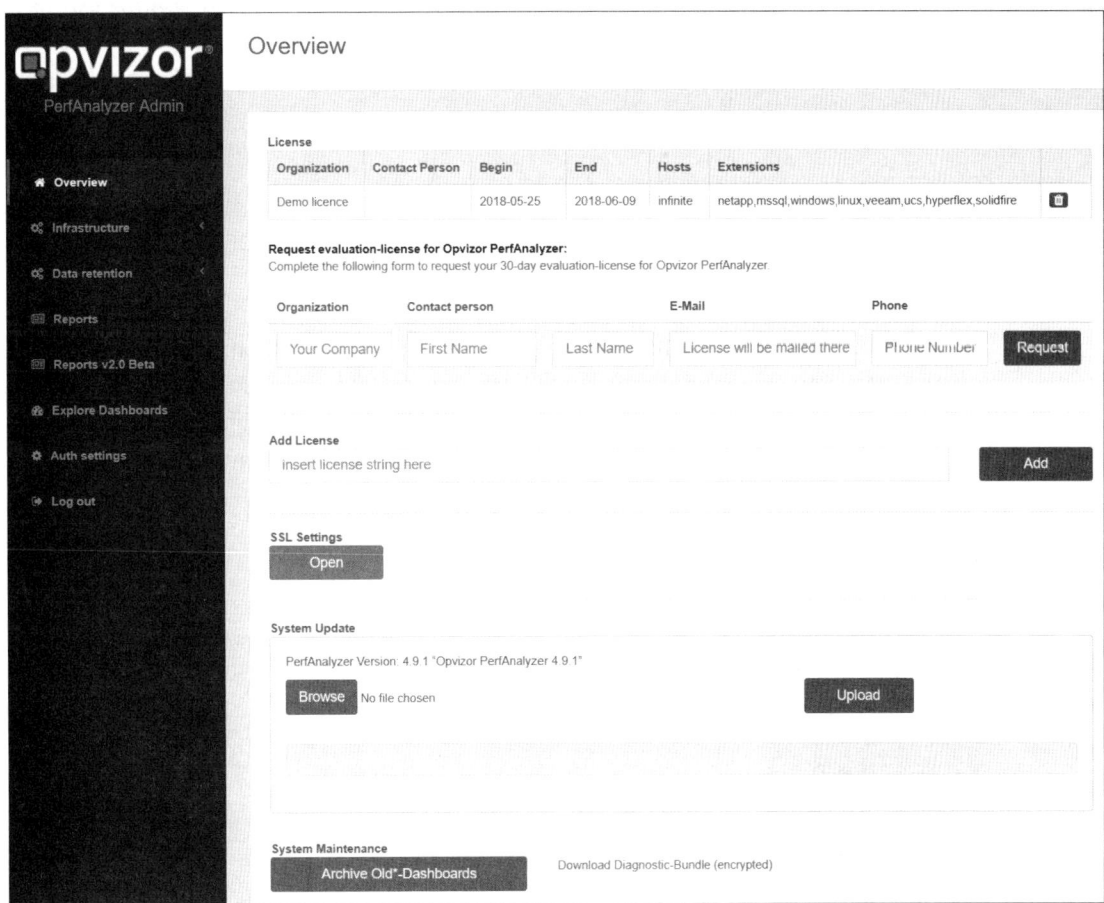

Abbildung 13.60 Administrationsoberfläche zur Anforderung einer Evaluationslizenz

Die Übersichtsseite dient auch zum Hochladen und Einspielen von Aktualisierungen, die Sie unter *https://manual.opvizor.com* finden. Außerdem können SSL-Einstellungen an dieser Stelle festlegen (siehe Abbildung 13.61).

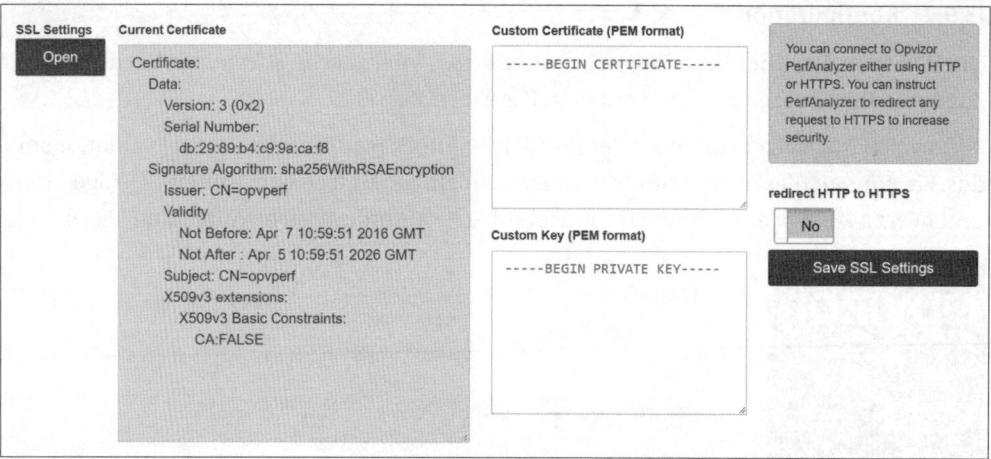

Abbildung 13.61 Aktivierung von SSL zum verschlüsselten HTTPS-Zugriff auf die Daten von »Performance Analyzer«

Damit Performance Analyzer mit der Datensammlung beginnen kann, sollten Sie einen internen E-Mail-Server konfigurieren, um Alarme und Meldungen zu erhalten, sowie die VMware vCenter hinzufügen. Insgesamt haben wir bis zu 20 vCenter pro Appliance getestet. Pro vCenter kann auch eine vSAN-Überwachung aktiviert werden (siehe Abbildung 13.62).

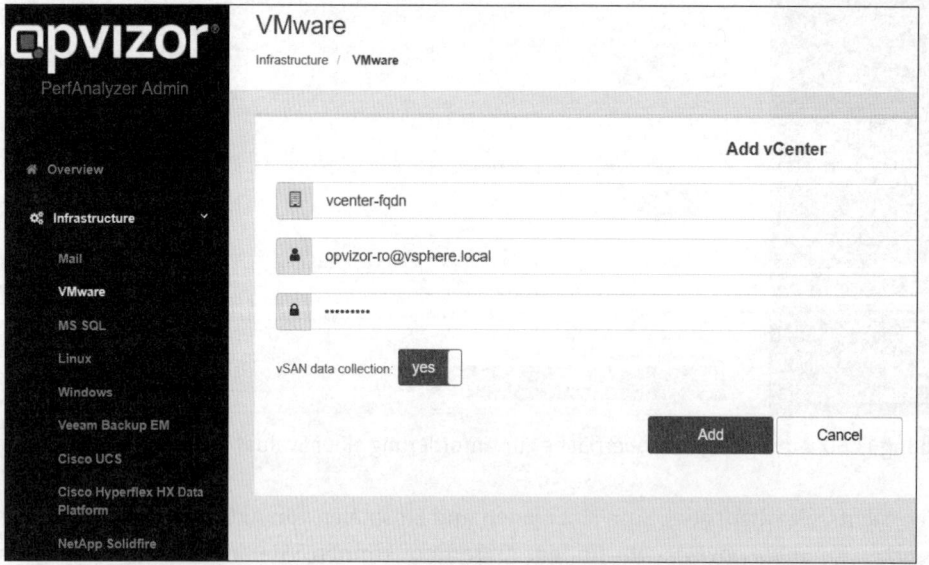

Abbildung 13.62 Hinzufügen des VMware vCenter und Aktivieren von vSAN-Datensammlung

Grundsätzlich ist nur eine Leseberechtigung notwendig, Sie sollten aber zusatzlich den Statistiklevel 2 im vCenter und die Berechtigung *Global-Tasks* zur NUMA-Datensammlung für den angegebenen Benutzer einrichten.

Mit dem Hinzufügen der vCenter-Systeme startet automatisch ein Datensammler, der alle 5 Minuten die Performance-Daten der ESXi-Hosts und der virtuellen Maschinen sammelt und speichert. Danach stehen die Daten unabhängig vom vCenter zur Verfügung.

> **Dauer der Datemsammlung**
> Die ersten aussagekräftigen Daten stehen in den Dashboards nach ungefähr 15 Minuten zur Verfügung.

Unter dem Eintrag INFRASTRUCTURE finden Sie weitere Optionen, um auch Daten von anderen Systemen zu sammeln. Neben VMware finden Sie Module für NetApp, Microsoft Windows, Linux, Microsoft SQL Server oder Cisco-UCS-Daten.

Um Daten aus *VMware View Horizon* oder *DataCore* zu sammeln, reicht eine kurze E-Mail an support@opvizor.com aus. Sie erhalten so schnell und einfach Informationen zur Installation und Konfiguration.

13.9.3 Navigation

Um zu den Monitoring- und Analyse-Dashboards zu gelangen, rufen Sie entweder die URL *http://appliance* direkt auf, oder öffnen Sie auf der Admin-Oberfläche den Menüpunkt Explore Dashboards.

Die Navigation in den Dashboards ist sehr einfach (siehe Abbildung 13.63). Da zur Entwicklung des Dashboards auf die Open-Source-Lösung Grafana gesetzt wurde, kennen Sie diese vielleicht bereits von anderen Projekten.

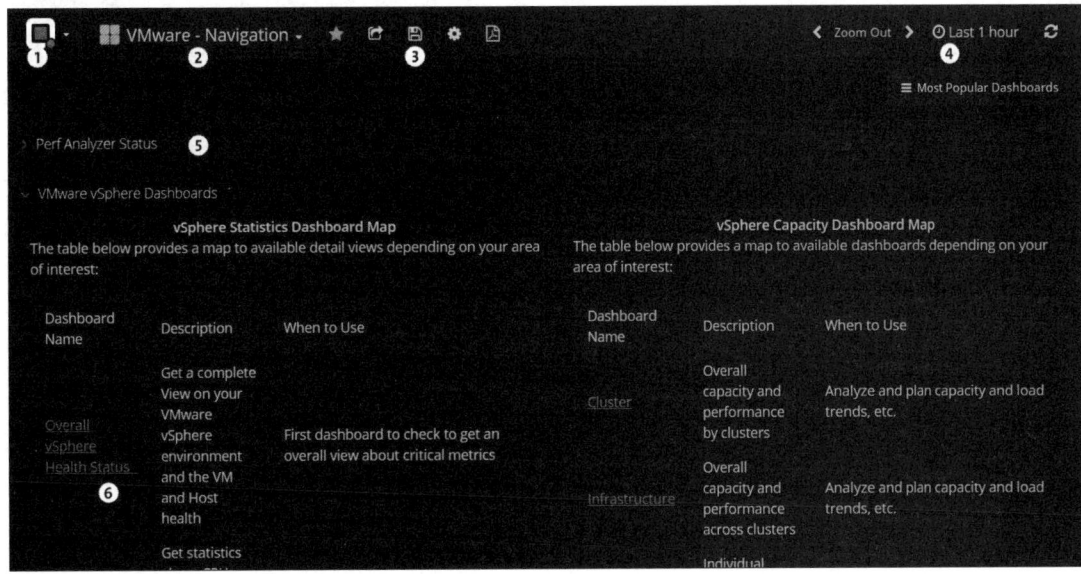

Abbildung 13.63 Allgemeine Navigation im »Performance Analyzer«

13 Monitoring

Es gibt folgende Bereiche:

❶ Generelle Administration, Erstellung von Playlisten und Benutzerverwaltung

❷ Dashboard-Liste und Auswahl – hier ist auch eine Volltextsuche integriert.

❸ Aktionen für das aktuelle Dashboard (Speichern, Bearbeitung von Titel und Variablen, Export als PDF)

❹ Auswahl des Zeitraums (Schnellnavigation und Detailauswahl für den Zeitpunkt)

❺ Abschnitte innerhalb des Dashboards (Die Abschnitte können aus- und eingeklappt werden.)

❻ Links innerhalb des Dashboards

Das Dashboard bietet auch diverse Filtermöglichkeiten, die in Abbildung 13.64 zu sehen sind:

❼ Genaue Auswahl des Zeitraums

❽ Typische Zeiträume zur Schnellauswahl

❾ Einstellung der automatischen Aktualisierung eines Dashboards

❿ Filtern von Entitäten (z. B. VMware vCenter, Datacenter, Cluster, Host, VM usw.)

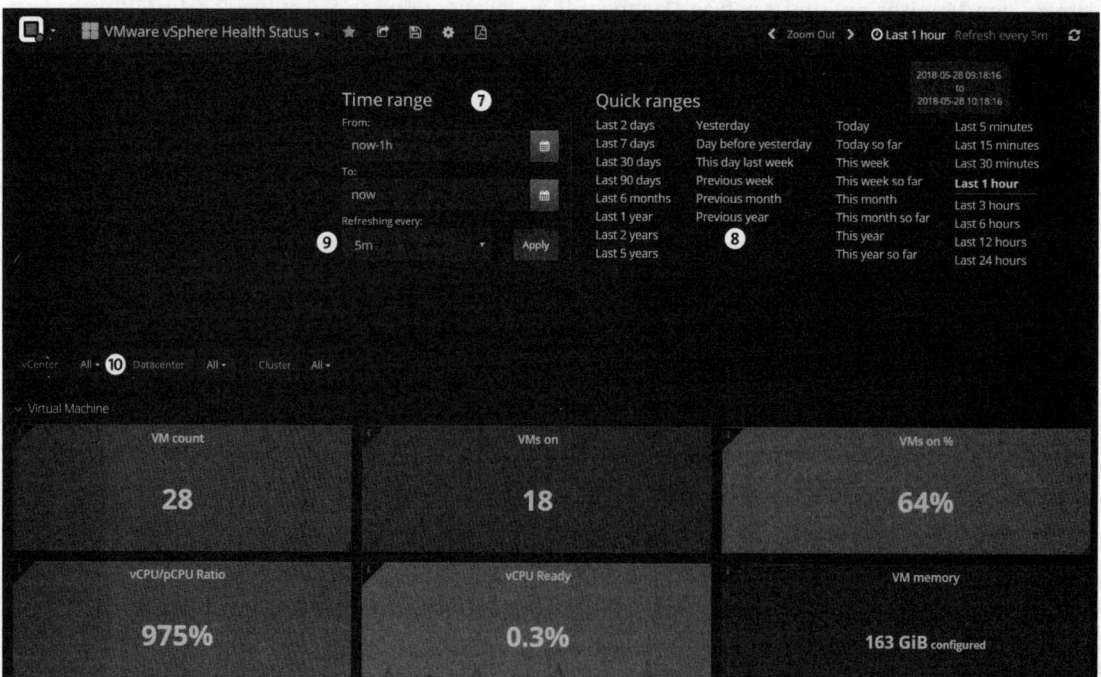

Abbildung 13.64 Filter innerhalb der Dashboards

13.9.4 Gesamtübersicht über VMware vSphere

Performance Analyzer bietet verschiedene Dashboard-Typen an, die einen schnellen Gesamtüberblick über genau die Informationen liefern, die Sie erhalten möchten. So zeigt Abbildung 13.65 das HEALTH STATUS-Dashboard.

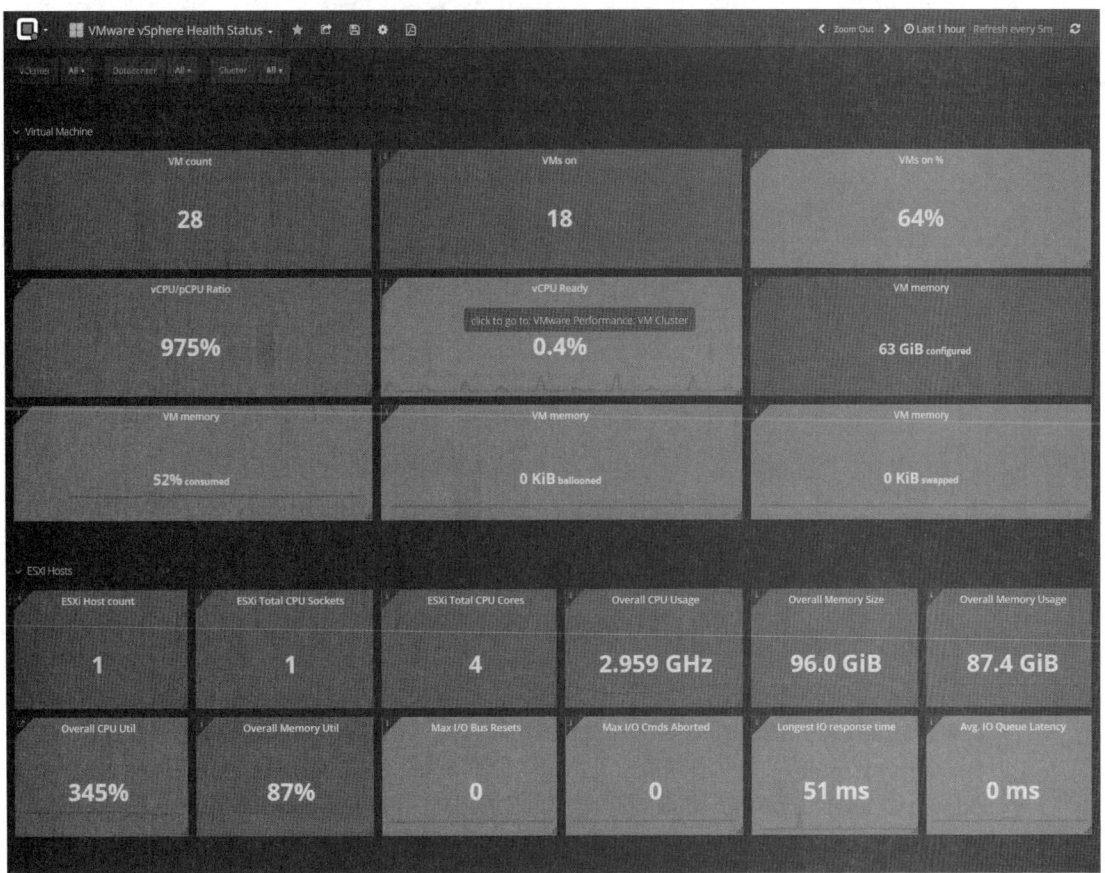

Abbildung 13.65 »Health Status«-Dashboard für VMware vSphere

Der typische Einstieg geht über das Dashboard VMWARE VSPHERE HEALTH STATUS, das neben der farblichen Problemkennzeichnung (Rot = kritisch, Gelb = Warnung, Grün = alles okay, Blau = Information) auch einen tieferen Einstieg ermöglicht. Klicken Sie dazu einfach auf die farbigen Panels.

Wenn Sie etwa auf vCPU READY oder VM MEMORY BALLOONED klicken, so wird automatisch auf die Cluster-Übersicht gewechselt, die die Top 10 der virtuellen Maschinen auf Basis der jeweiligen Metrik zeigt (siehe Abbildung 13.66).

13 Monitoring

Abbildung 13.66 VM-Cluster-Übersicht

Die VM-Cluster-Übersicht in Abbildung 13.66 enthält folgende Bereiche:

❶ Hilfe zu dem jeweiligen Panel (Metriken)

❷ Detailübersicht in den Charts

❸ Ein Klick auf die jeweiligen Namen im Chart setzt den Fokus darauf.

❹ Sortierung auf Basis der Werte

Die Hilfe in den jeweiligen Metriken kann immer über das kleine »i« in der linken Ecke der Panels eingesehen werden. Sie bietet Ihnen weitere Links und Informationen (siehe Abbildung 13.67).

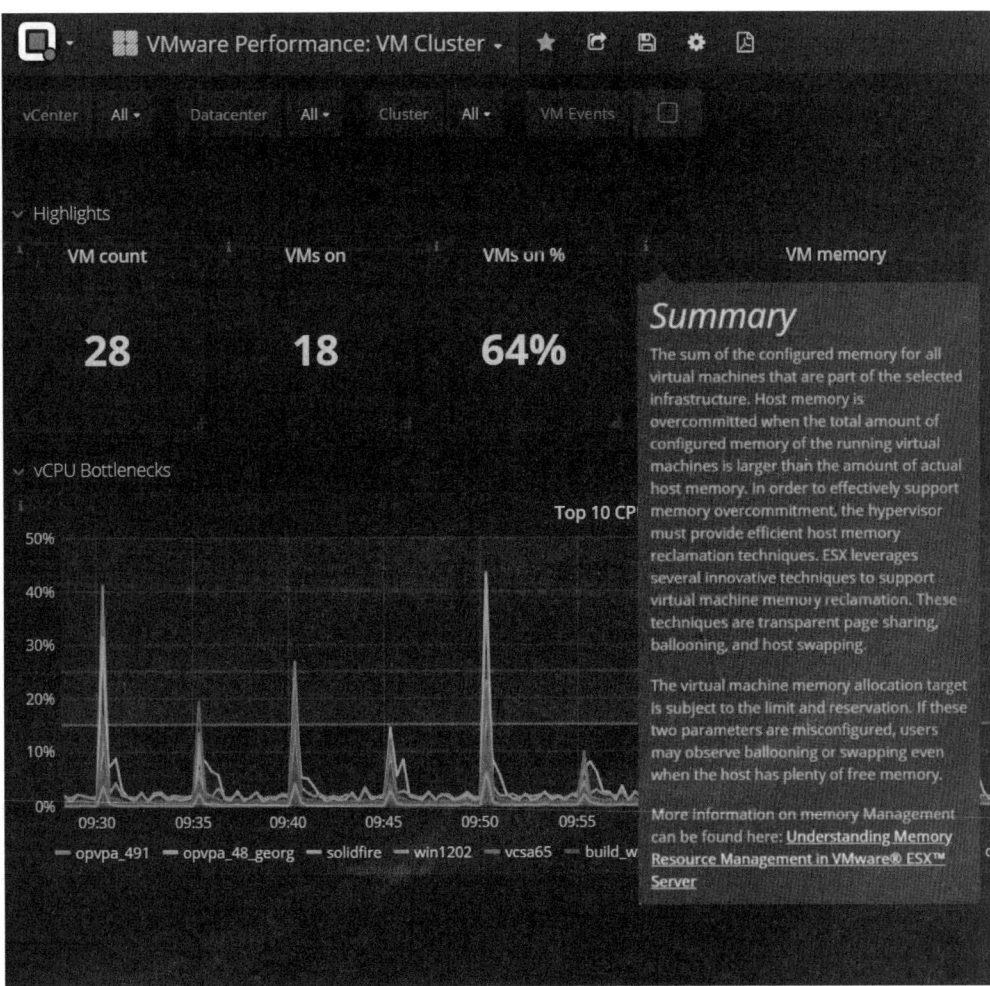

Abbildung 13.67 Hilfeansicht in einem Panel

Die integrierten Highlight-Dashboards (siehe Abbildung 13.68) bieten ebenfalls eine sehr gute Übersicht über die wichtigsten Metriken der virtuellen Maschinen und ESXi-Hosts und eignen sich auch zur Anzeige auf Großbildschirmen.

Verwenden Sie Playlists, die automatisch zwischen verschiedenen Dashboards umschalten, um das Monitoring auf Großbildschirmen noch nützlicher und beeindruckender zu gestalten.

13 Monitoring

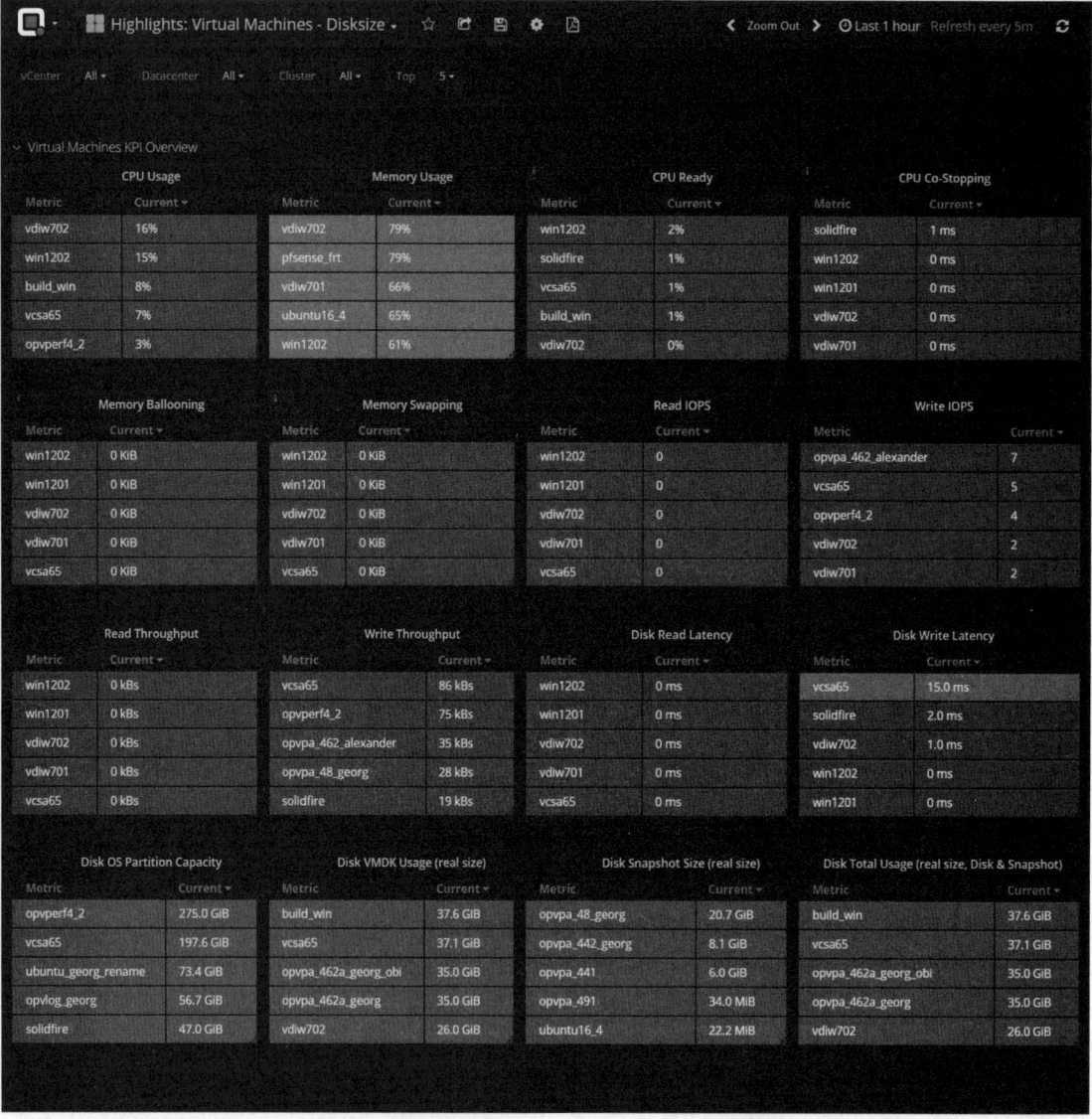

Abbildung 13.68 Highlight-Dashboard zur schnellen Gesamtübersicht, ob VMs derzeit in einem guten oder kritischen Zustand sind

Während ein Highlight-Dashboard die aktuelle Situation im Rechenzentrum darstellt, existieren noch Starter-Dashboards, die neben den aktuellen Leistungswerten auch Durchschnittswerte und Maximalwerte anzeigen (siehe Abbildung 13.69).

Diese eignen sich besonders gut zur Fehlersuche und liefern Informationen über virtuelle Maschinen, ESXi-Hosts und Datastores.

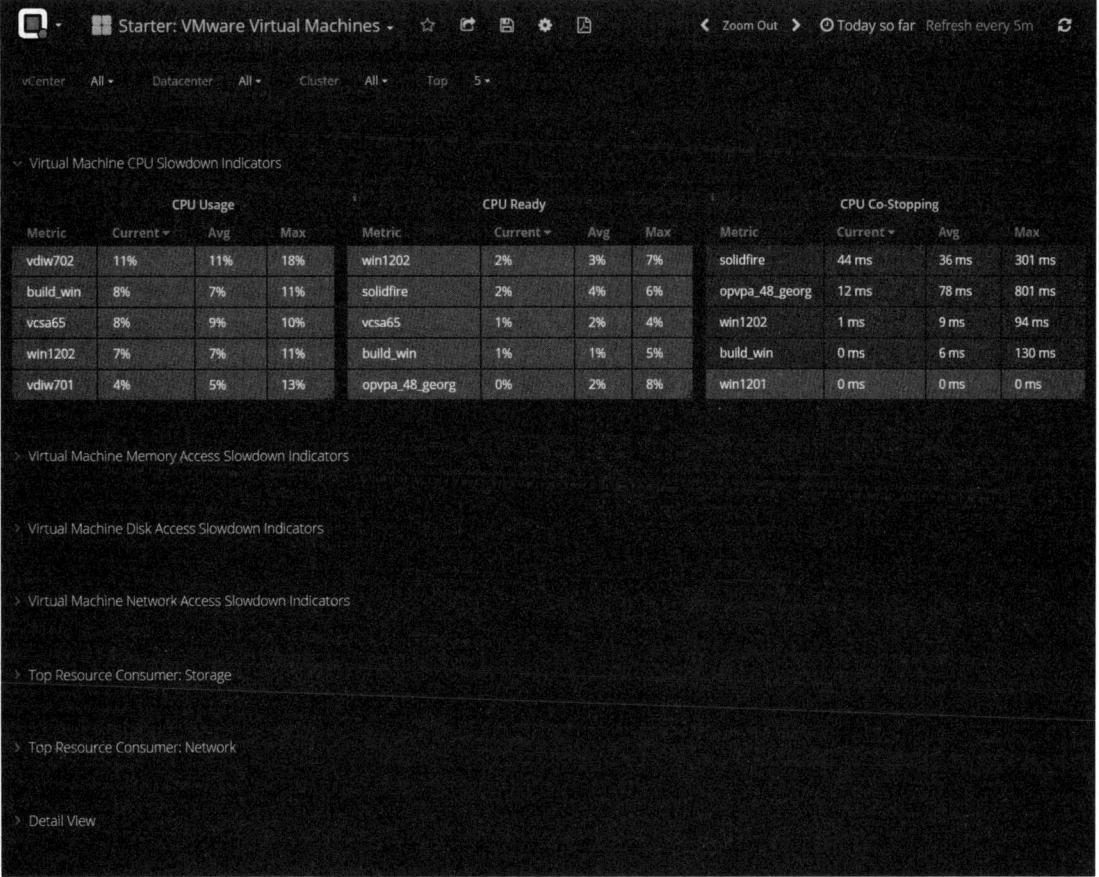

Abbildung 13.69 Starter-Dashboard für virtuelle Maschinen

Die Starter-Dashboards weisen auch auf spezifische Leistungsprobleme hin. Sie können so beispielsweise leicht einschätzen, ob es eher beim CPU- oder beim Hauptspeicherzugriff zu Problemen kommt.

Besonders interessant sind die Memory-Informationen zur NUMA-Nutzung (siehe Abbildung 13.70), da Sie so auf einen Blick sehen, ob die virtuelle Maschine nahezu 100%ig optimal läuft oder ob viele Hauptspeicherzugriffe über die langsamen Remote-Node-Zugriffe erfolgen. Das kann in einigen Fällen zu Leistungseinbußen von 75 % des möglichen Hauptspeicherzugriffs führen und sollte unbedingt vermieden werden.

Starter: VMware Virtual Machines

vCenter: All · Datacenter: All · Cluster: All · Top: 5

Virtual Machine CPU Slowdown Indicators

CPU Usage				CPU Ready			
Metric	Current	Avg	Max	Metric	Current	Avg	Max
deb01_lic	80%	80%	81%	w2k1201	1%	1%	1%
vcsa	39%	39%	58%	vsan_nested_esxi_2	0%	0%	0%
winsql01	18%	18%	18%	vsan_nested_esxi_3	0%	0%	0%
opv_perf_4_2_clone	17%	10%	17%	vsan_nested_esxi_1	0%	0%	0%
opvizor_pa_es4_newdemo	12%	11%	16%	vcsa	0%	0%	0%

Virtual Machine Memory Access Slowdown Indicators

Memory Usage				Memory Ballooning			
Metric	Current	Avg	Max	Metric	Current	Avg	Max
win10_1	31%	30%	35%	opbot	187 MiB	187 MiB	187 MiB
vcsa	30%	32%	42%	vsansnap1	0 KiB	0 KiB	0 KiB
oracle	29%	25%	33%	winsql01	0 KiB	0 KiB	0 KiB
opv_perf_4_2_clone	22%	18%	23%	winad	0 KiB	0 KiB	0 KiB
opvizor_pa_es4_newdemo	22%	21%	27%	win8devdz	0 KiB	0 KiB	0 KiB

NUMA Home Node %		NUMA Remote Node Access	
Metric	Avg	Metric	Avg
vsan_nested_esxi_1	97%	vsan_nested_esxi_1	105 MiB
opbot	98%	win8devdz	20 MiB
pfsense	98%	opvizor_pa_es4_newdemo	20 MiB
deb01_lic	99%	opv_perf_4_2_clone	16 MiB
opv_perf_4_2_clone	99%	opvizor_log	14 MiB

Abbildung 13.70 Details zum NUMA-Zugriff

13.9.5 VMware-Performance im Detail

Haben Sie bereits eine Idee, an welcher Stelle die Performance-Probleme zu suchen sind, wechseln Sie direkt auf die Detail-Dashboards, ohne den Umweg über Starter- oder Highlight-Dashboards einzuschlagen (siehe Abbildung 13.71).

Beispielsweise finden Sie im Dashboard unter VMWARE PERFORMANCE: HOST SINGLE die Details eines ESXi-Hosts – bis hin zur Ansicht des VMkernel-Queue, der NUMA- oder vFlash-Nutzung. Auch Informationen zu Paketverlusten im Netzwerkverkehr oder zur VMHBA-Kommunikation werden hier dargestellt.

13.9 Opvizor Performance Analyzer

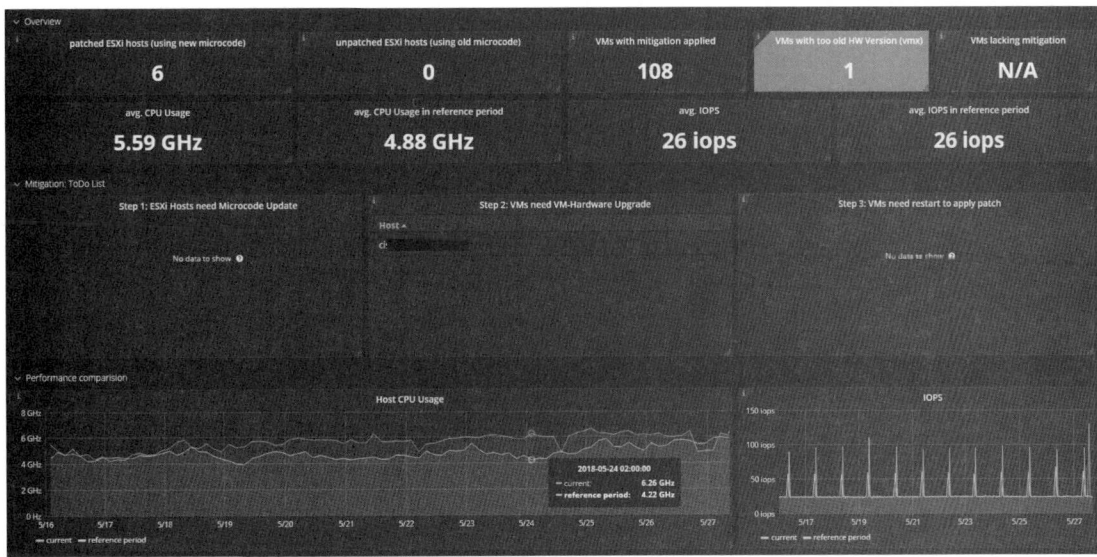

Abbildung 13.71 ESXi-Performance im Detail

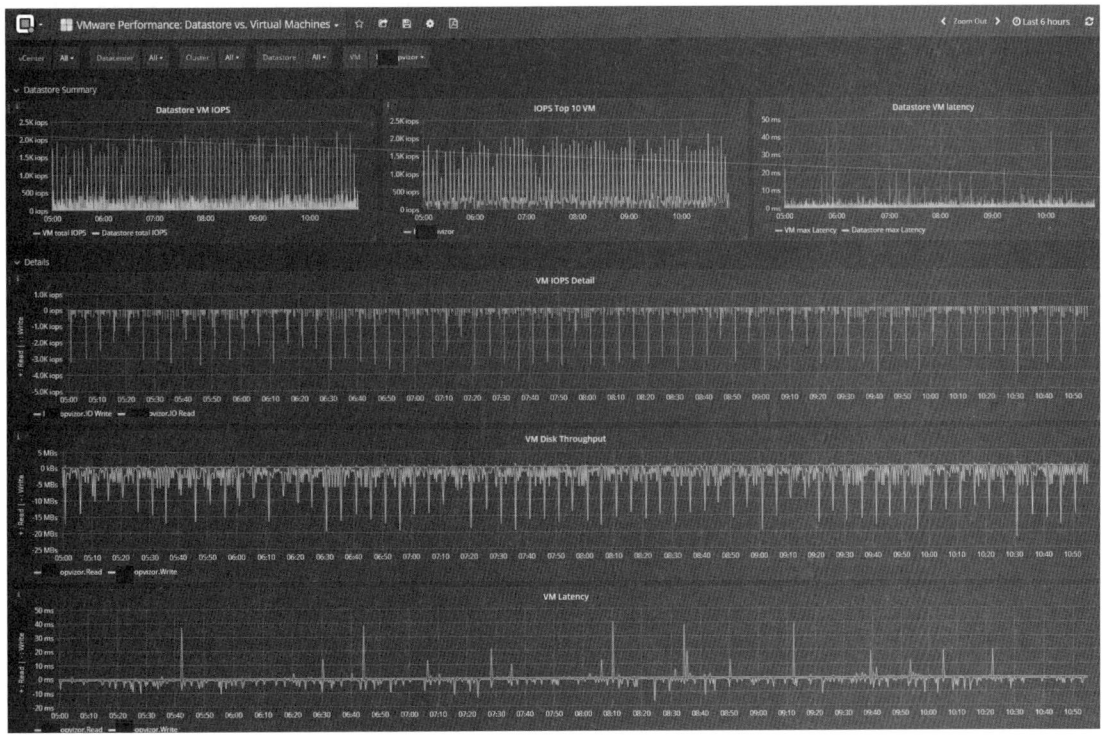

Abbildung 13.72 Das »Datastore vs. Virtual Machine«-Dashboard

Das Dashboard VMWARE PERFORMANCE: DATASTORE VS VIRTUAL MACHINES (siehe Abbildung 13.72) zeigt die Details des Storage-Zugriffs per Datastore. Es kann bis zur einzelnen VM auf einem Datastore gefiltert werden. Dies ist insbesondere dann nützlich, wenn Sie auf der Suche nach sogenannten *Noisy Neighbors* sind, also virtuellen Maschinen, die durch ihre hohe Leistungsaufnahme die Leistungsmöglichkeiten anderer VMs einschränken, mit denen sie sich die gleichen Ressourcen teilen.

Performance Analyzer verfügt über viele weitere Dashboards, die Detailinformationen zu Ihrem Netzwerk zeigen: Welche vSwitches werden am meisten genutzt? Läuft der Netzwerkverkehr einzelner VMs oder in den Clustern hauptsächlich innerhalb oder außerhalb eines ESXi-Hosts ab? Die Antworten auf diese Fragen lassen einfach visuell darstellen.

13.9.6 Statistiken und Planung

Wenn bereits Leistungsdaten erhoben werden, ist eine Planung nicht mehr weit. Hier bietet Performance Analyzer Übersichts-Dashboards zur Kapazitätsplanung.

Dabei geht es nicht nur um die Kapazitätsplanung auf Basis von Plattenspeichernutzung oder um die Einschätzung, wie viele virtuelle Maschinen noch in einem Cluster Platz finden (inklusive Ausfallplanung), sondern auch um sehr konkrete, alltägliche Probleme wie um das Snapshot-Aufkommen und die Snapshot-Speichernutzung oder beispielsweise um die Frage, ob *Spectre*- und *Meltdown*-Bugfixes eingespielt wurden.

Das Snapshot-Dashboard VMWARE CAPACITY: VMWARE SNAPSHOTS zeigt das Wachstum der Snapshots über die eingestellte Zeitdauer an (siehe Abbildung 13.73). Damit können Sie nicht nur erkennen, ob Snapshots regelmäßig gelöscht werden, sondern sehen auch auf einen Blick, wie stark diese in den letzten Tagen oder Wochen gewachsen sind. Die integrierten Alarme zur Snapshot-Größe und Anzahl können Sie für die eigene Infrastruktur anpassen.

Das mitgelieferte Spectre/Meltdown-Dashboard (siehe Abbildung 13.74) bietet neben der Analyse, ob Ihre VMware-ESXi-Systeme und VMs betroffen sind, auch zwei sehr interessante Details an: zum einen eine Checkliste dazu, welche Fixes noch benötigt werden, und zum anderen eine Ansicht, welche Leistungsänderungen seit den Fixes zu erkennen sind. Es ist zwar bekannt, dass eine minimale Leistungsreduktion durch die Patches zu erwarten ist, aber man weiß nie genau, was »minimal« in der Praxis wirklich bedeutet. Durch eine Gegenüberstellung von Vergangenheitsdaten und aktuellen Daten ist es daher möglich, eine Einschätzung der Leistungsreduktion zu erhalten.

13.9 Opvizor Performance Analyzer

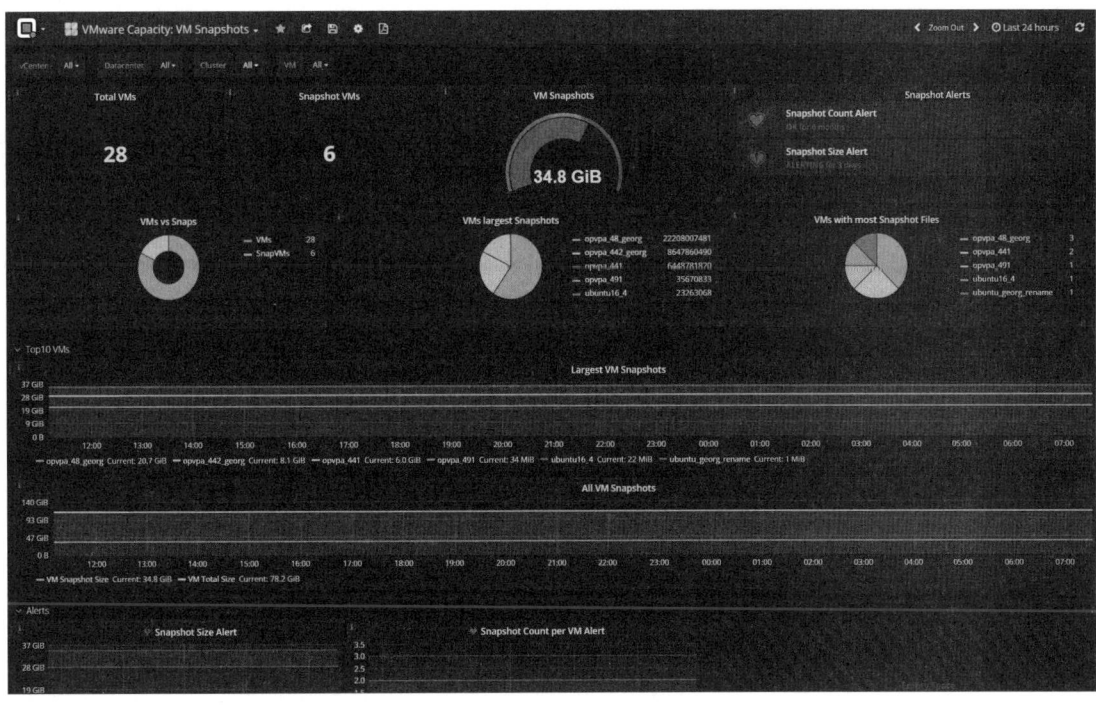

Abbildung 13.73 Snapshot-Analyse auf Basis von Anzahl und Größe der Snapshots

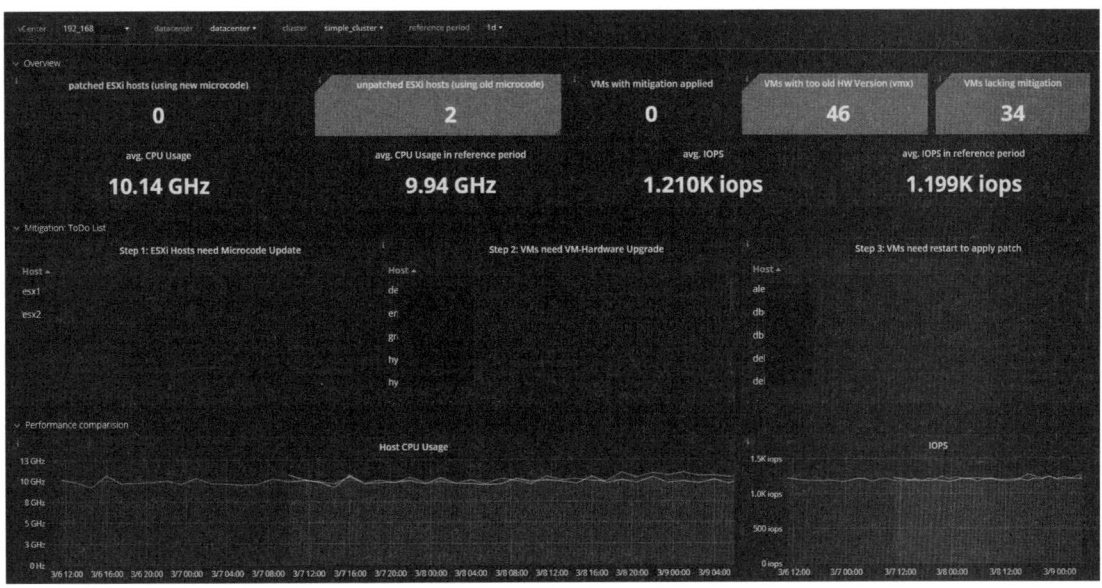

Abbildung 13.74 Die Intel-Spectre/Meltdown-Checkliste und -Analyse

13.9.7 Fazit

Performance Analyzer geht weit über die Metriken hinaus, die in vCenter oder vROPs (*vRealize Operations Manager*) standardmäßig sichtbar sind. Der Funktionsumfang ist zwischen *vROPs Standard* und *vROPs Advanced* angesiedelt. Das Tool ist sehr schnell per vApp eingerichtet und einfach zu nutzen. So kann jeder VMware-Admin innerhalb kurzer Zeit prüfen, ob Probleme in seiner VMware-Umgebung bestehen, und Statistiken über den Betrieb sammeln.

Kapitel 14
Datensicherung von vSphere-Umgebungen

In diesem Kapitel lernen Sie die Möglichkeiten zur Datensicherung und -wiederherstellung von VMware-vSphere-Umgebungen kennen. Für Leser, die Produkte von Drittherstellern einsetzen, bietet das Kapitel eine Einführung in die Datensicherung und -wiederherstellung auf konzeptioneller Ebene. Darüber hinaus wird eines der beliebtesten Backup-Tools, Veeam Backup & Recplication, vorgestellt.

Autoren dieses Kapitels sind Marcel Brunner, VMware Global Solution Consultant, marcelb@vmware.com, und Thomas Schönfeld, Senior Consultant PSO, tschoenfeld@vmware.com

14.1 Einführung

Neben der Hochverfügbarkeit und dem Wiederanlauf im Katastrophenfall gehört auch die Datensicherung zur *IT Business Continuity*. Dieses Kapitel widmet sich dem Thema *Datensicherung*, das heißt, wir befassen uns mit dem Sichern der Daten von Applikationen, aber auch mit dem Sichern infrastruktureller Komponenten wie dem Gastbetriebssystem. Weiter werden auch Konzepte zum Wiederanlauf aus Sicht der Datensicherung behandelt.

Wir verwenden in diesem Kapitel den *vSphere Web Client* als Grundlage für sämtliche Schritte in vCenter.

> **Grundsätzliches zu Soft- und Firmware-Versionen**
>
> Die in diesem Kapitel vorgestellten Produkte beziehen sich auf folgende Release-Stände:
>
> *Veeam Backup & Replication 9.5.0.1922* (kompatibel zu vSphere 6.7)
>
> Neuere Releases können Erweiterungen und Änderungen mit sich bringen, die in diesem Kapitel getroffene Aussagen überholt erscheinen lassen.
>
> Darüber hinaus haben wir die Bebilderung dieses Kapitels »en bloc« gemacht. So können Sie in den Abschnitten 14.7 bis 14.10 den Bildern wie in einem Installations- und Konfigurations-Guide folgen.

14.1.1 Allgemeines zur Datensicherung

VMware vSphere bietet verschiedene Optionen für die Datensicherung und -wiederherstellung in virtuellen Umgebungen.

Bevor Sie eine Datensicherung Ihrer virtuellen Umgebung tätigen, sollten Sie Richtlinien definieren. Diese wiederum beruhen auf den *Service Level Objectives* (SLO) Ihres angebotenen Dienstes (beispielsweise einer E-Mail-Applikation wie *Microsoft Exchange*). Dabei ist es von Vorteil, mit den Begriffen und Kürzeln aus Tabelle 14.1 vertraut zu sein.

Kürzel	Begriff	Erklärung
RPO	*Recovery Point Objective*	Wiederherstellungspunkt: Wie viel Datenverlust darf der Dienst maximal haben?
RTO	*Recovery Time Objective*	Wiederherstellungszeit: Wie schnell muss der Dienst wieder verfügbar sein?
RT	*Retention Time*	Aufbewahrungszeit: Wie lange muss eine einzelne Datensicherung eines Dienstes aufbewahrt werden? Das kann auch rechtliche Aspekte beinhalten (beispielsweise bei Röntgenbildern).
	Datensicherungsgenerationen	Wie viele Kopien eines Dienstes müssen vorgehalten werden?
	Häufigkeit der Datensicherung	Wie oft müssen die Daten des Dienstes gesichert werden?
	Änderungsrate	Wie groß ist die Datenmenge, die sich pro Zyklus ändert? (Hier geht es um die effektiv neu geschriebenen Datenblöcke.)
	Datensicherungsschema	Auf welche Art muss die Datensicherung erfolgen (vollständige, inkrementelle, differenzielle Sicherung)?

Tabelle 14.1 Begriffe der Datensicherung

Die Werte, die Sie aus den Objectives in Tabelle 14.1 ableiten, entscheiden sowohl über die Wahl der Datensicherungs*methoden* als auch über die zugrunde liegende *infrastrukturelle Architektur*. Je nach den Möglichkeiten der Plattformen, die Sie einsetzen, gibt es herstellerspezifische Unterschiede. Dieses Kapitel konzentriert sich auf die VMware-eigenen Technologien.

14.1.2 Die zwei Typen der Datensicherung

Prinzipiell unterscheidet man zwischen zwei Typen der Datensicherung:

- **logische Datensicherung** – eine vom Primärspeicher-Volume abhängige Kopie, beispielsweise *VMware Snapshot*
- **physische Datensicherung** – eine vom Primärspeicher-Volume unabhängige Kopie, beispielsweise *VMware Clone*

Logische Datensicherung

Eine *logische Datensicherung* legt ein Point-in-Time-Abbild (*Snapshot, Klon, Replikation*) einer virtuellen Maschine, eines VMFS-Datastores, einer LUN oder eines Dateisystems an. Logische Datensicherungen erfolgen sehr schnell und nutzen die Speicherkapazität im *Primärspeichersystem* oder in dessen Replikat. Die Wiederherstellung der Daten aus einer logischen Datensicherung erfolgt sehr schnell im Vergleich zu Datensicherungen auf Sekundärspeichersystemen. Das hängt direkt mit den IT-Prozessen (*Standard Operating Procedures*) zur Restauration der Daten sowie von der verwendeten Technologie ab. Die logische Datensicherung ermöglicht eine kurze Wiederanlaufzeit eines Dienstes oder – was weitaus üblicher ist – die Wiederherstellung einzelner Dateien. Logische Datensicherung schützt Sie beispielsweise vor korrupten virtuellen Maschinen oder versehentlich gelöschten Dateien innerhalb der VMs.

Physische Datensicherung

Im Gegensatz zur logischen Datensicherung erstellen Sie bei der *physischen Datensicherung* eine vollständige, unabhängige Kopie einer virtuellen Maschine, eines VMFS-Datastores, einer LUN oder eines Dateisystems. Das gibt Ihnen die Möglichkeit, diese Kopie in einem anderen Speichersystem abzulegen – sei es traditionell in einer Bandbibliothek oder (wie im Verlauf dieses Kapitels beschrieben) via *Veeam Backup & Recplication* in einem oder mehreren dedizierten VMFS-Datastores.

Nachteilig wirken sich der Speicherkapazitätsbedarf und die längere Laufzeit der Datensicherung aus. Moderne Datensicherungstechnologien erlauben es, sowohl den Kapazitätsbedarf (Komprimierung oder Deduplizierung der Daten) als auch ihre Laufzeit (quellbasierte Deduplizierung) zu optimieren.

Ein weiteres Einsatzgebiet, das physische Datensicherungen oder eigenständige Zweitkopien erfordert, sind gesetzliche Vorgaben, wie sie beispielsweise das Handelsgesetzbuch in Deutschland oder die Geschäftsbücherverordnung in der Schweiz zur Aufbewahrung digitaler Daten vorschreiben. Damit ist auch immer eine Mindestaufbewahrungsfrist (*Retention Time*) dieser Daten verknüpft.

14.1.3 Stufenweises Datensicherungskonzept

Bei der gleichzeitigen Nutzung von logischer und physischer Datensicherung spricht man von einem *stufenweisen Datensicherungskonzept*.

Es ist daher durchaus eine Best Practice, sowohl die physische wie auch die logische Datensicherung für einen Dienst einzusetzen, um ein SLO (*Service Level Objective*) vollständig abzudecken. Ein SLO kann durchaus auch nach Lösungen zur Desaster-Vorsorge verlangen.

Bei einem Systemausfall (beispielsweise einer VM) oder bei Datenverlust empfiehlt es sich immer – verausgesetzt, die Datenkonsistenz ist gemäß SLO gegeben –, auf diejenige Sicherungskopie zurückzugreifen, von der aus die Wiederherstellung am schnellsten erfolgt (Beispiel: Snapshot vom Primärspeichersystem).

Tabelle 14.2 fasst die verschiedenen Stufen samt ihrer Vor- und Nachteile zusammen.

Art der Sicherung	Vorteil	Nachteil
Snapshot, Clone (logisch)	Schnelle Wiederherstellung	Keine Sicherheit vor Primärspeichersystemausfall
Lokale Datensicherung (physisch)	Schnelle Wiederherstellung	Kein Schutz vor Standort- oder Zweitspeichersystemausfall
Replikation (logisch)	Schneller Wiederanlauf bei Standort- oder Primärspeichersystemausfall	Hohe Kosten für den Zweitstandort
Datensicherung an Zweitstandort (physisch)	Sicherung gegen Standortausfall	Langsamere Wiederherstellung, Kosten für den Zweitstandort

Tabelle 14.2 Stufenweises Konzept zur Datensicherung

Typischerweise werden Sie aufgrund der schnellen Wiederherstellungszeit häufiger logische Datensicherungen durchführen als physische. Die logische Datensicherung kann aber die physische Datensicherung keinesfalls ersetzen, weil sie weder Schutz vor einem Systemausfall (logischer oder physischer Natur) noch vor einen Medienbruch (Datenspeicherung auf einem Zweitsystem oder anhand eines anderen Speichermodells) bietet. Durch die Art und Weise, wie sie organisiert ist, gibt es keine Funktionstrennung.

Die logische Datensicherung (Snapshot) ist in Kapitel 8 und Abschnitt 17.17, »Snapshots«, ausführlich beschrieben.

14.2 Grundlagen der Datensicherung

Bei der Datensicherung treffen Sie immer wieder auf die Begriffe, die in Tabelle 14.3 aufgelistet sind.

Begriff	Beschreibung
Sekundärspeichersystem	Dediziertes Speichersystem zum Zweck der Datensicherung. Das System kann auf Festplatten, Bändern oder optischen Medien oder auf einer Kombination daraus basieren.
Full Backup	Vollständige Datensicherung eines Systems, einer Datenbank oder einer Applikation
Incremental Backup	Inkrementelle Datensicherung, ausgehend von der Datensicherung, die zuletzt stattgefunden hat
Differential Backup	Differenzielle Datensicherung, ausgehend vom letzten vollständigen Backup
Synthetic Full	Synthetische, vollständige Datensicherung. Aus den letzten vollständigen und inkrementellen oder differenziellen Datensicherungen wird periodisch eine vollständige Datensicherung zusammengestellt. Die Sicherungsapplikation steuert diesen Vorgang.
Incremental Forever	Zunächst wird eine vollständige Datensicherung eines Systems, einer Datenbank oder einer Applikation angelegt, und danach folgen nur noch inkrementelle Datensicherungen über den Lebenszyklus.
Image-Level	Es wird die gesamte virtuelle Maschine oder es werden einzelne virtuelle Festplatten gesichert. Die Wiederherstellung von Dateien oder Verzeichnissen innerhalb des Gastbetriebssystems ist mit *vSphere Data Protection* möglich. Die *VMware Tools* werden benötigt, um *VM-konsistent* zu sichern. (Das blockiert kurzzeitig Schreibvorgänge auf das Dateisystem.)
File-Level	Die Datensicherung geschieht auf Dateisystemebene innerhalb eines Gastbetriebssystems und benötigt einen Agenten. Dabei greifen die meisten Backup-Tools auf die *VMware Tools* zurück.

Tabelle 14.3 Begriffe der Datensicherung

Begriff	Beschreibung
Application-Level	Die Datensicherung erfolgt innerhalb des Gastbetriebssystems und sichert wahlweise entweder die gesamte Applikation und Datenbank oder einzelne Instanzen. Dafür wird ein spezieller Agent benötigt.
Changed Block Tracking	Inkrementelle Image-Level-Datensicherung, die auf den Datenblöcken basiert, die während eines Datensicherungsintervalls geändert wurden (siehe auch Abschnitt 14.4.3).
Deduplikation	Bei der Deduplikation von Daten werden Datensätze in kleine Einheiten variabler oder fixer Länge zerlegt, und dann werden doppelt vorkommende identische Einheiten gelöscht.
Quellenbasierte Deduplikation	Die Deduplikation geschieht im Gastbetriebssystem, in der Applikation oder in einem Datensammler (Proxy-System), bevor die Daten über ein Netzwerk zum Sekundärspeichersystem gesendet werden.
Zielbasierte Deduplikation	Die Deduplikation der Daten erfolgt direkt im Sekundärspeichersystem.

Tabelle 14.3 Begriffe der Datensicherung (Forts.)

Wenn es um die Wiederherstellung von Daten geht, ist nur die vollständige Datensicherung wertvoll. Die inkrementelle und die differenzielle Datensicherung sind letztlich technologische Kompromisse, um die Datensicherung innerhalb eines definierten Zeitfensters realisieren zu können. Das wirkt sich nachteilig auf die Restauration der Daten aus, die dafür umso mehr Zeit in Anspruch nimmt. Dabei müssen erst inkrementelle oder differenzielle Daten nach der Wiederherstellung der letzten vollständigen Datensicherung bis zum gewünschten Stand zurückgespielt werden, bis das System wieder betriebsbereit ist.

Die Methode *Synthetic Full* ist sehr nützlich, da sie es erlaubt, Daten ab der ersten Sicherung nur noch inkrementell zu sichern und so bestehende Zeitfenster trotz Datenwachstums einzuhalten. Die Sicherungsapplikation generiert periodisch Vollkopien, die sich entsprechend schnell wiederherstellen lassen.

14.2.1 Deduplikation

Am vielversprechendsten ist allerdings die Kombination von *Changed Block Tracking* und quellenbasierter Deduplikation.

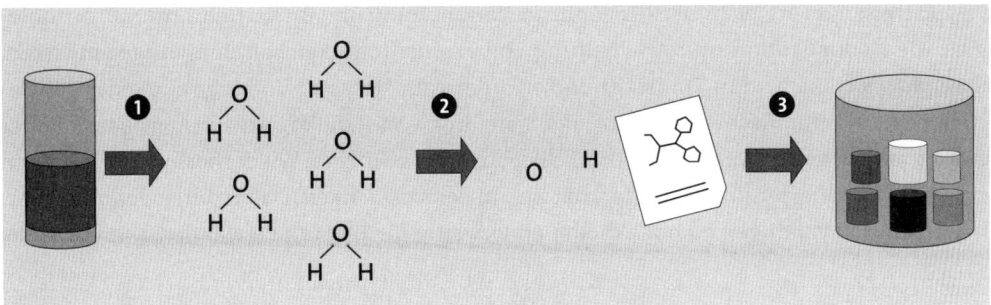

Abbildung 14.1 Schematische Darstellung einer Deduplikation

Abbildung 14.1 zeigt, wie Deduplikation vom Prinzip her funktioniert:

❶ Aufbrechen der Daten in ihre Atome (variable Längen der Datensegmente im Falle von *VMware Data Protection* VDP oder *Data Domain*)

❷ Einmaliges Senden und Speichern dieser Atome

❸ Das führt zu 500-facher Reduktion an gespeicherten Daten.

Dabei hängt die tatsächliche Datenreduktion von der Beschaffenheit der Daten ab. Viele ähnliche oder sogar gleiche Daten reduzieren sich massiv. Hingegen reduzieren sich signifikante Daten, z. B. verschiedene Fotos derselben Landschaft, nur wenig.

Diese Deduplikation kann an der Quelle, also im Gastsystem, auf dem ESXi-Server unter Verwendung des DD-Boost-Protokolls oder am Ziel stattfinden. Im virtuellen Umfeld ist die quellenbasierte Deduplikation am effizientesten. Sie profitiert davon, dass nur die eindeutigen Datensegmente sämtlicher auf einem ESXi-Server laufender VMs gesendet werden. Dort wiederum werden nur die eindeutigen Datensegmente sämtlicher VMs gespeichert, die in unserem Beispiel durch *Veeam Backup & Replication* geschützt sind.

14.2.2 Medien zur physischen Datensicherung

Datensicherung und Archivierung bilden in der IT-Infrastruktur eine Ausnahme, was die Speichermedien betrifft. Im Primärspeicherbereich werden ausschließlich Festplatten bzw. neuerdings Flash-Speicher verwendet. Mannigfaltiger präsentiert sich die Situation der verwendeten Medien im Bereich der Datensicherung. Da finden Sie Bänder, optische Medien, Festplatten und mittlerweile sogar auch Flash-Speicher. Aber am häufigsten treffen Sie wohl immer noch Bandbibliotheken an. Festplattenbasierte Speichersysteme werden jedoch zunehmend populärer.

Bänder sind sehr günstige Medien, was Anschaffung, Betrieb (Strom- und Kühlungskosten) und den Transport (Auslagerung zur Desaster-Vorsorge) betrifft. Ihre Nachteile sind der enorme Aufwand bei der Datenwiederherstellung, ihre Unzuverlässigkeit in Sachen Datenkonsistenz sowie eine mangelhafte Validierung der Datenintegrität.

Festplatten sind vergleichsweise teuer in der Anschaffung und im Betrieb, obwohl Technologien wie Deduplikation und Abschaltung von Festplattenbereichen dem entgegenwirken. Sie eignen sich nicht zum Transport und erfordern zur Desaster-Vorsorge entweder den Betrieb eines zweiten Rechenzentrums, die Erstellung von Bandkopien zur Auslagerung oder eine Cloud-basierte Lösung. Ihre Vorteile liegen in der schnellen Wiederherstellung, der kontinuierlichen Überprüfung der Integrität und in der Möglichkeit, Daten durch deren Wiederherstellung zu validieren (Sandbox) oder anderweitig für Tests zu verwenden.

14.2.3 Datenkonsistenz von VMs, Datenbanken und Applikationen

Damit Sie Daten erfolgreich wiederherstellen können, müssen die Daten konsistent sein. Man unterscheidet drei Arten von Datenkonsistenz:

- **inkonsistente Datensicherung oder korrupte Daten:** Das wäre z. B. ein auf Band gesicherter unleserlicher Datenbestand. Diese unerwünschte Form wird hier nur der Vollständigkeit halber aufgeführt. Sie wird nicht weiter erläutert.
- **absturzkonsistente Datensicherung:** Hierbei handelt es sich um eine Sicherung einer virtuellen Maschine ohne Agenten oder Applikations-Plug-ins.
- **applikationskonsistente Datensicherung:** Dies ist die Sicherung einer Applikation innerhalb einer virtuellen Maschine mittels Agenten oder Plug-in.

Absturzkonsistente Datensicherung

Unter einer absturzkonsistenten Datensicherung logischer oder physischer Natur versteht man die agentenfreie Sicherung einer virtuellen Maschine oder eines gesamten *VMFS-Datastores*. Eine absturzkonsistente Datensicherung kommt bei virtuellen Maschinen ohne geschäftskritische Applikationen und Datenbanken zur Anwendung oder dann, wenn es keinen spezifischen, produktabhängigen Datensicherungsagenten gibt. In vielen Anwendungsfällen genügt diese Art der Datensicherung. Dabei wird vorausgesetzt, dass die *VMware Tools* installiert sind und dass die Sicherungsapplikation oder der Sicherungsvorgang den *VSS Provider* oder den *File System Sync Driver* ansprechen kann. Beide können die Schreibvorgänge des Dateisystems eines unterstützten Gastbetriebssystems kurzfristig stilllegen, um eine konsistente Datensicherung auf Basis der virtuellen Maschine zu ermöglichen (man spricht dann von *VM-konsistenter Sicherung*).

Applikationskonsistente Datensicherung

Von einer *applikationskonsistenten Datensicherung* ist die Rede, wenn der Datenzugriff auf die Applikation oder auf die angebundene Datenbank zum Zweck der Sicherung kurzfristig stillgelegt wird. Dazu brauchen Sie spezielle Software in Form von Datensicherungsagenten (beispielsweise *VMware Tools*) oder *Plug-ins*. Sollte eine Applikation nicht von der eingesetzten Software unterstützt werden, bietet sich alternativ ein Skript oder ein manueller Eingriff an, der die Applikationsdienste stoppt. *VMware Tools* bieten eine Integration in *Microsoft Shadow Copy Services*. Diese wiederum erlauben das kurzzeitige Einfrieren eines *Microsoft SQL*-Datenbankdienstes. Das Zusammenspiel der beiden Technologien ermöglicht die Erstellung einer *applikations-* beziehungsweise *datenbankkonsistenten* Datensicherung.

Traditionell werden geschäftskritische Applikationen für eine kurze Weile oder über Nacht stillgelegt und die Daten gesichert. Mit zunehmenden Datenmengen und schrumpfenden Datensicherungsfenstern – falls sie überhaupt noch vorhanden sind – ist diese Methode zusehends impraktikabel. Moderne Ansätze, wie der Einsatz von *Changed Block Tracking* (CBT) in Verbindung mit *quellenbasierter Deduplikation* oder Snapshots, bieten Abhilfe.

Veeam Backup & Replication verfügt über diverse Datensicherungsagenten für die Microsoft-Applikationen *Exchange*, *SQL*, *Oracle* und *SharePoint*, um nur einige zu nennen. Diese sind in der Software direkt selbst enthalten und werden bei Bedarf und entsprechender Lizenzierung aktiviert.

14.2.4 Sicherung von mehrschichtigen Applikationen oder vApps

Im Aufbau komplexere virtuelle Maschinen oder vApps mit definierten *Anti-Affinity*-Richtlinien zur Lastverteilung auf unterschiedliche VMFS-Datastores gestalten die absturzkonsistenten Datensicherungen ungleich schwieriger. Hier scheitern Sie mit der erwähnten Methode eines Point-in-Time-Abbilds oder eines Klons der betroffenen VMFS-Datastores. Beispiele solcher Applikationen sind:

- *Microsoft Exchange*: Clientzugriff- und Postfachserver
- *Microsoft SharePoint:* Web-Frontend- und -Backend-Datenbank-Server
- *Webapplikationen:* Web- und Datenbankserver

> **Consistency Groups**
>
> Einige Speichersystemhersteller bieten zur Abbildung solcher Datensicherungsszenarien sogenannte *Consistency Groups* (CG), die mehrere *VMFS-Datastores* zu einer logischen Einheit zusammenfassen. Eine CG erlaubt das kurzfristige simultane Einfrieren (Sperren der Schreibvorgänge mehrerer VMFS-Datastores respektive LUNs) zum Zweck einer konsistenten Datensicherung. Die absturz- sowie applikationskonsistente Datensicherung bedient sich desselben Mechanismus auf Ebene des Primärspeichersystems. Von diesem profitiert sowohl die logische wie auch die physische Datensicherung.
>
> Erkundigen Sie sich beim Hersteller, ob das in Ihrer Firma eingesetzte Speichersystem und gegebenenfalls die Datensicherungssoftware diese Funktion unterstützen.

14.3 Die fünf Prinzipien einer konsequenten Datensicherung

Eine konsequent durchgeführte Datensicherung verfolgt die Prinzipien eines *Medienbruchs*, der *Datenkopien*, einer *Indexierung* und Prüfung (*Validierung*) sowie auf organisatorischer Ebene die *Funktionstrennung*.

14.3.1 Medienbruch

Beim Medienbruch unterscheidet man den logischen vom physischen Typ. (Früher verstand man darunter die Sicherung auf Band, als auf eine andere Technologie. Mittlerweile werden auch andere Medien genutzt.)

- **Logischer Medienbruch:** Eine Datensicherungsapplikation sichert Daten in einen dedizierten Bereich. Beispiel: Sie verwenden *Veeam B&R* mit einem *VMFS-Datastore*, der auf einem Primärspeichersystem im dedizierten Plattenbereich liegt. Die Vorteile sind: Verwaltung einer Speichersysteminfrastruktur und bessere Kapazitätsauslastung des Systems. Der Nachteil ist ein mittleres Risiko beim Release-Management und bei einem potenziellen Systemausfall.

- **Physischer Medienbruch:** Die Datensicherungsapplikation sichert Daten auf ein dediziertes System. Beispiel: *Veeam B&R* speichert Daten in ein dediziertes Sekundärspeichersystem. Der Vorteil ist ein geringes Risiko beim Release-Management, da für das Primär- und das Sekundärspeichersystem unterschiedliche Technologien sowie getrennte Systeme zum Einsatz kommen. Der Nachteil ist, dass zweiunterschiedliche Komponenten in der Speichersysteminfrastruktur verwaltet werden müssen, was mit höheren Kosten verbunden ist.

- **Kein Medienbruch:** Die Datensicherungsapplikation verwaltet das Erstellen von Snapshots, Klonen oder replizierten Datenkopien. Die Vorteile sind die native Integration im Primärspeichersystem, bessere Kapazitätsauslastung des Systems und eine schnelle Datenwiederherstellung. Der Nachteil ist ein hohes Risiko beim Release-Management; bei Snapshots kommt die Abhängigkeit von den Primärvolumes hinzu. Außerdem kann ein Systemausfall oder Datenkorruption einzelner Primärvolumes zum Verlust intakter Kopien führen.

14.3.2 Datenkopien

Datenkopien können Sie in mannigfaltiger Art erstellen, entweder auf dem Primärspeicher oder auf anderen Speichersystemen. Auch die Datenträger können unterschiedlicher Art sein, wie Festplatten, Bänder oder optische Medien. Wie in Abschnitt 14.1.2 erläutert wurde, unterscheidet man zwischen logischer und physischer Datensicherung. Ein entscheidender Faktor bei der Wahl der einzusetzenden Technologien ist die Aufbewahrungsfrist der Daten. Diese kann auch gesetzlich reguliert sein. Es ist durchaus eine gängige Praxis, gleichzeitig die logische und die physische Datensicherung zu nutzen. Die Kosten, die aufgrund des Speicherbedarfs einer Kopie entstehen, sind dabei nicht zu unterschätzen.

Die populärsten Technologien der logischen Datensicherung sind:

- **Snapshot einer VM**
  Vorteile: Granularität auf Ebene einer VM, schnelle Datensicherung und -wiederherstellung, VM-konsistent und mit VMware Tools unter Windows dateisystemkonsistent.
  Nachteile: ein hoher Verwaltungsaufwand, Abhängigkeit von der produktiven VM, höhere Kosten der benötigten Speicherkapazität im Vergleich zu einem Sekundärspeichersystem.

- **Snapshot einer VM oder .vmdk-Datei (VVol Datastores)**
  Vorteile: Granularität auf Ebene einer VM oder virtuellen Festplatte (*.vmdk*-Datei), schnelle Datensicherung und -wiederherstellung, VM-konsistent. Transparenz im Storage Container und VVol-Datastore.
  Nachteile: hoher Verwaltungsaufwand, Abhängigkeit von der produktiven VM. Höhere Kosten der benötigten Speicherkapazität im Vergleich zu einem Sekundärspeichersystem.

- **Snapshot eines Datastores (LUN, Dateisystem)**
  Vorteile: schnelle Datensicherung und -wiederherstellung, VM-konsistent.
  Nachteile: Granularität und Indexierung der Datensicherung auf Ebene eines Datastores (kann bei *Storage DRS* oder *Storage vMotion* zu Inkonsistenzen in der Datensicherung führen); Abhängigkeit vom produktiven Datastore. Höhere Kosten der benötigten Speicherkapazität im Vergleich zu einem Sekundärspeichersystem.

- **Snapshot eines RDMs (LUN)**
  Vorteile: hohe Granularität, schnelle Datensicherung und -wiederherstellung, applikationskonsistent.
  Nachteil: hoher Verwaltungsaufwand, eingeschränkt auf spezielle Agenten für Applikationen im Gastbetriebssystem, Abhängigkeit vom produktiven Datastore. Höhere Kosten der benötigten Speicherkapazität im Vergleich zu einem Sekundärspeichersystem.

- **Klon eines Datastores oder RDMs**
  Vorteil: von der Quelle unabhängige Datenkopie im selben Primärspeichersystem. Ansonsten gelten dieselben Vor- und Nachteile wie für Snapshots von Datastores und RDMs.

- **Replikation eines Datastores oder RDMs**
  Vorteil: von der Quelle unabhängige Datenkopie in einem zweiten Primärspeichersystem; zumeist an einem anderen Standort. Ansonsten gelten dieselben Vor- und Nachteile wie für Klone von Datastores und RDMs. Höhere Kosten der benötigten Speicherkapazität im Vergleich zu einem Sekundärspeichersystem.

Wichtig zu verstehen ist, dass logische Datensicherungen das Prinzip des Medienbruchs nicht abbilden können. Dafür bieten sie eine schnelle Datenwiederherstellung. Mit der physischen Datensicherung lässt sich ein Medienbruch abbilden. Dabei werden Datenkopien wahlweise auf den folgenden Medien angelegt:

- Datensicherung auf festplattenbasierten Sekundärspeichersystemen
- Datensicherung auf Band und optischen Medien

Die Vor- und Nachteile können Sie in Abschnitt 14.2.2, »Medien zur physischen Datensicherung«, nachlesen. Die physische Datensicherung und -wiederherstellung braucht mehr Zeit als die logische. Eine Ausnahme bietet hier Veeam B&R mit der *Instant VM Recovery*, doch dazu später mehr.

14.3.3 Indexierung

Eine Indexierung bzw. ein Datensicherungskatalog ist nichts anderes als die grafische Repräsentation der Datenbank einer Sicherungsapplikation, die darüber Buch führt, was zu welchem Zeitpunkt wie gesichert wurde. Moderne Sicherungsapplikationen können durchaus sowohl physische wie auch logische Datenkopien verwalten und zudem unterscheiden, welche Art von Konsistenz (VM oder Applikation) genutzt wurde.

Eine Indexierung hilft Ihnen nicht nur bei der Sicherung von Daten, sondern auch bei ihrer Restauration und protokolliert deren Status (Erfolg, Misserfolg, keine Sicherung). Ohne sie ist eine Datensicherung belanglos, da Sie unmöglich wissen können, ob Sie die gesamte virtuelle Infrastruktur erfasst haben. Neue virtuelle Maschinen können automatisch indiziert werden, falls die Richtlinien entsprechend gesetzt sind. So riskieren Sie nicht, mit nicht gesicherten Gastbetriebssystemen zu arbeiten.

14.3.4 Validierung

Einzig eine stetige Überprüfung garantiert die Verwendbarkeit der gesicherten Daten im Falle ihrer Wiederherstellung. Grundsätzlich unterscheidet man zwei Arten, die kombiniert am wirksamsten sind:

- Integritätsprüfung
- Validierung

Moderne festplattenbasierte Speichersysteme bieten die Möglichkeit der Integritätsprüfung sämtlicher Daten. Das geschieht auf Blockebene und garantiert nicht, dass die Daten wiederverwendbar restauriert werden können. Die Integritätsprüfung bietet aber eine zusätzliche Sicherheit, dass die Daten so wiederhergestellt werden, wie sie gesichert wurden.

Einen Schritt weiter geht die Validierung. Mit ihrer Hilfe starten Sie virtuelle Maschinen in einer isolierten Umgebung (Sandkasten) und überprüfen damit, ob die Wiederherstellung tatsächlich im Ernstfall möglich ist. Sollte ein Test fehlschlagen, können Sie noch korrigierend eingreifen.

14.3.5 Funktionstrennung

Die Funktionstrennung ist Aufgabe der Organisation. Sie muss die Voraussetzungen dafür schaffen, dass die Funktionstrennung realisiert werden kann.

Um die Funktionstrennung auch technisch umzusetzen, müssen die unten aufgelisteten Voraussetzungen erfüllt sein:

- Es muss unterschiedliche Benutzerkonten geben, die explizit einer Person zugewiesen und ihr eineindeutig zuzuordnen sind.
- Sämtliche Zugriffe auf die Systeme werden aufgezeichnet (Logging), können im Bedarfsfall ausgewertet werden und sind gemäß Unternehmensvorgaben archiviert.
- Die Systeme unterstützen den rollenbasierten Zugriff, wobei die Rollen in Form von Regeln über Zugriffsrechte hinterlegt werden. Eine oder mehrere Regeln werden Benutzern oder Gruppen zugeordnet.
- Das Arbeiten mit generellen Benutzerkonten ist unterbunden und wird nur in Spezialfällen mit Genehmigung des Managements und unter Aufsicht einer Zweitperson gestattet (beispielsweise das `root`-Konto bei Linux-Systemen).
- Sämtliche Passwörter werden regelmäßig geändert und müssen Sicherheitsrichtlinien entsprechen, die vom Unternehmen festgelegt werden.

14.4 VMware-Werkzeuge zur Datensicherung

VMware bringt von Haus aus gute Werkzeuge zur Datensicherung mit, die wir Ihnen im Folgenden vorstellen:

- *VMware Tools* (VSS-Modul für Windows-Gastbetriebssysteme)
- *VM Snapshot* (Seine Funktionalität wird in Abschnitt 17.17, »Snapshots«, ausführlich beschrieben.)
- *Changed Block Tracking*

Falls Sie in dieser Liste *VMware Data Protection* (VDP) vermissen: VDP ist am Ende des Supports (*End of Life*) angekommen und wird nicht mehr weiterentwickelt. Genau aus diesem Grund gestaltet sich dieses Kapitel mit der Vorstellung von *Veeam B&R* deutlich anders als in früheren Auflagen, als VDP noch verfügbar und z. B. gut mit Produkten von EMC nutzbar war.

14.4.1 VMware Tools

Jede Installation der *VMware Tools* auf Windows-Gastbetriebssystemen bringt ein *VSS-Modul* (*Volume Shadow Copy Services*) mit. Das ist ein Modul zur Unterstützung einer automatischen Sicherung virtueller Maschinen. Dies bietet den Vorteil VM-konsistenter Snapshots. Dabei werden Dienste der Applikationen (Prozesse) unterbrochen, und die virtuelle Festplatte wird kurzfristig stillgelegt. Diesen Mechanismus machen sich viele Sicherungsapplikationen zunutze. Das VSS-Modul ist im Lieferumfang sämtlicher aktueller Versionen von Windows enthalten. Für Linux-Gastbetriebssysteme bietet *VMware Tools* leider keinen analogen Mechanismus. Es ist Drittherstellern von Sicherungsapplikationen überlassen, einen solchen zur Verfügung zu stellen.

Funktionsweise von »Microsoft Volume Shadow Copy Services« (VSS)

Microsoft bietet mit *VSS* einen Mechanismus zur Erstellung konsistenter Schattenkopien (*Shadow Copies*). Dieser bietet geschäftskritischen Applikationen sowie Dateisystemdiensten auf schnelle Wiederherstellung abgestimmte Lösungen. Das von *VMware Tools* mitgelieferte VSS-Modul beinhaltet einen *VSS Snapshot Provider* (VSP) und einen *VSS Requestor*. Letzterer reagiert auf Ereignisse einer externen Sicherungsanwendung. Er wird vom VMware-Tools-Dienst instanziiert, wenn ein Sicherungsvorgang angestoßen wird. Der als Windows-Dienst registrierte VSP informiert den ESXi-Server, sobald eine Applikation stillgelegt wird, um einen Snapshot der virtuellen Maschine zu erstellen. Detaillierte Informationen zu *Microsoft VSS* finden Sie unter *https://technet.microsoft.com/en-us/library/ee923636(v=ws.10).aspx*.

> **VMware Tools und Datensicherungsagenten**
>
> Vorsicht ist geboten, wenn Datensicherungsagenten von Drittherstellern innerhalb derselben virtuellen Maschine installiert sind. Falls diese auch ein VSS-Modul mitbringen, kann dieses mit dem Modul der *VMware Tools* konkurrieren. Das kann zur Folge haben, dass keine Datensicherung durchgeführt werden kann. Im VMware-Knowledge-Base-Artikel 1018194 wird das Symptom beschrieben (*http://kb.vmware.com/kb/1018194*). Die Lösung besteht in der benutzerdefinierten Neuinstallation von *VMware Tools* und dann im Weglassen des VSS-Moduls.

Sollten Sie einen einzelnen VSP deaktivieren müssen, so finden Sie eine entsprechende Hilfestellung im VMware-Knowledge-Base-Artikel 1031200 (*http://kb.vmware.com/kb/1031200*).

Weiterführende Informationen über den Funktionsumfang von *VMware Tools* finden Sie in Abschnitt 17.12.

14.4.2 VM-Snapshots

Viele Sicherungsapplikationen machen sich die Vorteile eines *VM-Snapshots* – nach Möglichkeit in Kombination mit dem VSS-Modul von *VMware Tools* – zunutze, um auf Ebene des Speichersystems einen VM-konsistenten Snapshot eines VMFS- oder NFS-Datastores durchzuführen. Ohne *VMware Tools* ist der Snapshot absturzsicher. Das heißt, das Gastbetriebssystem kann wieder anlaufen, bietet aber nicht dieselbe Qualität der Konsistenz, da das Dateisystem während des Snapshot-Vorgangs nicht stillgelegt werden kann.

Die Funktionsweise eines VM-Snapshots wird in Abschnitt 17.17 ausführlich beschrieben. Dennoch wollen wir an dieser Stelle auf eine oft vergessene Voraussetzung hinweisen. Ab einer bestimmten VMDK-Größe funktionieren Snapshots nicht mehr einwandfrei. Oft werden 2 TB als Grenze genannt, was nicht korrekt ist. Die exakte Berechnung ist 2048 GB abzüglich Overhead. Der Overhead wird wiederum fälschlicherweise oft mit nur 512 Byte angegeben (vergleiche hierzu *https://kb.vmware.com/s/article/1012384*). Die konkrete und einfache Angabe sind 2032 GB. Dies berücksichtigt alle Eventualitäten inklusive Blockgrößen. Das bedeutet, dass man in der Praxis sogenannte Monster-VMs nicht mit riesigen VMDKs versehen sollte. Stattdessen konfiguriert man abhängig von der benötigten Kapazität mehrere VMDKs.

Nehmen wir an, ein Fileserver soll insgesamt 10 TB zur Verfügung stellen können. Wir erlauben uns, den minimalen Unterschied zwischen 2.032 GB und 2.048 GB = 2 TB zu vernachlässigen. Mit nunmehr 5 VMDKs zu je 2.032 GB, die dann innerhalb der VM zu einer Partition zusammengefasst werden, kommt man (nahezu) auf die gewünschten 10 TB.

Als Tipp für die Praxis und für den etwas paranoiden IT-Administrator wird empfohlen, einen gut greifbaren, runden Wert zu verwenden. Wir selbst benutzen beispielsweise 2.020 GB. Andere benutzen 2.030 GB für die VMDK-Größe.

Warum haben wir uns erlaubt, den minimalen Unterschied zwischen 2.032 GB und 2 TB = 2.048 GB zu vernachlässigen? In dem Moment, in dem eine VM eine prognostizierte Kapazität von 2 TB erreichen könnte, greift das generelle Datenwachstum. Aus diesen 2 TB werden bei einer Wachstumsrate von beispielsweise 10 % nach einem Jahr schon 2,2 TB, eine VM mit 1,5 TB weist nach drei Jahren 2 TB auf usw. Nun möchte man nicht jedes Jahr aufs Neue die VMDKs der VMs verändern und plant natürlich mit einer gewissen Menge an Jahren im Voraus. Entsprechend zeichnet sich für fast jede VM ab, ob sie in mittelfristiger Zukunft mehr als 2 TB benötigen wird oder nicht. Entsprechend wird bei der ersten Konfiguration einer VM meist ein mehr oder weniger großzügiger Anteil an VMDKs vergeben, der aber immer noch deutlich und auch langfristig unter 2 TB bleibt. Oder der zweite Fall tritt ein und man wird ohnehin mehr als eine VMDK vergeben müssen, was wiederum die von uns vernachlässigte Differenz unerheblich macht.

> **vSphere API for Array Integration (VAAI)**
>
> Datensicherungen, die auf dem oben genannten Prozess beruhen, können spürbare Performance-Engpässe auf Datastores hervorrufen, die mehrere virtuelle Maschinen beheimaten. Das liegt daran, dass die VM-Snapshots sequenziell abgearbeitet werden und den gesamten Datastore der betroffenen virtuellen Festplatte blockieren, bis der Snapshot vollendet ist. Dieses Problem adressiert die VAAI-Funktion *Atomic Test And Set* (ATS).
>
> Um Datastores nicht unnötig lange durch den Stilllegungsprozess von VSS zu blockieren, empfiehlt es sich, zu überprüfen, ob ATS auf betroffenen ESXi-Servern eingeschaltet ist. Das ist die Grundeinstellung von *vSphere 5.5*. Wählen Sie sich zur Überprüfung in den *vSphere Management Assistant* (vMA) ein, und senden Sie die Befehlszeile
>
> `vmkfstools -Ph -v1 /vmfs/volumes/[VMFS-volume-name]`
>
> an einen Zielhost. Voraussetzung für diese Funktion ist, dass das Primärspeichersystem VAAI unterstützt. Die Voraussetzung ist erfüllt, wenn in der dritten Zeile Folgendes erscheint:
>
> `Mode: public ATS-only`
>
> Sollte das nicht der Fall sein, unterstützt entweder Ihr Primärspeichersystem VAAI nicht oder die Einstellung ist ausgeschaltet. Das wiederum können Sie mit dem Befehl `esxcli storage core device list` überprüfen.
>
> Zur Erinnerung: Wenn Sie die *vSphere Management Appliance* nutzen, müssen Sie den Zielhost mit der Befehlszeile `vifptarget --set [target host]` auswählen. Näheres entnehmen Sie dem VMware-Knowledge-Base-Artikel 1033665 (*http://kb.vmware.com/kb/1033665*).

14.4.3 Changed Block Tracking

Changed Block Tracking (CBT) ist eine Technologie von VMware, die die inkrementelle Datensicherung von virtuellen Maschinen ermöglicht. Bei einer *inkrementellen* Datensicherung werden immer nur die Daten gesichert, die sich seit der letzten Datensicherung geändert haben. Das beschleunigt den Prozess der Datensicherung erheblich. CBT speichert dabei nur die zuletzt geänderten Datenblöcke und nicht etwa vollständig geänderte Dateien.

CBT ermöglicht sowohl eine inkrementelle Sicherung der virtuellen Festplatten von virtuellen Maschinen als auch deren Wiederherstellung. Voraussetzung für die Wiederherstellung mittels CBT ist allerdings, dass diese direkt in die Quell-VM erfolgt.

> **Voraussetzungen für CBT**
>
> ▶ CBT läuft ab ESXi 4.0 und der Hardware-Version 7 virtueller Maschinen.
> ▶ Von der virtuellen Maschine dürfen keine Snapshots existieren.
> ▶ Um eine erfolgreiche Datensicherung mit CBT durchzuführen, muss der I/O durch den *vSphere Storage Stack* gehen (kein Support für pRDM und vRDM in den Independent Modes).

> - Die virtuelle Maschine sollte zum Einrichten ausgeschaltet sein.
> - Achten Sie darauf, dass die virtuelle Maschine bei ihrem Start keine *VM-Snapshots* enthalten sollte, damit *CBT* einwandfrei funktioniert. Lesen Sie dazu auch den Knowledge-Base-Artikel 1020128 (*https://kb.vmware.com/s/article/1020128*).

CBT ist in der Grundeinstellung ausgeschaltet. Datensicherungssoftware wie VDP schaltet CBT automatisch auf zu sichernden VMs ein, sobald die Datensicherung dieser VMs angestoßen wird. CBT erstellt daraufhin eine *CTK*-Datei pro virtueller Festplatte im selben Verzeichnis. In diese Datei werden die geänderten Blöcke eingetragen. Die Datensicherungssoftware speichert nach der ersten Vollsicherung nur noch diese Datei anstelle der virtuellen Maschine.

Werden virtuelle Maschinen mit *Storage vMotion* (beispielsweise *Storage DRS*) verschoben, werden die von CBT gespeicherten geänderten Blöcke verworfen und der Prozess zurückgesetzt. CBT kann auch den Faden verlieren, sollte die VM gestoppt (*Power Off*) werden oder der ESXi-Host abstürzen.

14.5 Datensicherungstopologien

Dieser Abschnitt behandelt die Grundlagen von Topologien, wie sie auch in der Praxis Anwendung finden. Die Datensicherung und -wiederherstellung ist die Versicherung für Unternehmensdaten. Eine Datensicherung ist eine Kopie der Unternehmensdaten. Das Ziel einer Datensicherung ist immer die konsistente Wiederherstellung der Daten. Darauf muss ein Datensicherungskonzept abzielen.

Zur Wiederholung: Eine konsequent durchgeführte Datensicherung impliziert

- einen Medienbruch,
- das vollständige Erstellen von Datenkopien,
- das Führen eines Sicherungskatalogs oder Index und
- die Prüfung von Kopien sowie
- die Funktionstrennung.

Allerdings ist die Durchführung einer konsequenten Datensicherung sämtlicher Unternehmensdaten mit dem einhergehenden Datenwachstum wirtschaftlich kaum tragbar. Daher wurden neue Technologien entwickelt, die einen nicht unerheblichen Beitrag zur Wirtschaftlichkeit der Sicherungslösungen leisten. Weiter gilt es, eine Klassifizierung der Daten nach deren Wertigkeit über den Lebenszyklus durchzuführen. Diese sollte im Einklang mit der Kritikalität der IT-Dienste stehen, die auf diese Daten zugreifen. Diese Maßnahmen sind erforderlich für ein Unternehmen, um Datensicherung wirtschaftlich tragbar zu halten.

In vielen Unternehmen besteht bereits eine Klassifikation von IT-Diensten; sie sind in *Service Level Objectives* (SLO) definiert. Die im SLO definierten Werte beeinflussen im Zusammenspiel mit den finanziellen Möglichkeiten maßgeblich, wie Sie *IT Business Continuity* im Allgemeinen und Datensicherung im engeren Sinne technisch abbilden. Auch dürfen Sie nicht außer Acht lassen, dass die Wertigkeit vieler Daten über die Zeit abnimmt. Das heißt, dass Daten unterschiedlich verwaltet werden müssen (archiviert anstatt gesichert), um die IT-Infrastruktur zu entlasten. Es ist durchaus üblich und sogar notwendig, die physische und die logische Datensicherung zu kombinieren, um die SLOs vollständig abzudecken.

Die in diesem Abschnitt vorgestellten Topologien von *Veeam Backup & Replication* (*Veeam B&R*) können in Datensicherungsarchitekturen verwendet werden. Sie bilden die Grundlage einer konsequent durchgeführten Datensicherung einer virtuellen Umgebung, da sich mit jeder Topologie vier der vorgestellten Prinzipien abbilden lassen (Medienbruch, Datenkopien, Indexierung sowie Validierung).

In diesem Abschnitt stellen wir Ihnen zunächst Topologien auf Basis von *Veeam B&R* vor. Die technische Realisierung zeigen wir Ihnen in Abschnitt 14.6, »Planung einer Datensicherungsumgebung«.

> **Empfehlung basierend auf dem Prinzip »Medienbruch«**
>
> Um einen Medienbruch zu gewährleisten, empfiehlt es sich, den *Veeam B&R*-Server (was durchaus auch eine VM sein kann) und dessen Ablagepunkt für die Sicherungen getrennt vom Produktivsystem zu halten.
>
> Wo das aus wirtschaftlichen Gründen nicht möglich ist, sollten Sie versuchen, Ihre Architektur möglichst nahe an diesem Ideal abzubilden. Konkret heißt das: Nutzen Sie für die Sicherung zwei getrennte Speichersysteme oder zumindest ein redundant ausgelegtes System mit zwei physisch und logisch getrennten Speicherbereichen. Dies könnte z. B. ein SAN-Storage mit zwei Controllern sein, in dem 18 Festplatten in zwei Neuner-Blöcken der vSphere-Umgebung zwei LUNs anbieten.

14.5.1 Topologien zur lokalen Datensicherung

Veeam B&R ist ein Programm, das in einer Windows-Maschine läuft. Befindet sich diese auf einem physischen Host-System, wie beispielsweise auf einem Dell R730 mit 24 Festplatten, so wäre dies ein Beispiel für eine lokale Sicherung. Die Festplatten des Servers werden unter Windows eingebunden, eine oder mehrere Partitionen werden gebildet, und diese werden dann Veeam B&R als Speicher für die Datensicherungen präsentiert.

Lokale Datensicherung ist ein relativer Begriff

Veeam B&R unterscheidet dabei nicht, ob die ihm präsentierte Partition lokal oder remote vorliegt. Die Windows-»Maschine« könnte ebenso eine VM sein, der ein entsprechend großes VMDK zugewiesen ist. So könnte z. B. die Windows VM, auf der Veeam B&R läuft, über eine kleine Systempartition und eine riesige, weitere Partition verfügen, auf der eine VMDK mit 64 TB, liegt.

Natürlich bietet Veeam B&R auch andere Möglichkeiten, z. B. die Nutzung von NFS-Datastores.

14.5.2 Konzepte für die Datensicherung über zwei und mehr Standorte und in der Cloud

Veeam B&R bietet darüber hinaus auch Möglichkeiten, Sicherungen über mehrere Standorte zu verteilen. Hierzu müssen Sie zunächst einmal unterscheiden, ob es sich dabei um eine Trennung der Standorte durch vSphere handelt oder ob eine tatsächliche, logische Trennung vorliegt, die Veeam B&R auch versteht.

Nehmen wir zunächst an, dass unsere Veeam-B&R-VM innerhalb eines vSphere-Clusters, der an sich schon aus Standorten besteht, aus jedem Standort je eine LUN aus einem entsprechenden Storage bereitgestellt bekommt. Somit ist Veeam B&R nicht in der Lage, eine Unterscheidung zwischen lokaler und entfernter Location des Datenspeichers festzustellen. Aus seiner Sicht handelt es sich schlicht und ergreifend nur um zwei unterschiedliche Partitionen, die in Wirklichkeit schon voneinander getrennt sind. Einem solchen Konstrukt sind natürlich aufgrund der Latenzen gewisse Grenzen gesetzt.

Ähnlich sieht es aus, wenn Sie Veeam B&R »auseinanderziehen«. Anders als bei der einfachsten Installation befinden sich dann das Management, *Backup-Server* genannt, und die Worker-Komponente, *Backup-Proxies* genannt, nicht auf derselben VM, was als *Advanced Deployment* bekannt ist – im Gegensatz zum *Simple Deployment* mit nur einer VM, auf der alle Veeam-Komponenten installiert sind. So kann die *Worker-Komponente* auf einer eigenen VM liegen und die Sicherungs-Location, *Backup-Repository* genannt, vorhalten.

Es gibt einen dritten generellen Fall, in dem Veeam einen Management-Server vorhält, an den wiederum die gesamten Veeam-B&R-Strukturen angehängt sind. Dies ist als *Distributed Deployment* bekannt. Dieser Ansatz wird in sehr großen, weit verteilten Umgebung genutzt, meist an Organisationseinheiten gebunden, die über Länder und Kontinente verteilt sind.

Last but not least ermöglicht Veeam B&R auch die Sicherung in die Cloud. Dabei handelt es sich im weitesten Sinne um Veeam-Komponenten, die bei einem zunächst beliebigen Service-Provider gehostet werden können. Damit ermöglich Veeam einfache Optionen zur Abbildung von Desaster-Recovery-Szenarien.

14.5.3 Backup vs. Replikation

Eine immer wiederkehrende Frage lautet: »Was ist eigentlich der Unterschied zwischen *Backup* und *Replikation*?«

Ganz allgemein bezeichnet *Backup* das Kopieren von Dateien oder Datenblöcken auf ein *externes* Speichermedium. Dabei können verschiedene Technologien zum Einsatz kommen, um sowohl die Datenmenge als auch die Backup-Zeit zu verringern, beispielsweise Kompression oder Deduplikation. Durch regelmäßige Backups werden dann entsprechende Wiederherstellungspunkte erzeugt. Dadurch entsteht eine Historie der VM, die beliebig weit in die Vergangenheit zurückreichen kann. In der Praxis wird dies durch weitere Faktoren beeinflusst: maßgeblich durch die verfügbaren Kapazitäten im Backup-Speicher, die wiederum durch den Kostenfaktor bestimmt werden.

Replikation hingegen erstellt, wie der Name schon impliziert, eine echte 1:1-Kopie einer VM. Dies geschieht in der exakten Größe der ursprünglichen VM. Änderungen werden synchronisiert, wohlmöglich auch wieder mit geschickt angewendeten Technologien. Letztendlich bleibt das Replikat aber exakt eine Version – die letzte Version der VM, um genau zu sein. Eine Historie wie in Backups gibt es hier entsprechend nicht.

Wie sieht dann der *Kostenfaktor* beim Vergleich zwischen Backup und Replikation aus? Da die Kosten im direkten Zusammenhang zum Kapazitätsverbrauch liegen, ist eine Replikation im Prinzip erst mal genauso teuer wie das Original, da sie die exakt gleiche Menge an Daten vorhält. In der Praxis wird zwar immer wieder versucht, die Kosten durch qualitativ niederwertige Infrastruktur zu drücken, z. B. indem man für die Original-VM schnellen SSD-Speicher verwendet und für das Replikat langsameren SAS- oder gar SATA-Speicher. Sinnvoll ist dies in der Regel nicht. Immerhin möchte man mit dem Replikat eine möglichst aktuelle Kopie vom Original haben, um im Desaster-Fall »umschalten« zu können. Wenn das Replikat dann nicht die gewohnte Performance bringt, sind die Anwender enttäuscht, und das eigentliche Ziel der Replikation wird verfehlt.

Betreibt man eine gut durchdachte Backup-Strategie, könnte man durchaus argumentieren, dass eine Replikation nicht zwingend erforderlich ist. Anders herum ist dies allerdings nicht möglich, da Replikation nie Backups ersetzen kann.

Backups verfolgen eine andere Strategie: Der Fokus liegt hier auf einer der VM, der Applikation oder den Daten angemessenen Granularität sowie Vorhaltedauer. Immerhin möchte man wohlmöglich Daten noch Jahre später wiederherstellen können. Mit geschickten Verfahren wird versucht, die verbrauchten Kapazitäten so gering wie möglich zu halten. So kann man z. B. von einer VM für jeden Tag einer Woche ein Backup haben, dessen Kapazität aber nicht, die es in Falle einer Replikation wäre, das Siebenfache der ursprünglichen Größe verbraucht. Stattdessen wird die Größe der Daten geschickt verringert. Später, beim Wiederherstellen, müssen die vorhanden Backups dann erst einmal »zusammengesetzt« werden; das heißt, Kompression, Deduplikation und verschiedene inkrementelle Verfahren müssen so aufbereitet werden, dass schlussendlich die VM in dem Zustand des definierten Wiederherstellungszeitpunkts entsteht.

14.6 Planung einer Datensicherungsumgebung

In diesem Abschnitt beschreiben wir die Funktionsvielfalt von *Veeam Backup & Repliaction*. Das Produkt läuft als VM und kann somit einfach in Ihre vSphere-Umgebung integriert werden. Ein Einsatz auf einem physischen Server ist auch möglich.

An dieser Stelle sei die größte Einschränkung vom Veeam – bzw. von allen Backup-Tools, die vSphere-basierende Technologie mittels Snapshots nutzen – erwähnt: Während eines Backup-Jobs kann keine gleichzeitige Wiederherstellung stattfinden. Dies liegt schlichtweg an den Snapshots, die von vSphere erstellt werden. Sollten Sie also Use-Cases haben, in denen Sie sowohl ein Backup als auch eine gleichzeitige Wiederherstellung gewährleisten müssen, dann ist es erforderlich, auf andere Technologien (z. B. ein filebasiertes Backup) auszuweichen.

14.6.1 Funktionsübersicht zu Veeam Backup & Replikation

Für Ihre Planung finden Sie in Tabelle 14.4 eine Auflistung der Eigenschaften von Veeam B&R.

Eigenschaft	Veeam Backup & Replication
Maximale Anzahl der VMs	abhängig von der Größe der VMs
Backup-Proxys	abhängig von der Größe der Infrastruktur
Maximale Kapazität (native Speicherressourcen)	skaliert mit Speicher-System; VMDK 64 TB, »unbegrenzt« mit NFS
Deduplikation	✓
Change Block Tracking	✓
Microsoft Exchange	✓
Exchange Single Mailbox Restore	✓
Microsoft SharePoint	✓
Microsoft SQL	✓
Flexibler Zeitplaner und Aufbewahrungsfristen	✓
Granulare *.vmdk*-Dateisicherung und -wiederherstellung	✓
Wiederherstellung einzelner Dateien innerhalb der VM	✓

Tabelle 14.4 Funktionsumfang von »Veeam Backup & Replication«

Eigenschaft	Veeam Backup & Replication
Flexible Platzierung von Speicherressourcen	✓
Automatisierte Überprüfung der Datensicherungen	✓
vSphere-Integration	✓
Wiederherstellung in einem Schritt	✓
Instant Recovery	✓

Tabelle 14.4 Funktionsumfang von »Veeam Backup & Replication« (Forts.)

14.6.2 Generelle Ressourcenplanung

Die Planung der Ressourcen ist natürlich ein sehr umfangreiches Thema und es ist unmöglich, alle möglichen Fälle anzusprechen. Deswegen versuchen wir an dieser Stelle, die wichtigsten Grundlagen bei der Ressourcenplanung zu erklären.

Machen wir es uns zunächst einfach und beschreiben wir die Replikation. Wie schon erwähnt, handelt es sich bei Replikation um eine 1:1-Kopie, die so oft wie möglich und nötig mit dem Original synchronisiert wird. Dabei verbraucht die Replikation exakt die gleichen Ressourcen wie das Original. Entsprechend müssen Sie für ein Replikat die gleiche Menge an CPU, RAM und vor allem Speicher vorhalten.

Bei Backups sieht die Sache anders aus. Ein Backup wird anders als ein Replikat nicht dazu genutzt, beim Ausfall des Originals den Betrieb weiterhin zu gewährleisten. Deswegen müssen Sie CPU und RAM als Ressourcen kaum berücksichtigen. Hingegen kommt dem Speicher eine massive Bedeutung zu. Hier ist es zunächst einmal notwendig, die Art des Backups über die Use-Cases zu definieren.

- Wie oft muss ein Backup von einer VM erstellt werden?
- Wie viele Voll-Backups werden benötigt?
- Werden Backup-Kopien erstellt und, wenn ja, wo werden diese gespeichert?

In vielen Fällen lässt sich die Frage nach der Anzahl der Backups einfach beantworten: einmal täglich. Prominente Gegenbeispiele sind oftmals Server mit Datenbanken oder anderen, kleineren, sich rapide ändernden Daten. Nehmen wir aber zunächst an, dass alle VMs mit einem täglichen Backup ausreichend gesichert wären, dann ist die zweite Frage nach den Voll-Backups zu klären. Auch hier können Sie in vielen Fällen davon ausgehen, dass abgesehen von dem ersten Voll-Backup im weiteren Betrieb nur noch inkrementelle Backups notwendig sind und dass bei Bedarf mit sogenannten synthetischen Voll-Backups operiert werden kann. In einem solchen Fall wird beispielsweise eine VM, die bisher 100 GB Speicherplatz verbraucht und jeden Tag ein weiteres Gigabyte an Daten erzeugt, bei einer Vorhaltedauer von 14 Tagen 114 GB im Backup-Speicher verbrauchen. Dabei betrachten wir natürlich noch nicht die Kompression oder Deduplikation.

> **Best Practices zur Kompression und Deduplikation**
>
> Es ist immer wieder ein heißes Diskussionsthema, wie viel Datenreduktion man bei Kompression und Deduplikation erwarten kann. Je nach Hersteller werden hier sehr unterschiedliche Werte genannt, und selbst diese sind meist nur grobe Schätzwerte, was man dann gegebenenfalls im Kleingedruckten nachlesen kann.
>
> Dies liegt vor allem an der Beschaffenheit Ihrer Daten. Einige Daten mit immer wiederkehrenden Mustern lassen sich leicht und effizient deduplizieren, andere hingegen nicht.
>
> Deswegen ist es in der Praxis wichtig, entweder sehr konservativ mit solchen Schätzungen umzugehen oder durch echte Tests mit den eigenen Daten korrekte Werte für Kompression und Deduplikation herauszufinden. In jedem Fall sollten Sie bei sehr hohen Werten der Datenreduktion (z. B. 500:1) hellhörig werden, denn dies ist in der Praxis nicht realistisch.

Für die Beispielrechnung nutzen wir den *Restore Point Simulator*, der eine sehr gute Schätzung für die zu erwartende Kapazität berechnet (siehe Abbildung 14.2). Sie finden das Tool unter *https://rps.dewin.me*.

Unser Beispiel geht von einer Infrastruktur aus, in der ein Nettodatenverbrauch von 5 TB gegeben ist, und dass diese Daten 14 Tage vorgehalten werden sollen. Wir nutzen als Voreinstellung unter QUICK PRESETS die Option INCREMENTAL FOREVER und wählen als STYLE die Einstellung REVERSE INCREMENTAL FOREVER. Als Änderungsrate nehmen wir optimistisch nur 5 % an.

FOREVER INCREMENTAL bedeutet, dass wir einmal ein Voll-Backup schreiben, nämlich das erste Backup, und anschließend nur noch die Änderung. REVERSE bedeutet, dass Veeam als letztes Backup das »volle Backup« synthetisiert. Dies ist insofern sinnvoll, als somit das letzte Backup auch immer am schnellsten herzustellen ist.

Im Gegenzug wird bei der Datenreduktion durch Kompression und Deduplikation nur 100:80 angenommen, also entweder eine Reduktion um 20 % bzw. der Divisor 1,25.

Abbildung 14.2 zeigt uns, dass insgesamt auf dem Backup-Speicher mit 6,6 TB zu rechnen ist, wobei ein sogenannter *Work Space* von 4.200 GB hinzukommt, der von Veeam für die entsprechenden Prozesse benötigt wird. Es ist sehr sinnvoll, mit einem generellen Datenwachstum zu rechnen. Bilder und Dokumente wachsen pro Datei stetig an.

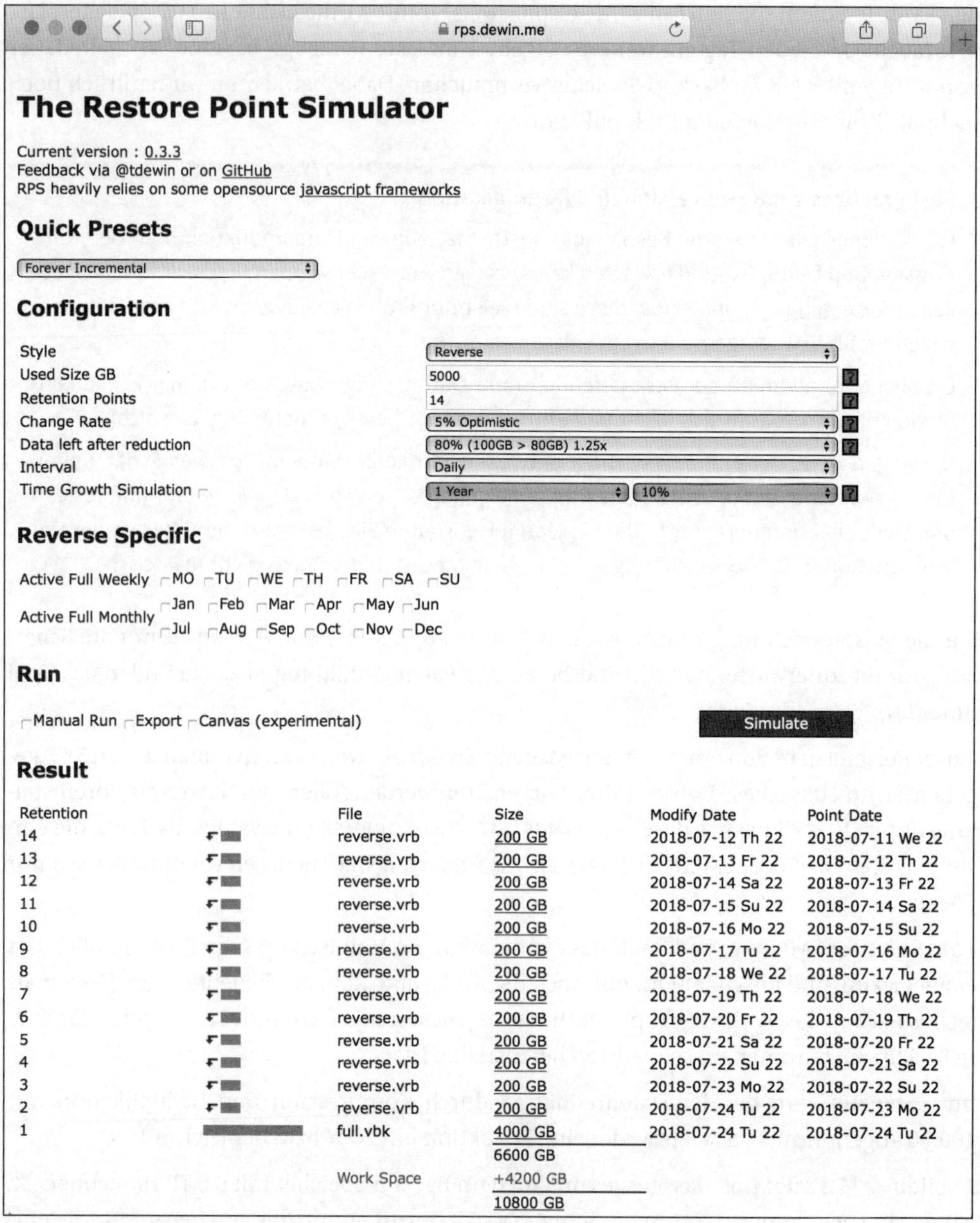

14 Datensicherung von vSphere-Umgebungen

The Restore Point Simulator

Current version : 0.3.3
Feedback via @tdewin or on GitHub
RPS heavily relies on some opensource javascript frameworks

Quick Presets

Forever Incremental

Configuration

Style	Reverse
Used Size GB	5000
Retention Points	14
Change Rate	5% Optimistic
Data left after reduction	80% (100GB > 80GB) 1.25x
Interval	Daily
Time Growth Simulation	1 Year / 10%

Reverse Specific

Active Full Weekly ☐MO ☐TU ☐WE ☐TH ☐FR ☐SA ☐SU
Active Full Monthly ☐Jan ☐Feb ☐Mar ☐Apr ☐May ☐Jun ☐Jul ☐Aug ☐Sep ☐Oct ☐Nov ☐Dec

Run

☐Manual Run ☐Export ☐Canvas (experimental)   [Simulate]

Result

Retention	File	Size	Modify Date	Point Date
14	reverse.vrb	200 GB	2018-07-12 Th 22	2018-07-11 We 22
13	reverse.vrb	200 GB	2018-07-13 Fr 22	2018-07-12 Th 22
12	reverse.vrb	200 GB	2018-07-14 Sa 22	2018-07-13 Fr 22
11	reverse.vrb	200 GB	2018-07-15 Su 22	2018-07-14 Sa 22
10	reverse.vrb	200 GB	2018-07-16 Mo 22	2018-07-15 Su 22
9	reverse.vrb	200 GB	2018-07-17 Tu 22	2018-07-16 Mo 22
8	reverse.vrb	200 GB	2018-07-18 We 22	2018-07-17 Tu 22
7	reverse.vrb	200 GB	2018-07-19 Th 22	2018-07-18 We 22
6	reverse.vrb	200 GB	2018-07-20 Fr 22	2018-07-19 Th 22
5	reverse.vrb	200 GB	2018-07-21 Sa 22	2018-07-20 Fr 22
4	reverse.vrb	200 GB	2018-07-22 Su 22	2018-07-21 Sa 22
3	reverse.vrb	200 GB	2018-07-23 Mo 22	2018-07-22 Su 22
2	reverse.vrb	200 GB	2018-07-24 Tu 22	2018-07-23 Mo 22
1	full.vbk	4000 GB	2018-07-24 Tu 22	2018-07-24 Tu 22
		6600 GB		
	Work Space	+4200 GB		
		10800 GB		

Abbildung 14.2 Beispielrechnung 1

Mit 10 % pro Jahr erreichen wir dann, wie in Abbildung 14.3 zu sehen, 7,25 TB plus 4,6 TB Work Space, also knappe 12 TB benötigter Backup-Speicherplatz.

14.6 Planung einer Datensicherungsumgebung

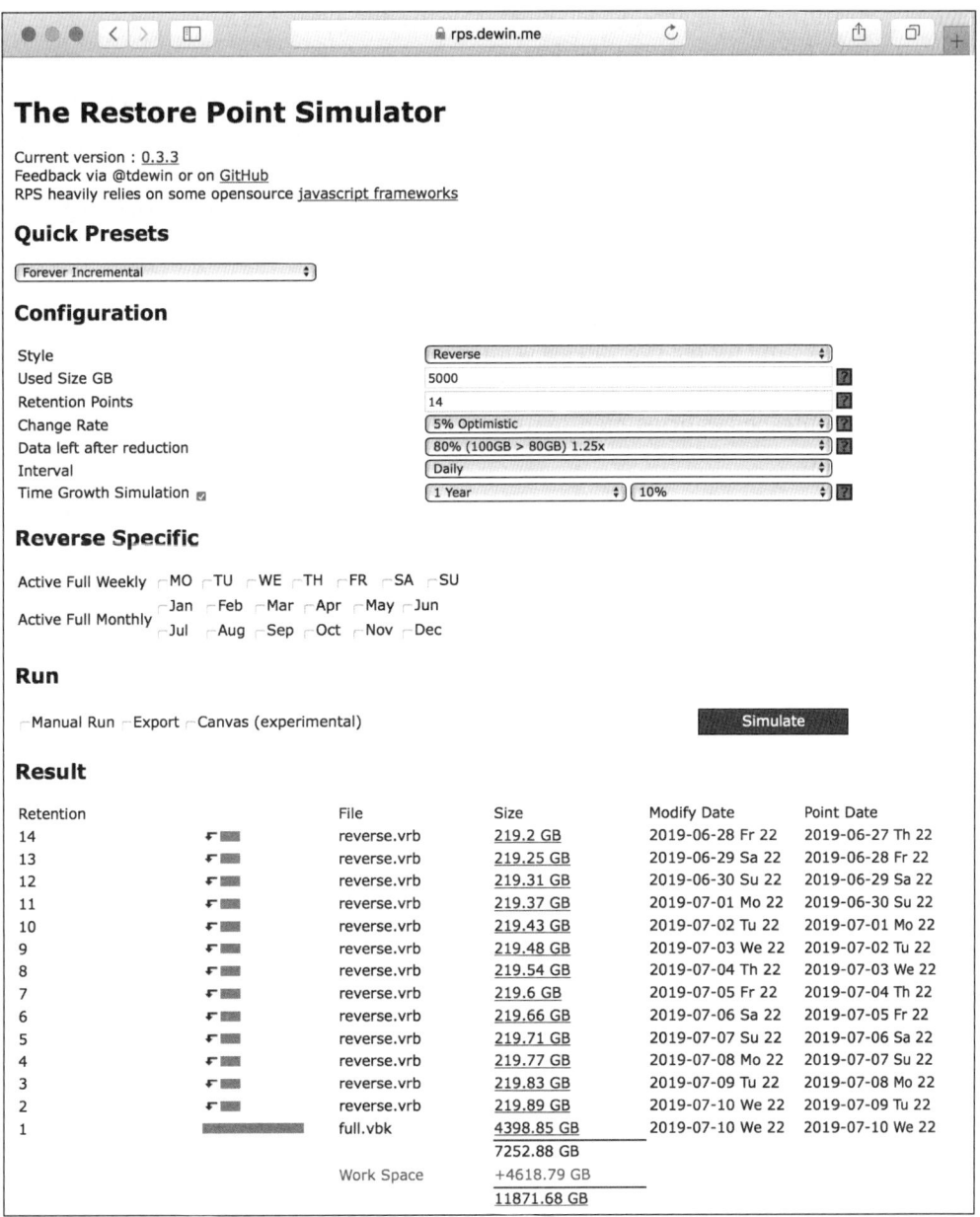

Abbildung 14.3 Beispielrechnung 2

Was bedeutet Veränderungsrate (CHANGE RATE) eigentlich genau? Diese Frage wird immer wieder gestellt. Sie ist schwer zu beantworten, denn zu viele beeinflussende Faktoren sind zu berücksichtigen. Deswegen wird in der Praxis meist das einfachste Mittel verwendet, nämlich echte Kennwerte aus der Vergangenheit. Hierfür ziehen Sie schlicht die echte, verbrauchte Speicherkapazität der VMs heran und messen diese über einen längeren Zeitraum.

Hierbei gilt natürlich: Je länger und detaillierter Sie messen, desto besser. Idealerweise sollte dies mit einem Tool dokumentiert werden.

Leider zeigt sich aber auch, dass in der Praxis ein großer Teil der IT-Administrator keine echten Kennwerte für die Änderungsrate nennen kann und entsprechend auch keine genaue Vorstellung davon hat, auf welchem Niveau sich die Veränderungsrate bewegt. Dies liegt in der Natur der Aufgabenverteilung. Die Veränderungsrate ist ein Wert, der die IT-Strategie beeinflusst, und fällt damit in den Aufgaben- und Verantwortlichkeitsbereich eines IT-Architekten. Da jedoch nicht in jeder Infrastruktur ein solcher IT-Architekt im Einsatz ist und der Blickwinkel von IT-Admins oftmals einen Level unter dem des Architekten liegt, entsteht so ein blinder Fleck. Und für die IT-Strategie werden oft IT-Direktoren oder IT-Abteilungs- und Bereichsleiter herangezogen, die ebenfalls keine IT-Architekten sind, sondern stattdessen Management-Aufgaben wahrnehmen. In solchen Fällen werden dann gern externe IT-Architekten engagiert.

Werden Sie nun als externer Berater hinzugezogen und sind keine Tools im Einsatz, die die Änderungsrate erfassen, dann kann dieser blinde Fleck selbst von dem besten IT-Architekten nicht mit Sicherheit eliminiert werden. Die einzige Alternative wäre, die IT-Administratoren dazu zu verpflichten, in Sisyphusarbeit die Veränderungen der Backup-Größen zu notieren: clever, aber sehr mühselig und mit sehr hohem Zeitaufwand verbunden. Dabei geht es wohlgemerkt um Backups aus den letzten zwei bis drei Jahren, wenn sich diese überhaupt lückenlos darstellen lassen.

Entsprechend bleiben oft nur generelle Aussagen und Schätzungen übrig. Die Änderungsrate wird maßgeblich beeinflusst durch *die Art der Daten*, die *Größe der Daten*, die *Anhäufungsintensität* und die *Veränderungsrate* innerhalb bereits bestehender Daten.

Die Art der Daten lässt sich in vielerlei Hinsicht beschreiben. Je nach Erfahrung des Beschreibers schwanken die Ansätze. Eine Möglichkeit ist es, die Beschreibung der nach Erstellungsursache zu kategorisieren. Die üblichen Verdächtigen sind hier:

- **Office-Dokumente** wie Word, Excel, PowerPoint – also im Prinzip alles, was durch den typischen Office-Worker produziert wird
- **Kooperationsdaten**, hauptsächlich E-Mails, denen eine besondere Betrachtung zukommt, da oftmals Teile der anderen Daten freizügig über E-Mails verschickt werden und es hier schnell zu einer Multiplikation vom Daten kommen kann
- **Kreative Daten** mit den typischen Kandidaten Fotos, Filme und alle Dateien rund um Adobe-Produkte
- **Technische Daten**, oftmals technische Zeichnungen unterschiedlicher Art, egal ob diese nun einen komplexen Schaltplan für eine Heizung oder das Gittermodell für ein neues Automodell darstellen
- **Datenbanken**, die Sie besonders exakt betrachten müssen. Meist sind bei Datenbanken die Änderungsraten äußerst hoch, die Datenmenge aber eher gering. Im Vergleich zum

Rechner einer Fotografin, die in einer Stunde vielleicht 100 Fotos mit einer Datengröße von 20 GB erzeugt, können sich in einer Datenbank in einer Stunde z. B. 100.000 Datensätze ändern, die auf dem Datenspeicher aber nur 150 MB verbrauchen. Die rein technischen Schwierigkeiten, die viele kleine Dateien mit sich bringen, ziehen sich über die produktive Infrastruktur natürlich bis in die Backup-Infrastruktur durch. Durch diese besondere Beschaffenheit von Datenbanken werden sie oftmals in separate Backup-Jobs gesteckt, um wesentlich kürzere Backup-Intervalle zu gewährleisten. Während die meisten Use-Cases mit einem täglichen Backup abgedeckt werden, leistet man sich bei VMs mit Datenbanken oft eine sinnvolle Menge von mehreren Backups am Tag. Diese Menge kann von einer generellen, gleichmäßigen Aufteilung alle 2, 4, 6 oder 8 Stunden ausgehen oder an signifikanten Tageszeiten festgemacht sein: 06:00 Uhr, bevor die meisten Mitarbeiter den Tag beginnen, 13:00 Uhr, wenn sie in der Mittagspause sind, und 18:00 Uhr, wenn sie die Arbeit verlassen haben. Und dann gibt es natürlich noch die ganz zeitkritischen Fälle, in denen man ein nahezu kontinuierliches Backup gewährleisten möchte. Mit Veeam R&B lassen sich *Recovery Time Objectives* (RTO) und *Recovery Point Objectives* (RPO) von weniger als 15 Minuten realisieren.

Idealerweise teilt man anschließend die Daten nach ihrer Größe auf. Nehmen wir Folgendes an:

- **Office-Daten** von 100 GB – Mit einer geschätzten Veränderungsrate von 10–20 % liegt man oft schon recht gut. Hier lassen sich meist mit einer kurzen Beobachtungsdauer von 1–6 Wochen gute Schätzwerte ermitteln. Dies deckt Schwankungen ab, die unter der Woche entstehen, also auch beispielsweise Urlaube und Krankheiten von Mitarbeitern. Zusätzlich sollten quartals- und jahresbedingte Veränderungen berücksichtigt und idealerweise erfasst werden.

- **Datenbanken** sind, wie Sie vermutlich wissen, immer ein etwas spezielles Thema. Da verschiedene Datenbanken ihre Daten auf unterschiedliche Weise verarbeiten und natürlich auch mit sehr unterschiedlichen Daten gefüttert werden, kann es durchaus sein, dass die Änderungsrate einer Datenbank 100 % je Tag beträgt. Dies ist natürlich nicht der Normalfall, aber solche Fälle haben dem einen oder anderen IT-Architekten schon so manche Gesichtsentgleisung beschert.

Deswegen unterteilt man bei Datenbanken meist die Veränderungsrate und die Datenzuwachsrate im Primär- und Backup-Storage. In einem solchen Worst Case mit 100 % Änderungsrate wachsen die Daten im Primärspeicher meist mit moderaten Zuwachsraten an, die im niedrigen, zweistelligen Bereich liegen, was bei einer »kleinen« Datenbank von beispielsweise 10 GB nicht so viel ausmacht. Mit einer hohen Veränderungsrate wirkt sich dies aber im Backup-Speicher massiv aus.

Nehmen wir eine Veränderungsrate von 50 % an: Somit müssen selbst bei inkrementellen Backups jeden Tag 5 GB neu gespeichert werden. Wir verwenden wieder den *Restore Point Simulator* unter *https://rps.dewin.me* und erhalten bei einer Vorhaltedauer von 30 Tagen bei zwei Backups am Tag einen Gesamtverbrauch von 305 GB plus 10,5 GB Working Space im Veeam-Backup-Repository, also das 31-fache bzw. 3100 % der Kapazität im Primärspeicher.

- **Daten mit signifikanten Einzelgrößen** sind meistens *kreative Daten*. Dieser Datenbestand wächst in aller Regel nur mit 3–7 %. Dies liegt schlicht an der Neigung der Menschen, kreative Erzeugnisse nicht einfach wegzuwerfen, was dazu führt, dass im Verhältnis zu vielen Altdaten nur wenige neue Dateien hinzukommen. Gleichzeitig optimieren sich Arbeitsprozesse im kreativen Umfeld, weil z. B. die 1.000 Bilder eines Fotoshootings noch gefiltert werden und erst am Ende die 50 besten Bilder zur weiteren Verarbeitung dauerhaft gespeichert werden. Doch ist hier Vorsicht geboten, damit diese Prozesse nicht eine Veränderung erfahren, während die IT-Infrastruktur verändert wird, oder dass man diesen Umstand entsprechend berücksichtigt.

Ein Beispiel aus der Praxis: Eine Werbeagentur erneuert die IT-Infrastruktur. Im Zuge dessen werden nicht nur die Backup-Strukturen verändert, sondern auch die Fileserver-Struktur. Auf den alten Fileservern liegen Daten, die ca. 100 TB Speicherplatz verbrauchen. Da die neue Infrastruktur größer, schneller und besser ist – die üblichen Anpreisungen eben –, werden ca. 2 Monate, nachdem die neue Infrastruktur in Betrieb genommen wurde, alle Mitarbeiter angewiesen, von nun an ihre Daten auf den neuen Fileservern zu speichern. Daraufhin gehen auch die Mitarbeiter, die mit der Produktion von Werbefilmen beauftragt sind, dazu über, nicht nur die fertigen Filme, sondern auch alles, was *Work in Progress* ist, auf den neuen Fileservern zu speichern. Dadurch steigt die zuvor prognostizierte Datenzuwachsmenge von ca. 1,3 TB im Monat auf nunmehr 5 TB im Monat an. Die neue Infrastruktur, die auf 3 Jahre Datenzuwachs ausgelegt war und dann mit entsprechenden Storage-Erweiterungen hätte skaliert werden sollen, erreicht dadurch schon nach 9 Monaten Einsatz den Füllstand, der eigentlich auf 3 Jahre berechnet war. Das betrifft sowohl den Primärspeicher als auch auf die Backup-Systeme.

Dieses Beispiel verdeutlicht, dass die benötigte Backup-Kapazität besonders im Bereich von Datenbanken und Dateien mit signifikanter Einzelgröße sehr rasch in die Höhe schießen kann. Deswegen müssen Sie bei der Berechnung bzw. der Schätzung der Backup-Speicher-Kapazität besondere Sorgfalt bei der Ermittlung der Gegebenheiten im Primärspeicher an den Tag legen und verschiedene Backup-Szenarien durchspielen.

Sie sollten für jede Backup-Infrastruktur mit Veeam den oben vorgestellten *Restore Point Simulator* (siehe Abbildung 14.4) nutzen, um eine möglichst gute Schätzung der benötigten Ressourcen zu erhalten. Denn prinzipiell lassen sich die Backup-Repositorys vom Veeam B&R zwar fast beliebig skalieren, aber Sie sollten jedoch bei der ersten Implementierung mit ausreichend Ressourcen starten, um nicht schon ein paar Monate später weitere Kapazitäten im Backup-Speicher-System nachkaufen zu müssen.

14.6 Planung einer Datensicherungsumgebung

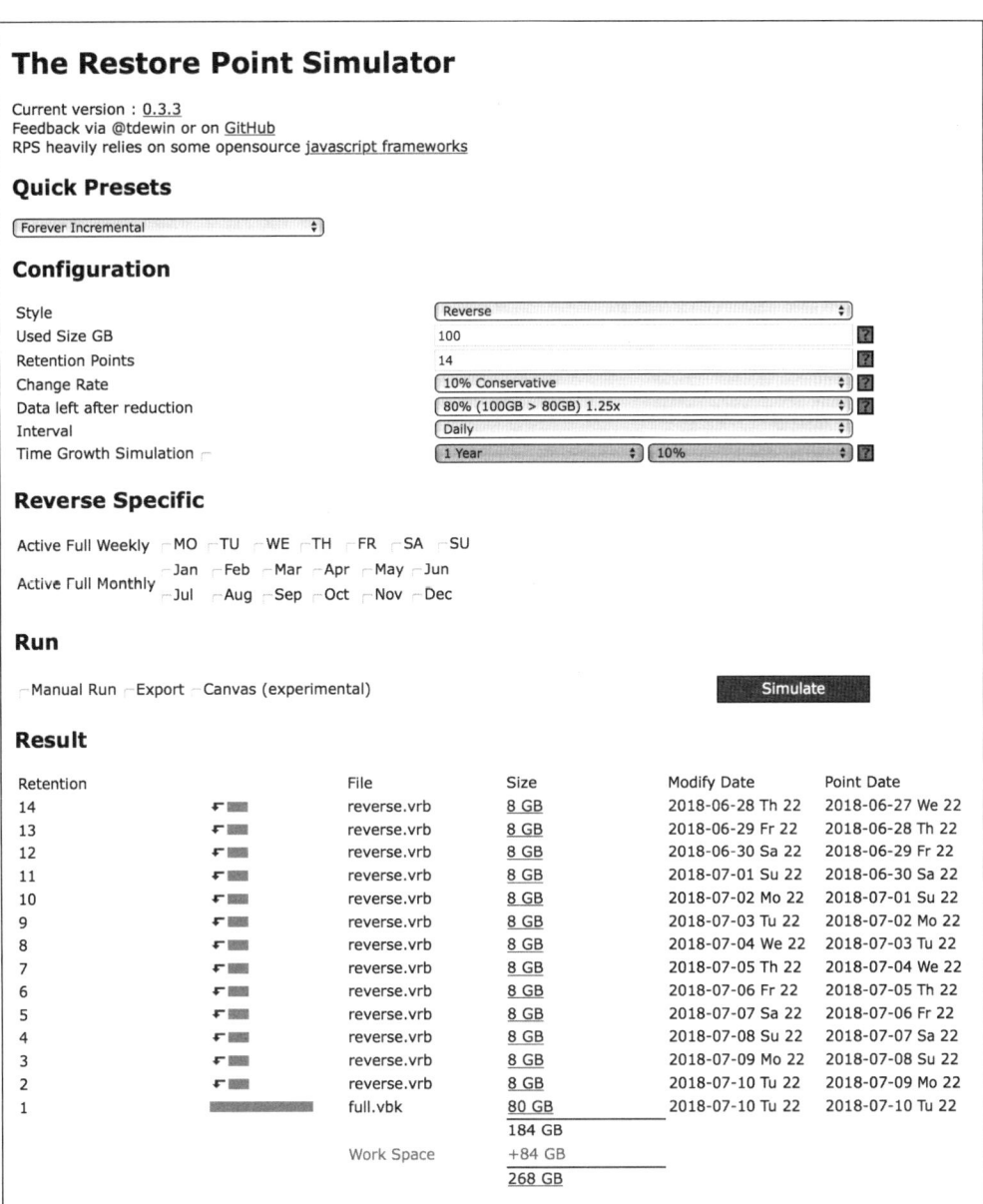

Abbildung 14.4 Restore-Point-Rechner

Copy-Jobs

Des Weiteren erfreuen sich die sogenannten Copy-Jobs sehr hoher Beliebtheit. Dabei werden die mit Veeam B&R erstellten Backups erneut gesichert. Gerade in einem mehrstufigen Modell erreichen Sie auf diese Weise mit Tapes, die sich immer noch hoher Beliebtheit erfreuen,

> den Medienbruch, ohne die Infrastruktur zusätzlich zu belasten. Nehmen wir an, dass Veeam B&R das Backup in der Nacht zwischen 02:00 Uhr und 06:00 Uhr durchführt. Anschließend könnte ein Backup-Copy-Job das neueste Backup auf Tape wegschreiben, um so eine generelle zweite Kopie auf einem physisch anderen Medium vorzuhalten. Dies ist deswegen so beliebt, weil viele Firmen nach wie vor die berüchtigten Backups der letzten 10 Jahre in einem Safe bei einer Bank vorhalten müssen. Auch hierfür bietet Veeam B&R entsprechende Möglichkeiten an, und auch hier hilft der Restore Point Simulator Ihnen, die benötigten Kapazitäten zu schätzen.

14.6.3 Deployment-Methoden

Veeam Backup & Replication teilt sich in folgende Komponenten auf:

- **Backup-Server** – Der Backup-Server ist das Konfigurations- und Kontrollzentrum. Er wird auf einem physischen Rechner oder virtuellen Windows-VM installiert. Außer der Koordination aller Jobs werden auch alle globalen Einstellungen hier vorgenommen.

- **Backup-Proxy** – Der Backup-Proxy befindet sich zwischen dem Backup-Server und den Infrastrukturkomponenten. Er ist sowohl für das Holen der Daten aus dem Produktions-Storage als auch für das Komprimieren, Deduplizieren, Verschlüsseln und Weitersenden an den Backup-Storage verantwortlich.

- **Backup-Repository** – Im Backup-Repository werden die Location der Backup-Daten, die VM-Kopien oder die Metadaten für Replikations-Jobs gespeichert. Als Location kommen infrage:
  - Microsoft-Windows-Server, also eine »lokale« Partition
  - Linux-Server
  - CIFS/SMB-Shares
  - Dell EMC Data Doman
  - ExaGrid
  - HPE Storage Once

  Darüber hinaus sind auch Festplatten über USB oder eSATA möglich, was jedoch aufgrund der Performance als auch der Funktionseinschränkungen nicht empfehlenswert ist. Außerdem sei erwähnt, dass ein Backup-Repository eine Singularität besitzen muss: Vermeiden Sie es auf jeden Fall, mehrere Repositorys zu konfigurieren, die auf dieselbe Location zeigen und denselben Pfad nutzen!

- **Mount-Server** – Ein Mount-Server wird benötigt, um eine Wiederherstellung auf Datei- und Applikationsebene zu ermöglichen. Allerdings hat sich in der Praxis gezeigt, dass die Wiederherstellung von einzelnen Dateien idealerweise auf eine Netzwerkfreigabe geschehen sollte. Das direkte Wiederherstellen wirft neben logischen Problemen (Soll man die

Datei in der Original-Location verwerfen oder ersetzen?) bei vielen kleinen Dateien auch Performance-Probleme auf. Dies liegt daran, dass jede Datei einzeln durch die gesamte vSphere-Infrastruktur übertragen werden muss, was einen Overhead produziert.

- **Guest-Interaction-Proxy** – Der Guest-Interaction-Proxy befindet sich zwischen dem Backup-Server und der VM, die gesichert werden soll. Er kümmert sich um Application-aware- und Transaction-Log-Prozesse und auch um die Indexierung des Gastdateisystems. Durch diesen Proxy ist es dem Backup-Server möglich, mit der Gast-OS-VM zu kommunizieren, auch wenn beide in unterschiedlichen Netzen liegen. Um diese Funktion nutzen zu können, ist entweder eine Enterprise- oder Enterprise-Plus-Lizenz notwendig.

- **Scale-out-Backup-Respository** – Ein Scale-out-Backup-Respository ist eine Zusammenfassung mehrerer Backup-Repositorys zu einer logischen Einheit. In diesem Pool wird entsprechend die Summe aus den einzelnen Repositorys als Kapazität angeboten. Dies ist insofern nützlich, als dass man nicht mehr die Backups von einem zu klein gewordenen Respository bzw. Backup-Storage auf ein neues, größeres verschieben muss. Somit hilft ein Scale-out-Backup-Respository, die generelle Skalierbarkeit der Backup-Locations so einfach wie möglich zu halten.

- **Gateway-Server** – Ein Gateway-Server ist erforderlich, wenn Sie *Dell EMC Data Domain Deduplication Appliances*, *HPE StoreOnce Deduplication Storage Appliances* oder andere verteile Backup-Repositorys nutzen.

- **WAN-Acceleratoren** – WAN-Acceleratoren sind für das globale Daten-Caching und -Deduplizieren und das anschließende Versenden an die Remote-Locations verantwortlich. Die WAN-Acceleratoren verringern durch entsprechende Optimierung die Größe der Datenpakete. Spezielle Versionen bzw. Add-on-Lizenzen von Veeam sind notwendig.

- **Log-Shipping-Server** – Diese Server sind dedizierte Komponenten für Mircsoft-SQL-Server-Transaktionslogs und Oracle-Archive-Logs.

- **Tape-Server** – Der Tape-Server ist eine der angenehmsten Komponenten. Viele Unternehmen entscheiden sich auch heute noch dafür, Backups auf Tapes auszulagern. Dabei steht man oft vor der Herausforderung, dass die Veeam-B&R-Windows-Maschine als VM innerhalb der vSphere-Umgebung läuft und eine voll unterstützte Anbindung von Tape-Laufwerken oder gar Tape-Storages oftmals nicht ohne Weiteres möglich ist. Oft scheitert dies an Legacy-Tape-Geräten und fehlenden PCI-Karten mit vSphere-Support in den ESXi-Servern. Der Tape-Server löst dieses Problem geschickt: Auf älteren Windows-PCs, in denen mit entsprechenden Schnittstellen Tape-Laufwerke verbaut sind oder and die Tape-Storages angeschlossen sind, wird der Veeam-Tape-Server ausgerollt. Anschließend können Sie die Tapes so ansteuern, wie man es in Legacy-Tape-Backup-Software gewohnt ist.

- **Veeam Backup Enterprise Manager** – Dies ist eine optionale Komponente, die für die Konsolidierung mehrerer Backup-Infrastrukturen in eine Weboberfläche gedacht ist. *Veeam Backup Enterprise Manager* entspricht in etwa der Funktion eines vCenters, nur eben für Veeam.

Diese Komponenten lassen sich auf unterschiedliche Art und Weise implementieren, die wir Ihnen in den nächsten Abschnitten vorstellen.

Simple Deployment

Wie der Name schon verrät, handelt es sich bei dem *Simple Deployment* um eine denkbar einfache Installation. Die oben genannten, essenziellen Veeam-Komponenten werden auf einer einzigen Windows-Maschine oder VM installiert, die dann im üblichen Sprachgebrauch als *der Backup-Server* bezeichnet wird.

Der Backup-Server steuert alle Jobs, agiert als Default-Backup-Proxy, ist der Speicherort für das Default- oder auch weitere Backup-Repositorys und ist der Mount- bzw. Interaktions-Proxy (siehe Abbildung 14.5).

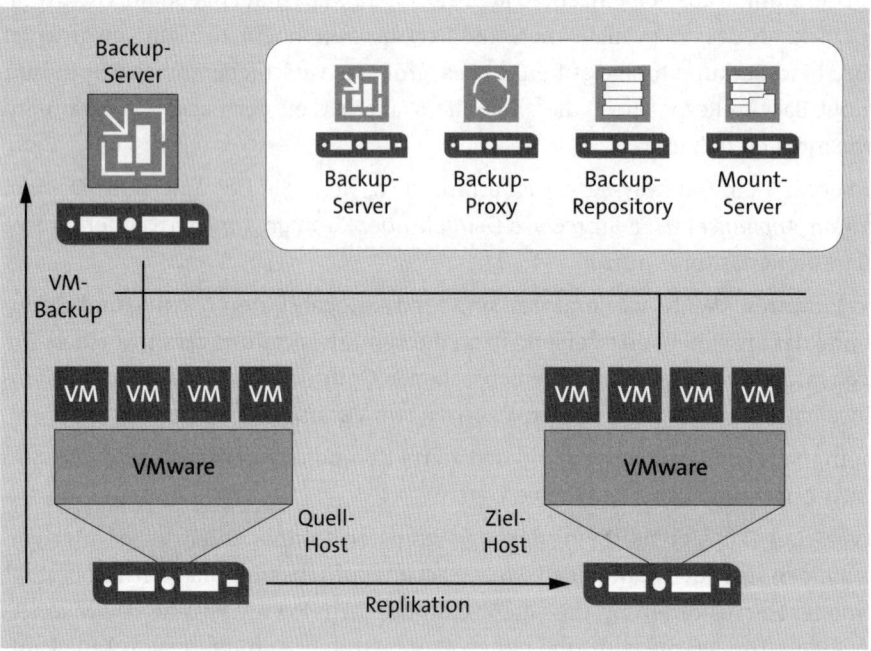

Abbildung 14.5 Schematische Darstellung eines »Simple Deployment«

Ein solches Simple Deployment eignet sich vor allem für kleinere Infrastrukturen und Test-Installationen.

Der Nachteil an einer solch einfachen Installation ist, dass alle Backups »lokal« gespeichert werden. Die Backups liegen also beispielsweise innerhalb der VM, die als Ganzes auf dem Backup-Storage liegt. Der Nachteil ist hier im Speziellen die Skalierbarkeit: Je nach Situation kann z. B. die Kapazität des Backup-Servers schnell ausgeschöpft sein. Handelt es sich dabei um einen Server mit internen Festplatten, bereitet dies Schwierigkeiten bei der Skalierung bzw. der Erweiterung des Backup-Storage. Für Backup-Server als VM, die dann auch noch Zugriff auf einen Shared Storage oder NFS haben, ergeben sich in der Regel keine Skalierungsprobleme. Hier muss nur sichergestellt werden, dass die Storage-Systeme, die von Veeam B&R benutzt werden, entsprechende Möglichkeiten zur Erweiterung bieten.

Advanced Deployment

Wie der Name schon vermuten lässt, stellt das *Advanced Deployment* die Erweiterung eines Simple Deployments dar (siehe Abbildung 14.6). In größeren Infrastrukturen wird die Last für einen Backup-Server schnell zu hoch. Entsprechend wird der Backup-Server nur noch als Manager genutzt. Die eigentliche Arbeit geschieht dann auf den Backup-Proxys, die deswegen typischerweise auch *Data Mover* genannt werden. Eine solche Installation führt unweigerlich zu der Frage, wie sich Veeam-B&R-Jobs überhaupt skalieren und wie die benötigten Ressourcen berechnet werden. Lesen Sie hierzu Abschnitt 14.6.4, »Dimensionierung vom »Veeam Backup & Replication«-Komponenten«.

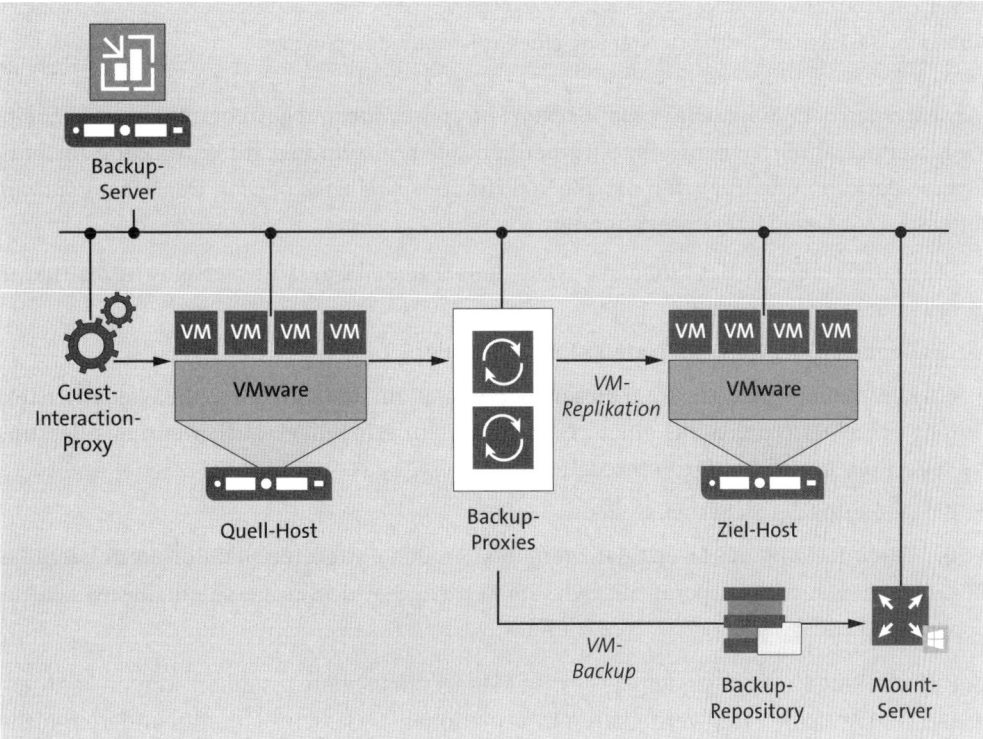

Abbildung 14.6 Schematische Darstellung eines »Advanced Deployment« Überblick

Distributed Deployment

Die letzte Ausbaustufe einer Veeam-Backup-Infrastruktur ist eine verteile Installation, bei der sich einfache oder erweiterte Installationen über mehrere Standorte verteilen.

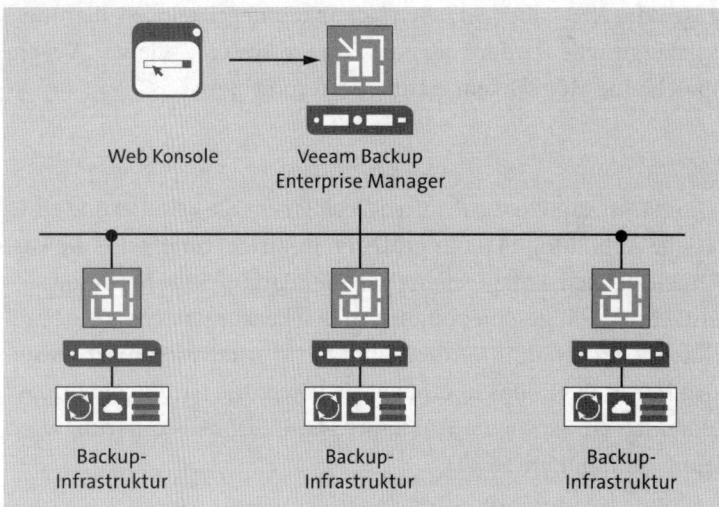

Abbildung 14.7 Schematische Darstellung eines »Distributed Deployment«

Diese werden dann über den *Veeam Backup Enterprise Manager* gesteuert. Er stellt über ein Webinterface, ähnlich einem vCenter, einen zentralen Anlaufpunkt zur Verwaltung alle, entfernten Backup-Infrastrukturen dar, die viel zitierte *Single Pane of Glas*. Der *Veeam Backup Enterprise Manager* bietet unter anderem:

- die Bearbeitung bzw. das Klonen von Backup-Jobs über die gesamte verteilte Infrastruktur aus eine Template heraus
- das Reporting der Jobs der letzten 24 Stunden oder 7 Tage
- ein konsolidiertes Indexing auf diesem Server, was ein unter anderem die Wiederherstellung einzelner Dateien aus einem Gast-Filesystem ermöglicht, auch wenn das Backup-Repository in einer entfernten Location liegt
- die Steuerung der Sicherheitsrollen
- die Vereinfachung des Lizenzmanagements. An den entfernten Standorten müssen die Lizenzen nun nicht separat zugewiesen werden. Stattdessen geschieht dieses zentral verwaltet.

Ein Veeam-Plug-in, das über den Enterprise Manager in vSphere installiert werden kann, erweitert die Ansichten und verfügbaren Informationen. So lassen sich unter anderem nicht gesicherte VMs, Fehler oder Objektstatistiken identifizieren.

14.6.4 Dimensionierung vom »Veeam Backup & Replication«-Komponenten

Für Veeam B&R werden die Ressourcen anhand der benötigten *Concurrent Tasks* im Vergleich zu der gewünschten Backup-Dauer berechnet.

In einer einfachen Installation von Veeam B&R, bei der sich alle Komponenten auf einem Server befinden, gilt:

- Ein *Concurrent Task* entspricht der Abarbeitung einer VMDK.
- Je *Concurrent Task* ist eine vCPU bzw. ein CPU-Kern erforderlich.
- 4 GB RAM plus 200 MB je *Concurrent Task* müssen pro *Concurrent Task* zur Verfügung stehen.

In einer erweiterten Installation mit Backup-Proxys benötigen diese folgende Ressourcen:

- Ein *Concurrent Task* entspricht der Abarbeitung einer VMDK.
- Je *Concurrent Task* ist eine vCPU bzw. ein CPU-Kern erforderlich
- 2 GB RAM plus 200 MB je *Concurrent Task* müssen pro *Concurrent Task* zur Verfügung stehen.

Veeam rechnet in sogenannten *Concurrent Tasks*, wobei ein solcher Task im Prinzip die Abarbeitung einer Disk, also einer VMDK, ist. Als Empfehlung wird von Veeam ein Task pro CPU-Kern genannt. Nehmen wir an, Sie möchten 100 VMs mit jeweils 2 Disks sichern. Daraus ergeben sich also 200 Concurrent Tasks. Hätten Sie, wie in einem Simple Deployment, nur einen Backup-Server und hätte dieser z. B. 2 CPUs mit je 8 Kernen, also insgesamt 16 Kerne, dann würde dieser Backup-Server zunächst 16 Disks abarbeiten. Das entspricht in unserem Beispiel 8 VMs. Die anderen VMs und Disks würden in die Warteschlange geraten.

Um nun weiter in unserem Beispiel zu rechnen, nehmen wir an, dass alle 200 Disks gleich groß sind, gleich viel Kapazität verbrauchen, gleich gut im Netzwerk erreichbar sind und alle auf gleich guten Speichersystem liegen. Nehmen wir weiterhin an, dass die entsprechende Veeam-Komponente für die Abarbeitung einer Disk 10 Minuten benötigt. Bei 200 Disks geteilt durch 16 Kerne ergibt das 200 ÷ 16 = 12,5 Zeiteinheiten zu je 10 Minuten. Am Ende dauert das Backup also 125 Minuten, knapp über 2 Stunden. So weit, so gut.

Nun kommen aber weitere VMs, größere Disks oder andere Anforderungen hinzu, z. B. ein kürzeres Backup-Zeitintervall. Machen wir es uns an dieser Stelle erst mal einfach und rechnen wir mit dem obigen Beispiel weiter. Wir gehen von der Vorgabe aus, dass das Backup innerhalb von 30 Minuten für die angenommene Infrastruktur durchgeführt werden muss. Wir erhöhen daher die Anzahl der Backup-Proxys, die ebenfalls mit 2 Sockets und 8 Kernen ausgestattet sind, von einem auf fünf. Vier Backup-Proxys wären zu wenig, da (200 Disks ÷ (16 Kerne × 4 Backup-Proxys)) × 10 Minute je Disk = 31,25 Minuten sind, was über unserem Ziel von 30 Minuten liegt. Mit 5 Backup-Proxys (und wieder 2 Sockets und 8 Kernen) kommen wir auf (200 ÷ (16 × 5)) × 10 = 25 Minuten und erreichen die Vorgabe.

In der Praxis gibt es natürlich weitere Erwägungen, z. B. die tatsächliche momentan verbrauchte Kapazität der Disks oder die Geschwindigkeit der Anbindung zu den ESXi-Hosts und Speichersystemen. Gerade die Schätzung der Zeit beim ersten Backup mit Veeam oder

der Voll-Backups gestaltet sich natürlich etwas schwieriger, sodass wir hier kein einfaches Beispiel errechnen können.

Allerdings können wir aus der Praxis Anmerkungen zu inkrementellen Backups machen. Mit den clever genutzten Technologien werden tägliche Backups und in sehr vielen Fällen – nach dem ersten Voll-Backup – alle Folge-Backups mit der Einstellung INCREMENTAL FOREVER oder REVERSE INCREMENTAL FOREVER durchgeführt. Da hier nur die Änderungen gesichert werden müssen, könnte man nun also fälschlicherweise meinen, dass die Backup-Zeit sich nicht nur signifikant, sondern bei entsprechend geringen Änderungsraten auf quasi 0 verringert. Dem ist aufgrund des Overheads bei der Abarbeitung der Prozesse jedoch nicht so. Je nach Leistung der gesamten Infrastruktur dauert es trotz minimaler Änderung der Daten innerhalb einer VM in aller Regel 5 bis 7 Minuten, bis die Backups abgearbeitet sind. Beachten Sie, dass wir hier explizit nicht von »Backups schreiben« sprechen, da das tatsächliche Schreiben der Änderungsdaten innerhalb dieser 5 bis 7 Minuten teilweise nur wenige Sekunden in Anspruch nehmen kann.

Der benötigte RAM berechnet sich ähnlich mit 4 GB + 200 MB für einzelne Backup-Server und 2 GB – 200 MB für Backup-Proxys einer erweiterten Installation. Da sich die Arbeit auf die Backup-Proxys verteilt, benötigt der Backup-Server dann natürlich die genannten Ressourcen nicht mehr.

Hier sehen Sie das Ganze noch mal etwas mathematischer erklärt und von der anderen Seite aus gerechnet, um die Frage zu beantworten, wie viele Backup-Proxys benötigt werden:

- Da – Daten in MB, echter Verbrauch
- BZ – Backup-Zeitfenster in Sekunden
- D – Durchsatz, der sich aus *Da/BZ* ergibt
- VR – Veränderungsrate
- KV – Kerne für Voll-Backup (*Full Backup*)
- KD – Kerne für differenzielle Backups (*Incremental Backup*)

Nehmen wir folgende Infrastruktur als Grundlage unserer Berechnungen an:

- 500 virtuelle Maschinen
- 80 TB verbrauchter Speicher
- 4 Stunden gewünschtes Backup-Zeitfenster
- 10 % Änderungsrate

$Da = 80\ TB \times 1.024^2 = 80 \times 1.024 \times 1.024 = 83.886.080\ MB$

$BZ = 4\ Stunden \times 60^2 = 4\ Stunden \times 60\ Sekunden\ je\ Minute \times 60\ Minuten\ je\ Stunde = 14.400\ Sekunden$

$D = Da \div BZ = 83.886.080\ MB \div 14.400\ Sekunden \approx 5.825\ MB/s$

Für Voll-Backups ist die Performance etwa viermal so hoch wie für differenzielle Backups, weswegen sich der Divisor unterscheidet.

$KV = D \div 100 = 5.825\ MB/s \div 100 = 58{,}25 \approx 59\ Kerne$

Für ein differenzielles Backup haben wir mit einem Divisor von 25 gerechnet. Dafür wird der Divident nun mit der Änderungsrate multipliziert.

$KD = (D \times VR) \div 25 = (5.825\ MB/s \times 0{,}1) \div 25 = 23{,}3 \approx 24\ Kerne$

Der benötigte RAM für die Backup-Proxys errechnet sich mit 2,2 GB × *Anzahl der Kerne*, beträgt also insgesamt 59 × 2,2 GB ≈ 130 GB.

Nun verteilen wir die benötigten Ressourcen möglichst gleichmäßig. Für virtuelle Backup-Proxys müssen Sie berücksichtigen, dass wie bei jeder VM mit steigender Anzahl an vCPU wohlmöglich ein Engpass beim Scheduling auf den physischen CPUs entsteht. Weitere Informationen hierzu finden Sie in Kapitel 17, »Virtuelle Maschinen«.

Wir rechnen deswegen nur mit 4 vCPUs: *59 Kerne ÷ 4 vCPUs* sind 14,75. Es sollten also 15 Backup-Proxys mit 4 vCPUs und 9 GB RAM ausreichen. 9 GB Ram werden benötigt, da 4 vCPUs und 4 Concurrent Tasks *4 × 2,2 GB RAM*, also 8,8 GB RAM entsprechen.

Sollten Sie keine Voll-Backups nutzen bzw. diese nur z. B. am Wochenende machen, so können Sie bei der Berechnung natürlich nur die benötigten Ressourcen für differenzielle Backups heranziehen und anschließend das zu erwartende Backup-Zeitfenster für das Voll-Backup am Wochenende ermitteln. In diesem Fall würden Sie auf *24 Kerne ÷ 4 vCPU = 6 Backup-Proxys* mit je 9 GB RAM kommen. Damit erreicht man das gewünschte Backup-Zeitfenster von 4 Stunden unter der Woche. Am Wochenende würde das Voll-Backup entsprechend ca. 10 Stunden dauern (*4 Stunden × 60/24*, was dem Verhältnis der vCPUs in unseren beiden Berechnungsbeispielen entspricht).

Diese Art der Skalierung der Backup-Komponenten wird im Allgemeinen als *Scale out* bezeichnet. Dementgegen wäre z. B. in einer einfachen Installation mit einem Backup-Server, der alle Komponenten beinhaltet, die Erhöhung vom RAM, vCPUs und Speicher ein *Scale Up*.

14.6.5 Der optimale Bereich für die Dimensionierung

Bei der Dimensionierung der Backup-Jobs müssen Sie die Art und Weise der Jobs, die Anzahl der VMs etc. berücksichtigen. Dies liegt daran, dass die im Hintergrund laufenden Prozesse teilweise sequenziell abgearbeitet werden müssen, z. B. das Auflösen der Snapshots oder das Zusammenführen des inkrementellen Backups in eine »volle« Datei, wenn man als Backup-Methode *reverse incremental* nutzt.

Ebenso gilt es, den Einfluss auf die Speichersysteme zu berücksichtigen. Laufen mehrere Jobs gleichzeitig ab, so werden auch mehrere Snapshots gleichzeitig verwendet. Übersteigt dies die Möglichkeiten der Infrastruktur, so kann es sein, dass es genauso wie auch bei vCPU-Scheduling-Problemen zu Wartezeiten kommt, bis ein entsprechender Time-Slot frei ist und ein Prozess gestartet werden kann. Auch beim Storage sollten Sie die Anzahl der gleichzeitig zu verarbeitenden Jobs berücksichtigen: Wie viel Durchsatz schafft das Backup-Repository? Wie viele gleichzeitige Tasks können gestartet werden? Schafft der echte, physische Storage im Hintergrund den Durchsatz oder wird dieser z. B. durch langsame SATA-Festplatten begrenzt?

Als Faustformel werden als Maximum oft 30 VMs für ein *Job-Backup* und 300 VMs für einen per-VM-Backup-Job genannt. Je nach Performance des Backup-Storage sollten Sie diese Zahl auf 50 bis 200 VMs verringern.

Weiterhin gibt es für die Datenbank, die Veeam B&R nutzt, einen optimalen Bereich, der bei 75 bis 100 Jobs liegt. Prinzipiell könnte Veeam mehr verarbeiten, doch auch hier hat sich gezeigt, dass Prozesse durch die Datenbank und deren Lastverteilung negativ beeinflusst werden, wenn man mehr als 100 Jobs laufen lässt.

An dieser Stelle wird sicherlich die Frage auftauchen, wie man VMs in unterschiedliche Jobs aufteilt. Wie wir schon erklärt haben, arbeitet Veeam B&R die Concurrent Tasks parallel mit den zur Verfügung stehenden Ressourcen ab. Gibt es mehr Aufgaben, als parallel abgearbeitet werden können, werden diese der Reihe nach abgearbeitet. Zusätzlich gibt es die Einschränkung, dass während ein Job läuft, nicht gleichzeitig eine Wiederherstellung stattfinden kann, selbst wenn eine VM eigentlich schon abgearbeitet ist und nun nur noch andere VMs innerhalb des Jobs auf ihr Backup warten.

Nun könnte man geneigt sein, einfach für jede VM ein separates Backup einzurichten. Dies ist auch möglich und bietet sogar die Möglichkeit, Backup-Jobs zu verketten, sprich, der nächste Backup-Job beginnt, nachdem der andere fertig ist. Dennoch bleiben Einschränkungen bezüglich der optimalen Nutzung: Würden Sie wirklich für jede VM einen Job verwenden wollen, müssten Sie zunächst einmal manuell entsprechend viele Jobs konfigurieren, wenn auch nicht vollständig per Hand, da Veeam die Möglichkeit bietet, Jobs zu klonen. Die entsprechende VM müssten Sie trotzdem erstellen und zudem festlegen, welcher Job der vorherige ist, nach dem der nun zu konfigurierende Job starten soll. Dies allein ist schon wesentlich aufwendiger, als für einen Backup-Job 50 VMs auszuwählen. Außerdem müssten Sie eine richtige Menge an Jobs konfigurieren, die in einem bestimmten Zeitfenster starten. Hier selbst genau die richtige Menge zu finden, die die Infrastruktur optimal nutzt – also weder zu wenig noch zu viel –, ist nahezu unmöglich. Deswegen werden in der Praxis oftmals typenähnliche VMs zusammen in einem Job konfiguriert und die Sonderfälle einzeln oder gemäß der Use-Cases aufgeteilt.

Eine relativ typische Aufteilung wäre beispielsweise:

- Die Fileserver werden mit einem täglichen Backup-Job gesichert.
- Die Datenbankserver werden mit einem Backup-Job gesichert, der beispielsweise alle vier Stunden läuft.

- E-Mail-Server, die oftmals eines der wichtigsten Systeme darstellen, werden ebenfalls mit einem separaten Backup-Job gesichert, der zweimal täglich läuft.
- Besondere VMs, bei denen z. B. nicht der optimale Transportmodus beim Backup genutzt werden kann, weil es sich um ein sehr altes System handelt und kein Guest-OS-Agent verwendet werden kann, bekommen einen eigenen Backup-Job. Eine Sonder-VM kann je nach Use-Case alles Mögliche sein: von VIP-VMs über Legacy-VMs bis hin zu speziellen Anwendungen, die beim Erstellen von Snapshots bitterböse reagieren, weil sich die Performance auf der VMs leicht verringert.
- Alle anderen VMs werden gleichmäßig in Gruppen zu je 50–200 VMs aufgeteilt.

14.6.6 Was man nicht machen sollte

Wie immer gibt es das eine oder andere Limit, das Sie nicht überschreiten sollten, und die eine oder andere Einstellung, die Sie auf gar keinen Fall nutzen sollten. Bei Veeam sind das folgende Punkte:

- **Kompression auf »hoch« oder »extrem« stellen:** Hierfür werden mindestens 2 vCPUs je Concurrent Task benötigt. In der Ressourcenplanung führt diese Einstellung mal eben zu einer Verdoppelung der benötigten vCPUs. Dabei bringt die Einstellung »hoch« gerade mal 2 % bis 10 % Platzersparnis im Backup-Speicher.
- **Applikationsserver als Backup-Server nutzen:** Dies ist eigentlich eine Selbstverständlichkeit. Dennoch passiert es immer wieder, dass Veeam B&R auf einem Server installiert wird, auf dem schon eine andere Applikation läuft.
- **Blockgrößen:** In vorangegangenen Versionen vom vSphere haben sich unterschiedliche Blockgrößen teilweise stark ausgewirkt. Bei kleineren Blockgrößen wurde etwas mehr RAM für die Deduplikation benötigt, wenn man auf einen »lokalen« LAN-Speicher geschrieben hat, und zwei- bis viermal so viel RAM, wenn man auf ein WAN-Ziel geschrieben hat. Da die Wahl der Blockgröße mittlerweile automatisiert läuft und nicht mehr die manuell einstellbaren Möglichkeiten früherer Versionen bietet und darüber hinaus die Empfehlung bei den Einstellungen fast immer »local« für Backup-Jobs und »LAN« Replikations-Jobs lautet, muss man hier nicht mehr so intensiv nachdenken. Sollten Sie auf ein WAN-Ziel schreiben wollen, wird Ihnen das Thema ohnehin noch einmal begegnen. Und was die Deduplizierung angeht, sollten Sie in der Praxis mit folgender Erwartungshaltung operieren: »Deduplizierung ist schön; wir rechnen mit nix und freuen uns über das, was am Ende herauskommt.« Doch das ist wieder ein anderes Thema.
- **Antiviren-Software auf dem Veeam-Backup-Server** kann je nach Einstellungen zu massiven Problemen führen. Prinzipiell überwacht Antiviren-Software Schreibvorgänge, was natürlich auch alle Daten betrifft, die von Veeam B&R geschrieben werden. Entsprechend müssen Sie dafür Sorge tragen, dass Veeam B&R nicht durch diese Programme geblockt bzw. beeinträchtigt wird. Da dieses Thema mit Datensicherung nichts zu tun hat, verwei-

sen wir an dieser Stelle auf die Veeam-KB-Artikel und die Dokumentation, die eine umfangreiche Liste von verwendeten Dateien, Ordnern und Ports liefert, die Sie von der Kontrolle durch Antiviren-Software ausschließen müssen.

14.7 Veeam-Backup-Repository

Um die benötigten Backup-Speicher zu planen, müssen Sie zunächst einmal genauer betrachten, welche Möglichkeiten *Veeam Backup & Repliaction* bietet. Dies führt uns zu den sogenannten *Backup-Repositorys*. Veeam speichert in einem solchem Repository die Backup-Dateien, VM-Kopien und Metadaten replizierter VMs. Dabei kann jeder Backup-Job nur ein Repository verwenden, die Repositorys können aber mehrere Jobs annehmen. Somit besteht hier eine n:1-Beziehung von Job zu Repository. Des Weiteren lässt sich, die entsprechende Lizenz vorausgesetzt, auch ein sogenanntes *Scale-out-Backup-Respository* verwenden.

Je nach verwendeten Features können die Anforderungen an die Backup-Infrastruktur stark variieren. Nehmen wir beispielsweise das Feature *Instant VM Recovery*. Die viel beschriebene 3-2-1-Regel für Datensicherungen werden Sie sicherlich kennen: Drei Backups, an zwei unterschiedlichen Standorten, einmal besonders gesichert oder getrennt. Diese Strategie hat aber erst einmal nicht viel mit Verfügbarkeit zu tun, weswegen man oft Veeams *Instant VM Recovery* nutzen möchte. Dabei wird die VM aus dem Backup gebootet, der Produktionsumgebung direkt zur Verfügung gestellt und zeitgleich im Hintergrund auf den Primär-Storage kopiert. Dabei muss die Performance des Backup-Speichers höhere Ansprüche erfüllen. Wäre ein Backup-Speicher nominell nur $\frac{1}{4}$ so leistungsfähig wie der Primär-Storage, können Sie bei der Nutzung von Instant VM Recovery davon ausgehen, dass die Performance dieser VM deutlich weniger hergibt und nur im besten Fall $\frac{1}{4}$ der Leistung des Primär-Storage erreichen wird. Denn meist bildet sich eine Kaskade: Die übliche Anzahl der User möchte die VM natürlich direkt benutzten, während gleichzeitig der Hintergrundprozess läuft. In der Praxis hat sich gezeigt, dass die Performance dann sehr schnell weiter mit halbierten Faktoren abnimmt: $\frac{1}{8}$, $\frac{1}{16}$ etc. Die Begeisterung bei allen Usern, IT-Administratoren und Managern wird sich dann sehr in Grenzen halten. Im schlimmsten Fall bleibt die VM nicht effektiv nutzbar und der gesamte Sinn und Zweck von Instant VM Recovery würde hinfällig.

14.7.1 Verschiedene Backup-Repository-Typen

Die üblichen Kennwerte für einen Storage und somit auch für einen Backup-Storage sind immer die gleichen:

1. Gesamtkapazität
2. Schreib- und Leseleistung
3. Verfügbarkeit der Bestandteile wie Festplatten, LUNs, Controller etc.
4. Kosten-Leistungs-Faktor

Nun werden sich viele fragen, warum der Kosten-Leistungs-Faktor bei den Kennwerten des Storage genannt wird. In unserer heutigen Zeit sind der Leistung und der Kapazität kaum noch technische Grenzen gesetzt. Maßgeblicher Faktor ist und bleibt aber das einsetzbare Kapital. Hat man in Bereich 1, 2 und 3 Ansprüche, wird viel Kapital benötigt. Oftmals stellen Kunden zunächst eine Wunschliste mit der perfekten Lösung auf, um anschließend festzustellen, dass ihre Wünsche und ihr verfügbares Kapital nicht vereinbar sind. Anschließend begibt man sich auf die Suche nach einer schlankeren 80%-Lösung, idealerweise für 20 % der Kosten.

Eine Möglichkeit ist es, mehrere qualitativ unterschiedliche Backup-Repositorys zu verwenden. Eine häufig gewählte Variante ist ein leistungsstarkes Speichersystem mit weniger Kapazität sowie ein schwächeres System mit deutlich mehr Kapazität. Dabei werden aktuelle Wiederherstellungspunkte auf dem schnellen Speicher vorgehalten und weiter in der Vergangenheit liegende Wiederherstellungspunkte auf den schwächeren Speicher ausgelagert. In einem solchen Fall würden Sie mit einem Veeam-Backup-Copy-Job die Backups vom schnelleren zum größeren System kopieren oder, mit der der entsprechenden Lizenz, ein Scale-out-Backup-Repository einrichten.

Eine weitere Stufe ist die Nutzung von extrem langsamen Speichern mit extrem hohen Kapazitäten, typischerweise Tapes. Doch dazu später mehr.

14.7.2 SMB-Backup-Repository

Da wir bereits in Kapitel 9, »Storage-Architektur«, auf unterschiedliche Arten von Speichern eingegangen sind, wollen wir an dieser Stelle nur die wichtigsten Punkte erwähnen, ohne auf die verschiedenen Vor- und Nachteile einzugehen.

Wir gehen davon aus, dass eine Windows-VM als Backup-Server, Backup-Proxy bzw. Gateway-Server verwendet wird. Auf dieser Windows-VM werden die verfügbaren Volumes dann entweder zu einer Partition zusammengefasst oder als separate Partition genutzt. Letzteres sollten Sie nur mit Bedacht tun: Die Aufteilung in separate Partitionen entsteht durch den Wunsch, eine bessere Lastverteilung zu erreichen. Allerdings sind einer einzelnen VM schon gewisse Limitierungen durch das Speichersystem auferlegt, auf dem die VMDK der VM liegt. Um dort, z. B. bei der *Queue Depth* der RAID-Karte, nicht in Schwierigkeiten zu geraten, ist es oftmals besser und auch einfacher zu berechnen, wenn man Backup-Repositorys mit Backup-Proxys zusammen skaliert.

Bei der Wahl des Repositorys bieten die Gateway-Server oder die Backup-Jobs zwei Modi zur Auswahl: *automatisch* und die Auswahl des spezifischen Servers. Wie unschwer zu erraten ist, wird mit der Option *automatisch* die Auswahl des Backup-Repositorys durch die entsprechende Veeam-Komponente getroffen. Wenn Sie diese Entscheidung selbst treffen wollen, nutzen Sie in der Konfiguration das entsprechende Menü, um das gewünschte Repository auszuwählen. So können Sie z. B. Backups auf ein performanteres Speichersystem schieben und *Instant VM Recovery* nutzen. Oder Sie konfigurieren Ihre Backups explizit auf ein lokales

Backup-Repository, weil eines der Backup-Repositorys an einem Remote-Standort liegt. Sie möchten damit verhindern, dass die automatische Auswahl des Backup-Repositorys genau jenes auswählt, das sich an einem anderen Standort befindet, was die Latenzen und damit die Verarbeitungsdauer der Jobs in die Höhe schnellen ließe.

Im Falle einer automatischen Wahl wird das Load-Balancing ebenfalls automatisch durchgeführt. Hierbei gilt es zu berücksichtigen, dass pro Backup-Job nur ein Server, nämlich der *Gateway-Server*, verwendet wird, um die Daten auf ein SMB-Share zu schreiben. Bei mehreren verfügbaren Proxy-Servern ist das immer der erste, der vom Backup-Job »gefunden« wird. Ist im Backup-Job die Option PER VM BACKUP FILES aktiviert, werden mehrere Backup-Reihen im Hintergrund erstellt, die jede für sich wiederum möglicherweise mehrere Backup-Proxys ansprechen, von denen wiederum der erste zum Gateway-Server wird. In einem solchen Fall werden also mehrere Gateway-Server gleichzeitig angesprochen. Deswegen sollte das Netzwerk ausreichend gut ausgelegt sein, damit an dieser Stelle keine Engpässe entstehen. Außerdem ist es bei mehreren Backup-Reihen möglich, dass »der erste gefundene Backup-Proxy«, der zum Gateway-Server gemacht wird, in mehreren Reihen derselbe ist. Diesen erkennt man schnell daran, dass seine CPU- und RAM-Last wesentlich höher ist als bei den anderen Backup-Proxy-Servern.

Ein Vorteil mehrerer Backup-Reihen ist natürlich, dass mehrere Threads zu einem Speichersystem genutzt werden können. Gerade bei NAS-Speichern kann das durchaus sehr sinnvoll sein, um so die generelle Geschwindigkeit zu erhöhen, mit der Backups weggeschrieben werden können. Natürlich ist dabei zu erwähnen, dass man dies mit Bedacht tun sollte, um nicht das NAS zu überlasten. Und dass man nicht das billigste NAS dafür verwenden sollte, ist eigentlich auch selbstverständlich.

14.7.3 Deduplication Appliances und VTL als Backup-Repository

Veeam ist in der Lage, Deduplizierungs-Appliances als Backup-Repository, Backup-Copy-Repository oder als *virtuelle Tape-Library* (VTL) zu nutzen. Solche Deduplizierungs-Appliances sind sehr vereinfacht gesagt Speichersysteme, die sich darauf spezialisiert haben, Daten anzunehmen und möglichst effizient – also mit möglichst geringem Speicherverbrauch – wegzuschreiben.

Die genaue Funktion solcher Systeme unterscheidet sich von Hersteller zu Hersteller und soll auch nicht Teil dieses Kapitels sein. Generell ist aber anzumerken, dass mit dem Vorteil des geringen Platzverbrauches auch ein Nachteil einhergeht: Üblicherweise speichern solche Appliances auf sehr schnellen SSD- oder SAS-Festplatten einen Cache. Das können beispielsweise die »frischesten« Dateien sein, die »heißesten« Blöcke usw. Dieser Cache ist natürlich endlich, und so werden die Daten kurze Zeit später auf wesentlich langsamere Medien wie SATA-Festplatten oder Tapes geschrieben. Möchten Sie nun Daten zurückholen, die nicht im Cache liegen, kann dies entsprechend lange dauern. Sind die Daten auch noch auf mehrere Speicher verteilt, was bei Random-I/Os immer ein Thema ist, verschlimmert sich dieses Problem natürlich. Im Englischen wird dieses Phänomen *re-hydration process* genannt. Die »De-Hydrierung« ist dabei die Transformation der originalen Speicherblöcke in deduplizierte Speicherblöcke, und entsprechend ist die »Re-Hydrierung« die Transformation der deduplizierten Speicherblöcke in ihre originale Form. Darüber hinaus lässt sich leicht erraten, dass gerade stark I/O-lastige Prozesse für Deduplizierungs-Appliances besonders schwer zu bewältigen sind. Somit ist die Verwendung solcher Systeme für Veeams *Instant VM Recovery* denkbar ungünstig, da dieses Feature mit Abstand die meisten I/Os verursacht.

Um diese Problematik ein Stück weit zu entschärfen, bieten sich für die Konfiguration von primären Backup-Jobs zwei Möglichkeiten: Storage-Hersteller bieten möglicherweise ein von Veeam unterstütztes Produkt an. Beispiele sind hier *EMC DataDomain* mit ihrem *DDBoost*-Protokoll oder *HPE StorageOnce* mit dem *Catalyst*. Beschreibungen, wie diese optimal angesteuert werden, finden Sie in der Dokumentation der Hersteller oder in der Veeam-Dokumentation. Für Produkte aller anderen Anbieter ist die Verwendung des *Forward Incremental with Active Full*-Backups zu empfehlen. Alle anderen Backup-Modi erfordern eine Datentransformation mit signifikant höherer I/O-Last mit einer De-Hydrierung und Re-Hydrierung auf dem Speichersystem.

Weiterhin ergeben sich aus der Nutzung von *Forward Incremental with Active Full*-Backups Einschränkungen, die es bei der Planung zu berücksichtigen gilt, z. B. Backup-Zeitfenster, Anzahl und Speicherverbrauch von Snapshots etc. Aus diesem Grund ist es empfehlenswert, Deduplikations-Appliances wenig oder besser gar nicht für primäre Backup-Jobs zu nutzen. Auch bei Backup-Copy-Jobs werden Tranformationen vorgenommen, wenn die sogenannten synthetischen Voll-Backups verwendet werden. Entsprechend wird empfohlen, aktive Voll-Backups für Backup-Copy-Jobs für das Schreiben auf Deduplikations-Appliances zu verwenden.

An dieser Stelle sei ein deutsches Produkt aus dem Hause *FAST LTA* erwähnt, nämlich der *Silent Brick*. Dieses Produkt umgeht einige der Schwierigkeiten und positioniert sich im Segment zwischen regulären Festplattenspeichern und Tape-Librarys. In Veeam B&R kann der *Silent Brick* direkt als virtuelle Tape-Library (VTL) eingebunden werden. Darüber hinaus eignet er sich auch hervorragend als Archiv- und Auslagerungsspeicher.

Für die Nutzung vom virtuellen Tape-Librarys (VTL) muss ein Backup-Repository ohne Kompression genutzt werden, die als Zwischenschritt vor dem Schreiben auf die VTL benötigt wird. Hierzu sollte das Backup-Repository in den erweiterten Einstellungen mit DECOMPRESS BEFORE STORING konfiguriert sein. Dies gewährleistet einen effizienteren Prozess, da die Kompression, die auf Job-Ebene eingestellt wurde, ignoriert wird.

14.7.4 Pro-VM-Backup-Dateien

In der empfohlenen Standardeinstellung (siehe Abbildung 14.8) werden die Daten aus einem Backup-Job in einem *Stream* geschrieben.

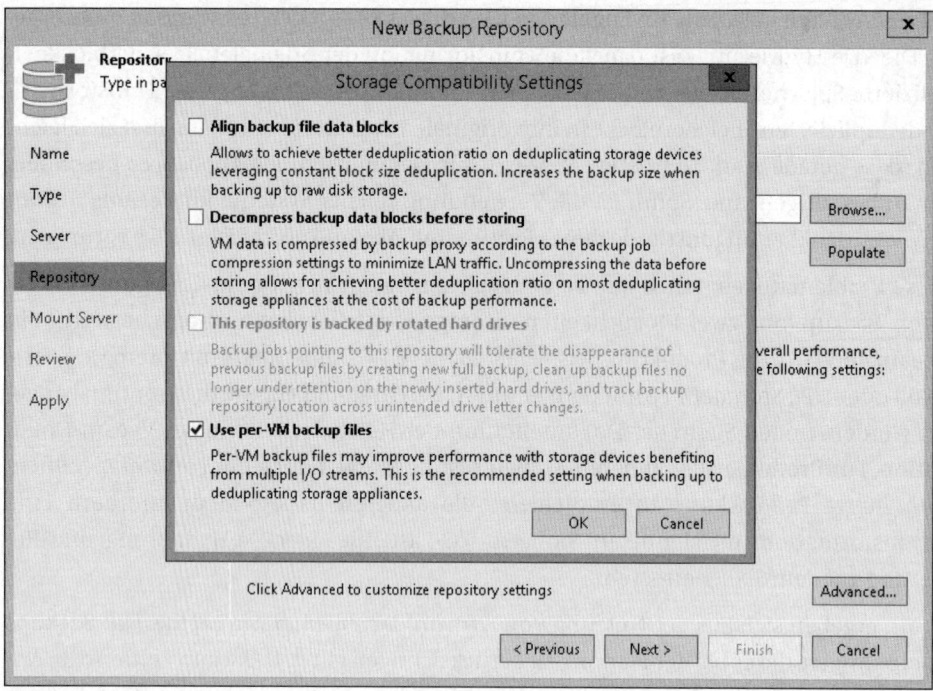

Abbildung 14.8 Die Option »Use per-VM backup files«

Dadurch sind alle Daten für mehrere VMs in einer einzigen Backup-Datei enthalten. Daraus ergibt sich eine zuvor schon angesprochene Einschränkung, da man nicht gleichzeitig das Backup und das Restore eines Jobs machen kann, was in der Folge einen Restore einer VMs aus jenem Job verhindert, auch wenn diese schon abgearbeitet wurde.

Mittlerweile bietet Veeam B&R ab Version 9 die Option, *Pro-VM-Backup-Dateien* zu schreiben. Das heißt, je VM nutzt Veeam einen Schreib-Stream. Das vereinfacht das Job-Management erheblich. Gleichzeitig erhöht sich dadurch generell die Schreib-Performance, und in bestimmten Job-Modi verbessert sich die Leistung beim Zusammenführen von Backup-Dateien. Außerdem sinkt der Speicherbedarf im Backup-Repository, das als Workspace nun nicht mehr für die Transformation der Workspaces eines Voll-Backups vorgehalten werden muss, sondern nur so viel freien Speicherplatz benötigt, um die größte Backup-Datei verarbeiten zu können.

Da die Aufteilung in mehrere Schreib-Stream besonders Deduplikations-Appliances zugute kommt, wird die Einstellung entsprechend empfohlen. Darüber hinaus profitieren gerade Tape-Librarys mit mehreren Laufwerken, die jeweils nur einen Schreibstream verarbeiten können, von dieser Änderung, da nun die Schreib-Streams auf alle verfügbaren Tape-Laufwerke verteilt werden können, was wiederum die Schreibleistung in Gänze verbessert und die Verarbeitungszeit verringert. In Scale-out-Backup-Repositorys ist diese Einstellung standardmäßig immer aktiviert, um innerhalb eines Scale-out-Backup-Repositorys die Volumes ebenfalls besser ansprechen zu können. Dass in der Praxis 300 VMs eine gute Richtgröße in einer »Per-VM-Backup«-Job-Kette sind, haben wir bereits erwähnt. Wesentlich größer sollten Backup-Jobs nicht werden. Dies liegt vor allem daran, dass z. B. synthetisierende Prozesse, Backup-Copy-Jobs oder Gesundheitschecks erst durchgeführt werden, nachdem alle VMs erfolgreich durchgelaufen sind, was wiederum sehr große Backup-Jobs wenig sinnvoll macht.

Bei all den Vorteilen dieses Features wollen wir aber auch die potenziellen Nachteile erwähnen. Mit multiplen Schreib-Streams erreichen Sie natürlich wesentlich schneller die Grenzen Ihrer Speichersysteme. Gerade NAS-Systeme reagieren sehr ungehalten, wenn man ihnen mehr Schreib-Streams aufbürdet, als sie verarbeiten können. Gehen Sie also vorsichtig vor, und erweitern Sie Ihre Schreib-Streams nur stufenweise. Alternativ können Sie auch in den Einstellungen von Backup-Jobs und Backup-Repositorys Limits angeben. Maßgeblich ist das Concurrent-Tasks-Limit, das sich in Veeam steuern lässt.

14.7.5 Scale-out-Backup-Repositorys

Veeam Scale Out Respository ist eine Zusammenfassung mehrerer einzelner Backup-Repositorys und bildet damit eine übergeordnete, logische Einheit, die für Backup- und Backup-Copy-Jobs verwendet werden kann. Dies macht die Erweiterung vorhandener Backup-Repositorys denkbar einfach, falls diese langsam, aber sicher volllaufen. Ähnlich wie eine Storage Extent in vSphere wird auch in Veeam eine solche Erweiterung mit einem weiteren Backup-Repository vorgenommen. Aufwendige Umzüge alter Backups entfallen damit. Wie zuvor schon erwähnt, muss eine entsprechende Lizenz vorhanden sein, und Sie benötigen natürlich mindestens zwei einfache Backup-Repositorys. Auch empfiehlt es sich, die Option PER VM BACKUP FILES mit mehreren Schreib-Streams beizubehalten, was per Default eingestellt ist. Es gibt allerdings Einschränkungen:

- Eine Enterprise- oder Enterprise-Plus-Lizenz ist erforderlich.
- Das Scale-out-Backup-Repository kann nicht Ziel sein für:
    - Konfigurations-Backup-Jobs
    - Replikations-Jobs
    - VM-Copy-Jobs
    - Veeam-Agent-Backup-Jobs, die mit *Veeam Endpoint Backup 1.5* oder älter und *Veeam Agent for Linux 1.0 Update 1* oder älter erstellt wurden
- Sollte eines der genannten Backups schon auf einem Backup-Repository eingerichtet sein, können Sie dieses nicht für das Scale-out-Backup-Repository verwenden. Maßgeblich betrifft dies das Default-Backup-Repository, das üblicherweise bei der Installation auf der C:\-Partition der Windows-Maschine konfiguriert wird und anschließend sofort das Konfigurations-Backup aufnimmt. Entsprechend müssen Sie vorher die genannten Jobs auf ein anderes Ziel zeigen lassen, um dann das Backup-Repository für Scale-out verfügbar zu machen.

- Externe Laufwerke, die per USB oder eSATA angeschlossen sind, werden nicht unterstützt. Allerdings ignoriert Veeam die Einstellung THIS REPOSITORY IS BACKED BY ROTATED HARD DRIVE bei einem Extent schlichtweg und behandelt das Backup-Repository wie jedes andere.

- Sobald Sie ein Backup-Repository als Extent für ein Scale-out-Backup-Repository genutzt haben, können Sie es nicht mehr als normales Repository direkt nutzen. Ebenso können Sie es nicht für ein anderes Scale-out-Backup-Repository nutzen.

- Eine Kaskade aus Scale-out-Backup-Repositorys, in der wiederum Scale-out-Backup-Repositorys als Extent verwendet werden, ist nicht möglich.

- Wird ein Backup-Repository schon von *vCloud Director* verwendet, kann es nicht für ein Scale-out-Backup-Repository verwendet werden.

- Während ein laufender Prozess auf ein Backup-Repository zugreift, kann dieses nicht an ein Scale-out-Backup-Repository angebunden werden.

- Nur in der Enterprise-Plus-Lizenz sind den Scale-out-Backup-Repositorys keine Limits gesetzt. Mit einer Enterprise-Lizenz sind Sie auf ein Scale-out-Backup-Repository mit drei aktiven und einem inaktiven Backup-Repository eingeschränkt. Das Hinzufügen eines vierten Backup-Repositorys verursacht Fehler bei Backup-Jobs.

- Die *Extract and Backup Validator Utilities* funktionieren nicht mit Scale-out-Backup-Repositorys.

- Veeam B&R führt beim Import von Backups aus Scale-out-Backup-Repositorys automatisch einen Rescan durch. Dabei dürfen sämtliche Pfade zu Ordnern und VBM-Dateien ausschließlich die alphanumerischen Zeichen a–z, A–Z, 0–9 und die Sonderzeichen _-.+= @^ enthalten. Leerzeichen dürfen ebenfalls nicht vorhanden sein. Sind dennoch verbotene Zeichen vorhanden, wird ein Import fehlschlagen. In einem solchen Fall müssen Sie die Sonderzeichen durch manuelles Umbenennen entfernen und einen erneuten Import durchführen.

- Veeam B&R teilt Backup-Dateien nicht auf. Das heißt, eine Backup-Datei wird immer als Ganzes auf einem Extent abgelegt.

14.7.6 Backup-File-Placement im Scale-out-Backup-Repository

Prinzipiell gibt es für Scale-out-Backup-Repositorys zwei unterschiedliche Richtlinien, nach denen Dateien abgelegt werden: *Data Locality* und *Performance*. Allerdings sind diese Richtlinien nicht in Stein gemeißelt, da Veeam B&R als alles überschattende Richtlinie immer einer erfolgreichen Job-Fertigstellung höchste Priorität einräumt. Dabei werden andere Richtlinien gebrochen bzw. missachtet, wenn dies eine erfolgreiche Fertigstellung eines Jobs ermöglicht. Außerdem sollten Sie bedenken, dass zum einem auf jedem Extent eines Scale-out-Backup-Repositorys 1 % freier Speicherplatz vorgehalten wird, um die korrekte Abarbeitung sowohl von Zusammenführungsprozessen als auch von Updates der VBM-Dateien zu gewährleisten. Zum anderen sollte ein Extent generell ausreichend Platz für Zusammenführungsprozesse vorhalten. Ist dem nicht so, könnten diese Prozesse fehlschlagen.

In der Richtlinie *Data Locality* werden die Backup-Dateien einer *Backup-Kette* (*backup chain*) immer zusammen in den gleichen Extent geschrieben. Bei der Option *per-VM-Backup-files* sind das die Metadaten (VBM), die Voll-Backup-Datei (VBK) und die Differenzdateien (VIB). Das bedeutet auch, dass beispielsweise Dateien eines Backup-Jobs, die sich in unterschiedlichen Backup-Ketten befinden, auf alle Extents eines Scale-out-Backup-Repositorys verteilen können.

In der Richtlinie *Performance* werden die Voll-Backup-Dateien (VBK) und die Differenzdateien (VIB) getrennt voneinander auf unterschiedlichen Extents gespeichert. Ohne weitere Konfiguration verteilt Veeam B&R die Extents automatisch selbst, eine Spezifizierung der Extents ist aber auch möglich. Wie der Name schon verrät, erhöht dies in aller Regel die Leistung, da nun I/O-intensive Prozesse auf mehrere Extents verteilt werden. In der Praxis funktioniert dies natürlich nur in Abhängigkeit von der Leistungsfähigkeit der physischen Speichersysteme. Besteht Ihr Scale-out-Backup-Repository beispielsweise aus zwei Extents, die auf der Windows-VM in zwei unterschiedlichen Volumes liegen, die wiederum in zwei unterschiedlichen VMDKs liegen, wobei die VMDKs aber auf ein und derselben LUN auf ein und demselben Array liegen, so ist natürlich absehbar, dass eine echte Performance-Steigerung nicht bzw. nur sehr begrenzt zu erwarten ist.

Dass alle Extents online und verfügbar sein müssen und dass eine entsprechende Netzwerkverbindung zwischen den Extents bestehen muss, damit Jobs mit dem Scale-out-Backup-Repository als Ziel erfolgreich laufen, versteht sich von selbst. Um Fälle von nicht verfügbaren Extents abzufangen, können Sie bei Voll-Backups die Option PERFORM FULL BACKUP WHEN REQURIED EXTENT IS OFFLINE aktivieren. Dadurch fallen fehlende differenzielle Dateien aus der Backup-Kette nicht ins Gewicht. Auf der anderen Seite wird dadurch natürlich die Backup-Dauer erhöht und es wird mehr Speicher verbraucht, da nun ein Voll-Backup geschrieben wird anstelle eines weiteren, inkrementellen Backups.

14.7.7 Windows-Server-Deduplikation-Share als Backup-Repository

Möchten Sie als Backup-Repository einen Windows-Fileserver mit Deduplikation nutzen, sollten Sie folgende Einstellungen verwenden:

- Formatieren Sie Festplatten in der Konsole mit der Option /L für große Dateien.
- Verwenden Sie 64 KB als Cluster-Größe.
- Spielen Sie alle Patches für Windows 2012 R2 und 2016 ein, die Verbesserungen für die Deduplikation enthalten.
- Verwenden Sie aktive Voll-Backups mit Differenzdateien (Option: ACTIVE FULL WITH INCREMENTALS).
- Verteilen aktive Voll-Backups über die Woche.

- Stellen Sie die Garbage Collection von wöchentlich auf täglich um.
- VBK-Dateien sollten 1 TB nicht überschreiten, da Microsoft größere Dateien offiziell nicht unterstützt. In der Praxis geht das zwar problemlos, es dauert dann halt nur sehr lange.
- Da *Windows Deduplikation* auf einem Thread läuft, können Sie mehrere Volumes einrichten, um eine bessere Performance zu erreichen. Dementgegen steht die Tatsache, dass größere Volumes eine bessere Deduplikationsrate erreichen.
- Führen Sie die Deduplikation täglich mit möglichst großem Zeitfenster durch.
- Deaktivieren Sie die Veeam-Kompression, und verwenden Sie als als Blockgröße LAN.

14.8 Veeam Backup & Replication installieren

Die Installation von Veeam B&R ist recht einfach. Hat man noch keine Lizenz zur Hand, empfiehlt sich der Einsatz einer Demo-Lizenz. Hierfür melden Sie sich auf der Webseite von Veeam an, klicken auf PRODUKTE • VEEAM BACKUP & REPLICATION 9.5 (oder was gerade die aktuelle Version ist) und dann auf den Link, der das kostenlose Testen verspricht. Neben der Weiterleitung zum Download der ISO-Datei wird Ihnen eine E-Mail mit einer Lizenzdatei zugeschickt. Diese ist zwingend notwendig, da sonst nicht alle Funktionen zur Verfügung stehen.

Wenn Sie aus der ISO-Datei heraus die Installation starten, erscheint das Installationsmenü. Mit einem Klick auf VEEAM BACKUP & REPLICATION INSTALL geht es los. Akzeptieren Sie die Lizenzvereinbarung, und fügen Sie anschließend die zuvor erwähnte Lizenzdatei der Installation hinzu. Im nächsten Fenster wählen Sie die Komponenten aus, die Sie installieren wollen. Für die erste einfache Installation nehmen Sie die Default-Settings und klicken weiter. Daraufhin überprüft Veeam, ob das System die Voraussetzungen erfüllt. Sollten Software-Komponenten fehlen, beispielsweise *MS SQL Management*, bietet Veeam die Installation an, die Sie durch einen Klick auf INSTALL durchführen. Bei der anschließenden erneuten Überprüfung sollte Veeam dann alle Voraussetzungen als erfüllt ansehen und Sie können die Installation fortführen. Eine letzte Übersicht erscheint, und Sie beenden den Assistenten mit FINISH. Nun installiert Veeam alle restlichen und eigenen Komponenten.

Anders als bei früheren Versionen, bei denen Veeam nur den Stand des Master-ISO-Image installierte, werden nun direkt mit der ISO-Datei auch die neusten Updates mitgeliefert. Entsprechend sehen Sie im Fortschrittsbalken auch die Installation von Updates. Nach der Fertigstellung muss ein Reboot der Maschine durchgeführt werden. Anschließend können Sie über das Icon auf dem Desktop die Veeam-Applikation starten. Doch bevor Sie dies tun, sollten Sie die Windows-Firewall anpassen. Generell gilt: Falls irgendetwas mit Veeam direkt nach der Installation oder bei der Erstkonfiguration einer Komponente nicht funktionieren sollte, ist es wahrscheinlich, dass die Windows-Firewall – entweder auf der Veeam-VM oder auf der Ziel-VM für ein Backup, Backup-Repository, Backup-Proxy usw. – noch aktiviert ist und entsprechende Zugriffe blockt. Schalten Sie die Firewall also ab oder konfigurieren Sie sie entsprechend.

Starten Sie die Veeam-Applikation dann zum ersten Mal (siehe Abbildung 14.9).

Abbildung 14.9 Das Anmeldefenster von Veeam B&R. Hier sehen Sie schon: Ist die Firewall noch aktiv, können Sie sich selbst direkt auf dem Veeam-Server nicht an der Konsole anmelden.

Der übliche Startbildschirm der Veeam-Konsole erscheint. Hier sollte man ein Auge auf die Lizenzdauer und die Version haben. In der eigentlichen Konsole wird man dann direkt auf entsprechende Probleme oder Tasks aufmerksam gemacht. In unserem Demo-Fall wurde direkt mit der »Master-ISO« auch ein Update geladen und installiert. Veeam erwartet, dass diese Updates direkt nach Start der Konsole durchgeführt werden (siehe Abbildung 14.10).

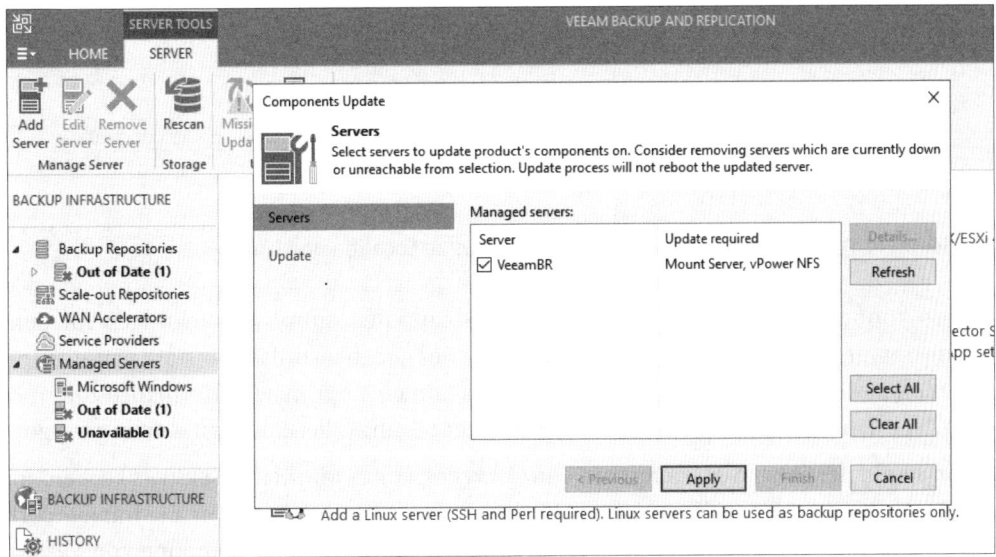

Abbildung 14.10 Updates müssen nach der Installation immer direkt in der Konsole durchgeführt bzw. abgeschlossen werden.

Anschließend steht Ihnen die normale Konsole zur Verfügung. Üblicherweise beginnen Sie mit der Installation des Backup-Repositorys. Das Default-Backup-Repository liegt auf der C:\-Partition und enthält unter anderem das Backup der Konfiguration. Es empfiehlt sich, daran keine Änderungen vorzunehmen und das Default-Backup-Repository nicht weiter zu nutzen bzw. für »echte« Backup-Jobs andere Backup-Repositorys zu konfigurieren.

Beim Einrichten eines Backup-Repositorys können Sie, wie schon zuvor beschrieben, entsprechende Einstellungen bezüglich der maximalen Anzahl der Concurrent Jobs sowie der maximalen Schreib- und Leserate einrichten (siehe Abbildung 14.11). Entsprechend der zuvor angestellten Planung sollten Sie hier die benötigten Einstellungen vornehmen.

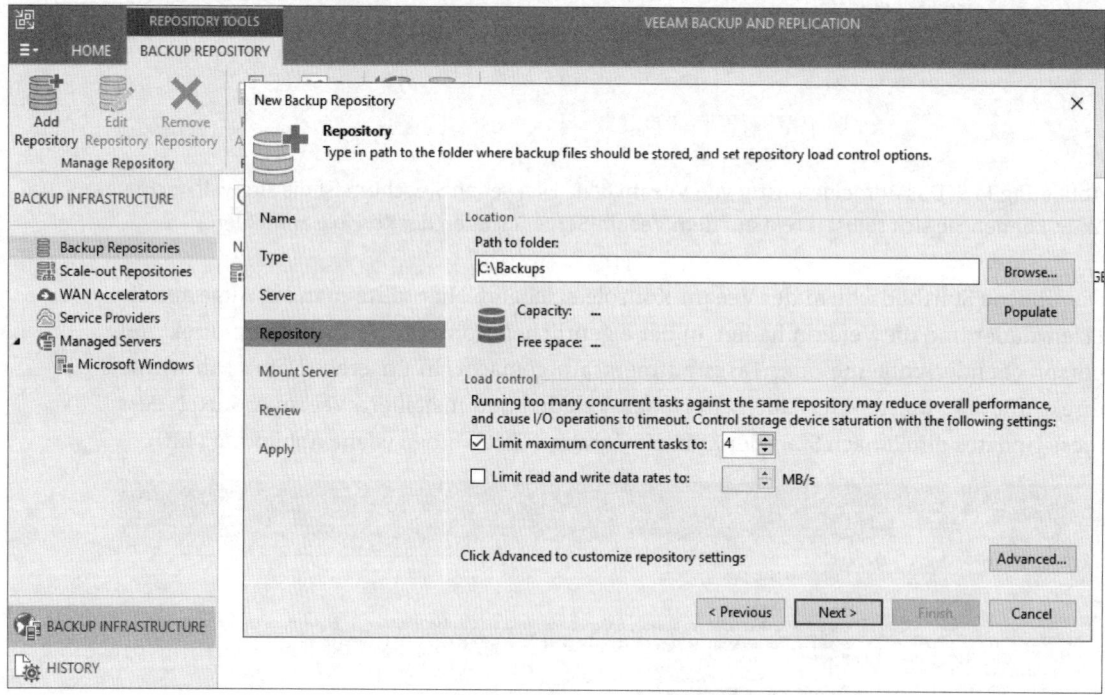

Abbildung 14.11 Einstellungen des Backup-Repositorys zu Location und Limits

Ebenso können Sie bei der Einrichtung eines Backup-Repositorys Einstellungen für den Mount-Server vornehmen oder Ports verändern. Hier gilt ebenso, dass für stark verteilte Installationen die Auswahl angepasst werden muss, um eine optimale Performance zu erreichen. Wer sich nicht sicher ist, fährt mit den Default-Settings allerdings erst einmal ganz gut.

Wenn Sie auf der linken Seite auf BACKUP INFRASTRUCTURE • MANAGED SERVERS klicken, erscheint in der Mittelkonsole eine Auswahl der zu konfigurierenden Server. Sie wählen dort *VMware vSphere* aus und starten damit die Konfiguration bzw. die Anbindung von *Veeam Backup & Replication* an einen vCenter. Sie vergeben dort einen Namen bzw. eine IP-Adresse oder einen DNS-Namen und konfigurieren im zweiten Fenster einen User, der den vCenter

14.8 Veeam Backup & Replication installieren

ansprechen darf. Mit geschickter Planung können Sie es sich einfach machen und beispielsweise eine Active-Directory-Domäne benutzen. Mit einem Admin-Account mit entsprechend hohen Privilegien wird nicht nur diese Konfiguration vereinfacht.

Sie nutzen Port 443 als Default-Port. Anschließend versucht Veeam die Verbindung zum vCenter herzustellen. Wie üblich wird eine Bestätigung angefordert, dass Sie dem Zertifikat vertrauen; bestätigen Sie diese (siehe Abbildung 14.12).

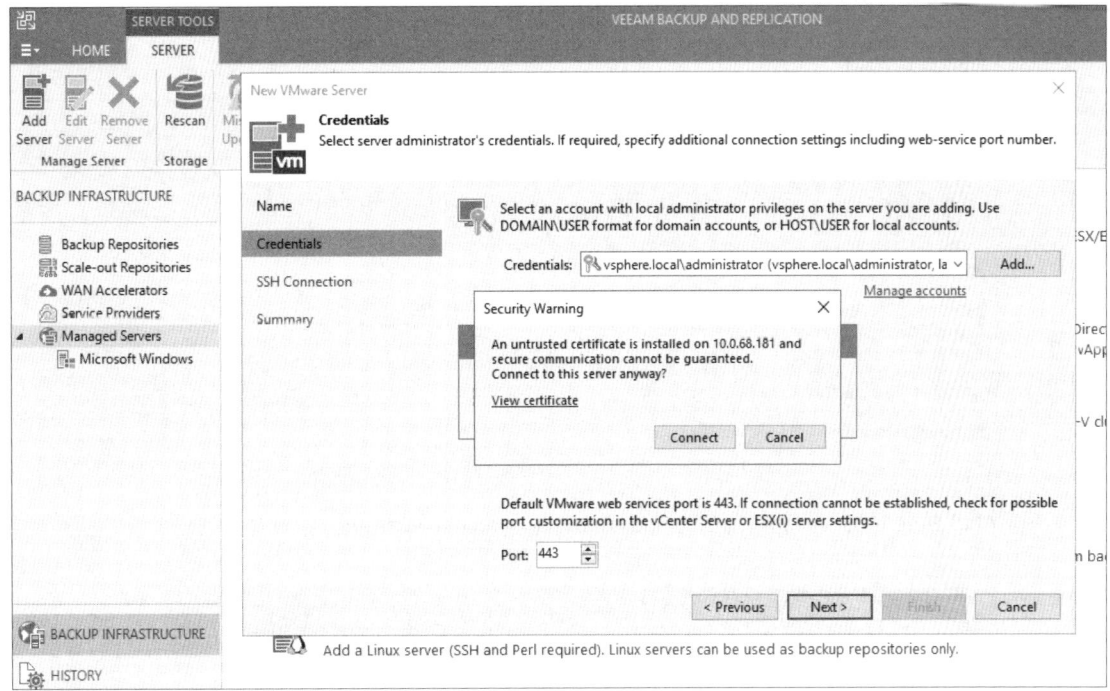

Abbildung 14.12 Durch »Connect« verbinden Sie sich mit dem vCenter und vertrauen ihm gleichzeitig.

Eine abschließende Übersicht beenden Sie mit FINISH. Anschließend ist der vCenter in der Veeam-Konsole als MANAGED SERVER sichtbar (siehe Abbildung 14.13). Gleichzeitig hat sich die Veeam-Konsole auf der linken Seite um verschiedene Komponenten erweitert. Administratoren werden sich die meiste Zeit im Bereich HOME bewegen, wo die Backup-Jobs etc. verwaltet werden. Zur Konfiguration weiterer Backup-Komponenten wie Proxys, Repositorys etc. bewegen Sie sich hingegen im Bereich BACKUP INFRASTRUCTURE.

Betrachten Sie nun im Bereich HOME die Konsole, so ist bisher noch nicht viel zu sehen, wie Abbildung 14.14 beweist. Dieser Bereich wird sich mit dem ersten Backup füllen, und zwar nicht nur mit den Backup-Jobs, sondern auch mit Ergebnissen der abgeschlossenen Jobs. Über diese werden Sie später Wiederherstellungen durchführen können.

14 Datensicherung von vSphere-Umgebungen

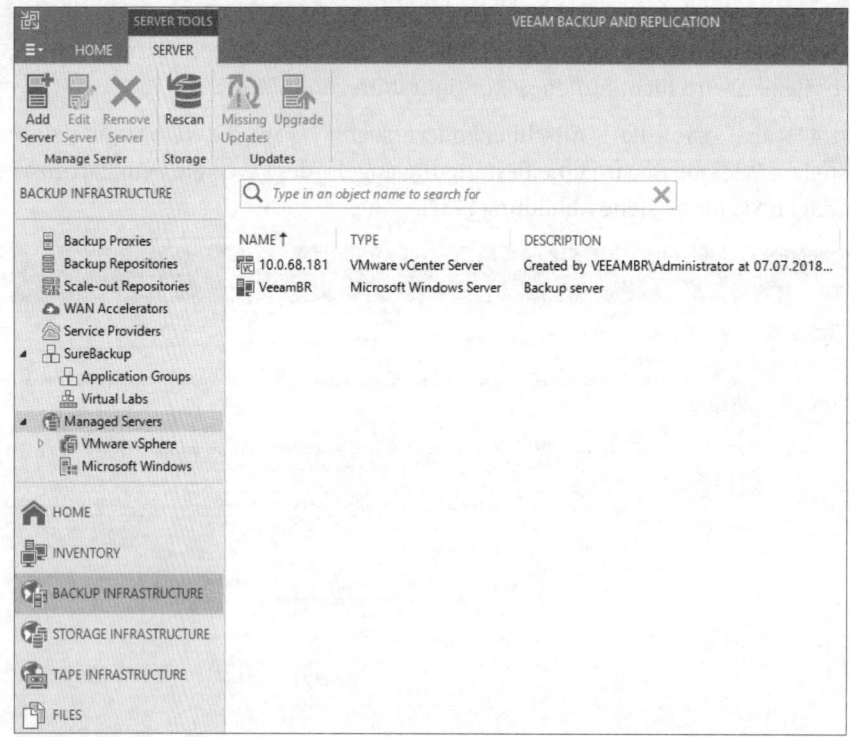

Abbildung 14.13 Veeam-Konsole nach Anbindung an den vCenter

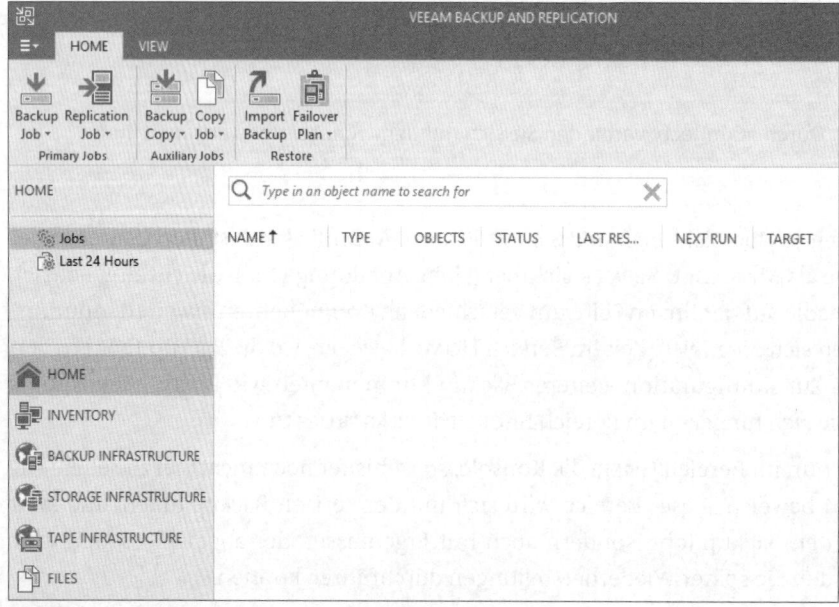

Abbildung 14.14 Ohne angelegte oder gelaufene Jobs ist die Veeam Backup Konsole recht leer

14.9 Erstellen von Backups

In diesem Abschnitt zeigen wir Ihnen, wie Sie Backup-Jobs anlegen.

14.9.1 Den ersten Backup-Job erstellen

Nachdem wir in Abschnitt 14.8 die Konfiguration der Backup-Komponenten abgeschlossen haben, erstellen wir nun unseren ersten Backup-Job. Andere Jobs, beispielsweise Backup-Copy-Jobs oder Replication-Jobs, verhalten sich ähnlich und unterscheiden sich nur in gewissen Details. Darüber hinaus nutzen wir diesen Absatz dafür, die komplette Konfiguration eines Backup-Jobs bebildert zu zeigen. Die technischen Feinheiten und Details zu verschiedenen Einstellungen beschreiben wir anschließend.

Abbildung 14.15 zeigt die Veeam-Konsole, wie sie erscheint, wenn Sie HOME • JOBS aufrufen. Über die Buttons in der Menüleiste der Konsole oder über Rechtsklick lassen sich nun Jobs anlegen.

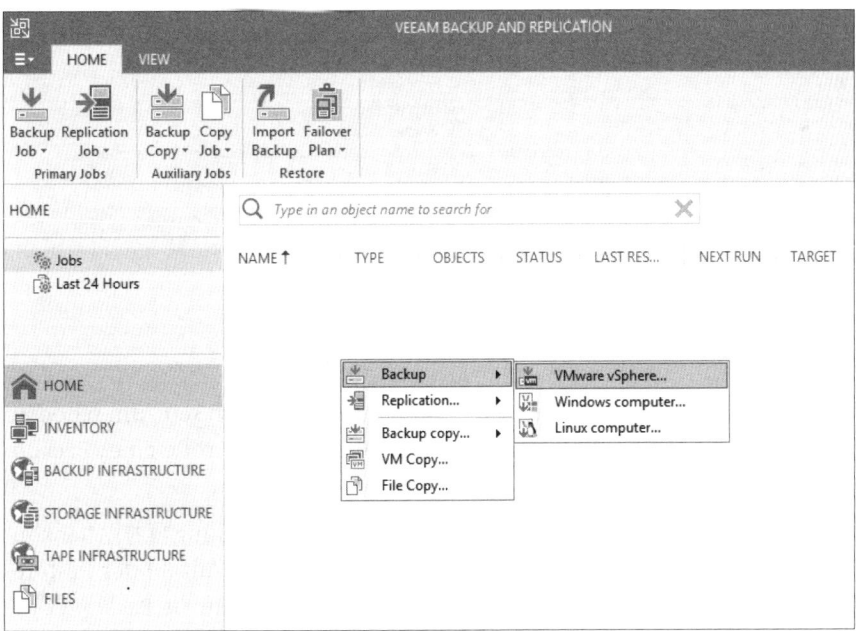

Abbildung 14.15 Erstellen unseres ersten Backup-Jobs

Wir wählen naheliegenderweise BACKUP • VMWARE VSPHERE aus und vergeben einen Namen für den Backup-Job. Es empfiehlt sich, die Namen der Backup-Jobs einfach bzw. lesbar zu halten. Mit wachsender Anzahl verliert man ansonsten schnell den Überblick.

Im Fenster aus Abbildung 14.16 wählen wir nun über ADD die Objekte aus, die in diesem Backup-Job gesichert werden sollen. Neben VMs – das ist das einfachste Objekt – können über die

Icons des Auswahlfensters auch Gruppen, Folder, Datastores, Cluster etc. ausgewählt werden. Es dauert einen kurzen Moment, bis die Objekte aus dem vCenter gelesen wurden. Wählen Sie Objektgruppen aus, können auch entsprechende Ausschlüsse konfiguriert werden.

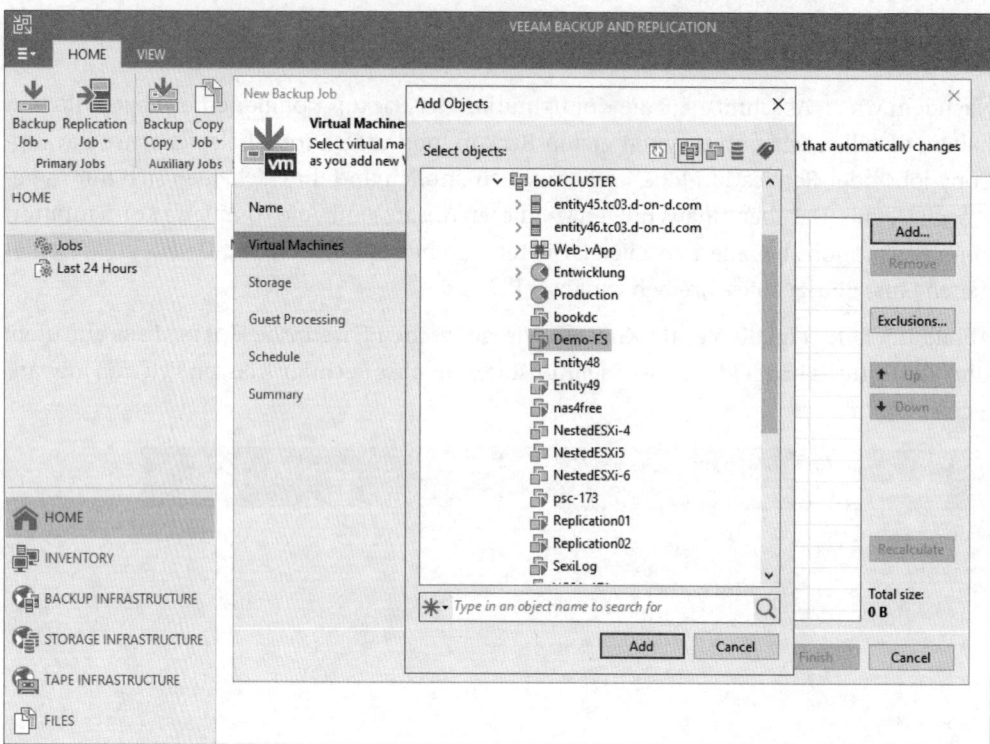

Abbildung 14.16 Auswahl der zur Sicherung vorgesehenen Objekte

Veeam versucht nun, die Objektgröße zu berechnen. Dies kann hilfreich sein, um schon an dieser Stelle festzustellen, dass die Anzahl der Objekte vielleicht die Größe eines Backup-Repositorys, das Sie zuvor erstellt haben, überschreitet.

Im nächsten Fenster stellen wir die STORAGE-Optionen ein (siehe Abbildung 14.17). Hier können Sie den BACKUP PROXY und das BACKUP REPOSITORY sowie die Anzahl der Restore-Points auswählen (RESTORE POINTS TO KEEP ON DISK). Optional können Sie Backup-Copy-Jobs einstellen (CONFIGURE SECONDARY DESTINATIONS FOR THIS JOB) und erweiterte Einstellungen (ADVANCED) vornehmen. Es sei erwähnt, dass Sie einen Backup-Copy-Job an dieser Stelle nur verknüpfen können, wenn überhaupt einer existiert. Diese Einstellung können Sie später noch anpassen.

Bei den erweiterten Einstellungen (siehe Abbildung 14.18) gibt es eine große Auswahl, die wir später detaillierter beschreiben werden. Prinzipiell sind die Einstellungen einfach zu verstehen, wenn Sie sich vorher Gedanken zu Ihrer Backup-Strategie gemacht haben.

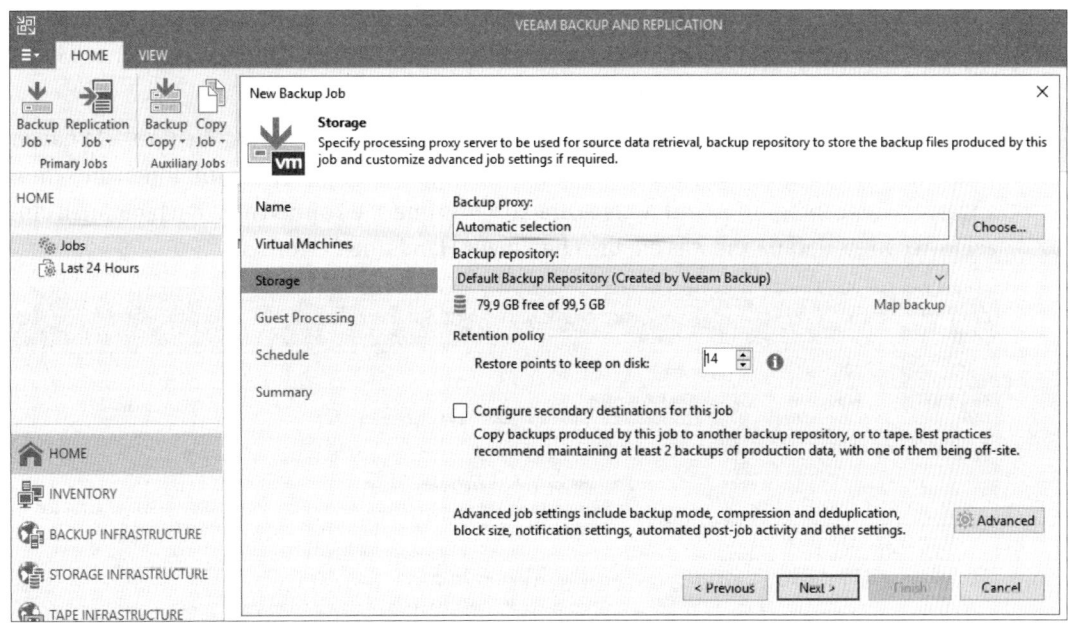

Abbildung 14.17 Einstellen des Backup-Repositorys und weiterer Optionen

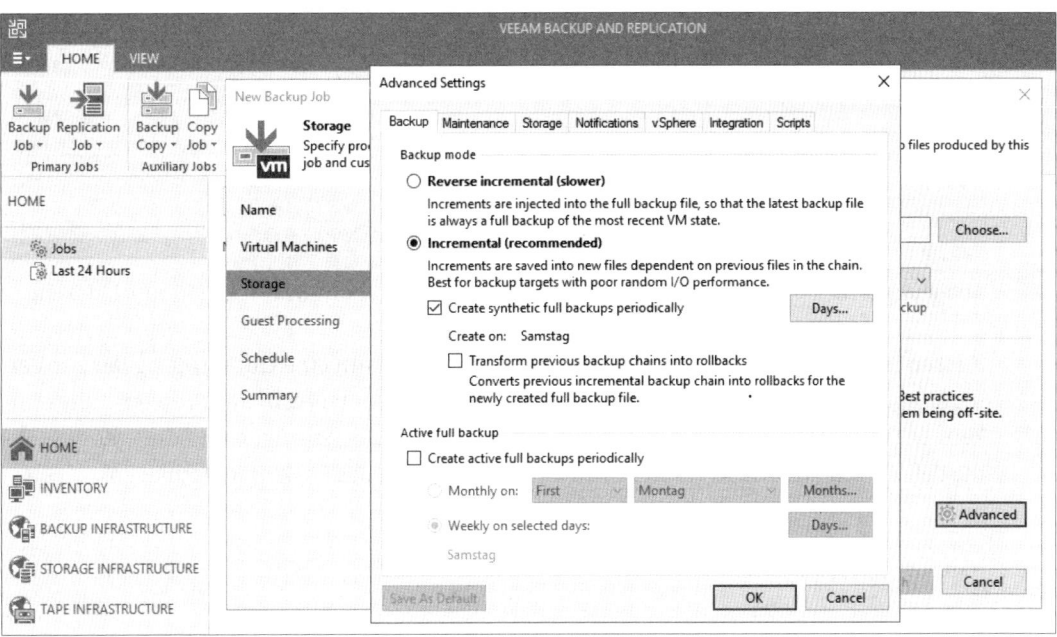

Abbildung 14.18 Die erweiterten Optionen bieten viel Auswahl.

Im Fenster GUEST PROCESSING (siehe Abbildung 14.19) können Sie die Application-Awareness und das Guest-Indexing aktivieren. Per Default sind beide nicht ausgewählt. Für die

Sicherung eines Fileservers sind beide Optionen nicht notwendig. Das Indexing kommt erst dann in Spiel, wenn Sie als Self-Service die *Veeam 1-Click Recovery* über den Enterprise Manager den End-Usern anbieten möchten.

Wenn Sie eine oder beide Optionen aktivieren, muss Veeam Zugriff auf die Gast-VM haben und es müssen entsprechende Zugriffs-Accounts angelegt sein. Hier kommt Ihnen die schon angesprochene Integration mit Active Directory zu Hilfe. Sie können aber auch manuell einzelne Accounts definieren, was ein bisschen mehr Handarbeit erfordert.

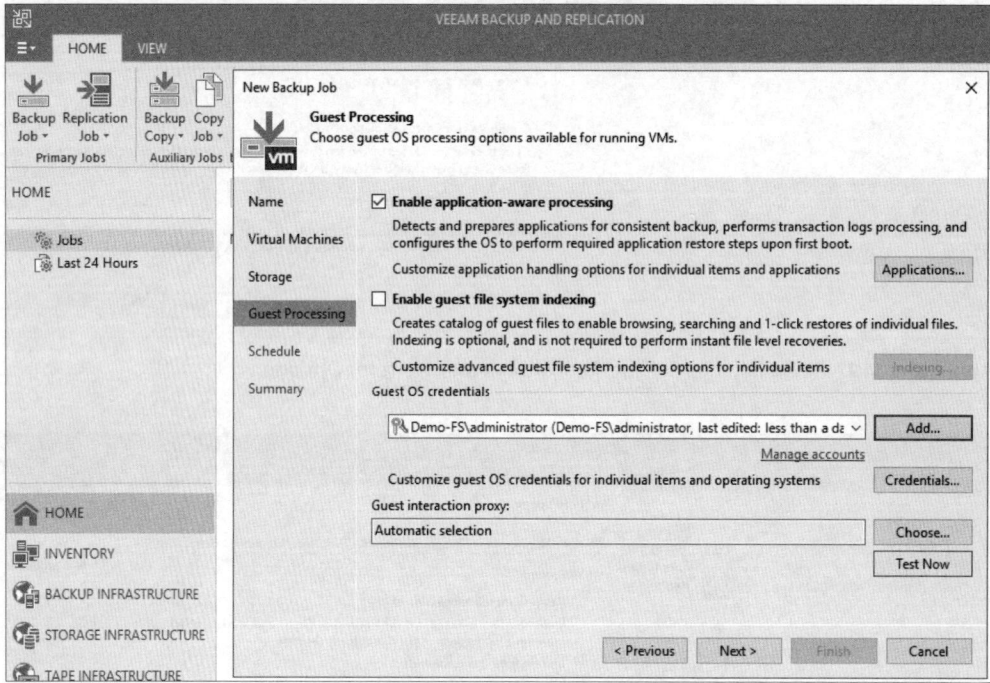

Abbildung 14.19 »Guest Processing« mit Optionen zur Application-Awarness und zum Indexing

Klicken Sie zum Abschluss auf TEST NOW. Veeam führt dann eine Überprüfung der zur Verfügung gestellten Zugriffs-Accounts durch. So lassen sich entsprechende Probleme direkt erkennen (siehe Abbildung 14.20). Wenn Sie diesen Schritt überspringen und die VMs des Jobs die definierten Zugriffs-Accounts nicht akzeptieren, wird das Backup fehlschlagen.

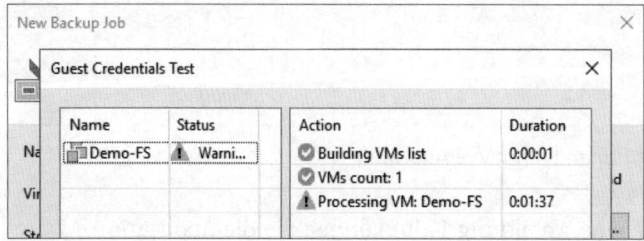

Abbildung 14.20 Ein Problem ist beim Zugriff »in« die VM entstanden.

Windows-Firewall

An dieser Stelle ist wieder der Hinweis wichtig, dass die Firewall bei Windows-VMs standardmäßig immer aktiviert ist, was auch hier genau zu dem Problem führt, dass Accounts nicht gefunden werden. Für die in unserem Beispiel benutzte *Demo-FS*-VM hatten wir eben jene Einstellung erst einmal so gelassen, damit wir Ihnen hier diesen Fehler zeigen können.

Nachdem wir in der *Demo-FS*-VM die Windows-Firewall deaktiviert haben, funktioniert die Überprüfung mit dem Zugriffs-Account problemlos (siehe Abbildung 14.21).

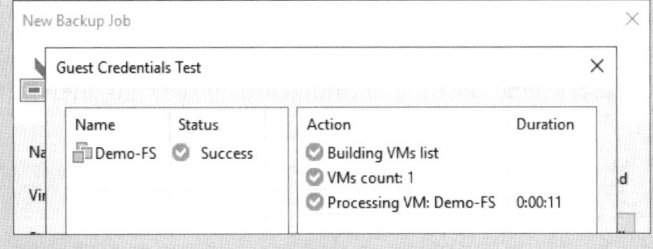

Abbildung 14.21 Mit deaktivierter Firewall geht's.

Im Fenster aus Abbildung 14.22 definieren Sie die Backup-Zeitfenster und legen die unterschiedlichen Muster fest, nach denen der Backup-Job durchgeführt wird.

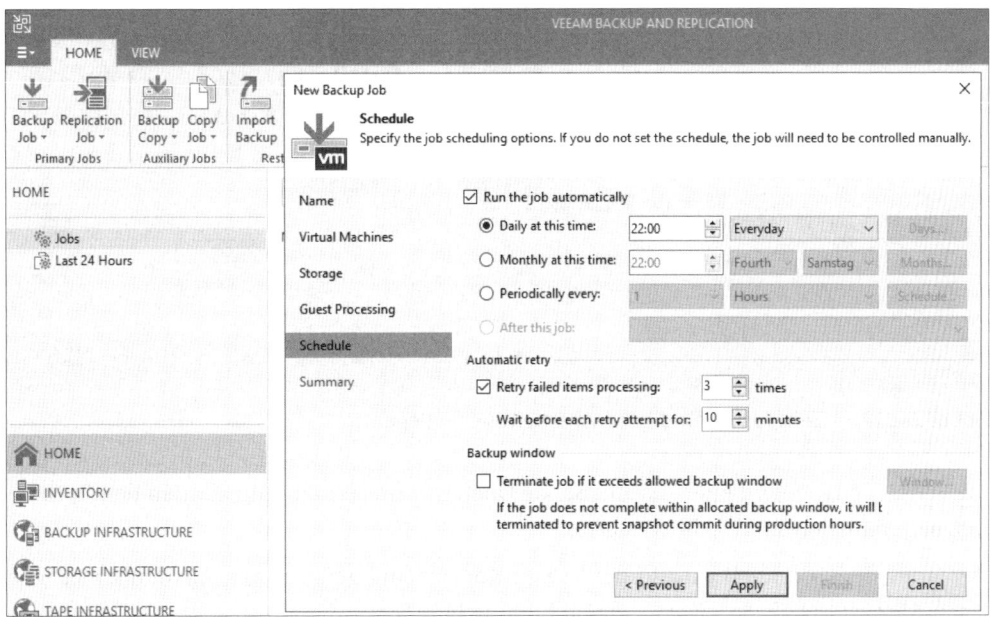

Abbildung 14.22 Einstellen der zeitlichen Abläufe

Es gibt die Optionen *täglich, stündlich, monatlich, periodisch* oder *nach einem vorangegangenen Backup*. Auch lassen sich die Anzahl der Versuche (RETRY FAILED ITEMS PROCESSING) und die Wartezeit dazwischen (WAIT BEFORE EACH RETRY ATTEMPT FOR) einstellen. VMs neigen unter Last dazu, nicht ausreichend schnell auf die Backup-Anfrage von Veeam zu reagieren. Veeam versucht es dann erneut. Diese Einstellung kann große Auswirkungen auf die Dauer Ihres Backup-Jobs haben, wenn die Anzahl der Versuche und die Wartezeit entsprechend hoch eingestellt werden.

Darüber hinaus lassen sich auch Zeitfenster definieren, in denen keine Backups laufen dürfen (siehe Abbildung 14.23). Dies wird immer wieder gern mit der löblichen Idee genutzt, während der Produktionsphasen, also beispielsweise zwischen 8 und 18 Uhr, keine Backups durchzuführen, die den Arbeitsbetrieb beeinträchtigen könnten. In der Praxis ist es allerdings deutlich besser, wenn Sie sich gar nicht darum kümmern müssen und die Produktions- und Backup-Infrastruktur ausreichend Leistung mitbringt, um die gewünschten Zeitfenster für Backups einzuhalten.

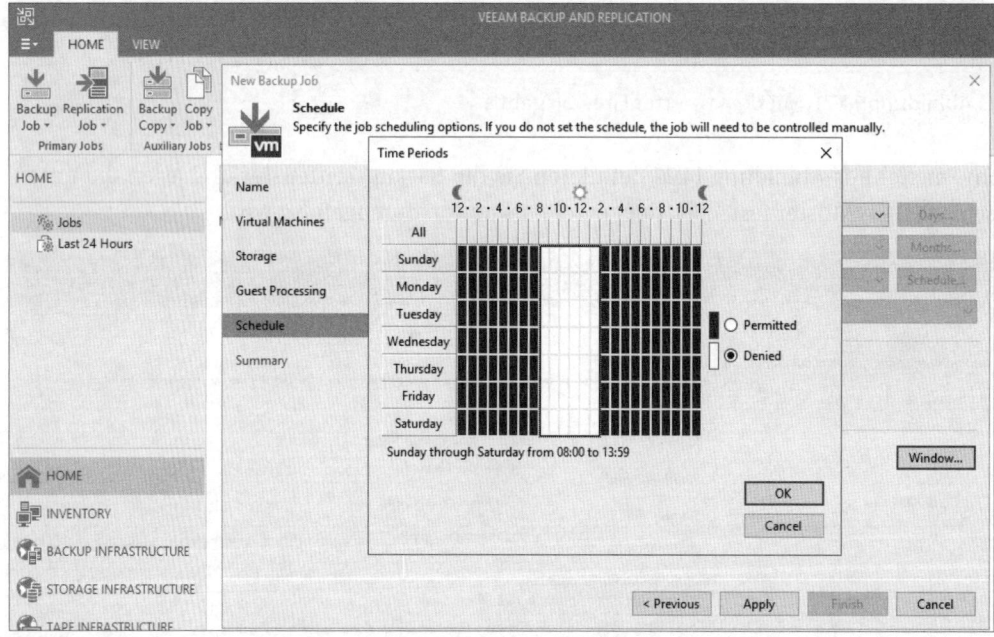

Abbildung 14.23 Zeitfenster für die Job-Abarbeitung festlegen

Im letzten Fenster wird eine abschließende Übersicht präsentiert. Sie können den Backup-Job hier, wenn gewünscht, direkt starten.

Der laufende Backup-Job wird in der Veeam-Konsole angezeigt. Durch Auswahl eines Jobs lassen Sie sich Details anzeigen (siehe Abbildung 14.24).

Ebenso können Sie sich durch Auswahl einer VM Detailinformationen zu ihr anzeigen lassen (siehe Abbildung 14.25).

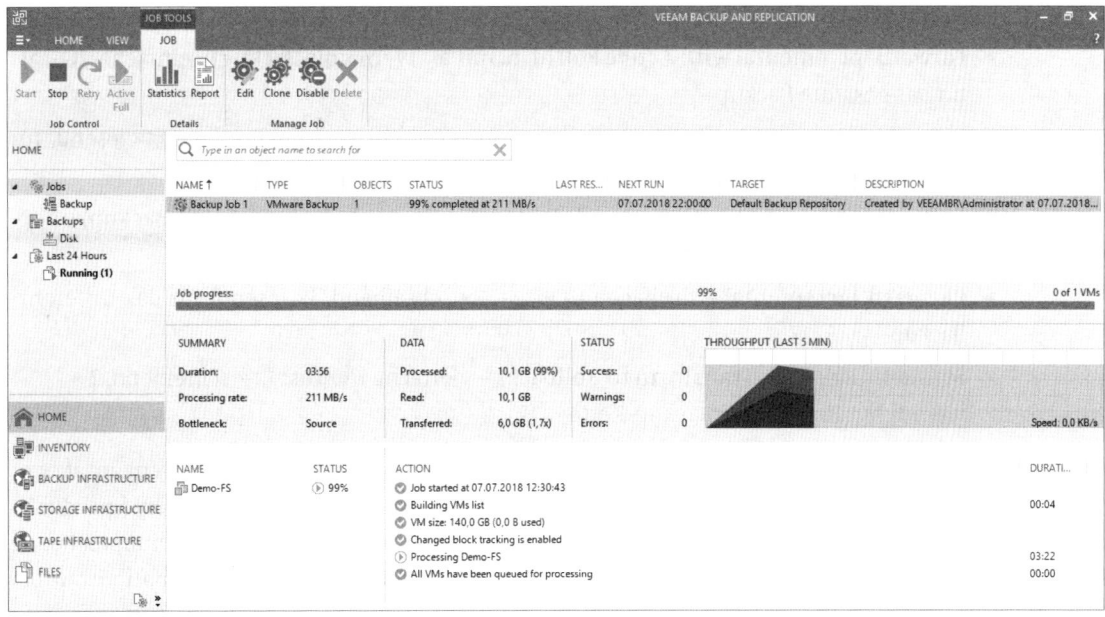

Abbildung 14.24 Backup-Job und Details

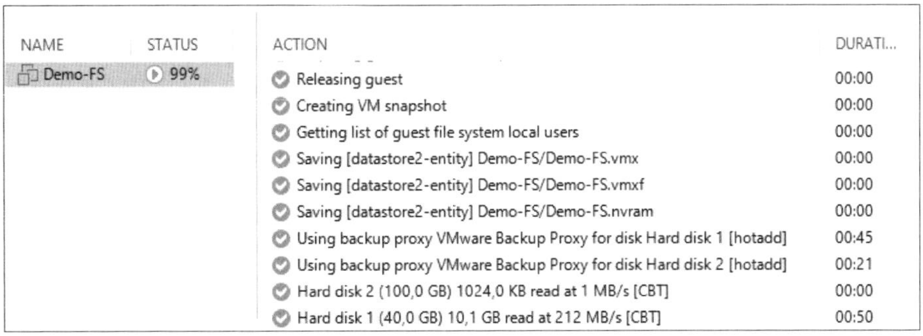

Abbildung 14.25 Details einer VM innerhalb des Backup-Jobs

Am Ende eines Backup-Jobs wird dieser in der Veeam-Konsole angezeigt. Es empfiehlt sich, die E-Mail-Notification (global für Veeam oder per Job) zu einzurichten, um eine entsprechende Übersicht zu erhalten.

14.9.2 Backup-Methoden

Wie in dem einen oder anderen Beispiel bereits angesprochen, verfügt *Veeam Backup & Replication* über unterschiedliche Backup-Methoden, die eine Vielzahl unterschiedlicher Use-Cases abdecken. Dabei erzeugen die unterschiedlichen Backup-Methoden unterschiedlich viele Schreibzugriffe auf den Produktions- und Backup-Speichersystemen, und zwar:

- **Forward Incremental** – einfache I/O-Last für die Differenz-Backups
- **Forward Incremental with Active Full (d. h. mit aktivem Voll-Backup)** – einfache I/O-Last für das gesamte Backup
- **Forward Incremental with Transform** – doppelte I/O-Last (1× schreibend, 1× lesend) für das Differenz-Backup
- **Forward Incremental with Synthetic Full (d. h. mit synthetisiertem Voll-Backup)** – doppelte I/O-Last (1× schreibend, 1× lesend) für die gesamte Backup-Kette
- **Reversed Incremental** – dreifache I/O-Last (2× schreibend, 1× lesend) für das Differenz-Backup
- **Synthetic Full with Transform to Rollbacks** – vierfache I/O-Last (2 × schreibend, 2 × lesend) für die gesamte Backup-Kette

Dies zeigt recht deutlich, dass sich die verschiedenen Modi nicht nur vom Denkansatz her deutlich unterscheiden, sondern auch in der Last, die sie für die Speichersysteme produzieren. Sollte die Notwendigkeit bestehen, die I/O-Last zu verringern, lassen sich entsprechende Backup-Modi nutzen. Außerdem bestehen weitere Möglichkeiten in Kombination mit bestimmten Filesytemen. So erlaubt es *Microsoft ReFS 3.1* mit Windows Server 2016, unnötige I/O-Last zu vermeiden.

Man unterscheidet folgende Modi:

- **Forward Incremental** – Eine der einfachsten Methoden sind vorwärts-inkrementelle Backups. Die Last für Speichersysteme ist hier am geringsten. Wegen der periodisch notwendigen Voll-Backups (aktiv-voll oder synthetisch, üblicherweise wöchentlich) wird mehr Speicherkapazität benötigt als bei anderen Methoden. Mit jedem neuen Voll-Backup wird eine neue Backup-Kette erzeugt, womit ältere Backups und Backup-Ketten entfernt werden können.

- **Active Full** – Die ganze VM wird gelesen (mit Ausnahme von leeren Blöcken oder und Swap-Bereichen) und wird anschließend in einer VBK-Datei, oftmals komprimiert und dedupliziert, gespeichert. Jedes Voll-Backup erzeugt eine neue VBK-Datei. Prinzipiell ist die I/O-Last hoch, da alle Blöcke vom Speicher gelesen und anschließend alle Blöcke auf den Backup-Speicher geschrieben werden müssen. CBT (*Changed Block Tracking*, siehe Abschnitt 14.4.3) wird hier entsprechend nicht genutzt. Insgesamt dauern solche Voll-Backups auch entsprechend länger im Verhältnis zu inkrementellen Backups.

- **Synthetic Full** – Nachdem ein neues, inkrementelles Backup geschrieben wurde, wird es mit den vorangegangenen Differenz-Backups und dem letzten Voll-Backup zu einem neuen Voll-Backup zusammengeführt, oder anders gesagt *synthetisiert*. Ein Vorteil hierbei ist, dass die Synthetisierung im Backup-Repository stattfindet und keine I/Os im Produktionsspeicher erzeugt. Dadurch ist es sinnvoll, mehrere kleinere Backup-Jobs mit einer geringen Anzahl von VMs zu nutzen, um die Synthetisierung zu beschleunigen. Dies funktioniert am besten mit der Option PER-VM BACKUP FILES.

- **Forever Forward Incremental** – Nach der Erstellung eines Voll-Backups werden nur noch inkrementelle Backups erstellt. Am Ende der Vorhaltedauer, beispielsweise nach dreißig täglichen Restore-Points, wird das 31. Backup geschrieben und das erste bzw. älteste inkrementelle Backup wird mit dem Voll-Backup zusammengeführt und anschließend gelöscht. Dies hat den Vorteil, dass nur sehr wenig Speicherkapazität verbraucht wird. Auf der anderen Seite entsteht ein Nachteil für die Wiederherstellung, da das Voll-Backup und die Differenzen zunächst zusammen »geöffnet« werden müssen. Dies macht sich besonders beim Öffnen des letzten Restore-Points bemerkbar. In unserem Beispiel muss Veeam insgesamt 31 Dateien, also eine VBK-Datei und 30 VIB-Dateien, öffnen bzw. aufbereiten, damit ein vollständiges Restore oder vielleicht sogar nur die Wiederherstellung einer einzigen Datei aus jener VM durchgeführt werden kann. Dementsprechend entsteht eine relativ hohe I/O-Last.

- **Reverse Incremental** – Nachdem ein Voll-Backup geschrieben wurde, werden anschließend nur noch inkrementelle Backups erzeugt. Allerdings wird das letzte, neueste inkrementelle Backup mit dem Voll-Backup zusammengeführt. Dadurch »bewegt« sich das Voll-Backup noch vorne und ist immer die letzte Backup-Datei. Auf dem Backup-Repository sind die Differenzdateien an ihrer Endung .vrb leicht zu erkennen (anders als die VIB-Dateien bei *Forward Incremental*). Durch diese Methode erfolgt das Öffnen des aktuellsten Restore-Points schneller, da es sich ja um das (im Prinzip synthetisierte) Voll-Backup handelt. Erst wenn Sie Restore-Points hinter dem aktuellsten auswählen, muss Veeam die VBK- und die VRB-Dateien entpacken und für den User zusammen präsentieren.

14.9.3 Verschlüsselung

Veeam Backup & Replication bietet die Möglichkeit, Daten sowohl auf dem Weg zum Ziel als auch auf dem Zielspeichermedium zu verschlüsseln. Die Backup-Job- und Backup-Copy-Job-Einstellungen stellen die Verschlüsselung auf dem Zielspeichermedium ein, wenn die Daten geschrieben wurden. Entsprechend bietet sich die Verschlüsselung der Backup-Daten dort an, wo diese z. B. auf externen Medien wie Tapes und mobilen Festplatten aus dem Rechenzentrum entfernt werden.

Einige Dinge gibt es bei der Nutzung von Verschlüsselung zu beachten:

- Die Verschlüsselung verhindert nicht, dass berechtigte Veeam-User Zugriff auf das Backup haben.
- Das zur Verschlüsselung genutzte Passwort sollte sicher aufbewahrt werden, und natürlich sollten Sie ein entsprechend starkes Passwort verwenden. Eine Wiederherstellung ohne das Passwort ist im Veeam möglich, erfordert aber gewisse Voraussetzungen, die in der Veeam-B&R-Dokumentation zu finden sind (siehe dazu *https://helpcenter.veeam.com/docs/backup/vsphere/decryption_no_pass_hiw.html?ver=95* und *https://helpcenter.veeaam.com/evaluation/backup/vsphere/en/em_restore_no_password.html*).
- Wenn Sie die Verschlüsselung aktivieren, ist zunächst ein *Active full*-Backup notwendig.

- Natürlich wird etwas mehr CPU-Leistung bei der Erstellung verschlüsselter Backups als bei unverschlüsselten Backups benötigt. Dies macht in der Regel nicht viel aus, sollte aber berücksichtigt werden, gerade wenn der eine oder andere Backup-Proxy ohnehin schon an seiner Leistungsgrenze operiert.
- Es ist mindestens eine Enterprise-Lizenz erforderlich.
- Die verwendeten Schlüssel lassen sich über den *Enterprise Manager* exportieren. Hier ergibt sich wohlmöglich eine Kaskade. Sie sollten daher sowohl die Enterprise-Manager-Konfigurationsdatenbank als auch den ganzen Server sichern. Ist auch dieses Backup verschlüsselt, ist das benutzte Passwort die einzige Möglichkeit, es wieder zu entschlüsseln. Geht das Passwort verloren, gibt es keine Wiederherstellungsmöglichkeiten mehr.

Prinzipiell gelten diese Best Practices für alle Disk- und Tape-Backups. Möchten Sie diese Daten während der Übertragung verschlüsseln, so ist dies auch dann möglich, wenn die eigentlichen Backup-Daten im Zielspeicher später nicht verschlüsselt sind. Diese Einstellung lässt sich über die NETWORK TRAFFIC-Optionen einstellen.

Außerdem sei angemerkt, dass Veeam zwar durchaus VMs verarbeiten kann, die von vSphere 6.5 und neuer bereits verschlüsselt werden. Allerdings wird per Voreinstellung ein unverschlüsselter Backup-Job genutzt. Möchten Sie die Verschlüsselung der VM bzw. der Daten bis ins Backup gewährleisten, so müssen Sie in Veeam dediziert sowohl die Übertragungsverschlüsselung als auch die Verschlüsselung auf dem Zielspeichermedium aktivieren.

14.9.4 Komprimierung und Deduplikation

Wie schon zuvor erwähnt, sollten Sie sich von der Komprimierung und Deduplikation nicht zu viel versprechen: Wer zu viel erwartet, wird in aller Regel schnell enttäuscht. Gerade bei der Deduplikation sollten Sie am besten mit wenig rechnen und sich über alles freuen, was am Ende dedupliziert wird. Zu diesem Thema hatten wir schon bei den unterschiedlichen Backup-Zielen in Abschnitt 14.6.2 ein paar Worte verloren. Im Folgenden soll es nun darum gehen, welche *Speicheroptimierungen* Veeam B&R anbietet:

- **Local** – Dies ist die Standardeinstellung für Disk-basierte Repositorys. Dabei liest und berechnet Veeam die Daten und Hashes in 1-MB-Chunks.
- **LAN** – empfohlen bei dateibasierenden Repositorys wie SMB. Veeam nutzt hier 512-KB-Chunks.
- **WAN** – empfohlen, wenn Backups über langsame Leitungen erstellt werden oder wenn Replikation genutzt wird. Es entstehen so die kleinstmöglichen Backup-Dateien, was allerdings zulasten der Performance geht. Es werden 256-KB-Chunks genutzt.
- **Local mit mehr als 16 TB** – wie die »normale« LOCAL-Optimierung, aber mit 4-MB-Chunks. Diese Option empfehlen wir bei sehr großen Backup-Jobs, beispielsweise bei Monster-Fileserver-VMs.

Wie üblich gilt, dass kleinere Chunks bzw. Blöcke mehr CPU und RAM verbrauchen. Außerdem sei erwähnt, dass in *Veeam B&R Version 9.0* 8-MB-Chunks für Backups verwendet wurden, die größer als 16 TB sind. Wenn Sie ein Upgrade von Veeam durchgeführt und zuvor diese Einstellung genutzt haben, sollten Sie sie auf 4-MB-Chunks umstellen, was jedoch das Erstellen eines *Active full*-Backups erfordert, um aktiv zu werden.

Mit der *Kompression* soll die Menge der übertragenen und zu speichernden Daten verringert werden. Wie immer gilt, dass unterschiedliche Methoden unterschiedliche Auswirkungen auf die Leistung und den Verbrauch bei CPU, RAM und Speicherplatz verursachen. Es gibt folgende Optionen zur Einstellung der Kompression:

- **None** – keine Kompression. Die Daten werden in ihrem originalen Zustand belassen und in unveränderten Blöcken vom Produktions-Storage gelesen.
- **Optimal** – Dies ist die Standardkompression von Veeam und verwendet den *LZ4*-Algorithmus für die Kompression. Diese Einstellung ist mit einer generellen Kompressionsrate von 2:1 CPU-freundlich und erreicht mit 150 MB/s einen sehr guten Durchsatz.
- **High** – verwendet den *zlib* Algorithmus und verbraucht dabei etwa 50 % mehr CPU als bei der Einstellung OPTIMAL, bei nur 10 % höherer Kompression.
- **Extrem** – verwendet den *zlib*-Algorithmus, belastet die CPU maximal und erreicht dabei nur weitere 3 bis 5 % Kompression.
- **Dedupe-friendly** – benutzt den sehr CPU-freundlichen *RLE*-Algorithmus und erzeugt recht vorhersehbare Datenpakete, was der Deduplikation einer angebundenen Appliance zuarbeitet.

Vielleicht fragen Sie sich nun, inwieweit man sich von den empfohlenen Einstellungen entfernen sollte. Generell gilt wie immer die Unix-Regel »Wenn man nicht weiß, was man tut, sollte man es lassen«, was auch für Veeam gilt. Veeam B&R ist standardmäßig auf eine gute Balance eingestellt, und in aller Regel sollte es nicht notwendig sein, signifikante Änderungen an den Standardeinstellungen vorzunehmen.

14.9.5 Backup-Jobs

Veeam B&R hilft Ihnen bei der Erstellung eines Backup-Jobs durch einen entsprechenden Assistenten (siehe Abbildung 14.15). Zunächst werden die virtuellen Maschinen über ADD OBJECTS hinzugefügt (siehe Abbildung 14.16). Dabei sind verschiedene Ansichten in den vCenter möglich. Es dauert in der Regel einen Moment, bis die verfügbaren Objekte aufgelöst wurden und zur Auswahl bereitstehen. Es ist möglich, einzelne Objekte auszuwählen, Elternobjekte auszuwählen und Objekte auszuschließen. Üblicherweise sucht man sich die VMs zusammen, die zu einem Backup-Job zusammengefasst werden sollen. Lassen Sie bei Elternobjekten jedoch Vorsicht walten, da bestimmte verknüpfte Objekte von bestimmten Jobs nicht ausgeschlossen werden können.

Es ist sinnvoll, Gruppen ähnlicher VMs bzw. VMs gleicher Art zusammenzufassen, gerade wenn Sie bei den Einstellungen des Backup-Jobs unterschiedliche Anforderungen an die Backups der VMs abdecken müssen. Das einfachste Merkmal ist hier die Backup-Häufigkeit. Während die meisten VMs einmal täglich gesichert werden können, benötigen andere VMs kleinere Backup-Intervalle. Andere Beispiele, an dem sich sehr gut weitere Effekte festmachen lassen, sind das Betriebssystem der VMs und die Deduplizierungsrate. Sind die VMs sehr ähnlich und sind der Backup-Job und das Ziel *nicht* mit PER-VM BACKUP FILES konfiguriert, profitiert die Deduplizierung davon enorm.

> **Deduplizierung**
> An dieser Stelle sei erneut erwähnt, dass Sie sich nicht zu sehr auf die Deduplizierung verlassen sollten. Selbst wenn Sie alle Vorteile, die die Option PER-VM BACKUP FILES mit sich bringt, ignorieren können, weil sie in einem bestimmten Anwendungsfall weniger greifen, so ist und bleibt eine extrem hohe Deduplizierungsrate meist ein Traum.

Das Backup lässt sich auch indirekt verwalten, indem Sie Backup-Jobs auf Containern basieren lassen. So können beispielsweise Ordner oder Pools als Elternobjekt verwendet werden. Wird anschließend eine VM in vSphere aus dem Elternobjekt entfernt, fällt sie automatisch aus dem Backup. In der Praxis hat sich aber gezeigt, dass Backups, die so strukturiert sind, oftmals die Komplexität erhöhen oder gar nicht ohne Weiteres konfigurierbar sind. Dies liegt zum einem an der Nutzung der Ordner, denn viele Administratoren nutzen Ordner nur bedingt. Und selbst wenn eine geschickte Nutzung eines Ordners möglich wäre, so müssen Sie immer die Auswirkung von Veränderungen auf das Backup berücksichtigen. Dies kann schnell dazu führen, dass man die Übersicht verliert. Das gilt besonders dann, wenn man nur eine kleine Menge von Foldern für das Backup auswählt und der Normalfall eben ein anderer ist.

Außerdem können Sie *Tags* für die Strukturierung von Backup-Jobs verwenden. Genauer gesagt können Sie je Backup-Job exakt ein Tag verwenden. Ähnlich wie bei Ordnern gilt aber auch hier, dass eine gut strukturierte und durchdachte Vorgehensweise wichtig ist, wenn man den Überblick nicht verlieren will. So sollten Sie die Anzahl an VMs, die durch ein Tag einem Job hinzugefügt werden, im Auge behalten.

Die Konfiguration des Zeitfensters (siehe Abbildung 14.22 und Abbildung 14.23) ist recht simpel gehalten. Es bietet unterschiedliche Einstellungsmöglichkeiten, mit denen Sie Startzeit Ihrer Backups verwalten können. Eine weitere Option ist das Verknüpfen von Backup-Jobs. Dabei wird das Ende des einen Backup-Jobs als Startsignal für den nächsten verwendet. Auch wenn dies eine sehr angenehme und geschickte Lösung ist, sei angemerkt, dass solche Verkettungen fehleranfällig sind, wenn ein Job Probleme bereitet oder gar hängen bleibt.

Weitere Einstellungen lassen sich in Bezug auf Load-Balancing und Proxy-Anffinity vornehmen. Generell empfehlen wir, Veeam entscheiden zu lassen, welcher Proxy welche Jobs machen soll. Dies ist nicht nur sehr einfach für den User, da es keine weiteren Überlegungen erfordert, sondern ist in aller Regel auch sehr effizient, da das *Intelligent Load Balancing* (ILB) von Veeam für eine optimale Verteilung sorgt. Sollte dennoch die Notwendigkeit bestehen, manuelle Einstellungen vorzunehmen, so gibt es generell zwei Möglichkeiten: Zum einem können Sie mit STORAGE LATENCY CONTROL oder BACKUP I/O CONTROL die Last auf den Speicher verringern. Zum anderen lassen sich mit PROXY AFFINITY-Regeln Vorgaben erstellen, wonach bestimmte Proxys nur mit bestimmten Backup-Repositorys zusammenarbeiten dürfen. Dies kann sehr hilfreich sein, wenn Sie eine über mehrere Standorte verteilte Infrastruktur verwenden, da man dort offensichtlich unnötige Latenzen zwischen Proxy und Repository vermeiden und Prozesse innerhalb eines Standortes ablaufen lassen möchte.

14.9.6 Backup-Copy-Jobs

Veeam B&R führt mit *Backup-Copy-Jobs* eine zweite Stufe der Sicherung durch. Dabei werden die Dateien des »ersten« Backups, das durch die direkte Sicherung der VM bzw. ihrer Blöcke erfolgt, gelesen und gesichert. Diese Kette bringt einige Vorteile mit sich. Zum einem wird der Produktions-Storage nicht doppelt belastet. Zum anderen kann diese zweite und völlig unabhängige Backup-Kette mehrere Backup-Jobs zusammenfassen und sichern.

Damit eignen sich Backup-Copy-Jobs hervorragend zum Sichern der »Primär«-Backups auf sekundären Backup-Speichern z. B. Tapes. Dadurch lässt sich die 3-2-1-Methode leicht erreichen, denn mit dem Sichern auf Tapes wird nicht nur der Medienbruch erreicht. Gleichzeitig lassen sich diese remote lagern. Hierzu werden immer wieder gern Gruppen von Tapes zyklisch verwendet. Beispielsweise werden zwei identische Backup-Copy-Jobs konfiguriert. Im ersten Monat schreibt der erste Job die Backup-Copy auf die Tapes. Zu Beginn des zweiten Monats wird der erste Backup-Copy-Job deaktiviert und die Tapes werden ausgetauscht. Das eine Set wird im Safe bei der Bank eingelagert, während das zweite Set in die Laufwerke gesteckt wird. Anschließend aktiviert man den zweiten Backup-Copy-Job. Im dritten Monat beginnt dieser Zyklus erneut. Man gewährleistet auf diese Weise die Off-site-Lagerung eines kompletten Infrastruktur-Backups, das nicht älter als einen Monat ist, wobei man nur zweimal die entsprechende Tape-Kapazität vorhält. Dieses Beispiel ist wohl eines der am häufigsten vorkommenden Modelle für eine komplette Desaster-Recovery.

Da die Backup-Copy-Jobs an einen Backup-Job gekoppelt sind, verhält sich ein Backup-Copy-Job etwas anders:

- Am Anfang wird ein Gesundheitscheck der Backup-Dateien durchgeführt.
- Eine Sync-Phase prüft zunächst, ob neue Backup-Dateien vorhanden sind, und startet gemäß der konfigurierten Zeit die Synchronisation.
- Ein Backup-Copy-Job ist immer *forward incremental* und enthält deswegen eine Transformations-Phase.

- Wenn aktiviert, wird ein *Compact Full Backup* durchgeführt, was das letzte Voll-Backup sichert.
- Nach Beendigung des Backup-Copy-Jobs tritt dieser in eine Schlafphase ein, bis ein neuer Restore-Point im Backup-Job auftaucht.

Seit Veeam B&R Version 8 ist es darüber hinaus auch möglich, Backup-Copy-Jobs von Backup-Copy-Jobs zu erstellen. Damit entsteht eine Kette aus drei Gliedern.

14.9.7 Speicherwartung bei Defragmentierung durch inkrementelle Backups

Backup-Jobs verfügen unter dem MAINTENANCE-Tab über erweiterte Einstellungen, um die Nachteile von inkrementellen Backup-Jobs zu negieren. Die zwei schwerwiegendsten Nachteile sind die sogenannte *Full Backup File Fragmentation* und die *Silent Storage Corruption*:

- **Full Backup File Fragmentation** – Die Voll-Backup-Datei-Fragmentierung entsteht im Laufe der Zeit, da die inkrementellen Backups zusammengefasst werden. Dadurch verteilen sich einzelne Fragmente möglicherweise ungünstig auf dem Backup-Speicher. Dies konnte zuvor nur durch das Schreiben periodischer Voll-Backups verhindert werden.
- **Silent Storage Corruption** – Die stille Speicher-Korruption tritt dann ein, wenn ein inkrementelles Datenstück schadhaft wird, was unter Umständen alle folgenden Wiederherstellungs- und Konsolidierungsprozesse beeinflusst.

Die Option DEFRAGMENT AND COMPACTING, die Sie im Wartungs-Tab in den erweiterten Einstellungen finden, kann dazu genutzt werden, genau diese beiden Effekte zu verhindern. Allerdings sollten Sie sie nicht zusammen mit Deduplizierungs-Appliances nutzen, da diese von Haus aus immer stark fragmentiert sind.

Zusätzlich wurde das sogenannte *Storage-level Corruption Guard* eingeführt, der die Blöcke nach dem Backup anhand der Metadaten überprüft und bei einer Abweichung diese direkt repariert. Schlägt diese Reparatur fehl, wird der User informiert, dass ein Voll-Backup erforderlich ist. Dieses Feature wird entsprechend für alle inkrementellen Backups empfohlen. Sollte das Backup-Speichersystem bereits über ein sogenanntes *Scrubbing* verfügen, was essenziell gesehen exakt dieses Feature darstellt, sollte es in Veeam B&R entsprechend deaktiviert werden.

14.9.8 Application-Aware Processing

Veeam ist in der Lage, Backups und Replikation mit einer Application-Awareness durchzuführen, um sogenannte *Transactionally Consistent Backup Images* zu erzeugen. Im Gegensatz zum einfachen Snapshot einer VM werden hierbei weitere, systemnahe Funktionen genutzt, um die Konsistenz von Daten sicherzustellen. Dabei gibt es generell zwei Methoden: *Quiescence* mit den VMware Tools und das Veeam eigene *App-Aware Image Processing*, das auf Microsoft VSS oder Linux-Skripten basiert. Die Eigenschaften der beiden Optionen sehen Sie in Tabelle 14.3.

Funktion	VMware-Tools-Quiescence	App-Aware Image Processing
App-Aware Backups	Begrenzt	Ja
Vorbereitung von VSS für spezifische Apps (z. B. Oracle)	Nein	Ja
App-Log-Trunkierung, z. B. für MS SQL oder Exchange	Nein	Ja
Ausführbare Skripte	Ja, im Gast-OS	Ja, zentral
Fehlermeldungen	Innerhalb der Gast-OS-VM	Zentral auf dem Veeam-Backup-Sever
Konsistente Windows-Backups	Ja	Ja
Sync-Treiber für Linux	Ja	Nein

Tabelle 14.5 Vergleich zwischen der VMware-Tools-Quiescence und dem Veeam-eigenen Application-Aware Image Processing

Wie Sie besonders an den ersten drei aufgeführten Funktionen erkennen können, bringt Veeam einige hochinteressante Fähigkeiten mit. Mit diesen lässt sich beispielsweise eine Microsoft-SQL-Datenbank konsistent sichern oder lassen sich Exchange-Postfächer so sichern, dass Sie später sogar einzelne Objekte, wie beispielsweise eine E-Mail, einfach wiederherstellen können.

Dabei geht Veeam wie folgt vor:

1. Veeam überprüft, ob eine Applikation installiert ist, die Sie mit App-Awareness erfassen können.
2. Wenn nötig werden vorab Skripte innerhalb der VM ausgeführt, um die Applikation »einzufrieren«.
3. VSS Quiescence wird durchgeführt und anschließend wird ein Snapshot der VM erstellt.
4. Nach dem Snapshot wird die VM wieder »aufgetaut« und eventuell vorhandene Skripte werden ausgeführt.
5. Das Backup wird erstellt und der Snapshot aufgelöst bzw. committet.
6. Log-Dateien werden mit VSS oder mit nativen Oracle-Kommandos sortiert.

Damit dieses erweiterte Quiescence funktionieren kann, sind entsprechende Zugriffsrechte innerhalb der VM nötig. Idealerweise wird hierfür ein Active-Directory-Account verwendet.

An dieser Stelle ist wieder zu erwähnen, dass Sie ähnliche VMs bündeln sollten. Befinden sich ausschließlich Windows-VMs einer Domain in einem Backup-Job, so können Sie Zugriffsrechte einmal vergeben und alle VMs sind bedient. Befindet sich beispielsweise zusätzlich eine Linux-VM im selben Backup-Job, die nicht ins AD integriert ist, müssen Sie die Linux-VM dediziert anpassen und Veeam spezielle Zugriffsrechte für die Abarbeitung innerhalb der VM gewähren.

Darüber hinaus sind verschiedene Ports notwendig. Für eine Windows-VM sind dies RPC inklusive dynamischer Port-Range (TCP 1025–5000 für Windows Server 2003, 49152–65535 für Windows 2008 und neuer), TCP/UDP auf 135, 137–139 und 455. Für Linux-VMs müssen Sie den SSH-Port 22 freigeben.

14.10 Erstellen von Replikaten

Wie der Name Veeam Backup & Replication schon sagt, können Sie anstelle von Backups auch Replikate erstellen. In Abschnitt 14.5.3 haben wir die Unterschiede bereits detailliert dargestellt, weshalb wir uns zur Erinnerung auf den wichtigsten Unterschied beschränken können: Ein Replikat ist eine 1:1-Kopie einer VM und enthält ausschließlich den letzten Status. Es ist nicht dafür gedacht, eine Historie der Daten vorzuhalten, sondern im Falle eines Ausfalls die *primäre* VM möglichst zeitnah zu ersetzen bzw. zu vertreten. Generell geht es dabei also um einen bestimmten Fall aus dem Bereich Desaster-Recovery. Nichtsdestotrotz bietet vSphere Ihnen die Möglichkeit, bis zu 28 Restore-Points vorzuhalten. Deswegen kann es immer wieder mal vorkommen, dass sich nicht eindeutig erschließt, wann man am besten Backups und wo Replikation einsetzt. Dies hängt auch damit zusammen, dass die Replikation ähnliche Prozesse nutzt wie das Backup und z. B. vom Typ her *forward incremental* ist.

Der wichtigste Unterschied zu Backups ist, dass die Meta-Daten nicht zusammen mit der Replikation auf dem Ziel gespeichert werden, sondern im Backup-Repository des Replication-Jobs verbleiben. Dies liegt maßgeblich daran, dass der Replikant nicht als eine Backup-Datei auf einem Repository liegt, sondern eine »lebende« VM ist und das Ziel am Ende ein ESXi-Host, lokal oder in einem entfernten Datacenter. Bleibt die Replikation lokal, so bedient der Backup-Proxy bzw. der Backup-Server beide Teilnehmer: den Source-ESXi-Host und den Target-ESXi-Host. Wird Replikation hingegen in eine andere Location geschoben, kommunizieren zwei Backup-Proxys miteinander: einer auf der Source-Site und einer auf der Target-Site. Das dabei verwendete Backup-Repository muss auf der Source-Site zur Verfügung stehen, um die besagten Meta-Daten sichern zu können. Darüber hinaus ist es ebenso empfehlenswert, einen Veeam-Backup-Server auf der Target-Site einzusetzen, um einen Failover durchführen zu können. Das bedeutet auch, dass alle Operation im Desaster-Recovery-(DR-)Fall eben durch jenen Veeam-Backup-Server auf der Target-Site bzw. der DR-Site ausgeführt werden. Um solche Failover- und Fail-Backup-Prozesse durchführen zu können, müssen beide Sites de facto autonom lauffähig sein. Das heißt, Dienste wie DNS, DHCP, AD, vCenter etc. müssen in beiden Sites unabhängig voneinander lauffähig sein.

Bezüglich der Übertragung der Daten gibt es weitere Maßnahmen, die z. B. die Menge an zu übertragenden Daten verringern können. Darunter fällt unter anderen auch die WAN-Beschleunigung. Wir empfehlen Ihnen, sich die entsprechenden Kapitel in der Veeam-Dokumentation durchzulesen: *https://helpcenter.veeam.com/docs/backup/vsphere/wan_acceleration.html?ver=95*

Darüber hinaus lassen sich Replikationen von Backups oder Backups aus Replikationen erstellen. Da es sich hier um sehr spezielle Fälle handelt, die teilweise im direkten Widerspruch zu konventionellen Backup- und Replikationsansätzen stehen, gehen wir hier ebenfalls nicht genauer darauf ein und verweisen erneut auf die Veeam-B&R-Dokumentation.

14.11 Wiederherstellung aus Backups

Folgende Wiederherstellungstypen sind mit Veeam B&R möglich:

- INSTANT VM RECOVERY – Bootet die VM aus dem Backup-Repository und kopiert gleichzeitig die VM aus dem Primär-Storage. Dies ersetzt die vorhandene VM und hat einen entsprechend hohen Impact auf primäre und Backup-Speicher, die genügend Leistung benötigen, damit diese Möglichkeit auch benutzerfreundlich abläuft.
- RESTORE ENTIRE VM – Wiederherstellung der gesamten VM; ersetzt die Original-VM.
- RESTORE VIRTUAL DISK – Wiederherstellung einzelner VM-Disks
- RESTORE VM FILES – Wiederherstellung von VM-Dateien auf dem Primärspeicher, z. B. die *.vmx*-Datei. Hiermit sind nicht Dateien innerhalb der Gastbetriebssysteme gemeint.
- RESTORE GUEST FILES – Wiederherstellung von Dateien im Gastbetriebssystem, z. B. Dateien eines Fileservers, die in irgendeiner Partition liegen
- RESTORE TO MICROSOFT AZURE CLOUD – Wiederherstellung der VM auf Azure

Die Wiederherstellung von anderen Objekten, beispielsweise von Exchange- oder SQL-Objekten, verläuft ähnlich wie die Dateiwiederherstellung der Gastbetriebssysteme über einen »Explorer«. Diesen Vorgang möchten wir im Folgenden kurz demonstrieren.

In der Veeam-Konsole erreichen Sie über HOME • BACKUPS • DISK die zuvor erfolgreich durchgeführten Backup-Jobs. Die Buttons im Menü-Band am oberen Fensterrand oder ein Rechtsklick auf den Backup-Job bieten die unterschiedlichen Wiederherstellungsmethoden an (siehe Abbildung 14.26).

In diesem Beispiel möchten wir eine Datei aus einer VM wiederherstellen; die anderen Wiederherstellungsmethoden gestalten sich aber ebenso einfach und sind vergleichbar durchzuführen. Über einen Rechtsklick wählen Sie RESTORE GUEST FILES • MICROSOFT WINDOWS aus. Im Dialog aus Abbildung 14.27 werden zunächst alle verfügbaren Wiederherstellungspunkte angezeigt, von denen Sie einen auswählen und fortfahren.

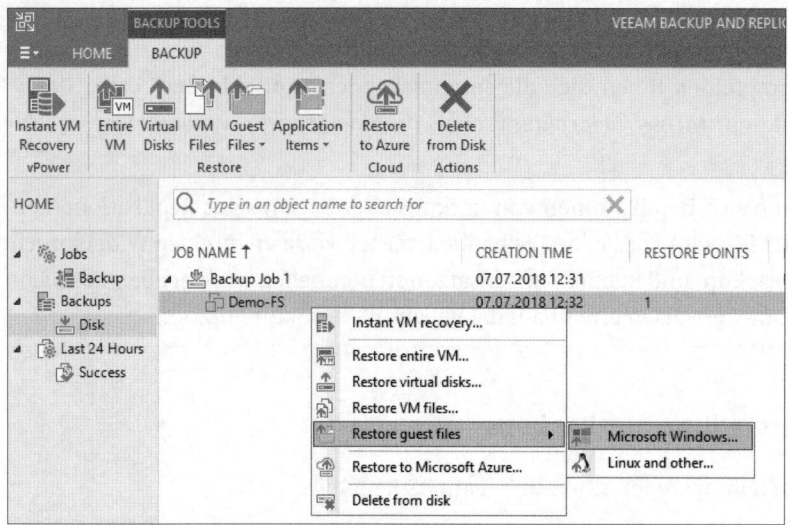

Abbildung 14.26 Wiederherstellung einer Datei aus einer VM (Restore von Gastbetriebssystemdateien)

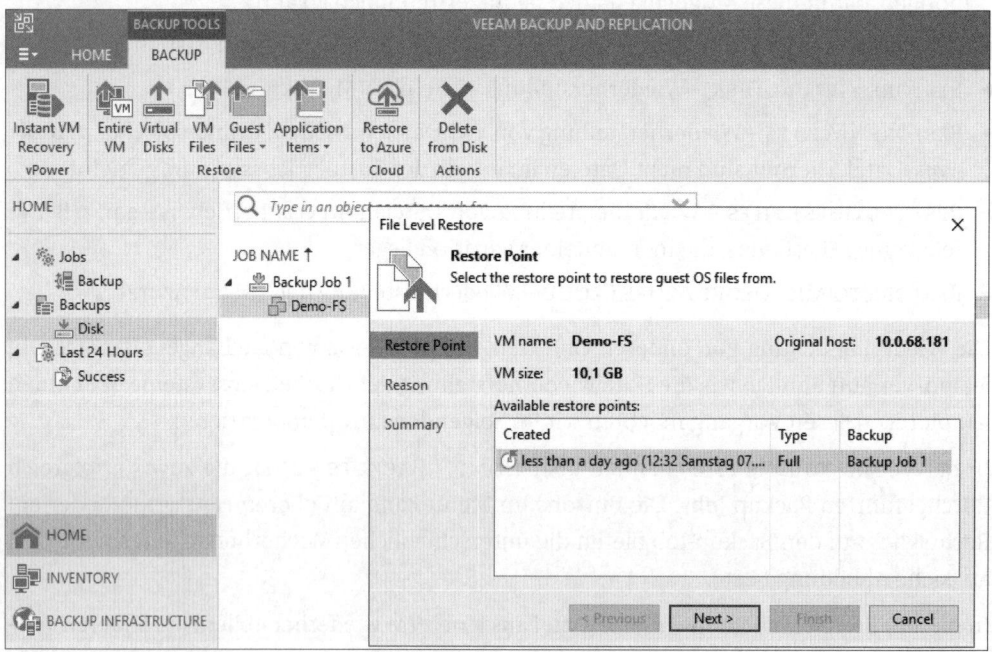

Abbildung 14.27 Einen Restore-Point zur Wiederherstellung auswählen

Sie erhalten dann die Möglichkeit, Kommentare einzufügen, oder können entscheiden, dieses Fenster für die Zukunft auszublenden. Anschließend wird die Übersicht angezeigt, und Sie beenden den Vorgang mit FINSH (siehe Abbildung 14.28).

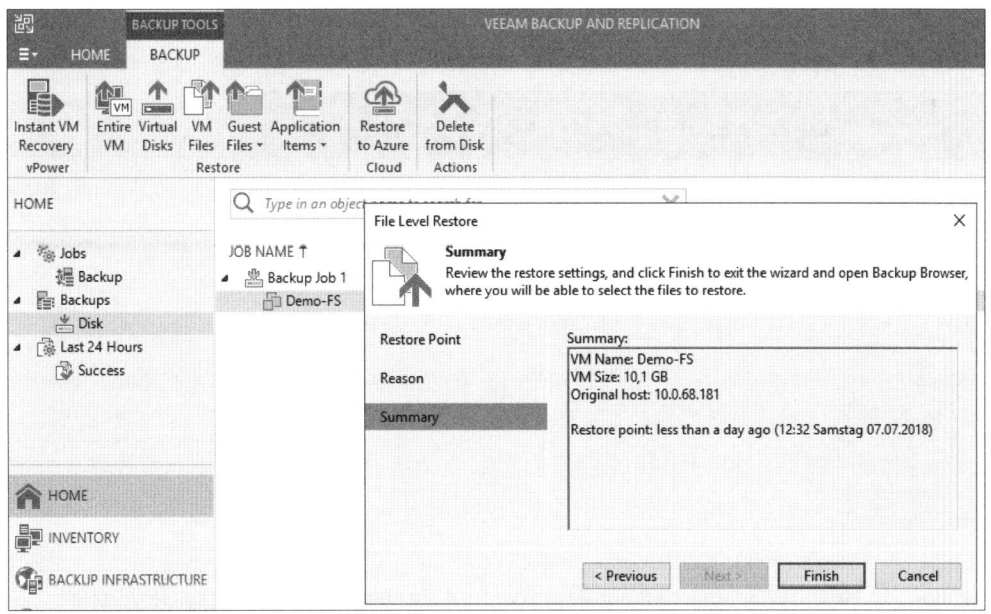

Abbildung 14.28 Der Wiederherstellungsprozess läuft. Wir müssen uns einem Moment gedulden, bis der File-Explorer erscheint.

Vielleicht wundern Sie sich jetzt, warum der Vorgang so kurz ist und schon beendet wurde, denn Sie haben ja bisher keine Datei zur Wiederherstellung ausgewählt. Mit dem FINISH wird lediglich der Assistent beendet. Anschließend startet je nach Wiederherstellungsmethode der eigentliche Prozess. Für eine Dateiwiederherstellung aus einer VM wird eine Art »Datei-Explorer« gestartet, was einen Moment dauern kann, je nach Größe und Menge der Backup-Daten und nach der Leistung der Backup-Infrastruktur. Solange der Prozess in der Veeam-Konsole angezeigt wird, müssen Sie einfach nur etwas Geduld mitbringen.

Sobald der File-Explorer auftaucht, können Sie das Filesystem der gesicherten VM durchsuchen und die gewünschten Dateien zur Wiederherstellung auswählen. Andere Explorer (z. B. für die Wiederherstellung eines Exchange-Objekts) funktionieren äquivalent.

Sie können die Datei nun direkt wiederherstellen. Dabei wird sie an die ursprüngliche Stelle in der VM kopiert und überschreibt die dort liegende Datei, falls es sie noch gibt. Aus zwei Gründen raten wir von diesem Weg ab:

▶ Zum einen gibt es ein organisatorisches Problem: Was passiert, wenn der User die aktuelle Datei noch nutzen will und die Wiederherstellung nur zum Vergleich benötigt? Ein Überschreiben wäre dann fatal.

▶ Zum anderen wird die wiederherzustellende Datei über den gesamten Hypervisor-Stack geschoben, was eine hohe Auslastung von vSphere zur Folge hat. Da dies für jede Datei geschieht, führen besonders viele kleine Dateien schnell zu Problemen und sorgen dafür, dass die Wiederherstellungsdauer rapide ansteigt.

Deswegen empfiehlt sich die Wiederherstellung auf ein dediziertes Netzlaufwerk, denn so umgehen Sie beide Probleme (siehe Abbildung 14.29).

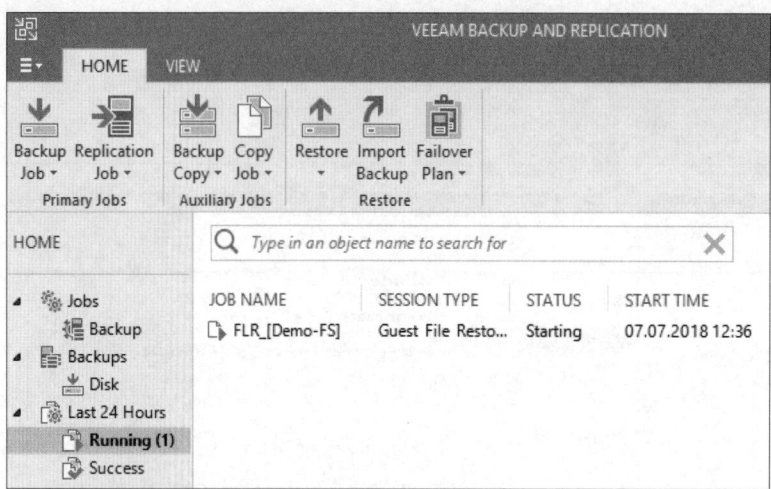

Abbildung 14.29 Die Wiederherstellung einer Datei auf ein Netzlaufwerk bietet viele Vorteile.

Sobald Sie die Datei zurückkopiert haben, ist es zwingend erforderlich, den File-Explorer wieder zu schließen, da er sonst die Backup-Datei blockiert. Bleibt er geöffnet, wird das nächste Backup zwangsläufig fehlschlagen. Durch Schließen des File-Explorer-Fensters wird das Ende des Wiederherstellungsprozesses eingeleitet. Wenige Momente später ist unter RUNNING kein aktiver Prozess mehr zu sehen.

14.11.1 Virtual Lab

Veeam verfügt über ein sogenanntes Virtual Lab, in die Sie eine VM testweise zur Überprüfung wiederherstellen können. Hierfür erzeugt Veeam eine abgeschlossene und vom Produktionsnetzwerk getrennte Umgebung, in die die VM hochgefahren wird. Über die Veeam-Konsole können Sie sich dann testweise in der wiederhergestellten VM bewegen.

Um diese Funktion nutzen zu können, müssen Sie zuvor das Virtual Lab über BACKUP INFRASTRUCTURE • VIRTUAL LAB einrichten. Alles Weitere verhält sich wie die Wiederherstellung einer VM, nur erfolgt diese eben in das Virtual Lab hinein.

Kapitel 15
Ausfallsicherheit

Dieses Kapitel beschäftigt sich mit der Ausfallsicherheit und der Hochverfügbarkeit der virtuellen Infrastruktur und ihrer Komponenten. Die Sicherung von Hosts, vCenter und VMs ist Thema dieses Kapitels.

Autor dieses Kapitels ist Bertram Wöhrmann, Ligarion
buch@ligarion.de

Wenn Sie für Ausfallsicherheit sorgen wollen, brauchen Sie sich nicht nur auf dem Drittanbieter-Markt zu orientieren, auch VMware bietet Add-ons an, mit denen Sie Ihre Aufgaben lösen können.

15.1 Sicherung – Rücksicherung

Eines der wichtigsten Themen beim Betrieb einer virtuellen Infrastruktur ist die Sicherung der verschiedenen Komponenten. Zur Datensicherung der virtuellen Maschinen kommen noch Sicherungen der VMware-vSphere-Hosts hinzu. Des Weiteren müssen Sie eine Backup-Strategie für den vCenter-Server und weitere Komponenten der Infrastruktur erarbeiten. Es gibt verschiedene Alternativen, um diese Aufgaben zu erfüllen. In diesem Kapitel gehen wir auf einige Möglichkeiten ein, wie Sie die einzelnen Komponenten sichern können.

> **Hinweis**
> Die hier beschriebenen Schritte gelten für alle möglichen Bereitstellungsarten: *PSC-only*, *vCenter-only* und *VCSA All-in-One*.

15.1.1 Sicherung des vSphere-Hosts

Wie geht man nun mit der Sicherung der Host-Systeme um? Schauen wir einmal zurück, wie ein Host installiert wird und welche Daten er vorhält.

Die Installation eines vSphere-Hosts geht grundsätzlich sehr schnell. Der Zeitfaktor wird nur dadurch beeinflusst, wie die Installation erfolgt: ob manuell, per Skript oder über Auto Deploy. Die Daten, die ein Host vorhält, sind eigentlich nur Konfigurationsdaten. Alle anderen

Informationen gehören zu den virtuellen Maschinen und liegen auf dem Datastore oder in der Datenbank des vCenter-Servers.

Es ist sinnlos, über die Sicherung nachzudenken, wenn Sie aufgrund der Lizenzierung mit Hostprofilen arbeiten können. In diesem Fall gestaltet sich der Prozess der Inbetriebnahme nach der Installation recht einfach. Steht die Funktion der Hostprofile lizenztechnisch nicht zur Verfügung, können Sie die Konfiguration auch mit einem Befehl über die Kommandozeile sichern. Nachdem Sie eine SSH-Verbindung mit dem Host hergestellt haben, können Sie mit folgenden Befehlen arbeiten.

Sicherung

```
/bin/FirmwareConfig.sh --backup /tmp/
```

Rücksicherung

```
/bin/FirmwareConfig.sh --restore /tmp/<Sicherungsfile>.tgz
```

Arbeit mit Installationsskripten

Mit einem Installationsskript oder einer Installations-Appliance sind Neuinstallationen in sehr kurzer Zeit möglich. Dieser Vorgang wird mit den neuen Funktionen *Image Builder* und *Auto Deploy* sehr stark vereinfacht.

Die Zeit, die Sie brauchen, um sich mit den Funktionen vertraut zu machen, ist unserer Meinung nach gut investiert. Sie erhalten auf diese Weise eine optimierte automatisierte Installation. Damit schlagen Sie zwei Fliegen mit einer Klappe: Zum einen ist das System im Fehlerfall schnell wieder am Start, zum anderen können Sie neue Systeme schneller in Betrieb nehmen. Sie brauchen allerdings die Enterprise-Plus-Lizenz, um die Auto-Deploy-Funktion nutzen zu können. Es steht Ihnen aber die Option offen, mit dem *Image Builder* ein für Sie passendes Image zu erstellen.

15.1.2 Sicherung von vCenter Server

> **Hinweis**
> Wir betrachten hier nur noch die VCSA, weil das Windows-System nicht weiterentwickelt wird.

Der erste Teil dieses Abschnitts beschäftigt sich mit allgemeinen Möglichkeiten, die verschiedenen Komponenten zu sichern, die für den Betrieb einer virtuellen Landschaft nötig sind. Dabei gehen wir nicht näher auf spezielle Produkte ein. Wir möchten darlegen, was wie gesichert werden sollte bzw. gesichert werden kann. Durch den Einsatz der VCSA ist der Prozess stark vereinfacht worden, denn seitdem der Update Manager auch Bestandteil der VCSA ist, liegen alle benötigten Managementkomponenten zentral auf einem System.

Wir können Ihnen natürlich nur Empfehlungen geben und technisch darstellen, was möglich ist. In vielen Unternehmen gibt es aber Richtlinien, die dem Administrator erst einmal wenig bis keinen Spielraum für die Vorgehensweise beim Thema Datensicherung und Datenrücksicherung lassen. Es kann also gut sein, dass Sie erst Entwicklungsarbeit leisten müssen, damit Sie den technisch optimalen Weg gehen können.

Ausfall der vCenter Server Appliance

Die *VCSA* ist einer der entscheidenden und wichtigsten Faktoren in einer virtuellen Landschaft. Obwohl über diese Komponente alle wichtigen Arbeiten durchgeführt werden und alle Fäden der Umgebung hier zusammenlaufen, ist ein Ausfall des vCenters im Grunde erst einmal nichts, was eine laufende Umgebung stark beeinträchtigt. Zwar stehen einige Funktionen nicht zur Verfügung, das ist aber unter Umständen zu verschmerzen.

> **Achtung**
> Diese Aussage gilt aber höchstens für eine virtuelle Server-Infrastruktur. Ist eine vSphere-Infrastruktur die Basis für virtuelle Desktops, z. B. auf Basis von VMware Horizon View, dann ist das vCenter hochkritisch!

Bevor Sie tiefer in die Planung einsteigen, sollten Sie sich vergegenwärtigen, welche Funktionen bei einem Ausfall des Managements nicht zur Verfügung stehen. Tabelle 15.1 zeigt Ihnen, auf welche Eigenschaften Sie bei einem Ausfall verzichten müssen und welche Basiseigenschaften Sie weiterhin im Betrieb unterstützen.

Funktion	Funktion ohne Virtual Center
vMotion / Storage vMotion	Nein
VMware DRS	Nein
VMware Storage DRS	Nein
Ressourcen-Pool	Nein
vSphere HA: Restart VM	Ja
vSphere HA: Admission Control Add new host to cluster	Nein
vSphere HA: Add new host to cluster	Nein
vSphere HA: Host rejoins the Cluster	Ja

Tabelle 15.1 Funktionsstatus bei inaktivem vCenter Server

Funktion	Funktion ohne Virtual Center
Erstellen eines VDS	Nein
Storage-I/O-Kontrolle konfigurieren	Nein
Netzwerk-I/O-Kontrolle konfigurieren	Nein
Virtuelle Maschinen	Ja
Fault Tolerance	Funktioniert, bis auf das Anstarten der *Secondary VM*
Management vCenter	nein

Tabelle 15.1 Funktionsstatus bei inaktivem vCenter Server (Forts.)

Mit den Daten, die Ihnen jetzt vorliegen, können Sie entscheiden, wie lange das System ausfallen darf, bevor es für den Betrieb kritisch wird. Darf die Ausfallzeit nur minimal sein, empfehlen wir den Einsatz von *vCenter HA*.

Sicherung der vCenter Server Appliance

Die Sicherungsmöglichkeiten haben sich über die Entwicklungszeit der VCSA stark verändert. Vor noch nicht allzu langer Zeit benötigte man ein Skript-Framework zum Sichern der VCSA. Mittlerweile hat VMware im Management-Interface die Möglichkeit vorgesehen, die Daten der VCSA zu sichern (siehe Abbildung 15.1).

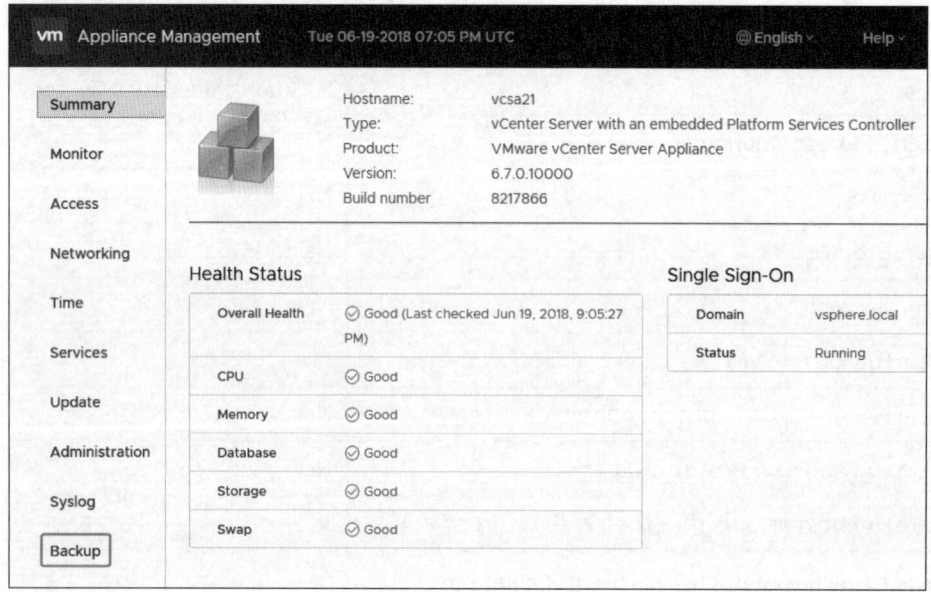

Abbildung 15.1 Backup der VCSA

> **Achtung**
> Betreiben Sie eine VCSA, die mit vCenter HA abgesichert ist, dann wird nur die primäre VCSA gesichert!

Damit ein Backup durchgeführt werden kann, benötigt die VCSA eine Angabe des Backup-Ziels, auf das die Sicherung geschrieben werden soll. Dabei müssen Sie keinen Datensicherungsclient angeben, sondern eine Freigabe, die über die Protokolle

- FTP (unsicheres Protokoll),
- FTPS,
- HTTP (unsicheres Protokoll),
- HTTPS oder
- SCP (Ziel muss ein Backup-Server auf Linux sein)

angesprochen wird. Der Zugriff erfolgt dann beispielsweise auf einen FTP-Server wie folgt:

ftp://<Backup-Server-Name oder -IP-Adresse>:<Port-Nummer>/Mountpoint

In unserem Lab sieht der Zugriffspfad dann so aus:

ftp://10.0.68.146:21/backup

> **Hinweis**
> Während des Backups baut die VCSA mehrere Verbindungen zum Backup-Server auf. Dieser sollte daher auch mehrere Verbindungen zulassen. VMware empfiehlt mindestens 10 Verbindungen!
>
> Achten Sie bitte darauf, dass der verwendete User ausreichend Rechte im Mountpoint des Backup-Servers hat. Er braucht Schreibrechte, um Dateien und Verzeichnisse anlegen zu können!

Im Management-Interface gibt es zwei Punkte zur Datensicherung. Einen für eine einmalige Sicherung und einen für eine regelmäßige Sicherung (siehe Abbildung 15.2).

Ist ein regelmäßiger Job eingerichtet, dann kann der Verbindungsstring auch beim einmaligen Job übernommen werden.

Die Einrichtung eines Jobs gestaltet sich recht einfach. Die Anzahl der Einstellungen ist übersichtlich und auch größtenteils selbsterklärend. Trotzdem gibt es zwei Punkte, die noch näher erläutert werden müssen. Zum einen möchten wir auf die Option der Verschlüsselung hinweisen (siehe Abbildung 15.3).

15 Ausfallsicherheit

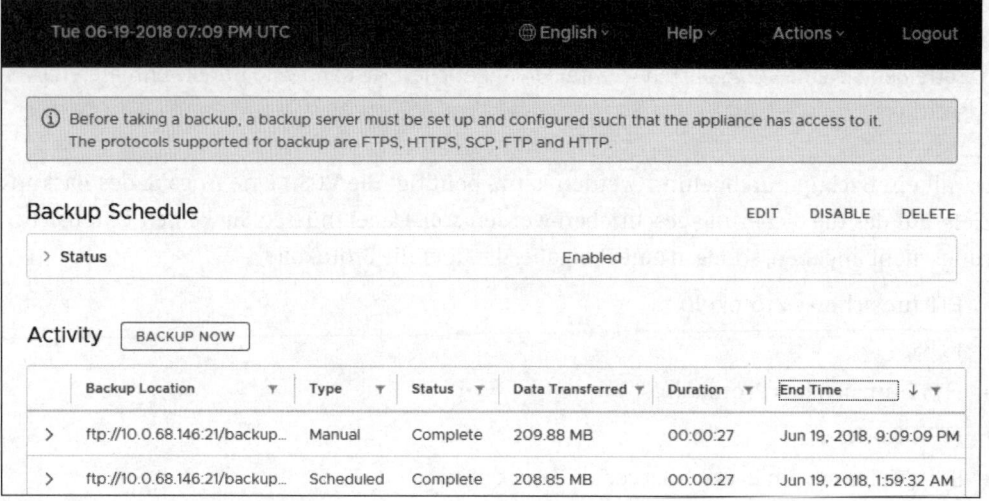

Abbildung 15.2 Backup-Möglichkeiten

Abbildung 15.3 Einstellungen für das regelmäßige Backup

Zum anderen können Sie festlegen, wie viele Backup-Versionen behalten werden sollen. Hier müssen Sie überlegen, wie viel Datenverlust Sie letztendlich verkraften können. Der größte Verlust betrifft hier eigentlich Daten zu den Statistiken, zur Performance und zu Ereignissen. Konfigurationsdaten ändern sich ja nicht so häufig. Überlegen Sie sich also, ob Sie wirklich zahlreiche Backup-Versionen von Daten benötigen, die nur zur Statistikerhebung dienen.

Schlussendlich kann man nach jeder Konfigurationsänderung auch eine Sicherung von Hand anstoßen.

Ein einmal angelegter Job ist automatisch aktiviert. Er kann aber auch ausgesetzt und angepasst werden (siehe Abbildung 15.4).

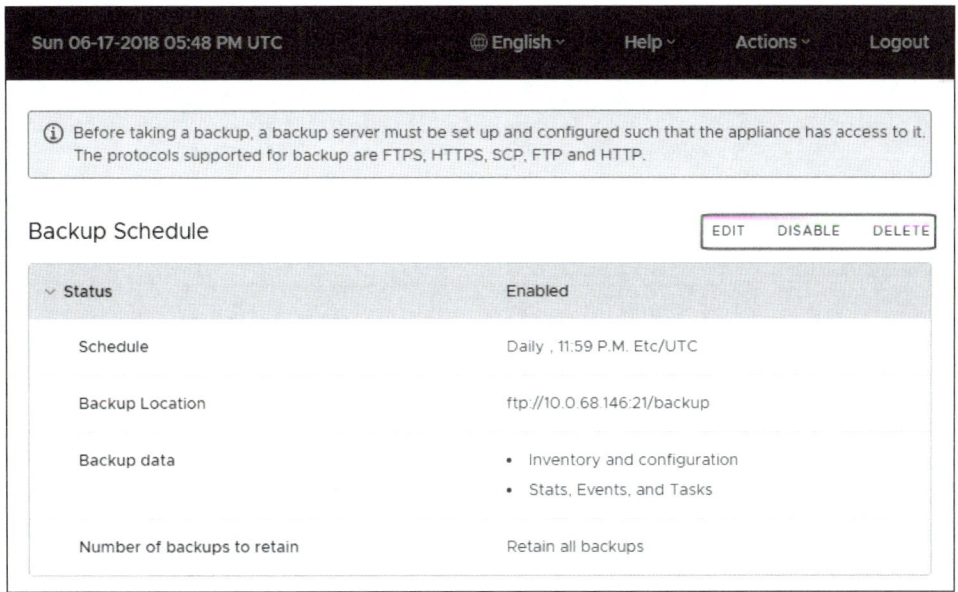

Abbildung 15.4 Der regelmäßige Sicherungsjob

Soll, z. B. nach einer Konfigurationsänderung, eine einmalige Sicherung erfolgen, so erfolgt diese Aktion über den Befehl ACTIVITY • BACKUP NOW (siehe Abbildung 15.5).

Dabei haben Sie die Option, die Verbindungsdaten aus dem regelmäßigen Backup zu übernehmen oder eine alternative Ablage für die Sicherung zu wählen. Mehr können Sie an dieser Stelle nicht tun.

Die Verzeichnisstruktur auf dem Sicherungsserver sieht folgendermaßen aus:

vCenter/sn_<FQDN der VCSA>/<Versionsnummer der VCSA>_<Datum>_<Uhrzeit>_<Verschlüsselungskey>

Das Backup selbst setzt sich aus mehreren Files zusammen, die Abbildung 15.6 zeigt.

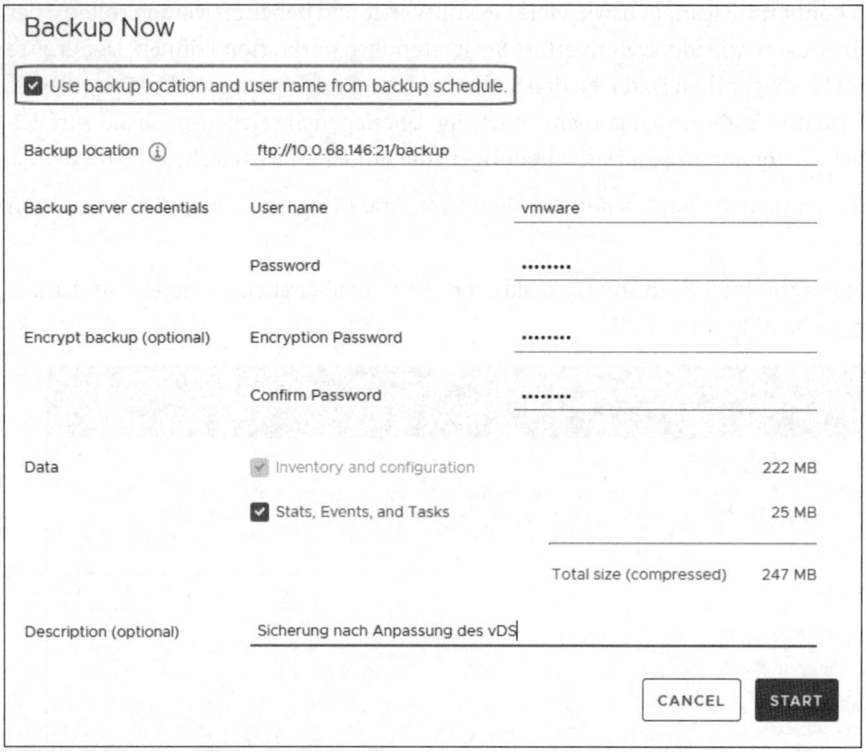

Abbildung 15.5 Einmalige Sicherung

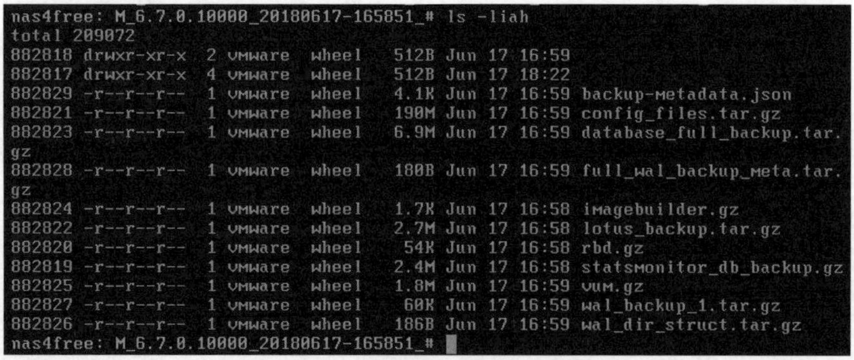

```
nas4free: M_6.7.0.10000_20180617-165851_# ls -liah
total 209072
882818 drwxr-xr-x  2 vmware  wheel   512B Jun 17 16:59
882817 drwxr-xr-x  4 vmware  wheel   512B Jun 17 18:22
882829 -r--r--r--  1 vmware  wheel   4.1K Jun 17 16:59 backup-metadata.json
882821 -r--r--r--  1 vmware  wheel   190M Jun 17 16:59 config_files.tar.gz
882823 -r--r--r--  1 vmware  wheel   6.9M Jun 17 16:59 database_full_backup.tar.
gz
882828 -r--r--r--  1 vmware  wheel   180B Jun 17 16:59 full_wal_backup_meta.tar.
gz
882824 -r--r--r--  1 vmware  wheel   1.7K Jun 17 16:58 imagebuilder.gz
882822 -r--r--r--  1 vmware  wheel   2.7M Jun 17 16:58 lotus_backup.tar.gz
882820 -r--r--r--  1 vmware  wheel    54K Jun 17 16:58 rbd.gz
882819 -r--r--r--  1 vmware  wheel   2.4M Jun 17 16:58 statsmonitor_db_backup.gz
882825 -r--r--r--  1 vmware  wheel   1.8M Jun 17 16:59 vum.gz
882827 -r--r--r--  1 vmware  wheel    60K Jun 17 16:59 wal_backup_1.tar.gz
882826 -r--r--r--  1 vmware  wheel   186B Jun 17 16:59 wal_dir_struct.tar.gz
nas4free: M_6.7.0.10000_20180617-165851_#
```

Abbildung 15.6 Files in der Datensicherung

Achtung

Kommen in Ihrer virtuellen Infrastruktur *Distributed Switches* zum Einsatz, sollten Sie auf jeden Fall die Konfiguration nach Änderungen sichern. Hinweise dazu finden Sie in Kapitel 7, »Das Netzwerk in VMware vSphere«.

Rücksicherung der vCenter Server Appliance

Für die Rücksicherung finden Sie auf der Managementwebseite keinen Auswahlpunkt. Dieser Vorgang erfolgt anders und ist ziemlich radikal, denn letztendlich ist die Rücksicherung eine Neuinstallation mit dem Einspielen der Datensicherung.

> **Achtung**
> Bei getrennten Bereitstellungen von PSC und vCenter müssen Sie im ersten Schritt der PSC wiederherstellen. Erst wenn das System wieder komplett bereitgestellt und produktiv ist, kann das vCenter zurückgesichert werden!

Lassen Sie uns den Prozess näher betrachten. Zuerst einmal müssen Sie von dem VCSA-Installationsmedium die Installationsroutine aufrufen (siehe Abbildung 15.7).

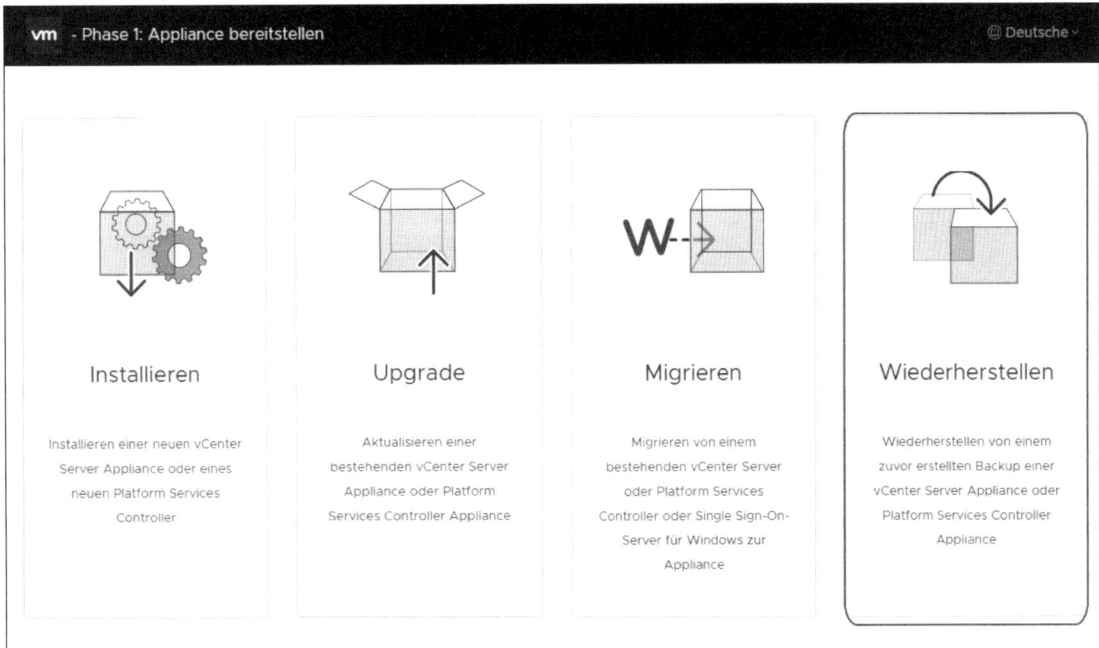

Abbildung 15.7 Restore einer VCSA

Im Wizard müssen Sie den Mountpoint auf der Backup-Maschine nebst den benötigten Benutzerdaten eingeben (siehe Abbildung 15.8).

Es ist nicht notwendig, den gesamten Pfad zu kennen, denn in einer Art abgespecktem Filebrowser können Sie das gewünschte Backup auswählen (siehe Abbildung 15.9).

15 Ausfallsicherheit

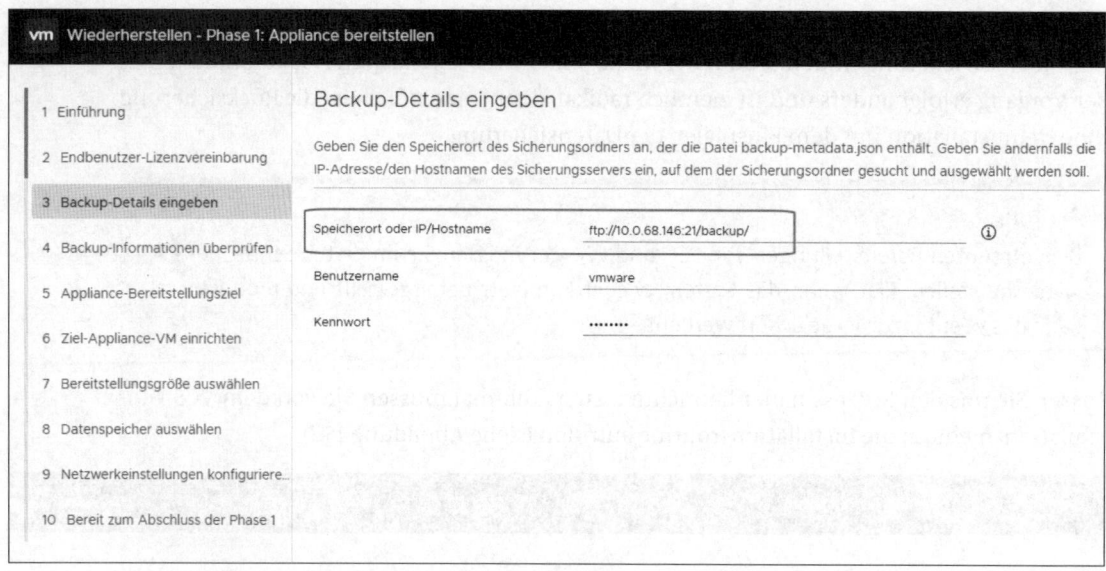

Abbildung 15.8 Angabe des Backup Mountpoints

Abbildung 15.9 Auswahl des Backups

Informationen zum Zeitpunkt des Backups und der Konfiguration der VCSA finden Sie im nächsten Teil des Wizards (Abbildung 15.10). Auf Basis dieser Daten wird später die Appliance wieder bereitgestellt.

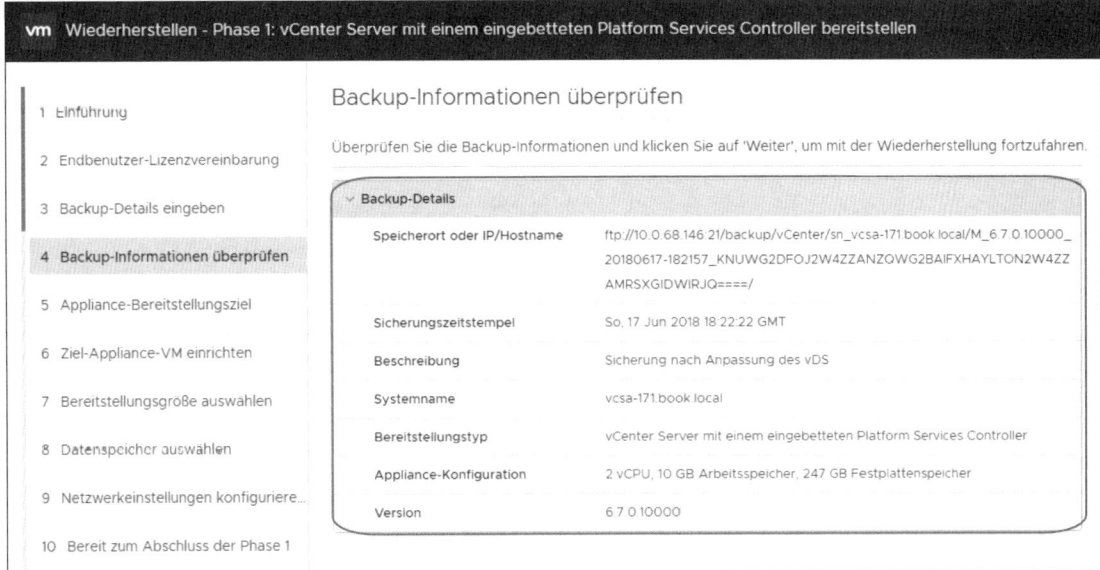

Abbildung 15.10 Information zur gesicherten Appliance

Jetzt kommen die bekannten Abfragen:

1. Host- oder vCenter-Auswahl zur Platzierung der VM
2. Ablageordner im Bereich *VMs and Templates*
3. Auswahl der Computing-Ressource
4. Name der neuen VCSA und Festlegung des Root-Kennworts
5. Festlegung der Bereitstellungsgröße
6. Auswahl des Zieldatastores
7. Kontrolle bzw. Festlegung der IP-Konfiguration

Nach der Anzeige der Zusammenfassung erfolgt die Bereitstellungsphase der VCSA, wie Sie diese auch von der Installation her kennen. Ist Phase 1, die Bereitstellung, abgeschlossen, werden Sie nach Bestätigung automatisch in Phase 2 überführt. Hier wird Ihnen noch einmal angezeigt, welche Rücksicherung eingespielt wird. War die Sicherung des Systems verschlüsselt, muss an dieser Stelle das Passwort angegeben werden (siehe Abbildung 15.11).

Es erfolgt eine Validierung aller Daten. Das System benötigt jetzt noch den Administrator-Account der alten Appliance nebst zugehörigem Passwort (siehe Abbildung 15.12).

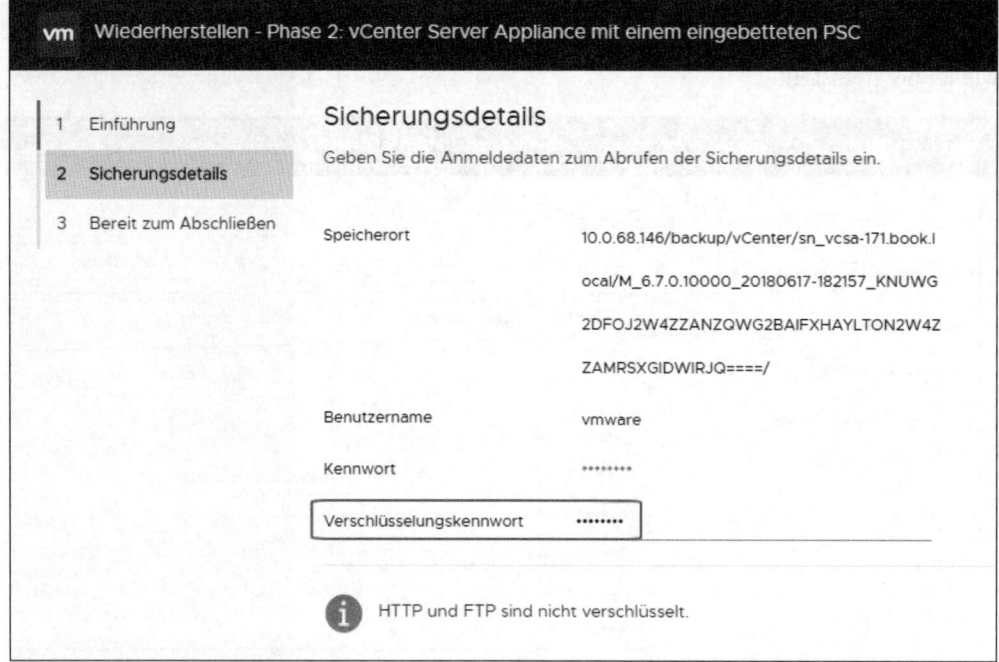

Abbildung 15.11 Eingabe des Verschlüsselungskennworts

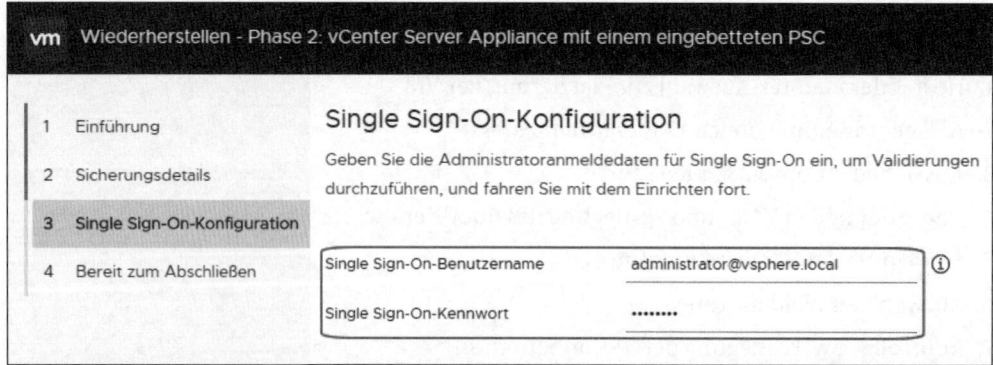

Abbildung 15.12 SSO-Administrator-Credentials

Nach einer abschließenden Zusammenfassung beginnt die zweite Phase der Bereitstellung der VCSA mit der Übernahme der alten Daten (siehe Abbildung 15.13).

Bitte beachten Sie den Hinweis, dass die alte VCSA heruntergefahren werden muss, damit keine Konflikte im Netzwerk auftreten können. Das ist natürlich nur dann wichtig, wenn die alte VCSA noch »lebt«. Sie können, sollte die alte VCSA noch aktiv sein, so die Zeit der Bereitstellung kompensieren. Bei der Konfiguration der neuen VCSA ist definitiv mit einer Auszeit zu rechnen.

15.1 Sicherung – Rücksicherung

Abbildung 15.13 Zusammenfassung aller Informationen zur VCSA

Hinweis
Die Zeitdauer für die Abarbeitung beider Phasen kann schwer beziffert werden. Grundsätzlich hängt das von der Menge der zu importierenden Daten ab. Je nach Größe müssen Sie etwas Geduld mitbringen.

Wenn nach erfolgter Rücksicherung alle Dienste wieder gestartet sind, können Sie wieder normal mit der VCSA arbeiten (siehe Abbildung 15.14).

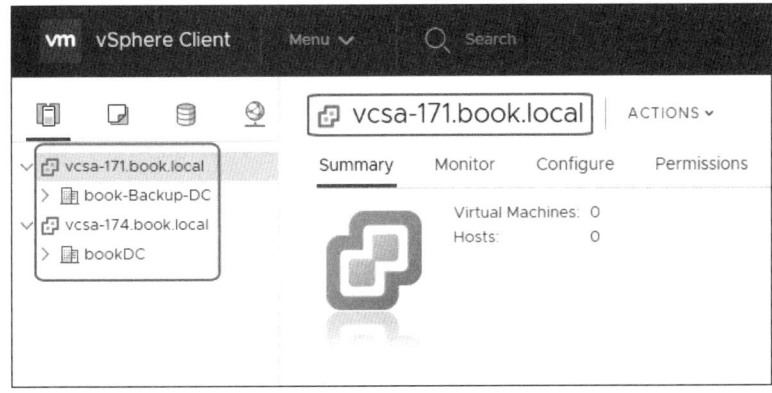

Abbildung 15.14 Abgeschlossene Wiederherstellung der VCSA

> **Achtung**
>
> Soll eine VCSA, die mit vCenter HA abgesichert ist, wiederhergestellt werden, dann müssen alle drei VCSAs (*primäre*, *sekundäre* und *Witness*) heruntergefahren werden. Der VCSA-Cluster wird nicht automatisch wiederhergestellt. Er muss nach der Rücksicherung wieder neu eingerichtet werden!

15.2 Ausfallsicherheit für PSC bzw. vCenter

Eines der wichtigsten Systeme der virtuellen Infrastruktur ist das Management. Welche Möglichkeiten gibt es, um den vCenter-Server gegen einen Ausfall abzusichern? Mehrere Ansätze sind möglich, grundsätzlich kann aber auch die Größe der Infrastruktur eine Rolle spielen.

Letztendlich ist alles so sicher wie das schwächste Glied in der Kette. Es ergibt daher keinen Sinn, den PSC hochverfügbar auszulegen und das vCenter nicht.

Nähere Informationen zu möglichen vCenter-Server-Architekturen entnehmen Sie bitte Kapitel 2, »vSphere-Architektur«). Für die Installationen schauen Sie bitte ins Kapitel 5, »Installation von ESXi und vCenter«.

> **Hinweis**
>
> Wir betrachten hier nur noch die *vCenter Server Appliance* (VCSA), denn die Windows-Variante des vCenters wird nicht mehr aktualisiert. Für Interessierte gibt es aber einen Artikel von VMware zur Bereitstellung des vCenters auf einem MSCS-Cluster:
>
> *https://docs.vmware.com/en/VMware-vSphere/6.5/com.vmware.vsphere.avail.doc/GUID-B5D2CD99-C78B-4A3D-85BA-FC5518D271D8.html*

15.2.1 Embedded VCSA / Single PSC mit single vCenter/ Single PSC mit mehreren vCentern

In kleineren Umgebungen mit einem embedded vCenter Server können grundsätzlich zwei Ansätze genutzt werden. Der einfachste ist sicherlich die intelligente Nutzung von vSphere HA. Dazu richten Sie die VCSA ein und verwenden als nutzbare Hosts zwei dedizierte Systeme in zwei unterschiedlichen Brandabschnitten. Fällt der eine Host aus, weiß der Administrator genau, auf welchem Host das vCenter zu finden ist. So muss kein Host-Hopping gemacht werden, um das vCenter zu finden, wenn es Probleme gibt.

Gleiches gilt für getrennte Umgebungen mit einem PSC und einem vCenter Server.

15.2.2 Redundante PSCs / single vCenter

Hier würde für ein automatisches Failover zwischen den beiden PSCs und dem vCenter ein Loadbalancer integriert. Das würde zumindest den Ausfall eines PSC kompensieren, aber bei einem Ausfall des vCenter Servers wäre bildlich gesprochen das Licht aus. Aus unserer Sicht macht dieser Ansatz keinen Sinn, denn ein *Single Point of Failure* (SPOF) bleibt ein SPOF. Den Mehraufwand an Konfiguration und Betrieb muss man sich nicht antun: dann besser voll redundant.

15.2.3 Redundante PSCs mit und ohne Loadbalancer / redundantes vCenter

Hier kommt in der einfacheren Variante *vCenter HA* ins Spiel. Mit dieser Funktion gibt es zwei unterstützte Architekturen. Als Erstes und mit dem wenigsten Aufwand installieren Sie einen PSC mit vCenter auf einem System und sichern dieses über vCenter HA ab. Hier müssen Sie ein besonderes Augenmerk auf die unterliegende Infrastruktur werfen. Optimal sind drei Hosts und natürlich auch unterschiedliche Datastores, die optimalerweise auf unterschiedlichen physischen Storages liegen, und das alles getrennt durch Brandabschnitte. Die Hosts müssen aber sehr wohl in einem gemeinsamen vSphere-Cluster zusammengefasst werden.

Auf diese Weise ist ein Ausfall so immer abgesichert.

Eine weitere Konfiguration wird unterstützt: zwei externe PSCs, die über einen Loadbalancer mit einem vCenter verbunden sind, das mit vCenter HA abgesichert ist. Auch hier ist darauf zu achten, welche VMs auf welchem Host in welchen Brandabschnitten laufen.

> **Loadbalancer**
>
> VMware beschreibt für drei Loadbalancer, wie eine Konfiguration für dieses Szenario erfolgen muss. Anleitungen finden Sie in folgenden Knowledge-Base-Artikeln:
>
> - NSX Edge – *https://kb.vmware.com/s/article/2147014*
> - F5 BIG-IP – *https://kb.vmware.com/s/article/2147038*
> - Netscaler – *https://kb.vmware.com/s/article/2147014*

15.2.4 vCenter HA

Mit der Funktion *vCenter HA* lässt sich sehr gut eine hohe Verfügbarkeit der VCSA realisieren. Dazu sollten regelmäßig entsprechende Tests durchgeführt werden. Diese Option finden Sie als entsprechenden Punkt im Client (siehe Abbildung 15.15).

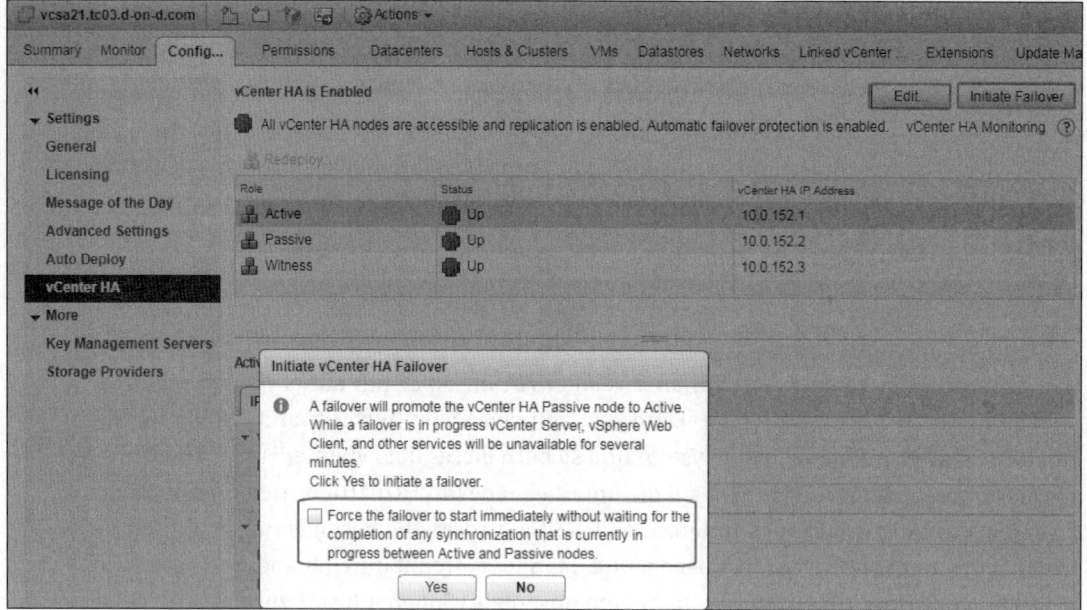

Abbildung 15.15 Failover-Test

Beim Aufruf des Failover-Tests kann eine abschließende Synchronisierung unterbunden werden. Das macht für einen Test aber gar keinen Sinn.

> **Hinweis**
>
> Auch bei diesen Konfigurationsschritten sind Sie auf den Flash-Client angewiesen!

Fällt die primäre VCSA aus, wird die sekundäre produktiv gesetzt. Der Prozess beinhaltet mehrere Schritte. Zuerst wir die primäre VCSA vom Netz genommen, dann wird auf der sekundären das Netzwerk aktiviert. Anschließend werden alle VCSA-Dienste gestartet.

Für Wartungsarbeiten ist der EDIT-Button vorgesehen (siehe Abbildung 15.15). Im entsprechenden Fester gibt es grundsätzlich vier Auswahlpunkte, von denen immer nur drei auswählbar sind. Die Punkte variieren je nach Zustand des Clusters (siehe Abbildung 15.16).

Mit dem MAINTENANCE MODE wird der automatische Failover deaktiviert, aber die Synchronisation bleibt aktiv. Der Punkt DISABLE VCENTER HA deaktiviert beides, also den Failover und die Synchronisation. Der letzte Punkt baut den vCenter HA Cluster wieder zurück und hält die primäre VCSA produktiv. Dieser Schritt erfolgt unterbrechungsfrei.

> **Hinweis**
>
> Wie beim Neustart einer VCSA müssen Sie auch bei der Produktivsetzung der sekundären VCSA mit einem Zeitfenster von ca. 10 bis 15 Minuten rechnen.

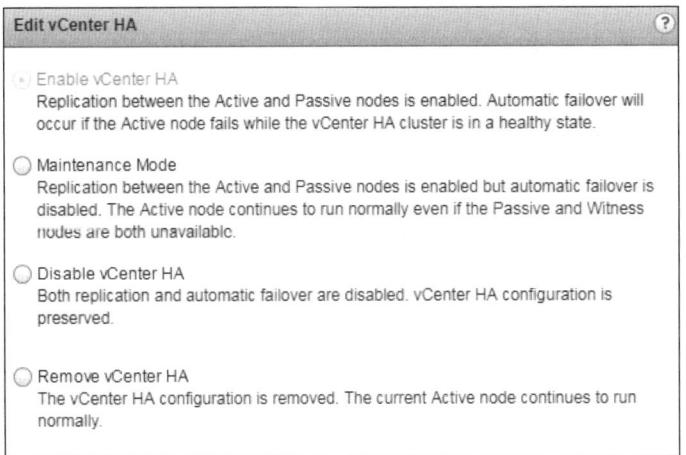

Abbildung 15.16 Wartungsoptionen von vCenter HA

15.3 Fault Tolerance

Fault Tolerance (FT) ist eine Technologie, die von VMware entwickelt wurde. Im Gegensatz zu *VMware High Availability* (vSphere HA), bei dem die virtuellen Maschinen auf einem anderen Host neu gestartet werden, sobald ein Cluster-Knoten ausfällt, läuft die virtuelle Maschine bei FT nahtlos weiter.

Mit vSphere 6.7 haben sich hier signifikante Änderungen ergeben. Auch hier hat VMware Weiterentwicklung betrieben: Mit vSphere 6.7 gibt es eine Unterstützung von bis zu acht vCPUs. Um diese Unterstützung zu ermöglichen, musste die FT-Funktion überarbeitet werden.

> **Hinweis**
>
> Es gibt zwei Fault-Tolerance-Versionen: *FT* und *FT-Legacy*. Aus Gründen der Rückwärtskompatibilität zu den vSphere-Vorgängerversionen gibt es *FT-Legacy* nur für VMs mit einer vCPU.
>
> FT-Legacy hat andere Einschränkungen als FT. Hier werden wir nur die aktuelle FT-Version beschreiben.

Was verbirgt sich hinter der neuen Fault Tolerance?

Es gibt keine Ausfallzeit beim Absturz einer virtuellen Maschine, die durch FT geschützt ist. Dabei spielt es keine Rolle, ob nur die primäre VM ausgefallen ist oder das komplette Host-System, auf dem die primäre VM lief. Es handelt sich also um eine erweiterte Hochverfügbarkeit, die vor ihrer Einführung auch als *Continuous High Availability* bezeichnet wurde. Ein Eingriff in den Gast ist nicht notwendig, allerdings müssen für FT einige Randbedingungen erfüllt sein. Damit ist FT sogar weit mächtiger als die bekannten Cluster-Produkte und bietet den höchsten Grad an Ausfallsicherheit.

15 Ausfallsicherheit

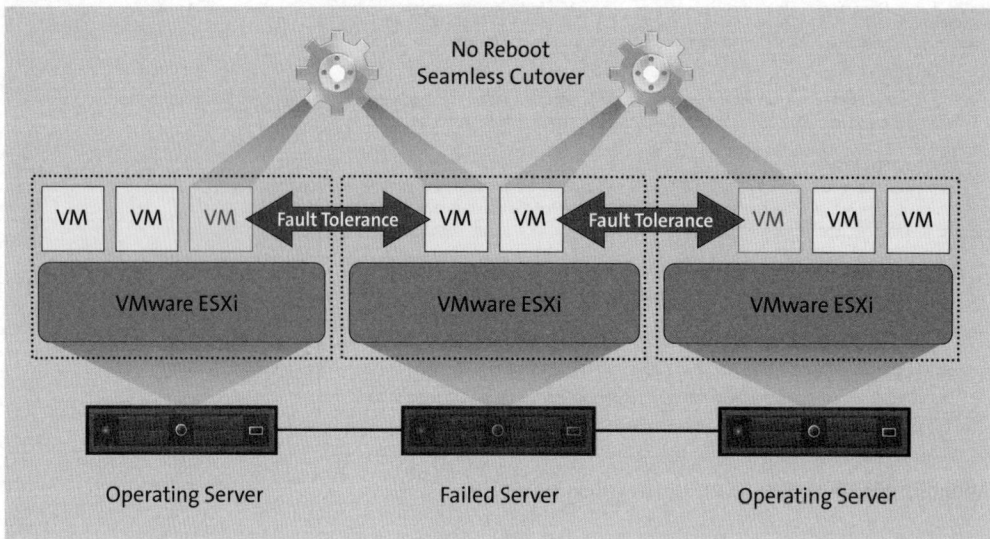

Abbildung 15.17 Fault Tolerance ermöglicht einen unterbrechungsfreien Betrieb virtueller Maschinen, sogar beim Ausfall des physischen ESXi-Servers.

15.3.1 Wie funktioniert Fault Tolerance?

Fault Tolerance in der Version 6.7 arbeitet mit einer ganz anderen Technologie. War es in der alten Version so, dass mit gemeinsamen Festplatten-Files gearbeitet wurde, so gibt es jetzt eine komplett identische zweite Maschine, die auch die gleichen Ressourcenmengen beansprucht (siehe Abbildung 15.18).

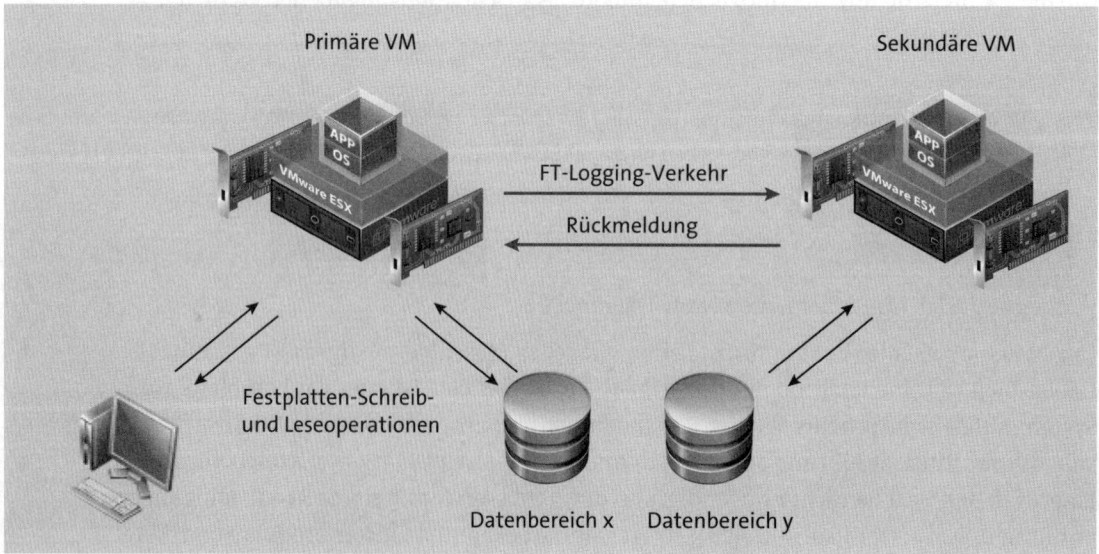

Abbildung 15.18 Funktionsübersicht von »VMware Fault Tolerance«

Beim Aktivieren von FT an einer virtuellen Maschine wird durch den *FT Motion Mirror*-Treiber die sekundäre Maschine angelegt. Dabei müssen Sie auswählen, auf welchem Datenbereich die sekundäre Maschine platziert werden soll. Anders als bei der Vorgängerversion eröffnen sich dem Administrator hier weitere Möglichkeiten der Ausfallsicherung.

Ist die zweite VM angelegt und gestartet, wird die *Fast Checkpointing*-Technologie aktiv und sorgt dafür, dass beide Maschinen immer abgeglichen sind. Was verbirgt sich hinter dieser Technologie? Lassen Sie uns das mit einer Änderungsanforderung erklären, die durch eine externe Anforderung an das System herangetragen wird (siehe Abbildung 15.19).

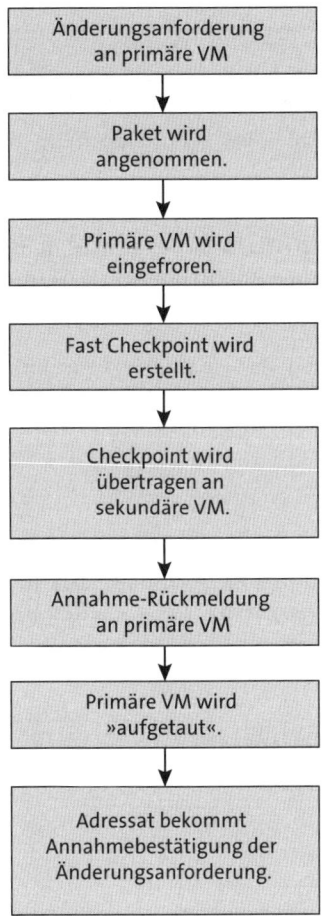

Abbildung 15.19 Abarbeitung der Änderungsanforderung

Ein Paket wird zur primären VM geschickt. Nachdem das Paket angenommen worden ist, wird die primäre Maschine »eingefroren« und ein Checkpoint erstellt. Das Paket und die Daten aus dem Checkpoint werden zur zweiten Maschine übertragen. Die sekundäre Maschine bestätigt den Empfang der primären Maschine. Damit wird die primäre Maschine sofort »aufgetaut« und schickt daraufhin eine Bestätigung an den Paketversender.

Vergleichen lässt sich das Fast Checkpointing mit einem endlosen vMotion-Prozess. Deshalb ist auch hier ein eigenes Netzwerk für die Übertragung der FT-Daten notwendig.

> **Was ist ein Checkpoint?**
> Der Checkpoint enthält Daten aus dem Arbeitsspeicher. Diese werden über inkrementelle Änderungen auf die zweite Maschine übertragen, um die zu transportierenden Daten so gering wie möglich zu halten. Das Zeitintervall zur Übertragung ist dabei flexibel gestaltet, bewegt sich aber im Millisekunden-Bereich.

> **Wichtig**
> Fällt die primäre virtuelle Maschine aufgrund eines Bluescreens aus, wird dieses Schicksal mit sehr hoher Wahrscheinlichkeit auch die sekundäre VM ereilen. Diese könnte allerdings durch *HA Virtual Machine Monitoring* neu gestartet werden.

Wird die primäre VM gestartet, startet die sekundäre VM automatisch mit und wird, falls DRS aktiviert ist, anhand der DRS-Empfehlungen auf den entsprechenden Hosts verteilt. Wird die primäre VM heruntergefahren, wird auch die sekundäre VM heruntergefahren.

Sowohl die primäre als auch die sekundäre VM können mittels vMotion migriert werden, dürfen jedoch nie auf dem gleichen Host-System betrieben werden.

15.3.2 Technische Voraussetzungen

Damit FT funktioniert, werden in den ESXi-Hosts CPUs vorausgesetzt, die eine Hardwarevirtualisierung unterstützen. Abhängig von der CPU existiert übrigens noch eine Liste im Knowledge-Base-Eintrag 1008027 (*http://kb.vmware.com/kb/1008027*), in der Sie nachsehen können, welche Einschränkungen es bei einigen Prozessor-Betriebssystem-Konstellationen gibt.

Neben der CPU-Kompatibilität müssen folgende Anforderungen erfüllt sein:

- Auf allen Hosts muss dieselbe VMware-ESXi-Version installiert sein.
- Alle Hosts müssen im gleichen HA-Cluster konfiguriert sein.
- Ein Host kann maximal 8 vCPUs mit FT managen.
- Shared Storage muss verwendet werden, da die Festplatten nicht repliziert, sondern gemeinsam genutzt werden.
- Es können bis zu acht virtuelle CPUs verwendet werden.
- DRS wird unterstützt.
- Storage vMotion ist nicht erlaubt.
- Wechselmedien mit physischer Verbindung (nur ISO oder Client Device) sind nicht erlaubt.

15.3 Fault Tolerance

- USB- oder Soundgeräte werden nicht unterstützt.
- Es ist keine PCI-Passthrough-Unterstützung vorhanden.
- Es ist keine Unterstützung für Device-Hot-Plugging vorhanden.
- RDM wird im Virtual Mode unterstützt, RDM im Physical Mode aber nicht.
- N-Port-ID-Virtualisierung (NPIV) wird nicht unterstützt.
- Die maximale Größe der virtuellen Festplattendatei darf 2 TB nicht überschreiten.
- Die geschützte VM darf maximal 128 GB Arbeitsspeicher haben.
- Maximal 16 Festplattendateien werden unterstützt.
- Videogeräte mit 3D-Option werden nicht unterstützt.
- Serielle und parallele Schnittstellen werden nicht unterstützt.
- Der Einsatz von Virtual vVols ist nicht möglich.

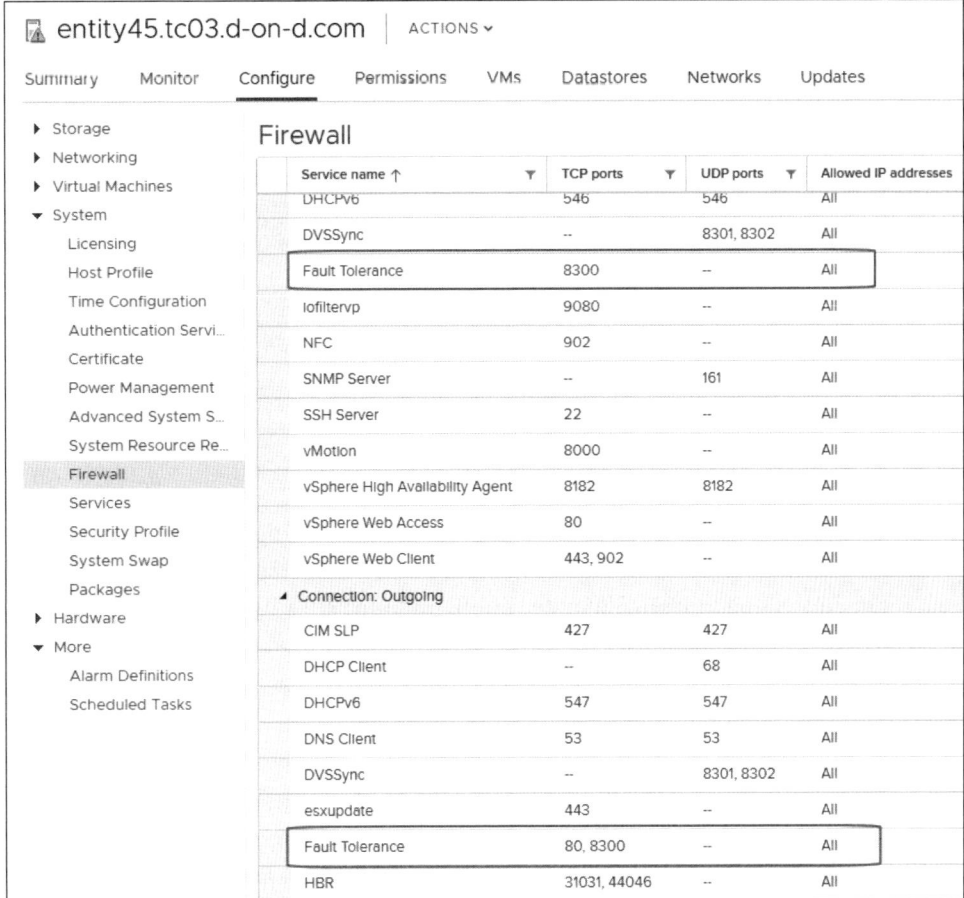

Abbildung 15.20 Fault-Tolerance-Firewall-Regel

Sobald ein FT-fähiger Management-Port eingerichtet ist und die CPU passt, wird automatisch eine Firewall-Regel für Fault Tolerance auf den ESXi-Servern aktiviert (siehe Abbildung 15.20). Diese sollten Sie auch nicht abschalten. Beim Management-Port sollten Sie beachten, dass das Fault-Tolerance-Netzwerk auf guten Durchsatz beim Datenverkehr angewiesen ist und dass daher ein Netzwerk empfohlen wird, das von sonstigem Netzwerkverkehr getrennt ist.

Für die Auswertung der FT-Funktion kann eine zusätzliche Protokollierung aktiviert werden (siehe Abbildung 15.21).

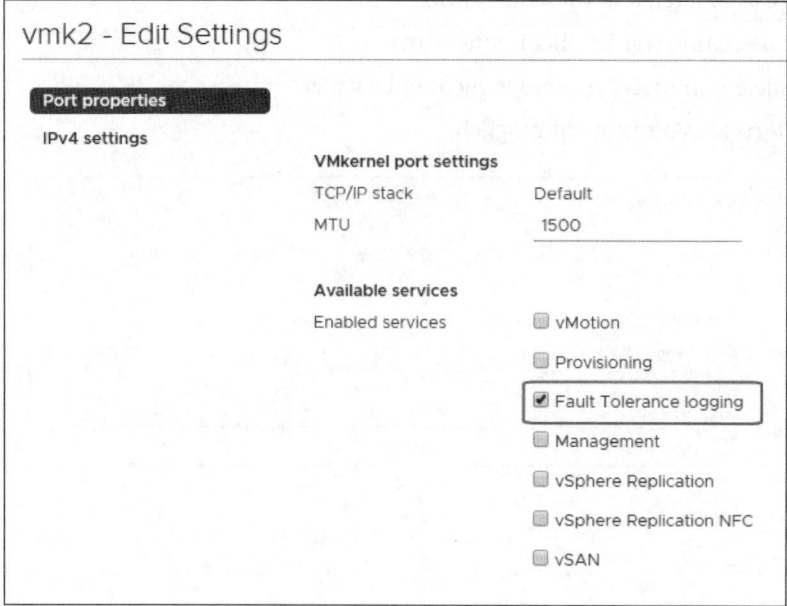

Abbildung 15.21 Aktivierung des FT-Loggings auf einem VMkernel-Port

Neben diesen Voraussetzungen müssen Sie eine weitere Einstellung setzen, die im vCenter konfiguriert wird. Es gibt die Möglichkeit, die ESXi-Hosts auf SSL-Zertifikate überprüfen zu lassen. Diese Einstellung müssen Sie in der Konfigurationsverwaltung des vCenter Servers einschalten (siehe Abbildung 15.22).

> **Berechnung des Fault-Tolerance-Logging-Datenverkehrs**
>
> Wer an der Berechnung des Fault-Tolerance-Logging-Datenverkehrs interessiert ist, sollte sich die Formel merken, mit der VMware die Datenmenge ermittelt:
>
> *VMware-FT-Logging-Bandbreite ≅ (durchschnittliche Festplattenzugriffe (lesend) (MB/s) × 8 + durchschnittlicher Netzwerkverkehr (eingehend) (MBps)) × 1,2 [20 % Puffer]*

15.3 Fault Tolerance

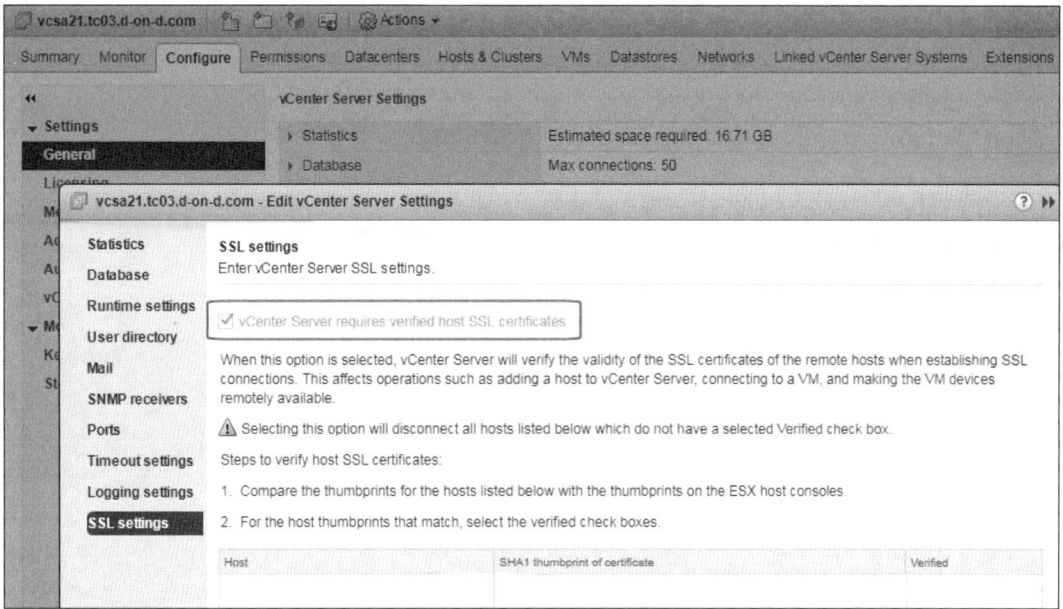

Abbildung 15.22 Die Überprüfung des SSL-Zertifikats muss für FT aktiviert sein.

15.3.3 Technische Einschränkungen

Es gibt einige Einschränkungen bei der Fault-Tolerance-Funktion seitens des Hosts. So werden maximal vier FT-geschützte VMs pro Host unterstützt. Die zweite Limitierung ist eine maximale Anzahl von acht FT-geschützten vCPUs. Dabei zählt die Grenze, die zuerst erreicht wird. Dabei zählen sowohl die vCPUs der primären als auch der sekundären virtuellen Maschine.

15.3.4 Fault Tolerance für eine virtuelle Maschine aktivieren

Sind alle technischen Voraussetzungen erfüllt, ist das Aktivieren von FT kein großes Problem mehr. Sie müssen nur abhängig von der genutzten CPU die VM gegebenenfalls vorher abschalten.

Über das Menü im vCenter wählen Sie eine virtuelle Maschine aus. Durch einen Klick mit der rechten Maustaste öffnen Sie das Menü mit den verschiedenen Einstellungen, in dem ein Punkt FAULT TOLERANCE heißt (siehe Abbildung 15.23). Über diesen Punkt im Menü aktivieren Sie TURN ON FAULT TOLERANCE.

Sollte der Menüpunkt ausgegraut sein, dann liegt dies mit hoher Wahrscheinlichkeit an einem der folgenden Punkte:

- Die VM wird auf einem Host betrieben, der über keine FT-Lizenz verfügt.
- Die VM ist vom vCenter getrennt oder verwaist (*orphaned*; das heißt, die *.vmx*-Datei ist nicht im Zugriff).
- Der Anwender hat keine Berechtigung, FT zu nutzen.

Danach findet direkt eine Überprüfung der VM auf Kompatibilität statt.

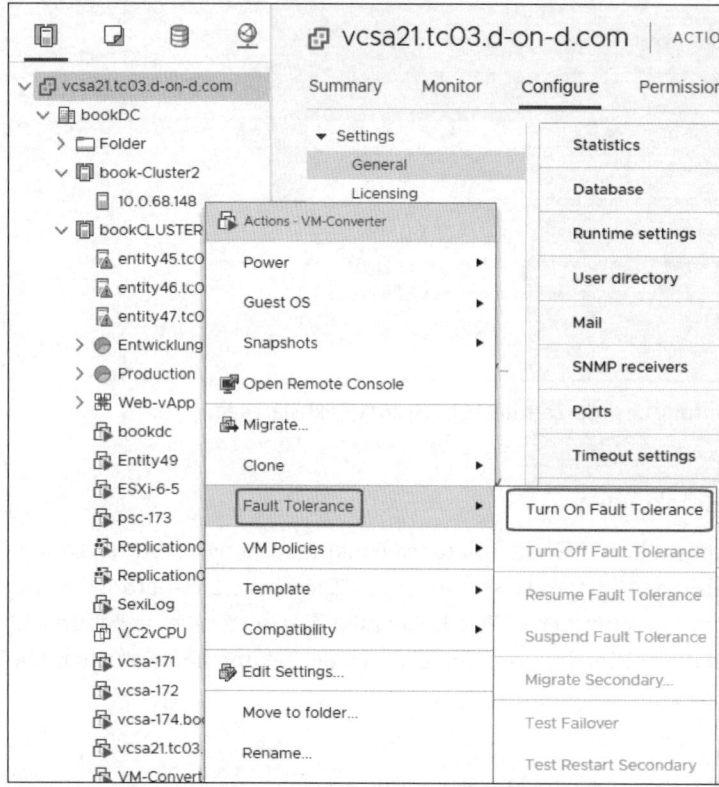

Abbildung 15.23 Aktivierung von FT über das Kontextmenü

Die Bereitstellung erfolgt in mehreren Schritten. Der Vorgang beginnt mit der Auflistung der Kernkomponenten und der Möglichkeit, den neuen Zieldatenbereich auszuwählen (siehe Abbildung 15.24).

Dabei kann die Ablage der einzelnen Files auf unterschiedlichen Datastores erfolgen. Es ist natürlich absolut sinnvoll, wenn die Secondary VM auf einem anderen Datastore liegt als die Primary VM. Dass wir das hier nicht tun, ist unserer Testumgebung geschuldet.

Bei der Auswahl des Hosts (siehe Abbildung 15.25) erfolgt direkt eine Überprüfung des Zielhosts. Der Host, auf dem die primäre Maschine aktiv läuft, wird gar nicht erst zur Auswahl angeboten.

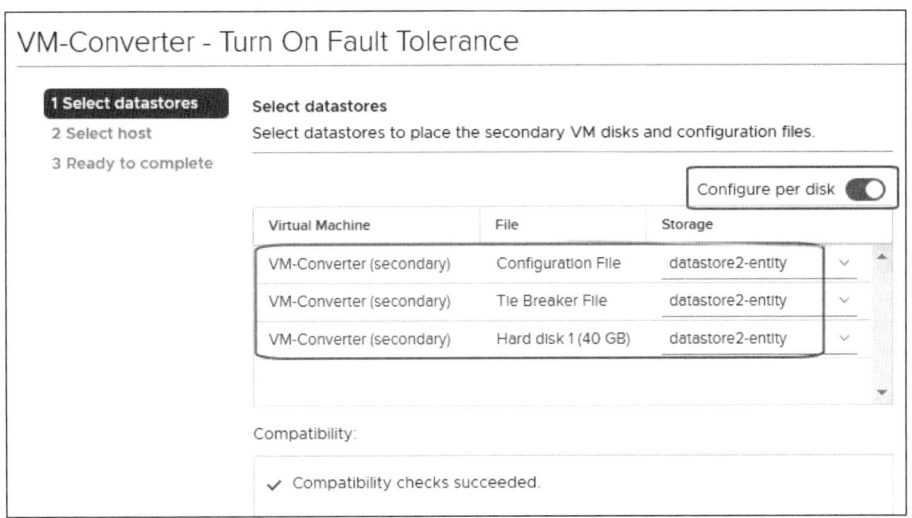

Abbildung 15.24 Festlegung des Datenbereichs für die sekundäre Maschine

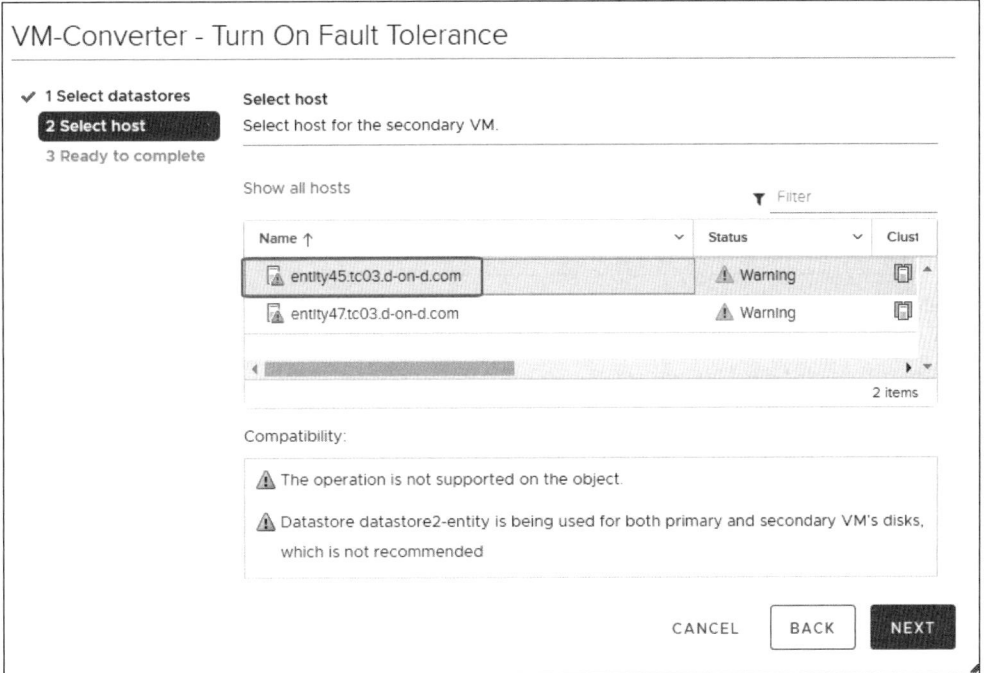

Abbildung 15.25 Platzierung der sekundären Maschine

Nachdem Sie die Aktivierung bestätigt haben, erscheint im Ereignis-Fenster ein Task für die ausgewählte virtuelle Maschine, der Turn on Fault Tolerance heißt. Ist dieser Task abgeschlossen, wird ein weiterer Task aufgerufen, der FT startet.

Abbildung 15.26 Anzeige des FT-Status in der »Summary«-Seite der VM

Im selben Zug wird das Übersicht-Fenster (Summary-Page, siehe Abbildung 15.26) der virtuellen Maschine um ein Fault Tolerance-Fenster erweitert. Dort finden Sie verschiedene Informationen zum FT-Status dieser virtuellen Maschine – zum Beispiel, auf welchem Host die sekundäre VM läuft und welche Latenzzeit bei der Log-Übertragung herrscht. Das bekannte Icon der primären virtuellen Maschine im Inventar des vCenters wird außerdem in Dunkelblau angezeigt, sodass eine FT-geschützte VM direkt zu erkennen ist (siehe Abbildung 15.27).

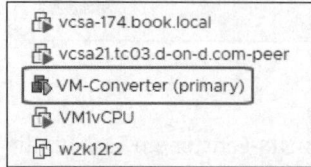

Abbildung 15.27 Anpassung des VM-Symbols nach erfolgreicher FT-Aktivierung

Wenn Sie sich die virtuellen Maschinen im Cluster anschauen, werden Sie erkennen, dass ein weiterer Eintrag hinzugefügt wurde: Die durch FT geschützte virtuelle Maschine hat nun einen zweiten Eintrag, der durch (SECONDARY) erweitert wird (siehe Abbildung 15.28). Dies ist die sekundäre Maschine, die verwendet wird, wenn die primäre Maschine ausfällt. Die sekundäre VM ist nur in der VM-Ansicht des Clusters oder des ESXi-Hosts oder in der Ansicht VMs & TEMPLATES sichtbar.

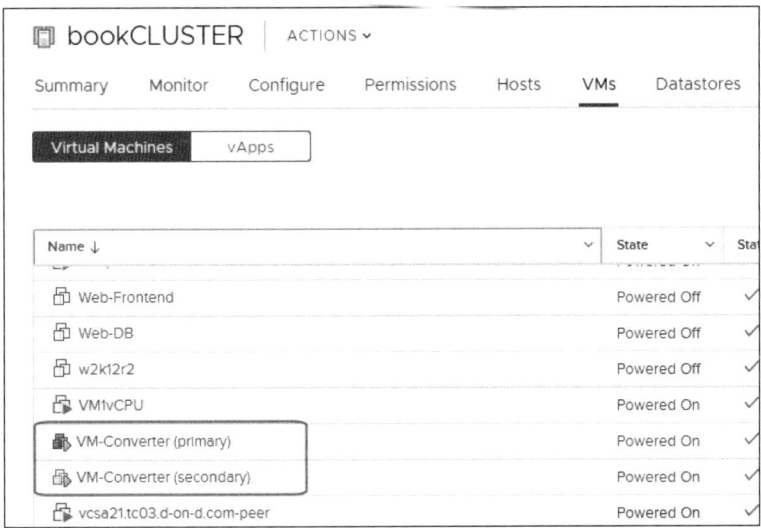

Abbildung 15.28 Anzeige der primären und der sekundären VM

Sobald FT einwandfrei läuft, kann die primäre VM aus beliebigem Grund ausfallen (mit Ausnahme des Ausfalls des Shared Storage, wenn beide auf derselben Box liegen), und die sekundäre VM springt in der gleichen Sekunde an und übernimmt die Funktionen der primären VM. Dies geschieht ohne Ausfall und ohne Datenverlust.

15.3.5 Bedienung von Fault Tolerance für eine virtuelle Maschine

Sobald *Fault Tolerance* für eine oder mehrere VMs aktiviert ist, existiert ein neues Kontextmenü mit deutlich mehr Menüpunkten zur Verwaltung von Fault Tolerance. In Tabelle 15.2 finden Sie Erklärungen zu den Optionen aus Abbildung 15.29.

Option	Beschreibung
TURN OFF FAULT TOLERANCE	FT abschalten und alle FT-Statistikdaten löschen
RESUME FAULT TOLERANCE	Die VM aus dem Suspend-Modus reaktivieren
SUSPEND FAULT TOLERANCE	Die VM in den Suspend-Modus versetzen

Tabelle 15.2 Optionen zur Verwaltung von Fault Tolerance

Option	Beschreibung
MIGRATE SECONDARY	Den sekundären Knoten auf einen anderen ESXi-Host migrieren
TEST FAILOVER	FT-Umschaltung vom primären auf den sekundären Knoten testen
TEST RESTART SECONDARY	Den sekundären Knoten neu starten

Tabelle 15.2 Optionen zur Verwaltung von Fault Tolerance (Forts.)

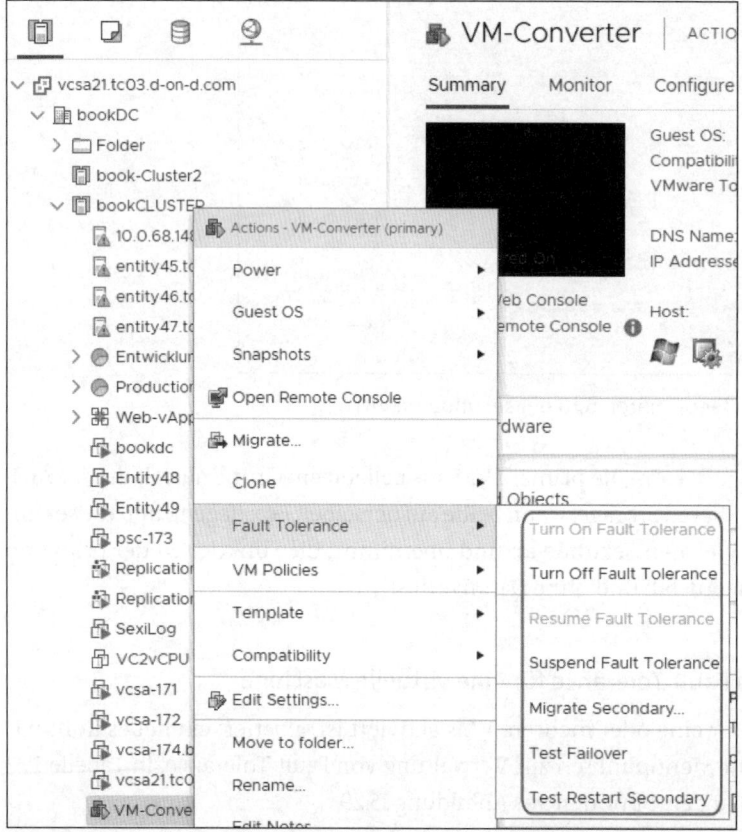

Abbildung 15.29 Kontextmenü bei aktivierter Fault Tolerance

15.3.6 Snapshots mit FT

Da mit FT geschützte VMs nicht gleichzeitig über Snapshots verfügen dürfen, ist eine Sicherung mit Sicherungsprogrammen außerhalb des Gastes nicht möglich. Um dies dennoch zu ermöglichen, ist es notwendig, FT temporär abzuschalten, wenn Sie einen Snapshot anlegen wollen. Dies führen Sie idealerweise mit dem Menüeintrag TURN OFF FAULT TOLERANCE durch und aktivieren FT wieder, nachdem alle Snapshots gelöscht wurden.

Im Folgenden sehen Sie ein PowerShell-Beispiel zur Aktivierung und Deaktivierung von FT:

- **Activation:**
  `Get-VM VM1 | Get-View | % { $_.CreateSecondaryVM($null) }`
- **Turn off:**
  `Get-VM VM1 | Select -First 1 | Get-View | % { $_.TurnOffFault-ToleranceForVM() }`
- **Disable FT:**
  `Get-VM VM1 | Select -First 1 | Get-View | % { $_.DisableSecondary-VM(get-vm "secondary VM") }`
- **Enable FT:**
  `Get-VM VM1 | Select -First 1 | Get-View | % { $_.EnableSecondary-VM(get-vm "secondary VM") }`

15.3.7 Was passiert im Fehlerfall?

In Tabelle 15.3 finden Sie verschiedene Aktionen, mit denen auf Fehler reagiert wird.

Ausfall	Aktion
Teilausfall des primären Hosts (z. B. Fibre-Channel-Ausfall – kein Zugriff auf den Storage)	*Fault Tolerance* schaltet auf die sekundäre VM um.
Komplettausfall des primären Hosts	*Fault Tolerance* schaltet auf die sekundäre VM um.
Ausfall der Hosts, auf denen der primäre und der sekundäre Knoten laufen	*vSphere HA* startet den primären Knoten, und der sekundäre Knoten wird durch VMware FT gestartet.
Softwarefehler (Kernel-Panic, Bluescreen) auf dem primären Knoten	*VM Monitoring* (VMHA) erkennt den Ausfall aufgrund des fehlenden VMware Tools *Heartbeat* und startet den primären Knoten neu. Der sekundäre Knoten wird mit dem primären durch FT neu gestartet.
Split-Brain-Situation, da der primäre und der sekundäre Knoten sich nicht mehr sehen (Netzwerkfehler)	Das Renaming (das Umbenennen einer Datei im Shared Storage) wird von einer VM »gewonnen«; die andere schaltet sich selbst ab.
Die primäre VM wird suspendiert.	Die sekundäre VM wird ausgeschaltet.

Tabelle 15.3 Was passiert im FT-Fehlerfall?

Ausfall	Aktion
Reset der primären VM (*hard*)	Die sekundäre VM wird beim Reset ausgeschaltet und beim Neustart des primären Knotens durch einen angepassten vMotion-Prozess erstellt.
Restart Guest der primären VM (*soft*)	Die primäre und die sekundäre VM führen einen Neustart ohne Abschaltung durch.

Tabelle 15.3 Was passiert im FT-Fehlerfall? (Forts.)

15.3.8 Lizenzierung von FT

VMwares *Fault Tolerance* ist Bestandteil der vSphere-Suite, die auf CPU-Sockel-Basis lizenziert wird und ab der Edition *Standard* integriert ist. In der Version *Standard* können VMs mit maximal zwei vCPUs abgesichert werden. Für die Absicherung von virtuellen Maschinen mit bis zu acht vCPUs ist die *Enterprise Plus*-Version notwendig. Außer bei den *Essentials Kits* ist *Fault Tolerance* in allen Lizenzpaketen enthalten.

15.3.9 Fault Tolerance Legacy Version

Die alte FT-Version sollte nicht mehr genutzt werden. Mit einer Aktualisierung der virtuellen Hardwareversion hat sich das Thema erledigt.

15.4 Microsoft Cluster Service für virtuelle Maschinen

Da der Microsoft Cluster Service für virtuelle Maschinen nicht weiter entwickelt wird, haben wir uns entschieden, ihn nicht näher zu beschreiben. Falls Sie Informationen dazu benötigen, finden Sie unter *https://www.rheinwerk-verlag.de/4657* das entsprechende Kapitel aus der Vorauflage zum Download.

15.5 vSphere Replication

Die Funktion *vSphere Replication* dient zur Replikation von virtuellen Maschinen, entweder innerhalb einer Site oder Site-übergreifend.

Zur Verbindung mit einer zweiten Site muss eine entsprechende Konfiguration erfolgen (siehe Abbildung 15.30). Dabei kann die Remote Site ein weiterer Brandabschnitt bzw. Standort sein oder auch ein Cloud Provider.

15.5 vSphere Replication

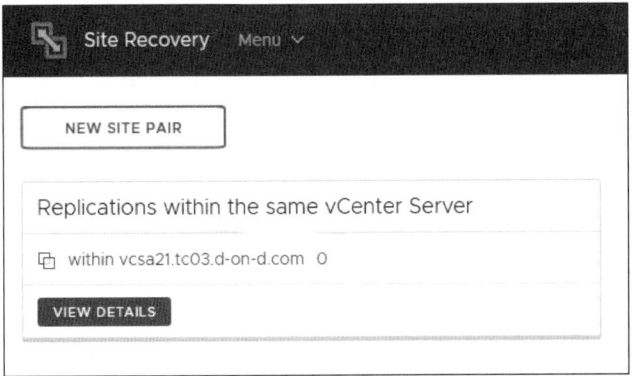

Abbildung 15.30 Verbinden von Sites

Über die Auswahl NEW SITE PAIR erstellen Sie die Verbindung. Dabei müssen Sie die Quell-Site und die Ziel-Site auswählen. Die Verbindung mit einer Site innerhalb des Unternehmens erfordert die Anmeldedaten für das zugehörige vCenter (siehe Abbildung 15.31).

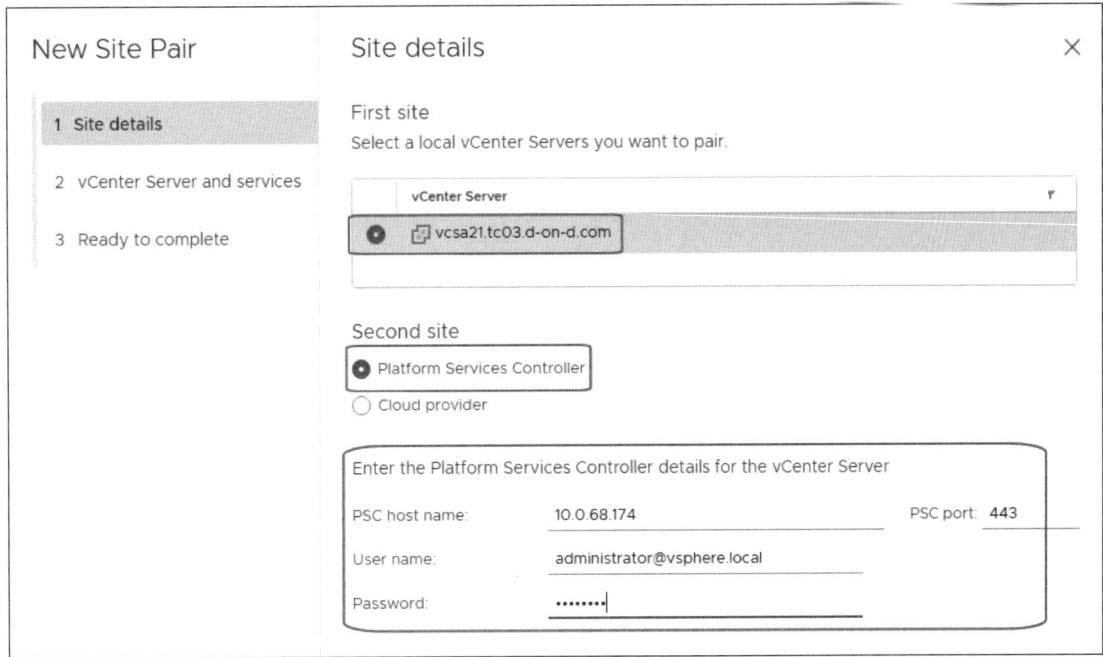

Abbildung 15.31 Anmeldedaten für die zweite Site

Es folgt ein Zertifikatshinweis und wenn das zweite vCenter gefunden wird, ist eine Auswahl möglich (siehe Abbildung 15.32). Zusätzlich ist die Replikationsinstanz auszuwählen.

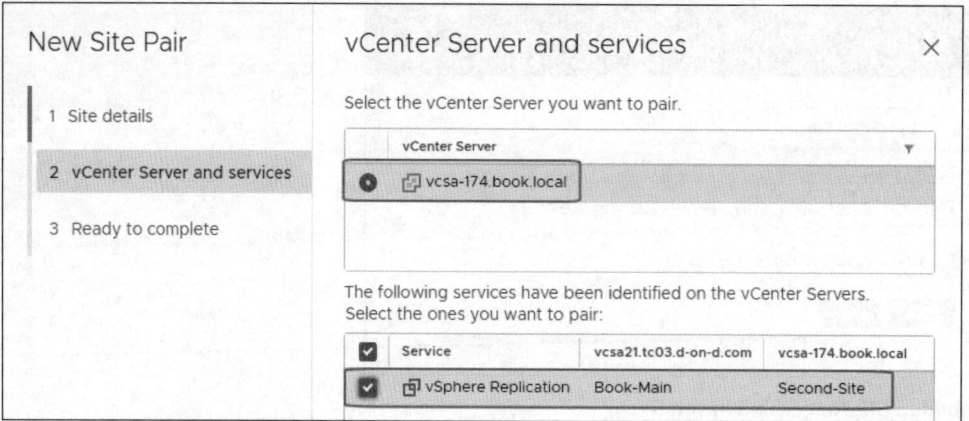

Abbildung 15.32 Auswahl der Ziel-Replikationsinstanz

Nach einer Zusammenfassung besteht eine Verbindung. Sie können nun nicht nur eine Replikation innerhalb eines vCenters, sondern auch vCenter-übergreifend durchführen (siehe Abbildung 15.33).

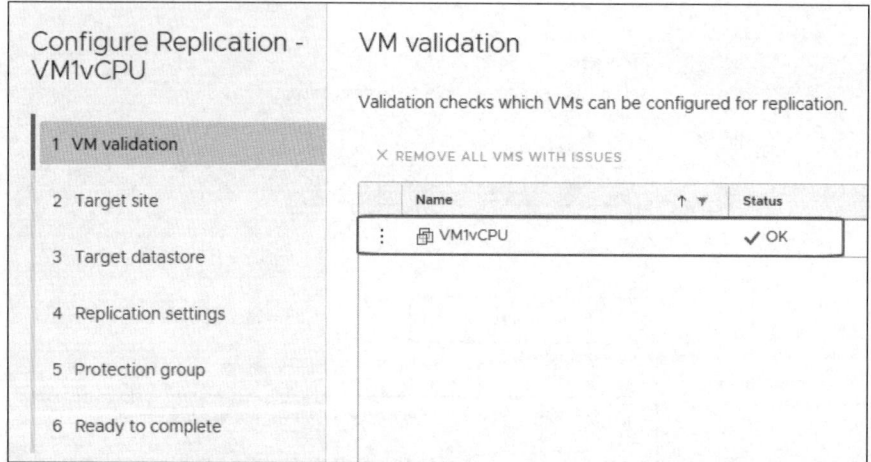

Abbildung 15.33 Mögliche Replikationsziele

Die Replikation kann an zwei Stellen eingestellt werden, nämlich über das Kontextmenü der VM und über die Webseite des *Site Recovery Managers*. Der erste Weg ist der einfachere, denn man kommt direkt zur Konfiguration und muss nicht über die Menüs des Replikationsmanagers gehen.

Nach dem Aufruf wird ein Validationstest durchgeführt (siehe Abbildung 15.34).

15.5 vSphere Replication

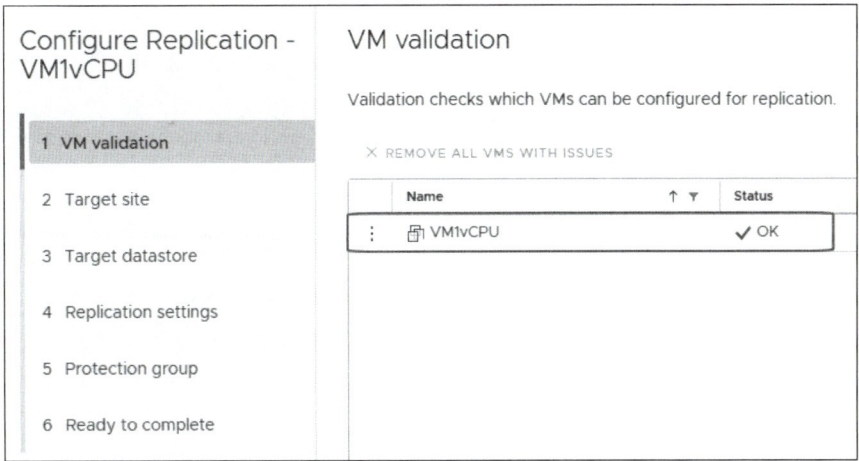

Abbildung 15.34 Validation der VM

Erst im nächsten Schritt erfolgt die Entscheidung, ob eine Replikation innerhalb der Site oder über Sites hinweg erfolgen soll. Unter Umständen muss erst eine Anmeldung an der Remote Site erfolgen (siehe Abbildung 15.35).

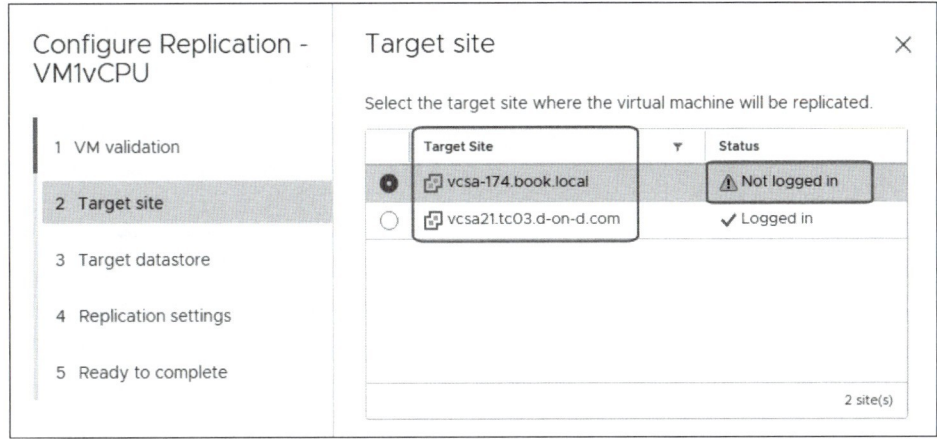

Abbildung 15.35 Auswahl der Site

Der zuständige Replikationsserver kann durch das Sytem automatisch ausgewählt oder dediziert festgelegt werden. Diese Auswahl erfolgt im gleichen Fenster.

Das Ziel der *vmdk*-Dateien ist im nächsten Schritt zu konfigurieren (siehe Abbildung 15.36). Dabei müssen nicht alle Festplattendateien einer VM gleich behandelt werden. Die Storage Policy und das Format der Festplattendatei sind hier auch einzustellen.

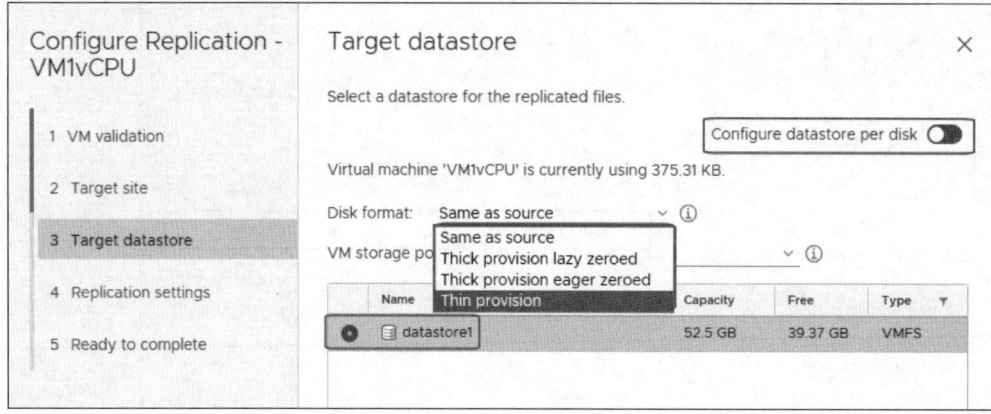

Abbildung 15.36 Festlegen der Plattenparameter

Zur Optimierung des Replikationsergebnisses ist es möglich, die Datenübertragung zu komprimieren. Zusätzlich oder alternativ kann das Filesystem vor der Replikation beruhigt werden (ENABLE GUEST OS QUIESCING in Abbildung 15.37). Letzteres kann aber unter Umständen zu Ausfallzeiten führen.

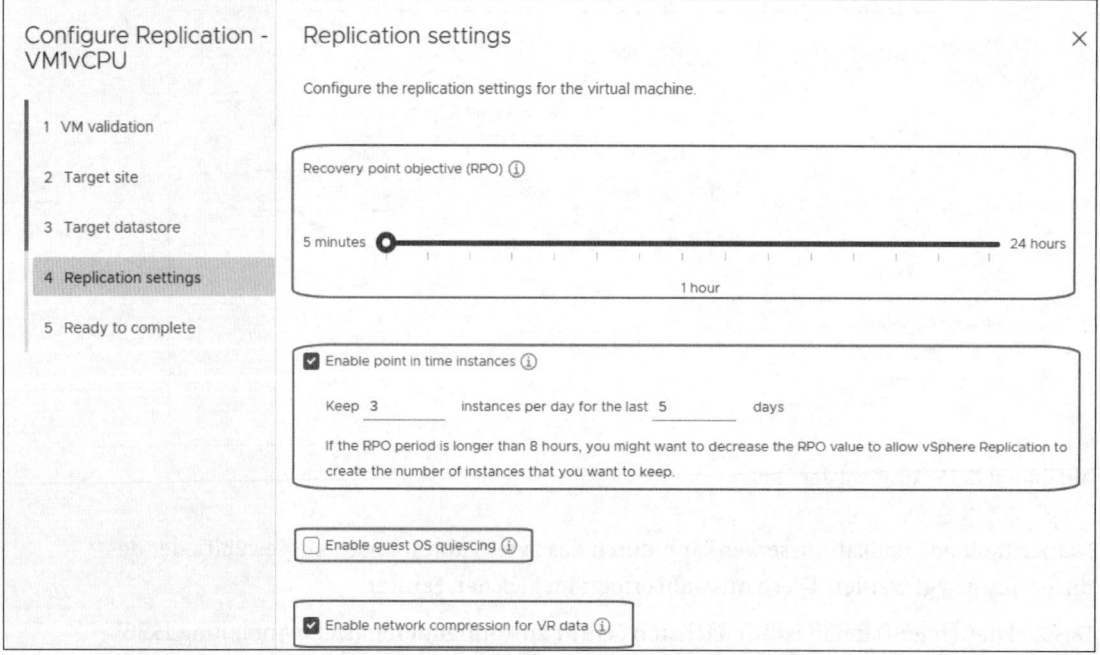

Abbildung 15.37 Festlegen der Replikationsoptionen

Anders als bei einer Spiegelung wird bei einer Replikation bewusst auf die absolute Aktualität des Replikats verzichtet.

Der Wert für das RECOVERY POINT OBJECTIVE (RPO) kann minimal 15 Minuten annehmen und maximal 24 Stunden. Das RPO entspricht dem Zeitfenster, um das die replizierte Maschine dem Original »hinterherhinkt«. Es wird hier das zeitliche Delta zwischen Original und Kopie definiert. Der zweite hier einstellbare Parameter ist der Wert für POINT IN TIME INSTANCES. Damit können Sie definieren, wie viele Snapshots einer replizierten Maschine das System aufbewahren soll.

> **Hinweis**
> Es handelt sich hier um replikationseigene Snapshots. Auf klassische Weise erstellte Snapshots werden nicht repliziert.

Sie können jetzt in der Übersicht der RECENT TASKS aus Abbildung 15.38 sehen, dass zuerst die VM für die Replikation eingerichtet wird und anschließend die Replikation startet.

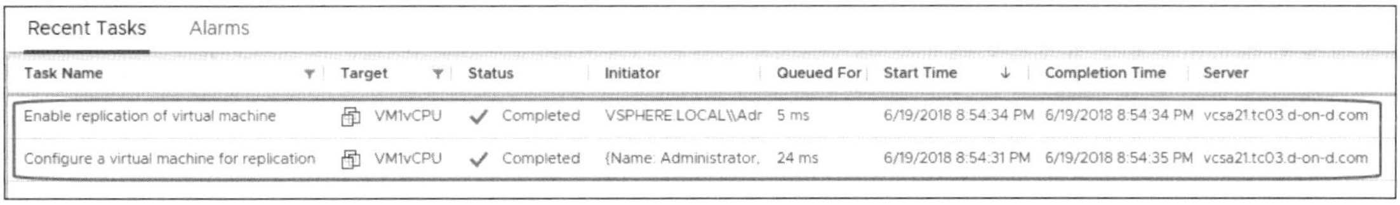

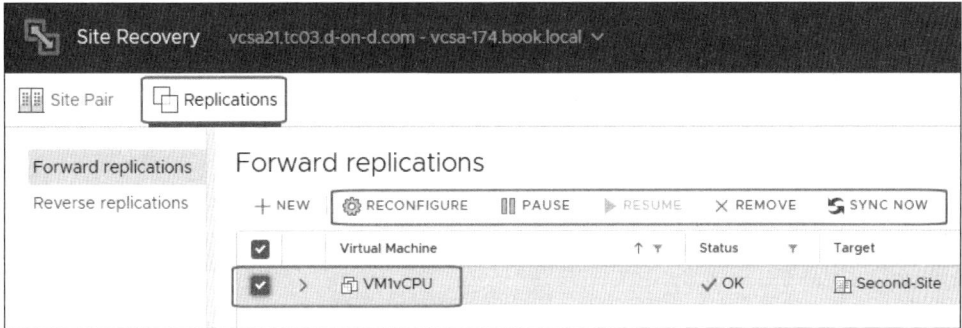

Abbildung 15.38 Arbeitsschritte für die Aktivierung der Replikation

Eine Änderung der Konfiguration bzw. weitere administrative Aufgaben können nur über die Webseite des Site Recovery Managers vorgenommen werden. Die Erweiterung des Kontextmenüs an der VM gibt es nicht mehr. Der Einstieg erfolgt dann über die Details der Site und den Tab REPLICATIONS (siehe Abbildung 15.39).

Abbildung 15.39 Auswahl der replizierten VM

Hier können dann auch weitere Aktionen durchgeführt werden, wie das Aussetzen bzw. Fortführen der Replikation, eine Synchronisation und auch ein Löschen der Replikation. Mit RECONFIGURE können die ursprünglichen Einstellungen angepasst werden.

15.5.1 Aktivierung des Replikats

Jede Replikation ist ja eine schöne Sache, aber wie können Sie eine replizierte VM wieder in Betrieb nehmen, wenn es mit der originalen Maschine Probleme gegeben hat? Das geht relativ einfach, aber nur auf dem Ziel-vCenter-Server bzw. auf dem Ziel-Replikationsserver (siehe Abbildung 15.40).

Abbildung 15.40 Aktivierung des Replikats

Gehen Sie zur Aktivierung eines Replikats auf das Ziel-vCenter-System. Gehen Sie dort weiter auf den *Site Recovery Manager*. Klicken Sie auf REPLICATIONS • REVERSE REPLICATIONS, und wählen Sie eine replizierte VM aus. Jetzt können Sie sie über RECOVER aktivieren.

Nach dem Aufruf startet erneut ein Wizard, der Sie durch die einzelnen Arbeitsschritte führt.

Sie können eine abschließende Synchronisierung durchführen, was aber eine aktive Master-VM voraussetzt, oder Sie nutzen die letzten Synchronisationsdaten (siehe Abbildung 15.41).

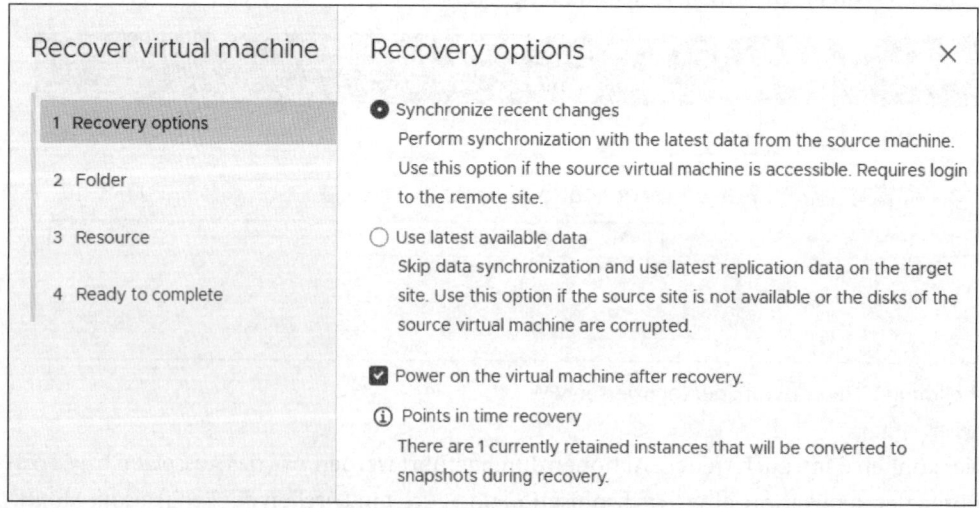

Abbildung 15.41 Konfiguration des Replikats für die Aktivierung

Als Nächstes geben Sie den Zielordner an (siehe Abbildung 15.42).

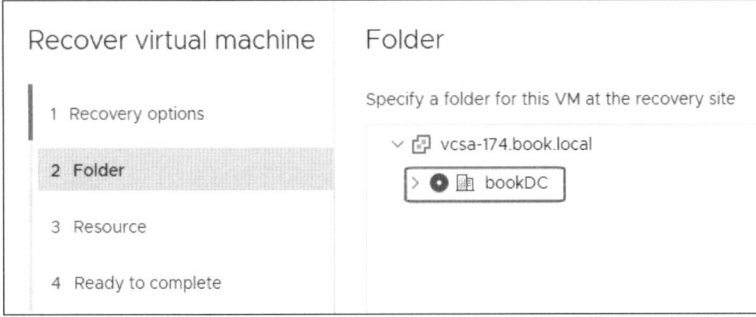

Abbildung 15.42 Festlegung des Zielordners

Natürlich möchte das System noch wissen, auf welcher Host-Ressource die VM bereitgestellt werden soll (siehe Abbildung 15.43). Und abschließend legen Sie fest, ob nach der Wiederherstellung die VM gestartet werden soll.

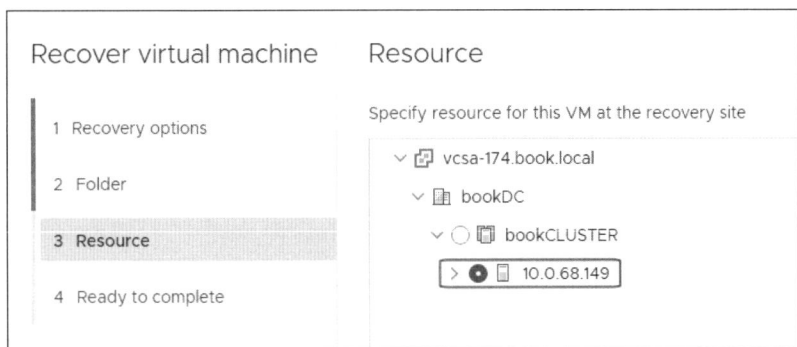

Abbildung 15.43 Auswahl der Host-Ressource

Jetzt startet der Prozess zur Aktivierung des Replikats. Ist der Prozess abgeschlossen, wird die VM in dem Ziel-vCenter sichtbar und natürlich auch gestartet. Die VM, die auf der neuen Site läuft, kann nicht automatisch zurücksynchronisiert werden, denn die VM dort ist ja jetzt Quelle und nicht mehr Ziel.

Sie sehen, es ist nicht kompliziert, Replikation einzurichten. Bedenken Sie aber bitte, dass eine Replikation Bandbreite benötigt.

Kapitel 16
Automatisierung von vSphere

In den letzten Jahren hat das Thema »Automatisierung und Orchestrierung von IT-Infrastrukturen« zunehmend an Bedeutung gewonnen. Auch wenn das Themenfeld so weit und komplex ist, dass es die Abhandlung in einem eigenen Buch verdiente, soll an dieser Stelle ein Überblick zu den Automatisierungsmöglichkeiten von vSphere nicht fehlen.

Autoren dieses Kapitels sind Dr. Guido Söldner, Geschäftsführer der Söldner Consult GmbH, guido.soeldner@soeldner-consult.de, und Dr. Jens-Henrik Söldner, Professor für Wirtschaftsinformatik und IT-Sicherheit an der Hochschule Ansbach sowie Geschäftsführer der Söldner Consult GmbH jens.soeldner@soeldner-consult.de

Nachdem in Rechenzentren schon vor über einem Jahrzehnt das Virtualisieren von Server- und Desktop-Systemen zum Standard geworden ist und nun VMware auch weitere Aspekte wie das Netzwerk und die Speichersysteme im Rahmen des Software-Defined Datacenters virtualisieren kann, stehen zunehmend operative Erleichterungen wie die Automatisierung und Orchestrierung von IT-Diensten auf der Wunschliste vieler IT-Verantwortlicher.

Für diesen Zweck existiert inzwischen eine Vielzahl von Werkzeugen, und es mangelt nicht an Innovationen in diesem Bereich, was zu einer anspruchsvollen Lernkurve für Administratoren sorgt, die sich mit dem Thema der Automatisierung befassen. In diesem Kapitel erhalten Sie daher einen kompakten Überblick über die Aspekte der Automatisierung von vSphere-Umgebungen und über die wichtigsten Schnittstellen und Werkzeuge.

16.1 Use Cases zur Automatisierung im Überblick

Neben der gewohnten manuellen Provisionierung von virtuellen Maschinen nimmt für viele Unternehmen die automatisierte Bereitstellung von IT-Ressourcen eine immer größere Bedeutung ein. Gerade in größeren Enterprise-Umgebungen existiert oft eine Reihe von Wünschen und Anforderungen hinsichtlich der Automatisierung der IT.

16.1.1 Bereitstellung von Ressourcen

Gerade wenn eine vSphere-Umgebung öfter um neue Ressourcen erweitert werden soll, ist der Bedarf an Automatisierung groß. Über entsprechende Tools von VMware können Sie die Installation der ESXi-Hosts und deren Integration in die bestehende Umgebung bereits weitgehend automatisieren. Auch das automatische Erzeugen von Komponenten einer VMware-Infrastruktur (wie Portgruppen auf Standard- oder Distributed-Switches) oder die Provisionierung von Storage ist ohne vertiefte Programmierkenntnisse direkt über Installationsskripte oder die PowerCLI möglich.

16.1.2 Konfigurationsmanagement

Viele IT-Abteilungen möchten ihre vSphere-Umgebung durch ein zentrales Konfigurationsmanagement verwaltet sehen. VMware bietet hierfür in der *Enterprise Plus Edition* von vSphere bereits das Feature der *Host Profiles*, mit denen die Konfigurationseinstellungen von vSphere auf einfache Art und Weise auf neue ESXi-Hosts übertragen werden können. Weitergehende Konfigurationsanpassungen können relativ einfach in der PowerCLI geskriptet werden oder mit etwas mehr Aufwand in Werkzeugen wie *VMware vRealize Orchestrator* über Workflows durchgeführt werden.

16.1.3 Automatisiertes Erzeugen von virtuellen Maschinen und Applikationsumgebungen

Neben der Automatisierung der Basis-vSphere-Infrastruktur ist es in vielen Fällen darüber hinaus erwünscht, die Bereitstellungszeiten von virtuellen Maschinen zu verringern. Oft wünschen sich die Endanwender (zumeist Entwickler im Unternehmen) nicht nur einfache virtuelle Maschinen, sondern gleich vorinstallierte Server-Applikationen in komplexen mehrschichtigen Umgebungen inklusive Netzwerkkomponenten wie Load-Balancern sowie die Integration in die existierende Umgebung.

16.1.4 Continuous Integration und Continuous Delivery

Wenn im Unternehmen eine DevOps-Philosophie zum Einsatz kommt, wünschen sich die Abteilungen oft den Einsatz von *Continuous Integration*- und *Continuous Delivery*-Werkzeugen, um die Betriebsprozesse innerhalb der Softwareentwicklung weitgehend zu automatisieren. Dies setzt eine Automatisierung der Bereitstellungsvorgänge in der vSphere-Infrastruktur voraus, die der Umgebung zugrunde liegt. Oftmals müssen hierbei virtuelle Maschinen, separate logische Netzwerke und Load-Balancer (via *VMware NSX*) oder auch Container provisioniert werden.

16.1.5 Security

Bei der zunehmenden Komplexität von Rechenzentren darf man das Thema Security nicht aus den Augen lassen. Gerade an dieser Stelle kann Automatisierung helfen. Durch automatisierte Vorgänge verringern sich potenzielle Fehler, die durch manuelle Konfiguration erstehen. Darüber hinaus stellt Automatisierung einen wichtigen Schritt in der Standardisierung von Prozessen dar.

16.1.6 Governance

Neben der automatisierten Erstellung von Ressourcen steht aber auch die Governance bei vielen Unternehmenskunden im Fokus. So soll es möglich sein, den kompletten Lebenszyklus von bereitgestellten Ressourcen über Richtlinien und Prozesse zu steuern. Dies beinhaltet unter anderem mehrstufige Genehmigungsprozesse oder genaue Richtlinien über die Bereitstellungsdauer von Ressourcen. Für solche Anwendungsfälle haben sich in den letzten Jahren Cloud-Management-Plattformen wie *VMware vRealize Automation* oder *Morpheus* von Morpheus Data auf dem Markt durchgesetzt.

16.1.7 Self-Service-Portale

Neben der Automatisierung steht bei vielen Firmen auch das Bereitstellen eines internen Self-Service-Portals für die Endkunden wie Entwickler auf der Wunschliste. Dieses Portal soll im Stil der Public Cloud erscheinen. Ein solches Feature ist jedoch nicht Teil von vSphere, vielmehr ist dafür eine Cloud-Management-Plattform notwendig. Benutzer von Cloud-Management-Plattformen können gewünschte Ressourcen in einem webbasierten Self-Service-Katalog bestellen und warten, bis die Cloud-Management-Plattform diese mittels Automatisierungstechniken bereitstellt – in der Regel sind somit die meisten Ressourcen-Anforderungen innerhalb weniger Minuten für den Besteller verfügbar.

16.2 Technischer Überblick

Nachdem Sie im vorigen Abschnitt wichtige Use Cases kennengelernt haben, in denen Automatisierung helfen kann, erfahren Sie nun, welche technischen Möglichkeiten die vSphere-Plattform für die Automatisierung bereitstellt.

Nicht betrachtet werden hierbei administrative Formen der Automatisierung, bei denen bestimmte Konfigurationsaspekte von vSphere im Rahmen von spezifischen Features automatisiert werden können. Dazu zählen z. B.:

▶ *vSphere Auto Deploy* zur automatisierten Installation und Provisionierung von ESXi-Hosts

- *vSphere Host Profiles* zur Automatisierung der Konfiguration von ESXi-Hosts
- der Distributed vSwitch zum zentralen Verwalten und Automatisieren der Netzwerkkonfiguration von ESXi-Hosts
- die Verwaltung von Storage über Storage Profile

Vielmehr stehen im Folgenden die technischen Möglichkeiten im Vordergrund, mit denen Sie selbst die Basisfunktionen von vSphere programmatisch ansprechen können, um im Rahmen einer Automatisierungsstrategie möglichst weitgehende Kontrolle über das System zu erhalten.

16.2.1 vSphere Management SDK

Beim *VMware vSphere Management SDK* (Software Development Kit) handelt es sich um ein Bundle von Bibliotheken, das unter anderem das *vSphere Web Services SDK*, das *vSphere Storage Management SDK*, das *vSphere ESX Agent Manager SDK*, das *SSO Client SDK* und das *vSphere Storage Policy SDK* umfasst. Das vSphere Management SDK kann in der Form einer Zip-Datei bzw. als Update-Site für die Entwicklungsumgebung Eclipse heruntergeladen werden.

Um mit der zugehörigen vSphere-API zu arbeiten, müssen Sie das zugrunde liegende vSphere-Objektmodell verstehen. Die vSphere-API besteht aus drei verschiedenen Arten von Objekten:

- **Managed Objects** – Hierbei handelt es sich um serverseitige Objekttypen.
- **Managed Object References** – Diese stellen die clientseitigen Referenzen auf Managed Objects dar.
- **Data Objects** – enthalten Informationen über Managed Objects und werden benutzt, um Daten zwischen Clients und Servern zu übertragen.

Um sich in das vSphere-Objektmodell einzuarbeiten, lohnt es sich, den *Managed Object Browser* (MOB) zu verwenden. Sie erreichen ihn direkt über die URL *https://<vCenter-Name-oder-ip/mob* oder über den Menüpunkt BROWSE OBJECTS MANAGED BY VSPHERE auf der Startseite Ihres vCenter-Server-Systems (siehe Abbildung 16.1). Nachdem Sie sich mit Ihren Credentials angemeldet haben, können Sie durch das vSphere-Inventar navigieren.

Nachdem Sie sich dort erfolgreich angemeldet haben, können Sie sich durch das vCenter-Inventar bewegen und Objekte begutachten, Attribute auslesen und über Methoden auch selbst eingreifen (siehe Abbildung 16.2). Hier ist natürlich große Vorsicht geboten: Der vSphere Managed Object Browser hat direkten Durchgriff in die Datenbank und ist ähnlich vorsichtig zu verwenden wie der Registry-Editor unter Windows!

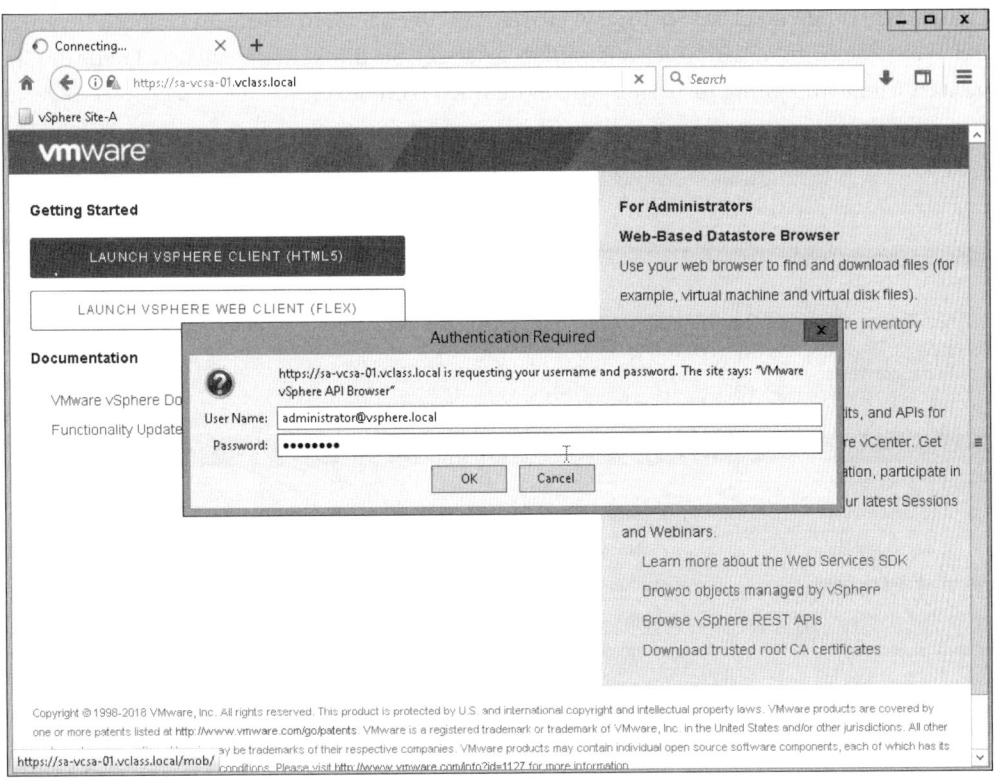

Abbildung 16.1 Unter dem Menüpunkt »Browse objects managed by vSphere« verbirgt sich der »Managed Object Browser« von vSphere.

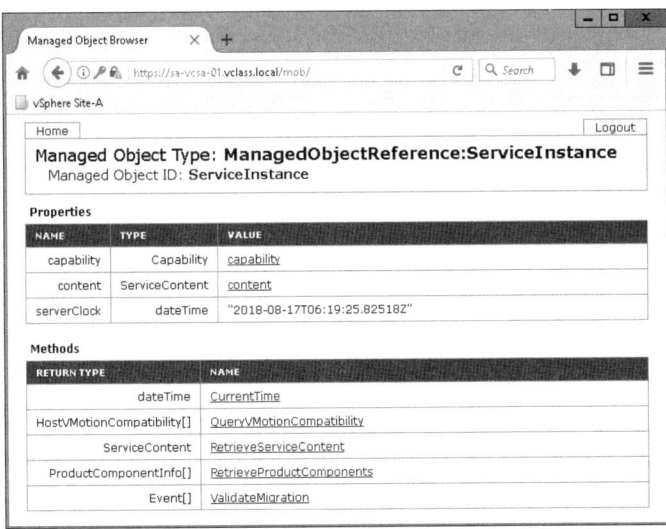

Abbildung 16.2 Nach erfolgter Anmeldung können Sie mit dem »Managed Object Browser« das vCenter-Inventar durchsuchen, Objekte betrachten und Methoden ausführen.

Das Objekt content stellt das wichtigste Element auf der obersten Ebene im vSphere-Inventar dar. Wenn Sie es mit einem Klick auswählen, gelangen Sie direkt in die nächste Ebene des Inventars (siehe Abbildung 16.3). Hier wird es deutlich komplexer.

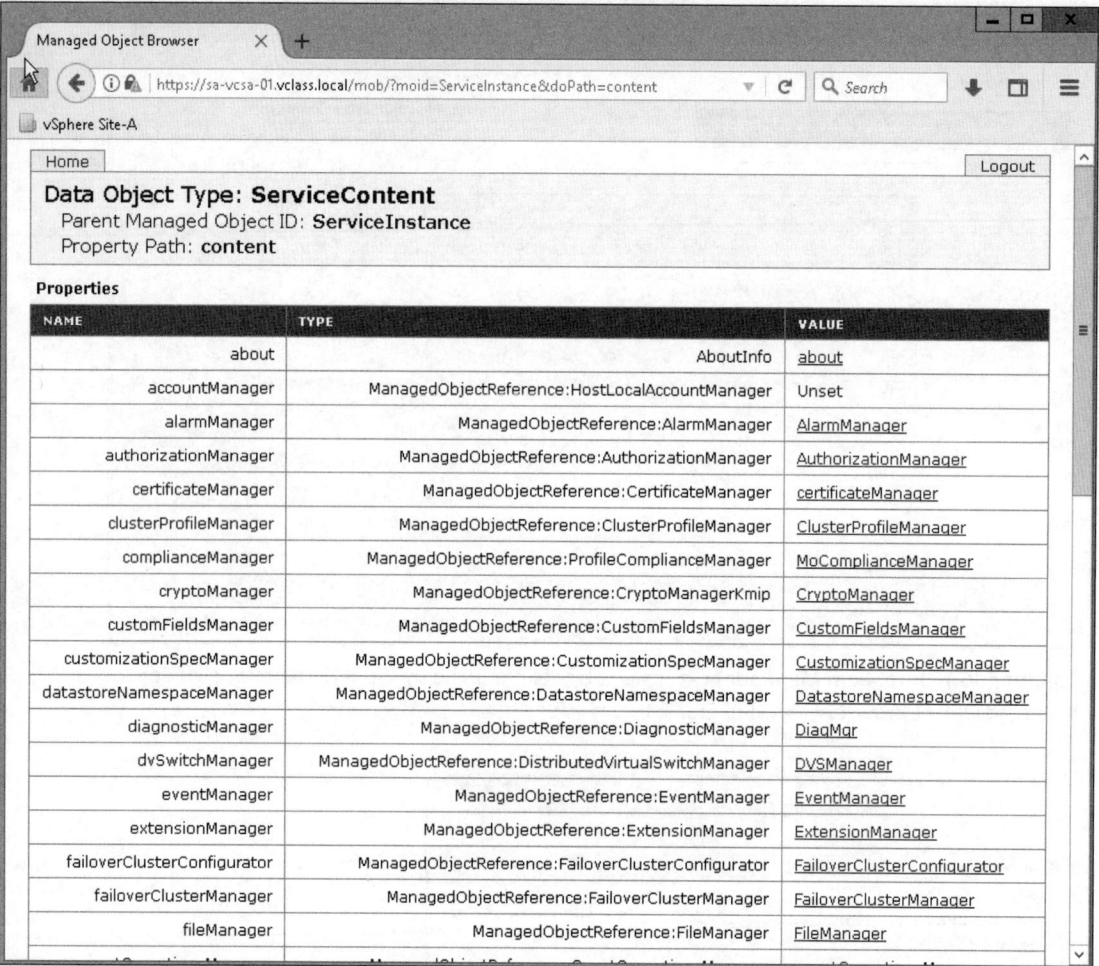

Abbildung 16.3 Nach einem Klick auf das »content«-Objekt in der obersten Ebene findet man sich mitten im vSphere-Inventar wieder.

Eine erste Hilfestellung für die Navigation im komplexen Objektmodell von vSphere erhalten Sie in Abbildung 16.4. Sie stellt den Aufbau des vSphere-Inventars als Grafik dar.

Der Managed Object Browser stellt den Startpunkt dar, um mit dem Objektmodell von vSphere zu arbeiten, und kann auch manchmal zu Troubleshooting-Zwecken sehr nützlich sein, wenn Sie den Zugriff auf interne Eigenschaften benötigen. Aufgrund seiner Komplexität und der damit verbundenen hohen Lernhürde setzen die meisten Entwickler jedoch andere Technologien als den direkten Durchgriff auf das SDK zur Automatisierung ein.

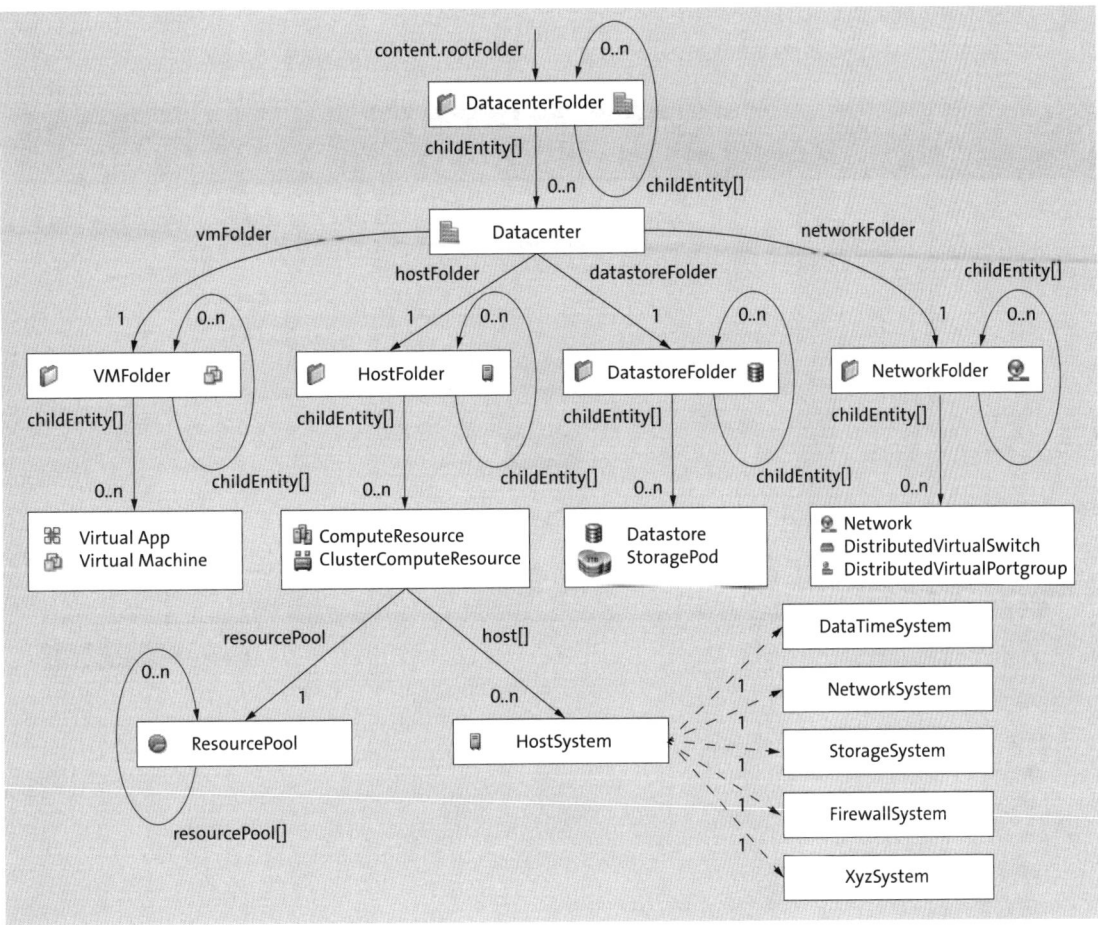

Abbildung 16.4 Die Struktur des vSphere-Inventars ist komplexer, als es in den vSphere-Clients auf den ersten Blick erscheint.

16.2.2 vSphere SDK für Python

VMware erlaubt es, das vSphere SDK in verschiedenen Programmiersprachen zu nutzen, unter anderem auch in Java und Python. Dabei hat sich Python in vielen Unternehmen als beliebte Sprache durchgesetzt. Die entsprechende Python-Bibliothek heißt *pyVmomi*. Die Gründe für ihren Erfolg liegen in der einfachen Lernkurve mit Python, in der Tatsache, dass pyVmomi vom schwierigen Objektmodell des SDKs abstrahiert, und darin, dass viel Community-Support zur Verfügung steht.

VMware stellt pyVmomi auf GitHub unter *https://github.com/vmware/pyvmomi* zum Download bereit (siehe Abbildung 16.5). Sie erhalten dort auch eine Anleitung für die ersten Schritte.

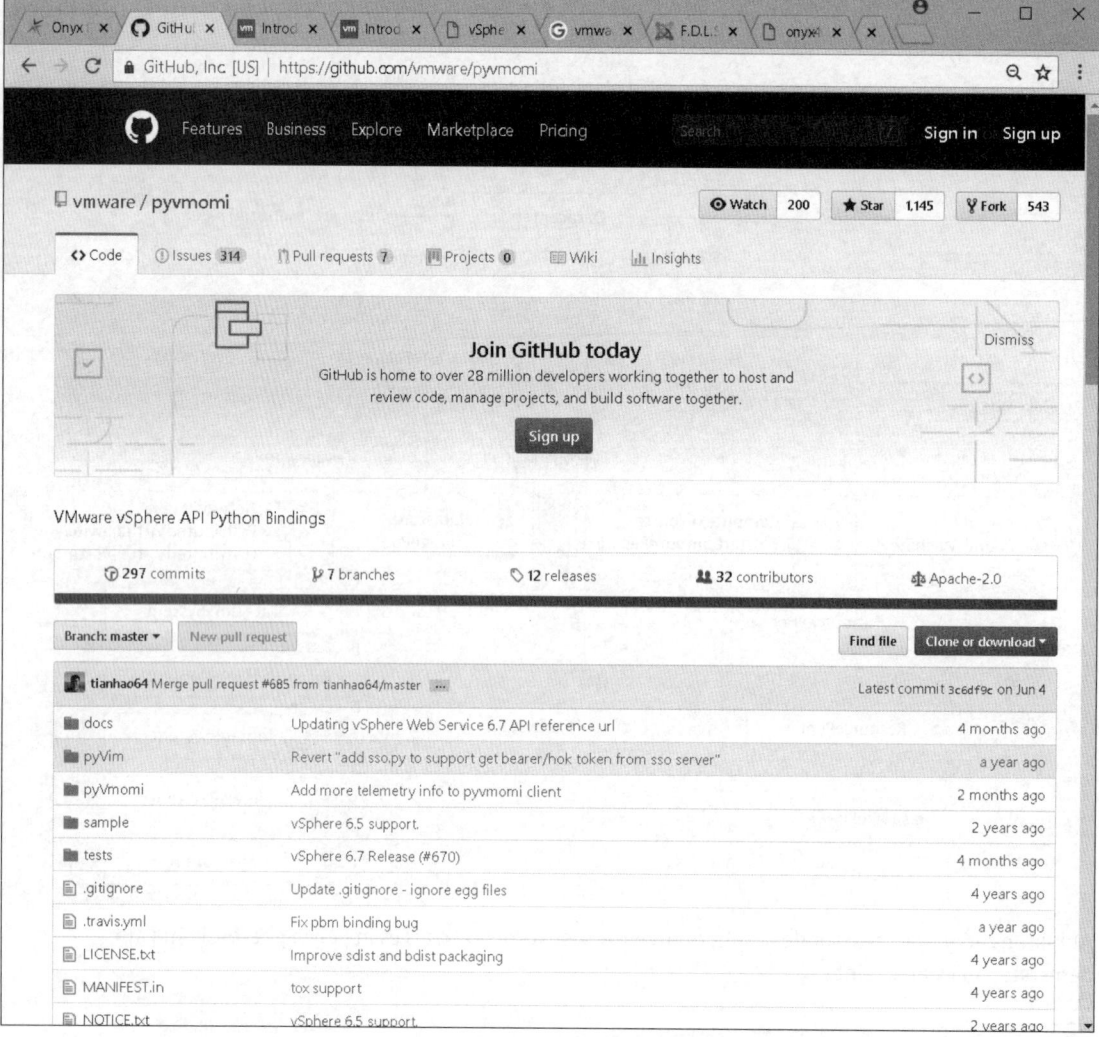

Abbildung 16.5 VMware stellt »pyVmomi« auf GitHub zum Download bereit.

Um pyVmomi nutzen zu können, muss Python auf Ihrem System installiert sein. Die Installation von pyVmomi gelingt am einfachsten mit dem *pip*-Paketmanager:

```
pip3 install --upgrade pyvmomi
```

Nachdem Sie pyVmomi installiert haben, können Sie beginnen, erste Skripte zu erstellen. Im folgenden Beispiel sehen Sie, wie Sie sich mit einem ESXi-Host verbinden und die aktuelle Serverzeit abfragen:

```
from pyVim.connect import SmartConnect
import ssl
s = ssl.SSLContext(ssl.PROTOCOL_TLSv1)
s.verify_mode = ssl.CERT_NONE
c = SmartConnect(host="192.168.20.1", user="root", pwd='VMware1!', sslContext=s)
print(c.CurrentTime())
```

Listing 16.1 Die Serverzeit mit »pyvmomi« abfragen

In dem Codefragment werden zuerst die benötigten Bibliotheken importiert – in unserem Fall werden das Element SmartConnect aus dem pyVim-Modul sowie das SSL-Modul importiert. Im nächsten Schritt werden die SSL-Verbindungseinstellungen konfiguriert. Ist dies erledigt, können Sie mit dem SmartConnect-Element den Verbindungsaufbau zu vSphere starten. Um überprüfen zu können, ob die vorherigen Schritte auch erfolgreich durchgeführt wurden, wird in der letzten Zeile die aktuelle Zeit in der Konsole ausgegeben.

Für den Einstieg sollten Sie einen Blick auf das GitHub-Projekt werfen. In den entsprechenden Unterordnern können Sie viele Beispiele für diverse Automatisierungsaufgaben finden.

16.2.3 Die vSphere-REST-API

In den letzten Jahren haben REST-APIs in der IT-Industrie weit verbreitet, sodass VMware seit Version 6.5 auch den Zugriff über REST ermöglicht. Das VMware-Objektmodell hinter REST wurde neu gestaltet, sodass die Programmierung nun deutlich einfacher möglich ist als mit den alten Schnittstellen. Zum jetzigen Zeitpunkt kann die REST-API jedoch noch nicht die ganze Funktionalität des traditionellen SDKs abdecken, sodass Sie sich nicht allein die REST-Schnittstelle konzentrieren können.

> **Was ist eine REST-API?**
> REST (*Representational State Transfer*) steht für einen modernen Architekturstil oder ein Programmierparadigma, um APIs über Webservices einfach zugänglich zu machen. REST stellt eine deutlich einfachere Alternative zu älteren Verfahren wie SOAP (*Simple Object Access Protocol*) dar, das für den Zugriff auf die klassische vSphere-API verwendet wird.

Während VMware in den ersten vSphere-Versionen Webservices auf Basis von SOAP implementierte, begann VMware mit Version 6.5, auch REST-Schnittstellen bereitzustellen. Zum jetzigen Zeitpunkt decken die REST-Webservices jedoch noch nicht den vollen Funktionsumfang der alten SOAP-Schnittstelle ab; es ist aber in den nächsten Versionen zu erwarten, dass die REST-Schnittstelle die komplette Funktionalität der alten SOAP-Schnittstelle erhalten wird und dass neue Features der REST-Schnittstelle vorbehalten sein werden.

Ähnlich wie beim vSphere-SDK für Python finden Sie die Dokumentation und Beispiele auf GitHub (siehe *https://github.com/vmware/vsphere-automation-sdk-rest* und Abbildung 16.6).

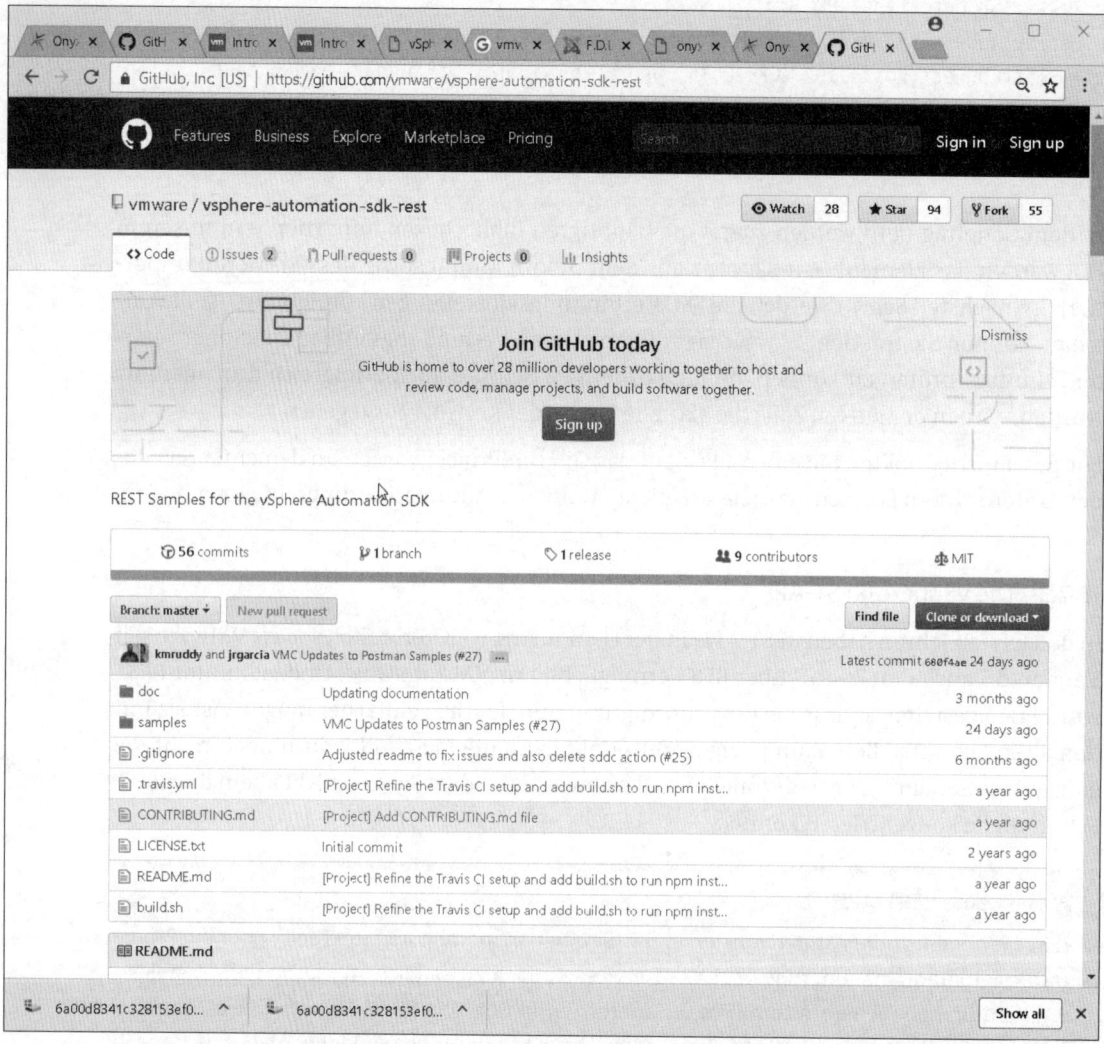

Abbildung 16.6 Dokumentation und Beispiele zur Automatisierung von vSphere über die REST-API finden Sie ebenfalls auf GitHub.

Im ersten Schritt sollten Sie den Inhalt des Git-Repositorys entweder herunterladen oder das Repository mithilfe der CLI klonen. Dazu geben Sie folgenden Befehl auf der Konsole ein:

```
git clone https://github.com/vmware/vsphere-automation-sdk-rest.git
```

Die Dokumentation finden Sie anschließend im Unterordner *doc\client*. Dort müssen Sie noch die Datei *client.zip* entpacken, um anschließend lokal mit der REST-Dokumentation arbeiten zu können (siehe Abbildung 16.7).

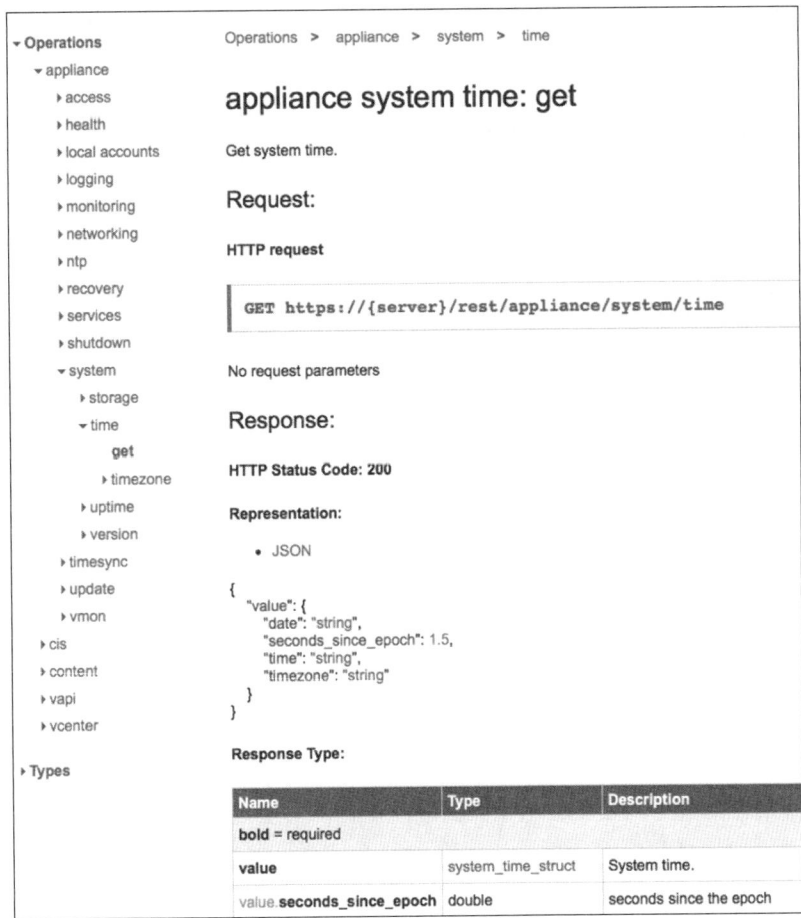

Abbildung 16.7 Die Dokumentation zur REST-API listet die momentan verfügbaren Operationen auf.

Das Tool *Postman* erleichtert Ihnen die Arbeit mit der REST-API. Postman ist ein frei erhältlicher REST-Client, den Sie unter Windows, macOS und Linux installieren können. Sie finden Postman auf der Webseite *https://www.getpostman.com*.

Nachdem Sie Postman installiert und gestartet haben, müssen Sie die beiden vSphere-SDK-Dateien für Postman importieren, die Sie im Unterordner *client\samples\postman* finden. Dabei handelt es sich um:

- *vSphere-Automation-Rest-API-Resources.postman.json*
- *vSphere-Automation-Rest-API-Samples.postman.json*

Den Import starten Sie, indem Sie auf IMPORT klicken und dann die beiden Dateien auswählen.

Der nächste Schritt besteht darin, sich am vCenter Server anzumelden. Dazu erweitern Sie links in der COLLECTIONS-Toolbox den AUTHENTICATION-Unterordner und wählen das POST-Login-Element aus (siehe Abbildung 16.8). Im Hauptbereich übergeben Sie dann die Daten der Benutzer, die Zugriff auf das vCenter haben.

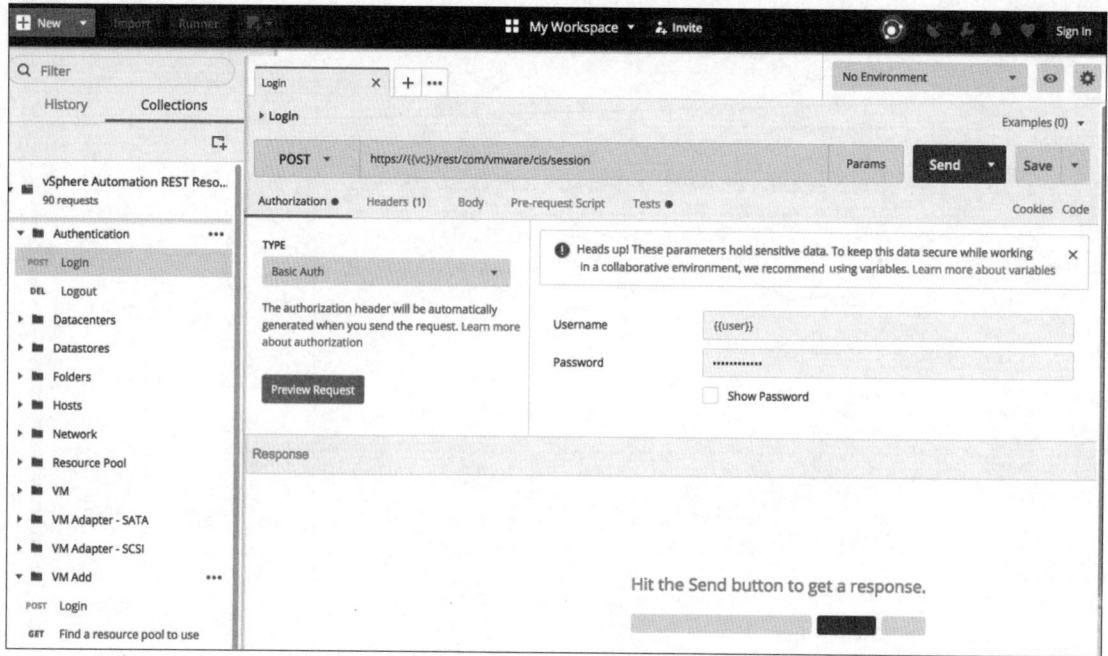

Abbildung 16.8 Der erste Schritt ist die Authentifizierung mit vSphere in »Postman«.

Sobald Sie die Authentifizierung vorgenommen haben, können Sie die eigentlichen Methoden der REST-Schnittstelle aufrufen. Im Folgenden können Sie das exemplarisch am Beispiel der Erstellung einer virtuellen Maschine durchspielen. Dazu erweitern Sie den Ordner VM und wählen das Element POST • CREATE WITH DEFAULTS aus. Nachdem Sie die entsprechenden Werte im Body der Anfrage angepasst haben, können Sie den Erstellungsvorgang mit einem Klick auf den SEND-Button starten (siehe Abbildung 16.9).

Während Postman sich sehr gut eignet, um die REST-API zu erkunden und auszutesten, werden Sie früher oder später die API in eigenen Skripten ansprechen wollen. Für das Ansprechen von REST-APIs sind viele Programmier- und Skriptsprachen geeignet, beispielsweise auch die Microsoft PowerShell. Im Codefragment aus Listing 16.2 sehen Sie den Zugriff auf die REST-API über JavaScript.

16.2 Technischer Überblick

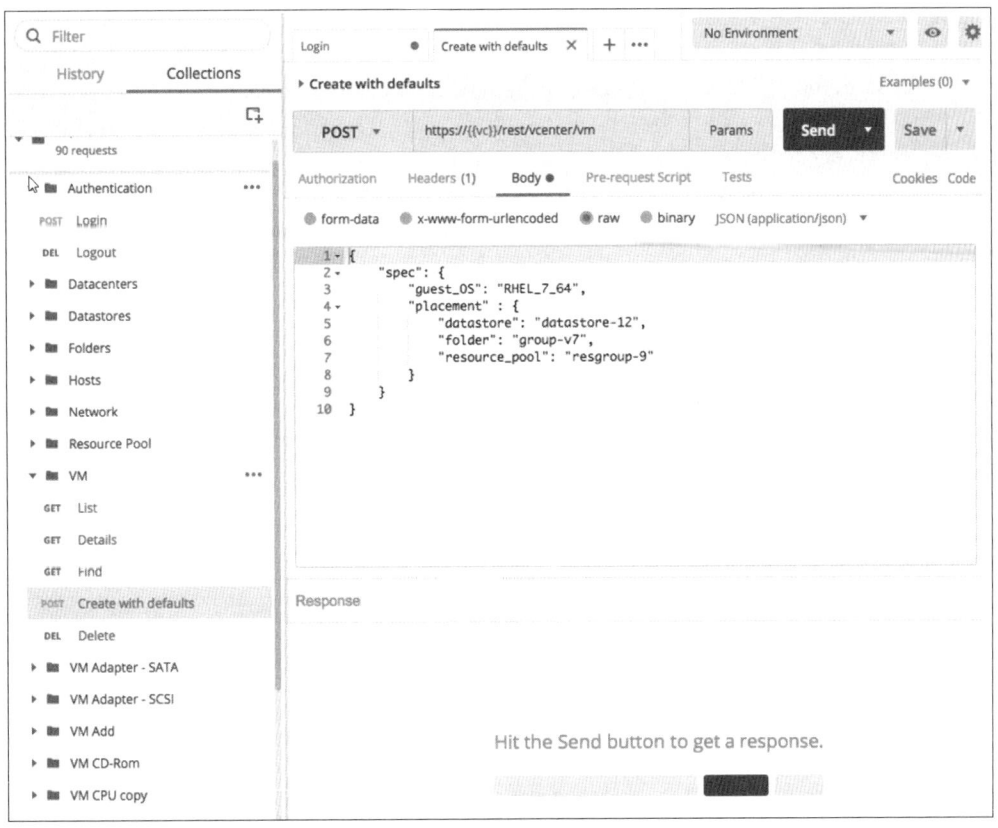

Abbildung 16.9 Über den API-Aufruf »Create with defaults« im Ordner »VM« gelingt die Erstellung einer virtuellen Maschine einfach.

```
require('rootpath')();
var unirest = require('unirest');
var settings = require('common/settings');
var auth = require('resources/authentication');
var vm = require('resources/vms');
var async = require("async");
async.series([
  function login(callback) {
    console.log('logging in');
    auth.login().then(resp => {
      callback();
    }).catch(error => {
      console.log(JSON.stringify(error, null, 2));
      callback();
    });
  },
```

```
      function listVms(callback) {
        vm.list().then(resp => {
          console.log(JSON.stringify(resp.body,null,2));
          callback();
        }).catch(error => {
          console.log(JSON.stringify(error, null, 2));
          callback();
        });
      },
      function logout(callback) {
        auth.logout().then(resp => {
          console.log('logged out');
          callback();
        }).catch(error => {
          console.log(JSON.stringify(error, null, 2));
          callback();
        });
      }
    ]);
```

Listing 16.2 Zugriff auf die REST-API mit JavaScript

In diesem Codefragment wird zunächst eine Reihe von Bibliotheken importiert. Mit der `async.series`-Methode können verschiedene Funktionen in Reihe geschaltet werden. Dabei wird zuerst mit dem Login begonnen. Ist dies erledigt, übernimmt die Funktion `listVms`, die alle virtuellen Maschinen an der Konsole ausgibt. Anschließend findet ein Logout statt. Angereichert wird das Skript mit Fehlerbehandlungsroutinen, falls an irgendeiner Stelle ein Fehler auftritt.

16.2.4 VMware-Modul für Ansible

Für viele Aufgaben ist es gar nicht notwendig, eigene Skripte zu entwickeln. Oft können Sie auf Dritthersteller-Werkzeuge zurückgreifen, in denen für viele Routine-Aufgaben schon fertige Module bereitstehen. Eines dieser Projekte ist *Ansible*, ein agentenloses Konfigurationsmanagementwerkzeug. Auch für die Verwaltung der VMware-Konfiguration gibt es bereits eine Reihe von fertigen Ansible-Modulen, mit denen Sie viele Aufgaben zur Konfiguration von Host, Netzwerken, Datastores und virtuellen Maschinen in vSphere automatisieren können.

Eine Liste der von Ansible bereits mitgelieferten Module finden Sie unter *https://docs.ansible.com/ansible/latest/modules/list_of_cloud_modules.html#vmware*.

16.2 Technischer Überblick

Im Folgenden sehen Sie exemplarisch, wie Sie mit Ansible eine virtuelle Maschine erzeugen können. Dazu müssen Sie in einem *Ansible Playbook* den folgenden Task definieren:

```yaml
name: Create a virtual machine on a given ESXi hostname
  vmware_guest:
    hostname: "{{ vcenter_ip }}"
    username: "{{ vcenter_username }}"
    password: "{{ vcenter_password }}"
    validate_certs: False
    folder: /DC1/vm/
    name: test_vm_0001
    state: poweredon
    guest_id: centos64Guest
    # This is hostname of particular ESXi server on
    # which user wants VM to be deployed
    esxi_hostname: "{{ esxi_hostname }}"
    disk:
    - size_gb: 10
      type: thin
      datastore: datastore1
    hardware:
      memory_mb: 512
      num_cpus: 4
      scsi: paravirtual
    networks:
    - name: VM Network
      mac: aa:bb:dd:aa:00:14
      ip: 10.10.10.100
      netmask: 255.255.255.0
      device_type: vmxnet3
    wait_for_ip_address: yes
  delegate_to: localhost
  register: deploy_vm
```

Ansible benutzt YAML als Format für seine Konfigurationsdateien. Unser Beispiel-Task nennt sich `Create a virtual machine on a given ESXi hostname` und definiert zuerst die Variablen `hostname`, `username` und `password`, die dem Task von außen übergeben werden. Anschließend werden die Eigenschaften der virtuellen Maschine gesetzt. Man kann sofort erkennen, dass die Benutzung von Ansible in vielen Fällen deutlich einfacher ist, als von Grund auf eigene Skripte zu erstellen. Darüber hinaus besteht die Möglichkeit, mittels Python eigene Module zu erstellen, falls ein Modul mit der gewünschten Funktionalität fehlt.

16.2.5 VMware PowerCLI

VMware PowerCLI ist ein Werkzeug für die Administration von vSphere auf der Kommandozeile und für die Automatisierung via Scripting. PowerCLI basiert dabei auf Microsofts PowerShell, die inzwischen nicht mehr nur für Windows-Systeme, sondern auch unter macOS und bestimmten Linux-Distributionen bereitsteht. Die PowerCLI hat sich als das Mittel der Wahl etabliert, wenn einfache Konfigurationsaufgaben über bestehende PowerCLI-Befehle schnell geskriptet werden sollen. Soll die Automatisierung tiefer gehen, sind andere Werkzeuge wie *vRealize Orchestrator* oder die direkte Programmierung gegen die APIs geeigneter.

16.2.6 VMware vRealize Orchestrator

VMware vRealize Orchestrator ist eine Orchestrierungs-Engine, die bei Lizenzierung von vSphere bislang kostenfrei genutzt werden kann.

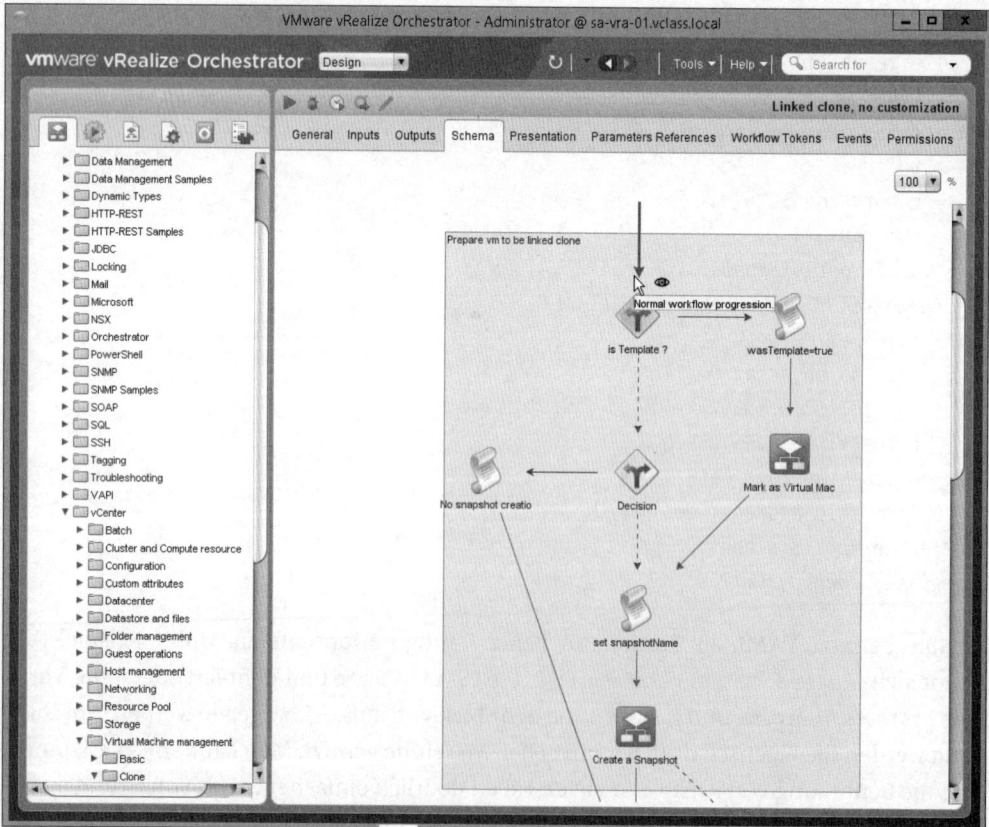

Abbildung 16.10 »VMware vRealize Orchestrator« ist ein mächtiges Werkzeug zum Automatisieren von IT-Umgebungen über Workflows.

Der vRealize Orchestrator liefert bereits eine Menge von Workflows mit, sodass Unternehmen nicht von Grund auf alles selbst entwickeln müssen. Vielmehr hat sich um den Orchestrator mittlerweile ein großes Ökosystem gebildet. So bieten viele Hersteller fertige Plug-ins für Orchestrator an, die direkt nutzbare, aber auch individuell anpassbare Workflows mitbringen. Als Beispiel sollen an dieser Stelle nur die Plug-ins verschiedener Storage-Hersteller genannt werden, die beispielsweise das automatisierte Erstellen und Einbinden von zusätzlichen LUNs erlauben.

Zudem liefert VMware von Haus aus Hunderte mächtiger Workflows mit. Diese Workflows bilden nahezu alles ab, was Sie manuell in den vSphere-Clients vornehmen können. Darüber hinaus übernehmen sie auch Aufgaben, die über die vSphere-Clients nicht gelöst werden können, z. B. das Kopieren von Dateien in virtuelle Maschinen oder aus diesen heraus oder das Erstellen von platzsparenden Linked Clones.

16.2.7 Third-Party Tools

Trotz aller Tools und Schnittstellen, die VMware selbst liefert, gibt es darüber hinaus noch die Möglichkeit, Werkzeuge von anderen Herstellern (sogenannte Dritthersteller- oder Third-Party Tools) einzusetzen. Besonders beliebt sind hierbei momentan die Produkte *Ansible* und *Terraform*, die beide als Open-Source-Produkte kostenfrei eingesetzt werden können.

Ansible (siehe auch Abschnitt 16.2.4) bietet bereits über zwanzig verschiedene VMware-Module, die viele Anforderungen realisieren können, z. B. das Verwalten eines vSphere-Clusters, virtueller Maschinen oder von Storage/Netzwerk-Komponenten *out-of-the box*. Falls dies Ihnen nicht reicht, können Sie mit Python eigene Module implementieren.

Auch Terraform von HashiCorp hat sich in der in der Open-Source-Community jüngst einen Namen gemacht. Sein Fokus liegt insbesondere auf den Ansatz *Infrastructure as Code* (IaC), bei dem Infrastruktur-Komponenten und Umgebungen einfach deklarativ beschrieben werden. Derartige Definitionen kann man einfach in einem Versionsverwaltungs-Tool wie Git speichern und so die Konfiguration einer Umgebung zentral ablegen. Zur Laufzeit parst Terraform die Konfigurationsdateien und erstellt gemäß der Konfiguration die notwendigen Infrastruktur-Komponenten. Interessant ist Terraform auch deswegen, weil bereits Provider-Module für vSphere existieren und VMware neuerdings auch zusammen mit Terraform Module für NSX bereitstellt.

16.3 Fazit

In den letzten Jahren hat VMware viel getan, um vSphere komfortabel und einfach automatisierbar zu machen. Schon seit Langem gibt es entsprechende SDKs zum Zugriff auf die vSphere-API. Sie sind zwar einerseits mächtig, aber alles andere als einfach in der Bedienung.

Für die Automatisierung von Routineaufgaben steht seit vielen Jahren eine Integration mit Microsofts PowerShell zur Verfügung, die *VMware PowerCLI*. Mit vielen Hunderten Commandlets können Administratoren über VMwares PowerCLI auch komplexe Aufgaben einfach skripten.

Wollen Sie in großen Automatisierungsprojekten auch weitere Systeme wie Active Directory, Storage-Systeme oder ein IP-Adressverwaltungssystem (IPAM) ansprechen, eignet sich insbesondere *vRealize Orchestrator*.

Relativ neu ist die Verfügbarkeit einer modernen REST-API, die Sie über Tools wie *Postman* zunächst austesten und dann mit nahezu beliebigen Programmier- und Skriptsprachen nutzen können.

Kapitel 17
Virtuelle Maschinen

In diesem Kapitel behandeln wir virtuelle Maschinen – von den Grundlagen bis hin zur Erstellung, zur Konfiguration und zum Betrieb.

Autor dieses Kapitels ist Jan Große,
Login Consultants Germany GmbH
jgrosse@vpantheon.com

17.1 Grundlagen

In diesem Kapitel erhalten Sie einen Überblick darüber, was virtuelle Maschinen sind, aus welchen Bestandteilen sie sich zusammensetzen und welche Konfigurationsmöglichkeiten sich Ihnen bieten.

17.1.1 Virtuelle Hardware

Die *virtuelle Hardware* ist die Basis einer virtuellen Maschine. Ähnlich wie bei physischer Hardware werden durch sie diverse Parameter der virtuellen Maschine bestimmt. Jedoch gibt es den großen Vorteil, dass sich viele Eigenschaften der virtuellen Hardware durch eine Änderung in der Konfiguration anpassen und somit ohne Eingriff in die physische Hardware ändern lassen.

Virtuelle Hardware Version

Bevor Sie sich mit den virtuellen Komponenten befassen, müssen Sie sich um die Version der virtuellen Hardware kümmern. Sie definiert die Möglichkeiten der virtuellen Hardware. Dazu zählen Komponenten, Maxima und Konfigurationsmöglichkeiten. Die Releases der virtuellen Hardware erscheinen häufig in Kombination mit großen Releases von VMware. Sie werden allerdings nicht standardmäßig eingespielt. Stattdessen müssen Sie bestehende virtuelle Maschinen entweder von Hand oder mithilfe einer Regel upgraden.

Mit VMware vSphere 6.7 ist die virtuelle Hardware mit der Versionsnummer 14 aktuell. In Tabelle 17.1 sehen Sie, welche Versionen der virtuellen Hardware derzeit von den gelisteten vSphere-Versionen unterstützt werden.

Virtuelle Hardware Version	Unterstützte Basis
14	ESXi 6.7
13	ESXi 6.5
11	ESXi 6.0
10	ESXi 5.5
9	ESXi 5.1
8	ESXi 5.0
7	ESXi/ESX 4.x
4	ESX 3.x
3	ESX 2.x

Tabelle 17.1 Versionen der virtuellen Hardware

Eine vollständige Liste der Versionen der virtuellen Hardware und zusätzliche unterstützte Produkte, z. B. *VMware Workstation*, finden Sie unter *http://kb.VMware.com/kb/1003746*.

Die Hardware Version der virtuellen Maschine darf nicht höher sein als die höchste vom ESX(i)-Host unterstützte Version, die ihr in Tabelle 17.1 zugeordnet ist. So ist es zum Beispiel nicht möglich, eine virtuelle Maschine mit der Hardware Version 11 auf einem ESXi 5.5 zu starten, da dort maximal die Hardware Version 10 unterstützt wird. Anders herum laufen virtuelle Maschinen mit der Hardware Version 10 auf einem ESXi 6.0.

Die virtuelle Hardware bestimmt auch die maximal unterstützten Eigenschaften einer virtuellen Maschine. In Tabelle 17.2 sehen Sie die Werte der Version 14.

Hardware	Maximum
Arbeitsspeicher (GB)	6.128
Logische Prozessoren	128
CPU-Kerne pro Sockel	128
SCSI-Adapter	4
SATA-Adapter	30
Virtuelle Festplatten	256
Netzwerkkarten	10

Tabelle 17.2 Maxima der virtuellen Hardware Version 14

Hardware	Maximum
Video-Speicher (MB)	2.048
SVGA-Bildschirme	10
PCI Passthrough	16
Serielle Schnittstellen	32
Parallele Schnittstellen	3
Floppy-Laufwerke	2

Tabelle 17.2 Maxima der virtuellen Hardware Version 14 (Forts.)

Neben diesen Maxima sind die folgenden Features mit der virtuellen Hardware Version 14 eingeführt worden:

- VBS

  Virtualization Based Security (VBS) ist ein Feature, das Microsoft mit Windows 10 und Windows Server 2016 auf den Markt gebracht hat. Mithilfe von Hardware- und Software-Unterstützung wird bei VBS eine isolierte Umgebung innerhalb von Windows aufgebaut. Diese Umgebung soll durch die Entkopplung für ein höheres Maß an Sicherheit sorgen. Mit der virtuellen Hardware Version 14 kann dieses Feature nun auch unter VMware vSphere genutzt werden. Ein wichtiges Feature von VBS ist unter anderem der *Credential Guard*, der die Account-Hash-Informationen der Nutzer des jeweiligen Windows-Systems vor Attacken schützt. Diese Attacke ist unter anderem als *Pass The Hash Exploit* bekannt.

- vTPM 2.0

  Virtualized TPM 2.0 (vTPM 2.0) ist ein Feature, um TPM – und damit auch Features, die auf TPM aufbauen – auch in virtuellen Maschinen nutzen zu können. Die Verwendung von TPM setzt zwingend *VM Encryption* voraus, da die Daten, die bei TPM normalerweise in der Hardware gespeichert werden, nun an einem sicheren Ort innerhalb der Virtualisierung abgelegt werden müssen. Der von VMware dafür gewählt Ort ist die NVRAM-Datei.

- vPMem

  Virtual Persistent Memory (vPMem), auch bekannt als *Non Volatile Memory* (NVM), bietet die Möglichkeit, virtuellen Maschinen persistenten Speicher zur Verfügung zu stellen. Dies ist in zwei Formen möglich:

  - als *Virtual Persistent Memory*: In diesem Fall kann die virtuelle Maschine auf den Speicher zugreifen und ihn direkt verwalten.
  - in Form einer *Virtual Persistent Memory Disk*: Dieser Modus stellt den Speicher als Festplatte dar, die Daten werden allerdings auf dem sehr schnellen persistenten Speicher vorgehalten.

- per-VM EVC

    Mit *per-VM EVC* (Virtual Machine Enhanced vMotion Compatibility Mode) kann EVC mit vSphere 6.7 nicht mehr nur pro Cluster, sondern für einzelne VMs gesteuert werden. Dies bietet ein erhöhtes Maß an Flexibilität. Mehr Informationen zum Thema EVC finden Sie in Abschnitt 4.1.2, »Der EVC-Mode (Enhanced vMotion Compatibility Mode)«.

In der virtuellen Hardware der Version 14 werden gegenüber der Version 13 keine neuen Gastbetriebssysteme unterstützt.

Eine vollständige Liste der unterstützten Betriebssysteme finden Sie unter *http://www.VMware.com/resources/compatibility/search.php?deviceCategory=guestos*.

Gastbetriebssystem

Die Art des Gastbetriebssystems können Sie beim Anlegen festlegen und im späteren Verlauf verändern. Der Typ kann frei gewählt werden. So kann etwa ein Windows ausgewählt werden, obwohl in der VM in Wirklichkeit ein Linux installiert ist. Diese Auswahl hat Auswirkungen auf die mögliche Konfiguration (z. B. auf auswählbare Features bzw. Komponenten).

CPU

Die CPU der virtuellen Maschine bildet eine besondere Ausnahme. Die CPU wird – abgesehen von der Anzahl an Kernen – dem Gastbetriebssystem komplett offengelegt. Zugriffe der VM auf die CPU werden vom Hypervisor direkt (nach einem Scheduling-Prinzip) an die physische CPU weitergeleitet. Die virtuelle Maschine sieht also (sofern nicht via EVC verändert) sämtliche Eigenschaften der CPU, inklusive Typ, Leistung pro Kern etc.

Lediglich die Anzahl der Kerne/CPUs und der Umfang der Features der CPU, die der VM zur Verfügung gestellt werden sollen, können manipuliert werden. Beim Einschränken der Features ist es allerdings nur möglich, Features zu verstecken, um eine Abwärtskompatibilität neuer CPUs zu älteren CPUs serverübergreifend zu ermöglichen. Weitere Informationen zum Thema EVC (*Enhanced vMotion Compatibility*) finden Sie in Abschnitt 4.1.2.

Eine wichtige Eigenschaft der virtuellen CPU ist, dass Typ, Befehlssatz sowie der maximale Takt der physischen CPU direkt an die virtuelle Maschine weitergereicht werden. Sollte physisch eine CPU mit einem maximalen Takt von 3 GHz pro Kern verbaut sein, so ist dies auch der maximale Takt, den die virtuelle Maschine sieht. Dieser Wert kann nicht durch Limits oder andere Einstellungen verändert werden. Der Befehlssatz kann durch den Einsatz von EVC, über den Cluster oder per CPU-ID-Maske pro virtueller Maschine eingeschränkt werden.

Bei der Vergabe von virtuellen CPUs an die virtuelle Maschine sollten Sie die physischen Gegebenheiten beachten. In der Regel ist es sinnvoll, die Anzahl vCPUs so klein wie möglich zu halten, um dem Ressourcen-Management des Hypervisors die Arbeit zu erleichtern. Des Weiteren sollten Sie darauf achten, dass die Anzahl der vCPUs pro VM nur in bewusst gewählten Situationen die Anzahl der CPU-Kerne übersteigt, die pro physischem Sockel zur Verfügung stehen.

Arbeitsspeicher

Der Arbeitsspeicher einer virtuellen Maschine muss sich nicht zwingend 1:1 im Arbeitsspeicher des Hypervisors wiederfinden. Verschiedene Mechaniken des Hypervisors versuchen, die Ressource optimal zu managen. Somit kann Arbeitsspeicher in die Swap-Datei auf dem Datastore ausgelagert werden, und es gibt eine Art Deduplizierung für den Arbeitsspeicher namens *Transparent Page Sharing* (TPS). Außerdem kann der Hypervisor im Falle von Engpässen versuchen, durch *Ballooning* Arbeitsspeicher umzuverteilen, der von anderen VMs nicht mehr benötigt wird. Für diesen Mechanismus sind die *VMware Tools* zwingend notwendig.

Beim Konfigurieren des Arbeitsspeichers ist es wichtig zu wissen, dass nicht nur die Ressource Arbeitsspeicher, sondern auch Datastore-Speicher im Rahmen einer Swap-Datei vergeben wird. Die Swap-Datei einer virtuellen Maschine liegt, solange es nicht anders konfiguriert ist, mit im Verzeichnis der virtuellen Maschine und hat die Größe des an die VM vergebenen Arbeitsspeichers abzüglich der Menge an reserviertem Arbeitsspeicher. Die Formel zur Berechnung der Größe der Swap-Datei lautet somit:

Arbeitsspeicher – reservierter Arbeitsspeicher = Größe der Swap-Datei

Ein einfaches Beispiel:

Eine virtuelle Maschine besitzt 4 GB Arbeitsspeicher und keinerlei Reservierung:

4 GB – 0 GB = 4 GB

Somit ist die Swap-Datei 4 GB groß.

Vergibt man nun eine Reservierung von 1 GB, lautet die Rechnung wie folgt:

4 GB – 1 GB = 3 GB

Die Swap-Datei schrumpft in diesem Fall also um 1 GB.

Dieses Sparpotenzial hat allerdings auch Nachteile. Mit Reservierungen wird man unflexibel und macht es dem Hypervisor schwer bis unmöglich, Ressourcen dynamisch zu verteilen. Man macht sich also mit zu umfangreichen Reservierungen einen der großen Vorteile der Virtualisierung zunichte.

Bei der Planung der virtuellen Infrastruktur sollten diese Werte miteinbezogen werden. In verschiedenen Situationen kann sich die Nutzung von Reservierungen zum Verkleinern der Swap-Datei des VMkernels für die VM als sehr nützlich erweisen.

CD/DVD-Laufwerk

Das virtuelle CD-Laufwerk verhält sich abgesehen von der Kapazität ähnlich wie das Diskettenlaufwerk. CD-Laufwerke können entweder per IDE oder SATA angebunden werden. Einmal verbunden, wird das Laufwerk im Gastbetriebssystem immer angezeigt, egal ob ein Medium eingelegt ist oder nicht. Medien können im ein- und ausgeschalteten Zustand eingelegt sowie auch entfernt werden. Eine Ausnahme stellt hier das Verbinden eines Mediums dar, das über eine Remote-Konsole erfolgt. Dieses Medium kann nur im eingeschalteten Zustand verbunden werden. Folgende Möglichkeiten, ein Medium »einzulegen«, stehen beim virtuellen CD/DVD-Laufwerk zur Verfügung:

- **Clientgerät:** An dieser Stelle stehen zwei Möglichkeiten zur Verfügung. Beide erfordern eine Verbindung via Remote-Konsole zur virtuellen Maschine. Es kann entweder ein physisches Laufwerk oder eine über den Client erreichbare ISO-Datei verbunden werden.
- **Datenspeicher-ISO-Datei:** Bei dieser Option kann eine ISO-Datei, die sich auf einem mit dem ESXi-Host verbundenen Datastore befindet, mit dem virtuellen Laufwerk verbunden werden.
- **CD-Laufwerk des Hosts verbinden:** Das CD-Laufwerk des ESXi-Hosts wird mit dem virtuellen Laufwerk des Gastbetriebssystems verbunden. So kann ein physisches Medium im virtuellen Gastsystem genutzt werden.

Diskettenlaufwerk

Beim virtuellen Diskettenlaufwerk wird eine Komponente in den virtuellen Gast eingebunden, die sich als Diskettenlaufwerk darstellt. Bei der Möglichkeit, ein Medium »einzulegen«, gibt es verschiedene Verfahren. Solange das Diskettenlaufwerk verbunden ist, steht es im Gast zur Verfügung. Medien können sowohl im ausgeschalteten als auch im eingeschalteten Zustand hinzugefügt oder entfernt werden. Folgende Möglichkeiten stehen Ihnen zur Verfügung, um ein Medium einzubinden:

- **Client-Device:** Sie verbinden eine *.flp*-Datei über eine Remote-Konsolenverbindung mit der VM.
- **Disketten-Image auf Datenspeicher:** Sie verbinden ein *.flp*-Image mit dem virtuellen Diskettenlaufwerk. Dabei befindet sich das *.flp*-Image auf einem Datastore, der mit dem ESXi-Host verbunden ist.
- **Diskettenlaufwerk des Hosts verbinden:** Sie verbinden das Medium, das sich im Diskettenlaufwerk des ESXi-Hosts befindet, mit der VM.

Festplattencontroller

Um einer VM Festplatten zuweisen zu können, benötigen Sie mindestens einen Festplattencontroller. Es gibt verschiedene Typen von Festplattencontrollern, und beim Erstellen einer VM wird abhängig von dem Betriebssystem, das Sie in der VM-Konfiguration ausgewählt haben, ein Controllertyp eingebunden.

Der Controller kann bei Bedarf entweder entfernt und durch einen anderen Controller ersetzt oder durch weitere Controller ergänzt werden. Bei einem solchem Tausch sollten Sie vor allem darauf achten, dass der Controller sowohl kompatibel ist als auch unterstützt wird und dass der entsprechende Treiber im Gastbetriebssystem installiert ist. Eine solche Konfiguration kann zum Beispiel sinnvoll sein, um virtuellen Maschinen einen zusätzlichen paravirtualisierten Adapter zuzuordnen, der bei Applikationen mit hohen Durchsatzraten ideal ist.

Es gibt folgende Typen von Festplattencontrollern:

- **PVSCSI:** ein paravirtueller SCSI-Controller. Er wurde entwickelt, um möglichst wenig Last auf der CPU des Hypervisors zu erzeugen, und bietet bestmögliche Performance. Vor einem Einsatz dieses Controllers sollte sichergestellt werden, dass das Gastbetriebssystem über den entsprechenden Treiber verfügt. Ansonsten muss das Gast-OS zuerst unter der Verwendung eines anderen Controllers installiert und der Controller-Typ nach der Installation der VMware Tools (und somit auch der Treiber) auf PVSCSI gesetzt werden.
- **LSI Logic SAS:** ein ebenfalls sehr performanter Adapter
- **LSI Logic Parallel:** eines der Urgesteine der virtuellen SCSI-Controller; auch bekannt unter dem Namen »LSI Logic«. Dank der Queue-Länge von 32 und der breiten Verfügbarkeit von Treibern ist dieser Controller eine häufig gewählte Variante.
- **BusLogic:** ebenfalls eines der Urgesteine der virtuellen SCSI-Controller. Die meisten alten Betriebssysteme (etwa ein Windows 2000) können diesen Controller nutzen. Aufgrund seiner Queue-Länge von 1 ist die Performance allerdings stark limitiert. Dieser Controller sollte nach Möglichkeit nicht mehr benutzt werden.
- **AHCI SATA:** Ein SATA-Controller, der seit der virtuellen Hardware Version 10 unterstützt wird. Unterstützte Betriebssysteme sind Windows Vista und aufwärts, Linux ab der Kernel-Version 2.6.29 und Mac-Betriebssysteme.

Festplatten

Die Festplatte einer virtuellen Maschine liegt auf einem Datastore, der an den Hypervisor angebunden ist. Es gibt dabei verschiedene Modi und Eigenschaften, die beachtet werden müssen.

- **Festplattenmodus**: Es gibt drei verschiedene Festplattenmodi, die zur Auswahl stehen:
  - **Abhängig:** Festplatten in diesem Modus werden wie normale Festplatten behandelt. Änderungen auf ihnen werden sofort geschrieben, und sie werden in Snapshots berücksichtigt.
  - **Unabhängig – dauerhaft:** In diesem Modus werden Änderungen ebenfalls sofort und dauerhaft geschrieben, sie werden allerdings nicht in Snapshots berücksichtigt.
  - **Unabhängig – nicht dauerhaft:** Dieser Modus, auch *Kiosk Mode* genannt, verwirft Änderungen auf der Festplatte bei einem Herunterfahren oder beim Wiederherstellen eines Snapshots der VM.
- **Provisionierung:** Bei der Provisionierung wird festgelegt, wie die Datendatei der VM sich verhalten soll. Es gibt insgesamt drei verschiedene Möglichkeiten:

- **Thin Provisioning:** Thin Provisioning bedeutet, dass es zwar aus der virtuellen Maschine heraus so aussieht, als wäre die Festplatte tatsächlich so groß wie konfiguriert; auf dem Datastore hingegen wird nur der Speicherplatz verbraucht, den die Maschine tatsächlich benötigt. Dieser verbrauchte Speicherplatz wird bei ansteigendem genutzten Plattenplatz in der VM erhöht. Beachten Sie, dass der Betrieb solcher Systeme eine stetige Überwachung des genutzten Plattenplatzes bzw. große Puffer voraussetzt, da bei einem rasanten Anstieg des genutzten Plattenplatzes vieler virtueller Maschinen (etwa bei einem Patch-Day oder beim Rollout von Software) schnell der gesamte genutzte Plattenplatz steigt und Datastores somit zulaufen können.
- **Thick Provisioning Eager Zeroed:** Beim Thick Provisioning Eager Zeroed wird der für die VM konfigurierte Festplattenplatz auf dem Datastore komplett in Beschlag genommen und anschließend einmalig mit Nullen vollgeschrieben, bevor er genutzt werden kann. Dieser Vorgang kann einige Zeit in Anspruch nehmen.
- **Thick Provisioning Lazy Zeroed:** Beim Thick Provisioning Lazy Zeroed wird – anders als beim Eager-Zeroed-Verfahren – der Plattenplatz nur in Beschlag genommen, aber zunächst nicht mit Nullen gefüllt. Dies passiert erst bei der Nutzung der Bereiche und kann eine Latenz im Vergleich zum Eager-Zeroed-Verfahren bedeuten. In vielen Fällen ist dieser Unterschied so verschwindend gering, dass er vernachlässigt werden kann.

▶ **RAW-Device-Mappings:** RAW-Device-Mappings (RDM) stellen eine große Ausnahme dar, was den Aufbau angeht. RAW-Device-Mappings sollten nur verwendet werden, wenn es besondere Anforderungen gibt, die nur durch RDMs umsetzbar sind. RAW-Device-Mapping bedeutet, dass eine virtuelle Maschine nicht auf einem geteilten Datastore abgelegt wird, sondern dass Sie exklusiven Zugriff auf eine LUN oder eine Festplatte im Hypervisor bekommen. RAW-Device-Mappings können entweder im physischen oder virtuellen Modus erstellt werden. Der physische Modus hat den Vorteil, dass direkt auf die LUN zugegriffen wird und dies somit SAN-Aware-Anwendungen zugutekommt. Diese Art der Verwendung hat allerdings auch den Nachteil, dass – anders als beim virtuellen Modus – ein Klonen oder eine Umwandlung in ein Template der virtuellen Maschine nicht möglich ist. Ebenso ist die Verwendung von Snapshots auf einem physischen RDM nicht möglich. Der virtuelle Modus eines RAW-Device-Mappings bietet eine erhöhte Flexibilität. So können Sie entscheiden, ob die Änderungen auf der Festplatte dauerhaft geschrieben oder nach einem Neustart der VM verworfen werden sollen, und Sie können Snapshots anlegen und die Maschine klonen.

Netzwerkkarten

Um einen Zugriff auf die VM und natürlich auch die Kommunikation von der VM mit anderen Systemen zu ermöglichen, ist mindestens ein Weg erforderlich, um mit dem Netzwerk zu kommunizieren. Für diesen Zweck bietet VMware verschiedene virtuelle Netzwerkkarten an. Typischerweise kommen heutzutage die Typen E1000, VMXNET3 und SR-IOV zum Einsatz. Darüber hinaus gibt es aber noch verschiedene andere.

Die folgende Liste enthält alle existierenden virtuellen Netzwerkkarten:

- **E1000:** Die E1000 ist eine virtuelle Emulation der *Intel 82545EM*-Gigabit-Netzwerkkarte. Sie hat den Vorteil, dass viele Betriebssysteme bereits bei der Installation den passenden Treiber an Bord haben und somit sofort eine Netzwerkverbindung aufgebaut werden kann. Windows ab Server 2003 (32 Bit), XP Professional 64 Bit und Linux ab der Kernel-Version 2.4.19 bringen den notwendigen Treiber schon in der Standardinstallation mit.

- **E1000e:** eine emulierte Variante der *Intel Gigabit NIC 82574*. Diese Version der NIC (*Network Interface Card*; dt. Netzwerkkarte) ist seit der virtuellen Hardware 8 verfügbar und wird standardmäßig ab Windows 8 verwendet. Für Linux hingegen können Sie E1000e nicht über das User-Interface auswählen.

- **VMXNET:** der erste Adapter der VMware-VMXNET-Reihe. Diese Netzwerkkarten haben kein physisches Gegenstück und fallen unter die Kategorie der Paravirtualisierung. Es ist zwingend notwendig, die VMware Tools und somit die darin für die VMXNET-Karten enthaltenen Treiber im Gastbetriebssystem zu installieren, um sie verwenden zu können.

- **VMXNET 2 (Enhanced):** eine erweiterte Variante der VMXNET. In dieser Version gibt es vor allem Performance-Erweiterungen, etwa die Unterstützung für Jumbo Frames und Hardware-Offload. Diese Netzwerkkarte kann ab der ESX-Version 3.5 eingesetzt werden. Wie bei der VMXNET muss der entsprechende Treiber über die VMware Tools installiert werden, um sie nutzen zu können.

- **VMXNET 3:** Die VMXNET 3 ist, anders als der Name es vermuten lassen könnte, *keine* Erweiterung der VMXNET2 oder VMXNET. Sie ist ein paravirtualisierter Netzwerkadapter, dessen Fokus vor allem auf Performance liegt. Sie wird ab der virtuellen Hardware Version 7 unterstützt, und wie die VMXNET und die VMXNET2 funktioniert sie nur in Verbindung mit den entsprechenden Treibern aus den VMware Tools. Der Funktionsumfang ist identisch mit dem der VMXNET 2. Hinzu kommen Funktionen wie Multiqueue-Unterstützung und IPv6-Offload.

- **Vlance:** Vlance ist die virtuelle Nachbildung der *AMD 79C970 PCnet32-LANCE NIC*. Es ist eine recht in die Jahre gekommene Variante einer NIC mit einem maximalen Durchsatz von 10 Mbps. Treiber sind in den meisten 32-Bit-Betriebssystemen ab Windows Vista und aufwärts verfügbar.

- **Flexible:** Diese Netzwerkkarte stellt einen Hybriden dar. Beim Booten verhält sie sich wie eine Vlance-NIC, nach dem Bootvorgang (installierte VMware Tools vorausgesetzt) wird sie dann in eine VMXNET-NIC umgeschaltet.

- **SR-IOV Passthrough:** Seit vSphere 5.1 wird Single-Root-I/O-Virtualisierung (SR-IOV) in Verbindung mit Intel-Prozessoren unterstützt. Ab der Version 5.5 funktioniert SR-IOV ebenfalls mit AMD-Prozessoren. SR-IOV wird für virtuelle Gastsysteme empfohlen, die einen hohen Datendurchsatz haben oder empfindlich sind, was die Latenzzeiten betrifft. Bei der Verwendung von SR-IOV werden die Zugriffe der virtuellen Maschine auf das Netzwerk direkt an die Netzwerkkarte gesendet. Der Netzwerkverkehr wird also nicht über den

VMkernel geleitet. So kann ein großer Teil der CPU-Last auf dem Hypervisor, der durch Netzwerkzugriffe der VM provoziert wird, vermieden werden, und die Latenz wird verbessert. Wenn Sie planen, SR-IOV zu verwenden, achten Sie darauf, dass sowohl der Hypervisor als auch die Gast-VM die entsprechende NIC unterstützen. Des Weiteren muss im BIOS des Hypervisors die Funktion *I/O-Memory-Management* aktiviert sein. Eine Reservierung des Arbeitsspeichers der virtuellen Maschine ist beim Einsatz von SR-IOV ebenfalls empfehlenswert.

17.1.2 Virtuelle Maschinendateien

Die Konfiguration sowie der Inhalt der virtuellen Maschine werden in den Datastores gespeichert, die im Hypervisor konfiguriert sind. Eine virtuelle Maschine besteht aus mehreren Dateien, die verschiedene Aufgaben und Inhalte haben. In der klassischen Konfiguration finden sich die Dateien alle auf einem Datastore in einem Verzeichnis wieder. Das Verzeichnis hat den Namen der virtuellen Maschine. Die in dem Verzeichnis enthaltenen Dateien haben ebenfalls den Namen der VM und unterscheiden sich durch Erweiterungen des Namens und unterschiedliche Endungen, die ihre unterschiedlichen Funktionen widerspiegeln.

Von dieser klassischen Konfiguration kann abgewichen werden. So können zum Beispiel verschiedene Festplatten der virtuellen Maschine auf verschiedenen Datastores untergebracht werden. Dies kann unter anderem aus Platz- oder Performance-Gründen notwendig sein.

Es gibt folgende Dateitypen:

- **.vmx:** die Konfigurationsdatei der virtuellen Maschine. In ihr sind große Teile der Konfiguration festgehalten.
- **.vmxf:** eine zusätzliche Konfigurationsdatei für virtuelle Maschinen in einem Team. Sollte die VM aus dem Team entfernt werden, bleibt diese Datei weiterhin bestehen.
- **.nvram:** Die *.nvram*-Datei speichert Informationen zu BIOS- bzw. UEFI-Einstellungen.
- **flat.vmdk:** die eigentliche Festplatte der VM. In dieser Datei sind die Dateien der VM abgelegt. Sollten mehrere Festplatten existieren, so werden sie durch eine Nummerierung der Dateien unterschieden. Das Format ist »Servername_*Nummer*-flat.vmdk«.
- **.vmdk:** die Beschreibung der Festplatte. Jede angehängte Festplatte hat eine *.vmdk*-Datei, in der die Beschreibung sowie der Name der Festplatte abgelegt sind. Das Namensformat ist, abgesehen von dem Bestandteil »flat.«, identisch mit dem der *flat.vmdk*-Dateien: »Servername_*Nummer*.vmdk«.
- **.vmsn:** die Snapshot-Dateien. In diesen Dateien werden die Änderungen gespeichert, die ab dem Anlegen eines Snapshots anfallen. Sollte die Maschine über mehrere Festplatten verfügen, so wird pro Festplatte jeweils eine Datei angelegt. Sollten mehrere Snapshots angelegt werden, so werden diese durch fortlaufende Nummern unterschieden. Das Namensformat sieht wie folgt aus: »Servername-Snapshot*Nummer*.vmsn«.

- **.vmsd:** die Snapshot-Beschreibung. In ihr werden verschiedene Informationen zu den entsprechenden Daten eines Snapshots festgehalten, unter anderem IDs und Informationen zum Weg der Snapshot-Kette für einen Snapshot. Um den Weg einer Snapshot-Kette nachvollziehen zu können, müssen die Informationen sämtlicher Snapshot-Beschreibungen miteinander kombiniert werden.

- **.vswp:** Dies ist die Swap-Datei der virtuellen Maschine. Ihre Größe ist identisch mit der Größe des Arbeitsspeichers abzüglich der Menge des Arbeitsspeichers, der für die Maschine reserviert ist. Sie dient dem Hypervisor zum Auslagern des Arbeitsspeichers. Auch wenn das Auslagern des Arbeitsspeichers eher eine Ausnahme darstellen sollte, wird diese Datei immer angelegt. Dies sollten Sie bei der Planung berücksichtigen.

- **.log:** Bei dieser Datei ist der Name zugleich auch die Funktion. Sie enthält Log-Einträge zur VM selbst. Sie stellt eine Ausnahme dar, was den Namen angeht. Sie heißt unabhängig vom Namen der VM immer »VMware.log«. Nach einem Power On bzw. Power Off wird sie rotiert. Die aktuelle Datei ist immer die »VMware.log«, und sie wird bei einer Rotation dann in »VMware-*Nummer*.log« umbenannt. Bei der nächsten Rotation wird diese Nummer dann entsprechend erhöht. Da die Dateien in der Standardkonfiguration nur bei einem Power Off/On rotiert werden, kann es passieren, dass sie aufgrund von hoher Laufzeit der VM und/oder aufgrund von Fehlern auf eine nicht zu unterschätzende Größe anwachsen. Es gibt Angriffsszenarien, in denen bewusst Fehler provoziert werden, um Einträge in der *VMware.log*-Datei auszulösen und somit die Datastores zum Volllaufen zu bringen. Um ein solches Worst-Case-Szenario zu vermeiden, empfiehlt es sich, eine maximale Größe für die Log-Datei festzulegen. Dies kann durch Anpassen bzw. Einfügen des Parameters `log.rotateSize` = **Größe in Bytes** in der *.vmx*-Datei der VM geschehen. Weitere Informationen zu Parametern bezüglich der *VMware.log*-Dateien finden Sie unter *http://kb.VMware.com/kb/8182749*.

- **.vmss:** In dieser Datei wird der Arbeitsspeicher einer virtuellen Maschine gespeichert, die angehalten (*suspended*) wird.

> **Hinweis**
> Wird eine virtuelle Maschine umbenannt, behalten sowohl die Ordner als auch die Dateien der VM den alten Namen. Die Namen werden erst bei einem nachgelagerten Storage vMotion auf den neuen VM-Namen aktualisiert.

17.1.3 VMware Tools

Die *VMware Tools* sind eine Sammlung von Applikationen und Treibern, die in einer virtuellen Maschine installiert werden. Sie verbessern die Performance der VM, schaffen die Möglichkeit, Geräte zu nutzen, indem sie die entsprechenden Treiber zur Verfügung stellen, und bieten eine Kommunikationsschnittstelle zum Management. Mehr Informationen zu den VMware Tools finden Sie in Abschnitt 17.12, »VMware Tools«.

17.2 Konfiguration der virtuellen Hardware

Bei der Konfiguration der virtuellen Maschine finden Sie viele Einstellungsmöglichkeiten. Im Folgenden werden sie der Reihe nach beschrieben. Bitte beachten Sie, dass viele Teile der Konfiguration bereits in Abschnitt 17.1, »Grundlagen«, behandelt wurden. Die Themen Reservierungen, Limits und Shares werden in Abschnitt 17.6, »Ressourcen-Management«, behandelt.

17.2.1 Ändern der Hardware und HotPlug

Zu einer virtuellen Maschine können Komponenten hinzugefügt werden. Ebenso können Komponenten verändert und auch wieder entfernt werden. Für viele Komponenten gilt das sowohl im ausgeschalteten als auch im eingeschalteten Zustand. Im eingeschalteten Zustand wird dieser Vorgang als *HotPlug* bezeichnet. Seit der virtuellen Hardware Version 8 ist dies auch für Arbeitsspeicher und CPUs möglich. (Eine entsprechende Unterstützung des Gastbetriebssystems ist hierbei zwingend vorausgesetzt.) Mehr zu diesem Thema finden Sie in Abschnitt 17.11, »Konfiguration und Anpassung von virtuellen Maschinen«.

17.2.2 CPU

In den folgenden Abschnitten behandeln wir alles, was Sie im Zusammenhang mit der CPU beachten müssen.

Cores vs. Sockets

Es gibt zwei Möglichkeiten, um die im Gastbetriebssystem verfügbaren CPU-Kapazitäten zu bestimmen: über Cores und über Sockets. Die Verteilung hat technisch auf Hypervisor-Ebene keine Auswirkungen. Diese Option dient vielmehr dazu, Anforderungen der Lizenzmodelle verschiedener Softwarehersteller zu bedienen. Die Anzahl der CPUs/Kerne pro virtueller Maschine kann die Anzahl physischer CPUs nicht übersteigen. Falls die Anzahl der CPU-Kerne einer virtuellen Maschine über die Grenzen eines NUMA-Knotens hinaus steigt, kann es zu Performance-Problemen kommen.

HotPlug

Seit der virtuellen Hardware Version 8 ist das Hinzufügen von CPUs im laufenden Betrieb der VM möglich. Achten Sie bei der Verwendung darauf, dass das verwendete Gastbetriebssystem dieses Feature unterstützt. Beachten Sie, dass bei der Aktivierung von HotPlug keine Verwendung von vNUMA stattfinden kann. Die virtuelle Maschine erhält somit keine Informationen über die Verwendung von NUMA und kann keine betriebssystem- oder applikationsspezifischen Features für NUMA verwenden. Dieser Zustand kann eine deutliche Verschlechterung der Leistung der virtuellen Maschine mit sich bringen. Sollten Sie auf die Verwendung von vNUMA angewiesen sein, so hilft nur ein Deaktivieren von HotPlug.

CPU-ID-Maske

Mithilfe der CPU-ID-Maske kann, ähnlich wie bei der Verwendung des EVC-Modus in Clustern, eine Kompatibilität der virtuellen Maschine über ESXi-Hosts mit CPUs hergestellt werden, die über verschiedene Feature-Sets verfügen. Diese Einstellungen können nur im ausgeschalteten Zustand der VM geändert werden. Es gibt die Möglichkeit, das NX/XD-Flag (ein Security-Feature auf der CPU) für den Gast ein- bzw. auszublenden. Darüber hinaus können in den erweiterten Einstellungen die Register manuell angepasst werden.

Hardwarevirtualisierung

Mithilfe der Hardwarevirtualisierung werden Virtualisierungsfeatures der CPU für das Gastbetriebssystem sichtbar und nutzbar gemacht. Somit können zum Beispiel Hypervisoren virtualisiert werden. Sie können also ein ESXi in einer virtuellen Maschine installieren.

Leistungsindikatoren

Das Aktivieren der CPU-Leistungsindikatoren kann Entwicklern dabei helfen, Performance-Probleme via Software-Profiling zu identifizieren. Die Mindestvoraussetzung zur Nutzung dieses Features ist der Einsatz von ESXi 5.1 oder höher sowie von Intel-Prozessoren ab der Nehalem-Generation oder von AMD-Prozessoren ab der Greyhound-Generation. Es kann passieren, dass bestimmte Leistungsindikatoren nicht zur Verfügung stehen, wenn *Fault Tolerance* im Einsatz ist oder wenn das BIOS des ESXi-Hosts selbst Leistungsindikatoren verwendet.

CPU/MMU-Virtualisierung

Mit den Optionen für die CPU/MMU-Virtualisierung können Sie über die Nutzung der Hardwareunterstützung für CPU und MMU (*Memory Management Unit*) entscheiden. Folgende Modi stehen zur Auswahl:

- **Automatisch:** Der Hypervisor legt automatisch aufgrund des Prozessortyps und der virtuellen Maschine einen Modus fest. Je nach Arbeitsauslastung kann sich diese Einstellung negativ auf die Leistung des Systems auswirken.
- **Software-CPU und -MMU:** Es werden softwarebasierte Mittel sowohl für die Verwaltung der CPU als auch der MMU eingesetzt.

- **Hardware-CPU, Software-MMU:** Die Verwaltung der CPU läuft über die CPU-Features, die MMU wird via Software von VMware verwaltet.
- **Hardware-CPU und -MMU:** Sowohl CPU als auch MMU werden über die Hardwareunterstützung betrieben.

Wird eine Auswahl getroffen, die nicht kompatibel zum Hypervisor ist oder anderen Einstellungen widerspricht, so wird sie mit der Einstellung AUTOMATISCH überschrieben.

> **Hinweis**
>
> Da die aktuellen x86-Prozessoren Virtualisierung vollständig unterstützen, ist eine Software-Unterstützung nicht länger notwendig.
>
> Mit der Verwendung der virtuellen Hardware Version 13 und höher ist es daher nicht mehr möglich, diese Einstellung vorzunehmen.

Processor Scheduling Affinity

Das Feature *Processor Scheduling Affinity* steht nur zur Verfügung, wenn die Maschine sich nicht in einem DRS-Cluster befindet. Mit ihm können Sie die Verteilung der CPUs der virtuellen Maschine manuell steuern. Die Affinität kann entweder als Range und/oder als Liste angegeben werden. Sie kann also zum Beispiel »2-6«, »2,3,4« oder »2-3,4,5,6« lauten. Es müssen mindestens so viele Affinitäten angegeben werden, wie virtuelle CPUs in der VM konfiguriert sind.

HT Sharing

Mit der Hyperthreading-Technik ist es möglich, einen physischen CPU-Kern als zwei Kerne auszugeben. Die Leistung wird somit nicht verdoppelt, aber kann besser genutzt werden. Mit der Einstellung HT SHARING können Sie nun abseits vom Ressourcenmanagement festlegen, wie mit dieser virtuellen Maschine im Hinblick auf Hyperthreading verfahren werden soll. Folgende Möglichkeiten stehen zur Verfügung:

- **Any:** Während der Laufzeit kann die virtuelle CPU einer virtuellen Maschine sich den Kern mit anderen virtuellen CPUs dieser Maschine oder anderer virtueller Maschinen teilen.
- **None:** Der CPU-Kern wird zur Laufzeit ausschließlich von der virtuellen CPU der virtuellen Maschine und von keiner anderen genutzt.
- **Internal:** Diese Einstellung tritt nur in Kraft, wenn die VM über genau zwei virtuelle CPUs verfügt. Sollte sie über eine andere Anzahl an CPUs verfügen, so verhält sie sich genau wie bei der Einstellung NONE. Zur Laufzeit der virtuellen CPU kann sich die virtuelle Maschine den physischen Kern mit der zweiten virtuellen CPU teilen.

17.2.3 Arbeitsspeicher – Memory-HotPlug

Seit Version 8 der virtuellen Hardware ist das Hinzufügen von Arbeitsspeicher im laufenden Betrieb möglich. Achten Sie bei der Verwendung darauf, dass das verwendete Gastbetriebssystem dieses Feature unterstützt. Weitere Informationen zum Thema HotPlug finden Sie in Abschnitt 17.11, »Konfiguration und Anpassung von virtuellen Maschinen«.

17.2.4 SCSI Controller – SCSI-Bus-Sharing

Das SCSI-Bus-Sharing bietet die Möglichkeit, mehrere virtuelle Maschinen auf eine Festplatte zugreifen zu lassen, wie es etwa beim Quorum eines Clusters notwendig sein kann. Es gibt drei verschiedene Modi:

- **Keine**: In diesem Fall können Festplatten, die über diesen Controller verbunden sind, nicht mit anderen virtuellen Maschinen gemeinsam genutzt werden.
- **Virtuell**: Virtuelle Festplatten an diesem Controller können von anderen virtuellen Maschinen genutzt werden, die sich auf dem gleichen ESXi-Host befinden.
- **Physisch**: Diese virtuellen Festplatten können von mehreren virtuellen Maschinen genutzt werden, unabhängig davon, auf welchem ESXi-Host sie sich befinden.

17.2.5 Festplatten

Im Zusammenhang mit Festplatten müssen Sie auf die VM-Speicherrichtlinie und den vFRC achten.

VM-Speicherrichtlinie

Eine Speicherrichtlinie grenzt den wählbaren Storage auf die Datastores ein bzw. bestimmt Vorgaben, die dem jeweiligen Profil entsprechen. Mehr zum Einrichten und Verwalten von VM-Speicherrichtlinien finden Sie in Abschnitt 17.10, »Speicherrichtlinien für virtuelle Maschinen«.

vFlash-Lesecache (vFRC)

Mithilfe des vFlash-Lesecaches kann ein Teil der virtuellen Festplatte in einen Cache-Bereich (SSD) des Hypervisors geladen werden, um die Performance beim Lesen der virtuellen Festplatte zu erhöhen. Mindestvoraussetzung zur Nutzung von vFRC (*vFlash Read Cache*) ist ESXi 5.5. Neben der Größe des zu cachenden Bereichs kann noch eine Block-Größe festgelegt werden. Um die benötigte Block-Größe zu bestimmen, empfiehlt sich eine Analyse der VM mithilfe von Tools wie *vscsiStats*.

17.2.6 Netzwerk – MAC-Adresse

Sie können entweder automatisch eine MAC-Adresse zuordnen lassen oder eine Adresse manuell vergeben. Die automatische Vergabe von MAC-Adressen erfolgt über das vCenter oder – wenn ein ESXi-Host ohne vCenter betrieben wird – direkt über den Host.

Die MAC-Adresse, die über das vCenter vergeben wird, setzt sich wie folgt zusammen:

- Die ersten 3 Bytes bestehen aus dem OUI (*Organizationally Unique Identifier*) 00:50:56 von VMware.
- Das Byte 4 errechnet sich aus 80 + *vCenter-Server-ID*.
- Die Bytes 5 und 6 werden über zufällige Werte vergeben.

Die Vergabe von MAC-Adressen auf einem alleinstehenden ESXi-Host erfolgt auf Basis eines Algorithmus. Der Algorithmus generiert die Adressen wie folgt:

- Die ersten 3 Bytes der MAC-Adresse sind immer der VMware-OUI 00:0C:29. Dieser OUI ist speziell für die Vergabe von MAC-Adressen über ESX(i)-Hosts vorgesehen.
- Die Bytes 4 und 5 werden auf denselben Wert gesetzt, der den letzten 2 Bytes der primären IP-Adresse des Hosts entspricht.
- Das Byte 6 wird über einen Hash generiert, der anhand des Namens der Konfigurationsdatei der virtuellen Maschine errechnet wird.

Die generierten MAC-Adressen werden vom ESXi-Host nur für eingeschaltete und suspendierte virtuelle Maschinen gespeichert. Es kann also passieren, dass nach einem Neustart die Adresse der virtuellen Maschine wechselt. Die manuelle Vergabe ist hingegen statisch: Die MAC-Adresse bleibt immer auf demselben gesetzten Wert. Bei der manuellen Vergabe sollten Sie beachten, dass die vergebene Adresse bei sämtlichen eingeschalteten, mit dem Netzwerk verbundenen Komponenten nur ein einziges Mal vorkommen sollte.

17.2.7 Video Card

Im Zusammenhang mit der Grafikdarstellung sind folgende drei Punkte zu beachten.

Anzahl der Anzeigen

Sie können die Anzahl der verfügbaren Anzeigen, also der Bildschirme, konfigurieren.

Gesamter Videoarbeitsspeicher

Der für die virtuelle Maschine verfügbare Videoarbeitsspeicher kann ebenfalls konfiguriert werden. VMware liefert in der GUI für die Einstellungen einen *Videoarbeitsspeicher-Rechner* mit. Mithilfe dieses Rechners können Sie bestimmen, wie viel Videospeicher für die zu betreibenden Anzeigen bei einer gewissen Auflösung erforderlich ist.

3D-Einstellungen

Um die Verwendung von 3D-Anwendungen in virtuellen Maschinen zu ermöglichen bzw. zu beschleunigen, können Sie die 3D-Unterstützung für die virtuelle Maschine aktivieren. Es gibt drei unterschiedliche Einstellungen:

- **Automatisch:** Es wird automatisch nach Verfügbarkeit einer physischen GPU und in Abhängigkeit vom Gastsystem gewählt, ob der Software- oder Hardwaremodus genutzt wird.
- **Software:** Es wird eine Softwarevariante genutzt. Selbst wenn eine physische GPU vorhanden sein sollte, wird sie nicht genutzt.
- **Hardware:** Es wird eine physische GPU genutzt. Sollte keine solche GPU im ESXi-Host vorhanden sein, so kann die virtuelle Maschine nicht gestartet werden.

17.2.8 DirectPath I/O PCI

Über *DirectPath I/O* können physische PCI-Komponenten im ESXi-Host direkt an die virtuelle Maschine durchgereicht werden. Das Einbinden einer solchen Konfiguration ist eine 1:1-Verbindung. Eine Komponente steht in einem solchen Fall also exklusiv der einen VM zur Verfügung, der sie hinzugefügt wurde, und kann nicht zusätzlich vom Hypervisor oder anderen virtuellen Maschinen genutzt werden.

Die Verwendung von DirectPath I/O bringt einige Einschränkungen mit sich. Unter anderem ist die Verwendung von HotPlug, vMotion, Suspend, Fault Tolerance, HA und Snapshots nicht möglich. Der Einsatz von DRS funktioniert nur bedingt. Die VM kann Teil eines DRS-Clusters sein, kann aber nicht via vMotion migriert werden. Eine besondere Ausnahme stellt die Verwendung von Cisco-UCS-Systemen an dieser Stelle dar. Durch die Verwendung von Cisco-VM-FEX-(*Virtual Machine Fabric Extender-*)Distributed-Switches können vMotion, das HotPlug von virtuellen Komponenten, Suspend, HA, DRS sowie Snapshots auf dieser speziellen Hardware genutzt werden.

Um eine PCI-Komponente in einer virtuellen Maschine hinzuzufügen, muss sie zuvor im Hypervisor reserviert und anschließend über Einstellungen der virtuellen Maschine als neues PCI-Gerät hinzugefügt werden. Der Dialog der Konfiguration bietet anschließend ein Auswahlmenü mit den verfügbaren PCI-Geräten.

17.3 Optionen für die virtuellen Maschinen

17.3.1 VM-Namen ändern

Sie können den Namen einer virtuellen Maschine ändern. Beachten Sie, dass beim Ändern des Namens nur der angezeigte Name geändert wird; sämtliche Ordner und Dateien auf dem

Datastore behalten ihren alten Namen. Der einfachste Weg, den Namen des Verzeichnisses und der Dateien zu ändern, ist ein Storage-vMotion auf einen anderen Datastore.

17.3.2 Gastbetriebssystem anpassen

Sollte das Gastbetriebssystem durch ein Upgrade oder durch eine Neu-Installation gewechselt haben, so empfiehlt es sich, auch die Version des Gastbetriebssystems in den Einstellungen der virtuellen Maschine anzupassen. Durch diese Änderung werden die verfügbaren Komponenten und Standards für die virtuelle Maschine angepasst. Beachten Sie, dass bei einer nachträglichen Änderung die bestehenden Komponenten nicht angepasst werden. Sie sollten also im Falle einer Änderung des Betriebssystems prüfen, ob es sinnvoll oder sogar zwingend notwendig ist, Komponenten zu entfernen, zu tauschen oder hinzuzufügen.

17.3.3 Remotekonsole

Die Remotekonsole bietet Möglichkeiten, um die Sicherheit beim Zugriff über die Konsole zu erhöhen. So kann hier gewählt werden, dass das Gastbetriebssystem automatisch gesperrt wird, wenn die letzte Remotekonsole zur VM geschlossen wird. Häufig kommt es nämlich vor, dass Nutzer sich aus Gewohnheit durch das Schließen der Konsole von einem System verabschieden. In diesem Fall bleibt der Nutzer im Gastbetriebssystem im Normalfall weiterhin eingeloggt, und der nächste Nutzer, der sich über eine Remotekonsole mit dem System verbindet, kann mit dem eingeloggten Account im Gastbetriebssystem weiterarbeiten.

Eine weitere Möglichkeit ist das Einschränken der maximalen Anzahl gleichzeitiger Verbindungen via Remotekonsole zur VM. VMware schlägt im Security-Hardening-Guide vor, diese Einstellung auf eine gleichzeitige Verbindung zu setzen. So kann sich kein weiterer Nutzer mit einer virtuellen Maschine verbinden, um Einblick in die Tätigkeit des anderen Nutzers zu bekommen. Diese Einstellung sollte mit Vorsicht gewählt werden: Sollte ein Nutzer vergessen, die Remotekonsole zu schließen, so nimmt er sämtlichen anderen Nutzern die Möglichkeit, die Maschine über die Remotekonsole zu administrieren, bis er sie wieder freigibt.

17.3.4 Encryption

Sie haben die Möglichkeit, die virtuelle Maschine selbst und den vMotion-Datenverkehr zu verschlüsseln. Eine zwingende Voraussetzung für die Verschlüsselung ist ein *Key Management Server*.

Beim vMotion-Datenverkehr können Sie zwischen drei Einstellungen wählen:

- **Disabled:** vMotion-Datenverkehr wird nicht verschlüsselt.
- **Required:** vMotion kann nur durchgeführt werden, wenn sowohl das Ziel als auch die Quelle Verschlüsselung unterstützen.

- **Opportunistic:** Der vMotion-Datenverkehr wird verschlüsselt, wenn sowohl das Ziel als auch die Quelle Verschlüsselung unterstützen. Sollte dies nicht der Fall sein, so wird der Datenverkehr unverschlüsselt übertragen.

17.3.5 VMware Tools

Zu den VMware Tools können Sie folgende Einstellungen vornehmen.

Betriebsvorgänge

Über die Betriebsvorgänge kann gesteuert werden, welche Aktion beim Ausschalten, Anhalten und Neustarten der VM durchgeführt werden soll. So können Sie sich beim Ausschalten zwischen einem Herunterfahren der VM über den Gast oder einem simplen Power-Off entscheiden.

Skripte

Die VMware-Tools-Skripte können nach dem Einschalten oder Fortsetzen bzw. vor dem Anhalten oder Herunterfahren einer virtuellen Maschine ausgelöst werden. In ihnen kann man Aktionen definieren, wie etwa das Starten oder Stoppen einer Datenbank. Die auszuführenden Standardskripte sind unter Windows-Betriebssystemen in *Program Files\VMware\VMware Tools* und unter Linux unter */etc/VMware-tools* hinterlegt. Folgende Skripte stehen standardmäßig zur Verfügung:

- **poweroff-vm-default:** Dieses Skript wird beim Ausschalten bzw. beim Reset ausgeführt.
- **poweron-vm-default:** Dieses Skript wird beim Einschalten oder beim Wiederhochfahren nach einem Reset der VM ausgeführt.
- **resume-vm-default:** Dieses SKript wird ausschließlich nach einem Resume aus einem Suspend ausgeführt. In virtuellen Maschinen mit Windows-Betriebssystem, die DHCP nutzen, wird nach einem Resume über dieses Skript das DHCP-Lease der VM erneuert. Bei virtuellen Maschinen, die Linux, macOS, Solaris oder FreeBSD als Betriebssystem nutzen, startet dieses Skript den Netzwerk-Service der VM.
- **suspend-vm-default:** Dieses Skript wird bei einem Suspend der VM ausgeführt. Im Standardskript wird unter Windows (und nur bei Nutzung von DHCP) die IP-Adresse freigegeben. Unter Linux, macOS und FreeBSD wird der Netzwerk-Service gestoppt.

Diese vier Standardskripte können angepasst werden. Alternativ können Sie die Sammlung um eigene Skripte erweitern. Skripte unter Windows müssen als Batch-Datei, unter Linux als ausführbare Skriptdatei (Shell, Perl o. Ä.) vorliegen und können über den Befehl `VMwareToolboxCmd` verwaltet werden.

Automatische Aktualisierung der VMware Tools

Bei jedem Einschalten der VM kann geprüft werden, ob die aktuelle Version der VMware Tools installiert ist. Ist dies nicht der Fall, werden die Tools automatisch auf den neuesten verfügbaren Stand aktualisiert.

Wenn Sie die automatische Aktualisierung wählen, sollten Sie sich über die eventuellen Gefahren im Klaren sein. Dazu gehört unter anderem ein möglicher Ausfall von einzelnen Komponenten oder sogar des gesamten Betriebssystems, wenn das Update nicht erfolgreich durchgeführt werden konnte oder wenn andere Applikationen sich mit dem Update nicht vertragen.

Virtualization Based Security (VBS)

Virtualization Based Security ist ein Feature, das von Microsoft im Jahr 2015 eingeführt wurde. VMware unterstützt dieses Feature nun. Bei der Aktivierung von VBS in den Einstellungen werden folgende Features aktiviert:

- Nested virtualization
- I/O MMU
- EFI Firmware
- Secure Boot

Die Aktivierung von VBS im Gastbetriebssystem muss von Hand erfolgen.

17.3.6 Zeitsynchronisation

Es besteht die Möglichkeit, die Zeit der virtuellen Maschine regelmäßig mit der Zeit des ESXi-Hosts zu synchronisieren. Dies ist sinnvoll, wenn kein NTP-Server für die virtuelle Maschine zur Verfügung steht und sie auch nicht über eine Mitgliedschaft in einer Domäne mit einer Zeitsynchronisation versorgt wird. Die Zeit wird dann alle 60 Sekunden vom Host über die *VMware Tools* an das Betriebssystem der VM übermittelt. Bei diesem Vorgang wird die Zeit bei der Synchronisation nur vor- und niemals zurückgestellt.

Bitte beachten Sie, dass selbst dann, wenn diese Option nicht aktiviert ist, die Zeit bei bestimmten Aktionen (etwa bei einem Resume der VM) trotzdem zwischen Host und Gast abgeglichen wird. Dies kann nur über eine Anpassung der Konfiguration der VM in der *.vmx*-Datei verhindert werden. Schalten Sie dazu die VM aus, und ändern bzw. ergänzen Sie die folgenden Einträge in der *.vmx*-Datei:

```
tools.syncTime = "FALSE"
time.synchronize.continue = "FALSE"
time.synchronize.restore = "FALSE"
time.synchronize.resume.disk = "FALSE"
```

```
time.synchronize.shrink = "FALSE"
time.synchronize.tools.startup = "FALSE"
```

Starten Sie die VM anschließend wieder.

17.3.7 Energieverwaltung

In der Energieverwaltung können Sie Einstellungen zum Standby-Modus, wie etwa *Wake on LAN*, festlegen.

Standby-Aktion

Über die Standby-Konfiguration kann gewählt werden, ob die VM bei der Aktion STANDBY angehalten wird oder ob die virtuelle Maschine eingeschaltet bleibt und das Gastbetriebssystem in den Standby-Modus versetzt wird.

Wake on LAN

Über die Option WAKE ON LAN kann bestimmt werden, ob und welche Netzwerkadapter für die Wake-on-LAN-Funktion genutzt werden können, um die Maschine über das Netzwerk aufzuwecken.

17.3.8 Startoptionen

Bei den Startoptionen müssen Sie die folgenden Punkte gegebenenfalls konfigurieren.

Firmware

Im Bereich der Firmware können Sie festlegen, ob für die virtuelle Maschine ein BIOS oder ein EFI genutzt werden soll. Eine nachträgliche Änderung kann dazu führen, dass das Gastbetriebssystem der VM nicht mehr gestartet werden kann.

Secure Boot

Mit dieser Option können Sie *UEFI Secure Boot* als Standard für die virtuelle Maschine aktivieren.

> **Hinweis**
>
> Beachten Sie bitte, dass *UEFI Secure Boot* nur dann eingesetzt werden kann, wenn das Gastbetriebssystem dies auch unterstützt.
> Eine Verwendung von Secure Boot ist ab der virtuellen Hardware Version 13 möglich.

Startverzögerung

Die Startverzögerung wird in Millisekunden angegeben. Mit ihr legen Sie die Zeit für eine Pause zwischen dem Einschalten der virtuellen Maschine und dem tatsächlichen Hochfahren fest. In dieser Pause können Sie beispielsweise virtuelle CD-ROM-Laufwerke über die Remotekonsole mit einem ISO-Image bestücken, das dann zum Booten der VM genutzt wird.

BIOS/EFI-Setup erzwingen

Beim nächsten Start der virtuellen Maschine wird automatisch das BIOS bzw. EFI der VM aufgerufen.

Wiederherstellung bei fehlgeschlagenen Startvorgängen

Sollte beim Starten der virtuellen Maschine kein Medium gefunden werden, von dem gebootet werden kann, so wird die Maschine nach einer festzulegenden Zeit neu gestartet. Achten Sie darauf, dass dieser Wert – anders als die Startverzögerung – nicht in Millisekunden, sondern in Sekunden angegeben wird.

17.3.9 Erweiterte Konfiguration

Bei der erweiterten Konfiguration stehen Ihnen die Optionen zur Verfügung, die im Folgenden aufgeführt sind.

Beschleunigung deaktivieren

Mit der Funktion kann zeitweise die Performance der virtuellen Maschine verlangsamt werden. Dies kann Ihnen dabei helfen, Probleme zu beheben, die beim Installieren oder zur Laufzeit einer Applikation auftreten und die Maschine zum Stillstand bringen. Diese Funktion sollte nur aktiviert werden, um das entsprechende Problem zu umgehen, und anschließend schnellstmöglich wieder deaktiviert werden.

Protokollierung aktivieren

Über diese Option kann die Protokollierung der virtuellen Maschine in die *VMware.log*-Datei ein- bzw. ausgeschaltet werden. Mehr Informationen zum Thema *VMware.log* finden Sie in Abschnitt 17.1.2, »Virtuelle Maschinendateien«.

Debuggen und Statistiken

Das Erfassen von erweiterten Debugging- bzw. Statistik-Informationen kann dem technischen Support von VMware im Falle eines Fehlers in Ihrer virtuellen Umgebung helfen, das Problem besser zu analysieren. Diese Einstellungen sollten Sie nur aktivieren, wenn sie wirklich benötigt werden, da sie sonst nur unnötig Speicherplatz verbrauchen. Nachdem Sie den Fehler behoben haben, sollten Sie wieder zum Modus NORMAL AUSFÜHREN wechseln.

Speicherort der Auslagerungsdatei

Es gibt insgesamt drei Möglichkeiten, den Speicherort der Auslagerungsdatei der VM zu bestimmen:

- **Standard:** In der STANDARD-Einstellung wird der Speicherort übernommen, der im Cluster oder auf dem Host der virtuellen Maschine festgelegt wurde.
- **Verzeichnis der virtuellen Maschine:** Die Auslagerungsdatei wird im selben Verzeichnis wie die virtuelle Maschine gespeichert.
- **Vom Host angegebener Datenspeicher:** Es wird der auf dem Host vorhandene Datenspeicher als Speicherort für die Swap-Dateien verwendet. Sollte es nicht möglich sein, die Auslagerungsdatei an dem angegebenen Ort zu speichern, so wird sie im Verzeichnis der virtuellen Maschine gespeichert.

Egal welche Variante Sie nutzen, die Größe der Swap-Datei sollten Sie in einem Sizing immer berücksichtigen. Des Weiteren kann das Ablegen von Auslagerungsdateien, die nicht für alle beteiligten Hosts während eines vMotion-Vorgangs sichtbar sind, die Leistung von vMotion negativ beeinflussen.

Konfigurationsparameter

Es ist möglich, weitere Konfigurationsparameter hinzuzufügen bzw. bestehende Parameter zu ändern. Diese Änderungen sollten nur aufgrund von Anweisungen des technischen Supports von VMware bzw. aufgrund von technischen Dokumentationen angepasst werden.

Latenzempfindlichkeit

Seit der vSphere-Version 5.5 bietet VMware die Möglichkeit, virtuelle Maschinen mit einer Latenzempfindlichkeit zu versehen. Eine Anpassung der Latenzempfindlichkeit empfiehlt sich für virtuelle Maschinen mit latenzsensitiven Anwendungen. Solche Anwendungen können zum Beispiel Berechnungen in Echtzeit oder VOIP sein.

In vSphere 6.7 gibt es derzeit zwei verschiedene Stufen, über die die Empfindlichkeit reguliert werden kann:

- Normal
- Hoch

Häufig empfiehlt es sich, die gewählte Einstellung durch weitere Anpassungen (wie das Reservieren von Ressourcen) sowie durch das Anpassen einzelner Komponenten (wie Netzwerk und Storage) zu ergänzen.

17.3.10 Fibre-Channel-NPIV

Die *N-Port-ID-Virtualisierung* (NPIV) bietet die Möglichkeit, physische Fibre-Channel-HBA-Ports des Hosts über mehrere virtuelle Ports zu teilen. Über diese virtuellen Ports kann dann der Zugriff auf LUNs konfiguriert werden. Voraussetzung für den Einsatz von NPIV ist, das Sie Hosts und Switches verwenden, die NPIV unterstützen. Auf die freigegebene LUN sollte sowohl der Host als auch die VM zugreifen können. Jeder virtuelle Port bekommt vom Host oder vCenter mindestens einen einzigartigen *WWN* (*World Wide Name*) mit dem dazugehörigen *WWPN* (*World Wide Port Name*) und *WWNN* (*World Wide Node Name*).

17.4 Virtuelle Maschinen erstellen

Es gibt diverse Wege, um virtuelle Maschinen zu erstellen. Die gängigsten Verfahren sind das Erstellen einer neuen, »leeren« virtuellen Maschine mithilfe des vSphere Client, das Erstellen einer virtuellen Maschine ausgehend von einem Template über den vSphere Client oder das Importieren einer VM aus einer bestehenden OVF- oder OVA-Grundlage. Über diese Methoden hinaus gibt es aber noch diverse andere Möglichkeiten:

- **Klonen einer bestehenden virtuellen Maschine:** Hierbei wird eine bestehende Maschine dupliziert. Dabei müssen Sie anschließend verschiedene Änderungen vornehmen, damit sich die Komponenten nicht in die Quere kommen. So müssen Sie unter anderem die Adressen ändern, die zur Kommunikation dienen, und IDs ändern, die zur eindeutigen Identifikation erforderlich sind.

- **P2V-Migration:** Das ist die Migration einer physischen Maschine (oder einer Maschine, die in einer anderen virtuellen Infrastruktur vorhanden ist) zu einer virtuellen Maschine – etwa mit dem *VMware Converter*.

- **Kopieren und Registrieren einer virtuellen Maschine:** Vorausgesetzt, die virtuelle Maschine hat ein unterstütztes Format, dann kann sie auf Datastore-Ebene kopiert und anschließend in vSphere registriert werden. Bei einer solchen Kopie müssen Sie genau wie beim Klonen beachten, dass sich die Ursprungs- und die Ziel-VM nicht gegenseitig im Betrieb stören.

- **PowerCLI:** Die *VMware PowerCLI* kann für diverse Deploy-Methoden genutzt werden.

17.4.1 Erstellen einer neuen virtuellen Maschine

Um in einer vSphere-Infrastruktur eine neue virtuelle Maschine zu erstellen, die anschließend zum Beispiel über einen Datenträger (*.iso*) oder über das Netzwerk mit einem Betriebssystem bestückt werden kann, nutzen Sie am besten den entsprechenden Wizard.

Öffnen Sie dazu im *vSphere Client* die Ansicht VMs und Vorlagen, und wählen Sie ein Datencenter aus, in dem Sie die virtuelle Maschine erstellen möchten. Starten Sie den Wizard über AKTIONEN • NEUE VIRTUELLE MASCHINE... Wählen Sie dann den Punkt NEUE VIRTUELLE MASCHINE ERSTELLEN (siehe Abbildung 17.1).

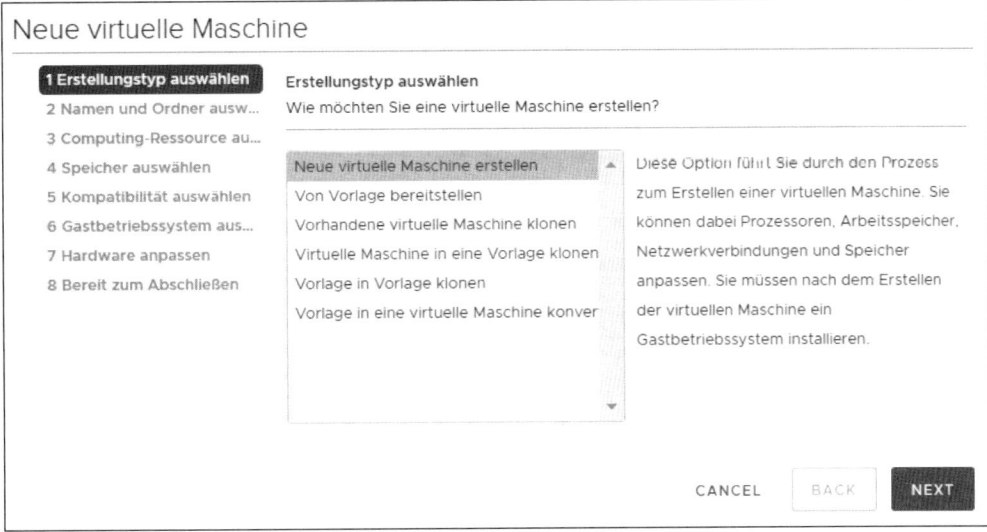

Abbildung 17.1 Der »Neue virtuelle Maschine«-Wizard

Legen Sie in Schritt 2 nun einen Namen für die Maschine fest, und wählen Sie ein Datencenter bzw. einen Ordner aus, in dem die virtuelle Maschine organisatorisch abgelegt werden soll.

In Schritt 3 wählen Sie eine Computing-Ressource für die virtuelle Maschine aus. Die Ressource kann entweder ein DRS-Cluster, ein ESXi-Host, eine vAPP oder ein Ressourcen-Pool sein.

Konfigurieren Sie in Schritt 4 einen Datenspeicher, auf dem die Dateien der virtuellen Maschine abgelegt werden sollen. Sie können die Auswahl an dieser Stelle vereinfachen, indem Sie Speicherrichtlinien nutzen.

Mit der Auswahl der Kompatibilität in Schritt 5 legen Sie die Version der virtuellen Hardware für Ihre virtuelle Maschine fest. Wählen Sie hier im Dropdown-Menü KOMPATIBEL MIT die Option ESXI 6.7 UND HÖHER. Durch diese Auswahl wird die virtuelle Maschine mit der aktuellen virtuellen Hardware Version 14 erstellt.

Mit dem Festlegen des Gastbetriebssystems in Schritt 6 wird automatisch eine Vorauswahl an Hardware für die VM getroffen und wird auch die spätere Auswahl an verfügbarer Hardware auf das Gastbetriebssystem zugeschnitten. Wählen Sie hier das Gastbetriebssystem, das Sie später in der virtuellen Maschine installieren wollen.

In Schritt 7 können Sie nun die virtuelle Hardware an die geplante Nutzung anpassen. Fügen Sie die virtuelle Hardware hinzu bzw. verändern Sie die Mengen oder Einstellungen der bereits vorhandenen virtuellen Komponenten (siehe Abbildung 17.2). Entfernen Sie aber auch virtuelle Hardware, die Sie nicht zu nutzen gedenken.

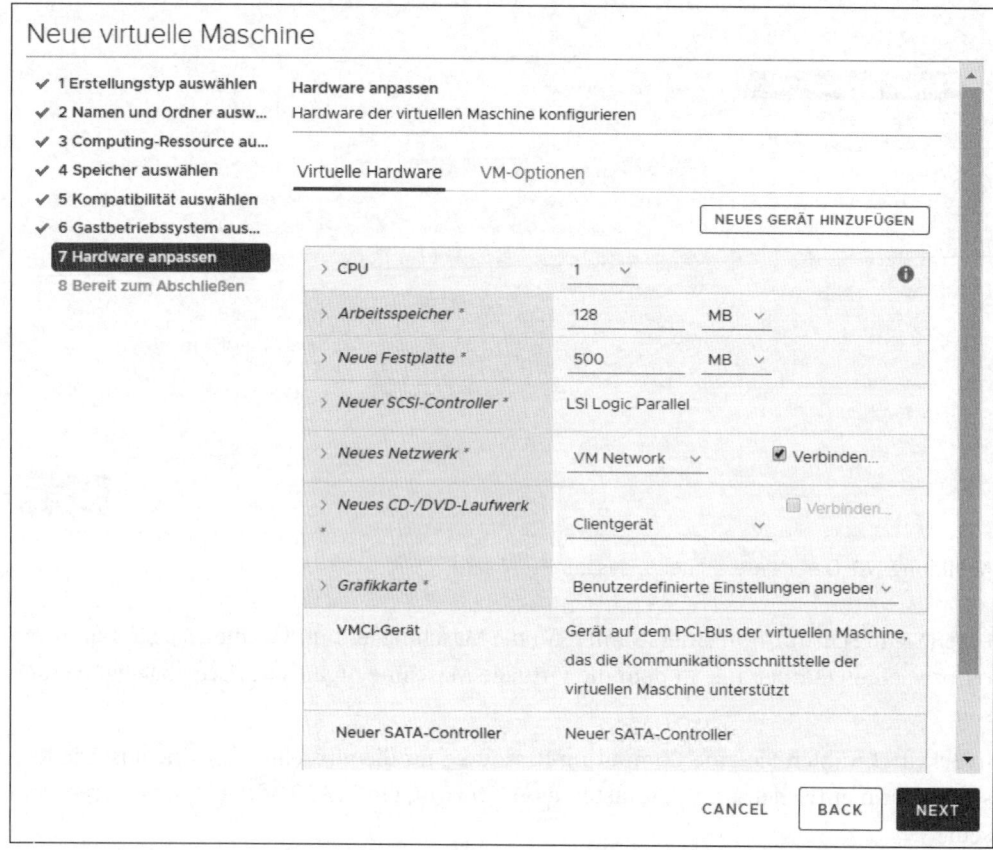

Abbildung 17.2 Der »Neue virtuelle Maschine«-Wizard – Hardware anpassen

Hinweis

Manche Einstellungen einer virtuellen Hardware können nur geändert werden, wenn sie hinzugefügt werden. Das gilt beispielsweise für den Adapter-Typ der virtuellen Netzwerkkarte. Wird hier eine Karte als E1000 hinzugefügt, so kann sie später nicht in eine VMXNET3-NIC geändert werden. In diesem Fall müssen Sie die E1000-Karte entfernen, eine neue Karte mit dem Typ VMXNET3 hinzufügen und anschließend die Konfiguration im Gastbetriebssystem anpassen.

Schließen Sie die Erstellung der virtuellen Maschine nach Prüfen der Übersicht ab. Die virtuelle Maschine wird nun erstellt.

17.4.2 Installieren des Gastbetriebssystems

Zur Installation des Gastbetriebssystems kann entweder ein Medium wie eine ISO-Datei oder eine Installation über das Netzwerk per PXE genutzt werden.

Um der VM mitzuteilen, von welchem Medium aus gebootet werden soll, nutzen Sie das Boot-Menü. Dieses können Sie nach dem Start der virtuellen Maschine über eine Konsole mit der Taste [Esc] aufrufen. Typischerweise ist der Start allerdings so schnell, dass dieser Aufruf nur funktioniert, wenn Sie eine STARTVERZÖGERUNG in den STARTOPTIONEN der VM konfigurieren. Ein Wert von 5000 Millisekunden verschafft Ihnen in der Regel einen ausreichend großen Zeitpuffer:

1. Stellen Sie sicher, dass die virtuelle Maschine über ein CD-ROM-Laufwerk bzw. eine Netzwerkverbindung verfügt.
2. Setzen Sie die Startverzögerung auf einen ausreichend großen Wert.
3. Öffnen Sie eine Konsole zur virtuellen Maschine. Wollen Sie eine CD oder ISO-Datei von Ihrem lokalen Rechner zur Installation nutzen, so sollten Sie hier auf die VMRC als Konsole zurückgreifen. Beachten Sie bei der Installation von einem Arbeitsplatz aus, dass sich die Installation je nach Verbindung zum Datacenter erheblich in die Länge ziehen kann.
4. Starten Sie nun die virtuelle Maschine, und setzen Sie den Fokus in die VM.
5. Betätigen Sie die [Esc]-Taste während des Startvorgangs.
6. Das Boot-Menü öffnet sich (siehe Abbildung 17.3).

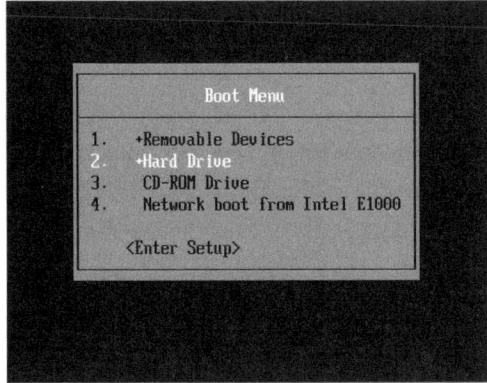

Abbildung 17.3 Das Boot-Menü für die virtuelle Maschine

7. Soll zur Installation eine CD bzw. eine ISO-Datei genutzt werden, verbinden Sie diese Datei nun über die Konfiguration der virtuellen Maschine bzw. über die Konsole.
8. Wählen Sie nun das Boot-Medium aus, das genutzt werden soll.
9. Die Installation startet wie gewohnt.

Denken Sie nach abgeschlossener Installation daran, die Startverzögerung sowie sämtliche nicht länger benötigten Medien zu entfernen.

17.5 Aktualisieren der virtuellen Hardware

Wie wir in Abschnitt 17.1, »Grundlagen«, beschrieben haben, verfügt jede virtuelle Maschine über eine virtuelle Hardware. VMware empfiehlt, die Version der virtuellen Hardware immer auf den aktuellen Stand zu heben. Nur wenn die aktuelle Version verwendet wird, können auch sämtliche neuen Features zum Einsatz kommen.

Bitte beachten Sie, dass ein Upgrade der virtuellen Hardware es unmöglich macht, die virtuelle Maschine auf ESXi-Hosts starten zu lassen oder zu migrieren, die über eine ältere ESXi-Version verfügen. So kann zum Beispiel eine virtuelle Maschine mit der Hardware Version 14 nicht auf einem ESXi 5.5 laufen.

Um die virtuelle Hardware zu aktualisieren, gibt es zwei Möglichkeiten. Sie können zum einen die Hardware von Hand aktualisieren. Das funktioniert allerdings nur, wenn die VM ausgeschaltet ist. Die zweite Möglichkeit ist, die Aktualisierung der virtuellen Hardware zu planen. Das bedeutet, die Hardware wird beim nächsten Neustart der virtuellen Maschine automatisch auf den aktuellen Stand gebracht.

Beide Varianten sowie auch eine Möglichkeit, um ein geplantes Upgrade abzubrechen finden Sie über das Kontextmenü der virtuellen Maschine unter dem Punkt KOMPATIBILITÄT.

Ein **manueller Upgrade-Vorgang** sollte laut VMware in den folgenden Schritten ablaufen:

1. Aktualisieren Sie die *VMware Tools* (und starten Sie wenn notwendig die VM neu).
2. Fahren Sie die virtuelle Maschine herunter.
3. Upgraden Sie die virtuelle Hardware.
4. Starten Sie die virtuelle Maschine.
5. Sollte das Betriebssystem einen Neustart nach der Installation neuer Komponenten erfordern, so folgen Sie bitte der Anweisung und starten das System neu. (Bei Linux reicht häufig ein Neustart der betroffenen Services.)

Ein **automatischer Upgrade-Vorgang** sollte wie folgt ablaufen:

1. Aktualisieren Sie die *VMware Tools* (und starten Sie wenn notwendig die VM neu).
2. Wählen Sie aus dem Kontextmenü der virtuellen Maschine KOMPATIBILITÄT • UPGRADE DER VM-KOMPATIBILITÄT PLANEN, und bestätigen Sie den Dialog mit JA.
3. Starten Sie die VM neu.
4. Die virtuelle Maschine wird nun automatisch heruntergefahren. Die Hardware wird auf den aktuellsten Stand gehoben, und die virtuelle Maschine wird wieder gestartet.

17.6 Ressourcen-Management

Die Ressourcen der virtuellen Maschine werden über das Ressourcen-Management des Hypervisors gesteuert. In der Standardkonfiguration werden sämtliche virtuellen Maschinen gleich behandelt. In Ausnahmefällen kann es Sinn machen, dieses Ressourcen-Management durch verschiedene Einstellungen zu bearbeiten und somit zum Beispiel virtuelle Maschinen bevorzugt oder mit geringerer Priorität zu behandeln oder Ressourcen fix für sie zu reservieren. Die Einstellungen können pro virtueller Maschine bzw. pro Komponente der virtuellen Maschine gesetzt werden. Sie können das Ressourcen-Management in folgenden Punkten anpassen: CPU, Arbeitsspeicher, Festplatten und Netzwerk.

17.6.1 CPU

Reservierung

Die Leistung der konfigurierten vCPUs kann in physischer Form teilweise oder vollständig reserviert werden. Die Reservierung wird nicht in Form von Sockeln oder Kernen angegeben, sondern in MHz oder GHz und ist immer absolut. Sie muss also, falls es zu einer Änderung der Ressourcen im Host oder Gast kommt, bei Bedarf angepasst werden.

Die Reservierung der Ressource sorgt dafür, dass diese Leistung immer ad hoc für die VM abrufbar ist und dass sie nicht mit anderen virtuellen Maschinen oder Prozessen des Hypervisors um diesen Teil der Ressourcen konkurrieren muss. Dies bedeutet aber nicht, dass der reservierte Bereich nie von anderen virtuellen Maschinen genutzt werden kann. Es handelt sich hierbei vielmehr um folgende Zusicherung: Wenn die virtuelle Maschine mit der Reservierung die Leistung abfragt, wird sie ihr auch wirklich zur Verfügung gestellt.

Verfügt eine virtuelle Maschine über eine Reservierung von 1000 MHz, nutzt aber nur 500 MHz, so können die verbleibenden 500 MHz so lange von anderen virtuellen Maschinen genutzt werden, bis sie von der VM mit der Reservierung benötigt werden.

Reservierungen können für verschiedene Szenarien sinnvoll sein. Es kann etwa ein kleiner Teil der CPU reserviert werden, um der Maschine eine gewisse Grundleistung zur Verfügung zu stellen, damit sie auch bei hoher CPU-Last des Hypervisors noch schnell und ausreichend Rechenzeit bekommt. Ein weiteres Szenario kann eine hohe oder sogar vollständige Reservierung der Rechenleistung der VM sein. Eine solch hohe Reservierung ermöglicht es, dass die Rechenleistung immer schnellstmöglich verfügbar ist, und minimiert das Aufkommen von Wartezeiten für das Gastsystem. Eine solch hohe Reservierung kann auch eine sinnvolle Ergänzung zum Erhöhen der Latenzsensitivität einer virtuellen Maschine sein.

Um eine Reservierung der CPU festzulegen, öffnen Sie die Einstellungen der virtuellen Maschine und klappen den Dialog zur Konfiguration der virtuellen CPU auf. Tragen Sie im Punkt RESERVIERUNG die zu reservierende Menge ein. Um eine bestehende Reservierung aufzuheben, tragen Sie »0« ein. Die Reservierung tritt unmittelbar und ohne Neustart in Kraft.

Beachten Sie, dass durch das Reservieren von Ressourcen immer die Flexibilität leidet und dass Sie solche Reservierungen im Sizing berücksichtigen sollten. Vor dem Starten einer virtuellen Maschine bzw. beim Übertragen einer virtuellen Maschine via vMotion auf einen anderen Host wird über die Admission-Control-Funktion geprüft, ob die reservierten Ressourcen auf einem Hypervisor zur Verfügung stehen. Sollten die reservierten Ressourcen nicht zur Verfügung stehen, so kann die Maschine nicht gestartet werden. Ein vMotion schlägt in diesem Fall fehl, und die VM bleibt auf dem ursprünglichen Host.

Limit

Das Limit stellt eine Beschränkung der Ressource dar. Es wird wie bei der Reservierung nicht auf Basis von CPUs oder Kernen gesetzt, sondern auf Basis der Taktfrequenz und ist ebenfalls absolut. Diese Limitierung birgt allerdings auch einige Tücken, die beachtet werden sollten. Wie wir schon in Abschnitt 17.1.1, »Virtuelle Hardware«, beschrieben haben, sieht die virtuelle Maschine die Eigenschaften der CPU. Dazu gehört auch der maximale Takt, den die CPU pro Kern zur Verfügung stellen kann. Dieser kann über das Limit zwar reduziert werden, diese Reduzierung wird allerdings nicht an das Gastbetriebssystem kommuniziert. Überschreitet die virtuelle Maschine anschließend das gesetzte Limit, kommt es unvermeidlich zu Wartezeiten (CPU-Ready).

Am besten wird das anhand eines Beispiels deutlich: Gehen wir davon aus, dass der Hypervisor über eine CPU mit 4 Kernen verfügt, die jeweils einen maximalen Takt von 3 GHz zur Verfügung stellen können, und dass eine virtuelle Maschine mit einer vCPU konfiguriert ist. Diese Maschine sieht die maximale Taktfrequenz von 3 GHz. Sollte dieser der virtuellen Maschine zur Verfügung gestellte Takt über ein Limit auf egal welchen Wert unterhalb von 3 GHz reduziert werden, so sieht das Gastbetriebssystem weiterhin, dass eine maximale Taktfrequenz von 3 GHz zur Verfügung steht.

Gehen wir an dieser Stelle von einem Limit von 1,5 GHz aus. Solange die virtuelle Maschine maximal eine Leistung von 1,5 GHz abruft, gibt es kein Problem. Ab dem Überschreiten der 1,5 GHz wird das System automatisch vom Hypervisor ausgebremst. Das bedeutet, dass die VM ab dem Überschreiten der 1,5 GHz mit weiteren Anfragen an die CPU warten muss.

Diese Wartezeit wird *CPU-Ready* genannt und beschreibt, wie lange die virtuelle Maschine auf die Verarbeitung von einem einzelnen Takt auf der physischen CPU warten muss, bevor er tatsächlich ausgeführt wird. Hohe CPU-Ready-Zeiten können zu einer deutlichen Verschlechterung bis hin zum Stillstand bzw. zu Fehlersituationen im Betriebssystem führen, da Aktionen nicht mehr zeitnah genug ausgeführt werden können.

Limits sollten also nur in absoluten Ausnahmesituationen eingesetzt werden. Solche Situationen können etwa Tests oder Systeme sein, die aufgrund eines Fehlers permanent hohe CPU-Leistungen verursachen, ohne die Leistung wirklich zu benötigen.

Shares

Shares bestimmen Anteile, die eine virtuelle Maschine beim Ressourcen-Management des Hypervisors zugeordnet bekommt. Diese Anteile sind im Gegensatz zu Reservierungen und Limits relativ und skalieren somit, wenn sich die Anzahl an CPUs/Cores ändert. Je mehr

Shares eine virtuelle Maschine besitzt, desto höher ist die Priorität beim Ressourcen-Management. VMware hat, um Sie bei der Vergabe von Shares zu unterstützen, drei Kategorien mit einer entsprechenden Anzahl an Shares pro konfigurierter CPU/Core vordefiniert (siehe Tabelle 17.3).

Kategorie	Shares pro CPU/Core
Low	500
Normal	1.000
High	2.000

Tabelle 17.3 CPU-Shares

Eine virtuelle Maschine mit 4 vCPUs in der Kategorie Normal hat also 4 × 1.000 Shares = 4.000 Shares. Die Verwendung von Shares ist zwingend notwendig und kann nicht abgeschaltet werden. In der Standardkonfiguration sind Shares immer auf den Wert Normal gesetzt.

Um die CPU-Shares einer virtuellen Maschine anzupassen, öffnen Sie die Konfiguration der virtuellen Maschine und passen den Wert Shares in der erweiterten Konfiguration der CPU an. Beachten Sie, dass das Manipulieren der Shares einer virtuellen Maschine zwingend Auswirkungen auf das Ressourcen-Management anderer virtueller Maschinen hat, da geänderte Ressourcen die Prioritäten der virtuellen Maschinen auf einem Hypervisor untereinander verschieben.

17.6.2 Arbeitsspeicher

Auch beim Arbeitsspeicher müssen Sie sich um die *Reservierung* sowie um *Limits* und *Shares* kümmern.

Reservierung

Reservierungen des Arbeitsspeichers verhalten sich ähnlich wie Reservierungen der CPU. Um einer virtuellen Maschine einen Bereich an Arbeitsspeicher im physischen Speicher zu garantieren, kann der Arbeitsspeicher teilweise oder auch ganz reserviert werden. Solange der reservierte Bereich nicht in Anspruch genommen wird, kann er von anderen Systemen genutzt werden.

Eine Anpassung von Reservierungen des Arbeitsspeichers sollte im Sizing einer virtuellen Infrastruktur berücksichtigt werden, da er verschiedene Faktoren beeinflusst. Die Flexibilität der gesamten Infrastruktur wird durch die Vergabe von Reservierungen gesenkt. Eine virtuelle Maschine mit Reservierungen kann nur gestartet oder auf einen anderen Server über vMotion übertragen werden, wenn die reservierten Ressourcen zu Verfügung stehen. Reservierter Arbeitsspeicher wird immer im physischen Speicher des ESXi-Hosts verwaltet und wird niemals in eine Swap-Datei ausgelagert. Diese Eigenschaft der Reservierung ist dafür verantwortlich, dass die Swap-Datei einer virtuellen Maschine um den Bereich reservierten Arbeitsspeichers verkleinert wird.

Um eine Reservierung für den Arbeitsspeicher einer VM zu definieren, öffnen Sie in der Konfiguration der VM die erweiterten Einstellungen zum Arbeitsspeicher. Es gibt nun die Möglichkeit, einen festen, absoluten Bereich einzutragen. Sollten Sie den gesamten Bereich des Arbeitsspeichers reservieren wollen, dann nutzen Sie dazu die Checkbox GESAMTEN GASTARBEITSSPEICHER RESERVIEREN (ALLE GESPERRT). Durch diese Option wird die Reservierung beim Ändern der Größe des Arbeitsspeichers automatisch an die jeweils aktuelle Größe angepasst.

Limit

Eine Limitierung des Arbeitsspeichers ähnelt ebenfalls einem Limit auf der CPU. Auch wenn der Hypervisor mehr Ressourcen zur Verfügung stellen könnte, wird er der virtuellen Maschine nie mehr Arbeitsspeicher zur Verfügung stellen, als im Limit festgelegt ist. Wenn keine Limitierung festgesetzt wird, ist das Limit identisch mit der Größe des konfigurierten Arbeitsspeichers. Limitierungen können zum Beispiel genutzt werden, um zu testen, wie sich die virtuelle Maschine bei einer höheren Auslastung des Hosts verhalten würde. Greift eine virtuelle Maschine mit einer Limitierung auf mehr Arbeitsspeicher zu, als das Limit erlaubt, so wird automatisch die Swap-Datei der VM genutzt, um den darüber hinausgehenden Arbeitsspeicherbedarf der VM zu decken. Um ein Limit für den Arbeitsspeicher festzulegen, tragen Sie das Limit in der Konfiguration der virtuellen Maschine unter den erweiterten Einstellungen des Arbeitsspeichers beim Punkt GRENZWERT ein.

Shares

Die Shares des Arbeitsspeichers definieren die Priorität, mit der Arbeitsspeicheranfragen der virtuellen Maschine vom Host verarbeitet werden. Für die Shares des Arbeitsspeichers gibt es drei vordefinierte Optionen (siehe Tabelle 17.4).

Kategorie	Shares pro MB Arbeitsspeicher
Low	5
Normal	10
High	20

Tabelle 17.4 Arbeitsspeicher-Shares

Darüber hinaus kann auch die Option BENUTZERDEFINIERT gewählt werden, um einen frei wählbaren Wert zu setzen.

Achten Sie bei der Vergabe der Shares einer virtuellen Maschine darauf, dass Sie damit nicht nur die einzelne virtuelle Maschine manipulieren, sondern auch sämtliche neben ihr laufende VMs. Die Prioritäten sämtlicher virtueller Maschinen werden relativ über ihre Shares in Abhängigkeit zueinander gemanagt.

17.6.3 Festplatte

Bei der Konfiguration der Festplatte legen Sie *Shares* und die *Grenzwert-IOPs* fest.

Shares

Über die Shares der Festplatte legen Sie die Priorität der Zugriffe auf die Festplatte relativ zu den anderen Festplatten fest. Auch hier gibt es wieder drei vordefinierte Auswahlmöglichkeiten (siehe Tabelle 17.5).

Kategorie	Shares pro Festplatte
Low	500
Normal	1.000
High	2.000

Tabelle 17.5 Festplatten-Shares

Bei den Festplatten-Shares ist es darüber hinaus ebenfalls möglich, einen frei wählbaren Wert über die Option BENUTZERDEFINIERT zu setzen.

Grenzwert-IOPs

Auch bei der Festplatte ist es möglich, ein Limit für Zugriffe (IOPs) festzulegen. In der Standardkonfiguration ist dieser Wert unbegrenzt, er kann aber auf einen frei wählbaren Wert gesetzt werden.

17.6.4 Netzwerk

Das Ressourcen-Management des Netzwerks kann in Form von Limits und Shares gesteuert werden. Dies geschieht nicht über die Netzwerkkarte selbst, sondern über die Funktion *Network I/O Control* (NIOC) und ist nur in Distributed vSwitches verfügbar. Mehr zu diesem Thema finden Sie in Abschnitt 7.6.6, »Network I/O Control«.

17.7 USB-Geräte

Seit der virtuellen Hardware Version 7 können USB-Geräte mit virtuellen Maschinen verbunden werden. Es können entweder USB-Geräte genutzt werden, die direkt an den ESXi-Host angeschlossen sind, oder USB-Geräte, die an ein System angeschlossen sind, das eine Verbindung zur Konsole der virtuellen Maschine herstellt.

Um die Verbindung zu einem USB-Gerät herzustellen, das an einen ESXi-Host angeschlossen ist, muss die virtuelle Maschine beim Verbinden auf diesem Host laufen. Sie kann anschließend via vMotion verschoben werden, und die Verbindung besteht weiterhin. Sollte die VM neu gestartet werden, muss sie wieder auf dem Host gestartet werden, an den das USB-Gerät angeschlossen ist.

Damit Sie ein USB-Gerät mit einer virtuellen Maschine verbinden können, sind insgesamt drei Komponenten notwendig: ein *USB-Arbitrator*, ein *USB-Controller* und das *USB-Gerät* selbst. Diese Komponenten sorgen dafür, dass die USB-Geräte erkannt und weitergereicht werden können. Sie bringen auch einige Einschränkungen mit sich, die bereits bei der Planung der virtuellen Infrastruktur berücksichtigt werden sollten.

17.7.1 USB-Komponenten

In den folgenden Unterabschnitten stellen wir die drei USB-Komponenten genauer vor.

USB-Arbitrator

Der USB-Arbitrator verwaltet die USB-Verbindungen. Er überwacht den Host im Hinblick auf verbundene USB-Geräte und regelt den Zugriff auf die Geräte. Auf jedes USB-Gerät kann immer nur jeweils eine virtuelle Maschine zugreifen. Weitere Anfragen werden vom USB-Arbitrator gesperrt. Der USB-Arbitrator kann maximal 15 USB-Controller auf einem Host verwalten. USB-Geräte, die mit USB-Controllern verbunden sind, die über die Nummer 15 hinausgehen, können nicht an virtuelle Maschinen weitergereicht werden.

USB-Controller

Der USB-Controller stellt dem Betriebssystem die Möglichkeit zur Verfügung, USB-Geräte zu verbinden. Es gibt zwei virtuelle USB-Controller:

- **EHCI+UHCI:** unterstützt USB 2.0 und USB 1.1. Diese Controller unterstützt sowohl ein Verbinden von USB-Geräten vom ESXi-Host aus als auch ein Verbinden von USB-Geräten, die über den VMware Client angebunden werden. Dieser Controller wird von den meisten Betriebssystemen unterstützt.

- **xHCI:** xHCI bietet Unterstützung für USB 3.0, 2.0 und 1.1. Es wird sowohl ein Verbinden von USB-Geräten vom ESXi-Host aus als auch ein Verbinden über den VMware Client unterstützt. Seit der vSphere-Version 6.0 ist nun auch ein Verbinden von USB-3.0-Geräten über den ESXi-Host möglich. In den vorherigen Versionen war es nur möglich, USB-2.0- und -1.1-Geräte über den Host einzubinden. Als Gastbetriebssysteme werden für den xHCI-Controller Linux mit einer Kernelversion 2.6.35 oder höher und Windows ab der Version 8 bzw. Server 2012 unterstützt.

Jeder virtuellen Maschine können maximal 8 USB-Controller hinzugefügt werden.

> **Hinweis**
> In virtuellen Maschinen mit Linux-Gastbetriebssystem kann jeder Controllertyp jeweils nur einmal konfiguriert werden. Sie können also entweder einen der beiden oder beide Controller gleichzeitig verwenden. Die Verwendung von USB-3.0-(Superspeed-)Geräten, die mit dem ESXi-Host verbunden sind, wird unter Linux nicht unterstützt.

USB-Geräte

Es können bis zu 20 USB-Geräte mit einer virtuellen Maschine und ebenfalls bis zu 20 USB-Geräte pro ESXi-Host verbunden werden. Ein USB-Gerät kann immer nur exklusiv mit einem System verbunden werden. Eine Liste unterstützter USB-Geräte können Sie unter dem Link *http://kb.VMware.com/kb/1021345* in der VMware Knowledge Base finden.

17.7.2 Ein USB-Gerät hinzufügen und entfernen

Um ein USB-Gerät zu einer virtuellen Maschine hinzuzufügen, gehen Sie wie folgt vor:

USB-Controller hinzufügen

Sollte die virtuelle Maschine, der ein USB-Gerät hinzugefügt werden soll, bereits über einen USB-Controller verfügen, den Sie für das USB-Gerät verwenden möchten, so können Sie diesen Schritt überspringen.

1. Öffnen Sie die Einstellungen der virtuellen Maschine über die Aktion EINSTELLUNGEN BEARBEITEN.
2. Wählen Sie am oberen Rand des Fensters aus dem Dropdown-Menü NEUES GERÄT HINZUFÜGEN die Option USB-CONTROLLER (siehe Abbildung 17.4).
3. In der LISTE VIRTUELLE HARDWARE erscheint nun ein NEUER USB-CONTROLLER. Wählen Sie in seinen erweiterten Einstellungen, ob ein USB-2.0- oder -3.0-Controller hinzugefügt werden soll (siehe Abbildung 17.5).
4. Bestätigen Sie den Dialog EINSTELLUNGEN BEARBEITEN, indem Sie auf OK klicken.

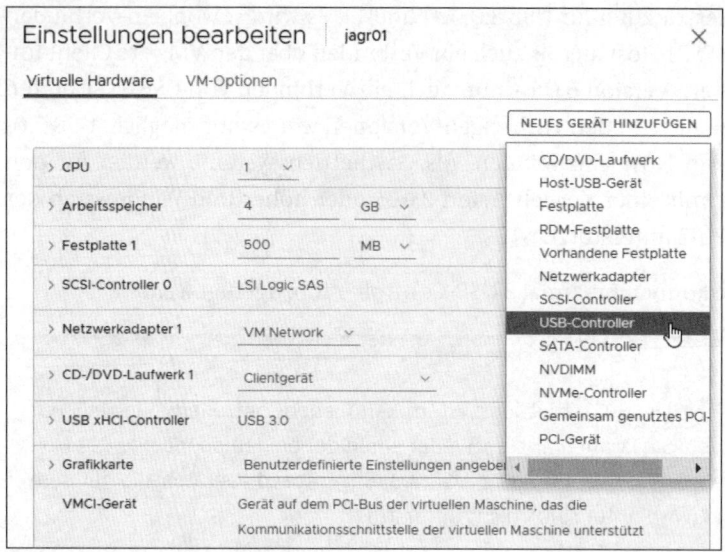

Abbildung 17.4 USB-Controller hinzufügen

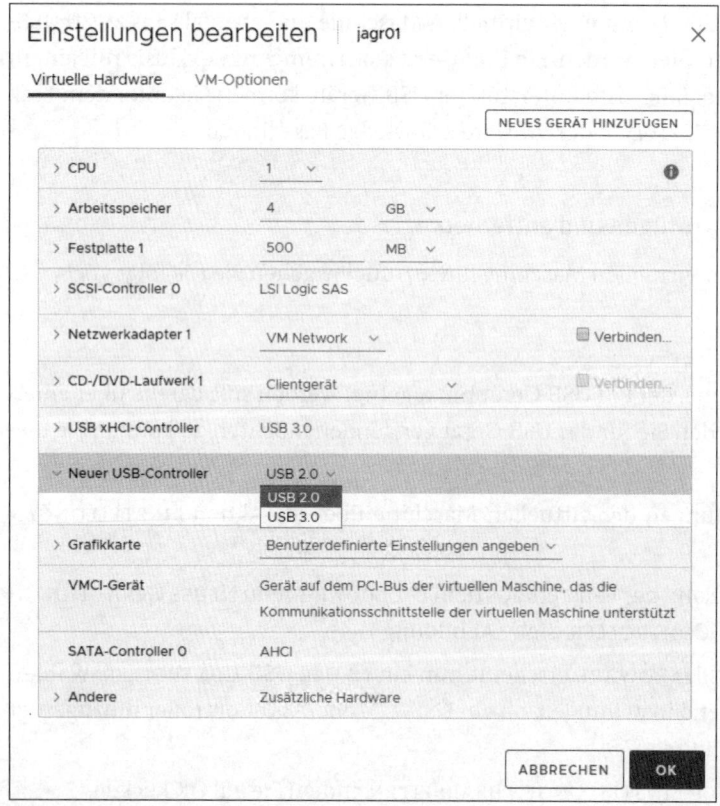

Abbildung 17.5 USB-Controller-Typ konfigurieren

Der USB-Controller ist nun im Gastbetriebssystem verfügbar. Stellen Sie sicher, dass der Treiber ordnungsgemäß installiert wurde und das Gerät bereit zur Verwendung ist. VMware empfiehlt, keine Treiber von Drittanbietern zu verwenden.

Sie können nun USB-Geräte über den ESXi-Host oder über den VMware Client verbinden.

ESXi-Passthrough-USB-Gerät hinzufügen

1. Stellen Sie sicher, dass das USB-Gerät mit dem ESXi-Server verbunden ist, auf dem die virtuelle Maschine ausgeführt wird, und dass die VM über einen zum USB-Gerät passenden USB-Controller verfügt.

   Öffnen Sie die Einstellungen der virtuellen Maschine über die Aktion EINSTELLUNGEN BEARBEITEN..., und wählen Sie über das Dropdown-Menü NEUES GERÄT HINZUFÜGEN die Option HOST-USB-GERÄT aus (siehe Abbildung 17.6).

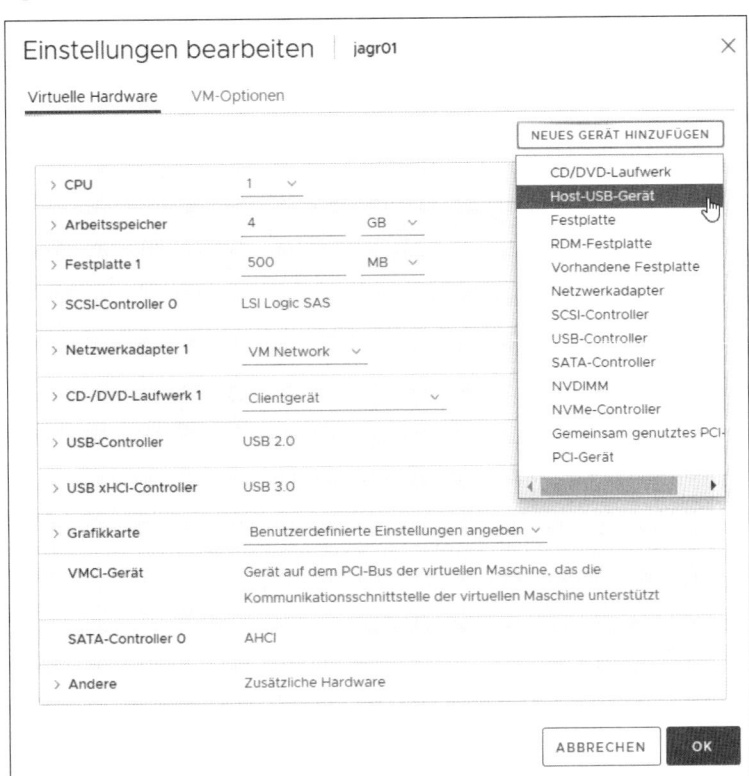

Abbildung 17.6 ESXi-Passthrough-USB-Gerät hinzufügen

2. Klicken Sie auf HINZUFÜGEN (ADD).
3. Wählen Sie im Dropdown-Menü unter VIRTUELLE HARDWARE im Bereich NEUES HOST-USB-GERÄT das USB-Gerät aus, zu dem Sie eine Verbindung herstellen wollen (siehe Abbildung 17.7).

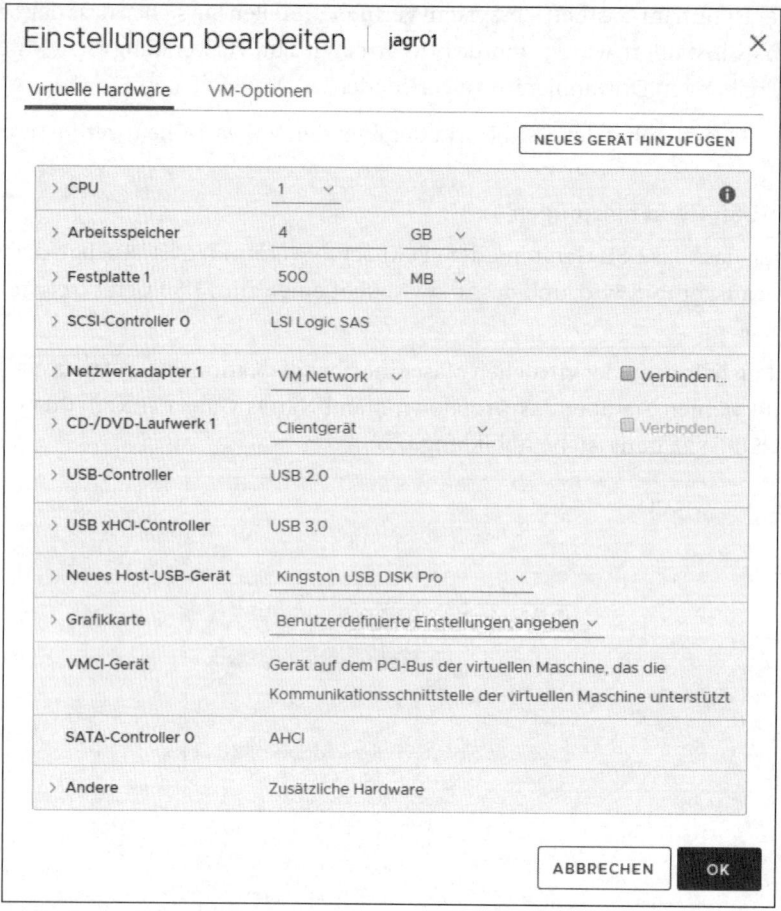

Abbildung 17.7 ESXi-Passthrough-USB-Gerät hinzufügen, Schritt 2

4. Sie können nun in den erweiterten Einstellungen des Geräts festlegen, ob das USB-Gerät vMotion-Unterstützung erhalten soll (siehe Abbildung 17.8).

> **Hinweis**
>
> Sollten Sie vMotion für das USB-Gerät aktiveren, so kann die virtuelle Maschine auf andere Hosts verschoben werden. Der Zugriff auf das USB-Gerät bleibt dabei bestehen. Sollte die Maschine ausgeschaltet bzw. neu gestartet werden, so muss der neue Startvorgang wieder auf dem Host erfolgen, mit dem das USB-Gerät verbunden ist.

5. Beenden Sie den Dialog Einstellungen bearbeiten, indem Sie auf OK klicken.

Das USB-Gerät ist nun im Gastbetriebssystem verfügbar.

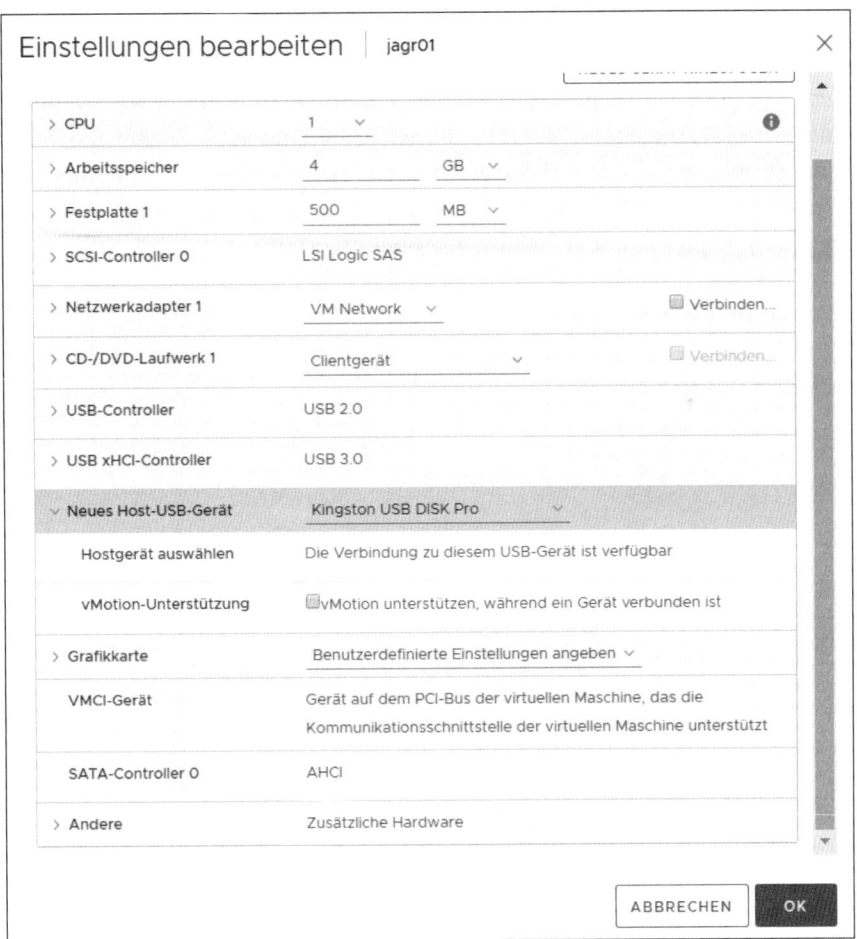

Abbildung 17.8 ESXi-Passthrough-USB-Gerät auswählen

Hinweis

Wenn ein Gerät via ESXi-Passthrough mit einer virtuellen Maschine verbunden ist, so wird diese Verbindung mithilfe des Pfades zum USB-Gerät und nicht auf Basis der Geräte-ID gespeichert. Sie können das USB-Gerät am ESXi-Host entfernen und danach wieder mit demselben Port verbinden. Es wird automatisch wieder mit der virtuellen Maschine verbunden. Dies funktioniert nicht, wenn Sie beim Wiedereinstecken einen anderen USB-Port wählen! Des Weiteren funktioniert der Auto-Reconnect nicht, wenn das USB-Gerät gegen ein Gerät mit einer anderen USB-Spezifikation am selben Port ausgetauscht wird. Ein USB-2.0-Gerät an Port 1 wird also nicht ordnungsgemäß wieder verbunden, wenn es durch ein USB-1.1-Gerät an Port 1 ersetzt wird.

ESXi-Passthrough-USB-Gerät entfernen

Um das über ESXi-Passthrough verbundene USB-Gerät zu trennen, entfernen Sie es zuerst über das Betriebssystem der virtuellen Maschine. Wechseln Sie nun im VMware vSphere Client zum Dialog EINSTELLUNGEN BEARBEITEN der virtuellen Maschine. Suchen Sie in der Liste VIRTUELLE HARDWARE nach dem USB-Gerät, das entfernt werden soll. Sie können die Verbindung nun über einen Klick auf den Kreis mit dem Kreuz trennen. Bestätigen Sie den Dialog anschließend mit einem Klick auf OK (siehe Abbildung 17.9).

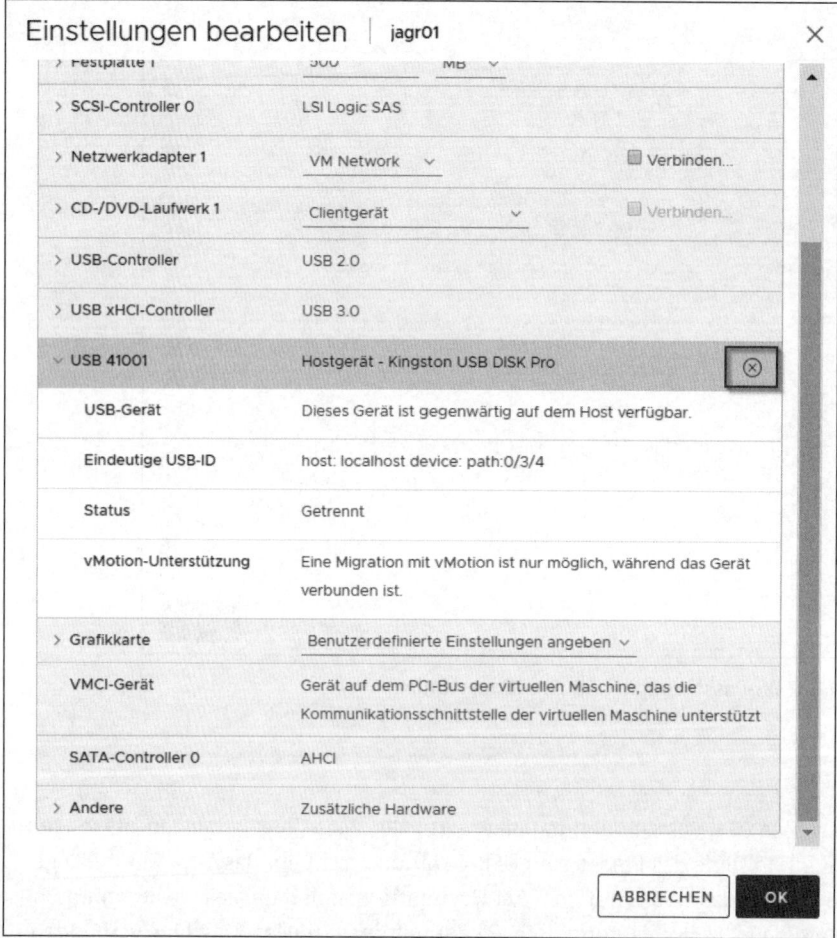

Abbildung 17.9 ESXi-Passthrough-USB-Gerät trennen

VMware-Client-USB-Gerät hinzufügen

Damit Sie ein USB-Gerät über eine Remote-Konsole mit der virtuellen Maschine verbinden können, muss die virtuelle Maschine ebenfalls über einen USB-Controller verfügen.

Sie können aber nicht jede Konsole nutzen, um eine Verbindung mit einem USB-Gerät herzustellen, sondern müssen die VMRC (*VMware Remote Console*) verwenden. Die VMRC können Sie einfach bei VMware herunterladen. Sie ist eine vollwertige Applikation und funktioniert als Erweiterung zum vSphere Client. Den passenden Link für den Download der VMRC finden Sie im *VMware vSphere Client* in der Übersicht der virtuellen Maschinen unter REMOTEKONSOLE HERUNTERLADEN (http://www.vmware.com/go/download-vmrc).

Um die VMRC zu nutzen, öffnen Sie die Konsole über die Aktionen oder das Kontextmenü der virtuellen Maschine. Oder nutzen Sie stattdessen den Link REMOTE CONSOLE STARTEN in der Übersicht der VM (siehe Abbildung 17.10).

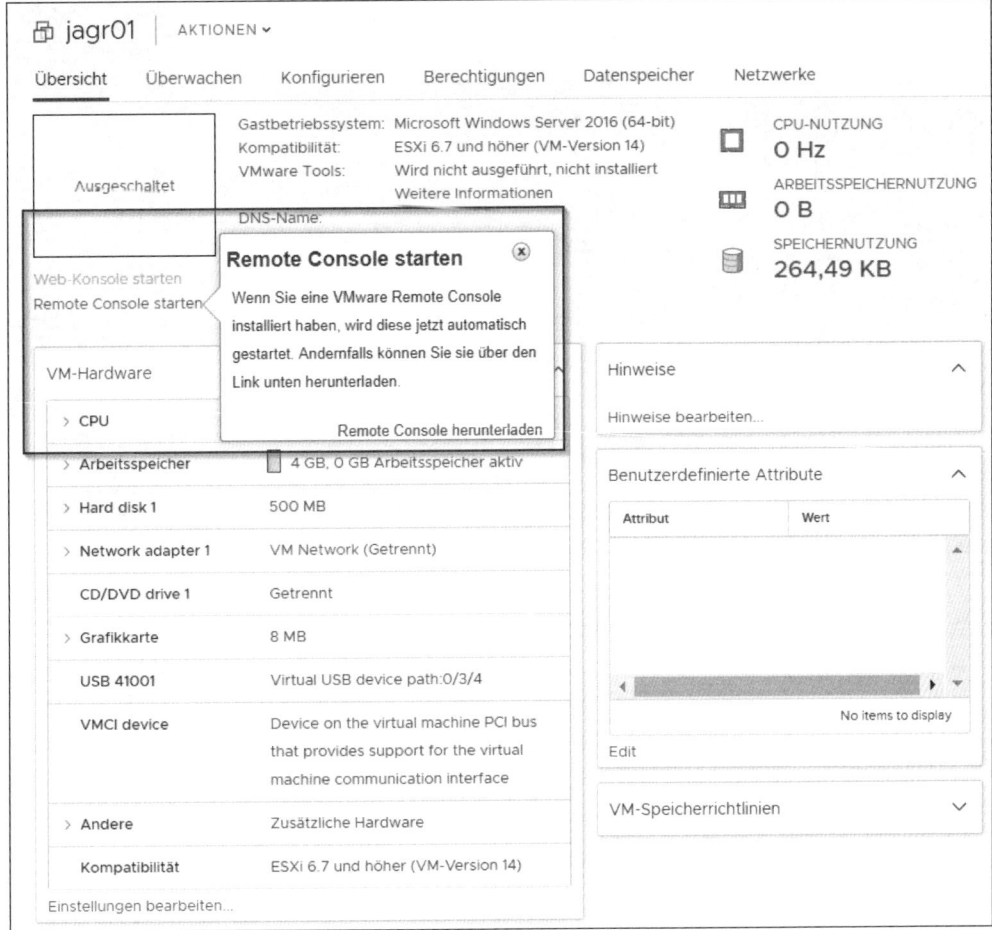

Abbildung 17.10 VMRC herunterladen und starten

Um ein USB-Gerät via VMRC zu verbinden, gehen Sie über die ÜBERSICHT der virtuellen Maschine zur Konsole und wählen dort die Option REMOTE CONSOLE STARTEN.

Sie können nun in der *VMware Remote Console* über das Menü VMRC • REMOVABLE DEVICES eine Liste der derzeit am Client verfügbaren USB-Geräte einblenden. Wählen Sie das passende Gerät, und klicken Sie auf CONNECT (DISCONNECT FROM HOST), um ein Gerät vom PC zu trennen und mit der virtuellen Maschine zu verbinden (siehe Abbildung 17.11).

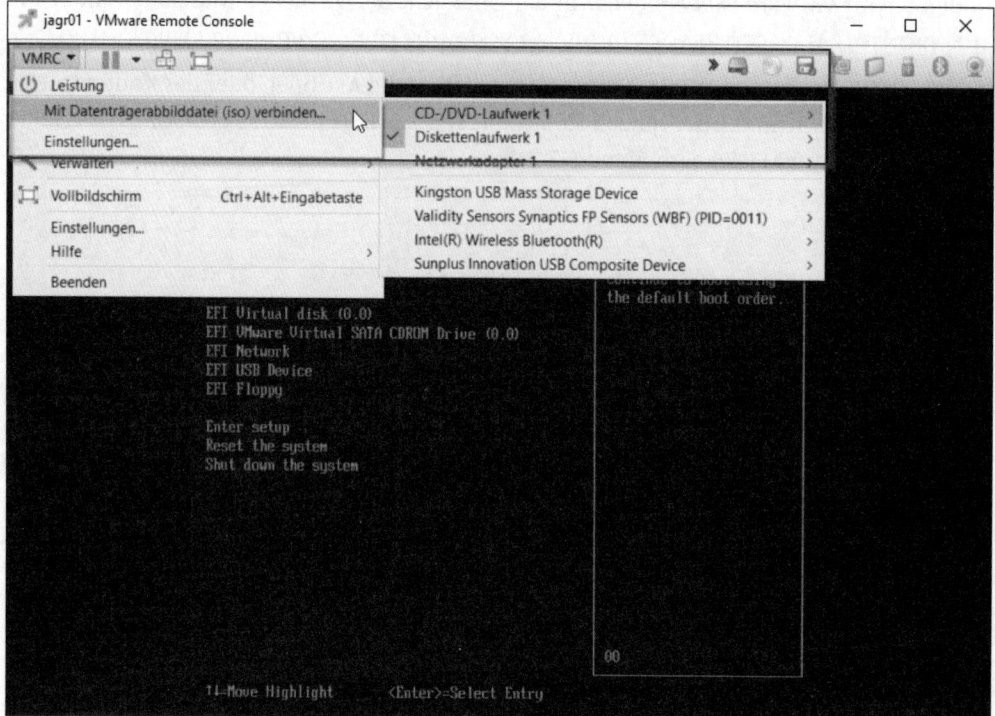

Abbildung 17.11 VMRC-USB-Gerät verbinden

Das USB-Gerät kann nun ganz normal in der virtuellen Maschine verwendet werden.

Hinweis
Auch hier gilt – wie bei der Verbindung über ESXi-Passthrough –, dass ein USB-Gerät immer nur exklusiv mit einem System verbunden sein kann. Sie können also zum Beispiel einen USB-Speicherstick immer nur entweder mit Ihrem PC oder via VMRC mit einer virtuellen Maschine verbinden.

VMware-Client-USB-Gerät entfernen
Um das Gerät nach der Verwendung wieder zu entfernen, entfernen Sie es zuerst im Gastbetriebssystem. Anschließend kann es einfach über das Kontextmenü der VMRC mit der Option REMOVABLE DEVICES • DISCONNECT (CONNECT TO HOST) wieder entfernt werden.

17.8 Wechselmedien

Neben USB-Geräten können auch Wechselmedien wie CDs, DVDs oder Floppy-Disks mit virtuellen Maschinen verbunden werden. Voraussetzung für das Verbinden ist ein entsprechendes virtuelles Disketten- bzw. CD/DVD-Laufwerk in der virtuellen Maschine.

Beachten Sie, dass verbundene Wechselmedien ein vMotion unterbinden können.

> **Hinweis**
> Sämtliche Interaktionen, die Diskettenlaufwerke und virtuelle Disketten betreffen, sind derzeit nur im *vSphere Client* möglich.

17.8.1 Diskettenlaufwerk hinzufügen

Wenn Sie einer virtuellen Maschine ein Diskettenlaufwerk hinzufügen möchten, müssen Sie zuerst prüfen, dass die Maschine ausgeschaltet ist. Im eingeschalteten Zustand ist es nicht möglich, ein Diskettenlaufwerk zu installieren. Öffnen Sie die Einstellungen der virtuellen Maschine, und wechseln Sie in den Bereich VIRTUELLE HARDWARE. Wählen Sie über das Dropdown-Menü im unteren Bereich des Dialogs ein DISKETTENLAUFWERK aus, und klicken Sie auf HINZUFÜGEN (siehe Abbildung 17.12).

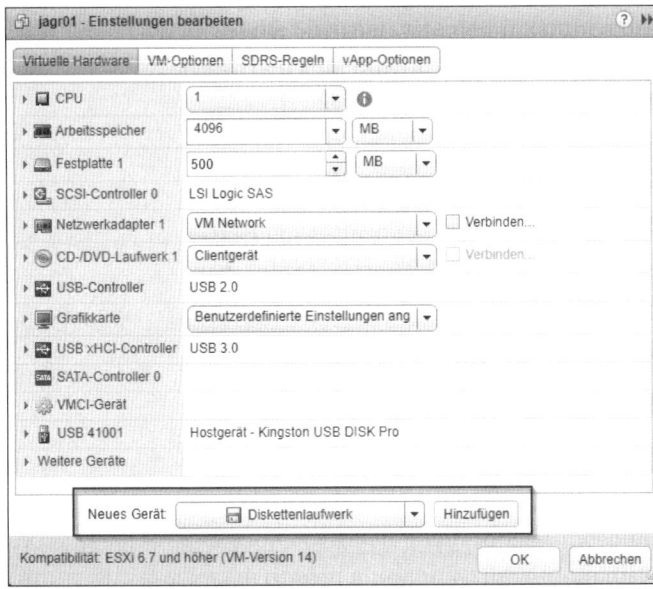

Abbildung 17.12 Diskettenlaufwerk hinzufügen

Bestätigen Sie den Dialog mit OK, und starten Sie die virtuelle Maschine. Sie können nun Medien mit dem virtuellen Diskettenlaufwerk verbinden.

17.8.2 Eine Diskette mit einer virtuellen Maschine verbinden

Virtuelle Maschinen können über verschiedene Wege mit Disketten verbunden werden. Es können entweder physische Laufwerke oder auch *.flp*-Dateien über Systeme genutzt werden, die via *VMware Remote Console* (VMRC) mit der VM verbunden sind. Oder es können *.flp*-Dateien auf Datastores genutzt oder erstellt werden, die an ESXi-Hosts angebunden sind.

Egal ob es sich um ein physisches Diskettenlaufwerk am Hypervisor oder an einer Maschine mit VMRC-Verbindung handelt – es ist nicht möglich, eine Diskette aus einem solchen physischen Laufwerk mit dem virtuellen Diskettenlaufwerk zu verbinden. Die *.flp*-Dateien können entweder über Datastores erstellt werden, die eine Verbindung zum ESXi-Host haben, oder über Systeme eingespielt werden, die über die VMRC verbunden sind.

Unter ESXi ist es nicht möglich, physische Diskettenlaufwerke des ESXi-Hosts mit virtuellen Diskettenlaufwerken zu verbinden. Solche Verbindungen können ausschließlich unter ESX 3.5, 4.0 und 4.x hergestellt werden. Sie sollten mit Vorsicht genutzt werden, da sie ein vMotion und somit auch DRS der virtuellen Maschine unterbinden. Die Verbindung muss vor einem vMotion zwingend gelöst werden.

Die Konfiguration des virtuellen Diskettenlaufwerks finden Sie in den Einstellungen der jeweiligen virtuellen Maschine im Abschnitt Virtuelle Hardware unter dem Punkt Diskettenlaufwerk. Es stehen insgesamt drei Optionen zur Auswahl (siehe Abbildung 17.13).

Abbildung 17.13 Neues Diskettenlaufwerk konfigurieren

Clientgerät

Über CLIENTGERÄT kann eine *.flp*-Datei über die VMRC mit der virtuellen Maschine verbunden werden.

Um das Clientgerät zu verbinden, öffnen Sie die VMRC über den Punkt REMOTEKONSOLE STARTEN in der ÜBERSICHT der virtuellen Maschine.

Wählen Sie im Menü VMRC • WECHSELMEDIEN • DISKETTENLAUFWERK N • MIT DATENTRÄGERABBILDDATEI (FLP) VERBINDEN wie in Abbildung 17.14.

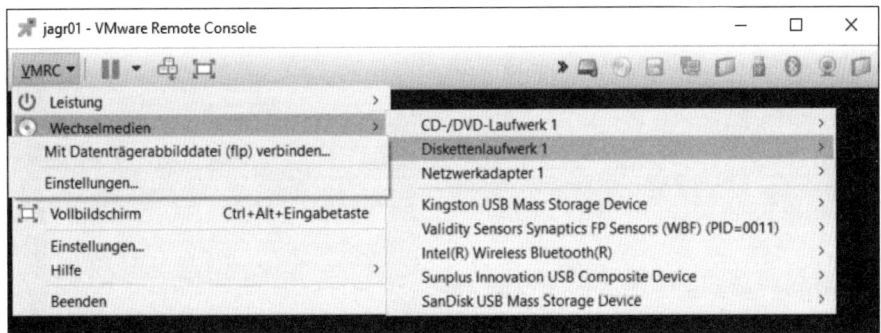

Abbildung 17.14 ».flp«-Datei über VMRC verbinden

Wählen Sie die zu verbindende Datei aus, und bestätigen Sie Ihre Auswahl. Die *.flp*-Datei wird nun in das virtuelle Diskettenlaufwerk eingelegt und kann in der virtuellen Maschine benutzt werden.

Um die Verbindung zu beenden, nutzen Sie wieder das Menü der VMRC und wählen im Untermenü des Diskettenlaufwerks DISCONNECT. Alternativ wird die Verbindung auch beendet, wenn Sie die VMRC schließen.

Vorhandenes Disketten-Image verwenden

Die Option VORHANDENES DISKETTEN-IMAGE VERWENDEN wählen Sie, wenn Sie ein *.flp*-Image verwenden wollen, das auf einem Datastore liegt, der mit dem Host verbunden ist.

Um eine Verbindung mit einem solchen Image aufzubauen, stellen Sie sicher, dass die Option VORHANDENES DISKETTEN-IMAGE VERWENDEN in den Einstellungen des virtuellen Diskettenlaufwerks eingestellt ist (siehe Abbildung 17.13).

Schließen Sie die Einstellungen, und wechseln Sie in die ÜBERSICHT der VM. Klicken Sie dort im Bereich VM-HARDWARE auf das Verbindungsicon in der Zeile DISKETTENLAUFWERK N (siehe Abbildung 17.15).

Wählen Sie MIT DEM DISKETTEN-IMAGE AUF EINEM DATENSPEICHER VERBINDEN. Der Dialog DATEI AUSWÄHLEN aus Abbildung 17.16 erscheint. Wählen Sie die Datei, zu der Sie eine Verbindung herstellen wollen, und bestätigen Sie mit OK.

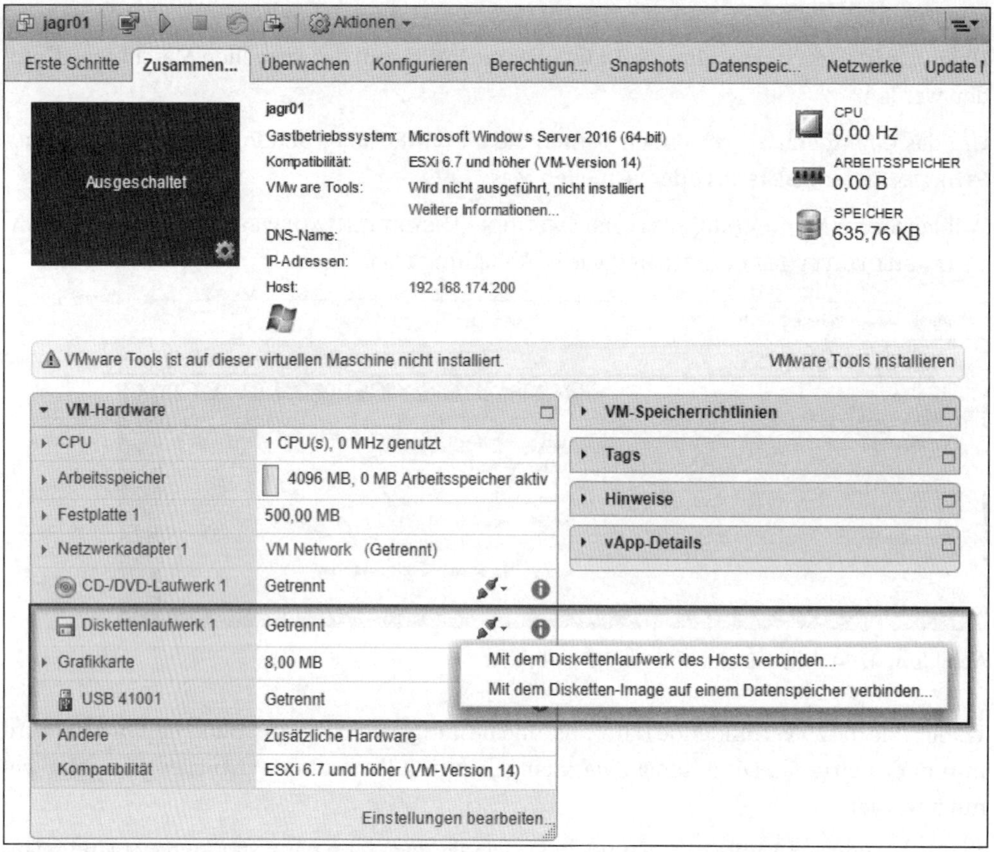

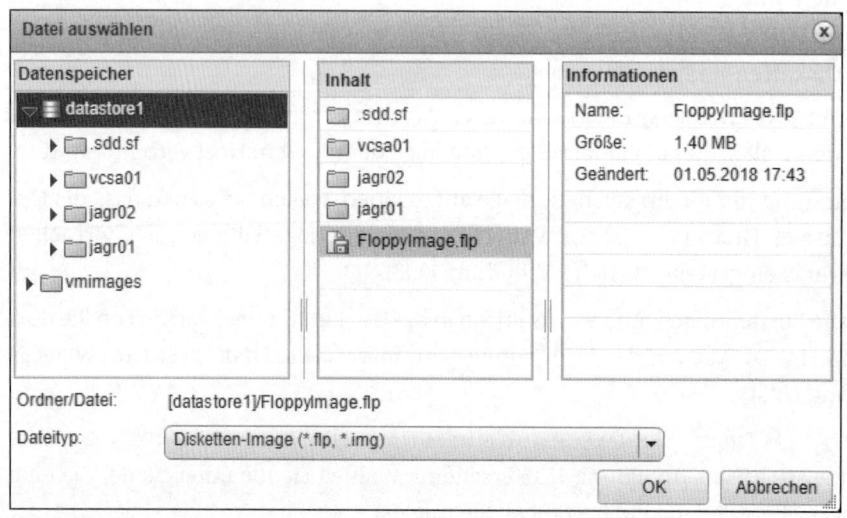

Abbildung 17.15 Verbindung mit einer ».flp«-Datei auf einem Datastore herstellen

Abbildung 17.16 Die ».flp«-Datei auf dem Datenspeicher auswählen

Die Datei wird nun verbunden und kann im virtuellen Gastbetriebssystem verwendet werden. Um die Verbindung wieder zu trennen, klicken Sie auf das Verbindungsicon in der Zeile des virtuellen Diskettenlaufwerks und wählen die Option Verbindung trennen (siehe Abbildung 17.17).

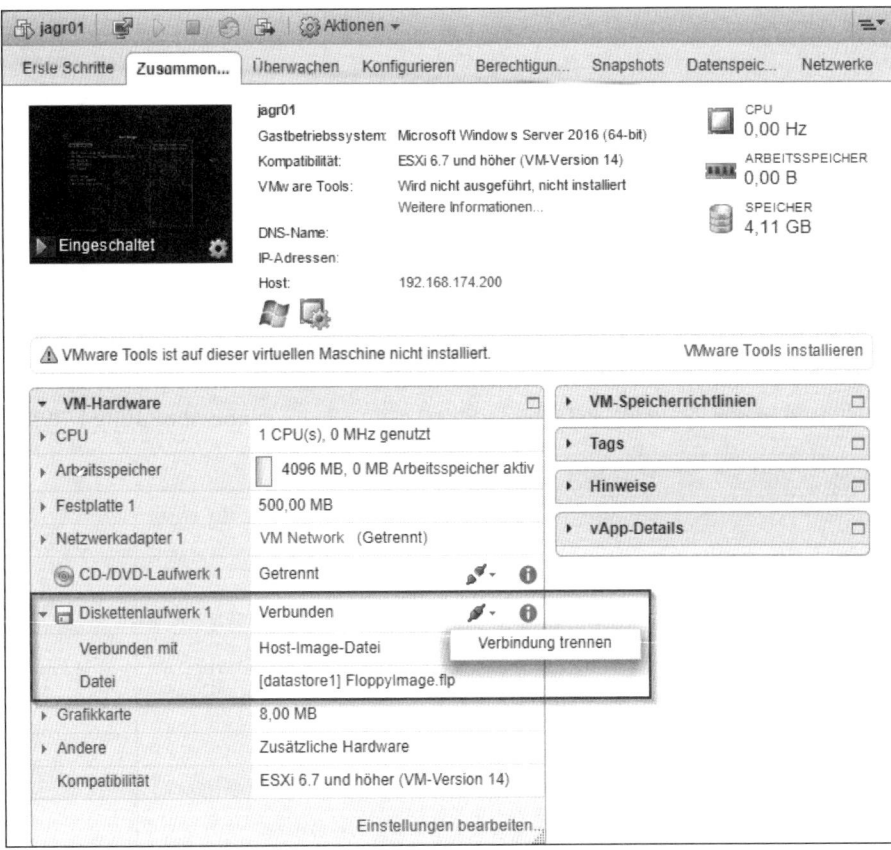

Abbildung 17.17 Trennen der Verbindung zu einer ».flp«-Datei, die auf einem Datenspeicher liegt

Neues Disketten-Image erstellen

Über die Option Neues Disketten-Image erstellen (siehe Abbildung 17.13) kann ein neues Disketten-Image auf einem Datastore erstellt werden, der mit einem Host verbunden ist.

Um ein solches Image anzulegen, wählen Sie einfach in den Einstellungen der virtuellen Maschine im Bereich Virtuelle Hardware aus dem Dropdown-Menü unter Diskettenlaufwerk N • Neues Disketten-Image erstellen.

Nun öffnet sich der Dialog Datei speichern unter. Wählen Sie ein Verzeichnis auf einem Datastore aus, und tragen Sie in der oberen Zeile einen Namen für das *.flp*-Image ein (siehe Abbildung 17.18).

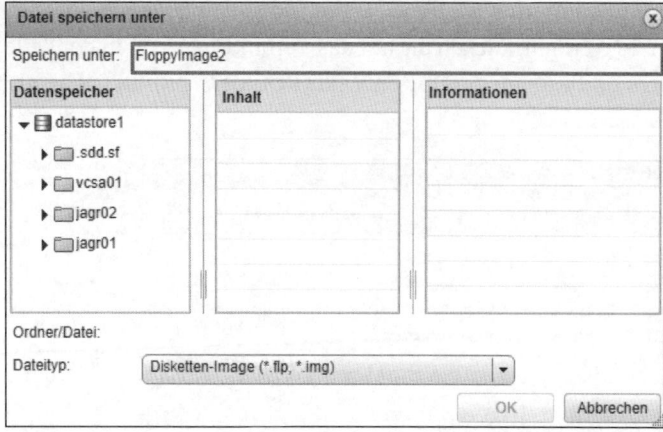

Abbildung 17.18 Disketten-Image erstellen

Bestätigen Sie die Eingaben mit OK. Das Image wird automatisch mit einer Größe von 1,41 MB erstellt und in das virtuelle Diskettenlaufwerk »eingelegt« (siehe Abbildung 17.19).

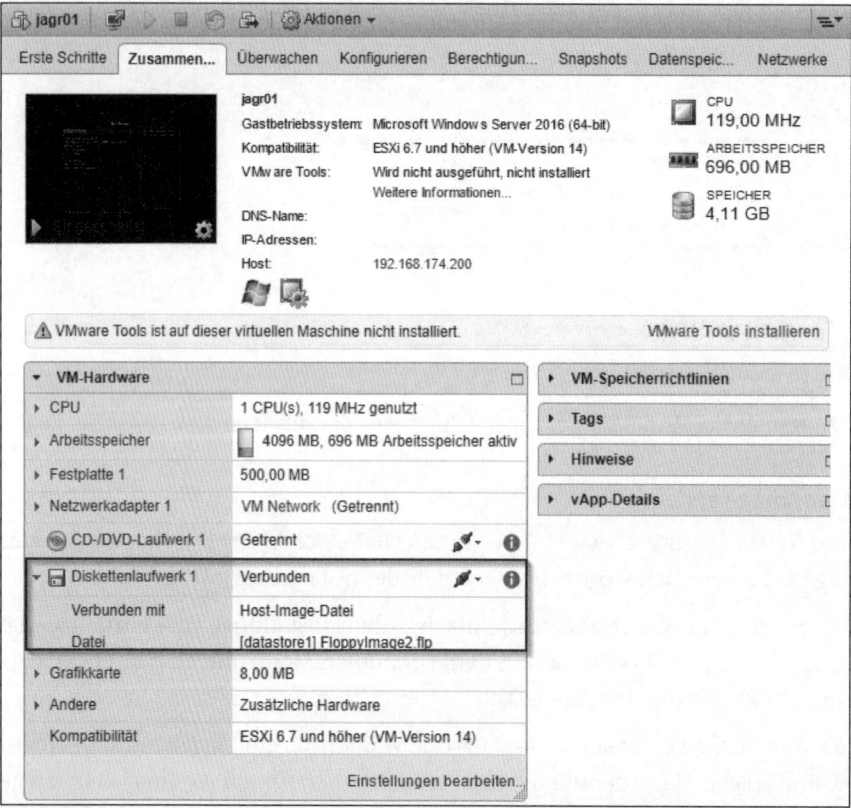

Abbildung 17.19 Die Verbindung zum neu erstellten Disketten-Image steht.

Um das Image nach der Benutzung wieder zu entfernen, klicken Sie auf das Verbindungsicon in der Übersicht der virtuellen Maschine und wählen VERBINDUNG TRENNEN.

17.8.3 CD/DVD-Laufwerk zur virtuellen Maschine hinzufügen

CD/DVD-Laufwerke können im laufenden Betrieb zu einer virtuellen Maschine hinzugefügt werden. Sie können entweder über SATA oder IDE angebunden werden.

Um ein CD/DVD-Laufwerk zur virtuellen Maschine hinzuzufügen, gehen Sie in die Einstellungen der virtuellen Maschine.

Im Bereich VIRTUELLE HARDWARE wählen Sie nun im Dropdown-Menü von NEUES GERÄT HINZUFÜGEN ein CD/DVD-LAUFWERK (siehe Abbildung 17.20).

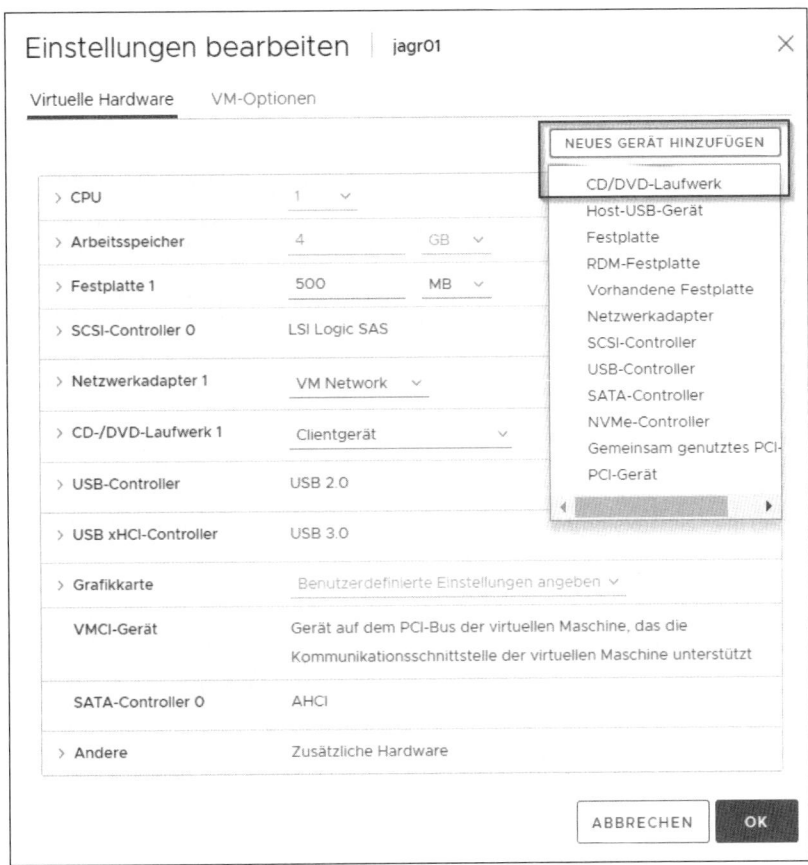

Abbildung 17.20 CD/DVD-Laufwerk hinzufügen

Ein neues CD/DVD-Laufwerk erscheint in der Liste der virtuellen Hardware. Klappen Sie die Optionen des Laufwerks auf (siehe Abbildung 17.21).

In diesen Einstellungen legen Sie nun den GERÄTEMODUS sowie den KNOTEN DES VIRTUELLEN GERÄTS fest:

- Planen Sie, ein physisches, mit dem ESXi-Host verbundenes Laufwerk mit der VM zu verbinden, so wählen Sie für den Gerätemodus PASSTHROUGH-CD-ROM.
- Wollen Sie eine ISO-Datei mit dem virtuellen Laufwerk verbinden, so wählen Sie stattdessen CD-ROM EMULIEREN.

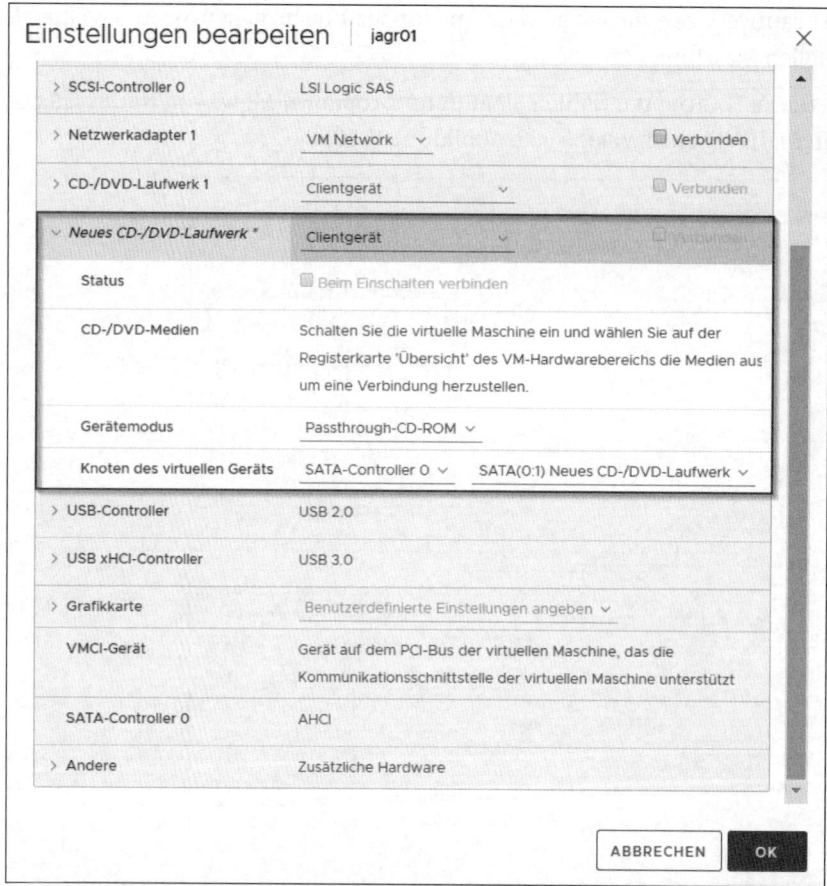

Abbildung 17.21 Neues CD/DVD-Laufwerk konfigurieren

Unter KNOTEN DES VIRTUELLEN GERÄTS stellen Sie nun ein, ob das Gerät via SATA oder IDE verbunden werden soll. Zusätzlich können Sie noch von Hand eine ID auswählen.

Klicken Sie nach dem Setzen der Parameter auf OK. Sie können nun ein Medium mit dem virtuellen CD/DVD-Laufwerk verbinden.

17.8.4 CD/DVD mit virtueller Maschine verbinden

Um ein CD- oder DVD-Medium mit dem Laufwerk der virtuellen Maschine zu verbinden, können Sie verschiedene Möglichkeiten nutzen. Sie können entweder physische Laufwerke des ESXi-Hosts oder ISO-Dateien von Datastores verwenden, die an den Host angebunden sind. Oder Sie nutzen eine Verbindung mit der VMRC zur virtuellen Maschine, um ein physisches Laufwerk oder eine ISO-Datei, die über den Client erreichbar ist, mit dem virtuellen CD/DVD-Laufwerk zu verbinden.

Physisches Laufwerk des ESXi-Hosts mit dem virtuellen Laufwerk verbinden

Sie können ein physisches Laufwerk des ESXi-Hosts mit dem virtuellen Laufwerk einer virtuellen Maschine verbinden. Beachten Sie dabei, dass eine solche Verbindung ein vMotion und somit auch ein DRS der virtuellen Maschine unmöglich macht. Trennen Sie die Verbindung also, sobald sie nicht mehr benötigt wird.

Um ein physisches Laufwerk des Hosts mit dem virtuellen Laufwerk zu verbinden, wechseln Sie in die EINSTELLUNGEN der virtuellen Maschine (siehe Abbildung 17.22). Im Bereich VIRTUELLE HARDWARE rufen Sie nun unter dem Punkt CD-/DVD-LAUFWERK N über das Verbindungsicon das Dropdown-Menü auf und wählen dort die Option HOSTGERÄT.

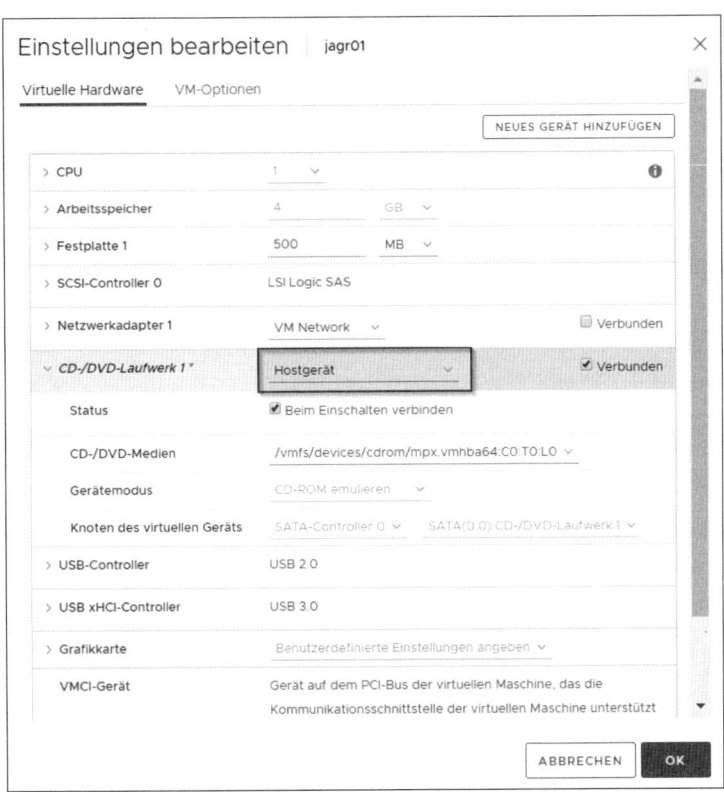

Abbildung 17.22 Das CD-Laufwerk des ESXi-Hosts mit der VM verbinden

Wählen Sie über das Dropdown-Menü von CD-/DVD-MEDIEN das Laufwerk, mit dem Sie eine Verbindung herstellen wollen (siehe Abbildung 17.23).

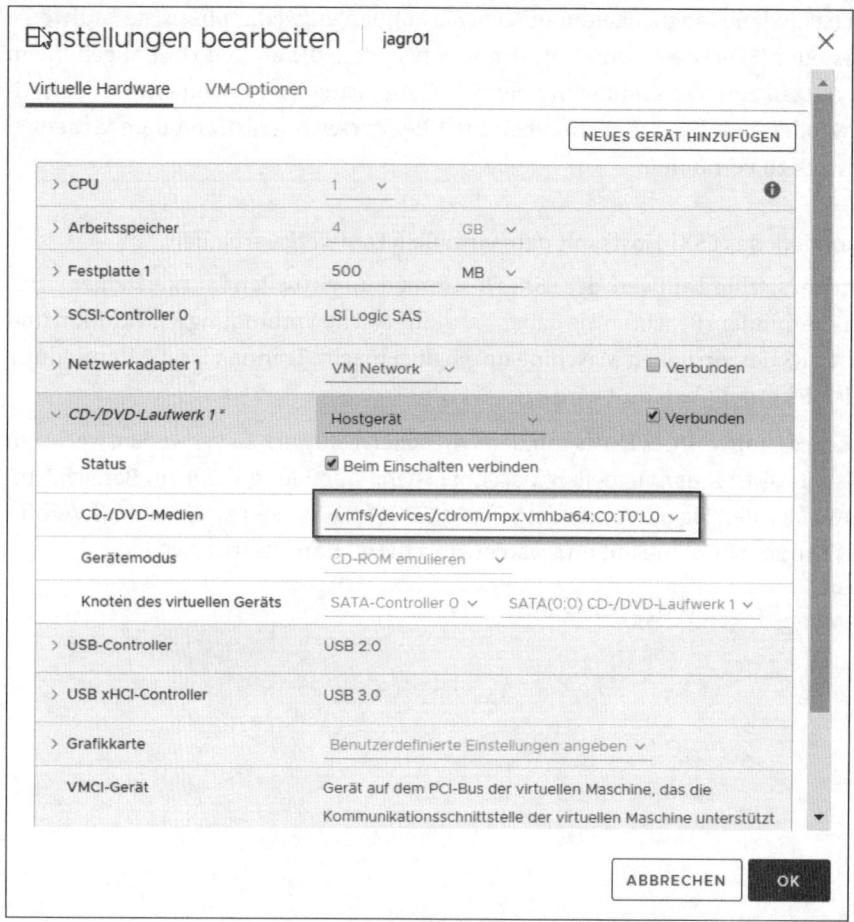

Abbildung 17.23 Physisches CD-Laufwerk auswählen

Bestätigen Sie den Dialog mit OK. Das Laufwerk wird nun verbunden, und Medien, die in das physische Laufwerk eingelegt werden, können in der virtuellen Maschine genutzt werden.

Um die Verbindung zu beenden, öffnen Sie erneut den Dialog EINSTELLUNGEN BEARBEITEN und wählen als CD-/DVD-LAUFWERK N nun CLIENTGERÄT. Bestätigen Sie den Dialog mit OK (siehe Abbildung 17.24).

> **Hinweis**
>
> Beachten Sie, dass physische Laufwerke, die mit dem ESXi-Host verbunden werden sollen, zwingend über SCSI verbunden werden müssen, um sie an eine VM weiterreichen zu können. Um SCSI-Geräte an den Host anzuschließen, müssen Sie ihn zuerst ausschalten.

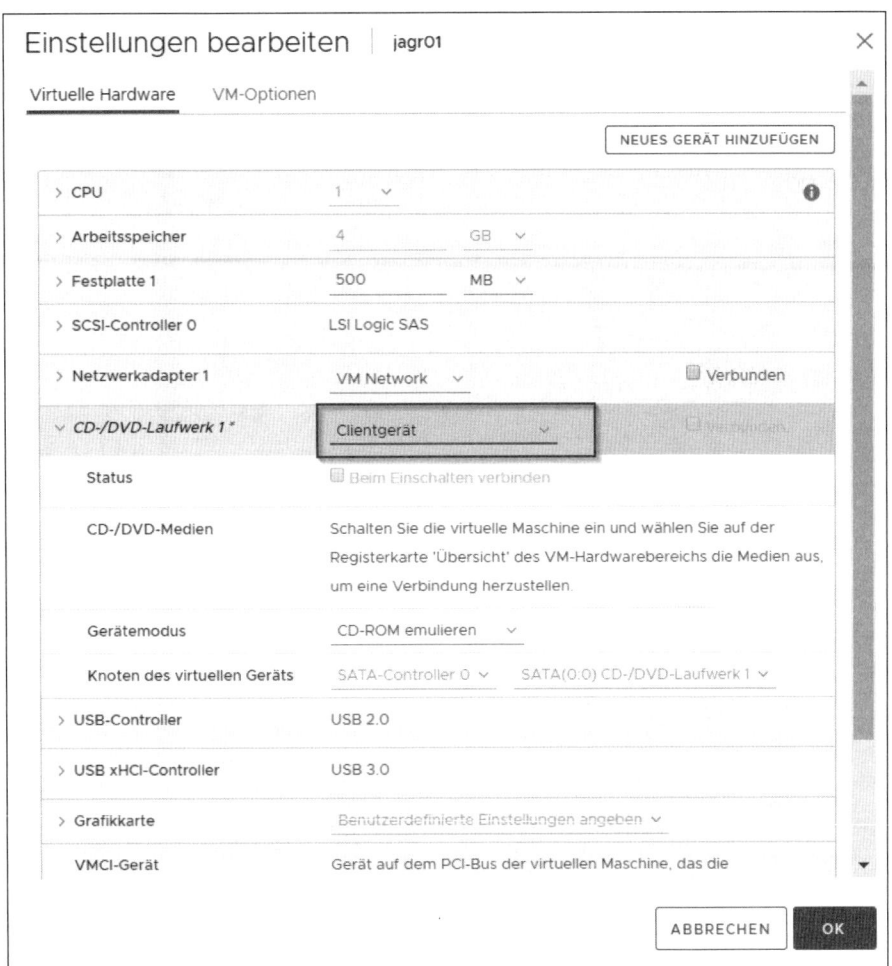

Abbildung 17.24 Verbindung zum physischen CD-Laufwerk trennen

ISO-Datei von Host-Datenspeicher verbinden

Um eine ISO-Datei, die sich auf einem mit dem Host verbundenen Datastore befindet, in das virtuelle CD/DVD-Laufwerk einzulegen, öffnen Sie den Dialog EINSTELLUNGEN BEARBEITEN der virtuellen Maschine.

Wählen Sie im Dropdown-Menü im Bereich VIRTUELLE HARDWARE • CD-/DVD-LAUFWERK N die Option DATENSPEICHER-ISO-DATEI (siehe Abbildung 17.25).

Klicken Sie nun in der Zeile CD-DVD-MEDIEN auf den Button DURCHSUCHEN. Der Dialog DATEI AUSWÄHLEN öffnet sich (siehe Abbildung 17.26).

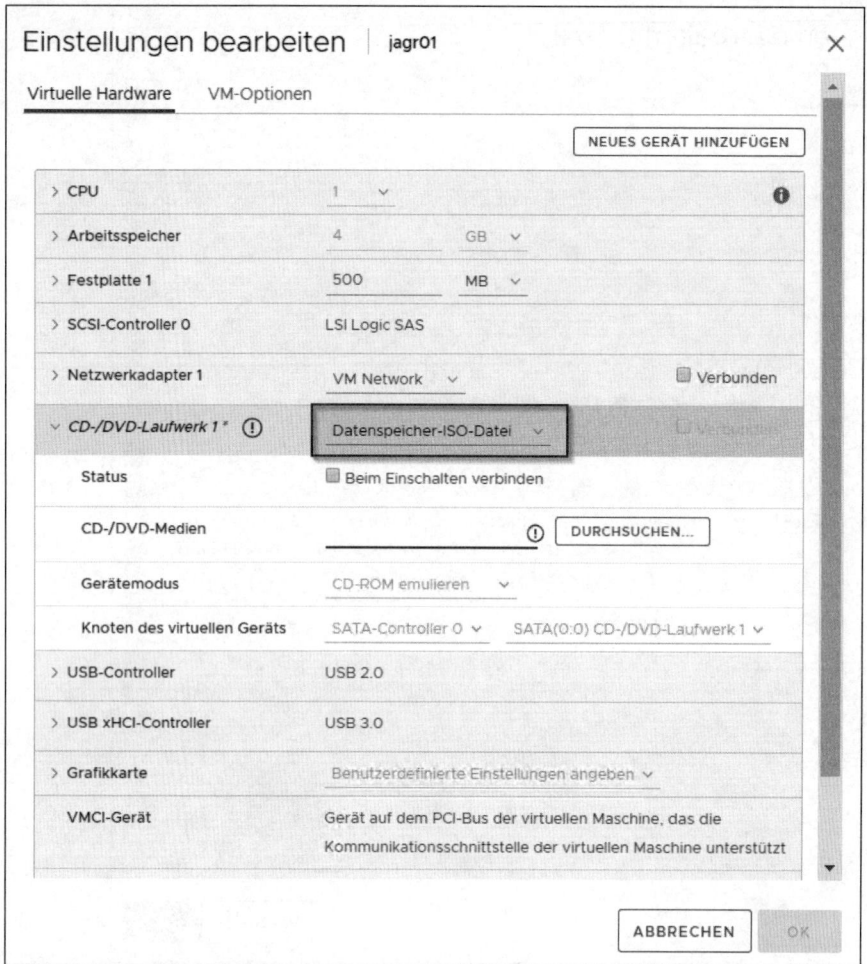

Abbildung 17.25 Datenspeicher-ISO-Datei verbinden

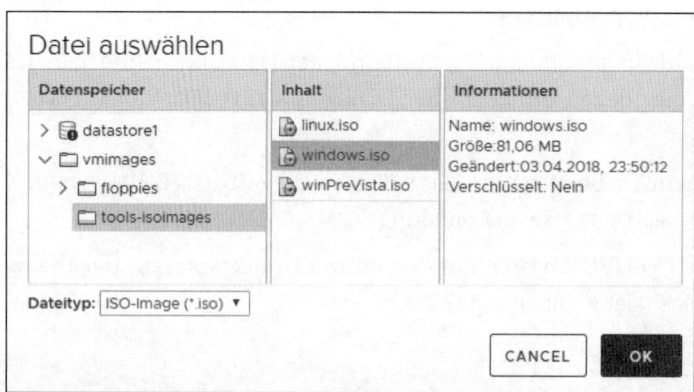

Abbildung 17.26 Datenspeicher-ISO-Datei auswählen

Wählen Sie die ISO-Datei aus, mit der Sie eine Verbindung herstellen wollen, und bestätigen Sie mit OK.

Die Datei ist nun mit dem CD-Laufwerk der virtuellen Maschine verbunden. Um die Verbindung zu beenden, wählen Sie im Bereich EINSTELLUNGEN BEARBEITEN beim Punkt CD-/DVD-LAUFWERK N die Option CLIENTGERÄT und bestätigen den Dialog mit OK.

Physisches Laufwerk oder ISO-Datei via VMRC verbinden

Um ein physisches Laufwerk oder eine ISO-Datei über die VMRC mit einer virtuellen Maschine zu verbinden, öffnen Sie in der VMRC das Menü VMRC • WECHSELMEDIEN • CD-/DVD-LAUFWERK N (siehe Abbildung 17.14).

Sie können nun entweder über MIT DATENTRÄGERABBILDDATEI (ISO) VERBINDEN… die Verbindung zu einer ISO-Datei herstellen (siehe Abbildung 17.27) oder über die Einstellungen die Verbindung mit dem physischen Laufwerk herstellen.

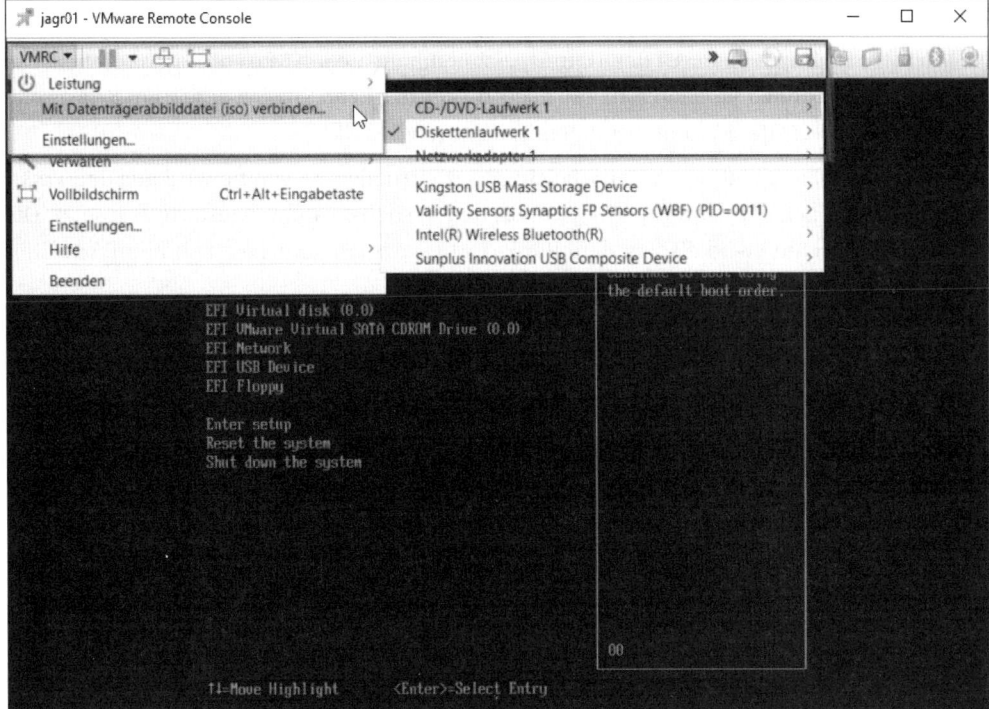

Abbildung 17.27 CD/DVD über VMRC verbinden

Um die Verbindung zu beenden, öffnen Sie das Menü VMRC • WECHSELMEDIEN • CD-/DVD-LAUFWERK N erneut und trennen die Verbindung, oder Sie schließen die VMRC.

17.9 Betriebszustände einer virtuellen Maschine

Eine virtuelle Maschine kann drei verschiedene Betriebszustände annehmen: eingeschaltet, ausgeschaltet, angehalten.

Um diese Zustände zu steuern, stehen in vSphere verschiedene Aktionen zur Verfügung.

> **Hinweis**
>
> Wenn die *VMware Tools* in der virtuellen Maschine installiert sind, werden zu den verschiedenen Aktionen entsprechende Skripte innerhalb der VM ausgeführt. Weitere Informationen zu den VMware-Tools-Skripten finden Sie in Abschnitt 17.3.5, »VMware Tools« unter »Skripte«.

- **Einschalten:** Die virtuelle Maschine wird eingeschaltet.
- **Ausschalten:** Die virtuelle Maschine wird ausgeschaltet. Diese Aktion entspricht dem Ziehen eines Netzsteckers an einer physischen Maschine.
- **Anhalten:** Wird eine virtuelle Maschine angehalten, so wird der Inhalt des Arbeitsspeichers in eine *.vmss*-Datei auf den Datenspeicher der virtuellen Maschine geschrieben. Die VM wird anschließend ausgeschaltet. Diesen Vorgang kann man sich wie ein Konservieren des Zustands der Maschine auf dem Datastore vorstellen.
- **Fortsetzen:** Der Inhalt des Arbeitsspeichers der virtuellen Maschine wird aus der *.vmss*-Datei wieder geladen, und die VM wird auf den Betriebszustand »gestartet« gesetzt. Die virtuelle Maschine wird also an dem Punkt fortgesetzt, an dem sie zuvor beim Anhalten gestoppt wurde.
- **Zurücksetzen:** Das Zurücksetzen schaltet die VM kurz aus und anschließend wieder ein. Es ist das virtuelle Gegenstück des Reset-Schalters einer physischen Maschine.
- **Gastbetriebssystem herunterfahren:** Das Herunterfahren der virtuellen Maschine wird über das Gastbetriebssystem ausgelöst. Diese Funktion steht nur zur Verfügung, wenn die VMware Tools installiert sind.
- **Gastbetriebssystem neu starten:** Die virtuelle Maschine wird neu gestartet, indem im Gastbetriebssystem ein Neustart ausgelöst wird. Diese Funktion steht ebenfalls nur zur Verfügung, wenn die VMware Tools installiert sind.

17.10 Speicherrichtlinien für virtuelle Maschinen

Speicherrichtlinien bieten die Möglichkeit, Datenspeicher innerhalb der vSphere in verschiedene Kategorien einzuteilen. Diese Kategorien können dann virtuellen Festplatten oder virtuellen Maschinen zugeordnet werden, um das Installieren sowie die Verwaltung der Compliance der virtuellen Maschine möglichst einfach zu gestalten. Viele moderne Speichergeräte liefern bereits über die VAAI eigene Speicherrichtlinien mit. Über diese vom

Hersteller gelieferten Speicherrichtlinien hinaus können Sie eigene Tag-basierte Speicherrichtlinien erstellen. Speicherrichtlinien eignen sich beispielsweise, um verschiedene Datenspeicher in Kategorien, nach Redundanz oder Leistungsfähigkeit zu unterteilen. Die Installation und Verwaltung der virtuellen Maschinen kann durch solche Speicherrichtlinien erheblich erleichtert werden.

Über diese Unterteilung hinaus ist es möglich, mit den Speicherrichtlinien verschiedene Einstellungen auf einem Datenspeicher zu steuern. Dies ist etwa auf VVOLS oder im vSAN möglich.

17.10.1 Speicherrichtlinien zuweisen

Speicherrichtlinien können entweder beim Erstellen der virtuellen Maschine oder auch nachträglich zur virtuellen Maschine hinzugefügt werden. Sie werden pro Festplatte vergeben. So kann eine virtuelle Maschine über verschiedene Speicherrichtlinien verfügen.

Um der Festplatte einer bestehenden VM eine Speicherrichtlinie zuzuweisen, öffnen Sie die Einstellungen der virtuellen Maschine.

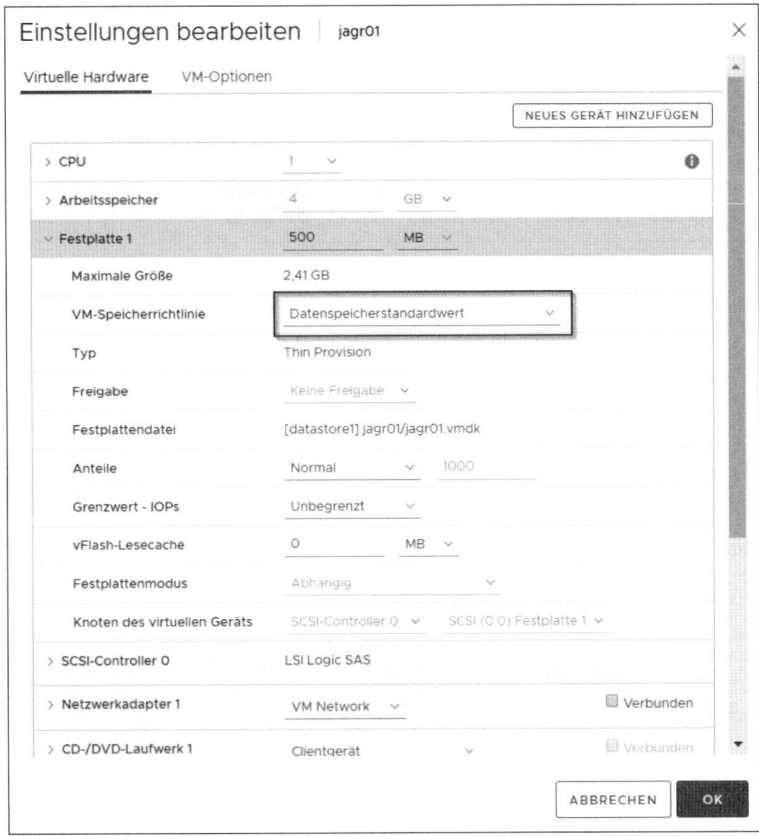

Abbildung 17.28 Speicherrichtlinie zu virtueller Festplatte zuweisen

Klappen Sie im Bereich VIRTUELLE HARDWARE die Konfiguration der entsprechenden Festplatte auf (siehe Abbildung 17.28).

Wählen Sie unter VM-SPEICHERRICHTLINIE nun die entsprechende Richtlinie aus, und bestätigen Sie Ihre Auswahl mit OK.

Die Speicherrichtlinie ist nun aktiv, und Sie können die Compliance der Festplatte prüfen.

Eine weitere Möglichkeit ist das Verwalten der Speicherrichtlinie über AKTIONEN • VM-RICHTLINIEN • VM-SPEICHERRICHTLINIEN BEARBEITEN (siehe Abbildung 17.29).

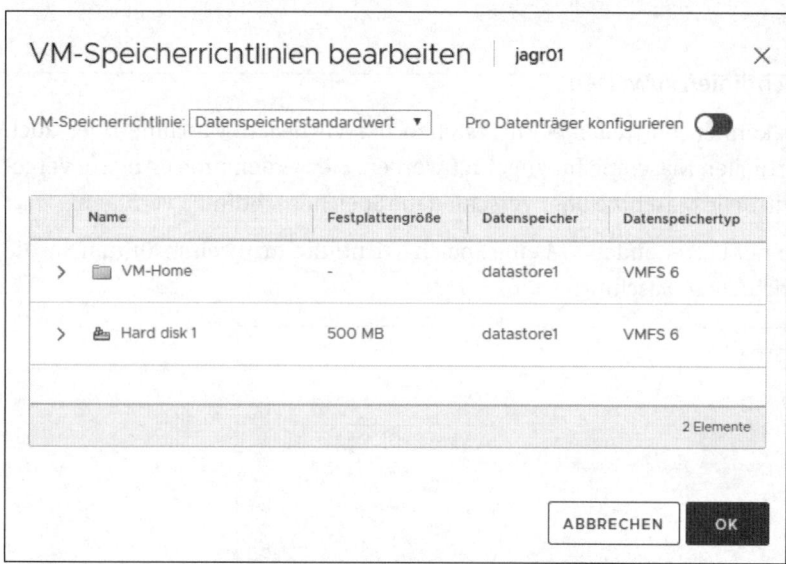

Abbildung 17.29 VM-Speicherrichtlinien verwalten

Sie können nun eine VM-Speicherrichtlinie auswählen und auf sämtliche Festplatten der virtuellen Maschine anwenden oder nach der Aktivierung der Option PRO DATENTRÄGER KONFIGURIEREN in der jeweiligen Zeile pro Festplatte der virtuellen Maschine eine Speicherrichtlinie aus einem Dropdown-Menü auswählen.

17.10.2 Compliance der Speicherrichtlinie prüfen

Die Speicherrichtlinien einer virtuellen Maschine können Sie einfach über die ÜBERSICHT der virtuellen Maschine prüfen. Im Bereich VM-SPEICHERRICHTLINIEN erhalten Sie einen Überblick über die Compliance und können eine erneute Prüfung über die Funktion ÜBEREINSTIMMUNG PRÜFEN anstoßen (siehe Abbildung 17.30).

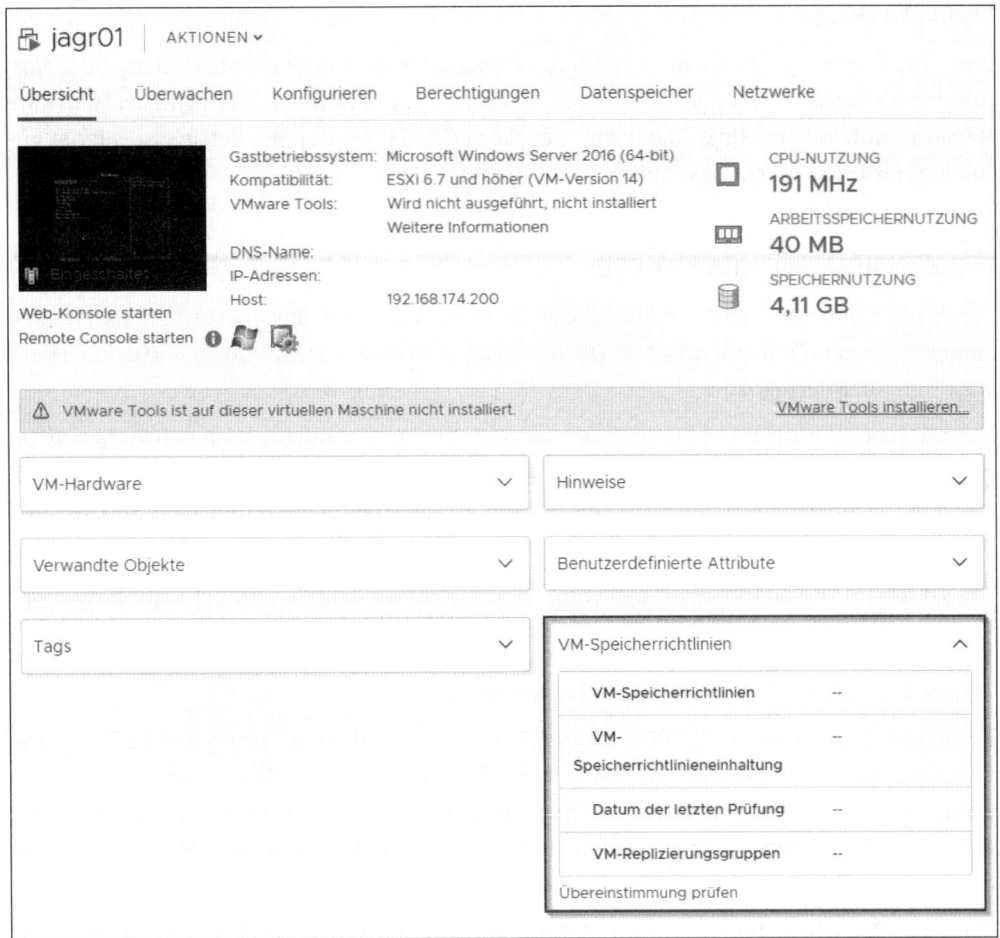

Abbildung 17.30 VM-Speicherrichtlinien-Status

17.11 Konfiguration und Anpassung von virtuellen Maschinen

Die Ausstattung einer virtuellen Maschine kann sowohl beim Erstellen als auch im Nachhinein angepasst werden. Ob das Hinzufügen, Anpassen und Entfernen dabei entweder im eingeschalteten oder im ausgeschalteten Zustand der Maschine erfolgen muss, hängt von der virtuellen Hardware, von deren Konfiguration und von dem entsprechenden Gastbetriebssystem ab. Manche virtuelle Hardware kann zwar im laufenden Betrieb erweitert werden, wird allerdings erst bei einem Neustart des Gastbetriebssystems erkannt und somit verfügbar.

17.11.1 HotPlug

Das Hinzufügen von Hardware im laufenden Betrieb bezeichnet man als *HotPlug* oder *HotAdd*. Für virtuelle CPUs und Arbeitsspeicher können Sie HotAdd seit der virtuellen Hardware Version 7 nutzen. Das Hinzufügen von Mehrkern-CPUs im laufenden Betrieb ist seit der virtuellen Hardware Version 8 möglich.

17.11.2 HotPlug von virtuellen CPUs

Das Hinzufügen von virtuellen Einzelkern-CPUs im laufenden Betrieb ist seit der virtuellen Hardware Version 7 möglich. Das Hinzufügen von Multikern-CPUs ist ab der virtuellen Hardware Version 8 verfügbar.

Um das Feature nutzen zu können, muss es zuvor in den Einstellungen der einzelnen virtuellen Maschine aktiviert werden. Das Aktivieren kann ausschließlich im ausgeschalteten Zustand der virtuellen Maschine erfolgen. Sollten Sie also davon ausgehen, dass Sie die CPUs der virtuellen Maschine ständig erweitern müssen, so macht es Sinn, diese Option schon bei der Erstellung der virtuellen Maschine zu aktivieren. Sie finden die Option in den Einstellungen der virtuellen Maschine im Bereich VIRTUELLE HARDWARE unter den erweiterten Einstellungen der CPU. Beachten Sie dabei, dass diese Option nur zur Verfügung steht, wenn das ausgewählte Gastbetriebssystem sie auch unterstützt.

Laut VMware wird das Hinzufügen von CPUs via HotAdd ab Windows Server 2008 und Windows Server 2008 R2 ausschließlich in der *Datacenter-64-Bit-Edition* sowie ab Windows Server 2012 in der *Standard*, *Enterprise* und *Datacenter Edition* unterstützt. Ein HotRemove, also das Entfernen von CPUs im laufenden Betrieb, ist bei Windows-Betriebssystemen derzeit nicht möglich.

Bei Linux-Betriebssystemen beginnt der Support für HotAdd ab der Kernel-Version 2.6.14. Bei aktuellen Linux-Kernel-Versionen wird sowohl HotPlug als auch HotRemove unterstützt.

> **Hinweis**
>
> Das Hinzufügen von CPUs via HotPlug beendet sämtliche bestehenden Verbindungen von USB-Geräten zur virtuellen Maschine und stellt sie anschließend wieder her. Es empfiehlt sich, die USB-Geräte ordnungsgemäß zu entfernen, bevor man CPUs über HotPlug hinzufügt.

17.11.3 HotPlug von Arbeitsspeicher

HotPlug für Arbeitsspeicher steht ab der virtuellen Hardware Version 7 zur Verfügung. Auch hier ist die Unterstützung des Gastbetriebssystems notwendig. Wie beim HotPlug der CPU gilt, dass zuvor das Feature pro virtueller Maschine aktiviert werden muss. Die Option findet sich auch hier in den Einstellungen der VM, und zwar unter den Einstellungen des Arbeitsspeichers im Bereich VIRTUELLE HARDWARE. Auch das Aktivieren der HotPlug-Funktion für den Arbeitsspeicher ist nur im ausgeschalteten Zustand des Gastsystems möglich.

Das Hinzufügen von Arbeitsspeicher via HotPlug wird bei Windows ab den folgenden Versionen unterstützt:

- Windows Server 2003 Enterprise Edition und Datacenter Edition 32 Bit
- Windows Server 2003 Service Pack 1 Enterprise Edition und Datacenter Edition 64 Bit
- Windows Server 2008 Enterprise und Datacenter Edition
- Windows Server 2008 R2 Enterprise und Datacenter Edition
- Windows Server 2012 Standard, Enterprise und Datacenter Edition
- Windows Server 2016 Essentials Edition, Standard Edition, Datacenter Edition
- Windows Server 2019 Datacenter x64 Edition, Standard x64 Edition

Bei Linux ist mindestens der Kernel 2.6.14 Voraussetzung.

Wenn Sie Arbeitsspeicher in Linux-Gastsystemen via HotPlug hinzufügen, kann es dazu kommen, dass das Betriebssystem den erkannten Speicher nicht sofort zur Verfügung stellt. Um den Speicher verfügbar zu machen, muss häufig nicht neu gestartet werden, sondern es reicht ein Online-Nehmen des Arbeitsspeichers.

Informationen zu diesem Thema finden Sie in der VMware Knowledge Base unter *http://kb.vmware.com/kb/1012764*.

17.11.4 MAC-Adresse ändern

Die MAC-Adresse einer virtuellen Netzwerkkarte wird im Normalfall automatisch vergeben. Sie kann bei Bedarf aber auch manuell geändert werden. Diese Änderung kann ausschließlich im ausgeschalteten Zustand der VM erfolgen. Die MAC-Adresse kann auf verschiedene Arten geändert werden.

Im Folgenden beschreiben wir, wie Sie die virtuelle MAC-Adresse über den vSphere Client ändern:

1. Stellen Sie sicher, dass die virtuelle Maschine ausgeschaltet ist.
2. Gehen Sie in die Einstellungen der virtuellen Maschine, und wechseln Sie in den Bereich VIRTUELLE HARDWARE.
3. Öffnen Sie die Einstellungen der Netzwerkkarte, und wählen Sie im Dropdown-Menü der MAC-ADRESSE die Option MANUELL aus (siehe Abbildung 17.31).

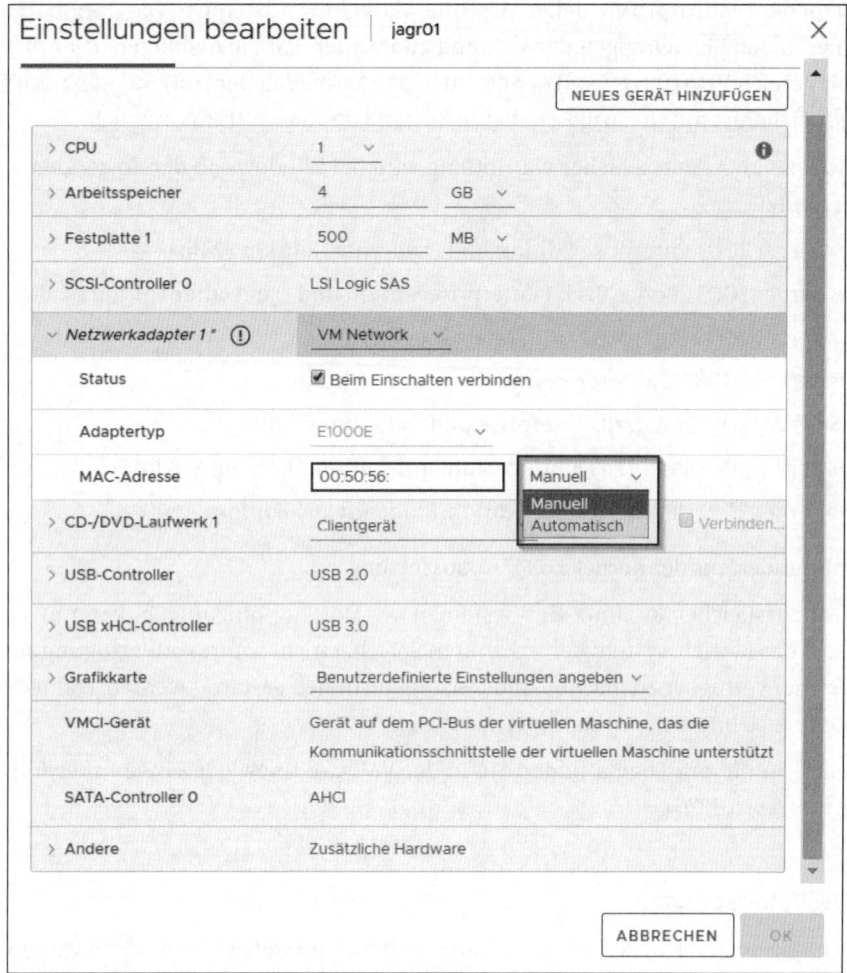

Abbildung 17.31 MAC-Adresse manuell setzen

4. Bestätigen Sie die eingegebene MAC-Adresse über OK (siehe Abbildung 17.32), und starten Sie die virtuelle Maschine. Die Netzwerkverbindung wird nun über die neu vergebene MAC-Adresse hergestellt.

Hinweis

Beachten Sie, dass MAC-Adressen zumindest innerhalb des Netzwerks immer einzigartig sein sollten.

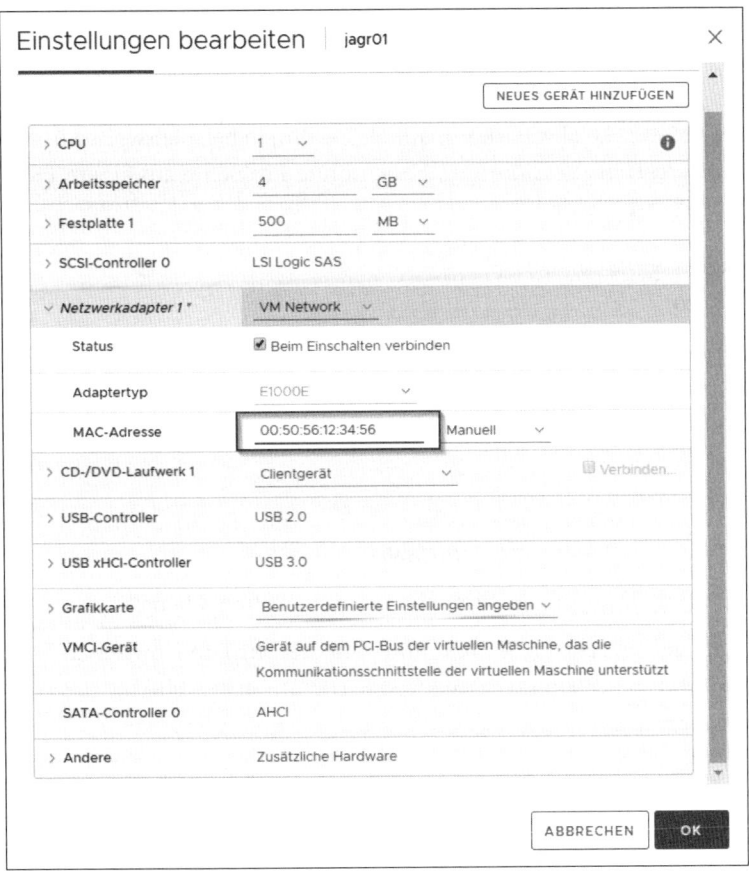

Abbildung 17.32 MAC-Adresse eintragen

17.12 VMware Tools

Die VMware Tools sind eine Sammlung von Applikationen und Treibern, die auf jeder virtuellen Maschine installiert und regelmäßig aktualisiert werden sollte. Die Tools sorgen für die Unterstützung von VMware-eigener Hardware, z. B. der VMXNET-Netzwerkkarten, und bieten darüber hinaus die Möglichkeit zur Kommunikation des ESXi-Hosts mit der virtuellen Maschine. So kann eine virtuelle Maschine nicht nur hart ausgeschaltet werden, sondern ebenso ordnungsgemäß heruntergefahren werden. Weitere Features sind das Ausführen von Skripten beim Starten, Herunterfahren, Suspend oder Resume einer virtuellen Maschine. Die VMware Tools sind zwingend notwendig für die Verwendung von Ballooning.

Bis zur Version 9.x wurden die VMware Tools zusammen mit den Builds der ESXi-Server veröffentlicht. Seit der Version 10.0.0 werden sie nun auch unabhängig von diesen Builds veröffentlicht. Die aktuelle Version der VMware Tools für vSphere 6.7 finden Sie unter folgendem Link:

https://my.vmware.com/web/vmware/info/slug/datacenter_cloud_infrastructure/vmware_vsphere/6_7#drivers_tools

Achten Sie darauf, immer die aktuellste verfügbare Version der VMware Tools zu installieren. Die Version der VMware Tools ist abwärtskompatibel. So können beispielsweise virtuelle Maschinen mit der VMware-Tools-Version 10.0.0 auch ohne Probleme auf einem ESXi-Host mit der Version 5.5 betrieben werden.

17.12.1 Zeitsynchronisation

Die Zeit einer virtuellen Maschine kann über die VMware Tools mit der Zeit des Hosts abgeglichen werden. Dies macht Sinn, wenn kein NTP-Sever für die virtuelle Maschine zur Verfügung steht. Mehr Informationen zum Thema Zeitabgleich finden Sie in Abschnitt 17.3.6, »Zeitsynchronisation«.

17.12.2 Installation der VMware Tools unter Windows

Um die VMware Tools zu installieren, nutzen Sie am besten den vSphere Client:

1. Öffnen Sie die ÜBERSICHT der virtuellen Maschine, und wählen Sie im Dropdown-Menü AKTIONEN • GASTBETRIEBSSYSTEM • VMWARE TOOLS INSTALLIEREN (siehe Abbildung 17.33).

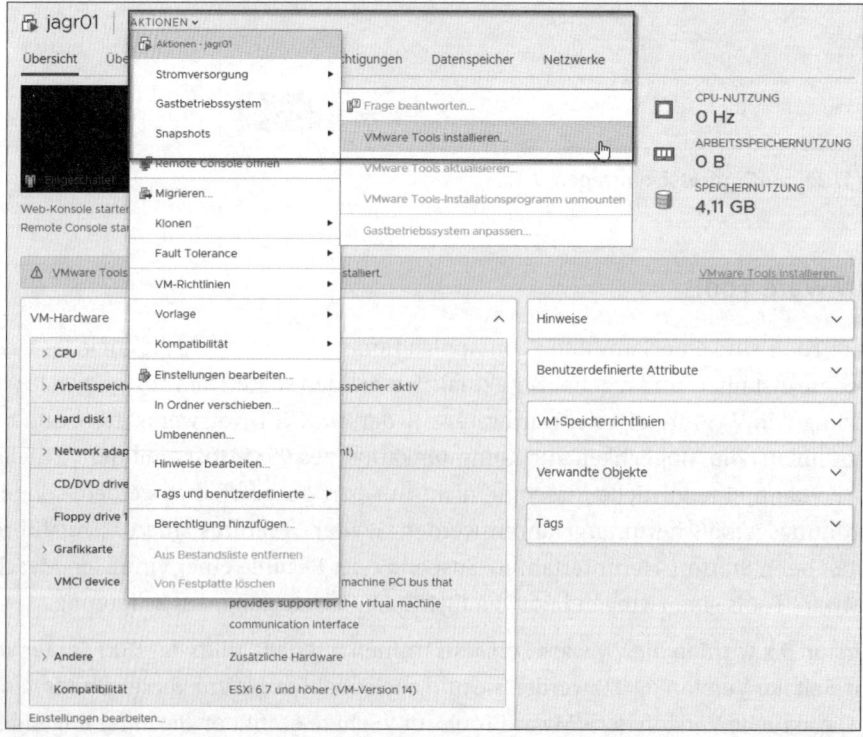

Abbildung 17.33 »VMware Tools installieren«

2. Es folgt ein Dialog, der ebenfalls VMWARE TOOLS INSTALLIEREN heißt (siehe Abbildung 17.34). Klicken Sie dort auf den Button MOUNTEN.

Abbildung 17.34 VMware Tools mounten

Die CD mit den VMware Tools wird nun in das virtuelle CD/DVD-Laufwerk eingebunden. Die Auswahl, welches VMware-Tools-Image angebunden wird, erfolgt in Abhängigkeit vom ausgewählten Betriebssystem in den Einstellungen der virtuellen Maschine.

3. Öffnen Sie nun eine Konsole zur virtuellen Maschine, und melden Sie sich am Gastbetriebssystem an.

4. Im DVD-Laufwerk der VM finden Sie jetzt die VMware-Tools-Installations-DVD (siehe Abbildung 17.35).

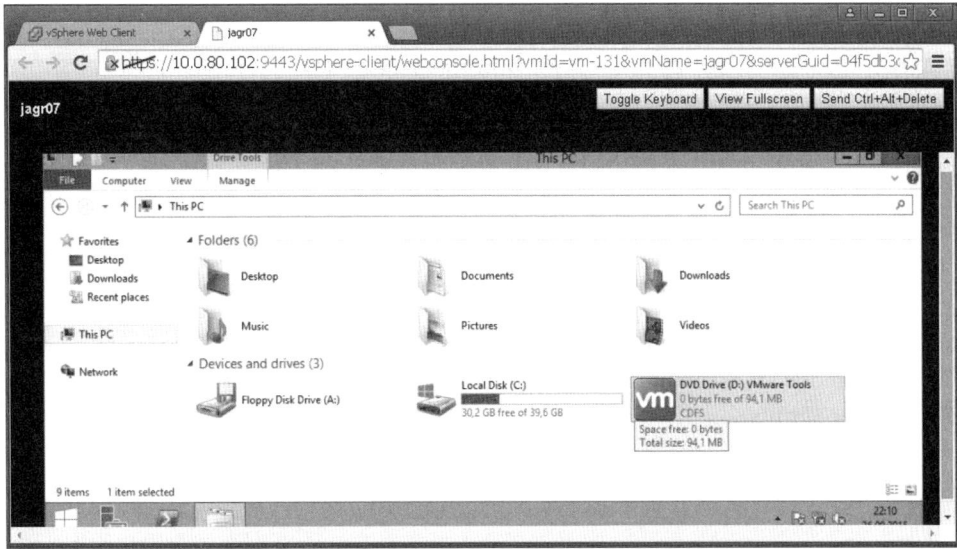

Abbildung 17.35 Die VMware-Tools-Installations-DVD

5. Starten Sie die Installation über einen Doppelklick auf das Laufwerk.
6. Der Installer der VMware Tools öffnet sich. Sie können nun zwischen einer Standardinstallation, einer angepassten und einer vollständigen Installation auswählen. Typischerweise ist die Standardinstallation der zu wählende Weg.

Nachdem die Installation abgeschlossen ist, muss das Betriebssystem neu gestartet werden. Nach dem Neustart sollten die klassischen Symptome einer virtuellen Maschine – wie das Ruckeln der Maus, eine niedrige Bildschirmauflösung und eine hakelnde Tastatur – beseitigt sein. Sie können nun Geräte verwenden, die VMware-eigene Treiber erfordern, und die Funktionen nutzen, die die VMware Tools erfordern.

17.12.3 Installation der VMware Tools unter Linux

Zur Installation der VMware Tools führen Sie die Schritte aus Abschnitt 17.12.2, »Installation der VMware Tools unter Windows«, durch – bis inklusive des Mountens der DVD.

1. Wechseln Sie nun in die Konsole, und mounten Sie die Installations-DVD in einen Pfad Ihrer Wahl mit:

   `mount /dev/<CDROM> <Pfad>`

2. Wechseln Sie nun zum Pfad der Installations-DVD:

   `cd <Pfad>`

3. Kopieren Sie die auf der DVD enthaltene *.tar.gz*-Datei in ein Verzeichnis Ihrer Wahl:

   `cp VMwareTools-x.x.x-NNN.tar.gz <ZielVerzeichnis>`

4. Entpacken Sie die *.tar.gz*-Datei:

   `tar zxf VMwareTools-x.x.x-NNN.tar.gz`

5. Wechseln Sie in das Unterverzeichnis *vmware-tools-distrib*:

   `cd vmware-tools-distrib`

6. Starten Sie nun die Installation der VMware Tools über das Skript *vmware-install.pl*:

   `./vmware-install.pl`

7. Beantworten Sie die Fragen der Installation. Um die Standardwerte zu wählen, nutzen Sie einfach die ⏎-Taste zum Beantworten der Fragen.

Nach der Installation müssen entweder sämtliche betroffenen Services oder muss das gesamte Betriebssystem neu gestartet werden. Folgen Sie an dieser Stelle den Anweisungen des Installer-Skripts.

> **Hinweis**
>
> Für viele Linux-Distributionen bietet VMware sogenannte OSPs (*Operating System Specific Packages*). Diese OSPs sind speziell für die jeweilige Linux-Distribution angefertigte Pakete. Sie liegen im jeweils passenden Paket-Format vor, beispielsweise als *.deb* oder *.rpm*. Für folgende Gastbetriebssysteme bietet VMware derzeit OSPs:
>
> - CentOS 4.0 bis 6.0
> - Red Hat Enterprise Linux 3.0 bis 6.x
> - SUSE Linux Enterprise Server 9 bis 11
> - SUSE Linux Enterprise Desktop 10 bis 11
> - Ubuntu Linux 8.04 bis 12.04
>
> Informationen zum Download sowie zur Installation der OSPs finden Sie auf der VMware-Seite unter *https://www.vmware.com/support/packages.html*

17.12.4 Den Status der VMware Tools prüfen

Um den Status der VMware Tools für eine virtuelle Maschine zu prüfen, nutzen Sie den vSphere Client. Öffnen Sie die ÜBERSICHT der virtuellen Maschine. Sie finden im oberen Bereich eine Zeile VMWARE TOOLS (siehe Abbildung 17.36).

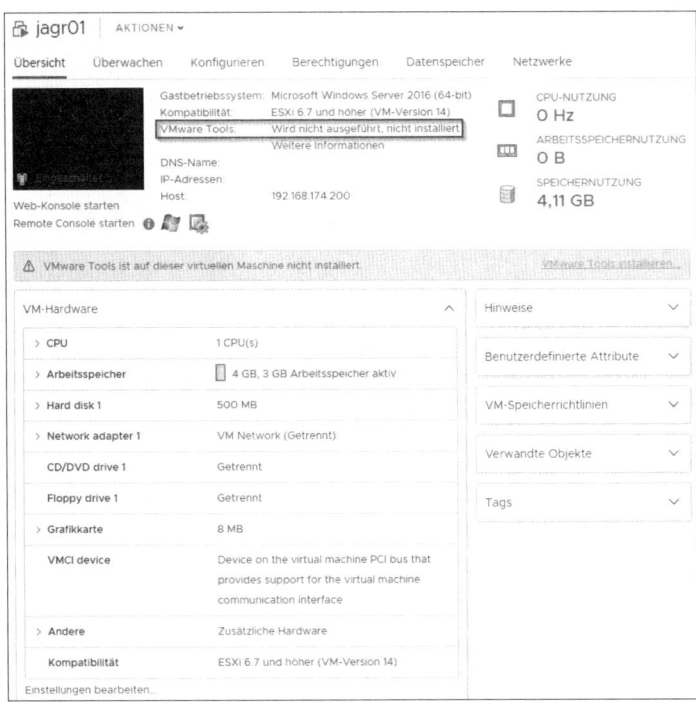

Abbildung 17.36 Den Status der VMware Tools prüfen

In diesem Status bekommen Sie die Information, ob die Tools installiert sind, ob die aktuellste (auf dem ESXi-Host verfügbare) Version der Tools installiert ist bzw. unterstützt wird und ob Upgrades verfügbar sind.

17.12.5 Aktualisierung der VMware Tools

Die Aktualisierung der VMware Tools kann entweder manuell erfolgen oder Sie können die virtuelle Maschine mithilfe des Update Managers so konfigurieren, dass beim Einschalten der Maschine geprüft wird, ob eine neue Version der VMware Tools verfügbar ist. Die aktuelle Version wird dann automatisch installiert.

Achten Sie bei der Aktualisierung immer darauf, dass die Installation der neuen VMware Tools eventuell einen Neustart erfordert. Virtuelle Maschinen, die nicht mindestens auf dem Stand 5.1 der VMware Tools sind bzw. nicht mindestens ein Windows Vista als Gastbetriebssystem einsetzen, benötigen bei der Aktualisierung immer einen Neustart. Des Weiteren müssen auch Systeme, die diese Anforderungen erfüllen, einem Neustart unterzogen werden, wenn neue Komponenten der VMware Tools installiert werden oder Komponenten der Installation einen Neustart erfordern. Weitere Informationen dazu, welche Komponenten einen Neustart erfordern, finden Sie in der VMware Knowledge Base unter *http://kb.vmware.com/kb/2015163*.

Linux-Gastbetriebssysteme benötigen meist einen Neustart der vom Upgrade betroffenen Services oder einen Neustart der gesamten VM.

Automatische Aktualisierung der VMware Tools

Die Konfiguration des automatischen Upgrades können Sie über den Cluster oder in den Einstellungen der virtuellen Maschine konfigurieren.

Die Konfiguration innerhalb der virtuellen Maschine beschreiben wir in Abschnitt 17.3.5, »VMware Tools«, unter »Automatische Aktualisierung der VMware Tools«.

> **Hinweis**
> Die Aktualisierung der VMware Tools über den Cluster kann derzeit nur im vSphere Web Client konfiguriert werden.

Für eine Konfiguration über den Cluster öffnen Sie das AKTIONEN-Menü des jeweiligen Clusters (siehe Abbildung 17.37).

Wählen Sie den Menüpunkt UPDATE MANAGER • UPGRADE-EINSTELLUNGEN FÜR VMWARE TOOLS.

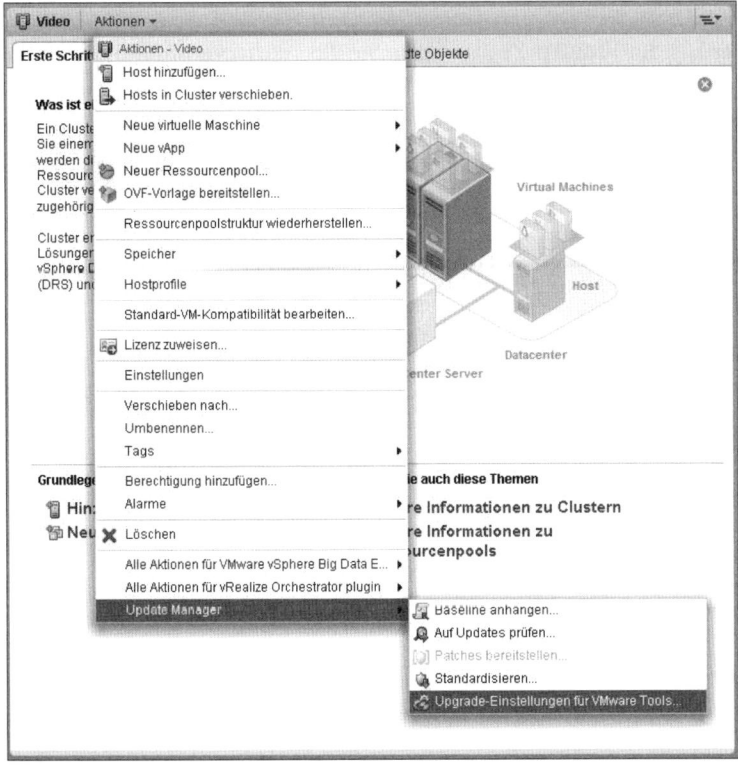

Abbildung 17.37 Die VMware Tools automatisch aktualisieren

Sie können nun diejenigen virtuellen Maschinen, die automatisch auf den aktuellen Stand der VMware Tools gebracht werden sollen, im Dialog UPGRADE-EINSTELLUNGEN VON VMWARE TOOLS BEARBEITEN über die jeweilige Checkbox in der Zeile der VM markieren (siehe Abbildung 17.38).

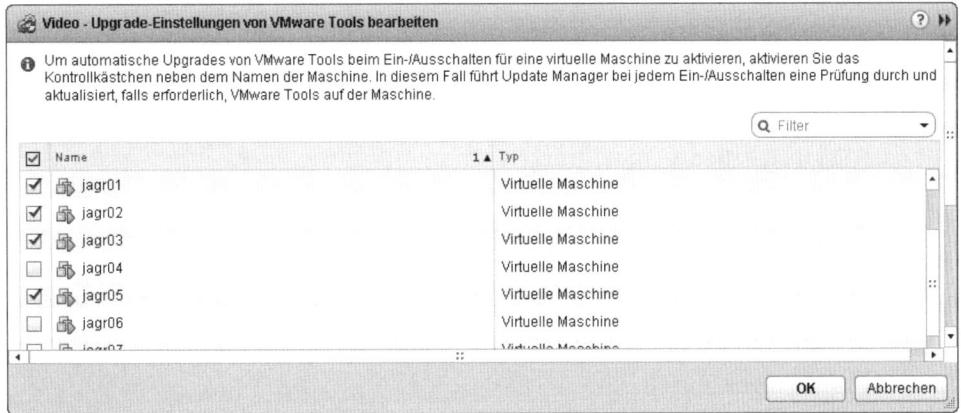

Abbildung 17.38 Auswahl von virtuellen Maschinen für ein automatisches VMware-Tool-Upgrade

Manuelle Aktualisierung der VMware Tools

Zur manuellen Aktualisierung der VMware Tools öffnen Sie das AKTIONEN-Menü der virtuellen Maschine. Wählen Sie GASTBETRIEBSSYSTEM • VMWARE TOOLS AKTUALISIEREN.

> **Hinweis**
>
> Sollten Sie diesen Punkt nicht finden, so kann das daran liegen, dass die VMware Tools über ein OSP installiert wurden oder die derzeitige Version nicht korrekt erkannt werden kann. In diesem Fall folgen Sie den Schritten zur Installation der VMware Tools.

Sie können nun im Dialog VMWARE TOOLS AKTUALISIEREN auswählen, ob Sie ein INTERAKTIVES UPGRADE oder ein AUTOMATISCHES UPGRADE ausführen wollen (siehe Abbildung 17.39).

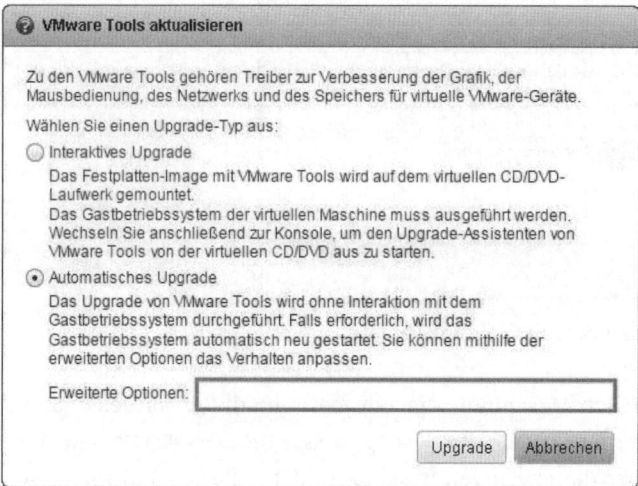

Abbildung 17.39 VMware-Tools-Upgrade-Variante wählen

- Das INTERAKTIVE UPGRADE funktioniert exakt wie die Installation der VMware Tools.
- Das AUTOMATISCHE UPGRADE führt die Installation der neuen Version automatisch aus. Es können ERWEITERTE OPTIONEN hinzugefügt werden, um beispielsweise einen Neustart nach der Installation zu unterdrücken.

Bestätigen Sie das AUTOMATISCHE UPGRADE mit dem Button UPGRADE.

Die Installation der neuen VMware Tools läuft nun im Hintergrund. Sie können den Status über die ÜBERSICHT der virtuellen Maschine im Bereich VMWARE TOOLS oder im Bereich KÜRZLICH BEARBEITETE AUFGABEN des vCenters finden.

17.13 Migration von virtuellen Maschinen

Grundsätzlich gibt es zwei Möglichkeiten zur Migration einer virtuellen Maschine: Sie können entweder den laufenden Teil der virtuellen Maschine migrieren und die Maschine somit von ESXi-Host A zu ESXi-Host B verschieben oder die Dateien der virtuellen Maschine von Datenspeicher A zu Datenspeicher B verschieben.

Bei diesen beiden Arten der Migration unterscheidet man dann jeweils, ob im eingeschalteten Zustand oder im ausgeschalteten Zustand der Maschine migriert wird.

Eine Migration kann innerhalb eines Clusters, von einem Cluster zu einem anderen Cluster und seit der vSphere-Version 6.0 sogar von einem vCenter in ein anderes vCenter erfolgen.

17.13.1 vMotion

Die Migration einer virtuellen Maschine im eingeschalteten Zustand von einem Host zu einem anderen bezeichnet man in vSphere als *vMotion*:

1. Um einen vMotion-Vorgang zu starten, öffnen Sie das AKTIONEN-Menü der virtuellen Maschine, die Sie migrieren wollen, und wählen MIGRIEREN.
2. Wählen Sie die Option NUR COMPUTING-RESSOURCE ÄNDERN.
3. Sie können nun bestimmen, auf welche Ressource die VM migriert werden soll und welche Portgruppen auf dem Ziel nach der Migration genutzt werden.
4. Wählen Sie abschließend, ob das System mit einer hohen oder einer normalen Priorität behandelt werden soll, und schließen Sie die Migration ab.

Das System wird nun live migriert und kann während der Migration normal benutzt werden.

Weitere Informationen zum Thema finden Sie in Abschnitt 3.1, »vMotion«.

> **Hinweis**
> Mit der Priorisierung bestimmen Sie, welcher vMotion-Vorgang Vorrang vor einem anderen hat. Sollte nur ein vMotion zur selben Zeit laufen, so hat die Priorität keinerlei Einfluss auf die Laufzeit.

17.13.2 Storage vMotion

Das Migrieren der Dateien auf einem Datenspeicher einer virtuellen Maschine bezeichnet man in vSphere als *Storage vMotion*.

1. Um eine virtuelle Maschine einem Storage vMotion zu unterziehen, öffnen Sie das AKTIONEN-Menü der virtuellen Maschine, und wählen MIGRIEREN.
2. Wählen Sie nun die Option NUR SPEICHER ÄNDERN.

3. Im Folgenden können Sie den Ziel-Datenspeicher und das Zielformat wählen. Möchten Sie beispielsweise eine zuvor im Thin-Format abgelegte VM lieber im Thick-Eager-Zeroed-Format abspeichern, so können Sie dies bei der Migration angeben.

Weitere Informationen zum Thema Storage vMotion finden Sie in Abschnitt 3.2, »Storage vMotion«.

17.13.3 Hybrid-Migration

Zusätzlich zu den Optionen, eine virtuelle Maschine entweder einem vMotion oder einem Storage vMotion zu unterziehen, ist es möglich, ein Storage vMotion gleichzeitig mit einem vMotion durchführen zu lassen. Auf diese Art kann eine virtuelle Maschine auch migriert werden, wenn der Quell- und der Ziel-Host keinen gemeinsamen Datenspeicher besitzen.

1. Starten Sie eine Hybrid-Migration über das Menü AKTIONEN • MIGRIEREN.
2. Wählen Sie SOWOHL COMPUTING- ALS AUCH SPEICHERRESSOURCEN ÄNDERN. Sie können nun entscheiden, ob Sie zuerst eine Computing-Ressource oder zuerst einen Datenspeicher wählen wollen.
3. Im Folgenden bestimmen Sie den Ziel-Host, den Ziel-Datenspeicher und das Netzwerk, das auf dem Ziel-Host für die virtuelle Maschine verwendet werden soll.

Auch hier können Sie wie beim vMotion vor dem Abschließen der Migration noch eine Priorität gegenüber anderen Migrationen festlegen.

17.14 Klone

Mithilfe des Klonens können virtuelle Maschinen vervielfältigt werden. Die VM kann dabei als virtuelle Maschine oder als Template geklont werden. Ein Klon muss dabei nicht zwingend eine 1:1-Kopie einer virtuellen Maschine sein. VMware bietet beim Klonen verschiedene Anpassungsmöglichkeiten. So können Sie die Maschinen schon auf den Verwendungszweck vorbereiten. Sollten Sie nicht planen, die Quell-VM im Nachgang vollständig durch den Klon zu ersetzen, können Ihnen diese Anpassungen dabei helfen, einzigartige Adressen sowie IDs der virtuellen Maschine durch neue, dann auch wieder wirklich einzigartige Werte zu ersetzen.

Der Klon kopiert die Konfiguration sowie die Festplatten der VM. Der Zustand einer laufenden VM wird bei einem Klon verworfen. Sollte die Maschine während des Klonens also laufen, so ist es für den Klon anschließend so, als hätten Sie die Maschine hart ausgeschaltet. Snapshots werden bei einem Klon-Vorgang automatisch gelöscht. Sie erhalten bei dem Klon also nur den aktuellen Stand des Systems.

17.14.1 Einen Klon erstellen

Bevor Sie eine virtuelle Maschine klonen, sollten Sie sicherstellen, dass keine I/O-intensiven Anwendungen auf dem System laufen. Eine hohe I/O-Last kann beim Kopieren der virtuellen Festplatten dafür sorgen, dass der Klon-Vorgang entweder extrem lange läuft oder sogar aufgrund einer Zeitüberschreitung abgebrochen wird.

Wählen Sie im Aktionen-Menü der VM den Punkt Klonen • Auf virtuelle Maschine klonen (siehe Abbildung 17.40).

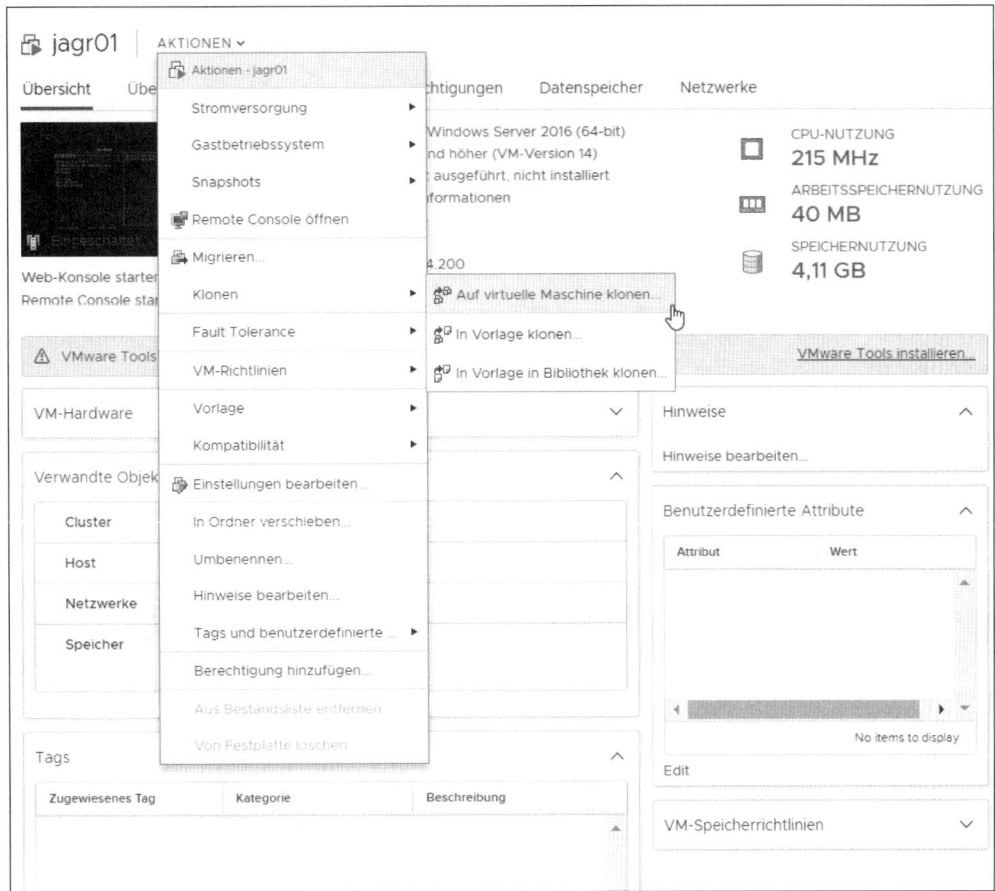

Abbildung 17.40 Den Klon-Vorgang starten

Wählen Sie nun einen Namen und einen Ordner für die virtuelle Maschine aus (siehe Abbildung 17.41).

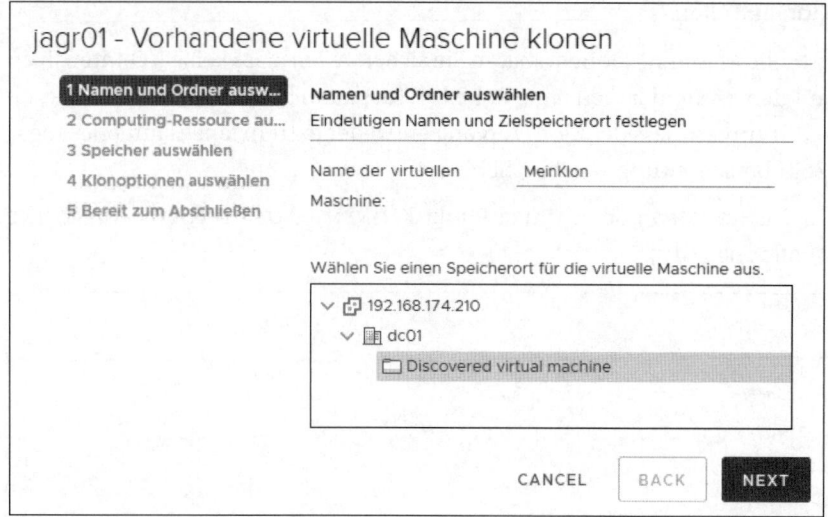

Abbildung 17.41 VM klonen: Name und VM-Verzeichnis angeben

Im folgenden Schritt 2 legen Sie fest, auf welchem Host oder Cluster der Klon konfiguriert werden soll.

In Schritt 3 können Sie wählen, auf welchen Datenspeicher die Dateien des Klons kopiert werden sollen und welche Speicherrichtlinie verwendet werden soll. Sie können an dieser Stelle das Format der Festplattendateien anpassen, beispielsweise von Thick auf Thin.

In den Klonoptionen unter Punkt 4 können Sie nun verschiedene Punkte zum Anpassen des Klons festlegen. Folgende Optionen stehen hier zur Verfügung:

▶ **Betriebssystem anpassen:** Über diese Option können Sie die Individualisierung für Microsoft-Windows-Gastbetriebssysteme für die Punkte REGISTRIERUNGSINFORMATIONEN, COMPUTERNAME, LIZENZ, ADMINISTRATOR-PASSWORT, ZEITZONE, NETZWERK, ARBEITSGRUPPE/DOMÄNE sowie das Erstellen einer neuen SID und das einmalige Ausführen eines Skripts konfigurieren. Für Linux-Betriebssysteme können Sie an diesem Punkt den Computernamen, die Zeitzone, das Netzwerk sowie DNS- und Domänen-Einstellungen konfigurieren. Die Anpassungen werden über Spezifikationen gesteuert. Informationen zum Anlegen einer Spezifikation finden Sie in Abschnitt 11.13.2, »Policies and Profiles«.

▶ **Hardware dieser virtuellen Maschine anpassen:** Sie können die Hardware der virtuellen Maschine beim Klonen verändern.

▶ **Virtuelle Maschine nach dem Erstellen einschalten:** Die virtuelle Maschine wird nach dem erfolgreichen Klon-Vorgang gestartet.

Schließen Sie den Vorgang ab, um das Klonen der VM zu starten.

17.15 Vorlagen

Vorlagen (auch *Templates* genannt) stellen eine Basis dar, von der aus virtuelle Maschinen erstellt werden können. Sie können ein Betriebssystem samt Software und Konfiguration beinhalten. Anders als virtuelle Maschinen können sie nicht eingeschaltet werden. Für Änderungen muss ein Template zuvor in eine virtuelle Maschine umgewandelt und nach der Änderung wieder in ein Template konvertiert werden.

Templates können entweder auf einem Datenspeicher oder in einer Bibliothek gespeichert werden. Das Verwenden der Bibliothek hat den Vorteil, dass sie geteilt und in andere vCenter eingebunden werden kann. Somit müssen Templates nicht zu den einzelnen vCentern kopiert werden.

Um eine Vorlage zu erstellen, können Sie entweder eine virtuelle Maschine umwandeln oder klonen oder Sie können ein *.ovf*-Paket zum Import eines Templates in eine Bibliothek nutzen.

> **Hinweis**
>
> Bitte beachten Sie, dass Templates, die auf einem Datenspeicher liegen, nur in der Ansicht VMs UND VORLAGEN und nicht in der Ansicht HOSTS UND CLUSTER sichtbar sind!

17.15.1 Eine Vorlage aus einer virtuellen Maschine erstellen

Um eine Vorlage aus einer virtuellen Maschine zu erstellen, stehen Ihnen verschiedene Wege zur Verfügung.

Der wohl einfachste Weg ist das Umwandeln einer bestehenden VM in eine Vorlage. Die virtuelle Maschine kann nach der Konvertierung dann allerdings nicht mehr als virtuelle Maschine genutzt werden. Das heißt, für Änderungen am Template müssen Sie entweder eine virtuelle Maschine auf Basis der Vorlage erstellen oder das Template wieder zurück in eine virtuelle Maschine konvertieren. Gerade bei Microsoft-Gastbetriebssystemen sollten Sie den Weg über die Konvertierung nutzen, um einen unnötigen Sysprep-Vorgang zu vermeiden. Die Anzahl an möglichen Sysprep-Vorgängen innerhalb einer Windows-Installation ist meist begrenzt.

Virtuelle Maschine in Vorlage umwandeln

Um eine virtuelle Maschine in eine Vorlage umzuwandeln, wählen Sie im AKTIONEN-Menü der virtuellen Maschine die Option VORLAGE • IN VORLAGE KONVERTIEREN.

Bestätigen Sie in der Abfrage, dass die VM in eine Vorlage konvertiert werden soll.

Virtuelle Maschine in Vorlage klonen

Das Klonen einer virtuellen Maschine in eine Vorlage erfolgt über das AKTIONEN-Menü der virtuellen Maschine. Wählen Sie KLONEN • IN VORLAGE KLONEN.

Bestätigen Sie die Abfrage, ob die virtuelle Maschine konvertiert werden soll, mit JA. Die Maschine wird anschließend in ein Template konvertiert und steht in der Ansicht VMs UND VORLAGEN bereit.

Virtuelle Maschine in Bibliothek klonen

Der Weg, eine virtuelle Maschine in ein Template in einer Bibliothek zu klonen, führt ebenfalls über das AKTIONEN-Menü der virtuellen Maschine.

Wählen Sie dazu KLONEN • IN VORLAGE IN BIBLIOTHEK KLONEN.

Wählen Sie NEUE VORLAGE, wählen Sie eine entsprechende VORLAGENBIBLIOTHEK, und passen Sie bei Bedarf den VORLAGENNAME an (siehe Abbildung 17.42).

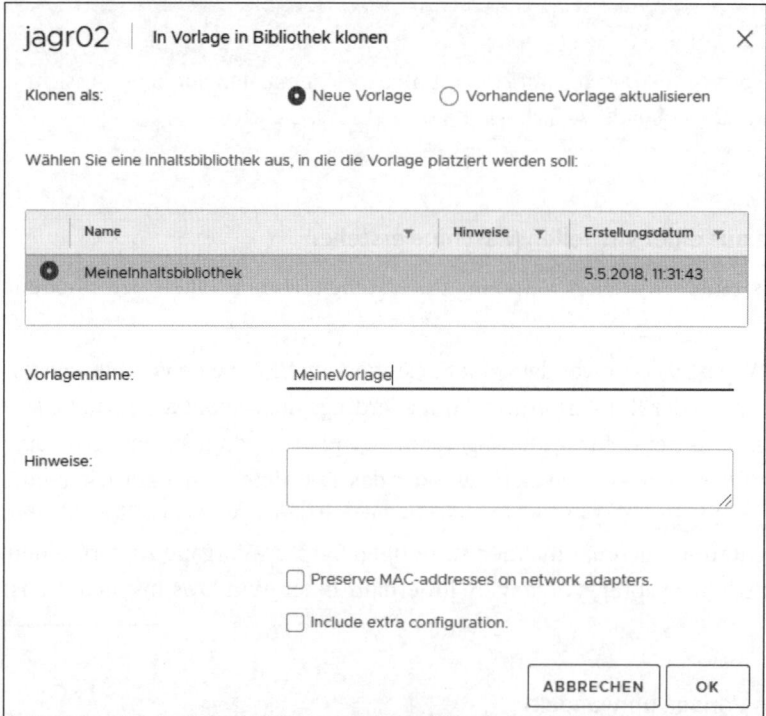

Abbildung 17.42 Vorlage in Inhaltsbibliothek klonen

Sie können außerdem mit der Option PRESERVE MAC-ADDRESSES ON NETWORK ADAPTERS konfigurieren, ob die Vorlage die MAC-Adressen der Netzwerkadapter beibehalten soll.

17.15 Vorlagen

Über die Option INCLUDE EXTRA CONFIGURATION können Sie erweiterte Parameter übernehmen lassen, zum Beispiel IP-Adressen, die in der Konfiguration der VM eingetragen sind. Bestätigen Sie den Dialog mit OK, um die virtuelle Maschine in die Bibliothek klonen zu lassen.

17.15.2 Eine Vorlage in die Bibliothek importieren

Um ein *.ovf*-Paket mit einem Template in eine Bibliothek zu importieren, offnen Sie den Punkt INHALTSBIBLIOTHEKEN über MENU.

Wählen Sie nun die Inhaltsbibliothek aus, und öffnen Sie den Dialog AKTIONEN • ELEMENT IMPORTIEREN.

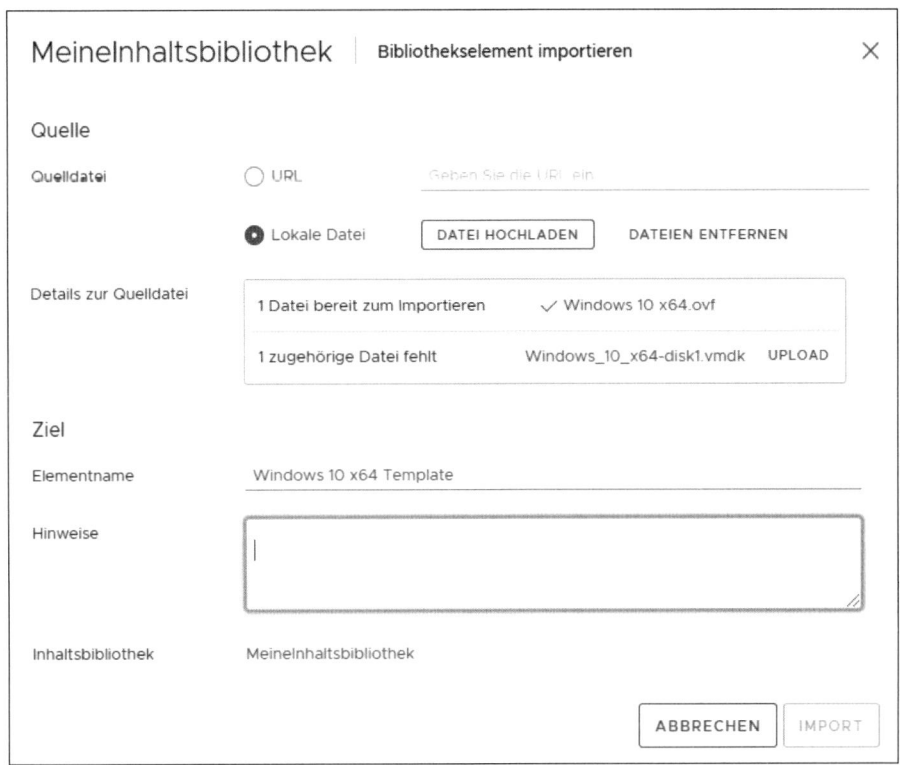

Abbildung 17.43 Ein ».ovf«-Paket-Template in eine Bibliothek importieren

Sie können nun eine Quelldatei über eine URL oder über LOKALE DATEI in die Bibliothek importieren. Wählen Sie einen ELEMENTNAMEN, unter dem die Vorlage gespeichert werden soll, und starten Sie den IMPORT.

17.15.3 VM-Vorlagen in Ordnern verwalten

Um die Templates, die sich auf Datenspeichern befinden, innerhalb eines vCenters zu verwalten, nutzen Sie aus den GLOBALEN BESTANDSLISTEN den Punkt VM-VORLAGEN IN ORDERN.

Sie bekommen damit eine Übersicht über sämtliche vorhandene Vorlagen (siehe Abbildung 17.44).

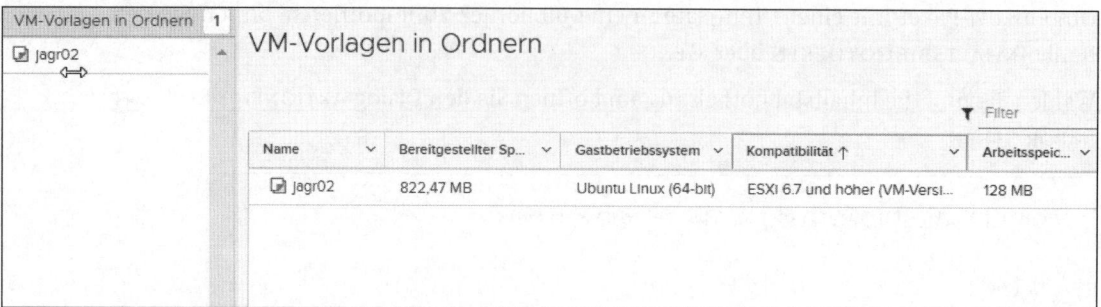

Abbildung 17.44 VM-Vorlagen in Ordern

Darüber hinaus stehen Ihnen hier an zentraler Stelle folgende Funktionen zur Verfügung:

- eine VM über ein Template erstellen
- Vorlagen in virtuelle Maschinen konvertieren
- Vorlagen für neue Vorlagen klonen
- Vorlagen in Bibliotheken klonen
- Vorlagen verschieben
- Berechtigungen der Vorlagen verwalten
- Hinweise, Tags und Attribute bearbeiten
- Vorlagen aus dem Bestand entfernen
- Vorlagen löschen

17.15.4 Eine virtuelle Maschine aus einer Vorlage erstellen

Wechseln Sie in die Ansicht der VMs UND VORLAGEN und wählen Sie die Vorlage, die als Basis für die neue virtuelle Maschine dienen soll. Wählen Sie über das Menü des Templates nun die Option NEUE VM ÜBER DIESE VORLAGE, um eine neue VM zu erstellen (siehe Abbildung 17.45).

Der weitere Ablauf ist identisch mit dem Vorgang, den wir in Abschnitt 17.14.1, »Einen Klon erstellen«, beschrieben haben.

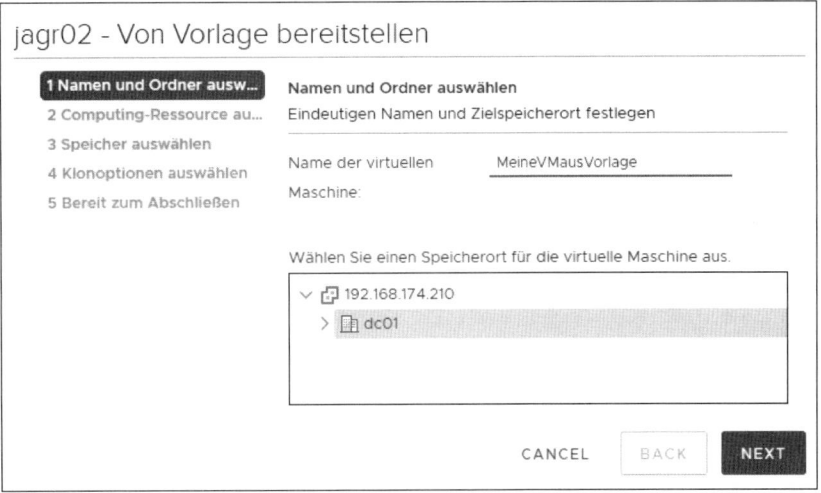

Abbildung 17.45 Eine virtuelle Maschine aus einer Vorlage bereitstellen

17.16 Die virtuelle Maschine im VMware vSphere Client

Im vSphere Client gibt es verschiedene Reiter, die Informationen bzw. Konfigurationsmöglichkeiten der virtuellen Maschine zugänglich machen. Diese Reiter werden in diesem Abschnitt der Reihe nach beschrieben. In den Reitern ÜBERWACHEN, VERWALTEN und VERWANDTE OBJEKTE ist jeweils noch ein Satz von Reitern enthalten, die ausführlichere Einstellungsmöglichkeiten bieten.

17.16.1 Übersicht

Auf dem Reiter ÜBERSICHT finden Sie einen Überblick über die Konfiguration, die genutzten Ressourcen und diverse andere Parameter der virtuellen Maschine. Die Übersicht ist dabei grob in drei Bereiche unterteilt (siehe Abbildung 17.46).

Ganz oben findet sich ein Bereich, der eine knappe Übersicht über die VM bietet. Neben einem kleinen Status-Bild der Konsole mit dem Power-Zustand und der Möglichkeit, die Web-Konsole oder die VMRC für diese Maschine zu starten, finden Sie hier folgende Informationen:

- Gastbetriebssystem
- Kompatibilität (virtuelle Hardware Version)
- Status der VMware Tools
- DNS-Name
- IP-Adressen
- Host, der derzeit für die Maschine als Computing-Ressource konfiguriert ist

Rechts daneben finden Sie den Status der derzeit genutzten Ressourcen:

- CPU
- Arbeitsspeicher
- Datenspeicher

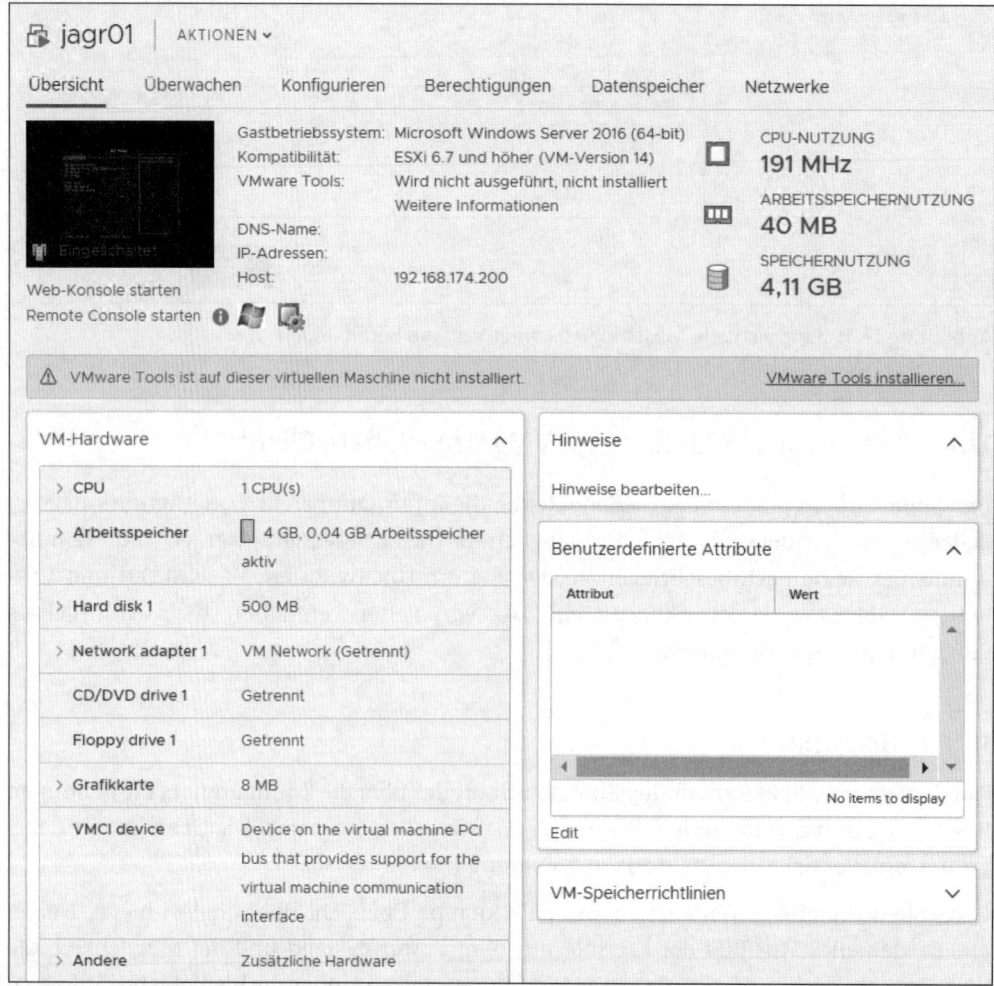

Abbildung 17.46 »Übersicht« der virtuellen Maschine

Unter dieser Übersicht finden Sie unter anderem noch kleine Icons, die zeigen, welches Gastbetriebssystem installiert ist und ob die VM beispielsweise über HA gegen Ausfälle gesichert ist oder ob EVC aktiviert ist.

Im Bereich zwischen diesem Überblick und den Fenstern weiter unten finden Sie Warnungen und Alarme zu Problemen der virtuellen Maschine. Diese werden nur eingeblendet, wenn sie ausgelöst werden. Ein solches Problem kann zum Beispiel der Umstand sein, dass die VMware Tools nicht installiert sind.

Im unteren Bereich der Übersicht finden Sie verschiedene kleine Fenster, die sich auf- und zuklappen lassen. Wir beschreiben sie kurz in den folgenden Abschnitten.

VM-Hardware

Hier können Sie die Komponenten der virtuellen Maschine sowie verbundene Medien (wie ISO-Dateien) einsehen. Die Komponenten können Sie teilweise aufblättern, um weitere Details zu erhalten.

Tags

Hier können Sie Tags der virtuellen Maschine einsehen, hinzufügen und entfernen.

Verwandte Objekte

Im Fenster VERWANDTE OBJEKTE werden die beteiligten Komponenten (wie Netzwerk, Cluster, Host und Datenspeicher) angezeigt, die mit der virtuellen Maschine in Verbindung gebracht werden. Über einen Klick auf die jeweilige Komponente können Sie zum entsprechenden Objekt springen.

Hinweise

In den Hinweisen können Sie Kommentare zur virtuellen Maschine einsehen und bearbeiten.

Benutzerdefinierte Attribute

In diesem Bereich können benutzerdefinierte Attribute mit entsprechenden Werten festgelegt werden, etwa eine interne Nummer zu Verrechnung oder Ähnliches.

VM-Speicherrichtlinien

Im Bereich VM-SPEICHERRICHTLINIEN können Sie die derzeit konfigurierten Speicherrichtlinien einsehen und die Einhaltung der Richtlinien prüfen.

17.16.2 Überwachen

Der Reiter ÜBERWACHEN bietet einen Überblick über alles, was mit der Laufzeit der virtuellen Maschine zu tun hat. Er ist in weitere Kategorien unterteilt: PROBLEME UND ALARME, LEISTUNG, AUFGABEN, EREIGNISSE und AUSLASTUNG, welche im Folgenden kurz erklärt werden.

Probleme

Auf dem Reiter PROBLEME finden Sie unter anderem die Informationen, die auch auf der Übersicht angezeigt werden. Darüber hinaus gibt es hier noch eine Kategorie, in der AUSGELÖSTE ALARME gezeigt werden. Die Alarme können vordefiniert oder auch selbst konfiguriert sein.

Leistung

Auf dem Reiter LEISTUNG werden im Überblick vorkonfigurierte Leistungsgraphen zur virtuellen Maschine gezeigt. In der vorkonfigurierten Ansicht werden Graphen zur CPU-, Arbeitsspeicher-, Datenspeicher- sowie Netzwerklast gezeigt (siehe Abbildung 17.47). Es lassen sich verschiedene Zeiträume festlegen, die angezeigt werden sollen.

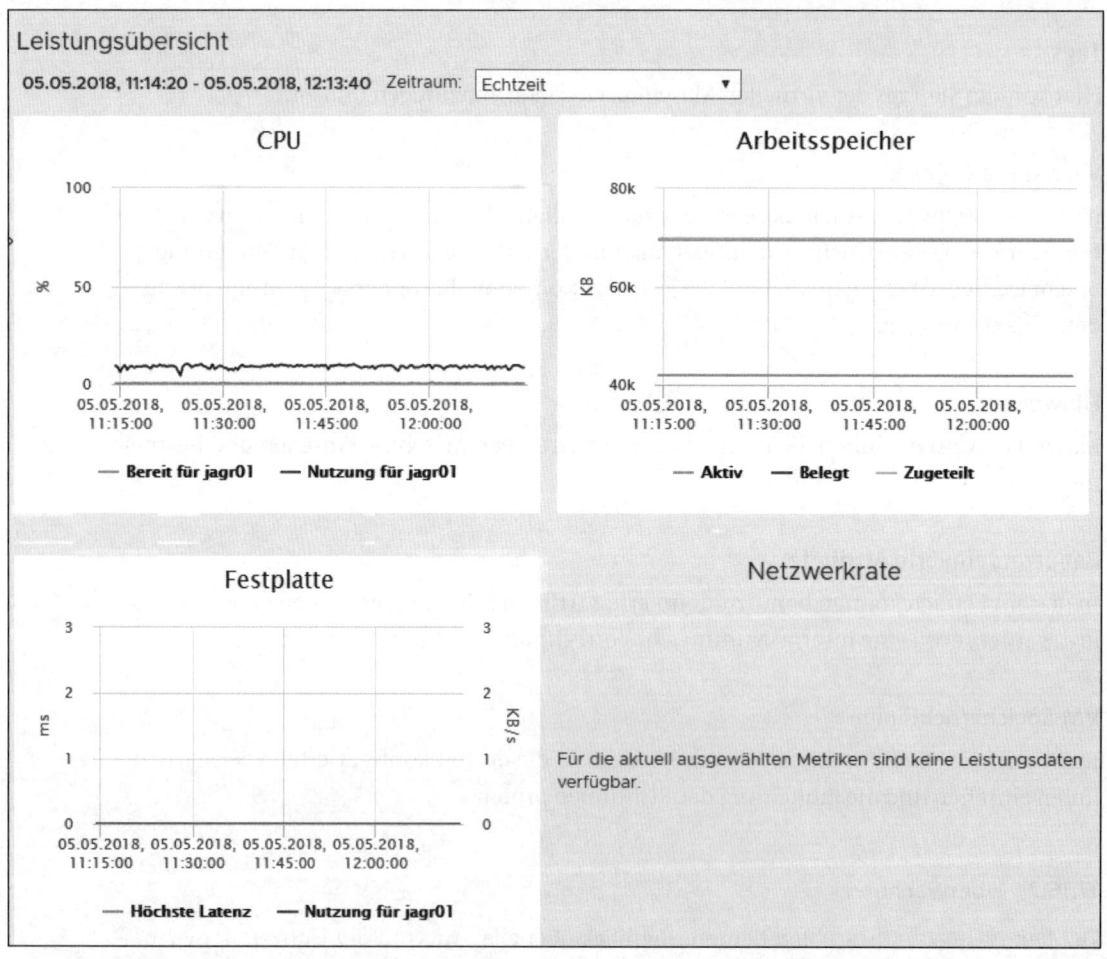

Abbildung 17.47 Vordefinierte Leistungsgraphen der virtuellen Maschine

Neben diesen vordefinierten Graphen können unter dem Punkt ERWEITERT noch eigene Graphen konfiguriert werden (siehe Abbildung 17.48).

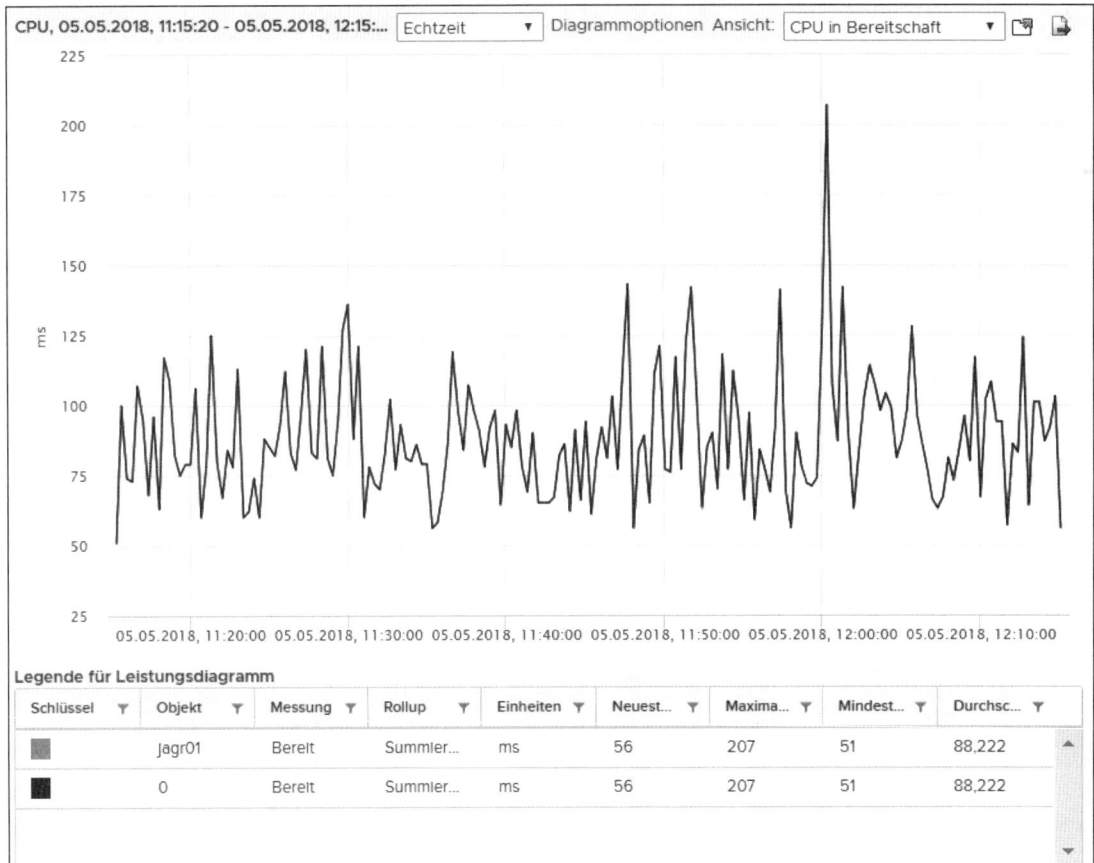

Abbildung 17.48 Benutzerdefinierte Leistungsgraphen der virtuellen Maschine

Diese Graphen können Sie über den Punkt Diagrammoptionen so konfigurieren, wie es in Abbildung 17.49 gezeigt wird, und anschließend über die Option Ansicht auswählen.

Neben den verschiedenen Kategorien – wie Arbeitsspeicher, Stromversorgung, CPU, Datenspeicher, Festplatte, Netzwerk, System und virtuelle Festplatte – können Sie hier auch die Werte der einzelnen Kategorien, die Zeitspanne und den Diagrammtyp auswählen.

Aufgaben

Auf dem Reiter AUFGABEN werden bestehende sowie abgeschlossene Aufgaben der virtuellen Maschine gezeigt (siehe Abbildung 17.50). Sie können hier nachvollziehen, welcher Benutzer welche Aktion gestartet hat und wie lange sie bis zur Fertigstellung benötigte.

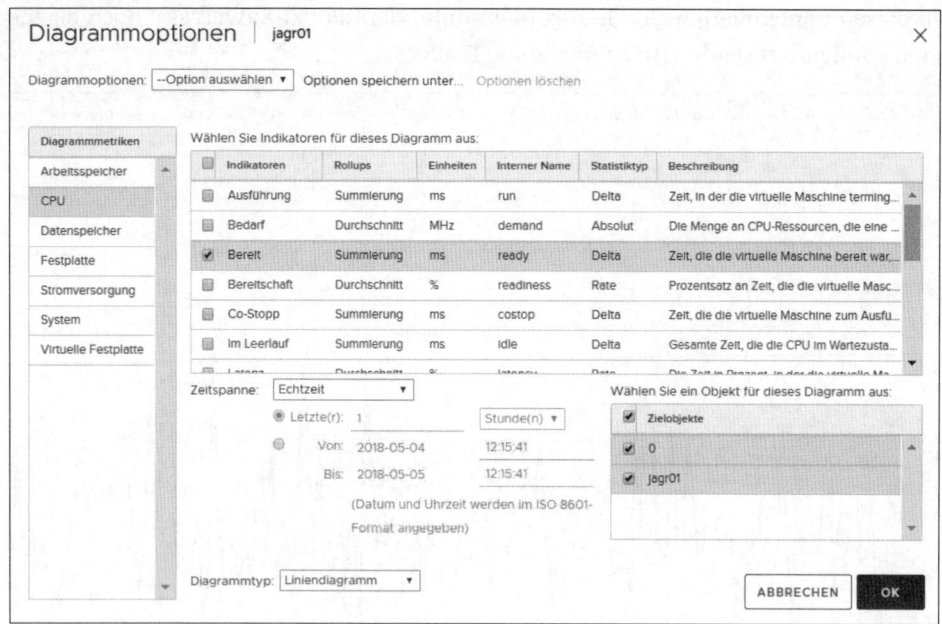

Abbildung 17.49 Konfiguration benutzerdefinierter Leistungsgraphen der virtuellen Maschine

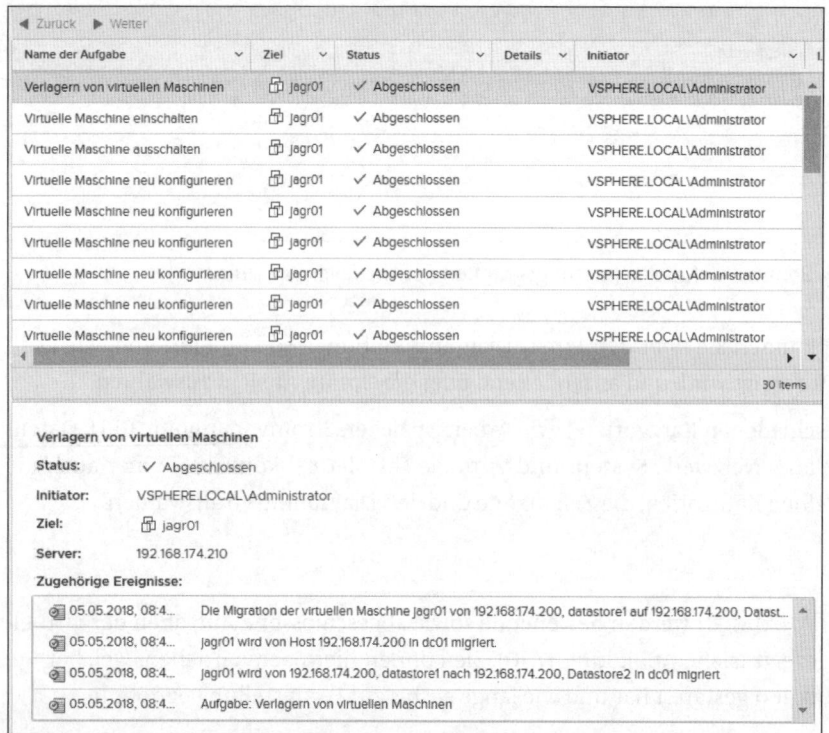

Abbildung 17.50 Der Reiter »Aufgaben« der virtuellen Maschine

Ereignisse

Der Reiter EREIGNISSE zeigt Informationen wie die Zustandswechsel, die im Zusammenhang mit der virtuellen Maschine stehen. Sie können sie einzeln anwählen, um mehr Informationen über das entsprechende Ereignis zu bekommen (siehe Abbildung 17.51).

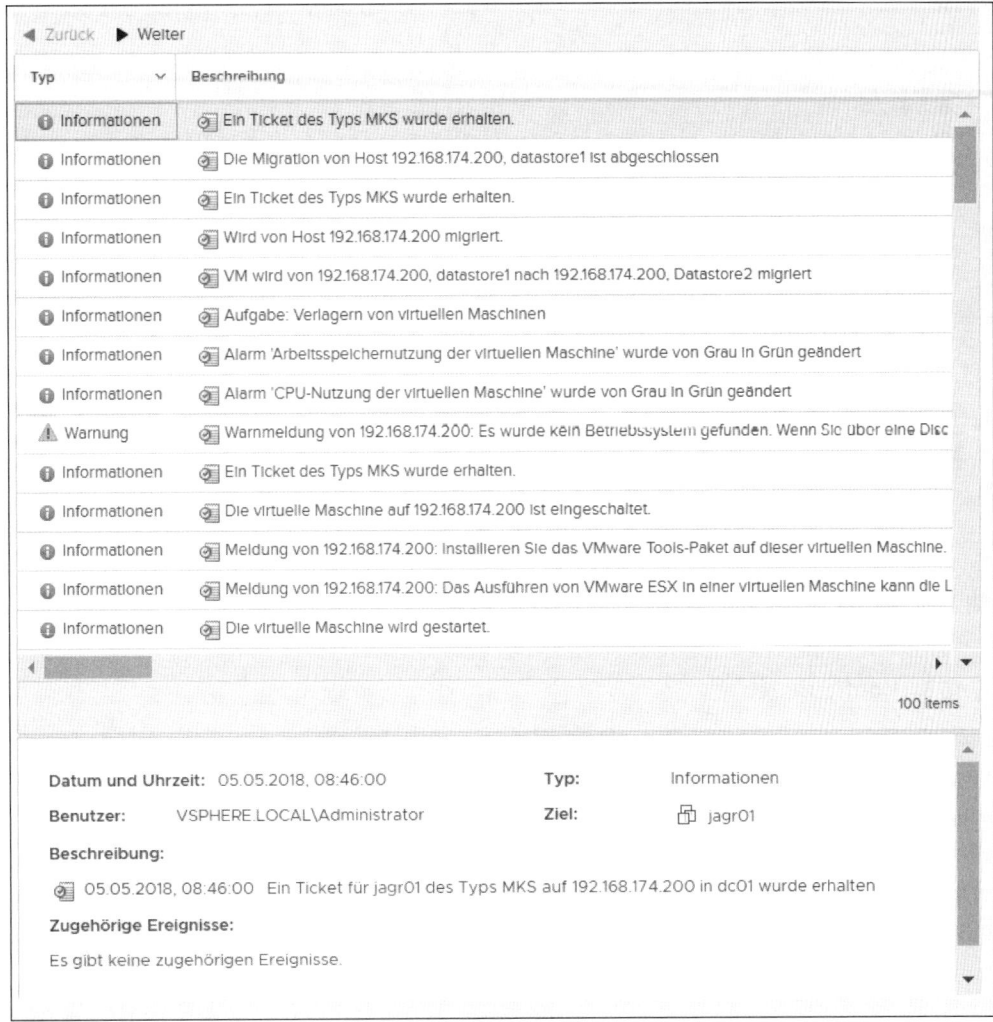

Abbildung 17.51 »Ereignisse« der virtuellen Maschine

Auslastung

Der Reiter AUSLASTUNG zeigt in Form eines Balkendiagramms sowie einer Tabelle die Ressourcennutzung von CPU und Arbeitsspeicher der virtuellen Maschine (siehe Abbildung 17.52). Der Ressourcenverbrauch der virtuellen Maschine wird hier im Detail aufgeschlüsselt.

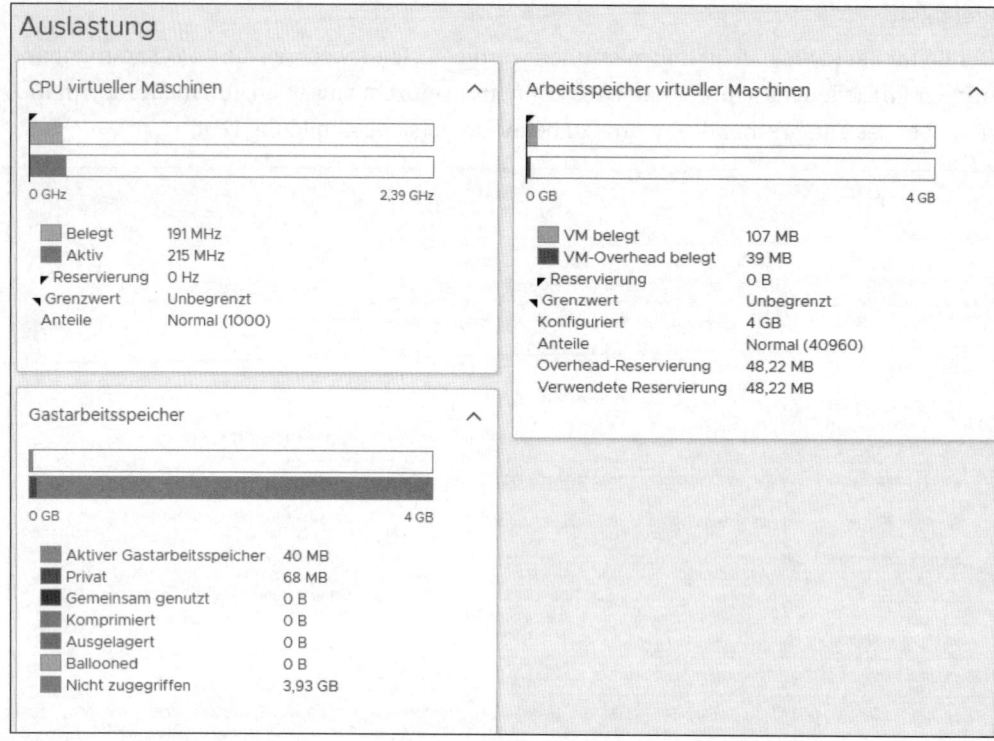

Abbildung 17.52 Der Reiter »Auslastung« mit den Daten zur virtuellen Maschine

17.16.3 Konfigurieren

Im Reiter KONFIGURIEREN können Einstellungen der virtuellen Maschine vorgenommen, vApps aktiviert und Aufgaben geplant werden.

vApp-Optionen

Wie der Name schon sagt, können hier diverse Einstellungen zu vApps aktiviert und hinzugefügt werden. Bestandteil einer vApp sind unter anderem Produktinformationen zur vApp sowie netzwerkrelevante Themen.

Alarmdefinitionen

In den ALARMDEFINITIONEN können Sie die bestehenden Alarmdefinitionen der virtuellen Maschine einsehen, neue Alarme erstellen und vorhandene Alarme verändern. Beachten Sie, dass Alarme, die in anderen Objekten als der virtuellen Maschine definiert sind, auch in dem jeweiligen Objekt geändert werden müssen, das Sie in der Spalte DEFINIERT IN finden (siehe Abbildung 17.53). Alarme, die auf der Ebene der virtuellen Maschine erstellt werden, gelten nur für diese virtuelle Maschine. Wollen Sie einen Alarm erstellen, der für mehrere virtuelle

Maschinen gültig ist, dann wählen Sie eine über der VM liegende Ebene, wie etwa das vCenter.

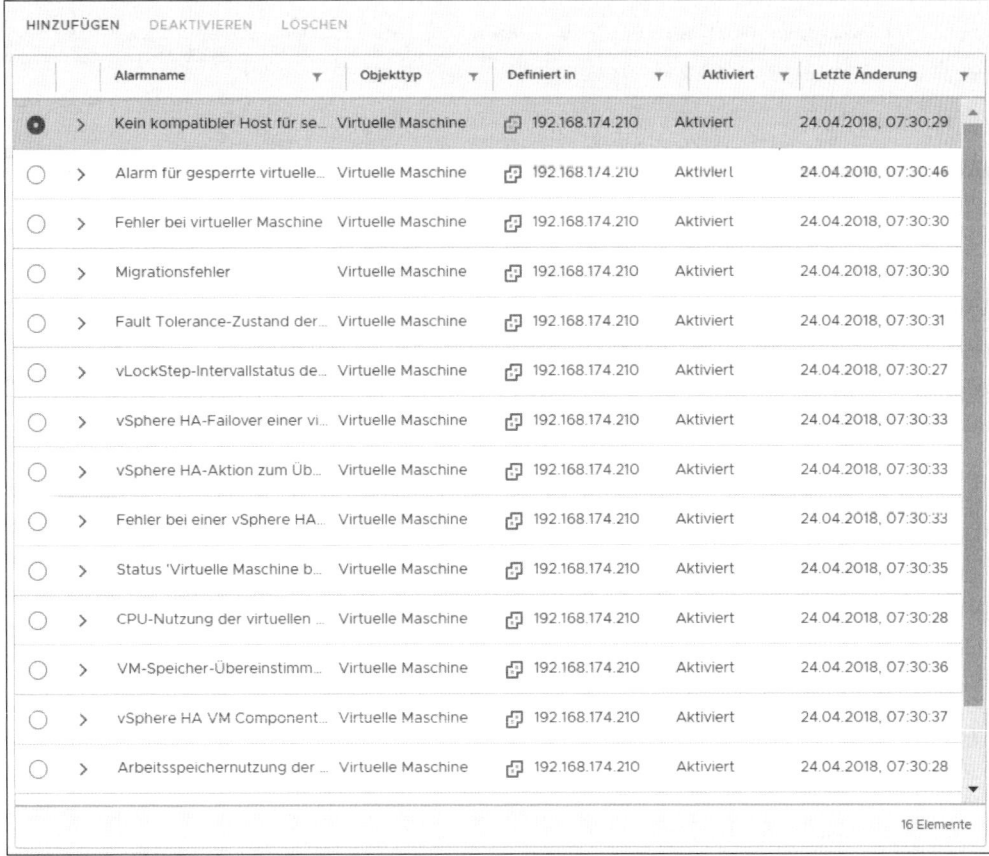

Abbildung 17.53 »Alarmdefinition« der virtuellen Maschine

Geplante Aufgaben

Über die geplanten Aufgaben können Sie Aufgaben für die virtuelle Maschine planen, die dann zu einem bestimmten oder zu einem wiederkehrenden Zeitpunkt ausgeführt werden. Mögliche planbare Aufgaben sind:

- Einschalten
- Gastbetriebssystem herunterfahren
- Gastbetriebssystem neu starten
- Ausschalten
- Anhalten
- Zurücksetzen
- Snapshot erstellen

Die geplanten Aufgaben werden anschließend in der Liste angezeigt (siehe Abbildung 17.54)

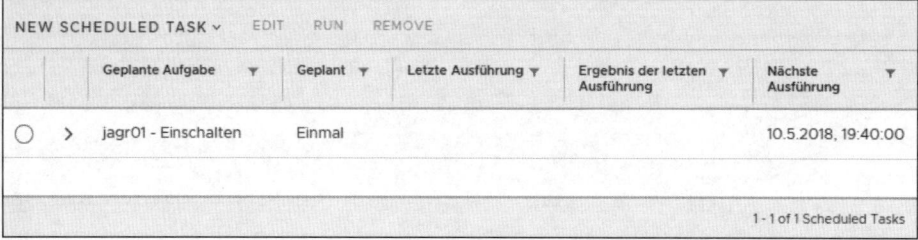

Abbildung 17.54 Liste der geplanten Aufgaben

VMware EVC

Hier können Sie den EVC-Modus aktivieren und deaktivieren. Wählen Sie, ob EVC für Intel oder AMD aktiviert werden soll, und wählen Sie anschließend eine Generation für den EVC aus (siehe Abbildung 17.55).

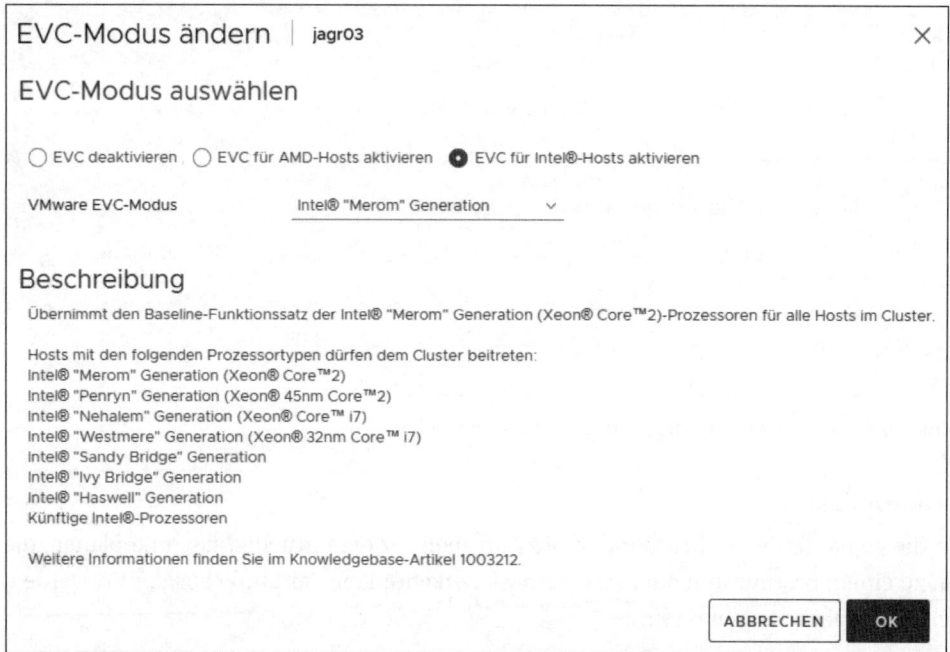

Abbildung 17.55 EVC-Modus ändern

Richtlinien

Auf dem Reiter RICHTLINIEN können Sie die Speicherrichtlinien der VM einsehen und bearbeiten (siehe Abbildung 17.56).

17.16　Die virtuelle Maschine im VMware vSphere Client

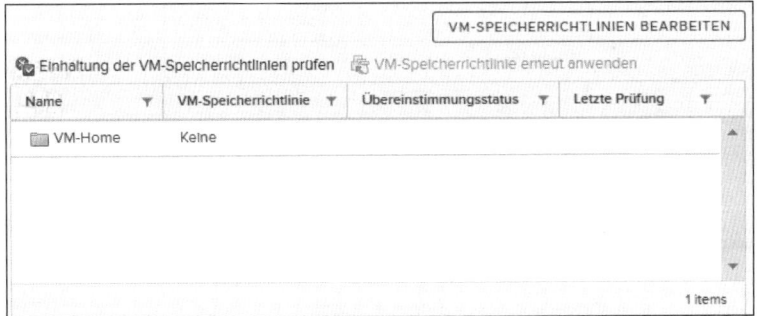

Abbildung 17.56 »Richtlinien« der virtuellen Maschine

VM-Hardware

Die Optionen unter EINSTELLUNGEN sind weitgehend deckungsgleich mit den Dialogen, die über AKTIONEN • EINSTELLUNGEN BEARBEITEN erreichbar sind. In diesem Bereich können Sie die virtuelle Hardware allerdings nur lesend betrachten und nicht verändern.

17.16.4　Berechtigungen

Im Reiter BERECHTIGUNGEN können Sie Zugriffsrechte für Einstellungen und Zugriffe der virtuellen Maschine einsehen und verwalten (siehe Abbildung 17.57). Bitte beachten Sie, dass für die virtuelle Maschine angelegte Berechtigungen auch nur für die virtuelle Maschine gelten. Wollen Sie Berechtigungen für eine Gruppe oder sämtliche vorhandenen virtuellen Maschinen anlegen, so muss dies auf der entsprechenden Ebene geschehen.

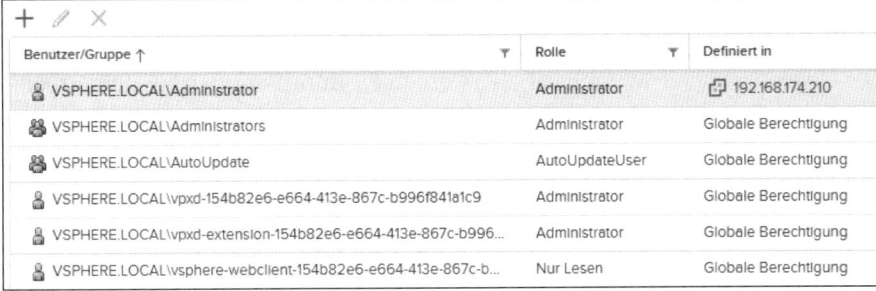

Abbildung 17.57 »Berechtigungen« der virtuellen Maschine

17.16.5　Datenspeicher

Im Reiter DATENSPEICHER sehen Sie eine Liste der Datenspeicher, die mit der virtuellen Maschine in Verbindung gebracht werden (siehe Abbildung 17.58). Dies kann unter anderem bedeuten, dass der gelistete Datenspeicher eine Swap-Datei, eine eingebundene ISO-Datei oder eine Festplatten-Datei enthält.

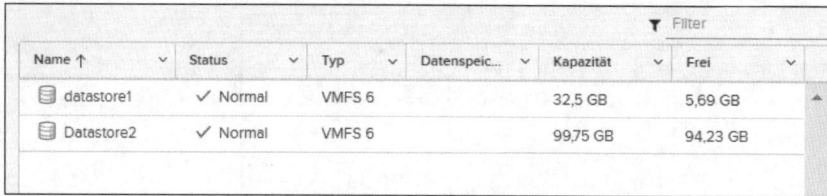

Abbildung 17.58 »Datenspeicher« der virtuellen Maschine

17.16.6 Netzwerke

Dieser Bereich enthält die Netzwerke, die mit der VM in Verbindung gebracht werden (siehe Abbildung 17.59).

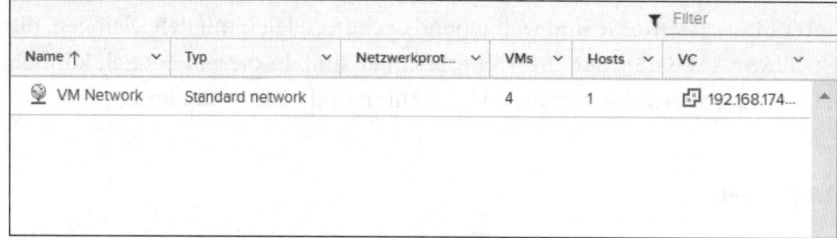

Abbildung 17.59 »Netzwerke« der virtuellen Maschine

17.17 Snapshots

Snapshots bieten die Möglichkeit, den aktuellen Zustand einer virtuellen Maschine festzuhalten. Das gilt für die Festplatten, den Arbeitsspeicherinhalt, den Zustand und die Konfiguration der jeweiligen virtuellen Maschine. Dabei werden die Informationen aus dem Arbeitsspeicher auf dem Datenspeicher abgelegt. Der Inhalt der Festplatte wird eingefroren, und Änderungen, die ab dem Erstellen des Snapshots erfolgen, werden in eine Delta-Datei geschrieben. Ein Snapshot legt also keine Kopie der virtuellen Festplatten an, sondern speichert lediglich Änderungen in einer anderen Datei. Bei Lesezugriffen auf die virtuelle Festplatte wird zuerst in dem obersten Snapshot im entsprechenden Bereich nachgesehen. Wird dort nichts gefunden, wird der nächste darüber liegende Snapshot bzw. die ursprüngliche Festplattendatei geprüft. Dieser Vorgang wird so lange wiederholt, bis die Information gefunden wird.

Es ist möglich, mehrere Snapshots in Folge zu erstellen und zwischen verschiedenen Snapshot-Ständen zu wechseln. Auch von diesen Snapshot-Ständen können beim Zurückspringen wieder weitere Snapshots erstellt werden. Es kann allerdings immer nur ein Snapshot aktiv genutzt werden. Nachdem der Snapshot nicht mehr benötigt wird, kann er gelöscht werden. Beim Löschen können entweder sämtliche Snapshots gelöscht werden; der aktuell aktive Stand der VM wird dabei in die Dateien der virtuellen Maschine geschrieben. Oder Sie löschen einen einzelnen Snapshot. Dabei wird der aktuelle Stand dem darüber liegenden Stand übergeben; Informationen aus den Daten-Deltas der virtuellen Festplatten werden in den darüber liegenden Stand geschrieben.

Snapshots eignen sich beispielsweise hervorragend, um einen Stand vor einer Installation einer Applikation oder einem Upgrade innerhalb einer virtuellen Maschine festzuhalten. Nach der erfolgreichen Installation kann der neue Stand dann einfach zurückgeschrieben und die Maschine weiterbetrieben werden. Im Fehlerfall können Sie einfach zum ursprünglichen Stand der VM wechseln und von vorne beginnen. Über die Snapshot-Ketten können dabei selbstverständlich auch Snapshots von einzelnen Schritten während eines solchen Installationsvorgangs angelegt werden. Obwohl eine maximale Anzahl von 32 Snapshots pro virtueller Maschine unterstützt wird, sollten Sie die Anzahl der Snapshots immer so gering wie möglich halten.

Snapshots werden häufig als Backups missbraucht. Für diesen Zweck eignen sie sich allerdings nur bedingt. Auch wenn mithilfe von Snapshots alte Stände einer VM wiederhergestellt werden können, werden sie standardmäßig auf dem Datenspeicher der virtuellen Maschine gespeichert und schützen somit Ihre Daten nicht beim Ausfall des Datenspeichers. Des Weiteren verursachen sie beim Zugriff auf die virtuellen Festplatten unnötigen Overhead und kosten unnötig teuren Datenspeicher der Produktion, der für Backups nicht optimiert ist. Schlussendlich ist im Falle eines Defekts in einem Snapshot oder einer Snapshot-Kette nicht nur die virtuelle Maschine, sondern auch der als Backup missbrauchte Snapshot nicht mehr nutzbar.

Der Einsatz von Snapshots kann an vielen Stellen sehr hilfreich sein. Denken Sie allerdings daran, dass Snapshots eine nicht zu unterschätzende Größe annehmen können. Jeder Snapshot einer virtuellen Maschine kann bis zur vollständigen Größe der Festplattendateien wachsen. Hinzu kommt die Größe des Arbeitsspeichers – vorausgesetzt, er wird ebenfalls mit in den Snapshot einbezogen. Die Nutzung von Snapshots und insbesondere von langen Snapshot-Ketten stellt dazu einen nicht zu unterschätzenden Mehraufwand für den Hypervisor und den Storage dar.

Für Systeme wie Domain-Controller und Datenbanken sollten Sie Snapshots möglichst nicht verwenden. Diese Systeme vertragen meist das Zurückkehren zu einem früheren Punkt nicht, und es kann zu Fehlern bzw. Inkonsistenzen kommen.

Viele Backup-Produkte für vSphere arbeiten auf Basis von Snapshots. Bei einem Backup-Vorgang mit einem solchen Produkt wird zuerst ein Snapshot der virtuellen Maschine erstellt, und anschließend kann das Backup-Produkt die ursprünglichen Daten-Dateien der virtuellen Maschine kopieren, ohne dass Veränderungen während des Backup-Vorgangs in diese Datei geschrieben werden. Bei der Verwendung eines solchen Produkts sollten Sie regelmäßig prüfen, ob die Snapshots nach einem solchen Vorgang ordnungsgemäß gelöscht wurden.

17.17.1 Snapshot erstellen

Um einen Snapshot zu erstellen, wählen Sie aus dem AKTIONEN-Menü der virtuellen Maschine den Punkt SNAPSHOTS • SNAPSHOT ERSTELLEN (siehe Abbildung 17.60).

Abbildung 17.60 Snapshot erstellen

Legen Sie einen NAMEN sowie eine BESCHREIBUNG für den Snapshot fest. Sie können nun wählen, ob Sie zusätzlich zum Snapshot der virtuellen Festplatte und der Konfiguration auch einen SNAPSHOT DES ARBEITSSPEICHERS DER VIRTUELLEN MASCHINE ERSTELLEN lassen möchten. Diese Option gibt Ihnen die Möglichkeit, bei einem späteren Zurückkehren zum Snapshot genau an dem Punkt fortzusetzen, an dem die Maschine sich befand. Die Option GAST-DATEISYSTEM STILLLEGEN erlaubt es, das Dateisystem während eines Snapshots einzufrieren. Sie ist nur auf Systemen verfügbar, auf denen die VMware Tools laufen.

17.17.2 Snapshots verwalten

Um die bestehenden Snapshots einer virtuellen Maschine zu verwalten, nutzen Sie den Snapshot-Manager.

Öffnen Sie den Snapshot-Manager über das AKTIONEN-Menü der VM, und wählen Sie SNAPSHOTS • SNAPSHOTS VERWALTEN.

Im Snapshot-Manager (siehe Abbildung 17.61) sehen Sie nun auf der linken Seite die Struktur der Snapshots der ausgewählten virtuellen Maschine. Die Struktur zeigt, welche Snapshots in welcher Hierarchie existieren und ob sie inklusive Arbeitsspeicherinhalt und Zustand der VM angelegt wurden. Snapshots mit einem kleinen grünen Pfeil stehen dabei für Snapshots der VM mit Arbeitsspeicherinhalt.

Abbildung 17.61 Der Snapshot-Manager

Auf der rechten Seite des Dialogs bekommen Sie eine Übersicht über die Eigenschaften des jeweils gewählten Snapshots. Die Übersicht zeigt den Namen, eine Beschreibung (die Sie beim Anlegen des Snapshots selbst erstellen müssen), das Erstellungsdatum, die derzeitige Festplattennutzung und einen Screenshot der Konsole der virtuellen Maschine.

Über die Option BEARBEITEN haben Sie die Möglichkeit, den Namen sowie die Beschreibung des Snapshots anzupassen.

Snapshot(s) löschen

Einen Snapshot zu löschen bedeutet nicht, den Zustand aus dem Snapshot zu verwerfen und somit zu einem früheren Stand zurückzukehren. Es bedeutet, dass man nach dem Löschen nur noch den aktuellen Zustand der virtuellen Maschine behält. Eine Ausnahme bildet dabei das Löschen von Snapshots einer Snapshot-Kette, die nicht aktiv ist, bzw. das Löschen von Snapshots hinter dem derzeit aktiven Stand. Ihre Daten werden gelöscht.

Haben Sie beispielsweise einen oder mehrere Snapshots während der Installation einer Applikation angelegt und ist die Installation nun erfolgreich abgeschlossen, dann können Sie durch das Löschen der Snapshots die Daten persistent in die ursprünglichen Dateien der virtuellen Maschine schreiben lassen und die Snapshots somit verwerfen.

Durch das Löschen von Snapshots schaffen Sie nicht nur Speicherplatz auf den Datenspeichern, sondern gehen auch potenziellen Fehlern (wie einer Korruption) aus dem Weg und vermeiden Leistungsengpässe, die durch die Lesezugriffe auf die virtuelle Maschine mit Snapshot(s) ausgelöst werden.

Bedenken Sie, dass das Löschen je nach Größe der Snapshot-Dateien sehr viel Zeit und auch Leistung des Hypervisors und Datenspeichers in Anspruch nehmen kann.

Zum Löschen von Snapshots stehen zwei Möglichkeiten zur Verfügung. Sie können entweder alle Snapshots löschen oder nur einzelne:

- Wenn Sie alle Snapshots löschen, legen Sie fest, dass der aktuelle Stand der virtuellen Maschine in die ursprünglichen Dateien der VM geschrieben wird und Sie nur noch diesen Stand nutzen können. Sämtliche anderen Snapshots werden dabei gelöscht. Um alle Snapshots zu löschen, wählen Sie im Snapshot-Manager die Option ALLE LÖSCHEN und bestätigen die Abfragen.

- Alternativ dazu können Sie einzelne Snapshots löschen. Wählen Sie dazu den Snapshot, den Sie löschen wollen, im Snapshot-Manager aus, und wählen Sie die Option LÖSCHEN. Befindet sich der ausgewählte Snapshot in der aktiven Snapshot-Kette vor dem derzeit aktiven Punkt, so werden sämtliche darin enthaltenen Änderungen der Konfiguration sowie der Festplatten in den darüber liegenden Snapshot geschrieben. Sollte der Snapshot beim Löschen nicht Bestandteil der aktiven Snapshot-Kette sein bzw. hinter dem derzeit aktiven Snapshot der Maschine liegen, so wird er gelöscht, ohne dass die Daten in einen anderen Teil übernommen werden.

Zu einem Snapshot zurückkehren

Snapshots können dazu genutzt werden, um zu einem alten Stand der virtuellen Maschine zurückzukehren.

Wählen Sie dazu im Snapshot-Manager den entsprechenden Snapshot aus, klicken Sie die Option ZURÜCKKEHREN ZU an, und bestätigen Sie Ihre Auswahl.

Die virtuelle Maschine wird nun an dem von Ihnen ausgewählten Punkt fortgesetzt. Bitte beachten Sie, dass die virtuelle Maschine ausgeschaltet ist, wenn Sie zu einem Snapshot zurückkehren, der keinen Snapshot des Arbeitsspeichers beinhaltet.

Sollten Sie die Snapshots auf Ebenen, die über dem nun genutzten Zustand liegen, nicht mehr benötigen, so können Sie diese nun im Snapshot-Manager auswählen und löschen.

17.17.3 Snapshot-Konsolidierung

Beim Einsatz von Snapshots kann es zu diversen Problemen kommen. Ein häufiges Problem ist, dass bestehende Snapshots nicht im Snapshot-Manager aufgeführt werden. Der Ursprung dieses Fehlers ist in der Vorgehensweise zu finden, mit der VMware Snapshots löscht. In dem Moment, in dem das Löschen eines Snapshots angestoßen wird, wird der Snapshot sofort aus dem Snapshot-Manager gelöscht. Erst nach dem Löschen der Informationen aus dem Snapshot-Manager werden die Festplattendaten des Snapshots in die darüber liegenden Dateien geschrieben. Wird dieser Vorgang nicht erfolgreich abgeschlossen, so erhält man als Endergebnis einen Snapshot, der weiterhin als solcher funktioniert, aber nicht mehr über den Snapshot-Manager verwaltet werden kann. Neue Snapshots werden in einer solchen Situation weiterhin an die bestehende Snapshot-Kette angehängt und tauchen ebenfalls nicht im Snapshot-Manager auf.

Um dieses Problem zu lösen, hat VMware das Feature der Snapshot-Konsolidierung eingeführt. Einen Überblick über die virtuellen Maschinen, die einer Snapshot-Konsolidierung bedürfen, bekommen Sie in der Übersicht der virtuellen Maschinen, beispielsweise über die Ansicht Host • VMs (siehe Abbildung 17.62). Sie können nun über die Spalte KONSOLIDIERUNG ERFORDERLICH sehen, welche virtuellen Maschinen konsolidiert werden müssen.

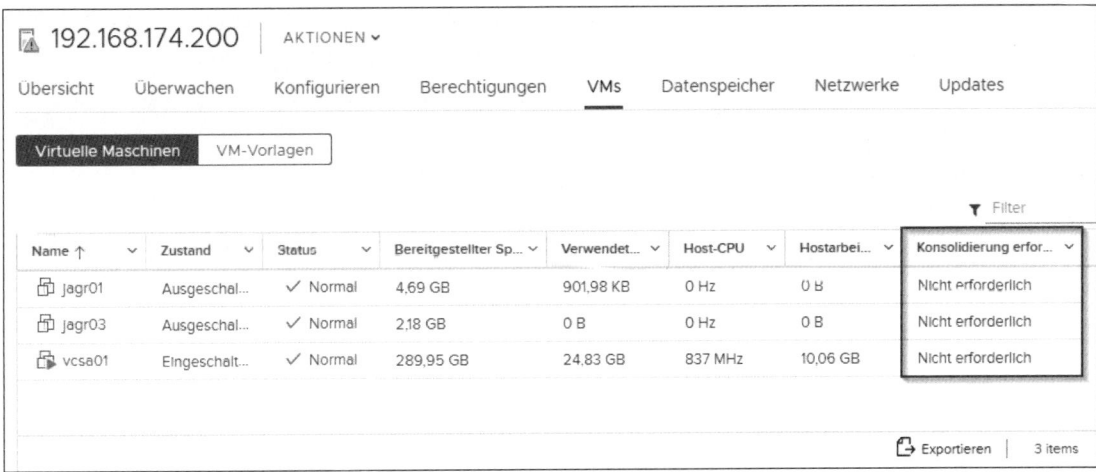

Abbildung 17.62 Übersicht virtueller Maschinen – »Konsolidierung erforderlich«

Um eine Konsolidierung auszulösen, öffnen Sie das Kontextmenü der virtuellen Maschine und wählen SNAPSHOTS • KONSOLIDIEREN.

> **Hinweis**
> Überprüfen Sie nach der Konsolidierung die Verzeichnisse der virtuellen Maschine auf den Datenspeichern auf weiterhin bestehende Snapshot-Dateien. Prüfen Sie darüber hinaus, ob die *.vmx*-Datei der virtuellen Maschine noch einen Verweis auf einen Snapshot enthält.

17.18 vSphere Replication

vSphere Replication bietet die Möglichkeit, virtuelle Maschinen zu replizieren und wiederherzustellen. Informationen zum Thema vSphere Replication finden Sie in Abschnitt 15.5, »vSphere Replication«.

17.19 Erweitertes VM-Management

In diesem Abschnitt befassen wir uns damit, wie Sie Prozesse einer virtuellen Maschine beenden, die Leistung einer VM überprüfen und die VM gegebenenfalls optimieren.

17.19.1 Prozesse einer virtuellen Maschine beenden

Wenn eine virtuelle Maschine nicht mehr reagiert und auch die Steuerfunktionen über den vSphere Client bzw. die PowerCLI keine Wirkung mehr zeigen, so kann dies auf einen Fehler im Hypervisor hinweisen. Um den Knoten an dieser Stelle zu lösen, hilft dann häufig nur noch, den Prozess der virtuellen Maschine auf dem ESXi-Host zu beenden.

> **Hinweis**
>
> Gehen Sie mit dem Beenden von Prozessen auf einem ESXi-Host vorsichtig um. Das Beenden eines falschen Prozesses kann im Extremfall zum kompletten Ausfall des Hypervisors führen und somit auch sämtliche anderen virtuellen Maschinen betreffen. Wenn Sie unsicher sind, verschieben Sie alle virtuellen Maschinen bis auf die betroffene via vMotion auf einen anderen Host, bevor Sie einen Prozess beenden.

Stellen Sie zuerst fest, welcher Host als Computing-Ressource für die virtuelle Maschine festgelegt ist. Diese Information finden Sie in der ÜBERSICHT der virtuellen Maschine unter dem Punkt HOST.

Aktivieren Sie nun eine Möglichkeit, um auf die Konsole des ESXi-Hosts zuzugreifen. Zur Auswahl stehen an dieser Stelle entweder der Remote-Zugriff auf den Host via SSH oder ein Eingriff über die ESXi-Shell direkt am Host.

Starten Sie den entsprechenden Dienst unter dem Punkt KONFIGURIEREN • DIENSTE. Alternativ dazu können Sie die Dienste auch an der Konsole des ESXi-Hosts über das Menü TROUBLESHOOTING OPTIONS aktivieren.

> **Hinweis**
>
> Um die ESXi-Shell auf der Konsole des ESXi-Hosts zu öffnen, drücken Sie [Alt] + [F1].

Öffnen Sie nun eine Verbindung via SSH oder per ESXi-Shell, und melden Sie sich an.

An dieser Stelle gibt es jetzt zwei Möglichkeiten, um die virtuelle Maschine zu beenden:

- Möglichkeit 1 ist das Beenden über:

    ```
    kill -9 <Prozess-ID>
    ```

    Um die Prozess-ID der virtuellen Maschine herauszufinden, nutzen Sie folgenden Befehl:

    ```
    ps | grep vmx
    ```

Als Ergebnis bekommen Sie eine Liste der Prozesse von virtuellen Maschinen, die auf dem ESXi-Host laufen (siehe Abbildung 17.63).

Suchen Sie nun einen Prozess, den Sie der hängenden virtuellen Maschine zuordnen können, und nutzen Sie die in der zweiten Spalte aufgeführte ID, um den Prozess der virtuellen Maschine zu beenden. In Abbildung 17.63 wäre das in diesem Fall die ID 635701 für die virtuelle Maschine jagr02.

```
[root@entity45:~] ps | grep vmx
35557    35557    vmx
35558    35558    vmx
35565    35558    vmx-vthread-8
35577    35557    vmx-vthread-6
35578    35558    vmx-mks:management-server
35581    35558    vmx-svga:management-server
35586    35557    vmx-vthread-7:Nested-ESXi-3
35587    35557    vmx-vthread-8:Nested-ESXi-3
35589    35557    vmx-mks:Nested-ESXi-3
35591    35558    vmx-vcpu-0:management-server
35592    35558    vmx-vcpu-1:management-server
35593    35558    vmx-vcpu-2:management-server
35594    35558    vmx-vcpu-3:management-server
35595    35557    vmx-svga:Nested-ESXi-3
35599    35557    vmx-vcpu-0:Nested-ESXi-3
35600    35557    vmx-vcpu-1:Nested-ESXi-3
789790   789790   vmx
789793   789790   vmx-vthread-5
789794   789790   vmx-mks:jagr09
789795   789790   vmx-svga:jagr09
789796   789790   vmx-vcpu-0:jagr09
635701   635701   vmx
635706   635701   vmx-vthread-6
635707   635701   vmx-mks:jagr02
635708   635701   vmx-svga:jagr02
635709   635701   vmx-vcpu-0:jagr02
635710   635701   vmx-vcpu-1:jagr02
604338   604338   vmx
604342   604338   vmx-vthread-6
604343   604338   vmx-mks:update
604344   604338   vmx-svga:update
604345   604338   vmx-vcpu-0:update
604346   604338   vmx-vcpu-1:update
840266   840266   vmx
840270   840266   vmx-vthread-6
840271   840266   vmx-vthread-7:psc
840272   840266   vmx-vthread-8:psc
840273   840266   vmx-vthread-9:psc
840274   840266   vmx-mks:psc
840275   840266   vmx-svga:psc
840276   840266   vmx-vcpu-0:psc
840277   840266   vmx-vcpu-1:psc
[root@entity45:~]
```

Abbildung 17.63 Liste der VM-Prozesse auf einem ESXi-Host

Nutzen Sie nun die Prozess-ID, um den Prozess zu beenden.

▶ Die zweite Möglichkeit ist das Beenden der virtuellen Maschine über *esxtop*.

Öffnen Sie dazu *esxtop*, und wechseln Sie mit der Tastenkombination ⇧ + V in die Ansicht VIEW VM ONLY.

Zum Beenden der virtuellen Maschine benötigen Sie die *Leader World Id*. Die Spalte der LEADER WORLD ID können Sie über die Spaltenauswahl von *esxtop* hinzufügen. Drücken Sie [F], um in das Menü zu gelangen. Über den Buchstaben [C] können Sie nun die LWID-(*Leader World Id-*)Spalte aktivieren. Bestätigen Sie die Auswahl mit [↵].

Öffnen Sie nun über den Buchstaben [K] die *World to kill-*(WID-)Funktion.

Damit der Prozess beendet wird, tragen Sie die LWID aus der Zeile der virtuellen Maschine ein und bestätigen mit [↵].

17.19.2 Die Leistung einer virtuellen Maschine überprüfen

Wenn es zu Leistungsproblemen mit einer VM kommen sollte und keine Auswirkungen innerhalb der virtuellen Maschine zu finden sind, so kann eine Suche nach der Ursache in der virtuellen Infrastruktur durchaus Sinn machen. Die häufigsten Ursachen, warum virtuelle Maschinen trotz ausreichender Provisionierung »langsam« sind, werden im Folgenden beschrieben.

CPU-Ready

CPU-Ready beschreibt die Zeit, die eine virtuelle Maschine darauf warten muss, bis ein Takt tatsächlich verarbeitet wird. Diese Wartezeit kann durch folgende Szenarien verursacht werden:

- **Zu hohe »Virtuelle-zu-physische-CPU«-Ratio auf dem ESXi-Host:** Wenn zu viele virtuelle CPUs an virtuelle Maschinen auf einem Host vergeben sind, kann der ESXi-Host die Anfragen irgendwann nicht mehr zeitnah verarbeiten. Versuchen Sie, die Rate zu senken, indem Sie einen Teil der VMs auf andere (weniger ausgelastete) Hosts verschieben. Eine weitere Möglichkeit ist, die Anzahl der CPUs innerhalb der VMs zu verringern.

- **Monster-VM – eine virtuelle Maschine ist über mehrere CPUs verteilt:** Wenn eine virtuelle Maschine über eine so hohe Zahl virtueller CPUs verfügt, dass sie über mehrere physische CPUs verteilt ist, dann kann das für eine deutliche Verschlechterung der Leistung sorgen. Versuchen Sie, die Anzahl der vCPUs möglichst immer unter der maximalen Anzahl der Prozessorkerne einer physischen CPU zu halten.

- **Eine hohe Anzahl virtueller CPUs innerhalb einer virtuellen Maschine:** Eine virtuelle Maschine muss – egal wie viele Kerne der vCPU in dem Moment tatsächlich genutzt werden – immer warten, bis eine gleich große Zahl physischer CPU-Kerne verfügbar ist. Dieser Effekt kann CPU-Ready-Zeiten fördern.

- **Die CPUs des ESXi-Hosts sind ausgelastet:** Auch wenn die CPUs in einer virtuellen Infrastruktur selten der Flaschenhals sind – sollten die CPUs eines ESXi-Hosts bis zum Anschlag ausgelastet sein, so kommt es automatisch zu Wartezeiten.

Um zu erkennen, ob die virtuelle Maschine aufgrund von CPU-Ready derzeit lahmt, können Sie diese Zeiten mit verschiedenen Verfahren prüfen.

▶ Das erste Verfahren ist die Nutzung von *esxtop* bzw. *resxtop*.

Eine Anleitung zum Öffnen von *esxtop* finden Sie im Abschnitt 17.19.1, »Prozesse einer virtuellen Maschine beenden«.

Im *esxtop* wechseln Sie nun mit ⇧ + V zur VIEW VM ONLY.

Aktivieren Sie über den Buchstaben F in der Auswahl folgende Spalten:

D: Name = Name

F: %STATE TIMES = CPU State Times

Kehren Sie mit ↵ zur Übersicht zurück.

Sie sehen nun den Namen der virtuellen Maschinen sowie entsprechende Spalten zum Zustand der CPU-Zeiten (siehe Abbildung 17.64).

Abbildung 17.64 esxtop CPU-Ready (%RDY)

Durch Drücken von R können Sie nun noch die Zeilen nach %RDY sortieren lassen.

Ein CPU-Ready-Wert ab 5 % gilt als Warnung, ein Wert ab 10 % kann die VM schon deutlich verlangsamen. Bei der Auswertung sollte berücksichtigt werden, dass diese Werte pro vCPU gelten. Die Rechnung sieht wie folgt aus:

CPU-Ready = %RDY ÷ (Anzahl virtueller CPU × Anzahl virtueller CPU-Kerne)

Ein %RDY von 20 % auf einer virtuellen Maschine mit 8 vCPUs würde somit am Ende

20 % ÷ 8 = 2,5 %

entsprechen und wäre somit noch vollkommen im Rahmen.

▶ Eine weitere Möglichkeit, den CPU-Ready-Wert auszulesen, ist der Performance-Graph der virtuellen Maschine im vSphere Client.

Sie finden den passenden Graphen »CPU (%) (Top10)« im Bereich ÜBERWACHEN • LEISTUNG • ÜBERBLICK der VM (siehe Abbildung 17.65).

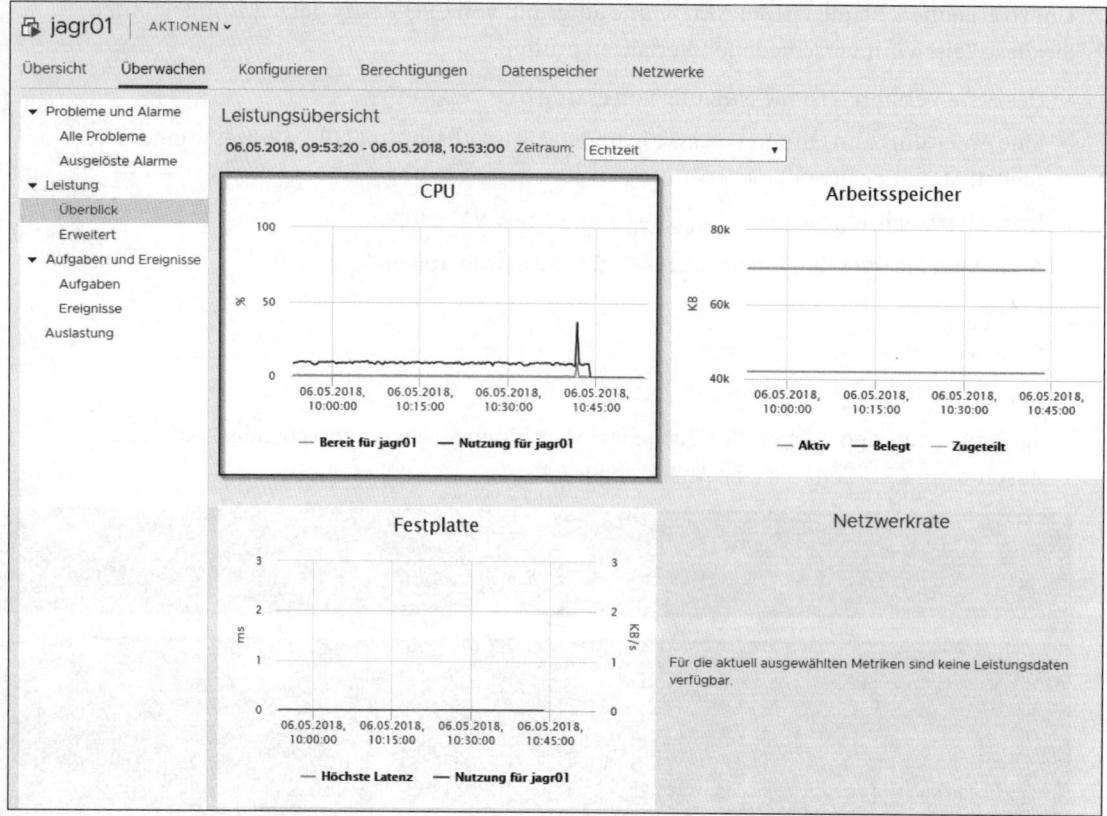

Abbildung 17.65 CPU-Ready im Performance-Graphen einer VM

Anders als in früheren Versionen von vSphere wird der CPU-Ready-Wert seit dem Erscheinen von vSphere 6.0 nun auch in Prozent und nicht mehr in Millisekunden angegeben.

17.19.3 Optimieren von virtuellen Maschinen

Zur Optimierung von virtuellen Maschinen gibt es einige grundsätzliche Dinge, die Sie sowohl bei der Installation als auch im Betrieb beachten sollten.

Grundsätzlich gilt, dass virtuelle Maschinen, die in der geringstmöglichen Größe angelegt werden, dem Hypervisor die beste Möglichkeit bieten, Ressourcen zu verteilen. Ein guter Ansatz ist das Minimalprinzip: Stellen Sie VMs mit der kleinstmöglichen Ausstattung zur Verfügung, und erweitern Sie Ressourcen im Bedarfsfall. Prüfen Sie regelmäßig, ob die Ressourcen der VMs tatsächlich genutzt werden, und entfernen Sie überschüssige Kapazitäten.

Installieren Sie möglichst auf sämtlichen virtuellen Maschinen die *VMware Tools*. Prüfen Sie regelmäßig, ob die installierten VMware Tools auf dem aktuellsten Stand sind, und aktualisieren Sie sie schnellstmöglich.

Gehen Sie sparsam und vorsichtig mit den Mitteln zum Ressourcen-Management um. Ein Limit auf einer virtuellen Maschine kann schnell zu einem ungewollten Engpass werden. Die falsche Verteilung von Shares – das gilt übrigens auch für die Verwendung von Ressourcen-Pools – kann die Prioritäten schnell in eine ungewollte Richtung verschieben. Zu hohe Reservierungen machen die Umgebung unflexibel und können teilweise dazu führen, dass VMs nicht mehr gestartet oder via vMotion verschoben werden können.

Prüfen Sie regelmäßig, ob die Snapshots der virtuellen Maschinen noch benötigt werden. Eine interne Policy, die eine maximale Aufbewahrungsfrist für Snapshots vorgibt, kann dabei helfen.

Kapitel 18
vSphere Integrated Containers

vSphere Integrated Containers (VIC) ist eine Lösung von VMware zur Orchestrierung und zum Betrieb von Docker-Containern innerhalb einer vSphere-Umgebung. Bei Docker handelt es sich ebenfalls um eine Technologie aus dem Bereich der Virtualisierung – mit dem Unterschied, dass es hier um »Operating-System-Level Virtualization«, also um Virtualisierung auf der Ebene des Betriebssystems, geht, was in der Regel auch kurz als »containerization« bzw. »Containerisierung« bezeichnet wird.

Dieses Kapitel setzt voraus, dass Sie Docker kennen, wissen, wie es funktioniert, und auch wissen, wofür Sie es verwenden können. Dieses Kapitel wird sich nicht mit Docker-Befehlen oder mit dem Lebenszyklus-Management von Containern befassen. Stattdessen erfahren Sie hier, was die VIC-Plattform genau ist, was sie leisten kann und wie Sie sie in Ihre bereits vorhandene vSphere-Umgebung integrieren können.

Autor dieses Kapitels ist Günter Baumgart
guenter.baumgart@anmax.de

Was ist gemeint, wenn man von Docker in *vSphere Integrated Containers* (VIC) spricht? Hier lautet die Antwort in Kürze: Docker in VIC vereint die Flexibilität und die Geschwindigkeit von Docker-Containern mit den Sicherheitsfunktionen und der betrieblichen Effizienz von vSphere. Doch schauen wir uns dieses Thema einmal etwas genauer an.

18.1 Überblick

Docker (*https://www.docker.com/get-docker/*) wurde 2013 veröffentlicht und gewann im Laufe der Jahre immer mehr an Bedeutung, sodass auch VMware sich mit einer eigenen Plattform zur Orchestrierung und zum Betrieb von Docker-Containern (*Application Containers*) in einem vSphere-Environment befasste. Zwei Jahre nach dem Erscheinen von Docker, also 2015, brachte VMware einen Technology Preview mit dem Namen *Project Bonneville* heraus (*https://blogs.vmware.com/cloudnative/2015/06/22/introducing-project-bonneville/*). Mit Project Bonneville veröffentlichte VMware auch ein VMware-eigenes leichtgewichtiges Linux-Betriebssystem. Dieses Betriebssystem trägt heute den Namen *Photon OS*. Auf der VMWorld im Jahre 2015 wurde dann als Nachfolger von Project Bonneville die

Plattform *vSphere Integrated Containers* (VIC) vorgestellt. Als dieses Kapitel geschrieben wurde, stand VIC in der Version 1.4.0 (*vic-v1.4.0-4944-f168720a.ova*) mit dem Release-Datum 15.05.2018 zum Download bei VMware zur Verfügung:

https://my.vmware.com/de/web/vmware/details?productId=615&downloadGroup=VIC140/

> **Lizenzvoraussetzungen**
>
> An dieser Stelle sei darauf hingewiesen, dass Sie für die Nutzung von VIC eine *vSphere Enterprise Plus*- oder *vSphere Operations Management Enterprise Plus*-Lizenz benötigen.

Die entsprechenden Release Notes finden Sie unter *https://docs.vmware.com/en/VMware-vSphere-Integrated-Containers/1.4/rn/vsphere-integrated-containers-14-release-notes.html*.

> **VIC in vSphere 6.7**
>
> Mit VIC in der Version 1.4.0 ist es nun auch möglich, eine VIC-Umgebung unter vSphere 6.7 zu betreiben.

Was macht nun aber VIC wirklich aus? VIC ist eine Plattform, die den Betrieb von Containern in virtuellen Maschinen (VMs) gestattet. Und natürlich können Sie aus Ihrer gewohnten vSphere-Arbeitsumgebung heraus so mit Containern arbeiten, als wenn Sie mit virtuellen Maschinen arbeiten würden. Auch nutzen Sie unter anderem weiterhin Ihren vSphere-Client, der lediglich um ein zusätzliches Plug-in ergänzt werden muss, um das Arbeiten mit VIC zu ermöglichen.

Wie auch in einer normalen Docker-Architektur wird in VIC ebenfalls ein Container-Host für den Betrieb der Container benötigt. Dieser Container-Host unterscheidet sich aber von den Container-Hosts, die Sie aus der Docker-Welt kennen. In VIC gibt es den *Virtual Container Host* (VCH) zur Bereitstellung der sogenannten *Container-VMs* (c-vm).

Bei dem VCH (siehe Abbildung 18.1) handelt es sich ebenfalls um eine virtuelle Maschine, die als Betriebssystem das Photon OS von VMware benutzt. Durch den VCH sind Sie in der Lage, die Docker-API anzusprechen, Container-Images vom Docker-Hub herunterladen und diese dann als Container-VMs innerhalb des vSphere-Netzwerks bereitzustellen. Selbstverständlich können Sie mehrere c-vm erstellen, die einem VCH logisch zugeordnet sind. Sie werden sicherlich schon vermutet haben, dass eine solche Container-VM innerhalb der vSphere-Plattform natürlich auch deren Mechanismen (z. B. HA, DRS, NSX usw.) nutzen kann, und diese Vermutung ist auch richtig.

Hier zeigt sich Ihnen auch bereits einer der wesentlichen Unterschiede zu anderen Verwaltungsplattformen gegenüber einem Betrieb mit VIC. Wenn Sie nun in VIC einen Container erstellen, wird dieser vom VCH quasi als eine minimale VM (c-vm) erstellt, und dies bedeutet selbstverständlich auch, dass die Eigenschaften einer c-vm innerhalb von vSphere den Eigenschaften einer normalen VM sehr ähnlich sind. Bis hierhin haben Sie nun zwei Komponenten – den VCH und die c-vm – einer Containerumgebung in vSphere kennengelernt. Neben den Komponenten ESXi-Host und vCenter-Server-Appliance gibt es aber noch zwei weitere Elemente bzw. VMs, die es Ihnen ermöglichen, die vollständige *Basisarchitektur* einer VIC-Umgebung zu erkennen. Mit Basisarchitektur ist gemeint, dass jedes Element nur einmal vorkommt und Sie hier lediglich eine Minimalumgebung vorgestellt bekommen.

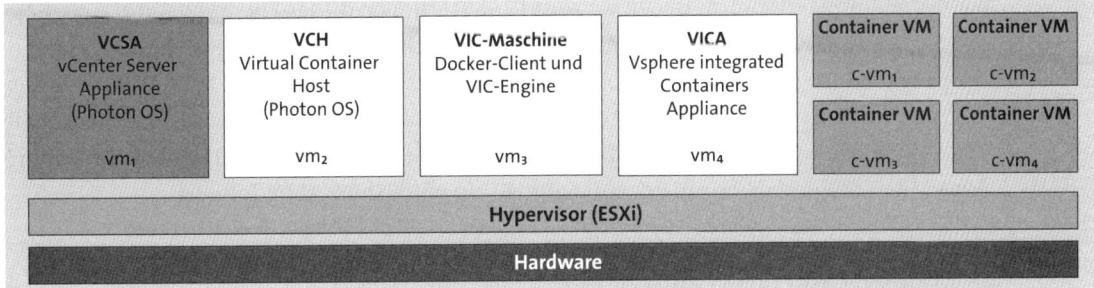

Abbildung 18.1 Architektur einer »vSphere Integrated Containers«-Umgebung mit vier Containern

Im Produktionsbetrieb ist es unter Umständen völlig anders und Sie werden ein Vielfaches der hier vorgestellten Komponenten einer VIC-Umgebung deployen müssen, damit den möglichen Lastanforderungen und der benötigten Flexibilität einer Umgebung genügen können.

Doch kommen wir zurück zur Beschreibung der zwei weiteren VMs für das Management von VIC. Bei der einen VM handelt es sich um die sogenannte VIC-Maschine bzw. den Docker-Client. Diese Komponente kann auf den unterschiedlichen Betriebssystemen Linux, Windows oder macOS basieren und enthält den Docker-Client und die VIC-Engine. Bei dem Docker-Client für VIC handelt es sich um den normalen bzw. allgemeinen Docker-Client der Docker Inc., ehemals dotCloud (siehe *https://de.wikipedia.org/wiki/Docker_(Software)*) mit einer Apache-Lizenz (siehe *https://de.wikipedia.org/wiki/Apache-Lizenz*). Es gibt also keinen Unterschied zwischen dem Docker-Client für VIC und dem Docker-Client der Docker Inc. Die weitere, vierte VM, die wir uns ansehen werden, ist die *VMware vSphere Integrated Containers Appliance* (VICA).

Sie finden Sie in der Version 1.4.0 und mit dem Release-Datum 15.05.2018 im VMware-Download-Bereich unter *https://my.vmware.com/de/web/vmware/details?productId=615&downloadGroup=VIC140/*. Diese VM enthält sämtliche von Ihnen benötigten VMware-Komponenten für den Aufbau einer VIC-Umgebung.

18.2 Architektur

Nachdem Sie nun einen ersten Überblick über die Einzelkomponenten bekommen haben, die zu einer VIC-Umgebung gehören (siehe Abbildung 18.1), schauen wir uns diese nun etwas genauer an. Hierbei betrachten wir nicht nur, welche Arten von virtuellen Management-Maschinen es in einer VIC-Umgebung gibt, sondern auch, wie die einzelnen virtuellen Management-Maschinen im Detail aufgebaut sind bzw. welche Komponenten, Module oder Plug-ins in ihnen enthalten sein müssen und was deren Funktion ist.

Damit das Thema »Docker in VIC« anschaulich und für Sie bestmöglich nachvollziehbar bleibt, beschränken wir uns in den weiteren Erläuterungen dieses Themas darauf, eine möglichst geringe Anzahl an Komponenten in unserer gedachten Laborumgebung zu benutzen. Das heißt, wenn Sie eine erste Laborumgebung aufbauen, gehen wir konkret davon aus, dass jede erforderliche Komponente (wie ein ESXi-Host, eine vCenter-Server-Appliance, die vSphere Integrated Containers Appliance usw.) nur einmal vorkommt, wobei die Container-VM (c-vm) hierbei die einzige Ausnahme sein wird (siehe Abbildung 18.1).

18.2.1 Hypervisor und vCenter Server

Selbstverständlich basiert VIC auf den Kernkomponenten von VMware zum Aufbau einer virtuellen Sphäre. Das heißt, Sie benötigen mindestens einen ESXi-Host und einen vCenter-Server für die Bereitstellung einer VIC-Umgebung.

18.2.2 vSphere Integrated Containers Appliance (VICA)

Die *vSphere Integrated Containers Appliance* (VICA) enthält alle von VMware zur Verfügung gestellten Komponenten, die für den Aufbau eines *vSphere Integrated Containers*-(VIC-)Environments benötigt werden. Das sind:

- der *vSphere Integrated Containers Registry Service* namens *Harbor*,
- der *vSphere Integrated Containers Management Portal Service* mit dem Namen *Admiral*,
- der Download-Service für die VIC-Engine sowie
- das vCenter-Client-Plug-in und der *vic_machine_server*.

18.2.3 vSphere Integrated Containers Engine (VIC-Engine)

Bei der *vSphere Integrated Containers Engine* handelt es sich um das sogenannte VIC-Engine-Bundle, eine Container-Laufzeitumgebung (Container-Runtime) für vSphere, die es Docker-Entwicklern ermöglicht, Container innerhalb von vSphere zu entwickeln und zu betreiben. Das Bundle enthält alle Skripte, die Sie benötigen, um das *vSphere Integrated Containers Client Plug-in* im vCenter zu installieren, es zu aktualisieren oder es wieder zu entfernen. Außerdem enthält das VIC-Engine-Bundle ein Commandline-Utility, mit dem Sie die *Virtual Container Hosts* (VCHs) bereitstellen und verwalten können.

18.2.4 vSphere Integrated Containers vCenter-Plug-in (VIC-UI-Plug-in)

Das vSphere-Client-Plug-in für die VIC-Engine (*VIC-UI*-Plug-in) ist im VIC-Engine-Bundle enthalten und dient dazu, die *vCenter Server Appliance* (VCSA) mit der VCH-Management-API der *vSphere Integrated Containers Appliance* (VICA) zu verbinden.

18.2.5 Virtual Container Host (VCH)

Manchmal wird der VCH auch als *vSphere-Container-Host* bezeichnet, gemeint ist hierbei aber grundsätzlich dasselbe. Die Bereitstellung von Container-VMs erfolgt mit einem *virtuellen Container-Host* (VCH), und somit ist der VCH ein zentrales Element innerhalb einer VIC-Umgebung. Durch den VCH können Sie steuern, wie die Zugriffe auf die einzelnen Container-VMs erfolgen sollen. Das bedeutet, dass die Verwaltung von Ports zwischen dem Client und der Container-VM durch den VCH vorgenommen wird. Die Verwaltung und Bereitstellung von Container-Ressourcen geschieht ebenfalls mittels eines VCHs. Das heißt, die einzelnen Container-VMs werden von dem VCH verwaltet, über den sie erstellt wurden.

Jeder VCH verfügt über einen vSphere-Ressourcen-Pool, der die Compute-Ressourcen für die Container-VMs bereitstellt. Durch diese Methode wird die Bereitstellung von Ressourcen für Container-VMs durch die Möglichkeiten begrenzt, die das vSphere-Ressourcen-Pool-Konzept erlaubt. Dadurch wird es möglich, dass die Compute-Ressourcen, die ein VCH verwaltet, über die Grenzen von einzelnen physischen Hosts hinausgehen. Das bedeutet, dass ein VCH quasi einen Container-Endpoint mit einer dynamischen Grenze darstellt. Durch diesen Aufbau kann eine Container-VM Funktionen wie DRS nutzen, um sich frei zwischen den einzelnen ESXi-Hosts innerhalb einer vSphere-Clusterstruktur bewegen zu können. Ein VCH verwaltet zudem auch noch einen Speicherbereich, in dem sich Container-Images befinden, die entweder aus dem öffentlichen Docker-Hub oder aus einer eigenen Registry bezogen wurden. Selbstverständlich können Sie auch mehrere VCHs in einer VIC-Umgebung bereitstellen. Wenn Sie z. B. Container-Ressourcen für Entwicklung, Test oder Produktion separieren möchten, können Sie dies mit mehreren VCHs realisieren.

18.2.6 Docker-Client (DC)

Der Docker-Client ist eine VM, z. B. eine Ubuntu-Linux-VM, in der das Dienstprogramm Docker-Client installiert wurde. Die *vSphere Integrated Containers Engine 1.4* unterstützt den *Docker-Client 1.13.0* sowie die *Docker-API-Version 1.25*. Vom Docker-Client aus können Docker-Befehle an den Docker-Daemon, der unter anderem Bestandteil der Docker-Engine ist, auf dem VCH abgesetzt werden. Optional sollten Sie zur Vereinfachung und zur Übersichtlichkeit der Docker-Befehle die entsprechenden Umgebungsvariablen im Docker-Client setzen.

18.2.7 Container-VM (c-vm)

In einer Container-VM wird eine Container-Instanz in einer dedizierten Betriebssystemumgebung bzw. einem *Micro Operating System Environment* (Micro-OSE) als sogenannte *JeVM* (*Just Enough VM*) ausgeführt. Hierzu wird eine Minimalversion des Photon-OS-Kernels benutzt, die gerade mal in der Lage ist, eine Docker-Container-Instanz auszuführen. Damit nun diese JeVM oder Mikro-VM auch mit den Spin-up-Zeiten von nativen Docker-Container-Instanzen mithalten kann, wird das *Instant Clone*-Feature eingesetzt, das bereits seit vSphere 6.0 zur Verfügung steht. Diese Methode ist derart effizient, dass Sie mit Docker-Containern in VIC dieselbe Performance erreichen können, die Sie während des Deployments von nativen Containern unter Linux erwarten.

18.2.8 Das Netzwerk der vSphere Integrated Containers

Das Netzwerk einer VIC-Umgebung basiert auf einem *vSphere Distributed Switch* (vDS). Dieser vDS (siehe Abbildung 18.2) muss die Portgruppen *Management-*, *Client-*, *Public-*, *Bridge-* und *Container-Netzwerk* für die VIC-Umgebung zur Verfügung stellen.

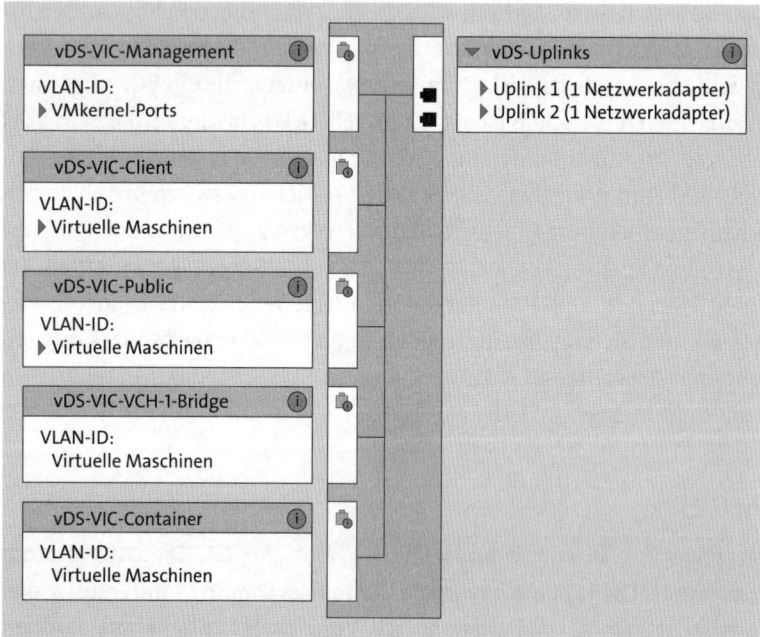

Abbildung 18.2 Der »vSphere Distributed Switch« in VIC

Client-Netzwerk

Über das Client-Netzwerk stellt der *Virtual Container Host* (VCH) den Entwicklern den Docker-API-Dienst zur Verfügung. Dadurch können die Entwickler über das Client-Netzwerk mithilfe der Docker-API Container erstellen (siehe Abbildung 18.3).

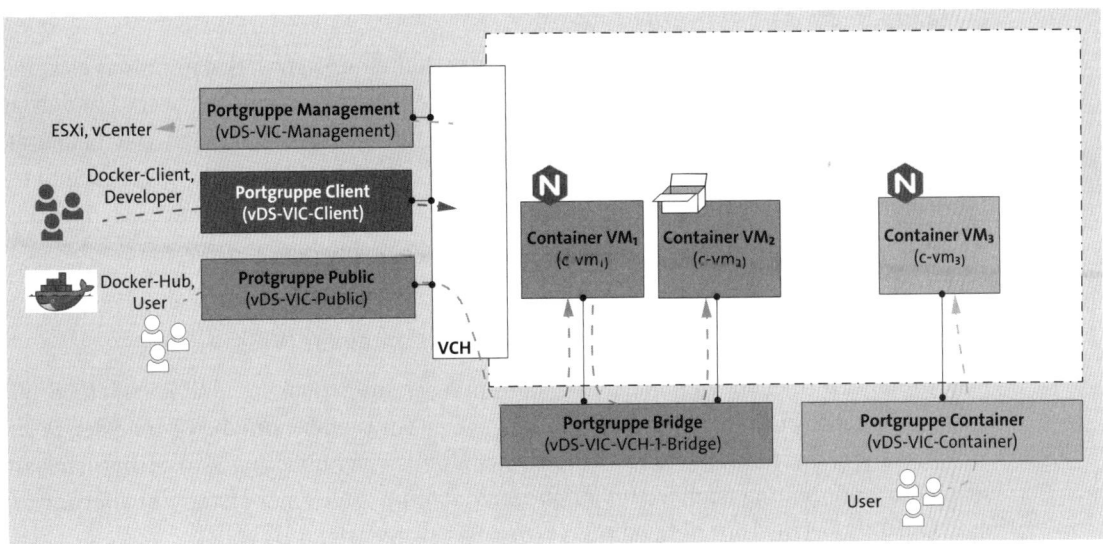

Abbildung 18.3 Der Aufbau des Netzwerks einer VIC-Umgebung

Öffentliches Netzwerk

Das öffentliche Netzwerk (Public-Netzwerk) wird vom VCH verwendet, um z. B. Images aus der Docker-Registry zu laden. Hierbei können Sie entweder Images aus der öffentlichen Docker-Registry (dem Docker-Hub) laden oder Ihren privaten Docker-Hub mithilfe des Projekts *Harbor* aufbauen und als VIC-Registry bereitstellen. Außerdem greifen über das öffentliche Netzwerk (siehe Abbildung 18.3) auch die Benutzer via Port-Mapping auf die Container-Services zu.

Verwaltungsnetzwerk

Das Verwaltungsnetzwerk (Management-Netzwerk, siehe Abbildung 18.3) wird vom VCH zur gesicherten Kommunikation mit dem vCenter, den ESXi-Hosts und sämtlichen Container-VMs verwendet.

Bridge-Netzwerk

Das Bridge-Netzwerk ist ein privates Netzwerk für die Kommunikation der Container untereinander. Ein externer Zugriff von Container-VMs, die sich im Bridge-Netzwerk (siehe Abbildung 18.3) befinden, auf z. B. den Docker-Hub im Internet kann nur über den VCH erfolgen. Der VCH wird oftmals auch als *Endpoint-VM* bezeichnet und ist unter anderem sowohl mit dem Bridge- als auch mit dem Public-Netzwerk verbunden. Private IP-Adressen beziehen die einzelnen Container-VMs, die sich im Bridge-Netzwerk befinden, von einem IPAM-Server, der Bestandteil des VIC-Service *Discoveries* ist.

Container-Netzwerk

Eine Alternative für das Bridge-Netzwerk stellt das Container-Netzwerk dar, für das es keine Entsprechung in reinen Docker-Netzwerken gibt. Bei dem Container-Netzwerk handelt es sich um ein VIC-spezifisches benutzerdefiniertes routingfähiges Netzwerk. Das bedeutet, dass über dieses Netzwerk (siehe Abbildung 18.3) die Container-VMs direkt mit der vSphere-Netzwerkinfrastruktur kommunizieren können. Das heißt, Anwender können sich über dieses Netzwerk direkt mit den Diensten eines Containers verbinden.

18.2.9 Benutzergruppen der vSphere Integrated Containers (VIC)

Bei den Benutzern einer VIC-Umgebung kann man grundsätzlich von drei Basiskategorien von Anwendern sprechen. Es handelt sich bei diesen Anwendern um die Gruppe der *Developer*, der *Infrastruktur-Administratoren* und der *User* (siehe Abbildung 18.4). Sicherlich lässt sich diese Unterteilung noch weiter aufgliedern, aber im Zuge einer ersten Annäherung an das Thema VIC ist die Unterscheidung von drei Basiskategorien sinnvoll.

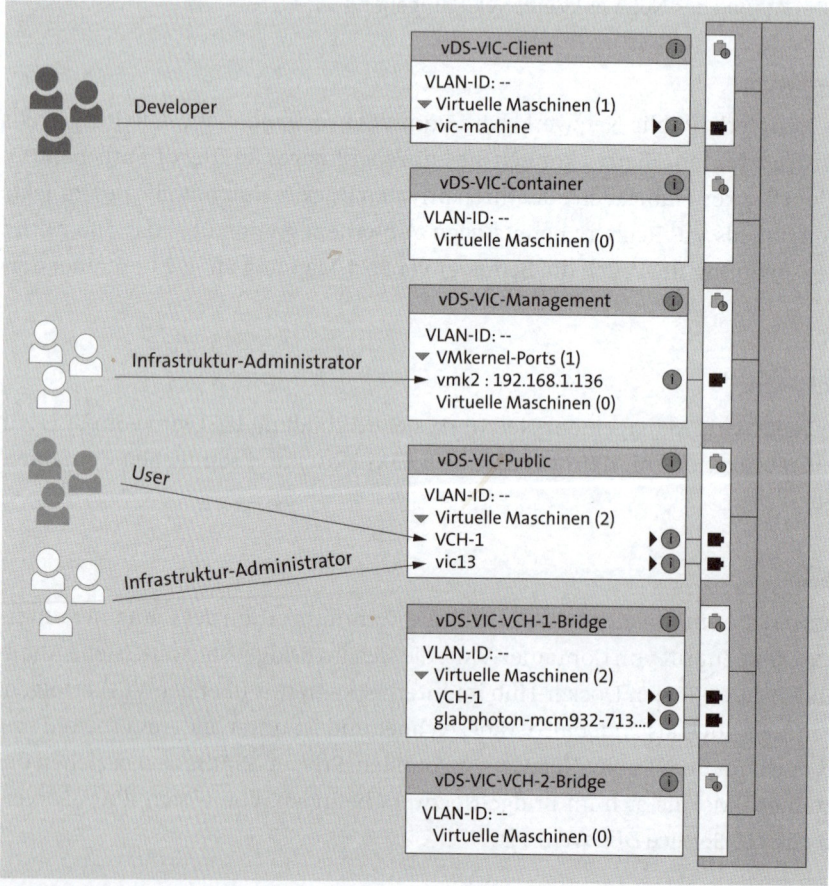

Abbildung 18.4 Die Benutzer einer VIC-Umgebung

18.3 Implementierung

Die Implementierung einer VIC-Umgebung beginnt damit, mindestens einen ESXi-Host und eine vCenter-Server-Appliance bereitzustellen (siehe Abbildung 18.1). Unter vSphere 6.5 können Sie VIC 1.3.x nutzen. Erst ab der Version VIC 1.4.0 ist es möglich, vSphere 6.7 einzusetzen. Für weitere Informationen sehen Sie sich die Release Notes an, die Sie unter *https://docs.vmware.com/en/VMware-vSphere-Integrated-Containers/1.4/rn/vsphere-integrated-containers-14-release-notes.html* finden.

Nachdem Sie diese beiden Komponenten installiert haben, erstellen Sie im nächsten Schritt einen vSphere Distributed Switch und fügen den ESXi-Host entsprechend hinzu. Die Struktur des vDS entnehmen Sie bitte der Abbildung 18.2. Laden Sie sich anschließend die *vSphere Integrated Containers Appliance* unter *https://my.vmware.com/de/web/vmware/details?productId=615&downloadGroup=VIC140* von der VMware-Download-Site (siehe Abbildung 18.5) herunter.

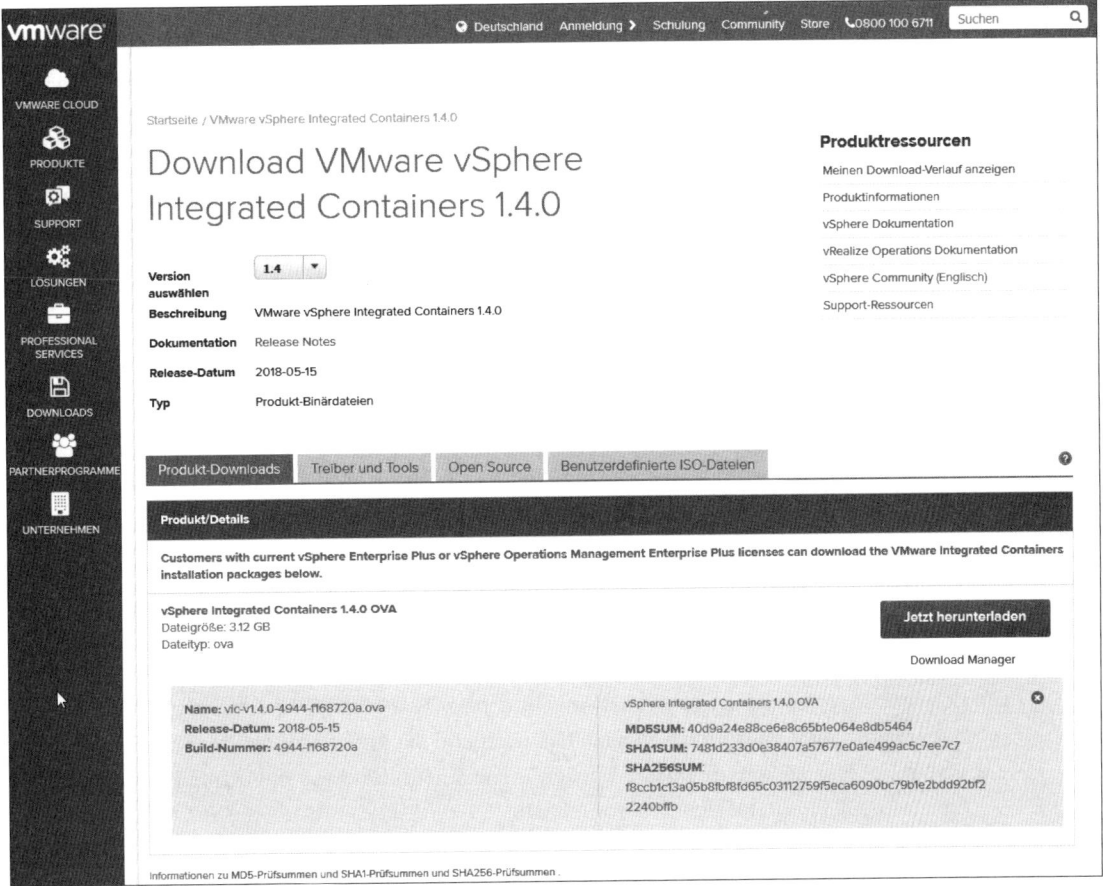

Abbildung 18.5 Download der »vSphere Integrated Containers Appliance« im VMware-Download-Bereich

18.3.1 Konfiguration des Hypervisors (ESXi-Host) für eine VIC-Umgebung

Für die Konfiguration des ESXi-Hosts laden Sie sich das Image des VMware vSphere Hypervisors (ESXi) 6.x.x (*VMware-VMvisor-Installer-6.x.x.-<Build-Nummer>.x86_64.iso*) von der VMware-Download-Site (*http://www.vmware.com/download*) herunter und installieren es auf einem entsprechenden Server. Für den Aufbau einer Test- bzw. Laborumgebung können Sie es auch als *Nested ESXi-Host* nutzen. Führen Sie nun die folgenden Konfigurationsschritte am ESXi-Host durch (*Basic Configurations* des ESXi-Hosts):

1. Setzen Sie die Time/Zone.
2. Geben Sie die DNS-Daten ein.
3. Tragen Sie den FQDN ein.
4. Aktivieren Sie SSH.
5. Lizenzieren Sie den ESXi-Host mit einer Enterprise-Plus-Lizenz.

Um einen störungsfreien Betrieb zu gewährleisten, ist es unbedingt erforderlich, einige Ports in der Firewall des ESXi-Hosts freizuschalten. Handelt es sich bei Ihrem Aufbau um eine Produktivumgebung, öffnen Sie ausschließlich die erforderlichen Firewall-Ports auf Ihrem ESXi-Host. Hierbei handelt es sich um die Ports 2337 und 443. Durch das Öffnen dieser Ports wird die Kommunikation mit einem virtuellen Container-Host (VCH) ermöglicht.

Bauen Sie hingegen eine Laborumgebung zum Experimentieren auf, können Sie der Einfachheit halber die Firewall des ESXi-Hosts auch vollständig ausschalten. Verbinden Sie sich hierzu z. B. via PuTTY mit dem ESXi-Host, und führen Sie den Befehl `esxcli network firewall set --enabled false` aus.

18.3.2 Konfiguration eines vCenter-Servers für eine VIC-Umgebung

Laden Sie sich nun das Image der *VMware vCenter Server Appliance* von der VMware-Download-Site (*http://www.vmware.com/download/*) herunter, und installieren Sie die VMware vCenter Server Appliance (VCSA) 6.x.x (*VMware-VCSA-all-6.x.x-<Build-Nummer>.iso*).

> **Versionskonflikte**
>
> Achten Sie darauf, dass Ihre VCSA-Version zu der entsprechenden VIC-Appliance passt. Auf keinen Fall sollten Sie inkompatible Versionen einsetzen. Schauen Sie lieber noch einmal in den Release Notes unter *https://docs.vmware.com/en/VMware-vSphere-Integrated-Containers* nach. Selbstverständlich müssen Sie nicht zwingend die Appliance-Version des vCenter-Servers benutzen. Sie können auch den vCenter-Server für Windows benutzen. Da die vCenter Server Apppliance jedoch von VMware favorisiert wird, ist es ratsam, die VCSA zu nutzen. In diesem Kapitel beschränken wir uns aus diesem Grund auch auf die Umsetzung mittels VCSA.

Nachdem Sie die VCSA installiert haben, konfigurieren Sie die VCSA via *vSphere Appliance Management Interface* (*VAMI*), das auch als *Appliance MUI* (*Management User Interface*) bekannt ist und das Sie unter dem Menüpunkt ZUGRIFF BEARBEITEN finden. Achten Sie unbedingt darauf, dass Sie den Zugriff via SSH freischalten.

Sollten Sie lieber z. B. mit WinSCP arbeiten, setzen Sie die Standard-Shell für den Root-Benutzer mittels chsh -s /bin/bash root auf bash (*https://kb.vmware.com/s/article/2100508*). Führen Sie nun auch noch die Basiskonfiguration des vCenter-Appliance-Servers durch, indem Sie die Zeitzone und den DNS setzen. Tragen Sie den FQDN ein, lizenzieren Sie die VCSA mit einer Enterprise-Plus-Lizenz, registrieren Sie den ESXi-Host im vCenter, erstellen Sie einen vDS entsprechend Abbildung 18.2, und fügen Sie den ESXi-Host dem vDS hinzu.

Installation des VIC-UI-Plug-ins

In Abschnitt 18.3.5, »Installation des VIC-UI-Plug-ins in den vCenter-Server«, erfahren Sie, wie Sie das VIC-UI-Plug-in in die VCSA installieren.

18.3.3 Installation und Einrichtung der vSphere Integrated Containers Appliance (VICA)

Laden Sie sich jetzt das Image der *vSphere Integrated Container Appliance* (VICA) von der VMware-Download-Site herunter (*http://www.vmware.com/download*, siehe Abbildung 18.5). Führen Sie dann mithilfe Ihrer VCSA ein Deployment der *VMware vSphere Integrated Containers 1.x.x*-Appliance (*vic-v1.x.x-<Build-Nummer>.ova*) durch. Abbildung 18.6 zeigt den Pfad im Menü.

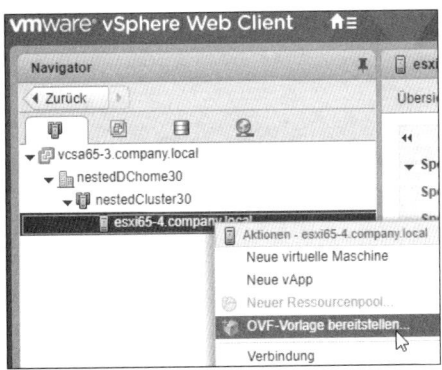

Abbildung 18.6 Deployment einer »vSphere Integrated Container Appliance« (VICA)

Nach Abschluss der Installation können Sie die Appliance über die Ports 9443 und 8282 erreichen. Verbinden Sie sich zuerst mit dem Port 9443, und führen Sie die Restkonfiguration durch, indem Sie die Verbindungsdaten der VCSA in das Formular eingeben, das nun erscheint.

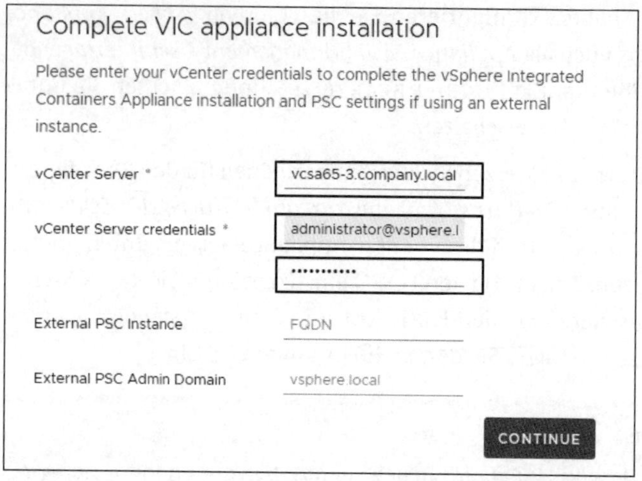

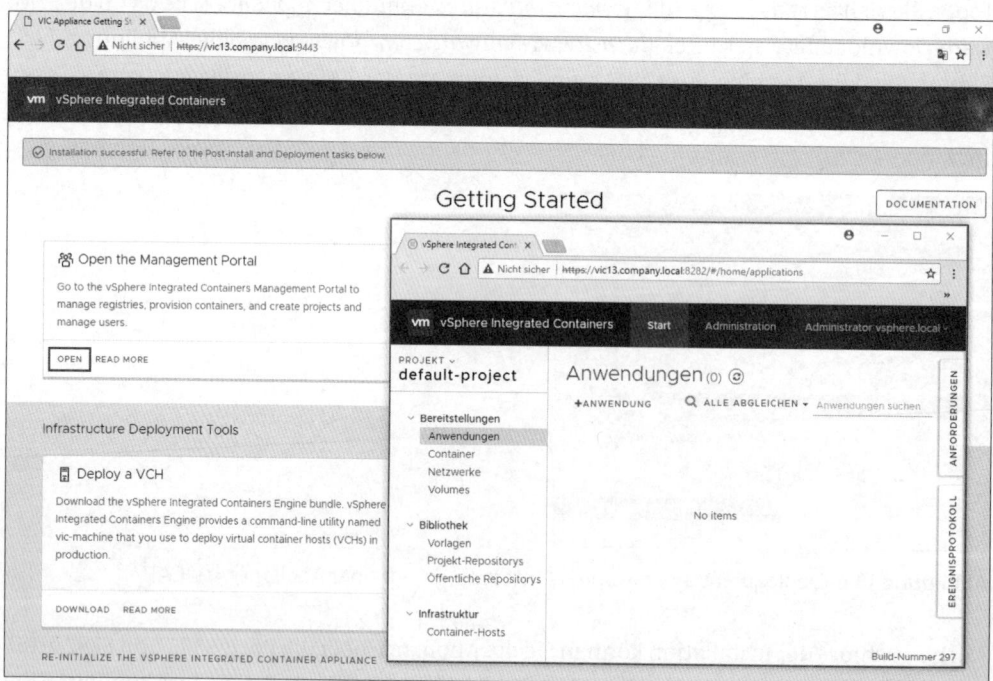

Abbildung 18.7 Die Verbindung zwischen der VCSA und der VICA herstellen

Der anschließende Kopplungsvorgang (siehe Abbildung 18.7) kann durchaus einige Minuten in Anspruch nehmen. Nachdem die Kopplung erfolgt ist, können Sie unter OPEN THE MANAGEMENT PORTAL (siehe Abbildung 18.8) und dann durch einen Klick auf den Link OPEN die Mangement-Site (Port 8282) erreichen.

Abbildung 18.8 Das Mangement-Portal bzw. die Management-UI der »vSphere Integrated Containers Appliance« (VICA)

18.3 Implementierung

Im unteren Bereich der Site können Sie unter DEPLOY A VCH durch einen Klick auf den Link DOWNLOAD (siehe Abbildung 18.9) das *vSphere Integrated Containers Engine Bundle* (VIC-Engine-Bundle) herunterladen. Klicken Sie nun auf diesen Link, und speichern Sie die Datei *vic_v1.x.x.tar.gz* in einem entsprechenden Verzeichnis auf Ihrer Management-Station ab.

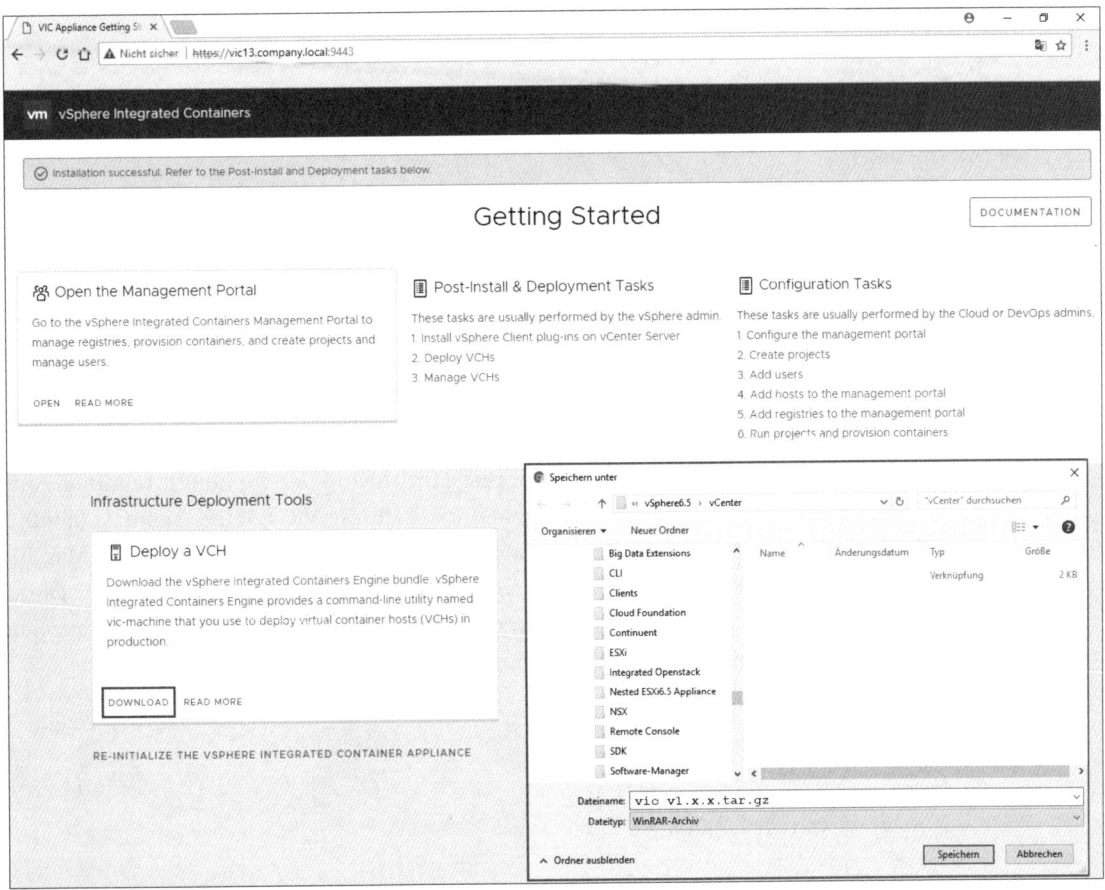

Abbildung 18.9 Download des »vSphere Integrated Containers Engine Bundle« von der Getting-Started-Page

Unter allen anderen Links in diesem GETTING STARTED-Portal finden Sie eine umfangreiche Bibliothek von Handbüchern und Hilfeseiten zur Installation, Konfiguration und zum Umgang mit dieser Technologie. Doch kommen wir nun zur Nutzung des VIC-Engine-Bundles. Das Bundle enthält alle Skripte, die Sie benötigen, um das *vSphere Integrated Containers Client Plug-in* im vCenter zu installieren, es zu aktualisieren oder es wieder zu entfernen. Außerdem enthält das VIC-Engine-Bundle ein Command-Line-Utility, mit dem Sie die *Virtual Container Hosts* (VCHs) bereitstellen und verwalten können (siehe Abbildung 18.10).

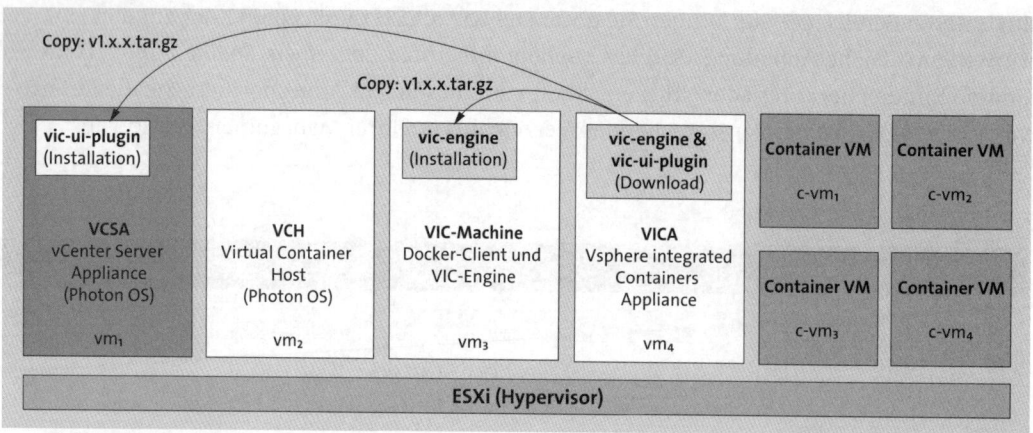

Abbildung 18.10 Neben der VIC-Engine für die VIC-Maschine befindet sich auch das VIC-UI-Plug-in für die VCSA in der Datei »vic_v1.x.x.tar.gz«.

18.3.4 Installation und Einrichtung der VIC-Maschine

Wie bereits in Abschnitt 18.3.3, »Installation und Einrichtung der vSphere Integrated Containers Appliance (VICA)«, erläutert wurde, befindet sich die VIC-Engine (siehe Abbildung 18.10) für die VIC-Maschine innerhalb der Datei *vic_v1.x.x.tar.gz*. Sie können die VIC-Maschine auf der Basis von unterschiedlichen Betriebssystemen aufbauen (siehe Tabelle 18.1). Die in der Tabelle genannten 64-Bit-Betriebssysteme sind für die Erstellung von Arbeitsstationen (VIC-Maschine) von VMware getestet und somit auch zugelassen worden.

Plattform	Unterstützte Versionen
Windows	7 und 10
Mac OS X	10.11 (El Capitan)
Linux	Ubuntu 16.04 LTS

Tabelle 18.1 Von VMware unterstützte Betriebssysteme für den Aufbau einer VIC-Maschine

Sicherlich möchten Sie dieses Lab unabhängig von Ihrem Arbeitsplatz-PC machen. Das heißt, Sie können eine unabhängige Arbeitsstation – also quasi eine allgemeine Managementstation – als VM innerhalb der VIC-Laborumgebung erstellen. Sicherlich möchten Sie Ihren Kollegen ebenfalls diverse Tests in Ihrer Laborumgebung ermöglichen, ohne dass Ihr persönlicher Arbeitsplatzrechner benötigt wird.

Als Betriebssystem, an dem Sie sehen können, wie die Installation und Konfiguration und letztendlich auch die tägliche Arbeit mit dem VIC-System vonstatten geht, haben wir Ubuntu Linux ausgewählt. Wir installieren also hier in unserem Beispiel das Betriebssystem Ubuntu 16.04 LTS als Arbeitsstationsbetriebssystem für die VIC-Maschine.

18.3 Implementierung

Installation der VIC-Engine

Nachdem Sie das Betriebssystem installiert haben, kopieren Sie das VIC-Engine-Bundle auf diese Managementstation (VIC-Maschine). Entpacken Sie dann das VIC-Engine-Bundle auf Ihrer Managementstation. Anschließend finden Sie ein neues Verzeichnis mit dem Namen /vic/ (siehe Abbildung 18.11).

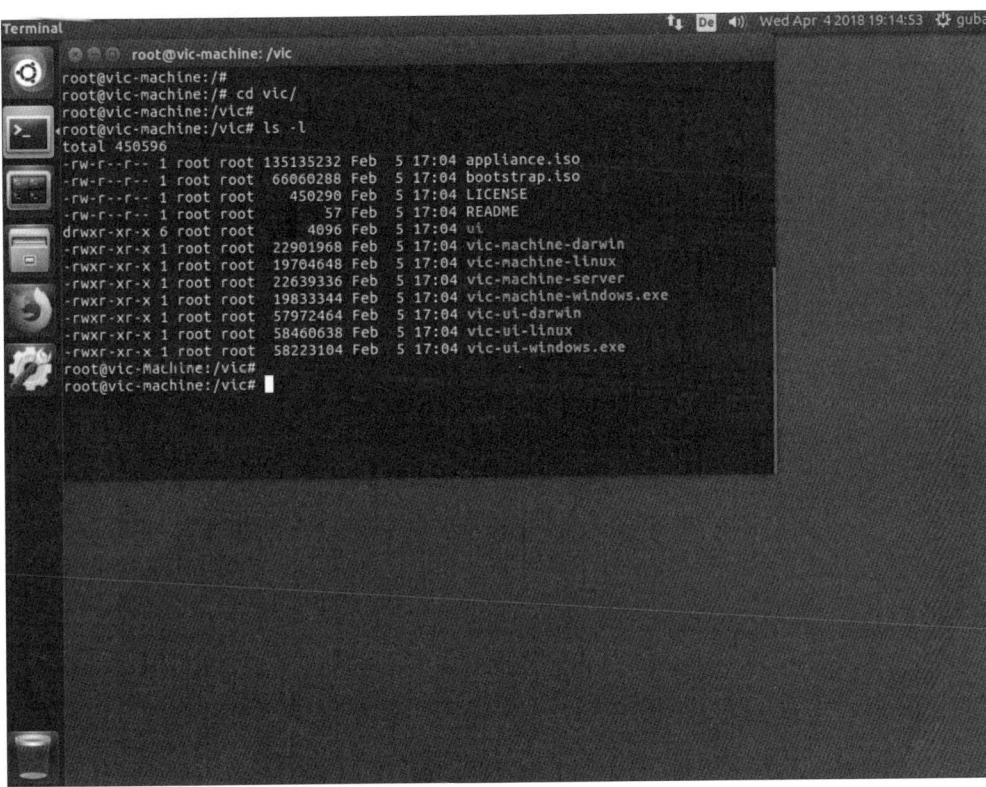

Abbildung 18.11 Das VIC-Machine-Utility-Verzeichnis auf der »vic-machine«-VM

Innerhalb dieses Verzeichnisses, dem sogenannten *VIC-Machine-Utility-Verzeichnis*, finden Sie unterschiedlichste Dateien und ein weiteres Unterverzeichnis mit dem Namen *ui*. Tabelle 18.2 liefert Ihnen kurze Erklärungen zu den einzelnen Dateien.

Datei	Beschreibung
vic-machine-darwin	Das OS-X-Befehlszeilendienstprogramm für die Bereitstellung und Verwaltung von VCHs
vic-machine-linux	Das Linux-Befehlszeilenprogramm für die Bereitstellung und Verwaltung von VCHs von Linux aus

Tabelle 18.2 Der Inhalt des VIC-Engine-Bundles

Datei	Beschreibung
vic-machine-windows.exe	Das Windows-Befehlszeilenprogramm für die Bereitstellung und Verwaltung von VCHs von Windows aus
vic-machine-server	Der Endpunkt für die vic-machine-API. Die vic-machine-API ist derzeit experimentell und wird nicht unterstützt.
appliance.iso	Das Photon-basierte Start-Image für den Endpunkt des virtuellen Containerhosts (VCH)
bootstrap.iso	Das Photon-basierte Boot-Image für die Container-VMs
/ui	Ein Ordner, der die Dateien und Skripte für die Installation des vSphere-Client-Plug-ins enthält.
vic-ui-darwin	Die ausführbare OS-X-Datei für die Bereitstellung des vSphere-Client-Plug-ins
vic-ui-linux	Die ausführbare Linux-Datei für die Bereitstellung des vSphere-Client-Plug-ins
vic-ui-windows.exe	Die ausführbare Windows-Datei für die Bereitstellung des vSphere-Client-Plug-ins
README	Enthält eine Verknüpfung zum Repository der vSphere Integrated Containers Engine auf GitHub.
LICENSE	Die Lizenzdatei

Tabelle 18.2 Der Inhalt des VIC-Engine-Bundles (Forts.)

Geben Sie nun `root@vic-machine:/vic# ./vic-machine-linux create` . . . ein, um die VIC-Engine-API zu nutzen.

Installation der Docker Community Edition

Sie werden in Ihrer VIC-Umgebung selbstverständlich auch die Docker-API benutzen wollen; Sie sollten sie daher in Ihre VIC-Maschine installieren. So wird die VIC-Maschine – hier in Ihrer Testumgebung – zu Ihrem favorisierten Docker-Client und Sie werden die Container-Images vom Docker-Hub herunterladen und auf Ihrem VCH innerhalb Ihres vSphere-Netzwerks bereitstellen können.

> **Kein Unterschied zum Docker-Client**
>
> Bei dem Docker-Client für Ihre VIC-Umgebung handelt es sich um den normalen bzw. allgemeinen Docker-Client der Docker Inc. Es gibt also keinen Unterschied zwischen dem Docker-Client, den Sie in Ihrer VIC-Maschine installieren und dem offiziellen Docker-Client.

Verbinden Sie sich mit der Docker-Plattform *https://www.docker.com/community-edition*, und folgen Sie der Anleitung unter *https://docs.docker.com/install/linux/docker-ce/ubuntu/ #install-using-the-repository*, um die *Docker Community Edition* mithilfe des Docker-Repositorys in Ihrer VIC-Maschine zu installieren.

18.3.5 Installation des VIC-UI-Plug-ins in den vCenter-Server

Das *VIC-UI-Plug-in* für *vCenter Server* befindet sich innerhalb der Datei *vic_v1.x.x.tar.gz*. Diese Datei könnten Sie auch über die UI der VICA (siehe Abbildung 18.9) herunterladen und dann z. B. mittels PuTTY oder auch mit WinSCP auf den vCenter-Server z. B. in das Verzeichnis /root/ kopieren, um dort dann die Installation durchzuführen. Eine weitere, viel elegantere Möglichkeit besteht aber darin, diesen Vorgang mittels curl durchzuführen.

Melden Sie sich hierzu für die nun folgenden administrativen Tätigkeiten mit PuTTY am vCenter-Server an. Als Nächstes müssen Sie zwei Umgebungsvariablen temporär setzen. Führen Sie hierzu die beiden Befehle export VIC_ADDRESS=<vic_appliance_addres> und export VIC_BUNDLE=<vic_v1.x.x.tar.gz> aus (siehe Abbildung 18.12).

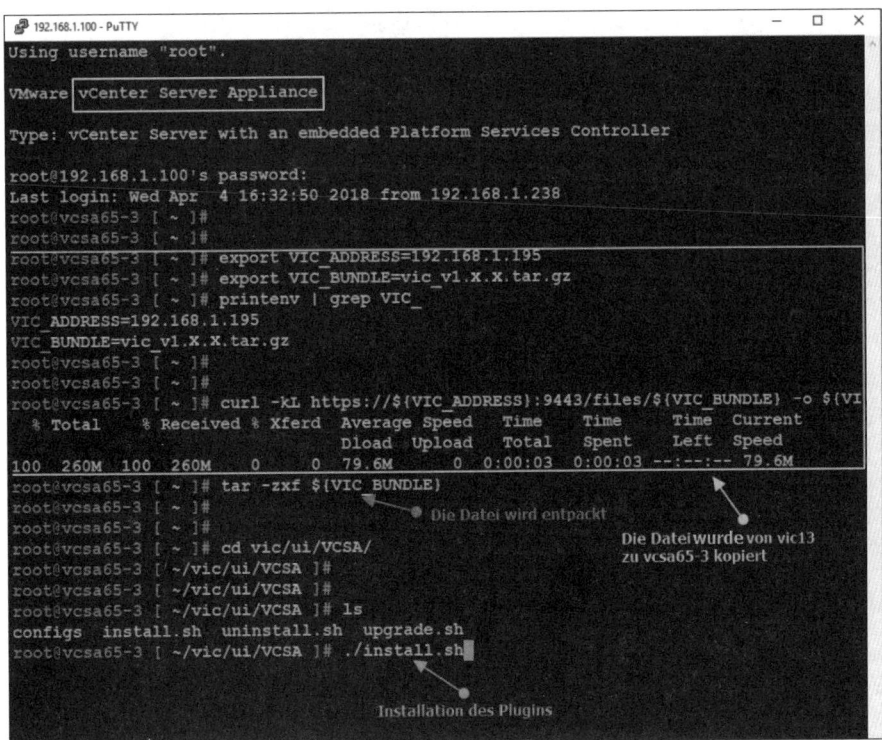

Abbildung 18.12 Vorbereitung zur Installation des VIC-UI-Plug-ins auf dem vCenter-Server

Überprüfen Sie nun mit dem Befehl printenv | grep VIC_, ob die Umgebungsvariablen auch ordnungsgemäß gesetzt wurden. In der Ausgabe sollten Sie jetzt die beiden Umgebungsvariablen sehen. Führen Sie anschließend den Befehl `curl -kL https://${VIC_ADDRESS}:9443/files/${VIC_BUNDLE} -o ${VIC_BUNDLE}` aus. Mithilfe von `curl` kopieren Sie nun unter Verwendung der Umgebungsvariablen die Datei *vic_v1.x.x.tar.gz* von der VIC-Maschine auf den vCenter-Server. Ist dieser Schritt auch erledigt, können Sie die Datei *vic_v1.x.x.tar.gz* durch Eingabe des Befehls `tar -zxf ${VIC_BUNDLE}` auspacken. In der Regel befinden Sie sich nach der Anmeldung am vCenter-Server im Verzeichnis */root/*. In diesem Verzeichnis befinden sich nun die Datei *vic_v1.x.x.tar.gz* sowie die entpackten Dateien. Geben Sie nun den Befehl `cd vic/ui/VCSA/` ein. Wenn Sie sich nun mit `ls` anzeigen lassen, was sich in diesem Verzeichnis */root/vic/ui/VCSA/* befindet, dann sollten Sie die Datei `install.sh` sehen.

Führen Sie nun die Installation des VIC-Plug-ins im vCenter-Server mit `./install.sh` aus (siehe Abbildung 18.12). Jetzt beginnt die eigentliche Installation des Plug-ins. Im Zuge des Installationsdialogs müssen Sie noch angeben, mit welchem Namen und Passwort sich der Prozess am vCenter-Server anmelden kann (siehe Abbildung 18.13).

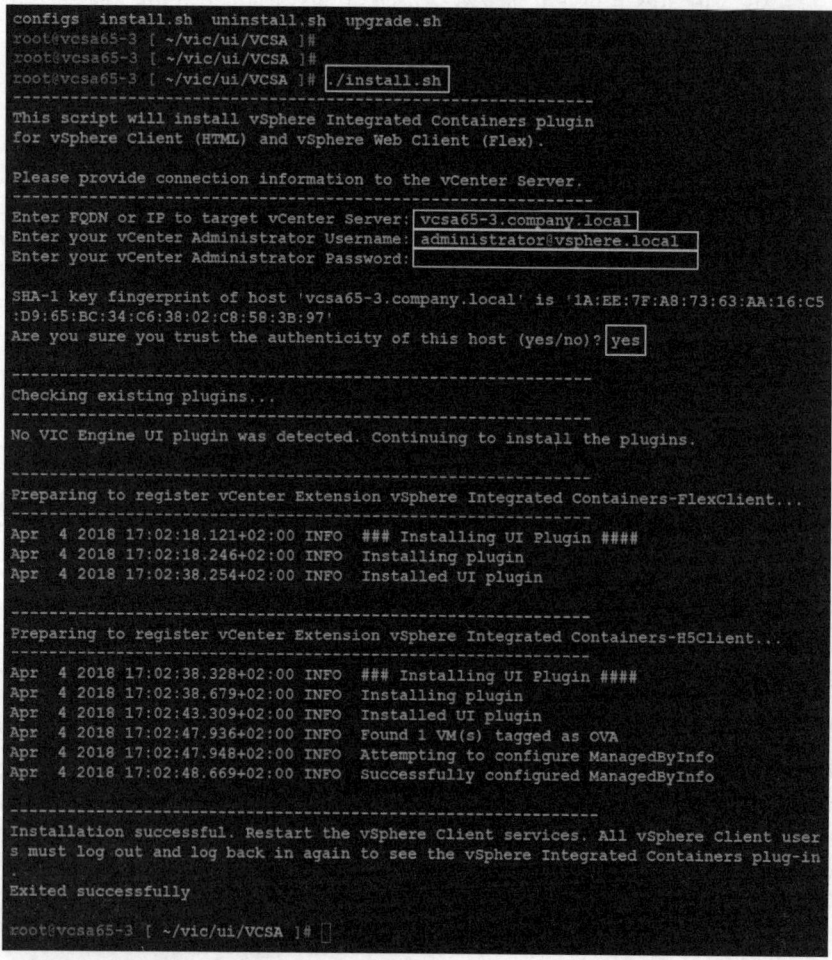

Abbildung 18.13 Installationsvorgang des VIC-UI-Plug-ins auf dem vCenter-Server

Sie können nun entweder den Flash-Client oder den HTML5-Client neu starten oder auch die gesamte vCenter Server Appliance einmal durchbooten. Nutzen Sie dazu folgende Befehle:

- `service-control --stop vsphere-client` und `service-control --start vsphere-client` (Flash-Client)
- `service-control --stop vsphere-ui` und `service-control --start vsphere-ui` (HTML5-Client)

Nachdem die vCenter Server Appliance nun über das Plug-in verfügt, öffnen Sie Ihren Google-Chrome-Browser und verbinden sich mit Ihrer vCenter Server Appliance. Das Plug-in erscheint nun im HTML5-Client, aber nicht im Flash-Client. Sie können das installierte Plug-in im *vSphere Web Client* erkennen, indem Sie die VERWALTUNG aufrufen und dann unter LÖSUNGEN auf CLIENT-PLUG-INS gehen (siehe Abbildung 18.14). Hier sind alle installierten Plug-ins aufgelistet. Sie sollten an dieser Stelle das aktivierte Plug-in *vSphere Integrated Containers* in der Liste der Plug-ins finden.

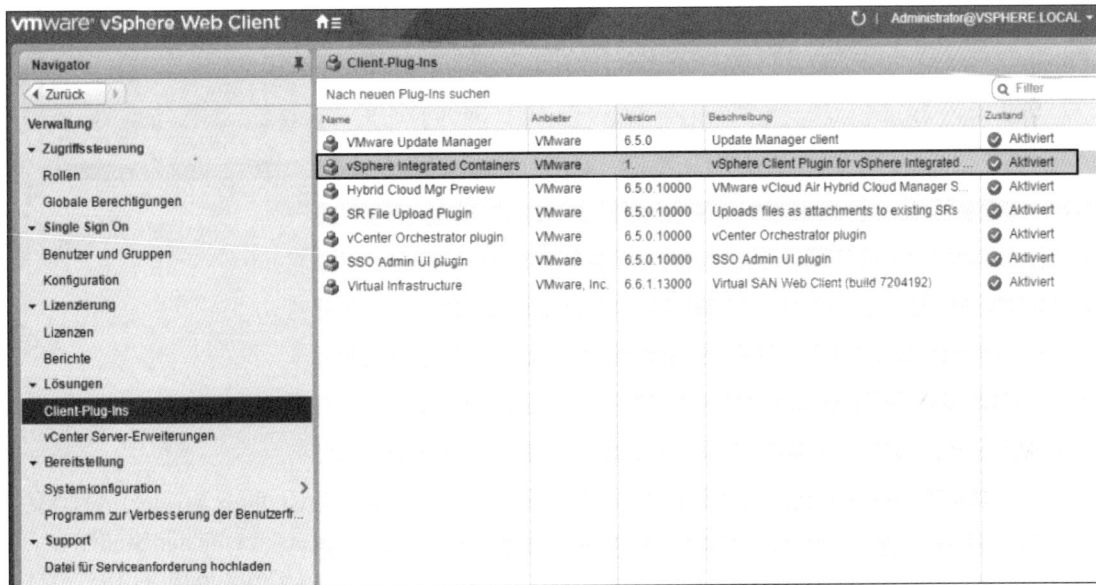

Abbildung 18.14 Liste der in der vCenter Server Appliance installierten Plug-ins

> **Der Managed Object Reference Browser**
>
> Alternativ finden Sie das Plug-in aber auch im *Managed Object Reference Browser* (MOB) der vCenter Server Appliance. Gehen Sie hierzu ebenfalls mit dem Browser *Google Chrome* auf *https://<vCenter-IP-/FQDN>/mob* und dann auf CONTENT und anschließend auf EXTENSION-MANAGER. Klicken Sie nun auf MORE, und schauen Sie nach, ob Sie das Plug-in mit dem *Value* `com.vmware.vic.ui` finden.

18 vSphere Integrated Containers

Übrigens: Mithilfe von MOB können Sie Plug-ins auch deregistrieren (siehe Abbildung 18.15). Verwenden Sie hierzu die Methode UNREGISTEREXTENSION, die Sie in Ihrem Browser anklicken können.

Nach dem Anklicken öffnet sich ein neues Browser-Fenster. Hier können Sie dann unter VOID UNREGISTEREXTENSION durch Eingabe des entsprechenden *Values* mit anschließendem Klick auf den Link INVOKE METHOD ein Plug-in deregistrieren.

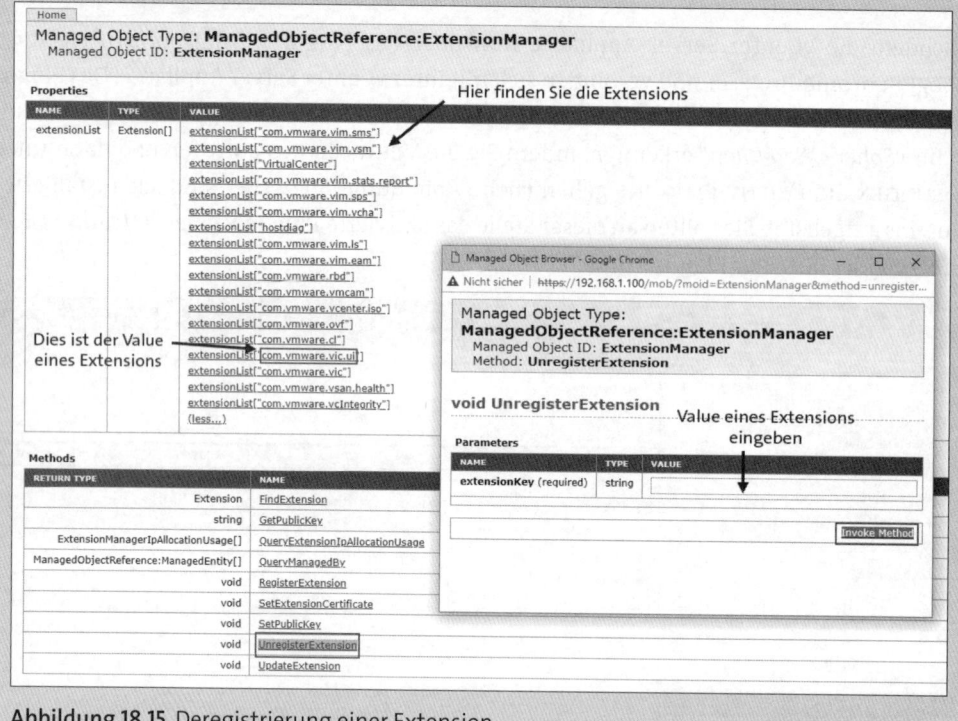

Abbildung 18.15 Deregistrierung einer Extension

Doch kommen wir nun zurück zur Kontrolle, ob das Plug-in installiert wurde. Im HTML5-Client (*vSphere Client*, siehe Abbildung 18.16) können Sie an unterschiedlichen Stellen nachschauen, ob das Plug-in installiert wurde. Direkt auf dem Home-Desktop unter INSTALLED PLUG-INS sehen Sie den Eintrag VSPHERE INTEGRATED CONTAINERS, wenn das Plug-in installiert ist. Außerdem können Sie ebenso wie im Web-Client unter VERWALTUNG • LÖSUNGEN • CLIENT-PLUG-INS nachschauen und zusätzlich auch hier noch feststellen, ob das Plug-in aktiviert wurde. Auf dem VERKNÜPFUNG-Desktop finden Sie dann auch noch ein Piktogramm bzw. Icon mit der Bezeichnung VSPHERE INTEGRATED CONTAINERS, wenn das Plug-in erfolgreich installiert wurde.

Aber all diese Informationen sagen nichts darüber aus, ob das Plug-in auch wirklich ordnungsgemäß mit der VICA zusammenarbeitet, sodass Sie es auch nutzen können.

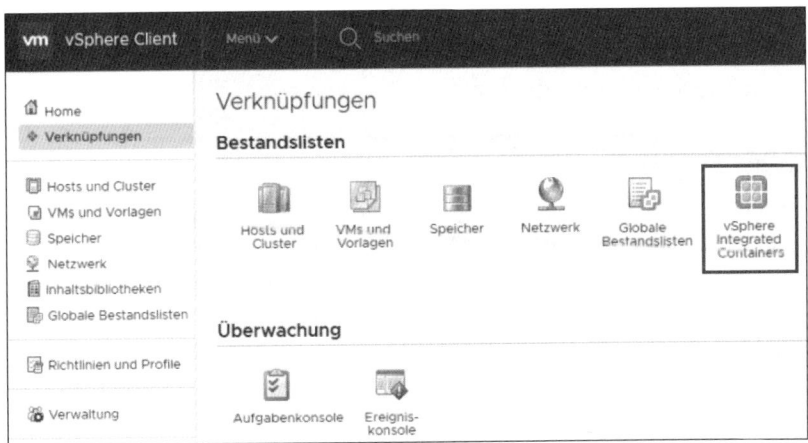

Abbildung 18.16 Das »vSphere Integrated Containers Plug-in« ist in der »vCenter Server Appliance« installiert.

Um nun festzustellen, ob das Plug-in auch nutzbar ist, klicken Sie auf dem Desktop auf das Icon VSPHERE INTEGRATED CONTAINERS (siehe Abbildung 18.16). Nun besteht die Möglichkeit, dass Sie eine Fehlermeldung sehen werden, nämlich eine rote Box mit der Meldung FAILED TO VERIFY... (siehe Abbildung 18.17).

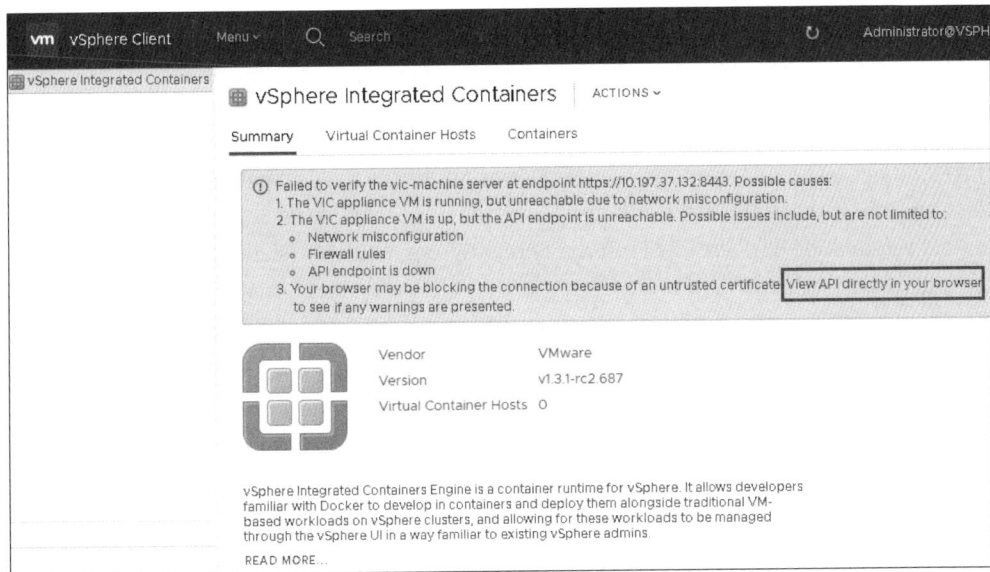

Abbildung 18.17 Der Zugriff auf die »VCH Management API« ist nicht etabliert.

In der Box befindet sich ein Link mit der Bezeichnung VIEW API DIRECTLY IN YOUR BROWSER. Klicken Sie auf den Link. Es öffnet sich ein neues Browserfenster, in dem lediglich der Schriftzug YOU HAVE SUCCESSFULLY ACCESSED THE VCH MANAGEMENT API steht.

Wenn Sie nun auf die Seite mit der Fehlermeldung in der roten Box zurückkehren und auf das Reload-Symbol klicken, wird die Fehlermeldung verschwunden sein. Jetzt können Sie sicher sein, dass das Plug-in auch verwendbar ist.

> **Fehlende Vertrauensstellung**
>
> An dieser Stelle noch eine zusätzliche Bemerkung: Von Zeit zu Zeit kommt es vor, dass Sie den Trust zwischen der *VCH Management API* und dem vCenter-Server-Appliance-VIC-Plug-in verlieren. Dann bekommen Sie in der vCenter Server Appliance die gleiche Warnmeldung wie in Abbildung 18.17 zu sehen. Tritt dieser Fall ein, dann klicken Sie einfach wieder auf den Link VIEW API DIRECTLY IN YOUR BROWSER und Sie haben wieder ein funktionierendes System.

18.3.6 Virtual Container Host (VCH)

Worum es sich bei einem VCH handelt und was seine Aufgabe ist, haben Sie ja bereits in Abschnitt 18.2.5, »Virtual Container Host (VCH)«, erfahren. Damit Sie den VCH aber auch verwenden können, benötigen Sie noch einen speziellen User. Wie Sie diesen User einrichten, erfahren Sie im nächsten Abschnitt. Außerdem müssen Sie aber im Anschluss daran noch den VCH bereitstellen. Wie das funktioniert, erfahren Sie im übernächsten Abschnitt »Bereitstellung eines Virtual Container Hosts (VCH)«.

Den VCH-Admin-User erstellen

Für das Arbeiten mit einem VCH wird ein spezieller Benutzer benötigt. Hierbei handelt es sich um den *vch-admin*. Anlegen können Sie diesen Administrator-Benutzer wie folgt: Legen Sie einen neuen Benutzer in der vCenter Server Appliance an, und geben Sie diesem Benutzer ausschließlich Leserechte. Das heißt, Sie erstellen in der vCenter Server Appliance den Benutzer *vch-admin@vsphere.local* mit der Berechtigung *read only* (siehe Abbildung 18.18).

Bereitstellung eines Virtual Container Hosts (VCH)

Die Erzeugung eines *Virtual Container Hosts* (VCH) war in der Vergangenheit (also in den Versionen vor Version 1.3.1) eine Tätigkeit, die ausschließlich auf der Kommandozeile der VIC-Maschine möglich war. Der Administrator einer VIC-Umgebung musste eine sehr umfangreiche und vor allem komplexe Befehlsstruktur nutzen, um einen VCH erfolgreich zu erzeugen. Da die Befehlszeilen zur VCH-Erzeugung extrem lang werden können, kam es des Öfteren vor, dass sich Schreibfehler einschlichen, die dann zu unerwarteten Effekten oder Abbrüchen bei der Ausführung der Befehle führten. Wir haben daher in der Vergangenheit unterschiedlichste kleine Shell-Skripte erstellt, die wir immer wieder verwendet haben, um Syntax- und Tippfehlern vorzubeugen.

18.3 Implementierung

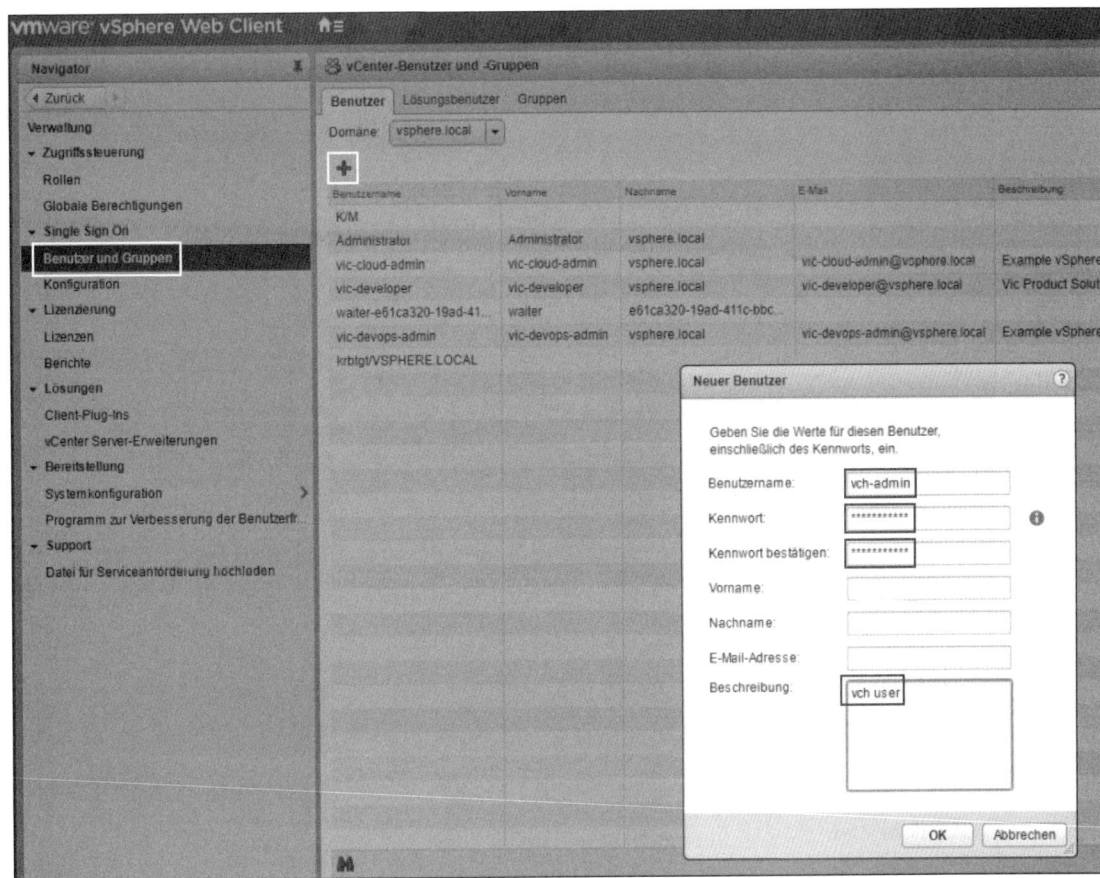

Abbildung 18.18 Anlegen des Benutzers »vch-admin«

Natürlich basiert die Erzeugung eines VCH nach wie vor auf dem gleichen Verfahren wie in der Vergangenheit. Der Vorteil in den neueren Versionen, über die wir hier reden, ist aber, dass es einen Creation-Wizard gibt! Dieser Creation-Wizard erlaubt es Ihnen, einen VCH quasi zusammenzuklicken, ohne dass Sie die genaue Befehlssyntax und die Regeln der CLI kennen müssen. Wie das Ganze ausschaut, sehen Sie in der folgenden Abbildungsserie im Detail.

Melden Sie sich zunächst am vCenter an (siehe Abbildung 18.19).

Wechseln Sie anschließend zum Menüpunkt vSphere Integrated Containers (siehe Abbildung 18.20). Von dort aus erstellen Sie einen VCH über den Button + New Virtual Container Host (siehe Abbildung 18.21).

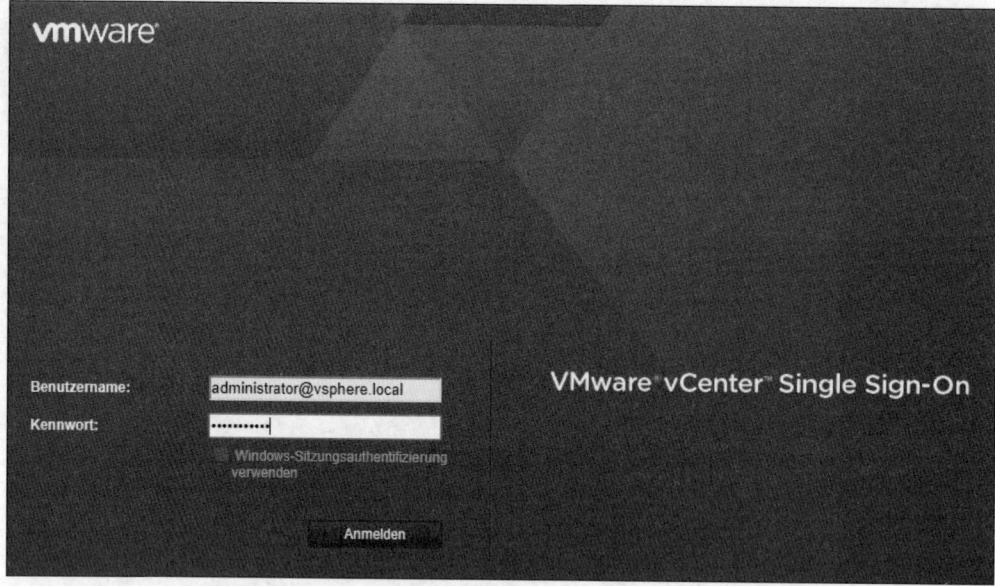

Abbildung 18.19 Anmeldung an der »vCenter Server Appliance« (VCSA), um einen VCH zu erstellen

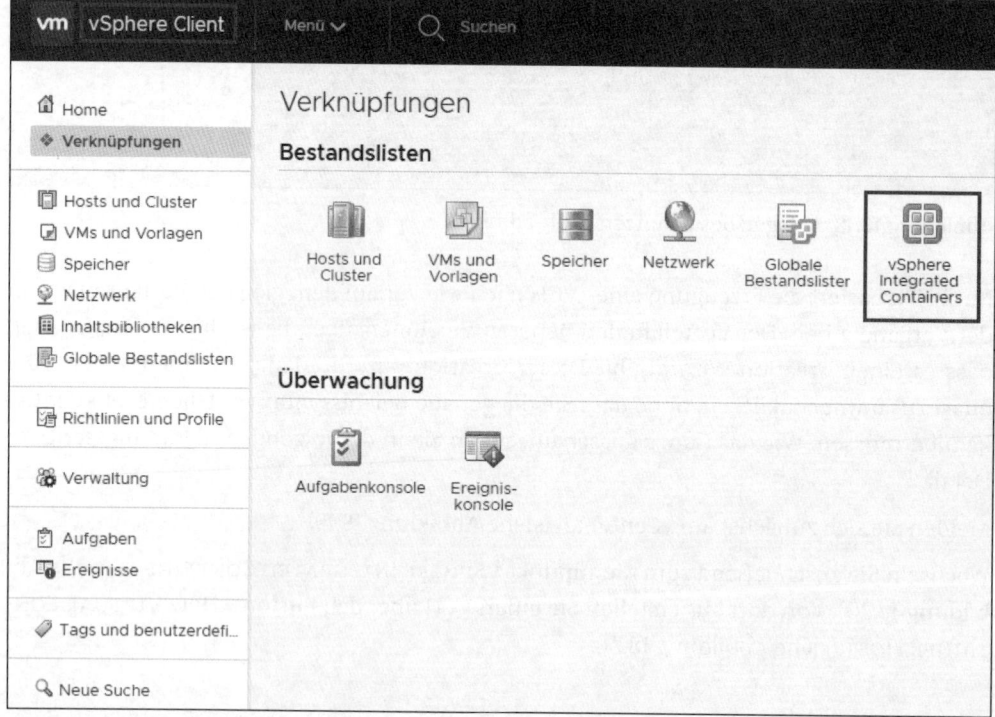

Abbildung 18.20 Das VIC-Plug-in in der VCSA, mit dem Sie einen VCH erstellen

18.3 Implementierung

Abbildung 18.21 Das Erstellen eines VCHs von der VCSA aus starten

Im nächsten Fenster (siehe Abbildung 18.22) nehmen Sie die Grundeinstellungen vor. Vergeben Sie einen sprechenden Namen, wählen Sie die passende Vorlage aus, und entscheiden Sie, wie viele Log-Meldungen aufgezeichnet werden sollen.

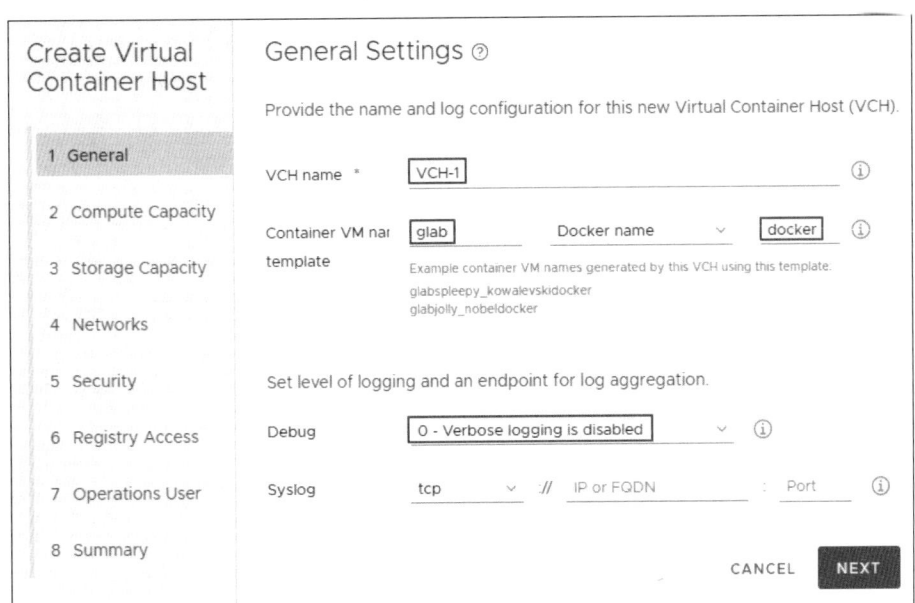

Abbildung 18.22 Die Grundeinstellungen für den zu erstellenden VCH vornehmen

Anschließend wählen Sie aus, welche Ressourcen Ihrem neuen VCH bereitgestellt werden sollen. Dieser Schritt erfordert Einträge in zwei Fenstern. Unter COMPUTE CAPACITY (siehe Abbildung 18.23) legen Sie die CPU- und Memory-Limits fest, und unter STORAGE CAPACITY wählen Sie den gewünschten Datastore aus (siehe Abbildung 18.24).

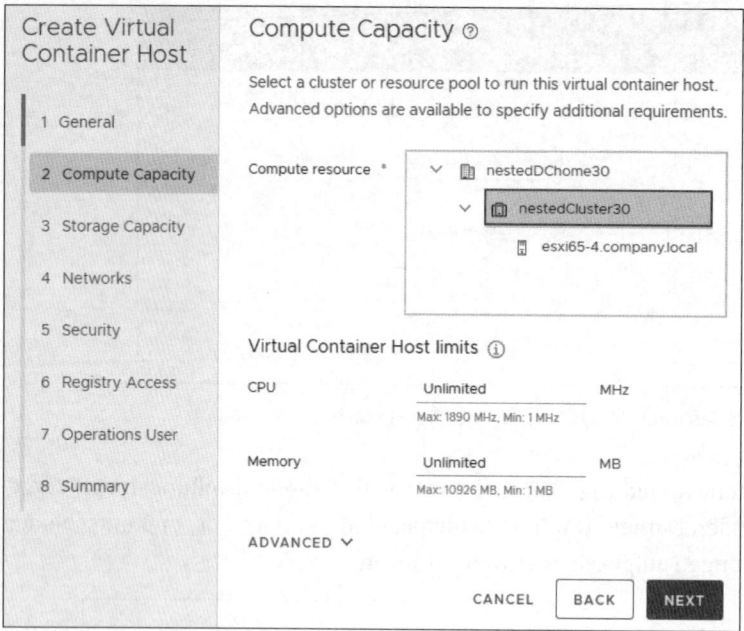

Abbildung 18.23 Die für den neuen VCH notwendigen Compute-Ressourcen vergeben

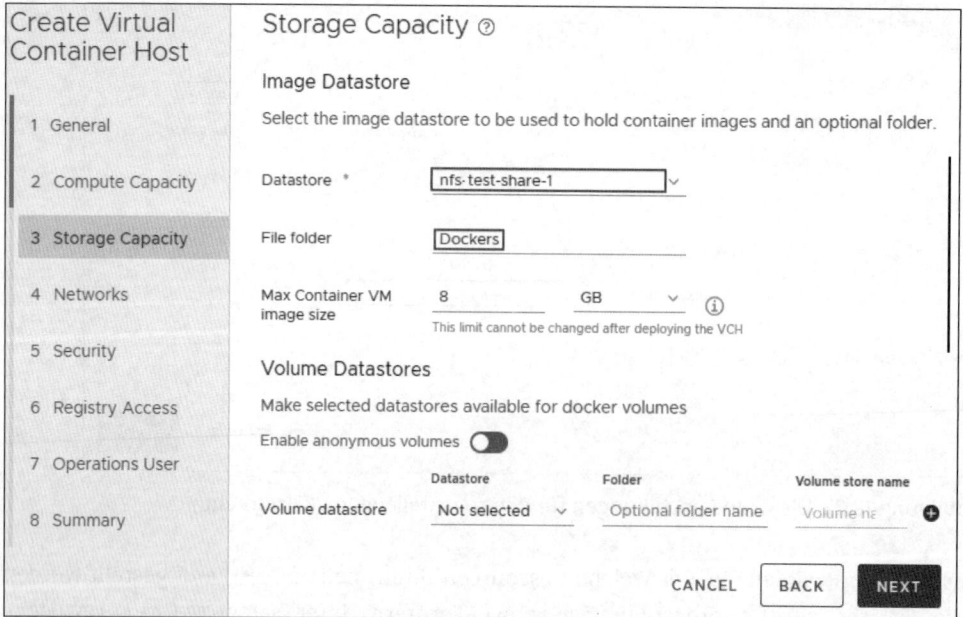

Abbildung 18.24 Die für den neuen VCH notwendigen Storage-Ressourcen vergeben

Im nächsten Schritt konfigurieren Sie die Netzwerkeinstellungen und legen die Zuordnung der vDS-Portgruppen fest (siehe Abbildung 18.25).

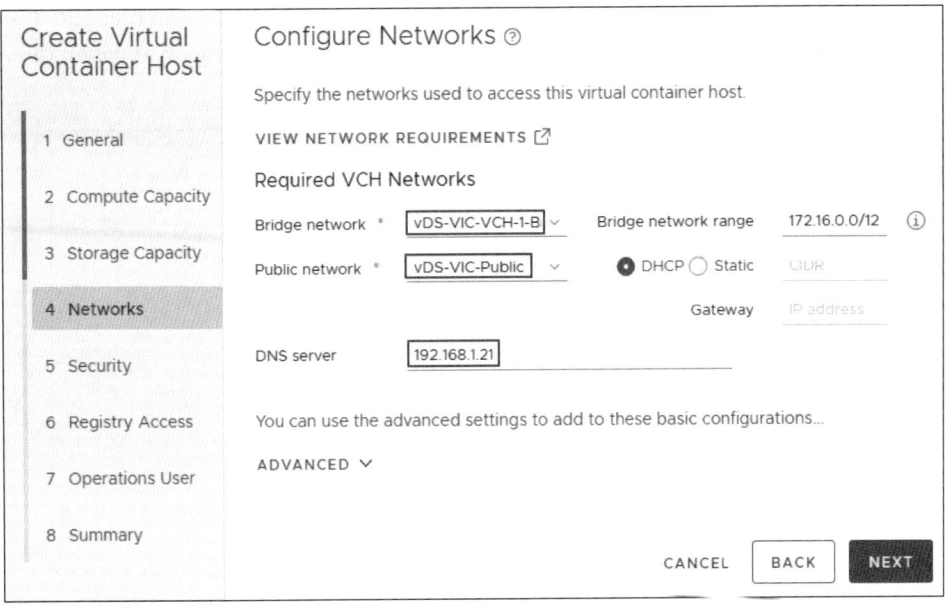

Abbildung 18.25 Ordnen Sie die entsprechenden Portgruppen des vDS zu.

Anschließend folgen die Sicherheitseinstellungen. Hier müssen Sie die Zertifikate konfigurieren. In unserem Beispiel wählen wir eine einfache, aber unsichere Konfiguration, die Sie in Produktionsumgebungen entsprechend anpassen sollten (siehe Abbildung 18.26).

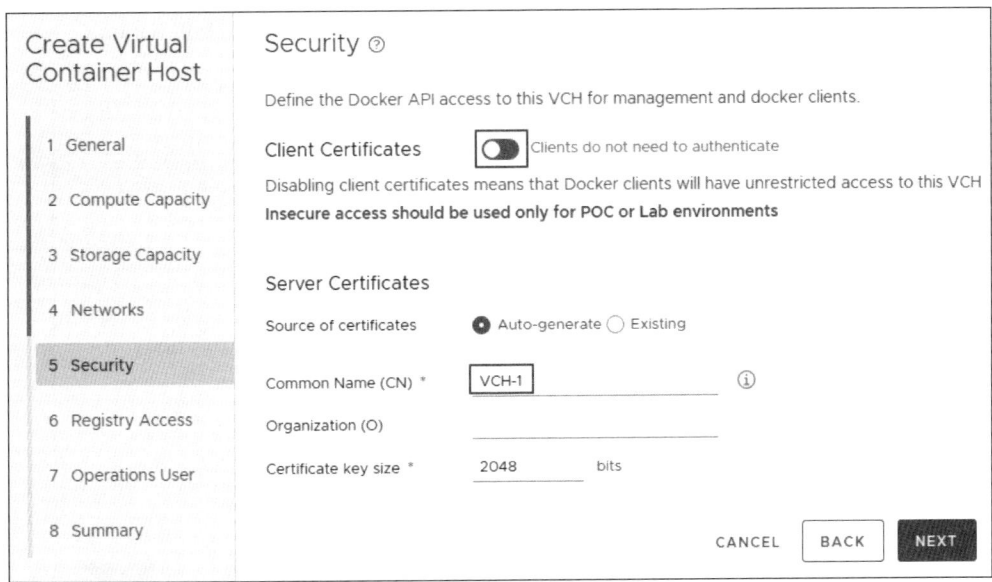

Abbildung 18.26 Einstellungen hinsichtlich der Security vornehmen

Im nächsten Schritt müssen Sie den Zugang zur Registry konfigurieren. Auch hier gilt, dass Sie in Produktionsumgebungen die passenden Zertifikate und Einstellungen angeben müssen (siehe Abbildung 18.27).

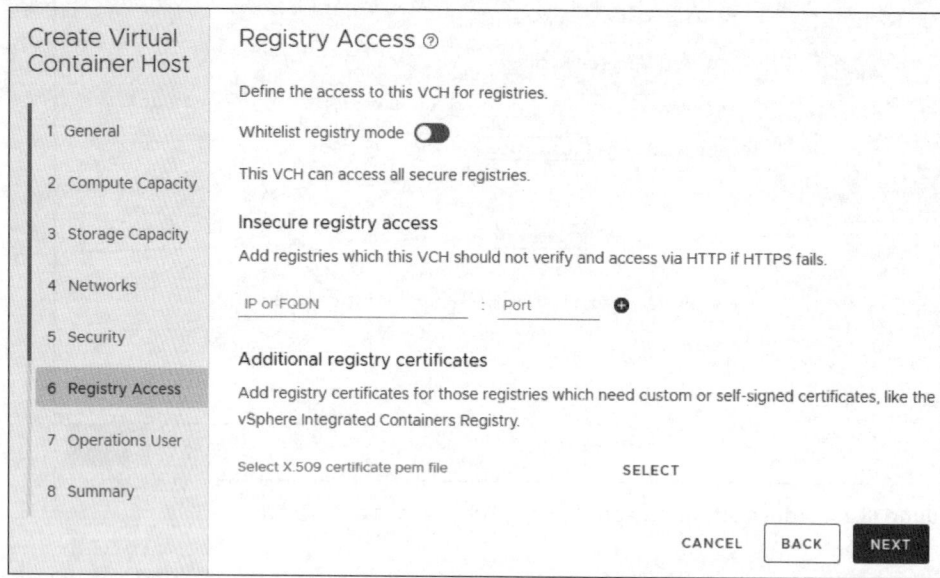

Abbildung 18.27 Hier werden die entsprechenden Registrierungszuordnungen durchgeführt.

Sie schließen die Konfiguration ab, indem Sie im Fenster aus Abbildung 18.28 die Zugangsdaten des Nutzers *vch-admin@vsphere.local* eintragen, den Sie zuvor erstellt haben.

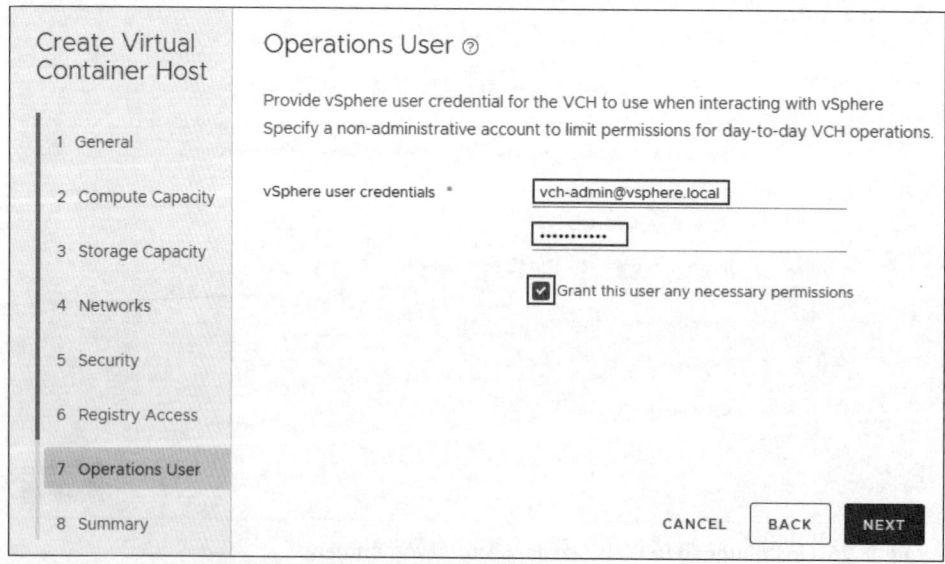

Abbildung 18.28 Eingabe des VCH-Admin-Users

18.3 Implementierung

Am Ende der Konfiguration eines VCHs mithilfe des Creation-Wizards klicken Sie auf FINISH (siehe Abbildung 18.29). Anschließend beginnt das System dann damit, Ihren ersten VCH zu erstellen (siehe Abbildung 18.30).

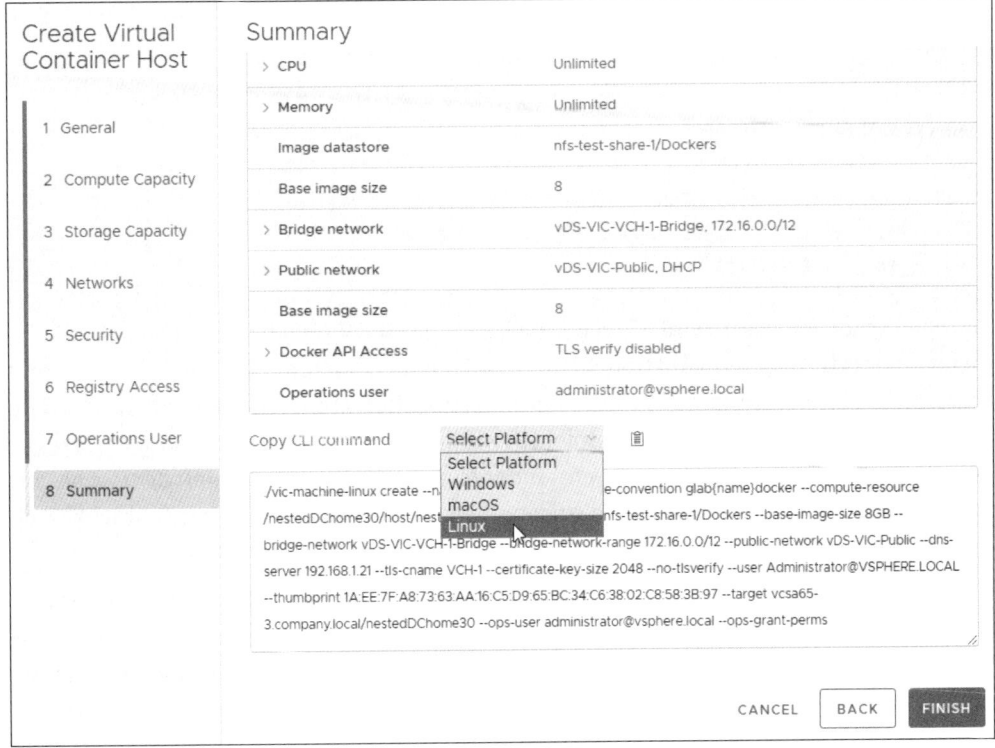

Abbildung 18.29 Generierung der Befehlsstruktur für das Deployment eines VCHs unter dem Betriebssystem Linux

Aber für all diejenigen, die den VCH nach wie vor mit der Kommandozeile erstellen möchten, gilt: Selbstverständlich geht das auch weiterhin ohne den Wizard! Dass Kommandozeile nach wie vor Bestand hat, erkennen Sie schon daran, dass am Ende des VCH-Konfigurationsprozesses mit dem Creation-Wizard die gesamte VIC-Maschine-create-Befehlsstruktur angezeigt wird (siehe Abbildung 18.29).

Dies dient der Qualitätssicherung, denn so können Sie nicht nur überprüfen, ob der Creation Wizard korrekt gearbeitet hat, sondern auch kontrollieren, ob Ihnen bei der Konfiguration ein Fehler unterlaufen ist. Selbstverständlich können Sie den Befehl kopieren und z. B. zu Datensicherungszwecken abspeichern oder direkt in einer CLI ausführen. Die Nutzung der Kommandozeile ist also keineswegs überflüssig geworden!

Aus diesem Grund möchten wir Ihnen ein kurzes Beispiel zeigen, wie Sie einen VCH mit dem Befehl `./vicmachine-linux` auf der Kommandozeile erzeugen:

```
./vic-machine-linux create
--target            <vCenter-Server-Appliance>
--user              <Administrator der vSphere-Umgebung>
--ops-user          <Benutzer, mit dem der Container-Host arbeiten soll>
--name              <Name des Virtual Container Hosts (VCH)>
--computer-resource <ESXi-Host, Cluster oder Ressourcen-Pool>
--imagestore        <Name des Datenspeichers, den der VCH für Images nutzen soll>
--volume-store      <Datenspeicher für Volumes/<Pfad>:Beschreibung>
--bridge-network    <Portgruppe für die interne Container-Kommunikation>
--public-network    <Portgruppe für die öffentliche Kommunikation>
--container-network <Portgruppe für Container im Netzwerk>
--tls-cname         <Name des VCHs>
```

Sie sehen schon an diesem einfachen Beispiel, dass Sie eine Vielzahl von Befehlen und Argumenten benötigen, deren Funktion Sie im Detail kennen sollten. Hinzu kommt, dass dies nur ein recht kleiner Auszug aus einer sehr umfangreichen Argumente-Bibliothek ist. Wenn Sie hier tiefer einsteigen möchten, empfehlen wir Ihnen, unter *https://vmware.github.io/vic-product/assets/files/html/1.4/vic_vsphere_admin/common_vic_options.html* nachzuschlagen. Dort werden die Befehle sowie die dazugehörigen Argumente in aller Ausführlichkeit erläutert.

Nach diesem kleinen Ausflug in die Welt der CLI kehren wir nun zum Creation-Wizard zurück. Nachdem Sie einen neuen Container-Host (VCH) angelegt haben (siehe Abbildung 18.30), möchten Sie sicherlich nun die ersten Container erzeugen. Damit Sie dieses Vorhaben auch in die Tat umsetzen können, müssen Sie aber zuerst den VCH in der VICA registrieren.

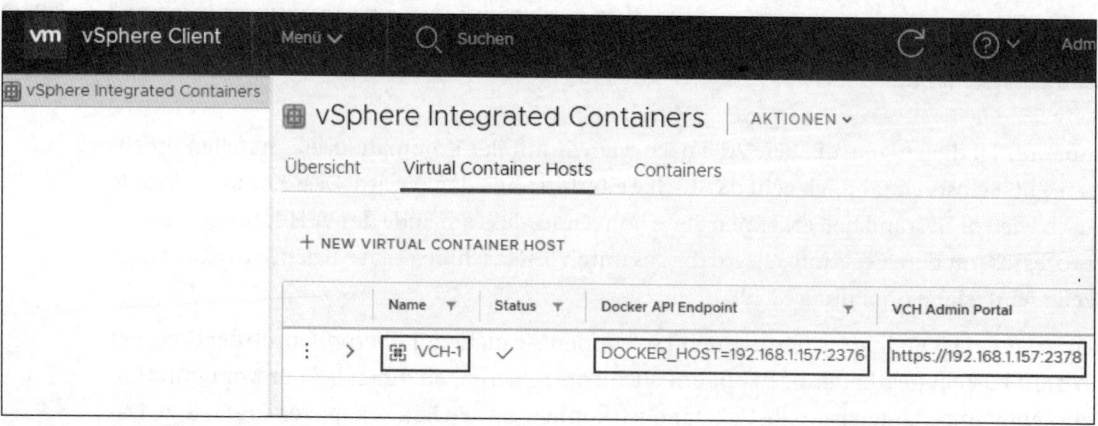

Abbildung 18.30 Das Deployment eines VCHs wurde erfolgreich abgeschlossen.

Hierzu wechseln Sie in das Management-Portal der VICA und registrieren Ihren neuen VCH, indem Sie unter START • DEFAULT-PROJECT • INFRASTRUKTUR • CONTAINER-HOSTS auf den Link +NEU klicken (siehe Abbildung 18.31).

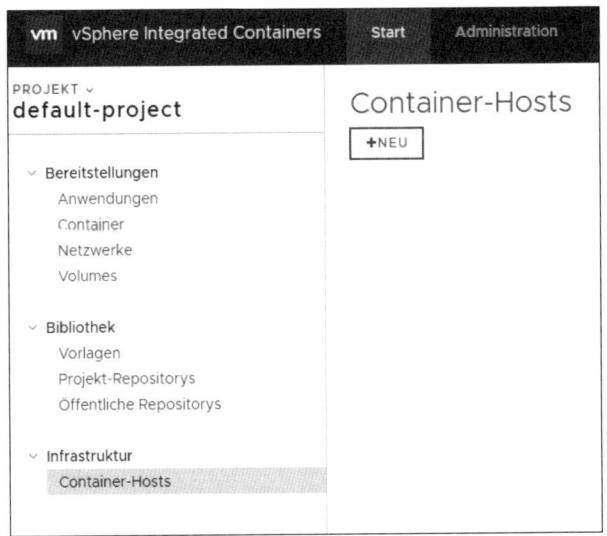

Abbildung 18.31 So registrieren Sie einen neuen VCH in der VICA.

Sie führen die Registrierung durch, indem Sie im Fenster NEUER CONTAINER-HOST die IP-Adresse des VCHs sowie den Namen eingeben, unter dem der VCH in der vCenter Server Appliance erscheinen soll (siehe Abbildung 18.32).

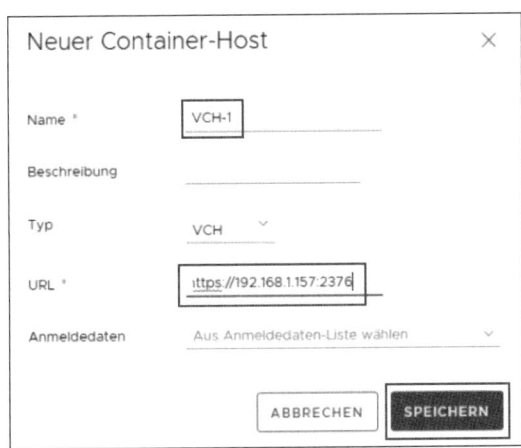

Abbildung 18.32 Eingabe der VCH-Registrierungsdaten

Nach der Registrierung des VCHs an der VICA sind Sie nun endlich in der Lage, Ihre ersten Container (*c-vm*) zu erstellen.

Zum Abschluss werfen wir noch einen kurzen Blick auf den vSphere-Client (siehe Abbildung 18.33). Hier sehen Sie nun den VCH sowie den dazugehörigen Ressourcen-Pool, der automatisch mitangelegt wird und unter dem sich dann später auch die Container (*c-vm*) befinden werden, die zu diesem VCH gehören.

Abbildung 18.33 Überprüfung des VCHs in der VCSA

18.4 Verwaltung

In Abbildung 18.34 können Sie sich einen vollständigen Überblick über die beteiligten Komponenten verschaffen.

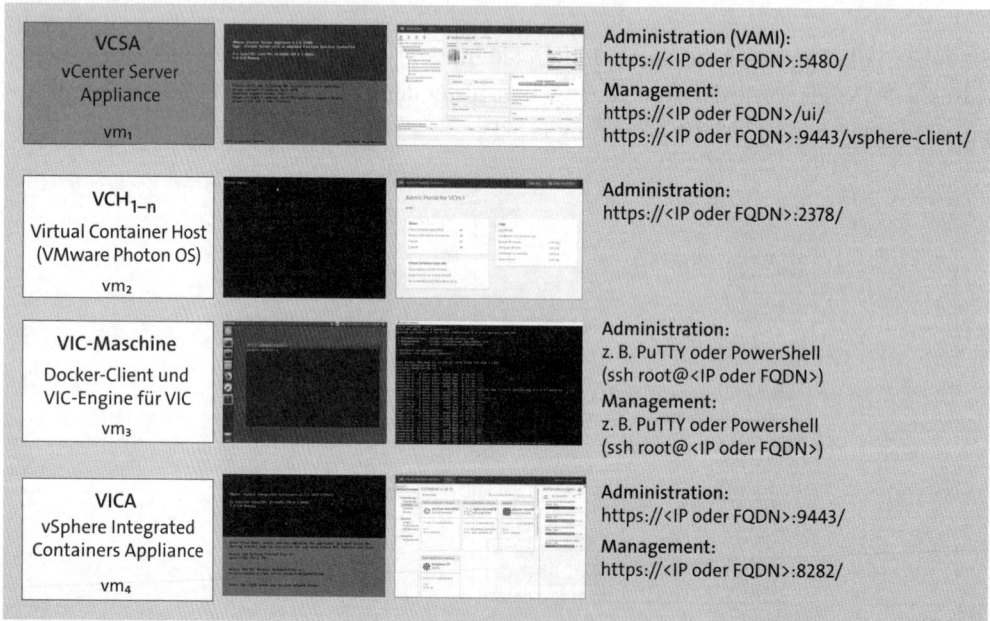

Abbildung 18.34 Elemente, die zu einer VIC-Umgebung gehören

Achtung

Es ist sehr wichtig, dass Sie niemals irgendwelche Operationen am Virtual Container Host (VCH) oder an den Container-VMs (*c-vm*) mithilfe der *VMware Remote Console* für VMs durchführen. Nutzen Sie auf gar keinen Fall die Standardmöglichkeiten für VMs in vSphere zum Ausschalten, Einschalten oder Löschen! Jegliche Änderung oder Operationen im Hinblick auf VIC-Ressourcen-Pools, c-vms oder VCH-Endpoint-VMs können dazu führen, dass die *vSphere Integrated Containers Engine* (VIC-Engine) nicht mehr ordnungsgemäß funktioniert.

Damit das Framework *vSphere Integrated Containers* einwandfrei funktioniert, verwenden Sie zur Administration ausschließlich

- das *vSphere Integrated Containers-Plug-in* des HTML5-Clients, das Sie unter der Adresse *https://<IP oder FQDN>/ui/* erreichen,
- das *Integrated Containers Management Portal* (*https://<IP oder FQDN>:8282/*) oder
- die VIC-Maschine, mit der Sie dann entsprechende Docker-Befehle und VIC-Maschine-Befehle ausführen können (ssh root@<IP oder FQDN>).

18.4.1 Docker-Kommandos

Wie im Anleser dieses Kapitels bereits erläutert wurde, geht es hier nur am Rande um das Thema »Docker auf der CLI«. Für den Fall, dass Sie sich in diesem Bereich nicht zu Hause fühlen, finden Sie in Tabelle 18.3 einige rudimentäre Docker-Befehle. Ausführen sollten Sie diese Befehle auf dem VCH. Melden Sie sich hierzu via PuTTY an Ihrer VIC-Maschine an, oder verwenden Sie die Windows PowerShell (siehe Abbildung 18.35) für die Verbindung, indem Sie das Kommando ssh root@<IP oder FQDN der VIC-Maschine> nutzen.

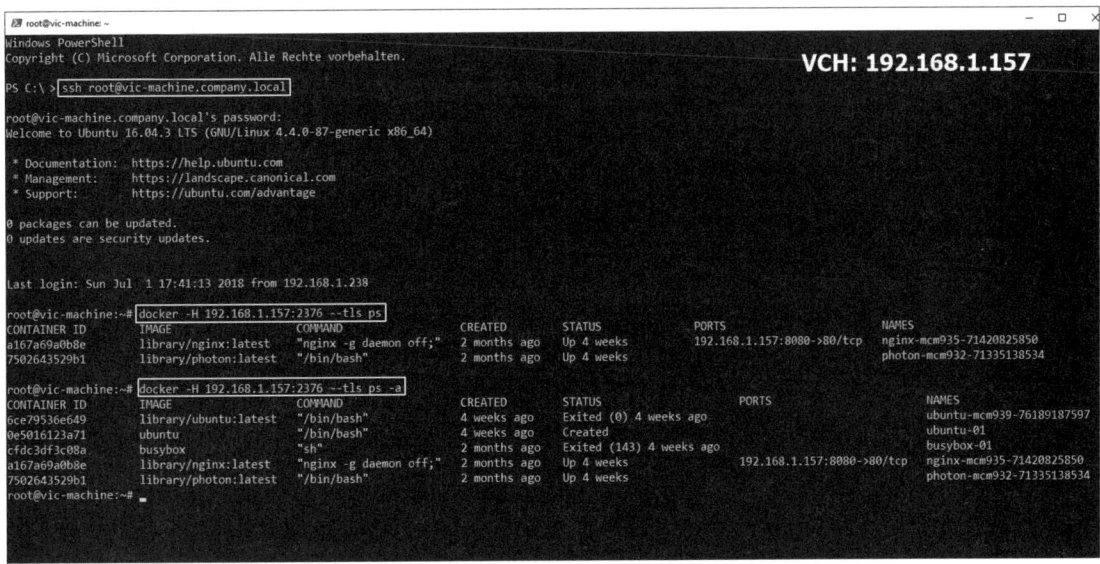

Abbildung 18.35 In der CLI der VIC-Maschine

Sie befinden Sie nun auf der CLI der VIC-Maschine. Von hier aus können Sie die entsprechenden Kommandos (siehe Tabelle 18.3) ausführen. Damit Sie die Docker-Befehle nicht auf der

VIC-Maschine ausführen, sondern auf dem passenden VCH, benutzen Sie den Befehlszusatz -H <IP oder FQDN des VCHs>:2376. Daher sieht der Befehl docker version dann wie folgt aus: docker -H <IP oder FQDN des VCHs>:2376 version (siehe Abbildung 18.35).

docker ps -a	Welche Container gibt es überhaupt, und wie lautet deren Container-ID?
docker ps	Welche Container sind momentan eingeschaltet, und wie lautet deren Container-ID?
docker stop <CONTAINER ID>	Stoppen des Containers
docker start <CONTAINER ID>	Starten eines Containers
docker restart <CONTAINER ID>	Neustart eines Containers
docker rm <CONTAINER ID>	Löschen eines Containers
docker attach <CONTAINER ID>	Sich mit der Bash eines Containers verbinden
[Ctrl + p] + [Ctrl + q]	Die Shell des Containers verlassen, ohne den Container dabei zu stoppen
exit	Die Shell des Containers verlassen und den Container dabei ausschalten
docker images	Welche Images sind vorhanden, und wie lautet die <IMAGE ID>?
docker rmi <IMAGE ID>	Ein Image löschen
docker pull ubuntu	Das Ubuntu-Container-Image wird über das Internet vom Docker Hub heruntergeladen.
docker info	Informationen aus der Docker-Umgebung
docker version	Informationen bezüglich der Docker-Version, die installiert ist

Tabelle 18.3 Docker-Befehle und deren Bedeutung

18.4.2 Container in VIC verwalten

Erstellen Sie nun Ihren ersten Container in Ihrer VIC-Umgebung. Melden Sie sich mit dem Google-Chrome-Browser an der VICA unter *https://<IP oder FQDN der VICA>:8282/* an. Navigieren Sie zu ÖFFENTLICHE REPOSITORYS. Unter BELIEBTE REPOSITORYS finden Sie nun unterschiedlichste Vorlagen für das Erstellen von Containern (siehe Abbildung 18.36).

18.4 Verwaltung

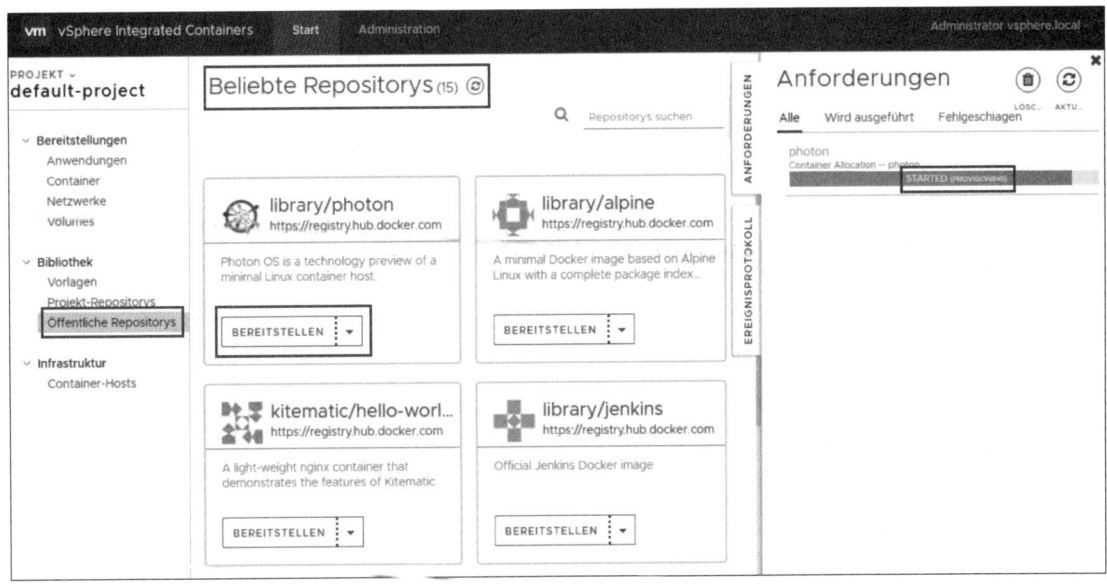

Abbildung 18.36 Unterschiedlichste Vorlagen zur Erstellung von Containern

Jede Kachel, die Sie sehen, stellt jeweils eine Vorlage dar. Wenn Sie einen Container auf der Basis einer der Vorlagen erstellen möchten, dann klicken Sie innerhalb des Kachelsymbols auf BEREITSTELLEN. Das System beginnt sofort mit der Bereitstellung eines Containers (*c-vm*). Sie können den Bereitstellungsfortschritt unter ANFORDERUNGEN beobachten. Dass die Bereitstellung erfolgreich war, können Sie daran erkennen, dass der Fortschrittsbalken unter ANFORDERUNGEN grün wird und dass Sie im Repository des vSphere-Clients eine eingeschaltete *c-vm* (also einen Container) angezeigt bekommen. Weiter können Sie Ihren Container auch unter CONTAINER in der VICA sehen (siehe Abbildung 18.37).

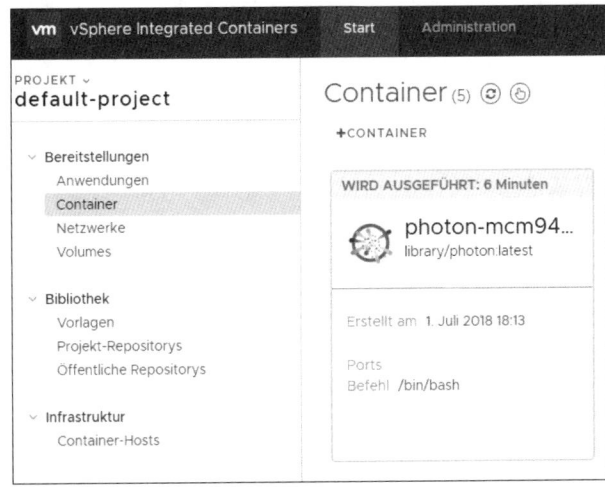

Abbildung 18.37 Bereits erstellte Container in der VIC-Umgebung

Da Sie nun einen Container erzeugt haben, können Sie jetzt mit den entsprechenden Befehlen aus Abschnitt 18.4.1, »Docker-Kommandos«, eine Verbindung zu diesem Container herstellen (siehe Abbildung 18.38).

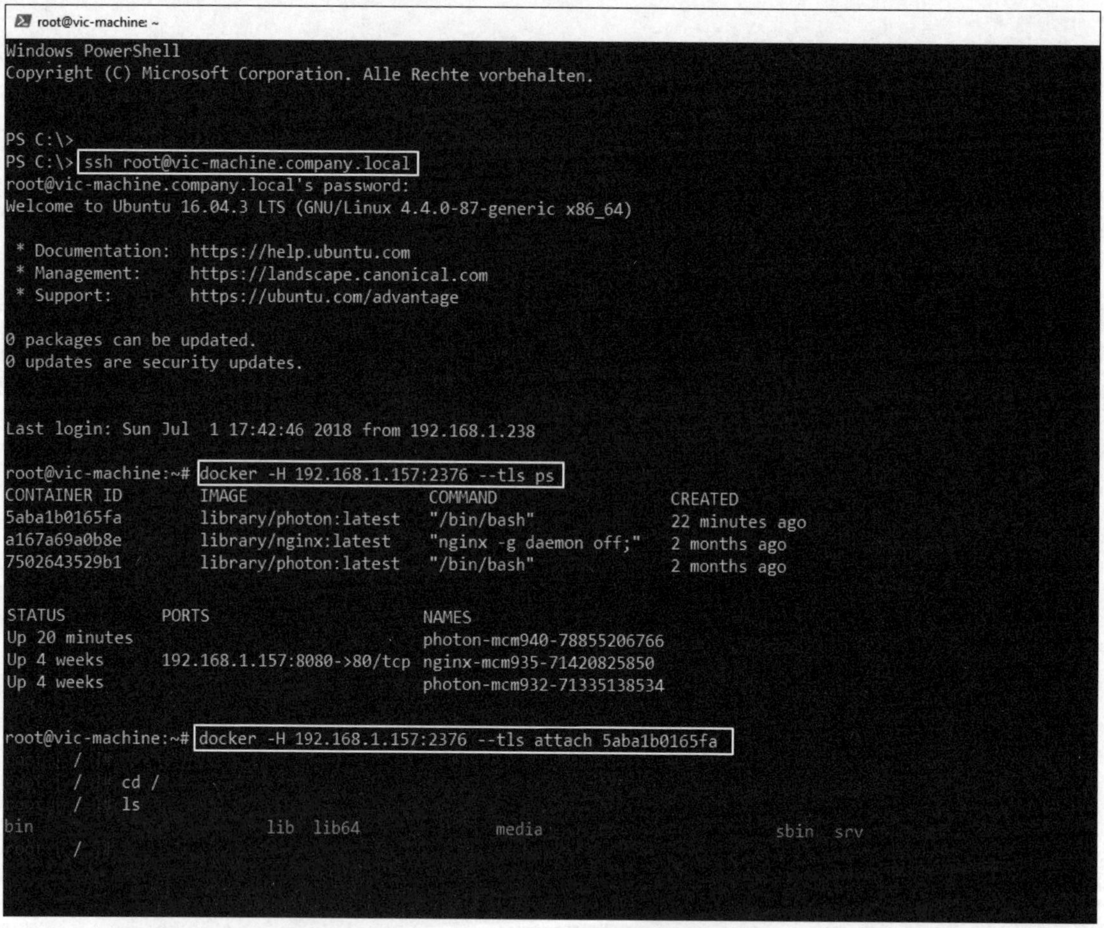

Abbildung 18.38 Mit der PowerShell stellen Sie vom Arbeitsplatzrechner aus eine Verbindung mit der CLI des Containers her.

18.4.3 Virtual Container Host (VCH) in VIC verwalten

Um einen *vSphere Integrated Container*-Host (VCH) neu zu starten oder auszuschalten, rufen Sie den *Debug-Modus* von der VIC-Maschine aus auf und verwenden die Befehle shutdown -r now bzw. shutdown -h now. Nutzen Sie auf gar keinen Fall den vSphere-Client oder den Web-Client zur Administration von VCHs oder Containern! Dies kann dazu führen, dass der VCH nach dem Einschalten in eine Fehlersituation läuft.

> **Achtung**
>
> Noch mal zur Erinnerung: Verwenden Sie den vSphere Web-Client oder vSphere Client nicht, um Operationen auf VCHs oder Container-VMs (c-vm) auszuführen!
>
> Verwenden Sie immer die VIC-Maschine, um Operationen mit VCHs auszuführen, und verwenden Sie ausschließlich Docker-Befehle, um Container zu verwalten.

Das Herunterfahren eines VCHs führen Sie folgendermaßen durch: Sorgen Sie dafür, dass alle Container-VMs ausgeschaltet sind, die von dem VCH verwaltet werden, den Sie herunterfahren möchten. Versetzen Sie den VCH dann in den *Debug-Modus*. Das Ausschalten der Container-VMs können Sie in der Management-UI der VICA in der Rubrik CONTAINER vornehmen.

Melden Sie sich anschließend mittels SSH oder PuTTY an der Kommandozeile der VIC-Maschine an, und verwenden Sie die folgenden Befehle, um den VCH in den Debug-Modus zu versetzen und anschließend auszuschalten. Sie werden in den folgenden Befehlen immer wieder den SHA1-Fingerprint bzw. Thumbprint (`--thumbprint '<Thumbprint der VCSA>'`) der VCSA benötigen. Lassen Sie sich diesen Hash-Wert mit dem Befehl `openssl x509 -in /etc/vmware-vpx/ssl/rui.crt -fingerprint -sha1 -noout` auf der Kommandozeile der VCSA ausgeben.

Ermitteln Sie im ersten Schritt die VCH-ID:

```
root@vic-machine:/vic#./vic-machine-linux ls \
--target '<IP oder FQDN der VCSA>/<Name des Datacenters>' \
--user 'administrator@vsphere.local' \
--password='Start12345!' \
--thumbprint '<Thumbprint der VCSA>'
```

Als Ausgabe erhalten Sie die VCH-ID (`<VCH-ID>`).

Versetzen Sie nun im zweiten Schritt den VCH in den Debug-Modus:

```
root@vic-machine:/vic#./vic-machine-linux debug \
--target '<IP oder FQDN der VCSA>/<Name des Datacenters>' \
--user 'administrator@vsphere.local' \
--password '<VCSA-Anmeldepasswort>' \
--id '<VCH-ID>' \
--enable-ssh \
--rootpw "VMware1!" \
--thumbprint '<Thumbprint der VCSA>'
```

Nachdem sich der VCH jetzt im Debug-Modus befindet, können Sie nun im dritten und letzten Schritt damit beginnen, den VCH herunterzufahren. Die letzte Ausgabe sollte mit `Connection to <IP oder FQDN des VCHs> closed` enden. Verbinden Sie sich dann via `root@vic-`

machine:/vic# ssh root@<IP oder FQDN des VCHs> mit dem VCH, der sich im Debug-Modus befindet, und führen Sie auf der Kommandozeile unter root@<vch-hostname> [~]# den Befehl shutdown -h now aus. Der VCH fährt nun herunter bzw. schaltet sich ab.

Verwenden Sie zum Einschalten des VCH den vSphere-Client. Schalten Sie die VCH-VM so ein, als würden Sie eine normale VM einschalten. Schalten Sie aber auf gar keinen Fall eine der Container-VMs ein! Das Ausschalten der Container-VMs erfolgt anschließend in der Management-UI der VICA in der Rubrik CONTAINER.

Ein weiterer wichtiger Punkt in Hinblick auf die Best Practices in einer VIC-Umgebung ist, dass das VIC-vCenter-Plug-in ab und zu mal den Kontakt zum VCH verliert. Sie werden dies daran bemerken, dass Sie sich z. B. nicht mehr mit der CLI des Containers (docker -H <IP des VCH>:2376 --tls attach <CONTAINER-ID>) verbinden können. Die Lösung dieses Problems ist allerdings recht einfach: Klicken Sie, wie in Abbildung 18.17 zu sehen ist, einfach auf den Link und erneuern Sie dadurch den Trust. Auf diese Weise wird die Verbindung wiederhergestellt. Schauen Sie hierzu auch nochmals in Abschnitt 18.2.4, »vSphere Integrated Containers vCenter-Plug-in (VIC-UI-Plug-in)«.

Kapitel 19
VMware Cloud Foundation

Bisher haben wir in diesem Buch sehr viel über die einzelnen Komponenten geschrieben, die ein Software-Defined Datacenter ausmachen. Angefangen von vSphere über vSAN bis hin zu NSX. VMware Cloud Foundation liefert diese Funktionalitäten als ein einziges, nativ-integriertes System.

Autor dieses Kapitels ist Frank Wegner, Senior Product Line Manager, VMware fwegner@vmware.de

Sie sind IT-Architekt oder IT-Ingenieur in einem Unternehmen? Dann begleiten Sie mich in eine neue Welt: Wie wäre es, wenn Ihre Arbeit, wie Sie sie heute kennen, nicht mehr existiert? Wie wäre es, wenn Ihre Firma auf Public-Cloud-Anbieter setzt? Was, wenn die Geschäftsleitung Ihrer Firma entschieden hat, dass die eigene IT zu langsam oder zu unflexibel ist? In dieser Welt würden Service-Provider das Planen und Aufbauen von IT-Architekturen für Ihre Firma übernehmen.

Sie halten das für unwahrscheinlich? Dann denken Sie 150 Jahre zurück: Damals hatten viele Fabriken eigene Generatoren, um Strom zu erzeugen. Heute beziehen Unternehmen ihren Strom von Elektrizitätswerken. Ich halte es für wahrscheinlich, dass sich in der IT in den kommenden Jahren ein ähnlicher Wandel abzeichnet.

In ein paar Jahren wird kaum noch jemand gebraucht werden, der vSphere installieren oder konfigurieren kann. Warum Storage-Infrastruktur oder Netzwerke selbst aufbauen und vor allem pflegen, wenn Firmen vergleichbare Dienste aus der Public Cloud bekommen könnten, vielleicht sogar mit besserer Verfügbarkeit und Compliance?

VMware Cloud Foundation ist ein Schritt in diese Richtung. Ihre Arbeit, wie Sie sie heute kennen, existiert nicht mehr, wenn Sie VMware Cloud Foundation einsetzen. Mit VMware Cloud Foundation werden Sie kein vSphere oder vSAN oder NSX mehr selbst installieren oder manuell patchen müssen. Sie werden keine Architektur für diese Komponenten planen, weil all diese Tätigkeiten von dem System übernommen werden.

Ihre Tätigkeit wird sich ändern. Sie werden die Business-Architektur planen, Sie werden IT-Services automatisieren und verschiedene Systeme integrieren. Aber es fallen viel weniger infrastrukturnahe Aufgaben an.

Lesen Sie weiter, und erfahren Sie, warum ich diese Prognose wage. Begleiten Sie mich in die Welt von VMware Cloud Foundation, in der Rechenzentrumsinfrastruktur automatisiert aufgebaut und aktualisiert wird.

> **Zur Version von VMware Cloud Foundation**
> In diesem Kapitel beziehe ich mich auf *VMware Cloud Foundation 2.3*. Zukünftige Versionen von VMware Cloud Foundation können zusätzliche Funktionen oder eine höhere Flexibilität besitzen. Bitte informieren Sie sich auf der offiziellen VMware-Cloud-Foundation-Website über die jeweils neueste Version.

19.1 Modernisieren Sie Ihr Rechenzentrum

Lassen Sie uns annehmen, Sie haben den Auftrag, die Infrastruktur Ihres Rechenzentrums zu modernisieren. Es gibt klare Vorgaben, welche Anwendungen und Softwareentwicklungssysteme bereitgestellt werden müssen. Hinzu kommen Auflagen der Sicherheitsabteilung, die eine flexible und granulare Trennung der Anwendungen erfordern. Sie haben enge Zeitvorgaben und sehr wenig Personal. Es gibt keine Vorgaben bezüglich der Hardware, weil die Geschäftsbereiche den Fokus auf die Anwendungen legen.

Nach Analyse der Anforderungen kommen Sie zu dem Schluss, das für diese Modernisierung der Aufbau eines *Software-Defined Datacenter* (SDDC) mit vSphere, vSAN und NSX nötig ist. Normalerweise planen Sie nun eine Architektur, stellen die Hardware und Software aus Kompatibilitätslisten zusammen, führen die Installation durch und kümmern sich um das Patchen und Upgraden. Doch nehmen wir an, es fehlen NSX-Spezialisten, um die Architektur zu planen und aufzubauen. Was wäre, wenn Sie gar nicht genug Zeit haben, um alles wie üblich aufbauen zu lassen?

Die heutige IT hat sehr viel mit Architekturwissen und manueller Aufbauarbeit und Pflege zu tun. Es ist so, als ob Sie ein Auto aus Einzelteilen zusammenbauen. Wäre es nicht viel einfacher, ein fertiges Auto zu haben, mit dem Sie gleich fahren können? Genau das ist die Idee hinter VMware Cloud Foundation.

VMware Cloud Foundation ist eine einfache Art, ein Software-Defined Datacenter bereitzustellen und zu betreiben. Es basiert mit vSAN auf einer Hyper-Converged-Systemarchitekur und ergänzt sie durch Netzwerk- und Sicherheitsdienste sowie Cloud-Management-Dienste. Darum bezeichnen wir VMware Cloud Foundation manchmal auch als *Next-Generation Hyper-Converged Infrastructure*.

Sie können VMware Cloud Foundation in Ihrem Rechenzentrum einsetzen oder als Service von Public-Cloud-Service-Providern mieten.

> **Sie kaufen eine Architektur**
>
> Als Nutzer von VMware Cloud Foundation planen und bauen Sie Ihre Infrastruktur nicht, Sie kaufen sie als fertiges System. Dies geht weit über frühere Anläufe hinaus, weil diese Architektur den Aufbau der physischen Switches und Server ebenso einschließt wie die SDDC-Software. Sind Sie bereit, eine fertige Architektur zu kaufen? Hier erfahren Sie, was das bedeutet.

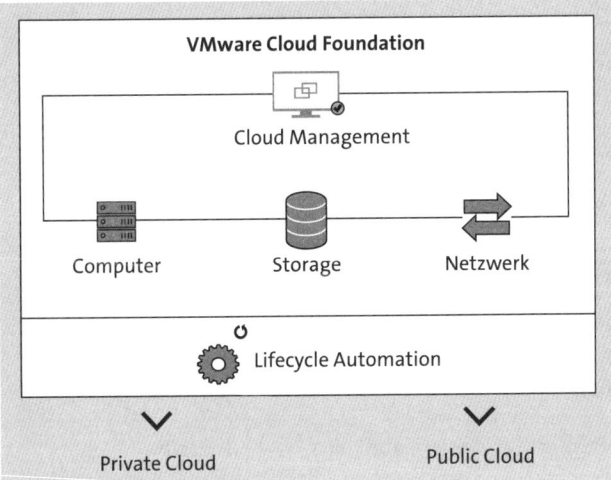

Abbildung 19.1 »VMware Cloud Foundation« ist ein nativ-integriertes System für das Software-Defined Data Center in der Hybrid-Cloud.

VMware Cloud Foundation automatisiert die Architektur und die Installation von *VMware vRealize Automation* und *Horizon View*. Damit können Sie auf einfache Art vollständige SDDC-basierte Private-Cloud-Umgebungen aufbauen.

In diesem Kapitel gebe ich Ihnen einen Einblick in VMware Cloud Foundation. Dabei gehe ich chronologisch vor und beschreibe die Vorbereitung des Einsatzes, die Installation und Einrichtung von VMware Cloud Foundation und dessen wesentliche Funktionen. Begleitend zu den jeweiligen Schritten gehe ich auf die Architektur ein.

> **Ausgeschlossene Aspekte**
>
> Die folgenden Erweiterungen lasse ich in diesem Kapitel aus. Bitte informieren Sie sich über sie in der Produktdokumentation:
>
> - Installation und Konfiguration von *VMware vRealize Operations*
> - Installation und Konfiguration von *VMware vRealize Automation*
> - Erstellen einer *VDI Workload-Domain* mit Installation und Konfiguration von *VMware Horizon*

19.2 Die Vorbereitung

VMware Cloud Foundation ist ein nativ-integriertes System mit einer umfangreichen Automatisierung. Diese Automatisierung hat einen starken Einfluss auf Ihren Betrieb. Darum ist es wichtig, dass Sie sich im Vorfeld Gedanken über IT-Prozesse und Teamstrukturen machen. Da Sie die Planung auf Ihr Unternehmen abstimmen müssen, ist sie zu speziell, um Teil dieses Kapitels zu sein. Wenn Sie dazu Unterstützung wünschen, können Sie sich an VMware oder Partner wenden, die eine entsprechende Expertise auf diesem Gebiet haben.

Es gibt drei Arten, wie Sie VMware Cloud Foundation nutzen können:

- als *Softwareinstallation* auf zertifizierten Servern und Switches
- als *integriertes System* von einem OEM-Hersteller
- als *Service von einem Public-Cloud-Provider*

Tabelle 19.1 schlüsselt die Optionen auf:

Aktivität	Softwareinstallation	Integriertes System	Public-Cloud-Service
Auswahl von Server und Switch-Hardware	Auswahl aus dem VMware Compatibility Guide	Auswahl aus dem OEM-Katalog	Server-Typ-Auswahl aus dem Katalog des Service-Providers
Aufbau und Verkabelung der Hardware	Im Kunden-RZ, wird vom Kunden oder Partner nach VMware-Anleitung durchgeführt.	In der Fabrik des OEM	*Entfällt*
Imaging (Erstinstallation)	Wird vom Kunden oder Partner durchgeführt.	In der Fabrik des OEM	*Entfällt*
Bring-up (Konfiguration)	Wird vom Kunden oder Partner durchgeführt.	Wird vom Kunden oder Partner durchgeführt.	*Entfällt*
Ressourcenbereitstellung	Durch Kunden via Benutzerschnittstelle	Durch Kunden via Benutzerschnittstelle	Durch Kunden via Service-Provider-UI
Support	Hardware: OEM Software: VMware	OEM	Service-Provider

Tabelle 19.1 Nutzungsarten der »VMware Cloud Foundation«

Aktivität	Softwareinstallation	Integriertes System	Public-Cloud-Service
Systemaktualisierung	Durch Kunden via Benutzerschnittstelle	Durch Kunden via Benutzerschnittstelle	Entweder durch Kunden via Service-Provider-UI oder durch den Service-Provider selbst im Hintergrund

Tabelle 19.1 Nutzungsarten der »VMware Cloud Foundation« (Forts.)

> **Hinweis zu den VMware-Cloud-Foundation-Varianten**
> Im weiteren Verlauf dieses Kapitels gehe ich auf VMware Cloud Foundation als Softwareinstallation auf zertifizierten Servern und Switches ein. Informationen zu den integrierten Systemen erhalten Sie von den entsprechenden OEMs, und für Informationen zu VMware Cloud Foundation in Public Clouds wenden Sie sich bitte an die entsprechenden Service-Provider. Es gibt eine Ausnahme: Zur VMware-Cloud auf AWS sprechen Sie bitte Ihren VMware-Vertriebskontakt an.

Zur Planung gehören die Abschätzung der Größe der Installation (d. h., wie viele Server Sie benötigen) und die Auswahl der Hardware selbst. Vorhandene Hardware kann genutzt werden, wenn sie im VMware Compatibility Guide für VMware Cloud Foundation erwähnt ist. Muss ein neues Rack gekauft werden? Ist genügend Platz im Rechenzentrum vorhanden sowie genügend Strom und Kühlung?

Es empfiehlt sich, die vSAN-Sizing-Werkzeuge zu nutzen und ein *Microsegmentation and Security Assessment* für NSX vorab durchzuführen, um die vSAN- und NSX-Komponenten optimal zu nutzen. Diese Vorbereitung ist sehr hilfreich für Ihre Installation von VMware Cloud Foundation.

19.3 Die Standardarchitektur

Bevor wir nun die Installation angehen, verschaffen wir uns erst einmal einen Überblick über die Architektur, die wir aufbauen werden. VMware Cloud Foundation automatisiert viele der manuellen Schritte, die beim Aufbau und Betrieb eines Software-Defined Datacenters anfallen.

Tabelle 19.2 zeigt einige der Aufgaben im Vergleich:

Aufgabe	Selbst gebaute Infrastruktur	VMware Cloud Foundation
Architektur der Infrastruktur	Manuelle Planung, aufwendig	Keine Arbeit, vom System vorgegeben
Hardwareauswahl	Nach Kompatibilitätsliste	Nach Kompatibilitätsliste
Softwareauswahl	Nach Kompatibilitätslisten, manuelle Prüfung der Versionen	Vom System vorgegeben
Installation	Manuell, dauert oft Wochen	Dateneingabe via Wizard, vom System durchgeführt
vCenter Server und vSAN/NSX-Bereitstellung	Manuell, dauert oft Wochen	Dateneingabe via Wizard, vom System durchgeführt
Update von vSphere, vSAN und NSX	Manuell, dauert oft Wochen	Dateneingabe via Wizard, vom System durchgeführt

Tabelle 19.2 Vergleich der Aufgaben beim Aufbau einer Infrastruktur

Die tatsächliche Zeiteinsparung hängt von folgenden Faktoren ab: von Ihrer jeweiligen Umgebung, von dem Know-how Ihrer Mitarbeiter, von der Reife Ihrer Prozesse und von dem Umfang der Automatisierung, die Sie für die Infrastruktur implementiert haben.

Die umfassende Automatisierung von VMware Cloud Foundation ist möglich, weil die Architektur in dieser Lösung vorgegeben ist. Die Art und Weise, wie physische Server und Switches konfiguriert werden, wie die vCenter-Server aufgesetzt werden.

Das Gleiche gilt für vSAN-, NSX-, Horizon- und vRealize Suite-Komponenten, all das stellt der Installationsprozess automatisch bereit. Das ist ein ganz besonders wichtiger Aspekt, um VMware Cloud Foundation zu verstehen. Es geht darum, schnell eine validierte Architektur zur Verfügung zu haben und auf einfache Weise die Umgebung aktuell zu halten.

VMware Cloud Foundation ist ein Installationspaket (siehe Abbildung 19.2), das Sie als Einheit installieren und aktualisieren. Einige Komponenten sind verpflichtend, andere sind optional. Die Versionen der enthaltenen Komponenten sind aufeinander abgestimmt und in den Release Notes dokumentiert.

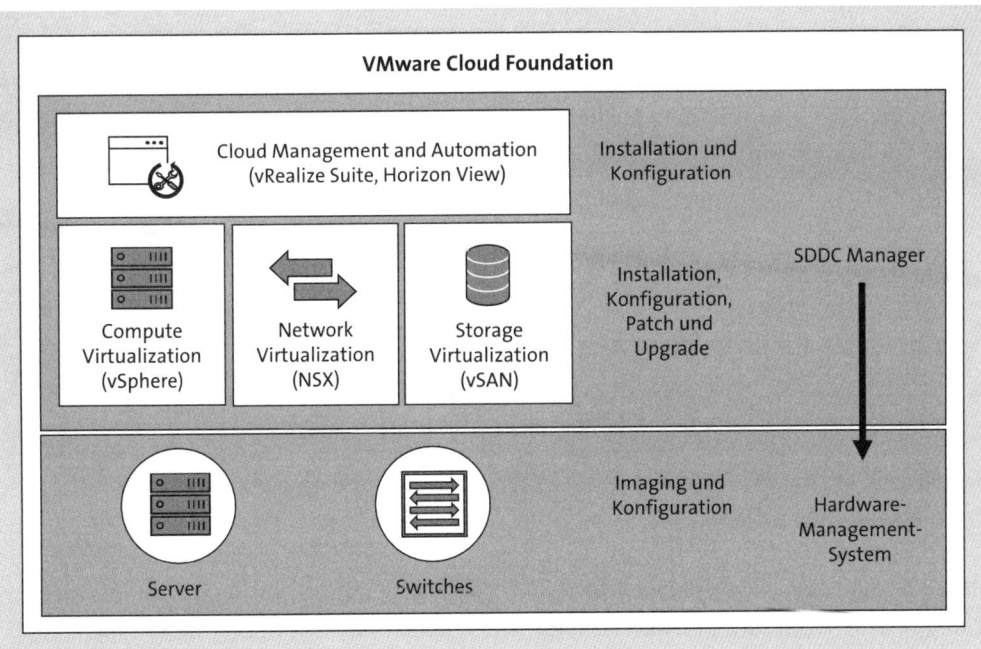

Abbildung 19.2 Umfang von »VMware Cloud Foundation«

Der SDDC Manager ist das Herz von VMware Cloud Foundation

Der *SDDC Manager* automatisiert die Installation und die Aktualisierungen der Infrastruktursoftware. Dabei stellt der SDDC Manager sicher, dass alle Versionen der beteiligten Komponenten kompatibel sind. Das ist ein Mehrwert gegenüber einer manuellen Installation der einzelnen Komponenten. Tabelle 19.3 erläutert, welche Komponenten automatisch installiert bzw. gepatcht werden.

Komponente	Automatische Installation	Patch/Upgrade
SDDC Manager	Beim Bring-up	Automatisch
Platform Service Controller	Beim Bring-up	Automatisch
vCenter Server	Beim Bring-up / WLD Erstellung	Automatisch
ESXi	Beim Bring-up	Automatisch

Tabelle 19.3 Automatisierung des Software-Lifecycle-Managements in VMware Cloud Foundation

Komponente	Automatische Installation	Patch/Upgrade
vSAN	Beim Bring-up / WLD Erstellung	Automatisch
NSX	Beim Bring-up / WLD Erstellung	Automatisch
vRealize Log Insight	Beim Bring-up	Manuell
vRealize Operations	Optional	Manuell
vRealize Automation	Optional	Manuell
Horizon	Optional (separate Lizenz)	Manuell

Tabelle 19.3 Automatisierung des Software-Lifecycle-Managements in VMware Cloud Foundation (Forts.)

Beachten Sie, dass es verschiedene *VMware Cloud Foundation*-Editionen gibt, die sich im Umfang der enthaltenen Software unterscheiden. Eine Übersicht finden Sie in Tabelle 19.4.

	Basic	Standard	Advanced	Enterprise
MANAGEMENT				
Automated lifecycle managment	x	x	x	x
	SDDC Manager	SDDC Manager	SDDC Manager	SDDC Manager
Business – Cloud Business Planning and Showback			x	x
Business – Cloud Costing, Cloud Compare		x	x	x
Automation – App Provisioning			x	x
Automation – InfraProvisioning, Governance			x	x
Log Insight – Log Analytics		x	x	x
Operations – Capacity Planning, OS/App Monitoring		x	x	x

Tabelle 19.4 »VMware Cloud Foundation«-Editionen (Stand: Juni 2018)

	Basic	Standard	Advanced	Enterprise
		vRealize Suite STD	vRealize Suite ENT	vRealize Suite ENT
Network Ops – AWS VPC, Tags in M-Seg Planning				x
Network Ops – Flow Analysis, M-Seg Planning		x	x	x
		vRNI ADV	vRNI ADV	vRNI ENT
NETWORKING				
VPN (IPSEC and SSL)				x
Multi-Site NSX optimizations				x
Cross vCenter NSX				x
Automation of security policies with vRealize	x	x	x	x
NSX Edge firewall, load balancing	x	x	x	x
Distributed switching, routing and firewalling	x	x	x	x
	NSX ADV	NSX ADV	NSX ADV	NSX ENT
STORAGE				
Data-at-rest Encryption				x
Stretched Cluster with Local Failure Protection				x
Erasure Coding (All Flash only)	x	x	x	x
Deduplication & Compression (All Flash only)	x	x	x	x
	vSAN ADV	vSAN ADV	vSAN ADV	vSAN ADV
COMPUTE				
Distributed Resource Scheduler	x	x	x	x

Tabelle 19.4 »VMware Cloud Foundation«-Editionen (Stand: Juni 2018) (Forts.)

	Basic	Standard	Advanced	Enterprise
Cross-VC vMotion and Long Distance vMotion	x	x	x	x
High Availability, and Fault Tolerance	x	x	x	x
	vSphere ENT+	vSphere ENT+	vSphere ENT+	vSphere ENT+

Tabelle 19.4 »VMware Cloud Foundation«-Editionen (Stand: Juni 2018) (Forts.)

Tabelle 19.4 zeigt den Stand vom Juni 2018. Bitte wenden Sie sich an Ihren VMware-Vertriebskontakt für Aktualisierungen. Für Horizon gibt es besondere Lizenzierungsmöglichkeiten. Bitte sprechen Sie auch hier mit Ihrem VMware-Vertriebskontakt, wenn Sie weitere Details dazu wünschen.

Eine wesentliche Eigenschaft von VMware Cloud Foundation ist die einfache Bereitstellung von Compute-, Storage- und Netzwerk-Kapazität in der Form von *Workload-Domains*. Die Architektur ist standardisiert. Kunden können in einer Workload-Domain virtuelle Maschinen laufen lassen. In diesem Abschnitt gebe ich einen Überblick über die Architektur.

> **»VMware Cloud Foundation«-Architekturvarianten**
>
> Es gibt zwei Varianten, wie VMware Cloud Foundation benutzt werden kann: Es gibt die *Consolidated Architecture* ab 4 Servern in einem Rack und die *Standard Architecture* mit 8 bis 256 Servern in bis zu 8 Racks. Die *Consolidated Architecture* empfehlen wir für kleine Umgebungen und Testinstallationen. In diesem Kapitel behandele ich die *Standard Architecture*.

Abweichungen von der hier beschriebenen Architektur sind in der Regel nicht möglich. Sie ist vorgegeben und bedingt durch die umfassende Automatisierung des Systems. Eventuell mögliche Abweichungen sind explizit vermerkt. In Abbildung 19.3 sehen Sie die Struktur eines Racks.

Eine *VMware Cloud Foundation*-Instanz kann aus 1 bis 8 Racks bestehen. Jedes Rack hat außerdem zwei Top-of-Rack-Switches und einen Management-Switch. Wenn mehr als ein Rack vorhanden ist, hat das zweite Rack zwei zusätzliche Inter-Rack-Switches.

Im ersten Rack befinden sich mindestens 8 Server. Jedes Rack kann bis zu 32 Server (1U-Höheneinheit) bzw. 16 Server (2U-Höheneinheit) enthalten. Die maximale Anzahl der Server pro Rack in einer Kundenumgebung ergibt sich aus dem vorhandenen Platz und der Stromversorgung sowie aus Anforderungen an die Kühlung. Sie können bei Bedarf verschiede Servertypen eines Herstellers in einem Rack einsetzen.

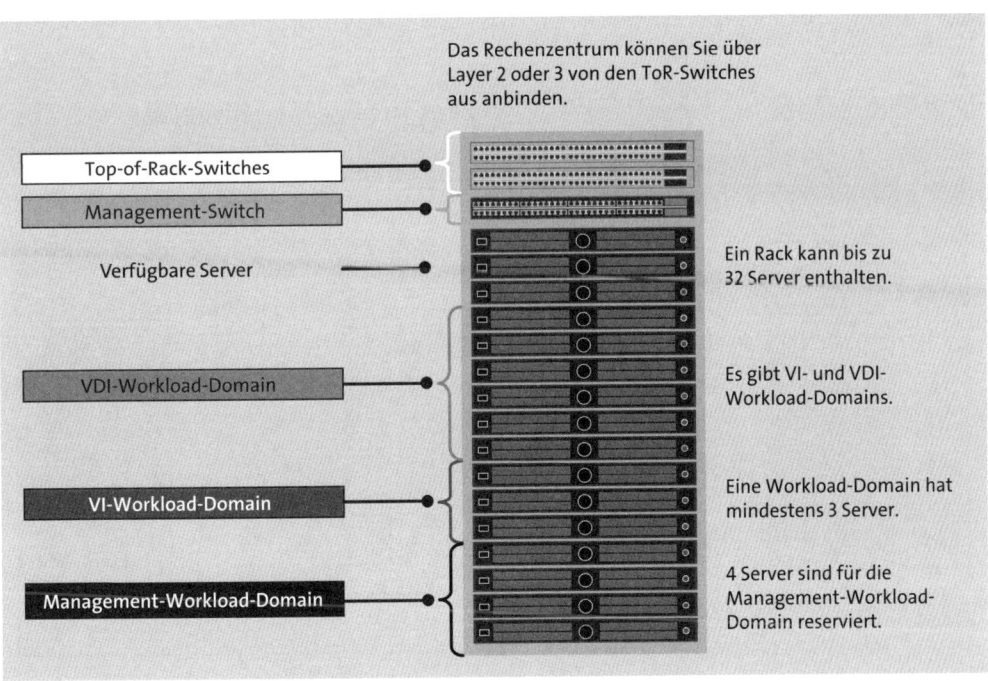

Abbildung 19.3 Die Struktur eines »VMware Cloud Foundation«-Racks

Eine *VMware Cloud Foundation*-Instanz hat eine Layer-2-Netzwerkarchitektur zwischen den Top-of-Rack- und Inter-Rack-Switches. Die Inter-Rack-Switches befinden sich im zweiten Rack und verbinden die Racks untereinander. Die Verbindung in das Rechenzentrum wird über die beiden Top-of-Rack-Switches des ersten Racks hergestellt. Das kann entweder eine Layer-2- oder Layer-3-Verbindung sein. Welche Option Sie wählen, hängt von Ihren Anforderungen ab (siehe Abbildung 19.4).

Die Vorgaben zur Verkabelung sind im *VMware Cloud Foundation Overview and Bring Up Guide* unter folgender URL detailliert beschrieben:

https://docs.vmware.com/en/VMware-Cloud-Foundation/2.3.1/vcf-231-ovdeploy-guide.pdf

Die Kommunikation mit dem Rechenzentrum erfolgt über zwei VLAN-Netzwerke: eines für das Management und eines für die Anwendungen. Zusätzliche VLANs können manuell angelegt werden.

VMware Cloud Foundation nutzt vSAN als primären Storage für alle Systeme. Sie können zusätzlich IP-basierten iSCSI- oder NFS-Storage anbinden. FibreChannel/SAN-Storage können Sie nicht mit VMware Cloud Foundation nutzen.

19 VMware Cloud Foundation

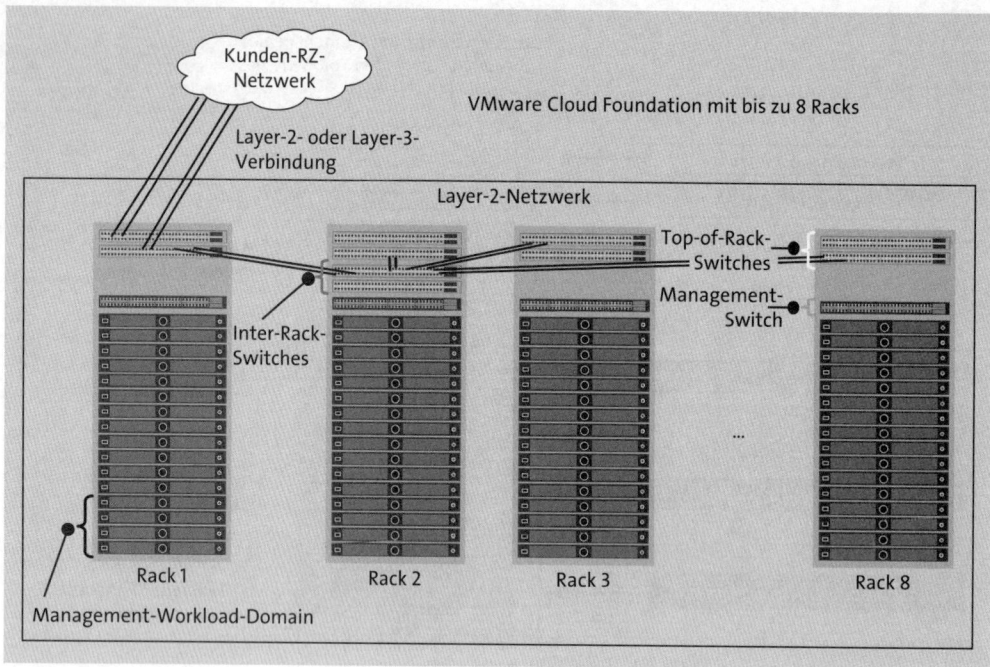

Abbildung 19.4 VMware Cloud Foundation mit bis zu 8 Racks

Über *Workload-Domains* werden Ressourcen bereitgestellt, die auf vSphere, vSAN und NSX basieren. Diese Ressourcen gibt es für den Management-Cluster und die Anwendungen. Eine Workload-Domain basiert auf einer Gruppe von ESXi-Hosts. Vier Hosts im ersten Rack bilden die *Management-Workload-Domain*. Sie können sie bei Bedarf später durch weitere Hosts ergänzen. In dieser *Management-Workload-Domain* befinden sich der *SDDC Manager*, die *Platform Service Controller* (PSCs), die vCenter-Server, die NSX-Manager und NSX-Controller, vRealize-Suite-Komponenten und – wenn installiert – die Horizon-Management-Komponenten.

Dazu gibt es noch eine *Virtual Infrastructure Workload Domain* (VI-Workload-Domain). Ein vCenter-Server verwaltet sie, und sie hat wie jede *Workload-Domain* eine eigene NSX-Installation.

Schließlich gibt es noch die *Virtual Desktop Infrastructure Workload Domain* (VDI-Workload-Domain). Das ist eine *VI-Workload-Domain*, in der zusätzlich noch die Horizon-Komponenten installiert sind.

Jede Workload-Domain wird von einem eigenen vCenter-Server verwaltet. Alle vCenter-Server sind in derselben SSO-Domain. Daher kann eine *VMware Cloud Foundation*-Instanz maximal 15 *Workload-Domains* haben.

APIs und externe Werkzeuge steuern alle Komponenten wie in typischen Automatisierungsszenarien über deren APIs. Insbesondere die vCenter-Server, vSAN und NSX können Sie auf dieselbe Weise automatisieren und über APIs ansprechen, wie Sie es von einer selbst gebauten Infrastruktur her kennen. So haben Sie VMware Cloud Foundation als zusätzliche Kapazität im Rechenzentrum, ohne neue Automatisierungstechniken einzusetzen oder lernen zu müssen. VMware Cloud Foundation selbst hat zurzeit keine öffentlichen APIs.

19.4 Installation

Ich beschreibe in diesem Abschnitt die Installation des ersten Racks. Die Installation von VMware Cloud Foundation läuft in vier Schritten ab:

1. Planung der Installation
2. Aufbau und Verkabelung der Hardware
3. Imaging der Hardware
4. Bring-up und Konfiguration des Management-Clusters

Damit das Imaging der Hardware und die Installation der Software reibungslos verlaufen, ist es sehr wichtig, genau zu planen und die Installation sauber vorzubereiten.

Kritische Punkte bei der Installation von VMware Cloud Foundation

- Top-of-Rack- und Management-Netzwerk-Switches müssen genau die Modelle sein, die in dem *VMware Compatibility Guide* angegeben sind. Das Switch-Betriebssystem muss die vorgegebene Version sein. Ältere oder neuere Switch-OS-Versionen können zu Fehlern führen: *http://www.vmware.com/resources/compatibility/vcl/cloudfoundation.php*
- Die Server müssen die *vSAN Ready Node*-Modelle sein, die in dem *VMware Compatibility Guide* für VMware Cloud Foundation angegeben sind. BIOS-, Treiber- und Firmware-Versionen müssen genau stimmen. Erlaubte Variationen sind im Knowledge-Base-Artikel KB 52084 beschrieben: *https://kb.vmware.com/s/article/52084*
- Die Verkabelung zwischen Server und Switches müssen Sie so vornehmen, wie es in der Dokumentation zur *VMware Imaging Appliance* steht. Sie müssen die Port-Nummern einhalten.

19.4.1 Aufbau und Verkabelung der Hardware

Wie bereits erwähnt, ist es wichtig, dass Sie sorgfältig vorgehen und die Vorgaben genau befolgen. Verkabeln Sie die Server und Switches so, wie es in der Dokumentation zur VMware Imaging Appliance steht, und halten Sie die Port-Nummern ein (siehe Abbildung 19.5).

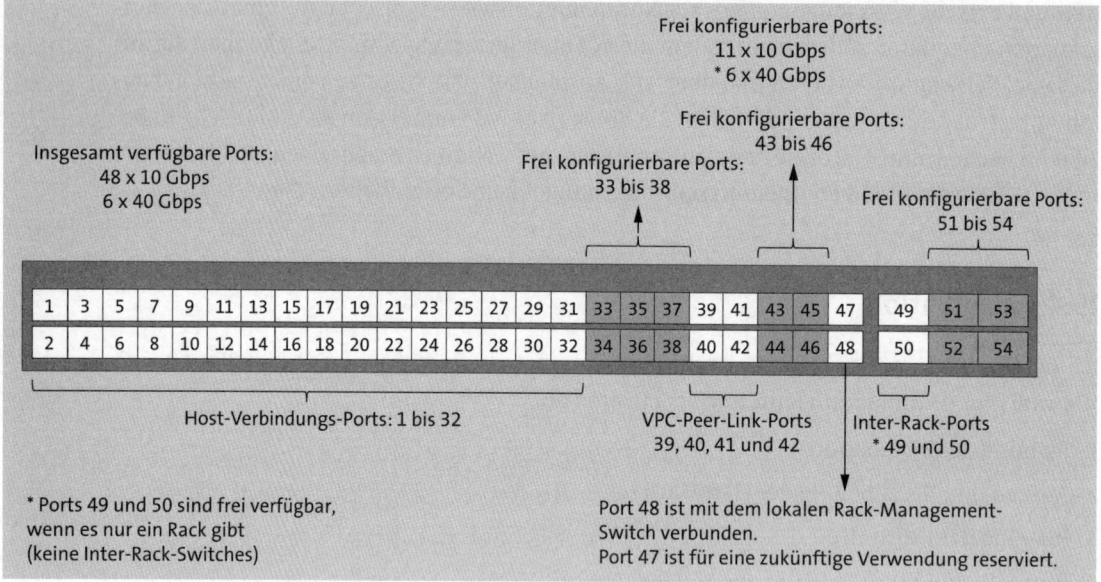

Abbildung 19.5 Port-Belegung auf den Top-of-Rack-Switches

19.4.2 Imaging der Hardware

Der *VMware Imaging Appliance (VIA) Guide* aus der Dokumentation beschreibt im Detail, wie Sie vorgehen. Hier stelle ich eine Zusammenfassung vor. Nachdem Sie die Hardware bereitgestellt haben, installieren Sie die *VMware Cloud Foundation*-Software, die aus zwei Teilen besteht:

1. Die *VMware Imaging Appliance (VIA)* – eine virtuelle Maschine als *OVF*-Datei
2. Das *VMware Cloud Foundation*-Softwarepaket als *ISO*-Datei. Diese Datei enthält sämtliche VMware-Software vom *SDDC Manager* über *vSphere*-, *vSAN*-, *NSX*-, *vRealize-Suite*-Komponenten bis hin zu *Horizon*.

Wie in der Dokumentation beschrieben, benötigen Sie für die Imaging Appliance einen ESXi-Host, einen Windows-Laptop mit *VMware Workstation* oder einen Mac-Laptop mit *VMware Fusion*, einen externen Switch und einen Internetzugang.

Führen Sie die folgenden Schritte aus:

1. Verbinden Sie den ESXi-Host und den Laptop mit dem Internet, und laden Sie von der VMware-Website die VIA-OVF- und die Software-ISO-Dateien sowie die Checksum-Datei herunter.
2. Verbinden Sie den ESXi-Host, den Windows- oder Mac-Laptop über den externen Switch mit dem Port 48 und dem Management-Port des Management-Switches des VMware-Cloud-Foundation-Racks.

3. Starten Sie die *Imaging Appliance*, öffnen Sie die Konfigurationsseite, und aktivieren Sie das Software-Bundle.
4. Wählen Sie die Hardware aus, die Sie benutzen wollen, und starten Sie den Imaging-Vorgang.

Jetzt führt der *SDDC Manager* eine Reihe von Aktionen automatisiert aus. Er konfiguriert die Switches und installiert die ESXi-Software auf allen Hosts. Es stellt die *VMware Cloud Foundation*-Software und den *SDDC Manager* auf dem ersten Host, dem sogenannten *Primary Host*, bereit. Alle Switches und Hosts haben zu diesem Zeitpunkt die Default-Netzwerkkonfiguration.

Beachten Sie, dass das VMware-Cloud-Foundation-Rack jetzt noch nicht mit dem Rechenzentrumsnetzwerk verbunden ist (siehe Abbildung 19.6).

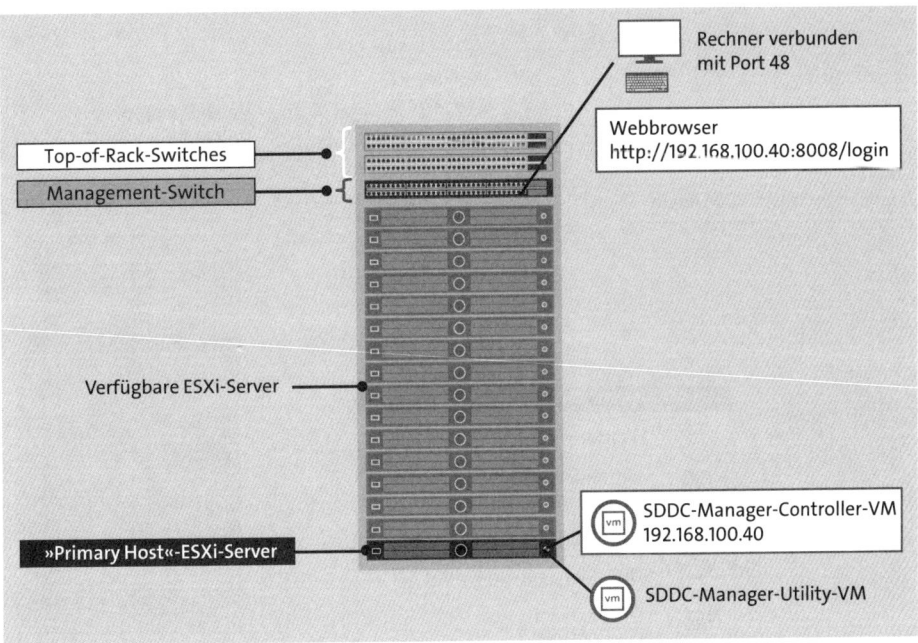

Abbildung 19.6 Das Rack nach dem Imaging und vor Beginn des Bring-up-Prozesses

> **Hinweis**
> Die detaillierte Anleitung finden Sie im *VMware Cloud Foundation Overview and Bring-Up Guide*. In diesem Anschnitt stelle ich eine verkürzte Zusammenfassung vor.

Sie benutzen wieder den Rechner, der an Port 48 des Managment-Switches angeschlossen ist, und starten einen Webbrowser, um das Bring-up durchzuführen. Das System besteht zu diesem Zeitpunkt aus der aufgebauten Hardware, ESXi-Servern, dem Software-Bundle sowie zwei virtuellen Maschinen auf dem sogenannten *Primary Host*:

1. *SDDC-Manager-Controller-VM* mit der IP-Adresse 192.168.100.40 – Diese virtuelle Maschine hat eine Shell, um Kommandozeilenbefehle laufen zu lassen, und sie generiert die SDDC-Manager-Benutzerschnittstelle.
2. *SDDC-Manager-Utility-VM* – Diese virtuelle Maschine beinhaltet das *Lifecycle-Management-(LCM-)Depot*, Backup-Repositorys und einen zweiten DNS-Server. Nachdem Sie das Netzwerk so wie in dem Handbuch beschrieben konfiguriert haben, verbinden Sie sich via Webbrowser mit dem *SDDC Manager*. Dort vergeben Sie Rack-Namen, das Admin-Kennwort und eine IP-Adresse und legen DNS-, NTP-und Authentifizierungsdetails fest. Dann starten Sie den Bring-up-Prozess. Jetzt konfiguriert das System *VMware Cloud Foundation* mit den finalen IP-Adressen und Netzwerken und richtet auch die Management-Workload-Domain ein. Darin installiert und konfiguriert das System *VMware vSphere*, *vSAN*, *NSX* und *vRealize Log Insight* (siehe Abbildung 19.7).

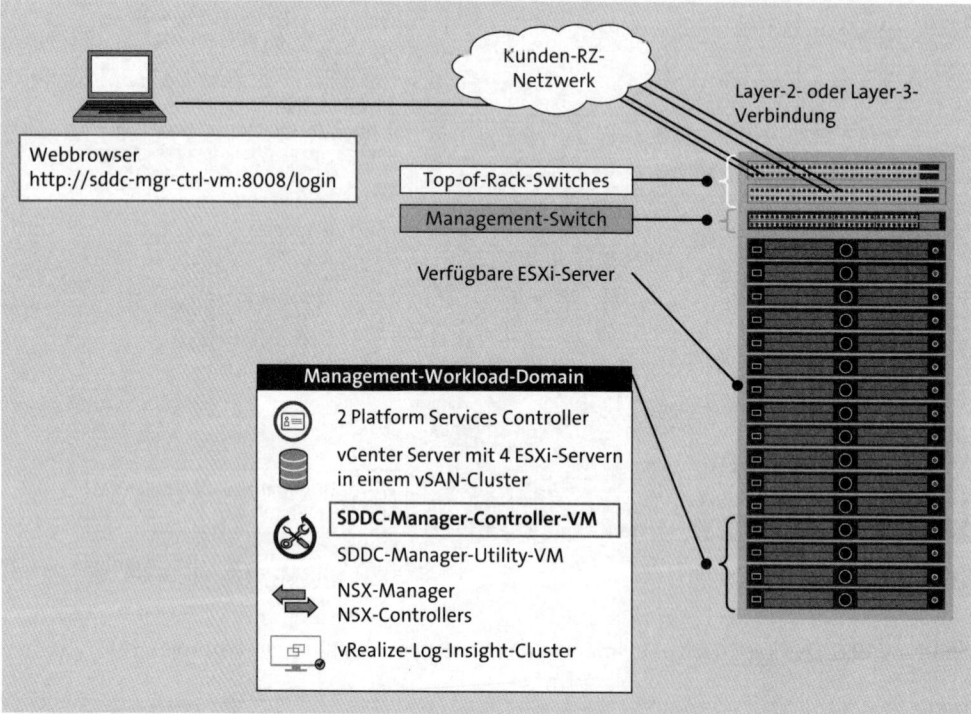

Abbildung 19.7 Das VMware-Cloud-Foundation-Rack nach dem Bring-up

An dieser Stelle haben Sie ein vollständiges produktionsreifes Software-Defined Datacenter mit VMware-Software. Die Architektur ist validiert und so, wie sie von VMware vorgegeben ist. Der Management-Cluster ist fertig aufgebaut und leere ESXi-Server stehen zur Verfügung, um Ressourcen bereitzustellen, wie ich es in Abschnitt 19.5 beschreibe.

Beachten Sie besonders den geringen Zeitaufwand, den Sie bis hierher benötigt haben. Neben der Planung haben Sie einen Wizard mit den Konfigurationsdaten ausgefüllt. Sie haben keine Architektur geplant und auch keine Einzelkomponenten geprüft und installiert. Das alles hat VMware Cloud Foundation automatisiert für Sie übernommen. Sie benötigen bis hierher keinerlei vSphere-, vSAN-, NSX- oder vRealize-Log-Insight-Kenntnisse, und doch haben Sie diese Lösungen voll funktionsfähig ausgerollt.

Schauen wir uns einmal genauer an, was wir bis jetzt aufgebaut haben.

19.4.3 Architektur der Management-Workload-Domain

> **Die Architektur ist vorgegeben**
>
> Sie entwerfen und bauen hier keine Architektur für die Infrastruktur. Sie verwenden eine vorgegebene Architektur, die ich in diesem Abschnitt näher beschreibe.

Die Management-Workload-Domain (siehe Abbildung 19.9) besteht aus einem vCenter Server und einem 4-Host-vSAN-Cluster mit den virtuellen Maschinen, die Sie in Abbildung 19.8 sehen.

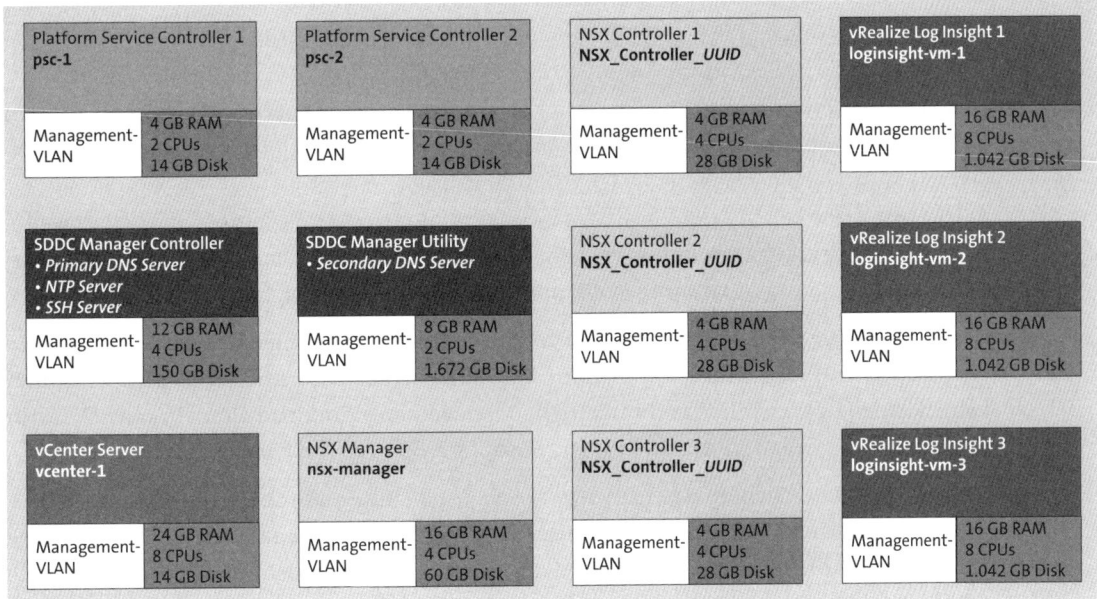

Abbildung 19.8 Virtuelle Maschinen in der Management-Workload-Domain

Die beiden *Platform Service Controller* stellen die Authentifizierungsdienste, die von allen anderen virtuellen Maschinen genutzt werden. Den SDDC-Manager-Controller und die SDDC-Manager-Utility-VM kennen Sie bereits.

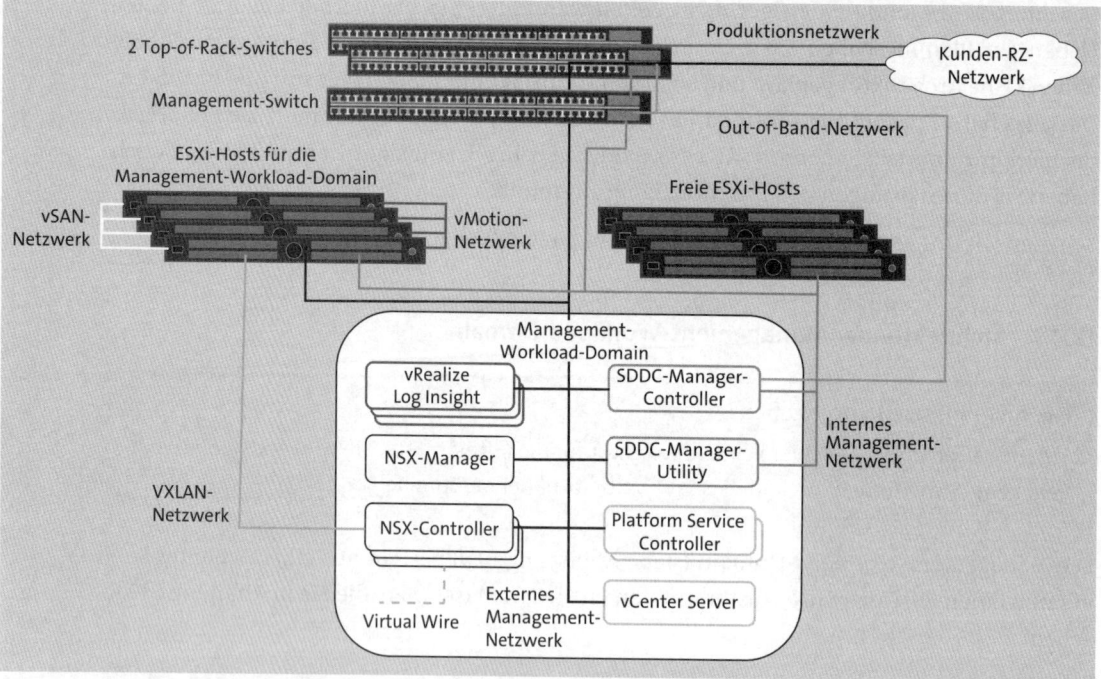

Abbildung 19.9 VMs und Netzwerke der Management-Workload-Domain

Der vCenter-Server verwaltet die Server der Management-Workload-Domain in einem vSAN-Cluster mit einem Datastore namens *vsanDatastore*, den alle VMs nutzen. Die vSAN-Default-Storage-Policy ist aktiv (FTT = 1, Disk Stripes per Object = 1, Force provisioning = No, Object space reservation = 0%, Flash read cache reservation = 0%). Sie können bei Bedarf weitere Storage-Policys anlegen und benutzen. Die *Platform Service Controller* und der vCenter-Server nutzen den NFS-Datastore *lcm-bundle-repo* als Backup-Speichermedium.

Der NSX-Manager und die drei NSX-Controller stellen die NSX-Umgebung mit einem *Virtual Wire* auf einem VXLAN-Netzwerk bereit. Mit dem Virtual Wire sind zu diesem Zeitpunkt keine virtuellen Maschinen verbunden. Die Management-Workload-Domain nutzt NSX für die vRealize-Automation-Architektur, die Sie optional aktivieren können.

Der *SDDC Manager* richtet *VMware vRealize Log Insight* automatisch ein und konfiguriert es. VMware vRealize Log Insight liefert eine zentralisierte Log-Aggregation und -Analyse, eine interaktive und hochperformante Suche und ein angepasstes Dashboard mit einer verteilten Architektur. Der SDDC Manager installiert einen mittleren 3-Node-Cluster in der Management-Workload-Domain. Er aktiviert *vSphere HA*, richtet die VIP-Konfiguration und das eingebaute vRealize-Log-Insight-Load-Balancing ein, bietet den Link zur Benutzeroberfläche und sorgt für die Konfiguration der Content-Packs für *vSphere, VSAN, NSX, VMware Cloud Foundation, Horizon View, Active Directory, SQL* und *Windows*.

Der *SDDC Manager* sendet seine Events, Alerts und Logs an vRealize Log Insight. Die folgenden Komponenten der Management-Workload-Domain senden ebenfalls Events und Logs an vRealize Log Insight:

- Platform Service Controller
- vCenter Server
- ESXi Server
- vSAN
- NSX Manager und NSX Controller

19.5 Bereitstellung von Ressourcen durch Workload-Domains

Aber noch können Sie keine Anwendungen und virtuelle Maschinen betreiben. Dazu benötigen Sie eine Workload-Domain. Das Anlegen einer Workload-Domain beschreibe ich in diesem Abschnitt.

Durch Workload-Domains stellen Sie in einer VMware-Cloud-Foundation-Umgebung Ressourcen für virtuelle Maschinen und Anwendungen bereit. Abhängig von Ihren Anforderungen nutzen Sie Workload-Domains als Test- und Entwicklungsumgebung oder als Produktionsumgebung. Eine Workload-Domain kann generische Infrastruktur als Service bereitstellen oder ein Bereich sein, in dem Sie Cloud-Native-Applications nutzen. Die *Virtual Desktop Infrastructure Workload Domain* (VDI-Workload-Domain) ist eine spezielle Workload-Domain, die eine VMware-Horizon-Umgebung automatisiert bereitstellt.

Lassen Sie uns zum Beispiel annehmen, Sie wollen eine Umgebung für ein Software-Defined Datacenter erstellen. Dazu benötigen Sie ESXi-Server, einen vCenter-Server, vSAN und NSX. Genau das stellt eine *Virtual Infrastructure Workload Domain* (VI-Workload-Domain) zur Verfügung.

Für den Aufbau einer solchen Umgebung benötigen Sie kein VMware-Know-how, und er kostet nur wenige Minuten Ihrer Zeit. Sie bedienen nur den Wizard zum Anlegen einer Workload-Domain und lassen die Automatisierung von *VMware Cloud Foundation* die Arbeit machen.

19.5.1 Erstellung einer VI-Workload-Domain

Sie legen eine *VI-Workload-Domain* an, indem Sie den entsprechenden Wizard im *SDDC Manager* aufrufen. Führen Sie folgende Schritte aus:

1. Geben Sie einen Namen für die *VI-Workload-Domain* an.
2. Wählen Sie die ESXi-Server aus.

3. Bestimmen Sie die Default-Performance und Verfügbarkeit.
4. Konfigurieren Sie das Netzwerk.

Nach wenigen Minuten können Sie den Workflow zum Anlegen der *VI-Workload-Domain* anstoßen. Nach ein bis zwei Stunden haben Sie die Umgebung fertig, um darin virtuelle Maschinen laufen zu lassen (siehe Abbildung 19.10).

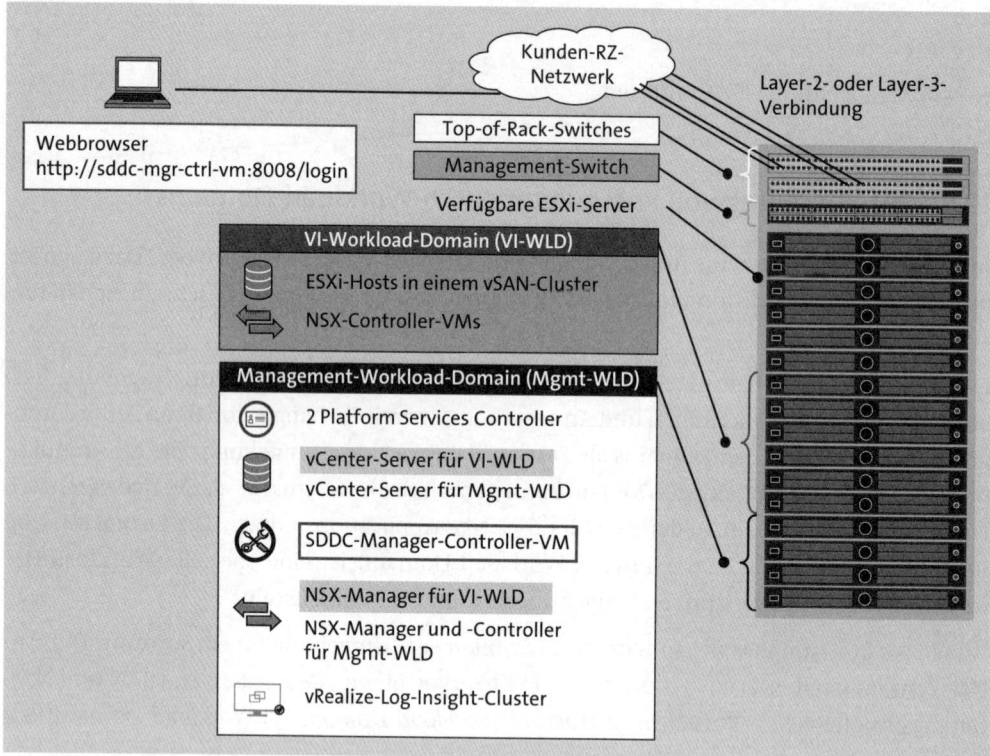

Abbildung 19.10 Komponenten einer VI-Workload-Domain

Der vCenter-Server und die NSX-Manager für die *VI-Workload-Domain* werden in der *Management-Workload-Domain* angelegt. So können Sie die Kapazität der ESXi-Hosts der VI-Workload-Domain optimal für Anwendungen nutzen. Virtuelle-Maschinen mit NSX Edge und die NSX-Controller laufen in der VI-Workload-Domain, da sie bei den Anwendungen sein müssen.

Sie können über den *SDDC Manager* weitere ESXi-Server zu einer bestehenden Workload-Domain hinzufügen.

Wenn Sie eine Workload-Domain nicht mehr benötigen, können Sie diese mit dem SDDC Manager löschen. Dabei werden vCenter Server, vSAN und NSX deinstalliert. Die ESXi-Hosts stehen danach als freie Kapazität anderen Workload-Domains zur Verfügung.

19.5.2 Architektur einer VI-Workload-Domain

Eine VI-Workload-Domain besteht aus 3 bis 64 ESXi-Servern, die in einem vSAN-Cluster von einem eigenen vCenter-Server verwaltet werden und eine eigene NSX-Installation nutzen. Der vCenter-Server und der NSX-Manager laufen in der Management-Workload-Domain. Die passenden NSX-Controller laufen in der VI-Workload-Domain (siehe Abbildung 19.11).

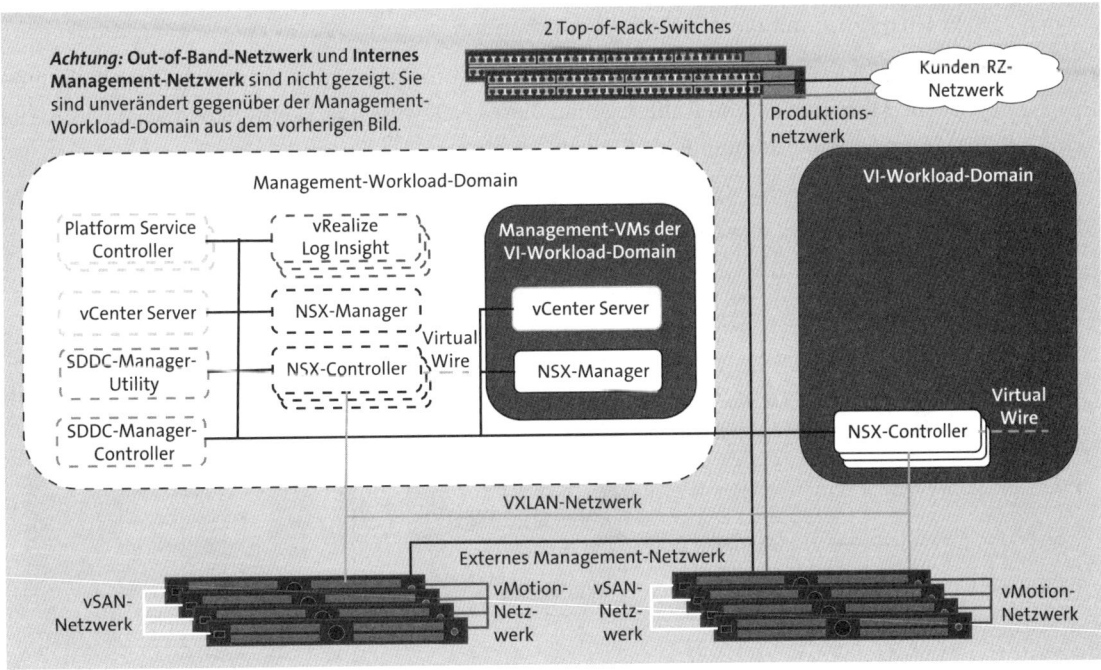

Abbildung 19.11 VMs und Netzwerke einer VI-Workload-Domain

Wenn Sie eine entsprechende Lizenz von vRealize Log Insight besitzen, dürfen Sie die Benutzung dieses Werkzeugs für weitere Workload-Domains im SDDC Manager aktivieren. Dann sammelt vRealize Log Insight, das in der Management-Workload-Domain läuft, automatisch Events und Logs von dem vCenter-Server, den ESXi-Servern, vSAN, dem NSX-Manager und den NSX-Controllern der VI-Workload-Domain.

19.5.3 Anlegen einer virtuellen Maschine

Bis zu diesem Punkt haben Sie eine SDDC-Architektur vollautomatisch angelegt. Dabei haben Sie ausschließlich Wizards des *SDDC Managers* genutzt. In diesem Abschnitt erkläre ich, wie Sie eine virtuelle Maschine anlegen und so mit dem Rechenzentrum verbinden, dass Sie auf sie zugreifen können (siehe Abbildung 19.12).

Ich unterscheide zwei Fälle:

- die Benutzung des Standard-VLANs und
- die Benutzung von NSX.

Das VLAN-Netzwerk für virtuelle Maschinen wurde schon beim Bring-up angelegt und auf den Top-of-Rack-Switches konfiguriert. Beim Erstellen der VI-Workload-Domain wurden die ESXi-Hosts auch mit diesem Netzwerk verbunden.

Sie legen über den *vSphere Web Client* oder das Automatisierungswerkzeug Ihrer Wahl eine virtuelle Maschine an und wählen genau dieses Netzwerk aus. Damit haben Sie die virtuelle Maschine erstellt und mit der Außenwelt verbunden.

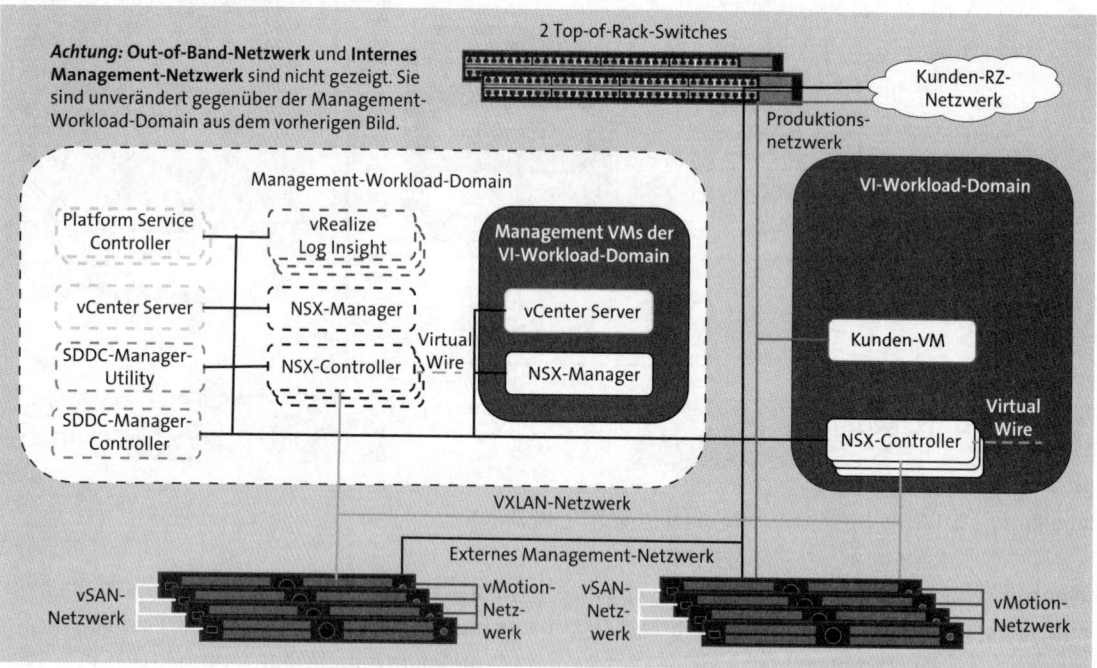

Abbildung 19.12 Eine Kunden-VM ist über VLAN verbunden.

Sie können über den SDDC Manager bei Bedarf weitere VLAN-Netzwerke anlegen. Dabei werden die physischen Switches automatisch entsprechend konfiguriert.

Wenn Sie stattdessen NSX nutzen möchten, um die virtuellen Maschine mit Ihrem Netzwerk zu verbinden, erstellen Sie zunächst eine NSX-Edge-VM am Virtual Wire in der VI-Workload-Domain (siehe Abbildung 19.13). Die NSX-Edge-VM ist mit dem Produktionsnetzwerk und dem VXLAN-Netzwerk verbunden. Schließlich verbinden Sie die neue virtuelle Maschine mit diesem Virtual Wire. Jetzt können Sie alle NSX-Edge-Services für diese VM nutzen.

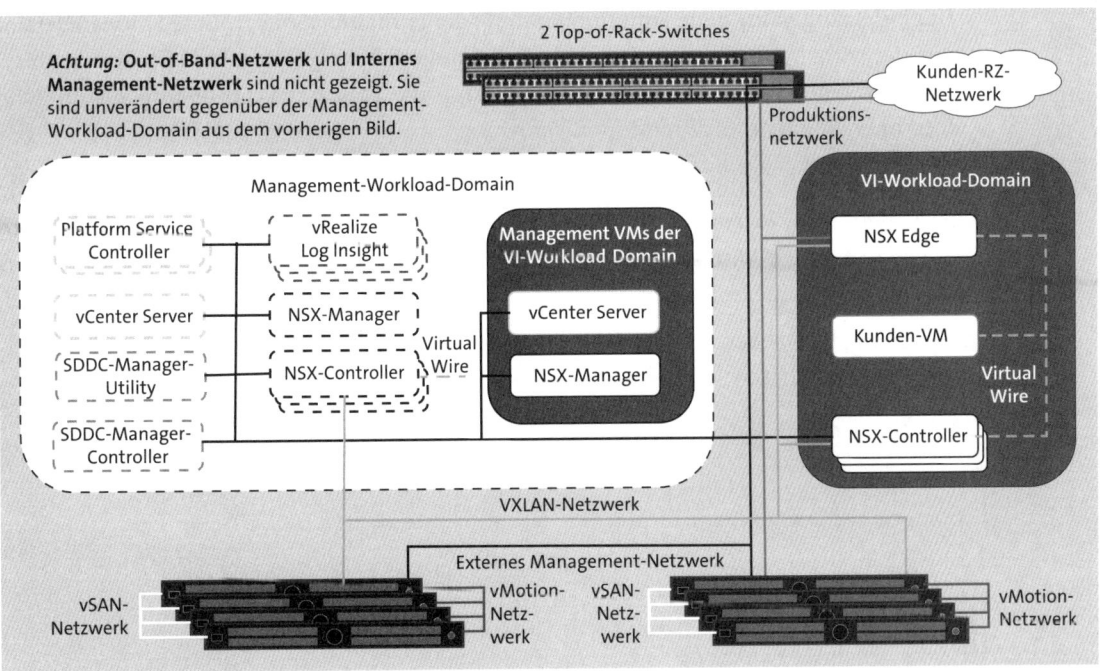

Abbildung 19.13 Eine Kunden-VM ist über NSX verbunden.

19.6 Systemaktualisierungen

Infrastrukturen werden immer komplexer, denn es werden immer mehr verschiedene Softwarekomponenten eingesetzt. Sie müssen bei jedem Patch oder Upgrade selber prüfen, welche Softwareversionen untereinander kompatibel sind. Sie müssen die Dokumentation aufmerksam lesen, um die Reihenfolge der Softwareaktualisierungen festzulegen. So ist bei vielen Umgebungen das Aktualisieren der Infrastruktur ein Projekt mit Risikomanagement und aufwendiger Planung.

VMware Cloud Foundation automatisiert das Patchen und Upgraden der Infrastruktur. VMware übernimmt die Zusammenstellung und Überprüfung der Patches und Upgrades für die SDDC-Infrastruktur, die aus vSphere, vSAN und NSX sowie den VMware-Cloud-Foundation-Softwarekomponenten besteht, und stellt diese dann als geprüfte Patch- bzw. Update-Bundles bereit. So ist die Kompatibilität garantiert. Dadurch reduzieren Sie Aufwand und Risiko signifikant.

Es gibt zwei Kategorien von Softwareaktualisierungen:

1. Patches enthalten kritische Sicherheitsupdates. VMware verfolgt das Ziel, einen kritischen Patch, der für *vSphere*, *vSAN* oder *NSX* erscheint, innerhalb von 2 bis 7 Tagen auch für *VMware Cloud Foundation* bereitzustellen.

2. Upgrades sorgen für neue Funktionalitäten oder enthalten neue größere Softwareversionen der enthaltenen Komponenten. VMware stellt diese in der Regel innerhalb von 1 bis 6 Monaten bereit. Diese Zeit wird benötigt, damit die VMware-QA-Abteilung ausführliche Interoperabilitätstests durchführen kann.

Der *SDDC Manager* informiert Sie, wenn neue Softwareaktualisierungen verfügbar sind. Sie entscheiden dann, welche Workload-Domains Sie aktualisieren wollen. Dabei aktualisieren Sie die Management-Workload-Domain immer zuerst. Der SDDC Manager stellt sicher, dass Sie die korrekte Reihenfolge einhalten.

In Abbildung 19.14 sehen Sie eine Reihe von möglichen Updates für VMware Cloud Foundation und die beteiligten Softwarekomponenten.

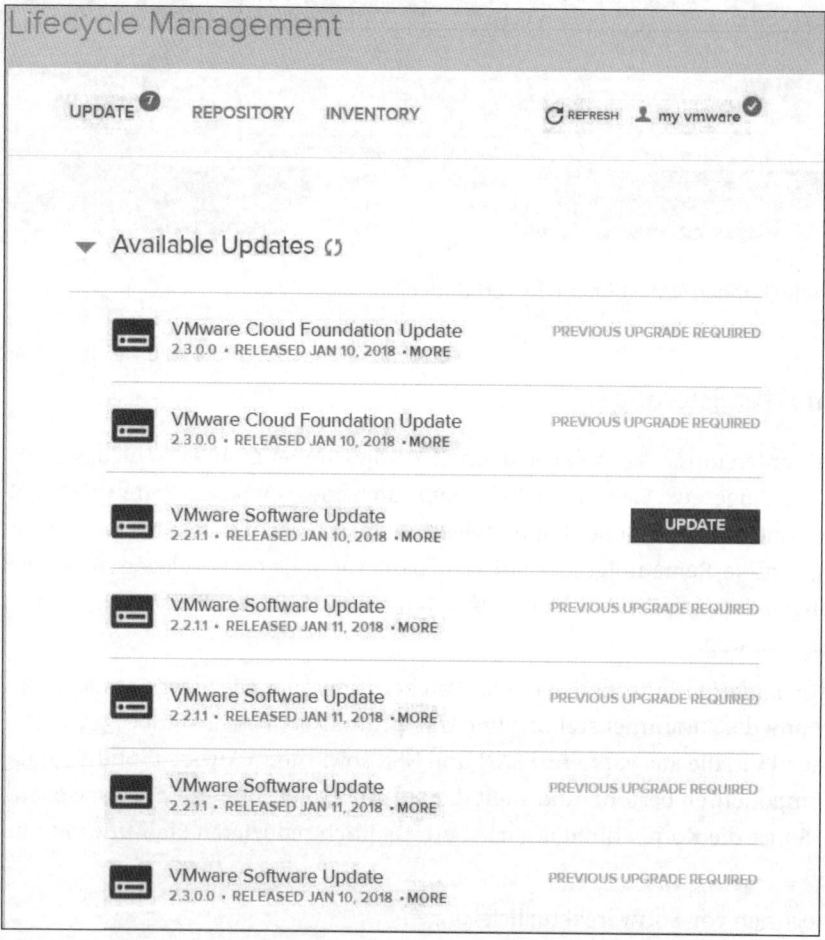

Abbildung 19.14 Eine Liste verfügbarer Updates – nur eines kann hier angewendet werden.

In diesem Beispiel muss ein bestimmtes Update zuerst eingespielt werden, weil die anderen Updates davon abhängen.

Sie bestimmen, wann VMware Cloud Foundation die Patches oder Updates herunterlädt und anwendet. Der gesamte Prozess läuft automatisiert ab. Virtuelle Maschinen werden beim Aktualisieren durch *VMware vMotion* auf freie Hosts verschoben, sodass die Aktualisierungen keinen Einfluss auf den betriebenen Anwendungen haben.

19.7 Mehrere Standorte

Viele Infrastrukturarchitekturen setzen mehrere Brandabschnitte oder sogar mehrere Standorte voraus, um eine entsprechende Ausfallsicherheit zu gewährleisten. Mit *VMware Cloud Foundation* können Sie solche umfangreichen Architekturen vereinfachen, weil Aufbau und Betrieb der Infrastruktur automatisiert und standardisiert sind. Insbesondere wenn mehrere Standorte betrieben werden, können Sie sicher sein, dass die Architektur identisch ist. Das reduziert Betriebsrisiken erheblich.

Wenn Sie VMware Cloud Foundation an mehreren Standorten gleichzeitig einsetzen, erstellen Sie an jedem Standort eine eigene VMware-Cloud-Foundation-Instanz.

> **Eine VMware-Cloud-Foundation-Instanz befindet sich immer innerhalb eines Standortes**
>
> Beachten Sie, dass *VMware Cloud Foundation* und *SDDC Manager* jeden Standort einzeln automatisieren. Für Multi-Site-Szenarien setzen Sie zusätzliche Lösungen ein, die das Ausrollen von Services und das Spiegeln von Daten übernehmen.

Zur Bereitstellung von IT-Services über verschiedene Standorte hinweg können Sie eine übergreifende Cloud-Management-Plattform wie die *VMware vRealize Automation* benutzen, die Sie an die jeweiligen vCenter-Server auf den beiden Standorten anschließen. Dazu rufen Sie die IP-Adressen bzw. Hostnamen der jeweiligen vCenter-Server aus dem SDDC Manager ab und tragen diese als Deployment-Endpunkte in vRealize Automation ein.

Ein sehr großer Prozentsatz der VMware-Cloud-Foundation-Kunden hat sich für diese Software entschieden, um eine effiziente und einfach zu betreibende *Katastrophenfall-Lösung* über mehrere Standorte aufzubauen. Mithilfe von *VMware Site Recovery Manager* für die automatische Wiederherstellung im Katastrophenfall und *VMware vSphere Replication* für die Spiegelung der Daten können Sie auf *VMware Cloud Foundation* aufbauen (siehe Abbildung 19.15).

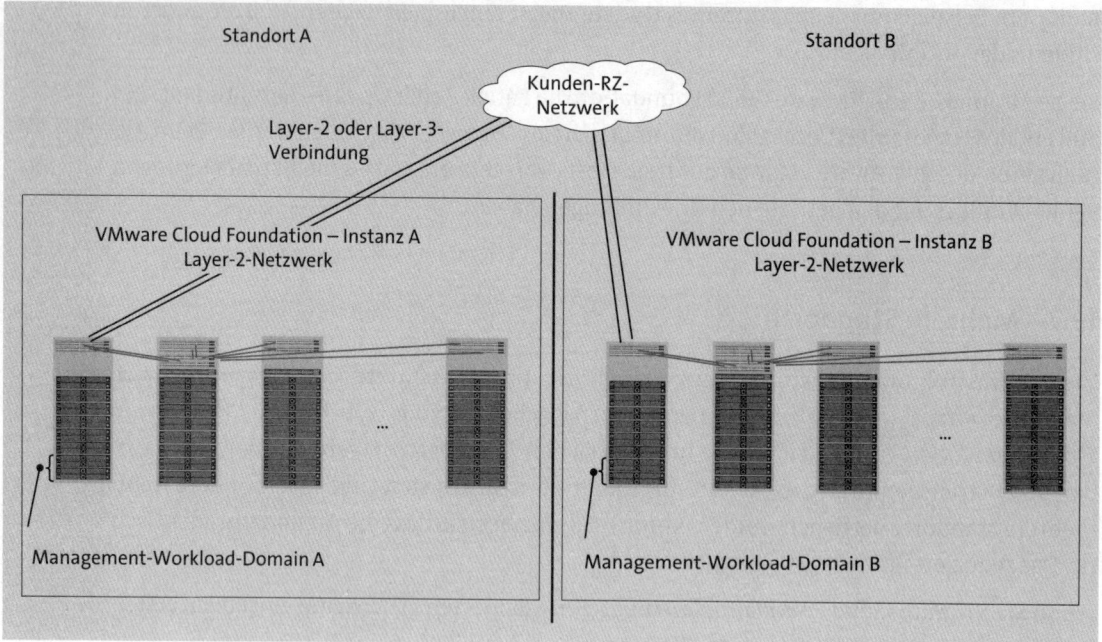

Abbildung 19.15 VMware Cloud Foundation an zwei Standorten

19.8 Verfügbarkeit und Ausfallsicherheit

Sie können Ihre *VMware Cloud Foundation*-Umgebung gegen Ausfälle von Komponenten und Systemen auf verschiedene Arten absichern. Dabei unterscheiden Sie die Absicherung der Management-Komponenten und die Absicherung der eigentlichen Workloads, Anwendungen und IT-Services. Letzteres funktioniert bei VMware-Cloud-Foundation-basierten Umgebungen genauso wie in klassischen VMware-Umgebungen. Darum gehe ich darauf hier nicht näher ein.

Im Folgenden beschreibe ich die Absicherung der Management-Komponenten der VMware Cloud Foundation.

19.8.1 Absicherung gegen Datenverlust der Management-Komponenten

Gegen Datenverlust hilft eine Backup-Sicherung der Konfiguration. Dabei unterstützt Sie der *SDDC Manager*. Abbildung 19.16 zeigt eine Übersicht der Konfigurationssicherung.

Details dazu finden Sie in der Produktdokumentation zu VMware Cloud Foundation, die Sie unter *https://docs.vmware.com/en/VMware-Cloud-Foundation* finden.

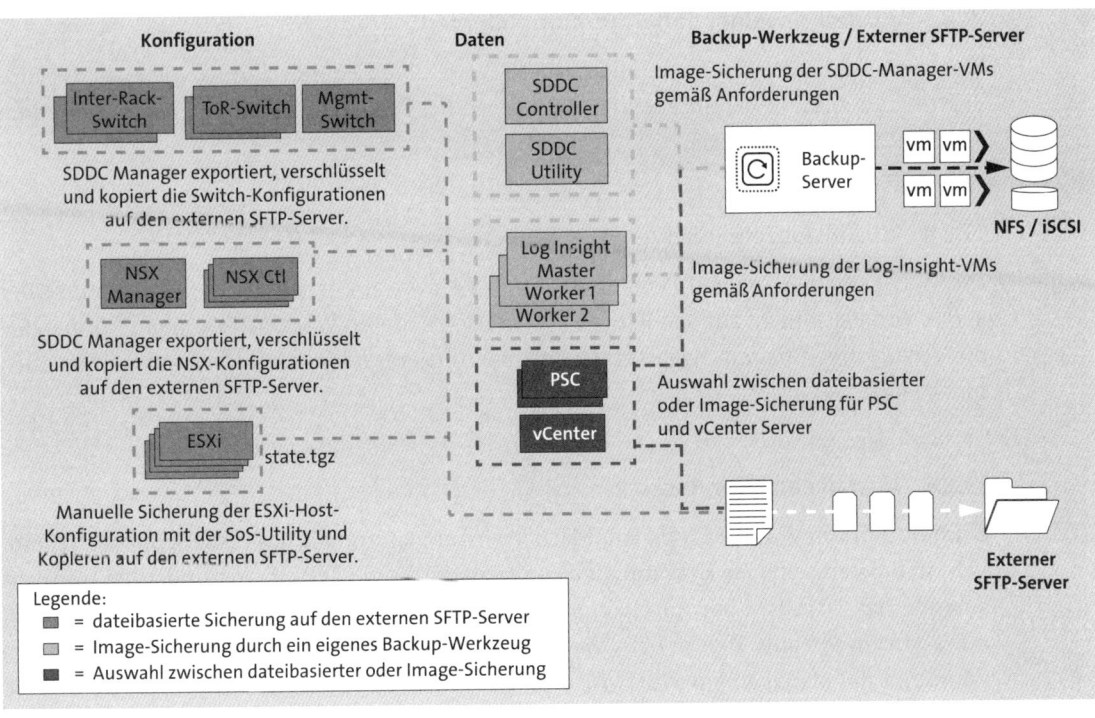

Abbildung 19.16 Absicherung der VMware-Cloud-Foundation-Konfiguration

Die kommenden Abschnitte helfen Ihnen, die weiteren Möglichkeiten einzuordnen.

19.8.2 Ausfall des Gesamtsystems

Wenn Sie sich davor schützen wollen, dass ein gesamtes VMware-Cloud-Foundation-System ausfällt, weil z. B. ein Standort verloren geht, und Sie es auf neuer Hardware wieder aufbauen wollen, dann beachten Sie folgende Schritte:

1. **VMware-Cloud-Foundation-System** – Dokumentieren Sie alle Parameter, die Sie bei der Einrichtung von VMware Cloud Foundation und den Workload-Domains angegeben haben. Dokumentieren Sie auch alle nachträglich vorgenommenen Konfigurationen, sowohl im SDDC Manager als auch direkt in den jeweiligen Systemen (vSphere, vSAN, NSX, vRealize Log Insight und allen anderen installierten Systemen).

2. **Workloads** – Erstellen Sie regelmäßig Backups von den Workloads. Zum Backup benutzen Sie dieselben Prozesse und Werkzeuge wie in anderen VMware-Infrastrukturen. Das ist nicht anders als bei VMware Cloud Foundation.

Zur Wiederherstellung installieren Sie VMware Cloud Foundation mit den dokumentierten Parametern, führen alle Konfigurationen durch und stellen die Workloads aus dem Backup wieder her.

19.8.3 Ausfall einzelner Software-Komponenten

Benutzen Sie die Backup-Funktionen von VMware Cloud Foundation so, wie es in der Produktdokumentation beschrieben ist. Stellen Sie bei Bedarf die betroffenen Komponenten aus dem Backup wieder her.

19.8.4 Ausfall einzelner Server

Die Management-Workload-Domain ist durch *VMware HA* geschützt, der Ausfall einzelner Server wirkt sich nicht auf den Betrieb aus. Bei den anderen Workload-Domains können Sie die Verfügbarkeit beim Anlegen einstellen. Bei mittlerer oder hoher Verfügbarkeit ist auch hier VMware HA aktiv.

19.8.5 Ausfall einzelner Racks

Beim Design von VMware Cloud Foundation wird angenommen, dass es sehr unwahrscheinlich ist, dass einzelne Racks komplett ausfallen, weil jedes Rack eine redundante Stromversorgung hat. Damit ist der Ausfall eines Racks ungefähr so wahrscheinlich wie der Ausfall eines ganzen Systems. Darum hat VMware bewusst entschieden, die Uplinks ins Rechenzentrum und die Management-Workload-Domain in das erste Rack zu packen, weil auf diese Weise die Gesamtarchitektur einfacher aufzubauen war.

Wenn Sie sich davor schützen wollen, dass das erste Rack des VMware-Cloud-Foundation-Systems ausfällt, und Sie es auf neuer Hardware wieder aufbauen wollen, dann befolgen Sie dieselben Schritte wie beim Ausfall des Gesamtsystems (siehe Abschnitt 19.8.2).

19.9 Ausblick

Sie haben nun einen ersten Einblick in *VMware Cloud Foundation* gewonnen. In dieser Welt wird die Infrastruktur automatisiert bereitgestellt. Die Architektur ist fest vorgegeben, und Sie konzentrieren sich darauf, die IT-Services aufzubauen und zu betreiben.

> **Es geht weiter mit VMware Cloud Foundation**
> Dies ist der Anfang eines Weges. Im Laufe der Zeit wird sowohl die Automatisierung als auch die Flexibilität von VMware Cloud Foundation zunehmen.

Wenn Sie Ihre Ressourcen einfach nur nutzen möchten und nicht so viel Zeit mit Planung und Pflege der Infrastruktur verbringen wollen, dann könnte VMware Cloud Foundation eine gute Option für Sie sein.

Index

1 MB Blocksize 637
10-GBit-Ethernet 581
10-GBit-Netzwerkkarte 607
2gbsparse 626
3PAR 591
3rd-Party-Multipathing 619
   Module 593
3rd-Party-Plug-in 617
64-Bit-Kernel 54

A

Acceptance Level 854
Account 789
Active Directory 382, 739
Active/active-Storage Processor 589
Active/Active-System 590
Active/passive Storage Processor 590
Active/Unused-Konfiguration 121
AD-Controller 738
Add Role 786
Admiral 1194
Admission Control 181
Advanced-CPU-Funktion 169
Alarm 917
   Aktion 919
   Definition 917
   einrichten 917
   Trigger 918
All Paths Down (APD) 615
ALUA 619
Amazon Web Services (AWS) 125
AMD Rapid Virtualization Index 142
AMD Tagged TLB 142
AMDs Nested Page Tables 142
Ansible 1084
Anti-Affinity 969
AoE 587
Application Monitoring 201
Arbeitsspeicher auslagern 772
Arbitrated Loop 582, 583
Assign Role 384
Asymmetric Active/Active 591
Asymmetric Logical Unit Access → ALUA
Asymmetric LUN Unit Access 593
ATA over Ethernet 587
Atomic Test & Set 637, 659, 660, 976

Ausfallsicherheit 167, 240, 1033
   embedded VCSA 1046
   Loadbalancer 1047
   PSC (redundant) 1047
   Single PSC 1046
   vCenter HA 1047
Ausgehende Verbindungen 757
Auslagerungsdatei 143, 611, 634
   .vswp 611
Auswahlprozess 197
Auswertungsdaten 791
Authentication Proxy 338
Auto Deploy 337, 857, 1033
   Add-DeployRule 862
   New-DeployRule 862
Auto Negotiate 400
Automatisierung
   Ansible 1084
   Continuous Integration und Continuous
      Delivery 1072
   Governance 1073
   Konfigurationsmanagement 1072
   Ressourcen 1072
   Security 1073
   Self-Service Portale 1073
Average Bandwidth 409

B

Backbone 420
Backend-I/O 682
Backup-Copy-Jobs (Veeam) 1025
Backup-Jobs (Veeam) 1023
Backup-Methoden
   Active Full 1020
   Forever Forward Incremental 1021
   Forward Incremental 1020
   Forward Incremental with Active Full ... 1020
   Forward Incremental with Synthetic Full ... 1020
   Forward Incremental with Transform ... 1020
   Reverse Incremental 1021
   Reversed Incremental 1020
   Synthetic Full 1020
   Synthetic Full with Transform to
      Rollbacks 1020
Backup-Proxy 990
Backup-Repository 990, 1000

Index

Backup-Strategie 1033
Ballooning 69
Bandbreite 393
Baseline 844
   dynamic 845
   fixed 845
   Gruppe 847
   Status 850
Beacon Probing 418
Benutzer
   einrichten 787
   Rolle 784
Benutzer-Account 782
Berechtigung 782
Berechtigungen, Rollen 784
Berechtigungssystem 782
BIOS 232
Blade-Server 575
Blockgröße 637
Block-Streaming 153
Boot-Environment 239
Bootmenü 233
Boot-on-SAN 240, 241
Broadcast 596
Burst Size 409
BusLogic Parallel 651

C

Cache 579
CDP (Cisco Discovery Protocol) 420
Certificate Manager 344
Changed Block Tracking 151
CHAP 601
Chart Options 892
Checkpoint 1052
Child-Ressourcen-Pool 199
Chunks 641
Cisco 588
   Hot Standby Router Protocol 187
Class of Service priority tag 441
CLI 387
Client-Device 885
Clone Blocks 659
Clone Blocks/Full Copy 659
Cluster 167, 379
   freie Ressourcen innerhalb des Clusters 221
   Name 168
   Produkte 206
   Verbund 172
Cluster VM Standardoptionen 187

Cluster-aware 172
Clustering 595
Cluster-Objekt 167
Cluster-Verbund 172
Cold-Migration 100
Collector-Port 446
Command-Line Interface → CLI
Common Information Model 56
Community 434, 435
Compliance-Check 850
Compliant 848
Congestion Threshold 663, 664
Consistency Groups 969
Container-Netzwerk 1198
Container-VM 1192
Content Library 801
Content-based Memory-Sharing 611
Content-based Page-Sharing 68
Continuous Delivery 1072
Continuous High Availability 1049
Continuous Integration 1072
Copy-on-Write-Verfahren 656
Coraid 587
Co-Scheduling 61
Co-started 61
Co-stopped 61
CPU
   Affinität 59
   Cores vs. Sockets 1100
   CPU/MMU-Virtualisierung 1101
   Direct Execution Mode 58
   Generationen 112, 169, 171
   Hardwarevirtualisierung 1101
   HotPlug 1100
   HT Sharing 1102
   ID-Maske 108, 1101
   Inkompatibilität 112
   Kompatibilität 106, 107
   Lastverteilung 59
   Leistungsindikatoren 1101
   Maskierung 107, 111
   Privilegierungsstufen 58
   Processor Scheduling Affinity 1102
   Reservierung 65
   Ressourcen-Management 1117
   Stopp 104
   Supervisor Mode 58
   Virtualisierung 57
CPU Ready 894
CPU/MMU-Virtualisierung 1101
CPUID Mask 169

Index

CPU-Masking 108, 145
Cross Cloud Hot Migration 125
Cross vCenter Workload Migration Utility 125
Cross-vCenter NSX 527
Custom Attributes 658
Customization Specification Manager 804
Cut Over 152

D

DAS 573
das.isolationaddress 186
Data Mover 151, 152
Data Parity 687
Datacenter 379
DataCore 610
DataCore SANSymphony 646
Datastore
  Heartbeat 182, 196
Datastore-UUID 146
Dateiorientiert 605
Dateisystem 963
Datenaufkommen 302
Datenblöcke 152
Dateninkonsistenz 639
Datenpuffer 631
Datensicherung 961, 963, 1033
  Absturzkonsistenz 968
  Applikationskonsistenz 968
  Best Practices 997
  Changed Block Tracking 969, 976
  Clone 963
  Datenbankkonsistenz 969
  Datenkopien 970
  Deduplizierung 963
  Funktionstrennung 973
  Grundlagen 965
  Indexierung 972
  Komprimierung 963
  Komprimierung und Deduplikation 1022
  logische 963
  Medienbruch 970
  Microsoft Exchange 962
  physische 963
  quellbasierte Deduplizierung 963, 969
  Recovery Point Objective 962
  Recovery Time Objective 962
  Retention Time 962
  Richtlinien 1035
  Service Level Objectives 962
  Snapshot 963

Datensicherung (Forts.)
  stufenweises Datensicherungskonzept 964
  Synthetic Full 966
  Topologien 977
  Validierung 972
  Verschlüsselung 1021
  VM-konsistenter Sicherung 968
  VSS Provider 968
  VSS Requestor 974
  VSS Snapshot Provider 974
  VSS-Modul 974
  Werkzeuge 973
Datenspeicher ändern 137
DCUI 463
Deduplikation 966
Deduplizierung 687, 1024
Dell EqualLogic 598
Dell vOptimizer 643
Deltadatei 654
Denial-of-Service-Attacke 125
Deploy-Rule 862
Depot 337
Device-Treiber 884
devmgr_show_nonpresent_devices 885
DFW 494, 564
DHCP-Server 858
Diagrammoption 891
Direct Attached Storage → DAS
Direct Console UI 365
diskpart 641
Distributed Firewall 494, 564
Distributed Logical Router 480, 493, 552
Distributed Port Groups 430, 431
Distributed Power Management (DPM) 221
Distributed Resource Scheduler → DRS
Distributed Resource Scheduling → DRS
Distributed Switch 477, 1040
Distributed vSwitch 120
Distributed-Portgruppe 121
DLR 493, 552
DNS 606, 741
  Name 379
Docker 1206
Docker-Client 1195
Domänen-Account 338, 384
Double-Parity 589
Download (Installationsmedien) 228
Download Manager 332
DPM 47, 221
DRS 46, 167, 206, 310
  Affinity Rule 209, 215

DRS (Forts.)
   Aggressive 211
   Aktivitäten 207
   Automatisierungsgrad 209
   Automatisierungsstufen 207
   Berechnung 220
   Berechnungsprozess 207
   Distribution Chart 213
   Empfehlungen 207
   Groups Manager 213
   Gruppe 214
   Host-Gruppen 214
   Konfiguration 175
   Limitierungen 221
   Maintenance-Modus 220
   overcommitted 198
   Prioritäten 209
   Prioritäten-Ranking 209
   Regelwerk 207
   Ressourcen-Pools 209, 220
   Separate virtuelle Maschinen 215
   Virtual Machine Options 219
   Virtuelle Maschinen zusammenhalten 215
   VM außer Kraft setzen 219
   VM-Gruppen 214
   Zuordnung 218
DRS-Cluster 206, 381
   Automatisierungsgrad 209
   overcommitted 199
Dual-Port-SAS 574
Dump Collector 925
Dynamic binding 438

E

East-West-Traffic 480
ECMP 544
Edge Service Gateway 478
EFD 577
Egress 453
Einstellungen für vSS und vDS 406
EMC CLARiiON 593
EMC DMX 591
EMC PowerPath/VE 591
End User License Agreement 234
Energieverwaltung 222
Enhanced vMotion Compatibility-Mode → EVC
Enterprise Flash Drive → EFD
Environment-Variable 885
Equal Cost Multipathing 544
EqualLogic 598

ESG 478
esxcfg-mpath 640
esxcfg-nics 144
esxcfg-volume 640
esxcli 615, 660
   nmp satp 617
   storage core 660
esxcli system snmp 923
ESXi 42
ESXi Deployment Appliance 239
ESXi-Host-Prozess 178
ESXi-Image 838
ESXi-Passthrough 1125, 1128
ESXi-Shell 463
EtherChannel 467
Ethernet-Technologie 601
EULA → End User License Agreement
EVC 111, 112, 168, 1092
   Einstellungen 170
EVC-Cluster 111, 169, 382
Event 922
   Export 902
ExecutionPolicy 341
Expander 574
Export 386
Extended Statistics 659
Extents 646, 661

F

Fabric 596
Failover
   Aktivitäten 197
   Failback 418
   Kapazität 181
Failover-Test 1048
Fast Checkpointing 1051
FAT 649
Fault Domain Manager (FDM) 178
Fault Tolerance 167, 469, 616, 653, 729, 1049
   deaktivieren 1061
   FT Motion Mirror 1051
   FT und FT-Legacy 1049
   FT-fähiger Management-Port 1054
   Logging, Datenverkehr berechnen 1054
   Snapshots mit FT 1060
FC-Broadcast 598
FC-Frame 584
FC-Hub 583
FCoE 95, 588, 599
   Hardwareschnittstellen 600

FCP 580, 594
FCP-Infrastruktur 581
FC-SAN 581
FC-Switch 597
FDM-Prozess 192
Fehlfunktion 932
Festplatte
   2gbsparse 626
   Kapazität 574, 685
   Leistung 574, 685
   monolithic flat 626
   monolithic sparse 626
   Physical Compatibility 626
   Virtual Compatibility 626
Festplattentyp
   flat 878
   thin 878
Fibre-Channel 95, 468, 580, 615
   Festplatten 575
   over Ethernet 588, 599
   Switches 581
Fibre-Channel-HBAs 241
File Allocation Table → FAT
File System Sync Driver 968
Firewall 756
   Startverhalten 759
Firmware 231, 239
Firmware-Stand 595
Firmware-Version 584
Fixed Multipathing 617, 619
Flash 575
Flash/SSD-Komponente 620
Flash-basierte PCI-Express-Karten 609
Flash-Karte 579
Flash-PCIe-Karte 577
Flash-Ressource 622
FLASHSOFT 611
Forged Transmits 408
Formatierung mit Nullen 632
Fragmentierung 631, 646
Freigabe-Matrix 595
Frontend-I/O 682
fs3dm 152
fs3dm Hardware Offload 152
fsdm 152
FT
   Logging 1054
   sekundäre VM 1059
FTP 129
Full File Clone 659

FUSIONio 577, 609
   FLASHSOFT 611

G

Gastbetriebssystem 1092
   Ausfall 171
Gastdateisystem 656
Gateway 741
Geodistanzen 128
Gleichzeitige vMotion-Vorgänge 147
Golden Images 610
Grafana 949
Grafted from ESX Host 209
Gratuitous ARP 177
Grundmetrik 791

H

HA 46, 164, 167
   Advanced Options 183
   Agent 190
   erweiterte Laufzeitinformationen 194
   Failover 193
   Failover-Capacity 179, 181
   Host-Isolation 196
   Knoten 175
   Logik 197
   Master- und Slave-Agent 195
   Priorität 193
   Restart Priority 181
   Restart-Priorisierung 193
   Slot-Berechnung 193
   Strict Admission Control 173
   und DRS in Kombination 223
   Virtual Machine Monitoring 199
HA Virtual Machine Monitoring 1052
HA-Cluster 171, 379, 381
   mit DRS 175, 223
Harbor 1194
Hardware Interface Layer 57
Hardware, erweiterte Konfiguration 766
Hardware-Initiator 584
Hardwarevirtualisierung 71, 1052
Hauptspeicher-Checkpoint 102
Hauptspeicherreservierung 636
HBA 584
HBA-Controller 239
HCA 583, 688
HCL 55
HDS USP 591

Index

Header-Informationen 607
Headless (BIOS) 238
Health Check Plugin 702
Heartbeat 930
   Paket 179, 196
Higher Latency Link Support 128
High-Performance-Computing 583
Hitachi-AMS2000 591
Home-Verzeichnis 150, 157
Horizon View 1231
Host
   Failures Cluster Tolerates 182
   Monitoring 179
   überprüfen 246
Host ändern 137
Host Channel Adapter 688
Host Channel Adapter → HCA
Host Options 223
Host-Baselines 836
Host-Bus-Adapter 240, 584
Host-Cache 578, 610, 611
hostd 104, 178
Hostisolierungsreaktion 188
Host-Profil 422, 727
   anwenden 733
   assoziieren 732
   Editiermodus 730
   erstellen 728, 729
   exportieren 729
   importieren 728, 729
   Konformität 728
   nicht compliant 733
   verknüpfen 728
   verteilen 728
   zuweisen 734
Hostprofil 1034
Hostüberwachung 179
Hot Blocks 631
Hot-Add 652
Hotclone 871
HotPlug 1148
   Arbeitsspeicher 1148
   virtuelle CPU 1148
Hot-Remove 652
HP EVA 593
HP iLO 222
HP Insight Rapid Deployment Software 239
HPs MC/ServiceGuard 172
Hybrid Cloud Manager 822
Hybrid-Migration 1160
Hyper-Converged 1230

Hyperthreading 59
Hypervisor 40, 71

I

I/O
   Abfrage 683
   Durchsatz 610
IBM DS8000 591
IDE
   Adapter 650
   Unterstützung 575
Idle-Zyklus 738
Image Builder 336, 853, 1034
Import Distributed Port Group 431
iNames 601
Infiniband 583, 587
Infrastructure Agents 56
Ingress 453
Ingress/Egress 453
Inner Ethernet Frame 482
Installation 225
   Authentifizieren im System 237
   Hardware 231
   Image 337
   lokal 231
   Medium 236
   Optionen 305
   Routine 234
   SAN 239
   SD-Karte 236
   Tools 239
   über das Netzwerk 239
   über USB-Medium 232
   universale 235
Instant VM Recovery 1000
Intelligent Load Balancing 1025
Initiator-Target-Portverbindung 589
IOPS 154, 574, 686
IP-Hash 474
IP-Hash-basiertes Load-Balancing 607
IP-Netzwerk 604
IP-SAN 581, 601
IPsec 601
iSCSI 95, 580
   Boot 586
   Initiator 604
   Pakete 584
   Speichernetzwerk 601
   Technologie 602
iSCSI-HBA 240

Index

iSCSI-Storage	472
Isolated	434, 436
Isolation Response	178
Isolationsvorgang	197
IT Business Continuity	961

J

JeVM	1196
Journalisiertes Dateisystem	637
Jumbo Frames	425, 607
Just Enough VM	1196

K

Kein Kryptografie-Administrator	134
Key Management Server	1106
Kollektor	445
Kommandozeile	385
Kommunikation	584
Kompatibilitäts-Check	102
Kompatibilitätsliste	225, 302
Konkatenation	645
Konsole	363, 364
Konvertierung	871

L

LACP	395, 473
LAN-Kommunikation	605
Lastenausgleich	167
Lastverteilung	175, 604
Latenzzeit	128, 129, 162, 587, 610
mittelgute	602
niedrige	594
Layer-3-(L3-)Netzwerke	126
Leistungsengpass	604
Leistungsfähigkeit in IOPS	686
Leistungsindikator	891
Lese-Cache	611
Limit IOPs	664
Limits, Best Practices	65
Link Aggregation Control Protocol	517
Linked Clone	151, 610
Linked Mode	285, 852
Linked vCenter Server	81
Linux	739, 974
Linux-VMs	157
Live-Migration	99, 130
Lizenz	
Asset-Satz	764

Lizenz (Forts.)	
einpflegen	764
Key	764
Lizenzierung	82, 148, 165, 361
Lizenzierung von DRS	208
Lizenzportal	362
Lizenz-Server	362
integrierter	361
LLDP (Link Layer Display Protocol)	420
Loadbalancer	1047
Load-Balancing	393, 395, 398, 591, 606
IP-Hash-basiertes	607
Load-Balancing-Policy	413
Lockdown Mode	364
Log-Datei	363, 924
Logging Settings	796
Logical Unit Number → LUN	
Logische Datensicherung	963, 971
Log-Level	386, 796
Log-Shipping-Server	991
Lokale Medien	571
IDE	572, 575
SATA	572
SCSI und SAS	574
SSD	575
Long Distance vMotion	128, 129
LSI Logic SAS	651
LSI-Logic	651
LSI-Logic-Parallel	651
LSI-Logic-SAS-Controller	651
LUN	95, 240, 589
Größe	686
ID	589, 590, 599
ID 0	598
Limitierung	573
Locking	603
Mapping	598
Owner	591–593
Seriennummer	639
LUN-Mapping	240
LVM-Offset	638

M

MAC Address Changes	408
MAC-Adresse	601
Machine Memory Pages	66
Mail-Einträge	794
Maintenance-Modus	167, 220, 850
Maintenance-Status	220
Manage Distributed Port Groups	431

Managed Object Browser 1074
Management Information Base → MIB
Management-Homepage, vCenter 763
Management-Netzwerk 190, 427, 463
Management-Umgebung 241
Mapping 598
Master 190
Master/Slave 174
Master-VM 610
Maximale Anzahl Ports 421
Maximum resets time window 931
Maximum Transfer Unit 479
MD5-Checksumme 230
Mellanox 587
Memcpy 688
Memory
  Ballooning 611
  Compression 68, 611
  HotPlug 1103
  Overcommitment 68, 611, 634, 653, 772, 894
  Overhead 67
  Swapping 70
Memory Management Unit 58
Metro-Cluster 177
Metrodistanzbereich 128
MIB 922
Microsegmentation and Security
  Assessment 1233
Microsoft
  Cluster 216
  Cluster-Lösung 172
  NLB-Verbund 216
Microsoft Cluster Service 692
Microsoft Exchange 969
Microsoft SharePoint 969
Microsoft Volume Shadow Copy Services 974
Microsoft-Cluster 361
Microsoft-Windows-Cluster 126
Migrate VM to Another Network 434
Migration 461
  Einstellungen 460
  Prozess 455
  virtuelle Maschinen 1159
Mirror Driver → Mirror-Treiber
Mirror Mode 152
Mirroring 449
Mirror-Treiber 152, 153
MLC-SSD 577
MMU 58
Mobile Geräte 376

Monitoring
  Alarme 900
  Event 901
  Failure Interval 931
  Hardware Health 914
  Health 915
  Heartbeat 910
  Issue 899
  Maximum per-VM resets 931
  Minimum Uptime 931
  Performance 887, 909
  Policies 913
  Profile Compliance 911
  Resource Reservation 911
  Scheduled Tasks 902
  Service Health 916
  Sessions 908
  System Logs 905
  Tasks 900
  Update Manager 909
  Utilization 913
  vCenter HA 909
  vSphere DRS 912
  vSphere HA 909
Monolithic-flat-Festplattendatei 626
Monolithic-sparse-Festplatte 626
MorpheusData 479
Most Recently Used → MRU
MPIO-Multipathing 586
MRU 593, 617, 619
MSCS 126
MTBF 573
MTU 603, 607
MTU-Size 433
Multi-NIC-vMotion 116
Multipathing 468, 606, 615, 616
Multi-Path-Plug-in 617
Multiprozessorfähig 60
Musterrolle 786

N

NAA 590
Namensauflösung → DNS
NAS 573
Native Snapshot Support 659
Native-Multipathing-Plug-in 617
Nested Page Tables 142
NetApp 588
  Filer 605
  mbralign 643

Index

NetApp (Forts.)
- *PAM* 579

NetFlow 445, 446
- *aktivieren* 446
- *Protokoll* 447

NetFlow Analyzer 445
Network Address Authority → NAA
Network Attached Storage → NAS
Network Failure Detection 417
Network File Copy 127
Network File System 605
Network I/O Control 441, 708
Network resource pool 443
Network Rollback 465
Netzwerk 391
- *grundsätzliche Planung* 391
- *Installation über* 239
- *Netzwerkkarten* 396
- *Port* 397
- *Port Group* 397
- *Schichten* 396
- *Switches* 397
- *unterstützte NICs* 392

Netzwerkanalysator 453
Netzwerkdesign 391
Netzwerkeinstellungen 363
Netzwerkimplementation 391
Netzwerkkarte 400
- *physische* 399

Netzwerk-Ressourcen-Pool, benutzer-
definiert 443
Netzwerk-Stack 616
Netzwerkswitch, non-blocking 604
Netzwerkvirtualisierung 477, 485
Neuformatierung 649
Neuinstallation 243
NFC 127
NFC Copier 151
NFS 95, 580, 605
- *Client* 605, 606
- *Datastore* 579
- *Locks* 644
- *Protokoll* 605

NFS v3 156
NFS v4.1 156
NFS-Datastore 146, 467, 975
NFS-Speicher 177
NMP-Modul 617
Noisy Neighbors 958
Non Volatile Memory (NVM) 1091
Non-blocking 604

Non-Execution-Bit 108, 109
Non-uniform Memory Access 62
Notify Switches 103, 418
NPIV 599, 650
- *Funktion* 599

N-Port ID Virtualization 599
NSX Controller Cluster
- *API Provider* 488
- *Directory Server* 489
- *Logical Manager* 489
- *Persistence Server* 488
- *Switch Manager* 489
- *Troubleshooting* 506

NSX Data Center for vSphere 477
NSX Edge Service Gateway 494, 552
NSX Manager 492
- *Einrichtung* 498
- *REST-API* 479

NSX-Controller, Bereitstellung 504
NSX-Edge 478, 552
NSX-V 477
- *Anforderungen* 497
- *Architektur* 484
- *Beispielkonfiguration* 524
- *Bridging* 480
- *CDO-Modus* 485
- *Cloud-Management-Plattform* .. 485
- *Cloud-Management-Plattformen* .. 490
- *Datenschicht* 489
- *DHCP-Server* 480
- *Distributed Firewall* 494
- *Distributed Logical Router* 493
- *Firewalling* 480
- *Hardwareanforderungen* 496
- *Installation* 497
- *Layer 2 VPN* 480
- *Layer 3 IPSec VPN* 480
- *Lizenzierung* 480, 503
- *Load Balancing* 480
- *logisches Routing* 480
- *logisches Switching* 480
- *NAT* 480
- *NSX Controller Cluster* 493
- *NSX Manager* 492
- *physisches Netzwerk* 490
- *Softwareanforderungen* 497
- *SSLVPN* 480
- *Steuerschicht* 488
- *Verwaltungsschicht* 486
- *VPN* 480
- *VXLAN* 480

NSX-V (Forts.)
  VXLAN-Protokoll 480, 493
  VXLAN-Transport-Zone 494
NTP 734
NTP-Server 737
NUMA 62
NUMA-Knoten 63
NX/XD-Flag 108
NX-Flag 59

O

Offline-Migration 125
On-Board-USB-Controller 578
Opvizor 657, 945
Opvizor Performance Analyzer → Performance Analyzer
Oracle 303
Oracle-Raw-Daten 653
Orchestrator 53
Originating Port-ID 473
Overhead 54
Overlay-Protokoll 481

P

P2V 871
P2V-Migration 1112
Paketumlaufzeit 130
Paketverlust 162
Paragon PAT 643
Paravirtualisierung 71
Paravirtualized SCSI 651
Partition Alignment 637
Partitioned 197
Partitionierungsmöglichkeit 234
Partitiontyp fb 641
Patch, Repository 243, 830, 837
Patch-Manager 249
Path-Selection-Plug-in (PSP) 617
Path-Trashing 591, 592
PCI-ID-Plan 232
PCI-Slot-Position 424
PDL AutoRemove 615
PE 668, 680
Peak Bandwidth 409
Performance 309
  CPU 894
  Memory 894
  Messwerte 894
  Network 895

Performance (Forts.)
  Storage 895
  Studie 615
Performance Analyzer
  Installation 946
  Konfiguration 947
  Navigation 949
  Playlists 953
Permanent Device Lost (PDL) 615
Persitant Memory NVDIMM 689
Photon OS 1192
Physical adapter shares 442
Physical Compatibility Mode 626
Physical Mode 652
Physikalisches RDM 126
Physische Datensicherung 963, 972
Physische Netzwerkkarte 399
  PCI-Nummer 399
Physischer Switch 395
  Verbindungen 396
Platform Services Controller 823
Platform Services Controller (PSC) 73
Platform Services Controller → PSC
Plattentyp 878
Pluggable Storage Architecture → PSA
PMem 689
Port 397
Port binding 436
Port Group 397, 436
  Distributed 430, 431
  Einstellungen 406
Port Mirror 450
Port-Aggregation 606
Port-Freischaltung 761
Portgruppen 397
Portgruppenebene 470
Portgruppenname 141
Port-Zoning 597
Postman 1081
Power Management, Funktion 223
PowerCLI 50, 149, 338, 387, 658, 853
  Voraussetzungen 338
PowerPath Virtual Edition 619
PowerShell 387
Preboot Execution Environment (PXE) 239
PreCopySwitchoverTimeGoal 144
Pre-upgrade Check 317
Private VLAN 413, 433, 434
Processor Scheduling Affinity 1102
Profil 337, 861
Project Bonneville 1191

Promiscuous 434, 435
Promiscuous Mode 408, 449
Protocol Endpoint 668
Provisionierung
   Thick Provisioning Eager Zeroed 1096
   Thick Provisioning Lazy Zeroed 1096
   Thin Provisioning 1096
Prozessorgeneration 112
PSA 615, 617
PSC 49
   Ausfallsicherheit 1046
   DNS 256
   Hochverfügbarkeit 351
   Installation 250
   Installation als Appliance 250
   Installation auf Windows 266
   Patch (Appliance) 270
   Patch (Management-Interface) 271
   Patch (Shell) 271
   Patch (Windows) 272
   Thin-Disk-Modus 255
   Upgrade (Appliance) 274
   Upgrade (Architektur) 272
   Upgrade (Windows) 282
PSC only-System 252
Pseudo-Active/Active 591
Pseudo-VM 104
PSP-Modul 617
PVSCSI 72
pyVmomi 1077

Q

Quality of Service 648
   tagging 441
Quellmaschine 873
Quick Boot ESXi 249
Quick Resume 115
Quiescence 1026
Quiescing 102

R

RAID 237
   Größe 684
   Gruppe 573
   Konfiguration 684
   Leistungsfähigkeit 682
   Rebuild 687
   Verbund 573
RAID-5-Gruppen 684

RAID-Variante 572
   RAID1 572
   RAID5 .... 572, 589
RAIN 701
Random-Zugriff 573
Rapid Virtualization Index 142
RARP-Paket 146
Raw Device Mapping → RDM
RAW-Device-Mapping 1096
RDM 154, 159, 163, 586, 589, 650, 652, 656
RDMA 687
RDMA over Converged Ethernet 688
RDM-Mapping-Datei 163
Rechenzeit 738
Reconfigure for vSphere HA 192
Recovery Time Objective 353
Red-Hat-Linux 634
REDO-Log 155
Refresh-Intervall 789
Reliable Array of Independant Nodes (RAIN) 701
Reliable Memory 56
Remote CLI 148, 149, 387
Remote Direct Memory Access 687
RemoteSigned 341
Replikat aktivieren 1068
Replikation 1028
Rescan SAN 615
Reservation 442
Reserve Space 659
Reservierungswert 70
Resource Management 56
Ressource Distribution Charts 212
Ressourcenauslastung 207
Ressourcen-Management 71
   Arbeitsspeicher 1119
   CPU 1117
   Festplatte 1121
   Netzwerk 1121
Ressourcen-Pool 742
   erstellen 742
   expandable 744
   Kontextmenü 742
   Limit 744
   Reservation 743
   reservieren 102
   Shares 745
   Übernahme 209
REST-API 479
   Postman 1081
Restart Management Agents 364
Restart Priority 181

Index

Restore Point Simulator 983
Reverse ARP 146
RoCE 688
Root-Ressourcen-Pool 209
Round Trip Time 128
Round-Robin 618, 619
   Mechanismen 606
   Verfahren 468
Route based
   on IP hash 416
   on physical NIC load 417
   on source MAC hash 416
   on the originating virtual port ID 415
Routed vMotion Network 126
RTT 128–130
Runecast 936
   Installation 936
   Konfiguration 938
   verwenden 943
Run-Level-Informationen 859
Runtime Settings 793

S

Sampling-Rate 451
SAN 573, 581
   Installation 239
SAN-Boot 585
SAN-Speicher 177
SAS-Expander 574
SAS-Festplatte 572
SATA
   Controller 572
   Festplatten 572, 573
   im professionellen Umfeld 573
Scale-up-Cluster 174
Schatten-VM 152
Schreib/Lese-Belastung des Storage-Systems ... 156
SCSI 574
   Disk-ID 639
   ID 589
   Inquiry 639
   Reservation 644
   Reservation Conflict 644
   Reservation-Request 644
   Reservations 605, 630
   Timeout 620
SCSI2-Sperrmechanismus 644
SCSI-Bus-Sharing 1103
SCSI-Reservation-Conflict 142
SDDC 477

SDDC Manager 1235
SDelete 633
SD-Karte 236
SDN 477
SDPS 115
Security Identifier → SID
Security-Policy 407
Self-Service Portale 1073
Self-vMotion 149, 151
Separate Virtual Machines 216
Sequenzieller Datenzugriff 631
Sequenzielles Lesen 573
Serial Attached SCSI 574
Server-Farm 727
Server-Management-Controller 470
Service Console 467, 603, 634
Service Level Objectives 962
Service-Console-Verbindung 177
SexiLog
   Installation 933
   Konfiguration 934
SHA1-Checksumme 230
Shadow-VM 151
Shares
   Best Practices 65
   Custom 745
   High 745
   Low 745
   Normal 745
Shell 388
Shrink 633
Sicherheit 756
Sicherung 1033
SID 789
Silent Brick 1003
Simple Network Management Protocol → SNMP
Single-Initiator-Zoning 597, 598
SIOC 661
   Konfiguration 662
Slow Down During Page Send → SDPS
Snapshot 163, 638, 964, 975
   Beschreibungsdatei 657
   Clone 639
   Consolidator 657
   LUN 640
   Manager 656
Snapshots 1178
   erstellen 1180
   konsolidieren 1182
   verwalten 1180
Sniffer-Software 449

SNMP ... 794, 921
   ESXi ... 923
   Gastbetriebssystem ... 924
   VMware ... 922
SNMP Receivers ... 794
Software Defined Storage ... 666
Software, systemspezifische ... 885
Software-Defined Datacenter ... 477, 1229
Software-Defined Datacenter (SDDC) ... 53, 1230
Software-Defined Networking ... 477
Software-FCoE ... 616
Software-FCoE-Initiator ... 600
Software-Initiator ... 584
   im Gastbetriebssystem ... 586
Software-iSCSI, Initiator ... 603
Solid State Disk → SSD
Source-MAC ... 472
Space Reclamation ... 670
Spanning Tree Protokoll, STP ... 481
Speicherbereich ... 66
Speicherprofil ... 658, 721
Split-Brain ... 197
Sprachenmix ... 376
SSD ... 575, 576, 609
   Datastore ... 610
   EFD ... 577
   MLC ... 577
SSE3-Funktion ... 109
SSH-Service ... 364
SSL Settings ... 797
SSL-Zertifikat ... 797, 1054
SSO Configuration ... 816
SSO Users and Groups ... 815
Standalone-Download-Manager ... 332
Standard Operating Procedures ... 963
Standardinstallation ... 350
Standard-SCSI-Adapter ... 651
Standard-vSwitches zu dvSwitches
   migrieren ... 454
Startpriorität ... 310
Startup-Level ... 310
Static binding
   Elastic ... 438
   Fixed ... 438
Statistics ... 791
Storage
   Architektur ... 571
   Probleme ... 571
   Prozessor ... 588
   Snaphots ... 653
   Virtual Volumes ... 666

Storage (Forts.)
   Virtualisierung ... 588
Storage Area Network → SAN
Storage I/O Control → SIOC
Storage Policies ... 721
Storage Processor
   Active/Active ... 589
   Active/Passive ... 590
Storage Providers ... 800
Storage vMotion ... 99, 148, 149, 152, 653, 1159
   Belastung ... 155
   Mirror-Treiber ... 151, 152
   Plug-in ... 148
   Probleme ... 151
   Prozess ... 150
   Timeout ... 163
Storage-Array-Type-Plug-in ... 617
Storage-Container ... 679
Storage-Prozessor-Port ... 588
Storage-Wartungsfenster ... 149
Stretched Cluster ... 177, 213
Strict Admission Control ... 173
Striping ... 645, 646
Stun During Page Send → SDPS
Stun Mode ... 115
Sub-Block ... 637
   -Größe ... 637
Summary (vSphere Client) ... 380
Support, Matrix ... 595
svMotion
   fs3dm ... 152
   fs3dm Hardware Offload ... 152
   Leistungseinbußen ... 156
   Snapshots ... 163
svMotion vSphere-Client ... 159
Swap ... 578
Swap File Location ... 772
Swap-Datei ... 636
Swapfile ... 143
Switch
   Ausfall ... 472
   Layer-2-Ethernet-Switch ... 403
   physischer ... 395
   unmanaged ... 469
   virtueller ... 397
Switched Fabric ... 581, 582
Switch-Teil bei vSS und vDS ... 405
Switch-Überbuchung ... 604
Synchronisierung ... 734
Syslog Collector ... 926
Syslog-Ziel ... 926

Index

Sysprep 873
System Logs 905
System Resource Reservation 777
System-Rolle 786
System-Tools 881
Systemwiederherstellung 884

T

T10-Namespace 590
Tagged TLB 142
Tagging in der VM 411
Taktsignal 932
Tape-Server 991
Target 588
Task Retention Policy 792
TCP 688
TCP/IP Offload Engine 585
TCP/IP-Protokoll 584
Teaming and failover 415
Test-Trap 924
Texas Memory 578
TFTP 239
   Dienst 860
   Server 858
Thin Provisioned Format 161
Thin Provisioned VM 631
Thin Provisioning 605, 629, 644, 646, 659
Thin-Festplatte 625
Thin-Provisioning-Modus 605
Tiered-Storage 149
Time Configuration 735
Timeout Settings 796
Timeout-Wert 796
Timer 738
Time-Service 739
Traffic Shaping 408
Transaktionsintegrität 154
Transparent Page-Sharing 611, 653
Trespassing 591
Triggered Alarm 917
Trivial File Transfer Protocol 239
Troubleshooting 164
Troubleshooting Options 364
Trunk-Port 410
Trusted Platform Module (TPM) 139
Turn on Fault Tolerance 1055

U

Überbuchung 604
Überprovisionierung 634
Überwachungsinformationen 922
Unicast-Mode 418
Universale Installation 235
Unterbrechungsfreies Upgrade bei VMFS-5 637
Update Manager 243, 330, 331
   Baselines 844
   Download 839
   Download-Frequenz 833
   Download-Server 840
   Einstellungen 834
   ESXi Images 838
   Events 851
   Export 843
   Export der Patches 843
   Host-Baselines 836
   Installation 828
   Kommandozeile 841
   Konfiguration 829
   Metadaten 843
   Network Connectivity 830
   Netzwerkkonfiguration 331
   Notifications 851
   Patch Repository 837
   Sicherheitsrichtlinien 833
   smart Reboot 836
   Snapshot 833
   vApp 836
   VM-Baselines 837
   Zeitplaner 832
Upgrade
   ESX 6.x/ESXi 6.x 242
   vSphere 6.x 241
Upgrade-Baseline 245
Uplink 429, 471
Uplink-Adapter 396
USB 578
USB-Arbitrator 1122
USB-Controller 1122
USB-Medium 232
USB-Memory-Stick 233, 576
Use explicit failover order 417

V

VAAI 149, 152, 154, 156, 605, 631, 659, 976
   Atomic Test & Set 637
VAAI UNMAP 615

Index

VAAI-Storage-Kommunikation 149
VAAI-Storage-vMotion-Verlagerung 660
VAAI-Unterstützung 152
VAIO 670
vApp 746, 969
   anlegen 746
   Edit Settings 750
   Längenbeschränkung des Namens ... 747
   Ressourcen 747
   Verknüpfung 748
VASA 665
VASA-Provider 665
VCB 163
vCD 478
vCenter
   Advanced Settings 800
   Ausfallsicherheit 1046
   Installation (Windows) 302
   Installation als Appliance 286
   Management-Homepage 763
   Migration 321
   Systemvoraussetzungen 302
vCenter Converter
   Advanced options 881
   Data to copy 877
   Devices 879
   Dienste 880
   Nacharbeiten 884
   Networks 880
vCenter Converter Standalone 349, 871
vCenter HA 1047
   VCASA 352
vCenter Server 377
   Patch 310
   Sicherung 1034
   Upgrade 310
   Upgrade (Windows) 321
vCenter Server All in One 328
vCenter Server Appliance → VCSA
vCenter Server Appliance, Ausfall 1035
vCenter Server Extensions 817
vCenter Update Manager 329, 827
vCenter-Server 78, 243, 377
   Editionen 81
   ESXi-Hosts hinzufügen 377
   HA-Cluster 381
   starten 377
   Troubleshooting 385
VCG 225, 572, 595, 609, 662
VCH-Admin 1212

VCSA 285, 366, 824
   Backup 1036
   DCUI 824
   lokal 366
   per SSH 367
   Restore 1041
   Rücksicherung 1041
   Weboberfläche 368, 825
VDI 606
vDisk 94
VDI-Workload-Domain 1240
VDP 49
vDS 401, 426
   Version 428
VECS 343
Veeam B&R 978
   Advanced Deployment 993
   Application-Aware Processing 1026
   Backup-Copy-Jobs 1025
   Backup-Jobs 1023
   Backup-Methoden 1019
   Backup-Proxy 990
   Backup-Repository 990, 1000
   Backup-Server 990
   Data Mover 993
   Datensicherungsumgebung planen .. 981
   Deployment-Methoden 990
   Distributed Deployment 993
   Full Backup File Fragmentation 1026
   Gateway-Server 991
   Guest-Interaction-Proxy 991
   Installation 1008
   Komprimierung und Deduplikation . 1022
   Log-Shipping-Server 991
   Mount-Server 990
   Recovery Point Objective 987
   Recovery Time Objective 987
   Replikation 1028
   Ressourcenplanung 982
   Scale-out-Backup-Respository 991
   Silent Storage Corruption 1026
   Simple Deployment 992
   SMB-Backup-Repository 1001
   Tape-Server 991
   Transactionally Consistent Backup
      Images 1026
   Veeam Backup Enterprise Manager .. 991
   Verschlüsselung 1021
   Virtual Lab 1032
   virtuelle Tape-Library 1002
   WAN-Acceleratoren 991

1271

Veeam Backup & Replication → Veeam B&R
Veeam Backup Enterprise Manager 991, 994
Veeam, Work Space 983
Veeam-Backup-Repository 1000
Vererbungsreihenfolge 786
Verkabelung 596
Verkehrsmuster 393
Verwaltung 363, 887
Verwaltungssicherheit 309
vFlash-Lesecache 1103
vFRC 620
vFRC-Ressourcen 622
VIB 337, 854
VIC → vSphere Integrated Containers
VICA → vSphere Integrated Containers Appliance
VIC-Engine 1205
VIC-Maschine 1204
   Docker 1206
   VIC-Engine 1205
VIC-UI-Plug-in 1195, 1207
VIO 478
Virtual Compatibility Mode 154, 626
Virtual Container Host 1192, 1195, 1212
Virtual Desktop Infrastructure → VDI
Virtual Flash 779
   Host Swap Cache Configuration 781
   Read Cache 625
   Resource Capacity 578, 620
   Resource Management 779
Virtual Flash Resource Management 620
Virtual Machine
   Memory 67
   Migration 211
   Options 187
   Support 57
   Tagging 412
Virtual Machine File System → VMFS
Virtual Machine Manager 40
Virtual Machine Monitoring → VMM
Virtual Machine Port Group 403
Virtual Mode 652
Virtual Persistent Memory (vPMem) 1091
Virtual SAN 691
Virtual SMP 60
Virtual Volumes 130, 668
   Best Practices 679
Virtual Wire 1246
Virtualisierung
   Arten 40
   Definition 37
   Vorteile 38

Virtualisierungs-Overhead 67
Virtualisierungstechnologien 54
   AMD-V/RVI 54
   Intel VT-x 54
Virtualization Based Security 1091
Virtualization Based Security (VBS) 1108
Virtualized TPM 2.0 1091
Virtual-Machine-Netzwerkverbindungen 173
Virtuelle Hardware 1089
   aktualisieren 1116
   Arbeitsspeicher 1103
   CPU 1100
   Direct Path I/O PCI 1105
   Festplatten 1103
   HotPlug 1100
   Konfiguration 1100
   Netzwerk 1104
   SCSI Controller 1103
   Versionen 1089
   Video Card 1104
   vSphere 6.7 1089
Virtuelle Maschine 963
   Arbeitsspeicher 1093
   Auslagerungsdatei 1111
   bestehende VM klonen 1112
   Betriebszustände 1144
   CD/DVD-Laufwerk 1093, 1137
   CPU 1092
   Diskettenlaufwerk 1094, 1131
   Encryption 1106
   Energieverwaltung 1109
   erstellen 1112
   erweiterte Konfiguration 1110
   Festplatten 1095
   Festplattencontroller 1094
   Fibre-Channel-NPIV 1112
   Gastbetriebssystem 1092
   Gastbetriebssystem anpassen 1106
   Gastbetriebssystem installieren 1115
   Grundlagen 1089
   HotPlug 1148
   klonen 1160
   Konfiguration 1147
   kopieren und registrieren 1112
   Leistung überprüfen 1186
   MAC-Adresse ändern 1149
   Migration 1159
   Namen ändern 1105
   Netzwerkkarten 1096
   optimieren 1188
   P2V-Migration 1112

Virtuelle Maschine (Forts.)
- *PowerCLI* 1112
- *Prozesse beenden* 1184
- *Remotekonsole* 1106
- *Snapshots* 1178
- *Speicherrichtlinien* 1144
- *Startoptionen* 1109
- *USB-Geräte* 1122
- *VMware Tools* 1107
- *VMware vSphere Client* 1167
- *Vorlagen* 1163
- *Wechselmedien* 1131
- *Zeitsynchronisation* 1108

Virtuelle Maschinendateien
- *flat.vmdk* 1098
- *log* 1099
- *nvram* 1098
- *vmdk* 1098
- *vmsd* 1099
- *vmsn* 1098
- *vmss* 1099
- *vmx* 1098
- *vmxf* 1098
- *vswp* 1099

Virtuelle Tape-Library 1002
Virtueller Switch 397
- *vNetwork Distributed Switch* 399
- *vNetwork Standard Switch* 399

VI-Workload-Domain 1240
VLAN 394, 410, 468, 477, 583, 601
- *privates* 433

VLAN trunk range 412
VM
- *an virtuellem Switch mit Netzwerkkarte* 397
- *an virtuellem Switch ohne Netzwerkkarte* 397
- *Netzwerk* 397
- *Tagging* 411

VM Application Monitoring 202
VM Encryption Policy 131
VM Storage Policies 721
VM Storage Profile → Speicherprofil
VM-Baselines 837
VMCA 343
VMDirectPath 93, 610, 653
VMDirectPath-I/O 587, 653
VMDK
- *2gbsparse* 626
- *eagerzeroedthick* 627
- *monolithic flat* 626
- *monolithic sparse* 626
- *REDO-Modus* 644

VMDK (Forts.)
- *zeroedthick* 627

VMFS 579, 636
- *Aufbau* 638
- *Blockgröße* 649
- *Extents* 637, 645
- *Heap* 616
- *Metadaten* 590
- *Migration* 643, 644
- *Partition* 686
- *Partition-Alignment* 640
- *SCSI-Errorcodes* 650
- *Skalierungsprobleme* 608
- *Upgrade* 637
- *UUID* 638
- *Volume-ID* 638

VMFS-5 637
- *Migration* 643
- *Upgrade auf* 643

VMFS-6, Migration 644
VMFS-Datastore 235, 610, 963, 968, 969
VMHA 199
VMkernel 56, 603
- *Adapter* 117, 118
- *Port* 105
- *Protokoll* 144
- *Swap-Space* 634

VMkernel Port Group 403
VMkernel-Adapter 603
VMkernel-Port 515, 586
vmkfstools 615
vmkfstools -L lunreset 645
VMM 59, 68, 199, 381, 930–932
vmmemctl 69
vmnic 400
vMotion 99, 137, 141, 381, 616, 635, 653, 1159
- *Abbruch* 146
- *Auslagerungsdatei* 143
- *Bedienung* 136
- *Configuration Maximum* 147
- *Configuration Maximums* 165
- *CPU-Kompatibilität* 106
- *Datenübertragung* 139
- *Datenverkehr* 105
- *Distributed vSwitch* 120
- *Interface* 105
- *Iterationskopie* 142
- *Kompatibilität* 171
- *Live-Migration* 99
- *Lizenzierung* 148
- *lokale Geräte* 140

Index

vMotion (Forts.)
   Management Agents 105
   Migration 137, 177
   Migrationen pro VMFS-Datastore 138
   nicht unterstützte VM-Konfiguration 145
   Notify Switches 103
   Prozess 101
   SCSI-Reservation-Conflict 142
   Sicherheit 139
   SSE2 107
   SSE3 107
   über Datacenter-Grenzen 125
   Verschlüsselung 130
vMotion-Migration 142
vMotion-Modul 104
vMotion-Netz 468
vMotion-Operation 193
vMotion-Plug-in 148
vMotion-Priorität 137
VM-Snapshot 975
VM-Snapshots 638, 974
vm-support 645
VM-Swapfile 772
VM-Verschlüsselung 131
VMware 225
   Backup 155
   SDK 149
VMware Auto Deploy 239
VMware Certificate Authority 343
VMware Cloud Foundation 1229
   Bring Up 1242
   Consolidated Architecture 1238
   Editionen 1236
   Hardware 1241
   Installation 1241
   integriertes System 1232
   Lifecycle-Management-(LCM-)Depot 1244
   Management-Workload-Domain 1245
   mehrere Standorte 1253
   Primary Host 1243
   Public Cloud 1232
   Racks 1238
   RZ-Modernisierung 1230
   SDDC Manager 1235
   SDDC-Manager-Controller-VM 1244
   SDDC-Manager-Utility-VM 1244
   Software-Lifecycle-Management 1235
   Standard Architecture 1238
   Systemaktualisierungen 1251
   Varianten 1232
   Verfügbarkeit und Ausfallsicherheit 1254

VMware Cloud Foundation (Forts.)
   VMware Imaging Appliance (VIA) 1242
   vSAN 1239
   Workload-Domain 1238, 1247
VMware Cloud on AWS 48
VMware Compatibility Guide 225
VMware Compatibility Guide → VCG
VMware Converter 871
VMware Data Protection 973
VMware DRS 381
VMware Endpoint Certificate Store 343
VMware ESXi 43, 44
VMware EVC 382
VMware Fast Server Recovery 172
VMware Fault Tolerance 46, 1062
VMware Fusion 42, 241
VMware High Availability (HA) 172, 381, 1049
VMware Hybrid Linked Mode 50
VMware Imaging Appliance (VIA) 1242
VMware Integrated OpenStack 478
VMware Management Framework 56
VMware Photon OS 250, 285
VMware Platform Services Controller 49
VMware PowerCLI 1086
VMware Site Recovery Manager 1253
VMware Tools 632, 737, 968, 974, 1099
   aktualisieren 1156
   automatische Aktualisierung 1108
   Betriebsvorgänge 1107
   Installation unter Linux 1154
   Installation unter Windows 1152
   Skripte 1107
   Status 1155
   Virtualization Based Security 1108
   Zeitsynchronisation 1152
VMware vCenter High Availability 49
VMware vCenter Server 44
VMware vCenter Server Appliance 285, 824
VMware vCenter Server Linked Mode 49
VMware vCloud Director 478, 559
VMware vCloud Networking and Security (vCNS) 489
VMware View 610
VMware Virtual Infrastructure, Administration 387
VMware Virtual SAN 45
VMware Virtual Symmetric Multi Processing 45
VMware vRealize Automation 478, 1231
VMware vRealize Operations 1231
VMware vRealize Orchestrator 49, 479, 1086
VMware vShield 489

VMware vSphere 43
   Installation 225
   Netzwerk 391
   Systemvoraussetzungen 225
VMware vSphere 6.7 225
   Download 228
   lokale Installation 231
VMware vSphere Auto Deploy 50
VMware vSphere Client 44
   virtuelle Maschine 1167
VMware vSphere Content Library 49
VMware vSphere Data Protection 49
VMware vSphere Distributed Power
   Management 47
VMware vSphere Distributed Resource
   Scheduler 46
VMware vSphere Flash Read Cache 48
VMware vSphere High Availability 46
VMware vSphere Host-Profiles 48
VMware vSphere Hypervisor 42
VMware vSphere Integrated Containers
   Appliance 1193
VMware vSphere Management SDK 1074
   Data Objects 1074
   Managed Object Reference 1074
   Managed Objects 1074
   Python 1077
VMware vSphere Network I/O Control 48
VMware vSphere Replication 49, 334
VMware vSphere SDK 50
VMware vSphere Standard Switch (vSwitch) 47
VMware vSphere Storage API 47
VMware vSphere Storage DRS 47
VMware vSphere Storage I/O Control 48
VMware vSphere Storage Policy-Based
   Management 48
VMware vSphere Storage Thin Provisioning 46
VMware vSphere Update Manager 48
VMware vSphere Virtual Machine File System ... 45
VMware vSphere Virtual Volumes 45
VMware vSphere vMotion 46
VMware vSphere vShield Endpoint 48
VMware vSphere Web Client 44
VMware vStorage APIs for Array
   Awareness 659, 665
VMware Workstation 41, 241
VMware Workstation Player 42
VMware-HA-Cluster 467
VMware-Snapshots 654
VMware-Storage-Stack 615

VMware-Tools
   Shrink 633
   Shrink-Funktion 633
vmware-umds.exe 840
VMware-vSphere, Editionen 51
VMXNET 3 587
vNetwork Distributed Switch (vDS) 426
vNetwork Standard Switch → vSS
Vom Cluster tolerierte Hostfehler 182
vPostgres-Datenbank 285
vpxa 104
vRA 478
vRealize Automation 53
vRealize Business for Cloud 53
vRealize Log Insight 53
vRealize Operations 53, 692, 809
vRealize Operations Manager 820
vRealize Orchestrator 90, 822
vRO 479
VSAN 45
vSAN 658, 691, 700
   Aufbau und Konzept 693
   einrichten 708
   Funktionen 696
   Sizing 707
   Storage Policies 721
   Topologien 703
vSAN 6.7 692
vSAN iSCSI Service 692
VSAN Observer 724
VSAN-Storage-System 721
vSMP 60, 65
vSphere 6.7
   erster Start 237
   Installation 233
   Upgrade 241
vSphere API for Array Integration 976
vSphere Client 368
vSphere Distributed Switch 1196
vSphere Fault Tolerance 334
vSphere HA
   das.isolationaddress 186
   Erweiterte Optionen 183
   ESX disconnected 197
   FDM-Prozess 192
   Heartbeat-Kommunikation 191
   Master- und Slave-Agent 195
   Master-Agent 192
   Partitioned 197
   Restart-Priorität 189
   Slot-Berechnung 194

vSphere HA (Forts.)
 Split-Brain 197
 Überwachung von Anwendungen 173
 Virtual Machine Options 187
vSphere HA VM Application Monitoring 202
vSphere High Availability Agent 191
vSphere Image Builder
 Add-EsxSoftwareDepot 853, 855
 Export-EsxImageProfile 856
 Get-EsxImageProfile 853
 New-EsxImageProfile 854
 Remove-EsxSoftwarePackage 855
vSphere Integrated Containers
 Appliance 1194, 1201
 Benutzergruppen 1198
 Bridge-Netzwerk 1197
 Client-Netzwerk 1196
 Container-Netzwerk 1198
 Docker-Client 1195
 Hypervisor und vCenter Server 1194
 Hypervisor-Konfiguration 1200
 öffentliches Netzwerk 1197
 Umgebung implementieren 1199
 vCenter-Server-Konfiguration 1200
 vch-admin 1212
 Verwaltungsnetzwerk 1197
 VIC-UI-Plug-in 1207
 Virtual Container Host 1195
 vSphere Container Host 1195
 vSphere Integrated Containers Appliance
  (VICA) 1194
 vSphere Integrated Containers Engine 1194
vSphere Integrated Containers Engine
 Bundle 1203
vSphere Integrated Containers Management
 Portal Service 1194
vSphere Integrated Containers Registry Service 1194
vSphere Management Assistant (vMA) 976
vSphere Replication 1062, 1183
vSphere Replication Appliance 863
vSphere Web Client 237, 369, 961
vSphere, Automatisierung 1071
vSphere-Architektur 53
vSphere-HA-geschützt 201
vSphere-Host 54
 Sicherung 1033
 Verwaltung 380
vSphere-Security 756
vSphere-Server, Installation übers Netzwerk 239

vSS 401, 422, 974
 Port Group 424
 Übersicht 422
 Verwaltung 423
VST (Virtual Switch Tagging) 410
vStorage API 654
vSwitch 470
 konsolidieren 394
 Typen 403
 vDS 401
 vSS 401
VTEP 515
VUM 48
VVol
 Übersicht 666
 vVNX 671
VVOLs 45, 130
VXLAN 478
 NSX-V 483
 OSI-Modell 481
 Vorteile 483
VXLAN Network Identifier 520
VXLAN Tunnel Endpoint 515
VXLAN-ID 520
VXLAN-Protokoll 480
VXLAN-Segment-ID 519
VXLAN-Transport-Zone 494, 521

W

w32tm 740
Wartungsmodus 223
Watchdog-Prozess 192
Weboberfläche 365
Wechselmedien 885
Wide VM 114
Wiederherstellbarkeit 309
Windows Server Failover Cluster 692
Witness-Appliance 353
Workload 157
Workload-Domain
 Management-Workload-Domain 1240
 Virtual Desktop Infrastructure Workload
  Domain 1240
 Virtual Infrastructure Workload Domain ... 1240
 VI-Workload-Domain 1247
 VM anlegen 1249
World Wide Number → WWN
WWN 590
WWN-Zoning 597
WWPN 653

X

XCOPY 659, 660

Z

Zeitdienst 739
Zeitfenster 789
Zeitsynchronisation 738

Zero Blocks/Write Same 659
Zertifikat 342
Zertifizierung 585
Zoning 590, 597
Zugangssteuerung aktivieren 181
Zugriffs-Port 795
Zugriffsrecht 377

»Praxiswissen zu Projekt-Migration, Continuous Delivery, Sicherheit, Kubernetes und mehr«

431 Seiten, gebunden, 39,90 Euro
ISBN 978-3-8362-6176-0
www.rheinwerk-verlag.de/4599

Software-Container verstehen und produktiv einsetzen

»Weniger ist mehr«, so lautet die Devise der Container-Technologie. Container ermöglichen es Ihnen, bestimmte Software-Komponenten wie Webserver und Datenbanken ohne den Overhead einer virtuellen Maschine auszuführen. Docker ist der Standard, den Sie kennen müssen, wenn Sie sich mit Containern und moderner Software-Entwicklung beschäftigen. Bernd Öggl und Michael Kofler führen Sie mit diesem Handbuch bestens in Docker ein. Zahlreiche Anwendungsbeispiele und erprobte Setups erleichtern Ihnen dabei das Verständnis und ermöglichen eine schnelle Umsetzung in der Praxis.

Das gesamte Buchprogramm: www.rheinwerk-verlag.de

»*Aufbau und Pflege einer Windows CA und PKI – Schritt für Schritt, umfassend erklärt.*«

635 Seiten, gebunden, 59,90 Euro
ISBN 978-3-8362-5590-5
www.rheinwerk-verlag.de/4410

Ihre Referenz für sichere Windows-Netzwerke!

Wie der Aufbau einer sicheren Public Key Infrastructure mit dem Windows Server gelingt, zeigt Ihnen dieses Handbuch mit umfassenden Anleitungen, Hintergrundinformationen und Tipps aus der Praxis. Es liefert Ihnen alle Schritte von der Einrichtung der CA bis zum Ablauf oder Widerruf der Zertifikate und betrachtet damit die gesamte Lebenszeit der Infrastruktur. Lernen Sie, wie Sie für Sicherheit in Ihrem Netzwerk sorgen, indem Sie WLAN- und VPN-Zugangspunkte schützen, BitLocker, S/MIME sowie IPSec einsetzen und Zertifikatsstellen für Mail- und Webserver konfigurieren.

Ausführliche Leseproben im Shop: www.rheinwerk-verlag.de